Vahlens Großes Marketinglexikon
in zwei Bänden

dtv C.H. Beck

Vahlens Großes Marketinglexikon

Band 2: M–Z

Herausgegeben von
Prof. Dr. Hermann Diller

2., völlig überarbeitete und erweiterte Auflage

Verlag C.H. Beck München
Deutscher Taschenbuch Verlag

Ungekürzte Ausgabe

Deutscher Taschenbuch Verlag GmbH & Co. KG
Friedrichstraße 1a, 80801 München
© 2001 Verlag Franz Vahlen GmbH, Wilhelmstraße 9, 80801 München
Druck und Bindung: Druckerei C.H. Beck, Nördlingen
(Adresse der Druckerei: Wilhelmstraße 9, 80801 München)
Satz: Fotosatz H. Buck, 84036 Kumhausen
Umschlaggestaltung: Bruno Schachtner, Dachau

Gedruckt auf säurefreiem, alterungsbeständigen Papier
(hergestellt aus chlorfrei gebleichtem Zellstoff)

ISBN 3 423 50861 2 (dtv)
ISBN 3 8006 2775 2 (Beck/Vahlen)

M

MA → Media-Analyse

Machtanalyse

ist der Sammelbegriff für Methoden, welche die Bestimmung der Machtverhältnisse in Systemen (z.B. Distributionskanal, Vertikalkette) ermöglichen. Macht (→ Nachfragemacht, → Marktmacht) ist die Möglichkeit, innerhalb einer Beziehung den eigenen Willen auch gegen Widerstand durchzusetzen. Die Macht einer Partei ist dabei immer relational, d.h. Macht besteht nicht absolut, sondern im Verhältnis zu bestimmten Personen, Gruppen oder Institutionen. Weiterhin wird Macht als ein Potentialkonzept definiert.

Im Rahmen der Machtanalyse ist es daher notwendig, solche Ressourcen zu identifizieren, die Machtpotential beinhalten. Ein klassischer Ansatz differenziert zwischen den Machtpotentialen Belohnung, Bestrafung, Legitimation, Identifikation und Expertentum (vgl. *French/Raven*, 1959). Für Marketing-Fragestellungen ist diese Systematisierung zu abstrakt. In Anlehnung an industrieökonomische Überlegungen lassen sich strukturelle und verhaltensbedingte Machtpotenziale voneinander abgrenzen. Erstere resultieren aus Machtdistanzen zwischen Gruppen von Elementen (→ Marktformenschema). Verhaltensbedingte Machtbasen beziehen sich auf eine spezifische Dyade zwischen zwei Elementen (z.B. Anbieter A und Nachfrager B). Einzelne verhaltensbedingte Machtbasen sind u.a. die Möglichkeit der Vor-/Rückwärtsintegration, Austauschbarkeit der Marktleistung (Kosten, Qualität), Markenstärke, Informationsstand, Produktionskapazitäten und Umstellungskosten.

Aufgrund der Mehrdimensionalität von Macht sowie dem quantitativen und qualitativen Charakter der Machtpotentiale bietet sich zur Durchführung der Machtanalyse der Einsatz von Scoring-Verfahren an.

C.Bau.

Literatur: *Freiling, J.:* Die Abhängigkeit der Zulieferer, Diss., Wiesbaden 1995. *French, J.R. P.; Raven, B.:* The Basis of Social Power, in: *Cartwrigth, D.* (Hrsg.): Studies in Social Power, Ann Arbor 1959, S. 150–166. *Geck, H.-M.; Petry, G.:* Nachfragemacht gegenüber Zulieferern, Köln u.a. 1983.

Machtdistanz

Kulturdimension nach → *Hofstede*. Machtdistanz drückt aus, in welchem Maße Menschen glauben, dass Macht und Status ungleich verteilt sind (vgl. *Abb.*).

Symptome von Machtdistanz

Geringe Machtdistanz	Große Machtdistanz
• Kinder sollen ihren Willen zeigen • Eltern als Partner • Eigeninitiative • Untergebene erwarten, konsultiert zu werden	• Kinder sollen gehorsam sein • Eltern als Respektspersonen • Ordnung • Untergebene erwarten Anweisungen und Vorschriften
Bsp.: Dänemark, Israel, Neuseeland, Österreich	Bsp.: Guatemala, Malaysia, Panama, Philippinen

Außerdem gibt der Index an, inwieweit Menschen bereit sind, die ungleiche Verteilung von Macht zu akzeptieren, weil sie dies für den geeigneten Weg erachten, ein soziales System bzw. Gefüge zu organisieren. Konkret erfasst die Kulturdimension die soziale Beziehung (am Arbeitsplatz, in der Familie, in der Gesellschaft insgesamt) zwischen höher gestellten und ihnen nachgeordneten Personen aus der Perspektive der Untergebenen. Je mehr sie Ungleichheit empfinden und dieses sozioökonomische Gefälle akzeptieren, desto größer fällt der Machtdistanz-Index aus. Diese Kulturdimension korreliert sehr stark mit → Individualismus vs. Kollektivismus.

S.M./M.Ko.

Machtpolitik im Absatzkanal

Ein Hersteller (ebenso wie umgekehrt auch ein Handelsunternehmen) wird grundsätzlich versuchen, eine möglichst große Marktmacht zu erzielen oder zumindest kein großes Machtungleichgewicht gegenüber den

Marktpartnern zulassen (→ Beziehungsmanagement). Die Marktmacht kann dann dazu genutzt werden, die Herstellerziele im → vertikalen Marketing besser zu erreichen. Je größer die Marktmacht, desto geringer die erforderlichen Stimulierungen bzw. Motivationen für die Absatzmittler.

Die Machtpolitik im Absatzkanal zielt darauf, die eigene Macht (= Herstellermacht) auszubauen und die Macht der Gegenseite (= Handelsmacht) zu verhindern bzw. zu relativieren (→ Nachfragemacht). Herstellermacht resultiert aus der → Pull-Strategie oder aus einem ansonsten gewonnenen hohen Marktanteil am Endverbrauchermarkt.

Handelsmacht verhindern heißt, Einfluss nehmen auf die Handelskonzentration, z.B. durch Einflussnahme auf das Kartellrecht oder durch konzentrationsfeindliche → Konditionensysteme. Daneben kann versucht werden, den Umsatz mit einem einzelnen Handelsunternehmen einen bestimmten Anteil (z.B. 10%) nicht überschreiten zu lassen. Als Ultima Ratio zur Verhinderung von Handelsmacht bietet sich die völlige Umgehung des Handels (→ Direktvertrieb) an. Auch die in der Praxis sehr beliebte „moral suasion", d.h. die Sonntagsreden der Hersteller zur Partnerschaft Hersteller/Handel können als Instrument der Machtpolitik verstanden werden – der Handel soll dadurch veranlasst werden, seine Macht nicht zu nutzen. Schließlich ist es möglich, durch echte → vertikale Kooperationen vertragliche Bindungen und damit legitimierte Macht zu erringen. W.I.

Machtpromotor → Buying Center

MADAKOM

Das Marktdatenkommunikationssystem MADAKOM der MADAKOM GmbH (gegründet 1993 als Joint Venture der → CCG und der GfK) basiert auf einem multilateralen Datenträgeraustausch. MADAKOM stellt anonymisierte, verkaufsstellenbezogene Artikelverkaufsdaten für marktforscherische und logistische Auswertungen wahlweise auf Listen, Diskette, Magnetband oder über → Electronic Data Interchange zur Verfügung. Es handelt sich dabei um Artikelrohdaten, d.h. ungewichtete und nicht ausgewertete Artikelumsatzdaten (Menge/Werte). Diese Informationen werden ergänzt um den Verkaufspreis und die verschiedenen Aktionsaktivitäten.

Das Daten des MADAKOM-Scanning-Panels (→ Handelspanel) werden erfasst von 200 Verkaufsstellen des Lebensmitteleinzelhandels in ganz Deutschland in mehr als 30 Handelsorganisationen (Verbrauchermärkte, Supermärkte, Discounter, Drogeriemärkte). Dies gewährleistet die Erfassung von über 700.000 Käufern pro Woche bzw. 36,4 Millionen Kaufakte p.a.

Bedingt durch die zunehmende Schnittstellennormung und –vereinheitlichung ist eine vereinfachte Integration von Paneldaten in firmeneigene Informationssysteme möglich. Diese Integration von Analysedaten ist insofern von Bedeutung, als Handelsunternehmen über diese Daten eine Vergleichsmöglichkeit der eigenen Situation mit der ihrer Wettbewerber erhalten und somit ihre eigene Marktstellung ermitteln können. Sowohl die Performance einzelner Standorte oder Vertriebsschienen im Vergleich zu den direkten Konkurrenten kann so ermittelt werden, als auch die Performance einzelner Produkte oder Warengruppen in den eigenen Verkaufsstellen im Vergleich zum Gesamtmarkt. Darüber hinaus können Informationen über Konsumenten und deren Verbrauchsgewohnheiten und –änderungen in das eigene System integriert werden, was insofern von Bedeutung ist, als beispielsweise über Kundenkarten lediglich Informationen über eigene Kunden gewonnen werden können, nicht aber über das gesamte Konsumentenumfeld in einer Region und insbesondere nicht über Konsumenten, die gerade nicht in den eigenen Geschäften einkaufen. Eine Analyse der Gründe und Zusammenhänge des Einkaufsverhaltens dieser Kunden kann in vielen Fällen neue Absatzpotentiale erschließen. J.Z.

Literatur: Tietz, B.: Der Handelsbetrieb, 2. Aufl., München 1993, S. 1039-1041. *Zentes, J.*: Grundbegriffe des Marketing, Stuttgart 1996, S. 245.

Made in, ‚Made in'-Image
→ Country of Origin-Effekt

Madrider Abkommen

behandelt als Vertragswerk (I) die Unterdrückung falscher oder irreführender Herkunftsangaben. Es verpflichtet seine über 62 Mitgliedsstaaten zur Beschlagnahme von Erzeugnissen, die eine falsche bzw. irreführende Herkunftsbezeichnung tragen; wird von der → WIPO verwaltet. Es behandelt als Vertragswerk (II) die internationale Registrierung von Marken und stellt ein System des → Markenschutzes durch internationale Registrierung dar. Beide Bestandteile des Madrider Abkommens wurden bereits am 14.4.1891 verabschiedet (s.a. → Markenrecht). M.B.

Magalog → Katalog

Magnitude-Skalierung

spezifische → Skalierungstechnik zur Messung von Wahrnehmungsintensitäten, z.B. der empfundenen Preisgünstigkeit, Qualität oder Sympathie gegenüber einem Produkt bzw. Anbieter. Die Magnitude-Skalierung entstammt der → Psychophysik und versucht, die Nachteile der Rating-Skalierung zu vermeiden, ohne das Messniveau einer Verhältnisskala zu besitzen und zudem immanente Validierungsmöglichkeiten zu bieten. Im Gegensatz zur sog. poikilitischen Messung von gerade noch wahrnehmbaren Intensitätsunterschieden und zur sog. Teilungsmessung bei → Ratingskalen, geht man dabei davon aus, dass eine Person die Größe ihrer Empfindungsintensitäten unmittelbar in ein Kontinuum bestimmter Modalität, z.B. positiven ganzen Zahlen, Längen von Linien, Flächen o.Ä. Größeneinschätzungen umsetzen kann. Diese Einschätzungen entsprechen somit indirekten relativen Verhältnisschätzungen, wobei die Befragten einem Stimulus A, der ein doppelt so starke Empfindung wie der Stimulus B auslöst, auch den doppelten Wert der jeweiligen Magnitude-Modalität zuordnen sollen. Bei der Wahl der Zahl oder Länge oder Fläche für den ersten Stimulus ist der Befragte frei. Nachfolgende Stimuli müssen jedoch proportional skaliert werden.

In den psychophysischen Experimenten zeigte sich, dass die Funktion der subjektiv empfundenen Reizintensität in Abhängigkeit von der objektiven Reizkontinuität, d.h. die sog. psychophysische Funktion, sehr einheitlich verläuft und zuverlässig als Potenzfunktion mit ganzen spezifischen Exponenten in folgender allgemeiner Form darstellbar ist:

$R = a \cdot S^{\beta}$

Dabei ist R die Empfindungsreaktion, S der physikalische Stimulus, a eine Proportionalitätskonstante und β der modalitätsspezifische Exponent, der nach entsprechenden empirischen Analysen Werte von etwa 0,3 (für Helligkeit) bis 3,5 (für elektrischen Schock) annimmt. Für die in der Marktforschung häufig eingesetzte visuelle Fläche bzw. die Länge von Linien beträgt β 0,7 bzw. 1,0.

Die Validität der Magnitude-Skalierung im Skalenkontinuum lässt sich überprüfen, indem man dem Befragten die Aufgabe stellt, physikalische Reize so einzustellen, dass sie die gleiche Empfindungsintensität aufweisen, also z.B. einen Ton so einzustellen, dass er so laut wie ein dargebotener Lichtreiz hell ist („cross-modality-matching").

Im Rahmen der Marktforschung verlangt man von Befragten gelegentlich, die zu skalierenden Reize (z.B. Preisgünstigkeit) im Verhältnis der erlebten Empfindungsstärken in mindestens zwei Modalitäten (z.B. Zahlen und Flächen) auszudrücken. Verwendet man Modalitäten mit bekannten Exponenten, kann die Validität der Skalierung überprüft werden. Der Skalenwert für einen bestimmten Reiz i lässt sich dann als geometrisches Mittel der Werte beider Modalitäten berechnen.

Literatur: *Grunert, K.G.*: Magnitude-Skalierung, in: Marketing-ZFP, 5. Jg. (1983), S. 108-112.

Mahalanobis-Distanz → Klassifikation

Mailbombe

bezeichnet das Versenden großer Mengen nutzloser Daten per E-Mail an eine Person oder ein System, mit dem Ziel die → Mailbox des Betroffenen mit Datenmüll zu verstopfen. Eine E-Mail-Sendung großen Umfangs kann den gesamten Plattenspeicher auf dem Server des Empfängers belegen bzw. den Server derart überlasten, dass er abstürzt.

Die Mailbombe ist eine selten angewandte Strafe für die Versendung unerwünschter Mails im → Usenet. Internet-Nutzer werden bei Missachtung der → Netiquette per Mailbombe „bestraft", wenn sie beispielsweise im Usenet unaufgefordert Werbung (→ Spam) oder andere unerwünschte Sendungen per E-Mail, z.B. ein sog. → Flame, verschickt haben. B.Ne.

Mailbox

bezeichnet einen elektronischen Briefkasten bzw. Postfach für eingehende Nachrichten über einen Telekommunikationssystem. Dabei sind Sprachnachrichten (Voice-Mailbox) und Textnachrichten (E-Mailbox, Fax-Mailbox) zu unterscheiden. Die Nachrich-

ten werden zunächst auf einem Server zwischengespeichert, von dem sie abgerufen werden können. Werden Nachrichten verschiedener Art (Sprach-, Text- und Faxnachrichten) in einem System vereinigt und z.B. per E-Mail zugestellt, spricht man auch von „*Unified Messaging System*".
Im deutschen Sprachraum wird der Begriff „Mailbox" auch für die Bezeichnung eines → Bulletin Board System verwendet. B.Ne.

Mailing

in Deutschland synonym für → adressierte Werbesendung. International steht der Begriff Mailing meist generell für adressierte und → unadressierte Werbesendungen.

Mailingbeilage (Package Inserts)

über den Versandumschlag, → Werbebrief bzw. die → Responsemittel hinausgehende Bestandteile eines → Mailing-Package bzw. einer → adressierten Werbesendung. Wichtige Arten von Mailingbeilagen sind:

- *Prospekt*: meist mehrfarbiges Werbemittel beliebigen Formats und ein- bis mehrseitigen Umfangs. Dient der konkreten Angebotsbeschreibung;
- → *Katalog/Broschüre*: Gebundene, mehrseitige, textlich und bildlich aufbereitete Verzeichnisse eines Teils oder des kompletten Warensortiments eines Absenders;
- *Flyer/Stuffer*: einseitiges Prospektblatt. Eingesetzt zur expliziten Berücksichtigung von Portogrenzen;
- → *Handlungsauslöser*: vertrauensstärkende Elemente, die für eine größere Reaktionswahrscheinlichkeit des Adressaten sorgen sollen (→ Response). N.G.

Mailing-Liste

bezeichnet einen automatisierten E-Mail-Verteiler, deren Nutzung eine gängige bidirektionale Kommunikationsform im Internet ist. Es gibt viele zehntausende Mailing-Listen, die dem Austausch über meist sehr spezifische Themen dienen. Teilnehmer, die eine Liste abonnieren wollen, müssen sich bei dem entsprechenden E-Mail-Server anmelden (engl.: subscribe). Dann können sie eigene Nachrichten versenden („posten") und bekommen regelmäßig die Beiträge der anderen Abonnenten zugeschickt. Ein Posting wird an eine spezielle E-Mail-Adresse geschickt, wo eine Softwa-re („*Majordomo*") eintreffende Nachrichten an alle Teilnehmer der Liste weiterleitet.
Viele Mailing-Listen werden moderiert, d.h., ein Moderator oder Listmaster entscheidet vorab, welche Nachrichten im Forum veröffentlicht werden. Durch ihn werden werbende (→ Spam), vom Thema abweichende („*Crossposting*") oder grob beleidigende Beiträge („*Flame*") ausgeschlossen.
Unter Internet-Nutzern sind Mailing-Listen sehr beliebt, um über spezielle Interessenbereiche auf dem Laufenden zu bleiben. Viele Software-Hersteller und andere Händler benutzen heute Mailing-Listen, um besseren Kontakt zu ihren Kunden zu halten und Support für ihre Produkte zu bieten.
Zu unterscheiden ist die Mailing-Liste von einem Newsletter, dessen Kommunikation nur uni-direktional ist. B.Ne.

Mailing-Package

klassische Variante des Mailing, insbesondere für einstufige Verkaufsaktionen (→ adressierte Werbesendung). Enthält alle, für die sofortige Bestellung notwendigen Bestandteile, d.h. Versandumschlag, → Werbebrief, Beilagen (Prospekte, Kataloge etc.) und Antwortmöglichkeit (→ Responsemittel) i.S.v. Coupons, Karten etc.

Maintenance

Begriff aus der → Fernsehforschung. Im Rahmen der → Panelfluktuation werden laufend Haushalte mittels Befragung angeworben. Wie bei der Strukturerhebung gibt es auch hier Antwortausfälle („keine Angaben"). Um diese „k.A.'s" aufzufüllen, werden nach Möglichkeit bei jeder Anwerbewelle Datenkompellierungen (Datenauffüllungen) durchgeführt. Die Maintenance ist ein für kleine Datenmengen vereinfachtes → Injektionsverfahren.

Majordomo

Synonym für die Server-Software zur Realisation einer → Mailing-Liste.

Makler

ist nach § 652 BGB, wer gegen Entgelt eine Gelegenheit zum Abschluss eines Vertrages nachweist oder einen Vertrag vermittelt (→ Verkaufsorgane). Man unterscheidet den sog. Zivilmakler, der Geschäfte des täglichen Lebens vermittelt, und den Handelsmakler,

dessen Tätigkeitsbereich Börsen- und Handelsgeschäfte sind. Für den Zivilmakler gelten die besonderen Vorschriften des BGB über den Maklervertrag, für den Handelsmakler ergänzend die §§ 90–103 HGB. Im Verwaltungsrecht bedarf der gewerbsmäßige Makler von Grundstücken, Räumen und Darlehen (Immobilienmakler) einer Erlaubnis zur Ausübung seines → Gewerbes (§ 34 c Gewerbeordnung), die bei mangelnder Zuverlässigkeit oder ungeordneten Vermögensverhältnissen zu versagen ist. Bei gewissen Gegenständen ist eine Maklertätigkeit untersagt, v.a. für die Vermittlung von Arbeitsplätzen sowie von Adoptionen.
Für die gesetzliche Regelung des Maklervertrages in den §§ 652–656 BGB ist kennzeichnend, dass der Makler nur Anspruch auf Provision hat, wenn das gewünschte Geschäft zustande kommt und seine Tätigkeit hierfür ursächlich war. Das BGB sieht nicht vor, dass der Makler für den Auftraggeber tätig werden muss. Der Auftraggeber bleibt in seiner Entscheidung frei, kann also ein angebotenes Geschäft frei ablehnen. Abweichende vertragliche Vereinbarungen sind im Rahmen der Vertragsfreiheit zulässig und auch häufig. Von großer praktischer Bedeutung ist insb. der sog. Alleinauftrag, bei dem der Auftraggeber vertraglich darauf verzichtet, einen weiteren Makler zu beauftragen, bei dem im Gegenzug der Makler eine Tätigkeitspflicht übernimmt. H.-J.Bu.

Makromarketing
In der US-Literatur teilweise gebräuchliche Bezeichnung für die bei uns in der → Binnenhandelspolitik gepflegte makroökonomische Betrachtung von Marketingprozessen und -strukturen und entsprechenden staatlichen Eingriffen in das Marktgeschehen.

Mall
Ladenstraße in → Einkaufszentren. In den USA ist Mall auch Ausdruck für einen bestimmten Typ des Einkaufszentrums, bei dem sich die Fußgängerzone zwischen zwei Ladenzeilen bewegt und damit die Form einer Ladenstraße annimmt.

Managementverträge
→ Außenhandelsgeschäft

Manifeste Variablen
Variablen, die in die Modelle der → Kausalanalyse als beobachtbar eingehen. Sie sind i.d.R. messfehlerbehaftet.

Manipulation
kommunikative Beeinflussung einer Person durch eine andere, ohne dass die beeinflusste Person diesen Vorgang willentlich kontrollieren bzw. durchschauen kann. Manipulation ist von Anweisung bzw. Befehl und Werbung zu unterscheiden. Bei einer Anweisung unterliegt der Empfänger der Botschaft einem formellen Zwang, sich in einer bestimmten Weise zu verhalten. Er kann den Beeinflussungsvorgang wohl durchschauen, aber aufgrund seiner beschränkten Macht nicht willentlich kontrollieren. Bei der Werbung tritt kein formaler Verhaltenszwang auf, weil es bei Nichtbefolgung von „Ratschlägen" zu keinen negativen Sanktionen kommen kann. Es ist aber unter bestimmten Umständen möglich, psychischen Zwang auf die Zielpersonen auszuüben. In einem solchen Fall liegt Manipulation vor.
Dies trifft z.B. überall dort zu, wo in → Werbemitteln Reize wie das Kindchenschema oder sexuelle Stimuli verwendet werden, die zu automatischen Informationsaufnahme und -verarbeitungsreaktionen der → Werbeadressaten führen. Darauf basierende Assoziationen und → Konditionierungen lassen die Beeinflussten in bestimmten Reizsituationen auf Grundlage unbewusst gelernter Inhalte reagieren, ohne dass sie sich Rechenschaft über die Quelle der verwendeten Informationen (des vorhandenen Wissens) oder über die Sinnhaftigkeit der Reaktion ablegen (→ Aktivierung).
Werbung ist also in vielen Fällen zumindest teilweise Manipulation. Durchschauen die Zielpersonen den Manipulationsversuch, reagieren sie möglicherweise mit → Reaktanz. Als Folge davon tritt dann die vom Werbungstreibenden gewünschte Wirkung nicht auf bzw. es mag im Gegenteil sogar zu einem → Bumerangeffekt kommen.
Ob Manipulationsversuche in Beeinflussungssituationen gesellschaftlich akzeptiert oder negativ bewertet werden, hängt davon ab, ob die vom Kommunikator verfolgten Ziele mit den sozial akzeptierten Werten und Normen übereinstimmen. Erziehungsmaßnahmen nehmen z.B. nicht selten manipulativen Charakter an, werden aber auch dann weitestgehend gesellschaftlich akzeptiert. Ebenso hängt die Akzeptanz manipulativer Werbung von den vorherrschenden sozialen Verhaltensmaßstäben in einer Gesellschaft ab.

MANOVA (Multivariate Varianzanalyse)

Verfahren der Dependenzanalyse in der → Multivariatenanalyse. Im Gegensatz zur univariaten Varianzanalyse (ANOVA), die die Wirkung eines oder mehrerer Faktoren auf eine abhängige Variable untersucht, berücksichtigt die ein- oder mehrfaktorielle multivariate Varianzanalyse mehr als eine abhängige metrische Variable. Die Fragestellungen der MANOVA sind somit Erweiterungen der mit der ANOVA zu testenden Effekt-Hypothesen (→ Experiment). Da m (m > 1) abhängige Variablen Verwendung finden, erlaubt die MANOVA die Prüfung, ob

- die Erwartungswerte der abhängigen Variablen in Abhängigkeit von verschiedenen Faktorausprägungen signifikant verschieden sind,
- und falls ja, welche von den Faktorausprägungen die Varianz in den Erwartungswerten der abhängigen Variablen am besten erklärt.

Entsprechend führt jede Messung für eine beliebige Kombination der Faktorausprägungen nicht mehr zu einem einzigen Messwert, sondern zu m verschiedenen Messwerten. Es können auf diese Weise auch Fragestellungen der → Diskriminanzanalyse beantwortet werden.

Das Verfahren der Multivariaten Varianzanalyse beruht auf der Zerlegung der Effekte experimenteller Einflüsse in einer Varianz-Kovarianz-Matrix bzw. in der üblichen Notation der Quadratsummen- oder Dispersionsmatrix. Theoretische Grundlage bildet die Multinormalverteilung der Variablen, die miteinander kombiniert auftreten. Im Weiteren wird eine zweifaktorielle multivariate Varianzanalyse (d.h. mit zwei Faktoren A und B) betrachtet.

Die Beobachtungen $\underline{y}_{ijk}$ seien p-variat

$\underline{y}_{ijk} = \underline{\mu} + \underline{\alpha}_i + \underline{\beta}_j + (\underline{\alpha\beta})_{ij} + \underline{\varepsilon}_{ijk}$,

mit

$i = 1,...,I$ Ausprägung des Faktors A
$j = 1,...,J$ Ausprägung des Faktors B
$k = 1,...,K$ k-te Beobachtung
$\underline{\mu}$ globaler Mittelwert
$\underline{\alpha}_i$ Effekt der Kategorie i des Faktors A
$\underline{\beta}_j$ Effekt der Kategorie j des Faktors B

$(\underline{\alpha\beta})_{ij}$ Interaktionseffekt zwischen der i-ten Kategorie des Faktors A und der j-ten Kategorie des Faktors B
$\underline{\varepsilon}_{ijk}$ Störterm

Die Quadratsummen-Matrix für die gesamte Stichprobe $\underline{S}_T$ ergibt sich dann über

$$\underline{S}_T = \sum_{i=1}^{I} \sum_{j=1}^{J} \sum_{k=1}^{K} \left(\underline{y}_{ijk} - \overline{\underline{y}}...\right)\left(\underline{y}_{ijk} - \overline{\underline{y}}...\right)'$$

mit $\overline{\underline{y}}...$ als Mittelwert der abhängigen Variablen:

$$\overline{\underline{y}}... = \frac{1}{IJK} \sum_{i=1}^{I} \sum_{j=1}^{J} \sum_{k=1}^{K} \underline{y}_{ijk}.$$

Die totalen multivariaten Varianzen oder Quadratsummen lassen sich wie im Fall der ANOVA in ein additives Modell gemäß den faktoriellen Einflüssen zerlegen:

$$\underline{S}_T = \underline{S}_A + \underline{S}_B + \underline{S}_{A \times B} + \underline{S}_E$$

mit

$\underline{S}_T$ Quadratsummen-Matrix für die gesamte Stichprobe
$\underline{S}_B$ Quadratsummen-Matrix für Faktor B
$\underline{S}_{A \times B}$ Quadratsummen-Matrix der Interaktion
$\underline{S}_E$ Quadratsummen-Matrix des Fehlers.

Um die Nullhypothese gleicher Erwartungswerte der abhängigen Variablen über alle Gruppen zu prüfen, wird in der MANOVA das Kriterium → *Wilks' Lambda* eingesetzt:

$$\Lambda = \frac{|\underline{S}_E|}{|\underline{S}_H + \underline{S}_E|}$$

mit

$\underline{S}_H$ der Quadratsummen-Matrix des zu testenden Effektes.

Zur Approximation von Wilks' Lambda durch die F-Verteilung kann eine *Prüfgröße nach Rao* berechnet werden.
Die Nullhypothese wird abgelehnt, d.h. die untersuchten Effekte sind signifikant, wenn die Prüfgröße den tabellierten F-Wert übersteigt.   L.H.

Literatur: *Glaser, W.R.*: Varianzanalyse, Stuttgart 1978. *Iacobucci, D.*: Analysis of Experimental Data, in: *Bagozzi, R.P.* (Hrsg.): Principles of Marketing Research, Cambridge 1994. *Fahrmeir, L.; Hamerle, A.; Tutz, G.*: Multivariate statistische Verfahren, 2. Aufl., Berlin 1996.

Mapping → Positionierung

Mapping Sentence
Modell zur Strukturierung eines Untersuchungsbereichs im Rahmen der → Facettentheorie.

Marginalanalyse
spezielle, auch in der → Marketingplanung verwendete Analysetechnik, die in der ökonomischen Theorie wurzelt und bei der mit Hilfe der Infinitesimalrechnung überprüft wird, wie sich eine infinitesimal kleine Veränderung einer Variablen auf die Veränderung einer oder mehreren anderen Variablen auswirkt (→ Elastizität). Statt der streng genommen notwendigen Punktbetrachtung geht man in der Praxis häufig auf eine sog. Bogenbetrachtung mit endlichen statt infinitesimalen Veränderungen über. Die Auswirkungen solcher Veränderungen konstituieren sog. Grenzwirkungen, z.B. Grenzerlöse, Grenzkosten, Grenznutzen etc. Insb. in der → Preistheorie hat die Marginalanalyse auch im Marketing eine lange Tradition. Weitere Anwendungen finden sich bei der Analyse von → Marktreaktionsfunktionen und in der Grenzkostenrechnung. Grundgedanke ist dabei meist immer der, dass eine Maßnahme nur dann wirtschaftlich ist, wenn der durch sie bewirkte Grenznutzen größer als die entsprechenden Grenzkosten sind. H.D.

Marke → Markenartikel, → Markenpolitik

Markenartikel
sind Produkte bzw. Dienstleistungen, die auf Kundennutzen ausgerichtete, unverwechselbare Leistungen standardisiert und in gleichbleibender oder verbesserter Qualität offerieren. Bei dem Markenartikel handelt sich um einen absatzwirtschaftlichen Begriff. Lange Zeit war dieser auf die → Herstellermarke beschränkt, die man mit Merkmalen wie gleichbleibender und hoher Produktqualität sowie Innovationskraft, Überallerhältlichkeit (→ Ubiquität), intensiven Werbeaufwendungen und hohem Bekanntheitsgrad (→ Markenbekanntheit, → Verkehrsgeltung) verband. Heute empfiehlt es sich jedoch, den Begriff des Markenartikels umfassender und v.a. aus Kundensicht zu verstehen. In diesem Zusammenhang sind etwa die Garantieleistung, daraus folgend die Minimierung des Risikos und somit der Abbau von Kaufwiderständen und die Schaffung von Präferenzen angesprochen.

Die obige Definition verdeutlicht, dass der Markenartikelbegriff heute nicht mehr nur auf Hersteller von Sachgütern (→ Herstellermarken), sondern auch auf Anbieter von Dienstleistungen (→ Dienstleistungsmarken) bezogen wird. Besonders im Dienstleistungsbereich ist zunehmend zu beobachten, dass standardisierte Angebote und komplette Problemlösungspakete als Markenartikel angeboten werden. Dienstleistungen sind Vertrauensgüter und deshalb spielt die Markenpolitik eine herausragende Rolle. Es wird z.Z. kontrovers diskutiert, ob auch → Handelsmarken als Markenartikel anzusehen sind.

Davon unabhängig lassen sich *Einzelmarken*, *Markengruppen* und *Firmenmarken* differenzieren. Markengruppen und Firmenmarken dienen häufig als *Dachmarken* für verschiedene Einzelprodukte (→ Markenpolitik). Nach der Reichweite können regionale, nationale und internationale (bzw. Welt-) Marken unterschieden werden. Die *Abb.* gibt Beispiele für verschiedene Markenarten.

Aus *Konsumentensicht* erleichtert der Markenartikel die Identifikation von konkurrierenden Angeboten; er gibt dem Käufer die Sicherheit, eine erwartete Qualität auch tatsächlich zu erhalten. Er minimiert auf einer Vertrauensbasis das → Kaufrisiko und stellt ein Komplexitätsreduktionsangebot im Problemlösungsprozess der Kaufentscheidung dar (→ Markenwahlentscheidungen). Die Markierung zum Markenartikel lässt sich aus Konsumentensicht als Qualitätsgarantie oder auch als Versicherung gegen Produkttäuschungen auffassen. Der Markenartikel versetzt den Verbraucher in die Lage, Qualität schneller und besser identifizieren zu können und folglich seinen Einkauf effizienter zu gestalten (→ Lean Consumption).

Aus *volkswirtschaftlicher Sicht* werden teilweise homogene Güter durch eine Markierung zu Markenartikeln künstlich heterogenisiert, monopolistische Bereiche geschaffen und Konsumentenrenten abgeschöpft. Markenartikel ermöglichen aber auch eine effiziente Identifizierung von Produkten sowie eine Orientierung auf Märkten; sie erhöhen also die Markttransparenz und erfüllen eine Orientierungs- und Ordnungsfunktion. → Kampfmarken in Form von Imitaten steigern den Wettbewerb.

Markenartikel

Erscheinungsformen von Markenartikeln

Merkmalskategorien für Marken	Erscheinungsformen	Beispiele
Institutionelle Stellung des Inhabers der Marke	Herstellermarke	Jacobs Krönung
	Handelsmarke	Albrecht Kaffee
	Dienstleistungsmarke	TUI
Geographische Reichweite der Marke	Regionale Marke	Südmilch, KdW
	Nationale Marke	Ernte 23, Mark Astor
	Weltmarke	Coca-Cola, Amex
Vertikale Reichweite der Marke im Warenweg	Verschwindende Vorproduktmarke	Kugelfischer Kugellager, Sonnenschein-Batterien
	Begleitende Vorproduktmarke	Sympatex, Intel
Anzahl der Markeneigner	Individualmarke	Rosenthal
	Kollektivmarke	Gruppe 21
Zahl der markierten Güter	Einzelmarke	Odol
	Pruduktgruppenmarke	Nivea
	Dachmarke	Siemens
Bearbeitete Marktebenen (Marktschichten)	Erstmarke	Henkell Trocken
	Zweitmarke	Carstens SC
	Drittmarke	Rütgers Club
Inhaltlicher Bezug der Marke	Firmenmarke	Bahlsen-Keks
	Phantasie-Marke	Merci-Schokolade
Verwendung wahrnehmungsbezogener Markierungsmittel	Akustische Marke	Dallas (Melodie)
	Optische Marke	Mohr von Sarotti
	Olfaktorische Marke	4711
	Taktile Marke	Nylon
Art der Markierung	Wortmarke	Daimler-Benz
	Bildmarke	Mercedes-Stern
Herstellerbekenntnis	Eigenmarke	Bahlsen Schoko Leibniz
	Fremdmarke	Palazzo (Schoko-Keks)

Der Markenartikel von Industrieunternehmen zeichnet sich gegenüber anonymen Waren dadurch aus, dass er zum einen dem Konsumenten als Qualitäts- und Innovationsträger mit hoher Verkehrsgeltung gezielte und bewusste Wiederholungskäufe ermöglicht (→ Markentreue) und zum anderen dem Hersteller die nötige Differenzierungsfähigkeit bietet, die eine Verbraucherwerbung erst gestattet (→ Wettbewerbsstrategie). Markenwaren bieten neben ihren generischen Produktvorteilen einen → Zusatznutzen und sind häufig als Imageträger ein Mittel zur Selbstdarstellung und Selbstverwirklichung des Verbrauchers. Aus Herstellersicht soll der Markenartikel ein Gegengewicht zur → Nachfragemacht des Handels und eine Widerstandskraft gegen dessen Operationen schaffen, alternativ zu nicht markierten, anonymen Produkten eine unmittelbare Vertrauensbeziehung zwischen Anbieter und Konsument begründen und zur Unternehmensprofilierung beitragen (→ Vertikales Marketing). Obwohl die vertikale → Preisbindung unzulässig ist und nur noch → Preisempfeh-

lungen gestattet sind, bieten Markenartikel ihren Anbietern im Rahmen ihrer gesetzlichen Möglichkeiten die Chance, sich den Auswüchsen des Preiswettbewerbs mehr oder weniger zu entziehen und Absätze zu sichern (→ Preisdurchsetzung). Durch die aufgrund erheblicher Aufwendungen in der Verbraucherwerbung verursachte Nachfragemacht der Konsumenten kommt der Handel nicht umhin, Markenartikel in seinem Sortiment zu führen (→ Sortimentspolitik). Dies trägt zur breiten physischen Distribution (→ Ubiquität) bei. Aber auch aus Handelssicht ist die Herstellermarke als vorteilhaft anzusehen, da sie dessen Absatzrisiko minimiert und eigene Werbeaufwendungen mindert. → Handelsmarken bieten demgegenüber die Möglichkeit der Profilierung des Handels von der Konkurrenz durch Schaffung von Präferenzen für das eigene Angebot; zum anderen versucht der Handel, sich durch Handelsmarken von den Herstellern zu emanzipieren und angeblich seine Rentabilität zu verbessern. Aber auch dem preisbewussten Verbraucher bieten sich durch Handelsmarken neue Alternativen. Für ihre Schöpfer stellen Markenartikel oft erhebliche ideelle und materielle Vermögenswerte dar (→ Markenwert), die auch des gewerblichen Rechtsschutzes bedürfen (→ Markenschutz). Sie werden meist mit schutzrechtsfähigen Kennzeichen nach dem → Markengesetz (MarkenG) versehen, die auf Waren, Werbemitteln und -trägern differenzierend wirken. Markenartikel kamen Ende des 19. Jahrhunderts auf und begründeten im Verlauf ihrer Entwicklung die Kommunikationsbeziehung zwischen Herstellern und Konsumenten.
Die Vorteile, die Markenartikel gegenüber anonymen Waren bieten, werden von vielen Konsumenten geschätzt und nachgefragt. Dies belegen unterschiedliche empirische Untersuchungen. So wird die grundsätzliche Einstellung der Verbraucher zu Markenartikeln alljährlich etwa vom Institut für Demoskopie in Allensbach im Rahmen der „Allensbacher Werbeträger-Analyse" untersucht, nach der 41,2% aller Befragten (1998) der Meinung waren, dass sich der Kauf von Markenartikeln meistens lohne. Dies spiegelt sich auch in den immer noch steigenden Anteilen von Herstellermarken an den Gesamtausgaben der Haushalte wider (→ Ausgabenstruktur).
Der Markenartikel verkörpert das absatzstrategische Objekt der → Markenpolitik.
M.B.

Literatur: *Bruhn, M.:* Handbuch Markenartikel, Bd. 1, Stuttgart 1994. *Esch, F.-R.* (Hrsg): Moderne Markenführung. Grundlagen – innovative Ansätze – praktische Umsetzungen, Wiesbaden 1999. *Kotler, Ph.; Bliemel, F.*: Marketing-Management. Analyse, Planung, Umsetzung und Steuerung, 9. Aufl., Stuttgart 1999. *Mellerowicz, K.*: Markenartikel. Die ökonomischen Gesetze ihrer Preisbildung und Preisbindung, 2. Aufl., München, Berlin 1963. *Nieschlag, R.; Dichtl, E.; Hörschgen H.*: Marketing, 17. Aufl., Berlin 1994. o.V., Markenartikel heute. Marke, Markt und Marketing, Wiesbaden 1978. *Unger, F.* (Hrsg.): Konsumentenpsychologie und Markenartikel, Heidelberg, Wien 1986.

Markenartikelindustrie

bezeichnet die Gesamtheit der Hersteller von Markenartikeln. Ihre Interessenvertretung wird national vom → Markenverband e.V. wahrgenommen, dessen Jahresbericht 1998/99 den Markenwarenumsatz 1998 auf rd. 550 Mrd. DM beziffert, wobei dem Inlandsabsatz ca. 342 Mrd. DM und der Ausfuhr ca. 208 Mrd. DM zukamen. Auf europäischer Ebene agiert die → AIM, die insb. im Hinblick auf das EU-Markenrecht aktiv wird. Die → AIM ist außerdem Sprachrohr der europäischen Markenartikelindustrie.

Markenbekanntheit

drückt das Ausmaß des Zusammenwirkens der Wahrnehmung und des Erinnerungsvermögens von Empfängern einer Werbebotschaft aus. Sie wird in der → Markenpolitik häufig als Maßstab des Werbeerfolgs herangezogen. Der → Bekanntheitsgrad allein sagt allerdings noch nichts aus über eine eventuelle Präferenz der betreffenden Marke gegenüber einer anderen. Die Erhöhung der Markenbekanntheit ist trotzdem ein herausragendes → Marketing- und insb. → Werbeziel, weil sie die unabdingbare Vorstufe für weitere Absatzerfolge darstellt. Von besonderer Wichtigkeit ist sie bei low-interest-Produkten. M.B.

Markenbewusstsein

ist eine positive Prädisposition gegenüber Markenwaren im Vergleich zu unmarkierter Ware. Sie äußert sich ähnlich der → Markentreue, die ihr nachgelagert ist, in einer Markenbindung, die sich auch auf mehrere Marken erstrecken kann (→ Preisinteresse). Es kann ein dominantes oder ergänzendes Kaufentscheidungsmerkmal darstellen. Notwendige, aber nicht hinreichende Voraussetzung für Markenbewusstsein ist → Markenbekanntheit. Die Messung des Markenbewusstseins erfolgt mit Instrumenten der Marktforschung, vorzugsweise mittels der Befragung und über das Konstrukt der → Wiederkaufrate (s.a. → Markenwahlentscheidung). M.B.

Marken, bilanzielle und steuerliche Behandlung

Marken sind immaterielle Einzelwirtschaftsgüter/-vermögensgegensstände.
Marken sind abnutzbar, da ihre Nutzung zeitlich begrenzt ist (vgl. § 253 Abs. 2 Satz 1 HGB). Das gilt auch dann, wenn ihr Bekanntheitsgrad laufend durch Werbemaßnahmen gesichert wird. Die Nutzungsdauer einer Marke kann nach Auffassung der Finanzverwaltung in Anlehnung an § 7 Abs. 1 Satz 3 EStG mit 15 Jahren angenommen werden, wenn keine kürzere Nutzungsdauer dargelegt bzw. nachgewiesen wird. Dies gilt allerdings nicht für entgeltlich erworbene Arzneimittelzulassungen. R.F.

Literatur: BFM-Schreiben vom 27.2.98, BStBl 1998 I, 252. *Gold, G.:* Steuerliche Abschreibungsmöglichkeit für Marken? DB 1998, S. 956.

Markencontrolling

Teilgebiet des → Marketing-Controlling, das speziell die *Markenführung* (d.h. das Erarbeiten und Verwirklichen markenpolitischer Ziele im Zeitablauf) unterstützen soll (s.a. → Markenpolitik). Es geht dabei um die koordinierte Informationsversorgung für Brand Manager und die mit ihnen kooperierenden betrieblichen Organisationseinheiten (z.B. im Vertrieb), bei strategischen Fragen der Markenführung aber auch für übergeordnete Entscheidungsträger des Marketing-Managements.
Das *strategische Markencontrolling* betrifft vor allem die Aufgaben der zielgruppen- und konkurrentenbezogenen Markenpositionierung (→ Positionierung), des eventuellen → Markentransfers, der Steuerung des Markenkapitals (→ Markenwert) sowie aus übergreifender Sicht des gesamten Markenportfolios (→ Portfolio-Analyse). Für die *Markenpositionierung* werden Informationen über produktbezogene Wunschvorstellungen der Nachfrager sowie über deren Wahrnehmung und Beurteilung des vorhandenen Produktangebots benötigt. Für die Auswertung dieser Angaben sind geeignete → Positionierungsmodelle und → Positionierungsmethoden auszuwählen. Zur Analyse der Möglichkeiten und Auswirkungen des *Markentransfers*, d.h. der Übertragung eines bereits erfolgreich eingeführten Markennamens auf weitere Produkte, lassen sich im Planungs- wie auch im späteren Kontrollstadium Verfahren zur Messung des → Markenimage heranziehen.
Eine der Kernaufgaben des strategischen Markencontrolling besteht darin, Anhaltspunkte über Steigerungsmöglichkeiten des → *Markenwerts* (Brand Equity) zu liefern und eine Überwachung der tatsächlichen Markenwertentwicklung vorzunehmen. Hierzu bedarf es zunächst einer Auswahl aus dem recht vielfältigen Angebot an Techniken zur Markenwertbestimmung (wie bspw. Markenbilanz und Brand Performancer, Brand Status/Eisbergmodell, Brand Asset Valuator oder Interbrand-Verfahren). Je nach der zu Grunde gelegten Methodik werden dann Informationen über markenwertbestimmende Merkmale benötigt (z.B. Markenbekanntheit, Markensympathie, Markenloyalität, Distribution im Handel, Marktanteil usw.). Das Markencontrolling hat dafür zu sorgen, dass diese Informationen verfügbar gemacht werden. Es liefert damit Hinweise auf konkrete Ansatzmöglichkeiten zur künftigen Verbesserung des Markenwerts, aber auch Kontrollergebnisse über die im Zeitablauf tatsächlich entstandenen Wertveränderungen.
Entscheidungshilfen für die Gestaltung des *Markenportfolios* richten sich an das gesamtverantwortliche Marketing-Management, da hiermit die mehr oder weniger intensive Förderung, die Elimination oder auch die Neueinführung bestimmter Marken innerhalb des Produktprogramms angesprochen ist. Das Controlling kann hierzu auf die bekannten Verfahren der → Portfolio-Analyse zurückgreifen, für deren Anwendung Informationen über die Attraktivität von Märkten und Zielgruppen einerseits, die markenspezifisch erreichte Wettbewerbsstellung andererseits zu beschaffen und zu verarbeiten sind.
Das *operative Markencontrolling* dient der Unterstützung kurzfristiger Planungen der Markenpolitik und daran anschließenden Ergebniskontrollen. Bei der Planung kommunikations-, distributions- und preispolitischer Maßnahmen auf kurze Sicht ist qualitativ darauf zu achten, dass die strategischen Vorgaben bezüglich Imagebildung und Positionierung der Markenprodukte nicht verletzt werden. Dies ist Gegenstand entsprechender Audits (→ Marketing-Audit). Unter quantitativen Gesichtspunkten

sind Kostendaten und geschätzte Erlöswirkungen gegenüberzustellen, z.B. bei einer erwogenen Verkaufsförderungsaktion, um die Erfolg versprechendste Handlungsalternative auswählen zu können.
Im Rahmen der *rückblickenden Überwachung* liefert das operative Markencontrolling → Erfolgsanalysen, die Daten über die jüngsten Deckungsbeiträge der Markenprodukte beinhalten. Es handelt sich um Anwendungen der → Absatzsegmentrechnung. Von Interesse (aber oft schwieriger zu ermitteln) sind auch die monetären Erfolgsbeiträge markenspezifischer Maßnahmen, z.B. einer werblichen Ansprache mit unmittelbar daran geknüpfter Responsemöglichkeit. Was die Kontrolle von Maßnahmen betrifft, so spielt die Feststellung nichtmonetärer Wirkungen (→ Wirkungskontrolle) eine vorrangige Rolle, etwa Angaben zur Erinnerung an bestimmte Marken bzw. markenbezogene Slogans oder veränderte Einstellungen zu einer Marke.
Im operativen Markencontrolling wird häufig mit *Kennzahlen* gearbeitet, die – um nur zwei Beispiele zu nennen – u.a. das Verhältnis zwischen Werbeausgaben und gekauften Mengen des beworbenen Markenprodukts oder die im Handel erreichte gewichtete Distribution (→ Distributionsgrad) zum Ausdruck bringen (→ Marketing-Kennzahlen).
Strategisches und operatives Markencontrolling sind miteinander verzahnt, da grundlegende längerfristige Vorgaben bei der Planung und Überwachung des laufenden Geschäfts berücksichtigt werden sollen und weil umgekehrt Ergebnisse des operativen Controlling Anregungen für die weitere Strategie der Markenführung bieten. R.K.

Literatur: *Esch, F.-R.* (Hrsg.): Moderne Markenführung, Wiesbaden 1999, S. 957-1100 (Teil C: Markenkontrolle). *Güldenberg, H.G.; Franzen, O.*: Operatives Markencontrolling in: *Bruhn, M.* (Hrsg.): Handbuch Markenartikel, Bd. II, Stuttgart 1994, S. 1337-1351. *Wiedmann, K.-P.*: Strategisches Markencontrolling, in: *Bruhn, M.* (Hrsg.): Handbuch Markenartikel, Bd. II, Stuttgart 1994, S. 1305-1336.

Markeneinengung → Markentransfer

Markenerosion → Markentransfer

Markenfamilien → Markenpolitik

Markengesetz (MarkenG)
→ Markenschutz

Markenimage
ist das Gesamtbild, das sich eine Person von einer Marke macht. Es handelt sich um eine subjektive, ganzheitliche mentale Repräsentation zur Marke, die stark durch gefühlsmäßige Eindrücke geprägt wird. Wie jedes → Image wird auch das Markenimage gelernt und durch die Aufnahme und Verarbeitung markenbezogener Informationen (kognitive und emotionale Inhalte) beeinflusst. Diese Informationen werden mit dem Markenzeichen oder dem Markennamen assoziiert, die wiederum als → Schlüsselreize dienen, um das gelernte Image wieder abzurufen (→ Markenpolitik). Für den Aufbau eines → Markenwerts ist ein positives Markenimage von großer Bedeutung.
F.-R.E.

Markenkapital → Markenwert

Marken-Kompass
1977, 1979 und 1981 durchgeführte → Markt-Media-Erhebung des *Heinrich Bauer Verlages*, die Kennzahlen aus der → Mediaanalyse ausgewählter Publikumszeitschriften und des Fernsehens liefert. Sie hält neben den üblichen Nutzerschaftskennzahlen auch Informationen über den Besitz, Verbrauch und die Kaufabsichten bestimmter Zielgruppen bereit. Wurde 1981 in die von *Heinrich Bauer Verlag* und *Axel Springer Verlag* initiierte → Verbraucheranalyse (VA) eingebunden.
Anschrift: Verlagsgruppe Bauer, Brieffach 4660, 20077 Hamburg; Charles-de-Gaulle-Strasse 8, 81737 München.

Markenlebenszyklus
→ Produktlebenszyklus

Marken-Licensing → Licensing

Markenname
bezeichnet eine Buchstaben- bzw. Zeichenkombination, die als ein kodierter, differenzierender Stimulus bestimmte Produkte innerhalb einer Produktgattung als → Markenartikel unterscheidbar machen soll. Die Identifikation über Namensgebung ist eine der Voraussetzungen, damit ein Produkt beworben werden kann, ohne für sämtliche anderen seiner Gattung unter erheblichen Streuverlusten mitzuwerben. Der Markenname ist wesentlicher Bestandteil der Werbung, da diese das betreffende Produkt nur „symbolisch" darstellen kann. Er sollte prä-

gnant, differenzierend, erinnerungs- und schutzfähig sein. Darüber hinaus sollte er in seiner Wahrnehmung stellvertretend für das Produkt selbst Träger eines emotionalen Erlebnisses des Verbrauchers werden können. Zielsetzung der → Markenpolitik ist es, dem Markennamen ein unverwechselbares emotionales Profil zu verleihen und eine emotionale Konditionierung zu erreichen.
Der Markenname kann ebenso wie der Preis als → Schlüsselinformation bezeichnet werden, die dem Konsumenten eine Substitution anderer Informationen zur Produktbeurteilung ermöglicht. Schlüsselinformationen werden in Kaufentscheidungsprozessen, so konnte in Experimenten gezeigt werden, früher und häufiger als andere Informationen zur Kaufentscheidung herangezogen (→ Markenwahlentscheidung).
Die Wahrnehmung von Markennamen stellt grundsätzlich einen Prozess der Informationsverarbeitung, der Dekodierung, dar. In diesem Zusammenhang stellt sich die Frage nach dem Informationsgehalt des jeweiligen Markennamens.
Je nach Produktstrategie können sich deskriptive (z.B. „Klare Brühe", „Katzenschmaus"), artifizielle Namen („TABASCO", „XEROX"), assoziative bzw. entlehnte Namen (z.B. durch Entlehnung aus der Natur wie „TOPAS", „PRISMA") oder verbrauchte Namen („ROYAL"; „GOURMET") empfehlen. Während bei einer artifiziellen Namensschöpfung die Schutzfähigkeit und der Nachahmungsschutz im Vordergrund stehen, werden mit assoziativen Schöpfungen solcher Namen, die bereits mit konkreten Inhalten belegt sind, schnelle Imagetransfers angestrebt.
Deskriptive Namen sind nicht schutzrechtsfähig, können aber sinnvoll sein, wenn ein Produkt in einem Segment bei geringen Investitionen präsent sein soll. Verbrauchte Namen erfreuen sich einer hohen Beliebtheit bei den Konsumenten und Unternehmen (wenn hier auch häufig mangels guter Ideen), dienen aber am wenigsten der Differenzierung des eigenen Produktes von anderen.
Zur Auffindung von neuen Markennamen werden häufig → Kreativitätstechniken genutzt. Inzwischen existieren spezialisierte *Brand Name-Agenturen*, die sich damit beschäftigen, wie sich Markennamen (bzw. Namen für Produkte, Dienstleistungen und Unternehmen) kreativ entwickeln und rechtlich schützen lassen. Bei der Namensfindung sind zur Absicherung der Investition des Unternehmens in die betreffende Marke insb. zeichenrechtliche Aspekte zu beachten (→ Markenschutz, → Markenrecht). Die Bedeutung der Namensfindung wird deutlich, vergegenwärtigt man sich, dass – zumindest in der Wahrnehmung des Konsumenten – mit der Änderung eines Namens ein neues Produkt entsteht, er also den beständigen Faktor im variablen Einsatz des Marketing-Instrumentariums darstellt. Studien aus den USA zeigen, dass Zahlen als Markennamen insb. für technische Produkte geeignet sind. M.B.

Literatur: *Gotta, M. et al.*, Brand News. Wie Namen zu Markennamen werden, Hamburg 1988. *Gotta, M.*: Branding, in: *Bruhn, M.* (Hrsg.): Handbuch Markenartikel, Bd. 2, Stuttgart 1994, Sp. 773-789. *Pavia, T.M.; Costa, J.A.*: The Winning Number: Consumer Perception of Alpha-Numeric Brand Names, in: JoM, Vol. 57 (1993), Nr. 3, S. 85-98.

Markenpiraterie

ist als die Nachahmung von → Markenartikeln, insb. deren schutzrechtsfähigen Zeichen, neben der Verletzung des Urheberrechts und anderer gewerblicher Schutzrechte sowie der Nachahmung sonderrechtlich nicht geschützter Produkte Teil der *Produktpiraterie (Counterfeiting)*. Die Bezeichnung *Produktpiraterie* bezieht sich also sowohl auf die Nachahmung solcher Produkte, die unter Patent-, Gebrauchsmuster-, Kennzeichenschutz-, Geschmacksmuster- oder Urheberrecht stehen (→ Markenrecht), als auch auf solche Erzeugnisse, für die kein derartiges gewerbliches Schutzrecht besteht. Durch den gewerblichen Rechtsschutz soll es Innovatoren, in diesem Falle Markenartikelunternehmen, ermöglicht werden, die Rechte an ihrem geistigen Eigentum (Unternehmensleistung) in Anspruch nehmen zu können (→ Markenschutz, → Geschmacksmuster) und über einen bestimmten Zeitraum hinweg einen Pioniergewinn zu realisieren. Markenpiraterie liegt hingegen nicht vor, wenn etwa ein Sonderschutzrecht ausgelaufen ist und Wettbewerber → Markenartikel nachahmen, ohne dabei gegen geltendes Recht zu verstoßen: In diesem Fall handelt es sich sogar um erwünschte Nachahmungen im Rahmen des normalen Wettbewerbs. Eine allgemein anerkannte trennscharfe Definition der Begriffe existiert bis heute allerdings nicht.
Die volkswirtschaftlichen Schäden dieser beiden Phänome sind zwar offenkundig, lassen sich jedoch nur schwer quantifizie-

ren. Das Bundesjustizministerium veröffentlichte 1988 einen Gesetzesentwurf zur Bekämpfung der Produktpiraterie, der schärfere Instrumente zur Bekämpfung der gewerbsmäßigen Schutzrechtsverletzungen vorsieht. Ein weiteres Instrument gegen die Produktpiraterie wurde durch die Europäische Gemeinschaft geschaffen, die eine Anti-Piraterie-Verordnung über Maßnahmen zum Verbot der Überführung nachgeahmter Waren in den zollrechtlich freien Verkehr verabschiedete, die am 1.1.1988 in Kraft trat. Auf internationaler Ebene befassen sich das GATT-Sekretariat, das im Jahre 1982 eine Anti-Counterfeiting-Übereinkunft („Agreement on measures to discourage the importation of counterfeit goods") verabschiedete und die Weltorganisation für geistiges Eigentum (→ WIPO) in Genf mit der Bekämpfung der Produktpiraterie. Im Jahre 1990 trat das Produktpirateriegesetz, das „Gesetz zur Stärkung des Schutzes des geistigen Eigentums und zur Bekämpfung der Piraterie" (BGBl. I 422) in Kraft. Es handelt sich dabei um ein sog. Artikelgesetz, das Änderungen und Ergänzungen für die entsprechenden Gesetze (insbes. das Patent-, das Halbleiterschutz-, das Geschmacksmuster- sowie das bereits durch das Markengesetz (MarkenG) ersetzte Warenzeichengesetz) enthält. Dadurch wurde das straf-, zivil- und öffentlich-rechtliche Instrumentarium zur Durchsetzung bestehender Schutzrechte erheblich verbessert.

M.B.

Markenpolitik

i.e.S. beschäftigt sich mit dem Aufbau und der Pflege von Produktangeboten als → Markenartikel. Sie stellt ein zentrales Element des → Marketing dar, da es sich häufig zeigt, dass die Marken eines Unternehmens vom Kunden als Synonym für die Leistungsfähigkeit der gesamten Unternehmung betrachtet werden. Als Markenpolitik i.w.S. können die mit der Markierung von Produkten (Namen, Symbole, Zeichen) verbundenen Maßnahmen verstanden werden. I.d.S. lässt sich jedes unternehmerische Produkt- oder Leistungsangebot als *Marke* verstehen, das aus bestellpolitischen und rechtlichen Gründen mit einem → Markennamen versehen ist.

Die Gründe für den zeit- und kostenaufwendigen Aufbau (im Konsumgütersektor ist mit zweistelligen Millionenbeträgen und mehreren Jahren zu rechnen) und die Pflege von Markenartikeln sind vielfältig. Der Markenartikel soll es seinem Anbieter erleichtern, eine gegenüber der Konkurrenz herausragende Marktstellung zu erreichen (→ Differenzierungsstrategie). Das eigene Produktangebot lässt sich damit gegenüber unternehmensfremden Offerten besser abgrenzen, um etwa Ausstrahlungseffekte der eigenen Produktwerbung auf den Absatz ähnlicher Konkurrenzprodukte zu vermeiden. Auch der Händler ist – falls er nicht eigene Handelsmarken anbietet – an Herstellermarken interessiert, da durch intensive (Hersteller-)Werbung bereits Nachfrage geschaffen wurde, die Produkte quasi „vorverkauft" sind (→ Pull-Strategie). Ziel der Markenpolitik ist es, dem Markenartikel einen *echten Leistungsvorteil* zu verschaffen, eine Vertrauensbeziehung zwischen Hersteller und Verbraucher aufzubauen und diese auch zu pflegen. Im Rahmen der Markenpolitik gilt es weiterhin, eine Markenpersönlichkeit zu formen, diese zu positionieren (→ Positionierung), entsprechende Zielgruppen zu segmentieren (→ Marktsegmentierung) und die Marke im Bewusstsein dieser Zielgruppen zu verankern. Dies wird insb. dann erreicht werden können, wenn es dem Marketing gelingt, emotionale Konsumentenbedürfnisse anzusprechen und die angestrebte Positionierung der Marke durch klassische Konditionierung und emotionale → Produktdifferenzierung zu festigen. Mittels der mehrdimensionalen Einstellungsmessung lassen sich anschließend Kontrollinformationen dafür gewinnen, ob die erwünschte Einstellungsänderung im Wahrnehmungsraum der Konsumenten erreicht wurde (→ Imagepolitik). Wichtige operative Ziele der Markenpolitik sind die → Markenbekanntheit bzw. die → Verkehrsgeltung und die → Markentreue.

In Zeiten allgemeiner Bedarfsdeckung und Marktsättigung gewinnen solche Marken an Bedeutung, denen es gelingt, eine Verbindung zum Lebensstil bestimmter Zielgruppen herzustellen (→ Medienstil). In diesem Zusammenhang ist auf Phänomene wie den → demonstrativen Konsum hinzuweisen, der die Intentionen einer Markierung erheblich unterstützen kann, wenn etwa in der Werbung auf eine soziale Auffälligkeit des Markenkonsums abgestellt wird und prestigeträchtige Symbole Verwendung finden (→ Veblen-Effekt). Der Aufbau und die Pflege von Markenartikeln sowie die damit verbundenen markenpolitischen Maßnahmen sind in den letzten Jahren für viele

Markenpolitik

Anbieter zu einem zentralen Ziel ihres Marktauftritts geworden. Die Suche nach *Individualität* einer Marke (*brand identity*) bestimmt insb. in gesättigten Märkten vor dem Hintergrund der Gefährdung durch me-too-Produkte (→ Plagiat) den Einsatz des gesamten Marketing-Instrumentariums. In diesem Zusammenhang sind Prinzipien der *Markentechnik* entwickelt worden, die u.a. wahrnehmungspsychologischen Erkenntnissen bei der Gestaltung des Markenzeichens, der Verpackung, der Werbung usw. Rechnung tragen. Aus Erfahrungen der Praxis hat sich gezeigt, dass als wesentlicher Bestandteil einer erfolgreichen Markenpolitik, unabhängig von einer als selbstverständlich vorausgesetzten Fortentwicklung und lfd. Anpassung an geänderte Konsumentenbedürfnisse, eine gewisse Kontinuität im Marktauftritt vorhanden sein sollte. Den markenpolitischen Schwerpunkt in der Marktbearbeitung bildet neben der Gestaltung der Marke selbst (→ Qualität, → Markenname, → Produktdesign, → Verpackung, → Image) die Publikumswerbung (→ Werbung), die durch vielfältige Aktivitäten des → Direktmarketing, der → Verkaufsförderung, der → Public-Relations, des → Sponsoring und → Product Placement, des → Merchandising sowie des Internet-Auftritts flankiert wird. Die Anpassung an veränderte Umweltbedingungen erfordert dabei immer wieder Modifikationen im Erscheinungsbild der Marke (z.B. umweltfreundlichere Verpackung) oder gar einen gänzlichen → Relaunch.

Während noch bis in die 50er-Jahre hinein die Marken der Konsumgüterhersteller dominierten, haben sich die Techniken der Markenpolitik inzwischen auch auf den Dienstleistungs- und Industriegüterbereich ausgedehnt. Für den Aufbau von → Handelsmarken sind insbesondere macht- und profilierungstechnische Gründe ausschlaggebend.

Ihren Ausdruck findet die Markenpolitik in der Ausgestaltung der verschiedenen *Markenstrategien*. Insb. auf Massenmärkten sind unterschiedliche Strategien des Aufbaus und der Pflege von Marken zu beobachten. Häufig angewandte Markenstrategien sind Einzelmarkenstrategien, Markenfamilienstrategien, Dachmarkenstrategien sowie Mehrmarkenstrategien.

Einzelmarken- oder Solitärmarkenstrategien zielen darauf ab, dass für einzelne Produkte auch einzelne, unterschiedliche Marken entwickelt und im Markt durchgesetzt werden. Die *Einzelmarkenstrategie* ist damit verbunden, dass die Herkunft des einzelnen Erzeugnisses nicht werblich herausgestellt wird, dem Konsumenten oft sogar verborgen bleibt. Die Konsumenten erfahren nicht, dass die unterschiedlichen Markenartikel von einem einzigen Anbieter stammen (klassisches Beispiel: *Procter & Gamble*). Die Bedingungen bzw. Voraussetzungen für einen Hersteller, einen Teil seiner Produkte wie bei der Dachmarkenstrategie offen unter seinem Namen zu führen und bei einem anderen Teil hinter seine Einzelmarken zu treten, werden durch den Markt, das Unternehmen selbst und die von ihm gewählte Marketingstrategie bestimmt. Darüber hinaus können etwa im Zuge von Unternehmensübernahmen bekannte Marken unter ein neues Firmendach geraten, die sich aus sortimentspolitischen Erwägungen nur schwer in das dort bereits bestehende Sortiment eingliedern lassen. Es kann daher geboten sein, diese Marken eigenständig zu führen. Darüber hinaus können mit Einzelmarkenstrategien eventuelle negative Ausstrahlungseffekte vermieden werden. Auch eine mangelnde Tragfähigkeit eines Stammproduktes für einen Marken- bzw. Imagetransfer oder heterogener werdende Sortimente können Anlässe für eine solche Strategie darstellen. Als Kritikpunkte können der hohe Zeit- und Kostenaufwand zum Aufbau der verschiedenen Marken genannt werden.

Markenfamilienstrategien stellen eine einheitliche Markenbezeichnung in den Vordergrund einer Produktgruppe („Produktlinie"), unter der dann verschiedene Einzelprodukte angeboten werden (Beispiele: Nivea, Tesa, Audi). Die einzelnen Produkte profitieren vom Image der gesamten Markenfamilie (→ Markentransfer) und ermöglichen so eine kostengünstige Ausweitung („*line extension*") bzw. Anpassung des Sortiments. Vor allem im Bereich der Körperpflege und Kosmetik ist diese Markenstrategie häufig zu beobachten.

Dachmarkenstrategien verbinden den Firmennamen mit sämtlichen angebotenen Produkten. Der Unternehmensname gilt als Dachmarke, selbst dann, wenn sehr unterschiedliche Leistungsangebote im Markt vertreten sind (Beispiele: *Siemens, Yamaha, Camel*). Es wird mittels Kompetenzübertragung versucht, das Image (Vertrauen), das sich ein Produkt beim Konsumenten erwerben konnte, auf neue Sortimentsbereiche auszudehnen. Als klassische Dachmarke kann die Marke Dr. Oetker bezeichnet werden, die sich als gemeinsames Markendach über eine größere Zahl von Einzelmarken erstreckt. Die Dachmarkenstrategie ermöglicht Synergieeffekte v.a. in der Kommunikation mit dem Verbraucher. In jüngster Zeit wird dieser Effekt durch verstärkten Gebrauch von *Markenlizenzen* wirtschaftlich gezielt genutzt. Z.T. werden dazu, z.B. via Fernsehserien, markenfähige Figuren mit hohem Aufwand aufgebaut und anschließend ausschließlich oder überwiegend im Wege der Vergabe von Markenlizenzen vermarktet (→ Licensing). Im Zusammenhang mit Dachmarken spielt also der → *Markentransfer* eine besondere Rolle, d.h. die Übertragung des positiven Markenimages eines Produktes auf Produkte anderer Leistungsbereiche, um Vertrauensvorschüsse nutzbar zu machen. Es besteht allerdings auch die Gefahr des Transfers eines negativen Images. Ist der neue Sortimentsbereich in der Anmutung der Verbraucher zu weit von der Dachmarke entfernt, wird oft auch mit Submarken gearbeitet.

Mit *Mehrmarkenstrategien (Multimarkenstrategien)* strebt ein Anbieter an, unterschiedliche Marken zu entwickeln, die sich gleichzeitig an ähnliche Marktsegmente richten. Sie sind v.a. in stark gesättigten Märkten zu beobachten (z.B. Waschmittel- und Zigarettenmarkt). Mehrmarkenstrategien sind mit einem hohen Aufwand verbunden, da sämtliche Marken selbständig vermarktet werden müssen. Selbst wenn dabei die Gefahr der Substitution innerhalb des eigenen Sortiments besteht („Kannibalisierungseffekt"), soll durch mehrere auf den Massenmarkt gerichtete Marken eine höhere Marktausschöpfung durch das Unternehmen erreicht werden. Negative Ausstrahlungseffekte, etwa ausgelöst durch „flops", können dadurch vermieden werden. M.B.

Literatur: *Bruhn, M.* (Hrsg.): Handbuch Markenartikel, Bd. I: Markenbegriffe – Markentheorien – Markeninformationen – Markenstrategien, Stuttgart 1994. *Bureau, J.*: Brand Management, London 1981. *Meffert, H.; Bruhn, M.*: Markenstrategien im Wettbewerb, Wiesbaden 1984.

Markenpolitik, internationale (International Branding)

Gestaltung, Steuerung und Umsetzung der → Markenpolitik von auf mehreren Ländermärkten tätigen Unternehmen. Die internationale Markenpolitik umfasst organisatorische, strategische und funktionale Aspekte.

Der *strategische Aspekt* liegt in der Erarbeitung internationaler, zur Zielerreichung geeigneter Marketingkonzepte für Markenartikel. Dabei sind die Konzepte nicht für einzelne Ländermärkte, sondern integriert zu generieren. Ein zentraler Aspekt liegt in der Entscheidung, inwiefern die Markenpolitik standardisiert werden soll (→ Standardisierung und Differenzierung). Ziel der internationalen Markenpolitik ist dabei in praxi verbreitet eine weitestgehende Standardisierung des Markenkonzeptes (*Global Branding*) zur Erreichung von Kostenvorteilen gegenüber der unkoordinierten Führung nationaler Marken. Daneben sind aber auch gesteigerte Erlöse durch bspw. eine höhere Markenbekanntheit und damit verbundene Image-Effekte von Bedeutung. Wird die Durchsetzung eines standardisierten Markenkonzeptes angestrebt, so sind zwei Ansätze zu unterscheiden. Zum einen kann für sämtliche bearbeitete Zielmärkte (Heimatmarkt sowie Auslandsmärkte) ein einziges Konzept gefahren werden. Zum anderen ist es denkbar, für in sich relativ homogene Gruppen von Ländermärkten (bspw. Europa, Nordamerika und Asien) regionale Markenkonzepte zu definieren.

Jedoch existieren zahlreiche Standardisierungsbarrieren, welche internationalen oder Weltmarkenkonzepten entgegenstehen. Sie lassen sich grob in soziodemographische, psychographische, politische, technische und juristische Charakteristika einteilen. Letztlich existieren unendlich viele Faktoren, welche potentiell von Bedeutung sein können. Sicherlich zentral sind jedoch Aspekte wie etwa die semantische Interpretation des Markennamens, die Aussprechbarkeit oder die rechtliche Freiheit eines Markennamens (→ Markenschutz, → Markenrecht) sowie die Akzeptanz und Interpretation des Markenzeichens in jedem Zielmarkt.

Die Standardisierungsproblematik erhält ihre Relevanz jedoch nicht nur durch nationale Spezifika. Agiert ein Unternehmen auf interdependenten Märkten (Internationale Handelszusammenschlüsse), ist also die Markenpolitik auf Markt A nicht unabhängig von der Markenpolitik auf Markt B (→ Internationales Marketing), so kann durch eine entsprechende Markenstruktur dazu beigetragen werden, die Interdependenz zu reduzieren. In praxi wird so bspw. nicht selten versucht, durch national unterschiedliche Marken die Arbitragegefahr (→ Arbitrage) für ein im Kern standardisiertes Produkt, das hohe internationale Preisdifferenzen aufweist, zu reduzieren. Internationale Markenpolitik ist folglich nicht mit Weltmarkenpolitik gleichzusetzen.

Des Weiteren muss die internationale Markenpolitik auch mögliche Herkunftslandeffekte (→ Country of Origin-Effekt) antizipieren und lösen. In Anhängigkeit von den relevanten Zielmärkten und der Stärke solcher Effekte reicht die Bedeutung zu ergreifender Maßnahmen von einfachen Hinweisen auf die tatsächliche oder wünschenswerte Herkunft auf Produkt und Verpackung bis hin zur Standortwahl von Produktionsstätten und Firmensitzen.

Zur Realisierung dieser Aufgabe sind verschiedene Verankerungen der Markenkompetenz in der internationalen Unternehmung denkbar. Die Lösungsansätze für diesen *organisatorischen Aspekt* der internationalen Markenpolitik reichen von zentralisierten Architekturen bis hin zu dezentralen, informellen und demokratischen Strukturen (→ Internationale Marketingorganisation und -koordination). Einen Mittelweg bietet das → Lead-Country-Konzept.

Schließlich sind eine Reihe von *operativen Funktionen* zu erfüllen. Die wichtigsten Aufgaben bestehen in der Planungsfunktion, der Organisationsfunktion, der Koordinationsfunktion, der Kontrollfunktion und der Führungsfunktion. Dabei führt die Aufgabe, eine integrierte Lösung für mehrere Ländermärkte oder den Weltmarkt zu erarbeiten und diese umzusetzen, zu einer wesentlich höheren Komplexität der Markenpolitik im internationalen Umfeld. Entsprechend umfangreicher sind auch die personellen Anforderungen an das Management.

Ein Teilaspekt der internationalen Markenpolitik liegt in der Bewertung internationaler Marken. Sie verkörpern als immaterielle Vermögensgegenstände für ihre Besitzer teils erhebliche Werte. Der → Markenwert kann damit als Teilziel der internationalen Markenführung fungieren und auch im Falle der Schadensbemessung bei Markenmissbrauch oder bei der Bestimmung der Höhe von Lizenzgebühren von Bedeutung sein. In der Literatur wurden verschiedene Verfahren entwickelt, unter denen das → Interbrand-Verfahren sowie die Markenbewertung auf Basis der hedonischen Theorie Bedeutung erlangt haben. B.I.

Literatur: *Mühlbacher, H.:* Internationale Produkt- und Programmpolitik, in: *Hermanns, A.; Wißmeier, U.K.* (Hrsg.): Internationales Marketing-Management, München 1995. *Bukhari, I.:* Europäisches Brand Management. Entwicklung und Umsetzung erfolgreicher europäischer Marketingkonzepte, Wiesbaden 1999.

Markenportfolio → Markencontrolling

Markenrecht

Durch das Markenrechtsreformgesetz vom 25.10.1994 ist das bisherige Warenzeichengesetz (WZG) aufgehoben worden. An seiner Stelle hat das Markengesetz, in Kraft getreten am 1.1.1995, eine Gesamtreform des deutschen Markenrechts gebracht. Dieses setzt die EG-Richtlinie Nr. 89/104 des Rates zur Angleichung der Rechtsvorschriften der Mitgliedstaaten über die Marken von 1988 in das nationale deutsche Recht um und trägt damit zur Rechtsvereinheitlichung in der EU bei. Geschützt sind nach § 1 MarkenG Marken (Waren-, Dienstleistungs- und → Kollektivmarken) sowie geschäftliche Bezeichnungen und geographische → Herkunftsbezeichnungen. Die Benutzung dieser Kennzeichen ist eine wettbewerbliche Betätigung, die nur im Rahmen des lauteren Wettbewerbs ausgeübt werden darf. Der Schutz von Marken, geschäftlichen Bezeichnungen und geographischen Herkunftsangaben schließt nach § 2 MarkenG die Anwendung anderer Vorschriften zum Schutz dieser Kennzeichen, insbesondere nach dem Wettbewerbsrecht, nicht aus. Das Markenrecht regelt die Kennzeichnung des Ergebnisses unternehmerischer Leistungen. Es schützt die Marke als Mittel der Individualisierung und dient dem Schutz vor Verwechslungen (→ Verwechslungsgefahr). Die große wirtschaftliche Bedeutung der Marke spiegelt sich in der hohen Zahl der Registrierungen wider. Marken sind wichtige Instrumente moderner Marketingpolitik (→ Markenpolitik): Die → Marke hat für den Inhaber die Aufgabe, die Ware bzw. Dienstleistung zu individualisieren (Unterscheidungsfunktion), sie weist den Verbraucher auf ein bestimmtes Unternehmen als Herkunftsstätte der gekennzeichneten Ware oder Dienstleistung hin (Herkunftsfunktion), beim Verbraucher wird die Vorstellung einer gleich bleibenden oder verbesserten Beschaffenheit erweckt (Garantiefunktion), Zufriedenheit mit der mit der Marke versehenen Ware führt dazu, dass

der Verbraucher diese später wieder kauft (Werbefunktion). Mit der Ware wirbt das Unternehmen für seine Waren oder Dienstleistungen. In der Marke symbolisiert sich der Ruf, den die Ware oder Dienstleistung hat. Daraus erwächst das Image der Waren und Dienstleistungen und damit auch des betreffenden Unternehmens. Bekannte Marken bedeuten einen immensen → Markenwert.
Grundlegend für das Markenrecht ist der aus § 3 MarkenG herzuleitende Markenbegriff: Eine Marke ist danach ein Kennzeichen, das von einem Rechtssubjekt benutzt wird, um seine Waren oder Dienstleistungen von den Waren oder Dienstleistungen anderer Unternehmen zu unterscheiden. Wer Waren herstellt oder vertreibt, kann diese mit einem willkürlich gewählten Zeichen versehen, um sie dadurch von den Waren anderer Wettbewerber zu unterscheiden. Nach der Art der Entstehung des Markenschutzes wird differenziert zwischen drei Arten von Marken: Marken durch Eintragung, Marken durch Benutzung mit Verkehrsgeltung und Marken durch notorische Bekanntheit (§ 4 MarkenG). Schutzfähig als Marke sind alle Zeichen. Dies sind außer Wort- oder Kombinationszeichen insbesondere auch Hörzeichen, dreidimensionale Gestaltungen, die Verpackung von Waren sowie Farben und Farbzusammenstellungen. Diese Aufzählung ist nicht abschließend. Beispiele für Wortzeichen sind: Odol, Nivea, Puma, Persil, Schimmelpfennig, Allianz. Bei mehreren Worten: Henninger-Bräu, Mercedes-Benz, McDonalds. Auch kurze Sätze, insbesondere Werbeslogans sind markenschutzfähig, allerdings nur, wenn sie unterscheidungskräftig sind. Beispiele sind: Lass dir raten, trinke Spaten. Darauf einen Dujardin. Mach mal Pause, Coca Cola. Dann nimm Vivil und hol tief Luft. Hoffentlich Allianz versichert. Beispiele für Bildzeichen sind die renommierten Signets von Banken. Beispiele von Kombinationszeichen (Kombination von Wort und Bildzeichen): Das Bayer-Kreuz, die Hoechstbrücke, das Salamanderzeichen. Auch dreidimensionale Gestaltungen sind markenschutzfähig, einschließlich der Form einer Ware oder ihrer Ausstattung (→ Ausstattungsschutz) wie etwa Flaschenformen, das Michelin-Männchen, Figuren auf Autokühlern. Beispiele für Hörzeichen sind die Erkennungszeichen für bestimmte Waren oder Dienstleistungen in Rundfunk und Fernsehen. Nicht als Marke schutzfähig sind Zeichen, die ausschließlich aus einer Form bestehen, die durch die Art der Ware selbst oder technisch funktionell bedingt ist oder die der Ware einen wesentlichen Wert verleiht. Von der Eintragung als Marke sind jedoch auch schutzfähige Zeichen ausgeschlossen, wenn sie sich nicht graphisch darstellen lassen. Dies gilt auch für die früher nach § 25 WZG geschützte → Ausstattung.

Bei den eingetragenen Marken erlangt der Inhaber erst mit der Eintragung das ausschließliche Recht, die Marke auf Waren der angemeldeten Art, ihre Verpackung oder Umhüllung anzubringen, die so bezeichneten Waren in den Verkehr zu bringen und die Marke auf Ankündigungen und Preislisten usw. anzubringen. Die Eintragung als Marke ist nicht von der tatsächlichen Benutzung des Zeichens abhängig. Ermöglicht wird dadurch auch der Erwerb von Zeichen auf Vorrat (sog. Vorratszeichen). Das Interesse des Markeninhabers, die Marke zunächst nicht zu benutzen oder die Benutzung zu unterbrechen, wird aber nicht auf unbestimmte Dauer als schutzwürdig anerkannt. Dem Markeninhaber wird zur Wahrnehmung seiner Interessen eine Frist von fünf Jahren zugebilligt. Hat er während dieses Zeitraums seine Marke nicht ernsthaft benutzt, so kann er auf sie keinen Widerspruch mehr gegen die Eintragung einer neu angemeldeten übereinstimmenden Marke stützen, wenn der Anmelder die Benutzung bestreitet. Die unbenutzte Marke kann ferner auf Antrag eines Dritten wegen Verfalls gelöscht werden. Mittelbar ist der Markeninhaber damit genötigt, seine Marke während des 5-jährigen Zeitraums ernsthaft zu benutzen, andernfalls läuft er Gefahr, sein Markenrecht einzubüßen. Über die Eintragungsfähigkeit der Marke entscheidet das Patentamt.
Die gleiche Funktion und Rechtsqualität wie das in das Register des Patentamts eingetragene Zeichen erlangt ein im geschäftlichen Verkehr benutztes Zeichen, soweit es innerhalb beteiligter Verkehrskreise als Marke Verkehrsgeltung erworben hat (§ 4 Nr. 2 MarkenG). Diesem Schutz entsprach der frühere Schutz der → Ausstattung nach § 25 WZG. Der Schutz von Marken kraft Verkehrsgeltung geht weiter als der Schutz von Marken kraft Eintragung. Auch nicht unterscheidungskräftige Zeichen können infolge Verkehrsgeltung Markenschutz erlangen. Auch graphisch nicht darstellbare Zeichen können kraft Verkehrsgeltung

Markenschutz erlangen wie Hörzeichen, dreidimensionale Gestaltungen, Verpackung von Waren sowie Farben und Farbzusammenstellungen. Maßgebend dafür, ob Verkehrsgeltung als Marke erworben wurde, ist die Auffassung der beteiligten Verkehrskreise, bei Waren des Massenkonsums diejenige aller Verbraucher. Der zu fordernde Grad der Verkehrsgeltung hängt von der Kennzeichnungskraft des Zeichens ab: Je schwächer die Kennzeichnungskraft ist, umso höher muss die Durchsetzung im Verkehr sein. Eigenartige und einprägsame Aufmachungen hingegen erfordern einen geringeren Grad der Verkehrsdurchsetzung. Zeichen, denen jegliche Unterscheidungskraft fehlt (sog. Allerweltzeichen), sind zwar von der Eintragung ausgeschlossen; haben sie sich aber durch die Benutzung Verkehrsgeltung erworben, so besteht eine Eintragungsmöglichkeit als Marke (z.B. für „4711" als Warenzeichen für ein kölnisch Wasser).

Die Rechtswirkung der Marke besteht in dem ausschließlichen Recht zur Benutzung. Dies gilt für alle Marken, also nicht nur für die eingetragenen, sondern auch für die benutzten Marken mit Verkehrsgeltung sowie die mit notorischer Bekanntheit. Der Markeninhaber kann nach § 14 MarkenG mit der Unterlassungsklage gegen jeden vorgehen, der ohne seine Zustimmung im geschäftlichen Verkehr ein mit der Marke identisches Zeichen für Waren oder Dienstleistungen benutzt, die mit denjenigen identisch sind, für die sie Schutz genießt, oder ein identisches oder mit der Marke ähnliches Zeichen für identische oder ähnliche durch die Marke und das Zeichen erfasste Waren oder Dienstleistungen benutzt, wenn für das Publikum die Gefahr von Verwechslungen besteht. Dieser Schutz greift auch dann ein, wenn ein mit der Marke identisches oder ähnliches Zeichen der Waren oder Dienstleistungen benutzt wird, die zwar nicht denen ähnlich sind, für die sie Schutz genießt, es sich aber bei dieser Marke um eine im Inland bekannte Marke handelt und durch die Benutzung des Zeichens die Unterscheidungskraft oder die Wertschätzung der bekannten Marke ohne rechtfertigenden Grund in unlauterer Weise ausgenutzt oder beeinträchtigt wird. Wer die Verletzungshandlung vorsätzlich oder fahrlässig begeht, ist dem Markeninhaber zum Ersatz durch die Verletzung entstandenen Schadens verpflichtet. Zur wirksamen Bekämpfung der Produktpiraterie kann der verletzte Markeninhaber ferner verlangen, dass die im Besitz oder im Eigentum des Verletzers befindlichen widerrechtlich gekennzeichneten Gegenstände und die dem Verletzer gehörenden, ausschließlich zur widerrechtlichen Kennzeichnung gebrauchten oder bestimmten Vorrichtungen vernichtet werden. Außer dem Vernichtungsanspruch kann der verletzte Markeninhaber gegen den Verletzer einen Anspruch auf unverzügliche Auskunft über die Herkunft und den Vertriebsweg der widerrechtlich gekennzeichneten Ware geltend machen.

Die Marke steht dem Inhaber zu. Sie kann mit oder ohne Übergang des Geschäftsbetriebes übertragen werden. Sie ist auch vererblich, selbständig verpfändbar und kann Gegenstand sonstiger dinglicher Rechte sein. An der Marke kann insbesondere ein Nutzungsrecht durch einen Lizenzvertrag eingeräumt werden (ausschließliche oder nicht ausschließliche Markenlizenz, → Licensing). Der Schutz der eingetragenen Marke ist – im Gegensatz zu Patent-, Gebrauchs- und Geschmacksmuster – zeitlich nicht begrenzt. Zwar dauert er zunächst nur 10 Jahre, kann aber um jeweils 10 weitere Jahre verlängert werden. Räumlich besteht der Markenschutz grundsätzlich nur innerhalb der Bundesrepublik Deutschland. Helfen kann eine internationale Registrierung oder der Erwerb einer Gemeinschaftsmarke.

Neben die nationale Marke ist durch die EG-Verordnung Nr. 40/94 die Gemeinschaftsmarke getreten, die es den Unternehmen ermöglicht, in einem einzigen Verfahren eine Gemeinschaftsmarke zu erwerben, die einen einheitlichen Schutz genießt und im gesamten Gebiet der Europäischen Gemeinschaft wirksam ist. Zuständig hierfür ist das Harmonisierungsamt für den Binnenmarkt (Marken, Muster und Modelle) mit Sitz in Alicante. Die Gemeinschaftsmarke tritt neben die nationale Marke.

Als geschäftliche Bezeichnung sind Unternehmenskennzeichen und Werktitel geschützt (§ 5 MarkenG). Während die Marke eine Ware als aus einem bestimmten Unternehmen stammend kennzeichnet, bezeichnen Unternehmenskennzeichen das Unternehmen selbst. Der Schutz solcher Unternehmenskennzeichen bestimmte sich früher nach § 16 UWG, der durch das Markenrechtsreformgesetz ebenfalls aufgehoben und in das MarkenG übernommen wurde. Damit wurde eine zusammenfassende Regelung des Kennzeichnungsrechtes (→ Kennzeichenschutz) auf der Grundlage des bisherigen Rechts geschaffen. Ebenso wie dem Markeninhaber steht auch dem Inhaber eines Unternehmenskennzeichens oder Werktitels ein ausschließliches Recht zu. Der Inhaber kann gegen jeden mit der Unterlassungsklage vorgehen, der die Bezeichnung im geschäftlichen Verkehr unbefugt in einer Weise benutzt, die geeignet ist, Verwechslungen hervorzurufen.

Von den Marken unterscheiden sich die geographischen Herkunftsangaben (→ Herkunftsbezeichnung) dadurch, dass sie nicht die betriebliche Herkunft von Waren oder Dienstleistungen, sondern deren geographische Herkunft kennzeichnen. Sie sind gegen eine Benutzung für Waren oder Dienstleistungen anderer Herkunft geschützt, wenn die Gefahr der Irreführung besteht (§ 127 Marken G). Weisen die durch eine geographische Herkunftsangabe gekennzeichneten Waren oder Dienstleistungen besondere Eigenschaften oder eine besondere Qualität auf, so dürfen sie im geschäftlichen Verkehr für die entsprechenden Waren oder Dienstleistungen dieser Herkunft nur benutzt werden, wenn die Waren oder Dienstleistungen auch diese Eigenschaften oder diese Qualität aufweisen. Auch wenn keine Irreführungsgefahr besteht, die geographische Herkunftsangabe aber einen besonderen Ruf genießt, darf sie im geschäftlichen Verkehr für Waren oder Dienstleistungen anderer Herkunft nicht benutzt werden, wenn die Benutzung geeignet ist, den Ruf der geographischen Herkunftsangabe oder ihre Unterscheidungskraft ohne rechtfertigenden Grund in unlauterer Weise auszunutzen oder zu beeinträchtigen. Diese Verbote greifen auch ein, wenn Namen, Angaben oder Zeichen benutzt werden, die der geschützten geographischen Herkunftsangabe ähnlich sind oder wenn die geographische Herkunftsangabe mit Zusätzen benutzt werden. Wer im geschäftlichen Verkehr Namen, Angaben oder Zeichen verbotswidrig benutzt, kann von Mitbewerbern, gewerblichen Verbänden, Verbraucherverbänden (→ Verbraucherschutz, → Verbraucherschutzverein) und von den Industrie- und Handelskammern auf Unterlassung in Anspruch genommen werden. Bei schuldhaftem Handeln besteht eine Verpflichtung zum Schadensersatz. Die widerrechtliche Benutzung geographischer Herkunftsangaben ist strafbar. H.-J.Bu.

Markenschutz

ist ein rechtliches Institut (s.a. → Markenrecht), das sich bis Ende des Jahres 1994 aus drei Stufen ableitete:

(1) Dem *zeichenrechtlichen Schutz* nach dem Warenzeichengesetz (WZG), das dem Inhaber eines in der Zeichenrolle eingetragenen Warenzeichens das Recht gewährte, Dritten die Verwendung dieser Marke zu untersagen (Warenzeichen),

(2) dem *wettbewerbsrechtlichen Schutz* nach dem Gesetz gegen unlauteren Wettbewerb (UWG) und

(3) dem *Deliktsschutz*, etwa gegen → Markenpiraterie. Falls es sich um eine „berühmte Marke" handelte, konnte darüber hinaus auch § 823 I BGB zum Tragen kommen (in Sonderfällen gewährt auch § 12 BGB einen Schutz der Marke). Die Stufen (2) und (3) besitzen auch heute noch Geltung.

Das Warenzeichengesetz ist mit dem Inkrafttreten des Markengesetzes (Gesetz über den Schutz von Marken und sonstigen Kennzeichen: MarkenG), das zur Umsetzung der „Ersten Richtlinie des Rates zur Angleichung der Rechtsvorschriften der Mitgliedsstaaten über die Marken (EG Richtlinie 89/104/EWG)" erlassen worden, aufgehoben worden. Mit der Einführung des Markengesetzes wurden die folgenden Ziele verfolgt: Erstens die Harmonisierung der nationalen Markenrechte der EU und zweitens die Umsetzung der bereits seit langem geforderten Reform des Warenzeichengesetzes. Dadurch wurden die bisher in unterschiedlichen Rechtsquellen (Warenzeichengesetz, UWG) angesiedelten Regelungen des Kennzeichenschutzes in einem einheitlichen Gesetz zusammengefasst. Die Anzahl der schutzfähigen Elemente hat sich durch das neue Markengesetz ggü. dem bisherigen Warenzeichengesetz deutlich erhöht.

Markenschutz kann auf drei Wegen entstehen: Erstens durch Eintragung eines Zeichens in das beim Patentamt geführte Markenregister, zweitens durch Benutzung des Zeichens im geschäftlichen Verkehr und soweit das Zeichen innerhalb beteiligter Verkehrskreise als Marke Verkehrsgeltung erlangt hat (diesem Schutz entsprach früher der Ausstattungsschutz) und drittens durch die notorische Bekanntheit der Marke.

Das Prinzip des Schutzsystems ist die Priorität (Zeitrang). Kommen zwei identische

oder ähnliche Zeichen (Marke, Firma, Symbol) in Konflikt miteinander, so wird der älteren Marke ggü. der jüngeren der Vorrang gewährt. Dabei ist es unerheblich, auf welche Weise der Rechtsschutz eines Zeichens entstanden ist. Einzig und allein die Frage, welches Zeichen zeitlich früher Rechtsschutz erlangt hat, bestimmt darüber, welches Vorrang bekommt.
Der Markenschutz gewährt dem Verletzten Unterlassungs-, Löschungs- oder Schadensersatzanspruch sowie das Recht auf Auskunft. M.B.

Literatur: *Ahlert, D.; Schröder, H.*: Rechtliche Grundlagen des Marketing, 2. Aufl., Stuttgart, Berlin, Köln 1996. *Lewinsky, D.*: Deutscher und europäischer Patent- und Markenschutz, Köln 1987. *Schmitz, H.*: Warenzeichen-, Patent-, Gebrauchsmuster- und Geschmacksmusterrecht, Köln 1988. *Wahlert, J.v.*: Markenartikel und Kennzeichenschutz, in: *Bruhn, M.* (Hrsg.): Handbuch Markenartikel, Bd. 3, Stuttgart, 1994, Sp. 1747-1786.

Markensympathie

bezeichnet die gefühlsmäßige (affektive) Einschätzung einer Marke. Die Markensympathie gehört zur Konstruktkategorie der → Einstellungen. Erhoben wird sie i.d.R. mit Hilfe einer Ratingskala, auf der Probanden ihren Gesamteindruck von einer Marke abstufen können (z.B. von 1 = „ist mir außerordentlich sympathisch" bis 6 = „ist mir überhaupt nicht sympathisch"). Entsprechende Messwerte für viele Marken findet man in der → Verbraucheranalyse, wo die Markensympathie ein Element im „Markendreiklang": Bekanntheit-Sympatie-Kaufbereitschaft darstellt.

Obwohl die Markensympathie eine stark vereinfachte Größe zur Messung des komplexen Konstrukts „Markeneinstellung" ist, hat sich diese Operationalisierung als zuverlässig zur Messung der Gesamteinstellung zu einer Marke herausgestellt, da in der gefühlsmäßigen Einschätzung einer Marke mittelbar auch kognitive Elemente, nämlich vermutete oder bekannte Eigenschaftsausprägungen, enthalten sind. Die Reagibilität der Markensympathie auf Veränderungen im Marketing-Mix ist wie bei allen Einstellungsgrößen relativ gering. Dennoch spielt die Markensympathie eine zentrale Rolle in der Erfolgsbeurteilung einer Marke, da ihre Kaufverhaltensrelevanz in einer Reihe empirischer Studien nachgewiesen werden konnte. Eine positive Einstellung zu einer Marke ist eine notwendige, aber nicht hinreichende Bedingung für die Aufnahme der Marke in das Relevant Set. Marken im Relevant Set verfügen in einer konkreten Kaufsituation über eine höhere Kaufwahrscheinlichkeit als solche außerhalb des Relevant Sets.

Dennoch darf aus einer hohen Markensympathie nicht unmittelbar auf eine entsprechend hohe → Kaufabsicht geschlossen werden, da die wertende Einstellung zu einer Marke nicht zwingend mit einer Verhaltensintention verbunden ist. Kaufabsichten unterliegen im Gegensatz zu Beurteilungen der Markensympathie einer Reihe situativer Einflüsse (Verfügbarkeit, finanzielle Restriktionen u.v.m.). Dies schränkt die prognostische Validität der Markensympathie für zukünftiges Kaufverhalten naturgemäß ein. U.E.

Literatur: *Ellinghaus, U.*: Werbewirkung und Markterfolge, München, Wien 2000.

Markentransfer

bedeutet die Übertragung eines etablierten Markennamens auf ein neues Produkt einer anderen Gattung (Beispiele: Camel-Reisen und -Kleidung oder Davidoff-Zigarren und -Parfum). Einer Dachmarkenstrategie (→ Markenpolitik) ähnlich, wird über einen Markentransfer eine Kompetenzübertragung angestrebt, d.h. es wird versucht, das Vertrauen, das sich ein Produkt beim Konsumenten erwerben konnte, auf ein völlig neues, nicht lediglich modifiziertes Produkt, zu übertragen.

Problematisch bei dieser Strategie ist, zu beurteilen, ob Transferpotential und Tragfähigkeit des Stammproduktes für einen erfolgreichen Markentransfer ausreichen. Technisch-objektive Produktklassenunterschiede können dabei unüberbrückbare Transferbarrieren darstellen, d.h. je ähnlicher die objektiv-technischen Eigenschaften eines Transferprodukts zum betreffenden Stammprodukt sind, desto eher gelingt die Einstellungsübertragung und umso höher ist die Marktakzeptanz der Konsumenten. Es konnte nachgewiesen werden, dass sich im Gegensatz zu produktgeprägten Marken (Gattungsmarken wie Uhu oder Tesa) insb. nutzengeprägte Marken (z.B. Pierre Cardin, Boss) für einen Transfer eignen und das Transferpotential sogar starker Marken nur unbedeutend bleibt, ist das Transferprodukt wenig innovativ (*Hätty*, 1989). Ein Risiko eines Markentransfers ist die Schwächung des bisher erfolgreichen Stammproduktes

durch De-Profilierung – der sog. *Markenerosion*.
Als Pendant dieser Spezialform der Markenausdehnung gilt die *Markeneinengung*, die diesen Risiken entgegenwirkt. Klassisches Beispiel für einen gelungenen Markentransfer ist die Marke Nivea, der es gelang, ein vorhandenes und gefestigtes Image einer eingeführten Marke auf weitere Produktlinien (Körperpflege, Kosmetik) auszudehnen. M.B.

Literatur: *Hätty, H.*: Der Markentransfer, Heidelberg 1989. *Kroeber-Riel, W.; Weinberg, P.*: Konsumentenverhalten, 7. Aufl., München 1999.

Markentreue

ist ein verfestigtes Verhaltensmuster bei der → Markenwahlentscheidung, das als Ausdruck des Bindungsgrades zwischen Konsument und Marke dessen Zufriedenheit mit ihr widerspiegelt (s.a. → Kundenbindung). Sie kann gemessen werden durch die Wahrscheinlichkeit, mit der ein Konsument die gleiche Marke (das gleiche Produkt) wiederkauft (→ Wiederkaufverhalten; Gegensatz: → Markenwechsel).
Markentreue ist das Festhalten an bewährten Kaufentscheidungen und kann als ein Mittel zur Risikoreduktion im Kaufentscheidungsprozess bezeichnet werden. Sie äußert sich als habituelles oder Wiederholungskaufverhalten in einer vereinfachten, bereits vorentschiedenen Produkt-/Markenwahl (eine weitere Möglichkeit, einem wahrgenommenen Kaufrisiko zu begegnen, ist bspw. auch die Orientierung am Preis, → preisorientierte Qualitätsbeurteilung). Die Markentreue führt im Extremfall über kognitive Dissonanzen zu einer reduzierten Informationsaufnahme. Je höher das wahrgenommene Kaufrisiko, desto größer die Neigung, sich markentreu zu verhalten.
Nach empirischen Untersuchungen existiert für verschiedene Produktgruppen eine unterschiedliche Produkt-/Markentreue: Eine geringe bis mittlere Produkttreue für schwach markierte Güter des täglichen Bedarfs, eine hohe Produkttreue für stark markierte Güter des täglichen Bedarfs und eine geringe bis mittlere Produkttreue für selten gekaufte Gebrauchsgüter. Im Zusammenhang mit der nach diesen einzelnen Produktklassen zu differenzierenden Markentreue wird angenommen, dass sie bei älteren Personen ausgeprägter ist, mit sinkendem sozialen Status ansteigt, umso stärker ist, je höher das Kaufrisiko wahrgenommen wird

und sich bei einem hohen Prestigewert stärker zeigt.
Eine Messung der Markentreue kann erfolgen durch Befragungen (Abfragen der erinnerten Markentreue) oder durch Instrumente der ökoskopischen Marktforschung (beobachtete Markentreue z.B. via Haushaltpanel). Da sich das Absatzvolumen aus der Zahl der Erstkäufe plus der Zahl der Wiederkäufe mal der Kaufintensität bestimmt (→ Wiederkaufverhalten, → Wiederkaufrate), sind der Aufbau und die Erhöhung der Markentreue dominante Ziele der → Markenpolitik. Marketingmanager sind daher stark an Informationen über das Wiederkaufverhalten ihrer Zielgruppen, an Informationen über Gründe und Voraussetzungen von markentreuem Verhalten interessiert. Im Bereich der Marketingwissenschaft versuchen behavioristische Modelle zu einer verhaltenswissenschaftlichen Erklärung der Markentreue und des Gewohnheitsverhaltens beizutragen. M.B.

Literatur: *Kroeber-Riel, W.; Weinberg, P.*: Konsumentenverhalten, 7. Aufl., München 1999. *Weinberg, P.*: Die Produkttreue der Konsumenten, Wiesbaden 1977. 1. Markendialog G.E.M, Dokumentation 1977. 9. Markendialog G.E.M, Dokumentaton1997 (Bezug über Markenverband, Schöne Aussicht 59, 65193 Wiesbaden).

Markenverband e.V.

ist die Interessenvertretung der deutschen Markenartikelindustrie mit Sitz in Wiesbaden. Ziel des Verbandes ist u.a. die Förderung der ideellen und gewerblichen Interessen seiner Mitglieder sowie die Wahrnehmung der Belange, die sich aus der Herstellung und dem Vertrieb von → Markenartikeln ergeben. Verbandszeitschrift ist der „Markenartikel".
Anschrift: Schöne Aussicht 59, 65193 Wiesbaden, Tel. 0611/5867-0, Fax: 0611/5867-27.

Markenwahlentscheidungen

beziehen sich im Rahmen von → Kaufentscheidungen auf die Frage, welches der innerhalb einer bestimmten Produktkategorie angebotenen Produkte gekauft werden soll. Dieser Aspekt ist hinsichtlich der Marketingaktivitäten von Unternehmen, die hauptsächlich auf den Erfolg der eigenen Produkte im Vergleich zu denen der direkten Wettbewerber gerichtet sind, besonders bedeutsam (→ Markenpolitik). Markenwahlentscheidungen stehen im Mittelpunkt

der Forschung zu → Kaufentscheidungen und der → Kaufentscheidungsprozessforschung.
Eine bedeutsame theoretische Vorstellung vom Prozess der Markenwahlentscheidung geht davon aus, dass Produkte von den Konsumenten als Bündel von Eigenschaften (z.B. Kofferraumvolumen, Bremssysteme, Höchstgeschwindigkeit bei Autos) angesehen werden, die wiederum für den Käufer bestimmte Konsequenzen (z.B. Komfort, Sicherheit, Zeitersparnis) haben. Diese Konsequenzen werden nach Maßstäben eingeschätzt, die durch die Wertvorstellungen (z.b. hinsichtlich Bequemlichkeit, sozialer Anerkennung) der Konsumenten geprägt sind. Insofern besteht eine Beziehung von den Wertvorstellungen über Eigenschaften von Produkten zur Bewertung der Produkte und den entsprechenden Entscheidungen (→ Means-End-Theorie).
Die Kennzeichnung von Produkten als → Markenartikel dient u.a. dazu, den Konsumenten die Zuordnung von produktbezogenen Informationen (z.B. in der Werbung) zu diesen Produkten zu ermöglichen. Sie ermöglicht ferner, bei Wiederholungskäufen erneut das gleiche Produkt zu kaufen (→ Markentreue) oder einen geplanten Markenwechsel vorzunehmen.
Markenwahlentscheidungen beziehen sich meist nur auf eine (kleine) Teilmenge der insgesamt angebotenen vergleichbaren Marken, nämlich den Teil, der dem Konsumenten bekannten Marken, der nicht abgelehnt und deshalb in den Kaufentscheidungsprozess einbezogen wird (→ Consideration Set, → Evoked Set).
Im Rahmen der Präferenzforschung wurden verschiedene → Kaufmodelle mit unterschiedlichen Präferenzannahmen entwickelt. A.Ku.

Literatur: *Asseal, H.:* Consumer Behavior and Marketing Action, 5. Aufl., Cincinnati 1995. *Kroeber-Riel, W.; Weinberg, P.:* Konsumentenverhalten, 7. Aufl., München 1999.

Markenwechsel
äußert sich in einer Umstellung im Kaufverhalten innerhalb einer Produktgattung, d.h. der Ablösung des Kaufs einer Marke durch den einer anderen. Er ist Ausdruck geringer oder fehlender → Markentreue. Mit Hilfe von stochastischen Kaufverhaltensmodellen kann eine Darstellung der Phänomene Markenwechsel bzw. Markenloyalität mittels einer Übergangs- oder Fluktuationsmatrix

erfolgen. Es ist ein Ziel des Marketing, sowohl Eroberungs- als auch Wiederkaufraten zu erhöhen, um sowohl Markenwechsel zur eigenen Marke hin auszulösen als auch Markenwechsel zu anderen Marken hin zu minimieren. Die Datenbasis dafür liefern vornehmlich → Haushaltspanels und darauf aufbauende → Gain-and-Loss-Analysen (s.a. → Kundenverlust-Analyse). M.B.

Markenwert (Brand Equity)
ist der Wert, der mit dem Namen oder Symbol einer Marke verbunden ist (→ Markenname, → Markenartikel, → Markenpolitik). Der Wert wird üblicherweise als inkrementaler Wert verstanden, der gegenüber einem technisch-physikalisch gleichen, jedoch namenlosen oder wenig etablierten Produkt (z.B. einer klassischen → Handelsmarke) besteht. Es kann zwischen nicht-monetären (z.B. → Markenimage, → Markentreue oder → Markenbekanntheit) und monetären Markenwertmaßen unterschieden werden. Letztere sind im Sinne des → Wertemanagement als Barwert aller zukünftigen markenspezifischen Einzahlungsüberschüsse (Brand Specific Earnings) aufzufassen. Die Entstehung des Begriffs Brand Equity Anfang der achtziger Jahre in den USA steht für eine neue Interpretation von Marketingausgaben, die nicht mehr als kurzfristig, sondern als langfristige Investitionen angesehen werden. Vor dem Hintergrund steigender Marketingausgaben und einer kritischen Diskussion kurzfristiger Werbewirkungen erhielten Marketing-Manager bei Budgetdiskussionen mit Finanzexperten mit dem Markenwert ein quantitatives Maß, um den Investitionscharakter von Marketingausgaben zu untermauern und damit einen steigenden Budgetanteil zu rechtfertigen.
Weitere *Verwendungszwecke* einer Markenbewertung und deren praktische Bedeutung laut einer Umfrage unter den 100 größten Deutschen Unternehmen sowie den Mitgliedern des Deutschen Markenverbands aus dem Jahre 1999 sind in der *Tabelle* dargestellt. Es dominieren die Zwecke Markentransaktionen (u.a. Markenlizenzen), Verletzungen des → Markenschutzes (→ Markenrecht, → Markenpiraterie) und Steuerung und Kontrolle von Marken (→ Markenpolitik). Von eher geringer Bedeutung sind Markendokumentationen, insbesondere innerhalb des Jahresabschlusses. Dieser Befund ist auch vor dem Hinter-

Markenwert (Brand Equity)

Verwendungszwecke von Markenbewertungen und deren Bedeutung aus Unternehmenssicht

Verwendungszweck	Ausprägung	Durchschnittliche Bedeutung laut Unternehmensbefragung *)
Markentransaktionen	• Kauf/Verkauf/Fusion von Unternehmen(steilen) mit bedeutenden Marken	• 6,2
	• Lizenzierung von Marken	• 6,0
Markenschutz	• Schadensersatzbestimmung bei Markenrechtsverletzungen	• 5,1
Markenführung	• Steuerung und Kontrolle von Marken	• 5,4
	• Steuerung und Kontrolle von Führungskräften	• 3,8
	• Aufteilung von Budgets	• 4,4
Markendokumentation	• Unternehmensinterne Berichterstattung	• 4,4
	• Unternehmensexterne Berichterstattung außerhalb des Jahresabschlusses	• 4,2
	• Unternehmensexterne Berichterstattung innerhalb des Jahresabschlusses	• 4,0
Markenfinanzierung	• Kreditabsicherung durch Marken	• 3,2
	• Kreditakquisition durch Marken	• 3,2

*) Gemessen auf einer Skala von 1 (unwichtig) bis 7 (sehr wichtig). Ausgewertet wurden Antworten von 126 Deutschen Großunternehmen (*PriceWaterhouseCoopers/Sattler*, 1999, vgl. *Sattler*, 2000)

grund zu sehen, dass in Deutschland bisher grundsätzlich handels- und steuerrechtlich für selbstentwickelte Marken ein Aktivierungsverbot besteht. Allerdings ist prinzipiell die Möglichkeit gegeben, über die Werte solcher Marken im Anhang des Jahresabschlusses zu berichten. Entgeltlich erworbene Markenrechte müssen aktiviert werden. Neue Dynamik hat diese Diskussion durch die zunehmende Tendenz insbesondere von börsennotierten Gesellschaften erhalten, ihre Konzernrechnungslegung international vorherrschenden Grundsätzen (insbesondere nach US-GAAP und IAS) anzupassen und damit vom HGB abweichende Bestimmungen zur Bilanzierung immaterieller Vermögensgegenstände zu nutzen. Von deutlich geringster Relevanz ist die Verwendung einer Markenbewertung für Zwecke der Markenfinanzierung in Form der Kreditabsicherung oder -akquisition. Dies mag damit zusammenhängen, dass vielen Unternehmen die diesbezüglichen Möglichkeiten noch nicht hinreichend bewusst sind. Durch das „Gesetz über die Erstreckung von gewerblichen Schutzrechten" vom 23.4.1992 ist die Bindung des Warenzeichens an den Geschäftsbetrieb entfallen.

Markenzeichen sind damit zum selbständigen Wirtschaftsgut geworden, das auch als Finanzierungsinstrument eingesetzt werden kann.

Bei der Ermittlung eines monetären Markenwerts sind insbesondere *drei Problembereiche* relevant. Ein erstes Problem besteht darin, dass bei der Ermittlung von Einzahlungsüberschüssen für die zu bewertende Marke nicht die gesamten Einzahlungsüberschüsse aus dem mit der Marke verbundenen Produkt relevant sind, sondern nur diejenigen, welche spezifisch auf die Marke zurückzuführen sind. Betrachtet man bei den Einzahlungen die Umsatzerlöse aus einem Produkt, so sind dementsprechend nicht die gesamten Umsatzerlöse relevant, sondern nur der Teil der Umsatzerlöse, der spezifisch auf die Marke zurückzuführen ist. So würde ein Teil der Umsatzerlöse auch erzielt werden können, wenn für das jeweilige Produkt keine (bzw. eine unbekannte oder nahezu unbekannte) Marke verwendet wird. Entsprechend sind auch nur diejenigen Auszahlungen zu berücksichtigen, die durch die Marke verursacht werden. Neben diesem Isolierungsproblem besteht ein zweites Problem darin, dass sich

Markenwert (Brand Equity)

die Wirkungen von Marken über sehr lange Zeiträume erstrecken. Allgemein zeigt die Existenz klassischer Markenartikel, wie z.B. Coca-Cola, Dr. Oetker, Nivea, Persil, Rama und Tempo, über einen Zeitraum von deutlich über 50 Jahren die (potentiell) langfristige Wirkung von Markenstrategien. Für die Markenbewertung in Form einer Ermittlung diskontierter zukünftiger Einzahlungsüberschüsse bedeutet dies, dass Prognosezeiträume von 5, 10 oder sogar mehr Jahren relevant werden können (langfristiges Prognoseproblem). Als drittes zentrales Problem muss berücksichtigt werden, dass das Wertschöpfungspotential einer Marke wesentlich durch markenstrategische Optionen beeinflusst wird (→ Markenpolitik). Diese Optionen bestehen in erster Linie darin, dass die zu bewertende Marke in Form eines → Markentransfers auf neue Produktbereiche ausgedehnt werden kann. Bei der Bewertung dieser Option ist erschwerend zu berücksichtigen, dass es infolge des Markentransfers zu einer Verwässerung oder sogar Schädigung des Markenimage kommen kann, mit entsprechend negativen Konsequenzen für sämtliche Produkte, die unter der betroffenen Marke angeboten werden. Neben der klassischen Form von Markentransfers auf neue Produkte (*New Product Brand Extension*) kann ein Markentransfer auch durch eine Ausdehnung auf neue (geographische) Märkte vorgenommen werden (*New Market Brand Extension*), z.B. in Form eines Transfers der australischen Marken Foster und Winfield u.a. auf den deutschen Markt. Weitere markenstrategische Optionen bestehen darin, dass die zu bewertende Marke umpositioniert wird, beispielsweise durch eine Etablierung neuer zentraler Imagedimensionen, oder markenbezogene Kooperationen eingegangen werden, z.B. in Form von Markenallianzen mit Wettbewerbern oder Kooperationen mit dem Handel.

Aus der *Abbildung* wird deutlich, dass der Gesamtwert einer Marke in die beiden Komponenten Fortführungswert (Going-Concern-Markenwert) und Wert markenstrategischer Optionen aufgeteilt werden kann. Für beide Komponenten müssen markenspezifische Zahlungen (Brand Specific Earnings) isoliert und langfristig prognostiziert werden. Beim Going-Concern-Markenwert wird davon ausgegangen, dass die zu bewertende Marke zukünftig unten den gegenwärtigen Rahmenbedingungen (bisherige Produkte, Märkte, Positionierungen und Kooperationen) fortgeführt wird. Der Wert markenstrategischer Optionen ergibt sich hingegen aus zukünftigen Handlungsmöglichkeiten der betrachteten Marke im Hinblick auf neue Produkte, Märkte, Positionierungen oder Kooperationen.

Zur Lösung des *Isolierungsproblems* ist in den 90er-Jahren eine Vielzahl von Lösungsvorschlägen erarbeitet worden. Dabei konzentrieren sich die Ansätze auf markenspezifische Einzahlungen. Im einfachsten Fall wird davon ausgegangen, dass sich der Wert einer Marke über die Messung von Markenwertindikatoren erfassen lässt. Solche *nicht-monetären* Ansätze messen also nicht unmittelbar eine markenspezifische Einzahlungskomponente, sondern man versucht, indirekt über die Ermittlung von Indikatoren für den Markenwert eine Lösung des Isolierungsproblems zu erreichen. Dabei wird entweder lediglich ein einzelner Indikator verwendet (z.B. → Markenimage) oder es werden kombiniert mehrere Indikatoren erfasst (z.B. Mittelwert aus Markenvertrautheit und subjektiver Markeneinschätzung, „*Landor's ImagePower*"). Aufgrund der Konzentration auf nur einen Indikator oder eine häufig willkürliche Kombination von Indikatoren sind diese Ansätze mit erheblichen Problemen behaftet und erfassen zudem nur eine Teilkomponente des Gesamtmarkenwerts. Weiterhin eignen sich die nicht-monetären Markenbewertungsinstrumente nur in Ausnahmefällen für die praktisch relevanten Anwendungszwecke von Markenbewertungen (vgl. *Tab.*).

Im Gegensatz zu den nicht-monetären Ansätzen verfolgen die *monetären Verfahren* unmittelbar das Ziel, die zusätzliche Zahlungsbereitschaft zu ermitteln, die Nachfrager für eine bestimmte Marke gegenüber einer unbekannten (oder nahezu unbekannten) Marke zeigen. Vielfach wird diese Zahlungsbereitschaft auf individueller Konsumentenebene durch Befragungen erhoben. Kennt man die Nachfragemengen pro Konsument innerhalb der gegenwärtigen Periode (z.B. innerhalb des laufenden Jahres) und hat man ein für den relevanten Produktmarkt repräsentatives Sample von Konsumenten hinsichtlich der zusätzlichen Zahlungsbereitschaft befragt, so lässt sich der gegenwärtige Wert der Marke hochrechnen. Die bisher vorgeschlagenen monetären Markenwertmaße lassen sich grundsätzlich in drei Typen untergliedern. Bei der ersten Gruppe von Ansätzen wird der Wert durch

Grundprobleme und Komponenten einer Markenwertmessung

```
┌─────────────────────────────────────────────────────┐
│         Isolierung markenspezifischer Zahlungen      │
│      → Brand Specific Earnings für die laufende Periode │
└─────────────────────────────────────────────────────┘
                          ⬇
┌─────────────────────────────────────────────────────┐
│    Langfristige Prognose markenspezifischer Zahlungen │
│         → Zukünftige Brand Specific Earnings         │
└─────────────────────────────────────────────────────┘
              ⬇                         ⬇
┌───────────────────────────┐  ┌───────────────────────────┐
│ Bisherige Produkte/Märkte/│  │ Neue Produkte/Märkte/     │
│ Positionierungen/Kooperationen│ │ Positionierungen/Kooperationen│
│                           │  │                           │
│   → Fortführungswert      │  │ → Wert markenstrategischer│
│ (Going-Concern-Markenwert)│  │      Optionen, z.B.       │
│                           │  │  New Product Brand Extension│
│                           │  │  New Market Brand Extension│
│                           │  │   Markenrepositionierung  │
│                           │  │      Markenallianzen      │
└───────────────────────────┘  └───────────────────────────┘
              ⬇                         ⬇
┌─────────────────────────────────────────────────────┐
│                     Markenwert                       │
│            → Summe aller diskontierten BSE           │
└─────────────────────────────────────────────────────┘
```

direkte Fragen an potentielle Markenkäufer nach dem Geldbetrag (Preis-Premium) ermittelt, bei dem der/die Befragte indifferent zwischen der betrachteten und einer unbekannten oder konkurrierenden Marke ist. Beim zweiten Typ von Ansätzen wird das Preis-Premium indirekt ermittelt. Dabei geben Konsumenten Präferenzurteile hinsichtlich einer Anzahl von Marken mit unterschiedlichen (systematisch variierten) Preisen ab, beispielsweise indem sie die Marke auswählen, die sie am ehesten kaufen würden, oder die Marken in eine Präferenzrangfolge bringen. Durch Schätzung von Parametern eines spezifizierten Modells mit den Präferenzurteilen als abhängige und den Preisen sowie ggf. Eigenschaften als unabhängige Variablen kann dann das Preis-Premium für die Marke ermittelt werden. Die Marken werden entweder ausschließlich anhand von Markennamen und Preisen oder zusätzlich auch durch bestimmte Eigenschaften im Rahmen einer → Conjoint Analyse beschrieben. Ein dritter Ansatz zur Ermittlung einer zusätzlichen Zahlungsbereitschaft besteht auf aggregierter Ebene in der Schätzung einer hedonischen Preisfunktion (→ hedonischer Preis). Bei einer hedonischen Preisfunktion wird versucht, die am Markt beobachtbaren Preisvariationen verschiedener Produktvarianten einer Produktklasse durch die Unterschiede der diese Produkte beschreibenden Eigenschaften (hier unter anderem die Marke) zu erklären. Hierzu kann eine Regressionsanalyse mit den beobachteten Preisen als abhängige und den Produkteigenschaften als unabhängige Variable(n) eingesetzt werden. Die geschätzten Regressionskoeffizienten für die Marken können dann als durchschnittliche zusätzliche Zahlungsbereitschaft im Vergleich zu einer unbekannten Marke interpretiert werden. Der Ansatz ist allerdings an verschiedene Annahmen gebunden (wie z.B. vollständige Informationen bei Nachfragern und Anbietern sowie unendlich hohe Reaktionsgeschwindigkeiten der Marktpartner), die vielfach nicht gegeben sind. Von daher ist dieser Ansatz für eine Markenwertermittlung nur für die Fälle bzw. Warengruppen geeignet, in denen die Annahmen näherungsweise erfüllt sind (z.B. Automobile). Vorteile bestehen in der einfachen und kostengünstigen Datenbeschaffung. Zur Lösung des Isolierungsproblems eignen sich am ehesten die angesprochenen indirekten Ansätze zur Ermittlung eines Preis-Premium. Sie weisen den Vorteil auf, dass die Befragung näherungsweise einer realen Kaufentscheidung ähnelt, da die Hauptaufgabe der Auskunftspersonen darin besteht, eine Wahlentscheidung zwischen einer bestimmten Anzahl von Marken vorzunehmen. Demgegenüber mag es durch direkte Befragungstechniken eher zu Verzerrungen kommen als bei indirekten Verfahren, da die Befragten bei direkten Fragen eher sozial erwünschte Antworten zeigen (z.B. Angabe eines hohen Preis-Premium für Marken mit einem hohen Prestigewert). Diesen Vorteilen stehen allerdings höhere Anforderungen des Anwenders bei der Datenerhebung und/oder -analyse gegenüber.

Im Hinblick auf das zweite zentrale Problem einer Markenbewertung (*langfristige Prognose markenspezifischer Zahlungen*) haben insbesondere vier Vorgehensweisen weite Verbreitung gefunden. Ein erster Ansatz versucht, im Wege eines *Analogieschlusses* branchenübliche Lizenzsätze ähnlicher Marken abzuleiten. Hierauf aufbauend werden dann unter der Annahme zukünftig stabiler Lizenzsätze langfristige Prognosen markenspezifischer Zahlungen vorgenommen. In den meisten Anwendungsfällen ist hierüber jedoch allenfalls eine näherungsweise Prognose möglich, da die Annahme langfristig stabiler Entwicklungen vielfach nicht gegeben ist und Lizenzsätze vergleichbarer Marken nicht oder nur eingeschränkt verfügbar sind.

Mit ähnlichen Problemen sind Ansätze behaftet, die anstelle von Lizenzsätzen ein gemessenes Preis-Premium auf den jeweils relevanten Markt hochrechnen (s.o.) und dann *langfristige konstante Entwicklungen des Preis-Premium* unterstellen. Simon/Sullivan (vgl. zusammenfassend *Sattler*, 1995) gehen bei einem alternativen Ansatz davon aus, dass zukünftige markenspezifische Zahlungen vom Finanzmarkt antizipiert werden und damit in den für die langfristige Prognose verwendeten *Börsendaten* eines Unternehmens enthalten sind. Dabei wird zunächst vom Börsenwert der Wert des materiellen Vermögens, wie er sich aus der Bilanz ergibt, subtrahiert. Der verbleibende immaterielle Wert des Unternehmens wird in mehrere Komponenten, u.a. den Markenwert, zerlegt und jeweils geschätzt. Einschränkend muss beachtet werden, dass auf diese Art Marken nur auf Gesamtunternehmensebene bewertet werden können und eine Börsennotierung vorausgesetzt wird.

Die weiteste Verbreitung hat eine vierte Gruppe von Ansätzen in Form von *Indikatorenmodellen* gefunden. Das international bekannteste Verfahren ist das *Interbrand-Modell*. Hierbei wird durch ein Expertenteam zunächst ein Punktwert als Ausdruck für die „Markenstärke" der zu bewertenden Marke auf Basis eines Punktbewertungsverfahrens unter Verwendung von 80 bis 100 Markenwertindikatoren ermittelt. In Abhängigkeit von der Höhe dieses Punktwerts wird dann gemäß einer angenommenen s-förmigen Funktion ein Markengewinnmultiplikator abgeleitet. Durch Anwendung dieses Multiplikators auf den geglätteten Letztjahresgewinn der bewerteten Marke ergibt sich der langfristig prognostizierte Markenwert. Aufgrund einer Vielzahl impliziter Annahmen und der Verwendung von Expertenurteilen ist jedoch auch dieser Ansatz (ähnlich wie alternative Indikatorenmodelle) mit nicht unerheblichen Validitätsproblemen behaftet. Dabei muss jedoch beachtet werden, dass die hier relevanten langfristigen Prognosen unausweichlich mit einer erheblichen Unsicherheit verbunden sind. Von daher empfiehlt sich die Anwendung von Simulationsanalysen (→ Simulationsverfahren) (wie z.B. beim Indikatorenmodell von *Sattler*, 2000), um das Ausmaß der Prognoseunsicherheit quantifizieren zu können.

Mit noch höherer Komplexität ist das dritte Problem einer Markenwertermittlung, die *Wertmessung markenstrategischer Optionen*, behaftet. Die Forschung beschränkt sich bisher fast ausschließlich auf → Markentransfers in Form von New Product Brand Extensions. Prinzipiell gilt es hierbei, das Transferpotential einer Marke in Form zusätzlicher Wertschöpfungsmöglichkeiten, die mit dieser Marke aus zukünftig durchführbaren Markentransfers realisiert werden können, zu erfassen. Das besondere Problem einer Markentransferpotentialbewertung liegt darin, dass die markenspezifischen Wertschöpfungsmöglichkeiten bisher *nicht realisierter* Neuprodukteinführungen unter einem etablierten Markennamen abgeschätzt werden müssen. Bisherige Ansätze befassen sich primär mit der Identifikation von Erfolgsfaktoren für Markentransfers und können hierüber grobe Aussagen über Erfolgswahrscheinlichkeiten zukünftiger Transfers treffen. Als solche Erfolgsfaktoren haben sich insbesondere der Fit (die Ähnlichkeit) zwischen Markentransferprodukt und Muttermarke und die Qualitätseinschätzung der Muttermarke durch potentielle Nachfrager herauskristallisiert (vgl. *Sattler,* 2000; → Markentransfers). H.S.

Literatur: *Keller, K.L.*: Strategic Brand Management. Building, Measuring, and Managing Brand Equity, Upper Saddle River 1998. *Sattler, H.*: Markenbewertung, in: Zeitschrift für Betriebswirtschaft, 65. Jg. (1995), S. 663-682. *Sattler, H.*: Markenpolitik, Stuttgart u.a. 2000.

Markenzeichen
→ Markenschutz,
→ Markenrecht

Market Due Diligence

Due Diligence-Analysen (Sorgfältigkeitsprüfungen) werden zeitlich nach der Unterzeichnung der Absichtserklärung („Letter of Intent") bei beabsichtigter Akquisition oder Fusion durchgeführt (→ Akquisitionsstrategie). In der Vergangenheit wurde das Zielunternehmen primär im Rahmen der Financial/Tax, der Legal und der Environmental Due Diligence standardisiert analysiert. Hierbei stützen sich die betriebswirtschaftlichen Analysen jedoch in erster Linie auf die Bilanz- und Finanzkennzahlen aus der Vergangenheit. Ein Zukunftsbezug war nicht gegeben, die Wettbewerbssituation sowie entsprechende Markteinflussfaktoren blieb in der Betrachtung außen vor. Die strategische Planung wurde häufig nur als Extrapolation von Vergangenheitsdaten in die Zukunft auf logische Planungsfehler hin überprüft.

Hier setzt die Market Due Diligence (MDD) an, indem sie die intern verfügbaren Informationen mit Fokus auf die marketingrelevanten Bereiche (Absatz-, Preis- und Marktanteilsentwicklungen, Organisation in Marketing/Vertrieb, Budgetierung, Qualität der Kommunikation, Preisfindungsprozesse, Produktportfolio, Vertriebspartnerportfolio) untersucht und mit den Anforderungen des Marktes (Kundenbedürfnisse, Wettbewerbsaktivitäten sowie rechtliche Rahmenbedingungen) abgleicht. Im Rahmen der internen Unternehmensanalyse werden zudem Synergiepotenziale mit dem Käuferunternehmen ermittelt und quantifiziert.

Die externe Unternehmensanalyse der Market Due Diligence konzentriert sich auf die Bewertung von Kundenbeziehungen. Zudem werden relevanten Wettbewerber analysiert, um exakte Aussagen über die Wettbewerbsposition des Zielkandidaten zu erhalten. Weiterhin ist Ergebnis der externen Unternehmensanalyse die Abschätzung der zukünftigen Entwicklung der Nachfrage im Sinne einer Quantifizierung der relevanten Marktvolumina. Die Market Due Diligence verfolgt somit entsprechend ihrer Inhalte eine dreifache Zielsetzung:

1. Ermittlung der Wettbewerbsposition,
2. Analyse der Zukunftsträchtigkeit des Marktes sowie
3. Ermittlung des Synergiepotenzials.

Sie ergänzt somit traditionelle betriebswirtschaftliche Analysen wie Tax und Financial Due Diligence sinnvoll. R.N.

Literatur: *Sebastian, K.-H.; Niederdrenk, R.; Tesch, A.*: Market Due Diligence, in: *Berens, W.; Brauner, H.U.*: Due Diligence bei Unternehmensakquisitionen, Stuttgart 1999.

Marketer → Marketing-Management

Marketing (Grundlagen)

aus dem angelsächsischen Sprachgebrauch i.S.v. Absatzwirtschaft verwandter Begriff für die Planung, Koordination und Kontrolle aller auf die aktuellen und potentiellen Märkte ausgerichteten Unternehmensaktivitäten mit dem Ziel der Verwirklichung der Unternehmensziele im gesamtwirtschaftlichen Güterversorgungsprozess durch eine dauerhafte Befriedigung der Kundenbedürfnisse (klassische ökonomische und engere Definitionen des Marketing). Für dieses managementorientierte Verständnis des Marketingbegriffes sind acht Merkmale typisch:

– Philosophieaspekt
– Verhaltensaspekt
– Informationsaspekt
– Strategieaspekt
– Aktionsaspekt
– Segmentierungsaspekt
– Koordinations- bzw. Organisationsaspekt
– Sozialaspekt.

Marketing (Grundlagen)

Der *Philosophieaspekt* des Marketing kommt durch den Wandel der fünf verschiedenen Orientierungsphasen der → Marketing-Theorie in der → Marketing-Geschichte zum Ausdruck. In der Phase der Produktionsorientierung der Wirtschaft in der zweiten Hälfte des 19. Jahrhunderts dominierten in einer Verkäufermarktsituation Fragestellungen der zu verwirklichenden Massenproduktion. Um die Jahrhundertwende legte die Distributionsorientierung den Problemfocus auf die systematische Vermarktung zunächst vorwiegend landwirtschaftlicher Erzeugnisse. Erst der Wandel der Verkäufer- zu Käufermärkten führte in den 60er-Jahren zu einer bewussten Absatz- und Kundenorientierung als Merkmal eines „modernen" Marketingverständnisses. Die Stagnation zahlreicher Märkte und ein geändertes Kunden- und Umweltverhalten führten schließlich in den 80er-Jahren dazu, den Focus der Marktbearbeitung nicht nur auf den Kunden, sondern in einer langfristigen Orientierung auf alle Marktpartner wie Wettbewerber, Handel und die allgemeine Umwelt auszurichten (Phase des → strategischen Marketing).

Während der o.g. Entwicklungsphasen hat sich auch das Anspruchsspektrum des Marketing mehrfach geändert und ausgeweitet (vgl. *Abb. 1*). Während in der Distributionsphase das Marketing bereits stark durch ein funktionales Denken geprägt war, führte die auf den Absatzmärkten in den 60er-Jahren sich abzeichnende „Nadelöhrsituation" zu einer Interpretation des Absatzmarketing als „dominante Engpasssituation". Die Energieversorgungskrisen und Technologieumbrüche in den 70er-Jahren veränderten den vom Marketing beanspruchten „Geltungsbereich" abermals in eine mehr integrierende unternehmensbezogene Denkhaltung. Gleichzeitig fand der Gedanke des → Beschaffungsmarketing zunehmend Beachtung. In den 80er-Jahren kam es zu Ansätzen des *Gleichgewichts-* oder des *Balanced Marketing*, welches versucht, die unterschiedlichen Engpässe der unternehmenseigenen Aufgabenumwelt (Absatz- und Beschaffungsmärkte) mit jenen der

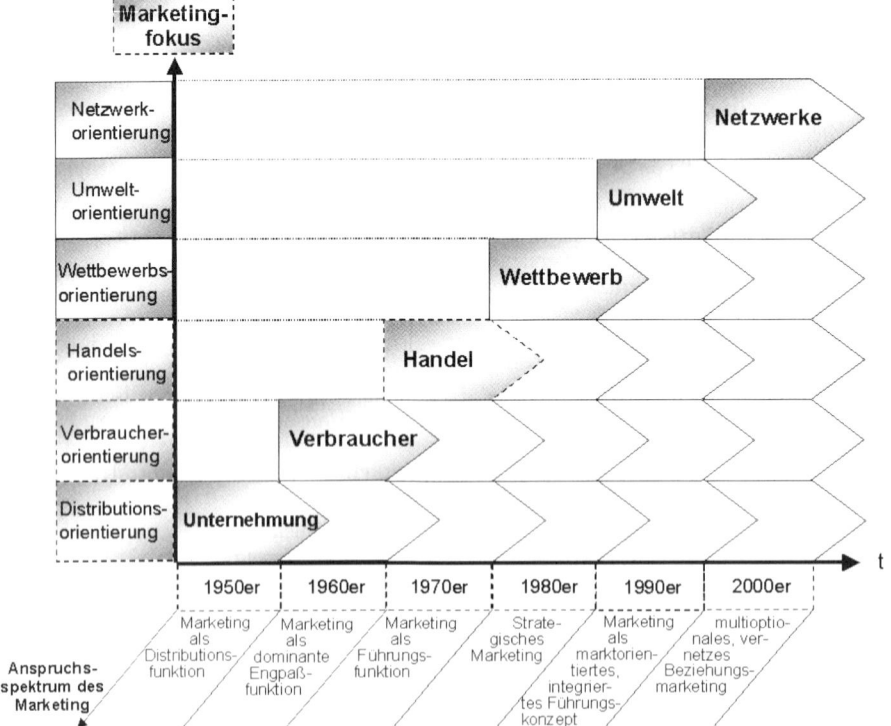

Abb. 1: Entwicklungsphasen des Marketing

Abb. 2: Duales Konzept des Marketing

weiteren Umwelt (z.B. Öffentlichkeit) zum Ausgleich zu bringen.

Die 90er-Jahre waren durch die synthetische Verbindung eines ausgeprägten funktionalen Verständnisses des Marketing mit einem Verständnis des Marketing als Unternehmensphilosophie gekennzeichnet. Marketing steht in diesem Sinne für ein *duales Konzept der marktorientierten Unternehmensführung*. Dabei wird Marketing einerseits als Leitkonzept des Management verstanden, andererseits als gleichberechtigte und in Engpasssituationen ausgleichende Unternehmensfunktion, die es im Rahmen des Marketing-Management-Prozesses umzusetzen gilt (vgl. *Abb. 2*).

Die umwälzenden Entwicklungen im Bereich der Informations- und Kommunikationstechnologien, der Hyper- bzw. paradoxe Wettbewerb sowie uneinheitliche Konsumstrukturen führen nun in den 2000er-Jahren zu neuen Herausforderungen an das Marketing. Es zeichnen sich in → Netzwerken neue Entwicklungen ab, die mit Begriffen wie Database-Marketing, Netzwerk-Marketing, → Interaktives und virtuelles Marketing umschrieben werden können.

Der *Verhaltensaspekt* des Marketing beschreibt die Notwendigkeit, bei allen marktgerichteten Aktivitäten die für die Unternehmung relevanten Umweltschichten (Käufer, Absatzmittler, Konkurrenten, Staat u.a.) zu erfassen, im Rahmen der → Marktforschung zu beobachten und ihre Verhaltensmuster zu analysieren. Dabei bedingt die verhaltenswissenschaftliche Orientierung (→ Marketing-Theorie; → Käuferverhalten) eine stark interdisziplinäre Ausrichtung des Marketing.

Der *Informationsaspekt* des Marketing spiegelt sich in der schöpferisch-gestaltenden Funktion der systematischen Marktsuche und -erschließung wider. Hierzu gehört die planmäßige Erforschung der Beschaffungs- und Absatzmärkte, der Marktpartner und der allgemeinen Öffentlichkeit mit Hilfe der → Marktforschung als Voraussetzung für ein kunden- und wettbewerbsgerechtes Verhalten.

Der *Strategieaspekt* kommt im Marketing durch die Festlegung marktorientierter Unternehmensziele (→ Marketingziele) und → Marketingstrategien zum Ausdruck, die den Entwurf eines längerfristig, auf die Öffentlichkeit, Staat) ausgerichteten Verhaltensplanes sowie die Akzentsetzung bei der Auswahl und Bearbeitung von Märkten darstellen (→ strategisches Marketing).

Der *Aktionsaspekt* des Marketing stellt eine konsequente Fortsetzung des Strategieas-

Marketing (Grundlagen)

pektes auf einer operativeren Stufe dar (Operatives Marketing). Er umschreibt die durch das Marketing intendierte planmäßige Gestaltung des → Marktes durch einen zieladäquaten Einsatz der → Marketing-Instrumente und Harmonisierung dieser im → Marketing-Mix. Im Mittelpunkt stehen dabei die Produkt-, Distributions-, Kontrahierungs- und Kommunikationspolitik (im angelsächsischen 4 „P" = product, place, price, promotions).

Der *Segmentierungsaspekt* des Marketing beinhaltet (mit Ausnahme spezifischer Wettbewerbssituationen) die Anwendung des Prinzips der differenzierten Marktbearbeitung (→ Marktsegmentierung). Ausgehend von einer vorzunehmenden → Marktabgrenzung ist der Gesamtmarkt jeder Unternehmung nach bestimmten Kriterien in Segmente bzw. → Zielgruppen zu zerlegen, die wiederum die Grundlage für eine intensitätsmäßig abgestufte bzw. selektive Marktbearbeitung bilden.

Der *Koordinations- bzw. Organisationsaspekt* des Marketing verlangt die Integration aller marktgerichteten Unternehmensaktivitäten. Es gilt, die verschiedenen Marketingaktivitäten zu koordinieren und mit den übrigen Unternehmensfunktionen im Hinblick auf die Markterfordernisse abzustimmen (→ Marketing-Koordination). Dabei sind der Entwurf und die Durchsetzung der → Marketingstrategien und Marketing-Maßnahmen in einer Marketing-Konzeption nicht nur institutionell als Teil der Unternehmensorganisation zu verankern (→ Marketingorganisation); vielmehr müssen auch effiziente Systeme des → Marketing-Controlling und eine adäquate → Marketingkultur die marktorientierte Ausrichtung des Unternehmens sicherstellen.

Der *Sozialaspekt* des Marketing besagt, dass Marketingentscheidungen in größere soziale Systeme einzuordnen sind. Durch seine Berücksichtigung soll insb. den Forderungen der → Konsumerismus- und Umweltschutzbewegungen Rechnung getragen werden. Es wird ein verändertes sozial und ökologisch verträgliches Marketingverhalten gefordert, bis hin zum → ökologischen Marketing und zum sog. → Sozio-Marketing. Letzteres will zum Abbau möglicher „dysfunktionaler Wirkungen" oder „externer Effekte" von Marketingaktivitäten im Rahmen einer gesamtwirtschaftlichen Kosten-Nutzen-Analyse beitragen. Der Sozialaspekt hat im Marketing auch zu einer Ausweitung der Marketing-Inhalte im Rahmen der „Vertiefung des Marketing" („Deepening") geführt. So fordern Ansätze wie das „Human Concept of Marketing", das Social- oder das ökologische Marketing durch Neubestimmung der Zielinhalte eine Überwindung der vornehmlich gewinn- und rentabilitätsdominanten Marketing-Konzeptionen bis hin zur Umkehrung des outputsteigernden Prinzips des Marketing in Form des sog. → Demarketing (s.a. → Marketing-Ethik). Darüber hinaus ist der Gegenstandsbereich des Marketing auf nichtkommerzielle Transaktionen („Broadening") ausgeweitet worden. Es wird dabei versucht, den Grundgedanken der Beeinflussung bzw. Steuerung von Austauschprozessen zwischen Marktpartnern auf öffentliche (→ Marketing für öffentliche Betriebe) und soziale (→ Social-Marketing) sog. „non-profit"-Unternehmen (→ Non-Profit-Marketing) und ihre spezifischen Aufgaben (z.B. Theater, Museen, Krankenfürsorge) sowie die Vermittlung von Ideen, Meinungen und Normen (z.B. Verbraucher- und Umweltschutz) im Rahmen eines → Sozio-Marketing zu übertragen. Diese Interpretation führt zu einem universellen Konzept der Marktbeeinflussung und zu einem generischen Verständnis des Marketing als Sozialtechnik. Auf dieser Basis versteht sich auch das in die eigene Unternehmensinnenwelt gerichtete → Interne Marketing. Die Verwirklichung der verschiedenen Aspekte des kommerziellen und nicht-kommerziellen Marketing wird durch ein umfassendes *Konzept des → Marketing-Management* zu erreichen versucht. Sämtliche Aktivitäten des Marketing-Management werden dabei als Prozess der Willensbildung und Willensdurchsetzung (Managementprozess) charakterisiert. Er besteht aus den Phasen der Analyse, Planung, Koordination und Kontrolle, wobei diese mit Rückkoppelungsschleifen verbunden sind (vgl. *Abb. 3*).

In der *Analysephase* geht es darum, die relevanten Probleme strategischer und operativer Art zu erkennen und die wesentlichen Elemente des Marketing-Systems (Kunden-Konkurrenz-Handel) sowie des eigenen Unternehmens im Hinblick auf die Stärken und Schwächen zu untersuchen (Frage: Wo stehen wir?). Im Rahmen der *Prognosephase* sind die relevanten Marketingfaktoren zu prognostizieren (→ Absatzprognose), um Zukunftschancen zu entdecken und -bedrohungen zu erkennen. Von besonderem Interesse sind dabei insb. Trends im Kunden-

Marketing (Grundlagen)

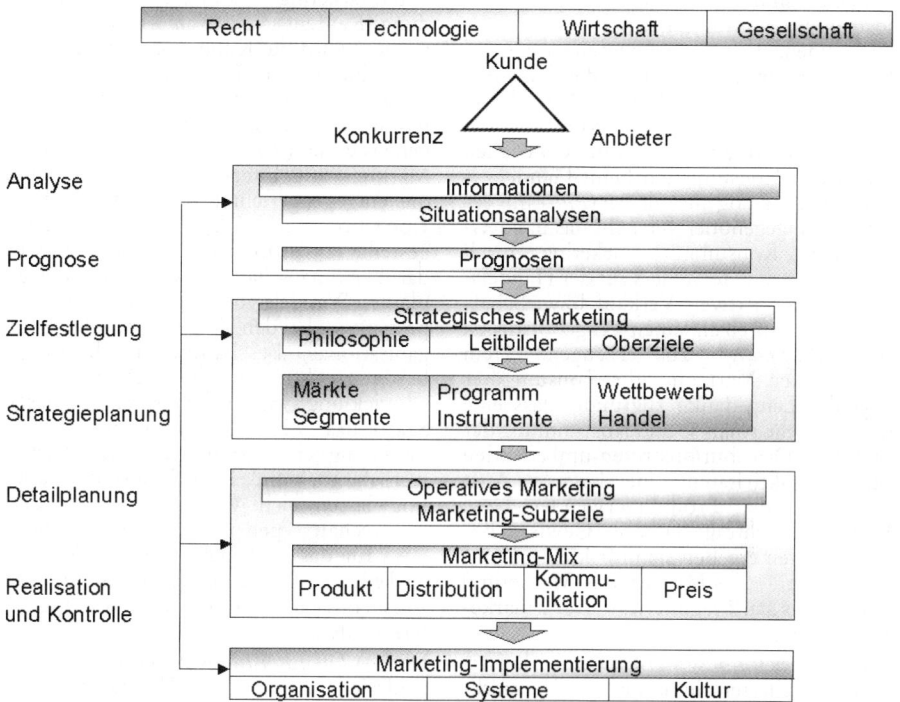

Abb. 3: Prozess des Marketing Management

und Konkurrenzverhalten sowie die Vorhersage allgemeiner Umwelt-, Markt- und Absatzentwicklungen (s.a.→ Frühwarnsysteme) (Frage: Wohin geht die Entwicklung?).

In einem dritten Schritt sind die langfristigen *Unternehmens- und* → *Marketingziele* festzulegen. Im Mittelpunkt steht die Formulierung einer Unternehmensphilosophie, die Generierung eines → Marketing-Leitbildes und die Formulierung von Marketing-Oberzielen. Der vierte Schritt, die Phase des → *strategischen Marketing*, umfasst die Marktabgrenzung und die Wahl der Marktsegmente sowie die Festlegung grundlegender Verhaltensweisen gegenüber Wettbewerbern, Handel und Kunden, woraus sich die Akzentuierung bei der Programmgestaltung und beim Einsatz der Marketing-Instrumente ergibt. (Frage: Was wollen wir erreichen, und welche grundlegenden Stoßrichtungen sind bei der Marktbearbeitung zu verfolgen?). Das strategische Marketing gibt den Orientierungsrahmen für das *operative Marketing*, d.h. für die kurzfristigen bzw. taktischen Marketingentscheidungen. Ausgehend von operativen Marketing-Subzielen (Zielsystem) ist das → Marketing-Mix zu konzipieren. (Frage: Welche Maßnahmen ergreifen wir im Produkt-, Distributions-, Kommunikations-, Preis- und Konditionenmix?). In der letzten Phase ist die *Implementierung* der Strategien und des Marketing-Mix sicherzustellen. Es sind Überlegungen hinsichtlich der effizienten → Marketingorganisation, der Führungskonzepte (→ Marketing-Koordination) und des → Marketing-Controlling zu beantworten. (Frage: Haben wir unser Ziel erreicht? Welche Ursachen für Soll-Ist-Abweichungen bestehen? Welche Ziel- und Maßnahmenanpassungen sind notwendig?). Das Marketing und seine Umsetzung im Marketing-Management-Prozess hat breite Anwendung im Bereich erwerbswirtschaftlicher Unternehmungen gefunden. Dabei ist den Besonderheiten im Konsumgüter-, Investitionsgüter- und Dienstleistungs-Marketing besonders Rechnung zu tragen („*sektorales Marketing*").

Das *Konsumgütermarketing* („klassisches Massenmarketing") richtet sich an die Endstufe des Wirtschaftsprozesses, d.h. an den privaten Konsumenten bzw. Verwender. In

Marketing (Grundlagen)

mehrstufigen und indirekten → Vertriebssystemen sind verschiedene Ausprägungsformen des Konsumgütermarketing zu unterscheiden. Beim konsumentengerichteten Konsumgütermarketing liegt die Akzentuierung der zumeist indirekten Marktbearbeitung auf der Ebene der Konsumenten bzw. Produktverwender mit dem Ziel, durch den Konsumenten beim Handel einen Nachfragesog auszulösen (*Pull-Marketing*). Demgegenüber versucht das handelsgerichtete Konsumgütermarketing durch Aktivitäten des Herstellers auf der Handelsebene durch aktiven Verkauf bzw. Schaffung von Anreizen einen Angebotsdruck (*Push-Marketing*) zu erzeugen. Dem → vertikalen Marketing für Konsumgüter liegt der Leitgedanke zugrunde, dass eine ganzheitliche Analyse und Abstimmung der sämtliche Distributionsstufen umfassenden Marketingaktivitäten eine bessere Ausschöpfung der Produktverwender bzw. Endkäufernachfrage erlaubt. Gewisse Besonderheiten ergeben sich für kleinere Unternehmen (→ Mittelstands-Marketing) und für das stark regulierte → Agrarmarketing.

Das → *Investitionsgütermarketing* befasst sich im weitesten Sinne mit der Vermarktung und dem Wiedereinsatz von Produktionsfaktoren, die in Industriebetrieben bzw. Organisationen zum Einsatz gelangen. Aufgrund der Besonderheiten des Investitionsgütermarketing (rationale Kaufentscheidung, Kaufentscheider als → Buying Center etc.) wird die Kundenorientierung vielfach durch eine Technologieorientierung ergänzt bzw. erweitert (→ Technologiemanagement). Der nachfrageorientierten Vorgehensweise (*demand pull*) wird v.a. in Märkten mit hoher Innovationsdynamik die entgegengerichtete angebotsorientierte Konzeption (*technology push*) gegenübergestellt. Investitionsgütermarketing wird darüber hinaus häufig als Problem des geplanten Wandels von Organisationen interpretiert, wobei den Trägern und Phasen organisationaler Beschaffungsentscheidungen besonderes Interesse gilt (→ Organisationsentwicklung). Schließlich spielt in diesem Sektor das → Nachkauf- bzw. Beziehungsmarketing eine große Rolle als Wettbewerbsfaktor. Im Investitionsgütermarketing lassen sich wiederum verschiedene → Geschäftstypen und Sondersituationen, etwa für das → Zuliefer-, das → Anlagen, → Teile-, → Systemgeschäft sowie das → Energie- und → Rohstoffmarketing unterscheiden.

Das → *Dienstleistungs-Marketing* umfasst zahlreiche Ansätze der Vermarktung des breiten und heterogenen Spektrums immaterieller Leistungen (→ Bank-, → Bausparmarketing, → Versicherungs-, → Ver-

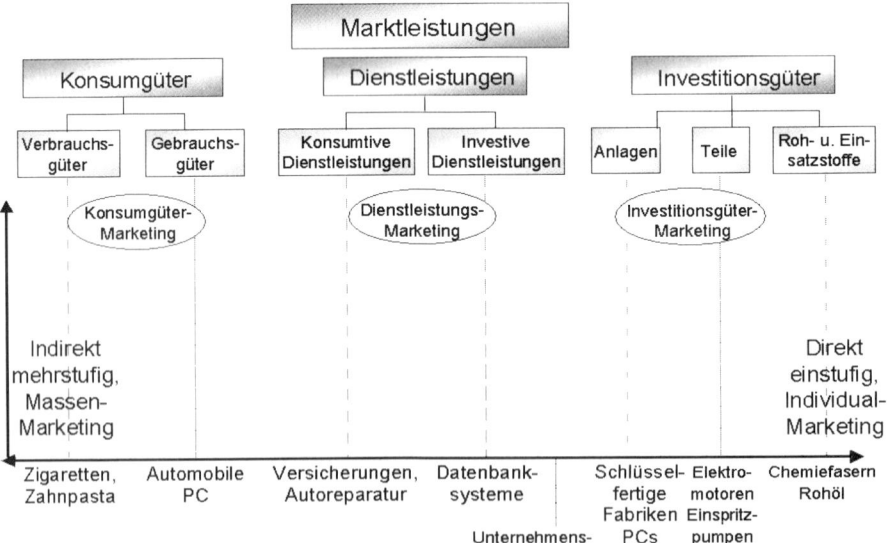

Abb. 4: Bereiche des sektoralen Marketing

lags-, → Medizin- → Tourismusmarketing, → Marketing für freie Berufe etc.). Ausgehend von den Besonderheiten des Angebots von Dienstleistungen (Immaterialität, Nicht-Lagerfähigkeit, Personalintensität etc.) sind spezifische Strategien des Dienstleistungs-Marketing (z.B. Personalisierungs- und Automatisierungs-Strategien) entwickelt worden. Besondere Bedeutung erlangen im Dienstleistungs-Marketing Fragen der Integration des Kunden („externer Faktor") in den Leistungserstellungs- und Absatzprozess sowie die Sicherstellung einer adäquaten Dienstleistungsqualität.

Die Anwendungsbereiche und Ausprägungsformen der verschiedenen Formen des sektoralen Marketing sind nicht überschneidungsfrei. Einerseits bestehen die verschiedenen Angebote z.T. aus Produkt- und Servicekomponenten, andererseits werden sie konsumtiv und investiv verwendet (vgl. *Abb. 4*). Positioniert auf einem Kontinuum mit den Polen

– indirektes, mehrstufiges Massenmarketing und
– direktes, einstufiges Individualmarketing

nimmt das Dienstleistungs-Marketing eine gewisse Mittelstellung ein, während das Investitionsgütermarketing eher direkte, einstufige und das Konsumgütermarketing indirekte, mehrstufige Marktbearbeitungscharakteristika aufweist. Darüber hinaus lässt sich ein nicht unerheblicher gemeinsamer Bereich des sektoralen Marketing als „klassisches Marketing" herausstellen.

Marketing hat auch erfolgreich in viele nicht erwerbswirtschaftlichen Sektoren Einzug gehalten (→ Nonprofit-Marketing), etwa im → Regionen- und Stadtmarketing, → Hochschulmarketing oder → Kommunalen Marketing. Darüber hinaus wird mit dem → Sozio-Marketing versucht, gesellschaftliche Anliegen marketingtechnisch zu unterstützen (s.a. → Fundraising). Neuerdings wird sogar das → Selbstmarketing i.S. der Vermarktung seiner Persönlichkeit propagiert.

In den letzten Jahren hat das Marketing sektorübergreifend einen Wandel vom aktionistischen Beeinflussungs- zum → Beziehungsmarketing erfahren, bei dem die → Kundenbindung in den Mittelpunkt der Marketingziele tritt. H.M.

Literatur: *Becker, J.:* Grundlagen der Marketing-Konzeption, 6. Aufl., München 1998. *Diller, H.* (Hrsg.): Marketingplanung, 2. Aufl., München 1998. *Meffert, H.:* Marketing. Grundlagen marktorientierter Unternehmensführung, 8. Aufl., Wiesbaden 1998. *Nieschlag, R.; Dichtl, E.; Hörschgen, H.:* Marketing, 17. Aufl., Berlin 1994. *Steffenhagen, H.:* Marketing. Eine Einführung, 2. Aufl., Stuttgart u.a. 1991. *Tietz, B.:* Marketing, 2. Aufl., Düsseldorf 1989.

Marketing-Accounting

Teilgebiet des → Marketing-Controlling zur problemspezifischen Versorgung des Marketing-Managements mit Informationen aus dem betrieblichen Rechnungswesen. Daten des Rechnungswesens werden im Wesentlichen hinsichtlich verschiedener *Produkt-Markt-Beziehungen* (→ Absatzsegmentrechnung), *Marketing-Mix-Maßnahmen* und *Organisationseinheiten* des Marketing-Bereichs benötigt. Es kann sich dabei um *rückblickende* → Erfolgsanalysen oder um *prospektive* Rechnungen zur Entscheidungsvorbereitung handeln, wobei die Entscheidungsunterstützung sowohl für *operative* als auch für *strategische* Überlegungen benötigt wird.

Diese grundsätzlichen Aufgabenbereiche des Marketing-Accounting sind in der *Abbildung* zusammenfassend wiedergegeben.

Die Vielfalt der gewünschten Auswertungen stellt besondere Anforderungen an die Organisation des Rechnungswesens. Es müssen Vorkehrungen getroffen werden, damit die Daten flexibel mit Bezug auf wechselnde Untersuchungsgegenstände verknüpft werden können. Hierzu dient die sog. *Grundrechnung*, die eine Informationsbasis für vielseitige Aufbereitungen darstellt. Aus der Grundrechnung geht hervor, welche Größen des Rechnungswesens bestimmten Untersuchungsobjekten, wie Produkten oder Kunden, *direkt* (verursachungsgerecht) zugeordnet werden können. Hilfreich ist außerdem eine Kategorisierung nach der kurz-, mittel- und langfristigen Beeinflussbarkeit (z.B. Abbaufähigkeit fixer Kosten). Dies verlangt entsprechende Kennzeichnungen bei der Betriebsdatenerfassung. Grundsätzlich genügt aber die Angabe derjenigen Stufe einer *Bezugsgrößenhierarchie* (→ Absatzsegmentrechnung), auf der erstmals die eindeutige Zurechenbarkeit – z.B. als relative Einzelkosten – besteht. Hieraus ergeben sich dann weitere Zuordnungsmöglichkeiten durch logische Verkettungen. Bspw. entfallen Kosten oder Erlöse, die während einer Periode eindeutig durch ein Produkt oder einen Kunden veranlasst worden sind, auch auf die entsprechende Produkt- bzw. Kundengruppe.

Marketing-Accounting

Aufgabenbereiche des Marketing-Accounting

Prospektive Rechnungen

- kurzfristig-operativ (z.B. einjährige Erfolgsplanung nach Absatzsegmenten)
  oder
  langfristig-strategisch (z.B. Geschäftsfeldplanung; Schätzung des Markenwertes)
- kurzfristig-operativ (z.B. Mengenplanung im gegebenen Produktsortiment; Preisaktionen)
  oder
  langfristig-strategisch (z.B. Planung neuer Produkte oder Produktelimination; Wahl des Absatzweges)
- kurzfristig-operativ (z.B. Jahresbudgets)
  oder
  langfristig-strategisch (z.B. Mehrperiodenbudgets)

Produkt-Markt-Beziehungen	Absatzpolitische Maßnahmen	Marketing-Organisationseinheiten
• Produkte oder Produktgruppen • Kunden oder Kundengruppen • Verkaufsgebiete • Absatzwege • Aufträge	• Produktpolitik • Preispolitik • Kommunikationspolitik • Distributionspolitik	• Cost-Center • Profit-Center • Investment-Center

Untersuchungsgegenstände

Erfolgsanalysen (Kontrollrechnungen) / Rückblickende Rechnungen

(Quelle: *Köhler, R.*, 1993, S. 5)

Informationstechnisch wird die vielseitige Datenverknüpfung für unterschiedliche absatzwirtschaftliche Fragestellungen durch relationale Datenbanken unterstützt. Neuere → Data Warehouse-Konzepte lassen eine zunehmende Flexibilität der Auswertungsmöglichkeiten erhoffen.
In einem entscheidungsorientierten Marketing-Accounting kommt es wesentlich darauf an, willkürliche durchschnittsrechnerische Gemeinkostenverteilungen zu vermeiden. Dem jeweiligen Entscheidungsgegenstand (z.B. Neuprodukt) sind – zumindest in einem ersten Schritt – nur solche Datenarten und Beträge zuzurechnen, die es ohne seine Existenz nicht geben würde. Dies entspricht dem sog. *Identitätsprinzip* oder *Grundsatz der Veränderungsrechnung*. Auf diese Weise gewinnt man ein unverfälschtes Bild über die (Brutto-)Erfolgsbeiträge einzelner Produkt-Markt-Beziehungen, Maßnahmen und Marketing-Organisationseinheiten, die als Gewinn- oder Verlustquellen analysiert werden. Die dafür geeigneten Konzepte sind das Rechnen mit relativen Einzelkosten und Deckungsbeiträgen bzw. bei produktbezogenen Kalkulationen das Direct-Costing (→ Deckungsbeitragsrechnung).
In einem weiteren Schritt kann versucht werden, aus *Kennzahlen* ergänzende Hinweise zu gewinnen, inwieweit das Vorhalten von Kapazitäten durch bestimmte Produkte, Aufträge, Kunden etc. erforderlich gemacht wird. Hierzu liefert die *Prozesskostenrechnung* Anhaltspunkte. Fixe Gemeinkosten werden dabei proportional zu Maßgrößen der Prozessinanspruchnahme verteilt. Z.B. erfolgt die Verrechnung von Periodenkosten der Beschwerdebearbeitung auf die verschiedenen Produkte entsprechend der produktspezifischen Anzahl von Reklamationen im Betrachtungszeitraum. In strategischer Hinsicht ist auf dieser Kennzahlengrundlage zu überlegen, welche produkt-, kunden- und sonstigen absatzpolitischen Dispositionen mittel- oder längerfristig in Betracht kommen, um einen Fixkostenabbau zu erreichen bzw. den Fixkostenanstieg zu begrenzen.
Grundsätzlich verlangen *operative* Aufgaben andere Ansätze des Marketing-Accounting als *strategische* Planungen für einen längeren Zeitraum. Für kurzfristige Be-

trachtungen bieten sich Konzepte der Deckungsbeitragsrechnung an, z.B. wenn es um die gewinnoptimale Mengenplanung im Rahmen eines gegebenen Produktprogramms oder um die gewinngünstigste Preishöhe bei derzeit nicht veränderbaren Fixkosten geht. Auch für die rückblickende → Erfolgsanalyse geben deckungsbeitragsrechnerische Verfahren, ggf. ergänzt um Kennzahlen, einen aussagefähigen Einblick. Für eine mehrperiodige strategische Analyse sind hingegen dynamische Verfahren der Investitionsrechnung heranzuziehen, die den unterschiedlichen zeitlichen Anfall von Zahlungsströmen (z.B. nach einer geplanten Neuprodukteinführung) und Verzinsungsgesichtspunkte berücksichtigen.

Für das Marketing-Accounting stehen Kosten- und Leistungsanalysen als erfolgsrechnerischer Ansatz im Vordergrund. Aber auch andere *Zweige des Rechnungswesens* spielen eine Rolle; so z.B. Finanzrechnungen unter Liquiditätsgesichtspunkten und für die Planung mit dynamischen Investitionskalkülen oder Vermögens- und Kapitalrechnungen als Grundlage für die Rendite- (ROI-) Überwachung etwa von Verkaufsniederlassungen.

In *organisatorischer* Hinsicht verlangt das Marketing-Accounting eine enge fachliche Abstimmung zwischen den absatzwirtschaftlichen Aufgabenbereichen und dem Rechnungswesen. An der *Schnittstelle* zwischen diesen an sich getrennten Organisationseinheiten üben Controller eine wichtige „Interface"-Funktion aus. R.K.

Literatur: *Köhler, R.:* Kosteninformationen für Marketing-Entscheidungen (Marketing-Accounting), in: *Männel, W.* (Hrsg.): Handbuch Kostenrechnung, Wiesbaden 1992, S. 837-857. *Köhler, R.:* Bedeutung des Marketing-Accounting für die 90er-Jahre, in: *Fischer, G.* (Hrsg.): Marketing, Bd. 3, Teil F, II.2.1, S. 1–26. *Rekkenfelderbäumer, M.:* Marketing-Accounting im Dienstleistungsbereich, Wiesbaden 1995. *Schmidt, R.W.:* Strategisches Marketing-Accounting, Wiesbaden 1997.

Marketing-Assessment

Teil eines umfassend definierten → Marketing-Management, bei dem es um eine Bewertung der Marketingaktivitäten auf das gesamte Marketingumfeld geht. Es reicht damit über die klassische → Marketingplanung hinaus und beinhaltet eine langfristig orientierte Abschätzung der Auswirkungen der Marketingpolitik auf Ökologie, Gesellschaft, soziale Normen etc., also jenseits der betriebswirtschaftlichen Erfolgskriterien liegende Aspekte. Damit soll der gesellschaftlichen Verantwortung (→ Marketing-Ethik, → Sozio-Marketing) der Unternehmung Rechnung getragen und für gesellschaftliche Akzeptanz der Marketingpolitik gesorgt werden.

Marketing assets
→ Marktinvestitionen, spezifische,
→ shareholder value

Marketing-Audit

Prüfung der Prämissen und Rahmenbedingungen für Planungen, Kontrollen und Steuerungsmaßnahmen im Marketing-Bereich. Es handelt sich nicht um eine Analyse von Marketing-Ergebnissen (Ergebniskontrolle, → Wirkungskontrolle), sondern um die Untersuchung der betrieblichen Voraussetzungen für das Erzielen von Ergebnissen. Derartige Audits gehören zu den typischen Aufgaben des → Marketing-Controlling. Sie werden oft auch von externen Beratern wahrgenommen.

Es sind verschiedene Einteilungen des Marketing-Audit vorgeschlagen worden, die sich aber im Wesentlichen auf vier Gesichtspunkte verdichten lassen:

Beim *Verfahrens-Audit* ist zu untersuchen, ob die Unternehmung auf dem aktuellen und betriebsspezifisch angemessenen Stand der Informations-, Planungs- und Kontrolltechniken ist. Die Überprüfung der EDV-gestützten → Marketing-Informationssysteme ist dabei mit eingeschlossen.

Das *Strategien-Audit* befasst sich mit den Annahmen, auf denen Strategieentwürfe aufgebaut worden sind (oft gesondert als *Prämissen-Audit* hervorgehoben), der Vereinbarkeit der Marketing-Ziele mit dem gesamtunternehmerischen Zielsystem sowie dem konsistenten Gesamtaufbau eines Strategieentwurfs.

Das *Marketing-Mix-Audit* achtet auf die Abstimmung zwischen operativer und strategischer Maßnahmenplanung, auf die konzeptionelle wechselseitige Abstimmung aller Marketing-Instrumente sowie auf die Angemessenheit der vorgesehenen Budgets. Schließlich besteht die Aufgabe des *Organisations-Audit* im Marketing-Bereich darin, die Eignung der bestehenden Aufbau- und Ablaufregelungen unter Effizienz- und Koordinationsgesichtspunkten zu beurteilen. Beispielsweise wird geprüft, ob die Bildung objektbezogener Organisationseinheiten

Marketingberatung

Teilgebiete des Marketing-Audit

Verfahrens-Audit: Prüfung – der Planungsverfahren – der Kontrollverfahren – der Informationsversorgung (einschl. EDV-gestützter Informationssysteme)	**Strategien-Audit:** Prüfung – der zugrundegelegten Prämissen – der strategischen Ziele – der Konsistenz von Schlussfolgerungen
Marketing-Mix-Audit: Prüfung – der Vereinbarkeit mit den strategischen Grundkonzeptionen – der wechselseitigen Maßnahmenabstimmung – der Mittel-Zweck-Angemessenheit	**Verfahrens-Audit:** Prüfung – der vollständigen Berücksichtigung von Marketing-Aufgaben – der aufgabenentsprechenden Organisationsform – der Koordinationsregelungen

(wie Produkt-Management oder Key-Account-Management) erforderlich erscheint. Die *Abb.* veranschaulicht die Aufgaben des Marketing-Audit im Gesamtüberblick.

R.K.

Literatur: *Köhler, R.:* Marketing, Überwachung des, in: *Coenenberg, A.G.; v.Wysocki, K.* (Hrsg.): Handwörterbuch der Revision, 2. Aufl., Stuttgart 1992, Sp. 1269-1284. *Töpfer, A.:* Marketing-Audit, in: *Tietz, B.; Köhler, R.; Zentes, J.* (Hrsg.): Handwörterbuch des Marketing, 2. Aufl., Stuttgart 1995, Sp. 1533-1541.

Marketingberatung

Wichtige Form des Outsourcing von Marketing; durch Beratung wird externe Problemlösungskapazität zugekauft, vor allem weil Fähigkeiten im Unternehmen nicht (in ausreichendem Umfang) vorhanden sind, deren Aufbau langfristig nicht sinnvoll oder kurzfristig nicht möglich ist (vgl. *Kehrer/ Schade,* 1995). Weiterhin können Marketingberatern die Rollen von neutralen Dritten oder „Change Agents", die Veränderungsprozesse begleiten, zukommen. In diesen Fällen kann die Konsultation von Marketingberatern auch dann sinnvoll sein, wenn die Fachkompetenz zur Problemlösung im Unternehmen vorhanden ist. Marketingberatung kann sowohl auf die Lösung strategischer Probleme zielen als auch operative Maßnahmen betreffen, u.a. im Zuge der Implementierung strategischer Konzepte.

Marketingberatung wird als eigenständige Leistung angeboten. Z.Zt. entfallen ca. 8% der Strategieberatung und damit etwas mehr als 2% des Gesamtumsatzes der Unternehmensberater auf Marketingberatung; das entspricht etwa einem Umsatz von 0,4 Mrd. DM (vgl. BDU, 1998, 1999). Auf dem Beratungsmarkt ist allerdings ein Trend zur übergreifenden Problemlösung zu beobachten. Insofern ist eine Aufspaltung des Bereichs der Strategieberatung (bei zunehmender Bedeutung von Konzepten zum Unternehmenswachstum, allerdings auch durch M&A etc.), der 26% des Beratungsmarktes (Umsatz in diesem Bereich (1999): ca. 5.3 Mrd.) umfasst, eventuell problematisch. Marketingberatung findet auch bei der Erstellung und Umsetzung von Werbekonzeptionen (durch Werbeagenturen) und im Zuge der Planung, Durchführung und Auswertung von Marktforschungsstudien (durch Marktforschungsagenturen) statt. Im Bereich der Marktforschung wird die z.Zt. noch geringe Bedeutung der Beratung durch eine Tendenz zum Outsourcing von Marktforschungsabteilungen vermutlich zunehmen.

Kritische Erfolgsfaktoren der Beratung (vgl. *Schade,* 1997): Es müssen Partner zusammenfinden, deren Fähigkeiten sich ergänzen, es müssen dazu Informations- und Unsicherheitsprobleme überwunden werden (daher auch Tendenz zu langfristigen Geschäftsbeziehungen), und es müssen sowohl bei den Marketingberatern als auch ihren Klienten (Bereitstellung von Informationen, Mitarbeit bei der Implementierung) Leistungsanreize, etwa durch regelmäßige Kontrollen im Zuge der Projektabwicklung (Milestones), aber auch durch Erfolgshonorare geschaffen werden. Zentrale Gestaltungsvariablen der Marketingberatung sind Standardisierung versus Individualisierung. Für Standardisierung sprechen höhere Effizienz bzw. bessere Kontrollierbarkeit und Kommunizierbarkeit (bis hin zur Markenbildung), für Individualisierung sprechen größere Effektivität bzw. Flexibilität nach Projektbeginn und stärkere Berücksichtigung von Kundenwünschen. Kompromisse werden durch Modularisierung des Leistungsprogramms bzw. standardisierte „Tools" angestrebt. Ch.Sch.

Literatur: *Bundesverband Deutscher Unternehmensberater (BDU e. V.):* Facts & Figures zum Beratermarkt, Bonn 1998 und 1999. *Kehrer, R.; Schade, Ch.:* Interne Problemlösung oder Konsultation von Unternehmensberatern? Ein Rahmenkonzept zur sukzessiven Entscheidungsfindung auf transaktionskosten- und organisationstheoretischer Basis, in: Die Betriebswirtschaft, 55. Jg. (1995), S. 465-479. *Schade, Ch.:* Marketing für Unternehmensberatung. Ein institutionenökonomischer Ansatz, 2. Aufl., Wiesbaden 1997.

Marketingbudget
→ Budgetierung im Marketing

Marketing-Clubs
regional organisierte und im Dachverband des → Deutschen Marketing-Verbandes e.V. zusammengeschlossene Vereine von Marketingfachleuten aus der Praxis, die sich der Förderung des Marketing und dem Erfahrungsaustausch widmen. 2000 existierten in Deutschland insgesamt 58 regionale Clubs mit ca. 11.000 Mitgliedern, davon ca. 1.300 Mitglieder in den Clubs der neuen Bundesländer

Marketing-Controlling
Teil eines gesamtbetrieblichen Controllingsystems mit dem Zweck, das → Marketing-Management bei seinen Aufgaben der Planung, Organisation, Mitarbeiterführung und Kontrolle durch eine koordinierte Informationsversorgung zu unterstützen.

Es geht dabei sowohl um eine Abstimmung der Informationsbeziehungen zwischen dem Marketing-Bereich und anderen betrieblichen Organisationseinheiten als auch innerhalb der absatzmarktbezogenen Aufgabengebiete. Somit bildet das Marketing-Controlling Schnittstellen zu den übrigen Controllingsubsystemen (→ Vertriebscontrolling) und zum Controlling der Gesamtunternehmung. Vor allem aber steht die Servicefunktion für das Marketing-Management im Mittelpunkt.

Die inhaltliche Festlegung der Ziele und Pläne sowie der Einsatz absatzpolitischer Maßnahmen obliegen dem Marketing-Management. Das Marketing-Controlling soll dafür geeignete Rahmenbedingungen in verfahrenstechnischer wie organisatorischer Hinsicht schaffen und eine problemadäquate Informationsversorgung (einschließlich der Rückkopplung von Kontrolldaten) sicherstellen. Die *Abb. 1* veranschaulicht die wesentliche Aufgaben des Marketing-Controlling zur Unterstützung des Marketing-Managements.

Das Marketing-Controlling übt systembildende und systemkoppelnde Abstimmungsaufgaben aus. Die systembildenden Tätigkeiten umfassen das Mitwirken beim Aufbau einer koordinationsfördernden → Marketingorganisation und aussagefähiger → Marketing-Informationssysteme sowie → Data Warehouses. Hinzu kommt die

Abb. 1: Aufgaben des Marketing-Controlling

```
                Problemspezifische Informationsbereitstellung
                         für verschiedene
                 MARKETING-ORGANISATIONSEINHEITEN
                              ↑
Informationen          Koordination der           Informationen zur
für die                Informationsversorgung     MITARBEITER-
MARKETING-      ←      durch                →     FÜHRUNG
PLANUNG                MARKETING-CONTROLLING      im Marketing-
(strategisch                                      Bereich
und operativ)
                              ↓
                Informationen zur MARKETING-KONTROLLE
                   sowie Überwachungen im Rahmen von
                           MARKETING-AUDITS
```

(Quelle: *Köhler, R.*, 1998, S. 11)

Marketing-Controlling

Entwicklung von Planungs- und Kontrollrichtlinien, die auch die Form der → Budgetierung im Marketing und den Aufbau von → Kennzahlensystemen betreffen. Die systemkoppelnde → Marketing-Koordination betrifft in dem so geschaffenen Ablaufrahmen die Unterstützung der absatzwirtschaftlichen Planungsprozesse und der Planumsetzung durch Mitarbeiterführung (z.B. anhand geeigneter Anreizinformationen) sowie die Ergebniskontrolle.

In beiden Fällen bildet das → Marketing-Audit eine wichtige Ausgangsbasis. Marketing-Audits, als eine typische Zuständigkeit des → Marketing-Controlling, beinhalten die kritische Überprüfung der Ist-Organisation im Absatzbereich sowie der bislang angewandten Planungs- und Kontrolltechniken. Aber auch die Annahmen, auf denen Pläne aufbauen, und die konzeptionelle Vereinbarkeit verschiedener Maßnahmen im Rahmen des Marketing-Mix sind Gegenstand von Audits.

Der Controlling-Gegenstand beschränkt sich nicht allein auf die operative Marketing-Planung und die entsprechend kurzfristige → Ergebniskontrolle im Marketing. Vielmehr wird ebenso die Notwendigkeit betont, dass das Marketing-Controlling auch für die längerfristig ausgerichtete strategische Marketing-Planung geeignete Informationsgrundlagen und Planungstechniken bereitstellen sowie an frühzeitigen Zwischenkontrollen mitwirken muss.

Die *Marketing-Controllinginstrumente* stammen z.T., insb. bei der → Kostenkontrolle, aus dem unternehmensinternen Rechnungswesen, wobei die → Deckungsbeitragsrechnung als Hilfsmittel für die Aufdeckung von Gewinn- oder Verlust-

Abb. 2: Marketing-Controllinginstrumente (Beispiele)

Unterstützung der strategischen Marketing-Planung	Unterstützung der operativen Marketing-Planung	Informationsbereitstellung für Marketing-Organisationseinheiten	Informationen zur Mitarbeiterführung	Marketing-Kontrollen und Marketing-Audits
• Gestaltung von Früherkennungssystemen • Geschäftsfeldportfolios • Kundenportfolios • Stärken-Schwächen-Analysen • Benchmarking • Suchfeldanalysen • Szenario-Technik • Segmentierungsstudien • Positionierungsstudien • Mehrperiodige Wirtschaftlichkeitsrechnungen • Langfristige Budgetierung	• Versorgung mit problementsprechenden Planungsinformationen (aus dem Rechnungswesen, der absatzwirtschaftlichen Statistik, der Marktforschung und den Außendienstberichten) • Entscheidungskalküle zur Kurzfristplanung der Produkt-, Preis-, Kommunikations- und Distributionspolitik • Prinzip der Veränderungsrechnung • Kurzfristige Budgetierung	• Informationsbedarfsanalysen • Deckungsbeitragsrechnungen für Zuständigkeitsobjekte der Organisationseinheiten • Stellen- bzw. Abteilungsbudgets • Ergebnisanalysen für Cost Center oder Profit Center	• Gestaltung von Provisionssystemen • Vorgabe von Deckungsbudgets für Preisverhandlungen • Interne Verrechnungspreise (z.B. unter Rückgriff auf Prozesskostenrechnungen) • Target Costing	• Absatzsegmentrechnungen (nach Produkten, Aufträgen, Kunden, Verkaufsgebieten und Absatzwegen) • Rechnen mit relativen Einzelkosten und Deckungsbeiträgen • Wirkungskontrollen bestimmter Maßnahmen des Marketing-Mix • Ergebniskontrollen für Marketing-Organisationseinheiten • Gap-Analysen • Audit-Checklisten • Punktbewertungsverfahren für Audits

(Quelle: *Köhler, R.*, 1998, S. 17.)

quellen wie auch als Dispositionsrechnung eine besondere Rolle spielt (→ Erfolgsanalyse, → Marketingplanung, → Wirkungskontrolle). Wesentliche Bedeutung kommt aber auch unternehmensexternen Daten zu, wie sie z.B. aus Standardberichten der Marktforschungsinstitute, aus Außendienstberichten und aus zahlreichen Online-Marktdatenbanken stammen. Sie sind insb. für die → Kundenanalyse, → Konkurrenzforschung und Distributionsanalyse sowie für strategische Planungen wichtig.
→ Kennzahlensysteme verbinden oft interne und externe Daten zur Ermittlung von Ergiebigkeitsrelationen (z.B. Kosten einer Werbekampagne im Verhältnis zur Anzahl der Personen, die den Inhalt der Werbebotschaft erinnern).
Die *Abb. 2* gibt einen zusammenfassenden Überblick über die Instrumente des Marketing-Controlling.
Die funktionalen Aufgaben des Marketing-Controlling können organisatorisch sehr unterschiedlich verankert sein. In kleineren Unternehmen werden Controllingfunktionen z.T. vom Management selbst ausgeübt, womöglich mit Unterstützung durch Stabsmitarbeiter. In Großunternehmen sind heutzutage häufig spezielle Stellen für Marketing-Controller eingerichtet, mitunter sogar gesondert von Stelleninhabern für das → Vertriebscontrolling. Uneinheitlich ist die Zuordnung der Marketing-Controller entweder zur Organisationseinheit Marketing oder zum gesamtbetrieblichen Zentralcontrolling. Das sog. *Dotted-Line-Prinzip* versucht beide Möglichkeiten zu verbinden, nämlich durch eine fachliche Unterstellung beim Zentralcontrolling und eine unmittelbare personelle Einordnung in den Marketing-Bereich.   R.K.

Literatur: *Ehrmann, H.:* Marketing-Controlling, 3. Aufl., Ludwigshafen (Rhein) 1999. *Köhler, R.:* Marketing-Controlling. Konzepte und Methoden, in: *Reinecke, S.; Tomczak, T.; Dittrich, S.* (Hrsg.): Marketingcontrolling, St. Gallen 1998, S. 10–21. *Link, J.; Gerth, N.; Voßbeck, E.:* Marketing-Controlling, München 2000. *Palloks, M.:* Marketing-Controlling, Frankfurt a.M. 1991. *Preißner, A.:* Marketing-Controlling, 2. Aufl., München, Wien 1999.

Marketing-Dienstleister

Service-Unternehmen, die schwerpunktmäßig immaterielle Leistungen für andere Unternehmen zur Förderung bzw. Durchführung deren Marketingaktivitäten erbringen. Die Leistungen unterstützen das Marketing im Sinne einer planvollen, auf den Markt ausgerichteten, aktiven und systematischen Unternehmenspolitik (→ Outsourcing).
Eine Klassifizierung der Marketing-Dienstleistungen kann an den Aktionsbereichen des Marketing ansetzen.
- Im Bereich *Produkt-Mix* arbeiten z.B. Designagenturen, Entwicklungs- und Warentestbüros, Verpackungs- und Namensagenturen sowie zahlreiche Dienstleister für verschiedene → Kundendienstleistungen.
- Im *Preis-Mix* bieten v.a. Inkassodienste, Leasinggesellschaften und andere Finanzierungsinstitute ihre Dienste an.
- Die *Distribution* können eine breite Palette von → Logistik-Dienstleistern, Lagerhausunternehmen, → Broker sowie in den Vertrieb einschaltbare → Absatzhelfer, → Call Center sowie → Sammelbesteller unterstützen.
- Im *Kommunikationsbereich* steht eine äußerst breite Palette von Agenturen bereit, u.a. → Werbe-, → Media-, → Direktmarketing-, → PR-, → Verkaufsförderungs-, → Telefonmarketing- und → Webagenturen sowie die gesamte → Messewirtschaft.

Darüber hinaus gibt es umfassendere Dienstleistungen, etwa durch → Marktforschungsinstitute, → Marketingberater, → Verkaufstrainer- und Weiterbildungsstellen sowie marktbezogene → Datenbankanbieter sowie Anbieter komplementärer Leistungen, welche den Marketingsektor nur indirekt unterstützen (Druckereien, Speditionen etc.). Einen gewissen Marktüberblick erbringt die regelmäßig stattfindende Messe „Marketing-Services". Viele Marketingdienstleister werden auch von Lieferanten angeboten, die auf diese Weise ihre Kunden stärker an sich binden wollen (→ Servicepolitik).
Der Markt ist außerordentlich spezialisiert und fragmentiert. Nur wenige sog. Mega-Agenturen weisen eine breite Servicepalette mit vielerlei verschiedenen Diensten auf. Demgegenüber gibt es eine Fülle lokaler und regionaler Anbieter in Form von Funktions- oder Branchenspezialisten. Der Markt ist ferner von hohe Dynamik gekennzeichnet, die u.a. durch das ungebrochene Aufkommen von Agenturneugründungen ehemaliger Mitarbeiter etablierter Agenturen und den zahlreichen Newcomern aufrechterhalten wird, die sich durchweg als Spezialisten positionieren. Zuneh-

mend kommt es zu *Netzwerken* komplementärer Dienstleister.
Die attraktivsten Nachfragemärkte für Marketingdienstleister sind Unternehmen, die schnelldrehende oder langlebige Konsumgüter produzieren. Die Ausgabenquote für Marketing-Dienstleistungen liegt dort nicht selten bei Werten über 5 (bis zu 25%) vom Umsatz. Demgegenüber investieren Investitionsgüterhersteller oft weniger als 1% ihres Umsatzes in externe Marketingdienstleistungen.
Nach Schätzungen existierten 1998 in Deutschland mehr als 107.300 Marketing-Dienstleister. Derzeit arbeiten knapp 50% aller sozialversicherungspflichtigen Beschäftigten in Dienstleistungsberufen, 16% davon im Bereich Marketing-Dienstleistung. Das Marktvolumen teilt sich auf folgende Zweige auf:

Kommunikation	49%
Distribution	18%
Beratung	28%
Information	5%

S.S.

Marketing-Effizienz

Verhältnis zwischen Marketingerfolg und Kosten des Marketing (→ Marketingziele), das insb. im → Marketing-Audit kritisch zu prüfen ist. Bei steigendem Marktwiderstand und sinkenden Grenzerträgen vieler Marketingaktivitäten rückt das Bewusstsein für Marketingeffizienz wieder stärker in das Bewusstsein. Manche Unternehmen verfolgen hier z.B. bewusst eine Strategie der Vertriebskostenführerschaft, um wettbewerbsfähig zu bleiben (→ Lean Marketing). Andere suchen intensiver nach → Synergien, z.T. auch im Wege der Kooperation oder von → strategischen Allianzen.
Ein Messsystem für die Marketingeffizienz wird v.a. auf Kennzahlen und → Kennzahlenvergleiche, aber auch auf die Analyse von → Wertketten mit Hilfe der Prozesskostenrechnung zurückgreifen (→ Prozessmanagement). Formal betrachtet kann man sich auf mengen- oder wertmäßige Inputgrößen in den Marketingprozess (z.B. Personaleinsatz in Stunden oder Kosten) auf den „Throughput", d.h. den Prozess der Leistungserstellung (z.B. Zeitdauer, Koordination etc.) und auf den quantitativen oder qualitativen Output des Marketing bzw. des Vertriebs beziehen (z.B. Kunden, Angebote, Aufträge, Absatz, Umsatz etc.). Mit entsprechend ausgestalteten → Balanced Scorecards kann damit eine effiziente Marketingsteuerung erfolgen. H.D.

Marketingethik

Die Marketingethik betrifft Fragen moralischer Werte und Normen des → Marketing und seiner gesellschaftlichen Verantwortlichkeit. Sie ist als Bereichsethik eingebettet in die wissenschaftliche Entwicklung der Unternehmensethik. Diese hat sich in den Nachkriegsjahren bereits Ende der 60er und Anfang der 70er-Jahre als Debatte um die soziale Verantwortung der Unternehmung entwickelt und in Reformvorschlägen zur Unternehmensverfassung und zur gesellschaftsbezogenen Rechnungslegung ihren Niederschlag gefunden. In dieser Zeit wurde in der Marketingwissenschaft das Human Concept of Marketing (*Dawson*) diskutiert und eine Erweiterung auf das → Social Marketingkonzept (*Kotler*) durchgeführt. In den 80er-Jahren entstand ein weiterer Entwicklungsimpuls, der vor allem ethische Fragen der strategischen Unternehmensführung aufgeworfen hat (*H. Wächter*). Hier liegt auch ein wesentlicher Ansatzpunkt des Marketing, soweit es als Unternehmensführung vom Markt begriffen wird, wie etwa das *Gesellschaftsorientierte Marketingkonzept* von *Raffée* und *Wiedmann*. Das Verhältnis zwischen Unternehmens- und Marketingethik hängt im Einzelnen davon ab, mit welcher begrifflichen Auffassung das Marketing in die Unternehmensführung eingeordnet wird.
Die Unternehmensethik und insbesondere auch die Marketingethik sind in den USA weit stärker diskutiert und entwickelt als in der bundesdeutschen Betriebswirtschaftslehre der Nachkriegszeit. Diese fühlte sich im Rahmen ihrer methodologischen Geschichte stark dem Wertfreiheitspostulat (*Max Weber*) verpflichtet und hinterfragte nur wenig die mit ökonomischer Rationalität verbundenen Wertkonsequenzen, deren Realisierung systemethisch durch die interessenausgleichende Wirkung des Marktes legitimiert erschien.
Anwachsende Machtpotenziale der Unternehmen auf der Basis von Kooperations- und Konzentrationsprozessen haben die Handlungsspielräume der Manager erweitert und im Umgang mit mehr Macht auch individualethische Fragestellungen aufgeworfen. Großunternehmen erfüllen als quasi-öffentliche Institutionen mittlerweile eine Vielzahl von politischen, kulturellen,

sozialen und ökologischen Funktionen für verschiedene Anspruchsgruppen. Zunehmend unerwünschte externe Effekte unternehmerischer Tätigkeit haben ein Anwachsen gesellschaftlicher Kritik hervorgerufen und Wertkonflikte zwischen der Unternehmensleitung und Teilen ihrer gesellschaftlichen Umwelt deutlich gemacht. Diese spiegeln sich auch in individuellen moralischen Dilemmata von Managern wider („ethical gap").

Die Marketingethik befasst sich wertorientiert in ihrem Kernbereich mit der Verantwortung („Prinzip Verantwortung", *Jonas*) des Marketing gegenüber Ansprüchen aller Marktpartner einer Unternehmung im Zusammenhang mit ihrem Produkt- und Dienstleistungsangebot (beschaffungs- und absatzseitige Mikroumwelt) und mit den Ansprüchen weiterer gesellschaftlicher Gruppierungen, die von den Folgen dieses Angebotes kurz- oder längerfristig betroffen sind (Makroumwelt, wie z.B. ökologische Basisgruppen). Dabei sind gerade solche Ansprüche von marketingethischer Bedeutung, die nicht über den Markt artikuliert werden können. Hier berührt sich die Marketingethik inhaltlich mit dem Stakeholderansatz, der sich ebenso mit den Beziehungen zu gesellschaftlichen Anspruchsgruppen auseinander setzt. Die inhaltlichen und methodischen Ansatzpunkte der Marketingethik lassen sich nach zwei wichtigen Dimensionen klassifizieren, aus deren Kombination verschiedene Forschungsfelder gebildet werden können:

(1) nach methodologischen Aussagekategorien: präskriptive Normenethik, deskriptiv/explikative Ethik,
(2) nach inhaltlichen Arten von Normen: materiell-ethisch (Normenethik), formal-ethisch (Verfahrensethik).

Zu (1): Die präskriptive Marketingethik beruht auf philosophischen Grundlagen und stellt die Frage, wie sich ein Manager verhalten soll. Sie gibt also Werturteile über das sittliche Handeln ab. Dabei wird entweder die einem Verhalten zu Grunde liegende Gesinnung (Gesinnungsethik, deontologisch orientierte Ethik) oder das Handlungsergebnis (Verantwortungsethik, teleologische Ethik) bewertet.

Demgegenüber beschäftigen sich die deskriptive und explikative Ethik als Erfahrungswissenschaft mit einer Beschreibung und Erklärung von sittlichen Werten und Handlungsregeln in Gesellschaftsgruppierungen. Die in den USA verbreitete Marketingethik wird in der Regel in dieser Forschungsabsicht betrieben. Wichtige Themenkomplexe bilden insbesondere das Erkennen und Erklären von Wertkonflikten 1) als Rollenkonflikte eines Marketingmanagers, 2) als interpersonelle Konflikte in einem Unternehmen (z.B. Marketing gegenüber Produktion) bzw. 3) als Konflikte zwischen Unternehmen und externer Umwelt. Diese erfordern Analysen der Kritik am Marketing, wie z.B. → irreführende Werbung, → Obsoleszenz, Schädigungen durch unsichere oder ökologisch bedenkliche Produkte (→ ökologisches Marketing).

Zu (2): Bei der Entwicklung von formalethischen Normen geht es um Entscheidungsmethodiken und -verfahren des Management in Hinblick auf die Schaffung von Rahmenbedingungen für ethisches Handeln. Dazu gehören institutionelle, prozessuale und instrumentelle Normen. Hier ist z.B. die Diskurs-Ethik einzuordnen, die sich mit Bedingungen des idealen *Dialogs* zwischen Handlungsbetroffenen befasst (*P. Ulrich; H. Steinmann*). Praktische Beispiele dieser Art stellen im Marketingbereich die Einrichtung von → Verbraucherabteilungen oder → Verbraucherbeiräten dar. Demgegenüber sind materiell-ethische Normen situationsunabhängige Handlungsregeln (Beispiel: Verhaltenskodizes). Derartige materielle Normen schwanken zwischen der Gefahr allgemeiner Unverbindlichkeit

Programm einer Marketingethik

Gegenstand Methodik	Normenethik	Verfahrensethik
Deskriptiv/ Explikativ	Welches Marketinghandeln wird für moralisch gehalten?	Von welchen Determinanten ist (un)moralisches Handeln im Marketing bestimmt?
Normativ/ Präskriptiv	Wie sollte moralisches Marketinghandeln aussehen?	Unter welchen idealen Bedingungen sollten Normen für das Management entwickelt und durchgesetzt werden?

und Abstraktheit einerseits und konkreter aber kasuistischer Regelstarre andererseits.

Dieses marketingethische Programm setzt auf verschiedenen institutionellen Ebenen an: Auseinandersetzungen mit Werthaltungen und Wertkonflikten der Marketingmanager, Analysen ethischer Entscheidungsprozesse oder Anregungen für Ausbildungskonzepte beziehen sich auf die Individualebene von Marketingmanagern (*Mikroebene*). Demgegenüber wird mit dem Thema der Unternehmenskultur als Instrument der Entwicklung von Unternehmensethik oder mit Wertfragen für Marketingstrategien eine unternehmensbezogene Sicht verfolgt (*Mesoebene*). Auf einer unternehmensübergreifenden Verbandsebene hat sich die Marketingethik insbesondere mit Verhaltenscodizes befasst (*Makroebene*). Diese werden als Möglichkeit diskutiert, gesellschaftlich wünschbare Wertorientierungen ohne Wettbewerbsverzerrungen anzuregen und durchzusetzen, wobei allerdings einerseits Gefahren unverbindlich verbleibender Moralappelle und andererseits unzureichende Sanktionsmöglichkeiten und free rider-Erscheinungen bestehen. In Erweiterung der Makroebene stellen sich in gesellschaftlicher Hinsicht unter marketingethischen Aspekten Fragen rechtlich verbindlicher oder informeller Normen, in denen sich allgemeine gesellschaftliche, sozialökologische Wertorientierungen ausdrücken. Dazu gehören z.B. Fragen der Berücksichtigung von Verbraucher- und Umweltinteressen in der Unternehmensverfassung oder Regelungen zu dem Nachhaltigkeitsaspekt in der unternehmerischen Berichterstattung. Auf allen Betrachtungsebenen können sowohl deskriptive wie präskriptive marketingethische Überlegungen ansetzen. U.H.

Literatur: *Hansen, U.; Bode, M.:* Marketing & Konsum. Theorie und Praxis von der Industrialisierung bis ins 21. Jahrhundert, München 1999. *imug (Institut für Markt-Umwelt-Gesellschaft) e.V.* (Hrsg.): Unternehmenstest. Neue Herausforderungen für das Management der sozialen und ökologischen Verantwortung, München 1997. *Kaas, K.P.:* Absatz- und Beschaffungsmarketing, in: *Korff, W. u.a.* (Hrsg.): Handbuch der Wirtschaftsethik, Bd. 3: Ethik wirtschaftlichen Handelns, Gütersloh 1999, S. 232–274. *Steinmann, H.; Löhr, A.:* Grundlagen der Unternehmensethik, 2. Aufl., Stuttgart 1994. *Schlegelmilch, B.; Götze, E.:* Marketing-Ethik am Beginn des 2. Jahrtausends, in Marketing-ZFP, 29. Jg. (1999), H. 1, S. 25-37. *Ulrich, P.:* Integrative Wirtschaftsethik. Grundlagen einer lebensdienlichen Ökonomie, Bern u.a. 1997.

Marketingforschung → Marktforschung, → Marketing-Wissenschaft

Marketingführerschaft

bezeichnet ein Konstrukt mit dem die Führungsrolle eines Unternehmens im indirekten Absatzkanal umschrieben wird. Die Marketingführerschaft ermöglicht es einem Unternehmen, die Gestaltung des Marketing über die eigenen Unternehmensgrenzen hinweg zu beeinflussen (→ vertikales Marketing) und damit das endkundengerichtete Verhalten vor- oder nachgelagerter Wertschöpfungsstufen zu steuern. In den letzten Jahren ist eine Verschiebung der Marketingführerschaft vom Hersteller auf den Handel zu beobachten. Verantwortlich dafür ist die → Gatekeeperfunktion des Handels, die aufgrund einer zunehmenden Handelskonzentration zu höherer → Nachfragemacht des Handels beigetragen hat (→ Konflikte zwischen Hersteller und Handel). T.T./M.Sch.

Marketing für freie Berufe

Freie Berufe bezeichnet die Gruppe der von Arbeitgebern unabhängigen und nichtgewerblichen Berufe. Grundsätzlich lassen sich folgende Gruppierungen unterscheiden: freie (akademische und nicht akademische) Heilberufe, rechts- und wirtschaftsberatende freie Berufe, Architekten, Ingenieure und naturwissenschaftliche freie Berufe, Pädagogen und geisteswissenschaftliche Berufe, künstlerische und publizistische freie Berufe. Eine eindeutig interdisziplinär verwendbare Definition ist jedoch nicht möglich, da der Kreis der freien Berufe das Resultat wirtschaftlicher, kultureller, gesellschaftlicher, technischer und auch politischer Entwicklungen darstellt. Eine für die Betriebswirtschaft sinnvolle Lösungsmöglichkeit liegt deshalb in der institutionellen und funktionalen Differenzierung (vgl. *Abb.*).
Nach der Intensität der freiberuflichen Betätigung ist in funktionaler Hinsicht zwischen dominant freiberuflich tätigen und akzidentell freiberuflich tätigen Einzelwirtschaften zu differenzieren. Die dominierende Art und Weise der Leistungserstellung und des Leistungsabsatzes freiberuflich tätiger Einzelwirtschaften differenziert in systematischer institutioneller Hinsicht drei

Systematisierungsmatrix freiberuflich tätiger Einzelwirtschaften

Funktionale Differenzierung \ Institutionale Differenzierung	Idealgüterproduzent	Dienstleister	Händler
Dominant freiberuflich tätige Einzelwirtschaft	Bildhauer mit eigenem Atelier	Niedergelassener Arzt mit eigener Praxis	Niedergelassener Apotheker mit eigener Praxis
Akzidentell freiberuflich tätige Einzelwirtschaft	Nebenberuflicher Schriftsteller	Nebenberuflich anwaltlich tätiger Hochschullehrer	Nebenberufliche Urlaubsvertretung eines Apothekers einer anderen Apotheke

(Quelle: *Meyer, A.*: Freie Berufe und Betriebswirtschaft: Probleme, Lösungsansätze, empirische Ergebnisse, Augsburg 1989, S. 114)

betriebswirtschaftlich begründbare Typen freiberuflich tätiger Einzelwirtschaften: Freiberuflich tätige Idealgüterproduzenten, freiberuflich tätige Dienstleister und (freiberuflich tätige) Händler. Mit dem letztgenannten Typ sind insbesondere die Apotheker gemeint. Deren Freiberuflereigenschaft besteht, wie dargestellt, nur noch im berufsständisch-soziologischen Sinne. Die stark beschränkten, betriebswirtschaftlich begründeten Entfaltungsmöglichkeiten von freiberuflich tätigen Idealgüterproduzenten und die stärker gewerbsmäßig orientierte Tätigkeit der Apotheker sind letztendlich dafür ausschlaggebend, dass die Tätigkeit der freien Berufe grundsätzlich dem Dienstleistungssektor zugerechnet wird (→ Dienstleistungen, → Dienstleistungs-Marketing). Freiberufliche Dienstleistungen sind also spezielle Dienstleistungen, die jedoch keine völlig neuen Aussagesysteme, sondern lediglich eine Modifikation bzw. Präzisierung bestehender Aussagesysteme für Dienstleistungen erfordern.
Zentrale marketingrelevante Merkmale sind die Bindung der Tätigkeit an konkrete Trägerpersonen und die für die jeweilige Sparte wirksamen berufsrechtlichen, standesrechtlichen und marktzugangsbeschränkenden Bestimmungen. Daraus resultieren Beschränkungen qualitativer Art (zulässiger Tätigkeitsbereich, inter- und intraindividuelle Fähigkeiten), quantitativer Art (zeitliche und regionale Grenzen der Berufsausübung) und spezifische Einschränkungen für die absatzpolitischen Instrumente (z.B. Werbebeschränkungen oder Verbote, beschränkte Niederlassungsfreiheit), die es im Rahmen der Gestaltung von Marketingkonzeptionen und -maßnahmen, zusätzlich zu den generell für personengebundene Dienstleistungen geltende Besonderheiten (→ Dienstleistungs-Marketing), zu berücksichtigen gilt.
Bedingt durch den hohen Komplexitäts- und Divergenzgrad der Leistung ist es für den Nachfrager schwierig, durch äußerlich sichtbare Informationssignale auf die Qualität der Leistung zurückzuschließen. Zusätzlich resultiert aus der Dominanz von Wissen und Können des Freiberuflers eine immanente Informationsarmut gegenüber dem Nachfrager; anstelle der objektiven Fachkompetenz tritt häufig die erwartete bzw. vermutete Fachkompetenz des Freiberuflers (Vertrauensvorschuss). Nicht zuletzt deshalb wird häufig das → Image als Ersatzindikator für die Fähigkeiten des Anbieters herangezogen. Eingeschränkt durch Werbeschränkungen und -verbote stehen somit bis dato Seminar- und Vortragstätigkeiten, Autorentätigkeiten in Fachpublikationen oder die Mitarbeit in Vereinen und Verbände als geeignete kommunikationspolitische Maßnahmen im Vordergrund (→ Kommunikationspolitik).
Diese kommunikationspolitischen Beschränkungen bedingen konsequenterweise eine gewisse Markt*in*transparenz, der jedoch auch mit Hilfe neuartiger Institutionen zumindest stückweise entgegengewirkt werden kann. So kann beispielsweise Internet in seiner Funktion als Informations- und Kommunikationsmedium den Kunden auf der Suche nach einem geeigneten Freiberufler unterstützen, indem etwa detail-

liertes Informationsmaterial, Anbieterrankings bekannter Forschungsinstitute bzw. Fachzeitschriften und spezialisierte Datenbanken (z.B. www.arztpartner.com) ins Netz gestellt und somit für jedermann leicht, respektive schnell, zugänglich gemacht werden können.

Des Weiteren erfordert die zunehmende Spezialisierung des Wissens, der Erfahrung und des Angebots eine permanente Fort- und Weiterbildung sowie einen hohen Kooperationsbedarf der Anbieter untereinander. Es bedarf eines kontinuierlichen Feedbacks in allen Phasen der Leistungserstellung sowie der kontinuierlichen Qualitätskontrolle bzw. Wirkungs- und Qualitätsverbesserung, um somit dem hohen Individualisierungsbedarf der Leistung gerecht zu werden. Dabei stellt neben der objektiven Qualität in verstärktem Maße die subjektive Qualität aus Sicht der Kunden den entscheidenden Wettbewerbsfaktor für Freiberufler dar. Die Umsetzung einer durchgängigen Kundenorientierung und somit der Schaffung eines strategischen Wettbewerbvorteils kann mit Hilfe eines umfassenden Qualitätsmanagements unterstützt werden (→ Qualitätsmanagement). Vor diesem Hintergrund besteht beispielsweise im medizinischen Sektor die Möglichkeit zur Kooperation mit Anbietern von sogenannten 'customer' oder 'managed health services'. Diese bieten allen beteiligten Ärzten und Kliniken eine breite Palette an Dienstleistungen zur Verbesserung ihrer Servicequalität, wie z.B. Patientenbefragungen, Serviceanalysen, Call Center-Dienste und Teamcoachings. A.M./K.-U.S.

Literatur: *Meyer, A.*: Freie Berufe und Betriebswirtschaft: Probleme, Lösungsansätze, empirische Ergebnisse, Augsburg 1989. *Meyer, A.*: Qualität anwaltlicher Dienstleistungen-Mandantensicht, Instrumentarien-, in: Anwaltsblatt, Jg. 47, August/September 1997, S. 431–435. *Meyer, A.; Fiala, B.*: Kommunikationspolitik, in: *Hartung, W.; Römermann, V.* (Hrsg.): Marketing und Management-Handbuch für Rechtsanwälte, München 1999, S. 831–852. *Meyer, A.; Oppermann, K.*: Mandantenorientierung, in: Hartung, W.; Römermann, V. (Hrsg.): Marketing und Management-Handbuch für Rechtsanwälte, München 1999, S. 473–487. *Pluta, M.*: Marketing für Rechtsanwälte-Ein Pionier berichtet, in: *Meyer, A.* (Hrsg.): Handbuch Dienstleistungs-Marketing, Bd. 2, Stuttgart 1998, S. 1846-1852. *Schade, Ch.*: Marketing für Unternehmensberatungsleistungen, in: *Meyer, A.* (Hrsg.): Handbuch Dienstleistungs-Marketing, Bd. 2, Stuttgart 1998, S. 1833–1845.

Marketing für öffentliche Betriebe

Öffentliche Betriebe zeichnen sich dadurch aus, dass – im Gegensatz zu privaten Betrieben – öffentliche Institutionen (der Bund oder einzelne Bundesländer) an ihnen mit einem spürbaren Anteil am Grundkapital beteiligt sind; das Bestandsrisiko öffentlicher Betriebe ist gering, da sie durch den jeweiligen öffentlichen Träger subventioniert werden. Im Gegensatz zu privaten Betrieben existiert eine Leistungsverpflichtung; eine Abnahmepflicht des Leistungsempfängers kann im Ausnahmefall gegeben sein. Öffentliche Betriebe sind v.a. in den Wirtschaftszweigen „Versorgung und Verkehr", „Kreditwesen und Versicherung" sowie „Wohnungswesen" zu finden.

Die Angebotsmarketing-Konzeption für öffentliche Betriebe, die auf monopolistischen bzw. auf oligopolistischen Märkten tätig sind und bei denen eine kollektive Betrachtung der Nachfrager durch die Anbieter erfolgt, unterscheidet sich von der Marketing-Konzeption für vergleichbare private Unternehmen in dem Zielsystem, in der Art und Weise der Betrachtung der Nachfragesituation und in den Einsatzmöglichkeiten der Marketing-Instrumente. Während Gewinn- und Wachstumsziele wesentliche Bestandteile der obersten Unternehmensziele privater Unternehmen sind, ist die Bedarfsdeckung unter der Bedingung einer (gewissen) Kostendeckung das oberste Ziel öffentlicher Unternehmen. Im Gegensatz zu privaten Unternehmen ist für öffentliche Unternehmen die Bedarfssituation gegeben, die i.a. befriedigt werden muss. Relevante Marketing-Instrumente sind die → Preispolitik und die → Werbung; das Produktionsprogramm (→ Programmpolitik) ist allgemeinen gegeben, die → Distributionspolitik häufig durch die Leistungsart determiniert (z.B. Elektrizität, → Energie-Marketing). Eine Werbung im Sinne einer Bedarfsbeeinflussung kann nur erfolgen, wenn die Beeinflussung des Bedarfes in gesellschaftlich vertretbarer Weise erfolgt. Im Gegensatz zu privaten Unternehmen ist bei öffentlichen Unternehmen i.a. eine → Preisbindung gegeben; die gebundenen Preise sind durch öffentliche Stellen (Parlamente) zu genehmigen. Die von öffentlichen Unternehmen verlangten Preise sind kostenorientiert; eine → Preisdifferenzierung erfolgt insb. nach sozialen Kriterien.

Das → Beschaffungsmarketing öffentlicher Betriebe ähnelt jenem privater Betriebe.

Ausgangspunkt ist das Ziel der Minimierung der Beschaffungskosten unter der Bedingung einer Bedarfsdeckung in zeitlicher, örtlicher, qualitativer sowie quantitativer Hinsicht; im öffentlichen Bereich ist dieses Ziel zu ergänzen durch Ziele wie „Förderung des Wettbewerbes auf der Anbieterseite", „Förderung des Mittelstandes", „Förderung von Anbietern aus dem Zonenrandgebiet". Einem öffentlichen Nachfrager steht eine Vielzahl von Handlungsmöglichkeiten unterschiedlichster Art zur Verfügung, die z.T. kurzfristig, z.T. nur langfristig revidierbar sind. In der *Abbildung* findet

Systematik der Entscheidungen beim Marketing für öffentliche Betriebe

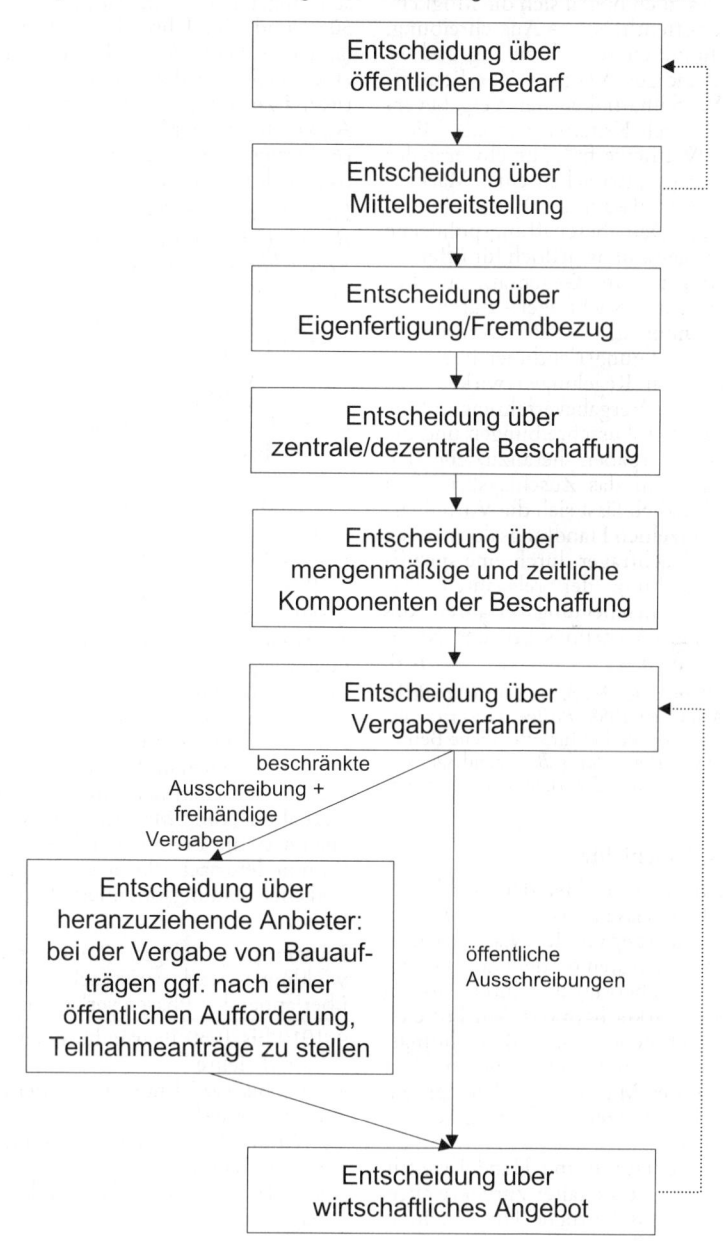

```
┌─────────────────────────┐
│    Entscheidung über    │◄┄┐
│    öffentlichen Bedarf  │  ┊
└───────────┬─────────────┘  ┊
            ▼                ┊
┌─────────────────────────┐  ┊
│    Entscheidung über    │  ┊
│   Mittelbereitstellung  │  ┊
└───────────┬─────────────┘  ┊
            ▼                ┊
┌─────────────────────────┐  ┊
│    Entscheidung über    │  ┊
│ Eigenfertigung/Fremdbezug│ ┊
└───────────┬─────────────┘  ┊
            ▼                ┊
┌─────────────────────────┐  ┊
│    Entscheidung über    │  ┊
│zentrale/dezentrale      │  ┊
│      Beschaffung        │  ┊
└───────────┬─────────────┘  ┊
            ▼                ┊
┌─────────────────────────┐  ┊
│    Entscheidung über    │  ┊
│   mengenmäßige und      │  ┊
│ zeitliche Komponenten   │  ┊
│    der Beschaffung      │  ┊
└───────────┬─────────────┘  ┊
            ▼                ┊
┌─────────────────────────┐  ┊
│    Entscheidung über    │◄┄┤
│    Vergabeverfahren     │  ┊
└──────┬──────────┬───────┘  ┊
       │          │          ┊
 beschränkte      │          ┊
Ausschreibung +   │          ┊
 freihändige      │          ┊
   Vergaben       │          ┊
       │          │          ┊
       ▼          │          ┊
┌──────────────┐  │          ┊
│ Entscheidung │  │          ┊
│ über heran-  │ öffentliche ┊
│ zuziehende   │ Ausschrei-  ┊
│ Anbieter:    │ bungen      ┊
│ bei Vergabe  │             ┊
│ von Bauauf-  │             ┊
│ trägen ggf.  │             ┊
│ nach einer   │             ┊
│ öffentlichen │             ┊
│ Aufforderung,│             ┊
│ Teilnahme-   │             ┊
│ anträge zu   │             ┊
│   stellen    │             ┊
└──────┬───────┘  │          ┊
       │          │          ┊
       └────┬─────┘          ┊
            ▼                ┊
┌─────────────────────────┐  ┊
│    Entscheidung über    │┄┄┘
│ wirtschaftliches Angebot│
└─────────────────────────┘
```

sich eine Systematik der wesentlichen Teilentscheidungen. Angegeben sind die Arten der einzelnen Handlungsmöglichkeiten, über die zu befinden ist, die Abfolge der zu treffenden Teilentscheidungen und schließlich zwei wesentliche Rückkopplungen.
Eine wesentliche beschaffungspolitische Entscheidung ist im Rahmen der Wahl des → öffentlichen Vergabeverfahrens zu treffen. Grundsätzlich bieten sich die Möglichkeiten einer öffentlichen → Ausschreibung, einer beschränkten Ausschreibung und einer → freihändigen Vergabe. Zur Beurteilung der Vorteilhaftigkeit der Vergabeverfahren lassen sich Kriterien wie z.B. „Förderung des Wettbewerbs", „Erschweren der Kartellbildung", „Erreichen einer Marktübersicht", „Zeitaufwand der Vergabe" usw. heranziehen. Der beschaffungspolitische Handlungsspielraum ist jedoch für öffentliche Nachfrager – im Gegensatz zur Beschaffung privater Nachfrager – durch Verdingungsordnungen, → Preisverordnungen und Begünstigungsrichtlinien begrenzt; diese rechtlichen Regelungen wirken sich auf die Wahl des Vergabeverfahrens, auf die bei beschränkten Ausschreibungen und bei freihändigen Vergaben heranzuziehenden Anbieter und auf das Zuschlagskriterium aus. Grundsätzlich lässt sich die Vorteilhaftigkeit der einzelnen Handlungsalternativen öffentlicher Nachfrager durch eine spezifische Ausgestaltung der relevanten Planungs- und Entscheidungsverfahren des → Beschaffungsmarketings privater Nachfrager bestimmen. R.B.

Literatur: *Berndt, R.*: Marketing für öffentliche Aufträge, München 1988. *Raffée, H.; Fritz, W.; Wiedmann, P.*: Marketing für öffentliche Betriebe, Stuttgart u.a. 1994. *Stauss, B.*: Grundlagen des Marketing öffentlicher Unternehmen, Baden-Baden 1987.

Marketing-Geschichte
befasst sich als Teilgebiet der Geschichte der Wirtschaftswissenschaften mit dem Ursprung und Werdegang der wissenschaftlichen Aussagensysteme des Marketings (→ Marketing-Theorie) und ihrer Anwendung in der Marketingpraxis. Mit Hilfe einer historisch-genetischen Betrachtungsweise wird versucht, verschiedene Entwicklungsphasen des Marketingdenkens gegeneinander abzugrenzen und inhaltlich zu kennzeichnen.
Obwohl Warentausch und Handel weit in das vorindustrielle Zeitalter zurückreichen, nahm die wissenschaftliche Untersuchung von Austauschprozessen auf Märkten erst um die Jahrhundertwende ihren Anfang. Dabei sind die Entwicklungen in den USA und in Europa, insb. aber in Deutschland, bis nach dem Zweiten Weltkrieg relativ losgelöst voneinander verlaufen. In den USA haben Probleme und Krisen im Industrialisierungsprozess offensichtlich früher den Anstoß zur Erforschung von Marktprozessen eingeleitet als in Europa. Erst in den 50er- und 60er-Jahren beginnt in Deutschland eine verstärkte Adaption und später eine Vertiefung der amerikanischen Theorieansätze sowie eine verstärkte praktische Anwendung des Marketing unter besonderer Berücksichtigung der spezifischen situativen Faktoren („modernes Marketing").

Der Marketing-Wissenschaftler *Richard Bartels* (1976) unterscheidet die folgenden *Entwicklungsstufen* des Marketing-Denkens in den *USA*:

– 1900 bis 1910 Periode der Entdeckung
– 1910 bis 1920 Periode der begrifflichen Grundlegung
– 1920 bis 1930 Periode der Integration
– 1930 bis 1940 Periode der Entfaltung
– 1940 bis 1950 Periode der Neubeurteilung
– 1950 bis 1960 Periode der Neukonzipierung
– 1960 bis 1970 Periode der Differenzierung
– seit 1970 Periode der Sozialisation.

Während in der Periode der begrifflichen Grundlegung Prinzipien für marktorientiertes Handeln entwickelt wurden, standen in der Phase der Entfaltung bereits spezielle Anwendungen in unterschiedlichen Distributionssystemen im Vordergrund. Die stärkere wissenschaftliche Ausrichtung auf das Verhalten von Marktteilnehmern kennzeichnete die Periode der Neubeurteilung. Sie mündete nach 1950 in eine management- und entscheidungsorientierte Betrachtungsweise.

Im *deutschsprachigen Raum* ist die Entwicklung – stark vereinfacht – in vier sich überlappenden Phasen verlaufen:

– 1910 bis 1950 Begründung der Handelsbetriebslehre
– 1925 bis 1970 Entwicklung der betrieblichen Absatzlehre
– 1965 bis 1975 Rezeption der angelsächsischen Marketinglehre
– seit 1970 Ausbau der Marketing(-Management)-Lehre.

Zunächst hat sich die *Handels- und Exportwirtschaftslehre* aus volkswirtschaftlicher Betrachtungsweise mit absatzwirtschaftlichen Fragestellungen befasst (s.a. → Handelsforschung). Das Marketing hat dabei in seiner theoretischen Ausgestaltung und im praktischen Einsatz zahlreiche Modifikationen und Ergänzungen erfahren. Sie betreffen die Philosophie, das Wissenschaftsprogramm, die vorherrschenden Ansätze in der Marketing-Theorie, das Anspruchsspektrum und die branchenspezifischen Anwendungsfelder (vgl. *Abb*). Aus der von *Josef Hellauer* (1910) und *Julius Hirsch* (1925) begründeten und von *Karl Oberparleitner* (1930) ausgebauten betrieblichen Handelsbetriebslehre entwickelte sich in den 20er-Jahren eine eigenständige Absatzlehre, die insb. durch die Arbeit von *Otto Schnutenhaus* (1927) über die „Absatztechnik der amerikanischen industriellen Unternehmung" zunehmend eine einzelwirtschaftliche Perspektive einnahm. Aspekte der Marktforschung und des Käuferverhaltens wurden v.a. von *Erich Schäfer* (1950) und *Georg Bergler* (1960) in die Absatzlehre eingebracht. In dieser Phase der Produktionsorientierung nahmen allerdings Fragen des Absatzes eine vergleichsweise geringe Bedeutung ein. In methodischer Hinsicht wurden unmittelbare Beobachtungen, einfache Umfragen und erste Verkaufsanalysen eingesetzt.

Die aufkommende industrielle Massenproduktion in den 30er und 40er-Jahren mit einer stark ausgeprägten Verkäufermarktsituation führte bis in die 50er-Jahre zu einer verstärkten Distributionsorientierung der Disziplin, bei der Fragen effizienter Absatzwege und der Preispolitik im Vordergrund standen. In der Theorie wurden institutionen-, waren- und funktionenorientierte Ansätze entwickelt (→ Marketing-Theorie). Die Absatzlehre konzentrierte sich zu dieser Zeit auf die Ausgestaltung der Distributionsfunktion.

In ihrem weiteren Verlauf entwickelte sich die Disziplin zu einer primär auf das Verkaufen von Produkten orientierten Absatzlehre (Salesmanship), die den Absatz als Funktion „am Ende des Fließbandes" verstand (Verkaufsorientierung). Dabei konnten die Absatzorgane in methodischer Hinsicht auf erste Verfahren der multivariaten

Geschichtliche Entwicklung des Marketing

	Entwicklungsphasen des Marketing	Orientierungsphasen des Marketing	Vorherrschende Theorieansätze	Anspruchsspektrum des Marketing	Anwendungsfelder	Methodenentwicklung (ausgewählte)
1900			(Handels-Export-Lehre)		landwirtschaftliche Erzeugnisse	unmittelbare Beobachtung
						Verkaufsanalysen
						Fragebogen-Surveytechnik
			(Absatzlehre, -theorie)		Massenindustriegüter	Wahrscheinlichkeitsrechnung
1950		Distributionsorientierung				Laden-, Verbraucherpanel
	Handelsbetriebslehre		Institutionenorientiert	Marketing als Distributionsfunktion	Konsumgüter	Motivforschung
		Verkaufsorientierung	Warenorientiert			Operations Research
						Multiple Regression und Korrelation Marketingsimulation
	Betriebliche Absatzlehre		Funktionenorientiert			Instrumentelle Einstellungsmessung
1960		Verbraucherorientierung	Verhaltenswissenschaftlich	Marketing als dominante Engpaßfunktion	Konsumgüter und Investitionsgüter	Faktoren/Diskriminanzanalyse
			Entscheidungsorientiert			Mathematische Modelle
	Rezeption Angelsächsischer Marketinglehre					Marketingsimulation
1970		Handelsorientierung	Systemorientiert	Marketing als Führungsfunktion	Konsumgüter, Investitionsgüter und Dienstleistungen	Computergestützte Datenanalyse
						Multidimensionale Skalierung
						Marketing-Planungs-Modelle (EDV)
			Situativ			Labortests
1980						Konsumententypologien
	Ausbau der Marketing- (Management) Lehre	Wettbewerbsorientierung		strategisches Marketing	Konsumgüter, Investitionsgüter, Dienstleistungen und Non-Profit-Unternehmen	Positionierungsverfahren
						Clusteranalysen
						Konsumententypologien
						Marketing-Expertensysteme
						Conjoint-Analyse
1990		Umweltorientierung		Marketing als marktorientiertes, integriertes Führungskonzept		Kausalanalysen

Marketing-Geschichte

Analyse (einfache Korrelations- und Regressionsmethode) zurückgreifen. In den USA brachten *Reavis Cox* und *Wroe Alderson* (1950) die Auffassung von Marketingsystemen als „Input-Output-Systeme" in die wissenschaftliche Diskussion ein. In der Marketingforschung wurden erste Ansätze der Motivforschung und Einstellungsmessung diskutiert und versucht, neu entwickelte Verfahren des Operation Research auch auf den Absatzbereich anzuwenden.
Ende der *50er-Jahre* wandte sich die Marketing-Wissenschaft und -Praxis stärker dem Ausbau und der optimalen Kombination absatzpolitischer Instrumente zu. *Jeromy Mc Carthy* entwickelte 1964 mit der Formulierung der 4 „P" (price, product, place, promotions) das Grundkonzept des → Marketing-Mix als managementorientiertes Programm für marktgerichtete Aktivitäten. Parallel hierzu standen in jener Zeit unter dem Einfluss der grundlegenden Arbeiten *Erich Gutenbergs* (1955) im deutschsprachigen Bereich modelltheoretische Analysen der Absatzpolitik im Vordergrund des wissenschaftlichen Interesses.
Obwohl die Entdeckung des „Marketing-Mix" häufig als Geburtsstunde des „modernen Marketing" bezeichnet wird, fand die eigentliche Neuorientierung des Marketing als Führungsfunktion jedoch erst mit der Einbeziehung der Bedürfnis- und Kundenorientierung als unternehmerische Leitgröße statt. Vor allem durch die Arbeiten von *Philip Kotler* wurde in den *60er-Jahren* das angebotsorientierte durch das nachfrageorientierte Marketing abgelöst. *Theodore Levitt* stärkte darüber hinaus durch seinen 1960 erschienenen Aufsatz „Marketing Myopia" die notwendige Umorientierung von einer „kurzsichtigen" (myopischen) Distributions- und Verkaufsorientierung zu einer weitsichtigen Bedürfnisorientierung in der aufkommenden Käufermarktsituation. In Deutschland setzte sich in dieser Zeit verstärkt der Terminus „Marketing" in der Unternehmenspraxis als Berufsbild durch. Im wissenschaftlichen Bereich begründete und forderten *Robert Nieschlag* (1964) und seine Schüler den Übergang zur modernen Marketinglehre. An den Hochschulen wurde die institutionen- und funktionenorientierte Betrachtungsweise durch managementorientierte Ansätze abgelöst. Dabei vollzog sich – v.a. mit der Einbeziehung der Produktpolitik in das Marketing-Instrumentarium – eine gedankliche Loslösung des funktionenorientierten Marketing (i.S.v. Absatz) „vom Ende des Fließbandes" zu einer unternehmensbezogenen Denkhaltung, die zunehmend Anwendung in verschiedensten Konsumgüterunternehmen und einen ersten Eingang in den Investitionsgütersektor fand. Die zeitgleich aufkommende Entwicklung in der elektronischen Datenverarbeitung ermöglichte in methodischer Hinsicht die computerisierte Datenverarbeitung und -analyse, Informationsspeicherung und -abrufung sowie die Verfeinerung multivariater Verfahren (Faktoren- und Diskriminanzanalyse) sowie die Anwendung von mathematischen Entscheidungsmodellen.
Die *70er-Jahre* sind durch eine Erweiterung des Anwendungsspektrums des Marketing im Investitionsgütersektor und v.a. im Handel geprägt. Insbesondere Umstrukturierungs- und Konzentrationsprozesse im Handel verstärkten die „Gatekeeper-Funktion" einzelner Handelsunternehmen, worauf das Marketing mit einer verstärkten Handelsorientierung reagierte. Markenpolitische Aktivitäten des Handels, verbunden mit einer Rückwärtsintegration und preisaggressivem Verhalten stellten das klassische Konsumgütermarketing zunehmend in Frage. Dies führte zur Entwicklung spezifischer Ansätze des → vertikalen Marketing. Dabei wird ein Ausgleich zwischen konsumentengerichtetem Pull-Marketing und handelsgerichtetem Push-Marketing angestrebt. In konzeptioneller Hinsicht stand im Marketing in dieser Phase die Erarbeitung umfangreicher Marketing-Planungsmodelle im Vordergrund, während gleichzeitig ökonometrische Modelle und Verfahren der multidimensionalen Skalierung entworfen wurden. Die umfassenden Anforderungen an das Marketing führten dabei zu einer Ausweitung des Anspruchsspektrums des Marketing i.S.v. „Marketing als eine Führungsfunktion". An bundesdeutschen Hochschulen etablierte sich „Marketing" als gleichberechtigtes Schwerpunktfach im wirtschaftswissenschaftlichen Studium. In der Praxis gingen gleichzeitig immer mehr Dienstleistungsunternehmen zu einer Anwendung des Marketing-Gedankengutes über.
In den *80er Jahren* entstand – vor dem Hintergrund des wachsenden Verdrängungswettbewerbs – eine ausgeprägte Wettbewerbsorientierung des Marketing, die das Abrücken von einer absoluten Befriedigung der Kundenbedürfnisse zugunsten der relativen Qualität von Marketingprogrammen

forderte. Das Marketingdenken der 80er-Jahre wird insb. durch die Arbeiten von *Michael Porter* und dort entwickelte Strategieansätze zur Erlangung von Wettbewerbsvorteilen – Differenzierung (→ Differenzierungsstrategien) versus → Kostenführerschaft – geprägt. Das Anspruchsspektrum des Marketing wurde v.a. hinsichtlich seiner langfristig globalen Wirkung als → „Strategisches Marketing" weiterentwickelt. In instrumenteller Hinsicht führte die Entwicklung neuer Medien zu einem verstärkten Einsatz direkter Marketingmaßnahmen. In der Marketingforschung stellen die Entwicklung der Nutzenmessung durch die → Conjoint-Analyse und der Einsatz von Expertensystemen Meilensteine der Entwicklung dar.

Gleichzeitig vollzieht in den *90er Jahren* im Anwendungsspektrum des Marketing sowohl eine Vertiefung als auch eine Ausweitung. Im Rahmen der „Vertiefung des Marketing" (*Deepening*) findet eine Erweiterung der Zielinhalte des Marketing um nicht-gewinn- bzw. rentabilitätsorientierte Ziele statt, was zu neueren Ansätzen wie das „Human Concept of Marketing", das Social- oder das „ökologische Marketing" führte. Darüber hinaus wird der Gegenstandsbereich des Marketing auf nichtkommerzielle Institutionen und Transaktionen wie Museen, Theater etc. ausgeweitet (*Broadening*; s.a. → Marketing, Grundlagen). Diese zunehmende Umwelt- bzw. Sozialorientierung im Marketing führt zu einem erweiterten generischen Verständnis des Marketing („*Generic Marketing*", s.a. → Austauschtheorie) als einem universellen Konzept der Marktbeeinflussung im Sinne einer Sozialtechnik. Die Doppelfunktion des Marketing als betriebliche Absatzfunktion und Unternehmensphilosophie bildet den Kern des Marketing als marktorientiertes integriertes Führungskonzept. (→ Marketing, Grundlagen). H.M.

Literatur: *Bartels, R.:* Marketing Theory and Metatheory, in: Journal of Marketing, 1/1967, S. 20 ff. *Bergler, G.:* Die Entwicklung der Verbrauchsforschung in Deutschland und die Gesellschaft für Konsumforschung bis zum Jahr 1945, Kallmünz 1960. *Cox; Reavis; Alderson; Wroe:* Theory in Marketing, Selected Essays, Chicago, Ill. 1950. *Gutenberg, E.:* Grundlagen der Betriebswirtschaftslehre. Bd. 2: Der Absatz, 17. Aufl., Berlin u.a. 1984. *Hellauer, J.:* System der Welthandelslehre, Bd. 1: Allgemeine Welthandelslehre, Berlin 1910. *Hirsch, J.:* Der moderne Handel, seine Organisation und Formen und die staatliche Binnenhandelspolitik, 2. Aufl., Tübingen 1925. *Kotler, Ph.:* Marketing-Management, dt. Übersetzung der 2. Aufl., Stuttgart 1974. *Levitt, Th.:* Marketing Myopia, in: Harvard Business Review, Heft Juli/August 1960, S. 45-56. *Meffert, H.:* Marketing und allgemeine Betriebswirtschaftslehre. Eine Standortbestimmung im Lichte neuerer Herausforderungen der Unternehmensführung, in: *Kirsch, W.; Picot, A.* (Hrsg.): Die Betriebswirtschaftslehre im Spannungsfeld zwischen Generalisierung und Spezialisierung, E. Heinen zum 70 Geburtstag, Wiesbaden 1989, S. 339-357. *Derselbe:* Marketing Theory, in: Handbook of German Business Management, Stuttgart 1990, S. 1428-1442. *Meffert, H.; Bruhn, M.:* Marketingtheorie – Quo vadis?, in: *Bratschisch, R.; Heinen, E.* (Hrsg.): Absatzwirtschaft-Marketing, Wien 1978, S. 1–24. *Nieschlag, R.:* Binnenhandel und Binnenhandelspolitik, Berlin 1959. *Oberparleitner, K.:* Die Funktionen des Handels, Wien 1918. *Porter, M.:* Competitive Advantage, Creating and Sustaining Superio Performance, New York 1986. *Schäfer, E.:* Die Aufgabe der Absatzwirtschaft, 8. Aufl., Köln 1950. *Schnutenhaus, O.:* Die Absatztechnik der amerikanischen industriellen Unternehmung, Berlin 1927.

Marketing-Grundrechnung
→ Marketing-Accounting

Marketing-Implementation

Der Prozess des Marketing-Management umfasst die Phasen der Willensbildung und der Willensdurchsetzung. Während die Willensbildung im Rahmen der → Marketingplanung erfolgt, werden die Aktivitäten der Willensdurchsetzung zur Marketing-Implementation zusammengefasst. Ziel der Marketing-Implementation ist es, die Erfolg versprechenden, im Rahmen des Willensbildungsprozesses entwickelten Marketingpläne im Unternehmen und im Markt zu realisieren.

In der wissenschaftlichen Diskussion kommt dieser Umsetzung von Marketingkonzeptionen in konkrete Maßnahmenbündel ein untergeordneter Stellenwert zu. Während sich die Literatur vor allem mit der Diskussion marktgerichteter Zielsysteme sowie der Konzeption von Analysekonzepten und → Marketingstrategien auseinander setzt, treten in der Unternehmenspraxis häufiger Probleme im Rahmen der Implementierung dieser Strategien auf (→ strategisches Marketing). Diese Implementierungslücke hat zur Folge, dass Marketingstrategien nicht erfolgreich implementiert werden, weil sie im Labyrinth der Hierarchien versanden oder Widerstände seitens der Führungskräfte oder auch des mitt-

Marketing-Implementation

leren Managements gegenüber einem Strategiewechsel den erforderlichen Wandel verhindern.

Sofern sich Marketingkonzepte nach ihrer Implementierung als nicht erfolgreich erweisen, ist die Analyse der Ursachen für einen derartigen Misserfolg höchst komplex. Die Unternehmenspraxis tendiert allerdings dazu, diese Komplexität zu verkürzen und die Ursachen vor allem in einer falschen bzw. nicht situationsadäquaten Marketingstrategie zu suchen. Dabei besteht jedoch die Gefahr, dass eine Erfolg versprechende Strategie, die aufgrund einer unzureichenden Implementierung gescheitert ist, angepasst wird, ohne dass zuvor die Implementierungsmängel beseitigt werden. Diese Zusammenhänge verdeutlicht *Abb. 1*. Dabei ist insbesondere interessant, dass die gute Implementierung einer wenig Erfolg versprechenden Strategie die negativen Konsequenzen der Planungsmängel kompensieren kann, während die mangelhafte Implementierung einer Erfolg versprechenden Strategie typischerweise zum Misserfolg führt.

Vor diesem Hintergrund erscheint es – sofern eine Marketingkonzeption nicht die erwarteten Erfolge erzielt – angezeigt, zunächst nach den Implementierungsmängeln zu suchen, bevor umfassende Strategieanpassungen durchgeführt werden. Die marktorientierte Unternehmensführung benötigt somit nach wie vor neue Konzepte und Strategien, um auf die Herausforderungen des Marktes reagieren und die Wettbewerbsposition ausbauen zu können. Darüber hinaus muss jedoch auch gewährleistet sein, dass die strategische Planung und die dort entwickelten Strategien bestmöglich innerhalb der Unternehmung und im Markt durchgesetzt werden.

Betrachtet man die Ursachen von Implementierungslücken, können grundlegend strukturelle sowie menschlich-personelle Ursachen identifiziert werden. Die strukturelle Ursachenkomponente verkörpert die "harten" Faktoren potentieller Implementierungslücken. Sie bezieht sich zum einen auf den Inhalt der Implementierung, der sich insbesondere in der Ausgestaltung des Marketing-Instrumentariums zur Umsetzung der Strategien im Markt niederschlägt. Zum anderen müssen die Strategien auch innerhalb der Unternehmung strukturell umgesetzt werden, indem Koordinationskonzepte, die Ablauf- und Aufbauorganisation und auch das Marketing-Controlling an den strategischen Wandel angepasst werden. Zur Behebung der strukturellen Ursachen muss ein Implementationskonzept geschaffen werden, welches in mehreren Phasen gezielt und systematisch auf die verschiedenen Ursachen von Implementierungslücken eingeht.

So soll die inhaltliche Implementierung innerhalb des durch die strategische Planung gesteckten Rahmens die zur Erreichung von

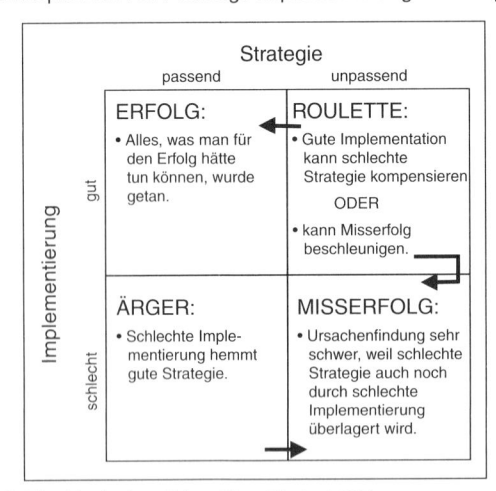

Abb. 1: Konsequenzen von Planungs-Implementierungs-Interdependenzen

	Strategie passend	Strategie unpassend
Implementierung gut	**ERFOLG:** • Alles, was man für den Erfolg hätte tun können, wurde getan.	**ROULETTE:** • Gute Implementation kann schlechte Strategie kompensieren ODER • kann Misserfolg beschleunigen.
Implementierung schlecht	**ÄRGER:** • Schlechte Implementierung hemmt gute Strategie.	**MISSERFOLG:** • Ursachenfindung sehr schwer, weil schlechte Strategie auch noch durch schlechte Implementierung überlagert wird.

(Quelle: *Bonama, T.V.*, The Marketing Edge, New York, 1985)

Wettbewerbsvorteilen nötigen strategiekonformen Maßnahmen der Marktbearbeitung festlegen. Für diese instrumentale Implementierung sind innerhalb der Unternehmung unterschiedlichste Abteilungen und Instanzen verantwortlich. Um zu gewährleisten, dass die Marketingstrategien hinreichend abgestimmt implementiert werden, ist eine → Koordination dieser unterschiedlichen Funktionsbereiche und Abteilungen hinsichtlich aller ihrer marktgerichteten Aktivitäten erforderlich. Um dies sicherzustellen, sind umfassende Koordinationsprozesse zu gestalten und Organisationsstrukturen und -prozesse zu schaffen, welche die Marketingkonzeption innerhalb der Unternehmung und im Markt durchsetzen können. Dabei ist zu beachten, dass beispielsweise qualitätsorientierte Wettbewerbsstrategien andere Strukturen und Prozesse erfordern als kostenorientierte Wettbewerbsstrategien. Innerhalb des Implementierungsprozesses von Marketingkonzeptionen sind weiterhin die in der Unternehmung bestehenden Controllingsysteme so zu gestalten, dass jederzeit klare und verlässliche Angaben über den Fortschritt der Strategieimplementierung verfügbar sind, um auf diesem Wege Soll-Ist-Abweichungen und die Abweichungsursachen rechtzeitig zu erkennen.

Um den Implementierungserfolg zu sichern, sind neben den "harten" Faktoren auch die "weichen" Faktoren zu beachten. Sie umfassen die menschlich-personelle Komponente der Implementierung. Die von den Veränderungen in den marktgerichteten Wettbewerbsstrategien betroffenen Mitarbeiter der Unternehmung müssen die Strategien verstehen, deren Umsetzung akzeptieren und letztlich auch die Implementierung vollziehen können. Dies bedingt nicht zuletzt eine strategieadäquate → Marketingkultur und setzt einen am strategischen Wandel orientierten → Führungsstil der mit der Strategieimplementierung betrauten Entscheidungsträger voraus. Dabei werden sich weniger der Umfang des Führungsbedarfs verändern, sondern vielmehr der Inhalt und die Art, wie Führung erfolgreich ausgeübt wird. Entscheidende Elemente sind in diesem Zusammenhang übergeordnete Werte, klare Ziele und offene Kommunikation. Insgesamt muss der Entscheidungsträger verstärkt die Fähigkeit zur Zusammenarbeit aufweisen. Er muss neben den dafür erforderlichen Persönlichkeitsmerkmalen auch fachlich eine hohe Qualifikation besitzen, da Entscheidungsträger in prozessgetriebenen Organisationen unterschiedliche Disziplinen auch außerhalb des eigenen Erfahrungsschwerpunktes soweit verstehen müssen, um eine effektive Kommunikation und ein Zusammenführen der einzelnen Spezialbeiträge zu einem gemeinsamen Fortschritt zu gewährleisten.

Neben dem Führungsstil hat auch die Unternehmenskultur einen wesentlichen Einfluss auf die Effizienz und den Erfolg des strategischen Planungs- und Implementierungsprozesses. Die Implementierung einer Marketingkonzeption kann nur dann erfolgreich sein, wenn diese Strategie mit der jeweiligen Unternehmenskultur der betrachteten Unternehmung kompatibel ist. Es muss somit ein Strategie-Kultur-Fit vorliegen. Deshalb muss im Rahmen der Strategieimplementierung als erster wesentlicher Schritt die bestehende Kultur der Unternehmung, ihre Ist-Kultur, erfasst und mit der sich aus der Marketingstrategie ergebenden Soll-Kultur abgestimmt werden. Gleichzeitig ist zu hinterfragen, ob und in welcher Form die Ist-Kultur in die Soll-Kultur überführt werden kann.

Der Prozess des Wandels der Unternehmenskultur gestaltet sich im Vergleich zur Anpassung von Strukturen und Systemen als schwierig und allenfalls langfristig realisierbar. Einerseits können die Mitarbeiter den Kulturwechsel blockieren, da die vorgesehenen Veränderungen dem über Jahre gewachsenen und fest verankerten Werte- und Normengefüge widersprechen. Andererseits lassen sich Veränderungen der Unternehmenskultur nicht durch formale Anordnungen bewirken. Vielmehr müssen Instrumente wie die Änderung der Rollenerwartungen an Mitarbeiter, die Etablierung von Vorbildern, die Redefinition und Modifikation von Mythen und Symbolen zur Anwendung kommen. Auch neue Führungsstile sind Inhalte der Kulturänderung. Für die Schaffung einer Marktorientierung im gesamten Unternehmen ist es auch hilfreich, wenn innerbetriebliche Schnittstellen zwischen verschiedenen Abteilungen von den betroffenen Mitarbeitern als interne Kunden-Lieferanten-Beziehungen aufgefasst werden. Um dieses zu fördern, sind Instrumente des → internen Marketing einzusetzen. Letztlich ist es jedoch wichtig, dass die neue Unternehmenskultur von allen

Mitarbeitern, vor allem aber von der Unternehmensleitung getragen wird.

Abb. 2: Erfolgsfaktoren der Marketingimplementierung

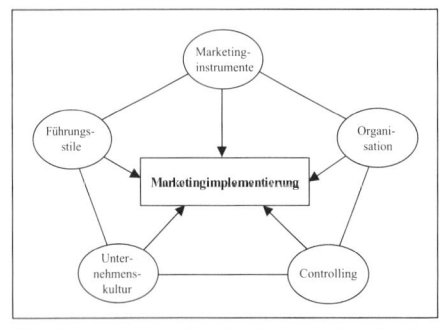

(Quelle: Benkenstein, M., Strategisches Marketing, Stuttgart u.a. 1997, S. 200)

Nur die Beachtung aller genannten und in Abb. 2 zusammenfassend dargestellten Erfolgsfaktoren der Marketing-Implementation kann die erfolgreiche Umsetzung einer Strategie in konkrete markt- und wettbewerbsorientierte Aktionen gewährleisten. Darüber hinaus ist bereits in den Phasen der Marketingplanung zu berücksichtigen, inwieweit die für die Implementation erforderliche Beeinflussung der genannten Erfolgsfaktoren möglich und effizient ist.   M.Be.

Literatur: *Bonoma, T.V.:* The Marketing Edge. Making Strategies Work, New York 1985. *Becker, J.:* Marketing-Konzeption. Grundlagen des strategischen und operativen Marketing-Management, 6. Aufl., München 1998.

Marketinginformationssysteme (MAIS)

Instrumente zur computerbasierten Informationsversorgung im Marketing. Nach der in den siebziger Jahren zunächst sehr euphorischen, in den folgenden Jahren dann jedoch eher verhaltenen Entwicklung erlebt der MAIS-Gedanke in jüngster Zeit im Zuge der Diskussion um die Einführung leistungsfähiger Beschwerdemanagementsysteme und Kundenzufriedenheitsprogramme eine sprichwörtliche Renaissance. Einen zusätzlichen Anstoß geben die Diskussionen im Kontext von → Data Warehouse und → Data Mining.
Als spezielle Form von Informationssystemen zielen MAIS auf die Befriedigung des betrieblichen Informationsbedarfes in Prozessen der → Marketingplanung und der Marketingkontrolle. Dabei stehen Funktionen der Informationsauswahl, -erschließung und -darstellung im Vordergrund. Dieses sehr weite Begriffsverständnis von MAIS umfasst auch organisatorische Aspekte der Versorgung des Managements mit marketingrelevanten Informationen, wie beispielsweise Informationsrechte, Informationspflichten und Informationswege. Ein MAIS bildet somit formalisierte Informationsprozesse im Marketingmanagement eines Unternehmens ab.

Die Basis für ein MAIS bilden in der Regel eine oder mehrere Datenbanken mit Daten aus verschiedenen Unternehmensbereichen, insbesondere der Marktforschung, der F & E und dem Controlling, sowie externe Quellen, wie beispielsweise POS-Scannerdaten oder Single Source-Daten (→ Single Source-Panel). Mögliche Ausprägungsformen von MAIS sind:

- *Administrations- bzw. Dispositionssysteme* (z.B. zur Bearbeitung von Kundenanfragen und zur Auftragsabwicklung bzw. zur Unterstützung im Rahmen der Direktwerbung und der Lagerbewirtschaftung),
- *Auskunftssysteme* (z.B. zur Vorbereitung von Verkaufsgesprächen in Form eines interaktiven Benutzer-System-Dialogs oder als Sekundärdatenquelle der Marktforschung in Form eines freien „Information Retrieval") und
- *Berichtssysteme* (z.B. zur Erstellung standardisierter Außendienstberichte im Sinne eines „Information Reporting" oder als Grundlage ereignisgesteuerter Melde- und Frühwarnsysteme im Sinne eines „Exception Reporting").

Der Zugang zu den im System abgelegten Daten kann sowohl auf deskriptivem (z.B. mittels einschlägiger Tabellenkalkulationsfunktionen) als auch auf methodengestütztem Wege (z.B. mittels Verfahren der multivariaten Datenanalyse) erfolgen. Zunehmend wird auch der Einsatz von Methoden des → Data Mining diskutiert. Sind darüber hinaus auch noch Meta-Daten über die Anwendungsoptionen und Voraussetzungen der einzelnen Verfahren im System verfügbar, so entspricht das hieraus resultierende Leistungsbündel einer *Methodenbank*.

Die Leistungsfähigkeit eines modernen MAIS wird somit von der Daten- und der Methodenbank gleichermaßen bestimmt. Zur Bereitstellung des Methodenvorrates können kommerziell verfügbare Tabellen-

Marketinginformationssysteme (MAIS)

Schematischer Aufbau eines modernen Marketinginformationssystems

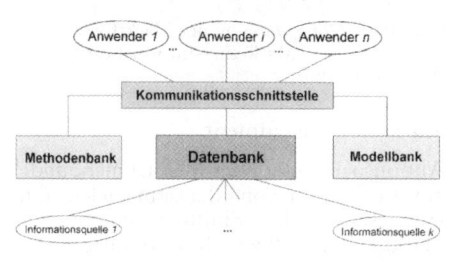

kalkulationsprogramme (wie z.B. EXCEL oder LOTUS 1-2-3) und umfangreiche Statistikpakete (wie z.B. SAS oder SPSS) in ein MAIS integriert werden. Zusätzlich können MAIS über einen mehr oder weniger umfangreichen Fundus an speziellen Modellen zur Auswertung von Marketingdaten verfügen. Solche Modelle können beispielsweise der Analyse von Werbewirkungen, der Beschreibung von Neuproduktdiffusionsprozessen oder der Strukturierung von Verkaufsgebieten dienen. Bei dieser erweiterten Betrachtungsweise verschwimmen allerdings die Grenzen zwischen MAIS und *Decision Support-System*. Letzteres liegt insbesondere dann vor, wenn explizit Möglichkeiten der modellgestützten Simulation von Auswirkungen alternativer Entscheidungen – und damit einhergehend – der Durchführung so genannter „Wenn-dann-Analysen" geboten werden. Die zusätzliche systeminterne Verfügbarkeit modellbezogener Meta-Daten (als Grundlage für die Auswahl eines der jeweiligen Problemstellung angemessenen Modells) führt analog zum Konstrukt der Modellbank. Die *Abbildung* veranschaulicht den schematischen Aufbau eines modernen MAIS.

Die mit der Existenz zweckorientierter Methoden- und Modellbanken verbundene Expertise in MAIS ermöglicht auch die effiziente Anwendung komplexer Ansätze zur Datenaufbereitung und -auswertung ohne expliziten Rückgriff auf Experten. Weniger erfahrene Benutzer sind dabei jedoch in besonderem Maße auf eine verständliche und präzise Beschreibung von Voraussetzungen sowie auf detaillierte Interpretationshilfen in Bezug auf die auf analytischem Wege erhaltenen Ergebnisse angewiesen. Eine weiterführende Entscheidungsunterstützung bis hin zur weitgehend autonomen Lösung komplexer Marketingprobleme kann durch → Expertensysteme bereitgestellt werden. Der originäre Informationsbereitstellungscharakter des MAIS tritt allerdings mit zunehmendem Stellenwert der „intelligenten" Systemkomponenten in den Hintergrund.

Um die Akzeptanz insbesondere modellbasiert arbeitender MAIS durch die potentiellen Benutzer sicherzustellen, sind bereits bei der Systemkonzeption die Regeln des → Decision Calculus zu berücksichtigen. Mittels konzeptionellem (d.h. auf einem fundierten konzeptionellen Modell des zukünftigen Systems basierenden) Prototyping können schon frühzeitig Überprüfungen der Systemadäquanz vorgenommen und gegebenenfalls erforderliche Korrekturen eingeleitet werden.

Mögliche Ursachen für die mangelnde Akzeptanz eines MAIS können z.B. der Zwang zum Umgang mit höheren Datenbanksprachen zum Zwecke der Informationsextraktion oder der fehlende bzw. nur begrenzte Zugang zu externen (d.h. nicht auf dem lokalen Rechner verfügbaren) Daten darstellen. Während Problemen der zuerst genannten Art heute bereits mittels graphikorientierter Benutzeroberflächen (respektive entsprechender Hypertext-Funktionalitäten) wirksam begegnet werden kann, ist der externe Datenzugriff oft nur über Datennetze (LAN, WAN, Internet) realisierbar. Der erfolgreiche Aufbau (räumlich) verteilter MAIS hängt deshalb in entscheidendem Maße von der Einhaltung allgemein akzeptierter Standards für den Datenaustausch ab. Eine weitere, mit beiden genannten Aspekten korrespondierende Schwierigkeit stellt die oftmals nur beschränkte Effizienz der Navigation des Benutzers in den Daten dar. Eine Datenexploitation im Sinne des → On-Line Analytical Processing (OLAP), in deren Mittelpunkt die benutzergesteuerte Erkundung eines mehrdimensionalen Datenbestandes steht, ist zumindest in älteren MAIS aufgrund der zumeist vollständig normalisierten Datenhaltung nur schwer realisierbar. Durch die Übernahme der Datenformate und Schlüssel aus den für das Tagesgeschäft notwendigen operativen Systemen (z.B. dem Scannerkassensystem eines Einzelhandelsunternehmens) können MAIS Informationen von hoher Aktualität bereitstellen. Diese Stärke wird jedoch durch den weitgehenden Verzicht auf die Integration von Daten unterschiedlicher respektive heterogener operativer Systeme, wie dies beispielsweise in → Data Warehouse-Implementationen der Fall ist, erkauft. Neben der Unterschiedlichkeit von Datenformaten und Schlüsseln sowie diver-

Marketing-Informationszentrale

gierenden Aktualitätsstandards kann insbesondere die „Flüchtigkeit" (Volatilität) von Daten (aufgrund entsprechender Prozesse in den operativen Systemen) zu nachhaltigen Problemen bei der Realisation eines MAIS führen. R.D./R.Wa.

Literatur: *Diller, H.*: Produkt-Management und Marketing-Informationssysteme, Berlin 1975. *Gaul, W.; Both, M.*: Computergestütztes Marketing, Heidelberg 1990. *Heinzelbecker, K.*: Marketing-Informationssysteme, Berlin 1975. *Spang, S.; Scheer, A.-W.*: Zum Entwicklungsstand von Marketinginformationssystemen, in: Zfbf, 44. Jg. (1992), Heft 3, S. 182–208. *Wilde, K.D.; Schweiger, A.*: Marketing-Informationssysteme, in: *Tietz, B.; Köhler, R.; Zentes, J.* (Hrsg.): Handwörterbuch des Marketing, Stuttgart 1995. *Zentes, J.*: Marketing-Informationssysteme, in: *Wittmann, W.; Kern, W.; Köhler, R.* (Hrsg.): Handwörterbuch der Betriebswirtschaft, Stuttgart 1993.

Marketing-Informationszentrale

organisatorische Einheit, in der alle organisierbaren Informationsaufgaben im Marketing zusammengefasst sind (→ Marketing-Controlling). In der Praxis erfolgt dies häufig im Rahmen zentraler Marketing-Services (z.B. zusammen mit Werbung/Marketing-Kommunikation) oder in Verbindung mit Marketing-Controlling/Marketingplanung. Zielsetzung ist i.d.R. das Sicherstellen einer ganzheitlichen Betrachtung der Informationsversorgung im Marketing, die Nutzung von Verbundeffekten und die bessere Ausschöpfung von Rationalisierungsmöglichkeiten.

Insgesamt lassen sich der Marketinginformationszentrale drei Verantwortungsbereiche zuordnen, die in der *Abbildung* weiter aufgegliedert sind.

Literatur: *Hofer, P.*: Von der Marktforschungsstudie zum Marketing-Information-Center, Wiesbaden 1987.

Marketing-Instrument

Aktionsparameter oder Maßnahmenbündel zur Realisation von Marketingzielen, d.h. mit gestalterischer Einflussnahme auf das Marktgeschehen bzw. die dort ablaufenden Austauschprozesse (→ Marketing). Man unterscheidet dabei häufig *Informations-* und *Aktionsinstrumente*. Erstere beinhalten verschiedene Einsatzmöglichkeiten der → Marktforschung, z.B. → Befragungen oder → Beobachtungen, mit jeweils einer Vielzahl von methodischen Varianten und Einsatzformen, Letztere alle Aktionsmöglichkeiten zur Beeinflussung von Marktpartnern, auch „absatzpolitische Instrumente" genannt, die üblicherweise in die vier Teilbereiche → Produkt-Mix, → Preis-Mix, → Distributions-Mix und → Kommunikations-Mix unterteilt und im sog. → Marketing-Mix erfolgswirksam gebündelt werden.

Daneben existieren spezifische Instrumente des → Marketing-Management, die im Rahmen der → Marketingplanung, → Marketingorganisation, des → Marketing-Controlling und der → Marketing-Koordination sowie der Führung von Mitarbeitern im Marketing eingesetzt werden. Diese Instrumente sind ebenso wie jene des → Internen Marketing innengerichtet und insofern von den absatzmarktgerichteten Marketing-Instrumenten definitorisch abzutrennen.

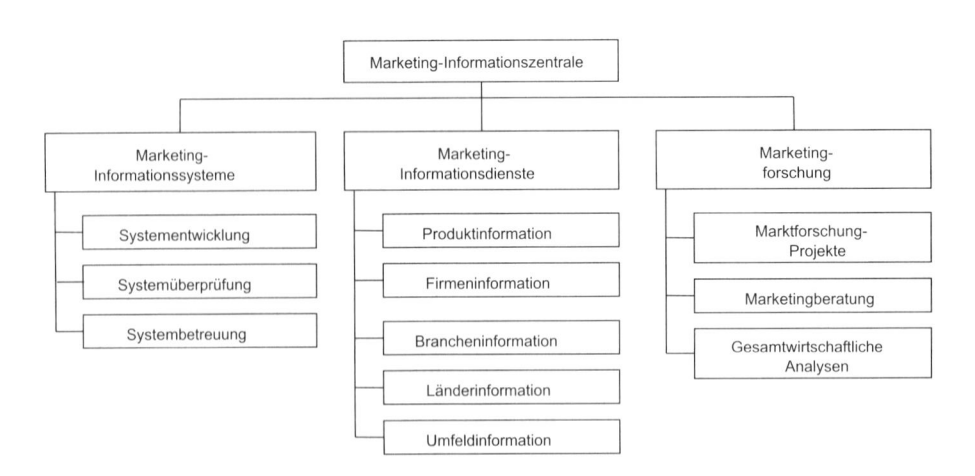

Marketing-Informationszentrale		
Marketing-Informationssysteme	Marketing-Informationsdienste	Marketing-forschung
Systementwicklung	Produktinformation	Marktforschung-Projekte
Systemüberprüfung	Firmeninformation	Marketingberatung
Systembetreuung	Brancheninformation	Gesamtwirtschaftliche Analysen
	Länderinformation	
	Umfeldinformation	

Hinsichtlich der marktmäßigen *Richtung* des Instrumenteneinsatzes lassen sich die Instrumente des *Absatz-* und des → *Beschaffungsmarketing* sowie *Endabnehmer-* bzw. *Zwischenhändler*-gerichtete Aktivitäten unterscheiden (→ Vertikales Marketing). Zu trennen von den Marketing-Instrumenten sind die → Marketing-Strategien, die zunächst nur gedankliche Konzepte und keine Aktionsinstrumente beinhalten.

Die saubere Systematisierung der Marketing-Instrumente macht insb. auf der Aktionsseite Probleme, da viele Aktionsparameter sowohl isoliert (z.b. Anzeige) als auch gebündelt (z.b. Preisaktion mit Sonderplatzierung, Preisabsenkung und Anzeige) eingesetzt werden können. Darüber hinaus lassen sich Aktionsparameter oft beliebig fein herunterbrechen (z.B. Anzeige: Farbe, Schriftform, Größe, Umfang, Platzierung usw.), verlieren dabei jedoch ihren spezifischen Mittelcharakter für die Marketingziele immer mehr, weil sie allein dafür nicht hinreichend sind (Verbundwirkung). Begrifflich erschwerend kommt häufig eine falsche begriffliche Vermengung strategischer und operativ-taktischer Elemente im Marktauftritt der Unternehmen (z.B. Produktpositionierung, Vertriebswegewahl) sowie von (irrelevanten) innengerichteten (z.B. Qualitätskontrolle) und außengerichteten Aktivitäten hinzu. Ferner werden öfter Ziele und Instrumente nicht sauber getrennt (z.B. „hohe Produktqualität" „24h-Lieferservice" als Instrumente statt als Ziele). Schließlich finden die Unternehmen immer wieder neue Möglichkeiten zur Beeinflussung von Markttransaktionen, sodass eine geschlossene und erschöpfende Klassifikation praktisch unmöglich ist. Definitionsgemäß entscheidend ist die Eignung zur Beeinflussung von Austauschprozessen am Markt (kurzfristiger Mittelcharakter) und die tatsächliche Steuerbarkeit des Einsatzes durch die Unternehmung (Aktionsparameter).

Darauf aufbauend unterscheidet *Steffenhagen* (2000) vier Kategorien von Leistungsinstrumenten, nämlich *Produkte* als gestaltete Eigenschaftsbündel, ergänzende *Dienstleistungen*, Einräumung von *Rechten* bzw. Übernahme von *Pflichten* sowie „*weitere Leistungen*", und zusätzlich die Instrumente der „*beeinflussenden Kommunikation*". Voll verständlich wird das Wirkgefüge des Austauschprozesses freilich erst dann, wenn auch die *Gegenleistungen des Käufers* betrachtet werden, die sich (neben der Kommunikation) analog in Entgelte, Eigenleistungen, eingeräumte Rechte bzw. übernommene Pflichten sowie „weitere Gegenleistungen" unterteilen lassen. Eine solche, auf der → Austauschtheorie beruhende Klassifikation macht deutlich, dass erst ein Mix aus Marketing-Instrumenten des *Verkäufers* und aus Beschaffungsinstrumenten des *Einkäufers* die Markttransaktionen determiniert und demzufolge ein einseitiges „Beeinflussungs-Marketing" oft nicht alle Marktchancen ausschöpfen kann, sondern durch ein interaktives → Beziehungsmarketing ergänzt bzw. ersetzt werden muss.

H.D.

Literatur: *Diller, H.*: Die instrumentelle Orientierung in der Marketingwissenschaft. Eine Zwischenbilanz, in: *Backhaus, K.* (Hrsg.): Deutschsprachige Marketingforschung: Bestandsaufnahme und Perspektiven, Stuttgart 2000, S. 123–140. *Steffenhagen, H.*: Marketing. Eine Einführung, 4. Aufl., Stuttgart 2000.

Marketing-Intelligence-Service

im anglo-amerikanischen Sprachgebrauch anzutreffende Bezeichnung für einen kontinuierlichen Informationsfluss bezüglich Markt-Monitoring, Frühwarnung und Früherkennung (→ Frühwarnsysteme).

Marketing, interkulturelles

greift die von der → Kulturismus/Universalismus-Debatte Ende der sechziger, Anfang der siebziger Jahre aufgeworfene Grundsatzfrage, ob z.B. Marketing-Instrumente „weltweit" standardisiert werden können (→ Standardisierung), erneut auf. Damit in Zusammenhang steht die Frage, worin sich Interkulturelles und → Internationales Marketing unterscheiden. Um dies beantworten zu können, sind zwei Forschungsstrategien voneinander abzugrenzen: ‚*cross cultural*' und ‚*inter cultural*'. Im Mittelpunkt des kulturübergreifenden Ansatzes (‚cross cultural') steht zum einen das Ziel, anhand des Vergleichs nationaler Marketing-Systeme und Handelsgewohnheiten das Spezifische einer → Kultur herauszuarbeiten. Zum anderen trägt dieser Ansatz dazu bei, universelle Sachverhalte und damit generalisierbare Aussagen aufzudecken. Der interkulturelle Ansatz (‚inter cultural') analysiert vorzugsweise die Interaktion von Kulturen im weitesten Sinne. Er untersucht zum einen das Zusammentreffen von Konsumenten der einen Kultur mit Produkten einer anderen Kultur und manifestiert sich nicht zuletzt in der ‚Country of Origin'-Forschung (→ Country of Origin-Effekt). „Interaktion von Kulturen" bedeutet zum anderen das Aufeinandertreffen von Unternehmern bzw. Führungskräften, Käufern und Verkäufern (einschließlich der jeweiligen Unternehmen), welche über einen unterschiedlichen kulturellen Hintergrund bzw. eine spezifische kulturelle Erfahrung verfügen. Die Bereitschaft zur Interaktion kann gering sein, bspw. wenn die Betreffenden eine große → psychische oder → kulturelle Distanz zu einem Kulturkreis aufweisen. Kommt es zu Kontakten zwischen den Kulturen, so bedarf es der → interkulturellen Kompetenz der Beteiligten. „Interkulturell kompetente" Unternehmen passen erforderlichenfalls ihr (nationales) Marketing-Konzept den Bedingungen der fremden Kultur bzw. den Bedürfnissen der dort lebenden Konsumenten an. Der Philosophie des interkulturellen Ansatzes entsprechend berücksichtigen sie diese Besonderheiten, je nach Standardisierungspotential / Differenzierungsbedarf, deshalb auch bei der Gestaltung des Marketing-Mix.

Angesiedelt ist das Interkulturelle Marketing an der Schnittstelle der im Internationalen Marketing besonders intensiv geführten → Standardisierungs-/Differenzierungs-Debatte einerseits und der für jegliche Spielarten von Marketing charakteristischen Strategie der → Marktsegmentierung andererseits. Es ist der Versuch, die Phase der beispielhaften Argumentation, welche für das Internationale Marketing bisweilen charakteristisch ist, zu überwinden und Cluster von Märkten zu identifizieren, die standardisiert bearbeitet werden können, sei es mit einzelnen Marketing-Instrumenten oder sei es insgesamt (→ Standardisierung, internationale). Für diese komplexe Marktsegmentierung spielt das Konstrukt „Kultur" eine entscheidende Rolle, und zwar sowohl als „aktive" wie als „passive" Variable (→ Clusteranalyse, → Länderselektion).

Interkulturelles Marketing ist keineswegs nur dann angezeigt, wenn es z.B. darum geht, kulturell homogene Auslandsmärkte als Cluster und damit (weitgehend) gleichartig zu behandeln. So mag die Akzentuierung individualistischer Werte in Skandinavien für einen Spielehersteller ausschlaggebend dafür sein, in diesem Absatzgebiet ein eher konkurrenzorientiertes Sortiment anzubieten, während er in dem Cluster „Mittelmeerländer", wo kollektive Wertvorstellungen größeren Anklang finden, Familien-Spiele den Vorzug gibt, bei denen der Erfolg des Einzelnen eher nebensächlich ist (vgl. *Abb. 2, Fall I*).

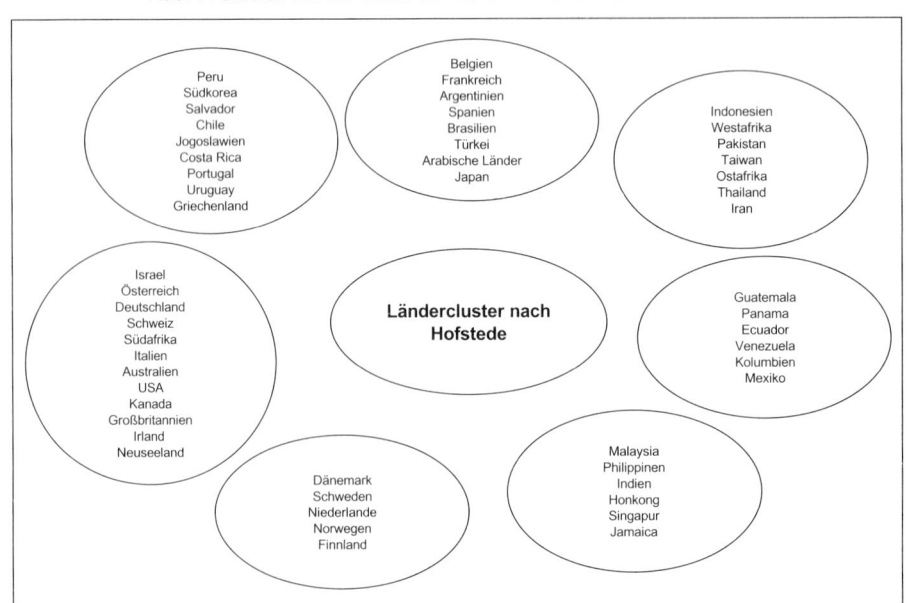

Abb. 1: Cluster auf der Basis der Kultur-Dimensionen von *Hofstede*

- Peru, Südkorea, Salvador, Chile, Jogoslawien, Costa Rica, Portugal, Uruguay, Griechenland
- Belgien, Frankreich, Argentinien, Spanien, Brasilien, Türkei, Arabische Länder, Japan
- Indonesien, Westafrika, Pakistan, Taiwan, Ostafrika, Thailand, Iran
- Israel, Österreich, Deutschland, Schweiz, Südafrika, Italien, Australien, USA, Kanada, Großbritannien, Irland, Neuseeland
- Ländercluster nach *Hofstede*
- Guatemala, Panama, Ecuador, Venezuela, Kolumbien, Mexiko
- Dänemark, Schweden, Niederlande, Norwegen, Finnland
- Malaysia, Philippinen, Indien, Hongkong, Singapur, Jamaica

Abb. 2: Einsatzgebiete des Interkulturellen Marketing

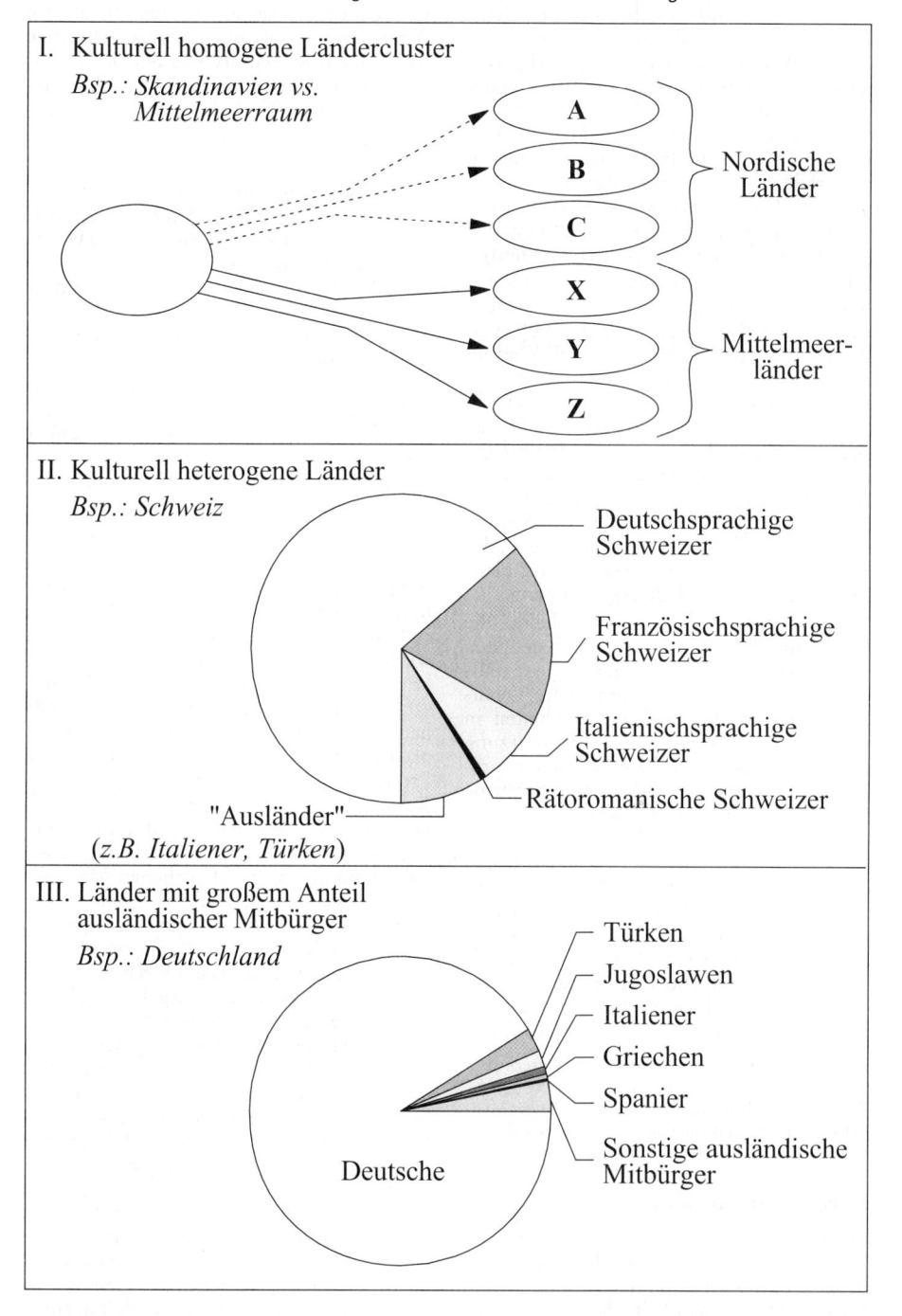

I. Kulturell homogene Ländercluster
   Bsp.: Skandinavien vs. Mittelmeerraum

   A, B, C — Nordische Länder
   X, Y, Z — Mittelmeerländer

II. Kulturell heterogene Länder
    Bsp.: Schweiz

    - Deutschsprachige Schweizer
    - Französischsprachige Schweizer
    - Italienischsprachige Schweizer
    - Rätoromanische Schweizer
    - "Ausländer" (z.B. Italiener, Türken)

III. Länder mit großem Anteil ausländischer Mitbürger
     Bsp.: Deutschland

     - Deutsche
     - Türken
     - Jugoslawen
     - Italiener
     - Griechen
     - Spanier
     - Sonstige ausländische Mitbürger

Geboten ist der interkulturelle Ansatz gleichfalls in kulturell heterogenen Ländern, wie den USA, der Schweiz oder Belgien (= Fall II), wo seit jeher Angehörige verschiedener Kulturkreise (mehr oder minder gut) „zusammenleben". Da dort Konflikte (z.B. zwischen Flamen und Wallonen in Belgien) keineswegs die Ausnahme sind und kulturelle Gleich-/ Fremdartigkeit noch weniger als anderswo wertfrei erlebt wird, gestaltet sich auch unter diesen Bedingungen auch Interkulturelles Marketing schwierig.

Schließlich bietet sich dieser Ansatz auch in solchen Ländern an, wo, wie in Deutschland (= Fall III), vergleichsweise viele ausländische Mitbürger leben. Dies ist deshalb nahe liegend, weil sich nur ein Teil der Ausländer assimiliert, während die anderen „in der Fremde" ihre kulturellen Eigenheiten oder Wertvorstellungen möglicherweise sogar stärker betonen als in ihrem Geburtsland. Im Übrigen handelt es sich bei den ausländischen Mitbürgern bzw. Konsumenten um eine heterogene Zielgruppe, deren Verhalten je nach Herkunftsland plausiblerweise sehr stark divergieren kann.

Den meisten Unternehmen scheint die Kaufkraft z.B. der in Deutschland lebenden Ausländer, nicht bewusst zu sein. Jedenfalls unternehmen nur wenige ernsthafte Versuche, den sozio-kulturellen Eigenheiten in Bezug auf Kaufverhalten, Mediennutzung oder Essgewohnheiten durch eine entsprechend angepasste Marketing-Strategie Rechnung zu tragen. Obwohl bspw. von den über eine Milliarde Moslems viele Reiche in den Industrienationen leben, haben Finanzdienstleister erst jetzt damit begonnen, „Islam-Fonds" anzubieten. Entsprechend den Lehren des Korans dürfen darin z.B. keine Aktien von Banken oder Versicherungen (Zinsverbot), der Tabakindustrie oder von Herstellern alkoholischer Getränke enthalten sein. S.M./M.Ko.

Literatur: *Müller, S.; Kornmeier, M.*: Interkulturelles Marketing, München 2002. *Usunier, J.-C.; Walliser, B.*: Interkulturelles Marketing. Mehr Erfolg im internationalen Geschäft, Wiesbaden 1993.

Marketing-Kennzahlen

Marketingkennzahlen stellen relevante, numerische Informationen für den Marketingbereich dar; statt „Kennzahl" finden sich auch folgende inhaltlich identischen Ausdrücke: Kennziffer, Kontrollzahl, Messzahl, Messziffer, Schlüsselgröße.

Mittels Kennzahlen sollen die im Betrieb anfallenden, sonst kaum überschaubaren Datenmengen auf wenige, aussagekräftige Größen zurückgeführt werden. Kennzahlen können dabei unter formalen Gesichtspunkten unterschiedlich gegliedert werden:

- Absolutzahlen, wie Umsatz oder Gewinn.
- → Gliederungszahlen, wie Anteil der Stammkäufer an allen Käufern oder Anteil des Absatzes im Monat Januar, am Absatz im ganzen Jahr.
- › Beziehungszahlen, wie → Deckungsbeitrag oder Umsatz pro Kopf.
- → Indexzahlen, wie Preisindex oder Umsatzzunahme.
- Wertmäßige Kennzahlen, bei denen die Wertkomponente u.U. Probleme aufwirft, die aber auch leichter verrechenbar sind.
- Mengenmäßige Kennzahlen, wie der → Absatz.

Die inhaltliche Gliederung kann sich an der Unterteilung der → Marketingziele ausrichten, da diese den Relevanzmaßstab für Marketing-Kennzahlen liefern. Natürlich sollten nur solche Kennzahlen definiert werden, denen eine Erklärungskraft zukommt; so besitzt etwa die Kennzahl „Umsatz pro qm Verkaufsfläche" in einem Kaufhaus Aussagekraft, die Kennzahl „Umsatz pro qm Fertigungsfläche" ist selbst in einem Produktionsunternehmen kaum relevant.

Kennzahlen können grundsätzlich zum einen zur Entscheidungsunterstützung, zum anderen zur Kontrolle und schließlich auch zur Steuerung von betrieblichen Maßnahmen verwendet werden. Im Rahmen der Planung erleichtern gut aufgebaute → Kennzahlensysteme z.B. die Beurteilung anstehender Alternativen. Durch Kennzahlen lassen sich ferner Zielvorgaben eindeutig formulieren und ohne Informationsverlust an nachgelagerte Stellen weitergeben. Kennzahlen erlauben es auch, sich schnell und einfach Kenntnis über die wirtschaftliche Situation eines Unternehmens zu verschaffen. Dies geschieht v.a. durch → Kennzahlenvergleiche mit Ist-Ist-Vergleichen bzw. durch Kennzahlen, die Soll-Ist-Vergleiche beinhalten. So werden häufig Ansatzpunkte für die Analyse und Behebung wirtschaftlicher Schwachstellen evident. Besonders verbreitet ist dieses Vorgehen im Handel, wo zwischenbetriebliche Vergleichskennzahlen wichtige Anhaltspunkte für den produktiven Faktoreinsatz, d.h. die notwendigen Inputs (Personal, Fläche, Kapital, Kosten etc.) und Outputs (Umsatz, Absatz, Kundenaufkommen, Einkaufsbeträge, Gewinne etc.) liefern (→ Handels-Controlling, → Betriebsvergleich).

Kennzahlen stellen ein wichtiges Instrument für eine kontinuierliche Kontrolle betrieblich relevanter Tatbestände dar, und zwar sowohl im Rahmen von Durchführungskontrollen als auch von Ergebniskontrollen (→ Marketing-Controlling). Im Rahmen der Durchführungskontrolle kann man mittels Kennzahlen einfach personelle und räumliche Distanzen überwinden und so diverse Maßnahmenplanungen gedanklich zusammenführen. Dabei ist allerdings klar, dass die Art der Durchführung nur eingeschränkt in Kennzahlen erfasst werden kann. Bei der Schaffung von Leistungskennzahlen ist dabei darauf zu achten, dass den zu beurteilenden Organisationseinheiten die entsprechenden Beträge nur insoweit eindeutig zugeordnet werden, als sie von ihnen auch beeinflusst werden können. Einige wichtige Deckungsbeitragskennzahlen (→ Deckungsbeitrag) und Umsatzkennziffern (Umsatz) in Form von Beziehungszahlen sind in *Abb. 1* und *2* dargestellt. Sie sind unmittelbar einsichtig und bedürfen keiner weiteren Erklärung. Die volle Erklärungskraft gewinnen Kennzahlen i.d.R. erst dann, wenn sie in größere → Kennzahlensysteme eingebunden sind und regelmäßigen → Kennzahlenvergleichen unterworfen werden. F.B./N.K.

Literatur: *Böcker, F.:* Marketing-Kontrolle, Stuttgart, Köln, Mainz 1988. *Merkle, E.:* Formen und Kennzahlen im Bereich der Absatzwirtschaft, in: Wirtschaftswissenschaftliches Studium, 12. Jg. (1983), S. 21–27.

Abb. 1: Einige Deckungsbeitragskennziffern

Bezeichnung	*Definition*	*Indikator für*
„Kapitalrentabilität"	Deckungsbeitrag / ∅ Kapitaleinsatz	Gesamtkapitaleffizienz
„Lagerkapitalrentabilität"	Deckungsbeitrag / ∅ Kapitaleinsatz im Lager	Lagerkapitaleffizienz
Deckungsbeitrag je Beschäftigter	Deckungsbeitrag / Anzahl der Beschäftigten	Personaleffizienz
Deckungsbeitrag je Flächeneinheit	Deckungsbeitrag / Gesamtfläche	Raumeffizienz
Deckungsbeitrag je Verkaufsflächeneinheit	Deckungsbeitrag / verkaufswirksame Fläche	Verkaufsflächeneffizienz

Abb. 2: Einige Umsatzkennziffern

Bezeichnung	*Definition*	*Indikator für*
Kapitalumschlag	Umsatz / ∅ Kapitaleinsatz im Gesamtunternehmen	Gesamtkapitaleffizienz
Lagerumschlag	Umsatz / ∅ Kapitaleinsatz im Lager	Lagerkapitaleffizienz
Umsatz je Beschäftigter	Umsatz / ∅ Anzahl der im Vertrieb Beschäftigten	Personaleffizienz
Umsatz je Vertriebsperson	Umsatz / Gesamtfläche	Raumeffizienz
Umsatz je Verkaufsflächeneinheit	Umsatz / verkaufswirksame Fläche	Verkaufsflächeneffizienz

Marketingkontrolle
→ Marketing-Controlling,
→ Wirkungskontrolle

Marketing-Konzeption
→ Strategisches Marketing

Marketing-Kooperation

Zusammenarbeit rechtlich selbständig bleibender Unternehmen in der Absatzmarktpolitik oder in der Beschaffungspolitik (→ Kooperation). Marketingrelevante Kooperationsbereiche sind z.B. die Marktforschung, die Werbung (→ Gemeinschaftswerbung) oder der Vertrieb (→ Selektivvertrieb, → Gebietsschutz). Als Beispiele für Ziele der Marketingkooperation lassen sich nennen:

- die Erhöhung der Effizienz der Marketing-Instrumente,
- die Erhaltung oder Erhöhung der Wettbewerbsfähigkeit gegenüber den Konzentrationsformen oder anderen Kooperationsformen,
- die Behauptung oder Verbesserung der Marktstellung,
- die Risikominimierung,
- die Vermeidung von Mehrfachinvestitionen,
- die Erreichung von Autarkie,
- die Erhöhung der Markttransparenz,
- die Erschließung neuer Märkte.

Derartige Ziele können isoliert auf dem Absatz- oder Beschaffungsmarkt oder kombiniert auf beiden Märkten verfolgt werden. Man kann auch enge Ziele der Marketingkooperation verfolgen, wie das Beispiel des Strebens nach Distribution, d.h. möglichst vollständiger Besetzung der Verkaufspunkte, bei Konsumgüterherstellern zeigt. Mittlerweile existieren Institutionen die sich auf die Vermittlung und Koordination von Marketing-Kooperationen spezialisiert haben. Ihre Aufgaben sind: die Eigenständigkeit und Wettbewerbsfähigkeit des nationalen/regionalen Handels (in Europa) sicherzustellen, die Konkurrenzfähigkeit der mittelständischen Konsumgüterindustrie zu fördern und für multinationale Hersteller als kompetenter Partner aufzutreten. Durch diese Marketing-Kooperationen kann die Industrie z.B. von europaweiter Distribution in verschiedenen Vertriebssystemen sowie europaweiter Absatzförderung der Sortimente durch die Konzeption und koordinierte Umsetzung gemeinsamer Werbe- und Verkaufsmaßnahmen profitieren. Somit können u.a. folgende Bausteine der Marketingkooperation angeboten werden:

- Mengen- und Absatzgarantien für einzelne Sortimente und Produkte,
- europaweite Verkaufsförderungsmaßnahmen,
- Unterstützung beim Relaunch von Produkten/Sortimenten,
- inhaltlich und zeitlich koordinierte Realisierung geplanter Neueinführungen,
- zeitgleiche Sonderaktivitäten des Handels bei Medienschwerpunkten,
- Zurverfügungstellung von Testmärkten,
- Entwicklung von europäischen Projekten in Workshops.

B.T./J.Z.

Literatur: *Hampl, P.*: Europäische Marketing- und Einkaufsallianzen – EMD, in: *Zentes, J.; Swoboda, B.* (Hrsg.): Globales Handelsmanagement, Frankfurt a.M. 1998, S. 307-324. *Tietz, B.*: Der Handelsbetrieb, 2. Aufl., München 1993, S. 259.

Marketing-Koordination

Teilbereich des → Marketing-Managements mit dem Ziel der Abstimmung von Strukturen, Zielen und Handlungsabläufen zur marktorientierten Steuerung eines Unternehmens. Durch Koordination soll sichergestellt werden, dass ein aufgabengerechter Informationsfluss zwischen den Organisationsmitgliedern zustande kommt, Widersprüchlichkeiten in Zielen oder Maßnahmen vermieden und Synergiemöglichkeiten genutzt werden. Wesentliche Koordinationsinstrumente sind:

- die unmittelbare persönliche Einflussnahme,
- organisatorische Regelungen,
- Planungsprozesse und Pläne,
- Verfahrensprogramme (d.h. Hilfsmittel zur geordneten Informationsgewinnung, -aufbereitung, -auswertung und- weitergabe) sowie
- Anreizsysteme finanzieller und nicht finanzieller Art, wie sie z.B. für → Außendienststeuerungssysteme eine Rolle spielen.

Die Koordination durch *persönliche Einflussnahme* spielt besonders bei neuartigen, schwach strukturierten Aufgaben eine wesentliche Rolle, da hierbei standardisierte Sachregelungen kaum zum Zuge kommen können. Dies gilt z.B. für frühe Phasen der Neuproduktplanung (Ideengenerierung), wo es darauf ankommt, die Kommunikation zwischen verschiedenen Funktionsbereichen durch Teamgespräche zu fördern (→ Innovationsorganisation).

Organisatorische Regelungen beeinflussen durch Aufgaben- und Kompetenzzuordnungen die wechselseitigen Abstimmungsprozesse (→ Marketingorganisation). Im Marketing-Bereich haben objektorientierte Organisationsformen große Bedeutung, die eine Querschnittskoordination verschiedener Tätigkeitsfelder im Hinblick auf Produkte, Kunden(gruppen) oder Verkaufsgebiete vornehmen sollen. Zu nennen sind das → Produktmanagement und Category Management, das → Kunden(gruppen)management, das regionale Markt-Management, aber auch das befristet eingerichtete → Projektmanagement. Inwieweit es diesen Organisationseinheiten gelingt, die wirkungsvolle Abstimmung mit anderen Stellen und Abteilungen in einer Matrixstruktur herbeizuführen, hängt außer von der persönlichen Überzeugungsfähigkeit auch von der formalen Kompetenzausstattung ab (vgl. z.B. → Preisorganisation). Produkt-Manager bspw. verfügen, gemessen am Aufgabenspektrum, oft über wenig formale Positionsmacht (→ Marketingorganisation).

Die → *Marketingplanung* dient, besonders in stark dezentralisierten Organisationen, der Zielvereinbarung und damit der Koordination des künftigen Vorgehens. Darüber hinaus ist bei der Maßnahmenplanung darauf zu achten, dass durch das Zusammenspiel der Marketing-Mix-Instrumente eine als widerspruchsfrei wahrgenommene Positionierung des Leistungsangebots gelingt (→ Marketing-Mix). Hierbei wirkt es sich günstig aus, wenn objektorientierte Organisationseinheiten (s.o.) auf die Planabstimmung bezüglich bestimmter Produkte und Marktsegmente achten.

Verfahrensprogramme üben eine koordinierende Wirkung aus, weil sie Anforderungen an die Datenbereitstellung präzisieren (z.B. Wirtschaftlichkeitsrechnungen für die Neuproduktplanung) oder unmittelbar zu einer inhaltlichen und terminlichen Abstimmung von Teiltätigkeiten führen (z.B. → Netzplantechniken). Empirische Untersuchungen haben gezeigt, dass bei objektbezogenen Organisationsregelungen im Marketing – verglichen mit rein funktionalem Organisationsaufbau – mehr Planungs- und Kontrollverfahren zum Einsatz kommen.

Bei *Anreizsystemen* ist darauf zu achten, dass damit das Handeln der Betroffenen tatsächlich im Sinne der Unternehmensziele gelenkt wird. Dies ist bspw. bei Provisionsregelungen für den Verkaufsaußendienst keineswegs so ohne weiteres der Fall. Rein umsatzabhängige Provisionsanreize bergen die Gefahr, dass zwar umsatzstarke, aber deckungsbeitragsschwache Artikel im Verkauf gefördert werden. Umgekehrt kann eine einseitig deckungsbeitragsorientierte Provisionsbemessung dazu führen, dass neu in den Markt gebrachte Produkte, die anfangs noch geringe Deckungsbeiträge erwirtschaften, nicht genügend Unterstützung durch den Außendienst erfahren (→ Außendienstentlohnung).

Die beschriebenen Koordinationsinstrumente kommen innerhalb der Marketing- und Vertriebsabteilungen zum Einsatz, aber auch zur besseren wechselseitigen Abstimmung mit anderen betrieblichen Teilbereichen. Eine solche „*Interface*"-Funktion ist insb. an den Schnittstellen zwischen Marketing und F & E, Marketing und Produktion sowie Marketing und Rechnungswesen wahrzunehmen.

Der marktorientierten (d.h. insbesondere an Kundenanforderungen und Wettbewerbsbedingungen ausgerichteten) Koordination aller zur betrieblichen → Wertkette gehörenden Aufgabengebiete wird zunehmende Bedeutung beigemessen. Sie gilt als wesentliche Voraussetzung für eine wirkungsvolle → Marketing-Implementation im Unternehmen. Hierzu tragen die oben genannten Koordinationsinstrumente in einer abteilungsübergreifenden Weise bei; etwa durch die Organisation von Teams (→ Teamorganisation) mit persönlichen Abstimmungen, die gemeinsame Nutzung von Informationen sowie Planungs- und Verfahrenshilfen wie im Total Quality Management (→ Qualitätssicherung) oder unternehmensweite Anreizsysteme bspw. auf der Grundlage der → Balanced Scorecard. R.K.

Literatur: *Hilker, J.:* Marketingimplementierung, Wiesbaden 1993. *Köhler, R.:* Marketingbereich, Führung, in: *Kieser, A.; Reber, G.; Wunderer, R.* (Hrsg.): Handwörterbuch der Führung, 2. Aufl., Stuttgart 1995, Sp. 1468-1483. *Plinke, W.:* Marktorientierte Führung als Schnittstellenbewältigung, in: *Erichson, B.; Hildebrandt, L.* (Hrsg.): Probleme und Trends in der Marketing-Forschung, Stuttgart 1998, S. 261–287.

Marketing-Kostenbudget
→ Budgetierung im Marketing

Marketingkultur

Marketingkultur bezeichnet die marktorientierte Kultur i.S. einer → Organisationskultur erwerbswirtschaftlicher und nicht-kommerzieller Organisationen, die auf der Existenz entsprechender marktorientierter Werte, Normen und Verhaltensweisen beruht, welche sich wiederum auszeichnen durch:

- *Umwelt- und Zielgruppenorientierung.* Dabei gilt der Befriedigung von Bedürfnissen und Wünschen von Anspruchsgruppen mittels strategischen und operativen Aktivitäten auf jeglichen organisatorischen Ebenen besondere Aufmerksamkeit (→ Marketing).
- *Wettbewerbssensibilität*, die sich nicht auf Konkurrenz um bestehende Zielgruppen beschränkt (→ Wettbewerbsdynamik).
- *Proaktive Chancenorientierung*, so dass erwartete künftige Bedürfnisse und Erwartungen der Zielgruppen antizipiert werden können, um adäquate Leistungsangebote bereit zu halten, noch bevor die veränderten Bedürfnisse und Erwartungen durch das Verhalten der Zielgruppen spezifiziert werden (→ Visionen).
- *Ganzheitliches Leistungsverständnis*
- *Mitarbeiterorientierung*, die dem erheblichen Stellenwert des einzelnen Organisationsangehörigen im Leistungserstellungsprozess Rechnung trägt und dessen Identifikation mit der Organisation steigert (→ internes Marketing).
- *Hohe organisationale Lernfähigkeit*, insbesondere infolge der Fähigkeit, kontinuierlich Informationen über die (relevante Aufgaben-)Umwelt effektiv zu verarbeiten bzw. schnell auf Herausforderungen zu reagieren (→ Wissensmanagement).
- *Unternehmer-Kultur*, die das eigenverantwortliche Engagement von Organisationsangehörigen durch eine innovationsfördernde Atmosphäre forciert.
- Relativ *offene organisationsinterne Kommunikation* und *intensiver Informationsaustausch mit der Umwelt.*

Das marktorientierte Verhalten einer Organisation bzw. deren Angehörigen stellt sich als Funktion der Fähigkeiten und Fertigkeiten *(Können)* der Mitarbeiter sowie der Motivation zum Handeln *(Wollen)* dar. Als problematisch erweist sich bei der Implementierung der Marktorientierung das unterschiedliche, oft auch inkorrekte Marketingverständnis der Betroffenen *(Kennen/Verstehen)*. So begegnet man der Marketingorientierung vor allem in Nonprofit-Organisationen noch mit Argwohn und manchmal sogar einem als ideologisch bezeichenbaren Widerstand.

Zum „*Können*" der Marktorientierung gilt es die hierzu benötigten Fähigkeiten und Fertigkeiten aller Organisationangehörigen zu schaffen und zu fördern. Die Fähig- und Fertigkeiten wären den Mitarbeitern z.B. mit Hilfe von Schulungen zu vermitteln (z.B. Serviceorientierung). Darüber hinaus sollte die Organisation das Marketing-Know-how und -Instrumentarium zur Verfügung stellen.

Der Erfolg der Marktorientierung hängt im Sinne des obigen „*Wollens*" entschieden von der Akzeptanz der Konzeption durch die Organisationsangehörigen und deren Motivation ab, marktgerecht zu handeln. Hierzu lassen sich insbesondere Maßnahmen des so genannten *symbolischen Managements* zur Hilfe ziehen:

Steuerungsmaßnahmen greifen z.B. interaktionale Symbole auf, um handlungsleitende Werte und Normen deutlich zu machen. Das Vorleben der „Politik der offenen Tür" und des „Management by Walking Around" durch die Entscheidungsträger würden in der Organisation beispielsweise Zeichen für Partizipation und Integration von Mitarbeitern setzen. Aber auch die systematische Verteilung des Zeitbudgets (z.B. regelmäßige Mitarbeiterbesprechungen, Kundenforen) lässt Prioritäten für bestimmte Aktivitäten und damit für das organisational Erwünschte erkennen.

Bestätigungsmaßnahmen, die (marketing-)kulturkonformes Verhalten, z.B. durch Zeremonien und Rituale, belohnen (bspw. Auszeichnungen als beste Mitarbeiter des Monats), ergänzen das organisationale Anreizsystem.

Informationsmaßnahmen vermitteln die → Vision, Mission und anzustrebende kulturelle Orientierung der jeweiligen Organisation, wobei sowohl das kognitive wie auch das affektive Moment angesprochen werden können/sollten.

Identifikationsmaßnahmen zielen auf den Aufbau der Identifikation der Mitarbeiter mit „ihrer" Organisation ab (→ Corporate Identity). Als „identifikationsstiftende" Aktivitäten lassen sich u.a. Feste, Firmenturniere und Firmenausflüge anführen.

K.Sch.

Literatur: *Dreher, A.*: Marketingorientierung als Unternehmensphilosophie. Phänomen und empirische Erfassung, Wiesbaden 1995. *Hilker, J.*: Marketingimplementierung. Grundlagen und

Umsetzung am Beispiel ostdeutscher Unternehmen, Wiesbaden 1993. *Schober, K.-S.*: Strategisches Fakultätsmarketing, Nürnberg 2001.

Marketing-Lehre
→ Marketing-Wissenschaft

Marketing-Logistik (Distributionslogistik, Physische Distribution)
umfasst alle betrieblichen Aktivitäten, die den räumlichen, zeitlichen und mengenmäßigen Transfer der Unternehmensprodukte von ihrer Fertigstellung (Ende des Produktionsprozesses) bis zu den Abnehmern betreffen. Bisweilen wird außer der Distributionslogistik auch die Beschaffungslogistik als Bestandteil der Marketing-Logistik angesehen.

(1) Grundlagen
Die Gewährleistung der Produktverfügbarkeit für den Abnehmer durch Überbrückung von Raum-, Zeit- und Mengendifferenzen ist die Aufgabe der Marketing-Logistik. Sie vermittelt dadurch den Unternehmensprodukten Raum- und Zeitnutzen (→ Lieferservice), der zusammen mit dem stofflichen Nutzen und dem Informationsnutzen den Gesamtwert des Produkts in den Augen der Abnehmer bestimmt.

Logistik ist ein flussorientiertes Führungskonzept, das den gesamten Prozess der Planung, Realisierung, Steuerung und Kontrolle aller Waren-, Güter- und Informationsströme eines Unternehmens von seinen Beschaffungsmärkten durch die Produktionsstufen bis zu den Absatzmärkten in integrierter Weise umfasst. Dem Gedanken der Ganzheitlichkeit folgend, sind auch von anderen Unternehmen erbrachte Logistikleistungen (→ Logistik-Dienstleister) als Bestandteile des durchgängigen Logistiksystems anzusehen. Hierin zeigt sich der unternehmensübergreifende Charakter der Logistikkonzeption.

Die Marketing-Logistik bildet die Schnittstelle zweier Führungskonzepte. Auf der einen Seite steht das → Marketing als Konzept einer marktorientierten Unternehmensführung, auf der anderen Seite die Logistik als flussorientiertes Führungskonzept. Gemeinsam mit den Instrumenten der Preis-, Produkt- und Kommunikationspolitik dient die Marketing-Logistik im Rahmen der → Distributionspolitik der Schaffung und Befriedigung von Nachfrage. Im Bereich der Distributionspolitik steht sie neben dem Instrument der → Vertriebswegepolitik, die sich vorwiegend mit Aspekten der vertragsmäßigen Distributionsgestal-

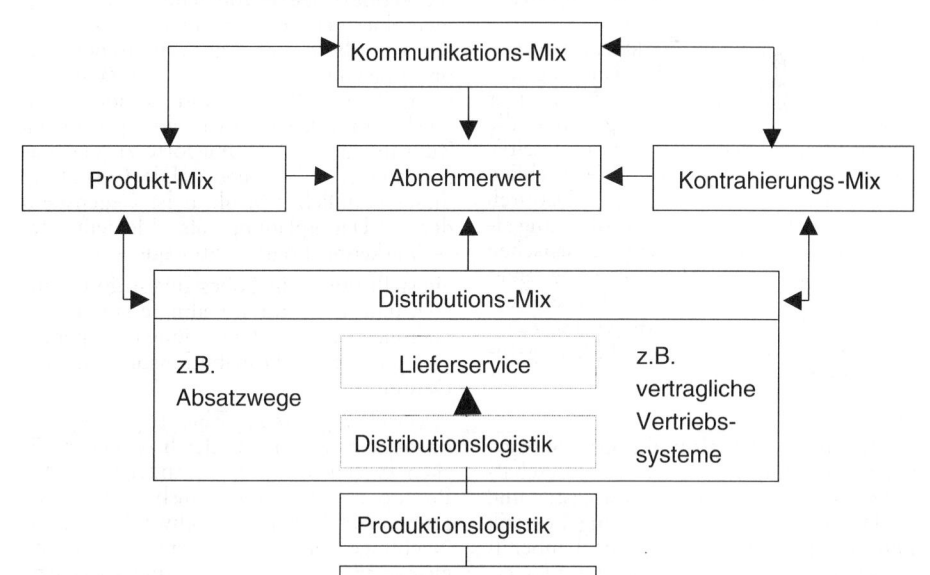

Abb. 1: Marketing und Logistik als Determinanten des Abnehmerwertes

Abb. 2: Objektbezogenen Subsysteme von Logistiksystemen (in Anlehnung an *Pfohl,* 1996, S. 20)

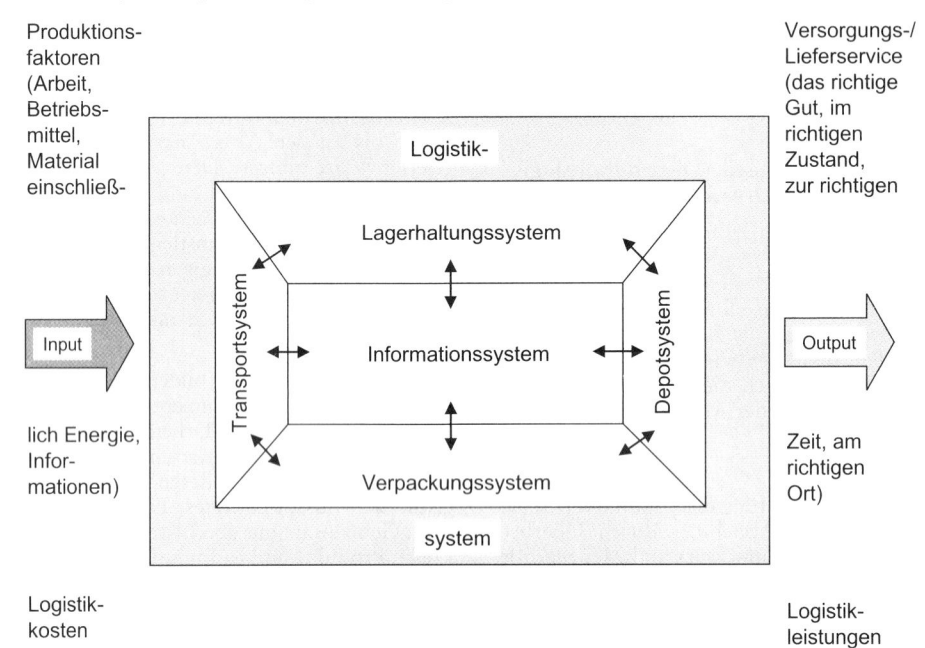

```
Produktions-                                                    Versorgungs-/
faktoren                                                        Lieferservice
(Arbeit,                                                        (das richtige
Betriebs-                                                       Gut, im
mittel,                    Logistik-                            richtigen
Material                                                        Zustand,
einschließ-             Lagerhaltungssystem                     zur richtigen

              Transportsystem  Informationssystem  Depotsystem
 Input                                                          Output

lich Energie,                                                   Zeit, am
Infor-                                                          richtigen
mationen)               Verpackungssystem                       Ort)

                           system

Logistik-                                                       Logistik-
kosten                                                          leistungen
```

tung befasst. Im Gegensatz dazu ist die Marketing-Logistik auf die physische Verteilung der Produkte von der Herstellung an die Abnehmer und dabei auf den von den Unternehmen kontrollierten Warenweg gerichtet.

Insb. auf Konsumgütermärkten mit preislich und qualitativ weitgehend homogenen und damit in den Augen der Nachfrager substituierbaren Produkten gewinnt die Gewährleistung der räumlichen und zeitlichen Verfügbarkeit der Produkte erheblich an akquisitorischer Bedeutung. Dadurch wird die physische Distributionsleistung eines Unternehmens zu einem strategischen Element, das die Kaufentscheidung eines potentiellen Kunden wesentlich beeinflussen kann. Marketing-Logistik wird so zu einem eigenständigen, aktiven Marketing-Instrument des Unternehmens.

(2) Subsysteme
Gemeinhin werden als funktionale Subsysteme eines Logistiksystems die Beschaffungslogistik, die Produktionslogistik und die Distributions- oder Marketing-Logistik unterschieden. Nach den Aufgabenbereichen wird das Logistiksystem in das Lagerhaltungs-, Transport-, Verpackungs- und Materialhandhabungssystem, das Informationssystem einschließlich der Auftragsabwicklung und das Depotsystem untergliedert (vgl. *Abb.* 2 und *3*).

Depotsystem: Die physischen Prozesse der Marketing-Logistik vollziehen sich im Rahmen einer gegebenen räumlichen Struktur, d.h. einer bestimmten geographischen Anordnung von Produktionsstätten, Zentrallagern, Regionallagern und kundennahen Auslieferungslagern sowie einer gegebenen Zuordnung der Nachfrageorte zu den Lagerstandorten (→ Depot). Die Gestaltung dieser räumlichen Struktur ist Gegenstand der → Depotplanung als Element der → Marketing-Logistik-Strategie.

Sie stellt durch ihr hohes Investitionsvolumen und die dadurch bedingte langfristige Geltungsdauer für die Planung der operativen physischen Distributionsprozesse ein Datum dar.

Lagerhaltungssystem: Eine Lagerung von Produkten ist zum Ausgleich zeitlicher Lücken zwischen zwei aufeinander folgenden Prozessen erforderlich, insb. wenn aufgrund unvorhersehbarer Schwankungen die Nachfrage nicht mit dem weitgehend gleichmäßigen, durch fertigungswirtschaftliche Gegebenheiten determinierten Produktionsrhythmus übereinstimmt. Darüber

Abb. 3: Kennzeichnung logistischer Aufgabenbereiche (Subsysteme)

Information • Struktur des Auftragsübermittlungsnetzes • Automatisierungsgrad der Auftragsbearbeitung • Eigen- oder Fremdbetrieb von unternehmensübergreifenden Kommunikationsnetzen • Auftrag als Informationsquelle • Warenwirtschaftssysteme • Teleshopping, Homebanking
Lagerhaltung • Anzahl der zu lagernden Artikel (Selektive Lagerhaltung, ABC-Prinzip) • Bestellmenge und Bestellpunkte zur Wiederauffüllung der Lagerbestände • Sicherheitsbestand • Lagerbestandskontrolle • Kurzfristige Bestandsprognose
Depot • Kauf oder Miete von Lagerhaus und -ausrüstung • Anzahl der Standorte, Kapazitäten und Liefergebiete der Lagerhäuser • Technische Einrichtung für Magazinierung und Kommissionierung im Lagerhaus • Lagerorte im Lagerhaus • Gestaltung der Laderampe • Abfertigung der Transportmittel • Organisation der Kommissionierung • Produktiver Einsatz des Lagerhauspersonals
Transport • Art der Transportmittel • Eigen- oder Fremdbetrieb der Transportmittel • Kauf oder Miete der Transportmittel • Kombination der Transportmittel • Organisation der Transportabwicklung (optimale Transportwege, Einsatzplätze und Beladung der Transportmittel)
Verpackung • Erfüllung der logistischen Funktionen der Verpackung (Schutz-, Lager-, Transport-, Manipulation- und Informationsfunktion) • Bildung logistischer Einheiten (Lager-, Lade-, Transporteinheiten) als Voraussetzung für rationelle Tranpsortkette)

hinaus sind Lagerungsprozesse häufig eine notwendige Voraussetzung zur Realisierung von Kostenersparnissen im Transportbereich. Das ist z.B. dann der Fall, wenn regionale Auslieferungslager mit großen Mengeneinheiten, z.B. ganzen Wagenladungen, beliefert werden, diese aber nicht unmittelbar an die Abnehmer ausgeliefert werden können. Die hierdurch bedingten Lagerbestände sind zwar auch durch die Existenz zeitlicher Differenzen zwischen Wareneingang im Regionallager und der Auslieferung der Produkte verursacht; in vielen Fällen steht jedoch das Motiv der Ausnutzung von Größendegressionseffekten im Transportbereich im Vordergrund.

Transportsystem: Transportprozesse überbrücken räumliche Differenzen zwischen der an einzelnen Orten konzentrierten Produktion und den i.Allg. räumlich weit gestreuten Bedarfsorten. Sie umfassen die Bewegung der Unternehmensprodukte von den Produktionsstätten zu den Auslieferungslagern und von diesen zu den Abnehmern (→ Transportplanung).

Materialhandhabungs- und Verpackungssystem: Unter der Bezeichnung Materialhandhabung und Verpackung sind jene Vorgänge zusammengefasst, die die Produkte zwischen dem Eintreffen im und dem Verlassen des Lagers durchlaufen. Hierzu gehören z.B. das Entladen der Transportmittel, Einlagern der Produkte, Pflege der Produkte, Kommissionierung von Kundenbestellungen, Verpackung und Beladen der Transportmittel. Durch die Aktivitäten der Materialhandhabung und Verpackung wird eine art- und mengenmäßige Umgruppierung der Produkte vorgenommen. Aus großen homogenen Einheiten, die die Ausnut-

Marketing-Logistik (Distributionslogistik, Physische Distribution)

zung von Kostendegressionseffekten im Produktions- und Transportbereich erlauben, werden abnehmerorientierte, heterogene Sendungen zusammengestellt.

Informationssystem: Auch die Gestaltung der Informationsflüsse (→ Informations-Logistik), die zur Distribution der Ware an den Kunden notwendig sind, gehört zu den Aufgaben der Marketing-Logistik. Hierzu zählen sowohl die Informationsflüsse, die dem Warenfluss entgegengerichtet sind (→ Auftragsabwicklung) als auch die dem Warenfluss gleichgerichteten (vorauseilenden, begleitenden, nachlaufenden). Dabei ist zwischen der strategischen Informationssystemplanung und der operativen Informationsprozesssteuerung zu unterscheiden. Darüber hinaus bilden die logistischen Informationen die Grundlage für das → Marketing-Logistik-Controlling.

(3) Marketing-Logistik-Planung
Sie hat die Aufgabe, Alternativen für die strukturelle und prozessuale Gestaltung der Güter- und Informationsflüsse in der Distribution zu erarbeiten, zu bewerten und auszuwählen. Als Bewertungskriterien kommen v.a. die → Logistik-Kosten und der → Lieferservice in Betracht. Außerdem gewinnt die → Flexibilität (Anpassungsfähigkeit) von Marketing-Logistiksystemen angesichts zunehmender Variabilität, Diskontinuität, Ungewissheit und Änderungsgeschwindigkeit des Verbraucherverhaltens v.a. im Konsumgüterbereich zunehmend an Bedeutung. Ein Marketing-Logistiksystem kann graphisch durch ein Netzwerk abgebildet werden, wobei Produktions-, Lager- und Umschlagsprozesse (Knoten) durch Knoten und Transportprozesse durch Pfeile dargestellt werden (vgl. *Abb. 4*). Diese Visualisierung bildet ein wertvolles Analysehilfsmittel für die Marketing-Logistik-Planung.

Aufgrund der hohen Komplexität der Marketing-Logistik lässt sich eine modellgestützte Gesamtoptimierung praktisch nicht realisieren. Marketing-Logistikplanung findet vielmehr in Form abgestimmter Teilplanungen statt. Diese beziehen sich auf die einzelnen Objektbereiche der Marketing-Logistik: Depotplanung, Transportplanung, Lagerhaltungsplanung, Informations-Logistikplanung. Innerhalb dieser Teilplanungen werden darüber hinaus strategische (strukturelle) und operative (prozessuale) Fragestellungen gesondert behandelt. Bei diesen Teilplanungen sind Interdependenzprobleme und Substitutionsmöglichkeiten zwischen einzelnen Komponenten

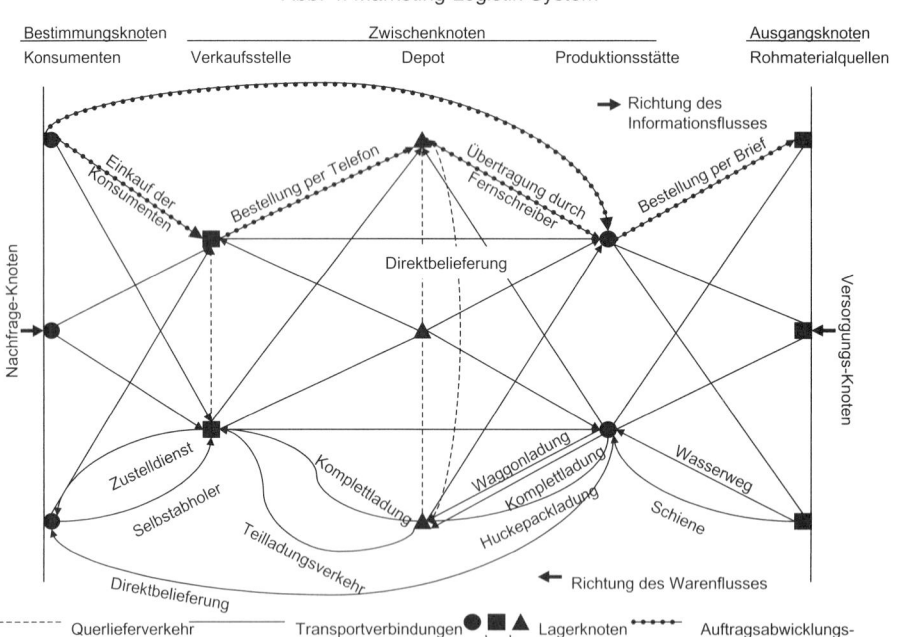

Abb. 4: Marketing-Logistik-System

des Marketing-Logistiksystems zu beachten. So lässt sich bspw. eine geringe distributionsabhängige Lieferzeit durch eine große Anzahl abnehmernaher Auslieferungslager, durch Zentrallagerkonzeptionen in Verbindung mit besonders schnellen Transportmitteln oder durch eine besonders effiziente Auftragsabwicklung realisieren (→ Just-in-Time-Logistik).

Darüber hinaus ergeben sich zwischen den einzelnen Subsystemen der Marketing-Logistik zahlreiche Kosten-Trade-offs (→ Logistik-Kosten). Hiermit bezeichnet man die gegenläufige Entwicklung einzelner Kostenarten hinsichtlich einer bestimmten Bezugsgröße.

(4) Kritische Interdependenzen
Neben der internen Abstimmung der (aufgabenbereichspezifischen) Teilplanungen der Marketing-Logistik ergeben sich aus ihrer Schnittstellenfunktion weitere Integrationsanforderungen.

Die Integration mit den anderen Instrumentalbereichen des Marketing-Mix (funktionsinterne Integration) ist bedeutsam, weil in der Wahrnehmung der Abnehmer gerade der kombinierte Einsatz dieser Instrumente den Wert des Leistungsangebotes ausmacht (Nutzenbündel). Zwischen dem → Lieferservice als Output der Marketing-Logistik und anderen Marketing-Instrumenten bestehen sowohl substitutive als auch komplementäre Beziehungen.

Ein besonders enger Zusammenhang besteht zwischen der Marketing-Logistik und der → Vertriebswegepolitik, welche die vom Logistiksystem zu bedienende Anzahl der Empfangspunkte (z.B. wenige Großhändler oder viele Einzelhändler) festlegt. Der Zusammenhang begründet sich u.a. aus dem Abstimmungsbedarf zwischen den logistischen Systemen der für die Distribution der Güter eines Herstellers zuständigen Institutionen. Dabei ist allerdings zu berücksichtigen, dass der physische Güterfluss, der Eigentumsfluss (Fluss der Rechte an den Gütern), der Zahlungsfluss, der Informationsfluss und der Absatzförderungsfluss durchaus nicht stets über dieselben Institutionen laufen müssen. Häufig ist es sinnvoll, die verschiedenen Flusstypen voneinander zu entkoppeln.

Der Einsatz der kommunikationspolitischen Instrumente ist örtlich und zeitlich mit den Maßnahmen der Marketing-Logistik zu koordinieren. V.a. Werbekampagnen müssen sorgfältig durch logistische Maßnahmen abgesichert werden. Eine im Prinzip gute Werbung kann durch mangelnde logistische Unterstützung negative Folgen haben. Intern führt die mangelnde Vorbereitung auf werbebedingte Nachfragesteigerungen zu kurzfristig notwendigen logistischen Anpassungsmaßnahmen mit überproportional hohen Kosten.

Im Rahmen der → Produktpolitik ist in vielen Branchen der Trend zu beobachten, das Produktprogramm durch neue Produkte oder durch Produktdifferenzierung zu erweitern, um individuelle Kundenwünsche befriedigen zu können (→ Differenzierungsstrategie). Eine Erweiterung des Produktprogramms hat Auswirkungen auf die Marketing-Logistik. Durch sie werden höhere Anforderungen an die Auftragsabwicklung, die Verpackung und den Transport gestellt. Ein wesentlicher Effekt ist i.a. das Anwachsen der Lagerbestände. V.a. bei der Neueinführung eines Produktes müssen beim Lieferanten genügend hohe Bestände vorhanden sein, die zudem schnell ausgeliefert werden müssen. Denn in der Einführungszeit eines neuen Produktes hat der Handel erfahrungsgemäß sehr niedrige Lagerbestände, bis er sich bei stabilisierter Nachfrage mit seinen Bestellungen auf das neue Produkt eingestellt hat. Ein Produkt, das sich gut verkauft, lässt sich nicht automatisch einfach durch das logistische System bewegen. So kann eine aus logistischer Perspektive schlechte Produktgestaltung, z.B. übergroße Verpackungen, es erforderlich machen, das Volumen zu erhöhen und die Dichte der zu transportierenden Einheiten zu senken. Steigende Kosten für die Handhabung, die Lagerung, den Transport und die Verpackung sind die Folge. Ein großer Vorteil für das logistische System ergibt sich, wenn es bei der Produktgestaltung gelingt, ein gewisses Maß an Standardisierung in den Abmessungen der Produkte zu erreichen. Die gleichen Überlegungen wie für Neuprodukte gelten auch für die in vielen Branchen bedeutsame Ersatzteil-Logistik.

Über die Logistik-Kosten besteht auch eine grundsätzliche Beziehung zwischen der *Preispolitik* und der Marketing-Logistik, soweit sich die Preisbildung an einem Kostenpreis als → Preisuntergrenze zu orientieren hat. Darüber hinaus sind logistische Überlegungen in die Frage der → Preisdifferenzierung einzubeziehen. So ergeben sich infolge einer nach Auftragsgrößen oder Abnahmemengen abgestuften Rabattstruktur Konzentrationspunkte in der Verteilung der Auftragsgrößen bzw. Abnahmemengen (→ nicht-lineare Tarife). Die hiermit verbundenen Anforderungen an Transport, Umschlag, Lagerung und Verpackung müssen mit den Möglichkeiten des logistischen Systems abgestimmt sein. Auch bei der räumlichen Preisdifferenzierung ist die Frage der Einbeziehung Logistik-Kosten zu bedenken. So sind etwa Preisnachlässe in Erwägung zu ziehen, wenn große Lose an eine zentrale Annahmestelle (Zentrallager) des Kunden geliefert werden und dieser die Belieferung seiner Niederlassungen oder Werke selbst übernimmt (→ Logistikkonditionen). Der Kunde wird dann die Kosten seiner Beschaffungs-Logistik gegen die gewährten Preisnachlässe abwägen müssen.

Während die funktionsinterne Integration die Einbeziehung der Marketing-Logistik ins Marketing-Mix betrifft, ergeben sich weitere Integrationsanforderungen aus der Stellung der Marketing-Logistik in der logistischen Kette. Die interfunktionale Integration innerhalb des Unternehmens bezieht sich v.a. auf die Abstimmung der Marketing-Logistik mit der vorgelagerten Produktionslogistik. So ist bei einer kundenauftragsbezogenen Fertigung die Fertigungszeit Bestandteil der Lieferzeit. Damit die Leistungsfähigkeit einer flexiblen, nach den Prinzipien der → Just-in-Time-Logistik konzipierten Produktion auch am Markt umgesetzt werden kann, ist eine ebenso konzipierte Just-in-Time-Distribution Voraussetzung. Auch eine Einbeziehung distributionsbezogener Kriterien in die Produktionssteuerung ist Ausdruck der Integration dieser beiden Logistikbereiche.

Die Marketing-Logistik bildet in der Logistik-Kette auch die Schnittstelle zum Markt. Dies erfordert eine unternehmensübergreifende Integration der Marketing-Logistik mit der Beschaffungs-Logistik der Abnehmer und der Logistik von → Logistik-Dienstleistern. Diese Integration wird besonders durch unternehmensübergreifende Informationssysteme unterstützt (→ Supply Chain Management).

Schließlich bedarf es der Integration der strategischen und der operativen Marketing-Logistik v.a. im Hinblick auf die angestrebten Lieferservice- und Gesamtkosten-Ziele (hierarchische Integration). Dabei ist der → Lieferservice nicht als vorgegebene Anforderung an das Marketing-Logistik-System zu verstehen, sondern als wettbewerbsstrategisches Instrument. Nur auf diese Weise lässt sich die Schnittstellenproblematik zwischen Marketing und Logistik sinnvoll lösen. Alle Entscheidungen der Marketing-Logistik sind an der → Marketing-Logistikstrategie zu orientieren. Dazu gehört auch die Frage, inwieweit das gesamte Logistiksystem im Sinne der → Just-in-Time-Logistik kundenauftragsbezogen gestaltet werden oder durch eine dezentrale und kundennahe Lagerung von Fertigprodukten Kundennähe gewährleisten soll. Diese Abwägung bzw. Grenzziehung zwischen kunden-/auftragsbezogener und markt-/prognoseorientierter Logistik ist ein zentrales Unterscheidungsmerkmal alternativer Logistiksysteme. Abschließend lässt sich festhalten, dass angesichts der Öffnung der europäischen Märkte und der Internationalisierung des Wettbewerbs die Bedeutung der Marketing-Logistik als strategischer Erfolgsfaktor zugenommen hat (→ Eurologistik). W.De./R.A.

Literatur: *Ballou, R.*: Business Logistic Management, 4. Aufl., Englewood Cliffs 1999. *Pfohl, H.Ch.*: Logistiksysteme, 5. Aufl., Berlin u.a. 1996.

Marketing-Logistik-Controlling

hat für jede Entscheidungsebene innerhalb der → Marketing-Logistik die entsprechenden logistischen Steuerungs- und Kontrollinformationen bereitzustellen. Ziel eines Controllingsystems ist es, Entscheidungen durch (problemadäquate) Informationen zu unterstützen. Das zentrale Merkmal des Marketing-Logistik-Controlling ist mithin die Entscheidungsorientierung innerhalb der → Marketing-Logistik. Im Vordergrund des Interesses werden für den Marketing-Logistikcontroller im Hinblick auf die laufende Wirtschaftlichkeitskontrolle und die entscheidungsvorbereitende Informationsbereitstellung diejenigen Marketing-Logistikfunktionen stehen, die erfolgszielbezogen als wesentlich anzusehen sind. Hierzu zählen etwa die Bestimmung eines optimalen Grads des → Lieferservice, die Ermittlung optimaler Distributionsstrukturen (→ Depotplanung und → Transportplanung), die Auswahl optimaler Lagerhaltungspolitiken (→ Lagerhaltung), die Optimierung der → Auftragsabwicklung und die Erfolgsträchtigkeit einzelner Kunden, Aufträge bzw. Regionen.

Die Entwicklung einer um den Logistikbereich erweiterten Kosten- und Leistungsrechnung erfordert allerdings eine differenzierte Definition und Erfassung der Logistik-Kosten und Leistungen. Die Definition der Logistikleistung ist grundsätzlich auf den jeweils bestehenden Informationsbedarf hin ausgerichtet festzulegen. Dies hat zur Konsequenz, dass es ein Nebeneinander unterschiedlicher Begriffsfassungen geben muss. Als mögliche Präzisierungen der Logistik-Leistung können die Bereitstellung der Produktionsfaktoren, die Durchführung der logistischen Prozesse, die Überwindung von Raum- und/oder Zeitdisparitäten oder die Sicherstellung der Verfügbarkeit von Ressourcen betrachtet werden. Eine identische Leistung kann jedoch mit unterschiedlichen Verfahren, Kostenbestimmungsfaktoren und damit Logistik-Kosten verbunden sein. Um die Wirtschaftlichkeit logistischer Prozesse beurteilen zu können, ist es erforderlich, den logistischen Leistungen die entsprechenden Maßgrößen der logistischen Aktivitäten und entsprechenden Kosten zuzuordnen. Als logistische Maßgrößen lassen sich Werte, Mengen, Zeiten, Entfernungen, Gewichte, Volumina und Güterklassen differenzieren.

Für das Marketing-Logistik-Controlling gilt es mindestens anzustreben, im Rahmen der Kostenrechnung zusätzlich zu den gebräuchlichen Kalkulationsbestandteilen (z.B. Materialkosten, Fertigungskosten) auch Logistikkosten gesondert auszuweisen und den einzelnen Produkten bzw. Produktgruppen zuzuordnen. Gerade hierfür ist eine lückenlose Aufzeichnung der für ein Erzeugnis über den gesamten Herstellungs- und Verwertungsprozess erforderlichen Raum- und Zeitüberbrückungsleistungen in sog. logistischen Leistungsplänen notwendig.

Wesentliche Ausgangsinformationen zum Aufbau derartiger Pläne liefern *Arbeitsgangpläne*. Die der im Leistungsplan festgehaltenen Leistungsstruktur hinzuzufügenden Mengen und Zeitarten lassen sich expost prinzipiell leicht bestimmen. Jedoch gestaltet sich die Ermittlung derartiger Daten für Vorkalkulationen bezogen auf (z.B.) Lagerhaltungsleistungen sehr schwierig: Umfang und Dauer von Lagerungen sind in hohem Maße dispositionsbedingt, sie hängen etwa von der festgelegten Losgröße oder der realisierten Bearbeitungsreihenfolge der um knappe Kapazitäten konkurrierenden Kundenaufträge ab und können somit in ihrem Ausmaß ganz erheblich schwanken. Ansonsten lassen sich lediglich aus Erfahrung oder Simulationen gewonnene Mindest- oder Standardlagerzeiten ansetzen, Zeitgrößen, von denen die tatsächlichen Lagerzeiten für einen konkreten Kundenauftrag deutlich abweichen können.

Die Einführung von Logistikkostenstellen in den Betriebsabrechnungsbogen, etwa im Rahmen einer kombinierten Voll- und Teilkostenabrechnung, stellt eine einfache und mit geringem Aufwand verbundene Maßnahme zur Integration einer logistikbezogenen Kostenrechnung in bereits bestehende Kostenrechnungssysteme dar. Als Mindestgliederung sind hier die Logistikkostenstellen Warenannahme, Eingangslager, innerbetrieblicher Transport, Fertigwarenlager, Verpackung und Transport und Auftragsabwicklung vorzusehen. Entsprechend der grundsätzlichen Untergliederung des Betriebsabrechnungsbogens in Gesamtkosten, fixe und variable Kostenanteile ist auch in die Logistikkostenstelle eine entsprechende Unterteilung in beschäftigungsunabhängige Kosten einzuführen. Im Hinblick auf die Artikelkalkulation sollte die Gemeinkostenschlüsselung der Kosten und Leistungen der Logistik auch auf die Kostenträgerrechnung ausgedehnt werden, da für jedes Erzeugnis die anteiligen eingehenden Logistikkosten zu kalkulieren sind.

W.De./R.A.

Literatur: *Weber, J.*: Logistik-Controlling, 4. Aufl., Stuttgart 1995.

Marketing-Logistik-Strategie

ist jenes Element der → Marketingstrategie, das die Festlegung der langfristigen Ziele und Strukturen der → Marketing-Logistik betrifft. Eine Einbeziehung der Logistik in das wettbewerbsstrategische Konzept und damit in das strategische Marketing findet in der Praxis nur selten statt, obwohl das Potenzial der Logistik als strategischer Erfolgsfaktor und als Instrument zur Realisierung von Wettbewerbsvorteilen längst erkannt ist. Eine Vernachlässigung des ganzheitlichen logistischen Denkens birgt die Gefahr, allzu eindimensional in Richtung der Logistikkette zu denken und lediglich die kostengünstige Erfüllung vorgegebener Servicestandards als Effizienzkriterium für die Steuerung des integrierten Logistiksystems heranzuziehen. Dabei wird übersehen, dass die Wahrnehmung und Bewertung der logistischen Leistung → Lieferservice durch den Abnehmer nicht isoliert erfolgt, sondern lediglich *ein* Merkmal des gesamten Leistungsbündels darstellt. Die Ausprägung aller Leistungsmerkmale gemeinsam be-

Marketing-Logistik-Strategie

stimmt den Wert des Leistungsangebotes für den Abnehmer (Abnehmerwert). Dieser Wert ergibt sich gerade nicht aus der Addition der „Einzelwerte" der Leistungselemente. Vielfältige Austauschbeziehungen zwischen den Einzelmerkmalen, Kombinationseffekte, Synergien und dergleichen lassen eine isolierte Bewertung der logistisch

Marketing-Logistik-Strategien (in Anlehnung an: Shapiro/Heskett, 1985, S. 46)

Logistische Elemente	Fokussierungsstrategie: Innovation	Differenzierungsstrategie: Lieferservice	Kostenführerschaftsstrategie
Ziele	– Hohe Lieferbereitschaft – Flexibilität in Bezug auf Produktwechsel – Fähigkeit, Aufträge mit geringem Volumen oder unregelmäßig schwankenden Bestellhäufigkeiten abzuwickeln	– Hohe Liefergeschwindigkeit – Lieferzuverlässigkeit – Hohe Lieferbereitschaft – Flexibilität in Bezug auf Abnehmerbedürfnisse	– Minimale Kosten bei akzeptablem Serviceniveau
Beschaffung	Kriterien der Lieferantenwahl – Hohe Lieferbereitschaft – Hohe Qualität – Produktänderungsflexibilität	– Hohe Lieferzuverlässigkeit – Hohe Verfügbarkeit des Gesamtsortiments – Kundenspezifische Beschaffenheit	– Ausnutzung hoher Einkaufsmengenrabatte – Zentralisierung des Einkaufs – Preisorientierte Lieferantenwahl
Lagerhaltung	Dilemma: – Notwendigkeit eines hohen Sicherheitsbestandes – Notwendigkeit eines geringen Lagerbestandes, um die Flexibilität zu erhalten und um der Obsoleszenzgefahr der Bestände vorzubeugen	– Lokale Depots – Hohe Marktpräsenz – Hohe Lieferzuverlässigkeit – Kurze Lieferzeit	– Zentralisierung – Geringe Lagerbestände – Konsolidierung der Sicherheitsbestände
Transport	– Schneller Transport ggfs. Luftfracht – Einsatz von Spediteuren statt eigener Transportmittel – Teilladungsverkehr	– Mix aus Teilladungsverkehr zur Abnehmerbelieferung und Komplettladungsverkehr zur Depotbelieferung – Angebot von Eilsendungen – Eigener Fuhrpark – Zustellservice	– Konsolidierung kostengünstiger Verkehre (Schiene und/oder Kombiverkehr) – Komplettladungsverkehr – Senkung der Transportfrequenz – Eigener Fuhrpark nur bei hoher Auslastung
Depot	– Direktbelieferung der Abnehmer – Leasing von Depots – Fremdbetriebene Depots	Mehrstufige Depotstruktur: – Werklager – Zentrallager – Regionallager – Auslieferungslager	– Zentralisierung – Rationalisierung – Automatisierung
Information	– Aktualität – Mobilität – Flexibilität	– Dezentralisierung – Permanenter Kundenzugriff – Differenzierte Auftragsmodalitäten – Statusinformationssysteme	– Automatisierte Auftragsabwicklung – Zentralisierung – Integration – Standardisierte Auftragsmodalitäten

bestimmten Leistungsmerkmale deshalb nicht zu.

Die gemeinsame Schnittstelle des querschnittsorientierten Logistikkonzepts und des marktorientierten Marketingkonzepts ist die Marketing-Logistik. Damit das Potenzial der Logistik als strategischer Erfolgsfaktor genutzt werden kann, bedarf es der Einbettung bzw. der Zusammenführung beider Konzepte in ein umfassendes wettbewerbsstrategisches Konzept. In ihm nimmt der → Lieferservice als Output der Logistik einen gleichberechtigten Platz neben den übrigen Marketing-Instrumenten ein. Bei der Festlegung der eigenen Wettbewerbsposition wird die Logistik zum integralen Bestandteil des Wettbewerbskonzeptes.

Dabei gewinnen segmentspezifische Strategien immer größere Bedeutung (→ Marktsegmentierung). Gegenstand einer Wettbewerbsstrategie ist deshalb ein bestimmter Zielmarkt oder ein Marktsegment. Differenziertes Marketing bezieht sich auf Kundengruppen, die in bestimmter Weise auf ein Marketing-Mix reagieren. Das Logistikkonzept hingegen ist auf die Integration und Konsolidierung von Material-, Produkt- und Informationsflüssen durch das gesamte Unternehmen ausgerichtet. Eine nach Marketing-Aspekten segmentorientierte Logistik führt hingegen nicht selten zu erheblichen Kostenproblemen. Marketing und Logistik besitzen also unterschiedliche Zielvorstellungen und Bewertungsmaßstäbe. Die Idee der *„logistics-mission"* ist ein Versuch, für den Bereich der Logistik ein der Marktsegmentierung entsprechendes Konzept zu entwickeln. Das Konzept basiert auf der Definition geographischer Zielmärkte, die mit einem einheitlichen Servicestandard bedient werden. Eine „logistics-mission" umfasst also i.a. mehrere Kundensegmente. Damit wird ein Kompromiss eingegangen zwischen dem kundensegmentspezifischen Ansatz des differenzierten Marketing und dem logistischen Ziel der Bündelung von Warenströmen.

Unter wettbewerbsstrategischen Aspekten können Fokussierungs-, Differenzierungs- und Kostenführerschaftsstrategie unterschieden werden (→ Wettbewerbsstrategie).

In der *Abbildung* sind die logistischen Ausprägungen und Voraussetzungen für diese drei Strategietypen zusammengestellt. Es wird deutlich, dass die marketing- und logistik-strategischen Entscheidungen hier auf das Engste miteinander verbunden sind.

Dies gilt nicht nur für die Marketing-Logistik, sondern für das gesamte logistische System (→ Lagerhaltungsplanung, → Transportplanung, → Depotplanung, → Informations-Logistik, → Logistik-Dienstleister). W.De./R.A.

Literatur: *Delfmann, W.:* Marketing und Logistik integrieren, Logistik-Jahrbuch, Handelsblatt-Verlag, Düsseldorf 1990. *Shapiro, R.D.; Heskett, J.L.:* Logistics Strategy, Cases and Concepts, St. Paul u.a. 1985.

Marketing-Management

beinhaltet im *funktionalen Sinne* die Erfüllung aller strategischen und taktisch-operativen Management-Funktionen des → Marketing, also die Umsetzung der Marketing-Leitidee in entsprechende Strukturen (organisatorischer Aspekt), Abläufe (prozessualer Aspekt) und Handlungsprogramme (marketingpolitischer Aspekt). Sie beinhaltet demnach mehr als die Umsetzung der Marketingstrategie in ein → Marketing-Mix, sondern bezieht sich auf alle Managementfunktionen, also

- die → Marketingplanung einschließlich der Handhbung der → Marketingrisiken (Risiokopolitik)
- das → Marketing-Controlling,
- die → Marketingorganisation,
- die → Marketing-Koordination und
- die Führung der im Marketing arbeitenden Mitarbeiter (→ Führungsstil im Marketing) einschließlich der Etablierung und Pflege einer bestimmten → Marketingkultur (s.a. → Marketing-Implementation).

Unter *prozessualen Aspekten* geht es im Marketing-Management um ein → Prozessmanagement der → Marketingprozesse hinsichtlich Effektivität, Effizienz und Schnelligkeit. Dabei werden teilweise sowohl die Unternehmensgrenzen als auch interne Abteilungsgrenzen überschritten, Erstere durch → Marketing-Kooperation mit externen Partnern (s.a. → Beziehungsmanagement), Letztere durch Management interner Schnittstellen (→ Schnittstellenmanagement) von Geschäftsprozessen.

Im *institutionellen* bzw. *personellen* Sinne zählen zum Marketing-Management alle Entscheidungsträger im Unternehmen, die auf verschiedenen Unternehmensebenen und nicht nur in Marketingabteilungen im engeren Sinne tätig sein können (z.B. → FuE-Planung). Im Umgangsjargon des

Marketing-Mix

Marketing spricht man (mit *Kotler*) auch von „*Marketern*". H.D.

Literatur: *Köhler, R.*: Marketing-Management, in: *Tietz, B.; Köhler, R.; Zentes, J.* (Hrsg.): Handwörterbuch des Marketing, 2. Aufl., Stuttgart 1995, Sp. 1598-1614. *Kotler, Ph.; Bliemel, F.*: Marketing-Management, 8. Aufl., Stuttgart 1995.

Marketing-Mix

ist die qualitative, quantitative und zeitliche Kombination der → Marketing-Instrumente, mit der ein Unternehmen seine → Marketingziele zu erreichen sucht. Der Begriff ist Ende der vierziger Jahre von *Neil Borden* geprägt worden, der sich dabei vom Bild des Kuchenbackens inspirieren ließ. Die Marketing-Instrumente müssten wie die Zutaten einer Backmischung aufeinander abgestimmt werden, damit das Ergebnis gelinge.

Der qualitative Aspekt des Marketing-Mix betrifft die Art der Marketing-Instrumente, die ein Unternehmen einsetzen kann. Sie werden in Anlehnung an *Erich Gutenberg* häufig in vier Gruppen eingeteilt, in Instrumente der → Produkt- und → Sortimentspolitik, der → Preis- und → Konditionenpolitik, der → Distributionspolitik und der → Kommunikationspolitik. Jeder dieser Instrumentalbereiche lässt sich weiter unterteilen. Die Produkt- und Sortimentspolitik umfasst das Qualitätsmanagement, die → Markenpolitik, die Veränderung des Sortiments durch → Innovationen, → Produktvariation und → Produkteliminierung sowie produktbegleitende → Dienstleistungen wie Kundendienst oder Schulung. Innerhalb der Preis- und Konditionenpolitik ist nicht nur über Listenpreise, sondern z.B. auch über → Preisdifferenzierungen und → Preisvariationen, → Rabatte und Boni, über → Absatzfinanzierung und Skonti und über Maßnahmen der → Preissicherung zu entscheiden. Die → Distributionspolitik besteht aus drei großen Bereichen, nämlich der → Vertriebswegepolitik, in der es um die rechtliche und ökonomische Gestaltung der Zusammenarbeit mit → Absatzmittlern und → Absatzhelfern geht, aus dem → Verkauf (einschließlich der → Außendienststeuerung) und aus der → Marketing-Logistik oder physischen Distribution mit den primär technisch-organisatorischen Funktionen Lagerung und Transport. Die → Kommunikationspolitik umfasst die → Werbung, den → Persönlichen Verkauf, Teile der → Verkaufsförderung und die → Public Relations (Öffentlichkeitsarbeit).

Diese Gliederung und die Bezeichnungen sind nicht die Einzigen, die sich in der Literatur finden. Häufig spricht man von → Produkt-Mix, → Preis-Mix, Distributions-Mix und → Kommunikations-Mix, um zum Ausdruck zu bringen, dass die einzelnen Instrumente selbst wiederum Kombinationen von Unterinstrumenten sind. Nach einer eingängigen amerikanischen Formel besteht das Marketing-Mix aus *vier P's: aus Product, Place, Promotion und Price*. In einer institutionenökonomischen Sichtweise, nach der Marketing v.a. in der Überwindung von Informationsproblemen auf Märkten besteht, werden zwei Funktionen des Marketing unterschieden, *Leistungsfindung* und *Leistungsbegründung*. Durch Leistungsfindung muss ein Unternehmen bessere oder billigere Angebote als seine Konkurrenten entwickeln, durch Leistungsbegründung muss es die Vorzüge der eigenen Angebote den Nachfragern glaubhaft machen (→ strategisches Marketing).

Die *Menge der Marketing-Instrumente*, die ein Unternehmen einsetzen kann, ist nicht abschließbar und nicht unveränderlich. Die Vielfalt der Märkte und Wettbewerbsbedingungen, der technische Fortschritt, der soziale Wandel und nicht zuletzt der Erfindungsreichtum der Unternehmen lassen immer wieder neue Instrumente entstehen. So haben in den letzten Jahren neue Instrumente der Kommunikationspolitik wie → Sponsoring oder → Product Placement, des Persönlichen Verkaufs wie Telefonverkauf und der Preis- und Konditionenpolitik wie nichtlineare Tarife an Bedeutung gewonnen. In der Zukunft werden die praktische Anwendung und die wissenschaftliche Analyse von Instrumenten des Electronic-Marketing und des → E-Commerce voraussichtlich stark zunehmen.

Der *quantitative Aspekt* des Marketing-Mix betrifft die Bedeutung das Marketing im Rahmen der Unternehmenspolitik und das Gewicht der einzelnen Marketing-Instrumente innerhalb des Marketing-Mix. Dieses ist das Ergebnis einer Allokationsentscheidung (→ Marketingplanung). Finanzielle und personelle Ressourcen müssen dem Marketing zugeteilt und auf die einzelnen Marketing-Instrumente verteilt werden. In der Aufteilung des Marketingbudgets (→ Budgetierung) schlägt sich zum Beispiel nieder, ob ein Unternehmen der massenmedialen Werbung Priorität vor dem persönlichen Verkauf einräumt oder umgekehrt.

Der *zeitliche Aspekt* des Marketing-Mix betrifft die Dauer und die Reihenfolge, mit der die Marketing-Instrumente eingesetzt werden (→ Zeitwettbewerb). Dieser Aspekt steht naturgemäß bei der Umsetzung von langfristig angelegten → Marketingstrategien im Vordergrund, bei denen sich das Unternehmen auf periodenübergreifende Reaktionen der Nachfrage, auf Konkurrenzmaßnahmen oder auf geänderte Umweltbedingungen einstellen muss.

Der *Stellenwert* des Marketing und die *Struktur* des Marketing-Mix können in der Realität sehr unterschiedlich sein. Die Unterschiede hängen zum einen von den Produkteigenschaften und Marktbedingungen ab. Eigenschaften, die einen Einfluss auf das Marketing-Mix haben, sind z.B. die Funktion und die Komplexität eines Produktes. So kann eine komplexe → Dienstleistung oder ein spezielles Investitionsgut nur in enger Kooperation mit dem Kunden erstellt werden, in deren Verlauf zahlreiche Informationen ausgetauscht werden, Verhandlungen über Konditionen und Ausstattungen stattfinden, Referenzen angeboten und eingeholt werden. Das sind Umstände, die eine hohe Flexibilität in der Produktpolitik, einen bestimmten → Verhandlungsstil und einen qualifizierten → Persönlichen Verkauf voraussetzen. Bei einem problemlosen Produkt des täglichen Bedarfs ist dagegen eine standardisierte Qualität und ein leistungsfähiger Massenvertrieb, etwa über den Lebensmittel- oder Versandhandel, wirtschaftlicher. Andere Eigenschaften, die das Marketing-Mix prägen dürften, sind die Kaufhäufigkeit des Produkts, die Größenordnung, in der es das Haushaltsbudget beansprucht, sowie das wahrgenommene Risiko, das → Involvement und sonstige Merkmale des → Käuferverhaltens. Ein Beispiel für den Einfluss der Marktbedingungen auf das Marketing-Mix ist das → Marktwachstum. Auf jungen, wachsenden Märkten dominiert die Produktpolitik, weil neue Varianten und Modelle und bessere Qualitäten entwickelt werden müssen. Häufig besteht eine Tendenz zu hohen Preisen, weil die Unternehmen eine → Abschöpfungsstrategie betreiben, die Werbung muss das Marktwachstum unterstützen. Auf reifen Märkten dagegen tritt die Produktpolitik in ihrer Bedeutung zurück, der → Preiswettbewerb wird stärker, und die Werbung hat eher die Aufgabe, → Präferenzen gegenüber der Konkurrenz zu schaffen. Andere Marktbedingungen, die das Marketing-Mix prägen, sind die Formen der → Preisbildung, die Konkurrenzintensität, das Ausmaß der → Marktsegmentierung und administrative Marktregulierungen, wie sie etwa auf dem Markt für landwirtschaftliche Produkte (→ Agrarmarketing) oder für Bücher und Zeitschriften (→ Verlagsmarketing) bestehen (→ Marktrecht, → Binnenhandelspolitik).

Die durch Produkt und Markt gesetzten Bedingungen, an die sich die Unternehmen anpassen, bewirken, dass der Stellenwert und die Struktur des Marketing-Mix *branchenspezifisch* ausgeprägt sind, dass Konsumgüterhersteller im Allgemeinen ein anderes Marketing-Mix als Investitionsgüterhersteller (→ Investitionsgütermarketing) realisieren, dass das Marketing für Gebrauchsgüter sich von dem für Verbrauchsgüter unterscheidet, dass Dienstleistungen ein anderes Marketing-Mix erfordern als Sachleistungen (→ Dienstleistungs-Marketing).

Neben den Produkteigenschaften und Marktbedingungen bestimmen *unternehmensspezifische Faktoren* das Niveau und die Struktur des Marketing-Mix. Die Ziele, die ein Unternehmen am Markt anstrebt, die Strategien, mit denen es sie erreichen will, und die Entscheidungen, die es schließlich trifft, formen und prägen sein individuelles Marketing-Mix. Jedes Unternehmen ist darum bemüht, sein optimales Marketing-Mix zu finden und zu realisieren, auch dasjenige, welches eher auf Fingerspitzengefühl und Erfahrung als auf Planung und Analyse setzt. So gesehen ist die unternehmensspezifische Ausprägung des Marketing-Mix das Ergebnis einer Optimierungsaufgabe, die sich als ein eher materielles und qualitatives Problem oder als ein eher formales und quantitatives Problem darstellt. In materieller Hinsicht geht es darum, dasjenige Marketing-Mix zu finden und in die Tat umzusetzen, das der Erreichung eines bestimmten Marketingzieles oder der Umsetzung einer *Marketingstrategie* am dienlichsten ist. In der Marketingliteratur werden eine ganze Reihe solcher Strategien beschrieben (→ Marketingstrategien). → Wettbewerbsstrategien wie die → Produktdifferenzierung und die → Preisführerschaft nach *Michael Porter* erfordern ganz unterschiedliche Ausprägungen des Marketing-Mix. Die → Differenzierungsstrategie, die oft mit einer konsequenten → Markenpolitik einhergeht, bedeutet hohe Qualität und besondere Produktvorteile, intensive Werbung, hohe Preise und → selektiven Vertrieb. Die → Preisführerschaft setzt niedrige Stückkosten durch hohe Kapazitäten, Begrenzung der Typenvielfalt und Standardisierung der Qualitäten und andere Kosten sparende Maßnahmen voraus, damit der Preis niedrig gehalten werden kann. Bei dieser Strategie muss die Werbung eher die Preiswürdigkeit des Angebots herausstreichen, und die Distribution muss kostengünstig und „flächendeckend" sein (→ Preisstrategien, → Preis-Qualitäts-Strategien). Andere Unternehmensstrategien, zum Beispiel solche des → Internationalen Marketing oder die von *Igor Ansoff* beschriebenen → Wachstumsstrategien der Produktentwicklung, Marktentwicklung, Marktdurchdringung und Diversifizierung sind mit wiederum spezifischen Ausformungen des Marketing-Mix verbunden.

Nicht alle Unternehmen sind bei der Verwirklichung des optimalen Marketing-Mix gleichermaßen erfolgreich. Mangelndes Know-how, Vorurteile gegenüber einer wissenschaftlich fundierten Analyse, eine überwiegend technische Orientierung in manchen Branchen und andere Faktoren können zur Folge haben, dass Unternehmen dem Marketing, einzelnen Marketing-Instrumenten oder einer zielstrebigen Planung des Marketing-Mix nur eine untergeordnete Bedeutung beimessen. Solche Faktoren sind sicherlich mit im Spiel, wenn kleinere Unternehmen nicht die ganze Vielfalt des Marketing-Mix nutzen, wenn das Marketing-Mix in manchen Branchen praktisch auf den persönlichen Verkauf reduziert wird oder wenn Investitionsgüterhersteller glauben, bei ihren technisch Produkten und sachverständigen Kunden sei Marketing ungeeignet oder überflüssig.

In *formaler Hinsicht* geht es darum, quantitative Entscheidungshilfen und Entscheidungsmodelle für die Gestaltung des optimalen Marketing-Mix zu entwickeln. Die theoretischen Grundlagen für die Lösung dieses Entscheidungsproblems wurden von der volkswirtschaftlichen mikroökonomischen Theorie gelegt. Bereits vor dem zweiten Weltkrieg untersuchte *Heinrich von Stackelberg* die Wechselwirkungen zwischen der Preispolitik, der Vertriebspolitik (zu der er auch die Werbung rechnete) und der Qualitätspolitik sowie ihren gemeinsamen Einfluss auf die Absatzmengen und den Gewinn des Unternehmens. In den fünfziger Jahren leiteten *Robert Dorfman* und *Peter Steiner* ein seither nach ihnen benanntes Theorem ab, in dem die Existenzbedingungen für das gewinnmaximale Marketing-Mix aus Preispolitik, Werbung und Qualitätspolitik formuliert sind (→ Dorfman-Steiner-Theorem). Die genannten marginalanalytischen Arbeiten machen die theoretische Struktur des Problems des optimalen Marketing-Mix unter stark vereinfachten Bedingungen sichtbar. Sie sind aber nicht als Entscheidungshilfen für die Praxis geeignet und dafür auch nicht gedacht, weil sie von in der Realität nicht gegebenen Annahmen ausgehen sowie Probleme und Kosten der Informationsbeschaffung und -verarbeitung vernachlässigen.

Entscheidungsmodelle zur Ableitung des optimalen Marketing-Mix setzen Informationen über die Marketingziele des Unternehmens, über seine Restriktionen und über die Wirkungen der Marketing-Instrumente und sonstiger Einflussgrößen auf die Zielgröße des Unternehmens voraus. Als Zielgrößen kommen Absatzmengen, Marktanteile, Umsätze oder (Brutto-) Gewinne in Betracht, als Restriktionen können produktionswirtschaftliche, personelle, finanzielle und viele andere Begrenzungen des unternehmerischen Handlungsspielraums (z.B. Werbezeitkontingente im Fernsehen) wirksam werden. Die Einflussgrößen, die außer den Marketing-Instrumenten auf die Zielgrößen des Unternehmens einwirken, sind Konkurrenzmaßnahmen und Umweltvariablen. Der Erfolg des Marketing-Mix hängt mithin von Variablen ab, die das Unternehmen selbst kontrolliert (Instrumentalvariablen), und von solchen, die es selbst nicht kontrollieren kann (Erwartungsvariablen). Das Hauptproblem eines Modells zur Optimierung des Marketing-Mix ist die Erfassung der Wirkungen der Instrumentalvariablen und Erwartungsvariablen auf die Zielgröße. In quantitativen Marketingmodellen werden diese Beziehungen in Form von → Marktreaktionsfunktionen erfasst. Eine solche Funktion hat die allgemeine Form:

$R = f(i, k, u)$

Darin bezeichnet R die Marktreaktion, bspw. die Absatzmengen eines Produkts, i den Vektor der Einsatzniveaus der eigenen Marketing-Instrumente, bspw. Preise und Werbeausgaben, k den Vektor der Marketing-Instrumente der Konkurrenz, u den Vektor von Umweltvariablen, etwa Konjunkturindikatoren oder Bevölkerungswachstum. Die empirische Ermittlung von Marktreaktionsfunktionen wirft im Wesentlichen drei Probleme auf:

(1) Erstens entstehen *Messprobleme*. Die wenigsten Variablen, die in Marktreaktionsfunktionen zu berücksichtigen sind, sind eindimensionale, quantitative Variable wie der Marktanteil oder der Preis eines Produktes. Die zahlreichen Attribute, die die Qualität eines Produktes ausmachen, die vielen Gestaltungsmöglichkeiten der Werbung lassen sich, wenn überhaupt, nur durch Indikatoren quantifizieren und damit messen. Die von den Konsumenten subjektiv wahrgenommene Qualität eines Produktes kann man bspw. durch Einstellungsmodelle (→ Einstellung) oder durch eine → Conjoint Analyse messen, als Indikator für die Intensität des Werbeeinsatzes wird oft das → Werbebudget oder der Anteil der Werbung am Umsatz verwendet.

(2) Zweitens sind bei der Ermittlung von Marktreaktionsfunktionen verschiedene *Verbundeffekte* zu beachten. Die Wirkung eines Instruments kann vom Einsatzniveau eines anderen abhängen, bspw. ist die Preiselastizität von der Intensität der Werbung abhängig. Ähnliche Wechselwirkungen kann es zwischen Preis und Qualität oder Qualität und Distributionsweg geben. Weiterhin kann die Wirkung des Marketing-Mix für ein bestimmtes Produkt auf ein anderes Produkt ausstrahlen (→ Preislinienpolitik). Alle Marketingmaßnahmen, die den Absatz eines Gutes, zum Beispiel einer Digitalkamera, fördern, können indirekt den Absatz eines Substitutionsgutes, z.B. einer herkömmlichen Kamera, behindern und den eines Komplementärgutes, etwa einer Software zur Bildverarbeitung, fördern (→ Sortimentsverbund, → Ausstrahlungseffekt). Weiterhin gibt es einen Informationsverbund, der letztlich auf einer Generalisierung in der → Wahrnehmung der Konsumenten beruht, den Image- oder Goodwill-Transfer (→ Markenpolitik). Damit ist gemeint, dass sich die positiven Einstellungen der Konsumenten zu einem Produkt, ihr Vertrauen in seine Qualität und die Kompetenz und Zuverlässigkeit des Anbieters, auf andere Produkte übertragen. Die genannten produktübergreifenden Wirkungen innerhalb des Marketing-Mix werden auch als „*Spill Over-Effekte*" bezeichnet.

Schließlich sind *zeitliche* Verbundwirkungen zu beachten. Sie bewirken, dass das Marketing-Mix für ein Produkt in einer Periode auch die Absatzmengen und Marktanteile dieses Produktes und, soweit Spill Over-Effekte eintreten, auch anderer Produkte in späteren Perioden beeinflusst. Umgekehrt sind die gegenwärtigen Absatzmengen auch auf das Marketing-Mix früherer, unter Umständen Jahrzehnte zurückliegender Perioden zurückzuführen. Diese Art von Verbundeffekt heißt → „Carry-Over-Effekt". Er ist v.a. für die Wirkung der Werbung und für die des Preises nachgewiesen.

Die Art der Verbundeffekte bestimmt die Form der Marktreaktionsfunktion, ökonometrisch gesprochen: die Spezifizierung der Schätzfunktion. Eine in den Einzelwirkungen additive Funktion unterstellt Unabhängigkeit der Marketing-Instrumente, eine multiplikative Funktion dagegen impliziert Interaktionseffekte. Spill Over-Effekte können erfasst werden, indem in die Marktreaktion für ein Produkt Instrumentalvariablen für ein anderes Produkt aufgenommen werden. Für die ökonometrische Schätzung von Marktreaktionsfunktionen mit Carry Over-Effekten hat sich die sog. *Koyck-Transformation* bewährt, die sich in einem autoregressiven Term in der Schätzfunktion auswirkt.

(3) Drittens müssen die Koeffizienten einer theoretisch konzipierten Marktreaktionsfunktion mit Hilfe ökonometrischer Verfahren *empirisch geschätzt* werden. Dazu wird eine Datenbasis benötigt, die eine hinreichende Zahl von breit gestreuten Messwerten der abhängigen und unabhängigen Variablen der zu schätzenden Marktreaktionsfunktion enthält. Die Daten können als Zeitreihen vorliegen, aus verschiedenen, aber vergleichbaren Verkaufsregionen stammen oder mit Hilfe von Experimenten (etwa mittels → Storetests) erhoben werden. Wenn Daten nicht vorhanden sind und auch nicht erhoben werden können, kann man versuchen, Marktreaktionsfunktionen mit Hilfe von subjektiven Urteilen von Experten numerisch zu schätzen (→ Decision Calculus).

Der praktische Einsatz von Entscheidungsmodellen zum optimalen Marketing-Mix ist in der Vergangenheit häufig an Problemen der Datenbeschaffung und Datenauswertung gescheitert. Für die Zukunft ist damit zu rechnen, dass die weitere Ausbreitung der Scanner-Technik in Verbindung mit Informationssystemen wie → Data Warehouse und → Data Mining die Anwendung von Marketing-Mix-Modellen in der Praxis fördern wird. K.P.K.

Literatur: *Cooper, L.G.; Nakanishi, M.*: Market-Share Analysis, Boston, Mass. 1988. *Hruschka, H.*: Marketing-Entscheidungen, München 1996. *Meffert, H.*: Marketing. Grundlagen marktorientierter Unternehmensführung, 8. Aufl., Wiesbaden 1998.

Marketing Myopia
→ Strategische Marketingplanung

Marketingorganisation

Zur Marketingorganisation zählen traditionell alle organisatorischen Regelungen, die zur Erfüllung der im Marketing anfallenden Aufgaben getroffen werden (→ Marketing-Management). Man kann Aufbauorganisation und Ablauforganisation unterscheiden. Bei Ersterer ist zwischen der organisatorischen Verankerung des → Marketing als Führungsmaxime und der Zuordnung von Teilfunktionen des Marketingmanagements zu einzelnen Stellen oder Abteilungen zu unterscheiden. Die erstgenannte Aufgabe verlangt zum einen eine organisatorische Verankerung der Marketingleitung in der Führungsspitze eines Unternehmens und zum anderen eine Durchdringung aller Mitarbeiter im Unternehmen mit der Marketingphilosophie, also z.B. auch bei der oft in anderen Organisationsbereichen angesiedelten Neuproduktentwicklung (→ Innovationsorganisation), Verkäuferschulung, Preisfindung (→ Preisorganisation), Logistik (→ Logistik-Organisation) oder Absatzfinanzierung (→ internes Marketing).

Im Rahmen der *Ablauforganisation* geht es um die Optimierung der → Marketingprozesse und der → Marketing-Koordination hinsichtlich Geschwindigkeit, Effektivität und Effizienz (s.a. → Prozessmanagement). Besondere Bedeutung kommt hierbei dem → Schnittstellen-Management zu, das die → Kundenorientierung in die gesamte Unternehmungsorganisation hineintragen soll (s.a. → Interne Kunden-Lieferanten-Beziehungen, → Qualitätsmanagement). Basis dafür ist eine ausgeprägte → Marketingkultur, deren Beeinflussung deshalb ebenso wie die Pflege eines adäquaten → Führungsstils ebenfalls zur Marketingorganisation i.w.S. gezählt werden kann.

In US-orientierten Arbeiten wird die Marketingorganisation z.B. nach den Dimensionen Struktur, Koordination, Kultur und Macht charakterisiert (z.B. *Workman et al.*, 1998).

Neben den herkömmlichen Zielen der Effizienz und Effektivität von Organisationen spielen im Marketing die für die Wettbewerbsfähigkeit oft ausschlaggebende → Flexibilität und Schnelligkeit der Organisation (→ Zeitwettbewerb) sowie deren Fähigkeit zur Integration der einzelnen Wertschöpfungsprozesse innerhalb des Unternehmens und – wertkettenübergreifend – zu den Marktpartnern eine besondere Rolle (→ Beziehungsmanagement, Integration). In besonderem Maße gilt dies für die → Innovations-, die → Logistik- und die → FuE-Organisation.

Als *Strukturierungsmerkmale* für die Untergliederung der Marketingorganisation kommen grundsätzlich in Frage:

– Teilfunktionen des Marketing
– Produkte bzw. Produktgruppen
– Abnehmer bzw. Abnehmergruppen und/oder
– Absatzgebiete.

Diese vier Kriterien lassen sich auch miteinander kombinieren, wodurch mehrdimensionale Organisationsstrukturen entstehen, die wiederum entweder streng hierarchisch (Linien- oder Stab-Liniensysteme) oder matrix- bzw. teamorientiert ausgestaltet werden können (→ Matrixorganisation, → Teamorganisation).

Vor allem für kleinere Unternehmen bietet sich eine *funktionsorientierte Struktur* (*Abb. 1*) an, weil diese am ehesten die Vorteile der Spezialisierung zur Geltung bringen kann. Andererseits liegt die marktorientierte Koordinierung aller Funktionen allein in der Hand des Marketingleiters. Das kreative und innovative Potential der einzelnen Stellen wird u.U. nicht genügend aktiviert und die schwerfälligen Instanzenwege beeinträchtigen oft die Flexibilität der Organisation.

Vor allem bei Unternehmen mit breitem Leistungsprogramm birgt die funktionsorientierte Organisation außerdem in besonderem Maße die Gefahr des Funktionsegoismus der Ressortleiter in sich. Eine vor diesem Hintergrund besonders in der Konsumgüterindustrie vertretene Variante der Funktionsorganisation ist deshalb das → Produktmanagement. Eine primär produktorientierte Struktur ist dann gegeben, wenn für jedes Produkt bzw. jede Produktgruppe (Sparte) ein eigenverantwortliches Management eingesetzt ist, dem jeweils wichtige Marketingfunktionen zugewiesen sind (*Abb. 2*). Daneben existieren i.d.R. zentrale Stabsabteilungen, die Serviceleistungen für alle Sparten erbringen. Tragen

Marketingorganisation

Abb. 1: Beispiel einer funktionsorientierter Marketingorganisation

```
                        Geschäftsleitung
    ┌───────────┬───────────────┬───────────────┬───────────┐
  Einkauf    Produktion      Marketing        Finanzen
                                │
           ┌────────────┬───────┴───────┬────────────┐
     Marktforschung  Kommunikation   Verkauf      Logistik
                                │
           ┌────────────────────┼────────────────────┐
      Kundendienst      Verkaufsaußendienst   Fakturierung, Mahnwesen
```

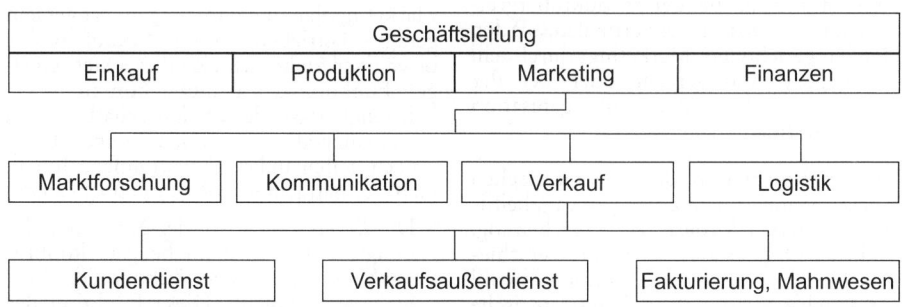

die einzelnen Sparten auch Gewinnverantwortung gegenüber der Geschäftsleitung, so spricht man von Profit Centers bzw. *divisionaler Organisation*.

In formal analoger Weise können *abnehmer- oder gebietsbezogene Organisationsstrukturen* gebildet werden, wenn sich einzelne Kundengruppen bzw. Absatzgebiete in marketingrelevanten Merkmalen stark unterscheiden. Die gebietsbezogene Untergliederung wird jedoch – außer im Exportgeschäft – meist nur auf unteren Hierarchieebenen, insb. bei der → Verkaufsorganisation angewandt. Dagegen gewinnt die abnehmerorientierte Strukturierung bei anspruchsvollen technischen Problemen oder aufgrund eines differenzierten → vertikalen Marketing gegenüber → Key Accounts, z.B. nachfragemächtigen Absatzmittlern, zunehmend an Bedeutung (→ Kundenmanagement).

Die zunehmende Individualisierung der Marketingkonzepte im Hinblick auf Key-Accounts oder Kundengruppen verlagert ehemals im Produktmarketing ausgesiedelte Kompetenzen in vertriebsnahe Abteilungen wie das herstellerseitige → Category Management, → Trade-Marketing oder → Key-Account-Management. Die Machtstrukturen innerhalb der Marketingorganisation bleiben davon naturgemäß nicht unberührt.

Großunternehmen können die vielfältigen Koordinationserfordernisse des Marketing oft nur noch mit *mehrdimensionalen Organisationsstrukturen* bewältigen. Neben funktional definierten Linienstellen und Stäben existieren dann *Integrationsmanager* hinsichtlich bestimmter Produkte, Abnehmergruppen oder Regionen, die ebenfalls mit Anweisungskompetenz und u.U. auch eigenen Stabsstellen ausgestattet sind. Als ein Beispiel dafür kann eine → Matrixorganisation nach Funktionen und Produkten angeführt werden. Da hierbei das Prinzip der einheitlichen Leitung verletzt wird (Mitarbeiter der Logistik können bspw. vom Leiter Logistik und von den Produktdirektoren Weisungen erhalten), ergeben sich zwar oft organisatorische Konflikte, die jedoch durch eine Entscheidungsfindung in Gremien, durch Teamarbeit und einen zielorientierten Führungsstil in gewis-

Abb. 2: Beispiel einer spartenorientierten Marketingorganisation

```
                               Geschäftsleitung
    ┌───────────┬───────────────┬───────────────┬───────────┐
  Einkauf    Produktion      Marketing        Finanzen
                                │
  ┌──────────────┬──────────────┬──────────────┬──────────────┐
 Marketingleitung Marketingleitung Zentralbereich Zentralbereich Zentralbereich
   Sparte A        Sparte B      Marketing-     Planung       Public Relations
                     │            Forschung
          ┌──────────┼──────────┬──────────┐
       Verkauf    Werbung    Logistik   Marktforschung
          B          B          B            B
```

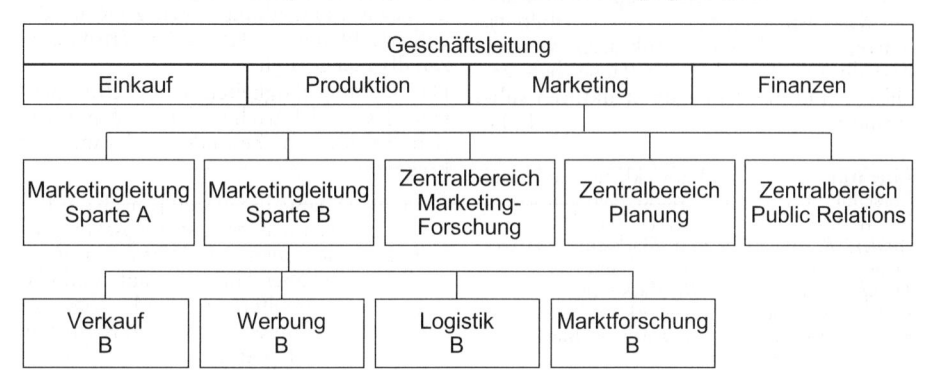

sem Ausmaß bewältigt werden können. Typisch ist dies z.B. bei der produktübergreifenden Koordination des vertikalen, auf den Handel gerichteten Marketing durch ein → Category Management oder bei der → Internationalen Marketingorganisation und -koordination.

Die Implementation des → strategischen Marketing mit seinem Zwang zu ganzheitlichen Konzepten förderte das Entstehen sog. → dualer Organisationen, bei der verschiedene Mitarbeiter in Doppelfunktion sowohl in taktisch-operative als auch in strategische Aufgaben eingebunden sind (→ Marketing-Implementation). Letzteres erfolgt dabei meist in → Task forces oder anderen Formen des → Team- oder → Projektmanagements, die sich auch im Rahmen der → Innovationsorganisation bewährt haben.

Da viele Marketingaufgaben, z.B. im Bereich der → Werbung, → Verkaufsförderung oder der → Marktforschung, spezifisches Know-how erfordern, aber nicht ständig anfallen, werden sie gerne an externe → Marketing-Dienstleister delegiert. Manche Firmen verselbständigen in letzter Zeit sogar ihre eigenen Marketingabteilungen, um sie dem Wettbewerb des Marktes auszusetzen und effizienter auszunutzen. Im Rahmen des laufenden → Prozessmanagements bzw. der langfristigen → Organisationsentwicklung wurden ferner in den letzten Jahren viele Wertschöpfungsprozesse im Marketing neu strukturiert, verschlankt, beschleunigt (→ Zeitwettbewerb) und stärker auf die Kundenbedürfnisse ausgerichtet (→ Individualisierung). Basis dafür sind u.a. ein kooperativer → Führungsstil und eine ausgeprägte → Marketingkultur. Angesichts wachsender → Marktdynamik müssen Marketingorganisationen ferner hohe Lern- und Anpassungsfähigkeit besitzen (→ Wissensmanagement, → Flexibilität). Starre, hierarchische Strukturen werden deshalb zunehmend durch flache, heterarchische und überlappende Strukturen substituiert. H.D.

Literatur: *Diller, H.:* Entwicklungstrends und Forschungsfelder der Marketingorganisation, in: Marketing-ZFP, 13. Jg. (1991), S. 156–163. *Köhler, R.:* Beiträge zum Marketing-Management, 3. Aufl. Stuttgart 1993. *Workmann, J.P.; Homburg, Ch.; Grunek, K.:* Marketing Organisation: An Integrative Framework of Dimensions and Determinants, in: Journal of Marketing, Vol. 62 (1998), S. 21–41.

Marketingplanung

Marketingplanung wird – ganz allgemein gesagt – betrieben, um die Zukunft besser bewältigen zu können. Zu dieser stets gültigen Funktion der Planung kommt in arbeitsteilig organisierten Wirtschaften noch die ergänzende Funktion, einzelne Handlungen aufeinander abzustimmen, hinzu. Genauer betrachtet sind zu unterscheiden:

– Die *Ergebnisfunktion* der Marketingplanung: Geplant wird, um bei ganz konkreten Maßnahmen in der Zukunft „das Beste herauszuholen". Diese Funktion der Planung stellt auf den konkret bevorstehenden Planungsgegenstand ab.
– Die *Sicherheitsfunktion* der Marketingplanung: Nur mittels Planungen können einzelne Aktivitäten aufeinander abgestimmt werden, jeder Beteiligte ist damit vor unerwarteten Aktivitäten der Planungspartner gesichert.
– Die *Lernfunktion* der Marketingplanung: Dieser sehr häufig als Nebeneffekt der Marketingplanung beschriebene Effekt besteht darin, dass der Planende infolge Auseinandersetzung mit konkreten Planungsproblemen und deren systematischer Durchdringung gewissermaßen nebenbei einen wesentlich höheren Informationsstand erlangt. Auf der Basis dieses verbesserten Informationsstandes kann der Planungsträger künftig gezielter und situationsadäquater handeln (→ Wissensmanagement).

Marketingplanung kann extensiv oder auch relativ wenig detailliert betrieben werden. Beide Extreme sind wenig Erfolg versprechend; erfolgreiche Unternehmen zeichnen sich durch eine gesunde Mischung zwischen analytischer Planungstätigkeit und schnellem Handeln aus. Zu breit und zu detailliert angelegte Planungen zeugen häufig von einer gewissen Handlungsscheu; zu wenig detaillierte Planungen lassen den Erfolg zum Zufallsspiel geraten.

Die Planungstätigkeiten eines Unternehmens lassen sich nach verschiedenen Kriterien beschreiben, besonders relevant sind Folgende:

– Planungsmaßnahmen sind je nach der Revidierbarkeit der Pläne *strategischer, taktischer* oder *operativer* Natur. Strategische Pläne haben lange Vorlauf- und lange Wirkungszeiten und sind daher nur schwer bzw. unter erheblichen Kosten zu modifizieren (→ Strategische Marketing-

planung); operative Pläne dagegen betreffen Maßnahmen, die sehr schnell in die Tat umgesetzt werden können und nur vergleichsweise geringe Folgewirkungen zeigen.
- Nach dem ihnen zugrunde liegenden Planungshorizont unterscheidet man *langfristige, mittelfristige* und *kurzfristige* Planungsmaßnahmen. Als kurzfristig werden dabei Maßnahmen eingestuft, bei denen nur die Wirkung innerhalb des ersten Jahres bedacht wird, als langfristig solche, bei denen die Wirkungen erst nach drei bis fünf Jahren voll zum Tragen kommen.
- Planungsmaßnahmen können danach beschrieben werden, welche *hierarchischen Ebenen* dafür verantwortlich zeichnen; demnach unterscheidet man zwischen Unternehmensplanung (Unternehmensleitung), Abteilungsplanung (mittleres Management) und Ausführungsplanung (unteres Management).
- Planungen können schließlich auch nach Stoßrichtungen als *produkt-* oder *prozessorientiert* eingestuft werden. Dieser Zusammenhang wird in *Abb. 1* dargestellt. Bezeichnet man mit A den Ausgangspunkt der Planung und mit D den angestrebten Endpunkt, so wird ein Unternehmen, das Kostenführerschaft anstrebt, sich v.a. in Richtung C, ein Unternehmen, das Qualitätsführerschaft anstrebt, sich v.a. in Richtung B orientieren.
- Planungsmaßnahmen können schließlich auch danach beschrieben werden, ob sie nach dem Koordinationsprinzip Top-Down, Bottom-Up oder Gegenstrom ablaufen.

Abb. 1: Stoßrichtung der Planung

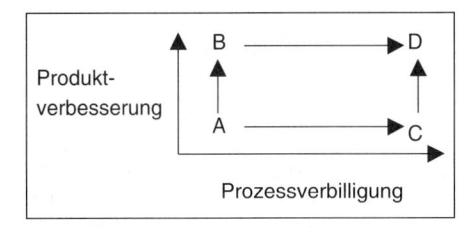

V.a. in der unternehmerischen Praxis werden häufig die Merkmale Revidierbarkeit, Planungshorizont und Planungsebene nicht klar voneinander getrennt. Diese Vermengung ist nicht verwunderlich, zeichnen sich i.d.R. strategische Planungen doch durch langfristige Wirkungen und durch Beschlüsse der Unternehmensspitze aus. Typische strategische Entscheidungen im Marketing sind die Festlegung des Produkt-Markt-Konzeptes und der → Marketingziele.

Marketingplanung umfasst Ziel- und Mittel-Planung (→ Marketingziele; → Marketingkennzahlen), die noch der Ergänzung durch das strategische Controlling bedürfen. Betrachtet man die verschiedenen Planungsaktivitäten eines Unternehmens näher, so kann man unschwer das in *Abb. 2* dargestellte System der Planungen entdecken.

Das → Unternehmensleitbild (auch: Unternehmensphilosophie) hat Festlegungen bezüglich der konstituierenden Merkmale eines Unternehmens zum Inhalt; im Einzelnen sind dies Sachziele und zum anderen die Formalziele des Unternehmens. Im Marketingkontext wichtige Sachziele sind insb. die zu bearbeitenden Märkte und die einzusetzenden Strategien. Zwei Beispiele hierfür sind: „Das Unternehmen produziert und vertreibt hochwertige Werkzeuge für den professionellen Anwender." „Das Unternehmen vertreibt Güter des täglichen Bedarfs zu äußerst konkurrenzfähigen Preisen."

Die Formalziele bringen die Kriterien der Beurteilung von Strategien und Maßnahmen zum Ausdruck. Leitbilder werden häufig von Unternehmensführungspersönlichkeiten fast implizit festgelegt (→ Visionen); nur selten unterliegen sie einem formalisierten Entscheidungsprozess. Gleichgültig, ob sie explizit geplant wurden oder implizit entstanden sind, es bedarf einer lfd. Überprüfung dessen, was in den Leitbildern festgeschrieben ist. Dieses Strategische Controlling stellt eine Top-Managementaufgabe dar.

Ein erster Schritt hin zur Entwicklung konkreter Marketingaktivitäten ist die → Strategische Marketingplanung. Im Rahmen der Strategieplanung ist eine Antwort auf die Frage zu geben, welche Strategien die richtigen sind, während im Rahmen der Politik- bzw. Maßnahmenplanung es um die Ausfüllung der vorgegebenen Strategie geht. Ebenso wie die Leitbildplanung ist die Strategieplanung in die Zielplanung und die Aktionsplanung zu unterteilen. Als typisches strategisches Marketingziel kann das Gewinnpotential jeder der im Leitbild festgelegten möglichen Geschäftseinheiten angeführt werden. Im Rahmen der strategischen Aktionsplanung geht es dann darum, für jede

Marketingplanung

Abb. 2: Das System der Marketingplanung

Planungsebene	Planungsaktivitäten (mit Beispielen)	Kontrollaktivitäten
Leitbild „Welche grundsätzliche Orientierung verfolgt das Unternehmen?"	Zielplanung: Zweck des Unternehmens	strategische Überwachung
	Aktionsplanung: Tätigkeitsfelder des Unternehmens	
Strategien: „Welche Strategien sind die richtigen?"	Zeitplanung: Gewinnpotenital jeder Geschäftseinheit	Überprüfung der Kompatibilität der Ziele mit Leitbild und Zielen anderer strategischer Einheiten
	Aktionsplanung: Produkt-Markt-Konzept je Geschäftseinheit	Strategische Prämissenkontrolle und strategische Aktionskontrolle
Politiken/Maßnahmen „Ist die Strategie richtig realisiert?"	Zielplanung: Gewinn jeder Strategie und Maßnahme	Kompatibilität der Ziele mit strategischen Zielen und Zielen anderer operativer Einheiten
	Aktionsplanung: Produkt-, Preis-, Distributions-, Kommunikationsaktionen	operative Prämissenkontrolle und operative Aktionskontrolle

Geschäftseinheit ein adäquates Produkt-Markt-Konzept zu entwickeln. Wie auf der Leitbildebene sind auch auf der Strategieebene die Planungsaktivitäten durch entsprechende Kontrollaktivitäten zu ergänzen. Hinsichtlich der Zielsetzung ist dabei insb. immer wieder zu überprüfen, ob die strategischen Ziele mit dem Leitbild übereinstimmen und ob die Ziele der verschiedenen Strategien miteinander kompatibel sind. Unterhalb der Strategieebene liegt die Ebene der Politiken und Maßnahmen. Marketingpolitiken sind dabei Konkretisierungen von → Marketingstrategien und Marketingmaßnahmen. Strategien haben üblicherweise Produkt-Markt-Kombinationen zum Inhalt, Politiken, Absatzsegmente und Maßnahmen einzelne Kundengruppen. Strategien zielen auf Gewinnpotentiale, Politiken auf realisierte Gewinne von Absatzsegmenten und Maßnahmen auf realisierte Gewinne von einzelnen Kundengruppen oder Operationen. Die Politik- bzw. Maßnahmenplanung hat die Produkt-, Preis-, Distributions- und Kommunikationspolitik zum Gegenstand. Auch für diese Ebene gilt es wieder, die Aktionsplanung durch eine Prämissenkontrolle und eine Ergebniskontrolle zu ergänzen.

Planungsüberlegungen finden im Marketing im Grunde ständig statt. Verbindlich festzulegen sind sie auf der operativen Ebene zumindest jährlich, in vielen Unternehmen auch quartalsweise oder – insb. im Rahmen der Verkaufsplanung – monatlich.

Der dabei zu erstellende Plan umfasst i.a. folgende Teile:

- Situationsanalyse
- Charakteristik der Absatzentwicklung
- Normalprognose (unter der Annahme der Fortdauer der bisherigen Entwicklung; vgl. → Absatzprognose)
- Analyse aktueller Chancen und Bedrohungen
- Analyse der Wettbewerbssituation (→ Stärken-Schwächen-Analyse)
- Fortschreibung der → Marketingstrategie
- Planung des → Marketing-Mix für die Planperiode inkl. entsprechender → Budgets
- Aktivitätenplan mit zeitlicher und personeller Zuordnung aller Planungsaktivitäten
- Planung der Kontrollstandards und -zuständigkeiten (→ Marketingkontrolle, → Sollwert).

Für die Durchführung dieser Planungsschritte stehen zahlreiche → Planungsmethoden im Marketing zur Verfügung, die zunehmend durch elektronische → Marketing-Informationssysteme und → Expertensysteme ergänzt werden. Große Bedeutung besitzen dabei → Marketingkennzahlen, weil sie eine kompakte, quantitative und zumindest z.T. auch zwischenbetrieblich vergleichbare Plan- bzw. Kontrollbasis liefern. Die Marketingplanung darf sich nicht in Leitbild-, Strategie- und Politik- bzw. Maßnahmenplanung erschöpfen, sondern bedarf

Marketingpolitik

auch einer rationalen Planung der Art und Weise, wie es zu den Planungsergebnissen kommt; d.h. das Planungssystem selbst muss geplant werden (Metaplanung). Dabei geht es insb. darum, die Aufbau- und Ablaufstrukturen der Planung und das Informationssystem des Unternehmens auf ihre Angemessenheit hin zu überprüfen.

Die vielfältigen Planungsmaßnahmen – seien es Leitbild-, Strategie- oder Politikplanungen oder seien es Ziel- oder Aktionsplanungen – werden üblicherweise in einem Prozess vollzogen, der häufig als ein Regelkreis beschrieben wird. Planung wird häufig nicht als starre Planung, sondern als rollierende Planung unternommen.

Planungen können auch in systematischer Hinsicht geordnet werden (vgl. *Abb.3*); daraus resultieren die Hierarchien der Planungs- und Kontrollaktivitäten (→ Zielhierarchie).

Marketingplanungsmaßnahmen können schließlich auch noch nach ihren Inhalten gegliedert werden. Einen entsprechenden Überblick bietet *Abb.4*. F.B.

Literatur: *Böcker, F.:* Marketing-Kontrolle, Stuttgart 1988. *Diller, H.:* Marketingplanung, München 1998. *Köhler, R.:* Beiträge zum Marketing-Management, 2. Aufl., Stuttgart 1991.

Marketingpolitik → Marketingplanung

Abb. 3: Die Hierarchie der Marketingplanung und -kontrolle

Abfolgestufe	Inhalt
Unternehmensleitbild	Festlegung des Aktivitätsrahmens nach Objekten und Ziel(en) im Wege eines primär intuitiven Verfahrens
Prämissenkontrolle	Überprüfung der internen und externen Schlüsselfaktoren anhand von Checklisten, Frühwarnindikatoren sowie sonstigen qualitativen Verfahren und Überprüfungen der Wirkungsgesetzmäßigkeiten anhand von realisierbaren Markt- sowie Testergebnissen
strategische Planung	Festlegung der Produkt-Markt-Kombination und der Budgetrahmen
strategische Überwachung	Überprüfung der Ergebnisse über längere Perioden mittels Gap-, Potential-, Portfolio-, und anderen Analysen
taktische Planung	Festlegung von Produktprofilen, Politiken und Budgets
taktische kontrolle	Überprüfung von Ergebnissen anhand von Absatzsegmentrechnungen, Budgetkontrollen, Kennzahlen und sonstigen finanzwirtschaftlichen Analysen
operative Planung	Festlegung von Maßnahmen
operative Kontrolle	Überprüfung von Aktionserfolgen und Aktionsdurchführungen

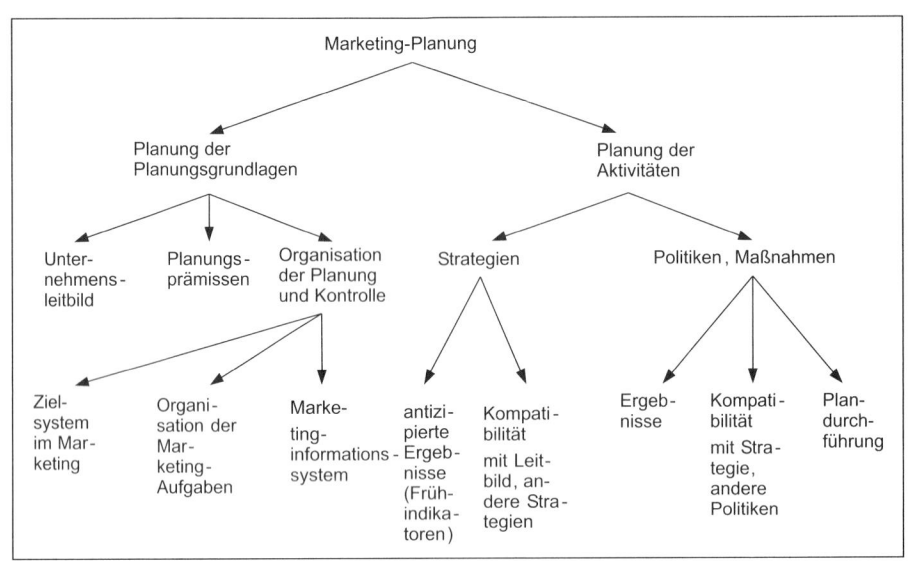

Abb. 4: Das System der Marketingplanung nach Planungsinhalten

```
                          Marketing-Planung
                         /                \
            Planung der                    Planung der
            Planungsgrundlagen             Aktivitäten
           /      |       \               /           \
    Unter-   Planungs-  Organisation   Strategien   Politiken, Maßnahmen
    nehmens- prämissen  der Planung      /    \      /     |      \
    leitbild            und Kontrolle   /      \    /      |       \
      |        |          |           antizi- Kompati-  Ergeb-  Kompati-  Plan-
    Ziel-   Organi-    Marke-         pierte  bilität   nisse   bilität   durch-
    system  sation der ting-          Ergeb-  mit Leit-         mit Stra- führung
    im Mar- Mar-       informations-  nisse   bild, an-         tegie,
    keting  keting-    system         (Früh-  dere Stra-        andere
            Aufgaben                  indika- tegien            Politiken
                                      toren)
```

Marketingprozesse

sind i.S. der Prozessorganisation im Marketing angesiedelte Vorgänge mit messbarem In- und Output, die ihrerseits aus Teilprozessen und letztlich Arbeitsschritten bestehen, welche in einem sach- und zeitlogischen inneren Zusammenhang stehen. Sie werden repetitiv und zielorientiert durchgeführt und charakterisieren die absatzbezogenen Teile der Wertschöpfung in einer Unternehmung. Es können *Kernprozesse* mit unmittelbarem Anteil an der Wertschöpfung und *Unterstützungsprozesse* mit nur mittelbaren Einfluss (primäre vs. sekundäre Aktivitäten i.S. *Porters* → Wertschöpfungskette) unterschieden werden. Die inhaltliche Unterteilung der Geschäftsprozesse erfolgt in der Literatur unterschiedlich, demzufolge differieren auch die Gliederungen der Marketingprozesse. Generische Modelle versuchen eine Charakterisierung der Leistungsprozesse auf hochaggregiertem, allgemeinem und für alle Branchen anwendbarem Niveau. Zunehmend werden kundenorientierte Prozessmodelle entwickelt, etwa von *Kaplan/Murdock* (1991), die Kernprozesse auf solche Aktivitäten eingrenzen, welche die strategischen Ziele des Unternehmens unterstützen und dafür insbesondere die Neuproduktentwicklung, das Marketingmanagement, das (vertikale) Handelsmarketing sowie die integrierte Logistik unterscheiden. Bei der Gliederung nach *Carr et al.* (1992) wird jeder Kernprozess vom Kundenbedarf angestoßen und mit dessen Erfüllung beendet. Als Einzelprozesse werden Produktentwicklung (inklusive Markteinführung), Auftragsabwicklung, Produktion und Logistik, Vertrieb und Kundendienst sowie die Verwaltung unterschieden. Die *Übersicht auf S. 1013 oben* zeigt in Anlehnung an *Davenport* (1993) einige gesamtheitliche Unternehmensprozessmodelle.

Gaitanides et al. (1994) leiten aus den Basisleistungen sieben Kernprozesse ab: Leistungsangebot definieren, Leistung entwickeln, Leistung herstellen, Leistung vertreiben, Leistung erbringen, Auftrag abwickeln. Die *Abb. auf S. 1013 unten* zeigt eine daran angelehnte Aufgliederung der Marketingprozesse mit den entsprechenden Haupt- und Unterprozessen sowie den jeweils wichtigsten In- und Outputs.

Marketingprozesse weisen spezifische Eigenheiten auf, welche im → Prozessmanagement berücksichtigt werden müssen. Hierzu zählen insbesondere die hohe Arbeitsteiligkeit auf Grund der Vielzahl eingeschalteter Stellen und Unternehmensbereiche, was viele interne Schnittstellen und damit verbundene Koordinationsprobleme nach sich zieht (→ Marketingschnittstellen, → Marketing-Koordination, → interne

Marketingprozesse

Beispiele für die Aufgliederung der Unternehmensprozesse bei Großunternehmen

IBM	Xerox	British Telecom
• Market information capture • Market selection • Requirements • Developments of hardware • Developments of software • Development of services • Production • Customer fulfillment • Customer relationship • Service • Customer feedback • Marketing • Solution integration • Financial analysis • Plan integration • Accounting • Human resources • IT infrastructure	• Customer engagement • Inventory management and logistics • Product design and engineering • Product maintenance • Technology management • Production and operations management • Market management • Supplier management • Information management • Business management • Human resource management • Leased and capital asset management • Legal • Financial management	• Direct business • Plan business • Develop business • Manage process operation • Provide personnel support • Market products and services • Provide customer service • Manage products and services • Provide consultancy services • Plan the network • Operate the network • Provide support services • Manage information resource • Manage finance • Provide technical R&D

Aufgliederung von Marketingprozessen

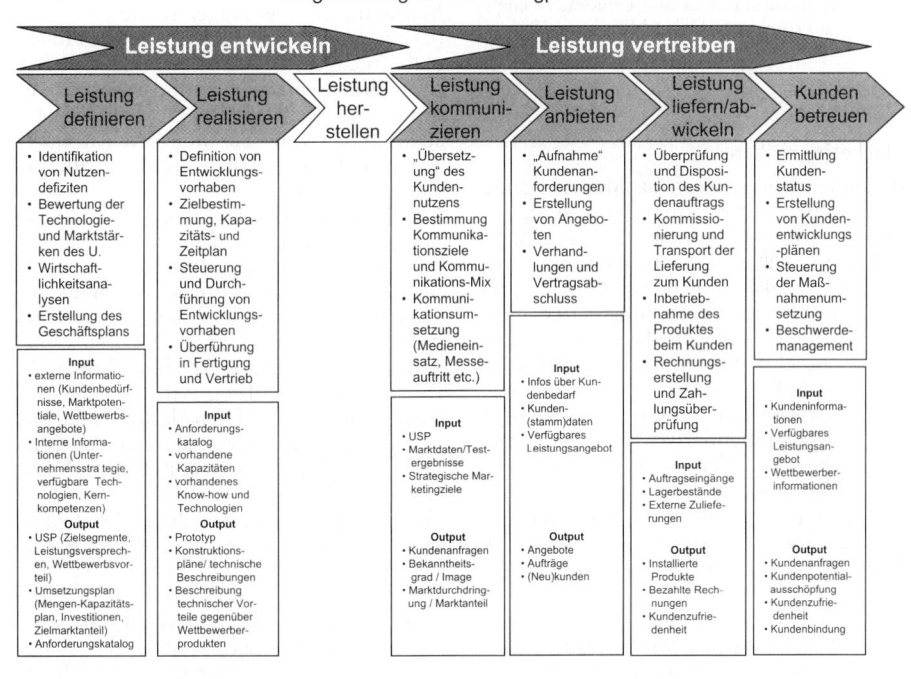

Leistung entwickeln — **Leistung vertreiben**

Leistung definieren	Leistung realisieren	Leistung herstellen	Leistung kommunizieren	Leistung anbieten	Leistung liefern/abwickeln	Kunden betreuen
• Identifikation von Nutzendefiziten • Bewertung der Technologie- und Marktstärken des U. • Wirtschaftlichkeitsanalysen • Erstellung des Geschäftsplans	• Definition von Entwicklungsvorhaben • Zielbestimmung, Kapazitäts- und Zeitplan • Steuerung und Durchführung von Entwicklungsvorhaben • Überführung in Fertigung und Vertrieb	• „Übersetzung" des Kundennutzens • Bestimmung Kommunikationsziele und Kommunikations-Mix • Kommunikationsumsetzung (Medieneinsatz, Messeauftritt etc.)	• „Aufnahme" Kundenanforderungen • Erstellung von Angeboten • Verhandlungen und Vertragsabschluss	• Überprüfung und Disposition des Kundenauftrags • Kommissionierung und Transport der Lieferung zum Kunden • Inbetriebnahme des Produktes beim Kunden • Rechnungserstellung und Zahlungsüberprüfung	• Ermittlung Kundenstatus • Erstellung von Kundenentwicklungsplänen • Steuerung der Maßnahmenumsetzung • Beschwerdemanagement
Input • externe Informationen (Kundenbedürfnisse, Marktpotentiale, Wettbewerbsangebote) • Interne Informationen (Unternehmensstrategie, verfügbare Technologien, Kernkompetenzen)	**Input** • Anforderungskatalog • vorhandene Kapazitäten • vorhandenes Know-how und Technologien	**Input** • USP • Marktdaten/Testergebnisse • Strategische Marketingziele	**Input** • Infos über Kundenbedarf • Kunden(stamm)daten • Verfügbares Leistungsangebot	**Input** • Auftragseingänge • Lagerbestände • Externe Zulieferungen	**Input** • Kundeninformationen • Verfügbares Leistungsangebot • Wettbewerberinformationen
Output • USP (Zielsegmente, Leistungsversprechen, Wettbewerbsvorteil) • Umsetzungsplan (Mengen-Kapazitätsplan, Investitionen, Zielmarktanteil) • Anforderungskatalog	**Output** • Prototyp • Konstruktionspläne/ technische Beschreibungen • Beschreibung technischer Vorteile gegenüber Wettbewerberprodukten	**Output** • Kundenanfragen • Bekanntheitsgrad / Image • Marktdurchdringung / Marktanteil	**Output** • Angebote • Aufträge • (Neu)kunden	**Output** • Installierte Produkte • Bezahlte Rechnungen • Kundenzufriedenheit	**Output** • Kundenanfragen • Kundenpotentialausschöpfung • Kundenzufriedenheit • Kundenbindung

Kunden-Lieferanten-Beziehungen). Ein weiteres Merkmal ist die oft sequentielle Abarbeitung von Prozessschritten, die zu zahlreichen Verzögerungen des Prozessoutputs und iterativen Prozessdurchläufen führt. Deshalb findet man in vielen Prozessorganisationen für bestimmte Marketingprozesse Teams bzw. → Matrix- oder sogar Tensororganisationen (→ Marketingorganisation). Schwierigkeiten bereiten Marketingprozesse auch wegen der Vielzahl unterschiedlicher Zielsetzungen, die hierbei relevant sind und die z.T. in konfliktären Beziehungen stehen. Dies betrifft sowohl die Zielinhalte (z.B. Umsatz vs. Cash flow) als insbesondere auch den Zeitbezug (z.B. langfristige Kundenbindung vs. kurzfristige Deckungsbeiträge). Die Dominanz der Aufbauorganisation führt schließlich oft zu einem Abteilungsdenken, bei dem die Optimierung der Gesamtprozesse im Hinblick auf die Kundenzufriedenheit vernachlässigt wird. Produktmanagement, Kundenservice, Vertrieb, Marktforschung, Werbung und andere Funktionalstellen in der Marketingorganisation müssen deshalb durch ein die Prozessziele (Effektivität, Effizienz, Schnelligkeit) fokussierendes → Prozessmanagement koordiniert werden. H.D.

Literatur:. *Davenport, T.H.*: Process Innovation, Boston 1993. *Gaitanides, M.; Scholz, R.; Vrohlings, A.; Raster, M.* (Hrsg.): Prozessmanagement. Konzepte, Umsetzungen und Erfahrungen des Reengineering, München, Wien 1994. *Saatkamp, J.*: Reengineering von Marketingprozessen. Theoretischer Bezugsrahmen und explorative empirische Untersuchung. Diss., Nürnberg 2001 (in Vorbereitung).

Marketing Research → Marktforschung

Marketingrisiken
sind potentielle Schäden aus Marketingaktivitäten, die zur Erreichung von → Marketingzielen in Kauf genommen werden. Im weiten Sinne zählen dazu auch Opportunitätsverluste, also entgangene Gewinne, die sich bei anderer Entscheidung hätten erzielen lassen. Unterscheiden lassen sich einzelwirtschaftliche, d.h. das Unternehmen betreffende (z.B. Absatzrisiko), und gesamtwirtschaftliche, d.h. das Umfeld der Unternehmung betreffende Risiken (z.B. Schadstoffrisiko eines Fertigwarenlagers chemischer Produkte).
Marketingrisiken entstehen durch marktbezogenes unternehmerisches Handeln bzw. Unterlassen. Inhaltlich können sie jede marketingrelevante Wertposition, d.h. jede Zielvariable der Unternehmung (Absatz, Umsatz, Bestände, Gewinn, Image usw.), betreffen und in unterschiedlicher Höhe auftreten (s.a. → FuE-Risiko, → Preisrisiko).
Die *Ursachen* für das Auftreten von Marketingrisiken liegen
(a) in der *Komplexität* der absatzpolitischen Wirkungszusammenhänge, die eine Beherrschung im Sinne der genauen Kalkulierbarkeit aller Entscheidungskonsequenzen erschwert bzw. wiederum nur bei hohen Informationskosten und auch dann meist nur annähernd möglich macht (→ Marketingplanung). Hierdurch entstehen z.B. Marktreaktions-, Wettbewerbs- und technische Risiken;
(b) in der *Dynamik* der marketingrelevanten Strukturen und Prozesse (→ Marktdynamik), die genaue Vorhersagen über die tatsächlichen Wirkungsbedingungen mit Unsicherheiten behaftet.
(a) und (b) verursachen *Fehleinschätzungsrisiken*. In der Entscheidungstheorie sind Risiken deshalb als mit Eintrittswahrscheinlichkeiten quantifizierbare Unsicherheiten hinsichtlich des Eintretens bestimmter Umweltzustände charakterisiert.
(c) Risiken entstehen aber auch durch *unternehmerisches Versagen*, d.h. Unvollkommenheiten im Marketing-Management, z.B. durch unzureichende Entscheidungsvorbereitung oder mangelnde sachliche und zeitliche Koordination bei der Umsetzung von Marketingentscheidungen sowie
(d) durch *opportunistisches Verhalten* innerhalb (mangelnder Arbeitseinsatz, Waren- oder Ideendiebstahl etc.) und außerhalb der Marketingorganisation, z.B. durch Erschleichung von Garantievorteilen durch Kunden, Vertragsbruch etc. (→ Principal-Agenten-Theorie).
Die Marketingrisiken steigen mit abnehmender Reversibilität von Entscheidungen, z.B. durch langfristige Bindung oder hohe Spezifität von Investitionen, woraus das Streben nach → Flexibiltät verständlich wird. Risiken entstehen ferner durch falsche Selektionsentscheidungen hinsichtlich der Ressourcenbeschaffung (z.B. Verkaufspersonal, Lagerfläche, Dienstleister) und hinsichtlich des Ressourceneinsatzes im Marketing (z.B. Technologien, Produkte, Märkte, Kunden).
Die *Risikopolitik* als Teil des → Marketing-Management umfasst zunächst die Erkennung, Abschätzung und Vermeidung bzw. bewusste Inkaufnahme („Risikopräferenz") von Marketingrisiken. Darüber hinaus gilt es erkannte Risiken zu managen, sei es durch *Risikovermeidung* (z.B. Verzicht auf bestimmte Produkttechnologien), *Schadensvermeidung* (z.B. durch Installierung von → Frühwarnsystemen, die ein früzeitiges Gegensteuern erlauben) oder durch *Risikobegrenzung*. Diese kann in Form der *Risikoabwälzung* (z.B. durch Preisgleit-

klauseln, → Lieferkonditionen etc.), der *Risikostreuung* (z.B. durch ein entsprechend breites Produkt- oder → Beschaffungsportfolio; s.a. → Portfolio-Analyse) sowie der *Risikokompensation*, z.B. in Form von Absicherungsgeschäften, Versicherungen oder entsprechender finanzieller Risikovorsorge (z.B. Rückstellungen für Debitorenausfälle) erfolgen. H.D.

Literatur: *Schuy, A.*: Risiko-Management. Eine theoretische Analyse zum Risiko und Risikowirkungsprozess als Grundlage für ein risikoorientiertes Management unter besonderer Berücksichtigung des Marketing, Diss. Frankfurt a.M. 1989.

Marketing-Schnittstellen

Übergangs- oder Verbindungsstellen zwischen organisatorischen Einheiten der → Marketingorganisation, die auf gemeinsame Ressourcen zurückgreifen oder zusammenhängende Prozesse arbeitsteilig abwickeln (*Specht*). Im Marketing existieren derartige Schnittstellen typischerweise zwischen Absatz und Produktion, wenn es um die Abstimmung von Auftragsmengen, -qualitäten oder technischen Spezifikationen geht (→ Qualitätsmanagement), zwischen Vertrieb, → Produktmanagement, Produktion und F&E, wenn es um die Entwicklung bzw. Verbesserung von Produkten geht (→ Innovationsmarketing; → FuE-Organisation) oder wenn Vertrieb, Logistik und Kundendienst gemeinsam die Kundenbetreuung übernehmen.

Schnittstellenmanagement kann konfliktvermeidende und konfliktlösende Konzepte verfolgen. Zur Ersteren gehören die Elimination von Schnittstellen, die Definition von → internen Kunden-Lieferanten-Beziehungen sowie die Einbeziehung von (externen) Partnern in die eigenen Prozesse (→ Outsourcing). Zur Konfliktlösung tragen v.a. Vereinbarungen über die gemeinsamen Entscheidungskriterien sowie Regeln der Entscheidungsfindung bei. Hierzu müssen auch das Informationssystem und der Kommunikationsfluss entsprechend organisiert werden (→ Prozessmanagement im Marketing). Beim Reengineering von Marketingprozessen wird häufig versucht, Schnittstellen gänzlich zu eliminieren, indem die Arbeitsteilung verringert wird und/oder Teams eingesetzt werden. Externe Schnittstellen existieren im Marketing naturgemäß insbesondere zu Kunden (→ Kundenmanagement) sowie zu externen Dienstleistern (→ Outsourcing). H.D.

Literatur: *Brockhoff, K.*: Schnittstellen-Management, Stuttgart 1989. *Specht, G.*: Schnittstellenmanagement, in: *Tietz, B.; Köhler, R.; Zentes, J.* (Hrsg.): Handwörterbuch des Marketing, 2. Aufl., Stuttgart 1995, Sp. 2265-2275.

Marketing-Semiotik

Die Semiotik als Lehre von den Zeichen bzw. der → Kommunikation leistet in neuerer Zeit einen Beitrag zu einem umfassenden Verständnis des Konsumentenverhaltens. Dabei sucht man eine Erklärung für die Art und Weise der Aufnahme und Verarbeitung von wahrnehmbaren Reizen bzw. Zeichen (z.B. Geruchssignale, natürliche und formalisierte Sprache, ästhetische Codes, Massenkommunikation) durch Individuen und daraus resultierende Verhaltensimplikationen. Der Einsatz der Semiotik als wissenschaftliche Methode erfolgt in drei Dimensionen:

(1) In der *Syntaktik* betrachtet man, welche Zeichen bzw. Symbole zur Kommunikation benutzt werden, ihre Beziehung zueinander und wie diese Zeichen möglichst sorgfältig und ökonomisch übertragen werden können.

(2) Die *Semantik* fragt nach der Beziehung der Zeichen zu dem durch sie Bezeichneten und nach der Präzision, mit der die zur Kommunikation verwendeten Symbole die gewünschte Bedeutung vermitteln.

(3) In der Dimension der *Pragmatik* werden Zeichen im Hinblick auf ihre Beziehung zu den Benutzern, ihren Verwendungszweck, ihren Nutzen und ihre Wirkung, erforscht.

Anwendungsziel einer semiotischen Zeichenanalyse ist es, zu erkennen, welche Objekte im Rahmen der Identitäts- und Symbolbildung für die menschliche Kommunikation benutzt werden und welcher Sinn den einzelnen Objekten beigemessen wird. So kann bspw. Schmuck zur Steigerung der Ausstrahlung einer Persönlichkeit genutzt werden und damit eine soziale Beziehung herstellen.

Das von der Semiotik geleitete Marketing trägt im sozialpsychologischen Kontext zum Verständnis von Verhaltensmustern bei, die durch Identitätsbildung hinsichtlich bestimmter Merkmale, besonders durch Gruppen-, Subkultur- und Kulturbildung gekennzeichnet sind. Gerade ein stark an sensualistischen Reizen orientiertes Konsumentenverhalten kann so besser erfasst und strukturiert werden als mit herkömmlichen Verhaltenskonzepten. Nutzbar werden die Erkenntnisse dann, wenn Handlungsempfehlungen wie bspw. die stärkere psychologische Differenzierung der Werbung, die Berücksichtigung der Symbolwirkung von Marken oder die Gestaltung erlebnisbetonter Einkaufsstätten entwickelt werden können. S.K./I.M.

Literatur: *Eco, U.:* Einführung in die Semiotik, München 1994. *Kelz, A.:* Die Weltmarke, Idstein 1989. *Umiker-Seboek, J.:* Marketing and Semiotics, Berlin u.a. 1987. *Werner, U.:* Möglichkeiten der Anwendung semiotischer Erkenntnisse im multikulturellen Marketing, in: Marketing-ZFP, 15. Jg (1993), Heft 3, S. 181–196.

Marketing, steuerliche Aspekte
→ Steuerliche Aspekte des Marketing

Marketingstrategie
in der Konzeption des → strategischen Marketing verankerter langfristiger und mehrdimensionaler Verhaltensplan, der in Form der Vorgabe von Handlungsbahnen und -richtungen den auf die → Marketingziele ausgerichteten Einsatz des → Marketing-Mix sicherstellt. Insofern kommt der Marketingstrategie die Funktion des konzeptionellen Bindegliedes zwischen Ziel- und Maßnahmenebene zu, das Effektivitätsaspekte i.S. des *doing the right things* (Perspektive: Wahl des Strategiekanals) und Effizienzaspekte i.S. des *doing the things right* (Perspektive: Maßnahmenkanalisierung) gleichermaßen miteinander verbindet. Der durch die Marketingstrategie vorgezeichnete Strategiekanal öffnet dabei ausreichende Spielräume für den marketing-taktischen Instrumenteneinsatz, um auf situative Gegebenheiten reagieren zu können, ohne das (relativ schnelle und wirtschaftliche) Erreichen des Ziels grundsätzlich zu gefährden.

Das *Ziel* von Marketingstrategien besteht darin, strategische → Wettbewerbsvorteile als Basis des dauerhaften Unternehmenserfolges auf- und auszubauen. Als Konsequenz müssen Marketingstrategien zunächst dafür sorgen, dass alle in einem Unternehmen ablaufenden Prozesse (→ Marketingprozesse) darauf ausgerichtet werden, kundenseitig wichtige Leistungen dauerhaft besser als die Konkurrenz zu erbringen. Aufgrund der Vielzahl der dabei zu koordinierenden Aktivitäten und Entscheidungen kommt der unternehmensweiten, harmonischen Lösung dieses Koordinationsproblems durch eine ganzheitliche, in sich schlüssige und konsequent auf die angestrebte → Profilierung abzielende Marketingstrategie eine hohe Bedeutung für den Unternehmenserfolg zu (→ Marketing-Koordination). Da sich bestimmte Wirkungen von Marketingstrategien – wie etwa der Aufbau von → Kompetenzen und die Schaffung von → Präferenzen – in der Regel erst durch eine periodenübergreifende Strategieverfolgung realisieren lassen, besitzt zudem der Strategiefaktor Kontinuität ganz besonderes Gewicht: Im Sinne von Dauerfestlegungen determinieren die in Form der Marketingstrategien vorgegebenen Leitlinien nicht nur den konkreten (aktuellen) Aktivitätsrahmen, sondern auch die spezifische (zukünftige) Stoßrichtung des unternehmerischen Handelns. Somit müssen Marketingstrategien ebenfalls Grundsatz- und Langfristcharakter aufweisen. Schließlich müssen Marketingstrategien das Verhalten des Unternehmens und dessen Umwelt optimal aufeinander abstimmen (→ concept of fit). Allerdings sorgt die (zum Teil hohe) → Markt- und → Wettbewerbsdynamik dafür, dass eine zu einem Zeitpunkt vorhandene Stimmigkeit nicht von Dauer ist. Insofern gilt es, Marketingstrategien so zu konzipieren, dass die Stimmigkeit von Unternehmensumwelt und Marketingstrategie im Zeitablauf trotz der allgemeinen Umweltdynamik gewährleistet bleibt.

Mit Blick auf das *Vorgehen* ist es zweckmäßig, die Konzeption von Marketingstrategien mit der Festlegung der grundsätzlichen inhaltlichen Leitlinien für das zukünftige Unternehmenshandeln („strategischer Gesamtentwurf") zu beginnen. Um dies systematisch zu tun, kann man auf das → strategische Dreieck als das grundlegende Denkraster des strategischen Marketing zurückgreifen: Erst die Kenntnis der drei Eckpunkte Kunde, Konkurrenz und eigenes Unternehmen sowie der zwischen diesen Elementen bestehenden Relationen ermöglicht die Formulierung einer geschlossenen, vollständigen Marketingstrategie. Dabei bilden die Relationen den zweckmäßigen Ansatzpunkt für die inhaltliche Strategiekonzeption. So kann man aus einer Handlungsperspektive die Relationen des strategischen Dreiecks als Gesamtheit der zwischen den verschiedenen Elementen stattfindenden Aktivitäten auffassen. Entsprechend handelt es sich unternehmensbezogen um entweder primär auf die Kunden oder aber primär auf die Konkurrenten gerichtete Tätigkeiten. Da es gerade diese Tätigkeiten sind, die es durch die Marketingstrategie zu lenken gilt, muss diese infolgedessen das Verhalten sowohl gegenüber den Kunden (Aspekte: Nutzen und Preis) als auch gegenüber den Konkurrenten (Aspekt: Wettbewerbsvorteil) in spezifischer Art inhaltlich fixieren, wie es etwa beim → Discounting kundengerichtet durch → Preisführerschaft und Leistungsvereinfachung (→ Convenience-Strategie), konkurrenzgerichtet dagegen durch → Kostenführerschaft geschieht.

Diese grundsätzlichen Festlegungen gilt es dann, in sich schlüssig zu verfeinern und so nach und nach in ein detailliertes strategisches Konzept zu überführen, das auf *Geschäftsfeldebene* u.a. folgende zentrale Fragen beantwortet:

- Welche *Marktsegmente* (→ Marktsegmentierung) bzw. Produkt-Markt-Kombinationen soll die Firma bearbeiten (→ Marktabgrenzung)?
- Welche *Preis-Qualitäts-Kombination* soll betont und verfolgt werden (→ hybride Wettbewerbsstrategie, → Outpacing-Strategie, → Preis-Qualitäts-Strategie)?
- Wie soll der *Kundennutzen* entstehen (→ Kundennutzenkonzept)?
- Wie sollen die Produkte in der Kundenwahrnehmung *positioniert* und *profiliert* werden (→ Markenpolitik, → Positionierung, → Profilierung)?
- Wie soll strategisch gegenüber der *Konkurrenz* agiert werden (→ Wettbewerbsstrategie)?
- Wie soll der *Wettbewerbsvorteil* gegenüber der Konkurrenz aufgebaut und dauerhaft abgesichert werden (→ FuE-Strategien, → Innovationsmanagement)?
- Auf welche Weise sollen die strategisch relevanten → *(Kern)Kompetenzen* unternehmensintern und -übergreifend organisiert werden (→ strategische Allianzen, → Wissensmanagement)?
- In welcher Form von → *Kooperation* sollen die Lieferanten sowie die Absatzmittler bzw. Absatzhelfer oder andere → Marketingdienstleister in die Strategie eingebunden werden (→ vertikale Marketingstrategie; → Outsourcing)?
- Welchen Stellenwert soll die → *Kundenbindung* im Vergleich zur Neukundengewinnung einnehmen und wie lässt sie sich erreichen (→ Kundenmanagement; → Beziehungsmarketing)?
- Auf welche Weise soll der strategiekonforme *Ablauf der Unternehmens- und Marketingprozesse* sichergestellt werden (→ Marketing-Controlling, → Prozess-management, → Marketing-Logistik-Strategie)?
- Wie sollen die genannten strategischen Stoßrichtungen in kongruente *Funktionalstrategien* umgesetzt werden (→ Produktpolitik, → Distributionspolitik, → Kommunikationsstrategie, → Preisstrategie, → Sortimentspolitik, → Marketing-Mix)?

Neben der Frage, wie der Wettbewerb in den einzelnen Geschäftsfeldern geführt werden soll, ist auf einer übergeordneten Ebene zu bestimmen, in welchen Geschäftsfeldern das Unternehmen tätig werden soll. Entsprechend gilt es auf der *Gesamtunternehmensebene* z.B. festzulegen,

- mit welcher → *Wachstumsstrategie* der langfristige Erfolg des Unternehmens gesichert werden soll,
- welche strategischen *Markteintrittsoptionen* beschritten werden sollen (→ Markteintrittsstrategie) sowie
- welche strategischen Optionen im *globalen Markt* gewählt werden sollen (→ Internationalisierungsstrategie).

Die Berücksichtigung der genannten Aspekte bei der Konzeption der Marketingstrategie setzt eine systematische → strategische Marketingplanung voraus. Diese stellt Verfahren zur Unterstützung der konkreten Strategiewahl zur Verfügung. Hat man sich dann für eine bestimmte Marketingstrategie entschieden, ist eine zweckmäßig ausgestaltete strategische Kontrolle, z.B. unter Rückgriff auf → Frühwarnsysteme, von besonderer Bedeutung, um bei strategisch relevanten Markt- und Umweltänderungen die dadurch notwendige Umsteuerung der Strategie rechtzeitig vornehmen zu können. A.Ha.

Literatur: Becker, J.: Marketing-Konzeption, 6. Aufl., München 1998. *Day, G.:* Analysis for Strategic Market Decisions, New York 1986. *Kotler, Ph.; Bliemel, F.:* Marketing-Management, 9. Aufl., Stuttgart 1999. *Porter, M.E.:* Nur Strategie sichert auf Dauer hohe Erträge, in: Harvard Business manager, 19. Jg. (1997), H. 3, S. 42–58.

Marketingstrategien im Handel

Die aktuelle strategische Ausgangssituation im deutschen Einzelhandel ist durch einen gnadenlosen Verdrängungswettbewerb gekennzeichnet. Dieser wird durch eine enorme Ausweitung der Verkaufsfläche forciert (insbesondere in den neuen deutschen Bundesländern), durch das Eindringen ausländischer Anbieter in den deutschen Markt (z.B. *Wal-Mart*), durch Konzentrationsprozesse (→ Nachfragemacht), durch die stagnierende Inlandsnachfrage und den immer schärfer werdenden → Preiswettbewerb, insb. im Lebensmitteleinzelhandel. Angesichts dieser dramatischen Veränderungen wächst das Bewusstsein, Instrumente des → Handelsmarketing nicht mehr in erster Linie zur Erreichung kurzfristiger Vorteile einzusetzen, sondern langfristige strategische Konzepte zu entwickeln, die die dauerhafte Existenz einer Einzelhandelsunternehmung sichern helfen. Letzteres bedeutet, dass klare Ziele formuliert und Mittel zur Erreichung dieser Ziele erarbeitet werden (→ Handelsstrategien). Dabei muss 1. der Zielmarkt auf der Absatzseite (welches sind die angestrebten Kunden?), 2. der Zielmarkt auf der Beschaffungsseite (welches sind die angestrebten Lieferanten?) festgelegt werden sowie 3. muss angesichts der zunehmenden Bedeutung → strategischer Allianzen auch im Einzelhandel überlegt werden, ob und wenn ja, mit welchen Firmen Kooperationen national oder weltweit eingegangen werden sollen, um die gesetzten Ziele zu erreichen (s.a. → Category Management). Da in der Handelslandschaft die Globalisierung wie in allen anderen Branchen mehr und mehr zunimmt, sind Handelsstrategien vielfach nicht nur national, sondern auch international zu entwickeln (→ Internationalisierung im Handel).

Grundlegende, marketingstrategische Entscheidungsfelder betreffen die Art der Marktbearbeitung und die Wahl der Wettbewerbsstrategie sowie die Form des Markteintritts (Transaktionsform). Die einzelnen Optionen bedingen sich einander, wie im Folgenden noch ausgeführt wird.

Marktbearbeitungsstrategien

Die Marktbearbeitungsstrategien, die dem Einzelhandel (national und international) zur Verfügung stehen, liegen zwischen den Polen „Standardisierung" und „lokale Anpassung" (*Anderer*, 1997). Bei der *Standardisierung* findet eine identische Multiplikation eines Konzeptes mit dem bewussten Verzicht auf lokale oder nationale Differenzierung statt (→ Betriebstypenmultiplikation). Typische internationale Beispiele sind *Benetton*, *BodyShop* und *Yves Rocher*. Eine notwendige Voraussetzung für die standardisierte Bearbeitung des Marktes ist das Vorhandensein homogener Abnehmersegmente, d.h. es müssen (transnationale bzw. „transregionale") Zielgruppen existieren, die über den gleichen → Lebensstil und über ein sehr ähnliches Konsumverhalten verfügen. Die Standardisierungsfähigkeit der Marketingstrategie ist von der kulturellen Distanz der Marktsegmente abhängig. Je mehr die Märkte konvergieren, desto eher kann auf eine Anpassung der Instrumente und Prozesse an die nationalen bzw. regionalen Besonderheiten verzichtet werden.

Das Ziel einer standardisierten Marktbearbeitungsstrategie liegt in der Ausnutzung von Volumen- und Produktivitätsvorteilen in Beschaffung, Produktion, Distribution, Ladeneinrichtung und Werbung. Globalstrategisch operierende Handelsfirmen verfügen häufig über eine zentrale Führung sowie über ausgeklügelte Logistik- und Informationssysteme und bedienen sich vielfach einer vertikalen Integration, um schon bei der Produktion die Internationalisierungsfähigkeit der Ware kontrollieren zu können. Gleichfalls gewinnen bei Standardisierungskonzepten handelseigene Marken an Bedeutung (*Gröppel-Klein*, 1999).

Die Strategie der *lokalen Anpassung* (= multinationale Strategie) basiert auf der Annahme, dass aufgrund der zunehmenden Individualisierung der Konsumenten und aufgrund kulturabhängiger und somit unterschiedlicher Konsummuster das im Stammland erfolgreiche Marketingkonzept des Händlers an die Besonderheiten des Auslandsmarktes bzw. der Region angepasst werden muss. Je nach Branche und kultureller Distanz zwischen den Ländern bzw. Regionen variiert das Ausmaß der nationalspezifischen Anpassung.

Markteintrittsstrategien

Bei den Markteintrittsstrategien können Filialisierungs-, Franchise-, Kooperations- und Akquisitionsstrategien unterschieden werden (*Zentes/Ferring*, 1995). Bei der *Filialisierung* findet eine (inter-)nationale Multiplikation einer im Heimatland erfolgreichen Betriebsform statt. Eine solche Strategie ist immer dann empfehlenswert, wenn das Handelsunternehmen am Stammort eine → USP (Unique-Selling-Proposition) aufgebaut und somit konsequent einen Preis-/Kostenführerschafts- und/oder einen einzigartigen Differenzierungsvorteil aufgebaut hat, der auch in anderen Märkten von den Konsumenten eine hohe Wertschätzung erfahren wird. Bei der Filialisierung kann das Unternehmen zwischen einer mehr oder weniger großen Standardisierung der Marktbearbeitung wählen. → *Franchising* wird vielfach als Komplementärsystem zur → Filialisierung gesehen. Auch hier findet eine Multiplikation eines erfolgreichen Betriebstypenkonzeptes statt, allerdings mit dem Unterschied, dass der Franchisenehmer rechtlich selbstständig ist. Vorteile des Franchisings im Vergleich zur Filialisierung liegen für den Franchisegeber in den geringeren Anfangsinvestitionen, in einer ausgewogeneren Risikoverteilung, häufig größeren Standortkapazitäten und vor allem in der Möglichkeit, marktspezifisches Knowhow durch die Franchisenehmer zu erwerben. Diese Vorteile können eine sehr schnelle Marktdurchdringung ermöglichen. Bei der *Akquisitionsstrategie* schließlich verschafft sich das expandierende Handelsfirma einen Marktzugang durch Aufkauf von oder Fusion mit einem Handelsunternehmen im Ausland.

Porter (1997, S. 62ff.) diskutiert drei allgemeine Strategietypen, mit Hilfe derer Unternehmen eine erfolgreichere Marktposition einnehmen können als ihre Konkurrenten (→ Wettbewerbsstrategie): Umfassende *Kostenführerschaft* („overall cost leadership"), *Differenzierung* („differentiation") und *Konzentration auf Schwerpunkte* („focus"), wobei die Schwerpunkte entweder mit der Kostenführerschafts- oder mit der Differenzierungsstrategie bearbeitet werden sollen.

Eine Übertragung des von *Porter* postulierten Wettbewerbsvorteils „Kostenführerschaft" auf den Einzelhandel (ausführlich *Gröppel-Klein*, 1998) bedeutet, dass der Einzelhändler aufgrund seines konsequenten Kostenmanagements mit niedrigen Preisen erfolgreich agieren kann. Diese Strategie bedingt, dass der Konsument den Preisvorteil wahrnimmt und zu schätzen weiß (→ Discounting). Ziel der *Differenzierungsstrategie* im Einzelhandel ist die Gestaltung eines unverwechselbaren, einzigartigen → Images, das klar und dauerhaft im Bewusstsein der Konsumenten verankert ist. Ein *umfassendes* Differenzierungskonzept kann das → Erlebnismarketing bieten. Erlebnisorientierung im Einzelhandel bedeutet die Anwendung einer langfristigen Positionierungsstrategie, die sich auf sämtliche Marketing-Mix-Instrumente bezieht, für den Kunden vor allem durch die Ladengestaltung „erlebbar" wird, Corporate-Identity prägend ist und sich an langfristigen Wertetrends der Konsumenten ausrichtet. Darüber hinaus sollen beim Konsumenten angenehme Empfindungen ausgelöst werden, die über die Befriedigung reiner Versorgungsbedürfnisse hinausgehen und einen Beitrag zur Lebensqualität spenden. Somit soll ein eigenständiges Image aufgebaut werden, welches sich von der Konkurrenz eindeutig abhebt (*Gröppel*, 1991, S. 37).

Die These, dass Kostenführer bzw. Differenzierer erfolgreicher sind als solche Unternehmen, die sich weder für die eine noch die andere Strategie entscheiden können und damit laut Porter „zwischen den Stühlen sitzen", kann für den Einzelhandel bestätigt werden (*Gröppel-Klein*, 1998). Allerdings kann im Zuge der Marktevolution der Erfolg von der Fähigkeit des Unternehmens abhängen, einen Kosten- und Differenzierungsvorteil *zugleich* zu realisieren (= → Outpacing Strategie). Outpacing-Unternehmen verbessern also entweder erst die Leistung und streben dann Kostenreduktionen an oder sie gehen in umgekehrter Reihenfolge vor. Gestattet beispielsweise der niedrige Kostenapparat zusätzliche Investitionen, z.B. etwa im Bereich der Ladengestaltung oder im Service, ohne dass die Preise hierfür erhöht werden müssen, so kann dem Handelsunternehmen eine Outpacing-Strategie erfolgreich gelingen. Wenn aus der Perspektive der Kunden das Geschäft jedoch nicht mehr über ein klares Preisprofil verfügt, so besteht die Gefahr, dass das Handelsunternehmen – wiederum aus Sicht der Konsumenten – in die Nähe der „stuck in the middle"- Unternehmen rückt. Voraussetzungen für Outpacing-Erfolge sind oftmals ein ausgezeichnetes Markt-Know-How und ein hoher Marktanteil.

Die kurze Skizzierung der Wettbewerbsstrategien zeigt auf, dass die erfolgreiche internationale Umsetzung der strategischen Variante „Differenzierung" erheblich größere Kenntnisse von der Kultur, dem Lebensstil und dem Konsumverhalten verlangt als die kosten- und preisorientierte Strategie. A.G.-K.

Literatur: *Anderer, M.*: Internationalisierung im Einzelhandel, Frankfurt a.M. 1997. *Gröppel-Klein, A.*: Wettbewerbsstrategien im Einzelhandel. Chancen und Risiken von Preisführerschaft und Differenzierung, Wiesbaden 1998. *Gröppel-Klein, A.*: Internationalisierung im Einzelhandel, in: *Beisheim, O.* (Hrsg.): Distribution im Aufbruch, München 1999, S. 109-130. *Porter, M.*: Wettbewerbsstrategien, 9. Aufl., Frankfurt a.M. 1997. *Zentes, J.; Ferring, N.*: Internationales Handelsmarketing, in: *Hermanns, A.; Wißmeier, U.K.*

Marketingtaktik

(Hrsg.): Internationales Marketing-Management, München 1995, S.410–436.

Marketingtaktik
→ Strategisches Marketing

Marketing-Theorie
versteht sich als betriebswirtschaftliche interdisziplinäre Forschungsdisziplin, die auf die Erkenntnisse anderer Wissenschaftszweige zurückgreift, um einen Beitrag zur Lösung spezifischer Probleme des → Marketing zu leisten.

Im Laufe der → Marketing-Geschichte hat das Marketing eine Reihe von Entwicklungsstufen durchlaufen, in der sich verschiedene klassische und moderne Ansätze der Marketing-Theorie im gegenseitigen Paradigmenwechsel mit der allgemeinen Betriebswirtschaftslehre herausgebildet haben. Diese lassen sich in Theorieansätze der klassischen Absatzlehre, Ansätze der modernen Marketing-Theorie und „neuere" Paradigmen der Marketing-Theorie unterteilen (vgl. *Abb.*). Bei den Theorien der klassischen Absatzlehre sind insbesondere die materiellen Ansätze (institutionenorientierter, funktionenorientierter, waren- und verbraucherorientierter) sowie der modelltheoretische Ansatz von *Gutenberg* hervorzuheben.

Der *institutionenorientierte Ansatz* ist der älteste Ansatz der Absatz- bzw. Marketing-Theorie und machte zunächst die Deskription und Klassifikation empirisch vorfindbarer absatzwirtschaftlicher Organe („Institutionen") zu seinem Forschungsgegenstand (*Erich Schäfer*, 1950, *Seyffert*, 1955). Der Forschungsgegenstand ist dabei in neueren Arbeiten um die Analyse der Konzentrations- und Kooperationsformen erweitert worden, die einer Explikation der Entstehung und des Wandels von Institutionen, insb. Handelsbetriebsformen (→ Betriebsformendynamik) dienen soll (*Robert Nieschlag*, 1954).

Der *funktionenorientierte Theorieansatz* geht zunächst von einer deskriptiven Analyse der verschiedenen Absatzfunktionen aus, die eine Vielzahl von Systematisierungsansätzen der betrieblichen Funktionslehre münden (→ Handelsfunktionen). Forschungsgegenstand ist dabei ein bestimmtes Absatzgut, zwischen dessen Her-

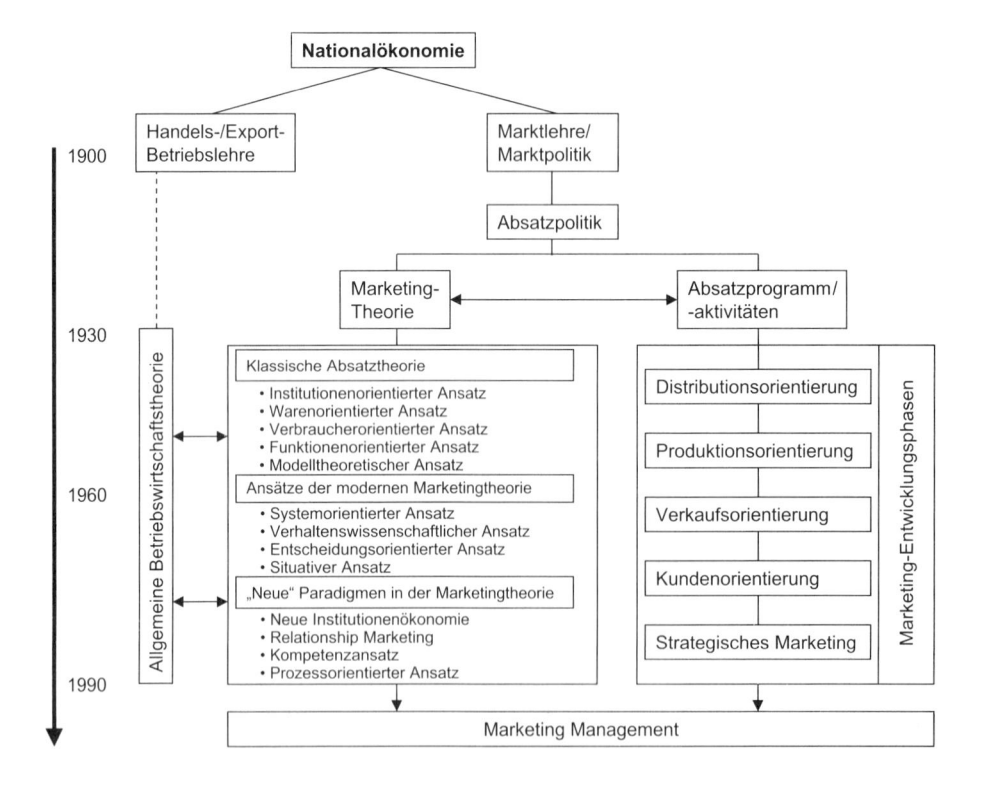

stellung und Verbrauch eine Reihe von Spannungen bestehen. Sie müssen durch die absatzwirtschaftlichen Funktionen überbrückt werden (Raum-, Zeit-, Mengen-, Qualitätsüberbrückung), wobei die jeweilige Funktionsverteilung im Absatzkanal von besonderem Interesse ist (*Karl Oberparleitner*, 1918, *Eugen Leitherer*, 1966).
Der *verbraucherorientierte Ansatz* (→ „Nürnberger Schule") (*Wilhelm Vershofen*, 1940) kann als frühe Entwicklungsstufe des verhaltenswissenschaftlichen Theorieansatzes eingestuft werden, in dessen Mittelpunkt die Analyse des Verbraucherverhaltens unter besonderer Berücksichtigung der Kaufmotivation (Grund- und Zusatznutzen) steht.
Der *warenorientierte Ansatz* (commodity approach) geht in seiner Vorgehensweise von einer Typologisierung und Klassifizierung von Leistungen aus (→ Produkttypologie). Darauf aufbauend werden warenspezifische Ausgestaltungsmöglichkeiten der Absatzpolitik einer Unternehmung entwickelt. Schwerpunkt bildet dabei das Auffinden gutsspezifischer Absatzwege (*Udo Koppelmann*, 1973).
Im Mittelpunkt des *modelltheoretischen Ansatzes von Gutenberg* stehen innen- und außengerichtete Konzepte des → Absatzes, der als „Prozess der Leistungsverwertung" interpretiert wird (*Erich Gutenberg*, 1984). Bei den innengerichteten Ansätzen werden die Organisation, Absatzplanung und die Absatzkosten untersucht, im sog. „Außenbereich" wird unter besonderer Bezugnahme auf die Marktformenlehre und die Methoden der Marginalanalyse eine optimale Kombination der absatzpolitischen Instrumente angestrebt.
Die *Ansätze der modernen Marketing-Theorie* sind dadurch zu kennzeichnen, dass sie im Gegensatz zu den älteren fachbezogenen Ansätzen Entwicklungen der allgemeinen Betriebswirtschaftslehre darstellen, deren Theoriegerüst erst danach speziell auf absatzwirtschaftliche Fragestellungen angewendet wurden. Es handelt sich um die für die deutschsprachige Marketinglehre paradigmatischen Ansätze der System- und Entscheidungstheorie, um den verhaltenswissenschaftlichen Ansatz und den situativen oder Kontingenzansatz.
Ziel der *systemtheoretischen Marketing-Theorie* ist die Deskription von charakteristischen Eigenschaften von Marketingsystemen und die Explikation spezifischer absatzwirtschaftlicher Verhaltensweisen in diesen Systemen. Darüber hinaus sollen in praktisch-normativer Hinsicht Verhaltensnormen für die optimale Gestaltung von Marketingaktivitäten in Marketingsystemen abgeleitet werden (*Hans Ulrich*, 1971). Ausgangspunkt der systemtheoretischen Ansätze des Marketing bildet die Analyse der Systemelemente (Menschen, Unternehmen). Zwischen diesen Elementen und der Systemumwelt bestehen durch den Austausch von Gütern und Informationen zu analysierende Input-Output-Beziehungen. Dieser Austausch begründet die zu einem Zeitpunkt bestehende Kopplung zwischen den Systemelementen, wodurch Marketingsysteme entstehen. Zu unterscheiden sind Makromarketingsysteme („Marketing-Transaktionssysteme"), die durch die Interaktion mehrerer Institutionen (Lieferant, Hersteller, Absatzmittler und Kunden) entstehen, und sog. Mikromarketingsysteme, die die spezifischen Kopplungen in und zwischen den Subsystemen der Unternehmung (Marketing-Management-System) beschreiben. Bei der Analyse des Verhaltens der Systemelemente bedient sich der systemorientierte Ansatz einer „mehrdimensionalen", ganzheitlichen Betrachtung der Marketingproblemstellung unter Zuhilfenahme verschiedener psychologischer, soziologischer und ökonomischer Aspekte.
Der *entscheidungsorientierte Marketing-Ansatz* versucht als Theorie des Entscheidungsverhaltens, den Ablauf von Entscheidungsprozessen zu erklären und Verhaltensempfehlungen für die Träger von Marketingentscheidungen zu geben (*Edmund Heinen*, 1971). Unter einer Entscheidung wird dabei jede Art der Willensbildung und Willensdurchsetzung verstanden. Entsprechend kann zwischen Ziel- und Mittelentscheidungen differenziert werden, deren aufeinander abgestelltes Zusammenwirken einen Marketing-Entscheidungsprozess begründen. Konstitutive Elemente dieses Marketing-Entscheidungsprozesses sind dabei die Formulierung von → Marketingzielen, die Auswahl der einzusetzenden Mittel (→ Marketing-Instrumente) und die Abbildung eines Entscheidungsfeldes, in dem alle von der Entscheidung betroffenen Sachen und Personen erfasst werden.
Die zielmaximale Kombination der Marketing-Instrumente (→ Marketing-Mix) hat in der entscheidungsorientierten Absatztheorie zur Entwicklung zahlreicher Marketing-Modelle geführt. Da diese Modelle i.d.R. eindeutige Mittel-Zielerreichungszusam-

menhänge unterstellen (deterministischer Entscheidungsfall), absatzwirtschaftliche Entscheidungen aber oftmals unter Risiko (stochastischer Fall) bzw. Unsicherheit getroffen werden müssen, sind verschiedene Entscheidungsregeln und -hilfen formuliert worden (Chancen-Präferenz-Felder, Risikoprofile, Entscheidungsmatrix, -tableau etc.).

Primäres explikatives Erkenntnisziel der *verhaltenswissenschaftlichen Marketing-Theorie* ist die Erklärung des Zustandekommens und der Wirkungen der absatzpolitischen Maßnahmen von Unternehmen mit Hilfe verhaltenswissenschaftlicher Konstrukte (→ Käuferverhalten, → Konsumentenforschung). Aus den Erklärungen versucht die Verhaltenstheorie dann Techniken zur Steuerung des menschlichen Verhaltens durch → Marketing-Instrumente im Dienste der Unternehmungen zu entwickeln (instrumentelle Zwecksetzung) (*Werner Kroeber-Riel*, 1972). Als wissenschaftstheoretische Normen gründen sie sich dabei u.a. auf eine empirische Fundierung ihrer Verhaltenshypothesen, um eine intersubjektive Nachprüfbarkeit sicherzustellen. Zur Erklärung ihrer Verhaltenshypothesen geht die verhaltenstheoretische Marketing-Theorie von drei grundsätzlichen Variablenklassen aus. Die von außen beobachtbar auf den Organismus einwirkenden Reize (Stimuli „S"), die beobachtbaren Reaktionen („R") und die sog. intervenierenden Variablen, die in Form → hypothetischer Konstrukte die nicht beobachtbaren psychischen Eigenschaften und Beziehungen im Organismus („O") abbilden. Zur Erklärung des menschlichen Verhaltens werden die drei Variablenklassen nach dem → S-O-R-Schema verknüpft. Dabei spielen psychologische Aspekte zur Erklärung der intervenierenden Variable (Motive, Einstellungen, kognitive Variablen etc.) eine besondere Rolle, wenn das Verhalten von den Eigenschaften der Person abgeleitet wird, während soziologische Aspekte insb. den persönlich-direkten und unpersönlich-indirekten Einfluss der Umwelt (wie z.B. Kommunikationsmaßnahmen und Produktpolitik) auf das individuelle Verhalten (Konsumentenverhalten) analysiert wird.

Im Gegensatz zu den Optimierungsmodellen des entscheidungsorientierten Marketingansatzes geht die verhaltenswissenschaftliche Marketing-Theorie nicht von einer Optimierung des absatzpolitischen Instrumentariums aus. Sie erhebt aber den Anspruch, die Genauigkeit und Sicherheit der → Absatzprognose zu verbessern und eine geeignetere (Vor)Auswahl der alternativen Marketing-Instrumente zu erreichen, da sie über eine vertiefte Kenntnis der absatzpolitischen Wirkungszusammenhänge in formaler und empirischer Hinsicht verfügt (→ Marktreaktionsfunktion).

Der *situative Ansatz* der Marketing-Theorie geht auf die Mitte der 60er-Jahre in den USA entwickelten Ansätze in der Organisations- und Führungsforschung (situational/ contingency approach) zurück (*Fremond Kast, James Rosenzweig,* 1973). Er versteht sich dabei nicht als ein neuer alternativer Theorieansatz, sondern v.a. als eine Weiterentwicklung des systemtheoretischen Ansatzes. Die Vertreter des situativen Ansatzes der Marketing-Theorie vertreten in ihrer Grundüberzeugung die Ansicht, dass es für die Lösung eines Marketingproblems nicht eine generell gültige, optimale Handlungsalternative gibt, sondern i.d.R. mehrere situationsbezogen angemessene (*Alfred Kieser, Herbert Kubicek,* 1976).

Das Ziel der situativen Marketing-Theorie ist folglich, alternative absatzpolitische Gestaltungsmöglichkeiten und Marketingstrukturen zu generieren und in ein Entscheidungsmodell einzubringen, um dann aus der Summe der denkbaren Alternativen diejenige auszuwählen, die unter den spezifischen situativen Gegebenheiten die geeignete ist (situativer Fit). Entsprechend ist das Erkenntnisobjekt der situativen Marketing-Theorie (a) „Situationscluster" zu typologisieren und (b) aufbauend auf diesen typischen Marketingsituationen i.S.v. „wenn-dann-Beziehungen" situationsspezifische Maßnahmen abzuleiten. Zur Kennzeichnung spezifischer Marketingsituationen hat sich dabei die Verwendung unternehmens-, markt-, umwelt- und produktbezogener Einflussgrößen als sinnvoll erwiesen (*Heribert Meffert,* 1989).

Bei den produktbezogenen Situationsfaktoren hat sich insb. die Stellung des Produktes im Markt- bzw. → Produktlebenszyklus (Einführungs-, Wachstums-, Stagnations- und Schrumpfungsphase) als situationsbeschreibende Variable bewährt. Daneben hat die Lösungserfordernis von langfristigen Marketingproblemen bei hoher Unsicherheit zur Entwicklung von Handlungsprogrammen auf Basis alternativer Szenarios geführt (→ Szenario-Technik).

Als „neuere" Paradigmen der Marketing-Theorie haben sich zunehmend die → Neue

Institutionenökonomie, das → Beziehungsmarketing, der Kompetenzansatz sowie der prozessorientierte Ansatz (→ Marketingprozesse) herauskristallisiert.

Im Gegensatz zur neoklassischen Absatztheorie ist die *Neue Institutionenökonomie* mit ihren verschiedenen Teilbereichen bemüht, die Unvollkommenheit der Märkte durch die Einbeziehung von Unsicherheit über das Verhalten der Marktteilnehmer und über zukünftige Marktentwicklungen realitätsnäher abzubilden. Bei der Analyse von Institutionen – verstanden als ein zielgerichtetes System von Normen – interessieren grundsätzlich zwei Fragestellungen. In einer primär explikativen Sichtweise wird zu erklären versucht, warum sich die Institutionen einer Wirtschaft in bestimmter Weise etabliert haben. Es geht dabei bekanntlich um die Frage, warum bestimmte Aufgaben über Märkte geregelt, während andere innerhalb eines Unternehmens bewältigt werden. In einer zweiten, eher instrumentellen Sicht setzt sich die Neue Institutionenökonomie damit auseinander, welche institutionellen Arrangements Koordinationsprobleme am ehesten zu lösen vermögen.

Im Gegensatz hierzu findet der vermeintlich neue Theorieansatz des Beziehungsmarketing sowohl in der Marketingwissenschaft als auch in der Unternehmenspraxis weite Verbreitung. Betrachteten die klassischen Theorieansätze des Marketing überwiegend einzelne Transaktionen, so besteht die Kernidee des Beziehungsmarketing im Aufbau und in der Pflege langfristiger Geschäftsbeziehungen zwischen Kunde und Unternehmen (*Hermann Diller*, 1988). Das Beziehungsmarketing fordert eine Abkehr von der bisher üblichen instrumentellen, eher auf den kurzfristigen Erfolg ausgerichteten Einwegbetrachtung und die Konzentration auf eine prozessuale, ganzheitliche und dynamische Sichtweise von Austauschbeziehungen. An die Stelle des Beeinflussungs- bzw. Transaktionsmarketing soll das *Management von → Geschäftsbeziehungen* treten.

Diese Denkrichtung hat eine lange Tradition im → Investitionsgütermarketing, wo Geschäftsbeziehungen unter Einbeziehung des Kunden auf verschiedenen Interaktionsebenen untersucht werden. Für das Marketing relevant sind insbesondere die *strategisch ausgelegte Perspektive* und die Gestaltung ökonomischer Anreize für den Aufbau und die Erhaltung einer dauerhaften Geschäftsbeziehung. Zentrale Bedeutung erlangt deshalb auch bei diesem Ansatz das → Vertrauen zwischen den Geschäftspartnern. Dehnt man allerdings den Relationship-Ansatz über die Kundenbeziehungen auf andere Marktpartner und Anspruchsgruppen aus, so bietet der damit verbundene → *Netzwerkansatz* interessante Ansatzpunkte für das Management strategischer Allianzen. Dabei gewinnt vor allem die Frage an Bedeutung, wie die Ressourcen des eigenen Unternehmens mit denen der Partner zu einem für Nachfrager überlegenen Leistungsangebot kombiniert werden können.

Der in seinen Ursprüngen auf die angelsächsische mikro-ökonomische Theorie (*Penrose*, 1959; *Chandler*, 1962) zurückführbare *ressourcenorientierte Ansatz* erklärt die Entstehung überdurchschnittlicher Renditen aus Wettbewerbsvorteilen, die das Ergebnis von besonderen Ressourcen und Fähigkeiten der Unternehmung sind. Letztere kennzeichnen die „Begabung" des Managements, vorhandene Ressourcen dergestalt zu nutzen bzw. zu integrieren, dass hieraus Wettbewerbsvorteile im Sinne von → *Kernkompetenzen* entstehen.

Die Aufgaben des Marketing liegen nun darin, die Ressourcen in bestimmter Weise so miteinander zu kombinieren, dass sie den Anforderungen der Märkte gerecht werden. Dabei geht es einerseits um die Akquisition und interne Entwicklung neuer Ressourcen, andererseits um die kundenorientierte Bündelung und Integration der vorhandenen Ressourcen. Diese auf aktuelle und latente Kundenbedürfnisse ausgerichtete Integrations- und Koordinationsfunktion ist – nicht zuletzt angesichts der wachsenden Komplexitätsproblematik – zu einem der wichtigsten Erfolgsfaktoren im Marketing avanciert. Der ressourcenorientierte Ansatz kann nicht auf die Marktperspektive verzichten, da über die Relevanz von Ressourcen und Fähigkeiten letztlich immer der Markt entscheidet. Kernkompetenzen sind nur dann marktrelevant, wenn sie einen überlegenen Kundennutzen stiften.

Die Umwelt- und Marktdynamik wird in einer Weiterentwicklung des Ressourcenparadigmas, dem *Dynamic Capability-Ansatz* (*Teece et al.*, 1997), aufgegriffen. Hier werden neben der Ressourcenausstattung und historischen Entwicklungspfaden eines Unternehmens Managementprozesse, d.h. die Entwicklung spezifischer Fähigkeiten im Zeitablauf, in die Betrachtung einbezogen.

Marketingumwelt (Marketingumfeld)

Unternehmen mit dauerhaft überdurchschnittlichen Kapitalrenditen zeichnen sich dabei vor allem durch überlegene Lern- und Rekonfigurationsfähigkeiten, d.h. die Fähigkeit zur Erneuerung und zum Wechsel der Ressourcen aus. Mit Blick auf die traditionelle betriebswirtschaftliche Begriffswelt kann man hier auch von einer Renaissance bzw. Neuinterpretation der Unternehmensflexibilität sprechen.

Unabhängig von Konzepten des Dynamic Capability-Paradigmas hat sich die Marketingwissenschaft in den letzten Jahren verstärkt eines *prozessorientierten Ansatzes* bedient (→ Marketingprozesse). Die bei wachsender Umweltdifferenzierung stark vorangetriebene produkt-, funktions- oder regionalorientierte Zergliederung der Unternehmensaktivitäten zeigte im Zusammenhang mit der Notwendigkeit der Komplexitätsreduzierung kontraproduktive Wirkungen. Die auftretenden Schnittstellenprobleme, Zeitverluste, Intransparenzen und Ineffizienzen konnten vielfach nur durch einen überproportionalen Anstieg der Koordinationskosten bewältigt werden.

Betrachtet man die eingangs erwähnte klassische Philosophie des Marketing, so wird deutlich, dass durch die funktionsübergreifende Ausrichtung aller Unternehmensaktivitäten auf die aktuellen und potentiellen Kundenbedürfnisse dem Marketing immer schon eine prozessorientierte Perspektive immanent war. Die prozessorientierten Entwicklungen mündeten in Konzepte wie Lean Management, → Total Quality Management und → Prozessmanagement (*Töpfer*, 1994). Alle drei Konzepte können somit unter den prozessorientierten Ansatz im Marketing subsumiert werden. H.M.

Literatur: *Diller, H.; Kusterer, M.:* Beziehungsmanagement. Theoretische Grundlagen und explorative Befunde, in: Marketing-ZFP, 10. Jg. (1988), S. 211–220. *Gutenberg, E.:* Grundlagen der Betriebswirtschaftslehre, Bd. 2: Der Absatz, 17. Aufl., Berlin u.a. 1984. *Heinen, E.:* Der entscheidungsorientierte Ansatz in der Betriebswirtschaftslehre, in: ZfB 1971, S. 429 ff. *Kaas, K.-P.:* Marketing als Bewältigung von Informations- und Unsicherheitsproblemen im Markt, in: Die Betriebswirtschaft, 50. Jg. (1990), S. 539-548. *Kast, F.; Rosenzweig, J.:* Organisation und Management. A contingency approach, Tokyo 1970. *Kieser, A.; Kubicek, H.:* Organisation, Berlin, New York 1976. *Koppelmann, U.:* Beiträge zum Produktmarketing, Herne, Berlin 1973. *Kroeber-Riel, W.:* Marketing-Theorie, verhaltensorientierte Erklärungen von Marketingaktionen, Köln 1972. *Krüger, W.; Homp, C.:* Kernkompetenz-Management: Steigerung von Flexibilität und Schlagkraft im Wettbewerb, Wiesbaden 1997. *Leitherer, E.:* Methodische Positionen der betrieblichen Marktlehre, in: BfuP 1966, S. 552–570. *Meffert, H.:* Die Leistungsfähigkeit der entscheidungs- und systemorientierten Marketing-Theorie, in: *Kortzfleisch, G.* (Hrsg.): Wissenschaftsprogramm und Ausbildungsziele der Betriebswirtschaftslehre, Berlin 1971, S. 167-187. *Meffert, H.:* Marketing und allgemeine Betriebswirtschaftslehre, eine Standortbestimmung im Lichte neuerer Herausforderungen der Unternehmensführung, in: Die Betriebswirtschaftslehre im Spannungsfeld zwischen Generalisierung und Spezialisierung, Hrsg.: *Kirsch, W.; Picot, A.:* Edmund Heinen zum 70. Geburtstag, Wiesbaden 1989. *Meffert, H.:* Marketingstrategien in unterschiedlichen Marktsituationen, in: *Bruhn, M.* (Hrsg.): Handbuch des Marketing, München 1989, S. 277-306. *Meffert, H.:* Marketing: Grundlagen marktorientierter Unternehmensführung, 8. Aufl., Wiesbaden 1998. *Meffert, H.; Bruhn, M.:* Marketingtheorie-Quo vadis?, in: Absatzwirtschaft Marketing, Beriebswirtschaftliche Probleme und gesellschaftlicher Bezug, Hrsg.: *v. Bratschitsch, R.; Heinen, E.:* Wien 1978, S. 1–24. *Nieschlag, R.:* Die Dynamik der Betriebsformen im Handel, Essen 1954. *Oberparleitner, K.:* Die Funktionen des Handels, Wien 1918. *Schäfer, E.:* Die Aufgabe der Absatzwirtschaft, Köln 1950. *Penrose, E.T.:* The Theory of the Growth of the Firm, New York 1959. *Seyffert, R.:* Die Wirtschaftslehre des Handels, Köln 1955. *Teece, D.J.; Pisano, G.; Shuen, A.:* Dynamic Capabilities and Strategic Management, in: Strategic Management Journal, Vol. 18:7, 1997, S. 509-533. *Töpfer, A.:* Zeit-, Kosten- und Qualitätswettbewerb: Ein Paradigmenwechsel in der marktorientierten Unternehmensführung?, in: *Blum, U.; Greipl, E.; Herath, H.; Müller, S.* (Hrsg.): Wettbewerb und Unternehmensführung, Stuttgart 1994, S. 223–261. *Ulrich, H.:* Der systemorientierte Ansatz in der Betriebswirtschaftslehre, in: *Kortzfleisch, G.* (Hrsg.): Wissenschaftsprogramm und Ausbildungsziele der Betriebswirtschaftslehre, Berlin 1971. *Vershofen, W.:* Handbuch der Verbrauchsforschung, Berlin 1940.

Marketingumwelt (Marketingumfeld)

Der Begriff entspringt einer entscheidungstheoretischen Perspektive der → Marketingplanung und kennzeichnet die Gesamtheit aller Faktoren, die direkt oder indirekt Einfluss auf die Wirkung des Marketing-Instrumentariums nehmen können, ohne dass sie selbst zu den Aktionsparametern des Managers zählen.

Abgrenzung und Untergliederung der Marketingumwelt erfolgen häufig unter Rückgriff auf systemtheoretische Konzepte. Danach lassen sich verschiedene Subsysteme mit teils (re-)agierenden, teils passiven Ele-

Systemtheoretische Untergliederung der Marketingumwelt

Makroumweltsystem
ökonomische Sphäre: z. B. Welthandel, Binnenkonjunktur

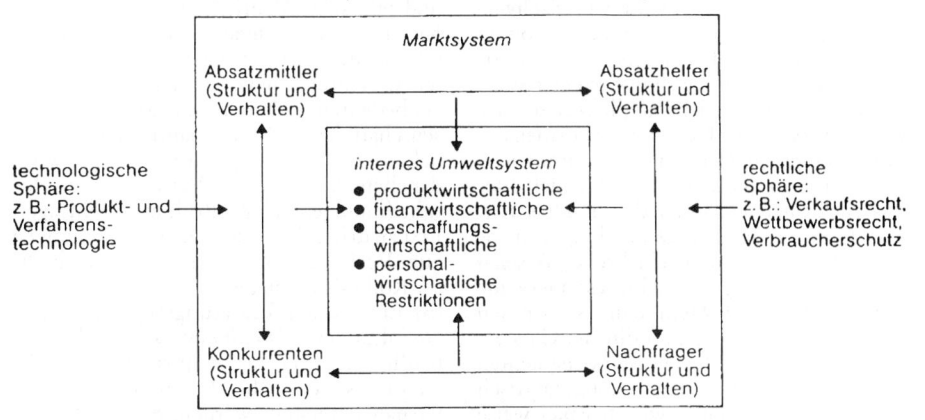

```
                          Marktsystem
              Absatzmittler              Absatzhelfer
              (Struktur und  ←――――――→    (Struktur und
              Verhalten)                 Verhalten)
                     ↑                          ↑
                     ↓                          ↓
technologische        internes Umweltsystem           rechtliche
Sphäre:               • produktwirtschaftliche        Sphäre:
z. B.: Produkt- und → • finanzwirtschaftliche    ←    z. B.: Verkaufsrecht,
Verfahrens-           • beschaffungs-                 Wettbewerbsrecht,
technologie             wirtschaftliche               Verbraucherschutz
                      • personal-
                        wirtschaftliche
                        Restriktionen
                     ↑                          ↑
                     ↓                          ↓
              Konkurrenten               Nachfrager
              (Struktur und  ←――――――→    (Struktur und
              Verhalten)                 Verhalten)
```

soziale Sphäre: z. B. Wertewandel, soziale Schichtung, politische Struktur

menten unterscheiden. Für die Zwecke der Marketingplanung ist eine Untergliederung, wie in der *Abbildung* zweckmäßig, wobei die dort genannten Umweltgrößen jeweils nur als Beispiele zu sehen sind.

Die sorgfältige Analyse und Prognose der Umweltvariablen und ihrer gegenseitigen Beziehungen erfüllen wichtige Funktionen im Rahmen der Marketingentscheidungsprozesse:

– Sie zeigen auf, welchen *Restriktionen* die Marktbeeinflussung unterworfen ist (Beispiel: Regelungen des Marktrechts).

– Sie liefern Aufschluss über die bei der Prognose der Wirkungen des Marketing-Instrumentariums zu berücksichtigenden *Einflussfaktoren* (Beispiel: Einfluss des spezifischen Mediaverhaltens der Zielgruppe auf die Resonanz von Werbeanzeigen in Illustrierten).

– Sie vermitteln *Anregungen* für innovative Marketingkonzeptionen (z.B. für die modisch orientierte Produktgestaltung) und zeigen *Anpassungszwänge* für die Marketingkonzeption auf (z.B. Ausrichtung der Außendienstorganisation auf die Schlüsselkunden bei Konzentration der Absatzmittler).

– Sie erlauben eine analytisch fundierte Einschätzung der → *Marketingrisiken* (Beispiel: Einschätzung des wechselkursbedingten Preisrisikos im Export).

H.D.

Marketing-Wissenschaft

(1) Aufgabenfelder

Die Marketingwissenschaft hat das Ziel, Erkenntnisse zum Marketing durch (wissenschaftliche) *Marketingforschung* fortzuentwickeln. Marketing kann dabei unterschiedlich weit abgegrenzt werden. Regelmäßig stehen aber die Austauschbeziehungen von Unternehmungen oder zu privaten Haushalten im Mittelpunkt (→ Austauschtheorie). In der wissenschaftlichen Auseinandersetzung mit → Marketing lassen sich sechs Felder unterscheiden:

Begriffsbildung: Die Entfaltung wissenschaftlicher Überlegungen ist ohne hinreichend klare und geeignete Begriffe nicht möglich. In fast allen Fällen kann aus einem Begriff allein nicht abgelesen werden. Kundenbindung, Kundentreue, Multimedia, Nachfragemacht, Effizienz, Einstellung, Image, ja sogar Umsatz sind hierfür Beispiele. Zuordnungen von Definiens und Definiendum stellen bedeutsame Schritte jedes wissenschaftlichen Arbeitens dar. Mit Unterstützung des Bundesministeriums für Wirtschaft wurde 1964 die „Katalogkommission für die handels- und absatzwirtschaftliche Forschung" gegründet, der Leiter einschlägiger Hochschulinstitute und -seminare, vergleichbarer Forschungseinrichtungen und Vertreter der Praxis angehören. Der von dieser Kommission herausgegebene Katalog E enthält Begriffe aus der Absatz- und Handelswirtschaft. Davon bleibt unberührt, dass einzelne Zwecke es

Marketing-Wissenschaft

angezeigt sein lassen können, andere Definitionen zu verwenden.

Beschreibungen: Beschreibungen können sich im Marketing auf zahlreiche Sachverhalte beziehen, z.B. die Konzentration in einzelnen Wirtschaftsbereichen, Distributionsstrukturen, Kennzeichen einzelner Werbeträger, neue Vertriebsmöglichkeiten, wie z.B. Factory Outlet Center oder Formen des Home Shopping, Formen der Zusammenarbeit zwischen Industrie und Handel oder zwischen einzelnen Stufen des Handels usw. Zur Auswertung und Darstellung empirischer Phänomene wird ein breites Arsenal an Methoden eingesetzt, insbesondere die sog. multivariaten Methoden. So werden beispielsweise Märkte mit Hilfe der Clusteranalyse in übersichtlichen Marktsegmenten dargestellt, es werden regressionsanalytisch Zeitreihen entwickelt, wie beispielsweise zur Ausbreitung des Convenience-Phänomens, insbesondere mit der multiplen → Regressionsanalyse werden Reaktionen der Nachfrager auf absatzpolitische Maßnahmen eines Anbieters dargestellt usw. Beschreibungen erfordern in nicht unbeträchtlichem Maße Methodenkompetenz. Wahrscheinlich werden in keinem Gebiet der Betriebswirtschaftslehre so ausgiebig Methoden zur Beschreibung der Gegebenheiten eingesetzt wie im Marketing. In die Rubrik Beschreibung gehört auch jener Teil wirtschaftshistorischen Wissens, der sich auf die Kenntnis historischer Daten bezieht, z.B. die Entwicklung von Betriebsformen im Einzelhandel oder von Handelsmarken (→ Marketing-Geschichte).

Erklärungen: Erklärungen werden häufig als zentrales Anliegen wissenschaftlichen Arbeitens angesehen. Von einer Erklärung sei – *Hempel/Oppenheim* folgend – gesprochen, wenn ein Explanandum aus Randbedingungen und Gesetzesaussagen oder generellen Aussagen abgeleitet wird. Basis von Erklärungen dieser Art sind generelle Aussagen, die – so der Wunsch – unabhängig von Zeit und Raum sein sollen. Im Marketing finden sich zwei Typen von Erklärungsmuster (s.a. → Marketing-Theorie):

(a) Zunächst solche, in denen empirisch überprüft wird, ob es sich um *generelle Aussagen* handelt. Sie finden sich insbesondere im Bereich der Erklärung von → Käuferverhalten (s.a. → Konsumentenforschung). So wird beispielsweise diskutiert, ob und wann aus Einstellungen ein bestimmtes Verhalten folgt, es wird behauptet, dass das Wahrnehmungsverhalten durch das Involvement gesteuert wird, dass Motive in einer bestimmten Reihenfolge wirksam werden usw. Allgemeinheit, Informationsgehalt und faktische Wahrheit sind die zentralen Kriterien, nach denen Theorien der beschriebenen Art beurteilt werden. Verhaltenswissenschaftliche Erklärungen stellen ein bedeutendes Feld für die Marketingwissenschaft dar, wobei am häufigsten das Verhalten von Konsumenten untersucht wird, daneben aber auch das Verhalten von Unternehmungen in ihrer Rolle als Nachfrager. Erst an dritter Stelle folgen Untersuchungen zum Verhalten von Unternehmungen in ihrer Rolle als Anbieter.

(b) Ein zweiter Erklärungstyp legt seinen Deduktionen *Annahmen* zugrunde, die häufig nicht eigens empirisch überprüft werden, sondern die als hinreichend realitätsnah unterstellt werden. Solche Annahmen beziehen sich insbesondere auf das Gewinnstreben der Anbieter, aber auch auf andere Aspekte ihres Verhaltens, z.B. die Bereitschaft, zu verheimlichen oder sich zu drücken, wenn man unbeobachtet bleibt. Diese (mikroökonomische) Denkwelt wurde von *Gutenberg* im Kontext absatzwirtschaftlicher Fragen eingeführt; sie verbindet die Marketingwissenschaft mit der *Mikroökonomie* der Volkswirtschaftslehre. Es ist kritisiert worden, dass in manchen Modellen die Annahmen so gesetzt worden sind, dass sie den Verhältnissen in der Praxis nicht entsprechen, was aber im Hinblick auf die Entwicklung von Theorien sinnvoll sein kann, den Forscher auf Dauer allerdings nicht der Aufgabe enthebt, seine Annahmensysteme und die Schlussfolgerungen mit den Gegebenheiten in der Praxis zu vergleichen. Der zweite Erklärungstyp findet sich vor allem in der sog. → Institutionenökonomik.

Prognosen: Prognosen stützen sich zum einen auf statistische Methoden, zum anderen dienen Erklärungsmodelle zur Vorhersage künftiger Ereignisse oder Entwicklungen (→ Absatzprognose). Letzteres kann gut am Beispiel der Diffusionstheorie (→ Diffusionsmodelle) veranschaulicht werden, die einerseits zeigt, wovon es abhängt, wie sich Neuerungen verbreiten, und damit andererseits die Basis für eine Vorhersage der künftigen Entwicklung liefert.

Entscheidungsvorbereitung: In der Betriebswirtschaftslehre, und das gilt auch für das Marketing, hat immer schon das pragmatische Wissenschaftsziel eine bedeutende Rolle gespielt. Für Forschungen dieser Art wird auch der Begriff *Wirtschaftstechnologie* verwendet. Sie ist durch eine Ziel-Mittel- und damit eine entscheidungsorientierte Betrachtungsweise gekennzeichnet. Mit verschiedenen Methoden und → Modellen sollen Hinweise abgeleitet werden, wie vom Entscheidungssubjekt als wichtig angesehene Ziele durch unternehmerische Maßnahmen erreicht werden können. Solche Entscheidungsmodelle sind insbesondere im Hinblick auf die Planung einzelner absatzpolitischer Instrumente entwickelt worden (→ Planungsmethoden im Marketing). Zu den wichtigsten Modelltypen gehören: Scoring-Modelle (→ Nutzwertmodelle), Modelle der mathematischen Programmierung, → Simulationsmodelle.

Normative Ansätze: Von diesen praktisch-normativen Ansätzen, die Hinweise ableiten wollen, wie vorgegebene Ziele bestmöglichst erreicht werden können, sind jene Beiträge abzuheben, die die Bedeutung einzelner Ziele thematisieren. Sie beziehen sich teilweise auf Zielvorstellungen der Unternehmungen, teilweise aber auch auf Zielvorstellungen, die innerhalb der Gesellschaft angestrebt werden sollten, z.B. → Konsumentensouveränität, → Versorgungsqualität, Nachhaltigkeit (→ Sustainable Development).

(2) Spezialisierungsrichtungen
Nach dem zweiten Weltkrieg entfaltete sich das heute als Marketing bezeichnete Forschungsgebiet in Deutschland in zwei Entwicklungslinien. Im Rahmen der Allgemeinen Betriebswirtschaftslehre wurden unter den Bezeichnungen *Absatztheorie* und *Absatzpolitik* Theorien entwickelt, die zwar für jedes Unternehmen gelten sollten, das seine hergestellten Leistungen im Absatzmarkt verwerten wollte, die aber vor allem den Industriebetrieb im Auge hatten. *Gutenberg* führte 1954 den Begriff der *absatzpolitischen Instrumente* ein und behandelte im Einzelnen die Absatzmethode, die Preispolitik, die Produktgestaltung und die Werbung. In leichter Modifikation ist diese Unterteilung noch heute bestimmend für weite Teile des Faches, wenn heute auch häufig der Begriff → „Marketing-Instrument" verwendet wird. Insofern kann das Erscheinen von *Gutenbergs* Band II „Der Absatz" aus der Reihe „Grundlagen der Betriebswirtschaftslehre" als Geburtsstunde des Marketing angesehen werden, weil hier eine entscheidungsorientierte Sicht (Planung der absatzpolitischen Instrumente) auf der expliziten Berücksichtigung der Reaktionen des Marktes (Nachfrager und Konkurrenten) aufbaute. Zum Zweiten wurde eine auf Institutionen der Wirtschaft ausgerichtete Betrachtung fortgeführt (*institutionelle Betrachtung*). Sie äußert sich in einer Anpassung allgemeiner Marketingüberlegungen an spezifische Bedingungen einzelner Wirtschaftsbereiche. → Handelsmarketing, → Versicherung-, → Bauspar- und → Bankmarketing, → Tourismusmarketing, → Medizin-Marketing und → Non-Business-Marketing (z.B. → Hochschulmarketing) sind Beispiele für eine branchenbezogene Differenzierung.

In letzter Zeit haben andere Einteilungskriterien an Bedeutung gewonnen. Der Art der abzusetzenden Leistung entsprechend (im Fortführung des *commodity approach*), wurde im Rahmen eines → Investitionsgütermarketings zwischen Produktgeschäft, Systemgeschäft und Anlagegeschäft unterschieden (→ Geschäftstypen). Auch das → Dienstleistungs-Marketing hat besondere Beachtung gefunden. Allerdings gibt es Berührungspunkte zwischen der institutionellen Betrachtung und der Betrachtung nach Güterarten.

Während ursprünglich die funktionsbezogene Perspektive vorherrschte, nach der es als Aufgabe des Vertriebs bzw. des Marketing gesehen wurde, die erstellten Leistungen im Absatzmarkt zu verwenden, setzte sich etwa ab 1970 zunehmend eine Sicht durch, die die Rolle des Absatzmarktes für die unterschiedlichen Teilpläne des Unternehmens (insbesondere für Produktion, Beschaffung, Forschung und Entwicklung sowie den Finanzplan) betonte, wofür auch der Begriff *(absatz-)marktbezogenen* Unternehmensführung eingeführt wurde. Einige sehen erst hier die Geburtsstunde des Marketing, was aber übertrieben erscheint, da auch in den früheren Jahrzehnten bei Aussagen zum Einsatz der absatzpolitischen Instrumente immer schon die Reaktionen der Nachfrager und die Reaktionen bzw. Aktionen der Konkurrenten als zentrale Bestimmungsfaktoren gesehen wurden. Nichtsdestoweniger verdrängten die amerikanischen Begriffe Marketing und Distribution die deutschen Begriffe Absatz und Vertrieb. Die Orientierung auf die Gegebenheiten auf dem Absatzmarkt führte einerseits zur Verklammerung mit der strategischen Unternehmensplanung, die über eine → *strategische Marketingplanung* mit den operativen Marketing-Aktivitäten verknüpft wurde, andererseits wurden Beziehungen zwischen der eingeschlagenen Politik und der Organisationsstruktur des Unternehmens thematisiert (→ Marketing-Implementation). Stellenweise wurde Marketing im Sinne von *marktbezogener Unternehmenspolitik* gesehen, indem alle Beziehungen einer Unternehmung zu den sie umgebenden Institutionen thematisiert wurden. Bei einer solchen Sichtweise, die die Unternehmung oder eine sonstige Institution auf Märkten agieren sieht (Kapitalmarkt, Arbeitsmarkt, Gütermarkt usw.), fallen Marketing und Unternehmenspolitik zusammen.

(3) Institutionelle Verankerung

Die Marketing-Wissenschaft wird vor allem an den Hochschulen mit Universitätsrang betrieben. An den deutschsprachigen Universitäten in Deutschland, Österreich und der Schweiz sind etwa 100 Professoren auf dem Gebiet des Marketing in Lehre und Forschung tätig. Entsprechend ihrer Schwerpunktsetzung und den Traditionen der jeweiligen Hochschule werden die Lehrstühle vor allem mit den Begriffen Marketing, Absatz, Handel und Distribution, Marktforschung, Konsum und Markt bezeichnet. Im Rahmen des Verbandes der Hochschullehrer für Betriebswirtschaft e.V. konstituierte sich 1970/71 als erste (für besondere Fachfragen zuständige) Untergruppierung der „Arbeitskreis für Absatzwirtschaft", später *„Kommission Marketing"*. Ihr gehören fast alle an deutschen Universitäten tätigen Professoren an.

Wissenschaftliche Forschungsergebnisse kommen vereinzelt auch aus anderen Quellen, wobei insbesondere auf die Professoren an Fachhochschulen, auf Marktforschungsinstitute und auf Unternehmensberatungen zu verweisen ist. L.M.-H.

Literatur: *Backhaus, K.* (Hrsg.): Deutschsprachige Marketingforschung, Stuttgart, 2000. *Ausschuss für Begriffsdefinitionen aus der Handels- und Absatzwirtschaft* (Hrsg.): Katalog E: Begriffsdefinitionen aus der Handels- und Absatzwirtschaft, 4. Aufl., Köln 1995; *Tietz, B.*: Die bisherige und künftige Paradigmatik des Marketing in Theorie und Praxis, I. Teil in: Marketing ZFP, 1993, S. 149-163; 2. Teil in: Marketing ZFP, 1993, S. 221-236; *Sabel, H.*: Die Geschichte des Marketing in Deutschland, in: WiSt, 27. Jg. (1998), S. 106-110; *Dichtl, E.*: Neue Herausforderungen für Theorie und Praxis des Marketing, in: Marketing ZFP, 20. Jg. (1998), S. 47-54.

Marketingziele

Rationalität bei der Lösung von Problemen bezieht sich auf zwei Bereiche: zum einen geht es darum festzulegen, welches Ziel ein Entscheider verfolgen soll, zum anderen darum, eine Handlungsalternative (Aktion, „Mittel") auszuwählen. Ein Entscheider handelt demnach mittelrational, wenn er aus den zur Verfügung stehenden Handlungsalternativen diejenige auswählt, mit der das angestrebte Ziel am besten erreicht wird. Man agiert zielrational, wenn man dasjenige Ziel verfolgt, das der Problemstellung am besten angemessen ist. Ohne ein klar festgelegtes Ziel ist jede Wahlentscheidung zufällig. Dabei ist das „richtige" Ziel fast nie vorgegeben, sondern Ergebnis eines Such- und Bewertungsprozesses im Rahmen der → Marketingplanung.

Ziele i.S.v. generellen Imperativen (Formalziele) haben nicht konkrete Mittel oder Zustände zum Gegenstand, sondern sind nichts anderes als Messlatten bzw. Kriterien, die es erlauben, die Vorziehenswürdigkeit einzelner Aktionen eindeutig zu bestimmen bzw. die einzelne Aktionen in eine Rangordnung der Vorziehenswürdigkeit zu bringen. Von den Formalzielen zu unterscheiden sind Ziele i.S.v. singulären Imperativen (Sachzielen), die bestimmte Handlungsalternativen bzw. Zustände zum Inhalt haben. Das Formalziel „Erhöhe den Marktanteil im nächsten Jahr!" beinhaltet keine spezifische Handlungsvorschrift, das Sachziel „Erhöhe die Anzahl der Außendienst-Mitarbeiter um 5 Personen!" dagegen sehr wohl. Als Marketingziele eignen sich eigentlich nur solche Ziele, die mit Hilfe absatzpolitischer Aktionen merklich beeinflusst werden können.

Welchen Anforderungen haben nun Ziele gerecht zu werden, um als rational eingestuft werden zu können? Ziele müssen

– vollständig formuliert sein,
– dem anstehenden Bewertungsproblem entsprechen (Stellen- und Aufgabenadäquanz) und
– eine Koordination der verschiedenen Aufgaben in vertikaler und in horizontaler Richtung erlauben.

Nur wenn Ziele vollständig formuliert sind, können alle möglichen Aktionen sachgemäß bewertet werden. Dies beinhaltet zunächst die Festlegung des Zielinhaltes, d.h. dessen, worum es letztlich geht (z.B. Umsatz, Gewinn, Bekanntheitsgrad). Das Vollständigkeitserfordernis verlangt sodann auch die

Festlegung, wie in bestimmten Entscheidungssituationen vorzugehen ist (Präferenzrelationen). So ist zu bestimmen, ob die Zielgröße maximal bzw. minimal (z.B. Umsatzmaximierung, Kostenminimierung) oder nur in einem ausreichenden Ausmaß (z.B. Marktanteil von 50%) angestrebt werden soll. Gründe für nicht extremal ausgerichtete Marketingziele können externe Gegebenheiten (z.B. staatliche Reaktion bei zu großer Marktmacht) oder interne Dispositionen (z.B. begrenzte Ansprüche) sein. Neben dieser so genannten *Höhenpräferenzbestimmung* bedarf es häufig auch einer *Artenpräferenzbestimmung*, nämlich immer dann, wenn mehrere Ziele angestrebt werden. In einem solchen Fall hat man sich Klarheit darüber zu verschaffen, wie verschiedene Zielinhalte (z.B. Gewinn, Marktanteil) „auf einen Nenner" gebracht werden; dies geschieht üblicherweise derart, dass festgelegt wird, „X,- DM Gewinn entsprechen Y % Marktanteil!" etc. Sehr häufig sind die einzelnen Aktionen unterschiedlich risikoreich; in diesem Fall bedarf es Vorstellungen darüber, wie etwa eine höhere mittlere Zielerreichung bei Aktion 1 mit einer geringeren Streuung des gleichen Zielwertes bei Aktion 2 verrechnet wird (*Risikopräferenzrelation*). Im Rahmen der *Zeitpräferenzrelation* ist schließlich festzulegen, wie Gewinne in unterschiedlichen Perioden vergleichbar gemacht werden; die übliche Vorgehensweise ist hier die Abzinsung.

Ziele sind nicht nur vollständig zu formulieren, sie müssen auch stellen- bzw. aufgabenadäquat sein; damit ist gemeint, dass nur solche Ziele sinnvoll sind, die vom Entscheider auch durch seine Entscheidung hinreichend beeinflusst werden können. Für die Entscheidung zwischen mehreren Imageanzeigen wird bspw. das Ziel „Produkt-Deckungsbeitrag" dieser Forderung nicht gerecht, da der Entscheider den Zielinhalt durch die Wahl des Anzeigenentwurfes kaum bzw. nicht beeinflussen kann. Zielen kommt schließlich auch die wichtige Aufgabe zu, dafür zu sorgen, dass die einzelnen Entscheidungen in einem Unternehmen aufeinander abgestimmt sind – es wird also auch über Ziele koordiniert. Um diese Aufgabe erfüllen zu können, müssen Ziele koordinationsgerecht sein, und zwar sowohl in vertikaler als auch in horizontaler Hinsicht (→ Marketing-Koordination). Ziele hierarchisch untergeordneter Ebenen sollen also Ziele hierarchisch übergeordneter Ebenen fördern (vertikale Koordinationsgerechtigkeit) und die Erreichung von Zielen hierarchisch gleichgeordneter Ebenen nicht beeinträchtigen. Das Ziel „Maximierung des Anteils der Kunstsachverständigen, die dem Anzeigenentwurf einen hohen ästhetischen Gehalt beimessen" wäre im obigen Beispiel kaum vertikal abgestimmt, falls das Ziel der höheren Ebene „Absatzmaximierung" lautet. Falls ein Unternehmen etwa zwei Varianten eines Produkts anbietet, wobei nur eine Variante beworben wird, so wäre die Zielformulierung „Erhöhung der Präferenz für die beworbenen Variante" nur schwerlich als ein geeignetes Ziel einzustufen, da Maßnahmen, die diesem Ziel gerecht werden, v.a. zu Lasten der anderen Variante (*Kannibalisierungseffekt*) gehen. Das Gebot der vertikalen Koordinationsgerechtigkeit deutet bereits an, dass es so etwas wie eine Hierarchie der Ziele gibt (s. unten).

Entscheidungen über Ziele und solche über Aktionen werden üblicherweise nicht voneinander unabhängig vorgenommen, vielmehr werden häufig parallel zu den Ziel- die Mittelentscheidungen getroffen und die dazu benötigten Informationen beschafft. Dem jeweiligen Informationsstand der Beteiligten kommt dabei ein großer Einfluss auf die Zielbildung zu. Im einfachsten Fall besteht zu Beginn des Entscheidungsprozesses Klarheit über alle Zielinhalte und Präferenzrelationen, aber es sind nur einige der relevanten Aktionen genauer bekannt. Wenn z.B. ein begrenzt formuliertes Ziel gegeben ist und dieses mit einer der bereits bekannten Aktionen übererfüllt wird, so kommt es i.d.R. zu einer Erhöhung des Anspruchsniveaus. Die Einsicht in die Möglichkeiten der Problemlösung prägt also die Vorstellung vom Wünschenswerten (Sollwert). Im entgegengesetzten Fall (Ziel mit den gegebenen Aktionen nicht erreichbar) wird entweder das Anspruchsniveau nach unten angepasst (Veränderung des Ziels) oder es wird weiter nach Aktionen gesucht, um das ursprünglich formulierte Ziel doch noch erreichen zu können.

Im Rahmen der → Marketingplanung werden häufig drei Gruppen von Zielen verfolgt:

– *Ertragsziele* wie z.B. → Gewinn, Kapital- und Umsatzrentabilität oder → Deckungsbeitrag.
– *formale Marktziele*, insbes. → Absatz, Umsatz (→ Umsatzerlöse), Kundenzahl und Auftragsgröße bzw. Einkaufsbon (im

Marketingziele

Handel; vgl. → Controlling im Handel), aber auch → Bekanntheitsgrad, → Marktanteil, → Distributionsquote, Marktmacht und Ansehen des Unternehmens in der Öffentlichkeit (→ Image).

- *sachliche Leistungsziele*, wie z.B. → Vertriebskosten und Faktorproduktivitäten (→ Marketing-Effizienz), → Umschlagsgeschwindigkeiten, aber auch Angebotsqualität, soziale Verantwortung (→ Sozio-Marketing) und Umweltfreundlichkeit (→ Ökologisches Marketing).

Diese drei Kategorien von Zielinhalten lassen sich lose in eine Hierarchie einbinden: Leistungsziele fördern Marktziele (z.B. führt hohe Angebotsqualität i.d.R. zu besserem Ansehen in der Öffentlichkeit) und Marktziele fördern Ertragsziele (z.B. erhöht ein hoher Marktanteil i.d.R. den Gewinn).

Durch arithmetische Aufschlüsselung des Periodengewinns (-deckungsbeitrages) lassen sich die Marketingziele auch entsprechend einer Pyramide ordnen (vgl. *Abb.*). Dabei wird besonders deutlich, dass die Ebene der Sachziele im Marketing umsatzseitig v.a. in Beeinflussungszielen des Käuferverhaltens zu suchen ist. Dort liegen wesentliche Bestimmungsgründe für den Umsatz bzw. Absatz. Insofern besitzt übrigens der verhaltenswissenschaftliche Ansatz in der → Marketing-Wissenschaft auch eine sehr praxisnahe Bedeutung.

Auch wenn die Marketingperspektive häufig die Gewinnsteigerung über eine Umsatzförderung in den Mittelpunkt rückt, kommt den → Vertriebskosten als Marketingzielen eine zumindest ebenbürtige Rolle im Zielsystem zu, zumal auf vielen Märkten der Marktwiderstand wächst und Umsatzerfolge deshalb nur unter Inkaufnahme immer höherer Vertriebskosten, d.h. sinkender Marketingeffizienz, erzielt werden können. Besonderes Augenmerk gilt seit

Maßgrößenaggregate Kaufverhalten als Marketing-Zielgrößen

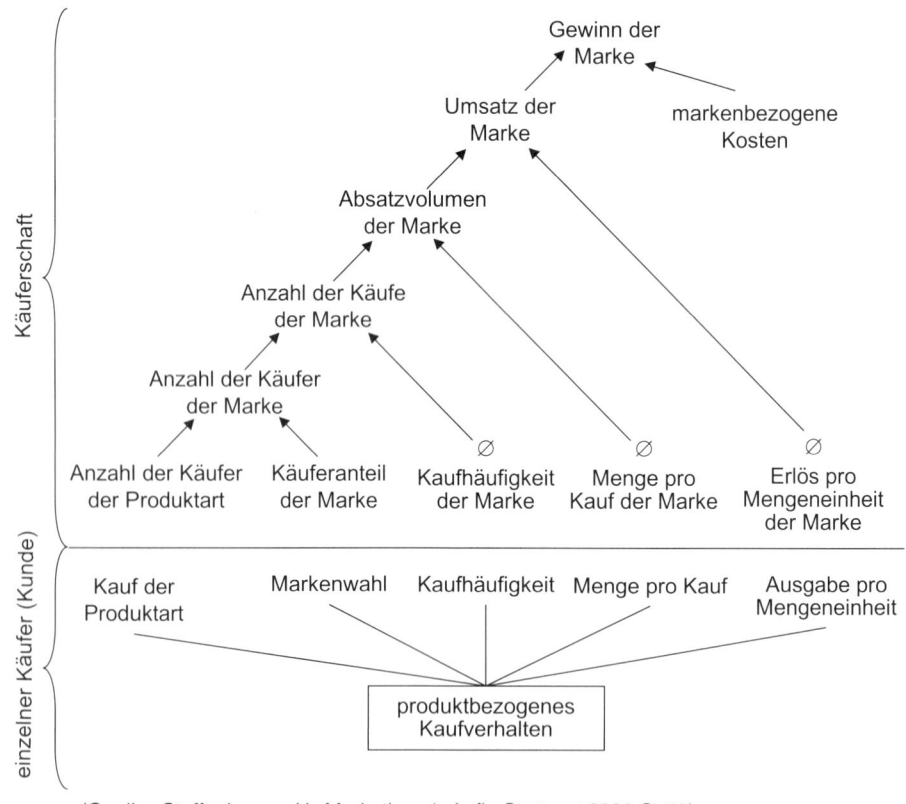

(Quelle: *Steffenhagen, H.*, Marketing, 4. Aufl., Stuttgart 2000 S. 76)

Jahren den → Logistikkosten, die sich z.T. hinter allgemeinen Kostenblöcken (Kapitalkosten, Personalkosten etc.) verbergen. Damit einher geht ein höherer Stellenwert des → Marketing-Controlling und speziell des → Marketing-Logistik-Controlling.
Alle Ziele eines Unternehmens bilden das Zielsystem, in dem allerdings nicht nur – wie bisher meist angenommen – absolute Zielgrößen Platz finden (z.B. Gewinn, Deckungsbeitrag), sondern auch relative Zielgrößen (Ergebnisgröße : Einsatzgröße; z.B. Rentabilität, → Deckungsbeitragsrate). Solche relativierten Zielgrößen werden häufig als Effizienzmaße herangezogen (→ Marketing-Kennzahlen, → Controlling im Handel), während die absoluten Größen eher als generelle Erfolgsgrößen eingestuft werden.
F.B./H.G.

Literatur: *Böcker, F.:* Marketing, 4. Aufl., Stuttgart, New York 1991. *Diller, H.:* Zielplanung, in: *Diller, H.* (Hrsg.): Marketingplanung, 2. Aufl., München 1998, S. 163–198. *Fritz, W.; Förster, F.; Raffée, H.; Silberer, G.:* Unternehmensziele in Industrie und Handel, in: Die Betriebswirtschaft, 45. Jg. (1985), S. 375-394. *Hauschildt, J.:* Entscheidungsziele, Tübingen 1977, S. 7-9, 77-95, 113–155, 187-191.

Market Maven → Meinungsführer

Marketplace
in der Theorie des → E-Commerce die physische oder reale Marktwelt (vgl. → Marketspace).

Market-Pull-Innovation
→ technology-push-Innovation (→ Innovation)

Market Research → Marktforschung

Marketspace
in der Theorie des → E-Commerce die virtuelle Marktwelt, die sich zunehmend durch die rasanten Entwicklungen im Bereich der Informations- und Kommunikationstechnologien und deren schnelle Verbreitung herausbildet und über den Marketplace spannt. Der Marketspace, der durch Vermarktungsbeziehungen im → Internet geformt wird, bildet einerseits eine eigenständige und allein existenzfähige Marktwelt, in der → Informationsprodukte vermarktet werden. In diesem Fall erfolgen Akquisition, Kommunikation, Transaktion und Distribution der Leistungsangebote im Marketspace. Andererseits ist aber auch bei der Vermarktung von physischen Leistungsangeboten am Marketplace davon auszugehen, dass es hier zunehmend zu einer Zweiteilung des Marktsystems kommt und der Marketspace als virtueller Marktplatz neben die physische Marktwelt tritt. Auch in diesem Fall ist dem Marketspace besondere Bedeutung beizumessen, da sich zum einen die Informationssuche der Nachfrager und damit auch der Kaufentscheidungsprozess immer mehr auf der Ebene des Marketplace vollzieht und zum anderen die Vermarktungsaktivitäten (Akquisition, Kommunikation) in immer stärkerem Maße über den Marketspace erfolgen. R.Wei.

Literatur: *Rayport, J.F.; Sviokla, J.J.:* Die virtuelle Wertschöpfungskette – kein fauler Zauber, in: Harvard Business Manager, Vol. 18 (1996), Heft 2, S. 104-113. *Weiber, R.:* Der virtuelle Wettbewerb, Wiesbaden 2000.

Markierung → Markenartikel

Markoff-Modelle
mathematische Modelle zur Abbildung und Analyse einer bestimmten Klasse stochastischer Prozesse. Markoff-Prozesse sind dadurch gekennzeichnet, dass der Zustand eines Systems (z.B. die Höhe eines Lagerbestands) im Zeitpunkt t+1 nur von seinem Zustand in der Vorperiode t abhängt. Für den Fall einer endlichen Zahl möglicher Zustände eines solchen Systems kann seine Entwicklung durch *Übergangswahrscheinlichkeiten* beschrieben werden, mit denen ein Zustand i in die Zustände j (j = 1,...,J) übergeht. Die Folge der Übergangswahrscheinlichkeiten W_{ijt} (t = 1,...,T) heißt *Markoff-Kette*. Falls diese für alle t gleich sind, liegt eine *homogene* Markoff-Kette vor.

Gelegentlich wird in Absatzplanungsmodellen der Markenwechsel oder die Markenwahl von Käufern als Markoff-Kette dargestellt (→ Markenwahlentscheidung); sie dient hierbei als Basis für die Berechnung von Marktanteilen.

Die *Tabelle* zeigt eine sog. Übergangsmatrix für eine Anwendung des Markoff-Modells für die Markenwahl bei problemlosen Verbrauchsgütern. Beim Kauf solcher Produkte (z.B. Zahnpasta oder Limonade) sind so viele unkontrollierbare Einflussfaktoren im Spiel, dass man die Markenwahl als zufallsbedingt ansehen kann. Die Übergangswahrscheinlichkeiten für die beiden „Zustände" Kauf der Marke A oder B können mit Hilfe von → Haushaltspanels empirisch ermittelt werden.

Matrix der Übergangswahrscheinlichkeiten in einem Markoff-Modell der Markenwahl		
Kauf in Woche t	Kauf in Woche t–1	
	Marke A	Marke B
Marke A	0,8	0,2
Marke B	0,4	0,6

Den Daten des Beispiels ist zu entnehmen, dass die → Markentreue bei A größer als bei B ist. Erstere wird von 80% der Käufer, die sie in der Vorwoche gekauft haben, wieder gekauft (→ Wiederkaufverhalten); bei Letzterer sind es nur 60%.

Markoff-Modelle gehören zu einer größeren Gruppe von stochastischen Modellen der Unternehmensforschung (Operations Research), die Ersatzmodelle, Warteschlangenmodelle, → Simulationsverfahren u.a. umfassen. Auch in der → Konsumentenforschung sind weitere stochastische Modelle des Kaufverhaltens entwickelt worden (→ Käuferverhalten). Zu den bekannteren gehören das lineare Lernmodell von *Alfred Kuehn*, ebenfalls ein Modell der Markenwahl, und das Kaufeintrittsmodell von *A.S.C. Ehrenberg* zur Erklärung und Prognose von Erstkäufen bei Produktinnovationen. K.P.K.

Literatur: *Kohlas, J.*: Stochastische Methoden zu Operations Research, Stuttgart 1977. *Meffert, H.; Steffenhagen, H.*: Marketing-Prognose-Modelle, Stuttgart 1977.

Marks-Skala → Bildkommunikation

Markt

Markt als konstitutives Element der Wirtschaftstheorie wird zum einen als Vorgang verstanden: Angebot und Nachfrage treffen aufeinander und Anbieter und Nachfrager tauschen, eingebettet in einen Wettbewerbsprozess, Leistungen aus. Dieser Prozess wird von Subjekten getragen und bezieht sich auf Objekte, woran eine zweite Bedeutungsvariante anknüpft: der Markt als Menge von Nachfragern samt ihren Bedürfnissen, von Gütern als nutzenstiftenden Eigenschaftsbündeln und von Anbietern mit den Instrumenten der Nutzenstiftung (Produkte, Preise, Werbung, Distribution). Der „Elementarmarkt" (*von Stackelberg*) mit einem Anbieter, einem Gut und einem Nachfrager und der „Totalmarkt" (*von Stackelberg*) mit allen Anbietern, allen Gütern und allen Nachfragern bilden quasi die Extremvarianten eines dreidimensionalen Raums, in dem beliebig viele Subräume (→ Marktraum) abgrenzbar sind (→ Marktabgrenzung).

Entsprechend lassen sich vorfindbare Marktdefinitionen als ein- oder mehrelementige Definitionen bezeichnen: Auf die Nachfrager ist abgestellt, wenn unter Markt die Menge jener Nachfrager verstanden wird, die in der Vergangenheit eine bestimmte Produktart gekauft hat. Wird dagegen von Markt als einer Menge von Produkten (z.B. der Pkw-Markt) gesprochen, so sind damit die Produkte als konstitutives Merkmal hervorgehoben. Ferner finden sich die Anbieter explizit in das Marktkonzept einbezogen, wenn unter Markt ein Kreis von (Konsumenten und) Wettbewerbern verstanden wird, die miteinander konkurrieren (→ Marktformenschema). Schließlich werden in der weitesten Definition alle drei Elemente sichtbar, wenn ein Markt als Beziehung zwischen Käufern und Verkäufern einer bestimmten Ware oder Dienstleistung definiert wird (→ Markttypologie).

Aus den reaktiven Verhaltensweisen der Marktteilnehmer erwachsen Marktprozesse. Die Anpassungen an Marktdatenveränderungen erfolgen i.d.R. nicht in einem Schritt, sondern in Form einer Kette von Veränderungen der Marktvariablen im Zeitablauf (→ Marktdynamik). Marktdaten ist die Bezeichnung für gesamt- und einzelwirtschaftliche Gegebenheiten, die den Wirtschaftsablauf und das Marktgeschehen beeinflussen, ohne von dem Unternehmen selbst – zumindest unmittelbar und kurzfristig – beeinflusst werden zu können. Diese Daten sind im Rahmen einer Marktanalyse regelmäßig zu ermitteln und bei der Entwicklung der Marketingplanung zu berücksichtigen. Hierzu zählt bspw. das → Marktpotenzial, d.h. die maximale Absatzmenge, die bei gegebenen Hypothesen über die Nachfrage von den Anbietern einer bestimmten Absatzleistung im Bezugszeitraum realisiert werden kann. Das Marktpotenzial gibt damit die Aufnahmefähigkeit eines Marktes wieder. Ein wettbewerblicher Marktprozess gewährleistet Anpassung an Marktdatenveränderungen, wie z.B. Nachfrageänderungen, Realisierung von technischem Fortschritt, Anreizkompatibilität, Verteilungsgerechtigkeit und Freiheit der Wirtschaftssubjekte in ihrem Marktverhalten.

Marktdatenänderungen eines in der Größe grundsätzlich gleich bleibenden Marktes werden als *Marktbewegungen* bezeichnet. Diese Verschiebungen der Marktstruktur können regelmäßig wiederkehrend (z.B. Aktion und Reaktion zweier ähnlich starker Wettbewerber) oder auch einmalig sein (z.B. durch Markteintritt eines neuen Wettbewerbers oder durch Aufkommen einer neuen Technologie; → Wettbewerbsdynamik).

Der Begriff → *Marktdynamik* („dynamis" (gr.) bedeutet Kraft, Macht) bezeichnet allgemein die Veränderung von Wirtschaftssubjekten und deren Merkmale und Beziehungen im Zeitablauf. Die Marktdynamik wird bestimmt durch die Geschwindigkeit, mit der sich diese Veränderungen vollziehen und durch das Ausmaß, in dem Veränderungen stattfinden. Die Marktdynamik findet im Marketing vielfältig Berücksichtigung, z.B. im → Lebenszykluskonzept oder im Konzept der Strategiepfade. Das Lebenszykluskonzept gibt Auskunft über den Entwicklungsstand eines Marktes, d.h. über die Marktreife. Nach dem Lebenszykluskonzept kann sich ein Markt entweder in der Einführungs-, Wachstums-, Reife-, Sättigungs- oder Rückbildungsphase befinden. Jede einzelne Phase lässt sich durch verschiedene Merkmale beschreiben, (Anzahl der Marktteilnehmer, Anzahl der Produkte, technologischer Stand der Produkte, Produktkenntnisse der Nachfrager, Art des eingesetzten Marketing-Mix etc.). In der Reifephase eines Marktes wächst das Marktvolumen nur noch schwach mit sinkenden Raten. Die Unternehmen versuchen, sich v.a. mit Preispolitik und Servicekonzepten zu behaupten. In der Marketing-Praxis wird daneben von der Marktreife eines Produktes gesprochen, wenn nach abgeschlossenen Produkt- und Markttests ein neues Produkt konzeptionell so weit entwickelt ist, dass es in den Markt eingeführt werden kann.

Sofern der Anbieter nicht durch den Einsatz seines absatzpolitischen Instrumentariums der drohenden Preiserosion versucht entgegenzuwirken, kommt es i.a. mit zunehmender Marktreife zu einem Rückgang der Marktpreise. Der *Marktpreis* kann als der Durchschnittspreis interpretiert werden, der sich aus einer erheblichen Anzahl von bezahlten Angebotspreisen für Güter ergibt. Dabei muss der für diese Güter übliche Marktbezug der Art, Zeit und der Kaufgewohnheit nach berücksichtigt werden.

Demgegenüber bezeichnet der *Marktwert* denjenigen Preis, zu dem ein Gut am Markt zu einem bestimmten Zeitpunkt allgemein erhältlich ist. Der Marktwert ist identisch mit dem steuerrechtlichen Begriff gemeiner Wert und dem handelsrechtlichen Begriff Zeitwert (§ 40 HGB). Der Marktwert kann Anschaffungswert oder Veräußerungswert sein.

Dem Verständnis der Klassiker der Nationalökonomie folgend wurde der Begriff Marktpreis als Gegensatz zum *„natürlichen Preis"* geprägt und zwar für den kurzfristig allein durch Angebot und Nachfrage bestimmten Preis. Dieser oszilliert um den langfristigen, natürlichen Preis, bei dem die Gleichheit von Preis und totalen Durchschnittskosten verwirklicht ist (Preismechanismus).

Sofern mehrere Marktpreise bzw. Märkte für ein Gut innerhalb einer Volkswirtschaft vorhanden sind, spricht man – im Gegensatz zu dem (theoretisch!) meist üblichen Einheitsmarkt – von *Marktspaltung*. Dabei werden verschiedene Arten der Marktspaltung unterschieden: Marktspaltung durch → Preisdifferenzierung, im Außenhandel durch → Dumping oder Meistbegünstigung und durch staatliche Maßnahmen, z.B. durch Subventionierung von Verbrauchsgütern aus sozialen Gründen (verbilligte Milch für Kinder und Mütter) oder durch allgemeine Wirtschaftslenkung, d.h. Kontingentierung der Verbrauchsmengen und Festsetzung der Preise dafür. Es entsteht neben dem Markt der bewirtschafteten Güter ein freier (grauer, schwarzer) Markt, der gewollt (geduldet, verboten) sein kann.

Innerhalb eines Marktes wird das Marktgleichgewicht durch einen Gleichgewichtspreis und eine Gleichgewichtsmenge definiert. Dieses Marktgleichgewicht hat in zweifacher Hinsicht Bedeutung: Wenn das Marktgleichgewicht eingetreten ist, sind die Wirtschaftspläne von Anbietern und Nachfragern miteinander vereinbar. Solange das Marktgleichgewicht noch nicht erreicht ist, stellt sich am Ende der Periode entweder ein Überangebot oder eine Übernachfrage ein, was die Wirtschaftssubjekte zu Anpassungsreaktionen veranlasst, die den Markt i.d.R. dem Gleichgewicht näher bringen (Tendenz zum stabilen Gleichgewicht). In der Realität werden Marktgleichgewichte selten erreicht, und wenn, dann nur für kurze Dauer (kurzfristiges Marktgleichgewicht). Als Begründung hierfür werden hauptsächlich die in der Realität häufig auf-

tretenden Datenänderungen genannt, die zu Verschiebungen der Angebots- und/oder Nachfragekurve führen, noch bevor das durch die alten Gegebenheiten determinierte Gleichgewicht verwirklicht ist.
Typisch für die Marktsteuerung sind also nicht Anpassungsprozesse an jeweils für lange Zeit gleich bleibende Gleichgewichtszustände. Vielmehr ändern sich die tendenziell angesteuerten Gleichgewichtswerte laufend. Für das Marketing ist dies von besonderer Relevanz. Seine Aufgabe ist ja nicht nur die Anpassung des Angebots an die Nachfragesituation, das Marketing-Mix trägt ebenso zur Ausprägung eines bestimmten Nachfrageverhaltens bei (proaktives Marketing). H.B.

Literatur: *Fehl, U.; Oberender, P.:* Grundlagen der Mikroökonomie, 7. Aufl., München 1999. *Samuelson, P.A.:* Volkswirtschaftslehre, 15. Aufl., Wien, Frankfurt 1998. *Woll, A.:* Allgemeine Volkswirtschaftslehre, 13. Aufl., München 2000.

Marktabdeckung → Marktsegmentierung

Marktabgrenzung
Bei der Marktabgrenzung geht es darum, für bestimmte Zwecke Teilmärkte eines globalen → Marktes nach zweckmäßigen Kriterien und mit Hilfe geeigneter Methoden abzugrenzen. I.d.S. sind Begriffe wie Marktstrukturierung, Marktabgrenzung, Marktaufspaltung synonym zu verstehen. Anlässe zur Abgrenzung von Märkten gibt es v.a. in der Wirtschaftspolitik, zur Abgrenzung des relevanten Marktes und im Marketing zur Strukturierung von Märkten anhand von Substitutionsbeziehungen, um darauf aufbauend ein geeignetes Marketing-Mix zu konzipieren.
Dabei beruht das Konzept des relevanten Marktes auf dem Versuch, Gruppen von Anbietern, Gütern oder Nachfragern voneinander abzugrenzen, sodass von den nicht der Gruppe angehörenden Anbietern, Gütern oder Nachfragern ein nur unbedeutender Einfluss auf die Entscheidungen innerhalb der Gruppe ausgeht. Der Grundgedanke dabei ist, die Wettbewerbsbeziehungen zwischen Anbietern bzw. die Substitutionsbeziehungen zwischen Gütern aufzudecken und somit Teilmärkte mit jeweils engeren Beziehungen der Elemente zueinander als zu Elementen anderer Teilmärkte zu identifizieren.
Der Zweck der wettbewerbsrechtlichen Marktabgrenzung (→ Marktmacht) besteht darin, die Marktgleichwertigkeit von Waren oder Leistungen festzustellen, und zwar sowohl als Ziel an sich als auch zu dem Zweck, damit den wettbewerblichen Handlungsspielraum von Nachfragern gegenüber Anbietern und umgekehrt sowie zwischen Anbietern auszuloten. Der Natur der Rechtsanwendung folgend bilden die in diversen Vorschriften des → GWB als Kartell- oder Vertragspartei, Inhaber starker Marktstellung oder fusionsgewillte Firmen bezeichneten Unternehmen die Bezugsunternehmen der Marktabgrenzung. Die rechtliche Marktabgrenzung ist v.a. am Ergebnis als Grundlage der Rechtsprechung interessiert. Die Kriterien der Abgrenzung dienen lediglich der Begründung, einen relevanten Markt so und nicht anders abzugrenzen. Sie selbst sind kein Anknüpfungspunkt von Maßnahmen, ganz im Gegensatz zur Marktabgrenzung etwa im Marketing, wo es sich umgekehrt verhält. Dort sind Kriterien der Marktabgrenzung, z.B. technische Eigenschaften von Pkws, Gegenstand der Produktpolitik von Unternehmen, um Wettbewerbsvorteile zu erlangen.
Für das Marketing ist das Offenlegen von Produktmarktgrenzen sowohl ein wichtiges Hilfsmittel zur Analyse des Marktgeschehens als auch Voraussetzung nahezu aller strategischen und taktischen Entscheidungen im Marketing. Insbesondere für die Zwecke der Produktpolitik sind damit Aufgaben verbunden wie die Entdeckung von Marktlücken, d.h. Bedarfsnischen, die bisher noch von keinem Anbieter bedient werden, die Entwicklung neuer Produkte oder die Modifikation von Produkten, die Aufdeckung von Kanibalisierung im eigenen Produktionsprogramm, die Optimierung der Produktprogrammpolitik und der Produktlinienpolitik, die Erklärung von Marken-, Produktgattungs- und Variantenwahlverhalten, die Entwicklung von Gütertypologien als eine Möglichkeit zur Entdeckung absatzwirtschaftlicher Gesetzmäßigkeit und die Prüfung, ob in vorhandene oder neu entstehende Märkte einzutreten ist. Dabei ist in der Marketing-Praxis der Begriff Marktnische als Bezeichnung für einen Teilbereich des Marktes gebräuchlich, in dem mehrere, meist kleinere Unternehmen mit dem Ziel aktiv sind, eine Konfrontation mit den Größeren zu vermeiden. Sie versuchen durch eine Bearbeitung von Marktsegmenten mit spezifischen Bedürfnissen, Wettbewerbsvorteile gegenüber denjenigen Konkurrenten zu erzielen, deren Wettbewerbsausrich-

tung eine breitere Marktabdeckung umfasst. Unter Marktabdeckung versteht man das Ausmaß, in dem eine Unternehmung mögliche Teilmärkte, d.h. Ausschnitte aus dem Gesamtmarkt, bearbeitet. Die Marktabdeckung umfasst also diejenigen Segmente des Gesamtmarktes, die das Unternehmen mit unterschiedlichen → Marketingstrategien bearbeitet (→ Marktsegmentierung). Daneben ist es auch für den gezielten Einsatz der anderen absatzpolitischen Instrumente wie Kommunikations-, Distributions- und Preispolitik notwendig zu wissen, welche Güter jeweils mit den eigenen im Wettbewerb stehen und, v.a., warum sie konkurrieren. Erst die Kenntnis derjenigen Funktionen, Eigenschaften, Verwendungszwecke etc., die die Wettbewerbsbeziehungen konstituieren, ermöglicht bspw. die Formulierung einer Werbeaussage oder eines Verkaufsinstruments oder die Entwicklung modifizierter Produkte mit neuen kaufrelevanten Eigenschaften.

Als operationales Kriterium zur Abgrenzung von Märkten wird in der Wirtschaftstheorie die → Kreuzpreiselastizität vorgeschlagen. Dieses Konzept ist jedoch mit vielen Problemen behaftet. Im Kern ist die Kreuzpreiselastizität praktisch unbestimmbar, da die ceteris paribus-Bedingung v.a. der Realität des Marketinggeschehens massiv widerspricht. So werden bspw. Preiserhöhungen eben oft mit einer Werbekampagne oder einer kleinen Produktänderung durch den Konkurrenten abgefangen. Ferner bestehen zwischen den Instrumenten des Marketing-Mix vielfältige Interaktionsbeziehungen in Bezug auf eine beabsichtigte Wirkung.

Für die sachliche Marktabgrenzung im Rahmen des Wettbewerbsrechts hat sich in der Praxis das produktbezogene *Bedarfsmarktkonzept* durchgesetzt. Dabei wird auf die Austauschbarkeit von Produkten aus der Sicht der Abnehmer abgestellt und sämtliche Erzeugnisse, die nach ihren Eigenschaften, ihrem wirtschaftlichen Verwendungszweck und ihrer Preislage sich so nahe stehen, dass der verständige Verbraucher sie als für die Deckung eines bestimmten Bedarfs geeignet ansieht, als marktgleichwertig eingestuft werden.

Die Sichtweise des Nachfragers wird im Rahmen der in der Marketing-Theorie entwickelten Verfahren zur Marktstrukturierung und Marktabgrenzung in besonderer Weise berücksichtigt. Empirisch erhobene Wahrnehmungen der Eigenschaften bzw. Austauschbarkeitsbeziehungen von Produkten sowie der Präferenzen der Nachfrage gegenüber einem relevanten Set von Produkten wird mit Hilfe der *Marktraummodelle* (→ Marktraum) zu einem Bild der Substitutionsbeziehungen der Produkte zueinander verdichtet. Dabei kommen multivariate Verfahren wie mehrdimensionale Skalierung, Faktoranalyse, Diskriminanzanalyse und Cluster-Analyse zum Einsatz (→ Positionierungsmodelle). Als Ergebnis erhält man topologische Marktmodelle, anhand derer sich aus der Struktur einer bestimmten Menge Produktgruppen erkennen lassen, die eine engere Wettbewerbsbeziehung zueinander haben als zu Produkten anderer Gruppen. Aus diesen Marktmodellen lassen sich somit unmittelbar die auf Substitutionsbeziehungen beruhenden Teilmärkte eines globaleren Marktes abgrenzen. H.B.

Literatur: *Bauer, H.H.:* Marktabgrenzung, Berlin 1989.

Marktaggressivität

bezeichnet die Bereitschaft eines Unternehmens, die Initiative im Wettbewerb zu ergreifen und Ziele zu verfolgen, deren Erreichung davon abhängt, dass die Wettbewerber diese nicht erreichen (z.B. Marktanteilssteigerung, Marktdominanz). Aggressives Marktverhalten richtet sich dabei gegen bestimmte Wettbewerber, auf deren Kosten die eigenen Ziele erreicht werden sollen.

Die Festlegung der Marktaggressivität ist eine Grundfrage der → Wettbewerbsstrategie. Unter Bezug auf die Aggressivität der Marktbearbeitung und die Kooperationsbereitschaft lässt sich eine wettbewerbliche Handlungsmatrix aufspannen, in der vier generische Wettbewerbsstrategien unterschieden werden können (*Abb.*):

Die *Aggressionsstrategie* bezeichnet demnach aggressives, unabhängiges Verhalten, bei dem ein Unternehmen versucht, seine Ziele ohne Einbindung von Wettbewerbern zu erreichen. Friedliches, unabhängiges Verhalten führt zu einer *Strategie der Koexistenz*. Eine Koexistenzsituation liegt zwischen Unternehmen vor, die eine → Nischenstrategie verfolgen und unterschiedliche Marktnischen gewählt haben. Als *Koalitionsstrategie* wird eine Wettbewerbsstrategie bezeichnet, die sich durch ein hohes Maß an Kooperationsbereitschaft und eine geringe Kampforientierung auszeichnet. In einer *Kollusionsstrategie* versuchen Unter-

Marktaggressivität

Wettbewerbliche Handlungsmatrix

```
Kooperationsbereitschaft
    ↑
    |   ( Koalition )          ( Kollusion )
    |
    |   ( Koexistenz )         ( Aggression )
    |
    +————————————————————————————→ Aggressivität
```

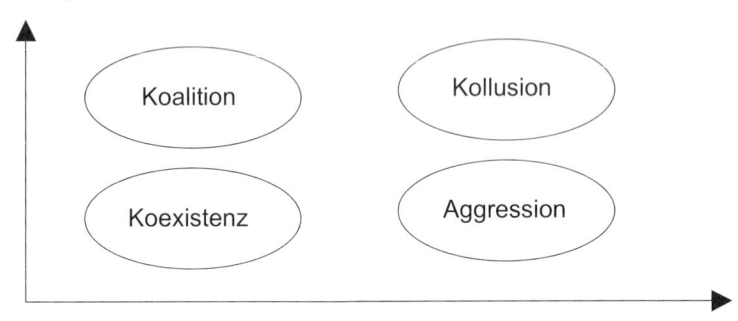

nehmen gemeinsam, Ziele auf Kosten von vorher bestimmten Wettbewerbern zu erreichen.

In Bezug auf das → *Marketing-Mix* stehen aggressiven Unternehmen eine Reihe von Maßnahmen zur Verfügung. Dabei kann zwischen Maßnahmen unterschieden werden, die das gegenwärtige Ergebnis der Konkurrenten reduzieren und Maßnahmen, die ihre zukünftigen Handlungsmöglichkeiten blockieren.

Unmittelbar angreifbar ist das gegenwärtige Ergebnis der Wettbewerber. Ein Angriff kann dabei darauf abzielen, die Absatzmengen des Gegners zu verringern, er kann verhindern, dass der Wettbewerber Preise in der gewünschten Höhe realisiert, oder er kann die Kostenposition des Rivalen verschlechtern. Beispiele für solche kostensteigernden Maßnahmen wären eine starke Erhöhung der Werbeausgaben, welche die Konkurrenz zum „mitziehen" zwingt, eine Verkürzung von → Produktlebenszyklen oder der Einsatz von Rechtsstreitigkeiten.

In einer dynamischen Betrachtung gewinnen neben dem gegenwärtigen Handlungsergebnis auch die zukünftigen Handlungsmöglichkeiten an Bedeutung. In vielen Märkten ist es nur einer begrenzten Anzahl von Wettbewerbern möglich, Erfolg versprechende Handlungen durchzuführen. In der zeitlichen Dimension wird ein aggressives Unternehmen daher nicht nur das Ziel verfolgen, die attraktivsten Positionen zu beziehen, sondern es wird gleichfalls aktiv versuchen, den verfügbaren Raum an Positionen für weitere Wettbewerber zu verringern. Die Ansatzpunkte hierfür können in einem weiten Rahmen gesucht werden. So ist es möglich, Produktpositionen zu besetzen. Denkbare Ansätze hierzu wären die „Umzingelung" der Konkurrenzprodukte durch das eigene Angebot, die Einführung von *Kampfmarken* oder die → Produktproliferation. Im vertikalen Marktsystem können Lieferanten aber auch Abnehmer durch langfristige Verträge oder sogar eine Unternehmensübernahme gebunden werden (→ vertikale Marketingstrategie). Ein Kapazitätsaufbau, der sich nicht am gegenwärtigen Marktvolumen, sondern an den erwarteten Marktzuwachsraten orientiert, schreckt Wettbewerber von einem späteren Aufbau eigener Kapazitäten ab. Schließlich ist es in einigen Industrien („Schornsteinindustrien" mit einem hohen Transportkostenanteil, Serviceindustrien) möglich, durch frühzeitige Standortentscheidungen geographische Positionen zu beziehen.

Die Marktaggressivität eines Unternehmens wird sowohl durch Merkmale des Unternehmens als auch der Marktstruktur beeinflusst. Wichtige unternehmensinterne Einflussfaktoren der Marktaggressivität stellen die Höhe des bereits erreichten Marktanteils, die Breite des Produktangebots und der strategische Einsatz in dem jeweiligen Markt dar. Wichtige strukturelle Einflussgrößen sind das Marktwachstum, die Unternehmenskonzentration, sowie das Ausmaß der → Produktdifferenzierung.

Ergebnisse der empirischen Erfolgsfaktorenforschung belegen, dass eine hohe Marktaggressivität einen → Erfolgfaktor darstellt, der sich positiv sowohl auf den Markterfolg als auch auf den ökonomischen Erfolg auswirkt.   J.L.

Literatur: *Lücking, J.:* Marktaggressivität und Unternehmenserfolg, Berlin 1995.

Marktanalyse → Marktforschung

Marktanteil

Der mengenmäßige (wertmäßige) Marktanteil ist der Anteil des Absatzes (Umsatzes) einer Unternehmung am Absatz (Umsatz) aller Unternehmen der relevanten Branche, d.h. dem → Marktvolumen. Der relative Marktanteil ist der Marktanteil einer Unternehmung in Relation zum Marktanteil ihres stärksten oder der stärksten Konkurrenten; auch er kann mengenmäßig und wertmäßig formuliert werden (→ Marketingziele).
Die Messung des Marktanteils erfolgt meist über interne Daten, wobei die Marktvolumina sekundär- oder primärstatistisch geschätzt werden oder aus Verbandsstatistiken stammen. Eine weitere Möglichkeit ist der Rückgriff auf → Haushalts- oder → Handelspanels.
Als Marketingzielgröße hat der Marktanteil viele Vorzüge, was seine besondere Beliebtheit insb. in der Praxis der Konsumgüterindustrie erklärt:

– Relativierung der eigenen (Miss-)Erfolge an der gesamten Marktentwicklung,
– keine Ergebnisverzerrung durch inflationäre Effekte
– Vedeutlichung des am Markt Erreichbaren bzw. der zu erwartenden Widerstände bei Streben nach Absatzwachstum,
– implizite Berücksichtigung von Marketingaktivitäten und daraus resultierenden Effekten auf den eigenen Absatzerfolg.
– Möglichkeit zu → gain-and-loss-Analysen und darauf aufbauenden Wettbewerbsanalysen (→ Wettbewerbsstrategie, → Schwächen-Stärken-Analyse).

H.D.

Marktaufteilung → Marktmacht

Marktaustritt

liegt vor, wenn ein Unternehmen aufhört, eine Leistung (bzw. ein Leistungsbündel) für eine bestimmten Nutzenerwartung einer nach zweckmäßigen Kriterien abgegrenzten (→ Marktabgrenzung) Menge von Nachfragern anzubieten. Der Marktaustritt erfolgt allerdings dann rasch, wenn dieser mit der Insolvenz des Unternehmens zusammenfällt.
Marktaustritte können – analog dem → *Markteintritt* – nach *räumlichen* und *zeitlichen* Gesichtspunkten gegliedert werden (→ Marktdynamik). Darüber hinaus können die Marktaustrittszeitpunkte von *Wettbewerbern* verglichen werden. Der Marktaustritt selber kann als graduell abstufbares Merkmal aufgefasst werden (Beenden der Auftragsannahme – letzte Auslieferung – Stilllegung der Leistungserstellung – Weiterverwertung oder Entsorgung der marktspezifischen Ressourcen). Marktaustritte stoßen auf mehr oder minder ausgeprägte → *Marktaustrittsbarrieren*.

A.T./C.D.

Marktaustrittsbarrieren, -austrittsschranken, -hemmnisse

Marktaustrittsbarrieren sind Faktoren, die das Ziel → *Marktaustritt* verhindern oder zumindest erschweren bzw. verlangsamen. Vordringlich hängt die Höhe der Marktaustrittsbarrieren von den Fähigkeiten eines austretenden Anbieters ab,

– sich von auf dem Markt eingesetzten Ressourcen mit geringst möglichen Kosten zu trennen (z.B. Abfindungszahlungen),
– auf dem Markt eingesetzte Ressourcen mit möglichst hohem Ertrag zu veräußern (z.B. Liquidationserlöse) oder – u. U. nach Umwandlung (z:B. Schulung) weiterzuverwerten, speziell auf Märkte zu transferieren, in denen der Anbieter bereits tätig ist oder einen Markteintritt plant und
– verlustbringende Aktivitäten möglichst rasch und mit geringen Kosten (s. Vertragsstrafen) zu beenden oder
– bei Weiterführung dieser Aktivitäten die Verluste dieser Aktivitäten zu vermindern.

Diese Möglichkeiten sind umso geringer ausgeprägt, je marktspezifischer die Ressourcen sind (z.B. eigens konzipierte Software-Pakete) und je weniger diese Ressourcen an am Markt verbleibende Anbieter abgegeben werden können (z.B. Abspaltung des Unternehmensteils in Eingliederung in Konkurrenzanbieter). Die letztendlich anfallenden Kosten bestimmen die so genannten *sunk costs*. Zudem sind Wirkungen des Marktaustritts auf die verbleibenden Geschäftsaktivitäten zu berücksichtigen, z.B. durch Imageverluste. Insbesondere beim Angebot von Komplementärgütern und ausgeprägten Netzeffekten sind diese Wechselwirkungen zu bedenken. Hinzu kommen *gesetzliche bzw. administrative Marktaustrittsbarrieren*, z.B. arbeits- und/oder tarifrechtliche Bestimmungen, die ei-

Marktbearbeitungskonditionen

nen Orts- bzw. Tätigkeitswechsel von Arbeitnehmern behindern.
Außerdem werden durch einen angekündigten Marktaustritt politische Prozesse ausgelöst (Einsatz von *moral suasion*), wenn damit Arbeitsplatzverluste verbunden werden, welche die Anzahl von Wählerstimmen minimieren. Dies wirkt vornehmlich auf die *psychologischen Marktaustrittsbarrieren*. Diese sind besonders ausgeprägt bei Unternehmens- oder Spartenleitern, wenn hierdurch das Fehlschlagen einer mit persönlichem Einsatz verfochtenen Strategie eingestanden werden muss (sog. *Entscheidungsbindung*, der sich selbst verstärkende Prozess dieser psychologischen Barrieren wird *escalating commitment* genannt).
Stehen am Markt *verbleibende Anbieter* in anderen Märkten in Konkurrenz zu dem austrittsbereiten Anbieter, werden sie dann auf die Höhe der Austrittsbarrieren einwirken, wenn sie dies als Chance wahrnehmen, die Wettbewerbsfähigkeit des austrittswilligen Anbieters durch seinen Verbleib in diesem Markt zu beeinträchtigen. Wenn der austrittsbereite Anbieter nach seinem Verbleiben in diesem Markt Verluste erwirtschaftet, wird seine Wettbewerbsfähigkeit hierdurch nicht nur in diesem, sondern auch in anderen Märkten beeinträchtigt. Anzumerken ist, dass die Höhe der Marktaustrittsbarrieren die Höhe der → *Markteintrittsbarrieren* beeinflusst, da die Wahrnehmung derselben das empfundene Risiko eines Markteintritts vergrößert.
A.T./C.D.

Literatur: *Jenner, T.:* Escalating Commitment, in: DBW, 58. Jg. (1998), H. 4, S. 553-556. *Schmidt, G.:* Marktaustrittsstrategien, Frankfurt a. M. 1994. *Schmidt, I.:* Wettbewerbspolitik und Kartellrecht, 4. Aufl., Stuttgart, Jena, New York 1993.

Marktbearbeitungskonditionen

bilden eine handelsgerichtete Konditionenart im Rahmen der → Konditionenpolitik eines Herstellerunternehmens. Sie knüpfen an besondere Marktbearbeitungsaktivitäten des Handelspartners für den jeweiligen Hersteller an und haben traditionelle handelsgerichtete Funktions- oder Stufenrabatte weitgehend ersetzt.
Marktbearbeitungskonditionen lassen sich in zwei Gruppen gliedern:
(1) Konditionen für die dauerhafte, reguläre Marktbearbeitung des Handelspartners zugunsten eines Herstellers. Dazu gehören z.B. *Listungsvergütungen* und *Sortimentsrabatte*. Listungsvergütungen werden als einmalige Zahlungen für das Führen eines Herstellerartikels im Sortiment des Handelspartners gewährt (Aufnahme in den Ordersatz). Sortimentsrabatte erhalten jene Abnehmer, die das komplette Herstellersortiment einer Warengruppe führen. Neben den o.g. Konditionen sind auch *Regalmieten* (Platzierungsvergütungen) in diese Konditionenart einzureihen.
(2) Konditionen für eine zeitlich befristete, vorübergehend speziell gestaltete Marktbearbeitung des Handelspartners zugunsten eines Herstellers im Rahmen von Verkaufsförderungsaktionen („*Aktionskonditionen*"). Dazu gehören *Aktionsrabatte*, *Werbekostenzuschüsse*, Rabatte bei Teilnahme eines Herstellers an einer Börse des Handelspartners (*Börsenrabatt*), Prämien für Sonderplatzierung der Herstellerware u.A.m.
Insbesondere Aktionskonditionen werden nicht nur als prozentualer, sondern auch als absoluter Geldbetrag per Rechnungsabzug verrechnet oder mittels separater Geldzuwendung an den Handelspartner ausgeglichen. Während die Konditionen für die dauerhaft angelegte Marktbearbeitung i.a. in Jahresgesprächen verhandelt werden, sind die Aktionskonditionen häufig Gegenstand der jeweiligen ad hoc-Gespräche. Eine Überprüfung der vom Handelspartner absprachegemäß übernommenen Sonderleistungen im Rahmen der Marketingaktivitäten erfolgt mittels → Store Checks, Platzierungskontrollen, → Insertionsnachweisen u. A.
H.St.

Literatur: *Keller, D.:* Herstellerkonditionen und Handelsleistungen. Theoretische Grundlagen und Ansatzpunkte einer Systemgestaltung, Frankfurt a.M. u.a. 1991. *Steffenhagen, H.:* Konditionengestaltung zwischen Industrie und Handel – leistungsbezogen, systematisch, professionell, Wien 1995.

Marktbeherrschende Unternehmen

Marktbeherrschung wird vom Kartellrecht grundsätzlich hingenommen. Das → GWB lässt aber eine → Fusionskontrolle nach § 36 GWB zu, wenn durch den Zusammenschluss das Entstehen oder Verstärken einer marktbeherrschenden Stellung zu erwarten ist. Ferner verbietet § 19 Abs. 4 und 5 GWB marktbeherrschenden Unternehmen die missbräuchliche Ausnutzung ihrer marktbeherrschenden Stellung. § 19 Abs. 4 GWB nennt hierfür vier Beispielstatbestände für derartigen Missbrauch, wovon der *Behinde-*

rungsmissbrauch besonders zu nennen ist. Hiervon wird gesprochen, wenn ein Unternehmen durch ein marktbeherrschendes Unternehmen in seinen Wettbewerbsmöglichkeiten in sachlich nicht gerechtfertigter Weise beeinträchtigt wird. Marktbeherrschende Unternehmen unterliegen ferner ebenso wie → marktstarke Unternehmen nach § 20 Abs. 2 GWB dem → Verbot der Diskriminierung. Diese Schranken für die wettbewerbliche Handlungsfreiheit von marktbeherrschenden Unternehmen beruhen auf der Erkenntnis, dass der Wettbewerb auch durch Unternehmen beschränkt sein kann, die über tatsächliche, vom Wettbewerb nicht kontrollierte Verhaltensspielräume verfügen. Das GWB koppelt die Marktbeherrschung demgemäß an die vom durch Wettbewerb nicht hinreichend kontrollierten Verhaltensspielräume von Unternehmen.

Ein Unternehmen ist nach § 19 Abs. 2 GWB marktbeherrschend im Sinne des Kartellrechts, wenn es als Anbieter oder Nachfrager einer bestimmten Art von Waren oder gewerblichen Leistungen ohne Wettbewerber ist oder keinem wesentlichen Wettbewerb ausgesetzt ist oder eine im Verhältnis zu seinen Wettbewerbern überragende Marktstellung hat. Die Feststellung der Marktbeherrschung auf einem bestimmten Markt setzt die Abgrenzung des → relevanten Marktes von anderen Märkten voraus. Die Marktabgrenzung erfolgt sachlich, räumlich und zeitlich nach dem Konzept der funktionellen Austauschbarkeit. Zu einem Markt werden dabei alle Waren gerechnet, die aus der Sicht der verständigen Marktgegenseite zur Deckung eines bestimmten Bedarfs nach sachlichen, räumlichen und zeitlichen Kriterien angesehen werden.

Marktbeherrschung liegt, weil → Monopol- oder monopolartige Stellungen selten sind, am häufigsten in der Form der überragenden Marktstellung vor. In § 19 Abs. 2 Nr. 2 GWB wird versucht, durch eine beispielhafte Aufzählung die wesentlichen Merkmale für eine überragende Marktstellung zu umreißen. Kriterien sind danach: Marktanteil, Finanzkraft, Zugang zu den Beschaffungs- oder Absatzmärkten, Verflechtungen mit anderen Unternehmen, rechtliche oder tatsächliche Marktzutrittsschranken sowie die Umstellungsflexibilität der Marktgegenseite. Überragende Marktstellung gegenüber den Mitbewerbern bedeutet, dass das Unternehmen nicht nur vorübergehend einen überragenden Verhaltensspielraum bei der Entwicklung von Marktstrategien oder beim Einsatz einzelner Aktionsparameter hat. Entscheidend ist dabei eine Gesamtbetrachtung der auf dem relevanten Markt bestehenden Wettbewerbsverhältnisse anhand der beispielhaft aufgezählten Kriterien, zu denen noch weitere Faktoren hinzukommen können. Im Vordergrund steht dabei sicher der Marktanteil.

§ 19 Abs. 2 S. 2 GWB legt fest, dass nicht nur Einzelunternehmen, sondern auch zwei oder mehr Unternehmen zusammen marktbeherrschend sein können (marktbeherrschendes → Oligopol), soweit zwischen ihnen aus tatsächlichen Gründen kein wesentlicher Wettbewerb besteht und das Oligopol insgesamt dritten Unternehmen gegenüber marktbeherrschend i.S. des § 19 Abs. 1 GWB ist. Die Feststellung eines marktbeherrschenden Oligopols erfordert daher die Einschränkung des Innenwettbewerbs zwischen den Mitgliedern der Oligopolgruppe wie des Außenwettbewerbs dieser Gruppe zu allen übrigen Unternehmen. Beim Innenwettbewerb ist die Reaktionsverbundenheit der Unternehmen bspw. hinsichtlich der Preisgestaltung zu beachten (→ Parallelverhalten).

§ 19 Abs. 3 GWB legt fest, dass unter bestimmten Umständen Marktbeherrschung zu vermuten ist: wenn nämlich ein Unternehmen auf einem Markt mehr als ein Drittel Marktanteil hat; wenn drei oder weniger Unternehmen zusammen mehr als 50 % Marktanteil haben; wenn fünf oder weniger Unternehmen zusammen mehr als zwei Drittel Marktanteil haben. Die Vermutungen für das Vorliegen einer marktbeherrschenden Stellung sind keine bloßen Aufgreifkriterien, aber auch keine Vermutungen im zivilrechtlichen Sinn. Sie ersetzen nicht die Ermittlungen der Kartellbehörden. Wenn aber nach Ausschöpfen der behördlichen Ermittlungsmöglichkeiten eine marktbeherrschende Stellung weder auszuschließen noch zu bejahen ist, geht dies aufgrund der Vermutungen in § 19 Abs. 3 GWB zu Lasten der Unternehmen.

H.-J.Bu.

Marktbeherrschung → Marktmacht

Marktbeobachtung → Marktforschung

Marktbesetzung → Marktaustritt

Marktdaten → Markt

Marktdiskontinuitäten

spezifische Erscheinungform der → Marktdynamik, bei der eine prognostizierte Marktentwicklung nicht eintritt, da z.B. neue Technologien die Herstellung fortschrittlicherer Produkte ermöglichen und den Lebenszyklus der bisherigen Produkte relativ abrupt in die Phase des Verfalls bringen und damit zur Substitutionskonkurrenz führen. Durch den Einsatz neuer Technologien mit dem Ziel der Systemlösung können Unternehmungen von originär unterschiedlichen Branchen plötzlich zu Konkurrenten werden, wie dies z.B. in der Branche Telekommunikation durch das Zusammenwachsen der Fernmelde- und EDV-Branche der Fall ist oder auch in der Uhrenindustrie durch die „klassischen" Uhrenhersteller und Unternehmer der angewandten Mirkoelektronik. Es ist daher wichtig, solche Strukturbrüche frühzeitig zu erkennen, um genügend Zeit zum Agieren zu haben. Dies macht die Einrichtung eines Frühwarnsystems zur Analyse „schwacher Signale" nicht nur sinnvoll, sondern vielfach notwendig (s.a. → Krisenkommunikation). A.T.

Literatur: *Ansoff, H.I.*: Managing Surprise and Discontinuity. Strategic Response to Weak Signals, in: Zeitschrift für betriebswirtschaftliche Forschung, 28. Jg. (1976), S. 129-152.

Marktdurchdringungsstrategie
→ Wachstumsstrategie

Marktdynamik

zeitliche Entwicklungsmuster von → Märkten, die insb. für das → Strategische Marketing und hier wiederum für die → Wettbewerbsstrategie von grundlegender Bedeutung sind.

(1) Strategische Bedeutung

Viele Unternehmungen stehen heute vor sich schnell ändernden Umwelt- und Marktfaktoren:

- Gesellschaftliche und soziodemographische Entwicklungen beeinflussen nicht nur das Nachfrageverhalten, sondern auch das Käuferpotenzial.
- Ein allgemeiner → Wertewandel führt zu Veränderungen des Kaufverhaltens und auf vielen Märkten zu einer → Marktpolarisierung.
- Zunehmende → Marktsättigung bzw. -stagnation oder sogar → Marktschrumpfung stellen die Unternehmen auf vielen Märkten vor Wachstums- und Überlebensprobleme (→ Marktaustritt).
- Eine stärkere Internationalisierung der Märkte (→ Internationales Marketing) und des Wettbewerbs führt zu einer stärkeren Innovationsdynamik (→ Innovationsmanagement).
- Die Zeit wird gerade bei innovativen Technologieprodukten mit hohem → Marktwachstum zu einem kritischen Erfolgsfaktor (→ Technologie-Strategie).
- Auf der Nachfrager- und Anbieterseite entstehen aufgrund von Konzentrationstendenzen neue Machtpositionen (→ Wettbewerbsdynamik, → Vertikales Marketing)
- Es entstehen veränderte Beziehungen zwischen Herstellern und Nachfragern durch steigende Automatisierung in Fertigung und Verwaltung (→ Just-in-Time-Logistik).

Diese Dynamik der Umweltveränderungen, die bis zu → Marktdiskontinuitäten gehen kann, stellt jede Unternehmung von Zeit zu Zeit vor neue Marktsituationen, auf die es strategisch zu antworten gilt. Eventuelle Disharmonien zwischen den Marktveränderungen und der Unternehmung (seinen Ressourcen und Potenzialen) sind also zu beseitigen oder besser erst gar nicht aufkommen zu lassen.

Strategisches Vorgehen ist somit nicht nur markt- und konkurrenzorientiert, sondern v.a. auch potenzialorientiert, was eine aktive Markt- und Unternehmungsgestaltung ermöglicht. Da strategische Entscheidungen oft erst nach einem längeren Zeitraum wirken (strategisches Time-lag) müssen sie schon frühzeitig gefällt werden, damit ein genügend großer Zeitraum für die Potenzialentwicklung zur Verfügung steht. Mit der Länge des Aktionszeitraums wächst dann aber auch der erforderliche Prognosezeitraum. Dies bedeutet, dass bei einem eher unvollkommenen Informationsstand fast ausschließlich sog. „soft facts" bei der Strategieformulierung zugrunde gelegt werden können; damit steigt auch die Wahrscheinlichkeit, dass sich eingeleitete Maßnahmen später als wenig wirkungsvoll oder gar negativ wirkend erweisen können. Dieses Problem ist generell nicht lösbar. Um auf sich abzeichnende Veränderungen in der Unternehmungsumwelt und damit der Marktsituation rechtzeitig reagieren oder noch besser im Vorfeld agieren zu können, bedarf es eines → Frühwarnsystems, das mit einem Set aussagefähiger Indikatoren den Empfang und die Aufschlüsselung von sog. „schwachen Signalen" frühzeitig ermöglicht (→ Frühwarnsysteme).

(2) Theoretische Ansätze
Verschiedene theoretische Ansätze versuchen, das Problem der Marktdynamik modellmäßig als evolutorischen Ablauf zu beschreiben. Im Rahmen dieser Theorien der Marktevolution lassen sich zwei Gruppen unterscheiden, nämlich Theorien der Marktstrukturevolution und Phasenmodelle.

Phasenmodelle versuchen, abgrenzbare Phasen zu identifizieren, die jeder Markt im Laufe seiner dynamischen Fortentwicklung durchläuft. Urvater dieser Modelle ist das Konzept des → Lebenszyklus. Der hieraus entwickelte Produktevolutionszyklus versucht die Marktdynamik auf Produktebene in Analogie zur biologischen *Evolution* zu erklären. Kotler hingegen stellt in seinem Erklärungsmodell der Marktdynamik auf Nachfrager- und *Konkurrenzbezogene* Beschreibungsmerkmale ab. In seinem Modell durchläuft jeder Markt die 5 Stufen Marktkristallisation, -expansion, -fragmentierung, -rekonsolidierung und -terminierung.
Der Volkswirtschaftslehre entstammt das *Marktphasenschema von Heuss*, das den Entwicklungsprozess ganzer Industrien als Abfolge typischer Entwicklungsphasen beschreibt. Der *industrieökonomische Forschungsstand* schließlich ist in dem Ansatz von *Porter* aufgenommen, der die Evolution einer Branche durch Triebkräfte herbeigeführt sieht, die Veränderungen in der Branchenstruktur bewirken (→ Branchenstrukturanalyse).
Problematisch bei den Phasenmodellen sind insb. die Abgrenzung und Prognose der Phasenübergänge sowie die Frage, welche Indikatoren geeignet sind, die Marktdynamik zu erfassen.
Die Theorien der *Marktstrukturevolution* beschreiben dagegen Marktdynamik eindimensional durch Veränderungen der Branchenkonzentration. Die *stochastische Theorie* postuliert, dass sich solche Veränderungen allein durch einen im Zeitablauf wirksamen Zufallsmechanismus erklären lassen. Die *Theorie von Hoffmann* (1982) setzt dagegen am unternehmerischen Verhalten an und erklärt Veränderungen der Marktstruktur durch Veränderungen des Rivalitätsgrades in einer Branche.

An diesen Ansätzen ist zu kritisieren, dass die stochastische Theorie als theorieloser Ansatz keine Ableitung von Handlungsempfehlungen ermöglicht; der Ansatz von Hoffmann kann aufgrund seiner restriktiven Prämissen keine Allgemeingültigkeit beanspruchen.
Die Vielzahl konkurrierender Theorien lässt deutlich werden, dass die theoretische Durchdringung der Marktdynamik ein noch relativ ungeklärtes Forschungsfeld darstellt.

(3) Schnelllebige Märkte
Die Marktdynamik verläuft branchenspezifisch mit gewissen Schwankungen (→ Branchenkonjunktur). Der Marktzyklus, d.h. die die Länge des auf die Produktgattung bezogenen Lebenszyklus, differiert dabei z.T. sehr stark. Auf schnelllebigen Märkten wird das Marktpotenzial in relativ kurzer Zeit ausgeschöpft. Ein Faktor für die Kurzlebigkeit von Märkten ist ihre Abhängigkeit von Modeeinflüssen, also Geschmackswandlungen bei den Käufern, die oft sehr abrupt stattfinden können, da die Nachfrage nicht selten von einmaligen Ereignissen abhängt, wie z.B. Olympia oder Fußballweltmeisterschaften (→ Mode). Ein frühzeitiger → Markteintritt, am besten als Pionier oder als früher Folger, die Geringhaltung von Fixkosten und Investitionen sowie die unternehmerische Flexibilität sind wichtige Erfolgskriterien in solchen Märkten, wo die → Marktsättigung schnell erreicht wird.

(4) Marktturbulenzen
Abrupte Änderungen in der Technologie, dem Kaufverhalten, der gesetzlichen, politischen und kulturellen Rahmenbedingungen sowie in der Struktur der Beschaffungsmärkte und bei den Absatzmitteln charakterisieren sog. turbulente Märkte. Sie stellen damit große Anforderungen an die Unternehmungsführung und das Marketing, da diese Änderungen oft nur schlecht vorauszusehen sind. Eine erfolgreiche Unternehmungspolitik kann daher nur realisiert werden, wenn man bereits frühzeitig aufgrund wahrscheinlicher Veränderungen und damit aufgrund zu erwartender „Turbulenzen" strategische Schritte einleitet (→ Krisenkommunikation). A.T./J.L.

Literatur: *Hoffmann, H.J.*: Die Evolution von Marktstrukturen, Bern, Stuttgart, 1982. *Kotler, Ph.*: Marketing-Management, 4.Aufl., Stuttgart 1984. *Töpfer, A.*: Erfolgsfaktoren des strategischen Marketing in deutschen Unternehmen, in:

Markteintritt

Wieselhuber, N.; Töpfer, A. (Hrsg.): Strategisches Marketing, 2. Aufl., Landsberg/Lech 1986, S. 49-66.

Markteintritt

Von Markteintritt wird gesprochen, wenn ein Unternehmen zum ersten Mal eine Leistung (bzw. ein Leistungsbündel) für eine bestimmte Nutzenerwartung einer nach zweckmäßigen Kriterien abgegrenzten (→ Marktabgrenzung) Menge von Nachfragern anbietet. Der Markteintritt selber kann als graduell abstufbares Merkmal aufgefasst werden und umfasst die Vorkombination von Leistungspotenzialen bis zum Angebot an die Zielgruppe. Entsprechend bestehen Unterschiede zwischen Investitions- und Konsumgütern sowie Dienstleistungen, insb. Anlagenbau. Markteintritte stoßen auf mehr oder minder ausgeprägte → Markteintrittsbarrieren.

Märkte, und demzufolge Markteintritte, können nach *räumlichen* (lokal – regional – national – supranational/Wirtschaftsblock) und *zeitlichen* (z.B. Saison, Öffnungszeiten) Gesichtspunkten gegliedert werden (→ Markt). Die räumliche Verbreitung eines gegebenen Marketingkonzeptes wird als „Roll-out" bezeichnet (→ Marketing-Implementation). Bei einer Kombination von zeitlichen und räumlichen Merkmalen wird von simultanen („*Sprinklerstrategie*"), sukzessiven („*Wasserfallstrategie*") oder – als Mischform – von simultan-sukzessiven („*Nukleusstrategie*") Markteintritten gesprochen. Darüber hinaus können die Markteintrittszeitpunkte von *Wettbewerbern* verglichen werden. Dann werden „Pioniere", „frühe" sowie „späte Folger" identifiziert (→ Technologie-Strategie).

Die Entscheidung über die Art des Markteintritts hängt von den strategischen Überlegungen des Unternehmens und der Wettbewerbssitution auf dem Markt ab. Eine *Sprinklerstrategie* ist dann zu bevorzugen, wenn der neue Anbieter als Pionier gleichzeitig in allen relevanten Märkten – respektive Marktsegmenten – auftreten will. Auf diese Weise lässt sich entstehende Nachfrage auf diesen Anbieter ohne (starke) Wettbewerbsaktivitäten binden und in kurzer Zeit ein relevanter Marktanteil erreichen. Die Voraussetzung hierfür ist, dass bezogen auf das Angebot eine Leistungsbündel-Nachfrage bereits aktivierbar ist. Wird diese Art des Markteintritts von einem Folger durchgeführt, dann wird sie sich nur auf die Märkte erstrecken, die ein hohes Umsatzwachstums- und -ertragspotenzial erwarten lassen. Die Voraussetzung ist, dass die von ihm angebotene Marktleistung sich in wesentlichen Nutzenkomponenten positiv von den bereits existierenden Anbietern unterscheidet.

Der Markteintritt auf Basis einer *Wasserfallstrategie* ermöglicht nur beim ersten Markteintritt, eine Position als Pionier einzunehmen, sobald Wettbewerber in Folgemärkte früher eintreten, da in allen Folgemärkten erst nach einer räumlich-zeitlichen Arrondierung des ersten Marktes – respektive vorausgehenden Marktes – eingetreten wird. Die Wettbewerbssituation kann dann bereits im Hinblick auf aktivierbare Marktpotenziale deutlich schwieriger sein. Bei einem Markteintritt auf der Grundlage der *Nukleusstrategie* wird in ausgewählte relevante Märkte gleichzeitig eingetreten. Der „Brückenkopf" wird sukzessive ausgebaut, um die Marktpositon des Unternehmens im Hinblick auf Umsatz und Ertrag abzusichern. A.T./C.D.

Literatur: *Schmidt, I.*: Wettbewerbspolitik und Kartellrecht, 4. Aufl., Stuttgart, Jena, New York 1993. *Töpfer, A.; Duchmann, C.*: Markteintrittsprobleme bei Dienstleistungen, in: *v. d. Oelsnitz, D.* (Hrsg.): Markteintritts-Management, Stuttgart 2000.

Markteintrittsbarrieren, Markzutritts, -eintrittsschranken, -hemmnisse

Markteintrittsbarrieren sind Faktoren, die das Ziel eines erfolgreichen und zugleich ertragreichen → *Markteintritts* verhindern oder zumindest erschweren bzw. verlangsamen. Aus *nachfragepsychologischer Sicht* kann gesagt werden, dass Markteintrittsbarrieren umso höher sind:

– je geringer die Informationsaufnahme der Nachfrager ist. Diese wiederum ist abhängig vom → Involvement und beeinflusst die Größe des → *evoked set*, d.h. der als Kaufalternativen wahrgenommenen Leistungsbündel;

– je öfter – in Abhängigkeit vom empfundenen → Kaufrisiko – der Kauf eines etablierten Konkurrenzproduktes gewohnheitsmäßig erfolgt, insbesondere im Fall von → Markentreue;

– je seltener ein → „variety seeking"-Verhalten vorkommt;

– je seltener Kaufentscheidungen in Abhängigkeit von Kaufzyklus, Produktlebensdauer und -zyklus gefällt werden (→ Leapfrogging-Behavior);

– je weniger das Leistungsangebot verfügbar ist (→ Distributionsquote);
– je höher die Transaktionkosten einer Vertragsauflösung mit einem etablierten Konkurenzanbieter und diejenigen bezüglich eines Vertrages mit dem eintretenden Anbieter sind und
– je mehr transaktionsspezifische Investitionen aufgelöst oder getätigt werden müssen bzw. als sunk costs verbleiben (bspw. Daten-Vernetzung mit Systemlieferanten; → Out-Supplier).

Der letztgenannte Faktor bestimmt, in Verbindung mit den Transaktionskosten, die *Wechselkosten* eines Nachfragers zu einem Konkurrenzangebot. Transaktionsspezifische Investitionen sind umso mehr erforderlich, je mehr das Leistungsangebot einem Kontraktgut ähnelt, d.h. je mehr Eigenschaften des Leistungsbündels in Interaktion mit dem Nachfrager spezifiziert werden (Gegensatz: Austauschgut).

Über die Wirkung von am Marktt *etablierten Anbietern* auf die Höhe der Eintrittsbarrieren kann marktübergreifend meist wenig ausgesagt werden, da dies von der jeweiligen Positionierung etablierter und eintretender Anbieter in Relation zum „Idealprodukt" der betrachteten Nachfrager abhängt. Beantwortet werden muss die Frage, welche langfristig wirkenden Wettbewerbsvorteile etablierte Anbieter generell bzw. unbeeinflussbar gegenüber nachziehenden Anbietern besitzen („*strukturelle Markteintrittsbarrieren*"). Betriebsgrößenvorteile eines etablierten Anbieters haben bspw. dann keinen Einfluss, wenn dadurch der Preis des etablierten Produkts nicht so weit herabgesenkt werden kann, um den mittels einer innovativen Technologie erlangten Qualitätsvorteil eines neu eintretenden Anbieters wettzumachen. Der Vorteil, den ein etablierter Anbieter i.d.R. gegenüber neu hinzutretenden besitzt, ist in der Marktkenntnis begründet und in der Möglichkeit, mittels aufgebautem Goodwill gewohnheitsmäßiges Kaufverhalten zu schaffen, was insbesondere bei ausgeprägten Netzwerkexternalitäten Multiplikatoreffekte nach sich zieht. Unter bestimmten Voraussetzungen erwachsen zumindest einem Pionier darüber hinaus dadurch Wettbewerbsvorteile, dass sein Leistungsbündel die Anforderungen an das Idealprodukt prägt.

Auf der anderen Seite können etablierte Anbieter mehrere, wettbewerbsrechtlich bedenkliche Instrumente einsetzen, mit dem Ziel, Markteintrittsbarrieren zu erhöhen („*strategische Markteintrittsbarrieren*"; s.a. → Marktaggressivität). Dies sind: *Verhandlungsstrategien* (abgestimmtes Verhalten und Kartelle sowie Preisbindung/ -empfehlung und Lizenzverträge), *Behinderungsstrategien* (Boykott, Lieferverweigerung, Preisdiskriminierung, Ausschließlichkeits- und Kopplungsbedingungen) und *Konzentrationsstrategien* (horizontal, vertikal und konglomerat). Eine andere Alternative besteht darin, mittels → Produktlinien und unterschiedlicher Marken alle Nachfrager auf dem Markt zu erreichen, um damit Eintrittsmöglichkeiten für Wettbewerber zuzusperren. Etablierte Anbieter können zudem → „Signaling" einsetzen, um potenzielle Konkurrenten vom Markteintritt abzuhalten. Potenzielle Konkurrenten prognostizieren nach diesen Signalen ein Verhalten eines etablierten Anbieters in der „post entry"-Phase, welches die Erfolgsaussichten eines Marktzutritts vermindert (z.B. „Reputation der Härte" gegenüber Wettbewerbern aufbauen). Im Falle aufgebauter Überkapazitäten kann der etablierte Anbieter z.B. damit drohen, nach dem Markteintritt des Konkurrenten eine aggressive Preisstrategie einzuleiten und so die Ertragsaussichten des neu eintretenden Wettbewerbers zunichte zu machen. Dadurch wird ein Ruf der Härte aufgebaut, der zukünftige potenzielle Konkurrenten abschreckt.

Hinzu können *gesetzliche bzw. administrative Markteintrittsbarrieren* (z.B. Berufszulassungen) kommen. In internationaler Sicht sind dies spezielle Markteintrittsbarrieren, die einer räumlichen Markterweiterung in Ländermärkte im Wege stehen, und zwar in Form von tarifären (Zölle) und nicht-tarifären → Handelshemmnissen (Subventionen, Steuerpolitik, Embargo, Außenhandelskontingente, Beschaffungspolitik, Qualitätsvorschriften, Normen, Währungspolitik).

Weiterhin hängt die Höhe der Markteintrittsbarrieren von den Fähigkeiten eines eintretenden Anbieters ab, die erforderlichen Ressourcen aufzubauen oder zu erwerben, um Wettbewerbsvorteile etablierter Anbieter zumindest zu egalisieren. Diese Möglichkeiten sind umso geringer ausgeprägt, je marktspezifischer die Ressourcen sein müssen (z.B. spezialisierte Forscher) und je weniger diese Ressourcen am Markt verfügbar, sondern an etablierte Anbieter gebunden sind (z.B. Patente, Zugang zu Standards und Distributionskanälen), die

Markteintrittsstrategien

auch nicht akquiriert werden können. Die Verfügbarkeit notwendiger Ressourcen ist allerdings dann umso mehr gegeben, je mehr Ressourcen von den Märkten transferiert werden können, auf denen der eintretende Anbieter bislang tätig war (insb. „intangible assests", z.B. Marke, die in Märkten mit demonstrativen Konsum Prestigeeffekte erzielt). Anzumerken ist, dass die Höhe der Markteintrittsbarrieren zudem von der Höhe der → *Marktaustrittsbarrieren* beeinflusst wird. A.T./C.D.

Literatur: *Schmidt, I.*: Wettbewerbspolitik und Kartellrecht, 4. Aufl., Stuttgart, Jena, New York 1993. *Töpfer, A.; Duchmann, C.*: Markteintrittsprobleme bei Dienstleistungen, in: *v. d. Oelsnitz, D.* (Hrsg.): Markteintritts-Management, Stuttgart 2000. *Vidal, M.*: Strategische Pioniervorteile, in: *Albach, H.* (Hrsg.): Effizienzsteigerung im Innovationsprozess, Wiesbaden 1995, S. 43-58 (ZfB-Ergänzungsheft 1/1995).

Markteintrittsstrategien

sind eng mit dem Konzept des → Lebenszyklus verbunden und ein wichtiger Bestandteil der → Marketing- bzw. → Wettbewerbsstrategie.
Ein Unternehmen muss sich entscheiden, welche strategische Position es zum Eintritt in einen Produktmarkt bevorzugt:

1. die des Pioniers (→ Pionierstrategie),
2. die des schnellen Verfolgers (s.a. → Imitationsstrategie),
3. die des Späteinsteigers.

Mit jeder dieser Positionen sind unterschiedliche Chancen und Risiken verbunden. Insb. in Märkten mit einer hohen → Marktdynamik kann die Wahl der Markteintrittsstrategie in Zusammenhang mit der verfolgten → Technologie-Strategie entscheidend für den Erfolg oder Misserfolg eines Unternehmens sein.
Die → *Pionierstrategie* baut auf die Vorteile des Ersten im Markt (first mover's advantage). Bei der Wahl seiner dynamischen → Preisstrategie im Lebenszyklus muss der Pionier sich zwischen der → Skimming- und der → Penetrationsstrategie entscheiden. Der Erfolg dieser Strategie hängt wesentlich von der Höhe der → Markteintrittsbarrieren ab.
Die Strategie des *schnellen Verfolgers* baut darauf, dass er den Pionier zunächst einmal die Risiken mit der ersten Markterschließung tragen lässt und nachsetzt, sobald sich aus den ursprünglichen Anfängen des Kundeninteresses heraus ein Wachstum sichtbar abzeichnet. Die Strategieoptionen des schnellen Nachfolgers sind

1. imitatives Überbieten (out-imitating) und
2. direktes Überspringen (→ *Leapfrogging-Behavior*).

Imitatives Überbieten heißt, den Pionier mit einer verbesserten Imitation des Produktes und des Marketingprogramms zu übertreffen suchen. Diese Strategie zielt darauf ab, ein durch den Pionier bereits erschlossenes Marktsegment (→ Marktsegmentierung) mit einem Produkt anzusprechen, das mindestens in einer Eigenschaft bessere Leistungen zeigt. Der Erfolg dieser Strategie baut darauf, bewusst die Führungsrolle bei der Einführung einer unerprobten Technologie auf einem unerprobten Markt nicht einzunehmen und darauf abzuzielen, mit einer verbesserten Imitation die → Bedürfnisse der Kunden besser zu befriedigen. Die Kundenbedürfnisse und Wünsche müssen sich in vielen Fällen erst klar herausbilden und bekannt werden, damit sich zeigt, wo der Pionier Fehler gemacht hat und Schwachstellen zeigt (→ Imitationsstrategie).

Beim *direkten Überspringen* zielt der schnelle Verfolger darauf ab, durch wesentliche Fortschritte in der Technologie oder in den Produkten am Pionier vorbeizuziehen oder dem Pionier in Marktsegmenten zuvorzukommen, die bisher schlecht bedient waren; z.B. nutzte *Matsushita* dieses Vorgehen. Im Videorecordermarkt folgte sie zunächst *Sony* und anderen nach und übersprang diese dann mit geschickterem Marketing, um schnell einen dominanten Marktanteil bei Videorecordersystemen einzunehmen. Erfolgreiches Überspringen mit Produkten ist schwierig, denn man muss dabei schneller als das Pionierunternehmen neue Innovationen entwickeln (→ Innovationsmanagement) und realisieren (→ time-to-market, → Zeitwettbewerb). Die besten Voraussetzungen dafür sind gegeben, wenn das Pionierunternehmen sich auf eine bestimmte Technologie der „ersten Generation" festlegen musste, welche höhere Kosten mit sich bringt, und ihm dann die Mittel fehlen, den Sprung zur Technologie der zweiten Generation schnell zu vollziehen, da er erst die Investitionen in die erste Technologie erwirtschaften muss. Ansonsten kann der Pionier ein Überspringen durch den schnellen Verfolger antizipieren und selbst zur zweiten Produktgeneration vorschnellen und den Wettbewerber auf diese Weise hinter sich halten. Dem *Späteinsteiger* steht offen, den Erfolg mit einer der von *Porter* beschriebenen idealtypischen Strategien anzustreben, die in der Reifephase allen Wettbewerbern offen stehen, nämlich → Kostenführerschaft, → Differenzierungsstrategie oder → Nischenstrategie.

An den von *Porter* beschriebenen strategischen Optionen müssen sich insb. in der Reife- und Schrumpfungsphase der Märkte auch das Pionierunternehmen und die schnellen Verfolger orientieren. Die im Durchschnitt erreichten Marktanteile bei den unterschiedlichen strategischen Wettbewerberrollen wurden in einer Studie von *Robinson* ermittelt (vgl. *Abb.*).

Neuere empirische Forschung (*Lee u.a.*) zeigt, dass das Timing und die Rangfolge des Markteintritts mit neuen Produkten Auswirkungen auf den Wert eines Unternehmens hat. Je eher ein Unternehmen im Vergleich zu den Wettbewerbern ein neues Produkt einführt, desto größer der Effekt auf Shareholder Wealth. Der Erste (first mover) und Zweite (second mover) schneiden wesentlich besser ab als spätere Nachfolger (late movers). Mit jeder imitativen Reaktion von Verfolger und Nachfolger schwindet der Vorteil des Ersten stückweise dahin (→ Zeitwettbewerb). F.Bl.

Literatur: *Buchholz*, W.: Timingstrategien. Zeitoptimale Ausgestaltung von Produktentwicklungsbeginn und Markteintritt, in: Zeitschrift für betriebswirtschaftliche Forschung, 50. Jg. (1998), S. 21–39. *Lee, H.; Smith, K.G.; Grimm C.M.; Schomburg, A.:* Timing, Order and Durability of New Product Advantages with Imitation, in: Strategic Management Journal, Vol. 21 (2000), S. 23–30. *Remmerbach, K.:* Markteintrittsentscheidungen, Wiesbaden 1988.

Marktentwicklungsstrategie
→ Wachstumsstrategie

Markterkundung → Marktforschung

Marktevolution → Marktdynamik

Marktexperiment (Markttest)
Beim Marktexperiment wird die Wirkung einzelner Marketingmaßnahmen oder auch des gesamten Marketing-Mix in einem begrenzten Teilmarkt experimentell überprüft (→ Experiment). In der Praxis herrschen

Positionsstrategie zum Markteintritt und typische Marktanteilsentwicklung bis zur Reifephase

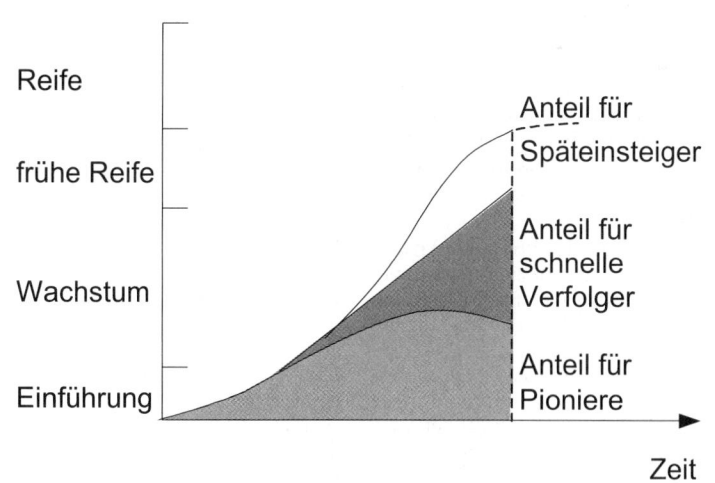

Durchschnittlicher Marktanteil in der Reifephase für

	Konsumgüter	Industriegüter
– Pioniere	29 %	29 %
– schnelle Verfolger	17 %	21 %
– Späteinsteiger	13 %	15 %

drei Varianten vor: der regionale Testmarkt, der Store-Test und der → Mini-Testmarkt. Beim regionalen Testmarkt werden Marketingmaßnahmen (z.B. eine Produktinnovation) in einem größerem Marktgebiet (z.B. Bundesland oder Nielsen-Gebiet) erprobt. Ziel ist es, die Reaktionen der Endabnehmer, des Handels, seltener auch von Konkurrenten auf die Neueinführung von Produkten und die damit einhergehenden Marketingmaßnahmen zu ermitteln. Um eine zuverlässige Hochrechnung der Testmarktergebnisse auf den Gesamtmarkt zu ermöglichen, sind folgende Bedingungen zu erfüllen:

1. Repräsentanz (hinsichtlich der Konkurrenz, des Handels, der Mediensituation, der Konkurrenz und der Wirtschaftsstruktur);
2. Abgrenzbarkeit des Testgebiets (keine Käuferwanderungen von außerhalb, keine zu starke Medienausstrahlung über das Testgebiet hinaus);
3. kein Nachholbedarf des Testgebiets;
4. Vorliegen geeigneter Messinstrumente (v.a. → Handels-Panels).

Die Probleme des Marktexperiments liegen v.a. in der mangelnden Kontrolle bzw. sogar Provokation von Störfaktoren (Konkurrenzeinflüsse etc.), der erheblichen Dauer, der ungenügenden Geheimhaltung vor der Konkurrenz und den hohen Kosten. Da sich zudem die Bedingungen eines echten → Experiments in der Praxis nie voll erfüllen lassen (z.B. Repräsentanz, Kontrolle der Störfaktoren), handelt es sich um ein sog. → Quasi-Experiment, zumeist in Form eines Zeitreihendesigns. Neue Möglichkeiten bietet der → Scanner-Testmarkt. H.Bö.

Marktformenschema
Marktformen sind der traditionelle Ansatz der Mikroökonomie, die Beziehungen zwischen Anbietern und Nachfragern zu typologisieren und so die Vielfalt der Realität auf eine theoretisch zweckmäßig geringere Anzahl von Markttypen zu reduzieren (→ Markttypologie). Als Unterscheidungskriterium für Marktformen verwendet man häufig die Zahl der Marktteilnehmer auf der Angebots- und Nachfrageseite, den Vollkommenheitsgrad des Marktes (→ Markt) oder allgemeinen Zustand bzw. Verhaltensweisen von bzw. in Märkten. Alle diese Schemata sind notwendigerweise unvollständig, da es modelltheoretisch nicht möglich, aber auch nicht sinnvoll ist, die Vielzahl der realen Erscheinungsformen in ein Schema zu pressen. Es handelt sich um Konstrukte, die bei theoretischen Analysen gute Dienste leisten.

Die Kennzeichnung der einzelnen Märkte nach ihrer qualitativen Beschaffenheit und nach ihrer quantitativen Besetzung der beiden Marktseiten nennt man die Lehre von den Marktformen. Durch die Marktformenlehre wird in der → Preistheorie die Analyse des Preisbildungsprozesses unterstützt, d.h. die verschiedenen Marktformen unterscheiden sich durch die spezifische Art der Preisbildung voneinander. Historisch gesehen beginnt die Marktformenlehre mit dem deutschen Merkantilisten *J.J. Becher* (1668). *A.A. Cournot* (1838) erkennt als Erster die Zwischenform zwischen dem Monopol und der vollständigen Konkurrenz und wird zum Begründer der Oligopoltheorie. Die wesentlichen Bauelemente des morphologischen Marktformenschemas sind die Anzahl und die relative Größe der Marktteilnehmer (→ Marktmacht). Man legt zunächst die sog. Symmetrieannahme zugrunde, unterstellt also, dass sich die Marktteilnehmer einer Marktseite nicht oder nur unwesentlich in ihrer Größe unterscheiden. Unter Größe versteht man die relative Größe, d.h. den Anteil, der einem einzelnen Anbieter am Gesamtangebot des Marktes bzw. der einem einzelnen Nachfrager an der Gesamtnachfrage des Marktes zufällt. Infolge der Symmetrieannahme und dieser Definition der Größe ist die Anzahl der Marktteilnehmer (Anbieter oder Nachfrager) gleich dem reziproken Wert des Marktanteils.

Auf jeder Marktseite kann entweder ein Großer auftreten oder wenige Mittlere oder viele Kleine, sodass sich die neun Möglichkeiten des Marktformenschemas in der *Abb*. ergeben.

Das morphologische Marktformenschema lässt keine exakte, quantitative Trennung zwischen dem Oligopol auf der einen und dem Polypol auf der anderen Seite zu. Infolgedessen erscheinen die folgenden Definitionen als zweckmäßig:

Ein *Oligopol* liegt vor, wenn die Anzahl der Anbieter (Nachfrager) so gering, der Anteil des einzelnen am Gesamtmarkt also so hoch ist, dass der einzelne Marktteilnehmer mit seinem Einfluss auf das Marktgeschehen rechnen muss, dass m. a. W. „oligopolistisches Verhalten" als das zwangsläufige Resultat der objektiven Marktstruktur betrachtet werden kann. Von *Teiloligopolen* wird im Übrigen gesprochen, wenn neben

Das Marktformenschema bei Gültigkeit der Symmetrieannahme

Anbieter Nachfrager	viele atomistisch	wenige oligopolistisch	einer monopolistisch
viele polypolistisch	Bilaterales Polypol (Konkurrenz)	Angebots- Oligopol	Angebots- Monopol
wenige oligopolistisch	Nachfrage-Oligopol (Oligopson)	Bilaterales Oligopol	Beschränktes Angebots-Monopol
einer monopolistisch	Nachfrage-Monopol (Monopson)	Beschränktes Nachfrage-Monopol	Bilaterales Monopol

einigen großen noch eine Anzahl von kleinen, aber für das Marktgeschehen unbedeutenden Anbietern existieren.

Ein *Polypol* liegt vor, wenn die Anzahl der Marktteilnehmer auf jeder Marktseite so groß, der Anteil des einzelnen am Gesamtmarkt also so gering ist, dass der einzelne Marktteilnehmer seinen Einfluss auf das Marktgeschehen nicht beachtet, dass m. a. W. „polypolistisches Verhalten" zwangsläufig aus der objektiven Marktstruktur resultiert. Dabei stellt die Marktstruktur ein theoretisches Konstrukt des industrieökonomischen Paradigmas „Struktur-Verhalten-Ergebnis" dar, mit dessen Hilfe v.a. empirische Analysen des Marktgeschehens auf Makroebene konzipiert werden.

Bei der Marktstruktur hat man alle Größen zu erfassen, die das Marktverhalten der Anbieter bestimmen und die einem Unternehmen als Datum vorgegeben sind, also von diesem nicht fühlbar beeinflusst werden können. Die Komponenten der Marktstruktur sind auf kurze und mittlere Sicht weitgehend konstant. Hierzu zählen Zahl der Anbieter und Nachfrager, Höhe und Streuung der Marktanteile, Verflechtung mit vor- oder nachgelagerten Stufen, Diversifikationsgrad, Marktphase (Einführungs-, Expansions-, Sättigungs- oder Rückbildungsphase), Marktzutrittsschranken und andere mehr. Damit kommt als neues Element der Markteinfluss bzw. die Verhaltensweise in die Definition des Oligopols (Oligopsons) und des Polypols hinein, womit ein kausaler Zusammenhang zwischen Marktform und Verhaltensweise postuliert wird. Mit Hilfe von Elastizitäten versucht man deshalb, die einzelnen Marktformen zusätzlich voneinander abzugrenzen (→ Marktabgrenzung). H.B.

Literatur: *Eucken, W.:* Grundsätze der Wirtschaftspolitik, 6. Aufl., Tübingen 1990. *Ott, A.E.:* Wirtschaftstheorie, 2. Aufl., Göttingen 1992. *Stackelberg, H. v.:* Grundlagen der theoretischen Volkswirtschaftslehre, Tübingen 1951.

Marktforschung

(1) Begriff und Abgrenzung
Marktforschung kann definiert werden als systematischer Prozess der Gewinnung und Analyse von Daten zur nicht-personenbezogenen Verwertung für Marketing-Entscheidungen. Dies enthält:

– die Betonung des *systematischen Charakters* der Marktforschung und damit die Abgrenzung zur Markterkundung (dem bloß zufälligen, gelegentlichen Abtasten des Marktes),
– die Hervorhebung des *Prozess-Charakters*,
– die Verdeutlichung des Zweckes der Marktforschung, nämlich der *Unterstützung der Entscheidungsvorbereitung* im Bereich des Marketing. (Marktforschung dient also zwar dem Marketing, ist aber nicht dieses selbst, schon gar nicht im Sinne des unmittelbaren Verkaufs, wie etwa beim → Telefonmarketing. Formal unterscheidet es sich von diesem auch dadurch, dass die Daten nicht personenbezogen verwertet werden).

Die Orientierung am „Marketing" beinhaltet zugleich einige Abgrenzungen (die strittig sein können): Einerseits erscheint damit eine Unterscheidung zwischen „Marketing Research" und „Market Research" – und somit auch zwischen „Marktforschung" und „Absatzforschung" – nicht (mehr) sinnvoll. So könnte dann die Bezeichnung „Marktforschung" durch den Begriff Marketingforschung ersetzt werden. Dafür spricht, dass dies eigentlich konsequent wäre (und auch von einigen Autoren getan wird). Dagegen spricht einmal der Sprachgebrauch, speziell in der Praxis (auch durch die Benennung von Verbänden, Institutionen usw.). Zweitens besteht die Gefahr der

Marktforschung

Deutung als „Forschung" schlechthin (wie etwa bei der Unterscheidung in Universitäten zwischen „Lehre" und „Forschung"). Der empirische Bezug (im englischen Research – „Recherchieren"! – recht gut zum Ausdruck kommend) ginge dann verloren und auch die Anwendungs-Betonung: „Marketingforschung" stünde für alle Bemühungen um Erkenntnis – auf irgendeine Weise und durchaus auch im Bereich der „Grundlagen-Forschung" – des Marketing schlechthin.

Andererseits bedeutet die erwähnte Ausrichtung auf Marketing-Entscheidungen auch, dass insoweit der Marktforschungs-Begriff enger wird: Arbeits- und Finanzmarktforschung – als auf die Beschaffung von personellen und finanziellen Mitteln gerichtet – gehören nun nicht mehr dazu. Selbst die „eigentliche" → Beschaffungsmarktforschung (i.e.S., als Beschaffung von Roh-, Hilfs- und Betriebsstoffen) kann nur dann als eingeschlossen angesehen werden, wenn man die Funktion „Beschaffung" nicht als eigenständig, sondern als untergeordnet der des „Absatzes" (und nicht etwa der „Produktion"!) ansieht. Ein solcher Einbezug mag zwar insofern begründbar erscheinen, als es sich beim Beschaffungsmarkt um einen den Absatzmarkt nahe verwandten Markt – in gewissem Sinne nur sein Spiegelbild – handelt. Andererseits kann auch schon deshalb darauf verzichtet werden, weil offenbar eine professionelle Ausprägung als „Beschaffungsmarktforscher" kaum stattgefunden hat. Damit beschränkt sich „Marktforschung" allein auf Absatzmarktforschung (und es erübrigt sich auch ein solcher kennzeichnender Zusatz).

Inhaltlich kann jedoch durchaus eine Ausweitung festgestellt werden. So wird heute viel von → Konkurrenzforschung gesprochen. Im Grunde ist dies allerdings nichts Neues: Schon *Schäfer* (1940, S. 12) wies der Marktforschung die Aufgaben der Erforschung der Konkurrenz (Angebot), des Bedarfs (Nachfrage – s. → Konsumentenforschung) und der Absatzwege zu. Neu scheint allerdings die Einbettung dieser Aufgabe in den Kontext der Strategischen Unternehmensführung; damit verbunden ist auch die aktuelle Diskussion um die Erweiterung zur → Strategischen Marktforschung.

Schäfer sprach zunächst (1928) nur von „Marktbeobachtung"; erst später stellte er dieser die „Marktanalyse" gegenüber. Diese Einteilung der Marktforschung in – statische – Analyse und – dynamische – Beobachtung ist von *Behrens* (1966 – 1. Aufl. 1961) angegriffen worden. Tatsächlich wird heute – wenn überhaupt – der Terminus „Marktanalyse" lediglich im Sinne einer Tätigkeit, der Durchführung eben einer „Marktanalyse" (nicht einer „Marktforschung") gebraucht. Andererseits hat sich auch das von *Behrens* propagierte Begriffspaar *demoskopische* und *ökoskopische* Marktforschung (zumal im Hinblick auf Letztere: die Untersuchung der ökonomischen Größen des Marktes als „Objektivationen menschlichen Handelns") nicht durchsetzen können.

(2) Bereiche der Marktforschung
Vor diesem Hintergrund lassen sich als Sachgebiete der Marktforschung zwei große Aufgabenbereiche angeben: Der Erste betrifft den Aspekt der *Marktdeskription* im Sinne einer Erforschung des Marktes selbst, seiner Größe, Entwicklung, Struktur etc. (z.B. die Ermittlung von Marktpotenzial oder -volumen), wozu man auch → Absatzprognosen und → Nachfrageschätzungen rechnen kann. Dies dient der Unterstützung von Marketing-Entscheidungen – quasi mehr passiv – als Grundlage für die Identifikation möglicher Probleme und die Beschreibung diesbezüglicher Entscheidungsfelder. Der zweite Bereich stellt hingegen auf die *Wirkungsprognose* für absatzpolitische Maßnahmen und damit direkt auf die Bewertung von Handlungsalternativen, also auf die aktive Stützung der marketingpolitischen Entscheidungsfindung, ab (→ Marktreaktionsfunktion).

Gem. der vorherrschenden Einteilung des absatzpolitischen Instrumentariums kommt man zu der bekannten Vierteilung. Während sich allerdings eine mehr oder weniger geschlossene Distributionsforschung nicht herausgebildet hat, sind die für die anderen Instrumentalbereiche zur Verfügung stehenden Verfahren recht vielgestaltig (z.B. → Mediaforschung, → Preistests, Imageanalyse bzw. → Positionierungsmethoden).

Nach der räumlichen Ausdehnung des Marktes kann man zwischen *Binnen-* und *Auslandsmarktforschung* bzw. → Exportmarktforschung unterscheiden.

Nach der Art der auf den betreffenden Märkten gehandelten Güter kann man letztlich beliebig fein differenzieren (z.B. → Tourismus-Marktforschung, Pharma-Marktforschung, Automobilmarktforschung, Buchmarktforschung etc.); eine gewisse Zusammenfassung lässt sich zu Konsumgütermarktforschung, Marktforschung für Investitionsgüter (→ Investitionsgütermarketing) und die im Dienstleistungssektor (→ Dienstleistungs-Marketing) vornehmen.

Zu einer weiteren Unterscheidung gelangt man bei Betrachtung der *Träger* der Marktforschungsfunktion. Diese kann als typische Hilfsfunktion angesehen werden und unterliegt damit dem ständigen Prozess der Ein- oder Ausgliederung. Wird die Marktforschungstätigkeit in den Betrieben selbst wahrgenommen, so spricht man von betrieblicher Marktforschung, im Falle der Durchführung durch besondere Institute von Instituts-Marktforschung (→ Marktforschungsinstitute). Weitere Formen sind die → Verbandsmarktforschung und die in Kooperation durchgeführte → Verbund-Marktforschung. Gleichzeitig veranlasste Erhebungen bilden die → forensische Marktforschung.

(3) Phasen der Marktforschung
Der Prozess der Marktforschung kann unterschiedlich fein in idealtypische Arbeitsschritte zerlegt werden, die jedoch keineswegs immer in starrer Reihenfolge zu durchlaufen sind. Insbesondere bei sog. Explorativstudien, bei denen relativ wenig über den Untersuchungsgenstand bekannt ist, wird man den Ablauf sogar besonders flexibel halten, um auf neue Erkenntnisse im Verlauf der Marktforschung reagieren zu können. Die *Abb.* zeigt eine fünfstufige Schrittfolge, die sich mit 5 D's charakterisieren lässt.

Die erste Phase beinhaltet die Definition und Klärung des speziellen (Marktforschungs-)Problems im Rahmen des größeren und umfassenderen (Marketing-)Entscheidungsproblems. Hier werden der problemrelevante Informationsstand und insb. die vorhandenen Informationsdefizite festgestellt, Hypothesen für die Untersuchung formuliert und eine Abschätzung des → Informationswertes zusätzlicher Informationen versucht. Bei besonders großer Unsicherheit wird häufig eine Pilot- oder → Leitstudie durchgeführt.

In der zweiten Phase gilt es, das → Forschungsdesign festzulegen, wobei zwischen explorativen, deskriptiven und experimentellen Designs differenziert werden kann. Sie unterscheiden sich durch die Art der Forschungsziele und – im Gefolge davon – durch die einzusetzenden Untersuchungsmethoden sowie Medien (z.B. → Online-Marktforschung). Insbesondere im Falle eines experimentellen Designs bedarf es im Zuge dieses zweiten Hauptschrittes zumeist auch einer formalen Spezifikation der bereits im Rahmen der Definitionsphase gebildeten Hypothesen, etwa durch die konkrete Benennung der als Experimentalfaktoren zu untersuchenden unabhängigen Variablen und der durch sie beeinflussten abhängigen Größen, durch die eventuell genauere Charakterisierung der betreffenden Abhängigkeitsbeziehungen hinsichtlich bestimmter Prämissen (z.B. Unterstellung von Linearität) sowie durch die Operationalisierung der vorbezeichneten Veränderlichen.

Im Anschluss daran kommt es schließlich zur Durchführung der Untersuchung selbst, die sich in die bereits in der einleitenden Definition genannten zentralen Phasen der Datengewinnung im Wege der → Sekundär- oder der → Primärforschung (→ Befragung oder → Beobachtung) einerseits und die von sehr unterschiedlichen statistischen Verfahren geprägte → Datenanalyse andererseits aufgliedert.

Die letzte Phase, die Dokumentation, besteht zuvörderst in der Erstellung des Forschungsberichts und der → Datenpräsentation, deren Bedeutung zunimmt, da sich der

Stadien des Marktforschungsprozesses
Die „5 D's der Marktforschung"

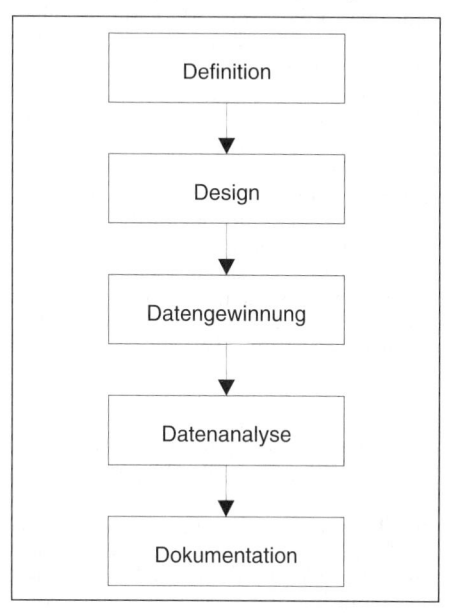

- Definition
- Design
- Datengewinnung
- Datenanalyse
- Dokumentation

Marktforscher immer stärker in der Rolle des hausinternen oder externen Beraters sieht, der aktiv in den Marketingentscheidungsprozess eingebunden ist (→ Marketingorganisation).
Der skizzierte Ablauf des Marktforschungsprozesses ist als idealtypisch anzusehen. In der Praxis vollzieht sich Marktforschung weder ausschließlich in fest abgrenzbaren Projekten zur Deckung eines ganz bestimmten Informationsbedarfs noch werden alle Phasen gleichermaßen sorgfältig durchlaufen. Der definitorische Anspruch der systematischen Marktforschungsarbeit stellt deshalb eine normative Begriffskomponente dar, die in der Praxis oft genug nicht hinreichend erfüllt wird, was wegen der Probleme bei der Ermittlung des → Informationswertes aber nicht verwunderlich ist. Immerhin führt das Bemühen um systematische Erschließung des Informationsbedarfes in vielen Unternehmen zur Institutionalisierung der Marktforschung in entsprechenden, oft zentralisierten und großen (Stabs-)Abteilungen sowie zur Herausbildung mehr oder minder komplexer, meist EDV-gestützter → Marketing-Informationssysteme. Dies führt nicht selten zu Schnittstellen zwischen Marktforschern und Markt-Managern, die durch starke Interaktion und Integration beider Seiten abgebaut bzw. verhindert werden müssen. Immer häufiger entstehen mit Hilfe umfassender → Data-Warehouses auch dezentrale Organisationsformen und Marktforschungsnetzwerke.
Die grundsätzliche Bedeutung der Marktforschung als wesentlicher Komponente des → Marketing liegt in der Fokussierung des unternehmerischen Denkens auf die Gegebenheiten, Chancen und Risiken des Marktes (s.a. → Informationsmanagement, wettbewerbsorientiertes). Aus dieser Perspektive betrachtet, kann die Marktforschung keineswegs nur bereits vorgefasste Absichten zu überprüfen helfen, sondern auch wichtige Anregungs-, Alternativen- und Kontrollinformationen liefern. Sie stellt insofern nur die informatorische Kehrseite jeglicher Marketingprobleme auf der Aktionsseite dar und bedarf deshalb auch eines → Marktforschungs-Controlling.

M.H./U.Sch.

Literatur: *Berekoven, L.; Eckert, W.; Ellenrieder, P.:* Marktforschung, 8. Aufl., Wiesbaden 1999. *Böhler, H.:* Marktforschung, 2. Aufl., Stuttgart 1992. *Green, P.E.; Tull, D.S.:* Methoden und Techniken der Marketingforschung, Stuttgart 1982. *Hammann, P.; Erichson, B.:* Marktforschung, 3. Aufl., Stuttgart 1994. *Hüttner, M.:* Informationen für Marketing-Entscheidungen. Ein Lehr- und Arbeitsbuch der Marktforschung, München 1979. *Hüttner, M.:* Grundzüge der Marktforschung, 6. Aufl., München 1999.

Marktforschung im Handel

dient der effizienten Beschaffung und entscheidungsgerechten Aufbereitung von relevanten Marktinformationen im Rahmen des → Handelsmarketing. Sie ist sofern von der ungerichteten, unsystematisch betriebenen Markterkundung abzugrenzen (→ Marktforschung). Wegen der sog. zweiseitigen Markteinbettung von Handelsbetrieben bietet es sich an, zwischen *Absatz-* und *Beschaffungsmarktforschung* zu differenzieren. Bei beiden geht es darum,

- Strukturen und die sie prägenden Triebkräfte zu identifizieren,
- kurz-, mittel- und langfristige Trends bzw. Strukturbrüche zu ermitteln,
- Wirkungen handelsbetrieblicher Aktivitäten zu evaluieren (z.B. → Promotion-Kontrolle).

Die Marktforschung soll die Planung, Implementierung und Kontrolle von Strategien und Instrumenten des Beschaffungs- und Absatzmarketing von Handelsbetrieben unterstützen.
Im Vergleich zur Marktforschung in der Industrie weist die Marktforschung im Handel jedoch einige Besonderheiten auf. Die wichtigsten sind Folgende:

(1) Der unmittelbare Kontakt zu den Abnehmern bietet einerseits die Chance, mit Hilfe der quasi automatisch anfallenden Daten (über Warenkörbe, Preise, Mengen, Kaufzeitpunkte etc.) Aufschluss über Kundenstruktur und Kundenverhalten zu gewinnen (→ Begleitete Einkäufe). Anderseits besteht das Risiko, dass die Datenflut nicht bewältigt werden kann. Deshalb bilden auf die Belange des einzelnen Unternehmens zugeschnittene EDV-gestützte *Handelsinformationssysteme* einen zentralen Baustein eines datengestützten Handelsmanagements.
(2) Angesichts des härter werdenden Wettbewerbs im Absatzmarkt bearbeiten Handelsbetriebe (in noch stärkerem Maße) systematisch und aktiv die (nationalen und internationalen) Beschaffungsmärkte (→ Beschaffungsmarketing). Dies kann nur gelingen, wenn relevante *Beschaffungsmarktdaten* vorliegen (z.B. Wer kann was, wie viel,

in welcher Qualität, wohin und zu welchen Konditionen liefern?) und diese mit aktuellen Absatzmarktdaten (Wie viel wird wovon zu welchem Preis nachgefragt? etc.) verknüpft werden können. Besonders deutlich wird dies bei Partievermarktungsaktivitäten, die beileibe nicht nur Kundenfrequenz schaffen, sondern teilweise in erheblichem Umfang das Betriebsergebnis determinieren. Die damit angesprochene Verzahnung von Beschaffungs- und Absatzmarktforschung ist für Handelsunternehmen typisch und stellt sie zugleich vor große Herausforderung, die das Informationsmanagement und die Organisation bewältigen muss. → Data Warehouse-Konzeptionen, → Expertensysteme, abteilungsübergreifend besetzte Teams etc. sind hierfür erforderlich.

(3) Das zentrale Vermarktungsobjekt von Handelsbetrieben bilden nicht wie in der Industrie einzelne Produkte. Vielmehr stehen Vertriebslinie(n), Einkaufsstätte(n), Sortiment(e), Waren- bzw. Einkaufskörbe im Zentrum des Interesses (→ Sortimentspolitik). Daher besteht ein wesentliches Ziel der Marktforschung im Handel darin, Erkenntnisse u. a. über → Image, → Bedarfsdeckungsrate, → Kundenloyalität von Vertriebslinien bzw. Einkaufsstätten, Sortimentsverbund und Wert sowie Zusammensetzung von Warenkörben zu liefern (→ Bonanalyse). Bei Multibetriebstypunternehmen mit zahlreichen Outlets je Vertriebslinie wird die Marktforschung daher zu einer komplexen, meist auch kostenintensiven Aufgabe.

(4) Handelsbetriebe mit stationären Verkaufsstellen verfügen über mehr oder wenige große, um die einzelnen Einkaufsstätten liegende Einzugsgebiete (→ Standort im Handel). Um das sog. *Mikromarktpotenzial* in vollem Umfang erschließen zu können, bedarf es der detaillierten Kenntnis der Bedingungen in diesen Einzugsgebieten, die sich in ihrer Größe je nach Betriebstyp, Marketingaktivitäten, Konkurrenzsituation stark unterscheiden. Wichtig sind u.a. → Kaufkraftkennziffern, Daten zur Bevölkerungsstruktur, Mobilität, Nutzung regionaler Werbemedien, die teilweise bis auf Stadt/Ortsteile, Straßen etc. heruntergebrochen benötigt werden, um Standort- oder andere Handelsmarketingentscheidungen fundieren zu können (s.a. → Einkaufsverhalten). Die im Industriesektor gängigen Sekundärforschungs-Statistiken (z.B. vom Statistischen Bundesamt, von den Statistischen Landesämter, Verbänden, wissenschaftlichen Forschungsinstituten) sind für diesen Zweck in der Regel zu hoch aggregiert. Wegen der nicht selten vorhandenen Heterogenität der Einzugsgebiete verschiedener Verkaufsstellen einer Vertriebslinie stellt sich zudem das Problem der Übertragbarkeit der in einer Region gewonnenen Erkenntnisse in andere Gegenden.

(5) Weiterhin spielt im Handel die → horizontale und → vertikale Kooperation bzw. Integration eine bedeutende Rolle. Verbundgruppen, Einkaufszentren, Freiwillige Ketten, Franchiseorganisationen und andere Handelssysteme müssen bezüglich der Marktforschung zunächst ihren Informationsbedarf definieren, um dann ihre Datenerhebungsaktivitäten daraufhin koordinieren zu können. Erfahrungsgemäß bereitet dies dann große Probleme, wenn das Handelssystem nicht straff geführt wird und/oder einzelne Akteure individuelle, mit den Gesamtzielen nicht verträgliche Ziele verfolgen. Sollte dies der Fall sein, wird Marktforschung ein Schattendasein fristen, wie es beispielsweise bei zahlreichen, relativ losen Zusammenschlüssen von Handelsbetrieben in sog. City-Werbegemeinschaften vorzufinden ist.

Je nach Betriebsform, Betriebstyp, Marktsituation, ordnungspolitischen Rahmenbedingungen usw. sind die von der Marktforschung zu beantwortenden Fragen unterschiedlich. Während beispielsweise Akteure, die über stationäre Verkaufsstellen verfügen, Standort-Marktforschung betreiben müssen, sind Online-Shop-Anbieter daran wenig interessiert. Preis-Marktforschung spielt in allen Handelssektoren eine untergeordnete Rolle, in denen Preisbindung herrscht (z.B. Buchhandel, Apotheken). POS-Marktforschung wird im Einzelhandelssektor intensiver betrieben als im Großhandelssektor, wo die Anbieter-Abnehmer-Dyade sich in der Regel ganz anders konkretisiert (z.B. beim Zustellgroßhandel und im Produktionsverbindungshandel ohne Verkaufsstellen im engeren Sinne). Daher verwundert es auch nicht, dass der Einsatz von Marktforschungsinstrumenten und die genutzten Informationsquellen in der Handelspraxis außerordentlich heterogen sind. Dieses schlägt sich auch in der organisatorischen Verankerung der Marktforschung nieder. Vorzufinden sind etwa Einordnungen in den Bereich Unternehmens- bzw. Konzernentwicklung einer Holding oder (überwiegend in mittelständisch geprägten

Marktforschungscontrolling

Unternehmen) die Zuordnung von Marktforschungsaufgaben zu Verantwortlichen in Linienfunktionen, ohne dass eine eigenständige Einheit für Marktforschung existiert.

M.Li.

Literatur: *Herbst, S.:* Marktforschung im Handel, in: *Hermann, A.; Homburg, C.* (Hrsg.): Marktforschung, Wiesbaden 1999, S. 1127-1148. *Maurer, R.:* Marktforschung im Handel, Wien 1993.

Marktforschungscontrolling

ist ein Regel- und Handlungssystem zur Optimierung der Planung, Umsetzung und Kontrolle der → Marktforschung.

Marktforschung liefert den Wissens-Input für Entscheidungen und ist selbst Gegenstand von Entscheidungen. Die zu unterstützenden Entscheidungen beeinflussen das Ergebnis von Marktforschungsentscheidungen und umgekehrt. Aus dieser Interdependenz ergeben sich mehrere Probleme für die vernünftige Gestaltung des Marktforschungshandelns. Hierzu zählen insbesondere Mess- und Bewertungsprobleme durch 1. das Informationsparadox, 2. die mehrfache Abhängigkeit der „Marktforschungsproduktion" von „externen" Faktoren (insbesondere Probanden und – bei Trennung von Bedarfsträger und Marktforscher – Auftraggeber), 3. die Abhängigkeit der Marktforschungswirkungen (im Hinblick auf die Qualität der Entscheidungen, die durch Marktforschung unterstützt werden) von anderen inner- und außerbetrieblichen Aktivitäten und Ereignissen, 4. die Immaterialität des Ergebnisses sowie 5. Wirkungsverzögerungen.

Für die vernünftige Vorbereitung der Marktforschungsaktivitäten und die Beurteilung der Erfüllung der Wissenswünsche wird ein adäquates Instrumentarium benötigt. Idealerweise würden sich alle Marktforschungswirkungen monetär erfassen lassen, um ihren Erfolgsbeitrag zu bewerten. Dies ist jedoch aufgrund der zuvor genannten Probleme nicht möglich. Daher wird für die Beurteilung der Leistungsfähigkeit der Marktforschung insbesondere auch nach qualitativen Indikatoren gesucht, die Aussagen über ihre operativen und strategischen Wirkungen erlauben.

Marktforschungscontrolling kann an unterschiedlichen Stellen im Produktions- und Verwendungsprozess des Wissens ansetzen. Für Input (eingesetzte Faktoren), Throughput (Marktforschungsprozess), Output (Ergebnisse der Marktforschung) und Outcome (Wirkungen der Ergebnisse der Marktforschung nach ihrer Verwendung im Entscheidungsprozess) sind Messgrößen zu definieren, die Aussagen über die (wirtschaftlichen) Auswirkungen der Marktforschung als Grundlage ihrer Planung, Umsetzung und Kontrolle zulassen. Beim Input können z.B. Kosten und Qualifikation der Mitarbeiter ermittelt werden. Der Throughput kann u.a. in Bezug auf seine Struktur und seine Zeit geplant und bewertet werden. Beim Output können Umfang und Inhalt z.B. der Dokumentation und der Ergebnispräsentation betrachtet werden. Eine Messung des Outcome kann z.B. durch Befragung der Anwender der Ergebnisse erfolgen, eine Prognose durch Rückgriff auf Ergebnisse ähnlicher Fälle.

Bezugsebenen für das Marktforschungscontrolling können u.a. das einzelne Projekt, das Marktforschungsprogramm oder die Marktforschungsabteilung sein. Hiermit verbindet sich auch die Aufgabe, den optimalen Anteil an Fremd- und Eigenforschung (make-or-buy) zu bestimmen.

Die Entwicklung eines umfassenden Marktforschungcontrolling ist noch nicht abgeschlossen. Insbesondere durch den Rückgriff auf Erkenntnisse der ökonomischen Theorie und der empirischen Forschung zur Nutzung von Wissen in Unternehmen sind noch Verbesserungen des Controllinginstrumentariums möglich.

R.Pa.

Literatur: *Palupski, R.:* Ökonomische Analyse der Marktforschung. Begründung und Ansatzpunkte, in: *Erichson, B.; Hildebrandt, L.* (Hrsg.): Probleme und Trends in der Marketing-Forschung, Stuttgart 1998, S. 49-70.

Marktforschungsethik

befasst sich mit moralischem Handeln in der → Marktforschung. Es geht um die Frage, inwieweit die in der kommerziellen Marktforschungspraxis (betriebliche Marktforschung und Marktforschungsinstitute), aber auch in der akademisch-wissenschaftlichen Marketingforschung verfolgten Ziele, eingesetzten Methoden und ergriffenen Handlungsweisen vor dem Hintergrund allgemein anerkannter moralischer Werte und Normen als akzeptabel beurteilt werden können. Marktforschungsethik ist als Teilgebiet der → Marketing-Ethik anzusehen, die ihrerseits wiederum der Unternehmensethik zugehört.

Die Auseinandersetzung mit moralischen Wertfragen der Marktforschung findet zum einen in der Wissenschaft statt; vor allem aber wird sie in der Praxis der Markt- und Sozialforschung selbst geführt, denn dort ist die empirische Forschung in hohem Masse abhängig vom Vertrauen der Gesellschaft bzw. Öffentlichkeit in ihre Redlichkeit. Dies gilt für die kommerzielle Marktforschung prinzipiell genauso wie für die empirische Sozialforschung im engeren Sinne, also etwa die Meinungsforschung oder Einstellungsmessung zu sozialen und politischen Fragen durch staatliche Stellen oder andere nicht kommerzielle Institutionen. So erklärt sich, dass nationale wie internationale Berufsorganisationen der Markt- und Sozialforschung längst entsprechende *Verhaltenskodices* entwickelt haben. Aktuell (Stand 2000) gültig ist der von der Internationalen Handelskammer (Paris) und der Europäischen Gesellschaft für Meinungs- und Marketingforschung 1995 in einer Neufassung vorgelegte „IHK/ESOMAR Internationaler Kodex für die Praxis der Markt- und Sozialforschung". Er beinhaltet eine knappe Darstellung grundlegender ethischer und geschäftlicher Prinzipien, nach denen sich die Praxis richten soll. Für die deutsche Berufspraxis haben → ADM, → BVM und ASI (Arbeitsgemeinschaft Sozialwissenschaftlicher Institute) die Annahme dieses Verhaltenskodex erklärt. Ergänzt werden die generellen Regelungen des Kodex durch spezifische Richtlinien (ESOMAR Guidelines, ADM-Richtlinien) zu einzelnen Marktforschungsinstrumenten bzw. zur Vorgehensweise bei besonders schutzwürdigen Zielgruppen, so etwa zur Durchführung sog. Scheinkäufe zu Testzwecken (→ Mystery Shopping) oder zur Befragung von Kindern und Jugendlichen. Die nachfolgende Auflistung einiger zentraler *marktforschungsethischer Problembereiche* nimmt vorrangig, aber nicht ausschließlich auf die Regeln des IHK/ESOMAR-Kodex Bezug.

(1) Generelle marktforschungsethische Probleme
Marktforschung als wissenschaftliche Forschungstätigkeit
Zum Berufsethos der Marktforschers sollte es zweifellos gehören, dass er seine Studien immer objektiv und nach anerkannten wissenschaftlichen Grundsätzen durchführt. Dazu gehört insbesondere auch, dass die Identität von Auskunftspersonen, obwohl bei der Datenerhebung häufig gar nicht zu verbergen, letztlich im Rahmen der Datenauswertung geschützt bleibt. Kennzeichen von Marktforschung und ihr Unterscheidungskriterium gegenüber anderen Formen der Datengewinnung bei Auskunftspersonen ist es ja gerade, dass vollständige Anonymität sichergestellt wird. Für die Marktforschung ist eine Kontaktaufnahme und Datenerhebung, die dem individuellen Verkauf, dem → Database-Marketing, der Werbung oder anderen forschungsfremden Zwecken dient, ein schwerwiegendes ethisches Vergehen.

Verwertungsinteressen der Marktforschung
Als eine ganz grundsätzliche forschungsethische Problematik können die mit kommerzieller (ggfs. auch akademischer) Marktforschung in der Regel verfolgten Erkenntnisziele und Verwertungsinteressen angesehen werden. Sie wird im Interesse anbietender Unternehmen betrieben und greift insofern immer nur ausgewählte Fragestellungen auf, beleuchtet nur ganz bestimmte, für das Anbietermarketing praktisch umsetzbare Aspekte des Nachfragerverhaltens: Marktforschung als „Hörrohr" der Unternehmen und weniger als „Sprachrohr" der Verbraucher. Deshalb bleiben uninteressante Zielgruppen oft ebenso ausgeblendet wie Bedürfnisse ohne ausreichende Kaufkraft. In diesem Zusammenhang werfen beispielsweise psychologische Studien oft das ethische Problem auf, dass sie dem interessierten Unternehmen tieferen Einblick in Emotionen und Motive des Verbrauchers gewähren als dies ihm selbst möglich wäre. Daran knüpft sich die Forderung, Marktforschung solle gerade mit solchen Erkenntnissen verantwortungsvoll umgehen und sie nicht zur psychologisch geschickten Ausnutzung für problematische Marketingzwecke bereit stellen.

(2) Ethische Probleme zwischen Marktforscher und Auskunftspersonen
Freiwilligkeit der Teilnahme
Ethische Forderungen richten sich hier z.B. gegen irreführende Praktiken, mit denen Marktforscher versuchen könnten, potenzielle Auskunftspersonen zur Teilnahme an einer Studie zu bewegen und das Untersuchungsziel sicher zu stellen. So sollten beispielsweise Befragte nicht durch Vorgabe einer deutlich kürzeren als der tatsächlich notwendigen Befragungsdauer zur Teilnahme verleitet werden. Häufig werden sie auch unzureichend oder gar nicht über die

Ziele einer Studie unterrichtet und erklären deshalb ihre Teilnahmebereitschaft in Unkenntnis der Ziele. Ethisch noch gravierender wäre der Fall, dass Auskunftspersonen überhaupt keine Gelegenheit erhalten, sich zur Teilnahme zu entscheiden, weil sie ohne ihr Wissen dazu herangezogen werden – beispielsweise bei Beobachtungsverfahren in voll biotischer Situation. Bei derartigen heimlichen Messungen sollen deshalb die Teilnehmer unmittelbar danach informiert werden und eventuell auch Gelegenheit erhalten, die Ergebnisse auf Wunsch löschen zu lassen. In bestimmen Fällen (etwa beim sog. Mystery Shopping) würde Letzteres allerdings mit den zentralen Zielsetzungen der Marktforschungsstudie kollidieren.

Recht auf Information
Wo sich aus methodischen Gründen eine Unterrichtung und Aufklärung von Auskunftspersonen schon bei der Kontaktaufnahme verbietet, können sich für den Marktforscher dennoch weitere ethische Informationspflichten ergeben. So dürfte es z.B. unstrittig sein, Befragte vorab um Zustimmung für den Einsatz von Aufzeichnungsgeräten zu bitten. Selbstverständlich sollten auch Befragungen von Kindern nicht ohne Einwilligung der Eltern erfolgen. Teilweise wird auch ganz grundsätzlich gefordert, Auskunftspersonen zumindest nachträglich über alle ihre Interessen potenziell betreffenden Aspekte einer Untersuchung zu informieren (Recht auf Nachbesprechung), so etwa über die Untersuchungsziele und den Auftraggeber.

Schutz vor psychischen Belastungen
Umstritten ist auch die Frage, inwieweit Erhebungsmethoden der Marktforschung die Untersuchungsteilnehmer psychischen Belastungen aussetzen dürfen. In manchen Testverfahren ist gerade dies die Intension des Forschers, etwa um eine realitätsnahe Entscheidungssituation unter → Zeitdruck nachzuempfinden. Psychische Belastungen können auch dadurch entstehen, dass Befragte durch ein Interview unangenehme und ihrem Selbstbild widersprechende Dinge über sich selbst erfahren oder durch das Erkennen eigener widersprüchlicher Denk- und Verhaltensweisen Dissonanzen empfinden.

Anonymität
Schließlich ist der schon angesprochene Schutz der Anonymität von Auskunftspersonen ein selbstverständliches und deshalb auch gesetzlich fixiertes Recht von Untersuchungsteilnehmern. Siehe dazu → Datenschutz im Marketing.

(3) Ethische Probleme zwischen Marktforscher und Auftraggeber
Hier gilt für jeden (Markt-)Forscher, dass er die gewonnenen Untersuchungsergebnisse den interessierten Adressaten (Auftraggeber, innerbetrieblicher Entscheider, etc.) in objektiver Weise präsentieren sollte. Mögliche Schwachstellen einer Studie (z.B. hinsichtlich Validität, Reliabilität, Repräsentativität) sollen offen gelegt werden, um schwerwiegende Fehlentscheidungen zu vermeiden. Weitere ethische Problemfälle betreffen hier speziell die Beziehung zwischen Marktforschungsinstitut und Auftraggeber. Institute handeln gegenüber ihren Auftraggebern unmoralisch (und rechtswidrig), wenn sie das Datenmaterial von Marktforschungsstudien verfälschen oder die daraus gewonnenen Informationen und abgeleiteten Schlussfolgerungen nicht ausschließlich dem Auftraggeber, sondern auch anderen zugänglich machen. Weitere ethische Forderungen können darauf hinauslaufen, dass Institute nicht Untersuchungsaufträge nur um ihrer selbst Willen annehmen sollen, obwohl ihnen bekannt ist, dass zu den aufgeworfenen Fragestellungen Informationen bereits in ausreichendem Maße vorhanden sind. Auch sollte ein Institut seinen Auftraggeber in Kenntnis setzen, wenn es zu vergleichbaren Themen bereits für ein Konkurrenzunternehmen tätig ist. Umgekehrt würden Unternehmen als potenzielle Auftraggeber unmoralisch handeln, wenn sie von mehreren Instituten elaborierte Forschungskonzepte und -angebote lediglich mit der Absicht einholten, selbst Know-how zu gewinnen. F.W.

Literatur: *Akaah, I.; Riordan, E.:* The Incidence of Unethical Practices in Marketing Research. An Empirical Investigation, in: Journal of the Academy of Marketing Science, Vol. 18 (1990), Nr. 2, S. 143–152. *ESOMAR European Society for Opinion and Marketing Research*, Internationaler Kodex für die Praxis der Markt- und Sozialforschung, Amsterdam 1995. *Tybourt, A.; Zaltman, G.:* Ethik in der Marktforschung. Ihre praktische Relevanz, in: *U. Hansen; B. Stauss; M. Riemer* (Hrsg.): Marketing- und Verbraucherpolitik, Stuttgart 1982, S 118-139.

Marktforschungsinstitute

erwerbswirtschaftliche oder gemeinnützige → Marketing-Dienstleister, die in kommerzieller oder wissenschaftlicher Absicht → Marktforschung betreiben. Man kann reine und gemischte (auch andere Marketing-Dienstleistungen anbietende) sowie Vollservice- bzw. Spezialinstitute (z.B. für Werbeforschung, Motivforschung etc.) unterscheiden.

Marktforschungsinstitute sind v.a. im Bereich der → Primärforschung tätig, weil dort häufig auf fixkostenträchtige Feldorganisationen zurückgegriffen werden muss und spezifisches Know How für die Durchführung von → Befragungen und → Beobachtungen unabdingbar ist. Die Arbeit erfolgt dabei in besonders enger Zusammenarbeit mit dem Auftraggeber. Darüber hinaus bieten viele Institute aber auch eigene → Standardinformationsdienste, z.B. → Omnibusbefragungen, → Panels oder bestimmte → Marktexperimente an.

In jüngerer Zeit entstanden in zunehmendem Maße sog. *Feldinstitute*. Wenn diese, neben ihrem ursprünglichen Zweck, ihren Interviewerstab quasi dem Auftraggeber zur Verfügung zu stellen, auch EDV-Auswertungen und darüber hinaus die Fragebogenentwicklung durchführen, wird die Abgrenzung zu den „Instituten" schwierig. Das kann im Einzelfall auch für *Marktforschungsberater* gelten. Im „Handbuch der Marktforschungsunternehmen 2000" des Dachverbandes BVM (→ Marktforschungsverbände) werden deshalb Vollservice-Institute definiert als solche, „die Marktforschungsstudien ohne wesentliche Fremdhilfe von der Planung bis zur Ergebnispräsentation durchführen können". Die Anzahl der in Deutschland tätigen Marktforschungsinstitute in diesem engen Sinne (ohne Marktforschungsberater) belief sich 1999 auf ca. 218.

Eine Umfrage des Branchendienstes Context ergab für 1999 einen Jahresumsatz von ca. 2,58 Mrd. DM. Dieser Umsatz wurde von ca. 9.928 angestellten Mitarbeitern erwirtschaftet. Ferner erbrachte die Studie folgende Branchenspezifika:

– Vom Gesamtumsatz entfielen 1999 ca. 40% auf die Aktivitäten ausländischer Tochtergesellschaften (1997: 31%).
– Hauptauftraggeber der Institute ist die Gebrauchs- und Konsumgüterindustrie mit 55% Umsatzanteil vor den Medien und Verlagen mit 14%, die öffentlichen Auftraggeber kommen auf einen Umsatzanteil von nur noch knapp 3%.
– Ad-hoc-Studien (38%) und kontinuierliche Forschung (17%), wie die Panel-Forschung, die mit 40% nach wie vor das umsatzmäßig größte Teilgebiet darstellt, teilen sich überwiegend den Umsatz. Die qualitative Forschung ist mit 8% vertreten. Die Sekundärforschung vereint durchschnittlich nur 1%, in einzelnen Firmen aber bis zu 60%.
– Die Datenlieferung an die Kunden erfolgt auf den Umsatz bezogen zu 85% herkömmlich im Wege von Präsentationen und Berichtsbänden. Die 218 Institute haben 1999 ca. 15 Mio. Interviews durchgeführt. Dabei stehen mit einem Anteil von 40% Telefoninterviews an der Spitze, gefolgt von persönlich mündlichen Interviews mit 37% und den schriftlichen Interviews mit 22%. Mit einem Anteil von weniger als 1% spielen Online-Interviews noch keine quantitativ bedeutsame Rolle. S.S.

Marktforschungsnetzwerke

sind mittel- bis langfristig angelegte, vertraglich geregelte Formen der Zusammenarbeit rechtlich und wirtschaftlich selbständiger, partnerschaftlich organisierter Unternehmen zur gemeinschaftlichen Erfüllung von, die → Marktforschung betreffende, Aufgaben. Die schnellstmögliche Verfügbarkeit qualitativ hochwertiger und genau auf den spezifischen Zweck des Anwenders zugeschnittener Marktdaten erfordert ein Leistungsspektrum, das von einem einzelnen → Marktforschungsinstitut immer seltener angeboten werden kann. Die Ansprüche der Abnehmer können vielmehr nur noch durch eine Kombination von Wertschöpfungsaktivitäten befriedigt werden, die eine Kooperation verschiedener Marktforschungsinstitute sowie damit in Zusammenhang stehende Unternehmen (z.B. → Datenbankanbieter) erforderlich macht. Diese treten in solchen Fällen nicht mehr nur in Konkurrenz zueinander, sondern gehen temporäre oder dauerhafte Formen von Kooperationen ein. Die Art der Leistungserstellung ist dabei nicht mehr nur durch die klassische Alternative zwischen Eigenfertigung versus → Out-Sourcing gekennzeichnet, vielmehr bilden sich neue Kooperationsformen, die gleichsam zwischen diesen beiden Eckpunkten stehen (s.a. → Netzwerkansatz). Beispielsweise vernetzen sich in der Pharma-Marktforschung sowohl klassische Institute als auch Pharma-Großhandlungen, Apotheken, Kassensystem-Hersteller und spezialisierte Beratungen zu einem äußerst arbeitsteiligen Netzwerk. S.S.

Marktforschungsverbände

Verbände auf dem Gebiet der Marktforschung lassen sich danach unterscheiden, ob es nationale oder internationale Vereinigungen sind, und ob es sich um Personen- oder Instituts-Verbände handelt.

Auf der nationalen Ebene gibt es in der Bundesrepublik Deutschland den *ADM* (*„Arbeitskreis Deutscher Markt- und Sozialforschungsinstitute"*). Wie der Name schon sagt, ist dies – seit 1960 – eine Vereinigung von Instituten (der aber bei weitem nicht alle angehören).

Ferner gibt es den *BVM* (*„Berufsverband Deutscher Markt- und Sozialforscher"*). Auch hier wird aus der Bezeichnungsweise bereits klar, dass es sich um eine Personenvereinigung handelt; sie umfasst Marktforscher (und „Sozialforscher") aus Instituten, Betrieben („betriebliche Marktforscher"), aber auch Hochschulen usw.

Dem BVM ähnliche Berufsverbände, als Personenvereinigung, existieren auch in Österreich: *VMÖ* (*„Verband der Marktforscher Österreichs"*) und der Schweiz: *SMS* (*„Verband Schweizerischer Marketing- und Sozialforscher"*). Hier gibt es zudem *„Swiss Interview"*, vordem *SILK (Schweizerische Instituts-Leiter-Konferenz)*.

Bezüglich der internationalen Ebene ist neben der *WAPOR* (*„World Association for Public Opinion Research"*) insb. *ESOMAR* (*„European Society for Opionion and Marketing Research"*) zu nennen.

Die Tätigkeit dieser Berufsverbände bezieht sich – nicht zuletzt vor dem Hintergrund der Problematik des → Datenschutzes – auch auf die Regelung berufsethischer Fragen (→ Marktforschungsethik). Schon Ende der 60er-Jahre wurden von ADM und BVM zusammen „Empfehlungen für vertragliche Vereinbarungen bei Forschungsaufträgen" entwickelt, die auch Fragen der Vertraulichkeit und Anonymität regelten. Im internationalen Rahmen hatte ESOMAR früher einen entsprechenden „Codex" entwickelt; später hat Ähnliches auch die ICC (International Chambre of Commerce – IHK: Internationale Handelskammer, in Paris) getan. Zum 1.1.1986 lag eine vereinheitlichte Fassung als „ICC/ESOMAR-Code", vor. Die deutsche Version, unter der Bezeichnung „IHK/E.S.O.M.A.R. Internationaler Codex für die Praxis der Markt- und Sozialforschung", wurde ebenfalls von ADM und BVM gemeinsam mit einer „Annahmeerklärung" versehen und damit verschärft. M.H.

Marktführer → Marktmacht, → Größenwettbewerb

Marktgeldtheorie → Marktraum

Marktgleichgewicht → Markt

Markthalle

räumliche Zusammenfassung von → Fach- und → Spezialgeschäften des → Einzelhandels und des → Handwerkshandels, die ‚unter einem Dach' an innerstädtischen Standorten von vergleichsweise hoher Zentralität (z.B. Fußgängerzonen) ein – in jüngerer Zeit vermehrt aufeinander abgestimmtes – Sortiment an Nahrungs- und Genussmitteln, vornehmlich des Frischwarenbereichs und des Außer-Haus-Verzehrs anbieten.

In der konkreten Ausgestaltung ihres Marktauftritts haben sich die Markthallen nach Angebot, Geschäftsfläche u.dgl.m. am jeweiligen, d.h. innenstadt- bzw. stadtteilspezifischen Wettbewerbsumfeld zu orientieren. Darüber hinaus können sie ebenso als organisatorisch verselbständigte Kooperationsform mit alleiniger Standortfindungskompetenz wie auch im Verbund mit standortlich bereits fixierten innerstädtischen → Einkaufszentren bzw. → Einkaufspassagen betrieben werden.

Empirisch-statistische Aussagen zur Struktur und Marktbedeutung der Markthallen in Deutschland basieren daher in der Regel auf nur bedingt nachvollziehbaren Schätzungen bzw. Hochrechnungen, so auch zuletzt die der BBE-Unternehmensberatung, Köln, für 1987: Danach lag der erzielte Jahresumsatz der ca. 25 Markthallen mit mehr als vier Betreibern zwischen 300 und 400 Mio. DM, wobei die Spannweite ihrer flächenbezogenen Größenordnung insgesamt mit 650–2500 qm, die einer durchschnittlichen Markthalle mit 800–1000 qm bei 4 – 18 Betreibern und einer Raumproduktivität von ca. 12.000 DM je qm angeben werden.

H.-J.Ge.

Markthandel

umgangssprachlich geprägter Sammelbegriff für alle Formen des → ambulanten Handels, so weit er sich an vorherbestimmten (Markt-) Plätzen vollzieht. Entsprechend unterschiedlich – wenn auch empirisch-statistisch kaum hinreichend dokumentiert, da jeweils nur in Teilaspekten erfasst – stellt sich der Markthandel in Deutschland dar; so insbesondere hinsichtlich des Warenangebots (z.B. spezialisierte Einzelhandelsmärkte für Kunstgegenstände, Antiquitäten, Briefmarken usw., Viehmärkte, Krammärkte), des Zeitbezugs (z.B. → Wochenmärkte, Kirmesmärkte, Jahrmärkte) oder der Trägerschaft (z.B. Gebietskörperschaften bei Wochenmärkten, private Veranstalter bei Automärkten).

H.-J.Ge.

Marktherausforderer

ein Unternehmen, das in einer Branche einen hohen Marktanteil besitzt und darum kämpft, Marktführer (→ Größenwettbewerb) zu werden. Stellt das Unternehmen den Status-Quo der Marktanteilsverteilung dagegen nicht in Frage, handelt es sich um einen *Marktmitläufer*.

Die Möglichkeiten, den Marktführer anzugreifen (→ Angriffsstrategie) sind vielfältig und besitzen sowohl eine quantitative als auch eine qualitative Dimension. Aus quantitativer Perspektive lassen sich Marktanteile zunächst dadurch gewinnen, dass man sie durch reine (aggressive) Preissenkungen „kauft" (→ Preisänderungen). Allerdings legen nicht nur das damit verbundene finanzielle Risiko, sondern auch die fehlende Ausrichtung auf einen strategischen → Wettbewerbsvorteil aus strategischer Sicht eine ganzheitliche Marktbearbeitung nahe, indem man etwa preisbezogene → Kundennutzenkonzepte entwirft und durch schlüssige → Niedrigpreisstrategien oder preisbetonte → Marketingstrategien (→ Discounting) umsetzt oder indem man die Beziehungen zum Handel durch geeignete → vertikale Marketingstrategien intensiviert (→ Push-Strategie).

Der unmittelbare Aufbau von Marktanteilen wird i.d.R. jedoch dadurch schwierig sein, dass der Marktführer seine → Marktmacht zur Abwehr der vom Marktherausforderer ergriffenen Maßnahmen einsetzt. Insofern stellt der indirekte Angriff mit dem Ziel, in einem ersten Schritt die qualitative Marktführerschaft und auf dieser Basis dann erst die quantitative Marktführerschaft zu erringen, nicht selten die erfolgsträchtigere Vorgehensweise dar. Dazu ist zunächst eine → Profilierung im Wettbewerb nötig, die z.B. auf der Entwicklung innovativer Produkte (→ Innovationsmanagement) oder einer auf exklusivere Marktsegmente (→ Marktsegmentierung) abzielenden → Produktdifferenzierung aufsetzt und mit geeigneten → Positionierungsstrategien oder dem Aufbau von → Premiummarken umgesetzt wird. A.Ha.

Literatur: *Kotler, Ph.; Bliemel, F.:* Marketing-Management, 9. Aufl., Stuttgart 1999.

Marktinterdependenzen

v.a. im → internationalen Marketing auftretende Abhängigkeitsbeziehungen bzw. Rückkopplungseffekte zwischen Ländermärkten. Kann ein Unternehmen strategische und operative Entscheidungen auf einem Ländermarkt unabhängig von den anderen bearbeiteten Ländermärkten treffen, so treten keine Rückkoppelungen auf. Hat jedoch eine länderspezifische Maßnahme relevante Auswirkungen auf einen oder mehrere Ländermärkte, auf denen sich ein Unternehmen bewegt, so kann die Marktbearbeitung nicht mehr isoliert erfolgen. Die Interdependenz erfordert einen länderübergreifenden simultanen Planungsansatz sowie eine internationale Koordination der Aktivitäten (s.a. → Arbitrage). Solche Interdependenzen können auf folgende Ursachen zurückgeführt werden:

Anbieterbezogene Rückkoppelungen wenn unternehmensinterne Einflussgrößen die Freiheitsgrade im internationalen Marketing reduzieren. Hierfür können die Konfiguration der internationalen Aktivitäten, Kostengrößen sowie länderübergreifende Unternehmensziele verantwortlich sein. *Nachfragerbezogene Rückkoppelungen* ergeben sich, wenn das Verhalten der Abnehmer eine isolierte Marktbetrachtung verhindert. Hier sind insbesondere die zunehmenden Informations- und Warenströme zu nennen (→ Internet, → Arbitrage). *Konkurrenzbezogene Rückkoppelungen* entstehen, wenn die Bearbeitung eines Ländermarktes die internationale Wettbewerbssituation mit Folgen für andere Ländermärkte verändert. B.I.

Literatur: *Backhaus, K.; Büschken, J.; Voeth, M.:* Internationales Marketing, 3. Aufl., Stuttgart 2000, S. 46-69.

Marktintervention

In → EG-Marktordnungen für Agrarprodukte wird häufig die angestrebte Preisstützung durch eine als Marktintervention bezeichnete Ankaufsverpflichtung des Staates oder einer von ihr beauftragten Institution sichergestellt. Wenn die Ankaufsverpflichtung zu einem festen Preis ohne Mengenbeschränkung gilt, wirkt die Interventionspreishöhe als Mindestpreisgarantie für die

landwirtschaftlichen Anbieter. Falls der Interventionspreis höher ist als der Gleichgewichtspreis des Marktes, kommt es zur Ansammlung von staatlichen Lagerbeständen, die nur mit zusätzlichen Aufwendungen (z.B. Exportsubventionen) vom Markt aufgenommen werden können.
Modifizierungen des Interventionspreissystems sind in einigen EG-Marktordnungen
- der Ersatz eines fixierten Interventionspreises durch Ankaufspreise, die sich in Ausschreibungsverfahren der Interventionsstellen bilden,
- die Zahlung von Beihilfen zur privaten Lagerhaltung, aus der die Ware bei verbesserten Marktbedingungen ausgelagert und verkauft wird. O.St.

Marktinvestitionen, spezifische (Marketing assets)

Absatzfördernde Investitionen in spezifisches Marketing- bzw. Marktkapital, z.B. Investitionen in kostspielige → Werbung, den Aufbau einer Markenreputation (→ Markenwert) oder eine Einführungspreisstrategie (→ Penetrationsstrategie), sind an ein bestimmtes Produkt bzw. eine Marke gebunden. Sie repräsentieren daher Investitionen bzw. Vermögenspositionen (assets), die nur in der Handlungsalternative (dem Verkauf dieses bestimmten Produktes) einen Wert besitzen, in die sie eingebracht wurden (→ Shareholder Value, → Wertorientierung). Spezifische Marketinginvestitionen sind irreversibel verloren, sobald ein Unternehmen diese Handlungsalternative aufgibt. Wegen der fehlenden Möglichkeit eines Transfers der spezifischen assets in andere Verwendungsmöglichkeiten, stellen die Kosten der eingebrachten Ressourcen versunkene Kosten (sunk costs) dar, sobald die Ressourcen investiert worden sind.
Spezifische Marketinginvestitionen wirken sowohl nachfrageorientiert (als Qualitätssignale) als auch wettbewerbsorientiert (als Signale zur Eintrittsabschreckung): Investitionen in marktspezifisches Kapital signalisieren den Nachfragern, dass Anbieter gezwungen sind, Reputation aufzubauen, um eine Rückgewinnung ihrer Investitionen durch Wiederholungskäufe zu sichern. Eine Reputation kann aber nur entstehen, wenn Unternehmen die zugesagte → Qualität anbieten. Nur Anbieter hoher Qualität werden in spezifisches Kapital investieren, da nur sie nicht fürchten müssen, dieses zu verlieren. Indem Anbieter spezifische Marketing assets wie eine Geisel oder einen „Qualitätspfand" in die Hände der Nachfrager legen und bei jedem Kauf erneut riskieren, binden sie sich glaubhaft an eine langfristige Marktteilnahme.
Versunkene Kosten aufgrund spezifischer Marketinginvestitionen können von den bereits im Markt befindlichen Anbietern auch wettbewerbsstrategisch eingesetzt werden, d.h. mit dem Ziel, einen → Markteintritt neuer Wettbewerber zu verhindern. Ein potentieller Konkurrent wird nämlich seine erwarteten Gewinne nicht einfach anhand des vor Eintritt bestehenden Preises („pre-entry-Preises") kalkulieren können. Vielmehr wird er Reaktionen der Marktetablierten auf den Neueintritt zu befürchten haben, die seine Markteintrittsentscheidung wesentlich beeinflussen. Für die Vorteilhaftigkeit des Markteintritts ist allein der „post-entry-Preis" entscheidend.
Ein potentieller Rivale müsste für den Marktzutritt ebenfalls irreversible Investitionen in spezifisches Kapital (Werbung etc.) vornehmen. Nur wenn die damit verbundenen Kosten, die ja erst bei Markteintritt versinken würden und für ihn daher noch vermeidbare Opportunitätskosten darstellen, durch spätere Gewinne gedeckt werden, lohnt sich diese Investition. Diese Markteintrittsüberlegung eines Newcomers werden die Etablierten aber vorwegnehmen und in ihr Kalkül einbeziehen, wobei sie ihre versunkenen Kosten verloren geben können, ohne dass die Produktion für sie unprofitabel würde. Als Preisuntergrenze in einem Unterbietungswettbewerb würde ein Etablierter daher seine reversiblen Stückkosten ansetzen. Die Höhe der sunk costs stellt somit den eigenständigen Wert eines Verbleibs im Markt, „the value of incumbency" (*Gilbert*), dar. Allein die Drohung eines bereits etablierten Unternehmens, den Preis nach Eintritt auf ein Niveau zu senken, bei dem der Gewinn aus Sicht des potentiellen Angreifers negativ wäre, kann einen Zutritt wirksam abschrecken.
Eine solche *Drohpreis-Strategie* kann aber nur deshalb glaubwürdig sein, weil sich der Etablierte durch die sunk costs glaubhaft daran bindet, seine Drohung nach etwaigem Eintritt wirklich wahr zu machen. Versunkene Kosten sind, weil sie bindende Verpflichtungen darstellen, ein Signal für die Entschlossenheit zur Vergeltung. Ohne sunk costs wäre es für den Etablierten nicht rational, den Preis nach Eintritt auf das an-

gedrohte Niveau zu senken, weil er dann selbst Verluste erleiden würde. Wenn der Newcomer aber antizipieren kann, dass ein Festhalten am Drohpreis nach erfolgtem Markteintritt keine gewinnmaximierende Strategie darstellt, hat dieser Preis keine eintrittsabschreckende Wirkung. Durch irreversible Marketinginvestitionen in der pre-entry-Phase kann ein Etablierter die Wettbewerbsbedingungen in der post-entry-Phase so beeinflussen, dass weitere Marktzutritte wirksam abgeschreckt werden.

H.B.

Literatur: *Baumol, W.J.; Willig, R.D.:* Fixed Costs, Sunk Costs, Entry Barriers and Sustainability of Monopoly, in: Quarterly Journal of Economics, Vol. 96 (1981) S. 405-431. *Gilbert, R.J.:* Mobility Barriers and the Value of Incumbency, in: *Schmalensee, R.; Willig, R.D. (Hrsg.):* Handbook of Industrial Organization, Vol. 1, Amsterdam et al. 1989, S. 475-535. *Hauer, R.:* Versunkene Kosten, Freiburg i. Br. 1990.

Marktkapazität → Marktpotenzial

Marktkonjunktur → Branchenkonjunktur

Marktlücke → Marktabgrenzung

Marktmacht

In der Wettbewerbstheorie wird Marktmacht – gleich ob als Angebots- oder als → Nachfragemacht – als begrifflicher Gegenpol zum funktionsfähigen Wettbewerb angesehen. Marktmacht wird einem Mangel an funktionsfähigem Wettbewerb gleichgesetzt, wobei Maßnahmen zur Unterbindung desselben als Beschränkung des Wettbewerbs bezeichnet werden. So verstanden wird Marktmacht mit einem negativen Werturteil belegt.

Demgegenüber wird Marktmacht in einem anderen Sprachgebrauch wertneutral, wenn nicht sogar mit positiver Bewertung definiert. Aus der Perspektive der „Chicago-Schule" sind große Unternehmen und damit Marktmacht ein Resultat überlegener Effizienz, die durch Größen- und Transaktionskostenersparnisse infolge von Synergie- und Skaleneffekten entsteht. Dies führt zu einer Konzentration des Angebots auf die leistungsfähigsten Unternehmen, weshalb marktbeherrschende Unternehmen das effiziente Ergebnis eines Institutionenwettbewerbs darstellen. Wettbewerbspolitiker sollten, dem bekannten Spruch *Stigler*s folgend, „…lieber Feuer oder Termiten statt sog. ‚marktbeherrschender Unternehmen'

bekämpfen". Macht wird als Fähigkeit gesehen, die Umwelt im Sinne eigener Zielsetzungen zu beeinflussen. Somit ist Macht eine unabdingbare Voraussetzung für wirtschaftliches Handeln. Wirtschaftliche Aktivitäten sind ohne Vorhandensein und Gebrauch von Macht gar nicht vorstellbar. I.d.S. ist Marktmacht nichts anderes als Marktgestaltungsfähigkeit (→ Markt), allerdings im Rahmen eines funktionsfähigen Wettbewerbs.

Das Vorhandensein faktischer Marktmacht im Vergleich zu vertraglichen Wettbewerbsbeschränkungen (etwa → Kartelle und Vertikalvereinbarungen, geregelt in §§ 1–13 GWB bzw. §§ 14–18 GWB) wird in der Wettbewerbspolitik mit dem Begriff Marktbeherrschung charakterisiert. Das → GWB unterscheidet dabei im § 19 als Generalklausel (früher § 22) horizontale Marktmacht (sog. Behinderungsmissbrauch) gegenüber anderen Unternehmen der gleichen Wirtschaftsstufe, d.h. eine dominierende Stellung auf dem relevanten Markt, wozu es einer → Marktabgrenzung bedarf, und vertikale Marktmacht (sog. Ausbeutungsmissbrauch) gegenüber vor- und nachgelagerten Wirtschaftsstufen, d.h. Ausnutzung der Abhängigkeit von Marktpartnern.

Während die Kontrolle des Missbrauchs marktbeherrschender Stellung bisher nur durch eine sog. Missbrauchsaufsicht erfolgte, kann mit der 6. GWB-Novelle von 1998 dieser Missbrauch nun auch durch eine unmittelbar wirkende Verbotsnorm untersagt werden (echtes Verbot, vgl. § 19 Abs. 1 GWB). Hierbei kann es um behindernde Preis- und Rabattstrategien, aber auch um langfristige Ausschließlichkeitsverträge gehen.

Das GWB verwendet dabei das Konzept der Marktbeherrschung, d.h. es sieht Gefahren für die Wettbewerbsfreiheit von Marktteilnehmern nicht erst im Monopolfall, sondern bereits dann, wenn bestimmte kritische Marktanteilswerte (50 % bei Unternehmensgruppen, 33 % bei Einzelunternehmen, vgl. § 19 Abs. 2 GWB) überschritten sind. Es liegt dann eine Marktbeherrschungsvermutung i.S. einer widerlegbaren Legalvermutung vor (vgl. § 19 Abs. 3 GWB). Um den wettbewerbspolitischen Instanzen den Nachweis marktbeherrschender Stellungen zu erleichtern, hat sich der Gesetzgeber bemüht, den unbestimmten Rechtsbegriff „Marktbeherrschung" justitiabel zu machen und daher präzise markt-

strukturelle Kriterien im Gesetz festgeschrieben (vgl. § 19 GWB).
Hierbei kommt es neben Marktanteilen insb. auf Finanzkraft, Zugang zu den Beschaffungs- oder Absatzmärkten, Verflechtungen mit anderen Unternehmen sowie rechtliche oder faktische Schranken für den → Markteintritt an. Dabei wird nicht übersehen, dass ein Machtproblem oft erst aus einer Kombination hoher Marktanteile mit starker Produktheterogenität infolge von Werbung, Markierung, Differenzierung etc. entsteht. Gerade auch in Bezug auf Hersteller-Handels-Beziehungen spielt die geringere Produktionsflexibilität der Industrie im Vergleich zur höheren Sortimentsflexibilität des Handels eine weitaus größere Rolle als der relative Marktanteil. Eine Artikelumstellung des Handels ist leichter zu leisten als eine Produktionsumstellung der Hersteller. Mit der ausdrücklichen Berücksichtigung der zwei nachfragerbezogenen Strukturmerkmale „Umstellungsflexibilität" und „Alternativen der Marktgegenseite" in der 5. GWB-Novelle 1989 wurde dem Rechnung getragen, wodurch eine stärkere Beschränkung der Nachfragemacht des Handels erfolgt. Überhaupt ist im Zuge der 5. und 6. Novellierung des GWB eine verstärkte Kontrolle vertikaler Marktmacht mit dem Ziel zu beobachten, ein Ungleichgewicht in Richtung horizontalen Wettbewerbs zu beseitigen oder zu verhindern. So wurden insb. die Instrumente der Fusions- und Verhaltenskontrolle, das Diskriminierungsverbot und das Konzept des relativen vertikalen Machtgefälles im Hinblick auf die Konzentrationsentwicklung im Handel verschärft.
Um einen Preismissbrauch als Folge einer marktbeherrschenden Stellung festzustellen, bedient sich das Wettbewerbsrecht der *Marktpreismethode*. Dabei wird der gegenwärtig auf einem Markt bestehende Preis verglichen mit einem hypothetischen Preis, der sich bei wettbewerblichen → Marktprozessen eingestellt hätte (Als-ob-Wettbewerb). Bei einer zu großen Differenz dieser beiden Preise wird *Preismissbrauch* vermutet. Die Festlegung des Als-ob-Maßstabes erfolgt entweder nach dem Vergleichsmarktkonzept (räumlich, zeitlich oder sachlich, vgl. § 22 Abs. 4 GWB) oder nach dem *Gewinnspannenkonzept*.
Das größte Problem bei der Erfassung einer herausragenden Marktstellung eines Unternehmens besteht in der sachgerechten Ermittlung von Marktanteilen, weil hierzu ein relevanter Markt definiert werden muss (→ Marktabgrenzung). Dabei wird die Verteilung des Marktvolumens auf die einzelnen Anbieter in Form von Marktanteilsquoten als Marktaufteilung bezeichnet. Die Marktaufteilung wird nach einem wert- (umsatz-) oder mengenmäßigen (Absatz-) Maßstab vorgenommen. Als Ergebnis der Marktaufteilung lässt sich die Marktposition jedes einzelnen Anbieters beschreiben. Die Marktposition gibt die Bedeutung eines Unternehmens im Vergleich zu anderen wieder. Die Marktposition wird im Kern über die Ermittlung des Marktanteils bestimmt. Dazu kommen qualitative Aussagen über die (produkt-)technologische, finanzielle und absatzpolitische Leistungsfähigkeit (Potentiale und Prozesse) eines Unternehmens.
Die Unternehmung mit dem größten Marktanteil ist der Marktführer, das nächstgrößte Unternehmen der Marktherausforderer. Der Marktführer hat eine dominante Position inne, prägt das Marktgeschehen und fühlt sich meist auch für den Markt verantwortlich, wenn es um dessen Gesamtsituation, etwa bei Bedrohung durch Technologiesubstitution oder bei Eintritt neuer Wettbewerber, geht. Der Marktführer ist häufig Orientierungspunkt für die Wettbewerber, insb. bei der Preissetzung (→ Preisführerschaft). H.B.

Literatur: *Schmidt, I.:* Wettbewerbspolitik und Kartellrecht, 6. Aufl., Stuttgart 1999. *Bunte, H.-J.:* Die 6. GWB-Novelle – Das neue Gesetz gegen Wettbewerbsbeschränkungen, in: Der Betrieb, 35/1998, S. 1748-1754. *Tirole, J.:* Industrieökonomik, München, Wien 1995.

Markt-Media-Erhebung/-Analyse

Konsumentenbefragung, die sowohl Informationen zum → Konsumentenverhalten als auch zum Mediennutzung gleichzeitig als Single-Source-Erhebung erfasst. Zu den bekanntesten Markt-Media-Analysen in der BRD zählen die → Media-Analyse (MA), die → Allensbacher Werbeträger-Analyse und die → Verbraucheranalyse (→ Medienanalyse).

Marktmitläufer → Marktherausforderer

Marktmonitorsystem

Erhebungsinstrumentarium im Rahmen der → Marktforschung – speziell für → Frühwarnsysteme -, mit dessen Hilfe regelmäßig bestimmte, v.a. qualitative Merkmale von

Absatzmärkten (z.B. Produktwissen, Werberesonanz, Produkteinstellungen) erhoben und in der Art eines → Panels verfolgt werden (z.B. → Werbemonitor). Fortschrittliche Marktmonitorsysteme liefern diese Daten in EDV-gerechter Form zur Verknüpfung mit anderen Daten in Marktetinginformationssystemen, um auf diese Weise → Marktreaktionsfunktionen ermitteln können. H.D.

Marktmorphologie
→ Marktformenschema

Marktneuheit → Innovation

Marktnische → Nischenstrategie

Marktordnung → Marktsystem

Marktorientiertes Umweltmanagement
ist ein betriebliches Führungskonzept, das sich durch die Verpflichtung auszeichnet, Belastungen für Mensch und Umwelt in allen Unternehmensbereichen und bei allen Aktivitäten der Unternehmung konsequent zu verringern bzw. zu vermeiden, ohne vorhandene Wettbewerbsvorteile einzubüßen und auf Marktchancen verzichten zu müssen. Durch den Anspruch, den Umweltschutz in der Unternehmung aus der marktlichen Perspektive zu gestalten, unterscheidet sich das marktorientierte Umweltmanagement von Konzepten, die den Umweltschutz ausschließlich aus moralischen Gründen fordern. Darüber hinaus wird dem gesellschaftlichen Anspruch nach Umweltschutz in Abhängigkeit von der jeweiligen Betroffenheit des Unternehmens eine hohe Priorität eingeräumt. Alle Aktivitäten des Unternehmens werden hinsichtlich ihrer ökonomischen (ökonomische Effizienz), ökologischen (ökologische Effizienz) und gesellschaftspolitischen Konsequenzen (soziale Effektivität) geprüft. Die ökonomische Effizienz drückt sich in der Fähigkeit einer Unternehmung aus, Wertschöpfungspotenziale durch Umweltschutz auszuschöpfen und in Wettbewerbsvorteile umzusetzen. Dagegen zielt ökologisch effizientes Handeln auf eine Minimierung von Ressourcenverbrauch, Emissionen und ökologischen Risikopotenzialen (eco-performance). Gesellschaftspolitische Unterstützung (Legitimität) wird durch eine Beachtung gesellschaftlicher Ansprüche relevanter Gruppen und Institutionen (ökologische Stakeholder) nach Umweltschutz erreicht. Die Verfolgung ökologischer, ökonomischer und gesellschaftspolitischer Ziele durch das marktorientierte Umweltmanagement steht im Einklang mit dem Leitbild nachhaltigen Wirtschaftens (→ Sustainable Development). Umweltprobleme (z.B. Verknappung wichtiger Rohstoffe), Umweltkatastrophen (z.B. die globale Erderwärmung) und zunehmendes Umweltbewusstsein in der Öffentlichkeit führen sowohl zu Marktchancen als auch zu Risiken für Unternehmen (→ Ökologisches Marketing).

Abb. 1: Zielbereiche des marktorientierten Umweltmanagements

Da die Wirkzusammenhänge im Umweltbereich oft nur sehr unzureichend bekannt sind, bezieht sich das Ziel nach Verminderung bzw. Vermeidung von Umweltbelastungen durch betriebliche Aktivitäten immer auf eine relative Verbesserung der Umweltqualität.

(1) Ökologische Zielbereiche sind: Ressourcenschutz (Material und Energie), Emissionsbegrenzung (Abluft, Abwasser, Lärm, Abwärme und Strahlen), Abfallminderung, Risikobegrenzung, Einsatz umweltverträglicher Produktionsprozesse und -technologien, Herstellung umweltverträglicher Produkte.

(2) Ökonomische Zielbereiche sind: Kostenreduzierung durch Einsparungen an Material und Energie, Profilierung der Umweltqualität als Kundennutzen (z.B. Öko-Marken, Verwendung von → Umweltzeichen).

(3) Gesellschaftspolitische Zielbereiche sind: Einhaltung von Umweltschutzgesetzen, keine gesundheitlichen Gefährdungen von Anspruchsgruppen (z.B. Anwohner), Dialog mit Anspruchsgruppen, Schaffung von Transparenz.

Marktorientiertes Umweltmanagement

Abb. 2: Zielkonflikte im marktorientierten Umweltmanagement

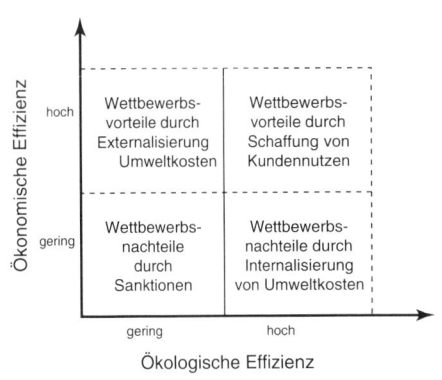

	gering	hoch
Ökonomische Effizienz hoch	Wettbewerbsvorteile durch Externalisierung Umweltkosten	Wettbewerbsvorteile durch Schaffung von Kundennutzen
Ökonomische Effizienz gering	Wettbewerbsnachteile durch Sanktionen	Wettbewerbsnachteile durch Internalisierung von Umweltkosten

Ökologische Effizienz

Umweltschutz und Wirtschaftlichkeit können sich sowohl gegenseitig fördern (komplementäre Zielbeziehung, z.B. Energie- und Materialeinsparung, Image, Mitarbeitermotivation) als auch behindern (konkurrierende Zielbeziehung, z.B. Umweltkosten). Das Umweltschutzziel steht insbesondere mit längerfristigen, strategischen ökonomischen Zielorientierungen in einem komplementären Zusammenhang (z.B. Sicherung der Unternehmensexistenz). Auch lassen sich durch Umweltschutz zum Teil erhebliche Kostensenkungs*potenziale* erschließen. Es ist belegt, dass sich ökologische und ökonomische Ziele häufiger gegenseitig fördern als behindern. Viele Unternehmen messen dem Umweltschutz allerdings oft nur eine mittlere bis geringe Bedeutung zu.

Marktorientierte Unternehmensführung ist
- *mehrdimensional* (Verfolgung ökologischer, sozialer und ökonomischer Ziele),
- *funktionsübergreifend* (Umweltschutz als Querschnittsfunktion),
- *unternehmensübergreifend* (sektorale Umweltschutzkooperationen),
- *marktübergreifend* (Umweltschutz als gesellschaftlicher Anspruch),
- *antizipativ* (proaktiver Umweltschutz) und
- *interdisziplinär* (Schnittstellencharakter des Umweltschutzes).

Grundlegende Prinzipien sind:
- *Verantwortungsprinzip*: Übernahme gesellschaftspolitischer Verantwortung durch das Unternehmen,
- *Kreislaufprinzip*: Modell der „*Circular Economy*" mit geschlossenen Stoffkreisläufen,
- *Kooperationsprinzip*: Kooperation der an den Wertschöpfungs- und Stoffkreisläufen beteiligten Akteure über alle Phasen eines Produktlebenszyklus, von der Rohstoffgewinnung bis zur Entsorgung („*von-der-Wiege-bis-zur-Bahre*"-*Prinzip*),
- *Marketing-Prinzip* (→ Ökologisches Marketing): Profilierung des Umweltschutzes als Kundennutzen.

Marktorientiertes Umweltmanagement beinhaltet eine konsequente Umsetzung des Umweltschutzes bei der Planung, Organisation, Durchführung und Kontrolle sämtlicher Aktivitäten eines Unternehmens. Eine Umweltmanagement-Konzeption umfasst nach dem *St. Galler Management-Ansatz* Ziele (normatives Umweltmanagement), Strategien (strategisches Umweltmanagement) und Maßnahmen (operatives Umweltmanagement). Das normative Umweltmanagement legt generelle Leitlinien und Oberziele zum Umweltschutz fest (z.B. „Sicherung der natürlichen Lebensgrundlagen"). In den Leitlinien kommt die gesellschaftspolitische Verantwortung des Unternehmens zum Ausdruck. Der Aufbau ökologischer Planungs-, Führungs- und Controllingsysteme (→ Öko-Controlling) sowie die Strategieentwicklung und -fixierung (z.B. ökologische Wettbewerbsstrategien, Risiko- und Krisenstrategien) sind Aufgaben des strategischen Umweltmanagements. Instrumente und Maßnahmen zur Umsetzung der Strategien und zur Erreichung der gesetzten Ziele sind Gegenstand des operativen Umweltmanagements. Darüber hinaus muss der Umweltschutz in die Aufbau- und Ablauforganisation des Unternehmens integriert werden. Der Gesetzgeber sieht dafür die Umweltschutzbeauftragten vor (Immissionsschutzbeauftragte nach §§52–58 Bundesimmissionsschutzgesetz [BImSchG], Gewässerschutzbeauftragte nach §§21a–21g Wasserhaushaltsgesetz [WHG] und Betriebsbeauftragte für Abfall nach §§11a–11f Abfallgesetz [AbfG]). Weitergehende Organisationskonzepte für den Umweltschutz sind im Rahmen von funktionalen Organisationen (z.B. Abt. Umweltschutz), Stab-Linienfunktionen (Stabsstelle „Umweltschutz"), Matrixorganisation (Umweltschutz als Querschnittsfunktion) und Projektorganisation („Umweltschutzteams") möglich. Ablauforganisatorische Regelungen beziehen sich auf die Steuerung konkreter Arbeitsabläufe und -prozesse mittels Arbeitsrichtlinien. Mitarbeiterbezogene Aus- und Weiterbildungsprogramme sowie umweltschutzorientierte Anreizsysteme ergänzen im Verhaltensbereich das Führungskonzept.

Abb. 3: Umweltmanagement-Konzept

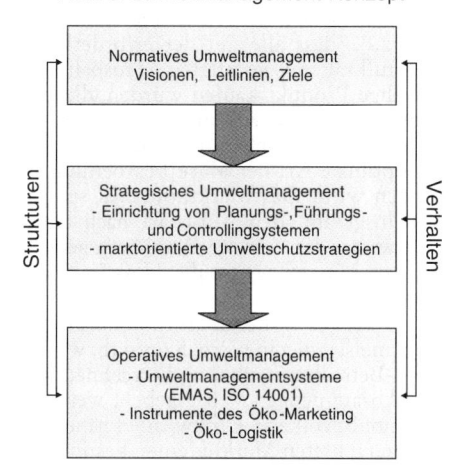

```
                Normatives Umweltmanagement
                Visionen, Leitlinien, Ziele
                            ↓
Strukturen   Strategisches Umweltmanagement              Verhalten
             - Einrichtung von Planungs-, Führungs-
               und Controllingsystemen
             - marktorientierte Umweltschutzstrategien
                            ↓
             Operatives Umweltmanagement
             - Umweltmanagementsysteme
               (EMAS, ISO 14001)
             - Instrumente des Öko-Marketing
             - Öko-Logistik
```

Marktorientiertes Umweltmanagement erfordert den Einsatz strategischer *ökologieorientierter Planungsmethoden* und -instrumente zur Analyse der unternehmensinternen Stärken und Schwächen im Umweltschutz (interne Analyse) und zur Identifikation von unternehmensexternen (marktlichen, politisch-rechtlichen, technologischen, gesellschaftlichen) Chancen und Risiken im Umweltbereich (→ Öko-Controlling, → Ökologisches Marketing). Die ökologieorientierte interne und externe → Stärken-Schwächen-Analyse wird als *Öko-SWOT* bezeichnet.

Umweltschutzstrategien können generell hinsichtlich des Strategiebezugs (Gesellschaft, Markt, Unternehmen) und der Strategieausrichtung (defensiv vs. offensiv) unterschieden werden (→ Ökologisches Marketing). Im Hinblick auf den Grad der Bereitschaft der Unternehmung zur Übernahme gesellschaftspolitischer Verantwortung können folgende grundlegende umweltorientierte *Strategieoptionen* ergriffen werden:

a) ökologisch innovativ: Umweltschutz wird gleichermaßen als gesellschaftliche Verpflichtung und als marktliche Chance aufgefasst,
b) ökologisch reaktiv: Umweltschutz wird als unternehmerisches Risiko eingeschätzt und nur dann im Unternehmen umgesetzt, wenn bei Nichtbeachtung negative Konsequenzen drohen (z.B. Umwelthaftung, Imageschäden),
c) ökologisch resignativ: ersatzloser Rückzug aus umweltgefährdenden Geschäftsfeldern durch Aufgabe (ökologisch positiv) oder Verlagerung (ökologisch negativ),
d) ökologisch resistiv: gegen den Umweltschutz wird Widerstand geleistet und öffentliche Ansprüche werden abgewehrt.

Die operative Umsetzung von Strategien des marktorientierten Umweltmanagements erfolgt in den Handlungsfeldern Betrieb (z.B. Beschaffung, Produktions- und Prozesstechnologien, Entsorgung/ Recycling), Produkt (z.b. höhere Lebensdauer, geringe → Obsoleszenz), Mitarbeiter (z.B. Schulung, Motivation) und Öffentlichkeit (z.B. Information von Anspruchsgruppen). Zunehmend werden Umweltmanagementsysteme nach der EG-Öko-Audit-VO (EMAS) bzw. nach der ISO 14001 Richtlinie eingerichtet. In Deutschland ließen sich bis Ende 1999 ca. 2.400 Unternehmen(sstandorte) nach EMAS und ca. 1.800 nach ISO 14001 zertifizieren. Die Marktbearbeitung erfolgt mit Instrumenten des Ökologischen Marketing. Dazu gehört die ökologieorientierte Produkt-, Verpackungs- und Markenpolitik, der ökologieorientierte Kundendienst, die ökologieorientierte Preis-, Kommunikations- und Distributionspolitik. I.Ba.

Literatur: *Junkernheinrich, M.; Klemmer, P.; Wagner, G.:* Handbuch zur Umweltökonomie, Berlin, 1995. *Meffert, H.; Kirchgeorg, M.:* Marktorientiertes Umweltmanagement, 3. Aufl., Stuttgart 1998. *Wagner, G.:* Betriebswirtschaftliche Umweltökonomie, Stuttgart 1997.

Marktpenetration → Feldanteil

Marktpolarisierung
spezifische Ausprägung der → Marktdynamik. Insb. Konsumgütermärkte, lassen sich nach → Preislagen in drei Schichten aufteilen: gehobene, mittlere und untere Preisklasse (= oberes, mittleres und unteres Marktsegment).
Für die jeweiligen Marktschichten gibt es bestimmte Abnehmergruppen. So bezeichnet man die Nachfrager im unteren Marktsegment als *Preiskäufer*, die im mittleren Marktsegment als *Markenkäufer* und die im oberen Marktsegment als *Marken- und Prestigekäufer* (→ Preislagenwahl).
Während früher der mittlere Markt häufig das größte Marktvolumen aufwies und die

Marktposition

Märkte die Form einer „Zwiebel" hatten, zeichnet sich in jüngerer Zeit ab, dass die mittlere Schicht zugunsten des oberen und/oder unteren Marktsegmentes an Volumen verliert (sog. Verlust-der-Mitte-Phänomen). Die ehemalige „Marktzwiebel" wird damit auf vielen Märkten zu einer „Marktglocke". Dieses Phänomen ist ein Resultat der Konsumpolarisierung, also zunehmend extremer werdenden Käuferverhaltens, aufgrund eines umfassenden → Wertewandels. So handeln die „neuen" Konsumenten nicht mehr nach den „Regeln" und Verhaltensweisen, die man ihrer Einkommensschicht in früheren Jahren zugeordnet hat; d.h. Konsumenten mit niedrigem Einkommen kaufen ebenso wenig ausschließlich billige Ware wie besserverdienende nur teure Produkte kaufen. Ein und derselbe Konsument verhält sich heute beim Kauf von z.B. Lebensmitteln als Grundnahrungsmittel preisbewusst, während er hingegen bei Textilien und/oder bei Unterhaltungselektronik höchste Ansprüche hegt und teure Marken kauft. Man spricht hier deshalb vom Phänomen des „gespaltenen Konsums" bzw. → hybriden Verbrauchers. Diesem Trend folgen auch die Absatzmittler, insb. der Einzelhandel. So verliert auch hier der klassische Einzelhandel zugunsten des qualitätsorientierten Erlebnishandels für Markenkäufer und des preisorientierten Versorgungshandels für Preiskäufer (→ Handelsmarketing).

Diese Entwicklung stellt besonders die Anbieter im mittleren Marktsegment vor neue strategische Überlegungen zur Positionierung ihrer Produkte (→ Preislagenpolitik, → Preispositionierung). Wenn die mittlere Marktschicht schwindet, müssen zukünftig die Produkte im oberen oder unteren Marktsegment positioniert werden. Das mittlere Marktsegment kann dann eigentlich nur eine „Zwischenstation" bei der Produktpositionierung sein. Bewegt sich eine Unternehmung vom mittleren Marktsegment zum oberen, so spricht man vom → Trading Up, während eine Orientierung in Richtung des unteren Marktsegmentes als → Trading Down bezeichnet wird. A.T.

Literatur: Becker, J.: Die strategische (Neu-) Verteilung von Märkten. Marktschichtenveränderungen und positionsstrategische Konsequenzen, in: asw, 29. Jg. (1986), Sonderheft 10, S. 78-88.

Marktposition → Marktmacht

Marktpotenzial

uneinheitlich gebrauchter Begriff, bei dem zumeist auf die unter theoretisch optimalen Bedingungen maximal absetzbaren Mengen eines Gutes (Absatzpotenzial) bzw. den entsprechenden Umsatz (Umsatzpotenzial) Bezug genommen wird. Dabei unterstellt man z.B., dass alle mit der erforderlichen → Kaufkraft ausgestatteten Haushalte das jeweilige Produkt kaufen würden, die Distribution und andere Umstände keine Kaufschwellen verursachen und auch ansonsten die optimale Art der Marktbearbeitung gefunden wird. Das Marktpotenzial spiegelt also insgesamt den → Bedarf nach einem Gut wider, der von den Anbietern gedeckt werden könnte, wenn alle Umstände dies zulassen.

Zur *Berechnung* des Marktpotenzials geht man meist auf eine Pro-Kopf- (bzw. Firmen)-Betrachtung über und errechnet, welche Absatzmengen sich ergeben, wenn die gesamte Bevölkerung (bzw. alle Firmen) eines betrachteten Marktes einen bestimmten Pro-Kopf-Verbrauch aufweisen. In der Investitionsgüter-Marktforschung wird das Marktpotenzial oft auch indirekt über volkswirtschaftliche Indikatoren, z.B. die Anzahl der Beschäftigten, das Produktionsvolumen der Betriebe oder die Anzahl der jeweiligen Kunden, geschätzt.

Im Gegensatz zum Marktpotenzial kennzeichnet die *Marktkapazität* die Aufnahmefähigkeit eines Marktes ohne Berücksichtigung der Kaufkraft, d.h. unter der Prämisse, dass jeder Haushalt so viel kaufen könnte, wie es seinen → Bedürfnissen entspricht.

Marktpreis → Markt

Marktpreismethode → Marktmacht

Marktproduktion → Geschäftstypen

Marktprozesse

In der neoklassischen Markttheorie ist ein → Markt der zeitlos gedachte Ort des Aufeinandertreffens von Angebot und Nachfrage. Die Handlungen der Marktteilnehmer beschränken sich auf das Anpassen von Mengen an zu Kosten von Null ermittelte Preise, die alle Informationen vollständig vermitteln. Die perfekten Märkte der Neoklassik sind leb- und prozesslos, von den eigentlichen Prozessen des Austausches der Leistungen einmal abgesehen. In der Realität jedoch lässt sich die Funktionsweise von

Märkten nur durch darüberhinausgehende Marktprozesse erklären und verstehen. Sobald ressourcenbeanspruchende Marktprozesse zur Koordination individueller Dispositionen thematisiert werden, verlässt man die fiktive und sich so gegen Kritik und Falsifizierbarkeit immunisierende Welt der neoklassischen Analyse und wendet sich dem in letzter Zeit zunehmend erforschten Gebiet der Unvollkommenheitsökonomie zu. Als Hauptrichtungen dieser „Neueren Mikroökonomie" gelten die (Neue) Industrieökonomik und die → Institutionenökonomik.

Die Erkenntnis, dass gerade die der eigentlichen Transaktion vor- und nachgelagerten Marktprozesse die Höhe der → Transaktionskosten im Wesentlichen bestimmen, lässt viele der Phänomene realer Märkte in einem anderen Licht erscheinen. Die Summe der ex ante- und ex post-Transaktionskosten beeinflusst als Effizienzkriterium in entscheidendem Maße die Gestaltung und Wahl wirtschaftlicher Systeme. Neben Kontrahierungsprozessen (diese umfassen Aushandlungs-, Abschluss-, Absicherungs- und Kontrollprozesse) sind v.a. Informationsprozesse als Arten von Marktprozessen zu unterscheiden. So sind die Informationsstände der Akteure (das Marktwissen) nicht wie in der Neoklassik exogen gegeben und in bestimmter Weise verteilt, sondern durch bewusste und gezielte Informationsaktivitäten bestimmt. Auf vielen Märkten, wie etwa auf solchen für Erfahrungs- und Vertrauensgüter, sind Prozesse der direkten Informationssuche durch die Nachfrager (Screening) aufgrund prohibitiv hoher Informationskosten ökonomisch irrational und das Marktwissen über Qualitäten, Preise etc. daher zunächst asymmetrisch verteilt (→ Informationsökonomik). Hier kann ein Marktversagen im Zuge einer adversen Selektion überhaupt erst durch Informationstransferprozesse der Anbieter (→ Signaling) verhindert werden. Spezifische Investitionen in Qualitätssignale wie → Marken, → Werbung, → Garantien oder Einführungspreise ermöglichen Anbietern hoher → Qualität, sich von opportunistischen Unternehmen zu separieren. Opportunismus kann sich bei exchange goods, die schon vor Vertragsabschluss existieren, durch Verschweigen verborgener Qualitätsmängel (hidden characteristics) äußern. Gerade im → Dienstleistungs- und → Investitionsgütermarketing sind aber die Transaktionsobjekte zum Zeitpunkt des Kaufs noch gar nicht vorhanden. Da hier letztlich keine Güter, sondern Leistungsversprechen in Form von Kontrakten getauscht werden, spricht man von sog. Kontraktgütern. Die Möglichkeit des Anbieters, unbeobachtete Handlungsspielräume opportunistisch ausnutzen (hidden action), führt hier zum Problem des moral hazard. Außerdem lassen sich Kontraktgüter nur erbringen, wenn der Nachfrager in seiner Verfügungsgewalt befindliche, sog. externe Produktionsfaktoren (Informationen, Handlungen, Objekte) einbringt.

Auf die zentrale Bedeutung wettbewerblicher Marktprozesse für die evolutorische Fortentwicklung von → Marktsystemen haben *von Hayek* und *Schumpeter* hingewiesen. Ihre Gedanken prägen bis heute das inzwischen weitgehend geteilte Konzept des dynamischen Wettbewerbs. Danach sind Märkte durch permanente Vorstoß- und Verfolgungsprozesse gekennzeichnet. Der Wettbewerb wird als „Entdeckungs- und Suchverfahren" charakterisiert, in dem findige Unternehmer neues Wissen und innovative Problemlösungen hervorbringen, die es ohne Wettbewerbsanreize nicht gegeben hätte. Die dadurch entstehenden → Marktbarrieren ermöglichen die Schaffung von Quasi-Monopolen, die den *Schumpeter*'schen → Pionierunternehmer vor nachziehenden Unternehmen schützen und ihm zumindest temporär Pioniergewinne sichern. In einem Prozess schöpferischer Zerstörung kommt es durch imitierende Folger-Unternehmen zu einer sukzessiven Entwertung der aufgebauten Wissensvorsprünge, indem nun alle Unternehmen die bessere Leistung erbringen bzw. neuerlich Pionierunternehmen vorstoßen. Dieser Prozess abwechselnder Wissenserzeugung und -entwertung sorgt dafür, dass der Markt nicht in einem stationären Zustand verharrt, sondern auf ein höheres Entwicklungsniveau gelangt. Monopolgewinne (also positive Preis-Grenzkosten-Margen) sind aus dieser Perspektive keine second best-Lösungen, sondern vitales Element dynamischer Marktökonomien.

Marktprozesse sind letztlich immer Reflexe des Marktverhaltens der Akteure, das sich v.a. im strategisch kalkulierten Einsatz von Wettbewerbsparametern äußert und so die entstehenden Marktstrukturmerkmale – wie etwa Informationsverteilung, Innovationsdynamik, Konzentrationsrate und Höhe der Marktbarrieren – entscheidend mitbestimmt. Insofern wird das Struktur-Verhaltens-Ergebnis-Paradigma der klassischen Industrieökonomik gleichsam „auf den Kopf gestellt" (Verhalten → Struktur → Ergebnis). Marktstrukturen sind aus einer prozessualen Marktsicht heraus eher Folgen und nicht Ursachen des Marktverhaltens und daher endogen zu erklären. Im Ergebnis dieser Ausführungen können aus marktprozesstheoretischer Perspektive in Anlehnung an *Schneider* Märkte als durch Marktstruktur und Marktverhalten geordnete Marktprozesse beschrieben werden.

Die zunehmende Abwendung der Unternehmen von isolierten, diskreten Einzeltransaktionen hin zur Etablierung langfristiger → Geschäftsbeziehungen als nicht zufällige Folge von Transaktionen bedingt, dass Marktprozesse mehr und mehr unabgeschlossene, dauerhafte Phänomene sind.
H.B.

Literatur: *Hayek, F.A. von*: Freiburger Studien, Tübingen 1969. *Irmscher, M.*: Markenwertmanagement, Frankfurt/M. u.a. 1997. *Scherer, F.*: Stand und Perspektiven der Industrieökonomik, in: *Bombach, G.; Gahlen, B.; Ott, A.E.* (Hrsg.): Industrieökonomik. Theorie und Empirie, Tübingen 1985, S. 3–19. *Schneider, D.*: Betriebswirtschaftslehre, Bd. 1: Grundlagen, München u.a. 1993. *Schumpeter, J.*: Kapitalismus, Sozialismus und Demokratie, Bern 1950.

Marktpsychologie → Werbepsychologie, → Handelspsychologie

Marktqualität → Marktaustritt

Marktraum

Ein Marktraum ist das Ergebnis einer Marktabbildung (→ Markt) mit Hilfe topologischer Methoden. Solche räumlichen Marktmodelle verkörpern allgemein die zwischen Anbietern, Nachfragern, Bedarfsmittlern, Produkten, Bedürfnissen usw. bestehenden Relationen, hinter denen sich im konkreten Fall Gemeinsamkeiten, Unterschiede, Ähnlichkeiten, Unähnlichkeiten, Affinitäts-, Konkurrenz-, Austausch-, Präferenzbeziehungen und dergleichen mehr verbergen können. Da üblicherweise eine Fülle von Anbietern, Nachfragern, Produkten usw. das Geschehen bestimmen, bedarf es naturgemäß vergleichsweise komplexer Marktmodelle, um die zwischen diesen Elementen als ganzen und den für sie charakteristischen Merkmalen gegebenen Beziehungen abzubilden.

Historisch gesehen haben räumliche Marktmodelle ihren Ursprung in sozialpsychologischen Theorien. Eine Schlüsselrolle kommt dabei *Lewins* Feldtheorie und *Heiders* Balancetheorie zu, die beide – als Ansätze zur Erklärung sozialer Meinungsbildung und deren Verhaltensimplikationen – die Grundlage für *Spiegels* bahnbrechendes Modell der Meinungsverteilung hinsichtlich eines Meinungsgegenstandes bilden. Erkenntnisziel in Spiegels Modell ist die Wahrnehmung von Produkten im sozialen Umfeld. Charakteristisch für diese wie für alle anderen Marktmodelle ist die Anordnung der marktrelevanten Meinungsobjekte entsprechend den von den Betroffenen subjektiv wahrgenommenen Relationen, die bezüglich bestimmter Meinungsdimensionen herrschen, und/oder von Meinungsträgern, bei denen es sich um Individuen, soziale Gruppen oder nach anderen Kriterien definierte Gebilde handeln kann, und zwar hinsichtlich eben dieser Meinungsdimensionen.

Während bei Spiegel die räumliche Darstellung von Fernerliegendem und Näherstehendem noch metaphorisch gemeint war, sind die heutigen Marktmodelle topographische, also durchaus geometrische Modelle. Sie werden nunmehr nicht nur zur Abbildung der subjektiven Sicht, sondern auch der realen, objektiven Gegebenheiten eingesetzt. Zur Erfassung der zwischen den Objekten eines Marktmodells bestehenden Relationen in einem Raum verwendet man das Konzept der räumlichen Nähe. Hierbei werden mehrere Objekte mit Hilfe mathematisch-geometrischer Verfahren derart in einem zwei- oder mehrdimensionalen Raum abgebildet, dass diese um so näher beieinander liegen, je ähnlicher sie objektiv sind bzw. als je ähnlicher sie wahrgenommen werden („psychological nearness"). Diesen Vorgang nennt man allgemein → Positionierung.
H.B.

Literatur: *Bauer, H.H.*: Marktabgrenzung, Berlin 1989.

Marktreaktionsfunktionen

beschreiben den Zusammenhang zwischen einer zu prognostizierenden Absatzgröße (z.B. Absatzvolumen, Marktanteil) und der Intensität des Einsatzes von → Marketing-Instrumenten in quantitativer Form. Eine einfache Marktreaktionsfunktion ist z.B. die aus der Volkswirtschaftslehre bekannte Nachfragefunktion $x = f(p)$.

Hier stellt x die Absatzmenge in Stück während eines bestimmten Zeitraums und p den

vom Unternehmen geforderte Preis dar, sodass diese Funktion auch als → Preis-Absatz-Funktion bekannt ist. Die Funktionsform (z.B. lineare oder Hyperbel-Funktion) kann preispsychologisch deduziert und empirisch getestet werden.
Die einfache Marktreaktionsfunktion muss – um zu praxisnahen Aussagen und verlässlichen Prognosen zu kommen – in dreifacher Hinsicht erweitert werden:
– möglichst *alle* absatzpolitischen Instrumente (Preis, Werbung, Distribution, Produktgestaltung) müssen als Wirkungsgrößen einbezogen werden (üblicherweise beschränken sich Marktreaktionsfunktionen aber auf quantitative und kurzfristig variierbare Größen),
– die Funktion ist *dynamisch* zu formulieren, d.h. alle Größen müssen als Zeitreihen vorliegen. Dies gilt insb. bei Vorliegen von → Carryover-Effekten (oft beschränkt man sich aber auch auf statische Modelle auf Basis von Querschnittsdaten, etwa aus verschiedenen Geschäften oder Regionen),
– die Funktion muss *stochastisch* (d.h. zufallsabhängig) sein, da niemals alle Wirkungsgrößen erfasst werden können und der unerklärte Rest als zufällige Störvariable berücksichtigt werden sollte.
Bezeichnet man mit W_t den Werbeaufwand, mit D_t den Distributionsaufwand, jeweils im Zeitraum t, und mit e_t die Störvariable, dann könnte eine lineare Marktreaktionsfunktion wie folgt aussehen:

$$x_t = a - bP_t + cW_t + dD_t + e_t \qquad (t=1...T)$$

Qualitative Größen können in begrenztem Umfang durch → Dummy-Variablen oder durch Indexwerte (z.T. auch subjektiv geschätzt) abgebildet werden. Auch situative Variablen, z.B. Saisoneinflüsse, kann man auf diese Weise einbeziehen. Konkurrenzaktivitäten berücksichtigt man entweder direkt durch Aufnahme entsprechender Variablen in das Schätzmodell oder indirekt durch Spezifikation relativer unabhängiger Variablen (z.B. eigener Preis zu Durchschnittspreis der Wettbewerber). Bei Markträgheiten führt die Aufnahme des Vorperiodenwertes der abhängigen Variablen in den Satz der unabhängigen Variablen oft zu guten Ergebnissen.
Bei der Spezifikation des Schätzmodells (Funktionsverlauf und Verknüpfung der unabhängigen Variablen) kommen neben linear-additiven und multiplikativen Modellen insb. → Attraktionsmodelle in Betracht, die sich relativ einfach linearisieren lassen. Multiplikative Modelle weisen die Elastizität des jeweiligen Marketing-Instruments direkt im Exponenten aus, unterstellen allerdings konstante Elastizität über den gesamten Wertebereich und (wegen der multiplikativen Verknüpfung) totale Interdependenz aller unabhängigen Größen.

$$x_t = a \cdot P_t^b \cdot W_t^c \cdot D_t^d \cdot e_t \qquad (t=1...T)$$

Mit Hilfe der multiplen → Regressionsanalyse kann man die Modellparameter (a, b, c und d) so schätzen, dass die Funktion die wahren Werte möglichst genau annähert. Inwieweit dies gelingt, wird mit dem → Bestimmtheitsmaß (F-Test) und → T-Tests auf Signifikanz der einzelnen Regressionskoeffizienten überprüft. Bei unbefriedigenden Werten versucht man nach dem trial and error-Prinzip eine erneute Schätzung mit veränderter Modellspezifikation. Falls die → Zeitstabilitätshypothese gilt, kann diese Marktreaktionsfunktion zur → Absatzprognose bzw. → Simulation des künftigen Absatzes bei Einsatz eines bestimmten → Marketing-Mix verwendet werden (→ Marketingplanung).
Die Daten für die Modellschätzung hierfür stammen insb. aus (Scanner-)Panels (meist als Querschnittanalyse), aber auch aus internen Statistiken (Längsschnittanalyse) oder speziellen → Marktexperimenten.

K.-W.H./H.D.

Literatur: *Bukhari, I.*: Marktreaktionsfunktionen, in: *Diller, H.* (Hrsg.): Marketingplanung, 2. Aufl., München 1998, S. 293–337.

Marktrecht

Sammelbezeichnung für alle das Marktgeschehen regulierenden und in der → Binnenhandelspolitik zu entscheidenenden Gesetze und Verordnungen, die sich in vielfältiger Weise gliedern lassen, wobei die Gesetzessystematik selbst wegen zahlreicher Änderungen und Verlagerungen nicht vollkommen ist und z.T. auch Widersprüche enthält.
Grundlegend neben den grundsätzlichen Regelungen des BGB und des HGB sind das → GWB und das → EWG-Kartellrecht, die soz. die „Wirtschaftsverfassung" konstituieren, aber auch das → UWG, in dem der Umgang unter Kaufleuten am Markt geregelt ist. Darüber hinaus gibt es Regulierungen, die nach den Teilbereichen des Marketing-Mix unterteilt werden können. Soweit sie in diesem Lexikon (z.T. mit weiteren

Marktreichweite

Unterstichworten) erläutert werden, sind dies:
(1) Für das Produkt-Mix
 - → Urheber- und → Markenrecht
 - → Gebrauchsmusterrecht
 - → Patentrecht
 - → Lebensmittelkennzeichnung
 - → Eichgesetz
(2) Für die Preispolitik
 - → Preisverordnung
 - → VOB
 - → Zugabevorordnung
 - unterschiedlich verankerte Regelungen bzgl.
   - → Preisschleuderei
   - → Preisüberhöhung
   - → Unter-Einstandspreis-Verkäufe
   - → Kartelle
   - → VOB
   - → Preisbindung
   - → Preisabsprachen
(3) Für die Distributionspolitik
 - Regelungen des BGB, z.B. bzgl.
   - → Kaufverträgen
   - → Kontrahierungszwang oder
   - → Vertragsbruch
 - Regelungen des HGB, z.B. bzgl.
   - → Handelsvertreter und
   - → Kommissionäre
 - Recht der → Sonderveranstaltungen, z.B.
   - → Räumungsverkäufe oder
   - → Schlussverkäufe
   - → Ladenschlussgesetz
(4) Für die Kommunikationspolitik
 - ein v.a. auf dem → UWG aufbauendes → Werberecht mit Bestimmungen z.B. bzgl. → Werbeangaben, → Suggestivwerbung, → Testwerbung, → Vergleichende Werbung
 - → Wettbewerbsregeln

Hinzu treten die steuerrechtlichen Vorschriften (→ steuerliche Aspekte des Marketing) sowie zahlreiche Sonderbestimmungen, z.B. bzgl. des → Datenschutzes. Die Fülle der Regulierungen macht zunehmend ein eigenes Marketing-Rechts-Management erforderlich.
Die Durchsetzung des Marktrechts geschieht z.T. über die Kartellbehörden und -gerichte (→ Kartellsenat), z.T. durch Aufsichtsämter, z.T. durch die Betroffenen selbst im Wege der Privat- oder Verbandsklage (→ Verbraucherschutz), z.T. durch Selbstüberwachungsorgane wie den → Deutschen Werberat oder Wettbewerbsvereine, wie die → Zentrale zur Bekämpfung unlauteren Wettbewerbs. H.D.

Literatur: *Ahlert, D.*: Rechtliche Grundlagen des Marketing, 2. Aufl., Stuttgart 1996.

Marktreichweite

regionale Ausdehnung des Absatz- („Absatzreichweite") bzw. Beschaffungsmarktes („Beschaffungsreichweite") einer Unternehmung (s.a. → Internationalisierung).

Marktreife → Markt

Marktsättigung

Marktsättigung ist eine im Rahmen des → Marketing und insbesondere der → Wettbewerbsstrategie zu berücksichtigende strategische Marktsituation, bei der die Nachfrage auf dem betrachteten Markt begrenzt ist (→ Marktdynamik). Die Anbieter sehen sich einer Situation gegenüber, in der auf längere Sicht die Nachfrage nicht auszuweiten ist. Zur Messung von Marktsättigung bedarf es des Vergleichs der Größen → Marktpotenzial und → Marktvolumen. Anhand einer statischen Betrachtung dieser beiden Größen lässt sich die Marktsättigung als eine Marktsituation beschreiben, bei der das Marktpotenzial ausgeschöpft ist und dem bisherigen Marktvolumen entspricht. Ein Wachstum auf diesem Markt ist nicht mehr möglich. Die inflationsbereinigte Wachstumsrate entspricht dem Wert Null (s.a. → Marktstagnation).
Gesättigte Märkte sind meist geprägt von hoher Konkurrenzintensität, steigendem Kostendruck und einem → Verdrängungswettbewerb. Die Anbieter des Marktes sind nicht zwingend alle gleich von der Situation betroffen, aber Marktanteilsgewinne sind nur in Form eines → Nullsummenwettbewerbs möglich. Bei den Nachfragern dominiert der Ersatzbedarf.

A.T./A.Hey.

Literatur: *Köhler, R.*: Marktsättigung als absatzwirtschaftliches Kapazitätsproblem, in: *Corsten, H.; Köhler, R.; Müller-Merbach, H.* (Hrsg.): Kapazitätsmessung, Kapazitätsgestaltung, Kapazitätsoptimierung – eine betriebswirtschaftliche Fragestellung, Stuttgart 1992, S. 95-114. *Wangen, E.*: Marketingstrategien in einem gesättigten Markt – am Beispiel des deutschen Biermarktes, in: ZfbF, 45. Jg. (1993), S. 175-186.

Marktschichtung → Marktpolarisierung

Marktschrumpfung

Im Rahmen des Strategischen Marketing und insb. der → Wettbewerbsstrategie relevante Ausprägung der → Marktdynamik, dessen Kennzeichen eine Wachstumsrate kleiner Null ist.

Gründe für das Schrumpfen des Marktvolumens sind eine abfallende Branchenkonjunktur, eine → Marktsättigung mit rückläufigen Konsumentenzahlen, die Einführung von Substitutionsprodukten und -technologien in den Markt oder die Änderung der gesetzlichen Rahmenbedingungen. Das Halten einer erreichten Marktposition ist nur auf Kosten der anderen Wettbewerber möglich, was zu einem verschärften Wettbewerb führt und nicht selten in einem ruinösen → Preiswettbewerb (Verdrängungswettbewerb) endet. Unternehmungen, die diesem existenzbedrohenden Verdrängungswettbewerb entgehen wollen, bleibt meist nur das Ausweichen auf andere Märkte, also der → Markteintritt auf geographisch neue Märkte mit dem ursprünglichen Produkt (Strategie der Markterweiterung) oder mit einem neuen Produkt (Strategie der → Diversifikation) sowie andernfalls die Entwicklung eines neuen Produktes für den bestehenden Markt (→ Innovationsmanagement), wobei es sich hier um ein völlig neues Produkt für die gleiche Zielgruppe oder auch nur um eine Weiterentwicklung des Produktes handeln kann (→ Wachstumsstrategie). Hierzu gehören auch die Aufnahmen bzw. Erweiterungen von Serviceleistungen. A.T.

Literatur: *Meffert, H.*: Marketing-Management, Wiesbaden 1994.

Marktsegmentierung

(1) Begriff und Ziele

Im engeren Sinne ist unter Marktsegmentierung die (Auf-)Teilung heterogener Gesamtmärkte *in homogene Teilmärkte (Segmente, Käufergruppen, Käuferklassen, Käufertypen)* mittels bestimmter Merkmale der tatsächlichen bzw. potentiellen Käufer (Segmentierungsmerkmale) zu verstehen. In einem weiteren, anwendungsbezogenen Sinne umfasst die Marktsegmentierung zusätzlich die gezielte Bearbeitung eines oder mehrerer Segmente mit Hilfe segmentspezifischer Marketing-Programme. Die hier zugrunde gelegte weitere Begriffsfassung beinhaltet somit sowohl Aspekte der Markterfassung als auch Aspekte der Marktbearbeitung.

Die Markterfassungsseite der Marktsegmentierung hat auf geeigneten Modellen aufzubauen, die Kaufverhaltensunterschiede zwischen einzelnen Käufern anhand kaufrelevanter → Marktsegmentierungsmerkmale erklären (kaufverhaltensorientierter Ansatz, vgl. dazu *Abb. 1*). Zum Auffinden homogener Segmente lassen sich geeignete Erhebungs- und insbesondere mathematisch-statistische Auswertungsmethoden heranziehen (methodenorientierter

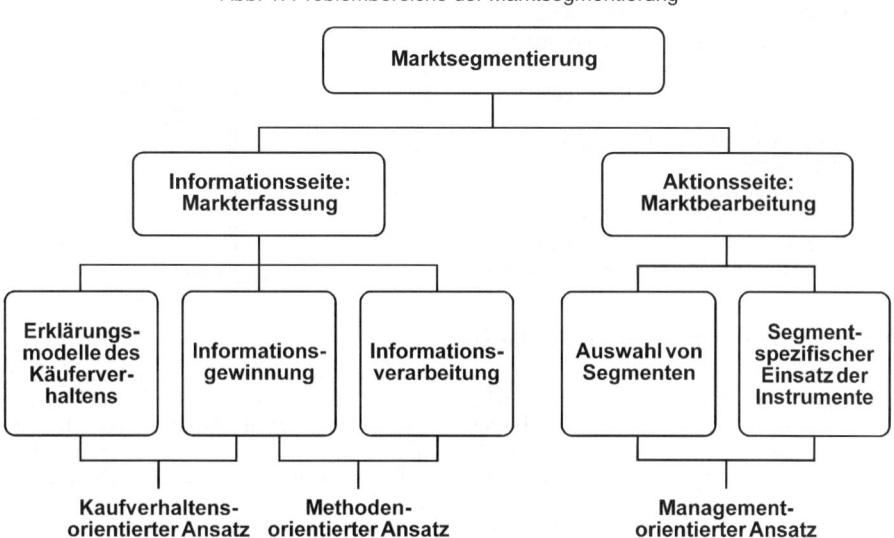

Abb. 1: Problembereiche der Marktsegmentierung

Marktsegmentierung

Ansatz). Beim management- oder entscheidungsorientierten Ansatz der Marktsegmentierung sind Entscheidungen über die Auswahl der zu bearbeitenden Segmente sowie über entsprechende segmentspezifische Marketing-Programme zu treffen.

Die Marktsegmentierung vermag einer Vielzahl von *Zielen und Zwecken* zu dienen, die sich sowohl auf die Markterfassung als auch die Marktbearbeitungsseite des Marketing beziehen (vgl. dazu die Übersicht in der *Abb. 2*).

Abb. 2: Ziele und Zwecke der Marktsegmentierung

1. Marktidentifizierung
   a) Abgrenzung des relevanten Gesamtmarktes
   b) Bestimmung der relevanten Teilmärkte
   c) Auffinden vernachlässigter Teilmärkte (Marktlücken, Marktnischen)
2. Bessere Befriedigung der Konsumentenbedürfnisse
3. Erzielung von Wettbewerbsvorteilen
4. Vermeidung von Substitutionseffekten zwischen den Marken im eigenen Sortiment
5. Rechtzeitige Beurteilung von Neueinführungen der Konkurrenz und rechtzeitiges Ergreifen von Gegenmaßnahmen
6. Beurteilung der eigenen Marktposition im Vergleich zur Positionierung der Konkurrenzprodukte
7. Richtige Positionierung von Neuprodukten
8. Präzisierung der Zielgruppen eingeführter Marken (evtl. Umpositionierung)
9. Fundierte Prognose der (segmentspezifischen) Marktentwicklung
10. Exaktere Ableitung von Marktreaktionsfunktionen
11. Gezielter Einsatz der Marketing-Instrumente
12. Optimale Allokation des Marketing-Budgets auf die einzelnen Segmente
13. Erhöhung der Zielerreichungsgrade (z.B. Erhöhung des Gewinns, des Umsatzes)

(2) Verhaltensorientierter Ansatz der Marktsegmentierung

Ein segmentspezifischer Einsatz der Marketing-Instrumente setzt voraus, dass Unterschiede zwischen den Käufern bestehen, die es zu berücksichtigen gilt. Die Marktsegmentierung hat auf geeigneten Modellen des → Käuferverhaltens aufzubauen, wobei folgende *Arten von Käufern bzw. Märkten* zu unterscheiden sind:

– Konsumenten (Konsumgütermärkte)
– Produktionsunternehmen (Investitionsgütermärkte)
– Händler (Wiederverkäufermärkte)
– öffentliche Verwaltung (Staatliche Märkte).

Wenn eine Unternehmung ein Produkt auf mehreren dieser Märkte anbietet (z.B. einen PC), ergeben sich bereits Ansatzpunkte für einen entsprechenden marktspezifischen Einsatz der Marketing-Instrumente.

Die Unterscheidung zwischen Käufern (bzw. Verwendern) und Nichtkäufern (bzw. Nichtverwendern) einer Produktart lässt sich als eine *Marktsegmentierung der ersten Stufe* kennzeichnen. Für den Fall, dass es durch den Einsatz von Marketing-Instrumenten nicht möglich ist, aus Nichtkäufern Käufer zu machen, konzentrieren sich die Marketing-Anstrengungen – und zwar aller Konkurrenten – auf das Segment der Käufer (vgl. *Abb. 3*). Die „eigentliche" Marktsegmentierung teilt diese Käufer der Produktart in homogene Segmente ein *(Marktsegmentierung der zweiten Stufe)*.

Abb. 3: Zweistufige Segmentierung der Gesamtheit aller Käufer

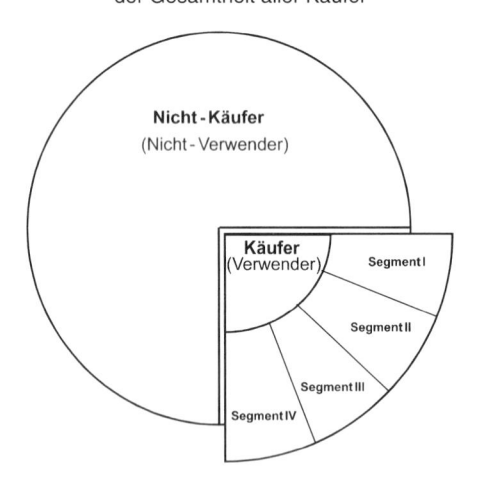

Erklärungsmodelle des Käuferverhaltens sollten zugleich Unterschiede im Kaufverhalten und damit Ansatzpunkte für die Marktsegmentierung erklären können. Unabhängig von der jeweiligen Struktur solcher Modelle des Käuferverhaltens werden beobachtbare Merkmale und/ oder nicht beobachtbare (hypothetische Konstrukte) zur Erklärung des Verhaltens analysiert. Die Ausprägungen eines oder mehrerer solcher Merkmale werden zur Abgrenzung von Marktsegmenten eingesetzt (z.B. in Bezug auf das Merkmal Alter: → Jugend- vs. → Seniorenmarkt; → Marktsegmentierungsmerkmale).

(3) Methodenorientierter Ansatz der Marktsegmentierung
Empirische Erhebungen zum Käuferverhalten und zur Identifikation von Marktsegmenten erfassen an umfangreichen Stichproben die Ausprägungen einer Vielzahl von als relevant erachteten Merkmalen der Käufer. Zur Auswertung dieser umfangreichen Datensätze bieten sich entsprechende *multivariate Datenanalysemethoden* unter Einsatz der EDV (→ Multivariatenanalyse) an, insb. → Clusteranalysen. Der methodenorientierte Ansatz der Marktsegmentierung umfasst entsprechende Erhebungs- und insbesondere Auswertungsmethoden.

Die *multiple* → *Regressionsanalyse* wird zur Aufdeckung und Erklärung des Zusammenhanges zwischen Kaufverhalten (als abhängiger, zu erklärenden Variablen) und mehreren unabhängigen Variablen (Kaufverhaltensdeterminanten) eingesetzt. Die Regressionsanalyse gibt Aufschlüsse über die Kaufrelevanz von Käufermerkmalen und damit über deren Eignung als Segmentierungsmerkmal.

Die sog. → *AID (Segmentierungsanalyse, Kontrastgruppenanalyse)* deckt in einer mehrstufigen Vorgehensweise diejenigen Käufermerkmale und deren Kombinationen (als erklärende Variable) auf, die in Bezug auf eine zu erklärende abhängige Variable (z.B. Verbrauchsvolumen in der untersuchten Produktart) zu Segmenten führen, die in sich möglichst homogen und untereinander möglichst heterogen sind.

Die *multiple* → *Diskriminanzanalyse* untersucht die Abhängigkeit einer nominal skalierten abhängigen Variablen von metrischen, unabhängigen Käufermerkmalen und geht dabei von einer bereits bekannten Segmentzugehörigkeit aus (z.B. die sich ausschließenden Käuferschaften von zwei oder mehr Marken). Es werden diejenigen Trennvariablen gesucht, welche die Zugehörigkeit des Käufers zu diesen Segmenten am trennschärfsten erklären.

Die → *Faktorenanalyse* analysiert die Interdependenzen zwischen den Ausprägungen der erhobenen Variablen und deckt untereinander unabhängige Faktoren auf. Sie führt zu einer Reduktion der Ausgangsdaten auf relevante Grunddimensionen. Bei der Analyse vergleichender Produkt-/Markenbeurteilungen in einer Vielzahl von Eigenschaften dient die Faktorenanalyse zugleich der → Positionierung von Marken und Käufern in einem mehrdimensionalen Eigenschaftsraum.

Die → *Clusteranalyse* ordnet die Käufer anhand der Ähnlichkeit ihrer Ausprägungen in einer Mehrzahl relevanter Merkmale einzelnen Segmenten zu, die in sich möglichst homogen und untereinander möglichst heterogen sind. Es findet keine Unterscheidung zwischen abhängigen und unabhängigen Variablen statt.

Die → *mehrdimensionale Skalierung (MDS)* konstruiert auf der Basis von Ähnlichkeits- bzw. Präferenzdaten (z.B. in Bezug auf Marken einer Produktart) mehrdimensionale Eigenschaftsräume unter gleichzeitiger Positionierung der Beurteilungsobjekte. Die multidimensionale Skalierung aufgrund von Präferenzdaten positioniert zugleich die Käufer, und zwar anhand der den Präferenzen implizit zugrunde liegenden Vorstellungen von einem idealen Produkt.

Als Ergebnis des verhaltens- und methodenorientierten Ansatzes liegen folgende Informationen vor:
– Zahl der Marktsegmente
– Segmentvolumina bzw. –potenziale
– Beschreibung der Segmente anhand relevanter Käufermerkmale
– Trennschärfe (Heterogenität) und Homogenität der Segmente

Auf diesen Informationen baut der entscheidungs- bzw. managementorientierte Ansatz der Marktsegmentierung auf.

(4) Managementorientierter Ansatz der Marktsegmentierung
Es sind Entscheidungen über die Auswahl der zu bearbeitenden Segmente und über entsprechende segmentspezifische Marketing-Programme zu treffen. Beide Entscheidungen hängen eng zusammen, denn der Zielbeitrag eines Segments hängt von den segmentspezifischen Umsätzen und Kosten und damit auch von den segmentspezifischen Marktbearbeitungsmaßnahmen ab.

Eine strategische Entscheidung bezieht sich zunächst auf das Problem, ob man sich überhaupt auf erkennbare Marktsegmente einstellen will und wie viele Segmente zu bearbeiten sind (→ Marketingstrategie).

Marktsegmentierung

Die klassische Unterscheidung zwischen einer undifferenzierten, einer konzentrierten und einer differenzierten Strategie nimmt auf zwei Dimensionen der Marktbearbeitung Bezug. Die Dimension *„Differenzierung des Instrumenteeinsatzes"* zeigt auf, ob ein einziges oder mehrere Marketing-Programme formuliert werden. Nach der Dimension *„Abdeckung des Marktes"* lassen sich Strategien der vollständigen und der teilweisen Marktabdeckung unterscheiden. Abb. 4 gibt einen Überblick über die vier sich so ergebenden Strategien.

Abb. 4: Segmentspezifische Marktbearbeitungsstrategien

Abdeckung des Marktes \ Grad der Differenzierung	undifferenziert	differenziert
vollständig	undifferenziertes Marketing (1)	differenziertes Marketing (Gesamtmarkt) (3)
teilweise	konzentriertes Marketing (2)	differenziertes Marketing (einzelne Segmente) (4)

Bei der *undifferenzierten Marktbearbeitungsstrategie* (Feld 1) wird der Gesamtmarkt mit einem Produkt und einem Marketing-Programm angesprochen. Eine Segmentierung des Marktes ist im Grunde nicht notwendig. Diese Strategie konzentriert sich auf die Gemeinsamkeiten aller Marktsegmente, ohne auf segmentspezifische Besonderheiten einzugehen. U. U. kann dies mit der → Wettbewerbsstrategie der → Kostenführerschaft verbunden werden. Den Vorteilen einer entsprechenden Massenproduktion stehen hohe Marketing-Kosten im harten Wettbewerb gegenüber, wenn die Konkurrenten ebenfalls eine undifferenzierte Strategie verfolgen. Außerdem können Wettbewerber mit segmentspezifischen Produkten und Programmen in den Markt einbrechen.

Bei der *konzentrierten Marktbearbeitungsstrategie* (Feld 2) richtet sich die Unternehmung mit einem Produkt und Programm an dasjenige Marktsegment, dessen Bearbeitung den höchsten Zielerreichungsbeitrag liefert. Die Konzentration eines mittelständischen Unternehmens auf eine Marktnische (→ Nischenstrategie) lässt sich als eine solche konzentrierte Marktbearbeitungsstrategie kennzeichnen. Diese Strategie birgt allerdings in dynamischen Märkten das Risiko einer starken Abhängigkeit von der Entwicklung des bearbeiteten Segments in sich.

Bei der *differenzierten Marktbearbeitungsstrategie* spricht eine Unternehmung alle oder ausgewählte Segmente des Marktes an. Die Differenzierung betrifft entweder das gesamte Marketing-Programm (incl. des Produktes) oder nur einen Teil der Marketing-Instrumente. Durch die Teilhabe am Potenzial mehrerer Segmente ergeben sich im Vergleich zur Konzentrationsstrategie Umsatzsteigerungen, Kostendegressionen und eine Risikostreuung. Die Differenzierung des Instrumenteeinsatzes erhöht im Vergleich zur undifferenzierten Strategie die Produktionskosten (Produkt und Verpackungsvarianten) und einen Teil der Marketing-Kosten (z.B. Marktforschungs-, Werbe- und Lagerhaltungskosten).

Die extremste Art der Differenzierung liegt vor, wenn jeder Kunde individuell bearbeitet wird (→ Individualisierung). Das ist in vielen Investitionsgüter-, Handwerks- und Dienstleistungsbereichen der Fall („*segment of one approach*"). Derzeit wird im Rahmen des → Beziehungsmarketing versucht, eine individuellere Problemlösung unter Beibehaltung der Vorteile der Massenfertigung auch in anderen Märkten, wie dem PKW-Markt, zu realisieren (→ mass customization).

Bei der *Auswahl von Segmenten* sind insbesondere folgende Beurteilungskriterien zu berücksichtigen:

- Erzielbare Umsätze
  - Segmentvolumen und -potenzial
  - Erzielbare Preise im Segment
- Kosten der Segmentbearbeitung
  - segmentspezifische Fixkosten
  - variable segmentspezifische Herstellkosten
  - segmentspezifische Marketing-Kosten (z.B. Werbung, Verkaufsförderung, Außendiensteinsatz)
- Entwicklungstendenzen in den Segmenten
- Konkurrenzsituation in den Segmenten
- Erreichung von Marketing-Zielen in den einzelnen Segmenten unter Berücksichtigung der Ungewissheit.

→ *Positionierungsmodelle* stellen einen engen Zusammenhang zwischen Segmentierungskriterien, Segmentgröße, Positionen konkurrierender Produkte, Positionierungsstrategie und segmentspezifischen Marktbearbeitungsmaßnahmen her.

Bei den Strategien der konzentrierten und differenzierten Marktbearbeitung hat sich der Einsatz der Marketing-Instrumente auf das jeweils ausgewählte Marktsegment auszurichten. Bei der Ansprache mehrerer Marktsegmente ist mindestens ein Instrument differenziert einzusetzen, in vielen Fällen differenzierte Marketing-Programme.

Die → *Produktpolitik* als das „Herz des Marketing" hat die Wünsche, Bedürfnisse und Produktanforderungen des anzusprechenden Segments zu berücksichtigen. Die Ansprache mehrerer Segmente führt dementsprechend häufig zur Entwicklung segmentspezifischer Produktvarianten (→ Produktdifferenzierung). So bietet VW eine Mehrzahl von PKW-Marken an (z.B. Golf, Polo, Passat) und pro Marke eine Vielzahl von Varianten (z.B. unterschiedliche Motorversionen, Ausstattungs- und Farbvarianten). Die Ausprägungen der Idealmarken des Positionierungsmodells weisen auf entsprechende Anforderungen der einzelnen Segmente hin.

Im Konsumgüterbereich ergeben sich häufig zusätzliche Impulse für eine differenzierte Produktpolitik aufgrund von Anregungen oder sogar Forderungen des Handels in Bezug auf die Produktion von → *Handelsmarken*. Das führt in der Regel zur Ansprache neuer Marktsegmente (die vom Markenartikel des Herstellers nicht erreicht werden), mit entsprechenden Auswirkungen auf die Markierung, Verpackung, Fabrikabgabe- und Endabnehmerpreise sowie auf die Distributionspolitik, da Handelsmarken selektiv über einen Absatzkanal vertrieben werden.

Das anzusprechende Marktsegment stellt in der Regel zugleich die → *Zielgruppe* für *kommunikative Maßnahmen* dar. Eine segmentspezifische Zielung hat dabei folgende Aspekte zu berücksichtigen:
– Auswahl geeigneter Werbeträger, mit denen die Zielgruppe erreicht werden kann (→ Mediaselektion)
– segmentspezifische Gestaltung der kommunikativen Botschaften und Werbemittel (→ Werbemittelgestaltung)
– Häufigkeit der kommunikativen Ansprache (Kontakte pro Zielperson, Besuchshäufigkeit insbesondere in Investitionsgüter- und Wiederverkäufermärkten)
– Bestimmung segmentspezifischer Kommunikationsbudgets bzw. Verteilung des Kommunikationsbudgets auf einzelne Segmente (→ Budgetierung).

Die → *Preis-* und → *Konditionenpolitik* bietet eine Vielzahl von Möglichkeiten einer segmentspezifischen Marktbearbeitung (Preise, Rabatte, Absatzkredite, Lieferungs- und Zahlungsbedingungen). In vielen Konsumgütermärkten dient z.B. die Preisakzeptanz einzelner Käufer zugleich als Segmentierungskriterium (z.B. preisbewusste vs. qualitätsbewusste vs. preisleistungsbewusste Käufer, Differenzierung nach einzelnen → Preislagen). Bei der Ansprache mehrerer Segmente führt eine → *Preisdifferenzierung* in der Regel zu höheren Umsätzen und Gewinnen als ein Einheitspreis (wenn man evtl. notwendige kostenerhöhende Maßnahmen bei anderen Marketing-Instrumenten vernachlässigt). Bei individuellen Kaufabschlüssen im Investitionsgüterbereich lässt sich eine Preisdifferenzierung leichter realisieren als in Konsumgütermärkten. So setzt eine Preisdifferenzierung bei Flaschenbier in der Regel eine entsprechende Differenzierung bei der Markierung und Etikettengestaltung, bei der Werbung und Verkaufsförderung sowie bei der Auswahl der Distributionswege voraus.

Die Wahl der segmentspezifischen *Absatzwege* (und damit zumeist verbunden entsprechender Logistikaufgaben) stellt ein marketingstrategisches Problem dar (→ Vertriebswegepolitik). Ebenso wie die Werbeträgerauswahl berührt die Auswahl von Alternativen des indirekten Vertriebs Fragen der Erreichbarkeit der anvisierten Segmente. Auf der einen Seite sind solche Absatzwege auszuwählen, welche das zu bearbeitende Segment erreichen. Auf der anderen Seite erreichen die einzelnen Segmente unabhängig vom anvisierten Segment bestimmte Käuferschaften (z.B. der Versandhandel). Für eine *differenzierte Distributionspolitik* bieten sich damit zwei Ansatzpunkte:
– Um ein vorgegebenes Marktsegment völlig abzudecken, sind evtl. → Mehrkanalsysteme einzusetzen.
– Für einen Distributionsweg mit gegebener Käuferschaft bietet sich die Möglichkeit an, kanalbezogene Marketing-Programme zu entwickeln. Das ist z.B. bei Handelsmarkenstrategien der Fall. Die

Marktsegmentierung, integrale

Käuferschaften einzelner Distributionswege werden bei dieser Vorgehensweise als Segmente betrachtet.

Unabhängig von der gewählten Vorgehensweise bedingt der indirekte Vertrieb (Wiederverkäufermarkt) zumeist eine kanalspezifische Bearbeitung des Handels (z.B. in Bezug auf Fabrikabgabepreise, Konditionen, Außendiensteinsatz, handelsbezogene Verkaufsförderungsmaßnahmen; → vertikales Marketing). Auch hier zeigt sich wieder, dass eine segmentspezifische Marktbearbeitung häufig nicht auf ein Marketing-Instrument beschränkt ist, sondern vielmehr den Einsatz entsprechender Marketing-Programme erfordert *(segmentspezifisches Marketing-Mix).*   H.F.

Literatur: *Böhler, H.:* Methoden und Modelle der Marktsegmentierung, Stuttgart 1977. *Freter, H.:* Marktsegmentierung, Stuttgart usw. 1983. *Horst, B.:* Ein mehrdimensionaler Ansatz zur Segmentierung von Investitionsgütern, Pfaffenweiler 1988. *Marks, U.:* Neuproduktpositionierung in Wettbewerbsmärkten, Wiesbaden 1994. *Myers, J.H.:* Segmentation and Positioning for Strategic Marketing Decisions, Chicago 1996. *Pine, B.J.:* Maßgeschneiderte Massenfertigung, Wien 1994. *Peppers, D.; Rogers, M.:* Strategien für ein individuelles Kundenmarketing. Die 1 : 1 Zukunft, München 1996.

Marktsegmentierung, integrale
→ Länderselektion

Marktsegmentierung, internationale
→ Länderselektion

Marktsegmentierungsmerkmale

Bei der Markterfassungsseite der → Marktsegmentierung steht der Einsatz relevanter Segmentierungsmerkmale, die einer Reihe von Anforderungskriterien zu genügen haben, im Vordergrund. Es ist zwischen einer Segmentierung von Konsumenten und von Unternehmen zu unterscheiden.

Bei der Segmentbildung von *Konsumenten* bietet sich eine Vielzahl von Erklärungsvariablen des Käuferverhaltens als Segmentierungsmerkmale an (vgl. *Abb. 1*). Sie können einzeln oder kombiniert berücksichtigt werden. Bei simultaner Berücksichtigung mehrerer Merkmale (→ *„Verbrauchertypologie"*) ergeben sich profiliertere Segmente mit vielfältigeren Ansatzpunkten für ein segmentspezifisches Marketingkonzept.

Marketing-Mix-bezogene Reaktionskoeffizienten

Wenn die Marketing-Instrumente segmentspezifisch eingesetzt werden sollen, ist es eigentlich erforderlich, solche Konsumenten zu Segmenten zusammenzufassen, die ähnliche Reaktionen auf den Einsatz der Instrumente aufweisen (z.B. gleiche individuelle Preis-Absatz-Kurven, gleiche Werbewirkungskurven, gleiche Produkterwartungen).

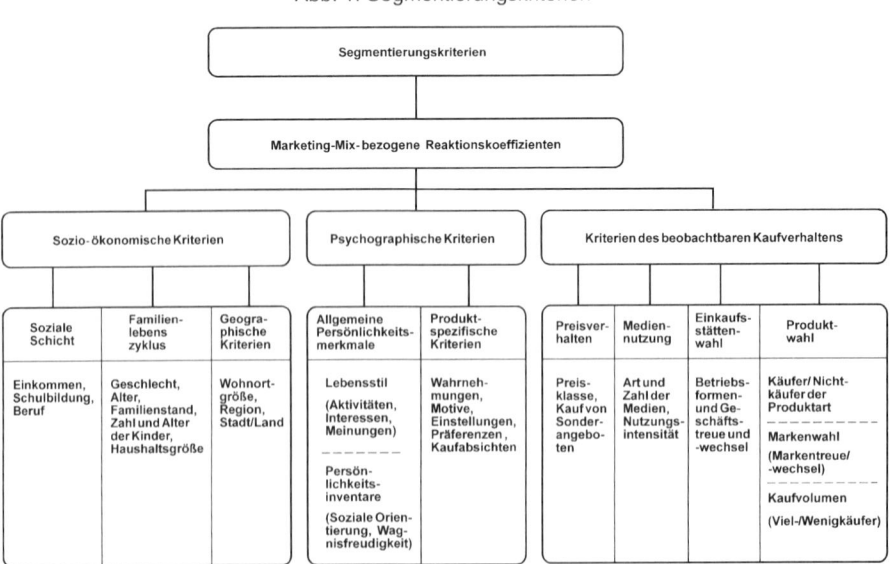

Abb. 1: Segmentierungskriterien

Segmentierungskriterien
Marketing-Mix-bezogene Reaktionskoeffizienten

Sozio-ökonomische Kriterien			Psychographische Kriterien		Kriterien des beobachtbaren Kaufverhaltens			
Soziale Schicht	Familienlebenszyklus	Geographische Kriterien	Allgemeine Persönlichkeitsmerkmale	Produktspezifische Kriterien	Preisverhalten	Mediennutzung	Einkaufsstättenwahl	Produktwahl
Einkommen, Schulbildung, Beruf	Geschlecht, Alter, Familienstand, Zahl und Alter der Kinder, Haushaltsgröße	Wohnortgröße, Region, Stadt/Land	Lebensstil (Aktivitäten, Interessen, Meinungen) ––––– Persönlichkeitsinventare (Soziale Orientierung, Wagnisfreudigkeit)	Wahrnehmungen, Motive, Einstellungen, Präferenzen, Kaufabsichten	Preisklasse, Kauf von Sonderangeboten	Art und Zahl der Medien, Nutzungsintensität	Betriebsformen- und Geschäftstreue und -wechsel	Käufer/Nichtkäufer der Produktart ––––– Markenwahl (Markentreue/-wechsel) ––––– Kaufvolumen (Viel-/Wenigkäufer)

(1) Sozio-ökonomische Kriterien
Hierzu zählen Merkmale wie Einkommen, Alter, Geschlecht, Beruf und geographische Merkmale (→ Mikrogeographische Segmentierung). Die Abgrenzung von sozialen → Schichten und Phasen im → Familienlebenszyklus erfolgt dabei mittels Merkmalskombinationen.

(2) Psychographische Kriterien
Hier stehen nicht beobachtbare → hypothetische Konstrukte zur Erklärung des Käuferverhaltens im Mittelpunkt. Es ist zwischen allgemeinen Persönlichkeitsmerkmalen (z.B. → Lebensstile und Persönlichkeitsinventare) und produktspezifischen Merkmalen zu unterscheiden. Letztere sind pro Produktgruppe und evtl. auch für die einzelnen Marken jeder Gruppe zu erfassen. Zu diesen Merkmalen zählen insbesondere Kaufmotive (→ Motivation), Kaufintensionen, produktspezifische Wahrnehmungen, → Einstellungen und → Präferenzen (benefit segmentation, → Präferenzpolitik).

(3) Kriterien des beobachtbaren Kaufverhaltens
Hier wird vom → Einkaufsverhalten der Vergangenheit auf zukünftiges Verhalten geschlossen. Solche Rückschlüsse lassen sich für alle vier Instrumentalbereiche des Marketing ziehen.

Die Besonderheiten des Käuferverhaltens in Investitionsgüter-, Wiederverkäufer- und staatlichen Märkten bedingen andere Erklärungsmodelle und führen zu zusätzlichen Segmentierungsmerkmalen. Segmentierungsmerkmale von *Produktionsunternehmen* lassen sich dreistufig folgenden Merkmalsgruppen zuordnen (→ organisationales Beschaffungsverhalten):

(1) Organisationale Merkmale der Unternehmung (z.B. Branchenzugehörigkeit, Unternehmensgröße, Institutionalisierung der Einkaufsfunktion, formelle Regelungen zum Entscheidungsablauf)

(2) Merkmale des die Einkaufsentscheidung beeinflussenden *Kollektivs* (→ Buying Center), z.B. Größe der Zusammensetzung des Kollektivs, Rollen- und Machtstruktur im Kollektiv

(3) Individualmerkmale der an der Einkaufsentscheidung beteiligten Personen (z.B. Verhalten der Informationsgewinnung, Beruf/Ausbildung, Motive, Einstellungen).

Im Gegensatz zu den Segmentierungsmerkmalen bei Konsumenten handelt es sich bei diesen Merkmalsgruppen jedoch nicht um alternativ einsetzbare Segmentierungskriterien. Eine Segmentabgrenzung hat vielmehr Merkmale aller Ebenen zu berücksichtigen; z.B. sind Marketing-Programme in Abhängigkeit von der Branchenzugehörigkeit der Kundenunternehmung, der Machtverteilung im Einkaufskollektiv und der medialen Erreichbarkeit der wichtigsten Mitglieder des Kollektivs zu entwickeln.

Marktsegmentierungsmerkmale haben einer Reihe von Anforderungskriterien zu genügen und unterscheiden sich in Bezug auf deren Erfüllung:

(1) Kaufverhaltensrelevanz: Die Segmentierungsmerkmale sollten zu Segmenten führen, die in Bezug auf das relevante Kaufverhalten in sich homogen, untereinander jedoch heterogen sind.

(2) Aussagefähigkeit für den Einsatz der Marketing-Instrumente: Die Ausprägungen der Segmentierungsmerkmale sollten Ansatzpunkte für einen segmentspezifischen Einsatz der Marketing-Instrumente aufzeigen.

(3) Messbarkeit (Operationalität): Die Ausprägungen der Segmentierungsmerkmale sollten mit den vorhandenen Marktforschungsmethoden erfassbar sein.

(4) Zugänglichkeit: Die Segmentierungsmerkmale sollten zu Segmenten führen, die insbesondere über Kommunikations- und Distributionskanäle erreicht werden können.

(5) Zeitliche Stabilität: Die Segmentierungskriterien sollten eine Aussagefähigkeit über einen längeren Zeitraum hinweg besitzen.

(6) Wirtschaftlichkeit: Die Erhebung der Ausprägungen der Segmentierungskriterien ist unter Wirtschaftlichkeitsaspekten zu beurteilen (Kosten der Informationsgewinnung und -verarbeitung).

(7) Akzeptanz beim Außendienst: Der Außendienst ist von der Relevanz und Zweckmäßigkeit der Segmentierungskriterien in Bezug auf die Auswahl zu besuchender Unternehmen und die Ansprache von Teilnehmern des Buying Center zu überzeugen.

Die Segmentierungsmerkmale genügen den an sie gestellten Anforderungen in einem unterschiedlichen Ausmaß. Die Beurteilung von Segmentierungsmerkmalen hängt letztlich vom konkreten Anwendungsfall ab. Abb. 2 stellt die tendenziellen Vor- und Nachteile der Merkmale gegenüber. Der kombinierte Einsatz von Segmentierungsmerkmalen mehrerer Merkmalsgrup-

Marktspaltung

Abb. 2: Vergleichende Beurteilung von Marktsegmentierungskriterien

	Kaufverhaltensrelevanz	Aussagefähigkeit Instrumenteeinsatz	Messbarkeit	Zugänglichkeit	Zeitliche Stabilität	Wirtschaftlichkeit
Reaktionsparameter	hoch	mittel/hoch	niedrig	niedrig	mittel	niedrig
Sozioökonomische Kriterien	niedrig	niedrig	hoch	mittel/hoch	hoch	hoch
psychographische Kriterien – persönlichkeitsbezogen	niedrig	niedrig	niedrig	niedrig	hoch	niedrig/mittel
– produktbezogen	mittel/hoch	mittel	niedrig	niedrig	mittel	niedrig
Kriterien des beobachtbaren Konsumentenverhaltens	mittel/hoch	mittel	mittel/hoch	mittel	mittel	mittel/hoch

pen vermag zwar die Vorteile zu kombinieren, führt aber zu zusätzlichen Problemen. Sollten z.B. die sozio-ökonomischen Merkmale und das Medienverhalten von Konsumenten (sekundärstatistisches Material der Media-Analysen) mit psychographischen Merkmalen (Primärerhebung) kombiniert werden, so bieten sich zwei Möglichkeiten:
– Erhebung aller Konsumentenmerkmale in einer Primärerhebung (→ single source-Erhebung), was die Marktforschungskosten erhöht und eventuell zu nicht mehr zumutbaren Interviewdaten führt.
– Zusammenfassung getrennt durchgeführter Erhebungen über gemeinsame Variablen, die in beiden Erhebungen erfasst wurden. Hierbei ergeben sich erhebliche methodische Probleme.

Die Verlage bieten im Rahmen ihrer Verlagstypologien Standardinstrumente an, die eine Beschreibung und Typenbildung anhand mehrerer sozio-demographischer, psychographischer und Verhaltensmerkmale (v.a. Besitz/Konsum) und Mediennutzung vornehmen (z.B. Typologie der Wünsche des Burda-Verlages (seit 1974); Die Stern-Bibliothek, Brigitte-Typologien und Kommunikationsanalysen des G+J-Verlages; Erlebnis-Milieus der Zeitungsgruppe Bild; Outfit-Analysen des Spiegel-Verlages). Auch die nach dem Lebensstilkonzept angelegte Milieu-Analyse von Werbeagenturen und Marktforschungsunternehmen erfassen eine Vielzahl von Kriterien mehrerer Variablengruppen (z.B. Lifestyle-Typologie der Werbeagentur Conrad & Burnett, Euro-Socio-Styles der GfK, Typen des Research Institute on Social Change (RISC) sowie die Milieus des Sinus-Instituts). H.F.

Literatur: *Freter, H.*: Marktsegmentierung, Stuttgart usw. 1983. *Gröne, A.*: Marktsegmentierung bei Investitionsgütern. Analyse und Typologie des industriellen Einkaufsverhaltens als Grundlage der Marketingplanung, Wiesbaden 1977.

Marktspaltung → Markt

Marktstagnation

spezielle Ausprägung der → Marktdynamik. Kennzeichen ist, dass der Markt nicht wächst, die Wachstumsrate hat das Maximum überschritten und nähert sich dem Wert Null. In Anlehnung an die Theorie vom → Produktlebenszyklus spricht man auch von *reifen Märkten*. Im Allgemeinen kommt es in solchen Marktsituationen zu keinen weiteren Markteintritten, sondern eher zu einem Rückgang der Wettbewerberzahl.

Gründe für die Stagnation von Märkten sind entweder eine annähernd gesättigte individuelle Nachfrage, eine Abnahme der Kaufkraft der Bedürfnisträger oder eine Veränderung der Verbrauchs- oder Verwendungsintensität. Auch die Einführung von Substitutionsprodukten kann die Situation bedingen.

Unternehmungen, die auf solchen Märkten erfolgreich sein wollen, müssen → Wettbewerbsvorteile realisieren. Es empfiehlt sich entweder aus solchen Märkten auszusteigen (→ Marktaustritt) oder den Markt zu beleben. Die Unternehmen passen sich der Situation über folgende Grundstrategien an:

1. Optimierung des Leistungsprozesses durch Rationalisierung und Anpassung der Organisation durch Restrukturierung, um die Produktivität zu erhöhen und die Kosten zu senken (→ Kostenführerschaft).
2. Optimierung des Vermarktungsprozesses, indem → Innovationen am Markt platziert werden oder der → Kundennutzen erweitert wird.
3. Verminderung des Wettbewerbs durch → Kooperationen.
4. Aufgabe des alten und Aufnahme neuen Leistungsprozesses, d.h. Austritt aus dem alten und Eintritt in den neuen Markt (→ Marktaustritt, → Markteintritt).

Bei geeigneter, bedürfnisorientierter Definition von Märkten ist Marktstagnation kein langfristig hinzunehmendes Schicksal. Vielmehr kann das Marktvolumen durch unternehmerische Absatzstrategien ausgeweitet werden.

Die *Markterweiterung* im Sinne einer Ausdehnung des Marktpotenzials über eine künstlich geschaffene oder stimulierte Nachfrage kann vor allem über drei Ebenen vorgenommen werden. Erstens kann eine Ausweitung des Marktes durch *neue Käuferschichten* vollzogen werden. Dies ist durch die Schaffung eines Zusatznutzens oder eine Ausweitung auf internationale Märkte möglich. Höhere Kaufmengen lassen sich durch eine *höhere Intensität der Nutzung* eines Produktes erreichen. Durch ein neues Produktdesign kann eine künstliche → Obsoleszenz oder eine werbepsychologische Veralterung der Produkte zur Stimulierung der Ersatznachfrage beitragen und somit eine erhöhte Nachfragefrequenz erreicht werden. A.T./A.Hey.

Literatur: *Bauer, H.*: Marktstagnation als Herausforderung für das Marketing, in ZfB, 58. Jg. (1988), S. 1052–1071. *Hamermesh, R.G.; Silk, B.S.*: In der Stagnation erfolgreich konkurrieren, in: Harvard manager, Heft 3, 1980, S. 74–81. *Schaaff, H.*: Sättigung und Stagnation aus betriebs- und volkswirtschaftlicher Sicht, in: WiSt, 19. Jg. (1990), S. 123–128.

Marktstarke Unternehmen

Unternehmen, die keine → Marktbeherrschung im Sinne des § 19 → GWB ausüben, können gleichwohl dem Verbot der → Diskriminierung nach § 20 Abs. 2 Satz 2 GWB unterliegen, wenn von ihnen kleine oder mittlere Unternehmen als Anbieter oder Nachfrager einer bestimmten Art von Waren oder gewerblichen Leistungen in der Weise abhängig sind, dass ausreichende und – finanziell – zumutbare Möglichkeiten, auf andere Unternehmen auszuweichen, nicht bestehen. Diese Unternehmen mit relativer Marktmacht nennt man marktstarke Unternehmen. Kennzeichnend für ein marktstarkes Unternehmen ist demgemäß eine so starke Stellung auf dem Markt, dass für die anderen Unternehmen ausreichende Ausweichmöglichkeiten nicht bestehen; konkret wird dies vorliegen, wenn von den Abnehmern ein Produkt des marktstarken Unternehmens nicht mit anderen als austauschbar angesehen wird. Maßgebend sind dabei in erster Linie die durch Qualität und Werbung beeinflusste Geltung und das Ansehen des Produkts, ferner die sog. Verkehrserwartung, im Fachhandel jedenfalls ein Angebot mehrerer allgemein anerkannter Marken. Im letzten Fall ergibt sich eine sog. Spitzengruppenabhängigkeit von den führenden Markenartikelherstellern.

H.-J.Bu.

Marktstörung

Unter der Fallgruppe der Marktstörung fasst man neuerdings diejenigen Fälle zusammen, bei denen die Unlauterkeit eines Wettbewerbsverhaltens nach § 1 → UWG damit begründet wird, dass sich dieses Marktverhalten in störenden Auswirkungen auf den Markt niederschlägt. Man spricht auch von marktbezogener Unlauterkeit. Die Generalklausel des § 1 → UWG lässt die Entwicklung dieser neuen Fallgruppe zu, die allerdings noch keine klaren Konturen gewonnen hat. Kennzeichnend ist für diese Fallgruppe, dass neben der Beeinträchtigung der Interessen der anderen Gewerbetreibenden und der Interessen der Verbraucher das Schwergewicht bei der Anwendung des § 1 UWG auf der Verletzung des Interesses der Allgemeinheit an der Erhaltung eines funktionsfähigen Wettbewerbs liegt. Im Wesentlichen handelt es sich dabei um die Fälle der massenweisen Verteilung von Originalware, unentgeltliche Verteilung von Presseerzeugnissen, den unlauteren Preiskampf und die missbräuchliche Ausnutzung einer marktbeherrschenden Stellung. H.-J.Bu.

Marktstruktur → Marktformenschema

Marktsystem

Dem Verständnis des Begriffes Marktsystem kann man sich auf verschiedenen Ebenen nahern. Auf einer hochaggregierten Makro-Ebene ist unter dem Marktsystem das zu verstehen, was der erstere Begriff der Dichotomie „Markt" – „Plan" meint: „Markt" (→ Marktwirtschaft) als Antipode zum „Plan" (Planwirtschaft) und beide als die grundlegenden Strukturtypen zur Koordination der Aktivitäten in wirtschaftlichen Systemen. Der konstituierende Unterschied beider Systeme ist nicht etwa der, dass in Marktwirtschaften nicht geplant würde. Der Unterschied besteht darin, *wer* jeweils plant. In der Planwirtschaft ist dies eine zentrale Instanz (ein leider nur selten „omnipotenter Diktator"), die die Wirtschaft per Kommando lenkt. In marktlichen Systemen plant jeder einzelne Akteur (Unternehmen, → Haushalt etc.) für sich, dezentral und entscheidungsautonom, und versucht, seine Wirtschaftspläne in Aushandlungs(Tâtonnement)prozessen mit anderen Marktakteuren in Übereinstimmung zu bringen.

Dabei zeichnen sich reale Märkte immer auch durch „konstitutionelle Unvollkommenheiten" (*v. Hayek*) aus, die sich durch Informationsdefizite, Unsicherheiten und die Gefahr opportunistischen Verhaltens der Marktpartner äußern und Koordinationslücken dort bestehen lassen, wo die Allokationsleistung der Preise unzureichend ist. Aus diesem Grund bringen Marktsysteme neben Gütern und Leistungen immer auch institutionelle Mechanismen und Normen hervor, die das Wissen und die Pläne der Akteure so zusammenführen, dass vorteilhafte Transaktionen trotzdem in großer Zahl möglich werden. Auch dies ist „lediglich" ein Reflex des durch Eigeninteresse gelenkten Handelns der Marktpartner. Transaktions- und informationskostensparende Institutionen (→ Institutionenökonomie) wie z.B. Verträge, Verfügungsrechte (→ Property-Rights-Theorie), Hierarchien, aber auch → Marken, → Garantien, → Goodwill sind mit spezifischen Sanktionsmechanismen (Reputationsverlust, Abwanderung, juristische Erzwingung) verbunden. Sie lenken den Opportunismus der Akteure dahin, Erwartungen nicht zu enttäuschen. Marktregeln ermöglichen es, Unwissenheit durch ein Vertrauen in Ordnung zu ersetzen. Aus mikrotheoretischer Sicht können Marktsysteme demnach als Bündel bestimmter Ordnungs- und Organisationsregeln aufgefasst werden, nach denen die Transaktionen zwischen den Marktteilnehmern ablaufen. Die unvollkommenen Märkten immanente Tendenz zur Gleichgewichtsferne kann nur durch einen ständigen, evolutorischen Regelfindungsprozess beschränkt werden. Durch das so dargelegte institutionen- und evolutionsökonomisch geprägte Begriffsverständnis wird der Terminus Marktsystem gegenüber Begriffen wie → Markttypologie oder → Marktform abgegrenzt.

Auf einer disaggregierten Mikro-Ebene lassen sich innerhalb des marktwirtschaftlichen Systems verschiedene Arten von Marktsystemen (Subsysteme) erkennen. Diese unterscheiden sich darin, wie die oben genannten Probleme unvollkommener Märkte so bewältigt werden, dass sie im Zeitablauf funktionsfähig sein können. So lassen sich bspw. entsprechend der entstandenen marktlichen Ordnungsregeln, die wiederum von der Art der Austauschprozesse abhängig sind, *Spotmärkte* und *relationale Marktsysteme* (sog. hybride Märkte) unterscheiden. Auf Spotmärkten werden diskrete Transaktionen zwischen autonomen Partnern abgewickelt, bei denen Leistung und Gegenleistung eng aneinander gekoppelt und ex ante genau spezifizierbar und bewertbar (standardisiert) sind. Der Konkurrenzdruck vermag hier die Informations- und Opportunismusprobleme effizient zu bewältigen. Auf relationalen Märkten hingegen werden Folgen von Transaktionen in langfristigen Geschäftsbeziehungen abgewickelt, bei denen die Partner in eine mehr oder weniger komplexe Sozialbeziehung eingebunden sind. Abhängigkeits- und Vertrauensverhältnisse sowie Reputations- und Wiederholungskaufmechanismen lösen hier die genannten Unvollkommenheitsprobleme. H.B.

Literatur: *Hayek, F.A. von*: Freiburger Studien, Tübingen 1969. *Kunz, H.*: Marktsystem und Information, Tübingen 1985. *Oberender, P.; Baum, H.* (Hrsg.): Marktökonomie, München 1989. *Williamson, O.E.*: The economic institutions of capitalism, London 1987. *Wiswede, G.*: Soziologie, 3. Aufl., Landsberg a. L. 1998.

Markttest

probeweiser Verkauf von neuen oder veränderten Produkten auf einem räumlich im Gegensatz zum breiter angelegten → Testmarkt relativ eng abgegrenzten Markt (häufig eine Stadt oder ein Ballungsraum). Ziel ist die Überprüfung der Marktgängigkeit eines Produktes im Rahmen des → Innovationsmanagements bzw. der Auswirkungen bestimmter Konzeptveränderungen, etwa bei → Relaunches. Der Markttest ist ein → Marktexperiment, das die Vorteile des → Labortests (Kontrolle aller Testbedingungen, → Laborexperiment) mit den Vorzügen des Feldexperiments (große Realitätsnähe) verbindet. Unter realen Angebots- und Wettbewerbsbedingungen und ohne Konditionierung der Verbraucher werden bei vertretbarem Zeitbedarf Produkt-, Sortiments-, Packungs- oder Platzierungsmaßnahmen auf ihre Wirkung hin untersucht. Darüber hinaus besteht durch ergänzende Studien die Möglichkeit, sowohl die → Einstellung des Handels als auch die Kaufmotivation der Konsumenten zu ermitteln.

Ein Markttest wird i.d.R. in einem *Testpanel* von 20 bis 30 umsatzstarken Geschäften durchgeführt. Die Testzeit beträgt je nach Art des Tests und Umschlagsgeschwindigkeit des Testprodukts bis zu 6 Monaten. Im vor Testbeginn festgelegten Testplan ist für jedes Geschäft und jede Periode die Testsituation festgelegt. Der Test findet unter „kontrollierten" Testbedingungen statt, die durch wöchentliche Kontrollbesuche – auch von Marktforschungsgesellschaften wie ACNielsen in den Geschäften auf ihre Einhaltung hin überprüft werden können. Saisonalitäten, Störeffekte und Umwelteinflüsse können durch die Anlage des Testplans bei der Analyse isoliert werden. Absatzunterschiede zwischen einzelnen Testsituationen werden auf ihre statistische → Signifikanz hin geprüft und bewertet. Abhängig von der Fragestellung und dem jeweilig zu testenden Produkt stehen z.B. im → „kontrollierten Markttest" von ACNielsen alle wesentlichen Vertriebsschienen des Einzelhandels zur Verfügung.

Entsprechend der konkreten Fragestellung und um den Einfluss der Testmaßnahme von dem Einfluss der übrigen Marketing-Faktoren isolieren zu können, bedient man sich unterschiedlicher → experimenteller Designs:

– *Side-by-Side Test* (faktorielles Experiment)
– *Lateinisches Quadrat* (systematische Rotation der Testmaßnahme)
– *Vorher-Nachher-Test* in strukturgleichen Stichproben (→ matched sample)

Die Vorteile eines auf solcher Basis unternommenen Markttests liegen in folgenden Punkten:

(1) Realitätsnähe: Der Test findet am Point of Sale statt, wo über Kauf bzw. Nichtkauf eines Produktes entschieden wird. Es findet keine Konditionierung des Verbraucherverhaltens statt.

(2) Geheimhaltung: Die relativ kurze Testdauer und die im Vergleich zum Testmarkt stark begrenzte Anzahl von Testgeschäften gewährleisten, dass der Test in den meisten Fällen nicht bekannt wird und somit keinen Störaktionen der Konkurrenz ausgesetzt ist.

(3) Zeitbedarf: Die kurze Dauer des Tests ermöglicht schnelle Entscheidungen.

(4) Verlässlichkeit: Aufgrund der hohen Kundenfrequenz der Testgeschäfte wird eine genügend große Zahl von Kaufakten erreicht. Eine umfassende Testkontrolle erlaubt es, Störungen des Tests frühzeitig zu beheben. Durch die Testanordnung und den Einsatz statistischer Analysen wird das Testergebnis abgesichert.

(5) Kosten: Die Kosten sind im Vergleich zu einem Regional-Testmarkt wesentlich geringer.

Wegen der kurzen Testdauer erlaubt der Markttest allerdings nur Aussagen über das kurzfristige, allenfalls mittelfristige Kaufverhalten der Konsumenten. Ferner wird i.d.R. nur eine Komponente des Marketing Mix getestet. Der Markttest ist also kein Instrument, um ganzheitliche Marketing-Strategien zu testen. Dafür eignet sich der umfassendere → Testmarkt besser.

H.D./G.Ma.

Markt-Transaktionssystem
→ Marketingtheorie

Markttransparenz

bezeichnet den Grad der Informiertheit von Wirtschaftssubjekten über Marktteilnehmer und ihre Verhaltensweisen sowie über Menge und Qualität angebotener und nachgefragter Güter und deren Tauschkonditionen. Ein hohes Maß an Markttransparenz erhöht die Effizienz von Entscheidungen bzw. vermindert das Risiko von Fehlentscheidungen und ermöglicht den Marktteilnehmern rationales und flexibles Agieren und Reagieren. Markttransparenz zählt zu den Oberzielen der → Wettbewerbspolitik und der → Verbraucherpolitik. Nachfrager sind u. a. an Informationen über die Struktur des Angebots (Mengen, Preise, Qualitäten sowie zeitliche und räumliche Aspekte der Beschaffungsbedingungen) interessiert (→ Preistransparenz), während für Anbieter Transparenz bezüglich Zahl, Handlungspotenzial und Verhalten aller Marktteilnehmer (Konkurrenten, Absatzmittler, Kunden) von Bedeutung ist. Hersteller und Handelsunternehmen setzen Methoden der → Marktforschung ein, um ihre Marktübersicht und damit ihre Entscheidungsgrundlage zu verbessern.

Von *vollständiger* Markttransparenz spricht man, wenn alle Wirtschaftssubjekte über alle wesentlichen Marktinformationen verfügen. Die vollständige Markttransparenz geht als Prämisse in volkswirtschaftliche Modellbetrachtungen zum vollkommenen Markt ein (→ Markttypologie); in der Realität haben Marktteilnehmer immer unter unvollständiger Markttransparenz zu entscheiden.

Das Aufkommen moderner Informations- und Kommunikationstechnologie hat die Transparenzproblematik in ein neues Licht gestellt. Die Möglichkeit, mit Hilfe von Suchmaschinen ein riesiges, schnell wachsendes Informationsangebot nach Suchbegriffen zu filtern, erhöht auf der einen Seite die Transparenz der Märkte, enthebt den Nutzer auf der anderen Seite jedoch nicht der Notwendigkeit, Informationen und Informationsquellen z.B. auf Gültigkeit und Vertrauenswürdigkeit zu überprüfen. Das Entstehen von → Intermediären, von Portal-Seiten etc. im Internet wirft Fragen nach optimaler Markttransparenz auf (→ Online-Marketing).

Im Rahmen der Diskussion um die Wettbewerbswirkungen der Werbung (→ Werbekritik) wird die Fragen erörtert, ob Werbung transparenzsteigernde oder -mindernde Effekte habe. Eine Transparenzfunktion ist insoweit gegeben, als die Werbung die Adressaten mit kaufrelevanten Informationen z.B. über Anbieter, Produktqualitäten oder Preise versorgt. In diesem Fall beschreibt Werbung einen Teil der Wirtschaftsrealität. Insbesondere Anbieter technisch-funktional weitgehend homogener Güter (z.B. Bier, Waschmittel, Strom) setzen Werbung ein, um ihr Angebot zu heterogenisieren. Werbung schafft hier neue Informationen (Konnotationen), so dass veränderte Images, d.h. Vorstellungsbilder bei Nachfragern geschaffen werden. Obwohl auch damit eine Orientierungsleistung für andere Marktteilnehmer verbunden ist, wird der Werbung in diesem Zusammenhang oft eine eher transparenzmindernde als -erhöhende Funktion zugeschrieben. Die Kritik an der eingeschränkten Transparenzwirkung der Anbieterkommunikation ist Ausgangspunkt für den Einsatz des verbraucherpolitischen Instrumentes → Verbraucherinformation. Es zielt u. a. darauf ab, durch den Einsatz – auch vergleichender – Informationen über Preise, Qualitäten und Konsumfolgen die Anbieterinformationen zu ergänzen und dem Verbraucher über eine verbesserte Markttransparenz reflektierte Konsumentscheidungen zu ermöglichen.

E.K./B.St.

Literatur: *Oberender, P.; Väth, A.*: Markttransparenz und Verhaltensweise, in: Wisu, 15. Jg. (1986), Nr. 4, S. 191–196. *Schenk, H.-O.*: Werbung und Markttransparenz, in: *Behrens, K.Ch.* (Hrsg.): Handbuch der Werbung, 2. Aufl., Wiesbaden 1975, S. 57–68.

Markttypologie

Sowohl zur Vereinfachung der empirischen Erfassung als auch zur Entwicklung realitätsgerechter Theorien hat es sich als zweckmäßig erwiesen, Markttypen zu bilden. Die bekannteste Markttypologie ist das → Marktformenschema der mikroökonomischen Preistheorie. Anhand unterschiedlicher Merkmale können folgende Markttypen voneinander abgegrenzt werden:

(1) Zutrittsmöglichkeit

Von einem *geschlossenen Markt* spricht man, wenn der Zutritt auf der Angebots- oder Nachfrageseite einem bestimmten Kreis vorbehalten ist, z.B. Bahn als Anbieter für Beförderungsleistungen oder Staat als Nachfrager für Rüstungsgüter. Die Gründe hierfür können sein: alleinige Verfügungsmacht über einen oder mehrere Produktionsfaktoren durch Monopol, durch Rechtsschutz (patentrechtlicher Schutz, Konzession), durch wirtschaftspolitisches (gesetzliches) Verbot der Marktausweitung oder durch unternehmenspolitische Maßnahmen zum Aufbau von → Marktzutrittsbarrieren. Diese können auch durch Marketing, z.B. durch hohe Werbeaufwendungen, errichtet werden.

Auf einem *beschränkten Markt* ist eine Teilnahme nur nach Erfüllung bestimmter Voraussetzungen möglich, z.B. Befähigungsnachweis für das Elektroinstallationsgewerbe. Beschränkte und geschlossene Märkte sind immer auch organisierte Märkte. *Organisierte Märkte* zeichnen sich dadurch aus, dass das Zusammentreffen von Käufern und Verkäufern nach bestimmten festgelegten Regeln erfolgt (→ Marktsystem). Sie sind überwiegend historisch gewachsen und deshalb unsystematisch in unterschiedlichen Rechtsmaterien oder verbindlichen Normen anderer Art anzutreffen. Einschlägig ist v.a. das Gewerberecht. Demgegenüber spricht man von einem *offenen Markt*, wenn der Marktzutritt jedermann frei steht, wie z.B. beim Buchversandhandel.

(2) Vollkommenheitsgrad
Eine wichtige theoretische Einteilung der Märkte nach qualitativen Merkmalen ist diejenige in *vollkommene* und *unvollkommene* Märkte. Der vollkommene Markt hat hypothetischen Charakter. Er stellt eine gedankliche Konstruktion dar, die einen völlig reibungslosen Ablauf des Marktgeschehens und, v.a. bei entsprechender Organisation des Marktes, eine sehr schnelle Bildung des einheitlichen Marktpreises garantiert (→ Markt). Ein Markt wird als vollkommen bezeichnet, wenn folgende Bedingungen erfüllt sind:
– fachliche Gleichartigkeit der Güter (*Homogenität* und *Fungibilität*),
– unendlich schnelle *Reaktionsgeschwindigkeit*,
– Fehlen räumlicher, zeitlicher, persönlicher oder sachlicher *Präferenzen*,
– vollkommene → *Markttransparenz* und
– Gültigkeit des Handlungsprinzips der *Nutzenmaximierung* für alle Marktteilnehmer.

Als *unvollkommen* wird ein Markt dann bezeichnet, wenn eine oder mehrere Bedingungen des vollkommenen Marktes nicht erfüllt sind. So wird ein Markt, auf dem heterogene Güter gehandelt werden und die Marktseiten unvollständige Informationen haben, als unvollkommener Markt bezeichnet. Heterogene (nicht homogene) Güter liegen vor, wenn die angebotenen und miteinander konkurrierenden Erzeugnisse sich in Art, Qualität, Ausstattung, Verpackung usw. voneinander unterscheiden. Dabei ergeben sich aus Nachfragersicht auch dann differente Güter, wenn durch besondere Nebenleistungen (guter Kundendienst, Zuverlässigkeit in der Vertragsabwicklung), der Ruf einer Firma oder die Markengeltung selbst bei sachlicher Gleichartigkeit der Erzeugnisse unterschiedlich großer Nutzen entsteht. Von einem temporär unvollkommenen Markt spricht man dann, wenn die Homogenitätsbedingungen erfüllt sind, die Transparenzbedingungen der vollständigen Information beider Marktseiten jedoch nicht. Hier kann man eine allmähliche „Entschleierung" des an sich vollkommenen Marktes erwarten.

(3) Überschreitung von Staatsgrenzen
Von einem *Binnenmarkt* spricht man, wenn sich der Güteraustausch zwischen Wirtschaftssubjekten innerhalb der Grenzen eines Staates vollzieht. Durch zunehmende Internationalisierung der Wirtschaftstätigkeit und dem Wegfall ökonomischer Grenzbarrieren tritt eine binnenmarktbezogene Marketing-Politik zugunsten einer globalen, grenzüberschreitenden Markt(-Segmentierungs-)Politik in den Hintergrund (→ Internationales Marketing). Demgegenüber spricht man von einem *Exportmarkt*, wenn beim Güteraustausch zwischen Wirtschaftssubjekten Staatsgrenzen überschritten werden. In diesem Fall hat die Absatzpolitik die relevanten Gegebenheiten des jeweiligen fremdstaatlichen Marktes zu erkunden und in entsprechende Marketing-Konzepte im Rahmen eines Export-Marketing zu überführen.

(4) Wirtschaftsstufe
Der *Absatzmarkt* ist eine Bezeichnung der Wirtschaftstheorie und -praxis für den der Produktion einer Wirtschaftsstufe nachgelagerten Markt. Der Absatzmarkt stellt die Verbindung jedes Betriebes zu anderen Wirtschaftseinheiten dar. Auf dem Absatzmarkt tritt der Betrieb als Anbieter von Haupterzeugnissen sowie Neben- und Abfallprodukten auf. Der Absatzmarkt des Verkäufers (Anbieters) ist für den Käufer (Nachfrager) der Beschaffungsmarkt. Die Analyse eines Absatzmarktes muss neben der Produktanalyse auch die Analyse der Absatzorgane und Absatzwege beinhalten. Ferner ist die Gesamtnachfrage durch Bedarfsuntersuchungen zu ermitteln. Schließlich ist die Kenntnis der derzeitigen und künftigen Angebotskraft der Wettbewerber (→ Konkurrenzanalyse) erforderlich.
Mit *Beschaffungsmarkt* wird der der Produktion vorgelagerte Markt bezeichnet. Auch der Beschaffungsmarkt ist eine Verbindung jedes Betriebes zu anderen Wirtschaftseinheiten. Der Beschaffungsmarkt des Käufers (Nachfragers) ist für den Verkäufer (Anbieter) der Absatzmarkt. Auf dem Beschaffungsmarkt tritt der Betrieb als

Markttypologie

Nachfrager nach Produktionsfaktoren (Arbeit, Betriebsmittel, Werkstoffe), Dienstleistungen und Geldkapital auf (→ Beschaffungsmarketing).

In jedem Betrieb sind i.d.R. drei Beschaffungsstellen vorhanden, sodass jeder Betrieb auf verschiedenen Beschaffungsmärkten tätig ist. So beschafft sich das Unternehmen bspw. auf dem Finanzmarkt (Kapitalbeschaffungsmarkt) die notwendigen finanziellen Mittel. Mit dem Begriff *Finanzmarkt* wird die Gesamtheit der Märkte, auf denen sich Angebot und Nachfrage nach Finanzmitteln gegenüberstehen, charakterisiert (→ Finanzdienstleistungen). Die Beschaffung der Arbeitskräfte erfolgt auf dem *Personalbeschaffungsmarkt*.

(5) Legalität

Ursprünglich bürgerte sich der Begriff des *grauen Marktes* (geduldeter Markt) für den Warenverkauf unter Umgehung der vertikalen Preisbindung ein. Heute steht der Begriff generell für Direktverkäufe (→ Direktabsatz) der Industrie und des Handels unter Umgehung herkömmlicher Handelsstufen, insb. des Einzelhandels, zwecks Einsparung einer oder mehrerer Handelsspannen an den Letztverbraucher, und für Verkäufe des Einzelhandels an Letztverbraucher mit Preisnachlässen, die höher sind als die zulässigen Mengenrabatte und Barzahlungsrabatte (Rabattpolitik) von 3%.

In der Literatur werden die Begriffe „Umgehungshandel", „Beziehungshandel" und „Direktverkauf" teilweise synonym verwendet. Der Terminus grauer Markt umfasst folgende preisgünstige Beschaffungswege der Letztverbraucher:

a) *Betriebshandel*: Bezug von Waren durch die Unternehmung und Verkauf an die Belegschaft zum Einstandspreis oder zu einem Preis, der geringfügig darüber liegt.
b) → *Belegschaftshandel*: von Belegschaftsmitgliedern während der Arbeitszeit organisierter verbilligter Warenbezug und Warenverkauf nicht unternehmensspezifischer Waren.
c) → *Behördenhandel*: eine dem Belegschaftshandel vergleichbare Handelstätigkeit von Behördenangestellten während der Dienstzeit und innerhalb der Amtsräume (z.B. verbilligte Sammelbestellung).
d) *Beziehungshandel*: gelegentlicher oder ständiger Direktverkauf insb. von Herstellern oder Großhändlern an Letztverbraucher aufgrund besonderer Verbindungen dieser zu Mitarbeitern (Verwandte, Bekannte, Geschäftsfreunde), aber auch ohne solche Beziehungen (z.B. Einkauf der Verbraucher bei → C&C-Märkten).

Im Gegensatz zum grauen Markt, der durchaus nicht außerhalb der Legalität stehen muss, ist ein *schwarzer Markt* ein ungesetzlicher, ein illegaler Markt. Er entsteht insb. in Notzeiten mit Bewirtschaftung und Kontingentierung. Knappe Waren werden illegal und meist zu überhöhten Preisen gehandelt.

(6) Durchsetzbarkeit der Interessen

Von einem *Käufermarkt* wird dann gesprochen, wenn im Transaktionsprozess der Nachfrageseite gegenüber der Angebotsseite ein Übergewicht zugeschrieben wird, d.h. wenn sich die Ziele der Nachfrager eher, leichter oder besser realisieren lassen als die der Anbieter. Die Anbieter müssen tendenziell erheblich größere Anstrengungen als die potentiellen Nachfrager unternehmen, um am Marktgeschehen erfolgreich teilnehmen zu können (z.B. in vielen Märkten der Industrieländer). Generell kann man formulieren: Ein Angebotsüberschuss (Nachfragedefizit) und damit die Voraussetzung für einen Käufermarkt entsteht, wenn das Angebot schneller wächst (langsamer sinkt) als die Nachfrage.

Von einem *Verkäufermarkt* wird dann gesprochen, wenn der Angebotsseite gegenüber der Nachfrageseite ein Übergewicht an Einfluss zugeschrieben wird, d.h. die Ziele der Anbieter sich eher, leichter oder besser als erwartet realisieren lassen. Die Nachfrager müssen tendenziell erheblich größere Anstrengungen als die potentiellen Anbieter unternehmen, um am Marktgeschehen teilnehmen zu können. Generell kann man formulieren: Ein Nachfrageüberschuss (Angebotsdefizit) und damit die Voraussetzung für einen Verkäufermarkt entsteht, wenn die Nachfrage schneller wächst als das Angebot. In einem solchen Fall verkörpert nicht der Absatz wie beim Käufermarkt den Engpass für den Unternehmenserfolg, sondern die Produktionskapazität.

(7) Art der Marktteilnehmer

Je nach Art der Marktteilnehmer lassen sich mit *Ph. Kotler* Ö-, P-, W- und K-Märkte voneinander unterscheiden. Der *Ö-Markt* besteht aus allen Organen der öffentlichen Verwaltung – des Bundes, der Länder, der Gemeinden und der Kreise – die zum Zweck der Erfüllung der Hauptfunktionen der öffentlichen Verwaltung Güter einkaufen oder mieten. Das Kaufverhalten solcher Organisationen ist ein Sonderfall des → organisationalen Beschaffungsverhalten und erfordert besondere Absatzmaßnahmen seitens der Anbieter, v.a. im Bereich der Preispolitik.

Der *P-Markt* („Producer Market", „Industrial Market", „Business Market") besteht aus Unternehmen, die Güter und Dienstleistungen mit dem Ziel erwerben, selbst Produkte oder Dienstleistungen hervorzubringen, die an andere verkauft oder vermietet werden. Neben dem Ö-Markt bildet dieser Markt der gewerblichen Abnehmer einen zweiten wichtigen Nachfragerbereich, bei dem nicht Private als Käufer auftreten, sondern eben Unternehmen. Die Gewinnung solcher Käufer ist Aufgabe des → Investitionsgütermarketing.

Der *W-Markt* besteht aus Unternehmen, die Güter zum Zweck der Gewinnerzielung durch Weiterverkauf erwerben (Groß- und Einzelhandelsunternehmen). Statt Sachnutzen produziert der W-Markt Zeit-, Ort- und Besitznutzen. Wiederverkäufer erwerben Güter für den Weiterverkauf sowie Hilfsgüter und Dienstleistungen, die sie zur Erfüllung der Weiterverkaufsfunktion benötigen. Die Gewinnung solcher Nachfrager ist Aufgabe des handelsgerichteten Marketing der Produzenten. Allen drei Märkten ist gemein, dass sie von Organisationen gebildet werden und deswegen auch unter dem Oberbegriff *O-Markt* zusammengefasst werden.

Im Gegensatz zu den Ö-, P- und W-Märkten besteht der *K-Markt* aus allen Einzelpersonen und Haushalten, die Güter und Dienstleistungen für den persönlichen Bedarf kaufen. Daraus folgt, dass sich die K-Märkte von den O-Märkten auch im Hinblick auf Kaufobjekt, Kaufanlass, Kauffaktor, Kaufziel und Kaufpraktik unterscheiden. K-Märkte werden nach verschiedenen → Marktsegmentierungskriterien weiter unterteilt, z.B. in → Senioren- bzw. → Jugendmarkt o.ä. → Zielgruppen. H.B.

Literatur: *Kotler, P.:* Marketing-Management, 9. Aufl., Stuttgart 1999. *Schumann, J.; Meyer, U.; Ströbele, W.:* Grundzüge der mikroökonomischen Theorie, 7. Aufl., Berlin, Heidelberg 1999.

Marktveranstaltung

von öffentlichen oder privaten Institutionen permanent oder temporär betriebene Marktplätze, welche der Zusammenführung von Anbietern und Nachfragern zu Zwecken des Verkaufsabschlusses dienen (→ Markt). Sie bieten der → Distributionspolitik, speziell der → Vertriebswegepolitik, aber auch der → Kommunikationspolitik jeweils mehr oder minder geeignete Alternativen. Traditionelle Beispiele sind → Warenbörsen, → Messen, → Auktionen oder Jahrmärkte, moderne etwa → Internet-Portale, → virtuelle Malls oder andere → Online-Dienste, welche Anbieter und Nachfrage virtuell zusammenführen. Letztlich geht es hierbei stets um die spezialisierte Erfüllung ausgewählter → Handelsfunktionen.

Marktverbreitungsgrad

→ Diffusionsprozess

Marktvolumen

das in einer Periode von allen Anbietern am Markt realisierte Absatz- bzw. Umsatzvolumen. Es bildet die Bezugsbasis für die Bestimmung des → Marktanteils (s.a. → Markt).

Marktwachstum

im Rahmen der Theorie der → Marktdynamik unterschiedene Marktsituation, die durch ein steigendes Marktvolumen aufgrund eines noch vorhandenen Marktpotenzials gekennzeichnet ist. Marktwachstum besteht zumeist in neuen, jungen Märkten, die eine große Nachfrage aufweisen. In dieser Situation ist für die Unternehmungen auch bei gleich bleibenden (relativen) Marktanteilen ein Wachstum möglich. Da Märkte mit Wachstumspotenzial (das Marktpotenzial ist größer als das Marktvolumen) sehr attraktiv sind, steigt meist auch die Anzahl von neu einsteigenden Wettbewerbern, die an den steigenden Umsätzen und Gewinnen partizipieren wollen (→ Wettbewerbsdynamik). Deshalb kann man in solchen Marktsituationen nicht generell von einem ausgesprochen friedlichen Wettbewerbsverhalten ausgehen, zumal da die etablierten Anbieter oft in dieser Phase bereits → Markteintrittsbarrieren aufbauen. Eine besondere Situation kann in der Weise vorliegen, dass eine Unternehmung in einem Markt mit erheblichem Wachstum – in Absolutzahlen gemessen – ein Umsatzwachstum verzeichnen kann. Wenn die Unternehmung allerdings geringer als der Markt und damit auch geringer als die Mitbewerber wächst, dann ist die Umsatzzunahme – in Relativzahlen gemessen – unterproportional. Der Marktanteil schrumpft dann also, obwohl die Unternehmung wächst. A.T.

Marktwert → Markt

Marktwirtschaft

Bezeichnung für eine auf dem klassischen Liberalismus basierende Wirtschaftsordnung, bei der die Koordination der individuellen Wirtschaftspläne dezentral durch die freie Preisbildung auf den Märkten (→ Markt, → Marktformenschema, → Transaktionskosten, → Informationsökonomik, → Versorgung) erfolgt, also Wettbewerb (deshalb auch als Wettbewerbswirtschaft bezeichnet) herrscht. Weitere Kennzeichen sind privates Eigentum, freie Konsum- und Arbeitsplatzwahl (→ Konsumfreiheit) und ein Staat, der lediglich als Anbieter von kollektiven Gütern fungiert. In der Weiterentwicklung als *soziale Marktwirtschaft* (u.a. durch die neoliberalen Wirtschaftstheoretiker *Eucken*, *Röpke* und *Müller-Armack*) treten als weitere Aufgaben des Staates auch die Sicherstellung des Wettbewerbs bzw. die Verhinderung des Wettbewerbsmissbrauchs durch Instrumente der *Rechtsordnung* (→ Marktrecht, → Binnenhandelspolitik, → Konsumerismus, → Marktbeherrschung), die Korrektur der marktwirtschaftlichen Verteilungsergebnisse (Einkommen und Vermögen) und, im Anschluss an *J.M. Keynes*, die Stabilisierung des wirtschaftlichen Ablaufs hinzu. Da für Letzteres die Ziele Wachstum und Vollbeschäftigung in den Mittelpunkt staatlicher Wirtschaftspolitik rücken, ist der Staat bemüht, die Voraussetzungen für eine hinreichende Gewinnquote der Unternehmen zu schaffen. Marketing wird hier insofern zu einem systembezogenen Sachverhalt, als nach Gewinn strebende Unternehmen zur Sicherung ihrer Gewinnziele Marketing-Maßnahmen treffen müssen.

Wesentlich ist in der sozialen Marktwirtschaft die Selbstbeschränkung des Staates bzgl. steuernder Eingriffe in den Wirtschaftsprozess (Sicherstellung der Ziele Wachstum, Vollbeschäftigung, Geldwertstabilität, außenwirtschaftliches Gleichgewicht und Verteilungsgerechtigkeit, Bereitstellung öffentlicher Leistungen, Ausgleich externer Effekte bei Produktion und Verbrauch), ansonsten soll idealtypisch Konsumfreiheit und Konsumentensouveränität, basierend auf der humanistischen Vorstellung von der Freiheit des menschlichen Willens, herrschen. Marketing bestimmt den Umfang der Konsumfreiheit, den Entscheidungsspielraum, über den Verbraucher bei der Auswahl von Gütern und Dienstleistungen aus dem vorhandenen Angebot verfügen, jedoch führen die Fülle des Güterangebots einerseits und die begrenzte Informationsaufnahme- und -verarbeitungskapazität andererseits zu einer Markintransparenz, sodass Kaufentscheidungen auf Basis unvollständiger Informationen getroffen werden (→ Informationsökonomie). Ebenso fällt das Urteil über die Konsumentensouveränität ambivalent aus, da zwar idealtypisch die Wirtschaft ihre Impulse von den Konsumenten erhält, Kritiker an dieser Auffassung in der Realität jedoch Konsumenten sehen, deren Un- und Unterbewusstsein von der Werbung derart beeinflusst ist, dass sie nicht die Güter nachfragen, die sie an sich zu konsumieren wünschen, sondern jene, die ihnen von der Werbung als erstrebenswert suggeriert werden (der Konsument als „Konsumidiot") (→ Werbekritik). J.Ma.

Literatur: *Nieschlag, R.; Dichtl, E.; Hörschgen, H.:* Marketing, 17. Aufl., Berlin 1994, S. 33 – 74. *Berg, H.:* Marktwirtschaft, in: *Tietz, B.; Köhler, R.; Zentes, J.* (Hrsg.): Handwörterbuch des Marketing, 2. Aufl., Stuttgart 1995, Sp. 1835-1864.

Maschinenstundensatzrechnung
→ Kalkulationsverfahren

Maskulinität vs. Femininität

Kulturdimension nach → *Hofstede*. Die damit gemeinte Dualität der Geschlechterbeziehung lässt sich als allgemeine Tendenz folgendermaßen beschreiben:

Je mehr in einer Gesellschaft die Geschlechterrollen differenziert sind, desto größer ist die Wahrscheinlichkeit, dass es sich um eine maskuline Gesellschaft handelt. Umgekehrt präferieren sog. androgyne Gesellschaften, die wenig oder nicht zwischen der männlichen und der weiblichen Geschlechterrolle differenzieren, weibliche Werthaltungen (vgl. *Abb.*). S.M./M.Ko.

Symptome maskuliner und femininer Kulturen

Maskulinität	Femininität
• Materieller Erfolg und Fortschritt sind wichtig	• Schutz und Obhut für andere sind wichtig
• Leistung als Ideal	• Wohlfahrt als Ideal
• Vorrangstellung des Mannes	• Geschlechter ergänzen sich
• Konkurrenz	• Solidarität
• Bestes Ergebnis als Maßstab	• Durchschnitt als Maßstab
• Entschlossenheit	• Intuition
• Karriere-Orientierung	• Lebensqualität-Orientierung
• Selbst-Vermarktung	• ‚Understatement'
• Demonstration von Selbstbewusstsein sozial erwünscht	• Demonstration von Selbstbewusstsein wirkt lächerlich
Bsp.: Italien, Japan, Österreich, Schweiz, Venezuela	Bsp.: Dänemark, Niederlande, Norwegen, Schweden

Maslow'sche Bedürfnispyramide
→ Motivation

Mass Customization

ist der individuelle Zuschnitt von Gütern und Leistungen für einen (relativ) großen Absatzmarkt. Mass Customization zielt auf die Generierung von Wettbewerbsvorteilen durch das Angebot kundenindividueller Problemlösungen bei einem Kostenniveau der Produktion, das dem einer Massenfertigung von standardisierten Leistungen vergleichbar ist. Der wettbewerbsstrategische Fokus liegt damit auf der gleichzeitigen Erreichung von Leistungs- und Kostenvorteilen. Das bedeutet, dass durch Mass Customization versucht wird, sowohl einen hohen Kundennutzen durch individuell zugeschnittene Produkte (→ Individualisierung, → Differenzierungsstrategie) als auch durch eine günstige relative Kostenposition (Kostenvorteile) zu erreichen. Bislang galten diese beiden Optionen als unvereinbare Gegensätze, was insbesondere in den Wettbewerbsstrategien und der sog. U-Kurve von *Porter* zum Ausdruck kommt.

Der Begriff Mass Customization ist ein Oxymoron und setzt sich aus den beiden Elementen „Mass Production" und „Customization" zusammen. Customization im Sinne von → „Individualisierung" oder „Maßschneidern" bedeutet dabei die Ausrichtung an kleinen Abnehmergruppen mit homogenen Bedürfnissen (Mikro-Segmentierung) oder gar dem einzelnen Kunden (→ One-to-One-Marketing). Dieser Fokus setzt eine intensive Kommunikation zwischen Kunden und Hersteller während der Leistungserstellung (→ Customer Integration) voraus, wodurch die individuellen Bedürfnisse der Kunden hinsichtlich bestimmter Produkteigenschaften genau erfasst werden sollen. Nach Spezifizierung und Auftragseingang wird das betreffende Produkt für den Einzelkunden hergestellt, was im Extremfall dazu führt, dass jede gefertigte Einheit ein Unikat mit Losgröße eins darstellt.

Die Abstimmung der Leistung auf die individuellen Kundenbedürfnisse ist üblicherweise mit einer Erhöhung von → Komplexitätskosten verbunden. Diese müssen bei Mass Customization durch entsprechende Kostenreduzierungen aufgrund von z.B. Erfahrungskurven-, Mengendegressions-, Synergie- und Beschleunigungseffekten bei der Produktion kompensiert werden. Oftmals liegt dem Mass Customization auch eine → Plattformstrategie zu Grunde. Voraussetzung für die Erzeugung von Individualisierungsvorteilen auf einem Kostenniveau bei Massenproduktion stellt der gezielte Einsatz von Informations- und Kommunikationstechnologien dar.

R.Wei./J.Ad.

Literatur: *Piller, F.T.*: Kundenindividuelle Massenproduktion, München, Wien 1998. *Pine, B.J.*: Maßgeschneiderte Massenfertigung, Wien 1994.

Massendrucksache

ist eine spezielle Versandform der → Deutschen Post AG für Drucksachen mit gleichem Inhalt (→ Direktwerbung). Der für Massendrucksachen ermäßigte Portosatz gilt dann, wenn gleichzeitig mindestens 1.000 Sendungen eingeliefert werden, von denen je 10 mindestens auf den gleichen Leitbereich entfallen oder mindestens 100 Sendungen eingeliefert werden, die auf denselben Leitbereich entfallen. Im Falle einer weitergehenden Feinsortierung können weitere Ermäßigungen beansprucht werden (→ Portooptimierung).

Massenkommunikation
→ Kommunikation

Massenmedien
Zu den Massenmedien zählen alle Einrichtungen, die bei der Massenkommunikation zur Verbreitung von Informationen an eine große, heterogene und weitverstreute Zahl von Menschen dienen. Zu ihnen gehören die → Printmedien, die optisch-akustischen Medien (→ Rundfunk, → Fernsehen, → Neue Medien) und die Medien der → Außenwerbung.

Maßnahmen gleicher Wirkung
Mit dem Ideal eines freien Warenverkehrs, wie er in der EU angestrebt wird, nicht vereinbar sind neben quantitativen Einfuhrbeschränkungen sog. Maßnahmen gleicher Wirkung, d.h. Regelungen, die geeignet sind, den grenzüberschreitenden Handel innerhalb der Europäischen Union unmittelbar oder mittelbar, tatsächlich oder potentiell zu behindern. Dazu zählen vor allem jede Art der Erschwerung der Einfuhr und die administrativ bedingte Verteuerung von Importerzeugnissen mittels sog. nicht-tarifärer Handelshemmnisse in einem Mitgliedstaat der EU.
Von einer Maßnahme mit diskriminierender Wirkung für ausländische Anbieter ist auszugehen, wenn z.B. Folgendes von einem bzw. für ein Erzeugnis verlangt wird: Ursprungsangabe, Echtheitsbescheinigung für ausländische Ursprungsangabe (z.B. für „Scotch Whisky") sowie Einfuhrlizenz, Sicht- und Bestätigungsvermerke bei der Einfuhr. Als „Maßnahmen gleicher Wirkung" gelten aber auch: Verbot der Verwendung ausländischer Ausgangsstoffe für inländische Waren, zeitraubende oder kostspielige Grenzabfertigung, schikanöse Qualitätskontrollen für Importgüter, Vorbehalt der Verwendung von Bezeichnungen wie „Sekt" oder „Weinbrand" für inländische Erzeugnisse sowie staatlich sanktionierte oder gar geförderte Appelle, inländische Waren zu erwerben (z.B. „Buy British").
Selbst nicht diskriminierende Behinderungen, also Bestimmungen, die inländische wie importierte Erzeugnisse gleichermaßen (be)treffen, können „Maßnahmen gleicher Wirkung" im Sinne des Art. 30 EWGV darstellen. Einen dafür typischen Fall verkörpern Qualitätsvorschriften wie das Reinheitsgebot für Bier, dem auch deutsche Brauer stets unterworfen waren. Derartige Bestimmungen sind nach Art. 30 EWGV verboten und damit für Ausländer unwirksam, sofern nicht besondere Bedingungen vorliegen, die eine Behinderung des Absatzes ausländischer Erzeugnisse auf dem inländischen Markt rechtfertigen. Einzelheiten dazu sind in den Art. 31 bis 34 sowie 36 EWGV geregelt. E.D.

Literatur: *Sack, R.:* Die Verwirklichung des Europäischen Binnenmarktes im Bereich des gewerblichen Rechtsschutzes und Urheberrechts, in: *Dichtl, E.* (Hrsg.): Schritte zum Europäischen Binnenmarkt, München 1990, S. 35-62, insbes. S. 37 ff.

Master Sample
Bei → Stichproben im Rahmen der Marktforschung werden die relevanten Stichprobenelemente häufig erst durch Selektion einer Ausgangsstichprobe im Wege ganz bestimmter Filtertechniken ausgewählt. Die Ausgangsstichprobe selbst wird Master Sample genannt. Sie wird zweckmäßigerweise so gewählt, dass der Filterverlust möglichst gering bleibt, aber alle relevanten Einheiten die Chance haben, in die Auswahl zu gelangen.

Match-Code-Verfahren
→ Doubletten-Abgleich.

Matched Sample
Im Rahmen von → Experimenten und → Markttests verwendetes → experimentelles Design, bei dem eine Kontrollgruppe bewusst so gewählt bzw. selektiert wird, dass sie strukturgleich mit der Testgruppe ausfällt.

Matching-Systeme → Preisbildung

Matrixorganisation
Als Gestaltungsvariante der → Marketingorganisation ist die Matrixorganisation eine Weiterentwicklung des → Projektmanagements bzw. des → Produktmanagements. Sie entsteht durch die Überlagerung zweier Organisationsebenen, meist funktionsorientierten und objektorientierten Organisationsstrukturen, was formal zu einer Matrix führt. Bei drei- und mehrdimensionalen Strukturen spricht man von *Tensororganisationen*.
Die Objektstellen sind in der Praxis meist durch Produkte bzw. Kunden(gruppen) oder Gebiete oder durch Projekte bestimmt und mit Produktmanagern bzw. Projektma-

Beispiel einer Matrixorganisation

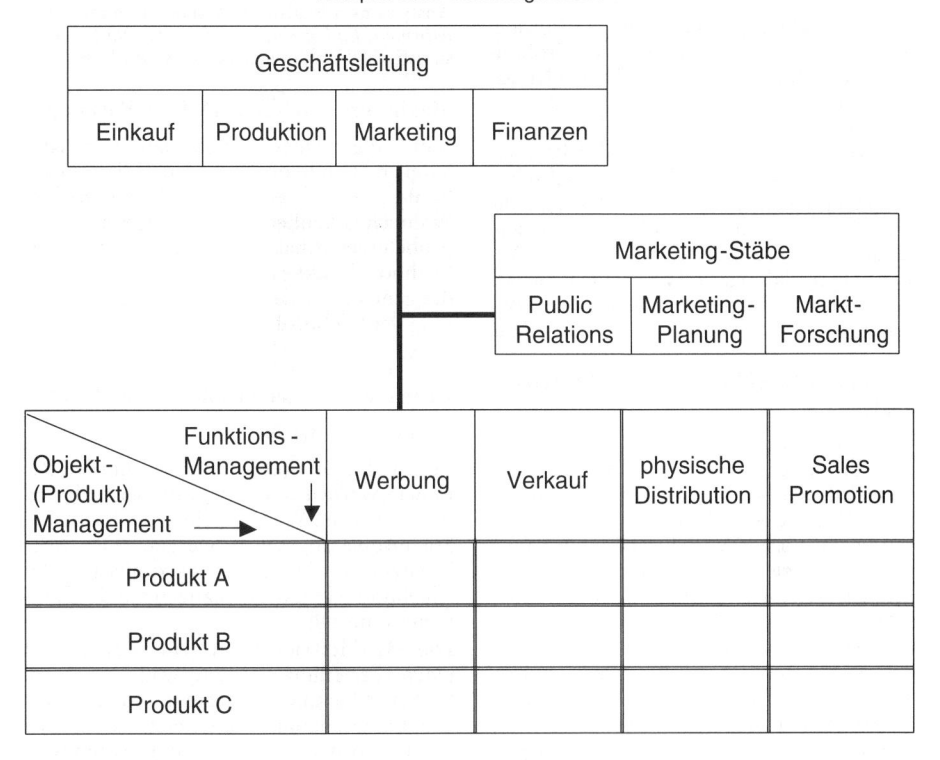

	Geschäftsleitung					
Einkauf	Produktion	Marketing	Finanzen			

		Marketing-Stäbe		
		Public Relations	Marketing-Planung	Markt-Forschung

Objekt-(Produkt) Management → / Funktions-Management ↓	Werbung	Verkauf	physische Distribution	Sales Promotion
Produkt A				
Produkt B				
Produkt C				

nagern besetzt (vgl. *Abb.*). Sowohl Funktions- als auch Produktspezialisten sind dabei ausgestattet mit formeller Macht. Der Produktmanager fungiert nicht ausschließlich als Koordinator für alle das jeweilige Produkt betreffende Angelegenheiten, er tritt auch als dessen verantwortlicher Vertreter gegenüber anderen Funktions- und Produktmanagern auf. Durch die gleichzeitige und gleichberechtigte Gliederung nach zwei Kriterien sollen so die Schwächen des Produktmanagements überwunden werden, indem in den einzelnen Matrixfeldern systematisch Konfliktfelder zwischen gleichrangigen Linienfunktionen entstehen, die zu einem fruchtbaren Wettbewerb um die knappen Ressourcen führen. Die Matrixorganisation wird deshalb in vielen Fällen als die leistungswirksamste aller Formen der Marketingorganisation bezeichnet, stellt aber auch besondere Anforderungen an die → Marketing-Koordination. R.H.

Literatur: *Meffert, H.:* Marketing, 9.Aufl., Wiesbaden 2000, S. 1070 f. *Nieschlag,R.; Dichtl, E.; Hörschgen, H.:* Marketing, 17. Aufl., Berlin 1994, S. 1000ff.

Maximale Cliquen

ist eine nach einem bestimmten → Distanzindex definierte Distanz der Form $d(i,j)$ bekannt und eine Oberschranke $\bar{d}$ vorgegeben, so bezeichnet man eine Teilmenge C einer Objektmenge N (→ Clusteranalyse) als Clique, wenn die Bedingung $d(i,j) \leq \bar{d}$ für alle $i,j \in C$ erfüllt ist. Die Clique heißt maximal, wenn durch jedes Hinzufügen eines weiteren Objektes zu C die Bedingung verletzt würde. Maximale Cliquen können folgendermaßen konstruiert werden:

1) Wähle $i_1 \in N$ zufällig aus.

2) Wähle $i_2 \in N$ mit $d(i_1,i_2) \leq \bar{d}$.

3) Für $s = 3,4,\ldots$ wähle i_s
   mit $\max d(i_\tau,i_s) \leq \bar{d}$, $\tau=1,\ldots,s-1$,

bis kein weiteres Objekt mehr gefunden werden kann. Als Ergebnis entsteht eine maximale Clique C_{i_1}.

Das Ergebnis ist jedoch nicht eindeutig, es hängt von der Reihenfolge der ausgewählten Objekte ab. O.O.

Maximalpreis

auch → Zahlungsbereitschaft, → Preisbereitschaft, Reservationspreis oder Prohibitivpreis genannt, ist der Preis, den ein Kunde für die bestimmte Menge eines Gutes maximal zu zahlen bereit ist. Der Maximalpreis entspricht genau dem Nutzen des Produktes. Die Kenntnis der nachfragerspezifischen Maximalpreise ist eine wichtige Basis, um die einzelnen Formen der → Preisdifferenzierung, wie → Preisbündelung, → Mehr-Personen-Preisbildung, oder → nicht-lineare Preisbildung erfolgreich anwenden zu können. H.S./G.Wü.

Maximum-Likelihood (ML)-Faktorenanalyse

Verfahrensvariante in der → Faktorenanalyse, die unter Verwendung der → Maximum-Likelihood Methode die Parameter eines Faktoren-Modells schätzt. Gesucht werden bei diesem Verfahren die Modellparameter ($\underline{\Lambda}, \underline{\Psi}$), die mit größter Wahrscheinlichkeit die Kovarianzmatrix der Daten erzeugt haben. Die Methode ist anwendbar, wenn die Ausgangsdaten $\underline{x}$ einer multivariaten Normalverteilung (mit einem Mittelwertvektor von Null) folgen. Die Stichprobenkovarianzmatrix $\underline{S}$ hat dann eine sog. Wishart-Verteilung. Unter Vernachlässigung des Mittelwertvektors ergibt sich die Likelihood-Funktion L über

$$\log_e L = -\frac{n-1}{2}\left[\log_e|\underline{\Sigma}| + \mathrm{tr}\left(\underline{S}\underline{\Sigma}^{-1}\right)\right]$$

wobei $\underline{\Sigma}$ für die Modellkovarianzmatrix steht und $\underline{S}$ für die Stichprobenkovarianzmatrix. tr bezeichnet die Spur und n ist der Stichprobenumfang. Die Likelihood-Funktion wird als Funktion der Elemente von $\underline{\Sigma}$, d.h. der Faktorladungsmatrix $\underline{\Lambda}$ und Residualvarianzen $\underline{\Psi}$, betrachtet.

Die ML-Faktorenanalyse ist die einzige mathematisch exakt begründete Methode der Faktorenanalyse. Gegenüber anderen Methoden führt sie Hypothesentests über die Güte und Anzahl der zugrunde liegenden Faktoren durch. Über eine → Chi-Quadrat-Verteilung, die auf einem Likelihood-Quotienten-Test beruht, kann geprüft werden, ob die Anzahl der Faktoren ausreicht, die Datenstruktur hinreichend zu erklären oder ob weniger oder mehr Faktoren nötig sind. Das Verfahren führt gleichzeitig Signifikanztests für die Parameterschätzer durch. L.H.

Literatur: Lawley, D.N.; Maxwell, A.E.: Factor Analysis as a Statistical Method, London 1971. Fahrmeir, L.; Hamerle, A.; Tutz, G.: Multivariate statistische Verfahren, 2. Aufl., Berlin 1996.

Maximum-Likelihood (ML)-Schätzung

echtes allgemeines Schätzverfahren. Schätzt aufgrund von Beobachtungen die Parameter $\theta_1, \theta_2, \ldots, \theta_k$, eines Modells, die mit größter Wahrscheinlichkeit eine vorliegende Stichprobe erzeugt haben. Grundlage ist die Likelihood-Funktion l, die definiert ist über die gemeinsame Wahrscheinlichkeitsverteilung der Stichprobe mit

$l = f(x_1, x_2, \ldots, x_n)$ oder

wenn die Variablen unabhängig sind, mit

$l = f(x_1)f(x_2)\cdots f(x_n)$.

Für die Likelihood-Funktion l sind die Parameterwerte $\theta_1, \theta_2, \ldots, \theta_k$ variabel, während die x_i als feste Werte in einer beobachteten Stichprobe angesehen werden. Die ML-Schätzer werden durch Maximierung der Likelihood-Funktion bezogen auf die Parameter ermittelt.

Die ML-Methode kann grundsätzlich auf jeden Verteilungstyp angewandt werden. Sie liefert Parameterschätzer mit den günstigen Eigenschaften Konsistenz, asymptotischer Normalverteilung und asymptotischer Effizienz. Im Falle der einfachen linearen → Regressionsanalyse sind → Kleinste-Quadrate Schätzung und ML-Methode identisch. Vorteil der ML-Schätzung ist es, dass sie aufgrund der Schätztechnik Teststatistiken für die Parameter und das Gesamtmodell liefert. Der ML-Schätzung kommt besondere Bedeutung bei der → Strukturgleichungsmethodologie (SEM) insbesondere mit → LISREL zu. L.H.

Literatur: Kmenta, J.: Elements of Econometrics, 2. Aufl., Michigan 1997, S. 701–704.

MAYA-Schwelle (Most Advanced Yet Accepted) → Imagepolitik

Mäzenatentum → Sponsoring

MBR (Marktorientierte Bezugsregulierung)

Maßnahmen, mit denen das → Pressegrosso die Liefermengen von Zeitungen, Zeitschriften und anderen Presseerzeugnissen an den Einzelhandel bestimmt. Zu unterscheiden sind *Titelregulierung* (Titel im Sortiment oder nicht) und *Mengenregulie-*

rung (wie viel Exemplare des Titel werden geliefert).

Mit dem Begriff MBR sind EDV-gestützte Verfahren vornehmlich zur Mengenregulierung des Grosso belegt. Auf Basis der Verkäufe in der Vergangenheit errechnet das Programm – etwa im Wege der → exponentiellen Glättung oder mittels → gleitender Durchschnitte – eine Verkaufsprognose. Dieser Wert – korrigiert anhand eines Saisonindex plus einer prozentual festgelegten Verkaufsreserve – ergibt die Bezugsmenge der nächsten Ausgabe. Mehrfache Nullverkäufe führen zur Aussteuerung des betreffenden Geschäftes aus dem Verteiler und zur teilweisen Aufnahme neuer Verkaufsstellen und insoweit auch zur Titelregulierung.

Insb. bei kleinauflagigen Titeln sind die Mechanismen der MBR nur bedingt zur optimalen Steuerung geeignet. Manuelle Eingriffe werden erforderlich. An laufenden Verbesserungen der Verfahren wird deshalb gearbeitet. A.K.

M-Commerce → Mobile-Commerce

MDE → Mobile Datenerfassung

MDS → Mehrdimensionale Skalierung

Means End-Theorie

Die Means End-Theorie zielt ähnlich wie die → Nutzentheorie darauf ab, eine ausgewählte Antriebskraft, wie Werthaltung und Lebensziel, mit den für die → Produktgestaltung bedeutsamen physikalisch-chemisch-technischen (objektiven) → Produkteigenschaften zu verzahnen. Dahinter steht die Idee, dass ein Individuum im Rahmen der Verarbeitung von Informationen eine Vorstellung über die Tauglichkeit des betrachteten Guts (Mittel bzw. Mean) zur Erfüllung eines bestimmten Wunschs (Ziel bzw. End) entwickelt. Die Grundstruktur der Means End-Theorie besteht aus den drei Elementen Eigenschaften, Nutzenkomponenten und Werthaltungen.

Eine *Eigenschaft* gilt als konkret, sofern ihre Ausprägungen die physikalisch-chemisch-technische Beschaffenheit eines Erzeugnisses (*Nike* Sportschuhe) beschreiben (etwa mit Fersenstütze). Sie lässt sich im Allgemeinen direkt beobachten oder objektiv messen und weist häufig eine endliche Zahl diskreter Zustände auf. Während ein solches Merkmal häufig nur eine Facette einer Erscheinung zu spezifizieren vermag, ermöglicht eine abstrakte Eigenschaft eine umfassende Beschreibung eines Guts (liegt gut am Fuß). Dabei hängt ihre Ausprägung bei einem Produkt weniger von objektiven Gegebenheiten, sondern vielmehr vom Empfinden des Individuums ab.

Ein Erzeugnis stiftet einen funktionalen → *Grundnutzen*, der sich aus seinen physikalisch-chemisch-technischen Eigenschaften ergibt. Er verkörpert die (teleologische) → Qualität (Zwecktauglichkeit) eines Guts und schließt die aus der eigentlichen Produktverwendung resultierenden Konsequenzen ein (ich laufe schneller). Dagegen umschließt der soziale beziehungsweise psychische → *Zusatznutzen* alle für die Funktionsfähigkeit des Erzeugnisses nicht zwingend erforderlichen Extras. Hierzu gehören solche Produktmerkmale, die etwa die ästhetische Erscheinung des Guts oder die soziale Akzeptanz des Nachfragers steigern (ich bin entspannt nach dem Laufen).

Werthaltungen sind im Zeitverlauf konstante Maßstäbe für die Generierung von Lebenszielen und deren Umsetzung in alltägliches Handeln (→ Werteforschung). Insofern bildet eine Werthaltung eine explizite oder implizite, für ein Individuum charakteristische Konzeption des Wünschenswerten, welche die Auswahl unter verfügbaren Handlungsarten, -mitteln und -zielen beeinflusst. Zu den terminalen Werthaltungen, die wünschenswerte Lebensziele verkörpern, gehören etwa die innere Harmonie, das Heil der Seele und die reife Liebe, eine friedliche Welt, die nationale Sicherheit und eine Welt voll Schönheit. Die instrumentalen Lebensziele, die wünschenswerte Verhaltensformen repräsentieren, umfassen z.B. Eigenschaften wie tolerant, hilfsbereit, verantwortungsvoll, logisch, intellektuell und phantasievoll. Im betrachteten Beispiel lässt sich die körperliche Fitness als instrumentale und die Selbstachtung als terminale Werthaltung kennzeichnen.

Mittels der (z.B. durch die → Reportery End-Methode oder → Laddering-Techniken) spezifizierten means end-Elemente lässt sich die in der *Abb.* wiedergegebene Kette konstruieren, die einen Ausschnitt aus der Wissensstruktur eines Individuums verkörpert. Hiernach führt die Absicht einer Person, ein Produkt zu kaufen (Nike Sportschuhe), in einem ersten Schritt zu einer Aktivierung der mit ihm verknüpften konkreten (mit Fersenstütze) und abstrakten (liegt gut am Fuß) Merkmale. In einem

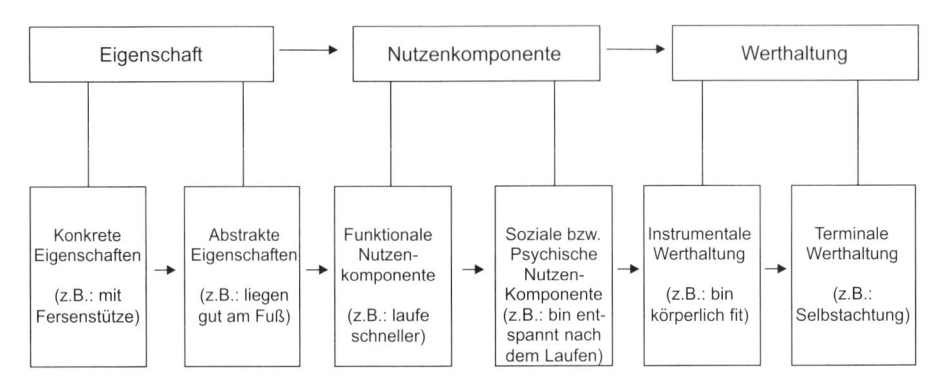

```
  ┌─────────────┐      ┌──────────────────┐      ┌─────────────┐
  │ Eigenschaft │ ───▶ │ Nutzenkomponente │ ───▶ │ Werthaltung │
  └─────────────┘      └──────────────────┘      └─────────────┘
```

Konkrete Eigenschaften	→	Abstrakte Eigenschaften	→	Funktionale Nutzen-komponente	→	Soziale bzw. Psychische Nutzen-Komponente	→	Instrumentale Werthaltung	→	Terminale Werthaltung
(z.B.: mit Fersenstütze)		(z.B.: liegen gut am Fuß)		(z.B.: laufe schneller)		(z.B.: bin entspannt nach dem Laufen)		(z.B.: bin körperlich fit)		(z.B.: Selbstachtung)

zweiten Schritt breitet sich dieser Impuls auf die funktionalen (ich laufe schneller) und sozialen (ich bin entspannt nach dem Laufen) Nutzenkomponenten aus, bevor er in einem dritten Schritt die instrumentalen (ich bin körperlich fit) und terminalen (Selbstachtung) Werthaltungen erreicht.

An.He./H.F.

Literatur: *Herrmann, A.:* Nachfrageorientierte Produktgestaltung. Ein Ansatz auf Basis der „means-end"-Theorie, Wiesbaden 1996. *Peter, J.; Olson, J.T.:* Consumer Behaviour, 3. Aufl., Homewood, Ill. 1993.

MECOSA

flexibles und vielseitig anwendbares Programmsystem zur Analyse von Strukturgleichungsmodellen (→ Kausalmodelle) auf der Basis von GAUSS. Es erlaubt die Schätzung aller Modelltypen der Strukturgleichungsmethodologie und lässt die Möglichkeit der Analyse von → Finite Mixture Modellen zu. D.A.

Mediaagentur

ein ausschließlich auf die → Mediaplanung und Durchführung der Werbemittelstreuung spezialisierter Dienstleistungsbetrieb der → Werbewirtschaft, auch → Werbemittler genannt. Entstanden in einer Zeit rasch steigender Mediakosten und einer immer größer werdenden Vielfalt an möglichen Werbeträgern, haben sich diese Dienstleistungsbetriebe darauf spezialisiert, Zeit oder Raum in Werbeträgern zu besonders günstigen Konditionen in größeren Mengen und z.T. auch auf eigenes Risiko im Vorhinein zu kaufen. Z.T. setzen sie EDV-Programme zur optimalen → Mediaselektion ein. Ihren Bruttogewinn erzielen sie aus der Differenz zwischen dem von ihnen bezahlten und den an ihre Käufer (Werbeagenturen, Werbungtreibende) verrechneten Preis bzw. aus sog. → AE-Provisionen.

Mediaanalyse

empirischer Teil der → Mediaforschung, der sich ausschließlich primärstatistischer Erhebungsmethoden bedient, und damit eine entscheidende Informationsgrundlage für die → Mediaplanung ist. In → Mediaanalysen werden Daten zur Nutzung von Werbeträgern sowie Daten über deren Empfänger/Leser/User im Wege der Befragung oder der (technisch automatisierten) Beobachtung erhoben. Eine wichtige Rolle spielen dabei die demographischen und die psychographischen Nutzerstrukturen der verschiedenen Hörfunk-, Fernseh- Print- und Onlinemedien (→ Hörerforschung, → Leserschaftsforschung, → Zuschauerforschung). Ein Vergleich verschiedener Mediaanalysen ist wegen unterschiedlicher Samplegrößen, Erhebungsmethoden und Untersuchungsziele nur bedingt möglich. Als Serviceleistung der Medienanbieter werden Mediaanalysen meist von diesen selbst durchgeführt bzw. veranlasst und von den Verlagen oft zu → Verlagstypologien aufbereitet.

Je nach Untersuchungsziel lassen sich quantitative und qualitative Mediaanalysen unterscheiden. Qualitative Mediaanalysen versuchen festzustellen, wie wertvoll die in den quantitativen Analysen festgestellten Kontaktmengen für die Wirksamkeit einer Werbekampagne sind. Ausgewiesen wird damit die *Kontaktqualität* eines bestimmten Werbeträgers aufgrund seiner spezifischen Eigenschaften. Generell beinhalten alle qualitativen Mediaanalysen das Problem, dass sie nur für eine begrenzte Anzahl von Medien Daten bereithalten, d.h. ihre Aussagekraft für den Mediaplaner, der über die Belegung verschiedener Werbeträger für eine Kampagne zu entscheiden hat, entsprechend stark eingeschränkt ist. Derzeit besteht auch ein Mangel an kontinuierlichen qualitativen Mediaanalysen. Vor dem Hintergrund eines geänderten Leseverhaltens der Bevölkerung wird die Anwendbarkeit älterer Studien stark in Frage gestellt.

Innerhalb der Mediaanalysen werden sowohl qualitative wie quantitative Kennzahlen erhoben, z.B. → Nutzungswahrscheinlichkeit, Nutzerzahl, Nutzungsdauer und -intensität. In einer sog. Nutzerstrukturanalyse werden diese Werbeträger-Nutzungsdaten personenbezogen aufbereitet und zu einer Nutzerstruktur verdichtet.

Problematisch ist, dass verschiedene Erhebungsverfahren die Befragten vermutlich in ihrem Erinnerungsvermögen überfordern, wenn sie Auskunft über bereits länger zurückliegenden Medienkonsum geben sollen. Die Reliabilität solcher Auskünfte ist fraglich. Allerdings trifft sie vermutlich alle untersuchten Medien jeweils gleichmäßig. Unberücksicht bleibt bisher weitgehend das → Zapping, d.h. das bewusste Umgehen von Werbekontakten während des Medienkonsums. In jüngster Zeit kommt auch Kritik an der Methodik der herkömmlichen Nutzerstrukturanalysen auf, weil sie die Kontaktqualität sowie die Häufigkeit, Frequenz und Wahrscheinlichkeit von Kontakten bestimmter Personen(-gruppen) mit einem Medium, die u.U. große Aussagekraft für die Eignung des Mediums als Werbeträger oder -mittel besitzen, nicht erfassen. Die Kontaktqualität lässt sich dabei sowohl direkt durch Befragungen zum einzelnen Werbemittelkontakt als auch indirekt anhand der Gesamtwirkung von Werbekampagnen durchaus zu messen versuchen. Der *Bauer-Verlag* hat dafür ein Erhebungsmodell entwickelt. Mit Hilfe des → Recognition-Test wird dabei zuerst nach einer bestimmten Anzeige, dann nach der darin beworbenen Marke und schließlich danach gefragt, wie viel der Befragte von der Anzeige gelesen hat. Die Antworten lassen neben den Aussagen zur Kontaktqualität auch Aussagen über die Intensität der Zeitschriftennutzung, die Aufgeschlossenheit gegenüber der Werbung und das Produktinteresse der Mediennutzer zu. Der → ZAW hat in dem → ZAW Rahmenschema für Werbeträgeranalysen formale Regeln für Strukturanalysen mittels schriftlicher, mündlicher bzw. technischer Erhebung entwickelt.

Zu den bekanntesten standardmäßigen Mediaanalysen in der BRD zählen die → Media-Analyse (MA) der Arbeitsgemeinschaft Media-Analyse (→ AG.MA), die → Allensbacher – Werbeträger – Analyse (AWA), die → Infratest-Multi-Media-Analyse (IMMA) und die → Verbraucheranalyse (VA). R.Wi.

Literatur: *Börsenverein des Deutschen Buchhandels, Arbeitsgemeinschaft Zeitschriftenverlage* (Hrsg.): Mediabegriffe Fachzeitschriften, neueste Aufl. *Schweiger, G.; Schrattenecker, G.:* Werbung, Stuttgart 1995, S.217 ff.

Media-Analyse (MA)

größte, in Form einer Gemeinschaftsanalyse, jährlich durchgeführte, systematische → Mediaanalyse bei Zeitschriften, Lesezirkeln, Tageszeitungen, Radio, Film und Fernsehen in der Bevölkerung. Träger der Media-Analyse ist die Arbeitsgemeinschaft Media-Analyse (→ AG.MA), in der alle wesentlichen Publikumsmedien, Werbeagenturen sowie verschiedene werbetreibende Unternehmen zusammengeschlossen sind. Die Grundgesamtheit der MA besteht aus der Deutsch sprechenden Wohnbevölkerung der Bundesrepublik ab 14 Jahren. Seit 1987 bildet das Partnerschaftsmodell die Basis für die Ermittlung der Mediennutzung. Dabei werden Presse- und Elektronische Medien in zwei getrennten Tranchen erhoben, um die Befragten im Interview nicht zu sehr zu belasten. Mittels Fusionsverfahren wird am Ende der Erhebung ein künstlicher Single-Source-Datensatz hergestellt. Die Daten aus dem GfK-Meter-Panel werden in die Elektronische Medientranche hineininfusioniert, welche im Anschluss in die Pressemedientranche übertragen wird. Die Datenerhebung erfolgt also durch persönliche Interviews und Push-Button-Verfahren des GfK-Meter-Panels. Die Daten für die Media-Analyse 2000 Radio wurden im Befragungszeitraum 99/2000 erstmals mit telefonischen Interviews (CATI = Computer Assisted Telefone Interviewing) erhoben. In zwei Befragungswellen wurden 52.273 Personen befragt.

Die Art der erhobenen Daten können wie folgt gegliedert werden:

– *Medieninformationen*: Daten zur Mediennutzungswahrscheinlichkeit für die Mitgliedstitel und –sender werden sowohl national als auch regional erhoben und ausgewiesen. Die Ausweisung der erfolgt auf der Basis der Werbeträgerkontaktchance und der Werbemittelkontaktchance mittels Reichweite (in %) des Titels oder Senders, Hochrechnung (in Mio.) der Angaben der Befragten auf die Grundgesamtheit und Zusammensetzung (Anteile in %) der Nutzerschaft eines Mediums.

- *Personeninformationen*: U.a. werden soziodemographische Merkmale, Daten zur Freizeitgestaltung, Haushaltsausstattung und Einkaufsgewohnheit erfasst.

Die MA bietet dem Mediaplaner also neben den Leistungsinformationen in gewissem Umfang auch Zielgruppeninformationen. Dies erlaubt eine zielgruppenspezifische Mediaselektion, wobei auch variable Kriterienvorgaben möglich sind, für die dann nutzerspezifische Sonderzählungen durchgeführt werden.

Die aktuellen Daten stehen ausschließlich den Mitgliedern der Arbeitsgemeinschaft zur Verfügung, für wissenschaftliche Zwecke werden nicht mehr planungsrelevante Daten an Hochschulen weitergegeben.

Kontaktadresse: Arbeitsgemeinschaft Media-Analyse e.V., Am Weingarten 25, 60487 Frankfurt am Main, Tel.(069) 156805-0.

K.Bu./M.D.

Mediaanalyse im Internet

bezeichnet einen speziellen Anwendungsbereich der → Mediaanalyse bei der Erhebung von Nutzungsdaten von Werbeträgern im Internet. Dabei lassen sich die erhobenen Kennzahlen der Mediaanalyse im Internet in drei Kategorien zusammenfassen: die erste Kennzahlengruppe beschreiben den Werbeträgerkontakt (→ Hits, → Page Impression und → Visits), die zweite Gruppe den Werbemittelkontakt (→ Ad-Impression und Ad-View) und die dritte Gruppe die Werbemitteleffektivität (→ Ad-Click, → Click-Through-Rate).

Die Besonderheit der Mediaanalyse im Internet ist im Vergleich zur Analyse von klassischen Medien (Print, FFF) die hohe Reliabilität des Erhebungsverfahren. Während die Messung der → Reichweite bei klassischen Medien durch repräsentative Befragungen und Hochrechnungen erfolgt, bietet die Mediaanalyse im Internet durch die → Interaktivität des Medium die exakte Bestimmung der Reichweite und basiert somit methodisch auf einer → Vollerhebung. Ferner ermöglicht das Medium die Messung der Ad-Clicks und die Bestimmung der Click-Through-Rate, was die genaue Effektivität der Werbeschaltung bestimmt, was in klassischen Medien nicht möglich ist.

Die Grenzen der Erhebungsmethodik liegen in der eingeschränkten Messbarkeit der erfolgreichen Übertragung von Informationen im Internet und der damit verbundenen sicheren Bestimmbarkeit des Zustandekommens eines Kontaktes. Zur Lösung dieser Problematik wurden verschiedene technische Verfahren von unterschiedlichen Anbietern entwickelt, von denen sich insbesondere das Verfahren → RAWENA der Firma Ecce Terram und → Q-Metrix von Media Metrix Inc. als anerkannte Verfahren der Mediaanalyse im Internet durchsetzen konnten.

B.Ne.

Media Control

Media Control ist ein in Baden-Baden ansässiges Unternehmen, das sich zunächst mit der Musikbeobachtung im Hörfunk zur Erstellung von Hitparaden einen Namen gemacht hat. Media Control hat für die → Arbeitsgemeinschaft Fernsehforschung einen Teil der Datenverwertung übernommen. Von der Presse, Institutionen und Einzelpersonen können dort gegen Gebühr Daten zur Fernsehnutzung für Sendungen erworben werden.

Mediaforschung, Werbeträgerforschung

Die betriebliche → Kommunikations- und Werbepolitik unterstützend, beschäftigt sich die Mediaforschung mit der Ermittlung des Beitrages von bestimmten → Werbeträgern (Kommunikationskanälen) zum Werbeerfolg. Zu diesem Zweck werden die relevanten Medien mit Hilfe von empirischen Analysen (→ Mediaanalysen) und statistischen Verfahren nach bestimmten Kriterien untersucht. Einen Überblick über die verschiedenen Träger, Bereiche und Kriterien der Mediaforschung liefert die *Abbildung*.

Die aufbereiteten Ergebnisse helfen der → Mediaplanung bei der Auswahl von geeigneten Werbeträgern für eine bestimmte Werbemaßnahme. Von Vorteil erweist sich dabei, dass die Mediaforschung, weiter noch als die Mediaanalyse, demographische und psychodemographische Merkmale der Nutzer beleuchtet. Auch steht die Beziehung zwischen Werbeträger und Nutzer und zwischen Medien- und Konsumverhalten im Mittelpunkt der Mediaforschung.

Träger, Bereiche und Kriterien der Mediaforschung

```
Werbetreibender → Kommunikationskanal ← Rezipient
                     Werbung
                        ↓
                  Mediaforschung
     ┌──────────┬──────────┬──────────┐
   Träger    Bereiche   Verfahren  Kriterien
   → AG.MA   → Leserschafts-  → Stichproben   → quantitative
   → Infratest   forschung                        - Reichweite
   → Allensbach → Zuschauer-   → Typologien      - Kontakt
   ...          forschung                         - Tausender-
                → Hörer-       ...                  preis
   Analysen     forschung                         - Nutzung
   → MA                                           ...
   → AWA                                        → qualitative
   → IMMA                                         - Zielgruppen-
   → VA                                             kontakte
   ...                                            - Nutzungs-
                                                    intensität
                                                  ...
```

Media-Leiter

Leiter der in einer → Werbeagentur für die Auswahl der → Werbeträger und den Kauf von Raum und Zeit in diesen Medien zuständigen Personengruppe (→ Werbeberufe).

Media Literacy

Begriff aus der → Mediaforschung, mit dem auf die Erfahrenheit und Vertrautheit einer Person im Umgang mit bestimmten Medien Bezug genommen wird. Bezüglich TV wird sie z.B. mit den Statements „Ich merke, wenn etwas Interessantes kommt", „Ich erkenne Sendungen an der Musik" oder „Ich merke, wenn Werbung kommt" und entsprechenden Ratingskalen operationalisiert.

Media-Mix → Mediastrategie

Media-Mix-Effekt

Spezifische Werbewirkung, welche mittels einer Werbekampagne erreicht wird, die ein bewusst dosiertes → Media-Mix (z.B. aus TV, Print und Hörfunk) einsetzt. Mix-Kampagnen gelten infolge dieses Effekts monomedialen Kampagnen (z.B. reinen TV-Kampagnen) hinsichtlich der erreichbaren Gedächtniswirkungen als überlegen. Der vermutete Effekt wird lerntheoretisch mit der besonderen Wirkung des mehrkanaligen Lernens begründet. Überdies lässt sich eine komplexe Werbebotschaft bei Nutzung unterschiedlicher Mediagattungen innerhalb einer Kampagne so zerlegen, dass je nach Kommunikationsvermögen eines Mediums diesem ein spezieller Teil der Botschaftsübermittlung zugeordnet werden kann (Mediale Rollenteilung). Ferner ergibt sich der Mix-Effekt auch aus den u.U. komplementären Nutzerschaften unterschiedlicher Mediagattungen, so dass mit einer Mix-Kampagne bei gleichem Geldeinsatz eine breitere Adressatenschaft mit individuell moderaten Kontaktdosen abzudecken ist als mit einer Mono-Kampagne, die zu individuell hohen Kontaktwiederholungen mit

Median

der Gefahr des → Wear-Out-Effekts führen würde. Schließlich werden Werbekontakte in unterschiedlichen Mediagattungen von den Adressaten unterschiedlich tief verarbeitet, was sich auch auf die zeitliche Stabilität erreichter Wirkungen auswirkt.   H.St.

Literatur: *HÖRZU/FUNK UHR* (Hrsg.): Mediamix und Werbewirkung, Hamburg, 1989. *HÖRZU/FUNK UHR* (Hrsg.): Multiplying Mediamix, Hamburg 1991.

Median → Mittelwerte

Mediaplanung (Streuplanung)

Der Streu- oder Mediaplanung kommt eine wichtige Position innerhalb der → Werbeplanung zu: Der Erfolg einer Werbekampagne hängt nicht nur von der Gestaltung der → Werbemittel ab, sondern auch von deren Verbreitung. Aufgabe der Mediaplanung ist es, für eine geplante Werbekampagne
– die → Werbeträger,
– mit der gewünschten Zahl an Einschaltungen,
– im gewünschten Umfeld,
– zum geplanten Zeitpunkt einzusetzen.

Das Ziel der Streuplanung besteht darin, einen Mediaplan zu finden, der eine maximale Wirkung des Werbebudgets ermöglicht. Dabei wird die Wirkung der Werbung im Bereich der Streuplanung durch folgende Faktoren beeinflusst:
– Richtige Bestimmung der Zielpersonen, die man erreichen will,
– Reichweite der Medien innerhalb der Zielgruppe,
– Kontakthäufigkeit, mit der die Angehörigen der Zielgruppe durch einen bestimmten Mediaplan erreicht werden,
– Eignung der verschiedenen Werbeträgergruppen bzw. Werbeträger für die Präsentation der Werbebotschaft (→ Kontaktqualität).

Es sind also jene Medien auszuwählen und die Zahl der Einschaltungen ist so festzulegen, dass ein möglichst hoher Anteil der Angehörigen der Zielgruppe die für notwendig erachtete Anzahl von Kontakten erhält, wobei die Eignung der Werbeträger zur Präsentation der Werbebotschaft zu berücksichtigen ist.

Zur Durchführung der Mediaselektion werden aus der → Werbeträgeranalyse verschiedene Kontaktmaßzahlen herangezogen. Die wichtigste Kontaktmaßzahl zur Beurteilung eines Werbeträgers ist dessen → Reichweite. Die Reichweite kann sich beziehen auf
– eine Einschaltung in einem Medium,
– mehrere Einschaltungen im selben Medium,
– je eine Einschaltung in mehreren Medien,
– mehrere Einschaltungen in mehreren Medien.

Daher gibt es auch unterschiedliche Begriffe der *Reichweite*: Die Reichweite einer Einschaltung in einem Medium findet man in den Medien unter der Bezeichnung „Leser pro Nummer" oder kurz „LpN" bzw. „Leser pro Ausgabe" oder kurz „LpA". Die Reichweite mehrerer Einschaltungen im selben Medium (kumulierte Reichweite) bezieht sich auf die Gesamtzahl der Personen, die der Zielgruppe angehören, die zumindest einmal durch mehrere Ausgaben eines Werbeträgers bzw. durch mehrere Werbeeinschaltungen in einem Werbeträger erreicht werden. Bei den regelmäßigen Nutzern eines Mediums kommt es bei wiederholten Einschaltungen zu Wiederholungskontakten.

Die Reichweite je einer Einschaltung in mehreren Medien (Netto-Reichweite) bezeichnet jene Anzahl von Personen, die bei Einschaltungen in verschiedenen Medien mindestens einmal erreicht werden. Bei denjenigen Personen, die mehrere Werbeträger nutzen, kommt es zu sog. externen Überschneidungen.

Liegen Nutzungsfrequenzen und Überschneidungsdaten vor, so ist es möglich, die kombinierte Reichweite durch die Verrechnung der Kontaktwahrscheinlichkeiten mit Hilfe des Binomialmodells oder mit Hilfe von Simulationsmodellen zu ermitteln.

Neben der Reichweite eines Streuplanes spielen auch die *Kontakthäufigkeit* und die *Verteilung der Kontakte* eine große Rolle. Die Kontakthäufigkeit gibt an, wie oft die Zielgruppe Kontakt mit den Werbeträgern hat, in denen die Werbebotschaft geschaltet wird. Dabei muss man unterscheiden zwischen der durchschnittlichen Kontaktzahl und der tatsächlichen Kontaktzahl, die um die durchschnittliche Kontaktzahl streut. Die durchschnittliche Kontaktzahl gibt an, wie oft die durchschnittliche Zielperson erreicht wird. Die Kontaktverteilung lässt sich grafisch durch eine Kontaktverteilungskurve darstellen.

Ein weiteres Kontaktmaß ist die *Kontaktsumme*, d.h. die Gesamtzahl der Kontakte oder Brutto-Reichweite, die sich aus der

Summe der Einzelreichweiten ergibt. Sie ist nicht sehr aussagekräftig, weil sie nicht darüber informiert, wie viele Personen wie oft erreicht werden.

Auf Grund der Vielzahl der zur Auswahl stehenden Werbeträger und der guten Datensituation bieten sich quantitative Verfahren zur Problemlösung besonders an. → Mediaselektionsmodelle stellen solche quantitativen Verfahren zur Auswahl der Werbeträger dar. G.Sch.

Mediaselektionsmodelle

quantitative Modelle zur Auswahl von Werbeträgern im Rahmen der → Mediaplanung, bei denen man auf die im Wege der Beobachtung oder Befragung regelmäßig erhobenen → Mediaanalysen zurückgreift. Im Folgenden sollen die wichtigsten Verfahren der Mediaselektion dargestellt und auf ihre Brauchbarkeit zur Lösung des Problems der Mediaselektion hin untersucht werden.

1. Wirtschaftlichkeitsprogramme:
Ausgehend von den früher ermittelten 1000-Leser-Preisen entwickelte man das Kriterium der Kosten je 1000 Kontakte. Es wird ermittelt, wie hoch die Kosten sind, um 1000 Personen zu erreichen. Dabei ist es möglich, den unterschiedlichen Wert der Zielpersonen durch Zielpersonengewichtung und den unterschiedlichen Wert der eingesetzten Medien durch Mediengewichtung zu berücksichtigen. Dieses Verfahren hat lediglich einen einzigen Nachteil: Es können keine externen Überschneidungen, also Reichweitenüberschneidungen zwischen den Medien, berücksichtigt werden. Damit ist es auch nicht möglich, die Reichweite einer Kombination von Medien zu beurteilen, sondern nur die Reichweite der Bausteine eines Streuplanes. Die Stärke der Wirtschaftlichkeitsprogramme liegt daher in der Vorauswahl der Medien.

2. Optimierung mit Hilfe der Methoden der mathematischen Planungsrechnung
In der Literatur findet man zahlreiche Versuche, die Auswahl der Medien mit Hilfe der Methoden der mathematischen Planungsrechnung zu erleichtern. Es wurden lineare und fallweise auch nichtlineare und dynamische Planungsrechnungen vorgeschlagen. Mit Hilfe der linearen Planungsrechnung sucht man jenen Media-Mix, der die gewichtete Kontaktsumme unter Einhaltung verschiedener Nebenbedingungen maximiert. Die Gewichtung der Kontaktsumme erfolgt durch Berücksichtigung von Zielgruppen- und Mediengewichten. Auch eine Abnahme des Kontaktwertes durch wiederholte Einschaltung im selben Medium kann berücksichtigt werden, und zwar dadurch, dass die dann nicht mehr lineare Wirkungskurve in lineare Abschnitte zerlegt wird.

Alle Optimierungsmodelle haben jedoch den Nachteil, dass sie von dem wenig aussagekräftigen Kontaktmaß der Kontaktsumme (Bruttoreichweite) ausgehen. Diese sagt nämlich wenig darüber aus, wie viele Personen erreicht werden (Reichweite), wie oft sie durchschnittlich erreicht werden (Kontakthäufigkeit) und wie sich die durchschnittliche Kontakthäufigkeit auf alle Zielpersonen verteilt (Kontaktverteilung). Da es nicht gleichgültig ist, ob bei hoher Kontaktsumme viele Personen selten oder wenige Personen oft erreicht werden, ist die Kontaktsumme als alleiniges Zielkriterium für die Mediaselektion ungeeignet. Optimierungsmodelle stellen somit keinen echten Fortschritt gegenüber den einfachen Wirtschaftlichkeitsprogrammen dar. In der Werbepraxis haben daher die Modelle der mathematischen Planungsrechnung so gut wie keine Anwendung gefunden.

3. Bewertungsmodelle (Evaluierungsmodelle)
Mit Hilfe der Bewertungs- bzw. Evaluierungsmodelle wird die Eignung von Mediaplänen im Hinblick auf die zu Grunde gelegten Zielkriterien untersucht. Zu diesem Zweck werden die gewünschten Kontaktmaßzahlen errechnet. Zielgruppen- und Mediengewichtung sind ebenso möglich wie die Gewichtung der auf eine Person entfallenden Kontaktzahlen aufgrund einer gewählten → Kontaktbewertungskurve. Auf diese Weise kann für jeden eingegebenen Streuplan ein Wirkungsindex ermittelt werden, der angibt, wie groß die nach Zielgruppen, Medien und Häufigkeit gewichtete Reichweite ist. Bezieht man diesen Index auf die Einschaltkosten des jeweiligen Streuplanes, so kann dessen Wirtschaftlichkeit beurteilt werden. Der Mediaplaner ist mit Hilfe dieser Modelle in der Lage, aus einer Reihe von ihm selbst festgelegten Mediakombinationen die günstigste herauszufinden. Je nach seinem Geschick, seiner Kenntnis des Media-Marktes und seinem Anspruchsniveau wird die Anzahl der zu überprüfenden Mediapläne schwanken. Dem Benutzer fällt die Aufgabe zu, den seiner

Meinung nach bestgeeigneten Streuplan (den reichweitenstärksten Plan, den Plan mit dem besten Preis-Leistungs-Verhältnis, den Plan mit der besten Kontaktverteilung) aus den vom Programm evaluierten Streuplänen auszuwählen.

4. Heuristische Verfahren zur Findung von guten Streuplänen (Satisfizierungsmodelle)
Kernstück dieser Modelle ist ebenfalls ein Evaluierungsprogramm. Mit diesem werden die jeweils eingegebenen bzw. konstruierten Pläne aufgrund der vorgegebenen Kriterien bewertet. Sie begnügen sich jedoch nicht damit, sondern haben bestimmte Regeln zur Findung von besseren Streuplänen vorgegeben. Dadurch sind sie in der Lage, Näherungslösungen zu bieten, die die errechnete Wirkung von intuitiv aufgestellten Streuplänen wesentlich verbessern können. Obwohl man mit Hilfe dieser Programme nicht mit Sicherheit das absolute Optimum findet, hat sich dennoch die Bezeichnung „Optimierungsprogramm" für sie eingebürgert. G.Sch.

Literatur: *Schweiger, G.*: Mediaselektion – Daten und Modelle, Wiesbaden 1975. *Schweiger, G.; Schrattenekker, G.*: Werbung, 4. Aufl., Stuttgart 1995.

Mediastrategie.

Element einer → Werbestrategie oder → Kommunikationsstrategie. Mit der Mediastrategie wird im Zuge der → Mediaplanung festgelegt, welchen Stellenwert einzelne Medien (Mediagattungen, Mediafamilien) zur Verfolgung spezieller Kommunikations- bzw. Werbeziele einnehmen sollen. Der Begriff bezieht sich i.a. auf grobe Festlegungen des Einsatzes unterschiedlicher Medien der Klassischen Werbung, wie etwa TV, Hörfunk, Zeitschriften und Zeitungen. Mit der Entscheidung für den vorrangigen Einsatz gewisser Medien als Werbeträger wird im Rahmen einer Mediastrategie jedem Medium eine Rolle zugewiesen, die es zur Erreichung von Werbezielen übernehmen soll. So gelingt es bspw. häufig, mittels TV-Werbung Markenbekanntheit bzw. Aktualität einer Marke aufzubauen, während mit der Print-Werbung die kognitive Basis von Einstellungen im Sinne einer Überzeugungswirkung besonders wirksam beeinflusst werden kann. Je nach dem relativen Gewicht, welches ein Medium im Rahmen einer Mediastrategie einnimmt, wird von einem *„Basismedium"* oder von *„flankierenden Medien"* gesprochen. Die möglichst geschlossen und synergieträchtig auszugestaltende Kombination der Werbemedien wird *Media-Mix* genannt. Da die Auswahl der Werbemedien stark vom verfügbaren → Werbebudget abhängt, ist die Mediastrategie eng mit Teilentscheidungen der → Werbestrategie, insb. des angestrebten Werbeziels, des Share of Voice (→ Share of Advertising) und der räumlichen, zeitlichen und personellen Werbezielung verknüpft, weshalb beide Begriffe in der Praxis gelegentlich fälschlicherweise synonym verwendet werden.

Mediastrategien beruhen auf → Intermedia-Vergleichen, in denen Medien bzw. Mediagattungen hinsichtlich ihrer Funktion für den Nutzer, ihrer Nutzungssituation, ihrer „Transportleistung" (Reichweite, Kontaktchancen in den Zielgruppen), ihrer Nutzungshäufigkeit, ihres redaktionellen Umfeldes, ihrer Werbemittel-Produktionskosten u.a.m. qualitativ und/oder quantitativ bewertet werden (→ Werbeträger).

Da jede werbliche Aufgabenstellung aufgrund der jeweils verfolgten Werbeziele, der anzusprechenden Zielgruppen und der verfügbaren Ressourcen des Werbetreibenden ihre Eigenarten aufweist, sind Normstrategien als Standardempfehlungen für die Strategiefindung i.a. wenig hilfreich. Die Entscheidung wird vielmehr im Einzelfall heuristisch getroffen, d.h. auf der Basis subjektiv verknüpfter Informationen und Hypothesen. Modellgestützte Entscheidungshilfen zur Bestimmung des MediaMix (→ Mediaselektionsmodelle) kommen erst in einer nachgelagerten Planungsstufe der Mediaplanung zum Zuge, wenn für einzelne Mediagattungen sachlich und zeitlich detaillierte Belegungsmuster festzulegen sind. H.St.

Literatur: *Kall, D.*: Werbeetat- und Werbemix-Planung im Handel, Wiesbaden 1996. HÖR ZU (Hrsg.): Media – Strategie und Selektion, 3. Auflage, Hamburg 1986. *Zacharias, G.*: Die Realität der Mediaplanung 1978, in: Mediaplanung, *Heinrich Bauer Verlag* (Hrsg.): Schriften der Heinrich Bauer Stiftung, Band 4, Hamburg o. J., S. 5-84.

Medienarbeit.

Teil der → Public Relations, der sich mit Journalisten/innen, → Massenmedien und → Fachmedien befasst. Die Verantwortung liegt beim → Medienreferenten, der dafür zuständig zeichnet, Fragen von Journalisten entgegen zu nehmen, die entsprechenden Sachverhalte abzuklären und innerhalb kürzester Zeit zu beantworten.

Die wichtigsten Instrumente der Medienarbeit sind neben der Auskunft die → Pressemitteilung, Medien- oder Pressekonferenz, Pressemappe, Presselunch, das Pressegespräch, informelle Gespräche sowie die Pressereise. P.F.

Medien-Kontakt-Einheiten (MKE).
Maßeinheit in der → Mediaforschung, die einen Vergleich der Kontakte verschiedener → Werbeträger in quantitativer Hinsicht erlaubt. Per Konvention ist in der → Media-Analyse (MA) die MKE von Pressemedien eine einzelne Ausgabe einer Zeitung oder Zeitschrift, vom Hörfunk eine Stunde, vom Fernsehen eine halbe Stunde und vom Kino die letzten sieben Tage. Die MKE stellt die Grundlage für die Berechnung von Mediennutzungswahrscheinlichkeiten dar. Die Frage nach der zweckmäßigen Festlegung der Medien-Kontakt-Einheiten war und ist im Hinblick auf die Vergleichbarkeit der verschiedenen Medien nicht unumstritten.

Medienreferent/in.
Hauptverantwortliche/r für die Beziehungen zu Massenmedien und Journalisten/innen sowie die Beantwortung von Fragen aus diesem Kreise an ein Unternehmen oder eine Organisation. Leiter der Pressestelle mit den Pressesprecher/innen. Manchmal auch als Synonym für Pressesprecher verwendet. P.F.

Medienstil, Informationsstil.
nennt man die Darbietungsform von Informationen in den gedruckten und elektronischen → Medien. Der Medienstil wird v.a. durch die technischen Medien und die gesellschaftliche Entwicklung, insbes. durch die → Informationsüberlastung, geprägt. Da die gesellschaftliche Entwicklung wiederum stark vom Einfluss der modernen Technik bestimmt wird, kann der technische Fortschritt als entscheidende Bestimmungsgröße für den Medienstil angesehen werden. Eine zentrale Bedeutung hat dabei der Einfluss des Fernsehens mit seinem bildbetonten, dynamischen Stil. Dieser Stil hat nach Ansicht des Medienphilosophen Postman zu einer „elektronischen und visuellen Revolution" der Kommunikation geführt:
Das Fernsehen bestreitet über die Hälfte der gesamten Mediennutzung in der Freizeit. 1998 schaute die Bevölkerung ab 14 Jahren bereits 201 Minuten täglich Fernsehen (*Nickel*, 1999). Hingegen wird weniger als 30 Minuten in Zeitungen gelesen. Schon 18-jährige haben in ihrem Leben mehr Zeit vor dem Fernseher (13.000 Stunden) als in der Schule verbracht (12.000 Stunden) (*Gangloff*, 1995, S. 9). Der Konsum von gedruckten Medien ist in der jüngeren Generation hingegen auf dem Rückzug: Die tägliche Reichweite der Printmedien hat sich bei Jugendlichen zwischen 14 und 29 Jahren seit den 70er-Jahren mehr als halbiert (SPIEGEL, 1986, Nr. 10, S. 110). Wenn Jugendliche heute überhaupt noch lesen, lesen sie bevorzugt die Fernsehprogrammzeitschrift. Dabei ist zu beachten, dass auch im Bereich der gedruckten Medien bildbetonte Medien wie Comics, Bildzeitungen und illustrierte Zeitschriften vordringen. Ein Beispiel dafür ist der Siegeszug der Zeitschrift Focus, die ähnliche Inhalte wie die Zeitschrift SPIEGEL kürzer, bildhafter und prägnanter darstellt und dadurch der Institution SPIEGEL den Rang streitig machen konnte. Der Einfluss der → Bildkommunikation prägt sogar die Erwartungen, welche die Konsumenten an die sprachliche Informationsvermittlung stellen: Danach sind sprachliche Informationen in kleinen, handlichen Brocken schnell und leicht verständlich und unterhaltend verpackt darzubieten.
Versucht man, den gegenwärtig vom Fernsehen geprägten Medienstil zu kennzeichnen, so treten folgende Eigenschaften hervor: reduzierte Komplexität, kurze, dynamische Informationssequenzen, aufreizende und unterhaltsame Darbietung, sinnlich wahrnehmbare Inszenierung von Information. In diesem Stil spiegelt sich v.a. der starke Einfluss des bewegten Bildes im Fernsehen wider. Darin erhalten sogar die Bilder in den Printmedien mehr Bewegung und Dynamik; bloß statische Fotos stoßen auf weniger Akzeptanz. Entsprechende Veränderungen im Rundfunk führen dazu, dass die Nachrichten wesentlich kürzer werden; im privaten Rundfunk werden sie inzwischen abwechselnd von zwei Sprechern vorgetragen. Schnelle Korrespondentenberichte und kurze Musikeinlagen während der Nachrichten sorgen für Abwechslung.
Die größte Bedeutung für die Marktkommunikation hat die aufreizende, unterhaltsame und sinnlich wahrnehmbare Inszenierung der Information in den gegenwärtigen Medien.
Aufreizend: Durch professionellen Einsatz von Aktivierungstechniken (→ Aktivierung) wird versucht, das Medium und die

Medienstil, Informationsstil

im Medium enthaltenen Informationen in der Informationsflut sichtbar zu machen. Die *Abb.* zeigt dazu ein aufschlussreiches Beispiel: Zwei Titelbilder des SPIEGEL, eines aus den 60er-Jahren und ein aufreizendes aus den 80er-Jahren.

Unterhaltsam: Die „Superideologie unseres Fernsehzeitalters ist die Unterhaltung" (*Postman*, 1985, S. 110). Die unterhaltsame Verpackung der Information trägt heute entscheidend zu ihrer Akzeptanz bei. Das gilt v.a. für die Werbung, die sich an wenig involvierte Konsumenten wendet: Da sich wenig involvierte Konsumenten kaum mit dem Inhalt der Werbung auseinandersetzen, wird die Aufmachung der Werbung zum Angelpunkt für die Marken- und Firmenakzeptanz und die Präferenz (Low-Involvement-Modell der Werbewirkung). Es handelt sich hierbei um den so genannten peripheren Weg der Beeinflussung, für den das Motto „Gefallen geht über Verstehen" gilt (*Kroeber-Riel/Esch*, 2000). Gerade für unsere Erlebnisgesellschaft wird der Unterhaltungswert der Medien immer bedeutsamer.

Sinnlich wahrnehmbar: Bildkommunikation wirkt v.a. deswegen stärker als Sprachkommunikation auf das Verhalten ein, weil Bilder die Realität und damit die Umweltbedingungen des Menschen besser „simulieren". Die Bilder bringen dem Empfänger die reale Welt sinnlich und emotional erlebbar nahe (→ Bildkommunikation, → Emotionale Werbung).

Die Werbung macht sich diese Simulationswirkung des Bildes in zunehmendem Maße zunutze: Statt bloß Produkte abzubilden und über Produkteigenschaften zu reden (= Orientierung am sprachlichen Argumentationsstil), geht sie dazu über, den Produktnutzen in einer emotional erlebbaren Weise zu inszenieren (= Orientierung am Fernsehstil). Beispiele: Statt über den Benzinverbrauch eines Autos zu informieren, wird in einem Fernsehspot gezeigt, wie oft ein junger Mann zwischen seinen beiden Freundinnen in Köln und Frankfurt mit einer Tankfüllung hin- und herfahren kann (Werbung für *Ford*). Oder: In modernen Versandhauskatalogen werden Waren nicht mehr bloß abgebildet und beschrieben, sondern in Form von Lebensstilszenen erlebbar gemacht. Der hier skizzierte Umbruch des Medienstils beginnt sich erst abzuzeichnen, er wird die Marktkommunikation der Zukunft wesentlich bestimmen.

W.K.-R./F.-R.E.

Literatur: *Kroeber-Riel, W.*: Die Werbung von morgen muss Firmen und Marken inszenieren, in: Harvardmanager, 11. Jg. (1989), Heft 3, S. 78-86. *Kroeber-Riel, W.; Esch, F.-R.*: Strategie und

Technik der Werbung, Stuttgart 2000. *Nickel, V.:* Mehrwert Werbung, Edition ZAW, Bonn 1999. *Postman, N.:* Wir amüsieren uns zu Tode, Frankfurt 1985.

Medizin-Marketing

umfasst alle Marketingaktivitäten der am Markt für medizinische Dienstleistungen agierenden Gruppen und der Unternehmen der Krankenversicherung. Bis Ende der 80er-Jahre war Marketing auf diesem Markt weitgehend unbekannt. Erst die folgenden Umstände verhalfen dem Marketing auf dem Markt für medizinische Dienstleistung zum Zugang und zwangen alle Unternehmen, die auf diesem Markt tätig sind (von den Praxen der niedergelassenen Ärzte, den Heilberufen und den Apotheken über die Kliniken bis hin zu den Krankenversicherungen), sich mit Marketing zu befassen und über ihre Absatzpolitik nachzudenken: Der *Leistungsumfang* und damit die *Kosten*, die er verursachte, expandierten stark. Damit stiegen auch die Beiträge zur gesetzlichen Krankenversicherung, die Lohnebenkosten und damit politische Preise sind. Der Staat sah sich veranlasst einzugreifen. Anfang der 90er-Jahre des 20.Jahrhunderts wurden die ersten Gesetze zur „Gesundheitsreform" – zur Reform des Marktes für medizinische Dienstleistungen – erlassen. Seitdem folgte eine Reform der anderen, ohne dass das gewünschte Ergebnis, eine medizinische Versorgung der Bevölkerung – vor allem der gesetzlich Versicherten – auf höchstem Niveau und nach dem neuesten Stand der Wissenschaft zu gleich bleibenden Kosten erzielt worden wäre.

Seit Mitte der 80er-Jahre drängten nach Abschluss ihres Studiums junge Ärzte und Ärztinnen in großer Zahl auf den Markt für medizinische Dienstleistungen. Es setzte ein *Verdrängungswettbewerb* ein. Auch hier sah sich der Staat zum Eingreifen – allerdings auch auf Drängen der Ärztekammern – genötigt. Er begrenzte die Zahl der Kassenzulassungen. Der schon viel früher eingeschränkte Zugang zum Medizinstudium hatte die „Ärzteschwemme" nicht verhindern können.

Im Rahmen der *Strukturreformen* versuchte der Staat Wettbewerbselemente in den Markt für medizinische Dienstleistungen, vor allem bei den Kassen der gesetzlichen Krankenversicherung, einzufügen.

Diese Umstände haben zwar einerseits zum Nachdenken über Marketing geführt, andererseits aber auch die Möglichkeiten eines erforderlichen und Erfolg versprechenden Marketing für medizinische Dienstleistungen stark eingeengt.

(1) Der Markt für medizinische Dienstleistungen

Einige wenige Zahlen auf Basis der Jahrbücher des Statistischen Bundesamtes sollen die Größe dieses Marktes und seine Bedeutung für die Gesamt-Wirtschaft erkennbar machen.

Ausgaben für medizinische Dienstleistungen
1996 526 Mrd. DM gleich 14,7 % vom Bruttosozialprodukt (3.587 Mrd. DM)
1994 470 Mrd. DM gleich 13,8 % vom Bruttosozialprodukt (3.394 Mrd. DM)
Die Ausgaben für medizinische Dienstleistungen *gliederten* sich 1996 wie folgt:
59,0 % für Behandlung stationär und ambulant
26,1 % für Krankheitsfolgekosten
8,4 % für vorbeugende und betreuende Maßnahmen
1,8 % für Ausbildungs und Forschung
4,7 % für nicht aufteilbare Ausgaben.
Auf dem Markt für medizinische Dienstleistungen *arbeiteten* u.a.

- 287.032 Ärzte und Ärztinnen in 1998 (244.238 in 1991), darunter 186.680 mit Gebietsbezeichnung (1991: 140.887) – Fachärzte
- 62.277 Zahnärzte und Zahnärztinnen in 1998 (1991: 54.972)
- 52.221 Apotheker und Apothekerinnen in 1998 (1991: 41.607)
- In diesem Zeitraum nahm die Bevölkerung von rund 80 Mill. auf 82 Mill. Einwohner zu.
- Auf 100.000 Einwohner kamen 1998 350 Ärzte (310), 75 Zahnärzte (70) und 60 Apotheker (55). In Klammern die Zahlen für 1992.

In der zweiten Hälfte der 90er-Jahre setzte eine Veränderung der Struktur des Marktes für medizinische Dienstleistungen ein: Im Klinikbereich hat ein *Konzentrationsprozess* begonnen. Große, in Form der AG geführte Kliniken kaufen andere Kliniken auf. Damit entsteht Nachfragemacht gegenüber den Lieferanten von Medikamenten, Hilfsmaterial und Energie. Es entsteht aber auch eine Gegenmacht gegenüber der Nachfragemacht der Krankenkassen nach medizinischen Dienstleistungen. Dieser Konzentrationsprozess wird in naher Zukunft auch die Akutkliniken erfassen.

Zwischen Kliniken und Arztpraxen verstärkt sich zweitens ein *Prozess der Vernetzung*. Die Auslastung einer Klinik hängt sehr stark davon ab, ob die niedergelassenen Ärzte in ihrem Einzugsbereich ihre Patienten zu ihr oder zu einer konkurrierenden Klinik überweisen. Die Kliniken versuchen also, Einfluss auf ihren Vormarkt zu gewinnen.

Es entstehen aber auch Netze zwischen niedergelassenen Ärzten verschiedener Fachrichtungen, die z.T von den Krankenkassen gefördert werden.

(2) Das zentrale Problem des Marktes für medizinische Dienstleistungen
Es gibt vier Tatbestände, die den Markt für medizinische Dienstleistungen schon seit mindestens zwei Jahrzehnten stark expandieren lassen und die auch in Zukunft für kräftiges Wachstum sorgen werden:

1. Der medizinisch-wissenschaftliche Fortschritt hat ein Ausmaß und Tempo erreicht, welches man noch Mitte des 20. Jahrhunderts nicht für möglich gehalten hätte. Diese Entwicklung ermöglicht auf der einen Seite, dass kranke Menschen, wenn es sein muss, immer intensiver behandelt werden können und die Heilungschancen bei vielen Krankheiten größer geworden sind. Andererseits verursacht die Behandlung immer höhere Kosten, die durch Einsparungen und Rationalisierung in Praxen und Kliniken nicht kompensiert werden können.

2. Die Menschen werden dank des medizinischen Fortschritts immer älter und bekommen Krankheiten, die sie vor hundert Jahren nicht erlebt hätten. Von den Kosten, die durchschnittlich im Laufe eines Lebens für einen Menschen für medizinische Behandlung entstehen, entfallen 90% auf die letzten 10 Lebensjahre.

3. Es werden zunehmend mehr Eingriffe – Operationen – vorgenommen, die nicht unbedingt lebensnotwendig sind, die aber die Lebensqualität wesentlich verbessern. So werden heute auch älteren Patienten Endoprothesen für Hüften und Kniegelenke implantiert.

4. Betriebswirtschaftliche Gründe werden vor allem von den Krankenkassen vorgetragen. Im internationalen Vergleich ist in Deutschland die Anzahl der vorgehaltenen Klinikbetten im Verhältnis zur Bevölkerung zu hoch. Auch die durchschnittliche Verweildauer im Krankenhaus bei stationärer Behandlung liegt über dem internationalen Durchschnitt. Und schließlich steht Deutschland auch bei der Ärztedichte an der Spitze.

Entweder, das ist das Problem, versorgt man jeden kranken Menschen nach dem neuesten Stand der medizinischen Wissenschaft und scheut die erheblichen Kosten nicht, oder man richtet die medizinische Versorgung kranker Menschen an gleich bleibenden Kosten – und gleich bleibenden Beiträgen zur gesetzlichen Krankenversicherung – aus und lässt viele Kranke früher sterben. Oder man schließt bestimmte Behandlungen von der Erstattung durch die Krankenkassen, vor allem die Gesetzliche Krankenversicherung, aus, was dann nicht immer einen früheren Tod nach sich ziehen muss.

Diesen Zielkonflikt kann auch die beste Gesundheitspolitik nicht aus der Welt schaffen. Und dieser Zielkonflikt beeinflusst auch das Marketing auf dem Markt für medizinische Dienstleistungen. Dass sich Ärzte und Kliniken eine nicht enden wollende Diskussion über eine Kostenexplosion aufzwingen ließen und sich den Vorwurf mangelnder Sparsamkeit gefallen lassen mussten, statt die Leistungsexplosion in den Mittelpunkt der Diskussion zu stellen, zeigt sehr deutlich, dass vorher nicht über Marketing nachgedacht wurde. Und es ist bemerkenswert, dass bisher nur die wichtigste Gruppe der Leistungsträger im Markt für medizinische Dienstleistungen, nämlich die Ärzte, erhebliche finanzielle Einbußen hinnehmen musste. Erst in jüngster Vergangenheit beginnen die niedergelassenen Ärzte, das von den gesetzlichen Krankenkassen anerkannte und übernommene Leistungsangebot durch nicht versicherte, aber medizinisch sinnvolle Dienstleistungen zu erweitern. Sie bieten diese Dienstleistungen – vorwiegend Beratung und Prophylaxe – in einem → IGEL-Katalog an. Das ist der Beginn eines eigenständigen und aktiven Marketing. Es wird erkennbar, welche Ziele das Marketing auf dem Markt für medizinische Dienstleistungen verfolgen muss. Neben das punktuelle Marketing für die einzelne Praxis oder Klinik, das deren Stellung am Markt sichern soll, muss ein Gruppen-Marketing der Standesvertretungen treten, das finanziell nicht mehr haltbare Marktstrukturen beseitigt und für die Praxen und Kliniken Rahmenbedingungen schafft, die sicherstellen, dass für hochwertige medizinische Dienstleistungen auch angemessene Entgelte bezahlt werden und eine medizinische Versorgung der Bevölkerung nach dem neusten Stand der Wissenschaft nicht an deren Finanzierung scheitert.

(3) Die am Markt für medizinische Dienstleistungen tätigen Parteien
Es gehört zu den Eigenarten dieses Marktes, dass es nicht einfach Anbieter und Nachfrager, also zwei Parteien, gibt, wie auf allen anderen Märkten. Auf dem Markt für medizinische Dienstleistungen sind vier Parteien tätig, die Patienten, die niedergelassenen Ärzte, Kliniken und Praxen der Heilberufe, die Apotheken und die Krankenversicherungen. Der Patient fragt bei niedergelassenen Ärzten, Kliniken oder den Heilberufen medizinische Dienstleistungen nach und bekommt sie auch. Bezahlt werden diese Dienstleistungen zum überwiegenden Teil von den Krankenkassen, an die der Patient seine Mitgliedsbeiträge entrichtet. Was die von ihm in Anspruch genommenen medizinischen Dienstleistungen und verordneten Medikamente kosten, erfährt die Mehrzahl der Patienten nicht.
Dieses sogenannte → „Sachleistungsprinzip" hat bei den Patienten kein ausgeprägtes Bewusstsein dafür, dass die Wiederherstellung und Erhaltung von Gesundheit Geld kostet, entstehen lassen. Es werden vielmehr oft sehr sorglos medizinische Dienstleistungen nachgefragt.

(a) Die Unternehmen der Krankenversicherung
Ihr Marketing gleicht weitestgehend dem Marketing anderer Dienstleistungs- und Versicherungsunternehmen (→ Dienstleistungs-Marketing, → Versicherungsmarketing, → Krankenversicherung). Abweichend davon sind folgende Eigenheiten:

- Die Risiken der Mitglieder sind sehr unterschiedlich, junge und gesunde Menschen sind ein „gutes", alte und oft kranke Menschen ein „schlechtes" Risiko. Die Mitgliederwerbung als Teil des Marketing der Krankenkassen wendet sich deshalb auch verstärkt an die Zielgruppe junge Menschen.
- Die gesetzlichen Krankenkassen müssen versicherungspflichtige Mitglieder aufnehmen und aus der Versicherungspflicht ausscheidende Mitglieder als freiwillig Versicherte weiter führen. Da die gesetzlichen Krankenkassen deshalb die Risikostruktur ihres Mitgliederbestandes nicht restlos beeinflussen und steuern können, findet ein vom Staat verordneter Risikoausgleich durch Ausgleichszahlungen statt. Die privaten Krankenkassen können bei schlechten Risiken nach ärztlicher Untersuchung einen Prämienaufschlag fordern.
- Da die Ärzte und Kliniken ihre erbrachten Dienstleistungen mit den Krankenkassen abrechnen, sind die Kassen die Tarifpartner der kassenärztlichen Vereinigungen.

(b) Die Praxen der niedergelassenen Ärzte
Sie stehen heute im – wenn auch eingeschränkten – Wettbewerb zueinander und müssen ein praxisorientiertes Marketing betreiben. Der Wettbewerb zwischen den Arztpraxen beruht auf der den Patienten zugesicherten freien Arztwahl.

(c) Die Kliniken
Der Wettbewerb zwischen den Kliniken ist in den letzten Jahren zunehmend intensiver geworden. Ob ein Patient eine bestimmte Klinik aufsucht, hängt von zwei Entscheidungen ab: Entweder entscheidet sich der Patient selbst für eine bestimmte Klinik, weil er über deren hohe Qualität informiert ist, oder ein niedergelassener Arzt weist ihn ein und er vertraut dessen Empfehlung. Das Marketing der Kliniken richtet sich deshalb auch an zwei Zielgruppen, an die Patienten und an die niedergelassenen Ärzte.

(d) Die Praxen der nichtärztlichen Dienstleister – der Heilberufe
Ihr Marketing gleicht dem der niedergelassenen Ärzte. Ob sich Patienten bei ihnen einfinden, hängt – wie bei den Kliniken – entweder von den Patienten selber ab oder von einem Arzt, der sie empfiehlt.

(e) Die → Apotheken

(f) Die Verbraucher
Sie sind, gleich ob als Mitglieder einer Krankenkasse oder als Patienten, bis heute noch die schwächste Partei auf dem Markt für medizinische Dienstleistungen. Das könnte sich in Zukunft ändern. Mit den Interessen der Patienten beschäftigen sich zunehmend die Verbraucherverbände, Patientenanwälte und auch die Schiedsstellen der ärztlichen Standesvertretungen. Die schwache Stellung der Patienten beruht zum größten Teil auf einer „Informationsasymmetrie". Der Arzt und auch der Apotheker sind dem Patienten durch ihr Fachwissen haushoch überlegen. Der Patient kann weder die Richtigkeit von Diagnose und Therapie noch die Qualität der erbrachten medizinischen Dienstleistung beurteilen.

Medizin-Marketing

(g) Der Staat
Er betreibt selbst kein Marketing. Aber seine Entscheidungen zur Gesundheits- und Sozialpolitik beeinflussen das Marketing der so genannten „Leistungserbringer" und Krankenkassen, besonders der Kassenärzte, der Kliniken und der Unternehmen der gesetzlichen Krankenversicherung ganz entscheidend.

(4) Die Träger des Marketing am Markt für medizinische Dienstleistungen
Für das Marketing und die zu seiner Realisierung erforderliche Marketingaktivitäten sind einmal zuständig die Unternehmen der Krankenversicherung, die niedergelassenen Ärzte, die Kliniken, die Apotheken und die selbständigen Heilberufe. Sie müssen ein unternehmensorientiertes, punktuelles Marketing betreiben. Die Ärztekammern, die Kassenärztlichen Vereinigungen, die Deutsche Krankenhausgesellschaft und die Verbände der Krankenkassen sind zuständig für ein Gruppenmarketing, das die Gestaltung und die erforderlichen Reformen des Marktes für medizinische Dienstleistung zum Gegenstand hat und die Interessen der Gruppen gegenüber dem Staat vertritt.

(5) Die Eigenarten der medizinischen Dienstleistungen und ihre Auswirkungen auf das Marketing
Ist das Marketing für → Dienstleistungen schon schwierig genug, so wird das Marketing für die medizinische Dienstleistung – eine Dienstleistung sui generis – durch die folgenden Eigenarten dieser Dienstleistung zusätzlich erschwert.

(a) Nachfrage ungewiss
Krankheiten sind für den einzelnen Menschen nicht vorhersehbar. Wer welche Krankheiten bekommt und wie oft u.U. jemand in Zukunft erkrankt, ist nicht planbar. Die Nachfrage nach medizinischen Dienstleistungen ist ungewiss. Es kann nur mit statistischen Wahrscheinlichkeiten gerechnet werden. Das erschwert die Beurteilungen von Klinik- und vor allem Praxisstandorten und die Planung der zukünftigen Nachfrage nach medizinischen Dienstleistungen ungemein. Die Marktforschung muss hier sehr detailliert vorgehen, muss die Altersstruktur im Einzugsgebiet einer Klinik oder einer Praxis, müsste auch den Gesundheitszustand der in diesem Gebiet wohnenden Menschen untersuchen. Eine im Einzugsgebiet einer Praxis oder Klinik liegende Senioren-Residenz kann die Nachfrage nach medizinischen Dienstleistungen ganz wesentlich beeinflussen.

(b) Patientenbindung nur teilweise möglich
Nur für einen Teil der Patienten, vorwiegend ältere Menschen mit chronischen Krankheiten, kann durch Marketing eine Bindung an eine Praxis und u.U. auch an eine Klinik geschaffen werden. Der andere Teil der Patienten, sicher der größere Teil, fällt nach Wiederherstellung seiner Gesundheit für eine mehr oder weniger lange Zeit als Nachfrager nach medizinischen Dienstleistungen aus. Falls er wieder erkrankt, wird er aber sicher zu dem Arzt gehen, der ihn das letzte Mal erfolgreich und freundlich behandelte.

(c) Patientenpräsenz erforderlich
Eine medizinische Dienstleistung kann in der Regel erst dann erbracht werden, wenn der Patient physisch präsent ist. Der überwiegende Teil des Leistungsprozesses der Praxen und Kliniken ist patientenabhängig, nur ein kleiner Teil – hauptsächlich Dokumentation und Verwaltung – patientenunabhängig. Das Marketing muss dazu beitragen, dass eine Patientenfrequenz erreicht wird, die eine gute Kapazitätsauslastung sichert. Leerlaufzeiten, in denen Leistungsbereitschaft vorgehalten werden muss, verursachen beträchtliche Kosten. Vom Leerlauf werden vor allem die hoch qualifizierten Mitarbeiter, die Ärzte und Ärztinnen, betroffen, die fast ausschließlich patientenabhängig arbeiten.

(d) Mitarbeit des Patienten erforderlich
Der Arzt ist darauf angewiesen, dass der Patient die vorgesehene Therapie durch seine Mitarbeit unterstützt, verordnete Medikamente gewissenhaft anwendet, seine Lebensgewohnheiten u.U. ändert und physikalische Therapiemaßnahmen anwendet oder anwenden lässt. Von dieser Mitarbeit, die manchmal unangenehme Nebenwirkungen haben kann, hängt der Erfolg der ärztlichen Dienstleistung in vielen Fällen, vor allem bei ambulanter Behandlung, stark ab. Diese Mitarbeit setzt voraus, dass der Patient Vertrauen zu dem Arzt hat.

(e) Beurteilung der Qualität
Fast allen Patienten fehlt das erforderliche medizinische Know-how, um die Qualität von medizinischen Dienstleistungen beurteilen zu können (Informationsasymmetrie). Natürlich kann ein Patient feststellen, ob er gesund geworden ist oder auch nicht. Aber ob Diagnose und Therapie richtig wa-

ren, ob die Krankheit nicht heilbar ist und ob eine andere Therapie schneller und u.U. mit weniger Belastungen und Nebenwirkungen zum Erfolg geführt hätte, das kann der normale Patient nicht beurteilen. Er muss den Ärzten vertrauen. Und, wie Umfragen immer wieder zeigen, vertraut er auch und ist mit der Leistung der Ärzte zufrieden. Marketing muss gerade auf dem Gebiet der medizinischen Dienstleistungen dazu beitragen, dass Vertrauen geschaffen und erhalten wird. Das Vertrauen kann schon dadurch gefördert werden, dass den Patienten wichtige medizinische Fachbegriffe ins Deutsche übersetzt und erklärt werden. Eine gut funktionierende Kommunikation ist gerade für das Verhältnis Patient – Arzt von großer Bedeutung.

(f) Werbeverbot
Das nach wie vor für Kliniken und Arztpraxen geltende Werbeverbot mindert einmal den Wert von Qualitätskontrollen, soweit solche Kontrollen durchgeführt werden. Ein gutes Ergebnis muss durch Werbung kommuniziert werden, sonst ist es nur die Hälfte wert. Zum anderen erschwert das Werbeverbot den Patienten, wenn sie medizinischer Dienstleistungen bedürfen, die Auswahl der besten Klinik oder des besten Arztes. Die Entscheidung für eine bestimmte Klinik oder einen bestimmten Arzt ist oft das Ergebnis eines Zufalls.
In dieses – aus Sicht der Patienten – Informationsvakuum sind die Medien vorgestoßen. Das Fernsehen sendet regelmäßig „Gesundheits-Magazine" (z.B. Die Sprechstunde, Praxis). Es können Informationen über Internet abgerufen werden. Das Nachrichten-Magazin Focus brachte eine Reihe von Beiträgen über Ärzte, die später auch als Broschüre veröffentlicht wurden (Die tausend besten Ärzte).

(g) Uniformes Leistungsangebot
Sieht man von den durch die Fachrichtung vorgegebenen Unterschieden im Leistungsangebot von Praxen und Kliniken ab, so sind die Leistungsangebote weitestgehend gleich, also uniform. Weder bei der Wahl der zweckmäßigsten Diagnosemethode noch bei der Entscheidung für die Erfolg versprechendste Therapie haben Ärzte und Kliniken einen nennenswerten Spielraum. Und sind Diagnose- oder Therapie-Alternativen vorhanden und werden dem Patienten erklärt, so ist dieser nur selten in der Lage, an der Entscheidung für eine bestimmte Diagnose oder Therapie mitzuwirken. Ein weitestgehend uniformes Leistungsangebot, dessen Uniformität als Datum hingenommen werden muss, ist für ein erfolgreiches Marketing ein kaum zu überwindendes Hindernis. Es erschwert die Profilierung einer Praxis oder einer Klinik erheblich. Dieses Hindernis ist umso störender, als, was sich sonst bei uniformen Leistungsangeboten als Ausweg anbietet, nicht auf das Preis-Marketing – hier Honorar-Marketing – ausgewichen werden kann. Nur Kliniken können vor allem gegenüber den Krankenkassen mit den Pflegesätzen als Marketing-Instrument arbeiten.

(h) Sachleistungsprinzip
Der überwiegende Teil der erbrachten medizinischen Dienstleistungen wird nach dem Sachleistungsprinzip abgerechnet (→ Krankenkassen). Ärzte und Kliniken rechnen ihre Leistungen direkt mit den Krankenkassen ab. Die Patienten sehen also keine Rechnung und können nicht wissen, wie hoch die Kosten für eine ärztliche Behandlung waren. Nur 11,5 % der Bevölkerung sind privat (9,0 %) oder anderweitig (1,7 %) oder nicht (0,1 %) krankenversichert (Stand 1995, Statistisches Jahrbuch für die Bundesrepublik Deutschland 1999, Wiesbaden 1999, S. 62). Die ärztlichen Honorare und die Pflegesätze (→ Preispolitik) scheiden damit bis jetzt als Marketing-Instrument weitgehend aus.

(6) Das Marketing-Instrumentarium der niedergelassenen Ärzte und Kliniken
Das Marketing der ärztlichen Standesvertretungen – Ärztekammern, Kassenärztliche Vereinigungen und Deutsche Krankenhaus-Gesellschaft – hat die Aufgabe, die Rahmenbedingungen des Marktes für medizinische Dienstleistungen so zu verändern, dass das Problem der Leistungsexplosion und deren Finanzierung wenigsten schrittweise so gelöst wird, dass den Patienten eine Behandlung nach dem neuesten Stand der Wissenschaft und den Ärzten und Kliniken ein leistungsgerechtes Honorar gesichert wird. Den niedergelassenen Ärzten steht für ihre Praxen das folgende *Instrumentarium* zur Verfügung:

(a) Marktforschung
Die Marktforschung steht auf dem Markt für medizinische Dienstleistungen noch ganz am Anfang. Nur die Krankenkassen verfügen in größerem Umfang über Daten. Hier müssen Ärzte, Kliniken und Standesvertretungen noch Pionierarbeit leisten. Natürlich verfügen die Praxen der niederge-

Medizin-Marketing

lassenen Ärzte und die Kliniken über Daten ihrer Patienten. Der gesamte Markt für medizinische Dienstleistungen ist jedoch bisher noch wenig transparent. Ohne eine ausreichende Datenbasis ist aber kein effektives Marketing zu betreiben.

(b) Standort-Sicherung
Qualitativ gute Standorte verschaffen Wettbewerbsvorteile (→ Standortfaktoren). Wenngleich im Medizin-Marketing in der Vergangenheit keine systematische Standort-Sicherung betrieben wurde, so lassen sich doch einige Regelmäßigkeiten feststellen. Die Ärzte für Allgemeinmedizin – Hausärzte – besetzen meist integrierte Standorte in Wohngebieten, die Ärzte mit Gebietsbezeichnung – Fachärzte – finden sich überwiegend in zentralen Lagen oder in Ärztehäusern. Ärztehäuser kann man als Agglomerationen von Arztpraxen bezeichnen, die den Standort aufwerten. Für Arztpraxen und Ärztehäuser werden Parkplätze immer wichtiger. Kliniken tendieren zu verkehrsorientierten Standorten, vor allem Akutkrankenhäuser, die von den Rettungsdiensten einfach und schnell zu erreichen sein müssen. Bei der Standortwahl sollte aber auch an die Besucher gedacht und ausreichend große Parkplätze und ein Anschluss an den öffentlichen Nahverkehr vorgesehen werden.

(c) Leistungsangebot
Abgesehen von den Unterschieden, die durch die unterschiedlichen Fachrichtungen vorgeben sind, gleichen sich die Leistungsangebote der Arztpraxen und Kliniken sehr stark. Das kann auch gar nicht anders sein, diese Uniformität ist nicht zu vermeiden. Es bestehen im Grunde nur zwei Möglichkeiten, das Leistungsangebot als Marketing-Instrument zu nutzen und sich auf diese Weise zu profilieren. Einmal kann innerhalb eines Fachgebietes ein zusätzlicher Schwerpunkt gesetzt werden (Orthopäde/ Sportmedizin, Internist/Kardiologie oder Nephrologie z.B.). Zum anderen kann durch systematische Weiterbildung das Leistungsangebot auf dem neuesten Stand der Wissenschaft und damit auf einem hohen Niveau gehalten werden. Der zusätzliche Schwerpunkt kann auf dem Praxisschild aufgeführt werden. Das durch Weiterbildung gesicherte hohe Leistungsniveau ist dagegen nur schwer oder gar nicht zu kommunizieren, höchstens innerhalb einer Praxis. Schließlich kann der Zusammenschluss mehrerer Ärzte oder Ärztinnen zu einer → Praxisgemeinschaft oder einer → Gemeinschaftspraxis das Leistungsangebot auf ein höheres Niveau heben.

Das von den Krankenkassen versicherte Leistungsangebot umfasst zum größten Teil diagnostische und therapeutische Leistungen. Es werden Leistungen erstattet, die auf gesicherten wissenschaftlichen Erkenntnissen beruhen. Prophylaktische Leistungen werden kaum erstattet. Obwohl diese Leistungen von den Patienten selbst bezahlt werden müssen, ist erkennbar, dass auf dem Gebiet der Prophylaxe in Zukunft ein neuer Schwerpunkt des ärztlichen Leistungsangebotes liegen wird (→ IGEL).

(d) Honorarpolitik
Im Verhältnis zu den gesetzlichen Krankenkassen kann das Honorar nicht als Marketing-Instrument genutzt werden. Die den Kassen in Rechnung gestellten Einzelleistungen werden mit Punkten bewertet (→ EBM), das zur Verfügung stehende Honorarbudget durch die Gesamtzahl der Punkte geteilt. Mit dem so gewonnenen Punktwert wird die Punktanzahl der einzelnen Praxis multipliziert und so deren Honorar für einen Abrechnungszeitraum ermittelt. Durch dieses vom Staat vorgegebene Verfahren mussten die niedergelassenen Ärzte in den letzten Jahren erhebliche Einkommenseinbußen hinnehmen. Den Patienten blieb dies infolge des Sachleistungsprinzips weitestgehend verborgen. Mit den Kliniken werden Pflegesätze – Tagessätze – ausgehandelt, die das Arzthonorar einschließen. Die Krankenkassen vereinbaren in zunehmendem Maße mit den Kliniken Fallpauschalen und Komplexpauschalen, Akut- und Reha-Behandlung haben einen Preis.

Das Honorar, das Privatpatienten in Rechnung gestellt wird, richtet sich nach der → Gebührenordnung für Ärzte oder für Zahnärzte. Die Gebührenordnungen sehen Steigerungssätze für den Grundbetrag pro Leistung vor. Es wäre also grundsätzlich eine Honorardifferenzierung möglich. Für die Steigerungssätze ist jedoch eine Obergrenze festgelegt worden, die eine Honorardifferenzierung stark einengt, praktisch unmöglich macht.

In der Diskussion ist eine am Behandlungserfolg orientierte Honorierung der ärztlichen Dienstleistung, die Leistungsanreize hinsichtlich der Qualität bieten soll. Die bisherigen Gebührenordnungen belohnen mehr die Quantität der erbrachten Leistungen.

(e) Praxisprofil
Die Gestaltung des Unternehmensprofils hat die Aufgabe, ein Unternehmen im Markt unverwechselbar und einmalig zu machen. Durch ein kreatives und erfolgreiches Profil-Marketing wird ein Unternehmen zum Markenartikel und Unikat. Zwei Faktoren bestimmen das Unternehmensprofil maßgeblich, die Kommunikation und der Service. Arztpraxen und Kliniken müssen auf die Kommunikation in Form der Werbung verzichten. Aber die Öffentlichkeitsarbeit und die Kommunikation innerhalb der Praxis und der Klinik, vergleichbar der Verkaufsförderung des Handels, können genutzt werden. Und der Service steht zur Verfügung. Hier bietet sich ein weites Feld für Marketing-Aktivitäten. Den Patienten können Faltblätter mit Informationen über die Person des Arztes oder der Ärzte, über das Leistungsangebot und mit Praxisöffnungszeiten und wichtigen Telefonnummern überreicht werden. Es können Informationsbroschüren über wichtige und weit verbreitete Krankheiten, wie Diabetes oder Rückenbeschwerden ausgegeben werden (Verminderung der Informationsasymmetrie). Teilweise stellt die pharmazeutische Industrie den Ärzten solche Broschüren zur Verfügung. Der Zustand des Wartezimmers und dessen Möblierung und die ausliegenden Zeitschriften – die neuesten Ausgaben sollten es sein – sagen mehr über eine Praxis oder eine Klinik aus als Hochglanzprospekte. Die Sprechstundenhilfe am Telefon oder am Empfang und ihr Umgangston sind wichtige Marketingfaktoren. Ankommende Gespräche sollten unverzüglich angenommen werden. Die Zuverlässigkeit von Terminvereinbarungen wird von den Patienten kritisch gewertet. Und schließlich ist die Art und Weise, wie der Arzt oder die Ärzte mit den Patienten sprechen, ihnen eine Diagnose und die Therapieempfehlungen erklären, für das Profil einer Praxis oder einer Klinik von größter Bedeutung. Die Qualität der Kommunikation zwischen Arzt und Patient ist entscheidend für die Qualität des Vertrauensverhältnisses zwischen Arzt und Patient. Arzt und Patient stehen im Mittelpunkt des Marktes für medizinische Dienstleistungen und damit auch im Mittelpunkt des Medizin-Marketing. Untersuchungen von Marktforschungs-Instituten zur Patientenzufriedenheit zeigen, dass die Mehrzahl der Ärzte die Möglichkeiten, die ihnen Kommunikation und Service bieten, nutzen. Damit können sie wenigstens zum Teil das uniforme Leistungsangebot, den Ausfall des Honorars als Marketing-Instrument und die fehlende Werbung kompensieren.

W.Oe.

Literatur: *Oehme, W.; Oehme, S.:* Marketing für niedergelassene Ärzte. Der Arzt als Mediziner und Unternehmer, München 1995. *Rathgeber, K.-D.:* Gesundheits-Strukturgesetz, Landsberg/Lech 1993. *Ripke, T.:* Patient und Arzt im Dialog, Stuttgart 1994. *Scheuch, F.:* Dienstleistungsmarketing, München 1982. Focus Ratgeber Medizin, Die 1000 besten Ärzte, München 1993.

Megamarketing

Im Gegensatz zu *Kotler*, der Megamarketing auf die Ausweitung der Marketing-Instrumente bezieht, was besser Metamarketing hieße, wird häufig unter Megamarketing das Marketing für Unternehmen und Unternehmensteile verstanden, was den unternehmenspolitischen Teil der Verkäufe im Rahmen der M&A's darstellt. Auch hier gilt es, den Bedarf der Käufe beabsichtigenden Unternehmen zu ermitteln, das richtige Marketing-Mix zu definieren und den richtigen Zeitpunkt zu wählen.

Der Bedarf tritt als Handlungsbedarf auf, in dem Manager etwa wegen des zu gering erwarteten Wachstums in der eigenen Branche nach Diversifikationen suchen. Das richtige Marketing-Mix stützt sich insbesondere auf die überzeugende Kommunikation auf Vorstandsebene, bei der die Erwartung auf Synergie die Interessenweckung und der Hinweis, dass Konkurrenten auch ein Interesse haben, den Kaufakt dann auszulösen, wenn alle bisherigen Diversifikationsversuche erfolglos geblieben oder von dem Vorgänger im Amte nicht gewünscht waren. Beispiele aus der Automobilindustrie lassen sich sowohl bei Volkswagen im Falle Triumph-Adler wie bei BWM im Falle Rover finden.

Dabei gibt es sowohl erfolgreiche Käufer wie erfolgreiche Verkäufer. Erfolgreiche Käufer sind die Unternehmen, die Marken kaufen, wie Philip Morris, weil Marken Investments in die Köpfe der Kunden sind, die nicht dadurch wertlos werden, dass ein anderer Marke führt. Erfolgreiche Verkäufer sind diejenigen, die Produktionen und Technologie verkaufen, weil die Käufer nach Technologieergänzung und Programmverbindung streben. Verkauft werden in diesen Fällen schlechte Realisierungen der Erfahrungskurve, weil Stars und Cash Cows ja nicht verkauft werden, sondern nur Problem Children und Dogs, was

Mehrdimensionale Skalierung (MDS)

auch erklärt, dass die Erfolge solcher Akquisitionen für das kaufende Unternehmen mehrheitlich nicht eintreten. Legt doch die Erfahrungskurventheorie den Satz nahe: „Dummheit kauft, Intelligenz investiert".
H.S.

Mehrdimensionale Skalierung (MDS)

Verfahren der Interdependenzanalyse in der → Multivariatenanalyse zur Ermittlung der grundlegenden Merkmalsdimensionen, auf denen Stimuli von Personen differenziert oder beurteilt werden. Es wird im Marketing insb. zur Identifikation der Positionen von Produkten (Stimuli) auf diesen Merkmalsdimensionen eingesetzt, wobei die Unterschiedlichkeit der Produkte auf zwei oder drei Dimensionen über eine Punktekonfiguration räumlich abgebildet werden kann (→ Positionierung). Erfasst man Wahrnehmungen, bezeichnet man die grafische Repräsentation als Wahrnehmungsraum. Die *Abb.* veranschaulicht als Beispiel den Wahrnehmungsraum von Hausfrauen für Backprodukte. Die relevanten Merkmalsdimensionen sind Preisgünstigkeit und Qualität (Frische und Zutaten).

Wahrnehmungsraum für Backprodukte

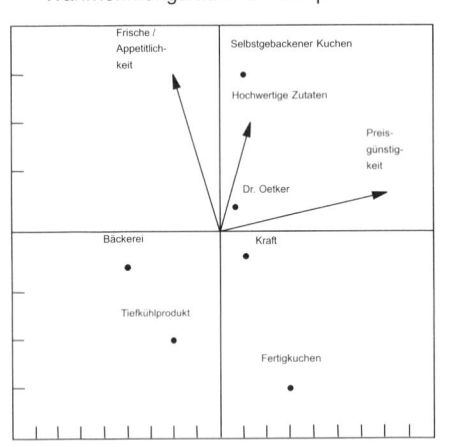

Alternativ lassen sich auch Präferenzen abfragen, wobei die Dimensionen dann den Präferenzraum des Befragten aufspannen (→ Positionierungsmodell). Im sog. → Jointspace werden Ähnlichkeiten zwischen Stimuli und Präferenzdaten integriert. Eine weitere Möglichkeit ist die Einbeziehung von Ideal-Punkten (oder Idealprodukten), d.h. hypothetischen Stimuli mit höchster Präferenz (→ Kaufmodell).

Ausgangsbasis der allgemeinen MDS ist eine Dreiecksmatrix mit Indizes der wahrgenommenen Ähnlichkeiten bzw. Unähnlichkeiten zwischen Stimulipaaren. Man unterscheidet je nach Skalenniveau der Ausgangsdaten metrische und nichtmetrische MDS. Häufig eingesetzte Methoden der Datenerhebung sind der Paarvergleich, Ähnlichkeitsratings und die → Ankerpunkt-Methode. Hierbei sind jeweils Produktpaare nach Ähnlichkeit oder Präferenz zu ordnen oder zu beurteilen. Es sind aber auch abgeleitete Formen von relationalen Daten zu verwenden, z.B. Dominanzdaten, Scannerdaten zur Markenwahl etc. Werden die Objekte nach Präferenz (→ Unfolding) geordnet, unterstellt man implizit, dass das erst- und zweitpräferierte Objekt am ähnlichsten sind, dagegen das erst- und letztpräferierte Objekt die größte Unähnlichkeit aufweisen. Ein MDS-Algorithmus umfasst mindestens zwei Modell-Komponenten, ein → Distanzindex mit Vorgabe einer Metrik und eine MDS-Schätzfunktion. In den meisten MDS-Verfahren wird die Beziehung der Positionen zweier Objekte, d.h. ihre Distanz, unter Verwendung einer *Minkowski-Metrik* als Differenz ihrer Koordinatenwerte über alle Dimensionen berechnet:

$$(1) \quad d_{ij} = \left[\sum_{k=1}^{K} \left| x_{ik} - x_{jk} \right|^{r} \right]^{1/r},$$

mit

d_{ij} = Distanz zwischen Objekt i und j,
x_{ik} = Koordinaten von Objekt i (bzw. j) auf Dimension k ($k = 1,...,K$)),
r = Metrik-Parameter ($r \geq 1$).

Ein Metrik-Parameter von $r = 2$ bestimmt die häufig eingesetzte *euklidische Metrik*. Die *City-Block-Metrik* ergibt sich bei $r = 1$, während man bei $r = \infty$ von einer *Supremiums-Metrik* spricht. Unter Vorgabe der Metrik werden auf Grundlage der Ähnlichkeitsdaten die Distanzen geschätzt. Nach a priori Festlegung der Dimensionsanzahl (aus praktischen Gründen häufig zwei) wird eine Ausgangskonfiguration der Stimuli solange verbessert, bis eine möglichst gute Anpassung der Relationen im Wahrnehmungsraum an die beobachteten Daten erreicht ist. Der MDS-Algorithmus bestimmt die unbekannte Beziehung f zwischen beobachteter Ähnlichkeit und theoretischer Distanz.

(2) $f(\delta_{ij}) = d_{ij}^* \approx d_{ij}$

mit

δ_{ij} = beobachtete Ähnlichkeit zwischen Objekt i und j,
d_{ij} = theoretische Distanz zwischen i und j,
d_{ij}^* = über $f(\delta_{ij})$ transformierte Ähnlichkeitsdaten.

In der metrischen MDS hat die Beziehung $f(\delta_{ij})$ die Form eines Polynom n-ten Grades. In der nichtmetrischen MDS handelt es sich um eine schwach monoton steigende Funktion. Für eine vorgegebene Dimensionsanzahl und eine Startkonfiguration bestimmt der MDS-Algorithmus die Stimuluskonfiguration (→ Konfiguration), die über die geschätzte Funktion die beste Anpassung an die beobachteten Daten ermöglicht. Die Güte der Anpassung lässt sich, sofern keine → degenerierte Lösung vorliegt, anhand eines Stress-Wertes oder des → Shepard-Diagramms beurteilen.

Der *Stress-Wert* wird bei der Schätzung der Funktion als das zu minimierende Zielkriterium herangezogen. In den meisten MDS-Algorithmen werden Varianten des Kruskal-Stress eingesetzt:

$$\text{Kruskal-Stress} = \left(\frac{\sum_{i<j}[d_{ij} - d_{ij}^*]^2}{\sum_{i<j} d_{ij}^2} \right)^{1/2}$$

Als schlechte Modellanpassung gilt, wenn der Stress-Index größer als 0,2 ist. Allerdings sollte hier nicht schematisch vorgegangen werden. Die Höhe des Stress-Wertes sinkt in aller Regel mit abnehmender Zahl der Objekte sowie mit steigender Zahl der Dimensionen. Es sollte immer auch die grafische Darstellung der Lösungsgüte mit berücksichtigt werden.

Neben MDS-Verfahren, die eine einzige (individuelle oder aggregierte) Datenmatrix analysieren, existieren MDS-Algorithmen wie → INDSCAL (Individual Differences Scaling), die mehrere Datenmatrizen simultan als N- oder Mehr-Wege-Analyse verarbeiten. Mehr-Wege-Daten liegen z.B. vor, wenn die Information einer Distanzmatrix u. a. über mehrere Personen oder zu verschiedenen Zeitpunkten repliziert wird und individuelle bzw. zeitpunktspezifische Unterschiede erfasst werden. Probleme der MDS-Anwendung sind vor allem in der Prüf- und Manipulierbarkeit der erzielten Stimuluskonfiguration zu sehen. Klassische Verfahren verfügen nur über weit auslegbare Fit-Maße, die Interpretation der Dimensionen des MDS-Raums wird häufig erst nach Rotation der Achsen möglich und ist eng an das Urteil des Forschers geknüpft. Bessere Interpretationsmöglichkeiten eines MDS-Raums bietet die → Facettentheorie oder die explizite Integration von extern erhobenen Eigenschaftsurteilen über Analyseprogramme wie → PROFIT (Property Fitting). Die Produktpositionen der Lösungskonfiguration werden bei PROFIT auf Eigenschaftsbewertungen regressiert, um diese als Eigenschaftsvektoren in den Wahrnehmungsraum zu legen. Die auf den Vektor projizierten Stimulusdistanzen zeigen die eigenschaftsspezifischen Wahrnehmungsunterschiede. Die → Rotation des Wahrnehmungsraumes ermöglicht es zudem, die Eigenschaftsvektoren auf die Raumdimensionen zu legen.

Die exploratorischen MDS-Analysen sind heute durch Programme zur → Konfirmatorischen MDS erweitert worden. Sie ermöglichen es, Hypothesen über die Konfiguration der Stimuli im Wahrnehmungsraum mit einzubeziehen und zu testen (*Borg* und *Groenen*). Ausgangspunkt kann auch hier die Facettentheorie sein. Der Test erfolgt über Restriktionen, die unter Verwendung der inhaltlichen Facettenstruktur von Items auf die MDS-Konfigurationen gelegt werden. Teststatistiken und Fitindizes liefern Anhaltspunkte über den Grad der Abweichungen einer MDS-Lösung von einer hypothetischen Zielkonfiguration, diese Möglichkeit bietet z.B. das Programm KYST.

Bessere Möglichkeiten der Überprüfung einer MDS-Lösung bieten die stochastischen MDS-Modelle, die auf einer → Maximum-Likelihood-Schätzung der Konfiguration unter Explikation eines Fehlermodells für die beobachteten Ähnlichkeitsdaten beruhen. Während die deterministische MDS nur Schätzer für die Stimuluskoordinaten liefert, schätzt die stochastische MDS sowohl die Position als auch die Unsicherheit der Position eines Stimulus im Raum. Existierende Verfahren (MULTISCALE, MAXSCAL und PROSCAL) bestehen aus einem Messmodell, einem Repräsentationsmodell und einem Fehlerkomponentenmodell. Das Messmodell bildet die Urteile über

Mehrfachagent

Programme zur Durchführung einer MDS

Programm	Eigenschaften	Software
ALSCAL	Metrische und nichtmetrische MDS mit Unfolding Prozessen	SPSS, SAS
KYST	Metrische und nichtmetrische MDS	PC-MDS, MDS (X) WWW (netlib)
INDSCAL	Mehr-Wege-MDS	PC-MDS WWW (netlib)
PROFIT	Verfahren zur Integration von Eigenschaften in den Wahrnehmungsraum (Interpretationshilfe)	PC-MDS MDS (X)
PREFMAP	Verfahren zur Integration von Präferenzen in den Wahrnehmungsraum	PC-MDS MDS (X)
ML-MDS	Verfahren zur Maximum-Likelihood-Schätzung eines stochastischen MDS-Modells	MULTISCAL* MAXSCAL* PROSCAL*

* Einzelprogramme unterschiedlicher Forscher

die Unterschiedlichkeit von Stimuli ab, das Repräsentationsmodell steht für die systematische Komponente der Unähnlichkeit aufgrund einer euklidischen Distanzfunktion. Das Fehlermodell spezifiziert den Fehleranteil in den Unähnlichkeiten. Die Anwendbarkeit der Maximum-Likelihood-MDS (kurz ML-MDS) ist an die Normalverteilung der Fehlerkomponente geknüpft. Die ML-MDS liefert zusätzlich einen Signifikanz-Test für den Grad der Modellverbesserung bei Berücksichtigung einer zusätzlichen Dimension. Weitere Modellvarianten liefern die Möglichkeit, latente Klassen in der MDS-Lösung zu berücksichtigen.

Die *Tab.* gibt eine kurze Charakterisierung wichtiger MDS-Algorithmen. L.H.

Literatur: *Bijmolt, T.H.A.; Wedel, M.:* A Comparison of Multidimensional Scaling Methods for Perceptual Mapping, in: Journal of Marketing Research, Vol. 26 (1999), S. 277-285. *Borg, I.; Groenen, J.C.:* Modern Multidimensional Scaling. Theory and Applications, New York 1997. *Carroll, J.D.; Green, P.E.:* Psychometric Methods in Marketing Research, Part II, Multidimensional Scaling, in: Journal of Marketing Research, Vol. 23 (1997), S. 193–204. *Dichtl, E.; Schobert, R.:* Mehrdimensionale Skalierung. Methodische Grundlagen und betriebswirtschaftliche Anwendungen, München 1979. *Kruskal, J.B.:* Multidimensional Scaling by Optimizing Goodness of Fit to a Nonmetric Hypothesis, in: Psychometrica, Vol. 29 (1964), S. 1–27.

Mehrfachagent
→ Versicherungs-Marketing

Mehrfachgebinde → Sonderpackungen

Mehrfachnennung
→ Häufigkeitsverteilung

Mehrfachpackungen → Sonderpackungen

Mehrfachtest → Produkttest

Mehrgleisiger Vertrieb (Mehrkanalsystem)

Im Rahmen der → Vertriebswegepolitik ist zu entscheiden, ob die Vertriebswegestruktur *eingleisig* oder *mehrgleisig* sein soll. Gelangen identische Produkte oder Produktvarianten gleichzeitig über verschiedene Absatzkanäle, z.B. Facheinzelhandel, Discounter und Verbrauchermärkte, zu den Verbrauchern, so spricht man von mehrgleisigem Vertrieb oder Mehrkanalsystem (Multi-Channel-Vertrieb). Ein Hersteller hat die Wahl zwischen mehreren Optionen: Er kann identische Produkte unter derselben Herstellermarke, identische Produkte unter verschiedenen Herstellermarken, variierte Produkte unter einer Herstellermarke oder variierte Produkte gleichzeitig unter Hersteller- und Handelsmarken in verschiedenen Absatzkanälen anbieten. Bang & Olufsen beliefert bspw. Geschäfte, die (1) ausschließlich B&O-Produkte verkaufen, (2) → Shop-in-the-Shop-Systeme, (3) qualifizierte Fachhändler und (4) ausgewählte Großdistributoren. Ebenso ist bei Produkten der Unterhaltungselektronik zu beobachten, dass Hersteller parallel Herstellermarken über den Facheinzelhandel und geringfügig veränderte, i.d.R. preisgünstigere → Handelsmarken über den Versandhandel oder im Wege der Partievermarktung (→ Discounting) durch Lebensmittel-Discounter vertreiben. Zunehmend Verbreitung findet auch der → Multiple Channel-Bankvertrieb.

Die Kombination mehrerer Absatzkanäle ist mit spezifischen Chancen und Gefahren verbunden: *Chancen* ergeben sich vor allem aus einer optimierten Marktabdeckung, der Möglichkeit kundengerechte Absatzkanäle einzusetzen und die Wirtschaftlichkeit der Distribution zu erhöhen sowie die Abhängigkeit von einzelnen mächtigen Absatzmittlern zu reduzieren (Marketingführerschaft im Absatzkanal).

Gefahren entstehen vor allem aus einer unübersichtlichen Vielfalt der Absatzkanäle, die zu einer Verwirrung bei den Endkunden beitragen, sowie aus den Konflikten zwischen den in den Absatzkanälen beteiligten Unternehmen. Zudem besteht die Gefahr, dass durch die unterschiedlichen Aufgaben in den Absatzkanälen suboptimale Gesamtlösungen für das Distributionssystem des Herstellers ergeben. Insbesondere beim Versuch, mit dem Internet einen neuen direkten Absatzkanal zum Endkunden zu erschließen, stoßen insb. Hersteller ohne starke, nur schwer substituierbare Produktmarken auf starken Widerstand etablierter Vertriebskanäle bis hin zum Boykott (→ Online-Marketing-Strategie; → E-Commerce).

Grundsätzlich besteht beim mehrgleisigen Vertrieb auch die Gefahr, dass die Mitglieder des Absatzkanals neben dem Intra-Gruppenwettbewerb (Einkaufsstätten innerhalb eines Absatzkanals) auch dem Inter-Gruppenwettbewerb (Einkaufsstätten verschiedener Absatzkanäle) ausgesetzt sind. Dies ist dann der Fall, wenn die Produkte und Leistungen, die über verschiedene Absatzkanäle angeboten werden, aus Verbrauchersicht substituierbar sind. Mit dem Ziel, die Durchlässigkeit zwischen seinen Absatzkanälen so gering wie möglich zu halten, kann der Hersteller seine Marketing-Instrumente vertriebswegespezifisch gestalten und durch diese Differenzierung – im Sinne eines Multi-Channel-Marketings – Absatzkanäle entwickeln, die von jeweils anderen Verbrauchergruppen genutzt werden. Im Rahmen der → Vertriebswegepolitik gilt es daher, neben den Aktivitäten in den einzelnen Absatzkanälen auch die Wechselwirkungen zwischen verschiedenen Vertriebswegen zu berücksichtigen und die Beziehungen im gesamten Absatzkanal-Mix gezielt zu gestalten.

Auch Handelsunternehmen können ihren Vertrieb mehrgleisig gestalten, indem sie verschiedene Vertriebstypen mit unterschiedlichen Kundenkreisen betreiben. Man spricht dann von → Vertriebslinien oder Vertriebsschienen. H.Schr./M.Sch.

Literatur: *Schögel, M.:* Mehrkanalsysteme in der Distribution, Wiesbaden 1997. *Stern, L.W.; El-Ansary A.I.; Coughlan, A.T.:* Marketing-Channels, 5. Aufl., Upper Saddle River u. a. 1996.

Mehrkanalsysteme
→ Mehrgleisiger Vertrieb

Mehrmarkenstrategie → Markenpolitik

Mehr-Personen-Preisbildung
Erscheinungsform der → Preisdifferenzierung, bei der die Preise bzw. ein Gesamtpreis für eine Leistung in Abhängigkeit von

Mehrgleisiger Vertrieb durch einen Hersteller

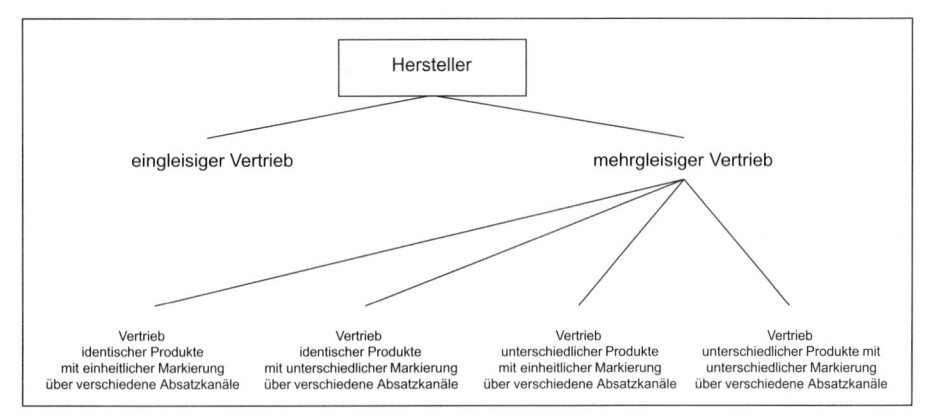

```
                    Hersteller
                   /         \
         eingleisiger        mehrgleisiger
          Vertrieb              Vertrieb
                              /  |   |  \
```

| Vertrieb identischer Produkte mit einheitlicher Markierung über verschiedene Absatzkanäle | Vertrieb identischer Produkte mit unterschiedlicher Markierung über verschiedene Absatzkanäle | Vertrieb unterschiedlicher Produkte mit einheitlicher Markierung über verschiedene Absatzkanäle | Vertrieb unterschiedlicher Produkte mit unterschiedlicher Markierung über verschiedene Absatzkanäle |

Mehr-Personen-Preisbildung

der Anzahl der Personen reduziert werden. Der Durchschnittspreis pro Person liegt dabei in der Regel niedriger als der Preis, den eine einzelne Person für diese Leistung zahlen muss. Die Mehr-Personen-Preisbildung wird häufig bei Dienstleistungen eingesetzt, weil hier Konsum und Produktion der Leistung simultan erfolgen und dadurch die Gefahr einer → Arbitrage zwischen Personen ausgeschlossen werden kann. Beispiele sind die Ehepartner-Tarife verschiedener Fluggesellschaften, Mitfahrer-Tarife bzw. das "Schöne-Wochenende-Ticket" der Deutschen Bahn AG oder Mehr-Personen-Angebote bei Konferenzen.

Warum und unter welchen Umständen ist die Mehr-Personen-Preisbildung optimal? Um diese Frage zu beantworten, betrachten wir ein konkretes Zahlenbeispiel für den Passagierflugmarkt. Der Gesamtmarkt bestehe aus vier Segmenten (z.B. Ehepaare), deren → Maximalpreise für einen Flug in der *Tab.* abgebildet sind.

Maximalpreise für Person A, Person B und beide Personen A+B

Segment	Maximalpreise (in €)		
	Person A	Person B	Beide Personen A+B
1	600	350	950
2	500	400	900
3	550	150	700
4	500	150	650

Gemäß der *Tab.* ist z.B. im Segment 2 die Person A bereit, für einen Flug maximal € 500 zu zahlen, während die Person B maximal € 400 zahlen würde. Zur Vereinfachung, aber ohne Einschränkung der Allgemeingültigkeit, nehmen wir Grenzkosten und Fixkosten von Null an. Weiterhin wird angenommen, dass sich die Maximalpreise der Personen A und B addieren, so dass z.B. im Segment 2 A und B zusammen für die beiden Flüge maximal € 900 zu zahlen bereit sind. Die Zielsetzung des Anbieters ist Gewinnmaximierung. Bei welchen Preisen erzielt der Anbieter sein Gewinnmaximum? Ähnlich wie bei der → Preisbündelung hat der Anbieter folgende drei → Preisstrategien zur Auswahl:

Einzel-Personen-Preisbildung: Es wird kein Mehr-Personen-Angebot offeriert, sondern für jede Person der gleiche Preis gefordert.

Es resultiert ein optimaler Einzelpreis von $p^* = 350$ €. Denn bei diesem Preis kaufen die Personen A und B der Segmente 1 und 2 sowie jeweils die Person A aus den Segmenten 3 und 4 das Produkt, weil die jeweiligen Maximalpreise dieser Personen größer oder gleich dem geforderten Preis sind. Somit ergibt sich bei der Einzel-Personen-Preisbildung ein Absatz von 6 Einheiten mit einem Gesamtgewinn von $G^* = 6 \cdot 350 = 2100$ €.

Reine Mehr-Personen-Preisbildung: Hier wird ausschließlich das Mehr-Personen-Angebot offeriert, d.h. ein einzelner Nachfrager kann das Produkt nicht erwerben. Dies entspricht dem Prinzip der reinen → Preisbündelung. Bezogen auf unser obiges Zahlenbeispiel errechnet sich ein optimaler Zwei-Personen-Preis von $p^* = 650$ €. Bei diesem Preis erwerben alle Segmente das Zwei-Personen-Angebot. Der optimale Gesamtgewinn beträgt $G^* = 4 \cdot 650 = 2600$ € und übertrifft den Gewinn bei Einzel-Personen-Preisbildung um etwa 24 Prozent. Die Ursache der Gewinnsteigerung von 2100 auf 2600 besteht darin, dass durch die Mehr-Personen-Preisbildung zusätzlich → Preisbereitschaft abgeschöpft wird. Der Anbieter setzt den Mehr-Personen-Preis derart, dass die „überschüssige" Preisbereitschaft von einer Person auf die andere Person übertragen wird. Im Fall der Einzel-Personen-Preisbildung realisiert z.B. die Person A des Segmentes 4 aus dem Zahlenbeispiel eine → Konsumentenrente von 150 (= 500 – 350), während bei Person B der Maximalpreis um 200 zu niedrig ist. Demnach „verschenkt" der Anbieter bei Segment 4 eine Konsumentenrente von 300 (150 von Person A und 150 von Person B), wenn er statt der reinen Mehr-Personen-Preisbildung die Einzel-Personen-Preisbildung anwendet. Die durch die reine Mehr-Personen-Preisbildung bewerkstelligte Summierung der Maximalpreise der Personen A und B in Verbindung mit der Reduktion des Mehr-Personen-Preises (650 €) gegenüber dem zweifachen des Einzel-Personen-Preises (700 €) bewirkt, dass Person B des Segmentes 4 auch das Produkt erwirbt. Insgesamt wird mit Hilfe der reinen Mehr-Personen-Preisbildung eine zusätzliche Konsumentenrente von 500 abgeschöpft.

Gemischte Mehr-Personen-Preisbildung: Hier werden sowohl ein Einzel-Personen-Preis als auch ein Mehr-Personen-Preis festgelegt. Dementsprechend ist diese Preisstrategie mit der gemischten Preisbündelung vergleichbar. Im Beispiel errechnen sich ein optimaler Einzel-Personen-Preis von p* = 550 € sowie ein optimaler Zwei-Personen-Preis von p* = 900 €. Aus der *Tab. 1* ist ersichtlich, dass bei diesen Preisen die Segmente 1 und 2 das Zwei-Personen-Angebot und jeweils die Person A aus Segment 3 bzw. 4 das Produkt kaufen. Folglich beläuft sich der Gesamtgewinn des Anbieters auf G* = 2 · 900 + 2 · 500 = 2800 €. Der Gewinn bei Einzel-Personen-Preisbildung wird um über 33 Prozent, derjenige bei reiner Mehr-Personen-Preisbildung um etwa 8 Prozent übertroffen. Die gemischte Mehr-Personen-Preisbildung ist in diesem Zahlenbeispiel die profitabelste Preisstrategie.

Das Beispiel verdeutlicht, dass eine wesentliche Voraussetzung für die Mehr-Personen-Preisbildung in der Kenntnis der individuellen Maximalpreise liegt. Ähnlich wie bei der Preisbündelung ist jedoch auch die genaue Kenntnis der Kostenstruktur erforderlich. Insgesamt halten wir fest, dass die Entscheidung des Anbieters über die optimale Preisstruktur nur anhand sehr detaillierter Informationen (kundenspezifische Maximalpreise, Nachfrageverbund zwischen Kunden, Einfluss des Zusammenverkaufs auf Stückkosten, genaue Segmentgröße usw.) getroffen werden kann. Folglich kommt der zuverlässigen und validen Ermittlung dieser detaillierten Informationen eine zentrale Bedeutung zu. Anwendungen der Mehr-Personen-Preisbildung zeigen, dass die Gewinnsteigerungen gegenüber der Einzel-Personen-Preisbildung bis zu 50% betragen können. H.S./G.Wü.

Literatur: Simon, H.; Wübker, G.: Mehr-Personen-Preisbildung. Eine neue Form der Preisdifferenzierung mit beachtlichem Gewinnsteigerungspotential, in: ZfB, 70. Jg., H. 6, Juni 2000, S. 729-746.

Mehrphasige Auswahl („multiphase sampling")

spezifisches → Auswahlverfahren für → Stichproben, bei dem mehrere Zufallsauswahlen hintereinander geschaltet werden, wobei im Gegensatz zur → mehrstufigen Auswahl die Auswahleinheit gleich bleibt. Es handelt sich bei den späteren Phasen also jeweils um eine Unterstichprobe aus der vorhergehenden Stichprobe.

Mehrspeichermodell

in der → Gedächtnistheorie entwickeltes und in der Theorie der → Kaufentscheidung bzw. des → Informationsverhaltens dominierendes Modell der Informationsverarbeitung von Konsumenten. Ausgangspunkt des Informationsflusses ist die Umwelt des Konsumenten, in der eine unübersehbar große Menge optischer, akustischer, haptischer, olfaktorischer und geschmacklicher Informationen angeboten wird, wobei die beiden erstgenannten Kategorien die bei weitem bedeutsamsten sind. In einem ersten Teil des Informationsverarbeitungssystems, dem *sensorischen* oder *Ultrakurzzeitspeicher*, werden genaue Abbildungen der von den Sinnesorganen aufgenommenen Informationen für sehr kurze Zeit (Zehntelsekunden) bewahrt. Teile des im sensorischen Speicher enthaltenen Materials können an einen *Kurzzeit-* bzw. *Arbeitsspeicher* übertragen werden. Dort findet eine Entschlüsselung dieser Reize statt, die eine kognitive Weiterverarbeitung der Informationen erlaubt. Wenn im sensorischen Speicher z.B. bestimmte Laute aufgenommen werden, so werden diese im Kurzzeitspeicher entschlüsselt und als Worte mit Informationsgehalt verstanden. Der Doppelbegriff Kurzzeit- bzw. Arbeitsspeicher bezieht sich darauf, dass dort Informationen über einige Zeit (mehrere Sekunden) gespeichert werden können und dass dort die Verarbeitung von Informationen stattfindet.

Die Verarbeitungsmöglichkeiten des Kurzzeitspeichers bestehen u.a. im

– *Memorieren* von Informationen (zur langfristigen Speicherung im Langzeitgedächtnis)
– *Codierung* von Informationen (z.B. Weiterverarbeitung des Sinngehalts von Informationen anstelle des Wortlauts oder Verdichtung von Informationen, z.B. „teuer" statt eines genauen Preises),
– *Verknüpfen* neuer mit (im Gedächtnis) vorhandenen Informationen (z.B. Änderung von Einstellungen zu einem Objekt auf Grund zusätzlicher Informationen),
– *Zugriff* zu im Gedächtnis gespeicherter Informationen

und in der

– *Steuerung* beobachtbaren Verhaltens, z.B. durch die Umsetzung von Entscheidungen.

Während im sensorischen Speicher eine sehr detaillierte Abbildung der Umwelt für extrem kurze Zeit behalten werden kann, ist die Kapazität des Kurzzeitspeichers auf etwa sieben sog. *„information chunks"* begrenzt, die aber länger (bis zu 30 Sek.) bewahrt werden können. Information chunks

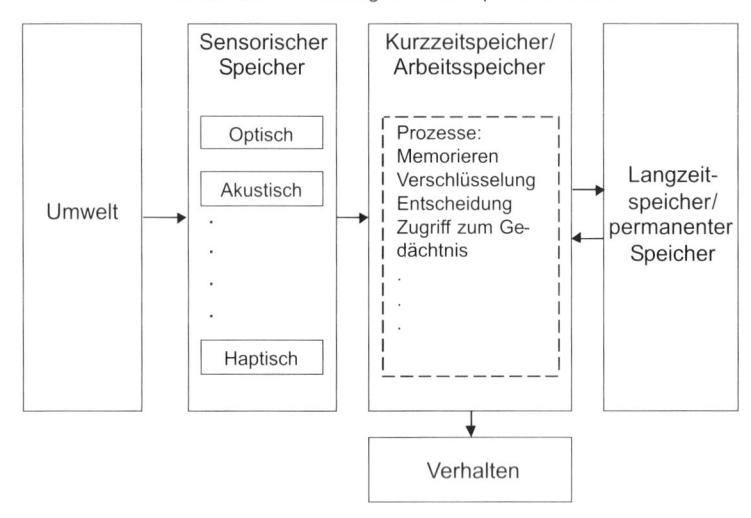

Schematische Darstellung des Mehrspeichermodells

```
┌─────────┐   ┌──────────────┐   ┌──────────────────┐
│         │   │ Sensorischer │   │ Kurzzeitspeicher/│
│         │   │  Speicher    │   │  Arbeitsspeicher │
│         │   │              │   │                  │
│         │   │  ┌────────┐  │   │ ┌──────────────┐ │   ┌──────────┐
│         │   │  │Optisch │  │   │ │ Prozesse:    │ │   │          │
│         │   │  └────────┘  │   │ │ Memorieren   │ │   │ Langzeit-│
│         │ → │  ┌────────┐  │ → │ │ Verschlüsse- │ │ → │ speicher/│
│ Umwelt  │   │  │Akustisch│ │   │ │ lung         │ │   │permanenter│
│         │   │  └────────┘  │   │ │ Entscheidung │ │   │ Speicher │
│         │   │     .        │   │ │ Zugriff zum  │ │   │          │
│         │   │     .        │   │ │ Gedächtnis   │ │   └──────────┘
│         │   │     .        │   │ │     .        │ │
│         │   │     .        │   │ │     .        │ │
│         │   │  ┌────────┐  │   │ │     .        │ │
│         │   │  │Haptisch│  │   │ └──────────────┘ │
│         │   │  └────────┘  │   │                  │
└─────────┘   └──────────────┘   └──────────────────┘
                                          ↓
                                    ┌──────────┐
                                    │ Verhalten│
                                    └──────────┘
```

sind verdichtete Informationen, z.B. Produktnamen, mit denen diverse Einzelinformationen (Preis, Design, Qualität etc.) verbunden sind. Die Übertragung von Informationen aus dem Kurzzeit- in das Langzeitgedächtnis erfordert einen Zeitaufwand von einigen Sekunden. Diese Übertragungszeiten in Verbindung mit der Begrenzung der Zahl gleichzeitig verfügbarer Informationen machen den Kurzzeitspeicher zum entscheidenden Engpass hinsichtlich der Beschränkungen menschlicher Informationsverarbeitungskapazität.

Im dritten, dem sog. *Langzeitspeicher* können große Informationsmengen lange behalten werden. Der Zugriff zu Informationen im Langzeitspeicher kann allerdings mit kognitiven Anstrengungen und/oder Zeitaufwand verbunden sein.

Wesentliches Merkmal des Mehrspeichermodells, das natürlich nicht die physiologischen Gegebenheiten beschreiben soll, ist die Verbindung von zwei Speichern mit sehr großer Aufnahmekapazität und unterschiedlicher Aufbewahrungsdauer durch einen Kurzzeit- bzw. Arbeitsspeicher mit begrenzter Kapazität. Das Modell deutet auch an, dass in Entscheidungsprozessen Informationen auf zwei Wegen in den Arbeitsspeicher gelangen können: Aus der Umwelt über den sensorischen Speicher und aus dem Gedächtnis (→ Informationsverhalten). A.Ku.

Literatur: *Kroeber-Riel, W.; Weinberg, P.:* Konsumentenverhalten, 7. Aufl., München 1999.

Mehrstufige Auswahl („multistage sampling")

spezifisches → Auswahlverfahren für → Stichproben. Es werden mehrere Zufallsauswahlen hintereinander geschaltet, wobei auf jeder Stufe die Auswahleinheit wechselt. So liegt z.B. eine zweistufige Auswahl dann vor, wenn in der ersten Stufe Haushalte („Auswahleinheiten 1. Stufe", „Primäreinheiten") und in der Zweiten daraus Personen („Auswahleinheiten 2. Stufe", „Sekundäreinheiten") ausgewählt werden. Analog dem → Klumpeneffekt kann hier ein Stufeneffekt auftreten; so haben etwa Sekundäreinheiten nicht ausgewählter Primäreinheiten keine Chance, in die Stichprobe zu gelangen.

Mehrstufige Kommunikation
→ Meinungsführer

Mehrstufige Lagerhaltung

umfasst die Verteilung von auf der Basis von Prognosen produzierten Fertigwaren (spekulative Lagerbestände) auf die einzelnen Stufen in mehrstufigen Depotstrukturen. Die Stufigkeit der Depotstruktur kommt in der Anzahl der Depotstufen zum Ausdruck (→ Depotplanung). Die (vertikale) Verteilung der Lagerbestände findet ihren Niederschlag im Zentralisierungsgrad. Er beeinflusst die Höhe der → Logistik-Kosten und die Ausprägungen des → Lieferservice, so bspw. die Lieferbereitschaft, die warte- und lagerbedingten Lieferzeiten und die Liefergenauigkeit. Davon unberührt bleibt die (horizontale) Verteilung der Bestände einer Lagerhaltungsstufe auf einzelne Depots dieser Stufe. Lagerbestände bestehen aus Arbeitsbeständen (Zyklusbeständen), Sicherheitsbeständen, saisonalen Beständen, Beständen zur strategischen Versorgungssicherung und spekulativen Beständen. Der Zusammenhang zwischen mehrstufiger Lagerhaltung und mehrstufigen Depotsystemen lässt sich wie folgt charakterisieren:

– Mehrstufige Lagerhaltung setzt ein mehrstufiges Depotsystem voraus.
– Bei einstufigen Depotsystemen besteht kein (vertikales) Verteilungsproblem.
– Mehrstufige Lagerhaltung dient im Rahmen der → selektiven Lagerhaltung dem Angebot eines kundensegment- und artikelgruppenspezifischen Servicegrades.

Zentral gehaltene Lagerbestände zeichnen sich durch einen geringen Grad an Vordisposition aus, was sich angesichts unbekannter Nachfragehöhe und -verteilung (räumlich und zeitlich) als vorteilhaft erweist. In Abhängigkeit von der Varianz der dezentral auftretenden Nachfrage ermöglicht ein hoher Zentralisierungsgrad eine Reduktion der im Gesamtsystem gehaltenen Sicherheitsbestände, da sich die Nachfrageschwankungen tendenziell kompensieren (Gesetz der großen Zahl). Je nach Zeitempfindlichkeit der Nachfrage müssen die Sicherheitsbestände nur noch die Transportzeit vom Zentral- zum Auslieferungslager abzupuffern.

Dezentral gehaltene, spekulative Lagerbestände ermöglichen kurze Lieferzeiten infolge ausgeprägter räumlicher Nähe zu potenziellen Kunden. Die Lieferbereitschaft wird durch die Höhe der Lagerbestände determiniert. Eine angestrebte hohe Lieferbereitschaft auf einer kundennahen Lagerstufe (Auslieferungslager) erfordert höhere Sicherheitsbestände. Beim Mehrproduktfall wird der beschriebene Zusammenhang exponentiell verstärkt.

Der Zentralisierungsgrad von Lagerbeständen eines mehrstufigen Depotsystems ergibt sich aus der Summe der prozentualen Lagermengen jeder Lagerstufe, gewichtet mit einem Stufenindex (SI). Der Zentralisierungsgrad fällt zwischen der ersten (Zentral-) Lagerstufe (SI = 1) und der letzten (n-ten) Lagerstufe (SI = 1/n) monoton. Ein Zentralisierungsgrad von 100 % in mehrstufigen Depotstrukturen bedeutet demnach, dass sämtliche Bestände in einer Zentrallagerstufe gehalten werden. Der minimale Zentralisierungsgrad beträgt 1/n % und besagt, dass alle Bestände in der kundennächsten (n-ten) Lagerstufe gelagert werden.

Abb. 1 gibt Beispiele für verschieden Ausprägungen des Zentralisierungsgrades (abgekürzt: ZG) in einem vierstufigen Depotsystem (n = 4), wobei ein insgesamt gelagerter Bestand (abgekürzt: LB) in Höhe von 200 Mengeneinheiten unterstellt wird.

Ein hoher Zentralisierungsgrad spekulativer Lagerhaltung in mehrstufigen Depotsystemen ist Ausdruck einer geringen (vordispositionsbedingten) Risikoneigung, der zufolge jede Produktdifferenzierung, hier insb. ihre raum-zeitliche Dimension, so spät wie möglich, nämlich erst bei Vorliegen konkreter Nachfrage, erfolgt. Jedoch sind die auftragsbedingten Transportwege groß

Abb. 1: Zentralisierungsgrade in mehrstufigen Lagersystemen

Stufe (i)	St	LB_1	ZG_1	LB_1	ZG_1	LB_1	ZG_1
1	1,00	2,00	1,0	20	0,1	10	0,05
2	0,75	0	0,0	40	0,15	10	0,04
3	0,50	0	0,0	60	0,15	30	0,08
4-n	0,25	0	0,0	80	0,1	150	0,19
		ZG = 1,0		ZG = 0,5		ZG = 0,36	

Legende:
i: Lagerstufe i→ (1,2,...,n)
St: Stufenindex
n: Anzahl der Lagerstufen
LB_1: absoluter Lagerbestand einer Stufe i
ZG_1: relativer, gewichteter Beitrag des Lagerbestands einer Stufe zum Zentralisierungsgrad des Lagerhaltungssystems

und die Auslastung der eingesetzten Transportmittel im Durchschnitt gering, da bei ausgeprägter Zeitsensibilität der Nachfrage kaum eine Möglichkeit zur Transportkonsolidierung besteht (→ Transportplanung). Allerdings ist bei dieser Lösung kein mehrstufiges Depotsystem zur spekulativen Lagerhaltung erforderlich, sondern nur noch bestandslose Umschlagspunkte. Bei total dezentraler Lagerhaltung werden sämtliche Warenbestände in den Auslieferungslagern gelagert. Das vordipositionsbedingte Risiko ist in diesem Fall maximal. Die Transportmittelauslastung bei der Beschickung der dezentralen Läger kann sehr hoch sein; die Transportwege vom dezentralen Lager zum Kunden sind infolge der ausgeprägten räumlichen Kundennähe der Lagerbestände kurz.

Abb. 2: Bewertung unterschiedlicher Zentralisierungsgrade in mehrstufigen Lagerhaltungssystemen

	Zentralisierungsgrade der Lagerhaltung	
	hoch	gering
Risiko	gering	hoch
Transportweg	hoch	gering
Transportzeit/ Kunde	hoch	gering
Sicherheitsbestand	gering	hoch
Kundennähe	gering	hoch

Aktuelle Trends, insb. die Realisierung von Just-in-Time-Konzepten (→ Just-in-Time-Logistik), führen angesichts steigender Unsicherheit und Dynamik der Nachfrageentwicklung tendenziell zu einstufigen Depotsystemen bei stark zentralisierter Lagerhaltung. Der Zentralisierungsgrad in solchen einstufigen Systemen ist ex definitione immer 100%. Abb. 2 fasst die wesentlichen Aussagen nochmals zusammen.

W.De./R.A.

Literatur: *Lenerz, P.*: Effiziente Nachschubsteuerung in mehrstufigen Distributionskanälen, Wiesbaden 1998, S. 1–137.

Mehrstufiges Marketing

Die Mehrstufigkeit ist das charakteristischste Merkmal des gesamten → Investitionsgüter- bzw. business-to-business-Bereichs. Vom Rohstoff angefangen erfolgen in unter Umständen sehr langen und auch weit gespreizten Ketten Transaktionen bis zum Konsumenten oder letztendlichen Verwender. Das Marketing kann sich dabei auf jede der Stufen beziehen: auf den jeweiligen direkten Abnehmer, auf die letzte Verarbeitungsstufe vor dem Konsumenten oder/und auf jede Zwischenstufe. Richtet das Marketing auf eine dem ersten Abnehmer nachgelagerte Stufe, so bezweckt dies einen Nachfragesog auf die direkten Abnehmer mit dem Ziel der Mengen- und/oder Erlössteigerung bzw. der generellen Verbesserung der Marktposition. Daneben können wichtige zusätzliche Informationen erlangt, Marktwiderstände überwunden und Substitutionsgefahren gemindert werden. Wichtig für den Erfolg ist insbesondere eine Identifizierbarkeit der Produkte durch die Nachfrager auf Folgestufen. Ferner sollte sich das betreffende Produkt in einer frühen Marktphase befinden und einen geringen Homogenitätsgrad aufweisen. Unter den Instrumenten eignen sich im mehrstufigen Marketing v.a. die individualisierte Produktpolitik, die Markierung zwecks besserer Identifikation, die Erbringung akzessorischer Dienstleistungen sowie die Kommunikationspolitik.

W.H.E.

Literatur: *Rudolph, M.*: Mehrstufiges Marketing für Einsatzstoffe. Anwendungsvoraussetzungen und Strategietypen, Frankfurt a.M. 1989.

Mehrthemenumfrage (Omnibusbefragung)

→ Befragung über mehrere Themenkreise, die für mehrere Auftraggeber abgewickelt wird. Sie findet zumeist als zu festen Terminen (meist monatlich) angesetzte Beteiligungsuntersuchung von Instituten statt, an der sich Auftraggeber mit ihren Fragestellungen eingliedern können, oder sie wird vom durchführenden Institut ohne Auftraggeber abgewickelt und die Ergebnisse werden als Berichtsband verkauft.

Neben den wesentlich niedrigeren Kosten der Mehrthemenumfrage gegenüber einer eigenen repräsentativen Spezialerhebung (die Preise beginnen – je nach Art und Antwortmodus – bei ca. 250 DM pro Frage) sprechen auch methodische Gesichtspunkte für dieses Vorgehen: Abwechselnde Themen verhindern monotone Befragungen, lenken die Auskunftsperson nicht zu sehr auf einen Untersuchungsgegenstand und verhindern damit → Halo- sowie → Konsistenzeffekte. Schließlich wird ein eventueller → Interviewereinfluss abgeschwächt.

Mehrwegsysteme

In einem Mehrwegsystem gelangen gebrauchte Verpackungen vom Verbraucher über den Handel wieder an den Hersteller zurück und werden erneut befüllt und verkauft. Voraussetzungen dafür sind das Vorhandensein entsprechender Verpackungen, Rücknahme- und Sammelorganisationen sowie passender Lager- und Reinigungssysteme. Die häufigsten Mehrwegverpackungen sind u.a. Getränkeflaschen, Container, Gitterboxen, Fässer und Eimer.

Im Getränkebereich schreibt die Verpackungsverordnung eine Mehrwegquote von mindestens 72% für Massengetränke vor. Die Verordnung legt bei der Unterschreitung dieser Quote eine Pfandpflicht für Einweg-Getränkeverpackung fest. Während von 1991 bis 1993 ein Anstieg des Mehrweganteils von 71,69% auf 73,55% zu verzeichnen war, bewegt er sich seit 1994 rückläufig und konnte 1997 mit 71,35% erstmals die vorgegebene Mehrwegquote nicht mehr erreichen. Bei wiederholter Unterschreitung der Quotenvorgabe im Zeitraum von 12 Kalendermonaten nach Bekanntgabe der erreichten Anteile tritt die Pfandpflicht gemäß VerpackV in Kraft.

Mehrwegverpackungen tragen zur Vermeidung von Verpackungsabfällen bei, da sie in Abhängigkeit von ihrer Umlaufzahl eine entsprechende Anzahl von Einwegverpackungen ersetzten. Ein hoher Standardisierungsgrad bei der Verpackungen wirkt sich dabei positiv aus, u.a. lässt sich so der Transportaufwand für die leeren Verpackungen reduzieren. Dennoch ist es möglich, dass im gesamtökologischen Vergleich eine Einwegverpackung der Mehrwegverpackung überlegen ist. B.Sa.

Mehrwertdienste

Sammelbezeichnung für alle anwendungsnahen, elektronischen Dienste in elektronischen Netzwerken (→ Kommunikationsnetze, → Internet).

Für allgemeine Kommunikationsnetze werden hierbei neben den Sprachdiensten der Service-Rufnummern 0800, 0180, 0190 und der persönlichen Rufnummer 0700 auch intelligente Callcenter-Lösungen, integrierte Mail-, Fax- und Voicedienste wie z.B. Unified Messaging, Auskunftsservices (Hotelreservierung, Verkehrsdienste, Nachrichten) subsumiert.

Durch die Einführung des UMTS-Standards werden auch innovative mobile Mehrwertdienste wie z.B. Location Based Information Services zur Bestimmung der geografische Position oder das mobile Flottenmanagement an Bedeutung gewinnen.

Im Internet bezeichnen Mehrwertdienste interaktive Dienstleistungsangebote von Online-Plattformen, die über die elektronische Transaktion hinausgehen und einen Zusatznutzen anbieten, z.B. eine → Virtual Community. A.V./B.Ne.

Mehrwertsteuer → Umsatzsteuer

Meilensteine → FuE-Planung

Meinungsführer (Opinion Leader)

sind Einzelpersonen, die im Rahmen der → interpersonellen Kommunikation einen besonderen Einfluss auf andere Personen ausüben, indem sie auf deren konsumrelevante Einstellungen, Meinungen und Verhaltensweisen einwirken. Meinungsführer nehmen eine Schlüsselstellung in ihren jeweiligen sozialen Gruppen ein, haben mehr soziale Kontakte als andere Personen und geben häufig Ratschläge an andere Gruppenmitglieder (→ Kundenempfehlungen, → Mundwerbung). Meinungsführer unterscheiden sich von anderen Multiplikatoren – z.B. Journalisten, Verkäufer etc. – dadurch, dass sie jeweils in ihrer Funktion als Freund oder Bekannter um Rat gefragt werden. Nicht zuletzt deshalb werden Ratschläge von Meinungsführern als „authentisch" und in hohem Maße glaubwürdig eingestuft.

Der Begriff des Meinungsführers geht ursprünglich auf *Lazarsfeld*, *Berelson* und *Gaudet* zurück. In ihrer Untersuchung des amerikanischen Präsidentschaftswahlkampfes von 1940 („The People's Choice") stellten die Autoren fest, dass Informationen in einer ersten Stufe von den Massenmedien zu den Meinungsführern und erst in einer zweiten Stufe von den Meinungsführern zu den Meinungsfolgern fließen („*Zwei-Stufen-Hypothese*"). Mit zunehmender Präzisierung sozialer Bestimmungsfaktoren und weiterer Erforschung der interpersonellen Kommunikation stellte sich allerdings heraus, dass die Einflussverläufe zwischen Massenmedien, Meinungsführern und -folgern vielschichtiger sind. So existieren Einfluss- und Informationsbeziehungen auch zwischen verschiedenen Meinungsführern sowie zwischen Massenmedien und sog. „passiven" Meinungsfolgern („*Mehr-Stufen-Hypothese*"). Aufbauend auf der Kritik an der realitätsfernen Vorstellung einer weitgehenden Passivität der Meinungsfolger sowie der „absoluten Dominanzstellung" der Meinungsführer differenziert *Hummrich* (1976) zwischen *symmetrischen* und *asymmetrischen* Kommunikationstrukturen. Obwohl seit Beginn der 90er-Jahre kaum nennenswerte Fortschritte in der Theorie der Meinungsführerschaft zu beobachten sind, können u.a. folgende Aspekte als einigermaßen gesichert angesehen werden.

(1) Meinungsführerschaft ist kein dichotomes, sondern ein *graduell abgestuftes* Konstrukt. Eine Einteilung aller Konsumenten in „Meinungsführer" und „Nicht-Meinungsführer" erscheint unrealistisch. In der Realität ist stattdessen ein reges kommunikatives „Geben" und „Nehmen" zwischen Freunden, Bekannten etc. zu beobachten. Meinungsführerschaft stellt somit keine grundsätzliche personenbezogene „Charaktereigenschaft" dar, sondern umschreibt die Übernahme situationsbezogener Kommunikationsrollen.

(2) Meingungsführerschaft wirkt i.d.R. *schichtenintern* (=horizontale Meinungsführerschaft). Meinungsführer und Meinungsfolger stammen meist aus derselben → sozialen Schicht. Bezogen auf den Automobilbereich würde dies etwa bedeuten, dass ein Oberklasse-Kunde im Automobilbereich Gespräche über Autos im Wesentlichen mit aktuellen oder potentiellen Oberklasse-Kunden („Seinesgleichen") durchführt.

(3) Meinungsführerschaft bezieht sich auf einen bzw. *einige wenige Produktbereiche*. *King/Summers* (1970) stellten in einer empirischen Studie fest, dass lediglich 30% der befragten Konsumenten in drei oder mehr Produktkategorien Meinungsführer sind und somit tendenziell dem Typus eines generellen „Konsum-Meinungsführers" entsprechen. Meinungsführer sind also von dem weiter gefassten Begriff der sog. *Market Mavens* abzugrenzen. Diese sind informierte Referenzgeber, deren Sachkenntnis nicht ausschließlich neu- und einzelproduktbezogen ist. Sie haben ein breites Wissen über viele verschiedene Produkte, Dienstleistungen, Händler und andere Dimensionen des Marktes (Sortiments- oder Preisänderungen). Market Mavens zeichnen sich durch ihre starke Informationsneigung und aktive Informationssuche aus. Ihre Fähigkeit, zu vielen Produkten und Aspekten des Marktes Auskunft zu geben, beruht auf ihrem Interesse an Gesprächen mit anderen Konsumenten, in denen sie ihr Wissen weitergeben können, aber dadurch auch neue Informationen aufnehmen.

(4) Meinungsführerschaft basiert auf *Fachwissen* und bestimmten *Persönlichkeitsmerkmalen*. Meinungsführer zeichnen sich zum einen durch ein hohes Maß an Fach- bzw. Expertenwissen aus, was dazu führt, dass andere Personen aus dem sozialen Umfeld ein verstärktes, themenspezifisches Interesse am Meinungsführer haben. Im Bedarfsfall, z.B. beim Kauf eines Neuwagens, greifen die betreffenden Personen auf entsprechend häufiger auf die ihrer Meinung nach kompetenten und als Freunde und Bekannten zudem besonders vertrauenswürdigen Personen zurück. Zum anderen werden Personen aber auch dadurch zum Meinungsführer, weil sich Freunde und Bekannte im Allgemeinen – und zwar unabhängig vom jeweiligen Produktbereich – an ihnen orientieren. Derartige Bezugspersonen üben auf andere Personen des sozialen Umfeldes einen Einfluss aufgrund ihres dominierenden Erscheinungsbildes aus. Gerade in den durch eine starke Emotionalität geprägten Produktbereichen, wie „Autos" oder „modische Kleidung", beruht Meinungsführerschaft ganz maßgeblich auf dominanten Persönlichkeitsmerkmalen (z.B. Extrovertiertheit, soziale Zentralität).

(5) Meinungsführerschaft mündet in einem starken themenspezifischen *Informationsinteresse*. Meinungsführer nutzen Medien/Informationsquellen „ihres" Produktbereiches besonders intensiv. Aufgrund des hohen produktbereichsbezogenen Interesses (→ Involvement) sind sie stark motiviert, neue Sachinformationen aufzunehmen. So können Meinungsführer bspw. über „Special-interest"-Zeitschriften für Produktbereiche wie Hifi, Surf-Zubehör oder Automobil erreicht werden. Ein generell höheres Informationsinteresse – über den begrenzten Produktbereich hinaus – lässt sich allerdings nicht nachweisen.

Aufgrund ihrer „exponierten" Stellung innerhalb sozialer Gruppen werden Meinungsführer häufig als zentrale werbliche Zielgruppe in der → Mediaplanung definiert. Mithin als problematisch erweist sich allerdings die (namentliche) Erfassung einzelner Meinungsführer, wobei – methodisch gesehen – drei Verfahren unterschieden werden können:

(1) *Selbsteinstufungs-Verfahren:* Dabei fragt man die Personen einer Stichprobe direkt oder indirekt danach, ob und in welchem Ausmaß sie sich selbst als Meinungsführer einschätzen.

(2) *Schlüsselinformanten-Verfahren:* Es basiert auf der Befragung ausgewählter, gut informierter Personen, die einen Einblick in die Kommunikationsbeziehungen innerhalb sozialer Gruppen haben und die somit Meinungsführer benennen können. Genau genommen wird hierbei allerdings das Problem der Identifizierung von Meinungsführern lediglich auf die Schlüsselinformanten verlagert.

(3) *Soziometrischer Test:* Er geht auf *Moreno* (1934) zurück und ist ein Verfahren zur quantitativen Erfassung der Beziehungen zwischen den Gruppenmitgliedern. Dabei werden die Personen gefragt, mit wem sie am meisten verkehren, wen sie mehr oder weniger gern haben oder mit wem sie am liebsten Kontakt haben möchten. Auf diese Weise werden faktische Interaktion zwischen den Personen sowie Interaktionspräferenzen gemessen. Methodisch gesehen erfolgt die Auswertung der Antworten durch ein → Soziogramm, eine Soziomatrix oder durch soziometrische Indices. Obwohl der soziometrische Test ein relativ genaues und valides Verfahren zur Ermittlung von Meinungsführern ist, setzt der hohe Erfassungsaufwand bei der Identifizierung von Gruppenstrukturen der Praktikabilität dieses Verfahrens enge Grenzen.

Aufgrund des hohen technischen und finanziellen Aufwandes bei der Identifizierung *einzelner* Meinungsführer wird stattdessen auch auf die Ermittlung von Meinungsführer-Segmenten (→ Marktsegmentierung) abgestellt. Hilfestellung können hierbei sog. → Verlagstypologien leisten, mit denen Verlage werbetreibenden Unternehmen Lesertypologien anbieten, die u.a. auf die Identifizierung meinungsführender Lesergruppen abzielen (z.B. die Brigitte-Typologie von *Gruner+Jahr*). Auf ähnlichen Überlegungen basiert auch die Zielgruppendefinition des Allensbach-Institutes, bei der durch Messung der *„Persönlichkeitsstärke"* von Konsumenten Meinungsführerschaft erhoben wird.   J.C./I.M.

Literatur: *Beba, W.:* Die Wirkung von Direktkommunikation unter Berücksichtigung der interpersonellen Kommunikation, Berlin 1993. *Brüne, G.:* Meinungsführerschaft im Konsumgütermarketing, Heidelberg 1989. *Feick, L.F.; Price, L.L.:* The Market Maven: A Diffuser of Marketplace Information, in: Journal of Marketing, January 1987, S. 83-97. *Hummrich, U.:* Interpersonelle Kommunikation im Konsumgütermarketing, Wiesbaden 1976. *King, C.W.; Summers, C.W.:* Overlap of Opinion Leadership Across Consumer Product Categories, in: Journal of Marketing Research, Vol. 7, February 1970, S.43-50. *Lazarsfeld, P.F.; Berelson, B.; Gaudet, A.:* The People's Choice, New York 1944. *Walsh, G.:* Der Market Maven in Deutschland. Ein Diffusionsagent für Marktinformationen, in: Jahrbuch der Absatz- und Verbrauchsforschung, Nr. 4, 1999, S. 418-434.

Meinungsportale (virtuelle Meinungsplattformen)

sind → Online-Plattformen, wie z.B. ciao.com oder dooyoo.com, die von → User Groups oder von → Infomediären eingerichtet werden, um einen breiten und jederzeitigen Meinungsaustausch zwischen Kunden zu ermöglichen. Marketingtechnisch handelt es sich um positive oder negative → Mund-Werbung bzw. → Kundenempfehlungen, die sich wegen der unkontrollierbaren Breite des Internet als besonders gewichtige Determinanten der Unternehmens- oder Markenreputation entwickeln können. Für den (potentiellen) Kunden handelt es sich um besonders bequeme, allerdings u.U. nur bedingt vertrauenswürdige Informationsquellen, wenn die Meinungsgeber anonym bleiben. Nützlich sind sie insb. für Erfahrungs- und Vertrauensgüter, bei denen dem Kunden die Qualitätseinschätzung vor dem Kauf schwer fällt. Manche Kunden nutzen virtuelle Meinungsplattformen auch als „Racheinstrument" bei Enttäuschungen durch den oder die Anbieter, andere mehr als Medium für einen objektiven Erfahrungsaustausch und z.T. auch als Mittel zur Steigerung der → Kundenkompetenz. Vom Anbieter geschaffene bzw. gepflegte Meinungsportale können Negativeffekte verhindern bzw. abschwächen, wenn sie entsprechend geschickt moderiert und gesteuert werden (s.a. → User Groups). Dabei ist insb. auf Entanonymisierung der Meinungen zu achten, da ansonsten der Diffamierung durch Wettbewerber oder andere „Feinde" des Unternehmens Tür und Tor geöffnet wird. Gleichzeitig erhöht man dadurch das Commitment der Kunden und die Seriosität der Diskussion.   H.D.

Meldebestand → Bestelldoktrinen

Melkstrategie → Portfolio-Analyse

Member-gets-Member-Aktionen
→ Kundenempfehlungen, → Referenzen

Mengenanpasser

in der mikroökonomischen → Preistheorie entwickelte Unternehmenstyp im vollkommenen Polypol (d.h. u.a. Fehlen jeglicher Präferenzen und viele kleine Anbieter), der seinen Gewinn nicht über den Preis, sondern nur über die Menge steuert. Bei dieser Marktform ist die → Preis-Absatzfunktion eine Parallele zur Mengenachse im Abstand des (einheitlichen) Marktpreises, sodass der Anbieter nicht den Preis zur Steuerung heranziehen kann. Ein höherer Preis als der Marktpreis würde zum Verlust sämtlicher Nachfrager führen, ein niedriger Preis würde sämtliche Nachfrager auf sich ziehen, die er nicht befriedigen könnte.

Mengenbegrenzung bei Preisaktionen

Es besteht nach dem Urteil des BGH von 1990 weder ein rechtlicher noch ein tatsächlicher Zwang nach § 6 d UWG zum unbegrenzten Verkauf von Waren, die durch Preisangaben oder durch blickfangmäßig herausgestellte sonstige Angaben beworben sind (→ Sonderangebote). Die Abgabemenge der Waren richtet sich nach Auffassung des BGH nach der Art und dem Umfang, der zur Deckung eines angemessenen Haushaltsvorrates üblich und vernünftig ist. Diese Art der Beurteilung impliziert, dass es grundsätzlich nicht darauf ankommt, ob der Kunde als Wiederverkäufer handelt oder als solcher zu erkennen ist, da nur der Letztverbraucher wettbewerbsrechtlich geschützt ist. Der § 6 d war 1988 ins UWG aufgenommen worden, um der Anlockwirkung insb. von → Unter-Einstandspreis-Verkäufen gegenüber Letztverbrauchern zu begegnen. Die Anlockwirkung sieht der BGH jedoch eher in der Anpreisung der beschränkten Abgabe selbst. Ein Werbeverbot kann daher erst ausgesprochen werden, wenn die mit der Werbung erweckte Vorstellung des Verbrauchers von einer günstigen Bedarfsdeckung und die entsprechende Verkaufsbereitschaft des Unternehmens mit den wirklichen Gegebenheiten nicht in Einklang steht.   O.S.

Mengenkennzeichnung
→ Warenkennzeichnung

Mengenrabatt → Rabatte,
→ Nicht-lineare Tarife

Mengenrabatt, angestoßener
→ Nicht-lineare Tarife

Mental Accounting (Mentale Buchführung) → Prospecttheorie

Mental Maps → Episodentest

Merchandising

1. Die Vermarktung von Lizenzen (→ Licensing). Die Merchandising-Firma verkauft die Nutzungsrechte bekannter Marken (z.B. Mövenpick für Lebensmittel) oder Charaktere (z.B. Mickey Maus für Kleidung und Schreibwaren) eines Lizenzgebers gegen eine Lizenzgebühr an einen Lizenznehmer.
2. Die Warenverräumung im Handel (→ Regalplatz). Das Merchandising umfasst die Bestandsaufnahme am Regal, das Auffüllen der Regale, die Regalpflege und häufig auch die daraus resultierende Aufnahme der Routinebestellungen (Disposervice).
Bei komplexen Produktgruppen wie z.B. Haarcolorationen, Batterien oder Gewürzen in vielen Nuancen und Varianten hat der Handel die Regalpflege bereits in einem Frühstadium bei den Industriepartnern eingefordert. Durch die Konzentration im deutschen Lebensmittelhandel (LEH) und die immer stärkere Verlagerung aller Einkaufsbefugnisse und Platzierungsvereinbarungen auf einige wenige Entscheider in den Einkaufs- und Vertriebsabteilungen der Handelszentralen ab Mitte der achtziger Jahre, hat das Merchandising erheblich an Bedeutung zugenommen. Die Industrie hat ihre ehemals großen Außendienststäbe im Zuge der Konzentration im LEH deutlich reduziert, da es keine Beeinflussungsmöglichkeit mehr im einzelnen Markt gibt. Die Pflege der einmal zwischen Handel und Industrie vereinbarten Platzierungsflächen (häufig ausgedrückt in laufenden Regalmetern) und die Routine-Nachbestellungen können jetzt von im Vergleich zu Außendienstmitarbeitern preiswerten Merchandisern durchgeführt werden.
Üblich ist das so genannte *Neighbourhood-Merchandising*. Hierbei werden Merchandiser/Innen rekrutiert, die in der Nähe eines

Verbrauchermarktes wohnen und als Teilzeitkraft an ein oder zwei Tagen in der Woche jeweils für einige Stunden „ihr Regal" in Ordnung bringen. In einem großen Markt sind oft hundert oder mehr Merchandiser tätig, jeder für jeweils einen Hersteller oder oft auch nur für einige wenige Produkte eines Herstellers. Die Beschäftigung, Steuerung und Kontrolle der Merchandiser erfolgt in der Regel im Auftrag der Industrie durch spezialisierte *Vertriebsservices-Agenturen*.

Im Gegensatz zum Industrie-Merchandising erfolgt das Handels-Merchandising im Auftrag und unter der Regie des Handels (in den angelsächsischen Ländern wegen der größeren Konzentration und Macht des Handels üblich, in Deutschland etliche Versuche des Handels mit zunehmender Tendenz). Das Handels-Merchandising, das in der Regel durch die gleichen spezialisierten Vertriebsservices-Agenturen durchgeführt wird wie das Industrie-Merchandising, erfolgt normalerweise über Nacht. Abends, nach Schließung des Marktes bringen oft mehr als einhundert Merchaniser gleichzeitig (innerhalb von 3 – 4 Stunden) die Regale für „ihre" Produkte für den kommenden Tag wieder in Ordnung. Tagsüber werden die Marktkunden durch keine Warenverräumarbeiten gestört. Der Industrie ist der Wechsel zum Handelsmerchandising wenig willkommen, da sie so die letzten Einfluss- und Kontrollmöglichkeiten über die Platzierung der eigenen Produkte am Point of Sale verliert.

Große Merchandising-Agenturen wie zum Beispiel die CPM/PPD-Gruppe in Bad Homburg verfügen bundesweit über mehr als 5.000 teilzeitbeschäftigte Merchandiser. Insgesamt dürfte es in Deutschland rund 30.000 Merchandiser geben, die im Regalservice tätig sind. Neben dem LEH erfolgt Merchandising heute in allen Großvertriebsformen des Handels wie z.B. Baumärkten, Fachmärkten für Unterhaltungselektronik (Mediamärkte), Gartencentern, Möbelmärkten etc.

In etlichen Fachhandelskanälen hat sich in den letzten Jahren eine höher entwickelte Art von Merchandising etabliert. Auch hier sind die klassischen Außendienste aus den Urzeiten des Markenartikelgeschäftes weitgehend abgebaut, auch hier kann im einzelnen Markt kein Auftrag mehr geschrieben werden. Aufgabe der so genannten *Mobile Merchandising Forces*, die im Gegensatz zu den Neighbourhood-Merchandisern mobil sind und üblicherweise vollzeitbeschäftigt sind, ist es in den von Ihnen besuchten Geschäften die Warenplatzierungen, Displays und Dekorationen zu aktualisieren. Häufig übernehmen sie hierbei auch noch das Training des Handelspersonals in Bezug auf Produktneuheiten und Verkaufsargumentation. Die Mobile Merchandising Forces treten in der Regel in Märkten mit komplexen, erklärungsbedürftigen Produkten und kurzen Produktlebenszyklen auf (wie z.B. Telekommunikation, Unterhaltungselektronik oder Computer). Das Mobile Merchandising ist eng verwandt mit den *Contract Sales Forces*, dem Outsourcing aller Außendienstfunktionen im Feld an spezialisierte Sales Services Agenturen. F.-J.M.

Mercosur

Abkürzung für Mercado Comun del Coño Sur (Gemeinsamer Markt der Länder der Südspitze). 1991 gegründeter internationaler Handelszusammenschluss (→ Handelszusammenschlüsse, internationale). Mitgliedsstaaten sind Argentinien, Brasilien, Paraguay und Uruguay. Sie repräsentieren über 200 Millionen Konsumenten, welche über mehr als die Hälfte der lateinamerikanischen Kaufkraft verfügen. Ziel ist es, einen gemeinsamen Markt nach Vorbild der → Europäischen Union zu errichten. Derzeit ist jedoch erst eine Freihandelszone realisiert. B.I.

Mere Exposure

beschreibt den Effekt, dass durch bloße, wiederholte Darbietung eines Stimuli, wie etwa einer Anzeige oder einer Marke, eine Verbesserung der → Einstellung gegenüber diesem Stimuli erreicht wird. Diese Theorie geht zurück auf Zajonc, der in einem Experiment Probanden verschiedene Polygone nacheinander vorlegte, wobei ein Polygon mehrmals und alle anderen nur einmalig gezeigt wurden. Später wurden die Probanden befragt, ob sie sich an eines der Polygone erinnerten und ob sie eines dem Anderen vorzogen. Das Ergebnis war, dass die Probanden jenes Polygon vorzogen, welches sie mehrmals gesehen hatten. Umstritten ist Zajonc's „Unabhängigkeits-Hypothese", wonach der Mere Exposure-Effekt nicht auf kognitive Prozesse zurückzuführen ist. Studien, die auf Zojanc's Arbeit aufbauten, legen nahe, dass Werbewiederholungen in bestimmten Situationen zu einer positiven

Einstellung gegenüber dem Werbeobjekt führen.　　　　　　　　　　　　B.Sa.
Literatur: *Zajonc, R.B.*: Attitudinal effects of mere exposure, in: Journal of Personality and Social Psychology, Monograph, Vol. 9 (1968), *Aaker, D.A.; Myers, J.G.*: Advertising Management, 3. Aufl., Englewood Cliffs 1986, S. 264-265.

Mergers → Akquisitionsstrategie

Messe → Messen und Ausstellungen

Messe-Event → Event-Marketing

Messe, internationale → Internationale Messe

Messemarketing der Messegesellschaft
umfassen alle Marketingaktivitäten der Messegesellschaft bzw. des Messeveranstalters, im Gegensatz zur → Messepolitik des Ausstellers. Im Rahmen des *strategischen Messemarketing* (Abb. 1) wird unter Berücksichtigung der politischen und rechtlichen Rahmenbedingungen, der Struktur des Messeplatzes und der Infrastruktur des Standortes (Einzugsgebiet, Verkehrsinfrastruktur, Hotel- und Gaststätteninfrastruktur, Beschaffungsmärkte etc.) der relevante Markt der Messegesellschaft festgelegt und analysiert. In räumlicher Hinsicht kann es sich um einen nationalen, internationalen oder regionalen Markt handeln; in sachlicher Hinsicht kann er auf bestimmte Branchen, Technologien, Konsum- oder Investitionsgüter beschränkt sein.
Der *relevante Markt* bestimmt in Verbindung mit der angestrebten Marktposition und den daraus abgeleiteten Marketingzielen die Art und Struktur der angebotenen Messeveranstaltungen (Angebotsprogramm) sowie die hierfür notwendige Kapazität (Hallen, Freigelände).
Im Rahmen des *operativen Messemarketing* erfolgt die Konzeption neuer Messen vorzugsweise in Märkten mit hohen Transaktionskosten, die Festlegung des messebegleitenden Rahmenprogramms (Kongresse, Vortragsveranstaltungen, Seminare, Workshops, Ausstellungen) sowie die Bestimmung der Serviceleistungen (z.B. Standkonzeption und -lagerung, Präsentationsmaterial, Auswertung von Besucherdaten etc. für Aussteller, Besucherinformationssystem), die auf die Unterstützung von Messeausstellern und Besuchern bei der Realisierung ihrer Messeziele abzielen.

Die *Preispolitik* umfasst die Festlegung der Preise für die Standflächen, die Höhe der Eintrittspreise und die Preise für die Serviceleistungen. Bei der Preispolitik sind die Kosten der Messebeteiligung der Aussteller und Besucher zu berücksichtigen.
Die *Kommunikationspolitik* zielt in der Vormessephase auf die Einwerbung von Ausstellern und Besuchern ab, um die angestrebte Position der Messe im Messemarkt zu erreichen. Kooperationen mit Wirtschaftsverbänden, Werbung (z.B. Anzeigen in Fachzeitschriften), Public Relations (z.B. Presseinformationen, Artikel), Verkaufsförderung (z.B. Plakate, Informationsunterlagen) und zunehmend auch Internetpräsentationen sind die wichtigsten Kommunikationsinstrumente. Während der Messe wird fortlaufend Pressearbeit betrieben, nach der Messe werden Aussteller und Medien über den Erfolg der Messe unterrichtet. Neuerdings betreiben manche Messegesellschaften → Internet Portale und nutzen dafür ihre branchenspezifischen Netzwerke.
Der *Distributionsweg* ist als direkter Vertrieb ausgestaltet, wobei Aussteller und Besucher meist vom Sitz der Messegesellschaft aus betreut werden. Das Internet kommt als neuer Distributionsweg hinzu.
Der letzte Schritt des Messemarketing umfasst das *operative Controlling* (Erreichung der Ziele der jeweiligen Messeveranstaltung) sowie das strategische Controlling (Überprüfung und Steuerung der strategischen Maßnahmen).　　　　　　S.F.
Literatur: *Huber, A.*: Wettbewerbsstrategien Deutscher Messegesellschaften, Frankfurt/ Main u.a. 1994. *Selinski, H.*: Messe- und Kongressmarketing, Berlin 1983. *Strothmann, K.-H.; Busche, M.* (Hrsg.): Handbuch Messemarketing, Wiesbaden 1992.

Messen und Ausstellungen
„Messen sind i.d.R. zeitlich begrenzte, im Allgemeinen regelmäßig wiederkehrende Veranstaltungen, auf denen eine Vielzahl von Ausstellerfirmen das wesentliche Angebot eines oder mehrerer Wirtschaftszweige ausstellt..." so die formaljuristische Definition des Messebegriffs des §64 GewO. Der Begriff Ausstellungen wird in der Praxis heute oft synonym verwendet, was durch die Ähnlichkeit des Veranstaltungscharakters zu begründen ist. Den zentralen Unterschied zu Messen stellt allerdings die Zielgruppe dar: Während sich Ausstellungen schwerpunktmäßig an Endverbraucher (Konsumenten) richten, wenden sich Mes-

Planungsschritte im Rahmen des Messemarketing

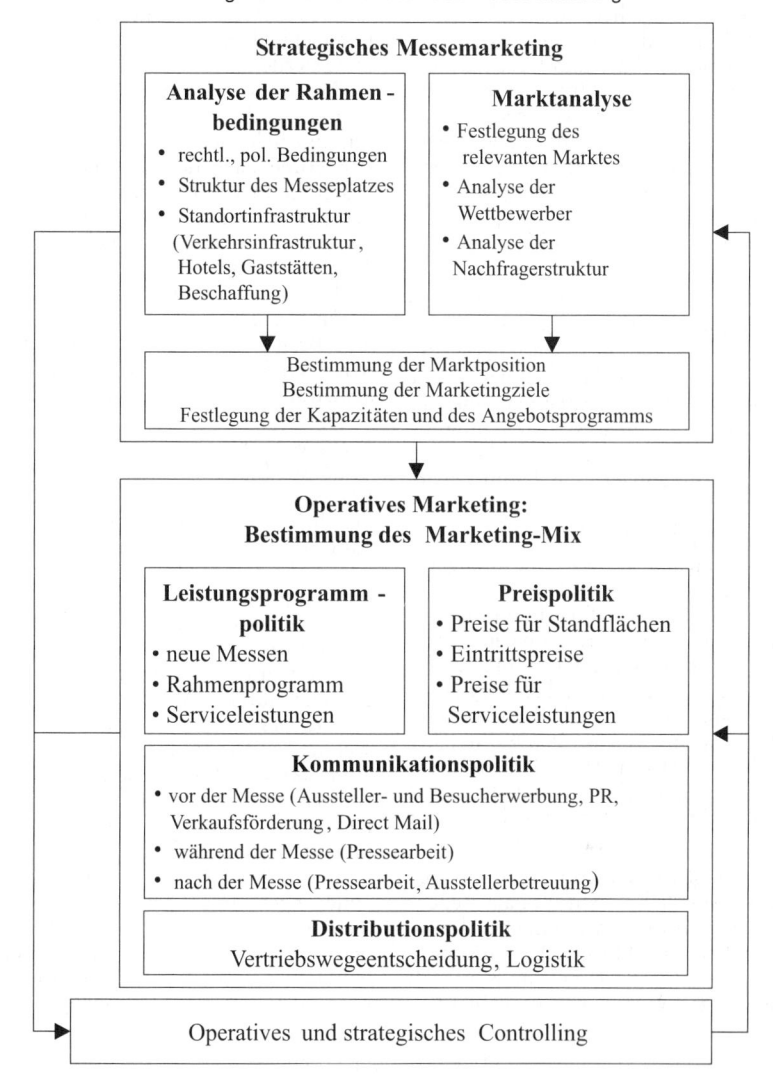

Strategisches Messemarketing

Analyse der Rahmenbedingungen
- rechtl., pol. Bedingungen
- Struktur des Messeplatzes
- Standortinfrastruktur (Verkehrsinfrastruktur, Hotels, Gaststätten, Beschaffung)

Marktanalyse
- Festlegung des relevanten Marktes
- Analyse der Wettbewerber
- Analyse der Nachfragerstruktur

Bestimmung der Marktposition
Bestimmung der Marketingziele
Festlegung der Kapazitäten und des Angebotsprogramms

Operatives Marketing: Bestimmung des Marketing-Mix

Leistungsprogrammpolitik
- neue Messen
- Rahmenprogramm
- Serviceleistungen

Preispolitik
- Preise für Standflächen
- Eintrittspreise
- Preise für Serviceleistungen

Kommunikationspolitik
- vor der Messe (Aussteller- und Besucherwerbung, PR, Verkaufsförderung, Direct Mail)
- während der Messe (Pressearbeit)
- nach der Messe (Pressearbeit, Ausstellerbetreuung)

Distributionspolitik
Vertriebswegeentscheidung, Logistik

Operatives und strategisches Controlling

---

sen definitionsgemäß an „...gewerbliche Wiederkäufer, gewerbliche Verbraucher oder Großabnehmer". Charakteristisch für Messen und Ausstellungen ist die turnusmäßige Wiederholung, die Bindung an einen Standort sowie die Möglichkeit des unmittelbaren Kontakts zwischen Ausstellern und Besuchern (=Marktcharakter).

Messen haben eine lange Entwicklungsgeschichte, deren Ursprung im europäischen Mittelalter liegt. An vielen Orten wurden jahreszeitlich wiederkehrende Märkte (meist zu Kirchenfesten) abgehalten. Messen waren schon damals privilegierte Märkte auf Zeit, denn nach der heiligen Messe wurde im Anschluss auf dem Kirchplatz die „unheilige" Messe abgehalten. Der eigentliche Urtypus der Messe ist die Tauschmesse (bereits im 8. und 9. Jh.). Aus den Tauschmessen heraus entwickelten sich die Warenmessen, die bis in das 19. Jahrhundert existierten. Der Charakter der Messen änderte sich mit der industriellen Revolution, in der sich die Waren- in Mustermessen wandelten. Es war nun nicht mehr erforderlich, die Waren vor Ort direkt zu verkaufen, es wurden lediglich Muster vorgestellt, nach denen die Kunden (=Besucher) ordern konnten. Aus dieser Entwicklung heraus entstand der bis heute aktuelle Schau- und Informationscharakter von Messen. Mitte des 20. Jahrhunderts vollzog sich im Messewesen eine stärkere Fokussierung der Internationalisierung, so entstand 1947 in Hannover die erste Exportmesse mit dem Schwerpunkt der Ausstellung internationaler Exportgüter vorwiegend aus dem Investitionsgüterbereich.

Heute werden Messen von Unternehmen als Multifunktions-Instrument eingesetzt. An erster Stelle steht die Steigerung der Bekanntheit des Unternehmens/Imagepflege mit 85 %, 70 % der Unternehmen sehen als wichtigstes Ziel einer Messebeteiligung die Auffrischung bestehender Kundenkontakte und die Neukundenwerbung. Unmittelbare Verkaufs- und Vertragsabschlüsse verlieren zunehmend an Bedeutung.

Die Bedeutung der Messe als Marketing-Instrument im → Kommunikations-Mix ist weiterhin ungebrochen. So erhöhte sich die Zahl der Aussteller überregionaler Veranstaltungen in Deutschland von 141.721 im Jahre 1995 auf 161.158 im Jahre 1999 (1985 lag diese Zahl noch bei 88.204), die vermietete Fläche in m² von 6.308.608 im Jahre 1995 auf 6.595.416 im Jahre 1999 und die Zahl der ausländischen Aussteller (eine Messgröße für die Internationalität einer Messe) im gleichen Zeitraum um 20,1 %.

Daneben fällt Messen und Ausstellungen noch eine erhebliche institutionale Bedeutung zu, da von ihnen wesentliche ökonomische und infrastrukturelle Auswirkungen ausgehen, und durch sie enorme Kaufkraft in die jeweiligen Wirtschaftsräume fließt.

Die verschiedenen Arten von Messen zeigt die *Abbildung*, wobei die Messen hier nach unterschiedlichen Gesichtspunkten klassifiziert werden.

Während nach der Herkunft der Besucher internationale, nationale und regionale Messen unterschieden werden, findet eine Klassifizierung nach der Art der ausgestellten Güter in Investitionsgüter- und Konsumgütermessen statt. Nach der Breite des Angebot (der vertretenen Branchen) lassen sich *Universalmessen* (bis nach dem Zweiten Weltkrieg vorherrschender Messetyp), *Mehrbranchen-, Mono-/Solomessen* (nur eine Branche) und *Fachmessen* unterschieden. Den Begriff Fachmesse trägt eine Veranstaltung nur, wenn sie ein möglichst klar abgegrenztes Angebot für eine bestimmte Branche oder eine bestimmte Berufsgruppe zeigt. Im Unterschied zur Universalmesse ist das Angebotsspektrum enger, sodass sich der thematische oder sachliche Zusammenhang der Exponate untereinander wesentlich leichter darstellen lässt. Spezialisierung und Angebotstiefe werden zusätzlich dadurch unterstrichen, dass sich die Fachmesse mit ihrem Thema nur an einen begrenzten Kreis qualifizierter Fachbesucher wendet. Die führende Messe einer Branche wird als *Leitmesse* bezeichnet. Nach der hauptsächlichen Zielsetzung der Messe werden *Informations-* (Informationen über Wettbewerber, Branchentrends und Produktneuheiten) und *Kommunikationsmessen* (Kontaktaufbau und -pflege mit Kunden, Kontaktziele, Bekanntheitsgrad und Imageveränderungen) und *Ordermessen* (Verkaufsziele wie Vertragsabschlüsse mit bestehenden und neuen Kunden, Verkaufsanbahnungen und die Durchsetzung neuer bzw. veränderter Konditionen) unterschie-

Typologie der Messen

Kriterien	Messekategorien			
geografische **Herkunft**	regionale	überregionale	nationale	internationale
Breite des **Angebots**	Universal-	Spezial-	Branchen-	Solo- /Mono-
Beteiligte **Branchen** und Wirtschaftsstufen	Landwirtschafts-	Handels-	Industrie-	Dienstleistungs-
angebotene **Güterklassen**	Konsumgütermessen		Investitionsgütermessen	
Hauptrichtung des Absatzes	Exportmessen		Importmessen	
Funktion der Veranstaltung	Informationsmessen		Ordermessen	

den. Der Begriff *Dienstleistungsmesse* – eine Form der Branchenmesse – bezieht sich auf die Art der nachgefragten bzw. angebotenen Güter, in diesem Fall Dienstleistungen.
Die eindeutige Zuordnung von Veranstaltungen zu den aufgeführten Messearten ist allerdings nur tendenziell möglich, da die einzelnen Messetypen selten in Reinform existieren.
Im Rahmen der → Messepolitik (Aussteller) eröffnet die Messebeteiligung dem Aussteller die Möglichkeit zur persönlichen und unpersönlichen Kommunikation, zur Präsentation und Demonstration von Produkten sowie zur Gestaltung von Events (→ Event-Marketing), wobei der Messeveranstalter im Rahmen des → Messemarketing für die entsprechenden Voraussetzungen sorgt.
Aktuelle Messetrends, wie den zunehmenden Einsatz von Erlebnismarketing, eine steigende Internationalisierung von Messeveranstaltungen, virtuelle Messeveranstaltungen und Kooperationen im Messewesen (v.a. auf internationaler Ebene), prägen das Bild des Messewesens der heutigen Zeit. Im Rahmen der → Messepolitik vollzieht sich eine zunehmende Orientierung am Besucher, die mit starken Bemühungen im Bereich der Besucherregistrierung einhergehen. Kongresse, Tagungen und andere Begleitveranstaltungen in der Vor- und Messephase sollen der besuchenden und ausstellenden Wirtschaft weitere Plattformen zur Kommunikation und Information bieten.

C.G.

Literatur: *Selinski, H; Sperling, U.:* Marketinginstrument Messe, Köln 1995. *Strothmann, K.-H.; Busche, M.* (Hrsg.): Handbuch Messemarketing, Wiesbaden 1992. *Helmich, H.:* Dynamik im Messemarketing der deutschen Investitionsgüterindustrie, Hamburg 1998. *AUMA e.V.* (Hrsg.): Die Messewirtschaft 1999/2000, Köln 2000. *AUMA e.V.* (Hrsg.): Messefunktions- und Potenzialanalyse, Köln 2000.

Messepolitik (Aussteller)

Die Messepolitik eines Ausstellers ist Bestandteil des → Kommunikations-Mix und umfasst die Planung der Messebeteiligung (s. *Abb.*).
Die Auswahl des jeweiligen Marktes/Marktsegmentes, für das eine Messebeteiligung geplant werden soll, erfolgt in Abhängigkeit von der zu erwartenden Nutzen-/Kosten-Relation der Messebeteiligung im Vergleich zu anderen Kommunikationsinstrumenten. Wird eine Messebeteiligung als grundsätzlich sinnvoll erachtet, ist dann der

Planung der Messebeteiligung

- Planung der Rahmenkonzeption
  - Märkte der Messebeteiligungen auswählen
  - Messetyp bestimmen
  - Messebeteiligungsstrategie festlegen
- Planung der Feinkonzeption
  - Messeselektion
  - Messebudget festlegen
  - Gestaltung der Messekonzeption
    - Ziele und Zielgruppen
    - Standkonzeption
    - Kommunikationsmaßnahmen
    - Followmaßnahmen
- Durchführung der Messe
- Nachbereitung der Messe
  - Messeerfolgskontrolle
  - Follow-Up-Maßnahmen

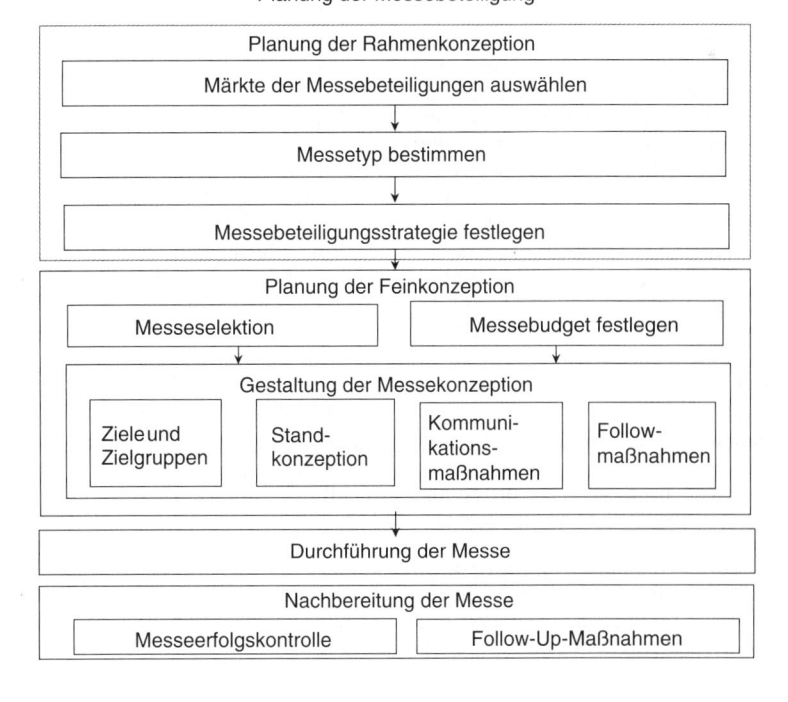

geeignete Messetyp zu bestimmen. Daran schließt sich die Festlegung der Messebeteiligungsstrategie (Zahl der Messen, Art der Messen) an.

Anschließend erfolgt die Messeselektion unter Berücksichtigung der Themenschwerpunkte der Messe, des Zeitpunktes, der Quantität und Qualität der zu erwartenden Besucher und Aussteller sowie des → Messemarketing des Messeveranstalters. Planungsdaten stellen die Messegesellschaften sowie die Gesellschaft zur Freiwilligen Kontrolle der Messezahlen (FKM) und der Ausstellungs- und Messeausschuss der Deutschen Wirtschaft (AUMA) zur Verfügung. Gleichzeitig ist das Messebudget festzulegen, wobei die Methoden der Werbebudgetfestlegung Anwendung finden können.

Die Festlegung der Messeziele und Messezielgruppen ist von der Marketingstrategie und der Messebeteiligungsstrategie abhängig. Zielgruppen lassen sich in Interessenten, prospektive und aktuelle Kunden, nach regionaler Herkunft, Entscheidungskompetenz und Stellung im Betrieb oder der Unternehmensgröße definieren. Als wichtigste Messeziele gelten die Präsentation neuer Produktentwicklungen, die Erhöhung des Bekanntheitsgrades, die Gewinnung neuer Kunden sowie die Pflege von → Geschäftsbeziehungen.

Im Rahmen der Messestandgestaltung sind Entscheidungen über die Platzierung und Form des Standes zu treffen, die Lage und Gestaltung von Schaubereich, Besprechungsbereich sowie Dienstleistungs- und Versorgungsbereich, die Art und Weise der zu vermittelnden Informationen, die Ausstellungsstücke sowie das Standpersonal.

Im Rahmen der Vormessewerbung sind die Zielgruppe sowie die Medien über die Messebeteiligung zu informieren. Während der Messe sind im Rahmen vorbereitender Follow-up-Maßnahmen Besucherdaten zu sammeln und auszuwerten.

Ziel der Messeerfolgskontrolle im Rahmen des Fachmessemarketing ist die Überprüfung des Zielerreichungsgrades insbesondere mit Hilfe von Besucherbefragungen und Auswertungen von Besucherkontaktbögen. Die Ergebnisse fließen in die Planung der nächsten Messebeteiligung ein. Im Rahmen der Follow-up-Maßnahmen werden die gewonnenen Messekontakte weiterverfolgt (Mailings, Außendienstbesuche). S.F.

Literatur: *Fließ, S.:* Messeselektion. Entscheidungskriterien für Investitionsgüteranbieter, Wiesbaden 1994. *Fließ, S.:* Messeplanung und -kontrolle; in: M. Kleinaltenkamp; W. Plinke (Hrsg.): Markt- und Produktmanagement, Berlin u.a. 1999, S. 563-634. *Strothmann, K.-H.; Busche, M.* (Hrsg.): Handbuch Messemarketing, Wiesbaden 1992.

Messestand
→ Messe- und Ausstellungswirtschaft

Messe- und Ausstellungswirtschaft

Messen werden in Deutschland von Ausstellungs- und Messegesellschaften beantragt, organisiert und durchgeführt. Zu unterscheiden ist hierbei zwischen Messegesellschaften und Messeveranstaltern. Folgende Veranstalter-Konstellationen sind im Messewesen üblich:

a) Die Messegesellschaft kann selbst als Veranstalter (Träger oder Organisator) auftreten und alle mit der Veranstaltung in Zusammenhang stehenden Planungs- und Realisierungsaufgaben selbst durchführen (= Eigenveranstaltung mit „handling").

b) Eine Messegesellschaft teilt Trägerschaft und Organisation mit einem oder mehreren anderen Veranstaltern (z.B. Wirtschaftsverbänden), die als „ideelle Träger" mitwirken.

c) Eine Messegesellschaft vermietet lediglich das Gelände, die Messehallen oder sonstige Sachgesamtheiten an einen Kunden (= "Nacktvermietung"). Die Trägerschaft und Organisation der Veranstaltung liegen dann vollständig beim Messeveranstalter (= Kunde der Messegesellschaft).

d) Eine Messegesellschaft übernimmt neben der Vermietung des Geländes der Hallen und sonstiger Sachgesamtheiten auch Beratungs- und Projektierungsleistungen (Consulting) für den Kunden (= Fremdveranstaltung mit „handling").

In der Regel sind Messegesellschaften (halb-)öffentliche Unternehmen, die an den Veranstaltungsort gebunden sind und häufig Beteiligungen von Kommunal- und Landesbehörden, sowie Industrie- und Handelskammern aufweisen. Messeveranstalter oder auch Veranstaltergesellschaften können finanziell und juristisch auch selbständig von der Messegesellschaft sein (in angelsächsischen Ländern ist diese Selbständigkeit von Messeveranstaltern und Hallenbetreibern üblich).

Eine weiter gefasste Definition der Messe- und Ausstellungswirtschaft sieht auch die *ausstellende* und *besuchende Wirtschaft* sowie Serviceunternehmen als deren Bestandteile an. Zur ausstellenden Wirtschaft zählen praktisch alle produzierenden Unternehmen, aber auch Importeure, Großhändler und zahlreiche Dienstleistungsanbieter. Die Planung und Durchführung von Messebeteiligungen liegen üblicherweise in den Händen der Marketing- oder Werbeabteilungen (siehe auch → Messepolitik der Aussteller). Die besuchende Wirtschaft ist die eigentliche Zielgruppe der Messe, nur die Existenz eines ausreichenden Besucherpotenzials rechtfertigt die Durchführung einer Messe und die Beteiligung der Aussteller. Unter der besuchenden Wirtschaft ist im engeren Sinne der Kreis der Fachbesucher zu verstehen, also derjenigen, die aus beruflichen oder geschäftlichen Gründen eine Messe besuchen. Hierzu zählen im Prinzip alle Unternehmen, die Handelsware (Handelsmessen), Investitionsgüter, Hilfs- und Betriebsstoffe oder auch Dienstleistungen (Dienstleistungsmesse) einkaufen bzw. beschaffen oder sich über das entsprechende Angebot informieren wollen. Serviceunternehmen sind zur Durchführung einer Messe häufig unverzichtbar. Das Spektrum reicht von Consulting- und Standbauunternehmen sowie Spediteuren bis zu Gastronomiebetrieben, Reinigungs- und Bewachungsunternehmen und Dolmetscherdiensten. Die meisten dieser Unternehmen sind jedoch nur teilweise für Messegesellschaften oder Aussteller tätig, sodass sie nicht als integraler Bestandteil der Messewirtschaft betrachtet werden können. Den Standbau-Unternehmen kommt hierbei ein besonderer Status zu, da sie ein Bindeglied zwischen Messegesellschaften und Ausstellern bilden. C.G.

Literatur: *Selinski, H; Sperling, U.:* Marketinginstrument Messe, Köln 1995. *Strothmann, K.-H.; Busche, M.* (Hrsg.): Handbuch Messemarketing, Wiesbaden 1992.

Messewerbung
→ Messemarketing der Messegesellschaft

Messfehler → Reliabilität

Messniveau → Skalenniveau

Messung
Aufgabengebiet der → Marktforschung. Ganz allgemein versteht man unter Messung die Zuordnung von Zahlen (oder Symbolen) zu Objekten (Ereignissen, Personen, Gegenständen). Zweckmäßigerweise verwendet man hierzu Ziffern wie 0, 1, 2, …, die ohne weitere Annahmen nur symbolischen Charakter besitzen. Erst durch die mathematische Axiomatisierung erhalten die Ziffern auch eine quantitative Bedeutung und werden zu Zahlen. Die Entwicklung des Messens hat heute einen Stand erreicht, der von der einfachen Repräsentation über die Messung mit natürlichen Zahlen bis hin zu reellen Zahlen als Messwerte führt (→ Skalierungstechnik).

Entscheidend für den Messvorgang ist die Forderung, dass bestimmten Relationen zwischen den Objekten analoge Relationen zwischen den Zahlen entsprechen. Eine Messung ist also dann erfolgreich, wenn bestimmte Eigenschaften der Zahlen gleichgestaltig (isomorph) zu bestimmten Eigenschaften der Objekte sind.

Die Zuordnung muss nach genau festgelegten Regeln erfolgen, wobei ein Leitfaden für die Zuordnung der Elemente (Zahlen) der einen Menge zu den Objekten der anderen Menge aufzustellen ist. Diese Zuordnungsregeln führen zu „guten" Messungen, wenn die Anforderungskriterien der → Validität, → Reliabilität und Objektivität beachtet und sonstige Störeinflüsse vermieden werden. Je weniger dies gelingt, je unpräziser die Zuordnungsregeln aufgestellt werden, desto schlechter werden die Messungen ausfallen.

Es gibt verschiedene grundlegende Forderungen (Postulate), mit denen die Relationen zwischen den gemessenen Objekten festgelegt werden. Hierbei hat die *Transitivität* die größte Bedeutung. Sie besagt: wenn [(a > b) und (b > c)] dann (a > c). Daneben ist die *Irreflexität* ein wichtiges Postulat für Messungen. Sie besagt: (nicht a < a), d.h. a ist nicht kleiner als a.

In der Marketingforschung beginnt ein Messakt damit, dass man einen Reiz oder eine Fragestellung vorgibt und eine Erhebung durchführt, wobei sich die Versuchspersonen in einer bestimmten Situation befinden. Reiz, Erhebung und situativer Kontext treffen somit zusammen. Entsprechend gilt es (1.) die Einflüsse der dargebotenen Reize, (2.) die charakteristischen Eigenschaften der Versuchsperson (Organismus-

Messung

variablen), (3.) die temporär und intern wirksamen (Stör-) Einflüsse (Ermüdung, Gesundheitszustand, Sättigung usw.) und (4.) die externen Kontextwirkungen (Ablenkung durch Lärm, stimmungsvolle Umgebung usw.) zu unterscheiden. Man erklärt die Reaktion X einer Person i auf einen Reiz j als Funktion:

X_{ij} = f (Reiz, Organismus, interne Einflüsse, externer Kontext).

Werden die Reaktionen einer Person i auf verschiedene Reize analysiert, wobei Störeinflüsse zu kontrollieren sind, so lassen sich die Unterschiede in den Messwerten auf Unterschiede in den Reizen zurückführen – man spricht von intraindividueller Variation bzw. reizzentrierter Skalierung (methodisch liegt eine Messwiederholung vor). Werden die Reaktionen verschiedener Personen auf denselben Reiz betrachtet, so lassen sich unter kontrollierten Bedingungen diese Werte auf Unterschiede zwischen den Personen und deren charakteristischen Organismusvariablen zurückführen – man spricht von interindividueller Variation bzw. von personenzentrierter Skalierung. Liegen jedoch Wechselwirkungen zwischen Personen und Reizen vor, so spricht man von reaktionszentrierter Skalierung.
Jedes Messverfahren ergibt nach den Definitionen der Mengenlehre eine Menge geordneter Paare – z.B. für X = {1 2} und Y = {3 5} ist die Menge aller geordneten Paare gleich { (1 3) (1 5) (2 3) (2 5) }. Liegt nur eine Teilmenge aus diesen geordneten Paaren vor, so spricht man von einer Relation. Je nachdem, welchen mathematischen Eigenschaften diese Relationen genügen, erhält man verschiedene → Skalenniveaus, d.h. Ordnungsrelationen bis hin zu einer Funktion. Eine Funktion ist also nach mengentheoretischer Auffassung eine Menge geordneter Paare. Je nachdem, wie der Vorbereich (Definitionsbereich) und der Nachbereich (Wertebereich) dieser Funktion beschaffen ist, ergeben sich spezielle Funktionsklassen. Ein Beispiel soll diesen gesamten Vorgang veranschaulichen (Abb.). Die zu messenden Objekte X seien fünf Automarken, die Ziffern Y entsprechen das gemessenen Einstellungswerten (Overall-Einstellung) dieser Marken. Ferner wird folgende Zuordnungsregel formuliert: „die Automarke mit dem besten Einstellungswert erhält die Ziffer 1, die Automarke mit dem zweitbesten Einstellungswert die Ziffer 2 usw. bis hin zur Marke mit dem schlechtesten Einstellungswert und der Ziffer 5.

Messung durch Zuordnung von Zahlen

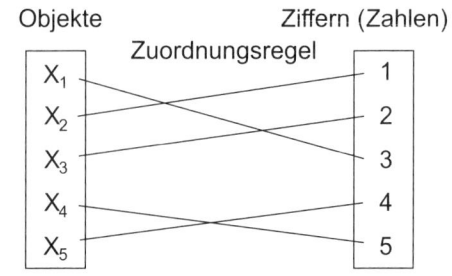

Objekte   Zuordnungsregel   Ziffern (Zahlen)
X_1 — 1
X_2 — 2
X_3 — 3
X_4 — 4
X_5 — 5

Üblicherweise stellt das erste Element der geordneten Paare das zu messende Objekt dar und das zweite Element die Ziffer, die dem Objekt entsprechend einer geeigneten Messregel zugeordnet wird. Man könnte auch sagen, dass Messen darin besteht, empirische Gegebenheiten oder Objektrelationen, die nicht unsere Erfindung sind, durch Zahlenrelationen abzubilden, die auf den logisch-mathematischen Erfindungsgeist des Menschen zurückgehen.
Es gibt nun in der Marketingforschung Objektausprägungen bzw. Eigenschaften, für die sich relativ einfach Messvorschriften angeben lassen. Dies trifft zu, wenn mehrere einfache und klare Kriterien vorliegen – z.B. für Geschlecht, Größe, Gewicht, Schulbildung. Eine Vielzahl marketingrelevanter Merkmale ist jedoch nur schwierig zu messen, da es an entsprechend klaren Kriterien für die Zuordnungsregeln mangelt. Dies betrifft insbesondere → theoretische Konstrukte.
Die Messmethoden dafür beruhen z.T. auf den Standarderhebungsmethoden der → Primärforschung (→ Befragung, → Beobachtung, → Experiment), z.T. auf sehr spezifischen, zunehmend apparativ und computergestützten Techniken. Verwiesen sei auf

→ Antwortzeitmessung
→ Blickregistrierung
→ EEG (Elektroenzephalogramm)
→ Elektromyographie,
→ Hautwiderstandsmessung
→ Internet (-befragung) und Logfile-Analyse
→ Programmanalysator
→ Stimmfrequenzanalyse
→ Tachistoskop.

Spezifische Methoden wurden auch in der Motivforschung entwickelt, wobei insbesondere auf das → Laddering, den → Thematischen Apperzeptionstest, den → Recognition-Test (Starch-Test), den → Satzergänzungstest und auf die → Technik der verlorenen Briefe hinzuweisen ist. B.N.

Literatur: *Hüttner, M.*: Grundzüge der Marktforschung, 6. Aufl., München u.a. 1999. *Kroeber-Riel, W.*; *Weinberg, P.*: Konsumentenverhalten, 7. Aufl., München 1999. *Sixtl, F.*: Messmethoden der Psychologie, Weinheim u.a. 1982.

Metaanalyse

Auch in der → Marketing-Wissenschaft gebrauchtes Untersuchungsdesign. Man kann dabei verschiedene Analysestrategien unterscheiden, den research- und den integrative review (vgl. *Abb.*):

(1) Die *‚research review'* dient dazu, die Qualität der Forschung in einer Disziplin bzw. Forschungsrichtung (z.B. Internationales Marketing, Konsumentenverhalten) oder in einem Teilbereich davon (z.B. ‚Country of origin'-Forschung) zu evaluieren. Gegenstand der Analyse sind dabei v.a. Art, Intensität und Güte der theoretischen Fundierung sowie die in den jeweiligen empirischen Studien verwendeten Analysemethoden (z.B. uni-, bi-, multivariat).

(2) Im Vordergrund der *‚integrative review'* steht die Aufgabe, in einer größeren Menge von Forschungsberichten zu einem bestimmten Thema generalisierbare Befunde aufzuspüren.

– Bedient man sich hierzu der *Literaturübersicht*, so wird der in einem Forschungsgebiet erreichte Wissensstand qualitativ untersucht, wobei Breite und Tiefe der Dokumentation variieren können.

– Zur Gewinnung generalisierbarer Aussagen bietet sich ferner die *Inhaltsanalyse* an. Bei dieser Form der *(qualitativen) Meta-Analyse* sollte man auch die Erfahrungen und Erkenntnisse der Unternehmenspraxis berücksichtigen (z.B. Berichte von Praktikern, Fallstudien); denn Wissenschaftler müssen in ihrer Arbeit häufig vom konkreten Fall abstrahieren und vereinfachen (= ‚simplicity bias'), weshalb ihre Erkenntnisse für die Beantwortung konkreter Fragen nicht selten von geringerem Nutzen sind.

– Ansätze, welche die anglo-amerikanische Literatur als *‚eye balling'* bezeichnet, gehen davon aus, dass eine abhängige Variable (z.B. Nachfrage) einem bestimmten (regelhaften) Verlaufsmuster folgt. Dieses gilt es zu erkennen und auf mathematischem oder graphischem Wege zu beschreiben.

Die *quantitative Meta-Analyse* repräsentiert die *Meta-Analyse i.e.S.* Sie bietet sich insbesondere dann an, wenn

– die Ergebnisse der Primärstudien stark voneinander abweichen,
– die Stichproben der einzelnen Primärstudien so klein sind, dass sich Effekte kaum

Formen der Meta-Analyse

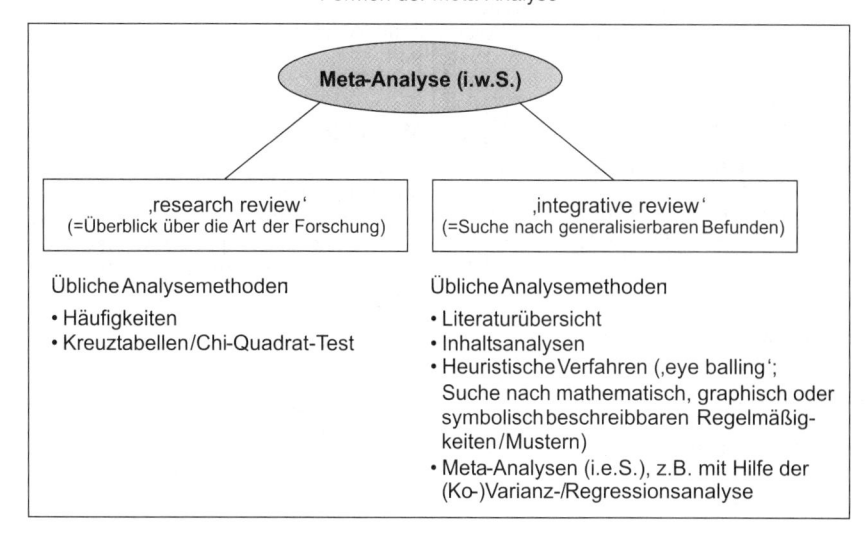

```
                    Meta-Analyse (i.w.S.)
                   /                    \
        ,research review'          ,integrative review'
  (=Überblick über die Art     (=Suche nach generalisierbaren Befunden)
       der Forschung)
```

Übliche Analysemethoden
- Häufigkeiten
- Kreuztabellen/Chi-Quadrat-Test

Übliche Analysemethoden
- Literaturübersicht
- Inhaltsanalysen
- Heuristische Verfahren (,eye balling'; Suche nach mathematisch, graphisch oder symbolisch beschreibbaren Regelmäßigkeiten/Mustern)
- Meta-Analysen (i.e.S.), z.B. mit Hilfe der (Ko-)Varianz-/Regressionsanalyse

nachweisen lassen (geringe Teststärke), oder wenn

- es zu aufwendig wäre (Kosten, Zeit), eine neue Studie mit einer großen Stichprobe durchzuführen.

Genau genommen ist diese Form der Meta-Analyse ein Hybrid von → Primär- und → Sekundärforschung. Zwar werden vorhandene Daten ausgewertet, was dafür spricht, sie als sekundärstatistische Methode (= ‚desk research') einzustufen. In ihrem Ablauf aber ähnelt die Meta-Analyse i. e. S. der Vorgehensweise, wie sie für primärstatistische Erhebungen üblich ist.

Ziel der Meta-Analyse i. e. S. ist es, auf Basis der in den „qualitativ hochwertigen" Studien zu einem bestimmten Thema dokumentierten Ergebnisse einen gemeinsamen Effekt zu berechnen. Hierzu müssen zunächst aus der Gesamtheit der einschlägigen Studien jene ausgewählt werden, in denen die für die Berechnung der Effektstärke notwendigen quantitativen Maße (z.B. Umfang der jeweiligen Stichprobe, Korrelationskoeffizienten) angegeben sind. Fehlende Angaben lassen sich u.U. berechnen, wenn in der Studie entsprechende Teststatistiken (z.B. F, χ^2, t-Test) dokumentiert sind. Die Stärke des Zusammenhangs bzw. das Ausmaß des Unterschieds zwischen Variablen (= Effektstärke) lässt sich dann je nach Qualität der Daten mit verschiedenen Methoden erfassen, z.B. mit der *Produkt-Moment-Korrelation*, dem am häufigsten verwendeten Index. Damit kann die Stärke des linearen Zusammenhangs zwischen zwei Variablen berechnet werden. Gegenüber Maßstabsveränderungen der betreffenden Variablen ist dieser Index invariant. S.M./M.Ko.

Literatur: *Aulakh, P.S.; Kotabe, M.*: An Assessment of Theoretical and Methodological Development in International Marketing: 1980–1990, in: Journal of International Marketing, Vol. 1 (1993), No.2, S. 5-28. *Fricke, R.; Treinies, G.*: Einführung in die Metaanalyse, Bern 1985. *Maurer, N.*: Die Wirkung absatzpolitischer Instrumente. Metaanalyse empirischer Forschungsarbeiten, Wiesbaden 1995.

Metaplanung → Marketingplanung

Methode der gleicherscheinenden Intervalle
→ Skalierungstechnik

Methodenfehler → Validität

Me-too-Strategie
→ Technologiestrategien

Metrapotenzialmethode (MPM)

in Frankreich 1958 entwickelte Variante der → Netzplantechnik, bei der die Knoten des Netzplanes die Tätigkeiten des Projekts darstellen. MPM bietet mehr Möglichkeiten als → CPM, Abhängigkeiten in Netzplänen darzustellen.

M-Faktor (Mobilitätsfaktor)

in Indexwerten zum Durchschnitt (= 1,0) operationalisierter Kennwert für die Mobilität von Personen, die im Rahmen der → Außenwerbung im Hinblick auf die Ansprechbarkeit bestimmter Zielgruppen von Bedeutung ist. Auf Basis von Interviews werden dabei Daten über die Zahl der Tage, an denen eine Person unterwegs ist, die zurückgelegte Wegstrecke, die Berufstätigkeit und das Fortbewegungsmittel erhoben und zu einem Kennwert verdichtet. Je höher der M-Faktor ausfällt, desto besser ist die jeweilige Zielgruppe durch Außenwerbung zu erreichen.

Michigan Schule
→ Konsumentenforschung

Micropayment

ist ein v.a. im → E-Commerce gebräuchlicher Begriff für kleine Zahlungseinheiten (allg. „Kleingeld") von → elektronischem Geld, z.B. für den Kauf einzelner Artikel aus Online-Zeitschriften oder Archiven, für die angesichts der kleinen Kaufbeträge besondere wirtschaftliche Formen, etwa die Abbuchung über Telefonrechnung, erforderlich sind.

Micro-Site (Nano-Site)

ist eine spezielle Form der → Site-Promotion im Internet. Eine Micro-Site ist eine eigenständige und von der eigentlichen → Web-Site abgekapseltes kleines Informationsangebot, das auf der werbetragenden Web-Site eingebunden wird.

Mikrogeographische Segmentierung

Gruppierungssystematik im Rahmen des → Direkt- und insb. → Data-Base-Marketing mit allen Vorzügen der → Marktsegmentierung. Mikrogeographische Segmentierungen gliedern die Bundesrepublik in bis zu 500.000 Parzellen, die jeweils durch ein typisches Konsum- und Medienverhalten charakterisiert sind. Jede Kundenadresse kann eindeutig einer Parzelle zugewiesen werden. Da die in unmittelbarer Nachbarschaft lebenden Haushalte oft auch ähnliches Konsum- und Medienverhalten aufweisen, kann mittels entsprechender Stichproben innerhalb der Zellen mit bestimmter Wahrscheinlichkeit auf das Konsum- und Medienverhalten des individuellen Kundenhaushalts zurückgeschlossen werden.

Die mikrogeographische Segmentierung setzt an der Bildung regionaler Bezugseinheiten an (Wohngebietstyp etc.) und beschreibt darauf aufbauend die gebildeten räumlichen Aggregate anhand zusätzlich verfügbarer demographischer und konsumverhaltensbezogener Informationen der dort lebenden Bewohner sowie Informationen über die Ausstattung der geographischen Räume. Darauf basierend eine Regionaltypologie kreiert, die bei der Erklärung eines sehr breiten Spektrums des Verhaltens helfen kann. Dadurch dient sie der optimalen Selektion von Zielgruppen durch die direkte und gezielte Bedienung derjenigen Gebiete oder Adressen, in denen Kunden mit einem spezifischen Konsumverhalten zu erwarten sind.

Der Abgleich des Kundenbestands eines Versandhauses mit einer konsumgeographischen Typologie zeigte, dass

– dubiose Kunden mit Zahlungsausfällen sich in ganz bestimmten Wohngebietstypen hoch konzentrieren. Zahlungsausfälle können deshalb durch ausschließliche Belieferung derartige Parzellen gegen Nachnahme erheblich reduziert werden;
– die Erfolgsquote von Reaktivierungsaktionen bei passiven Kunden von Wohngebietstyp zu Wohngebietstyp erheblich schwankte. Reaktivierungsaktionen können damit auf die Erfolg versprechendsten passiven Kunden konzentriert werden;
– das gekaufte Produktmix von Wohngebietstyp zu Wohgebietstyp sehr unterschiedlich ist. Damit können teilsortimentsorientierte Aktionen gezielt an einschlägig interessierte Kunden gestreut werden;
– die „Haltbarkeit" von Neukunden aus verschiedenen Wohngebietstypen erheblichen Schwankungen unterlag. Da angesichts der hohen Akquisitionskosten eines Neukunden im Versandgeschäft die Rendite der Neukundenakquisition entscheidend von der Verweildauer der gewonnenen Kunden abhängt, können mit Hilfe der konsumgeographischen Typologie gezielt Parzellen mit hoher durchschnittlicher Verweildauer angesprochen werden und damit die Rendite der Neukundengewinnung entscheidend verbessert werden.

Die verschiedenen am Markt befindlichen Segmentierungssysteme (z.B. CAS REGIO, LOCAL) stützen sich teils auf sekundärstatistische Daten, teils auf Erhebungen vor Ort oder auf den Abgleich und die Auswertung großer Adress- und Kundendatenbestände.

Vergleicht man verschiedene mikrogeographische Segmente z.B. hinsichtlich Bausparen, Termingeld, Hypotheken und Kleinkredit, so findet man höchst unterschiedliche Kombinationen der Produktnutzung. Mikrogeographische Typologien können damit genutzt werden, um innerhalb des bestehenden Kundenkreises die Erfolg versprechendsten Chancen zum → Cross-Selling gezielt auszuschöpfen und potentielle Neukunden zielsicher zu lokalisieren.

Ein Mittel dafür stellt die *Geo-Codierung* dar. Dabei werden die externen Daten über die Adresse jedes einzelnen Kunden mit den internen Daten des Unternehmens verknüpft, bspw. durch Marketing-Scoring, um dann raum- und adressbezogen im → Direktmarketing eingesetzt zu werden. Ziel dabei ist es, durch die optimale Integration der einzelnen Methoden und Daten in den Marketing-Datenbanken den Nutzen noch zu multiplizieren. Es kommt zur Bildung komplexer, integrierter Informationssysteme, die dann eigenständig solche Marktbearbeitungsstrategien steuern können, so genanntes Strategy-Management.

S.S.

Literatur: *Wilde, K.D.:* Differenziertes Marketing auf der Basis von Regionaltypologien, in: Marketing-ZFP, 8. Jg. (1986), S. 153–162. *Junker, B.; Nitsche, M.:* Damit Sie Ihre Kunden besser kennen ..., in: Direktmarketing, 1998, Heft 2, S. 6-9. *Martin, M.:* Mikrogeographische Marktsegmentierung, Wiesbaden 1992.

Mikrosimulation → Testmarktsimulation

Mikrozensus

repräsentative Stichprobenerhebung im Rahmen der → amtlichen Statistik, die jährlich einmal rd. 1 % der Haushalte erfasst. Sie dient nicht zuletzt der Fortschreibung der wichtigsten Daten über die Struktur und Entwicklung der privaten → Haushalte zwischen den großen Totalerhebungen (Volkszählungen). Methodisch wird auf das Verfahren der → Flächenauswahl zurückgegriffen.

Milieuklassen → Lebensstilkonzept

Milking-Strategie
→ Konkurrenzorientierte Preisstrategie

Mimetisches Marketing
strebt nach weitestgehender Anpassung des Unternehmens an seine Umwelt. Entsprechend dem biologischen Konzept der Mimesis können nur solche Organismen den fortwährenden Selektionsprozess überleben, denen es gelingt, in ihrer Umgebung „aufzugehen". Nach Ansicht der Vertreter des New Marketing sind angesichts des immer schneller ablaufenden gesellschaftlichen Wandels die Prinzipien des klassischen Strategiedenkens überholt. Nunmehr gelte: Vision vor Strategie. Das New Marketing begreift sich als eine ganzheitliche Unternehmensaufgabe, die nicht in dem üblichen Sinne delegiert oder auf die Abteilungs- bzw. Bereichsebene beschränkt werden darf. Jeder Einzelne müsse von der Unternehmensvision erfüllt sein und unternehmerisch, d.h. „verschmelzend" handeln, was insb. eine konsequente Adaption an Kunden und Märkte meint. H.D.
Literatur: *Volk, H.:* Was Mimetisches Marketing leistet. Die Biologie als Vorbild für ein neues Konzept, in: Blick durch die Wirtschaft Nr. 161, 1989, S. 1.

MIMIC-Modell
→ Kanonische Korrelation

Mimik → Gesichtssprache

Mindermengenzuschlag
Instrument der → Preisdifferenzierung, das sich an der Nachfragemenge orientiert. Bei besonders kleinen Aufträgen und bei Unterschreitung bestimmter Mindestauftragsgrößen werden Mindermengenzuschläge berechnet, da sie die Vertriebskapazität belasten und die Auftragsgewinnungs- und -abwicklungskosten pro Mengeneinheit beim Hersteller steigern.

Mindesthaltbarkeitsangaben
→ Warenkennzeichnung

Mindestpreis → Preisbereitschaft

Mini-Testmarkt
Der Mini-Testmarkt dient wie der regionale Testmarkt (→ Marktexperiment) der Überprüfung von Marketingmaßnahmen unter realistischen Bedingungen. Vom regionalen Testmarkt (z.B. Bundesland als Marktgebiet) unterscheidet er sich v.a. durch die Größe des Marktgebiets, da Mini-Testmärkte sich auf kleinere Städte oder einzelne Stadtteile konzentrieren.
Erwähnenswert sind die Mini-Testmärkte der GfK (sog. ERIM-Testmärkte), in denen zu testende Produkte in mehreren Einzelhandelsgeschäften des Ortes platziert werden können. Neben Verkaufsförderungsmaßnahmen werden auch Anzeigen getestet, die in Publikumszeitschriften eingefügt werden. Die Datenerhebung erfolgt schriftlich bei einem eigens dafür eingerichteten → Testmarkt-Panel. Eine weitere Variante der GfK-Mini-Testmärkte ist das → Behavior Scan. A.C.Nielsen bietet demgegenüber einen „Kontrollierten Markttest" an. Hier kann das Testprodukt in 10 bis 30 Super- und Verbrauchermärkten eingeführt werden. Die Datenerhebung (Abverkäufe) erfolgt alle zwei bis drei Wochen per Inventur, teilweise mit Hilfe von → Scannern. Als elektronischen Mini-Testmarkt bietet A. C. Nielsen zusätzlich → Telerim an.
Mini-Testmärkte haben gegenüber Labortests den Vorteil größerer Realitätsnähe, gegenüber regionalen Testmärkten lassen sie sich schneller und billiger abwickeln, Störfaktoren können besser kontrolliert werden und die Ergebnisse werden vor der Konkurrenz geheim gehalten. Andererseits beruhen die Testergebnisse auf relativ kleinen Stichproben und die Händlerreaktion, die ausschlaggebend für den Markterfolg ist, kann nicht überprüft werden. H.Bö.

Minkowski-Metrik
→ Mehrdimensionale Skalierung

Mischfinanzierung
Die Mischfinanzierung (→ Außenhandelsfinanzierung) ist als Teil der Finanziellen Zusammenarbeit (FZ) Deutschlands eine Kombination von Entwicklungshilfemitteln des Bundesministeriums für wirtschaftliche Zusammenarbeit (BMZ) mit kommerziellen Exportkrediten der Kreditanstalt für Wiederaufbau (KfW). Die entwicklungspolitische Idee besteht in einer Streckung

knapper Haushaltsmittel durch Marktmittel. Für entwicklungspolitisch förderungswürdige und zugleich unmittelbar rentable Projekte, für die nicht genügend FZ-Mittel zur Verfügung stehen, kann das BMZ eine Mischfinanzierung zur Verfügung stellen. Beide Kreditteile der Mischfinanzierung werden in einem einheitlichen Kreditvertrag zugesagt – der Gesamtkredit ist dadurch liefergebunden.

Neben rein entwicklungspolitischen Zielen der Mischfinanzierung bestehen exportfördernde Absichten. Durch die Bindung der Finanzierung an deutsche Lieferungen und Leistungen soll das Auftragsvolumen deutscher Exporteure gesteigert und eine Sicherung bzw. Neuschaffung von Arbeitsplätzen erreicht werden. Garanten für das Durchsetzen der gewünschten Subventionierungspolitik sind die ausschließlich nationale Ausschreibung, ein starkes Einbinden der deutschen Wirtschaft in das Auswahlverfahren von Entwicklungsprojekten sowie die Prüfung mischfinanzierter Projekte erst nach Zuschlag an ein deutsches Unternehmen.

Der entscheidende Vorteil der Mischfinanzierung liegt in den günstigen Konditionen dank der FZ-Mittel. Als Nachteil erweist sich jedoch andererseits die langwierige Projektprüfung für den FZ-Teil.   K.B.

Literatur: *Klöpper, M.:* Mischfinanzierung und Kofinanzierung als Instrument der Auftragsfinanzierung im industriellen Anlagengeschäft: ein Analyse aus Sicht des deutschen Anlagenexporteurs, in: Hochschulschriften zur Betriebswirtschaftslehre, Bd. 83, München 1990. *Voigt, H.; Müller, D.:* Handbuch der Exportfinanzierung, 4. Aufl., Frankfurt a.M. 1996.

Mischkalkulation
→ Ausgleichskalkulation

Missbrauchsaufsicht

Die Ausübung der Missbrauchsaufsicht gehört zu den Aufgaben der Kartellbehörden. Unter Missbrauch ist allgemein der – vernünftigen, normgerechten und anerkannten Verhaltensregeln widersprechende – Gebrauch eines Gegenstandes oder Rechtes zu verstehen. Die nach §§ 2–8 GWB vom Kartellverbot ausgenommenen Erlaubnis-, Widerspruchs- und Anmeldekartelle unterliegen nach § 12 GWB der Missbrauchsaufsicht. Voraussetzung ist die Feststellung eines Missbrauchs im Sinne eines objektiv sachwidrigen Verhaltens. Der Kartellbehörde steht dann ein umfangreiches Instrumentarium zur Verfügung.

Bei den vertikalen Bindungen nach § 16 GWB üben die Kartellbehörden eine Missbrauchsaufsicht dahingehend aus, ob durch das Ausmaß solcher Beschränkungen der Wettbewerb auf dem Markt wesentlich beeinträchtigt wird. Die Kartellbehörden können dann die jeweils notwendigen Maßnahmen zur Beseitigung des Missbrauchs durchführen bzw. anordnen. Für die Missbrauchsaufsicht über → marktbeherrschende Unternehmen enthält das → GWB neben der Generalklausel der missbräuchlichen Ausnutzung einer marktbeherrschenden Stellung drei Anwendungsfälle, nämlich den Behinderungsmissbrauch (→ Behinderungswettbewerb), den Preismissbrauch, die Preisspaltung und den Konditionenmissbrauch und den Missbrauch durch Zugangsverweigerung (§ 19 Abs. 4 Nr. 1–4 GWB). Der Missbrauch führt nicht zur Rechtsunwirksamkeit des Vertrages.

Der durch die 6. GWB-Novelle 1998 eingefügte Tatbestand des § 19 Abs. 4 Nr. 4 GWB betrifft die Verweigerung des Zugangs zu den eigenen Netzen oder anderen wichtigen Infrastruktureinrichtungen, ohne deren Benutzung ein anderes Unternehmen dem marktbeherrschenden Unternehmen keinen Wettbewerb machen kann.

Nach der neuen Gesetzesfassung ist der Missbrauch als solcher verboten. Das Missbrauchsverbot realisiert sich meist erst durch eine Missbrauchsverfügung der Kartellbehörde, die nach § 32 GWB erlassen werden und in der diese für die Zukunft missbräuchliches Verhalten untersagen kann. In der Praxis hat sich die nach § 19 Abs. 4 Nr. 2 GWB mögliche Preismissbrauchsaufsicht als wenig wirksam erwiesen, weil den marktbeherrschenden Unternehmen die missbräuchliche Preisüberhöhung nicht nachgewiesen werden konnte. Das → EG-Kartellrecht verbietet in Art. 82 EGV den Missbrauch marktbeherrschender Stellungen auf dem Gemeinsamen Markt oder auf einem wesentlichen Teil desselben, soweit er dazu führen kann, den Handel zwischen Mitgliedstaaten zu beeinträchtigen.   H.-J.Bu.

Mitarbeiterbefragung

Art der → Befragung und Instrument der → internen Kommunikation, um den Informationsstand der Mitarbeitenden sowie deren Zufriedenheit und Motivation zu erforschen. Periodisch durchgeführt erlauben Mitarbeiterbefragungen, die Wirkung der internen Kommunikation zu messen und Verbesserungspotential zu eruieren.   P.F.

Mitarbeiter-Zeitung → Hauszeitung

Mitläufereffekt → Bandwagon-Effekt

Mittelstandsempfehlung
→ Empfehlungen

Mittelstands-Marketing
(1) Grundlagen
Mittelständische Unternehmen (Klein- und mittelgroße Unternehmen: KMU) stehen Großunternehmen gegenüber und stellen den weitaus größten Anteil aller Unternehmen dar. Die Abgrenzung der Betriebsgrößenklassen erfolgt zumeist über quantitative Kriterien wie Beschäftigtenzahl oder Umsatz, wobei im gewerblichen Bereich eine Schnittstelle bei 500 (ggf. auch 1000) Beschäftigten gesehen wird. Darüber hinaus besitzt - nicht nur in typisch mittelständischen Branchen (z.B. Handel, Handwerk, Gastronomie, Freie Berufe) - das qualitative Kriterien der Eigentümer-Unternehmerschaft eine Bedeutung. Der allgemeinere Begriff Mittelstand grenzt dagegen eine bestimmte soziologische Schicht ab, zu der häufig bestimmte Berufsgruppen gerechnet werden (z.B. auch mittlere Beamte und Angestellte, die keine Unternehmer darstellen). Neben der Abgrenzung mittelständischer Unternehmen von Großunternehmen spielt insbesondere die Frage nach den Unterschieden zwischen diesen Betriebsgrößenklassen und deren Bedeutung für das Marketing eine Rolle, ferner, ob eine mittelständische Unternehmung im Wettbewerb mit Großunternehmen (z.B. im Bereich von Brauereien) oder ausschließlich mit anderen mittelständischen Unternehmen steht. In beiden Situationen weist das Marketing mittelständischer Unternehmen im Vergleich zu Großunternehmen Unterschiede auf. Im Wettbewerb mit Großunternehmen ergeben sich daraus mittelständische Wettbewerbsvorteile und -nachteile.
Zu den betriebsgrößenbedingten *tendenziellen Vorteilen* zählen:

– Stärken eines Eigentümer-Unternehmers
– Überschaubarkeit des Unternehmens, seiner Angebote und bearbeiteten Märkte (→ Komplexitätskosten)
– direktere Kommunikation im Unternehmen
– schnellere Entscheidungen und damit auch schnellere Reaktion auf Marktveränderungen
– (teilweise) größere Flexibilität in der Fertigung
– Kundennähe, direktere Kontakte mit Abnehmern
– Kompetenz in Marktnischen
– stärkere Identifikation der Mitarbeiter mit dem Unternehmen.

Zu den betriebsgrößenbedingten *tendenziellen Nachteilen* zählen:

– Schwächen eines Eigentümer-Unternehmers
– geringere Finanzkraft, kleinere Eigenkapitalbasis
– kleinere (Marketing-)Etats
– weniger (Marketing-)Spezialisten
– geringere Kostendegressionen (in Fertigung und Vertrieb)
– Abhängigkeit von nachfragestarken Kunden.

Zu diesen allgemeinen Nachteilen kommen *abbaubare mittelständische Schwachpunkte* hinzu:

– generelle Managementschwächen
– fehlende strategische Linie
– zu geringe Delegation von Kompetenzen
– divergierende Familieninteressen.

Der Aufbau relativer Wettbewerbsvorteile bedingt, die mittelständischen Stärken auch wirklich zu nutzen und zumindest einen Teil der Schwächen abzubauen. In diese Richtung gehen die staatliche Politik einer Mittelstandsförderung sowie Kooperationen mit anderen mittelständischen Unternehmen. Durch den Einsatz von Unternehmensberatern lässt sich fehlendes Management- und Marketing-Know-how ergänzen.

(2) Informationsseite des Marketing mittelständischer Unternehmen
Der Einsatz von Marketing-Instrumenten setzt ein Mindestmaß an Marktkenntnissen voraus. In einigen mittelständisch geprägten Branchen (z.B. Handwerk, Handel, Freie Berufe) wird ein lokaler oder regionaler Markt bearbeitet, und es besteht eine vergleichsweise gute Marktübersicht. Bei überregionaler, nationaler und internationaler Marktbearbeitung ist der direkte Kundenkontakt und die persönliche Marktkenntnis geringer ausgeprägt, und der Einsatz von

Marktforschungsmethoden gewinnt ein größeres Gewicht.
Mittelständische Unternehmen weisen im Vergleich zu Großunternehmen auf der Informationsseite des Marketing *Defizite* auf. Sie haben eine geringere Marktübersicht, ergreifen weniger Aktivitäten bei der Informationsgewinnung und -verarbeitung und setzen weniger Marketing-Planungsmethoden ein. Gründe für diese Defizite liegen im fehlenden Know-how, fehlenden Marktforschungsspezialisten und in der geringen Höhe von Marktforschungsbudgets. Mittelständische Unternehmen sollten zunächst die verfügbaren internen und externen Informationsquellen systematisch nutzen (Sekundärforschung), um dann evtl. einen zusätzlichen Informationsbedarf durch den Einsatz der Primärforschung abzudecken.
Bei den *internen Informationsquellen* bieten das Rechnungswesen und ein Außendienstberichtssystem viele Ansatzpunkte, entscheidungsrelevante Informationen zu erhalten. Das bedingt eine zweckgerichtete Gestaltung dieser Instrumente. So sollte ein differenziertes → *Marketing-Controlling* die Erfolgsträchtigkeit von Produkten/Produktgruppen, Kunden (gruppen), Regionen und Außendienstmitarbeitern ausweisen.
Der *Außendienst* stellt für mittelständische Unternehmen eine der wichtigsten Quellen für entscheidungsrelevante Marketing-Informationen dar. Eine zielgerichtete Nutzung dieser Informationsquelle setzt die Einführung eines formalisierten → *Außendienstberichtswesens* voraus.
Bei den *externen Informationsquellen* bieten sich zunächst viele Ansatzpunkte im Bereich der → *Sekundärforschung*. Sekundärstatistische Materialien lassen sich schnell und kostengünstig auswerten, z.B. amtliche und Verbandsstatistiken, Fachzeitschriften, Wirtschaftszeitungen, Prospekte und Kataloge der Konkurrenz. Auch hier kommt es auf eine systematische Sammlung und Auswertung an. Zusätzliche Informationspotentiale bieten externe Datenbanken.
Auch wenn mittelständische Unternehmen die → *Primärforschung* im Vergleich zu Großunternehmen weniger einsetzen, so bestehen doch Ansatzpunkte für einen (gelegentlichen) Einsatz, z.B.: Durchführung vergleichender Analysen des Images durch ein Marktforschungsinstitut, Kundenbefragungen durch den eigenen Außendienst, schriftliche Befragungen z.B. durch Beilage eines Fragebogens an das Produkt, Durchführung kooperativer Marktforschung mit Wettbewerbern.
Mittelständische Unternehmen weisen auch Defizite bei der *Datenspeicherung* auf, sei es eine schriftliche Dokumentation oder sei es eine Datenspeicherung per EDV. Die Entwicklung in der EDV (fallende Anschaffungskosten, zunehmende Speicherkapazität, steigende Benutzerfreundlichkeit) machen den Einsatz dieses Instrumentes unabdingbar. Das betrifft auch den Aufbau und die ständige Pflege einer Kundenkartei bzw. → *Kundendatenbank*. Gerade unter den teilweise restriktiven Bedingungen mittelständischer Unternehmen ist es zweckmäßig, → *Marketing-Informationssysteme* aufzubauen.

(3) Einsatz der Marketing-Instrumente mittelständischer Unternehmen
Mittelständische Unternehmen weisen – insbesondere im Vergleich mit Großunternehmen – auch beim Einsatz des → *Marketing-Mix* Besonderheiten auf. Diese werden u. a. durch die betriebsgrößenspezifischen Vor- und Nachteile sowie die jeweilige Wettbewerbsstruktur beeinflusst. Auch mittelständische Unternehmen haben situationsspezifische → *Marketingstrategien* festzulegen. Bei einem Wettbewerb mit Großunternehmen bietet sich in der Regel eine → *Nischenstrategie* an. Wenn eine Wettbewerbsfähigkeit aufgrund des Preises nicht erreichbar ist, führt die Konzentration auf einen abgrenzbaren Teilmarkt zur Vermeidung eines unerwünschten (Preis-)Wettbewerbs. Das setzt eine detaillierte Marktanalyse und -segmentierung voraus. Typische Ansatzpunkte zu einer entsprechenden Segmentierung betreffen z.B. die Ansprache von vergleichsweise kleinen Segmenten mit einem ausgeprägten individuellen Bedarf oder mit hohen Serviceansprüchen.
Eine weitere Strategie mit einem ähnlichen Ansatz besteht in der Auswahl von Märkten, deren Volumen für Großunternehmen uninteressant erscheint. In diesen Märkten kann auch ein mittelständisches Unternehmen (evtl. weltweit) hohe Marktanteile erzielen (Beispiel: Spezialmaschinenbau).
Regionalmärkte stellen Marktnischen besonderer Art dar. Mittelständische Unternehmen können in ihrem Einzugsgebiet auch gegenüber Großunternehmen Wettbewerbsvorteile aufbauen. Als Erfolgsfaktoren lassen sich z.B. die landsmannschaftliche Verbundenheit, der enge persönliche Kontakt und die bessere Kenntnis lokaler

und regionaler Besonderheiten aufzählen (Beispiel: Lokalbrauerei). In einigen Einzelhandelsbranchen stellt der durch die geringe räumliche Distanz bedingte Standortvorteil einen entscheidenden Wettbewerbsfaktor dar.

Die strategische Festlegung, mit welchem grundsätzlichen Angebot welche Kunden angesprochen werden sollen, beeinflusst den entsprechenden Einsatz der Marketing-Instrumente. Dabei lassen sich folgende Tendenzaussagen treffen: Im Bereich der *Leistungspolitik* liegen die Stärken mittelständischer Unternehmen insb. im Angebot kundenspezifischer Problemlösungen und in der Flexibilität, das Angebot schnell geänderten Kundenbedürfnissen anzupassen. Dies korrespondiert mit entsprechenden Produktionsverfahren (Einzel- und Kleinserienfertigung). Mittelständische Unternehmen beschränken sich im Bereich von F & E zumeist auf die Anwendungsforschung (im Gegensatz zur Grundlagenforschung). Die staatlich geförderten Technologie-Transferstellen zeigen zugleich auf, dass auch in Bezug auf die Übernahme von vorhandenen Innovationen gewisse Defizite bestehen. Darüber hinaus mindern finanzielle Grenzen die nationale Durchsetzung von (starken) Markenartikeln.

Im Bereich der *Kommunikationspolitik* liegen mittelständische Stärken häufig in den engen persönlichen Beziehungen zu den Kunden. Dem stehen Know-how- und finanzielle Nachteile gegenüber. Kleinere Kommunikationsbudgets bedingen eine konsequente Optimierung der Wirkung. Das setzt zugleich den Einsatz von externen Spezialisten voraus (→ Werbeagenturen und -berater). Die kommunikativen Maßnahmen sind auf abgegrenzte Zielgruppen auszurichten, um notwendige Kontakthäufigkeiten zu erreichen. Bei stark exportorientierten mittelständischen Unternehmen stellen → Messen ein strategisches Kommunikationsinstrument dar, um internationale Kontakte zu knüpfen und zu pflegen.

Im Bereich der *Distributionspolitik* dominiert zumeist ein zentraler Vertrieb, d.h. es gibt weniger eigene Niederlassungen. Das beeinflusst die regionale Präsenz in Bezug auf eigene Mitarbeiter, eigenen Service und eigenes Waren- und Ersatzteillager. Das Netz an Außendienstmitarbeitern ist kleiner, und (Mehrfirmen-) Handelsvertreter besitzen eine größere Bedeutung. Beim indirekten Vertrieb besteht häufig eine starke Abhängigkeit von nachfragestarken Handelsgruppen oder von einer Großhandelsstufe.

Im Bereich der *Preis- und Konditionenpolitik* kommt es für mittelständische Unternehmen mit tendenziell höheren Selbstkosten darauf an, sich in Marktnischen preispolitische Spielräume zu schaffen; denn im Vergleich mit Großunternehmen ergeben sich geringere Kostendegressionseffekte sowohl im Einkauf, als auch in der Fertigung und im Marketing. Dem Vorteil, sich im Vertrieb auf die Zusammenarbeit mit wenigen, dafür aber nachfragestarken Kunden zu beschränken und sich dafür auf die Produktion konzentrieren zu können, steht der Nachteil eines ständigen Drucks auf Preise und Konditionen gegenüber.

Je mehr es einem mittelständischen Unternehmen gelingt, im Bereich der Leistungspolitik „echte" Vorteile für die Kunden anzubieten, desto geringer wirken sich die Schwächen in den anderen Instrumentalbereichen aus. H.F.

Literatur: *Borschberg, E.; Staffelbach, B.*: Marketing für kleine und mittlere Unternehmen, Bern, Stuttgart 1991. *Denzel, E.*: Marketing für den Mittelstand. Verkaufschancen nutzen und Erträge sichern, Düsseldorf 1994. *Hamer, E.*: Marketing für Klein- und Mittelbetriebe, Hannover 1991. *Linnemann, R.E.; Stanton, J.L.*: Nischenmarketing, Frankfurt 1992. *Pfohl, H.-C.* (Hrsg.): Betriebswirtschaftslehre der Mittel- und Kleinbetriebe. Größenspezifische Probleme und Möglichkeiten zu ihrer Lösung, Bielefeld 1997.

Mittelwerte

Maßzahlen im Rahmen der → Datenanalyse zur Kennzeichnung der Merkmalsausprägungen der Elemente einer → Häufigkeitsverteilung durch einen einzigen „typischen" oder „zentralen" Wert (Lageparameter). Die Auswahl ist abhängig von der Art der Verteilung, insb. ihrer Ein- bzw. Mehrgipfligkeit und dem jeweiligen Skalenniveau des Merkmals. Am gebräuchlichsten sind:

(1) Arithmetisches Mittel
Anwendbar für metrisch skalierte Merkmale und eingipflige Verteilungen, wobei bei n Einzelwerten x_i (i = 1,2,…,n) gilt:

$$\mu = \frac{1}{N} \sum_{i=1}^{N} x_i$$

$$\bar{x} = \frac{1}{n} \sum_{i=1}^{n} x_i$$

Die Summe der positiven und negativen Abweichungen aller Einzelwerte vom arithmetischen Mittel ist 0.
Bei Häufigkeitsverteilungen mit k verschiedenen Merkmalsklassen x_i (i = 1,2,...,k) mit den absoluten Häufigkeiten h_i (i = 1,2,...,k) bzw. mit den relativen Häufigkeiten f_i (i = 1,2,...,k) erhält man das sog. gewogene arithmetische Mittel als

$$\mu = \frac{1}{N}\sum_{i=1}^{k} x_i h_i \quad \text{mit} \quad N = \sum_{i=1}^{k} h_i$$

bzw.

$$\mu = \sum_{i=1}^{k} x_i f_i \quad \text{mit} \quad f_i = \frac{h_i}{N}$$

und

$$\bar{x} = \frac{1}{N}\sum_{i=1}^{k} x_i h_i \quad \text{mit} \quad n = \sum_{i=1}^{k} h_i$$

bzw.

$$\bar{x} = \sum_{i=1}^{k} x_i f_i \quad \text{mit} \quad f_i = \frac{h_i}{n}$$

Bei Vorliegen einer Häufigkeitsverteilung klassifizierter Daten werden die Merkmalswerte x_i meist durch die Klassenmitten ersetzt.

(2) Geometrisches Mittel
Anwendbar für verhältnisskalierte Variablen und eingipflige Verteilungen, wobei die Extremwerte der Verteilung stärker berücksichtigt werden.
Bei einer Häufigkeitsverteilung, bei der die k verschiedenen Merkmalswerte x_i (i = 1,2,...,k) mit den absoluten Häufigkeiten h_i (i = 1,2,...,k) vorliegen, ergibt sich das geometrische Mittel als

$$G = \sqrt[N]{x_1 \cdot x_2 \cdots x_N}$$

mit $N = \sum_{i=1}^{ki} h_i$

(3) Median (Zentralwert)
Geeignet für zumindest ordinal skalierte Merkmale und ein- oder mehrgipflige Verteilungen. Der Median ist definiert als Merkmalsausprägung desjenigen Elements, das in der Reihe der der Größe der Merkmalsausprägungen nach geordneten Beobachtungswerte in der Mitte steht. Bei klassifizierten Daten liegt der Median in derjenigen Klasse, in der die Verteilungsfunktion (→ Häufigkeitsverteilung) den Wert 0,5 übersteigt.

(4) Modus
Geeignet für jegliches Skalenniveau und beliebige Verteilungen. Der Modus ist definiert als die Merkmalsausprägung mit der größten Auftrittshäufigkeit einer statistischen Gesamtheit. Bei klassifizierten Daten verwendet man – gleiche Klassenbreiten vorausgesetzt – die Klassenmitte der Klasse mit der größten Häufigkeit.
Bei mehrgipfligen Verteilungen berechnet man häufig sog. Modalwerte für bestimmte Anteile der Merkmalskategorien (Perzentile, Quartile etc.). Nicht zuletzt dadurch kann man überprüfen, ob die Verteilung ein- oder mehrgipflig ausfällt.
Mittelwerte sind stets mit einem Informationsverlust verbunden, weshalb sie zur genauen Charakterisierung von Häufigkeitsverteilungen in jedem Fall durch → Streuungsmaße zu ergänzen sind. P.H.

Literatur: *Bleymüller, J.; Gehlert, G.; Gülicher, H.*: Statistik für Wirtschaftswissenschaftler, 12. Aufl., München 2000.

Mittlere absolute Abweichung (mean absolute deviation, MAD)

→ Streuungsmaß für metrisch skalierte Merkmale. Für N Einzelwerte x_i (i 1,2,...,N) ist sie, bezogen auf einen beliebigen Wert M, als:

$$MAD(M) = \frac{1}{N}\sum_{i=1}^{N} |x_i - M|$$

definiert.

Bei einer → Häufigkeitsverteilung, bei der die k verschiedenen Merkmalswerte x_i (i = 1,2,...,k) mit den absoluten Häufigkeiten h_i (i = 1,2,...,k) bzw. mit den relativen Häufigkeiten f_i, (i = 1,2,...,k) vorliegen, gilt:

$$MAD(M) = \frac{1}{N}\sum_{i=1}^{k} |x_i - M| h_i$$

Mittleres Preisempfinden

mit

$$N = \sum_{i=1}^{k} h_i$$

bzw.

$$MAD(M) = \frac{1}{N} \sum_{i=1}^{k} |x_i - M| f_i$$

Als Bezugsgröße M dient i.d.R. das arithmetische Mittel oder der Median (→ Mittelwerte).

Mittleres Preisempfinden
→ Preiswahrnehmung

MLP-Netz → Neuronale Netze

MM-Ländertest → Länderselektion

MMXi
ist ein Joint Venture von *Media Metrix Inc.*, der *Gesellschaft für Konsumforschung (GfK) AG* und *Ipsos S.A.*, welches ein → Online Panel zur Reichweitenmessung von Online-Angeboten betreibt.
Zur Gewinnung der Daten wird auf den häuslichen PCs einer repräsentativen Auswahl von Nutzern eine spezielle Software installiert, welche die Internetnutzung protokolliert. Die Protokolldaten eines Monats werden bisher per Diskette an die MMXi verschickt und von diesen ausgewertet. Ausgewiesen werden alle Angebote mit mindestens 1% Reichweite und die demographischen Daten, Nutzungshäufigkeiten und geschätzte absolute Zahlen der Nutzer.

Möbel-Fakta
schwedische Form der systematisierten → Warenkennzeichnung, die insb. für Möbel Verwendung findet.

Mobile Commerce (M-Commerce)
bezeichnet die elektronische Anbahnung, Vereinbarung und Abwicklung von Transaktionsprozessen über ein mobiles, vernetztes Endgerät. In Zukunftsstudien wird v.a. das Mobilfunk-Telefon als die zentrale persönliche Informationsschnittstelle zum Einsatz für den Mobile Commerce gesehen. Darüber hinaus sind aber auch der Personal Digital Assistant (PDA), der tragbare Computer u.a. mobile Nutzungstechnologie als unterstützende Endgeräte des Mobile Commerce zu betrachten.
Als „Trägermedium" dienen die mobilen → Kommunikationsnetze mit ihren leitungsvermittelten oder paketvermittelten Diensten. In leitungsvermittelten Netzen, auf dem der heutige Mobilfunk-Standard GSM basiert, spielt insbesondere der Short Messaging Service (→ SMS) schon heute eine tragende Rolle für das Mobile Commerce. Über den textbasierten Dienst werden verschiedene Informationsdienste, wie Verkehrsmeldungen, Wettermeldungen, aber auch Transaktionsdienste wie Auktionen angeboten.
Mit der Erweiterung des Wireless Application Protocols (→ WAP) können auch die leitungsvermittelten Dienste schon heute mit paketvermittelten Netzwerkdiensten wie das Internet verbunden werden, wodurch das Leistungspotential der angebotenen mobilen Dienste um die technische Dimension vernetzter Hypermedia-Strukturen (→ Hypermedialität) erweitert wird und interaktive Dienste wie ein E-Mail-Versand, das Online-Banking oder der multimedial unterstütze Produktkauf ermöglicht wird.
Eingegrenzt durch die Bandbreitenbeschränkung bisheriger leitungsvermittelter Netze soll das Mobile Commerce seine breite Nutzung aber erst mit der Einführung und Verbreitung paketvermittelter Kommunikationsnetze wie UMTS bekommen. Mit diesen Netzwerken lassen sich multimediale Informationsservices entwickeln, die das E-Commerce um die Nutzungsdimension der Mobilität erweitern, wie z.B. „Location based Information Services" (vgl. → Mehrwertdienste).

A.V./B.Ne.

Mobile Datenerfassung (MDE)
ist eine für → Datenerfassungssysteme im Marketing weit verbreitete Technologie, die durch Miniaturisierung elektronischer Bauteile ermöglicht wurde. Mit Hilfe von tragbaren elektronischen Hand- oder Taschenterminals können operative Daten in EDV-gerechter Form direkt am Ort und zum Zeitpunkt ihres Entstehens erfasst werden. Dazu werden die Daten über eine Tastatur oder optische Peripheriegeräte (Lesestifte, Barcode-Scanner) in das Handterminal eingegeben. Der Transfer der Daten vom Handterminal zum Rechner des Unternehmens und umgekehrt kann dann sowohl in

Echtzeit oder zeitlich versetzt erfolgen, z.B. durch Infrarot- oder Funkverbindungen über firmeninterne oder öffentliche Fernsprech- und Datennetze. Dies ermöglicht eine sehr flexible und räumlich unbeschränkte Einsatzmöglichkeit der Mobilen Datenerfassungsgeräte.

Die MDE wird vorwiegend im Außendienst zur → Auftragsabwicklung beim Kunden eingesetzt. Die vom Außendienstmitarbeiter erfassten Auftragsdaten können in dessen Unternehmen ohne zusätzliche Aufbereitung (Beleglesen, Codieren) weiterverarbeitet werden. Die Möglichkeit der Zwei-Wege-Kommunikation ermöglicht auch den Abruf von Kundendaten aus der zentralen Datenbank, so zur Vorbereitung von Kundenbesuchen.

In den Bereich der Auftragserfassung und -weitergabe fällt auch die Verwendung der MDE-Geräte in Einzelhandelsbetrieben. Der Einzelhändler erfasst vor Ort, also im Regal oder im Lager, nachzubestellende Warenmengen (Artikelnummer, Menge) mit seinem Handterminal und gibt diese Bestelldaten direkt an den Rechner seines Großhändlers oder eines Zentrallagers weiter. Diese Methode verkürzt den Bestellvorgang (keine Schriftkontakte, keine Postwege) und führt zu zeitlicher Unabhängigkeit des Bestellers. Auch hier eröffnet die Zwei-Wege-Kommunikation die Möglichkeit des Abrufs von Daten aus zentralen Datenbanken, so aktuelle Einkaufspreise (z.B. im Frischwarenbereich) und Warenverfügbarkeit. MDE ist somit ein integrativer Bestandteil von → Warenwirtschaftssystemen, wo z.B. aufgrund der Erfassung der Abverkäufe an der Kasse oder bei der Inventur mit mobilen Handterminals eine automatische Disposition und Bestellung ermöglicht wird.

Eine weitere Einsatzmöglichkeit ist in der Marktforschung gegeben. Bei der mündlichen Befragung können die Befragungsergebnisse direkt codiert und in ein Handterminal eingegeben werden. Die schriftliche Fixierung in Fragebögen, deren Transport und die EDV-gerechte Übertragung der Befragungsergebnisse entfallen. Die Datenübertragung führt zu großen zeitlichen Einsparungen und beschleunigt somit die Auswertung der Ergebnisse. J.Z.

Literatur: *Tietz, B.*: Der Handelsbetrieb, 2. Aufl., München 1993, S. 1047-1048. *Zentes, J.*: Grundbegriffe des Marketing, Stuttgart 1996, S. 245.

Mobile Verkaufsstellen → Verkaufswagen

Mobilitätsfaktor → M-Faktor

Mobil Merchandising Forces
→ Merchandising

Mode

Unter Mode (von modus = Art und Weise) versteht man einen Präferenzwandel, der sich schneller als ein Stilwandel vollzieht. So spricht man z.B. vom Stil der 50er-Jahre (Nierentisch-Ära), aber von der aktuellen Herbst- oder Wintermode. Merkmale dieses Begriffs sind weiterhin, dass sich nur periphere Verhaltensformen und keine Einstellungen verändern, und dass größere Bevölkerungskreise diesen Wandel mittragen. Moden gibt es nicht nur bei der Bekleidung und der Sphäre des Outfits (→ Mode-Marketing), auch in Bereichen der Ernährung und der Gebrauchsgüter (man spricht dann gelegentlich von „Wellen") werden die Zyklen des Wandels für Marketingstrategien genutzt.

Für die → Produktgestaltung ergeben sich beim Thema Modeänderungen drei Kernfragen:

Erstens muss das sog. *Variationssubstrat* geklärt werden. Hierunter versteht man die Analyse der materialen Basis eines Produktes, die für schnelle, unproblematische Veränderungen überhaupt in Frage kommen. Insb. die Gestaltungsmittel Oberfläche und Farbe haben sich als Basis für modegelenkte Veränderungen bewährt. Weniger geeignet sind Wandlungen der Konstruktions- oder Funktionsprinzipien, da hier tiefere Eingriffe in die Produkttechnik erfolgen müssen.

Zweitens muss die *Ausbreitung der Mode*, d.h. die horizontale und vertikale Verbreitung untersucht werden (s.a. → Diffusionsprozess). Während früher die Trickle-down-Theorie (Tröpfchenmodell) viele Phänomene erklärte, muss die Akzeptanz von modischen Produkten heute durch differenziertere Modelle, z.B. Spiralmodelle, Explosionsmodelle oder Modelle der konzentrischen Kreise etc., erfasst werden.

Besonderes Augenmerk hat man in neuester Zeit schließlich der Aufdeckung von *Modezyklen* gewidmet. Farb- und Formzyklen wurden im Hinblick auf die Akzeptanzlänge und Diffusionstiefe näher analysiert. So konnte z.B. dokumentiert werden, dass die Farbnuancen sich zyklisch wiederholen; auch die Silhouetten bei der Bekleidung wiederholen sich in regelmäßigen Abständen. U.Ko.

Literatur: *Giffhorn, H.:* Modeverhalten, Köln 1974. *König, R.:* Menschheit auf dem Laufsteg, München, Wien 1985. *Koppelmann, U.:* Produktmarketing, 3. Aufl., Stuttgart u.a. 1989. *Wiswede, G.:* Theorien der Mode aus soziologischer Sicht, in: *Specht, K.G.; Wiswede, G.:* Marketing-Soziologie, Berlin 1976, S. 187-206.

Model Express

Von der GfK Marketing Services angebotenes PC-Programm zur Auswertung von Handelspaneldaten Daten aus einem → Handelspanel von technischen Gebrauchsgütern. Kennzeichen von Artikeln aus dem Gebrauchsgüterbereich sind eine Vielzahl von beschreibender Attribute, die so genannten Features. Model Express beruht auf einer Speicherung von Daten pro Modell. Das bedeutet, dass Sonderanalysen, die auf Einzelmodelle beruhen (wie z.B. die Erstellung von Hitlisten) mit diesem Programm durchgeführt werden können. R.Wi.

Modell der Wirkungspfade

ist die von *W. Kroeber-Riel* stammende Bezeichnung für ein verbal-qualitatives → Werbewirkungsmodell, in welchem im Sinne von → Werbewirkungsmustern unterschiedliche „Kettenreaktionen" von Werbewirkungen bei unterschiedlich hoch involvierten Werbeadressaten und unterschiedlichen Arten der Werbemittelgestaltung („informative" versus „emotionale" Werbung) vermutet werden.

Im Modell werden als sog. *Wirkungskomponenten* der Werbekontakt, schwache oder starke Aufmerksamkeit, kognitive sowie emotionale Vorgänge, Einstellung bzw. Kaufabsicht und Verhalten (Kauf) betrachtet. Je nach Involvementstärke des Werbeadressaten und je nach Art der Werbemittelgestaltung als sog. *Wirkungsdeterminanten* ergeben sich unterschiedliche Pfade zwischen den genannten Wirkungsvariablen, die schließlich zum Verhalten führen.

Der Unterschied zu anderen Werbewirkungsmuster-Modellen (z.B. → Affect Transfer Model, → Dual Mediation Model, → Elaboration Likelihood Model) liegt in der Berücksichtigung der Art der Werbemittelgestaltung als Wirkungsdeterminante. Jedoch rückt die gewählte Klassifikation („informative" versus „emotionale" Werbung) einige Aussagen des Modells in die Nähe der Tautologie: Es überrascht nicht, dass „emotionale Werbung" zu „emotionalen Vorgängen" führt. H.St.

Literatur: *Kroeber-Riel, W.; Weinberg, P.:* Konsumentenverhalten, 7. Aufl., München 1999, S. 587-604.

Modelle

Modelle sind vereinfachte Abbilder empirischer Sachverhalte, wie Strukturen (z.B. → Marktmodell) und Reaktionen (z.B. → Elastizitäten). Sie stellen – ob intuitiv oder explizit – die Basis für jegliche Planung (→ Marketingplanung) und Kontrolle dar, da nur so Entscheidungsträger in der Lage sind, die komplexe Wirklichkeit zu erfassen (→ Entscheidungsunterstützungssysteme, → Marketing-Informationssysteme, → Expertensysteme). Modelle sind auch Grundlage für → Simulationsverfahren und → Absatzprognosen. Auch die Beschreibung bestimmter Methoden, z.B. → Auswahlverfahren in der Marktforschung, bezeichnet man z.T. als (Verfahrens-)Modelle. Wenn Modelle primär die Zielsetzung verfolgen, die reale Welt abzubilden, spricht man von realsystemorientierten Modellen. In der Marketingwissenschaft werden Beschreibungs-, Erklärungs- und Entscheidungsmodelle unterschieden.

Ausgehend von der Erfahrung, dass Marketing-Modelle nicht mit den Vorstellungen („mentale Modelle") der Entscheidungsträger hinreichend kompatibel waren, wurde das Prinzip der Benutzerorientierung (→ Decision-Calculus-Modell) entwickelt. Für praktisch einzusetzende Modelle ergibt sich das Erfordernis, sowohl ausreichend realitätsorientiert zu sein, um richtige Entscheidungen zu ermöglichen, als auch ausreichend benutzerorientiert zu sein, um von den Entscheidungsträgern akzeptiert zu werden, d.h., um Wirkung zu erzielen.

Der Modellierungsprozess beinhaltet die Auswahl der für den jeweiligen Modellzweck als relevant erachteten Variablen, was stets zu mehr oder minder starken Vereinfachungen führt, die den Modellzweck aber eher zu erreichen versprechen. Die Auswahl erfolgt dabei sowohl theoriegesteuert als auch im Hinblick auf die Verfügbarkeit von empirischen Daten zur späteren Modellvalidierung. Daran anschließend gilt es, die Modellvariablen zu verknüpfen, d.h. Abhängigkeiten und Unabhängigkeiten zu postulieren, Variablengruppierungen und -hierarchisierungen vorzunehmen etc. Die formale Gestalt der Variablenverknüpfung bestimmt dabei stark den Modellcharakter: Quantitative Modelle, z.B. → Marktreaktionsfunktionen, nutzen die Sprache der Mathematik, qualitative Modelle, wie z.B. viele Modelle des → Käuferverhaltens in der → Konsumentenverhaltensforschung, arbeiten mit genau zu definierenden Begriffen und → hypothetischen Konstrukten. Bei Entscheidungsmodellen wird eine Marketingzielgröße als abhängige Variable in das Modell eingebaut und durch analytische, numerische oder heuristische → Planungsverfahren Maxima, Minima oder Optima ermittelt. Diesem Schritt vogelagert ist allerdings die Parametrisierung der Modellvariablen, bei der für die im Modell enthaltenen quantitativen Modellparameter statistisch Werte zu schätzen sind. Dafür stehen verschiedene Schätzverfahren zur Verfügung, von denen die → Regressionsanalyse besonders oft eingesetzt wird. Zeigen die statistischen Kennwerte für den Schätzprozess eine hinreichende Übereinstimmung („Fit") zwischen dem Modell und der Wirklichkeit, gilt das Modell als validiert. Da i.d.R. aber nur Stichprobendaten zur Modellvalidierung eingesetzt werden, gilt es auch noch die → Reliabilität des Modells zu überprüfen. Erst dann kann das Modell als bewährt gelten und ggf. – z.B. für Prognosezwecke – angewendet werden. Bei der Interpretation der Modellergebnisse gilt es dabei, die bei der Modellspezifikation gemachten Prämissen nicht aus dem Auge zu verlieren. H.D.

Literatur: *Diller, H.*: Marketingplanung, 2. Aufl., München 1998. *Homburg, Ch.*: Modellgestützte Unternehmensplanung, Wiesbaden 1991.

Modellpolitik → Produktvariation

Modellwechsel

Veränderung eines bereits am Markt eingeführten → Produkts im Verlauf des Produktlebenszyklus (→ Produktvariation). Das Anliegen eine Modellwechsels besteht darin, ein Bündel an Produkteigenschaften beziehungsweise Nutzenkomponenten, die ein bisher angebotenes Produkt auszeichnen, ganz bewusst zu verändern. Die Frage, inwieweit durch die Modifikation ein völlig neues oder nur ein abgewandeltes Erzeugnis (→ Innovation) entsteht, vermag letztlich nur der Käufer zu entscheiden. Grundsätzlich bleiben beim Modellwechsel die Basisfunktion des Guts sowie sein Verwendungszweck und seine Anwendungsmöglichkeiten erhalten. Vornehmlich geht es darum, ästhetische Facetten, wie Design, Farbe und Form, sowie symbolische Aspekte, zu denen etwa die zusatznutzenstiftenden Attribute gehören, zu modifizieren (→ Produktdesign; → Mode).

Die Gründe für diese produktpolitische Aktion sind vielfältig.:

– Da sich die *Wünsche und Bedürfnisse* der Nachfrager (z.B. stärkeres Kostenbewusstsein) im Zeitverlauf ändern, ist eine Anpassung der nutzenstiftenden Attribute eines Guts für den Erfolg unerlässlich.
– die *modische Veralterung* des Produktäußeren macht einen entsprechenden Modellwechsel („*face lifting*") erforderlich.
– Die → *Forschung und Entwicklung* liefert neue technische Produktmerkmale.
– *Gesetzliche Auflagen* (z.B. bzgl. Schadstoffausstoß) zwingen dazu, ein Erzeugnis bei einem oder mehreren Merkmalen zu variieren.

Hinsichtlich Zeitpunkt und Umfang des Modellwechsels sind v.a. folgende Ziele zu beachten:

– Es gilt, eine im Hinblick auf Absatz, Umsatz oder Gewinn als optimal identifizierte Lage am Markt zu verteidigen, sofern andere Akteure angreifen. Dazu muss der *Wettbewerbsvorteil* stets neu überprüft und gegebenenfalls angepasst werden
– Erscheint wegen der → Marktdynamik eine andere als die bisherige Position am Markt günstiger, kommt eine *Repositionierung* in Betracht, die sich durch eine Variation der nutzenstiftenden Produkteigenschaften unterstützen lässt (→ *Positionierung*).
– Die *Kosten eines Modellwechsels* können erhebliche Fixkostenschübe verursachen, insb. wenn neue Werkzeuge für die Produktion oder den Anlauf neuer Produktlinien entstehen (Beispiel: Automobil-Industrie). Eine → Plattformstrategie mit Gleichteilen für verschiedene Modelle erbringt diesbezüglich einerseits größeren Variationsspielraum, wenn nur äußere Produktteile variiert werden (→ Badge Engineering), andererseits zusätzliche Restriktionen, wenn Gleichteile betroffen sind.
– Die einzelnen Produktmodelle werden oft in mehreren Versionen, sog. *Modellderivaten*, auf den Markt gebracht (z.B. Limousine, Cabrio, Kombi-Modell bei Autos). Sowohl aus produktionstechni-

schen wie aus auslastungspolitischen Gründen ist die Einführung solcher Derivate auf einen längeren Zeitraum zu verteilen. Dadurch können Rückgänge einzelner Modellvarianten durch andere ausgeglichen und ein insgesamt besser geglätteter *Modelllebenszyklus* erreicht werden.

Ein Blick auf die produktpolitischen Aktivitäten von Unternehmen zeigt, dass zwei Spielarten der Produktvariation zu finden sind, die *Produktpflege* und der *Produktrelaunch*. Beiden Varianten gemeinsam ist die Tatsache, dass die Gesamtzahl der vom Anbieter offerierten Erzeugnisse konstant bleibt. Den Gegenstand der *Produktpflege* bildet die kontinuierliche Verbesserung des am Markt eingeführten Erzeugnisses. Maßnahmen dieser Art sind geeignet, die nach der Produkteinführung auftretenden Mängel zu beheben. Darüber hinaus trägt die Produktpflege dazu bei, den Herstellungsprozess zu vereinfachen und die Abläufe in anderen betrieblichen Einheiten zu verbessern. Auch kommt es darauf an, die Aktualität eines Guts durch regelmäßige Anpassung an Modetrends zu sichern.

Der *Produktrelaunch* kennzeichnet eine umfassende Modifikation eines Erzeugnisses bei einer oder mehreren Produktmerkmalen. Zur Unterstützung der Absatzwirkung einer solchen Produktveränderung kommen häufig auch ein anderes Marketing-Mix zum Einsatz. Denkbar sind beispielsweise eine → Preisänderung, eine Intensivierung der Werbung und die Auswahl neuer Vertriebswege. Mit einem Produktrelaunch reagiert ein Anbieter zumeist auf eine unbefriedigende Absatz-, Umsatz- und Gewinnentwicklung. Viele Beispiele verdeutlichen, dass sich der Produktlebenszyklus (→ Lebenszyklus, Produktlebenszyklus, Markenlebenszyklus) eines Guts dadurch mitunter erheblich verlängern lässt. Allerdings ist sorgfältig abzuwägen, inwieweit der durch den Relaunch ausgelöste Umsatzschub die mit der Produktveränderung einhergehenden Kosten ausgleicht.

An.He./F.H.

Literatur: *Brockhoff, K.:* Produktpolitik, 4. Aufl., Stuttgart 1999. *Urban, G.; Hauser, J.R.:* Design and Marketing of New Products, Englewood Cliffs 1993.

Mode-Marketing, Bekleidungs-Marketing

1. Mode-Marketing beinhaltet allgemein gesehen das Marketing für modeabhängige Produkte, z.B. Bekleidung, Accessoires, Möbel etc.
2. Speziell wird unter Mode-Marketing das Marketing für Bekleidung verstanden. Hierauf beziehen sich die folgenden Ausführungen.

Unter → *Mode* wird der ständige Wechsel von sinnlich-ästhetischen Produktqualitäten verstanden, die für eine gewisse Zeit innerhalb breiter Bevölkerungsschichten Akzeptanz finden. Als Ursache der jeweils neuen Mode bei den Verbrauchern kann deren Streben nach Abhebung und Angleichung angeführt werden.

Die Hersteller bzw. Schöpfer von Bekleidungsmode lassen sich – entsprechend ihrer Exklusivität – nach drei Ebenen differenzieren, wobei davon ausgegangen werden muss, dass in der Praxis die Übergänge zwischen diesen Ebenen fließend sind (s. *Abb. 1*):

– Anbieter der *Haute Couture*. Diese gibt es auch und gerade in internationaler Sicht nur am Standort Paris. Im Sinne einer Standesorganisation gibt es Regeln und Kriterien für die Haute Couture, die von einem Mitglied eingehalten bzw. erfüllt werden müssen. Die Produkte aus den Kollektionen der Haute Couturiers sind in der Regel Unikate, die als Modelle im Sinne von Luxusbekleidung mit extrem hohen Preisen international angeboten werden.

– Anbieter aus dem Berufsfeld der selbständigen *Designer* (im Gegensatz zu den bei den Bekleidungsherstellern beschäftigten Designern). Designer sind Entwurfspezialisten für Bekleidungsmode. Es gibt eine Reihe von selbständigen Designern, die eine eigene Kollektion entwerfen, diese unter eigenem Risiko in einer beschränkten Anzahl produzieren (betriebswirtschaftlich betrachtet handelt es sich um sog. Kleinserien) und selbständig vermarkten. Dies sind sogen. *Designer-Marken*, die hochpreisig abgeboten werden. Hierunter sind im Prinzip auch die sog. *Pret-a-Porter Kollektionen* der Haute Couturiers in Paris zu subsumieren.

– Anbieter der *Bekleidungskonfektion*, branchenmäßig als Bekleidungshersteller bezeichnet, sind solche Unternehmen, die eine selbständig ausgewählte Bekleidungskollektion in relativ großen Mengen produzieren und anbieten. Menge, Qualität und Preisniveau der angebotenen Kollektionen und Produkte richten sich im Wesentlichen nach dem gewählten Genre, wobei sich in der Praxis der Bekleidungshersteller die Differenzierung nach gehobenem, gehobenem mittlerem, mittlerem und unterem Genre durchsetzt hat. Derartige Bekleidungsanbieter treten je nach Struktur und Größe in nationalen und internationalen Märkten auf; in internationaler Sicht existieren auch Bekleidungshersteller, die eine globale Vermarktung anstreben.

Der *Entstehungsprozess* der Mode ist mehrstufig. Die Entwicklung einer neuen Kollektion setzt nicht erst mit dem Entwurf eines neuen Bekleidungsstückes durch den Designer ein. Bereits ca. eineinhalb Jahre zuvor werden durch die *International Colour Authority* in London die Farbtrends für die jeweilige Saison festgelegt. Einige Wochen drauf tagt der *Intercolour-Kreis*, der die Intercolour-Farbkarte erarbeitet, auf deren Grundlage nationale Farbkarten entwickelt werden. Diese werden in Deutschland z.B. von dem *Deutschen Modeinstitut* seinen Mitgliedsunternehmen vorgestellt. Im Anschluss daran entscheiden sich die Spinner hinsichtlich der zu verwendenden

Abb. 1: Strukturmodell der Anbieter von Bekleidungsmode

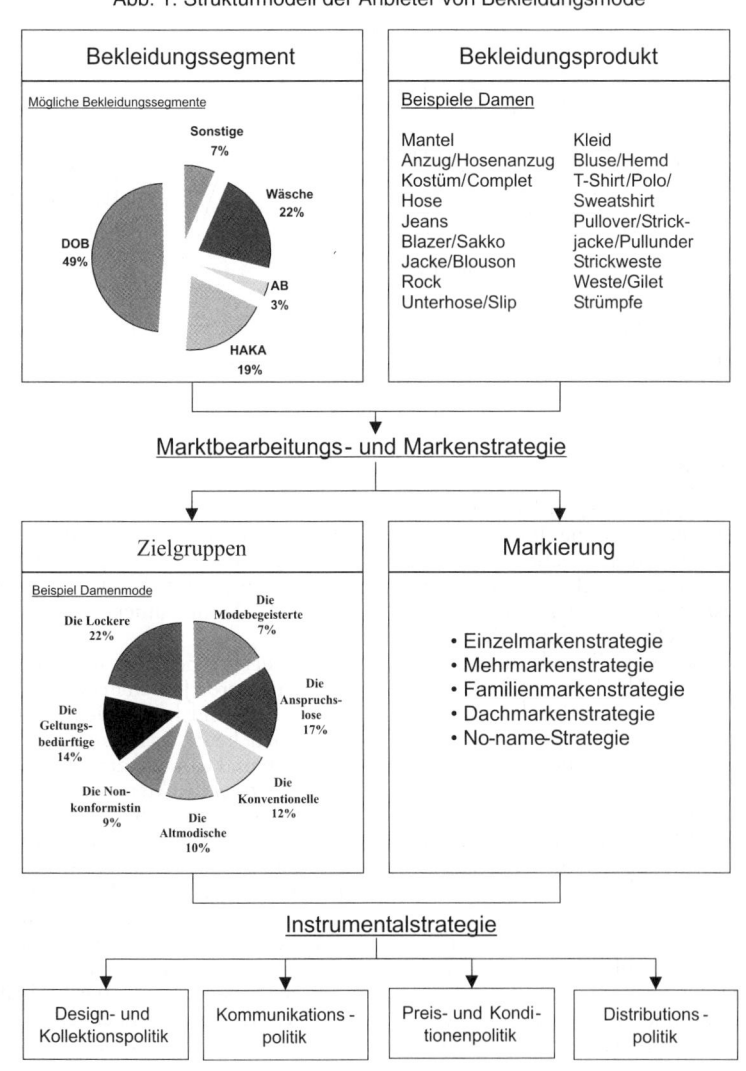

Bekleidungssegment

Mögliche Bekleidungssegmente
- DOB 49%
- Wäsche 22%
- HAKA 19%
- Sonstige 7%
- AB 3%

Bekleidungsprodukt

Beispiele Damen

Mantel	Kleid
Anzug/Hosenanzug	Bluse/Hemd
Kostüm/Complet	T-Shirt/Polo/
Hose	Sweatshirt
Jeans	Pullover/Strick-
Blazer/Sakko	jacke/Pullunder
Jacke/Blouson	Strickweste
Rock	Weste/Gilet
Unterhose/Slip	Strümpfe

↓

Marktbearbeitungs- und Markenstrategie

↓

Zielgruppen

Beispiel Damenmode
- Die Modebegeisterte 7%
- Die Anspruchslose 17%
- Die Konventionelle 12%
- Die Altmodische 10%
- Die Nonkonformistin 9%
- Die Geltungsbedürftige 14%
- Die Lockere 22%

Markierung

- Einzelmarkenstrategie
- Mehrmarkenstrategie
- Familienmarkenstrategie
- Dachmarkenstrategie
- No-name-Strategie

↓

Instrumentalstrategie

- Design- und Kollektionspolitik
- Kommunikationspolitik
- Preis- und Konditionenpolitik
- Distributionspolitik

Abb. 2: Typische Strategie-Kombination im Mode-Marketing

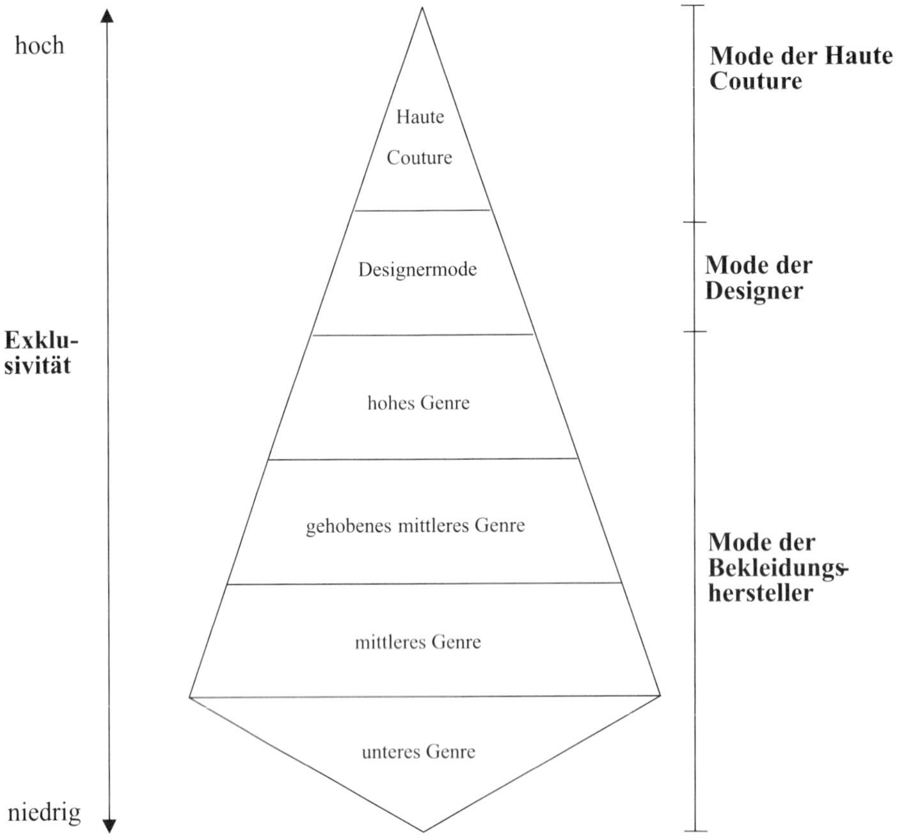

hoch

Exklusivität

niedrig

Haute Couture

Designermode

hohes Genre

gehobenes mittleres Genre

mittleres Genre

unteres Genre

Mode der Haute Couture

Mode der Designer

Mode der Bekleidungshersteller

Garne und die Stoffdesigner bzgl. der Dessins. Die Weber setzen die ihnen bis dahin vorliegenden Trendinformationen in Musterstoffe um, die sie auf den Stoffmessen (z.B. *Interstoff*, Frankfurt a.M.) präsentieren. Die Konfektionäre informieren sich dort über modische Trends und kaufen Musterstoffe, mittels derer sie Testkollektionen fertigen. Diese werden dann auf Kollektionspremieren und den Modemessen (z.B. *Igedo*, Düsseldorf) dem Handel präsentiert.

Hier setzt nun der Akzeptanzprozess des Handels ein. Durch die Aufträge, die er der Industrie erteilt, entscheidet Letztere darüber, welche Bekleidungsstücke in die endgültige Kollektion aufgenommen werden. Erst jetzt beginnt die Industrie mit der Produktion, die sie häufig an sog. Zwischenmeister vergibt.

Ab dem Zeitpunkt, ab dem die Bekleidung in den Einzelhandelsgeschäften angeboten wird, kann die Akzeptanzphase auf der Konsumentenebene einsetzen. Mit der räumlichen und zeitlichen Verbreitung neuer Bekleidung wird damit der Diffusionsprozess der Mode initiiert.

Die realisierte Nachfrage nach Bekleidung, die seit mehreren Jahren in der Bundesrepublik Deutschland leicht rückläufig ist, orientiert sich heute mehr und mehr an den → Werten und den u.a. darauf aufbauenden → Lebensstilen der Menschen, was letztlich bedeutet, dass sich die Bekleidungsmode eher nach den Menschen und ihrem Umweltkontext richtet, als dass sie als autonome Größe wirksam wird. Hinzu kommen situative Einflussgrößen, die kaum oder gar nicht prognostizierbar sind und auf die nur reagiert werden kann, etwa Filmereignisse, politische Ereignisse oder das Verhalten von Trendsettern, die plötzlich ein modisches Verhalten induzieren können.

Im Rahmen des *strategischen Mode-Marketing* gilt es für ein Bekleidungsunternehmen, eine Strategie-Kombination für eine bestimmte Unternehmens-/Umweltkonstellation zu bestimmen. Häufig kommen im Mode-Marketing eine Strategie-Kombination aus spezifischen Alternativen der Marktwahl-, der Marktbearbeitungs-, der Marken- und der Instrumentalstrategien zur Anwendung, wie es die *Abb. 2* zeigt.
Die Marktwahl ergibt sich dabei aus den relevanten Bekleidungssegmenten (Damenoberbekleidung etc.) und den dazu gehörenden Bekleidungsprodukten (Mäntel, Röcke etc.). Auf der Basis einer → Marktsegmentierung wird dann eine zielgruppenorientierte Marktbearbeitungsstrategie gewählt. Die durch eine → Markenstrategie ergänzt wird. Aus diesen Entscheidungen sind dann die geeigneten Instrumentalstrategien für den Einsatz der Marketing-Instrumente abzuleiten.
Eine besondere Bedeutung im Rahmen des *operativen Mode-Marketing* nimmt die → *Produktpolitik* (in der Mode: Design- und Kollektionspolitik) ein, da ohne ein den Zielgruppenerwartungen entsprechendes Design der Kollektionen kein erfolgreicher Einsatz der anderen Instrumente möglich ist.
Im Rahmen der *Designentscheidungen* geht es um die Gestaltung des einzelnen Bekleidungsstückes, wobei sich die Alternativen im Prinzip aus den Variablen der Modegestaltung ergeben, also der Form, der Farbe, der Faser und des Dessins (→ Produktdesign). *Kollektionsentscheidungen* beinhalten zum einen die Anzahl und die Struktur von Kollektionen, also im herkömmlichen Sinne die Entscheidung über Sortimentsbreite und tiefe. Aus Marketingsicht werden Kollektionsentscheidungen wesentlich durch die gewählten Marktwahl- und Marktbearbeitungsstrategien sowie durch die Wettbewerbsstrategie beeinflusst.
Das Marketing der Bekleidungshersteller muss künftig in der Lage sein, immer kürzer werdenden Zyklen des modischen Wechsels und die damit größer werdenden wirtschaftlichen Risiken erfolgreich in Kollektionen und deren Vermarktung umzusetzen. Dies setzt ein komplexes Verständnis von Marketing voraus und es muss vor allem systematisch und ausgesprochen dynamisch betrieben werden. A.H.

Literatur: *Brosche, O.:* Die Handhabung des Moderisikos, Wiesbaden 1993. *Hermanns, A.; Schmitt, W.; Wißmeier, U.K.:* Handbuch Mode-Marketing, 2. Aufl., Frankfurt a.M. 1999. *Hermanns, A.; Brosche, O.:* Modemarketing, in: *Tietz, B.; Köhler, R.; Zentes, J.* (Hrsg.): Handwörterbuch des Marketing, 2. Aufl., Stuttgart 1995, Sp. 1897-1908.

Modezentren

Spezielle → Großhandelszentren für modische Produkte, insb. Bekleidung, die im → Mode-Marketing wegen der Vielzahl kleinerer Einzelhändler, des oft unsteten Absatzverlaufes und der Notwendigkeit visueller Prüfung der Ware eine gewisse Marktbedeutung besitzen.

Modezielgruppen

Ebenso wie in anderen Branchen gilt die Findung von → Zielgruppen in der Mode der Bildung von möglichst homogenen Konsumentengruppen, für die ein einheitliches und bedürfnisgerechtes → Mode-Marketing durchgeführt werden kann (→ Marktsegmentierung).
Die Differenzierung der Konsumansprüche und das Auseinanderdriften von Teilmärkten macht es erforderlich, Motive, Bedürfnisse und Stilpräferenzen der unterschiedlichen Verbrauchergruppen genau zu betrachten. Eine Marktsegmentierung, die sich nur an Merkmalen wie beispielsweise Alter, Geschlecht oder Einkommen orientiert, ist für den Bereich der Mode nicht (mehr) ausreichend. Potentielle Käuferinnen und Käufer von Mode sind nicht nur unter statisch-demographischen Gesichtspunkten zu betrachten, sondern als komplexe Verbraucherpersönlichkeiten zu beurteilen.
Für den Modemarkt sind dabei besonders Markenorientierung, Preisorientierung, Beratungsorientierung, Geschmacksorientierung, Emotion und Extraversion von Bedeutung. Anhand der Einstellungen der Konsumenten zu diesen Bereichen werden sie bestimmten Mode-Typen zugeordnet. Wegen des hohen Erhebungsaufwandes werden solche Typologien vor allem im Auftrag von Industrie und Verlagen entwickelt (z.B. Spiegel-Studie „Outfit", Gruner+Jahr-Studie „Brigitte-Kommunikationsanalyse", GfK „Euro-Socio-Styles Textil" oder „HML-Zielgruppensystem" nach Dr. Leichum).
In den Typologien für die Modezielgruppen wird grundsätzlich zwischen weiblichen und männlichen Zielgruppen differenziert. In *Abbildung 1* werden exemplarisch die er-

Modezyklen

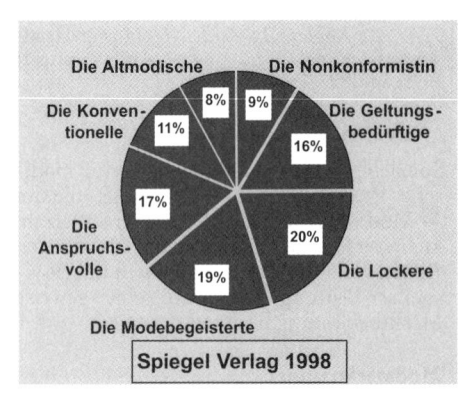

Abb. 1: Zielgruppenstrukturen im Markt für Damenmode

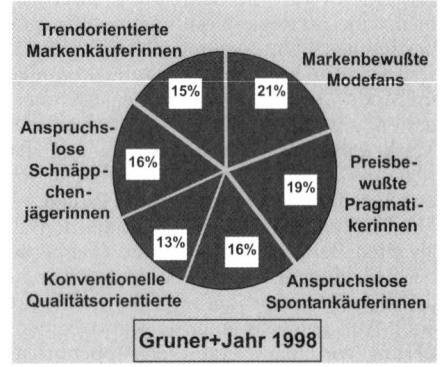

[Linkes Kreisdiagramm, Spiegel Verlag 1998:]
- Die Altmodische: 8%
- Die Nonkonformistin: 9%
- Die Geltungsbedürftige: 16%
- Die Lockere: 20%
- Die Modebegeisterte: 19%
- Die Anspruchsvolle: 17%
- Die Konventionelle: 11%

[Rechtes Kreisdiagramm, Gruner+Jahr 1998:]
- Trendorientierte Markenkäuferinnen: 15%
- Markenbewußte Modefans: 21%
- Preisbewußte Pragmatikerinnen: 19%
- Anspruchslose Spontankäuferinnen: 16%
- Konventionelle Qualitätsorientierte: 13%
- Anspruchslose Schnäppchenjägerinnen: 16%

mittelten Zielgruppenstrukturen des Spiegels (Outfit 4) und von Gruner+Jahr (Brigitte Kommunikationsanalyse '98) im Markt für Damenmode vorgestellt.

Mit den innerhalb der Typologien ermittelten Zielgruppen werden für das Mode-Marketing bedeutende Verbrauchersegmente beschrieben, die sowohl Bezug auf deren allgemeine Wertorientierung, als auch auf deren kundenspezifischen Besonderheiten nehmen (siehe *Abb. 2*).

Die Ergebnisse der Typologien lassen sich vorzugsweise auf das Bekleidungsverhalten der einzelnen Typen in Alltagssituationen anwenden. Für besondere Ereignisse wie z.B. den Besuch einer Sportveranstaltung oder einer Hochzeit müssen die Zielgruppen um Ereignis- oder Erlebnisfelder erweitert werden, die ein solches situationsspezifisches Bekleidungsverhalten berücksichtigen.

A.H./F.Ri.

Literatur: *Gruner+Jahr*: Brigitte Kommunikationsanalyse '98, Hamburg 1998. *Hermanns, A.; Schmitt, W.; Wißmeier, U.K.:* Handbuch Mode-Marketing, 2. Aufl., Frankfurt a.M. 1999. *Spiegel-Verlag*, Outfit 4: Zielgruppen, Marken, Medien, Hamburg 1998.

Modezyklen → Mode

Abb. 2: Kurzcharakteristik des Modetyps „Die Lockere" der Outfit 4-Studie

Einstellung zu Kleidung und Mode	*Markenorientierung*
– Die Kleidung soll die Persönlichkeit unterstreichen – überzogenes Styling wird aber abgelehnt – Vorliebe für unkomplizierte, lässige und androgyne Mode; man trägt das, worin man sich wohlfühlt (z.B. Jeans-Mode) – Konfliktlose Anpassung des Outfits an situative Erfodernisse	– Außer bei High-Interest-Produkten (z.B. Jeans, Turnschuhe) vergleichsweise geringes Markenbewusstsein – Geringe Markenbildung, Distanz zu teuren und exklusiven Marken, Profilierung über Marken spielt eine untergeordnete Rolle – Am Wichtigsten an einer Kleidungsmarke: dass sie einen Lebensstil verkörpert, der mir gefällt/dass sie mir hilft, meine Persönlichkeit auszudrücken
Kaufverhalten	*Lebenswelt Grundorientierung*
– Überdurchschnittliche Kaufhäufigkeit bei High-Interest-Produkten (z.B. Jeans, T-Shirts, Sport- und Freizeitbekleidung); geringe bis mittlere Ausgabenbereitschaft – Die wichtigsten Kaufkriterien: Qualität, Bequemlichkeit, Preis – Bevorzugte Kaufstätten: Jeans-Laden, Boutique, Sportartikel-Geschäft, Second-Hand-Laden, Flohmarkt	– Aufgeschlossenheit für neues, Ablehnung einschränkender Konventionen, Toleranz gegenüber abweichenden Lebensformen – Hedonische Grundeinstellung und Erlebnisorientierung – High-Tech-Faszination

Modifikationsindex

Kriterium zur Modellselektion in Strukturgleichungsmodellen (SEM der → Kausalanalyse). Es ermöglicht bei Vorgabe der Variablenstruktur die stufenweise Exploration des am besten fittenden Modells. Der Index ist für einen gegebenen fixierten Parameter gleich der erwarteten Verringerung im Chi^2-Wert, wenn dieser Parameter im vorliegenden Modell frei geschätzt wird.   L.H.

Modular Sourcing → Sourcing-Konzepte

Modullieferant → Zuliefergeschäft

Modus → Mittelwerte

Mogelpackung

Form der → Verpackungsgestaltung, bei der das äußere Erscheinungsbild im Missverhältnis zum effektiven Inhalt der Packung steht und z.B. den irrtümlichen Eindruck erweckt, dass die Packung mehr als den Inhalt enthält. Mogelpackungen sind nach Deutschem Wettbewerbsrecht unzulässig. Im → Eichgesetz heißt es: „Fertigpackungen müssen so gestaltet sein, dass sie keine größere Füllmenge vortäuschen, als in ihnen enthalten ist."

Monadischer Test → Produkttest

MONANOVA (MONotonic ANalysis of VAriance)

ist ein Computer-Programm, beruhend auf einer monotonen Varianzanalyse, das die Schätzung eines Teilnutzen-Modells in der → Conjointanalyse ermöglicht. Mit Hilfe eines Gradientenverfahrens, wird ein Gütekriterium - häufig als → Stress oder „theta" bezeichnet - iterativ derart minimiert, dass die prognostizierte Rangfolge möglichst genau der beobachteten Präferenzrangfolge (→ Präferenzurteil) entspricht. Hierzu werden die beobachteten Präferenzrangdaten p_k über eine monotone Transformation f_m derart angepasst, dass sie den durch das Präferenzmodell gewonnenen Präferenzwerten y_K weitgehend entsprechen:

$$p_k \xrightarrow{f_m} z_k \approx y_k$$

mit

p_k = beobachtetes Präferenzurteil über Stimulus s,

z_k = monoton transformiertes Präferenzurteil,

y_k = aus dem Modell ermittelter Präferenzwert,

$\approx$ = möglichst gute Übereinstimmung.
   L.H.

Literatur: *Kruskal, J.B.:* Analysis of Factorial Experiments by Estimating a Monotone Transformation of Data, in: Journal of Royal Statistical Society, Series B (1965), S. 251–263. *Kruskal, J.B.; Carmone, F.J.:* Use and Theory of MONANOVA, a Program to Analyze Factorial Experiments by Estimation Monotone Transformations of the Data, Bell Telefone Laboratories, Murray Hill, N.J.

Mondpreis

ist im allgemeinen Sinne ein vom Anbieter bewußt weit über den marktfähigen Preis angesetzte Preisforderung, die im Laufe des Verkaufsprozesses abgesenkt wird und so den Anschein von → Rabatten bzw. besonderer → Preisgünstigkeit („Preisgelegenheit"), erzeugen soll. Mit dem Wegfall des Rabattgesetzes werden solche → Irreführungsversuche wieder häufiger auftreten, zumal sie nur sehr schwer zu kontrollieren sind.

Die ursprüngliche und in der Rechtsprechung behandelte Erscheinungsform von Mondpreisen sind überhöhte unverbindliche → Preisempfehlungen der Hersteller, die dem Handel Anreiz geben sollen, das Produkt auf Lager zu nehmen und mit (scheinbaren) Preisnachlässen wettbewerbswirksam zu vermarkten. Solche Mondpreise sind nach § 23 Abs. 3 Nr. 3 GWB ebenso wie nach den Wettbewerbsregeln des Markenverbandes wettbewerbswidrig. Die Preisempfehlung ist dann missbräuchlich. Eine Werbung mit der → Preisgegenüberstellung von empfohlenem Herstellerpreis und tatsächlichem Händlerpreis ist irreführend und verletzt § 3 UWG.
   H.D./ H.-J.Bu.

Monitoring, strategisches
→ Frühwarnsysteme

Monomesse → Messen- und Ausstellungen

Monopol (rechtlich)

Marktform, bei der ein Unternehmen als Anbieter oder Nachfrager einer bestimmten Art von Waren oder gewerblichen Leistungen ohne Wettbewerber ist (→ Marktformenschema). Die Monopolstellung kann rechtliche oder tatsächliche Gründe haben.

Monopoltheorie

Rechtliche Monopole sind häufig durch Gesetz dem Staat vorbehalten (Finanzwesen, Arbeitsvermittlung, Post, Fernmeldehoheit). Tatsächliche Monopole bestanden bisher für Energieversorgungsunternehmen mit ihren Versorgungsgebieten, für Verwertungsgesellschaften, für Verkehrsflughäfen und nationale Linienflugunternehmen sowie bei sonstigen natürlichen Monopolen aufgrund einer günstigen Marktsituation (z.B. seltenen Rohstoffvorkommen). Gesetzliche Monopole bestehen ferner durch → Patente, gewerbliche Schutzrechte und → Urheberrechte. Das Monopol unterliegt als Fall der → Marktbeherrschung nach § 19 GWB der Missbrauchsaufsicht über → marktbeherrschende Unternehmen. Vertragliche Monopole beruhen auf einer vertraglichen Wettbewerbsbeschränkung und unterliegen damit dem Kartellverbot (→ GWB).

Im bürgerlichen Recht wird der Missbrauch einer Monopolstellung dazu, dem Vertragspartner unangemessene Bedingungen aufzuzwingen, als Verstoß gegen die guten Sitten nach § 138 BGB gewertet. Monopolunternehmen unterliegen einem gesetzlich besonders geregelten oder aus allgemeinen Rechtsgrundsätzen hergeleiteten → Kontrahierungszwang, d.h. einem Zwang zum Abschluss von Verträgen zu angemessenen Bedingungen. Für Monopolverbände hat die Rechtsprechung die Verpflichtung zur Aufnahme eines Beitrittswilligen angenommen (s. auch § 20 Abs. 6 GWB). Der Missbrauch eines Monopols kann auch zum Schadensersatz wegen unerlaubter Handlung nach § 826 BGB verpflichten.

In der → Preistheorie sind Monopole als besonders einfach zu modellierende Marktform eingehend analysiert worden. H.-J.Bu.

Monopoltheorie → Preistheorie

Monotoniebedingung
→ Skalentransformation

Monte-Carlo-Simulation
→ Simulationsverfahren

Moral Hazard → Institutionenökonomik

Morphologie
Systematisch-analytische Methode (→ Kreativitätstechnik) bei der verschiedene, voneinander unabhängige Parameter (Teile) so lange miteinander kombiniert werden, bis eine (oder mehrere) innovative Problemlösung(en) gefunden sind. Morphologie als Lehre von Gebilden und Strukturen besagt, dass die Parameter so lange logisch und kompatibel miteinander verknüpft werden, bis ein „stabiles Gebilde entsteht" (*Morphologischer Kasten*). Hilfsmittel sind Blockdiagramme, so genannte „W"-Fragen sowie Visualisierungen, in neuerer Zeit auch computergestützte Planungstechniken.

Motivation (Motive)

Unter Motivation versteht man ein hypothetisches Konstrukt des → Käuferverhaltens, mit dem die Antriebe, also die Ursachen des Verhaltens erklärt werden sollen. Die Motivations- (oder Motiv-) forschung beschäftigt sich mit den Fragestellungen, aus welchen Beweggründen Konsumenten bestimmte Kaufentscheidungen treffen oder wann und warum manche Betriebsformen des Handels oder bestimmte Werbebotschaften (→ Werbepsychologie) präferiert werden und andere nicht. Auf der Basis unterschiedlicher Konsummotive lassen sich außerdem Konsumententypologien bilden (z.B. „smart shopper", „variety seeker"), für die gezielte Marketingmaßnahmen abgeleitet werden können. Das Motivationskonstrukt ist eng mit den Begriffen → Emotion" und → „Einstellung" verbunden. Emotionen gelten als die grundlegenden menschlichen Antriebskräfte. Einer Emotion fehlt in der Regel allerdings eine Ausrichtung auf konkrete Handlungsziele. Wird eine innere Erregung mit einer solchen kognitiven Zielorientierung gekoppelt, so sprechen wir von Motivation (zielorientierter Antriebsprozess). Anders ausgedrückt: Die auf Emotionen und Trieben beruhenden inneren Erregungsvorgänge treten in Wechselwirkungen mit kognitiven Prozessen, die das Verhalten des Individuums auf spezifische Ziele ausrichten. Motivationen bestehen somit aus zwei Komponenten. Die emotionale Komponente stellt die Grundlage für die Auslösung eines Handlungsprozesses dar, während die Wissenskomponente für die Richtung der Handlung verantwortlich ist (*Trommsdorff*, 1998, S. 108). Für die Auswahl der Produkte, Marken oder Einkaufsstätten, die den erlebten Spannungszustand am besten beseitigen können, kann das Individuum auf die intern gespeicherten Einstellungen zu den unterschiedlichen Meinungsgegenständen zurückgreifen.

Motivation (Motive)

Die Begriffe Motivation und Motiv sind eng miteinander verwandt. Der Ausdruck „Motiv" wird vielfach zur Kennzeichnung einer überdauernden, latenten Disposition benutzt, während sich der Begriff „Motivation" auf den Prozess der Aktualisierung eines Motivs bezieht (*Kroeber-Riel; Weinberg*, 1999, S.57).

In der Literatur werden *primäre* und *sekundäre* Motive voneinander unterschieden. Bei Ersteren handelt es sich um angeborene Bedürfnisse, wie z.B. Hunger oder Durst, die jedes Individuum stillen muss, um existieren zu können. Die sekundären Motive werden im Laufe des Sozialisierungsprozesses erworben. Hier erfährt das Individuum zum einen, wie primäre Motive zufrieden gestellt werden können (z.B. Gelderwerb als sekundäres Motiv, um Hunger als primäres Motiv zu befriedigen), zum anderen lernt das Individuum durch die Interaktion mit anderen Menschen und Situationen weitere Bedürfnisse kennen, die zwar nicht lebensnotwendig sind, aber für das Individuum von großer Bedeutung sein können (z.B. Macht- oder Statusstreben). Vielfach wird zur Unterscheidung primärer und sekundärer Motivklassen auch das Wortpaar physiologische (angeborene Bedürfnisse) und psychologische Motive verwendet. Die psychologischen Motive sind in der Regel von der Kultur abhängig, in der das Individuum aufwächst (→ Cross-Cultural-Forschungsansatz).

Die *Bedürfnispyramide von Maslow* (1954) gilt als eine der bekanntesten, aber auch umstrittensten Versuche, Motive zu klassifizieren. *Maslow* unterscheidet fünf Motivklassen, die hierarchisch geordnet sind, d.h. wenn Bedürfnisse einer Ebene befriedigt sind, wird die nächst höhere Stufe aktiviert. Auf der untersten Ebene sind die physiologischen Bedürfnisse wie Hunger und Durst angesiedelt. Sind diese zufrieden gestellt, strebt das Individuum zunächst nach Sicherheit und dann auf der nächsten Stufe nach Zuneigung und Liebe. Auf der vierten Ebene werden Motive wie Selbstachtung und Geltungsstreben relevant. Auf der obersten Stufe steht schließlich der Wunsch nach Selbstverwirklichung. Bei den ersten vier Stufen handelt es sich um so genannte „Defizitbedürfnisse", die durch Mangel an bedürfnisreduzierenden Reizen entstehen. Bei der Selbstverwirklichung handelt es sich dagegen um ein Wachstumsbedürfnis, das durch das aktive Streben des Individuums gekennzeichnet ist und sich immer weiter entwickelt.

Kritische Äußerungen zu der Bedürfnispyramide von Maslow geben zu bedenken, dass viele Menschen oder unterschiedliche Kulturkreise andere Rangfolgen bevorzugen und daher die empirische Fundierung mangelhaft sei. Weiterhin bliebe unklar, unter welchen Bedingungen die nächst höher gelegene Hierarchiestufe aktiviert werde und ob dabei stets eine vollständige, hundertprozentige Befriedigung eines Defizitmotivs vorliegen müsse. Trotz der berechtigten Kritik hat die Bedürfnispyramide von Maslow in der Literatur viel Anklang gefunden und diverse Forschungsarbeiten angeregt.

Eine weitere Motivklassifikation der 50er-Jahre stammt von der *psychoanalytischen Motivforschung* (*Ernest Dichter, Vance Packard, Sigmund Freud*). *Ernest Dichter* beispielsweise behauptet, dass der Verzehr von Speiseeis den Wunsch nach Sicherheit stillen könne, während Ketchup das Unabhängigkeitsstreben und Wodka den Wunsch nach Individualität befriedigen könne. Diese psychoanalytisch gewonnenen Erkenntnisse werden heute jedoch stark angezweifelt und spielen in der Forschung nur noch eine untergeordnete Rolle, da die Hypothesenbildung als sehr spekulativ gilt und die Forschungsergebnisse intersubjektiv nicht nachvollziehbar sind.

Von *Trommsdorff* (1998) stammt eine Klassifikation von *Konsummotiven mittlerer Reichweite*, die auf unterschiedliche Produkte anwendbar ist. Danach können folgende Motive beim Kauf von Produkten bzw. Marken unterschieden werden:

(a) Ökonomik, Sparsamkeit, Rationalität
(b) Prestige, Status, soziale Anerkennung
(c) Soziale Wünschbarkeit, Normenunterwerfung
(d) Lust, Erregung, Neugier
(e) Sex, Erotik
(f) Angst, Furcht, Risikoneigung
(g) Konsistenz, Dissonanz, Konflikt.

In den letzten 15 Jahren hat sich die verhaltenswissenschaftliche Forschung verstärkt mit der empirischen Erfassung von *Einkaufsmotiven* und deren Bedeutung für das → Handelsmarketing beschäftigt. Einkaufsmotive werden als fundamentale, zielorientierte innere Kräfte definiert, die durch Einkaufsaktivitäten befriedigt werden können. Beispielsweise können die folgenden Einkaufsmotive voneinander unterschieden werden (*Gröppel-Klein*, 1998, S. 108ff.):

Motivation (Motive)

(a) Preisorientierung (auch Schnäppchensuche; s.a. → Preisinteresse)
(b) Stimulierung (Wunsch nach Einkaufserlebnissen; s.a → Aktivierung)
(c) Orientierung an Markenzeichen oder Gütesiegeln Qualitätsorientierung und Unsicherheitsvermeidung; s.a. → Kaufrisiko)
(d) Kommunikation (Wunsch nach zwischenmenschlichen Kontakten)
(e) Verhandlungsorientierung (Wunsch, Preise herunterzuhandeln, Basar-Atmosphäre)
(f) Kaufoptimierung (sorgfältige Auswahl, Wunsch, das Allerbeste für die Familie bzw. für sich zu kaufen; s.a. → Leistungsmotivation)
(g) Praktikabilität (→ lean consumption)

Die Ergebnisse empirischer Studien (*Gröppel-Klein et al.*, 1998) zeigen die Bedeutung der Einkaufsmotive für das Verhalten am Point-of-Sale auf. Einkaufsmotive können die am Point-of-Sale erlebten Emotionen sowie die Verweildauer, die Erkundungsbereitschaft und das Kaufinteresse beeinflussen. Die Einkaufsmotive sind gleichfalls entscheidend, wenn der empfundene persönliche Eignungsgrad von Einkaufsstätten beurteilt werden soll. Hier kann man erkennen, dass unterschiedliche Marketingkonzepte (Betriebsformen) des Handels unterschiedliche Einkaufsmotive befriedigen.

Der in einer Gesellschaft zu beobachtende → Wertewandel kann die Relevanz einzelner Konsum- oder Einkaufsmotive verändern. So ist beispielsweise seit den 80er-Jahren ein verstärkter Wunsch nach emotionaler Anregung beim Einkaufen zu beobachten. Gleichfalls können auch die Produkte und Dienstleistungen der Anbieter die Motivstrukturen der Nachfrager beeinflussen. Darüber hinaus zeigt die lernpsychologische Motivforschung (→ Lerntheorie), dass die Bedeutung unterschiedlicher Kaufmotive auch von Reinforcementprozessen abhängig sein kann (Belohnung bzw. Bestrafung des Konsumverhaltens durch die soziale Umgebung).

In der Motivforschung konkurrieren derzeit (ähnlich wie in der → Emotionsforschung) zwei Forschungsrichtungen um das bessere Erklärungskonzept:

(a) Die kognitionspsychologische Motivforschung
Hier steht die bewusst abwägende Zielorientierung des Menschen und damit die kognitive Komponente des Motivkonstruktes im Mittelpunkt. Die Motivation – also die mehr oder weniger stark ausgeprägte Tendenz, eine Handlung auszuführen – ist abhängig vom subjektiv gesehenen Ziel-Mittel-Zusammenhang und vom subjektiv erwarteten Befriedigungswert des Ziels. Der kognitive Motivationsbegriff entspricht damit dem Einstellungskonzept der → „means-end-analysis", d.h. das Individuum bewertet zum einen den Befriedigungswert eines Ziels bzw. dessen subjektive Bedeutung und prüft zum anderen, inwieweit ein Gegenstand als Mittel zur Erreichung des Zieles geeignet ist. Die aktivierende Komponente wird bei dieser Sichtweise vernachlässigt.

(b) Die emotionspsychologische Motivforschung
kritisiert dagegen, dass nicht vor jeder Handlung eine bewusst abwägende Zielorientierung stattfinden müsse und stellt die inneren Antriebskräfte in den Vordergrund. Beispielsweise könne das Bedürfnis nach Kommunikation so stark sein, dass jeder Gesprächspartner akzeptiert werde, die Zielorientierung somit eine untergeordnete Rolle spiele. Gleichfalls könnten auch weniger bewusste Emotionen Handlungen auslösen.

Die entwickelten Konzepte zur *Messung von Motiven* sind vielfältig. Es werden → Assoziationstests und projektive Tests genutzt, „warum-Fragetechniken", verbale und nonverbale Emotionsskalen oder psychobiologische Verfahren. Grundsätzlich ist die Wahl des Messverfahrens stark von der jeweils präferierten Forschungsperspektive abhängig. Die kognitiv-orientierten Motivforscher nutzen vor allem die sogenannte → „Laddering-Technik" (*Grunert*; *Grunert*, 1995). Sie versucht, Ziel-Mittel-Beziehungen sichtbar zu machen und damit darzustellen, aus welchen unter- und übergeordneten Gründen ein konkreter Produktkauf entsteht. Mittels spezieller Fragetechniken sollen die Konsumenten Auskunft geben über die für sie relevanten konkreten Produkteigenschaften (z.B. „geringer Alkoholgehalt eines Getränkes") und abstrakten Merkmale („man wird nicht so schnell betrunken"), über die erwarteten funktionalen Konsequenzen („man bleibt im Gespräch länger kompetent") sowie über die übergeordneten Werte, die letztendlich mit dem Produkt befriedigt werden sollen (z.B. „Wunsch nach sozialer Anerkennung"). Die emotional-orientierten

Konsumforscher konzentrieren sich dagegen auf die Messung der emotionalen Komponente, nutzen hier beispielsweise subjektive Erlebnisskalen zur Messung der Qualität der inneren Erregung oder psychobiologische Verfahren zur Ermittlung der Intensität der empfundenen Aktivierung (siehe → Emotion). Grundsätzlich ist es durchaus möglich, die emotionalen und kognitiven Komponenten der Motivation getrennt zu operationalisieren und zu messen. Zur vollständigen und damit validen Erfassung des Konstruktes sollte jedoch eine Verknüpfung der beiden Komponenten erfolgen.

Neben der Ermittlung von Motivationen spielt im Marketing auch die Analyse intrapersoneller, *Motivkonflikte* eine große Rolle. Dabei sind die Begriffe *Appetenz* und *Aversion* zu unterscheiden. Unter Appetenz wird die Annäherung an ein subjektiv anziehendes Verhaltensziel verstanden, bei Aversion wird ein Verhaltensziel gemieden. Ein Appetenz-Appetenz-Konflikt kann entstehen, wenn zwei Ziele eine gleich hohe Attraktivität aufweisen. Hier wird auch von einem *Präferenzkonflikt* gesprochen (Qual der Wahl zwischen Marke A und B). Bei einem Aversions-Aversions-Konflikt kann sich das Individuum nicht für das geringere Übel entscheiden, weil beide Ziele mit einer gleich hohen Abneigung einhergehen. Beim *Ambivalenz-Konflikt* löst ein und dasselbe Ziel sowohl positive als auch negative Verhaltenstendenzen aus (prestigeträchtiger Markenname, aber hoher Preis). A.G.-K.

Literatur: *Gröppel-Klein, A.:* Wettbewerbsstrategien im Einzelhandel. Chancen und Risiken von Preisführerschaft und Differenzierung im Non-Food-Handel unter Berücksichtigung der Managerpersönlichkeit, Wiesbaden 1998. *Gröppel-Klein, A.; Thelen, E.; Antretter, C.:* Der Einfluss von Einkaufsmotiven auf die Einkaufsstättenbeurteilung. Eine empirische Untersuchung am Beispiel des Möbeleinzelhandels, in: *Trommsdorff, V.* (Hrsg.): Handelsforschung 1998/99, Wiesbaden, S. 77-99, 1998. *Grunert, K.G.; Grunert, S.C.:* Measuring subjective meaning structures by the laddering method. Theoretical considerations and methodological problems, in: International Journal of Research in Marketing, 12. Jg. (1995), S.209-225. *Kroeber-Riel, W.; Weinberg, P.:* Konsumentenverhalten, 7. Aufl., München 1999. *Trommsdorff, V.:* Konsumentenverhalten, 3. Aufl., Stuttgart u.a. 1998.

Motivkonflikte → Motivation

Moving-Average-Prozess
→ Box-Jenkins-Verfahren

MP3-Verfahren
→ Elektronische Produkte

MPM-Verfahren
→ Metrapotentialmethode

Multi-Channel-Marketing
→ Mehrgleisiger Vertrieb (Mehrkanalsysteme), → Multiple Cannel-Bankvertrieb

Multidimensionale Skalierung
→ Mehrdimensionale Skalierung

Multifunktionskarte

Plastikkarte, die neben der Funktion als Zahlungskarte auch andere Funktionen übernehmen kann. Neben der Garantie- (→ eurocheque-Karte) und Kreditfunktion (→ Kreditkarte) sind insbesondere Informationsfunktionen sowie persönliche Datenbanken als Element einer multifunktional gestalteten Karte vorstellbar. Multifunktionskarten (Multiapplikationskarten) werden in zunehmendem Maße im Rahmen von Kundenbindungssystemen vom Handel, der Industrie und den Banken eingesetzt.
O.B.

Multi-Item Profil
→ Semantisches Differential

Multikollinearität

Unerwünschter linearer Zusammenhang zwischen den exogenen Variablen eines linearen Modells (→ Regressionsanalyse). Tritt als graduelles Problem bei der Schätzung von multiplen Regressionsmodellen auf. Variablen, besonders in Zeitreihen, sind fast immer mehr oder weniger kollinear. Exakte Multikollinearität führt dazu, dass die Matrix $\underline{X}'\underline{X}$ singulär ist und nicht mehr invertierbar ist. Für die → Kleinste-Quadrate Schätzung heißt dies, dass $(\underline{X}'\underline{X})^{-1}$ nicht existiert. Graduelle Multikollinearität führt zur Aufblähung der Standardabweichungen der Regressionskoeffizienten. Die Schätzung verliert so an Zuverlässigkeit und es können inkonsistente Vorzeichen auftreten. Eine Testmethode auf Multikollinearität liefern *Ferrar* und *Glauber*. Daneben ist die Ermittlung von kollinearen Variablen über einen → F-Test möglich. Die Bildung von Variablenkombinationen, die Elimination von Variablen oder der Einsatz anderer Schätzmethoden, z.B. Ridge Regression, bieten geeignete Lösungsmöglichkeiten.
L.H.

Literatur: *Ferrar, D.E.; Glauber, R.R.*: Multicollinearity in Regression Analysis: The Problem Revisited, in: Review of Economics and Statistics, Vol. 49 (1967), S. 92–107.

Multi-Kulturalismus

bezeichnet einerseits Präsenz verschiedenartiger → Kulturen innerhalb des Unternehmensverbunds und andererseits die Notwendigkeit, auch extern mit einer kulturell heterogenen Umwelt umzugehen.

Multi-Layer-Perception (MLP)
→ Neuronale Netze

Multi-Level-Marketing

Das Multi-Level- oder Network-Marketing hat sich bereits in den vierziger Jahren in den USA entwickelt und stellt eine spezielle Form des → Direktvertriebs dar. Da die Einkommensmöglichkeiten für die Außendienstmitarbeiter im klassischen Direktvertrieb begrenzt waren, entstand diese neue Organisationsform und eröffnete eine zweite Verdienstmöglichkeit. Neben dem persönlichen Verkauf von Waren an Endverbraucher kann der Vetriebsrepräsentant sein eigenes Vertriebsnetz aufbauen. Er erhält für die Einarbeitung, Betreuung und Schulung der neuen, selbst geworbenen Vertriebsrepräsentanten einen Bonus.

Das so in den USA entstandene Vertriebssystem gewann in den letzten Jahren in Europa und besonders auch in Deutschland schnell an Bedeutung. Vor allem in den Branchen Kosmetik, Nahrungsergänzungsmittel, Haushaltswaren und Modeschmuck ist es relativ stark vertreten.

Zusätzlich zum Verkauf der Produkte bietet diese Organisationsform jedem Vertriebsrepräsentanten die Möglichkeit, gegen eine leistungsabhängige Vergütung in eigener Initiative nach Vorgaben des Unternehmens neue Vertriebsmitarbeiter zu gewinnen, einzuarbeiten, zu schulen und weiterhin laufend zu betreuen. Die eingesetzten Vertriebsrepräsentanten kaufen die Ware vom Unternehmen, um sie dann wieder an Endverbraucher zu verkaufen.

Streng genommen (Direktvertrieb im engeren Sinne) wäre ein solcher Vertrieb über selbständige Händler kein Direktvertrieb. Doch wurde in der Definition des Direktvertriebs aus Nachfragerperspektive dieser als persönlicher Verkauf in wohnungsnaher Umgebung bezeichnet, und daher wird diese Art des Verkaufs zum Direktvertrieb gezählt.

Außerdem beinhaltet das Multi-Level-Marketing Elemente des → Franchising, da der Vertrieb selbständig, aber in enger Zusammenarbeit mit dem Unternehmen durchgeführt wird. Die Vertriebsrepräsentanten sind selbständig und arbeiten üblicherweise im Rahmen eines vom Systemträger kontrollierten Franchiseprogramms. Es ist aber zu beachten, dass die Vertriebsrepräsentanten durch die Mitwirkung beim Aufbau und der Betreuung der Vertriebsorganisation durch die „normative Kraft des Faktischen" auf jeden Fall zu Handelsvertretern im Sinne der §§ 84 ff. HGB werden, gleichgültig, unter welchem Rechtsstatus sie ihre Verkaufstätigkeit gegenüber den Endabnehmern ausüben und obwohl der Vertrag mit dem Unternehmen und sämtliche andere Unterlagen sie nicht als solche bezeichnen.

Aufgrund der Ausbildung von hierarchischen Verkäuferketten wird das Multi-Level-Marketing oft mit dem *Pyramiden-* bzw. → Schneeballsystem und der „Progressiven Kundenwerbung" (§1 UWG) in Verbindung gebracht. Hierbei werden die Vertriebsrepräsentanten von dem Unternehmen veranlasst, eine bestimmte Warenmenge als Depot abzunehmen, und es wird ihnen ein finanzieller Vorteil für die Anwerbung neuer Vertriebsmitarbeiter versprochen. Bei der progressiven Kundenwerbung liegt die Haupttätigkeit der Vertriebsrepräsentanten in dem Aufbau eines eigenen Vertriebsnetzes, d.h. die Ware wird vor allem in die eigene Struktur hinein verkauft. Der Systemträger lebt davon, den neuerrichteten Vertriebsapparat mit Ware anzufüllen (pipe filling). Solche Systeme sind im Sinne der §§ 1, 6c UWG sittenwidrig. In Unternehmen des klassischen Direktvertriebs trifft man Verkäuferstrukturen an, d.h. es wird an den Endabnehmer verkauft und nicht in die Organisation selbst. In Multi-Level-Marketing-Unternehmen besteht dagegen die Gefahr, in die eigene Struktur hinein zu verkaufen.

Dennoch unterscheiden sich Multi-Level-Marketing-Unternehmen ganz erheblich von den untersagten Pyramiden- bzw. Schneeballsystemen. Zum einen werden Vertriebsrepräsentanten von Multi-Level-Marketing-Unternehmen nicht dazu veranlasst, Warendepots anzulegen. Vielmehr ist davon auszugehen, dass auch die jeweiligen Vertragspartner mehrstufig vernetzter Marketingsysteme mit Widerrufsrechten gemäß §§ 1, 2 HausTWG ausgestattet sind (→ Fernabsatz). Zum anderen erhalten sie keine Provisionen und Boni für die erfolgreiche Anwerbung neuer Vertriebsrepräsentanten. Bei den Provisionen und Boni handelt es sich vielmehr um erfolgsabhängige Leistungsentgelte. Diese werden für die Übernahme und Erledigung klar umrissener Aufgaben gezahlt, die den Vertretern der diversen Organisationsstufen gegenüber den verschiedenen Untergliedern ihrer Verantwortungslinie (d.h. der Teil der Vertriebsorganisation, der auf sie zurückzuführen ist und für den sie verantwortlich sind) obliegen.

Vertriebsrepräsentanten, die zum Aufbau der Vertriebsorganisation beitragen, also andere Vertriebsmitarbeiter anwerben und diese bei ihrer Verkaufstätigkeit, aber auch bei ihrer eigenen Strukturarbeit schulen, laufend betreuen, unterstützen und motivieren, erhalten als Entgelt für diese Organisationsarbeit (Strukturarbeit) Provisionen und Boni. Diese Entgelte beruhen auf der Basis der mit den Angehörigen ihrer Verantwortungslinie erzielten Umsätze bzw. auf der Basis des Ausbaus ihrer Verantwortungslinie. H.H.

Literatur: *Holland, H.*: Der Direktvertrieb im Business to Consumer-Bereich, in: *Pepels, W.* (Hrsg.): Absatzpolitik, München 1998, S. 55-79. *Tietz, B.*: Der Direktvertrieb an Konsumenten, Stuttgart 1993

Multimedia

ist eine relativ unbestimmte Bezeichnung der Medienwissenschaft für die integrative Nutzung unterschiedlicher Medienformen, wie Text, Grafik, Ton und Bewegtbild, und der aktiven Einbindung des Rezipienten bei der Präsentation von Informationen. Als Ergebnis bietet Multimedia eine mehrere Sinnesorgane gleichzeitig ansprechende (*Multimodalität*), verschiedene Formate zur Kodierung von Botschaften nutzende (*Multicodalität*) und interaktive (→ *Interaktivität*) Kommunikationsform. Im Marketing findet Multimedia seine Anwendung im → interaktiven Marketing, insbesondere in der Kommunikation und im Vertrieb (→ Online-Marketing).

Ziele des Einsatzes von Multimedia in der *Kommunikation* sind ein gesteigertes Involvement beim Rezipienten aufgrund der Multimodalität und Interaktivität sowie die verständlichere Darstellung komplexer Informationsstrukturen aufgrund der Multicodalität. So können z.B. die Vorteile einer komplexen Fertigungsmaschine mit Hilfe einer multimedialen Kommunikation durch die Kombination von Textinformation, Bildinformation und Videosequenzen eindrucksvoller kommuniziert werden und somit eine höhere Werbewirkung erzielen. Neben der qualitativen Verbesserung der Kommunikation durch die Integration unterschiedlicher Darstellungsformen bewirkt Multimedia auch die Integration von Anwendungsbereichen, wie z.B. bei der Einbindung von zielgerichteter Information (Infotainment) oder Lerninhalten (Edutainment) in Kommunikationsanwendungen mit vordergründigem Unterhaltungsnutzen.

Ziele für den Einsatz von Multimedia im *Vertrieb* sind die unterstützenden Eigenschaften im persönlichen Verkauf (→ Multimedia im Verkauf) sowie die substituierenden Möglichkeiten eines multimedialen Beratungssystems im → Electronic Commerce. B.Ne.

Multimedia im Verkaufsgespräch

Einsatz → neuer Medien in der → Verkaufs- und Außendienstpolitik, z.B. in Präsentationen vor mehr oder weniger großen Auditorien oder im → Verkaufsgespräch mit Kunden oder potentiellen Abnehmern. Der Multimediaeinsatz muss sich auf die hierbei gegebenen Besonderheiten (→ Multimedia) einstellen.

Aufgrund der Miniaturisierung, der Leistungssteigerung und des Preisverfalls lassen sich auch portable Rechner (Portables, Laptops, Notebooks, Subnotebooks und Handhelds) als multimediafähiges Gerät auslegen und einsetzen. In diesem Bereich haben sich nicht nur Rechnerleistungen dramatisch entwickelt, sondern auch die erforderliche Peripherie: Batterien, Displays, Monitore, Massenspeicher wie Festplatten und CD-ROMs, Audiosysteme, Projektionsgerät (z.B. LCD-Projektoren) und Mini-Drucker. Auch die Schnittstellen zum Handy sind von Bedeutung, wenn per Netzanschluss vor Ort neue Information (just-in-time) herangezogen werden soll.

Neben der Erzeugungs- bzw. Autorensoftware müssen auch die Präsentationsprogramme den spezifischen Herausforderungen im Verkaufsgespräch entsprechen. Auch wenn das Angebot an Präsentationssoftware inzwischen zugenommen hat, so sind die Programme für die Einbindung in Videosequenzen und Animationen, für die Gestaltung von einfachen, schnellen Zugriffsmöglichkeiten auf das World Wide Web bzw. auf ausgewählte Webinhalte und internetvermittelte Informationsdienste und für die Integration eines internetbasierten Videoconferencing noch immer verbesserungsbedürftig.

Ansatzpunkte für die PC-Unterstützung im Verkauf
(1) Hilfestellung bei der Gesprächsvorbereitung: Einfache und multimediale → Kundendaten helfen dem Verkäufer, sich auf den Kunden, d.h. dessen Wünsche und Aktionsparameter, richtig einzustellen, sowohl bei der Vorbereitung des Angebotes und der Preisforderung als auch in der Planung einer geeigneten Argumentationskette. Das interaktive Medium macht die klassische Vorabproduktion und Vorabanordnung von Folien, Prospekten und Verkaufsordnern hinfällig.

Eine *just-in-time-Anbindung* kann hinzukommen, zumal der technische Fortschritt ein immer komplexeres und aktuelleres Fachwissen erfordert. Multimediainformationen und -programme vor Ort mit dem Zugriff auf offene Daten (z.B. per CD-ROM) oder auf Online-Möglichkeiten helfen, diese Kompetenz schnell, bedarfsgerecht aufzubauen und aufrechtzuerhalten.

(2) Unterstützung der Gesprächsführung: Multimediafähige DV-Technik in der Hand des Verkäufers erlaubt es zunächst, komplexe, verdeckte und dynamische Sachverhalte recht anschaulich zu vermitteln (Präsentationsvorteil). Die Gefahr, dass das Vorstellungsvermögen überfordert wird, lässt sich drastisch reduzieren.

Die Beratungsqualität steigt außerdem durch die *rechnergestützte Vermeidung von Falschaussagen oder Fehlern* bei der gegebenenfalls rechtlich und sachlich geregelten Konfiguration von Systemen, der Ermittlung von Preisen und dem Bestimmen der Zahlungskonditionen. Auch lässt sich verhindern, dass Ausstattungsvarianten offeriert werden, die gar nicht lieferbar sind. Aktuelle Erwartungen, Neuheiten und Preisänderungen sind schnell eingebunden.

Die Beratungseffizienz gewinnt schließlich durch die gegebenenfalls *optimale Vorabauswahl von Argumentationsketten und Gesprächsabfolgen.* Der „Rote Faden" wird besser durchgehalten und die Gesprächsführung stressfreier, weil sich die Angst, etwas wichtiges zu vergessen, weitgehend erübrigt.

(3) Hilfe und Entlastung bei der Gesprächsnachbereitung: Selbst wenn ein Rechner im Verkaufsgespräch nicht zum Einsatz kommt, kann die Unterstützung der Gesprächsvor- und -nachbereitung den Multimediaeinsatz rechtfertigen. Nach dem Gespräch lassen sich die Vorbereitungen der Geschäftsabwicklung unterstützen, ggf. per Datentransfer zum Innendienst und zum Hersteller, detaillierte Dokumentationen abspeichern und künftige Kontakte in die Zeitplanung des Verkäufers integrieren und schließlich auch informative Grundlagen für ein gezieltes und DV-gestütztes Beziehungsmanagement legen.

Ausgewählte Erfolgsfaktoren
Die Vorteilhaftigkeit des Multimediaeinsatzes im Verkaufsgespräch darf den Blick auf potentielle Probleme nicht verstellen. Nicht alle Kunden und auch nicht alle Verkäufer mögen den PC-Einsatz. Hard- und Software müssen angeschafft und aktualisiert, Präsentationsinhalte sowie Informationshilfen gestaltet und überarbeitet werden. Das Risiko eines Datenverlustes kommt ebenso hinzu wie die Gefahr, dass Unbefugte auf sensible Daten zugreifen.

Die Akzeptanz des Multimediaeinsatzes lässt sich beim Verkaufspersonal durch eine gute, benutzerfreundliche Systemgestaltung, durch nützlich Inhalte, sorgsame und gut terminierte Einführungs- und Fortbildungsmaßnahmen fördern. Gilt es, die Systemanwendung möglichst erfolgreich zu machen, dann ist auch auf die Einbindung der multimediagestützten Verkaufsgespräche in das zugrunde liegende Marketingkonzept zu achten und dabei vor allem in das sog. → Beziehungsmanagement zu integrieren. G.S.

Literatur: *Dreyer, K.:* Präsentationsprogramme, in: Screen/Business Online, 8. Jg. (2000), Heft 1, S. 102–106. *Silberer, G.; Kretschmar, C.:* Multimedia im Verkaufsgespräch: mit zehn Fallbeispielen für den erfolgreichen Einsatz, Wiesbaden 1999.

Multimedia-Kiosk

Multimedia-Kiosksysteme ermöglichen auch Verbrauchern, die nicht über einen PC oder Internetanschluss verfügen, die Teilnahme an internetbasierten Informations- oder anderen elektronischen Informationsdiensten sowie am → E-Commerce. Zum Einsatz kommen solche Systeme auf öffentlichen Plätzen, vor allem aber – als zusätzlicher Service – in Kreditinstituten. Die Möglichkeit, Waren und Dienstleistungen per SB-Terminal zu bestellen und mit ec- oder Geldkarte (→ Elektronische Geldbörse) zu bezahlen, erweitert das Leistungsspektrum für Privatkunden. Darüber hinaus können die Benutzer oftmals gegen Gebühr im Internet surfen. O.B.

Multioptionaler Verbraucher

Von G. *Gerken* geprägter Begriff für den in seinem Kaufverhalten unsteten Verbraucher, der auf Grund der vielfältigen Optionen spontaner und variantenreicher entscheidet und deshalb auch weniger leicht oder gar nicht zu typisieren ist (→ Hybrider Käufer).

Multipacks → Sonderpackungen

Multiple-Channel-Bankvertrieb

Multiple Channels stellen ein besonders im → Bankvertrieb auffindbares Nebeneinander von Vertriebswegen, mit dem Ziel einer „umfassenden" Kundennähe dar (→ Mehrgleisiger Vertrieb). Diese Nähe zum Kunden bedingt nicht notwendigerweise räumliche Nähe, sondern ist im Sinne einer Verfügbarkeit des Kreditinstitutes für das jeweilige Kundenbedürfnis zu interpretieren (*Abb. 1*).

Für den Kunden eröffnet sich dadurch die Möglichkeit, den für ihn generell und situativ passenden Zugang zum Kreditinstitut zu wählen. Multiple Channels werden zur Komfortlösung für den Kunden, wenn sich die Bank konsequent den Kundennutzen zum Maßstab all ihrer Vertriebsaktivitäten setzt.

Nach einer Studie von *Booz Allen & Hamilton* lassen sich heute von den mehr als 60 Mio. deutschen Bankkunden 85 % den Filialtraditionalisten zuordnen (*Abb. 2*). Für sie liegt der Schwerpunkt des Kontakts eindeutig in der Filialnutzung. Bis zum Jahr 2010 wird es noch zwischen 10 und 20 % Filialtraditionalisten geben, während „Multikanalkunden" 60 bis 80 % der Klientel ausmachen und 10 bis 20 % der Kunden reine Direktbankkunden sein werden.

Dies erfordert die Neugestaltung von Prozessen, Transaktionen sowie der Produkt- und Preispolitik. Notwendig ist eine Doppelstrategie, bei der einerseits die Kosten der Zweigstelle reduziert werden und zugleich deren Vertriebsorientierung gestärkt wird. Daneben müssen alternative Vertriebswege aufgebaut bzw. gestärkt werden (→ Bankvertrieb). O.B.

Literatur: *Krupp, G.:* Erfolgsstrategien für parallele Vertriebskanäle im Privatkundengeschäft, in: Die Bank,1996, S. 712–718. *Paluhn, B.:* Multiple Channels als Komfortlösung, in: *Betsch, O.; van Hooven, E.; Krupp, G.* (Hrsg.): Handbuch Privatkundengeschäft, Frankfurt 1998.

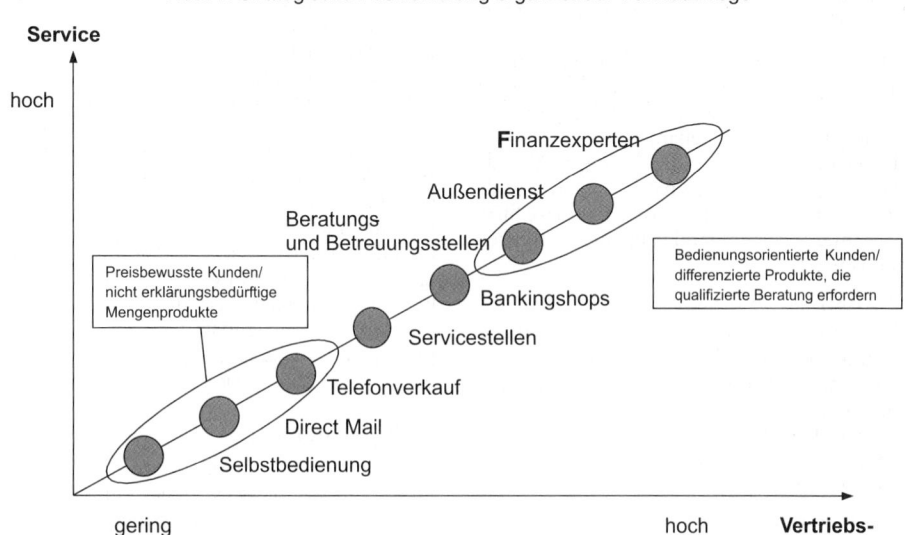

Abb. 1: Strategische Positionierung ergänzender Vertriebswege

Multiple Diskriminanzanalyse (MDA)

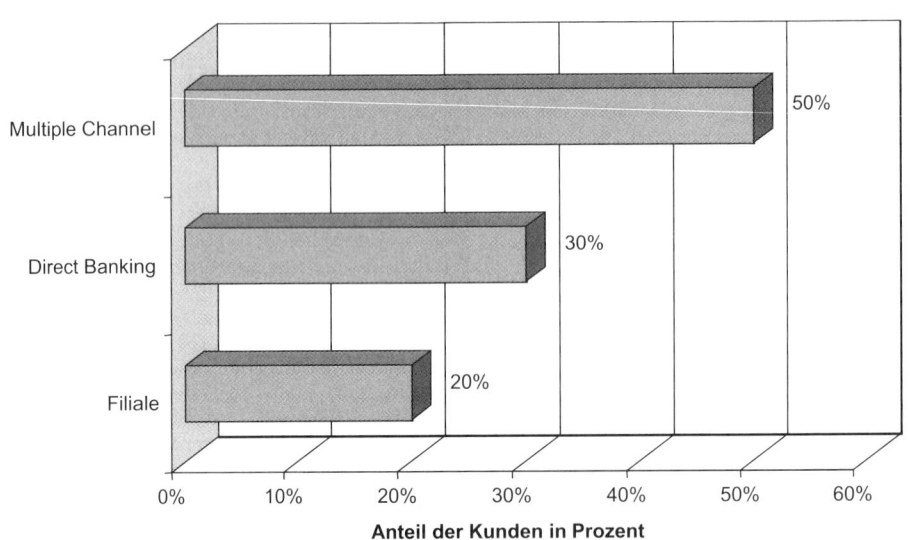

Abb. 2: Vertriebspräferenzen im Privatkundengeschäft 2000

- Multiple Channel: 50%
- Direct Banking: 30%
- Filiale: 20%

Anteil der Kunden in Prozent

Multiple Diskriminanzanalyse (MDA)
→ Diskriminanzanalyse, multiple

Multiple Regressionsprognose

→ Prognoseverfahren auf Basis der → Regressionsanalyse zur Erklärung des Verhaltens der zu prognostizierenden Zeitreihe (z.B. Absatzvolumen) durch das Verhalten anderer Zeitreihen, von denen man annimmt, dass sie die zu prognostizierende Zeitreihe beeinflussen (→ Kausale Prognoseverfahren).

Die beeinflussenden Zeitreihen werden unabhängige oder exogene Variable, die zu prognostizierende Zeitreihe abhängige oder endogene Variable genannt.

Bezeichnet man mit y die abhängige Variable, mit x_i (i=1...n) die unabhängigen Variablen und mit e eine nicht vorhersehbare Störvariable, so gilt folgende allgemeine Regressionsgleichung:

$$y = f(x_1, x_2, \ldots, x_n) + e$$

Die Funktion f kann in der Praxis nichtlinear und von komplexer Struktur sein, wird aber häufig als linear angenommen, um den mathematischen Aufwand zu begrenzen. Liegen T Zeitreihenwerte aus der Vergangenheit vor, so nimmt die Regressionsgleichung folgende Form an:

$$y_t = b_0 + b_1 x_{1t} + b_2 x_{2t} + \ldots + b_n x_{nt} + e_t$$
$$(t=1,\ldots,T)$$

Man spricht bei dieser Funktion auch von einem Ein-Gleichungs-Modell, weil es nur eine abhängige Variable enthält. Bei Mehr-Gleichungsmodellen tritt die abhängige Variable in anderen Gleichungen als unabhängige Variable auf, sodass interdependente Systeme entstehen, die für gesamtwirtschaftliche Modelle (mit den Variablen Volkseinkommen, Konsum, Investitionen usw.) typisch sind. Die Parameter b_i (i=1,...,n) der Regressionsgleichung werden mit der Kleinste-Quadrate-Methode aus dem Datenmaterial geschätzt und gestatten somit eine quantitative Prognose von y, falls die Werte der unabhängigen Variablen x_i (i=1,...,n) bekannt sind oder bereits anderweitig prognostiziert wurden. Auf diese Weise kann man z.B. den Absatz eines Unternehmens (abhängige Variable) mit Hilfe der unabhängigen Variablen Geschäftsklimaindex des Ifo-Instituts, Werbeaufwand, (geplanter) Preisunterschied zu Konkurrenzprodukten, serienmäßige Ausstattung und o.Ä. prognostizieren. K.-W.H.

Literatur: *Schneeweiß, H.*: Ökonometrie, 4. Aufl., Heidelberg 1990.

Multiple Sourcing

Beschaffung bei mehreren Zulieferanten. Dieses → Sourcing-Konzept erhöht die Liefersicherheit für den Hersteller, da er auf höhere Kapazitäten zurückgreifen kann. In vielen Fällen entwickelt ein Zulieferant eine Komponente zunächst allein und gibt dann die fertigen Produktkonstruktionsdaten an einen Zweitlieferanten weiter, der lediglich das Konzept in seiner eigenen Fertigung umsetzen muss. Auf diese Weise kann der Hersteller im Rahmen eines Double Sourcing über eine Quotenaufteilung zwischen beiden Lieferanten verhandeln und einen ständigen Leistungsvergleich durchführen. Aus Sicht des Zulieferanten sind besondere Sicherungsmaßnahmen notwendig, um sein spezielles Know-how zu schützen.

M.M.

Multiplexkino → Kinowerbung

Multitrait-Multimethod-Matrix
→ Validität

Multivariatenanalyse (MVA)

Methoden und Modelle der → Datenanalyse, die simultan zwei oder mehrere Merkmale (Variablen) von Untersuchungseinheiten analysieren. Ihren Ursprung hat die Multivariatenanalyse in drei Forschungsbereichen: 1. Der → Ökonometrie mit ihren Modellansätzen zur Analyse von Zeitreihen und zur Einflussgrößenrechnung. Hier steht die Analyse von Abhängigkeiten im Vordergrund. 2. Der → Psychometrie mit Methoden aus der Intelligenz- und Wahrnehmungsforschung, die zur Ermittlung der Basisdimensionen → hypothetischer Konstrukte dienen und 3. der → Biometrie, die methodische Entwicklungen zum Design von Tests und deren statistischer multivariater Prüfung beigetragen hat. Die → Marketingforschung hat insbesondere die Diffusion der Modellansätze, den Transfer der methodischen Weiterentwicklungen auf praktische Probleme und das Design benutzerfreundlicher Software, wie etwa SPSS©, SAS© oder SYSTAT©, gefördert.

Die Klassifizierung der Verfahren der MVA erfolgt in den Standardtexten i. a. nach ihrer Zielsetzung und dem Skalenniveau der zu analysierenden Variablen. Eine klassische Abgrenzung der Verfahren ist die Unterscheidung in Dependenzanalyse und Interdependenzanalyse. Die *Dependenzanalyse* untersucht geteilte Datenmatrizen, bei denen zwischen abhängigen und unabhängigen Variablen (Prädiktoren) unterschieden wird. Die Unterteilung der Variablen erfolgt aufgrund von Hypothesen oder Plausibilitätsannahmen vor der Analyse. Die typische Fragestellung der Dependenzanalyse ist:

„Durch welche unabhängigen Variablen (Einflussgrößen) lassen sich die Ausprägungen der abhängigen Variablen erklären oder prognostizieren und wie stark ist deren Einfluss?"

Berücksichtigt man das Skalenniveau der unabhängigen und abhängigen Variablen, sind die Verfahren der Dependenzanalyse nach dem Schema in *Abb. 1* zu klassifizieren.

Daneben existieren Analyse-Modelle, die mit Datensätzen unterschiedlichen Skalentyps arbeiten, wie die → Kovarianzanalyse (ANCOVA). Sie verbindet die Regressions- und Varianzanalyse. Andere, generellere Methoden, wie die → Kanonische Korrelation, die Latent Class-Regression und die → LISREL-Modelle, integrieren Verfahren der Interdependenzanalyse und Dependenzanalyse.

Die *Interdependenzanalyse* geht von einer ungeteilten Datenmenge aus und hat zum Ziel, die in den Daten vorliegenden Informationen durch möglichst wenige hypothetische Einflussgrößen zu erfassen. Die typische Fragestellung der Interdependenzanalyse ist: „Gibt es hinter den Daten liegende

Abb. 1: Verfahren der Dependenzanalyse

abh. Var. \ unabh. Var.	metrisch	nominal
metrisch	→ Regressionsanalyse → Kanonische Korrelation als Redundanzanalyse → LISREL	→ Varianzanalyse (→ Conjoint-Analyse)
nominal	→ Diskriminanzanalyse (→ logistische Regression und → Logit-Modell)	→ Kontingenzanalyse (→ Log-lineare Modelle)

Multivariatenanalyse (MVA)

Basisdimensionen oder Faktoren, mit denen es möglich ist, einen hinreichenden Teil der Informationen wiederzugeben und wie sind die Faktoren zu bezeichnen?"

Das geforderte metrische oder nichtmetrische Skalenniveau der Inputdaten und der Typ der Aggregation bestimmt hier die Auswahl der in *Abb. 2* klassifizierten Verfahren.

Die → Clusteranalyse wird in vielen Textbüchern auch als eine unabhängige Methodik zur Klassifikation von Stimuli aufgefasst.

Den Verfahren der Multivariaten-Analyse hinzugerechnet wird auch die → Conjoint Analyse (CA), obwohl sie eher eine Technik der Präferenzmessung ist und mit unterschiedlichen Verfahren durchgeführt werden kann. Kern der Conjoint Analyse ist, dass Urteilsdimensionen a priori festzulegen sind und Gesamturteile dekomponiert werden. Aufgrund des zugrunde liegenden Dekompositionsmodells wird die CA auch als Sonderfall der Varianzanalyse angesehen.

Ebenfalls nicht klar einzuordnen ist die *Automatic-Interaction-Detector-Analyse* (→ AID), auch *Kontrastgruppen-* oder *Baumanalyse* genannt. Sie wird insb. für Zwecke der → Marktsegmentierung eingesetzt. AID ist ein sequentielles Suchverfahren mit dem Ziel, eine Stichprobe ausgehend von einer Kriteriumsvariablen sukzessive in binäre Gruppen aufzuteilen und dementsprechend die Prädiktorvariablen so auszusuchen, dass die zugehörige Zwischengruppenvarianz der entstandenen Gruppen maximiert wird. Es handelt sich bei dem AID-Verfahren also um eine Reihe einfacher Varianzanalysen mit intervallskalierter oder dichotomer Kriteriums- und nominalskalierter Prädiktorvariablen.

Das Marketing hat die Multivariatenanalyse lange Zeit primär zur Exploration und Hypothesengenerierung eingesetzt. Methodische Entwicklungen haben dann zu einer Verknüpfung von statistischen Testmethoden mit den klassischen Modellen zur Exploration von Beziehungen geführt. Die Eigenschaft von Analysemethoden, den expliziten Test von strukturellen multivariaten Hypothesen zu ermöglichen und statistische Aussagen zu generieren, wird häufig als weiteres Kriterium zur Ordnung der Verfahren der Multivariatenanalyse eingesetzt. Es wird zwischen strukturentdeckender Analyse (Explorische Analyse) und strukturtestender Analyse (Konfirmatorische Analyse) unterschieden. Heute überwiegen in der wissenschaftlichen Forschung die struktur- oder hypothesentestenden Verfahren. Ausgangspunkt der Analyse ist eine Menge von Hypothesen, die explizit bei der Modellspezifikation und dem Modelltest berücksichtigt werden. Die konfirmatorischen Analyse-Verfahren liefern Teststatistiken oder Indizes zum Grad der Übereinstimmung der Daten mit den Hypothesen.

Die Entwicklung theorietestender Verfahren ist besonders durch die → Strukturgleichungsmethodologie (SEM) zur → Kausalanalyse stimuliert worden.

Eine überschneidungsfreie Aufteilung der Verfahren nach explorativer oder konfirmatorischer Methode ist allerdings nur schwer möglich. Ebenso ist die Aufteilung der Methoden nach dem Datenniveau der Inputvariablen nur i. e. S. zulässig. Für die meisten Verfahren der Multivariatenanalyse existieren heute Varianten, die mit allen Datenniveaus arbeiten können und sowohl explorative als auch konfirmatorische Analysen zulassen. Eine neue Generation von Verfahren in der Multivariatenanalyse kombiniert simultan mehrere Methoden, um der Komplexität von Datenstrukturen (insbesondere Heterogenität) gerecht zu werden. Hierzu

Abb. 2: Verfahren der Interdependenzanalyse

Interdependenz \ Skalen	metrisch[1]	nicht metrisch
von Variablen	R → Faktorenanalyse (Kanonische Analyse)	→ Mehrdimensionale Skalierung
von Stimuli	Q-Faktorenanalyse	→ Clusteranalyse
Variablen und Stimuli	→ Korrespondenzanalyse → Dreimodale Faktorenanalyse	

[1] Die Analyse kann auch mit Binärdaten durchgeführt werden.

gehören die Verfahren zur Berücksichtigung latenter Strukturen (z.B. *Wedel*) und Verfahren zur Analyse mehrmodaler Daten (*Hildebrandt* und *Klapper*).

Das Marketing wendet die Verfahren der Multivariatenanalyse zur Marktsegmentierung, für → Positionierungsmodelle und zur Prognose und kausalen Erklärung von Marketing-Mix-Wirkungen (→ Marktreaktionsfunktionen) sowie zur Diagnose von Einflussstrukturen an. Standardzeitschriften für die Publikation methodischer Entwicklungen der Multivariatenanalyse sind „Psychometrika", „Multivariate Behavioral Research", „Sociological Methods and Research" und das „Journal of Marketing Research".
L.H.

Literatur: *Backhaus, K.; Erichson, B.; Plinke, W.; Weiber, R.:* Multivariate Analysemethoden, 8. Aufl., Berlin, Heidelberg, 1996. *Fahrmeir, L.; Hamerle, A.; Tutz, G.:* Multivariate statistische Verfahren, 2. Aufl., Berlin 1996. *Hildebrandt, L.; Klapper, D.:* Möglichkeiten und Ansätze der Analyse dreimodaler Daten für die Marktforschung mit Komponentenanalysen, in: Marketing ZFP, 21. Jg. (1999), S. 313–327. *Wedel, M.:* GLIMMIX User Manual. Progamma, Groningen 1997.

MULTRESPONSE
→ Häufigkeitsverteilung

Mündliche Befragung (Interview)

Form der → Befragung, bei der ein Interviewer die Fragen stellt und die Antworten notiert (persönliches Interview). Ein großer Vorteil der mündlichen Befragung liegt in der Flexibilität des Verfahrens: Es ist bei standardisierter, nichtstandardisierter und teilstandardisierter Befragung einsetzbar, erlaubt den Einsatz aller → Skalierungstechniken und die Präsentation von Bildern und Produktproben und ermöglicht die Einbeziehung schwieriger Themenstellungen. Insbesondere durch Einsatz entsprechender → Auswahlverfahren, die zufallsgesteuert dem Interviewer Adressen zuweisen, aber auch bei Ersatzverfahren, wie der → Quotenauswahl oder dem → Randomverfahren, kann die Repräsentanz der Stichprobe gewährleistet werden. Darüber hinaus ist die Antwortquote bei mündlichen Befragungen höher als bei anderen Befragungsformen. Vorteilhaft ist schließlich, dass der Interviewer den Ablauf der Befragung und die Wahl der richtigen Auskunftsperson sicherstellen kann. Andererseits besteht die Gefahr des → Interviewereinflusses auf die Antworten bis hin zur Fälschung der Fragebögen. Zu den weiteren Nachteilen zählen die mangelnde Erreichbarkeit bestimmter Zielgruppen, der Zeitaufwand und die hohen Kosten.
H.Bö.

Mund-Werbung (Mund-zu-Mund-Werbung, word of mouth-advertising)

ist eine Form der persönlichen Kommunikation zwischen Konsumenten, bei denen Personen Informationen über ihre Erfahrungen, Einstellungen oder → Kunden(un)zufriedenheit mit den Leistungen eines Unternehmens innerhalb ihres sozialen Umfeldes weitergeben (→ Kundenempfehlungen). Die Mund-Werbung kann positiv oder negativ ausgerichtet sein. Ihre Ausrichtung und Intensität wird im Wesentlichen durch die (Un)Zufriedenheit der Kunden bestimmt. Zufriedene Kunden empfehlen Produkte oder Dienstleistungen weiter. Unzufriedene Kunden raten Dritten vom Kauf der Produkte bzw. Dienstleistungen ab. Wie empirische Untersuchungen zeigen, kann der Umfang der negativen Mund-Werbung im Fall der Unzufriedenheit deutlich höher als im Fall der positiven Mund-Werbung bei Zufriedenheit sein. Damit wird die Marketingrelevanz der Mund-Werbung deutlich. Sie bezieht sich auf die zielorientierte Steuerung der persönlichen Kommunikation zwischen Konsumenten. Zum einen, indem positive Mund-Werbung durch das Weiterempfehlungsverhalten zufriedener Kunden aktiv stimuliert wird (z.B. in Form von ʽKunden – Werben –Kundenʼ – Programmen). Zum anderen, indem das Unternehmen potenzielle Imageschädigungen bzw. Umsatzverluste durch negative Mund-Werbung frühzeitig erkennt und deren Ursachen kurzfristig abstellt (z.B. mit Hilfe eines aktiven → Beschwerdemanagement). Die Bedeutung dieser Steuerung der Mund-Werbung nimmt mit dem Aufkommen sog. → Meinungsportale und anderer → virtual communities erheblich zu.

Die Marketingtheorie bzw. → Konsumentenverhaltensforschung ist sich darin einig, dass die Mund-Werbung die Kaufabsichten oder produktbezogene Einstellungen und Meinungen von Individuen weitaus stärker beeinflusst, als dies durch die Instrumente der klassischen Massenkommunikation möglich ist. Die umfangreiche Kommunikationswirkung der Mund-Werbung wird allgemein auf die größere Glaubwürdigkeit des kommunizierenden Kunden, die selektive Informationsaufnahme durch den beteiligten Gesprächspartner sowie die stärkere Flexibilität im gegenseitigen Informationsaustausch zwischen den Gesprächspartnern zurückgeführt. Die Wirkung der Mund-Werbung kann dabei noch verstärkt werden, wenn sie durch → Meinungsführer (opinion leaders) erfolgt. Meinungsführer üben aufgrund ihrer sozialen Position sowie ihres hohen → Involvement einen besonders intensiven Einfluss auf das intentionale Kaufverhalten beteiligter Personen aus.

Unternehmen können die akquisitorischen Potenziale einer positiven Mund-Werbung sowohl im Zusammenhang mit vorkauforientierten Kommunikationsmaßnahmen oder als Instrument des → Nachkaufmarketing nutzen (→ Referenzen). Traditionell wird die Mund-Werbung durch Meinungsführer im Rahmen des sog. `two stepp flow of communication´ als wirksames Kommunikationsinstrument zur Vermarktung von Produkten und Dienstleistungen genutzt. Die durch klassische Massenmedien verbreitete Werbebotschaft stößt zunächst direkt auf die besonders aufgeschlossene Zielgruppe der Meinungsführer. Diese spielen im weiteren indirekten Kommunikationsfluss die Rolle eines Informationsvermittlers, indem sie mit Hilfe der Mund-Werbung eine Übertragungs- sowie Verstärkungsfunktion für das beworbene Produkt wahrnehmen können. Wie empirische Untersuchungen zeigen, besitzt die Mund-Werbung gerade im Zusammenhang mit der Diffusion neuer Produkte eine hohe Bedeutung. Darüber hinaus nutzen insbes. Dienstleistungsunternehmen incentivierte `Kunden-werben-Kunden´ – Programme, um über die positiven Erfahrungen und die Empfehlungsbereitschaft ihrer bestehenden Kunden potenzielle Neukunden zu gewinnen. Nicht zuletzt können im Rahmen zielgruppenspezifischer → Nachkaufkommunikationsmaßnahmen ausgewählte Kundensegmente durch Kundenseminare, Kundenzeitschriften/-Newsletter oder Schulungsvideos etc. zu meinungsbildenden bzw. aktiv mundwerbenden Konsumexperten (*Konsumkompetenz*) entwickelt werden.

Die marketingwissenschaftliche Diskussion der Mund-Werbung hat ihren Schwerpunkt im Bereich des Business-to-Consumer Market. Dabei darf die generelle Bedeutung der Mund-Werbung für weitere Absatz- und Beschaffungsmärkte von Unternehmen jedoch nicht unterschätzt werden. Mund-Werbung spielt eine Rolle bei Investitonsentscheidungen. Sie ist für die Personalbeschaffung ebenso wichtig, wie für die Kommunikationskultur eines Unternehmens (→ internes Marketing). Im komplexen und erklärungsbedürftigen Business-to-Business-Geschäft (z.B. im Rahmen professioneller Serviceleistungen oder des Investitionsgütermarketing) kann die positive Mund-Werbung zufriedener Geschäftskunden für den Erfolg eines Unternehmens entscheidend sein. So konzentrieren Unternehmensberater oder Anlagenbauer ihre Kommunikationsmaßnahmen im Wesentlichen auf die Steuerung der persönlichen Kommunikation ihrer Kunden, um gezielt Referenz-Netzwerke aufzubauen.

Mit der zunehmenden Elektronisierung individueller Kommunikationsprozesse gewinnt auch die Mund-Werbung ein neues Gesicht. So stellt die ‚virtuelle' Mund-Werbung innerhalb des Internets in Form von → Meinungsportalen, → Chat-Rooms, Ketten-e-mails oder Beschwerde-Websites das Marketing vor neue Herausforderungen zur gezielten Steuerung persönlicher Kommunikationsprozesse. K.J.

Literatur: *Arndt, J.:* Role of product-related conversations in the diffusion of a new product, in: Journal of Marketing Research, 4. Jg. (1967), S.291–295. *Wilson, J.R.:* Mund-zu-Mund-Marketing, Landsberg/Lech, 1991. *Jeschke, K.:* Nachkaufmarketing. Kundenzufriedenheit und Kundenbindung auf Konsumgütermärkten, Frankfurt am Main, New York 1995. *Buttle, F.A.:* Word of mouth: understanding and managing referral marketing, in: Journal of Strategic Marketing, 6. Jg. (1998), Nr.3, S.241–254.

Muppies

bis 1998 in der → Allenbacher Werbeträgeranalyse ausgewiesene Zielgruppe persönlichkeitsstarker 35-64-Jähriger mit über 3.500 DM Haushaltsnettoeinkommen oder einem finanziellen Spielraum von mindestens 400 DM („Middle-Aged Urban Professionals").

Musical-Spot → TV-Spot

Musik

Der Einsatz der Musik im Marketing hat zwei Schwerpunkte:

(1) Musik als Mittel der → Werbegestaltung in der Fernseh- und Radiowerbung
Die Elemente der Musikgestaltung (Melodie, Modulation, Tempo, Lautstärke etc.)

aktivieren und schaffen damit die Voraussetzung für eine höhere Werbewirkung. Nach empirischen Studien wird Moll als melancholisch, traurig, depressiv, geheimnisvoll erlebt, schnelle Tempi erwecken den Eindruck von fröhlich, heiter erregt, und unruhig. Durch die Wahl der Musikinstrumente und Musikstücke lassen sich somit auch, abgestimmt auf einzelne Zielgruppen, spezifische → Emotionen auslösen.

Nach *Kafitz* zeigen Untersuchungen von Radiospots (→ Jingle), dass die mit der Aktivierung verbundene leistungssteigernde Wirkung zunächst einmal von den musikalischen Auslösereizen beansprucht wird, die Aufmerksamkeit wird auf diese gelenkt. Nur bei enger inhaltlicher (gedanklicher) Verbindung zwischen Musik und textlicher Botschaft profitiert die gesamte Werbebotschaft vom ‚musikalischen Aktivierungsschub'. Da dieser von der subjektiven Wahrnehmung der Musik abhängig ist, wird die → Aktivierung umso besser sein, je positiver die Musik vom Individuum eingeschätzt wird.

Empirische Studien zeigen, dass ein Einfluss musikalischer Untermalung auf die Erinnerungswirkung gesprochener Elemente in Hörfunk-Werbespots nicht nachgewiesen werden kann, jedoch kann die Produktbeurteilung positiv beeinflusst werden.

Nach *Tauchnitz* manifestieren sich Einflüsse der Musikunterlegung in den affektiven Eindrücken der beworbenen Meinungsgegenstände, sodass Musik in der Hörfunkwerbung zur emotionalen Produktpositionierung genutzt werden kann, während die experimentellen Ergebnisse bei Fernseh-Werbespots auf eine Dominanz der Bildwirkung hindeuten.

(2) Musik als Hintergrundmusik in Einkaufsstätten:
Nach *Rarreck* wirkt Hintergrundmusik am POS auf das Wahrnehmungsklima, sodass die Einkaufsstätte positiver beurteilt wird (→ Einkaufsatmosphäre). Das Kaufverhalten wird eher langfristig über Images und Einstellungen sowie die damit verbundene Schaffung von Präferenzen beeinflusst (→ Einkaufsstättenwahl). Die von kommerziellen Anbietern funktioneller Musik herausgestellten positiven Effekte auf Umsatz oder Verweildauer lassen sich empirisch nicht nachweisen. J.Ma.

Literatur: *Hagemann, H.W.; Schürmann, P.:* Der Einfluss musikalischer Untermalung von Hörfunkwerbung auf Erinnerungswirkung und Produktbeurteilung, in: Marketing-ZFP, 10. Jg. (1988), S. 271–276. *Kafitz, W.:* Der Einfluss der musikalischen Stimulierung auf die Werbewirkung – eine experimentelle Untersuchung, Saarbrücken (Diss.) 1977. *Kroeber-Riel, W.; Weinberg, P.:* Konsumentenverhalten, 7. Aufl., München 1999, S. 120 f.; 422 f. *Rarreck, M.:* Musik als Mittel der Verkaufsförderung am Point of Sale, in: Werbeforschung und Praxis, 1/1989, S. 10–16. *Tauchnitz, J.:* Werbung mit Musik, Heidelberg 1990.

Mussartikel

im Einzelhandel übliche Bezeichnung für alle Artikel, die im Gegensatz zu → Impulsartikeln auf dem Einkaufszettel stehen, also geplant gekauft werden. Mit dem Plankauf kann der Begriff Versorgungskauf (→ Einkaufsverhalten) verbunden werden.

Muster → Warenproben

Mustererkennung → Gedächtnistheorie

Musterung

Eine Musterung ist eine → Messe oder eine spezielle Vorführung von Sortimenten für bestimmte Abnehmer(gruppen). Der Begriff wird hauptsächlich im Textilhandel verwendet. Vorgestellt werden Kollektionen modischer Produkte, die für eine bestimmte Saison entworfen wurden. Veranstalter sind Großhandelsunternehmen, Handelszentralen, Zentralen von Filialunternehmen und Warenhaus-Konzernen und Industrieunternehmen. Musterungen finden je nach Branche 2 bis 8 mal jährlich beim Lieferanten, Abnehmer oder an neutralen Standorten statt.

Man unterscheidet:

- *Vormusterungen*, auf der alle Artikel einer Kollektion oder eines Sortiments gezeigt werden. Die Vormusterung dient der Selektion der Artikel, die auf der Hauptmusterung gezeigt werden und ist insofern ein wichtiges Instrument der → Sortimentspolitik in saisonabhängigen Warenbereichen.
- *Hauptmusterungen*, auf der die auf der Vormusterung ausgewählten Artikel vorgestellt werden. W.Oe.

Mystery Shopping

spezielle, als verdeckt teilnehmende → Beobachtung ausgestaltete Methode der → Marktforschung, die insbesondere im → Dienstleistungs-Marketing zur Anwendung kommt. Die Mystery Shopper treten dabei als (potentielle) Kunden auf, die den zu analysierenden Dienstleistungsprozess möglichst "real" – z.T. sogar bis hin zum Kauf – durchlaufen, ohne dass sie für die Mitarbeiter als Testkäufer erkennbar sind. Auf diese Weise sollen subjektive Erfahrungen, wie sie auch die "normalen" Kunden bei der Leistungsinanspruchnahme erleben, systematisch erfasst und auf einer möglichst objektiven Ebene beurteilbar werden.

Mystery Shopping lässt sich für die Analyse unternehmensinterner und -externer Fragestellungen heranziehen. So kann man dadurch einerseits die → Dienstleistungsqualität innerhalb des eigenen Unternehmens – etwa in Filial- (→ Filialunternehmen im Einzelhandel) oder Franchise-Systemen (→ Franchising) – prüfen, andererseits das strategiekonforme Verhalten der → Absatzmittler sicherstellen oder gar ein → Benchmarking der Konkurrenz durchführen. Als Folge der breiten Anwendungsmöglichkeiten lassen sich umfassende Kontroll- und Steuerungsinformationen für das → Marketing-Controlling generieren. Daneben wird Mystery Shopping regelmäßig auch von unternehmensunabhängigen Institutionen durchgeführt, um das Leistungsspektrum und die Qualitätsstandards der Anbieter auf einem Markt zu ermitteln und dadurch die → Markttransparenz zu erhöhen. Bekannte Erscheinungsformen dafür sind beispielsweise Testesser für Gourmetführer oder Dienstleistungstests der → Stiftung Warentest.

Obwohl der hohe finanzielle Aufwand bei Repräsentativuntersuchungen sowie → Validität und → Reliabilität von Testkäufen wegen der subjektiven Wahrnehmung der Testkäufer problematisch sind, zeigen Studien, dass die Qualität der durch Mystery Shopping erhobenen Daten insbesondere bei einem problemadäquaten Zuschnitt der Untersuchung sowie einer angemessenen Schulung der Testkäufer durchaus als gut bezeichnet werden kann. Als Gegenstand der Datenerhebung kommen sowohl einzelne Aspekte (z.B. Dauer der Beratung, Freundlichkeit des Mitarbeiters) als auch der gesamte Prozess der betrachteten Dienstleistungen in Frage. Speziell Ablauf und Inhalt von → Verkaufsgesprächen lassen sich häufig nur mittels Mystery Shopping verlässlich erheben.

Mit Blick auf das → Untersuchungsdesign ist es zweckmäßig, das Mystery Shopping an einem vorher erstellten → Blueprinting auszurichten. Dabei können als kritisch erachtete Kontaktsituationen gezielt herbeigeführt werden, indem man den Testkäufern die entsprechenden Verhaltensweisen vorgibt. Die Erhebung selbst kann objektiv (z.B. Zeiterfassung, Audio- bzw. Videoaufzeichnung) und/oder auf subjektiver Basis (z.B. durch einen vom Testkäufer auszufüllenden → Fragebogen) erfolgen. Im Falle einer (den Mitarbeitern a priori nicht bewussten) Aufzeichnung sollte man allerdings gemäß den Grundsätzen der → Marktforschungsethik zumindest nachträglich das Einverständnis der Betroffenen einholen. Zudem gilt es beim internen Einsatz des Mystery Shopping rechtliche Restriktionen (§94 BetrVG) zu beachten.

A.Ha./H.D.

Literatur: *Matzler, K.; Kittinger-Rosanelli; Ch.*: Mystery Shopping als Instrument zur Messung der wahrgenommenen Dienstleistungsqualität von Banken, in: Jahrbuch der Absatz- und Verbrauchsforschung, 3/ 2000, S. 220–241. *Platzek, Th.*: Mystery Shopping, in: WiSt, 26. Jg. (1997), S. 364-366.

N

NAA → Nürnberger Akademie für Absatzwirtschaft e.V.

Nabe-Speiche-System
→ Transportplanung

Nachahmung

Die Nachahmung fremder Produkte oder Waren aller Art ist grundsätzlich jedem Gewerbetreibendem gestattet, sofern nicht ein gesetzlicher Sonderschutz (z.B. Markenrecht, → Patent-, → Gebrauchsmuster-, Geschmacksmuster-, → Urheberrecht) entgegensteht. Jeder Mitbewerber ist grundsätzlich in seiner Betätigungsfreiheit und auch in der Anlehnung an fremde Arbeit und Erzeugnisse unbeschränkt. Die Nachahmung erfolgreicher Angebote gehört zum Wesen der freien Marktwirtschaft. Die Nachahmung ist nur dann wettbewerbswidrig, wenn besondere Umstände hinzutreten, die die Handlungsweise des Nachahmers als unlauter erscheinen lassen (→ Ausbeutung). Die Nachahmungsfreiheit ist einmal bei der sog. sklavischen Nachahmung (Plagiat) eingeschränkt, wenn jemand ein fremdes Erzeugnis unter Übernahme von Merkmalen, mit denen die Verbraucher Gütevorstellungen verbinden, nachahmt und hierdurch das Publikum über die betriebliche Herkunft der Ware täuscht. Häufig ahmt der Nachahmer auch gewisse Äußerlichkeiten in Farbe und Form nach, was zur Herkunftstäuschung führt (→ Kennzeichenschutz). Eine unzulässige Nachahmung liegt auch in der planmäßigen, systematischen Nachahmung fremder Werbung. Auch hinsichtlich der fremden Werbung gilt grundsätzlich Nachahmungsfreiheit, was bedeutet, dass fremde Werbung imitiert werden darf. Urheberrechte, Marken- und Ausstattungsschutz o.Ä. können aber dagegen stehen. Besondere Umstände, die zur Unlauterkeit führen, liegen ansonsten vor, wenn das Publikum in dem Sinne irregeführt wird, dass es die nachgeahmte Werbung dem Nachahmer zurechnet, der auf diese Weise die fremde Werbung für die eigenen Zwecke ausnutzt. Die unzulässige Nachahmung fremder Leistung führt unter den genannten Umständen zu → Unterlassungs- und Schadensersatzansprüchen nach § 1 → UWG. H.-J.Bu.

Nachbarschaftseffekt → Preisstrategie

Nachbarschaftspflege

Teil der → Public Relations und des Stakeholder Managements, der die Kommunikation mit den Menschen pflegt, die in unmittelbarer Umgebung eines Unternehmens leben, wovon diese einerseits profitieren (z.B. Arbeitplätze, Steuerkraft, Reputation), was diesen andererseits jedoch auch Nachteile bringt (Risiken, Immissionen, Verkehr). Im Fokus der Nachbarschaftspflege stehen daher solche Themen, welche diese Personen tangieren (z.B. Erweiterungspläne, Umweltschutzbemühungen, Störfälle, Stellenabbau). Die eingesetzten Mittel umfassen Bürger-Versammlungen, Kontakte zu Behörden und Politikern, Artikel in der Stadtteilzeitung, Interviews im Lokalradio oder am Lokalfernsehen, Vorträge vor gesellschaftlichen Zirkeln, Flugblätter an alle Haushalte, Plakatwände, Ausstellungen und Events. P.F.

Nachfasswerbung (Follow up)

Spezialinstrument → adressierter Werbesendungen im Rahmen der → Direct-Responsewerbung, bei der im Gegensatz zum *One-shot-Mail* eine bereits erfolgte Ansprache um einen zusätzlichen Kontakt erweitert wird (s.a. → Dialogmarketing). Die Zielsetzung ist dabei unterschiedlich und reicht von einem nochmaligen Anstoßen von Nicht-Reagierern über das ergänzende Zusenden vertiefender Informationen (Prospekte, Kataloge etc.) bis zur Beglückwünschung (*Applause-Mail*) oder Reaktivierung im Rahmen des → Nachkaufmarketing. In den meisten Fällen wird dabei auf den letzten Kontakt Bezug genommen. Von besonderer Bedeutung ist die Nachfasswerbung im Rahmen der Neukundengewinnung (Nachbearbeitung des Response). Hat der Neukunde z.B. per Coupon oder Antwortkarte reagiert (→ adressierte Werbesendung), so ist das Unternehmen gehalten,

Nachfrage

den Dialog mit dem potenziellen Neukunden weiter zu pflegen. Von besonderer Bedeutung ist dabei das zeitnahe Nachfassen durch das Unternehmen, damit Kunden oder Interessenten nicht durch zeitverzögerte Antworten verärgert werden (Erfahrungswerte: brieflich innerhalb einer Woche; bei elektronischen oder telefonischen Kontakten idealerweise am gleichen Tag). Überhaupt gilt das „richtige" Timing in Bezug auf nachfolgende Kontakte zu neuen/bestehenden Kunden als wesentliches Erfolgskriterium des → Direktmarketing. Die Qualität der Nachbearbeitung lebt sehr stark davon, dass die Antwort in gewissem Umfang einen persönlich-individuellen Charakter aufweist. Vom Kunden geäußerte bzw. bekannte Informationen sollten demnach stets Berücksichtigung finden (→ Personalisierung). Als Nachfass-Medien eignen sich insbesondere das Telefon (→ Telefonmarketing), der → Werbebrief (*Nachfass-Mail*) oder der persönliche Außendienstkontakt. N.G.

Nachfrage

In der Marketing-Theorie wird – einem Vorschlag *E. Schäfers* folgend – zwischen Bedürfnis (→ Motiv), → Bedarf, Nachfrage und → Marktvolumen begrifflich i.S. einer logischen Folgekette differenziert. Die Nachfrage ergibt sich dabei, wenn ein bestimmter Bedarf angesichts verfügbarer → Kaufkraft, eines attraktiven Angebotes und gebotener Dringlichkeit zu konkreten Beschaffungsdispositionen eines Nachfragers (Kaufgebote, Geschäftsbesuche etc.) führt. Der Bedarf wird damit marktwirksam i.S. der Volkswirtschaftslehre. Sie trifft dann auf ein bestimmtes Güterangebot, dessen Qualität und Preis über das dann letztendlich zustandekommende Marktvolumen entscheidet. Kurz gesprochen ist Nachfrage also der marktwirksame Bedarf nach einer Güterart am → Markt. Es handelt sich ursprünglich um eine aggregierte Größe über alle Wirtschaftssubjekte einer Gesamtheit, die freilich auch disaggregiert analysiert werden kann. In der Theorie des → Käuferverhaltens wird die Nachfrage z.T. abstrakt als „Kaufbereitschaft" („intention") von Individuen stochastisch über Kaufwahrscheinlichkeiten modelliert und empirisch erhoben.

Wenn Bedarf mangels eines Angebotes, mangels Kaufkraft oder anderer Umstände (z.B. Unbequemlichkeiten für den potenziellen Käufer) nicht marktwirksam wird, spricht man von „latenter Nachfrage", deren Umfang zusammen mit der marktwirksamen Nachfrage das sog. Nachfragepotential bestimmt. Kann Nachfrage wegen Angebotsknappheit nicht befriedigt werden, liegt „Übernachfrage", d.h. ein Marktungleichgewicht vor.

Zur → Nachfrageschätzung werden unterschiedliche Modelle eingesetzt, die entweder auf zeitlichen Mustern der Nachfrageentwicklung, auf Modellen der Nachfrageverursachung (z.B. Anzahl der Nachfrager und durchschnittliche Nachfragemenge) oder auf aggregierten oder disaggregierten Marktreaktionsmodellen beruhen. In jedem Fall bedarf es einer sorgfältigen Nachfrageanalyse nach quantitativen (Menge, Wert) und qualitativen (was, wo, wann, wer) Aspekten (Nachfragestruktur). Ferner untersucht man die Nachfrageelastizität, d.h. die Reagibilität der Nachfrage auf bestimmte am Markt wirksame Einflüsse, z.B. des verfügbaren Einkommens („Einkommenselastizität der N."), der für das Gut oder der für andere (substitutive oder komplementäre) Güter gültigen Preise („Preiselastizität bzw. Kreuzpreiselastizität der N.") oder der Werbeaufwendungen am Markt („Werbeelastizität der N."). Sie ergibt sich aus entsprechenden Nachfragefunktionen, d.h. mathematischen Modellen über die Wirkung bestimmter Einflussgrößen auf die Nachfrage.

Die im Marketing gebräuchlichen Nachfragemodelle waren zunächst die in der Haushaltstheorie (→ Theorie der Haushaltsproduktion) entwickelten mikroökonomischen Modelle mit Nutzenfunktionen, die über einen (qualitativsinvariablen) Vektor allein der Gütermengen definiert sind. Die realitätsfernen Modellprämissen schränken den Wert dieser Modelle freilich stark ein. Einen realitätsnäheren Ansatz stellen Modelle mit nach Gütern separierbaren Präferenzen dar, die empirisch grundsätzlich mit den Verfahren der → Conjoint-Analyse erhoben werden können, allerdings nicht auf die verschiedenen Qualitätsmerkmale einzelner Güter Rücksicht nehmen. Diesen Schritt leistet die Nachfragetheorie von *Lancaster*, bei der Mengen von Eigenschaften von Gütern und Warenkörben bewertet werden. Das Verbindungsstück zwischen der über die Produkteigenschaften definierten Nutzenfunktion und der über Gütermengen definierten Budgetrestriktion stellt die sog. Konsumtechnologie dar. Sie kommt in einer Matrix zum Ausdruck, die angibt, wie viel

eine Mengeneinheit eines Produktes i von der Eigenschaft j enthält. Multipliziert man den Vektor der Produktmengen eines Warenkorbes mit der Konsumtechnologie-Matrix, so erhält man den Vektor der Eigenschaftsmengen, die in dem betreffenden Warenkorb enthalten sind und die in der Nutzenfunktion bewertet werden.
Eine Weiterentwicklung dieser Modelle stellen die auf Basis der → Produktpositionierung entwickeltem → Kaufmodelle dar (s.a. Präferenzstrategie). Ein Beispiel dafür ist das → DEFENDER-Modell.
Bei gewerblichen Nachfragern lässt sich die Nachfrage aus der Nachfrage bzw. dem Bedarf der jeweils nachgelagerten Stufe(n) einer Produktionskette ableiten (→ Investitionsgütermarketing). Ähnliches gilt für die Nachfrage nach Komplementärgütern bzw. -diensten und für Ersatzteile. Man spricht hier auch von Nachfrageketten.
Die Nachfrage als marktbezogene, makroökonomische Größe ist streng zu unterscheiden vom → Absatz(volumen) bzw. → Umsatz(volumen) einer Unternehmung, für die entsprechende Analysen angestellt werden können. H.D.

Literatur: *Kaas, K.-H.:* Nachfragemodelle im Marketing, in: Marketing-ZFP, 9. Jg. (1987), Heft 4, S. 229-236.

Nachfragemacht

Die ökonomische Interpretation von Nachfragemacht kann auf unterschiedlichen theoretischen Überlegungen beruhen. Neoklassische und industrieökonomische Ansätze machen Nachfragemacht an der Marktstruktur fest. Sie wird meist an der Anzahl der Marktteilnehmer auf der Nachfrageseite des Marktes gemessen (→ Machtanalyse). Je geringer deren Zahl ist, umso mehr wird sich der Umsatz einzelner Anbieter auf wenige Nachfrager konzentrieren. Der Konzentrationsgrad einer Branche wird in der amtlichen Statistik ebenso wie in der Marktforschungspraxis mittels *Konzentrationsraten* gemessen. Die „Concentration ratio (CR_j)" gibt an, wie viel Prozent des Gesamtmerkmalsbetrages die m-größten der n Merkmalsträger auf sich vereinigen, (vgl. *Schenk et al.*, S. 145). Der Gesamtmerkmalsbetrag im Hinblick auf die Konzentrationsstatistik ist dabei der kumulierte Umsatz bzw. Marktanteil des betrachteten Unternehmens. So ermittelte beispielsweise die Monopolkommission für die jeweils drei (CR_3), sechs (CR_6) und zehn (CR_{10}) größten Unternehmen der Branche den entsprechenden Konzentrationsgrad.
Im Rahmen der relativen Konzentrationsmessung findet auch der *Gini-Koeffizient*, der mittels der Lorenzkurve ermittelt wird, bei der absoluten Konzentrationsmessung der *Hirschmann-Herfindahl-Index (H)*, der den Wertebereich der Konzentration in dem Intervall von 0 bis 1 abbildet, Anwendung.
Während neoklassische und industrieökonomische Ansätze den Konzentrationsgrad gemeinhin als Indikator für Nachfragemacht ansehen, versuchen institutionenökonomische Ansätze Abhängigkeit aus den transaktionsspezifischen Bedingungen „Ausmaß transaktionsspezifischer Investitionen", „Unsicherheit" und „Häufigkeit der Transaktion zwischen den Marktteilnehmern" herzuleiten. Im Fall der vollständig vertikal integrierten Transaktionspartner sind auf Basis langfristiger (sog. relationaler) Verträge die Entscheidungsspielräume z.B. des liefernden Akteurs durch hierarchische Koordination und Kontrolle determiniert. Hier könnte ein Extremfall von institutionell bedingter Abhängigkeit, z.B. aufgrund von Kapitalverflechtungen, unterstellt werden.
Bei vollständig desintegrierten Transaktionspartnern beruhen die diskreten Austauschbeziehungen auf zeitpunktbezogenen Kaufverträgen. Nachfragemacht kann hier nicht unterstellt werden, da es sich meist um Formen atomistischer Konkurrenz handelt. Zwischen beiden Extremfällen existieren vielfältige Formen kooperativer Austauschbeziehungen wie z.B. Zuliefernetzwerke (vgl. *Wildemann*, 1998). Für diese sog. „hybriden" Koordinationsformen gilt, dass mit zunehmender Unsicherheit und Höhe der transaktionsspezifischen Investitionen (z.B in Standorte, Datenübertragungs- und -verarbeitungssysteme, Produktentwicklungen, Ausbildung) die Abhängigkeit des liefernden Unternehmens wächst. Diese – seitens des Lieferanten empfundene Nachfragemacht – bietet Anreize für opportunistisches Verhalten des Nachfragers, sich Anpassungsgewinne und Quasirenten des Transaktionspartners aus transaktionsspezifischen Investitionen anzueignen. Die Gefahr der Ausnutzung der Abhängigkeit zieht nun erhöhte Transaktionskosten nach sich. Langfristige Rahmenverträge, wie z.B. Modellzyklusverträge, müssen ausgehandelt, Anpassungsklauseln formuliert, Schlichtungsverfahren institutionalisiert und Vertragsstrafen vereinbart werden, um

Nachfragemacht

das Risiko des Entstehens von „sunk costs" möglichst gering zu halten.
Abhängigkeit im Rahmen dieses „bilateralen Beherrschungs-Abhängigkeits-Verhältnisses" liegt immer dann vor, wenn ein Lieferant durch hohe Kapitalbindung in transaktionsspezifischen Investitionen an einen bestimmten Abnehmer gebunden ist und dessen Aufträge nicht verlieren kann, ohne seine wirtschaftliche Existenz zu gefährden.
Nachfragemacht und Abhängigkeit können daher den Wettbewerb zwischen Anbietern und Nachfragern nachhaltig beeinflussen und müssen somit als bedeutsame Parameter für Entscheidungen im Rahmen der → Vertriebswegepolitik und des → vertikalen Marketing der Anbieter angesehen werden (s.a. → Machtpolitik im Absatzkanal). Offen zu Tage treten asymmetrische Machtkonstellationen in den Fällen, in denen

- Organisationen der öffentlichen Hand als Nachfrager auftreten,
- industrielle Großunternehmer mittelständischen Zulieferern gegenüberstehen, wie z.B. in der Automobilbranche, Computerindustrie und
- industrielle Anbieter auf große Handelsunternehmen angewiesen sind, wie z.B. in der Lebensmittel- und Möbelbranche.

Jedes als Nachfrager auftretende Unternehmen hat aufgrund seiner überlegenen Position die Möglichkeit, den Anbietern Forderungen zu stellen, die diese unter anderen Marktbedingungen nicht erfüllen würden. Bei diesen Forderungen handelt es sich zum einen um „ungewöhnlich" hohe Zugeständnisse im Rahmen der Preissetzung, zum anderen aber auch um „Leistungen ohne Gegenleistungen", wie z.B. Eintrittsgelder oder Regalmieten. Ein entsprechender als → „Sündenregister" bezeichneter Forderungskatalog wurde schon in den siebziger Jahren vom Bundeswirtschaftsministerium zusammengestellt.
Derartige wettbewerbspolitische Konstellationen kollidieren allerdings mit den wohlfahrtsökonomischen Vorstellungen der sozialen Marktwirtschaft. Aus diesem Grund waren gesetzgeberische Regulierungen notwendig, die insbesondere in den Paragraphen 19 und 20 des Gesetzes gegen Wettbewerbsbeschränkungen (→ GWB) zum Ausdruck kommen. Nachfragemacht wird dort jedoch nicht explizit behandelt, sondern im Rahmen einer Spiegelbildtheorie als Äquivalent zur Angebotsmacht betrachtet.

Auch im GWB wird zunächst vom Machtpotential ausgegangen, in dem der Versuch unternommen wird, einen Marktbeherrschungstatbestand festzustellen (§ 19 Abs. 1-3 GWB). Liegt dieser vor, können Präventivmaßnahmen, wie z.B. Fusionsverbote auf der Grundlage weiterer rechtlicher Bestimmungen (§ 35 Abs. 1, 2 GWB) vorgenommen werden, um das Machtpotential zu begrenzen (→ Fusionskontrolle). Voraussetzung ist jedoch die vorherige *Abgrenzung* eines für eine Marktbeherrschungsvermutung *relevanten Marktes*. Dies bereitet allerdings in der Praxis insbesondere bei der Bestimmung von Nachfragemärkten erhebliche Probleme. Die Vermutung selbst orientiert sich an monopolistischen bzw. oligopolistischen Marktformen, die mittels Konzentrationsraten des Marktanteils gemessen werden (→ Marktformenschema). Die explizite Umstellungsflexibilität unterlegender Unternehmen (§ 19 Abs. 1 und § 20 Abs. 2 GWB) knüpft dabei an der Transaktionsspezifität des eingesetzten Kapitals an. Bezogen auf Nachfragemacht kann ein Nachfrager dann als marktbeherrschend angesehen werden, wenn der Anbieter keine Möglichkeit hat, entweder seine Leistungen umzustellen, um dem Nachfragedruck zu entgehen oder auf andere Nachfrager auszuweichen.
Die Beurteilung der Ausweichmöglichkeiten ist zugleich Grundlage für die *Abhängigkeitsvermutung* eines Anbieters von einem „marktstarken" Nachfrager (§ 20 Abs. 1 GWB). Dieser Aspekt weicht jedoch von der absoluten Marktstrukturbetrachtung für das Vorliegen von Nachfragemacht ab. Hier wird vielmehr die dyadische Beziehung zwischen einem Nachfrager und einem Anbieter untersucht, um über dessen Abhängigkeitsposition zu entscheiden. Entscheidend für das Vorliegen von Nachfragemacht ist in diesem Fall also die jeweilige Wettbewerbsposition des betrachteten Marktpartners. Diese relative Betrachtung geht von der Vorstellung aus, dass die Marktform nicht unbedingt Machtausübung impliziert, sondern lediglich die Möglichkeit dafür bieten kann, nämlich dann, wenn ein Anbieter von einem der wenigen „marktstarken" Nachfrager abhängig ist.
Damit ist auch schon der letzte Aspekt von Nachfragemacht, die *Ausübung*, angesprochen. Während die zuvor dargestellten Aspekte lediglich als notwendige Bedingung für die Wirksamkeit von Nachfragemacht angesehen werden können, ist mit deren

Ausübung die hinreichende Bedingung erfüllt (→ Marktbeherrschung). Erst der Einsatz von Machtmitteln durch einen marktbeherrschenden Nachfrager, wie z.B. Entlistungsdrohungen, beeinträchtigt das Geschäftsergebnis des betroffenen Anbieters, z.B. in Form von ungewöhnlich hohen Erlösschmälerungen. Nach juristischer Auffassung führt dieses Verhalten wiederum zu einer Wettbewerbsverzerrung und passt somit nicht in das Gefüge einer wohlfahrtökonomisch ausgerichteten sozialen Marktwirtschaft. Diesem „Ausbeutungsmissbrauch" eines marktstarken Nachfragers steht mit dem Verbot der Diskriminierung (§ 20 Abs. 2, 3 GWB) ein weiteres Regulierungsinstrument entgegen.

Die Nachfragemacht gewinnt im Zuge globalen Unternehmenszusammenschlüsse, z.B. DaimlerChrysler, neue Brisanz (→ Größenwettbewerb). Einerseits erhöht sich die Einkaufsmacht und verschärft sich die Wettbewerbssituation durch → Global Sourcing, andererseits verliert der Großteil der Lieferanten den Status eines Direktlieferanten und wird zum Sublieferanten eines Systemlieferanten innerhalb der Supply Chain eines fokalen Unternehmens (etwa des Automobilherstellers). Nachfragemacht geht dann nicht mehr unmittelbar von diesem aus, sondern ergibt sich aus den Mobilitätsbarrieren des Zuliefernetzwerkes. Standardisierungen und Integration der Entwicklungs-, Produktions- und Logistik- und Orderprozesse schränken die strategischen Optionen und Mitgliedschaften in unterschiedlichen Zuliefernetzwerken ein.

M.G.

Literatur: *Bergmann, G.*: Strategisches Absatzkanalmanagement in Märkten mit hoher Nachfragemacht des Handels. Eine Bestandsaufnahme mit Beispielen aus der Möbelindustrie, Frankfurt a.M. 1988. *Gröner, H.* (Hrsg.): Wettbewerb, Konzentration und Nachfragemacht im Lebensmittelhandel, Berlin 1989. *Lademann, R.*: Nachfragemacht von Handelsunternehmen. Analyse der Begriffe, Erklärungs- und Rechtstatsachenprobleme, Göttingen 1986. *Niestrath, U.*: Nachfragemacht des Handels. Begriff, Theorie und Operationalisierung, Frankfurt a.M. 1983. *Kerber, W.*: Evolutionäre Marktprozesse und Nachfragemacht, Baden Baden 1989. *Wildemann, H.*: Koordination von Unternehmensnetzwerken, in: ZfB 67. Jg. (1997), S. 417-439.

Nachfrageschätzung

dient der Quantifizierung des Absatzpotentials eines Produkts in einem definierten Markt während eines bestimmten Zeitraums. Grundlagen sind unstrukturierte Informationen und Daten über vergleichbare Entwicklungen in der Vergangenheit (Analogien), absehbare Veränderungen gegenwärtiger (z.B. Wettbewerbs-) Bedingungen in der relevanten Zukunft sowie ein produkt- und marktbezogenes absatzpolitisches Konzept zu deren Beeinflussung im Sinne der verfolgten Zielsetzung des Unternehmens (Preis, Absatzweg(e), Produktwerbung, Einbettung in ein Sortiment). Je unvollständiger und/ oder widersprüchlicher die Informationslage, desto größer der Anteil von Erfahrung, Urteil und Meinung bei der Interpretation und Gewichtung von Einzelinformationen und ihrer Verdichtung zu Nachfrageschätzungen (*Kahnemann et al.*, 1982).

Nachfrageschätzungen ergänzen die statistischen → Absatzprognosen. Deren Anwendungsgebiet ist die Extrapolation vorhandener (homogener und konsistenter) Messdatenreihen ausreichender Länge mit Hilfe exakt definierter Prognosemodelle. Wo die Voraussetzungen für den Einsatz solcher Modelle nicht gegeben (Know how, DV-Unterstützung) oder nicht herstellbar sind (unzureichende Datenbasis), auch wo einschneidende Veränderungen zuvor gültiger Gesetzmäßigkeiten erwartet werden (Strukturbruch), v.a. aber wo statistisch verwertbare Daten (noch) nicht existieren (neue Produkte), treten zwangsläufig Schätzungen an die Stelle von Prognosen (*Wright/Ayton*, 1987).

Besonders davon betroffen ist der Konsumgüterbereich. Bei einzelnen Warengattungen und Vertriebsformen sind über die Hälfte (Buchversand), mitunter sogar mehr als drei Viertel (Oberbekleidung) des Sortiments weniger als ein Jahr (Textilien: eine Saison) alt. Für überregional tätige Vollsortimenter (→ Warenhaus) mit rd. 1 Mio. vorrätigen Artikeln bedeutet eine Sortimentserneuerungsquote von nur 15% p.a., dass jährlich Nachfrageschätzungen für 150.000 neue Artikel anfallen. Da sie Grundlage für Einkaufs- und Vorratsentscheidungen sind (→ Partiegeschäft), besteht Veranlassung, sie effektiv und effizient zu gestalten, d.h.

- in geeigneter Weise zu systematisieren, d.h. Regeln für die Auswahl von Informationen unterschiedlichen Ranges und ihre Verdichtung zu definieren,
- eine arbeitsgerechte Versorgung mit potentiell relevanten Informationen sicherzustellen (DV-Unterstützung),

Nachfrageschätzung

- auf bias (Verzerrung: zu optimistisch/pessimistisch), shift (Verschiebungen) und Erratik bzw. Konsistenz zu überwachen (Auswertung und Rückkopplung von Schätzfehlern).

Da die mit Nachfrageschätzungen abzudeckenden Zeiträume relativ kurz (selten länger als sechs Monate) und die Beschaffungsmöglichkeiten vielfach stark eingeschränkt sind, kommt es dabei mehr auf eine realistische Schätzung der Gesamtnachfrage D an als auf eine präzise Vorhersage ihres Verlaufs in einem Zeitraster $(d_1, d_2, d_3,...)$. Neben der für wahrscheinlich gehaltenen Nachfrage (D_{wsch}) interessiert v.a. die Vertrauenswürdigkeit der Schätzung selbst (Schätzrisiko). Dies gilt in besonderem Maße dort, wo Schätzfehler nicht durch Nachdispositionen ausgeglichen werden können (→ Partiegeschäft).

Die konstitutiven Merkmale von *Schätzrisiken* sind

- objektive Unsicherheit, z.B. Witterungseinflüsse oder Maßnahmen von Wettbewerbern,
- subjektive Unsicherheit infolge unvollständiger Information
- sowie hinsichtlich der Bewertung (Gewichtung) vorhandener und evtl. widersprüchlicher Informationen,
- subjektive Wahrnehmung der an Schätzfehler gekoppelten Sanktionen.

Sie bilden ein Konvolut, dessen Bestandteile allenfalls ex post, anhand der registrierten Schätzfehler, statistisch isolierbar sind. Besondere Gefahr geht dabei von asymmetrischen Gratifikationsmechanismen aus. Ein einseitig controlling- bzw. umsatzfixiertes Klima, in dem über- bzw. unterschätzte Nachfrage (als Wertberichtigung auf Restposten bzw. entgangener Umsatz) dominantes (Fehl-)Leistungsmerkmal ist, fördert verdeckte, mitunter unbewusste, „Korrekturen" der eigentlichen Schätzung („hedging"). Vorzeichen und Umfang dieser Korrekturen sind wahrnehmungsbedingt (personenabhängig), damit auch situationsabhängig (zeitveränderlich) und mithin schwer kontrollierbar. Eine Neutralisierung der subjektiven Einflüsse durch Einschaltung von Gruppen (*Wright/Ayton*, 1987, Part II) scheitert meist an knappen Personalkapazitäten. Mit Hilfe von Intervall- anstelle von Punktschätzungen sowie mit einem der Aufgabenstellung angemesseneren Schätzfehler-Begriff kann man sie jedoch eindämmen.

Eine erste Quantifizierung des *Schätzrisikos* erfolgt durch Abfrage der unter normalen Bedingungen mit an Sicherheit grenzender Wahrscheinlichkeit erreichbaren Mindestnachfrage (D_{min}) und einer entsprechend definierten Obergrenze (D_{max}). Dabei ist es sowohl im Hinblick auf Arbeitserleichterung wie auch für Zwecke der Auswertung individuellen Schätzverhaltens (*Hogarth*, 1987) sinnvoll, die Eckwerte so zu operationalisieren, dass Unter- bzw. Überschreitungen jeweils nur in etwa einem von 20 Fällen (5%) auftreten (*Zoller*, 1999).

Klassifiziert man als Schätz*fehler* nur Fälle, in denen die tatsächliche Nachfrage unter D_{min} bleibt oder über D_{max} liegt, so kommen Produktkenntnis, Markterfahrung und Urteilsfähigkeit des für die N. Verantwortlichen darin zum Ausdruck,

- dass *Fehler* auftreten – wo dies auch über längere Zeit nicht der Fall ist, muss befürchtet werden, dass der Disponent sich durch großzügige Intervalle [D_{min}, D_{max}] absichert;
- dass *Über-* und *Unter*schätzungen der Nachfrage in etwa gleich häufig auftreten – einseitige Fehlerhäufungen ohne erkennbare exogene Ursachen (Einbruch eines Marktsegments) lassen systematische Verzerrungen (bias) im individuellen Schätzverhalten erkennen;
- dass D_{min} und D_{max} nicht äquidistant zu D_{wsch} liegen – eine sachlogische Begründung für symmetrische Randwerte gleicher Eintrittswahrscheinlichkeiten (je 5%) wird es nur in Ausnahmefällen geben; meist sind sie ein Indiz für mechanistische („x plus/minus 20%") Nachfrageschätzungen.

In jedem Fall können Analysen der tatsächlichen Schätz*fehler* wesentlich zur Verstärkung konsistenten und unverzerrten Schätzverhaltens beitragen. Dass das Ausmaß einer Nachfrageunterschätzung im stationären Konsumgütereinzelhandel vielfach nicht gemessen, sondern selbst nur geschätzt werden kann, steht dem nicht entgegen. Hier interessiert nur die Häufigkeit, mit der Schätzfehler negativen bzw. positiven Vorzeichens auftreten

Das Intervall [D_{min}, D_{max}] beschreibt lediglich die Streubreite des Schätzrisikos. Welches Gewicht (Glaubwürdigkeit) einzelnen Werten innerhalb dieses Intervalls (speziell

D_{wsch}) zugemessen wird, geht daraus nicht hervor, ist jedoch für die Verwendbarkeit der N. als Planungsgrundlage wesentlich. Ersetzt man das Intervall durch ein dem Planungszweck angepasstes Raster von Einzelwerten ($D_1, D_2, ..., D_m$), so können *Glaubwürdigkeitsziffern* $p_i = W\{D_i\}$ („Wahrscheinlichkeiten": $0 < p_i < 1$ für $i = 1, 2, ..., m$ mit $\sum p_i = 1$, *Abb. 1*) auf zwei Wegen gewonnen werden:

(1) *Subjektive Wahrscheinlichkeiten* (*Hogarth*, 1987): Der Produktverantwortliche quantifiziert von ihm wahrgenommene Unterschiede der Glaubwürdigkeit einzelner Werte D_i in subjektiven Eintrittswahrscheinlichkeiten p_i (*Abb. 1*). Um hinreichende Trennschärfe zu erreichen, muss die Rasterung jedoch u.U. der Informationslage entsprechend vergröbert werden. Die → Szenario-Technik (*Wright/Ayton*, 1987, Part IV) zieht daher von vornherein nur m=3 Perspektiven in Betracht („pessimistische", „wahrscheinliche" und „optimistische" Nachfrage, *Abb. 2*).

(2) *synthetische Wahrscheinlichkeiten* (*Zoller*, 1999): Aus den Eckwerten wird eine von der relativen Streubreite und der Lage von D_{wsch} im Intervall [D_{min}, D_{max}] abhängige synthetische Wahrscheinlichkeitsdichte $f(D)$ modellhaft berechnet (*Abb. 3*) und zur Prüfung angeboten. Die akzeptierte Dichte $f(D)$ rechnet man in Glaubwürdigkeitsziffern entsprechend der geforderten Nachfrage-Rasterung um (wie *Abb. 1*).

Für (2) ist DV-(Dialog-)Unterstützung unabdingbar und sorgsame Kalibrierung des Modells (Anpassung an die Risikopräferenzen des Managements) zwingende Voraussetzung. Der zeitintensivere Ansatz (1) kann durch DV-Unterstützung entlastet werden; dies schafft zugleich die Möglichkeit, eine dem Planungszweck angemessene Rasterung der Glaubwürdigkeitsziffern erforderlichenfalls auf rechnerischem Wege nachzuliefern. K.Z.

Literatur: *Hogarth, R.*: Judgement and Choice, 2. Aufl., Chichester 1987. *Kahnemann, D.; Slovic, P.; Tversky, A.* (Hrsg.): Judgment under Uncertainty: Heuristics and Biases, Cambridge 1982. *Wright, G.; Ayton, P.*: Judgmental Forecasting, Chichester 1987. *Zoller, K.*: Optimierung von „Partien", Schriftenreihe des Studienkreises Logistik und Organisation *1/1999*, Universität der Bundeswehr Hamburg, Hamburg 1999.

Nachfrageschwankungen
→ Bestelldoktrinen

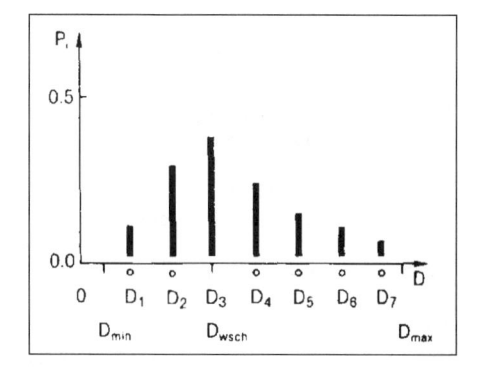

Abb. 1

Abb. 2

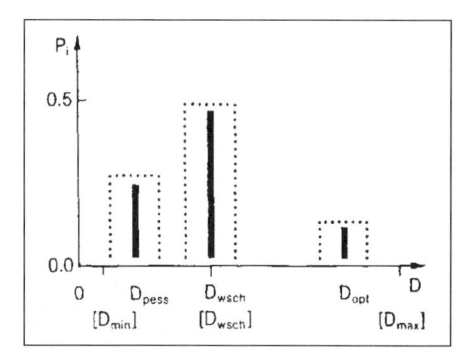

Abb. 3

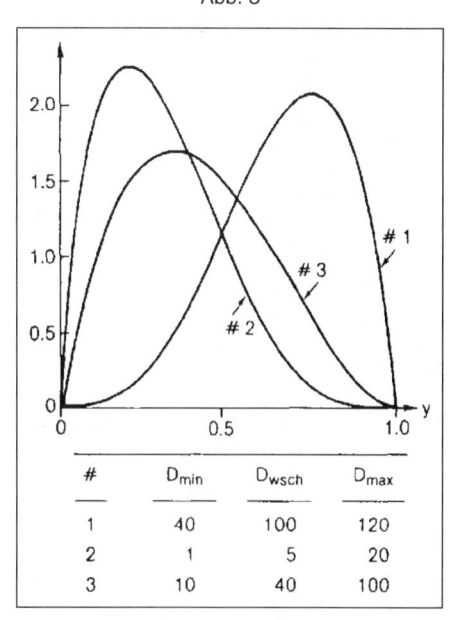

#	D_{min}	D_{wsch}	D_{max}
1	40	100	120
2	1	5	20
3	10	40	100

Nachfragetheorie → Nachfrage, → Käuferverhalten

Nachfrageverbund → Sortimentsverbund

Nachhaltige Entwicklung
→ Sustainable Development

Nachhaltiger Konsum
→ Ökologisches Konsumentenverhalten

Nachkalkulation → Preiskalkulation

Nachkaufkommunikation
Die Nachkaufkommunikation der Unternehmen ist Teil der betrieblichen → Kommunikationspolitik und ein zentraler Instrumentalbereich des → Nachkaufmarketing. Sie findet zwischen Unternehmen und Kunden nach erfolgtem Kauf statt und beinhaltet sämtliche Informationen und Interaktionen, die sich direkt oder indirekt auf das Spektrum unternehmerischer Leistungen beziehen. Vor dem Hintergrund des Zieles der → Kundenzufriedenheit und → Kundenbindung nutzen Unternehmen die Möglichkeiten der Nachkaufkommunikation, um kurzfristig auftretende Nachkaufdissonanzen (→ Dissonanztheorie) der Kunden abzubauen, ihnen weiterführende produktrelevante Informationen zu Ge- und Verbrauch sowie Entsorgung zu vermitteln und so ihr Konsumerlebnis auch nach dem Kauf noch aktiv und positiv zu gestalten.

Eine planvolle und zielgruppenorientierte Nachkaufkommunikation erfodert den Einsatz leistungsfähiger Nachkaufkommunikations-Instrumente. Ein wesentliches Differenzierungsmerkmal resultiert dabei aus der Überlegung, inwieweit die Kunden selbst aktiv in den Kommunikationsprozess einbezogen werden können (ein- oder zweiseitige Nachkaufkommunikation). Zu den wichtigsten *einseitig* wirksamen Instrumenten zählen dabei produktbegleitende → Gebrauchsanweisungen, Formen massenmedialer Nachkaufwerbung oder → Direktwerbung. Hervorzuhebende *zweiseitige*, d.h. dialogische Instrumente der Unternehmen (→ Dialogmarketing) sind die Nachkauf-Beratung (→ Nachkauf-Service), Kundenschulungen sowie die Abwicklung von Kundenbeschwerden (→ Beschwerdemanagement). Gerade für die zweiseitige Nachkaufkommunikation bieten sich organisatorische Gestaltungsformen an, die eine Institutionalisierung des Nachkauf-Dialogs zwischen Unternehmen und Kunden ermöglichen (z.B. → Call Center, Serviceabteilung/Kundenberatung, → FAQ, → Verbraucherabteilung).

Eine zielgruppenorientierte Nachkaufkommunikation ist sowohl für langlebige hochwertige Gebrauchsgüter als auch für Güter des täglichen Bedarfs von Bedeutung. Der → Mund-Werbung und Nachkaufkommunikation mit → Meinungsführern kommt dabei eine besondere Relevanz zu (→ Kundenempfehlung, → User Groups, → Kundenclub). K.J.

Nachkaufmarketing
umfasst sämtliche Marketingaktivitäten von Unternehmungen, die innerhalb der → Nachkaufphase einsetzen oder ihre Wirkungen entfalten und darauf gerichtet sind, Konsumenten im Rahmen sozialer Austauschbeziehungen dauerhaft zufrieden zu stellen und langfristig an das Unternehmen zu binden. Das Nachkaufmarketing greift die weithin vernachlässigte Beziehungspflege nach dem Kauf auf. Damit wird seine konzeptionelle Nähe zum → Beziehungsmarketing deutlich. Beide Ansätze zielen auf das Konstrukt der dauerhaften Bindung von Kunden an ein Unternehmen. Während das Beziehungsmarketing eine integrative Perspektive über sämtliche Phasen des Aufbaus, der Pflege und der Beendigung von Kundenbeziehungen einnimmt und dabei auf das Beziehungs-Commitment sowie das Vertrauen als Ansatzpunkte der → Kundenbindung abhebt, konzentriert sich das Nachkaufmarketing auf den Zeitraum nach erfolgtem Kauf und ist primär auf das Ziel der → Kundenzufriedenheit als eine notwendige Bedingung für dauerhafte Kundenbeziehungen ausgerichtet.

Die *generelle Leitidee* des Nachkaufmarketing ist ein auf die Erzeugung von Kundenzufriedenheit ausgerichtetes, kunden- und nachkauforientiertes Markthandeln der Unternehmen. Daraus abgeleitete *vorökonomische Nachkaufziele* umfassen u.a. die → Kundenzufriedenheit, ein nachkauforientiertes Unternehmensimage sowie die Beeinflussung des interpersonellen Kommunikationsverhaltens der Kunden zum Zweck der Diffusion positiver Konsumerfahrungen (→ Mund-Werbung, → Referenzen). *Ökonomische Zielbeiträge* des Nachkaufmarketing in Form von Umsatz-, Gewinn- oder Marktanteilszielen unterstreichen die investive Bedeutung, die einer systematischen Pflege von Kundenbeziehungen innerhalb der Nachkaufphase zukommen. Je ausgeprägter die Kundenzufriedenheit, Kundenbindung und Multiplikationsleistungen der Kunden sind, desto kostengünstiger sind die Bemühungen des Nachkaufmarketing im Vergleich zu den Kosten der Neukunden- bzw. Kundenrückgewinnung. So verhindern Nachkaufmarketingmaßnahmen in Form von Kundenbindungsprogrammen oder eines aktiven → Beschwerdemanagements den Verlust potenzieller Umsätze durch Kundenabwanderung. Gleichzeitig werden zusätzliche Umsatzpotenziale durch Wiederholungs- und Folgekäufe bestehender Kunden generiert. Darüber hinaus bestehen positive Kaufanreize für potenzielle Kunden, indem das Nachkaufmarketing eine langfristige → Kundenorientierung des Unternehmens verdeutlicht, die weit über das kurzfristige Ziel des Verkaufs von Produkten oder Dienstleistungen hinausgeht.

Das Nachkaufmarketing ist Element einer Strategie der *differenzierten Marktbearbeitung*. Seine Maßnahmen umfassen sämtliche aus dem Kaufentscheid sowie dem Umgang mit Produkten oder Dienstleistungen resultierenden individuellen Anforderungen der Kunden an eine aktive Nachkaufbetreuung durch die Unternehmen. Segmentspezifische Nachkaufmarketingprogramme basieren dabei sowohl auf sachlichen Segmentierungsdimensionen des beobachtbaren sowie nicht beobachtbaren → Nachkaufverhaltens der Konsumenten als auch auf tätigkeitsbezogenen oder garantiepolitischen Merkmalen der → Nachkaufphase (z.B. Transport / Installation / Zubereitung, Ge- / Verbrauch, Entsorgung / Recycling, Gewährleistung / Kulanz etc.).

Eine kundenindividuelle *Nachkaufbetreuung* setzt umfangreiche Informationen zum Ertragswert der Kundenbeziehung (→ Kundenwert), dem → Nachkaufverhalten der Kunden, ihrer aktuellen Produktausstattung und individuellen Beziehungs- und Kaufhistorie sowie dem aktuellen Nachkaufphasenstatus voraus. Die kundenindividuelle Erfassung sowie segmentspezifische Aufbereitung und Nutzung dieser Informationen erfordert den Einsatz moderner Kundendatenbanksysteme (→ Datawarehouse, → Data Mining, → Database-Marketing).

Das *Kerninstrumentarium* des Nachkaufmarketing umfasst die in der *Abbildung* dargestellten Bereiche.

Die Auswahl, Kombination und Gestaltung des Instrumentaleinsatzes wird sowohl durch die segmentspezifischen Ausprägungen des Kundenwertes wie auch durch den jeweiligen Teilausschnitt der → Nachkaufphase und damit verbundenen Betreuungsbedürfnissen bzw. Leistungsansprüchen der Kunden bestimmt. U.H./K.J.

Literatur: *Hansen, U.; Jeschke, K.:* Stichwort Nachkaufmarketing, in: *Köhler, R.; Tietz, B.; Zentes, J.* (Hrsg.): Handwörterbuch des Marketing, Wiesbaden 1995, Sp. 1919-1929. *Hansen, U.; Bode, M.:* Marketing & Konsum. Theorie und Praxis von der Industrialisierung bis ins 21. Jahrhundert, München 1999. *Jeschke, K.:* Nachkaufmarketing. Kundenzufriedenheit und Kundenbindung auf Konsumgütermärkten, Frankfurt a.M., New York 1995. *Vavra, T.G.:* Aftermarketing. How to Keep Customers for Life through Relationship Marketing, New York 1992.

Nachkaufphase

ist ein dynamischer Prozess bzw. zeitlicher Abschnitt im Rahmen von Geschäftsbeziehungen, der sowohl aus austauschtheoretischer (→ Austauschtheorie), verhaltenstheoretischer (→ Nachkaufverhalten) sowie marketingtheoretischer Perspektive (→ Nachkaufmarketing) interpretiert werden kann. Austauschtheoretisch betrachtet umfasst die Nachkaufphase den Zeitraum zwischen singulären marktlichen Aus-

Kerninstrumente des Nachkaufmarketingmix

Nachkaufservice	Beschwerde-management	Nachkauf-kommunikation	Redistribution
Auslieferung Installation Wartung Reparatur Kundenschulung	Beschwerdeinput Fallbearbeitung Informations-gewinnung	Gebrauchs-anweisungen Nachkaufwerbung Kundenkontakt-programme Nachkaufberatung	Vollständige/partielle Produktrücknahme Recycling Entsorgung

Nachkauf-Service (After-Sales-Service)

tauschprozessen in Form von Kauf und → Wiederkauf. Aus verhaltenstheoretischer Sicht ist die Nachkaufphase sowohl als Nachentscheidungsphase bereits vor dem Kauf einsetzender → Kaufentscheidungsprozesse als auch als Ausdruck des Ge- und Verbrauchs von Konsumgütern unter Berücksichtigung beobachtbarer sowie nicht beobachtbarer Verhaltensdimensionen der Kunden interpretierbar. K.J.

Nachkauf-Service (After-Sales-Service)
umfasst als Teilbereich der → Servicepolitik und des → Nachkaufmarketing jede Art von Zusatz-, Folge- oder Nebenleistungen, die nach erfolgtem Kauf zur Förderung der Hauptleistung eines Unternehmens angeboten werden. Die Ausgestaltung, d.h. die Kombination der Serviceleistungen nach Art, Anzahl und qualitativem Niveau (Serviceprofil) sowie deren Angebotsform als entgeltliche oder unentgeltliche Standard- oder Sonderleistung richtet sich nach den ökonomischen Zielen (u.a. → Wiederkaufverhalten) und psychografischen Zielen (z.B. Serviceimage) der Servicepolitik. Vor allem im Bereich technisch komplexer Gebrauchsgüter zielen sach- oder personenbezogene Dienstleistungen (z.B. Zustellung, Installation, Wartung, Reparatur, Kundenschulungen, Nachkaufberatungen etc.) darauf ab, dem Kunden die Ingebrauchnahme und Bedienung eines Produktes zu erleichtern und einen hohen → Gebrauchsnutzen der Kunden sicherzustellen.

Die wachsende Serviceorientierung auf Investitions- und Konsumgütermärkten weist dem After-Sales-Service eine zentrale wettbewerbsstrategische Bedeutung im Rahmen von → Differenzierungsstrategien zu. Die Gestaltung zielgruppenspezifischer After-Sales-Service-Programme mit unterschiedlichen Leistungsarten, -umfängen und -intensitäten beeinflusst die Qualität der Kundenbeziehung (→ Beziehungsqualität) und damit auch die Dauer der → Kundenbindung sowie den Ertragswert.

Durch den zunehmenden Trend des Outsourcing von Nachkauf-Services an externe Serviceunternehmen oder seine unternehmensinterne Organisation als Profit-Center mit eigener Umsatz- und Gewinnverantwortung hat der After-Sales-Service seine traditionelle Funktion der Verkaufsunterstützung weitestgehend verloren. Er gilt heute als profitables Geschäftsfeld für eine Vielzahl sekundärer → Dienstleistungen). K.J.

Nachkaufverhalten

Ein umfassendes Verständnis des → Käuferverhaltens erfordert, dass nicht nur die einem Kauf vorangehenden Aktivitäten betrachtet werden, sondern auch jene, die sich danach, als Folge eines Kaufes, entwickeln. Dazu wird das Kaufverhalten als ein Prozess oder Kreislauf (*Buying Cycle*) zeitlich aufeinander folgender Konsumaktivitäten von der Vorkaufphase über den Kauf bis zur Nachkaufphase aufgefasst. Vorkaufaktivitäten richten sich auf die Suche (Informationsbeschaffung), Bewertung und Auswahl von Produkten und Dienstleistungen. Das Nachkaufverhalten umfasst alle Aspekte der Produktnutzung (z.B. Nutzungsintensität, Entsorgung) sowie alle einem Kauf folgenden und mit diesem unmittelbar in Verbindung stehenden, psychischen und offenen Reaktionen von Konsumenten, die ihrerseits wieder das zukünftige Verhalten prägen. Die Produktnutzung kann in vorbereitende (z.B. Installation), ge- und verbrauchende, ergänzende (z.B. Pflege, Wartung, Reparatur) sowie nutzungsabschließende bzw. nutzungsändernde (Entsorgung, Weiterverwendung) Tätigkeiten unterteilt werden. Produkte können nur dann in ihren Funktionen voll ausgeschöpft werden, wenn eine entsprechende → *KonsumKompetenz* beim Käufer vorliegt.

Zu den psychischen Konsequenzen eines Kaufes gehören:

a) Zufriedenheit bzw. Unzufriedenheit mit dem Produkt (→ Zufriedenheitsforschung),
b) Produkterfahrungen (→ Lerntheorie),
c) kognitive Nachkaufdissonanzen (→ Dissonanztheorie),
d) → Vertrauen bzw. Misstrauen und
e) → Commitment.

Als offene Nachkaufreaktionen können produktbezogenes Kommunikationsverhalten (z.B. → Nachkaufkommunikation, Weiterempfehlung), Wiederkauf (z.B. Marken- und Geschäftstreue) und Zusatzkauf (→ *Cross-Selling*), Markenwechsel oder Verzicht sowie Reklamation und Beschwerde unterschieden werden (→ Wiederkaufverhalten). Konsumenten können mit einem Produkt zufrieden oder unzufrieden sein. Die → *Zufriedenheit* ist das Ergebnis einer bewussten Nachkaufbewertung des gewählten Produktes bzw. der genutzten Dienstleistung. Unzufriedenheit mit dem Produkt entsteht, wenn die wahrgenommenen Leistungen die an das Produkt gestellten Erwartungen nicht erfüllen. Werden die Erwartungen der Käufer von Produkt und Anbieter nicht enttäuscht, so stellt sich neben der Zufriedenheit u.U. auch *Vertrauen* und ein *Commitment* ein, also eine innere Verpflichtung zur Bindung an ein Produkt oder an ein Unternehmen (→ Kundenbindung). Auch *Nachkaufdissonanzen* (→ Dissonanztheorie) als Folge eines Vergleiches der gewählten Alternative mit der oder den ausgeschlagenen Produkten können zur Unzufriedenheit führen. Nachkaufdissonanzen sind motivationale Spannungen, die durch wahrgenommene Vorteile der ausgeschlagenen Alternativen und wahrgenommene Nachteile des gewählten Produktes ausgelöst werden können. Vom Konsumenten oft eingeschlagene Strategien zur Reduktion kognitiver Nachkaufdissonanzen sind nachträgliche Umbewertungen, d.h. Abwertungen der nicht gewählten Produkte und Aufwertung des gekauften Produktes, und eine Suche und selektive Wahrnehmung solcher Informationen, die die getroffene Kaufentscheidung stützen.

Nach *Hirschman* (1970) folgt aus der Zufriedenheit markentreues Verhalten (*loyality*), aus der Unzufriedenheit die Abwanderung oder der Widerspruch (*exit/voice*). Abwanderung kann bedeuten, dass der Konsument die Marke wechselt oder einen generellen Konsumverzicht übt. Der Widerspruch kann

a) durch eine Beschwerde (→ Beschwerdeverhalten) gegenüber den Anbietern, Verbraucherverbänden oder gegenüber öffentlichen Einrichtungen,
b) durch Geltendmachung der Rechte aus *Mängelhaftung* in Form der Reklamation,
c) durch einen Boykott der Produkte und
d) durch negative → Mund-Werbung erfolgen.

Bei Konsumenten, die mit dem Ergebnis ihrer Beschwerde zufrieden sind, steigt die Wahrscheinlichkeit eines Wiederholungs- und Zusatzkaufes. Die Art und Intensität der Reaktion unzufriedener Konsumenten ist produkt- (z.B. Preis), personen- (z.B. Alter) und situationsspezifisch (z.B. Dringlichkeit der Nutzung). Alternativ zum Konstrukt der Zufriedenheit/Unzufriedenheit kann die → *Attributionstheorie* zur Erklärung von Nachkaufreaktionen bei Produktmängeln herangezogen werden. Danach versuchen Konsumenten die Gründe zu finden, die für die wahrgenommenen Produktmängel verantwortlich sind. Ursachen für die vom gekauften Produkt nicht erfüllten Konsumwünsche können dahingehend klassifiziert werden, ob sie zeitlich stabil sind, dem Produkt (z.B. Qualitätsmängel) oder dem Konsumenten (z.B. unsachgemäße Produktnutzung) anhaften und danach, ob die Ursachen beseitigt werden können oder nicht. Werden z.B. die Ursachen in dauerhaften Produktmängeln gesehen, so ist die Wiederkaufwahrscheinlichkeit geringer, als wenn von temporären Störungen oder von einer eigenen fehlerhaften Produktnutzung ausgegangen wird.

Das Nachkaufverhalten und insbesondere die Betrachtung von → *Kundenlebenszyklen* hat eine hohe marketingpolitische Relevanz. Globaler Wettbewerb auf gesättigten Märkten hat bei vielen Unternehmen eine strategische Neuorientierung vom klassischen, auf die Gewinnung von Neukunden ausgerichtetes Transaktionsmarketing zum → Beziehungsmarketing eingeleitet, das darauf zielt, Kunden dauerhaft an das Unternehmen zu binden (*Kundenbindungsstrategie*). Das Beziehungsmarketing rückt ab von der Sichtweise, den Kaufakt als eine isolierte Episode mit definiertem Anfang und Ende zu betrachten. Stattdessen wird ein Kaufkreislauf bzw. ein Kundenlebenszyklus unterstellt. Wettbewerbsvorteile sind insbesondere durch Aktivitäten in der Nachkaufphase (→ Nachkaufmarketing, → Nachkauf-Service), mit dem Ziel, dauerhafte Geschäftsbeziehungen einzugehen, zu erreichen. Im Rahmen des Nachkaufmarketing werden durch den Kauf begründete längerfristige Beziehungen zwischen Anbietern und Kunden zugrundegelegt und Aktivitäten entwickelt, die den Kontakt zum Kunden fördern und intensivieren. Solche Nachkaufbemühungen sind insb. bei komplexen Gütern und Dienstleistungen (z.B. Vertrauensgüter), deren Nutzung sich über einen längeren Zeitraum erstreckt, von Bedeutung (→ Bankmarketing, → Versicherungs-Marketing). Für die → Verbraucherpolitik bieten sich Beschwerden als wichtige Informationsquelle für die Formulierung und Änderung von Verbraucherforderungen an. I.Ba.

Literatur: *Hansen, U.; Jeschke, K.:* Nachkaufmarketing, in: *Tietz, B.; Köhler, R.; Zentes, J.* (Hrsg.): Handwörterbuch des Marketing, 2. Aufl., Stuttgart 1995, Sp. 1921–1927. *Hennig-Thurau, Th.:* Konsum-Kompetenz: Eine neue Zielgröße für das Management von Geschäftsbe-

Nachmessegeschäft
ziehungen, Frankfurt a.M. 1998. *Hirschman, A.O.:* Exit, Voice, and Loyality, Cambridge 1970.

Nachmessegeschäft
→ Messepolitik des Ausstellers

Nachrichtenagenturen
Informations-Grossisten bei den Massenmedien, welche 24 Stunden am Tag Nachrichten über das ganze von den Massenmedien abgedeckte Themenspektrum in Form von Text, Bild oder Tondokumenten bieten. Aufgrund ihrer weltweiten Vernetzung vermögen sie Nachrichten innerhalb von Minuten global zu verbreiten. Quellen der Nachrichtenagenturen stellen lokale Medien, die sie ständig beobachten, sowie eigene Reporter, Korrespondenten oder freie Journalisten dar. Massenmedien abonnieren die Dienste der Agenturen gegen eine fixe Jahresgebühr. Früher aufs reine Nachrichtengeschäft beschränkt, bieten die großen Agenturen heute vielfältige Leistungen, die vom Text- und Bilderdienst über Rundfunkreportagen bis zu Videobeiträgen oder fertig gestalteten Seiten zu bestimmten Themen reichen. In den → Public Relations sind Nachrichtenagenturen sowohl wichtige Multiplikatoren, als auch in Fällen von → Krisenkommunikation ein ernst zu nehmender Faktor des Mediendruckes. Bekannte Agenturen sind: Associated Press (AP), Deutsche Presse-Agentur (DPA), Agence France Presse (AFP).   P.F.

Nachverwertungssortiment
Nachverwertungssortimente sind Sortimente, die von Wettbewerbern bereits aufgegeben wurden. Sie werden aber noch nachgefragt und sind deshalb für eine i.d.R. begrenzte Zeit noch interessant.

NAFTA
North American Free Trade Area. → Internationaler Handelszusammenschluss der drei Staaten des nordamerikanischen Subkontinents (Kanada, USA und Mexiko).

Nahrungsmittel-Marketing
→ Agrarmarketing

Nährwertkennzeichnung
→ Warenkennzeichnung

Naive Prognose
Übernahme des letztverfügbaren Zeitreihenwertes als Prognosewert für die Prognoseperiode; dient gelegentlich als Vergleichswert zur Bestimmung des Prognosefehlers (→ Prognosefehlermaße).

Namensmarke → Personenmarken

Namensrecht
Der Name eines Menschen ist durch ein besonderes → Persönlichkeitsrecht des BGB geschützt (§ 12 BGB). Vorausgesetzt ist, dass der Name bei der zuständigen Behörde eingetragen wird. Die Einzelheiten zu diesem Verfahren ergeben sich aus dem Personenstandsgesetz. Materiell rechtmäßig ist jeder Name, der nicht gesetzlich verboten oder sittlich anstößig ist. Die Beurteilung dazu hat der zuständige Beamte bei der Eintragungsbehörde zu treffen. Sie ist aber gerichtlich überprüfbar. Zulässig sind auch extrem ungebräuchliche Namen, wenn diese nur unterscheidungskräftig genug sind, um die Identität des Namensträgers sicherzustellen, und wenn keine das Anstandsgefühl der billig und gerecht Denkenden verletzende Geschmacklosigkeit vorliegt.
Auch Namen juristischer Personen und nicht rechtsfähiger Vereine wie Gewerkschaften sind geschützt, sodass § 12 neben das Recht der → Firma der §§ 17 ff. HGB und das Markenrecht der §§ 14 f. MarkenG tritt. Mit ihnen hat sich das Namensrecht vom Schutz der Persönlichkeit mehr und mehr zum Immaterialgüterrechtsschutz entwickelt. Aber das Namensrecht ist selbständig. Abwehransprüche sind deshalb auch gegen nicht am selben Ort oder im selben Markt auftretende Störer gegeben. Es muss nur eine Verletzung berechtigter Interesses des Berechtigten vorliegen, was bei örtlich fern liegender Namensstörung zu verneinen sein kann.
Auch bloße Kennzeichen und Bildzeichen, die nicht einmal durch ein Wort ausgedrückt werden können, werden direkt oder analog nach § 12 BGB behandelt, wenn sie nur Unterscheidungskraft haben. Das gilt auch für die → public domains des → Internet-Rechts. Verkehrsgeltung ist grundsätzlich nicht, ausnahmsweise aber dann erfordert, wenn das Kennzeichen von Natur aus keine namensähnliche Unterscheidungskraft besitzt oder wenn keine Verwechslungs-, sondern „nur" eine sog. Verwässerungsgefahr besteht. Verwässerung droht,

wenn die Bezeichnung berühmter Marken zwar für ganz andersartige unverwechselbare Dinge verwendet wird, aber der anerkannt gute Ruf des markenrechtlich geschützten Gutes ausgebeutet und beeinträchtigt wird. – Bei Kennzeichen von Unternehmen, Einrichtungen oder Erzeugnissen kommt es auf die sog. *Zuordnungsverwirrung* an. Sie ist zwar bereits dann zu bejahen, wenn der Eindruck entsteht, dass der Namensträger dem Gebrauch der Bezeichnung zugestimmt hat, aber zu verneinen bei bestimmter Aufmachung von Aufklebern, Werbetexten oder satirischer Verfremdung, sofern die angepriesene Ware oder Dienstleistung dem Namensträger im Verkehr gar nicht zugerechnet wird (str.). – Kein Namensgebrauch liegt auch bei adjektivischer Verwendung von Städtenamen vor („Nürnberger Versicherungen").
Keine Übertragbarkeit des Namens natürlicher Personen. Anders bei → Firmen (§§ 22 f. HGB) und Unternehmensbezeichnungen, die sogar ohne das Unternehmen übertragen werden können. Beim natürlichen Namen kann jedoch ein – auch konkludent möglicher – Gestattungsvertrag („Lizenz") vorliegen. Dabei ist kein allgemeiner Schutz gegen Vergabe weiterer Lizenzen vorgesehen (anders aber § 30 V MarkenG).
§ 12 BGB gibt Unterlassungs- und Beseitigungsansprüche, die entweder eine Wiederholungsgefahr oder ein Andauern der Beeinträchtigung voraussetzen. Bei verursachten Schäden gibt § 823 I BGB Schadensersatzansprüche wegen Verletzung eines sonstigen Rechts. U.U. kommt auch analog § 847 BGB ein Ersatz des Immaterialschadens in Betracht. Erlangt nur der Störer Vorteile, ohne den Namensträger zu schädigen, so kann ein Bereicherungsanspruch wegen sog. Eingriffskondiktion nach § 812 I BGB in Betracht kommen. Weitere Ansprüche wegen Verletzung anderer allgemeiner → Persönlichkeitsrechte sind daneben möglich. H.He.

Namenstest

→ Test, mit dessen Hilfe Namensvorschläge auf ihre Eignung als Markennamen für Produkte überprüft werden sollen (→ Produkttest). Bei diesem Test werden die Merkfähigkeit, die Lesbarkeit, die Aussprache etc. des Namens sowie die Erlebnisinhalte (Assoziationen, Sympathie, Gefühlswerte) erfasst (z.B. → Wortassoziationstest). Hierbei interessiert v.a., ob die assoziierten Erlebnisinhalte mit dem vorgesehenen Produktkonzept übereinstimmen.
H.Bö.

Nano-Site → Micro-Site

Narrative Werbung → TV-Spot

Nash-Gleichgewicht → Spieltheorie

Naturalrabatt → Rabatte

Naturkostläden → Bioläden

Navigationssysteme

Eine Kombination verschiedener Bedienungselemente auf einer Website, die dem Besucher das Durchsuchen des Webauftritts nach Informationen erleichtern sollen (→ Online-Marketing). Eine solche Hilfestellung kann z.B. durch eine Navigationsleiste, Sitemap, Suchfunktion oder auch durch unterschiedliche Farbgebung für verschiedene Bereiche des Webauftritts gegeben werden. B.S./K.S.

Neighbourhood Merchandising
→ Merchandising

Neighbourhood Store
→ Convenience Store

Neobehaviorismus → Behaviorismus

Netapps-Methode

in den USA entwickeltes, älteres Verfahren zur Messung der allein durch bestimmte Werbemaßnahmen bewirkten Verkäufe („Net-ad-produced-purchases"). Dabei wird auf Basis von Befragungen zunächst erhoben, wie viele Personen mit einem Werbemittel in Kontakt kamen und wie viele von ihnen das beworbene Produkt gekauft haben. Der Unterschied der Käufer in der Gruppe der mit dem Werbemittel in Kontakt gekommenen Befragten zu jenen Käufern, die keinen Kontakt zum Werbemittel hatten, wird als Werbeerfolg ausgewiesen. Das Verfahren wird neuerdings auf der Basis von → Single Source Daten von *J.P. Jones* zur Ermittlung des Short Term Advertising Strength-Faktors (→ STAS) propagiert. Zur Kritik an dem Verfahren vgl. → STAS. H.St.

Netiquette

(Kunstwort aus engl. „network" und engl. „etiquette") ist ein Verhaltenskodex für das Versenden elektronischer Nachrichten im Internet (vgl. → Postings, → Chat). Die „Netiquette Guidelines" sind im Request for Comment (→ RFC) Nr. 1855 niedergelegt.

Nettopreis

ist dasjenige Entgelt pro Mengeneinheit bezogener Ware, das ein Abnehmer nach Berücksichtigung aller konditionenbedingten (Listen-)Preismodifikationen dem Anbieter zu entrichten hat. Er ergibt sich aus dem vom Anbieter praktizierten → Konditionensystem sowie u.U. dem machtbedingten Einlenken der Verhandlungspartner in Markttransaktionen.
In der Praxis unterscheidet man gelegentlich den Nettopreis als Listenpreis abzüglich „üblicher" Rabatte vom *„Netto-Netto-Preis"*, der sich ergibt, wenn vom Nettopreis weitere, individuell vereinbarte Preisabschläge oder Sonderkonditionen abgezogen werden. H.St.

Networking

Wichtige Form der → Personal Publicity, die darin besteht, sein Kontaktnetz zu pflegen und zu erweitern. Dies geschieht durch Einladungen bzw. Teilnahme an Einladungen und Veranstaltungen, formelle und informelle Kontakte im Geschäftsleben (z.B. Geschäftsessen), gewisse Zusendungen (z.B. interessante Unterlagen, Gratulationen) und kleine Freundschaftsdienste. P.F.

Netzanschlag

in der → Plakatwerbung übliche Form der Belegung von Anschlagstellen, bei dem das gesamte Netz der Allgemeinstellen in einem Gebiet zu belegen ist. Die Medienanbieter im Bereich der Außenwerbung gehen von diesem Prinzip jedoch zunehmend ab und ermöglichen durch eine selektive Belegung kostengünstigere und u.U. auch zielgruppenspezifischere Streuformen.

Netzeffekte → Standards

Netzplantechnik im Marketing

Als Methode der Planung und Kontrolle von Projekten hat die Netzplantechnik aufgrund ihrer relativ einfachen mathematischen Struktur und ihrer fast universellen Eignung weite Verbreitung gefunden (→ Planungsmethoden im Marketing, → Marketing-Controlling). Der Schwerpunkt der praktischen Anwendung liegt im Bau- und Fertigungsbereich sowie bei Entwicklungsprojekten, im Marketingbereich v.a. bei komplexen Planungs- und Kontrollproblemen wie Produktentwicklungen bzw. -einführungen und Werbekampagnen.
Unter „Netzplantechnik" versteht man nicht ein bestimmtes Verfahren, es existiert vielmehr eine Vielzahl von Planungsansätzen, die mit diesem Namen belegt sind und die sich Netzplänen als Mittel der Visualisierung bedienen.
Ende der fünfziger Jahre entstanden die auch heute noch in der praktischen Anwendung dominierenden Varianten der Netzplantechnik → CPM, → PERT, und → Metrapotentialmethode (MPM).
Das Grundkonzept der Netzplantechnik dient der Darstellung der logischen Struktur eines Projekts und der anschließenden Zeitplanung und -kontrolle durch Berechnung frühester und spätester Anfangs- und Endzeitpunkte für jede Tätigkeit innerhalb des Projektes. Um andere Gesichtspunkte des Projektmanagements wie Kosten- und Kapazitätsaspekte berücksichtigen zu können, wurden im Laufe der Zeit Erweiterungen vorgenommen. Viele dieser neuen Verfahren bauen direkt auf den bezeichneten Ansätzen auf (GERT), andere Verfahren stellen Kombinationen aus obigen Ansätzen dar (GAN). Die einzelnen Verfahren lassen sich nach verschiedenen Merkmalen differenzieren (vgl. *Abb. 1*).
Zu Beginn jeder netzwerkgestützten Planung ist eine *Strukturanalyse* durchzuführen, in deren Rahmen alle Tätigkeiten des Projekts zu erfassen sind. Insb. für den Fall, dass in einem Ereignis mehrere Vorgänge beginnen und enden, die nicht voneinander abhängig sind, bedarf es sog. Scheinaktivitäten zur logisch richtigen Wiedergabe der Ablaufstruktur. All diese Informationen bildet man dann in einem Netzwerk ab. Für jegliche Planungs- und Kontrolltätigkeit von entscheidender Bedeutung sind der kürzeste Weg durch das Netz und der sog. Schlupf oder Puffer. Den drei Grundvarianten CPM, PERT und MPM gemeinsam ist dabei die Suche nach der kürzestmöglichen Gesamtdauer des Projekts, d.h. die Ermittlung des so genannten kritischen Weges bzw. der kritischen Wege. Der kritische Weg enthält nur Tätigkeiten, die keinen zeitlichen Spielraum besitzen; alle anderen

Abb. 1: Verfahren der Netzplantechnik

Kriterium	Ausprägungen	Beispiele
Gegenstand der Planung	– Zeit- (Termin-)planung – Kapazitätsplanung	CPM, PERT, MPM, PERT/ COST, LESS Prioritätsregeln (z.B. RAMPS)
Darstellungsform	– Tätigkeitsgraph – Ereignisgraph	CPM, PERT MPM
Sicherheit	– doppelt deterministisch – Struktur deterministisch, Zeiten stochastisch – doppelt stochastisch	CPM, MPM PERT GERT

Wege durch das Netz besitzen einen solchen Spielraum („Schlupf" bzw. Pufferzeit). Ein wesentlicher Vorzug der Netzplantechnik im Vergleich zu anderen Planungsinstrumenten – wie z.B. den Gantt-Diagrammen- ist darin zu sehen, dass nicht zuletzt auch aufgrund der übersichtlichen Visualisierung eine lfd. Überwachung des Projektfortschritts leicht möglich ist und Neuberechnungen der zu veranschlagenden Projektdauer beim Auftreten von Verzögerungen schnell durchgeführt werden können.

Abb. 2: Vorzüge und Grenzen der Netzplantechnik

Vorzüge	Grenzen
– geeignet für die Überwachung sowohl des Projektfortschritts als auch von Kosten- und anderen Kapazitätsaspekten – leicht verständlich – vielseitig einsetzbar – Zwang zum genauen Durchdenken des Projekts – Anschaulich	– Projektablauf muß eindeutig fixierbar sein – Gefahr der Vernachlässigung unkritischer Wege – Gewisse Methoden- und Projektkenntnis erforderlich

Die Vorzüge und Grenzen der Netzplantechnik sind in *Abb.* 2 zusammengefasst.

F.B/G.H.

Literatur: *Altrogge, G.:* Netzplantechnik, Wiesbaden 1996.

Netzwerkanalyse → Feedback-Diagramm

Netzwerkansatz

Unter einem Netzwerk versteht man in der Theorie der → Marketingorganisation einen spezifischen Koordinationsmechanismus, der Elemente marktförmiger Austauschbeziehungen und hierarchischer Anordnungsverhältnisse beinhaltet. Es handelt sich folglich um eine Organisationsform zwischenbetrieblichen Austauschs, die sich durch die mehr oder minder kooperative Zusammenarbeit von mehreren rechtlich unabhängigen Unternehmen auszeichnet und auf die Realisierung von Wettbewerbsvorteilen abzielt. Netzwerke sind das Ergebnis von arbeitsteiliger Vergabe ökonomischer Aktivitäten innerhalb eines Systemverbundes, das die komplementären Fähigkeiten einzelner Unternehmen aufeinander abstimmt (→ Kooperation).

Netzwerkansätze stützen sich auf ein allgemeines Netzwerkparadigma, welches davon ausgeht, dass die gesamte Ökonomie als ein Netzwerk von Organisationen mit einer weitreichenden Hierarchie, mit untergeordneten und sich überkreuzenden Netzwerken zu verstehen ist. Aus der Marketingperspektive betrachtet, stehen sich auf der Absatz- und Beschaffungsseite Organisationen gegenüber, die sich sowohl als Anbieter als auch als Nachfrager von Absatz- und Beschaffungsvorgängen in Gemeinschaften zusammenschließen, so dass sich eine Multiorganisationalität bzw. ein Netzwerk ergibt. Die Marktprozesse zwischen den einzelnen Unternehmen werden in Netzstrukturen vermittelt, die nicht von einem einzelnen Akteur, einem übergeordneten Plan folgend, entwickelt werden, sondern die vielmehr auf der Basis der Interaktion autonomer oder teilautonomer, aber interdependenter Akteure entstehen. Diese befriedigen als funktionale Einheiten heterogene Nachfragekonstellationen mit heterogenen Ressourcen. Die sich daraus ergebenden Interaktionsprozesse sind dynamische Größen, die durch Macht und Vertrauen die Bildung und den Verlauf von Kooperations- und

Konfliktbeziehungen bestimmen und die Stellung des einzelnen Netzwerkteilnehmers festlegen.

In der Literatur zu den Netzwerkansätzen stellt die Interaktion ein tragendes Element dar, der eine grundlegende Relevanz bei der Bildung und Entwicklung von Netzwerken zugestanden wird. Die Bedeutung von Macht, Einfluss und Vertrauen für Käufer-Verkäufer-Beziehungen findet vor allem in den multiorganisationalen Interaktionssätzen (→ Interaktionstheorie) Beachtung. Die Rolle, die der Interaktion in den Netzwerkansätzen zugedacht wird, stützt sich im Wesentlichen auf die Forschungsergebnisse der *IMP- (International Marketing and Purchasing) Group*. Die theoretische Basis des IMP-Ansatzes besteht in der Integration der Interorganisationstheorie und der neuen → Institutionenökonomik. Das theoretische Fundament wird durch eine Vielzahl fallstudienhafter empirischer Untersuchungen ergänzt. In der IMP-Group arbeiten seit Mitte der siebziger Jahre Wissenschaftler aus fünf europäischen Ländern – Frankreich, Schweden, Deutschland, Italien und Großbritannien – zusammen, um im internationalen Kontext den Absatz und die Beschaffung von Investitionsgütern zu untersuchen. D.h. die IMP-Forscher entwickeln ihren Netzwerkansatz auf Grundlage der Beobachtung von Märkten für Investitionsgüter, die sich durch relativ langfristige und stabile Austauschbeziehungen auszeichnen, an denen mehrere, interagierende Akteure (Kunden, Händler, Zulieferer, Produzenten etc.) beteiligt sind. Diese Beziehungen können ohne persönliche Kontakte und über eine große räumliche Distanz Bestand haben, doch sind sie zumeist eng und von komplexer Struktur. Das Forschungsinteresse liegt dabei insbes. auf der Dynamik dieser Beziehungsgeflechte. Ausgehend vom *Resource Dependence-Ansatz* ist jedes Unternehmen aufgrund begrenzter eigener Ressourcenbasis von komplementären Ressourcen anderer Firmen abhängig. Die Interaktion stellt den Weg dar, auf dem Ressourcen ausgetauscht werden, Adaptionsprozesse stattfinden und Beziehungen zwischen den Akteuren hergestellt werden. Analog zum Episoden und Potenzialkonzept von *Kutschker/Kirsch* wird der Interaktionsprozess zeitlich in zwei Dimensionen zerlegt, den Interaktionsfluss und die Interaktionsepisode. Durch die Vielzahl der Interaktionsbeziehungen, die ein Akteur in einem Netzwerk unterhält, ist er mit den verschiedenartigsten Interaktionspartnern konfrontiert. Im Sinne des interaktionsorientierten Netzwerkansatzes gilt es nun aufgrund der Heterogenität von Unternehmen, die Partnerwahl mittels eines Vergleichs der Unternehmensprofile (Organisationsform, Ressourcen, Kultur) zu optimieren. S.S.

Literatur: *Kleinaltenkamp, M.; Schubert, K.:* Netzwerkansätze im Business-to-Business Marketing, Wiesbaden 2000. *Hakansson, H.; Snehota, I.:* The IMP Perspective: Assets and Liabilities of Business Relationships, in: *Sheth, J.; Parvatiyar, A.* (Hrsg.): Handbook of Relationship Marketing, Thousand Oaks 2000, S. 69-94.

Netzwerke → Systemgeschäft

Neuartigkeit in der Werbung

ein inhaltlicher Faktor der → Werbegestaltungsstrategie, durch dessen Einsatz in erster Linie Aufmerksamkeitswirkung erzielt werden soll. Untersuchungsergebnisse zeigen, dass ein mittlerer Neuartigkeitsgrad die höchste Aufmerksamkeit erregt. Am wirkungsvollsten sind demnach nicht völlig neuartige Reize, da bei zu neuartigen Darstellungen die Gefahr besteht, dass Empfänger sie nicht identifizieren können. Die größte Aufmerksamkeit rufen eher solche Reize hervor, die vertrauten Reizen zwar ähnlich sind, aber sich doch von ihnen unterscheiden (Beispiele: Fotomontage eines Hundekopfes anstelle des menschlichen Kopfes eines Anzugträgers in der HDI-Werbung; elbeo-Werbung, bei der Socken zur Krawatte gebunden zum Anzug getragen werden: „Krawatten für Füße").

Wirkungsschwächen können sich bei neuartigen Darstellungen nicht nur aus einer erschwerten Entschlüsselung, sondern auch daraus ergeben, dass der eingesetzte Reiz die gesamte Aufmerksamkeit des Empfängers an sich bindet und vom Produkt ablenkt. Dies dürfte insb. dann der Fall sein, wenn kein innerer Zusammenhang zwischen dem neuartigen Reiz und dem beworbenen Produkt besteht. E.T.

Neue Institutionenökonomik
→ Institutionenökonomik

Neue Medien

ist eine Wortschöpfung der 70er-Jahre und bezeichnete ursprünglich die in dieser Zeit aufkommenden Innovationen im Bereich der Massen- und Speichermedien wie etwa Kabel- und Satellitenfernsehen, → Bildschirmtext oder Videografie und Bildplatte. Der Terminus „Neue Medien" war vor allem ein Reizwort in der heftig geführten politischen Debatte über die zukünftige deutsche Medienlandschaft, bei der es hauptsächlich um die Frage der Kommerzialisierung des bisher öffentlich-rechtlich ausgerichteten Rundfunks und um die unterschiedlich eingeschätzten Auswirkungen der enormen Programmvermehrung ging.

Aktuell steht der Begriff vor allem als Synonym für die auf digital- und computertechnischer Basis arbeitenden Informations- und Kommunikationstechnologien. Neben der „Computerisierung" und → Digitalisierung schließt der Begriff auch die zunehmende Verbreitung der Anschlussmöglichkeiten an digitale, global arbeitende Datennetze (→ Kommunikationsnetze) sowie die Verkoppelung von Einzelmedien zu Multimedia-Systemen ein. B.Ne.

Neue Werkstoffe

Nicht zuletzt aufgrund der „Neuen Werkstoffe" stellt das → Einsatzstoffe-Marketing ein Gebiet des Industriegütermarketing dar, welches in jüngerer Zeit verstärkt Aufmerksamkeit erfährt. „Neue Werkstoffe" entstehen entweder durch eine neuartige Kombination bekannter Eigenschaften, durch eine bekannte Kombination bekannter Eigenschaften mit neuer, bislang nicht erreichter Ausprägung oder durch neuartige stoffliche Zusammensetzungen. Als Ergebnis der Einführung „Neuer Werkstoffe" ist – Erfolg vorausgesetzt – mit einer Verdrängung bzw. Ergänzung bisheriger Problemlösungen zu rechnen. Schwerpunkte in diesem Bereich sind beispielsweise Verbundwerkstoffe, Keramik, Legierungen/beschichtete Werkstoffe sowie Kunststoffe/Textilien.

Unter den zahlreichen Problemen, die sich mit der Einführung der Werkstoffe ergeben, ragen drei Bereiche heraus: Sehr wichtig für den Einsatzstoffanbieter ist die Überwindung von Marktwiderständen, die u.a. auf hohen Umstellungskosten der Verwender, auf technologischen Unsicherheiten bezüglich der Nutzung sowie auf fehlendem Know-how beim Nachfrager beruhen können. Die Stärke der Marktwiderstände ist dabei allerdings entscheidend davon abhängig, ob und inwieweit der Nachfrager in die Werkstoffentwicklung einbezogen wurde. Im Falle der nachfrageinitiierten bzw. der kooperativen Produktentwicklung sind die Widerstände i.a. wesentlich geringer. Daneben können auch die Art und Komplexität der Aufgabenstellung den Anbieter insofern vor große Probleme stellen, als dieser nur über begrenzte personelle und finanzielle Ressourcen verfügt, sich teilweise nur mit Mühe aus der Abhängigkeit marktmächtiger Nachfrager befreien kann und geeignete Maßnahmen zur Risikokompensation ergreifen muss. Ein weiteres wichtiges Problem stellt die Lösung der Entsorgungsfrage (→ Entsorgung) dar.

Nach einer Analyse der zu bewältigenden Aufgaben bei der Einsatzstoffentwicklung und deren Markteinführung muss festgelegt werden, ob kooperativ oder autonom vorgegangen werden soll. In vielen Bereichen ist eine kooperative Strategie allein schon aufgrund der FuE-Anforderungen unumgänglich. Die Kooperation kann horizontal, vertikal oder lateral erfolgen.

Zur Senkung von Marktwiderständen sind risikoreduzierende Maßnahmen wie z.B. Serviceleistungen (Beratung, Schulung), Referenzen und Einbeziehung von Abnehmern in die Produktentwicklung (→ Lead-User) zu ergreifen. W.H.E.

Literatur: *Engelhardt, W.H.E.; Rudolph, M.:* Maßgeschneidertes Marketing für „Neue Werkstoffe", in: Absatzwirtschaft, 33. Jg. (1990), Heft 3, S. 94-99.

Neuheiten-Katalog → Katalog-Werbung

Neuproduktabsatzprognose

(1) Problematik: Die Notwendigkeit der Durchführung von Neuproduktabsatzprognosen leitet sich aus der Zahl der Flops wie aus der Höhe der notwendigen Aufwendungen für die Neuproduktentwicklung ab (→ Innovationsmanagement). Zielsetzung und Inhalt von Neuproduktabsatzprognosen bestehen in der Ableitung von Aussagen über zukünftige Absatzentwicklungen unter Verwendung von Modellen, Gesetzmäßigkeiten und Erfahrungen. Die Absatzprognose ist eine Basis der im Laufe der Produktentwicklung mehrfach durchzuführenden Wirtschaftlichkeitsanalyse, ein Kardinalproblem der Absatzpolitik. Nach der Screening-Phase sollte für die verbliebenen Produkte eine erste Analyse der wirtschaftlichen Chancen durchgeführt werden, um eine verlässliche GO/NO-Entscheidung bezüglich der Weiterentwicklung zu treffen bzw. über Neusegmentierung oder Produktveränderungen nachzudenken. Die

Neuproduktabsatzprognose

→ Break-even-Analyse kann einen ersten Hinweis auf die notwendigen Absatzmengen geben, die zum Erreichen der Gewinnzone notwendig sind. Um Aussagen in Hinblick auf die Wirtschaftlichkeit der Produkteinführung treffen zu können, sind Umsatz-, Marktanteils-, cash-flow-, Kosten- und Gewinnprojektionen durchzuführen. Hierfür bildet eine → Absatzprognose den ersten Schritt.

Während die Prognose für bereits am Markt etablierte Produktgruppen durch Analyse von Absatzdaten der Vergangenheit möglich ist, sind Neuproduktabsatzprognosen besonders problematisch, denn es liegen noch keine oder nur wenige Absatzdaten vor und Akzeptanztests auf der Käuferebene lassen die Dynamik des Diffusionsprozesses außer Betracht. Kennzeichnend für die Neuproduktansatzprognose ist eine disaggregierte Betrachtungsweise. Grundlegender Gedanke in den meisten Verfahren ist eine Unterscheidung nach Absatzursachen in Erst- und Wiederkäufe, wobei Letztere nach Kaufzeitpunkt oder Kaufhäufigkeiten zu gliedern sind. Die Erstkäufe werden als Reaktion auf die durch Werbung und Produktgestaltung gemachten Gebrauchsversprechen gewertet. Ihre Summe entspricht der Markdurchdringung (Penetration). Die Wiederkäufe spiegeln die Zufriedenheit des Kunden wider. Sie sind entscheidend für den langfristigen Markterfolg.

(2) *Verfahren:* Für Absatzprognosen zu einem möglichst frühen Zeitpunkt im Neuproduktplanungsprozess können bestimmte Tests durchgeführt werden. In Anlehnung an *Urban/Hauser* (1980) werden drei Testphasen mit unterschiedlichem Analyseschwerpunkt unterschieden.

a) Testen von Komponenten und Instrumenten
b) Vor (Pre-) Testmarkt
c) → Testmarkt

Die Schätzung des Absatzes erfolgt über Modelle, die mit Daten aus den einzelnen Testphasen gespeist werden. Wegen der Vielzahl und Komplexität dieser Modelle folgt nur eine knappe Skizze der strukturellen Unterschiede der Modellansätze (vgl. auch → Kaufeintrittsmodelle):

Labortestmodelle: Die in Labortests ermittelten Kaufverhaltensdaten werden zusammen mit psychometrische Daten und Angaben zur Produkt-Marketingkonzeption in *Markenwahlmodellen* (Ermittlung der Wiederkaufwahrscheinlichkeiten), → *Präferenz- und Einstellungsmodellen* (Ermittlung der Wirkung auf bestehenden Märkten) und *Erstkaufmodellen* (Ermittlung der Penetration) verarbeitet. Im Anschluss lassen sich die Ergebnisse durch Einsatz von Absatz- bzw. Marktanteilsmodellen zu einer langfristigen Prognose für den Absatz und den Marktanteil verdichten.

Testmarktmodell: In Testmarktmodellen werden im Unterschied zu Labortestmodellen nicht simulierte, sondern echte Kaufverhaltensdaten zur Analyse der Erfolgschancen eines neuen Produktes verwendet. Das wichtigste Einteilungskriterium der Testmarktmodelle ist die Aggregationsstufe der Eingabedaten (Absatzmengen oder Kaufhandlungen). Zugleich werden sie danach eingeteilt, ob nach Erst- und Wiederkäufen unterschieden wird.

Disaggregierte Testmarktmodelle: Die eingehenden Daten kennzeichnen Kaufakte, daher werden meistens auch Erst- und Wiederkäufe unterschieden, um die beiden Ursachenkomplexe in der Prognose getrennt zu berücksichtigen.

Ablaufmodelle (Prozessmodelle): Ablauf- oder Prozessmodelle erfassen die unterschiedlichen Phasen des → Adoptionsprozesses (Wahrnehmung-Erstkauf-Wiederkauf). In diesen mehrstufigen Kausalmodellen wird statt der detaillierten Erfassung des Wiederkaufverhaltens in erster, zweiter und dritter Ordnungen (vgl. hierzu Depth of Repeat – Modelle) eine globale Wiederkaufrate für alle Wiederkäufe in Abhängigkeit vom Erstkaufzeitpunkt bestimmt. In der Praxis am weitesten verbreitet ist das → Parfitt/Collins-Modell (1968). Es dient der Prognose des langfristigen Marktanteils (Gleichgewichtsmarktanteil), der sich nach Stabilisierung des Diffusionsprozesses einstellt. Das spezifische Charakteristikum des Modells ist es, dass die Wiederkaufrate eines Käufers als abhängig von der Zeit nach seinem Erstkauf (Erstkaufalter) betrachtet wird. Im Gleichgewichtszustand hat die Durchdringung ihren oberen Grenzwert erreicht und es treten keine weiteren Erstkäufer auf. Die Wiederkäufer berechnen Parfitt/Collins als Produkt aus kumulierten Erstkäufen und Wiederkaufrate. Der langfristige Marktanteil (MA) ergibt sich aus dem Produkt der jeweiligen Grenzwerte von Durchdringung (P), Wiederkaufrate (R) und relativer Kaufintensität (B): MA = P $*$ R $*$ B.

Erweiterte Modelle berücksichtigen zusätzliche Wirkungsstufen, indem sie gleichzeitig die Entwicklung der Produktwahrnehmung und -kenntnis erfassen. → Hazard-Modelle erfassen darüber hinaus die Dynamik des Adoptionsprozesses.

Depth of Repeat Modelle: Diese Ansätze nehmen eine differenzierte Betrachtung der Wiederkäufer in Wiederkaufklassen vor. Grundlage ist das *Fourt-Woodlock-Modell* (1960), das für die Prognose der Penetration ein exponentielles Modell verwenden. Schwierigkeiten bei der Anwendung dieser Modelle können bei der Messung des Wiederkaufverhaltens höherer Ordnung entstehen, da wegen der oft kurz bemessenen Erhebungszeiträume in höheren Wiederkaufklassen oft nur geringe Besetzung vorliegt.

Kombinierte Modelltypen: Neue Modellentwicklungen machen sich eine kombinierte Betrachtungsweise zueigen. Sie umfassen sowohl Elemente der Depth of Repeat als auch der Ablaufmodelle. Gemeinsam ist ihnen, dass die Produktwahrnehmung als intervenierende Variable dem Erstkauf vorgeschaltet wird. Erst- und Wiederkäufer werden nachfolgend durch separate Modellgleichungen beschrieben.

Aggregierte Prognosemodelle: Liegen keine disaggregierten Informationen zur Absatzentwicklung des neuen Produktes vor, besteht nur die Möglichkeit, die globale Absatzentwicklung zu messen. Diese Testmarktstudien liefern aber erst dann zuverlässige Informationen, wenn eine Stabilisierung auf dem Testmarkt eingetreten ist. Die in den Zeitreihen enthaltenen Informationen können systematisch mit Produkt-Lebenszyklus-Modellen erklärt werden. Im Vordergrund steht die Entwicklung langfristiger Trendprognosen.

(3) Probleme
Besonders Absatzprognosen für sehr innovative Produkte bereiten Theorie und Praxis heute noch große Schwierigkeiten. Folgende Problemfelder sind dafür verantwortlich: Absatzprognosen auf aggregierter Ebene können erst erfolgen, wenn hinreichend Informationen aus den Testmärkten für eine Extrapolation zur Verfügung stehen. Die Datenbeschaffung im realen Umfeld wird noch durch die bei innovativen Produkten üblicherweise gewünschte Geheimhaltung erschwert. Labortests sind demgegenüber theoretisch weniger gut hochzurechnen (extern gültig). Ferner wird der Verlauf des Diffusionsprozesses mangels Berücksichtigung von Wechselwirkungen bei disaggregierten Prognosen praktisch nicht berücksichtigt. So sind auch das Verhalten der Konkurrenz und weitere Spielregeln auf neuen Märkten schwer zu bestimmen. Nicht zuletzt wegen dieser Probleme haben → Testmarktsimulatoren und → Positionierungsmodelle als Grundlage von Neuproduktprognosen an Bedeutung gewonnen (z.B. Perceptor, → Proposas). Sie beruhen auf (vertraulich zu haltenden) Befragungsdaten. Mit Fortentwicklung der Informationstechnologie gewinnen multimediale, Virtual Reality-basierte Methoden der Absatzprognose wie das → Information Acceleration, → Visionary Shopper, → Servassor an Bedeutung. Insbesondere bei Innovationen mit einem sehr hohen Neuigkeitsgrad finden diese Methoden Anwendung. V.T.

Literatur: *Erichson, B.*: Testmarktsimulation zur Minderung des Risikos neuer Produkte, in: Planung & Analyse, Nr. 1, 1996, S. 61–65. *Steiner, W.J.*: Optimale Neuproduktplanung, Wiesbaden, 1999. *Urban, G.L.; Hauser, J.R.*: Design and Marketing of new Products, 2. Aufl., Englewood Cliffs 1993.

Neuproduktentwicklung
→ Innovationsmanagement

Neuprodukterfolgsfaktoren
zentrales Konzept der empirischen Forschung über den Erfolg von → Innovationen, das auf der Annahme beruht, dass es grundlegende → Erfolgsfaktoren für die Einführung eines neuen Produktes gibt. Ziel der Erforschung von Neuprodukterfolgsfaktoren ist es, durch Aufdeckung dieser strategisch bedeutsamen Einflussgrößen die hohe Misserfolgsrate bei Innovationen und damit die Kosten von Fehlinvestitionen zu vermindern (→ Innovationsmanagement). Einen Überblick über die wichtigsten Forschungsarbeiten liefert *Kotzbauer* (1992).

Die bekanntesten Studien zu den Erfolgsbedingungen von Innovationen sind *SAPPHO* (*Rothwell* et al., 1974), gerichtet auf Organisationsmerkmale, und das Projekt *NewProd* (*Cooper/Kleinschmidt*, 1987) über Marketing- und Wettbewerbsfaktoren. Die Studien von *NewProd* beziehen sich auf Industriegüter. Mit Stichproben von erfolgreichen und nichterfolgreichen Innovationen wird in einer Serie von Untersuchungen unter Anwendung multivariater Analyseverfahren eine beschränkte Anzahl

von Erfolgsfaktoren identifiziert, als deren wichtigste zu nennen sind:
- Einzigartigkeit und Überlegenheit des Produkts,
- Marktkenntnis und Marketing-Knowhow, technisches Niveau und Synergie.

In zahlreichen nachfolgenden Studien wurden weitere Faktoren untersucht. Dabei setzte sich die Erkenntnis durch, dass das Zusammenwirken verschiedener Faktoren den Erfolg von Innovationen determiniert. In einer Meta-Studie identifizieren *Montoya-Weis* und *Calantone* (1994) insgesamt 18 Neuprodukterfolgsfaktoren in den vier Kategorien „Strategische Faktoren", „Entwicklungsprozess", „Marktfaktoren" und „Organisationale Faktoren".

Der Schwerpunkt der aktuellen Forschung liegt auf der Betrachtung und Analyse der Entwicklung radikal neuer Innovationen (*Colarelli/O'Connor*, 1998). In diesem Zusammenhang wird die Frage diskutiert, warum große, etablierte Unternehmen Schwierigkeiten haben, erfolgreiche Innovationen durchzuführen (*Chandy/Tellis*, 2000).

Ein anderes bisher wenig bearbeitetes, aber aktuelles Forschungsfeld ist die Analyse des Einflusses von firmenspezifischen, nicht direkt beobachtbaren Ressourcen und Fähigkeiten, z.B. unter Verwendung des Ressourcenorientierten Ansatzes, auf die Entwicklung und den Erfolg von Neuprodukten (*Verona*, 1999; *Kamlage*, 2000). L.H.

Literatur: *Chandy, R.K; Tellis, G.J.:* The Incumbent's Curse? Incumbency, Size, and Radical Product Innovation, in: Journal of Marketing, Vol. 64 (2000), S. 1–17. *Cooper, R.G.; Kleinschmidt, E.J.:* Success Factors in Product Innovation, in: Industrial Marketing Management, Vol. 16 (1987), S. 215-233. *Kamlage, K.:* Bestimmungsfaktoren erfolgreicher Innovationen im Konsumgüterbereich unter besonderer Berücksichtigung der Markteintrittsreihenfolge, Diss., Humboldt-Universität, Berlin 2000. *Kotzbauer, N.:* Erfolgsfaktoren neuer Produkte-Synopsis der empirischen Forschung, in: Jahrbuch der Absatzwirtschaft (1992), S. 4-20. *Montoya-Weis, M.M.; Calantone, R.:* Determinants of New Product Performance: A Review and Meta-Analysis, in: Journal of Product Innovation Management, Vol. 11 (1994), S. 397-417. *Rothwell, R.* u.a.: SAPPHO Updated: Project SAPPHO Phase II, Research Policy Vol. 3 (1974), S. 258-291. *Verona, G.A.:* Resource-Based View of Product Development, in: Academy of Management Review, Vol. 24 (1999), S. 132–142.

Neuproduktpreise
→ Preisstrategie im Lebenszyklus

Neurolinguistische Programmierung (NLP)

Meta-Modell menschlicher → Kommunikation, das von *R. Bandler* und *J. Grinder* aus den Erfahrungen der Psychotherapie entwickelt wurde. NLP thematisiert das Modellieren menschlichen Verhaltens und basiert auf Erkenntnissen der Neurologie, die Verhaltensmuster als Resultat nervlicher Prozesse interpretiert. Über die Sprache (lingua) werden diese neurologischen Vorgänge in Modellen dargestellt, welche entsprechend den Erkenntnissen der Computerwissenschaft aufgebaut, d.h. programmiert sind.

Die Bausteine menschlicher Verhaltensmuster und damit des NLP-Modells bilden die sinnlichen Wahrnehmungssysteme: Seh-, Geruchs-, Gehörsinn und Kinästhesie. Sinnliche Information (Input) führt über neurale Verbindungen (Prozess) zu Verhaltensweisen des Menschen (Output). Diese sensomotorischen Komplexe (Repräsentationssysteme), zwischen denen Kreuzverbindungen (Synästhesie) bestehen können, werden gemäß individueller Strategien geordnet. Die Herausbildung solcher Strategien erfolgt über kybernetische Rückkopplungsschleifen der Verhaltensaktivitäten, sog. TOTE's (Test-Operate – Test-Exit), die bei Kongruenz mit den Erwartungen abgebrochen werden.

Die Anwendung der NLP setzt zunächst die Sammlung von Informationen („Evokation") über die Repräsentationssysteme des Kommunikationspartners voraus, um eine geordnete Strategie explizit zu machen. Die evozierte Strategie wird dann über Interpretation von Wahrnehmungssystemen und Sprachanalyse (insb. der Prädikate, s.a. → Marketing-Semiotik) in geeignete Reihenfolgen von Repräsentationen zerlegt („ausgepackt"). Die evozierten Strategien werden im Anschluss genutzt („Utilisation"), um Kommunikationsziele zu erreichen. Dazu kann entweder die Strategie beibehalten oder eine neue Strategie geschaffen werden. Im ersten Fall kann die Aufgabenstellung mit entsprechenden Reizen („Input") kommuniziert werden, sodass die gegebene Strategie Anwendung findet („Pacing"). Daneben kann über Reizwiederholung die gewünschte Repräsentation genutzt werden („Ankern"). Ferner besteht bei Störungen die Möglichkeit, die Strategie in einen neuen Kontext zu setzen und damit das verfolgte Ziel zu realisieren („Refra-

ming"). Im letzteren Fall gilt es Strategien zu entwerfen, die alle notwendigen Tests und Operationen enthalten („Artifical Design"), wobei häufig auf bestehende Modelle zurückgegriffen wird. Diese müssen über Ankern und Proben installiert werden.
Als Meta-Modell der Kommunikation findet NLP insb. im Rahmen der → Persönlichen Kommunikation und hier besonders beim → persönlichen Verkauf Anwendung. Dabei wird zum einen versucht, das Gegenüber auf ein bestimmtes Verhalten zu „programmieren", zum anderen das eigene Verhalten auf jenes des Gegenüber auszurichten. Aber auch im Bereich der indirekten Kommunikation lassen sich wesentliche Erkenntnisse umsetzen, z.B. das Hervorrufen von angenehmen Gefühlen durch Ankern in der Werbung. Im Bereich des → internen Marketing finden sich Anwendungen bei der Kommunikation im Unternehmen und der Mitarbeiterschulung.
Die zentrale Kritik an der NLP liegt im Vorwurf der → *Manipulation* des Kommunikationspartners, der freilich differenziert zu sehen ist, weil NLP auch positive Effekte auf die Kommunikation auszuüben vermag, die im beiderseitigen Interesse der Kommunikationspartner liegen. P.G.

Literatur: Bandler, R.; Grinder, J.: Neue Wege der Kurzzeit-Therapie, Paderborn 1981. *O´Connor, J.; Seymour, J.:* Gelungene Kommunikation und persönliche Entfaltung, Freiburg 1992.

Neuronale Netze

In ihrer einfachsten und in der Praxis gebräuchlichsten Form – dem so genannten *Multi-Layer-Perceptron (MLP)* mit Feedforward-Architektur – setzen sich neuronale Netze aus einer Vielzahl von in mehreren Schichten angeordneten und gerichtet verbundenen Neuronen zusammen. Die einzelnen Neuronen bilden dabei jeweils einen Eingabewert mittels einer in der Regel nicht-linearen Funktion auf einen Ausgabewert ab.
Neuronale Netze finden in allen Anwendungsbereichen der Marketingforschung Verwendung (z.B. Preismanagement, Kundenklassifikation, Analyse und Prognose des Kaufverhaltens), in denen statistische Analysen durchgeführt werden. Der häufigste Einsatzbereich für neuronale Netze ist die Modellierung von Zusammenhängen zwischen Input- und Outputvariablen. Diese Zusammenhänge werden meist nicht mittels direkter Beziehungen abgebildet, sondern es werden → latente Variablen – so genannte innere Neuronen – zwischen den Input- und Outputvariablen eingefügt. Für die Input- und Outputvariablen liegen Messwerte vor, für die latenten Variablen werden sie geschätzt. Der Vorteil von neuronalen Netzen besteht darin, dass man zwischen den Input- und Outputvariablen keinen bestimmten funktionalen Verlauf (z.B. einen linearen Verlauf) unterstellen muss, sondern jeder beliebige funktionale Verlauf vorliegen kann.
Graphisch und analytisch lässt sich ein MLP-Netz am Beispiel von zwei Inputvariablen, drei latenten Variablen (in einer inneren Schicht) und zwei Outputvariablen folgendermaßen veranschaulichen.
Im oben skizzierten Beispiel liegen Messwerte (h=1,...,H) für zwei Inputvariablen X_i (i=1,2) und zwei Outputvariablen Y_k (k=1,2) vor. Die drei angenommenen latenten Variablen Z_j (j=1,2,3) ergeben sich als Linearkombinationen der Inputvariablen; sie werden anschließend durch eine Ausgabefunktion (z.B. tanh, logistische Funktion) transformiert. Die Outputvariablen resultieren aus Linearkombinationen der latenten Variablen, wobei auch hier anschließend wiederum die Ausgabefunktion eingesetzt wird. Schwellenwerte bei der tanh-Transformation sind weitere notwendige Parameter, um zu berücksichtigen, für welche Inputwerte ein Neuron einen positiven bzw. negativen Output liefern soll. Das im Beispiel ausgeführte Modell enthält die Modellparameter w_{ij}, v_{jk}, s_j und t_k.
Zur Bestimmung der Modellstruktur sowie der Prognosegüte des Modells werden die Messwerte häufig in drei Teilstichproben eingeteilt:
Lernstichprobe (h=1,...,H_1): Anhand dieser Beobachtungen werden die Modellparameter geschätzt. Im Falle der Minimum-Quadrat-Funktion wird minimiert:

$$Q = \sum_{h=1}^{H_1} \sum_{k=1}^{K} (\hat{y}_{kh} - y_{kh})^2 \longrightarrow \min_{w_{ij}, v_{jk}, s_j, t_k}$$

Validierungsstichprobe (h=H_1+1,...,H_2): Bei der Schätzung der Parameter wird man zunächst Q oder eine andere geeignete Zielfunktion optimieren. Netze mit ausreichend großer Anzahl an Parametern können dabei funktionale Beziehungen zwischen den Input- und Outputvariablen beliebig genau

Neuronale Netze

Abb. 1: Neuronales Netz mit Feedforward-Architektur

Inputvariable X_i

Gewichte w_{ij}

Input latente Variable $A_j = \sum_i w_{ij} X_i$
Output latente Variable $Z_j = \tanh(A_j - s_j)$

Gewichte v_{jk}

Input Outputvariable $B_k = \sum_j v_{jk} Z_j$
Outputvariable $\hat{Y}_k = \tanh(B_k - t_k)$

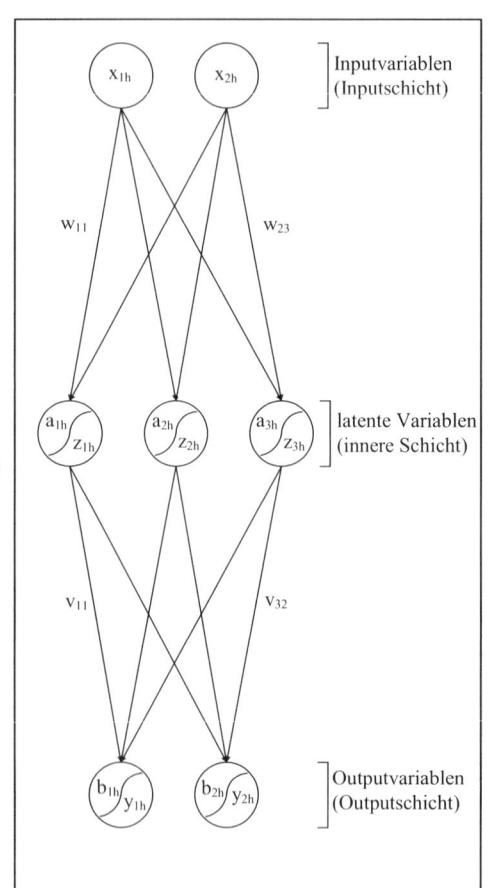

$$\Rightarrow \hat{y}_{kh} = \tanh(\sum_j v_{jk} \tanh(\sum_i w_{ij} x_{ih} - s_j) - t_k) \forall h = 1,\ldots,H$$

approximieren, und die Reproduktionsgüte wird dabei zu Lasten der Prognosegüte maximiert (Overlearning). In diesem Fall muss man anhand der Validierungsstichprobe (erstes Hold out-sample) prüfen, bei welcher Iteration die Prognosegüte wieder zurückgeht. Man bricht bei dieser Iteration die weitere Optimierung der Parameter ab.

Generalisierungsstichprobe ($h=H_2+1,\ldots,H$): Anhand dieses zweiten Hold out-samples wird die Prognosegüte des geschätzten Modells überprüft.

In der Marketingforschung stellen neuronale Netze beispielsweise eine interessante Alternative zur → Regressionsanalyse dar. Ein einfaches neuronales Netz wird nachfolgend mit einer linearen Regression verglichen. Die Inputvariablen im Beispiel sind Preise des eigenen Produkts (X_1) und die Preise von zwei wichtigen Wettbewerbern (X_2 und X_3), die Outputvariable ist der Marktanteil für das eigene Produkt (Y_1). Die Koeffizienten des neuronalen Netzes wurden iterativ geschätzt.

Aus dieser Übersicht ist zu erkennen, dass das verwendete neuronale Netz im Anwendungsbeispiel etwas besser zur Erklärung der Outputvariablen geeignet ist als die lineare Regressionsanalyse. Ob sich die latenten Variablen inhaltlich interpretieren lassen, muss im Einzelfall untersucht werden. Die Bedeutung der einzelnen Inputvariablen

Abb. 2: Vergleich der Ergebnisse einer Regression mit dem Ergebnis eines neuronalen Netzes

Ergebnisse der Regressionsanalyse	X_1 $b_1=-0{,}040$ X_2 $b_2=0{,}358$ → Y_1 $b_0=0{,}367$ X_3 $b_3=0{,}268$	multipler Korrelationskoeffizient: R=0,890 mittlere quadratische Abweichung: 0,0053 R bei Elimination von X_1: 0,888 R bei Elimination von X_2: 0,630 R bei Elimination von X_3: 0,659
Ergebnisse des neuronalen Netzes	X_1 $w_{11}=0{,}000$ $s_1=1{,}737$ $w_{12}=-0{,}326$ A_1/Z_1 $w_{21}=0{,}834$ $v_{11}=1{,}071$ X_2 B_1/Y_1 $w_{22}=1{,}191$ $s_2=0{,}249$ A_2/Z_2 $v_{21}=0{,}571$ $t_1=-1{,}383$ $w_{31}=0{,}206$ $w_{32}=1{,}310$ X_3	multipler Korrelationskoeffizient: R=0,951 mittlere quadratische Abweichung: 0,0024 R bei Elimination von X_1: 0,945 R bei Elimination von X_2: 0,654 R bei Elimination von X_3: 0,730

kann bei neuronalen Netzen annähernd anhand der Veränderung der Reproduktionsgüte bei Eliminierung der jeweiligen Inputgröße bestimmt werden. Auch Sensitivitätsanalysen können über ihre Bedeutung Aufschluss geben. He.G./S.Sch.

Literatur: *Corsten, H.; May, C.*: Neuronale Netze in der Betriebswirtschaft, Wiesbaden 1996. *Hruschka, H.*: Einsatz künstlicher neuraler Netzwerke zur Datenanalyse im Marketing, in: Marketing ZFP, 13. Jg. (1991), Heft 4, S. 217-225. *Lippmann, R.P.*: An introduction to computing with neural nets, in: IEEE ASSP Magazine, 1987, S. 14-22. *Rehkugler, H.; Zimmermann, H.-G.*: Neuronale Netze in der Ökonomie, München 1994. *Ritter, H.; Schulten, K.; Martinetz, Th.*: Neuronale Netze, München 1991.

New-Age-Bewegung → Jugendmarkt

New Economy

ist die englische Bezeichnung für „neue Wirtschaft" und signalisiert schlagwortartig die veränderten ökonomischen Prinzipien der Märkte durch deren informationstechnische Paradoxien.
Im Mittelpunkt stehen dabei die zunehmende → Digitalisierung der Wertschöpfung und die globale Vernetzung, die dazu zu veränderten Marketing-Spielregeln der Wirtschaft führen (→ Geschäftsmodelle). Ausgehend von den neuen Paradigmen werden in der New Economy die Strukturen, Prozesse und Ergebnisse der Wirtschaft beeinflusst und verändert, z.B. in Form virtueller Netzwerke.
Für das Marketing in der New Economy bedeutet dies, dass neue Märkte und Geschäftsfelder entstehen, Erlösmodelle und Strategien sich verändern und die Ausgestaltung von Maßnahmen neue Möglichkeiten hat (→ Online-Marketingstrategie). Aus theoretischer Sicht tangiert die New Economy alle Bereiche der Marketing-Wissenschaft und erweitert die Forschungsfelder um die Dimension der Digitalisierung. B.Ne.

Literatur: *Negroponte, N.*: Being Digital, New York, 1995. *Zerdick, A.; Picot, A.; Schrappe, K.; Artopé, A.; Goldhammer, K.; Lange, U.T.; Vierkant, E.; López-Escobar, E.; Silverstone, R.*: Die Internet-Ökonomie – Strategien für die digitale Wirtschaft, European Communication Council Report, Berlin u.a. 1999.

Newsgroups

Newsgroups übernehmen in der Form von Diskussionsforen die Funktion eines schwarzen Bretts im Internet (→ Online-Marketing; → E-Commerce). Dabei interagieren die Benutzer durch gegenseitige Fragen, Antworten und Kommentare, die alle in der Newsgroup erscheinen. Zu jedem Eintrag eines Nutzers können die anderen Benutzer Stellung nehmen, so dass im Ergebnis lebhafte Diskussionen entstehen können. Zur Nutzung von Newsgroups ist eine spezielle Software nötig (z.B. www.icq.com). Newsgroups können aus Marketingsicht für die Beurteilung und Weiterverbreitung von Produkten und Informationen interessant sein („word of mouse"). Newsgroups können sich zu → Virtual Communities entwickeln.

B.S./M.S.

New Soviet Incentive System
→ Umsatzvorgaben

Nicht-kommerzielles Marketing
→ Nonprofit-Marketing

Nicht-lineare Tarife
Bei der Gestaltung von → Preisen in Abhängigkeit einer kundenindividuellen Absatzmenge kann ein Anbieter für ein von ihm angebotenes Produkt grundsätzlich zwischen zwei Gestaltungsalternativen wählen. Zum einen kann der Erlös für eine bestimmte Menge dieses Produktes *proportional* an die Abnahmemenge geknüpft werden. In diesem Fall existiert ein linearer Zusammenhang zwischen Erlös und Abnahmemenge. Die durchschnittlichen Kosten für den Erwerb des Produktes sind dann konstant (lineare Preise). Im Gegensatz dazu beruhen *nicht-lineare Tarife* (NLT) auf einem entsprechend *nicht proportionalen* Zusammenhang zwischen Abnahmemenge eines Produktes durch einen Nachfrager und dem Erlös. Der Durchschnittspreis je Einheit ist in diesem Fall nicht konstant und *sinkt* typischerweise mit der Abnahmemenge. NLT sind zu den Verfahren der → Preisdifferenzierung zu zählen, da sie bestimmte Mengenintervalle für den Kauf eines Produktes unterschiedlich bepreisen.
NLT fallen unter die Kategorie zweier identischer Produkte, die zu unterschiedlichen Preisen verkauft werden, da die einzelnen Einheiten der Gesamtabnahmemenge eines Produktes identisch sind. Die betreffenden identischen Produkte (1. Einheit, 2. Einheit, 3. Einheit etc. eines bestimmten Produktes) werden an *ein und denselben Kunden* zu unterschiedlichen Preisen verkauft. Die Bildung von Nachfragersegmenten erfolgt nicht nach dem Kriterium der Zugehörigkeit zu einer bestimmten Gruppe homogener Nachfrager wie im Fall der → Preisdifferenzierung zwischen verschiedenen Nachfragertypen. Im Gegensatz dazu erfolgt die Differenzierung des Preises im Rahmen NLT über eine mengenbezogene Unterscheidung (Beschaffungsvolumen). Damit sind sie ein Instrument zur *quantitativen Preisdifferenzierung*.

Ein zentrales Kriterium bei der Unterscheidung alternativer NLT ist die Frage der Definition der „Abnahmemenge". Ein in der Praxis umsetzbarer NLT bedarf der Festlegung, nach welchem *Maßstab* der preisrelevante Umfang eines oder mehrerer Kaufereignisse zur Festlegung des Erlöses bemessen wird. Hierzu sind mehrere Alternativen denkbar. Zunächst kann die Zahl der Einheiten als Maßstab herangezogen werden. Dies setzt entsprechende Zählbarkeit und deren ökonomische Sinnhaftigkeit voraus. Da dies nicht in jedem Fall gegeben sein muss, können auch andere Maßstäbe, z.B. das Gesamtgewicht aller Käufe eines bestimmten Produktes oder deren wertmäßiges Volumen (Geldeinheiten), verwendet werden.

NLT treten in der Praxis in sehr vielfältigen Formen auf. Sie lassen sich durch folgende *Grundform* beschreiben:

$$T(p_1, p_2, ..., p_n, E)$$

mit:

p_1–p_n = (typischerweise) sinkende marginale Preise für steigende Nachfragemengen

E = mengenunabhängige oder mengenabhängige (positive oder negative) Grundgebühr

Ein NLT besteht stets aus sinkenden marginalen Preisen („Grenzpreisen") für aufeinander folgende Intervalle von Nachfragemengen, wobei die Mindestgröße dieser Intervalle eine Einheit des betrachteten Gutes beträgt. Neben den marginalen Preisen wird eine mengenabhängige oder mengenunabhängige Grundgebühr erhoben, wobei bezüglich der Grundgebühr grundsätzlich zwei *Ausgestaltungsmöglichkeiten* auftreten:

$E = 0$: Der Tarif besteht ausschließlich aus sinkenden marginalen Preisen.

$E \neq 0$: Neben den sinkenden marginalen Preisen wird zusätzlich eine mengenabhängige oder mengenunabhängige positive Grundgebühr erhoben bzw. eine mengenabhängige oder mengenunabhängige negative Grundgebühr (Bonustarif) erstattet.

Abb. 1: Systematik zeitpunktbezogener NLT

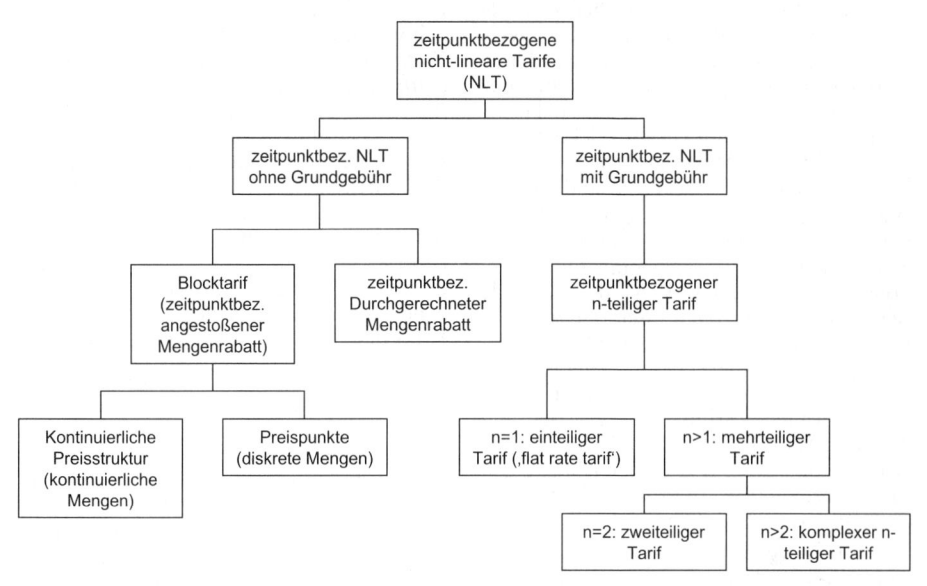

```
                    zeitpunktbezogene
                    nicht-lineare Tarife
                          (NLT)
                    ┌───────┴───────┐
         zeitpunktbez. NLT      zeitpunktbez. NLT
         ohne Grundgebühr       mit Grundgebühr
         ┌───────┴───────┐              │
    Blocktarif      zeitpunktbez.   zeitpunktbezogener
  (zeitpunktbez.   Durchgerechneter   n-teiliger Tarif
   angestoßener    Mengenrabatt)
   Mengenrabatt)
   ┌──────┴──────┐                 ┌───────┴───────┐
 Kontinuierliche  Preispunkte   n=1: einteiliger  n>1: mehrteiliger
 Preisstruktur  (diskrete Mengen) Tarif ('flat rate    Tarif
 (kontinuierliche                    tarif')
  Mengen)                                     ┌───────┴───────┐
                                         n=2: zweiteiliger  n>2: komplexer n-
                                             Tarif          teiliger Tarif
```

Ein anderer Systematisierungsansatz bezieht sich auf die Frage, ob die Nachfrageentscheidungen der Konsumenten, die die durch NLT erzielten Erlöse eines Anbieters beeinflussen, simultan oder nacheinander getroffen werden: Bei *zeitpunktbezogenen NLT* handelt es sich um solche Tarife, bei denen alle *erlösbeeinflussenden Entscheidungen* eines Nachfragers zu einem Zeitpunkt (simultan) getroffen werden. Bei *sequentiellen NLT* handelt es sich um solche Tarife, bei denen alle *erlösbeeinflussenden Entscheidungen* eines Nachfragers innerhalb eines durch den Tarif bestimmten Zeitraums (nacheinander) getroffen werden.

Zeitpunktbezogene NLT (vgl. *Abb. 1*) zeichnen sich dadurch aus, dass alle für den Erlös des Anbieters relevanten Entscheidungen eines Nachfragers zu einem Zeitpunkt fallen. Wenn es sich um einen Tarif mit (positiver) Grundgebühr handelt, beziehen sich die erlösrelevanten Entscheidungen eines Nachfragers auf die Zahlung eben dieser Grundgebühr *und* die Entscheidung über die Nachfragemenge. Bei einem Tarif ohne Grundgebühr ist die Entscheidung über die Nachfragemenge die einzige für den Erlös des Anbieters relevante/n Entscheidung/en eines Nachfragers.

In den meisten praktischen Anwendungsfällen werden die verschiedenen marginalen Preise für aufeinander folgende *Intervalle* von Kaufmengen oder Nutzungsintensitäten definiert. Es liegt dann eine abschnittsweise lineare Preisfunktion (vgl. *Abb. 2* für das Beispiel einer positiven und mengenunabhängigen Grundgebühr).

Abb. 2: Beispiel für einen 5-teiligen Tarif bei sinkenden marginalen Preisen

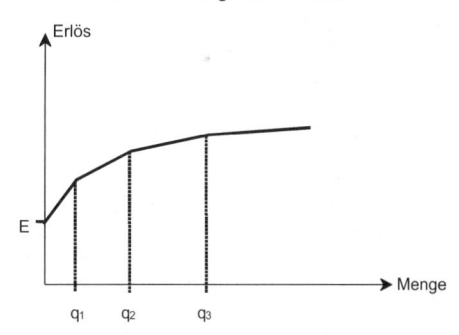

In diesem Beispiel werden neben einer mengenunabhängigen, positiven Grundgebühr vier sinkende marginale Preise für aufeinander folgende Mengenintervalle definiert [$T(p_1, p_2, p_3, p_4, E>0)$], die die Steigungen der linearen Abschnitte der Erlösfunktion bestimmen. Neben der Grundgebühr ist bei einem solchen Tarif für eine Menge $q \rightarrow q_1$ der Preis p_1 je Einheit, für eine Menge $q \rightarrow q_2$ der Preis p_2 je Einheit usw. zu zahlen. Neben der Frage, welche Höhe die einzelnen Preiselemente annehmen sollen, stellt sich daher für einen Anbieter bei mehr als einem marginalen Preis die Frage, für welche Mengenintervalle die verschiedenen marginalen Preise gelten sollen. Neben der Festlegung der Preiselemente sind daher n-teilige Tarife dadurch gekennzeichnet, dass (n-2) „kritische" Abnahmemengen (für das Beispiel: q_1, q_2, q_3) festzulegen sind, die den Wechsel zwischen den marginalen Preisen markieren. N-teilige Tarife mit einer mengenunabhängigen Grundgebühr und *einem* konstanten marginalen Preis, der über alle relevanten Kaufmengen oder Nutzungsintensitäten gilt, stellen zweiteilige Tarife (two-part tariffs) dar. Diese haben in der Literatur vor allem hinsichtlich ihrer effizienzsteigernden Wirkung starke Beachtung erfahren. Wird lediglich eine Grundgebühr erhoben und auf einen mengenabhängigen Preis verzichtet, liegt ein sog. *'flat rate tariff'* (einteiliger NLT) vor.

Die mittlerweile weit verbreitete Bepreisung eines Buffetfrühstücks in Hotels mit einer mengenunabhängigen Pauschale („*all you can eat*") stellt einen zeitpunktbezogenen, einteiligen Tarif dar, sofern ein Konsument zum Zeitpunkt seiner Entscheidung über die Akzeptanz dieses Tarifs auch über den Umfang seines Frühstücks entscheidet. Gleiches gilt auch für ähnliche Bewirtungsarrangements.

N-teilige Tarife können mit positiven oder negativen Grundgebühren ausgestattet sein. Diese Unterscheidung ist vor allem dann von Bedeutung, wenn alternativ ein linearer Preis für die gleiche Leistung zur Verfügung steht. Positive Grundgebühren stellen für den Nachfrager im Vergleich zu alternativen linearen Preisen einen beim Zutritt realisierten, wirtschaftlichen Nachteil dar, der durch den Zugang zu einem – gegenüber dem linearen Preis verbilligten – marginalen Preis kompensiert werden kann. Der Zugang – und damit die Zahlung der Grundgebühr – ist immer dann ökonomisch sinnvoll, wenn das Ausmaß der Inanspruchnahme der betreffenden Leistung (Abnahmemenge) zu einem entsprechenden Kompensationseffekt *für den Nachfrager* führt. Negative Grundgebühren stellen demgegenüber vom Nachfrager realisierte Boni (wirtschaftliche Vorteile) für den Zugang zu einem bestimmten Gut dar.

Beispiele hierfür finden sich bei Zuwendungen an Neu-Abonnenten von Zeitungen oder Zeitschriften. Boni werden dabei in Form von Werbegeschenken gewährt. Das Beispiel zeigt, dass es von Bedeutung ist, zeitpunktbezogene NLT in Bezug auf die *Zeitpunkte der die Erlöse des Anbieters beeinflussenden Entscheidungen eines Nachfragers* zu definieren, nicht aber in Bezug auf die Zeitpunkte der tatsächlichen Nachfrage. Denn eine monatlich erscheinende Zeitschrift wird von einem Abonnenten über längere Zeit konsumiert (z.B. ein Jahr). Der Abonnent hat sich aber bereits beim Zutritt zum Tarif für alle nachfolgenden Konsumscheidungen innerhalb der Bindefrist des Abonnements und damit den Erlös des Anbieters festgelegt.

Tarife mit Boni (negative Grundgebühr) weisen insofern Besonderheiten auf, als dass eine *zwangsweise Kompensation des Anbieters* durch das Kaufverhalten des Nachfragers erfolgen muss, wenn die reine „Mitnahme" des Bonus für die Nachfrager ökonomisch gegenüber dem Konsum vorteilhaft ist. NLT mit Boni lassen sich daher häufig in solchen Anwendungsfällen finden, in denen den Nachfragern eine Mindest-Abnahmemenge oder ein Mindestumsatz vorgeschrieben wird. Irrelevant ist das Problem der Implementierung solcher Zwangsmittel dann, wenn es für die Nachfrager nutzensteigernd ist, neben dem Erhalt des Bonus auch zu konsumieren (→ Abonnementgeschäft, → Bonusprogramme).

Zeitpunktbezogene NLT *ohne Grundgebühr* sind in der Literatur als *Mengenrabatte* und *Blocktarife* (tapered tariff) bekannt. Ein Blocktarif besteht aus einer bestimmten Anzahl marginaler Preise für bestimmte Mengenintervalle (vgl. *Abb. 3*). Die Mengenintervalle werden als „Blöcke" bezeichnet.

Abb. 3: Beispiel für einen Blocktarif bestehend aus 4 Blöcken bei sinkenden marginalen Preisen

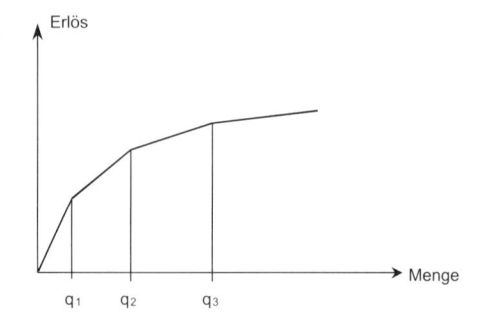

Wird nur ein Block definiert, handelt es sich um einen linearen Preis. Eine weitere Alternative aus Anbietersicht besteht darin, nur bestimmte Ausprägungen von Nachfragemengen zuzulassen, sodass in diesem Fall ein Nachfrager nur zwischen diskreten Mengenalternativen wählen kann.
Typische Beispiele hierfür sind unterschiedliche *Gebindegrößen* für Konsumgüter. So können z.B. Wegwerfwindeln oder Waschmittel in unterschiedlichen Verpackungsgrößen erworben werden. Flaschenbier (0,33-Liter-Flasche) ist in Einzelflaschen, Pappgebinden zu 6 bzw. 12 Flaschen oder in 24er-Pfandkästen erhältlich. Der Preis pro Einheit sinkt dabei oft mit zunehmender Gebindegröße. Einem Nachfrager stehen i.d.R. nur diskrete Ausprägungen alternativer Gebindegrößen zur Auswahl. Eine solche diskrete Struktur von Abnahmemengen mit sinkenden marginalen Preisen wird von Tacke als Preispunkte bezeichnet.
Blocktarife und Mengenrabatte weisen hohe Ähnlichkeit auf. *Mengenrabatte* sind allgemein Preisnachlässe, die auf größere Abnahmemengen aufgrund der damit verbundenen Produktions- und Distributionskostenvorteile gewährt werden. Die zunehmenden Preisnachlässe eines Mengenrabattes beziehen sich i.d.R. auf bestimmte Intervalle möglicher Abnahmemengen und können zum einen nur intervallspezifisch gelten (angestoßener Mengenrabatt). Alternativ können geringere marginale Preise bei Überschreiten einer Intervallgrenze auch für die Gesamtabnahmemenge gelten (durchgerechneter Mengenrabatt). Der Fall des angestoßenen Mengenrabattes ist formal mit dem Blocktarif identisch. Neben der Tatsache, dass beide Formen von NLT auf unterschiedlichen marginalen Preisen für bestimmte Nutzungsintervalle beruhen, gilt, dass sie keine mengenunabhängigen Preisbestandteile beinhalten, was als besonderes Kennzeichen n-teiliger Tarife anzusehen ist. Auch die funktionale Gestalt ist identisch (vgl. *Abb. 3*). Im Unterschied zum angestoßenen Mengenrabatt wird der für das Mengenintervall, in das die Abnahmemenge fällt, geltende marginale Preis beim durchgerechneten Mengenrabatt („all units discount") auf die Gesamtabnahmemenge bezogen. Damit ergibt sich eine andere funktionale Struktur dieses Typs nicht-linearer Preise (vgl. *Abb. 4*).
Bei diesem Rabatttyp werden erheblich größere Preisnachlässe beim „Überspringen" von Intervallgrenzen realisiert. Diese größe-

Abb. 4: Beispiel für einen durchgerechneten Mengenrabatt im Vergleich zu einem angestoßenen Mengenrabatt (Blocktarif)

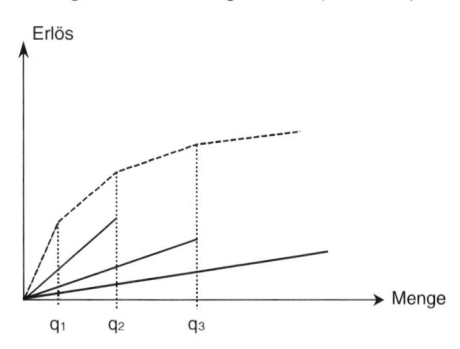

ren Preisnachlässe führen dazu, dass bestimmte Ausprägungen von Nachfragemengen oder Nutzungsintensitäten ökonomisch unsinnig werden können. Das in *Abb. 4* dargestellte Beispiel zeigt, dass bei einem bestimmten Erlös unterschiedliche Mengen realisiert werden können. Kann angenommen werden, dass der Grenznutzen zusätzlicher Einheiten stets positiv ist, hängt es davon ab, ob mit höheren Abnahmemengen verbundene zusätzlichen Kosten (Lager- oder Vernichtungskosten) existieren. Sind diese Kosten relativ gering, können durchgerechnete Mengenrabatte einen erheblichen Nachfragesog auslösen.

Sequentielle NLT zeichnen sich dadurch aus, dass die erlösbeeinflussenden *Entscheidungen* eines Nachfragers *nacheinander* und innerhalb eines durch den Tarif bestimmten Zeitraums getroffen werden. Derartige Tarife kennzeichnet stets, dass die Entscheidung bezüglich des Tarifzugangs und die Entscheidung/en über die Nachfragemenge/n zeitlich auseinander fallen und damit die Nachfragemenge zum Zeitpunkt des Tarifzugangs unsicher sein kann. Der Tarifzugang entspricht dabei zunächst der *Auswahl eines bestimmten Tarifs*, der die Kosten des nachfolgenden Konsums bestimmt. Die Nachfrageunsicherheit beim Tarifzugang hat erheblichen Einfluss auf die optimale Gestaltung solcher Tarife.

Ein typisches Beispiel für einen sequentiellen zweiteiligen Tarif mit mengenunabhängiger Grundgebühr ist die Bahncard der Deutsche Bahn AG. In aller Regel ist davon auszugehen, dass eine Bahncard mehrmals benutzt wird. Es werden also Nachfrageentscheidungen getroffen, die der Entscheidung des Tarifzugangs (Beschaffung der

Nicht-lineare Tarife

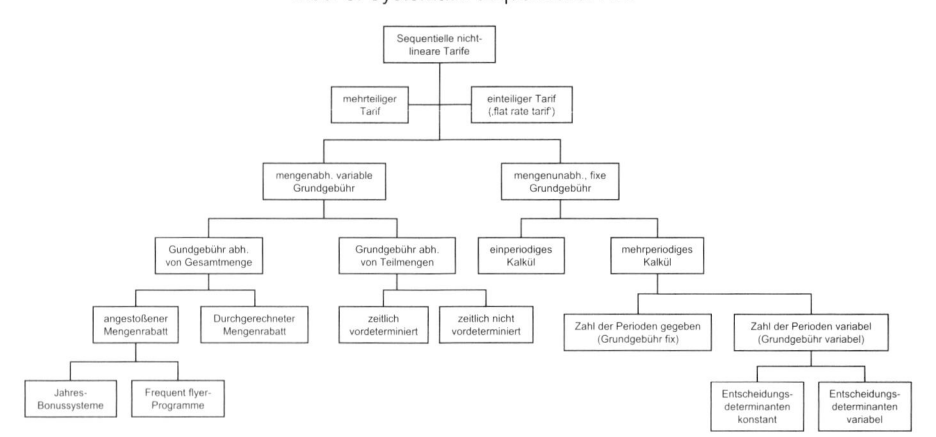

Abb. 5: Systematik sequentieller NLT

```
                        Sequentielle nicht-
                           lineare Tarife
                          /            \
                mehrteiliger        einteiliger Tarif
                   Tarif            („flat rate tarif")
                  /      \
      mengenabh. variable    mengenunabh., fixe
         Grundgebühr            Grundgebühr
          /        \              /        \
  Gundgebühr abh.  Grundgebühr abh.  einperiodiges  mehrperiodiges
  von Gesamtmenge  von Teilmengen     Kalkül          Kalkül
      /    \          /    \                          /         \
angestoßener Durchgerechneter zeitlich  zeitlich nicht  Zahl der Perioden gegeben  Zahl der Perioden variabel
Mengenrabatt  Mengenrabatt  vordeterminiert vordeterminiert  (Grundgebühr fix)    (Grundgebühr variabel)
    /    \                                                      /        \
 Jahres-  Frequent flyer-                              Entscheidungs-  Entscheidungs-
Bonussysteme  Programme                                determinanten   determinanten
                                                         konstant        variabel
```

Bahncard) zeitlich – z.T. mit mehrmonatigem Abstand – folgen. Beispiele für mengenunabhängige einteilige Tarife ('flat rate tariff'), die nicht mit ebenfalls stets einteiligen linearen Preisen zu verwechseln sind, finden sich im Dienstleistungsbereich. So beraten einige Consulting-Unternehmen ihre Kunden bei a priori vereinbarter Festgebühr (= Grundgebühr) „bis zur Zufriedenheit des Kunden". D.h., dass u.U. die Nachfragemenge (Beratungsumfang) nicht separat bepreist wird. Dabei werden Beratungsleistungen erbracht, die zeitlich dem Vertragsabschluss folgen. Analog dazu bieten Reiseveranstalter ihren Kunden – wie im Beispiel einiger Club-Anbieter – sog. „all included"-Reisen an, bei denen sämtliche Leistungen, die vor Ort in Anspruch genommen werden können, in einem fixen Reisepreis pro Person enthalten sind. Ein Urlauber bucht eine solche Reise (= Tarifzugang) z.T. Monate vor dem Reiseantritt und der Inspruchnahme der Leistungen vor Ort.

Fraglich ist, auf welchen Zeitraum sich das Vorteilhaftigkeitskalkül des Nachfragers bei der Bewertung sequentieller Tarife mit periodenfixer Grundgebühr gegenüber einem alternativen linearen Preis bezieht: Ein einperiodiges Vorteilhaftigkeitskalkül liegt vor, wenn sich der Planungshorizont des Nachfragers genau auf den Bezugszeitraum des Tarifs und damit die kürzeste Bindefrist bezieht. Im Rahmen eines einperiodigen Vorteilhaftigkeitskalküls wird eine singuläre Zugangsentscheidung betrachtet. Ein mehrperiodiges Vorteilhaftigkeitskalkül erstreckt sich über den Bezugszeitraum des Tarifs hinaus. Hier betrachtet ein Konsument eine Folge von Tarifzugangsentscheidungen, die nicht identisch sein müssen. Ein mehrperiodiges Vorteilhaftigkeitskalkül ist danach zu differenzieren, ob der Planungshorizont des Nachfragers gegeben oder variabel ist:

Ist die Zahl der Perioden des Planungshorizonts des Nachfragers gegeben, ist die gesamtzeitraumbezogene Grundgebühr ebenso fix wie die Grundgebühr im Rahmen eines einperiodigen Vorteilhaftigkeitskalküls. Ein mehrperiodiges Vorteilhaftigkeitskalkül mit gegebener Zahl von Perioden liegt z.B. dann vor, wenn ein Kunde die Bewertung der Vorteilhaftigkeit einer Zugangsentscheidung zu einem der Mobilfunknetze bei Anschaffung eines vom Service-Anbieter subventionierten Mobiltelefons auf der Grundlage der dann geltenden Bindefrist vollzieht. Solche stark verbilligten Mobilfunkgeräte sind nur dann erhältlich, wenn ein Kunde einen 12-monatigen Liefervertrag mit einem bestimmten Anbieter abschließt, der nicht vorzeitig kündbar ist. Der Bezugszeitraum des Tarifs ist ein Monat, die Zahl der Perioden ist länger und über die vertragliche Bindung gegeben.

Ist die Zahl der Perioden des Planungshorizonts des Nachfragers variabel, ist auch die gesamtzeitraumbezogene Grundgebühr variabel.

Ein mehrperiodiges Vorteilhaftigkeitskalkül mit variabler Zahl von Perioden liegt dann vor, wenn ein Mobilfunk-Kunde bereits ein Telefon angeschafft hat und dann eine Anbieter- bzw. Tarifbewertung vollzieht. Dieser kann einen Vertrag mit kürzerer oder nicht vorhandener Bindefrist abschließen, obwohl sein Planungshorizont darüber hinausgeht.

Im Falle einer mengenabhängigen Grundgebühr eines sequentiellen NLT ist die Grundgebühr eine Funktion der Nachfragemenge und damit variabel. Die Grundgebühr kann mit steigender Nachfragemenge zunehmen (z.B. herkömmlicher Stromtarif) oder sinken (z.B. Jahresumsatzbonus). Die Grundgebühr kann dabei entweder von der gesamten Nachfragemenge eines Konsumenten oder von Teilmengen abhängig sein. Eine von der Gesamtmenge abhängige Grundgebühr liegt typischerweise bei sequentiellen Mengenrabatten vor, bei denen ein Preisnachlass in Form eines Bonus ausgeschüttet wird. Die zugrunde liegenden Mengenrabatte können angestoßen oder durchgerechnet sein. Die Höhe des Bonus liegt erst nach Ablauf des Bezugszeitraums und der innerhalb dieses Zeitraums realisierten Nachfragemenge fest.

Jahres-Bonussysteme (→ Bonusprogramme) sind typische Beispiele für einen sequentiellen n-teiligen Tarif in Form eines Mengenrabatts. Dessen Bonus ist erst ex post bestimmbar. Im Unterschied dazu sind *Vielflieger-Programme* der Luftverkehrsgesellschaften ('miles and more') zeitlich nicht vorbestimmt; es existiert kein definierter Bezugszeitraum für die in Form kostenloser Flugreisen ausgeschütteten Boni. Die kumulierten Meilen können nach Bedarf in einen Bonus umgewandelt werden. Der Bezugszeitraum ist quasi unendlich bzw. erstreckt sich bis zur Beendigung des Programms.

Die Grundgebühr eines mengenabhängigen Tarifs kann alternativ auch von Teilnachfragemengen abhängig sein, wobei deren Realisierung zeitlich vorbestimmt oder zeitlich nicht vorbestimmt sein kann.

Herkömmliche Stromtarife sind Beispiele für sequentielle n-teilige Tarife mit von Teilmengen abhängiger, variabler Grundgebühr. Der Kapazitätspreis solcher Stromtarife (= Grundgebühr) ist davon abhängig, wie hoch die maximale Stromnachfrage pro Zeiteinheit innerhalb eines bestimmten, aber nicht vorterminierten Zeitintervalls als Element eines (größeren) Abrechnungszeitraumes ist. Die größte Nachfragemenge bestimmt dann die Grundgebühr. Alternativ wäre es vorstellbar, dass die Nachfrage in vorher festgelegten Zeitintervallen als Maßstab für die Bemessung der Grundgebühr dient.

Mit der Implementierung von NLT werden unterschiedliche Zielsetzungen verbunden. Entsprechend dem Ziel der Preisdifferenzierung dienen NLT *aus einzelwirtschaftlicher Sicht* zum einen dazu, die von einem Anbieter (bei Sicherheit) erzielten Gewinne zu vergrößern. Dies kann auf der Grundlage *höherer Erlöse* oder *verringerter Kosten* erfolgen. Zum anderen werden NLT hinsichtlich ihrer Wirkung zur *Reduktion des Kostenstrukturrisikos* (bei Unsicherheit) diskutiert. Neben den einzelwirtschaftlichen Zielen können mit NLT auch *gesamtwirtschaftliche Ziele* verfolgt werden. Gewinnsteigerungen können durch die Berücksichtigung der Heterogenität *eines* Nachfragers bezüglich der Zahlungsbereitschaft für zusätzliche Einheiten eines Produktes erzielt werden. Die Steigerung des Gewinns durch NLT ist auf diese Weise möglich, wenn der Grenznutzen zusätzlicher Einheiten eines Konsumenten positiv bleibt (Nichtsättigung), aber sinkt (1. → Gossen'sches Gesetz: konkave Nutzenfunktion). Ist die Zahlungsbereitschaft des Konsumenten an den Nutzen, den ein Gut stiftet, direkt gekoppelt, folgt daraus, dass die Zahlungsbereitschaft für zusätzliche Einheiten dieses Gutes grundsätzlich positiv ist, aber ebenfalls sinkt. Wenn dies der Fall ist, sind lineare Preise nicht in der Lage, entstehende Konsumentenrenten vollständig abzuschöpfen und damit – bei konstanten Grenzkosten – den Anbietergewinn zu maximieren.

Existieren z.B. *bestellfixe Kosten* auf Seiten des Anbieters und sind die Lagerkosten des Anbieters höher als die des Abnehmers, können NLT dazu verwendet werden, den Nachfrager zu einer geringeren Zahl von Bestellungen mit höheren Einzelbestellmengen bei konstanter Gesamtbestellmenge pro Periode zu bewegen, die anteilige Lagerkosten des Anbieters senken.

In der Theorie zur nicht-linearen Preisbildung wird die Risikoreduktionsfunktion von NLT im Zusammenhang mit → fixen Kosten der Bedienung *individueller Nachfrager* diskutiert. Wilson nennt als bedeutendstes Beispiel *Kosten der Kapazitätsvorhaltung*; denkbar sind aber auch nachfrageindividuelle fixe Kosten wie z.B. Kosten der Aufnahme und Verwaltung eines zusätzlichen Kunden in einer Datenbank, die unabhängig vom jeweiligen Bestellvolumen sind. So können neben bestellfixen Kosten auch *Kosten vorgehaltener Kapazitäten* mit Hilfe von NLT gedeckt werden. Sofern die Deckung dieser Kosten risikobehaftet ist,

Nichtlinearität

kann dieses Ziel der Risikoreduktion subsumiert werden. Die Erhebung periodenfixer Preisbestandteile hat eine Reduktion des Unternehmensrisikos zur Folge, da die durch diese „fixen Erlöse" gedeckten Fixkosten dem aus den Beschäftigungsschwankungen resultierenden Deckungsrisiko entzogen sind.
J.Bü.

Literatur: *Büschken, J.:* Sequentielle nicht-lineare Tarife, Wiesbaden 1997. *Meffert, H.; Breitung, A.:* Mengenrabattpolitik. Ein Ansatz zur quantitativen Analyse rabattpolitischer Verhandlungen, in: *Köhler, R.; Zimmermann, H.-J.* (Hrsg.): Entscheidungshilfen im Marketing, Stuttgart 1977, S. 272–318. *Tacke, G.:* Nichtlineare Preisbildung, Wiesbaden 1989. *Wilson, R.:* Nonlinear Pricing, New York 1993.

Nichtlinearität

Problem bei der Spezifikation linearer (Regressions-)Modelle. Liegt entweder vor, wenn abhängige und unabhängige Variablen in der Gleichung nichtlineare Beziehungen haben oder die erklärenden Variablen des multivariaten linearen Modells interagieren. Für die Aufdeckung nichtlinearer Beziehungen existieren Tests. Die Funktionen können im Falle bekannter nicht-linearer Zusammenhänge (z.B. durch Logarithmieren) in lineare Beziehungen transformiert und dann einfach über die Kleinste-Quadrate Methode geschätzt werden. L.H.

Nichtparametrische Testverfahren

Die Gruppe der nichtparametrischen Testverfahren enthält all diejenigen statistischen → Signifikanztests, deren Hypothesen nicht mit Verteilungsparametern formuliert sind. Der Begriff Parameter beschränkt sich in diesem Zusammenhang meist auf Erwartungswerte, Varianzen, Korrelations- oder Regressionskoeffizienten, d.h. i.d.R. gelten nur Tests, deren Hypothesen sich auf diese Größen beziehen, als parametrisch. Tests auf → Fraktils-Werte wie z.B. den Median werden dagegen meist den nichtparametrischen Verfahren zugerechnet. Typische Fragestellungen für nichtparametrische Tests sind z.B. Fragen nach der Güte der Anpassung, nach Übereinstimmung mehrerer Verteilungen oder nach Unabhängigkeit zweier Merkmale in einer Grundgesamtheit, so dass der → Chi-Quadrat Anpassungstest, die → Kolmogoroff-Smirnov Testvarianten, der → Vorzeichentest oder der → Chi-Quadrat Unabhängigkeitstest als wichtige Vertreter nichtparametrischer Tests genannt werden können. Bei den meisten nichtparametrischen Tests hängt die Verteilung der Testfunktion nicht von der speziellen Verteilung der Grundgesamtheit ab, d.h. sie gehören auch zu den → verteilungsfreien Testverfahren. In der Literatur werden im Übrigen die Begriffe nichtparametrisch und verteilungsfrei oft synonym verwendet. Einen Überblick über die bekanntesten nichtparametrischen Prüfverfahren bieten *Büning/Trenkler* (1994).
T.B./M.MB.

Literatur: *Büning, H.; Trenkler, G.:* Nichtparametrische statistische Methoden, 2. Aufl., Berlin, New York 1994.

Nichtreaktive Messverfahren

Sammelbezeichnung für Erhebungsverfahren im Rahmen der → Marktforschung, bei denen entweder im Wege der verdeckten Beobachtung oder durch andere unaufdringliche Messinstrumente kein direkter Kontakt zum Beobachteten bzw. Befragten hergestellt wird, sodass dieser sich unbefangener und unbeeinflusster verhält als in Fällen der reaktiven Messung.

Nichtverkauf

Ein von einem Kunden nachgefragter Artikel wird nicht im Sortiment geführt und kann deshalb nicht verkauft werden. Gegensatz: → Fehlverkauf.

Niedrigpreisstrategie

Konzept für die → Preisstrategie, speziell die → Preispositionierung, bei dem versucht wird, am Markt durch relativ niedrige Preise und ein darauf abgestimmtes → Marketing-Mix Erfolg zu finden (→ Discounting; → Preis-Mengen-Strategie). Als taktische preispolitische Maßnahmen werden dabei folgende Instrumente entsprechend aktiv, z.T. sogar aggressiv eingesetzt:

– niedrige Angebotspreise für große Sortimentsteile,
– Dauerniedrigpreissortimente (→ Dauerniedrigpreis-Strategie) oder → No Names,
– intensive instore- und outstore → Preiswerbung,
– Beschränkung des → Sortiments auf „Schnelldreher",
– Beschränkung der Serviceleistungen,
– starker Einsatz von → Preisaktionen,
– Gewährung von → Rabatten und Sondernachlässen,
– Einsatz von Bezugsscheinen o.Ä.,

- → Untereinstandspreisverkäufe zur Steigerung des → Bekanntheitsgrades und des → Preisimages,
- einfache und kostengünstige → Warenpräsentation,
- Preisunifizierung (→ Preislinienpolitik),
- günstige → Preisoptik.

Die *Abbildung* zeigt ein Modell des Zusammenwirkens dieser taktischen Mittel im Rahmen einer konsequenten strategischen Abstimmung und im Hinblick auf die mit der Niedrigpreisstrategie verfolgten Ziele (*Diller*, 1984).

Niedrigpreisstrategien erodieren nicht selten nach einer gewissen Zeit, weil der erforderliche Kostenvorsprung nicht aufrecht zu erhalten ist (→ Kostenführerschaft) bzw. das Bemühen um zusätzliche Vorteile für den Kunden zur Aushöhlung des Konzeptes führt (→ Betriebsformendynamik). Als wichtige Voraussetzungen für den Erfolg einer Niedrigpreisstrategie gelten ferner:

- hohes → Preisinteresse der Abnehmer,
- geringe → preisorientierte Qualitätsbeurteilung,
- hohe → Preiselastizitäten bzw. → Kreuzpreiselastizitäten,
- unausgeschöpfte Rationalisierungsspielräume inkl. Größenvorteile (→ Economies of scale) und Lernkurven-Effekte (→ Erfahrungskurve; → Preisstrategie bei Erfahrungskurven),
- professionelles → Beschaffungsmarketing.

H.D.

Literatur: *Diller, H.:* Preispolitik, 3. Aufl., Stuttgart 2000.

Niehans-Formel

mathematisch-exakte Formulierung einer optimalen → Ausgleichskalkulation unter Berücksichtigung der → Kreuzpreiselastizitäten innerhalb des Sortimentes. Sie wurde erstmals von *Niehans* (1956) abgeleitet. Die Bedingung lautet (vgl. *Simon*, 1992, S. 427):

$$p_j^* = \frac{\varepsilon_j}{1+\varepsilon_j} \cdot C_j' - \sum_{\substack{i=1 \\ i \neq 1}}^{n} (p_i - C_i') \frac{\varepsilon_{ij}}{1+\varepsilon_j} \cdot \frac{q_i}{q_j}$$

wobei p_j^* der unter Berücksichtigung der Verbundbeziehung optimale Preis des Artikels j, ε_j die Preiselastizität von j, ε_{ij} die Kreuzpreiselastizitäten von j zu den anderen Artikeln i und C' die Grenzkosten von i bzw. j wiedergeben.

Literatur: *Simon, H.:* Preismanagement, 2. Aufl., Wiesbaden 1992.

Strategische Eckpfeiler einer preisdominanten Marketing-Strategie

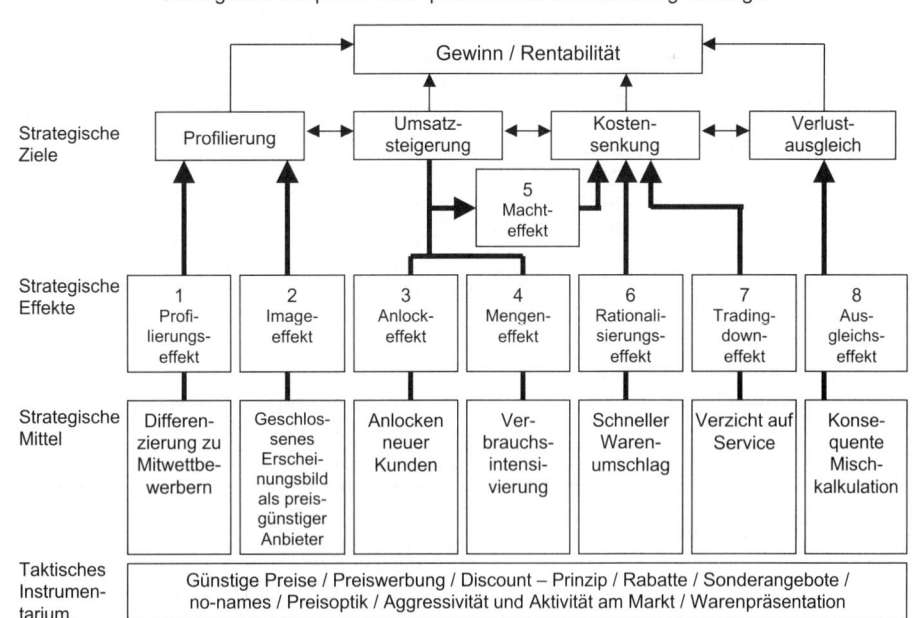

(Quelle: *Diller*, 1991, S. 284)

Nielsen

Nielsen → ACNielsen

Nielsen-Gebiet
→ ACNielsen-Regionalstrukturen

NINDSCAL → Positionierungsmethoden

Nischenstrategie
→ Marketingstrategie mit einer starken Konzentration auf einen relativ kleinen, dafür aber vor dem Wettbewerb vergleichsweise „geschützten" Teilmarkt („Marktlücke", „Marktnische"). Dieser „Schutz" ergibt sich dadurch, dass große Anbieter das geringe → Marktvolumen als nicht interessant erachten oder nicht über die erforderlichen → Kernkompetenzen zur spezifischen Bearbeitung des Marktsegments (→ Marktsegmentierung) verfügen. Während unternehmensseitig also die hohe Spezialisierung auf das spezielle Kundenproblem kennzeichnend ist, sieht sich der Nischenanbieter wettbewerbsseitig – sofern überhaupt – nur wenigen Konkurrenten gegenüber. Da moderne Produktions- und Managementkonzepte (flexible Fertigungssysteme, → Mass Customization etc.) Großunternehmen zunehmend das Eindringen in Marktnischen ermöglichen, sind mit Nischenstrategien allerdings auch beträchtliche Risiken verbunden. Darüber steigt die Gefahr des Markteintritts großer Unternehmen in Nischenmärkte, da diese Dank der oft eingeschlagenen → Internationalisierungsstrategie bei Addition mehrerer nationaler Nischenmärkte insgesamt attraktive Marktvolumina abdecken können.

Umgekehrt versuchen viele ehedem national aktive mittelständische Nischenanbieter, zusätzliche Wachstumspotentiale durch eigene Internationalisierung zu erschließen. Die Alternative des Eintritts in benachbarte Marktsegmente beinhaltet nämlich häufig wegen fehlender Vertriebs- oder Logistikstrukturen oder anderer dazu nötiger Ressourcen sowie Gegenmaßnahmen der dort angegriffenen Wettbewerber meist nur geringe Erfolgsaussichten.　　　　A.Ha.

NLP
→ Neurolinguistische Programmierung

NNTP (Network News Transfer Protocol)
ist das den → Newsgroups zugrunde liegende TCP/IP-Protokoll (vgl. → Internet-Technik).

Nominalskala → Skalenniveau

Nomologische Validität → Validität

No Names (Weiße Marken, Gattungsmarken, Generica)
No Names sind markenlose Produkte. Sie wurden von den traditionellen Handelsunternehmen ab Mitte der 70er-Jahre als Spezialform der → Handelsmarke geschaffen und zur Abwehr gegen die Discounter eingesetzt. No Names gibt es fast ausschließlich nur im Lebensmittelhandel. Markenlose Produkte wurden von den Discountern seit Anbeginn ihres Erscheinens am Markt geführt. Es waren aber noch keine No Names. Erst als diese Produkte mit einer Verpackung herauskamen, die nur die Produktbezeichnung trug, sprach man von No Names. Da diese Verpackung zunächst weiß war – später kamen andere Farben wie z.B. gelb hinzu – bürgerte sich auch der Begriff „Weiße Marken" oder „Die Weißen" ein. Außerhalb des Lebensmittelhandels, z.B. im Pharma-Marketing, verwendet man die synonymen Begriffe „Generica" und „Gattungsmarken". Dort sind es die grundlegenden Substanzen der Produkte, die als namanlose Produkte preisgünstig vermarktet werden und die etwa im Rahmen der Gesundheitsreform auf Grund restriktiver Erstattungspolitik hohe Marktanteile erringen konnten (→ Medizin-Marketing).

Die Unternehmen des deutschen Lebensmittelhandels haben aus den No Names später „Handelsmarken der Niedrigpreislinie" gemacht (z.B. „Die Sparsamen"/Spar, A&P/Tengelmann), die sich auch gegen die vordringenden Discounter-Sortimente stellten. Die Marktanteile der No Names erreichten zunächst beachtliche Werte, sanken dann aber beständig auf ein recht bescheidenes Niveau von durchschnittlich ca. 2 – 3 % ab.

Kennzeichen der No Names sind:

1. Einfache Verpackung, die nur die Produktbezeichnung trägt. Sie soll Preiswürdigkeit signalisieren.
2. Nach der Einführung nur noch eine schwache Werbung, die die Marketingkosten niedrig halten soll.
3. Hohe und gleich bleibende Qualität, die für den Verbraucher auch klar erkennbar sein sollte. Inzwischen hat sich in der Praxis eine mittlere Konsumqualität eingebürgert.

4. Ein günstiger Preis, der alle Kostenvorteile, die sich aus niedrigem Marketingaufwand und rationalisierter Distribution ergeben, an den Verbraucher weitergibt.
5. Der Marketingträger ist das Handelsunternehmen oder eine Handelsgruppe.

Produkte, die als No Names vertrieben werden sollen, erfordern ganz bestimmte Eigenschaften:

1. Der Verbraucher muss diese Produkte und ihre Verwendung kennen, sie dürfen nicht erklärungsbedürftig sein. Der Marketingaufwand kann dann minimiert werden.
2. Der Verbraucher muss diese Produkte ständig brauchen, es besteht eine hohe Intensität der Kaufgewohnheit, sie werden im Wege des Plankaufes erworben.
3. Die Produkte unterliegen keiner Mode, höchstens langfristigen Veränderungen im Verhalten der Verbraucher.
4. Der Markt für diese Produkte ist gesättigt, gesamtwirtschaftlich ist keine Expansion möglich, nur das einzelne Handelsunternehmen kann noch expandieren, indem es Wettbewerbern Marktanteile wegnimmt.
5. Preissenkungen vergrößern nicht den Markt, sie führen nur zur Umverteilung von Umsätzen zwischen den am Markt vertretenen Anbietern.

Nur „problemlose Schnelldreher", die mit geringem Marketing- und Handling-Aufwand in einfachster Selbstbedienung vertrieben werden können, sind geeignet, No Names zu werden. Produkte mit den aufgeführten Eigenschaften kann man auch als „discountfähig" bezeichnen.

Mit der Einführung der No Names verfolgten die Handelsunternehmen mehrere Ziele:

– Abwehr des Vordringens der Discounter,
– Standardisierung und Straffung bestimmter Sortimentsbereiche,
– Verbesserung der Ertragslage,
– Einschränkung der sehr kostenaufwendigen Preisaktionen,
– Aufbau von Beschaffungs-Alternativen zur Minderung der Lieferantenmacht.

Dass die Ziele nicht immer erreicht wurden, kann auf folgende Fehler zurückgeführt werden:

– Auswahl falscher (z.B. prestigeempfindlicher oder genussorientierter) Artikel (z.B. Weinbrand, Sekt, Pizza),
– schlechte Präsentation im Verkaufsraum,
– keine konsequente Reduzierung des Marketing- und Handlingaufwands,
– es wurde z.T. an der Qualität gespart, was den Verbraucher von Nachkäufen abhielt,
– das Nachziehen nahezu aller Wettbewerber wurde strategisch zu wenig bedacht.

W.Oe.

Nonparametrische Tests
→ Nichtparametrische Testverfahren

Nonprofit-Marketing

ist → Marketing nicht-kommerzieller Organisationen, die sich dadurch auszeichnen, dass anstelle des bei erwerbswirtschaftlichen Unternehmen üblichen Gewinnziels bedarfswirtschaftliche bzw. soziale Oberziele treten. Somit umschreibt der Begriff des Nonprofit-Marketing die Marketingbemühungen aller nicht-erwerbswirtschaftlichen öffentlichen Unternehmen (→ Marketing für öffentliche Betriebe), der öffentlichen Verwaltungen (→ Kommunales Marketing), für Hochschulen (→ Hochschulmarketing), Bundeswehr und Behörden, sowie schließlich der nicht-kommerziellen öffentlichen und privaten Institutionen mit sozialer Zielsetzung (z.B. → Stiftung Warentest, Greenpeace, Vereine).

Die Ausweitung des Gegenstandsbereichs des Marketing auf nicht-kommerzielle Organisationen beruht auf der Annahme prinzipieller Gleichartigkeit der Austauschprozesse bei kommerziellen und nicht-kommerziellen Organisationen (*Generic Marketing*). So verfolgen nicht-kommerzielle Organisationen ebenso gegenüber deren Austauschpartnern (bspw. Abnehmer und Geldgeber) Bedarfsdeckungs- und/oder Beeinflussungsziele, die sich mittels eines angepassten Einsatzes der Marketing-Technologie effizienter realisieren lassen:

– Die bereits gegenüber Austauschpartnern (unkoordiniert) eingesetzten Instrumente lassen sich unter den Aktivitäten der Produkt-, Gegenleistungs-, Kommunikations- und Distributionspolitik subsumieren. Diese Instrumente sollen nunmehr planmäßig und unter Einsatz des modernen Marketing-Know-hows sowie systematischer Informationsverarbeitung zielgerichtet verwendet werden. Dies ermöglicht die effizientere Verteilung und Nutzung knapper Inputressourcen.
– Die vom Marketing postulierte Orientierung an den Bedürfnissen und Wünschen

der Austauschpartner erfordert auch für nicht-kommerzielle Organisationen eine systematische → Marktforschung. Diese liefert Informationen über die Wünsche der Austauschpartner und die eigenen Bedarfsdeckungspotentiale und schafft die Grundlage dafür, wirksame Konzeptionen zu erarbeiten.
– Gerade für nicht-kommerzielle Organisationen ist der Absatzerfolg ihrer Leistung oft existenznotwendige Grundlage für die Zustimmung seitens Geldgebern und der allgemeinen Öffentlichkeit (→ Sozio-Marketing).

Die Zweckmäßigkeit der Übertragung des Marketingansatzes auf nicht-kommerzielle Organisationen wird jedoch auch in Zweifel gezogen. Ernst zu nehmende Einwände gegen das Nonprofit-Marketing betreffen:

(1) die Analogie der Problemstellungen
So lägen bei nicht-kommerziellen Organisationen aufgrund fehlender monetärer Gegenleistungen oft keine vergleichbaren Austauschprozesse vor. Diese Feststellung wurde zwischenzeitlich jedoch von den Befürwortern des Nonprofit-Marketing in ausreichendem Maße widerlegt, wobei die generelle Relevanz der Austauschidee und der damit einhergehenden Gratifikationsidee als Fundament einer Theorie des Marketing herausgearbeitet werden konnte.

Des Weiteren seien die vom Marketing geforderte Orientierung an den Abnehmerbedürfnissen nicht mit den grundsätzlichen Aufgaben und Zielen vieler nicht-kommerzieller Organisationen in Einklang zu bringen, so z.B., wenn Kollektivgüter wie die Landesverteidigung erstellt werden oder langfristig erforderliche, aber unpopuläre Maßnahmen zu verfolgen sind. Hier wird jedoch verkannt, dass bei der Befriedigung der Bedürfnisse nicht immer der Weg der geringsten Widerstände genommen werden kann, sondern auch zunächst unpopuläre, aber im langfristigen Interesse der Abnehmer liegende Aspekte verwirklicht werden müssen.

(2) die Gefahr imitativer Anwendungen und negativer Imagewirkungen
Die imitative Anwendung der Konzepte des Konsumgütermarketing kann u.a. einen negativen Image-Effekt hervorrufen, welcher bei den Zielgruppen einer nicht-kommerziellen Organisation Reaktanz bewirkt und daher deren optimale Zielerreichung verhindert.

(3) die Steuerrisiken
Steuerrisiken entstehen erstens, wenn es darum geht, gesamtgesellschaftlich als negativ zu bewertende Ziele (z.B. die Unterstützung kriegerischer Auseinandersetzungen), zweitens aufgrund von Zieldeformationen, z.B., wenn die Marketingtechniken dazu eingesetzt werden, um nicht-gesellschaftsadäquate Eigeninteressen durchzusetzen, drittens hinsichtlich der Wahl der eingesetzten Mittel, z.B. das Risiko unerwünschter Indoktrination und Manipulation im Rahmen eines Parteienmarketing.

(4) die Know-how-Defizite, Transfer- und Implementierungsrisiken als Ursache für Defizite des Nonprofit-Marketing
Diese Aspekte sollten nach *Raffée/Wiedmann* nicht zur Ablehnung, sondern zur verstärkten Auseinandersetzung mit dem Nonprofit-Marketing führen. Das Nonprofit-Marketing sollte es als Herausforderung betrachten, innerhalb der Organisation Akzeptanzbarrieren gegenüber des Konzeptes zu beseitigen. Daraufhin wären personelle und organisatorische Voraussetzungen für die Realisierung eines professionellen Nonprofit-Marketing zu schaffen. Besondere Anwendungsprobleme der Marketingtechnologie im nicht-kommerziellen Sektor ergeben sich insbesondere bei der Datenerhebung (Fehlen von Serviceanbietern, Panels usw.), der Operationalisierung der Zielgrößen und der Effizienzmessung.

Schließlich erschwert die Komplexität und Heterogenität des Nonprofit-Sektors die Entwicklung eines einheitlichen Nonprofit-Marketing. Hierdurch erklärt sich, warum anstatt dessen organisationstypenbezogene, auf die Analyse institutioneller und marktlicher Besonderheiten der jeweiligen Organisationen aufbauende Marketing-Konzeptionen entwickelt werden (→ Hochschulmarketing, → Marketing für öffentliche Betriebe, Parteienmarketing etc.). K.Sch./N.P.

Literatur: *Raffée, H.; Wiedmann, K.-P.:* Nonprofit-Marketing, in: *Tietz, B. u.a.* (Hrsg.): Handwörterbuch des Marketing, 2. Aufl., Stuttgart 1995, Sp. 1929-1942. *Raffée, H.; Wiedmann, K.-P.:* Nicht-kommerzielles Marketing – ein Grenzbereich des Marketing?, in: BfuP, Heft 3 (1983), S. 185-208.

Non-Response-Problem

bezeichnet den Sachverhalt, dass – bei Befragungen – ein Teil der Befragten nicht antwortet (→ Stichprobenausfälle, → Fragebogenrücklauf). In dieser allgemeinen Definition gilt es zunächst für alle Befragungsarten gleichermaßen. Will man jedoch danach differenzieren, ob es sich um „stichprobenneutrale" oder „echte" Ausfälle handelt (→ Hochrechnung), so ist dies etwa für die schriftliche Befragung – mangels Anhaltspunkten dafür – schwer möglich, leichter jedoch bei der mündlichen Befragung durch Interviewer, da man hier eben die „Ausfallgründe" durch die Interviewer feststellen und notieren lassen kann. Insofern ist beim Vergleich von „Antwortquoten" usw. eine gewisse Vorsicht geboten.

Zum Problem werden die Nicht-Antwortenden erst, wenn man nicht sicher sein kann, dass sie sich von der Gruppe der Antwortenden nicht unterscheiden. Als Maß dafür kann der non-response-error (oder -bias) dienen: die Differenz zwischen dem Ergebnis, wenn alle Befragten antworten würden, und dem tatsächlichen Resultat. Methodisch könnte dazu das Mittel der „Unterstichprobe" (etwa per mündl. Befragung durch Interviewer bei vorausgegangener allgemeiner schriftl. Befragung) eingesetzt werden.

Bei zufallsgesteuerten Stichproben oder auch Voll-Erhebungen auf freiwilliger Basis tritt das Non-Response-Problem offen zutage. Dagegen ist es bei Antwortpflicht – wie sie etwa in der amtlichen Statistik möglich wäre – eher verdeckt. Dies gilt im Grunde auch für die → Quotenauswahl, da der Interviewer hier eben auf andere Personen ausweichen und damit die volle Zahl der vorgegebenen Interviews durchführen kann.

Bezieht man nicht nur vollständige „Non Responses", sondern auch Teilausfälle ein, so wird das Problem noch sehr viel ernster: Solche Nicht-Beantwortungen einzelner Fragen – in der Datenanalyse bekannt als das Problem der missing values (fehlende Werte) – treten in der Praxis recht häufig auf. M.H.

Non Use Benefits
→ Verbraucherinformation

Nonverbale Imagemessung

Die menschliche Informationsverarbeitung geht zu einem erheblichen Teil in Bildern bzw. Bildvorstellungen vor sich. Bei der verbalen Imageforschung werden die Auskunftspersonen aufgefordert, ihre inneren Vorstellungsbilder anhand einzelner Wortreize zu beschreiben, die erst nachträglich wieder zu einem Gesamtbild zusammengefügt werden. Bei der Gestaltung der Werbebotschaft tritt also gleich zweimal ein Übersetzungsproblem auf:

1. Der Marktforscher übersetzt visuelle Stimuli in Wortreize, mit denen er seine Studien durchführt. Das Ergebnis der Marktforschung (z.B. → Polaritätsprofil) ist Grundlage für das Briefing des Auftraggebers an den Kreativen.
2. Der Kreative wiederum übersetzt die Wortreize in visuelle Stimuli und Bilder. Diese Übersetzung ist risikoreich, bedingt Fehlermöglichkeiten und erschwert den Prozess der Werbedurchführung.

Am Lehrstuhl für Werbewissenschaft und Marktforschung der Wirtschaftsuniversität Wien wurde nun die Hypothese überprüft, ob visuelle Reize, also Bildvorlagen, besser zur Messung von Images geeignet sind als verbale Reize. Die Hypothese, dass Bildreize besser diskriminieren als Wortreize, konnte durch diese Studie bestätigt werden. Im Folgenden sollen einige Vorteile der nonverbalen Imagemessung zusammengefasst werden:

– Die Ergebnisse sind besser verständlich und leichter interpretierbar,
– für den Kreativen ist ein visuelles Briefing möglich,
– bei multinationalen Studien können Übersetzungsfehler vermieden werden,
– für die Auskunftspersonen ist das Interview abwechslungsreicher, sie ermüden nicht so stark.

Nachteile können in der zeitaufwendigen und kostspieligen Suche, Auswahl und Herstellung des Bildmaterials gesehen werden. Als problematisch erweist sich bisweilen auch die Tatsache, dass die nonverbale Imagemessung ein relativ junger Messansatz ist; die Voraussetzungen, unter denen sie verbalen Verfahren überlegen ist, sind noch nicht hinreichend bekannt. G.Sch.

Literatur: *Schweiger, G.; Schrattenecker, G.:* Werbung, 4. Aufl., Stuttgart 1995.

Nonverbale Kommunikation

bezeichnet all die Ausdrucksformen in der → Kommunikation, die weder schriftlich noch durch das unmittelbar gesprochene Wort übertragen werden. Für „nonverbal" werden auch synonyme Begriffe wie „außersprachlich", „nichtsprachlich", „nichtlinguistisch", oder „averbal" verwandt. Die verschiedenen Formen der nonverbalen

Nonverbale Kommunikation

Abb. 1: Empfänger- und senderorientierte Übertragungsmodalitäten nonverbaler Signale

Empfängerorientierte Klassifikation	Senderorientierte Klassifikation	Beispiel
auditiver Kanal (Gehörsinn)	akustischer Kanal	Stimmfrequenzänderung
haptischer Kanal (Tastsinn)	kinetischer und taktiler Kanal	Hautkontakt
olfaktorischer Kanal (Geruchssinn)	chemischer Kanal	Duftstoffe
gustatorischer Kanal (Geschmackssinn)	chemischer Kanal	Geschmack
thermaler Kanal (Temperatursinn)	thermaler Kanal	Körperwärme
visueller Kanal (Sehsinn)	optischer Kanal	Körpersprache (Mimik)

Kommunikation können durch die bei der Information benutzten Übertragungswege beschrieben werden (*Abb. 1*).

Nonverbale *visuelle Signale* nimmt der Mensch mit dem Auge wahr. Da in der Regel der überwiegende Anteil der Informationen (ca. 90%) durch das Auge aufgenommen wird, zählen die visuellen Botschaften nicht nur zu den bedeutsamsten Informationsträgern, sondern weisen zudem eine enorme Gestaltungsvielfalt auf. *Abb. 2* gibt eine Übersicht über die Varianten der nonverbalen visuellen Kommunikation.

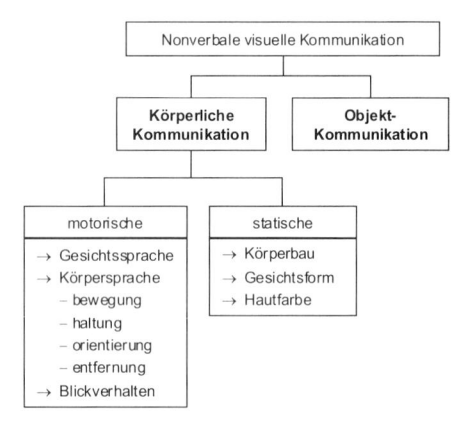

Die Aufnahme und Verarbeitung von visuellen Kommunikationssignalen stellen geringe gedankliche Anforderungen an den Empfänger. Die bildliche Kommunikation unterstützt die duale Kodierung und ermöglicht eine einfache Ansprache sowie Aktivierung von inneren Bildern. Insbesondere die → emotionale Werbung bedient sich der visuellen Informationsdarbietung. Vor allem Signale der → Gesichts- und → Körpersprache führen beim Betrachter zu einem starken emotionalen Erleben.

Nonverbale *auditive Signale* sind in Abhängigkeit ihrer Ausstrahlungsmodalität in zwei Arten einzuteilen:

– Signale der *vokalen* Art
– Signale der *musikalischen* Art

Zu den Signalen der vokalen Art zählen vor allem solche nonverbalen Botschaften, die unmittelbar mit der Sprache verbunden sind. Hierzu gehören z.B. Sprechstil, Sprechrhythmus, Stimmklang und Stimmhöhe. Nach dem Motto: „Der Ton macht die Musik", sorgen vornehmlich die nonverbalen vokalen Ausdrucksmodalitäten für die emotionalen Tönungen und Einfärbungen von Werbebotschaften. Eine erfolgreiche Übermittlung von sprachlichen Werbe-

Abb. 2: Varianten der nonverbalen visuellen Kommunikation

Nonverbale visuelle Kommunikation
- Körperliche Kommunikation
  - motorische
    - → Gesichtssprache
    - → Körpersprache
      - bewegung
      - haltung
      - orientierung
      - entfernung
    - → Blickverhalten
  - statische
    - → Körperbau
    - → Gesichtsform
    - → Hautfarbe
- Objekt-Kommunikation

botschaften ist somit nicht nur von der kreativen Leistung der Werbetexter abhängig, sondern erfordert auch Kenntnisse über die Wirkungen nonverbaler vokaler Signale.

Auch *musikalische Darbietungen* können als nonverbale Signale betrachtet werden. Musikalische Gestaltungselemente in diesem Sinne sind musikimmanente Elemente wie beispielsweise Melodie, Modulation oder auch Lautstärke der Darbietungen. Der → Musik werden im Allgemeinen assoziative und gefühlsmäßige Effekte zugesprochen. So gilt ein abwärts gerichteter Tonverlauf als universaler Parameter der Trauer. Demgegenüber rufen schnelle Tempi den Eindruck von fröhlich, heiter, erregt und unruhig hervor (s.a. → Hörfunkspot-Gestaltung).

Nonverbale *haptische Signale* (→ Haptik) werden durch die auf der Hautoberfläche des Menschen befindlichen Tastkörperchen vermittelt. Diese Tastkörperchen sind dafür verantwortlich, dass der Mensch Berührungen wahrnehmen und die Formen sowie die Oberflächenbeschaffenheit verschiedener Materialien erfühlen kann. Als Kommunikationssignal im Marketing dienen haptische Signale vor allem zur Vermittlung von emotionalen Konsumerlebnissen. Eine erfolgreiche Wirkung der haptischen Signale setzt jedoch voraus, dass der Empfänger einerseits in der Lage und andererseits gewillt ist, einen unmittelbaren Kontakt zum Informationsträger aufzunehmen. Infolgedessen sind die Anwendungsfelder der haptischen Signale eingeschränkt. Natürliche Einsatzgebiete lassen sich jedoch im Rahmen des → *persönlichen Verkaufs* und des → *erlebnisbezogenen Designs* finden.

Nonverbale *olfaktorische Signale* (→ Duft) bezeichnen Signale, die den Geruchssinn des Menschen ansprechen. Sie werden durch ein in der Nase befindliches Riechfeld aufgenommen und von dort zu dem limbischen System weitergeleitet. Das limbische System bestimmt vor allem die Gefühlswelt des Menschen. Infolgedessen werden Gerüche stark gefühlsmäßig empfunden und interpretiert. Entwicklungsgeschichtlich gesehen ist der olfaktorische Sinn älter als der optische und der akustische. Im Marketing zeigt sich zunehmend die Tendenz, olfaktorische Reize zur emotionalen Ansprache der Konsumenten einzusetzen. Dabei ist nicht nur an duftende Produkte als solche zu denken, sondern auch daran, mit → Duft Produktverpackungen eine besondere Note zu verleihen, Verkaufsräumen eine angenehme und unverwechselbare Atmosphäre zu geben und Werbemittel mit einem zusätzlichen Aktivierungspotential auszustatten. Schon heute lassen sich neben dem klassischen kosmetischen Anwendungsbereich andere Einsatzgebiete finden, wie etwa nach Vanille, Erdbeeren oder Himbeeren duftendes Spielzeug, Innenfarben mit Apfel- oder Lavendelgeruch sowie nicht zuletzt die Beduftung von Displaymaterial mit Originalgeruch.

Nonverbale *gustatorische Signale* zählen gemeinsam mit den olfaktorischen Signalen zu den chemischen Sinnen der Lebewesen. Gustatorische Reize sprechen die Geschmacksknospen des Menschen an. Das subjektive Geschmacksempfinden wird kaum kognitiv gesteuert bzw. kontrolliert, so dass Konsumenten kaum bewusst wird, welche chemischen und physikalischen Eigenschaften eines Nahrungs- und Genussmittels ihre Bevorzugung oder Ablehnung hervorrufen. Hierbei spielen angeborene Präferenzen und genetische Einflüsse im Vergleich zu den jeweiligen individuellen Erfahrungen nur eine untergeordnete Rolle. Individuelle Geschmackspräferenzen werden zunächst durch die Nahrungsversorgung nach der Geburt, später durch Mechanismen des Beobachtungs- und Imitationslernens, individuelle Rezeptionserfahrungen und Konditionierungsprozesse geprägt. Sinnvoll ist eine Ansprache der Geschmackssinne im Rahmen der → Produktpolitik. Dabei sollte der Anwendungsbereich nicht auf klassische Bereiche wie die Lebensmittelbranche beschränkt bleiben. Bereits heute lassen sich schon in der Kosmetikindustrie weitere Anwendungsfelder finden, wie etwa der nach Erdbeeren schmeckende Labello-Lippenstift oder Haarspangen, die nicht nur nach Minze riechen, sondern auch schmecken usw. Durch die geschmackliche Anreicherung der Produkte erhalten diese einen Zusatznutzen, der zu einer eindeutigen, unverwechselbaren Produktpositionierung beitragen soll (→ Produktdifferenzierung).

Nonverbale *thermale Signale* sprechen die in der Haut eingebetteten, wärme- bzw. kälteempfindlichen sensorischen Wahrnehmungsrezeptoren des Menschen an. Die Wahrnehmung von bestimmten Wärme- bzw. Kältegraden kann beim Konsumenten zu emotionalen Assoziationen führen. Die thermale Kommunikation wirkt weitgehend ohne kognitive Kontrolle. Einsatzbereiche lassen sich in der persönlichen Kommunikation ebenso finden wie in der → Massenkommunikation. In der persönlichen Kommunikationssituation unterliegen die thermalen Kommunikationssignale einer geringen kognitiven Kontrolle. Infolgedessen schreibt man ihnen ein hohes Maß an Glaubwürdigkeit zu. Beispielsweise weisen kühle, trockene Hände auf eine ruhige, ausgeglichene Persönlichkeit hin, hingegen lassen feuchte, schweißnasse Hände auf Gefühle wie Nervosität und Angst schließen. Im Bereich der Massenkommunikation finden thermale Signale vor allem in der Verkaufsraumgestaltung Berücksichtigung. Beispielsweise empfiehlt sich für die im → Erlebnismarketing geforderten entspannenden Ruhezonen eine warme, zum Verweilen einladende Temperatur.

Grundsätzlich lässt sich festhalten, dass die nonverbalen Kommunikationssignale vielseitige Möglichkeiten zur emotionalen Kommunikation bieten. Folgende sieben Vorzüge sind zu nennen:

(1) Das nonverbale Ausdrucksverhalten des Menschen wirkt weitgehend *automatisch* und ist ein *natürlicher* Spiegel seiner Gefühle. Infolgedessen geben nonverbale Ausdrucksformen dem Marktforscher unmittelbar Hinweise auf die emotionalen Befindlichkeiten von Konsumenten. Dazu liefern Erhebungsverfahren der nonverbalen Kommunikationsforschung wie das → Facial-Action-Coding-System oder das → Berner System viele Hilfestellungen.

(2) Nonverbale Ausdrucksformen können unterschiedliche → *Emotionen* in verschiedenen Intensitätsgraden *visualisieren*, wobei ein fließender Übergang der unterschiedlichen Intensitäten möglich ist. Ferner erlauben nichtverbale Reize den Ausdruck von komplexen Befindlichkeiten (wie z.B. Lebensfreude), die verbal nur umständlich, dagegen nonverbal einfach und direkt darzustellen sind.

(3) Nonverbale Signale unterstützen das *Lernen* in Form des Doppelspeichereffekts (→ Speichermodelle des Gedächtnisses), da sie eine Umsetzung von abstrakten Verbalreizen in eine analoge, bildhafte Sprache ermöglichen. Infolgedessen ist eine → duale Kodierung dieser Reize sehr wahrscheinlich.

(4) Nonverbale Signale können *emotional stimulieren*. In der Psychologie geht man davon aus, dass Gefühle „ansteckend" sind, also freundliche Gesichter mit einem ebenso entgegenkommenden freundlichen Lächeln beantwortet werden. Ferner führt die Wahrnehmung von olfaktorischen oder auch gustatorischen Signalen zur Auslösung von mehr oder weniger bewusstem emotionalen Erleben. Im Rahmen der Werbung ist davon auszugehen, dass nonverbale Signale nicht nur einer eindrucksvollen und unverwechselbaren Emotionsdarstellung dienen, sondern die Emotion für den Empfänger auch erlebbar und spürbar machen.

(5) Nonverbale Signale werden vorrangig *beachtet* und besonders *schnell* wahrgenommen. Das menschliche Verhalten bei der → Wahrnehmung folgt einer bestimmten Prioritätenfolge: Bild vor Text, Personen vor Landschaft oder Hintergründen, Gesichter vor dem Körper und dabei Auge, Mund, Nase zuerst. Gesichter werden nicht nur vorrangig, sondern auch besonders schnell wahrgenommen. Die Dechiffrierung nonverbaler Signale wirkt weitgehend automatisch und stellt geringe kognitive Anforderungen an dem Empfänger.

(6) Nonverbale Signale haben einen *unverbindlichen*, aber dennoch *glaubhaften* Charakter. Für die Werbung zeigt sich hier eine Möglichkeit, effektive und ansprechende Zusicherungen in Szene zu setzen, die jeder verstehen kann, die aber nicht unbedingt als einklagbar gelten (→ Glaubwürdigkeit).

(7) Nonverbale Signale ermöglichen eine *interkulturelle Verständigung*. Im Zuge der Internationalisierung der Märkte empfiehlt es sich, bei der Darstellung von Werbebotschaften bevorzugt auf die Gesichts- und Körpersprache zurückzugreifen, da diese Signale in starkem Maße biologisch vorprogrammiert sind und keinen Sprachbarrieren unterliegen (→ Interkulturelles Marketing).

S.B.

Literatur: *Bekmeier, S.:* Emotionale Bildkommunikation mittels nonverbaler Kommunikation. Eine interdisziplinäre Betrachtung der Wirkung nonverbaler Reize, in: *Forschungsgruppe Konsum und Verhalten* (Hrsg.): Konsumentenforschung, München, 1994, S. 89-107. *Eibl-Eibesfeldt, I.:* Die Biologie des menschlichen Verhaltens, München 1997. *Knoblich, H.; Scharf, A.; Schubert, B.:* Geschmacksforschung, Oldenburg 1996. *Weinberg, P.:* Nonverbale Marktkommunikation, Würzburg 1986.

Nonverbale Kommunikationsforschung

befasst sich mit der wissenschaftlichen Analyse und Interpretation der → Nonverbalen Kommunikation. Die nonverbale Kommunikationsforschung konzentriert sich vor allem auf die Untersuchung folgender beider Fragen:

(1) Sind nonverbale Phänomene biologisch vorprogrammierte Verhaltensweisen oder werden sie durch soziales Lernen erworben?

(2) Welche Funktionen übernehmen die nonverbalen Phänomene im menschlichen Verhalten? Hierbei geht es um die Analyse, inwieweit nonverbale Erscheinungen eine kommunikative Intention aufweisen und inwieweit nonverbale Äußerungen für andere psychische Prozesse, wie z.B. Emotionen, bedeutsam sind.

Bei den Instrumenten zur Untersuchung nonverbaler Signale lassen sich generische und deskriptive Analyseansätze unterscheiden (*Abb.*).

Generische Systeme beschreiben das nonverbale Verhalten vorrangig nach phänomenalen Kriterien, wobei keine Trennung zwischen Bewertungs- und Deskriptionsebene

Vergleich generischer und deskriptiver Ansätze

Generische Ansätze	Deskriptive Ansätze
Hohe Abstraktion (durch Verwendung von groben Beschreibungsklassen des nonverbalen Verhaltens).	Detailanalyse durch eindeutige Identifizierung der Kategorien.
Rückübersetzung des Datenmaterials nicht möglich (der Mangel an klaren Beschreibungsmerkmalen verhindert eine intersubjektive Überprüfung der Beschreibungen).	Im Detail rekonstruierbar und daher intersubjektiv überprüfbar.
Implizite Sinnzuschreibung (durch Wissen des Forschers über alltägliche Kommunikationsprozesse).	Mehrstufige Vorgehensweise erfordert einen größeren Arbeitsaufwand.

stattfindet. Diese Systeme beinhalten meist umgangsprachliche Formulierungen und unternehmen eine unmittelbare Sinnzuschreibung bzw. Interpretation der beobachteten Phänomene. Beispiel für eine generische Beschreibung: Der Konsument betritt das Geschäft mit einem „freudigen Gesicht", untersucht mit „unsicheren Handbewegungen" die Produkte, um schließlich mit „verwirrtem Blick" den Ausgang zu suchen.

Deskriptive Systeme gehen elementaristisch vor und analysieren das Ausdrucksverhalten in mehreren Stufen. Im ersten Schritt wird das nonverbale Ausdrucksverhalten beobachtet und auf ein Medium abgespeichert. In der zweiten Stufe werden die nonverbalen Verhaltensweisen in ein referentielles, vorwiegend verbales Zeichensystem überführt. Beispielsweise lautet eine Transkription von beobachteten Veränderungen im Gesicht „Heben der inneren Augenbrauen für 2 Sekunden" oder „Zusammenpressen der Lippen für 1 Sekunde". Erst im letzten Schritt erfolgt eine evaluative Bewertung des Ausdrucksverhaltens, indem die kodierten Ausdruckserscheinungen bestimmten Emotionskategorien wie Freude oder Interesse zugeordnet werden. Als beispielhafte Kodiersysteme dieser Art sind das → Facial-Action-Coding-System und das → Berner-System zu nennen. S.B.

Literatur: *Scherer, K.R.; Wallbott, H.G.* (Hrsg.): Nonverbale Kommunikation, Forschungsberichte zum Interaktionsverhalten, Weinheim-Basel 1979. *Scherer, K.R.; Ekman, P.*: Handbook of Methods in Nonverbal Behavior Research, Paris 1982.

Norm → Normung

Normalsortiment

in der Praxis übliche Bezeichnung für bewährte, unverzichtbare und bereits längere Zeit geführte Sortimente mit einem durchschnittlichen Wachstum (→ Sortimentspolitik).

Normalverteilung

Die Normalverteilung (auch: *Gauß-Verteilung*, „*Glockenkurve*") erhält ihre herausragende Bedeutung dadurch, dass sie und ihre „Abkömmlinge" zumindest approximativ vielen Verfahren der → Inferenzstatistik zugrunde liegen. Sie ist stetig, symmetrisch, eingipflig und gekennzeichnet durch 2 Parameter; μ in der Mitte („arithmetisches Mittel", „Median" und „Modus" zugleich) und die Standardabweichung σ. Setzt man – im Einklang mit den wahrscheinlichkeitstheoretischen Axiomen – die gesamte von der Normalverteilungskurve umschlossene Fläche gleich 1 (oder 100), so kann der Anteil der jeweils umschlossenen Fläche in σ-Einheiten berechnet werden. (So umschließt 1σ 68,3%. $1,96\sigma$ 95%. 2σ 95,5% usw.) Die mit $\mu = 0$ und $\sigma = 1$ gegebene Normalverteilung bezeichnet man als → Standard-Normalverteilung. Die vielfach wiedergegebenen Tafeln beziehen sich hierauf (wobei allerdings die Art der Tabellierung durchaus unterschiedlich sein kann). Die Standardisierung empirischer Werte erfolgt durch die sog. z-Transformation: $z = (x - \bar{x})/s$. M.H.

Normenempfehlung → Empfehlungen

Norm, soziale

informelle Verhaltensregel, die von den meisten Mitgliedern einer Gruppe akzeptiert wird. Nach dem Grad der Verbindlichkeit lassen sich Muss-, Soll- und Kann-Normen unterscheiden, von denen insbesondere

Normstrategien

die Einhaltung ersterer durch Belohnungen und/oder Bestrafungen sanktioniert wird. Normen erleichtern, stabilisieren und koordinieren das Verhalten der Mitglieder sozialer Gruppen und ermöglichen dessen Erklärung und Prognose. Kauf und Konsum vieler Produkte und Dienstleistungen sind durch Normen geprägt, so z.B. gentechnisch veränderte Nahrung (Novelfood) bei umweltorientierten Personen oder Kleidung und Schuhe bei Jugendlichen (→ *peer group*). E.K.

Normstrategien
→ Portfolio-Analyse

Normung

vereinheitlichte und kodifizierte Festlegung von Begriffen, Kennzeichen, Verfahren, Messtechniken von produkt- bzw. materialspezifischen Eigenschaften (Qualität, Abmessung, Form, Farbe, Rezeptur, technische Leistungsparameter) durch eine nationale, regionale oder internationale Normungsinstitution. Ein Norm ist demnach „eine technische Beschreibung oder ein anderes Dokument, das für jedermann zugänglich ist und unter Mitarbeit und im Einvernehmen oder mit allgemeiner Zustimmung aller interessierter Kreise erstellt wurde. Sie beruht auf abgestimmten Ergebnissen aus Wissenschaft, Technik und Praxis. Sie erstrebt einen größtmöglichen Nutzen für die Allgemeinheit. Sie ist von einer auf nationaler, regionaler oder internationaler Ebene anerkannten Organisation gebilligt worden" (Deutsches Institut für Normung 1982). Da die Normungsinstitutionen angehalten sind, ihre Festlegungen auf der Basis eines allgemeinen Konsenses sowie auf abgestimmten Prozessen von Wissenschaft, Technik und Praxis zu treffen, gründen sich Normen in aller Regel auf etablierten → Standards, oder sie sind mit ihnen deckungsgleich.

Aufgrund der Dynamik der technischen Entwicklung wird in einzelnen Bereichen eine „Entwicklungsbegleitende Normung" durchgeführt. Dabei werden in einem verkürzten und vereinfachten Verfahren „Vornormen" erarbeitet und veröffentlicht, die zunächst nur eine begrenzte Gültigkeit besitzen.

Nach dem Anwenderkreis lassen sich Verbandsnormen und allgemein verbindliche Normen unterscheiden. Wichtige überbetriebliche Normen im nationalen Bereich sind:

– DIN-Normen (Deutsche Industrienorm, erstellt von Normenausschüssen des Deutschen Instituts für Normung e.V.)
– VDE-Normen (sicherheitstechnische Bestimmungen, festgelegt vom Verband Deutscher Elektrotechniker e.V.),
– RAL-Vereinbarungen, -Gütezeichen, -Testate (Kennzeichnungs- und Qualitätsnormen festgelegt vom RAL, Deutsches Institut für Gütesicherung und Kennzeichnung e.V.),
– VDI-Richtlinien (hrsg. vom Verband Deutscher Ingenieure e.V.).

Im *internationalen* Bereich sind zu nennen:

– Normen des Comité Européen de Coordination de Normalisation (CEN),
– Normen des Comité Européen de Coordination de Normalisation Electrique (CENELEC)
– Normen der Internationalen Standards Organization (ISO),
– Normen der International Electrical Commission (IEC).

Im inhaltlichen Sinne sind zu unterscheiden:

– Sicherheitsnormen,
– Qualitätsnormen,
– Maßnormen,
– Verständigungsnormen (Begriffe, Zeichen, Symbole etc. zur eindeutigen und rationalen Verständigung). M.K.

Literatur: *Deutsches Institut für Normung e.V.* (Hrsg.): Grundlagen der Normungsarbeit des DIN, 4. Aufl., Berlin, Köln 1982. *Deutsches Institut für Normung e.V.* (Hrsg.): Entwicklungsbegleitende Normung im Bereich der Lasertechnik – Standortbestimmung und Fortschreibung, DIN-Fachbericht Nr. 31, Berlin, Köln 1991. *Reimers, K.*: Normungsprozesse, Wiesbaden 1995.

No Shows

gebuchte, aber nicht erscheinende Kunden, z.B. im Flug- oder Hotelgeschäft, deren Zahl durch Einsatz von → Yield Management-Techniken vorhergeschätzt und mittels entsprechender Kontingentfreigabe ausgeglichen werden können.

Nukleusstrategie → Markteintritt, → Marketing-Implementation

Nullhypothese → Signifikanztests

Nullsummen-Wettbewerb

Der Nullsummen-Wettbewerb, auch → Verdrängungswettbewerb, basiert auf der Annahme des Nullsummenspiels. Von einem Nullsummenspiel spricht man im Marketing vorwiegend unter Bezugnahme auf die → Wettbewerbsstrategie dann, wenn ein Marktteilnehmer nur dann Zuwächse in Form von Marktanteilen realisiert, wenn in oder mehrere andere Anbieter entsprechend verlieren. Diese Situation tritt vorwiegend bei → Marktsättigung in reifen Branchen auf. Sie führt zu verschärftem Wettbewerb und oftmals zu Konzentrationsprozessen und zur Konsolidierung einer Branche (z.B. Baubranche in Deutschland).

Null-Verkauf → Limitrechnung

Numerische Distribution
→ Distributionspolitik,
→ Distributionsquote

Nürnberger Akademie für Absatzwirtschaft e.V. (NAA)

Institut zur Weiterbildung von Fach- und Führungskräften im Bereich des Marketing, das 1963 als eingetragener Verein gegründet wurde. Anschrift: Fürther Str. 212, 90429 Nürnberg, Tel. 0911/919 76 90, Fax 0911/ 919 76 920, e-Mail: service@naa.de.

Nürnberger Regel → Nutzen

Nürnberger Schule

zwischen 1919 und 1945 an der Nürnberger Handelshochschule, später der Universität Erlangen-Nürnberg und dann in der → Gesellschaft für Konsumforschung (GfK) entstandene Schule für Absatztheorien, die sich v.a. um die Nutzentheorie (→ Nutzen) und die Verfahren der empirischen → Marktforschung gekümmert hat (→ Marketing-Geschichte). Zu den bekanntesten Vertretern zählen *Wilhelm Vershofen*, *Erich Schäfer*, *Georg Be*rgler und *Ludwig Erhard*. Die Nürnberger Schule hat für die Entwicklung der Absatzwirtschaft in Deutschland Pionierleistungen vollbracht und pflegt den Zusammenhalt ihrer Vertreter nach wie vor in verschiedenen Vereinigungen, z.B. der Vershofen-Gesellschaft und der → Nürnberger Akademie für Absatzwirtschaft (NAA) mit der Absatzwirtschaftlichen Gesellschaft (AWA).

Nutritional Marketing
→ Warenkennzeichnung

Nutzen

Im Marketing versteht man unter Nutzen den Grad der Befriedigung von Bedürfnissen (→ Motive), den ein Wirtschaftsgut beim Verbraucher bzw. Verwender erbringt. Dafür sind zum einen die subjektive Bedürfnislage (Nützlichkeit) und zum anderen die Knappheit des Gutes (Seltenheit) entscheidend. Freie Güter sind zwar nützlich, besitzen aber wegen fehlender Knappheit keinen Nutzen im ökonomischen Sinne.

In der Mikroökonomie wurde der Nutzen als theoretisches Konstrukt eingeführt und in ein System von Verhaltensaxiomen eingebunden, aus denen sich Aussagen über das Verhalten der Nachfrager ableiten lassen. Der *Grenznutzentheorie* zur Folge drückt der Nutzen ein nach subjektiven Maßstäben bewertbares und deshalb intersubjektiv nur schwer überprüfbares Maß an Bedürfnisbefriedigung aus (s.a. → Motivation). Nach dieser Theorie richten sich ökonomische Wahlhandlungen nach dem Nutzen der Güter, der sich aus der Dringlichkeit der Bedürfnisse und der Knappheit dieser Güter ableiten lässt. Im Kern der mikroökonomischen Theorie steht die *Nutzenfunktion*, die den Nutzen in Abhängigkeit von der Gütermenge zeigt (→ Gossen'sche Gesetze). Dieser Analyse liegt das Rationalprinzip als Verhaltensfiktion zugrunde, das von einer gegebenen Bedürfnisstruktur und der Nutzenmaximierung als individuelle Zielsetzung ausgeht. Dabei lassen sich zwei Strömungen unterscheiden: Während die introspektive Richtung vom Indifferenzkurvenprinzip ausgeht, knüpft die behavioristische Tradition an das beobachtete Verhalten an.
Inspiriert durch die Anthropologie entwickelte *Vershofen* (→ Nürnberger Schule) eine eigenständige, absatzwirtschaftliche Nutzenlehre. Dabei unterscheidet er zwischen zwei Nutzenarten: Jedes Gut stiftet zunächst einen → *Grundnutzen*, der aus den physikalisch-chemisch-technischen Eigenschaften resultiert und gewissermaßen die funktionale Qualität verkörpert. Davon unterscheidet sich der *Zusatznutzen* durch Befriedigung seelisch-geistiger Bedürfnisse. Es handelt sich also nicht um zusätzliche, sondern u.U. (z.B. beim Abendkleid) sogar hauptsächliche Bedürfnisse. Die für die Funktionsfähigkeit des Produkts nicht

zwingend erforderlichen Extras und → begleitenden Dienste nennt man *Nebennutzen*.

Die von *Vershofen* entwickelte *Nutzenleiter* nimmt ihren Ausgangspunkt in der Unterscheidung zwischen Grund- und Zusatznutzen. Für den Zusatznutzen existiert eine tief gestaffelte Hierarchie (vgl. *Abb.*). Gemäß diesem Schema lässt sich der geistig-seelische Nutzen auf der obersten Sprosse der Leiter in den *Geltungsnutzen* (Nutzen aus der sozialen Sphäre) und *Erbauungsnutzen* (Nutzen aus der persönlichen Sphäre) zerlegen, wobei die zuletzt genannte Nutzenart in die Komponenten *Schaffensfreude* (Nutzen aus Leistung) und *Zuversicht* (Nutzen aus Wertung) zerfällt. Die Zuversicht besteht ihrerseits aus den beiden Nutzenarten *Ästhetik* (Harmonie) und *Transzendenz* (Zurechtfindung), wohingegen die unterste Sprosse der Leiter den Nutzen der transzendenten Art in die Elemente *Ethik* (Ordnung) und *Phantasie* (Magie) unterteilt.

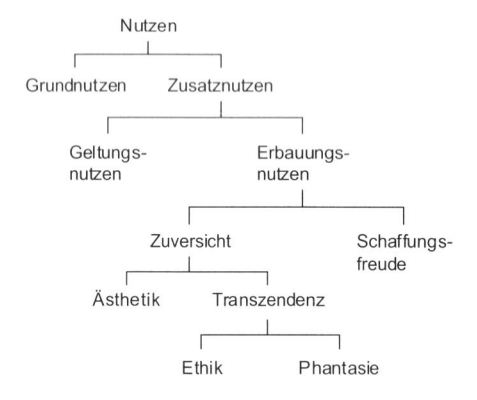

```
                    Nutzen
                   /      \
          Grundnutzen    Zusatznutzen
                        /            \
                Geltungs-        Erbauungs-
                 nutzen            nutzen
                                  /      \
                          Zuversicht   Schaffungs-
                         /        \     freude
                   Ästhetik   Transzendenz
                             /         \
                         Ethik       Phantasie
```

Aus der Nutzenleiter leitet *Vershofen* eine Heuristik zur Beschreibung des Verhaltens der Nachfrager ab. Je spezieller eine Nutzenart im Sinne des Schemas der Leiter ist, desto stärker beeinflusst sie die Entscheidung. Weil sie die Entscheidung erbringt, ist sie als der ausschlaggebende *Hauptnutzen* zu bezeichnen, während andere Aspekte den *Nebennutzen* bilden. Außerdem wählt der Nachfrager ein mehrere Nutzenarten (z.B. Magie, Zurechtfindung, Zuversicht) stiftendes Gut immer auf Grund der in der Leiter am tiefsten angesiedelten Nutzenkomponente (hier: Magie). So besitzt zum Beispiel eine Kaffeetasse für ein Individuum weniger aufgrund ihrer physikalisch-chemisch-technischen Beschaffenheit einen sehr hohen Wert. Vielmehr ist es die Überzeugung, mit dieser Tasse lässt sich jede schriftliche Prüfung bestehen, die ihr diesen großen Nutzen verleiht.

Ein zur Vershofenschen Nutzenlehre konkurrierender Ansatz als Basis einer nachfragerorientierten Gestaltung der Unternehmensleistung stammt von *Koppelmann*. Seiner Argumentation zufolge besitzt das aus einem Bedürfnis bzw. Nutzenurteil erwachsende Interesse eines Individuums keinen direkten Objektbezug. Daher erweisen sich diese Konstrukte für die Herleitung konkreter Handlungsempfehlungen im Rahmen der Produkt- und Werbegestaltung als wenig hilfreich. Für die praktische Angebotsgestaltung ist zwar auch die mittelbare, dem Verhalten des einzelnen zugrunde liegende motivationale und emotionale Basis bedeutsam, zumindest ebenso wichtig dürfte jedoch die daraus resultierende unmittelbare Gegenstandszuwendung sein. Diese an der Verhaltensoberfläche liegenden evidenten gegenstandsgerichteten Wünsche werden als *Ansprüche* bezeichnet.

Das darauf basierende *Anspruchskonzept* Koppelmanns besteht im Kern aus acht Anspruchsarten, von denen die Wahrnehmungs-, die Gegenstands- und die Anmutungsansprüche die bekanntesten sind. Für jede Gattung (z.B. Gegenstandsansprüche) existiert eine Hierarchie, die sie mit relevanten Produkteigenschaften (z.B. Helligkeit, Farbe, Form, Material) verknüpft. Ein solches Gefüge vermittelt Hinweise auf die Bedeutung einzelner Eigenschaften für die Erfüllung bestimmter Ansprüche. Insofern besteht der Vorzug dieses Ansatzes in einer systematischen Offenlegung aller produkt- und werbepolitischen Möglichkeiten zur Nutzenstiftung. Diese für die praktische Gestaltung einer Marke wichtige Facette darf jedoch nicht über die unzureichende theoretische Fundierung des Anspruchskonzepts hinwegtäuschen. Darüber hinaus treten bei der Hierarchiebildung mengenlogische Probleme auf, da zwischen den Anspruchsarten vielfältige Interdependenzen bestehen. Ein in der Wertetheorie verankerter Ansatz der Nutzenlehre findet sich schließlich in der → Means-End-Theorie, in der technische-physikalische Produktmerkmale über Zweck-Mittel-Ketten mit entsprechenden Nutzenkomponenten und schließlich grundlegenden Werthaltungen verknüpft werden. An.He./F.H.

Literatur: *Herrmann, A.:* Nachfrageorientierte Produktgestaltung: Ein Ansatz auf Basis der „means-end"-Theorie, Wiesbaden 1996. *Koppelmann, U:* Produktmarketing, 5. Aufl., Berlin 1997. *Wiswede, G.:* Motivation und Verbraucherverhalten, München 1973.

Nutzenleiter → Nutzen

Nutzenpreis → Nutzwertrechnung

Nutzensegmentierung
→ Präferenzpolitik, → Conjoint-Analyse

Nutzungsinnovationen
stellen solche technologische → Innovationen aus dem Bereich Telekommunikation und Multimedia dar, deren Markterfolg nicht allein auf dem Verkauf basiert, sondern primär durch die tatsächliche Nutzung durch den Nachfrager bzw. Nutzer bestimmt wird. Erst mit dem permanenten Einsatz eines Telekommuikations- oder Multimedia-Systems ergibt sich ein vom Anbieter beabsichtigtes ökonomisches Gewinnpotential oder der anvisierte Kommunikationserfolg, da gerade die variablen Nutzungskosten den Großteil der Einnahmen der Anbieter bestimmen oder nur bei einer stetigen Nutzung Kommunikationsinhalte effektiv vermittelt werden können.
R.Wei.

Literatur: *Kollmann, T.:* Akzeptanz innovativer Nutzungsgüter und –systeme, Wiesbaden 1998. *Weiber, R.:* Der virtuelle Wettbewerb, Wiesbaden 2000.

Nutzungswahrscheinlichkeit
Begriff aus der → Leserschaftsforschung für die Wahrscheinlichkeit, dass ein Mediennutzer Kontakt mit einer durchschnittlichen Ausgabe eines Mediums hat. Zur Berechnung der Nutzungswahrscheinlichkeit werden die Werte des Weitesten Nutzerkreises und der Nutzerschaft im letzten Erscheinungsintervall bzw. am letzten Sendetag benutzt:
Ø Nutzerwahrscheinlichkeit = Nutzerschaft pro Ausgabe (Sendetag) / Weitester Nutzerkreis

Nutzwertrechnung
Klasse von Rechenverfahren im Rahmen der retrograden → Preiskalkulation sowie der → Produktpolitik zur Bestimmung des *ökonomischen Wertes* eines Produktes oder einer Dienstleistung aus der Perspektive des Kunden. Eine Nutzwertrechnung (NWR) soll also – im Gegensatz zur → Conjointanalyse möglichst in *monetären Größen* (Kostenvorteile, Mehrerlöse etc.) die tatsächliche oder mögliche Wertschätzung („customer value") einer Anbieterleistung seitens des Kunden oder einer homogenen Kundengruppe ermitteln, um darauf abgestimmt einen nutzenorientierten Preis („*Nutzenpreis*") festlegen zu können. Die NWR besitzt Ähnlichkeiten zu der bei der Neuproduktentwicklung eingesetzten *Wertanalyse*, geht jedoch im Gegensatz zu dieser von bereits gegebenen Produkten aus und fokussiert nicht nur generell dessen nützliche Funktionen, sondern deren ökonomische Effekte beim Kunden. Weit verbreitet ist die NWR im Investitionsgüterbereich, wo z.B. der Nutzwert einer neuen Verpackungsmaschine für einen bestimmten Kunden im Rahmen einer Kostenvergleichsrechnung durch Vergleich der Perioden- oder Stückkosten der Verpackung vor und nach Einsatz dieser Maschine ermittelt werden kann.

Die NWR kann meist nur in enger *Kooperation* mit den jeweiligen Kunden selbst durchgeführt werden, weil dazu viele kundenindividuelle Daten erforderlich sind. Hierfür kann man Kundenfocusgruppen und gemischt besetzte Bewertungsteams einsetzen. Viele Kunden sind dazu bereit, geht es doch um Transparenz der Kosten- und Werttreiber ihrer eigenen Leistungsprozesse und letztlich um eine Steigerung der gesamten Wertschöpfung in der Wertkette.

Zu Beginn müssen in möglichst detaillierter Form alle wertbestimmenden Faktoren aufgelistet werden. Dabei geht es sowohl um technische als auch um betriebswirtschaftliche, aber auch psychische und soziale Aspekte. Stark qualitative Größen, wie wegfallender Stress bei Betriebsstörungen, werden nicht unterschlagen, sondern zumindest als „Platzhalter" in die Liste der Wertkomponenten aufgenommen und dann möglicherweise vom Kunden während der Verkaufsgespräche selbst beziffert. Relevante Nutzendimensionen sind also nicht nur die Kosten beim Kunden, sondern auch Erlöswirkungen, Imageeffekte oder Zeitgewinne, die dann in der nächsten Phase zu bewerten sind. Einschlägig sind darüber hinaus alle Phasen eines Produkteinsatzzyklus und die gesamte Einsatzperiode des Produktes bis hin zum Weiterverkauf oder zur Entsorgung. Dies kann bis hin zu Aktivitätenlisten bestimmter Produkteinsatzprozesse führen, wie sie aus REFA-Studien mit Multimomentaufnahmen bekannt sind. Naturgemäß kommen dabei auch Nachteile des Zulieferproduktes zum Vorschein, die nicht unterdrückt werden dürfen, um die Kooperationsbereitschaft des Kunden zu erhalten.

In einer zweiten Phase werden die Werteelemente dann monetär bewertet. Dazu sind für alle gelisteten Kostenarten systematisch, d.h. unter Heranziehung der gelisteten Mengen- und Wertgerüste, Kostenschätzungen abzugeben bzw. Erlösauswirkungen abzuschätzen. Manchmal sind auch direkte Gewinnwirkungen ableitbar. Meist wird eine relative Betrachtung anhand eines Referenzproduktes bzw. -prozesses vorgenommen, das dann als Vergleichsanker dient.

Will man sich wegen wechselnder Einsatzbedingungen des Produktes nicht genau festlegen, so können die Berechnungen auch für mehrere Werte durchgeführt werden, was zu mehr oder minder komplexen *Kundennutzenmodellen* führt, die man dann auch für → *Simulationen* heranziehen und individuell an die Verhältnisse bei verschiedenen Kunden anpassen kann. Dafür können wiederum große Datenmengen erforderlich sein, mit denen man die entsprechenden Prozesse beim Kunden abbildet, sodass datenbankgestützte Verfahren nahe liegen. Sie lassen sich dann auch zur Ermittlung von Kostenkennziffern für → Benchmarking-Analysen und zur Optimierung der Prozesse beim Kunden verwenden. Durch systematische Sammlung der Daten einschließlich typischer Merkmale der Kunden (Kundendeskriptoren) und Quervergleiche über die Kunden hinweg kann man darüber hinaus die typischen Treiber des Kundennutzens erkennen und entsprechende Kundenprioritäten entwickeln sowie Preisdifferenzierungen analytisch stützen. Schließlich können auch aus Kundensicht wertarme oder sogar wertlose Produktleistungen (z.B. Servicedienste) u.U. unterlassen und dafür Preisvorteile eingeräumt werden.
H.D.

Literatur: *Anderson, J.C.; Narus, J.A.*: Welchen Wert hat Ihr Angebot für den Kunden, in: HBM, 21. Jg. (1999), Heft 4, S. 97-107. *Diller, H.*: Preispolitik, 4. Aufl., Stuttgart 2000.

N-Wege-Analyse

Analysen mehrdimensionaler Datenmatrizen. Typischer Fall ist die Drei-Wege Analyse, wobei Modelle und Methoden eingesetzt werden, um Produkte → Variablen – → Personen-Beziehungen zu explorieren. Verfahren zur Analyse von N-Wege-Daten sind in der Faktorenanalyse (→ Dreimodale Faktorenanalyse) oder der Mehrdimensionalen Skalierung (→ INDSCAL) zu finden.
L.H.

O

Objektgeschäft

Spezielle Form des → Investitionsgütermarketing im Baugewerbe, bei dem industrielle Produkte als Teile in größere Systemgesamtheiten, z.B. eine Hotelanlage oder ein neues Flughafengebäude, integriert werden. Der Bauherr definiert dabei meist nur ein grobes funktionales und gestalterisches Anforderungsprofil, das im Laufe der Durchführung des Bauvorhabens von einem entsprechendem Agenten (Planer, Architekt, Ingenieur etc.) als sog. *Spezifikator* detailliert ausgearbeitet wird. Kennzeichnend für das Objektgeschäft sind insofern insbesondere die multiorganisationale Struktur des → Buying Centers mit z.T. wirtschaftlich selbständigen Rollenträgern unterschiedlicher Interessenlagen, die fallweise Relevanz des Marktes in Zusammenhang mit temporären Bauprojekten und die sehr häufig im Wege einer öffentlichen → Submission ablaufenden Wettbewerbsprozesse. Man spricht deshalb gelegentlich auch vom *Spezifikationsgeschäft*.

Viele Hersteller organisieren das Objektgeschäft getrennt vom sonstigen Absatz und bauen dafür eigene Planungs- und Kontaktkapazitäten auf. Der entsprechende Außendienstmitarbeiter muss ein heute in der Regel EDV-gestütztes Objekt-Verfolgungs-System aufbauen, das ihm durch Bereitstellung von Informationen die Orientierung über den Status Quo der verschiedenen Entscheidungsprozesse bei den einzelnen Objekten erleichtert. Teilweise werden bei der Objektbearbeitung auch der Fachgroßhandel oder spezielle Agenten eingeschaltet. Da bei der Ausschreibung die Spezifikation meist Spielraum für „gleichartige Produkte" lässt, setzt im Laufe des Vermarktungsprozesses oft eine Diskussion um die Interpretation der Gleichwertigkeit ein. Hier stellt sich dem Anbieter ein spezifisches Beeinflussungsproblem, bei dem aber auch die spezifischen Eigeninteressen der Mitglieder des Buying Centers (Handwerker, Architekten, Kontrolleure, öffentliche Bauüberwachung etc.) berücksichtigt werden müssen. Objektgeschäfte weisen insofern oft eine große Ähnlichkeit zu → Systemgeschäften auf. H.D.

Literatur: *Potucek, V.:* Objektgeschäft. Besonderheiten des Herstellermarketing bei Bauprodukten, in: *Bauer, H.; Diller, H.* (Hrsg.): Wege des Marketing, Berlin 1995, S. 103–113.

Objektkommunikation, materielle Kommunikation

bezeichnet das äußere, von materiellen Reizen geprägte Erscheinungsbild einer Person, die zu den Formen der → Nonverbalen Kommunikation gehört. Hierzu zählen:

- zur körperlichen Erscheinung des Kommunikators gehörende Stimuli (z.B. Kleidung, Schmuck, Parfüm usw.),
- zum persönlichen Gebrauch des Kommunikators verwendete Stimuli (z.B. Auto, Federhalter, Visitenkarten.),
- im Interaktionsprozess vom Kommunikator eingesetzte Stimuli (z.B. Mahlzeiten, Geschenke usw.),
- aus der Umwelt des Kommunikators stammende Stimuli (z.B. Firmengebäude, Büroeinrichtung usw.).

Die Sichtbarkeit und Vorzeigbarkeit der zumeist materiellen Erscheinungen ist ein charakteristisches Kennzeichen der Objektkommunikation. Für das Marketing ist diese Kommunikationsform vor allem interessant, wenn Prestige und sozialer Status demonstriert werden sollen. Die Kommunikation mittels Objekten ist einer starken kulturellen Prägung unterworfen. Kulturelle Konventionen offenbaren sich bspw. in der Wahl des Materials von Gegenständen, ihrer Form, der Farbe, des Klangs, des Geschmacks, des Dufts, aber auch des Produkttyps oder der Marke. Einen besonderen Stellenwert innerhalb des Kommunikationssystems erhält die Objektkommunikation durch ihr einfaches und bereits über weite Distanzen erkennbares Erscheinungsbild. Dadurch kann sie frühzeitig entschlüsselt werden und den Kommunikationsprozess beeinflussen, noch bevor beispielsweise eine akustische Verständigung überhaupt möglich ist. S.B.

Literatur: *Hoffmann, H.J.*: Kleidersprache, Frankfurt/Main 1985. *Kroeber-Riel, W.; Weinberg, P.*: Konsumentenverhalten, 7. Aufl., München 1999.

Obsoleszenz

Obsoleszenz bezeichnet den Vorgang der Veralterung von Produkten (→ Produktlebenszyklus). Ein Produkt veraltet, weil es durch ein neues Produkt substituiert wird. Das Phänomen der Obsoleszenz wird dann als Problem kontrovers diskutiert, wenn es aus einem bewussten Marketinghandeln resultiert (*planned obsolescence*) bzw. im Rahmen eines → ökologischen Marketing als konzeptioneller Ansatzpunkt zur Überwindung von Ressourcenverschwendung gewählt wird. Obsoleszenz-Strategien beziehen sich dabei auf

– die bewusste zeitliche Verzögerung technischer Innovationen dadurch, dass der Verbraucher bei der Umsetzung des technischen Fortschritts sukzessive mit partiellen Neuerungen konfrontiert wird, obwohl zu einem gegebenen Zeitpunkt das Angebot eines vollständig erneuerten Produktes möglich wäre (*funktionelle Obsoleszenz*);

– die Veränderung der ästhetischen Produkteigenschaften ohne Verbesserung der gebrauchstechnischen Qualität, wodurch noch funktionsfähige Erzeugnisse aus Modegründen als überholt betrachtet werden (*psychische Obsoleszenz*);

– die Verkürzung der Produktnutzungsdauer durch die Verwendung suboptimaler Techniken und Materialien bzw. durch den Einbau von Sollbruchstellen (built-in-obsolescence), die den natürlichen Verschleiß beschleunigen (*qualitative Obsoleszenz*).

Der Nachweis von Obsoleszenz-Strategien erweist sich in der Praxis als außerordentlich schwierig, da i.d.R. keine Kenntnisse über die Motive der Hersteller vorliegen. Darüber hinaus ist die Bewertung von Obsoleszenz-Strategien zwangsläufig interessengeleitet. Während von umwelt- und verbraucherpolitischer Seite auf entstehende Konsumzwänge und die Fehlallokation von Ressourcen verwiesen wird, argumentieren die Vertreter der Anbieterseite vielfach mit den Kostenvorteilen kurzlebiger Produkte, den Modepräferenzen der Konsumenten und den Wachstumswirkungen einer beschleunigten Obsoleszenz.

Bei der Obsoleszenz handelt es sich somit nicht, wie naive oder böswillige Kritiker behaupten, um eine Verschwörung von Herstellern z.B. gegen die ewig brennende Glühlampe oder den laufmaschenfreien Damenstrumpf, sondern allenfalls um eine bewusste Terminierung der Abgabe von Nutzen durch ein Gut, wobei jene dem technischen Fortschritt dient (erfüllt nicht jedes Aggregat, jedes Auto seine Funktionen besser als sein Vorläufer?) und überdies die Beschäftigung in einer Volkswirtschaft fördert. Der für das Phänomen gebräuchliche, negativ besetzte Begriff lässt diese Herstellern zur Verfügung stehende Option zu Unrecht als einen Konstruktionsfehler der Marktwirtschaft erscheinen. Ein verantwortungsloser Umgang mit diesem Instrument ist damit indessen nicht ausgeschlossen. A.B.

Literatur: *Bodenstein, G.; Leuer, H.*: Obsoleszenz und Warenproduktion, in: *Hansen, U.; Stauss, B.; Riemer, M.* (Hrsg.): Marketing und Verbraucherpolitik, Stuttgart 1982, S. 216 – 228. *Raffée, H.; Wiedmann, K.-P.*: Die Obsoleszenzkontroverse – Versuch einer Klärung, in: ZfB, 50. Jg. (1980), S. 149-172.

OC-Kurve

Begriff aus der → Inferenzstatistik für eine Funktion, durch die jedem wahren, unbekannten Wert eines zu prüfenden Parameters die Wahrscheinlichkeit für die Nichtablehnung der Nullhypothese zugeordnet wird.

Im Marketing finden OC-Kurven („Item Operating Charakteristic") im Zusammenhang mit messtheoretischen Überlegungen bei der Skalierung Anwendung. Auf der Abszisse werden dabei die Skalenwerte eines zu messenden Kontinuums, auf der Ordinate die durchschnittlich erreichten Werte für ein bestimmtes Item zur Messung dieses Kontinuums abgetragen. Die OC-Kurve zeigt dann (s. *Abb.*), ob es sich um probabilistische oder deterministische bzw. um monotone oder nicht-monotone Items handelt, was z.B. zur Konstruktion von Guttman- oder Likertskalen (→ Skalierungstechnik) bedeutsam ist, wo mehrere Items zur Konstruktion einer Skala herangezogen werden.
H.D.

OCR-Schrift

für die → Warenkennzeichnung entwickelte, menschlich und maschinell lesbare Lochkarten-Schrift („optical character recognition") zum optischen Einlesen in ein EDV-

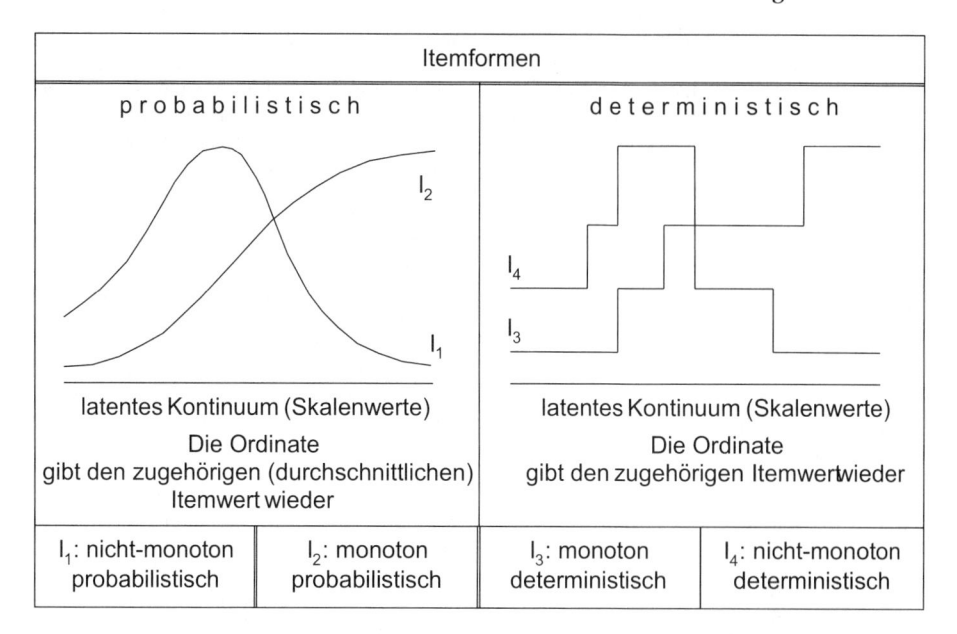

Itemformen			
probabilistisch		deterministisch	
\[Kurve mit I_1 und I_2\]		\[Stufenfunktion mit I_3 und I_4\]	
latentes Kontinuum (Skalenwerte) Die Ordinate gibt den zugehörigen (durchschnittlichen) Itemwert wieder		latentes Kontinuum (Skalenwerte) Die Ordinate gibt den zugehörigen Itemwert wieder	
I_1: nicht-monoton probabilistisch	I_2: monoton probabilistisch	I_3: monoton deterministisch	I_4: nicht-monoton deterministisch

System mittels spezieller Belegleser. Sie wird insb. im Textil- und Bekleidungseinzelhandel eingesetzt.

Odd-Pricing → Gebrochene Preise

OEM

„Original *E*quipment *M*anufacturer", d.h. im → Produktgeschäft und → Teile-Marketing tätige Hersteller von Originalteilen bestimmter Anlagen und Maschinen (z.B. Prozessoren von Intel in IBM-PC´s). Sie werden von den Endkunden bei Ersatzkäufen, Reparaturen etc. häufig favorisiert (→ Ingrediant Branding) und besitzen insofern vor anderen möglichen Lieferanten einen gewissen Präferenzvorsprung, was in den Preisverhandlungen mit dem direkten Abnehmer oft als Begründung für Preisnachlässe verwendet wird. Gleichzeitig vermittelt der OEM-Status bei renommierten Kunden aber auch Kompetenz und kann für → Referenzen verwendet werden.

Öffentliche Meinung

Von einer großen Zahl Menschen geteilte Ansichten, Einschätzungen, Dogmen, Wünsche oder Abneigungen, wobei meist unterstellt wird, dass es sich um die Meinung der Mehrheit handle. Dieser schwammige Begriff wird oft missbräuchlich mit den Massenmedien gleichgestellt (veröffentlichte Meinung = öffentliche Meinung). Er umfasst eine stark irrationale, emotionale und moralische Komponente, indem er impliziert, ein Kollektiv wisse genau, was gut und schlecht, lieb und böse, klug und unklug sei. Das Ansprechen dieser moralischen Komponente ist denn auch in den → Public Relations ein häufig gewähltes Mittel, um Anliegen (z.B. in der Politik) zum Durchbruch zu verhelfen. Öffentliche Meinung bildet sich durch einen sich selbst verstärkenden, interaktiven Prozess zwischen Individuum und Massenmedien (→ Agenda Setting). Das Individuum vergleicht seine eigenen Beobachtungen mit den Berichten in den Medien. Konformitätsdruck bringt es dazu, sich dem als stärker empfundenen Lager anzuschließen und vom schwächeren zu distanzieren. P.F.

Öffentliche Vergabeverfahren

Als Verfahren der öffentlichen Auftragsvergabe werden in § 3 der Verdingungsordnung für Leistungen/Verdingungsleistung für Bauleistungen (→ VOL, → VOB) die öffentliche → Ausschreibung, die beschränkte Ausschreibung und die → freihändige Vergabe unterschieden (→ Marketing für öffentliche Betriebe). Grundsätzlich soll eine öffentliche → Ausschreibung veranstaltet werden; nur in Ausnahmefällen dürfen beschränkte Ausschreibungen bzw. freihändige Vergaben durchgeführt werden.

Zuschlagskriterium bei der Vergabe öffentlicher Aufträge ist das „annehmbarste" bzw. das „wirtschaftlichste" Angebot. Darunter ist nicht das Angebot zu dem niedrigsten Preis zu verstehen. Neben Angeboten zu überhöhten Preisen sind Angebote zu Niedrigstpreisen auszuschalten, um eine ruinöse Konkurrenz zwischen den Anbietern zu verhindern und um auszuschließen, dass ein Anbieter seine Gewinneinbuße durch eine minderwertige Leistung ausgleicht. R.B.

Öffentlichkeitsarbeit
wird als Synonym von → Public Relations verwendet, obschon diese auch → Zielgruppen außerhalb der Öffentlichkeit ansprechen.

Offeringsystem → Informations-Logistik

Offertenblatt
→ Werbeträger, der im Gegensatz zum → Anzeigenblatt im Wesentlichen nur aus kostenlosen privaten Kleinanzeigen ohne redaktionellen Teil besteht und zu Einzelverkaufspreisen zwischen 0,50 und 3,00 DM am Kiosk vertrieben wird. Hier wird v.a. die Attraktivität der Kleinanzeigen als „Lesestoff" und „Fundgrube" ausgenützt. Offertenblätter geraten durch analoge → Online-Dienste im Internet unter Wettbewerbsdruck. Im Jahr 2000 ließen 78 regional- und überregional erscheinende Offertenblätter ihre Auflagenzahlen regelmäßig durch die → IVW (Informationsgemeinschaft zur Feststellung der Verbreitung von Werbeträgern) registrieren. Die Anzahl verkaufter Exemplare pro Auflage (i.d.R. wöchentlich) lag bei ca. 1,7 Millionen.

Offertengeschäft, internationales
→ Außenhandelsgeschäft,
→ Indentgeschäft

Off-Price-Store
US-amerikanische → Betriebsform des → stationären → Einzelhandels, die aktuelle Markenartikel mittlerer bis hoher Qualität (insbesondere Oberbekleidung und Schuhe) – wenn auch häufig noch als Überhang-, Auslauf- und Zweite-Wahl-Ware – mit dauerhaft hohen Preisabschlägen (20–70%) auf jeweils unterschiedlich dimensionierten Verkaufsflächen (500–3000 qm) an verkehrs- und kostengünstigen Standorten außerhalb der traditionellen Einkaufszonen anbietet. Seit ihrer Einführung Ende der 70er-Jahre haben die Off-Price-Stores geradezu boomartige Umsatzsteigerungen erzielen können, und dies bei beachtlicher warenwirtschaftlicher Effizienz im Mitbewerbervergleich; ein Befund, der auch für die Zukunft erwartet wird. Gleichwohl hat der Begriff „Off-Price-Store" zwischenzeitlich an betriebstypenprägender Eindeutigkeit verloren:
So schon aufgrund des vielfach zu beobachtenden Wandels der betriebsindividuellen Leistungsprofile, wie insbesondere im Sinne einer nach Qualität, Tiefe und Markenwahl verstärkt konzeptionsgebundenen (kontinuierlichen) Sortimentsplanung und einer entsprechend anspruchsvolleren Warendarbietung und Kundenberatung statt einer lediglich vom jeweiligen Beschaffungsvorteil geprägten (diskontinuierlichen) Sortimentsidentität.
Hinzu kommt, dass der Begriff „Off-Price-Store" in den USA ohnehin nur für ein betrieblich verselbständigt wahrgenommenes (institutionelles) *Off-Price-Retailing* steht, mithin alternative Grundformen des angestrebten Leistungsprofils weder prinzipiell noch in empirischer Hinsicht ausschließt. Um dies allein mit vier Varianten des Off-Price-Retailing zu belegen:

(1) *Sortimentsorientierte Off-Price-Stores* mit Betonung auf ein vergleichsweise breites sowie Beständigkeit und Kontinuität signalisierendes Warenangebot;
(2) *Gelegenheitsorientierte Off-Price-Stores* mit Spezialisierung auf einen bestimmten Warenbereich bei verminderter Kontinuität im Angebot;
(3) *Partieorientierte Off-Price-Stores, Partievermarkter, Partiediscounter* mit Beschränkung auf Sonderangebote von Markenwaren eines oder mehrerer Hersteller je nach Verfügbarkeit;
(4) *Off-Price-Center* durch räumlich integrierte Zusammenfassung branchengleicher bzw. -ungleicher Off-Price-Stores.

Schließlich ergeben sich auch im Verhältnis zu Factory Outlets (→ Fabrikladen, → Factory-Outlet-Center) und Discountstores (→ Diskontgeschäft) Überschneidungen im Leistungsprofil, wenn man von den Unterschieden hinsichtlich der Trägerschaft und der gewählten Sortimentsschwerpunkte einmal absieht.
In Deutschland hat sich das Off-Price-Konzept aufgrund der – im Vergleich mit den USA – andersartigen, in Sonderheit restrik-

tiven Rahmenbedingungen bislang nur vereinzelt, und auch dabei allenfalls ansatzweise verwirklichen lassen. Für die Zukunft wird jedoch mit einer verstärkten Adaptation gerechnet:

- so im Einzelhandel zur Erschließung neuer Marktfelder durch Diversifizierung etablierter Betriebstypen und Umwidmung leistungsschwacher Flächenkapazitäten diskont- und markenorientierter → Fachmärkte und → Einkaufszentren in den Off-Price-Bereich;
- so aber auch in der Markenartikelindustrie zum Abbau von warenspezifischen Überhängen bei gleichzeitiger Wahrung der Distributionsautorität durch eine entsprechend modifizierte Vertriebspolitik, die dem Fabrikverkauf bzw. dem Fabrikladen einen höheren Stellenwert als bisher einräumt. H.-J.Ge.

Offset-Brief → Werbebrief

Offset-Geschäft

im internationalen → Anlagengeschäft häufiger geübte Abwicklungspraxis für Großprojekte, bei denen die Abnehmerländer fordern, dass ein bestimmter Prozentsatz der in das Endprodukt eingehenden Vorprodukte von Unternehmen aus dem eigenen Land geliefert wird (→ Local Content, → Kompensationsgeschäft).

Öko-Controlling, Umwelt-Controlling, Environmental Controlling

uneinheitlich verwendeter Begriff, der sowohl mit einzelnen ökologieorientierten Planungsinstrumenten (z.B. ökologische Buchhaltung, Öko-Bilanzen) des → marktorientierten Umweltmanagements bzw. des → Ökologischen Marketing gleichgesetzt als auch als Sammelbegriff bzw. Oberbegriff für diese Instrumente verwandt wird. Das Öko-Controlling stellt eine Ergänzung bzw. Erweiterung des allgemeinen betrieblichen Controlling bzw. des → Marketing-Controlling durch umweltbezogene Aspekte dar. Es handelt sich insofern um den Teil des Umweltmanagementsystems, der die Bereitstellung von entscheidungsrelevanten Daten zur Steuerung, Koordination, Planung und Kontrolle aller auf den Umweltschutz gerichteten Aktivitäten eines Unternehmens zur Aufgabe hat.

Öko-Controlling kann sowohl als ein System der informationsgesteuerten Unterstüt-

Öko-Controlling als Teil des marktorientierten Umweltmanagements

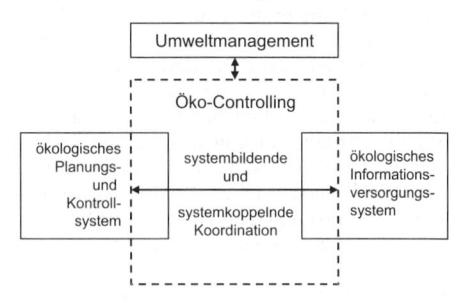

zung von Führungsentscheidungen im Umweltschutz als auch als Instrument zur Implementierung von ökologieorientierten Planungsinstrumenten aufgefasst werden. Im Mittelpunkt des Öko-Controlling stehen Koordinations- sowie Informationsversorgungs- und -verwendungsaufgaben. *Koordinationsaufgaben* können in systembildende (Schaffung von aufbau- und ablauforganisatorischen Strukturen und Prozessen) und systemkoppelnde (wechselseitige Abstimmungs- und Integrationsaktivitäten zwischen einzelnen Teilsystemen) unterschieden werden. Darüber hinaus erfasst die Koordination sowohl unternehmensinterne (z.B. Vernetzungen zwischen produktionsbezogenen Informationssystemen wie umweltorientierte Produktionsplanungs- und -steuerungssysteme PPS, Materialwirtschaft und Qualitätssicherung) als auch unternehmensexterne Vorgänge (z.B. Zusammenarbeit mit Behörden). Zur Erfüllung der Koordinationsaufgaben müssen betriebliche Informationsflüsse abgestimmt werden sowie geeignete Methoden und Instrumente der Datenerfassung und -dokumentation bereitgestellt werden. Vorhandene betriebliche Informations-, Planungs-, Steuerungs- und Kontrollinstrumente sind für die Aufgaben des Öko-Controlling anzupassen und zu erweitern. Die *Informationsversorgung* stützt sich einerseits auf das betriebliche Rechnungswesen und andererseits auf die Erfassung ökologisch relevanter Daten aus den Bereichen Betrieb (z.B. Stoff- und Energieströme, Emissionen, Abwasserfrachten), Recht (z.B. Anforderungen von Umweltschutzgesetzen wie das Anlegen von Sicherheitsdatenblättern, Entsorgungsnachweisen, Emissionserklärungen im Zusammenhang mit BImSchG, WHG, KrW-/AbfG), Markt (z.B. Marktchancen umweltverträglicher Produkte) und Gesellschaft (z.B. öffentliche Meinung zu umweltrelevanten Themen). Zur systematischen Erfassung, Dokumentation und Bereitstellung umweltbezogener Informationen in einem Unternehmen werden betriebliche Umweltinformationssysteme (BUIS) eingerichtet. Das Strategische Öko-Controlling zielt auf die Früherkennung marktlicher Chancen (z.B. ökologische Produktinnovationen) und betrieblicher Risiken (ökologisches Risikomanagement) im Umweltschutz sowie auf eine Verbesserung der Beziehungen des Unternehmens zu seinen Anspruchsgruppen durch Veröffentlichung betrieblicher Daten zum Umweltschutz. Darüber hinaus müssen gesetzliche Informations- und Dokumentationspflichten erfüllt werden. Im operativen Bereich geht es um die Unterstützung bei der Implementierung von ökologischen Planungs- und Kontrollinstrumenten wie beispielsweise die Öko-Bilanzierung. I.Ba.

Literatur: Hallay, H.; Pfriem, R.: Öko-Controlling, Frankfurt, New York 1992.

Ökologische Dienstleistungen, ökoeffiziente Dienstleistungen

sind Marktleistungen, die den (Ver-)Kauf von Produkten ergänzen oder ersetzen und dadurch ökologische Entlastungspotenziale besitzen. Sie basieren auf der Überlegung, dass Kunden letztlich nicht den Kauf materieller Produkte anstreben, sondern die Befriedigung ihrer Bedürfnisse. Sie wollen z.B. nicht die Bohrmaschine, sondern das Loch in der Wand. Diese Erkenntnis deckt sich mit dem Grundprinzip des Marketing, nämlich mit der Orientierung am Kunden statt am Produkt. Für das → ökologische Marketing eröffnet dieser Perspektivenwechsel die Möglichkeit, die Befriedigung von Kundenbedürfnissen statt mit neuen Produkten mit ökologischen Dienstleistungen zu gewährleisten. Die *Abbildung* gibt einen Überblick über die verschiedenen Dienstleistungstypen, die unter dem Oberbegriff ökologische Dienstleistungen zusammengefasst werden.

Produktdienstleistungen sind Ergänzungen zum eigentlichen Kernprodukt, das sich weiterhin im Eigentum des Nachfragers befindet und von diesem genutzt wird. Produktdienstleistungen können die Umweltqualität eines Produktes erhöhen und den Zeitpunkt des Ersatzbedarfs hinauszögern. Beispiele sind Anwendungsberatungen oder Instandhaltungsdienstleistungen wie Reparatur, Wartung oder Nach- bzw. Hochrüstung. Diese Dienstleistungen können eigenständig oder als → added value services gemeinsam mit dem Produkt angeboten werden. Bei *Nutzungsdienstleistungen* nutzen die Nachfrager Produkte, die im Eigentum der Anbieter verbleiben. Im Fall der *Ergebnisdienstleistungen* werden die Produkte vom Anbieter als Trägermedien zur Erbringung der vom Kunden erwünschten Leistungen bzw. Nutzungsergebnisse eingesetzt.

Nutzungs- und Ergebnisdienstleistungen lassen sich auch unter der Bezeichnung *eigentumsersetzende Dienstleistungen* zu-

Typen und Beispiele ökologischer Dienstleistungen

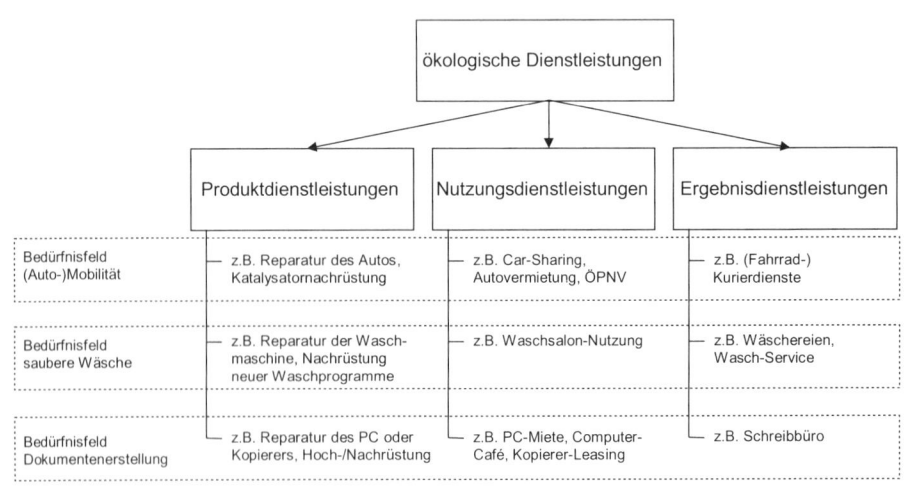

	Produktdienstleistungen	Nutzungsdienstleistungen	Ergebnisdienstleistungen
Bedürfnisfeld (Auto-)Mobilität	z.B. Reparatur des Autos, Katalysatornachrüstung	z.B. Car-Sharing, Autovermietung, ÖPNV	z.B. (Fahrrad-)Kurierdienste
Bedürfnisfeld saubere Wäsche	z.B. Reparatur der Waschmaschine, Nachrüstung neuer Waschprogramme	z.B. Waschsalon-Nutzung	z.B. Wäschereien, Wasch-Service
Bedürfnisfeld Dokumentenerstellung	z.B. Reparatur des PC oder Kopierers, Hoch-/Nachrüstung	z.B. PC-Miete, Computer-Café, Kopierer-Leasing	z.B. Schreibbüro

sammenfassen, da sie das Produkteigentum auf der Nachfrageseite substituieren können (→ eigentumsloser Konsum). Die Verschiebung von Eigentumsrechten und -pflichten vom Nachfrager hin zum Anbieter hat ökologische Anreizwirkungen: Wenn der Anbieter für die Nutzung und nicht mehr für den Verkauf von Produkten bezahlt wird, hat er ein erhöhtes Interesse daran, dass die eingesetzten Güter besonders lange und intensiv genutzt werden. Ist er zudem für die Betriebskosten verantwortlich, wird er bestrebt sein, möglichst wartungsfreie, stabile und verbrauchsarme Produkte einzusetzen. Da sich die Produkte auch am Ende des Lebenszyklusses noch im Eigentum des Anbieters befinden, wird er sich schon bei der Herstellung bzw. bei der Beschaffung der Produkte Gedanken über ihre Entsorgung bzw. die Wiederverwendbarkeit langlebiger Bauteile machen (Kreislaufwirtschaft). Auf der Nachfrageseite können ökologische Dienstleistungen einen Rückgang der Nachfrage, also einen sog. *Suffizienzeffekt* bewirken, da die Kunden i.d.R. direkt mit den Vollkosten der Produktnutzung konfrontiert werden und diese folglich stärker reflektieren. Bei den aufgeführten Ökologisierungswirkungen handelt es sich um Potentiale, deren Wirksamkeit für jeden Einzelfall zu überprüfen ist.
Während im Investitionsgüterbereich bereits viele erfolgreiche Beispiele für eine Substitution von ehemals eigentumsbasierten Leistungen durch ökologische Dienstleistungen existieren (Outsourcing), stößt eine Durchsetzung im Konsumgüterbereich auf spezifische Hemmnisse.   U.Sch.

Literatur: *Franck, E.; Bagschick, T.; Opitz, C.:* Der Flottenmanager als Intermediär zwischen Hersteller und Nutzer. Eine theoretische Untersuchung, in: Die Betriebswirtschaft, 57. Jg. (1997), H. 2, S. 203–217. *Schrader, U.:* Consumer Acceptance of Eco-efficient Services. A German Perspective, in: Greener Management International, Vol. 25 (Spring 1999), S. 105-121.

Ökologische Qualität
→ Entsorgungsnutzen

Ökologisches Konsumentenverhalten
Beim ökologischen Konsumentenverhalten geht es um die ökologischen Implikationen, die mit dem Verhalten von Konsumenten beim Kauf und bei der Nutzung von Waren und Dienstleistungen verbunden sind (→ Käuferverhalten). Dabei bleibt noch offen, ob es sich um umweltfreundliche oder -schädliche Verhaltensweisen handelt. Liegt *umweltfreundliches Konsumentenverhalten* vor, so bleibt weiterhin zu fragen, ob dieses aus *Umweltbewusstsein* resultiert oder durch andere Faktoren determiniert ist.

(1) Umweltfreundliches Konsumentenverhalten
Prinzipiell ist der Konsum von Gütern mit Umweltbelastungen verbunden. Konsumenten verhalten sich daher umweltfreundlich, wenn ihr Handeln im Vergleich zum gängigen Verhaltensweisen objektiv zu einer Verringerung der Umweltbelastung und der Inanspruchnahme natürlicher Ressourcen führt. Möglichkeiten dazu haben Konsumenten im Markt und außerhalb des Marktes, angefangen beim Informationsverhalten vor dem Kauf über das Kaufverhalten (Einkaufsverhalten) selbst bis hin zum Verwendungs- und Entsorgungsverhalten in der Nachkaufphase. Wenn auch oft genug umstritten ist, worin im konkreten Fall tatsächlich die unter den gegebenen Umständen objektiv umweltfreundlichste oder zumindest -freundlichere Verhaltensweise besteht, so lässt sich eine vergleichsweise umweltfreundliche Verhaltungsalternative meist doch recht eindeutig definieren: Etwa als Ablehnung eindeutig umweltproblematischer Produktkategorien und Produkte, als Bevorzugung eindeutig umweltfreundlicherer Produktvarianten oder als Praktizierung entsprechender Verwendungs- und Entsorgungsverhaltensweisen (z.B. beim Autofahren, Energieverbrauch oder bei der Abfalltrennung). In der akademischen Konsumentenforschung ist der größte Teil der theoretischen und empirischen Studien zum Umwelthandeln den Bereichen des Energiespar- und Entsorgungsverhaltens gewidmet; Untersuchungen zum Kauf und zur Verwendung umweltfreundlicher(er) Produkte hingegen werden v.a. in der kommerziellen Marktforschung durchgeführt und sind deshalb oft nicht veröffentlicht.

Anstelle von umweltfreundlichem Konsumentenverhalten ist heute vielfach von *nachhaltigem Konsum* (sustainable consumption) die Rede. Darunter wird ein Niveau des Verbrauchs an natürlichen Ressourcen und der Belastung der Umwelt verstanden, das als zukunftsfähig für spätere Generationen und auch als sozial gerecht im Hinblick auf die globale Verteilung und Nutzungsmöglichkeit der Ressourcen angesehen werden kann. Nachhaltiger Konsum soll zu einer insgesamt nachhaltigen wirtschaftlichen Entwicklung beitragen, welche die Absorptions- und Regenerationsfähigkeit der Ökosysteme nicht überfordert. Es handelt sich also um ein übergreifendes Konzept mit Leitbildcharakter, aus dem erst Kriterien für das individuelle Konsumentenverhalten abgeleitet werden müssen – darüber hinaus aber auch für die Angebotspolitik und das Marktverhalten der Unternehmen sowie die Gestaltung der relevanten Rahmenbedingungen durch den Staat. Konsum- bzw. Konsumentenverhalten ist nämlich eine Funktion beider Größen: der persönlichen Entscheidung der Konsumenten wie auch der gegebenen Verhaltensmöglichkeiten bzw. -zwänge.

Eine Reduktion des Ressourcenverbrauchs kann dabei insbesondere über erhöhte *Effizienz* und/oder verstärkte *Suffizienz* erreicht werden. Bezogen auf den Konsumbereich und das individuelle Konsumentenverhalten ist unter dem Effizienzkriterium anzustreben, dass verstärkt solche Sachgüter und Dienstleistungen im Markt angeboten bzw. nachgefragt werden, die mit einem vergleichsweise geringem Einsatz an natürlichen Ressourcen hergestellt wurden und bei der Distribution, Verwendung und Entsorgung mit vergleichsweise geringen Umweltbelastungen verbunden sind. Unter dem Suffizienzkriterium geht es hingegen darum, schlicht weniger zu verbrauchen, d.h. insgesamt den Pro-Kopf-Verbrauch an Sachgütern und Dienstleistungen einzuschränken. Wie ersichtlich, lassen sich über diese, aus dem allgemeinen Postulat der Nachhaltigkeit abgeleiteten Kriterien konkrete Vorgaben für ein umweltfreundliches Konsumentenverhalten entwickeln (als drittes Kriterium gehört hierzu noch das der Konsistenz, hier i.S. einer Anpassung der mit den Güterangebot- und -konsum verbundenen Stoff- und Energieströme an die Verarbeitungsfähigkeit der Ökosysteme).

(2) Umweltbewusstes Konsumentenverhalten

Umweltbewusstsein wird als Element des individuellen Überzeugungssystems (hier speziell des sozialen Bewusstseins) verstanden. Es resultiert aus der Wahrnehmung der realen Umweltprobleme durch den Einzelnen und umschließt sein Wissen um diese Probleme ebenso wie deren Bewertung i.S. von (negativen) Gefühlen, Vorstellungen, Ängsten und daraus folgenden Präferenzen und Handlungsbereitschaften. Enger gefasst kann man unter „Umweltbewusstsein" die Einsicht des Einzelnen verstehen, dass sein eigenes Verhalten Umweltbelastungen hervorruft, verbunden mit der Bereitschaft, diese Belastungen durch eigenes Handeln zu verringern oder zu vermeiden. Umweltbewusstsein stellt sich somit als mehrdimensionales verhaltenstheoretisches Konstrukt dar, das aus kognitiven (Wissen, Einsicht), affektiv-evaluativen (gefühlsmäßigen Bewertungen, Vorstellungen, Befürchtungen, usw.) und auch konativen Verhaltensintentionen (Komponenten) besteht. Selbstverständlich unterliegt seine Ausprägung beim Einzelnen auch übernommenen sozialen Normen (individuelle Werthaltungen genereller Art).

Innerhalb dieses umfassenden Werte-Einstellungs-Systems lässt sich Umweltbewusstsein auf unterschiedlichen *Hierarchieebenen* festmachen. Wenn bspw. die Bürger bzw. Konsumenten eine intakte Umwelt als eines der wichtigsten Probleme in unserer Gesellschaft ansehen, so handelt es sich um Umweltbewusstsein auf der sehr allgemeinen, gesellschaftsbezogenen Ebene „terminaler" Werte und Ziele (→ Werteforschung). Dieser Ebene sind Umfrageergebnisse zuzurechnen, die zeigen, dass in Deutschland der Stellenwert des Umweltschutzes im Vergleich zu anderen gesellschaftlichen Problemen oder Sorgen seit Anfang der 90er-Jahre des vorherigen Jahrhunderts stetig abgenommen hat. Eine Ebene darunter und damit schon konkreter kann man von Umweltbewusstsein i.S. einer (hier konsumbezogenen) Grundeinstellung sprechen. Auf dieser Ebene dokumentiert sich Umweltbewusstsein bspw. darin, dass sich Konsumenten beim Kauf und Konsum von Gütern grundsätzlich umweltsensibel zeigen, d.h. verhalten. Wenn diese Konsumenten schließlich konkret gegenüber einzelnen umweltproblematischen Produkten (z.B. Autos mit hoher Schadstoffemission) eine negative Haltung aufweisen bzw. umgekehrt eine umweltfreundliche Produktvariante präferieren, so liegt Umweltbewusstsein auf der noch konkreteren Ebene spezifischer produktbezogener → Einstellungen vor. Anspruchsvolle mehrdimensionale Konzepte zur empirischen Messung des Konstruktes „Umweltbewusstsein" erfassen diese verschiedenen Komponenten und Hierarchieebenen. So weist die GfK Nürnberg anhand einer auf der Basis von elf Einzelindikatoren gebildeten Typologie (Clusteranalyse) seit 1985 repräsentativ den Stand des Umweltbewusstseins in Deutschland aus (vgl. *Abbildung*). Innerhalb des Typus der „Umweltbewussten" wird zusätzlich eine „Kerngruppe" besonders umweltbewusster Konsumenten/Haushalte ausgewiesen, die sich dadurch auszeichnet, dass sie persönlich zu erheblichen Einschränkungen für den Umweltschutz bereit ist. Die Zeitreihe belegt wiederum einen nach den Höchstwerten Anfang der 90er des vorherigen Jahrhunderts kontinuierlich rückläufigen Trend.

Bleibt die Frage, wie es um den Zusammenhang zwischen Umweltbewusstsein und tatsächlich umweltfreundlichem Konsumentenverhalten bestellt ist. Konsumenten mit ausgeprägtem Umweltbewusstsein verhalten sich nicht zwangsläufig auch umweltfreundlich. Diese vielfach auch empirisch nachgewiesene „Verhaltenslücke" kann verschiedene Ursachen haben, deren Kenntnis im Marketing eine wichtige Voraussetzung für die erfolgreiche Gestaltung und Vermarktung umweltfreundlicher Angebote darstellt (→ ökologisches Marketing). Verhaltensbarrieren entstehen bspw. dadurch, dass Konsumenten trotz ausgeprägtem Umweltbewusstsein vielfach bezweifeln, durch ihr individuelles Verhalten einen effizienten Beitrag zum Umweltschutz leisten zu können (Wirkungslosigkeitsvermutung). Oft misstrauen Konsumenten auch der (vom Marketing) behaupteten Umweltvorteilhaftigkeit ökologischer Angebote. Informationsökonomisch gesehen handelt es sich bei diesen nämlich um Vertrauenseigenschaften, zu denen sich der Konsument noch nicht einmal aufgrund eigener Erfahrungen ein zuverlässiges Urteil bilden kann (→ Umweltzeichen). Darüber hinaus gilt, dass sich Konsumenten i.d.R. nur dann umweltfreundlich verhalten, wenn dies für sie nicht mit höheren Kosten oder Mühen (Unbequemlichkeiten etc.) verbunden ist und wenn sie bei den umweltfreundlichen Produkten/Angeboten auch keine Nachteile hinsichtlich Qualität und Funktionalität befürchten müssen. Entscheidend für den Kauf der Produkte ist deren unmittelbarer individueller Nutzen für den Konsumenten, nicht deren Umweltvorteilhaftigkeit. Letzteres stellt für ihn „nur" einen sozialen Nutzen dar; die Umweltfreundlichkeit der Produkte kommt (in ferner Zukunft) der Allgemeinheit zu Gute – und zwar kostenlos, während die mit dem Kauf der ökologischen Produkte verbundenen zusätzlichen Kosten und Mühen sowie evtl. Qualitätseinbußen der Konsument (jetzt) persönlich tragen muss. Es kann für ihn durchaus rational sein, sich opportunistisch zu verhalten, indem er auf die Umweltverantwortung anderer Konsumenten setzt, ohne selbst einen Beitrag zum Umweltschutz zu leisten.

Umgekehrt ist schließlich zu beachten, dass umweltfreundliches Konsumentenverhalten nicht zwangsläufig hohes Umweltbewusstsein voraussetzt. Genauso gut kann es durch ein forciertes Angebot umweltfreundlicher Güter bedingt sein oder dadurch entstehen, dass mit solchen Angebo-

Zeitliche Entwicklung des Umweltbewusstseins in Deutschland (in %)

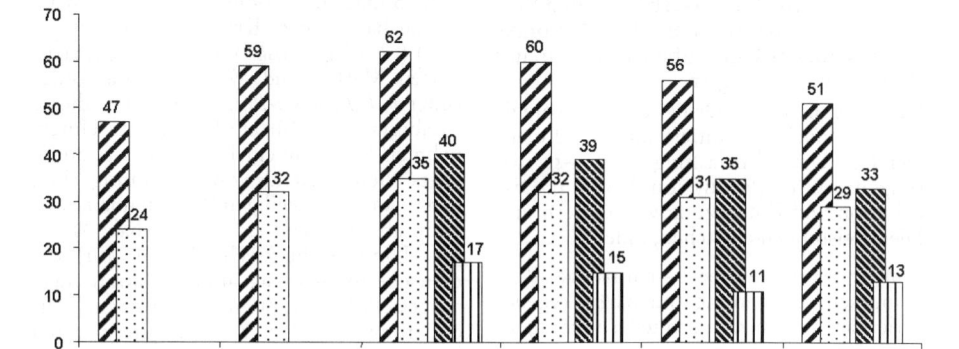

Jahr	West	davon Kerngruppe	Ost	davon Kerngruppe
1986	47	24		
1988	59	32		
1990	62	35	40	17
1992	60	32	39	15
1994	56	31	35	11
1996	51	29	33	13

(Quelle: *GfK Panel Services Consumer Research*)

ten auch individuelle Nutzen- und/oder Kostenvorteile verknüpft sind. F.W.

Literatur: *Hansen, U.; Schrader, U.*: Zukunftsfähiger Konsum als Ziel der Wirtschaftstätigkeit, in: *W. Korff* u.a. (Hrsg.): Handbuch der Wirtschaftsethik, Band 3, Gütersloh 1999, S.463–486. *Meffert, H.; Bruhn, M.*: Das Umweltbewusstsein von Konsumenten, in: Die Betriebswirtschaft, 56. Jg. (1996), S.631–648. *Monhemius, K.Ch.*: Umweltbewusstes Kaufverhalten von Konsumenten. Ein Beitrag zur Operationalisierung, Erklärung und Typologie des Verhaltens in der Kaufsituation, Frankfurt a.M. etc. 1993. *Scherhorn, G.; Reisch, L.; Schrödel, S.*: Wege zu nachhaltigen Konsummustern. Überblick über den Stand der Forschung und vorrangige Forschungsthemen, Hamburg 1997. *Wimmer, F.*: Environmental Aspects of Consumer Behaviour in Germany, in: *Balderjahn, I.; Mennicken, C.; Vernette, E.* (Hrsg.): New Developments and Approaches in Consumer Behaviour Research, Stuttgart, London 1998, S.237-253.

Ökologisches Marketing, Öko-Marketing, ökologieorientiertes Marketing

umfasst als Teil eines → marktorientierten Umweltmanagements die geplante Integration ökologischer Aspekte in die Gestaltung von Transaktionen mit Akteuren der engeren und weiteren Umwelt der Unternehmung. Grundlage dafür ist eine Analyse der Bedeutung ökologischer Aspekte für den Markt, für die Politik und für die Gesellschaft sowie die Umsetzung dieser Erkenntnisse in der Strategieentwicklung und im Instrumentaleinsatz des Marketing. Von diesem, auf eine wirtschaftliche und umweltverträgliche Entwicklung und Vermarktung von Produkten und Dienstleistungen gerichteten Konzept ist das *„Marketing für Ökologie"* zu unterscheiden, das von nichtkommerziellen Umweltverbänden und Verbraucherorganisationen mit dem Ziel praktiziert wird, das Umweltbewusstsein in der Bevölkerung zu steigern.

Die Aktualität und Dringlichkeit ökologischen Handelns resultiert aus der zunehmenden Umweltbelastung und –zerstörung, die durch Produktion, Konsum, Distribution und Entsorgung von Gütern und Dienstleistungen entstehen, indem

– nicht reproduzierbare, natürliche Ressourcen Verwendung finden bzw. regenerierbare Ressourcen schneller verbraucht werden als sie nachwachsen,
– ökologisch schädliche Rückstände entstehen, die die Umwelt belasten (z.B. Pkw-Abgase) und
– Produkte – sofern auf Recycling verzichtet wird – der Umwelt als Abfall zur Last fallen.

Daraus entstehen Fragen nach ökologischen Verantwortlichkeiten (→ Marketing-Ethik) und nach Lösungsbeiträgen von Unternehmen und Konsumenten gleichermaßen. In diesem Zusammenhang gibt es auch Stimmen, die das „kommerzielle" Marketing als Mitverursacher ökologischer Probleme ansehen und u.a. mit folgenden Argumenten kritisieren:

– Marketing trage zu einer Steigerung jener Bedürfnisse bei, die mit materiellen Gütern zu befriedigen sind, propagiere also eine „Mehr-Haben-Wollen-Mentalität";
– Mit Marketing würde eine Umsatzorientierung verfolgt, die Gefahren einer Ressourcenverschwendung und Abfallerzeugung berge. Vorwurfsbeispiele: geplante → Obsoleszenz, aufwändige → Verpackungsgestaltung, unzulängliche Reparaturdienste (→ Bioprodukte);
– Mit Marketing würden kurzfristige Marktorientierungen verfolgt und langfristige ökologische Folgen nicht hinreichend berücksichtigt. Es wirke damit zum Nachteil zukünftiger Generationen und stehe dem Konzept nachhaltigen Wirtschaftens entgegen.

Das ökologische Marketing trägt als wissenschaftliches und praxisorientiertes Konzept dieser Kritik Rechnung, indem es auf eine bewusste Minimierung von schädlichen Umwelteinwirkungen durch das Unternehmen gerichtet ist.

Ökologisches Marketing findet statt im Spannungsfeld zwischen der Befolgung gesetzlicher Umweltschutzbestimmungen (z.B. Bundesimmissionsschutzgesetz, Wasserhaushaltsgesetz, Kreislaufwirtschaftsgesetz) (*„Ecology-Push"*) und ökologieorientierten Markt- und Wettbewerbsanforderungen (*„Ecology-Pull"*). Welche dieser Treiberfaktoren für ein bestimmtes Unternehmen bzw. für ein bestimmtes strategisches Geschäftsfeld von Bedeutung sind, hängt von der jeweiligen Betroffenheitssituation ab. Während sich der globale Markt für Umweltschutztechnologien für die deutsche Industrie als äußerst lukrativ herausgestellt hat, stößt eine ökologische Orientierung auf den Konsumgütermärkten immer wieder an marktbedingte Grenzen der Wirtschaftlichkeit. Zudem wird der Erfolg ökologischen Marketing vielfach durch den spezifischen Charakter ökologischer

Probleme bzw. umweltfreundlicher Produkte beeinträchtigt:

Wahrnehmbarkeit: Die besonders bedrohlichen globalen Umweltprobleme, wie das Ozonloch und der Treibhauseffekt haben häufig latenten Charakter, sind also zumindest für den Laien nicht sinnlich wahrnehmbar.

Langfristigkeit: Ökologische Probleme entstehen langfristig und sind auch nur langfristig zu lösen.

Komplexität und Überbetrieblichkeit: An der Entstehung ökologischer Probleme sind eine Vielzahl von Akteuren aus Wirtschaft, Gesellschaft und Politik beteiligt. Die Ursachen für Umweltschäden sind vielschichtig und oft nicht hinreichend genug bekannt. Isolierte Maßnahmen einzelner Akteure (z.B. Unternehmen oder Konsumenten) sind deshalb insgesamt unzureichend.

Unsicherheit und Informationsasymmetrien: Systematische Wissensdefizite zu ökologische Problemursachen erhöhen Handlungs- und Entscheidungsunsicherheiten. Unternehmen sind i.d.R. besser über die Umweltverträglichkeit ihrer Prozesse und Produkte informiert als die Konsumenten. Darüber hinaus ist die Informationspolitik vieler Unternehmen und auch die einiger Anspruchsgruppen hinsichtlich des Umweltschutzes interessengeleitet; Sachverhalte werden teilweise bewusst verkürzt oder sogar verzerrt dargestellt.

Umweltqualität als Kollektivgut: Die natürliche Umwelt hat weitgehend einen Kollektivgutcharakter: Nicht nur diejenigen, die einen Beitrag zum Umweltschutz leisten (z.B. umweltbewusstes Verbraucherverhalten), sondern auch solche Akteure, die keinen Beitrag dazu leisten (sog. Trittbrettfahrer), kommen in den Genuss einer besseren Umweltqualität. Entsprechend fallen die Kosten des Umweltschutzes häufig beim Einzelnen an, während der Nutzen daraus immer auch der Allgemeinheit zugute kommt (z.B. bessere Luftqualität).

Die *Konzeption* des ökologischen Marketing umfasst die folgenden Elemente:

1. Ökologieorientierte Potential- und Umfeldanalyse,
2. Formulierung von ökologieorientierten Marketingzielen,
3. Festlegung von ökologieorientierten Marktsegmenten und Marketing-Strategien,
4. Ausgestaltung des ökologieorientierten Marketing-Mix und
5. Implementierung und Kontrolle der Maßnahmen (→ Öko-Controlling).

Zu 1): Ökologieorientierte *Planungsinstrumente* werden zur Analyse unternehmensinterner Potenziale (ökologische Stärken/Schwächen) und -externer Entwicklungen (ökologische Chancen/Risiken) mit dem Ziel eingesetzt, geeignete Marketingstrategien und -maßnahmen zur Zielerreichung abzuleiten und zu implementieren. Ökologieorientierte Potenziale des Unternehmens lassen sich durch Instrumente wie z.B. Öko-Checklisten, Öko-Bilanzen und Umweltverträglichkeitsprüfungen abschätzen. Zur möglichst frühzeitigen Identifikation umweltschutzbedingter Marktchancen und Unternehmensrisiken (unternehmensexterne Analyse) können z.B. Szenario-Technik, Cross-Impact-Analyse und die Analyse der Diffusion öffentlichkeitswirksamer Umweltthemen in Markt und Gesellschaft ("issue monitoring") eingesetzt werden.

Zu 2): Seit Beginn der 90er-Jahre gilt das Prinzip des nachhaltigen Wirtschaftens (*Sustainable Development*) in Theorie und Praxis als Leitbild → marktorientierten Umweltmanagements und des ökologischen Marketing. Es umschreibt das Ideal einer inter- und intragenerativen Gerechtigkeit, bei der die Bedürfnisbefriedigung von Menschen nicht auf Kosten der Bedürfnisbefriedigungsmöglichkeiten anderer – heute oder zukünftig lebender – Menschen erfolgen darf. Dieses Leitbild wird auf betrieblicher Ebene auf die Erreichung ökologischer Ziele (z.B. Verringerung des Ressourcenverbrauchs durch Berücksichtigung des Kreislaufwirtschaftsprinzips), ökonomischer Ziele (z.B. Wettbewerbsfähigkeit umweltverträglicher Produkte) und sozialer Ziele (z.B. Beachtung fairer Handelsbedingungen mit Dritte-Welt-Ländern) übertragen. Zwischen ökonomischen, ökologischen und sozialen Zielen gibt es komplementäre und konfliktäre Beziehungen, wobei unterschiedliche Zeitperspektiven berücksichtigt werden müssen. Eine gängige Argumentation zur Unterstützung des ökologischen Marketing geht von einer langfristigen Harmonisierung kurzfristig konfliktärer Zielbeziehungen aus, in dem Sinne, dass sich ökonomische Opfer zu Gunsten ökologischer Ziele langfristig auszahlen. Diese Vermutung ist nur dann richtig, wenn sich das Marktgeschehen langfristig in die

Ökologisches Marketing, Öko-Marketing, ökologieorientiertes Marketing

Richtung einer Ökologisierung des Wirtschaftens bewegt.

Zu 3): Ökologische *Marketing-Strategien* sind mittel- bis langfristig angelegte Grundsatzentscheidungen zur ökologieorientierten Profilierung von Produkten und Unternehmen im Markt und in der Gesellschaft. Sie sind Teil eines umfassenden → Umweltmanagements und beinhalten die Bearbeitung von Absatz- und Beschaffungsmärkten sowie des gesellschaftlichen Umfeldes. Gerade die Berücksichtigung des *Kreislaufprinzips* macht eine Integration absatz- und beschaffungspolitischer Strategien zur Schließung von Stoffkreisläufen notwendig. Für die vielfältigen, in der Praxis vorfindbaren ökologischen Verhaltens- bzw. Strategieoptionen wurden verschiedene Typologien entworfen. Häufig angewendet wird die Einteilung von *Feldman*, die Strategien der Ignoranz, des Widerstandes, der Anpassung und der Innovation in Bezug auf ökologische Themen unterscheidet und insofern nicht nur positives ökologisches Verhalten berücksichtigt. Diese Typologie ist stark geprägt von den Prioritäten, die ökologischen im Verhältnis zu ökonomischen Zielen eingeräumt werden und zeigt, dass in der Praxis unter dem Etikett des ökologischen Marketing auch ökologisch abträgliche Strategien angetroffen werden können. Aus konzeptioneller Sicht kann zwischen defensiven und offensiven Marketing-Strategien bei der Integration ökologischer Aspekte unterschieden werden. Während defensive ökologische Marketingstrategien den Umweltschutz stärker als Risiko oder notwendiges Übel und weniger als Chance begreifen, sind offensive Öko-Strategien chancen- und kundenorientiert. Darüber hinaus können Öko-Strategien auf das eigene Unternehmen, den Markt oder auf die Gesellschaft gerichtet sein. Auf den *Markt* gerichtete Öko-Marketingstrategien können sowohl auf eine Steigerung der Ressourceneffizienz (Erschließen von Kostensenkungspotenzialen durch Einsparungen an Energie, Material, Produktions- und Entsorgungskosten) als auch auf die Entwicklung und Vermarktung von umweltverträglichen Produkten und Dienstleistungen (z.B. ökologieorientierte Differenzierung, Schaffung von Öko-Marken) zielen. *Gesellschaftsbezogene* Öko-Strategien richten sich auf eine ökologische Profilierung des Unternehmens in der Öffentlichkeit (z.B. Selbstverpflichtungsabkommen wie „*Responsible Care*" der Chemischen Industrie; Eintreten für die ökologische Steuerreform). *Auf das Unternehmen* gerichtete Öko-Strategien zielen z.B. auf die Schulung und Motivation der Mitarbeiter.

Zu 4): Der Schwerpunkt des ökologischen Marketing liegt in der Ausgestaltung der → *Marketing-Instrumente* auf der operativen Ebene. Dabei wird das bekannte Marketing-Instrumentarium in Hinblick auf ökologieorientierte Fragestellungen interpretiert und entsprechend ergänzt. Die ökologieorientierte → *Produktpolitik* zielt auf die Entwicklung und Konstruktion umweltverträglicher Produkte und Verpackungen nach dem „von der Wiege bis zur Bahre bis zur Wiege" Prinzip. Ansätze dazu sind:

(1) Langzeitprodukte durch modulares Design (→ Produktdesign), so dass ein späteres Nachrüsten auf den neuesten technologischen Standard möglich ist, Mehrfachnutzung- und Mehrfachverwendungskonzepte, ökologieorientierter Kundendienst (z.B. umweltschutzorientierte Nutzerberatung und Produktwartung) und Reparaturfähigkeit der Produkte,

(2) kreislaufgerechte Produktentwicklung und -konstruktion (z.B. *Design for Disassembly* und recyclinggerechtes Konstruieren nach der VDI-Richtlinie 2243),

(3) Verlagerung der Wertschöpfung auf immaterielle Bestandteile durch Information, Schulung und Beratung für Käufer (→ Kundenschulung), Kundendienst → After-sales-service) und Verkauf von Nutzen anstatt von Produkten (→ ökologische Dienstleistungen),

(4) umweltgerechte Verpackungs- und Logistikkonzepte und

(5) ökologische Markenpolitik (z.B. Haushaltsreiniger *Frosch*).

Ansätze in der ökologieorientierten → *Preispolitik* sind insbesondere

(1) eine → Mischkalkulation zu Gunsten ökologischer Produkte,

(2) eine ökologische → Preisdifferenzierung (z.B. Differenzierung nach Umweltbewusstsein, persönlicher Betroffenheit oder Preisbereitschaft) und

(3) preisliche Anreize zur Rückgabe von Altprodukten; ein Thema, das im Zusammenhang mit der *Kreislaufwirtschaft* besondere Bedeutung erhält.

Insgesamt muss die ökologieorientierte Preispolitik darauf gerichtet sein, umweltverträgliche Produkte entweder zu vergleichbaren Preisen anzubieten wie herkömmliche Alternativen oder höhere Preise durch die Profilierung eines herausragenden ökologischen Produktnutzens abzusichern. Solange umweltverträgliche Produkte und Dienstleistungen bei gleicher Qualität nicht teurer sind als die anderen, werden sie erfolgreich sein. Die Umweltqualität wird als Zusatzgabe (*added value*), die nichts kostet und gleichzeitig das Gewissen beruhigt, gerne entgegengenommen. Je höher aber die Preisdifferenz zwischen umweltverträglichem und herkömmlichem Produkt ist, desto weniger beeinflusst die Umweltqualität die Kaufentscheidung (*low-cost-Hypothese*).

Das zentrale Thema der ökologieorientierten → *Kommunikationspolitik* ist die Schaffung von Glaubwürdigkeit und Vertrauen in die ökologische Vorteilhaftigkeit eines Angebots. Dies resultiert aus Sicht der → Informationsökonomik daraus, dass sich das Wissen über die ökologische Qualität eines Produktes ungleich auf Hersteller und Käufer verteilt und die Umweltqualität für den Käufer den Charakter einer Vertrauenseigenschaft hat mit der Folge, dass das subjektiv wahrgenommene Kaufrisiko steigt, sich Misstrauen einstellt gegenüber den Absichten der Anbieter von Öko-Produkten (*Moral Hazard*) und „Fehlkäufe" (*Adverse Selection*) wahrscheinlicher werden (*Kaas*, 1992). Ansätze zur Schaffung von Vertrauen sind:

(1) Umweltschutzargumente in der Werbung,
(2) Verwendung von → Umweltzeichen (z.B. Blauer Engel, EG-Umweltlabel, → Unternehmenstest),
(3) Umweltsponsoring (z.B. Kooperation mit Umweltgruppen; s.a. → Sponsoring),
(4) Dialoge mit kritischen Anspruchsgruppen zur verständigungsorientierten Erarbeitung umweltförderlicher Marketingkonzepte (→ Unternehmensdialog) und
(5) Ökologieorientierte Public Relations zur ökologischen Positionierung und Vertrauensbildung in der Öffentlichkeit (z.B. Umweltberichte).

Zu dem Bereich der *Distributionspolitik* gehört das *ökologieorientierte vertikale* Marketing gegenüber den Händlern. Es beinhaltet eine Kooperation in der Gestaltung der Marktwege zwischen Produktion und Konsum und trägt der Tatsache Rechnung, dass dem Handel in der Diffusion von Waren und Informationen eine bedeutende gatekeeper-Position zukommt. Dies gilt auch und besonders für ökologische Zusammenhänge. Mit der Realisierung des Kreislaufprinzips sind neue Aufgaben der → Redistribution entstanden, die für die Kooperation zwischen Hersteller und Handel weitere Herausforderungen darstellen.

Zu 5): Das ökologische Marketing bedarf einer Implementierung und Kontrolle seiner Maßnahmen. Der besondere Charakter ökologischer Sachverhalte, wie z.B. Langfristigkeit und Komplexität, erfordern die Entwicklung spezieller Maßnahmen, die nach innen und außen gerichtet sein können (→ Öko-Controlling). I.Ba./U.H.

Literatur: *Hansen, U.; Bode, M.:* Marketing & Konsum. Theorie und Praxis von der Industrialisierung bis ins 21. Jahrhundert, Kapitel Ökologieorientiertes Marketing, München 1999, S. 416–433. *Kaas, K.P.:* Marketing für umweltfreundliche Produkte, in: Die Betriebswirtschaft, 52. Jg. (1992), S. 473–487. *Meffert, H.; Kirchgeorg, M.:* Marktorientiertes Umweltmanagement. Konzeption – Strategie – Implementierung, 3. Aufl., Stuttgart 1998. *Matten, D.; Wagner, G.R.:* Konzeptionelle Fundierung und Perspektiven des Sustainable Development-Leitbildes, in: *Steinmann, H.; Wagner, G.R.* (Hrsg.): Umwelt und Wirtschaftsethik, Stuttgart 1998, S. 51–79.

Ökonometrie

wissenschaftliches Teilgebiet der Ökonomie, das sich mit ökonomisch-mathematischen Modellen befasst, mit dem Ziel, ökonomische Theorien bzw. Modelle empirisch zu testen und zu schätzen. Dazu bedient sich die Ökonometrie mathematisch-statistischer Methoden, die z.T. die Grundlage der → Multivariatenanalyse in der Marktforschung bilden. L.H.

Ökonomie der Werbung
→ Werbeökonomie

Öko-Rating → Unternehmenstest

Ökoskopische Marktforschung

i.S. von *Ch. Behrens* ist die auf ökonomische Aspekte (Umsatzvolumen, Marktanteile etc.) gerichtete → Marktforschung im Gegensatz zur demoskopischen, also die Käufer fokussierte Marktforschung.

Ökosponsoring → Sponsoring

Öko-Steuern → Umweltökonomie

Oligopol (rechtlich)

in der klassischen → Preistheorie und im Wettbewerbsrecht unterschiedene Marktform, in der zwei oder mehr Unternehmen entweder keinem oder nur geringfügigem Wettbewerb durch andere Unternehmen ausgesetzt sind. Nach der Oligopolvermutung in § 19 Abs. 3 S. 2 → GWB wird im Kartellrecht ein marktbeherrschendes Oligopol vermutet, wenn entweder drei oder weniger Unternehmen einen Marktanteil von 50% oder mehr innehaben bzw. fünf oder weniger Unternehmen zusammen einen Marktanteil von 2/3 oder mehr halten. Voraussetzung ist im Innenverhältnis ein Gruppenbewusstsein, sodass zwischen den Oligopolunternehmen kein wesentlicher Wettbewerb besteht, und im Außenverhältnis, dass die Oligopolunternehmen in ihrer Gesamtheit nicht wesentlichem Wettbewerb ausgesetzt sind oder eine überragende Marktstellung innehaben.

Wettbewerbstheoretisch ist die Beurteilung von Oligopoltatbeständen nach wie vor unsicher; nach herkömmlichem Verständnis beruht die besondere Gefährlichkeit des Oligopols in der Gleichförmigkeit des Auftretens der Oligopolmitglieder (→ Parallelverhalten). Unsicherheit besteht insbesondere darüber, inwieweit die Struktur des Oligopols sichere Schlüsse auf die Intensität des Wettbewerbs zulässt. Zum Teil wird vertreten, dass ein ausgeglichenes, symmetrisches Oligopol eher Innenwettbewerb erwarten lässt, zum Teil wird im Gegenteil dies besonders von unausgeglichenen, asymmetrischen Oligopolen erwartet. Jede Verengung eines Oligopols wird wegen der Gefahr der Verminderung des Innenwettbewerbs negativ beurteilt; dies beruht auf der Berechenbarkeit des Verhaltens der Oligopolmitglieder und der Berücksichtigung deren Reaktionen bei eigenen marktstrategischen Maßnahmen. Liegt ein marktbeherrschendes Oligopol vor, so bedeutet dies, dass jedes einzelne Oligopolmitglied für sich und allein marktbeherrschend ist und damit der → Missbrauchsaufsicht über marktbeherrschende Unternehmen unterliegt. Von *Teiloligopolen* wird gesprochen, wenn am Markt neben einigen großen Oligopolisten auch noch kleinere, aber nicht marktbestimmende Anbieter operieren.

H.-J.Bu.

Oligopoltheorie → Preistheorie

O-Markt → Markttypologie

Ö-Markt → Markttypologie

Ombudsman

aus der schwedischen Verfassungsentwicklung hervorgegangenes Amt, dessen Inhaber als Vertrauensperson die Stellung des einzelnen gegenüber Behörden stärken und eine Kontrolle der öffentlichen Verwaltung gewährleisten soll, ohne dass ihm direkte Eingriffsmöglichkeiten zu Gebote stünden. Infolge der vglw. großen Möglichkeiten einer flexiblen Gestaltung der Wirtschafts- und Unternehmensverfassungen wurde der Ombudsman besonders in Schweden auch frühzeitig in Wirtschaftsunternehmen als neutraler Moderator, d.h. .../Instanz, die nicht einseitig von der Organisationsspitze eingesetzt wird, sondern von einer möglichst breiten Mehrheit der Organisationsmitglieder getragen wird, installiert. Im Mittelpunkt stand die Vermittlung bei Konflikten zwischen Arbeitgebern und Arbeitnehmern. In der Folge wurde das Amt aber auch zur Bewältigung von Interessenskonflikten zwischen den Unternehmen und anderen externen Gruppierungen, ganz besonders bspw. im Rahmen des Verbraucherschutzes, eingesetzt. In der jüngeren Zeit wird auch dazu übergegangen, Nicht-Organisationsmitgliedern die Aufgabe des Ombudsman zu übertragen, um eine weitgehende Unabhängigkeit zu gewährleisten. Neutralen wird eine größere Chance eingeräumt, eine erfolgreiche Vermittlungstätigkeit ausüben zu können. Die Wirksamkeit des Amtes ist aber keineswegs umstritten, da der Ombudsman immer nur fallweise und partiell eingreifen kann.

R.H.

Literatur: Paschen, K.: Ombudsmann im Betrieb, in: Fortschrittliche Betriebsführung, 1/1980, S. 37-41.

O'Meara-Modell

Punktbewertungs-Modell im Rahmen des → Innovationsmanagement. Im Anschluss an eine Vorauswahl von (Neuprodukt-)Ideen muss im Falle einer Ideenkonkurrenz entschieden werden, welche Idee aufgrund der begrenzten Ressourcen weiter verfolgt werden soll. Zur Lösung dieses Problems entwickelte *O'Meara* ein mehrstufiges Scoring-Modell. Es zerlegt den relevanten Entscheidungskomplex in die Bereiche Marktfähigkeit, Lebensdauer, Produktionsmöglichkeiten und Wachstumspotential und ordnet jedem Bereich weitere Subfaktoren zu (die Ausprägungen finden sich z.B. bei *Meffert*, 1998, S. 385 f.) Die Bewertung erfolgt in mehreren Schritten:

– Gewichtung der Merkmalsbereiche, in Abhängigkeit von der Unternehmens- und Marktsituation, wobei sich die Gewichte zu 1 ergänzen,
– Gewichtung der Subfaktoren,
– Abschätzen der Wahrscheinlichkeiten, mit denen das Produkt die Eigenschaft sehr gut, gut usw. erreichen wird,
– Multiplikation von Erwartungswert und Subfaktorgewicht,
– Addition der gewichteten Subfaktorwerte und Multiplikation mit dem Bereichsgewicht und
– Ermittlung des gesamten Punktwertes durch Addition der Bereichswerte.

Literatur: *Meffert, H.*: Marketing, 8. Aufl., Wiesbaden 1998.

Omega-Quadrat-Test

Signifikanztest zur Überprüfung der relativen Bedeutung des Einflusses einer Treatmentvariablen im → Experiment auf die Varianz der abhängigen experimentellen Variablen. Voraussetzung ist das Vorliegen eines zufallsgesteuerten Ein-Faktoren-Experiments mit N-Ausprägungen der Treatmentvariablen. Die Prüfgröße Omega-Quadrat ergibt sich dann aus folgender Bestimmungsgleichung:

$$\Omega^2 = (SZ - (k - 1) SI)/(SG + MQA).$$

Dabei bedeuten:

SZ = Summe der Abweichungsquadrate zwischen den experimentellen Gruppen

SI = Summe der Abweichungsquadrate innerhalb der experimentellen Gruppen

SG = Gesamtsumme der Abweichungsquadrate aller Fälle

MQA = Mittlere quadratische Abweichung innerhalb der Gruppen.

Die Prüfzahl verdeutlicht, welchen relativen Einfluss bestimmte Faktoren zur Erklärung der Varianz der experimentellen Größen besitzen.

Omnibusbefragung
→ Mehrthemenumfrage

On-Air-Testverfahren
→ Day-after-Recall-Test

On-Demand-Services

Ist eine Bezeichnung für elektronische Produkte oder Dienstleistungen, die dem Kunden auf Abruf bereitgestellt werden. Ihren terminologischen Ursprung hat die Bezeichnung in der Telekommunikation, wo hierunter Kommunikationsleistungen, wie z.B. die automatische Bereitstellung von zusätzlicher Bandbreite oder spezieller Kommunikationsdienste, verstanden wird. Im Bereich der interaktiven Medien, wie → interaktives Fernsehen, → Digital Audio Broadcasting (DAB) oder → Internet, umfasst der Begriff alle abrufbaren Dienstleistungen, wie z.B. Spielfilme im Pay TV oder textbasierte Verkehrsinformationsdienste über das digitale Radio oder Mobilfunk. Aus Marketingsicht bieten On-Demand-Services die technische Möglichkeit für ein entbündeltes Leistungsangebot nach dem Cafeteria-Prinzip und eine Umsetzung des → Mass Customization. B.Ne.

One-Click-Ordering

ist eine Maßnahme im → E-Commerce, welche den Einkäufer im Internet zum mehrmaligen Besuch der Web-Site animieren soll. Beim Erstkauf werden die persönlichen Daten des Nutzers einmal erhoben und gespeichert, beim zweiten Einkauf genügt ein einziger Mausklick zur bequemen Bestellung.

One-Shot-Mailing
→ adressierte Werbesendung

One-to-One-Marketing

mit dem → Beziehungsmarketing verflochtener Marketingansatz, bei dem sowohl die strategischen als auch die operativen Marketingaktivitäten auf die individuellen Bedürfnisse und Besonderheiten des einzelnen Kunden ausgerichtet sind. Die → Individualisierung stellt dabei das zentrale, dem One-to-One-Marketing zu Grunde liegende Handlungsprinzip dar. Eine Individualisierung im Bereich der Produkt- und Preispolitik wird durch den Ansatz der → Customer Integration bzw. der → kundenbestimmtes Pricing erreicht, während bei der Kommunikations- und Distributionspolitik dem → Direkt- bzw. → Dialog-Marketing besondere Bedeutung beizumessen ist. Durch die unmittelbaren Kontaktmöglichkeiten zu jedem einzelnen Kunden - die etwa über das Internet theoretisch 24 Stunden am Tag, 7 Tage pro Woche und 365

Tage im Jahr möglich sind - spielt weiterhin die *Interaktivität* mit dem Kunden eine zentrale Rolle bei der Gestaltung aller Marketing-Aktivitäten (→ interaktives Marketing). Eine One-to-One-Marketing lässt sich in effizienter Weise nur durch den konsequenten Einsatz von Informations- und Kommunikationstechnologien (→ CRM) realisieren, wobei in sog. Massenmärkten der Ansatz der → Mass Customization besondere Bedeutung erlangt. Bei der Gestaltung der unternehmerischen Geschäftsprozesse ist ein auf die jeweiligen Marktbesonderheiten abgestimmtes → Informationsmanagement erforderlich, das eine Effektivitäts- und Effizienzsteigerung durch die Integration von Markt- und Unternehmensprozessen zum Ziel hat. R.Wei.

Literatur: *Peppers, D.; Rogers, M.*: The 1:1 Future - Building Relationships One Customer at a Time, New York 1997. *Weiber, R.*: Der virtuelle Wettbewerb, Wiesbaden 2000.

One-to-One-Pricing
→ Kundenbestimmtes Pricing

Online Analytical Processing (OLAP)

Option der *Datenexploitation* im → Data Warehouse, in deren Mittelpunkt die benutzergesteuerte Erkundung eines mehrdimensionalen Datenbestandes steht. Im Gegensatz zu konventionellen Abfragen des *Online Transaction Processing* (OLTP) in operativen und zumeist normalisierten Datenbanken wird durch die Verknüpfung der objektbeschreibenden Dimensionen eine ganzheitliche Benutzerperspektive angestrebt. Die zentrale Metapher im OLAP ist der mehrdimensionale *Datenwürfel*, in dem der Benutzer nach Belieben navigieren kann. *Abb. 1* zeigt exemplarisch die dreidimensionale Darstellung von Abverkaufsdaten aus dem Pflegebereich in Form eines solchen Datenwürfels.

Der Wechsel von einer „gröberen" auf eine „feinere" Detaillierungsebene wird dabei als „drill-down" bezeichnet. Das entgegengesetzte Vorgehen im Sinne eines Zusammenfassens von Objekten mit gleichen Attributausprägungen ist das „drill-up" oder auch „roll-up". Die Zerlegung des Datenwürfels in einzelne Schichten wird als „slice", das Drehen und Kippen des Würfels als „dice" bezeichnet. Diese Operationen können aufgrund der objektorientierten und zugleich nicht vollständig normalisierten Datenmodellierung anhand von Fakttabellen und Dimensionstabellen auch in einem Data Warehouse mit großen Datenbeständen in vergleichsweise kurzer Zeit ausgeführt werden. R.D./R.Wa.

Literatur: *Chamoni, P.; Gluchowski, P.* (Hrsg.): Analytische Informationssysteme. Data Warehouse, On-Line Analytical Processing, Data Mining, Berlin, 1998. *Decker, R.; Wagner, R.; Knauff, N.*: Data Warehouse. Ein Instrument für Marktforschung und Management?, in: Marktforschung & Management, Jg. 42 (1998), Nr. 5, S. 172–176.

Mehrdimensionale Darstellung von Abverkaufsdaten

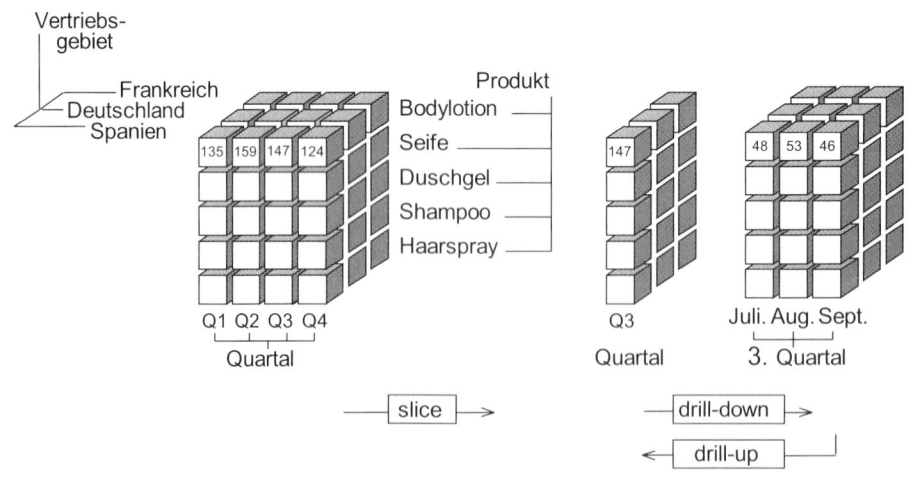

(Quelle: *Decker/Wagner/Knauff*, 1998)

Online Banking

Online Banking als Teil des → E-Commerce bzw. → Electronic Business bildet einen wesentlichen Teil des → Direct Banking, der in Zukunft nachhaltig an Bedeutung gewinnen wird. Online Banking beinhaltet die Abfrage von vertrauenswürdigen Daten und die Abwicklung von Bankgeschäften und Transaktionen zwischen dem Kunden und dem Kreditinstitut über ein Datennetz. Eine Differenzierung erfolgt auf der Basis der verwendeten Datennetze T-Online (→ T-Online Banking) und Internet (→ Internet Banking), → Virtuelle Bank).   O.B.

Literatur: *Simon, M.; Crameri, M.*: Online Banking als Bestandteil einer Multichannel-Strategie, in: HMD Handbuch der modernen Datenverarbeitung: Theorie und Praxis der Wirtschaftsinformatik, Nr. 200, 1998, S. 68-81.

Online-Dienste

Online-Dienste bieten Kunden einen Internetzugang in der Regel in Verbindung mit einer eigenen Mailbox und der Möglichkeit, eine eigene Website anzulegen. Online-Dienste sind eine besondere Form von Internet-Service-Providern. Anders als reine Internet-Service-Provider stellen Online-Dienste zusätzlich redaktionelle Informationen (so genannter „Content") zu Themen aus den unterschiedlichsten Bereichen wie z.B. Computer, Geld, Markt Sport, Politik zur Verfügung. Online-Dienste bieten vielfach ebenfalls Diskussionsforen und → Newsgroups an und versuchen auf diese Weise auch Funktionen einer → Virtuellen Community zu erfüllen. Online-Dienste sind in der Regel auch → Internet-Portale, da der Nutzer eines Online-Dienstes alle Angebote des Dienstes wie auch den Zugang zum Internet über dessen Start- oder Portalseite nutzt. Online-Dienste bieten üblicherweise auch die Funktion einer Internet-Suchmaschine an. Zu den originären Angebote von Online-Dienste gehört insbesondere auch Homebanking (→ Electronic Finance), das bereits die bevorzugte Anwendung des Systems BTX der Deutschen Telekom war. Online-Dienste entwickeln sich durch das Angebot zusätzlicher Services wie Produktkauf, analog zu → Internet Portalen, zunehmend in Richtung → Elektronischer Marktplätze.

Reine Internet-Service-Provider stellen Privat- und Geschäftskunden Internetzugänge unterschiedlicher Leistungsfähigkeit zur Verfügung („Providing"). Dazu gehört die Bereitstellung einer eigenen Domain mit einer Website, indem Speicherplatz auf dem Internet-Server des Internet-Service-Providers gemietet wird und dieser die Registrierung der Domain beauftragt („Webhosting"). Bei umfangreichen Informationsangeboten im Internet kann der Erwerb eines eigenen Internet-Servers von Vorteil sein. Beim „Server-Hosting" stellt der Kunde eines Internet-Service-Providers den eigenen Internet-Server in die Betriebsstätte des Internet-Server-Providers, welcher den reibungslosen Betrieb garantiert und notwendigen Wartungsarbeiten durchführt.

B.S./M.S.

Online-Einkauf → Electronic-Shopping

Online Forum (Elektronisches Diskussionsforum, Elektronisches Schwarzes Brett)

bezeichnet eine im → Online Dienst integrierte → Newsgroup zum Meinungsaustausch auf der Website. Mögliche Anwendung sind elektronische „Meckerkästen" oder themenspezifische Diskussionen. Online Foren sind ein gängiger → Mehrwertdienst für die Online-Angebote.

Online-Marketing

Online-Marketing ist Teil des → Electronic Business und steht für das → Marketing in Computernetzen und lässt sich dem → Direktmarketing und dem Marketing mit → Neuen Medien zuordnen. Entscheidend ist die Ansprache des potenziellen und faktischen Kunden im → Internet oder anderen → Kommunikationsnetzen, was den flankierenden Einsatz klassischer Marketinginstrumente nicht ausschließt. Werden im Online-Marketing zugleich Güter wie Waren, Informationen und Dienstleistungen über das Netz verkauft, so kann auch von → E-Commerce (Electronic Commerce) gesprochen werden. Kommen dabei digitale Güter wie Software, elektronische Publikationen und Informationsdienste zur Auslieferung, dann handelt es sich um einen elektronischen Vertrieb bzw. eine Online-Distribution.

Als *Plattform* kommt beim Online-Marketing v. a. das weltumspannende → Internet, insbesondere das World Wide Web, in Frage. In bestimmten Fällen werden aber auch interne Netze, die auf der Internettechnologie aufsetzen, sog. → Intranets, installiert, so z.B. beim Werksverkauf an Mitarbeiter.

Dasselbe gilt für Netze, zu denen nur ausgewählte externe Gruppen oder Personen Zugang haben, sog. → Extranets. Über diese Extranets können z.B. Pressematerialien verteilt, aber auch selektive Vertriebsaktivitäten abgewickelt werden. Online-Marketing ist jedenfalls auch als gleichzeitige Nutzung der drei skizzierten Plattformen denkbar.

Wer im Online-Marketing wann und wo erreicht werden kann, hängt entscheidend von den *Nutzerschnittstellen* ab. Dabei lassen sich vier grundlegende Medienvarianten unterscheiden:

Desktop-Rechner: Der klassische Zugang zum Netz erfolgt über Schreibtischrechner, die zunehmend multimediafähig sind und künftig verstärkt mit einer DVD-Aufnahme- sowie Ablesevorrichtung bestückt sein werden. Bei der Nutzung der vernetzten EDV ist nicht nur an den Datenabruf und das Emailing zu denken, sondern auch an die rechnerbasierte Bildtelefonie und an das Desktop-Videoconferencing, zwei Systeme, welche die Spielräume für die semipersönliche Kommunikation im Marketing recht kostengünstig erweitern.

Sideboard-Systeme: Einen verbreiteten Internet-Zugang für jedermann wird künftig das → interaktive Fernsehen bieten. Beim interaktiven Fernsehen stehen die Geräte vor allem im Wohnzimmer und bieten nicht nur die Funktionalität eines vernetzten Multimediarechners, sondern auch die des klassischen Fernsehers sowie des klassischen Spieleterminals, das auch „team games" erlaubt. Der Weg des Fernsehens zum „Mega-Medium" mit Bildtelefonie, Bezahlfernsehen und → Elektronischem Einkauf ist vorgezeichnet.

→ *Kiosksysteme:* Einen weniger stark verbreiteten Internetzugang ermöglichen auch stationäre Kioskterminals, die im Handel, in Städten und auf Flughäfen als Dauerinstallationen, auf Messen und Ausstellungen eher als Eventapplikationen zum Einsatz kommen. Als vernetzte Anwendungen werden sie zukünftig als Multifunktionsterminals die klassische Telefonzelle zumindest teilweise ablösen. Sie dürften dann als Telefonzelle, als Geldautomat, als Verkaufskiosk (Smart Shop) und als Informationspunkt gleichermaßen dienen.

Portable Systeme: Aufgrund der Miniaturisierung der Rechner hält Multimedia selbst in Laptops, Handhelds und Handies Einzug, sodass ein Internetzugang in der Akten-, Westen- oder Hosentasche oder gar am Armband möglich ist. Dies eröffnet neue Möglichkeiten wie das Mobile Banking, den → Mobile commerce und die Verkehrstelematik – drei Bereiche, die mit der rasanten Entwicklung des Mobilfunks eine zunehmende Akzeptanz finden werden.

Die Marketinganwendungen im Einzelnen

Marktforschung: Computernetze dienen von Anfang an als Instrumente für so genannte Online-Umfragen (→ Online-Marktforschung). Zwar werden dabei nur Netznutzer erreicht, anderseits lassen sich Vorteile wie die multimediale Präsentation von Befragungsgegenständen und die Just-in-Time-Auswirkungen der Antworten realisieren. Produkt- und Konzepttests (z.B. anhand virtueller Prototypen) können im Internet kostengünstig durchgeführt werden (→ Online-Tests). Auch die automatische Protokollierung des Abrufverhaltens der Mediennutzer kann Marktforschungszwecken dienen, so z.B. der Erfassung von Content-Präferenzen, Abrufsequenzen und Betrachtungszeiten im Internet (→ Mediaanalyse im Internet).

Produktentwicklung: Die Entwicklung neuer Produkte in Kooperation mit Lieferanten, Kunden und Experten in Drittinstitutionen kann davon profitieren, dass der Datenaustausch bei verteilten Gruppen im PC-Netz erfolgt und bei Bedarf auch PC-gestütztes Videoconferencing zum Einsatz kommt. Dabei lassen sich elektronische Dokumente als digitale Datenpakete ohne Kopierverlust übertragen und vervielfältigen, selbst dann, wenn sie in multimedialer Form (z.B. als Bilder und Geräusche) vorliegen. Möglich ist auch ein virtuelles → Electronic Prototyping.

Produktgestaltung: Mit dem zunehmenden Einbau von Rechnerintelligenz in Produkte oder Systeme der verschiedensten Art wie z.B. Autos, Häuser und Alarmanlagen steigt auch die Chance, diese zum Zwecke des Fernablesens, des Fernwartens und der Fernreparatur zu vernetzen. Man denke hier an den elektronischen Beifahrer, der auf das Netz der Verkehrsinformation und die offline abgelegte Straßenkarte und das individuell eingegebene Fahrziel zurückgreift, aber auch an das joint editing weltweit verteilt arbeitender Redakteure im electronic publishing. Ferner entstehen neuartige

→ elektronische Produkte und → digitale Güter.

Preispolitik: Das Internet erlaubt neue → Verkaufsformate, z.B. → Internet Auktionen, → pay-per-use-, → Versioning- oder → Follow-the-Free-Konzepte, erzwingt aber auch eine besonders wettbewerbsorientierte Preispolitik, da die → Preistransparenz im www steigt. Trotzdem steigen wegen des individuellen Kundenkontakts die Chancen der (personellen, zeitlichen mengenmäßigen oder sachlichen) Preisdifferenzierung sowie der → Preisbündelung. Beliebtes Instrument zur Kundenbindung sind elektronische → Bonusprogramme, die z.T. von eigens dafür operierende Intermediaren organisiert werden (z.B. *webmiles.de*).

Produktpräsentation: Die (multi-)mediale Leistungspräsentation ist mit vielen Vorteilen verbunden, die z.T. auch für die Unternehmenspräsentation im Netz sprechen (→ Hypermedia). Zu diesen Vorteilen zählen vor allem: (1) Die Möglichkeiten des Nutzers, aus riesigen Informationsmengen das Interessierende – mit oder ohne Rückgriff auf Suchhilfen – herauszusuchen, die Breite, Tiefe, Dauer und Modalität der Präsentation selbst zu bestimmen und interessierende Inhalte herunterzuladen und als digitales Material ohne Medienwechsel unmittelbar weiterzuverarbeiten. (2) Die Möglichkeiten des Anbieters, selbst abstrakte Dinge gut zu veranschaulichen, Konfigurations- und Kalkulationshilfen anzubieten, sodass Produkte vom Nutzer „maßgeschneidert" werden können (mass customization), und die Interessen der Nutzer direkt zu erfragen oder aus den Maschinenprotokollen (Logfiles) herauszulesen (→ Multimedia im Verkaufsgespräch). Dass sich Informationen wie Produktkataloge, Preislisten und Informationsdienste im Netz jederzeit korrigieren und aktualisieren lassen, dass Finanzdienstleistungen selbst im Display eines Handy dargestellt werden können und sich ggf. auch virtuelle Berater einsetzen lassen, demonstriert die Vielfalt der Online-Präsentation von Angeboten.

Produktwerbung: Zu den wichtigsten Formen der → Online-Werbung zählen die → Bannerwerbung, die → Interstitialwerbung (unaufgeforderte Seiteneinblendungen) und die umfangreiche informative bzw. unterhaltende Präsentation auf einer Website. Für das interaktive Fernsehen, das auch als Internet-TV ausgelegt werden kann, kommen weitere Formen der Online-Werbung wie z.B. der interaktive Werbespot und die transaktive Werbung (Botschaften, die für den späteren Abruf unmittelbar gespeichert und erst später zur Kenntnis genommen werden) in Frage. Werbezwecken kann aber auch das elektronische Mailing dienen (→ Mailing-Liste). Insgesamt gesehen handelt es sich bei der Online-Werbung sowohl um Abruf- bzw. Passivinformation als auch um (unaufgeforderte oder vorab erlaubte) Placements bzw. Aktivinformation, die auch den passiven Netznutzer erreicht (→ Permission Marketing).

Bei miniaturisierten Endgeräten muss die Online-Werbung mit Slogans, kurzen Textpassagen und dem „Kleinbildformat" bei Abbildungen sowie Animation auskommen. Ad-Server dienen der Verteilung und Rotation von Werbebannern diverser Anbieter, um dabei die Platzierung der Botschaften zu optimieren bzw. das Wirkungspotential der Banner-Nutzung zu steigern.

Elektronischer Verkauf: Online-Marketing zielt immer mehr auf das Realisieren von Umsätzen, auf den Kauf bzw. auf die Bestellung der Netznutzer (→ E-Commerce). Verschlüsselungstechniken und rechtliche Regelungen erlauben die rechtskräftige elektronische Signatur, und → elektronisches Geld das sofortige oder spätere (Online-)Inkasso. Anbieter und Nachfrager legen dabei auf Sicherheit gleichermaßen Wert. Abschlüsse erfolgen derzeit vor allem im → Online banking und im business-to-business-Geschäft, werden künftig aber auch in anderen Bereichen an Bedeutung gewinnen (→ Elektronische Marktplätze).

Elektronische Auslieferung: Digitale bzw. digitalisierbare Produkte wie Software, Unterhaltung, Information, Filme und Musik lassen sich im Netz sofort oder später ausliefern, ggf. verschlüsselt und somit „diebstahlsicher" (→ Elektronische Produkte, → Digitalisierung). Dass sich die ungestörte Auslieferung nicht immer garantieren lässt, liegt daran, dass beim Access-Provider des Netznutzers technische Probleme auftreten können, die der Anbieter weder zu kontrollieren noch zu beheben vermag. Wo Produkte über den klassischen Vertrieb zum Käufer gelangen, kann der Anbieter jederzeit über den Status der Auslieferung online Auskunft geben bzw. den Zugriff auf sein Waren-Informationssystem erlauben (→ Tracking).

Nachkaufservice: Zum Online-Service nach dem Kauf zählen vor allem die Fehler- und

Verschleißdiagnose mit multimedialer Auslegung (Ferndiagnose), die netzbasierte Unterstützung von Reparaturarbeiten (eine Art Ferntherapie) und die elektronische Schadensregulierung, bei der Schadensprotokolle, Gutachten, Reparaturkalkulationen und Versicherungspolicen zu einem einzigen elektronischen Dokument zusammengeführt werden können.

Forschung
Neue Medien kommen nicht nur als Marketing-Instrumente, sondern auch als Forschungsinstrumente in Betracht (→ Online-Marktforschung). So ist z.B. daran zu denken, dass sich die „*Surferforschung*" nicht nur mit der Auswertung von Logfiles und Browserdaten begnügt (→ Mediaanalyse im Internet), sondern auch → Blickregistrierungen vornimmt und als (digitale) Multimediadaten verarbeitet und auswertet. Die „Medien- und Rechnergestützte Interaktions-Analyse" (MERIAN) am Institut für Marketing und Handel der Universität Göttingen liefert ein Beispiel für technisch unterstützte Nutzungs- und Wirkungsanalysen, die dem Vorabtest und der Wirkungskontrolle im Online-Marketing dienen und zahlreiche Ansatzpunkte für eine Kooperation zwischen der Marketingwissenschaft und der Marketingpraxis liefern.

Das Marketing im Internet wird insgesamt betrachtet von den typischen Eigenschaften dieses Mediums (insb. Digitalität, Interaktivität, Globalität, Multimedialität) geprägt und ist in eine entsprechende → Online-Marketing-Strategie einzubinden. G.S.

Literatur: *Henn, B.*: Werbung für Finanzdienstleistungen im Internet, Wiesbaden: 1999. *Rehme, M.*: Multimediale Marketing-Dokumentation. Einsatzmöglichkeiten digitaler Dokumentationssysteme im Marketing, Wiesbaden 1997. *Rengelshausen, O.*: Online-Marketing in deutschen Unternehmen. Einsatz – Akzeptanz – Wirkungen, Wiesbaden 2000. *Silberer, G.* (Hrsg.): Marketing mit Multimedia. Grundlagen, Anwendungen und Management einer neuen Technologie im Marketing, Stuttgart 1995. *Silberer, G.* (Hrsg.): Interaktive Werbung. Marketingkommunikation auf dem Weg ins digitale Zeitalter, Stuttgart 1997. *Zou, B.*: Multimedia in der Marktforschung, Wiesbaden 1999.

Online-Marketing-Strategie

Im → Online-Marketing gilt es die spezifischen Vorteile des → Internet als Kommunikations- und Interaktionsmedium zu nutzen. Alle diesbezüglichen, grundsätzlichen und langfristigen Grundsätze und Leitbilder lassen sich als Online-Marketing-Strategie bezeichnen (s.a. → Marketingstrategie). Eine solche Strategie betrifft zum einen die Ausgestaltung der jeweiligen → *Geschäftsmodelle*, die mit Hilfe des Internet u.U. neu zugeschnitten werden können. Darüber hinaus ist auch das → *Kundenmanagement* betroffen, weil im Online-Marketing Kundenprioritäten nach den Prinzipien des → Beziehungsmarketing gelten. Schließlich muss man im Rahmen der Online-Strategie auch den elektronischen Markenauftritt mit der sonstigen → *Markenpolitik* abstimmen und das Internet als Kommunikationsmedium nach dem Prinzip der → integrierten Kommunikation mit den anderen Kommunikations- und Marketing-Instrumenten abstimmen. Hierbei stellt sich dann die Frage, ob das Internet (nur) als unterstützendes Kommunikationsmedium oder auch als zusätzlicher neuer Vertriebsweg (→ Mehrkanalpolitik) oder vielleicht sogar für ein neues Geschäftsmodell Verwendung finden soll (*Schlögel et al.*, 2000).

Im Hinblick auf die *strategischen Ziele* gelten im Online-Marketing analoge Prioritäten wie im herkömmlichen → strategischen Marketing. Die Anbieter müssen zunächst *Interessenten* für ihre Online-Informations- bzw. -Produktangebote *gewinnen*. Dazu sind die eigenen Web-Sites strategisch geschickt zu bewerben und die Besucher möglichst lange auf der Web-Site zu halten (→ Online-Werbung), was eine entsprechende → Werbestrategie für das Internet voraussetzt. Eine zweite Marketingstufe wird erreicht, wenn ausreichend Kundenverkehr geschaffen wurde, aber (noch) zu wenig Käufer auftreten. Hier gilt es dann, die *Interessentenumwandlung (Conversion)* strategisch zu planen. Alternativen hierbei sind insb. verschiedenen Internet-Services, einfache und schnelle → Navigation sowie hohe Individualität der elektronischen Kundenbedienung (→ CRM). In jedem Falle zwingen die hohen Aufwendungen für die Akquisition von Besuchern der eigenen Homepages bzw. Online-Shops (sie erreichten in 1999 bei neuen Anbietern bis zu 80% des Umsatzes) dann aber auch Vorkehrungen zur → *Kundenbindung*. Wie *Reichhelt* und *Schefter* in einer entsprechenden Längsschnittstudie festgestellt haben, amortisieren sich diese Kosten je nach Produktgattung erst dann, wenn die Kunden dem Anbieter mindestens 1,5 bis 4 Jahre treu bleiben und entsprechende Erlöse generieren. Zur Online-Strategie zählen deshalb auch die Überlegungen zur Etablierung von elektronischen → User-groups, → virtual communities, → Chatrooms oder ergänzenden Telefonservices, mit denen Kundenprobleme zufriedenstellend behandelt und Kunden an den Anbieter gebunden werden können.

Im Hinblick auf die → *Wettbewerbsstrategie* sind v.a. Grundsatzentscheidungen zur *Sortiments-* und *Preispolitik* zu treffen. Nicht selten wird nicht das gesamte Programm, sondern nur eine begrenzte Auswahl der eigenen Produkte in das Online-Angebot aufgenommen, um die Kannibalisierung der Umsätze in herkömmlichen Vertriebswegen in Grenzen zu halten. Darüber hinaus ist das Serviceniveau und -programm an die spezifischen Erfordernisse des Online-Kunden anzupassen (→ Lieferservice). Dem → Internet-Pricing bieten sich neue Möglichkeiten, etwa → Internet-Auktionen oder die sog. → Follow-the-Free-Strategien, worüber Grunsatzentscheidungen zu fällen sind. Darüber hinaus muss der eigene Web-Auftritt von jenem der Wettbewerber differenziert und unique gemacht werden, wofür z.B. Spiele oder andere Unterhaltungselemente einsetzbar sind. Eine wegen der Sicherheitsbedürfnisse der Kunden wichtige strategische Entscheidung betrifft schließlich das Zahlungssystem (→ elektronisches Geld) und die Lieferungsbedingungen inkl. der Retourenregelungen, die wegen der hohen → Logistikkosten bei individueller Zustellung und Abholung sehr ertragssensitiv sind (→ Zustellservice).

Bei der Auswahl strategischer Optionen sind stets auch die *Zielgruppen* im Auge zu behalten, die man mit dem Online-Auftritt erreichen will und kann. Noch immer handelt es sich bei den Internet-Nutzern nicht um eine repräsentative Auswahl aus dem Gesamtmarkt, sondern um einen Teilmarkt mit spezifischen Kundenmerkmalen. Diverse Segmentationsstudien zeigen, dass es ein recht unterschiedliches Verhalten der Web-Benutzer hinsichtlich Seitenwahl, Aufenthaltsdauer und Kaufquoten gibt. Dahinter stehen verschiedene Nutzenerwartungen, die zur Segmentierung herangezogen werden können. Überraschend ist hierbei der relativ *niedrige* Anteil der stark preisorientierten Internet-Kunden, die in ihrer Bedeutung hinter den Informationssuchern, den Convenience-orientierten Kunden und den nach Unterhaltung suchenden Web-Besuchern zurückstehen.

Letztlich prägen die *spezifischen Eigenschaften* des Internet den strategischen Auftritt im Online-Marketing. Sie sind nämlich für den spezifischen Kundennutzen verantwortlich, der dieses Medium für die Kunden interessant macht. Besonders hervorzuheben sind dabei folgende Merkmale (vgl. *Diller*, 1996):

(1) Digitalität
(2) Direktkontakt zwischen Herstellern und Verbrauchern
(3) Globalität

Chrakteristika des Online-Marketing (*Diller*, 1996)

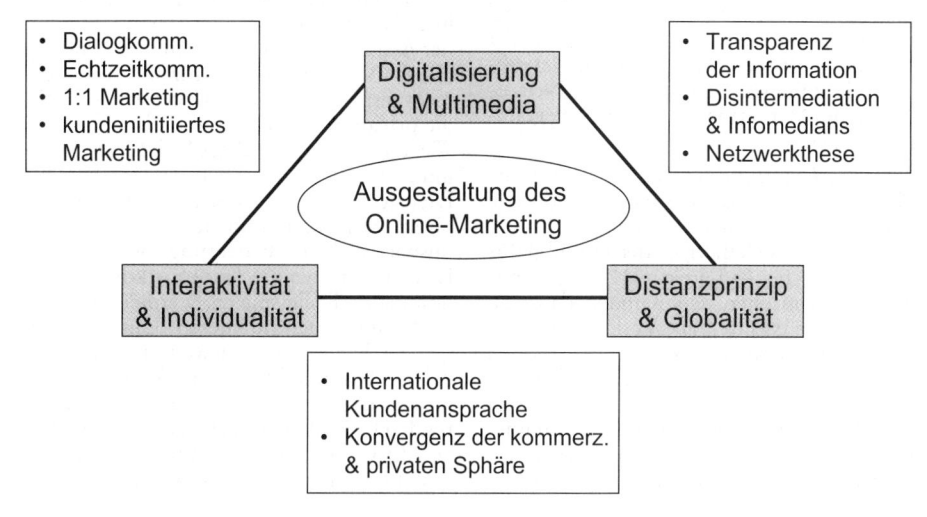

- Dialogkomm.
- Echtzeitkomm.
- 1:1 Marketing
- kundeninitiiertes Marketing

Digitalisierung & Multimedia

- Transparenz der Information
- Disintermediation & Infomedians
- Netzwerkthese

Ausgestaltung des Online-Marketing

Interaktivität & Individualität

Distanzprinzip & Globalität

- Internationale Kundenansprache
- Konvergenz der kommerz. & privaten Sphäre

(4) Multimedialität
(5) Interaktivität
(6) Individualität

(1) *Digitalität*: Für Online-Medien ist es typisch, dass sie eine *direkte* Verbindung zwischen Güteranbietern und Nachfragern herstellen, auf denen *digitale Informationsströme* fließen können. Dies verbreitet die mediale Beziehungen in gravierender Form: Der digitale Direktkontakt ermöglicht es nämlich, einen *zweiseitigen Informationsfluss* zwischen Kunden zum Anbieter zu bewerkstelligen (Interaktivität, s.u.) und neben dem Informationsstrom auch einen *Güter- und Geldstrom* vom und zum Kunden zu generieren, soweit die Leistungen des Anbieters digitalisierbar sind, wie z.B. bei Software, Computerspielen, Musik- und Bild-Produkten, Beratungsleistungen, Reiseauskünften, Datenbankrecherchen, aktuellen Informationsdiensten, Zeitungen, Zeitschriften, Büchern usw. All diese Leistungen lassen sich in digitaler Form über Netze transportieren und im Computer des Empfängers durch *downloading* einer weiteren individuellen Verarbeitung zugänglich machen.

Durch die Digitalisierung von Kommunikations-, Güter- und Geldströmen mutiert der ehedem einseitig gepolte Kommunikationskanal vom Anbieter zum Nachfrager zum umfassenden *Transaktionskanal*, auf dem beide Seiten Informationen austauschen, Bestellungen und Beschwerden abwickeln, Marktforschung betreiben, digitalisierte Leistungen liefern und Zahlungsvorgänge abwickeln können. Online-Dienste fallen damit in der Systematik des Marketing-Mix in sämtliche Submixbereiche und führen zu einer gewissen *Konvergenz der Marketing-Instrumente*. Dem muss strategisch durch einen entsprechenden Neuzuschnitt des Marketing-Mix Rechnung getragen werden.

(2) *Direktkontakt*: Ein zweites Charakteristikum des Mediums Internet ist der direkte Kontakt zwischen den Teilnehmern. Er bietet naturgemäß vielfältige Ansatzpunkte für ein intensiveres → Direktmarketing. Online-Medien machen den Kunden dabei an seiner Arbeitsstätte, an Verkaufspunkten des Handels und/oder zu Hause bzw. bei Mobilgeräten sogar an jedem beliebigen Aufenthaltsort erreichbar (→ M-Commerce). Das Direktmarketing via Online-Dienste wird sich für viele Unternehmen deshalb nicht nur zu einem peripheren Ergänzungskanal für die Marketingpolitik entwickeln, sondern zu einem zentralen Marketing-Instrument, in dem Kommunikations-, Leistungs- und Zahlungsströme gebündelt werden können. Das gesamte Marketing erfolgt dann nach dem *Distanzprinzip*, bei dem Anbieter und Nachfrager nicht unmittelbar, sondern nur mittelbar über einen Telekommunikationskontakt miteinander in Beziehung treten. Die traditionellen Mängel des Distanzprinzips werden dabei durch moderne Technik zumindest teilweise ausgeräumt: Durch virtuelle Produktdemonstrationen kann z.B. die fehlende physische Warenpräsenz u.U. gut substituiert werden. Der fehlende persönliche Kontakt kann durch Abstimmung der Leistungsprozesse auf die individuellen Anforderungen des Nutzers u.U. sogar überkompensiert werden (s.u.).

Die Neuformierung der „New Economy" lässt dabei eine Aufgliederung der Distributionswirtschaft auf eine Mehrzahl von Unternehmen, die auf bestimmte Teilfunktionen spezialisiert sind, erwarten. Dieses Netzwerk lässt eine Verkürzung der Transaktionswege zwischen Anbietern und Kunden im räumlichen und zeitlichen Sinne zu (→ Netzwerkansatz). Dies gilt insb. deshalb, weil der Kunde durch die Vernetzung mit allen daran beteiligten Akteuren soz. als „Informationsdrehscheibe" immer stärker in den Mittelpunkt des Geschehens tritt und weil statt der sukzessiven Abarbeitung bestimmter Distributionsfunktionen nunmehr eine simultane Bewältigung ermöglicht wird.

(3) Die *Globalität* der Netze, auf denen Online-Dienste angeboten werden, ist einer jener Attraktionspunkte, welche die Nutzung dieser Netze stark vorantreibt. Dies gilt nicht nur für den Einkauf, sondern auch für die private Kommunikation, die auf diesem Wege zum „global village" hinführt. Kommunikationsforen, Chats oder E-Mail-Dienste sind Beispiele dafür, wie nationale Grenzen in internationalen Kommunikationsnetzwerken bedeutungslos werden. Überall dort, wo die Transportkosten keine dominante Rolle spielen, werden die Online-Medien auch kleineren Unternehmen große Chancen zur Ausweitung der regionalen Absatzmärkte bieten. Aber auch den großen und schon jetzt international agierenden Firmen bietet sich in derartigen Netzen die Chance zur Omnipräsenz und Ubiquität (→ Internationales Marketing). Frei-

lich ist bei einer solchen Internationalisierung dem Vertrauensaufbau beim Kunden ein hoher Stellenwert einzuräumen. Mangelnde Kenntnisse über den Anbieter verleiten Kunden zu Misstrauen und Zurückhaltung vor dem Eintritt in Geschäftsbeziehungen. Hier gilt es deshalb, alle vertrauensbildenden Instrumente des → Beziehungsmarketing einzusetzen, die dafür zur Verfügung stehen, z.B. Rückgaberechte, Empfehlungen, umfassende Information über das anbietende Unternehmen, Möglichkeit zu persönlichen Kontakten usw. Darüber hinaus könnte es nützlich sein, in internationale → strategische Allianzen mit anderen Anbietern einzutreten, die ihre Reputation in eine internationale virtuelle Anbietergemeinschaft einbringen können.

(4) *Multimedialität*: Online-Medien verändern auch die Art und Weise der Kommunikation. Die Digitalisierung der Kommunikationsströme lässt nämlich den vollen Einsatz aller Techniken der Computer-Grafik und -Animation mit Effekten zu, die früher nur mit aufwendigen Trickfilm-Verfahren möglich waren. Informationen jedweden Typs können auf diesem Wege interessant, abwechslungsreich und dynamisch gestaltet werden, zumal inzwischen auch Bewegtbilder über Breitbandkanäle genügend Platz auf dem Information-Highway finden. Entsprechende Datenkompressions- und –dekompressionsverfahren unterstützen diese Funktionen und lassen die Produktion *virtueller Welten* zu, welche nicht nur die werbliche Information, sondern viele andere Marketing-Instrumente in interessanter Weise bereichern können (→ Virtuelle Wertschöpfungsprozesse). Diese Möglichkeiten gilt es im strategischen Online-Marketing zu nutzen statt herkömmliche Werbestrategien einfach 1:1 auf die digitalen Verhältnisse zu übertragen (→ Online-Marketing).

(5) *Interaktivität*: Das Marketing wird in den letzten Jahren stark von den Prinzipien des → Beziehungsmarketing geprägt. Eines der wichtigsten, dort gepflegten strategischen Prinzipien ist es, möglichst direkte und intensive Kontakte zum Beziehungspartner herzustellen und diesen zu veranlassen, in einen Dialog zu treten, welcher die Geschäftsbeziehungen vertieft und festigt (→ Interaktives Marketing). Unter technischen Aspekten ist mit den Online-Diensten ein hohes Interaktionsniveau möglich. Online-Medien bieten eine „kanaleigene" Interaktivität, d.h. Sender und Empfänger kommunizieren auf dem gleichen Medium miteinander. Dies macht die Kommunikation bequemer, direkter, interaktiver und zeitsparender. Die Interaktion erfolgt als sog. „Echtzeit-Kommunikation" im Gegensatz zur zeitverzögerten Kommunikation, wie sie etwa bei Coupon-Werbung oder anderen „klassischen" Direct-Response-Medien (Telefonrückruf auf TV-Spots etc.) vorliegt. Es kommt gleichzeitig zu einer „Entzeitlichung" durch die Simultanität des Mediums. Von den technischen Potenzialen her bieten Online-Medien also die Möglichkeit zu einem sehr viel interaktiveren und schnelleren Marketing. Allerdings gilt es dazu auch zu überprüfen, welche Akzeptanzbarrieren für ein solches → Dialogmarketing existieren.

(6) *Individualität*: Die kanaleigene Echtzeit-Interaktivität erzwingt in gewissem Umfang geradezu auch eine → *Individualisierung* der Kundenansprache und –bedienung. Die Kommunikation wird nämlich immer stärker von den individuellen Informationsbedürfnissen des Online-Medien-Nutzers geprägt. Bei Informationsangeboten spielt die Möglichkeit zur individuellen *Selektion* jener Informationen, die dem Nutzer am geeignetsten erscheinen, die wichtigste Rolle. Entscheidende technische Bedeutung kommt hier den sog. → Hyper-Links zwischen verschiedenen Dateibeständen zu (→ Navigationssysteme).

Neben der Selektion der Information nach dem „On-Demand-Prinzip" kann im Rahmen von Online-Diensten aber auch die Individualisierung von Produkten vorangetrieben werden (→ Mass Customization). Die Individualisierung des Marketing beschränkt sich also keineswegs auf die Kommunikationspolitik, sondern erstreckt sich auf das gesamte Marketing-Mix (s.a. → kundenbestimmtes Pricing). Widerstände gegen eine solche Individualisierung des Leistungsangebots sind freilich keineswegs ausgeschlossen. So besteht bei vielen Verbrauchern eine gewisse Hemmung, persönliche Daten in fremde Datennetze einzuspeisen (→ Datenschutz). Ferner scheint es möglich, dass zumindest Verbraucher mit hoher Leistungsmotivation die Bindung an bestimmte Anbieter und den damit verknüpften Verlust an Handlungsspielräumen scheuen (→ Kundenbindungsmotive). Freilich kann dem anbieterseitig durch entspre-

chende Freistellungsklauseln Rechnung getragen werden.
Mit der *Vorab-Definition* von Kundenwünschen, relevanten Qualitäts- und Selektionskriterien im sog. → Permission-Marketing entwickelt sich derzeit freilich ein Weg, der diese Probleme u.U. strategisch besser lösbar macht (→ Information Filtering).
Letztlich führt dies zu einem stärker *kundengesteuerten Marketingstil*. Die Initiative zu bestimmten Marketingprozessen kann im Internet sehr viel leichter und für den Kunden erfolgversprechender von ihm selbst ausgehen. Prinzipiell könnte dadurch das Marketing reaktiver werden und den Kunden schon von der Definition der Produktleistung her nicht nur gedanklich, sondern auch faktisch in den Mittelpunkt des Marketinggeschehens stellen. Individualisierte Leistungen bedeuten letztlich die stärkere → Kundenintegration in das Unternehmen und die Ausrichtung der sich daran anschließenden Marketingprozesse auf diesen Primäranstoß hin. Allerdings muss dieses „*Marketing-on-Demand*" seine Bewährungsprobe noch bestehen. Dabei erscheinen die Hürden für diesen Wandel derzeit noch recht hoch, obwohl andererseits die Nutzenbeiträge für den Kunden nicht übersehen werden können. So hat der Kunde jegliche zeitliche Flexibilität, wenn ihm in sog. *Offering-Systemen* die entsprechenden Angebote rund um die Uhr bereitgestellt werden. Darüber hinaus entstehen ihm keine Zeitverluste durch Ortswechsel oder Wartezeiten an Schaltern, was für stressgeplagte Konsumenten ein gewichtiges Argument darstellen dürfte (→ Lean Consumption). Noch mehr zu Buche schlägt freilich u.U. der Redundanzabbau, der durch die gezielte und selektive Information in Online-Diensten entstehen kann. Schließlich ist auf die anonyme und völlig selbstgesteuerte Kontaktgestaltung hinzuweisen, die ebenfalls Nutzenpotentiale in sich birgt.
Interaktive Online-Dienste beinhalten insges. also für das strategische Marketing ein erhebliches Innovationspotential, das aktiv erschlossen werden muss, wobei die Unternehmen in einem starken → Zeitwettbewerb geraten, weil viele der beschriebenen Effekte u.U. nur von den entsprechenden Pionieren geerntet werden können.   H.D.

Literatur: *Benjamin, R.; Wigand,R.*: Electronic Markets and Virtual Value Chains on the Information Super Highway, in: Sloan Management Review, 1995, S. 62–72. *Diller, H.*: Veränderungen im Marketing durch Online-Medien, in: *Bruhn, M.; Steffenhagen, H.* (Hrsg.): Marktorientierte Unternehmensführung. Reflexionen-Denkanstöße-Perspektiven, Wiesbaden 1996, S. 513-537. *Reichheld, F.; Schefter, Ph.*: Warum Kundentreue auch im Internet zählt, in: Harvard Businessmanager, 2001, Heft 1, S. 70–80. *Shapiro, C.; Varian, H.*: Information Rules. A Strategic Guide to the Network Economy, Boston 1999. *Schögel, M.; Birkhofer, B.; Tomczak, T.* (Hrsg.): E-Commerce im Distributionsmanagement. Status Quo und Entwicklungstendenzen, in: Thexis, St. Gallen 2000, Heft 2. *Weiber, R.* (Hrsg.): Handbuch Electronic Business, Wiesbaden 2000.

Online-Marktforschung

umfasst alle Marktforschungsaktionen, die unter Zuhilfenahme der verschiedenen Dienste des → Internets durchgeführt werden. Im Rahmen der *Sekundärforschung* können → Newsgroups und → Mailinglisten zur Beobachtung laufender Fachdiskussion bzw. zur Expertenbefragung genutzt werden. Über → (Meta) Suchmaschinen, WWW-Kataloge und intelligente → Informations-Agenten sind spezielle und allgemeine Informationen im WWW recherchierbar. Vorteile sind neben dem großen Umfang möglicher Informationsquellen u.a. die hohe Wirtschaftlichkeit durch schnellen und z.T. kostenlosen Informationszugang. Problematisch ist u.U. jedoch die Beurteilung der Informationsqualität. Wird das Internet im Rahmen der → *Primärforschung* genutzt, so ist zwischen reaktiven und non-reaktiven Verfahren zu unterscheiden. Zu den *reaktiven Verfahren* gehören Fragebogenuntersuchungen (via Email, als WWW-Seite oder Newsgroups), Interviews und Gruppendiskussionen (via WWW-Chat-Systemen, IRC, Videoconferencing) und Online-Experimente (→ Online-Tests). *Non-reaktive Verfahren* umfassen die computergestützte Beobachtung (insbesondere mittels → Logfile-Daten), Inhaltsanalyse (via → Newsgroups, → Chat-Systemen, → Suchmaschinen) und intelligente Such- und Agentensysteme (via WAIS, Gopher, Intelligent Agents etc). Derzeit dominieren jedoch *Internet-Fragebogenuntersuchungen* die Online-Marktforschung. Im Vergleich zu traditionellen Befragungsmethoden sind sie kostengünstiger, weder zeitlich noch räumlich beschränkt, technisch leicht umsetzbar und ermöglichen die einfache Akquise von Befragungsteilnehmern. Sie stellen jedoch noch keine generelle Alternative zur traditionellen Befragungsmethoden (Face-to-face, postalisch oder telefonisch) dar. Für die Gesamtbevölkerung repräsentative Umfragen können wegen des derzeitigen Verbreitungsgrades nicht durchgeführt werden. Darüber hinaus ist aufgrund der vielfältigen Nutzungsmöglichkeiten des Internets die eindeutige Definition der Grundgesamtheit „Internet-Nutzer" problematisch, sodass eine Auswahl nach einem gut definierten Stichprobendesign nicht möglich ist (→ Stichprobe). Da die Stichprobenziehung i.d.R. nicht zufällig erfolgt, kommt es zu verzerrenden Selbstselektionseffekten und systematischen Ausfällen. G.S./M.Y.

Literatur: *Batinic, B.; Werner, A.; Gräf, L.; Bandilla, W.* (Hrsg.): Online Research, Göttingen 1999. *Theobald, A.*: Möglichkeiten der Sekundär- und Primärforschung im Internet, Kaiserslautern 1998. *Zou, B.*: Multimedia in der Marktforschung, Wiesbaden 1999.

Online-Panel

Adressenpool aus Teilnehmern, die von Fall zu Fall an regelmäßigen Internet-Fragebogenuntersuchungen (s.a. → Online-Marktforschung) teilnehmen. Es handelt somit um eine Sonderform des → Panel. Zur Rekrutierung von Testpersonen bewerben kommerzielle (z.B. → GfK) oder wissenschaftliche Betreiber von Online-Panels ihre Homepage teils offline und teils online im Internet. Die Befragten werden für ihre Teilnahme mittels spezieller → Incentive-Systeme belohnt, um sie für eine wiederholte Teilnahme an Befragungen zu gewinnen. Online-Panels eigenen sich zurzeit noch nicht zur Durchführung repräsentativer Bevölkerungsumfragen. Der Grund dafür liegt u.a. in der asymmetrischen Verteilung der Reichweite des Mediums Internet über verschiedene Bevölkerungsgruppen hinweg. Wird jedoch die Online-Rekrutierung durch eine parallel durchgeführte Offline-Rekrutierung und geeignete Gewichtung ergänzt, so kann davon ausgegangen werden, dass das Online-Panel zumindest für die Grundgesamtheit der Internet-Nutzer das Kriterium der → Repräsentativität erfüllt. Auch bei Online-Panels ist auf eine sorgfältige Panelpflege zu achten, um die externe Validität der Stichprobe zu gewährleisten. S.S.

Online-Plattform

ist eine Bezeichnung im → E-Commerce für einen elektronischen Verkaufsplatz mit einer eigenen Internet-Domain, der die Abwicklung bestimmter Funktionen der elektronischen Transaktion unterstützt und von einem oder mehreren Anbietern betrieben wird.

Eine Online-Plattform zeichnet sich durch ihren Betreiber und das ihm entgegengebrachte Vertrauen, die Zielgruppen, das → Geschäftsmodell und das Verkaufsformat sowie das Leistungsspektrum und die zugehörigen Servicefunktionen aus. B.Ne.

Online-Publishing
→ Elektronische Produkte

Online-Sponsoring → Sponsoring

Online-Tests

umfassen die Durchführung von → Experimenten und → Tests via → Internet. Insbesondere das WWW bietet mit seinen über Java, Shockwave, etc. erweiterten multimedialen Darstellungsmöglichkeiten vielfältige Optionen zur realitätsnahen, virtuellen Darstellung von Stimuli im Rahmen der Produktforschung (Konzept- und Produkttests), Werbewirkungsforschung (z.B. Pretests) und virtueller Testmärkte. Vorteile gegenüber herkömmlichen Testverfahren sind geringere Kosten, leichtere Erreichbarkeit von potentiellen Teilnehmern und schnellere Durchführbarkeit. M.Y.

Literatur: *Silberer, G.*: Medien- und rechnergestützte Interaktionsanalyse, in: *Silberer, G.* (Hrsg.): Interaktive Werbung, Stuttgart 1997, S. 337-358.

Online-Werbung (Online-Advertising)

ist die entgeltliche Belegung von Werbeflächen im → Internet (v.a. WWW und Email) und proprietären Online-Diensten. Ziele der Online-Werbung sind neben reinen Werbekontakten hohe → Click-Through-Rates (AdClicks), sodass eine Interaktion mit weiterführenden Informationen erfolgt und Direct-Response-Effekte erzielt werden (→ Online-Marketing, → E-Commerce). Derzeit dominiert → Banner-Werbung die Online-Werbung. Bei → *Interstitials* (Unterbrecherwerbung) wird in das bereits geöffnete Browserfenster eine ganzseitige Werbefläche eingeblendet. Durch einen Klick auf das Interstitial oder automatisch nach Ablauf einer definierten Zeit wird die Werbung ausgeblendet und die ursprünglich angeforderte Seite erscheint. Vorteile dieser Werbeform sind die exklusive Platzierung und die im Vergleich zu Bannern erweiterten graphischen Gestaltungsmöglichkeiten. Nachteilig für die Werbewirkung sind mögliche nutzerseitige Reaktanzeffekte. Bei *Pop-Ups*, eine Sonderform der Interstitials, wird die Werbung in einem, sich automatisch öffnenden, neuen Fenster angezeigt. Pop-Ups werden von den Nutzern als weniger aufdringlich empfunden. Jedoch muss damit gerechnet werden, dass das neue Browserfenster sofort geschlossen wird, bevor die Werbebotschaft dargestellt werden konnte, oder das Pop-Up von einen anderen Bildschirmfenster verdeckt wird. Neben den direkten Versand von Werbe-Emails können Newsletter-Emails als Werbeträger genutzt werden (*Email-, Newsletter-Advertising*). Newsletter-Anzeigen bestehen meist aus reinem Text, der zwischen den Inhalten des Newsletters positioniert ist und → Links zu dem beworbenen Angebot des Werbetreibenden enthält. G.S./M.Y.

Literatur: *Heimbach, P.*: Nutzung und Wirkung Interaktiver Werbung. Theorien, Modelle und Befunde, Wiesbaden 2000. *Silberer, G.* (Hrsg.): Interaktive Werbung, Stuttgart 1997. *Silberer, G.*: Möglichkeiten und Trends in der Online-Werbung, in: *Schumann, M.; Hess, T.* (Hrsg.): Medienunternehmen im digitalen Zeitalter, Wiesbaden 1999, S. 177-199.

On-Pack

Der Begriff „On-Pack" bezieht sich auf Instrumente der → konsumentengerichteten Verkaufsförderung, die im Gegensatz zu In-Packs als Teil der Verpackung des Produktes eingesetzt werden. Dies können auf die Packung aufgedruckte → Coupons sein, die einen Preisnachlass für das Aktionsprodukt gewähren. Auch → Warenproben und → Zugaben können auf der Verpackung angebracht sein (beispielsweise mit einer Blister-Folie) und somit als „On-Packs" verteilt werden. K.G.

Open-price-System

Nach §1 GWB als spezielle Form des → Kartells unzulässiges *Marktinformationsverfahren*, bei dem Preismeldestellen zentral die Angebotspreise und Rabatte verschiedener Anbieter erfassen und weitergeben. Wegen der Beschränkung des Geheimwettbewerbs wird dadurch die Wettbewerbsintensität tendeziell abgeschwächt.

Operationalisierung

Fachbegriff im Zusammenhang mit der → Messung von → theoretischen Konstrukten. Da theoretische Konstrukte zunächst keinen nachprüfbaren Wirklichkeitsbezug besitzen, muss festgelegt werden, wie theoretische Begriffe zu beobachtbaren, empirischen Phänomenen in Beziehung stehen. Das bedeutet, dass sie mit empirischen Sachverhalten verknüpft werden und dadurch einen indirekten Wirklichkeitsbezug erhalten. Diesen Prozess der Zuordnung von direkt beobachtbaren Größen zu theoretischen Begriffen nennt man Operationalisierung. Man formuliert sog. *Korrespondenzregeln*, um die theoretischen Begriffe mit empirischen Begriffen zu verknüpfen. Eine Operationalisierung bedeutet also, dass man sich konkrete Messmöglichkeiten überlegt, die valide und reliabel das Wesentliche des theoretischen Konstrukts erfassen. Hierbei greift man auf → Skalierungstechniken mit unterschiedlichem → Skalenniveau zurück.
Beobachtbare Tatbestände, die auf das Vorhandensein des operationalisierten Begriffs hinweisen, werden auch als *Indikatoren* bezeichnet. Der Begriff „Item" wird wiederum als Oberbegriff für eine Frage, eine Aussage (Statement) oder eine Aufgabe verwendet, die im Rahmen der Messung eingesetzt wird. B.N.

Literatur: *Andritzky, K.*: Die Operationalisierbarkeit von Theorien zum Konsumentenverhalten, Berlin 1976. *Kroeber-Riel, W.; Weinberg, P.*: Konsumentenverhalten, 7. Aufl., München 1999.

Operationscharakteristik → OC-Kurve

Opinion Leader → Meinungsführer

Ordergeschäft, internationales
→ Außenhandelsgeschäft,
→ Indentgeschäft

Ordermesse → Messen und Ausstellungen

Order-Penetration-Point → Typen

Ordersatz

ein Verzeichnis der von einem Handelsunternehmen geführten Artikel, mit dessen Hilfe die Kunden ihre Bestellung aufgeben können. Deshalb wird auch von Bestell-Liste gesprochen. Mit Ordersätzen arbeitet hauptsächlich der → Großhandel im Lebensmittelsektor. Dort umfassen Ordersätze bis zu 10.000 Artikel, sind nach Warengruppen, Lieferfirmen, Packungsgrößen und/oder Gewicht gegliedert und beinhal-

ten neben der Artikelbezeichnung die lieferbaren Stückzahlen bzw. Verpackungseinheiten und Abgabepreise.
Der Ordersatz erleichtert dem Käufer die Bestellung der gewünschten Waren wesentlich. Bei Einführung des Ordersatzes Anfang der sechziger Jahre entsprach die Reihenfolge der Warengruppen und Artikel im Ordersatz der Anordnung der Waren im Lager. Durch diese Deckungsgleichheit von Ordersatz und Lagerordnung wurde das Kommissionieren der bestellten Waren wesentlich erleichtert und der Ordersatz eröffnete ganz neue Möglichkeiten der Rationalisierung im Großhandelslager. Heute wird der Ordersatz ausschließlich marketingorientiert gestaltet und dann mit Hilfe der EDV in die Lagerordnung umgesetzt. Die Lagerordnung ist am Prinzip der kurzen Wege und an Gewicht und Volumen der geführten Artikel ausgerichtet (→ Depotplanung). Moderne Formen des Ordersatzverfahrens benutzen das → Internet oder die → mobile Datenerfassung (MDE).

W.Oe.

Order splitting → Single sourcing

Order-to-delivery-time
→ Zeitwettbewerb

Ordinalskala → Skalenniveau

ORGAINVENT (Entwicklungs- und Koordinationsgesellschaft mbH)
Die ORGAINVENT GmbH wurde als paritätisches Gemeinschaftsunternehmen der CMA und des → EHI als Schnittstelle zwischen dem Handel und seiner deutschen landwirtschaftlichen Vorstufen 1997 gegründet, um die lückenlose Rückverfolgung von Rindern und Rindfleisch zu organisieren. Ab 1999 wurde die Geschäftstätigkeit auch auf Geflügel und Eier ausgedehnt. Anschrift: Südstraße 133, 53175 Bonn.   B.H.

Organic Navigation
→ Recommender Systeme

Organisationales Beschaffungsverhalten
umfasst alle im Rahmen einer → Kaufentscheidung für gewerblich beschaffte Güter und Dienstleistungen anfallenden Prozesse (→ Investitionsgütermarketing). Es unterscheidet sich vom → Käuferverhalten privater Kunden insb. durch folgende Umstände:

– an der Entscheidung sind häufig *mehrere Personen*, manchmal auch Organisationen beteiligt (→ Buying Center; → kollektive Kaufentscheidung);
– der Kaufentscheidungsprozess ist stärker von *rationalen Abwägungen* geprägt, freilich keineswegs emotionslos. Das → Informationsverhalten ist aktiver und systematischer;
– während der Kaufprozesse kommt es oft zu z.T. *intensiven Interaktionen* mit den Anbietern.

Je nach → *Kauftyp* unterscheiden sich die Beschaffungsprozesse allerdings z.T. erheblich. Die Bildung solcher Kauftypen erfolgt vorwiegend nach produktbezogenen Merkmalen, nämlich dem Wert des Kaufgegenstandes, dem Kaufanlass, dem Wiederholungsgrad und der jeweiligen Produkttechnologie. Daneben beeinflussen Umfang und Struktur des sog. → *Buying Center*, d.h. der Gesamtheit der an der Beschaffungsentscheidung direkt oder indirekt beteiligten Organisationsmitglieder, den Beschaffungsprozess. Gleiches gilt für das → *Selling Center* auf der Seite des oder der Verkäufer. Auf beiden Marktseiten entwickeln sich in jüngster Zeit insb. im → Systemgeschäft zunehmend → *Netzwerke*. Auch allgemeine Entwicklungen in der Marketingumwelt der Industriegüterhersteller beeinflussen den Beschaffungsprozess, so z.B. neue Umweltschutzvorschriften, Konzentrationsprozesse oder die Globalisierung (→ Beschaffungsmarketing; → Sourcing-Konzepte).

Ältere Ansätze zum organisationalen Beschaffungsverhalten benutzten vorwiegend *Phasenmodelle*, mit denen der Ablauf und die vom Anbieter u.U. beeinflussbaren Teilaufgaben des gewerblichen Einkaufs nach dem Muster rationaler Entscheidungsprozesse aufgegliedert werden (Überblick bei *Backhaus*, 1999, S. 62). Grob unterscheiden lassen sich z.B. nach einer vom *Spiegel-Verlag* auch empirisch verifizierten Dreiteilung eine Initiierungs-, eine Vorüberlegungs- bzw. Vorentscheidungs- und eine Entscheidungsphase. Gelegentlich werden auch Nachkaufphasen (Abwicklung, Gewährleistung) hinzugefügt. Die Abgrenzung der Phasen ist nicht immer präzise möglich und z.T. situationsspezifisch. Trotzdem besitzen derartige Modelle einen heuristischen Wert zur Strukturierung der Einflussmöglichkeiten seitens des Selling Center. Beispielsweise ist bekannt, dass die meisten Beschaffungsentscheidungen vom Top-Management und den Produktnutzern initiiert werden, sodass diese als Zielpersonen im Verkaufsprozess besonders bedeutsam sind. Mit zunehmender Betriebsgröße gewinnen auch andere Fachabteilungen oder externe Berater Einfluss.

Tiefergehende Einsichten und Marketing-Implikationen liefert das Konzept des → Buying Center bzw. *Buying Network*, wonach mehrere Organisationsmitglieder auf Kundenseite im Kaufprozess agieren und problembezogene formelle oder informelle Gruppen bilden, welche den Kaufprozess vorantreiben. Die einzelnen Mitglieder übernehmen dabei spezifische *Rollen* und *Funktionen*, deren Kenntnis für die zielgerechte Ansprache und Information besonders wichtig ist. Nicht selten gibt es auch Meinungsverschiedenheiten und Konflikte innerhalb des Buying Center, die vom Selling Center ausgenutzt werden können, indem man z.B. der einen Gruppe hilft, sich im Entscheidungsprozess durchzusetzen. Das bekannteste Rollenkonzept von *Webster/Wind* unterscheiden fünf Rollen: Einkäufer (Administrator), Benutzer, Beeinflusser, Informationsselektierer und Entscheider. *Witte* entwickelte auf Basis empirischer Analysen bei der EDV-Beschaffung eine zweidimensionale Aufgliederung in *Fach-* und *Machtpromotoren*, die sich durch den für die administrativen Abläufe zuständigen *Prozesspromotor* (*Hauschildt/Chakrabarti*) und den für die interorganisationalen Kontakte zuständigen → Beziehungspromotor (*Walter*) ergänzen lassen.

Neben der rollenspezifischen Charakterisierung des Buying Center wurde auch das für die Werbung und persönliche Kundenansprache besonders wichtige *Informationsverhalten* näher analysiert. *Strothmann* (1979) unterscheider hier drei Typen des Suchverhaltens:

(1) Der „*literarisch-wissenschaftliche Typ*" will umfassend und systematisch informiert sein, bevorzugt schriftliche Informationen, z.B. aus Fachzeitschriften, und tritt entsprechend vorinformiert in den Einkaufsverhandlungen auf. Häufig kommt er aus FuE-Abteilungen, ist aber empirisch insgesamt unterrepräsentiert.

(2) Der „*objektiv wertende Typ*" ist in seinem Informationsverhalten stark projektorientiert und entwickelt sein Informationsinteresse und -verhalten entsprechend den Phasen des Beschaffungsprozesses. Er ist weit verbreitet und besitzt großen Entscheidungseinfluss.

(3) Der „*spontane, passive Typ*", oft aus kaufmännischen Abteilungen, sucht dagegen nicht allein und eigengesteuert nach Informationen, sondern wählt eher den bequemen Weg über die Anbieter, Messen und Kollegen.

Aus diesen Informationsverhaltensweisen entwickelte *Strothmann* drei Informationsverarbeitungstypen: Der „*Fakten-Reagierer*" ist informationssuchend, systematisiert und wägt alle Aspekte ausführlich ab, weist also ein extensives Entscheidungsverhalten auf („Clarifier" nach *Cox*). Der „*Image-Reagierer*" agiert dem gegenüber weniger analytisch, sondern ganzheitlich und auch emotionsgeleitet („Simplifier" nach *Cox*). Reaktionsneutrales Verhalten entsteht, wenn sich beide Typen in einer Person vereinen (müssen), etwa wegen Zeitdrucks.

Im Hinblick auf die subjektiv herangezogenen Techniken der Reduktion des → Kaufrisikos im Kaufentscheidungsprozess werden externe (z.B. Besichtigung einer Referenzanlage) bzw. interne Risikoreduktion (z.B. Gespräch im Buying Center) sowie externe (z.B. Order Splitting) bzw. interne Konsequenzenbegrenzung (z.B. Delegation) unterschieden (*Dwyer/Tanner*, 1999).

Neben den bisher erwähnten Partialmodellen wurden immer wieder Versuche zur Entwicklung und Validierung von *Totalmodellen* des organisationalen Beschaffungsverhaltens gestartet (Überblick bei *Backhaus*, 1999, S. 116 ff.). Ein frühes und bekanntes Modell stammt von *Webster/Wind* (1972). Es handelt sich hierbei um ein Strukturmodell mit vier großen Einflussgruppen: Umwelt, Organisation, interpersonale Beziehungen und intrapersonale Faktoren. Diese werden weiter aufgesplittet und als deskriptives Modell des Entscheidungsprozesses verknüpft. In einem Modell von *Sheth* (1973) wird dagegen ein mikroanalytischer Ansatz ähnlich den frühen Modellen des Konsumentenverhaltens gesucht. *Choffray/Lilien* (1976/1978) entwickelten schließlich ein Prozessmodell mit spezifischen Einflussfaktoren und entsprechenden Submodellen aus der Theorie des Käuferverhaltens für jede der drei Hauptphasen. *Johnston/Lewin* (1996) versuchten die verschiedenen Ansätze zu integrieren. Sie entwickelten hierzu zwei neue Konstrukte, die sich auch empirisch überprüfen lassen, nämlich die jeweils im Beschaffungsprozess herangezogenen *Entscheidungsregeln* und das Auftreten von *Rollenkonflikten* im Buying Center mit entsprechenden Konfliktlösungsmechanismen.

Eine weitere Modellkategorie zum organisationalen Beschaffungsverhalten fokussiert *Verkaufsverhandlungen* und den hierbei möglichen → *Verhandlungsstil*. Damit wird auch Anschluss an die *interaktionstheoretischen Ansätze* des Investitionsgütermarketing genommen (→ Interaktionsansatz). Dort wird in den dyadisch angelegten Modellen insb. die *Ähnlichkeitshypothese* untersucht, nach welcher der Interaktionserfolg von der Ähnlichkeit der beiden Partner im Hinblick auf demographische, psychische und Persönlichkeits-Merkmale abhängt. Multipersonale Interaktionsansätze fokussieren insb. Rollen- und Machtkonflikte innerhalb der Buying-Center. In organisationalen Interaktionsmodellen wird die Betrachtung auf das Interaktionsgeschehen zwischen zwei Organisationen ausgeweitet, was zu ähnlichen Konzepten wie in der Theorie des → Beziehungsmarketing führt. Ein frühes einschlägiges Modell stammt von *Kirsch/Kutschker* und unterscheidet unterschiedliche *Kaufepisoden* (Transaktionen) mit jeweils nachfolgend gültigen *„Transaktionspotenzialen"*, die dem heutigen Verständnis von → Beziehungsqualität entsprechen.

Das insb. von skandinavischen Marketingforschern entwickelte *IMP-Modell* integriert diese Ansätze mit dem → Netzwerkansatz.

Nahezu allen Modellen des organisationalen Beschaffungsverhaltens gemein ist die mangelnde explizite Einbeziehung von Marketing-Instrumenten. Meist handelt es sich noch um stark theoretisch getriebene Beschreibungs- oder Erklärungsmodelle, die zwar vielerlei praktische Implikationen besitzen, aber diese nicht explizit herleiten. Im modernen → Beziehungsmarketing wird dieses Defizit zumindest teilweise aufgefüllt, weil dort über die → Kundenbindung ein operationales Beziehungsziel definiert wird, an dem verschiedene Marketingaktivitäten entsprechend evaluiert werden können. H.D.

Literatur: *Backhaus, K.*: Industriegütermarketing, 6. Aufl., München 1999. *Spiegel-Verlag* (Hrsg.): Der Entscheidungsprozess bei Investitionsgütern, Hamburg 1982. *Strothmann, K.*: Investitionsgütermarketing, München 1979.

Organisations-Audit → Marketing-Audit

Organisationsentwicklung (OE)

Strategie des geplanten und systematischen organisationalen Wandels i.S. der Theorie der planned organisational change (→ Marketingorganisation). Sie zielt nicht nur auf eine Erneuerung der Organisationsstruktur, sondern auch auf eine Änderung des Problemlösungsverhaltens von Menschen in Organisationen durch reaktives und proaktives Lernen im interpersonellen Kontext. Sie räumt den Betroffenen Mitspracherechte bei der organisatorischen Gestaltung ein und bietet somit „Hilfe zur Selbsthilfe".

Organisationsentwicklung (OE) verfolgt zwei gleichrangige und interdependente Zielsetzungen:

(a) Ein Anwachsen der Effektivität der Organisation, d.h. die Erhöhung von Flexibilität, Veränderungs- und Innovationsbereitschaft in der Organisation, eine erhöhte Transparenz der relevanten Zielsetzungen sowie die Verbesserung der Verwendung der eingesetzten Mittel;

(b) Eine Erhöhung der Entsprechung zwischen organisatorischen Praktiken und persönlichen Zielsetzungen der Organisationsmitglieder, d.h. die Vermehrung der Möglichkeiten zur Persönlichkeitsentfaltung, Selbstverwirklichung und Demonstration interpersonaler Kompetenz.

OE wird meistens von externen Beratern, sog. *change agents*, durchgeführt, die als Experten für die Initiierung von Lernprozessen zu sehen sind. Gute Berater leisten Hilfestellung bei der Problemdiagnose und machen sich im Verlauf ihrer Tätigkeit durch die Stabilisierung von Veränderungen selbst überflüssig.

Jeder planvolle Wandlungsprozess hat nach *Lewin* drei Phasen:

(1) *„Unfreezing"*, d.h. das Auftauen des gegenwärtigen Gleichgewichts zwischen retardierenden (restraining forces) und akzelerierenden Kräften (driving forces). In dieser Phase sollen die vorhandenen Vorstellungen und Verhaltensweisen zunächst als Problem erkannt werden und es muss die Fähigkeit geschaffen werden, diese zu artikulieren.

(2) *„Change"*, d.h. das Bewegen zu einem neuen Gleichgewicht. Die in der Phase des Auftauens gewonnenen Erkenntnisse werden bei der Planung der durchzuführenden

Maßnahmen und der anschließenden Kontrolle berücksichtigt.

(3) „*Freezing*", d.h. das Stabilisieren der neuen Gleichgewichte. Die neuen Verhaltensweisen werden zur Gewohnheit, die Beteiligten gewinnen Sicherheit in diesem Verhalten und die organisationale Struktur folgt diesen neuen Problemlösungen nach.

OE-Techniken setzen sowohl auf der Ebene der Individuen als auch auf der Ebene der Organisation an. Im erstgenannten Fall befassen sie sich ausschließlich mit personalen und sozialen Problemen der Individuen bzw. informeller Gruppen ohne direkten Bezug zu den Problemen der Organisation („back home", „here n'now"). Bekannte Beispiele sind Laboratoriumstraining, sensitivity groups, encounter groups. Die zweite Gruppe von Techniken zielt auf die Entwicklung des Verständnisses und der Selbststeuerungsfähigkeit von Prozessen im zwischenmenschlichen Bereich. Zur Anwendung gelangen hier Methoden wie das managerial grid, survey feedback, Prozessberatung oder kontingenztheoretische Ansätze.
R.H.

Literatur: *Lewin, K.:* Group decision and social change, in: *Maccomb, E.E.; Newcomb, T.M.; Hartley, E.L.* (Hrsg.): Readings in social psychology, 3. Aufl., New York 1958. *Staehle, W.H.:* Management, 8. Aufl., München 1999, S. 922 ff.

Organisationskultur

Grundgesamtheit der in Organisationen vorherrschenden Wert- und Normenvorstellungen sowie Denk- und Verhaltensmuster, welche einen erheblichen Einfluss auf die Entscheidungen und Aktivitäten der Organisationsmitglieder auszuüben vermag: So bietet die Organisationskultur zum Ersten den einzelnen Mitarbeitern Grundlagen für das Handeln im Umgang mit der Organisationsumwelt und der internen Koordination, wodurch das organisatorische Handeln vereinheitlicht wird (Integrations-, Koordinations- und Legitimationsfunktion). Darüber hinaus vermag sie wesentlich die Identifikation, Motivation und somit die Loyalität der Mitarbeiter mit bzw. in und zu der Organisation zu beeinflussen.

Der Kulturbegriff hat seinen Ursprung in der Anthropologie und Ethnologie, wo er als ein historisch entwickeltes, durch Sozialisations- und Lernprozesse geprägtes Regel- und Verhaltenswerk von sozialen Gruppen definiert wird. Auch Unternehmen bzw. Organisationen sind als soziale Gruppen zu begreifen, die eine gemeinsame Kultur generieren bzw. pflegen. Die Vielzahl von unterschiedlichen Ansätzen zur Erforschung der Organisationskultur lassen sich grob folgenden Forschungsperspektiven zuordnen: der *interpretativ-subjektivistischen Kulturperspektive*, welche die Organisationskultur als kollektiv konstruiertes Ideensystem in Kognitionen und Emotionen der Organisationsmitglieder begreift, das sich der bewussten Gestaltung weitestgehend entzieht („Organisation *ist* Kultur") und der *funktionalistisch-objektivistischen Kulturperspektive*, welche die Organisationskultur als eine zusätzliche interne Variable der Organisation interpretiert, die Einfluss auf die organisationale Funktionsfähigkeit hat und relativ beliebig im Rahmen strategischer Führung gestaltet werden kann („Organisation *hat* Kultur"). Während die interpretativ-subjektivistische Perspektive jedoch keine pragmatisch-operablen Gestaltungsempfehlungen erlaubt, zeigen die Erklärungsmodelle der funktionalistisch-objektiven Kulturperspektive hingegen Defizite in der Erfassung der vielfältigen organisationskulturellen Phänome auf. Die *integrative Kulturperspektive* der neueren Organisationskulturforschung begegnet den Schwächen beider Ansätze und gestattet neben der Erklärung von organisationskulturellen Komponenten und kausalen Zusammenhängen die kultursensible Gestaltung der Organisationskultur als Erfolgssegment des → Strategischen Marketing.

Die Kultur vermag unterschiedliche Ausprägungen anzunehmen. Neben z.B. technologie-, produktions- oder kostenorientierten Kulturen konnte marktorientierten Organisationskulturen (→ Marketingkultur) eine besonders positive Wirkung auf den Organisationserfolg nachgewiesen werden.
K.Sch.

Literatur: *Staehle, W.:* Management. Eine verhaltenswissenschaftliche Perspektive, 8. Aufl., überarb. von *P. Conrad; J. Sydow*, München 1999. *Wiegand, M.:* Prozesse organisatorischen Lernens, Wiesbaden 1996. *Schwarz, G.:* Unternehmenskultur als Element des Strategischen Managements, Berlin 1989.

Orientierungsreaktion
→ Aufmerksamkeit

Originalheftmethode, Through-The-Book-Verfahren

in der → Leserschaftsforschung die Methode der Ermittlung der Leserschaft einer Zeitschrift oder Zeitung, bei der den Befragten eine vollständige oder ausgedünnte Ausgabe der jeweiligen Publikation vorgelegt wird. Die Leser werden aufgefordert, diese anzuschauen und dann anzugeben, ob sie die Zeitung oder Zeitschrift gelesen haben. Wenn ja, wird die Publikation Seite für Seite durchgegangen, und zu jeder einzelnen Seite bzw. jedem redaktionellen Beitrag und jeder Anzeigenseite oder Anzeige gefragt, ob die Befragten sie gesehen bzw. gelesen haben. Die Originalheftmethode dient u.a. zur Bestimmung der → Reichweite eines Werbemittels. Dabei ist die Methodik wegen der hohen Anforderung an das Erinnerungsvermögen der Befragten nicht unumstritten.

OTC-Arzneimittel
→ Apotheken-Marketing

Outbound-Calls → Call Center

Outlet

Verkaufsstelle eines Handelsbetriebs. Outlets sind die beim sog. Abverkauf relevanten Einheiten, während der Einkauf des Handels („Hineinverkauf" der Industrie) in den sog. Inlets, meist den Firmenzentralen oder Einkaufskontoren, erfolgt.

Outpacing-Strategie

besonderer Ansatz der → Wettbewerbsstrategie für Märkte, wo der größte Erfolg und Sieg im Wettbewerb durch Angebote von Produkten hoher → Qualität, d.h. mit einem hohen wahrgenommenen Wert, und auch durch niedrige → Preise (→ Niedrigpreisstrategie) bestimmt wird. Hier liegen die Wettbewerber mit sog. „Outpacing-Strategien" in einem beständigen Wettlauf um Vorteilspositionen (→ Hyperwettbewerb; → Zeitwettbewerb). Sie verbessern entweder zunächst die Qualität ihrer Produkte und streben dann Kostenreduktionen an, oder sie gehen in umgekehrter Reihenfolge vor und suchen zunächst Kostenvorteile und dann Produktvorteile (s. Abb.).

Zur Präferenzstruktur der Verbraucher (→ Präferenz) liegt hier die nicht für alle Märkte zutreffende Annahme zugrunde, dass letztendlich alle Kunden höchste Qualität zu niedrigsten Preisen suchen oder dass solche Kunden den Markt dominieren und andere Kundensegmente relativ klein sind oder nur temporär bestehen.

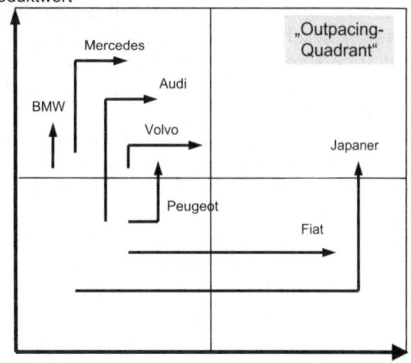

Die Outpacing-Strategie erfordert ein zunächst schnelleres Vorgehen als die Wettbewerber auf einer der beiden Dimensionen Kosten des Anbieters und Nutzen des Kunden. Sodann richtet sich der Wettlauf auf die andere Dimension, mit dem Ziel schneller als die Wettbewerber im vorteilhaftesten Feld anzukommen, nämlich im Feld mit hohem Kundennutzen bei niedrigen Kosten.

F.Bl.

Literatur: *Gilbert, X.; Strebel, P.J.*: Outpacing Strategies, in: IMEDE Perspectives for Managers, Nr. 2, Sept. 1985. *Kleinaltenkamp, M.*: Die Dynamisierung strategischer Marketing-Konzepte. Eine kritische Würdigung des „Outpacing Strategies"-Ansatzes von *Gilbert* und *Strebel*, in: *Corsten, H.* (Hrsg.): Produktion als Wettbewerbsfaktor, Beiträge zur Wettbewerbs- und Produktionsstrategie, Wiesbaden, 1995.

Outsourcing → Sourcing-Konzepte

Outsourcing von Marketing

Für jede Marketingfunktion stellt sich bei der → Marketingorganisation grundsätzlich die Frage, ob sie im Unternehmen erbracht werden sollte (Selbsterstellung), oder ob sie besser eingekauft werden sollte (Fremdbezug). So können strategische wie operative Marketingentscheidungen intern oder vom Marketingberater vorbereitet werden, Marktforschungsaktivitäten intern oder von einer Marktforschungsagentur durchgeführt werden und Werbekonzeptionen und -planungen intern oder von einer Werbeagentur erbracht werden etc. Selbst der Außendienst wird gelegentlich nur „gemietet" (→ Contract Sales Forces). Im Extrem könnte sich das Unternehmen auf die Auswertung und Koordination all dieser Aktivitäten beschränken. Letztlich geht es also um nichts anderes als die *Frage nach der effizienten Unternehmensgrenze im Marketingbereich*.

Der am häufigsten herangezogene aber nicht unkritisierte Ansatz zur Beantwortung dieser Frage ist die → *Transaktionskostentheorie*. Aus dieser kann abgeleitet werden, die Entscheidung über Selbsterstellung versus Fremdbezug von Leistungen sei vor allem mittels so genannter Transaktionsdeterminanten zu treffen, die einen Einfluss auf die Kosten der internen versus externen Organisation von Leistungen (Transaktionskosten) nehmen. Zentrale Determinanten seien die Spezifität einer Leistung, deren Häufigkeit und die mit der Erstellung verbundene Unsicherheit.

Unter *Spezifität* versteht *Williamson* das Ausmaß, in dem die im Rahmen einer Transaktionsbeziehung erbrachten Investitionen in alternativen Verwendungen, also in Beziehungen mit anderen Transaktionspartnern, ihren Wert verlieren. Sie ist also ein Maß für die Bindung der Transaktionspartner und ein zentraler Indikator für das Konfliktpotenzial, das sich durch „opportunistische", d.h. eigennützige und tückische Rückverhandlungen (so genanntes Holdup-Problem) ergibt. Spezifische Investitionen erhöhen die Absicherungsnotwendigkeiten und damit die Transaktionskosten. Eine hohe Spezifität erforderlicher Investitionen legt die Eigenerstellung von Leistungen nahe. Ähnliches gilt für die *Häufigkeit einer Transaktion* bzw. Intensität einer Transaktionsbeziehung sowie für die *Unsicherheit*, das Ausmaß exogener Risiken, denen die Transaktion ausgesetzt ist: Eine hohe Ausprägung dieser beiden Determinanten legt tendenziell eine Selbsterstellung nahe. Unsicherheit macht die Transaktion schlechter planbar und vertraglich absicherbar, und eine große Häufigkeit bzw. Intensität lässt die Errichtung interner Beherrschungs- und Überwachungsstrukturen lohnend erscheinen.

Der Transaktionskostentheorie wird die Vernachlässigung von Qualitätsaspekten sowie die Nicht-Berücksichtigung von Produktionskostenunterschieden vorgeworfen. Ein Modell, das an dieser Kritik ansetzt und die Produktionskosten- und Know-how- bzw. Qualitätsunterschiede berücksichtigt, wurde von *Schade* (1997) für den Fall der Koproduktion von Unternehmensberatungsleistungen vorgestellt und lässt sich auf die Frage des optimalen Outsourcing von Marketingfunktionen übertragen. Das sog. Vektorenmodell ist mit dem Lancaster-Modell der Nachfrage nach Gütereigenschaften strukturgleich (vgl. *Lancaster* 1966), nimmt aber eine andere Interpretation der Variablen vor.

Im *Vektorenmodell*, das hier lediglich in seiner Grundidee vorgetragen werden kann, werden die qualitativ unterschiedlichen Inputs von Auftraggebern und Auftragnehmern als Vektoren im mehrdimensionalen Raum aufgefasst (siehe *Abb.*). Richtung und Dimensionalität der Vektoren beschreiben die Kombination relevanter Outputdimensionen, die für die Problemlösung erforderlich sind und durch den betreffenden Transaktionspartner effizient produziert werden können. Im Zusammenhang mit dem Outsourcing von Marketingleistungen handelt es sich im Allgemeinen um *know-how-intensive, integrative Produktion* (zum Konzept der Integrativität vgl. *Engelhardt / Kleinaltenkamp / Reckenfelderbäumer*, 1993). Entscheidend ist daher zunächst der für die Produktion dieser Outputdimensionen erforderliche Zeiteinsatz von Mitarbeitern und externen Dienstleistern, letztlich jedoch der *mit den jeweiligen Produktionskosten gewichtete Zeitaufwand*. Die Produktionskosten können in vielen Fällen mit den Zeitkosten der jeweils eingesetzten Mitarbeiter des Unternehmens (Opportunitätskosten) bzw. mit den geforderten Tagessätzen des externen Dienstleisters gleichgesetzt werden. Unterschiedliche Vektorlängen ergeben sich durch unterschiedlich effiziente Produktion zu einem bestimmten, festgelegten Gesamtbudget.

Die effiziente Lösung des Outsourcing-Problems ergibt sich als Einsatzverhältnis von eigenen Mitarbeitern und Dienstleistern. Es sind grundsätzlich drei Lösungen des Outsourcing-Problems denkbar: (1) die vollständige Selbsterstellung = *Verzicht auf Outsourcing*, (2) die integrative Erstellung durch eigene Mitarbeiter und externe Dienstleister mit jeweils bestimmten Zeit- und Geldeinsätzen = *integratives Outsourcing* und (3) der vollständige Bezug der Leistung über den Markt = *reines Outsourcing*.

Die Modellstruktur impliziert eine simultane Bestimmung des optimal geeigneten Anbieters und des Ausmaßes, in dem dieser

Anbieter zur Problemlösung herangezogen wird. Somit hängt die Entscheidung über den (teilweisen) Fremdbezug von Leistungen – anders als in der Transaktionskostentheorie – von den auf dem Markt vorhandenen Angeboten ab. Das Vorhandensein eines besonders geeigneten Anbieters kann für den Fremdbezug der betreffenden Leistung ausschlaggebend sein. Umgekehrt gibt es für Anbieter keine allgemeinen Wettbewerbsvorteile bei bestimmten Leistungen, es gibt sie nur in Bezug auf das in bestimmten Unternehmen (nicht) vorhandene Know-how (Matching-Problem zwischen Nachfragern und Anbietern).

Integratives Outsourcing als Lösung bei einer Entscheidung mit zwei alternativen Anbietern

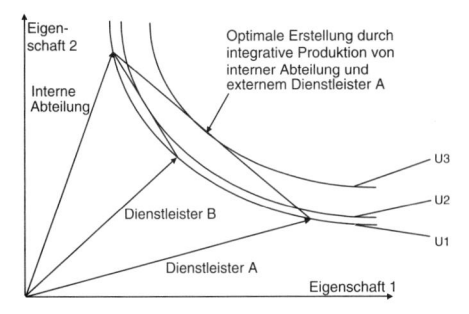

[Diagramm: Eigenschaft 2 auf der y-Achse, Eigenschaft 1 auf der x-Achse; Interne Abteilung, Dienstleister A, Dienstleister B; Indifferenzkurven U1, U2, U3; Optimale Erstellung durch integrative Produktion von interner Abteilung und externem Dienstleister A]

Beispiel: In der *Abbildung* werden die Anforderungen an die Lösung eines bestimmten Marketingproblems durch Indifferenzkurven abgebildet. Für die Problemlösung seien Eigenschaft 1 und die Eigenschaft 2 ungefähr in gleichem Maße relevant (etwa die strategischen und operativen Aspekte eines Konzeptes zur Markteinführung eines Produktes). Bei jeweils alleiniger Erstellung der Leistung und bei jeweiliger Ausnutzung des für die Problemlösung vorhandenen Gesamtbudgets würden sowohl die interne Abteilung als auch Dienstleister A sowie Dienstleister B hier jeweils ein Nutzenniveau von U1 ermöglichen. Ein integratives Outsourcing unter Beschäftigung von Dienstleister B würde – bei hälftiger Aufteilung des Gesamtbudgets auf diesen und die interne Abteilung, denn die Indifferenzkurve tangiert die Verbindungslinie in der Mitte – bereits ein höheres Nutzenniveau von U2 ermöglichen. Die beste Lösung ergibt sich jedoch durch integratives Outsourcing unter Beschäftigung des externen Dienstleisters A. Hier kann – bei ebenfalls hälftiger Aufteilung des Budgets – das höchste Nut-zenniveau von U3 erreicht werden, da interne Abteilung und externer Dienstleister A über sehr unterschiedliche, für die Problemlösung gleichermaßen relevante Fähigkeiten verfügen; die interne Abteilung ist in der Erstellung von Dimension 2 (also bspw. in den operativen Aspekten der Problemlösung) besonders stark, der externe Dienstleister dagegen in der Erstellung von Dimension 1 (also bspw. in den strategischen Aspekten).

Transaktionskostentheorie und Vektorenmodell beleuchten jeweils unterschiedliche Aspekte des Outsourcing-Problems. Demnach ist keiner der Ansätze vollständig. Sie haben außerdem den gemeinsamen Nachteil, zunächst nicht mehr als eine Denkhilfe bereitzustellen. Die zentrale Herausforderung besteht in der Operationalisierung und Messung der betreffenden Variablen in einer konkreten Entscheidungssituation. Eine Operationalisierung von Outsourcing-Determinanten über Scoring-Modelle wurde von *Schneider* (1994) vorgestellt. Ch.Sch.

Literatur: *Engelhardt, W.H.; Kleinaltenkamp, M.; Reckenfelderbäumer, M.:* Leistungsbündel als Absatzobjekte, in: Zeitschrift für betriebswirtschaftliche Forschung, Jg. 45 (1993), S. 395-426. *Lancaster, K.J.:* A New Approach to Consumer Theory, in: Journal of Political Economy, Vol. 74 (1966), S. 132–157. *Picot, A.:* Ein neuer Ansatz zur Gestaltung der Leistungstiefe, in: Zeitschrift für betriebswirtschaftliche Forschung, Jg. 43 (1991), S. 336-357. *Schade, Ch.:* Marketing für Unternehmensberatung; ein institutionenökonomischer Ansatz, 2. Aufl., Wiesbaden 1997. *Schneider, D.:* Rahmenbedingungen und konzeptionelle Grundlagen, in: *Schneider, D.; Baur, C.; Hopfmann, L.:* Re-Design der Wertkette durch Make-or-Buy. Konzepte und Fallstudien, Wiesbaden 1994.

Out-Supplier → In-Supplier

Overreporting

negativer → Paneleffekt und Störgröße, welche die Repräsentanz von Panel-Informationen einschränkt. Overreporting beschreibt das Angeben von Produktkäufen gegenüber dem Erhebungsinstitut, die der Panelteilnehmer als sozial erwünscht empfindet, die er jedoch nicht getätigt hat. Ihm wird dadurch begegnet, dass neugeworbene Panelteilnehmer erst nach einer gewissen Anlaufzeit in die Auswertung einbezogen und häufigere Änderungen der Erhebungsunterlagen (Fragestellung, nachgefragte Produktgruppen usw.) möglichst vermieden werden.

Overspending-Effekt

ist die Bezeichnung für die Verausgabung eines Werbe(streu)etats in einer Höhe, welche unter Beachtung der dadurch erzielbaren Werbewirkung nicht gerechtfertigt ist. Der Gedanke des Overspending-Effekts ergibt sich aus einem → Werbewirkungsmodell, in welchem für ein „hohes" Etatniveau (absolut gesehen oder als → Share of Advertising relativiert) abnehmende Grenzwirkungen erwartet werden, d.h. die unterstellte → Werbewirkungsfunktion wird für „hohe" Etats als degressiv steigend unterstellt.

Eine Berücksichtigung des Overspending-Effekts in der praktischen Etatbemessung würde allerdings die empirische Ermittelbarkeit einer Werbeetat-Absatz-Funktion als speziellen Typ einer → Marktreaktionsfunktion voraussetzen. Dieses ist infolge der Multikausalität von Absatz- oder Marktanteilsentwicklungen jedoch nur in Fällen mit günstiger Marktdatenlage auf ökonometrischem Wege denkbar. H.St.

P

Paarvergleich → Skalierungstechnik

Packung
→ Verpackungsgestaltung

Packungstest
Im Gegensatz zum Verpackungstest, bei dem technische Aspekte (Haltbarkeit, Stapelfähigkeit, Handlichkeit etc.) überprüft werden, dient der Packungstest der Ermittlung der Aktivierung (Aufmerksamkeitswert), der Anmutungsqualität, letztlich auch des Kaufanreizes. Packungstests können als Einzel- oder Vergleichstest, als Partialtest oder als Bestandteil von umfassenderen → Produkttests durchgeführt werden. Ermittelt werden im Interview u.a. Gesamturteile, Produkterwartungen, Präferenzen, spontane Assoziationen etc. (→ Konzepttest). Mittels apparativer Verfahren (→ Tachistoskop, Perimeter, Anglemeter) können Anmutungen und Erkennbarkeit oder auch die Präferenzwirkung einer Packung gegenüber anderen (→ Schnellgreifbühne) getestet werden. H.Bö.

Page Impression (Page View)
ist eine Maßzahl der → Mediaanalyse im Internet und bezeichnet einen Sichtkontakt eines beliebigen Benutzers mit einer potentiell werbeführenden HTML-Seite. Page Impressions liefern ein Maß für die Nutzung einzelner Seiten eines Angebotes. Liegt dem Web-Angebot ein Layout zugrunde, das Werbeanteil und Inhalt einer Seite technisch trennt, so zählt jeder Sichtkontakt mit einer Inhaltsseite zusätzlich als Page Impression für den zugehörigen Werbeanteil. In Deutschland hat sich für die Ermittlung dieser Kennzahl das → IVW-Verfahren durchgesetzt. B.Ne.

Page View → Page Impression

Paketpreise → Preisbündelung

Palette, Palettenlager
Begriff aus der → Marketing-Logistik bzw. → Redistribution: Paletten stellen eine Form der Lager- und Transportgestaltung dar, bei der Waren zum Zweck der Aufbewahrung und des vereinfachten Transportes und Handlings auf einer rechteckigen Grundfläche (Palette) gestapelt und so zu einer größeren kompakten Einheit verbunden werden. Die Bündelung, die meist auf den standardisierten (Euro-)Paletten erfolgt (nach DIN 15 146-2: 800 x 1200 mm), ermöglicht v.a. ein vereinfachtes Bewegen auch großer Mengen und Gewichte, da Hebe- und Fördereinrichtungen überall auf die entsprechenden Normen abgestimmt sind. Eine Variante stellt die *Düsseldorfer Palette* dar, die, halb so groß wie die Standardpalette, zunehmend für den Transport und das Lagern kleinerer, wertvoller Güter oder aber in Bereichen mit beengten Platzverhältnissen benutzt wird. So kann man im Handel vermehrt → Zweitplatzierungen und Displays auf Düsseldorfer Paletten vorfinden, da die Platzverhältnisse in den Gängen und an den wichtigen Plätzen dort oft eine Palette normalen Ausmaßes nicht zulassen würden.

Da zudem die palettierte Ware oft in den Regalflächen des Handels direkt gelagert wird, ist für eine störungsfreie Einlagerung (Verzicht auf Um- oder Abpacken) nicht nur die einheitliche Grundfläche, sondern auch eine einheitliche Höhenregelung wünschenswert. So versuchen verschiedene Kooperationsgemeinschaften zwischen Industrie und Handel die Ladehöhe pro Palette auf 90 bzw. 145 – 180 cm zu begrenzen. Bei besonderes kleinen, sperrigen oder Misch-Partien lassen sich derartige Normen aber kaum einhalten.

Die Vorteile des Palettentransportes liegen weiterhin im Wareneingangsbereich, wo eingeschweißte Paletten neben geringerer Diebstahlgefahr auch eine erleichterte Kontrollmöglichkeit der Ware mit sich bringen. Die Standardisierung der Paletten ermöglicht zudem einen unkomplizierten Tausch von Pool-Paletten gegen angelieferte volle Paletten, sodass keine zeitraubenden Buchungs- oder Umladevorgänge vorgenommen werden müssen. Über Lagerung und Transport hinaus dient die Palette aber auch als Bestelleinheit. V.a. mengenmäßig große Partien werden oft in Paletteneinheiten geordert.

Palettenplatzierung → Warenpräsentation

Panel

für die → Marktforschung sehr bedeutsamer → Standardinformationsdienst. Als Panel bezeichnet man einen bestimmten, gleich bleibenden Kreis von Adressaten, bei dem wiederholt (in regelmäßigen zeitlichen Abständen) Erhebungen zum (im Prinzip) gleichen Untersuchungsgegenstand durchgeführt werden. Das kann durch mündliche, telefonische und schriftliche → Befragung, aber auch durch → Beobachtung geschehen. Der Erhebungskreis (Panel-Teilnehmer) richtet sich nach dem Untersuchungsanliegen, im Prinzip kommt dafür jede Art von Auskunftskreis in Frage wie Privatpersonen, private Haushalte, selbständige Gewerbetreibende, Unternehmen.

Das Begriffsmerkmal des gleich bleibenden Kreises von Auskunftspersonen darf nicht in einem zu engen Sinn verstanden werden. Panelausfälle oder auch Veränderungen in der Grundgesamtheit (z.B. durch veränderte Kaufgewohnheiten) müssen Anpassungen in der Stichprobe zur Folge haben, die diese Grundgesamtheit abbilden sollen. Auch der prinzipiell gleiche Erhebungsgegenstand gilt in praxi nur mit Einschränkungen. Aufgrund von Produktinnovationen, -variationen oder -eliminierungen kann sich der Untersuchungsgegenstand im Laufe der Zeit z.T. stark verändern.

Das besondere Charakteristikum der Panelforschung besteht darin, dass wiederholt die gleichen Auskunftsquellen herangezogen werden, und zwar zum gleichen Themenkreis. Panelerhebungen sind nicht zu verwechseln mit wellenförmigen Befragungen, die zwar wiederholt das gleiche Thema beinhalten, bei denen aber die Befragten selbst nicht identisch sind. Die Panelforschung erfasst somit Bewegungen bzw. Veränderungen im Zeitablauf, und zwar bei denselben Auskunftspersonen (s.a. → Kohortenanalyse).

Je schneller sich die Untersuchungsgegenstände im Zeitablauf wandeln, umso notwendiger wird eine lfd. Beobachtung der eingetretenen Veränderungen (→ Marktdynamik). Dieser Umstand – typisch für das moderne Marktgeschehen, aber auch für viele gesellschaftspolitische Entwicklungen – hat in den letzten Jahrzehnten zwangsläufig zu einer starken Ausweitung der Panelforschung geführt.

Aufgrund der meist erheblichen Organisations- und Anlaufkosten sowie des hohen lfd. Aufwands werden Panelerhebungen überwiegend von → Marktforschungsinstituten, in Deutschland insb. von der → GfK und von → ACNielsen, durchgeführt. Sind Panels erst erfolgreich installiert, so sind sie für die Institute häufig ein Instrument mit kontinuierlichen Umsätzen und Erträgen. Denn die Kundenbeteiligung an Panelerhebungen erfolgt i.d.R. längerfristig, entsprechende Abschlüsse werden wenigstens für ein Jahr getätigt. Je mehr Kunden sich daran beteiligen (Ausnahme: Exklusiv-Panelverträge), umso stärker wirken Kostendegressionen. Entscheidend für den Informationswert von Panelerhebungen sind der Grad der → Repräsentanz, die Genauigkeit der Datenerhebung und -bearbeitung sowie die Schnelligkeit, in welcher die Daten jeweils vorliegen. Die gewählten zeitlichen Intervalle richten sich dabei primär nach der Dynamik der Untersuchungsverhältnisse, aber auch nach erhebungstechnischen und kostenmäßigen Gesichtspunkten.

Seit der erstmaligen Anwendung der Panelmethode auf Fragestellungen im Bereich der Markt- und Meinungsforschung hat sich eine ganze Reihe von Panelformen herausgebildet, von denen das Verbraucherpanel und das → Handelspanel zweifelsohne am bedeutsamsten sind; andere für absatzwirtschaftliche Fragestellungen relevanten Formen und Varianten sind in der *Abb.* dargestellt.

Verbraucherpanel sind alle jene Panel, bei denen sich der Kreis der Auskunftspersonen aus Letztverbrauchern zusammensetzt. Er umfasst also entweder Einzelpersonen oder Haushalte. Das Individualpanel wird sich stets dann eignen, wenn Informationen gewünscht werden, die unmittelbar nur das einzelne Individuum betreffen (z.B. persönlicher Bedarf an Kosmetika oder Tabak-Erzeugnissen). Beim Haushaltspanel steht entsprechend die Beschaffung von haushaltsbezogenen Daten im Vordergrund (z.B. Nahrungsmitteleinkäufe).

Eine weitere Unterscheidung bezieht sich auf die über das Panel zu untersuchenden Warengruppen und differenziert entsprechend zwischen → Gebrauchsgüterpanel und → Verbrauchsgüterpanel.

Da ein Verbraucherpanel nicht die gesamte relevante Grundgesamtheit enthalten kann, wird eine repräsentative Auswahl getroffen.

Die Merkmale, die für die Stichprobenbildung und damit für die Struktur der Panelstichprobe (Sample) herangezogen werden, bestimmen sich aus den Anforderungen, die von der Zwecksetzung her an das Panel gestellt werden. Gleiches gilt für den Sample-Umfang. In der Praxis hat sich bisher in Abwägung von Kostenüberlegungen und Signifikanzansprüchen in der BRD eine Teilnehmerzahl zwischen 2.500 und 10.000 als ausreichend erwiesen. Bei der Anwerbung von Auskunftspersonen zur Teilnahme an einem Panel ist naturgemäß mit größeren Verweigerungsquoten zu rechnen als z.B. beim einmaligen Interview. Als Anreiz setzen nahezu alle Institute deshalb Belohnungen aus, sei es als lfd. Vergütung pro eingesandtem Bericht, als einmaligen Betrag pro Jahr und/oder als automatische Teilnahme an der Verlosung hochwertiger Gegenstände. Dahinter steht auch das Bemühen, eine Belohnungsform zu wählen, die nicht von vornherein zu einem Abweichen des Panels von der Grundgesamtheit führt.

Repräsentanzprobleme ergeben sich jedoch vornehmlich in anderer Hinsicht. Zum einen decken Haushaltspanels nicht sämtliche bundesrepublikanischen Haushalte ab. Ihre Repräsentanz gilt nur bezogen auf private Inländer-Haushalte; Ausländer-Haushalte, denen es häufig nicht möglich ist, aufgrund mangelhafter Sprach- und Schreibkenntnisse am Panel teilzunehmen, und Anstaltshaushalte sind in aller Regel nicht berücksichtigt. Zum anderen werden Ausfälle im Zeitablauf zwar ersetzt, aber nur der verbleibende Teil – die sog. durchlaufende Panelmasse – ist über einen längeren Zeitraum tatsächlich identisch. So beträgt die durchlaufende Panelmasse nach einem Jahr ca. 80 %, nach 2 Jahren ca. 70 % und nach 3 Jahren nur noch ca. 60 % aller Panelteilnehmer.

Neben der traditionellen schriftlichen Erhebung durch den „Haushaltskalender" werden derzeit drei Verfahren eingesetzt, die primär auf der Erfassung des EAN-Codes beruhen. Diese Verfahren sind das POS-Scanning, Inhome-Scanning und Electronic Diary. Die Kalendermethode ist die älteste Erhebungsmethode im Verbraucherpanel. Die Panelteilnehmer erhalten in regelmäßigen Abständen ein Buch mit je einem Satz von Berichtsblättern. Auf den Berichtsblättern ist nach Warengruppen geordnet pro gekauftem und zu berichtenden Artikel je eine Zeile vorgesehen, in die das Datum des Einkaufs, die Einkaufsstätte, die Marke und/oder der Hersteller, der Inhalt pro Packung, die Zahl der gekauften Stück sowie der Preis pro Stück und/oder der Gesamtpreis einzutragen sind. Bei dem Verfahren des POS-Scanning wird jeder Panelhaushalt mit einer oder mehreren Identifikationskarten ausgestattet, auf die die Haushaltsnummer als Barcode aufgedruckt ist. Die Karte wird bei jedem Einkauf vorgezeigt, mit über den Scanner gezogen und die Haushaltsnummer mit den EAN-Codes sowie mit den Preisen und Mengen der gekauften Artikel in einem Einkaufssatz gespeichert. Die Einkaufssätze werden an das Marktforschungsinstitut übertragen und können dort haushaltsbezogen ausgewertet werden. Das *Inhome-Scanning* erfasst die Informationen über ein mobiles elektronisches Gerät mit den Ausmaßen eines größeren Taschenrechners, das den Panelteilnehmern zur Verfügung gestellt wird. Zum Gerät gehört eine Basisstation, in die ein Modem zur Datenübertragung über Telefonleitung zum Institut eingebaut ist. Jeder EAN-codierte Artikel wird eingescannt und die Stückzahl und der Preis per Hand eingegeben. Für nicht EAN-codierte Artikel erhält der Panelteilnehmer ein Buch, das für jeden dieser Artikel einen Barcode enthält. Die Datenerfassung über das *Electronic Diary* ist ähnlich dem Inhome-Scanning, jedoch ist das Codebuch durch einen intelligenten Dialog ersetzt, der das Heraussuchen der Codes für nicht EAN-codierte Artikel überflüssig macht.

Zentraler Gegenstand der Abfrage sind beim Verbraucherpanel in erster Linie die Einkäufe bestimmter im Panel geführter Warengruppen. Dabei sind vom Befragten anzugeben:

– Gekauftes Produkt,
– Marke (Hersteller),
– Einkaufsdatum,
– Packung nach Art, Größe, Anzahl,
– Preis (einzeln und gesamt),
– Einkaufsstätte (Art, Name, Handelsgruppe),
– Einkaufsort,
– Sonderangaben.

Weitere wichtige Informationen bieten die soziodemographischen Angaben der Panelteilnehmer. Bei der Anwerbung sowie jeweils zu Beginn eines neuen Kalenderjahres werden die Panelteilnehmer aufgefordert, bezüglich bestimmter, soziodemographischer Kriterien Angaben zu machen; hierzu gehören als wichtigste Merkmale die Haushaltsgröße, die Anzahl der Kinder, das Alter der Hausfrau, die Schulbildung des Haushaltsvorstandes, die Zugehörigkeit zu einer bestimmten sozialen Schicht, das Einkommen pro Kopf sowie das gesamte Haushaltsnettoeinkommen. An die Abfrage der Einkäufe werden bisweilen Sondererhebungen, wie z.B. das Mediaverhalten in dem betreffenden Zeitraum, angeschlossen, um für spätere Spezialkorrelationen nach dem → Single-Source-Prinzip entsprechendes Ausgangsmaterial zu schaffen.

Nach Übertragung der Informationen erfolgen zunächst Kontrollen auf formale und logische Fehler. So weit solche bestehen, bedürfen sie der Eliminierung ggf. durch Interviewerrückfragen beim betreffenden Absender. Im Anschluss daran werden die Paneldaten dann durch entsprechende Prüfprogramme auch auf inhaltliche Schlüssigkeit und Logik überprüft. Die eigentliche Auswertung kann in 2 Bereiche unterteilt werden, die Panel-Standardauswertungen und die Panel-Sonderanalysen.

Panel-Standardauswertungen dienen der ständigen Beobachtung der Marktentwicklung und umfassen eine tabellarische Aufbereitung der Berichtseinzeldaten. Neben reinen Summenauszählungen gehören hierzu insb. Kreuzauswertungen. Die *Abb.* gibt einen Überblick über die möglichen Aufgliederungen und Kombinationen, wobei im Schaubild eine zweidimensionale Auswertung unterstellt ist. In aller Regel werden die Tabellen jedoch mehrdimensional (bis zu 5 Dimensionen) angelegt, wie z.B. Einkaufsmenge nach Einkaufsstätte nach Ortsgrößen in Gebieten.

Panel-Sonderanalysen sind Auswertungen, die nicht im Rahmen der kontinuierlichen Berichterstattung erfolgen, sondern aperiodisch anlässlich spezifischer Marktereignisse oder im Entscheidungszusammenhang über neue Marketingideen vom Institut durchgeführt und gesondert vergütet werden. Im Einzelnen lässt sich das Leistungsspektrum der Sonderanalysen durch folgende Auswertungsmöglichkeiten bzw. -gegenstände kennzeichnen:

– Einkaufsintensität,
– → Markentreue,
– Neuprodukt (Absatzprognose),
– Bedarfsdeckung,
– Käuferwanderung, (→ Gain-and-Loss-Analysen),
– Einführungsanalysen,
– Aktionsanalysen,
– Kombinationsanalysen,
– Korrelationen,
– Preisklassenanalysen.

Streng methodisch gesehen müsste der Kreis der Panelteilnehmer über den Gesamtbefragungszeitraum hin konstant bleiben (durchgängige Panelmasse) und natürlich ohnehin ein genaues Abbild der Erhebungsgrundgesamtheit darstellen (Repräsentanz). Beide Forderungen ergeben sich in der Praxis jedoch nicht automatisch; zur Minderung der damit verursachten Fehler sind deshalb ständig Korrekturen erforderlich. Ein Kreis von 4.000 bis 10.000 Haus-

Formen von Panel-Erhebungen in der Marktforschung

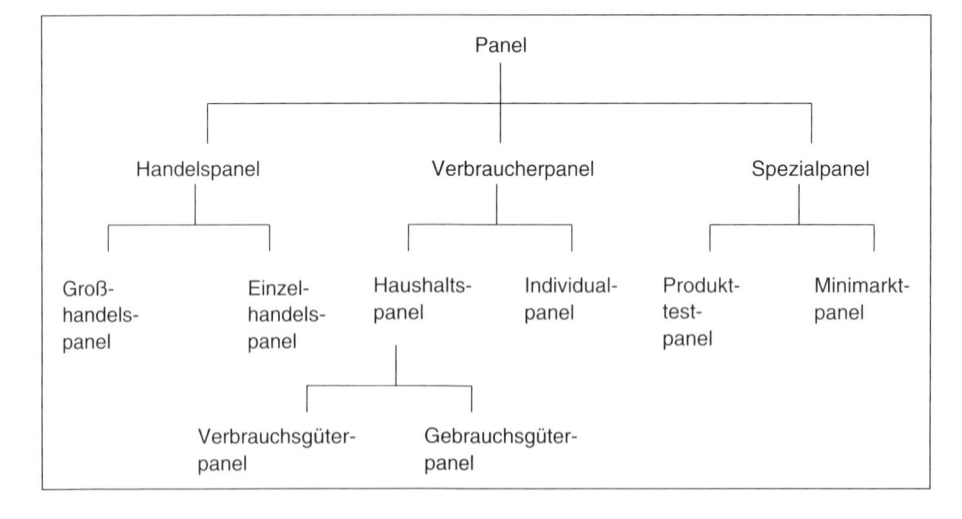

```
                          Panel
                            |
       ┌────────────────────┼────────────────────┐
   Handelspanel         Verbraucherpanel      Spezialpanel
       │                    │                    │
   ┌───┴───┐            ┌───┴───┐            ┌───┴───┐
 Groß-   Einzel-     Haushalts- Individual- Produkt-  Minimarkt-
 handels- handels-   panel      panel       test-     panel
 panel    panel                             panel
                ┌───────┴───────┐
          Verbrauchsgüter-  Gebrauchsgüter-
          panel             panel
```

halten ist zwangsläufig einer gewissen → Panelsterblichkeit, d.h. einer lfd. Fluktuation durch Geburt, Todesfall, Heirat, Umzug usw., ausgesetzt, ganz abgesehen von der evtl. Verweigerung einer weiteren Teilnahme. Jedes Panel wird daher mit einer gewissen Reserve gefahren, d.h. es wird zusätzlich ein Kreis von Personen in genau der gleichen Weise befragt, aus dem heraus dann entstehende Lücken in der auswertungsrelevanten Panelmasse gefüllt werden können. In der Praxis wird möglichen Verzerrungen der Stichprobenergebnisse durch die Panelsterblichkeit dadurch begegnet, dass bei der Auswahl der Panelstichprobe mit einem gemischten Random- und Quotaverfahren gearbeitet wird. Dies besagt, dass die at random ausgewählten Panelteilnehmer im Falle ihres Ausscheidens durch Teilnehmer aus der Reservemasse ersetzt werden, die die gleiche relevante Merkmalsstruktur bezüglich ihres Kauf- und Verwendungsverhaltens wie die ausgeschiedenen Teilnehmer aufweisen. Im Grunde wird das Panel mit der Zeit also zu einem Quotenmodell, auch wenn die zur Verfügung stehenden Reserve-Panelhaushalte per Zufall ausgewählt werden.

Weitere Ursachen für das kontinuierliche Auffrischen des Panels (Panelrotation bzw. künstliche Panelsterblichkeit) sind eintretende Lern- und Bewusstseinsprozesse (→ Paneleffekt) sowie das → Overreporting und → Underreporting der Panelteilnehmer.

Insgesamt wird damit deutlich, dass ein Panel lfd. umfassender Kontrolle und Betreuung bedarf. Sie reicht von der Überprüfung der einzelnen Berichtsangaben auf Vollständigkeit, Terminentsprechung und formale Korrektheit bis hin zur lfd. Überwachung der Merkmalsstruktur des Panels und schließt entsprechend einen ausgewogenen Kontakt mit den Teilnehmern, eine hinreichende Motivierung sowie weitere Maßnahmen der „Panelpflege" ein.

Die besondere Bedeutung des Verbraucherpanels als Erhebungsinstrument im Rahmen der → Primärforschung bedarf keiner besonderen Betonung. Seine Daten stellen insb. für die Markenartikelindustrie nahezu unentbehrliche Grundlagen für die → Marketingplanung und das → Marketing-Controlling dar. Dass die methodischen Probleme des Instruments hinreichend bewältigt werden konnten, bestätigt nicht zuletzt die Tatsache, dass die Panelforschung in den zurückliegenden Jahren kontinuierliche Zuwachsraten aufwies.

Die bisherige Form der schriftlichen Eintragung sowie die postalische Rücksendung der Berichtsbogen stellt hinsichtlich Genauigkeit und Schnelligkeit natürlich nicht das Optimum dar. Infolgedessen sind ständig Überlegungen und Versuche im Gange, wie diese Prozesse durch den Einsatz moderner technischer Kommunikationsmittel verbessert werden könnten. Technisch attraktive Lösungen zur Steigerung der Genauigkeit und Schnelligkeit der Berichterstattung im Rahmen der Verbraucherpanelforschung sind die → Home-Scanner-Panels und das Regional-Scanning, bei denen via Modem und Telefonleitung die Daten direkt zu den Marktforschungsinstituten übertragen werden. L.B./S.S.

Literatur: *Hansen, J.*: Das Panel. Zur Analyse von Verhaltens- und Einstellungswandel, Opladen 1982. *Sedlmeyer, K.-J.*: Panelinformation und Marketingentscheidung, München 1983. *Günther, M.; Vossebein, U.; Wildner, R.*: Marktforschung mit Panels, Wiesbaden 1998.

Paneldynamisierung

Unter Paneldynamisierung versteht man die bewusste Ab- und Anwerbung von Haushalten im Sinne eines Austausches von Haushalten im Fernsehpanel. Im Unterschied zur → Stichprobendynamisierung müssen bei der Paneldynamisierung die Neuanwerbungen nicht zwingend in der neuen → Stichprobe erfolgen. Ebenso wie die Stichprobendynamisierung trägt auch die Paneldynamisierung zur Sicherstellung der strukturellen und regionalen → Repräsentativität des Panels und damit zur validen Abbildung von Kauf- bzw. Nutzungsdaten bei.

Paneleffekt

Störgröße in der Panelforschung (→ Panel), welche die Repräsentanz von Panel-Informationen einschränkt. Das Bewusstsein der Kontrolle via Berichtsbogen führt bei einigen Panelteilnehmern zu Verhaltens- bzw. Konsumänderungen, indem sie z.B. bedacht wirtschaftlich einkaufen oder wesentlich früher namentlich genannte Neuprodukte testen. Neben den latenten Verzerrungsgefahren des → Overreporting und → Underreporting liegt eine weitere Ursache für das Auftreten des Paneleffektes in der Tatsache, dass durch das kontinuierliche Berichten über bestimmte Einkäufe diese in den Bewusstseinsvordergrund rücken. U.U. kann dem Berichtsbogen sogar ein „Aufforderungscharakter" für Probekäufe usw. zukommen. Die mögliche Folge sind Abweichungen vom Durchschnitt der Bevölkerung und entsprechende Verzerrungen der Panelergebnisse.

Zu den Möglichkeiten, dem Paneleffekt zu begegnen, zählt neben der Teilnehmer-Rotation (→ Panelsterblichkeit) auch ein zweckmäßiger Umfang des Berichtsbogens. Dadurch, dass nicht nur auf einige Produkte abgestellt wird, wird einerseits eine übermäßige Aufmerksamkeitskonzentration vermieden, und dadurch, dass nur ein Teil der Güter aus dem gesamten Einkaufsspektrum nachgefragt wird, wird andererseits zumindest nur eine Teiltransparenz erzeugt.

Panelfluktuation

Neben der bewusst gesteuerten → Paneldynamisierung ergibt sich eine natürliche Panelfluktuation, die bei etwa zwanzig Prozent der Panelhaushalte pro Jahr liegt. Ursachen für die natürliche Panelfluktuation sind z.B.: persönliche Gründe, technische Gründe, Tod eines Panelteilnehmers, Umzug, Veränderung der Haushaltsstrukturen.

Panelrotation → Panelsterblichkeit

Panelsterblichkeit

Phänomen in der Panelforschung (→ Paneleffekte), welches die Repräsentanz von Panel-Informationen einschränkt. Als natürliche Panelsterblichkeit bezeichnet man die Verringerung der geforderten Teilnehmerzahl eines Panels durch Tod, Umzug, Verweigerung usw. Unter künstlicher Panelsterblichkeit oder Panelrotation versteht man das aktive Austauschen von Panelteilnehmern, um Störgrößen, wie den → Paneleffekt oder das → Overreporting, zu minimieren.

Panel System Forschung

Zusammenführung der Daten aus → Handels-, → Verbraucher-, Anzeigen- und TV-Panels für bestimmte Warengruppen mittels *Datenfusion*. Hinter dem Begriff Datenfusion verbirgt sich ein statistisches Verfahren zur Übertragung von Merkmalen von Erhebungseinheiten einer Stichprobe auf die Erhebungseinheiten einer anderen Stichprobe. Ein bekanntes Datenfusions-Projekt ist Move, das von der → GfK angeboten wird. Fusioniert werden hierbei Daten aus dem Consumer-Scan-Panel (→ Verbraucherpanel) und dem TV-Panel (→ Fernsehzuschauerforschung). Ziel der Fusion ist es, für den Werbemarkt eine deutlich verbesserte Zielgruppendifferenzierung (→ Zielgruppen) und Analysen zur → Werbewirkungskontrolle zur Verfügung zu stellen.

In Form der Berichterstattung (PSF) werden unterschiedliche Datenquellen miteinander kombiniert und ein quantitativer Marktforschungsbericht mit integrierten Daten erstellt. Bei der Berichterstattung handelt es sich nicht um die einfache Addition der Einzelwerte, sondern es bedarf umfassender Regelungen. Insbesondere die Dimensionen Artikel, Perioden, Segmente und Fakts müssen eng aufeinander abgestimmt werden. Durch eine saubere Zusammenführung der Instrumente kann insbes. den jeweiligen → Coverage-Effekten entgegengewirkt werden. S.S.

Literatur: *Günther, M.; Vossbein, U.; Wildner, R.:* Marktforschung mit Panels, Wiesbaden 1998.

Panographie

Verfahren zur Herstellung dreidimensional erscheinender Bilder.

Panorama-Anzeige

das größtmögliche Format für eine → Anzeige in Zeitungen, da über den Bundsteg hinaus gedruckt und die gegenüberliegende Seite in die Anzeige miteinbezogen wird.

Pantry-Check

Begriff aus der → Fernsehforschung. Unter einem Pantry-Check versteht man die Validierung der in einer Befragung ermittelten Sender-Empfangssituation eines Haushalts durch die unmittelbare und konkrete Überprüfung der Einstellungen (Belegungen) an den Empfangsgeräten (TV, Videorecorder oder Satellitenreceiver) durch den Interviewer.

Paradigma

von *T. S. Kuhn* in die → Wissenschaftstheorie eingeführter Begriff; stammt aus dem Griechischen und bedeutet Beispiel, beispielhafte Struktur bzw. Muster. Mit Paradigma bezeichnet man ein umfassendes → Wissenschaftsprogramm, an welchem eine Vielzahl von Forschern arbeitet. Bisweilen versteht man darunter auch wissenschaftliche Leistungen, welche

- „beispiellos genug" sind, um eine Gruppe von Anhängern dauerhaft anziehen zu können, aber gleichzeitig
- offen genug sind, um dieser Gruppe Probleme verschiedenster Art zur Lösung überlassen zu können.

Der Begriff des Paradigma wird zwar vorzugsweise in den Naturwissenschaften gebraucht (z.B. *Newtonsche* Physik), lässt sich aber auch auf andere Disziplinen übertragen. Innerhalb der Volkswirtschaftslehre zählen die (neo-)klassische Nationalökonomie sowie der *Keynesianismus* zu den vorherrschenden Paradigmen, während für die Betriebswirtschaftslehre der faktortheoretische Ansatz von *E. Gutenberg* zu nennen ist. Im Zuge der in den späten sechziger Jahren einsetzenden Strebens nach wissenschaftlichem Pluralismus wurden neben dem faktortheoretischen weitere Ansätze erarbeitet. Hierzu zählen insbesondere der entscheidungsorientierte, der → systemorientierte sowie der verhaltensorientierte Ansatz.

Mit Paradigma kann weiterhin eine wissenschaftliche Gemeinschaft gemeint sein, d.h. eine Gruppe von Wissenschaftlern, die miteinander kommuniziert und die durch bestimmte gemeinsame Vorstellungen, welche die Mitglieder für ihre wissenschaftliche Zusammenarbeit benötigen, verbunden ist. Denn Wissenschaftler, die sich auf ein Paradigma berufen, beschäftigen sich mit ähnlichen Problemen und vertreten auch eine gleichartige Auffassung über die Vorgehensweise bei der Lösung dieser Probleme. „Sie akzeptieren", wie *G. Behrens* dies formulierte, „bestimmte Theorien, Methoden und Forschungsergebnisse, nehmen gleiche Standpunkte zu wissenschaftstheoretischen Fragen ein, verwenden die zentralen Fachbegriffe in gleicher Weise und arbeiten mit Lehrbüchern, deren Inhalt zumindest sehr ähnlich ist". Paradigmen erlangen ihre besondere Bedeutung daraus, dass sie für einen bestimmten Kreis an Experten einen größeren Beitrag zur Problemlösung leisten können als andere. Hat sich die Erklärungskraft eines Paradigmas erschöpft, kommt es zum Paradigmenwechsel. Er kommt einer wissenschaftlichen Revolution gleich, die Art und Ergebnis der Erkenntnisgewinnung nachhaltig verändert. So waren es philosophisch interessierte Physiker, die um die Jahrhundertwende die Existenz eines determinierten physikalischen Kosmos in Frage stellten. Indem sie mit Hilfe von *Ein*steins Relativitätstheorie, der Quantenmechanik und *Heisenbergs* Unschärferelation die Untauglichkeit des mechanistischen Paradigmas für die Bereiche sehr kleiner (Kernphysik) und sehr großer Dimensionen (Astrophysik) aufzeigten, schufen sie die Voraussetzungen für einen erneuten (Paradigmen-)Wechsel der Denkinstrumente und -modelle. Neben Quantenphysik und Relativität bilden das holistische, das ökologische und das systemische Denken sowie die polare Logik des „Sowohl/als auch" wesentliche Pfeiler des neuen Paradigmas.

S.M./M.Ko.

Literatur: *Behrens, G.*: Wissenschaftstheorie und Betriebswirtschaftslehre, in: *Wittmann, W.; Kern, W.; Köhler, R.; Küpper, H.-U.; Wysocki, K. v.* (Hrsg.): Handwörterbuch der Betriebswirtschaft, Bd. 3, 5. Aufl., Stuttgart 1993, Sp. 4763–4772. *Kuhn, T.S.*: Die Struktur wissenschaftlicher Revolutionen, 14. Aufl., Frankfurt/Main 1997 (1. Aufl. *Kuhn, T.S.*: Die Struktur wissenschaftlicher Revolutionen, Frankfurt/Main 1967). *Schanz, G.*: Paradigma, in: *Dichtl, E.; Issing, O.* (Hrsg.): Vahlens Großes Wirtschaftslexikon, Bd. 2 (L–Z), 2. Aufl., München 1993, S. 1600.

Parahotellerie → Beherbergungsbetrieb

Parallelgeschäft

Form des → Kompensationsgeschäftes, bei dem gleichzeitig formal getrennte Waren-Devisengeschäfte abgeschlossen werden. Da bei keinem Partner ein Nettozufluss an Nominalgütern erfolgt, kommt das Ergebnis einem Realgütertausch gleich. Der Vorteil gegenüber dem → Barter liegt jedoch darin, dass das Parallelgeschäft von außen nicht als Kompensationsgeschäft erkennbar ist und als Waren-Devisengeschäft durch eine Exportkreditversicherung abgesichert werden kann.

Parallelimporte

werden auch als Reimporte oder Grauimporte bezeichnet. Sie stellen eines der größten und ständig an Bedeutung gewinnenden Probleme im → internationalen Preismanagement bzw. beim → Euro-Pricing dar. Unter Parallelimporte versteht man vom Hersteller nicht intendierte Warenströme zwischen verschiedenen Ländern. Parallelimporte kommen dadurch zustande, dass Endverbraucher oder Händler Preisdifferenzen zwischen Ländern ausnutzen. Sie kaufen die Produkte in einem niedrigpreisigen Land, nehmen gegebenenfalls notwendige Modifikationen vor (z.B. tauschen sie bei Pharmazeutika den Beipackzettel aus, bei Autos erfolgt eine Anpassung an die Vorschriften des Ziellandes), transportieren die Produkte in das hochpreisige Land und verkaufen oder konsumieren sie dort.

In einigen Branchen gibt es Firmen, die sich auf Parallelimporte spezialisiert haben (z.B. Luxusautos, Parfüm, Uhren, Kameras, Pharmaprodukte, Farbnegativfilme etc.). In anderen Branchen werden diese Geschäfte eher nebenher betrieben. Zum Teil nehmen die Parallelimporte sehr große Ausmaße an. So ist den Verfassern ein Fall bekannt, in dem die deutsche Tochter eines multinationalen Konzerns 30-40% ihres früheren Umsatzes durch Parallelimporte der eigenen Marke verlor. Im deutschen Pharmamarkt konnten Parallelimporte bei vielen Präparaten nationale Marktanteile von 10-20% erringen, in einzelnen Regionen sogar beträchtlich mehr. Hinter dem Zuwachs der Parallelimporte stehen mehrere Faktoren:

1. hohe internationale Preisunterschiede (→ Preisdifferenzierung),
2. ständig sinkende Transportkosten,
3. die Verbesserung der internationalen Kommunikations- und Informationssysteme durch technische Innovationen wie das → Internet (eine Preisliste ist in Sekundenschnelle an jeden Ort der Erde gefaxt oder gemailt),
4. die Liberalisierung des internationalen Handels und damit einhergehend die Einschränkung der Möglichkeiten des Herstellers, nationale Märkte voneinander abzuschotten. Dies gilt am schärfsten innerhalb der → Europäischen Union,
5. das Vordringen internationaler und globaler → Marken. Diese Marken haben überall ein einheitliches Erscheinungsbild, die Anwendung der Produkte ist standardisiert,
6. die zunehmende Internationalisierung der Verbraucher, damit einhergehend die Akzeptanz „ausländischer" Produkte. Es ist z.B. kein Problem, einen Markenfilm (Agfa, Kodak etc.) mit arabischer oder chinesischer Aufschrift in Deutschland zu verkaufen.

Es versteht sich von selbst, dass Produkte mit im Verhältnis zum Wert niedrigen → Arbitragekosten (d.h. insbesondere Transportkosten) am ehesten für Parallelimporte geeignet sind. Bei den für Parallelimporte attraktiven Produkten handelt es sich häufig um hochpreisige Luxusgüter, die oft nur in einem Land produziert werden.

Eine globale Marken- und Produktstrategie und eine nach Ländern stark differenzierende → Preisstrategie schließen sich gegenseitig aus, zumindest dürfen die Preisdifferenzen die Arbitragekosten nicht außer Acht lassen. Viele Firmen sind bestrebt, Parallelimporte möglichst ganz zu unterbinden. Unter rein preispolitischen Aspekten braucht diese rigorose Haltung nicht optimal zu sein. Vorrangiges Ziel ist deshalb bei solchen Unterbindungsversuchen die Vermeidung von Irritationen bei den Händlern, von Imageschäden sowie von unternehmensinternen Querelen. Häufig entstehen aus Parallelimporten Konflikte zwischen nationalen Tochtergesellschaften eines Konzerns. Die Gesellschaft im Zielmarkt erschließt den Markt, zahlt für die → Werbung, öffnet die Distributionskanäle, und eine andere Tochtergesellschaft (oft ist diese nicht bekannt) fährt einen Teil der Ernte ein. Die Konzernzentrale ist hier in einer schwierigen Position.

Ein einfaches Instrument, um die Gewinneinbußen aus grauen Importen zu beschränken bzw. graue Importe zu verhindern, bieten internationale Preisrahmen (→ Euro-Pricing), deren Vorgabe von keinem Land verlassen werden darf. Hierbei handelt es sich um einen Kompromiss zwischen der Einheitspreisbildung und der Setzung unabhängiger Landespreise.

H.S./G.Wü.

Literatur: *Simon, H.:* Preismanagement kompakt. Probleme und Methoden des modernen Pricing, Wiesbaden 1995.

Parallelisierung

Im Rahmen der Anlage von → Experimenten unterscheiden sich die → experimentellen Designs u.a. danach, ob die Kontrolle bekannter Störvariablen durch Randomisierung der Testeinheiten oder durch bewusste Auswahl der Experimental- und Kontrollgruppen so gestaltet wird, dass sie hinsichtlich eines oder mehrerer relevanter Merkmale vergleichbar sind. Dies bedeutet, dass sie entweder in den Proportionen identisch oder ähnlich sind oder dass Paare bzw. Trippel etc. identischer oder gleichartiger Einzeldaten entstehen (statistische Zwillinge).

Bei der *paarweisen Parallelisierung* gestaltet man Experimental- und Kontrollgruppe so, dass je ein Teil eines statistischen Zwillings in die Experimental- bzw. die Kontrollgruppe verwiesen wird. Dies entspricht dem

Quotenverfahren bei der Erhebung von Stichproben.

Bei der sog. *Häufigkeitsparallelisierung* werden Experimental- und Kontrollgruppe so ausgestaltet, dass alle relevanten Merkmale eine möglichst gleiche Häufigkeitsverteilung aufweisen.

Bei der *Parallelisierung durch Zufallsauswahl (Randomisierung)* werden die Testeinheiten in der Experimental- und Kontrollgruppe durch Zufallsstichproben aus derselben Grundgesamtheit gezogen. H.D.

Parallelsortiment

doppelt oder mehrfach geführte und deshalb im Rahmen der → Sortimentskontrolle besonders kritisch zu prüfende Warengruppen im Handelsbetrieb, die sich daraus ergeben, dass die Produktionsprogramme zweier oder mehrerer Hersteller teilweise oder ganz deckungsgleich sind. Sie sind in Sortimenten, die viele Markenartikel enthalten, wie das im Lebensmittelhandel oder im Phono- und HiFi-Bereich der Fall ist, oft vorzufinden. W.Oe.

Parallelverhalten

Begriff aus dem Wettbewerbsrecht (→ GWB), der abzugrenzen ist von → abgestimmtem Verhalten. Verhaltensabstimmung setzt eine Verständigung der Unternehmen über ihr gemeinsames Handeln voraus, bei dem jedes Unternehmen auf die Mitwirkung des anderen rechnen kann. Eine solche Verhaltensabstimmung und das darauf zurückzuführende gleichförmige Verhalten ist nach § 1 GWB verboten. Erlaubt ist dagegen das autonome Parallelverhalten der Unternehmen, und zwar sowohl unbewusstes wie auch bewusstes Nachahmen („Anpassung mit wachem Sinn"). Auch das Anpassen an das Verhalten eines Marktführers ist erlaubtes Parallelverhalten. Das gleichförmige Verhalten ist insbesondere für → Oligopole typisch, die sich durch fehlenden Innenwettbewerb und das Bewusstsein gegenseitiger Abhängigkeit auszeichnen. Das Parallelverhalten kann aber ein wichtiges Indiz für eine Verhaltensabstimmung sein, wenn es zu Wettbewerbsbedingungen führt, die nicht mehr durch sog. oligopolistischen Marktzwang erklärt werden können. Die Abgrenzung zulässigen Parallelverhaltens vom unzulässigen abgestimmten Verhalten spielt insb. bei der Ankündigung von Preiserhöhungen eine große Rolle. Auch im Oligopol ist die Ankündigung von Preiserhöhungen durch ein Unternehmen kartellrechtlich als Parallelverhalten unbedenklich, auch wenn dieses Unternehmen weiß oder jedenfalls nicht ausschließen kann, dass eine Preisangleichung durch die anderen Unternehmen erfolgen wird (→ Preisführerschaft).

H.-J.Bu.

Parallelvertrieb → Mehrgleisiger Vertrieb

Parallelwelle

wiederholte, zeitlich versetzte → Mediaanalyse bei Zeitschriften und Zeitungen, die durch ihre Trennung von der ersten Analyse eine bessere Möglichkeit bietet, Seitenkontakte und v.a. Seitenmehrfachkontakte zu erfassen (→ Leserschaftsforschung). Mit dem Parameter Leser pro Ausgabe (LpA) ließ sich bspw. bisher nur die Anzahl der Personen ermitteln, die Leser einer Ausgabe einer Zeitschrift oder Zeitung in ihrem Erscheinungsintervall war. Die Parallelwelle ermöglicht zudem mit dem dort erhobenen Parameter Leser pro Seite (LpS) die Berücksichtigung der Aufmerksamkeit des Lesers (Intensität des Lesens) bezogen auf eine bestimmte Seite eines Printmediums, da er anzeigt, welche Seiten des Printmediums mehrfach gelesen oder betrachtet wurden. Der Anteil der in der Zeitschrift oder Zeitung gelesenen Seiten bestimmt auch die Kontaktwahrscheinlichkeit einer beliebigen Seite oder Anzeige.

Parameterschätzung → Stichprobe

Parametertest → Inferenzstatistik

Pareto-optimale Preise → Preistheorie

Parfitt-Collins-Modell

Der Parfitt-Collins-Ansatz ist eine Planungshilfe (→ Planungsmethoden im Marketing), die auf der Zerlegung des Marktanteils eines Anbieters in drei Komponenten aufbaut. Der Marktanteil wird dabei mittels der Größen → Feldanteil, → Wiederkaufrate und → Kaufintensität konstruiert (vgl. *Abb.*). Die entsprechenden Daten sind i.d.R. nur über Haushaltspanels verfügbar. Der Feldanteil erfasst die Marktpenetration (Anteil zumindest einmaliger Käufer), die Wiederkaufrate spiegelt die Käufertreue in einfacher Form wider, der Kaufintensitätsindex schließlich erfasst, ob ein durchschnittlicher Käufer einer bestimmten Mar-

Parfitt-Collins-Modell

Parfitt-Collins-Ansatz

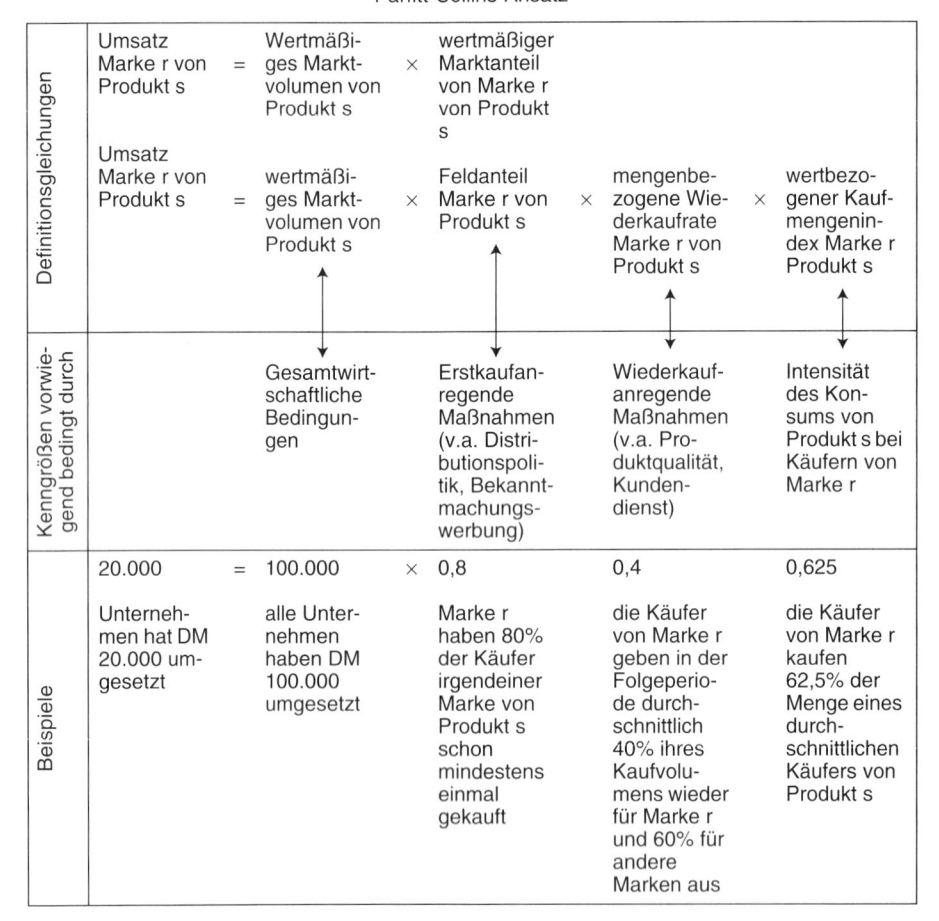

Definitionsgleichungen	Umsatz Marke r von Produkt s	=	Wertmäßiges Marktvolumen von Produkt s	×	wertmäßiger Marktanteil von Marke r von Produkt s		
	Umsatz Marke r von Produkt s	=	wertmäßiges Marktvolumen von Produkt s	×	Feldanteil Marke r von Produkt s	× mengenbezogene Wiederkaufrate Marke r von Produkt s	× wertbezogener Kaufmengenindex Marke r Produkt s
Kenngrößen vorwiegend bedingt durch			Gesamtwirtschaftliche Bedingungen		Erstkaufanregende Maßnahmen (v.a. Distributionspolitik, Bekanntmachungswerbung)	Wiederkaufanregende Maßnahmen (v.a. Produktqualität, Kundendienst)	Intensität des Konsums von Produkt s bei Käufern von Marke r
Beispiele	20.000	=	100.000	×	0,8	0,4	0,625
	Unternehmen hat DM 20.000 umgesetzt		alle Unternehmen haben DM 100.000 umgesetzt		Marke r haben 80% der Käufer irgendeiner Marke von Produkt s schon mindestens einmal gekauft	die Käufer von Marke r geben in der Folgeperiode durchschnittlich 40% ihres Kaufvolumens wieder für Marke r und 60% für andere Marken aus	die Käufer von Marke r kaufen 62,5% der Menge eines durchschnittlichen Käufers von Produkt s

ke weniger oder mehr als ein durchschnittlicher Käufer irgendeiner Marke des betreffenden Produktes kauft.

Analysen auf der Basis des Parfitt-Collins-Ansatzes bieten häufig sehr instruktive Einblicke in die „Ursachen" des Marktanteils; es ist naturgemäß etwas ganz anderes, ob ein bestimmter Marktanteil v.a. auf einen hohen Anteil von Laufkunden, einen hohen Anteil von Stammkunden oder/und auf besonders viele Intensivkäufer zurückzuführen ist. Die absatzpolitischen Konsequenzen in den verschiedenen Fällen differieren stark.

Im Rahmen von Erfolgsprognosen neuer Produkte (→ Innovationsmanagement) wird der Parfitt-Collins-Ansatz auch gerne zur Prognose des letztendlich zu erwartenden Marktanteils herangezogen, wenn sich abzeichnet, welche Marktpenetration, Wiederkaufrate und Kaufintensität ein neues Produkt erreicht. Der Absatz wird zu diesem Zweck in Erst- und Wiederkäufe unterteilt. Zur Prognose der Erstkäufe in der Periode t, $Y(t)$, wird als Schätzgleichung

$$Y(t) = M(1-e^{-rt}) \quad (0 \leq r \leq 1)$$

herangezogen, wobei M der Anteil der potentiellen Erstkäufer an den Käufern der zu untersuchenden Produktklasse ist, die im Laufe der Zeit einen Erstkauf durchführen werden. r ist der konstante Anteil der potentiellen Erstkäufer, der in jeder Periode das Produkt erwirbt. Als Grenzwert gilt:

$$\lim_{t \to \infty} Y(t) = M$$

M kann mit Hilfe von Schätzfunktionen aus den Kaufdaten gewonnen werden. Aus Panelbefragungen ist eine langfristige Wiederkaufrate w zu bestimmen, die angibt, welcher Anteil der Erstkäufer auf Dauer das Neuprodukt kaufen wird. Der langfristige mengenmäßige Marktanteil ergibt sich dann aus dem Produkt von M und w. Problematisch ist dabei die Bestimmung der langfristigen Wiederkaufrate w, da dieser Wert während der Neueinführung deutlichen Schwankungen unterliegt und sich erst im Laufe der Zeit stabilisiert. Ist jedoch dieser Stabilitätszustand eingetreten, kann der mengenmäßige Marktanteil bereits direkt aus dem Panel ermittelt werden.

F.B./K.-W.H.

Literatur: *Parfitt, J.H.; Collins, B.J.K.:* Prognose des Marktanteils eines Produktes aufgrund von Verbraucherpanels, in: *Kroeber-Riel, W.* (Hrsg.): Marketing-Theorie, Köln 1972, S. 171-207.

Parfümerien

→ Betriebsform des Einzelhandels, die vor dem Hintergrund einer verstärkten Hinwendung der Verbraucher zu mehr Luxus und Exklusivität auch im Bedarfsfeld „Körperpflege" ein möglichst eigenständiges Profil als → Fachgeschäft im „Schönheitsmarkt" zu verwirklichen versucht. Dabei umfasst das Angebot vorrangig Parfüms, dekorative und pflegende Kosmetika und Körper- bzw. Haarpflegemittel als Markenartikel des gehobenen Genres (Schwerpunkt: Depotkosmetik), in jüngerer Zeit vermehrt auch diesbezügliche Kundendienstleistungen in Gestalt von Kosmetikkabinen und Nagelpflegestudios. Darüber hinaus hat der Strukturwandel im → Einzelhandel auch Dynamisierungstendenzen im Marktauftritt von eher grundsätzlicher Art gezeitigt:

– so z.b. hinsichtlich der Wahrung einer betriebsformenspezifischen Identität im Verhältnis zu den → Drogerien („Drogerie-Parfümerien") und Fachdiscountern („Aufweichung des Depotsystems"),

– oder was im Zuge der vertikalen Konzentration die Integrierung von Parfümerien in herstellerseitig initiierte, und damit markendominierte Vertriebssysteme betrifft (vgl. die Aufkäufe von Parfümerieketten durch Hersteller, wie z.B. durch LVMH (u.a. Dior, Givenchy, Guerlain, Kenzo) und die entsprechenden Expansionsabsichten der zu diesem Konzern gehörenden größten französischen Parfümeriekette SÇphora in Deutschland).

Die empirisch-statistischen Angaben zum Bestand und Umsatz von Parfümerien in Deutschland, und zwar in ausdrücklicher Abgrenzung zu den Drogerien, Drogeriemärkten und Drogerie- bzw. Parfümerieabteilungen der Konzernwarenhäuser, sind insofern in mehrfacher Hinsicht zu relativieren (vgl. *Tab.*). Nach den Erhebungskriterien der Amtlichen Statistik („Handels- und Gaststättenzählung 1993", „Klassifikation der Wirtschaftszweige") und der A.C.NIELSEN-Marktforschung („Gesundheits- und Körperpflegemittel-Index") werden Parfümerien ohnehin den Drogerien zugeordnet.

H.-J.Ge.

Drogerie- und Parfümerie-Fachhandel in Deutschland

	Anzahl der Geschäfte				Umsatz in Mrd. DM				
	01.01.1998		99:98	01.01.1999		1997		98:97	1998	
	absolut	%	%	absolut	%	Mrd. DM	%	%	Mrd. DM	%
Fachdrogerien	6.800	35,4	–3,7	6.550	33,1	4,30	17,7	–3,5	4,15	16,3
Fachparfümerien	2.075	10,8	0,0	2.075	10,5	3,45	14,2	1,4	3,50	13,7
Konzernwarenhäuser	325	1,7	–1,5	320	1,6	1,50	6,2	0,0	1,50	5,9
Drogeriemärkte	9.990	52,1	8,4	10.830	54,8	15,10	62,0	8,3	16,35	64,1
Gesamt	19.190	100,0	3,0	19.775	100,0	24,35	100,0	4,7	25,50	100,0

(Quelle: *IRI/GfK Retail Services*, Nürnberg)

Pariser Verbandsübereinkunft (PVö)

Pariser Verbandsübereinkunft (PVö)
ist ein internationales Abkommen vom 20.3.1883 zum Schutz des gewerblichen Eigentums; (ein Verband, dem 1999 155 Mitgliedsstaaten angehören). Art. 9 PVö befasst sich z.B. mit der Beschlagnahme widerrechtlich geführter Hersteller- und Handelsmarken (→ Markenschutz). Das Instrument wird von der → WIPO verwaltet.

M.B.

Literatur: Fezer, K.-H.: Markenrecht. Kommentar zum Markengesetz, zur Pariser Verbandsübereinkunft und zum Madrider Abkommen, Dokumentation des nationalen, europäischen und internationalen Kennzeichenrechts, München 1997. *Gerstenberg, E.*: Geschmacksmustergesetz, Heidelberg 1988.

PAR-Modell → PIMS

Partialtest → Produkttest

Partiediscounter → Off-Price-Store

Partieerfolg
bezeichnet das direkt zurechenbare wirtschaftliche Ergebnis eines → Partiegeschäfts. Er entsteht als Überschuss der Veräußerungserlöse über die durch Beschaffung und Veräußerung der Partie verursachten direkten Kosten. Sein *Mengengerüst* umfasst

- den beschafften und angebotenen Partieumfang S
- die realisierte Nachfrage D
- den Absatz: $x = \min\{S,D\}$
- einen eventuellen Restposten:
  $y = \max\{0, S-D\} = S-x$
- eine eventuelle Fehlmenge:
  $z = \max\{0, D-S\}$

Bei *Erfolgskontrollen* sind diese Größen sowie die zugehörigen Stückkosten und -erlöse bekannt. Für das *Wertgerüst* des Ist-Erfolgs erhält man dann

- den Partieerlös PE(S) als Summe aus regulärem Umsatzerlös U(x) und Verwertungserlös eines etwaigen Restpostens R(y): PE(S)=U(x)+R(y)
- die direkten Kosten der Partie K(S) als Summe aus → Wareneinstand W(S) und direkten Kosten der Vermarktung V(S) (Lagerung, Handling, Versicherung, Werbung etc.):
  K(S) = W(S) + V(S)
  Die Differenz RE(S)=PE(S)-W(S) wird häufig als → Rohertrag der Partie bezeichnet; der Überschuss DB(S)=PE(S)-K(S)=RE(S)-V(S) heißt Deckungsbeitrag 1 der Partie.

In der Erfolgsplanung dient der Partieerfolg als Grundlage für die Entscheidung, ob eine Partie S beschafft werden soll oder nicht bzw. welches der zielgerechte (optimale) Partieumfang S* ist. Bei gesichertem Partieerlös (Kommissionsgeschäft en gros) reduziert sich das Problem auf eine risikofreie Ja/Nein-Entscheidung. Kennzeichnend für *Spekulationsgeschäfte* ist, dass zwar ein Markt für eine Weiterveräußerung en gros vorhanden, der dort zu erzielende Umsatzerlös jedoch ungewiss ist. Damit besteht die Gefahr, dass die Partie S in Bruchteilen mit geringerem Verwertungserlös veräußert werden muss.

Bei Vermarktung en detail (stationärer Einzel- und Versandhandel) ist die Nachfrage D regelmäßig unsicher und muss geschätzt (→ Nachfrageschätzung) oder mit statistischen Verfahren prognostiziert werden. Dabei ist Bezug auf den oder die geplanten Absatzweg(e), den vorgesehenen Verkaufspreis und die geplante Produktwerbung zu nehmen. Es liegt in der Natur des Partiegeschäfts, dass Vorhersagen (Schätzungen wie Prognosen) der Nachfrage mit erheblichen Unsicherheiten (Restposten- und Fehlmengen-Risiko) behaftet sind. Deren Berücksichtigung in der Beschaffungsentscheidung setzt voraus, dass die während der geplanten Angebotsdauer für möglich gehaltene Nachfrage in zweckmäßiger Rasterung $(D_1, D_2, \ldots D_m)$ mit Eintrittswahrscheinlichkeiten $p\{D_i\}$ (i=1,2,…,m) versehen wird. Letztere ergeben sich aus dem statistischen Fehler der → Prognose bzw. aus der → Nachfrageschätzung.

Unterstellt man die Beschaffung einer Partie vom Umfang $S=D_s$, $1 \leq s \leq m$, so lassen sich nun berechnen:

- die Wahrscheinlichkeiten für das Auftreten von Restposten y>0 bzw. Fehlmengen z > 0:

$$W_s\{y > 0\} = \sum_{i=1}^{s-1} p(D_i) \text{ bzw.}$$

$$W_s\{z > 0\} = \sum_{i=s+1}^{m} p(D_i)$$

- der erwartete Absatz bzw. die erwartete Fehlmenge:

$$E_s(x) = \sum_{i=1}^{s} D_i \cdot p(D_i) + D_s \cdot \sum_{i=s+1}^{m} p(D_i)$$

bzw. $E_s(z) = \sum_{i=s+1}^{m} (D_i - D_s) \cdot p(D_i)$

– der erwartete Restposten:

$$E_s(y) = D_s - E_s(x) + E_s(z)$$

Dabei ist für 1< s <m stets $E_s(y) > 0$ und $E_s(z) > 0$: Der erwartete Restposten verschwindet nur für s = 1 (D_1 ist die „sichere" Mindestnachfrage), die erwartete Fehlmenge nur für s = m (die „sichere" Höchstnachfrage D_m). Bei konstantem Absatzpreis p [DM/ME] und vom Restposten y unabhängigem Verwertungserlös v [DM/ME] beträgt der für $S = D_s$ erwartete Partieerlös

$$PE(S) = p \cdot E_s(x) + v \cdot E_s(y) .$$

Nimmt man (gleichfalls vereinfachend) an, dass sich die Kosten K(S) in einen fixen Anteil F und einen mengenproportionalen Anteil (k · S) aufspalten lassen, so erhält man mit K(S)=F+k · S den erwarteten Deckungsbeitrag der Partie:

$$DB(S) = PE(S) - k \cdot S - F$$

Diesen kann man durch geeignete Wahl von S bzw. s maximieren, sofern die Partiegröße wählbar ist. Gegen die alleinige Verwendung des Erwartungswerts DB(S) als Kriterium spricht, dass er nichts über die Unsicherheit des Partieerfolgs aussagt. Es empfiehlt sich daher, die Break-even-Nachfrage D_b zu ermitteln, bei deren Unterschreitung der Deckungsbeitrag negativ wird (→ Break-even-Analyse), $DB(D_b) \leq 0$ und zu prüfen, mit welcher Wahrscheinlichkeit dieser Fall eintreten kann

$$W\{DB \leq 0\} = \sum_{i=1}^{b} p(D_i) .$$

Ferner kann man die Einzel-Risiken (Fehlmenge/Restposten) mit heranziehen. Dem Spannungsverhältnis von unsicherem Partieerlös PE(S) und (weitgehend) sicheren Kosten K(S) sowie dem Investitionscharakter der Letzteren wird das Kriterium der erwarteten Partie*rendite* PR(S)=DB(S)/K(S) besser gerecht, die an der Sollverzinsung von Investitionen vergleichbaren Risikos (cut-off-Rate) zu messen ist. Sie sichert für Warengattungen unterschiedlicher Risiken (Textilien, Hartwaren) differenzierte und konsistente Beschaffungsentscheidungen.

K.Z.

Literatur: *Hadley, G.; Whitin, T.M.*: Analysis of Inventory Systems, Englewood Cliffs, N.J. 1963 (Ch. 6). *Zoller, K.*: Optimierung von „Partien", Schriftenreihe des Studienkreises Logistik und Organisation 1/1999, Universität der Bundeswehr Hamburg, Hamburg 1999.

Partiegeschäft

bezeichnet ursprünglich eine Transaktionsform im zwischenbetrieblichen Handel: Ein Warenposten wird als Ganzes („Partie") zu einem vereinbarten Gesamtpreis veräußert. Wesensmerkmal ist die fehlende Wiederholbarkeit der Transaktion: Das Produkt kann nicht („Okkasion") oder nicht identisch (z.B. Stoffballen aus einem Farbbad) nachbeschafft werden, jedenfalls aber nicht zu gleichen Bedingungen.

Weit verbreitet ist das Partiegeschäft im Zwischenhandel mit Konsumgütern zeitlich begrenzter (z.B. saisonaler) Nachfrage, speziell bei Oberbekleidung, Schuhen und Accessoires. Der Einzelhandel ordert ca. sechs Monate vor Beginn der Saison, ohne gesichertes Wissen über die Akzeptanz von Stilrichtungen und Farben. Witterungsbedingungen verschärfen oder mildern in schwer vorhersehbarer Weise die Folgen unvermeidlicher Dispositionsfehler (→ Nachfrageschätzung). Unsicherheit über maßgebliche Einflussfaktoren der Nachfrage bewirkt u.a., dass einzelne Unternehmen des filialisierten Einzelhandels allein in der Sparte Oberbekleidung jährlich → Abschriften auf Restposten in zweistelliger Millionhöhe verbuchen.

Vergleichbare Entscheidungsprobleme treten auch in anderen Bereichen auf: Festlegung der Druckauflagen von Zeitungen und Zeitschriften (→ Verlagsmarketing); Reservierung von Hotel-Kontingenten sowie Buchung von Charter-Flug- und Schiffspassagen durch Pauschalreise-Veranstalter (→ Yield Management); Übernahme von Aktienpaketen zur Börsenplatzierung durch einzelne Banken oder Konsortien (→ Bank-Marketing). Obwohl die Bezeichnung dort ungebräuchlich ist, weisen sie Strukturmerkmale auf, die denen des Partiegeschäftes entsprechen:

– *Einmaligkeit der Beschaffung*, z.B. weil nur einmal gefertigt wird (Sonderserien, „Editionen"), nicht identisch reproduziert werden kann (s.o.), die Zeit für Nachproduktion und/oder -distribution nicht ausreicht (Zeitungen, Zeitschriften), das Angebot kurzfristig nicht vermehrbar ist (Transport- und Bettenkapazitäten) oder selbst schon einen *Restposten* darstellt (unverkaufte Druckauflage eines Buchtitels)

– *Unsicherheit* der Nachfrage, die Aufnahmebereitschaft des Marktes ist im Beschaffungszeitpunkt unsicher, häufig auch der Absatzverlauf (zeitliche Verteilung und Dauer der Nachfrage) (→ Absatzprognosen).

Aus dem Zusammenwirken beider Merkmale rühren die für das Partiegeschäft kennzeichnenden und gegenläufig vom Partieumfang abhängigen *Risiken*:

– *Restposten-Risiko*: Am Ende der Angebotsdauer verbleibende Warenbestände können vielfach nicht kostendeckend verwertet werden; reduzierte Stückerlöse bei → Preisaktionen sowie verminderte Gesamterlöse bei Gesamtveräußerung „als Partie" an einen Wiederverkäufer (Abschleusung) beeinträchtigen den → Partieerfolg.
– *Fehlmengen-Risiko*: Übersteigt die Nachfrage den Partieumfang, entgeht pro Mengeneinheit ein Erfolgsbeitrag in Höhe der Differenz zwischen Stückerlös und Einstandspreis bzw. anteiligem Wareneinstand.

Kann bei der Entscheidung über den Partieumfang zuverlässig mit einem ausgeglichenen oder sogar positiven Verwertungsergebnis gerechnet werden, so entfällt das Restposten-Risiko und damit ein Wesensmerkmal des Partiegeschäfts. Wird umgekehrt ein Warenbestand unter Hinnahme direkter Stückverluste (unter Einstandspreis) abgeschleust, so erhält auch der Handel mit nachdisponierbarer Ware den Charakter eines Partiegeschäfts. Oft sind Liquiditätsengpässe ausschlaggebend für die in jüngerer Zeit zu beobachtende und zunehmende Tendenz im Einzelhandel, auch (beschaffungs-) marktgängige Ware wie Partien zu handhaben. K.Z.

Literatur: Panzer, S.: Die Partievermarktung im Einzelhandel, in: Marketing-ZFP, 10. Jg. (1988), Heft 1, S. 25-32. Zoller, K.: Optimierung von „Partien", Schriftenreihe des Studienkreises Logistik und Organisation 1/1999, Universität der Bundeswehr Hamburg, Hamburg 1999.

Partitionierende Clusteranalyse

Aufgabe der partitionierenden Clusteranalyse ist die Bestimmung einer disjunkten Klassifikation $\kappa = \{K_1,...K_s\}$ der Objektmenge N mit den Eigenschaften $K_i \neq 0$, $K_i \subset N$ und $K_i \cap K_j = 0$ für $K_i, K_j \subset \kappa$ wobei die Klassenzahl s vorgegeben ist. Die Klassen enthalten paarweise keine gemeinsamen Objekte. Für $N = \{1,2,3,4,5\}$ stellt etwa $\kappa = \{K_1, K_2\} = \{\{1,2,3\},\{4,5\}\}$ eine disjunkte Klassifikation mit zwei Klassen dar.

Zur Ermittlung einer disjunkten Klassifikation $\kappa = \{K_1,...,K_s\}$ mit Hilfe von → Distanzen der Form $d(i,j)$ geht man bspw. folgendermaßen vor:

1) Wähle zufällig $i_1 \in N$ als Zentrum der Klasse K_1.

2) Wähle $i_2 \in N$ als Zentrum der Klasse K_2, wenn $d(i,j)$ für $j = i_2$ maximal wird.

3) Für $\sigma = 3,...,s$ wähle $i_\sigma \in N$ als Zentrum der Klasse K, wenn min $\{d(i_1,j),...,d(i_{\sigma-1},j)\}$ für $j = i_\sigma$ maximal wird.

4) Hat man die Zentren $i_1,...,i_s$ bestimmt, so ordne man die restlichen Objekte jeweils dem Zentrum mit minimaler Distanz zu. Man erhält für $\sigma = 1,...,s$

$$K_\sigma = \left\{ j \in N : \min_{\tau = 1,...,s} d(i_\tau, j) = d(i_\sigma, j) \right\}.$$

Die erhaltene Klassifikation kann verbessert werden, wenn man weitere Verfahren anwendet (→ Austauschverfahren, → Iterierte Minimaldistanzpartition). O.O.

Partizipationseffekt

ist die Teilhabe eines u.U. nicht beworbenen Produkts an den Werbeanstrengungen eines Konkurrenzprodukts (→ Werbeeffekte). Ursache dafür ist der unvollkommen vollzogene Entschlüsselungsprozess einer Werbebotschaft, welche vom Adressaten nur flüchtig, d.h. mit geringer Aufmerksamkeit wahrgenommen wird; dabei bricht der Adressat den Werbekontakt innerlich ab, bevor die beworbene Marke von ihm registriert wird. Subjektiv wird der Werbekontakt dann der dem Adressaten bekanntesten Marke in dieser Produktklasse „gutgeschrieben". Bei sich in der werblichen Gestaltung nicht stark unterscheidenden Kampagnen ist der Partizipationseffekt besonders stark ausgeprägt. H.St.

Partizipationsgeschäft
→ Außenhandel, institutioneller

Partneraktionen → Co-Promotions

Partnering → Beziehungsmarketing

Partnerschaftssysteme

sind eine Strategie des → vertikalen Marketing, mit der ein Hersteller seine Leistungen für die Endkunden gemeinsam mit dem Handel entwickelt und im Absatzkanal abgestimmt vermarktet (→ vertikale Kooperationen). Der Hersteller verfolgt damit das Ziel, seine Leistungen im Handel so zu positionieren, dass sowohl die Anforderungen der Endkunden als auch der Absatzmittler berücksichtigt werden. Typische Formen von Partnerschaftssystemen sind so genannte → Shop-in-the-Shop-Konzepte oder auch → ECR-Partnerschaften oder → Category Management-Projekte, in denen beide Seiten ihre Fähigkeiten einbringen, um in einer → vertikalen Kooperation die Leistungen zu vermarkten. T.T./M.Sch.

Literatur: *Pabst, O.*: Distributive Leistungssysteme in der Damenoberbekleidungsbranche, St. Gallen 1993. *Engelhardt, T.M.*: Partnerschaftssysteme als Konzept des vertikalen Marketing. Diss. Hochschule St. Gallen 1990.

Partyverkauf

Form des → Direktvertriebs, bei der Vertriebsrepräsentanten eine Hausfrau bitten, Freunde und Gäste zu sich nach Hause einzuladen, um Produkte, die auf der Party gekauft werden können, vorzustellen und zu erklären. Die Kosten der Gastgeberin werden meist durch Einkaufsvorteile ausgeglichen. Durch die Partyatmosphäre entsteht Kauflust, u.U. auch sozialer Druck zum Kauf, zumal die meist freundschaftlichen Beziehungen zum Veranstalter (meist Frauen) Vertrauen schaffen. Ein breiter Stamm an meist nebenberuflich tätigen Agenten/Innen erbringt durch den Multiplikationseffekt beachtliche Reichweiten bei sehr niedrigen Vertriebskosten. Das System eignet sich vorwiegend für Mode- und Impulsartikel, typischerweise Wäsche und Bekleidung, Haushaltswaren (*Tupperware*) oder Kosmetika (*Avon*). Als wichtiger Vorteil dieser Systeme gilt auch die im Vergleich zur Kundenansprache mit Außendienstmitarbeitern geringe Stornierungsquote.

Passage → Einkaufspassage

Pass-Through

Als Pass-Through bezeichnet man es, wenn → Handels-Promotions vom Handel in Händler-Promotions umgesetzt werden. Die Handels-Promotion wird dann „durchgereicht", wie es der Intention des Herstellers entspricht.

Patent

vom Staat für bestimmte *Erfindungen* verliehenes ausschließliches, auf eine bestimmte Zeit befristetes Recht (→ Patentrecht) zur Nutzung und gewerblichen Verwertung der patentierten Erfindung. Patentfähige Innovationen müssen das Gebiet der Technik betreffen, wobei der Bundesgerichtshof Technik als eine „Lehre zum planmäßigen Handeln unter Einsatz beherrschbarer Naturkräfte zur Erreichung eines kausal übersehbaren Erfolgs" definiert. Eine Erfindung muss gemäß § 1 PatG (Patentgesetz) neu und gewerblich anwendbar sein sowie auf einer erfinderischen Tätigkeit beruhen. Diese drei Bedingungen werden als materielle Schutzvoraussetzungen bezeichnet.

§ 9 PatG unterscheidet zwei Patentkategorien: einerseits die Erzeugnispatente, zu denen Sach-, Stoff-, Vorrichtungs- und Anordnungspatente zählen, andererseits die Verfahrenspatente für Herstellungs- und Arbeitsverfahren. Bei einem Erzeugnispatent dürfen Dritte das geschützte Erzeugnis nur mit Zustimmung des Patentinhabers herstellen, anbieten, in Verkehr bringen, gebrauchen oder zu den genannten Zwecken einführen oder besitzen. Geschützt ist der Patentgegenstand einschließlich aller Herstellungs- und Verwendungsmöglichkeiten. Beim Verfahrenspatent dürfen Dritte das geschützte Verfahren nicht ohne Zustimmung des Patentinhabers anwenden, zur Anwendung anbieten, in Verkehr bringen, gebrauchen oder zu den genannten Zwecken einführen oder besitzen.

Das Patent bietet zur Belohnung des Erfinders temporären Schutz vor Imitation. Dieser Schutz beeinflusst die Wettbewerbssituation für den Patentinhaber in der Weise, dass er seine Marktposition durch das Patent sichern oder ausbauen kann. Das Patent ist somit ein Instrument zur Sicherung akquisitorischer Potentiale und damit zugleich ein wichtiges Marketing-Instrument. Als „Preis" für die Erlangung dieses temporären Marktmonopols wird jedoch die Veröffentlichung einer detaillierten Beschreibung der Erfindung gefordert. Durch diesen Informationseffekt werden andere Unternehmen zu Neuentwicklungen angeregt, so dass der technische Fortschritt vorangetrieben wird.

Softwarebezogene Erfindungen sind vom Patentschutz ausgenommen. Für sie gilt das → Urheberrecht. G.Sp.

Literatur: *Brändel, O.C.:* Technische Schutzrechte, Heidelberg 1995.

Patentämter → Patentrecht

Patentanalysen → Patentinformationen

Patentdatenbanken
→ Patentinformationen

Patentinformationen
bietet in erster Linie die Patentliteratur in Form von Offenlegungs- und Patentschriften. Sie informiert relativ früh und ist häufig die einzige Informationsquelle über technische Neuerungen.
Zugangsmöglichkeiten bieten das Deutsche Patent- und Markenamt und die regionalen Patentinformationszentren. Daneben gibt es kommerzielle Informationsdienste, die weltweit auf zahlreichen Datenbanken basieren (z.B. PATDPA, PATHOS von Bertelsmann/Wila, INPADOC vom Internationalen Patentdokumentationszentrum in Wien, WPI von Dervent in Großbritannien). So werden z.B. von der STN-International (Fachinformationszentrum Karlsruhe) die deutsche Patentdatenbank (PATDPA) und die Datenbank des amerikanischen Patentamts USPATFULL online gegen eine Nutzungsgebühr offeriert. Die PATDPA enthält z.B. die Daten der Titelseiten deutscher Offenlegungs-, Patent- und Gebrauchsmusterschriften sowie Anmeldungen beim Europäischen Patentamt und PCT-Anmeldungen. Patentrecherchen lassen sich mittels Suchbegriffen in kurzer Zeit relativ preisgünstig durchführen. Zum Teil sind die Informationen über das Internet zugänglich. Über esp@cenet werden zahlreiche freie europäische und weltweite Patentrecherchemöglichkeiten angeboten.
Das Patent- und Markenamt nimmt eine *Patentklassifikation* vor, anhand derer bei patentstatistischen Analysen große Mengen von Patentanmeldungen erfasst und ausgewertet werden können. Hieraus lassen sich die Bedeutung einzelner Technologiefelder und dominierende Entwicklungsrichtungen erkennen.
Bei der *strategischen Patentanalyse* werden die Patentinformationen (Klassifikation, Anmeldedatum, Patentinhaber, zitierte Patentdokumente) zu Kennwerten zusammengefasst. So ergibt z.B. der zeitliche Abstand zwischen Patentanmeldung und den zitierten Patentschriften eine Kennziffer für die Aktualität der Technologie.
Patentanmeldungen bieten Hinweise auf die FuE-Aktivitäten von Wettbewerbern, die ein Indiz für Geschäftsfeldstrategien oder Produkt- und Verfahrensverbesserungen sind. Anmeldungen im Ausland sind Hinweise auf mögliche Exportabsichten und auf die Bedeutung, die der Erfinder seiner Invention beimisst. Eine konsequente Nutzung der Patentliteratur ermöglicht einen Wettbewerbsvorsprung. Vor allem Klein- und Mittelbetriebe machen von den zur Verfügung stehenden Möglichkeiten kaum Gebrauch. G.Sp.

Literatur: *Schmoch, U.:* Wettbewerbsvorsprung durch Patentinformation, Köln 1990.

Patentkosten → Patentrecht

Patentlizenz → Lizenz

Patentpolitik
umfasst die Gesamtheit dispositiver Maßnahmen, die im Bereich der technischen Schutzrechte getroffen werden. Träger dieser Maßnahmen sind i.d.R. Unternehmen. Gegenstand sind eigene oder fremde im Entstehen begriffene oder bestehende technische Schutzrechte (→ Patent, → Gebrauchsmuster).
Während sich die *aktive Patentpolitik* mit dem Aufbau und der Erhaltung von Schutzrechten an unternehmenseigenen Erfindungen beschäftigt, wird durch *reaktive* Patentpolitik versucht, das Entstehen von Schutzrechten anderer Unternehmen zu verhindern oder bereits bestehende Schutzrechte einzuschränken oder aufzuheben.
Zentrales Problemfeld ist die Entscheidung über Anmeldung oder Nichtanmeldung einer Erfindung. Diese Entscheidung ist grundsätzlich in das Ermessen des Unternehmens oder des Erfinders gestellt. Diensterfindungen von Arbeitnehmern müssen vom Arbeitgeber gemäß dem Gesetz über Arbeitnehmererfindungen angemeldet werden, wenn das Unternehmen die Erfindung uneingeschränkt nutzen will. Die Alternative zum rechtlichen Schutz neuer technischer Erfindungen ist der faktische Schutz des Wissens mittels Geheimhaltung, dessen Wirksamkeit i.d.R. begrenzt ist.
Gründe für die Anmeldung sind der Schutz vor Nachahmung und damit Sicherung ei-

nes Wettbewerbsvorteils, langfristige Sicherung eines ausländischen Marktgebietes, Schaffung einer Basis für Lizenzvergaben und die Funktion als Verkaufsargument. Grundsätzlich dient der Patentschutz absatzpolitischen Gründen und einer gewinnoptimierenden Diffusion technischen Wissens. Er hat eine Werbewirkung und fördert das Image. Zugleich wird vermieden, dass das Unternehmen durch fremde inhaltsgleiche Patente in seinen technischen Möglichkeiten eingeengt wird. Die Patenthäufigkeit steigt mit zunehmender Unternehmensgröße und mit der Wettbewerbsintensität und hängt von der Branchenzugehörigkeit ab.

Wichtige Gründe für einen *Verzicht auf Anmeldung* eines Schutzrechts sind mangelnde Überprüfbarkeit der Einhaltung, aufwendige Durchsetzung der Schutzrechte (speziell im Ausland) und administrative Hemmnisse, die mit dem Verfahren verbundenen Kosten, unsichere Ertragsaussichten, Vorteile eines Gebrauchsmusters und Geheimhaltungsvorteile. Die Geheimhaltung ist häufig vorteilhaft, weil durch die Offenlegung der Patente Wettbewerber Anregungen zur Weiterentwicklung der Patentobjekte erhalten. Ausländische Konkurrenten können die Erfindung auch ohne Lizenz nutzen oder selbst anmelden, sofern das Schutzrecht nicht zusätzlich im Ausland angemeldet wurde. Die wichtigsten Alternativen zum rechtlichen Schutz sind der faktische Schutz durch Geheimhaltung und das Erreichen einer günstigeren Kostenposition durch Ausnutzen von Erfahrungskurveneffekten bei einer möglichst schnellen Markteinführung. Verfahrenspatente werden z.B. aufgrund der Geheimhaltungsmöglichkeiten und der schwierig festzustellenden Patentverletzungen erheblich seltener angemeldet als Erzeugnispatente.

Die Anmeldungskosten führen dazu, dass nur ein Teil der jährlichen Erfindungen deutscher Herkunft auch im Ausland angemeldet wird. Angemeldet wird zumeist nur in wichtigen Absatzländern oder in Ländern, in denen die Konkurrenz ihre Produktionsstätten betreibt. Die Zahl der Anmeldungen in Deutschland hat erheblich zugenommen. Das Deutsche Patent- und Markenamt hat 1997 fast 45 Prozent mehr nationale Anmeldungen verzeichnet als 1990. Die Zahl der Anmeldungen in mindestens zwei Ländern stieg in diesem Zeitraum um 38 Prozent und damit stärker als in der EU und ähnlich stark wie in den USA.

Die Zahl der Anmeldungen in Japan nahm im gleichen Zeitraum um 21 Prozent ab.

Im Falle der Entscheidung für die Patentierung einer Erfindung ist neben der Wahl der Anmeldungsländer auch der Anmeldungszeitpunkt festzulegen. Zur Sicherung der Priorität ist eine frühe, zur Absicherung gegen Umgehungserfindungen eine späte Anmeldung sinnvoll. Durch eine möglichst allgemein gefasste Anmeldung kann der Informationseffekt abgeschwächt werden, so dass Rückschlüsse der Konkurrenz auf geplante Marktaktivitäten erschwert werden. Wird eine schnelle Vermarktung vor Eintritt des mit der Offenlegung verbundenen Schutzes angestrebt, empfiehlt sich eine Gebrauchsmusterhilfsanmeldung. In der Praxis wird davon bei der Hälfte der Patentanmeldungen Gebrauch gemacht.

Nach erfolgter Anmeldung ist zu klären, wann der Prüfungsantrag gestellt werden soll. Wird ein früher voller Patentschutz angestrebt, so ist der Prüfungsantrag möglichst bald zu stellen. Rund die Hälfte der Unternehmen stellt den Antrag bis spätestens ein Jahr nach der Anmeldung.

Bei der Entscheidung über die Ausübung eines Patentrechts ist ein zumindest temporäres Ruhenlassen des Patents in mehr als jedem zweiten Fall anzutreffen. Ein nicht geringer Anteil der Anmelder sieht keine Verwertung vor. Dies macht deutlich, dass Patente nicht nur zur Unterstützung eigener Marketingstrategien benutzt werden, sondern auch als Mittel zur Behinderung des Konkurrenten.

Während der Laufzeit steigende Patentkosten und sinkende Bedeutung führen dazu, dass nur ein geringer Teil der Patente die maximal mögliche Laufzeit erreicht.

Im Rahmen der *reaktiven Patentpolitik* sind der Erwerb eigener Sperr- und Umzäunungspatente oder die Geltendmachung von der Schutzrechtserteilung entgegenstehenden Tatsachen nach der Offenlegung geeignete Mittel, um das Entstehen fremder Schutzrechte zu verhindern. Nach der Patenterteilung ist ein Einspruch oder eine Nichtigkeitsklage möglich. Letzteres kommt wegen des Aufwands und des Risikos selten vor. Größere Unternehmen verfügen meist über eine eigene Patentabteilung; i.d.R. wird ein Patentanwalt in Anspruch genommen, um Anmeldungen vorzunehmen oder sich in Streitigkeiten vertreten zu lassen. Patentpolitik erfordert ein interdisziplinäres Gremium aus Rechts-, Marketing- und FuE-Experten.

Patentpolitik ist ein Hilfsmittel der Wettbewerbs- und Technologiepolitik eines Unternehmens. Zwischen den FuE-Ausgaben und der Zahl der Patente eines Unternehmens besteht eine hohe Korrelation. Patentschutz fördert die Neigung der Unternehmensleitung, FuE-Mittel bereitzustellen.

G.Sp.

Patentrecherchen → Patentinformationen

Patentrecht

Zu unterscheiden sind nationales und internationales Patentrecht. Die Rechtsgrundlage des Patentrechts in der Bundesrepublik Deutschland ist das Patentgesetz (PatG).

Um eine Erfindung in der Bundesrepublik Deutschland zu schützen, ist die Anmeldung der Erfindung beim Deutschen Patent- und Markenamt in München oder über eines der regionalen Patentinformationszentren einzureichen. Das Datum der Anmeldung bestimmt die Priorität, die für die Patentfähigkeit von großer Bedeutung ist. Das Recht auf Erteilung des Patents steht demjenigen zu, der zuerst anmeldet. Die zeitliche Reihenfolge der Erfindungsakte im Falle der Parallelerfindung ist unerheblich. Der Erstanmelder kann dem Parallelerfinder die Nutzung der Erfindung untersagen, es sei denn, der Parallelerfinder hat schon vor der Patentanmeldung mit der Nutzung begonnen oder diese hinreichend vorbereitet. Weitere Stufen im Patentanmeldeverfahren sind die Prüfung auf offensichtliche Mängel durch das Patent- und Markenamt und fakultativ die amtliche Druckschriftenermittlung.

Zur vollständigen Prüfung der Anmeldung bedarf es eines *Prüfungsantrags*, der binnen einer Frist von sieben Jahren ab dem Zeitpunkt der Anmeldung gestellt werden muss. Die Prüfung erstreckt sich auf die materiellen Schutzvoraussetzungen sowie auf die Vollständigkeit der Offenbarung, die es einem Fachmann ermöglichen muss, die Anmeldung nachzuarbeiten. Am Ende des erfolgreichen Prüfungsverfahrens beschließt das Patent- und Markenamt die *Erteilung* des Patents, die im Amtsblatt veröffentlicht wird. Die gesetzlichen Wirkungen sind alleinige Nutzungsrechte für den Patentinhaber und negative Abwehrrechte in Form von Unterlassungs- und Schadensersatzansprüchen gegenüber jedem, der die Erfindung widerrechtlich benützt. Der Schutz des Patents beim Deutschen Patent- und Markenamt in München erstreckt sich auf das Hoheitsgebiet der Bundesrepublik Deutschland. Er endet spätestens 20 Jahre nach dem Anmeldezeitpunkt.

Gemäß Gebührenverzeichnis des Patent- und Markenamts betrug am 1. 1. 2000 die Anmeldegebühr DM 100,-. Für die Aufrechterhaltung des Patents und der Anmeldung stieg zu diesem Zeitpunkt die Gebührenhöhe von DM 115,- im 3. Jahr auf DM 3.795,- im 20. Jahr an. Wird das Patent bis einschließlich dem 10. Jahr aufrechterhalten, dann werden die gesamten Gebühren DM 2.735,- betragen; zum Ende der Zwanzigjahresfrist fallen Gebühren von insgesamt DM 25.740,- an. Erklärt der Patentinhaber sich bereit, jedermann die Benutzung gegen angemessene Vergütung zu gestatten, so halbieren sich die Gebühren.

Der volle Patentschutz besteht erst ab Patenterteilung. Unabhängig vom Stand des Patentverfahrens erfolgt 18 Monate nach Patentanmeldung deren Offenlegung durch die Offenlegungsschrift. Mit der Offenlegung entsteht einstweiliger Schutz für den angemeldeten Schutzgegenstand in der Form, dass der Anmelder von jedem Benutzer des Anmeldegegenstands eine angemessene Entschädigung verlangen kann (vgl. *Abb.*).

Gegen die Patenterteilung kann innerhalb einer Frist von drei Monaten Einspruch erhoben werden. Gründe sind z.B. das Fehlen der Patentfähigkeit des Patentgegenstands oder unzureichende Offenlegung. Nach Ablauf der Dreimonatsfrist kann mit einer Nichtigkeitsklage gegen ein erteiltes Patent vorgegangen werden. Um eine Patenterteilung zu verhindern, können Dritte schon im Prüfungsverfahren auf den Stand der Technik hinweisen.

Soll eine Erfindung außerhalb der Bundesrepublik Deutschland geschützt werden, so kommen hierfür nationale Anmeldungen in einzelnen Staaten und supranationale Anmeldungen in Frage. Bei nationalen Anmeldungen sind für jedes Land Anmelde- und Prüfungsgebühren sowie die ausländischen Patentanwälte zu bezahlen, so dass Anmeldungskosten von ca. 11.000 DM pro Land anfallen. Bei Anmeldungen in mehreren Ländern ist die nationale Anmeldung in einzelnen Ländern zu teuer und faktisch kaum realisierbar. Deshalb und aufgrund der Integrationsbestrebungen Europas wurde 1978 ein europäisches Patent eingeführt. Nach dem Europäischen Patentübereinkommen (EPÜ) kann mit einer Anmeldung beim Eu-

Zeitlicher Ablauf des Patentverfahrens im Deutschen Patentamt

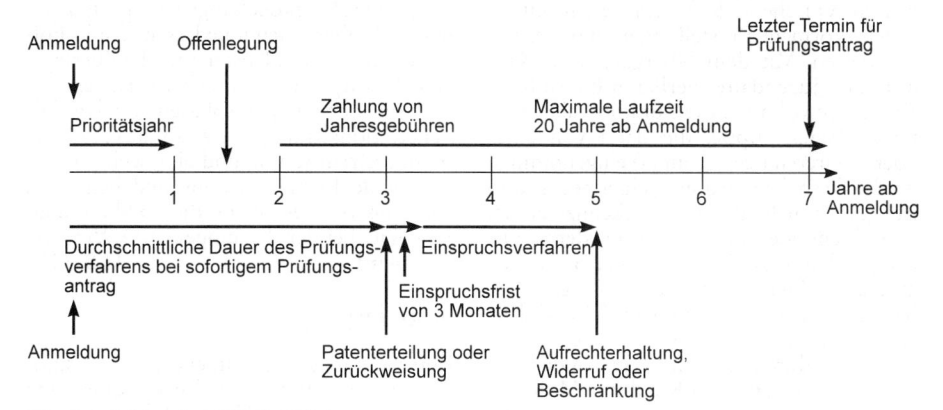

(Quelle: *Schmoch,* 1990, S. 20)

ropäischen Patentamt in München Patentschutz für alle in der Anmeldung genannten Vertragsstaaten (darunter die gesamte EU) erreicht werden. Die Wirkung des europäischen Patents richtet sich für jeden genannten Vertragsstaat nach dessen nationalen Gesetzen. Das europäische Patent besteht aus einem Bündel von nationalen Gesetzen. Auf das europäische Patentübereinkommen baut das Gemeinschaftspatentübereinkommen (GPÜ) auf, das ein einheitliches, autonomes Gemeinschaftspatent schafft, dessen Erteilung nur für alle Vertragsstaaten erfolgen kann und das die im GPÜ geregelten Wirkungen für das Territorium aller Vertragsstaaten hat.

Das Übereinkommen über die internationale Zusammenarbeit auf dem Gebiet des Patentwesens (PCT) ermöglicht die Einreichung einer internationalen Anmeldung in den Unterzeichnerstaaten (darunter in den USA und Japan), die dieselbe Wirkung hat wie gesonderte nationale Anmeldungen in all den Staaten, die der Anmelder in seiner Anmeldung bestimmt hat.

Die Anmeldung einer Erfindung zum Patent in einem Mitgliedstaat der Pariser Verbandsübereinkunft (PVÜ) begründet ein zwölfmonatiges Prioritätsrecht für die Einreichung der Anmeldung in den anderen 93 PVÜ-Staaten. Dies hat zur Folge, dass keinem Dritten in dieser Zeit Vorbenutzungsrechte an der Erfindung entstehen können.
G.Sp.

Literatur: *Schmoch, U.:* Wettbewerbsvorsprung durch Patentinformation, Köln 1990.

Patentstrategien → Patentpolitik

Patientenorientierung
→ Krankenhaus-Marketing

Patronatsendung → Hörfunkwerbung

Pauschalpreis → Preisfairness

Pauschalreise → Reiseveranstalter

Payback-Karte → Kundenkarte

Payoff-Rechnung → Break-even-Analyse

Pay-Per-Use
ist ein spezielles Preissystem mit einer bedarfsorientierten Zahlungsweise, die insbesondere im elektronischen Vertrieb (→ E-Commerce) → digitaler Güter ihre Anwendung findet. Der Abruf einer Information oder eines elektronischen Services löst automatisch eine Fakturierung aus, die z.B. über Kreditkarten oder Telefongebühren abgewickelt werden kann. Pay-per-use-Systeme lassen sich insbesondere gut mit Bonussystemen oder anderen Mengenrabatten verbinden, weshalb sie für den Online-Vertrieb sehr attraktiv sind. Dabei lassen sich hinsichtlich der Abrechnungsmodalitäten die Systeme dahingehend unterteilen, ob der Nutzer für die angefangene inhaltliche Einheit oder für die tatsächliche Nutzungsdauer zahlen muss. B.Ne.

Peer Group
soziale Gruppe (→ Gruppe, soziale) gleichaltriger Jugendlicher, in der das Individuum gewöhnlich Mitglied ist und die gleichzeitig

als → *Bezugsgruppe* fungiert. Peer groups weisen typische → *Subkulturen* auf mit eigenen Normen, Einstellungen und Verhaltensweisen. Mit dem Übergang vom Kindes- zum Jugendalter verlieren Eltern bzw. Familie gewöhnlich die Funktion als wichtigste Bezugsgruppe, die dann von einer oder mehreren peer group(s) eingenommen wird. Die soziale Ordnung einer peer group ist gewöhnlich dadurch gekennzeichnet, dass einem oder wenigen Mitgliedern Führungsrollen zugebilligt werden. Sie treten auch als → Meinungsführer auf, setzen Verhaltensnormen (→Norm, soziale) und drücken durch Sanktionen gruppenkonformes Verhalten durch, das insb. im → demonstrativen Konsum, von Kleidung, Motorrädern und Freizeiteinrichtungen zu beobachten ist. E.K.

Penetration

1. In der Werbewirkungsforschung bezeichnet man als Penetration den meist im Wege der Befragung ermittelten → Bekanntheitsgrad eines umworbenen Produktes, eines Werbemittels oder eines Slogans.
2. Im Rahmen der Analyse von → Diffusionsprozessen bezeichnet Penetration die Durchdringung der Zielgruppe, wobei als Indikator meist die Erstkäuferrate oder die → Distributionsquote herangezogen wird.

Penetrationsstrategie

Spezifische → Preisstrategie im Lebenszyklus, bei der man das Produkt zu einem niedrigen oder gar aggressiven Preis einführt, um eine möglichst schnelle Marktpenetration zu erreichen. In späteren Lebenszyklusphasen kommen grundsätzlich alle möglichen Alternativen – also Preisbeibehaltung, Preissenkung und Preiserhöhung – in Betracht (→ Preisänderung). Die Penetrationsstrategie ermöglicht den Aufbau einer langfristig starken und überlegenen Marktposition. Sie führt aufgrund des i.d.R. schnellen Absatzwachstums und der damit verbundenen Erhöhung der kumulierten Produktionsmenge zu deutlichen Kostensenkungen (→ Economies of Scale, → Erfahrungskurve; → Kostenführerschaft). Durch die Kostenvorteile können - insbesondere in Verbindung mit den niedrigen Preisen - potentielle Konkurrenten vom → Markteintritt abgehalten werden (→ Entry Limit Pricing), bzw. der Markteintritt kann verzögert werden. Allerdings realisiert man bei der Penetrationsstrategie gerade in den ersten Lebenszyklusphasen nur geringe Stückdeckungsbeiträge und Gewinne. Höhere Gewinne lassen sich in Folge der niedrigeren Kosten und der überlegenen Marktposition üblicherweise erst in späteren Lebenszyklusphasen erzielen. Die Penetrationsstrategie setzt somit eine langfristige Orientierung und eine weit vorausschauende Planung voraus und beinhaltet ein größeres Risiko als die → Skimming-Strategie, bei der der umgekehrte Weg verfolgt wird. H.S./G.T.

PERCEPTOR

Entscheidungsunterstützendes → Positionierungsmodell für die Entwicklung und Positionierung von Neuprodukten des täglichen Bedarfs. Aus Daten von Labortests oder Testmärkten können Prognosen des langfristigen Marktanteils vor der Markteinführung errechnet werden. Der langfristige Marktanteil wird nach dem Modell von *Parfitt/Collins* (1986) aus Erstkauf- und Wiederkaufraten bestimmt. Wettbewerbsmarken und segmentspezifische Idealprodukte werden im Wahrnehmungsraum der Nachfrager abgebildet. Die Kaufwahrscheinlichkeit einer Marke wird gem. der Grundannahme des Modells durch die Nähe zum Idealpunkt bestimmt. PERCEPTOR berechnet den langfristigen Marktanteil aus den Erstkaufwahrscheinlichkeiten und den Wiederkaufwahrscheinlichkeiten, die aus den Distanzen im Wahrnehmungsraum bestimmt werden. In der Testphase wird der Wahrnehmungsraum zu zwei Zeitpunkten gemessen, nämlich wenn die Zielpersonen erstmalig mit dem neuen Produkt konfrontiert werden (daraus wird die Erstkaufwahrscheinlichkeit bestimmt) und wenn die Produktverwaltung schon erfolgt ist (daraus wird die Wiederholkaufrate gefolgert). Die Erstkaufwahrscheinlichkeit ergibt sich aus der Distanz der Position des Neuprodukts vom Idealpunkt im ersten Positionsmodell, multipliziert mit dem geplanten Werbedruck („Bekanntheitsgrad") und der geplanten Distributionsquote („Verfügbarkeit"). Die Wiederkaufswahrscheinlichkeit ergibt sich analog aufgrund der Distanz zum Idealpunkt aus dem zweiten Positionsmodell. Der Vergleich der geplanten Position mit den vor und nach der Verwendung wahrgenommenen Positionen liefert Informationen über die Wirksamkeit der Marketingkonzeption und die Zufriedenheit mit dem Produkt. PERCEPTOR ermöglicht

on-line-Computersimulationen mit verschiedenen Neuproduktpositionierungen und daraus resultierenden Marktanteilen.
V.T.

Literatur: *Parfitt, J.H.; Collins, J.K.*: Use of Consumer Panels for Brand Share Prediction, in: Journal of Marketing Research, Vol. 5 (1986), S. 131-148. *Urban, G.L.*: PERCEPTOR: A Model for Product Positioning, in: Management Science, Vol. 21 (1975), S. 858-871.

Periodeneffekt → Kohortenanalyse

PER-Maß

Maß zur Schätzung der Güte der → Klassifikation in der multiplen → Diskriminanzanalyse. Es gibt die prozentuale Reduktion von Fehlzuordnungen bei Anwendung der Diskriminanzfunktion an. Es wird berechnet unter Verwendung der Funktion

$$PER = \frac{D-P}{N-P},$$

D = Anzahl der durch die Diskriminanzfunktion korrekt klassifizierten Elemente
P = Anzahl der korrekten Zuordnungen unter optimaler Vorhersage ohne Diskriminanzfunktion = Anzahl der Elemente in der größten Gruppe
N = Anzahl der Elemente.
Dementsprechend steht das *PER*-Maß für die Prognosefähigkeit einer Diskriminanzfunktion. Ein großer Wert zeigt an, dass die Zuordnungsfähigkeit der Diskriminanzfunktion hoch ist.
L.H.

Permission-Marketing

ist ein Unterbereich des → interaktiven Marketing und bezeichnet alle operativen Maßnahmen des gezielten und auf dem Einverständnis des Empfängers beruhenden Direktmarketing.
Aktivitäten des Marketing können für die Adressaten mehr oder weniger erwünscht sein, wie z.B. die unterschiedliche → Werbeakzeptanz belegt. Mit der zunehmenden Mobilität von Güter- und insbes. Diensteangeboten, z.B. durch → Mobile Commerce, etwa aktuellen (entgeltlichen) Informationsdiesten via Handy oder anderen mobilen Kommunikationsgeräten, wird die individuelle Erwünschtheit derartiger Aktivitäten zur unabdingbaren Voraussetzung für die Akzeptanz. Wünscht ein Kunde z.B. eine vom Anbieter angestoßene („Push-")Information über Verkehrsstaus oder Kaufgelegenheiten via Handy, so muss zuvor - anders als im Fall des Abrufs durch den Kunden selbst („Pull-Information") seine Erlaubnis (engl. permission) dafür eingeholt werden. Individuell zusammengestellte Newsletter oder Werbematerial (→ Profiling) erreichen den Kunden (z.B. via Internet) bei entsprechender entgeltlicher oder kostenfreier „Subskription" dann ohne weitere Aufforderung, ggf. unter Nutzung der Kenntnis seines gegenwärtigen Aufenthaltsortes (*„location based systems"*).

Ausgangspunkt des Permission Marketing ist also die geäußerte Bereitschaft, kostenlose Informationen von einem Unternehmen zu empfangen. Hierdurch ist das Unternehmen berechtigt, die persönlichen Daten zu dem Interessenten zu speichern und das Informationsangebot mit den Methoden der → Personalisierung zu individualisieren.

I.w.S. zählen aber auch alle Aktivitäten im Zusammenhang mit solchen, vom Kunden ausdrücklich „freigegebenen" Aktivitäten vor, während und nach der Kontaktierung zum Permission-Marketing. Es umfasst damit die Kreierung, Vermarktung und Realisierung solcher unaufgeforderter Dienste.

Mit Permission-Marketing steigt die Vernetzung bzw. Integration von Anbietern und Nachfragern, was das Vertrauen des Kunden in die Leistungsfähigkeit und Individualität der Dienste voraussetzt. Z.B. können aktuelle Börsenkurse unterwegs mit vertraulichen Depotinformationen verknüpft und entsprechend aufbereitet oder Informationen zu persönlichen Interessengebieten (z.B. Sportergebnisse, Kaufgelegenheiten für bestimmte Produkte etc.) gezielt, d.h. ohne aktuelle Aufforderung des Kunden, an jedem einschlägigen Ort zugespielt werden. Permission-Marketing ist damit stets auch → Beziehungsmarketing, wobei der Kunde das Aktivitätsniveau „seiner" Anbieter (mit)steuert und damit eine noch stärkere Marktposition erhält.

Die Ausformung des Permission Marketing zu einem → Geschäftsmodell definiert sich im elektronischen Markt als → „Infomediär", der kostenlose Informationsservices im Austausch für persönliche Daten dem Kunden anbietet und seine Erlöse am Verkauf der Kundendaten erzielt.
R.St./H.D.

Permutationsverfahren

Variante der Streuplanung (→Mediaplanung), bei der innerhalb eines vorgegebenen Budgetrahmens eine Anzahl möglicher Lö-

Personaleffizienz

sungen eines größeren Lösungsraums systematisch auf die Mediawirkungen hin überprüft wird, um auf diese Weise den Lösungsraum aller möglicher Mediakombinationen auf optimale Gebiete hin abzusuchen.

Personaleffizienz

Deckungsbeitrag oder Umsatz je Beschäftigter; insb. im Handel verbreitete → Marketing-Kennzahl (→ Handels-Controlling).

Personalisierung

ist ein Begriff aus dem → Direktmarketing und bezeichnet i.e.S. die individuelle und persönliche Ansprache von Kunden/Interessenten (→ adressierte Werbesendung). Dabei kann jedes Element vom Versandumschlag über den → Werbebrief oder das Bestellformular bis hin zu kundenindividuellen → Beilagen personalisiert werden. Grundsätzlich sind zwei Arten dieser Personalisierung zu unterscheiden:
(1) rein adressbezogene Personalisierung: lediglich Adressangaben werden zur Personalisierung z.B. von Versandumschlag, Text oder Werbemittel verwendet;
(2) Personalisierung mit kundenindividuellen Daten: weitere kundenindividuelle Informationen, wie Geburtsdatum, Familienstand, Produktausstattung (z.B. KFZ) werden im Rahmen der Ansprache und Angebotserstellung - so weit bekannt - berücksichtigt (s.a. → Database-Marketing; → Mass Customization).

Personalisierung i.w.S. beinhaltet ganz allgemein die auf die Zielperson ausgerichtete Anpassung von Werbemitteln und Angeboten (→ Individualisierung). Die Personalisierung reicht von der einfachen individuellen Ansprache beim Katalogversand über die am Kundenprofil (→ Profiling) orientierte Anpassung der Kommunikationsinhalte, z.B. durch Empfehlungen beim aktiven Telefonmarketing oder auf der Web-Site, bis hin zur → Kundenintegration bei der individuellen Ausgestaltung der Kommunikationsmaßnahme, wie z.B. das individuelle Online Portal bei MyYahoo.com.

Personalisierung ist ein konstituierendes Merkmal des → Customer Relationship Marketing (CRM). Automatisches User → Tracking und mehrdimensionale Analyseroutinen (→ Information Filtering) assoziieren hierbei Nutzer anhand beobachteter oder erfragter Verhaltensdaten und Präferenzen mit bestimmten Kundenprofilen. Auf der Grundlage eines gewonnenen Profils suchen Vergleichstools (→ Recommender Systems) entsprechende Inhalte bzw. weisen bereits vorab inhaltlich indizierte Inhalte dem Profil zu und präsentieren dem Nutzer das Ergebnis in Form einer individualisierten Web-Site. R.St./N.G.

Literatur: *Strauß, R.E.; Schoder, D.:* Wie werden Produkte den Kundenwünschen angepasst?, in: *Albers, S.; Clement, M.; Peters, K.; Skiera, B.* (Hrsg.): eCommerce, Frankfurt 1999, S. 109-121.

Konzept des Internet-basierten One-to-One-Marketings

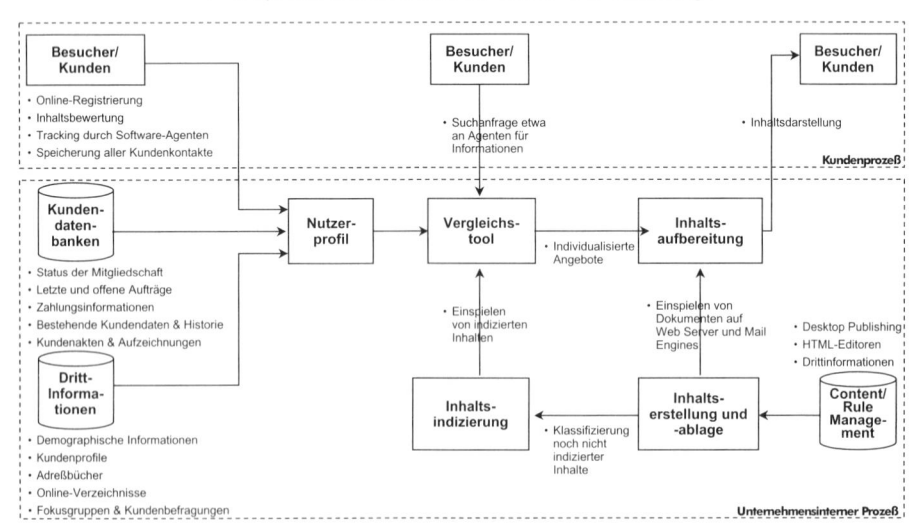

Personal Publicity

→ Public Relations für eine Person. Die Selbstdarstellung ist eigentlich die älteste Form der Public Relations. Sie ist für Politiker, Wirtschaftsführer, Sport- und Musikstars von großer Bedeutung. In Organisationen wirkt ein gutes Image der führenden Persönlichkeiten auch auf die Organisation selbst und deren Leistungen, motiviert die Mitarbeitenden und hält das Interesse der → Massenmedien wach („Names are news."). Mittel der Personal Publicity sind Interviews und „Porträts" in Massenmedien, Referate und weitere Auftritte in der Öffentlichkeit, Publikationen (Artikel, Bücher), persönliche Kontakte zu Opinion Leaders sowie → Networking. P.F.

Personal Selling → Persönlicher Verkauf

Personendarstellungen in der Werbung

Bei der Festlegung einer → Werbegestaltungsstrategie ist u.a. auch über den Einsatz von Personendarstellungen zu entscheiden. Die unterschiedlichen Möglichkeiten, Personen in der Werbung einzusetzen, werden in der Literatur häufig nach der Art ihres werblichen Auftritts bzw. der Art der Darsteller systematisiert. Hinsichtlich der Art des werblichen Auftritts kann unterschieden werden zwischen:

- *dekorativen Modellen*, d.h. Personen, die nicht in einem sachlichen Zusammenhang mit dem beworbenen Produkt stehen,
- Modellen mit *Präsenterfunktion*, d.h. Personen, die das Produkt empfehlen bzw. den „Sprecher" für das beworbene Produkt spielen,
- Modellen in *Konsumpose*, d.h. Personen, die das beworbene Produkt verwenden oder kaufen (→ Slice-of-Life-Werbung).

Nach der Art der Darsteller kann zunächst zwischen *Fiktivgestalten* (wie z.B. Tarzan oder dem Camel-Mann) und real lebenden → *Testimonials* unterschieden werden. Letztere lassen sich weiter unterteilen in:

- *Prominente*, d.h. bekannte Persönlichkeiten aus Film, Funk, Sport, Theater, Wirtschaft oder Politik (z.B. Franz Beckenbauer für E-Plus).
- *Experten*, d.h. Personen, denen aufgrund ihres Berufs, ihrer Erfahrungen oder ihres bekanntermaßen großen Wissens eine besondere Kompetenz im Hinblick auf die Beurteilung der Produktkategorie zugetraut wird (z.B. Köche für Speiseöl, Sportler für Sportbekleidung etc.).
- *Firmenangehörige*, d.h. Repräsentanten des Unternehmens, das das beworbene Produkt herstellt (z.B. Gilles Hennessy für Hennessy)
- *Typische Verbraucher*, d.h. „Menschen wie du und ich" (z.B. Hausfrauen in der Waschmittelwerbung).

Allerdings sind diese Systematisierungsansätze zum einen nicht überschneidungsfrei (z.B. prominente oder firmenangehörige Experten), zum anderen verlaufen die Grenzen zwischen den Modelltypen fließend (z.B. zwischen Präsenterpose und Konsumpose). Die eindeutige Einordnung der in realen Werbekampagnen eingesetzten Personendarstellungen in die Systematisierung ist daher häufig nicht möglich.

Zur Werbewirkung der verschiedenen Modellvarianten liegen bisher nur wenige empirische Befunde vor. So konnten in Experimenten beim Einsatz dekorativer Modelle in erster Linie Aufmerksamkeitseffekte und eine veränderte Produktwahrnehmung nachgewiesen werden. Neben diesen Werbewirkungseffekten lösten Prominente auch erhöhte Erinnerungswerte aus. Gem. den Ergebnissen einer Studie von *Friedman/Friedman* führt der Einsatz Prominenter in der Werbung für Produkte mit hohem sozialen Risiko zu einer positiveren Produkteinstellung als der Einsatz von Experten oder von typischen Verbrauchern. Demgegenüber sind Experten möglicherweise im Falle der Werbung für Produkte mit hohem finanziellen, funktionalen oder technischen Risiko besonders gut geeignet. Typische Verbraucher erzielten in der o.g. Studie bei Produkten, deren Kauf kaum Risiken birgt, die besten Ergebnisse. Firmenangehörige erhöhen möglicherweise die Glaubwürdigkeit der Werbeaussagen. E.T.

Literatur: *Mayer, H.*: Personendarstellungen in der Werbung: Forschungsergebnisse und -lücken, Werbeforschung & Praxis, 3/87, S. 77-83.

Personenmarken

sind in *rechtlicher Abgrenzung* Marken i.S. der → Markenpolitik als (Kenn-)Zeichen, deren → Markennamen mit einem Personennamen, einem Personennamensakronym oder einer Personennamensabkürzung identisch und nach § 3 Abs. 1 MarkenG (Markengesetz) schutzfähig sind. Nach dem *Ursprung* der Personennamen muss weiter danach differenziert werden, ob es sich um den verwendeten Eigen- oder Künstlernamen einer bestimmten realen (lebenden oder historischen) Person handelt (Beispiele: *Karl Lagerfeld*, Siemens, *Michael Schumacher*), der Personenname Bezug zu einer vorhandenen fiktiven Figur aufweist (Beispiele: James Bond, Laura Croft, Nike) bzw. ob dieser Bezug erst im Rahmen der Markenpolitik durch Personifizierung hergestellt wird (Beispiele: Uncle Ben's, Meister Proper). Weiterhin können reine Namensmarken verwendet werden, bei denen solche direkten Beziehungen nicht existieren (Beispiele: Brigitte, Emma, Carina).

Aus einer *nachfragerorientierten Perspektive* muss danach unterschieden werden, ob die Markenbetrachter mit der Personenmarke eine Persönlichkeit assoziieren (Personenmarken i.e.S.) oder eine solche Assoziation unterbleibt. So kann z.B. bei Firmenmarken, deren Ursprung im Namen des Unternehmensgründers liegt, der Namensstifter in der Wahrnehmung der Nachfrager nicht bzw. nicht mehr in Erscheinung treten (Beispiele: Siemens, adidas, Kellogg's, IKEA). Bei Personenmarken i.e.S. kann die namensstiftende Person hingegen beispielsweise durch intensive Medienpräsenz imagebildend bzw. sogar imageprägend wirken. Die Besonderheit der Personenmarken i.e.S. liegt daher darin begründet, dass ein → Imagetransfer von der namensstiftenden Person auf das Markenimage stattfindet (Beispiele: *Karl Lagerfeld*, *Wolfgang Joop*). Diese Systematisierung ist jedoch nicht überschneidungsfrei, da die Wahrnehmung der Nachfrager naturgemäß intersubjektiv variiert.

Im Rahmen des → Licensing werden oftmals die Bekanntheit und damit zusammenhängend das Image von Prominenten genutzt, um zumeist sachleistungszentrierte Leistungsbündel mit einer Personenmarke zu kennzeichnen (Beispiele: Air Jordan, *Gabriela Sabatini*). Als sog. → Dienstleistungsmarken weisen Personenmarken in der Regel einen noch engern Bezug zum Namensstifter und dessen Leistungsbündeln auf bzw. sind damit identisch. Diese Form der Markierung ist vor allem in der Unterhaltungsbranche anzutreffen (Beispiele: *Harald Schmidt*, *Hans Meiser*). In einem generischen Marketingverständnis wird in diesem Zusammenhang teilweise von der Notwendigkeit zu einem *Selbstmarketing* gesprochen. Allerdings sind die angesprochenen Wirkungsweisen des positiven wie auch negativen Imagetransfers und die sich daraus ergebenden marketingpolitischen Besonderheiten von Personenmarken bislang noch wenig erforscht. M.W.

Personenstichprobe

→ Stichprobe, bei der alle Personen die gleiche Auswahlwahrscheinlichkeit erhalten. Dies kann rechnerisch, durch „Umgewichtung" aus der → Haushaltsstichprobe, oder auch direkt dadurch geschehen, dass Personen die Auswahleinheit bilden (vgl. auch → Auswahl mit ungleichen Wahrscheinlichkeiten, → Hochrechnung).

Persönliche Kommunikation (interpersonelle Kommunikation, direkte Kommunikation)

ist eine Form der Marktkommunikation (→ Kommunikation), die sich durch einen unmittelbaren persönlichen Informationstransfer zwischen zwei oder mehr Partnern auszeichnet. Im Gegensatz zur einseitigen Massenkommunikation wechseln bei interpersoneller Kommunikation die Rollen des Senders und des Empfängers von Informationen zwischen den Stellen (→ Dialogmarketing). So ist eine direkte Rückkopplung möglich und es kommt zu einem Austauschprozess, der auch als → Interaktion bezeichnet wird. Dadurch ist die direkte Kommunikation flexibler als die Massenkommunikation und durchbricht eher als diese die „Barriere" der selektiven Informationsaufnahme (→ Informationsverhalten).

In Rahmen der direkten Kommunikation sind einerseits die vom Unternehmen initiierten Aktivitäten gegenüber dem Kunden von Bedeutung. Wichtige Instrumente des Marketing wie der → persönliche Verkauf (→ Verkaufsgespräch, → Verhandlungsstil), bestimmte Formen der → Verkaufsförderung sowie die Beratung auf Messen (→ Messen und Ausstellungen) ermöglichen einen direkten Kontakt. Auch das → Direktmarketing nimmt in diesem Bereich eine wesentliche Stellung ein.

Andererseits kommunizieren die Konsumenten untereinander über Kauf- und Konsumerfahrungen, Einkaufsstätten usw. (→ Mund-Werbung). Derartige persönliche Empfehlungen sind glaubwürdiger als inhaltlich vergleichbare Anbieterinformationen und unterliegen keinen wettbewerbsrechtlichen Beschränkungen. Die Relevanz der persönlichen Kommunikation unter den Konsumenten für den Markterfolg von Konsumgütern kann daher kaum überschätzt werden. Schließlich dient sie dem

Abbau von subjektivem Kaufrisiko und kognitiven Dissonanzen. Verschiedene empirische Befunde zum Konsumentenverhalten deuten darauf hin, dass Ausmaß und Richtung der persönlichen Kommunikation personen- und produktspezifisch unterschiedlich ausgeprägt sind. So erweisen sich → Meinungsführer als besonders aktive Informationsanbieter, Angehörige der unteren sozialen Schicht eher als Nachfrager derartiger Informationen (schichtspezifisches Konsumentenverhalten). Weiterhin tendieren Personen mit hohem → Involvement zu persönlicher Kommunikation über „ihr" Produkt. Schließlich ist die persönliche Kommunikation bei Neuprodukten besonders intensiv und entscheidend für den Markterfolg (→ Diffusionsprozess). I.M.

Literatur: *Kroeber-Riel, W.; Weinberg, P.:* Konsumentenverhalten, München 1999. *Kirstges, Th.:* Gestaltungsmöglichkeiten der persönlichen Kommunikation im Investitionsgütermarketing, Mannheim 1991. *Hummrich, U.:* Interpersonelle Kommunikation im Konsumgütermarketing, Wiesbaden 1976.

Persönlicher Verkauf (Personal Selling)

Bestandteil der → Verkaufs- und Außendienstpolitik mit vorwiegend kommunikativen, aber auch organisatorischen Problembereichen. Persönlicher Verkauf umfasst alle Formen des → Verkaufs, bei denen Verkäufer und Kunden in direkten dyadischen oder multipersonellen Kontakten zueinander stehen. Während sich die Kontakte beim Telefonverkauf auf die verbale Ebene beschränken, umfassen sie beim Besuchsverkauf, dem Fahrverkauf und dem → Haustürverkauf auch die → nonverbale Kommunikation (insb. die Gesichts- und Körpersprache).
Eine theoretische Basis erfährt das Marketing-Instrument Persönlicher Verkauf neben der → Lerntheorie und der Motivforschung insb. in der → Interaktionstheorie sowie in der → Kommunikationsforschung. Die Anwendung der dort entwickelten allgemeinen Konzepte und Hypothesen auf das Problemfeld des Verkaufs führt zur sog. Verkaufspsychologie bzw. → Verkaufstechnik. Besonders virulent ist die Problematik im → Investitionsgütermarketing sowie im → Bank- und → Versicherungs-Marketing. Viele Unternehmen investieren erhebliche Beträge in ein professionelles → Verkaufstraining, wo Motivation zum und optimales Verhalten beim Verkauf vermittelt werden soll.

Der erzielbare Verkaufserfolg ist ganz generell abhängig von der Einsatzeffizienz der verschiedenen Verkaufstechniken, die sich im → Verkaufsgespräch, der → Verkaufsdemonstration, der → Verkaufsargumentation einschl. → Preisargumentation und der Technik im → Verkaufsabschluss niederschlagen (s.a. → Adaptive Selling). A.B.

Literatur: *Bänsch, A.:* Verkaufspsychologie und Verkaufstechnik, 7. Aufl., München 1997. *Klammer, M.:* Nonverbale Kommunikation beim Verkauf, Heidelberg 1989.

Persönlichkeitsrecht

Persönlichkeitsrechte sind zur Entfaltung der freien Persönlichkeit und zur Menschenwürde i.S. der Art. 1 f. GG auch privatrechtlich geschützt. Rechtsgrundlagen sind das → Namensrecht nach § 12 BGB, das Recht am eigenen Bild nach dem Kunsturhebergesetz (KUrhG), das Recht auf Schutz der Privat- und Intimsphäre, der Schutz vor Beleidigungen, Verleumdungen und Kreditgefährdung gem. §§ 185 f. StGB, 823 f. BGB sowie das Recht auf gesundheitliche und informationelle Selbstbestimmung nach §§ 823 I, 1004 BGB. Spezialgesetzliche Vorschriften, wie die Landespressegesetze, das BundesdatenschutzG und das TKG mit Nebengesetzen kommen hinzu.

Für das Marketing ist neben dem → Datenschutz das Recht am eigenen Bild besonders wichtig. Es wird nach § 23 Abs. 1 Kunsturhebergesetz (KUrhG) dahingehend modifiziert, dass der Rechtsinhaber unter bestimmten Voraussetzungen verpflichtet ist, die Benutzung zu gestatten, insbes. bei Persönlichkeiten der Zeitgeschichte, wobei die Duldungspflicht aber wiederum unter der Voraussetzung steht, dass keine „berechtigten Interessen" entgegenstehen. Grundsätzlich ist eine Interessenabwägung geboten, jedoch gelten im Privat- und Intimbereich absolute Grenzen. Daraus ergeben sich wichtige Einschränkungen für die werbliche Verwendung von Bildmaterial. Insbes. die Abbildung sexueller Intimbereiche kann unzulässig sein.

Rechtsfolgen verletzter Persönlichkeitsrechte sind der Unterlassungs- und Beseitigungsanspruch nach §§ 823 I, 1004 BGB, der Schadensersatz und Immaterial-Schadensersatz nach §§ 823 I, 847 BGB analog und der Bereicherungsanspruch nach § 812 I BGB. Hinzukommen Widerrufs- und Gegendarstellungsansprüche nach den Landespressegesetzen. H.He.

Persönlichkeitsstärke

im Rahmen von → Verlagstypologien verwendetes → Marktsegmentierungsmerkmal zur qualitativen Beschreibung von Zielgruppen, das auf Selbsteinstufungen der Befragten, Intervieweraufzeichnungen über die Eindrücke von den Befragten sowie objektiven statistischen Daten basiert. Für die Selbsteinstufung werden 13 Indikatoren auf Ratingskalen erhoben. Die Konzeptionierung stammt vom Institut für Demoskopie Allensbach.

Die Erhebungen zeigen, dass die deutsche Bevölkerung über 14 Jahre sich relativ gleichmäßig auf die vier nach den Indikatoren gebildeten Gruppen der Persönlichkeitsstärke aufteilt. 25 % bzw. 28% zählen zu den „sehr starken" bzw. „überdurchschnittlichen", 24% bzw. 22 % zu den „schwachen" bzw. „sehr schwachen" Personen hinsichtlich Persönlichkeitsstärke. Das Merkmal ist dabei stark schicht- und altersabhängig. H.D.

Perspektivenübernahme (PÜ)

„role taking" oder „perspective taking" ist ein Forschungsgebiet der Sozialpsychologie, welches einen Beitrag zur stärkeren → Kundenorientierung im Management leisten kann. Kundenorientierung ist eine spezielle Ausprägung der PÜ, das virtuelle Hineinversetzen in den Kunden, um
a) seine Perspektive und das daraus resultierende Handeln zu antizipieren (wie sieht der Zielkunde seine Situation, was sind seine Probleme und Wünsche?) und b) Konsequenzen für das eigene Handeln abzuleiten (wie muss ich als Unternehmen/Mitarbeiter auf diese Wünsche reagieren?). Marketing-Forderungen wie „to put yourself into the customers shoes", „in den Gehirnwindungen ihrer Kunden…zu denken", „taking an objective look at the market from the end user perspective" und „define the customers needs from the customers point of view" können mit Hilfe der PÜ untersucht werden.

PÜ ist ein mehrdimensionales Konstrukt aus sozial-kognitiven und kognitiven Fähigkeiten. Dazu gehören Perspektivendifferenzierung, Perspektivenwechsel, rekursives Denken, zeitliches Ordnen, Kausalitätsdenken und Vorstellungsvermögen. Die räumlich-visuellen, perzeptuellen und affektiven Arten der PÜ setzen unterschiedliche Fähigkeiten voraus. Der für Kundenorientierung notwendige PÜ-Prozess entwickelt sich im Kindesalter, wird sozial erlernt und reift bis zum Erwachsenenalter. PÜ-Defizite können auf Entwicklungsprobleme (z.B. Deprivation) oder fehlende Motivation zurückgeführt werden. Grundlage der PÜ ist MEAD's → Interaktionstheorie. Danach wollen Menschen Sichtweisen anderer antizipieren, sie hegen Erwartungen an deren Verhalten und nehmen implizit an, dass andere genauso vorgehen. PÜ wird als Voraussetzung für interpersonales Verstehen, erfolgreiche Interaktion und Kommunikation sowie als notwendige Bedingung in allen Momenten sozialen Handelns angesehen. PÜ wurde bisher hauptsächlich unter entwicklungspsychologischen Aspekten betrachtet.

Studien mit Kindern und Jugendlichen unterschiedlicher Altersstufen zeigen, dass mindestens drei verschiedene Arten der PÜ zu unterscheiden sind:

1. *Visuell-räumliche PÜ*: unterschiedliche Perspektiven zu begreifen, zwischen Ihnen zu unterscheiden und zwischen ihnen zu wechseln.
2. *Konzeptuelle PÜ*, auch informationsbezogene oder kognitive PÜ, bezieht sich auf das Verständnis der Gesamtsituation einer anderen Person.
3. *Affektive PÜ*: zur Wahrnehmung von Gefühlen anderer fähig sein.

Fünf kognitive Teilfähigkeiten der Rollenübernahme, die Stufen des Fähigkeitserwerbs beim Kind aufzeigen, lassen sich weiterhin unterscheiden:

1. *Vorhandensein* (existence): Bewußtsein von ‚Perspektive'
2. *Voraussetzung* (need): Bewusstsein, dass in bestimmten Situationen eine Analyse der Perspektive anderer gefordert wird und dass eine solche Analyse nützlich zur Erreichung des eigenen Ziels ist.
3. *Vorhersage* (prediction): Fähigkeit, diese Analyse durchzuführen.
4. *Bereithalten* (maintenance): Fähigkeit, die Ergebnisse der Analyse im Gedächtnis zu behalten.
5. *Anwendung* (application): Fähigkeit, die Kognitionen auf das eigene Ziel anzuwenden.

Andere Forscher unterscheiden, ausgehend vom Egozentrismus des Kleinkindes, drei Stufen der Dezentrierung, die eine Entwicklungssequenz bilden:

1. *Perspektivendifferenzierung*, das Wissen um die Differenz zweier Perspektiven,

2. *Perspektivenwechsel*, die inhaltliche Ausgestaltung der fremden Perspektive, und
3. *Perspektivenkoordination*, die auf Meta-Ebene vollzogene Integration inhaltlich unterschiedlicher Perspektiven.

PÜ hängt mit *Empathie* zusammen. Zwischen beiden Konstrukten bestehen Überschneidungen. Kritiker verstehen unter affektiver PÜ nur das Verständnis der Gefühle anderer, während Empathie auch die Fähigkeit des Miterlebens der Emotionen des Gegenübers einschließt.

Wenn es um die Kundenorientierung des gesamten Unternehmens geht, reicht die Betrachtung des einzelnen Mitarbeiters nicht aus. Der kundenorientierte Mitarbeiter ist eine notwendige, aber nicht hinreichende Grundlage der kundenorientierten Organisation. Individual- und sozialpsychologische Theorien können schlecht auf das Verhalten der gesamten Organisation angewendet werden. Hierzu dienen Ansätze wie sie bei Kundenorientierung beschrieben sind. Der PÜ-Ansatz ermöglicht neue Formen der Bewertung und Entwicklung eines systematischen Kundenorientierungs-Trainings, für kundenorientierte Zielvereinbarungen und ein Kundenorientierungs-Controlling mit Hilfe einer noch wissenschaftlich zu entwickelnden Skala.

V.T./M.Dr.

Literatur: *Geddes, L.*: Through the Customers' Eyes. Improving your Company's results with the CORe Method, New York 1993. *Geulen, D.*, (Hrsg.): Perspektivenübernahme und soziales Handeln. Texte zur sozial-kognitiven Entwicklung, Frankfurt a.M. 1982. *Trommsdorff, V.*: Kundenorientierung verhaltenswissenschaftlich gesehen, in: *Bruhn, M.; Steffenhagen, H.*: Marktorientierte Unternehmensführung, Festschrift zum 60. Geburtstag von Heribert Meffert, 2. Aufl., Stuttgart, 1998, S. 276-293.

Persuasion → Werbetests

PERT (Program Evaluation and Review Technique)

vielfach angewandte Methode der → Netzplantechnik, bei der im Gegensatz zu → CPM das Hauptaugenmerk auf den Ereignissen eines Projekts liegt (Ereignisgraphen). Die Besonderheit von PERT liegt darin, dass Zeitangaben stochastisch formuliert werden.

Perzeption → Wahrnehmung,
→ Präferenzpolitik

Pfadanalyse

klassische Methode zum Test von Pfad- und Kausalmodellen, die als Spezialfall ökonometrischer Modelle aufgefasst werden kann (→ Kausalanalyse). Die Konzepte der Pfadanalyse bilden die Notation für Kausalmodelle. *Wright's* klassischer Ansatz der Pfadanalyse geht von rekursiven Modellen mit manifesten Variablen aus. Die Anwendung ist auf metrische Variablen beschränkt.

Ein Programmsystem, das weitgehend auf dem pfadanalytischen Ansatz beruht, ist das Programm → LVPLS, das auch die Möglichkeit der Spezifikation und der Prüfung von Pfadmodellen mit latenten Variablen (Hauptkomponenten) zulässt. L.H.

Pfaddiagramm

dient zur Abbildung von kausalen und korrelativen Beziehungen bei der Modellierung von sozial- und wirtschaftswissenschaftlichen Theorien (→ Kausalanalyse). Das Modell besteht aus folgender Symbolik: Beobachtbare Variablen werden durch Quadrate und nicht beobachtbare, latente Variablen durch Kreise gekennzeichnet. Kausale Abhängigkeiten werden durch gerichtete Pfeile von der unabhängigen auf die abhängige Variable dargestellt, korrelative Beziehungen durch Doppelpfeile.

Ein Pfaddiagramm mit LISREL-Symbolik

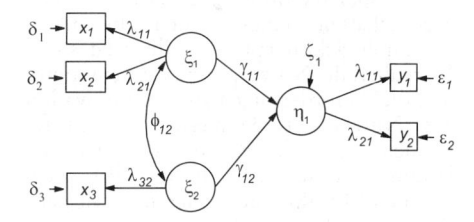

Die → Pfadanalyse geht nur von direkt gemessenen Variablen aus und verwendet eine lateinische Symbolik. Die Kausalanalyse mit Strukturgleichungsmodellen unterscheidet zwischen Beobachtungsebene und theoretischer (latenter) Ebene durch eine lateinische und griechische Symbolik. L.H.

Literatur: *Asher, H.B.*: Causal Modelling, 2. Aufl., Beverly Hills 1986.

Pflegesatz

Die Kliniken verrechnen ihre Leistungen unterschiedlich entsprechend dem Versicherungsstatus ihrer Patienten (s.a. → Medizin-Marketing):

(1) *Kassenpatienten*: Der GKK wird ein Tages-Pflegesatz in Rechnung gestellt, der ärztliche Leistungen, Pflege und Unterbringung umfasst. Jede Fachabteilung stellt entsprechend ihrem Leistungsumfang und ihren Kosten einen eigenen Pflegesatz in Rechnung. Anstelle des Pflegesatzes kann eine Fallpauschale treten, die von der Aufenthaltsdauer des Patienten unabhängig ist. Das Risiko einer langsamen Heilung oder von nicht vorhersehbaren Komplikationen trägt hier die Klinik.

(2) *Kassenpatienten mit privater Zusatzversicherung für stationäre Behandlung*: Mit der GKK wird der vereinbarte Pflegesatz abgerechnet. Über die ärztlichen Leistungen nach der GOÄ erhält der Patient eine Rechnung, von der das im Pflegesatz enthaltene und der GKK in Rechnung gestellte Honorar abgezogen wurde. Diese Rechnung reicht der Patient bei seiner PKK ein.

(3) *Privatpatienten*: Ihnen werden Pflegesatz und die ärztlichen Leistungen nach der GOÄ in Rechnung gestellt. Sie reichen diese Rechnungen bei ihrer PKK ein.

Pflichtenheft

aus der Innovationsforschung stammender Begriff im Zusammenhang mit der → FuE-Planung. Pflichtenhefte umfassen die genauen Spezifikationen der erforderlichen Eigenschaften eines neuen Produktes (Technologiekonzeption), während das sog. Lastenheft die Nutzerperspektive einnimmt und die Anforderungen an eine Innovation aus Nutzersicht definiert. Plichtenhefte können – etwa im Rahmen der Produktleistungsanalyse (→ Produktpolitik) – rein internen Charakter besitzen oder – wie häufig im → Zuliefergeschäft – rechtliche Verbindlichkeit durch entsprechende Verträge erlangen.

PGP (Pretty Good Privacy Protection)

ist v.a. im → E-Commerce verwandtes Verfahren zur Verschlüsselung von Daten bei der Übertragung im Internet, insbesondere für den Versand von E-Mails. Das Verfahren basiert auf einer asynchronen Struktur, die zwei Kodierungsschlüssel verwendet. Während ein öffentlicher Schlüssel (Public Key) zur Verschlüsselung an Kommunikationspartner herausgegeben wird, bedarf es eines privaten Schlüssels (Private Key) zur Dekodierung der verschlüsselten Nachrichten beim Empfänger. B.Ne.

PGR (Psychogalvanische Reaktion)
→ Hautwiderstandsmessung

Physische Distribution
→ Marketing-Logistik

Pick-Up-Service → Zustellservice

Pilotstudie → Leitstudie

PIMS

US-amerikanisches Programm der → Strategieforschung bzw. Erfolgsfaktorenforschung. Spezifische Zielsetzung des PIMS-Programms ist die großzahlige empirische Erforschung der „laws of the market place". Regressionsanalytisch wird nach den → Erfolgsfaktoren gesucht, die die Rentabilität (ROI) am weitestgehenden erklären (37 Faktoren erklären ca. 70% der Varianz des ROI). Merkmalsträger sind ca. 3000 Geschäftseinheiten von ca. 30 Mitgliedsunternehmen. Sie nutzen die PIMS-Datenbank für meist vergleichende Analysen ihrer eigenen Geschäftseinheiten mit strukturell ähnlichen Geschäftseinheiten anderer Unternehmen. Dazu kann z.B. der tatsächliche ROI einer Geschäftseinheit dem über die Datenbank berechneten PAR ROI gegenübergestellt werden. Dies ist die normalerweise zu erwartende Rentabilität einer Geschäftseinheit mit bestimmten strategischen Merkmalen. Institutionalisiert ist das Projekt beim Strategic Planning Institute. G.M.

Literatur: *Buzzell, R.D.; Gale, B.T.*: Das PIMS-Programm, Wiesbaden 1989.

Pinguineffekt

bezeichnet das Phänomen, dass sich die Teilnehmerzahl von Kommunikationssystemen (Installierte Basis) vor dem Erreichen der sog. kritischen Masse hemmend auf den Diffusionsverlauf der Systeme auswirkt, während sie nach dem Überschreiten der kritischen Masse diffusionsfördernd wirkt. Oftmals kommt es mit Erreichung der kritischen Masse zu einem sprunghaften Anstieg der Installierten Basis und dem Wirksamwerden eines sog. Schneeballeffektes. Die Ursache hierfür ist in der unmittelbar nutzensteigernden Wirkung der Teilnehmerzahl (sog. direkte Netzeffekte) bei → Kritische Masse-Systemen zu sehen (vgl. auch → Systemgüter). R.Wei./T.R.

Literatur: *Weiber, R.:* Der virtuelle Wettbewerb, Wiesbaden 2000.

Pionierstrategie

Bezeichnet eine → Markteintritts- sowie → Wettbewerbsstrategie, die durch den Zeitpunkt des Markteintritts → strategische Wettbewerbsvorteile erzielen will. Das Pionierunternehmen tritt als Erstes in den Markt ein. Da der Markt de facto erst durch ihn geschaffen wird, liegt der Strategieschwerpunkt zum Zeitpunkt des Aufbaus im Marktaufbau. Voraussetzung für eine Pionierstrategie ist eine aktive → FuE-Strategie. Potenzielle Vorteile einer Pionierstrategie sind das frühzeitige Entwickeln von Markt-Know-how und der Aufbau einer Marktposition (z.B. *Consors* als Online-Broker), der Aufbau von Kundenloyalität durch ein progressives technologisches Image (z.B. *Chrysler Voyager* als erster Van), die Beeinflussung der Branchenentwicklung z.B. durch das Setzen von Industriestandards wie VHS im Videobereich, Kostenvorteile durch das Ausnutzen von Erfahrungskurveneffekten (→ Erfahrungskurve (Lernkurve)) sowie die Erzielung eines besseren Preises. Die Risiken dieser Strategie liegen insbesondere in den hohen Kosten der Markterschließung, die von Nachahmern nicht mitgetragen werden und in der Gefahr, Pionierfehler zu begehen.

R.N.

Pionierunternehmen

Unternehmen, das mit einer echten → Innovation auf den Markt kommt (→ FuE-Strategien; → Markteintrittstrategien) und aufgrund des innovativen Charakters während eines gewissen Zeitraumes den Status eines Monopolisten (→ Monopol) besitzt, der besondere Spielräume bei der → konkurrenzorientierten Preisstrategie besitzt (→ Innovationsmanagement, → Technologie-Strategien).

Pipeline-Effekt

Unterschied zwischen der Absatzmenge ab Fabrik und jener ab Einzelhandel pro Periode. Der Effekt ist darauf zurückzuführen, dass der Auf- oder Abbau der Läger des Handels nicht in die Überlegungen einbezogen wird, woraus häufig Fehldispositionen der Produzenten resultieren. Beachtlich ist der Pipeline-Effekt insb. bei neuen bzw. auslaufenden Produkten und bei stark ansteigender bzw. stark abfallender Branchenkonjunktur, die i.d.R. mit einem entsprechenden Lagerauf- bzw. Lagerabbau einhergeht.

Plagiat

bedeutet zum einen - im Sinne des „unkreativen Plagiats" - ein über Diebstahl geistigen Eigentums durch unrechtmäßige Nachahmung entstandenes Produkt (→ Markenschutz, → Markenpiraterie). Zum anderen bedeutet es - im Sinne des „kreativen Plagiats" - die rechtlich zulässige Nachahmung eines bestehenden Produkts, etwa wenn kein Sonderrechtsschutz besteht und dient dann zur Aufrechterhaltung des Wettbewerbs.

Plakatwerbung (Plakatanschlag)

bezeichnet alle Formen der Werbung mit Hilfe von Plakaten in Form von Innenplakaten sowie in Form von → Außenwerbung, sofern sie nicht der → Dauerwerbung und der → Verkehrsmittelwerbung zuzuordnen ist. Plakatwerbung stellt einerseits das älteste Medium wirtschaftlicher Werbung, andererseits eine bedeutsame Ausdrucksform der Kunst dar. Die verschiedenen Anschlagsformen unterscheiden sich durch das Plakatformat, durch die äußerliche Form des Trägers sowie durch die Standorte (*Abb.*). Die Plakatformate entsprechen in der Bundesrepublik einem Grundfomat eines 1/1 Bogens (84cm * 59cm in der Hochlage, 59cm * 84cm in der Querlage) eines Vielfachen davon oder sind darin teilbar.

Hauptumsatzträger der Plakatwerbung sind die sog. *Allgemeinen Anschläge* wie etwa Litfaßsäulen oder Tafeln, auf denen mehrere Werbungtreibende gleichzeitig Werbung veröffentlichen, die *Großflächen*, die → *City-Light-Poster* und die *Ganzsäulen*. Von den weitgehend normierten Formen des Plakatanschlags in den „Allgemeinen Geschäftsbedingungen für den Plakatanschlag" des Fachverbands Außenwerbung (FAW) unterscheiden sich die *Spezialstellen*, wie z.B. Dreieckstände an Messen, die *Schaufensternutzung* für Plakatanschlag sowie die Formen des „*Wildanschlags*" an Bauzäunen und Häuserwänden als unbefugter Anschlag von Plakaten auf öffentlichem Grund und Boden. Die Grenzen des Plakatanschlags liegen in seiner quantitativen Ausdehnung. Bedeutende Konkurrenz hat die klassische Plakatwerbung mit der Einführung der City-Light-Poster bekom-

Unterscheidung der wichtigsten Plakatanschlagsformen

Anschlag-Formen / Anschlag-Kriterien	Großflächen	City-Light-Poster	Ganzsäule	Allgemeiner
1. Werbungstreibende pro Anschlagstelle	einer	einer	einer	mehrere
2. Standort	vorwiegend in gewerblichen Gebieten und Ausfall-Straßen	an hochfrequentierten Plätzen, Wartehallen, überwiegend in Stadtzentren/Bushaltestellen	überwiegend an Brennpunkten der Städte in Einkaufszentren und Wohngebieten	keine Schwerpunkte; gleichmäßige Verteilung auf Ort/Gemeinde
3. Standortbeschreibungsbogen	ja	nein	ja	nein
4. Belegungsmöglichkeiten	Einzelbelegung	Netzbelegung (je nach Größe der Netze auch mehrere Netze auf einmal)	Einzel-, Gruppen- und Netzbelegung	Netzbelegung (in Großstädten auch Teilbelegung)
5. Kosten	relativ hohe Kosten	hohe Kosten	mittlere Kosten	niedrige Kosten

men. Diese Form des Plakatanschlags ist der traditionellen Plakatwerbung in der Attraktivität des Äußeren, in der Beleuchtung am Abend und in ihrer hohen Standortqualität im Bereich der Innenstadt überlegen. Trotz der steigenden Attraktivität der City-Light-Poster bleibt die Großfläche die führende Plakatform (Bruttoumsatz 1999: 494 Mio DM).

Die *Funktion* des Mediums Plakat liegt v.a. in der Verbreitung der werblichen Information im „öffentlichen Raum", insb. dort, wo die Werbebotschaft zusätzlich in Verkaufsschwerpunkten und/oder Testgebieten gestreut werden soll. Aus der historischen Zweckbestimmung als Bekanntmachungsmedium gegenüber breitesten Bevölkerungsschichten hat es bis heute die Eigenschaft behalten, Medium mit hoher Breitenwirkung und regionaler Abgrenzbarkeit, aber geringer Selektivität gegenüber Zielgruppensegmenten zu sein. Die besondere Eignung der Plakatwerbung liegt in der überdimensionalen Produktpräsentation ebenso wie in der Vermittlung von Impulsen, z.B. auf dem Weg zum Einkaufsort oder direkt am Point of Sale. Dem Charakter des Mediums entsprechend, handelt es sich i.d.R. um Kurzinformationen und verhältnismäßig flüchtige Kaufanstöße. In einigen Branchen mit → Werbebeschränkungen (z.B. Zigarettenwerbung) stellen Plakate eine attraktive Möglichkeit zur Breitenwerbung dar.

Die Informationsübermittlung wird durch das überwiegend hektische Umfeld (Straßensituation) beschränkt (→ Informationsüberlastung). Eine schnelle, problemlose Aufnahme und Verarbeitung der Werbebotschaft durch Einsatz einfacher, einprägsamer Darstellungen und kurzer aussagefähiger Texte zeichnet den Erfolg eines Plakates aus.

Der *Plakatanschlag* als eingespieltes, organisiertes und genormtes System wird durch die beteiligten Werbetreibenden, Werbemittler und Anschlagsunternehmen betrieben. Werbemittler und Anschlagsunternehmen übernehmen die logistischen Abläufe. Die *Allgemeinstelle* (Allgemeiner Anschlag) zeigt eine große Vielfalt werblicher Möglichkeiten nach Branchen und Größe der Werbetreibenden, Ganzstellen und Großflächen werden dagegen meist von Markenartiklern genutzt. Die Anschlagdauer beträgt nach den Richtlinien des Fachverbands Außenwerbung e.V., falls nicht anders vereinbart, grundsätzlich 10 Tage (Dekadensystem). Um die Durchführung einheitlich ablaufender Werbefeldzüge im gesamten

Bundesgebiet zu ermöglichen, ist das Kalenderjahr in 35 Dekaden unterteilt worden, die entweder 10 oder 11 Tage umfassen. Bis zu 90 Tagen vor Anschlagsbeginn hat jede Partei ein Rücktrittsrecht. Der Bogentagesspreis für einen Bogen (1/1) an einer Stelle für die Dauer eines Tages ist die Grundlage zur Berechnung der Kosten. Sie schwanken je nach Ort/Gemeinde und anbietenden Unternehmen zwischen 0,86 und 1,05 DM (1999). Für 1/2- und 1/4-Bogen werden bestimmte Abschläge berechnet.
Großflächen sind Plakate im 18/1-Bogen-Format. In den letzten 9 Jahren konnten Sie ein Stellenwachstum von ca. 70% verzeichnen. Im Jahr 1999 wurden insgesamt rund 230.000 Großflächen angeboten. Der durchschnittliche Tagespreis lag bei 16,15 DM. Als vorteilhaft erweist sich, dass die Großflächen einzeln buchbar sind.
Zunehmender Beliebtheit erfreut sich das → City-Light-Poster. Etwa 77000 hinterleuchtete Plakatvitrinen sind mittlerweile in deutschen Wartehallen des öffentlichen Personenverkehrs oder frei stehend in Innenstädten, Fußgängerzonen und Bahnhöfen installiert. Sie werden in Netzen gebucht, welche sich meist über ein ganzes Stadtgebiet erstrecken. Die Preise für die Vitrinen betragen pro Tag zwischen 11 DM und 30 DM, wobei die Belegung entweder pro Woche oder pro Dekade erfolgen kann.
Bei der *Ganzsäule* handelt es sich um eine Litfaßsäule, die über eine Belegungsperiode von nur einem Werbungtreibenden belegt werden kann. In Deutschland gibt es mittlerweile rund 17000 Ganzsäulen, auf die etwa 6,3% der jährlichen Ausgaben für Aussenwerbung entfallen, im Jahr 1999 waren es 80 Mio. DM. Im Durchschnitt kosten die einzeln buchbaren Säulen pro Tag 25,55 DM
Die für die *Mediaplanung* notwendigen Daten zur Plakatwerbung - wie Reichweiten, Kontakthäufigkeit und TKP - liefert z.T. die *Plakat-Mediaanalyse (PMA)*, die vom Fachverband für Aussenwerbung e.V. in Auftrag gegeben wurde. Die PMA bietet zahlreiche Auswertungs- und Anwendungsmöglichkeiten für die Belegung von Großflächen, Ganzsäule und City-Light-Posters. Die Daten der PMA basieren auf ca. 21000 Interviews (jährliche Aktualisierung von 7000 Interviews) sowie einer jährlich aktualisierten Tarifdatenbank.
Mit der *Kontrolle* des Plakatanschlags beschäftigt sich der → IVW, der im Oktober 1997 ein neues und erweitertes Kontrollsystem gestartet hat. Dieses besteht aus einer Innenprüfung der angeschlossenen Unternehmen und einer Aussenkontrolle der gemeldeten Standorte. Angeschlossen an die Plakatanschlagkontrolle des IVW sind derzeit 35 Unternehmen die etwa 76% der Plakatanschlagstellen in Deutschland repräsentieren.
Adresse: Fachverband Außenwerbung e.V., Ginnheimer Landesstrasse 11 D-60487 Frankfurt am Main Tel. 069/7090-50, Deutsche Städte-Reklame GmbH (DSR), Eschenheimer Anlage 33-34, D-60318 Frankfurt/a.M. B.Sa.

Planned Obsolescence → Obsoleszenz

Planungshandbuch

Planungshandbücher sind standardisierte Vorgaben für den formalen Ablauf der → Marketingplanung, die insb. in Großbetrieben und international tätigen Unternehmen eingesetzt werden, um eine Gleichgerichtetheit arbeitsteiliger Prozesse, ein einheitlich hohes Qualitätsniveau der Marketingplanung im Unternehmensverband und einen methodischen Erfahrungstransfer zu ermöglichen. Sie definieren die Inhalte und Formalien der jeweiligen → Planungsmethoden.

Planungsmethoden im Marketing

Planungsmethoden sind Techniken bzw. Vorgehensweisen im Rahmen der → Marketingplanung, die helfen sollen, bei bestimmten Entscheidungsstrukturen zu einer (besseren) Lösung zu kommen. Planungsmethoden können unter formalen Gesichtspunkten wie in der *Abb.* unterteilt werden. Einige dieser Techniken werden auch unter dem sehr weiten Begriff der → Entscheidungsunterstützungssysteme (EUS) zusammengefasst, soweit sie dem Benutzer die Möglichkeit lassen, seine eigene Kreativität und Erfahrung in den Planungsprozess einzubringen, andererseits aber auch ein Lernen des Benutzers erlauben. Dies ist z.B. bei Datenbanksystemen der Fall, die dem Nutzer umfangreicher Datenbestände die Möglichkeit lassen, eigene Marktreaktionsfunktionen oder Elastizitätsschätzungen in einen Planungprozess einzubringen. Planungsmethoden sind klar zu trennen von → Modellen, insb. von → Entscheidungsmodellen nach dem → Decision Calculus-Prinzip.
Planungsmethoden sollen der verbesserten Problemdeckung und -lösung dienen,

Planungsmethoden im Marketing

Klassifikation von Planungsmethoden

Planungsmethoden		
1. Nach der Art des Problembezugs	2. Nach der Phase des Planungsprozesses	3. Nach der Formalisierungsart
a) Planungsmodelle als Abbildungen eines Originalzusammenhanges zur Problemstrukturierung b) Planungsmethoden als grundsätzliche Ablaufregel für bestimmte Klassen von Operationen zur Problemerkennung, Ermittlung von Planungsprämissen und Problemlösung c) Planungsverfahren als geordnete Schrittfolge zur konkreten Umsetzung von Methoden mit Hilfe eines Real- (z.B. EDV-) Systems	a) Planungstechniken zur Problemerkennung, z.B. Lückenanalyse (→ GAP-Analyse) b) Planungstechniken zur näheren Problemformulierung, z.B. → Relevanzbaumanalyse c) Planungstechniken zur problementsprechenden Informationsbereitstellung, z.B. → multivariate Datenanalyse für Beschreibungs- oder Prognosezwecke (→ Prognosen) d) Planungstechniken zur Bewertung von Planalternativen, z.B. → Szenariotechnik e) Planungstechnik zur Auswahl von Planalternativen, z.B. Mathematische Programmierverfahren	a) Allgemeinsprachliche Anweisungen, z.B. für das Arbeiten mit Checklisten b) Materielle Abbildungen, z.B. gegenständliche Modelle im Rahmen der Projektplanung (etwa beim Großanlagenbau) c) Graphische Darstellungsformen, z.B. Strukturabbildungen im Rahmen von → Netztechniken d) Symbolsprachliche Aussagen, so alle mathematischen Planungstechniken e) Mischformen, z.B. Portfolio-Anayse-Techniken als Verbindung allgemeinsprachlicher Geschäftsfeldbeurteilungen, einfacher mathematischer Operationen und graphischer Veranschaulichung

(Quelle: *Köhler*, 1989, Sp. 1529/30)

wobei Letzteres im Mittelpunkt des Interesses steht. Planungsmethoden, die lediglich die Berechnung etwa von Umsatzwerten bei verschiedenen Werbebudgets ermöglichen, bezeichnet man als *Evaluierungs-* oder → *Simulationsverfahren*; wenn über die soeben skizzierte Berechnungsmöglichkeit hinaus gewissermaßen automatisch ein irgendwie geartetes Optimum ermittelt wird, spricht man von einem Optimierungsverfahren. In der Marketingpraxis kommen fast ausschließlich Simulations- und nur sehr selten Optimierungsverfahren zum Einsatz; beide Typen von Planungsmethoden enthalten logischerweise zum einen Zielgrößen (→ Marketingziele), auf die das Verfahren hin orientiert ist, zum anderen Berechnungsroutinen sowie Definitionsgleichungen und schließlich den Markt beschreibende Gesetzmäßigkeiten (Wenn-Dann-Aussagen).
Planungsmethoden werden je nach den Rahmenbedingungen unterschiedlich häufig genutzt. So gelten ganz allgemein etwa folgende Aussagen: Je komplexer das Entscheidungsfeld (Umwelt, planende Organisation), desto größer ist der relative Nutzen und in der Folge auch die Einsatzwahrscheinlichkeit von Planungsmethoden. In großen Unternehmen bzw. in Unternehmen mit großem Koordinierungsbedarf und im Konsumgüterbereich kommen Planungsmethoden demgemäß häufiger zum Einsatz als in anderen Unternehmen. Darüber hinaus werden Planungsmethoden v.a. dann eingesetzt, wenn der Planungsträger einer irgendwie formalisierten Begründungspflicht unterliegt, wie es v.a. in Großunternehmen bzw. in organisatorisch stark strukturierten Unternehmen der Fall ist.
In der Vergangenheit sind Planungsmethoden für unterschiedliche Planungsprobleme, Planungshorizonte und Unternehmensgrößen entwickelt worden. Als beispielhaft bzw. besonders instruktiv können dabei etwa die → Gap-Analyse, die → Portfolio-Analyse, die → Positionierungsmodelle, das → Parfitt-Collins-Modell, die → Entscheidungsbäume und die → Risikoanalyse eingestuft werden. Darüber hinaus können alle Entscheidungsmodelle Planungsmethoden genannt werden, seien es nun solche für das → Marketing-Mix oder für einzelne Teilbereiche des Marketing (→ Produkt-, → Preis-, → Distributions- oder → Kommunikationspolitik).
Quantitative Planungsmethoden werden teils tatsächlich in quantitativer Form, teils als Leitlinie für eine „nur qualitative" Strukturierung von Planungsproblemen einge-

setzt (z.B. Checklisten, Gliederungsschemata der → Marketingplanung). Planungsmethoden dienen, wie die einzelnen Beispiele zeigen, zum einen dazu, die Planung einzelner Planungsträger besser zu strukturieren und damit die individuelle Planungsqualität zu verbessern, zum anderen dazu, die Koordination zwischen einzelnen Planungsträgern effizienter zu gestalten.
F.B./L.R.

Literatur: *Böcker, F.:* Marketing-Kontrolle, Stuttgart u.a. 1988. *Diller, H.:* Marketingplanung, 2. Aufl., München 1998. *Lilien, G.; Meffert, H.; Steffenhagen, H.:* Marketing-Prognosemodelle, Stuttgart 1977.

Planungssystem → Marketingplanung

Plattformstrategie

bezeichnet eine Vorgehensweise bei der → Produktdifferenzierung von Volumenherstellern, die es bei modular aufgebauten Produkten ermöglicht, eine grössere Anzahl an Produktvarianten aus einer begrenzten Anzahl standardisierter Teile zu entwickeln. Dabei sind in der sog. *Produktplattform* diejenigen Komponenten, Schnittstellen und Funktionen zusammengefasst, die über die ganze Produktfamilie vereinheitlichbar sind. Die Produktplattform dient entsprechend als Basis für die Differenzierung der daraus aufgebauten Produkte aus einer Palette von Funktions- und Komponentenvarianten.

Will ein Unternehmen ein Programm gestalten und dabei so viele Varianten wie möglich am Markte anbieten, gleichzeitig aber auch kostengünstig produzieren, bietet es sich an, all das, was der Kunde nicht wahrnimmt oder was für ihn keine differenzierende Bedeutung hat, in den verschiedensten Modellen der verschiedenen Marken einheitlich zu gestalten, um *economies of scale* zu erreichen, wie es VW mit seiner Plattformstrategie über die Marken Audi, Seat, Skoda, VW nun erreicht hat (s.a. → Größenwettbewerb).

Eine solche Strategie folgt der grundlegenden Konzeption der *Vereinheitlichung* unter Markt- und Kostengesichtspunkten in jedem sachlichem und räumlichem Bezug: So viel Differenzierung wie nötig, so viel Standardisierung wie möglich.

Eine Plattformstrategie zu ermöglichen, ist auch eine Frage der zweckmäßigen Projektorganisation. Stellt doch die Schaffung einer oder weniger gemeinsamer Plattformen ein Projekt dar. Dessen Realisierungschancen hängen von der Relation der Projektorganisation zur Aufbauorganisation ab. Ist die Aufbauorganisation weiterhin dominant, dauert das Projekt lange und ergibt doch nur einen nicht optimalen Kompromiss. Sind Projekt- und Aufbauorganisation gleichberechtigt, zeigen sich die typischen Probleme der Matrix, die nur die Probleme definiert, die sie zu lösen vorgibt. Nur wenn das Projekt dominant ist, sind die Aufbauorganisationen dienend, wie im Falle des japanischen Shousa, ist die Projektdauer kurz und das Ergebnis optimal. J.Ad./H.S.

Literatur: *Ley, W.; Hofer, A.:* Produktplattformen; in: io Management, Nr. 7/8, 1999, S. 56-60. *Robertson, D.; Ulrich, K.:* Produktplattformen: Was sie leisten, was sie erfordern, in: Harvard Business manager, 21. Jg. (1999), H. 4, S. 75-85.

Platzierungsanalyse
→ Einzelhandelspanel

Platzierungskontrolle
→ Marktbearbeitungskonditionen

Platzierungsvergütungen
→ Marktbearbeitungskonditionen

Platzvertretersystem

Einsatzkonzept in der → Außendienststeuerung zur direkten Ansprache des potentiellen Kunden im → Direktvertrieb als Alternative zum Rotationssystem. Beim Platzvertretersystem strebt der Außendienstmitarbeiter (ADM) in einem festgelegten Absatzgebiet eine möglichst dauerhafte Beziehung zum Kunden an. Für Kunden stellt es deshalb i.d.R. kein Problem dar, den Gebietsrepräsentanten einer Unternehmung über Nachkaufabsichten zu verständigen. Demgegenüber besteht tendenziell die Gefahr, dass ein ADM, der sich mit seinem Dauerkundenkreis ein zufrieden stellendes Einkommen gesichert hat, sich nicht im Sinne der Firmenleitung um eine ausreichende Akquirierung von Neukunden bemüht. Die Problematik zwischen ADM und seiner Zentrale ist daher beim Platzvertretersystem eher motivationaler Art.

Platzvertreter gibt es auch im → internationalen Vermittlerhandel. W.M.

Literatur: *Braun, J.:* Die Optimierung der Vertriebsstruktur im Direktvertrieb, Frankfurt/M. u.a. 1987.

PLS (Partial Least Squares)

Schätzverfahren im Rahmen der → Kausalanalyse. Wurde von *Wold* zum Schätzen in Pfadanalysen entwickelt und auf Modelle mit → latenten Variablen erweitert (→ LV-PLS). Grundlage ist eine partielle → Kleinste-Quadrate-Schätzung mit dem Ziel, die Individualdaten zu reproduzieren und individuelle Prognosen latenter und manifester Variablen zu ermöglichen.

PLS unterscheidet formative und reflektive manifeste Variablen. Die latenten Variablen (Faktoren) werden als Hauptkomponenten (→ Faktorenanalyse) geschätzt. Das PLS-Verfahren bestimmt zunächst iterativ Faktorwerte auf der Basis der für den Faktor jeweils relevanten Variablen (Blöcken). Die Schätzung der Beziehungen auf der Ebene der latenten Variablen (Faktoren) erfolgt partiell nur über die Zusammenhänge der jeweils relevanten Variablen. Die PLS-Schätzung ist im Vergleich zu → LISREL an keine Verteilungsannahmen gebunden. Nicht die genaue Parameterschätzung steht im Vordergrund, sondern die Prognose. Die Methode wird deshalb auch als „soft modeling" bezeichnet (Wold) und eignet sich besonders zur Exploration von Kausalstrukturen mit großen Variablenzahlen. Die Verlässlichkeit der Schätzungen kann über die Anwendung einer Jackknife-Technik geprüft werden. L.H.

Literatur: Schneeweiß, H.: Modelle mit latenten Variablen: LISREL versus PLS, in: *Nakhaizadeh, G.; Hansen, G.* (Hrsg.): Neuere Entwicklungen in der angewandten Ökonometrie, Heidelberg 1990. *Fornell, C.; Cha, J.*: Partial Least Squares, in: *Bagozzi, R.P.* (Hrsg.): Advanced Methods of Marketing Research, Cambridge 1994.

PLU-Kassen
→ Kassenorganisation im Handel,
→ Price-look-up-Verfahren

P-Markt → Markttypologie

PoF-System → Kiosksystem

Point Plus

Von der GfK angebotenes mikrogeografisches Informationssystem zur → mikrogeografischen Segmentierung, das Informationen zu ca. 5 Mio. Mikrozellen (einzelne Häuser bzw. kleinste Straßenabschnitte) enthält. Basis sind Begehungsunterlagen (Art der Bebauung) sowie Daten von Versandhändlern und Kreditauskünften. Durch die Zuordnung von Panelhaushalten der GfK zu Typen von Mikrozellen lassen sich Zusammenhänge zwischen den Mikrozellen und dem Einkaufsverhalten oder der Inanspruchnahme von Finanzdienstleistungen herstellen.

Point Plus ist somit Basis für die Standortplanung (z.B. Filialnetze von Banken) oder für die Minimierung von Streuverlusten bei Direct Mail oder Probenverteilung. R.Wi.

PoI-System → Kiosksystem

Polaritätsprofil

eine von *Hofstätter* aus dem → Semantischen Differential entwickelte Messmethode zur mehrdimensionalen Messung von → Einstellungen und → Images. Im Marketing werden Polaritätsprofile und Multi-Item-Profile oft gleichgesetzt. *Hofstätter* arbeitet, im Gegensatz zum ursprünglichen Semantischen Differential, bei allen Untersuchungen mit denselben 24 Adjektivpaaren. Darin sieht er die analytische Kraft der Methode, da auf diese Weise die Möglichkeit zu Profilvergleichen im größeren Maße besteht, wodurch ermittelt wird, welche Stimmungskomplexe einem Gegenstand entsprechen, und welche nicht. Hierbei wird jedoch nicht nur auf die bloße Distanzwertbetrachtung pro Adjektivpaar abgestellt, sondern die formal bestimmbare Ähnlichkeit der Profile insgesamt berücksichtigt. Obwohl die Verwendung von denselben Gegensatzpaaren eine vermeidlich konstante Messung mit minimalen Störeinflüssen vermuten lässt, so ist doch nicht mehr gewährleistet, dass es sich stets um metaphorische Adjektivpaare bezüglich des Untersuchungsobjektes handelt. So stellt das Gegensatzpaar heiß/kühl bezüglich einer Person eine Konnation, bezüglich des Wetters aber eine spezifische, denotative Eigenschaft dar. B.N.

Literatur: Hofstätter, P.: Das Denken in Stereotypen, Göttingen 1960.

Politische PR

1. → Public Relations einer Behörde oder Regierung

Behörden und Regierungen ist es im Allgemeinen untersagt, für eine Sache oder eine Person zu werben. Die Öffentlichkeitsarbeit hat sich in diesem Falle darauf zu beschränken, eine Sache zu erläutern, allenfalls Verständnis für Maßnahmen zu wecken. Besondere Enthaltsamkeit haben Behörden

und Regierungen vor Wahlen und Abstimmungen zu üben. Sie dürfen sich nicht mit Anliegen oder Wahlbewerbern identifizieren oder diese unter Einsatz staatlicher Mittel unterstützen. Um in der → Standort-PR mehr Freiheit zu haben, vertraut man diese oft einer nicht offiziellen Trägerschaft an. Eine spezielle Art der Regierungs-PR, die stark von der Diplomatie wahrgenommen wird, stellen die Bemühungen eines Staates um sein Image im Ausland dar.
2. PR einer Partei vor Wahlen oder einer Volksabstimmung
Public Relations, die mehr als jene von Organisationen und Unternehmen, Anliegen mit auf Schlagwörter und Slogans reduzierten Inhalten sowie → Emotionen kommunizieren. Charakteristisch ist eine extreme Form der → vergleichender Werbung, wobei nicht gescheut wird, die Gegenseite anzuschwärzen oder zu diskreditieren. Der Einbezug der → öffentlichen Meinung in die Strategie und Überlegungen spielen eine zentrale Rolle. Politische PR hat mit zunehmend scharfem Wettbewerb zwischen Medien und Kandidaten/innen immer stärker den Charakter einer Inszenierung, die vor allem auf maximale Wirksamkeit in den → Massenmedien abzielt. P.F.

Politische Werbung → Werbung

Polling → Telefax

Polygon
Form der → Datenpräsentation, bei der eine Häufigkeitsverteilung in Form eines Teilhistogramms dargestellt wird und die jeweiligen Klassenmitten der Häufigkeitsklassen durch einen Linienzug verbunden werden.

Polypol → Markttypologie

Polypoltheorie → Preistheorie

Polyzentrische Orientierung
→ EPRG-Schema

Pool-Leasing
In verschiedenen Branchen denkbare Variante des → Leasing, bei dem der Kunde sukzessiv nicht nur auf ein bestimmtes Produkt, sondern auf mehrere Produkte bzw. Produktvarianten zurückgreifen kann. Testweise Anwendung findet das Pool-Leasing z.B. im Automobilsektor, wo *Mercedes-Benz* Verträge mit wechselweiser Nutzungsmöglichkeiten von Porsche- und Mercedes-Fahrzeugen bietet. Ähnliche Anwendungen sind im Bereich der Unterhaltungselektronik, des Fotomarktes oder anderer hochwertiger Gebrauchsgüter denkbar. Pool-Leasing stellt ein Instrument zur größeren Flexibilisierung des Angebotes und zur Serviceanreicherung (→ Begleitende Dienste (added values)), aber auch zum → Öko-Marketing dar (→ ökologische Dienstleistungen).

Poor Dog → Portfolio-Analyse

Poor-pay-more-These → Schicht, soziale

Popper-Kriterium → Induktiver Ansatz

PoP, PoS
Die Begriffe PoP für „Point of Purchase" und PoS für „Point of Sale" bezeichnen den Ort, an dem ein Kauf bzw. Verkauf getätigt wird. Sie kennzeichnen damit das Einsatzfeld bestimmter Marketing-Instrumente, z.B. der → Verkaufsförderung oder des → Merchandising.

Population → Grundgesamtheit

Pop-Up → Online-Werbung

Portfolio-Analyse
eine für die → Strategische Marketingplanung zentrale Planungsmethode (→ Planungsmethoden im Marketing), die auf den Ergebnissen des → PIMS-Projektes und der Entdeckung der → Lernkurve aufbaut und zunächst von US-Beratungsunternehmen in die Praxis getragen wurde, wo sie seit Anfang der 80er-Jahre überdurchschnittlich große Akzeptanz fand.
Jede → Strategische Geschäftseinheit (SGE) eines Unternehmens wird dabei in einer Matrix aus Marktattraktivität (externer Erfolgsfaktor) und Wettbewerbsstärke (interner Erfolgsfaktor) positioniert, wobei angenommen wird, dass diese Position ihr Erfolgspotential wesentlich bestimmt.
Die Marktattraktivität wird unterschiedlich operationalisiert: Der ursprüngliche Vorschlag der Boston Consulting Group („BCG-Matrix") verwandte das relative Marktwachstum (Wachstumsrate der SGE: SGE mit höchster Wachstumsrate); später wurden Attraktivitätsindizes vorgeschlagen, die mehrere Marktattraktivitätsaspekte mittels Punktbewertungsmodellen in sich

Portfolio-Analyse

Portfolio-Konzept

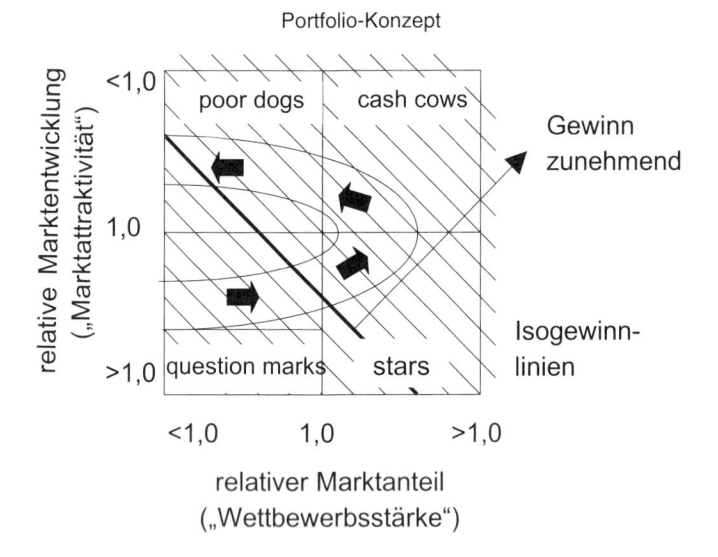

[Abbildung: Vier-Felder-Matrix mit Achsen „relative Marktentwicklung („Marktattraktivität")" (vertikal: <1,0 / 1,0 / >1,0) und „relativer Marktanteil („Wettbewerbsstärke")" (horizontal: <1,0 / 1,0 / >1,0). Felder: poor dogs, cash cows, question marks, stars. Mit Isogewinnlinien und Pfeil „Gewinn zunehmend".]

vereinten. Die Wettbewerbsstärke kann am einfachsten mit dem relativen Marktanteil gemessen werden (Marktanteil der SGE : Marktanteil des stärksten Wettbewerbers).

Die SGE's werden graphisch positioniert, wobei die Trennlinien für die Vier-Felder-Matrix i.d.R. beim Wert 1 liegen und die Volumina der GSE (Umsätze, Absatz) durch unterschiedlich große Kreise symbolisiert werden können. Bei einer normalen Entwicklung bewegt sich eine SGE während ihrer Marktperiode üblicherweise entlang eines bestimmten Pfades, der in der *Abb.* verdeutlicht ist.

Getreu den Ergebnissen des PIMS-Projektes wird dabei unterstellt, dass mit zunehmender Wettbewerbsstärke und höherer Marktattraktivität eine bessere Gewinnsituation einhergeht. Daraus folgen die in der *Abbildung* dargestellten Isogewinnlinien und die darauf aufbauenden Bezeichnungen der vier Matrixfelder („Melkkühe", „Stars", „Arme Hunde", „Fragezeichen"). Folgt man dem Konzept des → Lebenszyklusses, so bewegen sich die einzelnen Produkte entlang eines Pfades, der im Schaubild durch die Pfeile verdeutlicht ist.

Die Analyse zeigt nun auf, welche SGE's für die Unternehmung von welcher strategischer Bedeutung sind: Aus einigen „Fragezeichen" müssen die „Stars" der Zukunft werden, aus den heutigen „Stars" die „Melkkühe" von morgen, welche die Finanzmittel für den Aufbau der Stars liefern.

Insofern bieten sich folgende sog. Normstrategien für die vier Felder an:
- „Fragezeichen": Selektives Investieren
- „Stars": Investieren
- „Melkkühe": „Melken" (keine Reinvestition der hohen Mittelrückflüsse)
- „Arme Hunde": Desinvestition.

Aus diesem investitionspolitischen Problemwinkel heraus erhielt die Portfolio-Analyse auch ihre Bezeichnung. Die Ähnlichkeit zur Streuung eines Wertpapierportfolios ist evident.

Das Portfolio-Konzept ist leicht einsichtig; bei der konkreten Umsetzung zeigen sich allerdings erhebliche Probleme, weshalb der ihr zugeschriebene Erkenntnisgewinn im praktischen Einsatz nicht immer erreicht wird. Die Attraktivität des Konzeptes zeigt sich auch daran, dass sein Grundgedanke auf ähnliche Allokationsprobleme des strategischen Marketing übertragen wurde, so auf die Auswahl von Auslandsmärkten (→ Internationales Marketing) oder die Entwicklung von Kundenprioritäten (→ Kundenportfolio). Nicht immer werden dabei die theoretischen Grundlagen aus der Erfolgsfaktorenforschung hinreichend berücksichtigt. F.B./H.D.

Literatur: *Dunst, K.H.:* Portfolio-Management. Konzeption für die strategische Unternehmensplanung, Berlin, New York 1979. *Meffert, H.:* Ziel- und Strategieplanung auf der Grundlage des PIMS-Programms, in: *Meffert, H.* (Hrsg.): Strategische Unternehmensführung und Marketing, Wiesbaden 1988, S. 9-15.

Portooptimierung

computergestütztes Verfahren zur Feinsortierung von → Massendrucksachen im Rahmen des → Direktmarketing, wodurch die Streukosten deutlich reduziert werden können, da die → Deutsche Post AG hierfür reduzierte Portogebühren berechnet. → Direktmarketing-Dienstleister (v.a. → Lettershop) bieten die Portooptimierung häufig als kostenlose Serviceleistung an. Um eine Portooptimierung sinnvoll und effektiv durchführen zu können, sollte ein aktueller und postalisch richtiger Adressbestand vorliegen (→ Adressenwartung). Siehe auch → Infopost. N.G.

Positionierung (mapping)

Im formalen Sinne stellt die Positionierung eine Anordnung von Objekten in einem mehrdimensionalen Positionierungsraum dar. Als Objekte können Produkte, Werbung, ganze Unternehmen, Institutionen oder Personen angesehen werden. Im ersten Falle spricht man von *Produktpositionierung*, im zweiten Falle von *Werbepositionierung* und in den folgenden Fällen generell von *Imagepositionierung*, wenn die subjektive Wahrnehmung von Personen oder Institutionen im Vordergrund steht.

Im → strategischen Marketing beinhaltet Positionierung die Entwicklung von strategischen Zielen bezüglich der relativen Imageposition eines Imageobjekts (Produkt, Firma etc.) im Umfeld konkurrierender Objekte (→ Positionierungsstrategie).

Der *Positionierungsraum* wird durch Achsen gebildet, die als Eigenschaften interpretiert werden können, z.B. als → Produkteigenschaften in einem Markt bei der Produktpositionierung. Sind die Eigenschaften objektiv messbar, so entstehen (objektive) *Produkteigenschaftsräume*. Sind die Eigenschaften subjektiv erlebte Wahrnehmungen, so entstehen *Produktmarkträume*. Man spricht hier auch von einem Wahrnehmungsraum (→ Wahrnehmung). Es kann regelmäßig angenommen werden, dass eine subjektiv gemessene Eigenschaft durch eine oder mehrere objektiv gemessene Eigenschaften bestimmt wird, so dass der Produktmarktraum keine größere, sondern eher eine geringere Dimensionalität aufweist als der Produkteigenschaftsraum. Weiß man, wie sich die Wahrnehmungen aufgrund objektiver Eigenschaften bilden, so kann ein Punkt aus dem Produkteigenschaftsraum in den Produktmarktraum übertragen (projiziert) werden; hat Letzterer aber weniger Dimensionen als Ersterer, so ist die umgekehrte Transformation grundsätzlich nicht möglich. Darin liegt ein Problem bei der Operationalisierung der optimalen Produktpositionierung (→ Positionierungsmodelle). Nur zusätzliche, beschränkende Annahmen können das Problem lösen.

In Produkteigenschaftsräumen können produktpolitische Maßnahmen unmittelbar erkannt werden. Durch Produkteinführung (→ Innovationsmanagement) entsteht ein neues Objekt im Raum, wie es bei → Produktelimination verschwindet. Durch → Produktvariation verändert sich die Position im Raum, durch → Produktdifferenzierung werden zusätzlich Objekte im Raum positioniert. Positionsveränderungen im Produkteigenschaftsraum müssen nicht in gleicher Weise im Produktmarktraum sichtbar werden und umgekehrt. Das ist u.a. zu erklären durch Wahrnehmungsprobleme und die Beeinflussung der Wahrnehmung durch kommunikative Maßnahmen. Auch ist es möglich, dass Positionierungsänderungen eines einzelnen Produkts andere Produktpositionen beeinflussen.

Im Positionierungsraum können real existierende oder als real existierend angenommene Objekte oder auch Werbeimages dargestellt werden (Realpunkte). Außerdem können Idealvorstellungen von Konsumenten über eine Klasse von Objekten (Idealpunkte) dargestellt werden. Hierfür bedient man sich besonderer Methoden, durch die z.B. die Bevorzugung utopischer Ausprägungen von Produkteigenschaften vermieden werden sollen. Werden sowohl Realpunkte als auch Idealpunkte gemeinsam in einem Positionierungsraum dargestellt, so nennt man diesen Raum „joint space". Werden allein Idealpunkte dargestellt, so spricht man von einem *Präferenzraum*.

Soweit lediglich die geometrische Repräsentation von Objekten im Raum angestrebt wird, ist die Positionierung deskriptiv. Gleichwohl bedarf dies der Unterstützung durch → Positionierungsmethoden. Eine normative Komponente tritt hinzu, wenn die optimale Positionierung eines Objekts im Positionierungsraum angestrebt wird. Auf der Grundlage bestimmter Annahmen über das Kaufverhalten (→ Kaufmodelle) sowie eines Positionierungszieles, wie z.B. Erlösmaximierung oder Deckungsbeitragsmaximierung, können optimale Positionen durch Positionierungsmodelle bestimmt werden. Diese werden u.a. auf die optimale Positionierung neuer Produkte/Produktlinien (→ Innovationsmanagement) oder auf die Repositionierung bereits vorhandener Produkte, z.B. im Rahmen eines Relaunch, also auf die Produktvariation angewendet. In Positionierungsmodellen ist die explizite Berücksichtigung des Wettbewerbs bisher nur selten untersucht worden (*U.G. Marks*). Desgleichen werden zeitliche Aspekte kaum simultan mit der optimalen Produktpositionierung behandelt (*K. Brockhoff; W.L. Moore/R.S. Winer*).

Als Positionierungsziel kann die Maximierung von erwarteten Absatzmengen gut verfolgt werden, Erwartungswerte von Umsatz, Marktanteil oder Gewinn können dagegen nur mit Schwierigkeiten behandelt werden. Dafür sind zwei Tatbestände entscheidend: Einmal ist zu berücksichtigen, dass der Preis bei den zuletzt genannten Positionierungszielen sowohl als Produkteigenschaft als auch im Zielkriterium auftritt. Zum Zweiten ist hinsichtlich eines Gewinnzieles zu bedenken, dass die Kosten mit der Ausprägung der Wahrnehmung von Eigenschaften in Beziehung gesetzt werden müssen. Das setzt die Lösung des Transformationsproblems voraus. Hierüber werden bisher fast nur pauschalisierende Annahmen gemacht. Im Falle der Imagepositionierung sind auch andere Zielkriterien denkbar, wie z.B. die Maximierung der Zahl der Wählerstimmen bei der Positionierung von politischen Parteien oder Politikern. K.Br.

Literatur: *Albers, S.:* Gewinnorientierte Neuproduktgestaltung in einem Eigenschaftsraum, in: ZfbF, 41. Jg. (1989), S. 186-209. *Brockhoff, K.:* Produktpolitik, 4. Aufl., Stuttgart 1999. *Marks, U.G.:* Neuproduktentwicklung in Wettbewerbsmärkten, Wiesbaden 1994. *Moore, W.L.; Winer, R.S.:* A Panel-Data Based Method for Merging Joint Space and Market-Response Function Estimate, Marketing Science, Vol. 6 (1987), S. 25-42. *Schmalensee, R.; Thisse, J.-F.:* Perceptual maps and the optimal location of new products: An integrative essay, in: International Journal of Research in Marketing, Vol. 5 (1989), S. 225-249.

Positionierungsmethoden, dekompositorische

sind Vorgehensweisen, die aufgrund ganzheitlicher Bewertungen von Objekten (z.B. Produktkonzepten oder Produkten) einen möglichst niedrig dimensionierten Raum nutzen, um darin Koordinaten für die Objekte festzulegen. Die Distanzen zwischen den Objekten im Raum sollen in möglichst perfekter Übereinstimmung mit der metrischen Bewertung oder der ordinalen Rangordnung der Objekte hinsichtlich des ganzheitlichen Vergleichskriteriums stehen. Als ein solches Kriterium kommt einerseits die Ähnlichkeit der Objekte, andererseits die Präferenz für die Objekte in Betracht. Mit Hilfe von Ähnlichkeitsdaten kann ausschließlich eine Darstellung von Realpositionen erreicht werden; mit Präferenzdaten können auch Idealpositionen dargestellt sowie individuelle relative Gewichtungen der Eigenschaften des Raumes ermittelt werden. Auf dieser Grundlage ist die Erstellung eines „joint space" möglich (→ Positionierung). Werbeimages sind im Positionierungsraum unter Verwendung von Verwechslungsdaten darstellbar; dabei handelt es sich um Matrizen, in deren Feldern die Häufigkeit der Verwechslung partiell anonymisierter Anzeigen für die in den Zeilen genannten Produkten mit den in den Spalten genannten Produkten derselben Produktgruppe erfasst werden (*J.W. Keon; N. Nommensen*).

Da man von einer ganzheitlichen Objektbewertung ausgeht, also auf die Vorgabe von Bewertungskriterien verzichtet, daraus aber eine durch mehrere Eigenschaftsdimensionen gekennzeichnete, räumliche Darstellung der Objekte abgeleitet wird, spricht man auch von einer Gruppe *dekompositioneller Verfahren*. Besonders attraktiv ist an diesen Verfahren, dass es nach den theoretischen Erkenntnissen von R. Shephard und ihrer späteren Umsetzung in einer Verfahrensweise durch *J. Kruskal* gelingt, ordinale „summary judgments" in metrische „Distanzen" zu überführen. Das ist ein gemeinsames Charakteristikum von Verfahren der nichtmetrischen multidimensionalen Skalierung. Die Achsen der gefundenen Räume werden nicht durch die Verfahren selbst inhaltlich benannt, sondern müssen durch den Forscher interpretiert werden. Hierbei kann einmal an besonderen, erkennbaren Eigenschaften solcher Objekte angeknüpft werden, die jeweils dicht an einer Achse angeordnet sind und ein gemeinsames Merkmal tragen. Zum anderen können Eigenschaftsvektoren in den Raum projiziert werden, die eine Interpretation erlauben („property fitting" durch das Verfahren PROFIT).

Entsprechend dem Typ der als Vergleichskriterium benutzten Daten und dem für sie verwendeten Messniveau kommen unterschiedliche Positionierungsmethoden zum

Einsatz. Die folgende *Übersicht* nennt beispielhaft einige der gebräuchlichen Methoden.

Übersicht über gebräuchliche Positionierungsmethoden

Skalen-niveau	Datentyp	
	Ähnlichkeits-daten	Präferenz-daten
metrisch	INDSCAL, ALSCAL	PREFMAP
nicht-metrisch	NINDSCAL, ALSCAL	PREFMAP, LINMAP

Bisher liegen nur wenige Untersuchungen zur Reliabilität der Positionierungsmethoden vor. Dabei handelt es sich um sog. Robustheitsstudien, die im Wege der Simulation die Anfälligkeit der mit den Methoden erzielten Ergebnisse auf Störungen in den Daten untersuchen (*K. Brockhoff; B. Waldeck*). Das auf der Technik der Linearen Programmierung aufbauende Verfahren LINMAP (*A.D. Shocker; V. Srinivasan*) hat sich wegen seiner geringen Anforderungen an die Daten und seiner hohen Leistungsfähigkeit als besonders breit einsetzbar erwiesen.

Grundsätzlich bauen alle Methoden auf individuellen Urteilen von Konsumenten oder potentiellen Konsumenten auf. Die Mittelwertbildung von Präferenzen oder Ähnlichkeiten ist für die optimale Produktpositionierung (→ Positionierungsmodelle) ungeeignet, weil sie die Bedürfnis- und Wahrnehmungsunterschiede nicht mehr erkennen lässt. Stattdessen sind Teilaggregationen, etwa auf Basis von → Clusteranalysen, heranzuziehen (*P.E. Green/A.M. Krieger*). K.Br.

Literatur: *Brockhoff, K.; Rehder, H.*: Analytische Planung von Produkten im Raum von Produkteigenschaften, in: *Topritzhofer, E.* (Hrsg.): Marketing. Neue Ergebnisse aus Forschung und Praxis, Wiesbaden 1978, S. 327-350. *Brockhoff, K.; Waldeck, B.*: The robustness of PREFMAP-2, in: International Journal of Research in Marketing, Vol. 1 (1984), S. 215-233. *Dichtl, E.; Schobert, R.*: Mehrdimensionale Skalierung. Methodische Grundlagen und betriebswirtschaftliche Anwendungen, München 1979. *Keon, J.W.*: Product Positioning. Trinodal Mapping of Brand Images. Ad Images and Consumer Preference, in: Journal of Marketing Research, Vol. 20 (1983), S. 380-392. *Green, P.E.; Krieger, A.M.*: Recent contributions to optional positioning and buyer segmentation, in: European Journal of Operational Research, Vol. 41 (1989), S. 127-141. *Nommensen, J.N.*: Die Prägnanz von Markenbildern, Heidelberg 1990. *Shocker, A.D.; Srinivasan, V.*: A Consumer-Based Methodology for the Identification of New Product Ideas, in: Management Science, Vol. 20 (1974), S. 921-937.

Positionierungsmodelle, dekompositorische

sollen die optimale → Positionierung in einem Positionierungsraum unterstützen. Insofern sind sie allgemeiner als die ad-hoc-Annahme einer bestimmten, eher plausibel begründeten → Positionierungsstrategie. Sie bauen auf einem → Kaufmodell und einem Positionierungsziel auf. Die Mehrzahl der Positionierungsmodelle ist statisch, d.h. alle Variablen beziehen sich auf dieselbe Periode. Konzepte für dynamische Modelle liegen vor (*K. Brockhoff; W.L. Moore; R.S. Winer*), doch ist zu beachten, dass bisher noch wesentliche Wissenslücken hinsichtlich der dynamischen Effekte von Neupositionierungen oder Repositionierungen bestehen (*A. Herrmann*). So ist zu erwarten, dass die Neueinführung eines Produktes an einem Markt die Wettbewerber zu Reaktionen veranlasst, die die Positionen aller Produkte im Positionierungsraum beeinflusst (*U. Marks*), ebenso wie vermutet werden kann, dass unter bestimmten Umständen auch die Ideal- und Realvorstellungen potentieller Käufer von der Verfügbarkeit neuer Produkte beeinflusst werden (*K. Brockhoff; V. Rao*).

Weiterhin ist die Mehrzahl der Positionierungsmodelle dadurch gekennzeichnet, dass die optimale Position kontinuierlich variiert werden kann. Modelle für die diskontinuierliche Positionierung liegen vor (*A. Bachem; H. Simon*), denen insbesondere für die Positionierung von Produktlinien ein Wert zukommt.

Positionierungsmodelle unterscheiden sich weiter danach, ob anzunehmen ist, dass ein Käufer ausschließlich dasjenige Produkt erwirbt, das seiner Idealvorstellung am nächsten kommt (sog. *single-choice-Modell*, erstmals in dem Modell von *K. Brockhoff; H. Rehder*) oder ob jede Produktposition eine von Null verschiedene Kaufwahrscheinlichkeit hat, die vom Abstand dieses Produkts zur Idealvorstellung relativ zur Summe der Abstände aller Produkte zu der Idealvorstellung eines Käufers abhängt (Annahme des Wahlaxioms von *Luce*, erstmals in dem Modell von *A.D. Shocker; V. Srinivasan*) (→ Kaufmodell). Die Annahmen berühren auch die Lösungsmöglichkeiten der Modelle. Während für den ersten Typ gemischt-ganzzahlige, nicht-lineare Optimierungsalgorithmen bekannt sind (S. Albers), ist im zweiten Fall wegen der komplizierten Figur der Zielfunktion auf Lösungsheuristiken zurückzugreifen, bei denen ein Optimum nicht garantiert werden kann.

Bisher behandeln Positionierungsmodelle überwiegend die Zielsetzung der Absatzmaximierung. Hierfür sind auch allein die eben erwähnten Optimierungsverfahren heranzuziehen. Ansätze zur Behandlung des Gewinnmaximierungsproblems müssen berücksichtigen, dass die optimale Positionierung normalerweise in einem Positionierungsraum erfolgt, dessen Achsen subjektiven Wahrnehmungen entsprechen. Auf dieser Ebene sind Kosten nur schwer zuzuordnen. Man bedient sich dazu heuristischer Annahmen (S. Albers).

Alle bisher geschilderten Ansätze bauen auf einem durch Methoden der → Mehrdimensionalen Skalierung (MDS) aufgebauten Positionierungsraum auf. Sie haben deshalb auch ideengenerierende Funktion, wobei allerdings keine radikal neuen, auf neuen Eigenschaften beruhenden Positionen gefunden werden können. Sie unterscheiden sich von Methoden, die auf der Verbundmessung (→ Conjoint Analyse) aufbauen. Hierbei werden objektiv beschreibbare Eigenschaftsausprägungen vorgegeben und ganzheitlich bewertet. Auch auf der Grundlage dieser Bewertungen können Hinweise auf gute, u. U. auch auf optimale Positionierungen gewonnen werden (*K. Brockhoff; P.E. Green; J.D. Carroll; St.M. Goldberg*).

Bisher liegen nur wenige Untersuchungen zur Reliabilität der Positionierungsmodelle vor. Dabei handelt es sich um sog. Robustheitsstudien, die im Wege der Simulation die Anfälligkeit der mit den Modellen erzielten Ergebnisse auf Störungen in den Daten untersuchen (*R. Hannig*). K.Br.

Literatur: Albers, S.: An extended algorithm for optimal product positioning, in: European Journal of Operational Research, Vol. 3 (1979) S. 221-231. *Albers, S.:* Gewinnorientierte Neuproduktpositionierung in einem Eigenschaftsraum, in: Zeitschrift für betriebswirtschaftliche Forschung, 41. Jg. (1989), S. 186-209. *Bachem, A.; Simon, H.:* A product positioning model with costs and prices, in: European Journal of Operational Research, Vol. 7 (1981), S. 362-370. *Brockhoff, K.:* Zur optimalen mehrperiodigen Produktpositionierung, in: Zeitschrift für betriebswirtschaftliche Forschung, 30. Jg. (1978), S. 257-265. *Brockhoff, K.:* Produktpolitik, 4. Aufl., Stuttgart 1999. *Brockhoff, K.; Rehder, H.:* Analytische Planung von Produkten im Raum der Produkteigenschaften, in: *Topritzhofer, E.* (Hrsg.): Marketing. Neue Ergebnisse aus Forschung und Praxis, Wiesbaden 1978, S. 327-350. *Brockhoff, K.; Rao, V.R.:* Toward a demand forecasting model for pre-announced new technical products, in: Journal of Engineering and Technology Management, Vol. 10 (1993), S. 211-228. *Green, P.E.; Carroll, J.D.; Goldberg St.M.:* A General Approach to Product Design Optimization via Conjoint Analysis, in: Journal of Marketing, Vol. 45 (1981), S. 17-37. *Hannig, R.:* Robustheit von Produktpositionierungsalgorithmen, Diss. Kiel 1988. *Herrmann, A.:* Produktpolitik, München 1998. *Marks, U.G.:* Neuproduktentwicklung in Wettbewerbsmärkten, Wiesbaden 1994. *Moore, W.L.; Winer, R.S.:* A Panel-Data Based Method for Merging Joint Space and Market-Response Function Estimate, in: Marketing Science, Vol. 6 (1987), S. 25-42. *Shocker, A.D.; Srinivasan, V.:* A Consumer-Based Methodology for the Identification of New Product Ideas, in: Management Science, Vol. 20 (1974), S. 921-937.

Positionierungsmodelle, kompositorische

bilden z.B. durch conjoint measurement ermittelte Produktpräferenzen über einen Raum objektiver Produkteigenschaften ab. Im Unterschied zu dekompositorischen Positionierungsmodellen sind Kenntnisse über relevante Produkteigenschaften und Möglichkeiten ihrer Ausprägung erforderlich. Die Bestimmung einer optimalen Produktposition kann analytisch oder heuristisch erfolgen. Dafür sind Verfahren aufgrund des Optimalitätsprinzips von Bellmann, der Idee der genetischen Algorithmen oder schrittweisen Suche von Maxima auf „Reaktionsflächen" (response surface) entwickelt worden. Es sind auch Überlegungen zur expliziten Einbeziehung von Produktpositionierungen durch den Wettbewerber angestellt worden. K.Br.

Literatur: Brockhoff, K.: Produktpolitik, 4. Aufl., Stuttgart 1999.

Positionierungsstrategie

ist eine eher aufgrund von Plausibilitäten heuristisch festgelegte Richtung für die → Positionierung von Objekten in einem Wahrnehmungsraum (s.a. → Präferenzpolitik, → Preis-Qualitäts-Strategie).

Die → *Nischenstrategie* ist eine solche Positionierungsstrategie. Bei ihr wird angestrebt, Objekte so zu positionieren, dass sie möglichst nicht mit bereits vorhandenen Konkurrenzobjekten übereinstimmen. Eine

mögliche theoretische Begründung hat schon *L. Abbott* dafür gegeben, allerdings unter der Annahme, dass die Bedürfnisse der potentiellen Nachfrager über ein Spektrum von Eigenschaften gleich verteilt seien. Diese Annahme ist in der Realität natürlich nicht generell erfüllt. So stellen denn auch manche Produktplaner fest, dass in der von ihnen gewählten Nische zu wenige Nachfrager anzutreffen sind.
Auch die → *Imitationsstrategie* ist eine Positionierungsstrategie. Hiernach versuchen Anbieter, ihre Objekte in einem Wahrnehmungsraum möglichst nahe bei den bereits eingeführten und erfolgreichen Objekten zu positionieren, also „me-too"-Produkte auf den Markt zu bringen. Das kann umso eher erfolgreich sein, je stärker die Bedürfnisse der Nachfrager hinsichtlich eines Spektrums von Produkteigenschaften übereinstimmen, im Extremfall sogar identisch sind. So konkurrieren dann viele Anbieter um denselben Nachfrager. In der Realität wird eine Verteilung der Nachfragerbedürfnisse über ein Spektrum von Eigenschaften vorliegen. Selbst wenn diese Verteilung unimodal ist, kann es vernünftig sein, eine Randgruppe von Nachfragern zu befriedigen, statt sich in den harten Wettbewerb um die Mehrheit zu begeben (Nischenstrategie).
Eine systematische und formal begründete Auswahl einer Positionierungsstrategie strebt die Optimierung einer Positionierung an, wozu verschiedene → Positionierungsmodelle angeboten werden. K.Br.

Literatur: *Abbott, L.*: Quality and Competition. An Essay in Economic Theory, New York 1955.

Positionierungswerbung

ist eine → Werbestrategie, bei welcher als dominantes Werbeziel eine bestimmte → Positionierung einer Marke, eines Unternehmens oder einer Institution im Vordergrund steht. Dabei kann grob zwischen emotionaler Positionierung und informativer Positionierung unterschieden werden. Bei der Planung einer Positionierungswerbung hat der Werbetreibende zur Konkretisierung dieser Strategie eine → Copy Strategy zu entwickeln, aus der Näheres über die Art der beabsichtigten Positionierung zu entnehmen sein sollte. H.St.

Positionseffekte

in der → Gedächtnistheorie postulierte gedächtnisfördernde Wirkung der Position eines Stimulus in einer Reihe von Stimuli, wonach die ersten („primacy effect") und letzten („recency effect") Stimuli am besten behalten werden. G.B.

POS-Material

gehört zur konsumentengerichteten Verkaufsförderung (→ Verkaufsförderung, konsumentengerichtete), sofern es nicht zur dauerhaften Dekoration eines Geschäftes eingesetzt wird, sondern nur zeitlich begrenzt während Verkaufsförderungsaktionen. Typische POS-Materialien sind neben → Displays → Deckenhänger, → Regalstopper und → Wobbler. POS-Materialen werden meist in Kombination mit anderen Verkaufsförderungsinstrumenten, insbesondere Sonderangeboten eingesetzt. Sie können aber auch isoliert verwendet werden und führen auch dann zu Absatzsteigerungen. Es ist zu vermuten, dass einige Konsumenten Hinweise auf ein Produkt als ein Signal für Sonderangebote werten und auch dann kaufen, wenn der Preis nicht wirklich gesenkt ist. K.G.

Literatur: *Inman, J.J.; McAlister, L.; Hoyer, W.D.*: Promotion Signal: Proxy for a Price Cut?, in: Journal of Consumer Research, 17. Jg. (1990), S. 74-81.

PoS-System → Kiosksystem, → virtuelle Produktpräsentationen

Post-entry-Preis
→ Marktinvestitionen, spezifische

Posting

ist die englische Bezeichnung für einen Beitrag in einer → Newsgroup oder einem → Online Forum.

Postkäuferadressen

Adressen von Kunden, die regelmäßig „per Post" kaufen, also dem → Direktmarketing gegenüber aufgeschlossen sind. Der Begriff charakterisiert demnach das Informations- und Kaufverhalten des Kunden und drückt mitnichten aus, dass diese Adressen sich im Besitz der Deutschen Post AG befinden. Postkäuferadressen gelten im Allgemeinen als *heiße Adressen* (→ Adresslisten), d.h. Adressen mit einer hohen Reaktionswahrscheinlichkeit in Bezug auf eine direkte Ansprache. Entsprechend werden derartige Adressen in der Praxis hoch gehandelt (s.a. → Adressverlage bzw. → Adressvermittler). Bei der Beurteilung sollte allerdings berücksichtigt werden, dass das hohe Potenzial dieser Adressen als Folge der daraus resultierenden, oft überdurchschnittlich hohen Kontaktintensität durch die Werbetreibenden geschmälert wird, weil einfach zu viele Werbesendungen bei diesen Adressen landen. N.G.

Postponement-Prinzip
→ Just-in-Time-Logistik

Posttests → Werbetests

Postwurfsendungen
→ unadressierte, inhaltsgleiche Werbesendung, die von Briefträgern mit der Tagespost an Haushalte oder Postfachinhaber verteilt wird. Produktbezeichnung der → Deutschen Post AG, die in unterschiedlichen Varianten angeboten wird: (1) Verteilung an alle Haushalte des Zustellbereichs; (2) nur Verteilung an Haushalte, die an diesem Tag weitere Post erhalten (Verteilung mit Tagespost; entspr. ca. 65% der Haushalte); (3) nur Verteilung an alle Postfachinhaber.
Das kleinste Verteilgebiet für Postwurfsendungen ist der Zustellbezirk; bei der Auslieferung ist eine Liste der Orte bzw. Zustellbezirke sowie ein Belegexemplar abzugeben. Das Höchstgewicht für zuzustellende Postwurfsendungen beträgt 250g. Die Kosten sind relativ gering und liegen etwa bei der Hälfte derer von → Massendrucksachen. Allerdings ist bei der normalen Postwurfsendung eine gezielte Streuung nur in Bezug auf bestimmte Zustellbezirke möglich, was entsprechende Streuverluste nach sich zieht. Eine Konzentration auf bestimmte Zielgruppen kann im Rahmen von *Postwurf spezial* erfolgen. In Form von *teiladressierten Wurfsendungen* gibt es hier die Möglichkeit der gezielten Belieferung ausgewählter Adressen z.B. bestimmter Wohn-/Ortslage des Hauses, Straßentyp oder Gebäudetyp (→ mikrogeografische Segmentierung), wodurch mögliche Streuverluste deutlich verringert werden sollen. N.G.

Potenzialanalyse
im Rahmen der → strategischen Marketingplanung eingesetzte Analyse, die gegenwärtige und künftige Unternehmenspotenziale – z.B. → Patente, → Kernkompetenzen, das vorhandene Know-how (→ Wissensmanagement), Produkte und Produkttechnologien (→ Innovationsmanagement), das

→ Geschäfts-, → Marken- und Produktimage sowie weitere relevante Ressourcen - bezüglich ihrer Eignung zum Aufbau eines strategischen → Wettbewerbsvorteils vor dem Hintergrund sich ändernder Umweltanforderungen (→ Marktdynamik; → Wettbewerbsdynamik) analysiert und bewertet. Um letztlich die für die Analyse maßgeblichen → Erfolgsfaktoren zu bestimmen, gilt es zunächst, die aktuellen und zukünftigen Kundenbedürfnisse mit den diversen Methoden der → Marktforschung zu erheben. Danach müssen die dafür nötigen Potenziale identifiziert und i.S. einer dynamisch angelegten → Stärken-Schwächen-Analyse mit der Konkurrenz verglichen werden. A.Ha.

Power-Center → Shopping-Center

Power Shopping → E-Commerce

PoX-System → Kiosksystem

PPE-Ansatz → Dienstleistungen

PPPP-Formel
aus der Praxis der → Direktwerbung heraus entstandene Faustregel zur Gestaltung von Werbetexten: Picture (Produktbilder), Promise (Produktversprechen), Proof (Beweis), Push (Handlungsaufforderung).

PR → Public Relations

Prae-Posteriori-Analyse
→ Informationswert

Präferenz
Als Präferenz bezeichnet man im Marketing die Bevorzugung eines Produkts oder eines Lieferanten gegenüber anderen Produkten bzw. Bezugsquellen seitens eines potentiellen Kunden. Die Betrachtung konzentriert sich also auf die Ebenen der Markenwahl oder der Einkaufsstättenwahl (→ Kaufentscheidung). Der Präferenzbegriff kann sich sowohl auf die Frage beziehen, ob eine Alternative gegenüber einer anderen bevorzugt wird oder nicht (ja-nein), als auch auf die Intensität der Bevorzugung (Präferenzstärke).
Die Präferenzforschung als spezifischer Bereich der Kaufentscheidungsforschung hat eine Reihe von → Kaufmodellen, etwa im Rahmen sog. → Positionierungsmodelle entwickelt, die sich auch im praktischen

Einsatz der → Präferenzpolitik gut bewährt haben.

In der Literatur werden unterschiedliche Arten der Entstehung von Präferenzen genannt:

(1) Präferenzen können ein Ergebnis direkten → *Lernens*, z.B. nach dem Verstärkungsprinzip sein. Auf diese Weise ist es möglich, dass schon in früher Jugend Verhaltenstendenzen gegenüber Produkten bzw. Geschäften geprägt werden, die über lange Zeit wirksam bleiben.

(2) In einer Entscheidungssituation kann auch die eigene Entwicklung von Präferenzen dadurch ersetzt werden, dass man die *Präferenzen anderer Personen* übernimmt. Beispiele dafür sind die Befolgung von → Kundenempfehlungen oder die Imitation des Kaufverhaltens anderer.

(3) Am stärksten wird die Präferenzbildung im Zusammenhang mit *Entscheidungsprozessen* beachtet. Man geht dabei davon aus, dass mindestens zwei Alternativen anhand mehrerer relevanter Kriterien beurteilt werden. Für den Beurteilungsvorgang können unterschiedliche → Kaufentscheidungsheuristiken herangezogen werden, mit deren Hilfe Informationen über die Eigenschaften der Alternativen verarbeitet werden.

Oftmals kann man eine Beziehung zwischen der Art der Präferenzbildung und der Entwicklung von → Einstellungen zu Produkten bzw. Bezugsquellen erkennen. Wenn die Einstellung zu einer Alternative positiver ist als die zu allen anderen Alternativen, so spricht man davon, dass diese präferiert wird bzw. höhere Präferenz genießt.

Aus Einstellungen können also Präferenzen resultieren; Einstellungen sind aber keine notwendigen Voraussetzungen für die Entwicklung von Präferenzen, da nicht jede Entscheidungsheuristik mit der Bildung von Einstellungen verbunden ist. Hinzu kommt der Gesichtspunkt, dass Einstellungen als relativ stabil im Zeitablauf angesehen werden, was für Präferenzen nicht der Fall sein muss. A.Ku.

Literatur: *Olshavsky, R.:* Perceived Quality in Consumer Decision Making. An Integrated Theoretical Perspective, in: *Jacoby J.; Olson, J.* (Hrsg.): Perceived Quality, Lexington, Mass., Toronto 1985, S. 3-29.

Präferenzkonflikt → Motivation, Motive

Präferenzpolitik

Auf Käufermärkten besteht definitionsgemäß ein Überangebot von Waren, der Käufer wird deshalb letztendlich diejenige Alternative wählen, die ihm am günstigsten erscheint, und zwar v.a. unter Beachtung von Qualität und Preis. Den Grad dieser Bevorzugung erfasst man üblicherweise mit der Größe „Kaufneigung", den Grad der Vorziehenswürdigkeit ohne Berücksichtigung des Preises, mit der Größe der → Präferenz.

Abb. 1: Ein einfaches Kaufentscheidungsmodell

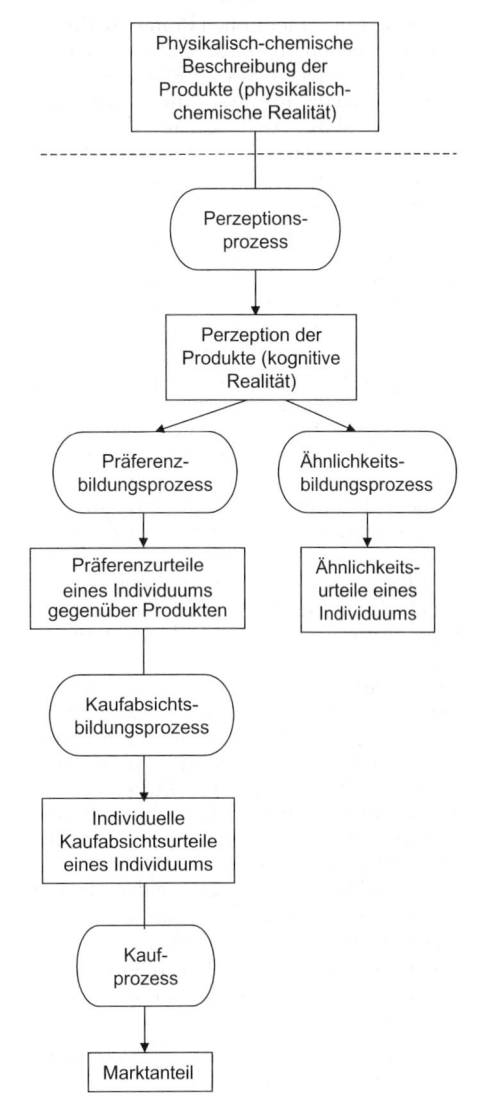

Physikalisch-chemische Beschreibung der Produkte (physikalisch-chemische Realität)

↓

Perzeptionsprozess

↓

Perzeption der Produkte (kognitive Realität)

↓

Präferenzbildungsprozess / Ähnlichkeitsbildungsprozess

↓

Präferenzurteile eines Individuums gegenüber Produkten / Ähnlichkeitsurteile eines Individuums

↓

Kaufabsichtsbildungsprozess

↓

Individuelle Kaufabsichtsurteile eines Individuums

↓

Kaufprozess

↓

Marktanteil

Präferenzpolitik

Abb. 2: Die zwei Phasen der Präferenzbildung

Präferenz- bildungsphase	Zu beurteilende Objekte	Auswahlprozedur	Ergebnis
Vorauswahlphase	alle Objekte, über die Informationen vorliegen	Überprüfung jedes Objektes, ob es bestimmte Mindeststandards hinsichtlich der Vorauswahl-Merkmale erfüllt	Einteilung der Objekte in – relevante – irrelevante – nicht näher bekannte Objekte
Entscheidungs- phase	Alle als grundsätzlich akzeptabel eingestuften Objekte	Abwägen der merkmalsbezogenen relativen Vor- und Nachteile der einzelnen Objekte	Rangordnung der Objekte nach ihrer Vorziehenswürdigkeit

Die Schaffung einer hohen Präferenz für die jeweils angebotene Leistung stellt daher ein zentrales Anliegen des → Marketing dar. Ein Großteil der Produkt- und → Kommunikationspolitik zielt genau darauf ab (→ Produktgestaltung, → Werbung). Ist die Präferenzstruktur der Abnehmer durch → Image- und → Conjointanalysen oder → Positionierungsmodelle bekannt, so besitzt man gezielte Ansatzpunkte für eine Verbesserung der Marketingpolitik. So zeigt das → Image an, wie ein Beurteilungsobjekt tatsächlich gesehen wird und wie die Werbepolitik gestaltet werden muss; so weisen die Merkmalsgewichte als Ausdruck der relativen Bedeutung der einzelnen zur Beurteilung herangezogenen Merkmale darauf hin, welchen Produkteigenschaften das besondere Augenmerk gelten muss; schließlich zeigt die Idealausprägung an, wie ein Objekt aussehen sollte (→ Kaufmodelle).

Der Prozess der Präferenzbildung, der zugleich Ansatzpunkte der Präferenzpolitik bietet, ist in *Abb. 1* vereinfacht wiedergegeben.

Vieles spricht dafür, dass Präferenzen zumeist nicht einstufig, sondern zwei- (bzw. drei-)stufig gebildet werden. Im Rahmen der ersten Stufe wird dabei eine Art Vorauswahl getroffen, bei der v.a. Merkmale wie Marke, Preis oder sonstige Schlüsselinformationen herangezogen werden, um die „brauchbaren" Alternativen von den weniger brauchbaren zu unterscheiden. In der zweiten Stufe wird dann die endgültige Auswahl vorgenommen (*Abb. 2*).

Das Ergebnis der ersten Beurteilungsphase ist eine Aufteilung der Gesamtheit der Beurteilungsobjekte in

– diejenigen Objekte, die als akzeptabel eingestuft werden (→ *relevant set*),
– diejenigen Beurteilungsobjekte, die als nicht tauglich eingestuft werden (*inept set*) und
– diejenigen Objekte, hinsichtlich deren man nur vage Informationen besitzt (*inert set*).

Üblicherweise macht das relevant set nur etwa 10 bis 15% aller Alternativen aus.

In vielen praktischen Fällen werden im Rahmen der Vorauswahlphase 80–90% der Marktangebote ausgeschieden. Die Kenntnis der hierfür wichtigen Merkmale und Anforderungswerte (z.B. Schwellenwerte; → Preisschwellen) ist für das Marketing naturgemäß von höchster Bedeutung, muss es doch das vorrangige Ziel jeglicher Marketingpolitik sein, durch die potenziellen Abnehmer zunächst in die „auserwählte Schar" relevanter Angebote eingereiht zu werden.

Auf der Basis der Analyseergebnisse aus der Entscheidungsphase kann man unmittelbar sog. Nutzensegmente ableiten; dabei werden zunächst die Präferenzstrukturen einzelner Personen aufgedeckt und sodann diejenigen Personen, die eine ähnliche Präferenzstruktur besitzen, zu Gruppen zusammengefasst. Als Ergebnis der *Nutzensegmentierung* („*benefit segmentation*") erhält man dann Marktsegmente, die ähnliche Präferenzstrukturen aufweisen. In *Abb. 3* sind die Ergebnisse einer solchen → Marktsegmentierung dargestellt. Es handelt sich dabei um Kühlschränke mit den als relevant eingestuften Merkmalen Marke, Einkaufsstätte und Energieverbrauch. Dabei wurden insgesamt vier Segmente mit Segmentanteilen zwischen 12 und 34% ermittelt.

Abb. 3 zeigt etwa, dass die Personen des Segments 2 besonders sensibel auf eine Veränderung des Energieverbrauchs reagieren, während Personen des Segments 3 ganz besonders markenorientiert einkaufen. Eben-

Abb. 3: Präferenzbeiträge (in €) einzelner Merkmale eines Kühlschranks in verschiedenen Segmenten

Merkmal	Merkmals-ausprägung	Präferenzbeitrag (in €) für einzelne Merkmale und Segmente			
		Segment 1	Segment 2	Segment 3	Segment 4
Marke	Bosch	+ 14,40	+ 21,70	+ 161,80	+ 30,40
	AEG	+ 14,00	+ 22,60	+ 149,30	+ 41,50
	Linde	+ 11,10	+ 18,50	+ 119,40	+ 22,50
	Quelle	+ 3,30	+ 3,60	+ 20,80	+ 5,60
	Privileg	+ 0,60	+ 1,80	+ 16,30	0,00
	Interfunk	0,00	0,00	0,00	0,60
Einkaufsstätte	Fachgeschäft	+ 22,90	+ 13,10	+ 137,50	+ 50,90
	Kaufhaus	+ 9,20	+ 5,90	+ 64,20	+ 1,10
	Verbrauchermarkt	0,00	0,00	0,00	0,00
Energieverbrauch	1200 W/Stunde	+ 47,80	+ 97,30	+ 86,90	+ 68,10
	1800 W/Stunde	0,00	0,00	0,00	0,00
Anteil des Segments an der Stichprobe (%)		22	34	32	12

so ist aus obiger Zusammenstellung die Schlussfolgerung ableitbar, dass Personen des Segments 4 für Bosch-Kühlschränke ceteris paribus € 30,40 mehr zu zahlen bereit sind als für Privileg-Kühlschränke. Verbindet man diese Information mit solchen bezüglich der Stärke der einzelnen Segmente, so ist ein äußerst leistungsstarkes Informationspaket für Maßnahmen der Marktsegmentierung gewonnen.

Im Rahmen der Präferenzforschung haben sich unterschiedliche Auswertungs- und Erhebungstechniken herausgebildet. Der bekannteste Ansatz ist die → Conjoint Analyse, bei dem man die Präferenzurteile zu der physikalisch-chemischen Beschreibung der Produkte in Beziehung setzt und Teilnutzenwerte ableitet. Bei den Positionierungsansätzen (→ Positionierungsmodelle, → Mehrdimensionale Skalierung (MDS)) stellt man dagegen Präferenzurteile dem Image gegenüber. Für Zwecke der Produktpolitik ist demgemäß v.a. die Conjoint Analyse relevant, für Zwecke der Kommunikationspolitik greift man dagegen auf Positionierungsansätze zurück. F.B./H.D.

Literatur: *Aust, E.*: Simultane Conjointanalyse, Benefitsegmentierung, Produktlinien- und Preisgestaltung, Frankfurt 1996. *Böcker, F.*: Präferenzforschung als Mittel marktorientierter Unternehmensführung, in: Zeitschrift für betriebswirtschaftliche Forschung, 38. Jg. (1986), S. 543-557. *Green, P.E.; Wind, Y.*: Multiattribute decisions in marketing – A measurement approach, Hindsdale 1973. *Schweikl, H.*: Computergestützte Präferenzanalyse mit individuell wichtigen Produktmerkmalen, Berlin 1985.

Präferenzraum → Positionierung

Präferenzstrategie
→ Preis-Qualitäts-Strategie

Präferenzumkehr

Entscheider können ihre → Präferenz gegenüber Stimuli (z.B. Produkte) mittels verschiedener Operationalisierungsmethoden zum Ausdruck bringen. Dies können Wahlhandlungen, Bewertungen (z.B. Rating), die Angabe ihrer Zahlungsbereitschaft (→Maximalpreis) für das Produkt oder Abgabe von Indifferenzurteilen (Matching) sein → Präferenzurteil). Obwohl diese Messverfahren bei einem Befragten eine identische Präferenzreihenfolge der Stimuli ergeben müssten (Paradigma der Verfahrensinvarianz), zeigen Probanden mitunter systematische Inkonsistenzen in ihren Antworten: So ziehen sie in der Wahlentscheidung Alternative A Alternative B vor, geben im Rating oder in der Zahlungsbereitschaft B aber einen höheren Wert als A. Dies wird als Phänomen der Präferenzumkehr (preference reversals) bezeichnet.

Psychologisch orientierte Erklärungsansätze gehen davon aus, dass der Entscheider je nach Operationalisierungsmethode seiner Präferenz unterschiedliche Strategien der Informationsverarbeitung verwendet, die dann zu unterschiedlich geäußerten Präferenzen führen können.

Bei quantitativen Bewertungen wie dem Rating oder einer Preisangabe bewirkt ein sog. *Skalen-Kompatibilitätseffekt*, dass eine Eigenschaft bei der Bildung des Präferenzurteils gegenüber einem qualitativen Präferenzurteil ein höheres Gewicht erhält, wenn sie mit der Skala, in der die Präferenz operationalisiert wird, übereinstimmt. In der Wahlhandlung, einem qualitativen Präferenzurteil, tritt demgegenüber ein sog. „Prominence"-Effekt auf, der aus einem lexikographisch geprägten Vorgehen resultiert: Die wichtigere (prominentere) Eigenschaft erhält – verglichen mit einem quantitativen Urteil – ein (relativ) höheres Gewicht als weniger prominente Eigenschaften. Weitere kontingenztheoretische Erklärungsansätze gehen davon aus, dass der Entscheider bei der Abbildung seiner intrinsischen Präferenz auf einer Antwortskala unterschiedliche Referenzwerte heranzieht (Expression-Theorie) oder bei quantitativen bzw. qualitativen Präferenzurteilen unterschiedliche Verknüpfungsregeln der Eigenschaftsausprägungen einer Alternative verwendet (change-of-process-Theorie).

Aus Sicht der Marktforschung belegt das Phänomen der Präferenzumkehr, dass Präferenzurteile vom Kontext der Erhebung beeinflusst sein können. H.P.

Literatur: *Mellers B.A.; Ordonez L.D.; Birnbaum, M.H.*: A change-of-process theory for contextual effects and preference reversals in risky decisions making, in: Organizational Behavior and Human Decision Processes, Vol. 52 (1992), S. 331-369. *Tversky, A.; Slovic P.; Kahneman D.*: The causes of preference reversal, in: The American Economic Review, Vol. 80 (1990), S. 204-217.

PR-Agentur

Auf → Public Relations spezialisierter → Marketing-Dienstleister. PR-Agenturen beraten und/oder übernehmen die operative Ausführung jeglicher PR-Aktivitäten. Größere Agenturen sind entweder mit Partnern an anderen Orten oder in anderen Ländern verbunden, gehören einem internationalen Netz oder Konzern an. Es existieren sowohl → Full-Service-Agenturen als auch auf einzelne Branchen oder PR-Arbeiten spezialisierte Agenturen, so z.B. für Public Affairs und → Lobbying, → Produkt-PR, Events, → Sponsoring, → Krisenkommunikation. P.F.

Prägnanzgesetz → Gedächtnistheorie

Prämissen-Audit → Marketing-Audit

Präsentation → Datenpräsentation

Präsentationstechnik
→ Datenpräsentation

Präsenter → Warenpräsentation

Präsenter-Spot
→ Hörfunkspot-Gestaltung

Praxisgemeinschaft → Arztpraxis

PRC-Analyse (Penalty-Reward-Contrast-Analysis)

Alternatives Verfahren zur Kategorisierung von Merkmalen eines Produktes oder einer Dienstleitung im Sinne des → Kano-Modells der → Kundenzufriedenheit. Im Gegensatz zur Kano-Befragung wird nicht zwischen funktionalen und dysfunktionalen Antworten unterschieden, sondern mit Daten aus konventionellen Befragungen gearbeitet. Erforderlich ist ein Urteil zur Gesamtzufriedenheit mit einer Leistung sowie eine Beurteilung, inwieweit bei einzelnen Attributen die Kundenerwartungen erfüllt wurden. Auf Basis einer Variante der kategoriellen Regression werden dann je Merkmal zwei Regressionskoeffizienten für über- bzw. unterdurchschnittliche Leistungserfüllung ermittelt, anhand derer die Zuordnung zu den Kategorien des Kano-Modells getroffen werden kann. B.I.

Literatur: *Schütze, R.*: Kundenzufriedenheit. After-Sales-Marketing auf industriellen Märkten, Wiesbaden 1992. *Schuckel, M.; Hußmann, C.*: Neue Instrumente zur Messung der Kundenzufriedenheit, in: Mitteilungen des Instituts für Handelsforschung an der Universität zu Köln, August 2000, S. 177-188.

PR-Datenbank

Gesamtheit aller für die → Public Relations erforderlichen Informationen, wie z.B. Medien-, Journalisten-, Verbands-, Politiker- und Behördenverzeichnisse, Listings von Meinungsführern sowie Listen wichtiger Dienstleister: z.B. Grafik, Druck, Fotografie, Video- und Tonaufnahmen, Übersetzungs- und Dolmetscherdienste, Infrastrukturangebot, Hintergrundinformationen zur eigenen Firma oder über Kunden. P.F.

Predatory Pricing

aus der Industrieökonomik stammendes Konzept zur Beschreibung einer auf die Verdrängung von Wettbewerbern abzielenden → konkurrenzorientierten Preisstrategie, die sich im Gegensatz zum → Entry Limit Pricing nicht gegen potenzielle, sondern vorhandene Anbieter richtet. Bei dem sowohl als Marketingtaktik als auch im Rahmen einer entsprechend ausgerichteten → Wettbewerbsstrategie denkbaren preispolitischen Verhalten geht es unter Ausnutzung der → Marktmacht einzig darum, Konkurrenten Verluste beizubringen. Insbesondere wenn dieses Verhalten nicht auf einem Kostenvorteil beruht (→ Kostenführerschaft), ist es in Deutschland jedoch nicht zulässig (→ GWB, → UWG). A.Ha.

Literatur: *Guiltinan, J.P.; Gundlach, G.T.*: Aggressive and Predatory Pricing: A Framework for Analysis, in: Journal of Marketing, Vol. 60 (1996), S. 87-102. *Lücking, J.*: Marktaggressivität und Unternehmenserfolg, Berlin 1995.

Pre-entry-Preis
→ Marktinvestitionen, spezifische

PREFMAP
Computer-Programm, das zu den Verfahren der → Mehrdimensionalen Skalierung (MDS) zählt, und für die externe Präferenzanalyse (→ Jointspace) eingesetzt wird (→ Positionierungsmethoden).

Preis
Aktionsparameter der → Preispolitik, der üblicherweise als monetäre Gegenleistung („Entgelt") eines Käufers für eine bestimmte Menge eines Wirtschaftsgutes bestimmter Qualität („Leistungsumfang") definiert wird. Insofern besitzen Preise also stets einen Preiszähler (Entgelt) und einen Preisnenner (Leistungsumfang). Letzterer wird in der Preispolitik üblicherweise als konstant angesehen (s.a. → Neuere Mikroökonomik).
In einer abnehmerorientierten Perspektive lässt sich der Güterpreis auch umfassender als die Summe aller mittelbar oder unmittelbar mit dem Kauf eines Gutes verbundenen Ausgaben interpretieren. In diesem Fall zählen zum Preis neben dem eigentlichen Verkaufsentgelt auch die Beschaffungsnebenkosten, z.B. für die Lieferung, Installation und Kreditierung, die zwischen verschiedenen Gütern oft differierenden Kosten des Produktunterhalts sowie der Reparatur und der Rückführung in den Stoffkreislauf bzw. (als Negativposten) die Wiederverkaufserlöse. Eine solche Perspektive bietet Ansatzpunkte für eine Differenzierung der Preispolitik im Hinblick auf diese unterschiedlichen Preisbestandteile. Sie führt nicht selten zu sog. → Preisbaukästen für ganz bestimmte Teilleistungen, zwischen denen eine → Ausgleichskalkulation möglich ist. Darüber hinaus kann der Preis dann an unterschiedliche Service-Ansprüche der Abnehmer angepasst und eine bessere → Preisoptik betrieben werden. Die Berücksichtigung der unterschiedlichen Nebenkosten zum Verkaufspreis, die – wie das Beispiel des Automobils zeigt – oftmals höher als der Anschaffungspreis sein können, wird in der Theorie des Preisverhaltens → Zusatzkostenbewusstsein genannt.

Beschaffungspreise sind die an den Lieferanten gezahlten Entgelte für bezogene Leistungen. Aufgrund artikelunspezifischer Preisnachlässe, z.B. Boni, sortimentsgruppenspezifischer → Rabatte etc., lassen sie sich nicht immer eindeutig bestimmen (→ Handelskalkulation). Nicht zuletzt daran scheitert die Judifizierung von → Untereinstandspreisangeboten.

Preise werden von Anbietern gefordert („Angebotspreise"), von Nachfragern geboten („Nachfragepreise") bzw. am Markt akzeptiert („Marktpreise"). Für bestimmte Güter werden spezielle Preisbegriffe entwickelt: Neben den Preisen für materielle Güter gibt es z.B. solche für Dienstleistungen („Gebühren"), für Rechte (z.B. → „Lizenzen", „Pachten", „Mieten"), für öffentliche Güter („Tarife") oder für Arbeit („Arbeitsentgelt"). Besteht das Entgelt einer Transaktion nicht aus monetären, sondern sachlichen Gegenleistungen, spricht man von → Kompensations- oder Barter-Geschäften. H.D.

Preis-Absatzfunktion
formales Modell über den Zusammenhang zwischen der Höhe des Angebotspreises und der erwarteten Absatzmenge eines Produktes (→ Variable Mengen-Fall) bzw. der Anzahl der Käufer. Im Gegensatz zur *Nachfragefunktion* bezieht sich die Preis-Absatzfunktion auf *einzelwirtschaftliche Größen*, d.h. die Absatzobjekte von Unternehmen. Es handelt sich damit um spezifische → Marktreaktionsfunktionen zwischen der Aktionsvariablen Preis und der Reaktionsvariablen Absatz bzw. Kunden und insofern um ein sog. → S-R-Modell.
In statistischer Interpretation entspricht die Preis-Absatzfunktion dem Modell der → Regressionsanalyse, die im Übrigen am häufigsten als Schätzverfahren für die empi-

Preis-Absatzfunktion

Graphische Darstellung einer linearen Absatzfunktion und ihrer Kennwerte

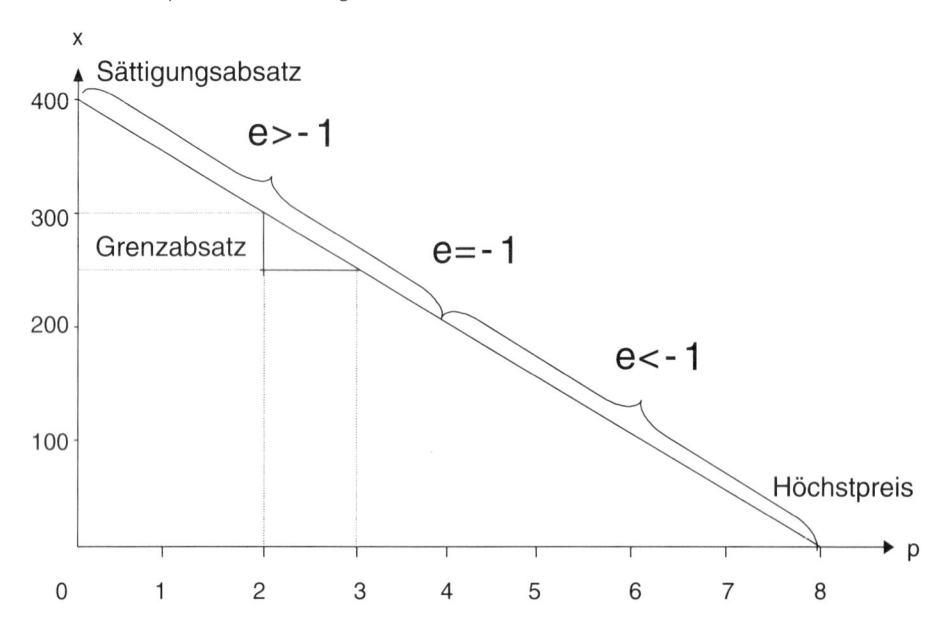

rische Ermittlung der Funktionsparameter herangezogen wird. Der Preis stellt hier die unabhängige, die Absatzmenge die abhängige Variable dar. Bei der graphischen Darstellung werden – im Gegensatz zur Mikroökonomie – der Preis auf der Abszisse und die Absatzmenge auf der Ordinate abgetragen. Die *Abbildung* verdeutlicht dies am Beispiel einer linear fallenden Funktion der Form

$x = 400 - 50 \cdot p$

(x = Absatzmenge, p = Preis).

Preis-Absatzfunktionen lassen sich durch verschiedene Kennwerte charakterisieren:

(1) Der Wert der Funktion bei p = 0 zeigt den sog. *Sättigungsabsatz* an.

(2) Der Wert für f (p) = 0 signalisiert dagegen den *Höchstpreis*, bei dem der Absatz auf 0 sinkt.

(3) Die Steigung der Funktion ($\delta f(p) / \delta p$) entspricht dem sog. *Grenzabsatz*, d.h. der absoluten Absatzveränderung bei Erhöhung des Preises um eine Einheit („direkter Preis-Response").

(4) Die relative Veränderung des Absatzes im Vergleich zur relativen Veränderung des Preises wird → Preiselastizität (ε) genannt. Sie drückt aus, um wie viel Prozent sich der Absatz verändert, wenn der Preis um 1 % verändert wird.

(5) Enthält die Preis-Absatzfunktion als unabhängige Variable nicht nur den Angebotspreis des betrachteten Gutes, sondern auch die Preise anderer Güter, stellt die → *Kreuzpreiselastizität* einen weiteren Kennwert der Funktion dar. Sie gibt an, um wie viel Prozent sich der Absatz des Gutes i verändert, wenn der Preis des Produktes j um 1 % verändert wird.

Der genaue Verlauf einer Preis-Absatzfunktion bedarf als modellhafte Hypothese über die Marktreaktion sowohl einer theoretischen Begründung (→ Preistheorie) als auch einer empirischen Überprüfung. Für die in der Realität besonders häufig anzutreffenden Marktsituationen lassen sich vier typische Funktionsformen unterscheiden, deren Kennwerte und Verlauf in der *Tabelle* gegenübergestellt sind. Es handelt sich zunächst um das lineare und das multiplikative Modell, das jeweils sowohl ohne als auch mit Berücksichtigung des Einflusses von Preisen konkurrierender Produkte ausgestaltet werden kann. Die beiden anderen Grundtypen weisen einen doppelt geknickten (S-förmigen) bzw. einen logistischen Verlauf („Attraktionsmodell") auf und beziehen Konkurrenzeinflüsse ebenfalls in die Modellstruktur mit ein. Die Modelle 1a und 2a sind deshalb grundsätzlich für monopolistische Marktsituationen relevant, wäh-

Vergleichende Darstellung der vier Grundtypen von Preis-Absatzfunktionen

Kennwerte \ Modelltyp	linear, ohne Konkurrenzeinfluss (1a)	linear, mit Konkurrenzeinfluss (1b)	multiplikativ, ohne Konkurrenzeinfluss (2a)	multiplikativ, mit Konkurrenzeinfluss (2b)	doppelt gekrümmte Funktion (3)	logistische Funktion (4)
Funktionsspezifikation	$x_i = \alpha + \beta p_i$ ($\alpha > 0, \beta < 0$)	$x_i = \alpha + \beta p_i + \gamma \overline{p_j}$ ($\gamma > 0$)	$x_i = \alpha \cdot p_i^\beta$	$x_i = \alpha \cdot p_i^\beta \cdot \overline{p_j}^\gamma$ ($\beta < 0; \gamma > 0$)	$x_i = \alpha + \beta + \gamma_1 \cdot \sinh[\gamma_2 \cdot (\overline{p_i} - p_i)]$	$x_i = \alpha + \dfrac{\beta_i \cdot p_i^{\gamma_i}}{\sum \beta_i \cdot p_i^{\gamma_i}}$
Sättigungsabsatz	α	$\alpha + \gamma \overline{p_j}$	$\to \infty$	$\to \infty$	α	α
Höchstpreis	$-\alpha/\beta$	$-(\alpha + \gamma \overline{p_j})/\beta$	$\to \infty$	$\to \infty$	nicht allgemein bestimmbar	$\to \infty$
Grenzabsatz	β	β	$\alpha \cdot \beta \cdot p_i^{\beta-1}$	$\alpha \cdot \beta \cdot p_i^{\beta-1} \cdot \overline{p_j}^\gamma$	$\dfrac{\beta - \gamma_1 \cdot \gamma_2}{\cosh[\gamma_2 (\overline{p_i} - p_i)]}$	$\gamma_1 \cdot x_i (1 - x_i)/p_i$
Preiselastizität	$\dfrac{\beta p_i}{\alpha + \beta p_i}$	$\dfrac{\beta p_i}{\alpha + \beta p_i + \gamma \overline{p_j}}$	β	β	$\dfrac{\beta - \gamma_1 \cdot \gamma_2}{\cosh[\gamma_2 (\overline{p_i} - p_i)]} p_i / x_i$	$-\beta_i (1 - x_i)$
Kreuzpreiselastizität	-	$\dfrac{\gamma \overline{p_j}}{\alpha + \beta p_i + \gamma \overline{p_j}}$	-	$-\beta$	$\dfrac{\gamma_1 \cdot \gamma_2 \cdot \overline{p_j}/x_i}{\cosh[\gamma_2 (\overline{p_j} - p_i)]}$	$-\beta \cdot x_j$
graphische Darstellung des Funktionsverlaufs						

rend die restlichen Modelle für Märkte mit heterogener Konkurrenz zugeschnitten sind. Alle vier Grundtypen von Preis-Absatzfunktionen weisen im Übrigen einen links-steilen Verlauf auf, was dem in der volkswirtschaftlichen Theorie postulierten Gesetz der fallenden Nachfrage entspricht, das seinerseits auf den → Gossen'schen Gesetzen beruht.

Die *Ermittlung* von Preis-Absatzfunktionen erfolgt auf der Grundlage von Daten aus der Absatz- bzw. Umsatzstatistik, wobei Längs- oder Querschnittsanalysen möglich sind und mit Hilfe ökonometrischer Modelle der → Regressionsanalyse der Einfluss der unabhängigen Variablen auf den Absatz bestimmt werden kann. Mit Hilfe des Bestimmtheitsmaßes lässt sich prüfen, wie gut die Funktion die realen Verhältnisse erfasst. Als Datenquellen dienen im Konsumgüterbereich häufig auch → Panels, aber auch speziell für diese Zwecke unternommene → Experimente oder → Preistests, wo im Wege der Befragung Preis-Reaktionszusammenhänge erhoben werden. Zunehmende Bedeutung kommt dabei auch der → Conjointanalyse zu, wo man den Abfall der individuellen Präferenzwerte bei steigenden Preisen und die damit u.U. verbundenen Präferenzwechsel zu anderen Produkten verfolgen, über alle Befragte hinweg aggregieren und daraus mit Hilfe eines Attraktionsmodells eine Preis-Absatzfunktion ableiten kann. Besonders gute Voraussetzung zur Ermittlung von Preis-Absatz-funktionen bieten Scannerkassensysteme im Einzelhandel, weil hierbei auch die Konkurrenzpreise für die Analyse zur Verfügung stehen. Eine kostengünstige, aber trotzdem praktisch bewährte Erhebungsform ist schließlich die Befragung von Experten (z.B. Reisenden, Händlern etc.) über deren Einschätzung der Wirkungen bestimmter Preisveränderungen unterschiedlichen Ausmaßes.

Die Operationalisierung der in die Preis-Absatzfunktion einbezogenen Parameter erfolgt recht unterschiedlich und z.T. unter Verwendung relativer Größen, z.B. Preisabstände bzw. -relationen zur Konkurrenz, Marktanteilen oder Veränderungsraten von Preisen bzw. Absatzmengen.

Preis-Absatzfunktionen sind hypothesenhafte Modelle und nicht etwa generelle Gesetzmäßigkeiten mit umfassendem Gültigkeitsanspruch. Sie bedürfen deshalb stets sowohl einer substanzwissenschaftlichen Begründung als auch einer empirischen Bestätigung. Darüber hinaus müssen aber auch die formalen Prämissen und Vereinfachungen solcher Modelle überprüft und ggf. geändert bzw. aufgehoben werden:

(1) Prämisse des *gegebenen Marktes* (festgelegte Produktqualität, Packungsmenge; keine Ausstrahlungseffekte und kein → Sortimentsverbund),

(2) *ceteris-paribus-Bedingung* (konstanter Einsatz der übrigen absatzpolitischen Instrumente),

Preisabschläge

(3) *statische Betrachtung* (→ Carry-over-Effekte auf den Absatz in späteren Perioden können durch sog. Lag-Variablen modelliert werden),
(4) *einstufige Marktbetrachtung*,
(5) *vorgegebene Marktbedingungen* (deterministischer Charakter).

Die Fortschritte, die auf dem Feld der Marktreaktionsmessung zwischenzeitlich erzielt wurden, machen die Parametrisierung von Preis-Absatzfunktionen heute relativ einfach. Nicht mangelnde Informationen, sondern die zuletzt erläuterten Modellprämissen und -vereinfachungen sind es deshalb, welche die praktische Bedeutung von Preis-Absatzfunktionen zunächst einschränken. Allerdings lassen sich manche dieser Einschränkungen durch entsprechende Modellerweiterungen bzw. -modifikationen, zumindest modellanalytisch, meistern. H.D.

Literatur: *Diller, H.:* Preispolitik, 3. Aufl., Stuttgart 2000, S. 80 ff.

Preisabschläge → Konditionenpolitik
→ Rabatte

Preisabschriften

Vor allem in der → Handelskalkulation (z.B. im Textileinzelhandel) gebräuchliche Bezeichnung für Reduktionen des ursprünglich geplanten Verkaufspreises eines Artikels. Es handelt sich damit um eine → Preisvariation, die in bestimmten Erscheinungsformen jedoch auch Überschneidungen zur zeitlichen Preisdifferenzierung aufweist. Die *Übersicht* zeigt die verschiedenen Erscheinungsformen von Preisabschriften, die in einem weiten und engen Begriff zusammengefasst werden können.

Preisabschriften			
ungeplant		geplant	
Preisanpassung im Saisonverlauf	Räumungsverkauf	Preisreduktionsaktion	Saison-Skimming (zeitliche Preisdifferenzierung)
Preisabschrift i.e.S.		Preisabschrift i.w.S.	

Preisabschriften besitzen für den Ertrag insbesondere in modeabhängigen Warenbereichen große Bedeutung. Die so genannte *Ab-*

schriftenquote, d.h. die wertmäßigen Abschriften im Verhältnis zum Umsatz einer Saison, erreichen nicht selten mehr als 15%. Die Problematik liegt dabei weniger in der kurzfristigen Ertragsminderung (die oft unvermeidlich ist, weil der vorgesehene Preis eine Fehlplanung darstellte) als die langfristig negativen Wirkungen auf das Einkaufsverhalten der Verbraucher (Abwarten auf Preisabschriften) und die Ankerpreise für künftige Käufe. Andererseits können Preisabschriften aber auch das Preisimage von Handelsbetrieben positiv beeinflussen.

Als absatzpolitisches Instrument umfassen Preisabschriften mehrere Entscheidungsparameter, nämlich die Auswahl der jeweiligen Artikel(-typen), der Abschriftenzeitpunkte, der Abschriftenhöhe sowie der begleitenden Maßnahmen der Preiswerbung, Preisauszeichnung und Platzierung der Artikel im Geschäft (s.a. → Partiegeschäft). Über die Wirkungszusammenhänge existieren bisher wenige Erkenntnisse. Die Praxis behilft sich häufig mit Faustregeln wie jener, dass die Preisabschriften in der Höhe zunehmen müssten, wenn sie wiederholt werden. Ferner wird eine Orientierung an den kumulierten Absatzverläufen pro Warengruppe (Abverkaufsquoten) angeraten. Modellanalytisch besteht die Möglichkeit von Analogieschlüssen zu → Preisaktionen.

H.D.

Literatur: *Mura, C.:* Optimale Zeitpunkte für Preisänderungen, Diss. Wiesbaden 1989. *Mühle, M.:* Verkaufsveranstaltungen im Einzelhandel. Eine betriebswirtschaftliche Analyse der Schlussverkäufe, Jubiläumsverkäufe und Räumungsverkäufe, Göttingen 1991. *Schneider, D.:* Steuerung modischer Sortimente im filialisierten Einzelhandel, in: ZfB, 64. Jg. (1994), S. 1351-1371.

Preisabsprachen

Als Preisabsprachen bezeichnet man eine *horizontale* Preisbindung, bei der Marktbeteiligte derselben Wirtschaftsstufe vereinbaren, sich bei gleichwertigen Erzeugnissen preislich nicht zu unterbieten oder die Preise gleichförmig zu erhöhen. Ein derartiges Preiskartell stellt einen klassischen Verstoß gegen § 1 → GWB dar. Im Zusammenhang mit legalisierbaren → Kartellen können Preisabreden zulässig sein, soweit der Kartellzweck nicht ohne Preisabsprachen erreichbar wäre. Sonst stellen Preisabsprachen immer bereits dann eine Wettbewerbsbeschränkung dar, wenn auch nur eine mögliche Art der Preisbildung ausgeschaltet und dadurch die Flexibilität der Preise eingeschränkt wird. Unzulässig sind daher auch die Vereinbarung von Höchst-, Mindest- oder Festpreisen, die Bindung an die eigene Preisliste, Bruttopreisvereinbarungen, Festlegung von Ausgleichszahlungen sowie Absprachen über Preiserhöhungen. Unerheblich ist, ob derartige Abreden schriftlich oder mündlich getroffen wurden. Die Schwierigkeit bei mündlicher Abrede liegt in der Beweisbarkeit. Ein konformes Marktverhalten der Wettbewerber, auch eine bestehende Preisgleichheit, ist für sich allein noch kein Beweis für Preisabreden. Eine unverabredete → Preisführerschaft (→ Parallelverhalten) ist kein Verstoß gegen § 1 GWB. Ein → abgestimmtes Verhalten bezüglich der Preise verstößt gegen § 1 GWB. Der gleiche Effekt wie bei Preisabsprachen, nämlich die Ungewissheit der Marktteilnehmer über die Preisbildung der Konkurrenz zu beseitigen und damit eine Nivellierung des Preisniveaus zu erreichen, wird durch *Preisinformationsverfahren* erreicht, bei denen sich die Beteiligten zur Offenlegung und Meldung von Preisen, Rabatten und Konditionen verpflichten. Auch hier wird der Preis als Wettbewerbsmittel nicht eingesetzt und so der Geheimwettbewerb mit Preisen und Rabatten, der eine Form des vorstoßenden Wettbewerbs ist, beschränkt. Derartige Preismeldeverfahren werden heute als Verstoß gegen § 1 GWB gewertet. Von horizontalen Preisabsprachen zu unterscheiden ist die vertikale → Preisbindung. H.-J.Bu.

Preisachtsamkeit → Preisinteresse

Preisaktionen

am meisten genutzte Form der → Verkaufsförderung des Handels, bei welcher der Angebotspreis eines Artikels kurzfristig abgesenkt und entsprechend beworben wird (→ Sonderangebote); meist werden derartige Aktivitäten in Verbindung mit Verkaufsförderungsaktionen der Industrie durchgeführt. Das hohe Preisinteresse der Verbraucher und deren ausgeprägte Suche nach Preisgelegenheiten machen Preisaktionen nach wie vor zu einem wirkungsvollen Instrument der Umsatz- und Imageförderung. Durch die Häufung solcher Maßnahmen insb. im Lebensmittel-Einzelhandel sind freilich gewisse Abnutzungseffekte eingetreten. So hat der Umfang der Vorratskäufe bei Preisaktionen ebenso abgenommen, wie der starke emotionale Eindruck („Preissug-

gestion"), den Sonderpreise früher oft hervorriefen. So ist es zunehmend fraglich, ob v.a. die gewünschte Profilierung der Handelsorganisation sowie längerfristige Umsatzsteigerung tatsächlich realisiert werden können. Manche Handelsbetriebe tragen dem durch → Dauerniedrigpreisprogramme Rechnung.

Um den notwendigen Mehrumsatz einer Preisaktion zu ermitteln, kann eine einfache Rechnung angestellt werden (vgl. *Abb.*).

Notwendiger Mehrumsatz einer Preisaktion

Notwendiger Mehrumsatz einer Preisaktion		
$\dfrac{\text{Deckungsbeitrag vor Aktion}}{\text{Deckungsbeitrag für Aktion}}$	=	Ergebnis
(Ergebnis x 100) - 100	=	Mehrverkauf
Beispiel:		
Deckungsbeitrag vor der Aktion:		
Verkaufspreis ohne Mehrwertsteuer		€ 89,30
-Einstandspreis		€ 57,10
-Variable Kosten		€ 5,60
= Deckungsbeitrag vor der Aktion		€ 26,60
Deckungsbeitrag für die Aktion:		
Verkaufspreis ohne Mehrwertsteuer		€ 80,40
-Einstandspreis		€ 57,10
-Variable Kosten		€ 5,00
= Deckungsbeitrag für Aktion		€ 18,30
$\dfrac{26,60}{18,30}$ = 1,45	(1,45 x 100) −100 = 45%	
Es müssen 45% mehr verkauft werden.		

Nach vielen Umfragen informieren sich Hausfrauen aktiv über preisgünstige Angebote, z.B. durch Wurfzettel und → Kundenzeitschriften (→ Preisinteresse). Darüber hinaus werden Zeitungsinserate in lokalen bzw. regionalen Tageszeitungen stark beachtet. Ein Teil der Hausfrauen ist bereit, für den Erwerb von Aktionsprodukten auch längere Wege in Kauf zu nehmen; dadurch nimmt die → Einkaufsstättentreue ab. G.H.

Literatur: *Diller, H.:* Preispolitik, 3. Aufl., Stuttgart 2000, S. 337 ff. *Glinz, M.:* Sonderpreisaktionen des Herstellers und des Handels, Wiesbaden 1978.

Preisänderungen

Preisänderungen

sind → Preisvariationen in Form dauerhafter Preiserhöhungen oder Preissenkungen. Aufgrund ihres langfristigen Planungshorizonts und der für die erfolgreiche Gestaltung und Durchsetzung einer Preisänderung notwendigen ganzheitlichen Perspektive sind sie ein wichtiger Aspekt der → Preisstrategie. Die Tatsache, dass in der Unternehmenspraxis ein eher vorsichtiges, inkrementales Vorgehen zu beobachten ist, stellt hierzu nur scheinbar einen Widerspruch dar und verdeutlicht lediglich einzelne Schritte im Prozess einer quasi permanenten Preisänderungspolitik. Häufigste Gründe für Preisänderungen sind Kostenänderungen; an zweiter Stelle rangiert die Reaktion auf Preisänderungen von Wettbewerbern, gefolgt von Veränderungen der Preisbereitschaften der Endverbraucher.

Die mit einer Preisveränderung verbundenen Effekte (→ Preisänderungswirkung) machen deutlich, dass es sich hierbei um ein komplexes Entscheidungsproblem handelt, welches mit entsprechenden → Preisrisiken verbunden ist. Preiserhöhungen bergen dabei vor allem kundenseitige, Preissenkungen vor allem wettbewerbsseitige Risiken. Dies erklärt auch die unterschiedlichen Spielräume für Gestaltung und Durchsetzung im Falle einer Preiserhöhung gegenüber einer Preissenkung (→ Preisdurchsetzung).

Der Prozess der Gestaltung und Durchsetzung einer Preisänderung lässt sich in zwei Aufgabenbereiche aufspalten: die Informationsaufgabe und die Managementaufgabe. Kern der Informationsaufgabe ist die Identifikation, Beschaffung und Kommunikation sämtlicher für die Preisänderung relevanter Informationen über den gesamten Prozess der Preisänderung hinweg. Die Managementaufgabe besteht einerseits in der Integration aller Phasen einer Preisänderung in einem stimmigen Gesamtprozess sowie andererseits in der konkreten Ausgestaltung relevanter Aktionsparameter. Diese Gestaltungsansätze lassen sich zu drei grundlegenden, durchaus interdependenten Entscheidungsbereichen zusammenfassen. Zunächst sind Höhe und Zeitpunkt sowie die zeitliche Abfolge (Häufigkeit) von Preisänderungen festzulegen. Der Erfolg einer Preiserhöhung scheint in der Praxis, neben der höheren → Preisbereitschaft der Endverbraucher, vorwiegend vom Nachziehen der Wettbewerber, der Erfolg einer Preissenkung vorwiegend vom Verhalten der Kunden abzuhängen. Daraus folgt die Empfehlung großer Preisschritte nach oben und kleiner Preisschritte nach unten, welche sich auch aus der → Prospect-Theorie begründen lässt. Weitere Entscheidungen hinsichtlich der Gestaltung von Preisänderungen beschränken sich nicht allein auf die Preisgestaltung (→ Preis, → Preiskalkulation), d.h. eine reine Veränderung des Preiszählers (Entgelt) inklusive entsprechender Konditionensysteme, sondern können sämtliche absatzpolitischen Instrumente beinhalten. Veränderungen des Preisnenners (Leistungsumfang) in Form von Qualitätsveränderungen, Veränderungen der Menge (z.B. Füllmenge, Packungsgröße), Angebot oder Verzicht von Zusatzleistungen sowie Bündelung oder Entbündelung von Angebotsbestandteilen seien hier beispielhaft genannt. Die Kommunikation einer Preisänderung bildet den dritten Entscheidungsbereich. Ziel ist die unternehmensinterne und -externe Ankündigung und Begründung der Preisänderung, da nach der Theorie der → Preisfairness sachlich nicht hinlänglich begründete Preisänderungen als imageschädigend gelten. Abhängig von der Richtung der Preisänderung (Preiserhöhung oder -senkung) wird hier der Fokus der Argumentation eher vom Preis weg oder zum Preis hin gelenkt werden müssen (→ Preisargumentation). Wegen der Anbindung der Preisethik an die Kosten empfiehlt es sich, eine Preiserhöhung zeitlich in die Nähe allgemeiner Kostensteigerungen (z.B. Materialpreissteigerungen, Steuererhöhungen oder Lohnerhöhungen) zu stellen und darüber zu begründen. Preissenkungen entfalten ihre volle Wirkung in Saisonperioden und erfordern bei preisorientierter Qualitätsbeurteilung eine plausible Begründung (z.B. Mengenvorteile, günstigere Beschaffung).

Zur Lösung der rechnerischen Entscheidungsprobleme bei Preisänderungen lassen sich neben → Nutzwertrechnungen, → Wettbewerbsindizes und Kostenträgerrechnungen (→ Kalkulationsverfahren) insbesondere → Break-Even-Rechnungen, mit deren Hilfe das Risiko der Preisänderung beziffert werden kann, einsetzen.

G.Br.

Literatur: *Diller, H.:* Preispolitik, 3. Aufl., Stuttgart 2000.

Preisänderungswirkung

Periodenübergreifende und von der „normalen" → Preiselastizität des Absatzes zu unterscheidende und v.a. für die → Preisstrategie sowie für → Sonderangebote bedeutsame Preiswirkung, bei der ein früherer Preis als Vergleichsbasis für die Beurteilung des gegenwärtigen Preises herangezogen wird. Dabei wird das Nachfrageverhalten nicht nur durch das absolute Preisniveau, sondern auch durch die Preisänderung im Verhältnis zum alten Preisniveau beeinflusst. Man beobachtet derartige Preisänderungswirkungen insb. bei Innovationen (z.B. EDV-Produkte). Größere Preissenkungen führen hier häufig zu einer regelrechten Nachfrageexplosion. Für die zu wählende Preisstrategie sind insb. asymmetrische und nichtproportionale Preisänderungswirkungen von Bedeutung. Asymmetrische Preisänderungswirkungen liegen vor, wenn z.B. der Absatzzuwachs bei Preissenkungen größer ist als der Absatzverlust bei entsprechenden Preiserhöhungen. Bewirken kleine Preisänderungen unterproportionale Absatzänderungen, große Preissprünge dagegen überproportional starke Absatzveränderungen, so spricht man von nichtproportionalen Preisänderungswirkungen. In beiden Fällen empfiehlt es sich, nicht einen im Zeitablauf konstanten Preis zu setzen, sondern eine → Pulsationsstrategie anzuwenden. Auch für die Preispolitik gegenüber → Schnäppchenjägern spielt die Preisänderungswirkung eine wichtige Rolle.

Die Existenz von Preisänderungswirkungen kann eine → Skimming-Strategie begünstigen, der im Verlauf des → Lebenszyklus massive Preissenkungen folgen. Der hohe Einführungspreis schafft hier zum einen ausreichende Preissenkungsspielräume und verleiht dem Produkt u.a. einen Prestigewert, der oft noch lange nach dem Verfall des hohen Anfangspreisniveaus erhalten bleibt. Bei asymmetrischen oder nichtproportionalen Preisänderungswirkungen bietet sich eine Pulsationsstrategie an. Hier wird der Preis nicht über einen langen Zeitraum konstant gehalten, sondern es wird systematisch zwischen Preissenkungen und -erhöhungen variiert. Die im Handel oft zu beobachtenden Promotion- bzw. Sonderangebotsaktionen sind hierfür ein Beispiel.

H.S./G.T.

Literatur: *Kucher, E.:* Scannerdaten und Preissensitivität bei Konsumgütern, Wiesbaden 1985.

Preisangaben-Verordnung

In der Bundesrepublik Deutschland ergibt sich die heute gültige Pflicht zur → Preisauszeichnung aus der „Verordnung zur Regelung der Preisangaben" vom 14. März 1985 (BGBl. I S. 5üba80). Die Grundvorschrift des § 1 Abs. 1 S. 1 der Preisangaben-Verordnung (PAngV) besagt in verkürzter Form: „Wer Letztverbrauchern regelmäßig Waren oder Dienstleistungen anbietet oder unter Angabe von Preisen wirbt, hat Endpreise anzugeben (also einschließlich der Umsatzsteuer und sonstiger Preisbestandteile)". Die Endpreise, die gem. dieser Verordnung angegeben werden, „müssen der allgemeinen Verkehrsauffassung und den Grundsätzen von Preisklarheit und Preiswahrheit entsprechen". „Darüber hinaus müssen sie dem Angebot oder der Werbung eindeutig zugeordnet, leicht erkennbar und deutlich lesbar oder sonst gut wahrnehmbar sein" (§ 1 Abs. 6 PAngV). Besondere Vorschriften für den Handel, die Anbieter von Dienstleistungen, für Kreditinstitute, das Gaststättengewerbe sowie für Tankstellen und Parkplätze sind jeweils in den §§ 2 bis 6 der PAngV verankert. Ausnahmebereiche ergeben sich aus § 7. Gesonderte Vorschriften gelten für → Preisgegenüberstellungen.

Laut amtlicher Begründung zielt die Preisangaben-Verordnung darauf ab, die Position des Verbrauchers durch Gewährleistung eines optimalen Preisvergleiches zu stärken. Diese Zielsetzung stand bereits bei der Verabschiedung der Preisauszeichnungs-Verordnung vom 10. Sept. 1969 (BGBl.I 5.1733) Pate. Als Ermächtigungsgrundlage diente § 2 des Preisgesetzes aus dem Jahre 1948.

H.-O.S./B.M.

Preisanmutung → Preiswahrnehmung

Preisanpassung
→ Konkurrenzorientierte Preisstrategie, → Preisänderung

Preisanpassungsklausel → Preissicherung

Preisärger → Preiserlebnisse

Preisargumentation

bedingt zur Überwindung der Preishürde in der → Verkaufsargumentation die Beachtung von Grundregeln und treffenden Einsatz von Argumentationstechniken. Zu den Grundregeln gehört, die Frage des Preises

Preisargumentation

möglichst weit ans Ende des → Verkaufsgespräches zu verlagern (Ausnahme: Preisattraktivität des Angebotes). Der Verkäufer hat zunächst den Wert der Leistung für den Kunden darzulegen. Der Preis soll nicht isoliert und damit absolut wirken, sondern eingepackt in den sich eröffnenden Nutzen und somit relativiert erscheinen. Als weitere wichtige Grundregel gilt es, die Preisinformation in „Mittelposition" zu bringen. Dem Wertaufbau vor der Preisnennung lässt der Verkäufer unmittelbar nach Angabe des Preises weitere aus der anstehenden Leistung für den Kunden eintretende Vorteile folgen („Preisvertreibung").

Allen Techniken der Preisargumentation ist als Ziel gemeinsam, den trotz Beachtung der Grundregeln beim Kunden möglichen Preisschock ganz zu vermeiden oder zumindest möglichst gering ausfallen zu lassen.

Methode optischer Verkleinerung:
Nicht der Preis für die handelsübliche Menge wird angeführt, sondern der freundlicher erscheinende Preis für eine kleinere Menge. Sollten Abnahmen in Tonnen- oder Tausendereinheiten üblich sein, so werden die Kilogramm- oder die Stückpreise genannt. In die gleiche Richtung geht die Angabe der Kosten, die sich für eine Nutzungseinheit ergeben. Die Preisinformation lautet dann z.B.: „Der einzelne Tonnenkilometer kostet Sie bei diesem Transportsystem nur 30 Pfennige!"

Methode semantischer (= sprachlicher) Verkleinerung (→ Preisoptik):
Der Verkäufer spricht in Verbindung mit den Beiworten ‚nur', ‚lediglich', ‚bloß', ‚nicht mehr als' z.B. von Discount-, Gelegenheits-, Nimm-mit-, Schotten-, Sonder-, Spar-, Tiefstpreis.

Vergleichsmethode:
Der Preis für das in Betracht kommende Produkt wird gegen erheblich teurere Varianten gestellt und erscheint dadurch nicht mehr so hoch. Der Verkäufer formuliert bspw.: „Sehen Sie hier das Modell SE; dafür wären 44.980 € zu zahlen. Nun vergleichen Sie doch einmal mit dem Modell, das Ihren Vorstellungen und Wünschen entspricht. Die funktionellen Unterschiede sind gering, die Ausstattungsunterschiede unwesentlich; Sie bekommen dieses Modell aber bereits für nur 39.500 €. Sie haben also bei einem voll auf Ihre Ansprüche zugeschnittenen Modell eine Ersparnis von deutlich über 5.000 €!"

Subtraktionsmethode:
Diese Methode ist z.B. bei Inzahlungnahme von Altgeräten anwendbar. Der Verkäufer operiert lediglich mit dem Nettopreis, der nach Abzug des Inzahlungnahmewertes für das Altgerät verbleibt. In ähnliche Richtung geht die Praktik, vom zu zahlenden Endpreis die Mehrwertsteuer abzuziehen und den Preis ohne Mehrwertsteuer zu nennen oder lediglich die bei Ausnutzung von Steuervorteilen verbleibende Nettobelastung mitzuteilen. Zur Mehrwertsteuer-Praktik ist allerdings anzumerken, dass der Letztverbraucher (im Gegensatz zum gewerblichen Käufer) nach der → Preisangaben-Verordnung Preisangaben als inkl. Mehrwertsteuer auslegen kann, solange der Verkäufer nicht ausdrücklich anderes vermerkt.

Bagatellisierungsmethode:
Bestehen zwischen konkurrierenden Angeboten lediglich relativ geringfügige Preisunterschiede, so hat der Verkäufer diese Unterschiede zu bagatellisieren, um daraus entstehende Kaufhemmnisse zu beseitigen. Kostet das Konkurrenzgerät bspw. 670 € gegenüber 690 € für das zu verkaufende Gerät, so kann der Verkäufer z.B. folgendermaßen argumentieren: „Wenn Sie sich noch einmal in Ruhe überlegen, welche Vorteile dieses Gerät für Ihre speziellen Zwecke aufweist, welche Rolle spielt dann eigentlich die geringfügige Preisabweichung von 20 €? Die haben Sie doch in einer Woche voller Zufriedenheit mit diesem Gerät bereits völlig vergessen!"

Zerlegungsmethode:
Die angebotene Gesamtleistung wird in Teilleistungen zerlegt. Zur Sprache kommen lediglich die für sich jeweils relativ freundlich erscheinenden Teilpreise, nicht jedoch der Gesamtpreis. So werden z.B. recht ‚freundliche' Grundpreise für Automobile, für Urlaubsreisen, für Mieten usw. genannt; die relativ hohen Inklusivpreise, die sich bei Hinzurechnung notwendiger oder erwünschter Zubehör- oder Folgeleistungen ergeben, werden dem Kunden zunächst vorenthalten.

Gleichnismethode:
Der Verkäufer sucht die schockende Wirkung absoluter Preisnennung bei dieser Methode dadurch aufzufangen, dass er den Preis in Beziehung zu gewohnten, sich wiederholenden Kleinausgaben bringt. Er wird z.B. formulieren: „Der einzelne Einsatz dieses Gerätes kostet Sie nicht mehr als eine Zigarette".

Kompensationsmethode:
Alle positiven Aspekte der angebotenen Leistung, alle dem Kunden aus dem Erwerb und der Nutzung entstehenden Vorteile werden vom Verkäufer aufgezählt, um dadurch den hohen Preis zu kompensieren. So wie allgemein erst nach Wiederholungen gelernt wird, registriert und begreift der Kunde bestimmte Vorteile eventuell erst nach mehrfacher Darlegung. Kommt es jetzt zu einem Aha-Erlebnis beim Kunden, so wird selbst ein objektiv relativ hoher Preis gemildert erscheinen.

Demonstrationsmethode:
Der Verkäufer bemüht sich, die Vorteile des Verkaufsobjektes durch möglichst plastische oder dramatische Demonstrationen besonders zu beleuchten und auf diese Weise die Preishöhe in ihrer negativen Wahrnehmung zu reduzieren. Hierzu gehört etwa die Anpreisung von Autolack-Versiegelungen durch Entzünden offener Flammen auf einem PKW. A.B.

Literatur: *Bänsch, A.:* Verkaufspsychologie und Verkaufstechnik, 7. Aufl., München 1997.

Preis-Audit

nennt man ein Verfahren, das bei einer Stichprobe von Händlern durchgeführt wird, um durchschnittliche Preise für die von diesen Händlern distribuierten Waren zu bestimmen. Zu diesem Zweck wird i.d.R. von einem Marktforschungsinstitut ein repräsentatives → Handelspanel aufgebaut. Dieses Panel wird dann regelmäßig von Interviewern aufgesucht, die die Preise der Waren zum Zeitpunkt ihres Besuches festhalten. Der Mittelwert aller Preise bei den Händlern des Panels für ein bestimmtes Produkt wird dann als der mittlere Preis für dieses Produkt bezeichnet. Diese Art der Preiserfassung ist notwendig, damit der Hersteller Informationen darüber bekommt, zu welchem durchschnittlichen Preis sein Produkt im Handel angeboten wird, wenn er darauf nur wenig oder gar keinen Einfluss hat.

Preis-Audits werden nicht nur von unabhängigen Instituten als syndicated Studie durchgeführt, sondern z.T. auch vom Hersteller selbst, der statt der Interviewer seine Vertreter dafür einsetzt. Darüber hinaus gibt es auch die Möglichkeit, Preis-Audits direkt beim Verbraucher durchzuführen. Als mittlerer Preis wird hierbei der Mittelwert der Preise für das jeweilige Produkt über alle Befragten, die dieses Produkt in der in Frage kommenden Perioden gekauft haben, ausgewiesen. Der mittlere Preis, den man mit Hilfe von Preis-Audits bei Händlern erhält, liegt wegen verschiedener Paneleffekte meist etwas über dem, den man mit Hilfe von Verbraucherpanelbefragungen ermittelt. S.M.

Preisaufklärung

Preisaufklärung stellt die Informierung der Konsumenten über die an den Märkten für Waren und Dienstleistungen geforderten Preise dar. Sie ist ein wichtiges Teilgebiet der → Verbraucheraufklärung und zielt darauf ab, die Verbraucher zu preisbewusste(re)m und kritische(re)m Einkaufsverhalten zu erziehen. Dem liegt die theoretische Annahme zugrunde, preisrationales Einkaufsverhalten bewirke gleichzeitig (mikroökonomisch) optimale Bedürfnisbefriedigung der Individuen und (makroökonomisch) eine Förderung des Preiswettbewerbs unter den Unternehmen als der Haupttriebkraft der Marktwirtschaft (→ Preistransparenz).

Öffentlichen und privaten Trägern stehen verschiedene Maßnahmen der Preisaufklärung zur Verfügung: veröffentlichte Marktpreisberichte und → Preisspiegel, → Preisvergleiche, → Preisauszeichnung, „moral suasion" (öffentliche Ermahnung, Preisvergleiche anzustellen und in Preis-, Rabatt- und Konditionenverhandlungen einzutreten) usw. Die Preisaufklärung ist jedoch differenziert zu betrachten.

Aus der *Sicht der Verbraucher* sind der Zugang zu klaren und wahren Preisinformationen über Waren und Dienstleistungen und seine Verbesserung grundsätzlich zu begrüßen. Damit werden Geheimpreise, Preisverschleierung, irreführende Preisangaben, Feilschen und andere Nachteile – zumindest für relativ marktschwache und/oder einflusslose Konsumenten – vermieden. Andererseits dürfen Gefahren der Preisaufklärung, die über die gesetzlich vorgeschriebenen Preisangaben hinausgehen, nicht übersehen werden: Erziehung zum allein oder überwiegend Preis-orientierten Einkauf mit Nachlassen der Urteilsfähigkeit bezüglich der Produkt- und Servicequalität, Bevorzugung bestimmter kostengünstiger Hersteller und Händler mit der Gefahr der Verarmung von Produkt-, Sortiments- und Betriebsformenvielfalt, Steuerung und Uniformierung des Einkaufsverhaltens usw.

Preisaufschläge

Aus der *Sicht der Unternehmen* als Anbieter von Waren und Diensten, insbesondere aus der Sicht der Hersteller und der Händler, birgt die Preisaufklärung jedoch nicht nur Chancen, sondern auch Risiken. Grundsätzlich steigen die Wettbewerbschancen für kostengünstigere und/oder preisaggressive Anbieter, während sie für Anbieter mit höherem Kosten- und Leistungsniveau und/oder für weniger preisaggressive Anbieter eher sinken. Für Marketing-aktive Unternehmen gerät Preisaufklärung zum Teil in Widerspruch zu ihren strategischen Zielen, wie z.B. Erringung der Marktführerschaft (unique selling proposition, USP). Hersteller von Markenwaren („Markenartikler") befürchten insbesondere, dass durch Preisaufklärung bewirkte höhere Preistransparenz und zunehmender Preiswettbewerb im Handel zu Preiskämpfen gerade bei ihren bekannten Produkten führe („Preisschleuderei") und dem Image ihrer Produkte abträglich sei. Für Handelsunternehmen liegen generell Chancen der (eigenen) Preisaufklärung in der werblichen Herausstellung der im Rahmen der Mischkalkulation niedrig kalkulierten Preise (→ Preispsychologie). Spezielle Chancen eröffnet Preisaufklärung den Discountern mit ihrem – durch niedrigeres Kosten- und Leistungsniveau bedingten – niedrigeren Verkaufspreisniveau; entsprechend generiert die Preisaufklärung bei Handelsunternehmen mit höherem Kosten- und/oder Leistungsniveau das Risiko, in ihrer Leistungsfähigkeit unterschätzt und als (zu) teuer angesehen und gemieden zu werden.

Aus *wettbewerbspolitischer Sicht* wird häufig die These vertreten, mit einem verbesserten Informationsgrad der Nachfrager über die am Markt geforderten Preise für Waren und Dienstleistungen gehe eine Intensivierung des Wettbewerbs auf der Anbieterseite einher. Diese im Kern auf das Modell der vollständigen Konkurrenz zurückgehende Sicht ist jedoch zu einseitig. Wettbewerbsprozesse werden nicht nur durch Preise, sondern auch durch Konditionen, Qualität der Waren, Sortimentsumfang, Art und Ausmaß der Dienstleistungen sowie der Informationen usw. ausgelöst. Im Übrigen tragen die herkömmlichen Maßnahmen der Preisaufklärung der Preisdynamik und der Flexibilität der Unternehmerentscheidungen kaum Rechnung. H.-O.S.

Literatur: *Diller, H.*: Das Preisbewusstsein der Verbraucher und seine Förderung durch Bereitstellung von Verbraucherinformationen, Habilitationsschrift, Mannheim 1978. *Jansen, B.*: Die Bedeutung der Information in der Preis- und Wettbewerbstheorie, Berlin 1970.

Preisaufschläge → Konditionenpolitik, → Preisänderung

Preisausschreiben
→ Gewinnspiele, Preisausschreiben

Preisauszeichnung

Unter Preisauszeichnung ist die Angabe des allgemein geforderten Verkaufspreises für eine Ware oder Dienstleistung zu verstehen. Sie dient der Preisklarheit und -wahrheit und gewährt den Verbrauchern die Möglichkeit zum schnellen → Preisvergleich. Als Warenauszeichnung kann sie durch Hersteller oder Händler am Produkt/Artikel selbst erfolgen (Produkt-/Artikelpreisauszeichnung), am Regal (Regalpreisauszeichnung), im Katalog, im Schaufenster oder als Bildschirmanzeige, z.B. bei Internet-Angeboten. Gemäß § 1 (1) *Preisangabenverordnung* vom 14.3.1985 i.d.F.v. 22.7.1997 müssen alle Anbieter gegenüber „Letztverbrauchern" – im Wesentlichen die Einzelhändler – ihre Waren und Leistungen mit (Brutto-)Preisen „einschließlich Mehrwertsteuer und sonstiger Preisbestandteile unabhängig von einer Rabattgewährung" (Endpreise) auszeichnen. 1997 wurde die Preisangabenverordnung um die Verpflichtung zur Preisauszeichnung auch im Internet und im Fernsehen ergänzt. In Zukunft wird die *elektronische Regalpreisauszeichnung* im SB-Handel (Cash-and-carry-Märkte, SB-Warenhäuser, Supermärkte) dominieren. Sie ermöglicht zum einen den Händlern eine bessere Nutzung der integrierten Warenwirtschaftssysteme und die automatische Übertragung von Preisänderungen an die Labels, zum anderen den Kunden die laufende Kontrolle der Einkaufsbeträge durch elektronische Preis-Einspeisung in Displays am Einkaufswagen (self-scanning).

Trotz zahlreicher in der Preisanagabenverordnung enthaltenen Regelungen bleibt bei der Preisauszeichnung genügend gestalterischer Freiraum, insbesondere preispsychologischer Art. So tragen z.B. – stets in den Grenzen der §§ 1 und 3 UWG (Sittenwidrigkeit bzw. Irreführung) – sprachliche Preisumschreibungen wie „Preisknüller", „Sonderpreis" oder „Tiefpreis", auffällige graphische Aufmachung der Preisschilder/-etiketten durch große Schrift- und Zifferntypen, farbliche Gestaltung, „gebrochene Preise" (odd prices) und andere Mittel der → Preisoptik wirksam dazu bei, bei den potentiellen Käufern einen positiven Preiseindruck zu erwecken. Dies verdeutlicht, dass die Preisauszeichnung nicht nur als lästige Pflicht hinzunehmen ist, sondern selbst als absatzpolitisches Instrument eingesetzt werden kann (→ Preisdurchsetzung).

Mit der Einführung des Euro kommen zwei spezielle Probleme der Preisauszeichnung auf den Einzelhandel zu. Einerseits stellt sich das Problem der (freiwilligen) *doppelten Preisauszeichnung in DM und Euro*, und zwar bereits für die Vorlaufzeit ab 1.1.1999 bis zur Euro-Einführung am 1.1.2002, verstärkt für die Übergangszeit der Parallelwährung (1.1.2002 bis 30.6.2002). Andererseits muss gemäß der EU-Richtlinie 98/6/EG ab dem 18.3.2000 grundsätzlich *neben dem Verkaufspreis der Grundpreis*, d.h. der Preis je Maßeinheit (Kilogramm, Liter, Meter, Quadratmeter, Kubikmeter oder eine andere übliche Maßeinheit), *für sämtliche Erzeugnisse* angegeben werden. Die EU-Richtlinie sieht davon nur zwei Ausnahmen vor, und zwar Befreiung von der Pflicht zur zusätzlichen Angabe des Preises je Maßeinheit für solche Erzeugnisse, bei denen sie wegen ihrer Beschaffenheit oder Zweckbestimmung nicht sinnvoll ist, und für lose Ware, bei der Stück, Bund und Kopf die übliche Bezugsgröße ist, wie z.B. im Fruchthandel. Zwar schreiben in der Bundesrepublik Deutschland das Eichgesetz und die Fertigpackungsverordnung bereits seit längerem die Grundpreisangabe (→ Unit Pricing) für eine Reihe von Warengruppen vor (Lebensmittel, Wasch- und Reinigungsmittel, Putz- und Pflegemittel), wenn auch mit zahlreichen Ausnahmen. Der Gesetzgeber wird jedoch mehrere Gesetze und Verordnungen ändern müssen, damit die EU-Richtlinie mit allen Vorschriften und Ausnahmetatbeständen (z.B. befristete Freistellung „kleiner Einzelhandelsgeschäfte" von der Verpflichtung zur Grundpreisangabe) umgesetzt werden kann. Das Jahr 2000 bringt eine Umkehr der bisherigen Preisangabenpraxis mit sich: Aus der Ausnahme der Doppelpreisauszeichnung wird die Regel. Die Einzelpreisauszeichnung wird – von Sonderfällen abgesehen – der Vergangenheit angehören. H.-O.S.

Literatur: *Brandi-Dohrn, A.; Donle, C.:* Die Preisauszeichnung während der Umstellung von DM auf Euro, in: Betriebs-Berater, Heft 42/1998, S. 2121-2126. *Bundesministerium für Wirtschaft und Technologie* (Hrsg.): Preiswahrheit und Preisklarheit müssen gewährleistet sein, in: Unternehmen Euro, Heft 6/1999, S. 5. *Diller, H.:* Preispolitik, 3. Aufl., Stuttgart 2000. *Warzecha, K.:* Ausnahme wird zur Regel, in: Dynamik im Handel, Heft 10/1998, S. 30-34.

Preisbaukasten

für Zwecke der → Preisdifferenzierung entwickelte Angebotspreissysteme in Form von Listenpreisen für kombinierbare, komplementäre, standardisierte Teilleistungen oder darauf aufbauende Leistungspakete mit speziellen Paketpreisen (→ Preisbündelung). Sie stehen im Gegensatz zu Komplett- oder Pauschalpreisen (→ Preisfairness) und basieren auf entsprechenden Produkt- oder Dienstleistungsbaukästen. Preisbaukästen unterstützen die → Individualisierung des Leistungsangebots und der Preispolitik, weil der Kunde nur für jene Leistungen zahlt, die er tatsächlich wünscht. Gleichzeitig ergeben sich dadurch Möglichkeiten der → Preisbündelung. H.D.

Literatur: *Diller, H.:* Preispolitik, 3. Aufl., Stuttgart u.a. 2000, S. 303 ff.

Preisbereitschaft

Die Preisbereitschaft kennzeichnet die grundsätzliche Absicht, in einer künftigen Kaufsituation höchstens einen bestimmten Preis für eine bestimmte Leistung zu akzeptieren (→ Maximalpreis). Es handelt sich damit um eine absolute obere → Preisschwelle, die auch im Rahmen einer → Buyresponse-Funktion abgebildet werden kann. Sie lässt sich unterschiedlich spezifizieren, z.B. im Hinblick auf eine Warenkategorie, eine bestimmte Marke und/oder eine bestimmte Einkaufsstätte. Unterschreitet ein Anbieter die individuelle Preisbereitschaft seiner Kunden, so entstehen sog. → Konsumentenrenten, d.h. die Kunden zahlen weniger, als sie eigentlich zu zahlen bereit wären. Insofern kommt zur empirischen Ermittlung von Preisbereitschaften neben der direkten Abfrage (→ Preistests) auch die sog. *Preistoleranz*, d.h. die Differenz zwischen jetzigem Preis und (maximaler) Preisbereitschaft, in Frage. Sie wird auch zur Erfassung der → Kundenbindung eingesetzt. Bei preisbedingten Qualitätszweifeln gibt es auch Preisbereitschaften in Form von *Mindestpreisen* (untere absolute Preisschwellen). H.D.

Literatur: *Diller, H.:* Preispolitik, 3. Aufl. Stuttgart u.a. 2000, S. 168 ff.

Preisberichterstattung für Lebensmittel

Die Berichterstattung über die Entwicklung der Agrarprodukt- und Lebensmittelpreise dient im Rahmen des → Agrarmarketing dem Ziel, den durch vielfältige nationale und supranationale Rahmenbedingungen sowie durch Witterungseinflüsse schwer überschaubaren Agrarmarkt für alle Beteiligten (v.a. landwirtschaftliche Betriebe, Verarbeitungsbetriebe, Sammel- und Verteilungshandel, Verbraucher) transparent zu machen. Das unterstützt und fundiert geschäftliche Entscheidungen und erleichtert eine der jeweiligen Angebots- und Nachfragesituation entsprechende Preisfindung. Rechtzeitig verfügbare umfassende Informationen befähigen überdies die Marktpartner, schnell auf kurzfristig sich ändernde Marktlagen zu reagieren. Sie wirken so extremen Preisausschlägen entgegen.

Die Preisberichterstattung informiert über die auf den einzelnen Marktstufen gezahlten Preise, dazu auch über Umfang und Richtung von Produktion und Handelsströmen sowie über sonstige für den Markt relevante Entwicklungen. Zur Verbreitung der Informationen werden alle für die jeweilige Zielgruppe geeigneten Medien genutzt, wobei den elektronischen Medien in jüngster Zeit ein immer größeres Gewicht zukommt.

Gesetzliche Auflagen verpflichten die Landwirtschaftskammern zur Preisberichterstattung in ihrem jeweiligen regionalen Bereich. In Bundesländern ohne Landwirtschaftskammern wird diese Aufgabe von den dortigen Bauernverbänden wahrgenommen. Überregional und zusammenfassend für den gesamten Agrarmarkt ist die Zentrale Markt- und Preisberichtstelle für Erzeugnisse der Land-, Forst- und Ernährungswirtschaft (ZMP) in Bonn Bad Godesberg von dem gesetzlich fundierten Absatzfonds mit der Preisberichterstattung beauftragt. Die ZMP führt mit ihren Marktberichtstellen Ost (Berlin) und Nord (Hamburg) in Teilbereichen auch eigene regionale Datenerfassungen durch. Der überwiegende Teil der zur Berichterstattung der ZMP erforderlichen Mittel stammt aus dem mit Pflichtabgaben der Land- und Ernährungswirtschaft gespeisten Absatzförderungsfonds, ein kleinerer Teil aus Erlösen für die Dienstleistungen der ZMP. O.St.

Preisbeurteilung

eng mit der → Preiswahrnehmung verknüpfter Prozess der subjektiv kontrollierten (bewussten) Bewertung eines Angebotspreises oder -preisniveaus (→ Preisverhalten). Die Preisbeurteilung von Seiten der Konsumenten folgt meist vereinfachenden → Kaufentscheidungsheuristiken unterschiedlicher Komplexität. *Abb. 1* zeigt eine diesbezügliche Typologie von *Diller* (2000, S. 153). Wichtig ist die Unterscheidung zwischen *Preisgünstigkeits-* und *Preiswürdigkeitsurteilen*. Erstere beziehen sich allein auf den Zähler des Preisquotienten, berücksichtigen also nicht die Qualität bzw. den Leistungsumfang des jeweiligen Gutes bzw. Anbieters (→ Preis). Typisch sind solche Urteile bei der Suche nach preisgünstigen Einkaufsstätten, aber auch beim Vergleich von qualitativ ähnlich empfundenen Marken. Preiswürdigkeitsurteile betreffen dagegen das Preis-Leistungsverhältnis eines Angebots. Sie beziehen sich also auf den gesamten Preisquotienten und nicht nur auf den Preiszähler. Derartige Urteile dürften v.a. bei hohen Kaufrisiken und hinreichender Informationsmöglichkeit anzutreffen sein.

Bei beiden Formen von Preisurteilen stellen sich zwei grundlegende Fragen:

(1) Welche *Urteilsanker* werden (mit welcher Gewichtung) zur Einstufung von objektiven Preisen herangezogen?

(2) Wie verläuft die *Preisbewertungsfunktion* in Abhängigkeit von der objektiven Preishöhe?

Ad (1): Im Rahmen von Preiswürdigkeitsurteilen kann der Preis an der jeweiligen, ebenfalls subjektiv enkodierten *Qualität* des Angebots verankert werden. Weil Qualität i.d.R. mehrere Qualitätskomponenten umfasst, benötigt man für die Prognose eines Preisurteils die relevanten Qualitätsmerkmale und deren subjektive Bedeutung für den Käufer. Derartige Informationen werden am besten über die → Conjoint Analyse bzw. andere Formen der konjunkten Messung erhoben (s.a. → Preistests) Im Investitionsgütermarketing versucht man auch, im Wege von Punktbewertungsverfahren objektivere Werte für die Teil- und Gesamtqualitäten von Gütern zu erhalten. Sie können dann zu Preis-Qualitätsquotienten verknüpft werden (→ Preis-Leistungs-Analyse).

Typologie von Preisurteilstechniken

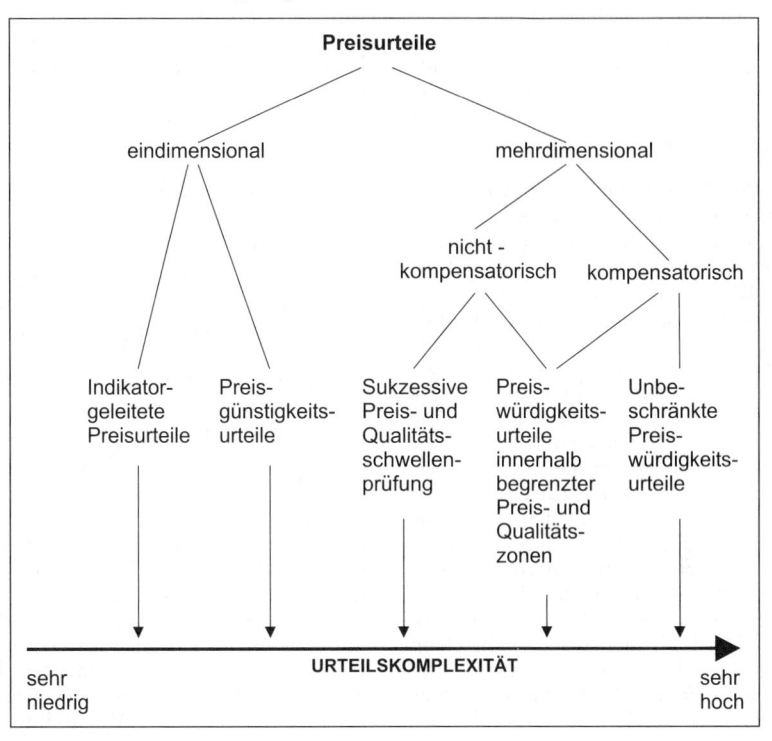

```
                              Preisurteile
                    ┌──────────────┴──────────────┐
              eindimensional              mehrdimensional
                                    ┌──────────────┴──────────────┐
                                  nicht-
                              kompensatorisch         kompensatorisch
         ┌──────────┬──────────┬──────────┬──────────┐
    Indikator-    Preis-    Sukzessive   Preis-      Unbe-
    geleitete    günstigkeits- Preis- und  würdigkeits- schränkte
    Preisurteile  urteile    Qualitäts-   urteile     Preis-
                              schwellen-  innerhalb   würdigkeits-
                              prüfung     begrenzter  urteile
                                          Preis- und
                                          Qualitäts-
                                          zonen
         ↓            ↓          ↓           ↓            ↓
    ─────────────────────────────────────────────────────────→
                        URTEILSKOMPLEXITÄT
    sehr                                                sehr
    niedrig                                             hoch
```

Entscheidend für die Art der Preisbeurteilung ist zum einen, welche Qualitätsmerkmale in die Preisbeurteilung einfließen, und zum anderen, inwieweit Preis und Qualität gegenseitig kompensierbar sind (vgl. auch *Abb. 1*). Da in der Praxis von den meisten Käufern gewisse Mindestansprüche an (Teil-)Qualitäten gestellt werden, ist ein teil-kompensatorisches Urteilsverhalten relativ häufig anzutreffen. Entsprechende Urteilsmodelle können kategorial oder metrisch ausgestaltet sein. Einen diesbezüglichen Überblick findet man bei *Diller* (2000, S. 152 ff.).

Die *Verankerung* von Preisgünstigkeitsurteilen kann durch Modelle der → Psychophysik und der → Prospect-Theorie nachempfunden werden. Danach sind es nicht nur die zu beurteilenden Reize (Preise) selbst, sondern auch die Optik, Gestik oder verbale Etikettierung der Preisangaben durch die Anbieter (Schriftgröße, Platzierung der Preisangabe oder des Artikels, Preisurteil des Verkäufers, Kennzeichnung auf dem Preisetikett o.Ä.), welche den Preiseindruck mitbestimmen. Weitere relevante Stimuli stammen aus dem Umfeld des jeweiligen Preises, etwa die Preise qualitativ gleichartiger Produkte desselben Anbieters, Preisempfehlungen auf der Verpackung, Preisgegenüberstellungen auf Preisschildern etc. Sie zählen zum „Preiskontext" und sind empirisch belegte Einflussfaktoren auf Preisgünstigkeitsurteile. Neben solchen externen Reizen stehen schließlich auch noch im Gedächtnis gespeicherte Preiserfahrungen und → Preiskenntnisse als Urteilsanker zur Verfügung. Sie bilden zusammen mit den anderen Informationen ein *„mittleres Preisempfinden"*, das als Referenzwert für das Preisurteil dient. Der Adaptionsniveautheorie entsprechend wäre ein geometrischer Mittelwert. Befragungsergebnisse über das mittlere Preisempfinden bei verschiedenen Produkten lassen erkennen, dass sich dieses nur relativ langsam an Veränderungen der objektiven Preissituation anpasst und z.T. stark von Einzeleindrücken, insb. Sonderangebotspreisen, geprägt wird. Aufgrund unterschiedlicher Erfahrung mit bestimmten Produktarten oder Marken ist ferner mit einer unterschiedlichen Verfestigung des mittleren Preisempfindens zu rechnen. Sie entspricht psychologisch einer

Preisbeurteilung

unterschiedlichen Verarbeitungstiefe von Preisinformationen. Neue Preiseindrücke führen dabei zu einer Aktualisierung des Preisempfindens, wobei mit zunehmender Verarbeitungstiefe die Häufigkeit von → Kontrast- bzw. Assimilationseffekten zunehmen dürfte.

Ad(2): Preisbewertungsfunktionen beschreiben modellhaft die subjektive Bewertung von unterschiedlich hohen Preisen. Sieht man von situativen Einflussfaktoren auf das tatsächliche Kaufverhalten ab, kann der sich dabei ergebende Wert für das Preisgünstigkeitsurteil (der zweckmäßigerweise auf den Wertebereich zwischen Null und Eins normiert wird) unmittelbar als Indikator für die Kaufwahrscheinlichkeit eines Nachfragers herangezogen werden. Bezeichnet man mit MPE_i das mittlere Preisempfinden für die auf i zutreffende Produktkategorie und mit P_i den Preis eines Produktes i, so stellt die Funktion: $PGU_i = (MPE_i - p_i)a$ ein Beispiel für eine derartige Preisbewertungsfunktion dar, die im Falle a = 1 einen linearen Verlauf aufwiese. Ein solcher Verlauf ist jedoch wenig wahrscheinlich, da die → Preiswahrnehmung entsprechend dem Weber-Fechnerschen Gesetz und auch nach der Prospect-Theorie einen degressiven (logarithmischen) Verlauf nahe legt (vgl. *Abb. 2*). Prospecttheoretisch wäre ferne ein steilerer Verlauf bei Preisen oberhalb des Referenzpreises („Besitzstandseffekt") zu erwarten. Der degressive Verlauf der Preisgünstigkeitsfunktion findet u.a. seinen Niederschlag in entsprechend gespreizten → Preislagen im Angebotsprogramm von Industrie- und Handelsunternehmen. Sie sind in den unteren Preiszonen dichter besetzt als in den oberen.

Eine andere Preisbeurteilungsfunktion liegt der doppelt gekrümmten Preis-Absatzfunktion von *Gutenberg* zu Grunde, die im mittleren Bereich um den Referenzpunkt wenig, in den Grenzbereichen dagegen hohe Elastizität aufweist (*Abb. 3*). Sie ist empirisch ebenfalls gut belegt, sodass im Einzelfall empirisch zu überprüfen ist, welcher Modelltyp sich besser eignet.

Der „normale" Verlauf der Preisbewertungsfunktion wird bei Preiswürdigkeitsurteilen nicht selten durch → preisorientierte Qualitätsbeurteilungen überlagert. Dabei nimmt die subjektiv empfundene Qualität mit zunehmendem Preis (degressiv) zu und wird unterhalb eines bestimmten Preises wegen der damit verbundenen Qualitätszweifel inakzeptabel. In Verbindung mit ei-

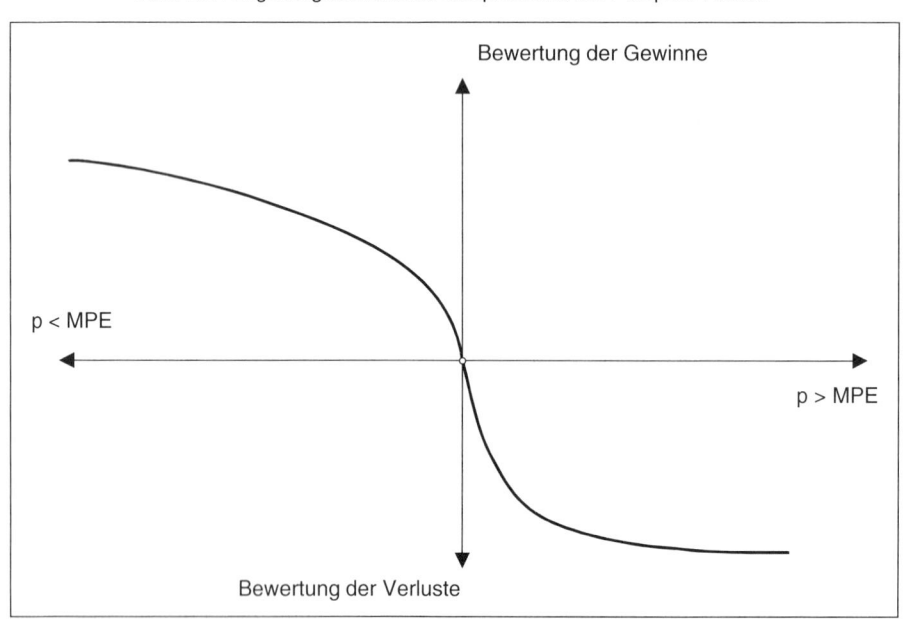

Abb. 2: Preisgünstigkeitsfunktion entsprechend der Prospect-Theorie

(Quelle: *Diller*, 2000, S. 156)

Abb. 3: Preiswürdigkeitsfunktionen bei preisorientierter Qualitätsbeurteilung

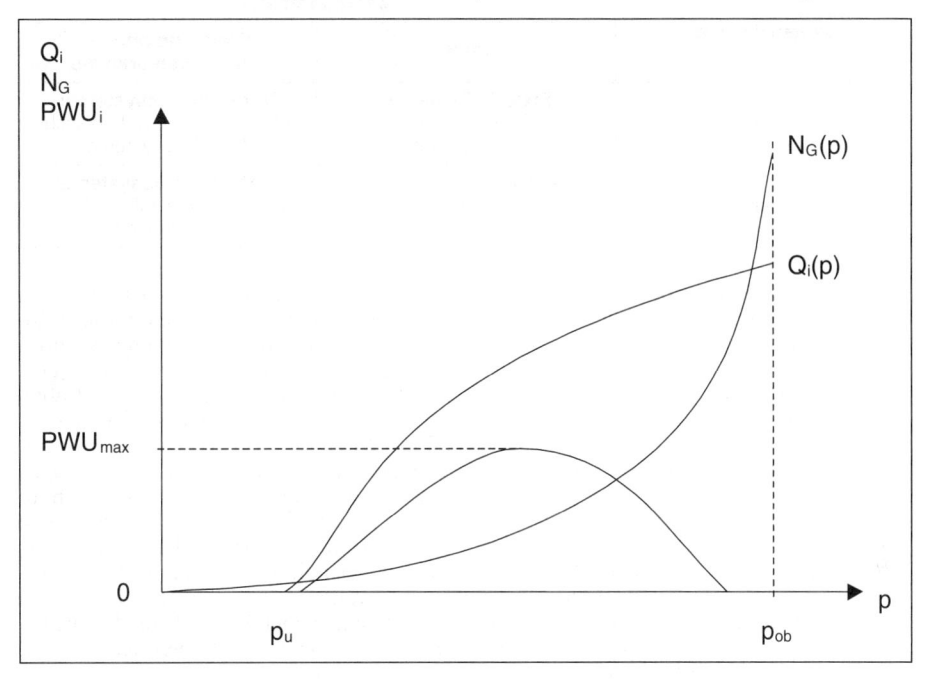

[Figure: Diagram showing Q_i, N_G, PWU_i on the vertical axis and p on the horizontal axis. Curves labeled $N_G(p)$ and $Q_i(p)$ are shown, with a dashed line at PWU_{max} and markings at p_u and p_{ob} on the horizontal axis.]

(Quelle: *Diller* (2000), S. 165)

ner exponentiellen Geldnutzenfunktion ergibt dies die in *Abb. 3* dargestellte Preiswürdigkeitsfunktion, die in ihrer Gestalt der typischen → Buy-Response-Funktion entspricht (vgl. *Gabor*, 1977). Interessanterweise korreliert in den Analysen von *Gabor* die so gemessene → Preisbereitschaft stark mit dem zuletzt gezahlten Preis für das jeweilige Gut, der den Befragten offenkundig als wichtiger Urteilsanker diente.

Je geringer insb. das finanzielle Kaufrisiko ausfällt und je stärker ein Käufer nach Entlastung von Preisbeurteilungsproblemen strebt, desto wahrscheinlicher wird eine nicht-monotone Form der Preisbeurteilungsfunktion. Dies entspricht einem kategorialen Urteilsverhalten, bei dem die objektiven Preise ab bestimmten → Preisschwellen in die jeweils nächstbessere bzw. -schlechtere Kategorie eingeordnet werden. Dieses Phänomen wird verstärkt, wenn Anbieter – wie z.B. im Lebensmittelbereich weit verbreitet – häufig → gebrochene Preise als Angebotspreise wählen. H.D.

Literatur: *Diller, H.:* Preispolitik, 3. Aufl., Stuttgart u.a. 2000, S. 152 ff. *Diller, H.:* Theoretische und empirische Grundlagen zur Erfassung der Ireführung über die Preisbemessung, in: WiSt, 7. Jg.(1978), Heft 6, S. 249-255.

Preisbewusstsein

unpräziser und deshalb in der betriebswirtschaftlichen Preistheorie durch → Preisverhalten ersetzter Begriff für verschiedene psychische Prozesse im Zusammenhang mit der → Preiswahrnehmung und → Preisbeurteilung. H.D.

Preisbildung

Für die betriebliche → Preispolitik von entscheidender Bedeutung ist die *Organisation bei der Preisbildung*. Nicht immer nämlich erfolgt der Absatz im sog. „*fixierten System*", wo das Unternehmen den (Plan-)Abgabepreis festsetzt und sich seine Abnehmer zu diesem Preis selbst sucht (vgl. *Abb.*). So gibt es *Auktions- und Börsensysteme*, bei denen die Nachfrager Preisgebote abgeben können, die dann - je nach gewählten Regeln - vom Anbieter akzeptiert werden müssen oder nicht. Mithin ist der Preis hier nicht a priori fixiert. → Auktionen (synonym: *Versteigerungen*) besitzen traditionell beim Verkauf von Raritäten und Ge-

Preisfixierung	Marktparameter	
	Preis	Preis und andere Angebotsmerkmale
Ja	**Fixierte Systeme:** Preisangebote, Submissionen	**Vermittlungssysteme:** Preisagenturen, elektronische Matchingsysteme
Nein	Auktionen, Börsen und Ausschreibungen	**Verhandlungssysteme:** Kostenvoranschläge, Preisanfragen, Preisfeilschen

brauchtwaren sowie für börsenfähige Güter (Rohstoffe, Landwirtschaftsgüter etc.) eine gewisse Bedeutung, gewinnen zunehmend aber auch für andere Produktbereiche Relevanz, weil mit dem → *Internet* ein neues Medium zur Verfügung steht, das solche Verkaufsformen selbst für Massenprodukte relativ einfach und effizient möglich macht.

Für viele Rohstoffe und andere relativ homogene Güterarten existieren schon lange → *Börsen*, an denen ausschließlich die Angebots- und Nachfragemengen über den Preis entscheiden. Die hohe Markttransparenz – auch zwischen verschiedenen Börsenplätzen – macht hierbei im Gegensatz zu Auktionen eine spürbare Preisdifferenzierung nahezu unmöglich. Börsenähnliche Veranstaltungen, z.B. *Hausmessen,* werden auch von großen Einkaufsverbänden oder Genossenschaften veranstaltet, was persönliche Präferenzen aus dem Preisbildungsprozess ausschaltet und zu besonders konkurrenzintensiven Absatzmärkten führt. Ähnlich verhält es sich bei Auktionen für nicht-fungible Wirtschaftsgüter (z.B. landwirtschaftliche Produkte, Kunstobjekte).

Im Gegensatz zu solchen institutionalisierten Formen der Preisbildung erfolgt die Lieferantenauswahl und die Preisbestimmung insbesondere auf den Zwischenmärkten industrieller Güter sowie im Investitionsgüterbereich häufig auch im Wege einer → *Ausschreibung*. Hier fordern Abnehmer die Anbieter öffentlich oder durch direkten Kontakt auf, ihre Preisangebote für bestimmte Leistungen abzugeben. Während bei Ausschreibungen öffentlicher Unternehmungen, sog. → *Submissionen,* die Preise irreversibel, also im Nachhinein nicht mehr veränderbar sind (fixiertes System), finden im privaten Bereich oft auch Folgeverhandlungen über Preise und Leistungen mit den Anbietern statt. Das preispolitische Risiko der Anbieter ist hier also geringer.

Insbesondere auf gewerblichen Märkten (business-to-business) werden Preise oft individuell zwischen Anbieter und Nachfrager *ausgehandelt*, sie entstehen also in einem Wechselspiel von Preisgeboten des Anbieters und Preiswünschen des Nachfragers. Eine schwache Form stellen *Kostenvoranschläge* oder *unverbindliche Preisanfragen* dar. Um dabei nicht nur ein (auktionsähnliches) *Preisfeilschen* zu starten, eröffnen sich die Verhandlungspartner hier meist zusätzliche Verhandlungsspielräume durch Öffnung anderer Angebotsparameter, wie Qualitäten, Zubehör, begleitende Dienstleistungen, Lieferkonditionen etc. (→ *Preisargumentation*).

Auf elektronischen Märkten werden schließlich *Vermittlungssysteme* praktiziert, bei denen z.B. institutionelle *Preisagenten* nach preisgünstigen bzw. preiswürdigen Anbietern suchen oder der Nachfrager → *Suchmaschinen* mit Vorgabe spezifischer Angebotsmerkmale und Preisgrenzen aktiviert, um das für ihn optimale Angebot ausfindig zu machen. Dazu müssen die Anbieter Preisgebote stellen, können aber z.B. durch → *Preisbaukästen* mit Teilpreisen für verschiedene Teilleistungen das Angebot und mit ihm die Preise differenzieren. H.D.

Literatur: *Diller, H.:* Preispolitik, 3. Aufl., Stuttgart u.a. 2000, S. 60 ff.

Preisbindung

Bei der *vertikalen* Preisbindung als Instrument der → *Preisdurchsetzung* im Absatzkanal verpflichten sich die Abnehmer (Groß- oder Einzelhändler) gegenüber dem Hersteller in einem Erstvertrag, beim Wiederverkauf der Erzeugnisse an Dritte (Zweitvertrag) einen bestimmten, meistens vom Hersteller festgelegten Preis einzuhalten (sog. Preisbindung der zweiten Hand). Bei *horizontalen* Preisbindungen handelt es sich um → *Preisabsprachen*.

Die vertikale Preisbindung ist seit der 2. GWB-Novelle als unzulässige Wettbewerbsbeschränkung verboten. Entgegenstehende Vereinbarungen sind nach § 14 GWB nichtig und stellen eine Ordnungswidrigkeit dar, die von der Kartellbehörde mit Geldbußen geahndet werden kann. Geschützt wird mit dem Verbot der Preisbindung die Freiheit der Unternehmen auf der zweiten Stufe (meistens Händler) zur Gestaltung ihrer Preise.

Bis 1973 war für alle Markenwaren die vertikale Preisbindung zugelassen. Vom Verbot sind seit 1973 nur noch Verlagserzeugnisse nach § 15 GWB ausgenommen (Bücher jeder Art, Zeitungen, Zeitschriften, Landkarten, Musiknoten, nicht aber Briefpapier, Fotoalben oder Schallplatten). Der Begriff der Verlagserzeugnisse ist auch für neueste technische Entwicklungen offen und erfasst auch CD-ROM-Produkte.

EG-Kartellrechtlich ist nach der → Gruppenfreistellung für vertikale Vereinbarungen, die bis zu einem Marktanteil von 30%, bezogen auf den Anteil des Lieferanten auf dem relevanten Markt, vertikale Wettbewerbsbeschränkungen zulässt, die vertikale Preisbindung („Beschränkung der Möglichkeit des Käufers, seinen Verkaufspreis selbst festzusetzen") nach Art. 4 Buchstabe a) eine schwarze Klausel („black list"), die der Freistellung entgegensteht. Zugelassen sind aber Höchstverkaufspreise und → Preisempfehlungen des Herstellers, wenn diese nicht wegen Druck oder Anreizen tatsächlich wie Fest- oder Mindestverkaufspreise wirken. Die Gruppenfreistellung gilt ab dem 1.6.2000. H.-J.Bu.

Preisbündelung

wird auch als → *Preisbaukasten, Paketpreislösung, Packaging* oder *Bundling* bezeichnet und kennzeichnet ein preispolitisches Verhalten, bei dem ein Anbieter (Händler oder Hersteller) mehrere (mindestens zwei) heterogene Produkte – dies können Sachgüter und/oder → Dienstleistungen sein – zu einem Bündel (Paket) zusammenfasst und für dieses einen Gesamtpreis (Bündelpreis) verlangt, der in der Regel niedriger ist als die Summe der Einzelpreise. Es handelt sich also um eine Form der → Preisdifferenzierung für den Mehrproduktfall (mehrere heterogene Produkte). Die Preisbündelung ist der Preisdifferenzierung zweiten Grades nach Pigou zuzuordnen, da allen Nachfragern dieselbe Preisstruktur angeboten wird, und sie sich durch ihre Kaufentscheidung auf Basis ihrer → Preisbereitschaft selbst segmentieren. Der Bündelanbieter verfolgt mit der Preisbündelung verschiedene Ziele, die in *Tab. 1* im Überblick dargestellt sind.

In der Praxis ist die Preisbündelung weit verbreitet. Beispiele sind die Menüs von *McDonald's*, die Office-Softwarepakete von *Microsoft*, Pauschalangebote von Reisebüros (Flug plus Hotel plus Vollpension) oder Sonderausstattungspakete von Automobilherstellern. Diese Beispiele zeigen, dass Preisbündelung viele Formen haben kann. Die wichtigsten sind in der Praxis:

(1) *Reine Preisbündelung:* Es wird nur das Bündel offeriert. Die Produkte können nicht einzeln gekauft werden. Ein Beispiel sind Pauschalangebote (s.a. → Produktbündelung, → Cross selling).

(2) *Gemischte Preisbündelung:* Hier werden sowohl das Bündel als auch die Einzelprodukte zum Verkauf angeboten. *Microsoft* oder *McDonald's* setzen z.B. diese Form ein.

(3) *Kopplungsverkäufe:* Der Käufer eines Hauptproduktes erklärt sich bereit, ein oder mehrere Komplementärprodukte, die notwendig sind, um die Leistung zu erbringen, ausschließlich vom gleichen Lieferanten zu kaufen. Die typischen Angebote von Mobiltelefongesellschaften (günstiges Handy gekoppelt mit Vertragsdauer) fallen in diese Kategorie.

(4) *Umsatzbonus:* Häufig bieten Firmen ihren Kunden zum Jahresende einen → Bonus auf den Jahresumsatz aller gekauften Produkte an. Umsatzboni liegen zwischen Paketpreisen und → nicht-linearen Tarife, da es keine Rolle spielt, ob der Umsatz mit einem oder verschiedenen Produkten erzielt wurde.

(5) → *Mehr-Personen-Preise:* Es wird ein Preisnachlass für eine zweite oder weitere Personen gewährt, die das Produkt oder die Dienstleistung gemeinsam mit der ersten nutzen (z.B. Hotelzimmer, Partnerflüge).

Warum kann Preisbündelung optimal sein? Eine Erklärung ist, dass der Anbieter mit Anwendung der Preisbündelung Kosteneinsparungen bei Produktion, Transaktion und Information realisiert (siehe auch *Tab. 1*). Die weitaus wichtigere ökonomische Erklärung besteht jedoch darin, dass die Preisbündelung es erlaubt, die → Preisbereitschaften von Kunden besser abzu-

Preisbündelung

Tab. 1: Ziele des Bündelanbieters und Argumente für die Zielerreichung

Ziele des Bündelanbieters	Argumente für die Zielerreichung	Autor(en)
Kostenziel (Kostenreduktion)	Reduktion der Produktions- und Komplexitätskosten	Eppen et al. 1991 Fürderer 1996
	„Economies of scope"	Fürderer 1996
	Reduktion der Transaktions- und Informationskosten	Simon 1992
	Komplementarität	Simon 1992
Umsatzziel	Steigerung des Umsatzes durch „cross-selling" und Neukundenakquisition	Guiltinan 1987
Gewinnziel	Gewinnsteigerung durch Abschöpfung (Übertragung) der Konsumentenrente (Preisbereitschaften)	Simon 1992
Wettbewerbsziel (Verhinderung von Markteintritten durch Wettbewerber)	Monopolmachterweiterung	Simon/Wübker 1999
	Erhöhung der Wechselkosten und Kundenbindung	Eppen et al. 1991
Kundenziel (Steigerung der Kundenzufriedenheit)	Bequemlichkeitsaspekte	Wübker 1998
	Bedürfnisabwechslung	Eppen et al. 1991
	Kosten- und Zeitersparnis	Wübker 1998

schöpfen als der Verkauf zu Einzelpreisen. Um die Wirkungsweise der Preisbündelung zu erklären, betrachten wir folgendes Zahlenbeispiel: Der Gesamtmarkt bestehe aus vier Segmenten, deren → Maximalpreise für die Produkte A und B in *Tab. 2* dargestellt sind.

Tab. 2: Maximalpreise für Einzelprodukt und Produktbündel

Segment	Maximalpreise (Preisbereitschaft) in €		
	Produkt A	Produkt B	Bündel A + B
1	90	15	105
2	80	50	130
3	45	85	130
4	25	90	115

Gemäß *Tab. 2* ist z.B. das Segment 1 bereit, für Produkt A maximal € 90 sowie für Produkt B maximal € 15 zu zahlen. Zur Vereinfachung, aber ohne Einschränkung der Allgemeingültigkeit, nehmen wir Grenzkosten und Fixkosten von Null an. Weiterhin wird angenommen, dass die Maximalpreise für das Bündel gleich der Summe der einzelnen Maximalpreise sind (additive Maximalpreise), so dass z.B. Segment 1 für das Bündel maximal € 105 zu zahlen bereit ist. Die Zielsetzung des Anbieters sei Gewinnmaximierung. Bei welchem Preis erzielt der Anbieter jetzt sein Gewinnmaximum?

Bei Anwendung der Einzelpreisbildung ergeben sich gemäß der in *Tab. 2* dargestellten Maximalpreisverteilungen optimale Einzelpreise von $p_A^{opt} = 80$ und $p_B^{opt} = 85$. Denn bei diesen Preisen kaufen die Segmente 1 und 2 jeweils das Produkt A und die Segmente 3 und 4 jeweils das Produkt B. Die optimalen Gewinne betragen $G_A^{max} = 2 \cdot 80 = 160$ bzw. $G_B^{max} = 2 \cdot 85 = 170$. Somit ergibt sich bei der Einzelpreisbildung für den Anbieter ein Gesamtgewinn von $G^{max} = 160 + 170 = 330$.

Bei Anwendung der reinen Preisbündelung ergibt sich gemäß *Tab. 2* ein optimaler Bündelpreis von $p_{A+B}^{opt} = 105$. Alle vier Segmente kaufen das Bündel. Der optimale Gesamtgewinn beträgt $G^{max} = 4 \cdot 105 = 420$ und übertrifft den Gewinn bei Einzelpreisbildung um mehr als 27 Prozent. Der Bündelpreis von € 105 ist erheblich niedriger als die Summe der optimalen Einzelpreise, die 165 ergibt. Durch Anwendung der Preisbündelung zerfällt der Gesamtmarkt in zwei Segmente: Käufer und Nichtkäufer des Bündels. In unserem Beispiel ordnen sich

alle Nachfrager dem erstgenannten Segment zu. Reine Preisbündelung reduziert folglich die Heterogenität der Nachfrage.
Die Ursache der Gewinnsteigerung von € 330 auf € 420 besteht darin, dass durch die Preisbündelung insgesamt zusätzliche Preisbereitschaft abgeschöpft wird. Der Anbieter setzt den Bündelpreis derart, dass die Preisbereitschaft von einem Produkt auf ein anderes Produkt des Bündels übertragen wird. Im Fall der Einzelpreisbildung realisiert Segment 1 aus dem Zahlenbeispiel bei Produkt A eine Konsumentenrente von € 10 (€ 90 – € 80), während bei Produkt B sein Maximalpreis um € 70 (€ 85 – € 15) zu niedrig ist. Demnach entgeht dem Anbieter im Segment 1 ein möglicher Gewinn in Höhe der Konsumentenrente von € 25 (€ 10 von Produkt A und € 15 von Produkt B), wenn er statt der reinen Preisbündelung die Einzelpreisbildung anwendet (siehe auch *Tab. 3*). Die durch die reine Preisbündelung bewerkstelligte Summierung der Maximalpreise beider Produkte in Verbindung mit der Reduktion des Bündelpreises gegenüber der Summe der Einzelpreise bewirkt, dass Segment 1 das Bündel erwirbt, d.h. zusätzlich zu Produkt A das Produkt B kauft. Insgesamt wird mittels der reinen Preisbündelung eine zusätzliche Konsumentenrente von € 90 abgeschöpft; dies entspricht der Gewinndifferenz zwischen € 330 und € 420. *Tab. 3* zeigt, welche Differenzbeträge an Preisbereitschaft der Anbieter durch die reine Preisbündelung von den jeweiligen Segmenten abschöpft.

Tab. 3: Durch reine Preisbündelung im Vergleich zur Einzelpreisbildung zusätzlich abgeschöpfte Preisbereitschaft je Segment, je Produkt und in der Summe

Segment	Durch reine Preisbündelung zusätzlich abgeschöpfte Preisbereitschaft in €		
	Produkt A	Produkt B	Summe
1	+ 10	+ 15	+ 25
2	0	+ 25	+ 25
3	+ 20	0	+ 20
4	+ 15	+ 5	+ 20
Summe	+ 45	+ 45	+ 90

Bei Anwendung der gemischten Preisbündelung errechnet sich für das Produkt A der optimale Einzelpreis p_A^{opt} = 90 und für das Produkt B der optimale Einzelpreis p_B^{opt} = 90. Der optimale Bündelpreis beträgt in diesem Fall p_{A+B}^{opt} = 130. Bei diesen Preisen kaufen die Segmente 2 und 3 jeweils das Bündel, das Segment 1 lediglich Produkt A und das Segment 4 nur Produkt B. Folglich beläuft sich der optimale Gesamtgewinn des Anbieters auf G^{max} = 2 · 130 + 2 · 90 = 440, der den Gewinn der Einzelpreisbildung um mehr als 33 Prozent und den Gewinn der reinen Preisbündelung um fast fünf Prozent übertrifft. Die gemischte Preisbündelung ist in diesem Beispiel die profitabelste → Preisstrategie. Sie beinhaltet eine noch weitergehende Verbesserung der Marktsegmentierung und der Abschöpfung von → Konsumentenrente. *Tab. 4* fasst das Beispiel zusammen.

Die Vorteilhaftigkeit der Preisbündelung gegenüber der Einzelpreisbildung hängt insbesondere von der Verteilung der Maximalpreise ab. *Wübker* (1998) verdeutlicht, dass neben der Maximalpreisverteilung weitere Faktoren (wie die Höhe der variablen Stückkosten oder die Segmentgröße) die Optimalität der Preisstrategie determinieren. Bisherige Studien zeigen, dass die Anbieter durch Anwendung der gemischten Preisbündelung Gewinnsteigerungen gegenüber der Einzelpreisbildung von knapp acht Prozent bis zu 45 Prozent realisieren. Insgesamt halten wir fest, dass die Entscheidung des Anbieters über die optimale Preisstrategie erst auf Basis der Kenntnis der notwendigen Informationen (wie die Kenntnis der nachfragerspezifischen Maximalpreise, die Höhe der variablen Stückkosten, die Kenntnis der Segmentgröße usw.) getroffen werden kann. Folglich kommt der zuverlässigen und validen Ermittlung dieser Informationen eine zentrale Bedeutung zu (s.a. → Prospect-Theorie). G.Wü./H.S.

Literatur: *Eppen, G.D.; Hanson, W.A.; Martin, K.R.:* Bundling. New Products, New Markets, Low Risk, in: Sloan Management Review, Vol. 32 (1991), S. 7-14. *Fürderer, R.:* Option and Component Bundling under Demand Risk, Wiesbaden 1996. *Guiltinan, J.P.:* The Price Bundling of Services. A Normative Framework, in: Journal of Marketing, Vol. 51 (1987), S. 74-85. *Simon, H.:* Preisbündelung, in: Zeitschrift für Betriebswirtschaft, 62. Jg. (1992), S. 1213-1235. *Wübker, G.:* Preisbündelung. Formen, Theorie, Messung und Umsetzung, Wiesbaden 1998.

Preiscontrolling

Tab. 4: Optimale Preise, Absatzmengen sowie Gewinne für die drei Preisstrategien

Preisstrategie	Optimale Preise in €			Optimale Absatzmenge			Optimaler Gewinn (Index)
	p_A^{opt}	p_B^{opt}	p_{A+B}^{opt}	q_A^{opt}	q^{opt}	q_{A+B}^{opt}	
Einzelpreisbildung	80	85	–	2	2	–	330 (100)
Reine Preisbündelung	–	–	105	–	–	4	420 (127)
Gemischte Preisbündelung	90	90	130	1	1	2	440 (133)

Preiscontrolling

Teil des → Marketing-Controlling, das insb. für die → Preisdurchsetzung von Bedeutung ist. Eine effektive Preispolitik schafft hohen Informationsbedarf. Dieser lässt sich grob in Markt-, Kosten- und Zielinformationen unterteilen. Kann der Informationsbedarf nicht gedeckt werden, so müssen die Entscheidungsträger auf eher unzulängliche Entscheidungsverfahren, wie Kosten-Plus- o.Ä. Faustregeln zurückgreifen. Damit werden Preisfehler produziert und Preischancen ungenutzt gelassen. Der Informationsbedarf wird umso größer sein, je differenzierter die Preisstellung ausfällt und je dynamischer das Umfeld der Preisentscheider entwickelt. Insbesondere die sich ständig wandelnden Wettbewerbsverhältnisse am Absatzmarkt machen eine volle Deckung des Informationsbedarfs nahezu unmöglich.

Dem Preiscontrolling kommt hier die Aufgabe zu, den nötigen Informationsfluss der relevanten Preisinformationen zu gewährleisten und das Preismanagement durch Koordination, Planung und Kontrolle zu unterstützen. Das spezifische Kernproblem des Preiscontrolling liegt in der Integration von Marktdaten über die Preisreaktion und internen Daten über Kosten und Deckungsbeiträge. Mit ihr soll dem schnittstellenübergreifenden Charakter der Preispolitik Rechnung getragen werden (*Wiltinger*, 1998, S. 89 ff.).

Ein effektives Preiscontrolling erfordert die Verfügbarmachung relevanter Preisinformationen in *elektronischer* Form.

Zu den weiter verbreiteten Methoden des Preiscontrolling zählen Vor- und Nachkalkulation im Rahmen progressiver oder retrograder → Preiskalkulationen, die → Erlös-Abweichungsanalyse sowie die Nutzwertanalyse. Weniger verbreitet, aber nützlich sind die → Transaktionspreisanalyse sowie Analysen des → Kundenwerts als Grundlage für die kundenspezifische Preisbemessung. In jüngster Zeit werden zusätzliche Rechenverfahren im Rahmen des → Category Pricing entwickelt, die stärker auf ein strategisches Preiscontrolling ausgerichtet sind. H.D.

Literatur: *Diller, H.:* Preispolitik, 3. Aufl., Stuttgart u.a. 2000, S. 424 ff. *Wiltinger, K.:* Preismanagement in der unternehmerischen Praxis. Probleme in der organisatorischen Implementierung, Wiesbaden 1997.

Preisdifferenzierung

(1) Definition

Der wahrgenommene → Nutzen, die Kaufkraft und damit die → Preisbereitschaft sowie die → Preiselastizität der Nachfrager können sich in vielfältiger Hinsicht unterscheiden. Diese Unterschiede liefern Ansatzpunkte für die Preisdifferenzierung bzw. → Preissegmentierung.

Preisdifferenzierung liegt vor,

1. wenn ein Anbieter Einheiten eines Produktes, die hinsichtlich der Dimensionen Region, Zeit, Leistung und Menge identisch sind, zu unterschiedlichen Preisen verkauft,
2. wenn ein Anbieter Varianten eines Produktes, die sich zumindest in einer der vier Dimensionen unterscheiden, ohne dass dabei andere Produkte entstehen, zu unterschiedlichen Preisen verkauft, oder
3. wenn ein Anbieter mehrere (mindestens zwei) heterogene Produkte zu Bündeln zusammenfasst, die hinsichtlich der Dimensionen Region, Zeit, Leistung und Menge identisch sind, und für diese einen Gesamtpreis festlegt, der von der Summe der Einzelpreise verschieden ist (→ Preisbündelung).

Anhand dieser drei Bedingungen lassen sich die jeweiligen Definitionen der verschiedenen Implementationsformen der Preisdifferenzierung ableiten (siehe Punkt (5)).

(2) Klassische Preisdifferenzierung

Die klassische Preisdifferenzierung lässt sich am anschaulichsten für die lineare → Preis-Absatzfunktion darstellen. Voraussetzung für die Anwendbarkeit einer Preisdifferenzierung auf dieser Basis ist, dass die aggregierte lineare Preis-Absatzfunktion aus einer Gleichverteilung der individuellen → Preisbereitschaften resultiert. Kommt die Linearität der aggregierten Funktion hingegen dadurch zustande, dass die individuellen Preis-Absatzfunktionen bereits linear sind, d.h. jeder einzelne Käufer bei einem niedrigeren Preis mehr kauft (→ Variable-Menge-Fall), so scheidet eine Preisdifferenzierung aus. Die Anwendung des klassischen Modells setzt also die Kenntnis der individuellen Reaktion auf unterschiedliche → Preise voraus. Der linke Teil der *Abbildung* veranschaulicht die Situation ohne Preisdifferenzierung für die lineare Preis-Absatzfunktion $q = 100 - 10p$ und konstante Grenzkosten von $k = 4$. Der → Maximalpreis liegt bei $pmax = 100/10 = 10$. Man erhält als optimalen Preis $p^* = 7$. Der Absatz beträgt 30 Einheiten. Der erzielte Gewinn liegt bei $(7 - 4)30 = 90$ und wird durch das schraffierte Rechteck symbolisiert. Bei völlig individueller Preisdifferenzierung bildet jedoch nicht dieses Rechteck, sondern das gesamte Dreieck ABC das Gewinnpotenzial. Man spricht vom „Abschöpfen der → Konsumentenrente". Die Wirkung einer Aufteilung des Marktes in zwei Segmente (→ Marktsegmentierung) ist im rechten Teil der *Abb.* dargestellt. Für Segment 1 ergeben sich optimaler Preis und Absatz als $p_1^* = 8$ bzw. $q_1 = 20$, für Segment 2 erhält man $p_2^* = 6$ und $q_2 = 40$, so dass insgesamt ein Gewinn von $4 \cdot 20 + 2 \cdot 20 = 120$ erzielt wird. Die schraffierte Fläche füllt einen größeren Anteil des Dreiecks aus. Je mehr Segmente auf diese Weise gebildet werden, desto besser werden das Gewinnpotenzial aus- bzw. die Konsumentenrente abgeschöpft.

Die allgemeine Ableitung dieser Zusammenhänge stellt sich wie folgt dar. Aus der aggregierten Preis-Absatzfunktion

(1) $q = a - bp = b(p^{max} - p)$

ergibt sich die Funktion für das Segment i als

(2) $q_i = b(p_{i-1} - p_i)$, $i = 1,\ldots,n$,

wobei p_{i-1} der im Vergleich zu p_i nächsthöhere Preis ist und $p_0 = p^{max} = a/b$. Wie man erkennt, wird p_{i-1} zum Maximalpreis für das Segment i, alle Nachfrager, deren Preisbereitschaft größer als p_{i-1} ist, gehören ja zum Segment i-1. Für eine vorgegebene Segmentzahl n setzt man die Funktionen (2) in die Gewinngleichung ein und leitet diese nach den einzelnen Preisen ab. Unter der Annnahme gleicher Grenzkosten für alle Segmente lassen sich die segmentspezifischen Optimalpreise p_i^* ($i = 1,\ldots,n$) explizit angeben.

Da die Absatzmengen in allen Segmenten gleich sind, lässt sich ein Vergleich zwischen dem Gewinn bei Preisdifferenzierung (bei n Preisen in n Segmenten) und dem erzielbaren Gewinn bei Verzicht auf Preisdifferenzierung durchführen. Bei linearer Preisabsatz- und Kostenfunktion erhält man als Ergebnis, dass bei völlig individueller Preisdif-

Klassisches Modell der Preisdifferenzierung

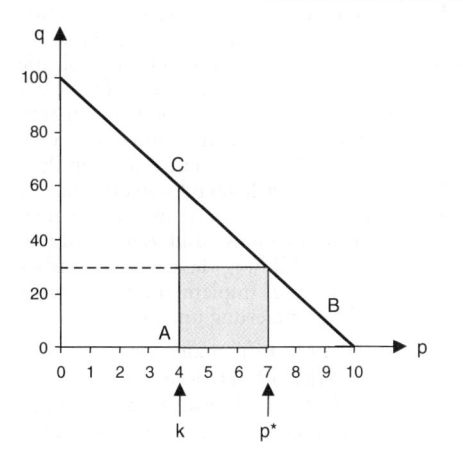

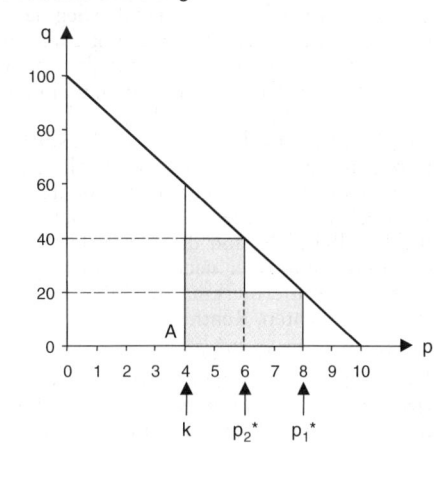

Preisdifferenzierung

ferenzierung der Gesamtgewinn bei Differenzierung doppelt so groß ist wie der „undifferenzierte" Gewinn. Das Ziel der Preisdifferenzierung ist die Gewinnsteigerung, die der Anbieter gegenüber dem Gewinn bei Einheitspreissetzung erzielt. Durch Preisdifferenzierung schöpft der Anbieter mehr → Konsumentenrente ab als bei der Einheitspreissetzung.

(3) Typen der Preisdifferenzierung nach Pigou
Pigou (1929) unterscheidet die Preisdifferenzierung ersten, zweiten und dritten Grades. Bei der *Preisdifferenzierung ersten Grades* – auch perfekte Preisdifferenzierung genannt – fordert der Anbieter von jedem Kunden genau den individuellen → Maximalpreis („One-to-One-Pricing"). Die gesamte → Konsumentenrente wird abgeschöpft. Ein Beispiel ist der orientalische Basarhändler, ein anderes → Kundenbestimmtes Pricing, etwa bei → Auktionen.
Wenn der Anbieter in der Lage ist, die Gruppe der Nachfrager in Segmente mit unterschiedlichen Maximalpreisen zu zerlegen und dementsprechend eine auf die Segmente ausgerichtete Preisstruktur festlegt, so spricht man von einer *Preisdifferenzierung zweiten Grades*. Die Nachfrager sind in ihrer Kaufentscheidung weiterhin frei, sie segmentieren sich selbst (sog. „self selection"). Aus diesem Grunde ist die Implementation relativ problemlos. Beispiele sind Bahnfahrten 1. und 2. Klasse sowie der gesamte Bereich der → nicht-linearen Preisbildung und → Preisbündelung.
Bei der *Preisdifferenzierung dritten Grades* werden die Segmente anhand beobachtbarer und ansprechbarer Kriterien identifiziert. Für jedes Segment wird der optimale Preis gesetzt. Ein Wechsel zwischen den Segmenten wie bei der Preisdifferenzierung zweiten Grades ist in der Regel nicht möglich oder zumindest mit Kosten verbunden, denn die Preise sind an die jeweiligen Segmentkriterien gebunden. Für den Erfolg der Preisdifferenzierung dritten Grades ist ausschlaggebend, inwieweit es gelingt, die Segmente anzusprechen und eine → Arbitrage zu vermeiden. Beispiele sind die regionale Preisdifferenzierung oder nach sozio-demographischen Käufermerkmalen differenzierte Preise (Studenten, Rentner).

(4) Arten der Preisdifferenzierung
Es wird ferner zwischen *vertikaler* und *horizontaler Preisdifferenzierung* unterschieden. Bei der vertikalen Preisdifferenzierung findet der Anbieter mehrere sich unterscheidende Teilmärkte vor. In jedem Teilmarkt gibt es Nachfrager mit unterschiedlichen → Zahlungsbereitschaften, sodass i.d.R. jeder Teilmarkt durch eine von links oben nach rechts unten verlaufende Preis-Absatzfunktion dargestellt werden kann. Die horizontale Preisdifferenzierung ist dadurch gekennzeichnet, dass der Anbieter selbst den Gesamtmarkt in Segmente mit unterschiedlichen Zahlungsbereitschaften einteilt, sodass die Preis-Absatzfunktion der Gesamtnachfrage in mehrere Teile zerlegt wird.

(5) Umsetzungsaspekte und Formen der Preisdifferenzierung
Die Preisdifferenzierung nach Nachfragern oder Segmenten setzt voraus, dass der Anbieter Kriterien für die → Preissegmentierung identifiziert, die die Anforderungen der Verhaltensrelevanz, Beobachtbarkeit und Ansprechbarkeit erfüllen. Allerdings ist es schwer, Kriterien zu finden, die allen drei Anforderungen gerecht werden.
Das Dilemma der Preissegmentierung besteht darin, dass für die segmentspezifische Marktbearbeitung und Preisdifferenzierung nur die verhaltensbezogenen Kriterien unmittelbar relevant sind, diese aber meist schlecht beobachtbar oder die auf ihrer Basis gebildeten Segmente nicht gezielt ansprechbar sind. Umgekehrt lassen sich die allgemeinen Käufermerkmale leichter beobachten bzw. die anhand dieser Merkmale definierten Segmente gezielter ansteuern (so beziehen sich z.B. fast alle Mediadaten auf derartige Merkmale), jedoch bleibt ihre Verhaltensrelevanz oft unklar und zweifelhaft.
Die bisherigen Überlegungen lassen die Frage offen, mit welchen Mitteln die Marktsegmente gegeneinander „abgeschottet" (sog. *Fencing*) werden können, und ob die Durchsetzung der differenzierten Preise gegenüber den Kunden in den jeweiligen Segmenten tatsächlich gelingt und nicht umgangen wird. Die hierbei entstehenden Probleme hängen entscheidend von der Umsetzung der Preisdifferenzierung ab. Neben der → Preisbündelung und der → Mehr-Personen-Preisbildung lassen sich insbesondere folgende Implementationsformen der Preisdifferenzierung unterscheiden:

– *regionale* Preisdifferenzierung,
– *zeitliche* Preisdifferenzierung,
– *personenbezogene* Preisdifferenzierung,
– *leistungsbezogene* Preisdifferenzierung,

– *mengenbezogene* Preisdifferenzierung (→ nicht-lineare Preise).

Regionale Preisdifferenzierung liegt vor, wenn ein Anbieter für Varianten eines Produktes, die hinsichtlich der Dimensionen Zeit, Leistung und Menge identisch sind, in verschiedenen Regionen unterschiedliche Preise festlegt. Ein Spezialfall der regionalen Preisdifferenzierung ist die internationale Preisdifferenzierung (→ Internationales Preismanagement). Die regionale Preisdifferenzierung scheint hinsichtlich der praktischen Umsetzung auf den ersten Blick besonders unproblematisch, da räumliche Entfernungen oder Staatsgrenzen als „natürliche" Hemmnisse einer → Arbitrage entgegenwirken. Diese Hemmnisse können zusätzlich durch vertragliche Regelungen (Reimportverbote, Konventionalstrafen) erhöht werden. Sind die → Arbitragekosten für ausreichend viele Käufer höher als die Preisunterschiede, so wird die Preisdifferenzierung gelingen und allenfalls in den Randgebieten der Marktsegmente wird es „Ausfransungen" geben. Allerdings senken moderne Transportsysteme und Handelsliberalisierung die Transportkosten zunehmend, sodass bei vielen Produkten selbst transnationale Preisdifferenzen nur noch schwer durchsetzbar sind (→ Preiskoordination). Wesentlich einfacher lassen sich regionale Preisdifferenzen durchsetzen, wenn die Leistung (wie bei Services) ortsgebunden ist. Dies belegen z.B. starke Preisunterschiede für Mietwagen.

Von *zeitlicher Preisdifferenzierung* sprechen wir, wenn ein Anbieter für Varianten eines Produktes, die hinsichtlich der Dimensionen Region, Leistung und Menge identisch sind, abhängig von der Zeit (Tages-, Wochen-, Jahreszeit) unterschiedliche Preise fordert (s.a. → Preisvariation). Die zeitliche Preisdifferenzierung spielt im Dienstleistungsbereich eine herausragende Rolle. Ursache hierfür sind die variierende Kapazitätsauslastung und die besonders effektive Trennbarkeit der Marktsegmente. Beispiele für derartige Preisdifferenzierungen sind solche nach Tageszeit (Peak-/ Off-Peak-Tarife bei Festnetz- und Mobilfunkanbietern, HT-/NT-Tarife bei Energieversorgungsunternehmen, Guten-Abend-Ticket der DB AG), nach Wochentagen (Eintrittspreise, Fahrkarten) oder nach Saison (Sommer- bzw. Herbst-Spezial-Ticket der DB AG, Flugtarife, Tourismus). In den meisten dieser Fälle scheidet eine zeitliche Arbitrage aus, sodass die Preisdifferenzierung voll wirksam ist.

Die *personenbezogene Preisdifferenzierung* ist gegeben, wenn ein Anbieter Einheiten eines Produktes, die hinsichtlich der Dimensionen Region, Zeit, Leistung und Menge identisch sind, verschiedenen Nachfragern oder Segmenten aufgrund bestimmter personenbezogener Kriterien zu unterschiedlichen Preisen verkauft. Beispiele für Preisdifferenzierungen nach solchen Kriterien sind:

– *Lebensalter*: Besondere Eintritts-, Fahrpreise etc. für Kinder, Junioren, Senioren
– *Einkommens- und Ausbildungssituation*: Sonderpreise für Schüler/Studenten (Kino, Zeitungs- und Zeitschriftenabonnements, Krankenversicherungen, Restaurants
– *Berufliche Merkmale*: Vorzugspreise bei Büchern oder Personal Computern für Lehrer, Sonderpreise für Betriebsangehörige (z.B. Werkswagen)
– *Zugehörigkeit zu bestimmten Gruppen*: Vorzugspreise für Mitglieder vs. Nichtmitglieder (Tagungen, Zeitschriften, Genossenschaften, ADAC, günstigere Versicherungen für öffentliche Bedienstete, Landwirte etc.)

Die regionale, zeitliche und personenbezogene Preisdifferenzierung sind der Preisdifferenzierung dritten Grades nach Pigou zuzuordnen, weil die Segmente mittels zeitlicher, regionaler bzw. personenbezogener Kriterien identifiziert werden.

Eine *leistungsbezogene Preisdifferenzierung* ist gegeben, wenn ein Anbieter Varianten eines Produktes, die hinsichtlich der Dimensionen Region, Zeit und Menge identisch, aber hinsichtlich der Leistung unterschiedlich sind, zu unterschiedlichen Preisen offeriert, deren Preisdifferenz nicht der Differenz der Herstellungskosten entspricht. Der Anbieter segmentiert seine Kunden hinsichtlich ihrer unterschiedlichen Zahlungsbereitschaften und richtet seine Produktvarianten (→ Produktvariation) unter preispolitischen Gesichtspunkten auf die Segmente aus, sodass sich die Segmente mit höherer Zahlungsbereitschaft tatsächlich für die Leistung mit dem höheren Preis entscheiden (s.a. → Kundennutzenkonzepte, preisstrategische). Entscheidend für den Erfolg der leistungsbezogenen Preisdifferenzierung ist, dass die wahrgenommenen Nutzendifferenzen zwischen den Produktvarianten groß genug sind. Die Anwendung

Preisdifferenzierung

der leistungsbezogenen Preisdifferenzierung sei an folgenden Beispielen verdeutlicht:

Eine Bank bietet die Eurocard-Kreditkarte in ihrer Standardform für € 20 pro Jahr an. Diese Karte umfasst folgende Leistungen: Verkehrsmittelunfallversicherung, Bargeldabhebung bis zu € 500 pro Tag sowie Ersatzkarten-Service. Die Premiumkarte in Form der Eurocard-Gold kostet hingegen € 65 und umfasst als weitere Leistungen einen Auslandsschutzbrief, eine Reise-Service-Versicherung, eine Auslandsreisekrankenversicherung sowie Bargeldabhebung bis zu € 1000 pro Tag (s.a. → Preisbaukasten). Bei der leistungsbezogenen Preisdifferenzierung entscheiden sich die Kunden frei für die einzelnen Produktvarianten und den dafür zu bezahlenden Preis. Folglich segmentieren sich die Kunden selbst (Preisdifferenzierung zweiten Grades nach Pigou).

Die *mengenbezogene Preisdifferenzierung* liegt vor, wenn ein Anbieter eine Preisdifferenzierung nach der gekauften Menge betreibt, d.h. mit höherer Kaufmenge wird der Preis pro Mengeneinheit niedriger angesetzt - wenn beispielsweise der Stückpreis bei einer Menge von fünf Einheiten geringer ist als beim Kauf von nur einer Einheit. Ein wesentliches Merkmal der mengenbezogenen Preisdifferenzierung ist die Nicht-Linearität des vom Kunden zu entrichtenden Gesamtpreises bezüglich der Kaufmenge. Man spricht deshalb auch von nicht-linearer Preisbildung. Grundlage der nicht-linearen Preisbildung ist die im ersten Gossenschen Gesetz formulierte Abnahme des Grenznutzens mit zunehmender Menge. Die nicht-lineare Preisbildung versucht die Unterschiede in den Grenznutzen der Produkteinheiten preislich auszuschöpfen. Statt eines Einheitspreises für alle Einheiten (unabhängig von der bezogenen Menge) wird für jede Einheit genau der jeweils dem Grenznutzen entsprechende Preis gefordert. Auf diese Weise sind hohe Gewinnsteigerungen erzielbar. Anwendungsformen der mengenbezogenen Preisdifferenzierung sind z.B. alle Arten von Mengenrabatten, zweiteilige Tarife (Grund- plus nutzungsabhängige Gebühr wie etwa bei der BahnCard), Blocktarif oder Preispunkte. Auch bei dieser Form der Preisdifferenzierung entscheiden die Kunden frei über die Höhe der Abnahmemenge und den dafür zu bezahlenden Preis. Die Kunden ordnen sich selbst den verschiedenen Segmenten zu, so dass hier eine Preisdifferenzierung zweiten Grades nach Pigou vorliegt.

Formen der Preisdifferenzierung im Überblick

Formen der Preisdifferenzierung (PD)	Preisdifferenzierung erfolgt nach…	Typen der Preisdifferenzierung nach Pigou	Beispiel
Regionale PD	Region	PD drittes Grades nach Pigou	Hertz Autovermietung
Zeitliche PD	Zeit	PD drittes Grades nach Pigou	Peak-/Off-Peak-Tarife von Festnetz-/Mobilfunkanbietern
Personenbezogene PD	Käufermerkmalen	PD dritten Grades nach Pigou	Kostenloses Konto für Schüler, Studenten bzw. Auszubildende
Leistungsbezogene PD	Leistungsunterschieden, die nicht den Kostenunterschieden entsprechen	PD zweiten Grades nach Pigou	Goldene Kreditkarte für € 65 vs. normale Kreditkarte für € 20
Mengenbezogene PD	Menge (homogene Produkte)	PD zweiten Grades nach Pigou	BahnCard
Preisbündelung	Menge (heterogene Produkte)	PD zweiten Grades nach Pigou	Microsoft Office Paket
Mehr-Personen-Preisbildung	Personen	PD zweiten oder dritten Grades nach Pigou	Eurocard Kreditkarte plus Partnerkarte

Die *Tab.* stellt die Formen der Preisdifferenzierung im Überblick dar. H.S./G.Wü.

Literatur: *Diller, H.:* Preispolitik, 3. Aufl., Stuttgart u.a. 2000. *Fassnacht, M.:* Preisdifferenzierung bei Dienstleistungen, Wiesbaden 1996. *Simon, H.:* Preismanagement, 2. Aufl., Wiesbaden 1992. *Simon, H.; Dolan, R.:* Profit durch Power Pricing, Frankfurt 1997. *Wübker, G.:* Preisbündelung, Wiesbaden 1998.

Preisdurchsetzung

Im Gegensatz zur Betrachtungsweise der traditionellen betriebswirtschaftlichen Preistheorie endet die → Preispolitik keineswegs mit der Bestimmung der jeweiligen Abgabepreise. Vielmehr gilt es, auch im Anschluss daran noch aktiv dafür Sorge zu tragen, dass der festgesetzte Angebotspreis tatsächlich umgesetzt und vom Markt akzeptiert wird. Man bezeichnet die unter dieser Zielsetzung stehenden Regelungen und Maßnahmen als Preisdurchsetzung. Wie die *Abbildung* veranschaulicht, gibt es dabei einerseits marktgerichtete Aktivitäten und andererseits unternehmensinterne Regelungen. Erstere zielen darauf ab, den Kunden von der Vorteilhaftigkeit der eigenen Preisstellung zu überzeugen, die Preisrisiken, die auf Käufer- wie Verkäuferseite entstehen, in Preisrisikovereinbarungen zu regeln sowie die ggf. in den Absatzprozess eingeschalteten Absatzmittler dahingehend zu beeinflussen, dass sie ihre Abgabepreise (auch) im Interesse des Herstellers festsetzen („vertikale Preisdurchsetzung"). Die Notwendigkeit für solche marktgerichteten Aktivitäten der Preisdurchsetzung ergibt sich aus verschiedenen → *Preisrisiken*.

Ein zweiter Bereich der Preisdurchsetzung resultiert aus der organisatorischen Komplexität von Preisbildungsprozessen in Unternehmen. Die Vielfalt der einsetzbaren Instrumente, der dabei zu berücksichtigenden Wirkungsbeziehungen und der hierfür wiederum bereitzustellenden Informationen sowie die u.U. notwendigen Preisverhandlungen mit den Kunden führen dazu, dass Preisentscheidungen in aller Regel im Zusammenwirken mehrerer Organisationsbereiche einer Unternehmung getroffen werden. Daraus entsteht einerseits ein aufbau- und ablauforganisatorischer Regelungsbedarf (→ *Preisorganisation*). Andererseits gilt es zu berücksichtigen, dass verschiedene Abteilungen durchaus unterschiedliche Ziele bei der Preispolitik verfolgen, sodass Ko-

Problembereiche und Entscheidungsfelder der Preisdurchsetzung

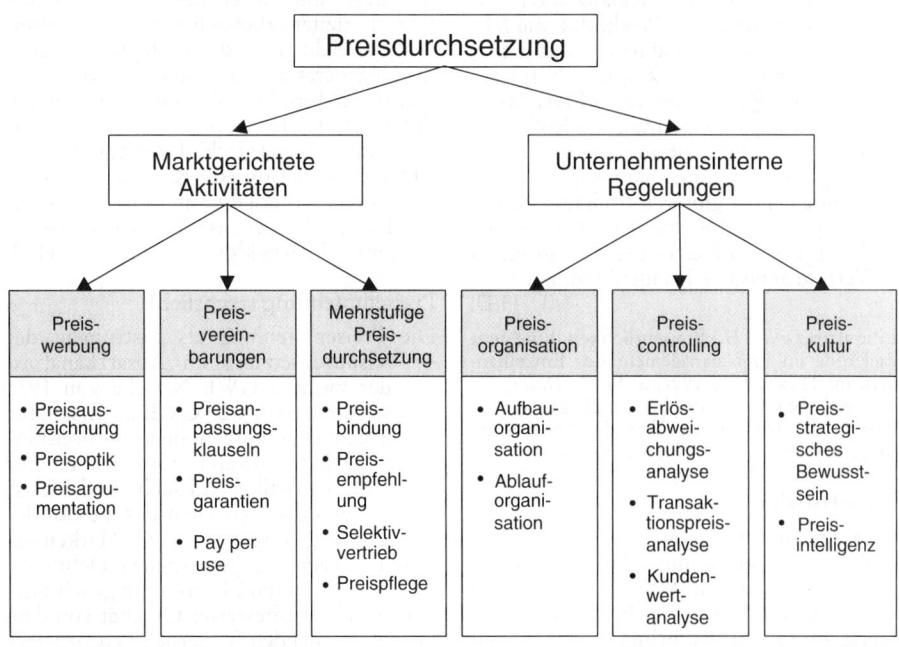

```
                        Preisdurchsetzung
                       /                \
          Marktgerichtete           Unternehmensinterne
            Aktivitäten                  Regelungen
         /      |       \              /      |      \
    Preis-   Preis-  Mehrstufige   Preis-   Preis-   Preis-
    werbung  verein- Preis-        organi-  control- kultur
             barungen durchsetzung sation   ling
```

Preiswerbung	Preisvereinbarungen	Mehrstufige Preisdurchsetzung	Preisorganisation	Preiscontrolling	Preiskultur
• Preisauszeichnung	• Preisanpassungsklauseln	• Preisbindung	• Aufbauorganisation	• Erlösabweichungsanalyse	• Preisstrategisches Bewusstsein
• Preisoptik	• Preisgarantien	• Preisempfehlung	• Ablauforganisation	• Transaktionspreisanalyse	• Preisintelligenz
• Preisargumentation	• Pay per use	• Selektivvertrieb		• Kundenwertanalyse	
		• Preispflege			

(Quelle: *Diller* (2000), S. 399)

ordinationsbedarf entsteht, dem durch ein → *Preiscontrolling* entsprochen werden kann. Hierbei geht es insbesondere um die Ermittlung und Bereitstellung von Informationen, die für die Preiskoordination einschlägig sein können. Ein letzter Aspekt der unternehmensinternen Absicherung von Preisen kann schließlich mit dem Begriff der → *Preiskultur* eingefangen werden. Mit ihm wird auf das subjektive *Bewusstsein* für die Bedeutung der Preispolitik aufseiten des Managements und auf die dafür zur Verfügung stehenden Wissenskomponenten abgestellt. H.D.

Literatur: *Diller, H.:* Preispolitik, 3. Aufl., Stuttgart u.a. 2000, S. 398 ff.

Preiseffekt → Erlös-Abweichungsanalyse

Preisehrlichkeit

eine das → Preisimage prägende und mehrere Komponenten umfassende Beurteilungsdimension von Kunden im Hinblick auf die Preisinformationspolitik und die Fairness im Kalkulationsgebaren eines Anbieters (s.a. → Preisfairness). *Diller* (1997, S. 18 ff.) unterscheidet acht Aspekte (Verzicht auf Preisschönung, Übersichtlichkeit der Preisinformation, Angemessenheit der Preise, Durchschaubarkeit, Einheitlichkeit und Flexibilität der Preisstellung, Kulanz und Preis-Leistungsverhältnis der Produkte), die faktoranalytisch zu fünf Faktoren verdichtbar sind. Die Preisehrlichkeit spielt als Imagekomponente für bestimmte → Preis-Mixes bzw. -instrumente eine tragende Rolle, u.a. auch für das → Discounting und für Dauerniedrigpreisprogramme. Sie verspricht dem Kunden einen sorgloseren Einkauf (→ lean consumption) und Verzicht auf Irreführung und sorgt so anbieterseitig für größeres → Vertrauen und → Kundenbindung. H.D.

Literatur: *Diller, H.:* Preisehrlichkeit. Eine neue Zielgröße im Preismanagement des Einzelhandels, in: Thexis, H. 2/1997, S. 16-21. *Diller, H.:* Theoretische und empirische Grundlagen zur Erfassung der Irreführung über die Preisbemessung, in: WiSt, 7. Jg. (1978), S. 249-255.

Preiselastizität

Charakteristikum von → Preis-Absatzfunktionen, welche die relative Veränderung des Absatzes im Verhältnis zur relativen Veränderung des Angebotspreises eines Gutes zum Ausdruck bringt. Die meist mit ε gekennzeichnete Größe sagt damit aus, um wie viel Prozent sich der Absatz (x) verändert, wenn der Preis (p) um 1 % angehoben oder gesenkt wird. Es gilt also:

$\varepsilon = (\delta x / x) / (\delta p / p) = (\delta x \cdot p) / \delta p \cdot x$

Da der Absatz i.d.R. mit steigendem Preis fällt, kann ε Werte zwischen ∞ und 0 annehmen. Als Punktelastizität nimmt ε bei linearen Preis-Absatzfunktionen zwingend an jeder Stelle der Funktion einen anderen Wert an; gleichwohl spiegeln flacher verlaufende Funktionen insgesamt eine geringere Preiselastizität wider als steilere. Ist die relative Mengenänderung kleiner als die relative Preisänderung (also ε ≥ –1), so spricht man von unelastischer, im Falle ε ≤ –1 von elastischer Nachfrage.

Preiselastizitäten dienen als → Kennzahlen für die Preispolitik und als modellanalytische Hilfsmittel im Rahmen der → Preistheorie. Preiselastizitäten, bei denen der Absatz des Gutes i zur Preisveränderung des Gutes j in Bezug gesetzt wird, nennt man → Kreuzpreiselastizitäten. Die Messung der Preiselastizitäten bereitet bei Vorliegen von Zeitreihen oder Querschnittsdaten bzw. subjektiven Erfahrungen wenig Schwierigkeiten (→ Preis-Absatzfunktion). Die Preiselastizität ist im Verlauf des → Lebenszyklus nicht konstant, sondern beschreibt eine U-förmige Kurve. In der Einführungs- und Wachstumsphase geht die Preiselastizität erheblich zurück. Ihr Minimum erreicht sie in der Reifephase, und in der Degenerationsphase steigt sie wieder an. Dieser U-förmige Verlauf, der sowohl durch zahlreiche empirische Beispiele als auch durch theoretische Überlegungen gestützt wird, hat direkte Konsequenzen für die optimale Preisgestaltung in den einzelnen Phasen des Lebenszyklus (→ Preisstrategie im Lebenszyklus). H.D.

Preisempfehlung (rechtlich)

Die Preisempfehlung als Instrument der → Preisdurchsetzung im Absatzkanal ist seit der zweiten GWB-Novelle von 1973 und seit 1998 nach § 23 GWB als Ersatz für die gleichzeitig aufgehobene → Preisbindung für Markenwaren ausdrücklich nur für → Markenartikel und auch nur dann zulässig, wenn dadurch nicht das Verbot der Preisbindung umgangen wird. Markenwaren sind nach der gesetzlichen Definition Erzeugnisse, deren Lieferung in gleich bleibender oder verbesserter Qualität von dem preisempfehlenden Unternehmen gewährleistet wird; ferner müssen die Waren selbst, ihre für die Abgabe an den Verbraucher bestimmte Umhüllung oder Ausstattung oder die Behältnisse, aus denen sie verkauft werden, mit einem ihre Herkunft kennzeichnenden Merkmal (Markenzeichen) versehen sein (§ 23 Abs. 2 GWB). Die Preisempfehlung muss ausdrücklich als unverbindlich bezeichnet werden („unverbindliche Preisempfehlung" oder „unverbindlich empfohlener Preis", nicht aber „unverbindlicher Richtpreis"), darf ausschließlich eine bestimmte Preisangabe enthalten (nicht dagegen Höchst- oder Mindestpreise, Rahmenpreise, Preisspannen oder Berechnungsschemata für die Ermittlung des Preises) und muss in der Erwartung ausgesprochen werden, dass der empfohlene Preis dem von der Mehrheit der Empfehlungsempfänger voraussichtlich geforderten Preis entsprechen wird. Zur Durchsetzung der Empfehlung darf kein wirtschaftlicher, gesellschaftlicher oder sonstiger Druck angewandt werden.

Unverbindliche Preisempfehlungen unterliegen einer Missbrauchsaufsicht nach § 23 Abs. 3 GWB, für die das Bundeskartellamt ausschließlich zuständig ist. Eine Preisempfehlung kann danach für unzulässig erklärt werden, wenn festgestellt wird, dass die Preisempfehlung einen Missbrauch darstellt, was insb. dann angenommen wird, wenn durch die Preisempfehlung eine nicht gerechtfertigte Verteuerung der Waren eintritt oder ein Sinken der Preise verhindert wird oder die Preisempfehlung dazu führt, dass die Erzeugung oder der Absatz der Waren beschränkt werden, ferner wenn die Preisempfehlung geeignet ist, den Verbraucher über den von der Mehrheit der Empfehlungsempfänger geforderten Preis zu täuschen oder der empfohlene Preis in einer Mehrzahl von Fällen die tatsächlich geforderten Preise erheblich übersteigt (→ Mondpreis). Außerdem besteht wie bei der Preisbindung ein Verbot der → Diskriminierung. EG-Kartellrechtlich sind nach der → Gruppenfreistellung für vertikale Vereinbarungen (in Kraft getreten am 1.6.2000) Preisempfehlungen des Herstellers zulässig, die nicht durch Druck oder Gewährung von Anreizen tatsächlich wie Fest- oder Mindestpreise wirken. Die Preisempfehlung darf entgegen dem nationalen Recht auch eine Höchstpreisempfehlung sein, muss also nicht eine „bestimmte Preisangabe" i.S. von § 23 GWB enthalten.

H.-J.Bu.

Preisempfinden → Preiswahrnehmung

Preiserhöhung → Preisänderungen

Preiserlebnisse

Preiserlebnisse sind angenehme oder unangenehme, mehr oder weniger bewusste und nicht regelmäßig wiederkehrende Empfindungen über → Preise, wobei Preise umfassend, d.h. im Sinne einer kundenorientierten Sichtweise interpretiert werden. Preiserlebnisse können also nicht nur vom Preis selbst, sondern auch von anderen Preisbestandteilen, wie Rabatten, Preissystemen, Serviceentgelten etc., ausgehen. Preiserlebnisse aktivieren Kunden und prägen das → Preisimage und die → Preiszufriedenheit mit einem Anbieter. Sie können im Rahmen eines entsprechenden → Erlebnis-Marketing gezielt eingesetzt werden. Preiserlebnisse besitzen *drei Hauptdimensionen*, nach denen man sie auch operationalisieren kann, nämlich Stärke (Intensität), Richtung (positiv/negativ) und Art (Inhalt / Qualität). Gelegentlich wird noch der Ausdruck, d.h. die zugehörige Begleitreaktion (Mimik, Gestik, Stimme etc.) hinzugefügt. In der *Stärke* einer Preisemotion kommt der Aktivierungsgrad zum Ausdruck. Die *Kaufeuphorie* anlässlich eines Schlussverkaufs oder einer Versteigerung („heißes Preiserlebnis") zeigt erheblich höhere Aktivierung als die stille Freude über eine kleine Zugabe („kalte Emotion"). Die *Richtung* des Preiserlebnisses kann positiv (z.B. Preisstolz) wie negativ (z.B. Preisärger) sein, wobei bei gleichen Umständen große interindividuelle Unterschiede auftreten. Für den einen ist die Luxusatmosphäre eines teuren Designerladens ein Stimulans, für den anderen ein Gräuel. Das Gedränge um Sonderposten mag manchen selbst (positiv) anspornen, andere abstoßen. Insofern sind gerade bei Preiserlebnissen die Instrumentalität und der Zielgruppenbezug stark zu beachten.
Was *Inhalt* und *Qualität von Preiserlebnissen* angeht, entsteht bei einer näheren Charakterisierung das für Aktivierungskonstrukte typische Dilemma einer operational nur schwer nachvollziehbaren, da eben in der Gefühlswelt und nicht der sprachlichen Gedankenwelt verankerten Nuancierung verschiedener Preiserlebnisse. Diller (2000, S. 109 f.) nennt beispielhaft *Preisfreude, Preiseuphorie, Preisstolz, Preisprestige, Preisüberraschungen, Preisbelohnungen, Preisneid, Preisärger, Preiswohlsein, Luxus-*

Preiserwartungen

stimmungen, *Gediegenheit* und *Preisstress* und schlägt eine *Klassifikation* nach Auslöser, Richtung und Instrumentalität des Preiserlebnisses vor.

Die *Vermittlung* der Preisemotionen im Preiserlebnismarketing erfolgt durch spezifische *Anreize*. Unterscheiden lassen sich u.a.:

- „*Kalkulation*" von Preiserlebnissen durch „Preissensationen" (außergewöhnliche Preisstellungen) oder kurzfristige Preisgelegenheiten (Preisvariationen), welche den Gelegenheitscharakter der Preise hervorheben („Preisschnäppchen").
- *Preisinnovationen*, z.B. durch neuartige Preissysteme, wie Preisclubs oder Versteigerungen im Internet.
- *Preiserlebnisbetonte Kommunikationspolitik*, z.B. durch Verbalisierung von Preisemotionen („heiße Preise"),
- *Preisgegenüberstellungen* mit drastischen Preisnachlässen,
- *Bildkommunikation* von Preiserlebnissen (Preisdisplays im Laden),
- *Inszenierung von Preiserlebnissen* bei → Preisaktionen oder umfassenderen Preis-Events, z.B. Sonder- oder Schlussverkäufen. H.D.

Literatur: *Diller, H.:* Preispolitik, 3.Aufl., Stuttgart u.a. 2000, S. 106 ff.

Preiserwartungen → Preiszufriedenheit

Preiserwartungseffekte

Von Preiserwartungseffekten spricht man, wenn die potenziellen Kunden Erwartungen hinsichtlich künftiger Preisentwicklungen besitzen und ihr Verhalten dementsprechend ausrichten. Nehmen die Kunden an, dass die Preise steigen, werden Käufe vorgezogen. Gehen sie im umgekehrten Fall davon aus, dass die Preise sinken, verschieben sie ihre Käufe auf einen späteren Zeitpunkt. Dieses Phänomen lässt sich häufig in der Konsumelektronik beobachten. Hier hat insb. der preissensitive Käufer gelernt, dass die Preise von Produkten im Verlauf des → Lebenszyklus sinken. Er wartet daher mit seinem Kauf bis der Produktpreis einen für ihn akzeptablen Wert erreicht hat. Ein Unternehmen muss bei der Wahl seiner Preisstrategie solche Preiserwartungseffekte berücksichtigen, um insb. Fehlinterpretationen bei Preisänderungen zu vermeiden.
H.S./G.T.

Preisfairness

als Teil der → Preiswahrnehmung umfasst die Preisfairness das subjektives Empfinden über die Angemessenheit, Ehrlichkeit und Gerechtigkeit der → Preispolitik eines Anbieters. *Diller* (2000, S. 183 ff.) unterscheidet sieben Komponenten (vgl. *Abb.*):

(1) *Preisgerechtigkeit*: Sie bedeutet, dass Preis und Leistung in einem marktüblich akzeptablen Verhältnis zueinander stehen. Versucht ein Partner willentlich, seine Position einseitig zu verbessern, so gilt dies als unfair. Im Vordergrund steht hier also die *Verteilungsgerechtigkeit*.

(2) *Konsistenz*: Sie impliziert, dass Geschäftspartner an bestimmten, geschriebenen oder ungeschriebenen Grundsätzen und Regeln festhalten. Will ein Partner diese

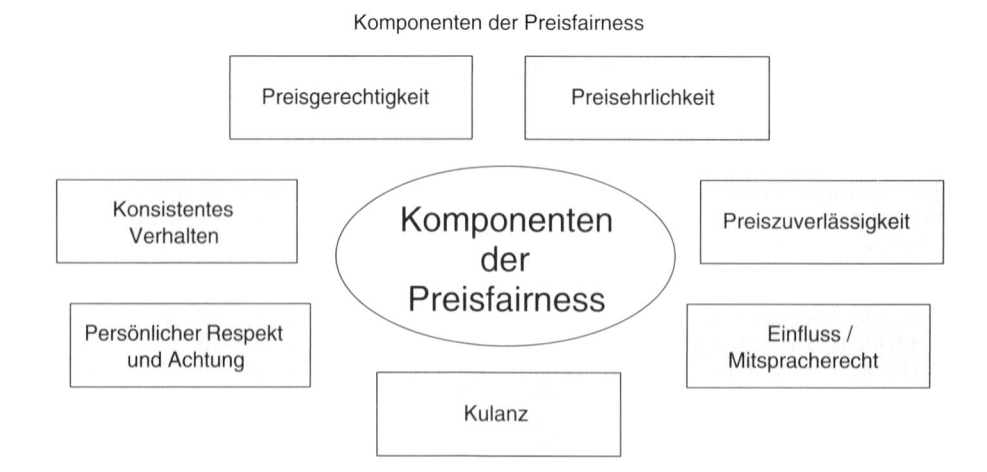

Komponenten der Preisfairness

Regeln ändern, muss er dies dem anderen Partner vorweg offen und überzeugend darlegen.

(3) *Preiszuverlässigkeit*: Hierbei geht es um die Einhaltung der bei Vertragsabschluss in Aussicht gestellten Preise. Probleme ergeben sich aus Auftragsproduktion mit unsicherem Leistungsumfang, z.B. bei privaten Diensten. Übernimmt hier der Anbieter mit → Pauschalpreisen eventuelle Risiken, gilt dies als besonders fair, obwohl in Pauschalpreisen oft Risikozuschläge bereits einkalkuliert sind.

(4) → *Preisehrlichkeit* ist ein Aspekt, der insbesondere auf die Wahrheit und Klarheit der Preisinformation abstellt. Der Kunde erwartet richtige, schnell überschaubare, ungeschönte und vollständige Informationen über Preise, Konditionen und Leistungen. Er setzt darauf, dass ihn sein Geschäftspartner nicht zu übervorteilen versucht, auch wenn er u.U. nicht sorgfältig genug agiert und z.B. das „Kleingedruckte" in Verträgen nicht im Detail studiert.

(5) *Einfluss- und Mitspracherecht*: Diese Komponente der Preisfairness betrifft die *Verfahrensgerechtigkeit*, die insb. bei individuellen Preisverhandlungen eine wichtige Rolle spielen kann. Wenn Preise aufoktroyiert werden, ohne dass der Partner eine Chance zur Argumentation erhält, so gilt dies als unfair. Hat man dagegen - wie z.B. beim Corporate → Target Pricing - an der Preisfindung als Kunde selbst mitgewirkt, so entsteht der Eindruck von Preisfairness.

(6) *Respekt und Achtung gegenüber dem Partner*: Diese Komponente betrifft die grundsätzliche Einstellung gegenüber dem Geschäftspartner. Achtung impliziert, dass der Mächtigere auf den Schwächeren keinen übermäßigen Druck ausübt, Verständnis für dessen Probleme zeigt und nicht nur an den eigenen Vorteilen interessiert ist. In der Fairnessforschung wird dies auch als Prinzip der *Solidarität* bezeichnet.

(7) *Kulanz*: Kulantes Verhalten beinhaltet Großzügigkeit in Zweifelsfällen und Flexibilität bei unvorhergesehenen Umständen. Großzügigkeit offenbart sich in entgegenkommendem Verhalten und Verzicht auf kleinliche Auslegung von Verträgen oder Vereinbarungen. Auch wenn es juristisch nicht zwingend ist, gewährt der kulante Geschäftspartner z.B. bei kleineren Mängeln kostenfreie Reparaturen oder Ersatz. Flexibilität liegt vor, wenn sich ein Vertragspartner nicht stur an - möglicherweise vor langer Zeit - festgelegte Regeln klammert, sondern diese an neue Situationen angepasst interpretiert.

H.D.

Literatur: *Diller, H.*: Preispolitik, 3. Aufl., Stuttgart u.a. 2000, S. 183 ff.

Preisfärbung → Preiswahrnehmung

Preisfestsetzungskompetenz, Preiskompetenz

Entscheidungstatbestand der Verkaufs- und Außendienstpolitik, speziell der Ausgestaltung der → Verkaufs- bzw. → Preisorganisation. Normalerweise verkauft der Verkaufsaußendienstmitarbeiter (VADM) ein vom Unternehmen festgelegtes Produktangebot zu einem im Rahmen der → Preispolitik festgelegten Preis. Das Unternehmen kann die Preisfestsetzungskompetenz jedoch auch teilweise oder völlig an die Verkäufer delegieren (→ Außendienststeuerung, → Preisdurchsetzung). Dies ist üblich, wenn die Kunden aggressiv um den Preis verhandeln, d.h. die Nachfrage eine hohe Preiselastizität zeigt, und die Verkäufer besser die Kundenreaktion abschätzen können. Außerdem ist der Verkäufer für den Preis verantwortlich, wenn das Produkt- und/oder Dienstleistungsangebot komplex ist und Einzelpreise für Systemkomponenten nicht sinnvoll sind oder die Produkte schnell veralten (z.B. bei Modeartikeln) bzw. verderben.

Aus theoretischer Sicht ist die Delegation der Preisfestsetzungsbefugnis unbedenklich, wenn die Provision nicht auf den Umsatz oder einen Standard-Deckungsbeitrag, sondern auf den nach Abzug aller eingeräumten Rabatte verbleibenden Deckungsbeitrag gewährt wird. Dann entsprechen sich die Gewinnmaximierungs-Zielsetzung des Unternehmens und die Einkommensmaximierungs-Zielsetzung der Verkäufer. In einer empirischen Untersuchung von Großhandelsunternehmen für Krankenhausbedarf (*Stephenson; Cron; Frazier* 1979) schnitten jedoch diejenigen Unternehmen am besten ab, die ihren VADM keine Preisfestsetzungskompetenz gegeben hatten. Dies kann darauf zurückzuführen sein, dass Verkäufer häufig dazu tendieren, über den Preis und nicht über die Qualität zu verkaufen. Dabei überschätzen sie meist die Preissensibilität ihrer Kunden, weil sie sicher gehen wollen, den Auftrag zu erhalten. Preiszugeständnisse im Einzelfall haben weiterhin den Nachteil, dass sie zu Preiskämpfen mit der Konkurrenz und damit zu einem langfristigen Preisverfall führen. Die Frage nach der Vorteilhaftigkeit der Delegation der Preisfestsetzungskompetenz muss damit als offen betrachtet werden.   S.A.

Literatur: *Stephenson, P.R.; Cron, W.L.; Frazier, G.L.:* Delegating Pricing Authority to the Sales Force. The Effects on Sales and Profit Performance, in: Journal of Marketing, Vol. 43 (Spring 1979), S. 21-28. *Weinberg, C.B.:* An Optimal Commission Plan for Salesmen's Control over Price, in: Management Science, Vol. 21 (1975), S. 937-943. *Wiltinger, K.:* Preismanagement in der unternehmerischen Praxis. Probleme der organisatorischen Implementierung, Wiesbaden 1998.

Preisfigureneffekt

wissenschaftlich umstrittene Einflüsse bestimmter Preis-Endziffern bzw. Reihenfolgen von Preisziffern auf die → Preiswahrnehmung. Manchmal wird z.B. argumentiert, dass „ungerade" Preise als „knapper kalkuliert" und deshalb günstiger empfunden werden als runde Preise. Umgekehrt wurde auch behauptet, dass gerade Endziffern von Preisen positiver wirkten als ungerade. Auch absteigende oder aufsteigende Ziffernfolgen sowie Preise mit gleichen Preisziffern (z.B. 3,33) konnten bisher nicht als ein originärer Einflussfaktor auf die Preiswahrnehmung identifiziert werden. Allerdings können Aufmerksamkeitseffekte für ausgefallene Preisfiguren nicht ausgeschlossen werden. Empirisch bestätigt sind lediglich → Preisschwellen-Effekte bei → gebrochenen Preisen.   H.D.

Literatur: *Diller, H.:* Preispolitik, 3. Aufl., Stuttgart u.a. 2000, S. 139 f.

Preisfreude → Preiserlebnisse

Preisführerschaft

ursprünglich aus der mikroökonomischen → Preistheorie stammendes Konzept zur Analyse der → Preisstrategien im Oligopol, die gemäß der „klassischen" Auffassung dann vorliegt, wenn die Wettbewerber eines Marktes sich mit ihrem preispolitischen Verhalten an der → Preispolitik des Preisführers orientieren. Kennzeichnend ist folglich, dass der Preisführer das Preisgeschehen auf dem Markt beeinflusst. Die → Preise müssen dabei nicht exakt mit jenen des Preisführers übereinstimmen, sondern können auch nach oben oder unten davon abweichen – etwa wenn im Hinblick auf die Leistung Kosten-, Qualitäts- oder Nutzenunterschiede bestehen.

Für eine derartige Beeinflussung lassen sich vier Ursachen unterscheiden: Erstens Preisführerschaft durch vergleichsweise niedrige bzw. die niedrigsten Preise; eine zu starke Abweichung der Wettbewerber würde von den Kunden nicht toleriert. Zweitens Preisführerschaft durch → Marktmacht; hier besitzt der Preisführer ein ausreichend großes faktisches Machtpotential, um „Verstöße" gegen seine Preispolitik zu ahnden (*dominante Preisführerschaft*). Drittens Preisführerschaft durch (u.U. abwechselndes) zeitliches Vorangehen (→ Parallelverhalten); die anderen Unternehmen fassen diese Vorgabe gleichsam als Interpretationsleistung auf, die wechselnde Marktbedingungen in Preise umsetzt und somit die Unsicherheit und Instabilität reduziert oder gar eliminiert, die sich ansonsten bei autonomen Preisbewegungen einstellen könnten (*barometrische Preisführerschaft*). Viertens Preisführerschaft durch Ernennung; in diesem Fall einigen sich die Anbieter darauf, dass ein Unternehmen jeweils die neuen Preise ankündigt und die übrigen Unternehmen dieser Ankündigung folgen (→ Preisabsprachen).

Aus wettbewerbstheoretischer Sicht wird durch die stillschweigende Koordination der Preispolitik der Wettbewerbsmechanismus weitgehend ausgeschaltet, wodurch eine für alle Anbieter günstige Situation erreicht werden kann. Aus Sicht des → strategischen Marketing müssen sich die Preisfolger davor schützen, dass der Preisführer seine Preispolitik gezielt zur Schädigung der Konkurrenz einsetzt (→ Marktaggressivität, → Predatory Pricing). Als Preisführer darf man sich dagegen nicht nur an der Konkurrenz orientieren, sondern muss auch ein kundenspezifisches Nutzenangebot bieten, wie es das Setzen niedrig(st)er Preise impliziert. Da die Kunden objektiv vorhandene Preisvorteile allerdings nicht immer auch als solche erkennen, lassen sich erst dann → strategische Wettbewerbsvorteile erzielen, wenn es durch die Gesamtheit des preispolitischen Handelns gelingt, sich in der Kundenwahrnehmung dauerhaft als preisgünstigster Anbieter auf dem Markt zu profilieren (→ Preispositionierung).

Die Preisführerschaft erbringt dem Preisführer einerseits höhere Sicherheit und Stabilität, andererseits erfordert sie nicht selten Opfer bei Preiserhöhungen, weil der Preiswiderstand der Kunden zu Beginn der Preiserhöhung am höchsten ist. Insofern wird die Rolle häufig durch öffentliche und frühzeitige Ankündigung von → Preisänderungen („Preis- → Signaling" i.S. der Institutionenökonomie) abgesichert. Dadurch gibt man den Wettbewerbern gleichzeitig die Gelegenheit, ggf. bestehende Widerstände gegen diese Politik bzw. die Bereitschaft zu Preisanpassungen deutlich zu machen, wenn diese, z.B. durch die Fachpresse, zu Stellungnahmen herausgefordert werden. Häufig versuchen Preisführer ihre Marktdominanz auch gegen potenzielle Wettbewerber zu erhalten, indem sie → Markteintrittsbarrieren errichten. Neben nicht-preislichen Instrumenten (z.B. → Patente, → Lizenzen, Vertriebskontrakte mit bestimmten → Absatzmittlern („Marktverstopfung") etc.) kann dies insbesondere durch niedrige Einführungspreise (→ Penetrationsstrategie) oder durch kurzfristige Preissenkungen kurz vor dem erwarteten Eintritt eines neuen Konkurrenten (→ „Entry Limit Pricing") geschehen. Der notwendige Spielraum für solche konkurrenzorientierten Preissenkungen (→ konkurrenzorientierte Preisstrategie) kann z.B. durch schnelle Realisierung von Erfahrungskurveneffekten (→ Preisstrategie bei Erfahrungskurven) geschaffen werden. A.Ha.

Literatur: *Diller, H.:* Preispolitik, 3. Aufl., Stuttgart 2000. *Stigler, G.J.:* The Kinky Oligopoly Demand Curve and Rigid Prices, in: Journal of Political Economy, Vol. 55 (Oct. 1947), S. 432-449.

Preisgarantie

Mit einer *Preisgarantie* verspricht ein Anbieter seinen Kunden, dass der von ihm verlangte Preis dem seiner Konkurrenten zumindest entspricht oder sogar niedriger ausfällt. Sollte ein Konkurrent dennoch einen noch niedrigeren Preis für das gleiche Produkt bei gleicher Leistung verlangen, so wird dem Kunden das Recht eingeräumt, die Ware zurückzugeben oder sich den Differenzbetrag auszahlen zu lassen. Damit wird also das rechtlich im BGB (§§462, 465) schon verankerte Recht zur Wandlung oder Minderung bewusst erweitert. Eine andere Form der Garantie sind so genannte *Geld-zurück-Garantien* bei Nichtgefallen, fehlender Passform oder Nichteintritt eines bestimmten Produkterfolges, die sich nicht auf die Preishöhe beziehen und für die deshalb die Bezeichnung Preisgarantie eher irreführend erscheint. Präziser sollte man hier von *Rücknahmegarantie* bei Nichtgefallen sprechen.

Preisgarantien enthalten stets eine starke *kommunikative Komponente*, weil der Anbieter mit Ihnen zum Ausdruck bringen will, dass er preisgünstiger oder zumindest gleich preisgünstig wie andere Wettbewerber in seinem Markt ist. Dies darf nach der gültigen Rechtsprechung nicht nur behauptet werden, sondern muss auch nachweisbar sein. Unschärfen ergeben sich bezüglich der Vergleichbarkeit der Leistungen, die nicht nur von der Identität des Produktes, sondern auch von den begleitenden Dienstleistungen abhängt. Deshalb wird die Garantieformulierung häufig um die Bezeichnung „bei gleicher Leistung" ergänzt. Garantieträger sind in aller Regel Einzelhandelsbetriebe, obwohl grundsätzlich auch Hersteller und Großhändler darauf zurückgreifen können.

Die Garantieleistung kann bezüglich Eintritt, Abwicklung, Dauer, Breite und räumliche Gültigkeit unterschiedlich ausgestaltet werden. Die marketingpolitische Zielrichtung verfolgt zwei Intentionen: Einerseits versuchen die Anbieter damit ein günstiges → Preisimage aufzubauen, andererseits die → Preiszufriedenheit zu stärken, falls ein Kunde nach seinem Kauf für denselben Artikel günstigere Preise feststellt („critical incident"). Im letztgenannten Fall ist die Preisgarantie also auch ein Instrument des → Beschwerdemanagements. Wichtiger scheint freilich die kommunikative Wirkung *(„price signaling")*, weil der Kunde vermutlich darauf vertraut, dass der Anbieter die Tragfähigkeit seiner Garantie überprüft hat und deshalb die Auslobung einer Preisgarantie der Behauptung gleichkommt, die günstigsten Preise in der jeweiligen Garantieregion anzubieten. Darüber hinaus wird ein Stück → Preisfairness signalisiert, weil dem Kunden für den „Fehler" des Anbieters eine entsprechende Gegenleistung angeboten wird, sich der Anbieter also an faire Spielregeln zu halten verspricht. Nicht unbedeutend dürfte auch der mit der Preisgarantie gebotene *Bequemlichkeitsnutzen* sein, weil dem Kunden - vertraut er auf die Preisgarantie - die oft mühselige Arbeit des Preisvergleichs vom Anbieter abgenommen wird. Naturgemäß können diese Wirkungen nur dann eintreten, wenn die Preisgarantien eingehalten werden und nicht zu häufig in Anspruch genommen werden müssen. Im ersteren Falle tritt ein Kostenproblem, im zweiten ein Vertrauensproblem auf. H.D.

Literatur: *Diller, H.:* Preispolitik, 3. Aufl., Stuttgart u.a. 2000, S. 409 ff. *Diller, H.:* Preisgarantien: Zweifel an der Wirksamkeit, in: Lebensmittelzeitung, Nr. 36/1999, S. 72. *Witt, F.J.:* Zur Garantiepolitik im Rahmen des Beschwerdemanagement – die Geld-zurück-Garantie, Ergebnisse einer empirischen Untersuchung, in: Markenartikel, 49. Jg. (1987), Nr. 11, S. 545-548.

Preisgegenüberstellung

v.a. im Handel, aber auch bei Preisverhandlungen (→ Preisargumentation) übliche Form der → Preisdurchsetzung, bei der ein Angebotspreis mit einem höheren Referenzpreis verglichen wird. Bis zur UWG-Reform von 1994 galt in Deutschland ein generelles Verbot blickfangmäßiger Eigenpreisvergleiche (§6e UWG). Der Europäische Gerichtshof erklärte diesen Paragrafen jedoch für unzulässig, da ein Verbot eines wahrheitsgemäßen Einzelpreisvergleichs die Informationsfreiheit der Verbraucher unverhältnismäßig einschränke. Der deutsche Gesetzgeber hat daraufhin §6e wieder aufgehoben. Allerdings darf der Verbraucher durch eine Werbung mit (wirklicher) Preissenkung über deren Ausmaß nicht getäuscht werden. Wird etwa mit einer radikalen Preissenkung geworben, während die Preise tatsächlich nur um 10-20% gesenkt wurden, so gilt dies als Irreführung und verstößt so gegen § 3 UWG.

→ Preisvergleiche mit Wettbewerbern gelten als Unterfall der vergleichenden Werbung und sind daher seit 1998 grundsätzlich erlaubt. Dabei ist darauf zu achten, dass nur Vergleichbares miteinander verglichen wird. Gerade bei Preisvergleichen müssen die entsprechenden Waren oder Leistungen nach Quantität, Größe, Menge, Verwendbarkeit und Wertschätzung annähernd gleich sein. Dadurch soll der Informationswert von Preisvergleichen gewahrt werden. Seit 1998 sind auch Preisvergleiche mit Wettbewerbern grundsätzlich erlaubt. Im Grundsatz sind werbliche Gegenüberstellungen von Preisen aber immer dann verboten, wenn damit der fälschliche Eindruck erzeugt werden soll, dass früher ein höherer Preis gefordert wurde oder wenn andere Irreführungen vorliegen. Der Vergleich mit den vom Lieferanten empfohlenen Preis ist jedoch zulässig. § 6 UWG bezieht sich aber nur auf die blickfangmäßige Preiswerbung, nicht auf die → Preisauszeichnung an der Ware oder Preisangaben über frühere Preise in Katalogen. Der BGH hat bei der Auslegung des § 6e auch Werbung mit Preisreduzierungen um unbestimmte Prozentsätze („bis zu 20%") sowie „schilderwaldartige" Preisgegenüberstellungen in Verkaufsräumen für zulässig erklärt. Damit wurde der Absicht des Gesetzgebers, → Suggestivwerbung mit Preisen einzuengen, wenig Rechnung getragen. H.D.

Literatur: *Hauptkorn, B.:* Preisrecht, Berlin 2000.

Preisgewichtung → Preisinteresse

Preisgleitklauseln → Preissicherung

Preisgünstigkeitsurteil
→ Preisbeurteilung

Preisharmonisierung → Preispolitik

Preisimage

auf die Leistungskomponente Preis beschränktes (Teil-)→ Image eines Anbieters bei (potenziellen) Kunden. Verhaltensrelevant wird bei Konsumenten insb. das Preisimage von Handelsbetrieben, da deren Auswahl eine subjektive Einschätzung der jeweiligen Preisniveaus unumgänglich macht. Preisimages sind subjektive → Preiswahrnehmungen bzw. Preisurteile über das Preisniveau bestimmter Anbieter bzw. Anbietergruppen (z.B. bestimmter Betriebsformen) oder von Teilen derer Sortimente. Es handelt sich dabei um → Generalisierungen i.S. der Lerntheorie, bei denen Einzelpreiserfahrungen mangels umfassender Preiskenntnisse zu einem Gesamteindruck von der Preisgünstigkeit bzw. Preiswürdigkeit eines Anbieters zusammengefasst und dann auf andere Artikel übertragen werden. Von praktischer Relevanz ist insb. das Preisimage bestimmter Betriebsformen, da sich dieses anhand äußerer Merkmale bildet (Größe, Standort, Marktauftritt etc.) und auf neue Anbieter ähnlicher Erscheinungsform übertragen wird. Zum Beispiel genießen viele Fachmärkte von vornherein ein relativ günstiges Preisimage, das sie von der ähnlichen Betriebsform der Verbrauchermärkte und SB-Warenhäuser übernommen haben. Preisimages besitzen also den Charakter von → Einstellungen.

Die wichtigsten *Determinanten* des Preisimages von Handelsbetrieben können in folgenden Größen gesucht werden:

(1) Leistungsklasse
- → Positionierung im Wettbewerb (z.B. Discounter vs. Supermarkt)
- Preisniveau
- Verfügbarkeit bestimmter → Preislagen
- Serviceniveau
- → Preisoptik
- Äußere → Ladengestaltung
- Werbeauftritt
- Innere → Ladengestaltung
- Kundenkreis

(2) Relative Preisgünstigkeit innerhalb der Leistungsklasse
- Sonderangebotspolitik (→ Preisaktion)
- Preisabstand zu wichtigen Wettbewerbern (→ Preisführerschaft)
- Über- bzw. Unterschreitung bestimmter → Preisschwellen bei wichtigen „Eckartikeln"
- Preisaktivität im Wettbewerb (Preisunterbietungen, Preisinnovationen etc.)
- Preisniveau der → Sonderangebote
- Artikelauswahl der Angebote
- Platzierung der Angebote

(3) → Preisehrlichkeit
- Durchgängigkeit des Preisniveaus
- Verfügbarkeit von → Sonderangeboten
- Dauerniedrigpreise
- → Preisgarantien

Entsprechend den unterschiedlichen motivationalen Wurzeln des → Preisinteresses kann das Preisimage durch kommunikationspolitische Maßnahmen in unterschiedliche Richtungen gefördert werden. Preisimages entwickeln sich relativ langsam, werden aber auch entsprechend langsam abgebaut, sodass einzelne „Verstöße" gegen das am Markt vorhandene Preisbild zunächst kaum Wirkung zeigen. Während im Handel das Preisimage vorwiegend auf Preisgünstigkeitsurteilen basiert, wird das Preisimage industrieller Anbieter stärker von Preiswürdigkeitsüberlegungen geprägt (→ Positionierung). H.D.

Literatur: *Diller, H.:* Preispolitik, 3. Aufl., Stuttgart u.a. 2000, S. 150 ff. *Müller-Hagedorn, L.:* Wahrnehmung und Verarbeitung von Preisen durch Verbraucher. Ein theoretischer Rahmen, in: ZfbF, 35. Jg. (1983), Heft 10-11, S. 939-951. *Nyström, H.:* Retail Pricing, Stockholm 1970.

Preis-Image-Konsistenz
→ Preispositionierung

Preisinformationsverfahren
→ Preisabsprachen

Preisintentionen

sind Zustände gelernter und relativ dauerhafter Bereitschaft, in einer entsprechenden Entscheidungssituation ein bestimmtes Preisverhalten zu zeigen (*Diller*, 2000, S. 168). Sie stellen soz. individuelle Eigenprogrammierungen des → Preisverhaltens dar. Dabei kann es sich um die Wahl von Preisklassen, Marken, Einkaufsstätten, Packungsgrößen, Einkaufszeitpunkten und andere Entscheidungsparameter handeln, bei denen das → Preisinteresse tangiert ist. Viele preisinteressierte Verbraucher haben z.B. gelernt, dass man Einkäufe modischer Artikel auf spätere Saisonperioden verlegen sollte, weil diese Artikel dann oft preisreduziert angeboten werden. Sie haben deshalb in frühen Saisonperioden eine nur geringe Kaufbereitschaft und steuern ihre Einkaufszeitpunkte nach dem Verlauf der Preisabschriften im Saisonverlauf.

Preisintentionen entstehen durch → Preislernen, aber auch durch → Preiserlebnisse, die man künftig gerne wieder bzw. nicht wieder erleben möchte. Insofern basieren sie auf affektiven und kognitiven Elementen, die gemeinsam das → *Preisimage* des jeweiligen Entscheidungsobjekts (Laden, Marke, Zeitpunkt etc.) darstellen. Objekte mit positivem Preisimage wird man mit positiven Verhaltensabsichten verbinden. Dies schließt Verhaltensabweichungen aufgrund situativ besonderer Umstände (Zeitdruck, Vorratslücken etc.) nicht aus.

Es lassen sich vier Arten von Preisintentionen unterscheiden, nämlich → Preisbereitschaften, → Preispräferenzen, → Preiszufriedenheit und → Preisvertrauen. Ihnen gemeinsam ist die gelernte Verhaltensabsicht, unterschiedlich sind dagegen das Einstellungsobjekt und der betroffene Ausschnitt des Preisverhaltens. H.D.

Literatur: *Diller, H.:* Preispolitik, 3. Aufl., Stuttgart u.a. 2000, S. 168 ff.

Preisinteresse

Das Preisinteresse ist der motivationale Teil des → Preisverhaltens und kann als das Bedürfnis eines Nachfragers definiert werden, nach Preisinformationen zu suchen und diese bei den Einkaufsentscheidungen zu berücksichtigen. Je stärker das Preisinteresse ausfällt, umso geringer ist die Bereitschaft, für ein Gut bestimmter Leistung einen höheren Preis zu bezahlen bzw. bei Überschreitung einer Preisobergrenze das Produkt überhaupt zu kaufen. Mit der Preisge-

Preisinteresse

wichtung, dem Alternativenbewusstsein und der Preisachtsamkeit lassen sich dabei drei miteinander allerdings verwobene Unteraspekte unterscheiden.

Die *Preisgewichtung* spiegelt die grundsätzliche relative Bedeutung wider, welche dem Preis innerhalb aller individueller Kaufentscheidungskriterien eines Kunden zukommt. Sind z.B. für einen Konsumenten Bequemlichkeit, Schnelligkeit, hohe Qualität der Ware und günstige Preise vier gleichberechtigt relevante Bedürfnisse beim Einkauf von Bekleidung, so besitzt der Preis ein Gewicht von 25%. Die Preisgewichtung ist auch maßgeblich für die → Preislagenwahl.

Das *Alternativenbewusstsein* ist bereits eine Folge der Preisgewichtung. Es spiegelt das Ausmaß des Bedürfnisses wider, alle objektiv verfügbaren Kaufalternativen in eine Kaufentscheidung einzubeziehen und somit keine preisgünstige Alternative zu verpassen. Das Alternativenbewusstsein wird nicht nur von der Preisgewichtung, sondern auch vom Abwechslungsbedürfnis (→ Variety seeking) beeinflusst.

Die *Preisachtsamkeit* stellt eine dritte Unterkomponente des Preisinteresses dar. Definiert ist sie als das *tatsächliche* Ausmaß an preisbezogenen Informationsaktivitäten bei Kaufentscheidungen, also die Suche, Wahrnehmung und Verarbeitung von Preisinformationen („*Preissuche*"). In einschlägigen empirischen Studien ermittelte man meist eine recht einseitige und wenig intensive Preisachtsamkeit. Viele Verbraucher beschränken sich bei ihren Einkäufen auf eine eher flüchtige Sichtung der Preiswerbung ihrer jeweiligen Stammhändler und stellen selbst beim Kauf höherwertiger Gebrauchsgüter keine intensiven Preisvergleiche an. Vielmehr verlassen sie sich oft auf das → Preisimage der Anbieter (→ Informationsverhalten).

Das Preisinteresse ist kein angeborenes (primäres), sondern ein *sekundäres* Bedürfnis. Es steht deshalb in einem äußerst komplexen Beziehungsgeflecht zu anderen Bedürfnissen und unterliegt ständigen Lernprozessen. Aus diesem Grunde ist es sehr schwierig, das Preisinteresse zwingend ganz bestimmten Zielorientierungen zuzuschreiben. Andererseits besitzt die Kenntnis der motivationalen Wurzeln und der lernbedingten Überformungen des Preisinteresses für die → Preispolitik erhebliche Bedeutung. Sowohl hohe als auch niedrige Preise müssen nämlich kommunikativ vermittelt, sozusagen „schmackhaft" gemacht werden. Versucht man trotz der theoretischen Probleme eine Einordnung des Preisinteresse in das menschliche Motivationssystem, so lassen sich *vier Motivationswurzeln* nennen (vgl. *Abb. 1*).

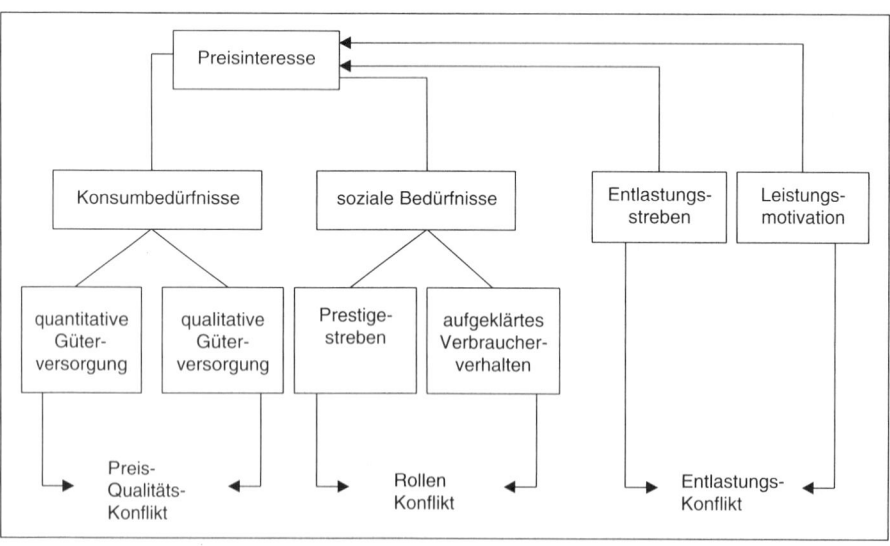

Abb. 1: Motivationsgrundlagen und Konfliktfelder des Preisinteresses

(Quelle: *Diller*, 2000, S. 119)

(1) Die Beachtung des Preises bei Kaufentscheidungen dient erstens den *Konsumbedürfnissen* der Verbraucher. Preisgünstige Einkäufe können bei gegebenem Einkommen nämlich den Versorgungsgrad der Haushalte verbessern. Dieser besitzt allerdings nicht nur eine quantitative, sondern auch eine qualitative Dimension. Dem Käufer liegt nicht nur daran, für eine bestimmte Geldsumme möglichst viele Gütereinheiten zu kaufen, sondern auch seine Qualitätsansprüche zu befriedigen. Wenn qualitativ bessere Güter zu höheren Preisen angeboten werden, führt dies bei begrenztem Haushaltsbudget zu einem *Preis-Qualitätskonflikt*. Falls eine genaue Qualitätsbeurteilung für den Käufer schwierig ist, entsteht darüber hinaus ein finanzielles → *Kaufrisiko*. U.U. werden dann hohe Preise sozusagen als Risikoprämie für hinreichende Qualität in Kauf genommen; die Preisgewichtung tritt also dann hinter das Qualitätsgewicht zurück.

(2) Eine zweite mit dem Preisinteresse verknüpfte Bedürfniskategorie umfasst *soziale Bedürfnisse*. Insbesondere das *Sozialprestige* kann durch eine reichhaltige und/oder luxuriöse Güterversorgung des Haushalts verbessert werden. Das (produktbezogene) Preisinteresse wird dadurch tendenziell abgeschwächt bzw. auf die Einkaufsstättenwahl verlagert. Ein schon in der Mikroökonomie beschriebener Fall dieser Art wird als *Snob-Effekt* bezeichnet. Dort kauft der Kunde trotz fallender Preise weniger, weil er sich ansonsten in seiner Exklusivität beeinträchtigt sieht. Umgekehrt wird vom *Veblen-Effekt* gesprochen, wenn die Nachfrage aus gleichem Grund trotz steigender Preise zunimmt.

(3) Das *Entlastungsstreben* als dritte Hauptwurzel des Preisinteresses steht insb. in Konkurrenz zur Preisachtsamkeit. Das Konstrukt stammt aus der Anthropologie und kennzeichnet das Motiv, neben der ökonomischen Lebensbewältigung auch andere, z.B. ethische, Wertvorstellungen zu verwirklichen, seine Freizeit „sinnvoll" zu nutzen oder schlicht zu faulenzen. Hier wird die Nähe zum *Bequemlichkeitsinteresse* deutlich, das heute eine immer größere Bedeutung erlangt, wie der Aufstieg des sog. Convenience-Handels (Tankstellen, Versand- und Internethandel etc.) deutlich macht. Dahinter steht häufig keine Faulheit, sondern im Gegenteil stressbedingte Zeitnot, die viel beschäftigte Kunden dazu veranlasst, das Preisinteresse zu Gunsten eines schnellen und einfachen Einkaufs (→ Lean Consumption) zurückzustellen. Da die Befriedigung des Preisinteresses mit physischen und psychischen Belastungen verbunden ist (Einholen von Angeboten, Preisvergleiche, Einschätzung der zukünftigen Preisentwicklung usw.), wird ein stark ausgeprägtes Entlastungsstreben das Preisinteresse also abschwächen.

(4) Andererseits postuliert die Motivationstheorie aber auch eine autonome *Leistungsmotivation* des Menschen, die *Atkinson* als „Fähigkeit, für erbrachte Leistungen Stolz zu erleben" definiert. Aus diesem Motiv heraus kann das Preisinteresse also nicht als belastendes, sondern als persönlich lohnenswertes Verhalten empfunden werden. Manche Verbraucher sind beispielsweise *stolz* auf ihre Preiskenntnisse, es macht ihnen *Spaß*, sich gegenüber den scheinbar übermächtigen Anbietern zu behaupten. Sie machen es deshalb zu einer Art sportlicher Betätigung, die Preisunterschiede am Markt zu ihren Gunsten auszunutzen. Das *Schnäppchenjägersyndrom* lässt sich auf diese Weise gut erklären. Da das Entlastungsstreben mit der Leistungsmotivation konkurriert, entsteht jedoch auch hier u.U. ein Motivkonflikt, der in der *Abb. 1* als *Entlastungskonflikt* bezeichnet wird.

Empirische Untersuchungen insb. zur relativen Bedeutsamkeit der verschiedenen Motivwurzeln sind selten. Bei eigenen Studien zum Preisverhalten (vgl. *Diller* 1995) zeigte sich häufig eine Dreiteilung der Verbraucherschaft (vgl. *Abb. 2*): „Sparern" geht es schlicht um weniger Geldausgaben, sei es aus Geldmangel („Muss-Sparer") oder aus Geiz bzw. Lust am preisorientierten Einkauf („Kann-Sparer"). Steht bei dieser Verbrauchergruppe eindeutig die Preisgünstigkeit im Mittelpunkt des Preisinteresses, so geht es der Gruppe der „Optimierer" um die Preiswürdigkeit, also die Preis-Leistungsrelation. Sie agieren oft preisachtsamer als die Sparer und suchen besonders intensiv nach günstigen Einkaufsquellen und -gelegenheiten. Von Beraterseite wurde hierfür der Begriff des → *smart shopper* geprägt. Die „Tiefpreismeider" sind schließlich von dem Wunsch nach Umgehung von Qualitätsrisiken („Risikobewusste") oder nach bewusster Demonstration ihrer Möglichkeit, sich Teures zu leisten („Hochpreissucher"), geprägt.

Abb. 2: Verbrauchersegmentierung nach dem Preisinteresse

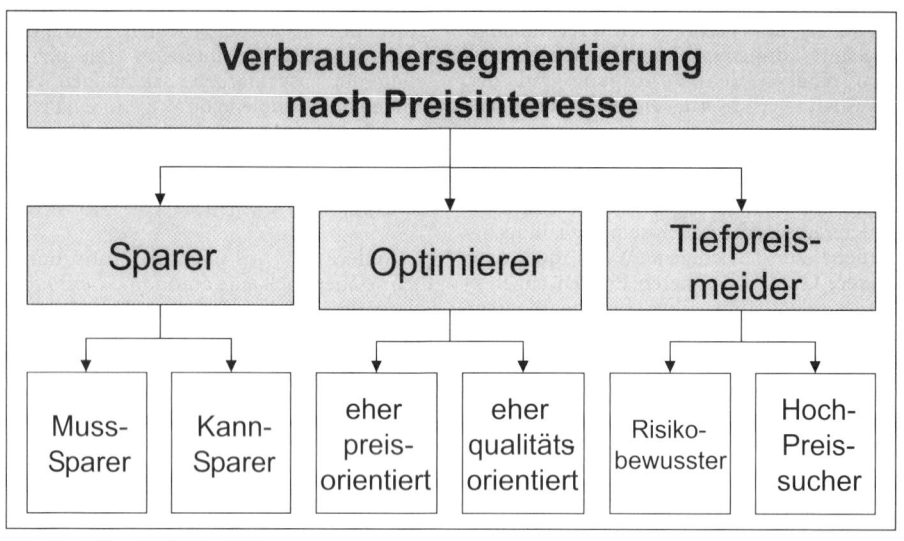

```
                Verbrauchersegmentierung
                    nach Preisinteresse
        ┌───────────────────┼───────────────────┐
      Sparer             Optimierer         Tiefpreis-
                                             meider
      ┌───┴───┐         ┌─────┴─────┐       ┌────┴────┐
   Muss-   Kann-      eher       eher     Risiko-   Hoch-
  Sparer  Sparer    preis-    qualitäts-  bewusster Preis-
                   orientiert orientiert           sucher
```

(Quelle: *Diller*, 2000, S. 122)

Die Frage nach der *Stärke* des Preisinteresses bei den Nachfragern lässt sich nicht generell beantworten. Wie jedes Bedürfnis, so kann auch das Preisinteresse von Person zu Person und von Situation zu Situation unterschiedlich stark ausgeprägt sein. Unter den persönlichkeitsbedingten Einflussfaktoren spielen die erläuterten Motivationsgrößen aber eine wesentliche Rolle. Sie lassen sich als zumindest partiell unterbewusste psychische Prozesse jedoch empirisch sehr schwer messen. Aus diesem Grund gewinnen andere Merkmale als Indikatoren für die Stärke des Preisinteresses an Bedeutung. Insbesondere greift man dabei auf soziodemographische und produktspezifische Merkmale zurück: Personen der *sozialen Mittelschicht* zeigen sich häufig besonders preisinteressiert, was sowohl auf das Prestigemotiv als auch auf die besondere Leistungsmotivation dieser Schicht zurückgeführt werden kann. *Ältere und sozial schwache Verbraucher* sind dagegen weit weniger preisorientiert, obwohl ihre Einkommenslage ein entgegengesetztes Verhalten erwarten ließe. In Produktbereichen, bei denen die Kaufentscheidungsprozesse eine hohe *Ich-Beteiligung* (→ Involvement) aufweisen, weil sie z.B. das Selbstwertgefühl tangieren, ist die Preisgewichtung relativ niedrig. Daraus lässt sich auch das Paradoxon auflösen, dass sich viele Verbraucher bei eher luxuriösen Produkten (z.B. Delikatessen, Fernreisen, Phonogeräten) relativ preisdesinteressiert verhalten, während sie gleichzeitig bei anderen Gütern (z.B. Grundnahrungsmitteln) keine Mühen scheuen, um auch nur geringe Preisunterschiede am Markt auszunutzen (→ Hybrider Käufer). Andererseits können das Alternativenbewusstsein und die Preisachtsamkeit vom Involvement gesteigert werden, weil sich damit im Fall hoher Ich-Beteiligung u.U. auch Freude verbindet. Die jeweilige *Informationssituation* auf einem Markt beeinflusst das Preisinteresse ebenfalls. Auf Märkten mit relativ hoher Preistransparenz (z.B. Kaffee, Automobile) ist das Preisinteresse in der Regel höher als auf intransparenten Märkten (z.B. Frischfisch, Autoreparaturen). Dabei kommt es nicht nur auf die Menge der verfügbaren Informationen, sondern auch auf deren leichte Erhältlichkeit und Nutzbarkeit (Verständlichkeit, unmittelbare Verwendbarkeit etc.) an. *Abb. 3* gibt einen beispielhaften Überblick über das Preisinteresse für verschiedene Konsumgüter bei Frauen.
Empirische Untersuchungen zeigen seit vielen Jahren einen *Trend hin zu stärkerem Preisinteresse*. Er kommt z.B. im zunehmenden Markterfolg vieler Handelsmarken, in den steigenden Marktanteilen preisaggressiver Handelsbetriebsformen (Discounter, Fabrikverkaufsläden, Postengeschäfte etc.), im Wachstum bestimmter Do-it-

yourself-Märkte oder in der Renaissance von Second-Hand-Shops zum Ausdruck. Auch die Verbraucher selbst schätzen sich verschiedenen Umfragen zufolge heute preiskritischer und -interessierter ein als in früheren Jahren. Andererseits lässt sich aber auch eine zunehmende Tendenz zum Luxus-Konsum und zur Akzeptanz von Premium-Produkten, also Gütern mit besonders hoher Qualität und entsprechendem Preisaufschlag, beobachten. Zudem behindert der zunehmende subjektive Zeitstress bestimmter Bevölkerungsschichten das Preisinteressse und macht die Kunden für Convenience-Angebote aufgeschlossen. Insofern kann von einer *Polarisierung des Preisinteresses* sprechen. Diese ist freilich nicht nur interpersonell, sondern auch intrapersonell zu verstehen, weil viele Verbraucher in verschiedenen Warengruppen bzw. Konsumsituationen gleichermaßen sowohl stark preisinteressiert als auch preisdesinteressiert agieren. Man spricht diesbezüglich vom → *hybriden Verbraucher*.

Bei der *Messung des Preisinteresses* ist besondere Sorgfalt geboten. Die soziale Erwünschtheit preisbewussten Verhaltens lässt bei direkten Befragungen („Wie stark achten Sie auf den Preis?") nämlich starke Antwortverzerrungen erwarten. Ebenso führt die Vernachlässigung des Preis-Qualitätskonflikts im Rahmen direkter Skalierungen des Preisinteressees leicht zu Artefakten. Darüber hinaus wird meist nicht genau spezifiziert, ob die Preisgewichtung, die Preisachtsamkeit oder das Alternativenbewusstsein gemessen werden soll. Letztlich muss zur Segmentierung eines Marktes die Preisgewichtung erhoben werden, was am besten mit Hilfe einer → Conjointanalyse gelingt.

Abb. 3: Ausmaß des Marken- und Preisbewusstseins beim Einkauf verschiedener Warengruppen

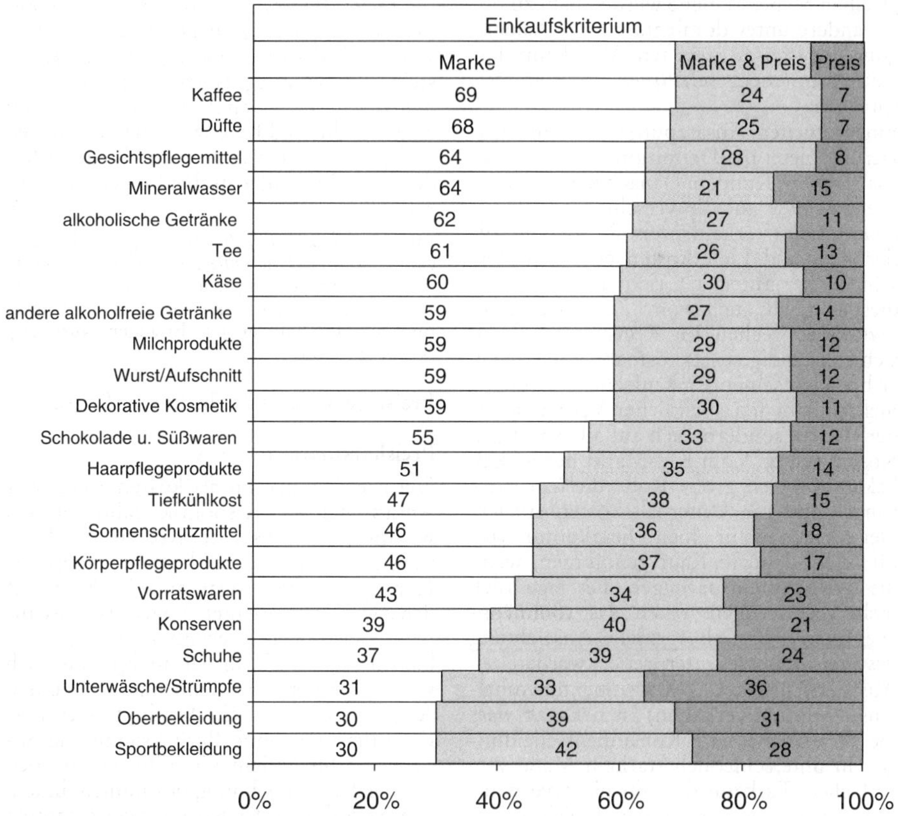

Einkaufskriterium	Marke	Marke & Preis	Preis
Kaffee	69	24	7
Düfte	68	25	7
Gesichtspflegemittel	64	28	8
Mineralwasser	64	21	15
alkoholische Getränke	62	27	11
Tee	61	26	13
Käse	60	30	10
andere alkoholfreie Getränke	59	27	14
Milchprodukte	59	29	12
Wurst/Aufschnitt	59	29	12
Dekorative Kosmetik	59	30	11
Schokolade u. Süßwaren	55	33	12
Haarpflegeprodukte	51	35	14
Tiefkühlkost	47	38	15
Sonnenschutzmittel	46	36	18
Körperpflegeprodukte	46	37	17
Vorratswaren	43	34	23
Konserven	39	40	21
Schuhe	37	39	24
Unterwäsche/Strümpfe	31	33	36
Oberbekleidung	30	39	31
Sportbekleidung	30	42	28

(Quelle: Brigitte Kommunikationsanalyse 1998).

Wie das tatsächliche Preisgebaren von Handel und Industrie zeigt, ist es für die Preispolitik wichtig, nicht nur über die Stärke des Preisinteresses, sondern auch über seine *Ausrichtung* (praktische Umsetzung) informiert zu sein. Eine erste Differenzierung wird hier möglich, wenn man das jeweilige *Preisinteresse bei verschiedenen Konsumentscheidungen* untersucht. Grundsätzlich ist der Preis für folgende Teilentscheidungen relevant:
- *Markenwahl* (Ausnutzung von Preisunterschieden verschiedener Marken),
- *Mengenentscheidung/Packungsgrößenwahl* (Ausnutzung von Preisunterschieden verschiedener Packungsgrößen),
- *Einkaufsstättenwahl* (Ausnutzung von Preisunterschieden für bestimmte Produkte bei verschiedenen Anbietern),
- Wahl des *Einkaufszeitpunktes* (Ausnutzung zeitlicher Preisunterschiede).

Erfahrungsgemäß richtet sich das Preisinteresse nicht auf alle diese Entscheidungen im gleichen Maße. Manche werden nahezu ohne, andere unter dominanter Berücksichtigung des Preises getroffen. Man kann deshalb von einem *selektiven Preisinteresse* sprechen.
Einen zweiten Ansatzpunkt zur Differenzierung bietet die Definition des → Preises aus Sicht des Kunden. Danach kann sich das Preisinteresse auf die verschiedenen *Preisbestandteile* (Verkaufspreis, Rabatte, Kreditierungs- und Lieferkosten etc.) in unterschiedlicher Intensität richten. Man kann diesbezüglich auch vom *Zusatzkostenbewusstsein* sprechen. Ein Konsument verhält sich vollständig zusatzkostenbewusst, wenn er bei allen seinen Einkaufsentscheidungen nicht nur auf den eigentlichen Verkaufspreis der Waren, sondern auch auf alle sonstigen Kosten achtet. Vom Kfz-Markt her ist z.B. bekannt, welch große Rolle die Finanzierungs- und die Unterhaltskosten spielen. Der Mehrpreis für einen Dieselmotor wird oft selbst dann in Kauf genommen, wenn die Treibstoffeinsparungen dies eigentlich nicht rechtfertigen. Auch das „Schnäppchenjagen" kann als spezielle Ausrichtung des Preisinteresses interpretiert werden.
Aus der Theorie des Konsumentenverhaltens (→ Käuferverhalten) ist bekannt, dass die Verbraucher ihre Konsumentscheidungen in unterschiedlich starkem Maße vereinfachen. Es kann deshalb nicht verwundern, wenn sich auch das Preisinteresse nicht (nur) in extensiven Kaufentscheidungsprozessen der Art niederschlägt, dass sich der Nachfrager vor dem Einkauf durch vielfältige Aktivitäten Preistranzparenz verschafft und alle relevanten Preisverteilungen kennt. Vier generelle *Vereinfachungsstrategien* sind bzgl. des Preisinteresses hervorzuheben: Erstens tendieren die Verbraucher zur zeitlichen *Verlagerung der Informationsaktivitäten von der Kaufvorbereitungs- in die Kaufdurchführungsphase*. Damit verbunden ist zweitens eine Tendenz zur *passiven* anstelle einer *aktiven Preissuche*. Der Verbraucher begnügt sich insbesondere beim Einkauf von Gütern des kurzfristigen Bedarfs oft mit jenen Preisinformationen, die er auch ohne aktive Bemühungen erhalten kann. Den Anbietern erwächst daraus sozusagen eine „Bringschuld" für Preisinformationen. Da ein Teil der Konsumenten damit nicht mehr seine Informationswünsche am Bedarf, sondern umgekehrt den Bedarf an den gebotenen Preisinformationen ausrichtet, resultiert daraus eine dritte vereinfachte Äußerungsform des Preisinteresses: *Gekauft wird, was vom Händler als besonders preisgünstig angepriesen wird*. Eine vierte, mit der dritten kompatible Strategie stellt die *Nutzung generalisierender Einkaufsregeln* dar. Damit wird der Anspruch einer möglichst differenzierten und genauen Anlage und Analyse des Entscheidungsfeldes von Einkaufsentscheidungen umgangen. H.D.

Literatur: *Diller, H.:* Preispolitik, 3.Aufl., Stuttgart 2000, S. 113 ff. *Diller, H.:* Tiefpreispolitik: Aktuelle Entwicklungen und Erfolgsaussichten, Arbeitspapier Nr. 38 des Lehrstuhls für Marketing an der Universität Erlangen-Nürnberg, Nürnberg 1995.

Preisintervalle → Nicht-lineare Preise

Preiskalkulation

Die Preiskalkulation als kostenorientierter Ansatz der → Preispolitik zählt zu den wichtigsten Zwecken der Kosten- und Leistungsrechnung. Erste kostenrechnerische Konzepte waren sogar ausschließlich auf den Zweck ausgerichtet, Angebotspreise für Absatzleistungen zu ermitteln. Die Gründe hierfür lagen insb. in der auch heute noch weit verbreiteten Ansicht, man könne den Angebotspreis für ein Produkt oder eine Dienstleistung ohne Berücksichtigung anderer Einflüsse allein mit Hilfe der Angaben aus der Kostenrechnung bestimmen, indem den im Rahmen der Kostenträgerrechnung ermittelten Selbstkosten lediglich ein prozentualer Gewinnzuschlag hinzugefügt wurde („Selbstkosten-plus-Gewinnzuschlags-Preise", progressive Kalkulation). Besonders weit verbreitet ist diese Form der Preisbestimmung im Handel, wo die Fülle der Kalkulationsvorfälle zu besonders einfachen Preisbestimmungsverfahren zwingt (→ Handelskalkulation), sowie bei der → Angebotspreiskalkulation im Anlagengeschäft, wo das Fehlen von Marktpreisen häufig eine kostenorientierte Preisbildung nahe legt.

Werden dabei die Selbstkosten aufgrund von Plandaten ermittelt, spricht man von *Vorkalkulation*, werden hingegen bereits realisierte Istkosten verwendet, von *Nachkalkulation*. Ergänzt werden diese Kalkulationen durch sog. *Schätzkalkulationen*, die der möglichst wirtschaftlichen und schnellen Ermittlung von Angebotspreisen für Leistungseinheiten oder Aufträge dienen (→ Produktkostenkalkulation).

Die Ermittlung der Selbstkosten kann auf Basis von Vollkosten oder Teilkosten sowie mit unterschiedlichen Kostenwerten erfolgen. Die Preiskalkulation auf Vollkostenbasis unterscheidet grundsätzlich zwischen Einzel- und Gemeinkosten. Während die Einzelkosten den Produkteinheiten unmittelbar zugerechnet werden können, erfolgt die Verrechnung von Gemeinkosten mit Hilfe von Schlüsseln. Je nach Art des Fertigungsprogrammes und des Fertigungsverfahrens stehen hierfür unterschiedliche → Kalkulationsverfahren zur Verfügung, die die Gemeinkosten in mehr oder weniger differenzierten Abrechnungsgängen auf Produkteinheiten verteilen.

Wenngleich die verschiedenen Varianten der vollkostenorientierten Kalkulationsverfahren auch heute noch in weiten Bereichen der Praxis angewendet werden, so muss man doch bei einer Orientierung an den Anforderungen, die aus heutiger Sicht an die Preiskalkulation zu stellen sind, zu der Auffassung gelangen, dass die Vollkostenrechnung diesen Anforderungen nicht in befriedigender Weise genügt. Den traditionellen Formen der Vollkostenrechnung sind insb. folgende kritische Einwendungen entgegen zu halten:

(1) Es gibt keinen „richtigen" Schlüssel für das Weiterwälzen echter Gemeinkosten und damit auch keine richtigen Preise.

(2) Werden Fixkosten auf Basis der jeweiligen Ist-Beschäftigung auf die Kostenträger verrechnet, besteht die Gefahr des „sich aus dem Markt Herauskalkulierens", weil dann niedrigere Beschäftigung höhere Kosten und damit höhere Preise nach sich zieht, was zu weiterem Beschäftigungsrückgang führt usw. Diese Gefahr ist nur dann nicht gegeben, wenn der Nachfrager bereit ist, über den Preis sämtliche dem Anbieter entstandenen Kosten voll zu vergüten. Auf eine solche Regelung lässt sich bspw. der Staat ein, wenn er Produkte (z.B. wehrtechnische Güter) nachfragt, für die kein Marktpreis existiert. Die Anbieter solcher von öffentlichen Verwaltungen und Unternehmen nachgefragten Güter müssen ihre Preise nach den sog. → LSP (Leitsätzen für die Preisermittlung aufgrund von Selbstkosten) bestimmen. Die Überwälzung gestiegener Kosten auf die Preise wird ferner dann eher akzeptiert, wenn alle Anbieter entsprechend verfahren. Ein aufgrund der Preiselastizität bedingter Absatzrückgang ist auch dann allerdings nicht auszuschließen. Insofern sind z.B. Verbrauchssteuererhöhungen fast nie absatz- bzw. gewinnneutral auf Preise überwälzbar.

(3) Es besteht über die Auswahl des Gemeinkostenschlüssels oder des Kalkulationsverfahrens die Gefahr einer indirekten Preis- und Programmpolitik.

(4) Die Preispolitik verliert durch eine strenge Bindung an die Kosten an Flexibilität und Marktnähe und lässt die Möglichkeiten zur Durchsetzung solcher, aber auch höherer Preise außer acht.

Angesichts dieser Gefahren eines Kalkulierens auf Vollkostenbasis wird deshalb die → Deckungsbeitragsrechnung immer mehr als ein brauchbares Instrument zur Fundierung preispolitischer Entscheidungen herausgestellt (→ Deckungsbudget). Eines der erklärten Ziele der als unternehmerisches Dispositionsinstrument konzipierten Deckungsbeitragsrechnung ist es, den in einer Unternehmung für die Preispolitik zuständigen Entscheidungsträgern jene Kosteninformationen rasch und in leicht verwertbarer Form vorzugeben, die sie beim Festlegen von Angebotspreisen bzw. bei der Überprüfung der Auskömmlichkeit von Marktpreisen benötigen. Hierzu werden grundsätzlich von den Erlösen einer Leistungseinheit im Wege einer Rückrechnung die dieser Leistungseinheit zurechenbaren Kosten subtrahiert. Diese Form der sog. *retrograden Kalkulation* ist von der progressiven Teilkostenkalkulation zu unterscheiden, bei der fixe und variable Kosten unterschieden werden und der Preis als (Deckungsbeitrags-)Aufschlag auf die variablen Stückkosten kalkuliert wird. Damit vermeidet man die Gefahr, sich aus dem Markt zu kalkulieren und kommt zu beschäftigungsunabhängigen Preisen. Alle anderen o.g. Einwände gegen die kostenorientierte Kalkulation bleiben aber bestehen. Benutzt man statt der variablen Stückkosten die Grenzkosten (bezüglich der Absatzmenge), ist auch bei nicht-linearen Kostenfunktionen eine auslastungskonforme Preiskalkulation mit relativ hohen (niedrigen) Preisen bei hoher (niedriger) Beschäftigung gewährleistet. In der Praxis wendet man diese sog. *Grenzkostenkalkulation* häufig nur bei überdurchschnittlicher Beschäftigung an, während ansonsten die vollen Durchschnittskosten herangezogen werden.

Die Bedeutung, die die Kosten- und Leistungsrechnung heute noch für die Bestimmung von Angebotspreisen hat, hängt von mehreren gesamt- und einzelwirtschaftlichen Einflussfaktoren ab. In einer zentral gelenkten Planwirtschaft bspw., in der die Preise staatlich festgesetzt werden, ist der Zusammenhang zwischen Kosten und Verkaufspreisen sehr eng. Die Kosten bilden in diesem System regelmäßig die Preisbemessungsgrundlage und dienen zugleich der Preisrechtfertigung. In marktwirtschaftlichen Systemen hingegen kommen die Preise durch den Ausgleich von Angebot und Nachfrage zustande. Sind aber die Preise durch den Markt vorgegeben, so dient die Kostenrechnung nicht der Preisbestimmung, sondern eher der Preisbeurteilung. Ein sich auf die Kostenrechnung stützender Anbieter kann zwar unter solchen Bedingungen prüfen, ob bzw. inwieweit die gegebenen Absatzpreise ausreichen, seine Kosten zu decken. Prinzipiell hat jedoch kein Anbieter Anspruch darauf, im Verkaufspreis seine Kosten ersetzt zu bekommen. Andererseits verbietet ihm auch niemand, einen Preis zu fordern, der über den Kosten liegt.

Dennoch spielen auch im marktwirtschaftlichen System die Kosten v.a. für die → Preisargumentation bzw. für die Rechtfertigung von Preiserhöhungen eine wesentliche Rolle. Häufig versuchen Anbieter, hohe Preise bzw. beabsichtigte oder schon realisierte Preiserhöhungen mit der für sie geltenden oder neu eingetretenen Kostensituation zu rechtfertigen, obwohl es daneben noch andere wichtige Einflussfaktoren der Preisbildung gibt.

Im Zuge der veränderten Marktsituation, insbesondere durch die Globalisierung und immer größere Markttransparenz (z.B. durch das Internet) fällt es den Unternehmen immer schwerer, Preisdifferenzierungen für ihre Produkte durchzusetzen. Stattdessen werden die Preise immer mehr zu einem Datum des Marktes. Es gilt, aus diesen Allowable Costs für das Zielkostenmanagment (→ Produktkostenkalkulation) abzuleiten. Das Anliegen an die Kostenrechnung wandelt sich von der kostenorientierten Preispolitik zur preisorientierten Kostenpolitik. Ausgehend von diesen Überlegungen hat sich in den letzten Jahren mehr und mehr die Erkenntnis durchgesetzt, dass in einer Marktwirtschaft die konventionelle Kostenrechnung in erster Linie zur Bestimmung von → Preisuntergrenzen herangezogen werden kann. Eine auf den Selbstkosten basierende Preiskalkulation zeigt den Anbietern lediglich, welchen Preis sie in einer bestimmten Situation mindestens fordern müssen, wenn sie keinen Verlust erleiden wollen. Um welchen Betrag sie ihre Preisforderung dann tatsächlich über die Preisuntergrenze hinausgehend anheben können, hängt im Wesentlichen von marktlichen Einflüssen ab. Eine auf der Kostenrechnung aufgebaute Preiskalkulation kann also nicht den erzielbaren Verkaufspreis ermitteln, sondern lediglich eine Mindestpreisforderung fixieren oder prüfen, ob sich die Annahme eines Auftrags zu einem vorgegebenen Preis noch lohnt.

Weiterhin dient eine auf Kosten basierende Preiskalkulation der Festlegung von *Verrechnungspreisen* für interne Leistungen. Sehr häufig sieht man in der Praxis bei der Ermittlung von Preisen für Leistungen, die zwischen verschiedenen Abteilungen oder Teilbetrieben eines Unternehmens bzw. Konzernunternehmen ausgeführt werden, eine Orientierung an Kostengrößen vor. So können bspw. Rechnerleistungen der zentralen EDV-Abteilung mit einem internen Verrechnungspreis, der auf den Selbstkosten der EDV-Abteilung beruht, belegt werden.

Exportintensive Unternehmen schließlich müssen regelmäßig erhebliche absatzwirtschaftliche Zusatzleistungen erbringen, für deren Erfassung sich besondere Formen der → Exportkalkulation herausgebildet haben.

W.Mä.

Literatur: *Diller, H.:* Preispolitik, 3. Aufl., Stuttgart u.a. 2000, S. 216-261. *Hummel, S.; Männel, W.:* Kostenrechnung 1, Grundlagen, Aufbau und

Anwendung, 4. Aufl., Wiesbaden 1986, S. 27-30 und 258 f. *Hummel, S.; Männel, W.:* Kostenrechnung 2, Moderne Verfahren und Systeme, 3. Aufl., Wiesbaden 1982, S. 96-110. *Männel, W.:* Preiskalkulation nach den Grundsätzen der Deckungsbeitragsrechnung, in: Kostenrechnungspraxis (1978), Sonderheft, S. 3-26.

Preiskartell

Spezialform des → Kartells, bei dem sich die Kartellmitglieder vertraglich verpflichten, den Absatz zu einheitlichen Festpreisen (Festpreiskartell) vorzunehmen oder vereinbarte Mindestpreise nicht zu unterbieten (Mindestpreiskartell). Zur Sicherung der Kartellpreise erfolgen meist auch Regelungen zur Angebotsbegrenzung bzw. -kontingentierung (Quotenkartell).

Preiskenntnisse

Als Preiskenntnisse i.w.S. können jegliche Informationen definiert werden, die im Langzeit-Gedächtnis gespeichert werden und zur Beurteilung der preisbezogenen Vorteilhaftigkeit beliebiger Entscheidungsgegenstände des Konsumentenverhaltens relevant sind. Der allerdings unübliche Begriff des Preiswissens beschreibt das Phänomen genauer, weil es sich bei den Preiskenntnissen nicht nur um präzises Wissen über Angebotspreise am Markt, sondern auch um mehr oder minder vage und allgemeine Vorstellungen über die Preissituation und die für die → Preisbeurteilung relevanten Ankergrößen handelt.

Die *Abbildung* zeigt die verschiedenen Merkmale, nach denen Preiskenntnisse charakterisiert werden können. Lange Zeit wurden dabei nur die Genauigkeit und der Umfang untersucht, obwohl für preispolitische Zwecke auch die anderen Dimensionen von Bedeutung sind.

Charakteristika von Preiskenntnissen

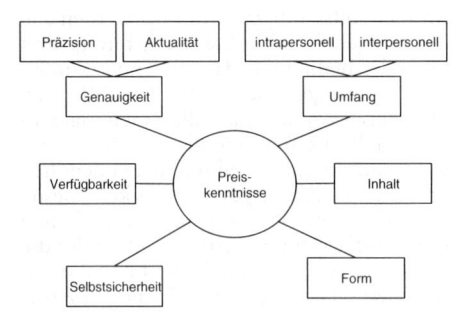

Da die Preise am Markt i.d.R. unterschiedlich ausfallen, misst man die Genauigkeit von Preiskenntnissen meist am zuletzt gezahlten Preis für ein bestimmtes Produkt. Der Umfang der Preiskenntnisse hängt davon ab, für wie viele Produkte Preiskenntnisse vorliegen (intrapersoneller Aspekt) bzw. wie viele Personen den Angebotspreis eines bestimmten Produktes kennen (interpersoneller Aspekt).

Der Inhalt von Preiskenntnissen kann sich auf folgende Sachverhalte beziehen:
- Einzelpreise
  - einer Marke/Einkaufsstätte
  - mehrerer Marken/Einkaufsstätten (Preisrelationen)
- Preisverteilungen
  - über verschiedene Marken
  - über verschiedene Geschäfte
  - über verschiedene Bezugsmengen
- Preisurteilsanker, z.B.
  - Präferenzpreise
  - → Preisschwellen

Darüber hinaus gilt es, das Preisniveau bestimmter (Teil-)Sortimente zu kennen, wenn eine rationale Bewältigung der → Einkaufsstättenwahl vorgenommen werden soll.

Es ist offenkundig, dass angesichts der immensen Probleme, Preistransparenz über diese Preisverteilungen zu erhalten, auf vereinfachende Denk- und Urteilsheuristiken zurückgegriffen wird (→ Kaufentscheidungsheuristiken). Die Abspeicherung von Preiswissen wird dabei bewusst oder unbewusst von informationsökonomischen Überlegungen mit gesteuert. Präferiert werden leicht abspeicherbare, nicht schnell veraltende und für viele Entscheidungssituationen anwendbare Preiskenntnisse. Sind z.B. die für Preisvergleiche und Markenwahlentscheidungen erforderlichen Preisinformationen aus Preisinformationen bzw. aus der → Preisauszeichnung am Ort des Verkaufs verfügbar, erübrigt sich ein Einprägen dieser Preise im Gedächtnis, zumal sie sowieso häufig schnell veralten. Häufiger vorfindbar im Preisgedächtnis von Verbrauchern sind deshalb hoch verdichtete, z.T. aber auch sehr vage Informationen über Parameter der Preisverteilung, z.B. den am Markt üblichen oder mittleren Preis, die Rangfolge der Preisgünstigkeit verschiedener Marken oder Geschäfte oder eigene Preisbereitschaftsschwellen, jenseits derer ein Kauf nicht mehr in Frage kommt (→ Preisschwellen). In diesen nicht-metrischen Formen spiegelt sich die subjektive Encodierung objektiver Preisinformationen auf kategorialen subjektiven Skalen wieder (→ Preiswahrnehmung, → Preisbeurteilung).

Das *Lernen* von Preiskenntnissen ist ein Zeit beanspruchender Prozess, wobei die Verarbeitungstiefe der Preisinformationen mit zunehmenden Preiserfahrungen immer größer wird (→ Gedächtnistheorien). Sind es zunächst nur vage und ungenaue Informationen generellen Charakters, so verdichtet sich dieses Wissen im Verlauf der Zeit zu Kenntnissen über verschiedene Preiskategorien und -schwellen. Je größer die Verarbeitungstiefe ausfällt, umso eher ist eine Gedächtnisleistung im Sinne einer semantischen Codierung zu erwarten. Aus dieser Perspektive besitzen Einzelpreise, d.h. Preise einzelner Marken in bestimmten Geschäften zu ganz bestimmten Zeitpunkten, die jeweils nur einmal verarbeitet werden, eine sehr geringe Chance zur Abspeicherung im Gedächtnis. Es kann deshalb nicht verwundern, dass in vielen älteren Studien zur Preiskenntnis von Verbrauchern die entsprechenden Kenntnisquoten sowohl intra- als auch interindividuell außerordentlich gering ausfielen. *Diller* (1988) konnte zeigen, dass allgemeinere und vagere Formen von Preiskenntnissen weit verbreiteter sind. Allerdings weisen auch sie ein geringes Maß an Präzision und Genauigkeit auf. Im Konsumgütersektor sind die Preiskenntnisse zudem häufig von besonders günstigen Sonderangebotspreisen geprägt, weil diese gem. der Verstärkertheorie leichter gelernt werden als übliche Preise.

Häufig beschränken sich die Preiskenntnisse – soweit überhaupt vorhanden – auf die jeweils präferierte Marke bzw. einige wenige Marken des gesamten Angebotes. Im Falle der Beschaffung höherwertiger Güter werden die Preiskenntnisse i.d.R. erst dann vorangetrieben, wenn die zur Auswahl stehenden Produktalternativen weiter eingegrenzt worden sind. Auch dann jedoch beschränkt man sich häufig auf den Preisvergleich bei einigen wenigen Geschäften und vertraut sehr häufig auf das → Preisimage der jeweiligen Einkaufsstätten. Insofern kommt dem Preisimage als Element des Preiswissens eine besondere Bedeutung zu.

Unterschiede im Umfang und in der Genauigkeit von Preiskenntnissen ergeben sich insb. in Abhängigkeit von folgenden Einflussfaktoren:

- Einkaufshäufigkeit
- Preisinteresse
- Alter (sehr junge und ältere Verbraucher weisen geringere Preiskenntnisse auf)
- Einkommen (geringere Kenntnisse in unteren Einkommensklassen)   H.D.

Literatur: *Diller, H.:* Das Preiswissen von Konsumenten, in: Marketing – ZFP, 10. Jg. (1988), S. 17-24. *Müller-Hagedorn, L.:* Wahrnehmung und Verarbeitung von Preisen durch Verbraucher, Ein theoretischer Rahmen, in: ZfbF, 35. Jg. (1983), S. 939-951. *Zeithaml, V.A.:* Consumer Response to In-Store Price Information Environments: in: Journal of Consumer Research, Vol. 8 (1982), S. 357-369.

Preiskoordination

umfasst als Teil der → Preispolitik die Preisfindung bei räumlich oder sachlich nicht isolierten und somit verbundenen (Länder-)Märkten. Die Bestimmung des gewinnoptimalen Preises wird auf solchermaßen integrierten Märkten besonders von den unterschiedlichen Zahlungsbereitschaften, Präferenzen und der Arbitrageneigung der Nachfrager (Neigung zum Kauf auf Auslandsmärkten bzw. zum Kauf alternativer Produkte) in den verbundenen Märkten sowie durch die Transaktionskosten (→ Transaktionskostentheorie) dieser → Arbitrage beeinflusst. Die Notwendigkeit einer Preiskoordination entsteht durch das Auftreten von physischer Arbitrage, welche durch unterschiedliche (Länder-)Marktpreise für identische bzw. aus Sicht der Nachfrager alternative Produkte hervorgerufen wird. Es kommt jedoch nur zur Arbitrage, wenn die subjektiv wahrgenommenen Transaktionskosten für einen Konsumenten in Markt A für den Kauf auf Markt B geringer sind als die Preisdifferenz zwischen diesen beiden Märkten. In Abhängigkeit von der Neigung zum Wechsel von Märkten lassen sich Preiskoordination bei *vollständiger Arbitrage* und bei *unvollständiger Arbitrage* unterscheiden.

Im Fall vollständiger Arbitrage werden alle Nachfrager eines Marktes zu Arbitrageuren unter der Bedingung, dass die Transaktionskosten geringer sind als die Preisdifferenz. Dies setzt voraus, dass alle Nachfrager in gleicher Weise über mögliche Arbitragegewinne unterrichtet sind und eine unendlich schnelle Reaktionsgeschwindigkeit besitzen. Als Folge ist eine marktübergreifende Preispolitik gewinnmaximierend, in der die Preisdifferenzen auf die Transaktionskosten reduziert werden. Bei unvollständiger Arbitrage bedienen sich nicht alle Nachfrager der Möglichkeit zur Bedürfnisbefriedigung auf anderen Märkten, auch wenn die ökonomisch sinnvoll wäre. Im Unterschied zur vollständigen Arbitrage resultiert hieraus, dass ein Anbieter unter diesen Bedingungen Preisdifferenzen in Abhängigkeit von der unvollständigen Arbitrageneigung der Nachfrager und den Transaktionskosten der Arbitrage durchsetzen kann, um mögliche Unterschiede in den Zahlungsbereitschaften auf den Ländermärkten gewinnmaximal zu nutzen. Die Methode der *Preisstandardisierung* ist in diesem Fall kein zur Gewinnmaximierung geeignetes Instrument.

Im Fall virtueller Arbitrage nutzen internationale Nachfrager ihre Preisinformationen über länderspezifische Preisdifferenzen für ein Produkt, um beim Hersteller weltweit auf dem niedrigsten Preisniveau einzukaufen. Da hier nur geringe Transaktionskosten der Arbitrage (Preisinformationen) anfallen, sollte je Kunde weltweit eine Preisstandardisierung angestrebt, jedoch kundenbezogene Preisdifferenzen (→ Preisdifferenzierung) beibehalten werden. J.Bü.

Literatur: *Gerstner, E.; Holthausen, D.*: Profitable Pricing When Market Segments Overlap, in: Marketing Science, Vol. 5 (1986), No. 1, S. 55-69. *Backhaus, K.; Büschken, J.; Voeth, M.*: Internationales Marketing, 3. Aufl., Stuttgart 1999.

Preiskorridor → Euro-Pricing, → Internationales Preismanagement

Preiskultur

Zu den unternehmensinternen Regelungen für eine erfolgreiche → Preisdurchsetzung zählt *Diller* neben der → Preisorganisation und dem → Preiscontrolling auch die Preiskultur. Sie kennzeichnet einerseits das „preisstategische Bewusstsein" des Managements und andererseits die „Preisintelligenz" der am Preisbildungsprozess beteiligten Personen. Während das preisstrategische Bewusstsein die motivationalen Aspekte eines erfolgreichen Preismanagements fokussiert („Wollen"), zielt die Preisintelligenz auf das Wissen und die Lernfähigkeit der Preisorganisation („Können"). Es geht in beiden Bereichen um Führungsaufgaben im Preismanagement, die insbesondere in den oberen Hierarchieebenen der Unternehmung wahrgenommen werden müssen, will man das Erfolgspotenzial der Preispolitik ausschöpfen. H.D.

Literatur: *Diller, H.*: Preispolitik, 3. Aufl., Stuttgart u.a. 2000, S. 424 ff. *Simon, H.; Dolan, R.J.*: Profit durch Power Pricing. Strategien aktiver Preispolitik, Frankfurt/Main, New York 1997.

Preislagen

Ein Produkt kann aufgrund unterschiedlicher Qualitäten und unterschiedlicher Andienungsformen zu verschiedenen Preisen angeboten werden. Durch diese Qualitäts- und Andienungsdifferenzierung, die sich bei vielen Produkten findet, entstehen Preislagen, die sich durch das ganze Sortiment hindurchziehen. Am häufigsten findet man einen unteren, einen mittleren und einen hohen Preis vor, wobei die Grenzen zwischen diesen Klassen häufig bei „runden" Preisen, d.h. vollen (10,-/100,-) Eurobeträgen liegen und in ihrer Spreizung abhängig vom absoluten Preisniveau der Ware sind. Preislagen bieten dem Kunden eine einfachere Orientierung im Warenangebot und die Möglichkeit, sich innerhalb derselben Qualitätsstufe auf Preisgünstigkeitsurteile zu beschränken. Wichtig ist hierbei, dass die Preisunterschiede zwischen den einzelnen Preislagen in etwa mit den von den Kunden wahrgenommenen Qualitäts- und Nutzenunterschieden korrespondieren (→ Preispositionierung, → Preis-Qualitäts-Strategie). Andernfalls besteht die Gefahr, dass einzelne Preislagen bei den Kunden kaum Beachtung finden oder aber eine vorhandene höhere Preisbereitschaft nicht abgeschöpft wird (→ Preislagenwahl).

Dem Anbieter eröffnet sich mit der bewussten Auswahl bestimmter Preislagen eine Möglichkeit zur *Imagepolitik* unter *Begrenzung des Sortiments* bzw. zur *Rechtfertigung von Preisunterschieden* zwischen verschiedenen Produkten. Die niedrigen Preislagen werden häufig besonders intensiv beworben, um preisinteressierte Käufer für den jeweiligen Anbieter zu gewinnen. Da sich die Qualitätspräferenzen des Interessenten im Verkaufsgespräch beeinflussen lassen, ergibt sich dann u.U. die Möglichkeit, ihm auch höherwertige und damit meist mit höheren Deckungsbeiträgen kalkulierte Waren anderer Preislagen zu verkaufen.

Verdichtet man eine Preislage, die immer eine gewisse Spannbreite hat, zu einem Einheitspreis für eine Gruppe von Artikeln – die i.d.R. branchenübergreifend sein wird –, so erhält man eine *Einheitspreislinie* (→ Preislinienpolitik). Sie führt zu einer ausgeprägten und im Wettbewerb schwer längerfistig durchsetzbaren → Mischkalkulation. Einheitspreise werden deshalb meist nur als aufmerksamkeitssteigerndes Verkaufsförderungsinstrument bei → Preisaktionen oder → Schlussverkäufen eingesetzt.

H.D./H.S./G.T.

Preislagenwahl

Die Preislagenwahl ist neben anderen Verhaltensgrößen, wie etwa dem Verhalten gegenüber → Sonderangeboten, gegenüber Einkaufsstätten mit unterschiedlich hohen → Preislagen oder gegenüber dem Kauf von kleinen oder großen Packungs- oder Gebindegrößen eine weitere Komponente des → Preisverhaltens von Konsumenten. In vielen Produktbereichen lassen sich die Produkte selbst bei Berücksichtigung der eben genannten drei Effekte (Sonderangebote, Einkaufsstätten, Packungsgrößen) in geringpreisige, mittelpreisige und hochpreisige Produkte unterteilen. Diese Unterschiede sind oftmals sogar sehr beträchtlich. Z.B. belegen Marktvergleiche im Bereich der pflegenden Gesichtskosmetik, dass zwei Produkte gleichzeitig auf dem Markt waren, die sich bei gleicher Menge und identischem Warentesturteil im Preis um das Zwanzigfache unterschieden.

Die Erklärung, warum Konsumenten Produkte aus einer bestimmten Preislage kaufen, lässt sich als eine Vorstufe für die Erklärung der Wahl eines konkreten Produkts bzw. der → Markenwahlentscheidung auffassen, da oftmals die Auffassung geäußert wird, Konsumenten entschieden im Sinne einer Vorauswahl zuerst darüber, ob sie ein billiges, mittelpreisiges oder ein teures Produkt erwerben wollen, bevor sie nachfolgend ein konkretes Produkt auswählen. Deshalb sind Erkenntnisse darüber, in welchen Preislagen verschiedene Konsumenten kaufen, wichtig für Segmentierungen der Konsumenten und Zielgruppenüberlegungen der Anbieter (→ Marktsementierung).

Eine erste Erklärung, warum unterschiedlich teure Produkte gekauft werden, bietet die unterschiedliche → Kaufkraft der Haushalte. Wer über ein hohes Einkommen verfügt, sollte dementsprechend teure Produkte kaufen, wer weniger Geld hat und demzufolge sparen muss, die billigen Produkte erstehen. Diese These wurde bereits seit den 30-er Jahren untersucht und empirisch auch belegt. In den späten siebziger Jahren begann diese Begründung allerdings in vielen Produktbereichen zu versagen. Allenfalls für Produkte mit absolut hohen Preisen (z.B. Pkw, Weinbrand/Cognoc) konnte noch eine positive Beziehung zwischen der gewählten Preislage und dem Einkommen des Haushalts beobachtet werden.

Eine zweite Erklärung für die unterschiedliche Preislagenwahl folgerte man aus Thesen der Singularisierung bzw. → Individualisierung. Damit war gemeint, dass gewisse Personen danach streben, sich vom Verhalten in ihrer sozialen Umwelt abzugrenzen. Eine Möglichkeit, sich von anderen unterscheidbar zu machen, ist ein selektives Konsumverhalten. Dies bedeutet, dass in ausgewählten Bereichen hochpreisige Güter und in den anderen Bereichen entsprechend geringpreisige Produkte erstanden werden, um sich von sozialen Vergleichspersonen differenzieren zu können. Bildhaft wird dieses Verhalten etwa als „Im Nerz bei Aldi kaufen" ausgedrückt. Dieses Konsumentenverhalten dürfte zur Polarisierung des Handels, d.h. zum Verlust von Marktanteilen mittelpreisiger Anbieter, beigetragen haben (→ Hybrider Käufer).

Eine weitere Erklärung bezieht sich auf den unterschiedlichen Verwendungszweck der Produkte. Beispielsweise könnte teurer Kaffee verwendet werden, falls Besuch bewirtet wird, und billiger im Alltag konsumiert werden. Diese Vermutung trifft allerdings nur für sehr wenige Haushalte zu. Die Anteile der Haushalte, die parallel eine hochpreisige und geringpreisige Marke verwenden, liegt bei den meisten Gütern des täglichen Bedarfs unter fünf Prozent.

In manchen Produktbereichen beurteilen Konsumenten die Qualität der Produkte anhand der Preise (→ preisorientierte Qualitätsbeurteilung). Dies heißt, dass Produkten mit zunehmendem Preis eine vergleichsweise höhere Qualität beigemessen wird, auch wenn sich die alternativen Produkte objektiv nicht unterscheiden. Wenn demzufolge manche Personen die Qualitäten der Produkte anhand der Preise beurteilen und andere Personen auf andere Informationen zur Qualitätsbeurteilung zurückgreifen, treten Unterschiede in der Preislagenwahl auf.

Schließlich liefert das → Lebensstilkonzept eine weitere, für Marktsegmentierungen besonders hilfreiche Erklärung der Preislagenwahl der Konsumenten. Durch die Art und Weise, wie eine Person konsumiert, kann sie den von ihr angestrebten Lebensstil verwirklichen. Für bestimmte Lebensstile sind etwa teure demonstrative Produkte (z.B.

Pkw) erstrebenswert, für andere Lebensstile teure, mit Erlebnissen verbundene Produkte (z.B. Urlaubsreisen), für andere wiederum „ökologische" Produkte. Auf der Basis von Wertorientierungen, die darauf hindeuten, welchen Lebensstil Personen anstreben, können Konsumenten so in Personensegmente eingeteilt werden, dass diese Segmente Aussagekraft für die Preislagenwahl in verschiedenen Produktbereichen haben.

He.G.

Literatur: *Gierl, H.:* Eine Erklärung der Preislagenwahl bei Konsumgütern, Berlin 1992.

Preis-Leistungs-Analysen

In vielen Branchen unterscheiden sich die Angebote verschiedener Wettbewerber hinsichtlich qualitativer Merkmale. Für die → Preispolitik ergibt sich daraus das Problem, das Preis-Leistungsverhältnis am Wettbewerb und der eigenen Produktqualität auszurichten, um keine Preisspielräume ungenutzt zu lassen oder die Preisbereitschaft der Abnehmer nicht zu überfordern.

Beispiel einer Preis-Leistungs-Analyse

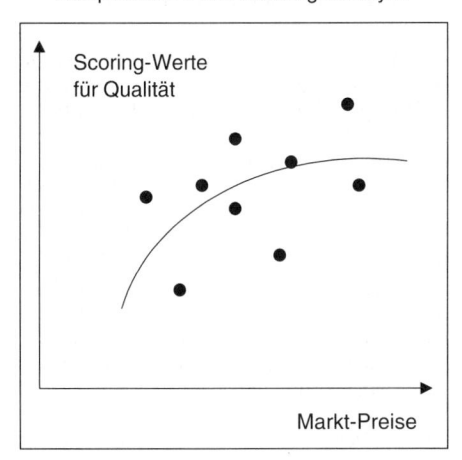

[Diagramm: Scoring-Werte für Qualität (y-Achse) vs. Markt-Preise (x-Achse)]

Hierzu analysiert man anhand abnehmerbezogener Kriterien und Perspektiven die verschiedenen Teilqualitäten der am Markt gehandelten Produkte und bewertet sie in einem systematischen Punktbewertungsverfahren, sodass quantitative Größen für die Produktqualität aller relevanten Marktangebote vorliegen. Diesen Werten stellt man numerisch oder graphisch (vgl. *Abbildung*) die am Markt realisierten Preise der entsprechenden Güter zu. Normalerweise ergibt sich dabei eine rechtssteile Anordnung, da mit höheren Qualitäten meist höhere Preise verknüpft sind. Allerdings besteht i.d.R. kein deterministischer und gelegentlich auch kein linearer Zusammenhang. Deshalb empfiehlt sich eine überschlägige oder mit Hilfe der → Regressionsanalyse analytisch exakte Ermittlung der Preis-Leistungs-Funktion, die den Zusammenhang zwischen den Qualitätsunterschieden und den Preisunterschieden zum Ausdruck bringt. Sie lässt dann eine qualitätsorientierte und die Preisbereitschaft der Abnehmer auslotende → Preiskalkulation zu.

H.D.

Literatur: *Kijewski, V., Yoon, E.:* Market-Based Pricing. Beyond Price-Performance Curves, in: Industrial Marketing Management, Vol. 19 (1990), S. 11-19.

Preislernen

durch Preisbeobachtungen und -erfahrungen gespeister Erwerb von → Preiskenntnissen im Langzeitgedächtnis. Preislernen von Konsumenten ist ebenso wie die → Preiswahrnehmung selektiv. Es fokussiert solche Preisinformationen, die effektiv eingesetzt werden können. Effektiv bedeutet: Es hilft dem → *Preisinteresse* und kommt dem *Entlastungsstreben* entgegen. Daraus folgt, dass Konsumenten vor allem solche Preisinformationen lernen, die

– subjektiv relevant sind, d.h. die vom Verbraucher präferierte Leistungen betreffen,
– die leicht und bequem erhältlich sind, z.B. weil sie mit der Preiswerbung soz. von alleine ins Haus kommen,
– die leicht zu merken, also einprägsam sind, wie das z.B. auf → Glattpreise zutrifft, und
– die zeitstabil sind, d.h. nicht schnell veralten und deshalb längere Zeit verwendet werden können.

Wie die Lerntheorie lehrt, gibt es eine Vielzahl verschiedener *Formen des Lernens*, von denen einige auch für das *Preislernen* relevant sind:

(1) *Kognitive Berieselung*, d.h. nicht bewusstes Aufnehmen und Abspeichern von Informationen die in der Regel in kleinen Portionen, dafür aber häufig wiederholt werden (z.B. Preisanzeigen, Preisdisplays, Regalstopper etc.).

(2) *Generalisierung und Diskriminierung* Hierbei werden einzelne Preiserfahrungen auch auf andere, bisher noch gar nicht ge-

Preislinienpolitik

prüfte Artikel übertragen (*Generalisierung von Preiserfahrungen*).

(3) Preiserlebnisse

Bei → Preiserlebnissen, die den Konsumenten emotional positiv oder negativ berührt haben, vermischt sich eine Generalisierung und eine emotionale Konditionierung.

(4) Instrumentelles Preislernen

Nach dem sog. Effektgesetz der Lerntheorie werden belohnte Aktivitäten tendenziell verstärkt, bestrafte dagegen abgeschwächt. *Preiserfahrungen* beim Einkauf können als Belohnungen bzw. Bestrafungen für die Wahl des jeweiligen Anbieters interpretiert werden, die das Preisimage entsprechend prägen.

(5) Preisorientierte Habitualisierungen

Sie stellen die am tiefsten verarbeitete und damit am stärksten wirkende Form des Preislernens dar und kommen in → *Preisintentionen* beim Einkauf, z.B. bzgl. präferierter Läden, Marken, Einkaufsperioden oder Packungsgrößen zum Ausdruck.

H.D.

Literatur: *Diller, H.:* Preispolitik, 3. Aufl., Stuttgart u.a. 2000, S. 147 ff.

Preislinienpolitik

Unter Preislinien verstand man ursprünglich bestimmte Preise, die im Handel im Rahmen einer → Einheitspreis-Gestaltung zur Abdeckung der → Preislagen herangezogen wurden (→ Sortimentspolitik). In der modernen → Preispolitik beinhaltet die Preislinienpolitik dagegen die Abstimmung der Preise innerhalb einer Produktlinie. Produktlinien sind Teilsortimente eines Unternehmens, zwischen denen relativ starke Kosten- und/oder nachfragemäßige Produkt-Interdependenzen bestehen. Die Notwendigkeit bzw. Chance zu einer abgestimmten Preispolitik ergibt sich zum einen aus den Kosten-Interdependenzen („Kostenverbund"). Lässt sich ein Teil der Kosten eines Produktes nicht mehr diesem selbst, sondern nur noch der Produktlinie zurechnen, muss die → Preiskalkulation zwangsläufig auf Kostentragfähigkeitsüberlegungen zurückgreifen. Damit erfolgt der Übergang von einer stark kostenorientierten Einzelkalkulation zu einer stärker marktorientierten → Ausgleichskalkulation, deren Zielfunktion auf das Gesamtergebnis der Produktlinie und nicht auf einzelne Produkte gerichtet ist. Typische Erscheinungsformen einer solchen Preispolitik sind:

- „Basismodelle" (z.B. in der Automobilindustrie), die relativ preisgünstig kalkuliert sind und die Preisanmutung der Produktlinie positiv beeinflussen sollen;
- besonders preisgünstige, z.T. sogar unter Einzelkosten kalkulierte Untereinstandspreis-Angebote zur Weckung von Preisaufmerksamkeit und zur Erzeugung von hohen Kundenfrequenzen;
- höhere Kalkulationsaufschläge für hochpreisige Produkte der Produktlinie;
- Preisunifizierung, d.h. gleiche Preisstellung für verschiedene Artikel trotz u.U. unterschiedlicher Kosten, etwa bei → Einheitspreisgeschäften;
- → Dauerniedrigpreis-Sortimente im Handel.

Im Rahmen der Preislinienpolitik stellen sich folgende Entscheidungsprobleme:

(1) Bestimmung der Endpreise einer Produktlinie (*Preisspanne*)
(2) Bestimmung der von der Unternehmung abgedeckten → *Preislagen*
(3) Abstimmung der Preisstellung der verschiedenen Artikel (Kalkulationsaufschläge) im Sinne des *preispolitischen Ausgleichs*.

Ad(1): Bei der Bestimmung der Preisspanne gilt es abzuwägen, welche Preislagen in die → Preispositionierung der Produktlinie passen, d.h. Wettbewerbsfähigkeit und Preis-Image-Konsistenz gewährleisten. Manche Unternehmen verzichten bewusst auf untere Preislagen. Die obere Preisgrenze des Sortiments ergibt sich insb. aus der Kaufkraft und der Nachfragestruktur der jeweiligen Zielgruppe. Allerdings verändern sich diese Größen im Zeitablauf, was eine Überprüfung der Preisspanne von Zeit zu Zeit nahe legt. Zu beobachten sind dabei sowohl Ausweitungen nach unten, z.B. Generica-Produkte, insb. aber nach oben, z.B. durch Premium-Produkte (→ Sortimentspolitik, → Programmpolitik).

Ad(2): Bei der Auswahl der abgedeckten Preislagen gilt es zunächst, durch entsprechende Aufschlüsselung der Umsatzanteile in verschiedenen Preiszonen (vgl. *Abbildung*) zu eruieren, welche Preiszonen welche Umsatzanteile auf sich vereinen und wo das eigene Unternehmen relativ stark bzw. schwach vertreten ist. Die Aufteilung in Preiszonen erfolgt dabei unter Berücksichtigung typischer → Preisschwellen und branchenüblicher Gepflogenheiten in der Preisstellung.

Beispiel für Preisklassenanalyse

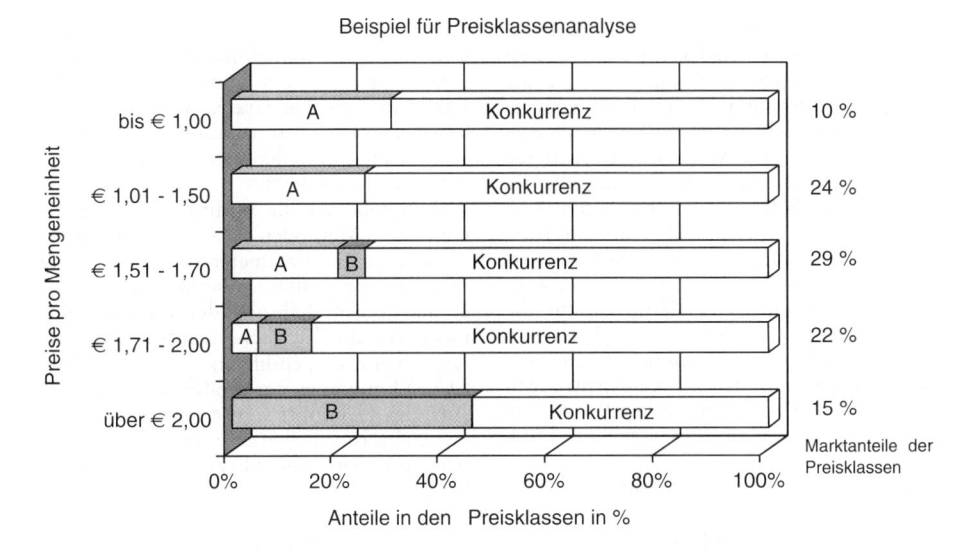

Preise pro Mengeneinheit	Anteile in den Preisklassen in %	Marktanteile der Preisklassen
bis € 1,00	A / Konkurrenz	10 %
€ 1,01 - 1,50	A / Konkurrenz	24 %
€ 1,51 - 1,70	A / B / Konkurrenz	29 %
€ 1,71 - 2,00	A / B / Konkurrenz	22 %
über € 2,00	B / Konkurrenz	15 %

Hinsichtlich der Anzahl der zwischen den Preisober- und -untergrenzen zu positionierenden Preisen kann man auf das Weber-Fechner'sche Gesetz zurückgreifen, nach dem das Preisempfinden nicht linear, sondern nur logarithmisch-linear mit den objektiven Preisen korrespondiert (→ Preiswahrnehmung). Danach gilt:

$\log k = (\log p_{max} - \log p_{min})/n-1$

Gleichbedeutend damit ist

$k = (p^{max} - p^{min})^{1/(n-1)}$

Diese Preisstruktur ist freilich allein nach Wahrnehmungsgesichtspunkten gestaltet. Verbundeffekte innerhalb der Produktlinie und Einflüsse von Konkurrenzpreisen bleiben dabei ebenso unberücksichtigt, wie die zu den jeweiligen Preisen erzielten Absatzmengen oder Gewinne.

Ad(3): Die Abstimmung der Preisstellung erfolgt im Wege der Ausgleichskalkulation, bei der die einzelnen Artikel auf ihre jeweilige Kostentragfähigkeit hin überprüft werden und ein entsprechender Angebotspreis festgelegt wird. Besteht darüber hinaus Absatzverbundenheit zwischen den Artikeln, kann versucht werden, diese durch eine entsprechend gestaltete → Preisdifferenzierung zu berücksichtigen. Im Rahmen der klassischen → Preistheorie wurden dafür – basierend auf marginalanalytischen Kalkülen und Preis-Absatzfunktionen mit Einschluss von → Kreuzpreiselastizitäten – entsprechende Optimierungsmodelle entwickelt (→ Niehans-Formel). Die Anwendungsvoraussetzungen für derartige Modelle verbessern sich mit der Verfügbarkeit von Scanner-Systemen im Einzelhandel, die eine Verbundanalyse der gemeinsam eingekauften Artikel („Einkaufsverbund") ermöglichen. Damit wird die Basis für eine analytisch gestützte Ausgleichskalkulation unter Berücksichtigung solcher Verbundbeziehungen geschaffen.

Im Rahmen eines gezielten Controlling der Preislinienpolitik empfiehlt es sich, die Umsatzveränderungen von Periode zu Periode auch darauf hin zu untersuchen, ob sie durch Veränderungen der Umsatzstruktur innerhalb der Produktlinie zustande gekommen sind. Dabei ergeben sich spezifische Preis- und Mengen- sowie Struktureffekte, die u.a. im Rahmen einer Deckungsbeitragsflussrechnung aufgedeckt werden können (vgl. *Diller*, 2000, S. 426 ff.). H.D.

Literatur: *Diller, H.:* Preispolitik, 3. Aufl., Stuttgart u.a. 2000, S. 262 ff. *Monroe, K.B.:* The Information Content of Prices. A Preliminary Model for Estimating Buyer Response, in: Management Science, Vol. 17 (April 1971), S. B519 – B532.

Preislistentreue

Unter Preislistentreue versteht man das Festhalten an den in Preislisten festgelegten Preisen und entsprechenden → Rabatten sowie anderen Konditionenregelungen (→ Konditionensystem). Preislistentreue soll verhindern, dass bestimmte Anbieter bevorzugt bzw. andere diskriminiert werden (→ Diskriminierung).

Preismanagement

Die Preislistentreue ist insb. in der Medienwirtschaft immer wieder umstritten, weil dort nicht selten Sonderkonditionen für die Belegung bestimmter Medien gewährt werden, obwohl sich die im Anzeigengeschäft tätigen Verlage im Wege der freiwilligen Selbstkontrolle durch die Meldestelle im Anzeigengeschäft von Zeitschriften e.V. (maz) dazu verpflichtet haben, der Preislistentreue Rechnung zu tragen. Durch Ausweichen auf ausländische Rechtsträger wird dies z.T umgangen. Im Hinblick auf die wichtige Rolle des → Tausender-Preises in den → Mediaselektionsmodellen für die Streuplanung kommt der Preislistentreue in der Medienwirtschaft besondere Bedeutung zu. H.D.

Preismanagement → Preispolitik

Preismechanismus → Markt

Preis-Mengen-Strategie
→ Preis-Qualitäts-Strategie

Preismissbrauch → Marktmacht, → Missbrauchsaufsicht

Preis-Mix
auf Basis einer → Preisstrategie geplante Mischung von Instrumenten der → Preispolitik, die auf ein profiliertes → Preisimage bei den Kunden und hohe Kosten- und Nachfrage-Synergieeffekte zwischen den Einzelinstrumenten ausgerichtet ist. Das Preis-Mix prägt sehr stark das jeweilige → Kundennutzen-Konzept der Unternehmung und ist wiederum Teil des → Marketing-Mix, sodass es mit den darin enthaltenen anderen Submix-Bereichen abzustimmen ist. H.D.

Preismodelle in Kreditinstituten
Die verschärfte Wettbewerbssituation auf den Finanzdienstleistungsmärkten führte zu weitgehend gesättigten Märkten und trotz erheblicher Anstrengungen der Kreditinstitute zu unbefriedigenden Cross-Selling-Raten. Neben zahlreichen Mehrfachbankverbindungen, welche die Kunden unterhalten, wechselt ein nicht zu vernachlässigender Prozentsatz der Kunden die Bankverbindung. Durch die Inanspruchnahme von → Geldausgabeautomaten, Kontoauszugsdruckern, → Kreditkarten und die Zunahme des → Electronic Banking verlieren die Kunden bei abnehmender Kundenloyalität den Kontakt zu ihrer Bank. Die Intensivierung der Kundenbindung (→ Relationship Banking) muss somit für zahlreiche Kreditinstitute ein strategisches Ziel sein, das u.a. mit Preisstrategien und daraus resultierenden intelligenten Preismodellen verfolgt werden kann.

Anknüpfend an die traditionellen Instrumente und Methoden der → Bankpreispolitik können fünf Parameter zur Preisstellung herangezogen, miteinander kombiniert und daraus Preismodelle gebildet werden: Volumen, Produkt, Tätigkeit, Ergebnis und Zeit. Die hieraus gebildeten Grundmodelle (*Abb.*) können weiter modifiziert und miteinander verknüpft werden, wobei bei einzelnen Preismodellen eine verstärkte Orientierung an der Kundenbeziehung festzustellen ist.

Preismodelle in der Kreditwirtschaft

Retail-Shop-Modell	Flat-Fee-Modell	Rabatt-Modell
Bonus-Modell	Performance-Modell	Zeithonorar-Modell

Beim *Retail-Shop-Modell* spielt die Kundenbeziehung bei der Preissetzung keine Rolle. Der Kunde bezieht Bankleistungen und muss diese in Proportion zu seiner Nachfrage vergüten. Das Modell basiert auf einem wert- oder volumenbasierten Denkansatz (Prozent-Modell), kombiniert mit einem Transaktionspreis, der für die Durchführung einer Transaktion, unabhängig vom Wertvolumen (Ticket-Fee-Modell) berechnet wird. Die Preis-/ Mengenfunktion weist keine zeitlichen Faktoren auf. Jeder Leistungsbezug wird einzeln und ohne Verbindung zu anderen Leistungsabnahmen bewertet.

Beim *Flat-Fee-Modell* wird dem Kunden für eine Basisgebühr (Festpreis) ein ganzes Leistungspaket der Bank angeboten. Der Kunde bezahlt für ein bestimmtes Leistungsbündel einen festen Pauschalpreis, darüber hinausgehende Nachfrage wird separat in Rechnung gestellt. Der Vorteil dieses Modells besteht darin, dass der Kunde gewissermaßen zum Cross-Selling gezwungen wird, da er (im Rahmen des definierten Pakets) das ganze Leistungsbündel – unabhängig von seiner Inanspruchnahme – bezahlen muss. Der Erfolg oder Misserfolg dieser Preisstellungsusance hängt sehr eng mit der Logik und Konsequenz der Bildung von Produktpaketen (→ Bankproduktbündelung) zusammen. Das Modell führt zu verstärkter Kundenloyalität und verhindert „bargain-shopping". Das Resultat kann aber auch der vollständige Abbruch der Kundenbeziehung sein, wenn der Kunde die Paketbildung und die daraus resultierende optisch hohe Preisbelastung nicht akzeptiert.

Von den Kreditinstituten immer häufiger eingesetzt wird eine Strategie zur Berücksichtigung von vergangenen oder künftigen Beziehungen (*Rabatt-Modell*). Es werden → Rabatte auf einzelne Produkte oder Produktgruppen der Bank gewährt. Rabatte haben eine ganze Reihe von Vorteilen. Sie sind einfach zu berechnen und entsprechen den Vorstellungen der Kunden, die sich aufgrund ihres bisherigen Verhaltens gegenüber der Bank einen Preisvorteil erhoffen. Auf der anderen Seite sind Rabatte definitionsgemäß Preisnachlässe, die im Voraus gewährt werden. Sie sind deshalb ungeeignet, falls durch den Rabatt nicht vergangenes Verhalten honoriert, sondern Erwartungen an die künftige Kunde-Bank-Beziehung zum Ausdruck gebracht werden sollen.

→ Bonus-Programme (Bonus-Modelle) eignen sich besonders für Maßnahmen, bei denen Erwartungen auf künftige positive Auswirkungen der Kundenbeziehung preislich honoriert (und dies dem Kunden ex ante kommuniziert) werden sollen. Im Gegensatz zum Rabatt werden Boni erst nach Erreichen der definierten Nachfrageleistung gewährt und erlauben eine „Selbstklassifikation" des Kunden anhand seines Nachfrageverhaltens. Bonus-Modelle zielen auf die Intensivierung der Kundenbindung zur Bank ab. Mit einem Bonusprogramm soll der Kunde einerseits motiviert werden, mehr Bankleistungen in Anspruch zu nehmen oder das Einlagenvolumen zu erhöhen, indem Gelder bei anderen Banken abgezogen und bonuswirksam bei der eigenen Bank angelegt werden. Gleichzeitig wird der Wechsel zu einer anderen Bank erschwert, wenn dadurch Bonusansprüche verloren gehen. Die Vielzahl der denkbaren Bonus-Modelle lassen sich klassifizieren in einmalige, kontinuierliche, ertragsbezogene, kostenbezogene und sachbezogene Programme. Sowohl bei einmaligen als auch bei kontinuierlichen Bonus-Modellen können die den Kunden zugedachten Boni ertrags-, kosten- oder sachbezogen sein.

Bei *Performance-Modellen* wird der Preis an einen vorab definierten Erfolg gekoppelt, wobei auch hier unterschiedliche Varianten denkbar sind:

– fixe, progressive oder degressive Preisanteile je nach Performance
– mit oder ohne Verlustbeteiligung
– mit oder ohne Verlustvortrag auf kommende Perioden
– mit Minimal- und Maximalbeträgen.

Performance-Modelle sind vor allem in der Vermögensverwaltung einsetzbar, wobei der direkte Leistungsbezug ein erheblicher Vorteil dieser Preismodelle ist. Probleme können sich bei der Definition und Quantifizierung des Erfolgs ergeben, der als Basis für die Preisstellung herangezogen werden soll. Gleichzeitig bedeutet dieses Preisverfahren für die Bank gegenüber den anderen Preis-Modellen ein erhöhtes Ertragsrisiko.

In Ergänzung zu anderen Preis-Modellen können *Zeithonorar-Modelle* zur Anwendung kommen. Zahlreiche Leistungen, die von einer Bank angeboten werden, beinhalten als zentrales Element die Beratung und somit die Zurverfügungstellung der Ressource Zeit in Verbindung mit Fachkenntnissen. Es liegt deshalb nahe, analog der Verfahrensweise bei Rechtsanwälten oder Steuerberatern den Kunden einen Zeittarif in Rechnung zu stellen. So können z.B. Beratungsleistungen unabhängig von der Beanspruchung anderer Bankprodukte verkauft und somit auch für Nichtkunden angeboten werden. Bei der Erstellung von Vermögensanalysen wird dieses Preismodell bereits verschiedentlich eingesetzt. Inwieweit es generell für komplexere Beratungsleistungen Anwendung finden kann, ist bei der gegebenen Wettbewerbslage in der Kreditwirtschaft (→ Finanzdienstleistungswettbewerb) schwer zu beurteilen.

O.B.

Literatur: *Bernet, B.:* Bonusprogramme als Instrument der Preisdifferenzierung, in: Die Bank, 1995, S. 734-737. *Betsch, O.:* Lean-Marketing. Der Weg zur virtuellen Bank, Hamm 1996. *Pfeufer-Kinnel, G.:* Preismanagement in Kreditinstituten, Wiesbaden 1998.

Preismotivation → Preisinteresse

Preis-Nachfragefunktion

formales Modell, ähnlich der → Preis-Absatzfunktion, für den Zusammenhang zwischen (durchschnittlichem) Marktpreis und insgesamt am Markt abgesetzter Menge (Marktvolumen) eines Gutes. Im Gegensatz zur Preis-Absatzfunktion handelt es sich also um eine makroökonomische Betrachtung.

Preisneid → Preiserlebnisse

Preisoptik

Versuche eines Anbieters, im Rahmen der → Preiswerbung oder bei Preisverhandlungen (→ Preisargumentation) die von ihm geforderten Preise als relativ günstig erscheinen zu lassen. Bei schriftlichen Preisinformationen (→ Preisauszeichnung) geschieht dies v.a. durch sprachliche Etikettierungen (z.B. „Knüllerpreis", „Sonderangebot"), auffällige (z.B. plakative) graphische Aufmachung und optische Präsentation, → Preisgegenüberstellungen oder hervorgehobene Platzierung bzw. Darbietung des jeweiligen Artikels im Handel (z.B. Palettenplatzierung). Die Wirkung der preisoptischen Maßnahmen beruht auf Generalisierungen und Vergröberungen der → Preiswahrnehmung und dem hohen Stellenwert des → Preisimages für die → Preisbeurteilung. H.D.

Preisorganisation

Die Organisation preispolitischer Aufgaben und Entscheidungsprozesse zählt zur → Preisdurchsetzung i.w.S. und umfasst einen strukturellen und einen prozessualen Aspekt. Dementsprechend kann zwischen Aufbau- und Ablauforganisation unterschieden werden (s.a. → Marketingorganisation).

(1) Aufbauorganisation
Die Aufbauorganisation entsteht durch Definition der verschiedenen, mit Preisentscheidungen verbundenen Aufgaben und deren Verteilung auf bestimmte Aufgabenträger bzw. Stellen. Hinsichtlich der Aufgabendefinition kann auf die in der *Abbildung* dargestellten Teilprozesse verwiesen werden. Naturgemäß müssen nicht bei jeder preispolitischen Entscheidung alle Aktivitäten durchlaufen werden. Je nach Problemsituation können einzelne Sequenzen ausgelassen oder in reduzierter Form absolviert werden. Nur in Sonderfällen, etwa der Preisstellung für ein neues Produkt, wird man alle Teilprozesse mit großer Sorgfalt durchdringen, ist das → Preisrisiko in diesem Falle doch besonders hoch. Dies gilt nicht nur wegen suboptimaler Gewinnbeiträge bei falscher Preishöhe, sondern auch deshalb, weil einmal gesetzte Preise in vielen Fällen nicht ohne Schaden kurzfristig veränderbar sind.

Bei der *Aufgabenzuweisung* muss darüber entschieden werden, welche Stelle bzw. Abteilung diese ausführen soll und damit die Kompetenz für den jeweiligen Teilprozess erhält. Daneben gilt es aber auch abzuwägen, ob bestimmte Aufgabenbündel nicht in einer eigenen Stelle zusammengeführt, also *zentralisiert* werden sollten. Schließlich ist darüber zu entscheiden, ob eine *funktionale* Stellenbildung vorzunehmen ist oder *objektgerichtete* bzw. *regionale* Organisationsformen gewählt werden sollten. Im Rahmen der Preisorganisation wäre dies z.B. durch produkt- oder länderspezifische Kompetenzverteilungen der Fall (→ Preiskoordination). Grundsätzlich gilt für die Bildung von preispolitischen Entscheidungszentren, dass diese den Aufgabenbereich so autonom wie möglich, d.h. weitgehend unabhängig von

Teilprozesse der Preispolitik und dafür zuständige Abteilungen

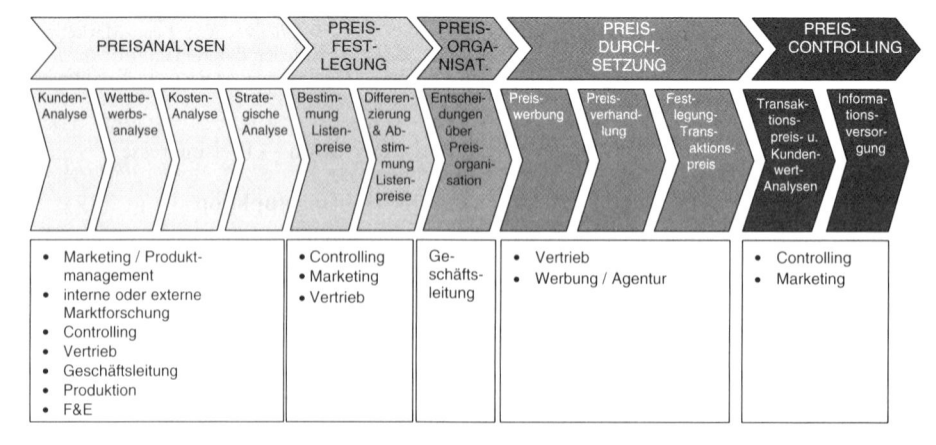

PREISANALYSEN				PREIS-FEST-LEGUNG		PREIS-ORGA-NISAT.	PREIS-DURCH-SETZUNG			PREIS-CONTROLLING	
Kunden-Analyse	Wettbewerbs-analyse	Kosten-Analyse	Strategische Analyse	Bestimmung Listenpreise	Differenzierung & Abstimmung Listenpreise	Entscheidungen über Preisorganisation	Preiswerbung	Preisverhandlung	Festlegung Transaktionspreis	Transaktionspreis- u. Kundenwert-Analysen	Informationsversorgung
• Marketing / Produktmanagement • interne oder externe Marktforschung • Controlling • Vertrieb • Geschäftsleitung • Produktion • F&E				• Controlling • Marketing • Vertrieb		Geschäftsleitung	• Vertrieb • Werbung / Agentur			• Controlling • Marketing	

der Aufgabenerfüllung anderer Abteilungen, wahrnehmen können sollten.

Angesichts der breiten Verfügbarkeit relevanter Informationen durch EDV-gestützte Informationssysteme wäre eine Verteilung der Preiskompetenzen auf viele Abteilungen, wie sie bisher üblich war, eigentlich nicht mehr erforderlich. Herkömmlich sind insbesondere das Produktmanagement, die Marketingleitung, der Vertrieb mit seinen verschiedenen Gliederungsebenen, das Controlling bzw. die Finanzabteilung sowie die Unternehmensleitung, in manchen Fällen (insb. bei Einzelfertigung), aber auch F&E- sowie die Produktionsabteilungen in den Preisbildungs- und -durchsetzungsprozess involviert. Die eigentliche Entscheidungskompetenz ist dabei in den meisten Fällen der Geschäftsleitung vorbehalten, z.T. aber auch an die Marketing- bzw. Vertriebsleitung delegiert. In vielen Unternehmen besitzen die anderen Abteilungen jedoch Mitsprache- bzw. Durchführungskompetenz. Andere Abteilungen verfügen nur über eine stabsähnliche Zulieferfunktion, etwa wenn die Marktforschung Conjoint-Analysen oder Preistests durchführt oder die Produktionsabteilung Kostendaten bei bestimmten Veränderungen am Produkt oder Produktionsablauf abgibt. Je genauer und differenzierter der analytische Preisentscheidungsprozess abläuft, desto mehr Stellen sind darin einzubeziehen.

Wegen der ökonomischen Bedeutung von Preisentscheidungen empfiehlt es sich, die Kompetenzen soweit wie möglich zu zentralisieren, d.h. auf der oberen Hierarchieebene der Unternehmensorganisation anzusiedeln. Andererseits erfordern die Marktdynamik und die Komplexität der Einflussfaktoren aber nicht selten eine Delegation zumindest eines Teils der → Preisfestsetzungskompetenzen an den *Außendienst*. Die Marketing- oder gar die Unternehmensleitung wird als Preisentscheidungsinstanz auch überfordert sein, wenn sie nicht auf die Informationen des Vertriebs von der Verkaufsfront zugreifen kann. Die dort vorgebrachten Argumente des Kunden sowie die Eindrücke von den Stärken und Schwächen der Wettbewerber stellen wichtige Inputs für marktgerechte Preisentscheidungen dar. Insofern spricht vieles dafür, Preisentscheidungen in *Teams* vorzubereiten, wobei alle einschlägigen Abteilungen an der Preisbildung beteiligt werden, sodass entsprechende Konflikte ausgetragen werden können (→ Teamorganisation). Bei Bedarf können dabei auch externe Berater in den Entscheidungsprozess einbezogen werden (Out-Sourcing).

(2) Ablauforganisatorische Regelungen
Unter Ablauforganisation ist die zeitliche und räumliche Regelung der zur Aufgabenerfüllung notwendigen Arbeitsprozesse im Hinblick auf größtmögliche Effizienz und Effektivität zu verstehen. Für die Preisorganisation gilt es dabei, durch entsprechende Regelungen insbesondere sicherzustellen,

– dass die Aufgabenträger die von der Unternehmensleitung vorzugebenden Zielprioritäten beachten.
– dass die zeitliche Abfolge und der Rhythmus einzelner Teilprozesse der Preispolitik zeitlich aufeinander abgestimmt werden.
– dass die richtigen Preisfindungs- und Durchsetzungsmethoden angewandt sowie
– die dafür erforderlichen Informationen den verantwortlichen Stellen zur Verfügung gestellt werden.

Letztlich geht es bei der Ablauforganisation von Preisprozessen um die Koordination entkoppelter Teilprozesse. Kritisch ist insbesondere die Trennung strategischer und operativer Pricing-Prozesse. Letztere werden vor allem unter dem aktuellen Wettbewerbsdruck getroffen, also vorwiegend unter Marktaspekten entschieden, während erstere ein umfassenderes Zielsystem zur Basis haben. Problematisch ist ferner die einheitliche Handhabung von Kunden im Hinblick auf Rabatte und Sonderpreise. Wenn hier einzelne Außendienstmitarbeiter unterschiedlich agieren, entstehen unerwünschte → Preisspreizungen. Überall dort, wo im Zeitablauf verfallende Kapazitäten auszulasten sind (vor allem im Dienstleistungssektor) müssen die Preise darüber hinaus kurzfristig variiert werden, um das Ertragsmaximum zu erreichen (→ *Yield Management*). Auch dies erfordert Abstimmung, etwa zwischen jenen Stellen, welche die erforderlichen Informationen bereitstellen und den Vertriebspartnern, welche die Kapazitäten vermarkten.

Unter den zahlreichen Detailregelungen, die hinsichtlich dieser Abläufe denkbar sind, seien folgende sieben hervorgehoben:

(1) *Kalkulationsregeln:* Hierbei handelt es sich um kostenorientierte Rechenschemata, nach denen ein Preis zu bestimmen ist.

(2) *Interne Verrechnungspreise:* Hierbei werden die Waren des wirtschaftlich selbstständig bzw. als Profitcenter agierenden Vertriebseinheiten zu intern berechneten Preisen abgegeben. Die Kalkulation erfolgt dabei im Sinne der *pretialen Lenkung*.

(3) *Preiskorridore:* Sie geben Ober- und Untergrenzen für die Preisstellung vor. Mit ihnen soll gewährleistet werden, dass die Preise auf verschiedenen Märkten (z.B. länderübergreifend) durch die dort jeweils herrschenden Wettbewerbsbedingungen nicht zu sehr auseinander driften und zu Reimporten oder anderen Arbitrageprozessen führen

(4) *Vier-Augen-Prinzip:* Danach werden Preisentscheidungen mindestens von zwei Personen in der Unternehmensorganisation getroffen, nämlich (meist) einer von der Finanz- und einer von der Verkaufsseite. Die möglichen Entscheidungskonflikte zwischen beiden Sektoren werden dadurch einer zwangsweisen Lösung zugeführt, was freilich auch zu emotionalen Spannungen und irrationalen Verhaltensweisen führen kann.

(5) *Informationspflichten:* Hierbei müssen bestimmte Personen bzw. Stellen einschlägige Informationen für die Preisbildung und -kontrolle in die Preisorganisation einspielen. Beispielsweise hat der Außendienst häufig die Aufgabe, die in den Verkaufsgesprächen offenkundig werdenden Präferenzen von Kunden oder Wettbewerbsmerkmale zu den planenden Stellen zurückzumelden.

(6) *Informationsrechte:* Umgekehrt kann durch Sicherstellung des Zugriffs auf entsprechende Daten sichergestellt werden, dass die einzelnen an den Preisentscheidungsprozessen beteiligten Stellen jene Informationen erhalten, die sie für eine Problemlösung benötigen.

(7) *Provisionsregelungen:* Besondere Bedeutung für eine ertragsorientierte Preispolitik hat das System der → Außendienstentlohnung. H.D.

Literatur: *Diller, H.:* Preispolitik, 3. Aufl., Stuttgart u.a. 2000, S. 419 ff. *Wiltinger, K.:* Preismanagement in der unternehmerischen Praxis. Probleme in der organisatorischen Implementierung, Wiesbaden 1997.

Preisorientierte Qualitätsbeurteilung

Basiert die subjektive Qualitätseinstufung eines Produktes ganz oder teilweise auf der relativen Preishöhe des Produktes, so spricht man von preisorientierter Qualitätsbeurteilung oder vom Preis als Qualitätsindikator. Ein solches Urteilsverhalten (→ Preisbeurteilung) dient insb. der Reduktion des subjektiv empfundenen → Kaufrisikos. Der Käufer zahlt dafür sozusagen die Prämie eines höheren Preises in der Erwartung höherer Qualität.

Hintergrund der Indikatorrolle des Preises ist die in der Bevölkerung weit verbreitete Vorstellung, dass die Herstellkosten die einzige oder zumindest eine wesentliche Determinante für den Preis darstellen. Höhere Kosten lassen dann bessere Materialien und/oder Verarbeitung erwarten.

Empirische Analysen der objektiven Preis-Qualitätsrelation zeigen freilich, dass der Zusammenhang nicht durchgängig positiv ausfällt und je nach Produktgattung stark schwankt. Ein höherer Preis ist also objektiv betrachtet kein generell geeigneter Indikator für bessere Qualität. Der Verbraucher kann sich nach empirischen Untersuchungen nur bei etwa einem Viertel aller getesteten Produktarten auf den Preis verlassen. Bei ebenfalls etwa einem Sechstel wird er mit einiger Wahrscheinlichkeit sogar ein qualitativ schlechteres Produkt erhalten, wenn er aus dem Produktangebot ein relativ teureres Modell wählt.

Wenn Verbraucher trotzdem die Qualität nach dem Preis beurteilen, ist dies nur dadurch zu erklären, dass keine besseren Indikatoren der Qualität zur Verfügung stehen. Besser heißt in diesem Fall auch bequemer und zeitsparender (→ Informationsökomik).

Erfahrungsgemäß treten beim Ausmaß preisorientierter Qualitätsbeurteilung personelle und produktspezifische Unterschiede auf, die von motivationalen, kognitiven und situativen Faktoren bedingt werden. Die *Abbildung* zeigt zusammenfassend die in einer Vielzahl empirischer Untersuchungen deutlich gewordenen Einflussfaktoren auf.

Bei preisorientierter Qualitätsbeurteilung empfiehlt es sich, in der Werbung für niedrigpreisige Produkte Qualitätsbeweise vorzulegen und das Qualitätsvertrauen in das Produkt zu stärken bzw. die Gründe für die besonders günstigen Preise (z.B. Ausverkauf, Produktionskostenvorteile etc.) anzugeben. Eine Möglichkeit dazu bieten die vergleichenden Testurteile der → Stiftung Warentest (→ Testwerbung). Umgekehrt können höhere Preise durch Verweis auf (vermeintliche oder echte) Qualitätsvor-

Einflussfaktoren für die preisorientierte Qualitätsbeurteilung

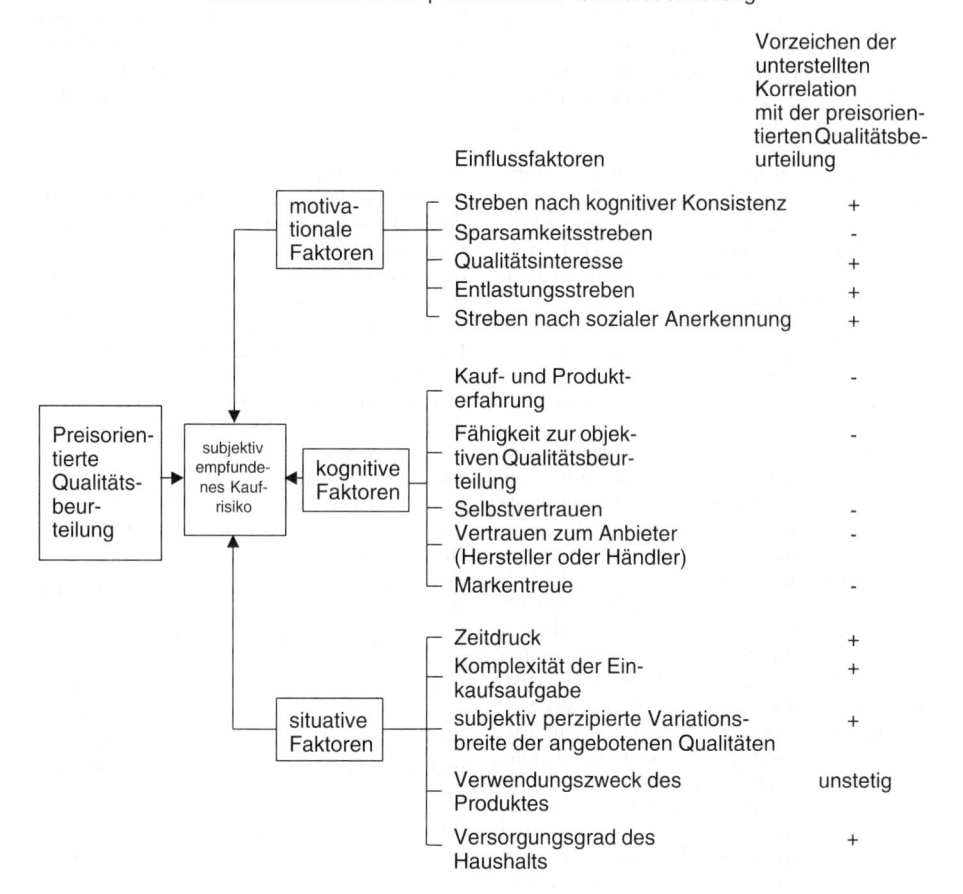

Einflussfaktoren				Vorzeichen der unterstellten Korrelation mit der preisorientierten Qualitätsbeurteilung
	motivationale Faktoren	Streben nach kognitiver Konsistenz		+
		Sparsamkeitsstreben		-
		Qualitätsinteresse		+
		Entlastungsstreben		+
		Streben nach sozialer Anerkennung		+
Preisorientierte Qualitätsbeurteilung	subjektiv empfundenes Kaufrisiko → kognitive Faktoren	Kauf- und Produkterfahrung		-
		Fähigkeit zur objektiven Qualitätsbeurteilung		-
		Selbstvertrauen		-
		Vertrauen zum Anbieter (Hersteller oder Händler)		-
		Markentreue		-
	situative Faktoren	Zeitdruck		+
		Komplexität der Einkaufsaufgabe		+
		subjektiv perzipierte Variationsbreite der angebotenen Qualitäten		+
		Verwendungszweck des Produktes		unstetig
		Versorgungsgrad des Haushalts		+

sprünge gerechtfertigt werden bzw. Qualitätszweifel an niedrigpreisigen Produkten gestärkt werden. H.D.

Literatur: *Diller, H.:* Der Preis als Qualitätsindikator, in: DBW, 37. Jg. (1977), Heft 2, S. 219-234. *Diller, H.:* Die Preis-Qalitäts-Relationen von Konsumgütern im 10-Jahresvergleich, in: DBW, 48. Jg. (1988), Heft 2, S. 195-200.

Preispolitik

(1) Gegenstand und Instrumentarium
Die Preispolitik ist ein Teilbereich des → Marketing-Mix, der mehrere Aktionsparameter umfasst, die zu einem in sich stimmigen Preis-Mix zu vereinen sind. Die Abgrenzung der einschlägigen Instrumente und Aktionsparameter folgt der jeweiligen Definition des → Preises. Beim *kalkulatorischen Verständnis* geht es allein um die „Berechnung" des Entgeltes, üblicherweise auf Basis von Kosteninformationen. Die Preispolitik ist auf den Preiszähler beschränkt und mit der *Kostenträgerrechnung* oder → *Preiskalkulation* identisch. In einer etwas weiteren Begriffsfassung werden auch alle Maßnahmen zur Differenzierung und Variation von Entgelten eingeschlossen. Eine solche *„Entgeltpolitik"* beinhaltet alle absatzpolitischen Maßnahmen zur Bestimmung und Durchsetzung der monetären Gegenleistungen der Käufer für die von einer Unternehmung angebotenen Sach- und Dienstleistungen. Nur im (Ausnahme-)Fall sog. → *Kompensationsgeschäfte* tritt als Gegenleistung an die Stelle einer monetären eine Sach- oder Dienstleistung.
Weil auf vielen Märkten weder Menge noch Qualität der gehandelten Güter normiert sind, wird das faktische Alternativenfeld der Preispolitik bei einer definitorischen Beschränkung auf den Preiszähler recht willkürlich zerschnitten. Eine Preis-Leistungs-

orientierte Definition der Preispolitik (*„Preis-Leistungs-Politik"*) schließt deshalb auch Variationen des Preisnenners mit ein, insoweit sie ergriffen werden, um einen bestimmten Preiszähler am Markt durchzusetzen. Damit soll auch dem unter strategischen und organisatorischen Gesichtspunkten sehr bedeutsamen Anliegen Rechnung getragen werden, die Preispolitik als ein Element des Marketing-Mix nicht isoliert zu optimieren, sondern möglichst wirkungsvoll in dieses Mix einzuordnen (vgl. *Meffert*, 1998, S. 885).

Eine weitere definitorische Ausweitung erfährt die Preispolitik dann, wenn man sie - wie es die Marketingphilosophie fordert - nicht nur als Vermarktungsinstrument, sonders als Problemlösungsfeld für alle Kundenprobleme interpretiert, die im Zusammenhang mit der Begleichung des (aus Kundensicht definierten) Preises auftreten können. In diesem Falle zählen z.B. auch → Preisgarantien, „Preisclubs" für Kunden oder Befragungen zur → Preiszufriedenheit der Kunden zur Preispolitik. Dieses moderne Verständnis von Preispolitik folgt den im sog. → Beziehungsmarketing entwickelten Leitlinien eines „marktgetriebenen", also gleichermaßen kunden- wie wettbewerbsorientierten Marketing und mündet in folgender, heute zeitgemäßer Definition (*Diller*, 1997): Preispolitik umfasst alle von den Zielen des Anbieters geleiteten und gesteuerten Aktivitäten zur Suche, Auswahl und Durchsetzung von Preis-Leistungs-Relationen und damit verbundenen Problemlösungen für Kunden. Die Aufgliederung in *Suche, Auswahl und Durchführung* soll den *Prozesscharakter* der Preispolitik deutlich machen und dem Umstand Rechnung tragen, dass es hier nicht nur um die Auswahl von Handlungsalternativen, sondern auch um deren Findung durch Preisforschung und Preisanalysen und um die Realisation der Alternativen unter Einsatz bestimmter Implementationstechniken geht. Insofern rechtfertigt sich auch die synonyme Verwendung des Begriffs *Preismanagement* und *Preispolitik*.

Eine Untergliederung des taktisch-operativen preispolitischen Instrumentariums findet sich in *Abb. 1*. Die strategischen Aspekte werden in der → Preisstrategie gebündelt. Man spricht hier auch von → *Preis-Konzepten*, um die Mehrdimensionalität dieser Aktionsmöglichkeiten anzuzeigen.

Als *preispolitisches Instrument* gilt grundsätzlich jeder Aktionsparameter, mit dem Preis-Leistungs-Relationen und Preis-Problemlösungen marktwirksam ausgestaltet werden können, soweit dies der Durchsetzung preispolitischer Ziele dient. Damit sind nicht nur die klassischen Instrumente → Preisdifferenzierung, → Preisvariation und → Preislinienpolitik, sondern z.B. auch die → Konditionenpolitik, die → Absatzfinanzierung und die Preisinformationspolitik (z.B. → Preiswerbung) in die Preispolitik eingeschlossen. Als *Aktionsparameter* der Preispolitik können alle isoliert entscheidbaren „Stellgrößen", also Entscheidungsvariablen einer Unternehmung gelten. Dabei kann es sich grundsätzlich um eine artmäßige, zeitliche oder intensitätsmäßige „Verstellung" oder um eine Spezifikation des am Markt gewählten Gültigkeitsbereichs (Zielung) handeln. Viele Preis-Instrumente stellen freilich spezifische *Bündel* einzelner Aktionsparameter dar, deren analytisch getrennte Behandlung nicht mehr sinnvoll ist.

(2) Stellenwert und Entwicklungen der Preispolitik
In der Systematik der Marketing-Instrumente steht die Preispolitik grundsätzlich gleichberechtigt *neben* anderen Instrumenten der Marktbearbeitung. Trotzdem besitzt sie in der Unternehmenspraxis aus mehreren Gründen eine herausragende Stellung:

(a) Sie ist eine der *schärfsten Marketingwaffen(gattungen)* im Marketing-Mix. Diese Schärfe ergibt sich aus den starken *Wirkungen*, die sich mit ihr am Markt erzielen lassen. Sowohl die Kunden als auch die Wettbewerber reagieren auf Preisveränderungen oft drastisch.

(b) Der Preis zählt zu den *stärksten Treibern des Gewinns* und anderer Unternehmens-Oberziele, wie Marktanteil oder Kundenbindung. Dieser Einfluss entwickelt sich auf mehreren Wirkungspfaden: Zum einen bestimmt der Preis unmittelbar die Umsatzerlöse einer Unternehmung, die als Produkt aus Preis und Absatzmenge definiert sind. Des Weiteren beeinflusst er unmittelbar die absetzbare Menge, da Kunden i.d.R. weniger kaufen, wenn der Preis steigt. Dadurch werden wiederum indirekt die Kosten beeinflusst, deren Höhe wegen der unterschiedlichen Auslastung der vorhandenen Kapazitäten erheblich von den Absatzmengen abhängen. Umsatzerlöse und Kosten bilden wiederum die beiden Komponenten des Gewinns.

Abb. 1: Taktisch-operative Instrumente der Preispolitik

1 **Kurzfristige Preisstellung**	2 **Preisdifferenzierung**	3 **Preisvariation**	4 **Preislinienpolitik**	5 **Preisdurchsetzung**

➢ Listenpreis
➢ Endverbraucherpreis
➢ Handelsspanne
➢ Grundpreis
➢ Pauschalen
➢ Barter
	➢ Rabatte
	➢ Konditionen
	➢ Nichtlineare Tarife
	➢ Preisbaukästen
	➢ Kontingentierung (Y.M.)
	➢ Pauschalen
		➢ Zeitliche Preiszonen
		➢ Kfr. Preisaktionen
		➢ Dauerhafte Preisänderungen
			➢ Preisobergrenzen
			➢ Preisabstände
			   – zw. Produkten
			   – zw. Packungsgrößen
			➢ Preisbündelung
				➢ Preisinformation
				➢ Preisoptik
				➢ Preisgarantien
				➢ Preisgleitklauseln
				➢ Preisbindung/ -empfehlung
				➢ Preisverhandlungen
				➢ Absatzfinanzierung
				➢ Preispflege

(c) Die Preispolitik steht in einer *starken Interdependenz* zu anderen Marketing-Instrumenten. Über diese kann deshalb nicht ohne preispolitische Festlegungen entschieden werden. Insofern erlangt die Preispolitik eine gewisse Priorität im Marketing-Mix.

(d) Die Preispolitik steht in einem *äußerst dynamischen Umfeld*, sodass über sie häufiger und gründlicher als bei anderen Marketing-Instrumenten nachgedacht und ggf. entsprechend nachjustiert werden muss.

(e) Die Preispolitik gehört zu den *schwierigsten* und *risikoträchtigsten* Marketing-Instrumenten im Marketing-Mix. Zum einen liegt dies an den zahlreichen Aktionsparametern, zum anderen an den oft ungewissen bzw. schwer einschätzbaren Reaktionen der Kunden und insb. der Wettbewerber auf eigene Preisaktivitäten. Darüber hinaus agiert man in einem hoch komplexen Umfeld mit vielen, oft interdependenten und z.T. nur schwer durchschaubaren Wirkungseffekten. Preispolitik ist demnach einerseits chancenreich, andererseits aber auch risikoträchtig (→ Preisrisiko).

Ausrichtung und Problematik der Preispolitik waren in den letzten Jahren insbesondere von folgenden *Entwicklungen* geprägt:

(a) *Wachsender Stellenwert* der Preispolitik auf Grund zunehmender Oligopolisierung, Internationalisierung und Sättigung vieler Absatzmärkte sowie zunehmenden → Preisinteresses der Kunden.

(b) *Vertikalisierung der Preispolitik* durch Verlagerung der Preishoheit auf den Handel, dessen → Nachfragemacht konzentrationsbedingt stark anstieg. Neuderdings zeichnet sich hier mit dem → *Category Management* ein Wandel in Richtung einer stärker kooperativen Preispolitik und eines *„Efficient Pricing"* i.S. der → ECR-Philosophie ab.

(c) Der intensive Wettbewerb zwingt die Unternehmen immer mehr zu stärkerer *Kundenorientierung*. Es gilt, die subjektive Perspektive des Kunden einzunehmen und auf den erzielbaren customer value zu achten (*„Value-Pricing"*; s.a. → Kundennutzenkonzepte, preisstrategische).

(d) Auch Kundenorientierung kann ohne *ausgeprägte Wettbewerbsorientierung* nicht erfolgreich sein. Entscheidend ist das am customer value des/der wichtigsten Wettbewerber *relativierte* Preis-Leistungs-Verhältnis (*Preisprofilierung*). Vor allem bei Neuprodukten ergibt sich ferner in Verbindung mit den Instrumenten des → Total Quality Management auch die Möglichkeit zu einer frühzeitiger im Produktentwicklungsprozess stattfindenden und „rückwärtiger" im Unternehmen ansetzenden Wettbewerbsorientierung. Dadurch kann der Preis in umfassendere Wertschöpfungsüberlegungen bis hin zur Einbeziehung der Vorlieferanten integriert werden (→ Target Pricing).

(e) Die *Globalisierung* der Märkte macht naturgemäß auch vor der Preispolitik nicht halt, im Gegenteil, sie wird von ihr sogar vorangetrieben, weil kostengünstiger agierende Unternehmen in anderen Kontinenten via Internet selbst in lokale Märkte eingreifen können und vor allem die gewerblichen Kunden ihre Einkaufsentscheidungen zunehmend international ausrichten („*global sourcing*"). Damit wird auch die Preispolitik zunehmend in das → Internationale Marketing eingebunden, wo sie einerseits zusätzliche Aufgaben, z.B. die internationale → Preisharmonisierung, sowie neue Chancen und Risiken vorfindet.

(f) Unübersehbar ist eine steigende *Professionalisierung* preispolitischer Entscheidungsprozesse. Erfolgte früher die Preisfindung oft nur intuitiv, imitativ und/oder impulsiv, unterliegt sie heute zunehmend einem analytisch von bestimmten Präferenz- und Marktmodellen geleiteten Prozedere, das zudem durch empirische Daten aus der Marktforschung gestützt und damit auch Optimierungsversuchen zugänglich wird. Hervorzuheben sind hier insb. die → *Conjointanalyse*, die Ermittlung von → *Preis-Absatzfunktionen*, die *Preispsychologie* (→ Preisverhalten) sowie eine *strategische* (→ Preisstrategie) und *implementationsorientierte* (→ Preisdurchsetzung) Sichtweise des Preismanagement. Zwar zeigen empirische Studien, dass die kostenorientierte Preispolitik insb. in Klein- und Mittelbetrieben nach wie vor dominiert, andererseits signalisieren eine steigende Zahl *innovativer Preiskonzepte*, dass Bewegung in die Praxis der Preispolitik gekommen ist und das ehedem für viele „heiße Eisen" Preispolitik aktiver und kreativer angegangen wird.

(g) Der Einbezug des *Internets* in die Informations- und Vertriebskanäle der Unternehmen schreitet in vielen Branchen rasch voran. Davon wird auch die Preispolitik tangiert (→ Internet Pricing). Zu erwarten ist erstens eine größere → Preistransparenz, ein mobileres Einkaufsverhalten mit entsprechend *steigendem Preiswettbewerb*, dem man sich nur durch *individuellere Leistungsgestaltung* zu entziehen vermag. Dadurch wird mit zunehmenden → Online-Marketing auch der Individualisierungsgrad der Preispolitik, also das Ausmaß der → Preisdifferenzierung und → Preissegmentierung steigen. Das riesige „Marktgetöse" im Internet erfordert auch besondere Profiliertheit von den Anbietern, um überhaupt wahrgenommen und elektronisch besucht zu werden. Damit kommt dem Aufbau eines entsprechenden → *Preisimages* größere Bedeutung zu. Schließlich muss der Preisinformationspolitik (via elektronische Medien) mehr Beachtung geschenkt werden, weil die Nutzer dieser Medien besondere Ansprüche an die Übersichtlichkeit und den Nutzungskomfort stellen.

(3) Ziele der Preispolitik
Planmäßige Preisentscheidungen setzen ein *Zielsystem* voraus. Ein solches Zielsystem dient erstens dazu, dem Management Ansatzpunkte für preispolitisches Handeln zu zeigen. Dies ist am ehesten möglich, wenn man potenzielle Preisziele in einer sog. Zielpyramide nach Zweck-Mittelbeziehungen hierarchisiert. Dadurch werden Oberziele definitions- oder sachlogisch heruntergebrochen und als alternative oder komplementäre „Stoßrichtungen" des Preismanagement zusammengestellt. *Abb. 2* zeigt ein solches Zielsystem. Es stellt keineswegs alle, aber die für das Verständnis der Preispolitik wichtigsten Zielbeziehungen zusammen. Eine ausführliche Diskussion der Ziele und Zielbeziehungen dieses Systems findet man bei *Diller* (2000, S. 44 ff.).

Grundsätzlich hat die Preispoltik nicht nur Marketingziele, sondern auch Ziele anderer Unternehmensbereiche zu berücksichtigen, insoweit diese von Preisaktivitäten tangiert werden. Das Zielsystem gerät dadurch in ein *Spannungsfeld absatz-, produktions- und finanzwirtschaftlicher Überlegungen*. Weil es in einer Zielpyramide auf den untersten Ebenen sehr viele mögliche Handlungsimperative gibt (z.B. „Setze die Preise kurz unter psychologische Preisschwellen", „Vermeide Preise, welche die Grenzkosten nicht mehr decken", „Halte den Preisabstand zum Preisführer"), ist eine vollständige Auflistung nicht mehr möglich.

Trotz der Beschränkung auf die Ober- und Zwischenziele in *Abb. 2* ist das Zielsystem der Preispolitik immer noch recht komplex. Dies liegt unter anderem daran, dass der Preis mit seiner *Geldkomponente* die Finanzseite einer Unternehmung ebenso berührt wie die Produktions- und Absatzseite, die durch die (Absatz-) *Mengenwirkung* des Preises unmittelbar tangiert sind. Aus buchhalterischer Sicht beeinflusst der Preis also unmittelbar sowohl die Sollseite des GuV-Kontos (verschiedene Preise führen zu unterschiedlichen Produktionsmengen und damit Aufwendungen) als auch dessen Habenseite (Erlös = Preis x Menge). In dieser *doppelten unmittelbaren Erfolgswirksamkeit* unterscheidet sich der Preis von allen anderen absatzpolitischen Instrumenten.

Abb. 2: Das preispolitische Zielsystem

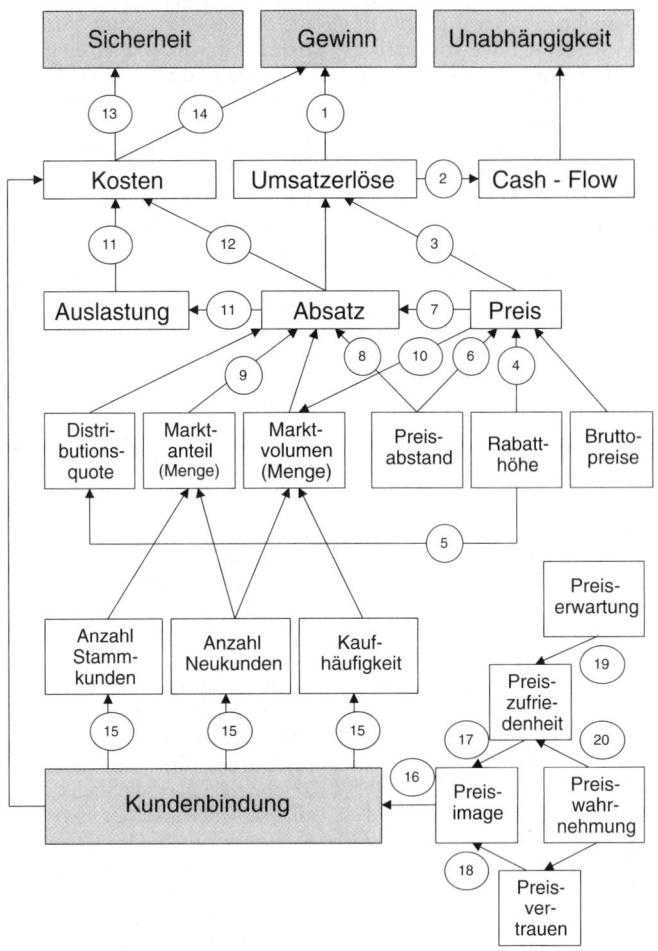

(Quelle: *Diller*, 2000, S. 45)

Der Zielfindungsprozess gestaltet sich umso komplizierter, je mehr Ziele das Zielsystem umfasst. In diesem Falle muss überprüft werden, wie die verschiedenen Ziele miteinander verträglich sind und welche Zielprioritäten gesetzt werden sollen. Dies ist wiederum sowohl von den subjektiven Zielpräferenzen des Managements als auch von der jeweiligen preispolitischen Ausgangssituation abhängig.

(4) Datenkranz
Entsprechend der Vielfalt der preispolitischen Ziele und Instrumente ist auch der jeweilige Bedingungsrahmen preispolitischer Entscheidungen vielfältiger und komplexer Natur. Es lassen sich interne und externe Umweltbedingungen unterscheiden. Bei den internen ist insb. an die produkttechnische, liquiditätsmäßige, kapitalmäßige und lagertechnische Situation zu denken, während bei den externen Umweltbedingungen insb. der Grad der Marktvollkommenheit, die Marktorganisation (→ Preisbildung), der Grad der Preistransparenz, Anzahl und Verhalten der Konkurrenten und Absatzmittler sowie insb. das spezifische → Preisverhalten der Abnehmer zählen (s.a. → Markt). Darüber hinaus beeinflussen ökonomische, technische und soziale, insb. aber preisrechtliche Entwicklungen in der Makro-Umwelt den Entscheidungsspiel-

raum der Preispolitik im Einzelfall beträchtlich. Insbesondere im Rahmen des → Wettbewerbsrechts, aber auch im → UWG finden sich eine Fülle von Artikulierungen und eine organisatorisch verankerte Missbrauchsaufsicht über die bei den Anbietern liegende Preishoheit. Sie betreffen z.B. das → Parallelverhalten, → Preisabsprachen, die → Preisbindung und → Preisempfehlung, das Diskriminierungsverbot, die → Preisauszeichnung, → Schlussverkäufe und → Sonderveranstaltungen, → Vorspannangebote sowie Bestimmungen über den → Wucher. Zum Teil werden preisrechtliche Vorschriften in eigenen Gesetzen, z.B. dem → Rabattgesetz, dem AGB-Gesetz oder der → Preisangaben-Verordnung geregelt. Insbesondere im Investitionsgüterbereich existieren darüber hinaus staatliche Preisbildungsvorschriften bei Fehlen von Marktpreisen zur Preisbeurteilung, etwa die „Leitsätze für die Preisermittlung aufgrund von Selbstkosten" (→ LSP) oder die Verordnung über die Preise bei öffentlichen Aufträgen (VpöA). Schließlich gilt es, in der Preispolitik auch eine Reihe steuerlicher Aspekte zu berücksichtigen (→ Preispolitik, steuerliche Aspekte). Relativ selten sind dagegen in marktwirtschaftlichen Systemen unmittelbare staatliche Einflüsse auf die Preise, etwa in Form von Mindest- oder Höchstpreisen bzw. Preisstopps. Derartige Maßnahmen führen mehr oder minder schnell zu Angebots- bzw. Nachfrageüberhang und zu grauen oder schwarzen Märkten bzw. Qualitätsverschlechterungen.

(5) Methoden
Für die verschiedenen Teilentscheidungen der Preispolitik existieren sehr unterschiedliche Entscheidungstechniken und -modelle. Sie lassen sich in drei Gruppen ordnen:

(a) *Kostenorientierte Kalküle*, wie die auf den Grundsätzen der Kostenträgerrechnung aufbauende → Preiskalkulation oder die → Break-even-Analyse liefern insb. Anhaltspunkte über → Preisuntergrenzen bzw. über die Auskömmlichkeit bestimmter Preisgebote der Nachfrager. In weiten Bereichen der Wirtschaft, z.B. im Handel (→ Handelskalkulation) oder in der Investitionsgüterindustrie (→ Angebotspreiskalkulation im Anlagengeschäft) sowie bei → öffentlichen Vergabeverfahren, dominieren sie – trotz z.T. gravierender Mängel – auch die Preisbildung, weil sie besonders geringe Informationsansprüche stellen, methodisch anspruchslos sind und darüber hinaus als bewährt gelten (nicht zuletzt weil viele Anbieter darauf zurückgreifen). Zunehmend wird dabei eine Kostenspaltung vollzogen, d.h. auf Teilkostenkalküle der → Deckungsbeitragsrechnung zurückgegriffen. Damit einher geht häufig eine Abkehr vom strengen, aber wegen der Unzulänglichkeiten einer Gemeinkostenschlüsselung nicht durchzuhaltenden Prinzip der kostenverursachungsgerechten („progressiven") Preiskalkulation zur (retrograden) Preisstellung nach Kostentragfähigkeitsgesichtspunkten.

(b) Damit erfolgt bereits der Übergang zu *marktorientierten Verfahren*, die sich am → Preisverhalten der Abnehmer und der Konkurrenten orientieren. Zu ihnen zählen u.a. → Positionierungsmodelle im Rahmen der → Preispositionierung, die sog. nutzenorientierte Preisstellung auf Basis von → Preis-Leistungs-Analysen, → Nutzwertrechnungen, → Conjointanalysen, → Preisdifferenzierungen nach verschiedenen → Preissegmentierungen, aber auch die für den Einzelhandel typische → Ausgleichskalkulation mit preispolitischem Ausgleich höher und niedriger kalkulierter Artikel. Beispiele für marktorientierte strategische Alternativen sind die → Preisführerschaft oder das → Predatory Pricing.

(c) Durch ihr methodisches Vorgehen zeichnen sich schließlich die in der → *Preistheorie* entwickelten *marginalanalytischen Verfahren* ab. Sie basieren auf → Preis-Absatz-, Preis-Kosten- und daraus zusammengesetzten Preis-Gewinnfunktionen und lösen das Preisfindungsproblem meist mit Hilfe der Differentialrechnung. Damit wird im Gegensatz zu den anderen Verfahren nicht nur eine numerische Ableitung günstiger Preisalternativen, sondern eine analytisch exakte Bestimmung von Optimalpreisen möglich. Die zunehmend bessere Möglichkeit, Preis-Absatzfunktionen zuverlässig zu schätzen, hat die Einsatzmöglichkeiten dieser Entscheidungstechniken stark verbessert.
Eine Kombination der drei Ansätze findet sich in dem in *Abb. 3* dargestellten Preisbildungsmodell.

(6) Organisation der Preispolitik
Die Komplexität des Entscheidungsfeldes und die vielfachen Verflechtungen machen die Preispolitik auch zum organisatorischen Problem (→ Preisorganisation). Träger preispolitischer Entscheidungen ist auf der

Abb. 3: Preisbestimmung mit Hilfe relativer Einzelkosten und Deckungsbudgets

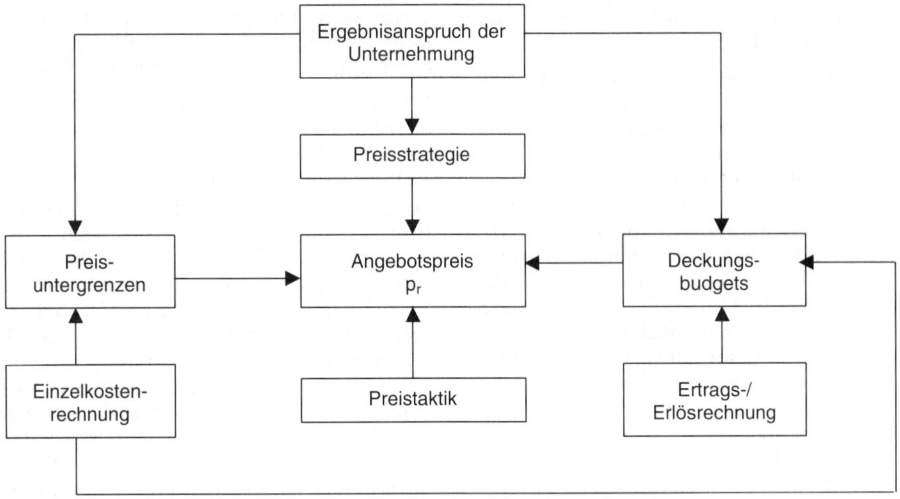

```
                    ┌─────────────────────┐
                    │ Ergebnisanspruch der│
            ┌───────┤    Unternehmung     ├───────┐
            │       └──────────┬──────────┘       │
            │                  ▼                  │
            │          ┌───────────────┐          │
            │          │ Preisstrategie│          │
            │          └───────┬───────┘          │
            │                  │                  │
            ▼                  ▼                  ▼
    ┌──────────────┐   ┌──────────────┐   ┌──────────────┐
    │    Preis-    │──▶│ Angebotspreis│◀──│   Deckungs-  │◀─┐
    │ untergrenzen │   │      p_r     │   │    budgets   │  │
    └──────▲───────┘   └──────▲───────┘   └──────▲───────┘  │
           │                  │                  │          │
    ┌──────┴───────┐   ┌──────┴───────┐   ┌──────┴───────┐  │
    │ Einzelkosten-│   │  Preistaktik │   │   Ertrags-/  │  │
    │   rechnung   │   │              │   │ Erlösrechnung│  │
    └──────────────┘   └──────────────┘   └──────────────┘  │
           │                                                │
           └────────────────────────────────────────────────┘
```

(Quelle: *Diller*, 2000, S. 239)

strategischen Ebene nicht selten die Unternehmungsleitung, zumindest aber die Marketing-Leitung. Detailentscheidungen werden auf unteren Ebenen getroffen, bis hin zur Preisfestsetzungskompetenz durch den Außendienst. Insbesondere dort, wo Preise im Wege von Verhandlungen festgelegt werden (→ Preisargumentation), ist eine wirksame Kosten- und Wirkungskontrolle der Preispolitik durch das → Preiscontrolling, z.B. im Wege einer → Erlös-Abweichungsanalyse, erforderlich. In vielen Unternehmen ist die Preisstellung wegen des damit verbundenen Arbeitsaufwandes stark routinisiert, wodurch nicht selten „Preisreserven" ungenutzt bleiben und sowohl taktische als auch strategische Fehler auftreten. So werden z.B. nicht selten Veränderungen auf der Kostenseite völlig undifferenziert auf die Artikel des Produktionsprogramms übergewälzt, ohne vorab die Preisspielräume bei verschiedenen Artikeln und die Stimmigkeit der Preisstruktur nach der Preiserhöhung zu überprüfen. Hier obliegt dem Management die übergeordnete Aufgabe, eine → Preiskultur im Unternehmen zu entwickeln, die dem Stellenwert und dem strategischen Charakter dieses Submix-Bereiches gerecht wird.

Zunehmend bessere Voraussetzungen für eine systematische Preispolitik ergeben sich durch EDV-gestützte → Marketing-Informationssysteme, die – z.B. auf Basis von Panel-Daten – die Abschätzung von → Preis-Absatzfunktionen und eine darauf aufbauende marginalanalytische Preisfindung ermöglichen, aber auch preisstrategisch wichtige Informationen, z.B. aus → Außendienstberichtssystemen, für preispolitische Zwecke aufbereiten helfen.

Insbesondere für Preisverhandlungen helfen auch Tabellenkalkulationsprogramme, mit deren Hilfe die Angebotspreise bei unterschiedlicher Zusammensetzung des Auftrags auf kostenrechnerischer oder retrograder Basis (Deckungsbeitragspotenzial) bestimmt werden können. Wissensbasierte → Expertensysteme unterstützen ferner die Einordnung des Kunden in spezifische Rabattkategorien oder → Kundenportfolios mit entsprechenden preispolitischen Konsequenzen. H.D.

Literatur: *Diller, H.:* Preispolitik, 3. Aufl., Stuttgart u.a. 2000. *Diller, H.:* Preis-Management im Zeichen des Beziehungsmarketing, in: DBW, 57. Jg. (1997), S. 749-763. *Jakob, H.:* Preispolitik, 2. Aufl., Wiesbaden 1971. *Meffert, H.:* Marketing, 8. Aufl., Wiesbaden 1998. *Nieschlag, R.; Dichtl, E.; Hörschgen, H.:* Marketing, 18. Aufl., Berlin 1997. *Simon, H.:* Preismanagement, 2. Aufl., Wiesbaden 1990.

Preispolitik, steuerliche Behandlung

Die Preispolitik kann insbes. durch Steuerwirkungen (1) auf Seiten des anbietenden Unternehmens, zum anderen (2) auf Seiten des Leistungsabnehmers beeinflusst werden.

Preispolitik, steuerliche Behandlung

(1) Beim Anbieter zeigt sich der Steuereinfluss auf die Preisforderung insb. in der Überwälzungsproblematik, in Signal- und Mitnahmeeffekten:

a) Eher finanzwissenschaftlich als betriebswirtschaftlich spielt die Frage der sog. *Steuerüberwälzung* eine besondere Rolle. Sie stellt den gelungenen Versuch eines Unternehmens dar, eine neu eingeführte oder erhöhte, beim Unternehmen erhobene Steuer durch Absatzpreiserhöhungen (Vorwälzung) oder Faktoreinsatzpreissenkungen (Rückwälzung) so zu kompensieren, dass der Gewinn des Unternehmens unverändert bleibt. Teilweise wird auch von sog. Schrägüberwälzung gesprochen, wenn andere als die von der Steuererhebung betroffenen Produkte im Preis erhöht werden. Oft wird auch unter *Steuerüberwälzung* der Einfluss auf den modellanalytisch „optimalen" Preis verstanden.

Über die Bedingungen und Möglichkeiten der *Steuerüberwälzung* im Absatzpreis bestehen vielfältige mikro- und makroökonomische modellgestützte Auffassungen, deren Annahmen häufig wenig realitätsnah sind. So wird z.B. bei konstanter und linearer Preisresponsefunktion den Substanzsteuern (wegen deren Fixkostencharakter) und den Ertragsteuern (wegen deren Proportionalität zum Gewinn) kein, wohl aber den Faktoreinsatz- und Endproduktmengensteuern sowie der Umsatzsteuer (wegen deren Erhöhung der Grenzkosten) ein Einfluss auf die Preispolitik beigemessen (Simon 1983). Generell wird häufig die Überwälzbarkeit von sog. Kostensteuern bejaht, von Gewinnsteuern z.T. verneint. Vom Kostencharakter ist die Überwälzbarkeit aber praktisch nur in den Fällen der kostenorientierten Preisbildung (z.B. bei öffentlichen Aufträgen) abhängig. Entscheidend für eine erfolgreiche Überwälzung von Steuern unter Wettbewerbsverhältnissen der Praxis sind weniger die Steuerarten als die Reaktionen der Konkurrenten und der Abnehmer.

b) Von betriebswirtschaftlicher Bedeutung sind auch sog. *Signaleffekte*, die eine Umsatzsteigerung vor dem In-Kraft-Treten bereits durch die Ankündigung einer Steuer/-erhöhung erwarten lassen.

c) Preispolitische *Mitnahmeeffekte* können durch zeitliches Vorziehen oder betragsmäßiges Übersteigen der steuerbegründeten Preiserhöhung gegenüber der tatsächlichen Steuerbelastung entstehen (z.B. überproportionale Benzinpreiserhöhung bei Einführung der Ökosteuer). Umgekehrt können Mitnahmeeffekte auch bei der verzögerten oder unterproportionalen Preissenkung anlässlich von Steuersenkungen (z.B. beim Wegfall der Getränkesteuer) auftreten.

(2) Preisabhängige Steuererleichterungen oder Steuerbelastungen auf Seiten des Abnehmers können Einfluss auf dessen → Preisbereitschaft ausüben:

(a) Eine generelle Steuerbegünstigung des Erwerbs eines Wirtschaftsguts (z.B. Abzugsfähigkeit als Betriebsausgabe (§ 4 Abs. 4 EStG), Sonderausgabenabzug für Versicherungsbeiträge (§ 10 EStG), Sonderabschreibung, erhöhte AfA (§ 7e EStG); Kfz-Steuerermäßigung/-Befreiung von Fahrzeugen mit Niedrigemission; *Vorsteuerabzug* gem. § 15 UStG) bewirkt cet. par. eine Rechtsverschiebung der Preis-Absatz-Kurve, weil für einen steuerbewussten Abnehmer nicht der ausgehandelte Preis, sondern der Betrag nach Abzug der Steuererleichterung maßgeblich sein wird.

(b) Umgekehrt kann der Wegfall einer generellen Steuerbegünstigung die Preis-Absatzfunktion nach links verschieben; das gilt auch bei Einführung eines prozentualen „Selbstbehalts" des Steuerpflichtigen, wie z.B. bei den → Bewirtungsaufwendungen (§ 4 Abs. 5 Nr. 2 EStG).

(c) Ist die Steuerbegünstigung betragsmäßig nach Art eines Freibetrags beschränkt, sodass die Begünstigung nur bis zur „Steuer-Preisgrenze" reicht (z.B. Beschränkung des Betriebsausgabenabzugs durch eine „Angemessenheitsgrenze", → Repräsentationsaufwand, steuerliche Aspekte), so entsteht ein Knick an der „Steuer-Preisgrenze" mit rechtsseitig anschließendem flacherem Verlauf.

(d) Ist die Steuerbegünstigung hingegen nach Art einer Freigrenze betragsmäßig beschränkt (z.B. DM 800,- Grenze für die Sofortabschreibung geringwertiger Wirtschaftsgüter, § 6 Abs. 2 EStG; DM 75 – Grenze für die Abziehbarkeit von → Geschenkaufwendungen), sodass die Begünstigung bei Überschreitung der „Steuer-Preisgrenze" vollkommen verloren geht, so ist mit einer an der Steuer-Preisgrenze zweifach geknickten Preisabsatzkurve mit einem waagrechten Bereich an der Steuer-Preisgrenze zu rechnen. Ursache ist der extreme Mengenverlust, der sich beim Überschreiten der „Steuer-Preisgrenze" einstellen wird, weil die steuerbewussten Abnehmer sofort ihren gesamten Steuervorteil verlie-

ren. Wegen der zum Teil fehlenden Steuerbegünstigung werden beide Äste auch unterschiedliche Neigungswinkel aufweisen.
(e) Der theoretisch denkbare Fall einer steuerlichen Preisuntergrenze (Begünstigung nur bei Preisen über einem bestimmten Betrag) ist derzeit nicht realisiert. R.F.

Literatur: *Lange, R.:* Steuern in der Preispolitik und bei der Kalkulation, Wiesbaden 1989. *Simon, H.:* Preispolitik und Steuern, in: Der Betrieb 1983, S. 185 ff. *Rose, G.:* Betriebswirtschaftliche Steuerlehre, 3. Aufl., Wiesbaden 1992. *Tischer, F.:* Der Einfluss der Besteuerung auf die Gestaltung des Preisentscheidungsprozesses in der Unternehmung, Wiesbaden 1974.

Preispolitischer Ausgleich
→ Ausgleichskalkulation

Preispositionierung
auf die preisbezogene Kundenwahrnehmung abstellender Teilaspekt der → Positionierung des Produkt- oder Leistungsangebotes innerhalb des Preis-Leistungs- bzw. Preis-Qualitätsfeldes, die auf Basis einer → Preissegmentierung der Kunden durch die → Preisstrategie angestrebt (Zielaspekt) und umgesetzt (Ergebnisaspekt) wird.
Bei der Preispositionierung geht es im Kern darum, mit dem → Preis bzw. der Preisstruktur für ein spezifisches Leistungsangebot möglichst die Idealvorstellungen des jeweiligen Zielsegmentes zu treffen. Da es in der Regel Marktsegmente mit verschiedenen Qualitäts-/Leistungspräferenzen und Preisbereitschaften gibt (→ Marktsegmentierung), stellt die Möglichkeit, sich als marktweit preisgünstigster Anbieter zu positionieren (→ Preisführerschaft), keineswegs die einzige positionierungsstrategische Option dar. Vielmehr kann man auf die unterschiedlichen, zu den Segmenten korrespondierenden Qualitäts- bzw. Leistungsklassen abstellen, denen man gewöhnlich bestimmte → Preislagen zuordnen kann, oder mit einem eher hohen Preis die Qualität und Exklusivität eines Produktes unterstreichen (→ Preis-Qualitäts-Strategie). Insofern gilt es im Rahmen positionierungspolitischer Entscheidungen zum einen die zu besetzenden Preislagen auszuwählen, zum anderen die konkrete Positionierung innerhalb der einzelnen Preislagen im Sinne einer strategiekonformen → Preislinienpolitik zu bestimmen, um dadurch insgesamt das angestrebte → Preisimage aufzubauen. Allerdings ist man bei der Wahl der Preislage bzw. des Segmentes nicht unabhängig von der Historie sowie dem Unternehmens- oder → Markenimage.

Der Preispositionierung kommt in mehrfacher Hinsicht eine hohe preispolitische Bedeutung zu. So kann eine vorteilhafte Preispositionierung → Preisinteresse wecken und über eine positive → Preisbeurteilung zu höherem Absatz führen. Darüber hinaus lässt sich bei den weniger preisempfindlichen Segmenten Konsumentenrente abschöpfen. Zudem spiegeln die Preisunterschiede zwischen den Produkten zweier Qualitäts-Leistungsklassen in aller Regel nicht genau die Unterschiede in den Produktions- und Marketingkosten wider, so dass sich bei hochpreisigen Produkten fast immer relativ höhere Stückdeckungsbeiträge erzielen lassen als bei niedrigpreisigeren Produkten. Schließlich geht die Preispositionierung in das Markenimage ein und kann als Folge die Marketingkonzeption wirkungsvoll verstärken.

Preis-Image-Konsistenz

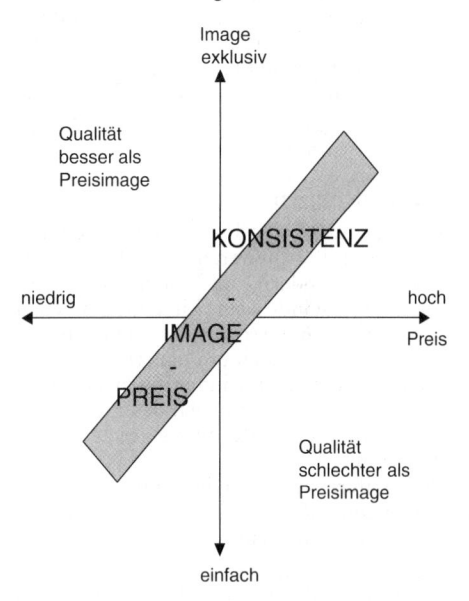

Insbesondere bei → preisorientierter Qualitätsbeurteilung bildet der Preis ein wichtiges Instrument für die Imagesteuerung und die Erreichung einer Preis-Image- bzw. einer Preis-Qualitäts-Konsistenz (vgl. *Abbildung*). Der gesetzte Preis beeinflusst bei preisabhängiger Qualitätsbeurteilung die Einordnung des Produktes auf der Imagedimension (Realprodukt-Image). Durch diese Einordnung werden diejenigen Käufer an-

Preispräferenzen

gezogen, deren Idealprodukt-Image in der Nähe dieses Realprodukt-Images liegt. Bestätigen sich die Image- und Qualitätserwartungen der Käufer, so werden sie zu → Stammkunden. Es herrscht Preis-Image-Konsistenz, das Produkt hat gute Erfolgschancen. Werden die Erwartungen enttäuscht, so wandern die Erstkäufer wieder ab, das Produkt wird mit großer Wahrscheinlichkeit ein Misserfolg. Kunden, die mit der Qualität zufrieden wären, werden aufgrund des nicht Image-konsistenten Preises nicht erreicht. Werden die Erwartungen übererfüllt, so können zwei Konsequenzen eintreten: Die Käufer bleiben treu, obwohl sie auch mit einer geringeren Qualität zufrieden wären, oder sie wandern zu billigeren Produkten ab, in der Hoffnung, dort ihrem Anspruchsniveau gerechtwerdende Qualitäten zu finden. Die Käufer, deren Anspruchsniveau der Qualität entspricht, werden hingegen erst gar nicht angezogen. In jedem Fall ist also die Preis-Image-Konsistenz am erstrebenswertesten. Viele Misserfolge bei neuen Produkten dürften darauf zurückzuführen sein, dass keine ausreichende Preis-Image-Konsistenz erreicht wurde. H.S./G.T./A.Ha.

Literatur: *Simon, H.:* Preismanagement, 2. Auflage, Wiesbaden 1991.

Preispräferenzen

Im Gegensatz zu → Preisbereitschaften beziehen sich Preispräferenzen nicht auf Einzelpreise, sondern auf andere Entscheidungsgegenstände beim Einkauf, bei denen das → Preisinteresse der Kunden tangiert wird. Es handelt sich um dauerhafte („programmierte") → Preisintentionen, d.h. Verhaltensabsichten, mit denen den individuellen Preisinteressen Rechnung getragen werden kann.

Preispräferenzen entstehen durch → Preislernen und können alle Entscheidungsgegenstände im Konsumverhalten betreffen:

- In bestimmten Warengruppen existieren bei Teilen der Verbraucher deutliche generelle Präferenzen für bestimmte *Produkttypen*, z.B. *Generica* oder → *Handelsmarken*
- Bei der *Markenwahl* kann das evoked set auf wenige oder sogar nur eine bestimmte Marke verengt sein (→ *Markentreue*)
- Im Preis begründete → *Einkaufsstättentreue*
- Viele Verbraucher präferieren in bestimmten Warengruppen ganz bestimmte → *Betriebsformen des Einzelhandels* (z.B. Discounter oder Verbrauchermärkte für Wasch- und Reinigungsmittel).
- Bevorzugung bestimmter *Angebotsvarianten*, wie Produkt-Sets, Großpackungen und Postenware, mit denen sich ein gewisser Gelegenheitscharakter verbindet.
- Suche und Kauf von → *Sonderangeboten*
- Präferenz für bestimmte *Einkaufszeitpunkte* bzw. *-perioden* (Spätsaison, Schlussverkaufsperioden etc.)
- *Preislagenpräferenzen*, d.h. Bevorzugung bestimmter Preis- bzw. Qualitätsklassen.

H.D.

Literatur: *Diller, H.:* Preispolitik, 3. Aufl., Stuttgart u.a. 2000, S. 170 ff.

Preisprestige → Preiserlebnisse

Preis-Promotions

sind Aktionen der konsumentengerichteten Verkaufsförderung (→ Verkaufsförderung, konsumentengerichtete), bei denen eine vorübergehende Preissenkung im Vordergrund steht (s.a. → Preisvariation). Die gebräuchlichste Form der Preis-Promotion sind in Deutschland → Sonderangebote, d.h. zeitlich begrenzte Senkungen des Preises. Eine Alternative sind Veränderungen der Packungsgröße bzw. Mehrfachpackungen (→ Sonderpackungen). Wenn erst nach mehreren Käufen ein Preisnachlass gewährt wird, spricht man von → Treuerabatten. In anderen Ländern kommen zudem häufig → Coupons zum Einsatz. Verzichtet ein Unternehmen weitgehend auf den Einsatz von Preis-Promotions, so bezeichnet man dies als → Dauerniedrigpreis-Strategie.

Mit Preis-Promotions können im Handel kurzfristig dramatische Absatzsteigerungen hervorgerufen werden. Absatzzuwächse von mehreren hundert Prozent sind keine Seltenheit. Der überwiegende Teil dieses kurzfristigen Mehrabsatzes stammt in der Regel aus Markenwechsel. Unklar ist noch, in welchen Umfang Preis-Promotions zum Geschäftswechsel führen können. Vermutlich informieren sich nur wenige Konsumenten vor dem Einkauf über Angebote und wählen die zu besuchenden Geschäfte entsprechend aus. Sofern sie aber ohnehin mehrere Geschäfte aufsuchen, kann es vorkommen, dass sie in einem Geschäft Sonderangebots-Artikel kaufen, die sie sonst in einem anderen Geschäft erworben hätten. Bei bestimmten Produkten können Preis-Promotions zu einem Mehrkonsum führen.

Nachgewiesen ist dies beispielsweise für Joghurts. Bei anderen - und dies dürfte wesentlich häufiger der Fall sein - kommt es zu Lagerhaltung. Konsumenten legen also Vorräte an und kaufen später entsprechend weniger (→ Mengenbegrenzung bei Preisaktionen). Schließlich zeigt sich verschiedentlich, dass Preis-Promotions die Markentreue von Konsumenten untergraben, langfristig also gefährlich sein können. K.G.

Literatur: *Blattberg, R.C.; Neslin, S.A.:* Sales Promotion. The Long and the Short of It, in: Marketing Letters, 1. Jg. (1989), S. 81-97. *Gedenk, K.:* Erfolgsanalyse und Planung von Verkaufsförderung, erscheint demnächst.

Preispsychologie

Unter Preispsychologie sind alle Maßnahmen der → Preispolitik zu verstehen, die unter bewusster Einbeziehung von psychologischen Erkenntnissen zum → Preisverhalten der Kunden bzw. Lieferanten getroffen werden. Sowohl bei den zweiseitigen, interaktiven Verhandlungen über Einkaufs- und Verkaufspreise zwischen zwei Marktbeteiligten als auch bei der einseitigen Festlegung von Verkaufspreisen (Preisforderungen) durch einen Anbieter oder von Einkaufspreisen (Preisgebote) durch einen Nachfrager können die Verhaltens- und Erlebnisweisen und die ihnen zugrunde liegenden Beweggründe des jeweiligen Marktpartners ins Kalkül gezogen werden – der typische Gegenstand der (Individual-)Psychologie. Während Hersteller und Großhändler mit ihren gewerblichen Abnehmern vielfach Einzelverhandlungen über Preise führen, etwa bei Auftragsfertigung oder bei sog. Jahresgesprächen, spielen Verkaufspreisverhandlungen im Einzelhandel eine untergeordnete Rolle; hier müssen in der Regel einheitliche Verkaufspreise für eine Vielzahl von Kunden kalkuliert werden. Da das Verhalten der Marktteilnehmer stets Resultante aus individuellen und sozialen Einflussfaktoren ist, steht die Preispsychologie vor der schwierigen Aufgabe, Erkenntnisse über das Verhalten und Erleben von einzelnen Menschen *und* von Menschengruppen (individual- und sozialpsychologische Erkenntnisse) zu gewinnen und in der Preispolitik zu berücksichtigen. Dabei können – unabhängig vom „Schulenstreit" in der Psychologie – Erkenntnisse aller Theorierichtungen (Behaviorismus, Kognitivismus, Psychoanalyse) genutzt werden, insbesondere über das Konsumentenverhalten bei hohem/geringem Involvement.

Aus der Fülle *preispsychologischer Instrumente* seien nur einige herausgegriffen:
- psychostrategische und psychotaktische Konzepte der Preispolitik;
- direkte oder indirekte Preispolitik („Preiszählerpolitik" vs. „Preisnennerpolitik");
- Preispräsentation (→ Preisoptik, „gebrochene Preise" (odd prices), Angabe von Vergleichspreisen, → Unit Pricing, → Preisbündelung, „Phantasiepreis"-Bezeichnung, typographische Gestaltung; akustische Preispräsentation; persönlich-vertrauliche Preisverhandlung usw.)
- Nutzung von absoluten und relativen → Preisschwellen;
- Generierung bzw. Nutzung von Preiserwartungen der potentiellen Kunden (Ankündigung von Preissteigerungen zur Vorverlegung von Einkäufen);
- Nutzung der verschiedenen Preis-Absatz-Reaktionen (→ Veblen-Effekt, → Snob-Effekt, → Bandwagon-Effekt, Vermögenssicherungseffekt, inverse Preis-Absatz-Beziehungen);
- Mischkalkulation mit werblicher Herausstellung der niedrig kalkulierten Artikel (sog. Ausgleichsnehmer);
- Verbindung von Preispolitik mit Rabatt-, Skonto- und/oder Kreditpolitik.

Preispsychologie ist nur zu einem Teil *Wissenschaft* („scientific management"), zu einem anderen, meist größeren Teil *kaufmännische Kunst*, Fingerspitzengefühl (*H.-O. Schenk*). Das mitunter ausdauernde Aushandeln von Preisen zwischen Verkäufer und Käufer auf orientalischen Basaren oder auf italienischen Wochenmärkten zeigt nur besonders drastisch, was für alle Märkte gilt: Jeder Marktpreis ist die Resultante aus Preisforderung und Preisgebot; auf sein Zustandekommen haben kognitive und affektive Elemente aller Art Einfluss.
Allerdings sind der Preispsychologie *ökonomische und rechtliche Grenzen* gesetzt: Gemäß BGB und Strafgesetzbuch dürfen Abhängigkeit oder verminderte Geschäftsfähigkeit nicht ausgenutzt werden (Individual- bzw. Sozialwucher), gemäß UWG darf Preispsychologie nicht sittenwidrig oder irreführend angewandt werden, gemäß GWB darf sie nicht zu Diskriminierung führen, gemäß Preisauszeichnungsverordnung darf die Verkaufspreisforderung im Einzelhandel nicht ohne Umsatzsteuer ausgewiesen werden und gemäß Rabattgesetz darf der Preisnachlass für Güter des tägli-

Preispunkte

chen Bedarfs im Einzelhandel 3 vH nicht überschreiten. H.-O.S.

Literatur: Diller, H.: Preispolitik, 3. Aufl., Stuttgart 2000. *Emery, F.:* Some Psychological Aspects of Price, in: *Taylor, B.; Will, G.* (Hrsg.): Pricing Strategy, London 1970, S. 98-111. *Schenk, H.-O.:* Handelspsychologie, Göttingen 1995.

Preispunkte → Nicht-lineare Preise

Preis-Qualitäts-Konflikt → Preisinteresse

Preis-Qualitäts-Relationen
→ Preisorientierte Qualitätsbeurteilung

Preis-Qualitäts-Strategie
In der historischen Entwicklung der Wirtschaftswissenschaften entstanden zwei gegenpolige, idealtypische Strategieansätze, nämlich

(1) die *Preis-Mengen-Strategie* mit extremer Fixierung auf den Preis und
(2) die *Präferenzstrategie* mit extremer Fixierung auf Produktqualitätsmerkmale.

Die *Preis-Mengen-Strategie* erfordert einen aggressiven Einsatz preis- und konditionspolitischer Mittel. Sie betont den → Preiswettbewerb und soll preisbewusste Käufer für das billigere bzw. billigste Produkt einer Warengruppe entscheiden. Im deutschen Schrifttum meint man hier meistens eine *Billigpreisstrategie* (→ Preisstrategie, → Kundennutzen-Konzepte, preisstrategische). Der Preis-Mengen-Strategie liegt das aus der theoretischen Volkswirtschaft kommende Konzept des vollkommenen Wettbewerbs zugrunde, d.h. dort stehen undifferenzierte Produkte (also keine sich differenzierenden → Marken) im Wettbewerb, die gegeneinander beim Verbraucher leicht austauschbar sind, da er keine → Präferenzen für unterschiedliche Lieferanten hat, und die somit im reinen Preiswettbewerb stehen. Der Preis bestimmt dann je nach Ausprägung der Nachfragekurve für das Produkt die gekaufte Menge (→ Preis-Absatzfunktion).

Die *Präferenzstrategie* lehnt sich an Chamberlains Theorie des monopolistischen Wettbewerbs an, welche besagt, dass Hersteller versuchen, ihre Produkte durch nichtpreisliche Instrumente so zu gestalten, dass sie mit Konkurrenzprodukten nicht direkt vergleichbar sind, dass sie also gewissermaßen eine Monopolstellung einnehmen. Die Präferenzstrategie zielt darauf ab, mit dem Einsatz präferenzbildender Qualitätsmerkmale und deren Hervorhe-

bung, etwa durch → Produktdifferenzierung, Markierung, → Verpackungsgestaltung, → Werbung, → Verkaufsförderung, → Public Relations, selektive Distributionskanäle usw., Kundenpräferenzen für das Produkt aufzubauen, so dass es hochpreisiger verkauft werden kann (→ Präferenzpolitik). Preis-Mengen-Strategie und Präferenzstrategie sind vereinfachte idealtypische Strategiemodelle, die in der Praxis nicht in dieser reinen Form durchgeführt werden können, da kein Produkt- oder Marketingprogramm möglich ist, das nur auf den Preis oder nur auf Nichtpreis-Variablen aufgebaut ist. Eine Trennung von Preiswettbewerb und Nicht-Preiswettbewerb bleibt stets willkürlich. Hersteller nicht differenzierbarer Produkte stehen unter dem Zwang der Preis-Mengen-Abhängigkeit. Für sie liegt also keine strategische Option vor, sondern nur der Zwang, sich diesen Preis-Mengen-Abhängigkeiten zu unterwerfen. Auch gibt es keine reinen qualitätsbestimmten Präferenzstrategien ohne Einbeziehung des Preises. Deswegen sind i.d.R. reale Strategien sowohl qualitäts- als auch preisabhängig, jedoch bei unterschiedlicher Ausprägung dieser beiden Dimensionen mit entsprechend zu benennenden → Preispositionierungen.
Setzt man in einem Produktmarkt Kunden unterschiedlicher Preisempfindlichkeit und unterschiedlicher Qualitätspräferenzen voraus, so ergeben sich daraus die *positionsstrategischen Optionen* zur Preis-Qualitäts-Strategie (vgl. *Abb.*):

Strategiepositionen im Preis-Qualitäts-Wettbewerb

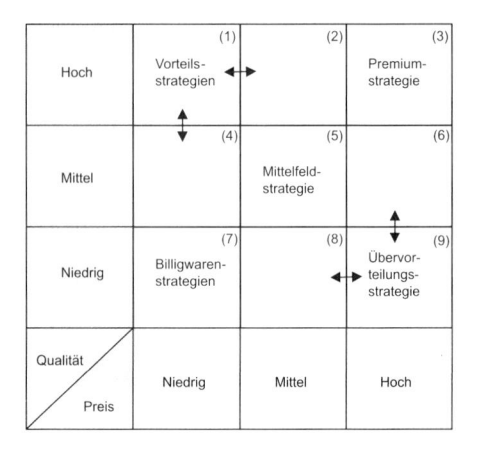

Qualität \ Preis	Niedrig	Mittel	Hoch
Hoch	(1) Vorteilsstrategien	(2)	(3) Premiumstrategie
Mittel	(4)	(5) Mittelfeldstrategie	(6)
Niedrig	(7) Billigwarenstrategien	(8)	(9) Übervorteilungsstrategie

Die *Premiumstrategie* (Feld 3) (→ Kundennutzenkonzepte) erfordert ein von der Qualität und dem Kundennutzen her überlegenes Produkt, das den hohen Preis rechtfertigt. Bei der *Mittelfeldstrategie* sind Produktqualität, damit verbundener Kundennutzen und Preis ebenfalls ausgewogen. Die *Billigwarenstrategie* zielt in ebenfalls ausgewogenem Verhältnis von Preis und Qualität auf das preisempfindliche Marktsegment mit geringen Produktleistungsansprüchen.
Die *Vorteilsstrategien* in unterschiedlicher Ausprägung werden in den Feldern 1, 2 und 4 angezeigt. In Märkten, die sensibel auf Änderungen im Preis-Qualitäts-Verhältnis reagieren, können Hersteller mit diesen Vorteilsstrategien das Preis-Qualitäts-Gefüge in diesem Markt neu definieren, so dass das neue, aus Kundensicht verbesserte Preis-Qualitäts-Verhältnis der Vorteilsstrategie als normal angesehen und auf der Diagonalen im neuen Preis-Qualitäts-Feld liegen würde. Wettbewerber, die nicht mitzögen, würden in den Bereich der Übervorteilung repositioniert. In Märkten hingegen, wo Preis- und Qualitätsbeurteilungen (→ preisorientierte Qualitätsbeurteilung) und -präferenzen unabhängig und losgelöst voneinander gebildet werden, stellen die Felder 1, 2 und 4 langfristig besetzbare Segmentpositionen dar.
Die Strategien in Feld 6, 8 und 9 sind aus Kundensicht *Übervorteilungsstrategien* in unterschiedlich starker Ausprägung der Übervorteilung. In Märkten, wo die Käufer zur eigenen Vorteilsbeurteilung Preise und Qualität miteinander abgleichen, können diese Strategien nur von kurzfristigem Bestand sein, bis die Kunden den relativen Nachteil des Angebots im Vergleich zu den Wettbewerbsangeboten in den Diagonalfeldern bemerkt haben. In solchen Märkten müssen Nachteilspositionen durch angemessene Veränderungsstrategien schnell beseitigt werden, es sei denn, die Firma wollte hier bewusst ihren Marktanteil schrumpfen (→ konkurrenzorientierte Preisstrategie) oder den Markt verlassen (→ Marktaustritt). Jedoch in Märkten mit dauerhaft unterschiedlichen Präferenzen betreffend Produktausprägung und Preis können durchaus Segmente bestehen, die langfristige Positionen in den Feldern 6, 8 und 9 zulassen.
Zur Veränderung der Marktanteile im Preis-Qualitäts-Feld stehen einem Unternehmen zwei grundsätzliche Strategien zur Verfügung, das → *Trading-up* und das *Trading-down*. Das Trading-up wird von Firmen aus den Positionen von Feld 9 und 5 heraus angewandt und zielt darauf ab, Kunden, die ursprünglich an Billigwaren interessiert waren, für höherwertige und höherpreisige Produkte des gleichen Herstellers zu gewinnen. Das Trading-up zielt i.d.R. auf Veränderungen von Feld 9 nach 5 nach 1. Der Weg nach oben kann kurzfristig aber auch durch die Felder 6 und 3 bzw. 2 führen.
Einen besonderen Strategieansatz, die → *Outpacing-Strategie*, gibt es für Märkte, wo der größte Erfolg und Sieg im Wettbewerb durch Angebote von Produkten hoher Qualität, d.h. mit einem hohen wahrgenommenen Wert, und auch durch niedrige Preise bestimmt wird. F.Bl.

Literatur: *Diller, H.*: Preispolitik, 3. Aufl., Stuttgart 2000. *Kotler, Ph.; Bliemel, F.*: Marketing Management, 9. Aufl., Stuttgart 1999.

Preis-Response-Funktion
→ Preis-Absatzfunktion

Preisrisiko

Marktteilnehmer handeln im Gegensatz zu den Annahmen der Mikroökonomie in praxi nicht unter den Bedingungen vollkommener Märkte. Vielmehr sind ihre Entscheidungen aufgrund unvollkommener Markttransparenz und flexibler Präferenzen von mehr oder minder großer Unsicherheit geprägt (→ Preisdurchsetzung). Aus dieser Unsicherheit entstehen Risiken für die Marktakteure, die sich auf die Nichtrealisation geplanter Zielgrößen, die erst nachträglich abschätzbare Vorteilhaftigkeit der jeweils gewählten Alternative und/oder sogar auf mögliche Vermögensverluste durch die jeweilige Entscheidung beziehen. Das Preisrisiko stellt somit die Gefahr dar, dass ein Marktakteur einen von ihm im Rahmen einer Transaktion erwarteten *(subjektives Preisrisiko)* bzw. einen objektiv realistischen *(objektives Preisrisiko)* Preis nicht realisiert. Für den Nachfrager bezieht sich das Preisrisiko auf den Preis, der in diesem Zusammenhang am besten als Quotient aus Entgelt und Leistung definiert wird.
Auf der *Anbieterseite* lassen sich im Wesentlichen fünf Arten von Preisrisiken unterscheiden:

(1) Kalkulationsrisiken
Hierbei werden relevante Kosten im Rahmen der Preisfestsetzung nicht als solche erkannt bzw. mit zu niedrigen oder zu hohen Werten angesetzt. Beispiele sind höhere In-

flationsraten für Einsatzmaterialien (*Inflationsrisiko* oder Wegfall staatlicher Beihilfen (*fiskalisches Risiko*). Wechselkursrisiken entstehen bei Fakturierung des Preises in ausländischer Währung. Die damit einhergehenden (Opportunitäts-) Verluste können beträchtlich sein und gelegentlich auch die Existenz von Unternehmen gefährden. Nicht zuletzt durch solche Gefahren kommt es aber auch zum umgekehrten Kalkulationsrisiko: Wertansätze und Risikozuschläge werden zu hoch angesetzt, sodass der verlangte Preis eine Höhe annimmt, die auf dem Markt nur noch geringe Akzeptanz findet und den gewinnoptimalen Preis verfehlt (*Preiseskalationsrisiko*). Schließlich entstehen selbst bei objektiver Rechtfertigung hoher Preise über die Kosten u.U. Gefahren für das Preisimage (*Preisimagerisiko*), weil sich die Unternehmung dem Vorwurf „überhöhter" Preise ausgesetzt sehen kann.

(2) Marktreaktionsrisiken
Unternehmen bieten ihre Leistungen auf Märkten an, die durch ungewisse und sich wandelnde Präferenzen der Kunden sowie schwer einschätzbare Verhaltensweisen der Konkurrenten gekennzeichnet sind. Die Reaktion des Marktes auf das jeweils angebotene Entgelt-Leistungsbündel ist deshalb nicht mit Sicherheit prognostizierbar. Dadurch entstehen Marktreaktionsrisiken, d.h. (Opportunitäts-)Verluste durch andersartige Marktergebnisse als sie bei den preispolitischen Entscheidungen erwartet wurden.

(3) Auftragserlangungsrisiken
Preispolitisch relevante Risiken ergeben sich auch im Bereich der Konditionen, also der mit dem Abnehmer individuell vereinbarten Lieferungs- und Zahlungsbedingungen (→ Konditionenpolitik). Der Wettbewerb erzwingt hier häufig Zugeständnisse, welche die Rendite der zugrunde liegenden Transaktionen mindern. Gefahr droht insbesondere durch zu leichtfertig und ungeprüft zugesagte Rabatte, Skonti, Boni und Zahlungsziele, was ein entsprechendes → Preiscontrolling erforderlich macht.

(4) Zahlungsrisiken
Zahlungsrisiken entstehen, wenn der Abnehmer die vereinbarte Gegenleistung nicht erbringt (*Vertragserfüllungsrisiko*). Ebenso ist denkbar, dass der Abnehmer unter Hinweis auf Mängel nur teilweise zahlt oder dass er die vereinbarte Summe erst später (*Fristenrisiko*) oder in anderer Zahlungsform als vereinbart leistet.

(5) Dispositions- und Transferrisiko
Im internationalen Geschäft ist teilweise die Verfügungsmacht über die von Abnehmern geforderten oder erhaltenen Gegenleistungen eingeschränkt. So ist die Preishoheit der Anbieter in vielen Ländern aus wirtschaftspolitischen Gründen staatlich beschnitten. Da solche Regelungen zu Beginn der Geschäftstätigkeit nicht immer abzusehen sind oder das Interesse des Staates an Eingriffen wachsen kann, unterliegt die betriebliche Preispolitik einem *Dispositionsrisiko*. Ein benachbarter Aspekt betrifft die Verwendung erwirtschafteter Gewinne, die nicht in allen Fällen frei bestimmbar ist. Da sich der Gewinnanfall im Rahmen der internationalen Verrechnungspreispolitik steuern lässt, ist dieses *Transferrisiko* ebenfalls ein Bestandteil des Preisrisikos.

Preisrisiken entstehen nicht nur für den Anbieter, sondern auch für den *Abnehmer* (→ Kaufrisiko). Rein leistungsbezogene Gefahrenquellen sind etwa die Fehleinschätzung der Einsatzmöglichkeiten des Gutes (*Funktionsrisiko*) oder der Kauf einer Marke mit geringerem sozialem Prestige als angenommen (*soziales Risiko*). Entgeltbezogen entstehen Preisrisiken dadurch, dass der Käufer das Gut u.U. bei anderen Anbietern in gleicher Qualität zu niedrigeren Preisen hätte erwerben können (*Preisgünstigkeitsrisiko*) bzw. hinsichtlich des Preis-Leistungs-Verhältnisses des Gutes in seinen Erwartungen enttäuscht wird (*Preiswürdigkeitsrisiko*). Wegen der Subjektivität der Erwartungen fällt die Operationalisierung solcher Risiken schwer, was umgekehrt den Anbietern die Möglichkeit bietet, erfolgreich Vertrauenssignale einzusetzen. Preisgünstigkeitsrisiken auf der Abnehmerseite korrelieren stark mit der Transparenz des Marktes und den Preiskenntnissen der Kunden.

Das Preiswürdigkeitsrisiko ist umso geringer, je besser der Kunde die Übereinstimmung von versprochener bzw. erwarteter Leistung und tatsächlicher Leistung objektiv überprüfen kann. Zeichnet sich die Leistung durch zahlreiche Erfahrungs- oder gar Vertrauenseigenschaften aus, so ist das Risiko, nicht die entsprechende Leistung für das fixierte Entgelt zu enthalten, hoch. In diesem Falle orientieren sich vor allem Letztverbraucher gerne am → Preis als Qualitätsindikator, was gewisse Spielräume für die Durchsetzung und Argumentation hoher Preise bietet.

Allerdings bestimmt auch die Macht des Kunden gegenüber dem Anbieter, welchem Preisrisiko er ausgesetzt ist. Je stärker es ihm möglich ist, den Anbieter zur Offenlegung relevanter Informationen zu bewegen oder ihn bei opportunistischem Verhalten wegen schlechter Erfüllung des Vertrags mit Sanktionen zu belegen, desto geringer wird für ihn die Gefahr eines Verlustes.

Wie stark die Anbieter und Abnehmer von den Preisrisiken betroffen sind, wird oft im Rahmen von → Preisverhandlungen bzw. durch die → allgemeinen Geschäftsbedingungen (AGB) festgelegt. Schon insofern besteht im Rahmen der → Preisdurchsetzung ein Gestaltungsspielraum für die preissetzende Unternehmung. H.D./B.I.

Literatur: *Diller, H.*: Preispolitik, 3. Aufl., Stuttgart u.a. 2000, S. 399 ff. *Ivens, B.S.*: Preisrisiken im Marketing, in: Jahrbuch der Absatz- und Verbrauchsforschung, 46. Jg., Heft 3/2000.

Preisrundungseffekt
→ Preiswahrnehmung

Preisschätzungstest
spezieller → Preistest zur Ermittlung der subjektiven Preisvorstellungen und -kenntnisse der Konsumenten. Bei Preisschätzungstests wird Probanden das jeweilige Produkt (u. U. nur als Bild (-montage)) vorgelegt und danach gefragt, was dieses Produkt nach ihrer Meinung im Laden kostet. Kommt es bei vielen Versuchspersonen zu Preisüberschätzungen im Vergleich zum tatsächlichen Preis, weist dies auf unausgeschöpfte Preisspielräume hin. H.D.

Preisschaukelei
Form der Beeinflussung der → Preisbeurteilung durch systematische Anhebung und Absenkung des Verkaufspreises für häufig gekaufte Marken in bestimmten Zeitabständen (→ Preisvariation). Aufgrund der begrenzten Preiskenntnisse der Endverbraucher erscheint der jeweils niedrigere Preis attraktiver, da er am höheren Preis gemessen wird (zusätzlicher Residualreiz). Preisschaukelei ohne sachlichen Grund ist wettbewerbsrechtlich nach § 1 UWG allerdings unzulässig, weil sie den Verbraucher über die Preislage verunsichert, u.U. auch irreführen kann. H.D.

Preisschere
bildlicher Ausdruck für das Auseinanderdriften zweier Preisreihen, z.B. Produktpreise, Preisindizes etc. Bei Preisindizes ist zu beachten, ob die Wahl des Basisjahres ausschlaggebend für die Öffnung der Preisschere ist.

Preisschirm → Preisstrategie

Preisschleuderei
im Wettbewerbsrecht übliche Bezeichnung für eine Preisstellung ohne Rücksicht auf die Gestehungskosten oder andere kaufmännische Grundsätze. Dies trifft nicht auf die „normale" Preisunterbietung im Rahmen des Wettbewerbs zwischen den Anbietern zu. Auch ungerichtete → Untereinstandspreisverkäufe erfüllen den Tatbestand der Preisschleuderei normalerweise nicht. Wettbewerbsrechtlich relevant sind jedoch „Schleuderpreise", die den Bestand des Wettbewerbs gefährden können oder in Vernichtungsabsicht bestimmter Wettbewerber gestellt werden (s.a. → Dumping). H.D.

Preisschwellen
Diskontinuitäten der (subjektiven) Preisbewertungsfunktion von Nachfragern im Rahmen der → Preiswahrnehmung bzw. der → Preisbeurteilung. Man unterscheidet absolute und relative Preisschwellen. Erstere begrenzen den Preisbereitschaftsbereich, wobei die untere Grenze durch → preisorientierte Qualitätsbeurteilung, d.h. dominante Qualitätszweifel aufgrund niedriger Preise, die obere durch Einkommensschranken bedingt ist. Relative Preisschwellen treten innerhalb des Preisbereitschaftsbereichs auf und beruhen auf einer kategorialen Urteilstechnik, wie sie in der *Abbildung* anhand einer Preisgünstigkeitsfunktion (PGU) = f(p)) beispielhaft dargestellt ist. Sie liegen oft – wahrscheinlich bedingt durch die empirische Häufigkeit – bei gebrochenen Preisen, d.h. Preisen kurz unter runden Preisziffern (z.B. 0,99 Euro, 99 Euro). Ihr Überschreiten führt zumindest kurzfristig zu verstärktem Preiswiderstand der Nachfrager, weil sich das Preisurteil dann „schlagartig" verschlechtert.

Die genaue Lage von Preisschwellen muss jeweils empirisch ermittelt werden. Gewisse Hinweise vermag auch eine Häufigkeitsanalyse der am Markt auftretenden Preisziffern zu liefern. Dabei kann man häufig beobachten, dass die Anzahl der Preisschwellen mit der Intensität des Preiswettbewerbs zunimmt. Entsprechend dem We-

Preissegmentierung

Preisschwellen und Kategorisierung des Preisurteils

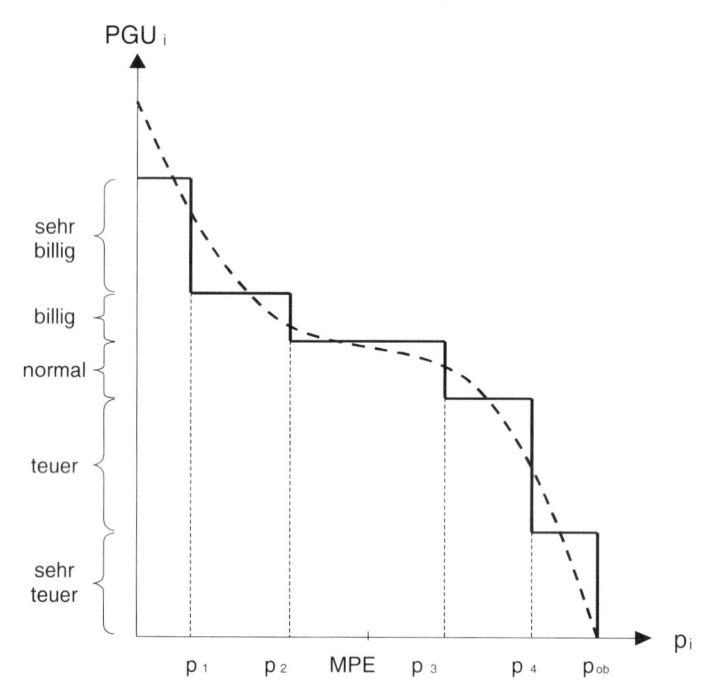

ber-Fechner'schen Gesetz (→ Psychophysik, → Preisbeurteilung) ist dabei zu erwarten, dass die Abstände zwischen den Preisschwellen mit steigendem Preisniveau größer werden.

Preisschwellen verändern sich – freilich oftmals mit Verzögerung – zusammen mit der Preissituation am Markt. Überspringen alle Anbieter eine bestimmte Preisschwelle, so schwindet üblicherweise schon nach kurzer Zeit der Preiswiderstand, wenn für die Abnehmer keine Möglichkeit des Ausweichens auf andere Wettbewerber besteht. Beim Überspringen von Preisschwellen ist es zweckmäßig, mit dem Preis nicht nur knapp über die letzte Preisschwelle zu gehen, sondern ihn bereits in die Nähe der nächsten Preisschwelle zu setzen, weil damit kein wesentlicher Präferenzverlust verbunden ist.

H.D.

Literatur: *Kaas, P.; Hay, Ch.:* Preisschwellen bei Konsumgütern. Eine theoretische und empirische Analyse, in: ZfbF, 36. Jg. (1984), S. 333-346.

Preissegmentierung

Bei einer preisorientierten → Marktsegmentierung, kurz „Preissegmentierung" genannt, werden Merkmale des Preisverhaltens der Kunden oder andere preisbezogene Marktcharakteristika zur Beschreibung und Auswahl von Zielgruppen bei der Marktbearbeitung herangezogen. Sollen → Kundennutzenkonzepte implementiert werden, die z.T. sehr heterogene Preisbedürfnisse und -probleme der Abnehmer treffen, ist eine solche Segmentierung nahezu unverzichtbar. Grundsätzlich sind dabei zwei Wege möglich: Bei einer „*passiven Preissegmentierung*" (→ Preisdifferenzierung zweiten Grades) werden die Angebotsbedingungen so zugeschnitten, dass das Produkt überwiegend „von selbst" durch die anvisierten Zielgruppen gekauft wird. Bei der „*aktiven Preissegmentierung*" dagegen beschränkt der Anbieter von sich aus die Gültigkeit bestimmter Preise bzw. Preissysteme auf von ihm definierte Zielgruppen, die sich beim Kauf entsprechend identifizieren müssen. Zur passiven Preissegmentierung zählt neben den verschiedenen Formen der Preisdifferenzierung zweiten Grades (z.B. nach Menge, Region, Produktdesign etc.) auch die → Preislagenpolitik. Auf vielen Absatzmärkten lassen sich die angebotenen Produkte unterschiedlichen *Qualitätsniveaus* oder *Qualitätsklassen* zuordnen, auch wenn der funktionale Verwendungszweck aller

Produkte weitgehend gleich ist (Beispiele: Fernsehgeräte, Photoapparate, Gabelstapler). Mit den verschiedenen Qualitätsklassen korrespondieren unterschiedliche Preislagen. Für eine Unternehmung, die auf solchen Märkten operiert, ergibt sich die Möglichkeit, ihr Produktangebot im Preis-Qualitätsfeld selbständig zu positionieren, was man verkürzt als → *Preispositionierung* bezeichnet (s.a. → Preis-Qualitäts-Strategie). Ihre preispolitische Bedeutung gewinnt die Preispositionierung vor allem dadurch, dass die Preisunterschiede für Produkte mit verschiedenem Qualitätsniveau im Allgemeinen nicht mit den Unterschieden der Produktions- und Marketingkosten korrespondieren. Darüber hinaus unterscheiden sich die in jeder Preislage anzutreffenden Rahmenbedingungen für die Preispolitik oft ganz wesentlich.

Bei der Preissegmentierung werden also vor allem die Qualitätspräferenzen und die Preisbereitschaft der Abnehmer dazu herangezogen, um in sich relativ homogene, untereinander aber möglichst heterogene Käufergruppen zu identifizieren, die mit jeweils spezifischen Preis-Leistungs-Kombinationen angesprochen werden können (→ Preislagenwahl). Durch eine solche segmentspezifische Preispolitik kann es gelingen,

– dem besonders intensiven Preiswettbewerb im Teilmarkt für standardisierte Massenware auszuweichen und durch Besetzung einer Marktnische eine monopolähnliche Stellung zu erzielen,
– → Konsumentenrenten bei jenen Kunden abzuschöpfen, die weniger preisinteressiert und preisempfindlich sind,
– eine höhere → Kundenbindung und → Preisbereitschaft durch „maßgeschneiderte" Problemlösungsangebote für die jeweilige Zielgruppe zu erreichen.

Daneben können soziodemographische oder auf das Preisintersse bezogene Segmentierungskriterien herangezogen werden, die allerdings oft nicht trennscharf sind. Die *Abbildung* stellt diese Kriterien im Überblick dar. Die Mehrzahl der aufgezeigten Kriterien bedarf keiner Kommentierung. Unter → Preisbereitschaft wird der Maximalpreis verstanden, zu dem eine Person ein Produkt zu kaufen bereit ist. Die Preissensitivität drückt aus, wie eine Person auf bestimmte Preise oder auf → Preisänderungen reagiert (→ Preisinteresse). Die „Preiseinstellung" kann z.B. durch die Frage, ob ein bestimmter Preis als „hoch", „angemessen" oder „niedrig" empfunden wird, operationalisiert werden (→ Preisintentionen).

Die *Marktbearbeitung* kann auf ein bestimmtes Segment beschränkt („konzent-

Preis- und Marktsegmentierungskriterien

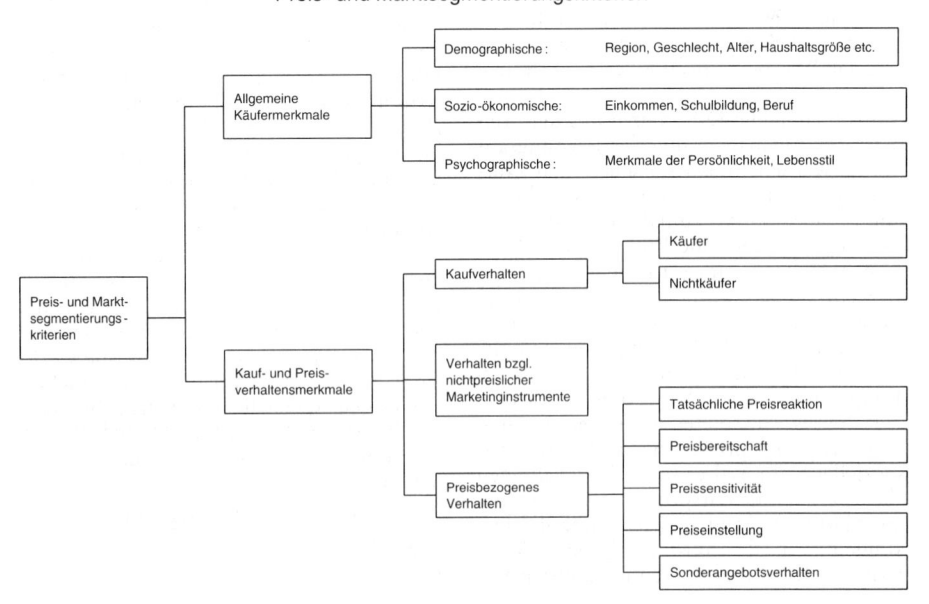

Preis- und Marktsegmentierungskriterien			
Allgemeine Käufermerkmale	Demographische:	Region, Geschlecht, Alter, Haushaltsgröße etc.	
	Sozio-ökonomische:	Einkommen, Schulbildung, Beruf	
	Psychographische:	Merkmale der Persönlichkeit, Lebensstil	
Kauf- und Preisverhaltensmerkmale	Kaufverhalten	Käufer	
		Nichtkäufer	
	Verhalten bzgl. nichtpreislicher Marketinginstrumente		
	Preisbezogenes Verhalten	Tatsächliche Preisreaktion	
		Preisbereitschaft	
		Preissensitivität	
		Preiseinstellung	
		Sonderangebotsverhalten	

rierte Marketingstrategie") oder auf mehrere Segmente ausgerichtet werden, wobei für jedes Segment verschiedene Marketingkonzepte zu entwickeln sind („differenzierte Marketingstrategie"). Dabei gilt es zu berücksichtigen, dass bereits am Markt etablierte Produkte sehr viel schwieriger neu zu positionieren sind als neue Produkte, weil die vorhandenen Images ein starkes Beharrungsmoment beinhalten. Insbesondere ein Massenprodukthersteller kann deshalb sein bisheriges Preiskonkurrenzfeld kaum mehr nach oben verlassen, ohne Gefahr zu laufen, erhebliche Absatzverluste hinnehmen zu müssen. Ferner wachsen im Wettbewerb die Ansprüche der Kunden ständig, sodass ein dynamisches Verständnis der Preislagen und eine mitlaufende strategische Überwachung der Preispositionierung erforderlich wird.

Seit Jahren wird ein Trend weg von minderwertiger Qualität und hin zu z.T. sehr hohen Qualitätsansprüchen der Käufer selbst in der untersten Preislage deutlich. Auch die immer noch zunehmende → Marktpolarisierung hat preisstrategische Konsequenzen: Die Positionierung in der Mittelpreislage wird dadurch immer unattraktiver. Gleichzeitig wandert das gesamte Preislagensystem mit steigendem Wohlstand nach oben, sodass es immer wieder neue Premium-Preisschichten zu erschließen gilt (→ Premium-Konzept). Gleichzeitig steigt mit zunehmendem globalen Auftritt vieler Unternehmen die Gefahr, von „globalen Nischenanbietern" mit entsprechender Wettbewerbsfähigkeit umzingelt und in der eigenen Wettbewerbsfähigkeit geschwächt zu werden.

Mit zunehmender Differenzierung der Preise und Individualisierung der Leistungsangebote werden Preisbereitschaft und Nutzenempfinden als Segmentierungsmerkmale immer wichtiger, zumal man mit der → Conjointanalyse hierfür geeignete Daten bereitzustellen vermag. Eine entsprechende „Benefitsegmentierung" (Aust 1996) erfolgt auf Basis der individuellen Teilnutzenfunktionen, also der subjektiv empfundene Nutzenwahrnehmung gegenüber verschiedenen Teilqualitäten eines Angebotes sowie dessen Preises. Sie bieten sich v.a. für sog. → Value-Konzepte an, die auf Kunden mit speziellen Preis-Leistungs-Vorstellungen abzielen. Um die entsprechenden Segmente im Markt tatsächlich wiederaufzufinden, können Diskriminanzanalysen oder Scoring-Modelle zur Trennschäfe der Va-

lue-Segmente auf Basis soziodemographischer und/oder Kaufverhaltens-Merkmale unternommen werden. H.D./H.S./G.Wü.

Literatur: *Aust, E.*: Simultane Conjointanalyse, Benefitsegmentierung, Produktlinien- und Preisgestaltung, Frankfurt 1996. *Diller, H.*: Preispolitik, 3. Aufl., Stuttgart u.a. 2000.

Preissenkung → Preisänderungen

Preissicherung

Für Leistungen im → Anlagengeschäft, die in langfristigen, sich über mehrere Jahre erstreckenden Fertigungs- und Absatzprozessen erbracht werden, stellt sich das Problem, dass bei starken Preisschwankungen auf der Kostenseite ein hohes Maß an Ungewissheit bei der Beurteilung der Wirtschaftlichkeit eines Auftrages besteht, da zukünftige Preisänderungen das Auftragsergebnis entscheidend beeinflussen können (→ Preisdurchsetzung). Werden bspw. die Lohn- und/oder Rohstoffpreissteigerungen vom Anbieter unterschätzt, so können bei gegebenem Mengengerüst erhebliche Verluste entstehen. Ähnliches gilt generell bei hohen Inflationsraten. Um diese → Preisrisiken zu berücksichtigen, kann sich ein Anbieter verschiedener → Preisvereinbarungen bedienen:

Beim *Festpreiseinschluss* versucht der Anbieter, etwaige Preiserhöhungen in der Zukunft durch einen meist global fixierten Kalkulationsaufschlag zu berücksichtigen. Bei einer Unterschätzung der Preissteigerungsrate wird er die Differenz aus seinem Auftragsergebnis decken müssen, bei einer Überschätzung wird er aus dem Festpreiseinschluss Zusatzerfolge erzielen.

Preisvorbehalte des Anbieters ermöglichen es, nachgewiesene Kostensteigerungen, die aus einer Veränderung des Mengen- und/oder Preisgerüstes entstehen können, dem Kunden weiterzubelasten.

Bei der *Preisgleitklausel* wird die Fixierung des endgültig relevanten Preises von der Preisentwicklung bestimmter Elemente, wie z.B. Löhnen und Materialpreisen, abhängig gemacht. Die Wirkungsstärke der einzelnen Elemente wird ex ante formelmäßig festgelegt, wie die besonders gebräuchliche Preisformel der ECE (United Nations Economic Commission for Europe) deutlich macht:

$$P = P_0 / 100 \, (a + m \, M / M_0 + l \, L / L_0)$$

Legende:
P = Endgültiger Preis

P_0 = Preis am Basisstichtag (z.B. bei Vertragsabschluss)
A = Nicht gleitender Preisanteil
M = Anteil der Materialkosten am Preis
l = Lohnanteil am Preis
M_0 = Materialkosten am Basisstichtag (z.B. bei Vertragsabschluss)
M = Materialkosten zum Abrechnungsstichtag
L_0 = Lohnkosten am Basisstichtag (z.B. bei Vertragsabschluss)
L = Lohnkosten zum Abrechnungsstichtag a + m + l = 100

K.B.

Preisspanne → Preislinienpolitik

Preisspiegel
nennt man eine vergleichende Aufstellung der verschiedenen am Markt geforderten Preise für ein bestimmtes Produkt in bestimmten Angebotseinheiten, bspw. in unterschiedlichen Einzelhandelsbetrieben. Preisspiegel werden von Beratungsstellen sowohl für Verbraucher (→ Preisaufklärung) herausgegeben als auch von Unternehmen in Form von internen Information für das Marketing erstellt. Ferner existieren staatliche Stellen zur Preisbeobachtung und fallweise veröffentlichen auch Fachzeitschriften aktuelle Preisspiegel, insb. bei Produkten mit variablen Preisen. S.M./I.M.

Preisspreizung → Konditionenspreizung

Preisstaffeln, Preisstufungen
Auflistung der gültigen Preise für Waren gleicher Zweckbestimmung, aber unterschiedlicher Ausstattung, Qualität, Größe etc. Die Abstände der der Größe nach geordneten Preise werden auch als *Staffelmargen* bezeichnet (→ Preisdifferenzierung, → Konditionenpolitik).

Preisstandardisierung
→ Preiskoordination

Preissteigerungsrücklage
→ Preispolitik, steuerliche Aspekte

Preisstolz → Preiserlebnisse

Preisstrategie
aufeinander abgestimmtes, also ganzheitliches und an den langfristigen Unternehmens- und → Marketingzielen ausgerichtetes Ziel- und Handlungskonzept der → Preispolitik, welches als komplementärer Teil der → Marketingstrategie auf die Erschließung und Sicherung von preisbezogenen strategischen → Wettbewerbsvorteilen abzielt.

Um Erfolgspotentiale auf- und auszubauen, muss die Preisstrategie zum einen das gesamte preispolitische Verhalten des Unternehmens auf ein in sich schlüssiges, langfristig orientiertes preisstrategisches Zielkonzept hin ausrichten. Zum anderen muss sie das Kräftefeld des → strategischen Dreiecks reflektieren. Danach sieht der Kunde den Preis nicht isoliert, sondern trifft seine Kaufentscheidung typischerweise anhand einer an der Konkurrenz relativierten Abwägung von Nutzen und Preis. Insofern gilt es mit der Preisstrategie gleichermaßen sowohl auf die Kunden bzw. auf bestimmte Preissegmente des Marktes (→ Preissegmentierung) als auch auf die dort herrschende Wettbewerbssituation zu fokussieren (s.a. → Marktinvestitionen).

Das *preisstrategische Zielkonzept* stellt eine gedankliche Verknüpfung preispolitischer Instrumente und Sachziele mit preisstrategischen Zielen und schließlich langfristigen Unternehmenszielen an dar. Es lässt sich in Form einer „Strategischen Preistreppe" (*Abb.*) veranschaulichen, was auch die Ähnlichkeit zu einem hierarchischen Zielsystem mit Unter-, Mittel- und Oberzielen deutlich macht (*Diller*, 2000). Umsatzwachstum, langfristige Kapitalrentabilität (→ ROI), Stabilität und Unabhängigkeit des Unternehmens stellen dabei vier häufig im Vordergrund der Preispolitik stehende Oberziele dar. Die Auswahl der Oberziele, die tatsächlich in das preispolitische Zielsystem eingehen, kann aber nur unternehmens- und situationsspezifisch erfolgen und spiegelt letztlich sowohl Basisüberzeugungen der Entscheidungsträger, etwa preisethische Grundsätze, Stakeholder-Definitionen oder die Risikotoleranz, als auch die wahrgenommenen Chancen und Risiken des aktuellen und langfristig zu erwartenden preispolitischen Umfeldes wider. Daneben kommt den → preisstrategischen Effekten entscheidende Bedeutung innerhalb des preisstrategischen Zielkonzeptes zu, da diese die Erfolgskraft der einzelnen Preisinstrumente verstärken bzw. erst ermöglichen. Zur Erzielung solcher Effekte gilt es schließlich, die preispolitischen Maßnahmen möglichst synergetisch zu → Preis-Mixes zu bündeln, die sich somit als eine unternehmensindividuell auszugestaltende, auf

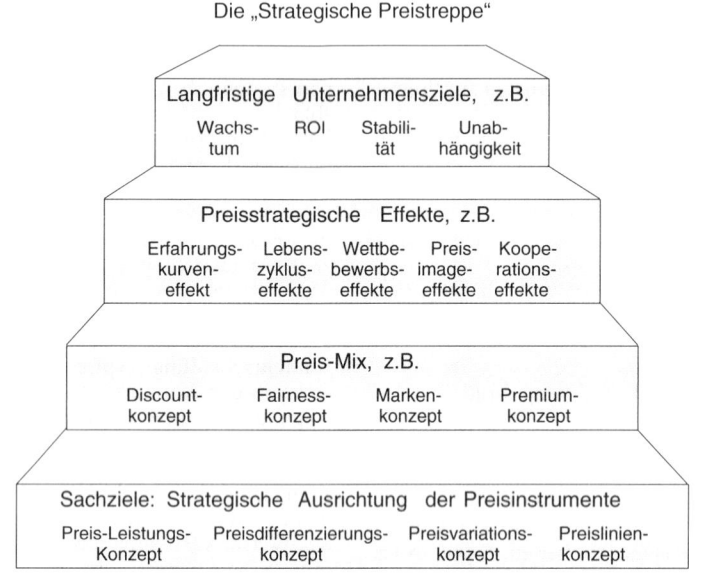

Preisstrategie

Die „Strategische Preistreppe"

```
┌─────────────────────────────────────────┐
│   Langfristige Unternehmensziele, z.B.  │
│   Wachs-   ROI    Stabili-   Unab-      │
│   tum              tät       hängigkeit │
└─────────────────────────────────────────┘
┌───────────────────────────────────────────────────┐
│         Preisstrategische Effekte, z.B.           │
│  Erfahrungs-  Lebens-  Wettbe-  Preis-   Koope-   │
│  kurven-      zyklus-  bewerbs- image-   rations- │
│  effekt       effekte  effekte  effekte  effekte  │
└───────────────────────────────────────────────────┘
┌─────────────────────────────────────────────────────┐
│                   Preis-Mix, z.B.                   │
│   Discount-   Fairness-   Marken-    Premium-       │
│   konzept     konzept     konzept    konzept        │
└─────────────────────────────────────────────────────┘
┌───────────────────────────────────────────────────────┐
│  Sachziele: Strategische Ausrichtung der Preisinstrumente │
│  Preis-Leistungs-  Preisdifferenzierungs-  Preisvariations-  Preislinien- │
│  Konzept           konzept                 konzept           konzept      │
└───────────────────────────────────────────────────────┘
```

(Quelle: *Diller*, 2000, S. 368)

→ preisstrategische Effekte zielende Kombination preispolitischer Aktivitäten auffassen lassen.

Neben dem preisstrategischen Zielkonzept stellt das preisstrategische → Kundennutzenkonzept das direkt auf die Kunden zielende Element von Preisstrategien dar. Es handelt sich dabei um ganzheitliche Entwürfe zur Lösung kundenseitiger Preisprobleme, mit denen man auf Basis eines möglichst einzigartigen Preisversprechens (→ Unique Price Proposition (UPP)) eine Profilierung im Wettbewerb sowie den Aufbau von Kundenbindung erreichen kann. Im Hinblick auf die Ausgestaltungsmöglichkeiten lässt die Vielfalt der Marketing-Instrumente für Kundennutzenkonzepte einen sehr großen Spielraum. Insofern gleicht kaum ein Unternehmen der Praxis in seinem Preisauftritt exakt dem Anderen. Versucht man trotzdem eine (branchenübergreifende) Systematisierung der in der Praxis gepflegten preisstrategischen Kundennutzenkonzepte aufzustellen, so lassen sich mit Niedrigpreis-(→ Niedrigpreisstrategie), Schnäppchen-, Fairness-, Value- und Premium-Konzepten fünf in der Praxis besonders bedeutsame Konzepttypen unterscheiden (→ Kundennutzenkonzept, preisstrategisches). Hinsichtlich des Erfolgs sind Kundennutzenkonzepte an bestimmte Voraussetzungen, wie z.B. die Kommunizier-

barkeit dieses Nutzens oder dessen Originalität, gebunden. Zudem müssen das preisstrategische Kundennutzen- und Wettbewerbs-Konzept eng aufeinander abgestimmt werden, weil auch die Kunden die Leistung eines Unternehmens im Vergleich zu dessen Wettbewerbern erleben.

Soll die Preispolitik auf Dauer erfolgreich sein, müssen schließlich die preisstrategisch relevanten Reaktionen der Wettbewerber vorweggedacht und durch die Integration eines auf das Unternehmen und den herrschenden → Preiswettbewerb abgestimmten *preisstrategischen Wettbewerbs-Konzeptes* in die Preisstrategie reflektiert werden, welches zum einen eine Abgrenzung der für die Preispolitik relevanten Konkurrenten und zum anderen Grundsätze zum preispolitischen Verhalten im Wettbewerb beinhaltet. Die Abgrenzung der relevanten Wettbewerber lässt sich mit Hilfe von *Konkurrenzelastizitäten* der Preise (relative Änderung der Konkurrenzpreise zu relativer Änderung der eigenen Preise) ausdrücken. Sie variiert erfahrungsgemäß eng mit der Preisnähe der Wettbewerber („*Nachbarschaftseffekt*"). Prioritäten hinsichtlich verschiedener Wettbewerber ergeben sich auch durch das Ausmaß an Überschneidungen der jeweiligen Tätigkeitsfelder, insb. hinsichtlich sachlicher (Qualität, Sortiment), räumlicher, zielgruppenspezifischer sowie imagemäßiger Kriterien. Zudem gilt es, wettbewerbsseitige Asymmetrien zu berücksichtigen: Wettbewerber niedrigerer Preis-Qualitäts-Klassen sind aus preisstrategischer Perspektive weit weniger gefährlich als jene gleicher oder höherer, da eine Kundenabwanderung deutlich wahrscheinlicher ist, falls Letztere den Preis senken.

Als zweiter Aspekt sind im preisstrategischen Wettbewerbs-Konzept *wettbewerbsstrategische Grundsätze* für den Einsatz preispolitischer Instrumente festzulegen. In ihnen kommt der *preispolitische Stil* und das *wettbewerbspolitische Selbstverständnis* des Unternehmens zum Ausdruck. Die Grundsätze betreffen dabei

- den Stellenwert von Preisvorteilen im Marktauftritt,
- das Aktivitätsniveau der Preispolitik (aktiv vs. passiv),
- die Preisaggressivität gegenüber Wettbewerbern (→ Marktaggressivität) und
- den Anspruch bzw. Verzicht auf die → Preisführerschaft (Preisrolle im Wettbewerb).

Im → Internet-Pricing sind spezifische Wettbewerbsumstände zu beachten, weshalb es gelegentlich zu extremen Preisstrategien, etwa der → Folllow-the-free-Strategie kommt, wo das Produkt zunächst sogar kostenlos abgegeben wird, um möglichst schnell den Markt zu besetzen und eine kritische Masse an Kunden aufzubauen.

Preisstrategien sind ihrem Wesen nach langfristig ausgerichtet. Insofern gilt es im Rahmen ihrer Konzeption zu berücksichtigen, dass das Preisgebaren der aktuellen Periode auch die Absatz- und Kostengegebenheiten und damit die Preise in zukünftigen Perioden beeinflussen kann. Ausgeprägte → Carryover-Effekte führen zu einer Reduktion des strategisch-optimalen Preises für die nächste Periode. Denn je stärker die Carryover-Effekte sind, desto wichtiger ist es, schnellstmöglich viele Kunden zu gewinnen, und desto stärker liegt der strategisch-optimale Preis unter dem kurzfristig-optimalen. Derartige → Preisänderungswirkungen begünstigen demnach eine → Penetrationsstrategie. Bei asymmetrisch oder nichtproportionalen Preisänderungswirkungen kann dagegen eine → Pulsationsstrategie zweckmäßig sein. Schließlich können sogar → Preiserwartungseffekte vorliegen, durch die Preissenkungen zu einem Absatz*rückgang* führen, weil die Kunden ihre Käufe aufschieben und auf weitere Preissenkungen warten. Aufgrund solcher dynamischen Effekte darf die Preisstrategie nicht nur den Preis für die aktuelle Periode berücksichtigen, sondern muss darüber hinaus die Preise für alle folgenden Perioden umfassen. In schnelllebigen Märkten kann es sogar notwendig werden, die Preisstellung für noch gar nicht entwickelte Nachfolgemodelle des betrachteten Produktes oder die Wettbewerbssituation nach Durchlaufen einer langjährigen Verdrängungsphase (→ Predatory Pricing) in die Überlegungen mit einzubeziehen.

Konzeption, Realisierung und Kontrolle der Preisstrategien lassen sich dauerhaft nur von einem professionellen strategischen Preismanagement erfüllen. Dieses muss insbesondere der Entwicklungsdynamik preispolitischer Maßnahmen sowie dem ganzheitlich-integrativen Anspruch eines optimalen → Preis-Mix Rechnung tragen, um durch die Preisstrategie sowohl eine dauerhafte preispolitische Steuerungsleistung sicherzustellen als auch die bei der Verzahnung verschiedener Preisinstrumente entstehenden Synergien ausschöpfen zu können. Methodisch lassen sich dafür Optimierungsverfahren, wie dynamische oder nichtlineare Programmierung oder kontrolltheoretische Methoden, heranziehen. Unter Anwendungsaspekten haben diese Verfahren allerdings den Nachteil, relativ hohe Anforderungen an den Benutzer zu stellen, so dass nicht selten einfachere, aber auch weniger zuverlässige Heuristiken oder → Decision Calculus-Modelle zur Anwendung kommen. Zudem scheitert ein ganzheitlicher preisstrategischer Marktauftritt in praxi oft schon an der organisatorischen Voraussetzung (→ Preisorganisation), weil die diversen preispolitischen Instrumente ganz verschiedenen Abteilungen überantwortet werden, ohne dass diese sich in hinreichender Form untereinander abstimmen. Den dabei entstehenden Friktionen gilt es durch ein auf Informationsversorgung und Koordination ausgelegtes strategisches → Preiscontrolling entgegenzuwirken. H.D./A.Ha.

Literatur: *Diller, H.*: Preispolitik, 3. Aufl., Stuttgart 2000. *Simon, H.*: Preismanagement, 2. Aufl., Wiesbaden 1991.

Preisstrategie bei Erfahrungskurven

Der degressive Verlauf der → Erfahrungskurve ist von erheblicher Bedeutung für die → Preisstrategie: Liegen Erfahrungskurven vor, fallen die relativen Kostenvorteile eines

Preisstrategie bei Erfahrungskurven

Unternehmens gegenüber der Konkurrenz umso stärker aus, je mehr dessen Wachstumsraten jene der Konkurrenten übertreffen. Je höher dabei die Lernrate ist, desto vorteilhafter - gleichzeitig aber auch wichtiger für die Schaffung eines strategischen → Wettbewerbsvorteils bzw. für das Überleben im Wettbewerb - wird es, schnell große Mengen zu erzielen und – als Folge – Kostenvorteile zu realisieren. Diese können die Konkurrenten erst mit Erreichen der gleichen Menge kompensieren. Insofern ist der Vorsprung des Marktführers auf der Erfahrungskurve letztlich „nur" ein Zeitvorteil (→ Zeitwettbewerb); dieser lässt sich mit zunehmender Marktsättigung allerdings immer schwerer aufholen.

Strategie des äußerst niedrigen Anfangspreises

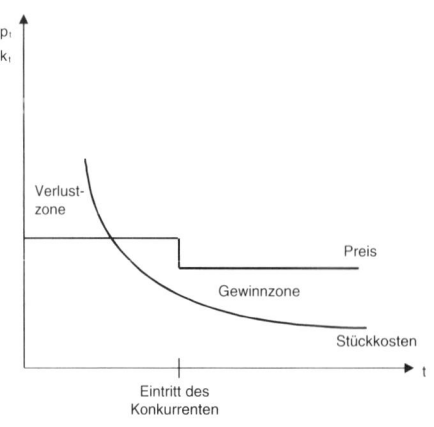

(Quelle: *Diller*, 2000, S. 374)

Ein wichtiges Mittel zum Erreichen eines schnellen und starken Mengenwachstums sind → Niedrigpreisstrategien, speziell aggressive Einführungspreise, da das entsprechende Unternehmen dann im Vergleich zur Hochpreisstrategie schneller im Produkt- bzw. Markenlebenszyklus (→ Lebenszyklus, Produktlebenszyklus, Markenlebenszyklus) voranschreitet. Als Konsequenz kann in der Einführungsphase selbst ein Preis *unterhalb* der eigenen Selbstkosten strategisch sinnvoll sein, wenn dadurch ein starkes Mengenwachstum mit entsprechend schnellen Lerneffekten induziert wird, weil das Produkt dadurch auch ohne Preiserhöhungen die Gewinnzone erreichen kann (Strategie des äußerst niedrigen Anfangspreises; s. *Abb.*). Voraussetzungen für den Erfolg einer solchen Strategie sind eine starke → Preiselastizität und relativ hohe Lernraten sowie ausreichende finanzielle Mittel zur Finanzierung der Verlustphase und zum schnellen Aufbau der Produktionskapazitäten.

Existieren Erfahrungskurven, bieten sich dem Markt- und Kostenführer zwei Optionen für die Preisstrategie im Lebenszyklus:

(1) Er kann den Preis auf einem im Verhältnis zu seinen eigenen Kosten hohen Niveau halten und damit diejenigen Konkurrenten, deren Kosten unterhalb dieses „Preisschirms" liegen, am Leben lassen. Mit dieser „*Preis-Umbrella-Strategie*" lassen sich sehr hohe Stückdeckungsbeiträge erzielen, die in neue Geschäfte investiert werden können.

(2) Die zweite Alternative für den Marktführer besteht darin, die *Preise fortlaufend entlang der Erfahrungskurve zu senken* und für eine Marktbereinigung zu sorgen, indem alle Anbieter, die auf der Erfahrungskurve nicht genügend weit vorangekommen sind, aus dem Markt getrieben werden (→ Predatory Pricing). Der Vorteil dieser Strategie liegt für den Marktführer ähnlich wie bei der → Penetrationsstrategie in hohen Absatzmengen bzw. Marktanteilen, die in Verbindung mit den extrem niedrigen Stückkosten zu interessanten Gewinnen führen können. Aus Sicht der Konkurrenten verschlechtert sich dagegen die Attraktivität des Marktes. Dadurch wird gleichzeitig das Risiko des Eintritts neuer Anbieter minimiert, da der Marktführer seine relativ bessere Kostenposition kurz vor oder nach einem Markteintritt nutzen kann, indem er seine Preise auf ein für den neuen Konkurrenten kostenmäßig nicht vertretbares Niveau absenkt (→ Entry Limit Pricing).

Neben den Vorteilen bergen rein an Erfahrungskurven orientierte Preisstrategien aber auch nicht unerhebliche Risiken. So kann eine auf der → Kostenführerschaft aufbauende Preisstrategie an den Bedürfnissen des Marktes vorbeigehen. Zudem beinhaltet eine auf rapides Mengenwachstum abzielende Preisstrategie i.d.R. erhebliche Flexibilitätseinbußen. Des Weiteren wird es angesichts immer kürzerer Produktlebenszyklen zunehmend schwieriger, mit erfahrungskurvenorientierten Preisstrategien die Pay-Off-Periode zu erreichen. Darüber hinaus können Technologiesprünge zu neuen, wegen der Anfangspotentiale steileren Erfahrungskurven(abschnitten) der Wettbewerber führen und diesen nach Überwindung des → Höcker-Effekts zu Kostenvorteilen verhelfen. Schließlich können die Erfahrungskurveneffekte durch sehr schnelles Nachziehen der Konkurrenten beschränkt bzw. ganz zunichte gemacht werden. In diesem Fall kann es dann sogar zu einem für alle Anbieter nachteiligen Kapazitätswettbewerb kommen. Insofern erscheint es zweckmäßig, dass Unternehmen, die eine solche Preisstrategie verfolgen, gleichzeitig auch die nicht zur → Preispolitik zählenden Marketing-Instrumente intensiv und aggressiv zur Abstützung ihrer Preisstrategie einsetzen. A.H.

Literatur: *Diller, H.*: Preispolitik, 3. Aufl., Stuttgart 2000. *Ghemawat, P.*: Building Strategy on the Experience Curve, in: Harvard Business Review, Vol. 63 (1985), S. 143-149. *Simon, H.*: Preismanagement, 2. Aufl., Wiesbaden 1991.

Preisstrategie im Lebenszyklus

Im Verlauf des → Lebenszyklus von Produkten verändert sich i.d.R. die → Preiselastizität der Nachfrage. Das hat Auswirkungen auf die optimale → Preisstrategie in den einzelnen Zyklusphasen, wobei für echte Innovationen andere Konsequenzen zu ziehen sind als für Me-too-Produkte.

1. Innovationen

Für Innovationen sind → Skimming- und → Penetrationsstrategie die idealtypischen Optionen (vgl. *Abb.*). Bei der → Skimming-Strategie lanciert man das neue Produkt zu einem vergleichsweise hohen Preis, der im Verlauf des Lebenszyklus i.d.R. sinkt. Die → Penetrationsstrategie besteht dagegen in der Einführung zu einem niedrigen oder gar aggressiven Preis mit dem vorrangigen Ziel der schnellen Marktpenetration. Bei der → Folllow-the-free-Strategie wird das Produkt zunächst sogar kostenlos abgegeben. Über die Preisentwicklung in späteren Lebenszyklusphasen enthalten die üblichen Definitionen der Penetrationsstrategie keine Aussage. Grundsätzlich kommen die durch gestrichelte Linien in der *Abb.* dargestellten Optionen in Betracht.

Die wichtigsten Argumente für die beiden Strategiealternativen sind in der *Übersicht* zusammengefasst. Aufgrund der Gegensätzlichkeit beider Strategien stellt jedes Argument für die eine gleichzeitig ein Argument gegen die andere Strategie dar. Grundsätzlich geht es bei der Entscheidung zwischen beiden Strategiealternativen um das klassische Problem der Abwägung zwischen (relativ sicheren) kurzfristigen Erträgen und (relativ unsicheren) langfristigen Ertragschancen. Die Skimming-Strategie betont stärker den kurzfristigen Aspekt. Sie ist deshalb angeraten, wenn entweder keine langfristigen Effekte existieren oder deren Erträge aus heutiger Sicht nicht hoch bewertet werden, sei es, dass sie zu risikobehaftet erscheinen, der Diskontierungszinsfuß sehr hoch ist oder andere Gründe vorliegen.

Die Penetrationsstrategie bezieht ihre Rechtfertigung dagegen eher aus der langfristigen Orientierung und setzt insofern eine besonders weit vorausschauende Marketingplanung, ggf. die Bereitschaft, kurzfristige Verluste in Kauf zu nehmen, sowie eine höhere Risikopräferenz voraus. Dabei ist ein niedriger Preis in den frühen Phasen des Lebenszyklus für den langfristigen Markterfolg umso wichtiger, je stärker die positiven → Carryover-Effekte auf nachfolgende Perioden wirken. Denn anfängliche Markterfolge wirken dann wie Multiplikatoren auf den Absatzverlauf und schaffen - beispielsweise durch Größen- (→ Economies of scale) und/oder Erfahrungseffekte (→ Preisstrategie bei Erfahrungskurven) - einen Konkurrenzvorsprung. Grundsätzlich ist dem Lebenszyklus also eine eigengesetzliche Dynamik inhärent, die sich preis-

Preisverlauf bei Skimming- bzw. Penetrationsstrategie

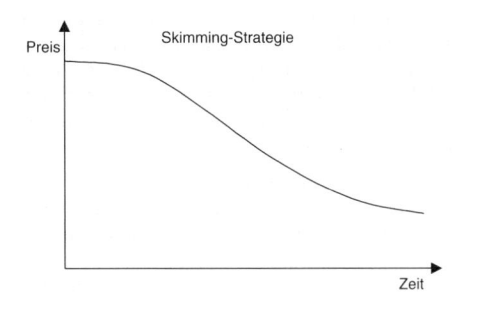

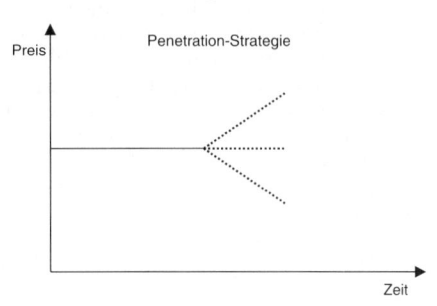

Preisstrategische Effekte

Argumente für und wider Skimming- vs. Penetrationsstrategie

Skimming-Strategie	Penetration-Strategie
– Realisierung hoher kurzfristiger Gewinne, die von Diskontierung wenig getroffen werden	– durch schnelles Absatzwachstum trotz niedriger Stückkostenbeiträge hohe Gesamtkostenbeiträge
– bei echten Innovationen Gewinnrealisierung im Zeitraum mit monopolistischer Marktposition, schnellere Amortisation des F&E -Aufwands	– Aufgrund von positiven Carryover-Effekten Aufbau einer langfristig starken und überlegenen Marktpostition (höhere Preise und/oder höhere Absatzmengen in der Zukunft)
– Gewinnrealisierung in frühen Lebenszyklusphasen, Reduktion des Obsoleszenrisikos,	– Ausnutzung von statischen „economies of scale", kurzfristige Kostensenkung
– Schaffung eines Preisspielraums nach unten, Ausnutzung positiver Preisänderungswirkungen wird möglich	– schnelle Erhöhung der kumulativen Menge, als Konsequenz schnelles „Herunterfahren" auf der Erfahrungskurve; erreichen eines möglichst großen und von den Konkurrenten nur schwer einholbaren Kostenvorsprungs
– graduelles Abschöpfen der Preisbereitschaft (Konsumentenrente) wird möglich (zeitliche Preisdifferenzierung)	– Reduzierung des Fehlschlagrisikos, da niedriger Einführungspreis mit geringerer Flopwahrscheinlichkeit verbunden
– Vermeidung der Notwendigkeit von Preiserhöhungen (Kalkulation nach der sicheren Seite)	– potentielle Konkurrenten können vom Markteintritt abgehalten werden bzw. verzögert eintreten
– positive Prestige- und Qualitätsindikation des hohen Preises	
– niedrigere Ansprüche an finanzielle Ressourcen	
– niedrige Kapazitäten	

strategisch nutzen lässt, indem man durch die Preispolitik insbesondere in der Einführungsphase Einfluss auf den weiteren Verlauf des Lebenszyklus nimmt.

2. Me-too-Produkte

Produkte, die beim → Markteintritt keinen wahrgenommenen Nutzen- oder Leistungsvorteil bieten, befinden sich in einer anderen Situation. Der Preisspielraum ist nach oben eingeschränkt. Wichtigste Determinante ist hier die Entwicklung der → Preiselastizität im Lebenszyklus, die gemäß empirischen Befunden einem U-förmigen Muster folgt.

Für Me-too-Produkte empfiehlt sich daher zunächst eine Penetrationsstrategie, der später – in Relation zur Konkurrenz – Preiserhöhungen folgen. Diese Strategie trägt der Tatsache Rechnung, dass das Produkt neu und unbekannt ist und gegen wohletablierte Konkurrenzprodukte ankämpfen muss, ohne diesen gegenüber einen klaren Nutzenvorteil zu besitzen. Insofern muss man den Kunden besondere Anreize, nämlich spürbar günstigere Preis/Nutzen-Verhältnisse, bieten, um sie zum Wechsel zu neuen, unbekannten Produkten zu bewegen. Nach und nach gewinnt das Produkt Marktanteile und baut Goodwill auf, so dass der relative Preis, d.h. der eigene Preis im Verhältnis zum Konkurrenzpreis, sukzessive erhöht werden kann. H.S./G.T.

Literatur: *Simon, H.:* Preismanagement, 2. Aufl., Wiesbaden 1991.

Preisstrategische Effekte

konzeptionell innerhalb des Zielkonzepts von → Preisstrategien verankerte Effekte, welche die Erfolgskraft der einzelnen Preisinstrumente ermöglichen bzw. verstärken und insofern gleichsam das Getriebe für die Umsetzung der operativen preispolitischen Maßnahmen in Unternehmenserfolge darstellen.

Mit Blick auf die Durchschlagskraft sind neben *Größen- und Erfahrungseffekten* (→ Economies of scale, → Preisstrategie bei Erfahrungskurven) sowie *Lebenszykluseffekten* (→ Lebenszyklus, → Preisstrategie im Lebenszyklus) drei weitere Effekte von besonderer preisstrategischer Bedeutung (*Diller,* 2000, S. 371 ff.):

– *Wettbewerbseffekte* resultieren aus dem preispolitischen Handeln der Anbieter auf einem Markt. Dabei kann man nicht nur mit der Preisstellung den Erfolg des Preis- bzw. Marktauftritts der Konkurrenten positiv

oder negativ beeinflussen (→ konkurrenzorientierte Preisstrategie). Vielmehr lässt sich mit einer gelungenen → Preispositionierung in bestimmten Preissegmenten (→ Preissegmentierung) oder -nischen zusätzlicher preispolitischer Spielraum schaffen sowie durch eine speziell ausgestaltete Preispolitik, etwa durch → nicht-lineare Preise, bewirken, dass die Wiederkaufrate steigt, Wechselbarrieren aufgebaut werden und Kundenbindung entsteht.
– *Preisimageeffekte* gründen auf einem geschlossenen und besonders profilierenden preisstrategischen → Kundennutzenkonzept und bestehen darin, dass im Falle eines vorteilhaften → Preisimages nicht nur die Kaufentscheidung und speziell die Anbieterwahl seitens der Kunden beeinflusst wird, sondern Letztere auch → Preiszufriedenheit (Verstärkereffekt) entwickeln, dadurch weniger auf Konkurrenzangebote achten (selektive → Preiswahrnehmung) und → Preisvertrauen gewinnen (Vertrauenseffekt), was letztlich wiederum zu → Kundenbindung führt.
– *Kooperationseffekte* entstehen in erster Linie durch vertikale → Kooperationen bzw. Netzwerke. In solchen strategischen Partnerschaften sinkt der Preisdruck, indem Zulieferer und Abnehmer, wie etwa beim so genannten Corporate → Target Pricing, schon ab der Produktentwicklung jene Kostenpositionen gemeinsam zu erreichen suchen, die für einen wettbewerbsfähigen Marktauftritt auf den nachgelagerten Märkten erforderlich ist. Auch horizontale Kooperationen aus preisstrategischen Gründen sind grundsätzlich möglich. Bei diesen darf es sich allerdings nicht um wettbewerbsrechtlich verbotene → Preiskartelle handeln. Daher gründen sie oft auf gemeinsam geteilten, „stillschweigenden" Auffassungen über den → Preiswettbewerb innerhalb einer Branche - wie etwa dann, wenn sich die Unternehmen an einen Preisführer halten und Preisänderungen so nachvollziehen, dass keine Preiskriege ausbrechen (→ Preisführerschaft).
Die verschiedenen preisstrategischen Effekte eröffnen spezifische Gestaltungsoptionen für Preisstrategien. Sie stellen zunächst allerdings lediglich Erfolgspotentiale dar, deren Erschließung keinem Automatismus folgt. Insofern bedarf es eines konsequent darauf ausgerichteten strategischen Preismanagements, um die für die eigene Preisstrategie relevanten Effekte vollständig erkennen und nutzen zu können. Gelingt dies, sind die zugrunde liegenden Effekte für die Konkurrenten oft nur schwer erkennbar und nur mit Zeitverzögerungen und Unvollkommenheiten imitierbar, was im Wettbewerb zu dauerhaften preisstrategischen → Wettbewerbsvorteilen verhelfen kann. A.Ha.

Literatur: *Diller, H.*: Preispolitik, 3. Aufl., Stuttgart 2000.

Preisstress → Preiserlebnisse

Preistests

sollen generell Aufschluss über die → Preisbereitschaft der Kunden für ein Produkt, eine Produktgruppe oder für einzelne Produkteigenschaften geben. Der Preistest dient also als Hilfestellung bei der Bestimmung marktgerechter Preise, um letztlich aufzuzeigen, in welchem Zusammenhang Preis, Absatzmenge, Umsatz und Gewinn stehen (→ Preispolitik). Man unterscheidet statische und dynamische Preistests. Bei ersteren wird den Befragten ein fester Preis vorgelegt, den sie beurteilen sollen. Im Unterschied dazu können bei einem dynamischen Preistest Aussagen darüber gemacht werden, wie sich das Wahl- bzw. Kaufverhalten der Befragten bei unterschiedlichen Preisen ändert.
Statische Preistests werden häufig in Verbindung mit einem → Produkttest angewandt, bei dem die Akzeptanz des gesamten Produkts und somit des Preises als wichtige Produktkomponente bestimmt wird. Eine Möglichkeit, die Akzeptanz des Produktpreises zu bestimmen, ist die Ermittlung einer Kaufbereitschaft mit und ohne Kenntnis des Produktpreises. Der Vergleich der Antworten der Befragten in beiden Fällen ermöglicht die Beurteilung des intendierten Marktpreises.
Eine weitere Form statischer Preistests ist der *Preisschätzungstest*. Hier wird den Probanden das jeweilige Produkt (u.U. nur als Bild) vorgelegt und danach gefragt, was dieses Produkt nach ihrer Meinung im Laden kostet. Damit können die subjektiven Preisvorstellungen und -kenntnisse der Konsumenten ermittelt werden.
Preisempfindungstests lehnen sich an psychophysikalische Messverfahren an. Man versucht, die subjektive Einstufung der *Preisgünstigkeit* verschiedener Preise bei den Befragten zu erfassen. Zur Erhebung verwendet man entweder Ordinalskalen (z.B. Preis ist niedrig/angemessen/hoch),

Preistests

Ratingskalen (z.B. bipolare Intervallskala von „sehr billig" bis „sehr teuer") oder Verfahren der → Magnitude-Skalierung. Die Befragung erfolgt meist hinsichtlich mehrerer qualitativ ähnlicher Produkte oder Geschäfte. Daraus lassen sich Rückschlüsse auf die Preisbereitschaft bzw. den zu erwartenden Preiswiderstand der Nachfrager ziehen. Preisempfindungstests können auch zum Nachweis subjektiver Preisschwellen herangezogen werden, wenn man den Befragten Preisdifferenzen aus verschiedenen Preisbereichen und über vermutete Preisschwellen hinweg zur Beurteilung vorlegt und die Anmutungsunterschiede mit den objektiven Preisunterschieden vergleicht.

Dynamische Preistests ermöglichen es, eine → Preis-Absatzfunktion zu erstellen, anhand derer wichtige Faktoren wie → Preiselastizität und → Preisschwellen näher bestimmt werden können. Ein Beispiel für einen dynamischen Preistest ist der *Gabor-Granger-Test* (→ Buy-Response-Funktion). Während Preisempfindungstests nur indirekten Aufschluss über die Nachfragewirksamkeit bestimmter Preise liefern können, zielen derartige *Preisbereitschaftstests* unmittelbar auf die Kaufbereitschaft potentieller Abnehmer in Abhängigkeit von verschieden hohen Preisen ab. Beim Gabor-Granger-Test werden den Befragten in rotierter Reihenfolge verschiedene in Frage kommende Preise vorgelegt. Bei jeder Vorlage werden sie gebeten, anzugeben ob Sie das Produkt/die Dienstleistung zu diesem Preis kaufen bzw. auswählen würden. So wird für jede vorgelegte Preisstufe ein Kauf- bzw. Wahlanteil ermittelt und graphisch dargestellt. Bei der → preisorientierten Qualitätsbeurteilung ergibt sich der Kaufanteil als Differenz der Anteile kaufbereiter und wegen Qualitätszweifel oder wegen Überschreiten der oberen Preisschwelle nicht kaufbereiter Kunden. Problematisch ist bei diesem Vorgehen allerdings, dass zumeist Inkonsistenzen bei den Antworten der Befragten auftreten, die u. U. auch dazu führen können, dass die Preis-Absatzfunktion nicht monoton verläuft. Ein weiterer Nachteil liegt darin, dass die Preise konkurrierender Produkte/Dienstleistungen unberücksichtigt bleiben. So können wichtige Marketingfragestellungen, die das Preisumfeld der Mitbewerber mit einschließen, nicht beantwortet werden.

Ein auf dieses Problem zugeschnittenes Instrument stellt der *GfK-Price Challenger* dar. Die Auskunftspersonen haben bei diesem Verfahren Markenwahlentscheidungen im Rahmen ihres relevant sets zu treffen. Die Produkte des relevant sets werden der Testperson dabei mit zufällig wechselnden Preisen innerhalb eines realistischen Preisspektrums vorgelegt. Durch Anwendung eines multinominalen Logit-Choice-Modells werden daraus Kaufwahrscheinlichkeiten und Preis-Absatzfunktionen für das Testprodukt abgeleitet.

Ferner nehmen *Preiswürdigkeitstests* Paarvergleiche zwischen allen relevanten Marken einer Produktkategorie sowie mindestens zwei Preisen vor. Von den Auskunftspersonen werden die jeweiligen Präferenzen dazu abgefragt. Neben paarweisen Markenpräferenzen geben die Befragten dabei also auch Urteile über die Präferenz zwischen jeweils einem der beiden Geldbeträge und einer Marke ab. Der besondere Vorteil dieses Designs besteht darin, dass es die Schätzung von Preis-Absatzfunktionen ermöglicht, ohne dass tatsächliche oder zu Befragungszwecken fingierte Preisänderungen vorgenommen werden müssen. Problematisch ist allerdings die Beschränkung auf paarweise Preisresponsefunktionen. Die Probleme des Ansatzes können jedoch mit Hilfe eines probabilistischen Preisresponsemodells beseitigt werden, das gute Ergebnisse zur Analyse aggregierter Marktdaten liefert. Die Weiterentwicklung dieses Ansatzes ist in der → Conjoint Analyse zu sehen, die heute den am weitesten verbreiteten Ansatz zur Präferenzmessung für Produkte oder Produktkonzepte mit unterschiedlichen Preis-Leistungsverhältnissen darstellt. Eine weitere Möglichkeit, dynamische Preistests mit Konkurrenzpreis-Umfeld durchzuführen, ist schließlich das sog. → In-home-selling.

Insgesamt können Preistests Teil umfassenderer Studien, wie z.B. eines → Produkttests oder eines Labortestmarktes, sein, aber auch isoliert eingesetzt werden. Mit den dargestellten Verfahren können sowohl die Preise für Neuprodukte als auch Preisveränderungen bei bereits eingeführten Produkten untersucht werden. Die Testverfahren erbringen üblicher Weise valide Ergebnisse, tendieren jedoch aufgrund der sozialen Erwünschtheit preisbewussten Verhaltens zur Übertreibung der Preiselastizitäten. Derartige Verzerrungseffekte können nur in (realen) Feldexperimenten (→ Markttest, → Storetest, → Mini-Testmarkt) vermieden werden, die freilich ungleich kostspieliger ausfallen. S.Mü./I.M.

Literatur: *Diller, H.:* Preispolitik, 3. Aufl., Stuttgart u.a. 2000.

Preistheorie

(1) Theorieströmungen

Die Preistheorie beinhaltet wissenschaftliche Aussagensysteme zur Erklärung oder betriebswirtschaftlich optimalen Festlegung von Güterpreisen im Rahmen der → Preispolitik. In der → Marketing-Wissenschaft dominierten dabei lange Zeit die an die betriebswirtschaftlichen Probleme angepassten *mikroökonomischen Modelle* der Volkswirtschaftslehre. Typisch dafür sind z.B. die z.T. sehr frühen Arbeiten von *Cournot* (1838!), *Launhardt* (1885), *Chamberlin* (1933) oder *v. Stackelberg* (1934), oder die neueren Werke von *Jakob* (1971), z.T. auch *Simon* (1982/1990).

Eine zweite Theorieströmung ist eher *verhaltenswissenschaftlich* orientiert und thematisiert z.B. die → preisorientierte Qualitätsbeurteilung, die → Preiswahrnehmung oder allgemein das → Preisverhalten von Abnehmern. Man weitet dabei das S-R-Modell → „Preis-Absatzfunktion" zu → S-O-R-Modellen mit verhaltenswissenschaftlichen Konstrukten aus. Typisch dafür sind z.B. die Arbeiten von *Gabor/Granger* (1961), *Monroe* (1973), *Diller* (1978) oder *Hay* (1987). Dabei wird gleichzeitig eine sehr viel stärkere Managementorientierung deutlich, allerdings auch der Präzisionsgrad der Aussagen im Vergleich zur klassischen Preistheorie oft vermindert.

Eine dritte Strömung innerhalb der Preistheorie ist stark *empirisch orientiert* und beschäftigt sich v.a. mit der Erhebung und Validierung von → Preis-Absatzfunktionen als speziellen Erscheinungsformen von → Marktreaktionsfunktionen (z.B. *Kaas* 1977, *Simon* 1982, *Kucher* 1985). Sie wird nicht zuletzt durch die – etwa durch Scanner-Kassen – stark verbesserte Informationssituation in der Praxis gestützt, die eine verlässlichere Schätzung auch komplexerer Preisreaktionsmodelle zulässt. Damit wird gleichzeitig eine fruchtbare Brücke zwischen der klassischen und der verhaltenswissenschaftlichen Preistheorie geschlagen.

Eine vierte Entwicklungslinie der betriebswirtschaftlichen Preistheorie folgt schließlich der Tradition der Kostenträgerrechnung und entwickelt differenzierte Kalküle der → *Preiskalkulation* auf der Grundlage voll- oder teilkostenorientierter Rechnungssysteme. Optimierungsüberlegungen können dabei freilich nicht angestellt werden. Vielmehr dienen Preiskalkulationen heute eher der Absicherung der Preisstellung unter kostenmäßigen Gesichtspunkten (→ Preisuntergrenzen).

(2) Klassische Preistheorie

Die Modelle der klassischen Preistheorie basieren überwiegend auf *marginalanalytischen Kalkülen*, d.h. Analysen der Veränderungen von Kosten und Absatzmengen in Abhängigkeit vom Preis, und benutzen zur Maximumsbestimmung die Differentialrechnung. Dabei wird auf die in der Mikro- und Makroökonomie entwickelten Modelle zur Ermittlung sog. *Gleichgewichtspreise* zurückgegriffen. Voraussetzung dafür ist die Kenntnis der die realen Verhältnisse möglichst isomorph abbildenden → Preis-Absatz- und → Preis-Kostenfunktionen. Beide werden zu einer Preis-Gewinnfunktion verrechnet, sodass durch Differentiation der Maximumpunkt und damit der gewinnoptimale Preis ermittelbar wird.

Da der Verlauf der Preis-Absatzfunktion stark von den Marktverhältnissen abhängt, entwickelte man für verschiedene Marktformen entsprechend einer speziell für diese Zwecke entwickelten Marktmorphologie (→ Marktformenschema) unterschiedliche Modelltypen. Sie unterscheiden sich insb. durch den Verlauf der Preis-Absatzfunktion und den Einbezug bestimmter Konkurrenzreaktionen. Die für die Praxis wichtigsten Marktsituationen sind jene der vollständigen und der monopolistischen Konkurrenz sowie oligopolistische Situationen.

Bei vollständiger Konkurrenz muss der einzelne Anbieter den Preis als Datum hinnehmen („polypolistische Verhaltensweise"). Jede Abweichung von diesem Preis würde entweder ein die Kapazitäten überschreitendes Anwachsen des Absatzes bzw. bei Unterschreiten einen völligen Marktverlust mit sich bringen. Der Marktpreis ergibt sich im Zusammenspiel von Marktangebot und -nachfrage (vgl. *Abb. 1*). Je nach eigener Kostensituation kann ein Anbieter beim Gleichgewichtspreis p unterschiedlich hohe Gewinne erzielen. Der letzte – gerade noch zu diesem Preis zur Befriedigung der Nachfrager erforderlichen – Anbieter heißt *Grenzanbieter*.

Preistheorie

Abb. 1: Preisbildung bei vollständiger Konkurrenz

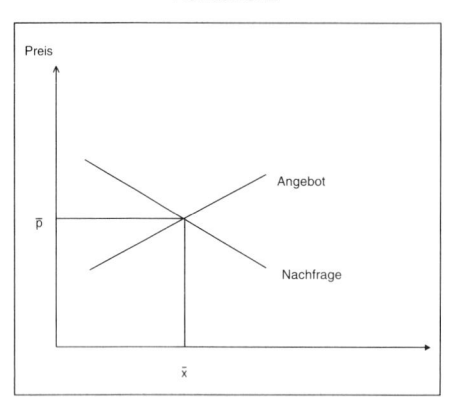

Im Fall des *Monopols* und bei linearer Kosten- und Preis-Absatzfunktion ergibt sich nach dem sog. *Cournot-Modell* (vgl. Abb. 2) der gewinnmaximale Preis p* dort, wo sich Grenzkosten- und Grenzerlöskurve schneiden. Der entsprechende Punkt auf der Preis-Absatzfunktion heißt Cournot'scher Punkt.

Abb. 2: Das Cournot'sche Modell

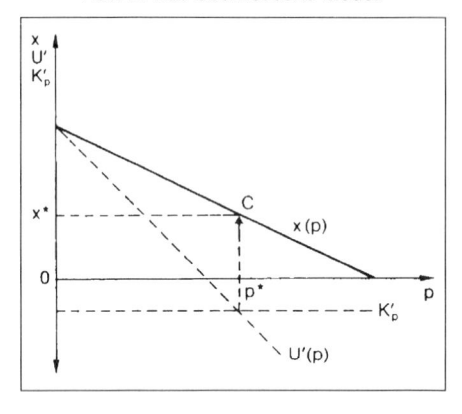

Bei Gültigkeit der Preis-Absatzfunktion
$$x = a + b \cdot p \quad (b \leq 0)$$
ergibt sich der umsatzmaximale Preis genau bei der Hälfte des sog. Sättigungspreises, d.h. bei $-a/2b$.

Der gewinnmaximale Preis p* beträgt genau die Hälfte der Summe aus Sättigungspreis und variablen Stückkosten (kv). Es gilt:
$$p^* = 0{,}5\,((-a/b) + k_v)$$

Der Monopolist hat auf den umsatzmaximalen Preis also die halben variablen Stückkosten aufzuschlagen, um das Gewinnmaximum zu erreichen. Veränderungen der variablen Stückkosten k_v schlagen sich damit nur zur Hälfte im gewinnoptimalen Preis nieder. Ein Monopolist gibt also zweckmäßigerweise eine Erhöhung der variablen Kosten ebenso wie eine Kostensenkung jeweils nur zur Hälfte weiter.

Bei einer *multiplikativen Preis-Absatzfunktion* hängt p* bei konstanten Grenzkosten allein vom Elastizitätsparameter b der Preisabsatzfunktion ab. Die sog. → Amoroso-Robinson-Relation kann in diesem Fall als Bestimmungsgleichung herangezogen werden. Es gilt dann:
$$p^* = (b/(1+b)) \cdot k_v$$

Der gewinnoptimale Preis lässt sich damit, wie bei einer Aufschlagskalkulation auf Teilkostenbasis (→ Preiskalkulation), durch einen konstanten, jedoch elastizitätsabhängigen Aufschlagsatz (b / 1 + b) ermitteln.

Beim sog. *heterogenen Polypol* (viele Anbieter bei unvollkommenen Märkten, z.B. wegen Produktheterogenisierung, mangelnder Markttransparenz, Markttrãgheit etc.) stellt die von *Gutenberg* entwickelte doppelt geknickte bzw. gekrümmte → Preis-Absatzfunktion ein geeignetes Modell zur Abbildung der Marktsituation dar. Bei dieser Funktion entwickeln sich weder die Grenzerlöse noch die Grenzkosten bezüglich des Preises linear. Es kann zu mehreren Schnittpunkten der Grenzerlös- und Grenzkostenfunktion kommen. Damit ergeben sich mehrere Gewinn(sub)maxima, die miteinander zu vergleichen sind, um das absolute Gewinnmaximum bestimmen zu können. Unterstellt man geknickte Preis-Absatzfunktionen ohne kontinuierliche Übergänge, operiert man am besten mit drei jeweils linearen Abschnitten unterschiedlicher Steigung. Diese drei Abschnitte können dann jeweils separat wie im Monopolfall behandelt und die sich daraus ergebenden partiellen Optimalpreise miteinander verglichen werden.

Bei *heterogenen Oligopolen*, einer in der Praxis besonders häufigen Marktform, kann ebenfalls eine doppelt geknickte Preis-Absatzfunktion als plausibles Modell herangezogen werden. Allerdings muss hier mit Konkurrenzreaktionen auf eigene Preisveränderungen hin gerechnet werden. Es besteht also eine Reaktionsverbundenheit der Preise, die bei der Ableitung von Optimalpreisen zu berücksichtigen ist. Dazu benötigt man die sog. → Kreuzpreiselastizität des eigenen Produktes i vom durchschnittlichen Konkurrenzpreis p_j und die → Reaktionselastizität des durchschnittlichen Konkurrenzpreises p_j bezüglich des Preises der eigenen Marke i. Werden starre Reaktionsmuster der Konkurrenz unterstellt, lassen sich die üblichen Optimierungskalküle auf Basis entsprechend erweiterter Preis-Absatzfunktionen heranziehen. Man unterscheidet dabei verschiedene Reaktionskonstellationen, wobei i.d.R. vom Dyopolfall (zwei Anbieter am Markt) und linearen Preisabsatz- und Kostenfunktionen ausgegangen wird (vgl. *Krelle*, 1976; *Simon* 1982):

(a) Bei der sog. *Launhardt-Hotelling-Hypothese* wird unterstellt, dass der Konkurrent auf eigene Preisänderungen nicht reagiert.

(b) Bei der *Chamberlin-Hypothese* unterstellt man gleichgroße Preisänderungen des Konkurrenten, was bei gedanklicher Vorwegnahme rationalen Verhaltens der Wettbewerber zu einer (einfach) geknickten Preis-Absatzfunktion führt, wie sie *Sweezy* schon 1939 theoretisch entwickelt hat. Sie kann die oft zu beobachtende Preisstarrheit in Oligopolen erklären, weil die Wettbewerber bei Preissenkungen befürchten müssen, dass die Konkurrenten nachziehen und sich nach dieser „Preisrunde" alle Anbieter schlechter stellen als vorher (*Abb. 3*).

(c) Bei der *Krelle-Hypothese* bleiben Freiräume für die Konkurrenzreaktionen, die entweder nachziehend oder vergeltend sein können. Dementsprechend ergeben sich keine Gleichgewichtspunkte, sondern -zonen für den Optimalpreis.

(d) *Albach* (1973) hat, auf Basis der von *Gutenberg* vorgeschlagenen doppelt geknickten Preis-Absatzfunktion, anhand eines Dyopolmodells aufgezeigt, dass es u.U. vorteilhaft ist, durch eine sog. „*Schnibbelpolitik*", d.h. eine häufige leichte Unterbietung des Konkurrenzpreises vorzugehen, welche trotzdem mit Gewinnvorteilen verbunden ist, zumal dann, wenn es zu einem bestimmten Zeitpunkt wieder zu einer einheitlichen Preiserhöhung kommt, die dann neue Gelegenheit für Preisabschläge bietet. Anderseits werden massive Preisunterbietungen zum Nachziehen der Konkurrenten führen, was wiederum zur geknickten Preis-Absatzfunktion führt.

Die klassischen preistheoretischen Modelle unterstellen fast durchgängig die Gewinnmaximierung als Zielfunktion, was ange-

Abb. 3: Verschiebung der Preis-Absatzfunktion bei Konkurrenzreaktionen im Oligopol

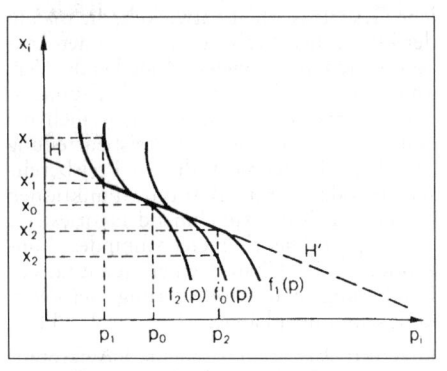

sichts der Vielfalt preispolitischer Ziele nicht unproblematisch ist. Darüber hinaus sind insb. die frühen Modelle statisch angelegt, was weder der → Wettbewerbsdynamik noch der erforderlichen langfristigen Perspektive des Preismanagement (→ Preisstrategie) gerecht wird. Die moderne dynamische Preistheorie entwickelte deshalb sowohl Optimierungsmodelle mit Carry-Over-Effekten von Preisen als auch Modelle von Lebenszyklus abhängigen Preiselastizitäten.

Insbesondere *v. Stackelberg* und später *Krelle* benutzten zur Darstellung der preistheoretischen Situation im Dyopol sog. *Isogewinnlinien-Modelle*, in denen die möglichen Preiskombinationen der beiden Anbieter als Achsen eines zweidimensionalen Koordinatensystems dargestellt und die geometrischen Örter aller Preiskombinationen gesucht werden, bei denen sich der Gewinn eines Anbieters nicht verändert. Dies geschieht für verschiedene Gewinnniveaus. Damit werden die Gewinnwirkungen jeweils für beide Konkurrenten des Dyopols sichtbar und die Konsequenzen von Preisänderungen deutlicher erkennbar. Zu jedem Preis des Anbieters A kann dann nämlich der gewinnoptimale Preis des Anbieters B bestimmt werden, was die sog. *Kammlinie* eines Isogewinnlinien-Modells ergibt. Im Schnittpunkt der Kammlinien beider Anbieter liegt der für beide Parteien optimale, sog. *pareto-optimale* Preis.

Ein weiterer umfangreicher Teilbereich der Preistheorie betrifft die → Preisdifferenzierung. Dort wurde nachgewiesen, wie und unter welchen Bedingungen Preisdifferenzierungen zu Gewinnsteigerungen führen.

Preistoleranz

Die verhaltenswissenschaftliche Preistheorie (→ Preisverhalten) hat noch lange nicht jene Geschlossenheit entwickelt, die man in der klassischen Preistheorie vorfindet. Insbesondere fehlt an vielen Modellen die Verknüpfung mit ökonomischen Zielfunktionen. Ansätze dazu findet man freilich bei den Modellen der → Preisbeurteilung (durch Endabnehmer), die zu Preisbereitschafts- oder → Buy-Response-Funktionen führen. Auch die zunehmend favorisierte → Prospect-Theorie bietet zumindest konzeptionell die Chance einer quantitativen Fundierung und Modellierung der Wirkungszusammenhänge. H.D.

Literatur: *Diller, H.:* Preispolitik, 3. Aufl., Stuttgart u.a. 2000. *Gabor, A.; Granger, C.:* Price Consciousness of Consumers, in: Applied Statistics, Vol. 17 (1961), S. 170-188. *Jakob, H.:* Preispolitik, 2. Aufl., Wiesbaden 1971. *Krelle, W.:* Preistheorie, 2. Aufl., Tübingen 1976. *Monroe, K.B.:* Buyers' Subjective Perception of Price, in: Journal of Marketing Research, Vol. 10 (1973), S. 73-80. *Simon, H.:* Preismanagement, 2. Aufl., Wiesbaden 1990.

Preistoleranz → Preisbereitschaft

Preistransparenz

Der Begriff Preistransparenz beinhaltet „die Vollständigkeit, Richtigkeit und Aktualität der Kenntnisse über die am jeweiligen Markt angebotenen Leistungen und deren Preise" (*H. Diller*). Zur Herstellung oder Verbesserung der Preistransparenz tragen alle veröffentlichten Preisübersichten und Preisspiegel – und zwar sowohl über Waren und Dienstleistungen als auch über die Faktorpreise (Gehälter, Löhne, Grundstückspreise, Mieten, Zinsen) – bei. Aus der Sicht der Konsumenten sind besonders interessant als „veröffentlichten vergleichenden Preisübersichten für ein bestimmtes Produkt bei verschiedenen Anbietern oder für mehrere vergleichbare Produkte bei einem oder mehreren Anbietern" (*H.-O. Schenk*). Preistransparenz basiert auf → Preiskenntnissen und aktuellen externen Preisinformationen, wie z.B. Preisanzeigen und → Preisauszeichnung. Während die Preise selbst wie auch ihre mehr oder minder gute Überschaubarkeit objektive Tatbestände darstellen, ist ihre mehr oder weniger umfassende Kenntnis subjektiv, individuell verschieden, weitgehend motivational und situativ bedingt. In Analogie zur Markttransparenz sind daher auch *Preisübersichtlichkeit* des Marktangebots als objektive Kategorie und *Preisübersicht* über das Marktangebot als subjektive Kategorie zu unterscheiden. Folglich stellt Preistransparenz keine objektive, sondern eine subjektive Kategorie für unterschiedliche Marktteilnehmer dar, seien sie Nachfrager oder Anbieter.

In der Literatur wird von einer *Verbesserung der Preistransparenz* vor allem auf der Nachfrageseite häufig eine *Verschärfung des Wettbewerbs* auf der Anbieterseite erwartet. Allerdings gilt es, das Zusammenspiel von Produkt-/Markenqualität, Produkt-/Markenkenntnis, Dienstleistungsumfang sowie Nachfrager- und Anbieterverhalten – gezielte Preissuche und Konsumerfahrung einerseits, Mischkalkulation, Preisbündelung (bundle pricing), Sonderangebot, Preisdynamik, Preispsychologie oder abgestimmtes Verhalten anderseits – zu beachten. Denn erst das Zusammenwirken all dieser Elemente konstituiert den Grad der Informiertheit, der es den Marktteilnehmern ermöglicht, diejenige Wahl aus dem Angebot zu treffen, die ihren Zwecken und Mitteln, ihrem Geschmack und ihren Präferenzen am besten entspricht und somit den Wettbewerbern positive oder negative Sanktionen erteilt.

Preistransparenz kann durch gezielte Maßnahmen sowohl *gefördert* als auch *vermindert* werden. Unternehmenspolitisch ist das Marketing-Interesse der Hersteller meist eher auf Verminderung der Preistransparenz gerichtet, zumal sie im Gegensatz zu Händlern keine Werbung mit verbindlichen Verbraucherpreisen betreiben dürfen. Handelsunternehmen steht eine Reihe von preispolitischen Maßnahmen zur Verfügung, die die Preistransparenz der Verbraucher unmittelbar beeinflussen, insbesondere Maßnahmen der → Preispsychologie. So wirken einige tendenziell preistransparenzfördernd (→ Preisgarantie, → Unit Pricing, Einheitspreise (price lining), Preiswerbung), andere eher preistransparenzmindernd (Preisdynamik, Mischkalkulation, Sonderangebote, „Aktionitis"). Wirtschafts-, insbesondere verbraucherpolitisch sind eine Reihe von – namentlich den Einzelhandel betreffenden – Maßnahmen ergriffen worden, die eine Herabsetzung oder Verfälschung der Preistransparenz verhindern und eine Verbesserung der Preistransparenz bewirken (Maßnahmen der → Preisaufklärung, das Gebot der klaren und wahren → Preisauszeichnung, die Zulassung von Preisgegenüberstellungen, das

Verbot von sog. Mondpreisen bei Verbraucherpreisempfehlungen usw.). Verbraucherpolitisch erwünscht sind ebenfalls → Preisvergleiche. H.-O.S.

Literatur: *Diller, H.*: Preispolitik, 3. Aufl., Stuttgart 2000. *Schenk, H.-O.*: Marktwirtschaftslehre des Handels, Wiesbaden 1991. *Scherhorn, G.*: Information und Kauf, Köln, Opladen 1964.

Preistreiberei → Preisüberhöhung

Preistypen

nennt man artikelspezifische Kalkulationsregeln für die → Handelskalkulation, mit Hilfe derer den unterschiedlichen Marktbedingungen einzelner Artikel Rechnung getragen werden soll. Ihre Anwendung bedingt differenzierte Kalkulationsaufschläge nach den Prinzipien der → Ausgleichskalkulation. Nach *Hansen/Algermissen* (1979, S. 304) lassen sich folgende Preistypen unterscheiden:

(1) *Schlüsselartikel* („*Eckartikel*") zur Demonstration der preispolitischen Wettbewerbsfähigkeit, die als Ausgleichsnehmer unterdurchschnittlich kalkuliert werden.

(2) *Zugartikel* dienen der Kundengewinnung und werden besonders preisgünstig, u.U. sogar als → Untereinstandspreisverkäufe, offeriert.

(3) *Sonderangebotsartikel* mit leicht überdurchschnittlicher, aber für den Kunden attraktiver Handelsspanne sollen Impulskäufe induzieren, überhöhte Lagerbestände vermindern oder Liquiditätsengpässe beseitigen.

(4) *Kompensationsartikel* werden als Ausgleichsgeber (weit) überdurchschnittlich kalkuliert. H.D.

Literatur: *Hansen, U.; Algermissen, J.*: Handelsbetriebslehre, Band 2: Taschenlexikon, Göttingen 1979.

Preisüberhöhung

Zuwiderhandlung nach § 4 Wirtschaftsstrafgesetz (WStG) von 1954. Danach begeht die Zuwiderhandlung, wer vorsätzlich Entgelte, die infolge einer Beschränkung des Wettbewerbs oder infolge der Ausnutzung einer wirtschaftlichen Machtstellung oder einer Mangellage unangemessen hoch sind, in befugter oder unbefugter Bestätigung in einem Beruf oder Gewerbe für Gegenstände oder Leistungen des lebenswichtigen Bedarfs fordert, verspricht, vereinbart, annimmt oder gewährt. Der Tatbestand wurde früher als „Preistreiberei" bezeichnet. H.D.

Preisunifizierung → Preislinienpolitik, → Preislage

Preisuntergrenzen

Die Festlegung und Beurteilung von Verkaufspreisen für Güter und Dienstleistungen muss sich im Spannungsfeld zwischen den durch die Verkaufserlöse abzudeckenden Kosten einerseits und der den Leistungen am Markt entgegengebrachten Nachfrage andererseits ausrichten. Die allein auf Kosten beruhende → Preiskalkulation ist in einer Marktwirtschaft deshalb für die Ermittlung von Verkaufspreisen wenig geeignet. Eine isolierte Ableitung der Preise aus den Kosten der Produkte ist nur dann erforderlich, wenn Preise nach den „Leitsätzen für die Preisermittlung aufgrund von Selbstkosten (→ LSP (Leitsätze für die Preisermittlung aufgrund von Selbstkosten))" oder von öffentlichen Organisationen Tarife, Gebühren bzw. Abgaben vollkostenorientiert zu kalkulieren sind. In allen anderen Fällen kann eine Vernachlässigung der Bedarfs- bzw. Nachfrageverhältnisse sowie der ggf. vorhandenen Konkurrenzsituation zu einer marktkonträren Preisstellung und letztlich zu einem Hinauskalkulieren aus dem Markt führen.

Eine die Kosten- und Nachfrageaspekte gleichermaßen berücksichtigende Preisbildung ist in der Praxis oftmals das Ergebnis eines langwierigen Suchprozesses. In diesem Prozess kommt der Kostenrechnung die Aufgabe zu, für praktisch bedeutsame Entscheidungssituationen relevante Preisuntergrenzen zu bestimmen bzw. vorgeschlagene Preishöhen auf ihre Auskömmlichkeit hin zu überprüfen. Diese Aufgaben können nur durch den Aufbau eines integrierten Informationssystems bewältigt werden, das sich an den Grundsätzen der Deckungsbeitragsrechnung orientiert, wie es in der *Abb.* dargestellt ist.

Von unterbeschäftigten Betrieben kann zwar kurzfristig jeder Preis, der über den variablen Einzelkosten liegt, akzeptiert werden, da die betreffende Absatzleistung (z.B. ein Zusatzauftrag) einen zusätzlichen Deckungsbeitrag zur Abdeckung der auf kurze Sicht unveränderlichen und daher von der Unternehmung ohnehin zu tragenden fixen Kosten erbringt. Dieser Umstand

Preisuntergrenzen

Bestandteile eines integrierten Informationssystems für die Ermittlung kostenmäßiger Preisuntergrenzen

Ermittlung kostenmäßiger Preisuntergrenzen nach den Grundsätzen der Deckungsbeitragsrechnung

- Aufbau einer unternehmensbezogenen Deckungsbudgethierarchie
  - Budget der pro Leistungseinheit direkt erfassbaren leistungsabhängigen Kosten (für sämtliche Erzeugnisarten)
  - periodenbezogenes Budget der Erzeugnisart direkt zurechenbaren Kosten (für sämtliche Erzeugnisarten)
  - periodenbezogenes Budget der Erzeugnissparte direkt zurechenbaren Kosten (für sämtliche Erzeugnissparten)
  - Budget der nur dem Gesamtunternehmen direkt zurechenbaren Kosten (als Deckungs-Soll für die einzelnen Erzeugnissparten)

- Kalkulation objektbezogener (z.B. auftragsbezogener) kostenmäßiger Preisuntergrenzen
  - kurzfristige kostenmäßige Preisuntergrenzen in Höhe der Einzelkosten des Kalkulationsobjektes
    - kostenmäßige Preisuntergrenzen in Zeiten der Unterbeschäftigung
      - dem Kalkulationsobjekt direkt zurechenbare kurzfristig variable (erzeugungs- und absatzbedingte) Kosten (Leistungskosten)
      - ➤ PUG$_{KU}$
    - kostenmäßige Preisuntergrenzen in Zeiten der Vollbeschäftigung
      - dem Kalkulationsobjekt direkt zurechenbare kurzfristig variable (erzeugungs- und absatzbedingte) Kosten (Leistungskosten)
      - Opportunitätskosten der Inanspruchnahme knapper Ressourcen
      - ➤ PUG$_{KV}$
      - Erfassung der effektiv disponierbaren Bereitschaftskosten
  - langfristige kostenmäßige Preisuntergrenzen in Höhe der Einzelkosten des Kalkulationsobjektes
    - dem Kalkulationsobjekt direkt zurechenbare kurzfristig variable (erzeugungs- und absatzbedingte) Kosten (Leistungskosten)
    - dem Kalkulationsobjekt direkt zurechenbare langfristig disponierbare Bereitschaftskosten
    - Monatseinzelkosten
    - Quartalseinzelkosten
    - Jahreseinzelkosten
    - • PUG$_{LM}$
    - • PUG$_{LQ}$
    - • PUG$_{LJ}$

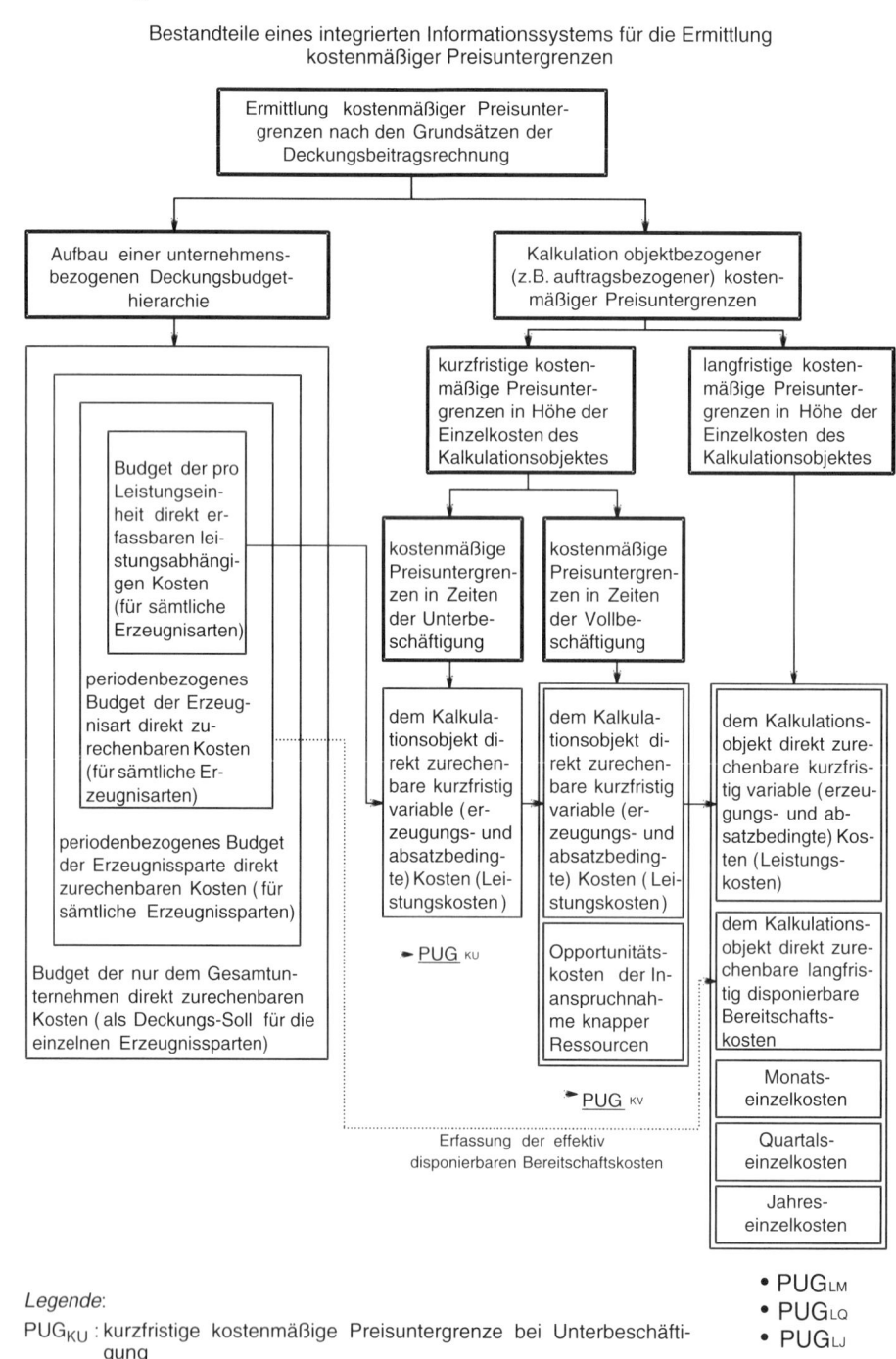

Legende:

PUG$_{KU}$: kurzfristige kostenmäßige Preisuntergrenze bei Unterbeschäftigung
PUG$_{KV}$: kurzfristige kostenmäßige Preisuntergrenze bei Vollbeschäftigung
PUG$_{LM}$: langfristige kostenmäßige Preisuntergrenze (monatsbezogen)
PUG$_{LQ}$: langfristige kostenmäßige Preisuntergrenze (quartalsbezogen)
PUG$_{LJ}$: langfristige kostenmäßige Preisuntergrenze (jahresbezogen)

führt aber gleichzeitig zu der Kritik, das Arbeiten mit Deckungsbeiträgen sei ebenfalls mit Mängeln behaftet, da es v.a. die Gefahr einer zu nachgiebigen Preispolitik in sich trage. Es muss deshalb verstärkt darauf hingewiesen werden, dass diese theoretische Preisuntergrenze nur bei isolierter Betrachtung eines einzigen Kalkulationsobjektes und nur auf kurze Sicht gilt. Langfristig kann die Unternehmenserhaltung nur dann gesichert werden, wenn die Verkaufspreise so festgesetzt werden, dass die Deckungsbeiträge des Gesamtprogramms die gesamten Bereitschaftskosten des Unternehmens decken.

In Zeiten der eindeutigen Unterbeschäftigung aller Kapazitäten dürfen allerdings in die Kalkulation der kurzfristigen kostenmäßigen Preisuntergrenze nur unmittelbar erzeugungsbedingte und absatzbedingte Kosten einbezogen werden, da nur sie bei der Produktion und dem Absatz kurzfristig zusätzlich anfallen. Hierbei ist zu berücksichtigen, dass variable Gemeinkosten – wie sie insb. bei der Kuppelproduktion auftreten – nur mehreren Erzeugnisarten gemeinsam zugerechnet werden können. Sie fallen unabhängig von der Entscheidung über Produktion und Absatz einer einzelnen Erzeugnisart an und dürfen deshalb nicht in die Preisuntergrenzen-Kalkulation einbezogen werden. Relevante Kosten sind ausschließlich die kurzfristig variablen Einzelkosten. Wie bereits erwähnt, ist eine Grundvoraussetzung für den Ansatz der kurzfristigen kostenmäßigen Preisuntergrenze in Höhe der variablen Einzelkosten, dass es sich tatsächlich um isolierte Einzelentscheidungen handelt, die sich nicht auf künftige preispolitische Entscheidungen auswirken. Weiterhin muss davon auszugehen sein, dass sich in der Realisierungsphase des betrachteten Auftrags keine Kapazitätsengpässe ergeben.

Anders ist dies in Zeiten der Vollbeschäftigung. Grundsätzlich ist in Engpass-Situationen zunächst zu überlegen, auf welche Weise man die für die Herstellung von Zusatzaufträgen oder von zusätzlich ins Programm aufzunehmenden Erzeugnisarten erforderlichen Kapazitäten verfügbar machen kann und welche zusätzlichen Kosten oder Erfolgseinbußen hierdurch voraussichtlich hervorgerufen werden. Dabei sind z.B. das Einlegen von Überstunden, intensitätsmäßige Anpassungen, Rationalisierungsmaßnahmen, der Zukauf von Zwischen- und Fertigprodukten oder das Personal-Leasing in Betracht zu ziehen. Je nachdem, welcher Weg der Kapazitätsfreisetzung bzw. -erweiterung am kostengünstigsten ist, sind in die Kalkulation unterschiedliche Kostenbestandteile einzubeziehen.

Nach Ausschöpfung dieser Maßnahmen lässt sich in vollbeschäftigten Betrieben, die ihre Kapazitäten kurzfristig nicht erweitern können, die Herstellung zusätzlich absetzbarer Erzeugnisse, für die kostenmäßige Preisuntergrenzen bestimmt werden sollen, häufig nur dadurch realisieren, dass man andere Erzeugnisarten aus dem Fertigungsprogramm verdrängt. In solchen Situationen muss man bestimmen, welche Deckungsbeiträge unter diesen Umständen infolge der Verdrängung anderer Produkte entgehen würden und muss dann diese entgehenden Erfolge als *Opportunitätskosten* in die Kalkulation der kostenmäßigen Preisuntergrenze einbeziehen. Die in Ansatz zu bringenden Opportunitätskosten sind dabei umso höher, je besser die Absatzmöglichkeiten des Unternehmens sind und je mehr es sich demzufolge „die Rosinen aus dem Markt herauspicken" kann, und je deutlicher die Knappheit der vorhandenen Ressourcen ausgeprägt ist. Das Kalkulieren mit Opportunitätskosten hat – im Gegensatz zum traditionellen Rechnen mit Vollkosten auf Basis der jeweiligen Ist-Beschäftigung – zur Folge, dass bei einer guten Marktlage der Tendenz nach höhere kostenmäßige Preisuntergrenzen vorgegeben werden. Die kostenmäßigen Preisuntergrenzen können u.U. das Niveau der „Selbstkosten plus Gewinnzuschlags-Preise" (→ Preiskalkulation) wesentlich übersteigen. Die Behauptung, ein Arbeiten mit der Deckungsbeitragsrechnung würde generell zu niedrigeren kostenmäßigen Preisuntergrenzen führen, erweist sich mithin als unzutreffend.

Auch für die Fundierung mittel- und langfristig wirksamer preispolitischer Entscheidungen müssen kostenmäßige Preisuntergrenzen bestimmt werden, so z.B. für das Festlegen von Preisen für langfristige Lieferverträge, für die Herausgabe von zeitraumbezogenen Preislisten und für ähnliche Zwecke. Solche Entscheidungen werden nicht vor dem Hintergrund gegebener, unveränderlicher Kapazitäten getroffen. Im Rahmen des zeitlichen Horizonts der Entscheidungen können vielmehr ggf. nicht mehr ausgelastete Kapazitäten und damit auch die für die Vorhaltung dieser Kapazitäten kurzfristig unveränderlichen Bereitschaftskosten abgebaut werden. Solche mittel- bzw. langfristig disponiblen Bereitschaftskosten müssen in *langfristig wirksame Preisuntergrenzen* mit einbezogen werden.

Vor diesem Hintergrund ist festzuhalten, dass der zeitbezogene Quantencharakter der Bereitschaftskosten und die Bindungsdauer der verschiedenen Arten fixer Kosten sehr unterschiedlich ist. Während sich einige von ihnen monatlich in ihrer Höhe beeinflussen lassen, kann man über andere nur in Quartals-Intervallen oder nur in Jahreszeiträumen disponieren. Je nach der Bindungswirkung preispolitischer Entscheidungen sollten dementsprechend Monatseinzelkosten, Quartalseinzelkosten oder auch Jahreseinzelkosten mit in die Preisuntergrenzenkalküle einbezogen werden. W.Mä.

Literatur: *Hummel, S.; Männel, W.:* Kostenrechnung 2, Moderne Verfahren und Systeme, 3. Aufl., Wiesbaden 1983, S. 96-110.

Preisurteil → Preisbeurteilung

Preisvariation

(1) Definition und Entscheidungsbereiche
Preisvariationen liegen vor, wenn ein Anbieter seinen Angebotspreis für ein Gut innerhalb der Planperiode zur bewussten Beeinflussung des Marktes verändert, d.h. anhebt oder absenkt. Zu unterscheiden sind dauerhafte → Preisänderungen in Form von Preiserhöhungen oder -absenkungen und temporäre Preisänderungen in Form von → Preis-Promotions („Sonderangebote"). Letztere besitzen nur kurzfristige, erstere längerfristige Gültigkeit. Von den zur Preisdifferenzierung zählenden Zeitrabatten unterscheiden sich Preisaktionen durch ihre Unregelmäßigkeit, die es den Kunden zumindest schwer macht, auf solche Preisperioden zu warten, um preisgünstiger einzukaufen, wie das bei zeitlich a priori festgelegten Preiszonen möglich ist. Eine spezielle Mischform der Preisvariation im Handel sind sog. → Preisabschriften, d.h. Reduktionen eines ursprünglich geplanten, aber nicht mehr durchsetzbaren Verkaufspreises für einen bestimmten Artikel für den Rest der Saison. Eine weitere Form der Preisvariation stellt das sog. → Yield- oder Revenue-Management dar, bei dem es vor allem auch um eine dynamische Ertragssteuerung mit Hilfe der Preispolitik zur optimalen Auslastung gegebener Kapazitäten geht.

Die Preisvariationspolitik kann (muss aber nicht) auf langfristig-strategischen Überlegungen zur → Preisstrategie aufbauen. In praxi ist sie eher kurzfristig orientiert und an aktuellen Entwicklungen im Preisumfeld ausgerichtet. Dabei muss darüber entschieden werden, *ob, wann, wie oft* und *wie stark* der Preis verändert werden kann, wenn die z.T. konfliktären kurz- und langfristigen preispolitischen Ziele erreicht werden sollen. Als zusätzlicher Einflussfaktor im Vergleich zur statischen Preisfindung tritt der *bisherige Preis* in das Entscheidungsfeld, weil er als Referenzpunkt für die Reaktionen sowohl der Kunden als auch der Wettbewerber fungiert und zugleich die eigenen zukünftigen Preisspielräume tangiert. Insbesondere lassen sich einmal abgesenkte Preise kaum mehr wieder anheben, wenn nicht gravierende Änderungen im Entscheidungsumfeld auftreten. Darüber hinaus bestehen Freiheitsspielräume bezüglich des *Timing* der Preisänderungen und der *Aufteilung* auf unterschiedliche Preisänderungsschritte. Dabei gilt es, unabhängig von der Art der Preisvariation, bestimmte Effekte der Preisveränderungen zu berücksichtigen. Wettbewerbswidrig nach § 1 UWG ist die sog. → Preisschaukelei.

(2) Effekte von Preisvariationen
Werden bestehende Preise temporär oder dauerhaft verändert, so können insgesamt sechs verschiedene und z.T. gegenläufige Preisänderungseffekte ausgelöst werden.

(a) Preisniveau-Effekt
Der Preisniveau-Effekt von Preisveränderungen sorgt für eine Reaktion der abgesetzten Menge entsprechend der durch die jeweilige → Preis-Absatz-Funktion beschriebenen → Preiselastizität. Bei Preiserhöhungen schränken die Kunden ihre Kaufmengen ein bzw. wandern zu anderen Anbietern ab. Auch wenn der Abstand zum Wettbewerb gleich bleibt, scheiden „Grenzkunden" aus, weil deren begrenztes Budget den Kauf dieses Gutes nicht mehr zulässt. Gleichwohl können Umsatz und Gewinn steigen, wenn der Preiseffekt der Erhöhung den Mengeneffekt überwiegt. Voraussetzung dafür ist eine Preiselastizität von $|\varepsilon| < 1$. Bei Preissenkungen sorgen neue Kunden und Mehrkäufe alter Kunden analog für eine Absatz- und ggf. auch Umsatz- sowie Gewinnsteigerung, soweit $|\varepsilon| > 1$.

(b) Referenzpreis-Effekt
Der Referenzpreis-Effekt verstärkt den Preisniveau-Effekt und entsteht, weil die

Kunden den neuen Preis am alten messen, wie das in der Adaptionsniveau- bzw. → Prospect-Theorie modelliert wird. Bei Preissenkungen entsteht danach beim Kunden der Eindruck einer günstigen Kaufgelegenheit (*„Schnäppchen-Effekt"*), bei Preiserhöhungen entwickelt sich ein temporärer Preiswiderstand (*„Besitzstands-Effekt"*). Beide Effekte verschwinden bei dauerhaften Preisänderungen nach einer gewissen Zeit, wenn sich das mittlere Preisempfinden (Referenzpreis) an das neue Niveau angepasst hat. Dies ist auch bei temporären Preisreduktionen nicht auszuschließen, wenn diese zu häufig vorgenommen werden (→ *Preiserwartungseffekt*).

Der Referenzpreis-Effekt kann bei Preiserhöhungen bzw. -senkungen unterschiedlich, also *asymmetrisch* ausfallen. Nach den Gesetzmäßigkeiten der Prospect-Theorie ist bei Preissenkungen (Zugewinn) eine schwächere Wirkung als bei Preiserhöhungen (Besitzstandssenkung) zu erwarten. Praktisch wichtiger als diese Frage ist jene nach dem *Verlauf* des Referenzpreis-Effekts mit zunehmender Preisveränderung.

Hier stehen sich *Gutenbergs* doppelt gekrümmte Preis-Absatz-Funktion mit schwachem Absatzresponse im Umfeld des alten Preises („reaktionsfreier Raum") und die degressiven Verläufe der Bewertungsfunktionen nach der Prospect-Theorie mit diametral widersprüchlichen Hypothesen gegenüber (vgl. *Abb. 1*). Sowohl die → Assimilations-Kontrast-Theorie als auch die empirischen Befunde zu weit überproportionalen Zuwächsen bei besonders günstigen „Schlagerangeboten" sprechen eher für die Gutenberg-Funktion. Letztlich ist der Verlauf des Referenzpreis-Effekts eine empirisch zu beantwortende Frage. Dazu ist der Effekt als zusätzliche Variable in die Preis-Absatz-Funktion aufzunehmen, die dann entsprechend dynamisiert werden muss. Für das lineare Modell gilt dann z.B.:

$x_t = a - b \cdot p - c\,(p_t - p_{t-1})$

Der Referenzpreis-Effekt überlagert den Preisniveau-Effekt. *Abb. 2* zeigt jene Absatzreaktion, die bei entsprechenden Analysen von *Kucher* (1985) für Verbrauchsgüter des periodischen Bedarfs am häufigsten auf-

Abb. 1: Hypothesen zum Preisänderungseffekt

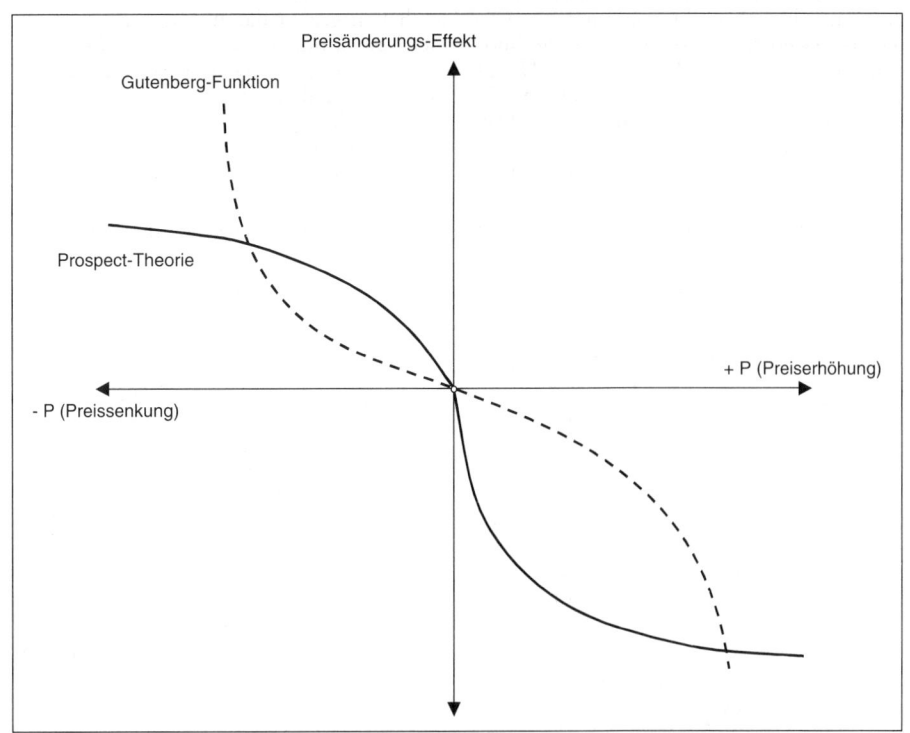

trat. Man erkennt, wie unmittelbar nach der Preisänderung (in Wochenintervallen betrachtet) eine kurzfristige „Überreaktion" (Referenzpreis-Effekt) eintritt, bis nach einiger Zeit das durch das neue Preisniveau bestimmte Absatzniveau erreicht ist (Preisniveau-Effekt). Der Referenzpreis-Effekt kann bei Preissenkungen durch preisoptische Maßnahmen, z.B. Preisgegenüberstellungen oder verbale Etikettierungen wie „Preisschnäppchen" gefördert werden.

(c) Kannibalisierungs-Effekt

Der positive Effekt des (höheren) Referenzpreises bei *Preissenkungen* kann andererseits durch Kannibalisierungs-Effekte, d.h. Absatzeinbußen an anderer Stelle des eigenen Unternehmens, konterkariert werden. Zu bedenken sind zum einen *vorgezogene* Käufe der Kunden, die den späteren Absatz entsprechend beeinträchtigen (→ *Carry-Over-Effekt*). Dies betrifft insb. kurzfristige Preisaktionen, weil die Kunden hier mit einem Wiederanstieg der Preise rechnen. Zum anderen können negative *Spill-Over-Effekte* auf andere Produkte im Sortiment des Anbieters auftreten, wenn Kunden bei der Preissenkung eines bisher für sie zu teuren Produktes nunmehr dieses statt ein anderes aus dem Produktprogramm des Anbieters erwerben (Beispiel: Automobilmodelle verschiedener Preisklassen). Damit entsteht ein Problem der → Preislinienpolitik, das nur gelöst werden kann, wenn alle in gewisser Weise substitutiven Artikel eines Angebotsprogramms in die Überlegungen zur Preisveränderung einbezogen werden. Analog sind bei *Preiserhöhungen* Absatzverluste durch Abwanderung zu niedrigpreisigeren Artikeln im eigenen Produktionsprogramm zu bedenken. Führen Preiserhöhungen zur Abwanderung von Kunden zu Wettbewerbern, so kannibalisiert dies auch die Verbundkauf- bzw. Folgeumsätze dieser Kunden.

(d) Preiserwartungs-Effekt

Löst eine Preisveränderung bei den Kunden die Erwartung weiterer Preisbewegungen aus, so können → Preiserwartungseffekte auftreten und negative oder positive Carry-Over-Wirkungen auf zukünftige Absatzmengen erzeugen: Bei Erwartung weiterer *Preissenkungen* (Beispiel: Computer) wird der Kauf von manchen Kunden u.U. auf spätere Zeitpunkte verschoben. Die Wirkung der aktuellen Preissenkung kann dadurch verpuffen. Bei Erwartung weiterer *Preiserhöhungen* werden Hamsterkäufe getätigt bzw. Beschaffungen vorgezogen, was einerseits den Preisniveau-Effekt abschwächt oder sogar überkompensiert, aber andererseits den späteren Absatz entsprechend beeinträchtigt. Bei Erwartung weiterer → *Preisaktionen* wird das Beschaffungsverhalten gezielt darauf abgestellt und mit der Beschaffung bis zur nächsten Preisaktion gewartet. Der Aktionspreis mutiert auf diese Weise dann immer mehr zum Normalpreis (Beispiel: Bohnenkaffe). Insofern kann man Preisaktionen auch als eine verschleierte Form der Preissenkung betrach-

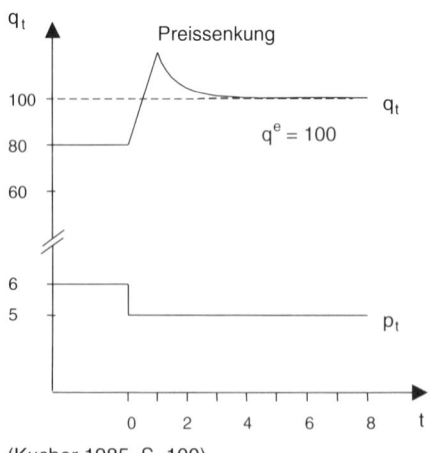

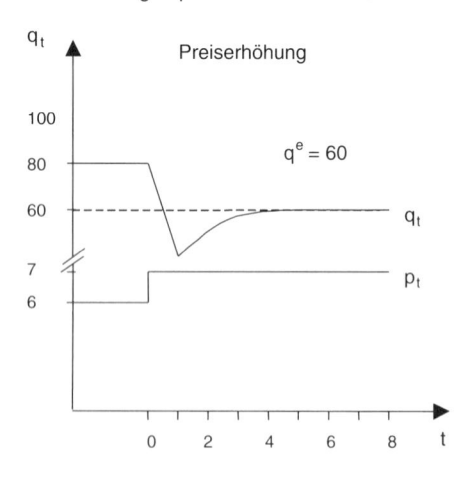

Abb. 2: Preisänderungseffekte bei Gütern des kurzfristigen periodischen Bedarfs

(Kucher 1985, S. 100)

ten, bei welcher der Referenzpreis-Effekt länger anhält als bei einer dauerhaften Preissenkung. Andererseits sinkt die Wirkung temporärer Preisaktionen mit deren Häufigkeit, zumal sich dabei auch der Preisänderungs-Effekt abbaut.

(e) Segmentierungs-Effekt
Kurzfristige Preisvariationen geben preisachtsamen Kunden die Chance zu preisgünstigeren Einkäufen. Insofern stellen Preisaktionen auch eine Art der → Preissegmentierung dar, bei welcher die „Sonderangebotsjäger" zu niedrigeren Preisen bedient werden als die weniger preisachtsamen Kunden. Gleichzeitig fördert man mit einer solchen „Hoch-Tief-Preispolitik" aber auch die Illoyalität der Kunden, wenn damit langfristig die Aktionspreise zum Hauptkriterium für die Auswahl des Anbieters werden, was bei Dauerniedrigpreisen vermieden wird.

(f) Wettbewerbs-Effekt
Preisänderungen eines Anbieters verändern zumindest kurzfristig (bis zur Reaktion der Konkurrenten) das Preisgefüge am Markt und damit auch die Wettbewerbspositionen aller Konkurrenten. Allerdings agieren die Wettbewerber eines Marktes oft in verschiedenen Preissegmenten, innerhalb derer ein intensiverer Wettbewerb herrscht als zwischen den Segmenten. Unternehmen in mittleren Marktpreislagen stehen dabei in einer wettbewerbsintensiveren Position als Hoch- bzw. Tiefpreisanbieter, weil sie bei Über- oder Unterschreitung ihrer Preisklassengrenzen in den (meist stärker ausgeprägten) Kompetenzbereich der Randanbieter stoßen und dabei auf die Gegenwehr der dort angesiedelten Anbieter stoßen, die keine Ausweichmöglichkeiten besitzen. Ferner treten *Wettbewerbsasymmetrien* auf, weil die höherwertigen Produkte für Kunden niedrigerer Preissegmente attraktiver sind als die Mittelklasse-Produkte für Hochpreiskunden. Deshalb profitieren Premiummarken von Preissenkungen stärker als Mittel- und Tiefpreismarken und verlieren auch bei Preissteigerungen nur unterdurchschnittlich Kunden. H.D.

Literatur: *Diller, H.:* Preispolitik, 3. Aufl., Stuttgart u.a. 2000, S. 325 ff. *Kucher, E.:* Scannerdaten und Preissensitivität bei Konsumgütern, Wiesbaden 1985. *Simon, H.:* Preismanagement, 2. Aufl., Wiesbaden 1992.

Preisverbund → Preislinienpolitik

Preisvereinbarungen
vertragliche oder stillschweigende Regelungen zur Senkung bestimmter → Preisrisiken der Unternehmung. Im Falle horizontaler → Preisabsprachen handelt es sich i.d.R. um verbotene → Preiskartelle. Zu den (erlaubten) vertikale Preisvereinbarungen mit Kunden zählen alle Maßnahmen der sog. → Preissicherung, insb. → Preisanpassungsklauseln und → Preisgarantien sowie spezielle Finanzierungshilfen für den Kunden (→ Absatzfinanzierung). Durch Absenkung der dadurch betroffenen Risiken steigt die Wahrscheinlichkeit der Akzeptanz des geforderten Preises und damit die Chance zur → Preisdurchsetzung. H.D.

Preisvergleich
Der Preisvergleich ist ein Verzeichnis von Marktpreisen (z.B. Einzelhandelsverkaufspreisen), die bei verschiedenen Anbietern für gleichartige Waren oder Dienstleistungen empirisch erhoben wurden. Das Verzeichnis enthält eine Übersicht über Einzelpreise (*Einzelpreisvergleich*) oder statistisch aufbereitete Durchschnittswerte (*Preisstruktur- bzw. Preisniveauvergleich*). Der Preisvergleich ist nicht zu verwechseln mit der im Handel verbreiteten → *Preisgegenüberstellung*. Bei der Preisgegenüberstellung nimmt der werbende Händler für einen einzelnen aktuellen Preis Bezug auf einen anderen, höheren Preis. Dies ist wettbewerbsrechtlich zulässig, wenn der Bezugspreis von ihm zuvor für eine längere Zeit ernsthaft gefordert wurde oder wenn es sich bei ihm um eine unverbindliche (Verbraucher-)Preisempfehlung handelt. Die Bezugnahme auf Preislisten oder Kataloge kann hingegen gem. § 3 UWG als irreführende Werbung unzulässig sein, namentlich wenn diese veraltet oder fiktiv sind. Es können verschiedene *Formen des Preisvergleichs* (PV) unterschieden werden,

– nach sachlichem Bezug: PV für ein einzelnes Produkt, für eine Produktart, für das Gesamtangebot eines Unternehmens;
– nach räumlichem Bezug: lokaler, regionaler/überregionaler, internationaler, globaler PV;
– nach namentlichem Bezug: PV mit oder ohne Namensnennung der/des Anbieter/s;
– nach Abgabemodalitäten: unentgeltlicher PV oder entgeltlicher PV;
– nach Auftragsmodalitäten: PV ohne Suchauftrag oder PV mit Suchauftrag

(Preisagentur, Diverter, automatischer PV durch „Preisroboter").

Grundsätzlich sollen Preisvergleiche → Preistransparenz schaffen oder erhöhen. Sie können dabei verschiedenen Zwecken dienen. Sie können als Instrument der → Preisaufklärung für die Allgemeinheit, in der Regel als Instrument der Verbraucherinformation genutzt werden und werden dann regelmäßig veröffentlicht. Sie sind aber auch als Instrument der Marketinginformation für Unternehmen geeignet (Konkurrenzmarktanalyse) und dienen dann nur der Information des untersuchenden Unternehmens oder Unternehmensverbunds und seiner Mitglieder.

Am häufigsten sind *Einzelpreisvergleiche für Verbraucher* anzutreffen. Vorreiter waren die privaten und öffentlich-rechtlichen Institutionen des vergleichenden Warentests. In ihrer Zeitschrift „test" veröffentlicht die → Stiftung Warentest regelmäßig Preisvergleiche für Dienstleistungen. (Aus der Nennung von empirisch ermittelten Einzelpreisen, Preisspannen und Durchschnittspreisen für die getesteten Konsumgüter ergibt sich für die jeweilige Produktgruppe ein „Quasi-Preisvergleich" als Nebeneffekt. Die aufwendigen speziellen und punktuellen Preisvergleiche z.B. für ausgewählte Lebensmittel und für Autoreifen im Jahre 1979 durch die Verbraucher-Zentrale Nordrhein-Westfalen wurden jedoch alsbald wieder eingestellt, da sich weder für die Verbraucher noch für den Wettbewerb die erhofften Wirkungen zeigten.) Preisvergleiche heute vor allem im Internet von zahlreichen *Preisagenturen* präsentiert. Im August 1999 ergab die web-weite Suche bereits 1975 Dokumente, die „Preisvergleich" enthielten. Diese www-Preisvergleiche beziehen sich auf unterschiedliche Waren (Computer, Hardware und Software, Hifi-/Audio-/ TV-Video-/Fotogeräte, Bücher, Lebensmittel usw.) und Dienstleistungen (Reisen, insbesondere Flugreisen, Service Provider, Versicherungen, Bankdienstleistungen, Stromtarife usw.).

Preisvergleiche für Unternehmenszwecke können sowohl für ein bestimmtes Produkt/ einen bestimmten Artikel/ eine bestimmte Dienstleistung durchgeführt werden als auch für mehrere Produkte/Artikel/ Dienstleistungen. Am weitesten verbreitet ist der Preisvergleich für mehrere Artikel im Handel (*Warenkorbanalyse*). Dabei werden im Rahmen der Konkurrenzmarktforschung anhand von Preislisten, direkter Befragung oder der → Preisauszeichnung in Anzeigen oder in Schaufenstern einzelne Preise der Konkurrenten ermittelt und den eigenen Preisen gegenübergestellt. Die preispolitischen Strategien eines Unternehmens können auf der Grundlage solcher Konkurrenzmarktanalysen – zumindest kurzfristig – zuverlässig an denen der Konkurrenz orientiert werden.

Die *Warenkorbanalyse* wird in vier Schritten durchgeführt, hier verdeutlicht am Beispiel für eine Großhandlung GH (nach *Falk/Wolf*, S. 190-192):

(1) Feststellung der Preisabweichung (PA) für jeden Vergleichsartikel der GH (GHP_{1-n}) gegenüber den Artikelpreisen der Konkurrenten (KP_{1-n}) absolut und in %:

KP_1 a = Euro 1,80
GHP_1 = Euro 2,10
PA absolut = + Euro 0,30
PA in % = + 16,6

(2) Feststellung der Preisabweichungen für einen Artikel vom Durchschnittsartikelpreis, der sich für alle Konkurrenten (KP_n) ergibt:

KP_n = Euro 1,65
GHP = Euro 2,10
PA absolut = + Euro 0,45
PA in % = + 27,2

(3) Feststellung des Mittelwerts der prozentualen Abweichung der einzelnen Artikelpreise über alle (vier) untersuchten Artikel eines Konkurrenten a_1 bis a_4 (∅PA) als Abweichung vom Preisniveau eines Konkurrenten A:

a_1 = + 25
a_2 = +40
a_3 = -10
a_4 = 0
∅PA zu A = + 13,7

(4) Feststellung des Mittelwerts aus den durchschnittlichen Preisabweichungen von den Preisniveaus aller (drei) untersuchten Konkurrenten als die durchschnittliche Abweichung der GH vom Gesamtpreisniveau der Konkurrenten:

∅PA zu A = + 13,7
∅PA zu B = + 12,4
∅PA zu C = + 2,3
∅PA gesamt = + 9,5

Dieser Preisvergleich auf der Basis einer Warenkorbanalyse erweist somit, dass die Großhandlung in Bezug auf die drei analysierten Konkurrenten für die untersuchten Artikel um 9,5 % teurer ist.

Zuverlässigkeit und Gültigkeit von Preisvergleichen hängen jedoch von mehreren *Voraussetzungen* ab. Als Mindestanforderungen für Erhebung von Preisen gelten:
- Erhebung nach objektiven und nachprüfbaren Methoden,
- fachliche Qualifikation der mit der Durchführung beauftragten Personen,
- Homogenität, Vergleichbarkeit der einbezogenen Waren und Dienstleistungen,
- Nichtberücksichtigung oder besondere Kennzeichnung von Sonderangeboten,
- nach Möglichkeit Vollerhebung, bei Teilerhebung Auswahl nach statistischen Grundsätzen der Repräsentativität und
- Erhebung innerhalb kurz bemessener Zeitspanne (wegen Produktions-, Sortiments-, Qualitäts- und Preisschwankungen!). H.-O.S.

Literatur: *Falk, B.; Wolf, J.*: Handelsbetriebslehre, 11. Aufl., Landsberg 1992. *Hansen, U.; Algermissen, J.*: Handelsbetriebslehre 2, Göttingen 1979, S. 303-305. *Schenk, H.-O.*: Der Preisvergleich, Stuttgart 1981.

Preisverhalten

ist jene Teilklasse des → *Käuferverhaltens*, welche das Verhalten der Nachfrager gegenüber dem → *Preis* betrifft. Der Begriff ist umfassender und neutraler als das umgangssprachliche Verständnis des *Preisbewusstseins*. Preisverhalten umfasst eine Vielzahl von offen beobachtbaren, aber auch inneren (psychischen) Prozessen. In der klassischen betriebswirtschaftlichen Preistheorie wurde aus diesem umfangreichen Repertoire von Verhaltensweisen meist nur die Reaktionsvariable Kauf/ Nichtkauf bzw. Kaufmenge betrachtet und auf aggregierter Ebene in Form von → *Preis-Absatz-Funktionen* modelliert. Aus der Perspektive der Käuferverhaltenstheorie handelt es sich hierbei also um makroanalytische S-R-Modelle. Für die Zwecke der → *Preispolitik* reichen solche Modelle nicht aus. Sie blenden wichtige Aspekte des Preisbewusstseins aus (z.B. das Ausmaß der Preiskenntnisse), können häufig beobachtbares Verhalten nicht erklären (z.B. die Präferenz für teurere Güter trotz objektiv gleicher Qualität), bzw. prognostizieren (z.B. die Folgen der Überschreitung von sog. Preisschwellen). Das hinter den Modellansätzen stehende Verbraucherbild eines „*homo oeconomicus*" stellt für viele preispolitische Fragen eine unzweckmäßige und wirklichkeitsverzerrende Vereinfachung der Realität dar. Die Verbraucher streben meist weder nach *optimalen* Lösungen ihrer Konsumprobleme, noch sind sie über ihr Entscheidungsfeld immer hinreichend informiert. Sie handeln weder rein vernunftgesteuert, sondern auch *emotional* und besitzen häufig *keine festen Präferenzen*, sondern entscheiden spontan, habitualisiert oder nach routinemäßigen Regeln, wobei auch *Inkonsistenzen* entstehen können.

Die verhaltenswissenschaftliche → *Preistheorie* versucht diese Defizite unter Rückgriff auf allgemeine Modelle der Verhaltenswissenschaften aufzufüllen und eine eigenständige *Preispsychologie* zu entwickeln. Einen ausführlichen Überblick über die einschlägigen Modelle gibt *Diller* (2000, S. 105-186). In den Modellen werden nicht nur direkte Preis-Reaktionszusammenhänge (S-R-Modelle), sondern auch intervenierende Variablen aus dem inneren (psychischen) Organismus der Käufer behandelt (S-O-R-Modelle). Die *Abbildung* gibt einen schematischen Überblick über die Konstrukte, die modelltechnisch zwischen den preispolitischen Stimuli (S) und den je nach Zielsetzung unterschiedlichen preispolitischen Re-

Variablensystem verhaltenswissenschaftlicher S-O-R-Preismodelle

S (Preishöhe, Rabatte, Preisaktion Preisoptik usw.)	PREISVERHALTEN								R (Kauf., Absatzmenge, Umsatz, Gewinn usw.)
	Aktivierungen		Kognitionen		Einstellungen				
	Preiserlebnisse	Preisinteressen	Preiswahrnehmungen	Preisurteile	Preisbereitschaft	Preispräferenz	Preiszufriedenheit	Preisvertrauen	

aktionsgrößen als Organismus-Variablen stehen. Sie werden inhaltlich bei den jeweiligen Spezialstichworten behandelt. Grob unterscheidbar drei Verhaltensbereiche:
(1) Aktivierende Prozesse, hierunter fallen → *Preiserlebnisse* und → *Preisinteressen;*
(2) Kognitive Prozesse, dazu zählt die → *Preiswahrnehmung,* das → *Preislernen* und die daraus gewonnenen → *Preiskenntnisse* und die → *Preisbeurteilung;*
(3) → *Preisintentionen,* d.h. Handlungsabsichten in Verbindung mit dem Preis, zu denen wir auch die → *Preiszufriedenheit* sowie das → *Preisvertrauen* zählen.
Die in den drei Kategorien enthaltenen Konstrukte bauen in gewisser Weise aufeinander auf. Ihre Isolierung ist nur analytisch zu verstehen, realiter existieren zahlreiche Interdependenzen. H.D.
Literatur: *Diller, H.*: Preispolitik, 3. Aufl., Stuttgart u.a. 2000. *Hay, Ch.*: Die Verarbeitung von Preisinformationen durch Konsumenten, Heidelberg 1987. *Monroe, K.N.*: Pricing. Making Profitable Decisions, 2.Aufl., New York 1990.

Preisverordnungen

In den Verordnungen über die Preise bei öffentlichen Aufträgen (VPöA und VPöA-Bau) und den ergänzenden allgemeinen Leitsätzen für die Preisermittlung aufgrund von Selbstkosten (→ LSP (Leitsätze für die Preisermittlung aufgrund von Selbstkosten)) sind Grundsätze der Preisbildung bei öffentlichen Aufträgen (Vorrang von Marktpreisen, Grundsatz fester Preise, Grundsatz von Höchstpreisen), die einzelnen zulässigen Preisarten (staatlich gebundene Preise, Marktpreise, Selbstkostenpreise) und eine Rangfolge der Preisarten (in der angegebenen Reihenfolge) sowie Grundsätze eines geordneten Rechnungswesens und darauf aufbauender Preiskalkulation aufgeführt (s.a. → Marketing für öffentliche Betriebe). R.B.
Literatur: *Berndt, R.*: Marketing für öffentliche Aufträge, München 1988, S. 33-41.

Preisvertrauen

die auf den Preiserfahrungen eines Kunden aufbauende Hoffnung bzw. Erwartung eines Kunden, dass sich ein Anbieter mit seiner → Preispolitik nicht opportunistisch, d.h. einseitig eigennützig verhält (→ Vertrauen, → Preislernen). Als Teil der → Preisintentionen wird es insb. von der individuellen → Preiszufriedenheit mit diesem oder ähnlichen Anbietern gespeist und ist vor allem bei Kontraktgütern, → Geschäftsbeziehungen mit der Notwendigkeit spezifischer Investitionen, bei großen Preisunterschieden am Markt, aber auch bei erstmaligen oder einmaligen Käufen mit hohem → Kaufrisiko von Bedeutung. Das Preisvertrauen kann durch verschiedene Maßnahmen gesteigert werden, insb. durch → Preisgarantien, hohe → Preisehrlichkeit und → Preisfairness. H.D.
Literatur: *Diller, H.*: Preispolitik, 3.Aufl., Stuttgart u.a. 2000, S. 181 ff.

Preisvorbehalt → Preissicherung

Preiswahrnehmung

Unter Preiswahrnehmung (als Teil des → Preisverhaltens) ist die sensorische Aufnahme von Preisinformationen zu verstehen, bei der objektive Preise oder andere Preissignale in subjektive Preiseindrücke „enkodiert", d.h. in ein subjektives Kategoriensystem des Beurteilers eingeordnet werden. Ergebnis einer solchen Enkodierung sind (in Unterscheidung zu → Preisurteilen) *„Preisempfindungen".* Ihr subjektiver Charakter führt dazu, dass objektiv gleiche Preise bei unterschiedlichen Personen unterschiedlich hoch empfunden werden und deshalb auch die → Preisbereitschaft differiert. Eine strenge Abgrenzung der Preiswahrnehmung zur Preisbeurteilung ist allerdings nicht möglich. Auch im Rahmen der Preiswahrnehmung finden nämlich bereits erste Bewertungen, z.B. in Form vorläufiger Kategorisierungen statt; trotzdem macht dieses preispsychologische Konstrukt Sinn, weil während der Wahrnehmung durch Filterung, Akzentuierungen oder andere „Verzerrungen" bereits maßgebliche (unbewusste oder bewusste) Vorentscheidungen für die weitere Bewertung getroffen werden.
Praktische Bedeutung besitzt die Theorie der Preiswahrnehmung insb. für die → Preisauszeichnung und die → Preiswerbung, aber auch für die Ausgestaltung des Preissystems, etwa die Entwicklung von Preisbaukästen. Grundsätzlich kann man als Anbieter dabei entweder versuchen, die Wahrnehmungseffekte seitens der Verbraucher zu seinen Gunsten auszunutzen, was bis hin zur Irreführung über den Preis reichen mag, und/oder ganz im Gegensatz dazu eine auf → Preisvertrauen ausgerichtete Politik der → Preisehrlichkeit zu betreiben.

Eine für die Preiswahrnehmung grundlegenden psychologische Theorie ist die → *Psychophysik*, in der es um die subjektive Transformation physikalischer Reize (Licht, Töne, Gewichte etc.) in subjektive Empfindungsstärken geht. Das dort entwickelte „*Weber-Fechnersche Gesetz*" einer logarithmischen Transformation objektiver Reizintensitäten in subjektive Empfindungsstärken kann auch auf die Preiswahrnehmung übertragen werden. Danach hängt die Einstufung eines Preisunterschiedes vom Ausgangsniveau der Wahrnehmung ab. Mit zunehmender absoluter Preishöhe wächst das subjektive Empfinden für gleich große *Preisdifferenzen* also nur unterproportional. Ein Mehrpreis von 5 Euro für einen Blumenstrauß bei einem Preisniveau um 10 Euro wird deshalb als wesentlich betrachtet und in die Bewertung zweier Sträuße einbezogen, während er bei einem Hochzeitsgesteck für 80 Euro eher als vernachlässigbar erscheint. Die Preiswahrnehmung der Verbraucher ist also *relativ*. Preisunterschiede werden bewusst oder unbewusst *prozentual* enkodiert. Allerdings handelt es hierbei nicht im engeren Sinne um Wahrnehmungs-, sondern um Bewertungsprozesse. Dies wird besonders hinsichtlich der bei physischen Reizen verständlichen, absoluten Wahrnehmungsschwellen („nicht mehr hörbar") deutlich, die auf Preise übertragen nur als Bewertungsschwellen sinnvoll interpretierbar sind („inakzeptabel"; s.a. → Preisschwellen).

Bei der Frage nach den Referenzgrößen oder Urteilsankern, an denen die Preiswahrnehmung festmacht, kann auf die *Adaptionsniveautheorie* (*Helson*, 1964) zurückgegriffen werden (*Diller*, 1978). Helsons Kernthese lautet, dass die Wahrnehmung eines Stimulus nicht unabhängig vom Kontext erfolgt, in den er eingebettet ist, sondern dass er daran adaptiert (angepasst) wird. Dabei werden alle relevant erscheinenden Begleitwahrnehmungen zu einem sog. *Adaptionsniveau* komprimiert, einer Sammelgröße, die dann als Referenzpunkt für die Stimuluseinstufung dient (s.a. → Assimilations-Kontrast-Theorie). Übertragen auf Preiswahrnehmungen erstreckt sich die Wahrnehmung also nicht nur auf den eigentlichen Preis selbst, sondern auf ein u.U. sehr vielgestaltiges Feld von metrischen, verbalen, nonverbalen (visuellen) u.a. Eindrücken, das ein „*mittleres Preisempfinden*" konstituiert. Es wird während der Preiswahrnehmung gebildet oder aus dem Langzeitgedächtnis abgerufen, wenn entsprechende Preiserfahrungen vorliegen, und dient als Referenzgröße bei der Enkodierung von Preisen.

Relevante Wahrnehmungen sind z.B. die *Optik, Gestik* oder *verbale Etikettierung* einer Preisangabe durch den Anbieter, Preise anderer Produkte im Kontext der betrachteten Alternative, Preisempfehlungen des Herstellers auf der Verpackung oder Preisgegenüberstellungen auf Preisschildern. Besonders glaubwürdig, aber selten verfügbar sind schließlich die *Preiserfahrungen* und → *Preiskenntnisse*, also etwa früher bezahlte Preise gleicher oder ähnlicher Waren, derzeitige Preise desselben Produktes bei anderen Anbietern (z.B. aus der Preiswerbung) oder Preisinformationen von Bekannten oder anderen Referenzpersonen und Institutionen (z.B. Preisspiegel der Verbraucherberatungsstellen). Empirisch bestätigt ist zudem, dass auch absolute untere und obere → Preisschwellen und allgemeine Preiserfahrungen über die Preispolitik des Anbieters (Preisimage) in die Preisverankerung einfließen (→ Generalisierung). Eine weitere, grundsätzlich relevante Kategorie von Preisreizen sind die in der Zukunft *erwarteten (antizipierten) Preise* (→ Preiserwartungen). Insb. in Warengruppen mit regelmäßigen → Preisaktionen (z.B. Bohnenkaffee, Fleisch) wurde verschiedentlich festgestellt, dass der „Normalpreis" an Bedeutung verliert und die Aktionspreise das mittlere Preisempfinden dominieren.

Das mittlere Preisempfinden stellt den Mittelpunkt eines eindimensionalen Kontinuums („weder billig noch teuer") dar. Es liegt nach einschlägigen Studien etwa beim *geometrischen Mittelwert* aller wahrgenommenen Preisstimuli. Dieser Wert entspricht dem sog. *Adaptionsniveau* bei *Helson*. Die geometrische Mittelung entspricht auch dem logarithmischen Preisempfinden, werden hierbei doch die auf der Log-Skala verkleinerten Teilreize wieder „gestreckt" und damit für eine Mittelung brauchbar gemacht. Auch eine *exponentielle Glättung* der zuletzt gezahlten Preise brachte bei häufig gekauften Produkten gute Werte.

Seit Beginn der 90er-Jahre wird in einschlägigen Studien zur Preiswahrnehmung immer häufiger die → *Prospect-Theorie* herangezogenen. Der Name (prospect = Aussicht) zeigt schon an, dass es hierbei um die Bewertung von (positiven oder negativen) Folgen von Kaufentscheidungen geht, die es auch bei Preisvergleichen abzuwägen gilt.

Preiswahrnehmung

Günstigere Preise als erwartet stellen in der Terminologie der Prospect-Theorie Gewinne (gains), ungünstigere Verluste (losses) dar. Die Prospect-Theorie steht durchaus in der Tradition der Helson'schen Adaptionsniveau-Theorie, hat sie doch mehrere Elemente mit ihr gemeinsam und zwar die Verankerung der Bewertung an einem Referenzpunkt, die Beeinflussbarkeit des Referenzpunktes durch Kontextreize und die nicht an objektive Wahrscheinlichkeiten gebundene Gewichtung der Abweichungen des Beurteilungsgegenstandes vom Referenzpunkt.

Allerdings richtet sie ihr Augenmerk stark auf die *Bewertung* bestimmter risikobehafteter Alternativen und nicht auf pure Sinneswahrnehmungen. Insofern handelt es sich um eine kognitive Theorie, deren Geltungsbereich jedoch zunehmend auch auf risikolose Bewertungssituationen ausgedehnt wird. Der kognitive Modellcharakter bleibt dabei erhalten. Im Zentrum stehen subjektive *Nutzenfunktionen* (value functions), die im Hinblick auf Preisurteile Preisgünstigkeits- bzw. Preiswürdigkeitsurteilsfunktionen entsprechen (vgl. → Preisbeurteilung).

Eine weitere wichtige Erkenntnis der Theorie der Preiswahrnehmung betrifft die *Vereinfachung* der Preiswahrnehmung. Der Verbraucher hat verschiedene *Heuristiken* der Preisenkodierung entwickelt, die zu bestimmten Preiswahrnehmungseffekten führen, deren Kenntnis für eine wirkungsvolle Preispolitik wichtig ist.

(1) Preisschwelleneffekt
Eine für die Preiswahrnehmung sehr effektive Heuristik besteht in der Vergröberung der Wahrnehmung durch Orientierung an *Wahrnehmungskategorien*. Statt zu exakten und für den praktischen Gebrauch oft unnötig feinen Einstufungen von Preisen auf einer (bis auf Zehntel- oder gar Hundertstel Cent diskriminierbaren) metrischen Preisskala greifen Käufer häufig zu kategoriellen Preisskalen, die nur noch einige wenige Einstufungsklassen (z.B. „teuer"/„normal"/ „billig") besitzen. An den Schnittstellen der Kategorien entstehen dadurch Preisempfindungssprünge, sog. → *Preisschwellen*. Preisschwellen lassen sich demnach als solche Preispunkte p_i definieren, bei denen sich die Preisbewertung sprunghaft verändert. Sie sind immer schon mit gewissen Reaktionsbereitschaften (z.B. „würde ich (vielleicht) kaufen") verbunden.

(2) Preisrundungseffekt
Nach einer *Infoscan*-Auswertung der *GfK* weisen die zehn im Lebensmitteleinzelhandel am häufigsten eingescannten Preise alle die Endziffer 9 auf und vereinen zusammen 73,2% aller verkauften Artikel auf sich. Man scheut also die Auspreisung mit *runden Preisen* (volle €-Beträge), weil man knapp darunter Preisschwellen vermutet. Ob solche → *gebrochenen Preise* (z.B. 0,99 €, 99 € etc.) tatsächlich zu eigenständigen Wahrnehmungseffekten führt, ist umstritten. In empirischen Untersuchungen konnte die Schwellenwirkung gebrochener Preise nicht durchgehend bestätigt werden. Lediglich bei sog. *Glattpreisen* (volle €-Beträge) und an manchen 50-Cent-Schwellen lassen sich häufig „echte" Preisschwellen feststellen. Es spricht deshalb viel dafür, dass der Einfluss erst dann wirksam wird, wenn viele Anbieter längere Zeit mit einem bestimmten gebrochenen Preis operieren und sich deshalb eine (u.U. kategoriespezifische) Preisschwelle bei diesem Preis herausgebildet hat.

(3) Preisfigureneffekt
Die absatzfördernde Wirkung gebrochener Preise könnte auch auf eine sukzessive und u.U. lexikalisch geordnete *Reihenfolge von Preisziffern* „von links (Euro) nach rechts (Cent)" beruhen. Sie ergibt eine „Preisfigur" (z.B. die absteigende Ziffernfolge 3,21 € oder die konstante Ziffernfolge 2,22 €) mit u.U. eigenständigen Wahrnehmungseffekten. Eine Erklärung bietet den „Von-Links-nach-Rechts-Vergleich", der besagt, dass Konsumenten den Preis ziffernweise vergleichen und dabei mit der linken Ziffer beginnen. Auch ein „Erinnerungs-Effekt" könnte dahingehend auftreten, dass sich Konsumenten bei gebrochenen Preisen aufgrund ihrer limitierten Erinnerungsfähigkeit meist nur an die linke Ziffer der Preisfigur erinnern können. Schließlich sind auch Aufmerksamkeitseffekt für auffällige Preisfiguren (z.B. 3,33) denkbar. Schlüssige empirische Befunde hierzu stehen aus.

(4) Eckartikeleffekt
Eine weitere Preiswahrnehmungsheuristik liegt darin, seine Preisachtsamkeit auf bestimmte *Artikel* zu beschränken, also bestimmte Preise zu selektieren, statt alle bei einem Einkauf relevanten Preise zu prüfen. Insbesondere für die Geschäftswahl ist eine solche *selektive Preiswahrnehmung* beinahe zwingend, weil ein vollständiger Preisver-

gleich zwischen Geschäften schnell ausufert. Einzelhändler greifen diese Wahrnehmungsselektion auf, indem sie in der Preiswerbung solche sog. *Eck- oder Schlüsselartikel* als besonders günstig kalkuliert herausstellen, von denen sie annehmen, dass der Verbraucher sie selektiv wahrnimmt. Sie werden mit unterdurchschnittlichen Kalkulationsaufschlägen belegt (→ Ausgleichskalkulation), häufig in Preisaktionen offeriert und werblich hervorgehoben. Dies könnte wiederum zu einer self fulfilling prophecy führen, weil sich die Preisaufmerksamkeit auch danach richtet, wie leicht entsprechende Preisinformationen erhältlich sind.

(5) Preisfärbungseffekt
Wer sich nicht auf sein eigenes Urteil verlassen will oder kann, wird bei der Preiswahrnehmung nach anderen Indikatoren für die Preisgünstigkeit Ausschau halten, die dann auf die Preiseinstufung „abfärben". Verhaltenstheoretisch handelt es sich hierbei um *Generalisierungen* früher gelernter Zusammenhänge (z.B. rotes Preisschild = Sonderpreis). Zum Teil reichen bereits Sonderplatzierungen für eine günstige Preisanmutung aus, weil der Verbraucher gelernt hat, dass sonderplatzierte Artikel (häufig) preisreduziert sind.
Die Eigenarten der Preiswahrnehmung bieten den Anbietern also zahlreiche Möglichkeiten, Preise in der Werbung bzw. im Verkaufsgespräch (→ Preisargumentation) positiv zu färben (→ Preisoptik). Allerdings gibt es diesbezüglich deshalb auch durchaus berechtigte wettbewerbsrechtliche Begrenzungen. Z.B. für sog. → Mondpreise, → Rabatte, Zugaben und → Preisbündelungen oder für → Preisgegenüberstellungen.   H.D.

Literatur: Diller, H.: Preispolitik, 3. Aufl., Stuttgart u.a. 2000, S. 128 ff. *Kaas, P.; Hay, Ch.:* Preisschwellen bei Konsumgütern. Eine theoretische und empirische Analyse, in: ZfbF, 36. Jg. (1984), S. 333-346. *Monroe, K.B.:* Buyer's Subjective Perception of Price, in: Journal of Marketing Research, Vol. 10 (1973), S. 73-80.

Preiswerbung

Zur Preiswerbung zählen alle Kommunikationsaktivitäten, welche die Kunden eines Unternehmens über die jeweiligen Angebotspreise bzw. das Preisniveau informieren und diese in einem möglichst günstigem Lichte darstellen sollen (→ Preisdurchsetzung). Hierzu zählen insb. die → Preisauszeichnung (schriftliche Preisangaben am PoS), die → Preisoptik (visuelle Aufmachung der Preisinformation) und → Preisgegenüberstellungen sowie die mündliche → Preisargumentation im Verkaufsgespräch. Komplementäre Aktivitäten hierzu sind vertragliche → Preisvereinbarungen mit Kunden und die Preispflege.   H.D.

Literatur: Diller, H.: Preispolitik, 3. Aufl., Stuttgart u.a. 2000, S. 402 ff.

Preiswettbewerb

für die → Preisstrategie relevante strategische Marktsituation, in der der Preis die dominierende Rolle im → Marketing-Mix der verschiedenen auf dem Markt vorhandenen Anbieter aufweist. Eine solche Marktsituation lässt sich häufig im fortgeschrittenen Stadium des → Lebenszyklus beobachten und übt über das zunehmend aggressive (Preis)Verhalten der Wettbewerber (→ Marktaggressivität) nicht selten einen hohen Druck auf die Rentabilität der Branche aus (→ Branchenstrukturanalyse).

Intensiver Preiswettbewerb kann zunächst entweder in einem hohen → Preisinteresse der Kunden oder in nur (noch) beschränkten Möglichkeiten zur → Produktdifferenzierung begründet sein. In diesen Fällen wird der Preis zum entscheidenden Wettbewerbsparameter. Um dann das langfristige Überleben im Markt nicht zu gefährden und einen strategischen → Wettbewerbsvorteil zu erreichen, dürfen die preispolitischen Instrumente nicht rein aktionistisch eingesetzt werden. Vielmehr gilt es, sie zu in sich schlüssigen, ganzheitlichen → Niedrigpreisstrategien zu verbinden, die das Erreichen der → Preisführerschaft durch die → Kostenführerschaft nachhaltig absichern, wie dies etwa beim → Discounting der Fall ist.

Resultiert intensiver Preiswettbewerb dagegen daraus, dass bisher kein Unternehmen über einen echten wahrgenommenen Nutzenvorteil verfügt, stellt der Versuch, sich zu profilieren (→ Profilierung), eine erfolgsträchtige strategische Alternative zur Preisführerschaft dar. Auf Basis einer zweckmäßigen → Marktsegmentierung kann man eine geeignete → Positionierung wählen und umsetzen, indem man etwa mit dem Aufbau einer Marke beginnt (→ Markenpolitik) oder - speziell in fragmentierten Märkten - eine → Nischenstrategie verfolgt, und sich so dem Preiswettbewerb entziehen.   A.Ha.

Preiswissen → Preiskenntnisse

Preiswürdigkeitsurteil → Preisverhalten

Preiszufriedenheit

als Zielgröße einer kundenorientierten → Preispolitik relevanter Teilaspekt der → Kundenzufriedenheit. Er erfasst das gedankliche Ergebnis einer Gegenüberstellung von *Preiserwartungen* und → *Preiswahrnehmungen* eines Kunden bezüglich aller subjektiv relevanten Preis-Leistungen eines Anbieters (also nicht nur der Preishöhe). Im Vergleich zu → Preisurteilen ist die Preiszufriedenheit ganzheitlicher und zeitübergreifend. Sie fasst die Erfahrungen eines Kunden mit dem Preisgebaren des Anbieters zusammen. Damit kann sie als multiattributives Konstrukt modelliert werden, bei dem Preisgünstigkeits- und Preiswürdigkeitsaspekte, aber auch sog. begleitende Preisleistungen, wie Maßnahmen zur Steigerung der Preistransparenz, Preissicherheit und Preiszuverlässigkeit mit subjektiv unterschiedlichen Gewichten einfließen (Abb.).

Eine empirische Studie von *Diller* (2000) zur Preiszufriedenheit bei Dienstleistungen erbrachte – abhängig vom Dienstleistungstyp – relativ hohe Gewichte für die Preisnebenleistungen, die zusammen etwa 30 bis 50% der Preispräferenzen für sich beanspruchen. Den besten Modellfit zu Erklärung der Preiszufriedenheit erbrachte ein Modell mit Berücksichtigung antizipatorischer und normativer Teilerwartungen und ungewichteter, linear-additiver Verrechnung der Teilzufriedenheiten. Die Preiszufriedenheit ist je nach Preisinteresse der Kunden ein oft sehr starker Treiber der → Kundenbindung und des → Preisvertrauens und kann deshalb zu den → Preisintentionen gezählt werden. H.D.

Literatur: *Diller, H.:* Preispolitik, 3.Aufl., Stuttgart u.a. 2000, S. 173 ff.

Preiszuverlässigkeit → Preisfairness

Premium-Konzept
→ Kundennutzenkonzept, preisstragisches

Premiummarke

in objektiv-rationaler (z.B. technischer) oder subjektiv-emotionaler (z.B. ästhetischer, modischer, prestigemäßiger) Hinsicht über das übliche Leistungs- und Qualitäts-

Teilbereiche der Preiszufriedenheit

Teildimensionen Kaufphasen	Preisgünstigkeit	Preiswürdigkeit (Preis-Qualitäts-Verhältnis)	Begleitende Preisleistungen		
			Preistransparenz	Preissicherheit	Preiszuverlässigkeit
Vorkaufphase	Nebenkosten des Einkaufs (Telefongebühren, Fahrtkosten, Parkgebühren etc.)	Preis-Qualitäts-Verhältnis entgeltlicher Leistungsinformationen, psychische Einkaufsbelastungen	Vollständige, richtige und aktuelle Preisauszeichnung, übersichtliche und entscheidungsgerechte Preisinformation	Verzicht auf Preisschönung	Preiskonstanz
Entscheidungsphase	Preishöhe der Güter/ Dienste Preisnachlässe	Preis-Qualitäts-Verhältnis der Güter/ Dienste	Nachvollziehbarkeit der Preisstellung	Individuelle Preisberatung, Pauschalpreise	Korrekte Fakturierung
Nachkaufphase	Nachkaufkosten (Reparatur, Nutzungsgebühr, Beseitigung etc.)	Wirtschaftlichkeit des Produktgebrauchs, Preis-Qualitäts-Verhältnis von Reparaturleistungen	Preisauszeichnung für Reparaturleistungen, Nutzungsgebühr etc.	Preiskonstanz	Verzicht auf versteckte Nebenkosten, Kulanz/ Entgegenkommen

(Quelle. *Diller*, 2000, S. 176)

niveau auch angesehener Marken hinausgehender, jedoch unterhalb von Luxusmarken angesiedelter → Markenartikel, der sich an die oberen Marktschichten bzw. anspruchsvollen Marktsegmente richtet (→ Marktsegmentierung). Die Zielsetzung einer Premiumstrategie besteht darin, der qualitative Marktführer - quasi die „Markenelite" (*Haedrich/Tomczak*, 1990, S. 152) - im relevanten Markt (→ Marktabgrenzung) zu werden und für die angebotene Leistung ein → Preispremium zu erzielen, das (deutlich) über das Äquivalent für die funktionale Überlegenheit hinausgeht (→ Preis-Qualitäts-Strategie). Die Exklusivität anstrebende → Profilierung erfolgt dabei produktseitig häufig über eine Lifestyle- oder Erlebnisorientierung (→ Lebensstilkonzept, → Markenimage, → Zusatznutzen); preisbezogen liegt die Besonderheit darin, dass der hohe Preis mehr oder minder selbst zum Nutzenmerkmal wird, weil er dem Käufer solcher Produkte von der Masse abhebt und ihm dadurch beispielsweise die Chance bietet, sich selbst oder andere zu verwöhnen, Prestige zu gewinnen oder seiner Konsumfreude Ausdruck zu geben (→ Kundennutzenkonzepte, preisstrategische). Zudem müssen Entscheidungen über die Art der markenspezifischen Differenzierung der Premiumprodukte getroffen werden (vgl. *Abb.*).

Der Erfolg von Premiummarken-Konzepten geht auf einen ausgeprägten, auf Genuss und Geltung ausgerichteten Wandel des Konsumverhaltens (→ Wertewandel) in Verbindung mit einer gestiegenen, frei verfügbaren → Kaufkraft zurück. Zudem hat die zunehmende Polarisierung der Märkte (→ Marktdynamik) für einen Bedeutungszuwachs der oberen Marktschichten gesorgt. Zusehends problematisch ist allerdings nicht nur das Problem der → Markenpiraterie, sondern auch, dass der Druck auf Premiummarken innerhalb immer stärker ausdifferenzierter marktbezogener Markensysteme sowohl „von unten" als auch „von oben" zunimmt. Der erste Aspekt verweist darauf, dass → Handelsmarken verstärkt zur Profilierung über Qualität und Image eingesetzt werden und so die qualitative Abgrenzung zu den Premiummarken aufweichen. Der Druck „von oben" umfasst dagegen zum einen die profilierungsbezogenen Probleme der Premiummarken, etwa durch die immer dichtere „Besiedelung" des Premiummarktes oder durch Dachmarkenstrategien (→ Markenpolitik), deren geringere Kosten speziell bei der Einführung neuer Marken (z.B. durch *umbrella advertising*) nicht selten zum Preis schwächerer Markenpersönlichkeiten erkauft werden. Zum anderen erhöht sich der Preisdruck auf Premiummarken, da sich sowohl die Wettbewerber als auch der Handel verstärkt auf → Preiswettbewerb einlassen. Im Zeitalter des → Internet leistet dieser Entwicklung schließlich auch das steigende Informationsangebot Vorschub, das der aufgeklärte und zunehmend erfahrene Verbraucher zu Preisvergleichen nutzen kann (→ Informations-Agenten), um die ihrem Wesen nach standardisierten Premiummarken letztlich preisbasiert zu kaufen (→ Internet Auktionen, → Kundenbestimmtes Pricing).

Markentechnischer Modellbaukasten für Premiummarken-Konzepte

Markentechnische Varianten	Beispiele		Markt	Unternehmen
	Ausgangsmarke →	Premiummarke		
(1) Schaffung neuer Marken	(a) Whiskas → (b) Iglo	Sheba Bistro	Tiernahrung Fertiggerichte	Effem Langnese-Iglo
(2) Personifizierung bestehender Marken	(c) DUB → (d) Henkel	Brinkhoff's No. 1 Adam Henkell	Bier Sekt	Dortmunder Union Söhnlein & Henkell
(3) Entwicklung neuer Linien	(e) Siemens → (f) Betrix	Top Line Exklusive Line	Haushaltsgeräte Kosmetik	Siemens Betrix
(4) Kauf bzw. Lizenz	(g) Ford → (h) Schöller	Ghia, Jaguar Mövenpick	Automobile Eiskrem	Ford Schöller

(Quelle: *Becker*, 1998, S. 214)

Um dem Verlust eines eigenständigen Nutzenversprechens der Premiummarken gegenüber den „klassischen" Marken bzw. den „modernen" Handelsmarken zu begegnen, besteht eine Option darin, die Premiumkompetenz der Marke zu erhöhen, sich dabei aber innerhalb des Premiummarktes gezielt entweder über den gebotenen *Customer Value* oder über emotional-symbolische Aspekte, z.B. durch das Aufladen des Markenkerns mit einem spezifischen Wertesystem, zu profilieren. Daneben gibt es die Möglichkeit, Premiummarken in Kooperation mit den jeweiligen Handelspartnern, als → Eigenmarke, zu entwickeln und zu führen („Hybrid-Premiummarke"). Gerade mit der zuletzt genannten Option eröffnen sich reizvolle Ansatzpunkte, um zum Handel dauerhaft partnerschaftliche Beziehungen i.S. des → Beziehungsmarketing zu etablieren und somit einen nachhaltigen → Wettbewerbsvorteil vor den Konkurrenten zu erzielen. A.Ha.

Literatur: *Becker, J.:* Marketing-Konzeption, 6.Aufl., München 1998. *Diller, H.:* Preispolitik, 3. Aufl., Stuttgart 2000. *Esch, F.-R.:* Moderne Markenführung, Wiesbaden 1999. *Haas, A.:* Premiummarke - quo vadis?, in: Markenartikel, 3/2000, S. 36-42. *Haedrich, G.; Tomzcak, T.:* Strategische Markenführung, Bern, Stuttgart 1990.

Preselection-Verfahren

ist eine Vertragsform für Dienstleistungen für → Kommunikationsnetze, wobei der Anschluss auf eine dauerhafte Voreinstellung für einen Verbindungsnetzbetreiber eingestellt wird und eine feste Vertragsbindung zu diesem Betreiber besteht. Der Kunde bleibt jedoch mit seinem Teilnehmeranschluss bei dem alten Anbieter. Die dauerhafte Voreinstellung kann fallweise für die einzelnen Verbindungen mit dem → Call-by-Call-Verfahren übergangen werden. Entscheidet sich der Kunde auch den Teilnehmeranschluss zu wechseln, dann handelt es sich um einen Komplettanschlusswechsel. A.V./B.Ne.

Presenter

Im Gegensatz zum → Testimonial ist der Presenter ein Darsteller in der Werbung in Verkaufspose. Der Presenter ist ein produktanpreisender Sprecher, der in den Augen der Verbraucher „objektiv" und meist im Nachrichtenstil über Produktvorteile berichtet. Es handelt sich häufig um einen Sprecher, der entweder ein Experte oder ein Prominenter ist und eine gewisse Autorität ausstrahlt. Der Gesamteindruck der Werbung ist dadurch eher nüchtern und informativer Art. Häufig wird zusätzlich eine Produktdemonstration vorgenommen, die der Presenter kommentiert oder selbst vorführt. T.Z.

Presse

ursprünglich mit der Druckerpresse hergestellte → Medien (Presseerzeugnisse, Printmedien), welche sich nach folgenden Kategorien differenzieren lassen(s.a. → Zeitungen).
Nach Verkaufs- und Vertriebsart: Abonnementszeitungen, Boulevardzeitungen, Gratisanzeiger, Hauszeitungen, → Kundenzeitschriften.
Nach Verbreitungsgebiet: nationale Zeitungen und Zeitschriften, regionale Zeitungen und Zeitschriften, Lokalzeitung, Stadtteilzeitung.
Nach Frequenz des Erscheinens: Tageszeitungen, Wochenmagazine, Sonntagspresse, Monatszeitschrift, Jahrbuch.
Nach Zielpublikum: Publikumszeitungen und -zeitschriften, Fachzeitschriften.
Nach Hauptinhalt: Politische Presse, Wirtschaftspresse, Regenbogenpresse oder Yellow Press (Klatsch, Tratsch und Prominenz).
Special Interest Media: Zeitschriften über Spezialgebiete (von Brot Backen bis Tennis, von Antiquitäten Sammeln bis Windsurfen). P.F.

Pressearbeit → Public Relation

Pressebeihefter, Pressebeilage (mit Responseelement)

→ Werbemittel mit direkter Reaktionsmöglichkeit (Antwort; Bestellung etc.) z.B. anhand von Coupons oder Karten, die Presseerzeugnissen (Zeitungen/Zeitschriften; Katalogen; Anzeigenblättern) lose beigefügt werden (s.a. → Direct-Responsewerbung). Sie dienen fast ausschließlich der Neukunden- bzw. Interessentengewinnung und stellen eine ideale Form von Produkt-, Preis- oder Zielgruppentests dar. Der Vorteil der Beilagen liegt im hohen Aufmerksamkeitswert gegenüber dem Umfeld und im großen Gestaltungsspielraum (mehr Informationsraum, hohe Papierqualität, erweiterte Layoutmöglichkeiten). Dies führt erfahrungsgemäß auch zu einem deutlich höheren → Response (2- bis 10facher

Rücklauf gegenüber Coupon-Anzeige). Allerdings stehen dem deutlich höhere Schaltkosten gegenüber. Beilagen sind kostengünstiger als Beihefter, aber mit anderen Nachteilen verbunden: Sie können verloren gehen oder werden schneller weggeworfen. Außerdem muss in der Regel auf eine redaktionelle Integration verzichtet werden. Pressebeilagen lassen sich in fast allen Zeitschriften und Zeitungen Deutschlands schalten, wobei Abonnementauflagen auf Grund der besseren Zielgruppenqualität erfahrungsgemäß höhere Responsewerte aufweisen als Kioskauflagen. Es gilt dabei jedoch die nicht unbeträchtlichen Portoentgelte zu berücksichtigen, wenn die Zeitschriften über den Postzeitungsdienst an die Abonnenten zugestellt werden. N.G.

Pressegrosso

Die Distribution von Presseerzeugnissen der → Verlagswirtschaft, insb. Zeitungen und Zeitschriften, erfolgt in Deutschland durch 109 Grossisten an knapp 120.000 Einzelverkaufsstellen (Ausnahme: Bahnhofsbuchhandel, der direkt beliefert wird). Die Grossisten haben sich zur Abnahme und Verbreitung aller Presseerzeugnisse verpflichtet und garantieren insoweit Pressefreiheit und Meinungsvielfalt. Dies ist der Grund für die Duldung als Gebietsmonopolisten durch das Kartellamt. Verlage tragen gegenüber dem Grosso das Warenrisiko (→ Remission), verfügen aber über das Recht zur Disposition von Auflagen.
Die Ausübung wirtschaftlicher Macht oder gezielte Anreize zur Bevorzugung von Verlagen und Verlagserzeugnissen würden dieses – weltweit als vorbildlich angesehene – Vertriebssystem gefährden. Ein ungeschriebener Verhaltenscodex verhindert solche Eingriffe (→ Verlagsmarketing). A.K.

Pressemitteilung

Grundform der → Medienarbeit. Text von 1 bis 1½ Seiten, mit dem eine wichtige Information an die Massenmedien in kurzer, prägnanter Form übermittelt wird.

Pressepost

Sammelbegriff für die Beförderungsarten „Pressesendung", „Postvertriebstück" und „Streifbandzeitung" von Presseerzeugnissen durch die Deutsche Post AG. Gegenüber der Versandart „Infopost" liegen die Versandkosten deutlich niedriger. Die Zulassung zu den Diensten der Pressepost regeln die Allgemeinen Geschäftsbedingungen der Deutschen Post AG, die auf den Herausgabezweck (Pressesendung) bzw. eine „presseübliche Berichterstattung" (Postvertriebsstück) abheben. A.K.

Pressespiegel

Periodisch im Rahmen der → Public Relations an die Führung einer Organisation versandte Zusammenstellung der wichtigsten Meldungen in den Medien über die Organisation, ihr Umfeld und ihre Konkurrenz als Image-Barometer und Instrument für die Marktbeobachtung. Der in gedruckter Form oder über ein Intranet verteilte Pressespiegel gibt einige Anhaltspunkte zur PR-Erfolgskontrolle.

Prestige → Motivation, → Zusatznutzen, → Veblen-Effekt

Pretests → Werbetests

PR-Ethik

In verschiedenen Kodizes festgehaltene Selbstverpflichtungen hinsichtlich der → Marketingethik der Public-Relations-Branche. Die wichtigsten dieser Grundsätze umfassen die Wahrhaftigkeit (Verzicht auf das Verbreiten unwahrer Informationen), die gesellschaftliche Verantwortung (Verbot der Hinderung des Informationsflusses, Verbot der Verharmlosung von Gefahren, Verbot der Unterstützung eines Auftraggebers bei der Verletzung von Menschenrechten), die Loyalität zum Auftraggeber (Verpflichtung, als redlicher Anwalt der Interessen des Auftraggebers diesem mit Rat und Tat zur Seite zu stehen, solange er die Grundrechte und die Gesetze respektiert), die Redlichkeit (Verzicht auf unlautere Methoden, wie Nötigung, Drohung oder Verleiten Anderer zur Annahme von Vorteilen) und der Respekt vor der Meinungsfreiheit von Partnern und Gegnern. Außerdem verbietet Art. 10 des Lissabonner Kodex', Auftraggebern messbare Erfolgsgarantien abzugeben. In der Praxis werden diese Regeln verschieden interpretiert und gehandhabt. P.F./K.Sch.

Literatur: *Kruckeberg, D.*: Question of Ethics in Public Relations, in: International Public Relations Review, Vol. 13, Nr. 2, 1990. *Matrat, L.*: Ethics and Doubts, in: International Public Relations Review, November 1986.

PR für Non-Profit-Organisationen

hat prinzipiell zwei Themenkreise im Visier: die Mittelbeschaffung und die Mittelverwendung. Beim ersteren geht es darum, möglichst wirksam an möglichst große und zahlungskräftige Zielgruppen den Appell zu richten, einer nicht-erwerbswirtschaftlichen Organisation Geld zu spenden (→ Spendenmarketing). Beim Themenkreis der Mittelverwendung geht es vor allem um absolute Transparenz, da zu beweisen ist, dass die Mittel wirksam und nur zu humanitären, sozialen oder ökologischen Zwecken eingesetzt wurden. Die Berichterstattung über die Spendenverwendung kann anderseits die Spendenbereitschaft wecken oder steigern. P.F.

Price Challenger → GfK Price Challenger

Price-look-up-Verfahren (PLU), Preisabrufverfahren

Form der Preisregistrierung durch Kassenterminals im Einzelhandel, bei der das Artikelkennzeichen (z.B. EAN) mechanisch oder optisch-elektronisch durch → Scanning festgehalten und der entsprechende Tagespreis aus dem Zentralspeicher abgerufen wird. Dies stellt eine Vorstufe geschlossener → Warenwirtschaftssysteme dar, erleichtert die → Preisauszeichnung, vermindert Registrierfehler beim Kassiervorgang und lässt eine flexible Preispolitik im Handel zu.

Price-Offs → Sonderangebote

Primacy-Effekt → Gedächtnistheorie

Primärforschung

Erhebungsmethode der → Marktforschung, bei der das interessierende Datenmaterial im Gegensatz zur → Sekundärforschung eigens für den zu deckenden Informationsbedarf entweder durch → Befragung oder durch → Beobachtung erhoben wird. Unter methodischen Aspekten optimal ist der Rückgriff auf nur eine Erhebung (→ Single Source-Ansatz). In der Praxis wird Primärforschung aber – nicht zuletzt aus Kostengründen – meist sukzessiv betrieben. Besonders dann, wenn das Entscheidungsrisiko und der erwartete → Informationswert besonders hoch ausfallen, etwa beim → Innovationsmanagement, wird man vor den relativ hohen Kosten der Primärforschung nicht zurückschrecken.

Die Durchführung der Primärforschung wird meist an → Marktforschungsinstitute delegiert, die dafür z.T. auch sehr kostengünstige Standarderhebungen, z.B. → Mehrthemenumfragen (Omnibusbefragung), anbieten. Für sehr spezifische bzw. vertrauliche Fragestellungen, z.B. → Tests, greift man gerne auf sog. Laboruntersuchungen zurück, bei denen sich das Erhebungsumfeld im Gegensatz zur sog. Feldforschung (mit natürlicher Umgebung, z.B. Haushaltsbefragungen, → Marktexperiment) bewusst gestalten lässt. H.Bö.

Prime Time

aufgrund hoher Einschaltquoten bzw. Reichweiten besonders wirksame Werbeeinschaltzeit, bei TV z.B. vor den Nachrichtensendungen, im Radio zwischen 6 und 9 Uhr (→ Werbeplanung).

Printmedien

Sammelbegriff für alle auf Papier bedruckten Medien (→ Werbeträger), mit deren Hilfe Inhalte visuell verbreitet werden. Eine Unterteilung ergibt sich aus der *Abbildung*.

Einteilung von Printmedien

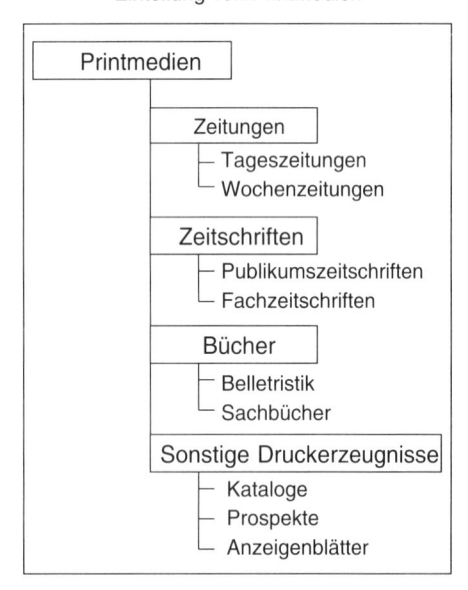

- **Printmedien**
  - **Zeitungen**
    - Tageszeitungen
    - Wochenzeitungen
  - **Zeitschriften**
    - Publikumszeitschriften
    - Fachzeitschriften
  - **Bücher**
    - Belletristik
    - Sachbücher
  - **Sonstige Druckerzeugnisse**
    - Kataloge
    - Prospekte
    - Anzeigenblätter

Prinzipal-Agenten-Theorie

Analyseobjekt der Prinzipal-Agenten-Theorie sind Auftragsbeziehungen zwischen Individuen oder Gruppen von Individuen, die sich kennzeichnen lassen durch Umweltunsicherheit und ein Informationsdefizit des Auftraggebers (Prinzipals) im Vergleich zu seinem Auftragsempfänger (Agenten). Der Prinzipal initiiert die Beziehung, legt die Aufgaben beider Vertragsparteien fest und bestimmt die Entlohnungsfunktion des Agenten. Es muss jedoch keine Hierarchie vorliegen. Das Informationsdefizit des Prinzipals, z.B. des Vertriebsleiters, kann sich auf die Charakteristika (die Leistungsfähigkeit), die Umweltunsicherheit und das Verhalten des Agenten, z.B. des Reisenden (die Leistungswilligkeit) beziehen. Man spricht von der *hidden information* und *hidden action*.

Das Ziel der Prinzipal-Agenten-Theorie besteht darin, optimale institutionelle Regelungen zur Initiierung und Steuerung von Auftragsbeziehungen der vorgestellten Art modellanalytisch abzuleiten, tatsächlich bestehende Regelungen zu erklären und Hinweise auf die Gestaltung von Auftragsbeziehungen in Marketingprozessen zu geben. Im Kern geht es darum, optimale Anreizsysteme in Form ergebnisabhängiger Entlohnungsfunktionen zu beschreiben, und zwar unter Berücksichtigung von aus Kontroll- und/oder Berichtssystemen erhaltenen Signalen. Anreizsysteme sollen Auftragnehmer zur Offenlegung ihrer Charakteristika (ihrer Risikoeinstellung und ihrer Fähigkeiten) und zu einem Handeln im Sinne des Auftraggebers veranlassen, ohne dass ihnen diesbezüglich etwas vorgeschrieben wird.

Die Prizipal-Agenten-Theorie lässt sich mit gewissen Einschränkungen auf fast alle Arten von Auftragsbeziehungen im Marketing anwenden: Unter den Beziehungen mit Partnern, die in der Wertschöpfungskette vor der Endkundenstufe stehen, kommen hierfür in Frage: Alleinvertriebs-, Vertriebsbindungs-, Vertragshändler- und Franchisesysteme, die Vertriebsleiter-Außendienst-Beziehung, distributionsbezogene Beziehungen mit Absatzhelfern, die nicht der Vertriebsleiter-Außendienst-Beziehung zuzurechnen sind, klassische Hersteller-Handels-Beziehungen, in denen dem Hersteller eine größere Marktmacht zukommt als dem Händler, internationale Lizenzbeziehungen und *Joint Ventures* (mit Unternehmen aus Entwicklungsländern), Beziehungen mit Werbeagenturen und Marktforschungsinstituten. Sog. *Kontraktgüter* eignen sich für die Anwendung prinzipalagenten-theoretischer Modellaussagen besonders gut. Unter dem Begriff Kontraktgut wird dabei ein individuelles Leistungsversprechen verstanden, dessen zentrales Kennzeichen darin besteht, dass es im Moment des Kaufs noch nicht existiert. Es kann sich dabei um die Erstellung sowohl komplexer Sachgüter als auch entsprechender Dienstleistungen handeln. Beispiele sind die Unternehmensberatung, die Erstellung von Individualsoftware, der Bau von Sondermaschinen oder Industrieanlagen. H.B./T.B.

Literatur: *Bayón, T.*: Neuere Mikroökonomie und Marketing. Eine wissenschaftstheoretisch geleitete Analyse, Wiesbaden 1997. *Arrow, K.J.*: The Economics of Agency, in: *Pratt, J.W.; Zeckhauser, R.J.* (Hrsg.): Principals and Agents. The Structure of Business, Boston, Mass. 1985, S. 1183-1195.

Privilegvertrieb

im → Verlagsmarketing teilweise übliche Form des → Streckengeschäfts, bei der ein Teil der Gesamtauflage einer Zeitschrift, die durch entsprechende Verträge von Großhändlern oder Großkunden abgenommen wird, direkt an die Endabnehmer ausgeliefert wird. Dadurch werden Doppelbelieferungen vermieden und Individualisierungen durch Eindruck von Kundenadressen o.Ä. ermöglicht. (→ Pressegrosso).

PR-Kampagne

Zeitlich begrenzte und auf einander abgestimmte Ganzheit von Aktivitäten der → Public Relations, mit dem Ziel, in einem umfassenden Sinne verschiedenen Stakeholder-Gruppen ein Thema sowie Einstellungen, Wünsche und Bedürfnisse des Absenders in diesem Zusammenhang zu vermitteln, deren Reaktion einzuholen und sie für dieses Thema günstig zu stimmen. Zur Planung einer PR-Kampagne gehören: Definition des zu erreichenden strategischen oder taktischen Ziels, Entwickeln der Botschaften, welche die Erreichung dieses Ziel unterstützen, Bestimmung der gewünschten Zielgruppen und der bei diesen zu erreichenden Kommunikationsziele, Auswahl der Medien, der dort eingesetzten PR-Instrumente und der Botschaften-Träger (Beschreibungen, Beispiele, Geschichten), Auswahl der Repräsentanten (für Auftritte), Kostenplanung und Organisationsplanung.
P.F.

PR-Konzept

Umfassende Gestaltung der wichtigsten Grundzüge der → Public Relations einer Organisation auf Basis verschiedener Analysen (z.B. Analyse der Positionierung der Organisation: Stärken, Schwächen, Entwicklungschancen, USPs, Makro- und Mikro-Umfeldanalysen). Dabei werden die → Corporate Identity und Vision, das Leitbild, Strategien, Organisation in die Konzeption mit einbezogen. Sämtliche → Stakeholder-Gruppen werden definiert und die strategischen Kommunikationsziele gegenüber diesen festgelegt, die Organisation der Unternehmenskommunikation geplant und die wichtigsten eingesetzten Medien sowie deren Funktion und Periodizität bestimmt (z.B. Pressemitteilungen, → Kundenzeitschrift, Hauszeitung, → Homepage). P.F.

Probekauf → Kauf auf Probe

Probit-Modell

lineares Modell zur Prognose einer Wahlhandlung. Es beruht auf einer kumulativen Normalverteilungsfunktion und ist eine Alternative zum → Logit-Modell. Im Falle einer binären Wahlhandlung (z.B. Kauf vs. Nichtkauf) hat das Modell die Struktur:

$$z_i^* = \alpha + \beta x_i + \varepsilon_i$$

wobei z_i^* eine unbeobachtbare Variable ist, die durch x_i erklärt wird. ε_i ist eine kontinuierliche normalverteilte Zufallsvariable und für z_i^* liegt nur ein in zwei Kategorien beobachtbarer Index z_i vor, der auf folgende Weise mit z_i^* in Beziehung steht:

$z_i = 1$ wenn $z_i^* > 0$
$z_i = 0$ wenn $z_i^* \leq 0$.

Unter der Annahme, dass z eine normalverteilte Zufallsvariable ist, lässt sich über das Modell die Wahrscheinlichkeit des Eintretens z.B. des Kauf ($z_i = 1$) schätzen, d.h.

$$E(z_i) = P(z_i^* > 0) = P(-\varepsilon_i < \alpha + \beta x_i)$$
$$= F(\alpha + \beta x_i),$$

wobei $F(\cdot)$ für die kumulative Standardnormalverteilungsfunktion steht. Das binomiale Probit-Modell sollte immer mit einem konstanten Term geschätzt werden, dadurch ist die Annahme eines Schwellenwerts bei Null nicht notwendig. Das Modell ist beliebig auf mehrere Erklärungsvariablen und auf die multikategoriale Wahlhandlung erweiterbar. Die Schätzung ist zeitaufwendig und kann mit einer Maximum-Likelihood Schätzung erfolgen. In der → Conjointanalyse findet der Ansatz insbesondere bei komplexen Produktwahlentscheidungen Beachtung. Die Parameterschätzwerte des Logit-Modells und des Probit-Modells sind aber nicht vergleichbar. L.H./Y.B.

Literatur: *Daganzo, C.*: Multinomial Probit, New York 1979. *Chintagunta, P.*: Estimating a Multinomial Probit Model of Brand Choice Using the Method of Simulated Moments, in: Marketing Science, Vol. 11 (1992), S. 386-407.

Problemkreisanalyse

analytische → Kreativitätstechnik zur Generierung von Neuprodukt-Ideen, bei der ein Produktfeld bzw. Bedarfskreis (z.B. Kochen) systematisch nach schlecht gelösten oder ungelösten Problemen abgesucht wird, für die dann in einem zweiten kreativen Schritt Problemlösungen zu entwickeln sind.

Problemkunden

auch „*customers from hell*" bezeichnet, betreffen in erster Linie das → Dienstleistungs-Marketing. Weil sich persönliche → Dienstleistungen aus einer Interaktion zwischen dem Dienstleistungserbringer und dem Kunden heraus ergeben, kann Letzterer durch sein Verhalten deren Verlauf und Ergebnis maßgeblich mit beeinflussen. Diese Beeinflussungsmöglichkeit kann durch den Kunden missbraucht bzw. zu ungewöhnlichen Zwecken ausgenützt werden, umso mehr, als vielfach am selben Ort gleichzeitig auch Interaktionen mit anderen Kunden stattfinden, deren Qualität gleichfalls auf dem Spiel steht. Erhöht wird diese Missbrauchsgefahr durch die Tatsache, dass immer mehr Dienstleistungsorganisationen die Erreichung von → Kundenzufriedenheit in den Vordergrund ihrer Bemühungen rücken und deshalb auch ungewöhnliches Kundenverhalten zu tolerieren bereit sind. Als *problematisch* sind all diejenigen Kunden einzustufen, welche die gegebene Missbrauchsmöglichkeit ausnützen, um

– Forderungen an einen Dienstleistungsbetrieb und sein Personal zu stellen, welche klar gegen die Firmenpolitik, die Dienstleistungskonzeption oder die Menschenwürde verstoßen bzw. nicht - oder nur unter unverhältnismäßig hohem Ressourceneinsatz - erfüllt werden können, - und die nicht davor zurückschrecken, durch auffälliges bzw. unkooperatives Verhalten den Dienstleistungsinteraktionsprozess empfindlich zu stören.

Problemkunden können danach unterschieden werden, ob sie nur *beschränkt* (vermindert Zurechnungsfähige, Betrunkene etc.) oder *voll* (Querulanten, Vorteilsschinder) urteils-, kommunikations- bzw. handlungsfähig sind, aber auch danach, ob ihrem Handeln *legale* oder gar *illegale Absichten* (Bankräuber, Ladendiebe, Flugzeugentführer etc.) zugrunde liegen.

Gegenwärtig ablaufende gesellschaftliche Veränderungen, wie der Wertewandel oder die zunehmende Individualisierung, führen tendenziell zu einer steigenden Anzahl von Vorfällen mit Problemkunden. Ihr Auftreten birgt für Dienstleistungsbetriebe ein erhebliches Gefahrenpotenzial, weshalb die Frage des Schutzes der Organisation, der eigenen Mitarbeiter und der übrigen Kunden in den Vordergrund rückt. Dienstleistungsbetriebe müssen ihre Störanfälligkeit überprüfen und klare Richtlinien darüber entwickeln, in welchen Situationen die beteiligten Mitarbeiter nach welchem Handlungsmuster zu verfahren haben. Als Handlungsmöglichkeiten stehen - einzeln oder in Kombination - zur Verfügung: „Früherkennung und Abweisung", „Sonderbehandlung", „vorzeitige Verabschiedung" und „Nachsanktionierung" bzw. „Strafverfolgung" eines Problemkunden. U.B.

Literatur: *Bumbacher, U.*: Beziehungen zu Problemkunden. Sondierungen zu einem noch wenig erforschten Thema, in: *Bruhn, M.; Stauss, B.* (Hrsg.): Jahrbuch Dienstleistungsmanagement 2000, Wiesbaden 2000. *Anderson, K.; Zemke, R.*: Delivering Knock Your Socks Off Service, 2. Aufl., New York 1998.

Problemlose Ware

in der → Sortimentspolitik übliche Bezeichnung für Artikel, die und deren Verwendung der Verbraucher kennt. Sie können in Selbstbedienung angeboten werden, denn sie sind nicht erklärungsbedürftig.

Problemtreue

Das strategische Leitbild für die → Programmpolitik, nach dem sich die Ausrichtung des Programms eines Unternehmens richten kann, kann am Markt oder der Technologie ansetzen. Das eine nennt man → Segmenttreue, das andere → Kernkompetenztreue. H.S.

Procurement Card → Purchasing Card

Product-Alone-Spot → TV-Spot

Product-Interest-Clubs → Kundenclub

Product placement (Produktplatzierung)

gezielte Platzierung von Markenprodukten als reale Requisite in der Handlung eines Spiel- oder Fernsehfilms, in Ausnahmefällen auch Einsatz in der darstellenden Kunst: Musicals, Theater etc. bzw. in der Literatur: Der deutlich erkennbare Markenartikel wird im Gebrauchs- oder Verbrauchsumfeld von bekannten (Haupt-) Darstellern gezeigt. Zentrale Definitionsmerkmale sind die werbliche Intention, die vom Empfänger nicht durchschaut werden soll, sowie die Entgeltlichkeit. Die Vielzahl der Erscheinungsformen des Product placement klassifiziert *Tolle* (1995, Sp. 2096) wie in der *Abbildung* dargestellt.

Zur Abgrenzung von der → Schleichwerbung wird auf die Tatsache verwiesen, dass das platzierte Produkt eine *notwendige*, mit der Handlung verbundene Requisite ist, während bei der Schleichwerbung, z.B. in Livesendungen, Produkte ohne Bezug zum Handlungsablauf der Sendung gezeigt werden.

Dennoch steht das Product placement in einem Spannungsverhältnis mit medien-, urheber- und wettbewerbsrechtlichen Grenzen: So ist der Konflikt mit dem Trennungsgebot zwischen Werbeprogramm und übrigem Programm nach § 22 Abs. 3 des ZDF-Staatsvertrages nur durch eine Interessenabwägung mit der Verpflichtung der öffentl.-rechtl. Sendeanstalten zur Darstellung eines umfassenden Bildes der Umwelt aufzulösen. Ebenso besteht in verschiedenen Landesrundfunk- und -mediengesetzen eine Kennzeichnungsgebot für Werbung, gegen das das Product placement verstößt. Einige Landesrundfunk- und -mediengesetze sehen auch ein Verbot der Programmbeeinflussung durch Werbeveranstalter und Werbeträger vor, gegen die jede Produktplatzierung, die nicht aus künstlerischen oder journalistischen Gründen erfolgt, verstößt. Gleiches gilt für die in den meisten Landesrundfunk- und -mediengesetzen nur zulässige Blockwerbung. Ein weiterer Konflikt

Product placement (Produktplatzierung)

Erscheinungsformen des Product placement

Klassifikations-merkmal	Product placement Form
Art der Informations-übertragung	– Visuelles Product placement – Verbales Product placement – Kombiniertes Product placement
Art und Eigenschaft der beworbenen Produkte	– Product placement i.e.S. (Platzierung von Markenartikeln) – Innovation placement (Platzierung neuer Produkte) – Corporate placement (Platzierung von Unternehmen oder Dienstleistungen – Generic placement (Platzierung unmarkierter Produkte) – Country placement (Platzierung regionaler Gebiete)
Grad der Programm-integration	– On-Set-placement (Produkt bleibt handlungsneutral) – Creative placement (Produkt wird kreativ in die Handlung integriert) – Image placement (das Gesamtthema des Films wird auf das Produkt ausgerichtet)
Grad der Anbindung an den Haupt-darsteller	– Placement mit Endorsement – Placement ohne Endorsement

besteht durch die gesetzlich geregelte zeitliche Werbebeschränkung (keine Werbung in öffentl.-rechtl. Sendern nach 20 Uhr und an Sonn- und Feiertagen) und quantitative zeitliche Werbebeschränkungen (Werbung darf nicht mehr als 20 % der Sendezeit beanspruchen). Daneben existieren urheberrechtliche Grenzen, die eine Bearbeitung von Drehbüchern zur Platzierung von Produkten nur mit Zustimmung des Autors ermöglichen; selbst wenn keine Bearbeitung vorliegt, sind die Autoren bei einer Verfilmung von Werken nach § 93 Urhebergesetz gegen „gröbliche Entstellungen oder andere gröbliche Beeinträchtigungen ihrer Werke" (zit. nach Sack, S. 198) geschützt. Wettbewerbsrechtliche Grenzen ergeben sich, wenn das Product placement unlauter ist, indem es irreführend ist oder gegen die guten Wettbewerbssitten verstößt. Das Irreführungsverbot nach §§ 1, 3 UWG wird verletzt, wenn Product placement im Rahmen von Informationssendungen, bei denen der Zuschauer auf die Objektivität und Neutralität der Sendung vertraut, stattfindet. Gegen die guten Wettbewerbssitten wird verstoßen, wenn sich ein Wettbewerbsteilnehmer durch Gesetzesverletzungen (s. die oben genannten medienrechtl. Vorschriften) einen ungerechtfertigten Wettbewerbsvorsprung vor den rechtstreuen Mitbewerbern verschafft.

Trotz dieser rechtlichen Grenzen liegen die *Vorteile* des Product placements in folgenden Aspekten:

– das Produkt wird als selbstverständlicher Teil einer realen Handlung präsentiert,
– der → Zapping-Effekt (Ausweichen der Fernsehwerbung durch Wechsel des Kanals) wird durch die Handlungseinbindung vermieden, womit zusätzliche, werbeaverse Zielgruppen erreicht werden können,
– die Produktanwendung wird durch einen bekannten Darsteller mit Leitbildfunktion glaubwürdig vorgelebt (das Produkt partizipiert also an der Leitbildfunktion von Idolen oder Vorbildern; s.a. → Testimonialwerbung),
– die dramaturgisch bedingte Aufmerksamkeit des Zuschauers ermöglicht eine intensive Verankerung des Artikels in der sinnlichen Wahrnehmung des Konsumenten
– das Produkt wird in emotionale Erlebniswelten eingebunden,
– die Präsentation des Produkts wird nicht durch andere Marken gestört,
– eine Selektion von gewünschten Leitfiguren und auch Zielgruppen durch die Auswahl der entsprechenden Filme oder Serien kann gezielt vorgenommen werden,
– hohe Reichweiten in sonst nicht erreichbaren Kommunikationskanälen (Abendprogramm des öffentl.-rechtl. Fernsehens, Video), bzw. bei grundsätzlich niedrigeren Reichweiten im Kino höhere Aufmerksamkeit des Kinobesuchers, da ein solcher Besuch mit erhöhtem Aufwand (Weg und Eintrittskosten) verbunden ist (s.a. → Kinowerbung),

– die Möglichkeit über die Beteiligung an einer internat. Produktion den Eintritt in einen neuen Auslandsmarkt zu unterstützen (internationales Produkt placement).

Techniken des Productplacement:
a) on set placement: Der Markenartikel wird in dem Film statisch platziert.
Kosten = Tausenderpreis x zeitliche Produkt-Präsenz x Einschaltquote, wobei der Tausenderpreis nicht nur die Platzierungskosten i.e.S. enthält, sondern auch die Agentur-Vergütung und eine Risiko-Prämie des Film-Brokers (für Kinoflops), die zeitliche Produkt-Päsenz beinhaltet den visuellen Markenauftritt in 30-Sekundeneinheiten.
b) creative placement: Das Produkt erhält eine Haupt- oder Nebenrolle im Drehbuch, das Unternehmen wird an der inhaltlichen Konzeption des Films beteiligt.
Kosten: nicht genau quantifizierbar, der Markenartikelhersteller wird zum Mitfinanzier des Films.
Dieser Gliederung stehen die entstandenen unterschiedlichen Agenturtypen, die zwei Kategorien der Ausstatter und der Vermittler, gegenüber: Die *Ausstatter* betrachten das Product placement als Maßnahme zur Senkung der Filmproduktionskosten und unterteilen sich in:
– *Agenturen mit Warenlager*, aus dem der Filmproduzent kostenlos Ausrüstungsgegenstände anfordern kann (Finanzierung durch den Auftraggeber der Plazierung mittels Jahresetat) und
– *Transportkoordinatoren*, die Filmproduktionen kostenlos mit Fahrzeugen versorgen (Finanzierung durch einen Jahresetat des Automobilherstellers).
– Die *Vermittler* sehen das Product placement als Finanzierungsinstrument eines Filmes an und lassen sich gliedern in:
– Product placement-Abteilungen als interne *Verkaufsabteilung von Filmproduktionen*,
– Product placement-Abteilungen von führenden internationalen *Werbeagenturen*,
– *Lizenzagenturen*, die Urheberrechte an erfolgreichen Filmen vermarkten und aufgrund ihrer Kontakte auch Produktplazierungen ermöglichen können,
– *Product placement-Agenten*, die auf Provisionsbasis im Auftrag von Filmproduzenten entspr. Platzierungen vermitteln.
Da die Vermittler i.d.R. zur Maximierung ihres kurzfristigen Gewinns möglichst viele Produktplatzierungen verkaufen, besteht die Gefahr, dass mit Markenartikeln überladene Filme zu → Reaktanz bei den Zuschauern führen. J.Ma.

Literatur: *Sack, R.:* Productplacement im Fernsehen, in: Marketing – ZFP, 9. Jg., Nr. 3 (1987), S. 196-200. *Bente, K.:* Productplacement, Wiesbaden 1990. *Berndt, R.:* Productplacement, in: *Berndt, R.; Hermanns, A.* (Hrsg.): Handbuch Marketing-Kommunikation, Wiesbaden 1993, S. 673-694. *Hormuth, S.:* Placement, München 1993. *Müller, O.:* Productplacement im öffentlich-rechtlichen Fernsehen, Frankfurt/Main 1997.

Produkt

ist im Marketing die Unternehmensleistung, die von den Nachfragern im Hinblick auf ihre Fähigkeit zur Nutzenstiftung beurteilt wird (→ Nutzen). Gemäß der Grundidee des → Marketing wird bei der Festlegung des Produktbegriffs eine nachfrageorientierte Perspektive eingenommen. Aufgrund der Entmaterialisierung der Unternehmensleistung ist es üblich, auch → Dienstleistungen als Produkt zu bezeichnen.
Es lassen sich drei Produktbegriffe unterscheiden: Dem *substantiellen Produktbegriff* zufolge gilt ein Erzeugnis als ein Bündel aus verschiedenen nutzenstiftenden Produkteigenschaften. Er zielt auf die physikalisch-chemisch-technischen Merkmale eines Erzeugnisses ab (→ Grundnutzen, → Produkt-Leistungskern). Beispielsweise besteht das Angebot eines Herstellers von Schokolade aus den substantiellen Merkmalen Vollmilch, Kakao und Zucker. Sofern neben dem substantiellen Produkt (z.B. Beton, Eisen und Glas) auch eine Dienstleistung (Erstellung des Wohnhauses) eine Rolle spielt, sprechen Marketer vom *erweiterten Produkt*. Hierbei stehen weniger die physikalisch-chemisch-technischen Merkmale eines Objekts im Mittelpunkt der Betrachtung, sondern vielmehr die Serviceleistung im Sinne einer Problemlösung (→ Servicepolitik). Geht es dem Kunden beim Güterkauf hingegen um Prestige, Geltung und Status (→ Zusatznutzen) ist der Begriff des *generischen Produkts* relevant. Es umfasst nicht nur das durch physikalisch-chemisch-technische Eigenschaften definierte Erzeugnis und die begleitenden Dienste, sondern auch alle darüberhinausgehenden Produktfacetten.
Produkte lassen sich nach vielfältigen Kriterien typologisieren (→ Produkttypologie). Im Marketing üblich ist die Unterscheidung zwischen Dienstleistungen und Realgütern

sowie zwischen Konsum- und Investitionsgüter. Nach der Reife lassen sich Rohstoffe, Halbfertig- und Fertigerzeugnisse unterscheiden. Daneben variiert die Ichbeteiligung bei Low- bzw. High-Interest-Produkten (→ Involvement). Stellt man auf die Beschaffungsanstregungen des Kunden ab, lässt sich zwischen → convenience-, → shopping- und → specialty goods unterscheiden. Häufig spielt die Problemhaftigkeit der Güter eine Rolle, sodass eine Differenzierung zwischen problemlosen und problemvollen Erzeugnissen nahe liegt.

Unabhängig vom Produktbegriff bilden Erzeugnisse formal Vektoren aus Merkmalen, die einen Wahrnehmungs- und Beurteilungsraum aufspannen. Ein Raum dieser Art erlaubt eine → Positionierung der Produkte. Hierzu kommt es entscheidend auf das Zusammenspiel aller Marketing Mix-Instrumente an (→ Produktpolitik). Merkmale, Attribute, Eigenschaften und Charakteristika beschreiben tatsächlich beobachtete oder rein gedanklich erfasste Bestandteile eines Objekts bzw. Produkts. Sie sind das einem Produkt Eigene, seinen Kern Ausmachende, ihm Zugehörende (s.a. → Produkt-Leistungskern). Welche Merkmale ein Produkt aufweist und auf welche Weise diese in der Realität auftreten, hängt sowohl von seiner Beschaffenheit als auch von der Art der Wechselwirkung mit anderen Produkten und deren Wesen ab. Damit bilden Attribute in der Modellierung der → Qualität von Produkten die Basis dafür, dass Erzeugnisse in bestimmten Beziehungen zueinander stehen (→ Eigenschaftsraum).

Dabei wird ein Merkmal als quantitativ bezeichnet, sofern seine Ausprägungen jeden Wert eines Intervalls annehmen (z.B. Geschwindigkeit). Dagegen spricht man von einem qualitativen Attribut, falls sich jedes Produkt durch eine endliche Zahl von Zuständen bezüglich dieser Eigenschaft beschreiben lässt (z.B. Antriebsart). Treten nur zwei Zustände auf (z.B. Vierradantrieb, Zweiradantrieb), liegt ein binäres oder dichotomes im Gegensatz zu einem mehrstufigen oder multichotomen Merkmal vor. Mit einer abstrakten Eigenschaft (z.B. Image) lässt sich ein Objekt (z.B. Pkw) umfassend beschreiben, während ein konkretes Attribut (z.B. Bremssystem) nur eine Facette eines Phänomens zum Ausdruck bringt. Unterscheiden sich zwei Eigenschaften nur quantitativ, gelten sie als inhaltlich identisch. Qualitativ verschiedene Merkmale stehen durch Ober- und Unterbegriffe in einem hierarchischen Verhältnis zueinander. Deshalb lassen sie sich unter einem gemeinsamen Terminus zu einer Klasse zusammenfassen. Jedes Merkmal verkörpert eine bestimmte qualitative oder quantitative Komponente eines komplexen Attributs. Umgekehrt besteht jedes Attribut aus mehreren, zumeist nicht explizierten eindimensionalen Merkmalen. Die Ausprägungsgrade solcher Eigenschaften (z.B. PS-Zahl) bilden Punkte auf einem Fahrstrahl. Für komplexe Eigenschaften (z.B. Kurvenstabilität) reicht ein Kontinuum zur Repräsentation der möglichen Ausprägungen nicht mehr aus, da die Kurvenstabilität bedingt zum Beispiel durch Bremssystem und Bereifung variiert. An.He./F.H.

Literatur: *Herrmann, A.*: Produktmanagement, München 1998. *Urban, G.; Hauser, J.R.*: Design and Marketing of New Products, Englewood Cliffs 1993.

Produktbündelung (Bundling)

bezeichnet das kombinierte Angebot von zwei oder mehr Produkten und/oder Dienstleistungen als „Paket" zu einem Gesamtpreis (→ Preisbündelung). Dabei lassen sich grundsätzlich drei Basisstrategien unterscheiden:

- *Pure Bundling:* die gebündelten Produkte sind nur im Komplettpaket erhältlich,
- *Mixed Bundling:* es werden sowohl das Bündel als auch die Einzelprodukte verkauft,
- *Mixed Components:* man kann mindestens eine, nicht aber alle im Bündel enthaltenen Komponenten separat erwerben.

Den Begriff des *„Bundle"* oder *„Bundle Package"* findet man vor allem in der Computerbranche. Doch auch hinter Ausdrücken wie Paket, Pauschalangebot, Doppelpack, On-Pack-Offer, Set, Abonnement, Sondermodell, Menü, Jahreskarte, Familien- oder Vorratspackung oder den Zusätzen „2-teilig", „8-fach", „nimm zwei, zahl eins" verbergen sich ebenfalls Güterbündel wie hinter Namenskreationen, wie „Kulinarisch-kultureller Abend" (Theaterbesuch mit anschließendem Abendmenü) oder „Agfa Happy Summer Pack" (Filme mit Spielzeug als Zugabe). Genauso vielfältig wie die Erscheinungsformen sind auch die Ziele, die man mit Hilfe von Bundling verwirklichen kann: Sie reichen von → Preisdifferenzierung (im Rahmen eines einheitlichen Bündelpreises zahlen verschiedene Konsumenten unterschiedliche *implizite* Einzelpreise) über eine Stimulierung des Konsums (z.B. durch subadditive Bündelpreise oder attraktive Zugaben), Kostensenkungen in der Produktion (KFZ-Sondermodelle), den Abbau von Lagerbeständen (günstige Bündelangebote von Vorjahres-Skimodellen inklusive Bindung), die Unterstützung bei Produktneueinführungen (mittels Add-ons) bis hin zur Markenstärkung (u. a. durch die Erhöhung der wahrgenommenen Qualität oder des Images; siehe unten Punkt 6).

Bundling kann auf verschiedene Weise realisiert werden: Ein Bündel kann durch die *physische Zusammenfassung* von Einzelprodukten entstehen, wobei die Bündelung entweder bereits in der Produktion (z.B. bei PKW-Sondermodellen oder Variety Packs von Joghurt) oder durch eine gemeinsame Umverpackung vorgenommen wird, oder indem die Produkte vom Anbieter gemeinsam präsentiert werden (z.B. wenn CD-Player, Receiver, Cassettendeck etc. Zu einem „HiFi-Tower" zusammengesetzt werden). Die Bündelung kann aber auch nur *„auf dem Papier"* stattfinden. Dabei erfolgt die Vorstellung der Bündel und ihrer Preise lediglich auf einer Angebots- oder Preisliste („Produktbaukasten"); das konkrete Bündel wird erst nach dem Kauf zusammengefügt (dies trifft z.B. bei vielen Computeran-

bietern zu). Bei speziellen Aktionen (z.B. einem Rabatt beim Kauf zweier Einheiten desselben Produktes) wird das Bundle oft erst und ausschließlich durch die Scannerkasse ins Leben gerufen. Beim so genannten *„Brand Bundling"* oder „Cross-Branding" schließlich werden zwei oder mehr Marken miteinander verbunden. Dabei muss es sich nicht um mehrere für den Konsumenten unterscheidbare Produkte bzw. Dienstleistungen handeln. Ein bekanntes Beispiel ist Orbit-Kaugummi mit Nutrasweet-Süßstoff: Hier wird der Inhaltsstoff eines Produktes als Marke geführt (→ *Ingredient Branding*).

Ein Bündel ist mehr als die Zusammenfassung verschiedener Produkte. Es ist vielmehr als ein eigenständiges Gut anzusehen:

(1) Ein Bündel *befriedigt spezielle Bedürfnisse*, die oft weder eine einzelne Bündelkomponente allein noch ein vom Kunden selber zusammengestelltes Bündel befriedigen kann (wie z.B. das „Carena Autofahrer-Set", bestehend aus Kompaktkamera mit eingebautem Blitz, Farbfilm, Batterien, Maßband, Kreide, Unfallbericht und Fototasche). Ein typisches Beispiel ist auch ein Fertigmenü, bei dem der Nutzen in der passenden Zusammenstellung der Mahlzeit, der Reduktion der Einkaufsanstrengungen, der Arbeitserleichterung beim Kochen sowie in der Bereitstellung der geeigneten

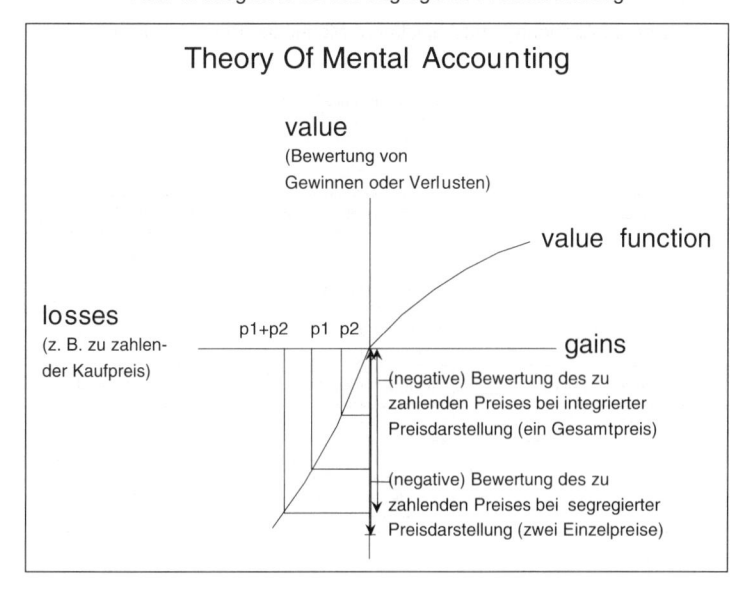

Abb. 1: Integrierte versus segregierte Preisdarstellung

Produktbündelung (Bundling)

Menge (für Singles sind die regulären Verkaufseinheiten vieler Produkte zu groß) liegt.

(2) Ein Bundle wendet sich an *eigene Zielgruppen* und ist damit ein Instrument zur → Marktsegmentierung. Man denke hier etwa an einen Pauschalurlaub in einem Ferienclub, der völlig andere Motive befriedigt (Bequemlichkeit, Animation, Abendprogramm, Kontakt zu Urlaubern aus dem Heimatland, „fast wie zu Hause", günstiger Pauschalpreis etc.) als die Individualreise (fremde Kulturen entdecken, Kontakt zu Einheimischen, Flexibilität, Individualität etc.) und damit auch andere Kundenkreise anspricht.

(3) Produktbündel lassen sich *als eigenständige Produkte vermarkten.* Durch den Einsatz durchdachter Preis- und Kommunikationsmaßnahmen wird Bundling zu einer schlagkräftigen Marketingstrategie.

(4) Bundling kann *Umstellungen in der Produktion* erfordern, wodurch die Entscheidung über Bundling oft über den Funktionsbereich des Marketing hinausgeht.

(5) Bundling beeinflusst die → Preiswahrnehmung. So lässt sich aus der auf der Prospect Theory (Kahneman/Tversky) basierenden Theory of → Mental Accounting (Thaler) ableiten, dass sich die Attraktivität eines Bündelangebotes dadurch steigern lässt, dass anstelle zweier Einzelpreise ein Gesamtpreis ausgewiesen wird (siehe *Abb. 1*). Ein entsprechendes Ergebnis fand sich in einer Studie bei 600 spanischen Automobilkäufern, die ein Bündel aus PKW und Autoradio auf einer 7-stufigen Urteilsskala bewerteten (*Priemer*, 2000): Bei Präsentation eines Gesamtpreises wurde dasselbe Angebot um durchschnittlich 0,97 Skalenpunkte attraktiver eingestuft. Mit Hilfe derselben Theorie lässt sich auch erklären, dass der Preis für einen Satz Alufelgen teurer erscheint als derselbe Betrag im Rahmen des Gesamtpreises für ein Auto mit Alufelgen.

(6) Bundling *verändert die Beurteilung des Angebots.* Bündelurteile entstehen aus einer Integration der Bewertungen der Einzelprodukte, wobei man davon ausgeht, dass die Urteilsbildung durch „Averaging", also durch Mittelwertbildung im Rahmen eines Anchoring and Adjustment-Prozesses geschieht (vgl. *Abb. 2*): Die Konsumenten bewerten die Bündelbestandteile nacheinander, wobei das Urteil über das erste Element als Referenzpunkt oder Anker für die Bewertung des zweiten Bündelelements dient. Das daraus resultierende Urteil wiederum fungiert als Ausgangspunkt für die Beurteilung einer eventuellen dritten Bündelkomponente etc. So entsteht durch eine Aufeinanderfolge von Averaging-Prozessen letztlich ein Gesamturteil über das Bündel, das ein gewichteter Mittelwert aus den Einzelurteilen ist. Die Gewichtung hängt im Regelfall von der Bedeutsamkeit der einzelnen Elemente ab: Wichtigere Elemente, die also

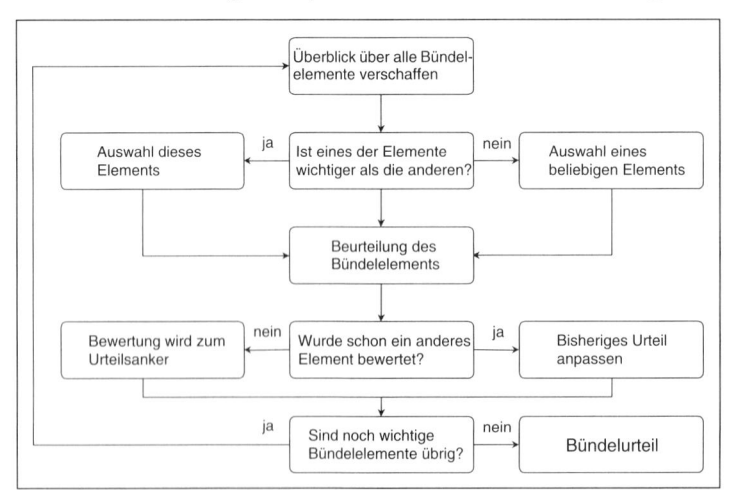

Abb. 2: Anchoring and Adjustment-Modell der Bündelbewertung

(Quelle: *Yadav*, 1994)

bspw. die Produktleistung oder -sicherheit maßgeblich bestimmen oder die den größten Anteil am Kaufpreis ausmachen, werden stärker berücksichtigt. Es ist aber auch denkbar, dass ein rational betrachtet weniger bedeutendes Element ein starkes Gewicht erhält, z.B. wenn es besonders auffällig ist, ein prägnanteres Image besitzt als das „Hauptprodukt" oder die Marke dem Konsumenten vertrauter ist. In der Studie von *Priemer* (2000) wurde z.B. festgestellt, dass durch die Bündelung eines renommierten CD-Radios zu einer noch unbekannten Automobilmarke eine signifikante Imageverbesserung des Angebotes herbeigeführt werden konnte.
Auch ist es möglich, dass Urteilsinteraktionen stattfinden, also die Bewertung eines Produktes durch ein anderes im Bündel enthaltenes Produkt beeinflusst wird. So kann etwa eine Hose durch einen einfachen, wenig geschmackvollen Kunststoffgürtel in den Augen des Konsumenten abgewertet werden, da dieser implizit davon ausgeht, dass moderne und qualitativ hochwertige Kleidungsstücke nicht mit billigen Accessoires ausgestattet werden. Urteilsinteraktionen durch Bundling eröffnen damit aber auch die Chance zur Aufwertung eines Produktes, indem eine Zusatzkomponente hinzugebündelt wird, die auf den Zielimagedimensionen besser bewertet wird als das Hauptprodukt.   V.P.

Literatur: *Priemer, V.:* Bundling im Marketing. Potentiale – Strategien – Käuferverhalten, Frankfurt/Main 2000. *Thaler, R.:* Mental Accounting and Consumer Choice, in: Marketing Science, Vol. 4 (3/1985), S. 199-214. *Yadav, M.S.:* How Buyers Evaluate Product Bundles. A Model of Anchoring and Adjustment, in: Journal of Consumer Research, Vol. 21 (2/1994), S. 342-353.

Produktdeklaration
→ Verbraucherinformation

Produktdemonstrationen im Fachhandel
spezielle und v.a. bei höherwertigen Gebrauchsgütern (Haushaltsgeräte, Photoartikel, Hausrat etc.) beliebte Form der → Verkaufsförderung, bei der Hersteller Händler durch Gestellung von Demonstrationsständen, Personal, Werbematerial und Know How bei Produktdemonstrationen unterstützen. Es handelt sich damit gleichzeitig um eine → Vertikale Kooperation im Rahmen des → Vertikalen Marketing. Ziele sind die Bekanntmachung von (neuen) Produkten oder Produktlinien, die Stärkung des Markenauftritts und die Pflege der Geschäftsbeziehungen zum Fachhandel, der sich mit solchen Aktionen am Markt als Fachhändler profilieren kann. Kurzfristig können Produktdemonstrationen auf Umsatzsteigerungen oder Ausgleich regionaler Absatzlücken zielen. Erwägenswert sind Verbundaktionen mit anderen Herstellern themenkomplementärer Artikel. Erfolgsentscheidend ist die sorgfältige Vorbereitung, insb. die Schulung des Personals und die werbliche Umsetzung, etwa mittels Anzeigen, Hörfunk oder Direktwerbung.
H.D.

Literatur: *o.V.:* Über das Funktionsverständnis zum Verkauf, in: Absatzwirtschaft, Heft 7/1990, S. 48-55.

Produktdesign

Jedes → Produkt ist im Rahmen der → Produktpolitik Gegenstand der *Formgebung*, wobei nahezu unendlich viele Formen in der Wirklichkeit auftauchen. Allerdings lässt sich diese unüberschaubare Vielfalt auf die Grundformen Kugel, Ellipsoid, Würfel, Zylinder, Pyramide und Kegel zurückführen. Entscheidend für die Produktgestaltung ist, dass verschiedene Elemente unterschiedliche Gefühle vermitteln (→ Gestaltpsychologie).
Farben sind ein sehr kostengünstiges und äußerst flexibles Mittel, um Produkte zu verändern. Die einen aktivieren, die anderen beruhigen, wieder andere wirken schwer oder leicht, freudig oder traurig.
Die Variation des *Produktäußeren* bietet ein wirksames und leistungsfähiges produktpolitisches Instrument. Insbesondere die ästhetische Qualität der Form, des Materials und der Farbe erscheint in diesem Zusammenhang von Relevanz.
Was bewirkt eigentlich *Ästhetik?* Dem physiologischen Ansatz zufolge sind es klare, geordnete, einander nicht widersprechende, möglichst symmetrische Elemente eines Objekts. Dagegen deuten psychologische Untersuchungen darauf hin, dass der Geschmack, die Tradition und die Umgebung bedeutsame Einflussfaktoren sind.
Mit der Lösung von Problemen dieser Art befassen sich in Unternehmen vor allem die Designer. Dies ist unbefriedigend, da alle Aspekte der funktionalen und ästhetischen Produktgestaltung auch aus Marketingsicht relevant sind. Hierfür sprechen die folgenden Gründe: Zur Sicherstellung eines einheitlichen Marktauftritts der Produkte eines

Anbieters erscheint ein grundlegendes Designkonzept, das für alle Erzeugnisse gilt, unerlässlich. Es reicht nicht aus, dass ein Produkt durch seine funktionale Zwecktauglichkeit und Leistungsfähigkeit überzeugt. Der ästhetischen Faszination kommt eine zentrale Bedeutung bei der Kaufentscheidung zu. In vielen Unternehmen begleitet der Produktmanager die Generierung eines Erzeugnisses eher planerisch und nicht inhaltlich. Dies genügt nicht, um die Wünsche und Vorstellungen der Nachfrager in die Forschungs-, Entwicklungs- und Produktionsabteilungen zu übertragen. Im Rahmen der Produktmodifikation lassen sich zum Beispiel billige Massenprodukte durch modisches Design erheblich aufwerten (z.B. *Swatch*). Damit erscheint eine grundsätzliche Repositionierung eines Erzeugnisses durch veränderte Designprägnanzen möglich (→ erlebnisbezogenes Design).

Ein Blick in Designstudios offenbart, dass eine Reihe von *Designstilen* existieren. Ein Überblick liefert einen Eindruck von der Vielfalt und Andersartigkeit der Designwellen: Dem *ästhetischen Funktionalismus* liegt die Idee zugrunde, die Materialien, Formen und Farben auf das unbedingt Notwendige zu beschränken. Im Mittelpunkt steht die Gebrauchstauglichkeit sowie eine auf den Bauhausstil zurückgehende Ästhetik. Hieran schließt sich der *Technizismus* an, bei dem sehr kühl anmutende Materialien dominieren. Die Vertreter dieser Designrichtung propagieren ihre Begeisterung für technische Ästhetik (z.B. Stahl-Glas-Konstruktion von Gebäuden). Gerade gegenläufig ist die Entwicklung des *Ästhetizismus*, der sich durch ebenmäßige, geschlossene Formen auszeichnet. Hier verbirgt der Designer das Funktionale ganz bewusst um der ästhetischen Proportionen willen (z.B. *Bang & Olufson*). Aus der Lust heraus, Dinge ganz anders zu gestalten als bisher, schöpfen die Designer der *Memphisbewegung*. Nicht-funktionale Formen, bewusste Materialverfremdungen und bunte Farben bilden den Kern dieser Designwelle. Eine aus der Postmoderne abgeleitete Stilrichtung verkörpert der *Dekonstruktivismus*. Das Aufbrechen der Körper, die durch Auflösung der Senkrechten und Waagerechten bei viele Individuen einen ungewohnten Eindruck hinterlassen, charakterisieren diese Richtung. Dem klassisch ästhetischen Funktionalismus lässt sich der *Neobarock* mit seiner Formensprache gegenüberstellen.

Diese ausdrucksstarken Designprägnanzen sind vor allem in der Möbel- und Kleidungsbranche zu finden. Daneben hat sich das *organic-Design* herausgebildet, bei dem die Erscheinung eines Objekts einen höheren Stellenwert einnimmt als die Funktionalität. Die Repräsentanten dieser Stilrichtung wählen bei der Produktgestaltung besonders gerne organische Materialien, wie Holz oder Horn. Einen anderen Weg schlagen die dem *Archetypdesign* verschriebenen Designer ein. Dabei orientiert sich die Produktgestaltung an einfachen und markanten, als Bild gespeicherten Urtypen von Erzeugnissen.

Vor diesem Hintergrund sind bei der Gestaltung des → Produkt-Leistungskerns zwei strategische Grundfragen zu beantworten: Ist bei der Produktgenerierung lediglich einer Designart zu folgen oder erscheint ein Pluralismus an Designvarianten, wie bei *Rosenthal und Alessi*, ratsam? Ist auf kurzfristig andauernde Designwellen zu setzen, zum Beispiel bei *Swatch*, oder bietet sich eher ein langfristig angelegtes Designkonzept, wie bei Jaguar, an? An.He./F.H.

Literatur: *Hansen, U.; Bode, M.:* Marketing und Konsum, München 1999. *Letherer, E.:* Industriedesign. Entwicklung - Produktion - Ökonomie, Stuttgart 1991. *Koppelmann, U.:* Produktmarketing, 5. Aufl., Berlin 1997.

Produktdifferenzierung

Eine Produktdifferenzierung zielt auf die Modifikation eines Guts, in dem Sinne, dass *neben* das bestehende *gleichzeitig* noch ein Abgewandeltes tritt. Der Grund für die Popularität dieser Vorgehensweise in der → Produktpolitik liegt im Bestreben von Unternehmen, den Besonderheiten einzelner Märkte Rechnung zu tragen. Die Notwendigkeit den segmentspezifischen Anforderungen zu genügen, kann sowohl von gesetzlichen Regelungen als auch von unterschiedlichen Nachfragerpräferenzen herrühren (→ Marktsegmentierung, → Preisdifferenzierung).

Obgleich die Produktdifferenzierung als geeignetes Instrument zur segmentspezifischen Bearbeitung der Nachfrager und zur teilmarktbezogenen Herausforderung der Wettbewerber gilt, tauchen bei ihrer konsequenten Umsetzung einige Schwierigkeiten auf. So sind beispielsweise der Handlungszeitpunkt, die Anzahl der Varianten und das Ausmaß der Veränderung festzulegen.

- Zur Ermittlung des Handlungszeitpunkts bietet sich ein Rückgriff auf den → Produktlebenszyklus an. Grundsätzlich ist es ratsam, eine Differenzierung vorzunehmen, bevor das Produkt in die Stagnations- oder Degenerationsphase gelangt.
- Eine steigende Anzahl von Varianten geht in der Regel mit einer deutlich überproportionalen Erhöhung der → Komplexitätskosten einher. Vor diesem Hintergrund erweist sich die Differenzierungsentscheidung als äußerst schwierig.
- Außerdem ist die Frage nach dem Ausmaß der Veränderung aller ins Auge gefassten Varianten gegenüber dem Basisprodukt zu beantworten. Hierbei spielen die Bedürfnisse der Nachfrager, die Komplexitätskosten und wettbewerbspolitische Überlegungen eine Rolle.

Darüber hinaus stehen die Varianten häufig in einem vielschichtigen Wirkungsverbund, der sich im Partizipations- und Substitutionseffekt niederschlägt (s.a. → Programmpolitik, → Preislinienpolitik). Der Partizipationseffekt bezeichnet die durch die Produktvariante hinzugewonnenen Nachfrager, die bislang Produkte der Konkurrenten erwarben. Ein Substitutionseffekt liegt vor, sofern die Kunden von einer Produktvariante zu einer anderen wechseln, das heißt, es besteht Wettbewerb zwischen den Erzeugnissen eines Anbieters (*Kannibalisierung*).

An.He./F.H.

Literatur: *Brockhoff, K.*: Produktpolitik, 4. Aufl., Stuttgart 1999. *Herrmann, A.*: Produktmanagement, München 1998.

Produkteigenschaften → Produkt

Produktelimination
Herausnahme eines Produkts aus der Angebotspalette eines Unternehmens im Rahmen der → Programmpolitik zu Zwecken der Programmerneuerung, -straffung oder -bereinigung. Dies betrifft Erzeugnisse, die ein bestimmtes Absatz-, Umsatz- oder Gewinnziel nicht erreichen, in den Augen der Nachfrager zur Bedürfnisbefriedigung nicht geeignet erscheinen oder im Wettbewerb mit den Konkurrenzprodukten nicht bestehen. Da Güter um die knappen Ressourcen eines Unternehmens konkurrieren, ist es erforderlich, die Entwicklungs-, Produktions- und Vermarktungsanstrengungen auf erfolgreiche oder Erfolg versprechende Produkte zu konzentrieren. Insofern bedarf es einer systematischen und kontinuierlichen Untersuchung der Produktpalette, mit dem Anliegen, die Berechtigung für die Beibehaltung oder die Notwendigkeit für die Elimination der einzelnen Objekte nachzuweisen.

Bei einer solchen Entscheidung sind zwei Gesichtspunkte ins Kalkül zu ziehen:

- Häufig hat ein eliminationsverdächtiges Produkt bereits beträchtliche Ressourcen verschlungen. Daher darf eine Aussonderung nicht ohne vorhergehende Analyse erfolgen.
- Zur Einführung und Pflege eines Guts bedarf es vielfältiger entwicklungs-, produktions- und marketingpolitischer Anstrengungen. Folglich ist ein am Markt nicht erfolgreiches Erzeugnis aus der Angebotspalette zu nehmen, um den weiteren unwirtschaftlichen Ressourcenverbrauch zu stoppen.

Neben zahlreichen qualitativen Indikatoren spielt die Kosten- und Erlösrechnung eine zentrale Rolle bei der Analyse des Produktprogramms (→ Erfolgsrechnung im Handel, → Sortimentskontrolle). In Abhängigkeit der Kosten, die dabei Berücksichtigung finden, ist zwischen einer Voll- und einer Teilkostenrechnung zu unterscheiden.

Neben quantitativen Kriterien, wie Kosten, Umsatz, Gewinn und Rentabilität spielen im Vorfeld der Entscheidung über die Beibehaltung oder Elimination eines Produkts auch qualitative Größen eine Rolle. Die vom Produktmanager als relevant erachteten Kriterien bilden in vielen Anwendungen ein Scoring-Modell. Den einzelnen Kriterien lassen sich Gewichtungsfaktoren zuweisen, die deren relative Bedeutung zum Ausdruck bringen. Aus einer Verrechnung der Gewichtungsfaktoren mit der auf der danebenstehenden Skala abgetragenen Einschätzung über die Ausprägung des Kriteriums ergibt sich ein kriteriumsspezifischer Beurteilungswert. Die Addition der Teilurteile über alle Kriterien führt zu einem Index, der Chancen und Risiken einer Aussonderung beziehungsweise einer Beibehaltung des Produkts signalisiert.

An.He./F.H.

Literatur: *Meffert, H.*: Marketing, 8. Aufl., Wiesbaden 1998.

Produktentwicklung
→ Produkt- und Prozessentwicklung, → Innovationsmanagement

Produktentwicklungsstrategie
→ Wachstumsstrategie

Produkterfolgsrechnung
→ Absatzsegmentrechnung

Produktevolutionszyklus
→ Marktdynamik

Produktfehler
→ Produkthaftung

Produktgeschäft, Seriengeschäft (PSG)

Das PSG stellt sowohl aus fertigungswirtschaftlicher als auch aus Marketing-Sicht einen → Geschäftstyp des → Investitionsgütermarketing dar, der sich erheblich vom → Anlagen- und → Systemgeschäft unterscheidet.

Im Gegensatz zu den anderen Teilbereichen liegt im PSG der Schwerpunkt auf der Produktion für den anonymen Markt, wobei in Sorten, in Serien oder in undifferenzierter Massenproduktion zumeist größere Stückzahlen über einen längeren Zeitraum in nahezu identischer Ausprägung gefertigt werden. Tendenziell haben die einzelnen Leistungen eher ein geringeres Wertvolumen als vermarktungsfähige Anlagen bzw. Systeme. Charakteristisch ist ferner, dass die im PSG abgesetzten Leistungen häufig Input für weitere Verarbeitungsstufen darstellen, so dass als Abnehmer überwiegend investive Verwender in Betracht kommen. Dieser Tatbestand hat nicht selten zur Konsequenz, dass wesentliche Produktveränderungen meist in engem Zusammenhang mit der Produktentwicklung auf Seiten des Verwenders stehen, ja sogar häufig von den Abnehmern initiiert bzw. beeinflusst werden. Abgesehen von der Möglichkeit, längerfristige → Rahmenlieferungsverträge abzuschließen, die dann auch immer mit einem sich über längere Zeit erstreckenden Interaktions- und Auftragsabwicklungsprozess verbunden sind, ist der einzelne Kaufprozess weitaus kürzer als in den anderen Teilbereichen des Investitionsgütermarketing. Für die Geschäftsbeziehung hat dies zur Folge, dass diese mit zunehmender Dauer und mit wachsendem Umfang der Lieferverträge immer größere Bedeutung erlangt. Für den Anbieter kann sie im PSG zu einem zentralen Faktor für den Erfolg seiner unternehmerischen Betätigung werden.

Beim Angebot von Leistungen im PSG fällt auf, dass zwar vielfach mit den Sachleistungen die so genannte „Hardware" dominiert, jedoch ein im Zeitablauf wachsender Anteil und Stellenwert von Dienstleistungen zu beobachten ist. Mit diesen wird vielfach versucht, eine Differenzierung vom Angebot der Konkurrenz zu erlangen. Eine Kooperation mit anderen Anbietern im Rahmen der Vermarktung ist in Anbetracht der relativ geringen Komplexität des Leistungsbündels im PSG nur selten anzutreffen.

Nachfrageschwankungen v.a. konjunktureller Art sind zwar auch ein Problem des PSG, doch sind die Amplituden weniger stark als im Anlagen- oder Systemgeschäft, zumal die Nachfrage im PSG wesentlich breiter gestreut auftritt. Aufgrund des wiederholten Bezugs von identischen bzw. ähnlichen Leistungen innerhalb des PSG empfinden die Nachfrager wesentlich geringere Risiken insbesondere technisch-funktionaler Art. Dazu trägt auch die nicht seltene Standardisierung der Leistung bei. Es darf jedoch nicht übersehen werden, dass die wahrgenommenen finanziellen Risiken mit steigendem Auftragswert zunehmen.

Nicht zuletzt aufgrund größerer Homogenität der Produkte und – dadurch bedingt – höherer Markttransparenz ist die Konkurrenzbeziehung unter den Anbietern oft wesentlich stärker als im Anlagen- und Systemgeschäft.

Zur Abgrenzung von Leistungen, die im PSG abgesetzt werden, kann auf die Gütereinteilung i.S. des → Commodity Approach zurückgegriffen werden, nach der eine Trennung nach Verarbeitungsstufen nahe liegt, wie sie in der *Abbildung* dargestellt ist. Für Roh- und Einsatzstoffe sowie → Teile-Marketing kann generell von einer Zugehörigkeit zum PSG ausgegangen werden. Einzelaggregate bilden zwar einen Teil des Anlagen-Marketing, jedoch kann anhand des vielfach analog zur Teile-Vermarktung ablaufenden Vermarktungsprozesses eine Zuordnung zum PSG vorgenommen werden. Großanlagen und Systemtechnologien lassen sich nicht mehr dem PSG zuordnen, wenngleich ihre Komponenten häufig aus diesem Bereich stammen. Energieträger können in sehr unterschiedlicher Weise abgesetzt werden. Während die Vermarktung von Primärenergieträgern nahezu identisch mit dem Rohstoffmarketing verläuft, beinhaltet das Marketing leitungsgebundener Energie sowohl Aspekte des PSG als auch des Systemgeschäfts (bezüglich der Netzstruktur). Allgemein gelten jedoch auch für das → Energie-Marketing die Regeln des PSG. Wichtige Vermittlerfunktionen einschließlich begrenzter Bearbeitungen am Produkt übernimmt im PSG der → Pro-

Gütereinteilung nach Verarbeitungsstufen

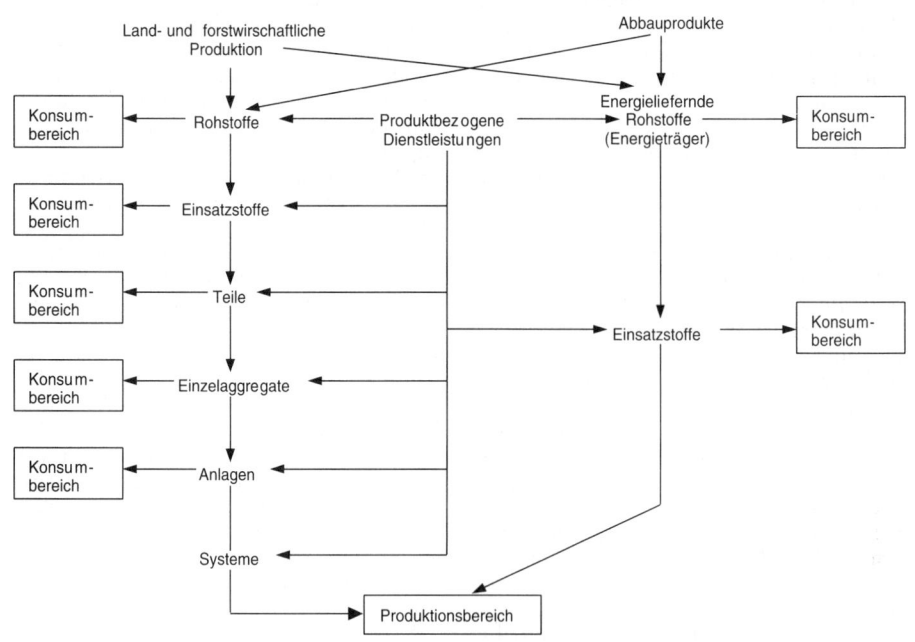

(Quelle: *Engelhardt, W.; Günter, B.*, Investitionsgüter-Marketing, Stuttgart, u.a. 1981, S. 28)

duktionsverbindungshandel. Das gilt in jüngster Zeit auch für die Vermarktung von Energie. W.H.E.

Literatur: *Backhaus, K.:* Industriegütermarketing, 6. Aufl., München 1999. *Engelhardt, W.H.; Günter, B.:* Investitionsgütermarketing, Stuttgart 1981. *Krämer, C.:* Marketing-Strategien für Investitionsgüter, Wiesbaden 1993.

Produktgestaltung

Die Produktgestaltung als Unterbereich der → Produktpolitik betrifft alle marktbezogenen *Entscheidungen*, die sich auf die *Existenz und Ausprägung der Eigenschaften* von Produkten beziehen, die von einem Unternehmen angeboten werden. Produktgestaltung ist in erster Linie eine Aufgabe der Hersteller von Sachgütern oder Dienstleistungen; zunehmend übernehmen aber auch Handelsunternehmen diese Funktion, etwa wenn sie → Handelsmarken konzipieren oder in nachfragemächtiger Position ihren Lieferanten weitgehende Qualitätsvorschriften auferlegen (→ Lastenheft).

Das zu gestaltende → *Produkt* ist hier ganz allgemein als ein konkretes *Vermarktungsobjekt* zu verstehen und kann enger oder weiter abgegrenzt werden. So beschränkt sich, bezogen auf Sachgüter, das *substanzielle Produkt* auf physisch abgrenzbare Objekte. Das *erweiterte Produkt* hingegen schließt auch die produktbezogenen Dienstleistungen i.S. ergänzender Services mit ein. Nimmt man konsequent die Sichtweise des Nachfragers ein, der ja weniger an einem Objekt als an einer Problemlösung interessiert ist, so bietet es sich sogar an, ganze *Leistungssysteme* i.S. mehrdimensionaler Absatzobjekte als ein Produkt zu begreifen (→ Systemgeschäft, → Kompatibilität, → Proprietäre Systeme). Im Übrigen sind hier unter einem Produkt keineswegs nur *Sachgüter*, sondern genauso gut *Dienstleistungen* (als Hauptleistung) oder auch Rechte zu verstehen.

Entsprechend der Marketingphilosophie hat sich die Gestaltung von Produkten in erster Linie an den *Bedürfnissen und Anforderungen* der jeweiligen Zielgruppe(n) zu orientieren, aber auch an den eigenen *strategischen Vorgaben und Potenzialen* des Unternehmens. Produktgestaltungs-Entscheidungen leiten sich aus der übergreifenden → *Produktpolitik* ab. Diese beinhaltet Entscheidungen über Ziele, Strategien und Maßnahmen sowie deren Umsetzung und

Produktgestaltung

Kontrolle, soweit sie mit der Gestaltung von Produkten in Zusammenhang stehen. Zentrale *Problembereiche* der Produktgestaltung sind die Gestaltungsbereiche, Gestaltungskriterien (-anforderungen) sowie Gestaltungsanlässe.

(1) *Gestaltungsbereiche*: Obwohl die Produktgestaltung primär von der subjektiven Seite des Nachfragers auszugehen hat, sind zunächst die objektiv-real zur Verfügung stehenden Gestaltungsbereiche zu klären. Bei *Sachgütern* wird hier, bezogen auf ein substanzielles Produkt, gerne unterschieden in *Produktkern* und *Produktäußeres*. Ersteres umfasst dann die verwendeten Materialien und Teile, deren Zusammenstellung und Verarbeitung sowie die daraus entstehenden Grundfunktionen des Produkts (z.B. Schleifen und Bohren bei einer Bohrmaschine). Letzteres bezieht sich auf Größe, Form, Farbe, Oberfläche und gesamte Produktaufmachung, wobei insbesondere bei Konsumgütern der *Verpackungsgestaltung* und *Markierung* besondere Bedeutung zukommt. Bei *Dienstleistungen* kann Produktgestaltung am *Prozess* der Dienstleistungserbringung selbst, aber auch an dafür bereitgehaltenen *Potentialfaktoren* ansetzen. Ersteres stellt z.B. auf Verlässlichkeit (etwa Pünktlichkeit), Höflichkeit, Kompetenz und Vertrauenswürdigkeit, Einfühlungsvermögen und Verständnis ab; Letzeres auf die Fähigkeiten von Mitarbeitern sowie die sachliche Ausstattung des Dienstleistungsanbieters („Tangibles").

(2) *Gestaltungskriterien*: Produktgestaltung zielt auf eine möglichst hohe *Produktqualität* (→ Qualität). Darunter ist die Eignung der realen Produkteigenschaften zur Erfüllung bestimmter Zwecksetzungen bzw. Anforderungen zu verstehen (teleologischer Qualitätsbegriff). Im Rahmen der Produktgestaltung sind diese Anforderungen hinsichtlich Art und Ausprägung als Gestaltungskriterien festzulegen. Mit der Verbreitung des Marketinggedankens hat sich dabei in Theorie und Praxis eine *nachfragerorientierte Perspektive* durchgesetzt. Gestaltungsanforderungen bestimmen sich hier nicht mehr primär nach technischen Vorgaben, sondern nach den Erwartungen und Bewertungen der (potenziellen) Produktverwender bzw. -käufer. Als solche sind in erster Linie Konsumenten oder Betriebe als Endabnehmer zu beachten. Insbesondere bei Konsumgütern sind für den Hersteller aber auch die Anforderungen des ggf. in die Distribution eingeschalteten *Handels* zu berücksichtigen: Er will beispielsweise, dass Produkte stapelfähig, scanningfähig und selbstbedienungsgerecht sind, den knappen Regalplatz optimal ausnutzen, sich leicht handhaben lassen (Handling) und sich von der Verpackungsgestaltung und Markierung her für Verkaufsförderungszwecke gut eignen.

Im Mittelpunkt der nachfragerorientierten Perspektive steht jedoch die *subjektive Qualität* aus Sicht der als Zielgruppe ins Auge gefassten *Endabnehmer*. Produktqualität ist im doppelten Sinne subjektiv, weil sie einerseits von den Erwartungen der (potenziellen) Kunden ausgeht und andererseits auf deren Produkt- bzw. Eigenschaftsbeurteilungen abstellt: Qualität i.S. von Qualitätsurteilen. Zentrale Bedeutung kommt dabei der *Nutzentheorie* bzw. *Nutzenanalyse* zu (→ Nutzen). Der Nachfrager sieht in einem Produkt weniger ein Aggregat aus verschiedenen realen Teilbeschaffenheiten als vielmehr ein Bündel an nutzenstiftenden Eigenschaften, das ihm zur Erfüllung seiner Motive, Erwartungen, Anforderungen dienen soll. Ein Mercedes der S-Klasse bspw. interessiert ihn nicht als eine ca. zwei Tonnen schwere Ansammlung an Metall, Kunststoff und Gummi, sondern als ein Bündel an Form, Farbe, Leistung, Fahrverhalten und Komfort, das nicht nur Sicherheit und Bequemlichkeit verschafft, sondern vielleicht auch Prestige, Seriosität und ein Stück Lebensgefühl vermittelt. Seit *Vershofen* unterscheidet man in diesem Zusammenhang den auf sachlich-funktionale Aspekte bezogenen *Grundnutzen* von dem auf emotionale Erlebnisse und soziale Anerkennung ausgerichteten *Zusatznutzen*. Dementsprechend hat Produktgestaltung die Aufgabe, einerseits *Sachqualitäten*, andererseits *Anmutungsqualitäten* und *soziale Qualitäten* zu schaffen.

Die Literatur zur Produktgestaltung beschäftigt sich heute hauptsächlich mit der verhaltenstheoretischen und empirischen Analyse produktbezogener Nutzenerwartungen und -einschätzungen. Das praktische Ziel ist es, Präferenzen der (potenziellen) Kunden hinsichtlich konkreter Eigenschaftsausprägungen in Erfahrung zu bringen – beispielsweise mit Hilfe der → Conjointanalyse, die Gesamtpräferenzen für Produkte durch sog. Teilnutzenwerte einzelner Produkteigenschaften zu erklären versucht. Das Hauptproblem der Forschung liegt hierbei in der *Transformation* von subjektiven Motiven und → *Kundener-*

wartungen in konkrete objektive *Eigenschaftsausprägungen*. In diesem Zusammenhang kommt der → Means-End-Theorie besondere Bedeutung zu. Sie leitet die Urteile einer Person über konkrete Eigenschaften eines Produktes aus abstrakten Eigenschaften ab, die mit funktionalen und psychischen Nutzenkomponenten beim Ge- oder Verbrauch des Produktes verknüpft sind und ihrerseits wiederum auf dahinter liegende instrumentale und terminale Werthaltungen zurückgeführt werden können.

Der nutzentheoretische Ansatz hat sich in der Praxis, insbesondere im Konsumgütermarketing, für eine erfolgreiche marktorientierte Produktgestaltung als sehr hilfreich erwiesen. Gerade im Konsumgüterbereich orientieren sich Unternehmen aber keineswegs immer zuerst an den gegebenen Präferenzen der Konsumenten. Vielmehr verfolgt in *modischen* und stark *designorientierten* Produktfeldern die Anbieterseite häufig eine in hohem Maße *stilprägende* und Präferenzen erst schaffende Produktgestaltung. Diese findet ihren Ausdruck in bestimmten Designstilen (→ Produktdesign). Die Frage nach dem Verhältnis zwischen Funktion und Form wird dabei unterschiedlich beantwortet. Auch bei *technischen Produkten* (Gebrauchsgüter und insbes. Industriegüter) orientiert sich Produktgestaltung nicht immer zuerst an Nachfragerpräferenzen. Hier stehen oft *technologieinduzierte innovative* Entwicklungen im Vordergrund, die sich aber ohne konkrete Nutzenvorteile aus Kundensicht im Markt nicht durchsetzen werden.

Im Übrigen ist die Nachfragerperspektive heute zu ergänzen um eine *Gesellschafts- und Umweltperspektive*. An die Produktgestaltung werden vielfältige ökologische Anforderungen gerichtet (z.B. Ressourcenschonung, Recyclierfähigkeit etc.), die sich nicht nur auf das Produkt als solches, sondern den gesamten „ökologischen Produktlebenszyklus" beziehen (von der Wiege bis zur Bahre; ökologisches Produktdesign). Es geht hier beispielsweise aber auch um die Haltbarkeit von Produkten bzw. die Konstanz der Produktgestaltung, um dem Vorwurf künstlicher Veralterung im funktionalen oder modischen Sinne zu entgehen (→ Ökologisches Marketing).
(3) *Gestaltungsanlässe*: Entscheidungen zur Produktgestaltung sind einerseits bei der *Entwicklung neuer Produkte* (→ Innovation) zu treffen. Grundlage ist dann ein ganzheitliches Produktkonzept, in dessen Zusammenhang insbesondere auch die Produktpositionierung vorzunehmen ist. Konsequenterweise hat die Produktgestaltung hier über die Definition einzelner Produkteigenschaften hinaus vor allem deren sinnvolle Kombination zur Aufgabe. Werden hingegen bereits gestaltete im Markt *eingeführte Produkte verändert* (→ Produktvariation) oder werden eingeführte Produkte um weitere *Varianten ergänzt* (→ Produktdifferenzierung), so setzt Produktgestaltung eher an einzelnen Produkteigenschaften an. Produktvariation oder -differenzierung können an grundnutzenorientierten Produkteigenschaften (z.B. Sicherheit, Benzinverbrauch oder Kofferraumvolumen eines Kfz) ebenso wie an solchen des Zusatznutzens (z.B. Karosseriedesign oder Optik der Innenausstattung). F.W.

Literatur: Brockhoff, K.: Produktpolitik, Stuttgart, Jena 1993. *Haedrich, G.; Tomczak, T.*: Produktpolitik, Stuttgart u.a. 1996. *Herrmann, A.*: Produktmanagement, München 1998. *Hüttel, K.*: Produktpolitik, 3. Aufl., Ludwigshafen 1998. *Koppelmann, U.*: Produktmarketing, 5. Aufl., Berlin u.a. 1997.

Produkthaftung

Produkthaftung meint das Einstehenmüssen für Schäden, die dem Konsumenten infolge fehlerhafter Produkte entstehen. Soweit als Anspruchsgegner des Geschädigten der Hersteller des Produktes in Frage kommt, hat sich neben „Produkthaftung" auch die Bezeichnung „Produzentenhaftung" eingebürgert. Neben dem Produzenten können indessen auch Handelsbetriebe in die Haftung genommen werden.
Das jeweils geltende Recht der Produkthaftung teilt die im Konsumprozess anfallenden Schäden und Risiken auf Konsumenten und Unternehmen auf. Als Illustration sei der seinerzeit höchstrichterlich entschiedene Gabelbruch-Fall angeführt, bei dem einem verletzten Konsumenten, an dessen neuem Fahrrad aufgrund einer übersehenen Materialschwäche die Gabel zerbrochen war, ein Schadensersatzanspruch gegen den Hersteller versagt wurde. Zugunsten des Herstellers wurde erfolgreich angeführt, dass es sich um einen Ausreißer-Fehler handele, der bei Massenproduktion ohne Verschulden des Herstellers eben vorkomme. Verschulden ist aber Voraussetzung der zur Produkthaftung bislang vorrangig herangezogenen deliktsrechtlichen Regelung des

Produkthaftung

§ 823 BGB. Das Haftungsrisiko verblieb insoweit beim Konsumenten.

Die ursprüngliche und für den Konsumenten relativ ungünstige Verteilung der Haftungsrisiken ist inzwischen markant verändert worden. Unter dem Leitgedanken des Verbraucherschutzes ist eine Re-Allokation von Haftungsrisiken weg vom Konsumenten und hin zu dem an Herstellung und Vertrieb beteiligten Unternehmen erfolgt. Dabei verlief die Entwicklung vornehmlich auf zwei Schienen.

Zum einen wurde der Begriff des *Produktfehlers* als Voraussetzung unternehmerischer Produkthaftung immer weiter gefasst und zugleich präzisiert. Grundlegend ist dabei die Überlegung, dass jede am Produktions- und Distributionsprozess beteiligte Person spezifische Verkehrssicherungs- bzw. Gefahrabwendungspflichten hat, deren Verletzung einen Produktfehler begründet. Nach einer gängigen Fehlertypologie kann dann z.B. zwischen Konstruktions-, Fabrikations-, Instruktions- und Produktbeobachtungsfehlern unterschieden werden, wobei die letzte Fehlerart sich auf mangelhafte Beobachtung des Produkts nach dem Zeitpunkt der Auslieferung bezieht. Eine solche Beobachtung kann z.B. Warnungen und eine → Rückrufaktion nach sich ziehen.

Zum anderen hat die Rechtsprechung die schiere Unmöglichkeit eines vom geschädigten Verbraucher gegenüber dem Hersteller zu führenden Verschuldensnachweises erkannt und mit dem sog. Hühnerpest-Urteil die Beweislast umgekehrt: Nicht der Geschädigte hat ein Verschulden des Herstellers nachzuweisen, sondern der Hersteller ist es, der zeigen muss, dass ihn kein Verschulden trifft. Nur wenn ihm dieser Nachweis gelingt, entfällt mit dem Verschulden die deliktsrechtliche Haftung gemäß § 823 Abs. 1 BGB. Auf ein Verschulden kommt es nach dem 1990 in Kraft getretenen Produkthaftungsgesetz insgesamt nicht mehr an. Das Gesetz vollzieht den grundsätzlichen Übergang zur verschuldensunabhängigen Produkthaftung und nimmt Unternehmen auch etwa für die Schäden infolge von Ausreißer-Fehlern in die Haftung.

Im Einzelfall wird die Produkthaftung von Unternehmen heute erstens durch die Regelungen des BGB zum Vertragsrecht und vor allem zum Deliktsrecht begründet, zweitens durch das Produkthaftungsgesetz von 1990 und drittens durch Sondervorschriften (etwa durch das Arzneimittelgesetz). Die dabei jeweils bewirkte Neu-Verteilung der Haftungsrisiken zugunsten der Konsumenten stellt aus der Sicht der Unternehmen eine Verschärfung des Haftungsrechts dar. Die Möglichkeit der Produkthaftung wird dabei häufig als ein bedeutsamer Risikofaktor erkannt, auf den es zu reagieren gilt. Aus dem Recht der Produkthaftung folgt damit eine sicherheitsorientierte Unternehmenspolitik, die mit Schadens- und Haftungsrisiken die Produktsicherheit in den Mittelpunkt der Überlegungen rückt.

Den Ausgangspunkt einer solchen sicherheitsorientierten Unternehmenspolitik bildet die Erfassung des Status-Quo in der Form einer qualitativen und quantitativen *Risikoanalyse*. Ziel ist die Prognose möglicher Schäden bei gegebener Unternehmenspolitik einschließlich der Abschätzung des Potentials aller Risiken aus Produkthaftung. Dabei kann sich die Risikoanalyse am Vorgehen der Haftpflichtversicherer orientieren, die sich bei Erstellung individueller Angebote zu Schätzungen aufgrund von Check-Listen und Branchenerfahrungswerten in der Lage sehen. In der Regel wird die Erstellung einer stetigen Verteilung dem verfügbaren Informationsstand nicht entsprechen, und man wird sich mit Dreiecksverteilungen für den besten, schlechtesten und wahrscheinlichsten Fall begnügen müssen. Die geforderte Prognose kann sich auch so im Einzelfall noch überaus schwierig gestalten, da typischerweise bei beträchtlichem Schadensumfang außerordentlich kleine Wahrscheinlichkeiten nahe der Schwelle zuverlässiger Wahrnehmbarkeit abzuschätzen und zu vergleichen sind. Die Entwicklung der gewünschten Wahrscheinlichkeitsverteilungen wird u.U. wesentlich erleichtert, wenn die im Gesamtergebnis zu beurteilenden Aktivitäten nach Art eines Fehlerbaums in kleinere Einheiten zerlegt und aus dann zuverlässigeren Teilprognosen über Simulationsverfahren abgeschätzt werden.

Die Risikoanalyse deckt den unternehmerischen Handlungsbedarf auf und berührt grundsätzliche Fragen, z.B. die Frage der defensiven oder offensiven Grundhaltung, mit der die Unternehmenspolitik im Hinblick auf die Produktsicherheit betrieben werden kann. Dabei steht im Fall der defensiven Grundhaltung die Begrenzung der Haftungsrisiken und die exakte Beachtung technischer und rechtlicher Normen im Vordergrund; Sicherheitsüberlegungen bilden eine Nebenbedingung. Bei offensiver

Grundhaltung lässt sich Produktsicherheit als Verkaufsargument auch jenseits technischer und rechtlicher Normen als Segmentierungsmerkmal und damit als Gegenstand entsprechender Produktdifferenzierungen einsetzen. In beiden Fällen werden u.U. Fragen aufgeworfen, die über eine ausschließlich wirtschaftliche Bewertung hinausgehen. Sind in Fragen der Produktsicherheit, etwa zur Frage eines Rückrufs, rein ökonomische Zweck-Mittel-Kalküle überhaupt ethisch vertretbar? Rangieren zur Reduktion von Schadensrisiken unabhängig von ihrem Preis stets vor jenen Maßnahmen, mit denen das Unternehmen, etwa auf dem Weg des Versicherungskaufs, allein für sich die Folgen des Schadensanfalls abzufangen sucht? Der Schadensanfall beim Konsumenten bleibt in diesem Fall vom Versicherungskauf des Herstellers unbeeinflusst.

Unabhängig von der im Einzelfall vorherrschenden Grundhaltung wird, nicht zuletzt aus prozessualen Gründen, der Dokumentation aller unternehmerischen Aktivitäten überragende Bedeutung zukommen. Die Dokumentation umfasst dabei den lückenlosen Herkunftsnachweis der Waren, um jederzeit den Regress auf den Zulieferer ermöglichen, sowie neben der Konstruktion die einzelnen Stufen der Fabrikation einschließlich der Qualitätssicherung. Die Dokumentation umfasst daneben die Kundenstatistik, Vertriebswege und generell die Beobachtung der Produktverwendung beim Kunden.

Die aus der Risikoanalyse folgenden *Maßnahmen* (vgl. *Abb.*) gelten zum einen der Vorsorge für den Fall des Schadensanfalls und zum anderen der Vorsorge zur Schadensvermeidung. Zur ersten Gruppe gehören etwa die Bildung von Produkthaftungsrückstellungen in Handels- und Steuerbilanz sowie der Kauf von Versicherungsschutz. Die zweite Gruppe enthält Maßnahmen verstärkter Qualitätskontrolle bei Zulieferung und eigener Fabrikation und des zusätzlichen Einbaus von Produktsicherheit in die Konstruktion des Produkts. Hierzu gehören auch Maßnahmen einer auf das Konsumentenverhalten einwirkenden → Sicherheitskommunikation etwa in der Form von Beratung, Gebrauchsanleitung und Warnungen. Zu dieser Gruppe zählen schließlich auch die Planung und Durchführung von Rückrufaktionen. D.St.

Literatur: *Kullmann, H.J.; Pfister, B.* (Hrsg.): Produzentenhaftung, Loseblattsammlung, Berlin

Maßnahmen zur Absicherung von Produkthaftungsrisiken

- Bildung von PH-Rückstellbilanzen in Handels- und Steuerbilanz
- Vorsorge für prozessuale Beweisführung (Dokumentation)
- Risikoüberwälzung auf Versicherer (Produkthaftpflichtversicherung) und „Selbstversicherung"
- Risikoüberwälzung auf Zulieferer (Qualitätssicherungsvereinbarungen etc.)
- Schadensregulation und Prozessführung
- Kommunikative Steuerung des Kauf- und Verwendungsverhaltens (Sicherheitswerbung, Gebrauchsanweisung, Warnungen, Beratung etc.)
- Gestaltung der Produktperipherie (Verpackung, Service, Zusatzprodukte, Garantien etc.)
- Gestaltung der Fabrikationsqualität
- Gestaltung der Konstruktionsqualität

Produktinformation (PI)

1980. *Standop, D.*: Produkthaftung, in: *Wittmann, W.; Kern, W.; Köhler, R.; Küpper, H.U.; Wyasocki, K. von* (Hrsg.): Handwörterbuch der Betriebswirtschaft, 5. Aufl., Stuttgart 1993, Sp. 3321-3328. *F. Graf v. Westfalen* (Hrsg.): Produkthaftungshandbuch, 2. Aufl., München 1997.

Produktinformation (PI)

einheitlich gestaltetes System zur → Warenkennzeichnung, das in Zusammenarbeit von Anbietern und Verbraucherverbänden entwickelt wurde. Die PI besteht aus zwei Teilen: Einheitliche und ausführliche Tabellen im Prospekt und zusätzlich ein Informations-Etikett, das auf Geräten selbst angebracht ist und in komprimierter Form über wesentliche Produktmerkmale berichtet (*Abb.*).

Etikett einer Produktinformation

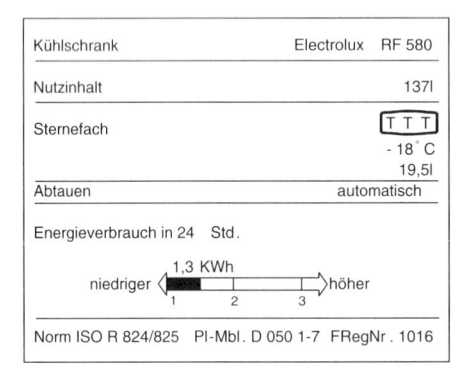

Kühlschrank	Electrolux RF 580
Nutzinhalt	137l
Sternefach	T T T −18°C 19,5l
Abtauen	automatisch
Energieverbrauch in 24 Std.	niedriger ◁ 1,3 KWh 1 2 3 ▷ höher
Norm ISO R 824/825	PI-Mbl. D 050 1-7 FRegNr. 1016

Ziel der PI ist es, in einheitlicher Form über wesentliche, objektiv nachprüfbare und durch Kontrollen gesicherte Warenmerkmale zu unterrichten und dadurch eine vergleichende Produktbeurteilung zu erleichtern. Produktinformationen werden insb. für elektrotechnische Haushaltsgeräte, in geringerem Maße für Unterhaltungselektronik, Photo- und Filmgeräte sowie für unterschiedlichste Einrichtungen zur Beheizung von Häusern angeboten.

Produktinnovation → Innovation

Produktinvolvement
→ Kaufentscheidung

Produktionsverbindungshandel

Zum Produktionsverbindungshandel (PVH) als Form des → Großhandels zählen all jene Unternehmen, die schwerpunktmäßig Güter beschaffen, um sie entweder stofflich unverändert oder nach Vornahme lediglich „handelsüblicher Manipulationen" (insbesondere Zuschneiden von Material, Anbringen von Befestigungen, s.a. → Anarbeitung, → Umarbeitung) an Organisationen veräußern, die damit Güter zur Fremdbedarfsdeckung erstellen oder die sie selbst wiederum unverändert bzw. nach Vornahme „handelsüblicher Manipulationen" an solche Organisationen verkaufen. Dies gilt unabhängig davon, ob die genannten Aufgaben im Rahmen eines direkten oder indirekten Distributionssystems wahrgenommen werden.

Die sehr große Bedeutung des PVH beim Vertrieb von Investitionsgütern wird vielfach unterschätzt. 1998 betrug der gesamte Großhandelsumsatz (ohne KfZ und Tankstellen) 1104 Mrd. DM, wovon der weitaus größte Teil auf den PVH entfiel. Die stärkste Stellung hat der PVH im → Produktgeschäft inne. Dabei darf jedoch nicht übersehen werden, dass sich auch spezielle Anlagenhändler herausgebildet haben, die sich auf die Vermarktung von standardisierten Einzelaggregaten oder auf Aufgaben der Komponentenzusammenstellung sowie der Projektabwicklung konzentriert haben. Der PVH ist ein Teilbereich des Investitionsgütermarketing, der sehr heterogen strukturiert ist. Einen Überblick über die Vielfalt unterschiedlicher Betriebsformen gibt folgenden Abbildung.

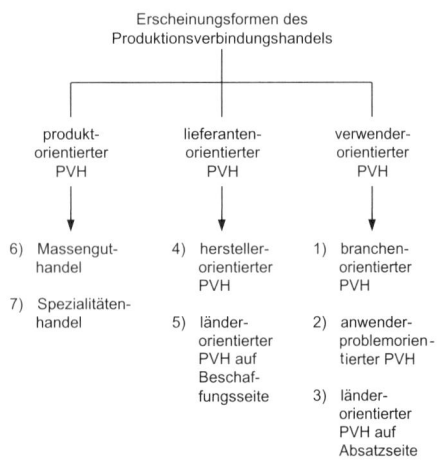

Erscheinungsformen des Produktionsverbindungshandels

produktorientierter PVH	lieferantenorientierter PVH	verwenderorientierter PVH
6) Massenguthandel	4) herstellerorientierter PVH	1) branchenorientierter PVH
7) Spezialitätenhandel	5) länderorientierter PVH auf Beschaffungsseite	2) anwenderproblemorientierter PVH
		3) länderorientierter PVH auf Absatzseite

Als typenübergreifende Aspekte einer *Marketing-Strategie* für den PVH sind insbesondere die Art der Sortimentsdimensionierung (Festlegung bezüglich Sortimentsbreite und -tiefe), die Schwerpunktlegung auf Beschaffungsmarkt (Aufkauf-Großhandel mit primär kollektierender Tätigkeit) bzw. Absatzmarkt (Absatz-Großhandel mit primär distribuierender Tätigkeit) sowie Art und Umfang zu erbringender Handelsfunktionen hervorzuheben. In diesem letzten Bereich muss sich der PVH u.a. entscheiden, inwieweit er bezüglich der Raumüberbrückung Leistungen zu erbringen gedenkt (→ Selbstbedienungsgroßhandel (SB)). Ein sehr niedriges Serviceniveau kennzeichnet den Abholhandel (Cash & Carry-Betriebe), während der Zustellgroßhandel eine meist umfassende Leistung erbringt. Ein gutes Beispiel für eine besondere Handelsleistung bietet der *Technische Versandhandel*, der sich auf Katalogversand für Güter des aperiodischen Bedarfs konzentriert hat. Einen ebenfalls sehr wichtigen Entscheidungsbereich stellt die → Handelslogistik dar.

Das Marketing innerhalb einzelner, in der *Abb.* unterschiedenen Typen des PVH lässt sich wie folgt charakterisieren:

1. Innerhalb des *produktorientierten PVH* dominiert rein quantitativ der Massenguthandel, der sich hauptsächlich über den Preis, das Markt-Know-how sowie über effiziente Logistiklösungen (z.B. → Streckengeschäfte) profiliert. Der *Spezialitätenhandel* hingegen legt den Schwerpunkt auf Dienstleistungen (anwendungstechnischer und Lieferservice sowie Sortimentsbreite und -tiefe) und „handelsübliche Manipulation" (insbesondere Anarbeitung).

2. Dem *herstellerorientierten PVH* als eine Form des lieferantenorientierten PVH's gehören v.a. die *Werkshandelsgesellschaften* an. Dabei handelt es sich um ausgegliederte, meist rechtlich verselbständigte Handelsbetriebe unter dem Dach größerer Industriebetriebe. Diese betreiben allerdings vielfach eine von den Konzernbelangen mehr oder weniger losgelöste Sortimentspolitik, was nicht selten zur Folge hat, dass die Produktpalette weit über das Sortiment der Muttergesellschaft hinausgeht. Konzerninterne Aufgaben werden allerdings noch sehr häufig bei der externen Vermarktung von Gütern aus → Kompensationsgeschäften wahrgenommen. Der *nach der Beschaffungsseite länderorientierte PVH* bezieht Produkte aus bestimmten Ländern, wobei häufig eine Spezialisierung auf bestimmte Branchen hinzutritt. Markt-Know-how und lokales Anpassungsvermögen sind zentrale Möglichkeiten zur Differenzierung im Wettbewerb (s.a. → Außengroßhandel).

3. Der *nach der Absatzseite länderorientierte PVH* hingegen gehört zum verwenderorientierten PVH, agiert als Exporthändler und verhält sich ähnlich wie sein Pendant auf der Beschaffungsseite. Ein grundlegender Unterschied ist allerdings in der wesentlich größeren Marktnähe zum Kunden zu sehen. Der auf umfassende Problemlösungen des Bedarfs einer Branche spezialisierte *branchenorientierte PVH* profiliert sich insbesondere durch die Sortimentsbreite, die oft erst eine komplette Problemlösung ermöglicht. Hierzu ist es erforderlich, ein Sortiment mit zahlreichen komplementären und substitutiven Sortimentsteilen anzubieten.

Zum *anwenderproblemorientierten PVH* gehören die durch Konzentration auf bestimmte Verwenderprobleme spezialisierten Anlagen-, Teile-, Kompensations- und Technischen Versandhändler. Der Grad an Kundenorientierung ist innerhalb des PVH hier meist am stärksten. W.H.E.

Literatur: *Engelhardt, W.H.; Kleinaltenkamp, M.:* Marketing-Strategien des Produktionsverbindungshandels, Arbeitspapier zum Marketing, Nr. 23, Universität Bochum 1988. *Schmäh, M.:* Anarbeitungsleistungen als Marketing-Instrumente im Technischen Handel, Wiesbaden 1999.

Produktivgüter → Produkttypologie

Produktivitätsparadoxon

beschreibt beim → Informationsmanagement den Sachverhalt, dass trotz der Einführung von Informations- und Kommunikationstechnologien die Produktivität in den Geschäftsprozessen eines Unternehmens sinkt bzw. nicht gesteigert werden kann. Als mögliche Ursachen hierfür werden primär folgende Phänomene diskutiert: Messprobleme, Auftreten von time lags, Fehleinschätzungen der Vorteilspotentiale, gestiegene → Total Cost of Ownership, Kompensation durch den Wettbewerb, verbesserte Entscheidungsqualität versus verbesserte Rentabilität und ein mehr an Information (Quantität) bedeutet nicht zwangsläufig auch bessere Informationen (Qualität). R.Wei./C.McL.

Literatur: *Stickel, E.:* IT-Investitionen zur Informationsbeschaffung und Produktivitätsparadoxon, in: DBW, 57. Jg. (1997), S. 65-72. *Weiber, R.:* Der virtuelle Wettbewerb, Wiesbaden 2000.

Produktkettenmanagement

Produktkettenmanagement meint im funktionellen Sinne eine wirtschaftsstufen- und betriebsübergreifende Steuerung und Kontrolle arbeitsteilig zu erbringender Leistungen, die zum Zwecke der Qualitäts- und Ertragssteigerung für ein Produkt erforderlich sind (→ vertikale Kooperation im Handel). Somit setzt das Produktkettenmanagement bereits bei den Vorleistungen zur Produkterstellung an und erstreckt sich bis hin zur Produktverwertung. Im institutionellen Sinne bezieht sich Produktkettenmanagement auf solche Organe oder Einrichtungen, die das Produktkettenmanagement im funktionellen Sinne für die eigene Organisation oder für eine fremde Organisation wahrnehmen. A.Sc.

Produkt-Klinik

spezielle Form des → Produkttests, mit dem Ziel den Markterfolg eines neuen Produktes dadurch zu optimieren, dass die Sicht der Endverbraucher bereits im Entwicklungsprozess mit einbezogen wird. Hierzu werden potenzielle Kunden der anvisierten Zielgruppe unter strengster Geheimhaltung in ein Teststudio eingeladen, um sich intensiv mit dem geplanten Produkt und seinem Konkurrenzumfeld auseinanderzusetzen. Das Forschungsdesign besteht sowohl aus qualitativen als auch aus standardisierten Erhebungsinstrumenten, wobei den qualitativen Instrumenten ein größeres Gewicht zukommt. Die Form der durchgeführten Produkt-Klinik hängt von der Entwicklungsphase des Produktes und dem Budget ab. Zu unterscheiden sind computergestützte/virtuelle Kliniken, Videokliniken und Kliniken am Produkt selbst. Forschungsschwerpunkte sind z.B. Gesamteindruck des Designs, Positionierung im Konkurrenzumfeld, Erleben des neuen Produktes oder Vorstellungen/Erwartungen vom Gebrauchsnutzen. Als Nachteile einer Produkt-Klinik können die hohen Kosten, die aufwendige Durchführung, die schwer zu gewährleistende Geheimhaltung und die Schwierigkeit, den richtigen Zeitpunkt für die Durchführung zu finden genannt werden. S.S.

Produktkostenkalkulation

Unter Produktkostenkalkulationen sind kostenrechnerische Methodiken zu verstehen, die ein Produkt über seinen gesamten Lebenszyklus als Instrumentarium des Produktkostenmanagements und Produktkostencontrollings begleiten („begleitende Produktkalkulation"). Die Produktkostenkalkulationen beginnen daher mit groben Heuristiken in der Frühphase der Produktentwicklung (→ Innovationsmanagement) und reichen bis zur exakten Nachkalkulation der laufenden Produktion.

Die traditionelle Kalkulationslehre (→ Preiskalkulation, → Kalkulationsverfahren) sieht für Zwecke der Preiskalkulation bzw. Ermittlung der → Preisuntergrenze die Bewertung detailliert erfasster bzw. geplanter Zeit- und Mengengerüste einzelner Produkte mit Kostensätzen vor. Die Produktkostenkalkulation setzt somit voraus, dass der Konzipierungs- und Konstruktionsprozess abgeschlossen ist und in Form von Stücklisten und Arbeitsplänen die zur Kalkulation notwendigen Fertigungsgrunddaten vorliegen. Da jedoch ein Großteil der Material- und Fertigungskosten bereits durch den Konstruktionsprozess festgelegt wird, besteht die Notwendigkeit, bereits in dieser Phase der Produktentstehung Kosteninformationen für eine wirtschaftliche Produktgestaltung bereitzustellen. Es ist deshalb zu fordern, dass die Produktkalkulation als durchgängiger Prozess gestaltet wird, der bereits in den ersten Phasen der Produktentstehung beginnt, wie die *Abbildung* verdeutlicht.

Zur Unterstützung des Entwurfs- und Konstruktionsprozesses sind Verfahren der konstruktionsbegleitenden Kalkulation zu etablieren, die allgemein als *Schätzkalkulationen* bezeichnet werden können. Methodisch ähneln solche Kalkulationsformen den vereinfachten Näherungsverfahren der → Angebotspreiskalkulation im Anlagengeschäft. In der Literatur werden insb. statistische Verfahren wie → Korrelations- und → Regressionsanalyse für diesen Zweck diskutiert.

Globale Schätzkalkulationen beruhen auf einem oder wenigen typisierenden Parametern. Im Baugewerbe genügen beispielsweise zunächst das Volumen des umbauten Raumes und der Baustandard zur Abschätzung der Kosten eines Bauprojektes. Bei derartigen globalen Schätzkalkulationen werden anhand pauschaler Parameter zunächst nur summarisch veranschlagte Herstellkosten ermittelt.

In der Phase der Entwicklung und Konstruktion komplexer Produkte werden auf Produktkomponenten ausgerichtete und nach Kostenarten differenzierende Kalkulationsverfahren benötigt. Hierfür kommen

Produktkostenkalkulation

Methodenpotenzial der entwicklungs- und konstruktionsbegleitenden Kalkulation

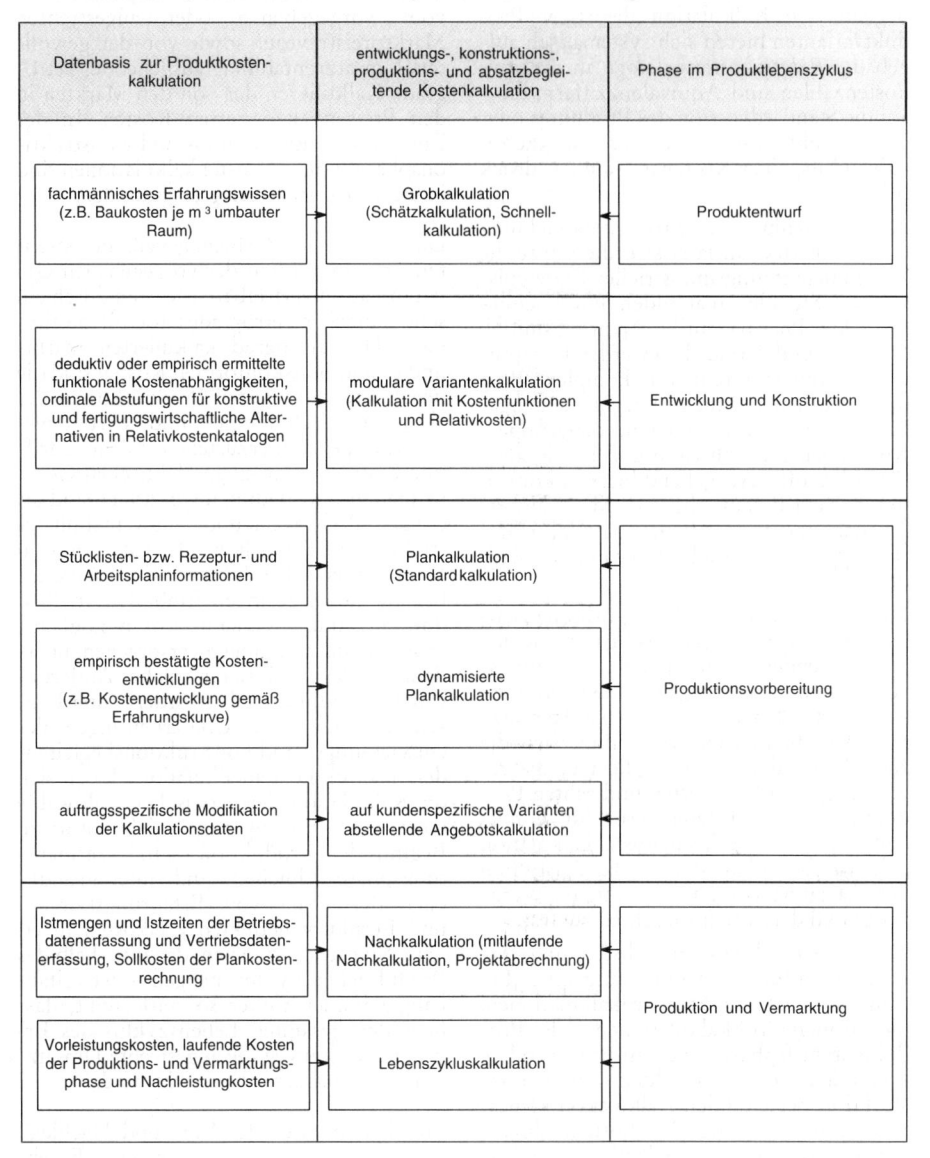

Datenbasis zur Produktkostenkalkulation	entwicklungs-, konstruktions-, produktions- und absatzbegleitende Kostenkalkulation	Phase im Produktlebenszyklus
fachmännisches Erfahrungswissen (z.B. Baukosten je m³ umbauter Raum)	Grobkalkulation (Schätzkalkulation, Schnellkalkulation)	Produktentwurf
deduktiv oder empirisch ermittelte funktionale Kostenabhängigkeiten, ordinale Abstufungen für konstruktive und fertigungswirtschaftliche Alternativen in Relativkostenkatalogen	modulare Variantenkalkulation (Kalkulation mit Kostenfunktionen und Relativkosten)	Entwicklung und Konstruktion
Stücklisten- bzw. Rezeptur- und Arbeitsplaninformationen	Plankalkulation (Standardkalkulation)	Produktionsvorbereitung
empirisch bestätigte Kostenentwicklungen (z.B. Kostenentwicklung gemäß Erfahrungskurve)	dynamisierte Plankalkulation	
auftragsspezifische Modifikation der Kalkulationsdaten	auf kundenspezifische Varianten abstellende Angebotskalkulation	
Istmengen und Istzeiten der Betriebsdatenerfassung und Vertriebsdatenerfassung, Sollkosten der Plankostenrechnung	Nachkalkulation (mitlaufende Nachkalkulation, Projektabrechnung)	Produktion und Vermarktung
Vorleistungskosten, laufende Kosten der Produktions- und Vermarktungsphase und Nachleistungskosten	Lebenszykluskalkulation	

modulare Produktkalkulationen bzw. Ähnlichkeitskalkulationen zur Anwendung. Handelt es sich um kontinuierlich variierbare Merkmalsausprägungen von Produktvarianten, lassen sich gegebenenfalls Kostenfunktionen bereitstellen. Diese Kostenfunktionen können mittels Regressionsanalysen aus Erfahrungswerten ermittelt werden. Die Aufdeckung solcher Zusammenhänge von Kosten und kontinuierlich variierbaren Produktmerkmalen kann auch durch den Einsatz neuronaler Netze unterstützt werden.

Lassen sich Merkmale verschiedener Produktvarianten nicht kontinuierlich, sondern nur diskret variieren, d.h. liegen sich wechselseitig vollständig ausschließende technische Alternativen vor (z.B. kleben oder schrauben), können keine Kostenfunktionen vorgegeben werden. Für die Unterstützung der entwicklungs- und konstruktionsbegleitenden Kalkulation derartiger Produktvarianten bieten sich systematisch aufgebaute *Relativkostenkataloge* an. Relativkostenzahlen sind Äquivalenzziffern, die – auf die Standardversion des Produktes oder der Produktkomponente bezogen – die relative Höhe einer Kostenart zum Ausdruck bringen.

Nach Abschluss der Produktentwicklung und -konstruktion lässt sich die physische Zusammensetzung industrieller Erzeugnisse durch Stücklisten abbilden. Für Chemieprodukte, Pharmazeutika, Nahrungsmittel, Getränke und dergleichen werden Rezepturen zusammengestellt. Für komplexe Produkte enthalten Stücklisten Mengenangaben für Funktionseinheiten, Baugruppen, Komponenten, Rohstoffe und häufig auch für Hilfsstoffe. Ausgehend hiervon können unter Zugriff auf die im Materialwirtschaftssystem festgehaltenen Standardmaterialpreise die Materialkosten kalkuliert werden.

Für die einzelnen Stücklistenpositionen halten Arbeitspläne die planmäßig in Anspruch zu nehmenden Arbeitsplätze, Fertigungsverfahren und Arbeitsgänge sowie prozessspezifische Planzeiten und Plankostensätze fest. Auf dieses Zeitgerüst stützt sich die Kalkulation der Fertigungskosten, die regelmäßig nach Rüstkosten und echten Produktionskosten differenziert. Zur Unterstützung der Werkzeugkostenkalkulation halten Arbeitspläne die für das Ausführen der Fertigungsvorgänge benötigten Werkzeuge und deren Inanspruchnahme fest.

Wie ausgehend von Stücklisten und Arbeitsplänen für konstruktiv ausgereifte Erzeugnisse erstellte Standardkalkulationen, dienen auch Grobkalkulationen in der Produktentwurfsphase und anspruchsvollere Methoden der entwicklungs- und konstruktionsbegleitenden Kalkulation keineswegs nur vorrangig der kostenrechnerischen Bestimmung von Selbstkosten-Richtpreisen. Denn die Vorstellung, von den Selbstkosten über das Hinzufügen prozentualer Gewinnzuschläge abgeleitete Angebotspreise könne man beim Einsatz besonders effektiver Marketing-Instrumente sowie mittels intensiver Vertriebsanstrengungen mit hoher Wahrscheinlichkeit auf den Märkten durchsetzen, wird den Gegebenheiten der Marktwirtschaft speziell wegen der Verschärfung und Globalisierung des Wettbewerbs nicht gerecht.

Wesentlich bedeutsamer ist stattdessen das vom vorgegebenen oder angestrebten Marktpreis(niveau) sowie von der gewollten Umsatzrentabilität ausgehende, retrograde Kalkulieren der von den Märkten in den Preisen akzeptierten Kosten. In der Entwurfs-, Entwicklungs- und Konstruktionsphase erstellte Kostenkalkulationen sind in dieses *Target Costing* einzubinden.

Dazu lassen sich die beim jeweils angestrebten Preisniveau und der vorgegebenen Gewinnrelation vertretbaren Kosten durch ein sehr einfaches retrogrades Kalkül bestimmen. Den retrograd kalkulierten markt- und rentabilitätskonformen Kosten sind die progressiv kalkulierten Produktkosten der aktuellen Technologie- und Fertigungsstruktur gegenüberzustellen. Wenn „drifting costs" der jeweiligen faktischen Gegebenheiten und Bedingungen höher sind als die dem Preisniveau und dem Rentabilitätsstreben gemäßen „allowable costs", müssen Konstrukteure Produktmodifikationen, die bei möglichst geringen Einbußen an Produktnutzen und Verkaufserlösen möglichst große Kostensenkungen versprechen, überdenken. Das Analysieren solcher Änderungen der Produktgestalt erfordert unter Umständen mehrfache Überarbeitungen der entwicklungs- und konstruktionsbegleitenden Produktkostenkalkulation. Lässt sich die Kalkulationslücke zwischen „allowable costs" und „drifting costs" nicht sofort zu Beginn der Produktions- und Vermarktungsphase schließen, sind unter gründlicher Beachtung von Erfahrungskurven- und Lernkurveneffekten Zielkosten in einem Niveau vorzugeben, das innerhalb des Produktlebenszyklus mengen- oder zeitabhängig immer weiter so stark sinkt, dass über den gesamten Lebenszyklus des Erzeugnisses hinweg die angestrebte Umsatzrentabiliät tatsächlich erreicht wird.

Mit dem Anstieg der Vor- und Nachleistungskosten nimmt das Ausmaß von Ergebnisverfälschungen in periodischen Kalkülen zu. Vorleistungskosten (Vorlaufkosten) einerseits und Nachleistungskosten (Nachlaufkosten) andererseits sind produktlebenszyklusbezogen und als zwei eigenständige Kostenkategorien zu erfassen und so auch zu dokumentieren. Da sowohl die Vorleistungskosten als auch die Nachleistungskosten für den Produktlebenszyklus insgesamt einmalig anfallen, sind periodenübergreifende, den gesamten Lebenszyklus von Erzeugnissen umspannende Kosten-, Erlös- und Ergebnisrechnungen erforderlich. W.Mä.

Literatur: *Männel, W.* (Hrsg.): Frühzeitiges Kostenmanagement – Kalkulationsmethoden und DV-Unterstützung, krp-Sonderheft 1/1996, Wiesbaden 1996. *Ehrlenspiel, K.; Kiewert, A.; Lindemann, U.*: Kostengünstig Entwickeln und Konstruieren. Kostenmanagement bei der integrierten Produktentwicklung, 3. Aufl., Berlin u.a. 2000.

Produktlebenszyklus, Lebenszyklus

Der Produktlebenszyklus (PLZ) gehört zu den ältesten Modellen der → Marktdynamik im Marketing, das wegen der zunehmenden Bedeutung des → Zeitwettbewerbs gleichwohl nach wie vor hohe praktische Relevanz besitzt. Kaum ein anderes betriebswirtschaftliches Konzept hat solch einen hohen Bekanntheitsgrad sowohl unter Praktikern als auch Wissenschaftlern erreicht. Die Bedeutung reduziert sich nicht nur auf das Marketing, sondern erfasst nahezu alle betrieblichen Funktionen und Aufgabenbereiche. Ein analoges Konzept ist der → Kundenlebenszyklus.

In seiner ursprünglichen Fassung, dem klassischen PLZ, kann das Konzept auf *Patton* (1959) zurückgeführt werden, der erstmals eine geschlossene Darstellung über den idealtypischen Verlauf der Absatz-/Umsatz- und Stückgewinnentwicklung eines Produktes entwickelte (siehe *Abb.*).

Charakteristisch für den PLZ ist seine Unterteilung in mehrere Phasen. Man unterscheidet im Allgemeinen vier, häufig auch fünf Phasen:

- *Einführung* (→ Markteintritt bis Erreichung der Gewinnschwelle),
- *Wachstum* (Wendepunkt Grenzumsatz bzw. Maximum des Deckungsbeitrags),
- *Reife* (bis Wendepunkt Grenzumsatz),
- (*Sättigung*; ggf. von Umsatzmaximum bis Wendepunkt Grenzumsatz)) und
- *Degeneration* (bis → Marktaustritt).

Die Phasen sind jedoch nicht nur typisch für die Abgrenzung einer differenzierten Wachstumsdynamik des Absatzes/ Umsatzes oder Stückgewinns. Sie kennzeichnen im klassischen Modell auch eine idealtypische Entwicklung sowohl der → Wettbewerbsintensität als auch der Sensitivität der Nachfrager in Bezug auf die Instrumente des Marketing Mix (*Mickwitz*, 1959). So ist z.B. die Wirkung von Werbemaßnahmen in der Einführungs- und Wachstumsphase relativ am höchsten, da die Kunden noch wenig über die Produktneuheit informiert sind. In der Reifephase erlangen hingegen der Preis und Promotionaktionen die größ-

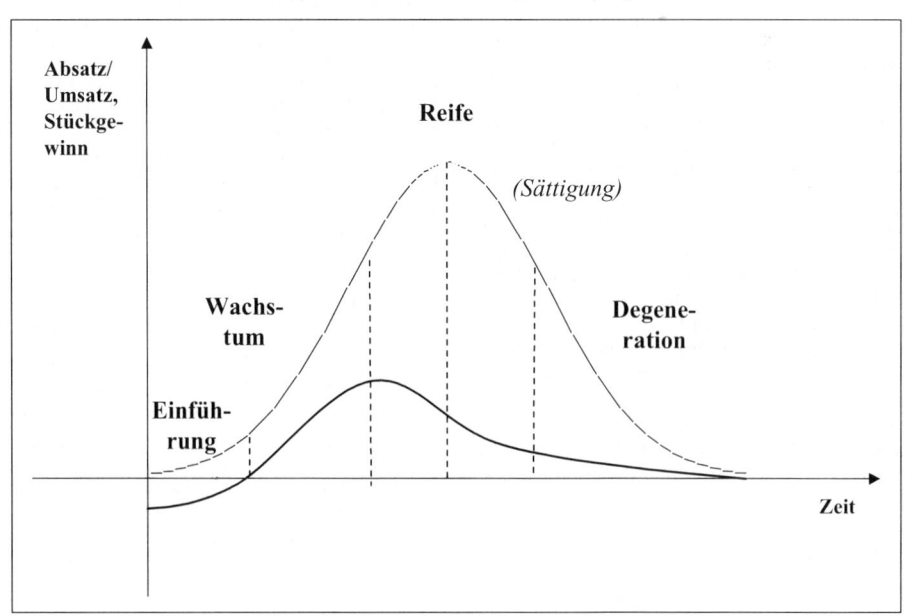

Idealtypischer Verlauf des Produktlebenszyklus

te Bedeutung. Begründet wird die gestiegene Preissensitivität vor allem mit der erhöhten Wettbewerbsintensität, die letztendlich auch für den sinkenden Stückgewinn verantwortlich zeichnet. Die Aussagen des klassischen PLZ-Konzepts beziehen sich jedoch in erster Linie auf die Situation, wie sie für ein Pionierprodukt typisch ist, das einen neuen Markt erschließt.

Die *empirische Evidenz des PLZ* ist hoch, wie zahlreiche empirische Studien und die Erfahrungen in der Praxis bestätigen (*Bauer/Fischer*, 2000). Wenn es um die regelmäßige Beschreibung des Absatz-/Umsatzverlaufs eines Produktes geht, kann man durchaus von einer empirischen Verallgemeinerung des PLZ sprechen. Allerdings erscheint es nicht gerechtfertigt, den Verlauf des PLZ auf das in der *Abbildung* dargestellte klassische Muster festzulegen. Der S-förmige, symmetrische PLZ-Typ ist zwar bei weitem der am häufigsten identifizierte und der durch die → Diffusionstheorie auch theoretisch am besten fundierte, jedoch existieren zahlreiche andere Formen, z.B. linksschiefe, rechtsschiefe und mehrzyklige PLZ.

Die *Anwendung* des PLZ erstreckt sich grundsätzlich auf sämtliche Aggregationsstufen, d.h. auf das einzelne Produkt („*Markenlebenszyklus*"), die Produktgattung oder die Produktklasse. Eine bevorzugte Gültigkeit des Konzepts für eine der drei Aggregationsstufen lässt sich aus den empirischen Erkenntnissen nicht ableiten, auch wenn viele Autoren dazu tendieren, den PLZ in erster Linie auf die Produktklasse zu beziehen. Diese Einschränkung stützt sich auf eine vage Bemerkung in einer frühen vielbeachteten empirischen Arbeit (*Polli/Cook*, 1969), kann jedoch nicht verallgemeinert werden.

Eine Konzentration auf die Produktklasse (oder den *Marktlebenszyklus*) liegt hingegen bei den idealtypischen Aussagen bezüglich der Entwicklung des Wettbewerbs und der Nachfrager vor. Dem Diffusionsgedanken *Rogers'* (1995) folgend, lassen sich die Nachfrager in Klassen mit unterschiedlichem Risikoaversionsgrad einteilen, der einen zentralen Einfluss auf die zeitliche Verzögerung der Neuproduktadoption ausübt. Charakteristisch für die Einführungsphase sind die Käufe, die von risikofreudigen Innovatoren getätigt werden. Ihre Erfahrungen und die interpersonelle Kommunikation trägt dazu bei, dass sich das Neuprodukt im weiteren Verlauf zunehmend risikoscheue Nachfrager erschließt. Die Diffusions- und Adoptionstheorie stellen die wichtigste theoretischen Grundlage für eine nachfragerorientierte Erklärung des PLZ dar. Die Entwicklung des Wettbewerbs, sprich des dynamischen Ein- und Austritts von Konkurrenzanbietern, basiert hingegen im Wesentlichen auf angebotsorientierten theoretischen Arbeiten der Industrieökonomie und Evolutionstheorie (*Klepper*, 1996; *Lambkin/Day*, 1989). Es werden hier insbesondere die Motive und Mechanismen beschrieben, die dazu führen, dass neue Unternehmen in den Markt eintreten und Eingesessene verdrängen.

Das PLZ-Konzept fand schließlich Eingang in die → Strategieforschung und liegt strategischen Konzepten wie der BCG-Portfolio-Matrix zugrunde (→ Portfolio-Analyse). Bis heute ist eine Vielzahl von strategischen Konzepten, Taxonomien von Strategien u. dergl. entwickelt worden, die explizit auf den PLZ zurückgreifen. Der bekannteste Ansatz stammt von *Hofer* (1975), der im PLZ den wichtigsten Kontingenzfaktor der Strategieformulierung sieht. Theoretische Modelle, die eine Ableitung optimaler dynamischer Marketingstrategien zum Ziel haben und den PLZ als Nebenbedingung formulieren, liegen ebenfalls vor. Ihre Ergebnisse zeigen insbesondere, unter welchen Bedingungen bspw. die bekannten preisstrategischen Alternativen → Skimming-Strategie und → Penetration optimal sind (→ Preisstrategie im Lebenszyklus).

Trotz umfangreicher Forschungsbemühungen bleiben nach wie vor wichtige Fragen zum PLZ ungeklärt. So weiß man, dass vielfältige Verlaufsformen existieren. Allerdings existieren wenig Erkenntnisse darüber, warum sich die PLZ in ihrem Verlauf unterscheiden. Dies ist umso wichtiger auf der Ebene des einzelnen Produktes, da durch seinen Verlauf der Erfolg des Unternehmens unmittelbar beeinflusst wird. Neuere Forschungen weisen so z.B. auf die Bedeutung der Markteintrittsreihenfolge für die erwartete Absatzentwicklung eines Neuprodukts hin (*Bauer/Fischer*, 2000).

M.F.

Literatur: *Bauer, H.H.; Fischer, M.*: Die empirische Typologisierung von Produktlebenszyklen und ihre Erklärung durch die Markteintrittsreihenfolge, in: ZfB, 70. Jg. (2000), S. 937-958. *Hofer, C.W.*: Toward a contingency theory of business strategy, Academy of Management Journal, Vol. 18 (1975), S. 784-810. *Klepper, S*: Entry, exit, growth and innovation over the product life cycle, The American Economic Review, Vol. 86. (1996), S. 562-583. *Lambkin, M.; Day, G.S.*: Evolutionary Processes in Competitive Markets: Beyond the Product Life Cycle, in: Journal of Marketing, Vol. 53, July, 1989, S. 4-20. *Mickwitz, G.*: Marketing and competition: The various forms of competition at the successive stages of production and distribution, Herlsingfors 1959. *Patton, A.*: Stretch Your Product's Earning Years, Top Management's Stake in the Product Life Cycle, Management Review, June 1959, S. 9-14 und 67-79. *Polli, R.; Cook, V.*: Validity of the Product Life Cycle, in: Journal of Business, Vol. 42 (1969), S. 385-400. *Rogers, E.M.*: Diffusion of Innovations, 4. Aufl., New York 1995.

Produkt-Leistungskern

Der Produkt-Leistungskern repräsentiert die im Rahmen der → Produktpolitik zu gestaltende, eigentliche Unternehmensleistung, die durch die Kombination von Material, Form, Farbe in Verbindung mit Arbeit und Intellekt zustandekommt. Aus Sicht des Marketing können lediglich aus den Kundenwünschen abgeleitete Gestaltungsanregungen gegeben werden, nicht jedoch, was im Einzelfall z.B. für den einen oder anderen Werkstoff spricht.

Bei der Vermarktung eines Gutes spielt die *Bequemlichkeit* der Individuen eine Rolle. Es ist kaum mehr möglich, einem Nachfrager ein Erzeugnis an die Hand zu geben, das noch einer Be- und Verarbeitung bedarf.

In nahezu allen Branchen zeigt sich das Bedürfnis der Käufer nach *sicheren Produkten* (→ Produkthaftung, → Qualitätssicherung). Hierzu gehört nicht nur die Stör- und Bedienungssicherheit, sondern auch der Schutz vor Diebstahl und Zerstörung.

Die Forderung nach *Wirtschaftlichkeit* bezieht sich nicht nur auf die Nutzung des Gutes. Vielmehr interessiert auch dessen wirtschaftliche Herstellung, damit der Nachfrager nicht mehr bezahlen muss als unbedingt nötig (→ Preis).

Die *Umweltfreundlichkeit* ist ein in vielen Fällen der Wirtschaftlichkeit entgegenstehender Anspruch (→ Ökologischen Marketing). Oft beklagen die Konsumenten die bei der Produktion auftretende Verschwendung nicht regenerierbarer Ressourcen (→ Obsoleszenz).

Das Produkt vermittelt dem Individuum und seinem *sozialen Umfeld* (→ Sozialisatoren) mehr oder weniger angenehme Empfindungen.

Sehr wichtige Gestaltungsmittel zur Beeinflussung der Anmutung bilden Material, Form und Farbe (→ Produktdesign). Die Auswahl des *Materials* ist von großer Bedeutung, da von einzelnen Substanzen unterschiedliche Empfindungen ausgehen. Beispielsweise geht von Holz das Gefühl der Geborgenheit und Behaglichkeit aus, während Metall fest und Glas reinlich anmuten (s.a. → Produktdesign).

An.He./F.H.

Literatur: *Brockhoff, K.*: Produktpolitik, 4. Aufl., Stuttgart 1999. *Koppelmann, U.*: Produktmarketing, 5. Aufl., Berlin 1997. *Nieschlag, R.; Dichtl, E.; Hörschgen, H.*: Marketing, 18. Aufl., Berlin 1997. *Urban, G.; Hauser, J.R.*: Design and Marketing of New Products, Englewood Cliffs 1993.

Produktlinie (Produktfamilie)

→ Markenpolitik, → Programmpolitik, → Preislagen

Produktmanagement

v.a. in der Konsumgüterindustrie verbreitete Form der produktorientierten → Marketingorganisation, bei der bestimmten Organisationseinheiten die gesamte (Marketing-) Verantwortung für ein Produkt bzw. eine Produktgruppe übertragen wird. Hierdurch soll eine verstärkte Berücksichtigung produkt(gruppen)spezifischer Koordinationserfordernisse erzielt werden. Dies soll dadurch erreicht werden, dass der Produktmanager als Produktspezialist und Funktionsgeneralist – im Gegensatz zum Ressortdenken der Funktionsmanager – seine Aufmerksamkeit allen für sein Produkt notwendigen Aktivitäten im Beschaffungs-, Absatz- und - bei weiter Interpretation - auch im Produktionsbereich widmet (→ Marketing-Koordination). Mit der Einführung des Produktmanagements in den 60er-Jahren sollte die produktbezogene Planung verbessert, die Anpassungsfähigkeit an Marktveränderungen erhöht und die Zusammenarbeit zwischen den verschiedenen Unternehmensbereichen gefördert werden. In jüngster Zeit gerät diese Zielsetzung allerdings z.T. in Konflikt mit dem Erfordernis einer stärkeren → Kundenorientierung, was zu neuen Varianten und Prozessen des Produktmanagement führte.

Der Produktmanager (PM) hat nach *Diller* (1975) vier zentrale Aufgabenbereiche, nämlich

(1) eine *Informationsfunktion* (Definition, Sammlung, Aufbereitung und Interpretation aller relevanten Daten zum Produktfeld),

(2) eine *Planungsfunktion* (Entwicklung produktspezifischer → Marketingziele und → Marketingstrategien im Rahmen einer zweckmäßig nach Produktvarianten, Zielgruppen und Teilmärkten differenzierten → Marketingplanung mit entsprechenden → Budgets),

(3) eine *Kontrollfunktion* der Produktergebnisse (→ Marketing-Accounting) und

(4) eine *Koordinationsfunktion* mit Funktionsstellen sowie anderen produktorientierten Organisationseinheiten (Letztere wird ggf. auch von einer zentralen Leitung des Produktmanagements vorgenommen). Hierbei geht es um die zeitliche und inhaltliche Abstimmung der produktspezifischen → Marketingprozesse.

Strategische Aufgaben des Produktmanagements liegen in der Planung der Produktpositionierung und der Profilierung der Marke im Wettbewerb i.S. einer langfristig und ganzheitlich angelegten → Markenpolitik. In praxi überwiegen freilich die taktisch-operativen Aufgaben, da die strategische Marketingplanung meist auf der Ebene der Marketingleitung erfolgt. Die sehr spezifischen Aufgaben der Neuproduktentwicklung werden teilweise vom Produktmanagement auf Projektteams oder permanente Innovationsabteilungen ausgelagert (→ Innovationsorganisation). Der wachsende Anteil internationaler Koordinationsaufgaben im Hinblick auf die länderspezifische → Standardisierung vs. Differenzierung führt v.a. in Großunternehmen zu *internationalen PM-Stellen*, die oft im Team länderspezifischer PMs agieren (→ Internationale Marketingorganisation und -koordination), wobei manchen Ländern für bestimmte Aufgaben gelegentlich eine Führungsrolle eingeräumt wird (→ Lead country-Konzept).

Der PM muss seine Aufgaben oftmals ausführen, ohne dass er über entsprechende Weisungsbefugnisse gegenüber Funktionsstelleninhabern verfügt, da er oft lediglich als Stabsstelle der Marketingabteilung untersteht. Allerdings gibt es in manchen Unternehmen auch mit gewissen Kompetenzen, z.B. hinsichtlich Werbung, Verkaufsförderung, Pricing oder Packungsgestaltung ausgestatte PMs, die zudem durch Junior-PMs unterstützt werden, sodass eine kleine Linienorganisation entsteht. PMs sollten sinnvollerweise in der Mitte der Unternehmenshierarchie angesiedelt sein, um ihre Rolle als Informationszentrale nach allen Seiten hin so gut wie möglich gerecht werden zu können. Ein PM bedient sich vorwiegend informeller Machtgrundlagen (Expertenwissen, Identifikation). Wird der Produktmanager neben den Funktionalmanagern mit Linienvollmachten ausgestattet, was zur Steigerung der Motivation und Durchsetzungskraft führen kann, entsteht eine zweidimensionale → Matrixorganisation. Immer mehr Schnittstellen innerhalb der Marketingorganisation (z.B. mit Vertrieb, Key Account Management, Trade Marketing, Category Management, CRM und TQM) lassen viele Unternehmen in jüngster Zeit freilich zu einer → Teamorganisation greifen, bei der der PM temporär oder permanent in entsprechende Marketingprojekte eingebunden ist.

Ob nun mit oder ohne Weisungsbefugnis ausgestattet, kommt dem PM i.d.R. zumindest eine „Wachhund"-Funktion für den Produkterfolg, wenn nicht sogar die Gewinnverantwortung zu. Dies führt gelegentlich zur Überforderung des PM und zur Vernachlässigung langfristiger Marketingbelange, zumal PM-Stellen häufig mit Nachwuchskräften besetzt sind. Darüber hinaus erfordern viele Absatzmärkte zunehmend eine kunden(gruppen)spezifische Bearbeitung, sodass das Produktmanagement durch ein → Key-Account-Management und/oder ein → Category Management ergänzt wird. Die Interdependenz von Produkt- und Kundenerfolgen erfordert hier ein besonders intensives Teammanagement und ein differenziertes → Marketinginformationssystem (MAIS) (s.a. → Marketing-Controlling) H.D.

Literatur: *Baker, M.; Hart, S.:* Product Strategy and Management, London u.a. 1998. *Diller, H.:* Produkt-Management und Marketing-Informationssysteme, Berlin 1975. *Hüttel, K.:* Produktmanager in den neunziger Jahren. Für die Zukunft gerüstet, in: asw 1993, S. 94–100. *Köhler, R.:* Beiträge zum Marketing-Management: Planung, Organisation, Controlling, 3.Aufl. Stuttgart 1993. *Schuh, A.; Dobrau, N.:* Product-Management im Wandel? Eine Untersuchung des gegenwärtigen Zustands und aktueller Entwicklungen in der österreichischen Konsumgüterindustrie, in: Der Markt, 1995, S. 25-31.

Produkt-Markt-Matrix
→ Wachstumsstrategie

Produktmarktraum

Ansatz zur Beschreibung und Erklärung des Produktwahlverhaltens (→ Produkt, → Käuferverhalten, → Kaufmodelle). Dem Konzept liegen die folgenden Überlegungen zugrunde:
- Es existiert eine Menge von Produkten, die sich jeweils anhand einer Vielzahl von Attributen beschreiben lassen. Eine solche Gütermenge kann zum Beispiel aus Konkurrenzprodukten, wie Armbanduhr und Pelzmantel oder Coke und Pepsi, bestehen.
- Jede Eigenschaft verkörpert eine Achse im psychischen Wahrnehmungs- und Beurteilungsraum. Alle Eigenschaften zusammen spannen einen nach ihrer Anzahl dimensionierten kognitiven Raum auf.
- Es liegen die Urteile von Probanden über die Ausprägungen der Erzeugnisse bei den einzelnen Eigenschaften vor. Damit lässt sich jedes Gut einem bestimmten Punkt im kognitiven Raum zuordnen.

Unter Heranziehung mathematisch-statistischer Ansätze, wie Verfahren der Mehrdimensionalen Skalierung und Faktorenanalyse, gelingt es, die folgenden Ziele zu erreichen:
- Die Zahl der Dimensionen des Wahrnehmungsraums lässt sich ohne großen Informationsverlust verringern.
- Hieraus resultieren die für die Perzeption von Produkten durch die Individuen maßgeblichen Achsen.
- Die relativen Positionen der Erzeugnisse im Perzeptionsraum geben Aufschluss über deren Ähnlichkeit.

Dabei schätzen die Probanden die betrachteten Erzeugnisse nicht unbedingt bezüglich vorgegebener Merkmale (kompositorischer Ansatz), sondern u.U. auch anhand der globalen Ähnlichkeit ein (dekompositorischer Ansatz, „Unfolding"). Die Dimensionen des ermittelten Produktmarktraums entstehen hier nicht durch die Vorgaben des Marktforschers (→ Positionierungsmethoden).

Um neben der Wahrnehmung auch die Präferenzen der Nachfrager zu rekonstruieren, kommt der *joint space* in Betracht. Zunächst erstellt man auf der Grundlage der Ähnlichkeitsdaten den Produktmarktraum für die interessierenden Güter. Daraufhin wird für jedes befragte Individuum jener Ort in der Konfiguration identifiziert, der den höchsten Präferenzwert reflektiert.

Unabhängig von der gewählten Methode (interne oder externe Präferenzanalyse) ist eine Transformationsregel erforderlich, die es erlaubt, aus der Anordnung der Güter im Raum Hinweise auf das Verhalten der Betroffenen abzuleiten. Hierzu kommen verschiedene *Kaufmodelle* in Betracht, von denen das Idealpunkt- und das Idealvektor-Modell im Marketing besondere Beachtung finden. An.He./F.H.

Literatur: *Brockhoff, K.*: Produktpolitik, 4. Aufl., Stuttgart 1999. *Urban, G.; Hauser, J.R.*: Design and Marketing of New Products, Englewood Cliffs 1993.

Produkt-Mix

Ursprünglich von *Ph. Kotler* vorgeschlagene und in der Marketingtheorie weithin übernommene Untergruppe des → Marketing-Mix, in der alle → Marketing-Instrumente zusammengefasst werden, welche die Ausgestaltung und Differenzierung des Vermarktungsgegenstands eines Unternehmens, also dessen Leistungsangebot am Markt betreffen.

In einer groben Unterteilung umfasst das Produkt-Mix zunächst die für die → Qualität eines Wirtschaftsgutes zuständige → Produktpolitik, der wiederum die → Produktgestaltung, die → Imagepolitik, das → Produktdesign und auch die z.T. strategischen Charakter tragende → Markenpolitik untergeordnet werden können. Daneben stehen die → Servicepolitik, einem v.a. im Investitionsgütermarketing zentralen Marketing-Instrument, zu dem auch der Kundendienst und die → Garantieleistungen gezählt werden können, und die → Verpackungsgestaltung. Letztere wird z.T. wegen der engen Beziehung zur Produktgestaltung auch dort untergeordnet. Dritter Hauptbereich des Produkt-Mix ist schließlich die → Programmpolitik, wo es um die Zusammenstellung der am Markt angebotenen Leistungen geht. Dabei lassen sich zur Steigerung des Markterfolges → Programmvariationen einsetzen, die sich der Instrumente der → Produktvariation, → Produktdifferenzierung, → Produktelimination und z.T auch der Produktvereinheitlichung (→ Normung) bedienen. Im Handel wird dieser Instrumentalbereich als → Sortimentspolitik bezeichnet.

In engem Bezug zur Programmpolitik, aber als eigenständiger Instrumental- und Problembereich abgrenzbar ist das → Innovationsmanagment, wo es um die Entwicklung und Einführung neuer Produkte geht. Es bedient sich u.a. der bereits genannten In-

strumente und muss deshalb ebenso als Sonderbereich des Produkt-Mix angesehen werden wie die → Forschung und Entwicklung als quasi vorgelagertem Sektor von Innovationen, der zunehmend unter marktstrategischen Aspekten gesehen wird.
Weitere strategische Bereiche des Produkt-Mix, die man auch als Marketing-Instrumente i.w.S. interpretieren kann, sind die → Marktsegmentierung und die → Positionierung der Produkte im Wettbewerberumfeld, die weit in die → Wettbewerbsstrategie der Unternehmung hineinragen. Ähnliches gilt für das → Technologiemanagement, das als strategisches Dach der Neuproduktentwicklung insb. im Investitionsgütermarketing angesehen werden kann.
Das Produkt-Mix gilt als das „Herz" des Marketing-Mix, um das herum die übrigen Marketing-Instrumente entsprechend angepasst auszugestalten sind. Allerdings kann der Schwerpunkt und das eigentliche Problemlösungspotenzial, das der Unternehmung am Markt Erfolg verschaffen soll, durchaus auch in anderen Teilbereichen des Marketing-Mix, z.B. bei der Preis- oder der Distributionspolitik, liegen. H.D.

Produktpflege → Modellwechsel

Produktpiraterie → Markenpiraterie

Produktpolitik

Die Produktpolitik ist unter instrumenteller Perspektive ein Teilbereich des → Produkt-Mix. Zu ihr zählen sowohl produkt- als auch programmpolitische Aktivitäten (→ Programmpolitik). Den Kern bildet das → Produkt, das in seinem Produkt-Leistungskern, aber auch den → begleitenden Diensten zunächst kreiert (→ Produktgestaltung), auf dem Markt eingeführt, dort gepflegt, bei Bedarf modifiziert (→ Produktvariation), differenziert (→ Produktdifferenzierung) und gegebenenfalls eliminiert (→ Produktelimination) wird. Daneben spielen im Rahmen der Produktpolitik auch Entscheidungen über die → Verpackungsgestaltung und die → Markenpolitik eine Rolle.
Die →Programmpolitik bezieht sich nicht nur auf das einzelne Erzeugnis, sondern auf die Zusammenstellung verschiedener Güter oder ganzer Gütergruppen zu einer Gesamtheit. Dies hat zur Folge, dass auch Fragen hinsichtlich Umfang und Struktur der Angebotspalette zu beantworten sind. Außerdem interessieren Möglichkeiten zur Veränderung des Produktprogramms im Hinblick auf die Breite (Anzahl der geführten Produktlinien) und die Tiefe (Anzahl der Varianten innerhalb einer Produktlinie). Daneben bedarf es einer Entscheidung darüber, ob, wann (→ Zeitwettbewerb) und inwieweit neue Produkte und Dienstleistungen ins Angebot aufgenommen werden sollen. Eine solche → Diversifikation führt zur Erweiterung der Angebotspalette, vermag neue Ertragsquellen zu erschließen und das unternehmerische Risiko zu reduzieren, setzt aber voraus, dass sich das Unternehmen eine bislang unbekannte Technologie möglichst rasch zu Eigen macht (→ Forschung und Entwicklung).
Eine in vielen Branchen populäre Aktivität besteht darin, einzelne Komponenten (z.B. Aluminiumfelgen, Sportlenkrad, Sportsitze und Metalliclackierung) zu einem *Bündel* zusammenzufassen (→ Produktbündelung), dieses mit einem bestimmten Nutzenversprechen zu versehen (z.B. Sportpaket) und am Markt zu offerieren. Hierzu gehört auch die Verknüpfung von Erzeugnissen, die funktional nicht zwingend zusammengehören (z.B. ein aus einer Armbanduhr und einem Parfüm bestehendes Paket), und die Verquickung eines Hauptprodukts mit einem oder mehreren Nebenprodukten (z.B. ein aus einem CD-Player und einer disk zusammengefügtes Bündel).
Ein Nachfrager bewertet das vorliegende Gut durch einen Vergleich des damit verbundenen → Nutzens mit den Kosten, die mit dessen Erwerb auftreten. Damit lässt sich die Gesamtheit aller positiven Facetten des Angebots als Leistung kennzeichnen, wohingegen alle Kosten zum Erwerb und ggf. auch Betrieb der Alternative den → Preis verkörpern. Die Leistung („*value*") erteilt Auskunft über die Fähigkeit eines Produzenten, die Bedürfnisse der Nachfrager zu befriedigen, das heißt, ihnen Problemlösungen zu vermitteln. Insofern ist es für den Erfolg eines Unternehmens unerlässlich, die Fähigkeit seiner Erzeugnisse zur Problemlösung in den Blickpunkt zu stellen (→ Nutzwertrechnung). Hieraus ergeben sich vier Herausforderungen für die Produktpolitik:

(1) Ein Unternehmen muss die Leistungsgestaltung an den Ansprüchen der Individuen orientieren (→ Preis-Qualitätsstrategie). Das Postulat der umfassenden Marktorientierung bildet somit den Ausgangspunkt al-

ler leistungsbezogenen Gestaltungsmaßnahmen. In diesem Konzept enthalten ist die Forderung, nicht zwingend eine nutzenmaximale Leistung zu generieren, sondern die Bedürfnisse lediglich besser zu befriedigen, als es der Wettbewerber zu tun vermag.
(2) Ob bzw. inwieweit ein Angebot den Erwartungen des Konsumenten entspricht, geht aus dem Wahrnehmungs- und Bewertungsverhalten hervor. Eine Leistung lässt sich nicht durch ihre objektive Beschaffenheit mittels technisch-konstruktiver und physikalisch-chemischer Merkmale (Sachgut) oder die Art der Verrichtung (Dienstleistung) charakterisieren. Vielmehr bildet das Urteil über die Zwecktauglichkeit einer Offerte das Ergebnis eines Informationsaufnahme- und -verarbeitungsprozesses. Es bestimmen nicht die physikalisch-chemisch-technischen Merkmale eines Erzeugnisses die → Kaufentscheidung, sondern die mitunter von objektiven Gegebenheiten abweichende subjektive Einschätzung seines Problemlösungspotentials.
(3) Entsprechend dem generischen Produktbegriff (→ Produkt) lässt sich formulieren, dass Nachfrager nicht Eigenschaftsbündel, sondern einen Komplex an Nutzenkomponenten kaufen (→ Nutzen). Diese Vorstellung ist nahe liegend, da die Abnehmer selten alle nutzenstiftenden Produkteigenschaften eines Erzeugnisses kennen. Außerdem gilt in zahlreichen Fällen, dass verschiedene Merkmale einen konkreten Nutzen erfüllen und ein Attribut auf verschiedene Nutzenbereiche wirkt. Allerdings vermag ein Anbieter bei der Entwicklung eines Erzeugnisses lediglich Entscheidungen über die Ausprägungen der physikalisch-chemisch-technischen Merkmale zu treffen.
(4) Die konsequente Orientierung der Unternehmensleistung an den Nutzenvorstellungen der Nachfrager führt häufig zu einer Aufhebung der traditionellen Branchengrenzen (→ Marktabgrenzung). Aus dieser strategischen Ausrichtung resultieren ganz neue Konkurrenzrelationen zwischen Unternehmen, die bislang nicht im Wettbewerb miteinander standen und sogar als sich ergänzende Anbieter (z.B. Banken und Versicherungen, Getränkeanbieter und Tenniscenter) am Markt agierten. Insofern sind im Vorfeld einer Produktkonzeption die Wettbewerbsbeziehungen auszuloten (→ Wettbewerbsstrategie).
Organisatorisch wird die Produktpolitik häufig in spezifischen Organisationseinheiten z.B. beim → Produktmanagement verankert. Diese Querschnittsfunktion ermöglicht es, die Kundenwünsche möglichst schnell und ungefiltert ins Unternehmen zu tragen. Dabei entstehen jedoch spezifische Schnittstellenprobleme, insbesondere mit der → Forschung und Entwicklung sowie der Produktion, die im Rahmen eines alle Funktionen übergreifenden → Qualitätsmanagement zu lösen sind. An.He.

Literatur: *Brockhoff, K.*: Produktpolitik, 4. Aufl., Stuttgart 1999. *Herrmann, A.*: Produktmanagement, München 1998. *Koppelmann, U.*: Produktmarketing, 5. Aufl., Berlin 1997. *Urban, G.; Hauser, J.R.*: Design and Marketing of New Products, Englewood Cliffs 1993.

Produktpolitik, Aspekte der Besteuerung

Steuerliche Aspekte von Entscheidungen über die → Produkt- und → Sortimentspolitik ergeben sich zum einen durch eine Beeinflussung der Steuern des leistungserstellenden Unternehmens (1), zum anderen durch die steuerliche Behandlung bestimmter Produkte beim Abnehmer, welche marketingrelevant auf das anbietende Unternehmen zurückwirkt (2). Sonderprobleme ergeben sich bei der Behandlung der Verpackung (→ Verpackung, bilanzielle und steuerliche Behandlung), Produktentwicklung und bei den produktbezogenen Schutzrechten.

1. Beim leistungsverwertenden Unternehmen kann sich die Wahl bestimmter Produkte zum einen durch (a) persönliche oder (b) sachliche Steuerbefreiungen und (c) durch die Auslösung besonderer Steuerpflichten, zum anderen (d) durch ermäßigte Steuersätze und (e) Steuerabzugsbeträge sowie (f) durch die Art und Weise der Bemessungsgrundlagenermittlung auswirken:
a) Persönliche Steuerbefreiungen folgen – meist bei Erfüllung weiterer Voraussetzungen – aus der Wahl bestimmter Unternehmensgegenstände bzw. Produkte; z.B.: Körperschaftsteuerbefreiungen bei bestimmten Versicherungsleistungen (§ 5 Abs. 1 Nr. 3, 4, 8, 15, 16 KStG), gemeinnützigen, mildtätigen oder kirchlichen Zwecke (§ 5 Abs. 1 Nr. 9 KStG i.V.m. §§ 51-68 AO), bestimmten Wohnungsunternehmen (§ 5 Abs. 1 Nr. 10 – 13 KStG); bestimmten genossenschaftlich betriebenen land- und forstwirtschaftliche Leistungen (§ 5 Abs. 1 Nr. 14 KStG). Gleiches gilt auch für die Befreiung von der Gewerbesteuer (vgl. § 3 GewStG); außerdem ergibt sich hier noch das besonders sensible und auch produktabhängige

Produktpolitik, Aspekte der Besteuerung

Abgrenzungsproblem zwischen gewerblicher Betätigung einerseits, Land- und Forstwirtschaft, selbständige Tätigkeit und Vermögensverwaltung andererseits (s. Abschn. 13-15 GewStR).

b) Sachliche Steuerbefreiungen: Produkt- und sortimentabhängige sachliche Steuerbefreiungen sind vor allem im Umsatzsteuergesetz vorgesehen (→ Umsatzsteuer): Vermittlung von Ausfuhrlieferungen und Drittlandsumsätze (§ 4 Nr. 5), bestimmte Geld-, Wertpapier- und Kapitalumsätze (§ 4 Nr. 8), Versicherungsgeschäfte (§ 4 Nr. 10, 11), bestimmte wohnungswirtschaftliche und heilberufliche Leistungen (§ 4 Nr. 12 – 14) u.v.m. Auch die Verbrauchsteuergesetze sehen produkt- und produktmerkmalsbezogene Befreiungen vor (z.B. Bier mit unterschiedlichen Stammwürzegehalten); ebenso Zollgesetze.

c) Steuerpflichten: Das inländische Angebot (das „In-Verkehr-Bringen" oder die „Einfuhr") von Produkten, die einer → Verbrauchsteuer unterliegen löst beim Hersteller oder Importeur das Entstehen von Verbrauchsteuerschulden sowie entsprechenden Anmelde-, Aufzeichnungs- und Abführungspflichten, sowie das Unterwerfen unter eine spezielle Steueraufsicht aus. Steuerliche Folgen der Verbrauchsteuerpflicht können auch besondere Verkehrs- und Verwendungsbeschränkungen, Verpackungs- und Kennzeichnungspflichten und das Halten besonderer Einrichtungen (z.B. Steuerlager) sein. Die Verbrauchsteuerpflicht betrifft derzeit insbes. die Herstellung und die Einfuhr folgender Produktarten: Bier, Branntwein, Mineralöle, Schaumweine und Tabake. Bestimmte Leistungen werden auch speziellen Verkehrsteuern unterworfen. z.B. Versicherungsteuer, Renn- und Wett- und Lotteriesteuer, Grunderwerbsteuer. Schließlich bestimmen Produktgattung und einzelne Produktmerkmale häufig die in- oder ausländische Zollpflichtigkeiten (→ Zölle).

d) Unterschiedliche Steuersätze: Streng produktabhängig ist die Höhe des Umsatzsteuersatzes (s. § 12 UstG), enthält doch z.B. die Anlage zu § 12 UStG eine abschließende Aufzählung von Gegenständen, deren Lieferung, Eigenverbrauch und Einfuhr nur mit dem ermäßigten Steuersatz (z.Z. 7 %) belastet wird. Produktabhängig differenziert sind auch die Durchschnittssätze für die im Rahmen eines land- und forstwirtschaftlichen Betriebes ausgeführten Produktumsätze (§ 24 UStG). Die sortimentsbedingte Anwendung unterschiedlicher USt-Sätze bewirkt zudem einige Erschwernisse in der Abrechnung und Aufzeichnung (s. §§ 14, 22 UStG).

Produktabhängig ist auch regelmäßig die Höhe der Verbrauchsteuern: Bei Bier unterscheiden sich die Steuersätze nach der durch den Stammwürzegehalt bestimmten Biergattung (Einfach-, Schank-, Voll-, Starkbier gem. § 3 BierStG), die Schaumweinsteuer nach dem Kohlensäureüberdruck (§§ 1, 2 SchaumwStG) oder die Tabaksteuer nach der Tabakart (§ 4 TabStG). In- und ausländischen Zolltarifen sind produktgattungs- und produktmerkmalsspezifische Zollsätze für die zollpflichtigen Waren festgelegt.

Gewerbesteuerlich kann die Produktprogrammpolitik auch den Zerlegungsmaßstab des § 29 GewStG und damit die anzuwendenden Hebesätze beeinflussen weil für die Einordnung als „Wareneinzelhandelsunternehmen" die ausschließliche Leistungsart, die Produkte und das Abnehmersegment entscheidend sind (vgl. § 33 GewStDV; Abschn. 114 GewStR).

e) Steuerabzugsbeträge: Die Ausführung steuerfreier Umsätze kann umsatzsteuerlich zum Ausschluss von der Berechtigung zum *Vorsteuerabzug* oder – bei gemischten Umsätzen – zur Aufteilung der Eingangs-USt (Vorsteuer) führen (s. § 15 UStG). Bei bestimmten nichtbuchführungspflichtigen Handwerkern, Gewerbetreibenden und Freiberuflern ist die Höhe der Vorsteuerpauschalierung von deren Leistungsart und deren Überwiegen abhängig (vgl. §§ 69, 70 UStDV).

f) Die Produkt- und Sortimentspolitik bestimmt auch die Art der Ermittlung des Steuerbemessungsgrundlagen „Gewinn" und „Einheitswert", denn Gewinn- und Einheitswertermittlung unterscheiden sich bei land- und forstwirtschaftlichen, gewerblichen und freiberuflichen Leistungsprogrammen (§§ 13, 13a; 4 Abs. 1, 3 i.V.m. 18; 5 i.V.m. 15 EStG; 33 ff., 95 ff, 110 ff. BewG). Problematisch ist insbes. der programmpolitisch bedingte Übergang zwischen Land- und Forstwirtschaft bzw. selbständiger Arbeit und gewerblicher Betätigung sowie zur Vermögensverwaltung (Problematik des sog. steuerlich schädlichen Zukaufs und des eigenen Handelsgeschäfts von Landwirten, Abschn. 135 EStR; steuerschädliche gewerbliche Tätigkeit von Freiberuflern; der Abgrenzung des Gewerbebetriebes von der Vermögensverwaltung, Abschn. 137 EStR).

2. Steuerliche Relevanz bestimmter Produkteigenschaften beim Abnehmer:
Die Kfz-Steuer der Abnehmer bemisst sich u.a. nach den Produktmerkmalen „Hubraum", „Schadstoffarm", „Gesamtgewicht", „Achsenzahl" und „Antriebsart" (§§ 3b, 8, 9 KraftStG), die damit für Kfz-Hersteller und Händler marketingrelevant sind. R.F.

Literatur: *Feuerlein, H.-D.:* Die Beziehungen zwischen absatzpolitischen Entscheidungen und der Besteuerung, Düsseldorf 1981. *Rose, G.:* Betriebswirtschaftliche Steuerlehre, 3. Aufl., Wiesbaden 1992. *Schöne, W.-D.:* Diversifikation und Besteuerung, Berlin 1975.

Produktpositionierung → Positionierung

Produkt-PR

auch *Publicity* genannt; → Public Relations zur Unterstützung der Bekanntheit oder Förderung des Verkaufs eines Produktes. Die stark werbliche Komponente dieses Teils der PR löst bei Medien häufig Skepsis, wenn nicht gar Ablehnung aus. Journalisten sind abgeneigt, sich als Schachbrettfiguren einer für Gratis-Werbung abzielenden Kampagne instrumentalisiert zu fühlen. Aus den Bestimmungen über unlauteren Wettbewerb ergibt sich ein Verbot redaktioneller Werbung, auf das sich verärgerte Konkurrenten immer wieder berufen, wenn es verletzt wird. Produkt-PR fließt trotzdem in die Medien ein, besonders in die immer zahlreicher werdenden Service-Rubriken, wie Automobil, Lifestyle, Heim, Garten, Gesundheit, Schönheit und Wellness, Freizeit und Sport. P.F.

Produktproben → Warenproben

Produktproliferation

bezeichnet eine Taktik im Wettbewerb, bei der durch das Angebot einer Vielzahl von Produktvarianten Positionierungslücken (→ Positionierung) geschlossen werden. Durch die Produktproliferation werden der Bewegungsspielraum der Wettbewerber im Markt verringert (→ Marktaggressivität) und → Markteintrittsbarrieren geschaffen.

Produktqualität → Qualität

Produktrisiko → Rückrufaktion

Produkt-Standard → Standards

Produkttest

Produkttests sind (quasi-)experimentelle Untersuchungen (→ Experimente), in denen ausgewählte Testpersonen probeweise zur Verfügung gestellte Produkte ge- oder verbrauchen, um anschließend die subjektive Beurteilung der getesteten Produkte zu erheben (s.a. → Sensorische Produktforschung).

Als Testobjekte kommen v.a. mehr oder minder marktreife neue Produkte, aber auch Verbesserungen oder Varianten bereits eingeführter Produkte in Frage (s.a. → Konzepttest). Daneben können, gewissermaßen als Bezugsgröße für den zukünftigen Markterfolg, auch bereits eingeführte eigene oder fremde Produkte in den Test einbezogen werden. Wird das Produkt in seiner Gesamtheit getestet, so handelt es sich um einen *Volltest*. Beim *Partialtest* wird die Wirkung einzelner Produktkomponenten untersucht (z.B. Geschmack, Packung, Namen, Handhabung, Preis).

Weitere Formen des Produkttests ergeben sich durch die Darbietungsart, die Zeitdauer, den Testort und die Anzahl der einbezogenen Produkte. Beim *Blindtest* wird das Produkt in neutraler Aufmachung präsentiert, um die Gebrauchstauglichkeit unbeeinflusst durch Packung oder Markenname zu ermitteln. Beim *identifizierten Test* wird die Gesamtwirkung des Produkts unter Nennung des Namens und in der vorgesehenen marktüblichen Packung überprüft. *Kurzzeittests* erheben die spontanen Produkteindrücke der Testpersonen nach einmaliger, kurzzeitiger Produktverfügbarkeit, *Langzeittests* dienen dem mehrmaligen, wiederholten Ge- oder Verbrauch, um ausgiebige Produkterfahrungen erfassen zu können. Langzeittests werden als *Home-Use-Tests* durchgeführt, bei denen die Testperson die Produkte zu Hause ausprobieren kann. Die Erhebung der Testergebnisse erfolgt zumeist durch eine schriftliche Befragung. *Studio-Tests* und in → *Produkt-Kliniken* werden häufig in eigens dafür eingerichteten Teststudios von Marktforschungsinstituten oder in mobilen Teststudios (Autobus, Messestand) durchgeführt, wobei die Datenerhebung durch mündliche Befragung und/oder Beobachtung erfolgen kann. Beim *Einzeltest* (*monadischen Test*) muss die Testperson nur ein Testprodukt beurteilen. Beim *Vergleichstest* (*nichtmonadischen Test*) hat die Testperson mindestens zwei Produkte entweder parallel oder suk-

zessive probeweise zu ge- oder verbrauchen.
Vergleichtests bieten sich an, wenn mehrere Produktvarianten oder der vermutliche Erfolg eines neuen Produkts im Vergleich zu bereits am Markt eingeführten Marken getestet werden sollen. Damit die Ergebnisse eines Produkttests repräsentativ sind, müssen die Testpersonen anhand geeigneter → Auswahlverfahren aus der Zielgruppe des Testprodukts ausgewählt werden. Die Praxis greift hier gewöhnlich auf die → Quotenauswahl zurück, wobei der Stichprobenumfang von der Form des Tests und dem zulässigen Stichprobenfehler abhängt. Erhoben werden bei den Testpersonen Präferenzen, wahrgenommene Produkteigenschaften, Urteile über einzelne Produkteigenschaften, Einstellungen und Kaufabsichten.
Die *Ziele* von Produkttests sind unterschiedlich und reichen von der Aufdeckung von Schwachstellen bei neuen Produkten sowie der Auswahl zwischen verschiedenen Produktvarianten über die harmonische Abstimmung der einzelnen Produktkomponenten bis hin zur ersten Abschätzung des Markterfolgs eines neuen Produktes. Der Letztere hängt allerdings auch von anderen, nicht überprüften, Marketingmaßnahmen ab, sodass der Produkttest keine ausreichende Sicherheit für den Verkaufserfolg gewährleisten kann. H.Bö.

Literatur: *Berekoven, L.; Eckert, W.; Ellenrieder, P.:* Marktforschung, 8. Aufl., Wiesbaden 1999, S. 155-162.

Produkttestpanel

Ausprägung des → Spezialpanels für Zwecke des → Produkttests, bei der neue Produkte bzw. ProduktRelaunches bei einer speziellen Panelgesamtheit daraufhin überprüft werden, ob sie hinsichtlich ihrer Produktleistung (Produkt in seiner Gesamtheit oder einzelne Komponenten des Produkts) auf dem Markt bestehen können. Typische Fragestellungen solcher Untersuchungen sind z.B.:
– Kommt das Produkt beim Konsumenten an?
– Zeigen sich signifikante Produktmängel?
– Wo sieht der Verbraucher Verbesserungsvorschläge?
– Hält das Produkt einen Vergleich mit der Stamm-Marke des Verbrauchers aus?
– Welche Verbraucherschichten kann man ansprechen?
– Liegt man mit dem Preis richtig?
– Wie positioniert man das Produkt innerhalb des Marktes (Verpackung, Werbeauftritt, Verwendungszweck, Handelsplatzierung usw.)?
– Wo liegt das Produkt im Vergleich zum aus Konsumentensicht idealen Produkt?

Eine Konditionierung der Testpersonen wird dadurch vermieden, dass eine begrenzte Testteilnahme der Probanden pro Jahr festgelegt wird.

Produkttypologie

Die Produkttypologie untersucht den Einsatz der absatzpolitischen Instrumente in Abhängigkeit von bestimmten Produkteigenschaften. Zunächst einige Vorbemerkungen zu ihrer Einordnung in die Forschungsansätze der Marketinglehre: Die → Marketing-Wissenschaft und die Betriebswirtschaftslehre kennen eine Reihe von Forschungsmethoden, die sich in die traditionellen fachspezifischen („materiellen") Methoden, wie etwa den institutions-, den funktions- oder den warenorientierten Ansatz in der → Marketing-Theorie, und die eher interdisziplinären („formalen") Methoden (z.B. entscheidungs-, system-, oder verhaltensorientierter Ansatz) einteilen lassen.
Die warenorientierte Absatztheorie (Warenanalyse) untersucht das absatzwirtschaftliche Geschehen unter dem Gesichtspunkt der im Markt vorhandenen Waren/ Produkte. Ihre Aufgabe ist es, generelle Aussagen über die unternehmerische Absatzgestaltung unter besonderer Berücksichtigung der Waren und ihrer Eigenarten zu machen. Sie wird dabei von der Erkenntnis geleitet, dass die Wareneigenarten maßgeblichen Einfluss auf die Absatzgestaltung, auf den Einsatz der Marketing-Instrumente haben.
Was die methodischen Konzeptionen einer warenorientierten Absatztheorie anbelangt, so unterscheiden sich diese nach dem Grad der Abstraktion der zu gewinnenden Erkenntnisse. Einmal kann jede einzelne Warenart oder Warengruppe zum Gegenstand absatzwirtschaftlicher Untersuchungen gemacht werden, wie dies z.T. im älteren US-amerikanischen Marketingschrifttum und vor allem in Branchenmonographien der Fall ist. Diese „individualisierende" Betrachtung ist zur Theoriebildung nicht geeignet, da sie zu sehr auf die Besonderheiten des Einzelfalles abstellt.

Dagegen bietet sich eine typologische Betrachtungsweise an. Hier wird – je nach Fragestellung – eine Reihe von Warenarten, die in charakteristischen Merkmalsausprägungen übereinstimmen, zu einem besonderen Warentyp zusammengefasst. Dieser reflektiert somit das bei einer bestimmten Fragestellung gemeinsam Wesentliche, Charakteristische mehrerer Warenarten.

Das Wesen der Produkttypologie liegt darin, dass – im Gegensatz zur bloßen Klassifikation – stets mehrere (also mindestens zwei) Merkmale gleichzeitig zur Kennzeichnung der Produkte herangezogen werden. Sie ist somit mehrdimensional. Die Einteilung nach dem Merkmal der „Träger des Bedarfs" in Konsumgüter und Produktivgüter führt zwar zu zwei grundverschiedenen Sphären der Güterwelt, die auch ihren Niederschlag in einem stärker differenzierten Objektbereich der Marketingwissenschaft (Konsumgüter- versus Investitionsgütermarketing) gefunden hat. Für sich allein genommen ist sie aber lediglich eine – eindimensionale – Klassifikation, die nur selten geeignet ist, die Komplexität von Marketingprozessen abzubilden.

Abb. 1: Produktcharistika und Produktbeispiele nach *Miracle*

Produktcharakteristika für fünf Produktgruppen					
Produktcharakteristika	*Gruppe I*	*Gruppe II*	*Gruppe III*	*Gruppe IV*	*Gruppe V*
Wert der Produkteinheit	sehr gering	gering	mittel bis hoch	hoch	sehr hoch
Bedeutung jedes einzelnen Kaufs für den Verbraucher	sehr gering	gering	mittel	hoch	sehr hoch
Für den Kauf aufgewendete Zeit und Mühe	sehr gering	gering	mittel	hoch	sehr hoch
Rate der technischen und modischen Änderungen	sehr gering	gering	mittel	hoch	sehr hoch
Technische Komplexität	sehr gering	gering	mittel bis hoch	hoch	sehr hoch
Servicebedürftigkeit	sehr gering	gering		hoch	sehr hoch
Kaufhäufigkeit	sehr hoch	mittel bis hoch	gering	gering	sehr gering
Schnelligkeit des Ver(Ge-)brauchs	sehr hoch	mittel bis hoch	gering	gering	sehr gering
Ausdehnung der Nutzung	sehr hoch	hoch	mittel bis hoch	gering bis mittel	sehr gering

Produkt-Beispiele für die fünf Produktgruppen					
Gruppe I	*Gruppe II*	*Gruppe III*	*Gruppe IV*	*Gruppe V*
Zigaretten	Lebensmittel (Trockensortiment)	Radio- und Fernsehgeräte	Qualitätskameras	Elektronische Büromaschinen
Süßwaren-Riegel	Arzneimittel	Haushaltgroßgeräte	Landmaschinen	Elektrische Generatoren
Rasierklingen	Haushaltswaren	Damenbekleidung	Personenkraftwagen	Dampfturbinen
Alkoholfreie Erfrischungsgetränke	Industrielle Betriebsstoffe	Reifen und Schläuche Sportausrüstungen	Qualitätsmöbel	Spezialwerkzeuge

Produkttypologie

Voraussetzung für die Gewinnung von Produkttypen ist die Erstellung eines Merkmalskatalogs. Geeignet erscheinende Merkmale sind zu sammeln, zu definieren und zu ordnen (qualitativer Aspekt), sodann sind Entscheidungen hinsichtlich des Messniveaus ihrer Ausprägungen zu treffen (quantitativer Aspekt). Für Zwecke der Produkttypologie dürften i.d.R. nominale bzw. ordinale Skalierungen ausreichend sein. Jedoch ist auch ein metrisches Messniveau möglich. Die Art und Anzahl der Merkmale, mit denen operiert werden soll, kann von vorneherein verbindlich festgelegt (geschlossenes Merkmalssystem) oder aber prinzipiell offen gehalten werden (offenes Merkmalssystem).

Die Merkmale können naturwissenschaftlich-technischer, fertigungswirtschaftlicher und absatzwirtschaftlicher Art sein, wobei Letztere nochmals in Merkmale des Bedarfs und Merkmale der Absatzpolitik gegliedert werden können.

Zur Gewinnung von Produkttypen lassen sich zwei verschiedene Wege einschlagen: der Weg der progressiven (synthetischen) Typenbildung und der Weg der retrograden (analytischen) Typeninterpretation. Bei der synthetischen Typenbildung werden die Ausprägungen ausgewählter Merkmale (i.d.R. geschlossenes Merkmalssystem mit relativ wenigen Merkmalen!) nach den Regeln der Kombinatorik miteinander verknüpft, werden Produkttypen „konstruiert". Nicht in der Realität auffindbare oder sogar „unsinnige" Kombinationen müssen dabei ggf. ausgesondert werden.

Bei der analytischen Typeninterpretation hat man aufgrund praktischer Erfahrungen und Anschauungen einen bestimmten Produkttyp bereits vor Augen und sucht nun die diesem eigene Merkmalskombination zusammen. So lässt sich z.B. der „klassische" → Markenartikel u.a. durch folgende Merkmalsausprägungen kennzeichnen: Konsumgut, Markierung (als konstitutives Merkmal), Produkt der Massenfertigung und des Massenbedarfs, Objekt des täglichen Bedarfs, kleinpreisiges Objekt, bekannte, problemlose Ware, Produkt des eher unpersönlichen Bedarfs, verpackungsbedürftige Ware, „convenience good". Da durchaus noch weitere Kriterien zur Charakterisierung herangezogen werden können, liegt hier ein offenes Merkmalssystem vor.

Neben diesen – eher qualitativen – Verfahren sind auch Verfahren der → Multivariatenanalyse zur Gewinnung von Produkttypen geeignet: Eine Vorauswahl von Kriterien kann mit Hilfe einer → Faktoranalyse zu relativ wenigen, komplexen Faktoren verdichtet werden. Anhand dieser kann dann eine Reihe von Produkten mittels → Clusteranalyse verschiedenen Typen zugeordnet werden.

Die Anwendungsmöglichkeiten der Produkttypologie im Marketing beruhen auf der Erkenntnis, dass ein bestimmter Produkttyp als eine Gruppierung von Waren mit gleichen Merkmalsausprägungen auch bestimmte gleichartige Marketingaktivitäten, eine einheitliche Marketing-Mix-Kombination für alle diesem Typus zugehörigen Produkte erfordert. Es besteht eine Art „Sachzwang" für einen gewissen „Grund-Mix".

Noch differenzierter ist das warentypologische Konzept bei *Miracle* (S. 18 ff.). Er nennt neun Merkmale, die nach seiner Meinung bei allen Produkten für die Bestimmung des Marketing Mix relevant sind, und misst ihre Ausprägungen jeweils ordinal in fünf Abstufungen zwischen „sehr niedrig" und „sehr hoch". In deutscher Übersetzung (nach *Becker*, S. 475) stellen sich seine Überlegungen wie in *Abb. 1* dargestellt dar. Für jeden dieser fünf Warentypen lassen sich spezifische Schlussfolgerungen hinsichtlich des zu wählenden Marketing-Mix ziehen. So wird z.B. für Typ (Gruppe) I festgestellt:

– relativ wenig Aufwendungen für Produktentwicklung;
– beträchtliche Anstrengungen zur Realisierung einer hohen Distributionsdichte. Die Produkte müssen rasch und bequem verfügbar sein;
– starke Konsumentenwerbung, wenig oder kein persönlicher Verkauf. Die Produkte sind durch Werbung „vorverkauft";
– Preispolitik spielt nur untergeordnete Rolle, die Hersteller haben wenig Kontrolle über den Preis.

In neueren Darstellungen des deutschen wie englischsprachigen Marketingschrifttums werden bewusst wieder warentypologische Unterscheidungen mit herangezogen, sodass Becker darin eine gewisse Renaissance der klassischen warenanalytischen Betrachtung erblickt.

In den letzten Jahren hat die Produkttypologie über ihr traditionelles Feld im Konsumgütermarketing hinaus auch Eingang in

Abb. 2: Marketing-Mix für Convenience, Preference, Shopping und Speciality

Managerial focus	Product Category			
	Convenience	Preference	Shopping	Speciality
Buyer's perception of price	low effort, low risk	low effort, medium risk	high effort, medium risk	high effort, high risk
Buyer behavior	impulse or habit (auto recorder)	routine (straight rebuy)	limited (modified rebuy)	extensive (new task)
Marketer's objective	move to pref. or shop., or dominate via low cost	brand loyalty	source or store loyalty	absolute (source and brand) loyalty
Marketer's basic strategy	high volume, cost minimization, or move product	high volume, brand identity, differentiation	high volume or high margin, segmentation	high margin, limited volume, „niche"
Product strategy	standard grades quantities, quality control, innovations copied quickly	standard grades and quantities, quality control, some R & D	standard base, many options, much R & D, warranties	custom design, much R & D, warranties, personalized service
Price strategy	market	market	bundled or negotiated	negotiated
monetary non-monetary	minimize time and risk	minimize time, warrant risk	accommodate time, warrant risk	pamper for time and risk
Place strategy	saturation distribution	intensive distribution	selective distribution	exclusive distribution
Promotion strategy	point of purchase, some sales promotion	mass advertising, sales promotion, some personal selling	personal selling, some advertising	publicity, personal selling, testimony

das → Investitionsgütermarketing gefunden. Es wird festgestellt, dass zwischen den Transaktionen im Investitionsgütermarketing, die ihren Ausdruck in zwei gegensätzlichen verhaltensrelevanten Kaufklassen (völlig neue Beschaffungsaufgabe mit hoher Komplexität = „new task" bzw. unmodifizierter Wiederverkauf = „streight rebuy") finden, und bestimmten Gütergruppierungen (komplexe Anlagen bzw. Betriebsstoffe) ein enger Zusammenhang besteht. *Backhaus* kommt unter Bezugnahme auf eine empirische Untersuchung von *Marquard* zu dem Ergebnis, dass für den Ablauf von Interaktionsprozessen im Investitionsgütermarketing neun Faktoren maßgeblich sind: technische Komplexität, Komplexität des Entscheidungsprozesses, Seriosität des Herstellers, Individualität des Abnehmerproblems, Bedeutung der Dienstleistungskomponente, ökonomische Komplexität, geographische Vermarktungseinflüsse, Bedeutung des Direktvertriebs und Preis. Mit Hilfe einer Clusteranalyse werden sieben Produkttypen gebildet, aus denen zwei Extremtypen mit jeweils spezifischen Marketingproblemen herausragen: Leistungen als „Individualtransaktion" (mit sehr positiven Ausprägungen der genannten Faktoren) und Leistungen als „Routinetransaktion" (mit negativen Ausprägungen). Eine umfassendere Typologie der Investitionsgüter erfolgt im → Geschäftstypen-Ansatz.
Neuerdings werden im US-Schrifttum auch „strategische Güterklassifikationen" diskutiert. *Murphy/Enis* nehmen für ihr Modell in Anspruch, dass es universell für alle Güterklassen (Sachgüter, Dienstleistungen, Ideen) und Sektoren (profit-, non-profit-Betriebe) anwendbar ist, und Aspekte der Marketing-Mix-Entscheidungen, der Basisstrategien und des Käuferverhaltens im Blick auf unterschiedliche Produkttypen integriert.

Sie bilden – in Erweiterung des bekannten Ansatzes – vier Produktkategorien: convenience, preference, shopping und specialty goods, die sich in der Nutzen/Kosten-Einschätzung und in der Preiswahrnehmung des Käufers unterscheiden. Die Kosten werden in die beiden unabhängigen Dimensionen „Einkaufsmühe" (effort), verstanden als Aufwand an Geld, Zeit und Energie, und „wahrgenommenes Risiko" (risk) im Blick auf die gesuchte Nutzenstiftung gegliedert. *Abb. 2* zeigt die produktbezogenen Schlussfolgerungen für das Marketing Management. H.K.

Literatur: *Backhaus, K.:* Investitionsgüter-Marketing, 6. Aufl., München 1999. *Becker, J.:* Marketing-Konzeption. Grundlagen des strategischen und operativen Marketing-Managements, 6. Aufl., München 1998. *Knoblich, H.:* Betriebswirtschaftliche Warentypologie. Grundlagen und Anwendungen, Köln, Opladen 1969. *Murphy, P.E.; Enis, B.M.:* Classifying Products Strategically, in: Journal of Marketing, July 1986, S. 24-42.

Produkt- und Prozessentwicklung, integrierte (PPE)

ist Teil der → Forschung und Entwicklung bzw. des Innovationsmanagements und hat die Aufgabe, unmittelbar ein konkretes Produkt und/oder einen konkreten Prozess auf der Basis von Wissen und Fähigkeiten aus der Grundlagenforschung, der Technologieentwicklung und der Vorentwicklung einerseits und aus dem Bereich der Anwendungsfelder und Märkte andererseits hervorzubringen. Die PPE ist eine Aufgabe, die i.d.R. interdisziplinär durch funktions- und aktivitätenübergreifende Integration in Simultaneous Engineering-Teams zu lösen ist. Simultaneous Engineering (SE) ist ein Führungs- und Steuerungskonzept für das Projektmanagement, zur Strukturierung und Koordination eines Entwicklungsvorhabens durch Zerlegung der Gesamtaufgabe in klar abgrenzbare Teilaufgaben dergestalt, dass möglichst viele Entwicklungsaufgaben zeitlich parallel oder überlappend bearbeitet werden können, um Prozesszeiten zu verkürzen, die Qualität zu steigern und die Produkt- und Entwicklungskosten zu senken.

Zielführend ist es, die PPE als einen iterativen Prozess zu verstehen, der durch ein zyklisches Durchlaufen von Situationsanalyse und -prognose, Problemstellung und Problemlösung gekennzeichnet ist. Das Entwicklungsvorhaben nähert sich seiner Realisierung mit Rückkopplungsschleifen. Damit können mögliche Situationsveränderungen bei den Entwicklungsaktivitäten berücksichtigt werden. Im Verlauf des Prozes-

Stufenmodell der Produkt- und Prozessentwicklung

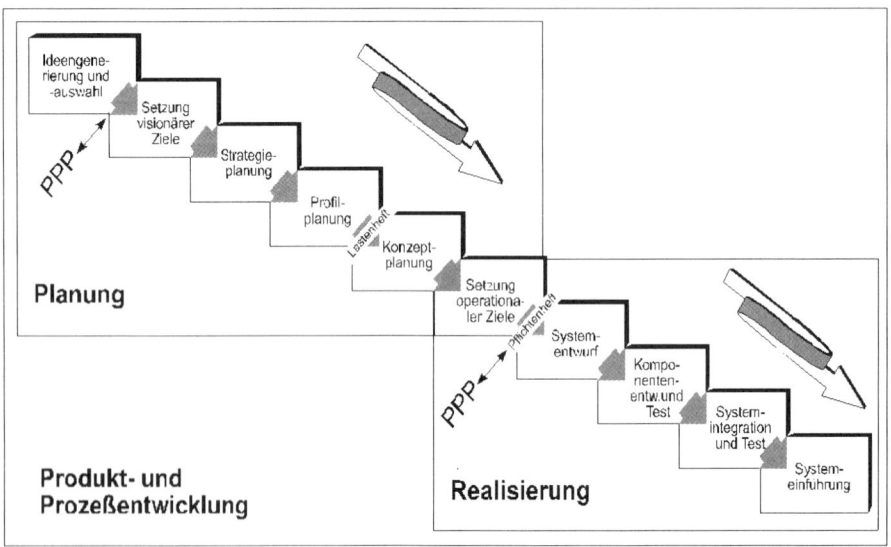

(Quelle: *Specht/Beckmann,* 1996, S. 141)

ses nimmt der Detaillierungsgrad zu und der Entscheidungsspielraum ab. So verändern sich z.B. Prognosen inhaltlich und qualitativ mit der Annäherung an den Markteinführungszeitpunkt; aus einer Zielvision werden im Entwicklungsprozess z.B. ein Zielsystem, ein Lastenheft und ein Pflichtenheft; aus vagen Problemvorstellungen zu Beginn des Prozesses werden konkrete, inhaltlich dem Prozessfortschritt entsprechende Problemstellungen; schließlich werden in jedem Entwicklungsschritt Kreativität und Ideen benötigt. Die Ausgangsidee zu Beginn eines Entwicklungsprozesses ist lediglich als Initialidee zu verstehen.

Das Stufenmodell der Produkt- und Prozessentwicklung im *Bild* entspricht den Anforderungen eines Simultaeous Engineering-Ansatzes.

Betont wird die Gliederung des Gesamtprozesses in eine Planungs- und eine Realisierungsphase. Fortschritte im Blick auf Qualitäts-, Zeit-, Kosten- und Flexibilitätsziele werden besser erreicht, wenn die Anstrengungen in der Planungsphase verstärkt werden. Der Zusatzaufwand in der Planung wird durch Vorteile im späteren Verlauf des Entwicklungsprozesses mehr als kompensiert.

Planung und Realisierung sind jeweils unterteilt in konkrete Aktivitäten bzw. Komponenten mit operational definierten Zielen. Die überlappende Anordnung der Komponenten als Treppe verdeutlicht den teils aufeinander folgenden, teils parallelisierten Prozessablauf. Sowohl die einzelnen Komponenten als auch die Planungs- und Realisierungsphase werden in iterativen Problem-Lösungs-Zyklen durchlaufen, um die Produkt- und Prozessgestaltung von der Ideengenerierung bis zur Systemeinführung Schritt für Schritt zu optimieren. Die prozessübergreifende Integration ist durch definierte Schnittstellen zur Projektprogrammplanung berücksichtigt.

Konkrete Integrationsinstrumente für die PPE sind z.B. → Quality Function Deployment zur systematischen Kunden-, Wettbewerbs- und Technologieorientierung, die auf der Methodik der Wertanalyse aufbauende Methode der Wertgestaltung (bzw. Value Innovation), die präventive Qualitätssicherung mit Hilfe der Fehler-Möglichkeiten- und-Einfluss-Analyse (FMEA) sowie der Taguchi-Methode, das Target Costing bzw. das Zielkostenmanagement, mit dessen Hilfe die Produktkosten so gestaltet werden, dass sie zu im Markt akzeptierten Produktpreisen führen, sowie die verschiedenartigen Instrumente zur Unterstützung einer fertigungs-, montage-, logistik- und umweltgerechten Konstruktion. G.Sp.

Literatur: *Pleschak, F.; Sabisch, H.:* Innovationsmanagement, Stuttgart 1996; *Specht, G.; Beckmann, Chr.:* F&E-Management, Stuttgart 1996.

Produktvariation

meint die Veränderung eines erfolgreich eingeführten Produktes oder von dessen Marketing im Laufe des → Lebenszyklus eines Produktes oder bei Marken im Laufe der Änderungen des Umfeldes. Im Gegensatz zur Neuproduktentwicklung (→ Innovationsmanagement) bleibt dabei der Produktkern im Wesentlichen oder die Marke als solche unverändert.

Der Wechsel ist das einzig Beständige. Deshalb auch verlangen die Kunden nach Abwechslung, nach Produktvariation (→ Variety Seeking). Andererseits führt ein zu schneller Modellwechsel leicht zum Vorwurf der geplanten → Obsoleszenz. Bei jeder Produktvariation stellt sich also die Frage nach der richtigen Mischung von Kontinuität und Aktualität. Zur Debatte stehen einmal der Zeitpunkt der Variation und der Umfang der mit ihr bewirkten Neuartigkeit. Die einzelnen Branchen haben unterschiedliche Termini für dieses Verhalten parat. So spricht man in der Automobilindustrie von *Produktpflege* oder *Facelifting* (→ Modellwechsel), in der Verbrauchsgüterindustrie spricht man von → *Relaunch* oder *Repositionierung*, im Handel vom → *Trading up* oder *Trading down*, in der Pharmaindustrie arbeitet man mit sog. → Line-Extensions, anderen Darbietungsformen oder Kombinationspräparaten.

Zeitpunkt, Häufigkeit und Ausmaß werden stark bestimmt durch den Neuartigkeitscharakter des Produktes selbst (→ Innovation). Je neuartiger das ursprüngliche Produkt, umso länger dessen Marktphase und umso weniger gibt es einen Bedarf nach Variation. Im Einzelfalle handelt es sich jeweils um eine Investitionsentscheidung. In vielen Branchen haben sich Usancen herausgebildet, z.B. zweijähriger Modellwechsel. Die Kosten der Entwicklung und Umstellung in Einkauf, Produktion und Marketing und die Probleme der Verwertung vorhandener Bestände begrenzen die Variationshäufigkeit ebenso wie mögliche Verärgerung der Kunden über schnelle Veralterung ihrer Produkte. Andererseits stellen Produktvariationen oft die einzig wirtschaftlich vertretbare Möglichkeit dar, Produkte rechtzeitig an Marktentwicklungen anzupassen, ohne große Investitionen für die Entwicklung neuer Produkte tätigen zu müssen oder Amortisationen alter Investitionen zu gefährden bzw. den aufgebauten Goodwill aufzugeben.

Insbesondere gilt das für Marken. Ein sehr erfolgreiches Beispiel dafür ist die mehr als 90 Jahre alte Marke Persil. In diesen Jahren hat es bedeutende Änderungen im Marketing-Mix für diese Marke, unter denen sowohl Änderungen der Produktsubstanz – selbständiges Waschmittel (1907), mit echtem Seifenschaum (1970), biologisch aktiv (1980), phosphatfrei (1986), Megaperls (1994), Tabs (1998) – wie Packungsveränderungen in den Slogans – wie Distributionsveränderungen – wie Preisänderungen – gegeben.

Produktvariationen können auch zu Veränderungen der Zielgruppe(n) oder einer neuen → Positionierung aus wettbewerbsstrategischen Gründen dienen, etwa weil sich ein stärkerer Wettbewerber im bisher bearbeiteten Segment niedergelassen hat, oder weil neue Qualitätslagen entstanden sind.

Besondere Probleme ergeben sich, wenn man die Variationen in ihrer Zeitfolge in einem Produktionsprogramm aufeinander abstimmen will und auch noch in der Reihenfolge der Variationen dem Konkurrenten überlegen sein will. Die Modellgeschichte von Daimler Benz und BMW in den letzten Jahren liefert dazu Anschauungsunterricht.

Soweit die Produktvariation durch Bedürfnisänderungen angeregt wird, kann die Planung für die Gestaltung des Produkteigenschaftsbündels wie bei der Produktpositionierung auf der Grundlage eines Produktmarktraums erfolgen.

Unter zeitlichen Gesichtspunkten kann die Produktvariation regelmäßig oder unregelmäßig erfolgen. Regelmäßige Produktvariation ist häufig durch Erwartungen der potentiellen Käufer vorgegeben. Beispielsweise erwarten Automobilkäufer auf internationalen Automessen die Präsentation von Neuerungen.

Unregelmäßige Produktvariation sollte zu dem Zeitpunkt erfolgen, zu dem die Produktvariation wirtschaftlich vorteilhaft ist. Dieser Zeitpunkt wird dadurch bestimmt, dass der Grenzdeckungsbeitrag des herkömmlichen Produkts der Annuität des Folgeprodukts gegenübergestellt wird. Wenn beide Größen gleich werden, ist der Zeitpunkt für die Ablösung des Vorgängerprodukts erreicht. Auf diese Weise kann es zur Überspringung der von Wettbewerbern angebotenen Produktgenerationen kommen (→ Leapfrogging).

Der Erfolg von Produktvariationen kann auf der Grundlage von Regressionsmodellen ermittelt werden. Dabei wird das Erklärungsmodell für das Vorgängerprodukt im Zeitraum des Angebots des Folgeprodukts durch eine Dummyvariable zur Erfassung der Variation ergänzt. Der Parameter der Dummyvariablen zeigt dann den Effekt der Variation. H.S./K.Br.

Literatur: *Brockhoff, K.:* Produktpolitik, 4. Aufl., Stuttgart 1999. *Schlegel, H.:* Produktvariationen bei Automobilen. Zur Zweckmäßigkeit von Facelifts während der Modellaufzeit, in: MARKETING-ZFP, 1. Jg. (1979), S. 194-198. *Schobert, R.:* Die Dynamisierung komplexer Marktmodelle mit Hilfe von Verfahren der Mehrdimensionalen Skalierung, Berlin 1979.

Produktwahrnehmung
→ Produktmarktraum,
→ Produktgestaltung

Produktwissen

ist die Menge der im Gedächtnis gespeicherten Informationen (interner „Informationsstock"), die eine Produktgruppe betreffen (→ Informationsverhalten). Dazu gehören Kenntnisse über

– die relevanten Marken (→ Consideration Set),
– die Eigenschaften dieser Marken und
– die Bedeutung von Produkteigenschaften.

Produktwissen wird durch die → Informationsbeschaffung und -verarbeitung sowie durch direkte Erfahrungen mit Produkten erworben.

Die Wirkungen des Produktwissens auf das Informationsverhalten von Konsumenten sind uneinheitlich. Einerseits kann ein eher niedriger Informationsstand zu relativ starker Informationsnachfrage bei bestimmten → Kaufentscheidungen führen, andererseits führt die Vertrautheit mit einer Produktgruppe zu besseren Fähigkeiten, größere diesbezügliche Informationsmengen verarbeiten zu können. A.Ku.

Produktzentriertheit

Bei dieser Art der → Werbegestaltung wird (fast) ausschließlich das Produkt dargestellt.

Dieser Gestaltungsfaktor findet sich besonders häufig in der Anzeigenwerbung für Autos, aber auch für andere technische Gebrauchsgüter. Falls nur geringe Unterschiede in der Produktgestaltung vorliegen, kann es aufgrund der fehlenden Eigenständigkeit der Bildmotive leicht zu Verwechselungen mit Konkurrenzprodukten kommen.

Produktzugabe → Zugaben

Produzentenhaftung → Produkthaftung

Profile
viermalig (1975, 1977, 1979 und 1982) von der Zeitschrift *Stern* (Gruner + Jahr Verlag, Hamburg) durchgeführte → Markt-Media-Analyse (s.a. → Verlagstypologie) mit dem Ziel, neben den üblichen Marktinformationen zur Zielgruppenbildung ausführliche und marktspezifische qualitative Informationen zu liefern sowie die Mediennutzung zu quantifizieren. Über die quantitativen Daten zur Ermittlung des Werbeträgerkontakts hinaus wird versucht, die Werbeträger zu qualifizieren, um damit eine gezielte Aussage über Werbewirkungschancen von Werbeträgerkontakten zu machen. Die Untersuchungsreihe liefert Daten über das Medienverhalten gegenüber → Publikumszeitschriften, Tageszeitungen, Hörfunk und Fernsehen, über Anschaffungspläne und -aufwendungen, Besitz und Verbrauch sowie über Kaufanlass und Kaufort. Untersucht werden auch die → Einstellungen und Interessen der Zielgruppen in verschiedenen Marktbereichen sowie deren psychologische Typen nach Persönlichkeitsmerkmalen und Einstellungen. Aus dieser Untersuchungsreihe stammt auch der als Maß der Leser-Blatt-Bindung (LBB) verwendete Zuwendungs-Index. Die Analysen ergaben, dass die Zuwendung zu Zeitschriften höher ist als zum Werbefernsehen.
Die Informationen über Nutzungswahrscheinlichkeiten im weitesten Nutzerkreis (WNK) der Medien sind aus der → Media-Analyse (MA) in den Datenbestand von „Profile" übernommen worden, sodass beide Untersuchungen die gleichen Reichweiten und Kontaktmengen bei Planevaluierungen ausweisen.

Profilierung
vor-ökonomisches → Marketingziel, das darin besteht, in einem den Kunden wichtigen Merkmal(sbündel) eine den Wettbewerbern überlegene, unverwechselbare Alleinstellung am Markt zu erreichen (→ USP, → Unique Price Proposition (UPP)). Dazu gilt es, die eigene → Marketingstrategie konsequent auf diesen strategischen Kern auszurichten und durch ein geschlossenes marketingpolitisches Konzept umzusetzen (→ Kundennutzenkonzepte, preisstrategische; → Marketing-Mix), wie es etwa im Rahmen der → Markenpolitik geschieht.
Durch den Bezug zur → Wahrnehmung der Kunden ähnelt die Profilierung der → Positionierung. Sie stellt aber insofern höhere Anforderungen als Letztere, als sie neben der Berücksichtigung der Kundenpräferenzen gleichzeitig auch die deutliche Abgrenzung von den Wettbewerbern erfordert. Dies kann in marketing- und/ oder technologie-politischer Sicht entweder durch überlegene Leistungen in den marktüblichen Dimensionen oder auf Basis einer innovativen Veränderung der → Wettbewerbsspielregeln geschehen (→ FuE-Strategien, → Innovationsmanagement). Gelingt die Profilierung, ergibt sich ein Imagevorsprung (→ Geschäfts-, → Marken-, → Preisimage) gegenüber der Konkurrenz, der analog einem strategischen → Wettbewerbsvorteil - wenn überhaupt - nur langsam aufgeholt werden kann sowie kundenseitig eine positive → Einstellung, → Präferenz und Kaufabsicht bewirkt und letztlich zu Absatz, Umsatz, Kundenbindung und Gewinn führt. A.Ha.

Profilierungsstrategien im Handel
Die Notwendigkeit zur Profilierung im Handel ergibt sich durch die zunehmende Betriebstypenabwertung (→ Store Erosion). Profilierung kennzeichnet die unverwechselbare Formel, mit der Unternehmen im Markt auftreten. Im Mittelpunkt der Betriebstypenprofilierung steht die Schaffung und Erhaltung eines attraktiven → Geschäftsimages der Verkaufseinheit gegenüber dem Konsumenten, genauer der angestrebten Zielgruppe von Konsumenten. Der marktadäquat positionierte Betriebstyp ist aus der Sicht des Einzelhandels vergleichbar mit dem Markenartikel der Industrie.
Bei der Betriebstypenprofilierung sind zwei Aspekte zu unterscheiden:

– die Profilierung eines neuen, noch nicht bestehenden Betriebs (→ Betriebstypeninnovation),
– die Profilierung eines bereits im Markt tätigen Betriebs. Man spricht in diesem Fall

in Anlehnung an die Wiederbelebung von Markenartikeln von Relaunching, aber auch von Redevelopment. Partielle Änderungen werden auch als Restoring oder Ladenkosmetik bezeichnet.

Die Bedeutung der Betriebstypenprofilierung und -positionierung steigt weiter stark an. Die Betriebstypenprofilierung zielt auf die deutliche Abgrenzung und Abhebung von der Konkurrenz (Nicht-Austauschbarkeit). Die Betriebstypenpositionierung hat die primäre Aufgabe, die Kundentreue zu erhöhen, und die sekundäre Aufgabe, sich mit Nichtpreisinstrumenten im Markt zu behaupten. Man bedient sich hier in abgewandelter Form der Erkenntnisse der Produktpositionierung.

Als Ziele der Betriebstypenprofilierung im Handel als Konkurrenzstrategie lassen sich unterscheiden (*Heinemann*, 1989, S. 17):

1. Qualitative Ziele:
   – Erhöhung des Bekanntheitsgrades,
   – Verbesserung des Images,
   – Stärkung der Kundentreue,
   – Erreichen von Kundenbindung;
2. Quantitative Ziele:
   – Erhöhung der Verweildauer,
   – Steigerung der Impulskäufe,
   – Erhöhung der Kauflust,
   – Umsatz- und Ertragssicherung.

Als Instrumente der Profilierungsstrategie im Handel bieten sich das marktpolitische Instrumentarium der Leistungsprogrammpolitik für Handelsunternehmen an, so z.B.:
– die sachlichen Merkmale, z.B. Außengestaltung, → Ladengestaltung, Werbe-, Sortiments- und Preiskonzept (→ Preisimage), auch Organisation und Führung sowie Know-how,
– die subjektiven Merkmale des Inhabers bzw. Leiters eines Betriebes und seiner Mitarbeiter (→ Corporate Identity).

Nach der grundsätzlichen Ausgestaltung dieser Instrumente unterscheidet man den → Versorgungs-Handel und den → Erlebnishandel.

Im Hinblick auf Profilierungsstrategien gibt es Bremswirkungen im Sinne von Beharrungseffekten: Die Angst vor Abwertung von Altinvestitionen verhindert kreative Neuinvestitionen. Weiter bestehen aber auch Beschleunigungs- und Intensivierungswirkungen. Je eigenständiger die Formel, desto erfolgreicher ist die nationale und regionale Anpassung, desto erfolgreicher ist z.B. die Internationalisierung (z.B. Ikea). B.T.

Literatur: *Heinemann, G.:* Betriebstypenprofilierung und Erlebnishandel, Wiesbaden 1989. *Tietz, B.:* Der Handelsbetrieb, München 1985.

PROFIT
Computer-Programm, das zu den Verfahren in der → Mehrdimensionalen Skalierung (MDS) zählt, und die Interpretation von Wahrnehmungsräumen unterstützt. Über die Integration von extern (zusätzlich zu den Ähnlichkeiten) erhobenen Eigenschaftsvektoren in den Wahrnehmungsraum ermöglicht der Einsatz dieses Verfahrens Aussagen darüber, welche Kriterien in erster Linie zur Erklärung der Stimuli-Positionen herangezogen werden können (→ Positionierungsmethoden). L.H.

Profit Center → Marketingorganisation

Pro-forma-Indent → Indentgeschäft

Prognosebeurteilung
Da jede → Absatzprognose in irgendeiner Form die Grundlage für Entscheidungen liefern soll, sind zur Beurteilung von Prognosen folgende Kriterien angebracht:

1. Die Bedeutung der Entscheidung
Sie ist maßgebend für das anzuwendende → Prognoseverfahren und den einzusetzenden zeitlichen und finanziellen Aufwand für das Erstellen der Prognose. Bei grundlegenden Entscheidungen, z.B. Einführung eines neuen Produktes oder Investitionen für ein neues Produktionsverfahren, braucht man besonders gut fundierte Prognosen und wird anspruchsvollere und damit kostspieligere Prognoseverfahren heranziehen als bei Routine-Entscheidungen.

Die Prognosekosten lassen sich unterteilen in

– fixe Kosten für die Entwicklung bzw. Beschaffung der Prognosesoftware sowie ihre Implementierung auf einer EDV-Anlage, einschließlich der Dokumentation;
– variable Kosten für Rechenzeit und Speicherbedarf für die Prognoserechnung, Datenbeschaffung und -aufbereitung, Auswertung, Prüfung und kritische Kommentierung der Prognoseergebnisse.

In der Praxis hat sich gezeigt, dass die Prognosekosten mit zunehmender Komplexität der Prognoseverfahren und mit höheren Ansprüchen an die Prognosegenauigkeit steigen. Häufig kann die Prognosegenauigkeit mit der Anwendung komplizierterer Verfahren verbessert werden.

2. Die Prognosekosten
Ist die Bedeutung der Entscheidung für den Prognostiker klargestellt, so sind anschließend die Prognosekosten für einzelne Verfahren zu vergleichen. Hierzu zählen v.a. die Kosten für die Entwicklung bzw. Beschaffung der Prognosesoftware sowie für die Datenaufbereitung und die Rechenzeit.

3. Die Prognosequalität
Eine Prognose kann ex ante, d.h. bevor beobachtete Werte im Prognosezeitraum vorliegen, überprüft werden, indem man die Auswahl der kausalen Variablen, die Form der Prognosefunktion (z.B. Linearität) oder die → Zeitstabilitätshypothese einer kritischen Revision unterzieht.

Eine abschließende Beurteilung der Prognose ist jedoch nur ex post, d.h. durch Vergleich der prognostizierten mit den tatsächlich eintreffenden Werten möglich. Für diese Prüfung sind insb. statistische → Prognosefehlermaße geeignet, mit deren Hilfe gute und schlechte Prognosen objektiv unterschieden werden können.   K.-W.H.

Prognosefehlermaße

statistische Kenngrößen zur Beurteilung einer Prognose.

Quantitative Fehlermaße werden aus dem Prognosefehler e_t abgeleitet, der sich wie folgt errechnet:

$$e_t = x_t - \hat{x}_t$$

Hier bedeuten x_t der tatsächliche Wert der Zeitreihe im Zeitpunkt (bzw. Zeitraum) t und $\hat{x}_t$ der prognostizierte Wert der Zeitreihe. Zur Konstruktion von Fehlermaßen verwendet man üblicherweise den absoluten Prognosefehler e_t, den quadratischen Prognosefehler e_t^2 oder auch den relativen absoluten Prognosefehler $|e_t|/x_t$.

Ein gebräuchliches Fehlermaß ist die → mittlere absolute Abweichung (MAA)

$$\text{MAA} = \frac{1}{t}\sum_{t=1}^{T}|x_t - \hat{x}_t|$$

T = Länge des Prognosezeitraums
Sie stellt das arithmetische Mittel der absoluten Prognosefehler im Prognosezeitraum dar und verhindert das Saldieren positiver und negativer Abweichungen. Darüber hinaus gewichtet dieses Fehlermaß alle Prognosefehler gleich.

Die mittlere quadratische Abweichung (MQA) ist das arithmetische Mittel der quadratischen Prognosefehler

$$\text{MQA} = \frac{1}{T}\sum_{t=1}^{T}(x_t - \hat{x}_t)^2$$

T = Länge des Prognosezeitraums

und verhindert ebenfalls ein Saldieren positiver und negativer Abweichungen. Im Unterschied zu MAA erhalten jedoch größere Abweichungen durch das Quadrieren ein höheres Gewicht, was nicht immer erwünscht ist. Zieht man die Wurzel aus MQA, so erhält man die Standardabweichung des Prognosefehlers.

Alle drei Fehlermaße erlauben es, Prognoseverfahren zu vergleichen und das Verfahren zu wählen, das den kleinsten Wert des Fehlermaßes erreicht. Sie sagen jedoch nichts darüber aus, ob eine Prognose allgemein als gut zu beurteilen ist, da ein kritischer Wert für ein solches Urteil fehlt. Der Ungleichheitskoeffizient von *Theil* behebt diesen Mangel. Man geht dabei von der sog. → naiven Prognose aus, die den Beobachtungswert des letzten Zeitpunkts als Prognosewert für den nächsten Zeitpunkt verwendet, also nach dem Motto „es bleibt alles so wie es ist" vorgeht:

$$x_t = x_{t-1}$$

Der Ungleichheitskoeffizient von Theil (U) ist nun so konstruiert, dass er im Fall der naiven Prognose den Wert eins annimmt.

$$U = \sqrt{\frac{\sum_{t=1}^{T}(X_t - \hat{x}_t)^2}{\sum_{t=1}^{T}(x_t - x_{t-1})^2}}$$

Erreicht man mit einem Prognoseverfahren einen Wert U < 1, so ist das Prognoseergebnis „gut", bei U > 1 dagegen „schlecht". Die ideale Prognose $x_t - \hat{x}_t$ ergibt U = 0.   K.-W.H.

Prognosemodell

das einer → Absatzprognose zugrunde liegende Variablensystem, das die beobachteten Werte der zu prognostizierenden Größe (abhängige Variable) untereinander und/oder mit den Werten anderer Größen (un-

Prognosequalität

abhängige Variablen) nach bestimmten (meist mathematischen) Regeln verknüpft, um als Ergebnis der Verknüpfung Prognosewerte zu erhalten.

Prognosemodelle lassen sich nach vielen Aspekten gruppieren:

Qualitative Modelle verknüpfen die Variablen verbalargumentativ und werden hauptsächlich zur Vorhersage politischer oder sehr langfristiger ökonomischer Entwicklungstendenzen herangezogen (→ Szenario-Technik). Demgegenüber werden in einem quantitativen Prognosemodell die Variablen mit Hilfe mathematischer Operationen in einem Gleichungssystem verknüpft.

Univariate Prognosemodelle beziehen nur die Zeitreihe der zu prognostizierenden Variablen in die Untersuchung ein, während multivariate Modelle die zu prognostizierende Variable auf andere erklärende (kausale) Variablen zurückführen wollen (→ kausale Prognoseverfahren).

Nach der Länge des Prognosezeitraums unterscheidet man kurz- bzw. langfristige Prognosemodelle. In der Prognoseliteratur besteht allerdings keine Einigkeit hinsichtlich der Einteilung, doch kann man als groben Anhaltspunkt angeben, dass ein Prognosemodell mit einem Prognosezeitraum bis 3 Monate kurzfristig, über 3 Monate bis 2 Jahre mittelfristig, über 2 Jahre langfristig genannt werden kann.

Mikromodelle beschreiben das Verhalten des einzelnen Marktteilnehmers (z.B. Konsumenten) und versuchen, seine Entscheidungen bezüglich der Markenwahl oder des Kaufzeitpunktes zu prognostizieren. Bei Makromodellen verwendet man demgegenüber aggregierte Prognosevariablen wie z.B. die Gesamtheit aller Kunden oder den Gesamtabsatz eines Unternehmens.

Speziell im Hinblick auf die Absatzprognose unterscheidet man schließlich Modelle für Entwicklungsprognosen, die den univariaten Prognosemodellen entsprechen und Wirkungsprognosen, die mit multivariaten Modellen formuliert werden. Bekannte Modelle für Entwicklungsprognosen sind das → Fourt-Woodlock-, das → Parfitt-Collins- und das → STEAM-Modell, während das → Lavington-Modell ein Beispiel für Wirkungsprognosen ist. K.-W.H.

Literatur: Meffert, H.; Steffenhagen, H.: Marketing-Prognosemodelle, Stuttgart 1977.

Prognosequalität → Prognosebeurteilung

Prognosevalidität (predictive validity) → Validität

Prognoseverfahren

wissenschaftliche Vorgehensweisen zur konkreten Erarbeitung von Prognosen, insb. → Absatzprognosen, auf qualitativ-verbaler oder quantitativ-statistischer Grundlage.

Qualitative Prognoseverfahren dienen der Erstellung → heuristischer Prognosen für sehr langfristige Entwicklungen oder für Prognoseprobleme ohne historische Daten, wie z.B. der Einführung eines neuen Produktes. Man ist hierbei im besonderen Maße auf die subjektiven Einschätzungen von „Experten" angewiesen, sodass heuristische Prognosen ex ante nur schwer objektiv nachzuvollziehen sind. Als wichtigste der in der Praxis angewendeten Methoden gelten die → Szenario-Technik und die → Delphi-Methode.

Liegen vom Prognosegegenstand Zeitreihendaten genügender Länge vor, können quantitative Prognoseverfahren auf statistischer Grundlage herangezogen werden. Wenn sich die Prognose nur auf Vergangenheitsdaten der Zeitreihe selbst stützen soll (univariate → Prognosemodelle), stehen für kurzfristige Prognosen folgende Verfahren zur Verfügung:

1. Die → exponentielle Glättung
Sie ist das einfachste und am leichtesten nachzuvollziehende univariate Verfahren mit geringen Prognosekosten und dementsprechend eingeschränkter Prognosegüte.

2. Die → Saisonverfahren
Sie bauen auf der → exponentiellen Glättung oder der → Spektralanalyse auf und dienen in besonderem Maße der Prognose saisonbehafteter oder im Konjunkturzyklus schwankender Zeitreihen.

3. Die → autoregressiven Verfahren
Sie sind die mathematisch anspruchsvollsten Verfahren der kurzfristigen Zeitreihenanalyse, liefern aber nicht unbedingt die genauesten Prognoseergebnisse. Am bekanntesten sind das → Box-Jenkins-Verfahren und das adaptive Filtern.

Bei langfristigen Prognosen abstrahiert man von Konjunkturzyklen und Saisonschwankungen und konzentriert sich auf die Vorhersage des Trends einer Zeitreihe mit Verfahren der → Trendextrapolation bzw. Wachstums- und Sättigungsmodelle, die als Prognosefunktion die → logistische Funk-

tion oder die → Gompertz-Funktion benutzen.
Den univariaten Verfahren stehen die → kausalen Prognoseverfahren gegenüber. Sie sind anwendbar, wenn es gelingt, Einflussfaktoren (verursachende Variable) zu finden, die das Verhalten der zu prognostizierenden Zeitreihe weitgehend bestimmen. Die effizientesten kausalen Verfahren sind die → Indikator-Methode und die → Regressionsanalyse. K.-W.H.
Literatur: *Hansmann, K.-W.*: Kurzlehrbuch Prognoseverfahren, Wiesbaden 1983. *Mertens, P.* (Hrsg.): Prognoserechnung, 5. Aufl., Heidelberg 1994.

Programmanalysator

ein im Rahmen der → computergestützten Befragung genutzter Signalgeber, den der Proband in Händen hält und mit dem er durch Tastendruck während einer Darbietung von Filmen, Werbespots, Hörfunkspots etc. verschiedene Eindrücke vermitteln kann (→ Werbewirkungskontrolle). So können bspw. Gefallens- oder Missfallenseindrücke im Moment ihres Entstehens während der Betrachtung und ohne weitere kognitive Verarbeitung geäußert werden. Durch das Erfassen im Moment des Entstehens lassen sich auch flüchtige emotionale oder kognitive Reaktionen feststellen, die bei einer nachträglichen Befragung schon vergessen oder durch längere gedankliche Auseinandersetzung verzerrt sein könnten.
W.L.

Programmpolitik

Als → Marketing-Instrument und Teil des → Marketing-Mix beinhaltet die Programmpolitik alle Entscheidungen, Realisierungen und Kontrollen in Bezug auf die Konzeption, Ausgestaltung und Veränderung des Absatzsortiments und/oder Produktionsprogramms, in dem ein Unternehmen die Produkte und deren Varianten zusammenfasst, die es herstellen und/oder anbieten will und worüber es den Markt informiert. Im Handel spricht man von → Sortimentspolitik.
Mit der Programmpolitik verbunden sind immer zum einen grundlegende Voraussetzungen, zum zweiten Orientierungen, zum dritten eine Fülle verschiedenartigster Alternativen, zum vierten Zulässigkeits- und Optimalitätsfragen. Realisiert wird die Programmpolitik häufig durch Einzelentscheidungen über einzelne Varianten, Produkte oder Produktgruppen. Von der besonderen Bedeutung des Programms oder Sortiments als der Zusammenfassung einzelner Varianten, Produkte, Produktgruppen kann deshalb nur dort die Rede sein, wo entweder Produktinterdependenzen vorhanden sind oder besondere Wirkungen von der Tatsache ausgehen, dass ein Programm existiert.

(1) Voraussetzungen der Programmpolitik
Produktinterdependenzen resultieren aus Unternehmens- und Marktsicht. Klassische Form der internen Interdependenz ist die Kuppelproduktion, diejenige der externen Interdependenz der Nachfrageverbund. Auch, wenn keine reine Kuppelproduktion existiert, gibt es Interdependenzen insofern, als etwa alle Produkte und Varianten die gleichen Produktionsmittel wie auch den gleichen Finanzrahmen nutzen. Auf der Nachfrageseite handelt es sich um Einkaufsverbunde, die sinnvolle Handelssortimente erst zu etablieren erlauben.

Spezielle Wirkungen des Programms liegen vor, wenn Käufer positive Erfahrungen mit einem Produkt des Herstellers auf andere Produkte übertragen. Man spricht in diesem Zusammenhang von Good-Will-Transfer und Spillover, wobei die Unterscheidung nicht von allen übereinstimmend getroffen wird, weil es sowohl Übertragungen im Laufe der Zeit zwischen Produkten wie über andere Instrumente des Marketing-Mixes gibt.

(2) Grundlegende Orientierungen
Wenn Unternehmen Programme gestalten, so können dabei unreflektierte Wünsche ebenso beteiligt sein wie strategische Grundsätze, etwa grundlegende Paradigmen der Gesamtbetrachtung.
Unreflektierte Wünsche von Unternehmen findet man in aphoristisch verkürzten Regeln wie den Folgenden: „Jeder möchte alles"; denn: „Vielfalt erfreut, variatio delectat"; und: „Wer verzichtet schon gern"; vielmehr: „Dabei sein ist alles"; und: „Nur nichts vergessen"; „Abschied tut weh"; und: „Was andere können, können wir auch". Strategische Grundsätze werden etwa aus herrschende Theorien hergeleitet. So führt die Interpretation der → Erfahrungskurve zur These der *Programmkonzentration* d.h., der Beschneidung des Programms auf Marktführerprodukte, und die Markowitz-Theorie der Risikokompensation zu breit diversifizierten Sortimenten (→ Diversifikation).

Programmpolitik

Im Konflikt zwischen Innen- und Außenorientierung bestimmen die Unternehmen den Kern des Programms entweder aus der Technologiesicht oder aus Kunden- und Konkurrenzaspekten, z.B. Plyrethan oder Plastic Engeneering. Die grundsätzliche Ausrichtung kann, so gesehen, von der Problemtreue ausgehen.

(3) Entscheidungen und Alternativen
Geht man zunächst von den Alternativen aus, so bietet die Programmpolitik eine große Vielfalt von Entscheidungssituationen, die sich in der folgenden Übersicht zusammenfassen lassen:

A. Einmalige Programmentscheidungen
   a) Globalentscheidungen:
      – Breitenentscheidung beim einstufigen Programm
         – Ein Produkt: Monolithischer Markenartikel oder Megabrand?
         – Mehrere Produkte: Enges oder breites Segment?
      – Tiefenentscheidung beim mehrstufigen Programm?
         – Ein Produkt: Anzahl der Varianten nach welchen Kriterien?
         – Mehrere Produkte: Flaches oder tiefes Sortiment?
   b) Detailentscheidungen
      – bezüglich Produktionsprogramm
         – langfristig
            – Art des Programmkerns
            – Breite und Tiefe und Anzahl der möglichen Varianten?
         –Kurzfristig
            –Welche Produktarten aus den möglichen?
            –Welche Mengen der einzelnen zu produzierenden Produktarten?
      –bezüglich Absatzprogramm
         –Produktionsorientiert: Make or buy?
         –Absatzorientiert: Qualität liefern oder produzieren?
B. Mehrmalige Entscheidungen
   a) Ein Wechsel
      – bezüglich Programm: Erweitern oder beschneiden?
      – bezüglich einzelner Produkte: Ergänzen oder eliminieren?
   b) Mehrere Wechsel
      – bezüglich Programm: Art und Umfang der
      – Programmvariation?
      – bezüglich Produkt: Welche Zeitfolge der Produkte und Produktlebenszyklen?

Die Idee des monolithischen Markenartikels ist von der Marketingseite her der Versuch, jedes Produkt so zu profilieren, dass es einen eigenständigen Platz einnimmt, sodass die Tatsache, dass von der Firma noch andere Produkte produziert und distribuiert werden, für den Kunden nicht von Bedeutung ist (→ Markenpolitik). Solche Firmen haben dann zwar ein Produktionsprogramm, aber kein Absatzprogramm. Dieser Weg ist der klassische Weg der Marketingorientierung.

Neben der Stärkung durch die psychologische Theorie der Profilierung wird für eine solche Strategie häufig auch die Chance einer schnelleren Globalisierung einer solchen Marke als Begründung herangezogen, jedenfalls von der Mehrzahl der angelsächsischen Markenartikelfirmen, die weitgehend einer solchen Strategie folgen, oder dabei sind, nur noch solche Marken zu führen und den Rest zu eliminieren.

Coca-Cola war in den Augen der Verbraucher bis zu seinem 100. Jahr ein solcher monolithischer Markenartikel. Die Coca-Cola-Company hat dann in einer der interessantesten Geschichten des Marketings aus Coca-Cola eine Megabrand gemacht, unter deren Dache es in den USA nun Coca-Cola, Cola-Classic, Cola-Diet, Cola-Cherry und Cola-Orange gibt.

Über die Breite des Sortimentes versuchen sich insbes. Handelsunternehmen zu profilieren, da das Sortiment bei ihnen gewissermaßen an die Stelle des Produktes tritt (→ Sortimentspolitik). Dabei werden ganz unterschiedliche Wege gegangen: Aldi führt nur etwa 400 Artikel, der Kaufhof bietet alles unter einem Dach. Gleiches gilt auch für die Sortimentstiefe. Sportläden führen auch Golfartikel, haben aber gegenüber speziellen Golfshops ein eher flaches Sortiment.

Der Profilierungsthese entgegen steht die These des → *Imagetransfers* als einer speziellen Programmwirkung. Wenn gute Erfahrungen mit einem Produkt sich auf ein anderes übertragen lassen, dann ist es sinnvoll, diese Wirkungen zu nutzen, entweder vom Gesamtunternehmen auf alle Produkte, wie z.B. im Hause Oetker, was weniger gelingt, oder von erfolgreichen Produkten auf das Unternehmen und von dort auf ein anderes Produkt, wie z.B. Persil aus dem Hause Henkel, und Pritt aus dem Hause Henkel.

Imagetransfer kann nur von der Marktseite kommen. Produkte können aber auch aus gleichen Rohstoffen resultieren oder auf gleichen Anlagen hergestellt werden. Dann ergibt sich die Frage der *Außen-* und *Innenorientierung*. Sie spielt sowohl beim Produktkern eine Rolle wie bei dem Grad der erforderlichen Variantenvielfalt (→ Produktdifferenzierung), die im Produktionsbereich durch Komponenten und Baugruppen über Vielfaltsreduktion Kostensenkung bewirkt und über Differenzierung der käuferrelevanten Eigenschaften Eingehen auf Kundenwünsche erlaubt, nach der Regel: So viel Differenzierung wie nötig, so viel Standardisierung wie möglich. Sie spielt auch eine Rolle bei der Frage, ob man alles selber produzieren muss, wie es etwa das „made in Germany" nahe legt, oder nur für die Qualität des Gelieferten einstehen muss: „Guaranted by Mercedes Benz".

(4) Zuverlässigkeit und Optimalität
Beschränkungen der Programmpolitik resultieren aus den vielfältigsten Quellen. Auch hier können sowohl interne wie externe Gründe eine Rolle spielen. Neben den grundsätzlichen Beschränkungen, die aus verbundener Nachfrage, verbundener Produktion und verbundener Finanzierung resultieren, werden häufig bisherige Erfolge und Gepflogenheiten als Begrenzungen angeführt. So werden Erweiterungen des Produktionsprogramms oft unterlassen, wenn sie den Eintritt in eine weitere Wirtschaftsstufe bedeuten, weil man damit den bisherigen Kunden Konkurrenz machen würde. In den meisten Fällen hat sich eine solche Selbstbeschränkung als wenig sinnvoll erwiesen, weil in solchen Fällen dann häufig Konkurrenten diesen Weg gegangen sind und man dadurch die eigenen Kunden verlor, weil diese verloren. Eine sinnvolle Begrenzung der Programmpolitik sollte dagegen in der Tatsache bereits besetzter Segmente gesehen werden, weil man ansonsten Gefahr läuft, über das „me too" eine Flop zu landen. Finanzielle Begrenzungen stellen bei guten Ideen i.a. keine wirklichen Schranken dar.

Die Kriterien der Optimalität sind keine anderen als bei sonstigen ökonomischen Entscheidungen, nämlich Maße der Rentabilität und des Risikos, deren unterschiedliche Interpretation von Datenstruktur, Planungshorizont und Struktur des Entscheidungsproblems abhängt, und deren Reichweite von gegebenen Konkurrenzstrukturen bis zu deren Veränderung, bis zur Marktführerschaft, ja bis zur Errichtung von Eintrittsbarrieren reicht. Besondere Probleme bereiten dabei nur die Fragen der dynamischen Veränderungen. Sie werden unter dem Stichwort → Programmvariationen behandelt.

Handelsbezogene Aspekte
Nimmt man die Orientierung an den Beteiligten des Marktes ernst, so denkt der *Handel* nicht in Programmen, sondern in sog. Warenkategorien, und ein → „Category Management" ist erforderlich. Dann zählt nicht das eigene Programm, sondern die optimale Belegung der Regalfläche mit den am besten drehenden Produkten aus dem eigenen und dem oder den Konkurrenzprodukten, um etwa den Waschmittelgesamtdeckungsbeitrag zu optimieren. H.S.

Literatur: *Brockhoff, K.:* Produktpolitik, 2. Aufl., Stuttgart, New York 1988. *Kilger, W.:* Optimale Produktions- und Absatzplanung, Opladen 1973. *Nieschlag, R.; Dichtl, E.; Hörschgen, H.:* Marketing, 18. Aufl., Berlin 1997. *Simon, H.:* Goodwill und Marketingstrategien, Wiesbaden 1985. *Diller, H.:* Ausstrahlungseffekte, in: *Schanz G.* (Hrsg.): Betriebswirtschaftliche Gesetze, Effekte und Prinzipien, München 1979, S. 95-106.

Programmsponsoring → Sponsoring

Programmstrukturanalyse, Programmanalyse

Untersuchung der Struktur des Produktprogramms im Hinblick auf die in der Vergangenheit erzielten und in der Zukunft zu erwartenden Zielbeiträge sowie deren Ursachen. Ziel ist es, Stärken und Schwächen im Programm aufzudecken und Hinweise für die → Programmpolitik, insb. die → Produktelimination zu liefern.

Hierzu werden z.B. in einer → ABC-Analyse die Anteile der einzelnen Produkte oder Programmteile am Gesamtumsatz (Umsatzstruktur) und ihr jeweiliger Beitrag zur Kostendeckung (Deckungsbeitragsstruktur) berechnet. Von strategischer Bedeutung ist die Stellung der Programmteile im → Lebenszyklus, was im Rahmen der → Portfolio-Analyse untersucht wird. Von Interesse ist auch das Verhältnis von eigenproduzierten und fremdbezogenen Produkten (→ Fertigungstiefe). Im übrigen sind alle Varianten der betriebswirtschaftlichen → Erfolgsanalyse mit entsprechenden → Deckungsbeitragsrechnungen hilfreich. Mit ihnen ist ein Ranking („Renner-Penner-Liste") und damit eine Priorisierung der Programmelemente möglich (s.a. → Sortimentspolitik). H.D.

Programmtiefe → Programmpolitik

Programmvariation
meint die Veränderungen eines etablierten Programms in seinem Kern, seiner Breite und Tiefe und in der Anzahl der Varianten (→ Programmpolitik).

Die Notwendigkeit zu solchen Variationen resultiert aus Dynamiken und deren Wirkungen und lässt sich in Wachstumsmodellen darstellen.

Im Rahmen der Programmpolitik vollziehen sich als Entwicklungsphänomene Diffusionsprozesse der Nachfrage (→ Adoptions- und Diffusionsprozess), Erfahrungskurven der Kosten, Wettbewerbsentwicklungen in Abhängigkeit von der Strategie des Pioniers (→ Wettbewerbsstrategien) und daraus resultierend Produktlebenszyklen (→ Lebenszyklus). Sie verändern die Stellung der einzelnen Produkte und die Stellung des ganzen Programms laufend.

Nicht nur ein spezielles Getriebe hat seinen Lebenszyklus, vielmehr die gesamte mechanische Steuerungstechnik hat ihn, weil nicht nur Produkte dem Lebenszyklus unterliegen, sondern auch Technologien, ja sogar Wissenschaften in ihrer Bedeutung für den ökonomischen Fortschritt, ja sogar Sektoren der Wirtschaft in einem sehr langen Zeitrahmen. Das bedeutet, dass sowohl Produkte als auch Programme sterben, weil sie nicht mehr variierbar sind, sondern obsolet werden. Mit ihnen sterben Unternehmen, ja ganze Branchen.

Will man diesen Untergang verhindern, kommt es auf permanente → Innovation jeden Grades an. Im Modell der Produktlebenszyklen geht es darum, die Lebenszyklen so hintereinander zu schalten und überlappen zu lassen, dass daraus insgesamt ein kontinuierliches Wachstum des Unternehmens resultiert. Dies ist entscheidend eine Frage der Geschwindigkeit dieses Prozesses, wie in Modellen des einzelwirtschaftlichen Wachstums gezeigt.

Die aus der Notwendigkeit resultierenden wichtigsten Entscheidungen sind solche hinsichtlich der strategischen *Neuausrichtung* von Programmen und der strategischen Anpassung der Programme über Restrukturierung und → Megamarketing. Damit ein Unternehmen nicht in die Gefahr der strategischen Unterlegenheit in der überschaubaren Zukunft gerät, ist es oft nötig, die Ausrichtung des Programms neu zu gestalten, z.B. von einer Technikorientierung weg zu einer Marktorientierung zu kommen. So kann ein Unternehmen, das sich als ethisches chemotherapeutisches Pharmaunternehmen begreift, von seinem Selbstverständnis und seiner Unternehmenskultur her sich einer Reihe von Tätigkeiten kaum zuwenden, die für ein anderes Unternehmen kein Problem darstellen. Die Ethik der Ärzte verhindert Produkte der Selbstmedikation, die Chemiker können sich biologische Lösungen der Gentechnik so schlecht vorstellen, beide sind Therapeuten und haben kein Verhältnis zur Diagnose und erst recht nicht zur Prophylaxe.

Ein Unternehmen, das sich dagegen als Gesundheitsunternehmen begreift, kann sich allen Entwicklungen der Medizin anpassen, aus seiner Kompetenz heraus z.B. Patiententrainingsprogramme entwickeln und mit Herstellern anderer Technologien, wie der Informations- und Kommunikationstechnologie, zusammenarbeiten, um entsprechende integrierte Diagnose-, Prophylaxe-, Therapiekonzepte zu entwickeln, und so auch absehbar überlebensfähig bleiben, weil für Gesundheit immer Sorge zu tragen sein wird. H.S.

Literatur: Albach, H.: Zur Theroie des wachsenden Unternehmens, in: *Krelle, W.* (Hrsg.): Theorien der einzelwirtschaftlichen und des gesamtwirtschaftlichen Wachstums, Berlin 1965, S. 9-97. *Wittek, B.F.:* Strategische Unternehmensführung bei Diversifikation, Berlin, New York 1980.

Progressive Kalkulation
→ Preiskalkulation

Prohibitivpreis → Maximalpreis

Projekt-Controlling
Koordination der Informationsversorgung für das → Projektmanagement, insb. für Planungen und Kontrollen bei zeitlich befristeten, komplexen und verhältnismäßig innovativen Aufgabenstellungen. Im Marketing-Bereich sind typische Projekte z.B. die Entwicklung und Markteinführung einer Produktinnovation, das kundenindividuelle Anlagen- oder Systemgeschäft eines Herstellers von Investitionsgütern, der Neuaufbau oder die Umstellung eines Vertriebssystems, die erstmalige Einrichtung eines Call Centers oder eines umfassenden Systems der Beschwerdebearbeitung.

Das Controlling achtet in diesen Fällen darauf, dass projektvorbereitende und projektbegleitende Informationen nicht nur aus dem Rechnungswesen, sondern insb. auch von der Marktseite her verfügbar sind. Es sorgt für den Einsatz angemessener Planungstechniken (z.B. → Netzplantechnik) und erstellt Vorschläge für eine koordinationsfördernde Projektorganisation. Die Kontrolltätigkeit erstreckt sich auf Ablaufüberwachungen des Projektfortschritts sowie auf Kontrollen der Projektergebnisse.

In organisatorischer Hinsicht verlangt ein Projekt-Controlling wegen seiner besonderen Aufgabeninhalte grundsätzlich eine Dezentralisierung der Controller-Stellen, allerdings mit enger fachlicher Rückverbindung zum betrieblichen Zentral-Controlling. Ob die Controlling-Aufgaben bei absatzwirtschaftlichen Projekten von einem ganz allgemein für Marketing zuständigen Bereichs-Controller miterfüllt werden können, oder ob eine befristete Abstellung besonderer Projekt-Controller erforderlich ist, hängt von der gleichzeitigen Anzahl und vom Umfang der anstehenden Projekte ab.

R.K.

Literatur: *Bürgel, D.:* Projektcontrolling, in: *Schulte, Ch.* (Hrsg.): Lexikon des Controlling, München, Wien 1996, S. 626-630. *Zur, E.:* Projekt-Controlling, in: *Spremann, K.; Zur, E.* (Hrsg.): Controlling, Wiesbaden 1992, S. 413-432.

Projektfinanzierung

Die Finanzierungsform der „Projektfinanzierung" findet insbesondere bei der Finanzierung von Aufträgen über die Errichtung von Industrieanlagen (→ Anlagengeschäft) zur Gewinnung und Aufbereitung von Rohstoffen und Primärenergieträgern verstärkt Anwendung. Sie wird aber auch zunehmend im Verkehrssektor eingesetzt. Unter Projektfinanzierung wird die Finanzierung einer sich selbst tragenden Wirtschaftseinheit (das Projekt) verstanden, bei der sich die Finanziers in ihrer Kreditentscheidung primär auf den zukünftigen Cash Flow und im weiteren auf die Aktiva des Projektes als Sicherheit für die Rückzahlung der von ihnen vergebenen Kredite stützen. Der Schuldendienst wird gänzlich aus dem Cash Flow des zu finanzierenden Industrieobjektes bestritten. Im Gegensatz zur „traditionellen" Auftragsfinanzierung, bei der sich die Bonitätsprüfung auf den Auftraggeber bezieht, stützt sich diese bei der Projektfinanzierung daher auch ausschließlich auf die Wirtschaftlichkeit des Projektes (→ Betreibermodell).

Um dem Sicherheitsbedürfnis der Kreditgeber einerseits und der Zielsetzung der Sponsoren andererseits gerecht zu werden, erfolgt bei Projektfinanzierungen eine Verteilung der projektinhärenten Risiken (Risk Sharing) sowohl auf die Sponsoren und die Kreditgeber als auch auf weitere potentielle Beteiligte, die einen Nutzen aus dem Projekt ziehen können. Projektfinanzierungen kommen nur dann zustande, wenn die projektinhärenten Risiken identifiziert, in ihren möglichen Auswirkungen analysiert und auf die Projektbeteiligten verteilt werden können. Erst wenn die Risiken in ihren potentiellen Auswirkungen verteilt sind, darf davon ausgegangen werden, dass ihr Eintritt die Tragfähigkeit einzelner Projektbeteiligter nicht übersteigt und die Projektfortführung nicht durch den „Zusammenbruch" einzelner Beteiligter gefährdet ist.

Nur in wenigen Fällen haben die Kreditgeber (zumindest ab einem bestimmten Projektstadium) keine Rückgriffsrechte auf die Sponsoren (Non Recourse). Die meisten Projektfinanzierungen sind dagegen Limited Recourse-Finanzierungen. Sie sehen eine betragsmäßige und/oder eine zeitliche Begrenzung der Rückgriffsmöglichkeiten der Kreditgeber auf die Sponsoren vor. Ferner können die potentiellen Verpflichtungen der Sponsoren so gestaltet sein, dass die Kreditgeber zur Befriedigung ihrer Forderungen nur bei Eintritt bestimmter Risikoarten auf die Sponsoren zurückgreifen können.

K.B.

Literatur: *Backhaus, K.:* Industriegütermarketing, 6. Aufl., München 1999. *Hupe, M.:* Steuerung und Kontrolle internationaler Projektfinanzierungen, Europäische Hochschulschriften, Reihe 5, Band 1769, Frankfurt a.M. 1995.

Projektions-Tachistoskop → Werbetests

Projektive Tests (Projektive Fragen) → Tests

Projektmanagement

Managementkonzeption für die Durchführung von Vorhaben mit fest umrissenem Umfang (Projekte), die sich durch die Merkmale zeitliche Befristung, hohe Komplexität und relative Neuartigkeit charakterisieren lassen. Zu denken ist hier z.B. an größere Bauvorhaben, Anlagenprojektierungen, die Entwicklung neuer Produkte, Abwicklung von Unternehmensfusionen sowie die Umstellung auf neue Produktions- und Informationsverarbeitungssysteme. Es kann also zwischen sachzielorientierten und prozessorientierten Projekten differenziert werden. Ebenso ist eine Unterscheidung nach der Intensität der Einflussnahme von externer Seite möglich.

Die genau zu definierende Aufgabe wird an eine zur Problemlösung fähige Gruppe (→ task force) aus verschiedenen Spezialisten der zu beteiligenden Abteilungen übertragen, teilweise unter Einschaltung von Außenstehenden, z.B. Beratern (→ Teamorganisation). Darüber hinaus ist die Bereitstellung adäquater technischer und finanzieller Ressourcen notwendig.

Die Funktionen des Projektmanagements umfassen die Projektplanung (Benennung eines Projektleiters, Planung von Projektzielen, Abstecken von Teilaufgaben, Planung der Abläufe, Bedarfs- und Aufwandsschätzung, Terminplanung und Budgetierung), Projektsteuerung (Anleitung und Motivierung von Mitarbeitern, Überwachung des Projektverlaufs, Maßnahmenergreifung bei Planabweichung, Koordinierung) sowie die Projektkontrolle, die projektbegleitend durchgeführt wird und sich auf alle Aspekte der Projektplanung erstreckt, wobei die Wirksamkeit der geplanten Maßnahmen überprüft wird. Als bedeutsame Maßnahme zur Projektkontrolle und -steuerung hat sich die Festlegung von sog. „Meilensteinen" erwiesen (→ Projekt-Controlling).

Wegen ihres einmaligen Charakters bringen Projektaufgaben ein instabiles Element in das auf Dauer angelegte organisatorische System einer Unternehmung (→ Marketingorganisation). Es stellt sich daher die zusätzliche Aufgabe, den spezifischen Projektbelangen organisatorisch Rechnung zu tragen. Hierfür bieten sich drei Möglichkeiten an, je nachdem welchen Einfluss man dem Projektmanager übertragen möchte:

(a) Beim *Einfluss-Projekt-Management* liegt die Entscheidungsbefugnis beim jeweiligen Funktionsmanager, dem Projektmanager kommt in der Rolle als Stabsabteilung primär die Funktion Information/Beratung/Kooordination zu.

(b) Beim *Matrix-Projekt-Management* trägt der Projektmanager die Projektverantwortung, der Funktionsmanager besitzt die disziplinarische Weisungsbefugnis.

(c) Beim *reinen Projektmanagement* bekommt der Projektmanager für die Dauer des Projektes das benötigte Personal voll unterstellt. Das hat den Vorteil, dass die Erreichung der Projektziele unbehindert von anderen lfd. Aufgaben in den Projektteams betrieben werden kann. Es kommt somit zu keinen Kollisionen mit den Intentionen anderer Manager. R.H.

Literatur: *Kessler, H.; Winkelhofer, G.:* Projektmanagement. Leitfaden zur Steuerung und Führung von Projekten, Berlin 1999. *Staehle, W.H.:* Management, 8. Aufl., München 1999.

Prominence-Effekt → Präferenzumkehr

Promotion → Verkaufsförderung

Promotionüberprüfung (Promotion-Monitoring)

werden zur Prüfung der korrekten Umsetzung insb. von kosumentengerichteten → Verkaufsförderung-Aktionen und deren Effizienz eingesetzt. Häufige Fehlerquellen bei der Realisierung liegen unter anderem in der unvollständigen Durchführung der Promotion sowie in unstimmigen Vereinbarungen zwischen Handel und Industrie. Beim Promotion-Monitoring wird daher der gesamte Planungs- und Umsetzungs-Prozess durch Befragung von Handelsmitarbeitern aller Stufen und durch → Store Checks überprüft. Auf diese Weise werden mögliche Fehler in der Abstimmung zwischen Hersteller- und Handelszentralen identifiziert und behoben.

Um die Effizienz der Promotion beim Endverbraucher zu erheben, kommen verschiedene Marktforschungs-Methoden zum Einsatz: Die Video-Analyse ermittelt das Verhalten der Kunden am Promotion-Aufbau. Abverkaufsdaten geben Hinweise auf den Umsatzerfolg in Abhängigkeit von der Promotion-Aktion. Durch Endverbraucher-Befragungen werden Wünsche, Anregungen und Bewertungen gesammelt um weitere Informationen über die Qualität und Wirksamkeit der Promotionmaßnahme zu gewinnen. Der Nutzen der Promotion-Überprüfung besteht darin, Schwachstellen in der Abstimmung und Durchführung aufzudecken, die Promotion-Akzeptanz aus Endverbrauchersicht zu ermitteln, die Promotion-Effektivität durch Kosten-Nutzen-Rechnungen zu erschließen, und eventuell alternative Promotion-Auftritte zu testen.
N.W.

Promotorenmodell
→ Buying Center, → Innovationsorganisation

Propaganda

Veröffentlichung von Ideen mit dem Anspruch, die absolute Wahrheit zu besitzen, und dem Ziel, große Bevölkerungsgruppen mit suggestiver Beeinflussung ideologisch auf den „richtigen Weg" zu bringen. Propaganda beruht auf einfachen, auf den ersten Blick plausibel scheinenden, jedoch wissenschaftlich nicht fundierten Erklärungsmustern. Sie fällt Pauschalurteile und scheut auch Lügen nicht, um bei ihren Adressaten das Gefühl einer Schicksalsgemeinschaft im Kampf gegen die von ihr selbst geschaffenen Feindbilder zu sein. Argumentativ macht sie jene Teilaspekte zum Zentralthema einer Diskussion, bei denen ihr der argumentative Sieg am leichtesten fällt. Aus wissenschaftlich nicht schlüssigen Kausalitätsverbindungen oder Koppelungen zwischen von einander unabhängigen Sachfragen leitet sie plausible, jedoch unrichtige Schlüsse ab. Propaganda ist von ihrem Wesen her totalitär und als solche eigentlich inkompatibel mit dem Konzept eines freien, demokratischen Rechtsstaates mit freiem wirtschaftlichem Wettbewerb und Ideenaustausch. Trotzdem kommt immer wieder die Versuchung auf, → Public Relations in diesem Sinne zu missbrauchen, indem nur gute Nachrichten in übertrieben marktschreierischer Weise verbreitet werden, kritische Aspekte schönfärberisch übertüncht und negative Informationen unterschlagen, hinausgezögert oder abgestritten werden. Journalisten finden mit ihren Recherchen jedoch immer Quellen, die sie über die Hintergründe aufklären. Auch wenn Propaganda-Manöver erst Jahre später aufgedeckt werden: Immer werfen sie ein schiefes Licht auf die betroffene Organisation und schädigen deren → Glaubwürdigkeit und → Image massiv. P.F.

Propagandistin → Warenproben

Property-Rights-Theorie

Die Basishypothese der in der → Institutionenökonomie angesiedelten Property-Rights-Theorie (auch: Theorie der Verfügungsrechte) besagt, dass die Verteilung von Verfügungsrechten (*Property Rights*) die Allokation und Nutzung wirtschaftlicher Güter auf spezifische und vorhersehbare Weise beeinflusst. Verfügungsrechte bestehen dabei entweder in einer Gebrauchsmöglichkeit, insbesondere dem Eigentum an einer Sache, oder in einer Verhaltensforderung an einen anderen Menschen, etwa in Form eines Schadenersatzanspruchs, des Anspruchs aus einem Kauf-, Arbeits- oder Mietvertrag (*Richter*, 1990). Der durch die jeweilige Verfügungsrechtsstruktur vorgegebene institutionelle Rahmen eines ökonomischen Systems stellt ein Gefüge möglicher Belohnungen und Bestrafungen dar, welche das menschliche Handeln und somit auch die ökonomischen Ergebnisse beeinflussen. Ein Verfügungsrecht ist als Rechtsbündel aufzufassen, das aus vier Einzelrechten (Nutzungsrechten) besteht: das Recht, ein materielles oder immaterielles Gut zu nutzen (usus), das Recht, die Erträge des Gutes einzubehalten (usus fructus), das Recht, Form und Substanz des Gutes zu verändern (abusus), sowie das Recht, das Gut zu einvernehmlichen Konditionen anderen ganz oder teilweise zu überlassen. Verfügt ein Individuum über alle genannten Einzelrechte an einem Gut und trägt es auch sämtliche bei dessen Nutzung entstehenden Kosten, und verfügen auch alle anderen Individuen über diese Einzelrechte an ihren jeweiligen Gütern, so gelten die Verfügungsrechte als vollständig spezifiziert. Aufgrund von gesetzlich vorgegebenen Nutzungsbeschränkungen und so genannten Transaktionskosten (→ Transaktionskostentheorie) der Nutzenteilung kommt es in der Regel jedoch zu einer Verdünnung der Verfügungsrechte. Diese nimmt zu, je geringer somit die Möglichkeit ist, andere von der Nutzung eines Gutes auszuschließen, und je mehr verschiedene Subjekte Nutzungsrechte an einem Gut besitzen.

Ziel der Arbeiten zur Theorie der Verfügungsrechte ist es, das Zustandekommen von Verfügungsrechtsstrukturen zu erklären, die Wirkungen dieser institutionellen Rahmenbedingungen auf die Wohlfahrt einzelner Wirtschaftssubjekte und ökonomischer Systeme zu untersuchen und Hinweise zur Gestaltung entsprechender Rechtsstrukturen zu geben. Als Effizienzkriterium fungiert hierbei die Summe aus den Transaktionskosten und den durch externe Effekte hervorgerufenen Wohlfahrtsverlusten. Sie sollten bei der Gestaltung der Rechte minimiert werden. Eine besondere Bedeutung kommt der Analyse des Zusammenhangs zwischen der Verfügungsrechtsstruktur und externen Effekten zu. Je weniger verdünnt die Verfügungsrechte sind, so die These, desto unwahrscheinlicher werden externe Effekte. Je größer also die Gefahr externer Effekte ist, desto weniger verdünnt müsste bei rationalem Verhalten der Wirtschaftssubjekte die Verfügungsrechtsstruktur sein.

Mit der Property-Rights-Theorie lassen sich ähnlich wie mit der → Public-Choice-Theorie zahlreiche Marketingphänomene zum ersten Mal theoretisch behandeln, im Prinzip alle Rechtsgestaltungen, die Marketingprozesse tangieren, und alle externen Effekte, die von diesen ausgehen. Sie liefert z.B. Anhaltspunkte für die Erklärung so unterschiedlicher Phänomene wie des Irreführungsverbots, der Abschaffung der vertikalen Preisbildung, der verschuldensunabhängigen Haftung nach dem Produkthaftungsgesetz oder dem Aufkommen vertikaler Marketingsysteme oder ökologischer Produkte. Der mit der Übertragung der Property-Rights-Theorie in das Marketing verbundene Erkenntnisgewinn lässt sich aufgrund fehlender empirischer Befunde derzeit jedoch nur schlecht einschätzen.

H.B./T.B.

Literatur: *Alchian, A.A.; Demsetz, H.:* The Property Rights Paradigm, in: Journal of Economic History, Vol. 33 (1973), S. 16-27. *Richter, R.:* Sichtweisen und Fragestellungen der Neuen Institutionenökonomik, in: Zeitschrift für Wirtschafts- und Sozialwissenschaften, 110. Jg. (1990), S. 571–591.

PROPOSAS

→ Positionierungsmodell für die Neuproduktpositionierung auf der Basis von Wahrnehmungsräumen. In das Modell von Albers (1989) sind Kostenberechnungen der geplanten Neuproduktkonzeption enthalten. Zusammen mit Erlösschätzungen können nicht nur absatzoptimierende, sondern auch gewinnoptimierende Positionen bestimmt werden. Die Integration der Kosten erfolgt methodisch durch die Schätzung einer Funktion zur Transformation der physischen („objektiven") in die wahrgenommene („subjektiven") Produkteigenschaften. Die Schätzfunktion entspricht dem Modell der multiplen Regression, wonach mehrere Variablen (objektive Eigenschaften) auf eine abhängige Variable (eine subjektive Eigenschaft) wirken. Dabei sind auch nichtlineare Funktionen zugelassen, da physische Reize nach den Erkenntnissen der Psychophysik selten linear in Wahrnehmungen ungesetzt werden. Die Absatzprognose wird aus der Distanz der Neuproduktposition zur Position des Idealprodukts berechnet. Es wird unterstellt, dass ein Produkt dann gekauft wird, wenn diese Distanz kleiner ist als die aller anderen Wettbewerbsproduktpositionen. Der zur Berechnung der Erlöse benötigte Preis wird als eigenständige Dimension in Wahrnehmungsraum erhoben. Mit dem Modell wurden in Simulationen gute Schätzergebnisse erreicht, wenn auch umfangreiche Bestätigungen noch nicht vorliegen. Das PROPOSAS zugrunde liegende Positionierungsmodell liegt als Computerprogramm in dem Programmpaket PROPOPP von *Albers* (1982) vor.

V.T.

Literatur: *Albers, S.: PROPOPP:* A Programm Package for Optimal Positioning of a New Product in an Attribute Space, in: Journal of Marketing Research, Vol. 19 (1982), S. 606-608. *Steiner, W.J.:* Optimale Neuproduktplanung, Wiesbaden 1999.

Proprietäre Dienste

sind „geschlossene" → Mehrwertdienste, die den Zugang zu dem Dienst auf eine autorisierte Nutzergruppe beschränken. Als Beispiel sind kommerzielle Betreiber, wie z.B. *T-Online*, *AOL* oder *Compuserve*, zu nennen, deren Inhalte nur gegen ein Entgelt genutzt werden können.

Proprietäre Systeme

Im → Systemgeschäft gebräuchlicher Begriff für Angebotssysteme, deren Module keine oder wenig Integrationsmöglichkeiten mit solchen anderer Anbieter besitzen, sodass technisch, servicemäßig oder in anderer Hinsicht eine gewisse Abgeschlossenheit entsteht, wie das in früheren Jahren z.B. für *IBM*-Produkte der Fall war. Proprietäre Systeme bieten bessere Differenzierungsmöglichkeiten sowie die Chance zum Aufbau von Markteintrittsbarrieren und den Schutz eigener Investitionen in bestimmte Kundenbeziehungen (→ Kundenbindung). Andererseits widerstreben sie den Wünschen des Kunden nach Unabhängigkeit vom Anbieter und beliebiger Mischbarkeit unterschiedlicher Module je nach individueller Leistungsfähigkeit (→ Kundenbindungsmotive).

PR-Organisation

Aus der weitestgehend akzeptierten Aussage, dass → Public Relations Chefsache seien, folgt, dass die PR-Stelle möglichst nahe zur Unternehmensführung eingegliedert sein muss. Demnach kann entweder ihr/e Leiter/in zum obersten Führungsorgan gehören, bzw. dort mit beratender Stelle Einsitz nehmen, oder die PR-Stelle als Stabsstelle des/der Unternehmensleiters/in funktionieren. Wesentlich dabei ist, dass die PR-Stelle ständig über alle wichtigen strategischen und operativen Fragen der Organisation genau informiert ist, damit sie die Führung in Kommunikationsfragen rechtzeitig und kompetent beraten kann. Das Konzept der → integrierten Kommunikation unterstellt alle Disziplinen der Unternehmenskommunikation einer einheitlichen Leitung: Public Relations, Public Affairs, Interne Kommunikation, → Investor Relations, → Corporate Design und → Beschwerdemanagement. Werbung ist meist dem Marketing unterstellt; oft wird aber zweckmäßigerweise dem/der PR-Leiter/in ein Vetorecht in Fragen, welche das → Corporate Identity berühren können, eingeräumt.

Bei größeren Organisationen kann die PR zentralistisch oder stark dezentralisiert organisiert werden. In modernen Konzernorganisationen empfiehlt sich eine dezentralisierte, jedoch stark vernetzte Organisation, die einerseits den einzelnen Konzernunternehmen die nötige Autonomie, Flexibilität und Schnelligkeit ermöglicht, anderseits über Schulung und Koordination auch die nötige Einheitlichkeit sicherstellt. P.F.

PROSCAL

Software für die → Mehrdimensionale Skalierung (MDS), die es erlaubt, explizit eine Wahrscheinlichkeitskomponente bei der Modellierung eines Wahrnehmungsraumes zu berücksichtigen. Das Verfahren ist in der Lage, zwischen Variation und Distanz zu unterscheiden und es gibt einen Schätzer für die Varianz eines Stimulus, einer Distanz oder einer Dimension. Das zugrunde liegende probabilistische Modell erlaubt einen Test der MDS-Konfiguration. L.H.

Literatur: *MacKay, D.B.; Zinnes, J.L.*: A Probabilistic Model for the Multidimensional Scaling of Proximity and Preference Data, in: Marketing Science, Vol. 5, No. 4 (1986), S. 325-343.

Prospecttheorie

Vor allem im anglo-amerikanischen Sprachraum einflussreiches Modell der *deskriptiven Entscheidungstheorie* von *Kahneman/ Tversky* (1979) bzw. *Tversky/Kahneman* (1991, 1992), die im Marketing v.a. zur Modellierung der → Wahrnehmung sowie der → Preisbeurteilung eingesetzt wird. Die Prospecttheorie lehnt sich in ihrer Struktur an die Rationalverhalten unterstellende *normative Erwartungsnutzentheorie* an, indem sie Entscheidungsverhalten unter Sicherheit und Risiko vor allem über Nutzen (Werte) und Wahrscheinlichkeiten (Gewichte) von (potentiellen) Ergebnissen der zur Auswahl stehenden Alternativen abbildet. Im Gegensatz zur Erwartungsnutzentheorie zeigt die Prospecttheorie in ihren Funktionsverläufen jedoch das in Laborexperimenten ermittelte tatsächliche Entscheidungsverhalten unter Sicherheit und Risiko, das durch so genannte *Anomalien*, d.h. Abweichungen vom Rationalverhalten, gekennzeichnet ist. Sie ist daher zur Vorhersage realen Konsumentenverhaltens geeignet.

Gemäß der Prospecttheorie durchlaufen Entscheider zwei Phasen. In der ersten Phase werden die Entscheidungsprobleme formuliert oder gerahmt (sogenannte „framing" oder „editing phase"). Wichtigste Operationen dieser Phase sind die Vereinfachung des Entscheidungsproblems und die Festlegung eines Referenz- oder Bezugspunktes (häufig der aktuelle Vermögensstand des Entscheiders), relativ zu dem alle relevanten Zahlungen bewertet werden („reference dependence" bzw. „encoding"). Bezüglich dieses Aspektes kann u.a. die Adaptionsniveautheorie als Vorläufer der Prospecttheorie angesehen werden. In der zweiten Phase, der Bewertungsphase, gehen die relevanten Zahlungen bzw. Vermögensveränderungen in eine Wertfunktion („value function"; v(x); siehe *Abb. 1*) ein, deren Verlauf sowohl unter Sicherheit als auch unter Risiko Gültigkeit besitzt (Ergebniswahrnehmung). Die Eintrittswahrscheinlichkeiten für bestimmte Ereignisse bei riskanten Entscheidungen gehen in eine Wahrscheinlichkeitsgewichtungsfunktion („risk weighting function"; π(p); zum Verlauf dieser Funktion in der Originalfassung der Prospecttheorie siehe *Abb. 1*) ein, die objektive Eintrittswahrscheinlichkeiten in subjektive Entscheidungsgewichte transformiert und eine Übergewichtung kleiner, eine Vernachlässigung sehr kleiner (Wahrnehmungsschwelle) und eine Untergewichtung mittlerer Wahrscheinlichkeiten impliziert (Risikowahrnehmung). Die Wertfunktion verläuft oberhalb des Referenzpunktes konkav, impliziert dort also risikoscheues Verhalten bzw. die Neigung, sichere Zugewinne nicht aufs Spiel zu setzen, unterhalb des Referenzpunktes jedoch konvex, impliziert hier also risikofreudiges Verhalten bzw. die Abneigung gegen sichere Verluste.

Prospecttheorie

Außerdem ist die Wertfunktion für Verluste steiler als für Gewinne (Verlustaversion; „loss aversion"), was Risikoscheu bei gleichzeitigen Gewinn- und Verlustmöglichkeiten impliziert. Außerdem weist die Wertfunktion sowohl bei Gewinnen als auch bei Verlusten abnehmende Sensitivität auf, berücksichtigt also das Webersche Gesetz. Die Gesamtbewertung einer Alternative unter Risiko, eines so genannten „prospects", erfolgt durch Gewichtung der aus der Wertfunktion entnommenen Werte mit den aus der Gewichtungsfunktion stammenden Entscheidungsgewichten (Originalfassung; Kahneman/Tversky 1979):

$$V = \Sigma \pi(p) v(x)$$

Der Prospect mit dem höchsten Gesamtwert V wird ausgewählt.

Es liegt damit zum einen eine Alternativtheorie zu den Ansätzen zum wahrgenommenen Kaufrisiko vor. Ein empirischer Vergleich der Vorhersagekraft dieser Ansätze steht noch aus. Zum anderen können Kaufentscheidungen über Produkte, bei denen Risikoabwägungen integraler Bestandteil sind, also etwa solche über Kapitalanlagen und Versicherungen, geeignet abgebildet werden.

Auch bei Vernachlässigung von Risiken sind zahlreiche Marketinganwendungen möglich, die dann ausschließlich auf den Eigenschaften der Wertfunktion beruhen. Ein hypothetisches Beispiel für eine Marketinganwendung der Wertfunktion bezieht sich auf die Beurteilung von probeweisen Warenüberlassungen. Diese sollten einen positiven Effekt auf die Kaufbereitschaft haben, da die Zahlungsbereitschaft (als Maß für die Attraktivität des Angebots) für das betreffende Produkt durch einen → *Besitzstandseffekt* steigen sollte: Ist für die Bewertung des Erhalts des Produktes der positive (flache) Ast der Wertfunktion relevant (potentieller Zugewinn), so könnte nach Überlassung der Ware, die dann in der subjektiven Wahrnehmung zu einem Teil des Besitzes würde, der negative (steile) Ast der Wertfunktion für die Bewertung des Abgangs des Objektes relevant werden (potentieller Verlust).

Wichtige, empirisch belegte Marketinganwendungen der Wertfunktion beruhen auf deren *mehrdimensionaler Generalisierung* (*Tversky/Kahneman*, 1991), wobei Referenzpunktabhängigkeit und Verlustaversion auf der Ebene von Attributen postuliert wird. *Hardy/Johnson/Fader* (1993) konnten für die Markenwahl eine asymmetrische Reaktion auf gleichzeitige Preis- und Qualitätsänderungen nachweisen. Wird etwa eine Qualitätsverbesserung als Gewinn auf einer Dimension, eine gleichzeitige Preiserhöhung als Verlust auf einer anderen Dimension wahrgenommen, so hat ein derart verändertes Produkt systematische Nachteile gegenüber einem unveränderten Produkt (Referenzprodukt), da der Verlust auf der Preisdimension stärkere (negative) Auswirkungen hat als der Gewinn auf der Qualitätsdimension. Die Konsumenten verhalten sich also „konservativ".

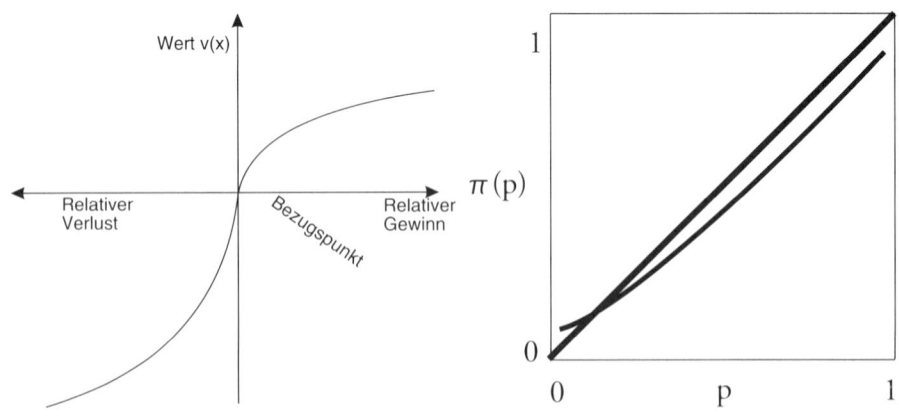

Abb. 1: Wert- (links) und Wahrscheinlichkeitsgewichtungsfunktion (rechts) der Originalfassung der Prospecttheorie

(Quelle: *Kahneman/Tversky* 1979)

Weitere Marketinganwendungen beruhen auf dem Konzept des *Mental Accounting* (Mentale Buchführung; *Thaler* 1985), das sich unmittelbar auf die Wertfunktion der Originalfassung der Prospecttheorie stützt. Die separate versus gemeinsame Bewertung zeitgleicher Zahlungen und die Bevorzugung einer zeitlich getrennten versus gleichzeitigen Präsentation wird durch ein „Schmerzreduktionsprinzip" („pain reduction principle") vorhergesagt. Menschen bevorzugen separate Gewinne und aggregierte Verluste (Kreditkarteneffekt), weil diese Vorgehensweisen jeweils zu geringerem Schmerz (größerem Nutzen) führen. Auch bei zeitgleicher Präsentation von Gewinnen wird das Individuum dazu tendieren, diese getrennt zu verarbeiten („segregation"), weil jeder kleine Zugewinn in dem unteren Teil des positiven Astes der Wertfunktion verarbeitet wird, wo die Sensitivität noch sehr groß ist. Aus dem gleichen Grund würde das Individuum dazu tendieren, zeitgleiche Verluste „en bloc" zu verarbeiten („aggregation"), denn hier kommt die abnehmende Sensitivität dem Wohlbefinden des Entscheiders zugute. Bei gemischten Zugewinnen und Verlusten ist die Situation komplizierter. Hier hängt die Tendenz zu „segregation" versus „aggregation" vom *relativen Wert* der Gewinne und Verluste ab.

Typische Anwendungsfelder der Mentalen Buchführung sind die → Produkt- und →Preisbündelung und die Rabattpolitik (→ nicht-lineare Preise) (siehe *Abb. 2*). Zwei Verluste -A und -B, hier Kaufpreise für zwei Produkte, sind weniger schmerzhaft, wenn sie zusammen bewertet werden V[-(A+B)], im Vergleich zur Situation, wo sie getrennt bewertet werden [V(-A)+V(-B)] (vgl. zu empirischen Nachweisen in marketingrelevanten Szenarios *Hermann/Bauer*, 1996; *Schade/Kunreuther*, 1998 und 1999). Dies ist ein Effekt, der *Preisbündelung begünstigt*. → Rabatte könnten wiederum als *separate Gewinne* wahrgenommen werden. Wird ein Rabatt dem ursprünglichen Verkaufspreis zunächst zugeschlagen und dann in gleicher Höhe als Rabatt ausgewiesen, so könnte das einen positiven Einfluss auf die Kaufentscheidung haben, obwohl letztlich der gleiche Preis verlangt wird. Diesen Effekt wiesen *Johnson/Hershey/Meszaros/Kunreuther* (1993) sogar für Schadensfreiheitsrabatte bei Versicherungen nach, bei denen der Rabatt, der dem Preis der Police zugeschlagen wird, zunächst bezahlt werden muss, und bei denen der Schadensfreiheitsrabatt ja mit einer gewissen (Schaden-)Wahrscheinlichkeit nicht einmal in Anspruch genommen werden kann. Bei den meisten anderen Produkten, bspw. bei Kleidung, liefe dieser Effekt, da die Summe aus Grundpreis (GP) und Rabatt (R) von keinem Konsumenten bezahlt werden muss, auf eine *reine Referenzpunktmanipulation* hinaus. Der fiktive Preis (GP+R) fiele in den Bereich der abnehmenden Sensitivität, der Rabatt könnte separat vom Grundpreis und im positiven, noch steilen Bereich der Wertfunktion verarbeitet werden (als separater Gewinn).

Dieser könnte, insbesondere bei einem hohen Grundpreis des Gutes, den höheren, fiktiven Preis in der Wahrnehmung der Konsumenten *überkompensieren* und eine

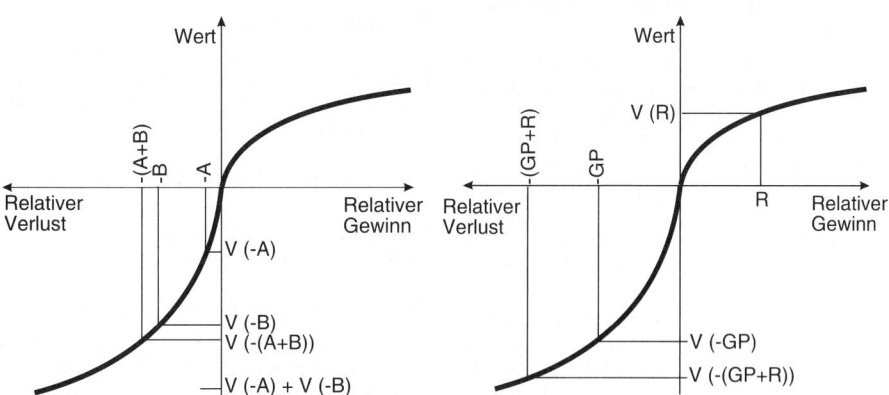

Abb. 2: Bündelung (links) und Rabattpolitik (rechts) bei Mentaler Buchführung

(Quellen: *Thaler*, 1985; *Johnson et al.*, 1993; *Hermann/Bauer*, 1996; *Schade/Kunreuther*, 1998)

Gesamtbewertung induzieren, die einen Kauf eher vorteilhaft erscheinen ließe als der unmittelbar präsentierte Grundpreis: V(-(GP+R)) + V(R) > V(-GP) Rabatte scheinen nicht immer diese positive Wirkung zu haben. So konnten *Schade/Kunreuther* (1999) eine negative Wirkung von Nichtbeanspruchungsrabatten auf Garantien nachweisen. Zu den Bedingungen positiver bzw. negativer Wirkungen von Rabatten ist weitere Forschung erforderlich.
Ch.Sch.

Literatur: *Hardy, B.G.S.; Johnson, E.J.; Fader, P.S.:* Modeling Loss Aversion and Reference Dependence Effects on Brand Choice, in: Marketing Science, Vol. 12 (1993), S. 378-394. *Johnson, E.J.; Hershey, J.; Meszaros, J.; Kunreuther, H.:* Framing, Probability Distortions, and Insurance Decisions, in: Journal of Risk and Uncertainty, Vol. 7 (1993), S. 35-51. *Kahneman, D.; Tversky, A.:* Prospect Theory; an Analysis of Decision under Risk, in: Econometrica, Vol. 47 (1979), No. 2, S. 263-291. *Thaler, R.H.:* Mental Accounting and Consumer Choice, in: Marketing Science, Vol. 4 (1985), S. 199-214. *Tversky, A.; Kahneman, D.:* Reference Dependence and Loss Aversion in Riskless Choice, in: Quarterly Journal of Economics, Vol. 106 (1991), S. 1039-1061. *Tversky, A.; Kahneman, D.:* Advances in Prospect Theory. Cumulative Representation of Uncertainty, in: Journal of Risk and Uncertainty, Vol. 5 (1992), S. 297-323.

Prospekte → Handzettel, → Katalog

Prosumer → Co-Produzenten-Ansatz

Prosumerismus

von *Toffler* geprägter Begriff zur Charakterisierung der Tendenz, dass Konsumenten (consumers) zunehmend und auf unterschiedliche Weise als Produzenten (producer) tätig werden. „Prosument" (prosumer) ist, wer:

– einen Teil seines Bedarfs an materiellen Gütern selbst erzeugt und Reparaturen durchführt (z.B. handwerkliche Arbeiten im Haus und Garten; do-it-yourself),
– mehr oder weniger freiwillig einen Teil der bisher von Dienstleistungsanbietern durchgeführten Arbeiten übernimmt (z.B. Selbstbedienung im Handel, Inanspruchnahme von Geldausgabeautomaten),
– in Bürgerinitiativen und Selbsthilfegruppen mitarbeitet und auf diese Weise das marktmäßig oder öffentlich bereitgestellte Angebot an individuellen und kollektiven Gütern ergänzt (z.B. Selbsthilfegruppen im psycho-sozialen und medizinischen Bereich; Dritte Welt- und Umweltgruppen),
– Angebote der Produzenten zur Beteiligung an Prozessen der Produktentwicklung und -evaluation nutzt (z.B. Beteiligung an Problemdiagnose und Ideenfindung),
– interaktive Informationstechnologien für die direkte Kommunikation mit den Produzenten einsetzt, um auf diese Weise eine den individuellen Bedürfnissen entsprechende Produktvariante erstellen zu lassen (z.B. kundenorientierte individuelle Kleidungsproduktion).

Angesichts der sich abzeichnenden wirtschaftlichen, gesellschaftlichen und technologischen Entwicklungen wird mit einer zunehmenden Bedeutung des Prosumerismus gerechnet. Über diese engere, ursprüngliche Begriffsbildung hinaus gewinnt die Vorstellung vom Konsumenten als Mit-Produzenten eine allgemeinere Bedeutung im Rahmen des → Dienstleistungs-Marketing. Produktion, Absatz, Kauf und Nutzung von Dienstleistungen erfordern stets die → Kundenintegration in den Prozess der Wertschöpfung. Deutlich wird dies besonders bei hochintegrativen Prozessen, z.B. im Gesundheits- oder im Bildungswesen, wo das erwünschte Ergebnis ohne intensives Mitwirken von Patienten und Studenten nicht zu erzielen ist. E.K./B.St.

Literatur: *Kotler, P.:* The Prosumer Movement. A New Challenge for Marketers, in: *Lutz, R.J.* (Hrsg.): Advances in Consumer Research, Vol.XIII, Provo 1986, S. 510-513. *Toffler, A.:* Die Zukunftschance, München 1980.

Protestantismus-Hypothese → Religion

Prozentdiagramm

Form der → Datenpräsentation, bei der relative Anteile von Gesamtheiten als Teile von Säulen oder Balken graphisch visualisiert werden.

Prozesskette → Dienstleistungs-Design

Prozesskostenkalkulation
→ Kalkulationsverfahren

Prozessmanagement im Marketing

Teil des → Marketing-Managment, bei dem es um die Steuerung von → Marketingprozessen, also um die Prozessorganisation im Marketing geht. Der Aufgabenbereich ist

Dimensionen des Prozessmanagements

Prozess-organisation	Prozess-controlling	Prozess-Informations-management	Prozessorientiertes Personalmanagement
• Prozessmitarbeiter (Abteilungen festlegen) • Aktivitäten festlegen (verbessern, vereinfachen, hinzufügen, streichen, verschmelzen, parallelisieren, konfigurieren) • Koordination/Leitung • Formalisierung	• Definition und Abstimmung von Prozesszielen • Aufbau und Pflege von Kennzahlen • Benchmarking von Prozessen • Steuerungsimpulse	• Informationsbereitstellung • Intensivierung der Kommunikationsprozesse • Aufbau und Pflege prozessorientierter Informationssysteme • DV-technische Infrastruktur	• Qualifikation für Prozessaufgaben • Prozessverantwortung (Empowerment) • Mitarbeiterführung • Entlohnung • Personalentwicklung

insbesondere in Zusammenhang mit der Diskussion um radikales „Reengineering" (Hammer/Champy) aktuell geworden. Der insbesondere durch die Beschleunigung und Intensivierung des Wettbewerbs sowie diverse Informationstechnologien ausgelöste Druck auf die Unternehmen, ihre Marketingprozesse kundenorientierter, straffer, schneller und effektiver zu gestalten, löste hier eine Vielzahl von Reorganisationsprozessen aus. Eine auf Marketingprozesse bezogene Analyse findet man bei *Saatkamp* (2001).

Die *Abbildung* zeigt die vier Grunddimensionen des Prozessmanagements mit den entsprechenden Unteraspekten, die je nach Situation des Unternehmens und Prozesscharakter des zu gestaltenden Vorgangs von unterschiedlich großer Relevanz sind. Im Bereich der *Prozessorganisation* geht es insbesondere um die Durchforstung der für eine effektive und effiziente Durchführung von Prozessen erforderlichen Aktivitäten sowie der dafür eingesetzten Mitarbeiter und deren Koordination. Häufig kommt es dabei zu Marketingteams i.S. von Arbeitsgruppen von Mitgliedern unterschiedlichen fachlichen Hintergrunds, die mit gemeinsamer Zielsetzung und relativ intensiven wechselseitigen Beziehungen in kollektiver Entscheidungsverantwortung einen Prozess vorantreiben. Durch → Simultaneous Engineering, d.h. Parallelisierung von Teilprozessen und -aktivitäten, können Prozesse beschleunigt werden. Im *Schnittstellenmanagement* geht es darum, die Anzahl der in einem Prozess involvierten Bereiche und damit die → Marketing-Schnittstellen zu reduzieren bzw. Konflikte zwischen den beteiligten Bereichen zu vermeiden oder zu lösen. → Marketing-Koordination erfolgt v.a. durch Standardisierung, etwa durch verbindliche Strukturierung von Entscheidungsprozessen oder Formalisierung des Vorgehens. Hauptaufgabe des *Prozesscontrolling* ist es, die Marketingprozesse hinsichtlich ihrer jeweiligen Prozessziele zu planen, zu bewerten und zu steuern (→ Marketing-Controlling). Dazu müssen entsprechende Controllinginstrumente aus Rechnungswesen, Marktforschung, EDV etc. genutzt werden. Das traditionelle Controlling liefert die für das Management von Marketingprozessen notwendigen Informationen oftmals nicht, da es zu sehr auf die Periodenergebnisse statt auf Marketingerfolge ausgerichtet ist. Das prozessorientierte *Informationsmanagement* sorgt für die Bereitstellung und Verbreitung der für effektive und effiziente Marketingprozesse erforderlichen Informationen und die Organisation der entsprechenden Informationssysteme. Im prozessorientierten *Personalmanagement* geht es schließlich insbesondere um Führungsaufgaben im Hinblick auf die an Marketingprozessen beteiligten Mitarbeiter. Es gilt, diese für diese Aufgaben zu qualifizieren, Verantwortlichkeiten festzulegen, dafür zu motivieren, die Prozesse eigenverantwortlich und umsichtig zu steuern, sowie den Mitarbeitern durch entsprechende Entlohnungssysteme, Personalentwicklungsmaßnahmen und allgemeine Führung das notwendig Verantwortungsgefühl und die Begeisterung für die Prozesssteuerung zu vermitteln (→ Internes Marketing).

Wie die Analyse von über 100 Reengineering-Projekten von Marketinghauptprozessen in insgesamt 34 Unternehmen durch

Saatkamp (2001) deutlich machte, geht es hierbei in praxi vor allem um die Beschleunigung und Straffung von Prozessen, die erforderliche Ausrichtung auf Kunden und Wettbewerber sowie die bessere Zusammenarbeit zwischen verschiedenen Bereichen der Unternehmung. Die in den Fallstudien beobachteten Verbesserungsraten waren beträchtlich und durchweg sowohl im Hinblick auf Zeit wie auch auf Kosten und Umsatz im zweistelligen Bereich. Insofern verwundert es nicht, wenn dem Prozessmanagement auch im Marketing in den letzten Jahren erheblich größere Aufmerksamkeit geschenkt wurde. H.D.

Literatur: *Davenport, T.H.*: Process Innovation. Reengineering Work Through Information Technology, Boston 1993. *Cespedes, F.*: Produktmanager, Verkäufer und Service müssen kooperieren, in: Harvard Business Manager, 17. Jg. (H. 1/1995), S. 52-64. *Saatkamp, J.*: Reengineering von Marketingprozessen. Theoretischer Bezugsrahmen und explorative empirische Untersuchung. Dissertation, Nürnberg 2001 (in Vorbereitung).

Prozessqualität → Qualität

Prüfverteilungen

Statistische Tests im Rahmen der Marktforschung (→ Inferenzstatistik) werden vielfach so konstruiert, dass man für das jeweilige Problem aus den gegebenen Stichprobenwerten eine „Prüfgröße" zu berechnen sucht, für die eine hinreichend gute Approximation an eine „theoretische" Verteilung existiert. Als solche Prüfverteilungen dienen i.a. die „Abkömmlinge" der → Normalverteilung: → t-Verteilung, → F-Verteilung und → Chi-Quadrat-Verteilung.

Längst nicht für alle auftretenden Probleme können auf diese Weise Testverfahren gefunden werden. (So gibt es bisher im Bereich der → Mehrdimensionalen Skalierung (MDS) oder der → Clusteranalyse kaum Tests.) Umgekehrt kann es auch vorkommen, dass für ein Problem gleich mehrere Vorschläge vorliegen. (So existieren für „Wilks' Lambda" im Rahmen der → Varianzanalyse zwei Approximationen an die üblichen Prüfverteilungen: *Bartlett* gab 1938 eine Annäherung an die Chi-Quadrat-Verteilung, *C.R. Rao* 1952 eine an die F-Verteilung.). M.H.

Psychogalvanische Reaktion
→ Hautwiderstandsmessung

Psychographic Filtering
→ Information Filtering

Psychographische Merkmale
→ Marktsegmentierungsmerkmale

Psychologische Werbetests
→ Werbetests

Psychologischer Kaufzwang

Fallgruppe im → Werberecht, die auf alle Techniken Bezug nimmt, bei denen ein Kunde durch das Versprechen übermäßiger Vorteile, Zugaben oder → Werbegeschenke etc. in eine psychische Zwangslage gebracht wird ein Gut zu kaufen, um einer peinlichen Situation zu entgehen (s.a. → gefühlsbetonte Werbung, → Suggestivwerbung). Psychologischer Kaufzwang wird wettbewerbsrechtlich als unlauterer Wettbewerb i.S.d. § 1 → UWG interpretiert. Er steht neben dem physischen, moralischen und rechtlichen Kaufzwang.

Psychometrie

Sammelbezeichnung für die insb. aus der → Psychophysik stammende psychologische Forschung, die sich quantitativer Methoden bedient. Kern der Psychometrie ist die Messung → hypothetischer Konstrukte über Skalierungsverfahren und Indizes sowie die mathematische Abbildung und Messung psychischer Prozesse. Sie liefert die Grundlagen für die → Multivariatenanalyse in der Marktforschung. L.H.

Psychophysik

ist ein Teilgebiet der experimentellen Wahrnehmungspsychologie (→ Wahrnehmung). Der Begriff weist bereits auf die Grundaufgabe dieses Forschungsgebietes hin: Psychophysik setzt sich aus „Physik" und „Psychologie" zusammen und untersucht die Beziehungen zwischen externen Umweltreizen und internen Reaktionen. Die externen Reize wirken als objektive physikalische Größen mit mehr oder weniger großer Intensität (Energie) auf Wahrnehmungsorgane ein. Dadurch werden interne Reaktionen ausgelöst. Dazu zählen Empfindungen und Urteile, aber auch Veränderungen auf der neuralen Ebene.

Zwischen objektiven Reizen und subjektiven Empfindungen können funktionale Beziehungen nachgewiesen werden. Untersuchungen bestätigen, was aus Beobachtungen bekannt ist: Häufig werden Reize bei der

Wahrnehmung abgeschwächt. Das ist biologisch zweckmäßig, denn auf diese Weise kann ein breiteres Spektrum an Umweltreizen wahrgenommen werden. Konkret: Eine Verdopplung der physikalischen Licht- oder Tonintensität führt nicht zu einer Verdopplung der Helligkeits- oder Lautheitswahrnehmung. Neben der Reizabschwächung kommen auch Reizverstärkungen bei der Wahrnehmung vor, z.B. bei Wärmeempfindungen und vor allem beim elektrischen Schock. Auch die Verstärkungen sind biologisch zweckmäßig, denn sie verbessern die Abwendung von Gefahren.

In Experimenten konnte gezeigt werden, dass die Beziehung zwischen Sinnesreizen (z.B. Lautheit, Helligkeit, Geschmack, Wärme) und den entsprechenden Empfindungen durch eine einfache Gleichung beschrieben werden kann. Diese Beziehung wird *psychophysisches Gesetz* genannt. Lange Zeit ging man von einer logarithmischen Abhängigkeit aus. Dieses Gesetz geht auf Fechner zurück. Stevens und seine Mitarbeiter konnten aber nachweisen, dass die Beziehung zwischen den Sinnesreizen und den Empfindungen durch ein *Potenzgesetz* genauer und allgemeiner beschrieben wird.

Das psychophysische Gesetz hat eine erhebliche praktische Bedeutung. Es ermöglicht die systematische Beeinflussung von Empfindungen durch die Variation physikalischer Größen. Konkret: Dadurch wird die menschengerechte Umweltgestaltung erleichtert, z.B. die Optimierung von Raumhelligkeit und Akustik. Auf dieser Basis können auch Geschmackswahrnehmungen systematisch variiert und Duftbeimengungen richtig dosiert werden. Das psychophysische Gesetz gilt für Sinnesreize, die eine mehr oder weniger große Intensität (Energie) haben. Es wird aber häufig verallgemeinert und auf ganz andere Reizarten übertragen, z.B. auf ökonomische Größen wie den Preis. Diese Verallgemeinerung ist problematisch. Bspw. haben das Preisempfinden (→ Preiswahrnehmung) und die Lautheitsempfindung zwar ähnliche empirische Verläufe, aber sie können nicht in der gleichen Weise auf das psychophysische Gesetz bezogen werden, da die auslösenden Reize sich qualitativ unterscheiden. Die Veränderung des Preisempfindens wird nicht durch einen physikalische Intensität bestimmt und gehört daher – streng genommen – nicht in den Gültigkeitsbereich des psychophysischen Gesetzes.

Neben diesen Anwendungen hat die Psychophysik außerdem wichtige Beiträge zur Theorie des Messens geliefert (→ Messung). Die Bemühungen, den funktionalen Zusammenhang zwischen physikalischen Reizen und Empfindungen zu bestimmen, führte zur Entwicklung zahlreicher psychophysischer Messverfahren. Viele davon wurden auf anderen Gebieten angewendet, z.B. bei der Skalierung von Einstellungen und Interessen.

Die Psychophysik ist eine klassische Disziplin der Psychologie. Sie hat aber nur noch eine geringe Bedeutung, weil heute viele Fragestellungen der Psychophysik in anderen fachlichen Zusammenhängen untersucht werden, z.B. in der Kognitiven Psychologie und in den Neurowissenschaften.

G.B.

Literatur: *Sarris, V.*: Wahrnehmung und Urteil, Göttingen 1971.

Public Affairs

bezeichnet den Teil der → Public Relations, der sich mit der Politik, den Behörden und Institutionen sowie weiteren Trägern der Macht abgibt. Wird manchmal auch als Synonym für Public Relations verwendet (→ Lobbying).

Public-Choice-Theorie

Ziel der Public-Choice-Theorie (auch: ökonomische Theorie der Politik) ist es, rationales Verhalten der Träger des politischen Willensbildungsprozesses und als Folge davon das Zustandekommen politischer Entscheidungen zu erklären. Der politische Willensbildungsprozess wird dabei als Markt verstanden, dessen Angebotsseite sich aus den Politikern bzw. politischen Parteien, der Regierung sowie der öffentlichen Verwaltung und dessen Nachfrageseite sich aus den Wählern und den verschiedenen Interessenverbänden zusammensetzen. Die Akzeptanzbemühungen der politischen Parteien lassen sich entsprechend dem Konzept des *generic marketing* als Marketing-Anstrengungen auffassen, womit das Konzept des Marketing als Analyse-Rahmen für politische Prozesse dienen kann. Die einzelnen Politiker und die Parteien werden dabei als Stimmenmaximierer oder als Maximierer ihrer Gewinn-/Wiederwahlchance angesehen. Den Mitarbeitern der öffentlicher Verwaltung (Bürokraten), auf deren Dienste die Regierungsmitglieder angewiesen sind, unterstellt man Budgetmaximierung, die Maximierung ihres Spielraums, die Maximierung der Zahl der unterstellten Mitarbeiter und die Maximierung des Umfangs an indirekten Einkommenszuwendungen in Form von Dienstwagen, Reisen etc. Von Interessenverbänden wird angenommen, sie versuchten, sich auf dem Weg der politischen Einflussnahme Vorteile zu sichern. Bei den Wählern geht man nur von geringem Interesse für politische Fragen aus, da die einzelne Stimme bei Wahlentscheidungen so gut wie nicht ausschlaggebend und die Beschaffung von Hintergrundinformation mit Kosten verbunden sind.

Die Bedeutung der Public-Choice-Theorie für das Marketing ist vor allem darin zu sehen, dass sich mit ihr Fragestellungen des Politik-Marketing wie die Behandlung produktpolitischer Fragen von Parteien, Regierungen oder Interessenverbänden theoretisch behandeln lassen. Mit der Kernaussage der Klubtheorie lassen sich zudem Erklärungs- und Gestaltungsaussagen zur Produktpolitik und der Größe von Kundenklubs formulieren und somit auf das Marketing von Unternehmen anwenden. Eine besondere Bedeutung für die Anwendung auf Marketingfragestellungen im Sinne eines Positionierungsmodells kommt gegenwärtig dem Medianwählertheorem zu. Die Anwendungsfelder der Public-Choice-Theorie im Marketing müssen jedoch als selten angesehen und ihre Annahmen als oft zu restriktiv bezeichnet werden. H.B./T.B.

Literatur: *Bauer, H.H.; Huber, F.; Herrmann, A.*: Politik-Marketing - Inhalt, Instrumente und Institutionen, in: Der Markt, 34. Jg. (1995), S. 115-124. *Downs, A.*: An Economic Theory of Democracy, New York 1957. *Mueller, D.C.*: Public Choice II, Cambridge, New York, Oakleigh 1989.

Public domains (PD)

PD sind abgekürzte Bezeichnungen der Internet-Anwender (user), die im Verkehr an die Stelle der numerischen Internet-Protokoll-Adressen treten. Man unterscheidet top-level-domains (tld) von subdomains (sd). Die tld werden des Weiteren nach sachlichem (z.B. com. für commercial, edu für education; org für organisations; int für international organsations) und geographischem (z.B. de. für Deutschland) Aussagegehalt differenziert. Für die Vergabe der sd mit dem tld de. ist das Deutsche Network Information Center (DE-NIC) zuständig, das am Rechenzentrum der Universität Karlsruhe geführt wird. Für die internationale Koordination sind die Internet Assigned Numbers Authority (IANA) und die InterNIC zuständig, die vom U.S.Federal Network Council beauftragt wurden. Für die am meisten begehrten tld „com", „net" und „org" wurde das bisherige Vergabemonopol der NSI, das bislang 80 % der weltweit 5,5 Mio. Online-Adressen registriert hatte, im April 2000 aufgelöst und auf vorerst 5 und ab Juli 29 weitere Registrierer übertragen Zu diesen gehören America Online (AOL), die France Telecom-Tochter Oleane, die amerikanische Core-Gruppe (Internet Council of Registrars) sowie Register.com. Für die nächsten 5-10 Jahre werden ca. 100 Mio. Neueintragungen geschätzt.

Sämtliche Vergabestellen prüfen nur etwaige Voranmeldungen gleicher domains (Prioritätsprinzip), nicht dagegen entgegenstehende Marken- und Kennzeichen- oder Namensrechte. Aber eine InterNIC-Richtlinie v. 1995 hat ein Widerspruchsrecht von Warenzeicheninhabern eingeführt (veröff. unter ftp://rs.internic.net/ policy/internic/internic-domain-5txt).

Nach staatlichem deutschem Recht können Abwehrrecht aufgrund §§ 14 f. MarkenG begründet sein, wenn ein identisches oder ähnliches Zeichen verwendet wird, das ein eingetragenes Markenrecht oder ein sonstiges nach § 5 MarkenG erworbenes Unternehmenskennzeichen, wie Firmen, Namen oder Geschäftsabzeichen verletzt. Verletzungen sind sowohl bei Verwechslungsgefahr als auch dann gegeben, wenn die Unterscheidungskraft oder die Wertschätzung unlauter ausgenutzt oder beeinträchtigt wird. Für Städtenamen nimmt die h.M. einen Vorrang der Stadt vor einem sonstigen user an. Bei Namensgleichheit gilt Prioritätspinzip. Der Berechtigte darf nicht mit Firmen oder Erzeugnissen in Verbindung gebracht werden, mit denen er nichts zu tun hat. Unzulässiges Domain-Hamstern liegt vor, wenn jemand bei den zuständigen Vergabestellen Domains auf Vorrat reserviert und sich die so erworbenen Rechte später bei Bedarf von den betr. Namensträgern abkaufen lässt. Hamstern wurde aber in der Rspr. bisher nur bei 3-stelligem Domain-Vorrat anerkannt. Bei sachlichem Bezeichnungsgrund gilt das Prioritätsprinzip.

H.He.

Public Event → Event-Marketing

Public Relations (PR)

auch als Öffentlichkeitsarbeit bezeichnetes Instrument der → Kommunikationspolitik, welches die bewusste Planung, Organisation, Durchführung und Kontrolle solcher Organisationsaktivitäten umfasst, mit denen im Sinne der Unternehmens-/ Organisationskommunikationsziele bei bestimmten internen und externen → Interessengruppen Verständnis und → Vertrauen geschafft bzw. gepflegt wird (s.a. → Unternehmensdialog).

Die Vielfalt der Erscheinungsformen des Public Relations lässt sich im Wesentlichen nach verschiedenen Nutznießern der PR-Aktivitäten, nach bestimmten Anlässen, Inhalten- bzw. Botschaften und schließlich nach den angesprochenen Zielgruppen differenzieren (*Tab. 1*).

Im Rahmen dieser Erscheinungsformen heben die PR-treibenden Unternehmen/ Organisationen entweder bestimmte Leistungsattribute von Produkten bzw. Dienstleistungen heraus (leistungsbezogene PR), stellen ein Unternehmens-/Organisationsleitbild dar (unternehmensbezogene PR) oder kommunizieren gesellschaftsbezogene Handlungen der jeweiligen Organisation (gesellschaftsbezogene PR). Diese PR-Formen unterscheiden sich hinsichtlich des Grades der Zielgruppen- und Absatzorientierung, des Ausmaßes der Informationsvermittlung und der Imagebildung, der Kontinuität, der Internalisierung, der Streuverluste und des zeitlichen Horizonts der PR-Aktivitäten. Ein leistungsbezogenes Public Relations weist i.d.R. eine stärkere Zielgruppen-, Absatzorientierung und Informationsvermittlung auf als die unternehmensbezogenen oder gar gesellschaftsbezogenen Public Relations, die sich hingegen durch höhere Imagebildung und Kontinuität, einem weiteren zeitlichen Horizont aber auch durch verstärkte Streuverluste auszeichnen.

Mittels der Public Relations verfolgen die Organisationen/Unternehmen zur Erschaffung und Pflege von Vertrauen und Verständnis die Ziele,

– bestimmte Kenntnisse auf Seiten der Zielgruppen zu erhöhen (Bekanntmachungsstrategie)

– Informationen zu vermitteln, aufzuklären und zu überzeugen (Informationsstrategie)

– positive Einstellungen zu generieren und zu pflegen (Imageprofilierungsstrategie), um sich nicht zuletzt auch von der Konkurrenz abzugrenzen, sowie schließlich,

– auf gewisse, möglicherweise für die Organisation „heikle" Vorkommnisse zu reagieren (Schadensvermeidungsstrategie).

Die Festlegung der PR-Ziele und die Formulierung der PR-Strategie erfolgt auf Grundlage einer Situationsanalyse sowie der Definition von Zielgruppen. Darauf aufbauend wird das PR-Budget kalkuliert sowie für die jeweiligen Zielgruppen geeignete PR-Maßnahmen geplant und ausgeführt. Dabei ist die optimale Integration der Bemühungen in das gesamte Kommunikationsmix der Organisation zu gewährleisten. Den PR-Maßnahmen dienen insbesondere das Instrumentarium der Pressearbeit, des persönlichen Dialogs, der Mediawerbung sowie andere Aktivitäten, die sich unterschiedlichen Kontaktformen der PR und den jeweiligen internen oder externen Zielgruppen zuordnen lassen (*Tab. 2*). Zur Zuständigkeit für PR-Aufgaben innerhalb von Organisationen und Unternehmen existie-

Tab. 1: Erscheinungsformen der Public Relations (mit Spezialverweisen)

Nutznießer	Anlässe, Inhalte, Botschaften	Zielgruppen
Produkte und Dienstleistungen (→Produkt-PR), Unternehmen/Organisationen (z.B. auch → PR für Non-Profit-Organisationen), Personen (→ Personal Publicity), Branchen/Verbände, Regierung und Verwaltung (→ Politische PR)	bei Krisen (→ Krisen-PR), bzgl. des Standorts (→ Standort-PR), zur finanziellen Situation (→ Finanz-PR), zum sozialen Einsatz, bzgl. ökologischem Engagement (→ Umweltkommunikation), bestimmter Aktionen	Medien/Presse (→ Medienarbeit), Mitarbeiter (→ interne Kommunikation), → Meinungsführer, Politiker (→ Lobbying), Investoren (→ Investors Relations)

Tab. 2: Kontaktformen der Public Relations

Kontaktform Zielgruppe	Direkt	Indirekt
Intern	– Informationsveranstaltungen mit Mitarbeitern, – Interne Sport-, Kultur- und Sozialeinrichtungen, – Betriebsausflüge	– Werkszeitschriften, – Anschlagtafeln im Unternehmen
Extern	– Pressekonferenzen, – Persönliche Beziehungen zu Meinungsführern, – Vorträge, Diskussionen mit Bürgerinitiativen	– Redaktionelle Berichte über Produkte/das Unternehmen, – Spots/Anzeigen in Medien, – Informationsbroschüren, – Unternehmensprospekte

(Quelle: *Bruhn*, 1997, S. 564.)

ren unterschiedliche Auffassungen (→ PR-Organisation).

Die PR-Erfolgskontrolle wirft wertvolle Hinweise für zukünftige Ziele, Strategien und Maßnahmen auf. Im Gegensatz zu den ökonomischen Zielgrößen wie Absatz und Gewinn, die sich mangels Zurechenbarkeit zu den jeweiligen PR-Bemühungen nur wenig als Erfolgsmaß eignen, stellen die so genannten psychographischen Größen (z.B. Bekanntheits- und Informationsgrad, Einstellungen) aufgrund ihrer sensiblen Reaktion auf PR-Aktivitäten sinnvolle Erfolgskriterien dar.

Die Anzahl der PR-Verantwortlichen in aller Art von Organisationen und der → PR-Agenturen wird in Westeuropa auf ca. 70.000 Personen geschätzt. In Deutschland gibt es ca. 4.000 berufspolitisch organisierte PR-Experten, davon sind allein 1.900 in der *Deutschen Public-Relations-Gesellschaft* zusammengeschlossen. Die Gesellschaft setzt sich für die Etablierung der Public Relations als Führungs- und Managementfunktion ein und bemüht sich darum, sowohl ein homogenes berufliches Selbstverständnis zu schaffen, als auch den Berufsstand zu professionalisieren. Ein weiteres Organ der Public-Relations-Branche stellt die *Gesellschaft der Public-Relations-Agenturen* dar, in welcher sich 39 deutsche und internationale PR-Agenturen organisieren.

P.F./K.Sch.

Literatur: *Bruhn, M.*: Kommunikationspolitik. Bedeutung. Strategien – Instrumente, München 1997. *Naundorf, S.*: Charakterisierung und Arten der Public Relations, in: *Berndt, R.; Hermanns, A.* (Hrsg.): Handbuch Marketing-Kommunikation, Wiesbaden 1993, S. 595-616.

Publikumswerbung

auch als Sprungwerbung bezeichnete → Werbung eines Anbieters, die die in den Vertrieb eingeschalteten Absatzmittel überspringt und sich im Gegensatz zur Fachwerbung an ein nicht näher abgegrenztes Publikum unter der Endabnehmerschaft richtet.

Publikumszeitschriften (Allgemeine Zeitschriften)

zu den Printmedien, speziell den → Zeitschriften gehörender → Werbeträger, der sich im Gegensatz zu den → Fachzeitschriften allgemein an ein möglichst breites Publikum, unabhängig von Schicht, Beruf, politischer oder sonstiger Bindung richtet. Der Schwerpunkt liegt im Bereich der Unterhaltung und der Lebenshilfe; im Gegensatz zur → Zeitung erfolgt keine umfassende Nachrichtenberichterstattung. Die typischen Zeitschriftenmerkmale Aktualität, Universalität, Periodizität und Publizität können unterschiedlich ausgeprägt sein.

Eine Einteilung der Publikumszeitungen ist in der *Abbildung* dargestellt.

Die außerordentlich gute Marktstellung der Publikumszeitschriften als Werbeträger in nahezu allen Branchengruppen liegt u.a. in folgenden Punkten begründet:

– Ansprache an eine oft klar abgegrenzte Zielgruppe ohne große Streuverluste,
– preiswertes Medium im Vergleich zu Hörfunk und Fernsehen,
– jederzeit planbarer, flexibel einsetzbarer Werbeträger,
– optimale Wiedergabe der Werbeinhalte durch relativ hohe Druckqualität,

Aufgliederung der Publikumszeitschriften		
Massenzeitschriften	Ansprache der Gesamtbevölkerung mit allgemeiner Thematik	aktuelle Illustrierte Programmzeitschriften
Spezialzeitschriften	Anspracher der Gesamtbevölkerung mit spezieller Thematik	Wohnzeitschriften Sportzeitschriften Hobbyzeitschriften
Zielgruppenzeitschriften	Ansprache eines Bevölkerungssegments mit zielgruppenspezifischer spezieller Thematik	Frauenzeitschriften Elternzeitschriften Jugendzeitschriften

(Quelle: *Tietz, B.*, Die Werbung, Bd. 2, S. 1863)

– relativ hohe Kontaktqualität auf Grund des spezifischen Leseverhaltens von Publikumszeitschriften.

Die Nettowerbeumsätze im Jahr 1999 stiegen im Vergleich zum Vorjahr um 7,4% und betrugen 3,92 Mrd. DM. Die Publikumszeitschriften profitierten somit vom starken Wettbewerb in den Sektoren Telekommunikation und Strom sowie von dem anhaltenden Trend, Unternehmen an die Börse zu bringen.

Auf dem mit einem hohen Sättigungsgrad gekennzeichneten Zeitschriftenmarkt werden in Zukunft jene Publikumszeitschriften die besten Chancen haben, die sich entweder durch besondere Qualität oder durch besonders günstige Preise auszeichnen.

B.Sa.

Literatur: *ZAW* (Hrsg.): Werbung in Deutschland 2000, Bonn 2000.

Pufferfragen (Ablenkungsfragen)

Fragen, die im Rahmen der Gestaltung des → Fragebogens zwischen zwei verschiedene Fragestellungen oder Themenbereiche eingeschoben werden, um vom Zusammenhang dieser beiden Fragestellungen abzulenken (→ Halo-Effekt, → Konsistenzeffekt).

Pufferzeit

Dasjenige Intervall, in dem ein bestimmter Vorgang eines Netzplans (→ Netzplantechnik im Marketing) verschoben oder ausgedehnt werden kann, ohne den Endtermin zu beeinflussen.

Pull-Anreize
→ handelsorientierte Anreizsysteme

Pull-Strategien

sind eine → vertikale Marketingstrategie, die darauf ausgerichtet ist, dem Handel über einen Vorverkauf der Herstellerleistungen bei den Endkunden ein Absatzpotential zu sichern, mit dem der Handel eine gesicherte Endkundenfrequenz erhält. Pull-Strategien werden in typischerweise über das Endkundenmarketing (→ handelsorientierte Anreizsysteme) des Herstellers realisiert. Zentrale Instrumente sind insbesondere die Produktpolitik sowie die Kommunikationspolitik.

T.T./M.Sch.

Literatur: *Feige, St.*: Handelsorientierte Markenführung, Stuttgart, Berlin 1995.

Pulsationsstrategie

i.w.S. jede Marktstimulierungsstrategie, bei der das Aktivitätsniveau systematisch in gewissen Zeitabständen intensiviert wird. Im spezielleren Sinne eine Variante der → Preisstrategie, bei der sich Preissenkungen und Preiserhöhungen systematisch abwechseln (→ Preisvariation) - wie im Falle eines regelmäßigen Einsatzes von Aktions- oder Sonderangebotspreisen. Derartige Strategien bieten sich an, wenn der Absatzzuwachs bei Preissenkungen größer ist als der Absatzverlust bei entsprechenden Preiserhöhungen. Man spricht in diesem Fall auch von asymmetrischen → Preisänderungswirkungen.

Ist die Preisänderungswirkung in dem Sinne nicht-proportional, dass bei kleineren Preisänderungen unterproportionale Absatzveränderungen, bei großen Preissprüngen dagegen überproportional große Absatzveränderungen zu verzeichnen sind, so empfiehlt sich eine Pulsationsstrategie, bei der die Preissenkung in einem großen Schritt und die Preiserhöhung in mehreren kleinen Schritten vorgenommen wird. Die durch die Preiserhöhung hervorgerufenen Absatzverluste lassen sich dadurch möglichst gering halten.

H.S./G.T.

Pulsierende Werbung

Beim → Werbetiming zu entscheidende Konzentration des → Werbebudgets auf bestimmte Zeitperioden („Klotzen") im Gegensatz zur gleichmäßigen Verteilung über die Zeit („Kleckern"). Empirische Analysen ergaben eine gewisse Überlegenheit der Pulsationsstrategie (→ Werbebudgetierung).

Punktprognose

quantitative → Absatzprognose, die nur die Angabe eines Punktes der Zahlengerade enthält. Beispiel: „Das Marktvolumen in der BRD wird 1990 um 4 % real wachsen." Im Gegensatz zur Punktprognose wird bei der Intervallprognose ein Bereich der Zahlengeraden (z.B. 3 – 5 %) vorhergesagt.

Pupillometer

in der experimentellen → Mediaforschung eingesetztes Gerät, bei dem mit Hilfe von Infrarot-Lichtsendern die Pupille einer Testperson erfasst und registriert wird, wie stark sich die Größe der Pupille bei Betrachtung eines Werbemittels verändert. Damit soll das Ausmaß der → Aktivierung seitens der Testperson ermittelt werden. Das Verfahren hat sich in der Praxis wenig durchgesetzt, während das verwandte, allerdings auf kognitive Vorgänge zielende Verfahren der → Blickregistrierung zunehmend Verbreitung findet.

Purchasing Card (Procurement Card)

In den USA seit 1989 und in Deutschland seit 1995 angebotene Serviceleistung von Kreditkartenunternehmen und Banken, bei dem ein externes System zur zentralen Steuerung, Abrechnung und Verbuchung von dezentralen Beschaffungs- und Regulierungsprozessen zwischen Bestellern und Lieferanten eingerichtet wird. Es beschränkt sich meist auf die Beschaffung von Teilen, Rohstoffen und sonstigen Nicht-Anlagegütern (beim deutschen CPS bis zu einem Warenstückwert von DM 25.000,–). Das System soll die oft durch mehrstufige imterne Genehmigungsprozesse gekennzeichneten Bestellvorgänge verkürzen, indem nicht mehr der Einkauf, sondern schon die Verbrauchsstellen im Unternehmen autorisiert werden, Bestellungen innerhalb eines zuvor definierten Rahmens direkt beim Lieferanten vorzunehmen. Dazu werden über eine entsprechende Buchungskarte die Bestellungen an den Lieferanten übermittelt, von dem Service-Provider online autorisiert und datenmäßig vom Lieferanten in den Zentralrechner des Service-Providers überspielt. Sind die georderten Waren an den Besteller geliefert, schickt der Service-Provider dem Lieferanten vorkontierte Buchungssätze für die Debitorenbuchhaltung und garantiert eine schnelle Zahlung nach Rechnungseingang.

Das System besteht letztlich aus drei Hauptelementen: dem Bestellersystem mit einem Stammdatenprogramm zur Datenerfassung und Datenpflege der beteiligten Mitarbeiter der Bestellerunternehmen, dem Lieferantensystem mit dem Autorisierungsterminal, mit dessen Hilfe die Autorisierung der Bestellung erfolgt, sowie dem Transferprogramm, das die in das Warenwirtschaftssystem des Lieferanten eingegebenen Daten an das Rechenzentrum des Service-Providers überträgt, und drittens das Rechenzentrum des Service-Providers mit einem Kommunikationssystem für den Datenaustausch, die Abrechnung und Bezahlung.

Purchasing Cards bieten insbesondere Unternehmen mit vielen Kleinaufträgen die Möglichkeit, die Einkaufsverwaltung zu rationalisieren. Der deutsche Anbieter Citybank/Diners schätzt ihn auf bis zu 50%. Das System verlangt vom Einkauf aber ein neues Denken, da reine Bestellaufgaben in die Verbrauchsabteilungen deligiert werden, was ein neues Vertrauensverhältnis zwischen den Unternehmensbereichen erfordert.   H.D.

Purge-List

Prüfliste für den Adressenabgleich im → Direktmarketing. Die Purge-List enthält dabei jeweils diejenigen Adressen, die aus dem Bestand eliminiert werden sollen. Zu den unbrauchbaren Adressen zählen u.a. alle Anschriften der → Robinson-Liste, Risikoadressen (z.B. Adressen von Kunden mit geringer Bonität oder bereits vor kurzem kontaktierte Kunden) und Adressen, die unzustellbar sind (s.a. → Adressmanagement bzw. → Doubletten-Abgleich   N.G.

Push-Anreize

→ Handelsorientierte Anreizsysteme

Push-Button-Verfahren

Begriff aus der → Fernsehforschung. Das Push-Button-Verfahren beruht auf dem

Prinzip der → aktiven Metermessung. Das Knopfdruckverfahren oder Push-Button-Verfahren ermöglicht eine Personenidentifizierung über individuelle Personentasten zur Personenan- und -abmeldung an der Fernbedienung des → GfK-Meters. Schon 1975 in Deutschland eingeführt, ist es heute weltweiter Standard in der Fernsehforschung.

Push-Strategie

→ Vertikale Marketingstrategie, die im Gegensatz zur → Pull-Strategie das aktive bis aggressive „Hineinverkaufen" der Ware des Herstellers in den Handel ohne große Bemühungen um den Abverkauf aus dem Handel beinhaltet. Dies geschieht z.B. durch die Gewährung besonderer Rabatte, die kostenlose Übernahme von Arbeiten, die sonst dem Handel obliegen (wie z.B. Regalpflege, Aufbau von Zweitplatzierungen, Überwachung der Restbestände in Lager und Regal und darauf aufbauend Dispositionsvorschläge etc.) oder intensives → Beziehungsmanagement bis hin zum hard selling gegenüber dem Handel (→ handelsorientierte Anreizsysteme).
Die Push-Strategie verzichtet weitgehend auf die typischen Pull-Elemente Elemente der → Markenpolitik (Sprungwerbung) und baut darauf, dass ein genügend großes Verbrauchersegment vorhanden ist, das niedrigpreisige Produkte bevorzugt.

In der Praxis sind derzeit weder reine Push- noch reine Pull-Strategien zu finden, vielmehr herrschen i.d.R. Mischformen vor. Insofern stellen beide Formen lediglich Scheinalternativen des → vertikalen Marketings dar. W.I.

P-Wert

Als P-Wert wird in der → Fernsehforschung der für die Berechnung der Kontaktwahrscheinlichkeit für Sendungen, Werbeblöcke oder Zeitabschnitte zu bildende Quotient aus gesehener Zeit zu gesendeter Zeit bezeichnet. Bei diesem Verfahren wird pro Panelperson (→ Panel) und Sendung/Werbeblock/Zeitabschnitt ein solcher Quotient zwischen 0 und 1 berechnet. Personenindividuelle P-Werte können auch als Zusammenfassung über eine größere Anzahl von Sendungen/ Werbeblöcken berechnet werden.

Pyramidensystem → Schneeballsystem

Q

Q & A-List

Die „Questions & Answers-List" enthält als Instrument der → Public Relations bzw. des → Nachkaufservice alle im Zusammenhang mit einem Thema oder einem Ereignis erwarteten und aufgestellten Fragen von Journalisten, Betroffenen oder Entscheidungsträgern und der dazu vorbereiteten Antworten. Q & A-Listen werden von der Public-Relations-Abteilung oft auch über ein Intranet der ganzen Organisation zur Verfügung gestellt.

Q-Analyse → Faktorenanalyse

Q-Metrix

ist ein Verfahren der → Mediaanalyse im Internet, welches von dem amerikanischen Unternehmen *Media Metrix* entwickelt wurde. Im Gegensatz zu den meisten anderen Verfahren zur Reichweitenmessung im Internet werden die Daten bezüglich → Click-Through-Rate, → Page Impression und → Visits hierbei nicht nur für sich genommen ausgewertet, sondern mit einer Analyse qualitativer Nutzerdaten aus dem → MMXi-Panel in Verbindung gebracht.

Q-Test → Cochran-Test

Quadratwurzel-Regel
→ Elementenpsychologie

Qualität

In der Literatur finden sich verschiedene Qualitätsbegriffe: der *objektive*, der *subjektive* und der *teleologische*.
Dem objektiven Qualitätsbegriff liegt die Idee zugrunde, dass es ein objektives, zumeist von Dritten vorgegebenes Maß für die Qualität eines Produkts gibt (→ Pflichtenheft). In dieser Tradition steht auch der → Eigenschaftsraum, in dem Erzeugnisse anhand objektiver, physikalisch-chemisch-technischer Merkmale beschrieben werden. Hierbei sind eine Gewichtung der Maßeinheiten auf den Achsen, eine Richtungsbestimmung für Qualitätserhöhungen oder -senkungen bei partieller Änderung der Werteausprägung auf einer Achse sowie eine Aggregationsregel für bewertete partielle Qualitätsänderungen erforderlich. Es ist möglich, die Produktqualität durch die Bestimmung qualitätsneutralisierender Preiszu- oder -abschläge zu erfassen (→ Kundennutzenkonzepte, → Preis-Leistungs-Analysen). Das Ausmaß eines Zu- bzw. Abschlags für ein Produkt ist dann gegeben, wenn dieses Erzeugnis mit anderen bei allen Produkteigenschaften identisch ist.

Beim *subjektiven Qualitätsbegriff* werden die Wünsche und Vorstellungen der *Nachfrager* und nicht die Urteile von Experten berücksichtigt. Ein Produkt hat Qualität, wenn es die Bedürfnisse der Individuen vor dem Hintergrund spezifischer Verwendungszwecke erfüllt. Zur Qualitätsbestimmung dient der → Produktmarktraum, der die Koordinatenwerte von Produkten in Abhängigkeit subjektiver Wahrnehmung und Beurteilung zeigt. Je näher ein Erzeugnis am Ideal einer Person oder eines Segments positioniert ist, desto höher ist seine Zwecktauglichkeit und damit sein Potential zur Bedürfnisbefriedigung. Zur Erfassung von Qualitätsurteilen bietet sich das Instrumentarium der Einstellungs- und Imageforschung an (→ Einstellung, → Image).

Gilt der *teleologische Qualitätsbegriff*, so nehmen Nachfrager eine *Bewertung* der einzelnen Eigenschaften von Produkten in Anbetracht ganz konkreter *Verwendungsabsichten* vor. Hierbei werden die Bedürfnisse, Wünsche und Ansprüche der Kunden (subjektive Sphäre) den Leistungsdimensionen des jeweiligen Erzeugnisses (materielle Sphäre) gegenübergestellt. Auch dieses Qualitätsverständnis lässt sich vom Produktmarktraum her entwickeln. Dazu ist zu unterstellen, dass sich die verschiedenen Verwendungsabsichten der Verbraucher in unterschiedlichen Gewichtungen der Merkmale konkretisieren, die z.B. im Wege der → Conjointanalyse empirisch erhoben werden können. Dem teleologischen Qualitätsbegriff liegt die Überlegung zugrunde, dass eine Qualitätsnorm existiert. Abweichungen von dieser Norm haben für die einzelnen Kunden unterschiedliche Relevanz und können durch verschiedene → Preisbereitschaften ausgeglichen werden.

Im Marketing, aber zunehmend auch in der → Forschung und Entwicklung (FuE) hat sich inzwischen das Verständnis der *teleologischen Qualität* weitgehend durchgesetzt. Qualität wird als eine kundenbezogene Größe verstanden. Sie bezeichnet damit – in Einklang mit der DIN-Normenreihe (DIN 55350, Teil 11 und DIN 8402) – „die Gesamtheit von Merkmalen einer Einheit bezüglich ihrer Eignung, festgelegte und vorausgesetzte Erfordernisse zu erfüllen". Diese Erfordernisse ergeben sich nach h.M. aus den Anforderungen, die der Nachfrager an den Anbieter und/oder dessen Produkt stellt.

Bezüglich der Qualität(-sbeurteilung) aus *Nachfragersicht* ist ungeachtet der Situationsspezifika festzuhalten:

- Für den Kunden setzt sich das gesamte Qualitätsurteil aus der Wahrnehmung von Qualitäten einzelner Teilleistungen zusammen.
- Unter der Vielzahl von Teilqualitäten ragen aus Nachfragersicht einige wenige (irradiierende) Faktoren heraus, die das Qualitätsurteil maßgeblich bestimmen. Untersuchungen zufolge werden 80% der Urteilsvarianz von drei bis fünf Qualitätseindrücken bestimmt.
- Die Gewichtung einzelner Merkmale ergibt sich aus dem Anforderungsprofil des Nachfragers.
- Das Qualitätsurteil resultiert aus einem Vergleich zwischen wahrgenommener und erwarteter Qualität und schlägt sich global in der → Kundenzufriedenheit nieder.
- Bezüglich der Kundenzufriedenheit ist zwischen Teilleistungen zu unterscheiden, die – dem sogenannten → „Kano-Modell" folgend – als „Hygienefaktoren" zu bezeichnen sind und selbst auch bei hohem Erfüllungsgrad nur wenig zur Zufriedenheit beitragen, bei Nichterfüllung allerdings die Ursache von Unzufriedenheit darstellen. Ihnen stehen sog. „Begeisterungsattribute" gegenüber, bei denen bereits der Versuch zur Erfüllung positiv honoriert wird und eine umfangreiche Erfüllung in starker Weise Einfluss auf die Gesamtzufriedenheit nimmt.
- Ferner wird die Qualitätsbeurteilung durch den Vergleich mit Konkurrenzangeboten beeinflusst.

Aus *Anbietersicht* hat es sich zweckmäßig erwiesen, die Qualität in folgender Weise zu differenzieren (→ Total Quality Management, → Produktgestaltung):

- Die Produktqualität steht im Mittelpunkt des Interesses des *Nachfragers*. Sie setzt sich aus den Qualitäten der Primärleistung ebenso zusammen wie aus den Qualitäten der Sekundärleistungen, z.B. dem Kundendienst (→ Produkt).
- Die Produktqualität wird durch die *Prozessqualität* bestimmt. Letztere äußert sich in der Zuverlässigkeit und Fehlerfreiheit der Leistungserstellung (→ Qualitätsmanagement).
- Die Prozessqualität wiederum wird determiniert durch die Qualität der *Potenziale*. Je besser das Personal geschult ist und die Potenzial- und Verbrauchsfaktoren in verlässlicher Weise auf die Verwendungsanforderungen ausgerichtet sind, umso wahrscheinlicher werden fehlerfreie und kundenorientierte Leistungserstellungsprozesse (s.a. → Prozessmanagement).

Zu dieser Vorstellung von Qualität gehören also auch organisatorische produktionswirtschaftliche Maßnahmen zur → Qualitätssicherung. Dazu zählen etwa die Identifikation von Qualitätsarten, die Ermittlung der Kosten zur Qualitätssicherung sowie der Einsatz von Techniken zur Qualitätssicherung, z.B. → Total Quality Management. Der nach vorgegebenen Kriterien von Zertifizierungsagenturen erbrachte Nachweis einer lückenlosen Qualitätssicherung (→ Zertifizierung) ist in vielen Branchen Voraussetzung für die Auswahl eines Zulieferers oder Kooperationspartners.

Die Qualität kann in dieser weiten, über die relative Produktqualität hinausreichenden Interpretation als zentraler Wettbewerbsfaktor verstanden werden. Dies gilt v.a. angesichts der Tatsache, dass das Zusammenspiel von Produkt-, Prozess- und Potenzialqualität die Effektivitätsposition der Unternehmung bestimmt und daneben insbesondere die Qualität der Leistungserstellungsprozesse die Voraussetzungen für Effizienz (insbesondere durch die Vermeidung jeglicher Form von Verschwendung) legt. Zahlreiche empirische Studien als auch Firmenbeispiele lassen erkennen, dass die Erreichung einer hohen Qualitätsfähigkeit auf Basis der drei genannten Qualitätsdimensionen mit einem Erfolg im Wettbewerb korreliert. J.F./An.He./F.H.

Literatur: *Brockhoff, K.:* Produktpolitik, 4. Aufl., Stuttgart 1999. *Kawlath, A.:* Theoretische Grundlagen der Qualitätspolitik, Wiesbaden 1969. *McKinsey&Comp.Inc.* u.a. (Hrsg.): Qualität gewinnt, Stuttgart 1995

Qualitative Prognoseverfahren
→ Strategische Marktforschung

Qualitative Verfahren
→ Forschungsdesign

Qualitäts-Awards (Quality Awards)
bezeichnen Qualitätsauszeichnungen, die im regionalen, nationalen bzw. internationalen Kontext verliehen werden und sich nicht nur auf den Umfang, sondern – im Gegensatz zu den → Zertifizierungen – auch auf die Leistungsfähigkeit von Qualitätssicherungssystemen derjenigen Unternehmungen beziehen, denen der Preis verliehen wird. Den Quality Awards liegt üblicherweise ein spezifisches Qualitätsmodell zugrunde, welches auf unterschiedlichen Dimensionen beruht, die wiederum anhand bestimmter Kriterien weiter untergliedert werden können. Ein Beispiel für einen international bekannten Qualitätspreis stellt der *European Quality Award* dar, dessen Dimensionen der *Abbildung* innerhalb der Ausführungen zum → Qualitätsmanagement zu entnehmen sind. Das US-amerikanische Pendant stellt der ähnlich strukturierte „*Malcolm Baldrige National Quality Award*" dar; im japanischen Raum wird der „*Deming Prize*" verliehen, der von den drei bekanntesten Awards der traditionsreichste ist. J.F.

Qualitätsgarantien
Instrument, welches als → Qualitätssignal dazu dient, die qualitätsbezogene Unsicherheit des Nachfragers zu reduzieren. Durch Qualitätsgarantien erhält der Nachfrager die Möglichkeit, empfangene Leistungen zu wandeln, zu mindern oder durch den Anbieter nachbessern zu lassen. Qualitätsgarantien beziehen sich im Regelfall auf die Einhaltung bestimmter Eigenschaften des Produkts. Grundsätzlich ist es aber auch möglich, dem Nachfrager die Nutzung bestimmter Produktionsfaktoren und aber den Ablauf von Prozessen in bestimmter Weise zu garantieren. Insbesondere als freiwillige Garantie des Anbieters kann eine Differenzierungsmöglichkeit geschaffen werden. Überschneidungen bestehen u.U. zu → Preisgarantien, wenn dort Rückgaberechte eingeräumt werden. J.F.

Qualitätskontrolle
Gesamtheit aller Maßnahmen, die der Feststellung dienen, ob eine bestimmte Sollqualität eingehalten wird. Die Qualitätskontrolle stützt sich auf eine Vielzahl von teils einfachen, teils komplexeren Kontrollverfahren und hat zum Ziel, die Übergabe von Leistungen mit unzureichender Qualität an den Kunden zu verhindern und damit akquisitorische Schäden (z.B. Unzufriedenheit, Abwanderung) zu verhindern. Sie gelangt in der Praxis als Ergebnis- sowie als Prozesskontrolle zur Anwendung. Eine reine Ergebniskontrolle hat den Nachteil, dass im Falle unzureichender Qualität bereits Fehlerkosten entstanden sind. Dies lässt sich im Rahmen einer prozessbegleitenden Kontrolle vermeiden. Im Rahmen modernen → Qualitätsmanagements ist die Qualitätskontrolle Teil einer umfassender angelegten → Qualitätssicherung. Sie hat in den vergangenen Jahren gegenüber präventiven Maßnahmen zur Fehlervermeidung stark an Stellenwert verloren. J.F.

Qualitätsmanagement (QM)
Gesamtheit aller Maßnahmen der → Qualitätssicherung *und* → Qualitätsverbesserung, die sich auf die Gestaltung unterschiedlicher Dimensionen der → Qualität zum Zwecke der Erfüllung der Kundenanforderungen und der Erzielung von Wettbewerbsvorteilen beziehen (s.a. → Produktpolitik). Angesichts härter gewordener und sich noch verschärfender Umfeldbedingungen sind Unternehmungen heute nahezu durchweg gezwungen, ein mehr oder weniger umfangreiches QM zu betreiben, um ihre Wettbewerbsfähigkeit erhalten zu können. QM reicht weit über den absatzwirtschaftlichen Bereich hinaus und muss als Querschnittsaufgabe des Managements betrachtet werden, für welche die oberste Leitung der Unternehmung die Verantwortung trägt. Angesichts der Notwendigkeit einer verwendungsbezogenen Interpretation von Qualität fällt dem Marketing im QM mitunter die zentrale Rolle zu.

QM wird heute weitgehend mit dem → Total Quality Management gleichgesetzt. Als *inhaltliche Grundsätze* des QM sind insbesondere zu nennen:

– die durchgängige Orientierung an dem Prinzip der → *Kundenorientierung* – dies

gilt auch für „marktferne" Bereiche, die über das Prinzip der → internen Kunden-Lieferanten-Beziehungen indirekt auch mit den Kundenwünschen in Verbindung stehen;
- die *integrierte Sichtweise von Potenzial-, Prozess- und Produktqualität*, die erforderlich ist, um die Entstehung von Qualität innerhalb der gesamten Wertschöpfungskette erkennen und steuern zu können (→ Dienstleistungsqualität);
- das *Prinzip der aktiven Qualitätsgestaltung* – diesem liegt auf der einen Seite das Bestreben zugrunde, Fehler und Qualitätsdefizite durch Prävention zu vermeiden, auf der anderen Seite wird ständig nach neuen Wegen gesucht, die Qualität durch Innovationen und kleine Verbesserungsmaßnahmen zu steigern;
- die *Einbeziehung aller Mitarbeiter* zum Zwecke der möglichst umfassenden Aktivierung aller der Unternehmung verfügbaren – insbesondere kreativen – Potenziale und zur gezielten Förderung und Weiterentwicklung dieser. Durch die Delegation qualitätsbezogener Aufgaben an jeden Mitarbeiter knüpft QM damit gedanklich an die Intrapreneurship-Diskussion an.

Bezüglich der strategischen Konsequenzen wird oftmals darauf verwiesen, dass QM die Möglichkeit zur Präferenzstrategie eröffnet. So nahe liegend dies auf den ersten Blick erscheint, so darf nicht übersehen werden, dass durch ein QM auch die Grundlagen einer → Preis-/Mengen- oder einer hybriden Strategie gelegt werden können. Wesentlicher erscheint unter strategischen Gesichtspunkten der Aspekt, dass durch ein langjährig praktiziertes QM zunehmend mehr Erfahrungen in der Qualitätssteuerung und im Umgang mit unterstützenden Instrumenten gesammelt werden können. Dieses qualitätsbezogene Wissen versetzt die jeweilige Unternehmung in die Situation, ihre Leistungsfähigkeit durch eine wachsende Qualitätsfähigkeit permanent zu steigern. Je mehr es der Unternehmung gelingt, sich in dieser Hinsicht von ihren Wettbewerbern abzusetzen, umso eher besteht die Möglichkeit, eine → *Kernkompetenz* im Bereich des QM aufzubauen, welche im Sinne des Resource-based View eine Grundlage nachhaltiger Wettbewerbsvorteile darstellt. Die Firma Xerox wird oftmals als Beispiel einer Unternehmung angeführt, die nach dem Verlust ihrer Wettbewerbsfähigkeit durch ein gezieltes QM in der Lage gewesen ist, diese wiederzuerlangen und in bestimmten Bereichen die Marktführerschaft zu erlangen. Es ist zu betonen, dass sich die Erlangung von Qualitätsfähigkeit mit der Frage verbindet, wie diese zu verdeutlichen ist. Hierzu ist auf die Diskussion um die sog. → Qualitätssignale zu verweisen.

Um QM umsetzen zu können, bedarf es erstens der Flankierung durch die Bereitstellung adäquater methodischer Hilfsmittel. Hier steht dem QM eine Vielzahl von → Qualitätstechniken zur Verfügung, die mittlerweile als praxiserprobt gelten und eine zielgerichtete Unterstützung bieten. Zweitens hat sich im Zuge der Implementierungspraxis die Beachtung einiger Implementierungsgrundsätze als hilfreich erwiesen. Zu diesen sind zu zählen:

- *Information*: QM im umfassenden Sinne tangiert die Arbeit jedes Mitarbeiters und das Zusammenwirken der Abteilungen. Die Einführung bzw. Neuausrichtung eines derartigen QM bedarf daher intensiver interner Kommunikation und der Anpassung der Informationssysteme (→ Informationsmanagement).
- *Institutionalisierung*: Es sind aufbau- und ablaufbezogene Regelungen zu treffen, welche die Umsetzung erleichtern, ohne eine zu bürokratische Ausrichtung vorzugeben. Insbesondere die Schaffung interner Know-How-Zentren, die Bereitstellung von Moderatoren und Schulungskräften sowie die dauerhafte bzw. fallweise Einrichtung von Kleingruppen (Task Forces, → Qualitätszirkel, Lernstätten) haben sich als nützlich erwiesen (→ Knowledge-Management).
- *Integration*: Die Zusammenarbeit von Mitarbeitern unterschiedlicher fachlicher Disziplinen ist Voraussetzung einer kontinuierlichen Verbesserung der Qualitätsfähigkeit einer Unternehmung. Zum Zwecke der Ausrichtung der gesamten Unternehmung auf die Bedürfnisse des Marktes (→ Marketing-Implementierung) ist auch das Zusammenwirken unterschiedlicher wertschöpfender Subsysteme der Unternehmung erforderlich. Das Konzept der internen Kunden-Lieferanten-Beziehungen hat sich hierbei als Integrationskonzept bewährt (→ internes Marketing).
- *Incentives*: Auch wenn grundsätzlich befürwortet wird, qualitätsgerechtes Handeln innerbetrieblich zu fördern, so wird

keinesfalls der Standpunkt vertreten, dass die Mitarbeiter ausschließlich oder im Wesentlichen über materielle Incentives für das QM zu sensibilisieren sind. Erfahrungsgemäß wirken derartige Anreize oft nur kurzfristig. Da qualitätsgerechtes Handeln im Normalfall darstellen soll, wird oftmals befürwortet über „Disincentives" für fehlerhaftes Verhalten bzw. über immaterielle Anreize für besondere Erfolge zu steuern.

- *Investition:* Die Etablierung eines umfassenden QM stellt eine Investition in den Markt dar, die mit oftmals hohen Anfangsauszahlungen und erst späteren Einzahlungsüberschüssen einhergeht. Dies muss sowohl in der Finanz- als auch in der Erfolgsplanung Berücksichtigung finden und sollte zu einer Beurteilung der QM-Umsetzung im langfristigen Kontext beitragen.

Zum Zwecke der Erfolgsbeurteilung eines QM ist auf die Notwendigkeit der *Qualitätsmessung* zu verweisen. Hierzu bedarf es sowohl interner als auch externer Orientierungspunkte. Letztendlich interessiert unter Qualitätsgesichtspunkten insbesondere die Frage, ob und inwieweit es dem Anbieter gelungen ist, den Erwartungen des Kunden zu entsprechen und diesen zufrieden zu stellen (→ Kundenzufriedenheit). Hierzu sind mehrere Messverfahren entwickelt worden, wobei zu den bekanntesten das so genannte Gap-Modell der Dienstleistungsqualität sowie der damit in enger Verbindung stehende → SERVEQUAL-Ansatz zu zählen sind. Unternehmungsintern kann die Qualitätsmessung grundsätzlich an der Produkt-, Prozess- und Potenzialqualität ansetzen. Umfassende, z.T. alle Dimensionen umfassende Messungen werden in sog. „*Quality Assessments*" vorgenommen. Diese Assessments orientieren sich an umfangreichen Kriterienkatalogen, wie z.B. denjenigen Qualitätsmodellen, die der Vergabe internationaler → Qualitäts-Awards zugrunde liegen. Der *Abbildung* ist mit dem European Quality Award ein solches Qualitätsmodell zu entnehmen, welches einem umfassenden Qualitätsverständnis entspricht. Erfolgt darauf aufbauend eine interne Auditierung, wird auch von einem „Self Assessment" gesprochen. Nicht selten erfolgen derartige Qualitätsmessungen aber durch neutrale Drittparteien (Fremd-Assessment).

Bezüglich der wirtschaftlichen Konsequenzen des QM wird häufig auf die Kostenwirkungen abgestellt. Dabei wird analysiert, in welchem Umfang sich durch ein QM die Kosten zur Qualitätsförderung sowie die Kosten unzureichender Qualität verändern. Dabei wird die Auffassung vertreten, dass durch ein gezieltes und proaktiv ausgerichtetes QM die Kosten der Qualitätsschaffung ansteigen, während Fehler- und Fehlerbeseitigungskosten tendenziell abnehmen. Es ist anzufügen, dass sich durch die Verbesserung der Prozessqualität und die Beseitigung von Ineffizienzen die Möglichkeit ergibt, die Kosten insgesamt zu senken. Eine allein kostenbezogene Betrachtung ist allerdings ungeeignet, um den erfolgsbezogenen Wirkungen eines QM gerecht zu werden. Obgleich schwer quantifizierbar, kann durch ein QM v.a. über die Verbesserung von Produkt- und Beziehungsqualität in positiver Weise Einfluss auf die Erlössituation genommen werden. Die Überlegungen verdeutlichen, dass auf ein umfassendes QM insbesondere in hochkompetitiven Umfeldern nicht verzichtet werden kann.

J.F.

Literatur: *Engelhardt, W.H.; Schütz. P.:* Total Quality Management, in: WiSt, 20. Jg. (1991), S. 394-399. *Seghezzi, H.D.:* Qualitätsmanagement, Stuttgart 1994.

Qualitätssicherung (QS)

neben der → Qualitätsverbesserung eine Komponente des → Qualitätsmanagements. QS setzt sich zusammen aus Maßnahmen der Fehlerprävention und der Fehlerbehebung. Im Einklang mit einem umfassenden Qualitätsmanagement wird der Fehlervermeidung zunehmend mehr Bedeutung beigemessen als der Kontrolle fertiger Leistungen und der nachträglichen Fehlerbehebung. Diesem Vorgehen liegt die Auffassung zugrunde, dass die Beseitigung von Störfaktoren der Qualität immer kostenintensiver wird, je später die Störung entdeckt wird. Als besonders schwerwiegend ist der Fall einzustufen, dass ein Fehler erst vom Kunden entdeckt wird und zusätzlich zu Fehlerkosten und Kosten der Fehlerbeseitigung auch Erlös- und Imageeinbußen drohen.

Allerdings kann von qualitätssichernden Maßnahmen auch nach Erstellung technisch fehlerfreier Primärleistungen niemals abgesehen werden, da zur Bedienung des Kunden immer Leistungsbündel aus Primär-

European Quality Award
– Qualitätsmodell und Preis –

Enablers: 50% (500 Punkte)			Results: 50% (500 Punkte)	
Führungs-eigen-schaften 10%	Mitarbeiter-einsatz/management 9%	Prozesse 14%	Mitarbeiter-zufriedenheit 9%	wirtschaft-liche Ergebnisse 15%
	Unt. - Ziele, Werte und Strategien 8%		Kunden-zufriedenheit 20%	
	Ressourcen 9%		Wirkung auf das Umfeld (Ges.)	

European Quality Prize
für Mehrzahl von Unternehmen mit exzellentem QM

European Quality Award
Spitzenpreis für das Unternehmen mit dem besten Beispiel für erfolgreiches QM

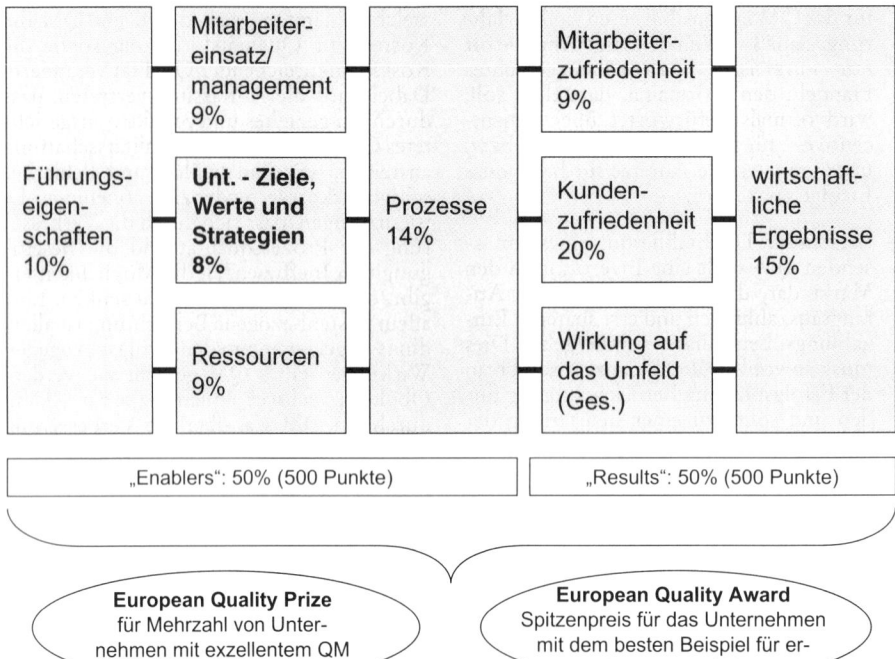

und Sekundärleistungen erbracht werden müssen, mit denen der Kunde oftmals in unterschiedlichem Maße zufrieden ist. Vom Nachfrager empfundene Qualitätsmängel sind dann im Rahmen der Qualitätssicherung oftmals nur durch darauf ausgerichtete Dienstleistungen zu kompensieren. J.F.

Literatur: *Pfeifer, T.:* Qualitätsmanagement, München, Wien 1993.

Qualitätssicherungssystem (Qualitätsmanagementsystem)

bezeichnet die Gesamtheit aufbau- und ablauforganisatorischer Regelungen, auf denen ein → Qualitätsmanagement beruht. Zu den wichtigsten Einrichtungen zählen

1. die zentrale Qualitätssteuerungsgruppe auf oberer Managementebene,
2. die den einzelnen Unternehmungsbereichen zugeordneten Qualitätsbeauftragten auf mittlerer Ebene und
3. eine Qualitätsabteilung, die oftmals als Stabsstelle im Wesentlichen als Know-how-Zentrum in Qualitätsfragen fungiert. Qualitätsmanagementsysteme set-

zen sich zumeist aus einzelnen Modulen zusammen, die u.a. auf Normenwerken wie der DIN ISO 9000-Reihe basieren können. Qualitäts(-management-)handbücher dienen oftmals als Spiegelbild des QM-Systems und werden als innerbetriebliche Umsetzungshilfe des QM genutzt.

Qualitätssiegel Zustellung

vom → *Deutschen Direktmarketing Verband e.V. DDV* formulierte Qualitätsstandards für Haushaltdirektwerbung. Ein unabhängiger Sachverständiger überprüft dabei stichprobenhaft, inwieweit Qualität und Leistungen der Verteilunternehmen über das gesetzliche Maß (Beachtung von Briefkastenaufkleber *„Bitte keine Handzettel und Prospekte"*) hinaus gehen, also z.B. an jeden Haushalt nur ein Prospekt verteilt wird, Prospekte nicht im Hausflur herumliegen etc.

Qualitätssignale

beziehen sich auf den Anbieter und dienen dem Zweck der Verdeutlichung von Qualitätsfähigkeit. Qualitätssignale beziehen sich im Regelfall auf die Verdeutlichung der → Qualität der Potenziale bzw. der Produkte einer Unternehmung (s.a. → Informationsökonomik). Sofern die Verdeutlichung der *Potenzialqualität* beabsichtigt ist, bietet es sich an, die Leistungsfähigkeit des → Qualitätssicherungssystems zu verdeutlichen. Dazu bedarf es des Urteils neutraler Drittparteien, welche die Existenz bestimmter Elemente eines Qualitätssicherungssystems bestätigen und Aussagen zur Leistungsfähigkeit des Systems treffen. Die diesbezüglichen Signale unterscheiden sich bezüglich Art und Umfang. Ein eher generisches Qualitätssignal stellt die → Zertifizierung auf Basis der Normen DIN ISO 9001–9003 dar, wobei die Norm 9001 hinsichtlich ihrer Anforderungen am umfangreichsten ausgelegt ist. Da sich viele Unternehmungen der europäischen Wirtschaft bereits erfolgreich einer derartigen Zertifizierung unterzogen haben, ist das Differenzierungspotenzial eines solchen Zertifikats begrenzt. Daher unterziehen sich Unternehmungen bestimmter Branchen (z.B. Automobilindustrie, Chemieindustrie) gesonderten Auditierungen, um eine spezifische Qualitätsfähigkeit nachzuweisen. Hierzu haben sich in den einzelnen Branchen bestimmte Standards (Automobilindustrie: QS 9000, VDA 6.1) herausgebildet. Ein noch weiterreichendes Qualitätssignal ist die erfolgreiche Teilnahme an so genannten → Qualitäts-Awards. Derartige Qualitätspreise werden im regionalen, nationalen sowie internationalen Bereich regelmäßig verliehen und bringen eine besondere Leistungsfähigkeit derjenigen Unternehmung zum Ausdruck, die zu den Preisgewinnern gehört.

Von den Qualitätssignalen, die sich auf die Potenzialqualität beziehen, sind solche zu trennen, die die *Produktqualität* zum Gegenstand haben. Derartige Qualitätssignale betreffen nicht nur weite Teilbereiche der → Kommunikationspolitik, sondern das Marketing-Instrumentarium generell. So wird z.B. angeführt, dass Qualitätssignale an den Markt etwa auch vom Preis ausgehen können (Preis als Qualitätsindikator). Welche Qualitätssignale dem Nachfrager zu übermitteln sind, hängt vor allem davon ab, ob das Produkt über Such-, Erfahrungs- bzw. Vertrauenseigenschaften verfügt. Insbesondere im Falle größerer Probleme bei der Qualitätsbeurteilung, wie sie bei den beiden letzten Kategorien auftreten, bieten sich → Qualitätsgarantien und sowie der Einsatz der Reputation des Anbieters an. Als nicht vom Anbieter stammende und damit weitgehend neutrale Qualitätssignale im Bereich der Produktqualität kommen u.a. Kundenzufriedenheitsindizes bzw. Kundenbarometer in Betracht. J.F.

Qualitätstechniken (Quality Tools)

Gesamtheit der Methoden, die der Umsetzung eines → Qualitätsmanagements dienen. Die zahlreichen Tools lassen sich grob danach unterscheiden, ob sie in erster Linie der → Qualitätssicherung oder der → Qualitätsverbesserung dienen. Die Methoden reichen von einfachen statistischen Verfahren, die zum Zwecke der statistischen Qualitätskontrolle eingesetzt werden, bis hin zu anspruchsvollen, oftmals nur unter Nutzung spezieller Softwarekomponenten sinnvoll einsetzbarer „Metatechniken". Im Bereich der *Qualitätssicherung* sind neben den Verfahren der statistischen Qualitätskontrolle folgende Tools hervorzuheben:

– Statistische Prozessregelung (Statistical Process Control),
– → Fehlermöglichkeits- und –einflussanalysen,
– Ursache-/Wirkungsdiagramme (Fishbone Diagrams) und
– Wertanalysen.

Als Rahmen bietet sich die Computerunterstützung z.B. in Form von CAQ-Systemen (Computer Aided Quality Assurance) an. Zur *Qualitätsverbesserung* eignen sich insbesondere:

– das → Benchmarking,
– das → Quality Function Deployment,
– das Design Review und
– die → Qualitätszirkel (in Verbindung mit der Lernstatt) an. J.F.

Literatur: *Kamiske, G.; Brauer, J.-P.:* Qualitätsmanagement von A-Z, München, Wien 1993.

Qualitätsunsicherheit
→ Informationsökonomik

Qualitätsurteile → Warentest,
→ Stiftung Warentest

Qualitätsverbesserung

neben der → Qualitätssicherung zweites Feld des → Qualitätsmanagements. Qualitätsverbesserungen lassen sich auf unterschiedliche Weise erzielen. Eine Extremform stellen so genannte *kontinuierliche*

Verbesserungsprozesse dar, die im Wesentlichen auf kleineren Veränderungen beruhen und oftmals keiner systematischen Planung unterzogen werden. Im europäischen Raum ist das betriebliche Vorschlagswesen diesem Bereich zuzuordnen. Aus dem japanischen Raum stammt das Prinzip des → Kaizen, welches sich insbesondere durch den geringeren Formalisierungsgrad vom klassischen Vorschlagswesen abhebt. Organisatorischen Niederschlag findet das Kaizen-Prinzip insbesondere durch die Einrichtung von → Qualitätszirkeln. Das andere Extrem bilden die Innovationsprojekte, die als geplante Verfahren einmaliger Natur sind und zu einer nachhaltigen Leistungssteigerung beitragen sollen (Quantensprung-Denken). Produktinnovationsprojekte sind ebenso wie Reorganisationen zu dieser Form der Qualitätsverbesserung zu zählen.

Die Umsetzung von Qualitätsverbesserungen hängt von der Bereitstellung adäquater methodischer Hilfsmittel ab. Hierzu sind insbesondere das → Benchmarking, das → Quality Function Deployment, die Wertanalyse, aber auch die → Fehler-Möglichkeits- und –einflussanalyse (FMEA) zu zählen. J.F.

Qualitätszirkel

aus dem japanischen Raum stammendes Instrument inkrementaler → Qualitätsverbesserungen, welches auf der Arbeit in Kleingruppen beruht (s.a. → Teamorganisation). Diese Qualitätszirkel rekrutieren sich aus ungefähr fünf bis acht Mitarbeitern der unteren Hierarchieebene je Zirkel, die einem Arbeitsbereich entstammen und sich alle ein bis zwei Wochen auf freiwilliger Basis innerhalb der geregelten Arbeitszeit treffen. Qualitätszirkel sind der Art nach auf Dauer angelegt. In moderierter Form angelegt, dient die Arbeit in Qualitätszirkeln den Teilnehmern dazu, selbst gewählte Themen ihres Arbeitsgebiets zum Gegenstand gemeinschaftlicher Verbesserungsaktivitäten zu machen. Die Umsetzung neuer Lösungen erfolgt nach Absprache mit den Entscheidungsträgern eigenverantwortlich durch die Gruppe, was oftmals zu einer höheren Identifikation der Mitarbeiter mit betrieblichen Belangen einher geht. J.F.

Literatur: *Deppe, J.:* Quality Circle und Lernstatt, 3. Aufl., Wiesbaden 1992.

Quality Function Deployment (QFD)

systematisches Verfahren, das im Schwerpunkt zur Neuproduktentwicklung, aber auch zur Anpassungsentwicklung sowie zur Lösung akuter Kundenprobleme (so z.B. als Service Problem Deployment) eingesetzt werden kann. Das QFD stützt sich auf das sog. → House of Quality als Zentraldokument einer matrizengestützten Planung, die sich aus folgenden vier Abschnitten zusammensetzt: 1. Produktplanung, 2. Teileplanung, 3. Prozessplanung, 4. Fertigungsplanung. Das zentrale Anliegen dieses funktionsübergreifenden Verfahrens besteht in der möglichst genauen Erfassung von Kundenanforderungen ("Voice of the Customer") und der möglichst weitreichenden Übersetzung dieser in interne Spezifikationen ("Voice of the Engineer") sowie in der Umsetzung dieser bis hin zur Regelung operativer Einzelmaßnahmen. Die Stärke des Verfahrens wird in der lückenlosen Erfüllung einmal erfasster Kundenwünsche gesehen, da das Verfahren dazu zwingt, jeder Anforderung eine technische Lösung gegenüberzustellen. Als problematisch erweist sich die Komplexität und die fehlende Dynamisierung dieser Technik. J.F.

Literatur: *Engelhardt, W.H.; Freiling, J.:* Marktorientierte Qualitätsplanung, in: DBW, 57. Jg. (1997), S. 7-19. *Kamiske, G.F.; Hummel, T.; Malorny, Chr.; Zoschke, M.:* Quality Function Deployment, in: Marketing-ZFP, 16. Jg. (1994), S. 181–190.

Quasi-Experiment

Im klassischen Sinne ist der Begriff des → Experiments für jene Versuchsanordnungen vorbehalten, in denen Experimental- und Kontrollgruppe streng nach dem Zufallsprinzip ausgewählt werden und der Experimentator die Experimentvariable (z.B. die Produktvarianten, Preishöhen, Werbemaßnahmen etc.) selbst variieren kann.

Da in der Praxis häufig diese Bedingungen nicht erfüllt werden können, hat sich bei Abstrichen von klassischen Experimenten der Begriff Quasi-Experiment eingebürgert. Zu den Quasi-Experimenten werden zunächst alle Designs echter Experimente gezählt, wenn die Teilnehmer und die Gruppen nicht per Zufallsauswahl bestimmt werden können, sondern wenn nach dem Quotenmodell vorgegangen werden muss (→ Auswahlverfahren und -techniken). Ein weiteres, sehr geläufiges Quasi-Experiment ist das Zeitreihendesign, welches v.a. bei → Marktexperimenten zum Einsatz kommt, bei denen die Wirkung der zu überprüfenden Marketingmaßnahme v.a. durch → Panels erfasst wird. Soll z.B. der Erfolg einer Werbekampagne überprüft werden, so werden zunächst die Absatzzahlen, die Umsatzzahlen oder der Marktanteil in einigen Perioden vor der Durchführung des „Experiments" erfasst. Diese Paneldaten werden auch im Verlauf des Marktexperiments und eine Zeit lang nach Abschluss der Werbekampagne erhoben und analysiert. In der *Abbildung* sind zwei typische Verlaufsmuster für den Marktanteil als Erhebungsgröße aufgeführt.

Zeitreihendesign

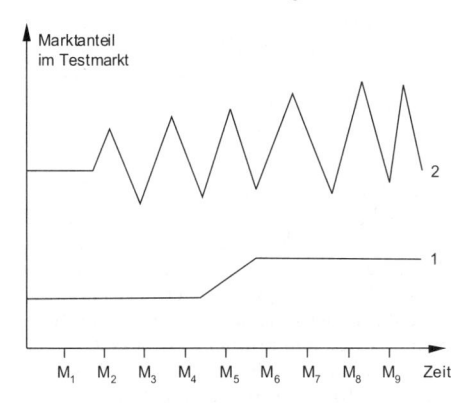

Das Verlaufsmuster 1 zeigt, dass die Werbekampagne zu einer dauerhaften Marktanteilserhöhung geführt hat. Verlaufsmuster 2 zeigt, dass der Marktanteil schwankt (z.B. durch die intensiven Verkaufsförderungsmaßnahmen der Konkurrenten) und dass die Werbekampagne keinen längerfristigen Einfluss auf die Höhe des Marktanteils hatte. H.Bö.

Literatur: *Böhler, H.:* Marktforschung, 2. Aufl., Stuttgart u.a. 1992, S. 45-50. *Churchill, G.A.:* Marketing Research, 7. Aufl., Chicago u.a. 1999, S. 166-169.

Quasirente, beziehungsspezifische

Investiert im Rahmen einer → Geschäftsbeziehung ein Partner in diese und lässt sich das Investitionsobjekt nicht oder nicht mehr in vollem Umfang für andere Beziehungen verwenden, so spricht man von einer beziehungsspezifischen Quasirente. Sie repräsentiert damit die Rendite des spezifisch gebundenen Kapitals. Derartige Quasirenten sind zu den → Beziehungsrisiken zu zählen. Sollte der jeweilige Geschäftspartner die Existenz derartiger Quasirenten erkennen, besteht die Gefahr, dass er diese anhand von für ihn günstigeren Vertragsbedingungen einzunehmen versucht. J.F.

Literatur: *Backhaus, K.; Aufderheide, D.; Späth, G.-M.:* Marketing für Systemtechnologien, Stuttgart 1994.

Querschnittsanalyse → Forschungsdesign

Question Mark → Portfolio-Analyse

Quick Response Systeme

Quick Response Systeme sind Bestellsysteme, die sich aufgrund einer partnerschaftlichen und strategischen Zusammenarbeit von Handelsunternehmen und Herstellern durch eine sehr hohe Reaktionsfähigkeit gegenüber Kunden auszeichnen. Dieses geschieht in Verbindung mit modernen Informations- und Kommunikationstechnologien, insbesondere Strichcodes, → Scanner, → Warenwirtschaftssysteme und → Electronic Data Interchange.
Der Ablauf von Quick Response Systemen basiert auf der artikelgenauen Erfassung der Abverkäufe am Point-of-Sale und der permanenten, integrierten und unternehmensübergreifenden Übermittlung dieser Daten an die Hersteller, die auf dieser Grundlage ihre Produktionspläne erstellen. Gemäß den übermittelten Daten erfolgt die filialbezogene Auslieferung über ein Distributionszentrum. Somit sind die permanente Verfügbarkeit der Ware und darüber hinaus die sofortige Reaktionsfähigkeit der Unternehmen auf kundenindividuelle Wünsche gewährleistet.
Quick Response Systeme erfordern eine Reorganisation der Wertschöpfungsprozesse in Produktions- und Distributionssystemen durch eine flexible und kettenübergreifende Abstimmung hin zu bedarfs- und nachfrageorientierten Pull-Systemen (→ ECR). Die Einsatzfähigkeit dieser Systeme ist abhängig von der Vorhersagbarkeit des Bedarfs, was jedoch insbesondere bei Gütern mit relativ konstantem Verbrauchs-/Verkaufsverhalten durch den Einsatz moderner Prognoseverfahren recht zuverlässig ist. Quick Response wird ermöglicht durch die Abkehr bzw. Erweiterung der traditionellen, durch Konditionendruck geprägten Haltung zwischen Handel und Herstellern hin zu langfristigen Ko-

operationen im Rahmen von strategischen Wertschöpfungspartnerschaften (→ Vertikales Marketing; → Category Management). Vorteile von Quick Response Systemen sind u.a. (s.a. → Bestelldoktrinen):

– kürzere Durchlaufzeiten,
– kleinere Lager und Prozessmengen,
– weniger Fehlverkäufe,
– geringere Risiken für alle Stufen (→ Nachfrageschätzung) und
– größerer Nutzen für die Konsumenten (→ Servicegrad).

Insgesamt existiert eine Vielzahl von vorhandenen Definitionen, die jedoch alle zwei maßgebliche Gemeinsamkeiten aufweisen:
– Quick Response ist ein Partnerschaftsprogramm von Industrie und Handel und
– die Partnerschaft dient der Beschleunigung des Warenflusses.

Offen ist bisher noch die Frage, ob Quick Response aus einer Just-in-Time-Konzeption der Textilwirtschaft oder einer des Einzelhandels hervorging. I.w.S. können Quick Response Systeme mit Continuous Replenishment Program (CRP) Systemen gleichsetzt werden, sofern man im CRP-Begriff nicht nur herstellerverantwortete, sondern allgemein effizientere Belieferungsformen auf Basis eines abverkaufsdatengestützten Pull-Prinzips sieht. J.Z.

Literatur: *Hensche, H.H.*: Zeitwettbewerb in der Textilwirtschaft. Das Quick Response Konzept, in: *Zentes, J.* (Hrsg.): Moderne Distributionskonzepte in der Konsumgüterwirtschaft, Stuttgart 1991, S. 275-308. *Kotzab, H.*: Neue Konzepte der Distributionslogistik von Handelsunternehmen, Wiesbaden 1997, S. 126-129. *Walker, M.*: Quick Response. The Road to Lean Logistics, in: *Cooper, J.* (Hrsg.): Logistics and Distribution Planning, 2. Aufl., London 1994, S. 207-219.

Quotenauswahl

spezifisches, „bewusstes", d.h. nicht zufallsgesteuertes → Auswahlverfahren für → Stichproben, das insb. in der Institutsmarktforschung weit verbreitet ist. Das Quotenverfahren besteht darin, dass entsprechend der aus Volkszählungen oder anderen vorhandenen Statistiken bekannten Struktur der Grundgesamtheit Quoten hinsichtlich einiger Merkmale (meist Demographika wie Geschlecht, Alter, Beruf, Gemeindegrößenklasse etc.) gegeben werden. Innerhalb der Quoten (Beispiel: von 10 Interviews müssen 5 auf weibliche Personen entfallen) hat der Interviewer völlig freie Hand bei der Auswahl der Befragten. Teilweise werden unkorrelierte Quoten, bei denen die Relationen einzeln erfüllt werden müssen und dem Interviewer am Ende immer geringere Freiheitsgrade bei der Auswahl bleiben, teilweise korrelierte Quoten, bei denen die Befragten bestimmte Merkmalskombinationen aufweisen müssen, vorgegeben. Dadurch kann die „Auswahlfreiheit" des Interviewers zwar mehr oder weniger stark eingeschränkt werden; die verbleibende Subjektivität lässt aber z.B. befürchten:

– Verzerrungen auf Grund unbewusster Sympathien und Antipathien des Interviewers gegenüber bestimmten Personen(kreisen),
– Verzerrungen auf Grund der Auswahl besonders leicht erreichbarer Personen („Bequemlichkeitseffekt"),
– Verzerrungen auf Grund von Klumpungseffekten auf Grund der Orientierung des Interviewers im eigenen Umkreis.

Das Quotenverfahren ist als „Nicht-Zufallsstichprobe" (→ Auswahlverfahren und -techniken) deshalb sehr umstritten. Der Zufallsfehler ist nicht berechenbar. Trotzdem soll es im praktischen Einsatz vergleichbare Befunde wie echte Zufallsstichproben erreichen können. Voraussetzungen dafür sind nach großzahligen Vergleichsstudien des Instituts für Demoskopie in Allensbach:

– Quotenmerkmale, die möglichst eng mit dem Untersuchungsgegenstand korrelieren. Dies bedingt eine fundierte theoretische Kenntnis des Untersuchungsgegenstandes.
– Quotenmerkmale, die den Interviewer zwingen, aus seiner eigenen sozialen Umgebung herauszutreten.
– Keine zu speziellen Befragungen, bei denen Interviewer dazu neigen können, sich an bestimmte „Experten" zu wenden.
– Beschränkte Zahl von Interviewaufträgen pro Interviewer (in der Praxis ca. 10).
– Durchführung des Interviews in der Wohnung, da Straßenbefragungen eine Überrepräsentation der mobilen Bevölkerung bedingen.
– Keine Spezialisierung der Interviewer, da dies zur Auswahl der gleichen Befragten mit entsprechenden Lerneffekten führt.

M.H.

R

Rabatte

sind grundsätzlich Bestandteile der → Konditionenpolitik eines Anbieters, werden zunehmend aber auch als Instrument der systematischen → Preisdifferenzierung benutzt. Die Rabattgewährung besteht in einer (den Abnehmer begünstigenden) Modifikation des normalerweise gemäß → Listenpreis zu leistenden Gegenwerts für bezogene Ware. Beim *Geldrabatt (Barrabatt)* wird die vom Abnehmer zu leistende Zahlung gegenüber dem Listenpreis ermäßigt; beim *Naturalrabatt* wird die vom Anbieter zu liefernde Menge gegenüber der zum Listenpreis berechneten Menge vergrößert.

Rabatte knüpfen stets – sofern es sich nicht um bloße Listenpreiskorrekturen handelt – an besondere Umstände einer Markttransaktion oder Geschäftsbeziehung zwischen dem Anbieter und Abnehmer an. Solche Umstände können sein:

- Besondere *Merkmale des Abnehmers*; so führt die Zugehörigkeit des Abnehmers zu einer bestimmten Marktstufe zur Trennung zwischen Handelszentralrabatten, Großhandelsrabatten, Einzelhandelsrabatten und/oder Verwender- bzw. Konsumentenrabatten. Die handelsgerichteten Rabatte hießen lange Zeit (Handels-)*Funktionsrabatte* oder *Stufenrabatte*, sie sind jedoch weitgehend durch → Marktbearbeitungskonditionen oder Kaufvolumenkonditionen der Hersteller ersetzt worden. Als Verwender- bzw. Konsumentenrabatte kennt man z.B. den Studentenrabatt, Rentnerrabatt, Beamtenrabatt, Belegschaftsrabatt, Hochschulrabatt u.v.m.; Rabatte im Einzelverkauf an Konsumenten sind durch ein relativ restriktives → Rabattgesetz geregelt, dessen Abschaffung aber seit langem in der Diskussion ist.
- Besonderes *Kaufvolumen* des Abnehmers (z.B. der *Mengenrabatt, Jahresumsatzrabatt, Umsatzbonifikation*); daraus enstehen → nicht-lineare Preise.
- Besonderer *Kaufzeitpunkt* des Abnehmers (z.B. der *Frühbezugsrabatt, Auslaufrabatt*);
- Besondere Belieferungsvereinbarungen (→ Logistikkonditionen) wie z.B. der *Selbstabholerrabatt*;
- Besondere Vereinbarungen über *Zahlungsmodalitäten* (→ Zahlungskonditionen) wie z.B. der *Barzahlungsrabatt*;
- Besondere *Marktbearbeitung* durch den Abnehmer, falls dieser ein Absatzmittler ist (z.B. Dauerniedrigpreisrabatt, Aktionsrabatt, Einführungsrabatt bei Neueinführungen mit Hilfe des Absatzmittlers).

Rabatte, welche ans Kaufvolumen des Abnehmers anknüpfen, lassen sich weiter untergliedern (vgl. *Abb.*).

Aufgliederung von Kaufvolumenrabatten

Bezugsbasis \ Bezugszeitraum	Einzelnes Bevorratungs-Intervall	Zeitintervall einer Geschäftsbeziehung
Abnahmemenge	Auftragsmengenrabatt	Jahresmengenrabatt
Abnahmewert	Auftragswertrabatt	Jahresumsatzrabatt

Auftragsmengenrabatte sollen über den durch sie angeregten Anstieg der Bestellmengen dem Hersteller Kosteneinsparungen ermöglichen. Die aus dem Umsatzstreben des Anbieters abgeleiteten Auftragswertrabatte kommen insbesondere bei Aufträgen zum Zuge, welche sich auf ein komplettes Sortiment mengenmäßig kaum aggregierbarer Güter beziehen.

Die auf den Zeitraum einer anhaltenden Geschäftsbeziehung bezogenen Rabatte sollen insbesondere die Dauerhaftigkeit der Kunden-Lieferanten-Bindung („Kundentreue") belohnen. Sie lassen sich mit dem Streben des Anbieters nach kontinuierlichem Absatz bzw. Umsatz begründen. Der Jahresmengen- oder -umsatzrabatt wird auch *Bonus* genannt (s.a. → Bonusprogramm).

Das der Rabattgewährung zugrunde liegende Jahreskaufvolumen des Abnehmers kann das realisierte oder das zukünftig angestrebte Volumen sein. In → Jahresgesprächen zwischen dem Anbieter und Abnehmer werden für das Folgejahr häufig entsprechende Mengen- oder → Umsatzzielkonditionen vereinbart (→ Rahmenabkommen). Die Höhe der Rabattgewährung ergibt sich insbesondere bei den ans Kaufvolumen anknüpfenden Rabatten aus sog. *Rabattstaffeln*. In einer Rabattstaffel wird festgelegt, welche Rabatthöhe bei welchem Kaufvolumen vorgesehen ist. Eine solche Staffel besteht i.a. aus mehreren Rabattzonen; die Eckwerte der gestaffelten Rabatthöhen zeigen das Ausmaß an praktizierter Rabattspreizung bzw. → Konditionenspreizung an. Der Verlauf zwischen den Eckwerten kann linear, progressiv steigend oder degressiv steigend gewählt werden. Bei sog. *durchgerechneten* Staffeln gilt der jeweils erreichte Rabattsatz für das komplette (mengen- oder wertmäßige) Kaufvolumen des Abnehmers; bei sog. *angestoßenen* (in der Praxis seltenen) Staffeln gelten einzelne Rabattsätze nur für diejenigen Abnehmermengen oder -werte, welche die jeweils festgelegten, zugehörigen Schwellenwerte übersteigen.

Zur Unterstützung rabattpolitischer Entscheidungen bietet die Marketinglehre verschiedenartige Entscheidungshilfen an (→ Nicht-Lineare Preise). Neben heuristischen Ansätzen, die in Form von Faustregeln und Checklists die Entscheidungsfindung erleichtern sollen, existieren modellgestützte Verfahren, die vor allem auf die Gestaltung der Mengenrabatte abstellen. Dabei geht es i.a. um die komplette Festlegung bzw. Optimierung einer Rabattstaffel im Hinblick auf das jeweils verfolgte Ziel des Herstellers (z.B. Maximierung des Herstellergewinns oder Weitergabe von Kosteneinsparungen an den Handel).

Die meisten dieser Modelle basieren auf der Erkenntnis, dass ein Bestellvolumen des Abnehmers, welches dessen optimale Bestellmenge übersteigt, Kosteneinsparungen beim Anbieter bewirkt, die bis zu einem gewissen Grade die Kostenzunahme beim Abnehmer überkompensieren und so zu einer Nettoersparnis für das „Anbieter-Abnehmer-Gespann" führen. Der optimale Mengenrabatt sollte daher so konzipiert sein, dass er einerseits zumindest die Zusatzkosten des Abnehmers ausgleicht und andererseits die Maximierung und zieladäquate Verteilung der Nettoersparnis sicherstellt. Dem Vorteil modellgestützter Stringenz solcher Entscheidungshilfen stehen häufig restriktive Modellprämissen und die Datenermittlungsprobleme bei der Modeleichung für den Anwendungsfall gegenüber. Aus diesen Gründen scheinen sich Rabattmodelle zur Entscheidungsfindung in der Praxis nicht durchgesetzt zu haben. H.St.

Literatur: *Fiuczynski, H.W.*: Zur Rabattpolitik der Markenartikelhersteller, in: Markenartikel 10/1961, S. 715-737. *Schaal, P.*: Rabatt- und Konditionenpolitik, in: *Poth, L.* (Hrsg.): Marketing, 2. Aufl., Neuwied 1986, Abschnitt 32. *Tietz, B.*: Der Handelsbetrieb, 2. Aufl., München 1993. *Steffenhagen, H.*: Konditionengestaltung zwischen Industrie und Handel – leistungsbezogen, systematisch, professionell, Wien 1995.

Rabattgesetz

Unter dem Einfluss der europäischen Gesetzgebung und der Rechtsprechung des EuGH wurde das Rabattgesetz vom 25.11.1933 vom Bundestag und Bundesrat aufgehoben. Das Änderungsgesetz ist am 25.7.2001 in Kraft getreten.

Das Gesetz über Preisnachlässe schränkte die Möglichkeit der Gewährung von → Rabatten für den Einzelverkauf von Waren oder Leistungen des täglichen Bedarfs an den letzten Verbraucher ein. Es wollte also nicht den Rabatt als ein seit langem übliches Mittel im Wettbewerb um Kundschaft gänzlich verbieten, sondern die Gewährung von Preisnachlässen auf einen „gesunden erzieherischen Kern" zurückführen und Preisnachlässe nur tolerieren, „solange sie sich innerhalb einer vernünftigen gesunden kaufmännischen Preisrechnung bewegen" (Begründung zum Gesetz über Preisnachlässe). Wie die → Zugabeverordnung sollte auch das Rabattgesetz der → Preistransparenz dienen. Zudem sollten v.a. kleine und mittlere Betriebe gegen einen ungezügelten Rabattwettbewerb geschützt werden. In der rechtspolitischen Diskussion hatte das Rabattgesetz einen Funktionswandel zu einem Verbraucherschutzgesetz durchgemacht. Für den Verbraucher, der von Rabatten nur dann profitiert, wenn der Rabattierung keine → Mondpreise zugrunde gelegt werden und das Preissystem insgesamt übersichtlich bleibt, sollten → Preistransparenz und Preiswahrheit hergestellt werden. Außerdem erhöhte sich für beide Marktseiten die Einkaufseffizienz, weil auf zeitraubendes Feilschen verzichtet werden konnte. Schließlich verminderte sich die → Preisdiskriminierung und erhöhte sich die → Preisfairness, wenn auf individuell aushandelbare Rabatte verzichtet wurde.

Preisnachlässe (Rabatte) waren nach der Definition des Gesetzes in § 1 Abs. 2 Rabattgesetz Nachlässe von den Preisen, die der Unternehmer ankündigte oder allgemein forderte, oder Sonderpreise, die wegen der Zugehörigkeit zu bestimmten Verbraucherkreisen, Berufen, Vereinen oder Gesellschaften eingeräumt wurden. Im geschäftlichen Verkehr für Waren des täglichen Bedarfs im Einzelverkauf an den letzten Verbraucher oder bei der Ausführung gewerblicher Leistungen des täglichen Bedarfs für den letzten Verbraucher durften Rabatte nur nach den Vorschriften des Rabattgesetzes angekündigt oder gewährt werden (§ 1 Abs. 1 Rabattgesetz). Dabei wurden die Begriffe „Waren oder gewerbliche Leistungen des täglichen Bedarfs" sehr weit ausgelegt. Nach der Rechtsprechung fielen hierunter alle Waren, für welche in der Bevölkerung jederzeit ein Bedarf eintreten kann, wobei es genügte, wenn ein entsprechendes Bedürfnis nur bei einem kleinen Verbraucherkreis existent war. Ausgenommen waren nur Luxusgegenstände und langlebige Güter. Der Preisnachlass bezog sich auf den angekündigten oder allgemein geforderten Preis, den sog. Normalpreis des Händlers. Wann der Händler einen Preis angekündigt oder allgemein gefordert hatte, konnte im Einzelfall durchaus Schwierigkeiten bereiten, insb. bei der Heranziehung der unverbindlichen → Preisempfehlung des Herstellers als Grundlage für die Verkaufsgespräche. Der BGH hatte entschieden, dass die Preisliste des Herstellers, die unverbindlich empfohlene Preise enthielt, und nicht die Angabe des Normalpreises des Händlers darstellte. Daraus folgte, dass es keinen Verstoß gegen das Rabattgesetz darstellte, wenn der Händler unter Heranziehung der Preisliste des Herstellers dem Kunden einen günstigeren Preis als den unverbindlich vom Hersteller empfohlenen Preis im Einzelverkaufsgespräch anbot. Entscheidend dafür, ob eine Preisgestaltung sich als Preisnachlass i.S. des Rabattgesetzes darstellte, war nicht das Vorstellungsbild des Händlers, sondern allein die Sicht des Verkehrs, d.h. des durchschnittlichen Verbrauchers. Wenn diesem gegenüber durch die Art der Ankündigung der Eindruck erweckt wurde, ihm werde im Verhältnis zu dem von sonstigen Kunden geforderten Preis ein Rabatt eingeräumt, insb. durch die Verwendung des Wortes „Rabatt", so lag ein Preisnachlass i.S. des Rabattgesetzes vor.

Das Gesetz verbot aber nicht jede Ankündigung oder Gewährung von Preisnachlässen. Vielmehr gestattete das Gesetz, bes. Leistungen eines Kunden mit einem Nachlass zu honorieren. Von Bedeutung waren insb. die sofortige Barzahlung und die Abnahme einer die Üblichkeit übersteigenden Warenmenge.

Nach § 2 Rabattgesetz durfte ein Preisnachlass bei Barzahlungen (Barzahlungsnachlass) von bis zu 3 % des Preises gegeben werden. Voraussetzung war, dass die Gegenleistung unverzüglich nach der Lieferung der Ware oder der Bewirkung der gewerblichen Leistung durch Barzahlung oder in einer der Barzahlung gleichkommenden Weise, insb. durch Hingabe eines Schecks oder durch Überweisung, erfolgte. Nach § 4 Rabattgesetz musste der Barzahlungsrabatt gewährt werden entweder durch Abzug vom bar zu entrichtenden Kaufpreis oder durch Gewährung eines entsprechenden Geldgutscheines (→ Treuerabatt).

Nach § 7 Rabattgesetz konnte ein Mengennachlass gewährt werden, wenn mehrere Stücke oder eine größere Menge von Waren in einer Lieferung veräußert wurden; das Gesetz legte dabei keine bestimmte Höchstgrenze fest, sondern stellte bei der Zulässigkeit entscheidend auf die Handelsüblichkeit ab. Der Mengennachlass konnte entweder durch eine zusätzliche Warenlieferung (Naturalrabatt) oder aber durch einen Preisnachlass gewährt werden. Bei der Prüfung der Höhe des Mengennachlasses am Merkmal der Handelsüblichkeit verfolgte die Rechtsprechung eine wirtschaftlich vernünftige, liberale Tendenz.

Nach § 9 Rabattgesetz durften Sondernachlässe oder Sonderpreise, die nach § 1 Abs. 2 Rabattgesetz unter den Begriff des Preisnachlasses fielen, wenn sie wegen der Zugehörigkeit zu bestimmten Verbraucherkreisen, Berufen, Vereinen oder Gesellschaften eingeräumt wurden, gewährt wurden an Personen, die die Ware oder Leistung bei ihrer beruflichen oder gewerblichen Tätigkeit verwerteten, oder wenn der Preisnachlass seiner Art und Höhe nach orts- oder handelsüblich war. Wichtiger als dieser sog. Verwerternachlass war der → Großverbrauchernachlass. Nach § 9 Nr. 2 Rabattgesetz durfte ein solcher gegeben werden an Personen, die aufgrund bes. Lieferungs- oder Leistungsverträge Waren oder Leistungen in solchen Mengen abnahmen, dass

Rabattgutschein

sie als Großverbraucher anzusehen waren. Es handelte sich dabei um einen bes. Fall des Mengenrabatts, der eine von Anfang an bestehende vertragliche Bindung zwischen Lieferanten und Käufer voraussetzte. Zulässig waren ferner Sondernachlässe für Werksangehörige für Waren oder Leistungen des Eigenbedarfs (→ Belegschaftshandel). Von bes. Bedeutung waren diese sog. Personalrabatte im Kfz-Bereich bei den sog. → Jahreswagen.
Beim Zusammentreffen mehrerer Preisnachlassarten durften nach § 10 Rabattgesetz Nachlässe nur für zwei Arten gewährt werden. Eine bes. Regelung hatte der sog. → Treuerabatt in § 13 der Durchführungsverordnung zum Rabattgesetz gefunden. Die Regelung ermöglichte die Gewährung einer Vergütung, indem der Ware ein Gutschein beigelegt wurde, und eine bestimmte Menge dieser Gutscheine einen Anspruch auf Auszahlung eines vorher begründeten Barbetrages erbrachte.
Neben diesen zulässigen Formen der Rabattgewährung waren Rabatte unzulässig. Auch die beliebten Formen des → Eröffnungsrabatts und des Jubiläumsrabatts waren nur nach Maßgabe des Rabattgesetzes zulässig. Hierbei musste darauf geachtet werden, dass der Eindruck der Durchführung nach § 7a UWG unzulässigen → Sonderveranstaltung vermieden wurde. Verstöße gegen das Rabattgesetz lösten wettbewerbsrechtliche → Unterlassungsansprüche nach § 12 Rabattgesetz aus, die von Mitbewerbern sowie klagebefugten Verbänden geltend gemacht werden konnten. Planmäßige Verstöße gegen das Rabattgesetz stellten auch → unlauteren Wettbewerb gem. § 1 UWG dar. Verstöße gegen das Rabattgesetz konnten ferner als Ordnungswidrigkeit nach § 11 Rabattgesetz geahndet werden. H.-J.Bu.

Literatur: *Baumbach; Hefermehl:* Wettbewerbsrecht, Rabattgesetz, 16. Aufl., 1990. *Nordemann, J.B.:* Wegfall von Zugabeverordnung und Rabattgesetz – Erlaubt ist, was gefällt?, in: NJW (2001), Heft 35, S. 2505 ff.

Rabattgutschein → Rabattgesetz

Rabattkarte → Kundenkarten

Rabattkartell
spezifische Form des → Kartells, bei dem Anbieter Absprachen über einheitliche Regelungen von → Rabatten treffen. Im Interesse einer direkten Preispolitik am Markt erlaubt § 3 → GWB unter bestimmten Voraussetzungen Rabattkartelle, wenn die gewährten Rabatte ein echtes Leistungsentgelt darstellen und keine Diskriminierung gleicher Abnehmergruppen bewirken.

Rabattmarken → Rabattgesetz, → Treuerabatt

Rabattspreizung
→ Konditionenspreizung

Rabattstaffeln → Rabatte

Rack Jobber → Regalgroßhändler

Radio Marketing Service GmbH (RMS)
Vermarktungsgesellschaft für → Hörfunkwerbung landesweit operierender Hörfunksender.

Radiometer → Hörerforschung

Radiowerbung → Hörfunkwerbung

Rahmenabkommen, Jahresabkommen, Leistungsabkommen
In Rahmenvereinbarungen als lose Form des Kontraktmarketing (→ vertikales Marketing, → Konditionenpolitik) versucht ein Hersteller, den Jahresumsatz, die Aktionen, den Stammplatz der Ware im Laden oder die Leistungsvergütung abzusichern, z.B. in Form einer generellen Jahresvereinbarung über den Umsatz unter Berücksichtigung spezieller Rabatt- und Konditionenarten (z.B. Aktions-, Steigerungs-, Einführungs- oder Treuerabatte). Diese Jahresvereinbarungen umfassen u.a. Regelungen über folgende Tatbestände:
– Zielumsatz (Gesamtumsatz, Produktgruppenumsätze) (→ Umsatzzielabkommen),
– Sortiment (Führung aller oder ausgewählter Produktgruppen),
– Aktion (Anzahl und Art der Aktionen),
– Stammplatz im Einzelhandel (marktanteilsgerechte Kontaktstrecke),
– Leistungsvergütungen als absolute Beträge (u.U. gestaffelt nach alternativen Gesamt- oder Produktgruppenumsatzstufen) und
– Jahresumsatzprämie.
Basierte in der Vergangenheit die Konditionengewährung der Hersteller primär auf

unsystematisch-historisch gewachsenen Konditionenstrukturen, so wird zunehmend das Prinzip der Leistungsbezogenheit jeglicher Konditionengewährung angestrebt. B.T./J.Z.

Literatur: *Steffenhagen, H.*: Konditionengestaltung zwischen Industrie und Handel, Wien 1995, S. 11. *Tietz, B.; Mathieu, G.*: Das Kontraktmarketing als Kooperationsmodell, Köln u.a. 1979, S. 32.

Rahmenlieferungsverträge

Rahmenlieferungsverträge sind im → Zuliefergeschäft bei der Verwendung insbesondere homogener Zuliefererprodukte (Roh- und Einsatzstoffe sowie Teile) weit verbreitet. Die oft einjährigen Rahmenverträge regeln Zielabnahmemengen, die im Zeitablauf in gewissem Maße noch revidierbar sind, und zwar hinsichtlich Abrufmengen und -zeitpunkten, Bestimmungsort sowie Qualitäten, Art der Anlieferung und Preise. Marktmächtige Abnehmer sehen hier eine Chance, durch Gewährung relativ sicherer Abnahmemengen starken Preisdruck auf die Zulieferer auszuüben. Einen Vorteil für beide Marktseiten stellen Rahmenlieferungsverträge insofern dar, als sie größere Planungssicherheit schaffen. W.H.E.

Rahmenschema für Werbeträgeranalysen → ZAW-Rahmenschema

Rahmenvertrag

Im nationalen wie im → internationalen Handel werden großvolumige und/oder langfristige Kaufvereinbarungen in Form von Verträgen mit offenen Vertragsklauseln geschlossen, die zu einem späteren Zeitpunkt vereinbart werden. So können insbes. der Verkaufspreis oder der Zeitpunkt sowie die Liefermengen zu einem späteren Zeitpunkt entweder durch den Lieferanten oder den Käufer bestimmt werden. Der *Sukzessivkauf* tritt in zwei Erscheinungsformen auf: Beim Kauf auf *Andienung* hat der Lieferant das Recht, Zeitpunkt und Menge der Teillieferung zu bestimmen, bei Kauf auf *Abruf* liegt das Recht beim Käufer. Insbesondere im Rahmen von → ECR und → Continuous Replenishment sind derartige unbestimmte Vertragsformulierungen notwendig, um flexibel auf unterjährig benötigte Liefermengen reagieren zu können. Rahmenverträge werden überdies bei → Jahresgesprächen zwischen Industrie und Handel abgeschlossen. H.Ma.

RAL-Testate

Form der warenbegleitenden → Warenkennzeichnung, bei der auf Etiketten konkrete Sachinformationen über Gebrauchsgüter in weitgehend einheitlicher Form dargestellt werden. Wie beim EURO-Energie Label handelt es sich überwiegend um objektiv überprüfbare Merkmale, die für die jeweilige Warengestaltung als wichtig anzusehen sind. Stehen adäquate physikalisch-technische Maßstäbe nicht zur Verfügung, so drückt man Merkmale auch als Positionen auf Werteskalen aus, z.B. die Reinigungskraft eines Reinigungsmittels als „gut", „mittel" oder „schlecht".
RAL-Testate werden seit 1964 vom RAL-Ausschuss für Lieferbedingungen und Gütesicherung beim Deutschen Normenausschuss e. V. (Frankfurt/M.) vergeben. Der RAL ist ein Selbstverwaltungsorgan der Wirtschaft mit der Aufgabe, unter Mitwirkung von Verbraucherverbänden, Ministerien und Prüfanstalten freiwillige Regelungen zur Sicherung der Produktqualität und der Verbraucherinformation herbeizuführen. Seit 1974 implizieren RAL-Testate auch eine Wertung der Warenqualität, da die testierten Produkte bestimmten Mindestanforderungen zu genügen haben. Die *Abbildung* zeigt ein Beispiel eines RAL-Testates. E.K.

R-Analyse → Faktorenanalyse

Randomisiertes Design → Experiment

Randomisierung → Parallelisierung

Random Route-Verfahren

Spezifisches, in der Praxis relativ oft angewandtes → Auswahlverfahren, das den Zufallscharakter der Stichprobe sichern soll. Es besteht darin, dass dem Interviewer in einer bestimmten Gemeinde eine nach Zufall ausgewählte „Startadresse" angegeben wird und er von da aus nach streng vorgegebenen Regeln bezüglich Gehrichtung, Abständen, Stockwerken etc. einen stochastischen Auswahlprozess von Stichprobenelementen simuliert. Diese werden dann entweder sofort befragt oder adressenmäßig festgehalten. Der „Zufallscharakter" des Verfahrens ist umstritten. Bei Vergleichen mit echten Zufallsstichproben erreichten Random-Route-Stichproben jedoch ähnliche Ergebnisse, so dass sie in der Praxis als repräsentativ gelten. M.H.

Randomverfahren

```
┌─────────────────────────────────────────────────────────┐
│                    │RAL-TESTAT│                         │
│                                                         │
│              Information nach Musterprüfung             │
└─────────────────────────────────────────────────────────┘
```

RAL-TG BBT:	Textiler Bodenbelag, „Safier"	Nr. 4711
TESTAT-Nehmer:	Muster Bodenbelags GmbH & Co.	

Oberseite:	Nadelvliesbelag, glatt, meliert
antistatisch:	chemisch mittels Antistatikum
Träger:	Synthetikfilz
Nutzschicht:	100% Polypropylen

Kennwerte

Nutzschichtdicke:	2,6	mm
Nutzschichtgewicht:	240	g / m²
Gesammtdicke:	7,5	mm
Flächengewicht:	833	g / m²
Bahnen Breite	200	cm
Brandverhalten:	DIN 4102	B2
Trittschallverbesserungsmaß:	21	dB
Wärmedurchlaßwiderstand:	0,12	m²*K/W

Kennzeichnende Merkmale nach DIN 66095 nachgewiesen

I→ DIN 66095

Strapazierwert				Komfortwert			
extrem	stark	normal	gering	einfach	gut	hoch	luxuriös

Zusatzeignungen:

Erteilung:	08.07.1999
Stand:	08.07.1999
Gültig bis:	31.12.2001

Randomverfahren
→ Auswahlverfahren und -techniken

Randsortiment
Randsortimente ergänzen bestimmte Sorten des Kernsortiments durch ausgefallene Größen oder Farben (→ Sortimentspolitik). Sie weisen i.d.R. eine extrem niedrige Umschlagshäufigkeit aus.

Rangordnungsverfahren
→ Skalierungstechnik

Rangreihenverfahren

einfachste Technik der → Streuplanung, bei der vorgegebene Titel oder Titelkombinationen unter Zugrundelegung von Zielgruppen-, Medien- und Kontaktgewichten Leistungswerte, z.B. Reichweiten oder Kontaktmaßzahlen, errechnet werden, die man dann in Beziehung zu den entstehenden Kosten setzt. Das Ergebnis ist dann eine Art *Wirtschaftlichkeitsindex*, z.B. der → Tausender-Preis, hinsichtlich dessen alle alternativen Medienbelegungen in eine Rangreihe zu bringen sind. Naturgemäß kommen bei diesem Verfahren qualitative Aspekte, die sich nicht quantifizieren lassen, zu kurz. Darüber hinaus wird eine lineare Kontaktbewertungskurve unterstellt (s.a. → Mediaselektionsmodelle).

Rangskala → Skalenniveau

Rapid Prototyping

im → Zeitwettbewerb kommt der schnellen Neuproduktentwicklung eine besonders wichtige Rolle zu. Bei technischen Gebrauchsgütern und designorientierten Produkten bieten hierfür moderne CAD-Verfahren große Hilfestellung, mit denen ein Produkt elektronisch dreidimensional abgebildet oder sogar in eine Giessform transformiert werden kann, sodass Prototypen zur optischen Beurteilung der Form, Tests auf Luftwiderstandsbeiwerte etc. vorgenommen werden können, noch lange bevor Produktionsanlagen bereitstehen oder händische Muster bereitstehen. Es handelt sich beim Rapid Prototyping damit um einen virtuellen elektronischen Produkttest oder eine auf virtuellen Modellen basierende Musterproduktion.

Ratenkauf → Lieferantenkredit

Ratingskala → Skalierungstechnik

Rationalisierungsbedarf → Bedarf

Rationalität, begrenzte
→ Kaufentscheidung

Ratioskala → Skalenniveau

Raumeffizienz

insb. im Handel verbreitete → Marketing-Kennzahl, die den Deckungsbeitrag oder Umsatz je Flächeneinheit (qm Verkaufsfläche) kennzeichnet (→ Handels-Controlling).

Räumungsverkäufe

sind eine spezielle Form von → Sonderveranstaltungen, die nach der UWG-Novelle von 1986 nur noch beschränkt zulässig sind, wenn einer der gesetzlich abschließend aufgezählten Räumungsgründe vorliegt. Der Gesetzgeber wollte mit der Novellierung von 1986 Missbräuchen bei Ausverkäufen und Räumungsverkäufen wirksamer begegnen. Räumungsgründe sind nach § 8 Abs. 1 und 2 → UWG die sog. Räumungszwangslage, d.h. die Notwendigkeit einer Räumung des vorhandenen Warenvorrates infolge eines anzeige- oder genehmigungspflichtigen Umbauvorhabens oder infolge eines durch Feuer, Wasser, Sturm oder vergleichbare Ereignisse entstandenen Schadens, und die Räumung wegen Aufgabe des gesamten Geschäftsbetriebes. Räumungsverkäufe wegen Aufgabe des gesamten Geschäftsbetriebes unterliegen einer Sperrfrist von mindestens 3 Jahren (§ 8 Abs. 2 UWG). Ein Räumungsverkauf muss der zuständigen amtlichen Berufsvertretung von Handel, Handwerk und Industrie rechtzeitig und unter Beachtung der Bestimmungen des § 8 Abs. 3 UWG angezeigt werden. Die Berufsvertretungen sind befugt, die vom Antragsteller gemachten und gemäß § 8 Abs. 3 UWG belegten Angaben durch amtlich bestellte Vertrauensleute überprüfen zu lassen. Wer den Vorschriften über die Ankündigung oder Durchführung von Räumungsverkäufen zuwider handelt, kann auf Unterlassung der Ankündigung oder Durchführung von den Wettbewerbern, Wettbewerbsvereinen oder -kammern in Anspruch genommen werden. Die Verletzung der Vorschriften über Räumungsverkäufe stellt eine Ordnungswidrigkeit dar. Anders als bei → Schlussverkäufen und → Jubiläumsverkäufen dürfen in Räumungsverkäufen nur vorhandene Waren zum Verkauf gebracht werden. Ein Vor- oder Nachschieben von nichtvorhandener Ware ist verboten. Die Dauer des Räumungsverkaufs ist bei einer Räumungszwangslage auf 12 und bei Aufgabe des gesamten Geschäftsbetriebes auf 24 Werktage begrenzt. H.-J.Bu.

RAWENA

ist ein von dem Unternehmen *Ecce Terram* entwickeltes Verfahren zur Durchführung

Reaktanz

von Reichweitenanalysen bei der → Mediaanalyse im Internet, derzeit in der Version 3.1. (RAWENA V 3.1.).
RAWENA definiert Kerngrößen wie z.B. → Page Impressions und → Visits und misst zudem die Präsenz der Nutzer (View Time), die Werbeträgerleistung und den Erfolg des Werbemittels. Zusätzlich unterstützt das Verfahren Korrekturfaktoren, um z.B. Textual Ad Impressions ebenfalls zu berücksichtigen.
Das → IVW-Verfahren beruht auf einer RAWENA-Lizenz und stellt eine vereinfachte Variante davon dar.

Reaktanz

nennt man in der → Werbepsychologie die Gegenreaktion eines Umworbenen auf eine versuchte Beeinflussung. Die Grundhypothese lautet: Wenn eine Person eine Bedrohung oder Einschränkung ihrer Verhaltensfreiheit wahrnimmt, wird sie veranlasst, sich der erwarteten Einengung zu widersetzen oder nach erfolgter Einengung ihre Freiheit zurückzugewinnen. Als Voraussetzung für das Auftreten von Reaktanz ist hervorzuheben, dass die Kommunikationsempfänger den auf sie ausgeübten Druck zur Meinungs- oder Verhaltensänderung subjektiv wahrnehmen und dass sie die im speziellen Fall bedrohte Freiheit persönlich als wichtig empfinden. Wirksam wird Reaktanz allerdings erst, wenn eine Schwelle überschritten wird, die individuell unterschiedlich ist. Die Wirkung von Reaktanz besteht darin, dass sich die Empfänger auf ihre vorhandenen Einstellungen und Verhaltensweisen versteifen oder sogar in einer Weise reagieren, die den Absichten des Kommunikators entgegenläuft (→ Bumerangeffekt).

G.M.-H./F.-R.E.

Reaktionselastizität

spezifische, im Rahmen von Oligopolpreis-Modellen (Preistheorie) herangezogene → Preiselastizität, die angibt, inwieweit die Konkurrenzpreise auf Preisänderungen des eigenen Produktes reagieren. Meist wird dabei zur besseren Schätzbarkeit auf den durchschnittlichen Konkurrenzpreis p_j Bezug genommen, sodass gilt:
$r = (\delta p_j \cdot p_i / \delta p_i \cdot p_j)$.

Reaktionszeitmessungen
→ Kaufentscheidungsprozessforschung

Real-Time Marketing → Zeitwettbewerb

Real-Time-Pricing → Spot-Pricing

Reason Why → USP

Recall → Bekanntheitsgrad, → Erinnerung, → Werbetests

Recall-Test

Der Recall-Test dient als spezieller → Werbetest der Messung der → Erinnerung an Werbeanzeigen und Werbespots bzw. der Markenbekanntheit (→ Werbewirkungskontrolle). Dabei unterschiedet man den gestützten (aided) und den ungestützten (unaided) Recall. Ein Beispiel für den ungestützten Recall ist der Impact-Test. Hier wird den Auskunftspersonen eine Testzeitschrift zugeschickt, die die zu überprüfenden Anzeigen enthält und nach einiger Zeit erhoben, an welche Anzeigen sich die Befragten erinnern. Bei gestütztem Recall werden unvollständige Anzeigen vorgelegt und z.B. nach der Marke gefragt, um die es sich handelt. Bei ungestützter Erinnerung an Marken wird lediglich gefragt, welche Marken einer bestimmten Produktgruppe dem Befragten einfallen, bei gestützter Messung der Markenbekanntheit wird z.B. eine Liste von Markennamen vorgelegt und gefragt, welche die Auskunftsperson kennt. H.Bö.

Recency-Effekt → Gedächtnistheorien

Rechnung (Faktura)

ist eine im Geschäftsleben übliche Abrechnung über Leistungsvorgänge. Sie dient den Geschäftspartnern als Buchungsbeleg, Kontroll- und Nachweismittel. Zivilrechtlich bestehen keine Vorschriften, Rechnungen sind jedoch Urkunden i.S.d. § 415 ZPO. Für kaufmännische Rechnungen existiert ein Formularvorschlag des Deutschen Normenausschusses (DIN 4991). Danach besteht die Rechnung aus Kopf, Kern und zusätzlichen Vertragsbedingungen.
Umsatzsteuerlich ist jede Urkunde eine Rechnung, mit der ein Unternehmer oder in seinem Auftrag ein Dritter über eine Lieferung oder sonstige Leistung gegenüber dem Leistungsempfänger abrechnet, gleichgültig, wie diese Urkunde im Geschäftsverkehr bezeichnet wird. Unter den in § 14 Abs. 5 UStG genannten Bedingungen gilt auch eine Gutschrift, mit der ein Unternehmer über eine steuerpflichtige Leistung abrechnet, die an ihn ausgeführt wird, als Rechnung.

Mindesterfordernisse einer ordnungsmäßigen Rechnung sind: a) Name und Anschrift des leistenden Unternehmers sowie b) des Leistungsempfängers; c) Menge und handelsübliche Bezeichnung des Lieferungsgegenstandes oder Art und Umfang der sonstigen Leistung; c) Zeitpunkt der Lieferung/ sonstigen Leistung; d) Entgelt und e) auf das Entgelt entfallender Steuerbetrag (§ 14 Abs. 1 UStG).
Bedeutung der Rechnung: Das Vorliegen einer ordnungsmäßigen Rechnung ist i.d.R. Voraussetzung für die Berechtigung zum *Vorsteuerabzug* (§ 15 Abs. 1 UStG). Werden Umsätze an andere Unternehmer ausgeführt, so besteht die Verpflichtung auf Verlangen des anderen Rechnungen auszustellen (§ 14 Abs. 1 UStG). Eine unberechtigt oder zu hoch ausgewiesene USt schuldet der Rechnungsaussteller (sog. Rechnungsteuer); bei zu niedrigem Ausweis wird USt in richtiger Höhe geschuldet, abziehbar ist beim Leistungsempfänger aber nur die ausgewiesene Steuer (§ 14 Abs. 2, 3 UStG). Durch Rechnungsberichtigung können die Folgen mangelhafter Rechnungen u.U. beseitigt werden (Abschn. 189 Abs. 6 UStG), nicht jedoch bei unberechtigtem Steuerausweis oder fehlender Leistung. R.F.

Rechte-Marketing

Ausgangspunkt der zunehmenden Spezialisierung und gleichzeitig eine der ältesten Ideen im Marketing ist der Ansatz, dass unterschiedliche Objekte unterschiedlich gemanagt, vermarktet, abgesetzt oder beschafft werden (sollen). Als ein geeigneter Ansatzpunkt eines solchen situativen Marketingverständnisses gilt insbesondere die Ebene der Wirtschaftsgüter. Vor diesem Hintergrund haben sich Spezialisierungsalternativen wie das → Dienstleistungs-Marketing oder das Marketing von Informationen etabliert.

Zum Begriff der Rechte
Die Meinungen über Rechte (als Wirtschaftsgüter) gehen weit auseinander. Neben der hier vertretenden und später weiter ausgeführten Annahme, die Rechte können als eine spezielle Art von Wirtschaftsgütern interpretiert werden, verstehen es andere Autoren – allen voran *Eugen Ritter von Böhm-Bawerk* – als ihren Hauptverdienst, den Gutsbegriff von den Rechten als Pseudogütern befreit zu haben.
Populär ist auch die Interpretation der Rechte in der Tradition der → Institutionenökonomik. In diesem Rahmen werden nicht, wie ansonsten üblich, spezifische Güter betrachtet, sondern der institutionelle Rahmen der Güter und damit ihre Nutzungsmöglichkeiten. Als die effektiven Güter gelten dann die an einer Ressource bestehenden → Property-Rights-Theorie, also das Recht auf Nutzung, Einbehaltung und Verwendung der anfallenden Erträge, auf form- oder substanzverändernde Bearbeitung und auf die Übertragung der Ressource auf andere Individuen. Diese Sichtweise können wir in der prägnanten Formel „alle Güter sind Rechte" zusammenfassen.

Ganz anders die Annahme, die Rechte seien eine spezielle Güterart, die neben den Waren, den Dienst- und Erstellungsleistungen, den Informationen und den Leistungsbündeln in eine Aufstellung von Wirtschaftsgüterkategorien aufzunehmen ist. In der Tradition dieser Sichtweise wollen wir Rechte verstehen als *Nutzungsmöglichkeiten fremden Eigentums*. Von zentraler Bedeutung ist hier insbesondere die Trennung von Eigentum und Besitz: Eigentümer und Verfügungsberechtigter sind also zwei verschiedene Einheiten. Ein Recht kann ohne das zugehörige Eigentum (das sog. Basisobjekt) nicht existieren. Wir haben es also mit einem abgeleiteten Wirtschaftsgut zu tun. Beispiele für diese Objektart reichen von der Vermietung, dem → Merchandising und → Licensing über das → Sponsoring und → Productplacement bis hin zum → Franchising. In einigen Bereichen, z.B. beim Sponsoring, bedeutet die Interpretation als Recht auch eine neue Sichtweise in der Diskussion. Denn im Zentrum steht nun nicht mehr der „Nachfrager" (also der Sponsor) sondern der Anbieter und somit der „Gesponsorte", der eben Rechte zur Nutzung von Personen, Objekten oder Aktivitäten anbietet. Ausgangspunkt einer solchen Betrachtung ist also das Angebot an Eigentums-Nutzungen und nicht die finanzielle Gegenleistung.

Wesentliche Charakteristika
Ein Angebot von Rechten bedeutet zunächst einmal die Herausstellung des Nutzens bzw. der Nutzungsmöglichkeiten eines Basisobjektes. Eine Ware wird in diesem Zusammenhang als ein Bündel einzelner Nutzleistungen interpretiert. Einzelne dieser Nutzleistungen können nun quasi aus dem Gesamtverbund herausgelöst, und als eigenständiges Wirtschaftsgut – nämlich als Recht – angeboten und abgesetzt werden. Ein maßgebliches Kennzeichen und Basis-

Charakteristikum von Rechten ist also zunächst einmal die zwingende Bezugnahme auf eine originäre Ware – sei es eine Sachleistung, eine Information oder Geld. Neben diesem Derivatcharakter können wir auch noch einen Beziehungscharakter identifizieren: Die Vergabe von Rechten ist immer auch Ausgangspunkt einer Kundenbeziehung bzw. einer netzwerkartigen Struktur zwischen dem Eigentümer als dem Rechte-Geber und den Nutzern als den Rechte-Nehmern. Das Versorgungsobjekt Recht kann also nur über die beteiligten Menschen – die Eigentümer und Nutzer – gedacht und analysiert werden.

Zentrale Marketingaufgaben

(1) Strategische Basisentscheidung bzgl. der Bewirtschaftung von Ressourcen
Gerade aus der Sicht der Vermarktung und Vermarktbarkeit gilt es, mögliche attraktive Nutzleistungen zu identifizieren oder gar zu konzipieren. Es ist eine unternehmerische Herausforderung ersten Ranges zu entscheiden, welche Nutzleistungen aus dem Gesamtverbund herausgelöst und als selbstständiges Wirtschaftsgut angeboten werden sollen. Das Marketing hat sich also mit unterschiedlichen Bewirtschaftungsformen auseinander zu setzen, die miteinander in Konkurrenz stehen – wie etwa das Verpfänden des Basisobjektes im Kreditkontrakt, die Belastung des Eigentums zur Schaffung von Geld, den Verkauf von Eigentum, das Halten von Eigentum oder eben die Vergabe von (Nutzungs-)Rechten. Wenn sich ein Anbieter für die letztgenannte Alternative entscheidet, erwartet er in der Regel eine Art „Eigentumsprämie", also ein Einkommen aus der Vergabe der jeweiligen Rechte. Dieses Einkommen muss nicht zwingend aus monetären Zahlungen bestehen, sondern kann auch in Form von Ruhm, Prominenz, Ansehen bzw. → Aufmerksamkeit „ausbezahlt" werden.

(2) Design der Rechte
Aufgrund ihres Derivat-Charakters sind Rechte immer ein zweistufiges Phänomen: Einmal hat man es mit der konkreten Ware zu tun, und dann mit dem daran anknüpfenden Derivat. Wenn es nun gilt Rechte zu beschreiben, zu definieren, darauf aufbauend zu designen – also kurz: zu vermarkten –, so müssen stets beide Ebenen in Betracht gezogen werden. Beispielsweise wird ein *Anbieter*, der die Vergabe von Nutzungsrechten einplant dies schon in der Warengestaltung berücksichtigen. Ein Auto beispielsweise, das unterschiedliche Menschen mit differenzierten Vorkenntnissen, Kompetenzen, Vorlieben und Bedürfnissen gebrauchen wollen und sollen, wird eben weniger der Gestik des individualisierten Geschmacks entsprechen; vielmehr muss es einfach bedienbar und robust sein und außerdem den unterschiedlichen Anforderungen gemäß ausgestattet sein. Die Art der Nutzung, potenzielle Nutzer und Nutzungsgeflechte bestimmen die Gestaltung und Produktion des Basisobjektes also teilweise mit. Die zweite Dimension betrifft nun das an der Ware anknüpfende, bzw. aus ihr abgeleitete Derivat, also die dem „Nicht-Eigentümer" gewährte Nutzungsmöglichkeit. Zur Konkretisierung des Gutes „Recht" sind deswegen Aussagen bzw. Entscheidungen zu treffen bzgl. der Art der Nutzungsmöglichkeit, der möglichen Nutzungsdauer, dem Nutzungsort, sowie die Anzahl der Nutzer.

(3) Beziehungsmanagement
Im Fall der Rechte ist eine Beziehung zum Kunden nicht nur eine mögliche Option, sondern in der Struktur der Rechte immanent. Im Fall der Rechtevergabe entsteht ein Netzwerk aus selbstständigen Einzelwirtschaften, die über das jeweilige Basisobjekt miteinander verbunden sind. Dabei haben wir es mit Beziehungen zwischen Rechte-Geber und Rechte-Nehmer einerseits, und andererseits möglicherweise auch noch mit Beziehungen zwischen den Rechte-Nehmern untereinander zu tun.

Wichtige Erfogsgrößen sind deswegen die Auswahl der jeweiligen Rechte-Nehmer und die Koordination und Führung des Netzwerkes. Eine zentrale Rolle nimmt hier das sog. Kontraktmarketing ein, also der Versuch, die Beziehung vertraglich zu institutionalisieren. Die Basisaufgabe der Vertragsgestaltung ist es, eine für beide Parteien akzeptable Lösung zu finden – zum einen hinsichtlich der Risikoaufteilung, zum anderen hinsichtlich der resultierenden Handlungsanreize und der Vorkehrungen die getroffen werden müssen, um bestimmten Handlungsanreizen entgegen zu wirken. Als einzelne „Instrumente" können hier Informationsrechte und –pflichten, Selbstbeschränkungen, Genehmigungsvorbehalte, Vorkehrungen zur Kontrolle und Überwachung und schließlich auch Sanktionen und Kündigungsmöglichkeiten aufgeführt werden.

Auf der eher personellen Ebene sind solche Ansatzpunkte von Interesse, die die Treue zum Partner fördern und damit die Austrittsbarriere von Geschäftsbeziehungen erhöhen. Beziehungsstabilisierende oder -verstärkende Maßnahmen sollten ergriffen werden; der Aufbau von → Vertrauen und → Commitment ist ein zentrales Anliegen in solchen Beziehungen. C.Bl.

Literatur: *Blümelhuber, C.:* Orientierung an Rechten, an der Ludwig-Maximilians-Universität eingereichte Dissertation, München 2000. *Heinsohn, G.; Steiger, O.:* Eigentum, Zins und Geld, Reinbek 1996.

Rechtsanwälte-Marketing
→ Marketing für freie Berufe

Rechtsbruch

Wettbewerbshandlungen können auch wegen Rechtsbruchs, nämlich wegen Verstoßes gegen ein anderes Gesetz oder gegen Standesrecht, unlauter i.S.v. § 1 → UWG sein. Wenn ein Wettbewerber sich nicht an bestehende Gesetze oder Vorschriften hält, also einen Rechtsbruch begeht, kann er dadurch gesetzestreue Wettbewerber benachteiligen und sich selbst vor den gesetzestreuen Wettbewerbern einen unlauteren Vorsprung verschaffen.

Eine unmittelbare Wettbewerbsbezogenheit hat die Rechtsprechung angenommen bei Verletzung der zahlreichen gesundheits- und lebensmittelrechtlichen Bezeichnungsvorschriften, der gesetzlichen Wettbewerbsverbote und der aus Gründen der Volksgesundheit erlassenen Vorschriften, z.B. des Arzneimittelgesetzes, des Heilmittelwerbegesetzes und des Heilpraktikergesetzes. Als wertneutrale Normen, bei deren Verletzung nur dann Wettbewerbswidrigkeit angenommen werden kann, wenn besondere wettbewerbliche Umstände gegeben sind, die das gesetzwidrige Verhalten auch aus wettbewerblicher Sicht anstößig erscheinen lassen, insb. wegen sachlich nicht gerechtfertigten Wettbewerbsvorsprungs vor den gesetzestreuen Mitbewerbern, hat die Rechtsprechung z.B. die → Preisangaben-Verordnung, das → Ladenschlussgesetz, die Gewerbeordnung und das Apothekengesetz angesehen. Die Grundsätze über die Wettbewerbswidrigkeit von Verstößen gegen andere Gesetze hat die Rechtsprechung auch für Verstöße gegen Standesrecht herangezogen. H.-J.Bu.

Rechtslauf → Kundenlaufstudie

Recognition → Bekanntheitsgrad, → Wiedererkennung

Recognition-Test (Starch-Test)

Bei diesem zur → Werbewirkungskontrolle eingesetzten Wiedererkennungstest (→ Werbetests) werden der Auskunftsperson einzelne Anzeigen aus Zeitungen, Zeitschriften aber auch redaktionelle Beiträge in Form einer künstlichen Zeitschrift (Folder) vorgelegt, um zu ermitteln, welche Anzeigen sie schon einmal gesehen bzw. in geringerem oder größerem Umfang schon gelesen haben. Um zu kontrollieren, wie hoch das Ausmaß der Falschaussagen (z.B. durch Verwechslung oder sozial erwünschte Antworten) ist, werden im Folder auch Falschanzeigen montiert. Die durchschnittlichen Falschangaben werden dann von den Recognitionwerten der echten Anzeigen abgezogen.

Mitunter werden auch die Anzeigen in realen Zeitschriften (z.B. deren letzte Ausgabe) einem Recognition-Test unterzogen, wobei hier das Ausmaß der Falschaussagen völlig unbekannt ist. H.Bö.

Recommender Systems

bezeichnet die Dialogkomponente eines → Information Filtering – Systems im → Online-Marketing und ist ein wichtiger Bestandteil einer → E-CRM Maßnahme.

Die Recommender Systeme stellen eine wichtige Erfolgskomponente für den elektronischen Transaktionsprozess dar. Ziel der Systeme ist der Wandel der Nutzer zu langfristigen Kunden durch eine an den Bedürfnissen orientierte Navigationsführung, die eine Zeitersparnis ermöglichen und den Aufbau von Nutzerzufriedenheit unterstützen soll. Durch den Zusatznutzen werden die Wechselkosten hochgesetzt und eventuelle → Cross-Selling-Potenziale abgeschöpft.

Zu unterscheiden sind die unterschiedlichen Systeme nach dem Grad der Integration des Kunden bzw. Automatisierung der Empfehlungen. Systeme, die dem Kunden automatisch zu jedem getätigten Informationsabruf verwandte Produkte und Inhalte selektieren, bezeichnet man als „*Organic Navigation*". Bei weniger automatisierten Systemen muss der Kunde die Empfehlungsliste schon explizit abrufen. Dabei ist zu unterscheiden, ob die Empfehlung auf Basis seiner Verhaltensdaten erstellt wird, oder ob er an diesen Stellen explizit befragt wird.

Stichwortbezogene Verfahren, bei dem der Nutzer mit einer Reihe von Stichworten sein Profil zunächst bestimmen muss, weisen den niedrigsten Automatisierungsgrad auf.

Das Ergebnis der Empfehlung verdeutlicht den Unterschied zwischen regelbasierten und *Collabarative Filtering Methoden*, die in der Problemlösungskomponente angewendet werden. Während mit regelbasierten Systemen das Unternehmen zielgerichtete Empfehlungen tätigen kann, ist das Ergebnis bei Collaborative Filtering von Unternehmen nicht steuerbar (→ Information Filtering). R.St.

Literatur: Strauß, R.E.; Schoder, D.: Wie werden Produkte den Kundenwünschen angepaßt?, in: *Albers, S.; Clement, M.; Peters, K.; Skiera, B.* (Hrsg.): eCommerce, Frankfurt 1999, S. 109-121.

Recycling

Zum Recycling zählen all jene Prozesse, durch die ein bislang nicht verwerteter Materie- bzw. Energieoutput des Wirtschaftssystems diesem als Inputfaktor wieder zugeführt wird. Gründe für Recycling-Prozesse sind die Schonung knapper Ressourcen sowie die Vermeidung von Entsorgungsleistungen (→ Entsorgung). Für die Vermarktung solcher Recycling-Produkte ist die Erbringung eines Qualitätsnachweises erforderlich, da sie den konkurrierenden Stoffen qualitativ kaum nachstehen dürfen. Daneben muss analysiert werden, wie Recycling-Produkte auf Nachfrager der Folgestufen wirken. Eine Angabe der Herkunft ist nur dann ratsam, wenn sie sich nicht vermarktungshemmend auswirkt (→ Ökologisches Marketing). W.H.E.

Literatur: Kleinaltenkamp, M.: Recycling-Strategien, Berlin 1985.

Redaktionssystem
→ Content-Management

Redistribution

Fachterminus aus dem → Ökologischen Marketing, der auf die – u.U. schon vom Hersteller bestimmter Güter vororganisierte – Maßnahmen der Rückführung und anschließenden Wiederverwendung von Abfallmaterialien im Interesse des Recycling und zur Reduktion der anfallenden Müllmengen Bezug nimmt. In erster Linie ist dabei an die Rücknahme von Verpackungsmaterialien durch Handel und Industrie zu denken. So soll es dem Käufer ermöglicht werden, überflüssige Verpackungen (Kartonagen, Folien, Umhüllungen u.Ä.) direkt beim Einkauf im Laden zurückzulassen. Ebenso können Sammelbehälter für Materialien, welche erst nach dem Konsumakt zu entsorgen sind (Kanister, Dosen u.Ä.), aufgestellt werden. Des Weiteren fallen unter Redistribution die besonders bei Getränkeverpackungen üblichen → Mehrwegsysteme, durch die eine vielmalige Wiederverwendung von insb. Glasflaschen gewährleistet wird. Aber auch für Altpapier, Altautos, Batterien, Haushaltsgroßgeräte, Leuchtstofflampen u.v.m. bieten sich Maßnahmen der Rücknahme und Wiederverwendung für ausgediente Einheiten an, um einen sinnvollen Beitrag zum Umweltschutz zu leisten. Eine wichtige Voraussetzung dafür bilden leistungsfähige Sammelsysteme. Darunter fällt auch das Konzept der → dualen Abfallwirtschaft. Es sieht vor, dass verwertbare Materialien in einer separaten Wertstofftonne von den Haushalten gesammelt und von der Wirtschaft abgeholt, sortiert und dann wieder verwertet werden. Die öffentliche Müllabfuhr ist auf nicht wiederverwertbare Abfälle beschränkt. Nach Angaben des Umweltbundesamtes wären durch die genannten Maßnahmen rd. zwei Drittel des gesamten Hausmülls per Recycling wieder in den Materialkreislauf einzuschleusen. Im Hinblick auf die zukünftige Wiederverwertbarkeit immer wichtiger werden Gedanken der Recyclingfähigkeit heute deshalb schon im Rahmen der → Produktgestaltung. Auch als Marketing- und Kommunikationsargument gewinnen derartige Überlegungen zunehmend an Bedeutung.
R.H.

Redressment

Kompensation von Stichprobenausfällen bei Zufallsstichproben, bei denen man durch die Ausfälle Repräsentanzverzerrungen befürchten muss (→ Fragebogenrücklauf, Non-Response-Problem). Dazu werden die verschiedenen demographischen Gruppen innerhalb der Stichprobe analog zu den wahren Anteilen in der Grundgesamtheit gewichtet, um sie weder über- noch unterzupräsentieren. Sinnvoll ist dieses Vorgehen allerdings nur dann, wenn die zur Angleichung herangezogenen Merkmale mit den Untersuchungskriterien hinlänglich zusammenhängen (s.a. → Hochrechnung).

Redundanz-Analyse

Spezialfall der → Kanonischen Korrelation in der von nicht-symmetrischen Datensätzen ($(p)y$ und $(q)x$ Variablen) ausgegangen wird. Der Redundanz-Index gibt die mittlere Varianz eines Datensatzes (y) an, die durch die Kanonische Variable des anderen Datensatzes (x) erklärt wird. Die Redundanz ist bei Umkehrung der Asymmetrie verschieden. Die Redundanz-Analyse versucht die Redundanz als Kriterium in beiden Richtungen zu maximieren. L.H.

Literatur: *Wollenberg van den, A.L.*: Redundandency Analysis. An Alternative for Canonical Correlation Analysis, in: Psychometrika, Vol. 42, No. 2 (1977), S. 207-219.

Reengineering → Prozessmanagement im Marketing

Referencing

ist eine Methode der → Site-Promotion im → Online-Marketing und umfasst alle Maßnahmen zur Erstellung von Verweisen auf einen Online Dienst. Zu den Maßnahmen werden u.a. die Auszeichnung eines Dienstes in → Suchmaschinen oder → Web-Verzeichnisdiensten, der → Link-Exchange oder die Teilnahme an einem → Webring gezählt.

Referenzanlage

Referenzanlagen sind bei Kunden (→ Kundenempfehlung, → Referenzen) oder in eigenen → Kompetenzzentren installierte Anlagegüter, auf die bei absatz- und/oder beschaffungspolitischen Entscheidungen innerhalb mindestens eines weiteren Kauf-/Verkaufsprozesses Bezug genommen wird. Die Bedeutung bereits abgewickelter Projekte für die Vergabe zukünftiger Projekte ergibt sich im → Anlagengeschäft v.a. daraus, dass das Nachfragerverhalten im Anlagengeschäft durch ein hohes → Kaufrisiko geprägt ist. Um diese Ungewissheit in Bezug auf die technische Funktionsfähigkeit einer Anlage und das finanzielle Engagement zu reduzieren, verlangen die Nachfrager häufig den Nachweis bereits abgewickelter Projekte.

Nach *Günter* lassen sich abgewickelte Anlagen im Hinblick auf vier Referenzarten verwenden:

– Gesamtprojekt-Referenzen,
– Know-how-Referenzen,
– Komponenten-Referenzen,
– Koalititons-Referenzen.

Im Hinblick auf das Risikoverhalten der Nachfrager kommt der Gesamtprojekt-Referenz – also der Nachweis komplett abgewickelter komplexer Großanlagen – die höchste risikosenkende Wirkung zu. Ist diese Referenz nicht zu erlangen, muss sich der Anbieter mit einer Referenz begnügen, die entweder auf die von ihm gelieferten Anlagen-Komponenten (Komponenten-Referenz) oder – insb. bei Consulting-Unternehmen – auf das erstellte Know-how (Know-how-Referenz) gerichtet ist. Beide Arten von Teil-Referenzen lassen sich jedoch wieder zu einer Gesamtprojekt-Referenz verbinden, wenn gemeinsam mit bewährten Partnern in einer Anbieterkoalition (Koalitions-Referenz) eine Gesamt-Referenz nachgewiesen werden kann.

Die im Hinblick auf die jeweiligen Mitanbieter reibungslose Erstellung und Abwicklung eines Anlagenprojektes kann somit Gesamtprojekt-Referenzwirkungen bei Folgeprojekten haben. K.B.

Literatur: *Günter, B.:* Die Referenzanlage als Marketing-Instrument, in: ZfbF – Kontaktstudium, 27. Jg. (1975), S. 145-151.

Referenzen

Referenzen sind anbieterinitiierte Auskünfte aktueller oder ehemaliger Kunden über diesen Anbieter und dessen Leistungen, die in den Kaufprozess insb. neuer Kunden einfließen. Es handelt sich demnach um eine Unterkategorie der → Kundenempfehlung, zu denen auch die unaufgeforderte → Mund-Werbung von Kunde zu Kunde zählt. Referenzen entfalten insb. wegen der beim Referenzempfänger perzipierten Neutralität und → Glaubwürdigkeit des Referenzgebers besondere Wirkungen. Dies gilt v.a. für Erfahrungs- und Vertrauensgüter, bei denen keine Qualitätsprüfung vor dem Kauf möglich ist. Eine wichtige Rolle können Referenzen auch für die → Diffusionsprozesse von Innovationen spielen (→ Innovationsmanagement). Im Business-to-Business-Geschäft spricht man auch von *Geschäftsempfehlungen*. Insb. im → Anlagengeschäft sind solche Empfehlungen zur Risikoreduktion beim Kunden häufig zwingend, sodass von den Anbietern oft unter kurzfristigem Gewinnverzicht gezielt Erstkunden als Referenzkunden (→ Lead User) „aufgebaut" werden. Der Referenzwert eines Kunden hängt dabei von vielerlei Umständen, insb. vom Renommee des Kunden und seiner Einbettung in ein Beziehungsnetzwerk ab (s.a. → Kundenwert).

Zu unterscheiden sind einerseits *direkte*, freilich (im Gegensatz zur Mund-Werbung) auf Bitten bzw. Anregung des Anbieters vom Kunden selbst vorgenommene Empfehlungen bei entsprechenden Kontakten mit anderen Kunden und andererseits vom Anbieter benutzte (*indirekte*) Referenzen in Form von Referenzlisten, Bewerbung des Produktes unter Nennung bestimmter Abnehmer oder Benennung bestimmter Referenzkunden zur weitergehenden Auskunft gegenüber neuen Kunden.

Der Referenzkunde kann den Referenzprozess unterschiedlich intensiv befördern: Er kann

– im schwächsten Fall z.B. lediglich *bestätigen*, dass er entsprechende Leistungen abgenommen hat,
– gegenüber dem Referenznehmer seine *Zufriedenheit* mit der Leistung zum Ausdruck bringen,
– das Kaufobjekt *besichtigen* lassen und ggf. in seiner Funktion *vorführen* (→ Referenzanlage),
– zum *Erfahrungsaustausch* mit dem Referenznehmer, ggf. auch bei Veranstaltungen des Anbieters bereitstehen,
– selbst aktiv nach neuen Kunden *suchen* bzw. zumindest Adressen für potentielle Kunden *benennen*,
– sich in der Öffentlichkeit und im Rahmen der Anbieterwerbung für diesen Anbieter aussprechen (→ *Testimonialwerbung*).

Vom Anbieter initiier- bzw. unterstützbar sind solchen Kundenaktivitäten durch

– *Bitte um Adressweitergabe* in Werbebriefen oder bei anderen Kundenkontakten,
– kostenlose → *Produktproben* bzw. *Muster*,
– vom Kunden verwendbare *Argumentationslisten*,
– *Weiterempfehlungsaktionen* („Member-gets-Member-Aktionen") mit oder ohne Prämienvergabe,
– *Testimonial-Veranstaltungen* in Kundenclubs, auf Messen und Ausstellungen oder
– regelmäßige Entgeltung neu gewonnene Kunden durch *Kundengewinnungsprämien*. Hier bestehen Überschneidungen zum → *Multi-Level-Marketing* bzw. → *Partyverkauf* bzw. zum → *Sammelbestellersystem*.

Die *Wirkung* von Referenzen hängt vor allem von der empfundenen Kompetenz und Glaubwürdigkeit des Referenzgebers ab. Es handelt sich insofern um einen Prozess der → Meinungsführerschaft, wie er auch aus der Werbung bekannt ist (zweistufige → Kommunikation). Die Glaubwürdigkeit wird eingeschränkt, sobald erkennbar wird, dass der Referenzgeber für seine Referenzen entgolten oder sogar umsatzbeteiligt wird. Als spezifische Referenz-Effekte lassen sich unterscheiden:

Multiplikatoreffekt: Der Referenzgeber verbreitet die Referenz mehrfach, was u.U. einen Schneeballeffekt auslösen kann.

Individualisierungseffekt: Die positiven Signale über den empfohlenen Lieferanten sind personalisiert und damit glaubwürdiger, weil der Referenzgeber dafür auch in gewisser Weise einsteht.

Commitmenteffekt: Der Referenzgeber entwickelt mit der Referenzabgabe selbst stärkeres → Commitment gegenüber dem Anbieter, weil er innerlich zu seiner Empfehlung stehen will bzw. muss und oft auch in einen engeren Kontakt zum Anbieter gerät.

Abschöpfungseffekt: Wirtschaftlich betrachtet können die Kostenvorteile von Referenzen gegenüber anderen Formen der Neukundengewinnung als Abschöpfung vorausgegangener Investitionen in die → Kundenbindung betrachtet werden.

Das *Management* von Referenzen ist Teil des → Beziehungsmarketing und umfasst vier Phasen, nämlich die grundsätzliche Analyse der Bereitschaft zur Referenzabgabe durch Kunden (→ Kundenempfehlung), die Suche nach referenzbereiten Kunden, die Gewinnung bzw. Einholung der Referenzbereitschaft und die laufende oder aktionsweise Initiierung von Referenzen seitens des Kunden bzw. die Nutzung der Referenzen durch den Anbieter. Nach entsprechenden Aktionen kann eine Erfolgskontrolle nachgeschaltet werden. Es versteht sich von selbst, dass den Referenzkunden vom Anbieter im „Innenverhältnis" (*Backhaus*) besondere Aufmerksamkeit zu schenken ist, um deren Zufriedenheit sicherzustellen und die Referenzbereitschaft nicht zu gefährden bzw. nicht sogar ins Negative zu wenden.

H.D.

Literatur: *Hummrich, U.*: Interpersonelle Kommunikation im Konsumgütermarketing, Wiesbaden 1976. *Backhaus, K.*: Industriegütermarketing, 6. Aufl., München 1999, S. 645 ff. *Cornelsen, J.*:

Kundenwertanalysen im Beziehungsmarketing, Nürnberg 2000.

Referenzpreis-Effekt → Preisvariation

Referenzpunkt → Prospecttheorie

Referenztechnik
→ Verkaufsargumentation

Referenzwert → Kundenwert

Referer → Logfile

Reformhaus

→ Betriebsform des → stationären → Einzelhandels, die als Zusammenschluss von → Fachgeschäften zu einer → Verbundgruppe auf genossenschaftlicher Basis (Neuform-Genossenschaft) vor dem Hintergrund umfassender Produktions- und Liefervereinbarungen mit ausgesuchten Herstellern und Lieferanten sowie sonstiger profilprägender Dienstleistungen der Gruppenzentrale für die Genossenschaftsmitglieder überwiegend ein Sortiment an Lebensmitteln, Naturheilmitteln und Körperpflegemitteln anbietet, das in gesundheitlicher Hinsicht bestimmten Qualitätsnormen entspricht (*Neuform*-Vertragsware, Fremdanteil rd. 20%). In Deutschland erzielten 1998 die 1830 Reformhäuser (einschließlich der 170 Partner-Reformhäuser bzw. 510 *Neuform*-Depots in sortimentspolitisch ähnlich agierenden Betriebsformen, wie z.B. in → Apotheken und in → Drogerien) einen Gesamtumsatz von rd. 1,3 Mrd. DM, wobei sich innerhalb des Neuform-Vertragswarenangebots (ca. 5.700 Artikel, 85 Vertragswaren-Hersteller) die (umsatz-)anteilige Bedeutung der Warengruppen wie folgt darstellt: Lebensmittel 54,6%, Diätetische Lebensmittel 10,6%, Freiverkäufliche Naturarzneimittel 15,7%, Körperpflege/Kosmetik 12,6% und sonstige Warengruppen (Randsortiment) 6,5% (Quelle: *Neuform* VDR eG, Oberursel).

H.-J.Ge.

Regalflächenoptimierung

Die Erfassung artikelgenauer Verkaufsdaten schafft die informatorischen Voraussetzungen zur Unterstützung der Instore-Marketingaktivitäten. Hierzu gehören u.a.:

– die warengruppen-, artikelgruppen- und artikelspezifische Regalflächenzuweisung,

– die Flächenzuweisung für Zweitplatzierungen (Aktionsplatzierungen),
– der Einsatz von Displaymaterial.

Entscheidungsgrundlage der Regalflächenzuweisung sind die artikelspezifischen Roherträge oder Deckungsbeiträge (→ Direkte Produkt Rentabilität, DPR), die eine Umrechnung auf Verkaufsflächenbasis, Regalflächenbasis, auf Basis laufender Regalmeter oder der Anzahl der Frontstücke (Facings) ermöglichen.

Einen ersten Ansatzpunkt zur Regalflächenoptimierung stellt eine vergleichende Analyse der Regalstreckenanteile und der Deckungsbeitragsanteile in den einzelnen Warengruppen dar. Informationstechnische Voraussetzungen einer derartigen Analyse ist die Erhebung der Regalstreckenanteile der einzelnen Artikel in den Filialen.

Vergleiche zwischen Regalstrecken- und Umsatz- bzw. Deckungsbeitragsanteilen stellen eine Vorstufe zur computergestützten Regalflächenoptimierung dar. Hierzu stehen – meist auf PC-Basis – eine Reihe von Standardsoftwarepaketen zur Verfügung, die eine Simulation der Auswirkungen unterschiedlicher Platzierungskonzepte ermöglichen, so die Pakete ACCU-SPACE, APOLLO, COMPAS und SPACEMAN. Als erstes Programmpaket, das bereits Ende der 60er-Jahre – auf Großrechnern im Batch-Prinzip – in mehreren Pilotanwendungen getestet wurde, ist das System HOPE, entwickelt von *Wetterau, Inc.*, herauszustellen.

Beispielhaft kann das Paket SPACEMAN beschrieben werden. SPACEMAN berücksichtigt u.a. folgende Faktoren:

– Zeit zwischen Nachbestellung und Wareneingang,
– Höhe und Verlauf (Schwankung) der Kundennachfrage,
– Verpackungseinheiten und Mindestbestellmengen,
– verfügbare Regalfläche,
– Verpackungsart, Größe, Stapelhöhe,
– Handling-, Lager-, Flächen- und Energiekosten (im Sinne des DPR-Konzeptes),
– Verkaufs- und Einstandspreise,
– Auswirkungen der verkaufsflächeninternen Standorte auf den Absatz (Verkaufsflächen- und Regalwertigkeiten).

Auf der Basis dieser Daten können u.a. simuliert werden:

Regalgroßhändler (Rack Jobber)

- welche Artikel das Ergebnis verbessern können,
- wie viel Platz welchen Artikeln eingeräumt werden soll,
- welche Regalanordnung sich am besten eignet,
- welche Auswirkungen eine Vergrößerung der Verkaufsfläche hätte.

Als Ergebnisparameter können wahlweise, sofern die notwendige Datenbasis verfügbar ist, der Umsatz, der Rohertrag (Deckungsbeitrag 1) oder die → Direkte Produkt Rentabilität herangezogen werden.

Das Ergebnis der Simulation kann wahlweise am PC-Bildschirm abgerufen oder in Listenform ausgedruckt werden. Neben der Ergebnispräsentation in tabellarischer Form ist über einen angeschlossenen Plotter/Drucker auch die Erstellung eines Regalbelegungsplans möglich.

Informatorische Voraussetzung für den Einsatz derartiger Softwarepakete ist der sehr aufwendige Aufbau und die Pflege der benötigten Artikel- und Regalstammdaten. Hierzu gehören insbesondere:

- die Maße der Artikel (z.B. Höhe, Breite, Tiefe),
- die Maße und Anordnung der Regale und sonstiger Warenträger,
- die Verkaufsflächen- und Regalwertigkeiten. J.Z.

Literatur: *EHI* (Hrsg.): Flächenmanagement. Ein Baustein des Category Managements, Köln 1997.

Regalgroßhändler (Rack Jobber)

Bezeichnung für einen → Großhändler, welcher im Rahmen einer → vertikalen Kooperation mit einem Einzelhändler kooperiert. Bei dieser auf Sortimentserweiterung zielenden Zusammenarbeit wird die Sortimentsfunktion auf den Großhändler übertragen, welcher die Bestückung der Regale des Einzelhändlers vornimmt. Dadurch wird der Einzelhändler, der für den durch den Regalgroßhändler bedienten Sortimentsteil seine Verkaufsfläche zur Verfügung stellt, zum Inkassobevollmächtigten des Rack Jobbers, bei dem das Absatzrisiko verbleibt. Neuerdings sind allerdings Tendenzen seitens des Handels feststellbar, die Regalflächen selber zu bewirtschaften, insb. um nicht Gefahr zu laufen, Schaufenster der Industrie zu werden und Sortimentskompetenz zu verlieren. K.Ba.

Regalmieten
→ Marktbearbeitungskonditionen

Regalplatz

Im engeren Sinne werden unter Regalplatz die sachlichen Präsentationseinrichtungen einer stationären Verkaufsstelle vornehmlich im → Einzelhandel (Warenträger im Verkaufsraum, Schaufenster, Schaukästen, Automaten) verstanden, in der die Produkte der Lieferanten zur Schau gestellt und ggf. zur Selbstbedienung angeboten werden. In einem weiteren, übertragenen Sinne ist Regalplatz jegliche Form der Konfrontation des Kunden mit den Produkten eines Lieferanten. Diese umschließt außer der Präsentation in sachlichen Einrichtungen auch die Berücksichtigung in persönlichen Verkaufsgesprächen (personale Präsentation) sowie in Werbeanzeigen, Prospekten, Katalogen etc. (mediale Präsentation). Regalplatz kann hierbei als eine Metapher für kommunikative Präsenz der einzelnen Produkte oder des gesamten Programms eines Herstellers im Absatzmarkt verstanden werden.

Der Regalplatz kann einerseits nach den Komponenten und Dimensionen der → Warenpräsentation systematisiert werden. Andererseits lässt sich der Regalplatz danach kennzeichnen, wer ihn bereitstellt (der Einzelhandel, der Großhandel oder der Hersteller mit eigenen Verkaufsorganen wie Läden, Filialen, Reisenden) und welcher Vertragstyp dem Warengeschäft am Regalplatz zugrunde liegt: Die Alternativen sind hier

- eigene Warenverkaufsgeschäfte des Lieferanten in den Räumen des Handels (→ Rack Jobber),
- Vermittlungsgeschäfte des Regalplatzinhabers (auf der Basis von → Kommissionsagenten, → Handelsvertretern, → Kommissionären oder → Handelsmaklern) und
- eigene Warenverkaufsgeschäfte des Handels.

Die Produkt-Kunden-Konfrontation muss nicht zwangsläufig am Standort des Regalplatzinhabers stattfinden (Residenzprinzip), sondern kann auch beim Kunden zuhause (Domizilprinzip), an einer dritten Stelle (Treffprinzip) oder per Distanz (Distanzprinzip) erfolgen.

Regalplatzknappheit ist auf mehrere Ursachen zurückzuführen. Zum einen ist auf zahlreiche objektive Knappheitsfaktoren aus dem Konsumenten-, Hersteller- und Handelsbereich hinzuweisen. Zum andern ist es nicht die Präsenz im Absatzmarkt schlechthin, sondern der Regalplatz mit ganz bestimmten quantitativen, qualitativen, zeitlichen und räumlichen Ausprägungen, um den sich der Hersteller und mit ihm zahlreiche Konkurrenten für die Präsenz ihrer Produkte bewerben (→ Regalplatzwettbewerb, → Vertikales Marketing). Hier können zeitweise Engpässe auftreten, welche die Herausforderung der → Regalplatzsicherung in sich bergen und eine, mit der → Ladengestaltung interdependente → Regalflächenoptimierung bedingen. Nicht selten wird Regalplatzknappheit verwechselt mit mangelnder Akzeptanz der Herstellerprodukte beim Konsumenten und daraus folgend mangelnder Abverkaufsmöglichkeit aufgrund von Angebotsüberhängen bei austauschbaren Gütern. Hier ist es nicht der Handel, der Regalplatz künstlich verknappt und dem Lieferanten zwecks Erlangung von höheren → Marktbearbeitungskonditionen vorenthält (originäre → Nachfragemacht), sondern die fehlende Bereitschaft des Handels zur Bereitstellung seines Regalplatzes leitet sich aus der mangelnden Kaufbereitschaft der Konsumenten her (derivative Nachfragemacht). D.A.

Regalplatzsicherung

Generell besteht die Aufgabe der → Distributionspolitik eines Herstellers darin, seinen Absatzgütern nicht nur physische Präsenz (durch logistische Maßnahmen), sondern auch → Regalplatz i.S.v. kommunikativer Präsenz im Absatzmarkt zu verschaffen und zu sichern. Die Sicherstellung eines den distributionspolitischen Zielen entsprechenden Zugriffs auf den stets knappen Regalplatz kann als zentrale Zwecksetzung des Absatzkanalmanagements (→ Vertikales Marketing, → Vertriebswegepolitik) bezeichnet werden.
Die Strategien der Regalplatzsicherung können nach dem jeweils vorherrschenden strategischen Distributionsziel danach untergliedert werden, ob sie unter dem Primat
– der Überallerhältlichkeit der Produkte bzw. einer möglichst hohen Distributionsdichte (Universalvertrieb),
– der vertikalen *Kooperation* zwischen Hersteller und Absatzmittlern,
– der *Selektion* und *Exklusion* von Absatzmittlern (→ Selektiv- und → Exklusivvertrieb) oder

– der präsentationsbezogenen *Integration* zwischen Hersteller und Absatzmittlern (*Regalplatzsicherungssystem*) stehen.

Regalplatzsicherungssysteme sind → Vertriebssysteme, die unterschieden werden in solche,

(1) bei denen das Warenzeichen des Lieferanten in der Einkaufsstätte vollständig in den Vordergrund tritt und damit bei dem Verbraucher sehr schnell der Eindruck vermittelt werden kann, es handle sich um eine → Verkaufsniederlassung des Herstellers; dieser Systemtyp ist regelmäßig bei Vertragshändler- und Franchisesystemen verwirklicht (→ Franchising);
(2) bei denen die Herstellermarke und die Handelsmarke weitgehend gleichgewichtig herausgestellt werden, um zwischen beiden Marken Synergieeffekte zu erzielen.
Der Hersteller hat verschiedene Möglichkeiten, Einfluss auf den ihm zur Verfügung gestellten Regalplatz bei den Absatzmittlern zu nehmen. Ansatzpunkte sind die sachlichen, personalen und medialen Komponenten der Präsentation, die der Hersteller durch eigene Bereitstellung, durch seine Beteiligung sowie durch Verpflichtung oder Unterstützung der Absatzmittler durchsetzen kann (*Abb. 1*).
In der Praxis finden sich vielfältige Erscheinungsformen von Regalplatzsicherungssystemen (*Abb. 2*), die sich nach der vertraglichen Beziehung zwischen Lieferant und Händler als Vermietungs-, Warenvermittlungs- oder als Warenverkaufsgeschäft gestalten lassen.
Da jeder Lieferant die ihm zur Verfügung stehenden absatzwirtschaftlichen und vertraglichen Elemente der Regalplatzsicherung praktisch in beliebiger Kombination gestalten kann, entstehen mit der Zeit immer neue Varianten unter z.T. anderen, aber auch unter z.T. bereits bestehenden Namen. D.A.

Literatur: *Ahlert, D.:* Distributionspolitik, 2. Aufl., Stuttgart, New York 1991.

Regalplatzwettbewerb

Das Konzept vom „Wettbewerb um den Regalplatz" stellt – ähnlich wie das Konzept des → Vertikalen Marketing – die Machtkonstellation zwischen Herstellern, die Absatzgüter anbieten, und den Händlern, die diese Absatzgüter nachfragen, um sie weiterzuverkaufen, in den Mittelpunkt der Betrachtung. Die Gesamtheit der händlerischen Dienstleistungen wird aus Hersteller-

Regalstandort

Abb. 1: Ansatzpunkte und Formen der Regalplatzsicherung im Handel aus Lieferantensicht

Formen	Ansatzpunkte		
	Präsentations-Einrichtungen	Präsentations-Personal	Präsentations-Medien
Bereitstellung	Lieferanteneigene Präsentationseinrichtungen – Verleih – Mietkauf	Personal des Lieferanten – Verkaufspersonal – Kundendienstpersonal – Propagandisten – u.a.	Kommunkstationsmaterial – Prospekte – Muster – Kataloge – Matern – u.a.
Beteiligung	gemeinsame Präsentationseinrichtungen; Investitionszuschüsse; Einrichtungskredite	gemeinsam entlohntes Präsentationspersonal; Personalkostenzuschüsse	kooperative, mediale Präsentation; Werbekostenzuschüsse
Verpflichtung	Auflagen bzgl. der Auswahl und der räumlichen, zeitlichen, quantitativen und qualitativen Dimension der Präsentationseinrichtungen	Auflagen bzgl. der Auswahl des Einsatzes und der Ausstattung des Präsentationspersonals; Auflagen bzgl. des Verhaltens	Auflagen bzgl. der Auswahl und der räumlichen, zeitlichen, quantitativen und qualitativen Dimension der Präsentationsmedien
Unterstützung	Beratung bzw. Mitwirkung bei der Auswahl, Gestaltung und laufenden Pflege der Präsentations-einrichtungen (Dekoration der Schaufenster und Warenträger, Regaldienst, Warenauszeichnung)	personalpolitische Beratung, Einweisung und Schulung des Präsentationspersonals	Medienberatung

(Quelle: *Ahlert, D.,* Distributionspolitik, Stuttgart, New York 1985, S. 217)

sicht in einem komprimierten Ausdruck, dem → Regalplatz, gedanklich zusammengefasst. Damit bildet nicht mehr die Handelsware das Wettbewerbsobjekt, sondern das „Regal" des Händlers, vor dem die potentiellen Käufer mit dem Produkt des Herstellers konfrontiert werden. „Einerseits stehen auf der Nachfrageseite die Produzenten untereinander in Konkurrenz um den Platz im Handelsregal, um den Verbrauchern ihr Sortiment in möglichst breiter Basis oder in besonders geeigneten Läden zu präsentieren. Andererseits befinden sich auf der Angebotsseite die Händler in einem Wettbewerb um eine möglichst hohe Leistungsfähigkeit und Wirksamkeit ihrer Regale den Verbrauchern gegenüber – und damit zwangsläufig mittelbar den Produzenten gegenüber –, da sich ihr Gewinn aus der Nutzung dieser Verkaufsfläche ergibt." (*Hansen* 1972, S. 31f.) D.A.

Literatur: *Hansen, P.:* Die handelsgerichtete Absatzpolitik der Hersteller im Wettbewerb um den Regalplatz, Berlin 1972.

Regalstandort → Warenpräsentation

Regalstopper

gehören zu den → POS-Materialien, die vor allem im Rahmen der → konsumentengerichteten Verkaufsförderung eingesetzt werden. Es handelt sich um aus dem Regal herausragende und an der Preisauszeichnungsschiene befestigte Hinweisschilder, die fest angebracht sind oder sich bewegen (→ Wobbler). Sie sollen die Aufmerksamkeit von Konsumenten auf das Aktionsprodukt lenken.

Regelbasiertes System
→ Information Filtering

Regiebetrieb im Einzelhandel

inzwischen mehrdeutig gewordener, i.w.S. den Grad der Dispositionsmöglichkeiten von Betrieben ansprechender Sammelbegriff, der traditionell auf die unter kommunaler Verwaltung stehenden und von der

Abb. 2: Beispiele für Systeme der Regalplatzsicherung im Handel
(mit deutlich hervorgehobener Präsentation des Liefersortiments)

Terminus	Beispiel	Kennzeichnung	
Store in the Store	Edeka-Lebensmittelabteilung im Warenhaus	totales Mietsystem (Laden bzw. Abteilungsmiete)	Vermietungs-Geschäfte des Handels
Shop in the Shop	Esprit-Shop im Warenhaus	partielles Mietsystem (Unterabteilungsmiete)	
Rack Jobber	Strumpf-Boutique (Schulte & Dieckhoff)	Partielles Mietsystem („Regalplatzmiete")	
Depot-Systeme (Typ A)	Tchibo-Frisch-Depots in Bäckereien	Kommissions-Agenten-System mit Präsentationskonzept	Warenvermittlungsgeschäfte des Handels
Agentur-Systeme	Telefunken-Agentur	Handelsvertreter-Systeme mit Präsentationskonzepte	
Franchise-Systeme	Bleyle-Spezialgeschäfte Rosenthal-Studiohäuser (teilweise)	Vertragshändlersystem	Warenverkaufsgeschäfte des Handels
Depot-Systeme (Typ B)	Kosmetik-Depots (z.B. Lancôme)	autorisierte Händler Sortimentsabnahme Exklusivvertrieb	
Abteilungskonzepte – exklusive – selektive	Rosenthal- – Studio-Abteilungen – Classice Rose Colletion	autorisierte Händler Sortimentsabnahme festgelegtes Präsentationskonzept	
Abfüllsysteme Merchandising-Systeme	Maggi-Würz-Shop	Aktions-Stammplatzvereinbarungen mit Regalservice	

(Quelle: *Ahlert, D.*, Distributionspolitik, Stuttgart, New York 1985, S. 216)

Rechnungslegung her an den Haushaltsplan der Gebietskörperschaften gebundenen öffentlichen Betriebe ohne eigene Rechtspersönlichkeit abstellt (Verwaltungsbetriebe), in der Handelspraxis jedoch nur jene Verkaufsstätten meint, die von den Zentralen der → Verbundgruppen des Einzelhandels bzw. von den angeschlossenen Großhandelsunternehmen in eigener ‚Regie' geführt werden. Dabei versuchen die Verbundgruppen mit dem Auf- und Ausbau kooperationseigener Regiebetriebe sowohl neue Marktsegmente zu erschließen und betriebsformenspezifisch zu besetzen (Wachstumssicherung) als auch in bestimmten Einzugsgebieten präsent zu sein, um am diesbezüglichen Marktpotential möglichst umfassend zu partizipieren (Standortsicherung); es sind Zielkategorien, die sich an der Stärkung der Leistungs- und Wettbewerbskraft der Verbundgruppen als solche orientieren, gleichwohl aber auch mit den Risiken eines (von den Kooperationsmitgliedern häufig als demotivierend empfundenen) gruppeninternen Wettbewerbs verbunden sind und entsprechende Identitätsverluste einer (der Förderung selbständiger Einzelhandelskaufleute verpflichteten) Kooperationsgemeinschaft zur Folge haben können. Zugleich erklärt sich, weshalb die Verbundgruppen – namentlich im Lebensmitteleinzelhandel in Deutschland – darauf bedacht sind, den vergleichsweise hohen Anteil der Regiebetriebe am gesamten Verkaufsstellennetz bzw. Einzelhandelsumsatz durch „Reprivatisierungen" zu senken:
Er wird 1998 z.B. für die *Edeka* mit knapp 30% Anteil am Gesamtumsatz aus Einzelhandel angegeben (vgl. *Tab. 1*), während bei der *Spar* die Regiebetriebe im Verhältnis zu

Regiebetrieb im Einzelhandel

Tab. 1: Edeka – Umsatzentwicklung 1994 – 1998

	1994	1995	1996	1997	1998
Bruttoumsatz (Mrd. DM)	19,25	19,79	20,04	19,34	18,92
Selbst. Edeka-Einzelhandel	11,36	11,53	13,71	14,11	16,82
Regie-Einzelhandel	10,44	10,44	10,92	11,25	9,94
Beteiligungsgesellschaften (AVA, Nanz)					
Gesamt Edeka-Einzelhandel	41,05	41,76	44,67	44,70	45,68
Kooperationspartner Inland	10,45	10,47	10,97	12,10	10,60
Edeka Dänemark	0,98	0,95	0,96	1,00	1,00
Insgesamt Einzelhandel	52,48	53,18	56,60	57,80	57,28
Edeka-Großhandel (ohne MwSt.)	24,83	25,48	27,99	28,92	31,55
Edeka Zentrale AG (ohne MwSt.)	26,67	27,38	28,65	30,66	31,53
Anzahl Verkaufsstellen (nur Edeka)	11.542	11.118	10.790	10.610	10.730
Verkaufsfläche (Mio. qm)	3,97	4,09	4,30	4,50	5,15

(Quelle: Geschäftsberichte / *EHI-EuroHandelsinstitut*, Köln)

Tab. 2: SPAR-Handels-AG – Umsatzentwicklung 1994 – 1998

	1994	1995	1996	1997	1998
Bruttoumsatz[1] (Mrd. DM)	14,06	13,68	14,38	15,57	17,64
Verkaufsstellen[2] (Anzahl)	5.639	5.306	5.402	5.261	5.413
Verkaufsfläche[2] (Mio. qm)	2,05	2,06	2,32	2,42	2,87
davon: Regie-Einzelhandel					
Bruttoumsatz (Mrd. DM)	7,15	7,07	7,76	9,16	11,47
Verkaufsstellen (Anzahl)	981	1.011	1.114	1.156	1.564
Verkaufsfläche (Mio. qm)	1,06	1,08	1,33	1,39	1,81

[1] Regie-Einzelhandel und Großhandel; [2] Regiebetriebe und selbständige Spar-Einzelhändler; 1998 inkl. Verkauf der Warenbestände an Wal-Mart
(Quelle: Geschäftsberichte / *EuroHandelsinstitut*, Köln)

Tab. 3: SPAR-Handels-AG – Regie-Einzelhandel 1998

Betriebsform	Vertriebslinie	Verkaufsstellen Anzahl	Verkaufsfläche Tsd. qm	Bruttoumsatz Mrd. DM
SB-Warenhäuser[1]	Interspar	117	651	4,15
Super- und Verbrauchermärkte	Eurospar, Spar	396	520	2,83
Lebensmittel-Discountmärkte	Netto	680	465	3,45
Non-food-Discountmärkte	Kodi	148	50	0,26
Sonstige		223	124	0,78
insgesamt		1.564	1.810	11,47

[1] 1998 inkl. Verkauf der Warenbestände an Wal-Mart
(Quelle: Geschäftsbericht / *EuroHandelsinstitut*, Köln)

den insgesamt geführten Verkaufsstellen rd. 2/3 des Bruttoumsatzes (Regie-Einzelhandel und Großhandel) erzielten (vgl. *Tab. 2*), und dies überwiegend mit wachstumsträchtigen → Betriebsformen, wie großen → Supermärkten bzw. → Verbrauchermärkten, (Lebensmittel- und Nonfood-) → Diskontgeschäften und → Fachmärkten (vgl. *Tab. 3*). H.-J.Ge.

Regionaler Testmarkt → Marktexperiment, → Markttest

Regionallager → Depot

Regionalmarkt
→ Marktsegmentierungsmerkmale

Regionenmarketing
ist das Marketing für Regionen in deren Funktion als Wirtschaftsstandort, Wohn- und Lebensraum und ggf. auch Tourismusgebiet und stellt als Non-Business-Marketing eine Form des Gebietsmarketing dar (→ Standort-Marketing, Abb.). Es beinhaltet die Planung, Umsetzung und Kontrolle von Strategien und Maßnahmen gegenüber internen und externen Zielgruppen mit der Zielsetzung, die Attraktivität einer Region zu steigern, indem zielgruppengerechte Leistungsangebote entwickelt und verfügbar gemacht sowie Stärken und Leistungsangebote kommuniziert werden. Regionen können dabei nach administrativen Kriterien (z.B. Landkreise, Bundesländer etc.), wirtschaftlicher und sozialer Verflechtung (z.B. als gewachsener Wirtschaftsraum) oder nach topografischen Merkmalen (Landschaften) abgegrenzt werden.
Ziele und Zielgruppen des Regionenmarketing ergeben sich aus den genannten Funktionen einer Region. In der Praxis dominiert dabei wirtschaftsstandortbezogenes Regionenmarketing (→ Standort Marketing i.e.S.).
Es soll mit Blick auf Arbeitsplätze und Steuereinnahmen zur Entwicklung einer zukunftsfähigen Wirtschaftsstruktur in der Region beitragen und ist insofern darauf ausgerichtet, ansässige Betriebe bzgl. entsprechender Investitionen zu unterstützen und neue Betriebe zu akquirieren. Im zunehmenden Wettbewerb der Regionen hat sich mit dieser Zielsetzung eine Vielzahl von Regionenmarketingaktivitäten auf unterschiedlichen nationalen und internationalen Ebenen entwickelt. Auch beim tourismusbezogenen Regionenmarketing stehen wirtschaftliche Zielsetzungen im Vordergrund, hier mit Blick auf die entsprechenden Handels- und Dienstleistungsbranchen in der Region (→ Tourismusmarketing). Indirekt trägt zu den wirtschaftsstandort- und tourismusbezogenen Zielen auch ein wohn- und lebensraumbezogenes Regionenmarketing bei. Es will z.B. spezifische Kultur- und Freizeitangebote schaffen und vor allem für die Lebensqualität einer Region werben. Letztlich verfolgt man hier aber das Ziel einer verstärkten Identifikation der in der Region ansässigen Gruppen (Unternehmen/ Institutionen und Bürger) mit ihrer Region sowie der Schaffung von Bekanntheit und Interesse bei Auswärtigen für die Region (innen- und außengerichtetes Regionenmarketing).
Träger des Regionenmarketing sind prinzipiell zunächst die für eine Region zuständigen Gebietskörperschaften (Kommunen, Landkreise etc.; s.a → Kommunales Marketing). I.d.R. erfolgt aber eine Kooperation mit Institutionen der privaten Wirtschaft sowie anderen Interessengruppen in der Region, repräsentiert durch Kammern, Verbände etc. (IHK, Handwerkskammer, Wirtschafts- und Fremdenverkehrsverbände, Gewerkschaften, Umweltverbände etc.). Zusätzlich werden oft einzelne regional besonders engagierte Unternehmen, kulturelle und wissenschaftliche Institutionen, regionale Medien sowie besonders engagierte Einzelakteure (z.B. Politiker) eingebunden. Je nach Heterogenität der beteiligten Institutionen und regional kooperierenden Gebietseinheiten hat Regionenmarketing in besonderem Maße mit dem Problem der Interessenvielfalt bzw. -konkurrenz zu kämpfen. Andererseits muss sich Regionenmarketing den Vorgaben von Raumordnung und Landesplanung (z.B. hinsichtlich der Zentrenabstufung) und ggf. auch eines Regionalmanagements unterordnen.
Für die Entwicklung eines *Regionenmarketing-Konzeptes* sind, ausgehend von einer vorgeschalteten *Situationsanalyse* (Erhebung objektiv gegebener und subjektiv wahrgenommener Stärken und Schwächen der Region), zunächst ein regionales *Leitbild* sowie grundsätzliche *strategische Ziele und Ansatzpunkte* zu erarbeiten (siehe detaillierter unter → Standort-Marketing).
Typische *Maßnahmen* des Regionenmarketing bestehen dann in Informations- und Beratungsleistungen für investitionswillige Unternehmen und Unternehmensgründer

Regionenmarketing

Prozess des Regionenmarketing

Anschubphase
- Aktivierung regionaler Akteure/Institutionen
- Bildung einer Arbeitsgruppe
- Abstimmung der Vorgehensweise

(1) Situationsanalyse
- Analyse objektiver Standortmerkmale (Strukturanalyse): Wirtschafts- und Infrastruktur, Arbeitskräftepotential etc.
- Imageanalyse (subjektive Wahrnehmung der objektiven Standortmerkmale)
- Stärken/Schwächen
- Chancen/Risiken

(2) Leitbilderstellung (standortbezogene Vision)
- Mittel- bis langfristiges Standortprofil (Herausstellung akquisitorisch wirksamer Standortvorteile/-stärken)
- Soll-Positionierung (z.B. "Region XY als Kompetenzzentrum für IuK-Technologien und als Medienstandort")

(3) Strategiewahl
- Anzusprechende Zielgruppen
- Definition von Leistungsangebot und -vermarktung (Maßnahmen)
- Budgetrahmenentscheidungen
- z.B.: Strategie "Verbesserung des Wissenstransfers zwischen Hochschulen und Wirtschaft"

(4) Maßnahmenplanung und -umsetzung
- Gestaltung von Leistungsangeboten für interne/externe Zielgruppen
- Vermarktung (v.a. Kommunikation) des Leistungsangebotes
- Imageverbesserung
- Aufbau einer standortbezogenen Corporate Identity
- Verantwortlichkeiten festlegen
- Termine festlegen
- z.B.: Maßnahme 1 "Aktionsprogramm 'InnoReg' (Workshops, Adressdatenbank etc.)

(5) Kontrolle
- z.B. Bekanntheit, Image, erfolgte Ansiedlungen
- Problem: Erfolgszurechnung (Standortmarketing oder andere Maßnahmen?)

(sowohl bereits ansässige als auch auswärtige), der Präsentation der Region auf → Messen und Ausstellungen sowie der Initiierung und ggf. Ausrichtung spezifischer → Events s.a. → Event-Marketing). Hinzu kommen die Gestaltung und der Einsatz eines breiten Spektrums gängiger Kommunikationsmittel in Form von Prospekten und Broschüren, Anzeigen in Printmedien, vielleicht auch TV- und Hörfunkspots, Plakaten etc., um das Fremd- und Selbstbild der Region (Regionenimage) sowie ihre Identität (Regionen-CI) gezielt zu stärken.

F.W./O.Bl.

Literatur: *Hammann, P.:* Kommunales und regionales Marketing, in: *Tietz, B.; Köhler, R.; Zentes, J.* (Hrsg.): Handwörterbuch des Marketing, Stuttgart 1995, Sp. 1166-1176. *Manschwetus, U.:* Regionalmarketing, Wiesbaden 1995. *Spieß, S.:* Marketing für Regionen, Wiesbaden 1998. *Wimmer, F.:* Regionalmarketing – Eckpunkte und Knackpunkte, in: *Landesbank Berlin und Internationales Design Zentrum Berlin* (Hrsg.): Stadt-CI und Regional-CI – Erfolgsstrategie Corporate Design, Berlin 1993.

Regiozentrische Orientierung
→ EPRG-Schema

Registrierschwelle
→ unterschwellige Werbung

Regressionsanalyse, multiple

untersucht die lineare Abhängigkeit zwischen einer metrisch skalierten abhängigen Variablen (Regressand) und einer oder mehreren (→ Multivariatenanalyse) metrisch skalierten unabhängigen Variablen (Regressoren). Sie eignet sich sowohl zur Prognose als auch zur Diagnose von Beziehungen und ist in fast allen statistischen Datenanalyseprogrammen enthalten. Einen Sonderfall stellt die → logistische Regression mit abhängigen dichotomen Variablen dar. Der Zwei-Variablen-Fall bildet die einfachste stochastische Beziehung zwischen zwei Variablen x und y ab. Die Modellgleichung hat die Form

(1) $y_i = \beta_0 + \beta_1 x_i + \varepsilon_i$

oder für die Stichprobe die Schätzgleichung

(2) $y_i = b_0 + b_1 x_i + e_i$

y ist dabei die abhängige Variable, x die unabhängige oder erklärende Variable, ε eine stochastische Störgröße, β_0 und β_1 die unbekannten Regressionsparameter, b_0 und b_1 die geschätzten Koeffizienten und e_i der geschätzte Fehlerterm. Das Subskript i bezeichnet die i-te Beobachtung. Die Werte von x und y sind beobachtbar, die der Störgröße ε nicht.

Die Beobachtungen können über die Zeit (→ Zeitreihenanalyse), über Personen bzw. Objekte (→ Querschnittsanalyse) oder gleichermaßen über Zeit und Personen vorliegen. Aufgrund der stochastischen Eigenschaft des Modells durch die Störgröße ε existiert für jeden der Werte von x auch eine Wahrscheinlichkeitsverteilung für die Werte von y.

Dem Regressionsmodell liegen fünf *Annahmen* über die Eigenschaft der Störgröße zugrunde:

1. ε ist normalverteilt.

2. ε_i hat einen Erwartungswert von null: $E(\varepsilon_i) = 0$.

3. Jedes Residuum hat die gleiche Varianz σ^2 (*Homoskedastizität*): $E(\varepsilon_i^2) = \sigma^2$ für alle i.

4. Die Residuen sind nicht autoregressiv, d.h. sie sind paarweise unkorreliert: $E(\varepsilon_i \varepsilon_j) = 0, i \neq j$.

5. Die erklärende Variable x_i ist nichtstochastisch und hat bei Messwiederholungen feste Werte.

Das Problem der Regressionsanalyse besteht darin, Schätzwerte für β_i und ε_i zu finden. Die Schätzung der Regressionsparameter kann über die → Methode der Kleinsten Quadrate erfolgen. Durch die Punkte der Beobachtungswerte (x, y) wird mit dieser Optimierungsmethode eine Gerade gelegt, die die Summe der quadrierten Abweichungen (Residuen) minimiert. Sind die Annahmen des Modells erfüllt, dann sind nach dem Gauss-Markov-Theorem die geschätzten Koeffizienten b beste lineare erwartungstreue Schätzer (→ BLUE) für die gesuchten Parameter. Formal lässt sich die Zielfunktion für die Schätzung aus der Gleichung des linearen Regressionsmodells bilden

(3) $\sum_{i=1}^{n} \varepsilon_i^2 = \sum_{i=1}^{n} \left[y_i - (\beta_0 + \beta_1 x_i) \right]^2 \to \min$

Nach der Methode der Kleinsten Quadrate ergeben sich die Parameter über:

$$b_1 = \frac{n\left(\sum_{i=1}^{n} x_i y_i\right) - \left(\sum_{i=1}^{n} x_i\right)\left(\sum_{i=1}^{n} y_i\right)}{n\left(\sum_{i=1}^{n} x_i^2\right) - \left(\sum_{i=1}^{n} x_i\right)^2}$$

und für das absolute Glied

$$b_0 = \frac{1}{n}\left(\sum_{i=1}^{n} y_i\right) - b_1 \frac{1}{n}\left(\sum_{i=1}^{n} x_i\right)$$

wenn b_1 festgelegt ist. Unter den Annahmen des klassischen linearen Regressionsmodells sind die Kleinste-Quadrate Schätzung und die → Maximum-Likelihood Schätzung äquivalent. Durch die Annahme normalverteilter Residuen besteht die Möglichkeit, Hypothesen über den Einfluss einer Regressionsvariablen zu testen. Soll der Einfluss als statistisch gesichert angesehen werden, so ist die Nullhypothese $H_0 : \beta = 0$ gegen die Alternativhypothese $H_1 : \beta \neq 0$ zu prüfen. Sind die Annahmen des Regressionsmodells erfüllt, dann ergibt sich für die Nullhypothese die Teststatistik über $t = b / S_b$. Die Prüfgröße folgt einer *t*-Verteilung mit (*n*-2) Freiheitsgraden. Ist der empirische *t*-Wert gleich oder größer als der kritische Tabellenwert $t_{\alpha/2}$, bei vorgegebenem Signifikanzniveau α, dann ist statistisch gesichert, dass der Regressionskoeffizient von 0 verschieden ist.

Die Güte des Regressionsmodells wird über das *Bestimmtheitsmaß* R^2 (→ Determinationsindex) gemessen. Dieses erfasst den Anteil der Varianz in *y*, der auf die Varianz von unabhängigen Variablen eines Modells zurückzuführen ist. Das Bestimmtheitsmaß des einfachen Regressionsmodells ist definiert über

$$R^2 = \frac{\sum_{i=1}^{n}(\hat{y}_i - \bar{y})^2}{\sum_{i=1}^{n}(y_i - \bar{y})^2} = 1 - \frac{\sum_{i=1}^{n} e_i^2}{\sum_{i=1}^{n}(y_i - \bar{y})^2}$$

wobei $\bar{y}$ den Mittelwert bezeichnet mit

$$\bar{y} = \frac{1}{n}\sum_{i=1}^{n} y_i$$

R^2 hat einen Wertebereich zwischen 0 und 1. Ein Wert von 0 gibt an, dass *y* und *x* unabhängig voneinander sind und ein Wert von 1, dass *y* durch *x* vollständig erklärt wird. Die Hauptprobleme des Regressionsmodells entstehen durch Verletzung der Modellannahmen wie: → Nichtlinearität, Autoregressiven Residuen (→ Autokorrelation), → Heteroskedastizität.   L.H.

Literatur: *Kmenta, J.*: Elements of Econometrics, 2. Aufl., Michigan 1997. *Frohn, J.*: Grundausbildung in Ökonometrie, 2. Aufl., Berlin 1995.

Reichweite

in der → Mediaanalyse und → Werbeforschung bezeichnet die Reichweite eines Werbeträgers den Anteil (Prozent) der Bevölkerung oder bestimmter Untergruppen, der zu einem bestimmten Zeitpunkt oder in einem bestimmten Zeitraum → Kontakt mit diesem Werbeträger haben bzw. hatten. Die präzise Ermittlung der Reichweite in Form der (meist automatisierten) Beobachtung oder Befragung bedarf der Operationalisierung des Begriffs Kontakt, des Zeitraumes sowie der Intensität des Kontakts. Bei unexakter Definition der Angabe des Befragten kann die Antwort, den „Stern" gelesen zu haben, bedeuten,

– ihn „gestern" oder „im letzten Jahr" gelesen zu haben;
– ihn „regelmäßig" oder „sehr selten" zu lesen;
– das Exemplar „durchgeblättert" oder „intensiv gelesen" zu haben.

Der zentrale Reichweitenbegriff der → Leserschaftsforschung war bis 1969 der „Leser pro Nummer", seitdem der „Leser pro Ausgabe". Beide sind definiert als „Leser im Erscheinungsintervall". Schwierig wird die Ermittlung der dem „Leser pro Ausgabe" entsprechenden Größe bei den elektronischen Medien(→ Zuschauer- und → Hörerforschung). Der Reichweitenerhebung der MA dient als Datenbasis für die Berechnung der Seherwahrscheinlichkeit beim Fernsehen das GfK-Panel. In der → Media-Analyse (MA) der → Arbeitsgemeinschaft Media-Analyse (AG.MA) lautet die Formel zur Berechnung der (gewichteten) Reichweite

$$R = (\sum_i g_i \, p_{ij}) \cdot 100 / \sum_i g_i$$

Dabei bedeuten:
g = Personengewicht
i = 1…N Personen

p = Nutzungswahrscheinlichkeit
j = 1...M Medien.

Je nach Auftreten von externen und internen Überschneidungen ist zwischen der *Nettoreichweite* und der *Bruttoreichweite* (Bruttokontaktsumme) eines Werbeträgers zu differenzieren. Dabei wird in Abhängigkeit von der Anzahl der durchgeführten Einschaltungen und der Anzahl der verwendeten Medien zwischen folgenden Reichweitenmaßen unterschieden:

- die Reichweite einer Einschaltung in einem Werbeträger (*Leser pro Nummer, Hörer pro Zeiteinheit*, usw.);
- die Reichweite von je einer Einschaltung in mehreren Werbeträgern (*Nettoreichweite*);
- die Reichweite von mehreren Einschaltungen in einem Werbeträger (*kumulierte Reichweite*);
- die Reichweite von mehreren Einschaltungen in mehreren Werbeträgern (*kombinierte Reichweite*).

Generell wird bei allen Reichweiten auch bei mehrmaligem Kontakt mit einer Werbebotschaft jede Person nur einmal herangezogen.

Eine Kombination aus kumulativer und Netto-Reichweite ist die *Quantuplikation*: Sie drückt aus, wie viel Prozent der Bevölkerung bzw. einer Teilgruppe bei mehrfacher Belegung mehrerer Medien erreicht werden. Sie ist in der → Mediaplanung eine Kennziffer für die Effizienz eines Mediaplanes: Je größer die Zahl der insgesamt erreichten Personen, umso besser der Plan. Allerdings kann bei spezifischen Kampagnen-Zielen die Kontaktdichte, d.h. die Zahl der Kontakte pro erreichter Person wichtiger sein als die Zahl der erreichten Personen.

Reife Märkte
→ Wettbewerbsstrategie im Lebenszyklus

Reihenfolgeeffekt → Gedächtnistheorien

Reimporte → Parallelimporte

Reisebüro

Reisebüros vermitteln gegen entsprechende Provision die von touristischen Leistungsträgern bereitgestellten Teilleistungen (Flug-, Bahn-, Schiffstickets, Übernachtung, Eintrittskarten, Reiseversicherungen) oder → Pauschalreisen, die diese Teilleistungen bereits zu einem Gesamtprodukt bündeln. Im Allgemeinen bedienen sie sich dazu verschiedener Computer-Reservierungs-Systeme (CRS, → Tourismus und Informationstechnologie). Allgemein wird zwischen Incoming-Büros — diese arbeiten in erster Linie im und für das Zielgebiet der Reise — und Outgoing-Büros unterschieden. Letztere befinden sich im Herkunftsland der Reisenden.

Als Pionier des modernen Reisebüros gilt *Thomas Cook*, dessen Unternehmen in England seit 1841 Reisen vermittelt. In zunehmendem Umfang werden die touristischen Teilleistungen aber über alternative Vertriebswege, vor allem über das Internet, von den Leistungsträgern direkt den Kunden angeboten. Für das Überleben einzelner der vorwiegend kleinbetrieblich strukturierten Reisebüros werden also einerseits die Qualität und die Kosten der Beratungsleistung sowie der Grad der Spezialisierung ausschlaggebend sein.

In Deutschland gibt es rund 15.500 Reiseverkaufsstellen; 5.600 davon sind klassische Reisebüros. 1998 betrug der gesamte Reisebüroumsatz 23 Mrd. Euro, wobei 43% der Urlaubsreisen mit einer Länge von mindestens fünf Tagen über ein Reisebüro gebucht wurden. In Österreich gibt es rund 1.850 Reisebüros, was einer Reisebürodichte von 1 Reisebüro für ca. 4.000 Einwohner entspricht. D.Ke.

Literatur: *Freyer, W.:* Tourismus. Einführung in die Fremdenverkehrsökonomie, 5. Aufl., München 1995.

Reisekosten, steuerliche Behandlung

Reisekosten sind Teil der → Vertriebskosten und die Aufwendungen, die bei bestimmter, betrieblich veranlasster Abwesenheit von der regelmäßigen Betriebsstätte/Wohnung entstehen. Eine *Geschäftsreise* (bei Arbeitnehmern: Dienstreise) liegt insbes. vor, wenn der Steuerpflichtige vorübergehend von seiner Wohnung und dem Mittelpunkt seiner dauerhaft angelegten betrieblichen Tätigkeit entfernt betrieblich tätig wird. Die Vornahme der Geschäftsreise muss sich aus den Unterlagen ergeben; die betriebliche (berufliche) Veranlassung ist nachzuweisen. Es wird zwischen Inlands- und Auslandsgeschäftsreisen unterschieden.

Zu den Reisekosten gehören jeweils

- die Fahrtkosten,
- die Übernachtungskosten,

- die Kosten des Verpflegungsmehraufwands und
- die Reisenebenkosten (z.B. Gepäck, Telefon).

Die sehr differenzierten Vorschriften (§ 4 Abs. 5 EStG, R 117a EStR, LStR) sehen teilweise die Möglichkeit des Betriebsausgabenabzugs der tatsächlich entstandenen und nachgewiesenen Aufwendungen (*Einzelnachweis*), in anderen Fällen aber auch (nur) die Inanspruchnahme von *Pauschalen* vor.

a) Die *Fahrtkosten* müssen einzeln nachgewiesen oder glaubhaft gemacht werden, um sie – im Rahmen der Angemessenheit (§ 4 Abs. 4 Nr. 7 EStG) – als Betriebsausgaben abziehen zu können. Lediglich für Fahrten mit einem eigenen (Privat-)Fahrzeug des Steuerpflichtigen können bestimmte Kilometer-Pauschsätze aus Vereinfachungsgründen abgesetzt werden (z.B. PKW DM 0,52 je Fahrtkilometer).

(b) Bei den *Unterbringungskosten* gilt für Inlands- und Auslandsreisen ebenfalls eine Einzelnachweispflicht ggf. erfolgt eine Angemessenheitsprüfung (§ 4 Abs. 5 Nr. 7 EStG).
Lediglich bei Auslandsreisen können wahlweise je Reise pauschale Auslandsübernachtungsgelder als Betriebsausgaben abgesetzt werden. Letztere orientieren sich am Reiseland bzw. einer besonders teuren Stadt und werden durch BMF-Schreiben bekannt gegeben.

(c) Bei den abzusetzenden *Verpflegungsmehraufwendungen* kann der Steuerpflichtige keinen Einzelnachweis mehr führen, sondern diese Aufwendungen – begrenzt auf einen Dreimonatszeitraum – nur mit einer Verpflegungsmehraufwandspauschale abgelten.

(d) *Reisenebenkosten* (z.B. Versicherung, Gepäck, Telefon etc.) sind bei Einzelnachweis uneingeschränkt abziehbar.

Sind demnach Teile der verbuchten Reisekosten steuerlich nicht abzugsfähig, so müssen die in voller Höhe vorgenommenen Aufwandsbuchungen durch außerbilanzielle Zurechnung kompensiert werden. Sind andererseits Aufwendungen bisher in der Buchführung unberücksichtigt geblieben und steht dem Steuerpflichtigen ein Pauschbetrag zu, so müssen entsprechende Beträge noch gewinnmindernd gebucht werden.

Umsatzsteuerlich können grundsätzlich Vorsteuern, die auf einer Geschäftsreise im Erhebungsgebiet (nicht im Ausland) gezahlt wurden, nach allgemeinen Regeln (§ 15 UStG) angerechnet werden. Seit 1.4.1999 ist jedoch der *Vorsteuerabzug* aus Verpflegungskosten, Übernachtungskosten oder aus Fahrtkosten für Fahrzeuge des Personals ausgeschlossen (§ 15 Abs. 1a Nr. 2 UStG). R.F.

Literatur: BMF-Schreiben vom 5.11.1999, BStBl 1999 I, S. 964. *o.V.,* Die praktische Behandlung von Reisekosten, Bewirtungsspesen und verwandten Aufwendungen, 47. Aufl., Hannover 1999. *Stuber, H.; Nägele, G.:* Reisekosten, Bewirtung, Repräsentation im Steuerrecht, Stuttgart 1999. *Kottke, K.:* Reisen, Spesen, Zechen – und das Finanzamt, 22. Aufl., Freiburg i. Br. 1998. *Richter, H.; Richter, H.; Breuer, F.:* Reise- und Bewirtungskosten, 4. Aufl., Herne 1998.

Reisemittler → Reisebüro

Reisender

Verkaufsorgan von Hersteller-, Handels- sowie Dienstleistungsunternehmen, das im Gegensatz zum → Handelsvertreter in einem festen Angestelltenverhältnis zu der jeweiligen Firma steht. Reisende erhalten deshalb i.d.R. ein zumindest teilweises festes Gehalt und verursachen insofern Fixkosten. Damit verbunden ist ein entsprechendes Auslastungsrisiko; andererseits entfällt das Risiko des → Ausgleichsanspruchs beim Handelsvertreter. Reisende lassen sich ferner besser und unmittelbarer führen, insb. im Hinblick auf die Kunden- und Programmsteuerung. Die Kompetenzen des Reisenden sind im Rahmen der → Verkaufs- und Außendienstpolitik im Einzelnen festzulegen. Umstritten ist insb. die Preiskompetenz und der Beitrag zu den → Außendienstberichtsystemen (s.a. → Außendienststeuerung).

Reiseveranstalter

kombinieren verschiedene touristische Teilleistungen zu einem Gesamtprodukt: der Pauschalreise. Eine Pauschalreise ist eine im Voraus festgelegte Verbindung von mindestens zwei Dienstleistungen, die zu einem Gesamtpreis verkauft oder angeboten wird, wenn diese Leistung länger als 24 Stunden dauert oder eine Übernachtung mit einschließt. Bei diesen Dienstleistungen handelt es sich meist um Beförderung und Unterbringung; es können aber auch andere touristische Dienstleistungen integriert werden, die nicht Nebenleistungen von Beförderung oder Unterbringung sind (Eintrittskarten, Fremdenführer) und einen beträchtlichen Teil der Gesamtleistung ausmachen. Reiseveranstalter treten am

→ Tourismusmarkt also einerseits als Nachfrager auf; die Bandbreite reicht dabei vom Erwerb einzelner Teilleistungen über die Reservierung von größeren Kontingenten in → Beherbergungsbetrieben oder Transportmitteln bis hin zum Chartern ganzer Flugzeuge und Flugketten. Andererseits sind Reiseveranstalter aber auch Anbieter, die nicht nur die Pauschalreise — meist über eigene oder fremde → Reisebüros — den Kunden offerieren und verkaufen, sondern im Sinne der vertikalen Diversifikation vielfach auch in Besitz einzelner der kombinierten Teilleistungsträger sind (z.B. Clubanlagen). In Deutschland konnten 1998 fast 30 Mio. Pauschalreisen abgesetzt werden, die einen Umsatz von rund 16 Mrd. Euro ausmachen.

Die Reiseveranstalterbranche ist durch einen fortschreitenden Konzentrationsprozess gekennzeichnet. Trotzdem gibt es bspw. in Österreich mehr als 600 registrierte Reiseveranstalter; in vielen Fällen handelt es sich dabei jedoch um → Reisebüros, die von Fall zu Fall auch als Reiseveranstalter auftreten. D.Ke.

Literatur: *Kirstges, T.:* Management von Tourismusunternehmen. Organisation, Personal- und Finanzwesen, München 1994.

Reiseveranstaltermarkt
→ Tourismusmarkt

Reiseverhaltensforschung

Die → Tourismusforschung befasst sich mit der detaillierten Untersuchung des Urlaubs- und Reiseverhaltens, um über die offiziellen → Tourismusstatistiken hinausgehende Informationen zu erhalten. Grundsätzlich bieten sich zwei Arten der Erhebung des benötigten Datenmaterials: die Gästebefragung und die Reiseanalyse.

Gästebefragungen erfassen alle in- und ausländischen Gäste in einem bestimmten Zielgebiet; die Untersuchung findet während des Aufenthalts statt. Gästebefragungen werden teilweise noch für einzelne Gemeinden oder Regionen getrennt durchgeführt; besonders bewährt haben sich aber vereinheitlichte gemeinsame Untersuchungen für größere Zielgebiete, wie etwa die „Gästebefragung Österreich (GBÖ)" oder das „Tourismus Profil Schweiz (TOP SWISS)". Wichtige Erhebungstatbestände sind die Reiseausgaben, das Verhalten am Zielort, Urlaubsmotive und die Beurteilung des touristischen Angebots.

Reiseanalysen untersuchen meist in regelmäßigen Abständen das Reiseverhalten der Bewohner eines bestimmten Herkunftslandes. Die Erhebung findet eine gewisse Zeit nach Beendigung der Reise am Wohnort des Befragten statt. Wichtige Erhebungstatbestände solcher Analysen sind: Reisehäufigkeit, Zielgebiet, Zeitpunkt, Dauer, Reiseorganisation, Ausgaben, Unterkunft, Aktivitäten u.a.m. Neben nationalen Studien – wie etwa der deutschen Reiseanalyse, durchgeführt von der Forschungsgemeinschaft Urlaub und Reisen e.V., dem „Reisemarkt Schweiz" der Universität St. Gallen oder den „Reisegewohnheiten der Österreicher", im Rahmen des Mikrozensus von der Statistik Österreich erhoben – ist vor allem der „European Travel Monitor", koordiniert von IPK International München hervorzuheben. Dieser Monitor kombiniert standardisierte Reiseanalysen für mehr als 30 europäische Herkunftsmärkte. Ra.F.

Reisezentrum → Einkaufszentrum

Reizgeneralisierung → Generalisierung

Rejektoren → Adoptertypologie

Reklamationen
→ Beschwerdemanagement

Reklame

früher ein Synonym für → Werbung i.S. von Wirtschaftswerbung; wird heute vorwiegend zur Charakterisierung aufdringlicher Erscheinungsformen der Werbung verwendet. Das Wort hat deshalb einen negativen Beigeschmack.

Relationale Ressourcen
→ Kundenempfehlungen

Relationship Banking

Eigeninteresse der Bank am Erfolg ihrer Firmenkunden veranlasst die Banken bei enger Kundenverbindung (→ Hausbank-Prinzip) das Unternehmen in allen Phasen von Auf- und Abschwung im Sinne des → Beziehungsmarketing aktiv zu begleiten, vor allem auch bei wirtschaftlichen Problemlagen Unterstützungsbereitschaft zu zeigen. Enge Kunden-Bankbeziehungen ermöglichen es den Banken, spezifischer auf die Belange des Unternehmens einzugehen und entsprechend abgestimmte Problemlösungen (→ Financial Engineering) zu offe-

Beispiel eines Relevanzbaums

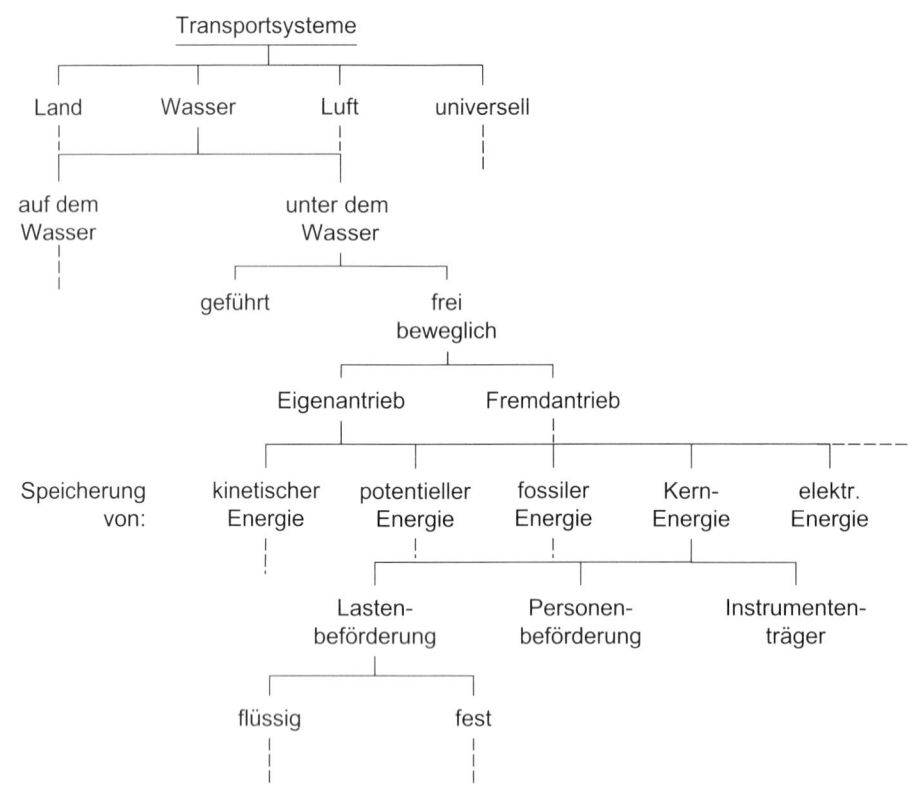

```
                    Transportsysteme
         ┌──────────┬──────┴──┬──────────┐
        Land      Wasser     Luft     universell
         │          │          │
     ┌───┴───┐      │          │
  auf dem  unter dem
   Wasser   Wasser
     │    ┌───┴───┐
          geführt  frei
                beweglich
                   │
              ┌────┴────┐
          Eigenantrieb  Fremdantrieb
   ┌──────┬──────┬──────┬──────┬──────┐
Speicherung kinetischer potentieller fossiler Kern-  elektr.
   von:    Energie    Energie    Energie  Energie Energie
             │                      │        │       │
          Lasten-             Personen-    Instrumenten-
        beförderung         beförderung      träger
        ┌───┴───┐
      flüssig  fest
```

rieren. Andererseits kann die Intensität der Beziehung als Problem des Relationship Banking gesehen werden. Aus Sicht der Bank bedeutet eine enge Vertrauensbeziehung auch eine größere Verantwortung und kann dort zur „moralischen" Verpflichtung werden, bei Schieflagen des Unternehmens stützend einzugreifen, ohne dass dies aus wirtschaftlichen Interessen angeraten erscheint. O.B.

Literatur: *Süchting, J.*: Strategische Positionierung von privaten Banken. Relationship-Banking als Marketingansatz im Kreditwesen, in: Kreditwesen, 49. Jg. 1996, S. 263–267. *Betsch, O.*: Retention-Marketing im Retail Banking, in: *Hörter, S.; Wagner, A.* (Hrsg.): Visionen im Bankmanagement, München 1997, S. 291–309.

Relaunch

ist die Reaktivierung eines bereits länger im Markt vertretenen Produktes bzw. einer Marke, um dessen/deren stagnierenden oder rückläufigen Absatz neue Wachstumsimpulse zu geben (→ Markenpolitik). Die Umgestaltung dieses Produktes (→ Produktvariation, → Modellwechsel) kann von einem bloßen „face lifting" bis hin zu einer umfassenden Produktinnovation reichen. Maßgeblich dabei ist nicht nur die objektive, faktische Variation der technisch funktionalen Gebrauchseigenschaften, sondern auch die subjektive Wahrnehmung dieser Modifikation durch den Konsumenten. Mit einer Aktualisierung des Produktes im Rahmen eines Relaunch ist daher häufig eine neue → Positionierung verbunden. Gestaltungsmittel eines Relaunch sind demzufolge v.a. die kommunikationspolitischen Instrumente. M.B.

Relevant set → Präferenzpolitik

Relevanter Markt → Markttypologie

Relevanzbaum-Verfahren

von Experten durchgeführte kreative Problemlösungssuche, bei der von einem Oberbegriff aus stufen- und hierarchieartig nach unterschiedlichen Kriterien nach unten vorgegangen wird.

Abb. 1: Reliabilität und Validität

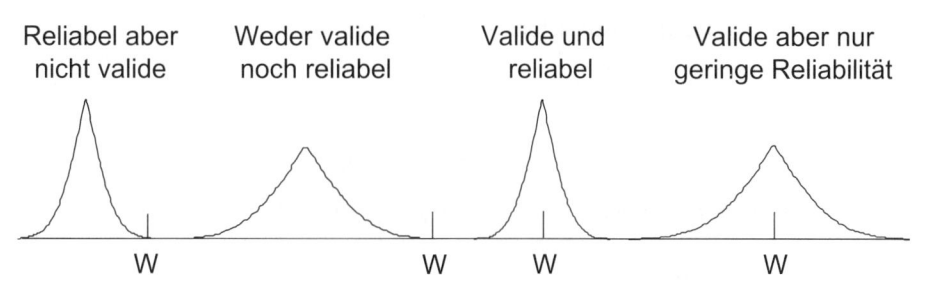

| Reliabel aber nicht valide | Weder valide noch reliabel | Valide und reliabel | Valide aber nur geringe Reliabilität |

Die Systematik des Verfahrens öffnet die Augen für bislang gewohnheitsmäßig vernachlässigte Problemlösungsaspekte und eignet sich deshalb besonders als → Kreativitätstechnik im Rahmen des → Innovationsmanagement. Hierbei finden nur die der Problemlösung zuträglichen (relevanten) Aspekte Beachtung. Bei komplexen Problemen mit mehr als fünf unterschiedlichen Kriterien empfiehlt sich zur Erhaltung der Übersichtlichkeit die Anlage paralleler Bäume. V.T./S.H.

Reliabilität

Grad der Genauigkeit, mit dem ein bestimmtes Merkmal gemessen wird (→ Messung). Hier steht der Aspekt der Verlässlichkeit und Konsistenz im Vordergrund. Die Wechselwirkung zwischen → Validität und Reliabilität verdeutlicht *Abbildung 1*.
Sofern man über ein perfektes Messverfahren verfügt, entspricht ein gemessener Wert X der wahren Ausprägung – dem wahren Wert W – eines Messobjektes. Letztlich ist aber keine Messung perfekt, so dass jede Messung einen Messfehler F enthält. Diese Erfahrung führte zur Entwicklung der klassischen Messfehlertheorie mit X = W + F. Der gemessene Wert wird in eine wahre und eine Fehlerkomponente zerlegt. Die Messfehlertheorie verkörpert somit ein theoretisches Konzept. Die Bestimmung der Reliabilität in Form eines Reliabilitätskoeffizienten kann deshalb nach verschiedenen Methoden erfolgen.
Im Endergebnis wird die → Varianz einer Variablen in zwei Komponenten zerlegt. Man erhält σ^2_g (gesamte Varianz) = σ^2_w (wahre Varianz) + σ^2_f (Fehlervarianz) – im engl. auch als total, true und error bezeichnet. Der *Reliabilitätskoeffizient* wird ganz allgemein durch das Verhältnis der wahren Varianz zur Gesamtvarianz bestimmt: $r_{tt} = \sigma^2_w / \sigma^2_g$. Man unterscheidet drei wichtige Methoden zur Bestimmung der Reliabilität:

1. Paralleltest-Reliabilität
Zur Bestimmung der Paralleltest-Reliabilität erhebt man an einer Stichprobe von Versuchspersonen zwei streng vergleichbare Messinstrumente und berechnet anschließend die Korrelation.

2. Test-Retest-Reliabilität
Hierbei erhebt man die Daten an der gleichen Stichprobe mit dem gleichen Messinstrument zu zwei verschiedenen Zeitpunkten und ermittelt anschließend die Korrelation der Ergebnisreihen.

3. Interne-Konsistenz-Reliabilität
Hier wird vorausgesetzt, dass sich ein Messinstrument in zwei gleichwertige Hälften zerlegen lässt, so dass gewissermaßen zwei Paralleltestformen halber Länge resultieren. Die interne Konsistenz lässt sich entweder nach der Testhalbierung (*Split-half-Reliabilität*), oder besser nach der Konsistenzanalyse – die eine Verallgemeinerung der Testhalbierung darstellt – ermitteln.

Die Fehlerkomponente geht wiederum auf zahlreiche Ursachen zurück, z.B. gibt es spontane, unsystematische Unachtsamkeiten, durch Raten erzielte Antworten, kurzzeitige Schwankungen der Umfeldbedingungen, ungenaue Angaben zur Messdurchführung und Messbewertung. In *Abb. 2* sind die wichtigsten Fehlerkomponenten mit ihren Beziehungen zu den einzelnen Reliabilitätsarten zusammengefasst. (Annahmen: der durchschnittliche Messfehler ist Null, die Messfehler korrelieren nicht mit den wahren Werten und den Fehlern in anderen Tests.)
Der *Reliabilitätskoeffizient* stellt eine statistische Messgröße zur Quantifizierung der Reliabilität dar. Es lassen sich verschiedene Vorgehensweisen unterscheiden:

Abb. 2: Fehlerkomponenten und Reliabilitätsarten

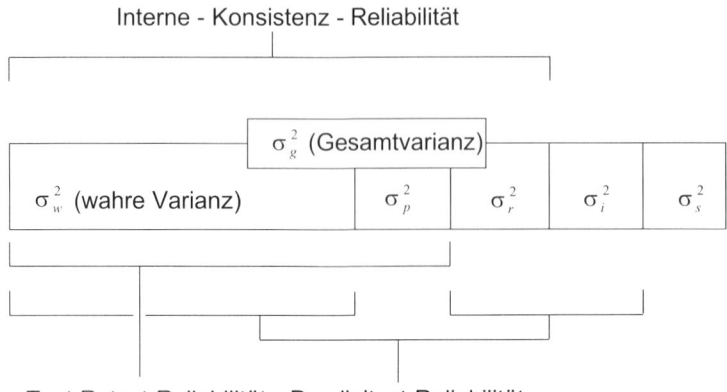

Interne - Konsistenz - Reliabilität

σ_g^2 (Gesamtvarianz)

σ_w^2 (wahre Varianz) | σ_p^2 | σ_r^2 | σ_i^2 | σ_s^2

Test-Retest-Reliabilität   Paralleltest-Reliabilität

σ_p^2 = Fehlervarianz, die nur bei der Verwendung von Paralleltestverfahren die Reliabilität vermindert (z.B. methodenspezifische Sensitivität).

σ_r^2 = Fehlervarianz, die nur bei Verwendung des gleichen Messverfahrens die Reliabilität vermindert (z.B. Langeweile beim zweiten Messvorgang).

σ_i^2 = Fehlervarianz, die nur auf Mängel in der internen Konsistenz der Items zurückgeht (z.B. Reihenfolgeeffekte zwischen den Items einer Methode).

σ_s^2 = Fehlervarianz, die auf unsystematische, spontane Schwankungen zurückgeht und alle Formen der Reliabilitätsbestimmung gleichermaßen beeinflusst.

Split-Half-Methode: Liegt die Korrelation von zwei Testhälften (r_{12}) vor (Interne-Konsistenz-Reliabilität), so wird nach der Spearman-Brown Formel die Reliabilität berechnet als: $r_{tt} = 2\ r_{12} / (1 + r_{12})$. Dieser Fall geht aus der allgemeinen Formel hervor, die einen n-Item-Test in n äquivalente Teile zerlegt und ein Spezialfall des *Koeffizienten-Alpha (coefficient alpha, α)* darstellt, der auch den Einsatz varianzanalytischer Auswertungsmethoden ermöglicht. Für den Fall dichotomer Items ist dieser Koeffizient auch als *Kuder-Richardson-Formel (KR20)* bekannt.

$$\alpha = \frac{k}{k-1}\left[1 - \frac{\sum_{i=1}^{k}\sigma_i^2}{\sigma_t^2}\right]$$

k = Anzahl Indikatoren
σ_i^2 = Indikatorvarianz (i = 1, ..., k)
σ_t^2 = Gesamtvarianz über die Summe der Indikatorwerte.   B.N.

Literatur: *Churchill Jr., G.A.*: Marketing Research, 7. Aufl., 1999. *Lienert, G.A.*: Testaufbau und Testanalyse, 3. Aufl., Weinheim u.a. 1969. *Nunnally, J.C.; Bernstein, I.H.*: Psychometric Theory, 3. Aufl., New York 1994.

Religion und interkulturelles Marketing

Glaube, welchen eine Gemeinschaft von Menschen teilt und zu welchem sie sich bekennt. Aus sozialwissenschaftlicher Sicht ist Religion eine „Sammlung" von Normen, Werten und Verhaltensanweisungen, die, je nach individueller Religiosität, in hohem Maße verhaltenswirksam sein können, nicht zuletzt mit Blick auf das Konsumentenverhalten. Deshalb, und weil Religion eine der wichtigen Elemente und Erscheinungsformen von Kultur ist, befasst sich das → Interkulturelle Marketing auch mit diesem Themenbereich. Dabei zeigte sich u.a., dass in religiösen Familien Männer Kaufentscheidungen in stärkerem Maße prägen als in nicht-religiösen Familien (Ausnahme: jüdische Familien). Bei der Beurteilung von Einkaufsstätten wiederum legen religiöse Probanden überproportional viel Wert auf „Freundlichkeit der Mitarbeiter" und „Beratungsqualität", und sie nehmen beim Kauf mehr Kaufrisiken wahr als nicht-religiöse Kunden. In einer säkularen Gesellschaft wie der japanischen beeinflussen religiöse Normen und Werte konsumbezogene Einstellungen und Verhaltensweisen nicht nennenswert, wohl aber in der amerikanischen Gesellschaft. Dort sind gläubige Protestanten preisbewusster und weniger qualitätsbewusst als nicht-gläubige Protestanten. Besondere Bedeutung hat in diesem Zusammenhang auch die sog. *Protestantismus-Hypothese* erlangt. Demnach besteht ein enger Zusammenhang zwischen → Leistungsmotivation und religiöser Ethik. Konkret hätten zwei „calvinistische Tugenden" (unbedingter Wille zu harter Arbeit und asketische Lebensweise, d.h. Konsumverzicht) frühzeitig zur Kapitalbildung von Teilen der protestantischen Bevölkerung geführt und diesen Ländern (z.B. Großbritannien) einen Vorsprung bei der Industrialisierung ermöglicht.

Wie u.a. die Neue → Institutionenökonomik gezeigt hat, ist Vertrauen eine auch für die Gestaltung ökonomischer Transaktionen maßgebliche Variable, bspw. deshalb, weil dadurch aufwendige Kontrollmaßnahmen überflüssig und langfristige Beziehungen möglich werden. Die deshalb für alle Leistungsprozesse zentrale Frage, wem man vertrauen kann, beantworten kollektivistische Gesellschaften konkret, aber sehr rigide: d.h. nur den Familienmitgliedern, was indirekt die dort gewöhnlich geringe Unternehmensgröße und das Vorherrschen von Familienunternehmen erklärt. Individualistische Gesellschaften hingegen geben darauf eine abstrakte Antwort, die sehr viele Menschen als vertrauenswürdig erscheinen lässt: Alle, die meine Werte und Überzeugungen teilen, weil wir desselben Glaubens sind.

S.M./M.Ko.

Literatur: *Müller, S.; Kornmeier, M.*: Interkulturelles Marketing, München 2002.

Religiöse Werbung → Werbung

Remailing

Vertrieb von Briefsendungen, insb. Massendrucksachen im Rahmen der → Direktwerbung, an Inländer über ausländische Postannahmestellen mit niedrigeren Portogebühren. Sog. Remailer sammeln dazu das Postgut und transportieren es gebündelt zu benachbarten Postämtern im Ausland, von wo es wieder per Post reimportiert wird. Das Verfahren ist allerdings nach dem Weltpostvertrag und dem darauf aufbauenden Beförderungsvorbehalt im Postgesetz unzulässig.

Rembourskredit

bei überseeischen Warengeschäften die Mitwirkung einer Bank bei der Begleichung des Kontraktes durch Kreditgewährung (→ Außenhandelsfinanzierung). Beim Akzept-Rembours (Wechselrembours) akzeptiert die Bank des Importeurs die Tratte des ausländischen Verkäufers. Der Importeur muss sich von der Bank vor Abschluss des Importgeschäftes den Kredit zusichern lassen.

Reminder-Technik

Frequenztechnik der → Werbegestaltung, bei der ein Werbespot im selben Werbeblock – u.U. in kürzerer Form – wiederholt und damit im Gedächtnis aufgefrischt wird; analog bei Doppelanzeigen im gleichen Werbeträger.

Remission

Begriff aus dem → Verlagsmarketing, der die Zahl nicht verkaufter und deshalb gegen Gutschrift zurückgegebener („remittierter") Zeitschriften, Zeitungen und Bücher anspricht. Für Presseerzeugnisse gilt grundsätzlich Remissionsrecht, für Bücher nur bei Vereinbarung.

Presseerzeugnisse werden vom Einzel- zum Großhandel körperlich, vom Großhandel an den Verlag meist „körperlos" remittiert (Vertrauensremission). Nicht mehr gebräuchlich ist die Titel- oder Kopfleistenremission an den Verlag, die der Prüfung von Remissionsmeldungen diente. Gelegentlich erbitten Verlage aber Ganzstückremission, etwa wenn unverkaufte Exemplare für Werbezwecke benötigt werden. Remissionsmeldungen und, damit verbunden, Informationen über ausverkaufte oder solche Verkaufsstellen, die kein Heft abgesetzt haben (Null- bzw. Ausverkäufer) sind Grundlage zur Regulierung von Bezugsmengen des Pressegrosso sowie der Bestimmung des Verteilers eingeschalteter Verkaufsstellen. Das → Pressegrosso setzt zu diesem Zweck EDV-gestützte Verfahren der Marktorientierten Bezugsregulierung (→ Controlled Circulation) ein. Über die sog. Richtremission geben Verlage eine Verkaufsreserve vor, die das Grosso bei der Bezugsregulierung als Parameter berücksichtigt. A.K.

Rennkäufer → Kundenlaufstudie

Repertory Grid-Methode

Die von *Kelly* entwickelte Repertory Grid-Methode zielt auf die Ermittlung der für die Kaufentscheidung eines Individuums bedeutsamen Produkteigenschaften ab (→ Means-End-Theorie). Zu diesem Zweck liegen der Versuchsperson in mehreren Befragungsrunden jeweils Tripel von Erzeugnissen mit der Aufforderung vor, die Merkmale zu nennen, nach denen zwei der Produkte einander ähnlich, beide aber dem Dritten unähnlich sind. Dieses Verfahren wird so lange fortgesetzt, bis der Betroffene keine neuen Attribute mehr angibt und eine umfassende Liste von Eigenschaften mit der Häufigkeit ihrer Nennung existiert. Daraufhin bittet man den Probanden, für jedes betrachtete Merkmal zwei möglichst gegensätzliche (dichotome) Ausprägungen zu nennen, die seinen positiven und negativen Pol repräsentieren. Schließlich erhält die Auskunftsperson die Aufgabe, für jedes Gut zu entscheiden, ob seine Ausprägung auf dem jeweiligen Attribut eher dem positiven oder dem negativen Pol entspricht.
An.He./F.H.

Literatur: *Herrmann, A.*: Wertorientierte Produkt- und Werbegestaltung, in: Marketing-ZFP, 18. Jg. (1996), Heft 3, S. 153–163. *Green, P.E.; Tull, D.S.*: Methoden und Techniken der Marketingforschung, 4.Aufl., Stuttgart 1982, S. 528-531.

Replikation

Wiederholung einer Untersuchung im Rahmen der → Marktforschung, insb. bei → Experimenten, anhand anderer Stichproben zur Erhärtung bzw. Widerlegung bestimmter Hypothesen.

Repositionierung → Produktvariation

Repräsentationsaufwendungen, steuerliche Aspekte

Repräsentationsaufwendungen sind → Vertriebskosten, die durch die gesellschaftlichen Erwartungen an ein würdiges, der Rolle, Stellung und Bedeutung des Unternehmens/Unternehmers oder der beruflichen Funktion entsprechendes Auftreten veranlasst sind (z.B.: Empfänge, Geselligkeitsveranstaltungen, Reisegeschenke für Geschäftspartner, luxuriöse Geschäftsausstattung und Fahrzeuge).

Die Veranlassung für solche Aufwendungen kann sowohl im betrieblichen wie auch im Bereich der privaten Lebensführung und im Schnittbereich beider Sphären liegen. Für die steuerliche Behandlung ist zu unterscheiden, ob es sich um

(1) einzelkaufmännische Unternehmen und Personengesellschaften oder
(2) um Körperschaften (insbes. AG und GmbH) handelt.

Für beide Fälle ergeben sich auch umsatzsteuerliche Folgen mit Rückwirkungen auf die Ertragsteuern.

(1) Sind die Aufwendungen *nicht betrieblich* veranlasst, sondern für die Art der Lebensführung bestimmt, die die wirtschaftliche oder gesellschaftliche Stellung mit sich bringt – auch wenn sie zur Förderung des Berufs oder der gewerblichen Tätigkeit erfolgen – so dürfen sie steuerlich nicht abgezogen werden (vgl. § 12 Nr. 1 EStG). Beispiele: Feiern zu Unternehmergeburtstagen, Einladungen zu Karnevalsveranstaltungen, Bewirtung in Privaträumen (s. H 117 EStR). Eine Ausnahme von diesem grundsätzlichem Abzugs- und Aufteilungsverbot besteht nur, wenn *bei gemischter Veranlassung* ein klarer und objektiver Aufteilungsmaßstab existiert oder die private Mitveranlassung von untergeordneter Bedeutung ist. Bei vorrangig betrieblicher Veranlassung muss aus ertragsteuerlicher Sicht zwischen allgemeinen und speziellen Repräsentationsaufwendungen unterschieden werden. Zu letzteren gehören insbes. → Geschenk-, → Bewirtungs-, → Gästehaus-, Jagd-, Fischerei-, Jacht- u. ä. Aufwendungen (hierfür bestehen besondere steuerliche Abzugsbeschränkungen, § 4 Abs. 5 Nr. 1 – 4 EStG). Einen weiteren Sonderfall stellen die Aufwendungen für → Sponsoring dar.
Im Übrigen sind Repräsentationsaufwendungen, die ausschließlich beruflichen oder betrieblichen Zwecken des Steuerpflichtigen dienen oder soweit sie bei gemischter Veranlassung leicht und eindeutig zu trennen sind, (insoweit) unbeschränkt als Betriebsausgaben abzugsfähig. Allerdings unterliegen Betriebsausgaben, die die Lebensführung des Steuerpflichtigen oder anderer Personen berühren – die also ohne betriebliche (Mit-) Veranlassung Kosten der Lebensführung des Steuerpflichtigen oder anderer Personen

wären (BFH, BStBl 87 II 853) – einer *Angemessenheitsprüfung* ihrer Höhe nach. Sie sind nur abziehbar, soweit sie nach allgemeiner Verkehrsauffassung als unangemessen anzusehen sind. Für die *Angemessenheitsprüfung* ist darauf abzustellen, ob ein ordentlicher und gewissenhafter Unternehmer angesichts der erwarteten Vorteile die Aufwendungen ebenfalls auf sich genommen hätte (BFH, BStBl 85 II 458).

(2) Tätigen *Körperschaften* derartige Aufwendungen, so kommt zwar ein Bereich der „Lebensführung" für sie nicht in Betracht (BFH, BStBl 76 II 753; 81 II 108; Abschn. 26 Abs. 1 KStR), doch gelten die Abzugsverbote für spezielle Betriebsausgaben (§ 4 Abs. 5 Nr. 1–6 EStG) und die allgemeine Angemessenheitsprüfung bei Berührung der Lebensführung „anderer Personen" (Manager, Gesellschafter) entsprechend (§ 8 Abs. 1 KStG). Berühren die Aufwendungen durch ungewöhnliche Vorteilsgewährung die Lebensführung von Gesellschaftern oder denen nahe stehenden Personen, so kommt auch eine Behandlung als *„verdeckte Gewinnausschüttungen"* in Betracht (§ 8 Abs. 3 KStG), denn ein ordnungsmäßiger Geschäftsführer würde die Leistungen einem Fremden nicht unentgeltlich abgeben.

(3) *Umsatzsteuerlich* führt die Annahme von Nichtabzugsfähigkeit wegen Unangemessenheit gem. § 4 Abs. 5 EStG und Berührung der privaten Lebensführung gem. § 12 Nr. 1 EStG seit dem 1.4.1999 nicht mehr zur Besteuerung als (Repräsentations-)Eigenverbrauch, vielmehr wird insoweit bereits der *Vorsteuerabzug* versagt (§ 15 Abs. 1a Nr. 1 UStG). Die umsatzsteuerlich nicht abziehbaren Beträge sind auch ertragsteuerlich nichtabziehbare Betriebsausgaben (§§ 12 Nr. 3 EStG, 10 Nr. 2 KStG). R.F.

Literatur: BMF-Schreiben v. 5.11.1999, BStBl 1999 I, S. 964. *o.V.:* Die praktische Behandlung von Reisekosten, Bewirtungsspesen und verwandten Aufwendungen, 47. Aufl., Hannover 1999. *Stuber, H.; Nägele, G.:* Reisekosten, Bewirtung, Repräsentation im Steuerrecht, Stuttgart 1999.

Repräsentativität

meint zunächst ganz allgemein, dass die Ergebnisse einer Teilerhebung (→ Stichprobe) quasi stellvertretend für die Grundgesamtheit stehen (sollen). Das kann im Einzelnen auf zwei Wegen zu erreichen versucht werden (→ Auswahlverfahren und -techniken):

1. dadurch, dass man mittels sog. bewusster Auswahl einen „repräsentativen Querschnitt" herstellen will. In der Praxis der Marktforschung wird dazu meist die → Quotenauswahl herangezogen. Die Repräsentativität ist dann allerdings nicht quantifizierbar.

2. dadurch, dass man die Zusammensetzung der Stichprobe „zufallsgesteuert" vornimmt, also eines der vielen Verfahren der Zufallsauswahl benutzt. Durch Anwendung wahrscheinlichkeitstheoretischer Überlegungen wird damit der → Zufallsfehler als indirektes Maß für die Repräsentativität berechenbar. M.H.

Reputation

Reputation stellt in der ökonomischen Theorie ein vergangenheitsorientiertes und zukunftsbezogenes Konstrukt dar, das einem uninformierten Vertragspartner als Einschätzungshilfe für ein zukünftiges Verhalten eines besser informierten Partners dient. Eine hohe Reputation wird dabei mit der Antizipierung zukünftigen Wohlverhaltens gleichgesetzt. Mit zunehmendem → Vertrauen der Vertragspartner (Kunden, Lieferanten, Mitarbeiter) in die Fähigkeit und den Willen des Unternehmens, ein implizites Versprechen einzuhalten, sinken die → Transaktionskosten für alle Beteiligten. Im Gegensatz zu einem → Commitment, welches in einer Periode einem bestimmten Verhalten Glaubwürdigkeit verleihen soll, bedarf die Reputation eines gegenseitigen Vertrauens und stellt somit ein zirkuläres Konstrukt dar: „Reputation works because it works".

In der Theorie der Unternehmung gilt Reputation als intangibles Kapital, ein implizites Versprechen zu einem fairen und vernünftigen Verhalten, wenn Ereignisse eintreten, die nicht vertraglich festgelegt sind. Für Außenstehende dient die Reputation als Einschätzung, dass Manager eine intrinsische Motivation haben, Gutes zu tun.

Der „Leitsatz" der Reputationstheorie lautet, dass im Gleichgewicht der erzielte Preis die Grenzkosten der Qualitätserstellung übersteigen muss. Insofern ist die Reputationstheorie nicht mit der klassischen Wettbewerbstheorie vereinbar, die zur Steigerung der Gesamtwohlfahrt eine Angleichung der Preise an die Grenzkosten fordert. Ohne ein solches Preispremium verlieren Anbieter wiederum den Anreiz zur Aufrechterhaltung einer zugesicherten

Qualität. Die Reputation eines Unternehmens entsteht durch die Extrapolation von Qualitätserwartungen der Konsumenten aufgrund vergangener Erfahrungen und manifestiert sich im finanziellen Marktwert einer Firma (Shareholder Value) bzw. im Wert seiner Marken (→ Markenwert, → Kompetenz). Der materielle Wert einer Reputation stellt den Cash Flow dar, der durch die Reputation erzielt wird und über dem Cash Flow liegt, den man ohne Reputation erwirtschaften würde. E.L.

Literatur: *Kreps, D.; Wilson, R.:* Reputation and Imperfect Information, in: Journal of Economic Theory, Vol. 27 (1982), S. 253–279. *Kreps, D.:* Corporate Culture and Economic Theory, in: *Buckley, P.J.; Michie, J.,* (Hrsg.): Firms, Organizations, and Contracts, New York 1996, S. 221–275. *Lehmann, E.:* Asymmetrische Information und Werbung, Wiesbaden 1999.

Resell-Package → Verlagsmarketing

Reservationspreis → Maximalpreis

Reservelager → Depot

Resource-based view

Aus der Organisationstheorie übernommenes Konzept des → strategischen Marketing, das den Aufbau von strategischen → Wettbewerbsvorteilen auf die Existenz von einzigartigen Ressourcen und Ressourcenkombinationen zurückführt. In Form einer *inside-out-Perspektive* stellt damit die Heterogenität der Ressourcenbasis den Ausgangspunkt strategischer Überlegungen, insbes. der Konzeption der → Marketingstrategie, dar. Als Ressourcen i.S. des Resource-based view kommen dabei nicht nur Potentiale des Unternehmens, wie spezielle Produktionsmittel, Patente, Vertriebswege (→ Exklusivvertrieb, → Selektivvertrieb, → Vertriebswegepolitik) oder Marken (→ Markenpolitik, → Markenwert), sondern auch Prozesse und im Unternehmen vorhandenes Know-how (→ Kernkompetenzen, → Wissensmanagement) in Frage. Identifizieren lassen diese sich z.B. mit einer strategisch angelegten → Stärken-Schwächen-Analyse oder dem → Technologie-Portfolio.

Damit unternehmensspezifische Ressourcen einen strategischen Wettbewerbsvorteil begründen können, dürfen sie

– nicht bzw. nur schwer imitierbar oder substituierbar sein und müssen

– einen *hohen Grad an organisationaler Spezifität* aufweisen sowie
– *Kundennutzen* stiften.

Die Bedeutung des Resource-based view besteht darin, das Augenmerk der → strategischen Marketingplanung auf die unternehmenseigenen Ressourcen als Quellen des dauerhaften Markterfolgs bei hoher → Markt- und → Wettbewerbsdynamik zu lenken. Gegenstand entsprechender Analysen können all jene strategischen Entscheidungen sein, die die Verfügbarkeit, Entwicklung (→ FuE-Strategien, → Innovationsmanagement) und Nutzung geeigneter Ressourcen betreffen. Neben der Gestaltung der Organisationsstruktur (→ Marketingorganisation), z.B. durch Entscheidungen bzgl. In-/ Outsourcing (→ Just-in-Time), → strategischer Kooperationen und → strategischer Allianzen, besteht mit Blick auf den Absatzmarkt die (implizite) Aufforderung, entlang der distinktiven Ressourcen zu diversifizieren, um das eigene Ressourcenportfolio in möglichst vielen Märkten bzw. Marktsegmenten zu nutzen (→ Wachstumsstrategie).

Problematisch ist dagegen, dass der Ansatz nur vage Aussagen über die Abgrenzung der strategisch relevanten Ressourcen trifft, obwohl diese für die Konzeption entsprechender Strategien unerlässlich ist. Zudem bietet er kaum Ansatzpunkte für die Konkretisierung des geforderten überlegenen Kundennutzens der Ressourcen, so dass unklar bleibt, wodurch eine Ressource letztlich wertvoll wird. Schließlich sorgt die fehlende Marktorientierung des Resource-based view für die Gefahr, dass eine Art betrieblicher Autismus entsteht. Als Konsequenz ist es zweckmäßig, den Resource-based view mit der *outside-in-Perspektive* des Marketing, wie sie beispielsweise den diversen Analysetechniken zur Ermittlung der kundenseitigen → Bedürfnisse und → Präferenzen oder etwa der → Branchenstrukturanalyse zugrunde liegt, zu einem ganzheitlichen Konzept des strategischen Marketing zu verbinden. A.Ha.

Literatur: *Barney, J.:* Firm Resources and Sustained Competitive Advantage, in: Journal of Management, Vol. 17 (1991), S. 99-120. *Börner, Ch.J.:* Porter und der „Resource-based View", in: Das Wirtschaftsstudium, 29. Jg. (2000), S. 689-693. *Ossadnik, W.:* Markt- versus ressourcenorientiertes Management – alternative oder einander ergänzende Konzeptionen einer strategischen Unternehmensführung, in: Die Unternehmung, 54. Jg., (2000), H. 4, S. 275-287.

Response

Ist die Ergebnisleistung einer Marketingaktivität (→ Marktreaktionsfunktion). *Response i.w.S.* kann dabei als Fachterminus für die einer Marketingaktivität (z.B. → Preisänderung, → Spot-Pricing oder → Verkaufsförderung) unmittelbar zurechenbare Erfolgssteigerung hinsichtlich bestimmter → Marketingziele verstanden werden. Besonders verbreitet sind Response-Kennzahlen allerdings im → Direktmarketing bzw. in der → Direktwerbung (*Response i.e.S.*). Ziel ist es hier, die Kommunikationsleistung einer Direktwerbeaktion anhand der ihr unmittelbar zurechenbaren Antwort- bzw. Rücklaufquoten (→ Responsequote) auszudrücken (s.a. → Direktmarketingerfolg). Man unterscheidet dabei zwischen:

(1) *Rücklaufquoten*: Anzahl der Reaktionen (Anfragen/Bestellungen) dividiert durch Anzahl der verbreiteten Werbemittel * 100;
(2) *Bestellquoten*: Zahl der Bestellungen dividiert durch Anzahl der verbreiteten Werbemittel * 100;
(3) *Durchschnittlicher Bestellwert*: Umsatzvolumen aller Bestellungen dividiert durch Anzahl aller Bestellungen * 100;
(4) *Umwandlungsraten*: Zahl der Bestellungen dividiert durch Anzahl der Anfragen * 100.

Die einzelnen Kennzahlen können dabei je nach Zielsetzung und Interessenlage weiter aufgeschlüsselt werden z.B. in eine reine *Anfragenquote*, eine *Rücklaufquote bei Stammkunden* oder in *Bestellquoten nach Alter, Geschlecht* etc. Erfolgt die direkte Antwort eines Interessenten/Kunden nicht anhand eigens für die betrachtete Aktion entwickelter → Responsemittel, so kann es zu Schwierigkeiten bei der exakten Messung der Rückläufer kommen. Eine telefonische Anfrage z.B. im Vertriebsbüro des Anbieters als Folge einer Mailingaktion mit Antwortpostkarte, kann in der Regel nicht als solche erkannt und daher auch nicht der betreffenden Aktion als Ergebnis zugeordnet werden. Zur Verringerung derartiger Ergebnisverzerrungen bietet es sich an, während des Aktionszeitraumes alle zentralen Kontaktstellen des Unternehmens mit Blick auf die Aktion zu sensibilisieren und im Zweifel eine Abfrage des Kunden nach dessen Quelle für bestimmte Informationen oder ein bestimmtes Angebot zu veranlassen. Auf diese Weise zusätzlich identifizierte Responses können dann mithilfe gesonderter Erfassungslisten festgehalten werden. Auch ein im Nachgang zur Aktion initiierter einzeladressenbezogener Abgleich, z.B. von erfolgten Bestellungen/Auslieferungen im Aktionszeitraum mit der Liste der kontaktierten Adressen, hilft hier ansatzweise weiter. Weitreichende zeitliche Wirkungsverzögerungen (Time-lags) bleiben allerdings auch dadurch unentdeckt. Im Falle zeitlich sich überschneidender Aktionen ist eine → Codierung der Antwortmittel unerlässlich, um später eine gesicherte Zuordnung vornehmen zu können. Im Hinblick auf die Aktionsdynamik kann es ferner sinnvoll sein, den zeitlichen Verlauf der Antworten zu analysieren. Z.B. kann anhand der sog. → Halbwertzeit frühzeitig auf den zu erwartenden Gesamt-Response geschlossen werden. Der Gesamt-Response ist abhängig von zahlreichen Faktoren (formale und inhaltliche Aspekte des Werbemittels; Art der Ansprache; produktbezogene Kriterien; zielgruppenspezifische Faktoren etc.). Als das wichtigste Erfolgskriterium bei der Aktionsplanung gilt allerdings die Adressqualität (→ Adressmanagement). Schätzungen gehen davon aus, dass die Hälfte des geplanten Rücklaufs allein durch die Zielgruppenauswahl und das richtige Adressmanagement bestimmt wird. N.G.

Literatur: *Belz, C.* (Hrsg.): Strategisches Direct Marketing, Wien 1997, S. 296 ff.; *Bruns, J.*: Direktmarketing, Ludwigshafen 1998, S. 126 f. *Holland, H.*: Direktmarketing, München 1992, S. 181 ff. *Geller, L.K.*: Response! Die unbegrenzten Möglichkeiten des Direktmarketing, Landsberg/Lech 1996.

Response Latency

hauptsächlich bei → computergestützten Befragungen angewandtes Verfahren zur Messung der Zeitdauer, die ein Proband zur Beantwortung einer Frage benötigt. Die Antwortgeschwindigkeit, d.h. die Zeitspanne zwischen der Darbietung einer Frage und dem Beginn der Antwort des Befragten, soll Aufschluss über die Urteilssicherheit, Überzeugtheit und wahrscheinliche Handlungstendenz der Auskunftsperson geben.

Responsemittel (Responseelement; Reaktionsträger)

Sammelbegriff für alle Varianten der im Rahmen einer → Direktwerbung dem Kunden zur Verfügung gestellten bzw. bekannt gegebenen Rückantwort- bzw. Handlungsmöglichkeiten. Responsemittel dienen unmittelbar dem Ziel der Herstellung eines individuellen, persönlichen Kontakts mit dem Adressaten der Botschaft und sind damit elementarer Bestandteil des → Direktmarketing bzw. der → Direktwerbung. In der Praxis häufig eingesetzte Responsemittel sind:

– Telefon-/Faxnummern
– → URL/e-Mail
– Adressen
– → Antwortkarten
– → Coupons
– → Bestellscheine (mit Rückumschlag)
– → Bang-Tail-Rückumschläge

Grundsätzlich gilt beim Einsatz von Responsemitteln die Forderung, dem Kunden die Reaktion so einfach wie möglich zu machen. Tests belegen z.B. einen höheren → Response von bereits voradressierten Antwortmitteln gegenüber solchen, auf denen der Kunde selbst seine Daten eintragen muss. Telefonnummern und Internetadressen garantieren im Allgemeinen eine schnellere und umfassendere Erreichbarkeit. Freigestempelte Rückantwortumschläge ersparen dem Kunden den zusätzlichen Gang zur Post. Auch die Besteller-Produkte lassen sich im Falle nur weniger Artikel bereits eindrucken. Der Kunde muss hier nur die gewünschte Stückzahl ergänzen. Der Einsatz von → Handlungsauslösern bzw. –verstärkern ist demnach in jedem Falle angeraten. Diese provozieren den Adressaten zu einer aktiven, spielerischen Beschäftigung mit dem Werbemittel und führen im Idealfall zur gewünschten Reaktion. Natürlich sind derartige Hilfestellungen auch mit zusätzlichen Kosten (aufwendigere Werbemittel; Stanzungen/Falzungen; Rückporto etc.) verbunden. Hier muss im Einzelfall abgewogen werden. Im Zweifelsfall ist es allerdings erfahrungsgemäß zielführender, die Aussendekosten durch eine nochmalige feinere Zielgruppenselektion zu senken, um die frei werdenden Mittel in weitere Convenience-Elemente zu investieren. Jedes Antwortmedium sollte darüber hinaus codiert sein (→ Codierung), um später besser den Kommunikationserfolg analysieren zu können (→ Response bzw. → Direktmarketingerfolg). N.G.

Literatur: *Gutsche, A.H.:* Konzeption einer Direktwerbe-Campagne, in: *Dallmer, H.* (Hrsg.): Handbuch Direct Marketing, 7. Aufl., Wiesbaden 1997, S. 187 f. bzw. 197 f. *Zehetbauer, E.* (Hrsg.): Das große Handbuch für erfolgreiches Direktmarketing, Landsberg/Lech 1995, Teil 4.1.2.1, S. 19 ff.

Responsequote

Zur Ermittlung des → Direktmarketingerfolgs werden überwiegend *Kennzahlen* herangezogen. Unter den verschiedenen Möglichkeiten der Erfolgsmessung hat dabei v.a. die Rücklauf- oder Responsequote die größte Verbreitung gefunden. Die Basiskennzahl *Rücklaufquote* als Anzahl der Reaktionen (Anfragen/ Bestellungen) dividiert durch Anzahl der verbreiteten Werbemittel * 100 kann dabei je nach Zielsetzung und Interessenlage weiter aufgeschlüsselt werden (→ Response).

Die Frage nach den durchschnittlich zu erwartenden Rücklaufquoten der unterschiedlichen Medien des → Direktmarketing lässt sich nur schwer beantworten. In Abhängigkeit z.B. vom Angebot, der verfolgten Zielsetzung, dem Aktionsmuster (→ adressierte Werbesendung), der Adressqualität (→ Adressliste), dem gewählten Medium, den genutzten → Responsemitteln und → Handlungsauslösern können die Ergebnisse stark differieren. Nachfolgende Erfahrungswerte für den Verkaufserfolg eines Handbuchs im Wert von etwa 100 € verdeutlichen die Bandbreite, wie auch die Qualitätsunterschiede zwischen den Medien bzw. Adressquellen:

– Handelsvertreter bei Kunden-Adressen: Abschlussquote: 22,0%;
– Telefon-Marketing bei Kunden-Adressen: 15,5%;
– Direktwerbung bei Stammkunden: 8,3%;
– Direktwerbung bei Interessenten: 2,2%;
– Direktwerbung bei angemieteten Adressen: 1,0%;
– Zeitungsbeilage mit Antwortkarte: 0,5%;
– Coupon-Anzeige (½-seitig): 0,1%.

N.G.

Responsive Pricing → Spot-Pricing

Ressourcenanalyse
→ Stärken-Schwächen-Analyse

Ressourcenstärke → Resource-based view

Restposten → Partiegeschäft

Restwertrechnung
→ Kalkulationsverfahren

Retail Licensing → Licensing

Retailer Promotions
→ Händler-Promotions

Retourenquote
Der Begriff Retoure hat zwei Bedeutungen. Zum einen charakterisiert er die Anzahl derjenigen Aussendungen im Rahmen einer → adressierten Werbesendung, die wegen schlechter Listenpflege (→ Adressenpflege; → Adressmanagement), Umzug oder Tod als unzustellbar gelten (*Adressenretoure*) und zum anderen die Anzahl der zurückgesendeten Waren bzw. Bestellungen, weil der Kunde z.B. von seinem Rückgaberecht Gebrauch macht (*Warenretoure*). Setzt man die jeweilige Zahl ins Verhältnis zur Gesamtzahl ausgegangener Sendungen, so erhält man die *Retourenquote* (s.a. → Response). Im → Versandhandel beeinflusst die Retourenquote wegen der hohen, mit Retouren verbundenen Kosten die Erträge stark und wird deshalb einem strengen Management unterworfen. Dabei gilt es die Gründe für die Warenrückgabe zu ergründen und geeignete Gegenmaßnahmen einzuleiten. N.G.

Retrievalsystem
→ Marketing-Informationssystem

Retrograde Kalkulation
→ Preiskalkulation

Revenue Management
→ Yield Management

Reverse Auctions
→ Elektronischer Einkauf

Reverse Engineering
→ Total Quality Management

Rezession → Branchenkonjunktur

RFC (Request For Comments)
bezeichnet die Gesamtheit aller Standards und Protokolle, die das → Internet und seine Protokolle beschreiben. RFC sind meist technische Papiere, die im Internet an den verschiedensten Stellen kostenlos heruntergeladen werden können.

RFM-Methode
ein im → Direkt- und → Data-Base-Marketing häufig eingesetztes → Kunden-Scoring-Verfahren. Die RFM-Methode stellt ein Konzept der Kundenplanung innerhalb des → Kundenmanagements dar. Ausgehend vom vergangenen Kundenverhalten wird ein Punktwert (Score) ermittelt, der den Grad der (In-)Aktivität von Kundenbeziehungen widerspiegelt. Die Abkürzung RFM bedeutet „*R*ecency of last purchase" (wie lange liegt die letzte Transaktion zurück?), „*F*requency of purchase" (wie oft hat der Kunde bisher gekauft?) und „*M*onetary Value" (welche durchschnittlichen Umsätze wurden getätigt?). Indikatoren dieser drei Kriterien werden mit Punktwerten für unterschiedliche Ausprägungen versehen (siehe *Abbildung*).

Beispiel zur RFM-Methode

Startwert	25 Punkte					
Letztes Kaufdatum	Bis 6 Monate +40 Punkte	Über 6 bis 9 Monate +25 Punkte	Über 9 bis 12 Monate +15 Punkte	Über 12 bis 18 Monate +5 Punkte	Über 18 bis 24 Monate −5 Punkte	Über 24 Monate −15 Punkte
Häufigkeit des Einkaufs in 1½ Jahren	Zahl der Aufträge multipliziert mit dem Faktor 6					
∅ Umsatz bei den letzten drei Einkäufen	bis 50 DM +5 Punkte	50 bis 100 DM +15 Punkte	100 bis 200 DM +25 Punkte	200 bis 300 DM +35 Punkte	300 bis 400 DM +40 Punkte	Über 400 DM +45 Punkte
# Retouren (kumuliert)	0–1 0 Punkte	2–3 −5 Punkte	4–6 −10 Punkte	7–10 −20 Punkte	11–15 −30 Punkte	Über 15 −40 Punkte
# Anstöße seit letztem Einkauf	Je Hauptkatalog 12 Punkte		Je Sonderkatalog 6 Punkte		Je Mailing 2 Punkte	

(Quelle: *Köhler*, 1998; *Krafft/Albers*, 2000)

Der resultierende Punktwert kann als Anhaltspunkt dienen, wie intensiv der Kunde mit Marketing-Maßnahmen zu bedenken ist. Zudem kann der RFM-Wert im Rahmen der Kundenselektion helfen, inaktive bzw. unattraktive Kundenbeziehungen zu identifizieren und im Rahmen des De-Marketing zu beenden. Insbesondere im → Versandhandel konnte in empirischen Analysen festgestellt werden, dass ein Zusammenhang zwischen diesen Größen und dem Aktivitätsniveau von Kundenbeziehungen besteht. Die Gewichtung der drei Größen erfolgt oft intuitiv, kann aber auch statistisch gestützt werden, indem → Regressionsanalysen (Logistische Regression, → LOGIT-Modell) eingesetzt werden. Das zur Bestimmung von Kundenlebenszeiten eingesetzte NBD/Pareto-Modell stellt eine Weiterentwicklung der RFM-Methode dar. M.Kr.

Literatur: Köhler, R.: Kundenorientiertes Rechnungswesen als Voraussetzung des Kundenbindungsmanagements, in: *Bruhn, M.; Homburg, C.* (Hrsg.): Handbuch Kundenbindungsmanagement. Grundlagen – Konzepte – Erfahrungen, 3. Aufl., Wiesbaden 2001, S. 329-357. *Krafft, M.; Albers, S.:* Ansätze zur Segmentierung von Kunden. Wie geeignet sind herkömmliche Konzepte?, in: Zeitschrift für betriebswirtschaftliche Forschung, 52. Jg. (2000), S. 515 ff.

RGH (Rationalisierungsgemeinschaft des Handels) → EHI

Richtangebot → Angebotsformen

Richtremission → Verlagsmarketing

RISC-Typen → Lebensstilkonzept

Risiken im internationalen Marketing → Auslandsrisiken

Risiko → Kaufrisiko

Risikoanalyse

Die Risikoanalyse (nach Hertz) ist eine auch im Marketing einsetzbare → Planungsmethode, die dann hilfreich eingesetzt werden kann, wenn das Risiko der Alternativen schwer einschätzbar ist, weil mehrere Einflussfaktoren („Umweltbedingungen") mit unterschiedlichen Ausprägungen und Eintrittswahrscheinlichkeiten deren Erfolg bestimmen. Je nach Kombination dieser Faktorausprägungen ergeben sich unter-

Beispiel der Risikoprofile zweier Produkte A und B

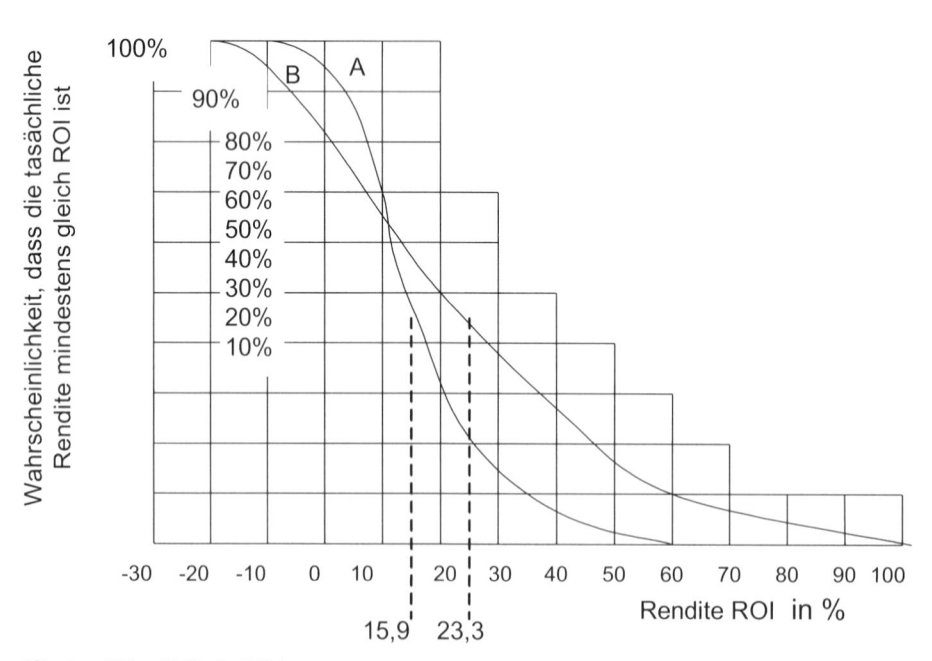

(Quelle: *Diller*, 1998, S. 276)

schiedliche Ergebnisse, die im Rahmen der Risikoanalyse durch vollständige Kombination bzw. → Simulation aller möglichen Kombinationen durchgerechnet und mit entsprechenden Wahrscheinlichkeiten versehen werden. Ordnet man diese Ergebnisse der Größe nach und kumuliert man die entsprechenden Wahrscheinlichkeiten, ergeben sich sog. Risikoprofile (vgl. *Abb.*). Sie lassen Aussagen darüber zu, wie wahrscheinlich ein Ergebnis von mindestens X ausfällt.

Voraussetzungen für die Anwendung des Verfahrens sind ein geeignetes Einflussmodell für die Zielgröße mit voneinander unabhängigen Variablen und diskreten Ausprägungen bekannter Wahrscheinlichkeit bzw. entsprechenden Wahrscheinlichkeitsverteilungen.

Das Verfahren empfiehlt sich insb. für Investitionsentscheidungen im Marketing, wobei auch mehrperiodige Betrachtungen möglich sind. F.B./H.D.

Literatur: *Diller, H.,* Marketingplanung, 2. Aufl. München 1998, S. 267 ff.

Risikopolitik → Marketingrisiken

Road Pricing → Spot Pricing

Road Show → Investor Relations

Robinson-Liste

Ein Eintrag in die Robinson-Liste schützt die Verbraucher weitgehend vor unangeforderten → adressierten Werbesendungen zur Neukundengewinnung. Die Robinson-Liste greift damit *nicht* im Falle bereits bestehender Kundenbeziehungen. 1971 wurde die Robinson-Liste als freiwillige Einrichtung der Werbewirtschaft vom → *Deutschen Direktmarketing Verband e.V. DDV* eingeführt und umfasst derzeit rund 355.000 Einträge, entsprechend etwa 0,4% der Verbraucher (zum Vgl. *USA*: etwa 1,2%; *GB*: etwa 0,65%). Der Eintrag gilt jeweils für 5 Jahre. Die Adressliste (Magnetband) wird vierteljährlich aktualisiert und kostenpflichtig an 60–70% der Mitglieder zum Abgleich ihrer → Adresslisten ausgegeben. Allerdings bietet die Liste keinen Schutz vor → unadressierten Werbesendungen, die durch Verteilorganisationen oder die Post ausgegeben werden. Schutz vor derartigen Direkt-Werbesendungen bieten jedoch entsprechende Briefkastenaufkleber „*Bitte keine Handzettel und Prospekte*". N.G.

Rogers-Skala

weit verbreiteter Itemkatalog zur Ermittlung von → Meinungsführern, bei dem die Befragten im Wege der Selbsteinstufung anzugeben haben, ob und inwieweit sie sich selbst als Meinungsführer sehen. Die Skala basiert auf 6 Fragen mit folgendem Wortlaut:

1. Haben Sie in den vergangenen 6 Monaten mit jemandem über ... gesprochen?
2. Werden Sie im Vergleich zu anderen Leuten Ihres Freundeskreises seltener um einen Rat über ... angesprochen?
3. Wenn Sie sich einmal an Ihr letztes Gespräch über ... erinnern, wurden Sie über Ihre Meinung über ... befragt oder fragte Sie jemand über Ihre Meinung darüber?
4. Wenn Sie mit Ihren Freunden über neue Ideen auf dem Gebiet ... diskutieren, welche Rolle spielen Sie dabei: Hören Sie hauptsächlich zu oder versuchen Sie, Ihre Freunde von Ihren Ideen zu überzeugen?
5. Welche der beiden folgenden Möglichkeiten passiert Ihnen öfter: Sie berichten Ihren Nachbarn über ... oder Ihre Nachbarn berichten Ihnen über ...?
6. Haben Sie das Gefühl, dass Ihre Nachbarn Sie i.a. als einen guten Ratgeber über ... ansehen?

Die auf Basis dieser Fragen ermittelten Punktwerte ergeben eine Verteilung, aufgrund derer man eine Kategorisierung der Meinungsführerschaft vornehmen kann. Zweifelhaft bleibt, ob die Selbsteinstufung das richtige Verfahren der Identifizierung von Meinungsführern ist.

Rohstoff-Marketing

Der Bereich der Rohstoffe umfasst im Rahmen des → Produktgeschäfts die Investitionsgüter (Produktionsgüter) mit dem geringsten Verarbeitungsgrad. Rohstoffe sind Ergebnisse der Urproduktion und können auf zweierlei Weise gewonnen werden. Eine Alternative ist der Abbau bzw. die Förderung von Rohstoffen, die i.d.R. nicht reproduzierbar sind. Um reproduzierbare Rohstoffe – die zweite Alternative – handelt es sich, wenn die Güter durch Anbau gewonnen werden. Von Rohstoffen spricht man allgemein, wenn Ausgangsstoffe für weitere Verarbeitungsstufen ohne weitere Umformungsprozesse erstmals einer wirtschaftlichen Verwendung zugeführt werden. Zu dem großen Bereich der Rohstoffe gehören energieliefernde Rohstoffe, Basisrohstoffe (z.B. Erze) sowie Produkte der Land- und Forstwirtschaft sowie der Fischerei. Von Rohstoffen zu unterscheiden sind *Einsatzstoffe* (→ Einsatzstoffe-Marketing).

Vermarktungsrelevante Eigenschaften von Rohstoffen sind die Homogenität, die standortgebundene Gewinnung / Produktion sowie das oftmals durch die Natur determinierte und kaum beeinflussbare Qualitätsniveau. Qualitätsunterschiede bei der Gewinnung eines Rohstoffs führen zur Bildung unterschiedlicher Qualitätsklassen (Sorten).

Für die Rohstoffvermarktung ist die Frage zentral, ob eine Reproduzierbarkeit des Rohstoffs vorliegt. Ist sie gegeben, so entstehen hinsichtlich Verfügbarmachung und Vermarktung kaum Besonderheiten gegenüber anderen Produktionsgütern. Im Falle fehlender Reproduzierbarkeit ergibt sich sowohl aus Anbieter- als auch aus Nachfragersicht die erhöhte Notwendigkeit der → Rohstoffsicherung. Insbesondere wenn sich Mangellagen abzeichnen, ist es darüber hinaus sinnvoll, eine Erhöhung des Wirkungsgrades sowie eventuell damit verknüpft ein → Recycling von Rohstoffen vorzunehmen. Ein weiteres Problem der durch Abbau bzw. Förderung gewonnenen Rohstoffe stellt die → Kuppelproduktion dar, die sich im Vergleich zur Vermarktung isoliert gewonnener Produkte erheblich schwieriger gestalten kann.

Aus anbieter- und produktbezogener Perspektive ist für das Rohstoffgeschäft eine geringe Elastizität der Angebotsmenge, ein sehr hoher Commodity-Anteil sowie ein stark unterschiedlicher Grad an Anbieterkonzentration innerhalb einzelner Produktkategorien typisch. Im Gegensatz zum Angebot ist die Nachfrage häufig international, was Probleme hinsichtlich der Markttransparenz mit sich bringt. Extreme Nachfrageschwankungen, wie sie insbesondere für das Anlagen- und Systemgeschäft typisch sind, treten bei der Vermarktung von Rohstoffen i.d.R. nicht auf. Die recht kontinuierliche Nachfrage kann allerdings v.a. durch Maßnahmen der Rohstoffsicherung beeinträchtigt werden. Nicht zuletzt aufgrund des hohen Homogenitätsgrades sind die Produkte meist nicht auf einen engen Nachfragerkreis beschränkt, sondern sprechen eine recht heterogene Kundschaft an, wobei der Nachfrageschwerpunkt bei den Einsatzstoffproduzenten verschiedener Branchen liegt.

Der *Austauschprozess* für Rohstoffe kann sehr unterschiedliche Formen annehmen. Einzelne Transaktionen, die nicht selten im Rahmen von Marktveranstaltungen erfolgen, sind von großer Bedeutung. Hierbei nehmen v.a. → Warenbörsen eine zentrale Stellung ein, wobei der Rohstoffabsatz sowohl im → Effektivgeschäft als auch im → Termingeschäft erfolgen kann. Daneben ist auch der Rohstoffhandel (→ Produktionsverbindungshandel) in starkem Maße in die Distribution einbezogen. Neben den Einzeltransaktionen sind die → Rahmenlieferungsverträge zu nennen, die insbesondere im Zuge engerer Verbindungen von Herstellern und Verwendern zunehmend Bedeutung erlangen. Einfluss auf die Austauschbedingungen kann ferner der Staat nehmen, der v.a. im Bereich erschöpfbarer Rohstoffe sowie bei Monoprodukten allzu große Preisschwankungen abzumildern versucht. Die Reglementierungen sind teilweise supranationaler Art.

Charakteristisch für Rohstoffmärkte ist die starke Bedeutung der Wettbewerbsparameter Menge (v.a. nicht regenerierbarer Rohstoffe) und Preis. Der Zeitwettbewerb ist ein Faktor, der zwar schon immer im Rohstoffgeschäft von Bedeutung gewesen ist, dessen Stellenwert in der Gegenwart aber stark zunimmt.

Für die Anbieter von Rohstoffen ergeben sich insbesondere vor dem Hintergrund der Produkt- und Marktcharakteristika, die vielfach zu einer Vereinheitlichung der Absatzpolitik führen, zwei klar voneinander zu unterscheidende Vorgehensweisen. Die erste Möglichkeit ist eine *Branchenmarktstrategie*, die auf einer angepassten Verhaltensweise aller Anbieter einer Produktgattung mit dem Ziel der Vermeidung ruinöser Konkurrenz beruht. Die Maßnahmen der Branchenmarktstrategie müssen sich dabei keineswegs auf mengen-, kontrahierungs- und preispolitische Abstimmungen beschränken. Vielmehr kann versucht werden, für die gegebenen Rohstoffe neue Anwendungsbereiche zu erschließen (z.B. neue Antriebsstoffe für Motoren aus pflanzlichen Rohstoffen). Derartige Maßnahmen sind aufgrund der Homogenität der Produkte von branchenweiter Bedeutung. Bei der Branchenmarktstrategie liegt es nahe, eine Kartellbildung anzunehmen, die gegebenenfalls auf rechtliche Grenzen stößt.

Eine zweite Alternative der Absatzpolitik besteht in einer konsequenten *Differenzierung* vom Angebot der Konkurrenz und beinhaltet im Gegensatz zur Branchenmarktstrategie v.a. einzelbetriebliche Maßnahmen. Hierzu gehören insbesondere die Einführung von *Prozessinnovationen*, durch die über eine günstigere Rohstoffgewinnung ein preislicher Wettbewerbsvorteil erzielbar ist, und sortimentspolitische Maßnahmen. Letztere können in einer Umorientierung vom Commodity- zum Spezialitätenangebot oder in einer Verstärkung umweltfreundlicher Sortimentsteile bestehen und sind vielfach mit Maßnahmen zur Sicherung von Verfügungsrechten (Rohstoffquellen) verknüpft. Zur Unterstützung der Differenzierung eignen sich insbesondere Aktivitäten in den Bereichen Distributions- und Kontrahierungspolitik. W.H.E.

Literatur: *Engelhardt, W.H.; Günter, B.:* Investitionsgütermarketing, Stuttgart 1981.

Rohstoffsicherung

Ganz allgemein dient die Rohstoffsicherung dazu, im Bedarfsfalle eine Beschaffung von Produkten zu gewährleisten. Dieses Problem tritt verschärft im Bereich erschöpfbarer Rohstoffe auf (→ Rohstoff-Marketing). Maßnahmen der Rohstoffsicherung können dabei auf zwei verschiedenen Verwendungsstufen ansetzen. Zum einen hat der Rohstoffhersteller Maßnahmen zur Sicherung und zum Ausbau seiner Produktions- bzw. Gewinnungsmöglichkeiten zu ergreifen. Zum anderen steht der Rohstoffabnehmer vor der Aufgabe, seine Rohstoffbezugsquellen zu sichern, um auf diese Weise Produktionsstockungen zu vermeiden. Hierzu muss der Abnehmer zur Erlangung von Verfügungsrechten aktives Beschaffungsmarketing betreiben. Eventuell kommt es zu einer vertikalen Integration (backward integration). W.H.E.

Literatur: *Engelhardt, W.H.:* Strategien der Rohstoffsicherung. Eine beschaffungspolitische Aufgabe, in: *Clever, P. et al.* (Hrsg.): Ökonomische Theorie und wirtschaftliche Praxis, Herne, Berlin 1981, S. 295-308.

ROI (Return on Investment)

in den USA übliche Bezeichnung für die Gesamtkapitalrentabilität; sie ist definiert als Kapitalgewinn (pagatorischer Gewinn ohne Berücksichtigung von Kapitalausgaben) dividiert durch den Einsatz an Fremd- und Eigenkapital in der jeweils betrachteten Unternehmenseinheit. Der ROI wird in → Kennzahlensystemen oft als oberste Kennzahl herangezogen.

Rolle, soziale

Summe der Verhaltenserwartungen, die an den Inhaber einer sozialen Position (→ *Status, sozialer*) gerichtet sind. Soziale Rollen sind Elemente der *Kultur* einer Gesellschaft bzw. der *Subkultur* ihrer Teile. Ihre Einhaltung wird durch Sanktionen gesteuert, deren Stärke vom Grad der Verbindlichkeit der Rolle abhängt. Die Entstehung von Rollen kann soziobiologisch (Kinder-Eltern, Mann-Frau usw.), psychologisch (z. B: aufgrund von Vorteils-Nachteils-Kalkülen) oder auch rein soziologisch mit kulturellen Idealen erklärt werden. Die Befolgung von sozialen Rollen hat eine Art Arbeitsteilung zur Folge: Der für den Einkommenserwerb verantwortliche Vater, die für den Haushalt sorgende Mutter. Bei → *kollektiven Kaufentscheidungen* hängen Einfluss und Art der Beteiligung der Mitglieder des Kollektivs stark von ihren sozialen Rollen ab. Rollenkonflikte entstehen, wenn an den Träger verschiedener sozialer Rollen nicht zu vereinende Verhaltenserwartungen gestellt werden. Im Zuge kultureller Veränderungen ergibt sich ein allmählicher Rollenwandel, der in den letzten Jahrzehnten starre Rollenschemata aufgebrochen hat, so dass z.B. in Familien der Mittelschicht (→ *Schicht, soziale*) kooperative Entscheidungen und gleichgewichtiger Einfluss der Mitglieder zugenommen haben (→ Wertewandel). E.K.

Roll-out → Markteintritt,
→ Marketing-Implementation

Rorschach-Test

überwiegend in der Persönlichkeitsforschung eingesetzter projektiver → Assoziationstest, bei dem die Testperson schwarzweiße und farbige Tafeln mit Tintenklecksbildern vorgelegt bekommt („*Klecksographietest*"), um diese zu deuten. Die Antworten und sonstigen Besonderheiten werden protokolliert und hieraus auf die Motive bzw. die Persönlichkeit bestimmter Käufertypen geschlossen. H.Bö.

Rosenberg-Modell → Einstellung

Rosenzweig-Test

besondere Form des Satzergänzungstests (→ Wortassoziationstest), bei der Bilder mit Personen vorgelegt werden, in deren Sprechblasen unvollständige Sätze enthalten sind (Bildenttäuschungstest), die von der Testperson zu vervollständigen sind. Je nach Themenstellung handelt es sich um einen Persönlichkeitstest bzw. um einen Test zur Erforschung von Motiven, Einstellungen gegenüber Produkten etc.   H.Bö.

Rotation

Die Lösung einer → Faktorenanalyse ist generell methodenabhängig und führt oft zu einer Faktorladungsmatrix mit einem Generalfaktor, auf dem alle Variablen hoch laden. Eine Rotation dieser Anfangslösung ermöglicht es, ohne Verletzung mathematischer Prinzipien das Koordinatensystem des gemeinsamen Faktorraumes so zu drehen, dass eine besser interpretierbare Lösung, d.h. eine Lösung mit → Einfachstruktur, erreicht wird. Die Rotation erfolgt nach statistischen Kriterien, wobei zwischen rechtwinkliger (orthogonal) und schiefwinkliger (oblique) Rotation unterschieden wird.

Gesucht wird bei der Rotation eine Transformationsmatrix $\underline{T}$, die ein Ausgangsfaktorenmuster $\underline{\Lambda}$ in ein neues $\underline{\Lambda}^R$ überführt. Die Ergebnisse der Rotation sind verfahrensabhängig. Die bekanntesten orthogonalen Rotationsmethoden sind die *Quartimax-Methode*, die zu einer Vereinfachung der Zeilen der Datenmatrix führt. Die *Varimax-Methode* zielt auf eine Vereinfachung der Spalten ab. Die *Procrustes-Rotation* führt eine Transformation in Richtung einer Zielmatrix, z.B. einer → Einfachstruktur durch. Die Anwendung von schiefwinkligen Rotationsverfahren ist an Vorinformation über die Winkel der Faktoren gebunden. Im Rahmen der → Mehrdimensionalen Skalierung beschreibt die Drehung der Dimensionsachsen einen Wahrnehmungsraum um den Nullpunkt. Dies stellt eine zulässige Transformation der Stimuli-Koordinaten dar, da die Distanzen zwischen den im Raum abgebildeten Stimuli unverändert bleiben. Die Rotation wird v. a. zur Erleichterung der Interpretation der Dimensionen des Wahrnehmungsraumes vorgenommen.   L.H.

Rotationsvertretersystem

Verfahren der → Außendienststeuerung, insb. im → Direktvertrieb, bei dem die Außendienstmitarbeiter nicht wie beim → Platzvertretersystem ständig eine bestimmte Verkaufsregion, sondern ständig wechselnde Regionen betreuen. Motive dafür sind, die durch die Persönlichkeit eines bestimmten Verkäufers bedingten Kundenpotentiale zu erschließen und die Motivation der Verkaufsmitarbeiter nicht erlahmen zu lassen.

Routinetransaktion → Geschäftstypen

Royalities → Lizenz

RSU-Analyse → XYZ-Analyse

Rücklaufkontrolle → Datenanalyse

Rücknahmegarantie → Kauf auf Probe, → Preisgarantie

Rücknahmesysteme → Redistribution

Rückrufaktionen

Kauf und Verwendung von Produkten des privaten Konsums können nach der Lebenserfahrung mit unbeabsichtigten Einbußen an Vermögen, Gesundheit und persönlicher Leistungsfähigkeit verbunden sein. Man denke etwa an Unfälle mit elektrischen Geräten, Kinderspielzeugen, Haushaltschemikalien, Heimwerkerausrüstungen etc. Die Möglichkeit dieser Schäden wird als *Konsumrisiko* oder mangelnde *Konsumsicherheit* bezeichnet. Soweit diese Risiken im Produkt oder seiner Darbietung begründet sind, ist enger von *Produktrisiko* oder von mangelnder *Produktsicherheit* zu sprechen. Diese mit einem Produkt verbundenen Risiken sind zunächst *vor* Auslieferung an den Kunden wegen der → Produkthaftung zweckmäßigerweise Gegenstand eines sicherheitsorientierten → *Qualitätsmanagement* (Einbau von Sicherheitseigenschaften, Qualitätskontrollen bei Beschaffung und Fertigung) und der sie begleitenden → *Sicherheitskommunikation* (Sicherheitswerbung, Warnungen, → Gebrauchsanweisungen). Ergebnis ist regelmäßig nicht der Ausschluss jeglicher Risiken, aber wohl jene Produktsicherheit, die zu erwarten der Benutzer berechtigt ist (nach dem Produktfehlerbegriff des Produkthaftungsgesetzes von 1990). Soweit Produktrisiken dem Hersteller erst *nach* der Auslieferung bekannt werden (→ Nachkaufmarketing), stellt sich die Frage einer Rückrufaktion.

Mit *Rückrufaktionen* (*Produktrückrufen*) versuchen Unternehmen, nach Auslieferung an den Kunden die Verfügung über das mit besonderen Risiken behaftete Produkt zwecks Elimination des Risikos zurückzubekommen. Ob die Risikoursachen dann durch Reparaturen abzustellen sind oder das Produkt insgesamt einbehalten oder ausgetauscht wird, ist dabei ebenso von zweitrangiger Bedeutung wie der Umstand, ob ggf. die Reparatur beim Hersteller oder im Zuge eines Außendienstbesuches beim Kunden erfolgt.

Eine Typologie des Produktrückrufs kann mit Transparenz, Freiwilligkeit und Trägerschaft an drei Merkmalen anknüpfen. Nach dem Merkmal der Transparenz werden offene und verdeckte Produktrückrufe unterschieden. Im ersten Fall erfolgt eine öffentliche Aufforderung, die beim Konsumenten keinen Zweifel am Anlass entstehen lässt. Im zweiten Fall eines verdeckten Rückrufs erfolgt die Risikokorrektur ohne Kenntnis des Kunden etwa im Zuge einer so oder so geplanten Wartung in der Firmenwerkstatt oder beim Kunden. Nach dem Merkmal der Freiwilligkeit sind Produktrückrufe aufgrund einer gesetzlichen Rückrufpflicht (in Deutschland etwa für Arzneimittel) von jenen Rückrufen zu unterscheiden, die ohne diesen gesetzlichen Zwang und insoweit „freiwillig" in Ansehung der möglichen Unfallfolgen bei einem Unterlassen des Rückrufs erfolgen. Gemäß dem Merkmal der Trägerschaft lassen sich Rückrufe des Herstellers von jenen des Händlers (etwa im Fall des Importeurs bedeutsam) und vor allem von denjenigen Rückrufen unterscheiden, die durch firmenneutrale Institutionen und ggf. gegen den erklärten Willen des Herstellers erfolgen. Institutionen mit Rückrufrechten sind z.B. das Bundesgesundheitsamt in Deutschland und vor allem die Consumer Product Safety Commission in den USA.

Über Rückrufaktionen existieren in Deutschland, aber auch in den meisten anderen Ländern, keine zuverlässigen Statistiken. Aus der Beobachtung offener Rückrufaktionen ist der Eindruck zu gewinnen, dass sowohl hinsichtlich der Mängel der zurückgerufenen Artikel als auch hinsichtlich der Anzahl der Rückrufe die Automobilindustrie und deren Zulieferer führen. In der Vergangenheit sind daneben Pharmazeutika, elektrische Haushaltsgeräte und Lebensmittel von Rückrufaktionen schwerpunktmäßig betroffen gewesen. In einigen Fällen ergab sich für Lebensmittel und Arzneien mit der vorsätzlichen Vergiftung von Einzelstücken (z.B. zwecks Erpressung des Herstellers) ein völlig neuartiger Grund für den Produktrückruf.

Die Entscheidung, ob ein Produktrückruf im Einzelfall durchzuführen oder aber zu unterlassen sei, wird in doppelter Hinsicht kontrovers diskutiert. Zum einen sind die Argumente für und gegen einen Rückruf i.d.R. außerordentlich schwer auszumachen oder gar zu quantifizieren. Dabei sind die Kosten eines durchgeführten Rückrufs (Publizität, Überprüfung, Ersatzteile) noch am einfachsten abzuschätzen und auch begrenzt in eine Haftpflichtversicherung einzubeziehen. Die Ausgaben infolge einer unterlassenen Rückrufaktion werden als Schadensanfall und in Form von Unfallzahlen bedeutsam, die nicht nur wegen der Möglichkeit einer Haftungsabwehr außerordentlich schwierig zu prognostizieren sind (s.a. → Krisen-Kommunikation). Die Auswirkungen der Schadenspublizität einerseits oder des Rückrufs andererseits auf den Firmenruf und den Marktwert der Unternehmung sind schließlich, wenn überhaupt, nur mit großen Unsicherheiten abzuschätzen. Dabei steht zu vermuten, dass etwa der Bekanntheitsgrad des Herstellers, seine bisherige Rückruf- und Produktsicherheitsbilanz, die Zeitspanne zwischen erstem Schadensanfall und Rückruf sowie die Freiwilligkeit der Aktion bedeutsame Einflussfaktoren darstellen. Zuverlässige empirische Ergebnisse für die Rückrufwirkungen auf den Firmenruf liegen bislang nicht vor. Eine Produkthaftungsrückstellung in Handels- und Steuerbilanz ist zudem allein für tatsächliche Ausgaben durch Haftung oder Haftungsvorsorge diskutabel.

Zum anderen aber und vor allem wird gegen ein Rückrufkalkül zuweilen geltend gemacht, die Abwägung von Vorteilen und Nachteilen durch den Hersteller verstoße angesichts der Möglichkeit schwerster Unfälle bei Unterlassung eines Rückrufs gegen fundamentale ethische Grundsätze. Das Kalkül im Ergebnis von der subjektiven Risikoeinstellung und den Prognosen eines Disponenten in der Herstellerfirma abhängen zu lassen, ist für Vertreter dieser Ansicht nicht akzeptabel und führt zur Forderung einer gesetzlichen Rückrufpflicht. Eine solche Pflicht schlösse indessen, wie alle Erfahrungen zeigen, pflichtwidriges Verhalten ebenfalls nicht aus. D.St.

Literatur: *Standop, D.:* Die Nebenwirkungen von Produktrückrufen. Ansätze der empirischen Analyse, in: *Albach, H.; Delfmann, W.:* Dynamik und Risikofreude in der Unternehmensführung, Wiesbaden 1995, S. 71–94. *Bodewig, T.:* Der Rückruf fehlerhafter Produkte, Tübingen 1999. *Smith, N.C.; Thomas, R.J.; Quelch, J.A.:* A Strategic Approach to Managing Product Recalls, in: Harvard Business Review, September-October 1996, S. 2–112.

Rücktrittsrecht → Direktvertrieb, → Fernabsatz

Rückwärtsintegration
→ Wachstumsstrategie

Rückzugsstrategie
Die Rückzugsstrategie umschreibt eine Strategie, die den langsamen, geplanten Rückzug aus einem Markt ermöglichen soll. Ziel einer solchen Strategie muss es sein, die Handlungsflexibilität zu erhöhen und die → Marktaustrittsbarrieren zu senken, um den späteren Austritt leichter vollziehen zu können. Maßnahmen im Rahmen einer Rückzugsstrategie können der Übergang von Eigenfertigung auf Fremdbezug in der Produktion oder die Übertragung der Verkaufsorganisation und des Kundendienstes auf Dritte sein.

Rufschädigung
Die Beeinträchtigung oder Schädigung des guten Rufes einer Ware, der vom Hersteller für diese Ware und zu deren Absatzförderung geschaffen worden ist, kann unter verschiedenen Aspekten wettbewerbsrechtlich von Bedeutung sein. Wer eine Ware, die er unter → Nachahmung einer fremden Ware hergestellt hat, in herkunftstäuschender Weise vertreibt, schädigt den Ruf der Originalware, wenn das nachgeahmte Erzeugnis Mängel aufweist oder von schlechterer Qualität ist. Die Rufschädigung erfolgt durch eine wettbewerbswidrige Behinderung des Herstellers der Originalware im Absatz (→ Behinderungswettbewerb).
Wenn eine bekannte Ware durch einen Niedrigpreisverkäufer verramscht oder verschleudert wird, kann auch dadurch der Ruf gefährdet sein, z.B. weil der Verbraucher auf eine Qualitätsverschlechterung schließt und das Ansehen des Herstellers, insb. beim Fachhandel, beeinträchtigt wird. Ausgehend von der grundsätzlich bestehenden Preisgestaltungsfreiheit unterstellt die Rechtsprechung bei Niedrigpreis-Aktionen nicht eine derartige Rufschädigung, sondern verlangt, dass diese nachgewiesen wird. Dazu reicht nicht aus, dass sich der Händler nicht den Preisvorstellungen des Herstellers anschließt, die nach dessen Vertriebskonzept notwendig sind, um den Ruf und den Absatzerfolg der Ware als Spitzenerzeugnis mit Prestigewert sicherzustellen. Das gilt auch, wenn der Hersteller von hochpreisigen Konsumgütern die Strategie verfolgt, die Ware im oberen Preissegment anzusiedeln, und durch → Selektivvertrieb oder andere Maßnahmen erreichen will, das Image des hochpreisigen Erzeugnisses zu pflegen. Wird ein solches Produkt nicht nur vereinzelt unter Einkaufspreis angeboten, so kann unter verschiedenen Gesichtspunkten (Unruhe im Handel, Imageverlust bei der Kundschaft) der Ruf leiden. Die Rechtsprechung will den guten Ruf eines Markenartikelherstellers und seiner Produkte durchaus als schützenswertes Rechtsgut anerkennen. Den Nachweis einer Rufschädigung hat die Rechtsprechung in derartigen Fällen wegen fehlenden konkreten Sachvortrages bisher nicht als geführt angesehen. H.-J.Bu.

Rules-Based System
→ Information Filtering

S

Sachleistungsprinzip

Abrechnungsprinzip im → Medizin-Marketing. Im Gegensatz zum → Erstattungsprinzip rechnen hier die gesetzlichen Krankenkassen direkt mit den Ärzten ab, die Patienten erhalten keine Rechnung und erfahren deshalb auch nicht, wie viel eine Behandlung gekostet hat. Die privaten Krankenkassen rechnen im Fall stationärer Behandlung die Pflegesätze direkt mit den Kliniken ab. Über die ärztlichen Leistungen erhält der Patient eine Rechnung, die er dann bei seiner Kasse zur Erstattung einreicht.

Sachziel

im Gegensatz zu → Formalzielen sind Sachziele spezielle Handlungsanweisungen zur Erreichung bestimmter Sachleistungen, die sich nicht definitionslogisch, sondern nur empirisch aus Oberzielen ableiten bzw. in Unterziele aufgliedern lassen (→ Marketingziele).

Saisonsortiment

Die Artikel eines Saisonsortiments werden nur zu bestimmten Zeiten im Jahr über einen begrenzten Zeitraum geführt. Die Saison kann sich aus den Produktionsbedingungen (Saison = Erntezeit) oder aus der Jahreszeit (Saison hängt vom Wetter oder von hohen Festtagen ab) ergeben.

Saisonverfahren

spezielle Gruppe von → Prognoseverfahren, die in besonderer Weise auf zyklische Schwankungen einer Zeitreihe, die durch saisonale Faktoren verursacht werden, zugeschnitten sind. Schwankungen im Jahresverlauf treten z.B. bei Speiseeis, Bier, Erfrischungsgetränken, Heizöl oder solchen Produkten auf, die ein besonderes Weihnachtsgeschäft haben. Zeitreihen mit diesen zyklischen Schwankungen heißen saisonbehaftete Zeitreihen, für deren Analyse zwei Gruppen von Prognoseverfahren entwickelt wurden:
(1) *Saisonbereinigungsverfahren* auf der Grundlage → gleitender Durchschnitte oder der → exponentiellen Glättung. Hierzu gehören das ursprüngliche *Bundesbankverfahren*, die *Census-Methode* II sowie das → *Winters-Verfahren*. Diese Methoden ermitteln einen gleitenden Durchschnitt mit der Länge eines vollständigen Saisonzyklus. Anschließend wird für jede Teilperiode (Monat, Quartal) ein Saisonindex als Quotient aus dem Zeitreihenwert dieser Teilperiode und dem gleitenden Durchschnitt berechnet und die Zeitreihe damit „saisonbereinigt".
(2) Verfahren, die die Saisonkomponente durch *Sinus-Funktionen* abbilden: Die bekanntesten Verfahren dieser Gruppe sind das *Berliner Verfahren* und die → *Spektralanalyse*, die mit Hilfe einer Fourier-Transformation die vorliegende Zeitreihe aus dem Zeitbereich in den Frequenzbereich überführt. Dadurch lassen sich verschiedene, sich gegenseitig überlappende Saisonzyklen identifizieren und deren Zykluslängen feststellen. Allerdings ist der mathematische Aufwand der Spektralanalyse erheblich und rechtfertigt bei einfachen Saisonverläufen nur selten ihre Anwendung. K.-W.H.

Sales Commercial

Mittel der → Werbung, das sich der Ladenfunkanlagen des Handels bedient. Im Gegensatz zur Schnelldurchsage des Filialleiters enthalten Sales Commercial-Spots Produktwerbung der Markenartikelindustrie ohne Preisangabe und ohne die Verpflichtung, die beworbenen Produkte im Verkaufsraum einer Zweitplazierung zu unterwerfen. Sales Commercials sind also unabhängig von (Preis-)Aktionen bzw. Promotions. Der Handel stellt hier seine Ladenfunkanlage Herstellern gegen ein gewisses Entgelt für deren Werbung zur Verfügung.

Sales Folder

optisch möglichst attraktive und funktional richtig gestaltete schriftliche Unterlage, anhand derer ein Außendienstmitarbeiter seinen Kunden im Rahmen des → Persönlichen Verkaufs an die jeweiligen Gesprächsthemen heranführt. Der Sales Folder verbleibt nach Beendigung des Verkaufsgesprächs meist beim Kunden und dient dort

Sales Promotion

als Informationsträger (z.B. in einem Einkaufsgremium des Lebensmittelhandels, vor dem der Außendienstmitarbeiter häufig nicht direkt präsentieren kann). Oft enthält ein Sales Folder auch Informationen über vom Hersteller geplante Aktionen der → Verkaufsförderung.

Sales Promotion → Verkaufsförderung

Sales Services Agenturen
→ Contract Sales Forces

Sammelbestellersystem
Neben dem Vertreterversandhandel eine Form der Kontaktanbahnung des → Versandhandels mit starkem persönlichen Charakter und Ähnlichkeit zum → Direktvertrieb. Sammelbesteller sind Kunden eines Versandhauses, die potentielle Kunden in ihrem Bekanntenkreis akquirieren und diesen, ähnlich wie ein Verkäufer im stationären Handel, auch Produkte anhand des → Kataloges vorstellen. Sie übernehmen daran anschließend die Bestellung für den Kunden, die Warenverteilung und das Inkasso. Als Gegenleistung erhalten die Sammelbesteller einen gewissen Prozentsatz vom Warenbestellwert (bei *Quelle* 5 %). Sammelbesteller werden bei Großversendern von eigenen Bezirksleitern betreut und geführt. Z.T. wird das Sammelbestellersystem durch sog. Betreuungszentren mit Datenanschluss an die zentrale EDV des Stammhauses ergänzt. Die Umsatzquote, die bei Quelle durch Sammelbesteller im Jahr 2000 getätigt wurde, betrug Unternehmensangaben zufolge rund 20%. W.M.

Sammelbewertung
→ Kostenwerte in der Preiskalkulation

Sammelwerbung → Werbung

Sample → Stichprobe

Sample point
kleinste Einheit einer → Stichprobe.

Sampling → Warenproben

Sampson-/Snape-Box
→ Dienstleistungs-Marketing, interkulturelles

SAS (Statistisches Analysesystem)
SAS ist eine höhere Programmiersprache mit dateiverwaltenden, statistischen, mathematischen und graphischen Funktionen. Der Schwerpunkt des Programmpaketes liegt auf der → Datenanalyse und deren graphischen Darstellung. Der Name stand anfangs als Abkürzung für *Statistical Analysis System*, inzwischen ist SAS mehr als ein reines Statistik-Paket, es lässt sich eher als ein Information Delivery System bezeichnen. Es gibt Module zur interaktiven Analyse und Visualisierung von Daten, zur Entwicklung eines Führungs-Informationssystems, zum Erstellen von Menü-Oberflächen sowie für die Bereiche Operations Research und statistische Qualitätskontrolle.
SAS ist weltweit der größte Anbieter einer integrierten → Data Warehouse-Lösung, die die Basis für Information Delivery und Business-Intelligence-Lösungen bildet. Neunzig der hundert größten deutschen Unternehmen setzen SAS® Software ein, um ihre unternehmensweit verteilten Datenmengen in einem System zu integrieren und daraus Wissen zu generieren.
Anschrift: *SAS Institute GmbH, In der Neckarhelle 162, 69118 Heidelberg; E-mail:* info@ger.sas.com, http://www.sas.com.
S.S.

Sättigungsabsatz → Preis-Absatzfunktion

Saturiertes Modell
allgemeines lineares Modell in der → Kontingenz- oder → Varianzanalyse zur Schätzung von Effekten. Es erfasst alle möglichen Einzel- und Wechselwirkungseffekte in einem Design.

Satzergänzungstests
im Rahmen der Motivforschung angewendete projektive Befragungsverfahren, die auf dem Prinzip der Assoziation beruhen. Der Auskunftsperson werden mit dem zu untersuchenden Objekt inhaltlich verbundene Teilsätze vorgelegt, die sie spontan, also unter Zeitdruck, zu vervollständigen hat. Durch diese Art der indirekten Befragung sollen Aussagen über Vorstellungen, Meinungen oder Einstellungen zum Untersuchungsgegenstand gewonnen werden, die bei einer direkten Befragung z.B. aufgrund von Antworttendenzen in Richtung sozialer Erwünschtheit oder aufgrund einer stär-

keren kognitiven Kontrolle der Antworten nicht verbalisiert werden. (s.a. → Markttests)   W.L.

SB-Center

nach der ursprünglichen Begriffsdefinition des ISB-Instituts für Selbstbedienung und Warenwirtschaft (DHI-Deutsches Handelsinstitut, Köln) → Betriebsform des → stationären → Einzelhandels, die überwiegend in → Selbstbedienung Güter des kurz- und mittelfristigen Bedarfs anbietet, wobei nicht mehr als 50% der Verkaufsraumfläche auf den Lebensmittelbereich entfallen. SB-Center verfügen über 1.500 und mehr qm Verkaufsfläche, über Service-Betriebe sowie in der Regel über Kundenparkplätze.

Seit einigen Jahren verzichtet das (aus dem ISB bzw. DHI hervorgegangene) EHI-EuroHandelsinstitut Köln, auf den Begriff „SB-Center" und erfasst die entsprechenden strukturgleichen Einzelhandelsbetriebe als → Verbrauchermärkte (abweichend hiervon → SB-Laden, → SB-Markt, → SB-Warenhaus).   H.-J.Ge.

SB-Großhandel

→ Selbstbedienungsgroßhandel

SB-Laden

Sammelbegriff für → Betriebsformen des → stationären → Einzelhandels, für die das Prinzip der → Selbstbedienung (SB) durch den Kunden gilt; von größter Bedeutung für den institutionellen Lebensmitteleinzelhandel, dessen Gesamtumsatz 1998 in Deutschland fast ausschließlich in SB erzielt wurde (vgl. Tab. 1), während der entsprechende Anteil bei den Ladengeschäften des Einzelhandels insgesamt 1992 bei knapp 50 % lag (Handels- und Gaststättenzählung 1993, vgl. Tab. 2).

Als SB-Läden werden mitunter nur jene Einzelhandelsgeschäfte bezeichnet, die auf vergleichsweise geringer Verkaufsfläche (unter 200 qm) ausschließlich Lebensmittel – wenn auch häufig kein Vollsortiment – in SB anbieten; so z.B. im Rahmen der Erhebungen des EHI-EuroHandelsinstituts, Köln, die „SB-Läden" in Abgrenzung zu den angebots- und flächenmäßig größer dimensionierten Betriebsformen → SB-Markt, → Supermarkt, → SB-Center, → Verbrauchermarkt, → SB-Warenhaus und → Diskontgeschäft (vgl. Tab. 3).   H.-J.Ge.

SB-Markt

→ Betriebform des → stationären → Einzelhandels, die nach allgemeinem Verständnis ein vergleichsweise breites Sortiment an Nahrungs- und Genussmitteln sowie ergänzend Artikel anderer Branchen (Non-Food) überwiegend in → Selbstbedienung anbietet. Demgegenüber begrenzt das EuroHandelsinstitut Köln, im Rahmen seiner Strukturuntersuchungen den Typ des SB-Marktes auf jene Lebensmitteleinzelhandelsgeschäfte, die über eine Verkaufsfläche von 200 – 400 qm verfügen und auch vom Angebot her im Verhältnis zum (Lebensmittel-) → SB-Laden und → Supermarkt eine Zwischenstellung einnehmen.   H.-J.Ge.

SB-Warenhaus

großflächige → Betriebsform des → stationären → Einzelhandels, die nach allgemeinem Begriffsverständnis der Handelspraxis an autokundenorientierten Standorten außerhalb der Innenstädte ein warenhausähnliches Sortiment für den kurz-, mittel- und langfristigen Bedarf einschl. Nahrungs- und Genussmittel überwiegend in → Selbstbedienung anbietet. SB-Warenhäuser verfügen i.d.R. über Mindestverkaufsflächen um 4.000 qm, wobei der gewählte Schwellenwert im Rahmen von Strukturuntersuchungen der berichtenden Institute jeweils differieren kann (vgl. Statistisches Bundesamt,

Tab. 1: Lebensmittelgeschäfte in Deutschland nach Bedienungsform

Bedienungs- form[1])	Anzahl abs.	1.1.1999[2]) %	Verkaufsfläche Mio. qm	1.1.1999[2]) %	Umsatz Mrd. DM	1998[2]) %
SB-Geschäfte	62.147	85,7	24,08	98,0	220,7	98,9
Bedienungsläden	10.350	14,3	0,50	2,0	2,4	1,1
Insgesamt	72.497	100	24,58	100	223,1	100

[1]) Ohne Spezialgeschäfte und nicht organisierten Lebensmitteleinzelhandel;   [2]) vorläufige Zahlen
(Quelle: EHI-EuroHandelsinstitut, Köln)

SB-Warenhaus

Tab. 2: Ladengeschäfte des Einzelhandels und Umsatz nach Größenklassen der Verkaufsfläche und Bedienungsform in Deutschland

Verkaufsfläche/ Bedienungsform	Ladengeschäfte[1] %	Verkaufsfläche[1] %	Umsatz[2] %
unter 100 qm			
Selbstbedienung	7,2	1,8	2,1
Herkömmliche Bedienung	59,0	12,2	20,2
100–400 qm			
Selbstbedienung	7,8	7,4	8,3
Herkömmliche Bedienung	15,8	12,0	12,6
400–1000 qm			
Selbstbedienung	4,3	11,9	14,7
Herkömmliche Bedienung	2,5	6,8	5,0
1000–3000 qm			
Selbstbedienung	1,3	9,7	9,4
Herkömmliche Bedienung	1,2	8,5	5,1
3000 und mehr qm			
Selbstbedienung	0,6	17,0	15,1
Herkömmliche Bedienung	0,4	12,7	7,5
Ladengeschäfte zusammen			
Selbstbedienung	21,1	47,8	40,6
Herkömmliche Bedienung	78,9	52,2	50,4
Zusammen (abs.)	401.287	87,3 Mio. qm	596,0 Mrd. DM

[1] Stichtag: 30.04.1993; [2] Einschl. Umsatzsteuer; Geschäfts- oder Kalenderjahr 1992
(Quelle: *Statistisches Bundesamt*, Wiesbaden (Handels- und Gaststättenzählung 1993))

Tab. 3: Lebensmittel-SB-Geschäfte in Deutschland nach Betriebsformen am 01.01.1999

Betriebsformen	Anzahl absolut	%	Verkaufsfläche Tsd. Qm	%
SB-Läden, SB-Märkte	37.600	60,5	7.050	29,3
Discounter	13.135	21,1	5.550	23,0
Supermärkte	9.134	14,7	6.760	28,1
Verbrauchermärkte	1.630	2,8	2.530	10,5
SB-Warenhäuser	648	1,1	2.190	9,1
Insgesamt	62.147	100,0	24.080	100,0

(Quelle: *EHI – EuroHandelsinstitut*, Köln)

Wiesbaden: 3.000 qm; EHI-EuroHandelsinstitut, Köln: 5.000 qm; vgl. SB-Warenhaus-*Tab. 1*)

Im Gegensatz zum sortimentspolitischen Schwerpunkt des (Lebensmittel-) → SB-Ladens, (Lebensmittel-) → SB-Marktes und → Supermarktes stehen bei den SB-Warenhäusern die Sortimente anderer Bedarfsgruppen sowie das Serviceangebot (einschließlich weiträumiger Kundenparkplätze) im Vordergrund. Hauptkriterium ist mithin das (vergleichsweise breite) Sortiment und die damit korrespondierende (vergleichsweise ausgedehnte) Verkaufsfläche, nicht aber der Preis.

Im Jahresbetriebsvergleich 1997 des EHI belegten Lebensmittel 51% der durchschnittlich 7087 qm Verkaufsfläche, die restliche Fläche war somit den Non-Food-Produkten vorbehalten. Allerdings waren Lebensmittel für 72% des durchschnittlichen Umsatzes eines SB-Warenhauses ver-

Tab. 1: Zahl und Gesamtverkaufsfläche der Verbrauchermärkte und SB-Warenhäuser in Deutschland nach Größenklassen am 01.01.2000

Grössenklasse (qm Verkaufsfläche)	Anzahl der Objekte			Verkaufsfläche		
	absolut	in %	Veränderung zum Vorjahr in %	Tsd. qm	in %	Veränderung zum Vorjahr in %
1.500 – 2.499	865	36,2	+3,7	1.629	16,7	+4,2
2.500 – 3.999	578	24,5	+4,5	1.827	18,7	+4,5
4.000 – 4.999	248	10,5	–1,6	1.109	11,3	–1,9
Verbrauchermärkte 1.500 – 4.999 insgesamt	1.682	71,2	+3,2	4.565	46,7	+2,7
5.000 – 6.999	377	16,0	+4,1	2.203	22,6	+4,2
7.000 – 9.999	197	8,3	+8,2	1.582	16,2	+7,9
10.000 und mehr	107	4,5	+2,9	1.419	14,5	+3,8
SB-Warenhäuser ab 5.000 qm insgesamt	681	28,8	+5,1	5.204	53,3	+5,2
Gesamt	2.363	100,0	+3,7	9.769	100,0	+4,0

(Quelle: *EHI-EuroHandelsinstitut*, Köln)

antwortlich. Dieser wurde mit 54 Mio. DM beziffert, wobei ein durchschnittliche Einkaufsbetrag von 48,14 DM ermittelt wurde. Gemäß der vom EHI ausgewiesenen Kostenkennziffern betragen die in SB-Warenhäusern entstehenden Gesamtkosten 19,3 % vom Umsatz. Personalkosten schlagen mit 9,2 % vom Umsatz als größter Einzelposten zu Buche.
Die Entwicklung der großflächigen SB-Märkte (SB-Warenhäuser einschl. → Verbrauchermärkte) war in der jüngeren Vergangenheit stets von Marktanteilsgewinnen geprägt (vgl. → Angebotstypen im Einzelhandel, *Tab.* und → Verbrauchermarkt, *Tab.*), wobei die durchschnittliche Verkaufsfläche der Objekte (v.a. aufgrund einer verstärkt nach Shop-Zonen gegliederten Warenpräsentation bzw. nachlassenden Akzeptanz entsprechend überdimensionierter Verkaufsstätten) tendenziell rückläufig ist (vgl. SB-Warenhaus-*Tab. 2*).
Führende Betreiber sind in Deutschland (gemessen am Anteil an der Gesamtzahl / Gesamtverkaufsfläche der Objekte, Stichtag 01.01.1999) die speziellen SB-Warenhausunternehmen (35,6 % / 53,6 %), gefolgt von den Einkaufsgenossenschaften (21,6 % / 16,3 %), den → Filialunternehmen (21,6 % / 15,0 %) und den → Freiwilligen Ketten (17,6 % / 12,4 %). Innerhalb der SB-Warenhausunternehmen und insgesamt nimmt die *Metro-Gruppe* mit ihren 488 Häusern und 2,34 Mio. qm Verkaufsfläche (gefolgt von

Tab. 2: Entwicklung der Anzahl und Verkaufsfläche der Verbrauchermärkte und SB-Warenhäuser in Deutschland (*)

Jahr (Stichtag 1.1.)	Anzahl	Verkaufsfläche in Mio. qm	⌀ Verkaufsfläche in qm
1966	54	0,24	4.440
1970	430	1,78	4.140
1975	863	4,13	4.790
1980	1.323	5,76	4.350
1985	1.522	6,53	4.290
1990	1.656	7,45	4.500
1995	2.038	8,67	4.254
2000	2.363	9,77	4.134

*) Ab 1991 einschl. neue Bundesländer
(Quelle: *EHI-EuroHandelsinstitut*, Köln)

Lidl & Schwarz mit 247 Häusern und 1,16 Mio. qm Verkaufsfläche) die Spitzenposition ein (Stichtag: 01.01.2000; Quelle: EHI-EuroHandelsinstitut, Köln). H.-J.Ge.

Scanner

→ Datenerfassungssysteme (Lesegeräte) für Verkäufe auf der Basis elektronischer Kassenterminals (Datenkassen). Scanner ermöglichen eine artikelspezifische Erfassung am Verkaufspunkt (Point-of-Purchase) und damit ein integriertes → Warenwirtschaftssystem im Handel.
Grundlage des Scanning bilden → Artikelnummerierungssysteme. Die Artikelnummern werden i.d.R. bereits vom Hersteller auf den Produkten angebracht (Source Marking). Das Lesen und Registrieren an der Kassenstelle (Check-out) kann dann wie folgt ablaufen: Während die mit speziellen Strichcode-Etiketten (Barcodes), z.B. EAN-Etiketten, ausgezeichneten Waren über ein Sichtfenster im Kassentisch geschoben werden, tasten ein oder mehrere Laserstrahlen die auf dem Etikett verschlüsselten Informationen (Artikelnummern) ab. Den so identifizierten Artikeln werden im → *Price-look-up-Verfahren* die im angeschlossenen Rechner gespeicherten Preise zugeordnet. Scanner lassen sich hinsichtlich mehrerer Kriterien differenzieren:

(1) automatische oder manuelle Handhabung,
(2) stationäre oder mobile Scanner,
(3) Art des Abtastens des Barcodes (z.B. Feststrahlscanner, Scanner mit beweglichem Strahl, Fächer- oder Schwingspiegelscanner),
(4) Ein- oder Mehrstrahlscanner (Rasterscanner).

Durch Weiterentwicklungen der Scanner-Technologien in Form von Tunnelscannern oder tragbaren Scannergeräten kommt eine weitere Nutzendimension im Hinblick auf verbesserten Kundenservice hinzu. Kunden können zum einen ihre Produkte im Laden selbst scannen sowie im nächsten Schritt über ein entsprechendes Lesegerät in ihrer Wohnung automatisch Produkte nachbestellen durch das Scannen leerer Verpackungen.

Scanning eröffnet Handelsunternehmen und Konsumgüterherstellern sowie Marktforschungsinstituten zahlreiche neue Perspektiven. Herauszustellen sind zunächst die Möglichkeiten einer *artikelweisen* → *Deckungsbeitragsrechnung* im Handel (→ Direkte Produkt-Rentabilität) und einer *kurzfristigen Erfolgsrechnung*. Die so gewonnenen Deckungsbeitrags-Informationen bilden dann die Grundlage sortimentspolitischer Entscheidungen (→ Handels-Controlling). Die artikelspezifische Verkaufsdatenerfassung unterstützt weiterhin die Anwendung von computergestützten → *Warenwirtschafts-* oder → *Quick Response-Systemen* auf Basis von → Electronic Data Interchange, desweiteren die sonstige Steuerung *logistischer Prozesse* (z.B. in Filialbetrieben mit Zentrallager) oder die Unterstützung der *Personaleinsatzplanung*. Höherwertige Datenanalysen ermöglichen das Aufdecken von Strukturen, die für das → Handelsmarketing von Bedeutung sind, insbesondere:

– Sortimentsverbundanalysen und
– Wirkungsanalysen, bezogen auf Preisvariationen, Sonderangebote, Werbeaktivitäten, Platzierungsänderungen u.Ä.

Des Weiteren wurden die Voraussetzungen für *Kunden-Segmentierungsanalysen* geschaffen, z.B. bei Abrechnung an der Kasse über Kundenkarten oder Kreditkarten, die wiederum eine segmentspezifische Mediaplanung im Handel ermöglichen.
Auch für die Hersteller bilden Scanning-Daten wertvolle Entscheidungshilfen, z.B. für die Produktionssteuerung sowie die Steuerung logistischer Prozesse auf der Basis der Abverkäufe und der Lagerbestände der Abnehmer, d.h. des Handels (→ ECR). Die Verkaufsdatenerfassung ermöglicht differenzierte Distributionsanalysen und höherwertige Wirkungsanalysen bezogen auf einzelne Marketinginstrumente. Scanning ist zugleich die Grundlage für Systeme der Marktdatenkommunikation (→ MADA-KOM). Für die Markforschungsinstitute bieten sich die Möglichkeiten zum Aufbau elektronischer Verbraucher- und Handelspanels (→ Scanner-Panels). J.Z.

Scanner-Panel

mit → Scannern betriebenes → Handels- oder → Verbraucherpanel (→ Inhome-Scanning), das voraussetzt, dass jeder Artikel eine eindeutig identifizierbare Kennzeichnung trägt (Ursprungsland, Herstellername, Packungsgröße, Duftnote etc.), was durch die europäische Artikelnummerierung (EAN-Code) bei inzwischen mehr als 95 % aller Artikel im deutschen Lebensmitteleinzelhandel (LEH) der Fall ist. Mit der Installation von Scanner-Kassen, die in der Lage sind, den EAN-Code zu erfassen, können die Preis-Mengen-Angaben pro Kaufakt festgehalten und die Preise müssen nicht als Durchschnittswerte errechnet werden. Zusätzlich zu den über den Scanner gewonnenen Preis- und Mengeninformationen, die i.d.R. wöchentlich, teilweise auch täglich, bei den Instituten eingehen, werden Aktivitäten (Promotion, Sonderplatzierungen etc.) in den Märkten erfasst, so dass der Einfluss unterschiedlicher Aktionsformen überprüft werden kann. Diese parallele Erfassung ermöglicht ferner die Differenzierung zwischen Normal- und Aktionspreisen sowie umfangreiche Preisanalysen. Bedingt durch technische Weiterentwicklungen und durch den Verfall der Hardware-Preise ist der Einsatz von Scanner-Kassen auf Dauer für Handelsbetriebe wirtschaftlich sinnvoll. So wurde im Handelspanel in den letzten Jahren die Inventurmethode zunehmend durch die elektronische Erfassung über die Scanner-Kasse und den Datenträgeraustausch mit den Handelszentralen ganz oder teilweise ersetzt.

Die Hauptvorteile des Scannerpanels gegenüber dem herkömmlichen Handelspanel sind:
- der Wegfall der personal- und daher kostenintensiven Bestandserhebungen in den Stichprobengeschäften,
- die höhere Genauigkeit der Daten durch direkte Erfassung am Point of Sale (z.B. Erfassung des tatsächlich bezahlten Abverkaufspreises, nicht des zweimonatlichen Durchschnittspreises),
- die schnellere Verfügbarkeit der Daten und somit größere Aktualität (z.B. Eingriffsmöglichkeiten in lfd. Aktionen),
- eine beliebige Detaillierung bis auf Tageswerte,
- die Möglichkeit der Erfassung kausaler Zusammenhänge zwischen Marketingmaßnahmen (Preiserhebungen, Verkaufsförderunsaktionen etc.) und Abverkäufen und
- durch den täglichen oder wöchentlichen Abruf der Daten mittels Datenfernübertragung oder durch Datenträgeraustausch von Magnetbändern erhält man längere Zeitreihen und damit optimale Grundlagen für statistisch hochwertige quantitative Analysen.

Bekannte Scanner-Panel sind z.B. InfoScan (GfK) und Scantrack Services (ACNielsen). Darüber hinaus können Scannerdaten bei der → MADAKOM GmbH bezogen werden. S.S.

Literatur: *Günther, M.; Vossbein, U.; Wildner, R.:* Marktforschung mit Panels, Wiesbaden 1998.

Scanner-Testmarkt

Als Scanner-Testmarkt bezeichnet man jene Testmärkte, bei denen die Datenerfassung (Abverkäufe, Bestände) mit → Scannerkassen erfolgt, sodass in Handelspanels die zeitaufwendige Erfassung der Abverkäufe durch Inventur entfällt. Wird die Wirkung experimenteller Maßnahmen in → Haushaltspanels erfasst, so erhält jeder Panelteilnehmer eine Identitätskarte, die er beim Einkauf vorlegt. Auf diese Weise kann das Kaufverhalten der einzelnen Haushalte erfasst werden, ohne dass sie lange Einkaufslisten führen und diese dem Marktforschungsinstitut zusenden müssen (→ Scanner-Panel, → Behavior Scan). H.Bö.

Scanning, strategisches
→ Frühwarnsysteme

Schallfolie

Sonderinsertionsform in Zeitschriften, mit der Wort- und Musikbotschaften auch im Rahmen der Zeitschriftenwerbung ermöglicht wird. Dabei werden entsprechende Werbespots auf Schallfolien gebracht und in Zeitschriften eingeklebt.

Scharnierwerbeblock

Bezeichnung für einen Werbeblock, der – im Gegensatz zur → Unterbrecherwerbung – zwischen dem Ende einer Sendung und vor dem Anfang einer neuen Sendung geschaltet wird.

Schätzkalkulation
→ Durchgängige Produktkalkulation

Schätzung → Nachfrageschätzung

Schaubilder

dienen der → Visualisierung von Informationen. Bei Schaubildern zur → Datenpräsentation kann man folgende 5 Arten von Vergleichen unterscheiden: Struktur-, Rangfolge-, Zeitreihen-, Häufigkeits- und Korrelations-Vergleich. Sinnvolle Kombinationen mit den 5 Grundformen von Schaubildern (Punkt, Kurve, Säule, Balken und Kreis) sind der *Abbildung* zu entnehmen.

Grundtypen von Vergleichen

Grundformen von Schaubildern		Struktur	Rangfolge	Zeitreihe	Häufigkeit	Korrelation
	Kreis	◐				
	Balken		▭ ▯			▭
	Säule			▬▬	▬▬	
	Kurve			∿	∧	
	Punkt					⋰

Schaufenster

Form der → Schauwerbung im Handel (→ Handelswerbung), die die Aufmerksamkeit von Passanten wekken, Kundenwünsche aktivieren und einladend zum Betreten des Geschäftes wirken soll. In der Frage der Umdekoration gilt in der Praxis folgende Grundregel: Bei täglich gleichem Passantenkreis ist mindestens einmal wöchentlich und bei Geschäftslage in ausgesprochener Einkaufsstraße spätestens nach drei Wochen umzudekorieren (→ Schaufenstergestaltung).

Es sind vier Grundtypen von Schaufenstern zu unterscheiden:

(1) *Stapelfenster* (*Massenfenster*) präsentieren sachlich und einheitlich eine große Warenfülle und assoziieren somit Preisgünstigkeit (→ Preisoptik). Sie werden also immer dann verwendet, wenn ein Niedrigpreis im Vordergrund steht, z.B. bei Massenbedarfsgütern oder zu besonderen Anlässen wie Ausverkäufen.

(2) *Phantasiefenster* (*Ideenfenster, Stimmungsfenster*): Die phantasievolle Auslage weniger, exquisiter Waren vermittelt eine erlebnishafte Atmosphäre (→ erlebnisbetonte Einkaufsstätten) und wird v.a. bei gehobenem, mittel- und langfristigem Bedarf angewandt.

(3) *Bedarfsorientierte Fenster* zeigen Artikel verschiedenster Herkunft, die im Verbraucherbewusstsein zusammengehören und ein Bedarfsbündel darstellen (z.B. „Alles fürs Kind"). Diese Gestaltungsform dominiert v.a. bei Kauf- und Warenhäusern.

(4) Das *Anlassfenster* wird zu bestimmten Anlässen wie Weihnachten, Schlussverkauf, Gedenktagen dekoriert. Dabei kommen alle obig erläuterten Grundtypen der Fenstergestaltung in Anwendung.

Traditionell unterscheidet man ferner *Puppenschaufenster* (Schaufensterpuppen, Blickfang, Bilder, Text, Preisauszeichnung), *Luxusschaufenster* (wenige Objekte, dekoratives Beiwerk, positive Warenbehandlung, großer Schaufensterraum, Szene) und *Warenhausschaufenster* (Rückwand, großer Schaufensterraum, Preisauszeichnung, dekoratives Beiwerk).

Bei der Gestaltung ist der „Blickfang" als „Schlagzeile des Schaufensters" von großer Bedeutung: Ungewöhnliche Motive sollen deshalb in Augenhöhe dem Passantenstrom zugewandt sein. Allerdings setzt sich v.a. im Bereich bestimmter Dienstleistungsbranchen (z.B. Frisör) durch, Schaufenster undekoriert zu belassen und so dem Passanten einen Einblick in den Verkaufsraum zu ermöglichen.

An gesetzlichen Vorschriften sind insb. die Verordnungen zur → Preisauszeichnung (sichtbar ausgestellte Waren sind mit Endverbraucherpreisen zu versehen) und die §§3 und 6 UWG (→ irreführende Werbung, → Preisgegenüberstellung) zu berücksichtigen. Schaufensterangebote dürfen nicht unter die unerlaubten → Lockvogelangebote fallen. Beworbene Ware muss also im Laden in ausreichenden Mengen vorhanden sein.

B.H.

Literatur: *Richter H.*: Die Gestaltung und die wirtschaftliche Bedeutung der Schaufensterwerbung im Überblick, in: *Tietz, B.* (Hrsg.): Die Werbung, Bd. 2, Landsberg am Lech 1982, S. 1571 ff.

Schaufenstergestaltung

ist ein zentrales Element im → Visual Merchandising bzw. in der → Handelswerbung. Häufig wird die „Qualität" der Schaufenstergestaltung auch heute noch anhand „künstlerischer" Maßstäbe beurteilt, wobei jedoch übersehen wird, dass Schaufenster Einrichtungen kaufmännisch geführter Handelsbetriebe sind, weshalb die *Verkaufsförderung* durch Schaufenster alleiniges Beurteilungskriterium sein sollte. Ein Schaufenster wirkt verkaufsfördernd, wenn es Passanten zunächst zum Verweilen vor und dann zum Kauf im Geschäft bewegt. Hierzu bieten sich verschiedene Ansatzpunkte:

(1) Die Sortimente der Geschäfte einer Branche sind häufig in Preis und Qualität kaum voneinander zu unterscheiden, sie bieten einen *ähnlichen Grundnutzen*. Durch individuelle Schaufenstergestaltung kann man versuchen, das eigene Sortiment als Besonderheit zu markieren und ihm so einen → Zusatznutzen (Sparsamkeit, Exklusivität, Jugendlichkeit etc.) zu geben.

(2) Kaufentscheide sind oft durch *Ambivalenzkonflikte* (→ Motive) gekennzeichnet: Bei der ersten Wahrnehmung eines bestimmten Produkts (z.B. in der Medienwerbung) überwiegt der Besitzwunsch (Appetenz). Kurz vor dem Erwerb – auf dem Weg ins Geschäft – setzt sich dann aber häufig die Aversion durch, da nun die mit der Inbesitznahme verbundene Einbuße an verfügbaren Geldmitteln deutlich bewusst wird. In dieser Situation kann das Schaufenster helfen, die Abwendung des Interessenten zu verhindern: Indem es die Ware „life" präsentiert, wird die Appetenz gestärkt und die Aversion geschwächt.

(3) Seiner *Bedarfsweckungsfunktion* kann das Schaufenster auch dadurch nachkommen, dass es auf Sortimentsbeziehungen hinweist: Darstellung von Erlebnisbereichen (Alles für's Kind), Darstellung von Problemlösungen (Badezimmermodernisierung) und Darstellung von Set-Ideen (Oberbekleidung). Häufig wird allerdings der Bedarf nicht dort befriedigt, wo er geweckt wird: Man orientiert sich am Schaufenster des Fachgeschäfts, kauft dann aber im – oft schaufensterlosen – Fach- oder SB-Warenhaus. Der Schaufensterbummel kann auch zur Ersatzbefriedigung werden: Was man sich nicht leisten kann, möchte man zumindest gesehen haben.

In einer empirischen Untersuchung zeigte sich, dass es aus Sicht der Kundschaft zwei *Schaufensterfunktionen* gibt, die emotionale und die kognitive. In seiner *emotionalen* Funktion soll das Schaufenster das Image des Geschäfts verdeutlichen, d.h. seine „Visitenkarte" sein; ferner wollen die Kunden Erlebnisbereiche präsentiert bekommen und spontan animiert werden, das Geschäft zu betreten. Die *kognitive* Funktion des Schaufensters besteht darin, die Preislage des Geschäfts zu verdeutlichen, Preis- und Produktvergleiche zwischen verschiedenen Marken zu ermöglichen und einen Überblick über das Warenangebot zu gewähren.

Die *Kosten der Schaufensterwerbung* bestehen aus dem Materialverbrauch, der Beleuchtung, den Dekorationslöhnen, den Mietkosten, der Verzinsung des in den ausgestellten Waren gebundenen Kapitals sowie den Abschreibungen auf diese Waren, da ihr Verkaufswert (z.B. durch Ausbleichen) erheblich zurückgehen kann. In einer empirischen Erhebung im Münchener City-Einzelhandel (1987/88) ergab sich, dass der durchschnittliche Werbeetat 3 % vom Umsatz beträgt und etwa 37 % davon in die Schaufenster fließen. Die mit Abstand größten Posten sind dabei Material- und Personalkosten, während Miet- und Beleuchtungskosten weniger ins Gewicht fallen. Die Kosten der Schaufensterwerbung hängen freilich nicht zuletzt vom *Dekorationswechselrhythmus* ab. Der Münchener Einzelhandelsuntersuchung zufolge nimmt je ein Drittel der Geschäfte einen wöchentlichen, 14-täglichen bzw. monatlichen Wechsel vor; eher häufig wechselt die Textil- und Schuhbranche. In der Frage der Umdekoration gilt in der Praxis folgende Grundregel: Bei täglich gleichem Passantenkreis mindestens einmal wöchentlich und bei Geschäfts-

Schaufenstergestaltung

lage in exponierter Einkaufsstraße spätestens nach drei Wochen.

Für den *Gewinn* eines Handelsbetriebes gilt:

(1) $G_H = U_S - K_S - g_L \cdot F_L$

mit:

U_S = durch Schaufensterwerbung erzielter Umsatz
K_S = Kosten der Schaufenstergestaltung
g_L = Gewinn je Einheit Verkaufsfläche ohne Schaufensterwerbung
F_L = Verkaufsfläche ohne Schaufensterfläche (F_S)

In der Regel wird man davon ausgehen können, dass mit zunehmendem Einsatz direkter Kosten auch der Umsatz durch Schaufensterwerbung steigen wird:

(2) $U_S = U_S(K_S)$

mit: $\dfrac{dU_S}{dK_S} > 0$

Entsprechend der grundlegenden Hypothese der ökonomischen Theorie, wonach zunehmende Anstrengungen kleiner werdende Grenzerträge erzielen, sollte für (2) ein *konkaver* Funktionsverlauf unterstellt werden. Ferner wird angenommen, dass die Kosten der Schaufenstergestaltung von der Größe der Darbietungsfläche im Schaufenster (F_S) und der Qualität der Gestaltung (q) abhängen:

(3) $K_S = K_S(F_S, q)$

Die Gewinnfunktion (1) kann dann zu

(4) $G_H = U_S[K_S(F_S,q)] - K_S(F_S,q) + g_L \cdot F_L$

umgeformt werden. Da schließlich noch die insgesamt verfügbare *Ladenfläche* (F) begrenzt ist:

(5) $F = F_S + F_L$

und stets *voll ausgeschöpft* wird, kann (4) und (5) in:

(6) $G_H = U_S[K_S(F_S,q)] - K_S(F_S,q) + g_L \cdot (F - F_S)$

überführt werden.

Bei gegebener Qualität der Schaufensterwerbung ergibt sich hieraus die *optimale Flächenzuweisung* gemäß:

(7) $\dfrac{\partial G_H}{\partial F_S} = \dfrac{dU_S}{dK_S} \cdot \dfrac{\partial K_S}{\partial F_S} - \dfrac{\partial K_S}{\partial F_S} - g_L = 0$

mit: q = const.

Aus (7) folgt:

$\dfrac{\partial G_H}{\partial F_S} \geq 0$ für

$\dfrac{dU_S}{dK_S} \cdot \dfrac{\partial K_S}{\partial F_S} - \dfrac{\partial K_S}{\partial F_S} \geq g_L$

bzw.

(8) $\dfrac{\partial G_H}{\partial F_S} \geq 0$ für

$dU_S - dK_S \geq g_L \cdot dF_S$

Die Bedingung (8) stellt einen wichtigen Sachverhalt heraus: Eine *Vergrößerung der Schaufensterfläche* zu *Lasten der Verkaufsfläche* um dF_S ist dann vorteilhaft, wenn der dadurch erzielte Gewinn ($dU_S - dK_S$) größer ist als der Gewinnentgang aus der Verkleinerung der Verkaufsfläche ($g_L \cdot dF_S$); entsprechendes gilt umgekehrt.

Bei der Dimensionierung der Schaufenster sind folglich auch die *Opportunitätskosten* der Schaufensterwerbung ($g_L \cdot dF_S$) zu berücksichtigen: Es handelt sich dabei um den Gewinn, der sich durch eine Andersverwendung der Schaufensterfläche erzielen ließe: Diese wäre nämlich auch „innerbetrieblich" als Regal- oder Stellfläche nutzbar; da sich diese Fläche im Eingangsbereich befindet, könnte sie sich sogar als besonders gewinnträchtig erweisen.

Schaufensterwerbung ist folglich nicht schon dann vorteilhaft, wenn „sie sich trägt", also ihre Kosten verdient, sondern erst, wenn der „Rohgewinn" des Schaufensters größer ist als der Gewinn der Andersverwendung. Bei der Dimensionierung der Schaufensterwerbung wurde in der Vergangenheit sicherlich häufig auf die Berücksichtigung dieser Kriterien verzichtet: Nicht selten gab es große Schaufensterräume, weil man glaubte, sie haben zu müssen oder weil andere sie auch hatten.

Ein Verzicht auf Schaufenster bedeutet freilich nicht notwendig „glatte Wände". Eine Alternative hierzu sind → Durchsichtfenster oder „begehbare Schaufenster" („*Walk-In-Windows*"). Nach wie vor befinden sich solche Fenster offenbar auf dem Vormarsch.

Zur *Erfolgskontrolle* der Schaufensterwerbung werden verschiedene Verfahren empfohlen, die jedoch allesamt erhebliche Nachteile aufweisen. Werden die Abteilungen als Profit-Center geführt, dann könnte man – einer Idee Schmalenbachs folgend – so vorgehen: Die einzelnen Abteilungen müssen Laufmeter und Dauer der Schaufenstergestaltung – ggf. im Rahmen eines Generalthemas – bei der Zentrale gegen Verrechnungspreis ersteigern. Durch die Verkaufsentwicklung nicht gerechtfertigte Schaufensterambitionen werden dann durch eine Reduzierung des Abteilungsgewinns bestraft. Tendenziell wird dieses Verfahren dazu führen, dass sich v.a. solche Abteilungen bei der Schaufenstervergabe durchsetzen, die eine vergleichsweise hohe Schaufensterwirkung erzielen. In der Praxis wird die Erfolgskontrolle der Schaufensterwerbung oft so durchgeführt, dass man die Passanten zählt, die vor dem Schaufenster stehen bleiben (Stoppzahlen und -zeiten). Problematisch hierbei ist, dass es nicht nur auf die Aufmerksamkeits-, sondern auch auf die Kaufwirkung des Schaufensters ankommt. Der Ermittlung der Kaufwirkung ist es deshalb dienlicher, die Kunden zu zählen, die sich beim Einkauf auf die Auslagen beziehen. Allerdings geben manche nicht zu, dass sie durch Auslagen angeregt wurden; andere werden zwar durch Auslagen zum Betreten des Ladens angeregt, kaufen dann aber etwas ganz anderes (→ Spillover-Effekte).

Noch am geeignetsten scheint es zu sein, die Änderung des Abteilungsumsatzes zu ermitteln, wenn die Abteilung im Schaufenster präsent war. Probleme hierbei sind insb. die → Carryover-Effekte (man kauft erst, nachdem umdekoriert wurde) und die externen Einflüsse (z.B. Schlechtwetterperiode).

In der empirischen Untersuchung ergab sich, dass in 74 % der Geschäfte eine Erfolgskontrolle durchgeführt wird. Tendenziell findet sich dort eher eine Kontrolle, wo häufiger umdekoriert wird (88 % bei wöchentlicher, 62 % bei monatlicher Umdekoration). Ansatzpunkt der Kontrolle sind v.a. der Abteilungsumsatz (37 %), die Anzahl der Kunden, die sich auf das Schaufenster beziehen (18 %), explizite Kundenbefragungen (15 %), der Gesamtumsatz (15 %) und die Passantenzählung (8 %). Gleichzeitig ergab sich, dass knapp die Hälfte der Geschäfte einen längerfristigen Dekorationsplan aufstellt. Dort werden insb. saisonelle Anlässe sowie Warenthemen erfasst. Eine Abstimmung zwischen Schaufenster und übriger Werbung wurde in 60 % der Fälle „gemeldet". Insgesamt wurde dem Schau- bzw. Durchsichtsfenster eine außerordentlich hohe Wirksamkeit zugeordnet. H.Sch.

Literatur: *Schmalen, H.:* Schaufensterwerbung. Theoretische Betrachtung und empirische Analyse, in: Die Betriebswirtschaft (DBW), 45. Jg. (1985), S. 703-709. *Schmalen, H.; Selbach, B.:* Mehr Profil für das Schaufenster, in: absatzwirtschaft, 32. Jg. (11, 1989), S. 130-138. *Schmalen, H.:* Kommunikationspolitik, 2. Aufl., Stuttgart 1992.

Schauwerbung

Schauwerbung umfasst jenen Teil der → Werbung, der sich mit der raumdimensionalen Gestaltung von → Schaufenster, Verkaufsraum (→ Ladengestaltung), Modenschau, → Messe und Ausstellung befasst.

Während Schaufenster-, Verkaufsraum- und Fassadenwerbung direkt am PoP durchgeführt werden, finden Messen und Ausstellungen vornehmlich in dafür vorgesehenen Hallen statt. Bei Modenschauen ist beides üblich. Schauwerbung ist neben der Zeitungswerbung das Hauptwerbemittel der → Handelswerbung (s.a. → Visual Merchandising).

Bei der Schauwerbung entscheiden nicht einzelne Elemente des Raumes über die Wirkung, sondern die Raum-Einheit mit ihrer Atmosphäre und ihrem positiven Aufforderungscharakter. Wegen der Dominanz visueller Gestaltungsstimuli ist die Schauwerbung in jüngerer Zeit besonders stark von Erlebniskonzepten (→ Erlebnismarketing) geprägt. Individualität und Originalität der Gestaltung sind dabei Erfolg versprechender als eine sachlich-neutrale Information über das präsentierte Produkt.

Die Interessenvertretung erfolgt vom BDS, Bund Deutscher Schauwerber e.V. (Otto-Lilienthal-Str. 9, D-71034 Böblingen).

Scheinkorrelation (Nonsense-Korrelation)

ist eine statistisch signifikante Korrelation zwischen zwei oder mehr Variablen, die nicht auf einen kausalen Zusammenhang zwischen ihnen zurückzuführen ist. Zu den häufigsten Ursachen von Scheinkorrelationen zählt die Wirksamkeit von dritten Variablen (eine Korrelation zwischen zwei Variablen wird von anderen Variablen bestimmt), die unabhängige, aber zeitlich gleichläufige Bewegung von Variablen und formal rechnerische Beziehungen zwischen Variablen. Die Auflösung einer durch Scheinkorrelation suggerierten Scheinbeziehung ist eines der wichtigsten Probleme der → Datenanalyse, das befriedigend nur durch eine echte experimentelle Anlage gelöst werden kann. Das Vorliegen einer Korrelation ist eine notwendige, aber keineswegs eine hinreichende Bedingung für das Vorliegen eines Kausalzusammenhangs. S.S.

Scheintätigkeit

Sonderfall einer Abhängigkeitsbeziehung in Netzplänen (→ Netzplantechnik), der ein Tätigkeitsgraph mit der Zeitdauer Null zugeordnet ist. Beispiel: Der Verkauf eines Produktes und die Werbestreuung für das Produkt sollen nach Abschluss der Produktentwicklung beginnen; darüber hinaus beginnen die Werbemaßnahmen, nicht aber die Verkaufsaktivitäten, erst nach Abschluss der Werbebudgetierung. In diesem Fall ist eine Scheinaktivität mit dem Startpunkt „Ende Werbebudgetierung" und dem Endpunkt „Beginn Werbestreuung" einzuführen. F.B.

Schemata → Lerntheorie

Schichtenauswahl
→ Geschichtete Auswahl

Schicht, soziale

Personen mit gleichem sozialen → Status werden einer sozialen Schicht zugeordnet. Daraus resultiert die Einteilung einer Gesellschaft nach einem nicht stark differenzierenden Kategoriensystem (s.a. → Sinus-Lebensstilwelten).
In der einfachen Vorstellung einer vertikal (hierarchisch) gegliederten Gesellschaft folgen soziale Schichten aufeinander, so z.B. Unter-, Mittel-, Oberschicht. Menschen, die einer sozialen Schicht zugeordnet werden, können sich durch Gleichförmigkeiten z.B. in Kenntnissen und Fähigkeiten, Einstellungen und Werten, Sprache und Mediennutzung, Kauf- und Verbrauchsverhalten, Lebens- und Konsumstil auszeichnen. Zur empirischen Bestimmung sozialer Schichten sind operationale Merkmale festzulegen, die eine Einordnung möglichst vieler Menschen in das vertikale Schichtengefüge ermöglichen. Diese Merkmale sind u. a. abhängig vom Verwendungszweck der Untersuchung (z.B. Erklärung des Wahlverhaltens, der Nutzung kultureller Einrichtungen oder der Inanspruchnahme von Kreditangeboten) und von der jeweiligen Gesellschaft selbst. In westlichen Industriegesellschaften werden häufig die demographischen Merkmale „formale Bildung", „Beruf" und „Einkommen" verwendet, da sie geeignet sind, den aus eigener Leistung erworbenen sozialen Status anzuzeigen (Demographie).
Die *Zahl* der sozialen Schichten wird von den verwendeten Merkmalen und der Heterogenität der Gesellschaft bestimmt. Das Schichtmodell von *Karl Marx* sieht zwei soziale Schichten („Klassen") vor, das einzige Merkmal ist das des „Eigentums an Produktionsmitteln". Demgegenüber weist die traditionale Gesellschaft Indiens eine größere Zahl von Kasten auf, deren Zugehörigkeit durch Geburt vorgegeben ist.
Bei Verwendung der Merkmale „formale Bildung", „Beruf" und „Einkommen" wird das Einkommen in mehrere Kategorien eingeteilt, die formale Bildung gewöhnlich nach drei bis fünf Schul- bzw. Hochschulabschlüssen. Die Rangordnung der Berufe ergibt sich aus Befragungen, in denen die soziale Wertschätzung der Bevölkerung verschiedenen Berufsgruppen gegenüber ermittelt wird. Der höchsten Ausprägung eines Merkmales wird jeweils eine maximale, der geringsten eine minimale Punktzahl zugeordnet. Nach Addition der Punktzahlen erhält man ein Punktekontinuum, in das Schichtenschnitte gelegt werden. Da jede Person durch eine bestimmte Merkmalskombination gekennzeichnet ist, lässt sie sich anhand ihrer individuellen Punktzahl einer Schicht zurechnen.
In nivellierten Mittelstandsgesellschaften ist der Erklärungs- und Prognosewert der Schichtenzugehörigkeit in Bezug auf das Konsumentenverhalten nicht sehr groß. Verglichen mit Angehörigen anderer sozialer Schichten besitzen Verbraucher unterer sozialer Schichten eine leichte Präferenz für Läden mit sozialen Kontaktmöglichkeiten und für solche mit geringem Preisniveau, bevorzugen eher personale Informationsquellen und vernachlässigen mediale, erwerben oft schlechtere Qualitäten, zahlen höhere Zinsen für Kredite und kennen ihre Verbraucherrechte schlechter („*poor pay more*"-These). Konsumenten mittlerer Schichten sind durch ein leistungs- bzw. effizienzorientiertes Informations- und Kaufverhalten zu kennzeichnen, sie informieren

sich häufig eingehender und sind bestrebt „gute" Entscheidungen zu fällen. E.K.
Literatur: *Wiswede, G.:* Soziologie. Ein Lehrbuch für den wirtschafts- und sozialwissenschaftlichen Bereich, 2. Aufl., Landsberg am Lech 1991. *Kroeber-Riel, W.; Weinberg, P.:* Konsumentenverhalten, 7. Aufl., München 1999.

Schiedsgerichtsbarkeit, internationale
→ Internationale Schiedsgerichtsbarkeit

Schiefe
In der → Datenanalyse kennzeichnet man → Häufigkeitsverteilungen u.a. anhand der Symmetrie bzw. Asymmetrie, d.h. der Schiefe. Sie lässt sich u.a. anhand der sog. Fechnerschen Lageregel charakterisieren: Fallen häufigster Wert (Modus), Median und arithmetisches Mittel zusammen, so ist die Verteilung vollkommen symmetrisch. Kommen in der graphischen Darstellung der häufigste Wert, der Median und der arithmetische Mittel nacheinander, so handelt es sich um eine linksschiefe Verteilung, kommt zuerst das arithmetische Mittel, dann der Median und dann der häufigste Wert, so handelt es sich um eine rechtsschiefe Verteilung. Genauere Kennzahlen für die Schiefe stellen die Schiefe-Koeffizienten von *Pearson* bzw. *Fisher* sowie die Verteilung der sog. Momente dar.

Schleichwerbung
1. Im → Werberecht bzw. bei der → Werbekritik benutzter Begriff für die Nutzung eines → Massenmediums für werbliche Zwecke ohne entgeltlichen Einschaltauftrag. Weit verbreitete Formen stellen die Trikotwerbung und die Bandenwerbung im Stadion dar: Markennamen oder andere Werbeinformationen werden auf der Wettkampfkleidung von Sportlern bzw. auf Banden, Plakaten, Transparenten, Leuchtschriften o.Ä. im Stadion so angebracht, dass sie bei der Fernsehberichterstattung über das Sportereignis von den Kameras erfasst werden. Übertragungen dieser Art gelten nur dann als wettbewerbswidrig, wenn Kameraführung oder Szenenauswahl unter dem Gesichtspunkt der besonderen Wahrnehmbarkeit werblicher Informationen erfolgen.
2. Werbeformen, deren werblicher Charakter nicht unmittelbar durchschaut werden soll bzw. kann. Dazu gehören:
– redaktionell gestaltete Werbung, insb. bei Anzeigen,
– → Product Placement und
– spezifische Formen des → Sponsoring.

Von der Schleichwerbung zu unterscheiden ist die → unterschwellige Werbung.

Redaktionell gestaltete Anzeigen sind entgeltliche Veröffentlichungen, in denen die werblichen Informationen so gestaltet sind, dass sie wie redaktionelle Beiträge einer → Zeitung oder → Zeitschrift wirken. Bei fehlender Kenntlichmachung des werblichen Charakters, insb. bei Fehlen des deutlichen Hinweises „Anzeige", verstoßen sie gegen den in Standesrichtlinien und Landespressegesetzen verankerten Grundsatz einer strikten Trennung zwischen Anzeigen- und Textteil einer Publikation. Diese Verletzung von Standes- und Presserecht ist zugleich als Verstoß gegen die wettbewerblichen guten Sitten (§ 1 UWG) zu werten. Darüber hinaus kann eine Irreführung der Adressaten (§ 3 UWG) vorliegen, wenn Leser aufgrund einer falschen Vorstellung über die Quelle der Information den unrichtigen Eindruck einer objektiven Beurteilung oder einer besonderen Vorteilhaftigkeit des Angebots gewinnen.

Product Placement kann insofern als Schleichwerbung verstanden werden, als den Zuschauern oder Lesern nicht eröffnet wird, dass die Platzierung von Requisiten in die Spielhandlung von Filmen oder von Markennamen in einen Romantext von werbetreibenden Unternehmen bezahlt wurde. Product Placement im Fernsehen verstößt gegen eine Reihe von Vorschriften medienrechtlicher Art (z.B. gegen die Gebote von Landesrundfunk- und Landesmediengesetzen zur Trennung zwischen Programm und Werbung sowie zur Kennzeichnung von Werbung, gegen das Gebot der Blockwerbung, gegen das Verbot der Programmbeeinflussung durch Werbeveranstalter und Werbeträger sowie gegen zeitliche und quantitative Werbebeschränkungen) (s.a. → Fernsehwerbung).

Darüber hinaus werden wettbewerbsrechtliche Grenzen (§§ 1, 3 UWG) überschritten, wenn Produkte gegen Entgelt in Informationssendungen (Reportagen, Verbrauchersendungen usw.) platziert werden, auf deren Objektivität und Neutralität die Zuschauer vertrauen. Produktplatzierungen in Spielfilmen können wettbewerbswidrig sein, wenn die Requisite in dramaturgisch nicht gebotener Weise dargestellt wird.

Ähnliche rechtliche Einwendungen sind auch gegen Formen des Sponsoring vorzubringen, in denen Unternehmen Sendungen mit Bezug zur eigenen Tätigkeit und mit Einflussnahme auf den Inhalt (mit-)finanzieren und als Gegenleistung im Vor- oder Abspann der Sendung namentlich erwähnt werden („gestaltete Sponsorwerbung"). Entsprechendes gilt für die kostenlose Bereitstellung von Filmausschnitten bzw. Videoclips mit werblichem Gehalt für Fernsehsendungen, die Verlosung namentlich genannter Preise in Quizsendungen, das Tragen markierter Kleidungsstücke durch Moderatoren usw.

Trotz dieser werblichen Grenzen werden ständig neue Formen der Vermischung von Programm bzw. redaktionellen Teilen und Werbung entwickelt und eingesetzt, und die Grauzone zwischen erlaubten und nicht erlaubten Formen der Schleichwerbung wird breiter. B.St./I.M.

Literatur: *Berndt; R.; Sander, M.*: Product Placement, in: Nicht-Klassiker unter heutigen Kommunikationsbedingungen, in: THEXIS 1995, S. 216-223. *Henning-Bodewig, F.*: Product Placement und andere Arten der „absatzfördernden Kommunikation". Die neuen Formen der Schleichwerbung? in: Betriebsberater, 41. Jg. (1986), Beilage 18 zu Heft 33. ZAW (Hrsg.): Schleichwerbung, Fallbeispiele, Rechtsprechung, Richtlinien, 2. Aufl., Bonn o.J.

Schleuderpreis → Preisschleuderei

Schließende Statistik → Inferenzstatistik

Schlupf → Pufferzeit

Schlüsselartikel → Preistypen

Schlüsselbilder
→ Bildkommunikation,
→ Integrierte Kommunications,
→ Schlüsselreize

Schlüsselinformation
An die Stelle einer umfassenden Verarbeitung aller relevanten Informationen in → Kaufentscheidungen tritt oftmals die Orientierung an nur wenigen für die Beurteilung einer Alternative als besonders wichtig erachteten Kriterien (→ Kaufentscheidungsheuristiken). Diese Gesichtspunkte dienen als ein Surrogat einer umfassenden Beurteilung und beruhen auf der Annahme, dass eine verlässliche Beziehung zwischen diesen Schlüsselinformationen und der ganzheitlichen Bewertung existiert. Schlüsselinformationen sind deshalb stets komprimierte, die begrenzte Informationsverarbeitungskapazität wenig beanspruchende Informationseinheiten, sog. *chunks* (→ Informationsverhalten). Beispiele für häufig genutzte Schlüsselinformationen bei Kaufentscheidungen sind Preis (→ preisorientierte Qualitätsbeurteilung), Markenname, Herkunftsort bzw. -land, Garantiezeit und Design. A.Ku.

Schlüsselkundenmanagement
→ Key-Account-Management

Schlüsselreize
in der Theorie der → Wahrnehmung unterschiedene Kategorie von Reizen, denen sich der Konsument aufgrund biologisch vorprogrammierten und deshalb weitgehend unbewussten Verhaltens automatisch zuwendet (→ Aktivierung). Beispiele: Menschliche Augen, erotische Reize oder → Kindchenschema. Schlüsselreize werden im Rahmen insb. der → erlebnisbezogenen Werbung gerne zur Steigerung der → Aufmerksamkeit eingesetzt (→ Medienstil).
G.B.

Schlussverkäufe

Als → Sonderveranstaltungen sind Schlussverkäufe in Form von Saisonschlussverkäufen, d.h. Sommer- und Winterschlussverkäufen, in dem vom Gesetzgeber gesteckten Zeitraum und für die als schlussverkaufsfähig bezeichneten Warenarten zulässig. Sie dürfen nur für die Dauer von 12 Werktagen veranstaltet werden, wobei der Beginn jeweils am letzten Montag im Januar oder Juli eines Jahres liegen muss. Schlussverkaufsfähige Waren sind im Winter- und Sommerschlussverkauf Textilien, Bekleidungsgegenstände, Schuhwaren, Lederwaren und Sportartikel (§ 7 Abs. 3 Nr. 1 UWG). Schlussverkaufsware kann eigens für den Schlussverkauf hergestellt worden sein; auch ist ein „Nachschieben" von neuer, schlussverkaufsfähiger Ware zulässig. Schlussverkäufe dürfen nicht zu früh angekündigt und begonnen oder über den gesetzlich zulässigen Zeitraum hinaus verlängert werden. Eine unzulässige Vorwegnahme des Schlussverkaufes stellt es insb. dar, wenn der Eindruck erweckt wird, es handle sich um einen aus dem Rahmen des regelmäßigen Geschäftsverkehrs herausfallenden vorweggenommenen Schlussverkauf. Je näher eine Verkaufsveranstaltung vor den gesetzlichen Anfangsterminen liegt, umso eher wird der Eindruck eines vorweggenommenen Schlussverkaufs beim Publikum entstehen.   H.-J.Bu.

Schlussziffernauswahl

spezifisches → Auswahlverfahren für → Stichproben. Aus einer durchnummerierten Grundgesamtheit gelangen die Elemente mit bestimmten – „per Zufall" festzulegenden – Schlussziffern in die Auswahl. Vor allem bei elektronisch gespeicherten und nummerierten Grundgesamtheiten lässt sich so sehr effizient eine Zufallsstichprobe ziehen.

Schmiergelder, steuerliche Behandlung

Als *Schmiergelder* (Bestechungsgelder, nützliche Abgaben, Provisionen, Anbahnungsgelder) werden i.e.S. Zuwendungen von Geld oder sonstigen Vermögenswerten bezeichnet, die vom Geber aufgewandt werden, um zum einen den Empfänger zu einem bestimmten Verhalten zu veranlassen oder im Nachhinein ein bestimmtes Verhalten zu honorieren. I.w.S. gehören hierzu aber auch sog. Schmier- und Zweckgeschenke, die lediglich mit der Absicht erfolgen, die persönlichen Kontakte zu verbessern und sich das Wohlwollen des Empfängers zu sichern.

Werden Schmiergelder aus betrieblichem Anlass gezahlt (z.B. um einen Auftrag oder eine Konzession zu erhalten) so handelt es sich grundsätzlich um Betriebsausgaben (§ 4 Abs. 4 EStG), dies gilt insbes. wenn der Empfänger eine bestimmte Gegenleistung für den Betrieb erbringt (BFH v. 18.2.1982, BStBl 1982 II, 394). Die Abzugsfähigkeit ist jedoch beschränkt oder ausgeschlossen, wenn es sich

a) um Geschenke i.S.d. § 4 Abs. 5 S. 1 Nr. 1 EStG handelt,
b) das Abzugsverbot des § 4 Abs. 5 Satz 1 Nr. 10 EStG erfüllt ist und
c) der Geber einem etwaigen Benennungsverlagen des Finanzamts nach § 169 AO nicht nachkommt.

Zu a) Die Beschränkung als Geschenk komm in Betracht, wenn die Zuwendung nicht in der Erwartung einer konkreten Gegenleistung erbracht wird (zu Einzelheiten → Werbegeschenke).
Zu b) Das Abzugsverbot des seit 1999 geltenden § 4 Abs. 5 Nr. 10 EStG erfasst Schmiergeldzahlungen wenn die Gewährung der Zuwendung eine rechtswidrige Handlung darstellt, die den Tatbestand eines Strafgesetzes oder eines Gesetzes verwirklicht, das die Ahndung mit einer Geldbuße zulässt. Auf die tatsächliche Verurteilung kommt es nicht an. Einschlägige Rechtsnormen sind z.B. §§ 331–335; 108e, 299, 300 StGB, Ges. zur Bekämpfung internationaler Bestechung v. 10.9.98, BGBl. 1998 II, 237; EU-Bestechungsgesetz v. 10.9.98, BGBl 1998 II, 2340). Zwischen Finanzverwaltung, Staatsanwaltschaften und Verwaltungsbehörden ist ein Auskunftsverfahren vorgesehen.

Zu c) Das Finanzamt kann nach § 160 AO den Betriebsausgabenabzug versagen, wenn der Geber auf Aufforderung den Empfänger nicht benennt. Die Vorschrift gilt allerdings nur zur Sicherung des Steueranspruchs (Besteuerung beim Empfänger) und kann nicht angewandt werden, wenn der Empfänger im Inland nicht steuerpflichtig ist.

Beim *Empfänger* sind Schmiergelder steuerpflichtig, wenn sie zu einer Einkunftsart gehören; sie können z.B. Einkünfte aus Gewerbebetrieb oder sonstige Einkünfte darstellen. Werden die Schmiergeldzahlungen durch Urteil für dem Staat verfallen erklärt, so stellt die Abführung weder Betriebsausgabe noch Werbungskosten dar (BFH 14.7.66, BStBl 1966 III, 585); auch führt eine Rückzahlung beim früheren Geber zu steuerpflichtigen Betriebseinnahmen, selbst wenn diese zuvor bei ihm nicht abgesetzt wurden (BFH 28.5.68, BStBl 1968 II, 581).
R.F.

Literatur: *Joecks, W.:* Abzugsverbot für Bestechungs- und Schmiergelder, DStR 1997, S. 1025. *Leucht:* Die steuerliche Behandlung von „nützlichen Abgaben", StBp 1997, S. 117, 141. *Park, T.:* Die Ausweitung der Abzugsverbots für Bestechungs- und Schmiergelder ..., DStR 1999, S. 1097. *von Stuhr; Walz:* Steuerliche Behandlung von Schmiergeldern, StuB 1999, S. 118.

Schnäppchen-Effekt → Preisvariation

Schneeballsystem

nach deutschem Recht (UWG, u.U. auch § 286 StGB) unzulässiges System des → Direktvertriebs, bei dem Unternehmen ihre Verkäufer zur Abnahme von Waren bzw. zum Erwerb von Depot- und Verkaufsrechten veranlassen, indem sie ihnen für den Fall der erfolgreichen Anwerbung weiterer Kunden einen finanziellen Vorteil gewähren. Diesen Kunden werden bei Anwerbung weiterer Abnehmer bzw. Verteiler auf der nächsten Pyramidenstufe der Vertriebsorganisation entsprechende, u.U. hierarchisch gestaffelte Vorteile eingeräumt. Man spricht deshalb auch von „*Pyramidensystem*".

Häufig wird den neu hinzutretenden Vertriebsorganen ein hoher finanzieller Einsatz abverlangt, der durch oft genug unrealistische Umsatzprognosen nur scheinbar gerechtfertigt ist. I.d.R. gelangt nämlich die Ware nur in geringem Umfang tatsächlich zu einem Endabnehmer. Nachbestellungen erfolgen selten. Der Systemträger verdient am sog *Pipeline-Effekt*, d.h. dem Verkauf an die Vertriebsorgane.

Eine rechtlich unbedenkliche Variante stellt das sog → *Multi-Level-Marketing* dar. Hier hängt das Einkommen der eingeschalteten Händler ausschließlich vom Weiterverkauf der Waren und nicht von der Anwerbung von Abnehmern i.S. eines Kopfgeldes ab. Der Händler hat deshalb i.d.R. keine Kaufverpflichtung und ein Rückgaberecht. H.D.

Literatur: *Tietz, B.:* Struktur und Dynamik des Direktvertriebs, Landsberg 1985, S. 20 f.

Schneeballverfahren („snowball sampling", „linkage sampling")

spezifisches → Auswahlverfahren für → Stichproben. Es besteht darin, dass man im Rahmen einer allgemeinen Umfrage auf eine Person mit den benötigten Merkmalen stößt, von dieser sich dann wiederum Adressen, die den gleichen Tatbestand erfüllen, erbittet, und so fort. Anwendung findet das Verfahren gelegentlich bei der Auswahl von schwer aufzufindenden Minderheiten. Allerdings kann dadurch der Stichprobenfehler ansteigen. Andererseits bieten sich Kostenvorteile durch geringere → Stichprobenausfälle. M.H.

Schnellgreifbühne

apparatives Verfahren der Marktforschung zur Analyse von Wahrnehmungs-, Entscheidungs- und Handlungsabläufen im Rahmen eines → Werbe- oder → Produkttests.

Die Schnellgreifbühne ist ein großer Kasten, in den mehrere Produkte gestellt werden. Ein Schließmechanismus steuert den Klappenverschluss so, dass die Produkte für eine bestimmte Zeit sichtbar sind. Die Testperson soll gerade noch Zeit haben, eines der Produkte aus dem Kasten zu nehmen, ohne länger nachdenken bzw. in Ruhe auswählen zu können. So kann auf die spontane → Anmutung eines Produktes oder einer Verpackung geschlossen werden.

Schnittstellen-Management
→ Marketing-Koordination,
→ Marketing-Schnittstellen

Schriftliche Befragung

Form der → Befragung, bei der die Auskunftsperson den Fragebogen zugesandt bzw. übergeben bekommt oder aus → Zeitschriften, Warensendungen etc. entnimmt und ihn ausgefüllt zurückgibt oder -sendet. Vorteilhaft sind die geringen Kosten und die Sicherstellung der Repräsentativität bei Vorliegen einer entsprechenden Auswahlbasis. Gerade dieser Vorzug wird jedoch häufig durch die oft geringe Anzahl ausgefüllter Rückläufe konterkarriert. Des Weiteren sind weder das Verständnis der Fragen, die Einhaltung der Fragenreihenfolge, die Antwortvollständigkeit und die Beeinflussung durch Dritte kontrollierbar.

Schriftliche Befragungen, die sich an breiter angelegte Grundgesamtheiten (z.B. private Haushalte in Deutschland) wenden, sind nur sinnvoll, wenn es sich um einfache Sachverhalte und kurze Fragebögen handelt, wobei zur Erhöhung der Rücklaufquote Anreize gewährt werden müssen (z.B. Verlosung von Preisen oder Erhöhung der Garantiedauer von gekauften Geräten, denen ein Fragebogen beiliegt). Schriftliche Befragungen von Mitgliedern in Organisationen können bei persönlicher Ansprache der interessierenden Auskunftspersonen (z.B. durch telefonische Vorabinformation) durchaus beachtliche Rücklaufquoten erzielen, dem Expertenstatus der Auskunftsperson entsprechend schwierige Themenbereiche enthalten und u.U. recht umfangreich sein. H.Bö.

Schutzmarke → Markenschutz

Schwache Signale → Frühwarnsysteme

Schwarzer Markt → Markttypologie

Schwedenschlüssel

Der so genannte „Schwedenschlüssel" findet meist bei Erhebungsverfahren, die nach → Random-Route-Verfahren durchgeführt werden, seinen Einsatz.

Bei der → Mediaanalyse (MA) erfolgt die Auswahl der in die → Stichprobe gelangenden Personen nach einem dreistufigen, geschichteten Random-Auswahlverfahren auf der Basis der aktuellen ADM-Stimmbezirksdatei.

In der ersten Stufe findet die Auswahl der Stimmbezirke als → Sample Points statt. Nach dieser Auswahl erfolgt in der zweiten Stufe – durch eine strenge Begehungsvorschrift (eine uneingeschränkte Zufallsauswahl muss gewährleistet sein) – die Ermittlung der Zielhaushalte.

Sofern in ausgewählten Privathaushalten nicht eine bestimmte Zielperson, wie z.B. die Hausfrau (oder die „person who knows best"), befragt werden soll, wird diese durch den „Schwedenschlüssel" ermittelt. Der Interviewer listet die Vornamen oder Kurzbezeichnungen (z.B. „Opa") sowie das Alter der Haushaltsmitglieder auf. Im nächsten Schritt erfolgt die Auswahl der zu befragenden Zielperson. Der Schwedenschlüssel besteht in unserem Beispiel aus neun Ziffern. An der n-ten Stelle dieser Ziffernreihe steht eine zufällig ausgewählte Zahl zwischen 1 und n (1. Stelle: 1, 2. Stelle: 1 oder 2, ... 9. Stelle: 1 oder 2 oder ... oder 9). Die an der Haushaltsgröße entsprechenden Stelle ermittelte Zufallszahl legt fest, welches Haushaltsmitglied befragt werden soll. B.Sa.

Schweinebauch-Anzeigen → Handzettel

Schwerin-Kurve

in der frühen → Werbepsychologie entwickelte Funktion über den Zusammenhang zwischen der Anmutungsqualität von Werbestimuli und der Gedächtnisleistung. Danach werden negative Gefühle ansprechende Werbeinhalte, z.B. → Angstappelle, schlechter erinnert als positiv besetzte Appelle.

Am schlechtesten schneiden freilich neutral gestaltete Werbemittel ab, was mit der in der Theorie der → Aktivierung später entwickelten Umgekehrt-U-Hypothese gut erklärbar ist.

Schwerin-Test

Variante von → Werbetests in Form eines → Laborexperiments, in dem die Testpersonen zunächst angeben müssen, welches Produkt aus einer vorgelegten Liste sie bei einer Lotterie am liebsten gewinnen würden. Anschließend wird ein Film mit dazwischengeschalteten Werbespots vorgeführt. Nach der Vorführung ist wiederum zu wäh-

Gedächtnisleistung in Abhängigkeit von der durch das Lernmaterial ausgelösten Gefühlsqualität

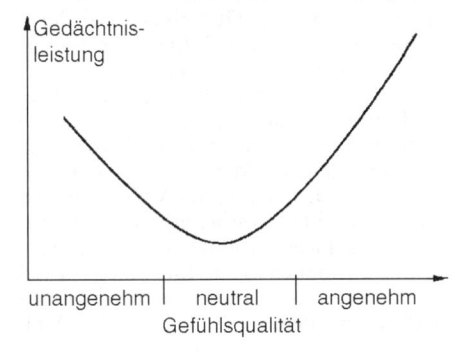

len, um Präferenzänderungen, hervorgerufen durch den Werbemittelkontakt, zu erfassen. H.Bö.

SCIP (Society of Competitive Intelligence Professionals)

Berufsverband der in der → Konkurrenzforschung aktiven Marktforscher.

Scorecard → Balanced Scorecard

Screening → Informationsökonomik

Screening-Fragebogen

Der Screening-Fragebogen wird in einem → Random-Route-Verfahren für Face to Face-Interviews bei ausgewählten Haushalten eingesetzt, um festzustellen, ob diese Haushalte die gesuchten Strukturmerkmale aufweisen (Screening).

Scree-Test

Faustregel zur Bestimmung der Anzahl der Faktoren in der → Faktorenanalyse. Die → Eigenwerte der extrahierten Faktoren werden nach abnehmender Größe in einem Diagramm angeordnet und durch eine Linie verbunden. Meist zeigt die Funktion einen deutlichen Knick und es wird angenommen, dass die Faktoren nach dem Knick nur Zufallsfaktoren sind, die nicht berücksichtigt werden. L.H.

Scribble

erste, noch flüchtige Skizze für den Entwurf eines Werbemittels in Form einer Rohzeichnung.

Sechs-Drei-Fünf-Methode (Brainwriting)

Intuitiv-ganzheitliche Methode zur Ideenfindung (→ Kreativitätstechnik), bei der 6 Teilnehmer schriftliche 3 Ideen für die Lösung eines gestellten Problems aufschreiben. Sie haben hierfür 5 Minuten Zeit. Dann wird das Formular im Uhrzeigersinn an den nächsten Teilnehmer weitergegeben, der erneut für 3 Ideen 5 Minuten Zeit erhält. Er kann dabei die Idee seines Vorgängers ergänzen, die Ideen variieren oder vollkommen neue Ideen produzieren. Bei diesem Verfahren können in 30 Minuten bis zu 108 Ideen gefunden werden, die anschließend selektiert werden. V.T./S.H.

Secure Electronic Transaction (SET)

ist eine Bezeichnung für ein Daten-Übertragungsverfahren im → Internet, das vor allem im Online-Zahlungsverkehr Verwendung findet.

SET wurde in Zusammenarbeit großer Computer-Unternehmen, wie *IBM*, *Microsoft* und *Netscape*, mit Kreditkartenunternehmen wie *Visa* und *Mastercard* entwickelt und basiert auf dem RSA-Verfahren, einem zahlentheoretischen Verschlüsselungstheorem, und der zusätzlichen Authentifizierung der beteiligten Akteure durch → digitale Signaturen. In dem Authentifizierungsprozess ist eine Zertifizierungsstelle (→ Trust-Center) eingeschlossen, welche die Signaturen ausstellt. B.Ne.

SEDAS

ist die Abkürzung von „Standardregelungen einheitlicher Datenaustauschsysteme", die von der → CCG für den Bestell-, Liefer- und Rechnungsdatenaustausch zwischen Handel und Industrie entwickelt wurden (Datenverbundsysteme). Dieser ursprünglich für die deutsche Konsumgüterwirtschaft entwickelte EDI-Standard (→ Electronic Data Interchange) umfasst u.a. folgende Regelungen:

- den Rechnungsverkehr,
- die Übermittlung der Regulierungsinformationen,
- den Bestellverkehr,
- den Austausch von Artikel- und Adresseninformationen,
- den Lieferavis,
- die Reklamation.

Der Datenaustausch im Rechnungsverkehr wird zwischen Industrie- und Handelsunternehmen in Deutschland seit längerer Zeit praktiziert; technisch handelt es sich im Wesentlichen um einen Datenträgeraustausch, in den meist Einkaufkontore eingeschaltet sind.

Der Datenaustausch kann grundsätzlich sowohl in bilateraler Form, z.B. zwischen einem Konsumgüterhersteller und einer Großhandlung, als auch – zur Ausnutzung weitergehender Rationalisierungsvorteile – über einen Konzentrator erfolgen, der das Netz möglicher Kontaktkanäle des bilateralen Austauschs (unkanalisiert) auf eine kanalisierte Abfolge von n+m (n= Anzahl Hersteller, m = Anzahl Abnehmer) Kommunikationswegen reduziert.

Die Bedeutung des SEDAS-Rechnungsverkehrs ist mittlerweile leicht zurückgegangen, u.a. durch die Ablösung durch internationale Systeme wie den internationalen Standard EDIFACT (Electronic Data Interchange for Administration, Commerce and Transport) aufgrund zunehmender Globalisierungstendenzen von Handel und Industrie.

Neben dem o.g. Austausch von Liefer- und Rechnungsdaten sowie Bestelldaten zeichnet sich zwischen Industrie- und Handelsunternehmen der Austausch von Stammdaten ab, was durch den Dienst → SINFOS der CCG abgewickelt wird. J.Z.

Literatur: *Tietz, B.*: Der Handelsbetrieb, 2. Aufl., München 1993. *Schade, J.*: Standardisierung der elektronischen Kommunikation: EDIFACT und SEDAS, in: *Zentes, J.* (Hrsg.): Moderne Distributionskonzepte in der Konsumgüterwirtschaft, Stuttgart 1991.

Segmentierung → Marktsegmentierung

Segmenttreue

Als Basis zur Orientierung der → Programmpolitik kann auch die Segmenttreue dienen. Wenn man als Versicherungsgesellschaft sich etwa auf ein spezielles Segment konzentriert hat, z.B. die Angehörigen der US-Army, kann man diesem dem → Familienlebenszykluskonzept folgend die jeweiligen Versicherungen dann anbieten, wenn das Bedürfnis nach Ausbildungsversicherungen oder Altersrente jeweils relevant wird. Man bleibt dem Segment auch dann treu, wenn man wegen der Reduktion der Army das Segment auf „FF", „Family and Friends", ausweitet und für diese analog verfährt. Und es kann auch Wirkungen auf das Programm haben, weil man auf der Basis einer so geschaffenen Database nicht nur

Versicherungen, sondern auch Finanzdienstleistungen anbieten kann, die auf dieses Segment passen, und eine segmenttreue Programmerweiterung darstellen. H.S.

Segregation → Prospecttheorie

Seitenkontakte → Leserschaftsforschung

Sektorales Marketing → Marketing

Sekundärdatenquellen

datenmäßige Basis jeder → Sekundärforschung. Sie können in interne (unternehmenseigene) und externe Datenquellen unterteilt werden. Erstere haben ihren Ursprung im Unternehmen selbst, es handelt sich z.b. um
- Buchhaltungsunterlagen
- Unterlagen der → Vertriebskosten- und → Absatzsegmentrechnung
- allgemeine Statistiken (→ Betriebsstatistik)
- Kundenstatistiken
- → Außendienstberichtssysteme (z.B. Besuchsberichte)
- frühere Primärerhebungen, die für neue Problemstellungen ausgewertet werden.

Gut ausgebaute interne Berichts- und Informationswesen können das Management erheblich erleichtern. Durch zweckmäßig gestaltete → Marketing-Informationssysteme lassen sich die Informationsbasis und der Informationszugriff nachhaltig verbessern und die Gefahr der Informationsüberflutung eindämmen.

Die wichtigsten externen Datenquellen sind
- → Amtliche Statistik
- Veröffentlichungen von sonstigen amtlichen und halbamtlichen Institutionen. Unter diese umfangreiche Gruppe fallen z.B. Daten von Ministerien und kommunalen Verwaltungsstellen, des Kfz-Bundesamtes, der Bundesbank, der Industrie- und Handels- sowie Handwerkskammern, Berichte öffentlich-rechtlicher Körperschaften usw.
- Veröffentlichungen von Wirtschaftsverbänden, -organisationen usw. Auch aus diesem Bereich resultiert eine Fülle von Daten, die z.T. auf den obigen Datenquellen basiert, daneben aber auch neues bzw. spezielleres Material z.B. aus Mitgliedermeldungen.
- Veröffentlichungen wirtschaftswissenschaftlicher Institute, Universitäten u.Ä. Neben Instituten, die lfd. eigene Erhebungen anstellen und diese publizieren, wie z.B. das Ifo-Institut für Wirtschaftsforschung in München, befassen sich andere vorwiegend mit der Sammlung, Archivierung und Auswertung umfangreichen Materials nach verschiedensten Gesichtspunkten, wie z.b. das Institut für Weltwirtschaft in Kiel und das Hamburger Weltwirtschaftsarchiv (HWWA).
- Veröffentlichungen von Banken und deren Sonderdienste (z.B. Beschaffung von Geschäftsberichten).
- Veröffentlichungen der Medienwirtschaft, insb. der Zeitschriftenverlage in Gestalt von Büchern, Fachzeitschriften, Zeitungen und sonstigen Publikationen (→ Mediaforschung).
- Veröffentlichungen firmenspezifischer Art, wie Geschäftsberichte, Firmenzeitschriften, Kataloge und Werbemitteilungen usw.
- Informationsmaterial von Adressverlagen, speziellen → Informationsbrokern, kommerziellen Datenbankbetreibern (Hosts), Beratungsfirmen und → Marktforschungsinstituten. Im Gegensatz zu den meisten der bisher aufgeführten Sekundärquellen bieten diese Institutionen ihre Dienste auf rein kommerzieller Basis an, und zwar oftmals nicht nur als Auftragsforschung mit Exklusivcharakter, sondern auch als Untersuchungsberichte u. Ä., die von jedem Interessenten gekauft werden können. L.B./S.S.

Literatur: *Sand, H.; Hörner, W.*: Praktische Beispiele erfolgreicher Marktforschung vom Schreibtisch aus, Kissing 1981.

Sekundärforschung (desk research)

Teilbereich der → Marktforschung, der die Gewinnung von Informationen aus bereits vorhandenem Datenmaterial beinhaltet. Im Unterschied zur → Primärforschung wird hier also auf Daten zurückgegriffen, die selbst oder von Dritten für ähnliche oder auch ganz andere Zwecke bereits erhoben wurden. Dieses Datenmaterial wird unter den speziellen Aspekten der Fragestellung gesammelt, analysiert und ausgewertet. Praktisch bei jeder Art von Informationsbeschaffung sollte zunächst nach möglichen → Sekundärdatenquellen gesucht werden, denn Sekundärinformationen sind in aller Regel billiger als Primärerhebungen und im Normalfall schneller zu beschaffen; ferner sind bestimmte Daten (z.B. volkswirtschaftliche Gesamtdaten) auf anderem Wege nicht eruierbar und selbst im Falle einer notwendigen Primärerhebung dienen Sekundärdaten zur Einarbeitung in die Materie und zur Ökonomisierung der Erhebungsarbeit.

Vor Beginn der Informationssuche sollten die zugrunde liegende Fragestellung wie auch der relevante Informationsbedarf sowie die hierfür denkbaren Informationsquellen schriftlich fixiert werden, um ein möglichst ökonomisches Vorgehen bei der Ausschöpfung sekundärstatistischer Quellen zu gewährleisten.

Grenzen der Sekundärforschung ergeben sich insb. aus folgenden Ursachen:

(1) *Mangelnde Aktualität* der erreichbaren Daten: Viele Daten sind oft bereits zum Zeitpunkt ihrer Veröffentlichung veraltet und umso weniger verwendbar, je mehr Dynamik von den dahinterstehenden Beweggrößen erwartet werden muss.

(2) *Mangelnde Sicherheit und Genauigkeit* der erreichbaren Daten: Neben angebrachten Zweifeln an der Objektivität manchen zugänglichen Materials rechnen hierzu auch häufig fehlende Einblicke in die Art und Weise des methodischen Vorgehens bei der Erstellung des Sekundärmaterials.

(3) *Mangelnde Vergleichbarkeit* der Daten: Gerade bei Statistiken finden sich sehr häufig unterschiedliche definitorische Abgrenzungen einzelner Größen, die eine direkte Gegenüberstellung verbieten. Für die Bereinigung fehlt es dann oft an den notwendigen Klassifikationserläuterungen oder an der Kenntnis des Umfangs der aus den aggregierten Größen zu eliminierenden Teilgrößen.

(4) *Mangelnder Umfang und mangelnde Detailliertheit* der erreichbaren Daten: Die unmittelbare Begrenzung liegt wohl meist in mangelnden Sekundärinformationen hinsichtlich Breite, Tiefe und/oder Sachzusammenhang bezogen auf die eigenen Anforderungen.

Wichtigste Sekundärdatenquellen sind interne (→ Betriebsstatistik) sowie → amtliche Statistiken, ferner → Back-Data-Informationen, → Informationsbroker und eine Vielzahl von → Datenbanken. L.B./S.S.

Literatur: Berekoven, L.; Eckert, W.; Ellenrieder, P.: Marktforschung, 8. Aufl., Wiesbaden 1999.

Selbstbedienung (SB)

Verkaufsprinzip im Handel, bei dem der Kunde aus einem frei zugänglichen und griffbereit ausgestellten Warensortiment ohne Mitwirkung des Verkaufspersonals die von ihm gewählten Artikel zu den betrieblichen Inkassostellen transportiert.

Abweichend von dieser „reinen SB" besteht bei „partieller SB" („*Vorwahl-System*") für den Kunden nur die Möglichkeit, sich anhand der Warenauslagen zu informieren, um im Übrigen auf die Dienste des Verkaufspersonals angewiesen zu sein (z.B. → Katalogschauraum); auch kann sich die SB nur auf einen Teil der angebotenen Sortimente beschränken (z.B. SB-Lebensmittelabteilungen in → Warenhäusern). Bei „totaler SB" werden dem Kunden sämtliche, für den Verkauf und Inkassovorgang notwendigen Verrichtungen übertragen (z.B. → Warenautomaten).

Die SB ist zugleich ein begriffskonstitutives Strukturmerkmal bestimmter → Betriebformen des → stationären → Einzelhandels (vgl. → SB-Laden, → SB-Markt, → Supermarkt, → SB-Center, → Verbrauchermarkt, → SB-Warenhaus). H.-J.Ge.

Selbstbedienungsgroßhandel (SB-Großhandel / Cash & Carry-Großhandel)

Betriebstyp des → Großhandels, dessen Hauptmerkmal in der parziellen Fortwälzung von Funktionen auf die Abnehmer liegt. Durch den Selbstbedienungsgroßhandel hat das Organisationsprinzip der → Selbstbedienung als Absatzkontaktgestaltung seit Beginn der Sechzigerjahre Einzug in den Großhandel der Bundesrepublik Deutschland gehalten. Die Fortwälzung von Funktionen kommt dadurch zum Ausdruck, dass sich die gewerbetreibenden Kunden den gewünschten Warenkorb selbst zusammenstellen, i.d.R. bare Zahlung leisten und auch den Transport der Ware übernehmen. Durch die Selbstbedienung wird sowohl ein weit gehender Fortfall der persönlichen Akquisition durch Reisende und Verkaufsberater erreicht als auch ein vollständiger Abbau der Transport- und Kreditierungsfunktion. Dadurch entstehen der Großhandelsunternehmung Ökonomisierungsvorteile, die über eine Senkung der Betriebskosten in niedrigere Preise für die Abnehmer transponiert werden können.

Cash & Carry-Märkte sind durch eine einheitliche Preisstellung gegenüber allen Kundengruppen gekennzeichnet, da die Kosten senkenden Degressionseffekte in der Betriebswirtschaft des Abnehmers entstehen.

K.Ba.

Anzahl, Verkaufsfläche und Umsatz
der C & C-Märkte 1957 bis 1999

Jahr	Märkte Anzahl (Stand 1.1.)	Verkaufs- fläche in Mio. qm	Umsatz in Mrd. DM
1957	1	–	–
1960	78	–	–
1965	581	–	–
1970	694	1,50	10,0
1975	652	2,00	16,4
1980	445	1,70	16,0
1985	349	1,60	15,8
1990	319	1,60	16,3
1995	380	1,97	23,8
1996	395	2,02	24,4
1997	391	2,07	24,4
1998	392	2,11	23,9
1999	394	2,13	–

(Quelle: *EHI*, Köln)

Selbstbedienungszweigstelle

Durch den Einsatz von SB-Bankstellen (Automatenbanken) im → Bankvertrieb können wenig erklärungsbedürftige Bankleistungen ohne Personaleinsatz (→ Kundenselbstbedienung in Banken) während 7 Tagen in der Woche im 24-Stunden-Service angeboten werden. Dabei kommen Geräte der transaktionsorientierten Selbstbedienung wie → Geldausgabeautomaten, Kontoauszugsdrucker oder Sortenwechselautomaten ebenso zum Einsatz wie → Electronic Teller, die auch kommunikationsorientierte Vorgänge ermöglichen. O.B.

Selbstbeschränkung der Werbung

von Werbungtreibenden und Unternehmungen der → Werbewirtschaft auf freiwilliger Basis vorgenommene Einschränkungen ihrer werblichen Aktivitäten, was sowohl deren Inhalt und Gestaltung als auch ihren Umfang betrifft. Die mit dieser Selbstbeschränkung verfolgten Ziele sind:

– der Schutz der Werbeadressaten vor Auswüchsen der Werbung, der gleichzeitig einer weiteren gesetzlichen Reglementierung der Werbung vorbeugen soll.

– der Schutz der Werbungtreibenden vor unlauterem Wettbewerb und
– die Erhaltung der öffentlichen → Werbeakzeptanz, um die Existenz der Werbung als wirkungsvollen Bestandteil des marktwirtschaftlichen Systems zu sichern.

Die Internationale Handelskammer hat einen umfassenden Katalog von Verhaltensregeln für die Wirtschaftswerbung in Bezug auf gute Sitten, Redlichkeit, Wahrheit der Werbung, Vergleiche, Gutachten und Zeugnisse, den Schutz des Privatlebens, die Nachahmung, etc. ausgearbeitet. Er wird als *„International Code of Advertising Practice"* bezeichnet. Das damit verfolgte Ziel besteht darin, lauteres Verhalten im Bereich der Werbung durch freiwillige Selbstdisziplin auf dem Hintergrund des nationalen und internationalen Rechts zu fördern. Die Einhaltung der Regeln wird in der Bundesrepublik Deutschland und in Österreich vom jeweiligen → Werberat überwacht, die ihrerseits sog. „Richtlinien" bzw. „Werbebriefe" mit nationalen Spezifikationen herausgeben.

Daneben gibt es auch noch ergänzende internationale Kodizes für die Praxis der Markt- und Sozialforschung, für die Verkaufsförderungspraxis, die Direktwerbung und Postbestellungspraxis sowie für die Direktverkaufspraxis. Auf Basis dieser Verhaltensregeln haben Branchenverbände eigene Industriekodizes für die freiwillige Selbstbeschränkung der Werbung ihrer Mitglieder erarbeitet. Ein Beispiel dafür ist der Europäische Kodex der Arzneimittelwerbung. Auch die Medien beschränken nach selbst festgelegten Geschäftsbedingungen, die über die bestehende gesetzlichen Regelungen hinausgehen und sich an den genannten internationalen Verhaltensregeln orientieren, den Inhalt bzw. die Gestaltung von ihnen zur Streuung übernommener Werbemittel.

Rechtliche Sanktionen sind bei Verstößen gegen freiwillig zu befolgende Regeln nicht möglich. Da eine vollständige Kooperation aller mit Werbung Beschäftigten kaum zu erreichen ist und selbst die Kooperationsbereiten sich nicht immer strikt an die Verhaltensregeln halten, kommt es immer wieder zu Verstößen dagegen. Kritiker meinen außerdem, dass die Verhaltensregeln vorwiegend den Interessen der Werbungtreibenden entsprechen, die sie selbst aufgestellt haben und auch ihre Einhaltung überwachen. Dem halten Befürworter der Selbstbe-

Selbstmarketing, Eigenmarketing

schränkung entgegen, dass Werbungtreibende nicht nur eine stärkere Bindung an von ihnen selbst geschaffene Regeln verspüren, sondern ihnen bei Verstößen dagegen auch die Beweislast zugeordnet und eine Beschwerde einfacher rascher und weniger bürokratisch behandelt werden kann. Freiwillige Verhaltensregeln lassen eine flexible Anpassung an Veränderungen der Umweltsituation zu. Sie schaffen und erhalten öffentliches Vertrauen in die Werbung.

H.Mü.

Literatur: Werbung in Grenzen, edition ZAW, 11. Aufl., 1994. *Kuhlmann, E.:* Verbraucherpolitik. Grundzüge ihrer Theorie und Praxis, München 1990.

Selbstmarketing, Eigenmarketing

bezeichnet alle Regeln und Handlungen für die systematische Gestaltung der Tauschbeziehungen eines Individuums. Das Individuum ist in dieser Sicht Unternehmer seiner selbst. Hierfür finden sich auch Begriffe wie *„Ich-AG"* oder *„Personenmarke"*.

Jedes Aufeinandertreffen von zwei oder mehr Personen kann als Tausch (von Sachen oder Diensten) aufgefasst werden. Dies gilt für den „privaten Bereich", wie z.B. Partnerschaft, und den „geschäftlichen Bereich", wie z.B. Studium, Beruf oder eigenes Unternehmen. In allen Fällen will der Selbstmarketer seine Nutzenposition stabilisieren bzw. verbessern. Nach dem Marketingansatz gelingt dies am besten dadurch, dass er dem jeweiligen Tauschpartner etwas bietet, wovon dieser den – relativ zu anderen Angeboten – größten Vorteil erwartet. So ist dem Geschlechtspartner, dem Arbeitgeber oder jedem anderen „Kunden" zu vermitteln, die beste Lösung für seinen Bedarf zu sein.

Der bewusste Einsatz von Selbstmarketing ist keine Frage der „technischen" Anwendbarkeit des Marketing, sondern der Akzeptanz von → Marketing als universell geeignetem Ansatz (generic concept). Möglicherweise erscheint manchen ein derartig „rationales" Verhalten im „persönlichen Bereich" nicht angemessen. Diese Akzeptanz unterstellt, ergibt sich z.B. folgende Anwendung des Marketing zur Erlangung bzw. Sicherung eines Arbeitsplatzes: Der Markt von Arbeitnehmern sind Unternehmen bzw. deren Mitarbeiter. Hier ist herauszufinden, welcher Bedarf bei diesen besteht bzw. bestehen könnte. Quellen sind z.B. eigene Erfahrungen, Stellenanzeigen und Geschäftsberichte. Der (potentielle) Arbeitnehmer muss eine Lösung für diesen Bedarf anbieten, um so die eigenen Ziele (Einkommen, Selbstverwirklichung etc.) zu erreichen.

Konkurrenten sind andere Personen, die den gleichen Job wollen. Hier ist zu untersuchen, was diese machen, um einen Job zu bekommen, ihn zu behalten oder in einer besseren Position im Unternehmen zu gelangen. In einer erweiterten Analyse kann man prüfen, was andere Arbeitnehmer – die nicht in einer direkten Konkurrenzbeziehung stehen – machen. Quellen sind z.B. Gespräche, Zeitschriften und Bücher.

In Bezug auf die „Umwelt" ist u.a. zu prüfen, welche Veränderungen sich beim Stand der Technik ergeben, damit der Selbstmarketer sich darauf durch entsprechende Fort- und Weiterbildung einstellen kann.

Die Analyse der eigenen Person betrachtet die Stärken und Schwächen des Individuums mit dem Ziel des Aufbaus eines eindeutigen Konkurrenzvorteils (→ Stärken-Schwächen-Analyse): Was habe ich, was andere nicht haben? Was kann ich besser als andere? Was ist davon für meine „Kunden" von Bedeutung?

Die Vorteile sind in einer schlüssigen Weise (=Strategie) zu vermitteln. Der gesamte Auftritt (Erscheinungsbild und Handlungen) müssen die Einmaligkeit zum Ausdruck bringen. Selbstmarketing folgt also der Präferenzstrategie.

Die Strategie bestimmt Ausrichtung und Einsatz der → Marketing-Instrumente. Das Produkt ist im Wesentlichen eine Dienstleistung. Deswegen können hier auch auf die Erkenntnisse des → Dienstleistungs-Marketing zur Anwendung kommen. Die versprochenen Fähigkeiten und Fertigkeiten müssen tatsächlich vorhanden sein. Durch Zeugnisse, persönlichen Kontakt mit dem Kunden, öffentliche Auftritte (Vorträge, Veröffentlichungen) können Kompetenz und Glaubwürdigkeit vermittelt werden. Der Name ist eine natürliche Marke, die z.B. durch akademische Titel weiter „aufgeladen" werden kann. Auch ist durch Kombination dieser Marke mit anderen Marken – etwa Studium an einer renommierten Universität, Arbeit oder Praktikum bei einem großen und erfolgreichen Unternehmen – der positive Eindruck zu verstärken. Das Erscheinungsbild der Person („Design") in Bezug auf körperliche Merkmale (z.B. hübsches Gesicht) und Kleidung sowie ihre Umgangsformen („begleitende Dienste") beeinflussen ebenfalls die Bewer-

tung einer Person durch eine andere. Die Kommunikation sollte in der Sprache der Zielgruppe erfolgen: Werden Wirtschaftsprüfer oder Werber angesprochen? Ebenso sollte die Ansprache über die Medien der jeweiligen Zielgruppe erfolgen (persönliche Ansprache, Internet etc.). Im Rahmen der Distribution wird zumeist erwartet, dass der Arbeitnehmer zum Unternehmen kommt. Der verlangte Preis sollte ein schlüssiges Verhältnis von Lohn und angebotener Leistung vermitteln. Für einen „einmaligen" Mitarbeiter muss auch ein angemessener Preis bezahlt werden.
Selbstmarketing erfordert nicht unbedingt die Verfolgung einer einheitlichen Strategie: Gegenüber Freunden kann man sich oft anders verhalten als gegenüber Vorgesetzten.

R.Pa.

Literatur: *Kurth, F.:* Erfolgreiches Selbst-Marketing, Kilchberg 1997.

Selbstmedikation

Eigenständige, ohne Konsultation eines Arztes, u.U. nach Beratung durch einen Apotheker vorgenommene Anwendung von apothekenpflichtigen oder freiverkäuflichen Arzneimitteln durch den Patienten. Im Jahre 1997 wurden in Deutschland für die Selbstmedikation 8,9 Mrd. DM ausgegeben, darunter 1,6 Mrd. DM für Husten- und Erkältungsmittel, 1 Mrd. DM für Magen und Verdauung, 0,9 Mrd. für Schmerzmittel und 0,86 Mrd. DM für Vitamin- und Mineralstoff-Präparate (→ Apotheken-Marketing).

Selektionsstrategie
→ Vertikale Marketingstrategie

Selektive Absatzpolitik → Segmentierung

Selektive Lagerhaltung

Ausgangspunkt einer selektiven Lagerhaltung ist die Überlegung, dass nicht alle Güter im System der → Marketing-Logistik gleichartig behandelt werden können oder müssen. So unterscheiden sich diese Güter nach Lagerwert, Wert-Volumen-Verhältnis, Haltbarkeit, Umschlagsgeschwindigkeit, Prognosegenauigkeit der Nachfrage und Abnehmerwert. Letzterer bezeichnet den subjektiven Wert eines Produktes aus Sicht des Abnehmers, der bei auftretendem Bedarf insb. die Bedeutung der Verfügbarkeit (Lieferbereitschaft) des Gutes beeinflusst (→ Lieferservice).

In Abhängigkeit von den im Folgenden aufgeführten Kriterien werden Entscheidungen darüber gefällt, auf welcher Stufe, wo, wie zentral und in welcher Anzahl einzelne Produkte individuell unterschiedlich im Lagersystem vorgehalten und disponiert werden sollen (Vorratspolitik, → Depotplanung).

(1) *Umschlagsgeschwindigkeit, -häufigkeit:* Sie bezeichnet die Anzahl von Einheiten eines Produkttyps, die in einer Periode umgeschlagen werden bzw. eine bestimmte Stufe des Logistik-Systems durchlaufen. Sog. „Langsamdreher" werden tendenziell zentral gelagert und nachfrageorientiert in geringen Stückzahlen distribuiert. „Schnelldreher" werden tendenziell spekulativ, also prognoseorientiert distribuiert, d.h. auch dezentral in der Fläche gelagert.

(2) *Lagerwert:* Er bezeichnet den in Geldeinheiten ausgedrückten Wert eines Produktes im Distributionssystem. Grundsätzlich wird angestrebt, nur Produkte auf niedrigem Wertschöpfungsniveau spekulativ zu lagern. Als Wertzuwachs werden dabei nicht nur das infolge Transformationsprozessen (zusätzlich) gebundene Kapital, sondern auch der Grad an Produktindividualisierung und der Grad an räumlicher Kundennähe interpretiert. Es wird angestrebt, die so verstandene Wertschöpfung erst so spät wie möglich zu realisieren, also erst bei Vorliegen konkreter Kundenaufträge. Ferner sollen höherwertige Produkte tendenziell zentral gelagert werden (Prinzip des Postponement) (→ Just-in-Time-Logistik).

(3) *Speicherbarkeit, Haltbarkeit, Geschwindigkeit des ökonomischen Veraltens:* Diese Kriteriengruppe trifft auf Frischeprodukte ebenso wie auf Tageszeitungen. Es liegt auf der Hand, dass i.d.S. zeitkritische Produkte im Distributionssystem anders gehandhabt werden als längerlebige Produkte. Hier bieten sich eher Zentrallagerkonzepte in Verbindung mit schnellen, flexiblen Transport- und Umschlagspunktsystemen an.

(4) *Prognosegenauigkeit:* Entsprechend der Genauigkeit der → Nachfrageschätzung können Produkte in solche mit regelmäßigen, saisonalen oder unregelmäßigen Nachfrageeigenschaften unterteilt werden (→ XYZ-Analyse). Während X und Y-Teile weitgehend prognoseorientiert distribuiert werden können (tendenziell dezentrale Lagerhaltung), werden Z-Teile auftragsorientiert distribuiert (tendenziell zentrale La-

gerhaltung), wobei jedoch eine spekulative Lagerhaltung weitgehend vermieden wird.

(5) *Jahresverbrauchswert, Umsatzanteil:* Nicht alle Produkte des Sortiments leisten den gleichen Beitrag zum Periodenumsatz. Eine nach bestimmten Kriterien (→ ABC-Analyse) erfolgte Klassifizierung des Sortiments gem. Jahresverbrauchswert ermöglicht eine differenzierte Distributionslogistik. So wird Produktgruppen mit hohem Umsatzanteil im Distributionssystem ein höheres Gewicht beigemessen. Sie werden sorgfältiger disponiert, Nachfrageausfälle infolge Fehlbestellungen sollen gerade hier peinlichst vermieden werden.

(6) *Produktlebenszyklus:* In der frühen Phase des → Lebenszyklus ist die Verfügbarkeit von größerer Bedeutung als in der Reife- und Degenerationsphase. Daher kommt es eher zu dezentraler, spekulativer Lagerhaltung.

Es gibt keine einheitliche Politik der selektiven Lagerhaltung für alle Unternehmen. Vielmehr unterscheiden sich Art und Umfang der selektiven Lagerhaltung von Unternehmen zu Unternehmen. Immer geht man jedoch von dem Grundgedanken aus, das Lagerhaltungssystem für eine zielgruppenspezifische Marktbearbeitung auszulegen. Für die im Rahmen der Unternehmensstrategie festgelegten, segmentspezifischen Serviceniveaus gilt es dann, die logistischen Gesamtkosten zu minimieren (→ Marketing-Logistik-Strategie, → Lieferservice).

Die Anwendung der Selektionsmethoden führt dazu, dass Artikel mit spezifischen Eigenschaften im gesamten Bereich der Lagerhaltung oder in bestimmten Teilbereichen unterschiedlich behandelt werden. So kann für jede Artikelklasse der Bestellvorgang anders ablaufen, die Lieferbereitschaft unterschiedlich hoch sein und die Anzahl der Auslieferungspunkte verschieden sein. Kostenüberlegungen führen dazu, Artikel mit geringem Umsatzanteil nur an wenigen Auslieferungspunkten zu lagern. Man geht davon aus, dass der Sicherheitsbestand eines Artikels insgesamt umso größer ist, je mehr Lagerorte zur Befriedigung einer bestimmten Nachfrage benutzt werden. Neben den Kosten der Kapitalbindung erhöhen sich mit der Anzahl der Lager jedoch u.a. auch die Personalkosten und die Raumkosten. Da der Umsatz je Lager steigt, je weniger Lager vorhanden sind, sprechen die Lagerkosten für eine Zentralisierung der Lager. Gegen eine Zentralisierung sprechen i.a. die Transportkosten, weil wegen des Fehlens von Lagern in den regionalen Märkten die Möglichkeit verloren geht, die Produkte in großen Transporteinheiten möglichst nahe an die Einzelmärkte heranzubringen. Die Transportkosten erhöhen sich aber bei einer Zentralisierung von umsatzstarken und umsatzschwachen Artikeln relativ gleich stark. Deshalb spricht ein Vergleich der Lagerkostensenkung und der Transportkostenerhöhung dafür, umsatzstarke Artikel in mehreren Auslieferungspunkten dezentral zu lagern, umsatzschwache Artikel dagegen möglichst zentral zu lagern.

Teilt man die Artikel nach der → ABC-Analyse in drei Klassen ein, so lässt sich folgende Politik formulieren: A-Artikel sind so umsatzstark, dass es gerechtfertigt ist, sie in allen lokalen Lagern zu lagern. B-Artikel sind weniger umsatzstark und werden in wenigen, ausgesuchten regionalen Auslieferungslagern gelagert. C-Artikel werden wegen des geringen Umsatzes nur im Zentral- oder Werkslager gelagert.

Geht man davon aus, dass bei einer Zentralisierung der Lager die Auslieferungszeit der Ware an den Kunden steigt, so sinkt der Lieferservice für die zentral gelagerten Artikel ab. Da jedoch nur die umsatzschwächeren Artikel davon betroffen werden, wird der Lieferservice für den gesamten Umsatz nur unwesentlich beeinträchtigt. Er kann sogar erhöht werden, wenn man infolge der Kostensenkung, welche durch die Zentralisation der umsatzschwachen Artikel ermöglicht wird, freigesetzte Mittel dazu verwendet, die Sicherheitsbestände und somit die Lieferbereitschaft der umsatzstarken Artikel zu erhöhen und bei bes. zeitkritischem Bedarf schnelle und flexible Transportsysteme einzusetzen. W.De./R.A.

Literatur: *Pfohl, H.-Chr.*: Logistiksysteme, 5. Aufl., Berlin u.a. 1996. *Schulte, Chr.*: Logistik, 3. Aufl., München 1999.

Selektivvertrieb

Wenn sich der Hersteller im Rahmen der → Vertriebswegepolitik dazu entschließt, die Anzahl der Händler nach *qualitativen* Gesichtspunkten zu begrenzen, so wird von Selektivvertrieb gesprochen. Der Hersteller beliefert in diesem Fall nur solche Händler, die bestimmten Vorstellungen seiner Vermarktungskonzeption folgen. Dabei ist zu unterscheiden zwischen

(1) einem lediglich *wählerischen Verhalten* des Herstellers bei der Strukturierung

des Vertriebsweges (Selektivvertrieb i.w.S.),

(2) der Bereinigung des Absatzkanals durch *definitive Exklusion* von Händlern, die bestimmte qualitative Anforderungen nicht erfüllen (Selektivvertrieb i.e.S.), und

(3) der über die qualitative Selektion hinausgehenden *quantitativen Beschränkung* des Absatzmittlerkreises (→ Exklusivvertrieb).

Die Gründe für jegliche Form selektiven Verhaltens liegen u. a. in den Händlermerkmalen, die unmittelbar die Zielkriterien des Herstellers, wie z.B. Erträge, Kosten und Risiken des Absatzes, beeinflussen. Zu den Merkmalen, nach denen die Händler ausgewählt werden, zählen z.B. Größe, Branchenzugehörigkeit, Handelsstufenzugehörigkeit, bisherige Abnahmemenge pro Jahr, zeitliche Abnahmestruktur, Einkaufsstätenimage, Schaufenstergröße, Kundendiensteinrichtungen, Qualifikation des Verkaufspersonals, Sortimentsbreite und -tiefe, Zahlungsgewohnheiten und Umfang der ausgeübten Handelsfunktionen. Häufig wird der Selektivvertrieb durch → Vertriebsbindungen vertraglich geregelt. Der Entscheidung des Herstellers, einen Händler von der Belieferung auszuschließen, sind jedoch rechtliche Grenzen gezogen, die insb. im Verbot der → Diskriminierung nach § 20 I, II GWB liegen.

Die definitive Exklusion bestimmter Händler beim Selektivvertrieb i.e.S. und beim Exklusivvertrieb ist auf unterschiedliche Gründe zurückzuführen. *Erstens* kann die Exklusion *extern bedingt* sein, z.B. durch rechtliche Vorschriften (rezeptpflichtige Pharmazeutika, jugendgefährdende Schriften, erwerbsscheinpflichtige Waffen etc.) oder durch Vorschriften anderer Wirtschaftssubjekte (z.B. im Zusammenhang mit Lizenzverträgen).

Zweitens soll die Gefahr einer *unmittelbaren Beeinträchtigung* des Herstellers durch die betreffenden Händler vermieden werden. Im Einzelnen sind dies z.B. die Vermeidung von Produkthaftungsansprüchen als Folge von Instruktionsfehlern im Vertriebsweg, die Vermeidung unerwünschter Kundenstrukturrelationen (z.B. einseitige Abhängigkeit von mächtigen Handelsorganisationen) und die Vermeidung direkter Konkurrenz in Absatzsegmenten, die sich der Hersteller vorbehält.

Drittens besteht die Gefahr einer *mittelbaren Beeinträchtigung* des Herstellers, wenn sich bestimmte Merkmale oder Verhaltensweisen der unerwünschten Händler negativ auf die Verbraucherzielgruppe und/oder Händlerzielgruppe des Herstellers auswirken.

Hohe Bedeutung hat der Selektivvertrieb seit vielen Jahren in der *Automobilindustrie*. Trotz der Tatsache, dass der Selektivvertrieb den Wettbewerb in einem gemeinsamen Markt behindern kann, ist den Herstellern die Anwendung des Selektivvertriebs über die EG-Gruppenfreistellungsverordnung (GVO) von 1985 gestattet worden. Begründet wurde diese Ausnahme damit, dass der Selektivvertrieb in dieser Branche dazu beitrage, die Verbraucher mit bestimmten Leistungen wie z.B. fachgerechtem Kundendienst und qualitativ hochwertigen Ersatzteilen zu versorgen. Diese Abwägung hat die EG-Kommission auch 1995 veranlasst, die Verordnung über die → Gruppenfreistellung für Vertriebs- und Kundendienstvereinbarungen über Kraftfahrzeuge bis zum 30.9.2002 zu verlängern. Die Händler haben dabei mehr Freiräume erhalten, wie z.B. das Recht auf Mehrmarkenvertrieb. H.Schr./D.A.

Literatur: *Ahlert, D.*: Absatzkanalstrategien des Konsumgüterherstellers auf der Grundlage Vertraglicher Vertriebssysteme mit dem Handel, in: *Ahlert, D.* (Hrsg.): Vertragliche Vertriebssysteme zwischen Industrie und Handel, Wiesbaden 1981, S. 43-98. *Ahlert, D.*: Distributionspolitik, 3. Aufl., Stuttgart, Jena 1996, S. 153–158, 205-213. *Ahlert, D.; Schröder, H.*: Rechtliche Grundlagen des Marketing, 2. Aufl., Stuttgart u.a. 1996, S. 390–394.

Self-Liquidating-Angebote

sind ein Instrument der → Verbraucher-Promotions. Hierbei handelt es sich um attraktive Artikel, oft → Partiegeschäfte, die ergänzend zum eigentlichen Produkt oder Sortiment, quasi als → Zugabeangebote und im Wege der → Ausgleichskalkulation i.d.R. besonders günstig kalkuliert, allerdings zumindest kostendeckend verkauft werden. So werden bspw. Sturmfeuerzeuge, Western-Tassen, Schuhe im Zusammenhang mit bestimmten Zigarettenmarken offeriert oder Bücher, Uhren u.ä. Artikel in Kaffeegeschäften. Hauptziel ist die Erhöhung der Kundenfrequenz und die Aktualisierung des Sortimentes.

Self-Scanning
→ Kassenorganisation im Handel,
→ Scanner

Selling Center
gedankliche Zusammenfassung aller am Akquisitions- und Verhandlungsprozess des Anbieters beteiligten Personen oder – wie im Fall von → Anbietergemeinschaften und Konsortien – Organisationen. Im Selling Center existieren analoge Strukturen und Prozesse wie im → Buying Center, sodass der Kaufprozess erst nach Durchdringung beider Seiten voll verständlich wird. Unter praktischen Gesichtspunkten interessiert v.a. die Verantwortlichkeit gegenüber dem Kunden, bei der heute durchweg das Prinzip des „one face to the customer", d.h. eine personell gebündelte Kontaktkompetenz verfolgt wird, auch wenn mehrere Personen im Selling Center mitarbeiten (→ Key Account Management, → Teamorganisation). Der Kunde soll dadurch jederzeit einen voll informierten und für seine Anliegen engagierten Ansprechpartner im Lieferunternehmen besitzen, der ihm gleichermaßen kompetent wie sympathisch erscheint (→ Beziehungsqualität). Darüber hinaus sollte das Selling Center so strukturiert sein, dass den spezifischen Strukturen des Buying Center Rechnung getragen wird, also z.B. eigene Logistik-Fachleute für Logistiker auf Kundenseite etc., was zu Teamorganisationen im Verkauf führt. Nach der Ähnlichkeitshypothese empfiehlt es sich ferner, die spezifischen Persönlichkeitsmerkmale der im Buying Center aktiven Personen durch entsprechende Auswahl von Selling Center-Akteuren zu berücksichtigen. Als für die Lieferantentreue unterstützend haben sich schließlich sog. → Beziehungspromotoren erwiesen.

Semantisches Differential
In seiner ursprünglichen Form zur mehrdimensionalen → Messung von Wortbedeutungen verwendet. Bei weiterentwickelten Varianten wird ein Objekt (Person, Wörter, Gegenstände) mit einer Anzahl siebenstufiger, bipolarer Ratingskalen (→ Skalierungstechnik) beurteilt. Zur Bildung der Gegensatzpaare wurden zunächst nur metaphorische Items verwendet (sog. Konnotationen, z.B. männlich/weiblich für Zigaretten). Da diese metaphorischen Gegensatzpaare nur wenig Anhaltspunkte für die konkrete Planung und Umsetzung der Produkt- und Kommunikationspolitik bieten, werden in der Marketingforschung verstärkt konkrete, produktspezifische Items verwendet (sog. Denotationen, z.B. lieblich/herb, frisch/abgestanden für Bier; fade/prickelnd für Sekt). Mittels → Faktorenanalyse konnten hierbei bspw. drei Dimensionen nachgewiesen werden. Gegensatzpaare wie gut/schlecht, sympathisch/unsympathisch repräsentieren die *Bewertungs*dimension („evaluation"). Eine zweite Dimension betrifft die *Stärke* („potency") und wird aus Adjektivpaaren wie stark/schwach, klein/groß gebildet. Gegensatzpaare wie aktiv/passiv, schnell/langsam repräsentieren die Dimension *Aktivität* („activity"). Diese drei Dimensionen (Faktoren) bilden den sog. semantischen Raum. Durch die Hinzunahme von objektbezogenen, sachlich-rationalen Items können sich auch noch weitere Faktoren ergeben. Um diese Weiterentwicklung des Semantischen Differentials zu verdeutlichen, spricht man auch von *Multi-Item Profilen*. Eine weitere Modifikation ist als → Polaritätenprofil bekannt.

Die einfachste Auswertungsmöglichkeit besteht darin, die Mittelwerte pro Gegensatzpaar durch Linien miteinander zu verbinden. Man erhält einen Profilverlauf, der sich im Vergleich zu anderen Profilen (z.B. konkurrierende Marken) interpretieren lässt. Der Abstand zweier Objekte im semantischen Raum kann auch durch die Berechnung der Euklid-Distanz (d_{ij}) erfolgen, d.h.

$$d_{ij} = \sqrt{\sum_{k=1}^{m} (x_{ik} - x_{jk})^2}$$

x_{ik}, x_{jk} = Werte der Objekte i und j für Eigenschaft k (k = 1, ..., m).

Das Verfahren macht einige Annahmen:

(1) Es lassen sich *echte Gegensatzpaare* bilden, die auch von den Personen als solche verstanden werden – die Verwendung *einpoliger Skalen* kann hier Abhilfe bei Problemen schaffen.
(2) Die Ratingskalen werden als *Intervallskala* verwendet.
(3) Es wird ein *echter Mittelpunkt* angenommen.

Für die technische Umsetzung wird deshalb auch die Vorgabe der Kategorie „weiß nicht" empfohlen, wodurch andererseits zahlreiche „fehlende Werte" provoziert werden. Die Gegensatzpaare sollten weiterhin so angeordnet werden, dass links nicht nur positive Adjektive stehen. Dadurch werden individuelle Antworttendenzen (z.B. Extremwerttendenz, Ja-Sager-Tendenz) verringert. B.N.

Literatur: *Berekoven, L.; Eckert, W.; Ellenrieder, P.*: Marktforschung, 8. Aufl., Wiesbaden 1999. *Böhler, H.*: Marktforschung, 3. Aufl., Stuttgart 1997. *Osgood, C.E.; Suci, G.J.; Tannenbaum, P.H.*: The Measurement of Meaning, Urbana, Ill. 1957.

Semantisches Netzwerk

ist ein Ansatz zur Repräsentation von Wissen im Langzeitgedächtnis (→ Gedächtnistheorien). Netzwerke bestehen allgemein aus Knoten und Kanten. Bei Semantischen Netzwerken bilden i.d.R. verbale Konzepte die Knoten, die durch verschiedene Relationen (Assoziationen) in Form von Kanten miteinander verbunden sind. Semantische Netzwerke weisen eine hierarchische Struktur mit einem Vererbungsmechanismus auf, durch den untergeordnete Ebene die Konzepte der übergeordneten Ebene übernehmen. Dieser Mechanismus führt zu einer Reduzierung des Speicheraufwandes (Prinzip kognitiver Ökonomie). Im Einzelnen lässt sich ein Semantisches Netzwerk durch folgende Merkmale charakterisieren:

– unterschiedliche Arten von Konzepten,
– unterschiedliche Arten und Intensitäten von Assoziationen zwischen den Konzepten,
– hierarchische Anordnung der Konzepte.

Die *Abbildung* zeigt ein hypothetisches Semantisches Netzwerk für die Marke Marlboro.

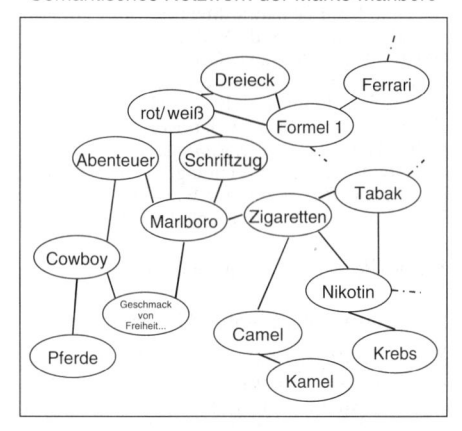

Im Gegensatz zu multiattributiven Einstellungsmodellen (→ Einstellung) modellieren Semantische Netzwerke die Verschiedenartigkeit der Beziehungen zwischen einzelnen Wissensbestandteilen. Spezielle Semantische Netzwerke stellen *Propositionale Netzwerke*, *Schemata* und *Skripts* sowie → Means-End-Ketten dar.

Neben der Struktur von Semantischen Netzwerken besitzen diese auch prozessuale Besonderheiten. Den ersten Prozess bildet die Aktivierung eines Netzwerkes durch sensorische oder motivationale Reize. Die Aktivierung eines Konzeptes breitet sich über die Assoziationen auch auf angrenzende Konzepte aus, wobei diese Aktivierung mit steigender (semantischer) Distanz abnimmt. Den zweiten wichtigen Prozess bildet die Veränderung von Semantischen Netzwerken durch Lernprozesse. Lernprozesse lassen sich in Netzwerken durch das Bilden neuer Knoten, neuer Kanten zwischen Knoten sowie durch Änderungen der Stärke existierender Kanten abbilden (*Grunert*, 1982). Im Zusammenhang mit Schemata haben *Rummelhart/Norman* mit den drei Prozessen Wissenszuwachs, Schema-Abstimmung und Schema-Umbildung einen spezifischen Ansatz von Lernprozessen entwickelt (*Rummelhart/Norman*, 1978).

Zur methodischen Erhebung von semantischen Netzwerken eignen sich speziell qualitative Befragungsformen (z.B. assoziative Befragungen, freie und gestützte Reproduktion, Gruppendiskussionen). Die durch diese Verfahren erhobenen Daten werden durch inhaltsanalytische Verfahren ausgewertet und zu individuellen oder kollektiven Netzwerken verbunden (*Grunert*, 1990). Daneben lassen sich ergänzend Beobachtungsverfahren wie Kategorisierung und Zeitmessungen einsetzen.

Exemplarische Anwendungsgebiete von Semantischen Netzwerken in der Marketingwissenschaft sind Produktbeurteilungen, Kaufentscheidungen, Imagetransfers, Markenwertbestimmung, Integrierte Kommunikation sowie Werbung.

Kritisch an der Nutzung Semantischer Netzwerke für das Marketing ist neben dem hohen Aufwand der Erhebung sowie der Problematik der Aggregation der bisher noch nicht geklärte Zusammenhang zum Kaufverhalten. C.Bau.

Semiotik

Literatur: *Collins, A.M.; Quillian, M.R.:* Retrieval Time from Semantic Memory, in: Journal of Verbal Learning and Verbal Behavior, 8.Jg. (1969), H. 2, S. 240–247. *Grunert, K.:* Informationsverarbeitungsprozesse bei der Kaufentscheidung, Diss., Frankfurt, Bern 1982. *Grunert, K.:* Kognitive Strukturen in der Konsumforschung, Habil., Heidelberg 1990. *Rummelhart, D.E.; Norman, D.A.:* Accretion, Tuning and Restructury, in: *Klatzky, R.L.; Cotton, J.W.* (Hrsg.): Semantic Factors in Cognition, Hilsdale 1978, S. 37–53.

Semiotik → Marketing-Semiotik

Seniorenmarkt, 60-plus-Generation

Von dem Begriff *Senioren* fühlt sich die betroffene → Zielgruppe nicht angesprochen. Mit der steigenden Lebenserwartung, den Fortschritten der Medizin und dem erheblichen Zuwachs an finanzieller Potenz der über 50- bzw. der über 60-jährigen vollzog sich seit den 60er-Jahren ein Wandel des Lebensgefühls und der Lebenseinstellungen der älteren Generation. Da der Begriff der „Senioren" von überkommenen Vorstellungen besetzt ist, die das Alter mit Rückzug aus dem sozialen Leben und zunehmender physischer Gebrechlichkeit gleichsetzen, erkennen sich die lebenslustigen Älteren darin nicht wieder. Der neutrale Begriff 60-plus-Generation oder der das Lebensgefühl ansprechende Begriff „Best ager" sind treffender und akzeptierter.

Es gibt keine gesellschaftliche/demographische Gruppe, die sich im 20. Jahrhundert mehr verändert hat als die der über 50-Jährigen/60-Jährigen. Die Veränderungen betreffen die Altersstrukturen selbst, aber auch Gesundheit und Vitalität, Lebensgefühl und Lebensstil, Einkommensstruktur und gesellschaftlichen Status. Die Älteren

Abb.: 1: Durchschnittliche Lebenserwartungen

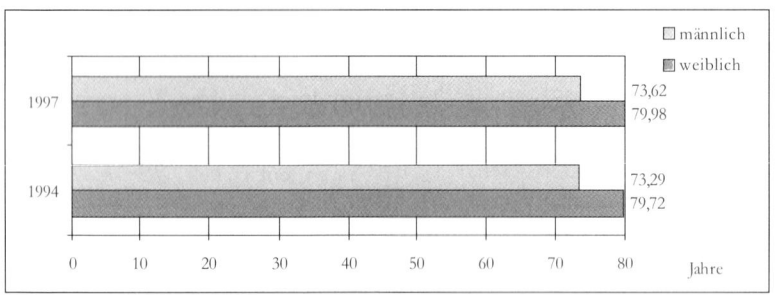

Jahr	männlich	weiblich
1997	73,62	79,98
1994	73,29	79,72

(Quelle: *Stat. Bundesamt*, 8/1999)

Abb. 2: Vermögensverhältnisse nach Altersgruppe (Bezugsperson: Haushaltsvorstand)

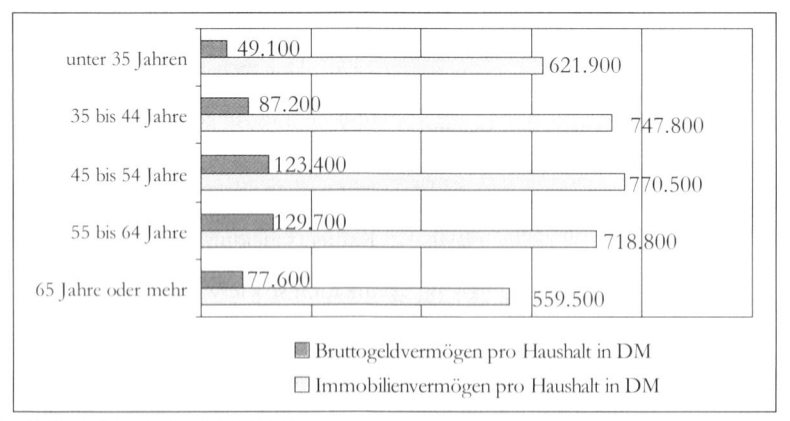

Altersgruppe	Bruttogeldvermögen pro Haushalt in DM	Immobilienvermögen pro Haushalt in DM
unter 35 Jahren	49.100	621.900
35 bis 44 Jahre	87.200	747.800
45 bis 54 Jahre	123.400	770.500
55 bis 64 Jahre	129.700	718.800
65 Jahre oder mehr	77.600	559.500

(Quelle: *DIW*, BBE – Spiegel 43/1999)

Abb. 3: Frei verfügbares Einkommen ab 50 Jahre
(Prozentuale Verteilung des monatlichen Einkommens nach Abzug der Lebenshaltungskosten)

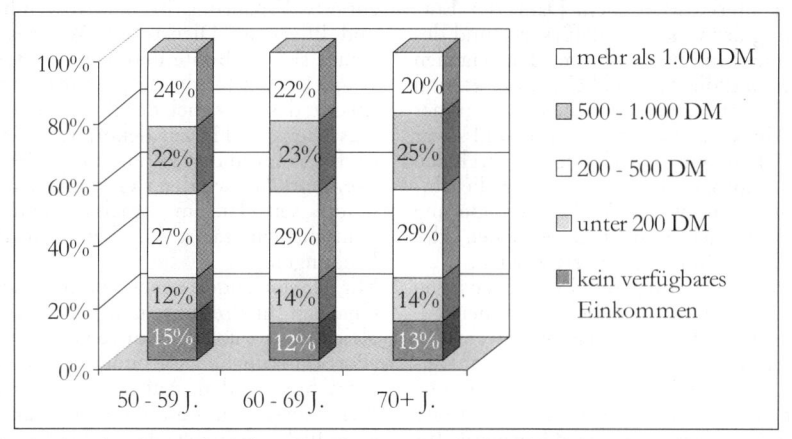

	50 - 59 J.	60 - 69 J.	70+ J.
mehr als 1.000 DM	24%	22%	20%
500 - 1.000 DM	22%	23%	25%
200 - 500 DM	27%	29%	29%
unter 200 DM	12%	14%	14%
kein verfügbares Einkommen	15%	12%	13%

(Quelle: *Institut der deutschen Wirtschaft, Seniorenmarketing W&V*)

verfügen über die höchste frei verfügbare Kaufkraft.
Der Markt der 60-plus-Generation weist große und absehbar zunehmende Kapazitäten auf. Die Zielgruppen über 50 Jahre werden bereits im Jahr 2005 das größte Bevölkerungspotential darstellen, mit weiter zunehmender Tendenz bis 2040 und die über 60-Jährigen werden laut Prognose des Stat. Bundesamtes bis 2040 schätzungsweise 36,8 % ausmachen. Damit erhält die ältere Generation zahlenmäßig ein hohes gesellschaftliches Gewicht. Das Durchschnittsalter der deutschen Bevölkerung stieg zur Jahrhundertwende bereits auf 46,1 Jahre.
Mit der hohen Lebenserwartung korrespondiert auf der psychologischen Seite ein hohes und weiter steigendes Vitalitätsniveau, das zu zunehmender Dynamik der Verhaltensweisen (Mobilität), zu zunehmender Lebensfreude bis ins hohe Alter und zu einem stabilen Selbstwertgefühl führt. Die Einstellungen und Verhaltensweisen, die Selbsterfahrung und Selbsteinschätzung des älteren Potentials unserer Gesellschaft entwickeln sich in Richtung einer Verjüngung. Diese Verjüngung betrifft die Mentalität und das Lebensgefühl ebenso wie die Lebensgestaltung und die Lebensstile.
Neuere Untersuchungen zeigen, dass die meisten älteren Menschen sich subjektiv deutlich „jünger" fühlen als sie sind. Das subjektive Alter liegt deutlich unter dem realen Lebensalter. Die Erwartungen an das Leben, an die gesellschaftliche Rolle, die man spielt, und an die Konsumwelt entsprechen dem subjektiven, nicht dem faktischen Alter. In den kommenden Jahren wird die subjektive Verjüngung weitergehen. Das Klischee der „Alten" ist längst überholt. So individuell farbig, so unterschiedlich dynamisch und flexibel sich die übrigen Altersgruppen in der Gesellschaft zeigen, so hat sich das Bild der über 50- bzw. über 60-Jährigen entwickelt. Nicht das biologische Le-

Tab. 1: Entwicklung der Gesamtbevölkerung der Bundesrepublik Deutschland in Mio. Menschen

	1992	2000	2020	2040
bis 24 Jahre	23,3	23,1	20,0	18,9
25–44 Jahre	25,3	25,2	20,1	18,4
45–59 Jahre	15,9	15,9	18,8	15,7
60–79 Jahre	13,3	16,3	18,2	19,1
über 80 Jahre	3,2	2,8	4,8	5,5

(Quelle: *TdW Intermedia* 1998/99)

bensalter, sondern die Befindlichkeit prägt das Lebensgefühl und das Konsumverhalten der älteren Menschen. Dank der Entwicklung der Gesundheitsfürsorge und des zunehmenden Wissens um den eigenen Körper und die Möglichkeiten, ihn gesund und vital zu erhalten, fühlen sich immer mehr Menschen über 50, über 60 und sogar über 70 Jahre jung wie eh und je. Durch den Alterungsprozess bedingte körperliche Einschränkungen, wie z.B. die Veränderung der Sehfähigkeit, können ausgeglichen oder durch Behandlung verbessert werden.

Die Lebensgestaltung der älteren Menschen ist immer weniger von Bescheidenheit geprägt. Die *Bestagers* wollen aus ihrem Leben mit relativ viel Zeit und meist ausreichend Geld das Beste machen. Sie interessierten sich für die Märkte Gesundheit und Fitness, für Körperpflege und Kosmetik, für die schöne Gestaltung der Wohnumwelt, für ein angemessenes und komfortables Maß an Mobilität, für vielfältige Kommunikationsmöglichkeiten und alles, was zur Verbesserung der Lebensqualität dienen kann. Komfort und Service stehen bei den insgesamt sehr hohen Ansprüchen im Vordergrund. *Opaschowski* spricht von einer „Anspruchsrevolution" der über 50-Jährigen. Dahinter steht eine sich rasch entwickelnde neue Komplexität und Differenziertheit und ein neues Selbstbewusstsein der Älteren.

Wie beim → Jugendmarkt zeigt sich auch bei den Älteren eine Differenzierung unterschiedlicher Zielgruppen, die nicht durch unterschiedliche Altersphasen bestimmt ist. Der Trend zum Individualismus hat auch die älteren Zielgruppen erfasst und sie ebenso diversifiziert wie die jüngeren. Eine durch die Alterszugehörigkeit gegebene Homogenität ist längst verschwunden. Durch die Individualisierung und die Vielfalt der Lebensstile zeigt der Markt der älteren Menschen ein von unterschiedlichen Wünschen und Erwartungen gefärbtes Bild. Die vielfältigen, individuellen Wünsche resultieren teils in einem ähnlichen Konsumverhalten, wie bei jüngeren Marktteilnehmern und teils in alterstypischen Verhaltensweisen.

Bereiche, in denen *anders* und zugleich *mehr* konsumiert wird sind: Gesundheitsprodukte und Körperpflege, spezifische Convenienceprodukte, Gartenprodukte und Heimwerkerbedarf, Zeitungen, Zeitschriften und Medien allgemein. Der *Gesundheitsmarkt* für die 60-plus-Generation reicht von OTC-Produkten im Apotheken- und Drogeriebereich über gesundheitsorientierte Ernährung bis zu Anwendungen und Pflege im Dienste der Wellness und weitet sich in Breite und Tiefe weiter aus. Ähnliches gilt für die *Körperpflege* mit dem Zusatz, dass hier auch der Bereich des guten Aussehens bis hin zur dekorativen Kosmetik für Haut und Haar zunimmt. Bei *Nahrungsmitteln* werden Gesundheitspakete schon seit langem beachtet und man wünscht sich präzise Angaben dazu auf den Packungen.

Mit der steigenden Lebenserwartung steigen Chancen für Produkte und Packungen, die gleichzeitig unter Convenienceaspekten (Portionierung, Öffnungsmechanismen) betrachtet werden. Auf dem *Conveniencesektor* insgesamt kann die demographische Verschiebung zu den älteren Märkten einen Boom auslösen. Die anspruchsvollen, auf Lebensqualität eingestellten Älteren beklagen *Conveniencemängel* vom Reiseangebot bis zur Heimausstattung, vom Gartenwerkzeug bis zur Kücheneinrichtung. Sie interessieren sich zunehmend für die Anwendung des technischen Fortschritts auf die Vereinfachung des Lebens. Auch die *Computernutzung* zeigt eine, wenn auch noch langsame kontinuierliche Zunahme im älteren Marktsegment (z.Z. nutzen 10% der Älteren einen PC: Der Anteil der über 50-jährigen Internet-Nutzer betrug 1998 bereits 10%). Auffallend ist der rasche Anstieg des Interesses älterer Menschen an Produktneuheiten aller Art und an neuen Medien.

Die Lebensstile der westlichen Welt werden es den älteren Menschen zunehmend leichter machen, lange jung zu bleiben. Nicht nur durch die medizinischen Möglichkeiten zur Überwindung von Altersbeschwerden, sondern auch durch den kontinuierlichen Rückgang der Anforderungen an die körperliche Leistungsfähigkeit. Die normalen Lebensvollzüge werden immer anstrengungsärmer.

Körperbewusstsein, Körpergefühl, Körpertraining, Freude am eigenen Körper, Einsatz von Mitteln und Maßnahmen, diese Freude so lange wie möglich zu erhalten nehmen zu. Hierzu gehört auch die Pflege des Erscheinungsbildes und die Überwindung physiologisch bedingter Einschränkungen. Der ältere Mensch beschäftigt sich mehr als je zuvor mit sich selbst und seinem Körper.

Um den Körper fit zu halten, werden vielfältige Produkte und Trainingsangebote genutzt. Man hat gelernt, dass Fitness- und Wellnessmaßnahmen nicht nur die Körperfunktionen anregen, sondern auch die Lebensgeister. Jung bleiben ist ein mentaler Vorgang, und je mehr Möglichkeiten es für ältere Menschen gibt, sich von Anstrengungen und belastenden körperlichen Tätigkeiten zu befreien, desto leichter wird das Jungbleiben. Im Bereich der physischen und psychischen Entlastung gibt es z.Zt. noch Marktlücken. Mit psychischer Entlastung ist u.a. der Bereich Sicherheit angesprochen. Die alleinlebende ältere Person braucht mehr Angebote zur Sicherung gegenüber Kriminalität und gegenüber Unfällen im Haushalt.

Das Marketing kann davon ausgehen, dass die älteren Zielgruppen zwar vorsichtig und sparsam sind, andererseits aber für Produkte und Leistungen, die die Lebensqualität erhöhen, die Lebensfreude steigern, die Sicherheit verbessern und das Leben verlängern, zu hohen Ausgaben bereit sind.

Das hohe Anspruchsniveau der 50/60-plus-Generation resultiert in einem hohen *Markeninteresse*. Die Marke gilt noch als Qualitätsgarant, aber das Preis-Leistungsverhältnis wird trotzdem sorgfältig beachtet. Discountangebote ohne Qualitätsminderung werden gerne angenommen, besonders wenn es sich um bekannte Marken handelt. Aldiprodukte gelten als „gute Qualität zu günstigem Preis". Die hohen Qualitätsansprüche gelten sehr deutlich auch für den *Service im Einzelhandel*. Das zunehmende Selbstbewusstsein der Älteren führt zur steigenden Durchsetzungskraft von Servicewünschen und Servicemängel werden immer konsequenter durch den Wechsel der Einkaufsstätte sanktioniert.

Enttäuscht ist die Zielgruppe über den Durchschnitt der Produkt- und Dienstleistungswerbung, die den „jungen" über-50er nur unterproportional berücksichtigt. Die zuweilen zu hörende These, dass auch die älteren Menschen in der Werbung lieber die Jugend sehen wollen, stimmt nach zahlreichen Untersuchungen nicht. Man möchte genau das sehen, was man ist und sein möchte: Den jugendlich-dynamischen, lebensstarken, aktiven 50-plus-Menschen.

Mit der zunehmenden Jugendlichkeit älterer Menschen nehmen soziale Vorurteile ab. Damit wird der ältere Mensch nicht mehr an den Rand der Gesellschaft gedrängt, sondern kann sich dort frei bewegen, wo auch jüngere ihr Leben genießen. Da sie aber nicht „noch einmal zwanzig sein" wollen, sondern ihr Leben als ältere Menschen genießen möchten sind junge Menschen weder Konsumvorbilder noch Motivationslokomotiven. Die Lebenswelten von Alt und Jung überschneiden sich vielfältig, aber lösen sich nicht ineinander auf – allein schon deshalb, weil die Bedürfnisstruktur, auch wenn sie sich auf gleiche Produkte oder Leitungen richtet, psychologisch grundlegend verschieden ist.

Die 60-plus-Generation hat einen für diese Zielgruppe spezifischen gesellschaftlichen Wandel vollzogen. Sie kehrte vom Altenteil in die Mitte des Lebens zurück. Sie übernimmt gesellschaftliche Aufgaben und entwickelt gegenüber Konsum und Dienstleistung höchste Ansprüche. Aufgrund der demographischen Eckwerte und der Fortschritte im Gesundheitsbereich wird diese Entwicklung weiter anhalten.

C.L.

Literatur: *Opaschowski, H.-W.:* Leben zwischen Muss und Muße, Die ältere Generation: Gestern-Heute-Morgen, Hamburg 1998.

Sensale

amtlich bestellte Handelsmakler bei internationalen Verkaufsveranstaltungen (→ Warenbörsen; → Auktionen, internationale; → Handelsmakler), auch süddeutsche und österreichische Bezeichnung für Kursmakler (franz.: Courtier). Ihnen obliegt die Vorbereitung oder Kursfeststellung. Für ihre Tätigkeit erhalten sie die Sensarie oder Kur-

Tab. 2: Steigerung des Interesses an neuen Produkten

Alter:	50–54	55–59	60–64	65–69	70 +
	%				
1985	55	55	52	50	36
1998/99	61	60	58	52	46

Stimme zu: Bei den täglichen Einkäufen probiere ich gerne mal ein neues Produkt aus
(Quelle: Prognos-Gutachten, *W&V*)

tage/Courtage (→ Internationaler Vermittlerhandel).   H.Ma.

Sensorische Produktforschung (Sensory Evaluation)

systematisch angelegte Analyse des Zusammenhangs zwischen den chemisch-physikalischen Eigenschaften von Produkten, den daraus resultierenden sensorischen Reizen und den durch sie ausgelösten Reaktionen des Menschen (→ Produkttest). Gegenstand der sensorischen Produktforschung ist demnach die Messung der auf visuellen, akustischen, haptischen, olfaktorischen und gustatorischen Sinneseindrücken beruhenden Produktwahrnehmung und Produktbeurteilung relevanter Personenkreise. Erkenntnisobjekte der sensorischen Produktforschung sind ausschließlich intrinsische Produkteigenschaften, d.h. sinnlich wahrnehmbare chemisch-physikalische Bestandteile des zu untersuchenden Erzeugnisses (s.a. → Duft, → Haptik). Die sensorische Produktforschung beschränkt sich demnach auf so genannte „Blindtests", d.h., die Testprodukte werden den Probanden in neutraler Aufmachung präsentiert. Im Mittelpunkt der sensorischen Produktforschung steht traditionell die Messung, Analyse und Interpretation der olfaktorischen und gustatorischen Produktwahrnehmung und -beurteilung von Nahrungs- und Genussmitteln. Aber auch menschliche Reaktionen auf optische, akustische und haptische Reize sind in verschiedenen Produktbereichen zunehmend Gegenstand systematischer Untersuchungen in Wissenschaft und Praxis. Im Hinblick auf die zu messenden menschlichen Reaktionen lassen sich die Verfahren der sensorischen Produktforschung in zwei Kategorien unterteilen, und zwar in Verfahren zur Messung der sensorischen Produktwahrnehmung und Verfahren zur Messung der sensorischen Produktbeurteilung (vgl. *Abb.*).

Im Rahmen der Wahrnehmungsmessung unterscheidet man zwei Varianten: *Diskriminationstests* (Unterschiedstests) dienen der Feststellung sinnlich wahrnehmbarer Unterschiede zwischen zwei oder mehreren chemisch-physikalisch ähnlichen, jedoch nicht identischen Produkten. Diskriminationstests kommen unter anderem zum Einsatz, um zu ermitteln, ob Konsumenten die Modifikation der chemisch-physikalischen Eigenschaften eines Produktes wahrnehmen.

Das Ziel *deskriptiver Analysen* besteht darin, mit Hilfe der objektivierten menschlichen Wahrnehmung alle sensorischen Eigenschaften relevanter Testprodukte zu identifizieren und deren Intensitäten zu ermitteln. Die Probanden sind somit Empfänger der Information und Messinstrument zugleich. Deskriptive Analysen dienen vor allem dazu, diejenigen sensorischen Eigenschaften und deren Intensitäten zu identifizieren, welche für die sensorische Bevorzugung bzw. Ablehnung eines Produktes verantwortlich sind. Als Testsubjekte der sensorischen Wahrnehmungsmessung eignen sich aufgrund der hohen Anforderungen

Verfahren der sensorischen Produktforschung

```
                    Verfahren
                 der sensorischen
                 Produktforschung
                  /            \
      Verfahren zur Messung    Verfahren zur Messung
         der sensorischen         der sensorischen
       Produktwahrnehmung       Produktbeurteilung
          /        \                /        \
  Diskriminations-  Deskriptive   Präferenz-   Akzeptanz-
      tests          Analyse       test          test
  Identifizierung  Identifizierung
   sensorischer   und Quantifizierung
  Produktunterschiede  sensorischer
                   Produkteigenschaften
```

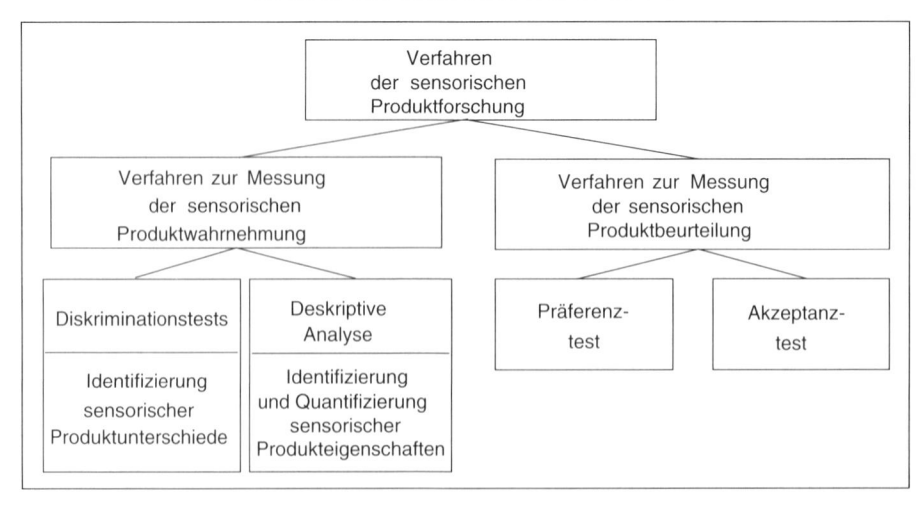

nur sensorisch geschulte Konsumenten oder Produktexperten.

Die zweite Kategorie der Verfahren der sensorischen Produktforschung dient der Erfassung der affektiven Beurteilung sensorischer Produktprofile durch Konsumenten. Hier unterscheidet man in Abhängigkeit von der Art der Beurteilungsaufgabe wiederum zwei Varianten: Ein sensorischer *Präferenztest* ist dadurch gekennzeichnet, dass die Testpersonen eine ganzheitliche Wahlentscheidung zwischen zwei oder mehreren sensorisch unterschiedlichen Produkten treffen müssen. Im Rahmen eines sensorischen *Akzeptanztests* geben die Probanden hingegen ihre subjektive Wertschätzung für ein Produkt oder mehrere Produkte nacheinander anhand einer metrischen Skala an. Testsubjekte für die Erfassung der sensorischen Produktbeurteilung sind ausschließlich sensorisch nicht geschulte Personen vorab definierter Zielgruppen. A.Sch.

Literatur: *Meilgaard, M.; Civille, G.V.; Carr, B.T.*: Sensory Evaluation Practices, 3. Aufl., Boca Rotan 1999. *Stone, H.; Sidel, J.L.*: Sensory Evaluation Practices, 2. Aufl., San Diego 1995. *Scharf, A.*: Sensorische Produktforschung im Innovationsprozess, Stuttgart 2000.

Sequentielle Elimination
→ Kaufentscheidungsheuristiken

Sequentieller Tarif → Nicht-lineare Preise

Serendipitätsrisiko
→ Forschung und Entwicklung

Seriengeschäft → Produktgeschäft

Servassor

neues Verfahren der → Testmarktsimulation im Rahmen des → Innovationsmanagements. SERVASSOR beruht auf der Verschmelzung der Testmarktsimulation → ASSESSOR mit dem Verfahren des → Information Acceleration unter Anwendung von Virtual Reality. Das Verfahren entspricht dem des → Visionary Shopper, bei dem sich die Testpersonen zunächst mit dem multimedialen apparativen Aufbau (Bildschirme, Brillen, Touch Screens) vertraut machen. Nach dieser Phase werden die Testpersonen mental in die Zukunft versetzt. Dies entspricht der Vorgehensweise des Verfahrens Information Acceleration. Mit Hilfe mehrerer Nachbefragungen und der Integration des Heimtests gelingt es, die Veränderungen des Konsumentenverhaltens bei Innovationen höheren Neuigkeitsgrades über einen längeren Zeitraum zu erfassen und in das Prognosemodell einzubeziehen. Es wird ein Kauf-/Wiederkaufmodell wie auch ein Präferenzmodell zur Erstellung der Prognose verwandt.

V.T./M.Dr.

Literatur: *Rosenberger, P.; de Chernatony, L.*: Virtual reality techniques in NPD research, in: Journal of the Marketing Research Society, 1996, S. 345-355. *Urban, G.L.; Hauser, J.R.*: Design and Marketing of new Products, 2. Aufl., Englewood Cliffs, 1993.

Servicedifferenzierung
→ Marketing-Logistik-Strategie

Service Fee-System

in unter nordamerikanischem Einfluss stehenden → Werbeagenturen übliches Entgeltsystem für von ihnen im Auftrag eines Kunden erbrachte Leistungen. Die Agentur tritt dabei sämtliche ihr durch die Einschaltung streufähiger Werbemittel des Auftraggebers in Werbeträgern zufließenden Rabatte und Provisionen an den Kunden ab. Dafür erhält sie von diesem eine Pauschal- oder Einzelvergütung für ihre Leistungen. Die Service Fee beträgt üblicherweise 17,65% vom Netto-Netto-Umsatz, d.h. vom Brutto-Umsatz minus Rabatte und Provisionen.

Es können aber auch spezifische Honorare für die Leistungen der Agentur vereinbart werden. Dabei ist es für beide Seiten wichtig, in einer genauen → Briefing vor Vertragsabschluss den Umfang der zu erbringenden Leistungen sowie der gewünschten Werbeaktivitäten festzulegen. U.U. muss die Pauschalierung in mehreren Schritten, dem Verlauf der Arbeiten folgend, vorgenommen werden.

Wird das Entgelt für die Agentur aus den ihr bei der Durchführung des Auftrags erwachsenen Kosten zzgl. eines Gewinnaufschlages errechnet, dann spricht man von einem Kosten-Plus-System.

Fordert ein potenzieller Auftraggeber mehrere Werbeagenturen dazu auf, im Wettbewerb zueinander Werbekonzeptionen für den von ihm zu vergebenden Etat zu präsentieren, dann erhalten die teilnehmenden Agenturen i.d.R. ein *Anerkennungshonorar*. Dieses sollte zumindest die der Agentur durch die Beteiligung am Wettbewerb entstandenen Fremdkosten decken. H.Mü.

Servicegrad

ist ein Oberbegriff für verschiedene statistische Maße zur Beschreibung von *Lieferbereitschaft*, d.i. die Fähigkeit eines Anbieters, Nachfrage jederzeit binnen marktüblicher Lieferzeit (meist aus lokalem Bestand oder rückwärtigen Vorräten der Supply Chain) decken zu können. Neben Lieferzeit und Termintreue stellt er ein zentrales Merkmal der logistischen Leistung dar (→ Lieferservice). Der Plan-SG des Anbieters dient der Festlegung einer marktgerechten Bestandsreserve (→ Sicherheitsbestand, → Kapitalbindung) im Rahmen der jeweiligen → Bestelldoktrin; der v.a. von gewerblichen Abnehmern nachhaltig wahrgenommene Ist-SG beeinflusst seine Marktstellung (→ Marketing-Logistik).

Die für absatzmarktseitige Vorräte zur Sicherung marktgerechter Lieferbereitschaft gewöhnlich verwendeten Maße sind

- α-*Servicegrad*: Zuverlässigkeit, mit der das Auftreten von Null-Bestand und *Lieferunfähigkeit* vermieden wird („Präsenz");
- β-*Servicegrad*: Anteil der unverzüglich gedeckten Nachfrage (Begrenzung von „Fehlmengen", unbeschadet der Frage, ob diese vorgemerkt und nachgeliefert werden können oder als verloren zu gelten haben);
- γ-*Servicegrad*: durchschnittliche Lieferzeitüberschreitung infolge Lieferunfähigkeit (Begrenzung der „Verzögerung", setzt Fehlmengenvormerkung voraus).

Sie messen unterschiedliche Sachverhalte und sind daher weder i.e.S. austauschbar noch direkt miteinander vergleichbar. So

- bedeutet *Lieferunfähigkeit* (Null-Bestand) noch nicht zwangsläufig eine Fehlmenge, berührt also den α-, aber nicht notwendig den β- oder den γ-SG,
- vernachlässigt der α-SG die vom β-SG erfassten tatsächlichen *Fehlmengen* ebenso wie ggf. die Lieferverzögerung (γ-SG),
- ist ein β-SG nur messbar, wenn man die wirkliche Nachfrage kennt; im stationären Einzelhandel ist dies gewöhnlich nur der Fall, wenn Lieferunfähigkeit (so gut wie) nie eintritt, also $\beta \cong 1$,
- interessiert zwischen Unternehmen vielfach der Anteil pünktlich *und* vollständig ausgeführter Aufträge oder Bestellzeilen mehr als eine stückbezogene Betrachtung.

K.Z.

Literatur: *Silver, E.A.; Pyke, D.F.; Peterson, R.:* Inventory Management and Production Planning and Scheduling, 3. Aufl., New York 1998. *Tempelmeier, H.:* Material-Logistik, 3. Aufl., Berlin usw. 1995.

Service-Karte → Kundenkarten

Serviceleistungen → Dienstleistungen

Service Map
→ Kundenzufriedenheitsmessung

Servicepolitik

Services sind Zusatzleistungen, die mit dem Ziel der Kundengewinnung und/oder Kundenbindung angeboten werden. Services sind also durch zwei Merkmale gekennzeichnet:

(1) Charakter der Zusatzleistung: Services sind nicht die Kernleistung des Anbieters, sondern additive Elemente von Angebots- und/oder Leistungsbündeln (s.a. → Begleitende Dienste). Der Begriff *Zusatzleistung* weist dabei auf einen Vermarktungszusammenhang zwischen der Service- und den Kernleistungen hin. Zusatzangebote, die eigenständig vermarktet werden, sind nicht der Kategorie „Service" zuzuordnen. Die zusätzlichen Angebotsbestandteile können einen unterschiedlichen Grad der Verbundenheit mit der Kernleistung aufweisen. Denkbar sind sowohl Zusatzleistungen mit hoher wie auch niedriger Affinität zur Kernleistung. Das Merkmal „Zusatzleistung" sagt jedoch nichts über die Art der Leistung oder den Objekttyp aus. Services sind also nicht zwingend → Dienstleistungen (z.B. Schulungen, Wartungen etc.), sondern können auch in Form von Sachleistungen (kostenlose Tragetaschen, Parkplätze oder Babywickelräume), Informationen oder Rechten auftreten. Letztere gewinnen vor allem in ihrer Ausprägung als Garantie (bspw. Kassenpräsenz-Garantie, Qualitätsgarantie, Rückgabegarantie) besondere Bedeutung (→ Garantieleistung).

(2) Funktion der Kundengewinnung und Kundenbindung. Services haben das Ziel und die Aufgabe, Kunden zu gewinnen und zu binden. Services beinhalten damit durchaus eine strategische Komponente. Sie sind auszurichten an den Wünschen und Erwartungen der Kunden, aber auch an den Angeboten und Leistungen der Konkurrenz. Das Kundenbindungspotential von Services resultiert vor allem aus einer möglichen Be-

ziehungsverlagerung und -intensivierung sowie aus ihrem Potential, Zufriedenheit zu erzeugen bzw. Wechselbarrieren aufzubauen (→ Beziehungsmarketing).
Aus Anbietersicht werden Services häufig angeboten, um eine Leistung zu verbessern oder Schwächen im Angebot auszugleichen. Sie können eingesetzt werden, um ein Angebot sicherer, schneller oder „begreifbarer" (materieller) zu machen, eine Abkopplung vom → Preiswettbewerb und eine bessere Abhebung des eigenen Angebotes von dem der Konkurrenz zu gewährleisten, aber auch, um Individualität und Kundennähe zu erhöhen. (→ Differenzierungsstrategie, → Präferenzpolitik). Daneben können durch Services auch Wechselbarrieren aufgebaut werden, die es dem Kunden aus finanziellen, sozialen oder situativen Überlegungen heraus schwer machen, den Anbieter zu wechseln (z.B. durch langfristige Wartungsverträge).
Für den Nachfrager bieten Services eine Reihe von Nutzenvorteilen (→ Nutzen). Häufig erschließen erst die Zusatzleistungen die Nutzbarkeit eines Angebots für den Verbraucher (z.B. in der EDV-Branche). Sie bewirken eine umfassendere sachgerechte Problemlösung des Produktanbieters sowohl hinsichtlich Breite und Tiefe der Problemlösung wie auch hinsichtlich der Langfristigkeit der Problemlösung. Eine solche umfassende Problemlösung „aus einer Hand" bedeutet für den Nachfrager eine Einsparung an Koordinations-, Zeit- und Personalaufwendungen.

Wichtige Entscheidungen bei der Ausgestaltung der Servicepolitik
Beim Einsatz von Services stehen drei Entscheidungen und Aufgaben im Mittelpunkt:
1. Gestaltung des Angebotes an Services (welche Services sollen angeboten werden?)
2. Wahl der anzusprechenden Kunden- oder Nachfragergruppen (wem sollen die Services angeboten werden?) und
3. Überlegungen zur Preisgestaltung.

ad 1. Gestaltung des Leistungsprogrammes. Zwei Einflussfaktoren bestimmen die Auswahl der konkreten Serviceleistungen: der thematische Bezug der Zusatzleistung zur Kernleistung und die Erwartungen und Vorgaben der Kunden. Der thematische Bezug der Zusatzleistungen zur Kernleistung kann sehr eng sein (z.B. die 24-h-Hotline eines Software-Herstellers), oder auch sehr gering (z.B. kostenlose Zeitschriften an Bord eines Flugzeuges). Bei nur sehr geringem Bezug zwischen Kern- und Zusatzleistung kann allerdings die Gefahr bestehen, dass dem Anbieter die Kompetenz bezüglich der Serviceleistung abgesprochen wird. Hinsichtlich der Erwartungen der Kunden an die Zusatzleistungen ist zu beachten, dass Kundenerwartungen sich dynamisch verändern: Einzelne Services können schnell zur Gewohnheit, also zum alltäglichen und nicht mehr differenzierenden Angebotsbestandteil werden. Abhängig von individuellen Neigungen, Erfahrungen und Informationen werden unterschiedliche Serviceleistungen von unterschiedlichen Kunden auch differenziert bewertet werden. Um Entscheidungshilfen für die Zusammenstellung des Angebotsprogrammes zu gewinnen, ist die laufende Erhebung von Kundenwünschen und -erwartungen mit Mitteln der → Marktforschung unerlässlich.
Im konkreten Entscheidungsfall wird die Entscheidung, welche Services angeboten werden, von einer ganzen Reihe unternehmensexterner und -interner Einflussgrößen abhängen. Im Wesentlichen sind dies:

- *Absatzzielsetzung* (z.B. Marktanteil erhöhen oder halten),
- *Kundenarten* (z.B. Key-Accounts; Großkunden; Neu- o. Stammkunden; private o. gewerbliche Kunden),
- *Rechtsvorschriften* (z.B. Pflicht zur Ersatzteilversorgung, Garantieleistungen, → Zugabeverordnung),
- *Phasen des Absatzprozesses* (z.B. im Informations- oder Abschlussstadium),
- *Kapazitative Ausstattung* (quantitative und qualitative Ausstattung des Anbieters),
- *Konkurrenzsituation* (oligopolistische oder polypolistische Konkurrenz),
- *zeitliche Einsetzbarkeit* (sofort, kurzfristig einsetzbar oder längere Aufbauphase),
- *Art der Einsetzbarkeit* (kollektiv oder individuelle Einsetzbarkeit),
- *Zeitpunkt der Nutzenstiftung* (Sofort- oder Langfristnutzen) und
- *Messbarkeit und Dosierbarkeit des Nutzens* (quantifizierbarer oder qualifizierbarer Nutzen).

ad 2. Wahl der anzusprechenden Kunden- bzw. Nachfragergruppen. Der zweite grundsätzliche Entscheidungsbereich betrifft die Entscheidung darüber, welchen Kunden- oder Nachfragergruppen die Services zugänglich gemacht werden sollen. In der Regel sieht sich der Anbieter der Möglichkeit gegenüber, die in das Leistungsprogramm aufgenommenen Services allen Kunden oder Nachfragern zugänglich zu machen, oder die Services selektiv jeweils bestimmten Kunden oder Kundengruppen anzubieten. In der Praxis wird häufig zwischen einem Basis-Service-Paket (mit Leistungen wie Produkt-Verkaufsberatung, Reparatur und Wartung) für alle Kunden und besonderen, zusätzlichen Services für bestimmte Kunden (wie Neukunden, Stammkunden, Key-Accounts) unterschieden (→ Produktbündelung).

ad 3. Überlegungen zur Preisgestaltung. Serviceleistungen können, müssen aber nicht notwendig kostenneutral bzw. kostenlos abgegeben werden. Für den Fall, dass durch die Serviceleistungen der Wert des Angebotes sich für den Kunden merklich erhöht, eine evtl. Preissteigerung des Leistungsbündels also durch eine Nutzen- oder Qualitätssteigerung (z.B. in Form von Aufwandssenkungen wie etwa deutlicher Zeitersparnis) überkompensiert wird, scheint eine Bepreisung auch von Serviceleistungen gerechtfertigt. Bei der Preisfestsetzung der einzelnen Bestandteile des Bündels aus Kern- und Zusatzleistungen kann bspw. die → Conjoint Analyse eingesetzt werden, aus der sich Preisbereitschaften und Nutzenbeiträge einzelner Angebotsausprägungen ableiten lassen (s.a. → Preisbündelung, → Preisbaukasten). A.M.

Literatur: *Meyer, A.:* Produktdifferenzierung durch Dienstleistungen, in: Marketing-ZFP, 7. Jg. (1985), S. 99-107. *Meyer, A.; Blümelhuber, C.:* Kundenbindung durch Services, in: *Meyer, A.* (Hrsg.): Handbuch Dienstleistungs-Marketing, Stuttgart 1998, S. 193–212. *Laakmann, K.:* Value-Added Services. Ausgestaltungsformen und Wirkungen, in: *Meyer, A.* (Hrsg.): Grundsatzfragen und Herausforderungen des Dienstleistungsmarketing, Wiesbaden 1996, S. 125-156.

Service Profit Chain

von Wissenschaftlern der Harvard Business School entwickeltes Konzept, das den Erfolg von Dienstleistungsunternehmen in Gestalt einer Kausalkette von verschiedenen unternehmensexternen und -internen Konstrukten modelliert. Sie verbindet Erkenntnisse des → Dienstleistungs-Marketing und des Human Ressource-Management. Die Service Profit Chain beinhaltet dabei die folgenden Hypothesen:

– Ökonomischer Erfolg in Gestalt von Umsatz, Gewinn und Wachstum ist primär das Resultat einer hohen → Kundenbindung. Die Steigerung der Kundenbindung muss folglich eine zentrale Aufgabe des Dienstleistungsmanagements sein.
– Kundenbindung basiert in erster Linie auf einer hohen → *Kundenzufriedenheit.*
– Kundenzufriedenheit stellt sich ein, wenn das Unternehmen dem Kunden eine hohe → *Dienstleistungs-Qualität* bietet. Diese wird in starkem Maße durch das Verhalten der Mitarbeiter beeinflusst.
– Wichtige Voraussetzung für eine hohe Dienstleistungsqualität ist eine hohe *Loyalität des Personals,* da die Fluktuation des Personals die Fähigkeit zur Befriedigung spezifischer Bedürfnisse und den Aufbau von persönlichen Geschäftsbeziehungen erschwert.
– Mitarbeiterloyalität ist an die *Arbeitszufriedenheit* der Mitarbeiter gebunden, sodass dem → Internen Marketing eine große Bedeutung im Hinblick auf den Unternehmenserfolg zukommt.
– Mitarbeiterzufriedenheit schließlich resultiert aus einer hohen *internen Dienstleistungsqualität.*

Ein Schwachpunkt des Modells muss darin gesehen werden, dass alle Elemente der Service Profit Chain *monokausal* erklärt werden, was der Komplexität der realen Zusammenhänge widerspricht. So existieren eine Vielzahl weiterer Determinanten der Kundenbindung, und auch der Zusammenhang zwischen Arbeits- und Kundenzufriedenheit wird durch zahlreiche Störfaktoren beeinträchtigt, die das Modell nicht berücksichtigt. Entsprechend konnten die enthaltenen Hypothesen empirisch auch nur teilweise bestätigt werden. Besser geeignet ist die Service Profit Chain als *didaktischer Rahmen,* der wesentliche Determinanten einer erfolgreichen Dienstleistungsunterneh-

Die Elemente der Service Profit Chain

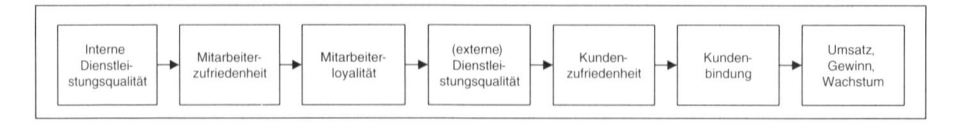

Interne Dienstleistungsqualität → Mitarbeiterzufriedenheit → Mitarbeiterloyalität → (externe) Dienstleistungsqualität → Kundenzufriedenheit → Kundenbindung → Umsatz, Gewinn, Wachstum

mung nennt und diese in einen logischen Zusammenhang einordnet. Th.H.-T.

Literatur: *Heskett, J.L.; Jones, T.O.; Loveman, G.W.; Sasser Jr, W.E.; Schlesinger, L.A.*: Putting the Service Profit Chain to Work, in: Harvard Business Review, Vol. 72 (1994), March-April, S. 164-174. *Loveman, G.W.*: Employee Satisfaction, Customer Loyalty, and Financial Performance: An Empirical Examination of the Service Profit Chain in Retail Banking, in: Journal of Service Research, Vol. 1 (1998), No. 1, S. 18-31.

Service-Provider

sind Dienstleistungsanbieter im Telekommunikationsbereich, welche die Nutzung von Kommunikationsdiensten anbieten. Als Service-Provider können sowohl Netzbetreiber als auch unabhängige Unternehmen (z.B. *Debitel*) auftreten, die Netzkapazitäten von den Netzbetreibern anmieten. Neben den Anbietern von Sprachdiensten im Festnetz oder Mobilfunknetz sind v.a. die Internet Service-Provider (ISP) zu nennen, die den Zugang zum Internet bieten (z.B. *AOL*).
Daneben bieten ISPs zusätzlich Dienstleistungen wie z.B. Web-Hosting oder Web-Housing an. Beim *Web-Hosting* übernimmt der ISP das Management der Web-Seiten des Kunden und die Installation und Wartung von Hard- und Software für die Internet-Anwendungen. Beim *Web-Housing* bringen Unternehmen ihren Server in den Räumen eines Netzbetreibers unter, der diesen dann direkt an das weltweite Datennetz anschließt.
Eine höherwertige Anwendung bieten Application Service-Provider (ASP) an, die Software (Office Management, ERP, CMR u.a. Software) und Programmfunktionalitäten an Unternehmen über Kommunikationsnetze vermieten. Der ASP kümmert sich um die Softwarelizenz, Softwarepflege und Updates. A.V./B.Ne.

Servicerufnummern → Telefonmarketing

Servicescape → Dienstleistungs-Design

SERVQUAL

von *Parasuraman/Zeithaml/Berry* entwickeltes Verfahren der → Zufriedenheitsmessung bzgl. Dienstleistungsunternehmen aus Kundensicht (→ Dienstleistungs-Qualität). Vorgeschlagen wird ein standadisierter Fragebogen, in dem 22 Items zur Erfassung von insgesamt fünf Qualitätsdimensionen (Annehmlichkeit des tangiblen Umfelds, Zuverlässigkeit, Reaktionsfähigkeit, Leistungskompetenz und Einfühlungsvermögen) dienen. Für jedes Item werden auf entsprechenden Zustimmungsskalen Erwartungen an und Wahrnehmungen der Teilqualitäten erhoben. Das Gesamturteil ergibt sich nach einer zweistufigen Mittelung zunächst innerhalb und anschließend über die Dimensionen hinweg. Die Autoren validierten das Modell erfolgreich, trotzdem blieb es insb. wegen der Kompensatorik der Erwartungen und Wahrnehmungen umstritten. *Hentschel* schlug deshalb einen Verzicht auf die Erhebung der Erwartungen und die Abfrage direkter (multiattributiver) Qualitätseindrücke vor. H.D.

Literatur: *Hentschel, B.*: Die Messung wahrgenommener Dienstleistungsqualität mit SERVQUAL. Eine kritische Auseinandersetzung, in: Marketing-ZFP, 12. Jg. (4/1990), S. 230–240. *Parasuraman, A.; Zeithaml, V.A.; Berry, L.L.*: SERVEQUAL. A Multiple-Item Scale for Measuring Consumer Perceptions of Service Quality, in: Journal of Retailing, Vol. 64 (1/1988), S. 12–40.

Set up costs
→ Transaktionskosten-Theorie

Sexwerbung → Erotischer Appell

Shake-Out-Phasen

sind als spezifische Ausprägung einer → Wettbewerbsdynamik dadurch gekennzeichnet, dass eine größere Zahl von Konkurrenten aus dem Markt aussteigt (→ Marktaustritt). Ursachen können gravierende Änderungen der Wettbewerbssituation oder ein generell intensiver werdender Wettbewerb sein. Typische Shake-Out-Phasen sind die Einführungen neuer Technologien, die Einigung auf einen technologischen Standard für die gesamte Industrie, die Existenz von Überkapazitäten aufgrund von Nachfragerückgängen oder Kapazitätserweiterungen oder eine Forcierung des → Preiswettbewerbs.

Shannon-Modell → Kommunikation

Shareholder Value

Das Shareholder Value-Konzept fordert die konsequente Orientierung der Unternehmensführung und damit auch sämtlicher Marketing-Aktivitäten an dem Ziel der Unternehmenseigner, den Unternehmenswert zu steigern (s.a. → Marktinvestitionen). Als Unternehmenswert wird hierbei i.d.R. der

Marktwert des Eigenkapitals bezeichnet. Aus diesem Grund sind sämtliche Investitionsprojekte, z.B. Projekte zur Steigerung des → Kundenwerts oder → Markenwerts, und Unternehmensstrategien nicht auf der Grundlage von Gewinnen oder hieraus abgeleiteten Rentabilitätsmaßen, sondern anhand von zahlungsorientierten Barwertkalkülen unter Anwendung kapitalmarkttheoretisch fundierter Kalkulationszinssätze daraufhin zu überprüfen, ob sie den Unternehmenswert erhöhen. Die eigentliche Neuerung dieses Ansatzes besteht somit in der durchgängigen anteilseignerorientierten Beurteilung *aller* unternehmerischen Vorhaben mit den quantitativen Methoden der neueren Investitions- und Finanzierungstheorie.

Die Wertermittlung für Projekte, Strategien oder ganze Unternehmen erfolgt üblicherweise mit Hilfe der DCF-Methode (Discounted Cash Flow-Methode). Diese Methode ist den Ertragswertverfahren zuzurechnen. Sie geht davon aus, dass der Cash Flow (CF) die aus Eigentümersicht wertbestimmende Ertragsgröße darstellt. Dieses gilt somit auch für Marketingprojekte oder -strategien. Je nach verwendeter Bewertungsmethode (Entity-Ansatz, d.h. Gesamtbewertung oder Equity-Ansatz, d.h. Eigenkapitalbewertung) ist der Cash Flow unterschiedlich zu definieren. Im überwiegend eingesetzten Entity-Ansatz wird zunächst der als Summe aus den Marktwerten von Eigen- und Fremdkapital verstandene Unternehmensgesamtwert als Barwert ermittelt; anschließend wird der Marktwert des Fremdkapitals (regelmäßig durch den Fremdkapitalbuchwert approximiert) subtrahiert. Folgende Formel verdeutlicht den Sachverhalt:

$$(1) \quad UW = \sum_{t=1}^{T} \frac{CF_t^{Entity}}{(1+i^{Entity})^t} - FK$$

UW = Unternehmenswert als Barwert in GE
T = Planungshorizont
CF_t^{Entity} = Cash Flow im Entity-Ansatz in der Periode t in GE / PE
i^{Entity} = Kalkulationszinssatz im Entity-Ansatz in GE / (GE · PE)
FK = Marktwert des gesamten Fremdkapitals in GE

Werden periodenkonstante Werte und eine unendliche Unternehmenslebensdauer angenommen, so vereinfacht sich Formel (1) zu:

$$(2) \quad UW = \frac{CF^{Entity}}{i^{Entity}} - FK$$

CF^{Entity} = konstanter Cash Flow im Entity-Ansatz in GE/PE

Der Erfolg der Gesamtheit aller Unternehmensaktivitäten wird im Shareholder Value-Ansatz daran gemessen, dass der Unternehmensbarwert UW gesteigert, mindestens aber gehalten wird. Wesentliche Einflussgröße neben dem Kalkulationszinssatz i^{Entity} und dem Fremdkapital FK ist der Cash Flow. Im Entity-Ansatz ist der zu diskontierende Cash Flow wie folgt definiert:

  Jahresüberschuss nach Steuern
+ Zinsaufwendungen
− ersparte Steuern durch Fremdfinanzierung (Tax Shield)
+ Körperschaftsteuer-Erstattung
+ Nettoabschreibungen
+ Nettozuführung zu den Rückstellungen
+ Nettozuführung zum Sonderposten mit Rücklageanteil
− Erhöhung des Working Capital (= Summe aus den Vorräten, geleisteten Anzahlungen und den Nettoforderungen aus Lieferungen und Leistungen abzüglich der erhaltenen Anzahlungen)
+ Erhöhung passiver Rechnungsabgrenzungsposten
− Erhöhung aktiver Rechnungsabgrenzungsposten
− sonstige finanzunwirksame Erträge
+ sonstige finanzunwirksame Aufwendungen
− Brutto-Investitionen in das Anlagevermögen
+ Fremdkapitalaufnahme (max. bis zur Höhe der Brutto-Investitionen)
− Erhöhung des Bestandes liquider Mittel

Cash Flow im Entity-Ansatz

Sollen einzelne → Kundenwerte, d.h. wirtschaftliche Erfolge aus Kundenzufriedenheit und Kundenbindung von Kundengruppen, ermittelt werden, kann dieses über die Veränderungen der relevanten CF-Positionen des Schemas oder über ein isoliertes CF-Rechenschema für einen Einzelkundenwert erfolgen. Dasselbe gilt für neu zu schaffende Markenwerte oder Markenwertveränderungen.

Der Kalkulationszinssatz i^{Entity} ist hierbei nach folgender Vorschrift zu errechnen:

Zusätzliche Symbole:
i_{EK} = Eigenkapitalkostensatz in GE / (GE · PE)
EK = Marktwert des gesamten Eigenkapitals in GE
i_{FK} = Fremdkapitalkostensatz in GE/(GE · PE)
s = Gewinnsteuersatz in GE/GE

$$(3)\ i^{Entity} = i_{EK} \cdot \frac{EK}{EK+FK} + i_{FK} \cdot (1-s) \cdot \frac{FK}{EK+FK}$$

Der Eigenkapitalkostensatz i_{EK} wird üblicherweise mit Hilfe des *Capital Asset Pricing Model (CAPM)* ermittelt, der Fremdkapitalkostensatz i_{FK} kann anhand der durchschnittlich zu zahlenden Fremdkapitalzinsen bestimmt werden.

Im weniger gebräuchlichen *Equity-Ansatz* wird der Marktwert des Eigenkapitals direkt errechnet. Hierzu ist die obige Cash Flow-Definition um den Schuldendienst (Zinszahlungen und Fremdkapitalrückzahlungen) zu vermindern sowie um die durch Fremdfinanzierung ersparten Steuern zu erhöhen. Die daraus resultierende, als Free Cash Flow bezeichnete Größe umfasst diejenigen Finanzmittel, die den Eigenkapitalgebern ungeachtet etwaiger gesetzlicher Ausschüttungssperren grundsätzlich zufließen können.

$$(4)\ UW = \sum_{t=1}^{T} \frac{CF_t^{Equity}}{(1+i_{EK})^t}$$

mit:
CF_t^{Entity} = Cash Flow im Equity-Ansatz in der Periode t in GE/PE

Die Maßnahmen zur Steigerung des Unternehmenswertes setzen an den obigen Formeln (1) bis (4) an. Die rechentechnisch umgesetzten Überlegungen zur Vorteilhaftigkeit des Erwerbs von Unternehmensanteilen basieren auf dem ursprünglichen Shareholder Value-Konzept von *Rappaport*. Dort werden sieben als „Wertgeneratoren" bezeichnete Ansatzpunkte für Wertsteigerungen genannt:

(1) Umsatzwachstumsrate
(2) Gewinnmarge
(3) Gewinnsteuersatz
(4) Investitionen in das Umlaufvermögen
(5) Investitionen in das Anlagevermögen
(6) Dauer der Wertsteigerung
(7) Kapitalkosten

Aufgrund der ersten sechs Wertgeneratoren ist die Zählergröße „Cash Flow" zu erhöhen. Für das Marketing ergibt sich daraus, dass eine Bewertung der Kundenbeziehung über CF-Größen i.V.m. einer Diskontierung zu erfolgen hat. Wird als Wertmaßstab der Shareholder Value gewählt, steht ein quantifizierter Nutzen, den das Unternehmen durch Kunden oder Marken erfährt, im Zentrum aller Überlegungen.

Der siebte Wertgenerator ‚Kapitalkosten' zielt auf eine Verminderung der Nennergröße ‚Kalkulationszinssatz', was gemäß Formel (1) und (4) eine Erhöhung des Unternehmenswertes zur Folge hat. Dieser Ansatzpunkt fällt in den Bereich der Finanzplanung. Die Unternehmensleitung hat demnach auch Maßnahmen zur indirekten Wertsteigerung durch Kapitalkostensenkung zu ergreifen. Eine glaubwürdige Übermittlung von unternehmensbezogenen Qualitätsinformationen an die Anteilseigner, d.h. eine überzeugende kapitalmarktorientierte → Kommunikationspolitik, bietet die Möglichkeit, die in den Eigen- und Fremdkapitalkosten enthaltene Risikoprämie zu senken. P.B.

Literatur: *Ballwieser, W.*: Unternehmensbewertung mit Discounted Cash Flow-Verfahren, in: Die Wirtschaftsprüfung, 1998, S. 81–92. *Buchner, R.*: Zum Shareholder Value-Ansatz, in: Wirtschaftswissenschaftliches Studium, 23. Jg. (1994), S. 513-516. *Rappaport, A.*: Shareholder Value, Stuttgart 1995.

Share of Advertising (SoA)

Messkriterium für das eigene Werbeverhalten im Vergleich zu jenem der Mitbewerber und dem daraus folgenden *Werbedruck*. Indem die werblichen Aktivitäten konkurrierender Produkte gemessen werden, kann die strategische Mediaplanung denjenigen Kommunikationskanal finden, der die eigene Werbebotschaft möglichst geringen Störungen durch die Konkurrenz aussetzt. Mit dem Share of Advertising wird der durch die Etathöhe bestimmte eigene finanzielle Werbeaufwand in Relation zum Gesamtaufwand einer gesamten Produktkategorie gestellt. Er ermöglicht somit ein schnelles Einschätzen des Werbedruckes.

Weitergehend als der Share of Advertising ermöglicht der *Share of Voice (SoV)* durch die Ermittlung der erreichten Zielgruppenkontakte der eigenen Marke im Verhältnis zu den Gesamtkontakten des Konkurrenzfeldes eine genaue Kontrolle, was die Effizi-

enz der Streuung des Werbebudget in den Medien betrifft.
Der *Share of Mind (SoM)* schließlich misst die vom eigenen Streuplan erzielten Kontakte pro Zielperson anteilig zu den Kontakten der Konkurrenzpläne pro Zielperson.

Share of Customer
→ Kundendurchdringungsrate

Share of Market
Kennzahl aus Panelanalysen zur Charakterisierung der Markenattraktivität (→ Markenwert). Sie errechnet sich aus dem Produkt aus → Käuferreichweite und durchschnittlicher Kundenpenetration (Anteile der Gesamtausgaben in der jeweiligen Produktgattung für die Marke).

Share of Mind (SoM)
→ Share of Advertising

Share of Voice (SoV)
→ Share of Advertising

Shareware
ist eine Vertriebsmaßnahme von → digitalen Gütern, v.a. Software, die durch eine kostenlose Probenutzung über einen begrenzten Zeitraum das subjektiv empfundene → Kaufrisiko schmälern soll. Nach Ablauf der Probezeit wird das Produkt entweder für die weitere Nutzung gesperrt oder durch den Hinweis der widerrechtlichen Nutzung gekennzeichnet. Bei Kauf und Eintrag einer rechtmäßigen Lizenz kann diese Beschränkung aufgehoben werden.

B.Ne.

Shepard-Diagramm
grafisches Hilfsmittel in der → Mehrdimensionalen Skalierung zur Beurteilung der Anpassung. Es handelt sich um eine grafische Gegenüberstellung von Ähnlichkeiten (X-Achse), den aus dem Wahrnehmungsraum ermittelten Distanzen zwischen den Stimuli (Y-Achse) und einer monotonen Transformation. Mit Hilfe des Shepard-Diagramms kann somit beurteilt werden, inwieweit theoretische Distanzen und Disparitäten die durch die Inputdaten vorgegebene Monotoniebedingungen einhalten.

L.H.

Shop in the Shop
1. *Präsentationskonzept* bei der → Ladengestaltung des Einzelhandels, insb. in Waren- und Kaufhäusern, bei dem bestimmte Sortimentsteile i.d.R. bedarfsorientiert räumlich zusammengefasst und durch spezielle Ladenbauten von den übrigen Sortimentsbereichen optisch getrennt werden. Oft wird das Shop in the Shop-Prinzip mit Präsentations- und Verkaufsförderungsmaßnahmen verbunden, die den Kunden ein besonderes Einkaufserlebnis vermitteln sollen.
2. System der → *Regalplatzsicherung* im Handel, wenn innerhalb einzelner Abteilungen eine Präsentationsfläche an einen externen Anbieter (Hersteller, Händler, Dienstleister) vermietet wird, der einen Laden im Laden bzw. Mini-Laden wie unter 1. von den übrigen Abteilungen des Handels abgrenzt und seine Produkte durch eigenes oder Handelspersonal anbietet. Der Anbieter bestimmt dabei nicht nur das Programmangebot, sondern beeinflusst auch die Ausstattung sowie den Beratungs- und

Tab. 1: Distributionsgrad von Shop-/Konzessionärstypen in Verbrauchermärkten/SB-Warenhäusern in Deutschland 1995

Shop-Typ	%	Shop-Typ	%
Bäckerei	70,3	Fisch-Imbiss	6,6
Blumen	36,3	Schuhe	6,4
Metzgerei	18,9	Tankstelle	3,8
Schuh-/Schlüsseldienst	17,4	Cafeteria	3,1
Imbiss	14,6	Wäscherei	2,0
Zeitungen	12,0	Restaurant	1,8
Textilien	11,3	Sportbekleidung	1,5
Reinigung	9,0	Kaffee	1,5
Foto	8,7	Geldautomat	1,5
Reisebüro	8,4	Gastronomie	1,5
Friseur	7,7	Geschenkartikel	1,3
Schmuck	7,2		

(Quelle: *EHI-Euro Handelsinstitut*, Köln)

Tab.2: Anzahl und Verkaufsfläche der Shop-/Konzessionärstypen in Verbrauchermärkten/ SB-Warenhäusern nach Verkaufsflächengrößenklassen in Deutschland 1995

Märkte der Größen-klasse	⌀ Ver-kaufsfläche je Markt	⌀ Zahl der Konzessionäre je Markt	⌀ Verkaufsfläche der Konzessionäre		Filialisierungsgrad der Konzessionäre	
			je Markt	je Konzes-sionär	Einzelun-ternehmen	Filialisten
qm	qm		qm	qm	%	%
–1499	985	1,9	130	68,4	47,7	52,3
1500–2499	2.056	3,4	220	64,7	56,4	43,6
2500–4999	3.332	5,9	534	90,5	56,5	43,5
5000–6999	5.912	6,1	833	136,6	28,1	71,9
7000 u.m.	11.315	12,0	2.793	232,8	20,5	79,5

(Quelle: *EHI-Euro Handelsinstitut*, Köln)

Bedienungsaufwand. In Bezug auf die rechtliche Gestaltung des Verkaufs sind Lösungen möglich, die von der ausschließlichen Vergütung der Verkaufsfläche durch den externen Anbieter bis hin zur rechtlichen Selbständigkeit des Mini-Ladens reichen, d.h. der externe Anbieter verkauft die Ware auf eigene Rechnung und im eigenen Namen und vergütet die vom Händler übernommenen Funktionen (s.a. → Store in the Store). Beispiele sind die Shops von *Esprit, Görtz, Stefanel, WMF* und *Mister Minit*.

Shop-in-the-shop ist vorrangig konzeptionell zu begreifen und weniger mit überbetrieblich gültigen operationalen Vorgaben in Verbindung zu bringen. Damit kann gemeint sein

– das zunehmende Bedürfnis der Konsumenten nach ebenso angebotsspezifisch differenzierbaren wie emotional positiv besetzten *Einkaufserlebnissen* (Shop-Layout; → erlebnisbetonte Einkaufsstätten),

– die hieraus ableitbaren betriebsindividuellen Profilierungszwänge mit ihren diesbezüglichen leistungsbezogen zu erbringenden *Kompetenzbeweisen* (Marken- / Dienstleistershops; s.a. → Geschäftsimage) und / oder

– die in sortimentspolitischer bzw. raumökonomischer Hinsicht gebotene Erschließungsbedürftigkeit neuer *Ertragspotentiale* (Shop- (Fremd-) Betreiber).

Zugleich erklärt sich, weshalb vornehmlich großflächige → Betriebsformen des Einzelhandels, wie z.B. → Warenhäuser, → Kaufhäuser sowie – in der jüngeren Vergangenheit vermehrt auch – → Verbrauchermärkte und → SB-Warenhäuser dieses Gestaltungsprinzip im Rahmen ihrer marktstrate-

Tab. 3: Miete und Mietzahlungsmodus der Shop-/Konzessionärstypen in Verbrauchermärkten/ SB-Warenhäusern nach Verkaufsflächengrößenklassen in Deutschland 1995

Märkte der Größen-klasse	Gesamt-Miete der Konzessionäre je Markt	Miete je Konzessionär	Miete je qm Konzessio-närsfläche	Mietzahlungsmodus		
				Festmiete	Reine Umsatz-miete	Grundmiete + Umsatzbe-teiligung
qm	DM	DM	DM	%	%	%
–1499	78.999	41.578	608	39,4	55,3	5,3
1500–2499	169.577	49.876	771	57,5	13,0	29,5
2500–4999	297.158	50.366	556	64,1	2,8	33,1
5000–6999	393.200	64.459	472	85,1	12,2	2,7
7000 u. m.	846.867	70.572	303	85,1	8,0	6,9

(Quelle: *EHI-EuroHandelsinstitut*, Köln)

gischen Verhaltensmuster zu verwirklichen trachten: Dass dabei u.a. auf das sortimentspolitische Know-how unternehmensfremder Anbieter in Gestalt von *Konzessionären* (→ Rack Jobber) zurückgegriffen wird – und dies mit steigender Angebotskapazität in verstärktem Maße – liegt zwar nahe, erweist sich aber deswegen nicht notwendigerweise als begriffskonstitutiv für Shop-in-the-shop (vgl. *Tab. 1* und *Tab.2*). Vielmehr kommt hierin das Bestreben des Handelsmanagements zum Ausdruck, eingedenk der zu erzielenden Mieteinnahmen mit ihrem Beitrag zur Abdeckung des Fixkostenblocks der Märkte, eine auch in ertragswirtschaftlicher Hinsicht attraktive Alternative zur Eigenregie von Shops zu nutzen (vgl. *Tab.3*). H.-J.Ge./H.Schr.

Literatur: *Medla, K.:* Shop-in-the-Shop, München 1987.

Shopping Box

kommerziell entwickelte Form des → Zustellservice bzw. Automatenverkaufs, bei dem im Voraus per Telefon, Fax oder email georderte Waren des täglichen Bedarfs zeitnah kommissioniert und in ein Depotfach eingelagert werden, von wo sie die Kunden auch nach Ladenschluss nach elektronischer Identifikation und Bezahlung abholen können. Das Konzept wurde insb. für Bürohochhäuser mit vielen Beschäftigten konzipiert, ist aber auch für andere „Fatching Points" mit hoher Kundenfrequenz (Bahnhöfe, Parkhäuser etc.) einsetzbar. Die Kunden bezahlen lediglich eine monatliche Gebühr (2000: 5 DM). H.D.

Shopping-Center

Shopping-Center bzw. Einkaufszentren stellen eine Agglomeration (→ Standortagglomeration) von Einzelhandelsbetrieben und Dienstleistungsbetrieben unterschiedlicher Art und Größe dar. Man unterscheidet dabei zwischen gewachsenen Einkaufszentren, d.h. Agglomerationen von Betrieben, die sich durch im Zeitablauf vollzogene Ansiedlungsprozesse nicht geplanter Art entwickelt haben (Geschäftszentren), und künstlich entstandenen, also einheitlich geplanten Shopping-Center. Die geplanten Einkaufszentren werden zudem unterschieden bezüglich ihrer Standortwahl: Zum einen existieren integrierte Shopping-Center, d.h., es findet eine Eingliederung in City- bzw. Innenstadtlagen statt. Die zweite Möglichkeit stellen die nicht-integrierten Shopping-Center dar, die sich dadurch kennzeichnen, dass sie auf der „Grünen Wiese", also in Stadtrand- bzw. Peripherielagen errichtet werden.

Geplante Shopping-Center kennzeichnen sich durch bestimmte Merkmale:

(1) Shopping-Center werden *einheitlich verwaltet* und treten als administrative *Einheit im Außenauftritt* auf. Die Verwaltung und Koordination erfolgt durch ein *zentrales Management* (Center Management). Dieses übernimmt die Auswahl der Einzelhandels- und Dienstleistungsbetriebe für das Zentrum, die Standortwahl und Standortzuordnung, Politik der baulichen Gestaltung, Aufgaben im Bereich Gemeinschaftsmarketing und die Koordination von Gemeinschaftsaufgaben und gemeinsamen Veranstaltungen. Weitere Aufgaben sind die Vermietung der Ladenflächen sowie die Organisation und Koordination der Marketing-Maßnahmen, insbesondere der Werbeaktionen.

(2) *Abstimmung auf das Einzugsgebiet und die Kundenstruktur* bezüglich der Lage, der Größe und der Angebotsstruktur des jeweiligen Umfeldes.

(3) I.d.R. ausgeprägte *Autokundenorientierung*. Aufgrund dieser Tatsache wird ein umfassendes *Parkplatzangebot* zur Verfügung gestellt.

(4) Durchführung von *gemeinsamen Veranstaltungen und Maßnahmen* der in dem Shopping-Center integrierten Betriebe, so gemeinsame Werbung oder gemeinsame Aktionen.

Geplante Shopping-Center können in unterschiedlichen Ausprägungsformen umgesetzt werden. Zum einen können sie als *Shopping Mall* realisiert werden, bei der die Einzelhandelsbetriebe in Form einer Ladenstraße in überdachten Gebäudekomplexen angeordnet sind. Meist werden dabei am Ende der Ladenstraße Warenhäuser oder Kaufhäuser als Kundenmagneten platziert. Eine andere Möglichkeit stellen die „*Open Air Strip Center*" dar, bei denen es sich um offene Ladenstraßen handelt.

Shopping-Center werden gegliedert in die grundsätzlichen Ausprägungsformen der Nachbarschaftszentren, Gemeinde- bzw. Stadtteilzentren sowie Regionale Shopping-Center.

– *Nachbarschaftszentren (Neighbourhood Center)* sind gekennzeichnet durch ein eng begrenztes Einzugsgebiet, wobei sich deren

Angebot in der Regel auf Güter des täglichen Bedarfs und ergänzende Dienstleistungen (z.B. Reinigung, Frisör) beschränkt. Magnetmieter, also die Leitbetriebe in solchen Einkaufszentren, sind zumeist Supermärkte. Nachbarschaftszentren umfassen etwa zwischen 15 und 20 Betriebe aus Einzelhandel und Dienstleistung.

– *Gemeinde- bzw. Stadtteilzentren (Community Center)* stellen Einkaufszentren mit einem größeren Einzugsgebiet dar. Hier erfolgt ein breiteres und tieferes Angebot an Waren und Dienstleistungen als in den Nachbarschaftszentren. Die Magnetbetriebe sind dabei zumeist Supermärkte und zusätzlich zumindest ein weiterer Leitbetrieb (z.B. ein Warenhaus).

– *Regionale Shopping-Center (Regional Shopping Center)* verfügen über ein großes Einzugsgebiet und ein umfangreiches Angebot. Als Betriebstypen sind dabei insbesondere Fachgeschäfte, Dienstleistungsbetriebe, Gastronomie-Betriebe sowie Waren- und Kaufhäuser, SB-Warenhäuser und Fachmärkte vertreten. In Deutschland werden Shopping-Center ab einer Größe von 15.000 m² als Regionale Shopping-Center eingeordnet. Diese zeichnen sich durch eine besonders gute Erreichbarkeit und Verkehrsanbindung aus, die durch Lagen auf der „Grünen Wiese" oder in Peripheriegebieten gekennzeichnet ist. Das Parkplatzangebot ist entsprechend der besonders stark ausgeprägten Autokundenorientierung sehr hoch.

Neben diesen traditionellen Formen der Shopping-Center existieren zudem neuere Formen von Einkaufszentren. Hier sind insbesondere zu nennen die Passagen und Galerien, Power-Center sowie die Spezial- bzw. Themen-Center.

– *Galerien und Passagen* sind bauliche Einheiten in Innenstadtlagen, in denen vorwiegend kleine und mittlere Handels-, Gastronomie- und Dienstleistungsbetriebe angesiedelt sind. Galerien sind i.d.R. mit mehrstöckigen Verkaufsebenen ausgestattet, die häufig durch Tageslichteinfall und die Blickmöglichkeit vom Basement auf die Dachkonstruktion gekennzeichnet sind. Passagen hingegen sind Verbindungsgänge zwischen mehreren Straßen, an deren Seiten i.d.R. die Einzelhandels- und Dienstleistungsbetriebe angeordnet sind.

– *Power-Center* sind Ausprägungsformen von Einkaufszentren, die v.a. dadurch gekennzeichnet sind, dass mindestens drei Magnetbetriebe einen flächenmäßigen Anteil des gesamten Einkaufszentrums von ca. 75 % belegen. Die Leitbetriebe sind dabei in der Regel Fachmärkte. Power Center sind häufig in Ballungsgebieten angesiedelt, da sie ein großes Einzugsgebiet benötigen. Insbesondere in den USA ist dieser Betriebstyp weit verbreitet. Im deutschsprachigen Raum sind v.a. die Fachmarktzentren damit vergleichbar.

– *Spezial-* oder *Themen-Center* stellen eine räumliche Agglomeration von Betrieben aus Einzelhandel und Dienstleistung mit einem thematischen Bezug zueinander dar. Dieser äußert sich in der Regel durch das Angebot an speziellen Warengattungen.

Die Entwicklung der Shopping-Center ist durch eine stetige Steigerung der Anzahl und der Verkaufsflächen gekennzeichnet. So hat sich die Anzahl der Shopping-Center in Deutschland seit 1970 mehr als verzehnfacht. Weitere wichtige innovative Formen stellen die → Urban Entertainment Center sowie die → Factory Outlet Center dar.

B.T./J.Z.

Literatur: *Ausschuss für Begriffsdefinitionen aus der Handels- und Absatzwirtschaft* (Hrsg.): Katalog E, 4. Ausg., Köln 1995, S. 50 f. *EHI* (Hrsg.): Galerien, Passagen und kleinere Einkaufscenter – Strukturen, Porträts, Anschriften, Fachbeiträge, Köln 1999. *Falk, B.:* Shopping Center. Grundlagen, Stand und Entwicklungsperspektiven, in: *Falk, B.* (Hrsg.): Das große Handbuch Shopping Center, Landsberg a.L. 1998, S. 13–48. *Tietz, B.:* Der Handelsbetrieb, 2. Aufl., München 1993, S. 1356-1357. *Zentes, J.:* Grundbegriffe des Marketing, 4. Aufl., Stuttgart 1996, S. 95-96.

Entwicklung der Anzahl der Shopping-Center in Deutschland

	1970	1980	1985	1995	1996	1997
Anzahl Shopping-Center	17	67	79	95	225	240
Geschäftsfläche je Center in 1000 qm	33,1	28,9	28,8	31,9	33,0	33,2

(Quelle: *BAG*, 1998)

Shopping-Goods

Im Rahmen des warentypologischen Ansatzes von *Miracle* (→ Produkttypologie) unterschiedener Produkttyp, der sich durch folgende Merkmalsausprägungen charakterisieren lässt: Gebrauchsgüter, Waren des periodischen oder aperiodischen Bedarfs, häufig erklärungs- bzw. beratungs- bzw. anprobebedürftige Erzeugnisse, höherwertige Objekte, Individualerzeugnisse der Serien-, ggf. auch Einzelfertigung, stark gestaltete Erzeugnisse, vorwiegend modische Erzeugnisse bzw. solche mit häufigem Gestaltwandel, technisch rasch wandelbare Produkte, die oft deutlich Zusatznutzen vermitteln. Beispiele sind: Oberbekleidung, Schmuck, Möbel, PKW.

Der Verbraucher kauft hier i.d.R. erst einige Zeit, nachdem der Bedarf aufgetreten ist, und erst nach Abwägung der Dringlichkeit der Anschaffung mit anderen geplanten Käufen und nach Preis- und Qualitätsvergleich der verschiedenen in Betracht kommenden Objekte. Das vom Verbraucher wahrgenommene → Kaufrisiko ist hoch und demzufolge ist er bereit, Zeit und Einkaufsmühe für die Suche nach solchen Produkten aufzuwenden. H.K.

SHTTP (Secure HTTP)

ist eine Ergänzung des HTTP für eine erhöhte Sicherheit bei der Datenübertragung im Internet.

Sicherheitsbestand (Mindestbestand)

ist eine Bestandsreserve, die für den Fall vorgehalten wird, dass Versorgungsstörungen und/oder unerwartete Nachfrageschübe die Lieferfähigkeit gefährden. Der Ist-Sicherheitsbestand kann nicht unmittelbar gemessen werden; vielmehr entspricht er dem über mehrere Bestellzyklen (→ Bestelldoktrinen) hinweg beobachteten durchschnittlichen Lagerendbestand jeweils unmittelbar vor Eingang einer Vorratsergänzung. Der Plan-Sicherheitsbestand richtet sich nach der verfolgten Bestelldoktrin, der Maßeinheit und Höhe des geforderten → Servicegrads, der Dauer und Zuverlässigkeit der für planmäßige Vorratsergänzungen erforderlichen Wiederbeschaffungszeit, der Variabilität der Nachfrage und der Zuverlässigkeit der → Absatzprognose.

Häufige Ursachen überhöhter Sicherheitsbestände sind überlange und unzuverlässige Wiederbeschaffungszeiten sowie inadäquate Prognoseverfahren; falsch gewählte Maßeinheiten für Servicegrade und überzogene Anforderungen an die Lieferbereitschaft haben ähnliche Wirkung. Es wird nicht immer klar erkannt, dass diese Schwächen zum Teil im betrieblichen Einflussbereich wurzeln, also intern beseitigt werden können.

Marktgerechte Bemessung des Sicherheitsbestandes setzt eine systematische Erhebung und Pflege logistischer Prozessdaten auf allen Stufen der Supply Chain (Zeiten, Aufträge, Auftragsgrößen) voraus und erfordert einigen mathematisch-statistischen Aufwand bei ihrer Auswertung (*Tempelmeier*, 1995, *Silver et al.*, 1998). Die in der Praxis noch immer verbreiteten Pauschal-Vorgaben, die für alle Vorratsgüter z.B. „drei Monatsbedarfe" als S. vorschreiben, ignorieren die Unterschiede bei den Wiederbeschaffungszeiten, im Nachfrageverhalten und in der Prognosegüte. Sie können sich im Einzelfall als zu hoch, ebenso gut aber als zu gering erweisen, über das gesamte Sortiment hinweg tritt nur im günstigsten Fall der eine Fehler annähernd so häufig auf wie der andere. K.Z.

Literatur: *Silver, E.A.; Pyke, D.F.; Peterson, R.:* Inventory Management and Production Planning and Scheduling, 3. Aufl., New York 1998. *Tempelmeier, H.:* Material-Logistik, 3. Aufl., Berlin usw. 1995.

Sicherheitskommunikation

Kauf und Verwendung von Produkten des privaten Konsums können nach der Lebenserfahrung mit unbeabsichtigten Einbußen an Vermögen, Gesundheit und persönlicher Leistungsfähigkeit verbunden sein. Man denke etwa an Unfälle mit elektrischen Geräten, mit Kinderspielzeugen, mit Haushaltschemikalien, Heimwerkerausrüstungen etc. Die Möglichkeit dieser Schäden wird als Konsumrisiko oder mangelnde Konsumsicherheit bezeichnet (→ Produkthaftung). Soweit diese Risiken im Produkt oder seiner Darbietung begründet sind, ist enger von Produktrisiko oder mangelnder Produktsicherheit zu sprechen. Sicherheitsverhalten meint das → Käuferverhalten angesichts solcher Konsumrisiken, und Sicherheitskommunikation steht für die Vermittlung zweckorientierten Wissens an den Konsumenten mit dem Ziel, auf dessen Konsumrisiken und Sicherheitsverhalten einzuwirken.

Die Typologie ist außerordentlich vielfältig. Arten der Sicherheitskommunikation lassen sich je nach dem Sender, nach der Phase des

Konsumprozesses, auf die eingewirkt werden soll, nach dem verfolgten Zweck, nach dem genutzten Medium etc. unterscheiden. Als Sender kommen neben Herstellern und Händlern des Produkts auch firmenneutrale Institutionen in Frage, die Sicherheitstests durchführen, Gütezeichen vergeben oder allgemein Sicherheitskampagnen betreiben. Daneben ist der weite Bereich persönlicher Kommunikation durch Privatpersonen zu nennen. Die kommunikative Einwirkung kann zum einen in der Kaufphase erfolgen, indem mit speziellen Sicherheitseigenschaften geworben oder mit dem Hinweis auf mögliche Verfahren die Nachfrage auf sachkundige Benutzer beschränkt wird. Die Kommunikation ist zum anderen im Fall von Gebrauchsanweisungen/Bedienungsanleitungen auf die Verwendungsphase gerichtet. Die Kommunikation präsentiert im ersten Fall die Produktsicherheit als Verkaufsargument und ist auf eine Steigerung der Kaufbereitschaft gerichtet, während sie im zweiten Fall zur höheren Verwendungssorgfalt beitragen soll.

Eine weitere Unterscheidung ergibt sich im Zusammenhang mit dem Recht der Produkthaftung: Sicherheitskommunikation kann zum einen darauf gerichtet sein, den Schadensanfall im Konsumbereich nach Zahl und Schwere zu reduzieren, zum anderen aber auch und v.a. auf die Vermeidung sog. Instruktionsfehler zielen, d.h. übertriebene Eigenschaftszusicherungen stornieren, mangelhafte Gebrauchsanweisungen verbessern und wirksamere Warnungen auszusprechen. Diese defensive Sicherheitskommunikation verfolgt vor allem den Zweck, das Haftungspotential zu verringern. Im Gegensatz dazu stellt eine mehr offensive Sicherheitskommunikation das Qualitätsargument der Sicherheit heraus oder baut umgekehrt mit dem Hinweis auf offenkundige Gefahren durch den Appell an die Kompetenz des sachkundigen Benutzers gerade eine erfolgreiche Kaufargumentation auf.

Die zentrale Bedeutung der Sicherheitskommunikation wird auch im Fehlerbegriff des Produkthaftungsgesetzes deutlich (§ 5 Abs. 1), für den es v.a. auf ein Abweichen der Produkteigenschaften von den „berechtigten Sicherheitserwartungen" der Konsumenten ankommt. Für das Entstehen dieser Erwartungen sind neben den persönlichen Nutzererfahrungen in erster Linie die verschiedenen Varianten der Sicherheitskommunikation bedeutsam.

Die Wirksamkeit einzelner Gestaltungsalternativen der Sicherheitskommunikation ist bislang weitgehend unerforscht. Ob der Hinweis auf mögliche Gefahren wirklich kaufhemmend oder aber als Kaufreiz wirkt, lässt sich durchaus kontrovers diskutieren. Diese Janus-Köpfigkeit der Sicherheitskommunikation lässt sich vor allem am Beispiel von Rückrufinformationen beobachten, die zum einen von Kunden als Hinweis auf Qualitätsmängel und zum andern aber auch als Indikator für eine kompetente und sozial verantwortliche Unternehmenspolitik gewertet werden mögen. Ob eine Sicherheitskommunikation, sei sie etwa in der Form von Gebrauchsanweisungen oder sei sie firmenneutral als Kampagne für sachkundigen Konsum konzipiert, überhaupt das Verhalten zu ändern in der Lage ist, stellt eine der ungelösten Grundfragen der Konsumentenforschung dar. Man mag vermuten, dass eine dauerhafte Verhaltensmodifikation eine Änderung der einschlägigen Einstellungen voraussetzt, aber ob und wie sich die Einstellung kommunikativ erreichen lässt, z.B. mit mehr auf die Kognition oder mehr auf die Emotion zielenden Botschaften sowie mit positiver oder mit negativer Formulierung, bedarf noch intensiver empirischer Forschung. D.St.

Literatur: *Graf Hoyos, C.:* Psychologische Unfall- und Sicherheitsforschung, Stuttgart 1980. *Kroeber-Riel, W.:* Strategie und Technik der Werbung, Stuttgart 1988. *Pfundt, K.; Schmid-Schmieder, V.:* Möglichkeiten zur Verhütung von Heim- und Freizeitunfällen, Köln (Verband der Haftpflichtversicherer) 1986. *Viscusi, W.K.; Magat, W.A.:* Learning about Risk, Cambridge, London 1987.

Sicherheitszeichen
→ Warenkennzeichnung

Side-by-Side Test
→ Faktorielles Design,
→ Marktexperiment

Sidegrading
im Vergleich zum → Trading Up bzw. -Down alle handelsstrategischen Maßnahmen, mit denen das Leistungsprogramm eines Unternehmens unter Beibehaltung des Leistungsniveaus variiert wird. Hierzu zählt z.B. auch der Wechsel der Zielgruppen.

Signaling
→ Informationsökonomik, → Spieltheorie

Signaturgesetz (SignG)

Mit Art. 3 des Informations- und Kommunikationsdienste G traten das SignG und die dazu erlassene SignVO 1997 als weltweit erstes gesamtstaatliches Gesetz zur digitalen Signatur in Kraft (BGBl.I. 1870 u. 2498). Darin wird kein genereller Ersatz für die nach § 126 I BGB bei gesetzlichem Schriftformzwang erforderliche persönliche Unterschrift geschaffen. Vielmehr werden lediglich bestimmte Anforderungen einer Zertifizierung für elektronische Signaturschlüssel geregelt, die nach § 1 II SignG für gesetzliche oder vertragliche Formvorschriften bereitsteht, soweit darauf im einzelnen Bezug genommen wird. Bisher gibt es aber nur wenige Beispiele für eine solche Bezugnahme (§ 7 VO über den Zahlungsverkehr, die Buchführung und die Rechnungslegung in der Sozialversicherung; § 7 der Allgemeinen Verwaltungsvorschrift über das Rechnungswesen in der Sozialversicherung können in allen Verwaltungsabläufen der Rechnungslegung der Sozialversicherung digitale Signaturen eingesetzt werden (ähnl. auch die geplanten Neufassungen der Verdingungsordnung für Bauleistungen). Der Betrieb einer Zertifizierungsstelle i.S. des SignG bedarf der Genehmigung der zuständigen Behörde, die mit der Regulierungsbehörde i.S. des TKG identisch ist (§ 4 V, §3 TKG, § 66 TKG).

Die Signatur soll die Zuordnung des Signaturschlüssels zu natürlichen Personen nach bestimmten Sicherheitsanforderungen bezeichnen und ist aus Sicherheitsgründen auf 5 Jahre beschränkt. Bis zum 1.8.1999 war ein Evaluationsbericht vorzulegen, für den aber noch auf zu wenige praktische Erfahrungen zurückgegriffen werden konnte.

Ein Richtl.-Vorschlag der EU-Kommission über elektronische Signaturen v. 1998 wurde 1998 vom Rat umformuliert und dem Konzept des SignG angenähert. Danach soll aber die handschriftliche Unterschrift vollständig ersetzt werden (Art. 5 I). Die Richtl. soll noch im Jahr 2000 in Kraft treten und dann innerhalb von 18 Monaten umzusetzen sein. H.He.

Literatur: *Roßnagel*: Das SignaturG nach 2 Jahren, NJW 1999, S. 1591 ff.

Signifikanzniveau

Bei → Signifikanztests wird die Irrtumswahrscheinlichkeit als „Signifikanzniveau" und mit dem Symbol α bezeichnet. α gibt damit – da die Tests i.a. darauf angelegt sind, die Nullhypothese zu verwerfen – das Risiko an, das man einzugehen gewillt ist, eine an sich richtige Hypothese abzulehnen: „Fehler 1. Art". Von ß für den „Fehler 2. Art" – eine an sich falsche Hypothese „anzunehmen" – wird zumeist abgesehen (→ Hypothesenprüfung).

Die umgangssprachliche Gleichsetzung von „signifikant" mit „wesentlich" oder „beträchtlich" ist unkorrekt, weil sich erstens der Begriff nur auf Stichprobenbefunde bezieht und weil zweitens die Signifikanz mit Zunahme der → Stichprobe bzw. Abnahme der Varianz der Prüfvariablen wächst, so dass u.U. auch sehr kleine Differenzen in einer großen und/oder varianzarmen Stichprobe „signifikant" ausfallen. M.H.

Signifikanztests

Auf verschiedene Weise mögliche statistische Überprüfung eines Stichprobenergebnisses auf Gültigkeit in der Grundgesamtheit. Im Folgenden wird auf Signifikanztests i.e.S. (→ Inferenzstatistik) abgestellt. Nachstehend wird allein das grundsätzliche Vorgehen entsprechend *Abb. 1* erörtert.

Abb. 1: Schritte beim Signifikanztest

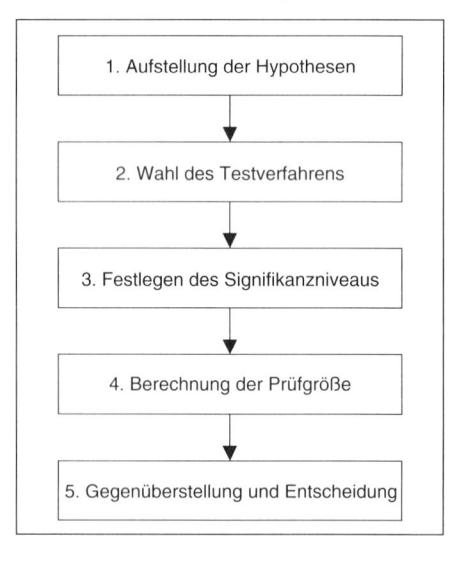

1. Aufstellung der Hypothesen
2. Wahl des Testverfahrens
3. Festlegen des Signifikanzniveaus
4. Berechnung der Prüfgröße
5. Gegenüberstellung und Entscheidung

Zu 1: Die Hypothesenaufstellung äußert sich formal in der Formulierung von zwei Hypothesen, nämlich der, die geprüft werden soll (H_0), und einer Alternative dazu (H_1) (→ Hypothesenprüfung). Die *Nullhypothese* H_0 wird beim Signifikanztest i.a. so formuliert, dass man daran interessiert ist, sie abzulehnen. Dies ist am deutlichsten dann, wenn es sich um eine „Nullhypothese" im buchstäblichen Sinne handelt, dass also der „wahre Wert" 0 sei; kann diese dann verworfen werden, so sind die Stichproben-Kennwerte „signifikant".

Eine wesentliche Rolle spielt dabei jedoch die Formulierung der *Alternativhypothese* H_1. Im Falle einer symmetrischen Verteilungskurve ist nämlich sowohl ein *zweiseitiger* als auch ein *einseitiger* Test möglich. Ersterer liegt dann vor, wenn die → Irrtumswahrscheinlichkeit auf beide Seiten der Kurve verteilt ist. So würde im erwähnten Falle der „Nullhypothese im Wortsinne" (H_0: „wahrer Wert" = 0), die Alternativhypothese lauten können, dass der „wahre Wert" ungleich 0 ist (zweiseitig) oder aber (einseitig) entweder < 0 oder > 0. Ob der Test ein- oder zweiseitig anzulegen ist, muss inhaltlich begründet werden. Formal ist dies jedoch von erheblicher Bedeutung: Einseitige Tests führen eher zur Verwerfung der Nullhypothese. Grundsätzlich sollte deshalb immer dann, wenn nicht aus der Sachlage heraus andersartige Evidenz vorliegt, zweiseitig getestet werden.

Zu 2: Die *Wahl des Testverfahrens* führt zur Bestimmung einerseits der aus den empirischen Werten zu berechnenden Prüfgröße (s. unten), andererseits der → Prüfverteilung. Bei der Auswahl ist das Skalenniveau (→ Messung) der Testgröße zu berücksichtigen. Ferner ist entscheidend ob unabhängige oder verbundene (abhängige) → Stichproben vorliegen. *Abb. 2* zeigt in Anlehnung an *Kriz* eine entsprechende Übersicht mit Spezialverweisen.

Zu 3: Vor Berechnung der Prüfgröße und deren Vergleich mit der Prüfverteilung muss das → *Signifikanzniveau* festgelegt werden. In der Praxis hat sich die Verwendung ganz bestimmter Signifikanzniveaus eingebürgert, denen zumeist – nicht immer ganz einheitlich – auch „Qualitäten" (und

Abb. 2: Signifikanztests und Skalenniveau
(nach *Jürgen Kriz*, Statistik in den Sozialwissenschaften, Reinbek 1973, S. 325)

Zahl der Stichproben \ Skalenniveau	nominal	ordinal	intervall
eine	χ^2-Test (vergleicht beobachtete und erwartete Häufigkeit) Binominal-Test (für dichotome Variablen)	Wald-Wolfowitz-Test (Iterations-Test) (prüft die Zufälligkeit einer Abfolge von Alternativen)	t-Test (für Mittelwerte) χ^2-Test (für Varianzen) Standardnormalverteilung (u.a. für Korrelation)
zwei unabhängig	Vier-Felder-χ^2 Fisher-Yates-Test (hypergeometrische Verteilung)	Median-Test (zentrale Tendenz, gruppierte Daten) Man-Whitney-Test (zentrale Tendenz, echte Rangdaten) Moses-Test (Dispersion, echte Rangdaten) Kolmogorov-Smirnov-Test (Omnibustest, gruppierte Daten) Wald-Wolfowitz-Test (Omnibustest, echte Rangdaten)	t-Test (für Mittelwerte) F-Test (für Varianzen)
zwei abhängig	McNemar-Test	Vorzeichen-Test (zentrale Tendenz)	t-Test
mehrere unabhängig	χ^2-Test	Erweiterter Median-Test (gruppierte Daten)	Einfache Varianzanalyse
mehrere abhängig	Cochran-Test	Friedman-Test	Mehrfache Varianzanalyse

Symbole) zugeordnet werden: α = 0,01 (hochsignifikant ++) α = 0,05 (signifikant +). Besonders – vielleicht zu – strenge Anforderungen werden bei Verwendung eines Signifikanzniveaus von 0,001 (+++) gestellt. Umgekehrt ist die Tolerierung einer Irrtumswahrscheinlichkeit von 10% („schwach signifikant") vielleicht zu großzügig. „n.s." steht oft bei nichtsignifikanten Resultaten (und, zumal bei Verwendung nur eines Signifikanzniveaus – meist 0,05 – „s." für signifikante).

In Computer-Programmen wird zunehmend sogleich die betreffende Wahrscheinlichkeit ausgedruckt (statt des „empirischen" Prüfwertes – wodurch die Arbeit des Vergleichs mit dem Tafelwert, s. unten, entfällt). Dabei ist jedoch Vorsicht anzuraten, insb. wegen der Gefahr, dass das ursprünglich vorgesehene Signifikanzniveau solange variiert wird, bis genehme („signifikante") Ergebnisse erscheinen.

Zu 4: Mit der Wahl des Testverfahrens für das gegebene Problem ist auch die Vorschrift zur *Berechnung der Prüfgröße* („*Teststatistik*") bestimmt. Für den Parametertest: Vergleich des hypothetischen Mittelwerts der Grundgesamtheit mit dem der Stichprobe lautet sie quasi in „Umkehrung" der für die Intervallschätzung (Stichprobe) angegebenen Formel:

$$t = \frac{|\bar{x} - \mu|}{s/\sqrt{n}}$$

und mit den Zahlen des dort gegebenen Beispiels:

$$t_{emp} \left[\text{oder } \hat{t} \right] = \frac{|0{,}80 - 0{,}77|}{0{,}3/\sqrt{500}} = 2{,}31$$

Zu 5: Aufgrund der *Gegenüberstellung* der Prüfgröße zum „Tafelwert" fällt die Entscheidung: Verwerfung der Nullhypothese dann, wenn die Prüfgröße den Tafelwert übersteigt. Soll etwa im Beispiel auf einem Signifikanzniveau von 5% zweiseitig getestet werden, so ergibt sich – bei der hier gegebenen hohen Anzahl von → Freiheitsgraden approximativ auch aus der Tafel der (Standard-)Normalverteilung – ein Tafelwert von 1,96. Bei dem berechneten „empirischen" t-Wert von 2,31 muss die Nullhypothese – der „wahre Wert" sei 0,77 – mit der gegebenen Irrtumswahrscheinlichkeit (von 5%) abgelehnt werden. M.H.

Literatur: *Bohley, P.*: Statistik, 6. Aufl., München 1996. *Hartung, J.; Elpelt, B.; Klösener, K.-H.*: Statistik, 12. Aufl., München 1999. *Hüttner, M.*: Grundzüge der Marktforschung, 6. Aufl., München 1999. *Sachs, L.*: Angewandte Statistik, 9. Aufl., Berlin 1999.

Silent Shopper-Verfahren
→ Testkauf, → Mystery-Shopping

Simplifier-Konzept
→ Organisationales Beschaffungsverhalten

Simulationsverfahren

1. Simulationsverfahren dienen dazu, auf numerischem Wege für mathematische Aufgaben Lösungen herbeizuführen, für die keine analytische Lösung existiert (z.B. für konvexe Zielfunktionen oder mehrperiodige Probleme); solche Simulationsverfahren werden auch *Berechnungsexperimente* genannt. Sie sind z.B. im Rahmen der → Marketingplanung anwendbar, wenn Sensitivitätsanalysen über die Wirkungen bestimmter Marketinginstrumente auf Basis empirischer → Marktreaktionsfunktionen durchgeführt werden sollen. Man unterstellt dann modellhaft bestimmte Parameterwerte und Konkurrenzreaktionen und berechnet die interessierenden Zielwerte.

2. Simulationsverfahren können auch eingesetzt werden, um Unsicherheits- und Risikosituationen modellhaft (→ Modelle) zu bewältigen (→ Risikoanalyse). In diesem Zusammenhang werden „modellhaft" beliebig viele Fallwiederholungen oder bestimmte Zufallsstichproben unter Berücksichtigung von Wahrscheinlichkeitsverteilungen für die verschiedenen Modellvariablen durchgespielt, woraus Schlüsse über die untersuchten Gesetzmäßigkeiten gezogen werden können („*Monte-Carlo-Simulation*"). F.B.

Simulierter Testmarkt
→ Testmarktsimulator

Simultaneous Engineering

Angesichts immer kürzer werdender → Produktlebenszyklen und äußerst aufwendiger und komplexer FuE-Prozesse ist die Produktentwicklungszeit zu einem strategischen Erfolgsfaktor für die Unternehmen geworden (→ FuE-Strategie, → Produkt- und Prozessentwicklung). Simultaneous Engineering stellt einen ganzheitlichen Ansatz dar, mittels dessen sich neue Produkte im Vergleich zum Wettbewerb früher und i.d.R. auch kostengünstiger auf den Markt bringen lassen. Hierzu werden gleichzeitig die am Entwicklungsprozess beteiligten innerbetrieblichen Funktionsbereiche (F+E, Konstruktion, Fertigung, Montage, Vertrieb, Marketing etc.) sowie ferner die für die spätere Produktion und Distribution zuständigen externen Zulieferer in interdisziplinären Teams in die Produktentwicklung eingebunden und die Entwicklungsaufgaben parallelisiert (→ Zuliefergeschäft). M.M.

SINFOS

ist eine Datenbank zur multilateralen Adress- und Artikelstammdatenkommunikation zwischen Industrie und Handel (Datenträgeraustausch), die von der Zentrale für Coorganisation (→ CCG) entwickelt wurde und derzeit auch betreut/vermarktet wird.
SINFOS verwendet EDI-Nachrichten (→ Electronic Data Interchange) zur Darstellung und Übermittlung von Stammdaten. Voraussetzung hierfür ist die möglichst vollständige Beschreibung der kompletten Artikelhierarchie, d.h. vom Basisartikel über alle Umverpackungen bis hin zur Europalette, wodurch u.a. die Abbildung komplexer Sortimentsstrukturen ermöglicht wird. J.Z.

Single-Choice-Modell → Kaufmodell

Single Linkage Verfahren

Das Single Linkage Verfahren führt eine → agglomerative Clusteranalyse mit dem Bewertungsindex

$$v(K,L) = \min_{i \varepsilon K, j \varepsilon L} d(i,j)$$

(Distanzen) durch. Dieses Verfahren neigt dazu, wenige umfangreiche Klassen zu bilden, andere Objekte bleiben isoliert. Andererseits kann man die Distanzen beliebig monoton transformieren, ohne den Fusionsprozess zu verändern (→ Complete Linkage Verfahren). O.O.

Single-Source-Ansatz

Untersuchungsansatz im Rahmen der → Marktforschung, bei dem alle in die Analyse eingehenden Daten durch eine (einheitliche) Erhebung gewonnen werden. Die Kompatibilität der Daten ist mithin voll gewährleistet. Nicht immer ist es aus technischen oder erhebungstaktischen Gründen möglich, den an sich wünschenswerten Single-Source-Ansatz durchzuhalten. Z.B. können bei → Mediaanalysen oft nicht alle interessierenden Daten in einer einzigen Befragung erhoben werden, sodass die Daten aus mehreren Untersuchungsgruppen nachträglich fusioniert werden müssen, wozu sog. Bindevariablen, d.h. Variablen, die in den unabhängigen Datensätzen gleichermaßen erhoben worden sind und dementsprechend in allen Datensätzen eine hohe Korrelation aufweisen, herangezogen werden. Bei Befragungen können auf diese Weise aus allen Datensätzen Befragte mit identischen Merkmalen herauskristallisiert werden, was dann Rückschlüsse auf auch nicht direkt erhobene Merkmale solcher „synthetischer" Personen (Gruppen) zulässt.
Wegen der mit solchen „künstlichen" Verrechnungen verbundenen Validitätsverluste sind Single-Source-Untersuchungen besonders attraktiv. Möglichkeiten dazu bieten moderne Datenerhebungsverfahren, z.B. Scanner-Panels, etwa → Behavior Scan oder → Homescan™ Single Source. H.D.

Single Source-Panel

Das Single Source-Panel ist eine Realisierungsform des Single Source-Ansatzes, d.h. Erhebung unterschiedlicher Themenkomplexe bei der gleichen Erhebungseinheit. In einem Test der → Arbeitsgemeinschaft Fernsehforschung wurde 1995 neben der Fernsehnutzung auch das Konsum- und Einkaufsverhalten in einem → Panel erhoben. Die Fernsehnutzung wurde mittels GfK-Meter, das Einkaufsverhalten mittels Electronic Diary (einem elektronischen Tagebuch) erfasst. Primäre Zielsetzung des Single Source-Testpanels der Arbeitsgemeinschaft Fernsehforschung war eine verbesserte, detailliertere Beschreibung von Fernsehzielgruppen (→ Zielgruppe) und deren Konsumverhalten. Alternative Methoden zur Verknüpfung von Fernsehnutzungs- und Konsumdaten sind die erweiterte Strukturerhebung und die Datenfusion aus unterschiedlichen Erhebungsquellen (z.B. Fernsehpanel – VuMA bzw. → Verbraucheranalyse). Der Test ergab aufgrund verschiedener methodisch relevanter Einwirkungen auf das Panel (u.a. → Repräsentativität, Teilnahmebereitschaft, → Panelfluktuation) eine mögliche Gefährdung des Währungscharakters der Daten der Arbeitsgemeinschaft Fernsehforschung. Deshalb hat die Arbeitsgemeinschaft Fernsehforschung den Single Source-Ansatz verworfen.

Single Sourcing

→ Sourcing-Konzept mit nur einem Zulieferanten, die mit Kostenvorteilen verbunden ist, weil der Zulieferant Erfahrungskurveneffekte ausnutzen kann. Es erhöhen sich allerdings das Investitions- und Beschäftigungsrisiko des Zulieferanten beträchtlich. Gleichzeitig vermindert sich die Liefersicherheit. M.M.

Singular Value Decomposition (SCD)

stellt eine Verallgemeinerung der Hauptkomponentenanalyse dar und ist ein Lösungsverfahren der → Korrespondenzanalyse. Die Dimensionen der optimalen Unterräume werden sukzessive in der Reihenfolge ihres Anteils an der Varianzerklärung extrahiert. L.H.

Sinus-Lebensstilwelten

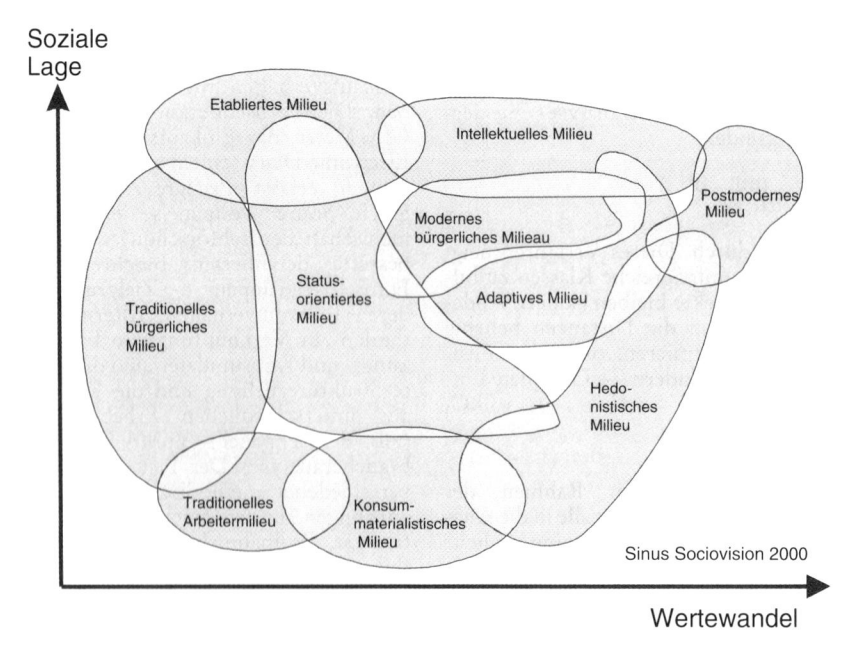

qualitativ-psychologischer Ansatz des Sinus-Instituts, Marktsegmente bzw. Media-Zielgruppen (Print und TV) zu definieren und homogene Gruppen unter Berücksichtigung ihrer so genannten Lebensstilwelt zu beschreiben (→ Lebensstilkonzept). Einsatzmöglichkeiten liegen bei der psychographischen → Marktsegmentierung und → Positionierung sowie im gesamten Mediaplanungs-Prozess, d.h. von Rangreihen bis zur Post-Kontrolle.

Die Lebensstilwelten bestimmen sich z.B. aus der Lebensauffassung, -weise und -stil, den Werteorientierungen, Alltagseinstellungen zu Arbeit, Familie, Freizeit, Geld oder Konsum, der sozialen Lage sowie aus ästhetischen Vorlieben. Der Ansatz stellt somit eine Alternative zur Segmentierung nach soziodemografischen Merkmalen dar, wobei die Auswahl an qualitativen Kriterien es ermöglicht, eine saubere Definition der Zielgruppen vorzunehmen. Unabhängig von Alter, Geschlecht, Einkommen und Ähnlichem werden bei Sinus Personen mit übereinstimmenden Lebensauffassungen und gemeinsamen Wertesystemen zusammengefasst. Die sich daraus ergebenden Lebensstilwelten, sind die so genannten *Sinus-Milieus*, welche in einer zweidimensionalen Grafik (*Abb.*) dargestellt werden können, wobei sich benachbarte Milieus stets auch überlappen.

Die Milieuzuordnung aus Basis eines Fragebogens mit 45 feststehenden Items liefert eine relativ stabile Tiefenstruktur sozialer

Sinus-Lebensstilwelten

Differenzierung. Die Milieus bilden einerseits den Sozialstatus (→ Schicht, soziale) ab, der sich aus den Indikatoren Bildung, Einkommen und Berufsgruppe zusammensetzt (Ausprägung von gering bis hoch), andererseits zeigt die Zuordnung die Grundorientierung (Ausprägung traditionell bis postmodern) der Milieus.

Zur genauen Zielgruppendefinition werden, in Abhängigkeit des betrachteten Mediums (TV oder Print), die interessierenden Konsum-Merkmale aus der GfK-Strukturerhebung (AGF/GfK-Fernsehpanel) oder aus der Markt-Media Studie → Typologie der Wünsche (TdW) herangezogen und mit den Sinus-Milieus kreuztabelliert, umso Verwenderschwerpunkte herauszufinden. Je nach Marketing-Strategie fällt die Wahl auf ein oder mehrere benachbarte Milieus. Die Vorgehensweise bei der Printmedien- bzw. Senderselektion und die weiteren Schritte der Mediaplanung unterscheiden sich nicht von der Arbeitsweise mit herkömmlichen Zielgruppen. S.S.

Literatur: *Preis, E.:* Qualitative TV-Mediaplanung mit Sinus-Lebensstilwelten, in: Planung und Analyse, Heft 4/2000, S. 30–33.

Site-Promotion (Web-Promotion)

umfasst alle Maßnahmen zur Schaffung von Aktualität und Bekanntheit für Presence Sites im World Wide Web und in proprietären → Online-Diensten. Die Gewinnung von Site-Besuchern und Bindung von Internet-Nutzern stellen weitere Zielsetzungen dar.

Die Registrierung einer kurzen und prägnanten Site-Adresse (URL) ist eine wichtige Voraussetzung, wenn auch klassische Kommunikationskanäle (Mediawerbung, PR-Instrumente) zur Bekanntmachung von Sites eingesetzt werden. Zwingend erforderlich ist der Eintrag der URL und einer Kurzbeschreibung des Site-Inhaltes in *Suchdiensten* (→ Suchmaschinen, Suchkatalogen) und → Web-Verzeichnisdiensten auf zielgruppenspezifischen Angeboten. Die Vielzahl an *Suchmaschinen* und deren Besonderheiten bei der Erfassung von Sites erfordert bereits bei der Site-Gestaltung (Inhalt der → Homepage, Einsatz von Meta-Tags) spezifisches Fachwissen. Auch ist eine permanente Überprüfung der Position der eigenen Site in den Verzeichnissen bzw. Linklisten notwendig. Die *Belegung von Werbeflächen* auf anderen Sites, in Mailinglisten und Newslettern mit Text- bzw. Bildbotschaften stellt eine weitere Maßnahme zur Steigerung der Site-Bekanntheit dar. Die Gewinnung von Site-Besuchern mit Hilfe von → Online-Werbung und Online-Sponsoring erfordert die Auswahl zielgruppenspezifischer Werbeträger, redaktioneller Umfelder mit Bezügen zum eigenen Site-Inhalt und eine aufmerksamkeitsstarke Gestaltung der werblichen Hinweise. Gerade in der Anfangsphase und bei einem begrenzten Budget für Mediawerbung sind *Bannertauschdienste* und → *Webrings* hilfreiche Mittel zur Site-Promotion. Durch attraktive Site-Inhalte, den Aufbau einer → Virtual Community, regelmäßige *Online-Games* bzw. *Online-Gewinnspiele* und die Teilnahme an → *Bonus-Programmen* gelingt es, einmalige Site-Besucher zur dauerhaften Nutzung von Sites zu motivieren. Zufriedene Nutzer werden ihrerseits dazu beitragen, die Site weiter bekannt zu machen und damit weitere Nutzer an das Angebot binden. Diese medienvermittelte Mund-zu-Mund Propaganda (→ Mund-Werbung) stellt sicherlich eines der effektivsten Mittel der Site-Promotion dar, setzt jedoch die Bereitstellung nutzwerter Inhalte und Dienste voraus. G.S./Th.W.

Literatur: *Silberer, G.* (Hrsg.): Interaktive Werbung, Stuttgart 1997. *Werner, A.:* Site-Promotion, Heidelberg 1998.

Situativer Ansatz → Marketing-Theorie

Skalen-Kompatibilitätseffekt
→ Präferenzumkehr

Skalenniveau (Messniveau, Datenniveau)

Die → Messung von Sachverhalten im Rahmen der → Marktforschung kann unterschiedlich präzise erfolgen. Man muss sich dabei stets vor Augen führen, dass sich Messungen immer auf den empirischen Sachverhalt beziehen und insofern nicht die mathematischen Eigenschaften der zugeordneten Zahlen, sondern die in der Wirklichkeit vorgefundenen Relationen zwischen den beobachteten Objekten maßgeblich sind. Um diesem Umstand Rechnung zu tragen, unterscheidet man vier grundlegende Skalenniveaus. Die Skaleneigenschaften vererben sich von unten nach oben, d.h. umgekehrt, dass jedes höherwertige Messniveau auf ein niedrigeres Messniveau reduziert werden kann (*vgl. Abb.*).

Skalenniveau (Messniveau, Datenniveau)

Nominalskala:
Wenn man das Geschlecht, den Familienstand, die Schulbildung usw. erfasst, so gibt man bestimmte Kategorien vor (z.B. männlich, weiblich). Alle Objekte (Personen) die nun bezüglich des erfragten Merkmals gleich sind, werden der gleichen Kategorie bzw. Klasse zugeordnet. Diese Klassifikation stellt die einfachste Form des Messens dar und entspricht dem niedrigsten Messniveau. Sofern man aus Zweckmäßigkeitsüberlegungen hierbei Zahlen zuordnet, so besitzen diese nur symbolisch-qualitativen und keinen numerisch-quantitativen Charakter, sie können weder geordnet noch addiert werden.

Rang- oder Ordinalskala:
Gelingt es, Messobjekte hinsichtlich des Ausmaßes, in dem ein operational definiertes Merkmal vorliegt, in einer Rangreihe anzuordnen, so liegt eine Ordinalskala vor. Wenn jedem Objekt nur eine bestimmte Zahl zugeordnet wird und Objekte, die das Merkmal in höherem Ausmaß besitzen, auch eine größere Zahl bekommen, so liegt eine Rangordnung vor. Andernfalls spricht man von einem System geordneter Kategorien oder Klassen. Eine solche Rangordnung lässt aber noch keine Aussage darüber zu, wie groß die Unterschiede zwischen den einzelnen Rängen sind. Ordinalskalen besitzen weder gleiche Intervalle, noch verfügen sie über einen absoluten Nullpunkt.

Die vier wichtigsten Skalentypen

Messung			
nicht metrische Skalen		metrische Skalen	
Nominalskala	Ordinalskala	Intervallskala	Verhältnisskala
Eigenschaften: Zuordnung nach Gleichheit-Verschiedenheit	zusätzlich: Bestimmung einer Rangfolge (größer-kleiner) möglich. Z.B. a > b > c	zusätzlich: Gleichheit von Intervallen und Unterschieden; willkürlich festgelegter Nullpunkt	zusätzlich: Gleichheit von Summen, Vielfachen und Quotienten; absoluter, empirisch sinnvoller Nullpunkt
zulässige Transformationen		zulässige Transformationen	
Jede Substitution durch ein anderes Symbol entsprechend einer eindeutigen Funktion	Jede monoton steigende Funktion, d.h. jede Umbenennung, die keine Veränderung in der Rangfolge verursacht	Jede positiv lineare Funktion $x' = a \cdot x + b$ (a, b) als reelle Zahlen mit $a > 0$), d.h. Multiplikation mit einer positiven Konstanten und/oder Additionen einer Konstanten	Jede Ähnlichkeitstransformation $x' = a \cdot x$ (a als reelle Zahl, $a > 0$) ---------- für Log-Intervallskala gilt: $x' = a \cdot x^b$ (a, b als reelle Zahlen; $a, b > 0$)
statistische Verfahren		statistische Verfahren	
Häufigkeiten, Modalwert, Kontingenzkoeffizient, Chi2-Test, McNemar-Test, Log-Lineare Modelle	Median, Quartile, Rangkorrelation, Mann-Whitney-U-Test, Rangvarianzanalyse	Mittelwert, Varianz, Produkt-Moment Korrelation, T-Test, F-Test, Kausalanalyse	Geometrisches Mittel, Variabilitätskoeffizient
Beispiele		Beispiele	
Kontonummer, Nummerierung von Fußballspielern, dichotomisierte Merkmale wie Geschlecht, Kauf usw. Mermalsklassifikation	Härteskala, Richtersche Erdbebenskala, Präferenzurteile, viele psychologische Skalen (bei restriktiver Auslegung), Tabellenstand der Bundesliga	Temperatur (z.B. Celsius), Einstellungswerte, Indexwerte, Magnitudemessungen	Länge, Zeit, Volumen, bestimmte Skalen der Psychophysik, Preise, Alter, Produktionsmenge, Kundenzahl, als absolute Werte Wahrscheinlichkeiten, aber dann keine Transformation zulässig

Intervallskala:

Invervallskalen besitzen die Eigenschaften von Nominal- und Ordinalskalen. Zusätzlich repräsentieren numerisch gleiche Intervalle zwischen den Zahlen auch gleiche Abstände im Hinblick auf die gemessene, empirische Eigenschaft. Die Intervalle dürfen somit addiert und subtrahiert werden. Angenommen man hat die Einstellung zu Automarken auf einer Intervallskala gemessen und folgende Werte erhalten: $x_1=3$; $x_2=1$; $x_3=2$; $x_4=5$; $x_5=4$, so kann man sagen, dass der Unterschied zwischen x_1 und x_2 mit zwei Skaleneinheiten genauso groß ist, wie der Unterschied zwischen x_5 und x_3. Allerdings sind auch mit Intervallskalen noch keine Aussagen über absolute Merkmalsausprägungen möglich – die Aussage x_5 erzielt einen doppelt so schlechten Einstellungswert wie x_3 ist unzulässig. Es werden also nur Intervalle, aber keine absoluten Quantitäten berechnet. Der Nullpunkt einer Intervallskala hat keine empirische Bedeutung und stellt eine willkürliche Größe dar.

In der → Psychophysik hat man festgestellt, dass sich unter bestimmten Messbedingungen Skalen ergeben, die man als *Log-Intervallskalen* bezeichnen kann und eine Zwischenstellung zwischen Intervallskala und Ratioskala einnehmen.

Verhältnis- oder Ratioskala:

Die Ratio- oder Verhältnisskala umfasst alle Eigenschaften der Zahlen. Außerdem hat die Zahl Null hier eine empirische Bedeutung. Deshalb darf der Nullpunkt einer solchen Skala nicht verschoben werden, denn er sagt hier aus, dass das gemessene Merkmal nicht vorhanden ist. Verfügt man dazu noch über eine natürliche Einheit, wozu man Häufigkeiten zählt, dann spricht man auch von einer *absoluten Skala*.

Wegen des hierarchischen Aufbaus dieser Skaleneinteilung ist es statthaft, bei einem gegebenen Skalenniveau die statistischen Auswertungsverfahren eines niedrigeren Skalenniveaus anzuwenden, nicht jedoch deren → Skalentransformationen. Man verzichtet dabei allerdings auf bestimmte Informationen, die in den Daten enthalten sind. B.N.

Literatur: *Böhler, H.:* Marktforschung, 3. Aufl., Stuttgart u.a. 1997. *Hüttner, M.:* Grundzüge der Marktforschung, 6. Aufl., München u.a. 1999. *Neibecker, B.:* Konsumentenemotionen. Messung durch computergestützte Verfahren, Würzburg u.a. 1985.

Skalentransformation

alle mathematischen Veränderungen (Transformationen), die mit einer bestimmten Skala durchgeführt werden können, ohne die hinter der Skala stehenden empirischen Relationen zu zerstören (→ Skalenniveau). Die Eigenschaften der Skalen bleiben bei Anwendung dieser sog. zulässigen Transformationen erhalten. Auch dürfen diese Transformationen ohne Rücksicht auf die Verteilungsform der Messwerte durchgeführt werden.

Skalierungstechnik

Die Skalierungstechnik ist eng mit der → Messung verbunden. Sie beschäftigt sich jedoch mit der unmittelbaren Konstruktion einer Skala zur Durchführung der Messung. Skalen können einerseits nach dem → Skalenniveau unterteilt werden, und andererseits nach dem gemessenen Objekt, weshalb man zwischen personenbezogener, reizbezogener und reaktionsbezogener Skalierung unterscheidet. Weitergehende Klassifikationen unterscheiden ferner zwischen eindimensionaler und multidimensionaler Skalierung (→ Mehrdimensionale Skalierung). Diese lassen sich wiederum in deterministische und probabilistische Verfahren unterteilen. In der Praxis der → Marktforschung finden v.a. folgende Techniken Anwendung:

Ratingskala:

Ratingskalen ermöglichen dem Befragten, durch die Vorgabe abgestufter Antwortkategorien die Intensität seiner Antwort (den Grad der Zustimmung) anzugeben. Die Ausgestaltungsformen sind sehr unterschiedlich. Eine verbale, zweipolige (bipolare) Ratingskala mit fünf Antwortstufen kann wie folgt aussehen:

Wie beurteilen Sie den neuen *VW-Lupo*?

wirtschaftlich				kostspielig
( )	( )	( )	( )	( )

Eine Skala mit verbaler Verankerung sämtlicher Antwortkategorien lautet dann:

Skalierungstechnik

Der *BMW 318i* ist ein wirtschaftliches Fahrzeug:

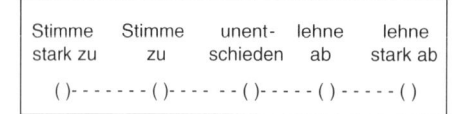

Stimme stark zu	Stimme zu	unentschieden	lehne ab	lehne stark ab
( )	( )	( )	( )	( )

Insgesamt unterscheidet man zwischen: zweipolig (gut-schlecht) vs. einpolig (stimme wenig zu – stimme sehr gut); Zahl der Kategorien, wobei eine ungerade Anzahl von Stufen jeweils auch die Vorgabe eines Mittelpunktes (Indifferenzpunktes) einschließt; *forced-choice Ratings* (ohne Vorgabe einer Ausweichkategorie für „weiß-nicht" Antworten) sowie der Ausbalancierung zwischen der Zahl positiver zu negativer Kategorien. Der Mittelpunkt birgt das Problem, dass er als weder-noch, weiß-nicht oder tatsächliche Mitte (Indifferenz) interpretiert werden kann. Ratingskalen gehören zu den Kategorialskalen (vgl. auch → Magnitudeskalierung). Sie werden häufig wie eine Intervallskala verwendet.

Bilderskalen:
Bilderskalen sind eine Variante der → Ratingskalen. Um jedoch nonverbale und emotionale Eigenschaften besser (valider) messen zu können, werden die Kategorien durch Bilder (visuell) und nicht verbal verankert (→ Bildkommunikation).

Konstant-Summen-Skala:
Die Konstant-Summen-Skala setzt eine feste Zahl zu beurteilender Objekte voraus. Die Messvorschrift sieht nun vor, dass eine bestimmte Anzahl von Punkten nach einem vorgegebenen Kriterium auf die einzelnen Objekte verteilt werden soll. Damit tritt man der häufigen Tendenz von Befragten entgegen, alle zu bewertenden Alternativen besonders wichtig oder attraktiv zu beurteilen. Je mehr Punkte einem Objekt zugeteilt werden, desto besser wird das Objekt in Bezug auf das Kriterium eingestuft. Statt Punkten kann man auch einen bestimmten Geldbetrag verwenden. Ferner bieten sich spielerische Hilfsmittel an (Zahlenperlen-Tafel o.Ä.). Die Konstant-Summen-Skala hat sich als relativ gute Technik zur Messung konkurrierender Objekte, der Kaufabsicht und von Präferenzen bewährt.

Guttman-Skala:
Mit der Guttman-Skala, auch als *Skalogramm-Analyse* bezeichnet, werden Personen und Items gleichzeitig skaliert (reaktionsbezogene Skalierung). Man geht dabei von einer eindimensionalen Itembatterie aus. Diese Items müssen sich nach ihrem Schwierigkeitsgrad bzw. der Nachdrücklichkeit der Formulierung möglichst konsistent ordnen lassen (perfekte, kumulative Skala). Man geht nun davon aus, dass eine Person, die dem extremsten Statement zustimmt, auch allen anderen, abgeschwächter formulierten Items zustimmt. Kriterium für die Auswahl geeigneter Statements ist das Ausmaß der Reproduzierbarkeit, d.h. inwieweit die tatsächlichen Antworten dem deterministisch unterstellten Modell entsprechen und dem Konzept der monoton steigenden Itemcharakteristik genügen.

Likert-Skala:
Die Likert-Skala gehört zu den eindimensionalen Skalen. Ihr Messwert (Score) ergibt sich als Summe mehrerer Einstellungs-Statements (Items). Die Zustimmung/Ablehnung eines Statements wird mit einer Ratingskala gemessen. Diese Methode der summierten Ratings gehört zu den personenorientierten Messmethoden.
Aus einer Vielzahl von Einstellungs-Statements, die je zur Hälfte eindeutig positiv und negativ formuliert werden, sondert man mit einer Itemanalyse die 20 – 30 trennschärfsten Statements aus. Dies sind jene Items, die am besten zwischen Personen mit unterschiedlichen Einstellungen diskriminieren. Die verbleibenden Statements werden dann mit einer Ratingskala erhoben. Der Einstellungswert ergibt sich als Summenwert über diese Items. Ferner ist bei der Itemauswahl sicherzustellen, dass die Statements nur auf einer Dimension messen.

Paarvergleich:
Beim Paarvergleich handelt es sich um eine messtechnisch weiterentwickelte Form eines *Rangordnungsverfahrens*. Bei Rangordnungsverfahren müssen die Versuchspersonen eine Anzahl von Objekten nach einem vorgegebenen Kriterium ordnen und eine Rangreihe bilden. Sind mehrere Objekte in dieser Art zu ordnen, so sind die Versuchspersonen schnell überfordert. Beim Paarvergleich wird dieser Prozess in eine Vielzahl von Einzelvergleichen aufgelöst. Jeweils zwei Objekte werden paarweise gegenübergestellt und die Personen haben zu entscheiden, welches der beiden Objekte das erfragte Merkmal in höherem Maße besitzt, d.h. welches Objekt dominiert das andere. Dabei werden alle möglichen Paare

von n Reizen (Objekten) gebildet – es ergeben sich [n (n – 1) / 2] Paare. Bei sieben Objekten beträgt somit die Zahl der Vergleiche 21. Die Gesamtheit der so ermittelten Ordinalurteile über alle Versuchspersonen wird zu einer Prozentmatrix verdichtet, in der die relativen Anteile angegeben werden, mit der das Spaltenelement gegenüber dem Zeilenelement dominiert wurde. Nach dem → „Law of Comparative Judgement" können diese Werte in Skalenwerte transformiert werden, die näherungsweise Intervallskalenniveau erreichen.

Thurstone-Skala:
Bei der Konstruktion der Thurstone-Skala, auch als *Methode der gleicherscheinenden Intervalle* bekannt, geht man von einer Menge von Einstellungsitems aus, die von einer Beurteilerstichprobe (bzw. von Experten) einer 9- bis 11-stufigen Skala zugeordnet werden. Die Items geben somit die Intensität der Einstellung wieder, sie unterscheiden sich in ihrem Intensitätsgrad. Der individuelle Skalenwert wird als Summe der Items ermittelt, denen zugestimmt wurde, wobei jedes Item mit dem zugewiesenen Skalenwert gewichtet wird.

Unfolding-Technik:
Das Unfolding nach dem ordinalen (eindimensionalen) Modell von *Coombs* geht davon aus, dass der genaue Ort (Idealpunkt), den eine Versuchsperson auf einer Skala einnimmt, einem hypothetischen Wert entspricht. Alle gegebenen Punkte kommen diesem nur mehr oder weniger nahe. Die Präferenzordnung, die aus den Urteilen einer Versuchsperson entsteht und angibt, welches von zwei Objekten dem eigenen Standpunkt näher kommt, ist somit die im Orte der Versuchsperson (im Idealpunkt) gefaltete Skala. Diese wird auch als *I-Skala* bezeichnet. Die entfaltete Skala, auf der sich die Objekte und der Idealpunkt befinden, nennt man demgegenüber Joint oder *J-Skala*. Unter bestimmten Voraussetzungen ist es möglich, aus diesen Präferenzordnungen eine nonmetrische J-Skala abzuleiten. Liegt außerdem noch eine Rangordnung der Distanzen zwischen allen Paaren von Items vor, so erzielt man eine Skala die näherungsweise Intervallskalenniveau erzielt (vgl. auch → Mehrdimensionale Skalierung).
In der Marketingforschung sieht man sich mit dem Problem konfrontiert, die beschriebenen Skalen an neue, veränderte Fragestellungen anzupassen. Hierfür sind insbesondere die Guttman-, Likert- und Thurstone-Skala zu aufwendig. Stattdessen werden die Konstruktionsprinzipien dieser oftmals eindimensionalen Skalen so weit wie möglich übernommen, zur Auswertung verwendet man jedoch flexiblere, multivariate Analyseverfahren. Damit entfällt auch die Beschränkung auf eine zu erfassende Dimension. Ratingskalen und für ausgewählte Fragestellungen auch die Konstant-Summen-Skala gehören jedoch zum Standardinstrumentarium der empirischen Marketingforschung. Eine weitere Skalierungstechnik, die im Marketing häufig verwendet wird, ist das → Semantische Differential. B.N.

Literatur: *Berekoven, L.; Eckert, W.; Ellenrieder, P.:* Marktforschung, 8. Aufl., Wiesbaden 1999. *Böhler, H.:* Marktforschung, 3. Aufl., Stuttgart 1997. *Sixtl, F.:* Messmethoden der Psychologie, Weinheim u.a. 1982.

Skalogramm-Analyse
→ Skalierungstechnik

Skimming-Strategie, Absahnstrategie, Abschöpfungsstrategie

häufig angewendete → Preisstrategie bei → Innovationen (→ Preisstrategie im Lebenszyklus). Dabei führt man das Produkt zu einem vergleichsweise hohen Preis ein, der im Verlauf des → Lebenszyklus i.d.R. gesenkt wird. Diese Strategie ermöglicht eine graduelle Abschöpfung der → Preis- bzw. Zahlungsbereitschaft. In frühen Lebenszyklusphasen werden hohe Gewinne realisiert, die häufig zu einer schnellen Amortisation des FuE-Aufwandes führen. Der hohe Einführungspreis schafft einen Preisspielraum nach unten, so dass positive → Preisänderungswirkungen ausgenutzt werden können. Außerdem werden spätere, ohnehin schwer durchsetzbare Preiserhöhungen vermieden. Allerdings führt die Skimming-Strategie üblicherweise nicht zu einer starken Marktpenetration. Zudem lassen sich neue Konkurrenten aufgrund des hohen Preisniveaus kaum vom → Markteintritt abhalten (→ Entry Limit Pricing). Es besteht dann die Gefahr, dass man deutliche Absatz- und Marktanteilsverluste hinnehmen muss. H.S./G.T.

Skonto → Zahlungskonditionen

S-Kurve

Eine S-Kurve kennzeichnet den beim → Innovationsmanagement zu bewältigenden Entwicklungsweg neuer Produkte, Verfahren oder auch Technologien durch die Gegenüberstellung des Aufwandes, der in die Entwicklung investiert wird (Abszisse), und der dadurch erzielten Leistung (Ordinate). Üblicherweise nimmt die Kurve einen ertragsgesetzlichen Verlauf, da zunächst ein hoher F&E-Aufwand nötig ist, um ein neues Produkt oder eine neue Technologie zu entwickeln. Ist das notwendige Wissen vorhanden, kann eine Leistungssteigerung mit geringerem Mitteleinsatz realisiert werden. Sobald das Produkt, das Verfahren oder die Technologie ausgereift ist, ist eine weitere Verbesserung nur mit unverhältnismäßig hohem Mitteleinsatz zu erreichen. Meist findet an dieser Stelle der Übergang auf eine neues Produkt oder Verfahren und somit auf eine neue S-Kurve statt. Dieser Übergang wird als *technologische Diskontinuität* bezeichnet (→ Höckereffekt). M.Re.

Sleeper-Effekt

Spezielle Erscheinungsform von → Carry-over-Effekten der → Werbewirkung, bei der eine Einstellungsänderung nach längerer Zeit größer ist als unmittelbar nach einer persuasiven Botschaft. Als Begründung wird die Abkopplungshypothese (herabmindernder Hinweis wirkt momentan, aber nicht später) und die → Glaubwürdigkeit des Senders genannt.

Slice-of-life-Werbung

ein hauptsächlich in der → Fernsehwerbung eingesetzter inhaltlicher Gestaltungsfaktor, über dessen Einsatz im Rahmen der Festlegung einer → Werbegestaltungsstrategie entschieden werden muss. Bei Slice-of-life-Darstellungen werden Szenen aus dem Alltagsleben, in denen das beworbene Produkt eingesetzt wird, möglichst natürlich nachgestellt. (Beispiel: Familie benutzt beim gemeinsamen Frühstück *Rama*). Durch den Einsatz „typischer Verbraucher" sollen Imitationswirkungen ausgelöst werden (→ Personendarstellung in der Werbung). F.-R.E.

SmartCard

ist eine Plastikkarte in Kreditkartenformat mit integriertem Mikroprozessor, z.B. Telefonkarten. Soll zukünftig auch zur Handhabung des → elektronischen Geldes und der → elektronischen Unterschrift verwendet werden.

Smart shopper

Der „schlaue Käufer" wird seit 1996 von der Werbeagentur *Grey* als neuer Konsumententyp propagiert: Er zeichne sich insbesondere dadurch aus, dass er versuche, Markenartikel möglichst preiswert (= clever) zu erlangen. Smart shopper seien jünger, sehr preis- und leistungsbewusst mit eher niedrigerem Einkommen. Hiervon abgegrenzt wird:

– der „klassische Schnäppchenjäger" als älterer Käufer mit eher niedrigerem Einkommen, der vor allem billige Handelsmarken und bei Discountern einkauft sowie
– der „Qualitätskäufer" als eher junger Käufer mit höherem Einkommen und starkem Vertrauen in Herstellermarken.

Ältere, besserverdienende Konsumenten kommen in der Studie (600 Befragte) nicht vor.
Nach *Grey* gehören zur Gruppe der Smart Shopper 29% der deutschen Verbraucher, während 36% zu den „Qualitätskäufern" mit starker Orientierung an Herstellermarken und 35% zu den „Schnäppchen-Käufern" gehören. Letztere verwenden besonders viel Zeit für Preisrecherchen und Sonderangebotseinkäufe.
Gegen diese Kategorisierung kann vor allem eingewendet werden, dass es derart abgegrenzte „schwarz-weiß" Käufertypen nicht gibt, vielmehr der → hybride Käufer (*Schmalen*, 1994) – je nach Einkaufssituation – alle Verhaltensfacetten aufweisen kann: „Smart shopping" betreibt der hybride Käufer dann, wenn das Produkt für ihn wichtig ist und er genau weiß, was er will. Er versucht dann „clever", „seinen" Markenartikel möglichst preiswert zu bekommen, was eine „neue" Schnäppchenjagd mit „Schnäppchenführer" auslöst. Die verschiedenen Facetten hybriden Kaufverhaltens sowie die jeweils „betroffenen" Produktgruppen können freilich inter-individuell verschiedene Schwerpunkte aufweisen.
Als Hintergrundvariablen für Smart shopping sieht *Grey* das zunehmende Selbstbewusstsein der Verbraucher, die nicht mehr akzeptieren, dass eine Marke „automatisch" einen Mehrwert darstellt und damit einen Mehrpreis (Preis-Premium) erzielt. Hierbei wird freilich zweierlei vermischt: Markenartikel werden meist

– noch – „in Kombination" mit Fachgeschäfts-Beratung angeboten, was sie

– zusätzlich – verteuert. Eine Entkopplung kann folglich Markenartikel deutlich verbilligen. Smart shopping bedeutet dann: Erwerb eines Markenartikels mit (z.B. sozialen) Mehrwert bei Verzicht auf Beratung zu einem günstigen Preis. Es wird folglich nicht dem Preis-Premium der Hersteller-Marke ausgewichen, sondern der Handelsspanne im Fachgeschäft.
– Dass Smart shopping Ausdruck eines neuen Selbstbewusstseins sei, wird mit fünf „shifts" begründet: Die Zeiten des Kaufrausches seien vorbei („New Age Values"), das Haushaltsbudget werde sorgfältiger verplant („Do I need it, is it worth it?"), man kaufe präziser, um schnell den Rhythmus des Non-Konsum-Lebens wieder aufnehmen zu können („Precision shopping"), man zögere Käufe hinaus um Sonderangebote zu erlangen („warten heißt sparen") und es bekomme derjenige den Zuschlag, der das bessere Angebot habe; experimentieren sei angesagt (Relationship statt Transactions). H.Sch.

Literatur: *Appleton, E.*: Smart shopper – wie viel Marke braucht der Mensch? Oder: Ein neues Preis-Leistungs-Bewusstsein, Grey Strategic Planning, Düsseldorf, o. Jg. *Appleton, E.*: Smart shopping – Erste Spuren einer neuen Konsumenten-Haltung, in: Marketing Journal, 1/1996, S. 10–12. *Schmalen, H.*: Das hybride Kaufverhalten und seine Konsequenzen für den Handel, in: Zeitschrift für Betriebswirtschaft (ZfB), 64. Jg. (1994), S. 1221–1240.

Smart shops → Kiosksysteme

SMS (Short Message Service)
ist ein Standarddienst zum Versand von textbasierten Kurznachrichten über digitale Mobilfunknetze.

SMS (Verband Schweizerischer Marketing- und Sozialforscher)
→ Marktforschungsverbände

SMTP (Simple Mail Transfer Protocol)
ist das Protokoll zum Versenden von elektronischer Post (im → Internet).

Snobeffekt
in der mikroökonomischen → Preistheorie postulierter Effekt, der das Ausmaß erklärt, warum die Nachfrage nach einem Wirtschaftsgut bei fallenden Preisen abnimmt. Der Snobeffekt entsteht bei Streben nach Exklusivität, d.h. bei dem Wunsch vieler Nachfrager, sich von der großen Masse zu unterscheiden.

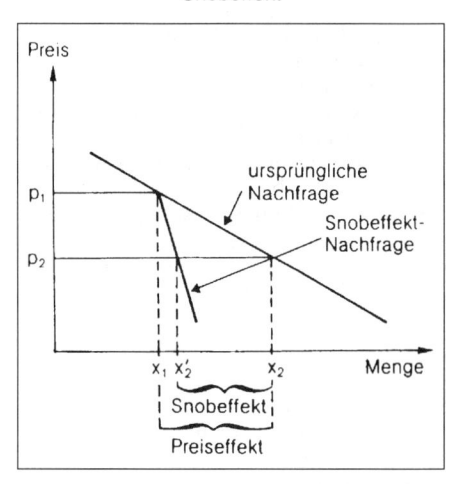

Bei isoliertem Konsumverhalten gilt die ursprüngliche Nachfragekurve (vgl. *Abb.*). Steigt die nachgefragte Menge von x_1 auf x_2, zeigt sich das im Preiseffekt ($p_1 \rightarrow p_2$). Da sich jedoch die Snobs durch den Massenkonsum in ihrer Exklusivität beeinträchtigt fühlen, schränken sie ihre Nachfrage ein oder ziehen sich vollkommen zurück. Daraus folgt eine nachgefragte Menge x'_2 anstelle von x_2 (Snobeffekt). Die neue Nachfragekurve ist im relevanten Nachfragebereich preisunempfindlicher als die Ursprüngliche (isolierte). Eine Preissenkung von p_1 auf p_2 führt somit zu zwei entgegengesetzten Effekten: einem positiven Preiseffekt (Mengenzunahme: $x_1 \rightarrow x_2$ und einem negativen Snobeffekt (Mengenabnahme: $x_2 \rightarrow x'_2$).

Literatur: *Fehl, U.; Oberender, P.*: Grundlagen der Mikroökonomie, 7. Aufl., München 1999.

Soft-Selling
Soft-Selling ist eine Verkaufsphilosophie im → Persönlichen Verkauf, die als Gegensatz zum lange Zeit üblichen Hard-Selling entwickelt wurde, bei dem versucht wurde, die Verkäufer in gewissen → Verkaufstechniken so zu schulen, dass sie in der Lage sind, potentielle Käufer rasch zu überzeugen und zum Abschluss zu bringen. Dagegen fordern die Anhänger des Soft-Selling, dass der Verkäufer ausschließlich versuchen sollte,

dem Käufer bei der Lösung seiner Probleme zu helfen und nur dann zu verkaufen, wenn dies die beste Lösung für den Kunden darstellt.
Nach den bisherigen Erkenntnissen kann Hard-Selling empfehlenswert sein, wenn keine langfristige Kundenbeziehung aufgebaut zu werden braucht (z.B. beim Tür-zu-Tür-Verkauf von Lexika) oder der Verkäufer dem Kunden wissensmäßig stark überlegen ist. Demgegenüber ist Soft-Selling zu bevorzugen, wenn langfristige Kundenbeziehungen aufgebaut und gehalten werden sollen (→ Beziehungsmarketing). S.A.

Literatur: *Chu, W.; Gerstner, E.; Hess, J.D.:* Costs and benefits of Hard-Sell, in: Journal of Marketing Research, Vol. 32 (1995), S. 97-102. *Weitz B.A.:* Effectiveness in Sales Interactions: A Contingency Framework, in: Journal of Marketing, Vol. 45 (Winter 1981), S. 85-103.

Software-Agenten
→ Informations-Agenten

Sogo Shosha
(jap.) Generalhandelshaus (→ Internationaler Vermittlerhandel); Japanischer internationaler Handelskonzern mit internationalem Informations- und Logistik-Netzwerk sowie eigenem Banksystem um weltweite Handelsbeziehungen (sowohl Importe als auch Exporte) durchzuführen. Heute gleichen Sogo Shoshas Konglomeraten und sind auch in anderen asiatischen Märkten entstanden (Korea, Vietnam, Australien). Europäische und amerikanische Überlegungen, derartige Handels-Konzeptionen zu adaptieren blieben bisher erfolglos.
H.Ma.

Literatur: *Choy, J.:* Japan`s Sogo Shosha: Old dogs and new tricks. Japan Economic Institute, Tokio 1996. *Shao, A.T; Herbig P.:* The future of Sogo Shosha in a global economy, in: International Marketing Review, Vol.10 (1993), H. 5, S. 37-55.

Solitärmarke → Markenpolitik

Soll-Ist-Vergleich → Kennzahlenvergleich

Sollwert
Beurteilungsgröße, die im Rahmen der → Marketingplanung aufgrund sachlogischer Überlegungen ermittelt wird und den Normwert für eine → Marketing-Kennzahl darstellt. Das Erreichen des Sollwerts wird im Rahmen der Ergebniskontrolle überprüft. So stellt im Rahmen der Sortimentsanalyse der Deckungsbeitrag/m^2 für ein Sortimentsteil, der zur Abdeckung der Raumkosten notwendig ist, den Sollwert für die Marketing-Kennzahl → Raumeffizienz dar.

Solomesse → Messen- und Ausstellungen

Sonderangebote
v.a. im Einzelhandel beliebte Form der kurzfristigen → Preisvariation, bei der der Angebotspreis zeitlich befristet abgesenkt wird (s.a. → Preisaktionen). Sonderangebote stellen damit ein besonders flexibel einsatzbares Instrument der → Preispolitik dar. Sie dienen einer Vielzahl von Zielen, die sich in drei Gruppen unterteilen lassen.

(1) Zu den *innengerichteten Zielen* zählen v.a. die kurzfristige Überbrückung von Liquiditätsengpässen, der Abbau überhöhter Lagerbestände und die Motivation des Außendienstes, dem mit Sonderpreisen ein aktuelles Gesprächsthema für die Verkaufsverhandlungen geboten werden kann.

(2) Zu den *handelsgerichteten Zielsetzungen* zählt die Möglichkeit, individuelle Preise mit unterschiedlich mächtigen Abnehmern vereinbaren zu können, ohne dass dies diskriminierend wirkt (→ Preisdifferenzierung). Darüber hinaus bieten Sonderangebote auch dem Handel Profilierungsmöglichkeiten im Preiswettbewerb und stimulieren ihn deshalb zum Einsatz für die herstellerspezifischen Belange. Ferner bieten temporäre Preisnachlässe unabhängig davon, ob sie an den Verbraucher weitergegeben werden oder nicht, einen Anreiz, das Lager aufzustocken, was die Distributionsquote und die Marktpräsenz der Marke im Verkaufsraum stärken kann. Wettbewerbstaktisch kann damit u.U. eine Verstopfung des Marktkanals und damit eine Behinderung von Konkurrenzmarken bewirkt werden. Dies gilt auch für den Fall der Einführung neuer und den Ausverkauf alter Marken, wo Sonderpreise das Einführungs- bzw. das Abverkaufsrisiko des Händlers mindern und damit die Rolle eines Funktionsrabatts übernehmen. Er ist zeitlich flexibler und gezielter einsetzbar als andere Formen der Preisreduktion.

(3) Unter den *verbrauchergerichteten Zielen* spielt für Hersteller der besondere Anreizcharakter von Sonderpreisen eine besondere Rolle. Er resultiert aus dem Gelegenheitscharakter temporärer Preisreduktionen, der bei Kunden erfahrungsgemäß zu Impulskäufen, erhöhten Kaufmengen, u.U.

Potenzielle Vor- und Nachteile von Sonderpreisaktionen aus Sicht der Hersteller

Potenzielle Vorteile von Sonderpreisaktionen	Potenzielle Nachteile und Probleme von Sonderpreisaktionen

– Überwindung kurzfristiger Liquiditätsengpässe
– Überwälzung von Lagerkosten auf den Handel
– Motivation des Außendienstes
– Erhöhung der preispolitischen Flexibilität
– Anpassung der Preise an unterschiedliche Machtverhältnisse in den Absatzkanälen
– Verbesserung des Distributionsgrades und der Marktpräsenz
– Gezielte Unterstützung bestimmter Handelsfunktionen, vor allem bei der Einführung neuer Marken und beim Abverkauf von Auslaufmodellen
– Steigerung des Endverbraucherabsatzes durch
  – Gewinnung neuer Kunden (Markenwechsel)
  – Bindung alter Kunden
  – Erhöhung der Verbrauchsintensität
  – Impulskäufe
	– negative Carryover-Effekte in der Nachaktionsphase
	– Gefahr der Absorption der Preisreduktion durch den Handel
	– Zielkonflikte bei der Artikelauswahl
	– Förderung der Markenilloyalität von Verbrauchern
	– Förderung des Preisinteresses
	– Begrenzte Möglichkeit segmentspezifischen Vorgehens auf Endverbraucherebene
	– Imagegefährdung prestigeträchtiger Produkte
	– Senkung der Preisbereitschaft der Abnehmer
	– Preisverfall im Zeitablauf

auch zum Markenwechsel und/oder zur Inkaufnahme bestimmter Nachteile (z.B. ungünstiger Kaufzeitpunkt, Einkaufsort, Beschaffungswege etc.) führt (→ Preisinteresse).

Allerdings beinhalten Sonderangebotspreise auch eine Reihe z.T. schwergewichtiger Nachteile, die in der *Übersicht* zusammen mit den Vorteilen aufgelistet sind. Da diese Nachteile häufig erst langfristig deutlich werden, bezeichnet man Sonderangebote gelegentlich als „Droge, die kurzfristig high, aber langfristig krank macht".

Besonders sorgfältig abzuwägen gilt es bei Sonderangeboten die durch sie bewirkten → Carryover-Effekte, d.h. zeitliche Verlagerungen des Absatzes und damit verbundene Mitnahmeeffekte. Die *Abbildung* zeigt den idealtypischen Absatzverlauf aus der Sicht des Herstellers beim Verkauf an den Handel. Ein Vorteil für den Hersteller ergibt sich dabei nur dann, wenn die schrägschraffierten Minderverkaufsmengen in der Vor- und Nachaktionsphase deutlich geringer als die Mehrumsätze in der Aktionsphase selbst ausfallen. Kann man die Reaktionselastizität verlässlich einschätzen, stehen einschlägige Modelle zur Optimierung der Zeitdauer und der Höhe der Preisreduktion bei Sonderangeboten zur Verfügung. Einen Überblick darüber bieten *Raffée et al.* (1981).

Idealtypischer Absatzverlauf bei Sonderpreisaktionen

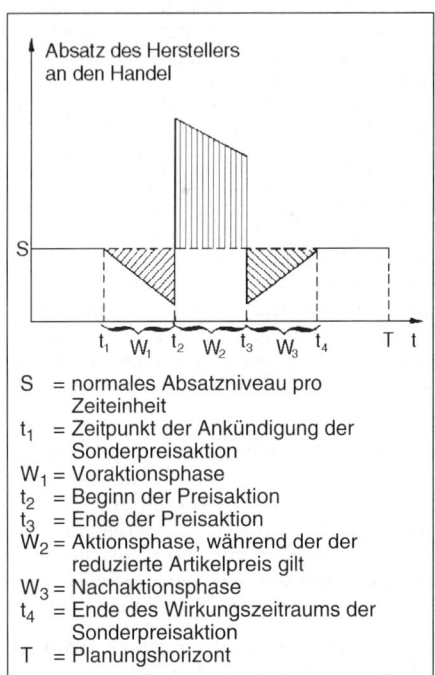

S = normales Absatzniveau pro Zeiteinheit
t_1 = Zeitpunkt der Ankündigung der Sonderpreisaktion
W_1 = Voraktionsphase
t_2 = Beginn der Preisaktion
t_3 = Ende der Preisaktion
W_2 = Aktionsphase, während der der reduzierte Artikelpreis gilt
W_3 = Nachaktionsphase
t_4 = Ende des Wirkungszeitraums der Sonderpreisaktion
T = Planungshorizont

Die Höhe des temporären Preisabschlags hängt von der Preiselastizität des Absatzes ab. Im Einzelhandel genügen wegen der geringen → Preiskenntnisse der Verbraucher häufig bereits relativ geringe Abschläge, gelegentlich führt sogar allein schon die Auszeichnung als „Sonderangebot" zu einer deutlichen Absatzsteigerung. Beim industriellen Absatz wird der Preisabschlag nicht selten an bestimmte Absatzmengen gekoppelt und entsprechend differenziert (→ Konditionenpolitik). Einen betriebswirtschaftlichen Anhaltspunkt für die Höhe der Preisreduktion erhält man, wenn man etwaige Einsparungen bzw. Opportunitätskosten, z.B. für nicht anfallende Lagerkosten, in die Betrachtung einbezieht.

Im Handel werden einzelne Artikel nicht selten bis zu Preisen unterhalb des Einstandspreises (→ Unter-Einstandspreis-Verkäufe) abgesenkt. Die Zweckmäßigkeit eines so hohen Abschlages ist davon abhängig, welche Aussichten für einen kalkulatorischen Ausgleich im Rahmen einer → Ausgleichskalkulation bestehen. Weil bei besonders günstigen Preisen nicht selten „Sonderangebotsjäger", d.h. Käufer, die wenig Verbundkäufe zum Sonderangebot hinzu tätigen, auftreten, wird dieser Ausgleichseffekt mit zunehmender Absenkung immer unwahrscheinlicher. Andererseits ergeben sich dann allerdings nicht selten positive Imagewirkungen (→ Preisimage). Sonderangebote können mit unterschiedlichen Modalitäten hinsichtlich Packungsgröße, Gebindeeinheit, begleitende Werbemaßnahmen etc. durchgeführt werden, was im Einzelfall preistaktische Vor- und Nachteile besitzt. In der Konsumgüterbranche werden die Einzelheiten von Sonderangebotsaktionen häufig zwischen Hersteller- und Handelsbetrieb im Rahmen der → Jahresgespräche ausgehandelt und verabredet. Gelegentlich schließen sich dabei auch verschiedene Hersteller zu sog. Verbundaktionen zusammen.

Die rechtlichen Schranken für Sonderpreise sind wegen der großen Bedeutung der Preisfreiheit für das Funktionieren des Wettbewerbs und der Schwierigkeiten bei der exakten Berechnung von Kostenpreisen recht weit gesteckt (→ Sonderveranstaltungen, → Preisschleuderei, → Rabattgesetz).

Die Auswahl der Sonderangebotsartikel geschieht in Abhängigkeit spezifischer Ziele, z.B. besonderer Abverkaufsförderung, Bekanntmachung, Attraktivität beim Kunden etc. Der Handel unterscheidet diesbezüglich verschiedene → Preistypen. H.D.

Literatur: *Diller, H.:* Preispolitik, 3. Aufl., Stuttgart 2000. *Glinz, M.:* Sonderpreisaktionen des Herstellers und des Handels, Wiesbaden 1978. *Raffée, H.; Rieder, B.; Deutsch, W.:* Quantitative Modelle als Entscheidungshilfen bei Sonderpreis-Aktionen von Konsumgüterherstellern, in: Marketing – ZFP, 3. Jg.(1981), S. 667 ff.

Sondereinzelkosten des Vertriebs

→ Vertriebskosten, die einem bestimmten Vertriebsfall direkt zurechenbar sind (stückbezogene Kostenträgereinzelkosten), aber nicht mit jeder verkauften Einheit des Gutes, sondern nur bei spezifischen Vertriebsfällen wie Auslands-, Sonderaufträge etc. anfallen. Hierzu zählen insb. die Muster- und Verpackungsmaterialkosten, absatzbezogene Lizenzen, Provisionen und Ausgangsfrachten.

Sonderpackungen

gehören zu den → Preis-Promotions und bezeichnen reale Preissenkungen im Rahmen von Aktionen der konsumentengerichteten → Verkaufsförderung, die mit einer Veränderung der Packungsgröße einhergehen (s.a. → Nicht-lineare Preise). Eine Variante von Sonderpackungen besteht darin, die Packung größer zu machen. Ein Marsriegel ist dann beispielsweise 20 % länger. Die andere Variante ist das Zusammenfügen mehrerer Packungen zu einem Multipack. Beispielsweise kann man drei Shampoo-Flaschen bündeln und mit einem Preis versehen, der unter der Summe der Einzelpreise liegt. Solche Multipacks sind rechtlich zulässig, sofern gleiche oder zumindest inhaltlich zusammenhängende Produkte gebündelt werden und das Bündel als eigenständiges Produkt präsentiert wird. Die Ankündigung, Kunden könnten „Zwei zum Preis von Einem" kaufen, ist dagegen gemäß § 1 → UWG nicht zulässig, da hier ein Rabatt in den Vordergrund gestellt wird und nicht der Preis für ein Bündel von Produkten.

Sonderpackungen werden von Unternehmen gerne eingesetzt, um beim Konsumenten nicht die Preiserwartungen für das reguläre Produkt zu verändern. Während → Sonderangebote die Referenzpreise von Konsumenten senken und dazu führen können, dass Verbraucher auch nach der Aktion niedrige Preise erwarten, machen Sonderpackungen deutlich, dass es sich um ein besonderes Produkt handelt, das nur während der Aktion zu einem günstigen Preis angeboten wird. K.G.

Sonderplatzierung → Zweitplatzierung

Sonderpreisangebote → Sonderangebote

Sonderserien → Partiegeschäft

Sonderveranstaltungen

sind in § 7 Abs. 1 → UWG definiert als Verkaufsveranstaltungen im Einzelhandel, die außerhalb des regelmäßigen Geschäftsverkehrs stattfinden, der Beschleunigung des Warenabsatzes dienen und den Eindruck der Gewährung besonderer Kaufvorteile hervorrufen. Wegen ihrer hohen Anlockwirkung und der nicht auf die Erzielung von Gewinn gerichteten Preisbemessung hat der Gesetzgeber ein grundsätzliches Verbot der Ankündigung oder Durchführung von Sonderveranstaltungen ausgesprochen. Der Gesetzgeber will damit verhindern, dass sich Sonderveranstaltungen zu einem allgemeinen Marketinginstrument entwickeln und nicht auf Notlagen, besondere Gelegenheiten und einzelne, zeitlich überschaubare Zeitabschnitte beschränkt bleiben. Ausnahmen vom Verbot der Sonderveranstaltungen gelten für → Schlussverkäufe, → Jubiläumsverkäufe und → Räumungsverkäufe.

Nach § 7 Abs. 2 UWG sind Sonderveranstaltungen von den zulässigen → Sonderangeboten abzugrenzen. Diese sind in § 7 Abs. 2 UWG definiert als Angebote einzelner nach Güte oder Preis gekennzeichneter Waren ohne zeitliche Begrenzung, die sich in den regelmäßigen Geschäftsbetrieb des Unternehmens einfügen. Sonderangebote erfüllen also nicht das entscheidende Merkmal der gesetzlichen Definition von Sonderveranstaltungen, dass sie außerhalb des regelmäßigen Geschäftsverkehrs stattfinden müssen, sondern fügen sich in den regelmäßigen Geschäftsbetrieb des Unternehmens ein. Bei der Prüfung des Einfügens in den regelmäßigen Geschäftsbetrieb ist auf die in der entsprechenden Branche üblichen Geschäftsgewohnheiten abzustellen. Eine Sonderveranstaltung muss ferner der Beschleunigung des Warenabsatzes dienen und beim Publikum den Eindruck besonderer Kaufvorteile erwecken. Dies ist insb. der Fall, wenn eine nur vorübergehende, besonders günstige Gelegenheit zum Einkauf geboten und dadurch zum Kauf angereizt wird. Bei zeitlich begrenzten Preisen besteht in aller Regel die Gefahr, dass bei den Verbrauchern der Eindruck besonderer, ohne rasches Zugreifen verlorener Vorteile hervorgerufen wird. Sonderveranstaltungen sind generell unzulässig. Verstöße gegen § 7 Abs. 1 UWG sind zivilrechtlich sanktioniert, d.h. der Veranstalter einer unzulässigen Sonderveranstaltung kann auf Unterlassung in Anspruch genommen werden. Sie werden nicht mehr – wie früher – als Ordnungswidrigkeit von den Behörden verfolgt. Wegen der jetzt möglichen zivilrechtlichen Sanktionen hat sich wegen der Wachsamkeit der Wettbewerber und zahlreicher Wettbewerbsvereine eine Beruhigung ergeben. Sonderveranstaltungen, insb. Schlussverkäufe und Räumungsverkäufe sind aber nach wie vor in praktisch allen Branchen des Einzelhandels von ganz erheblicher wirtschaftlicher Bedeutung. H.-J.Bu.

S-O-R-Modelle

Stimulus-Organismus-Reaktions-Modelle der neobehavioristischen Schule versuchen die Grenzen und Mängel der → S-R-Modelle zum → Käuferverhalten zu vermindern, indem sie differenzierte Annahmen über das individuelle Verhalten machen und die unterschiedliche Wahrnehmung eines Stimulus durch verschiedene Personen berücksichtigen. Betrachtet werden nun insbesondere die nicht sichtbaren Verarbeitungsprozesse im Organismus. Diese, die Verbindung zwischen Stimulus und Reaktion herstellenden Prozesse, bezeichnet man auch als → hypothetische Konstrukte oder → intervenierende Variable. Sie beeinflussen die Reaktionen bzw. das Verhalten des Käufers und werden meistens in drei Hauptgruppen eingeteilt: Die kognitiven Variablen (Wahrnehmen, Denken, Lernen), die motivationalen Variablen (Motivation, Einstellung) und die soziologischen Faktoren. Zu den einfachen S-O-R-Modellen zählen die → Stufenmodelle der Werbewirkung. Komplexere und modernere sind das Werbewirkungsmodell nach *Steffenhagen* (→ Werbewirkungsmodelle) und das → Modell der Wirkungspfade. H.D.

Sorte → Sortiment

Sortiment

eine durch die → Sortimentspolitik planvoll zu gestaltende, mit der gesamten Absatzkonzeption abgestimmte Zusammenstellung von Waren, die ein Handelsunternehmen führen und seinen Kunden anbieten will. Der Begriff Sortiment ist dem Handel vorbehalten (→ Handelsmarketing). Bietet

ein Produktionsunternehmen seinen Kunden mehrere Produkte an, so wird dies als Produktionsprogramm bezeichnet (→ Programmpolitik).
Ein *Artikel* ist die kleinste Einheit eines Sortiments. Jeder Artikel unterscheidet sich von einem anderen Artikel durch mindestens ein Merkmal wie Größe, Farbe, Gewicht, Marke, Verpackung, Geschmack, Form oder Materialqualität. Es gibt bestimmte Produkte, die von verschiedenen Herstellern, unter verschiedenen Marken in verschiedenen Qualitäten und Größen in verschiedenen Verpackungsgrößen und -arten angeboten werden. So kann aus einem Produkt eine mehr oder weniger große Vielzahl von Artikeln werden. Aus den Produkten Herren-Oberhemden oder Tafelschokolade können 50 oder mehr Artikel werden. Für ein Handelsunternehmen ist der Artikel als kleinster Bestandteil eines Sortiments die entscheidende Größe. Denn die Zahl der geführten Artikel, nicht die der Produkte, entscheidet über die Größe des Sortiments, die Größe der Verkaufsfläche, den Kapitalbedarf für die Finanzierung des Warenbestandes und den Aufwand für Disposition, Präsentation und Kontrolle des Sortiments. Ein Lebensmittel-Discounter führt etwa 800 Produkte gleich ca. 900 Artikel auf etwa 800 qm Verkaufsfläche. Ein Lebensmittel-Supermarkt führt rund 1000 Produkte gleich mindestens 5000 bis 6000 Artikeln auf 1500 qm Verkaufsfläche. Dieses Beispiel zeigt das Problem der Artikelzahl sehr deutlich. Eine große Artikelzahl, die den Verbrauchern eine große Auswahl bietet und deshalb vom Standpunkt des Marketing aus gesehen wünschenswert ist, stößt immer irgendwann an von den Kosten gezogene Grenzen. Der Verbraucher ist nicht bereit, für gebotene Auswahl jeden Preis zu zahlen. Es entsteht ein betriebswirtschaftlicher Zielkonflikt.
Eng verwandte Artikel – z.B. Oberhemden verschiedenster Art – werden in einer *Sorte* zusammengefasst. Die Sorte entspricht in der Regel dem Produkt. Ähnliche Sorten ergeben eine Warengruppe, ähnliche Warengruppen einen Warenbereich oder ein Teilsortiment. Gelegentlich wird die Sorte als kleinste Sortimentseinheit bezeichnet und damit dem Artikel begrifflich untergeordnet (Seyffert). Das entspricht jedoch nicht dem Sprachgebrauch der Handelspraxis.
Es reicht nicht aus, eine mehr oder weniger große Anzahl von Artikeln in einem Sortiment lediglich zusammenzustellen. Das Sortiment muss auch eine Struktur bekommen, die dem Verbraucher möglichst mühelos eine Übersicht ermöglicht und die das Sortiment mit den Sortimenten anderer, konkurrierender Handelsunternehmen vergleichbar macht (→ Category Management). Nur so kann der Verbraucher die Sortimentskompetenz eines Handelsunternehmens beurteilen, aus den angebotenen Waren auswählen und seine Kaufentscheidungen treffen. Es ist Aufgabe der Sortimentspolitik, dem Sortiment die unverzichtbare Struktur zu geben, damit es seine Aufgabe als Instrument des Handels-Marketing und wichtiger Bestandteil des Marketing-Mix erfüllen kann. Allein der Aufbau eines Sortiments vom Artikel über die Sorte und die Warengruppe bis hin zu Teil-Sortimenten und letztlich zum Gesamtsortiment eines Handelsunternehmens gibt einem Sortiment bereits eine erste Struktur (vgl. *Abb.*).

Sortimentspyramide

Aggregationsebene	Beispiel
SORTIMENT	Bekleidung
TEILSORTIMENT/ WARENBEREICH	Hosen
WARENGRUPPE	Herren-Hosen
PRODUKT/ SORTE	Cordbundhosen
ARTIKEL	Größe 48, braun

Der Sortiments-Umfang bezeichnet die Größe oder Ausdehnung eines Sortiments, die drei Dimensionen hat:

1. *Sortimentsbreite*: Sie wird durch die Anzahl der geführten Produkte – oder Sorten – bestimmt.
2. *Sortimentstiefe*: Sie ergibt sich aus der Anzahl der angebotenen Varianten pro geführtem Produkt, also aus der Artikelzahl.
3. *Sortimentsmächtigkeit*: Sie gibt die Anzahl der Stücke pro Artikel an. Die Mächtigkeit des einzelnen Artikels hängt von seinem Umsatzanteil und seiner Umschlagshäufigkeit ab. Die Artikel eines Sortiments, vor allem wenn es größer ist, weisen nie eine gleichmäßige Umschlagshäufigkeit und damit eine gleichmäßige Mächtigkeit auf. Der Begriff Sortimentsmächtigkeit ist zu Unrecht etwas in Vergessenheit geraten. Er ist für den Waren-

bestand eine wichtige Steuerungs – und Kontrollgröße.

Je nach der → Betriebsform eines Handelsunternehmens fallen die Sortimente sehr unterschiedlich breit, tief und mächtig aus. Großflächige Warenhäuser führen bis zu 120.000 Artikel, Lebensmittel-Discounter etwa 900 Artikel. Zwei Faktoren kennzeichnen seit den 60er-Jahren des 20. Jahrhunderts die Sortimente fast aller Handelsunternehmen:

Expansion: In einer Wirtschaft im Überfluss wird durch Innovationen und technischen Fortschritt die Produktivität ständig gesteigert und die Menge der produzierten Güter immer größer. Die Sortimente der Handelsunternehmen expandieren im gleichen Maße, die Verkaufsflächen müssen immer größer werden.

Fluktuation: Ständig kommen neue Produkte auf den Markt und müssen vom Handel in das Sortiment, das aktuell sein muss, aufgenommen werden. Dafür scheiden alte Produkte aus. Die Zahl der Innovationen ist aber größer als die Zahl der ausscheidenden Produkte, sodass die Expansion nicht zu verhindern ist.

Der Sortimentsbegriff lässt sich auch nach zeitlichen, bestell- und beschaffungspolitischen und absatzpolitischen Kriterien festlegen (→ Sortimentspolitik). W.Oe.

Sortimentsgravitation
→ Großhandelszentrum

Sortimentsgroßhandel

Betriebstyp des → Großhandels, der seinen Warenkreis vornehmlich auf den Bedarf branchenorientierter Handelsbetriebe auf der Einzelhandelsstufe abstellt, indem er eine breit gegliederte Kombination unterschiedlicher Warengruppen offeriert, welche additive Kaufmöglichkeiten erlauben. Bei großer Breite des Warenkreises werden i.d.R. aus jeder Warengruppe relativ wenige Artikel geführt. Durch die Möglichkeit einer weitgehend vollständigen Warenversorgung wird den Abnehmern die Möglichkeit zur Beschaffungsrationalisierung gegeben.
K.Ba.

Sortimentskontrolle

Ein so komplexes, von Interdependenzen zwischen den Warengruppen und den einzelnen Artikeln durchzogenes Gebilde wie das → Sortiment eines Handelsunternehmens ist sehr schwierig zu kontrollieren, muss andererseits aber auch ständig in möglichst kurzen Zeitabständen kontrolliert werden. Je größer ein Sortiment ist – das Sortiment eines Warenhauses mit über 100.000 Artikeln z.B. –, desto schwieriger, aber auch desto unverzichtbarer ist eine exakte kurzfristige Sortimentskontrolle. Die Sortimentskontrolle ist durch die Einführung EDV-gestützter → Warenwirtschaftssysteme erheblich erleichtert worden. Die Zuverlässigkeit der Kontrolle und die Aussagefähigkeit der Kontrollergebnisse lässt sich deutlich steigern, wenn nicht nur unternehmensinterne Zahlen vorliegen, sondern auch ein überbetrieblicher → Betriebsvergleich vorhanden ist.

Die Sortimentskontrolle hat zu prüfen, ob sich das Sortiment im Einklang mit der Nachfrage der Kunden, also im Sortimentsgleichgewicht, befindet und ob die Sortimentsleistung – ein wichtiger Bestandteil der Handelsleistung – mit einem wirtschaftlich vertretbaren Einsatz von Betriebsfaktoren, also mit vertretbaren Kosten erbracht wird (ECR). Die Sortimentskontrolle muss aber auch feststellen, ob und in welchem Ausmaß es einem Handelsunternehmen gelungen ist, von den Herstellern geschaffene neue Produkte – Innovationen – abzusetzen und damit neue Märkte zu schaffen.

Die Instrumente der Sortimentskontrolle sind (s.a. → Handels-Controlling, → ECR):

1. Die *betriebswirtschaftliche* Kontrolle. Sie umfasst im Einzelnen:

a. Die Kontrolle des *Umsatzes*, dessen Entwicklung erste Anhaltspunkte dafür gibt, ob ein Sortiment überhaupt marktkonform gestaltet wurde. Sie muss unterteilt werden in:

– Kontrolle der Entwicklung des *Gesamtumsatzes* des Handelsunternehmens. Die unternehmensinternen Zahlen sind mit Hilfe eines überbetrieblichen Betriebsvergleiches den Durchschnittszahlen vergleichbarer Unternehmen – gleiche Branche, gleiche Vertriebsform, gleiche Größe, vergleichbarer Standort – gegenüber zu stellen. Dabei ist zu berücksichtigen, dass in jedem Betriebsvergleich Durchschnittszahlen ausgewiesen werden, die von schlechten Unternehmen nach unten gezogen werden. Betriebsvergleiche führen keine Bestzahlen auf.

– Kontrolle der *Umsatzentwicklung* der einzelnen Teilsortimente und u.U. wichtiger Warengruppen und deren Anteil am Gesamtumsatz. Diese Kontrolle gibt Aus-

Sortimentskontrolle

kunft darüber, ob die Sortimentsstruktur stimmt. Technisch ist es mit Hilfe der EDV möglich, die Sortimentsstruktur artikelgenau zu kontrollieren. Bei größeren Sortimenten mit mehreren tausend Artikeln wäre jedoch der Arbeitsaufwand für die Auswertung der Zahlen zu hoch. Man beschränkt sich in der Praxis deshalb auf die Kontrolle der Umsatzanteile von Teilsortimenten und wichtigen Warengruppen. Wenn es sein muss und begründeter Verdacht auf eine Schwachstelle besteht, werden aber auch für begrenzte Zeit einzelne Artikel kontrolliert. Sofern ein überbetrieblicher Betriebsvergleich existiert, sollten auch hier die unternehmensinternen Zahlen den Durchschnittszahlen vergleichbarer Unternehmen gegenüber gestellt werden.

b. Kontrolle der → *Handelsspanne*, gleichfalls einmal für das gesamte Sortiment und dann für die einzelnen Teilsortimente und wichtigen Warengruppen. Diese Kontrolle ist aufwendiger als die Umsatzkontrolle, liefert jedoch wertvolle Erkenntnisse über die Ertragsstärke der einzelnen Sortimentsbereiche und führt zu Entscheidungen über eine Veränderung der Artikelzahl oder eine Veränderung der einem Sortimentsbereich eingeräumten Verkaufs- oder Lagerfläche und damit des Warenbestandes. Eine nach Sortimentsbereichen gegliederte detaillierte Kontrolle der Handelsspanne macht die Ertragsstruktur eines Sortiments transparent. EDV-gestützte Warenwirtschaftssysteme erleichtern die Kontrolle der Handelsspanne. Es muss dabei aber beachtet werden, dass die Ist-Ausgangsspanne kontrolliert wird, die von der kalkulierten Solleingangsspanne u.U. erheblich abweichen kann. Um diese Differenzen erfassen zu können, muss die Sollhandelsspannen-Kontrolle angewandt werden.

c. Die Kontrolle von *Kennziffern*, insb.:
– Kontrolle des → *Lagerumschlags*, auch als Umschlagshäufigkeit des Warenbestandes bezeichnet. Der Wareneinsatz eines bestimmten Zeitraumes wird durch den durchschnittlichen Warenbestand geteilt. Je schneller sich eine Sortiment oder ein Sortimentsbereich umschlagen, desto geringer ist der erforderliche Warenbestand, der ja finanziert werden muss und der Kosten für Überwachung, Disposition und Verkaufs- und Lagerfläche verursacht.
– Kontrolle des durchschnittlichen Einkaufsbetrages („*Einkaufsbon*") je Kunde. Der Tages- oder Wochenumsatz wird durch die Zahl der Kunden, die im entsprechenden Zeitraum kauften, geteilt. Diese Kennziffer ist für den Einzelhandel von großer Bedeutung. Zeigt die Entwicklung dieses Wertes auffällige Abweichungen oder liegt dieser Wert deutlich unter – aber auch über – dem Durchschnitt vergleichbarer Unternehmen, dann deutet dies auf Schwächen oder auch besondere Stärken des Sortiments hin, deren Ursachen ermittelt werden sollten. Dass zwischen dem durchschnittlichen Einkaufsbetrag und dem Sortiment ein enger Zusammenhang besteht, zeigt die Tatsache, dass dieser Wert mit der Größe der Verkaufsfläche zunimmt. Auf einer größeren Verkaufsfläche kann ein größeres, mehr Auswahl bietendes Sortiment gezeigt und deshalb auch pro Kunde mehr verkauft werden. Ein unter dem Durchschnitt liegender Einkaufsbetrag weist auf Sortimentsmängel hin. Das Sortiment ist lückenhaft, weist zu viele Fehlartikel auf oder ist nicht aktuell.

Die → *Limitrechnung* geht von der Zielsetzung für Umsatz und Handelsspanne und dem geplanten Warenumschlag aus und ermittelt einen Sollwarenbestand, der den Wareneinkauf begrenzt und damit zu steuern versucht. Die Limitrechnung birgt die Gefahr in sich, dass Ladenhüter den Warenbestand hoch halten und den Einkauf aktueller Artikel oder die Aufnahme von Innovationen unnötig beschränken. Auf längere Sicht kann dadurch ein Sortiment veröden und an Aktualität verlieren.

d. Die Kontrolle der *Artikelzahl*, die von Seyffert ausführlich dargestellt, in der Praxis jedoch kaum angewandt wird. Das hängt wohl damit zusammen, dass es keinen aussagefähigen, nach Branchen gegliederten Betriebsvergleich gibt.

– Kennzahlen zur *Sortimentsbreite*: die Zahl der geführten Artikel wird ermittelt. Sie gibt Auskunft über die Breite und Tiefe eines Sortiments. Um die Artikelzahl richtig beurteilen zu können, muss man einmal berücksichtigen, ob ein Voll- oder nur ein Teilsortiment der jeweiligen Branchen geführt wird. Zum anderen muss man wissen, wie viele Produkte dieses Voll- oder dieses Teilsortiment umfasst.

– Kennzahlen zur *Lagerhaltung*:
  – Sortimentsstückzahl: Zahl aller Lagerstücke eines Handelsunternehmens.
  – Artikeldichte: die durchschnittliche Artikelzahl pro Sorte.

Warengruppe –Analyse

Waren-gruppe	HSp %	Rf	U	EKZ	Rf	UA %	WZ	Rf
A	10,0	3	100x	10,0	2	50	5,00	1
B	25,0	2	50x	12,5	1	30	3,75	2
C	40,0	1	10x	4,0	3	20	0,80	3

HSp = durchschnittl. Handelsspanne in % vom Nettoumsatz
Rf = Reihenfolge
U = Umschlagshäufigkeit
EKZ = Ertragskennziffer: HSp x U / 100
UA = Umsatzanteil am Gesamtumsatz
WZ = Wertziffer: EKZ x UA / 100

- durchschnittliche Sortenstückzahl: Sortimentsstückzahl durch Sorten geteilt.
- Artikelstückzahl: Sortimentsstückzahl durch Artikel geteilt.

Diese Kennzahlen geben Hinweise auf die Mächtigkeit des Sortiments, einzelner Sorten und Artikel.

2. Die *Warengruppen-Analyse*
Die Warengruppe-Analyse ermittelt mit Hilfe der Handelsspanne – oder des Kalkulationsaufschlages -, der Umschlagshäufigkeit und des Umsatzanteils eines Teilsortiments, einer Warengruppe oder auch ausgewählter einzelner Artikel deren Ertragskraft. Wenn vorschnell, was immer wieder geschieht, lediglich von der Handelsspanne auf die Ertragskraft einer Warengruppe geschlossen wird, kann dies zu erheblichen Fehleinschätzungen führen. Die *Abbildung* zeigt das Vorgehen der Warengruppen-Analyse und den Wert ihres Ergebnisses. Legt man die Handelsspanne zu Grunde, steht Artikel C an erster, Artikel A an letzter Stelle. Berücksichtigt man die Umschlagshäufigkeit und den Anteil beider Artikel am Gesamtumsatz, so rückt Artikel A wegen seiner hohen Umschlagshäufigkeit und seines hohen Umsatzanteils an die erste Stelle, Artikel C findet sich auf Platz 3 wieder. Im Lebensmittel-Einzelhandel ist der Artikel Zigarette dem Artikel A in der *Tabelle* sehr ähnlich.

3. Die Kontrolle der *Fehlartikel*
Eine sehr hohe Zahl von Fehlartikeln – Artikel „out of stock" – weist auf Mängel in der Bestandsüberwachung und Disposition und auf unzuverlässige Lieferanten hin. Im Großhandel wird die Kontrolle der Fehlartikel mit der Kontrolle der Warenbestände kombiniert. So kann ein Minimum an Fehlartikeln nicht mit hohen Warenbeständen erkauft werden. Und umgekehrt können die Warenbestände nicht zu Lasten der Fehlartikel niedrig gehalten werden (s.a. → Bestelldoktrinen).

4. Die Analyse der *Raumnutzung*
Diese Kennziffer ist im Einzelhandel, vor allem wenn er in Selbstbedienung arbeitet, gebräuchlich. Die Analyse der Raumnutzung stellt dem Umsatz eines Sortimentsbereiches oder einer Warengruppe die ihm zur Verfügung gestellte Verkaufsfläche gegenüber. Auf diese Weise wird die Flächenproduktivität je Sortimentsbereich gemessen. Die Ergebnisse dieser Kontrolle können dazu führen, dass einem Sortimentsbereich mit sehr hoher Flächenproduktivität mehr Verkaufsfläche, einem mit niedriger Flächenproduktivität weniger zugeteilt werden. Die Aufteilung der gesamten Verkaufsfläche auf die geführten Teilsortimente wird dadurch betriebswirtschaftlich sinnvoller, die Fläche wird effektiver genutzt, als wenn nach den Umsatzanteilen der Sortimentsbereiche aufgeteilt würde. Die Aufteilung der Gesamt-Verkaufsfläche auf die einzelnen Sortimentsbereiche ist für die City-Warenhäuser, die SB-Warenhäuser und große Fachmärkte eine sehr wichtige Aufgabe, von deren Lösung Umsatz- und Ertragsstruktur eines Sortiments wesentlich abhängen.

5. Die → *Kundenlaufstudie*
Die Kundenlaufstudie überprüft, ob die Warengruppen-Anordnung im Verkaufsraum und die Warenpräsentation innerhalb der Warengruppen bei in Selbstbedienung angebotenen Sortimenten stimmen. Vor allem für größere Verkaufsflächen, bei denen die Kundenführung durch die Warengruppen-Anordnung sehr schwierig ist, hat diese

Kontrolle große Bedeutung. Durch eine an den Erkenntnissen der Psychologie orientierte Warengruppen-Anordnung muss versucht werden, verkaufsschwache Stellen im Verkaufsraum in verkaufsaktive Stellen zu verwandeln. Die Kundenlaufstudie zeigt, ob diese Aufgabe zufrieden stellend gelöst wurde oder ob über Verbesserungen nachgedacht werden muss. W.Oe.

Literatur: *Oehme, W.:* Handels-Marketing, 3. Aufl., München 2001. *Oehme, W.:* Handelsmanagement, München 1993, S. 241 ff. *Oehme, W.:* Die Führung vertriebsformenheterogener Sortimente nach dem Profit-Center-Konzept, in: Thexis, Heft 1 (1988), S. 20 ff. *Seyffert, R.:* Wirtschaftslehre des Handels, 5. Aufl., Opladen 1972. *Theis, H.-J.:* Handels-Marketing. Analyse- und Planungskonzepte für den Einzelhandel, Frankfurt 1999, S. 586 ff.

Sortimentsmitte → Kernsortiment

Sortimentspolitik

umfasst alle Entscheidungen eines Handelsunternehmens zur Dimensionierung, Strukturierung und Anpassung des → Sortiments an den Markt. Sie entspricht dem Begriff der → Programmpolitik der Produktionsunternehmen, besitzt jedoch spezifische Problemfelder und Gestaltungsprinzipien auf Grund der Eigenarten von Handelssortimenten.

(1) Die Stellung der Sortimentspolitik im Marketing-Mix
Die Sortimentspolitik ist Teil des gesamten → Handelsmarketing, das außer der Sortimentspolitik noch über die Instrumente → Marktforschung, Standortsicherung, → Preispolitik und Profil-Marketing (→ Kommunikationspolitik, → Servicepolitik und im Einzelhandel → Ladengestaltung) verfügt. Die Integration der Sortimentspolitik in den → Marketing-Mix hat zur Folge, dass ihr Entscheidungsspielraum begrenzt ist. Die Sortimentspolitik muss mit den anderen Bestandteilen des Marketing-Mix abgestimmt werden. Der Verbund der Marketing-Instrumente im Marketing-Mix hat zur Folge:
Zwischen den einzelnen Marketing-Instrumenten und den bei ihrer Handhabung getroffenen Entscheidungen bestehen Interdependenzen. Werden diese bei den Einzelentscheidungen außer Acht gelassen, können Widersprüche in der Konzeption der Sortimentspolitik entstehen.

– Einem untereinander abgestimmten, widerspruchsfreien Einsatz der Marketing-Instrumente muss eine Marketing-Konzeption zu Grunde liegen. Eine bestimmte originäre Ausprägung der Marketing-Konzeption und der durch diese Konzeption gesteuerte Einsatz der einzelnen Marketing-Instrumente charakterisieren wesentlich die → Betriebsform (Vertriebsform) eines Handelsunternehmens.

Aus diesen Zusammenhängen ergibt sich:
– Sortimentspolitik ist standortabhängig; sie muss die Einstellungen und Kaufgewohnheiten der im Einzugsgebiet lebenden Verbraucher und die Wettbewerbs-Situation berücksichtigen.
– Sortimentspolitik ist vertriebsformenabhängig; entscheidet sich ein Handelsunternehmen für die Vertriebsform Discount, dann kann es kein hochwertiges Fachgeschäfts-Sortiment mit problemvollen Artikeln in Bedienung anbieten.
– Sortimentspolitik ist von der verfügbaren Verkaufs- und Lagerfläche abhängig; allerdings zieht ein Handelsunternehmen eher an einen neuen Standort, der eine größere Verkaufs- oder Lagerfläche bietet, als dass es auf Dauer die Sortimentspolitik den Begrenzungen einer zu kleinen Fläche unterwirft; es sei denn, die Größe der Verkaufsfläche führt zu der Entscheidung, mit einem Branchen-Teilsortiment eine vorhandene Marktnische zu besetzen.
– Sortimentspolitik bestimmt mit den Umfang der Handelsleistung, besonders den Handlingaufwand und damit die Kosten und letztendlich die Preispolitik.

(2) Die Eigenarten des Sortiments
Das Sortiment jedes Handelsunternehmens lässt sich im Wesentlichen durch zwei Merkmale charakterisieren:
(a) Jeder Artikel eines Sortiments wird durch den Verbund mit allen anderen im Sortiment geführten Artikeln aufgewertet. Denn der Verbraucher kann, wenn ihm ein Sortiment angeboten wird, zwischen unterschiedlichen Substitutionsartikeln (vorwiegend unterschiedlichen Marken oder Qualitäts- und Preislagen) wählen, was freilich für den einzelnen Artikel sowohl eine positive als auch eine negative Kaufentscheidung mit sich bringen kann. Hier findet auf den Verkaufsflächen des stationären Einzelhandels und in den Katalogen der Versandhandelsunternehmen und des Großhandels der Wettbewerb zwischen den Produzenten statt. Ferner kann der Verbraucher bei ei-

nem Einkauf auch Komplementärartikel kaufen, wird vielleicht durch eine sinnvolle Warenpräsentation erst darauf aufmerksam gemacht, dass es zu einem bestimmten Artikel auch Komplementärartikel gibt. Das induziert → Verbund- und Impulskäufe.
(b) Zwischen den einzelnen Artikeln oder Warengruppen eines Sortiments besteht u.U. ein stark ausgeprägter → Sortimentsverbund, der zur Folge hat, dass Entscheidungen über einen Artikel – Auslistung, Neuaufnahme, Preisveränderungen – auch bei anderen Artikeln Auswirkungen zeigen können. Diese nur schwer vorhersehbaren Auswirkungen machen die Sortimentspolitik schwierig und manchmal unberechenbar.

(3) Die Ziele der Sortimentspolitik
Die Sortimentspolitik hat die folgenden Ziele zu verfolgen:
(a) Ein Sortiment muss sowohl die bestehende als auch eine zukünftige, noch zu schaffende *Nachfrage befriedigen*. Sortimentspolitik muss daher in Kooperation mit den Produzenten auch dazu beitragen, dass neue Märkte für innovative Produkte geschaffen werden. Die Werbung muss die Verbraucher auf Innovationen mit Nachdruck hinweisen und über diese Neuheiten ausführlich informieren.
(b) Ein Sortiment muss aktuell gehalten werden, muss durch Fluktuation der Artikel – Neuaufnahme wie auch Streichung – *Leben und Dynamik* bekommen (→ ECR). Stagnation führt sehr schnell zu einem Sortimentsverschleiß, der von den Verbrauchern als mangelhafte Handelsleistung wahrgenommen wird.
(c) Ein Sortiment muss *Kundenfrequenz und Einkaufsstättentreue* schaffen, was nur gelingt, wenn es sich an der Nachfrage der Verbraucher orientiert und aktuell ist.
(d) Ein Sortiment muss eine *übersichtliche und sinnvolle Struktur aufweisen*, die es dem Verbraucher erleichtert, das Sortiment „zu lernen". Sonst findet er sich bei der meist sehr großen Zahl von Artikeln nicht zurecht. Die Warenpräsentation in den Verkaufsräumen des stationären Einzelhandels oder den Katalogen des Versandhandels und des Großhandels muss diese Sortimentsstruktur sichtbar machen. Die „Such-Logik" der Kunden kann von der Struktur der Warenpräsentation abweichen (→ Mental Maps).
(e) Ein Sortiment muss *„akquisitorische Wirkung"* entfalten, muss Kaufentscheidungen fördern oder gar provozieren. Die Sortimentspolitik muss in die Struktur und die Präsentation eines Sortiments Verkaufsförderung integrieren (→ Category Management).
(f) Ein Sortiment muss die *Wettbewerbsfähigkeit* und *Ertragsstärke* eines Handelsunternehmens sichern. Sortimentskompetenz muss in der Kommunikation gleichberechtigt neben die Preiswürdigkeit treten. Sonst sind auf Dauer keine ausreichenden Erträge zu erwirtschaften.

(4) Gestaltungsalternativen der Sortimentspolitik
Die Sortimentspolitik arbeitet auf drei Alternativen-Ebenen:
– erste Ebene: konventionell, produktorientiert,
– weite Ebene: marketingorientiert,
– dritte Ebene: betriebswirtschaftlich-/ beschaffungsorientiert.

(a) Konventionelle Gestaltungsalternativen
Sie sind primär produktorientiert und betreffen:
– den *Warencharakter*: Merkmal kann einmal das Material sein, aus dem die Artikel bestehen (Lederwaren, Textilien, Eisenwaren etc., Materialtreue). Es kann aber auch nach der Verarbeitung unterschieden werden (Frischwaren, Konserven, Backwaren, Fleisch- und Wurstwaren im Lebensmittelhandel; Stoffe und Konfektionsware im Textilhandel). Oder es wird nach der Herkunft unterschieden (Binnenware, Importware).
Die Gestaltung eines Sortiments nach dem Warencharakter ist wohl die älteste Gestaltungsalternative, die z.T. auch durch die Zunftgliederung des Mittelalters geprägt wurde. In dieser Zeit gab es einen weitaus umfangreicheren Handwerkshandel als heute. Diese Gliederung lebt bis heute in der Gliederung des Handels nach → Branchen fort. Viele Handelsunternehmen führen heute allerdings branchenübergreifende Sortimente.
– *Lebens- oder Nutzungsdauer der Artikel*: Diese Gliederung ist neueren Datums. Aus ihr ergibt sich zwangsläufig die Gliederung der Artikel nach der → Einkaufshäufigkeit. Es wird unterschieden in kurz-, mittel- oder langfristige Nutzungsdauer und einen entsprechenden Einkaufsrhythmus. Der Einkaufsrhythmus beeinflusst die Standortwahl. Wird ein Sortiment mit Artikeln des kurzfristigen Bedarfs geführt, dann muss ein verbrauchernaher Standort gewählt

Sortimentspolitik

werden. Die Entscheidung, eine bestimmte Nutzungsdauer zum Schwerpunkt der Sortimentsgestaltung zu machen, kann auch dazu führen, dass Artikel aus anderen Branchen, aber mit gleicher Nutzungsdauer aufgenommen werden. Es entstehen branchenübergreifende Sortimente.

– *Sortimentsumfang*: Ein Sortiment kann breit oder schmal, tief oder flach, mächtig oder nicht mächtig sein. Auch diese Alternativen sind in Verbindung mit der Branchengliederung schon seit langer Zeit angewandte Gestaltungsalternativen.

– *Sortimentsstruktur*: Es wird zwischen → Kernsortiment, → Zusatzsortiment, → Randsortiment und Saisonsortiment unterschieden.

(b) Marketingorientierte Gestaltungsalternativen

Diese Alternativen bieten die Möglichkeit, die Artikel eines Sortiments wie folgt zu gliedern;

– *Marketingträger*: Marketingträger können die Produzenten (Hersteller-Markenartikel), die Handelsunternehmen (Handels-Markenartikel) oder bei markenlosen Artikeln auch beide sein.

– *Andienungsform*: Unter Andienungsform versteht man die Art und Weise, wie Ware den Verbrauchern angeboten wird und wie der Vorgang des Kaufens abläuft. Sie wird weitestgehend durch den Problemgehalt der angebotenen Artikel bestimmt. Als Andienungsformen stehen im Einzelhandel die Bedienung, die → Selbstbedienung, die lose Selbstbedienung und die Discount-Selbstbedienung zur Verfügung. Im Großhandel erfolgt die Andienung des Sortiments durch Außendienst, → Ordersatz, Telefon und Internet, aber auch in Selbstbedienung (→ C&C-Großhandel). Lebensmittel-Supermärkte setzen alle vier Andienungsformen ein. Die Teilsortimente, die sie führen, sind hinsichtlich des Problemgehalts der angebotenen Artikel sehr heterogen. Wesentliches Unterscheidungsmerkmal der Andienungsformen ist ihre unterschiedliche Personalintensität.

– *Marketingintensität*: Sie steht in engem Zusammenhang mit der Andienungsform. Problemvolle Artikel, vor allem Innovationen, erfordern eine hohe Marketingintensität und somit auch eine hohe Handelsleistung. Sie fordern die Bedienung. Problemlose Artikel – Grundnahrungsmittel z.B. – können in Discount-Selbstbedienung angeboten werden.

Die Gestaltungsalternativen Marketingträger, Andienungsform und Marketingintensität hängen eng zusammen. Der Handel hat auf diesem Zusammenhang aufbauend Vertriebsformen-Sortimente entwickelt (siehe Ziffer 5).

– *Zielgruppen*: Die Verbraucher lassen sich in eine Vielzahl von → Zielgruppen gliedern, was durch entsprechende *Zielgruppensortimente* oft zum Ansatzpunkt spezifischer Sortimentskonzepte genutzt wird (→ Marktsegmentierung).

– *Preislagen*: Es stehen hohe, mittlere und niedrige → Preislagen als Alternativen zur Verfügung. Die Preislage hängt einerseits von der Qualität der in ihr geführten Artikel ab. Sie wird aber auch wesentlich vom Umfang der erbrachten Handelsleistung bestimmt. So kann ein und derselbe Artikel in Bedienung verkauft mehr kosten als in Selbstbedienung angeboten. Preislagen haben eine gewisse Spannbreite für die Preise der in ihnen positionierten Artikel. Wird diese Spannbreite auf null reduziert, erhält man eine *Preislinie*. Derartige Preislinien als Gestaltungselement der Sortimentspolitik sind freilich nur noch selten anzutreffen.

(c) Betriebswirtschaftliche Gestaltungsalternativen

Ein Sortiment kann in → *Kalkulationsgruppen* gegliedert werden, was die Ertragslage transparent macht. Vergleicht man die Umsatzanteile der einzelnen Kalkulationsgruppen mit dem Gesamtumsatz und die Rohgewinnanteile mit dem gesamten Rohgewinn, so wird der Beitrag der einzelnen Kalkulationsgruppen zum Unternehmensergebnis sichtbar. Man kann deutlich erkennen, welche Gruppe ertragsstark und welche Gruppe ertragsschwach ist (→ Sortimentskontrolle). Die Umsatzreihenfolge der Kalkulationsgruppen kann von deren Ertragsreihenfolge erheblich abweichen.

(d) Beschaffungsorientierte Gestaltungsalternativen

Man kann sich – vielleicht mit Exclusivverträgen – für einen oder mehrere Lieferanten entscheiden. Diese Entscheidung, die meist eine Sortimentsstraffung – vor allem weniger Tiefe – als Ergebnis hat, ist für die Kosten von erheblicher Bedeutung (→ Beschaffungsmarketing).

(5) Strategien der Sortimentspolitik

Die aufgeführten Gestaltungs-Alternativen sind die Bestandteile einer Sortiments-Strategie, für die sich ein Handelsunternehmen in Abstimmung mit dem gesamten Marketing-Mix entscheidet. Es werden in der Regel von jeder Ebene und oft auch von einer Alternativengruppe mehrere Alternativen in die Sortimentstrategie eingehen.

Auf der *konventionellen Ebene* der Sortimentspolitik stehen die folgenden Strategien zur Verfügung:

(a) Branchen-Sortiment
Diese altbewährte Strategie wird auch heute noch vor allem von Fachgeschäften auf höherem Niveau angewandt (→ Branche). Sie setzt fast immer ein hohes Maß an Sortiments- und Beratungskompetenz voraus. Der Preis tritt in den Hintergrund.

(b) Branchenübergreifendes Sortiment
Diese Strategie wurde Ende des 19. Jahrhunderts erstmals von den → Warenhäusern angewandt. Branchenübergreifende Sortimente berücksichtigen die Bequemlichkeit der Verbraucher, die alles unter einem Dach einkaufen können.

(c) Bedarfsgruppenorientiertes Sortiment
Es steht zwischen dem Branchen- und dem branchenübergreifenden Sortiment. Bedarfsgruppen lassen sich sowohl innerhalb eines Branchen-Sortiments als auch branchenübergreifend aufbauen.

(d) Umfang des Sortimentes
Alle drei Gestaltungsalternativen – Breite, Tiefe, Mächtigkeit – des → Sortiments müssen angewandt werden. Sehr enge Beziehungen bestehen zwischen „breit und flach" und „schmal und tief". Die Mächtigkeit – Stückzahl pro Artikel – hat mehr für die Logistik als das Marketing Bedeutung. Sie kann Grundlage für die Warendisposition sein und helfen, Fehlartikel zu vermeiden.

(e) Struktur des Sortimentes
Es kann für ein Voll-Sortiment – man will Vollversorger sein – entschieden werden, das dann sehr breit und relativ flach ausfällt und durch die Gliederung in Teil-Sortimente und Warengruppen eine übersichtliche Struktur erhalten muss. Oder es wird für ein Teil-Sortiment – mit dem u.U. eine Marktnische besetzt wird – entschieden, das schmal und sehr tief ausfällt und leicht zu übersehen ist.

Auf der *marketingorientierten Ebene* der Sortimentspolitik stehen folgende Strategien zur Verfügung:

(a) Die Vertriebsform bestimmende Strategien
– *Vertriebsformenhomogenes Sortiment*: Es werden nur Artikel einer Kategorie hinsichtlich Problemgehalt und Marketing-Intensität geführt und die ihnen entsprechende Andienungsform angewandt. Hinsichtlich Kostenzurechnung und Kostenkontrolle sind vertriebsformenhomogene Sortimente relativ problemlos.

– *Vertriebsformenheterogene Sortimente*: Es werden Artikel aller Kategorien unter Einsatz aller Andienungsformen geführt. Der Lebensmittel-Supermarkt führt ein vertriebsformenheterogenes Sortiment. Diese Sortimente sind sehr schwer zu kontrollieren und zu steuern. Außerdem stehen Handelsunternehmen mit vertriebsformenheterogenen Sortimenten zwischen Fachgeschäft und Discount, was ihre Positionierung am Markt und ihre Profilierung erschwert.

Der Handel hat drei Vertriebsformen-Segmente entwickelt.

– Das Fachgeschäfts-Segment mit problemvoller Ware in Bedienung.
– Artikel mit mittlerem Problemgehalt in konventioneller Selbstbedienung, sie ist sehr stark im Lebensmittel-Supermarkt vertreten, findet sich aber auch in vielen Fachmärkten.
– Das → Discounter-Segment mit problemlosen Schnelldrehern.

Wesentliches Unterscheidungsmerkmal der Vertriebsformensegmente ist das Ausmaß der erbrachten Handelsleistung. Mit den Vertriebsformen-Segmenten hat der Handel eine neue Form der Marktsegmentierung geschaffen. Diese Marktsegmente orientieren sich weder an Zielgruppen noch an Absatzregionen, sondern allein an Sortiment und den unterschiedlichen Artikel-Kategorien. Der Handel wendet sich mit diesen Segmenten an alle Verbraucher und diese Segmente sind inzwischen fast weltweit anzutreffen.

(b) Am Marketingträger orientierte Strategien
Man kann sich ausschließlich für → Markenartikel der Hersteller, für → Handelsmarken oder für markenlose Artikel entscheiden. In der Praxis herrschen Mischformen vor, es werden alle drei Artikelkategorien geführt.

Werden die Sortimente mehrerer konkurrierender Handelsunternehmen stark von Hersteller-Markenartikeln dominiert, so werden sie uniform und für die Verbraucher leicht vergleichbar. Das führt zwangsläufig zu einem verstärkten Einsatz der Preispolitik. Die Hersteller-Markenartikel werden

Sortimentspolitik

dann bevorzugt zu Aktionsartikeln, deren Preise teilweise drastisch reduziert werden und die damit nicht mehr in dem Maße zum Ertrag beitragen, wie sich das die Handelsunternehmen wünschen. Die Folge ist der verstärkte Einsatz von → Handelsmarken, die schon oft totgesagt wurden, Ende des 20. Jahrhunderts jedoch wieder eine Renaissance erleben. Mit Handelsmarken können die Erträge verbessert werden. Und es kann eine Profilierung des Handelsunternehmens durch das Sortiment erfolgen.

(c) Zielgruppenorientierte Strategien
Man kann sich für eine – Teenager oder Senioren z.B. – oder mehrere Zielgruppen – ein Oberbekleidungssortiment mit Teilsortimenten für das mittlere Alter, für Senioren und für junge Mode – Young Fashion – entscheiden (→ Zielgruppensortiment). Die Entscheidung für nur eine Zielgruppe kann zum schmalen und tiefen Fachsortiment, beschränkt auf eine Branche, führen. Der Entscheidung für mehrere Zielgruppen entspricht dagegen sehr oft ein breites und flaches, u.U. auch branchenübergreifendes Sortiment.

(d) Preislagenorientierte Sortimente
Hierbei werden die Artikel nach → Preislagen geordnet bzw. selektiert.

Auf der dritten Ebene der Sortimentspolitik sind folgende Strategien denkbar:

(a) *Kalkulationsorientierte Strategien*: Es kann für eine oder für mehrere Kalkulationsgruppen entschieden werden. Diese Entscheidungen werden meist sehr stark von den Entscheidungen über die zu führenden Preislagen abhängen (→ Preispolitik).

(b) *Beschaffungsorientierte Strategien*: Man kann sich für einen oder für mehrere Lieferanten entscheiden. Die Entscheidung für einen einzigen Lieferanten kommt nicht sehr oft vor, mehrere Lieferanten sind die Regel. Unter Lieferant wird hier der Hersteller der Ware verstanden. Bei den Handelsgruppen des Lebensmittelhandels ist es die Regel, dass fast das gesamte Sortiment von einem Lieferanten, dem Großhandelsunternehmen der Gruppe, bezogen wird. Der Einzelhandel muss dann die Entscheidung über einen oder mehrere Lieferanten eines Artikels innerhalb des Großhandelssortiments fällen. Die Entscheidung für mehrere Lieferanten eines Artikels oder einer Warengruppe – meist ist es die Entscheidung für das Führen mehrerer Marken – hat das Entstehen von Parallel-Sortimenten zur Folge. Da sich diese Parallel-Sortimente gegenseitig substituieren können, sind sie aus der Sicht des Handels überflüssig. Sie beanspruchen nur Fläche und verursachen Kosten. Sie bieten aber andererseits den Kunden mehr Auswahl und verstärken die akquisitorische Wirkung des Sortiments. Für die schwierige Entscheidung über die Anzahl der Parallel-Sortimente gilt der Grundsatz: „So wenig als möglich, so viel als nötig". Bei markenlosen Produkten kann die Entscheidung für mehrere Lieferanten dazu dienen, nicht von einem Lieferanten abhängig zu werden und damit die Beschaffung sicherer zu machen.

(6) Die Präsentation des Sortiments
Eine Sortimentskonzeption ist zunächst das Ergebnis geistiger Arbeit und zahlreicher Entscheidungen und steht als abstraktes Gedankengebäude auf dem Papier. Will man ein Sortiment anbieten und die geführten Artikel verkaufen, so muss das Sortiment den Verbrauchern vorgestellt und u.U. erklärt werden. Das Sortiment muss durch die Präsentation im Verbund mit der Werbung „kommuniziert" werden. Je übersichtlicher ein Sortiment strukturiert ist, desto effektiver ist die Kommunikation. Die Wertigkeit der einzelnen Artikel kann dadurch oft sehr stark erhöht werden.
Als Alternativen für die Präsentation des Sortiments stehen je nach Vertriebsform und Handelsstufe zur Verfügung:

a) Die Präsentation im Verkaufsraum
b) Die Präsentation im → Katalog
c) Die Präsentation im → Ordersatz
d) Die Präsentation im Internet (→ Online-Marketing)
e) Die Präsentation durch → Außendienst-Mitarbeiter

(7) Die Kontrolle der Sortimentspolitik
Ob ein Sortiment seine Ziele erreicht, die Sortimentspolitik die richtigen Entscheidungen getroffen hat, muss mit Hilfe einer systematischen → Sortimentskontrolle überwacht werden.
Die Sortimentspolitik, vor allem die möglichen Strategien und die Präsentation, werden in naher Zukunft sehr stark von den Möglichkeiten, die Internet und → E-Commerce bieten, beeinflusst werden. Besonders zwei Möglichkeiten sind für den Handel interessant:
– Es können *sehr schmale und extrem tiefe Sortimente* angeboten werden. Da mit dem Internet das Absatzgebiet eines Handelsun-

ternehmens praktisch grenzenlos wird, finden sich u.U. auch für den exotischsten Artikel noch genügend Käufer, um ihn in ausreichender Menge zu vertretbaren Konditionen einkaufen zu können.
– Es können völlig problemlos → Internet-Auktionen mit einer großen Zahl von Teilnehmern durchgeführt werden (für Auslaufmodelle oder hochwertige Gebrauchsgüter bis hin zum PKW). Je größer die Zahl der Teilnehmer ist, desto günstiger der Preis. Das Internet bietet die Möglichkeit, einen „Punktmarkt" zu schaffen, der Versteigerungen erleichtert.
Es können → Zustellservices aufgebaut werden, die innerhalb kürzester Zeit die im Internet bestellte Ware – das können sogar Lebensmittel sein – ins Haus liefern. W.Oe.

Literatur: *Brandes, D.:* Konsequent einfach. Die Aldi-Erfolgsstory, München 1999. *Hagedorn, L.:* Handelsmarketing, Stuttgart 1984. *Oehme, W.:* Handels-Marketing, 3. Aufl., München 2001. *Oehme, W.:* Die Problematik vertriebsformenheterogener Sortimente, in: Marketing-ZfP, 7. Jg. (1985), S. 85 ff. *Oehme, W.:* Handelsmanagement, München 1993. *Tietz, B.:* Der Handelsbetrieb, 2. Aufl., München 1993.

Sortimentsrabatt
→ Marktbearbeitungskonditionen

Sortimentsverbund
Sammelbegriff für verschiedene → Ausstrahlungseffekte zwischen zwei oder mehr Teilen eines Angebotsprogramms (Produktinterdependenzen) bzw. Sortiments. Solche Verbundeffekte können die Erfolgsträchtigkeit eines Sortiments in erheblichem Umfang positiv oder negativ beeinflussen und müssen deshalb im Rahmen der → Programm- bzw. → Sortimentspolitik sowie bei der → Preislinienpolitik und der → Preisdifferenzierung berücksichtigt werden.

Neben dem auf Beschaffungs- und Produktionsverflechtungen beruhenden Kostenverbund sind für die Programmpolitik v.a. folgende absatzmäßigen Verbundbeziehungen von Bedeutung:

(1) Ein *positiver Bedarfsverbund* liegt vor, wenn sich Produkte beim Gebrauch ergänzen, also *komplementär* zueinander sind (z.B. Kaffee und Kaffeefilter).

(2) Eine *substitutive* Beziehung (*negativer Bedarfsverbund*) herrscht dagegen dann, wenn ein Produkt den Ge- oder Verbrauch eines anderen im gleichen Zeitraum überflüssig macht bzw. einschränkt (z.B. Kaffee und Tee).

(3) *Nachfrageverbund* entsteht, wenn ein Kunde einen Anbieter mit dem *gleichzeitigen Einkauf mehrerer Produkte* präferiert, sei es aus Bequemlichkeit, aufgrund von werbepolitischen Maßnahmen des Anbieters (z.B. Sonderangebote, Service etc.; man spricht hier auch von *Akquisitionsverbund*) oder weil er den jeweiligen Anbieter generell als leistungsfähig einstuft („*Urteilsverbund*").

(4) Führen der Nachfrageverbund oder verbundfördernde Maßnahmen (Anreize zu Impulskäufen) innerhalb der Einkaufsstätte tatsächlich zu gemeinsamen Käufen verschiedener Produkte beim selben Anbieter, handelt es sich um einen *Kaufverbund* bzw. → Verbundkauf. Dieser lässt sich z.B. durch eine → Bonanalyse überprüfen und quantifizieren.

Die Unterscheidung der verschiedenen Verbundbeziehungen ist sowohl im Hinblick auf deren Messung als auch Nutzung bzw. Förderung im Rahmen der betrieblichen Programm- und Preispolitik von Bedeutung (s.a. → Category Management). Kaufverbund kann anhand von Kassenbelegen bzw. Aufträgen relativ einfach festgestellt und durch breite Sortimente sowie absatzfördernde Maßnahmen am Ort des Verkaufs gefördert werden. Der Nachfrageverbund hängt dagegen stark vom → Image des jeweiligen Anbieters bei den Nachfragern ab und kann deshalb nur durch relativ aufwendige Imagemessungen erfasst werden. Andererseits ist seine Stärke durch die Breite und Tiefe des Angebotsprogramms und andere imageprägende Marketingaktivitäten erheblich zu beeinflussen. Der Bedarfsverbund lässt sich u.a. im Wege einer Teilmarktendachpolitik, durch Bedarfsbündelung im Sortiment und bei der innerbetrieblichen Standortwahl bzw. durch die Elimination substitutiver Programmelemente für den Absatzerfolg nutzbar machen. Negativ schlägt eher zu Buche, wenn ein neues Produkt ein anderes desselben Anbieters substituiert (*Kannibalisierungseffekt*). Die Messung des Bedarfsverbundes erfolgt entweder objektiv durch technische Kriterien oder im Wege der Erfassung psychischer (wahrgenommener) Produktähnlichkeiten (Produktpositionierung). H.D.

Literatur: *Böcker, F.:* Die Bestimmung der Kaufverbundenheit von Produkten, Berlin 1978. *Engelhardt, H.W.:* Erscheinungsformen und absatzpolitische Probleme von Angebots- und Nachfrageverbunden, in: ZfbF, 28. Jg. (1976), S. 77 ff.

Sortimentsversandhandel

Aus den verschiedenen Formen des → Versandhandels lässt sich nach der Sortimentsstruktur der sog. → Sortimentsversandhandel mit einem breiten und relativ tiefen Sortiment in der Art eines Warenhauses ausgliedern. Er lässt sich vom → Spezial- oder Fachversandhandel mit einem flachen oder tiefen Sortiment in der Art eines Fachgeschäftes unterscheiden. Am Umsatz des Versandhandels ist der Sortimentsversandhandel mit ca. 67% und der Fach- und Spezialversandhandel mit ca. 33% beteiligt.

Die gegenwärtige sortimentspolitische Umorientierung, die im Versandhandel festzustellen ist, zeigt sich im Sortimentsversandhandel an einem konsequenten → Trading Up und einer Ausweitung des Sortimentes. Die Angliederung von Touristikunternehmen, das Angebot von Versicherungen und hochpreisigen Luxusartikeln wie Pelzmänteln oder Cabrio-Automobilen zeigen, dass versandhandelsspezifische Sortimentsgrenzen heute kaum mehr existieren.

Fester Bestandteil des Dienstleistungsangebotes eines Sortimentsversenders ist neben den Finanzierungs- und Versicherungsdienstleistungen auch ein umfassender technischer Kundendienst. Der Kundendienst umfasst u.a. Aufgaben wie Transport, Aufstellen und Installation von Geräten, Beseitigung des Verpackungsmaterials, Entsorgung von Altgeräten und Ausführung von Reparaturen.

Zunehmende Anteile des Umsatzaufkommens stammen aus elektronischem → Interactive Home Shopping via Internet (→ E-Commerce). W.M.

Sourcing-Konzepte

Sourcing-Konzepte sind die Grundelemente der → Beschaffungsstrategie. Sie lassen sich in Bezug auf die Entscheidung über die Anzahl der Bezugsquellen (→ Lieferantenpolitik), der Eigenschaften des Inputfaktors (Objektkonzepte), des bearbeiteten Marktraums (Arealkonzepte) sowie der Art der Bereitstellung (Zeitkonzepte) differenzieren. Im Rahmen der *lieferantenbezogenen Sourcing-Konzepte* werden *Sole Sourcing*, *Single Sourcing*, *Dual Sourcing* und *Multiple Sourcing* unterschieden. Bei Multiple Sourcing handelt es sich um den Bezug eines Inputfaktors von mehreren Lieferanten. Die damit verbundene Stimulierung der Wettbewerbssituation auf der Angebotsseite soll niedrige Einstandspreise und eine Reduktion des Versorgungsrisikos bewirken. Im Gegensatz dazu steht der Bezug eines Einsatzgutes von nur einem Lieferanten. Während Sole Sourcing aufgrund einer monopolistischen Anbietersituation eine erzwungene Konzentration auf nur einen Lieferanten darstellt, beschränkt sich der Abnehmer beim Single Sourcing freiwillig auf nur einen Lieferanten. Ziel ist es, durch eine intensive Zusammenarbeit mit dem ausgewählten Lieferanten langfristig komplexe Module und Systeme mit hoher Qualität zu niedrigen Kosten zu beziehen (s.a. → Zuliefermarketing, → Zulieferpyramide). Allerdings ist damit der erhebliche Nachteil verbunden, dass der präferierte Lieferant kurzfristig nicht substituierbar ist: Hohe Austrittsbarrieren erschweren bzw. verhindern einen Lieferantenwechsel. Die Verringerung dieser Abhängigkeit ist über einen Zweiquellenbezug im Rahmen von *Dual Sourcing* möglich.

Die Entscheidung über die Komplexität der Beschaffungsobjekte steht im Mittelpunkt der *objektbezogenen Sourcing-Konzepte*. Beschaffungsobjekte geringer Komplexität, die vom Abnehmer selbst weiter verarbeitet bzw. verbaut werden, sind als *Unit Sourcing* gekennzeichnet (bspw. einzelne Schrauben). Im Mittelpunkt moderner Versorgungsstrategien, die von Kernkompetenzorientierung getrieben sind, steht der Bezug kompletter Module oder Systeme. Mit Hilfe des Modular Sourcing-Konzeptes wird es so möglich, die Anzahl der Beschaffungsobjekte zu verringern. Die eigene → Fertigungstiefe ist bei Modular Sourcing deutlich geringer als bei Unit Sourcing. Zwar steigt die Qualität der Austauschbeziehung mit Lieferanten, gleichzeitig sinkt jedoch die Quantität der Lieferantenbeziehungen: In der Regel sind Modullieferanten auch Single Source-Lieferanten.

Im Rahmen der *arealbezogenen Sourcing-Konzepte* wird entsprechend der räumlichen Ausdehnung von Beschaffungsaktivitäten zwischen *Local Sourcing*, *Domestic Sourcing* und *Global Sourcing* unterschieden. Während die Beschaffungsquellen bei Local Sourcing bzw. Domestic Sourcing in direkter räumlicher Nähe bzw. im Inland liegen, erschließt sich die Beschaffung im Rahmen von Global Sourcing gezielt internationale Beschaffungsmärkte. Im Vergleich zu dem schon früher bekannten in-

Sourcing-Konzepte

Lieferanten-konzepte	Sole Sourcing	Single Sourcing	Dual Sourcing	Multiple Sourcing
Beschaffungs-objektkonzepte	Unit Sourcing		Modular Sourcing	
Beschaffungs-arealkonzepte	Local Sourcing	Domestic Sourcing		Global Sourcing
Beschaffungs-zeitkonzepte	Stock Sourcing	Demand Tailored Sourcing		Just-in-Time Sourcing

ternationalen Einkauf wird von Global Sourcing aber erst dann gesprochen, wenn internationale Beschaffungsaktivitäten unter strategischen Gesichtspunkten gesehen werden.

Die *zeitbezogenen Sourcing-Konzepte* streben in erster Linie eine Bestandsoptimierung an. Traditionelles *Stock Sourcing* ermöglicht eine hohe Versorgungssicherheit durch den Aufbau von Lagerbeständen. Die Sicherheit vor externen Störungen erfolgt um den Preis erhöhter Kapitalbindung. Stock Sourcing wird primär bei C-Gütern eingesetzt. *Demand Tailored Sourcing* steht für Einzelbeschaffung im Bedarfsfall. Die Materialien werden erst dann beschafft, wenn sie tatsächlich benötigt werden. Dieses Sourcing-Konzept kommt hauptsächlich bei großen Investitionsgütern wie Maschinen und Anlagen zum Einsatz. Im Rahmen des *Just-in-Time Sourcing* (JIT) wird die lagerlose Versorgung mit Fertigungsmaterialien angestrebt (→ Just-in-time-Logistik).

Nur durch Kombination der unterschiedlichen Sourcing-Konzepte entsteht eine Beschaffungsstrategie. Die optimale Beschaffungsstrategie für ein Einsatzgut lässt sich als Funktion jeweils einer Ausprägung von Lieferanten-, Objekt-, Areal- und Zeitkonzept beschreiben (vgl. *Abb.*). U.A.

Literatur: *Arnold, U.:* Sourcing-Konzepte, in: *Kern, W.; Schröder, H.H.; Weber, J.* (Hrsg.): Handwörterbuch der Produktionswirtschaft, 2. Aufl., Stuttgart 1996, Sp. 1861–1874.

Sozialer Einfluss

Im weitesten Sinne und im Rahmen der Verbrauchersozialisation ist sozialer Einfluss Verhalten von Personen und Institutionen (→ Sozialisatoren), das auf Kenntnisse, Einstellungen und Werte von Verbrauchern derart einwirkt, dass deren Informations-, Kauf- und Spar-, Ge- und Verbrauchs- sowie Entsorgungsverhalten anders verläuft, als es ohne Einflussnahme der Fall gewesen wäre. Sozialer Einfluss ist ein alltägliches Phänomen, dessen Bandbreite sich, wie in *Abb. 1* dargestellt, verdeutlichen lässt.

Abb. 1: Arten sozialer Einflussnahme

		Einflusshandlungen werden erkannt	
		ja (1)	nein (2)
Einflusshandlungen finden statt	ja (1)	1.1) direkter Einfluss	1.2) Manipulation
	nein (2)	2.1) Antizipation	2.2) Assimilation

Die einzelnen Arten der Einflussnahme haben folgende Bedeutung:

– „Direkter Einfluss" ist auf den (erkannten) Einsatz von Machtmitteln (*soziale Macht*) zurückzuführen.
– Von *„Manipulation"* ist zu sprechen, wenn Verhaltensänderungen aufgrund eines vom Beeinflussten nicht erkannten Einsatzes von Machtmitteln stattfinden.
– Unter *„Antizipation"* kann eine Verhaltensänderung verstanden werden, die aufgrund eines noch nicht erfolgten, jedoch erwarteten Machtmitteleinsatzes erfolgt. Antizipative Verhaltensanpassungen werden aber auch freiwillig vorgenommen, wenn z.B. soziale Aufsteiger erwarten, bald einer anderen *sozialen → Gruppe* oder sozialen → *Schicht* anzugehören und deren spezifische Verhaltensweisen vorwegnehmen.
– Sind Anpassungsbereitschaft und Harmoniebedürfnis hoch ausgeprägt, kann der Einzelne sich den Verhaltensweisen seiner sozialen Umgebung – v. a. aufgrund häufiger Interaktion – weitgehend angleichen, so dass *„Assimilation"* entsteht.

Sozialer Einfluss

Sozialer Einfluss beruht auf *sozialer Macht*, d.h. der Fähigkeit einer Person, Personengruppe oder Organisation andere Personen zu einem Verhalten zu bewegen, das von diesen ursprünglich nicht beabsichtigt war, jedoch im Interesse der Machtausübenden ist. Es lassen sich verschiedene Machtmittel unterscheiden: Belohnungs- und Bestrafungsmacht, Expertenmacht (Kenntnisse, Fähigkeiten, Fertigkeiten), Kommunikationsmacht (durch Sprache, Mimik, Gesten und einzusetzende Medien) sowie Identifikationsmacht sozialer *Vorbilder*. Um wirken zu können, muss der „Mächtige" die Machtmittel nicht notwendig besitzen, es genügt, dass der Machtunterworfene sie in seinem Besitze wähnt. Die wirtschaftlichste Form der Machtausübung ist nicht der tatsächliche kostenverursachende Einsatz von Machtmitteln, sondern die bereits wirksame Androhung des Einsatzes. Treten bei → *kollektiven Kaufentscheidungen*, insb. in der Familie, soziale Konflikte auf, so werden diese unter Erwachsenen v. a. durch Einsatz von Experten- und Kommunikationsmacht gelöst, zwischen Erwachsenen und Kindern durch Identifikationsmacht. In Industriegesellschaften sinkt die Macht des Mannes in der Familie, wenn die Frau erwerbstätig ist, da ihre Belohnungsmacht durch Einkommen, aber auch ihre Experten- und Kommunikationsmacht durch Berufsausübung und soziale Kontakte gesteigert werden.

Verbrauchersozialisation als spezifische Ausprägung sozialer Einflüsse verschiedener Sozialisatoren auf Verbraucher bewirkt, dass insb. Kinder und Jugendliche den Verhaltenserwartungen der Sozialisatoren entsprechen und zu wirkungsvollem Informations-, Kauf- und Spar-, Ge- und Verbrauchs- sowie Entsorgungsverhalten befähigt werden. Verbrauchersozialisation vollzieht sich überwiegend im Rahmen informeller alltäglicher sozialer Einflüsse, seltener in formalisierter Form als → Verbrauchererziehung.

Die Sozialisationsforschung untersucht Lernprozesse, aus denen sich Lerneffekte mit langfristig wirkender Verhaltenssteuerung ergeben, so dass z.B. allgemeine Einstellungen zum Kaufen oder Sparen und nicht Einstellungen zu einzelnen Marken oder Sparformen im Vordergrund stehen.

Um das Zustandekommen von Lerneffekten (abhängige Variable) erklären zu können, werden Merkmale der Sozialisatoren, Art der Interaktion und Interaktionssituation, Merkmale des Lernenden (Sozialisand) und Art der Lernprozesse als erklärende, unabhängige Variablen herangezogen (*Abb. 2*).

Interaktionssituationen, in denen der Lernende direkte Erfahrungen mit Produkten sammeln kann, sind wirkungsvoller als solche, in denen nur symbolische Kommunikation, d.h. Vermittlung von Informationen durch Sprache, realitätsnahe Abbildungen oder abstrakte Sinnbilder (Warenkennzeichnung, Piktogramme, → Marken etc.), stattfindet. Ebenso ist personale Kommunikation effektvoller als mediale. Der Eintritt von Lerneffekten wird auch gestärkt, wenn Sozialisanden freiwillig lernen und den Inhalt des Lernstoffes selbst bestimmen – belehrende Verbrauchererziehung in Schule und Familie ist daher am wenigsten wirksam.

Das Einflusspotential der *Sozialisatoren* ist abhängig vom Ausmaß ihrer *sozialen Macht*. Wirkungsvollster Lernprozess ist das *Beobachtungslernen*. Kognitive Lerntheorien erklären, dass Heranwachsende mit zunehmendem Alter differenzierter und genauer lernen, das Erlernte besser zu konsistenten Urteilen verarbeiten, ihre Aufmerksamkeit von direkt wahrnehmbaren Merkmalen (Farbe, Form) abwenden und abgeleiteten Merkmalen (Funktion, Kosten) zuwenden. Die Zuschreibung und Übernahme sozialer Rollen macht u. a. geschlechtsspezifische Unterschiede im Erlernten und damit im Verbraucherverhalten verständlich.

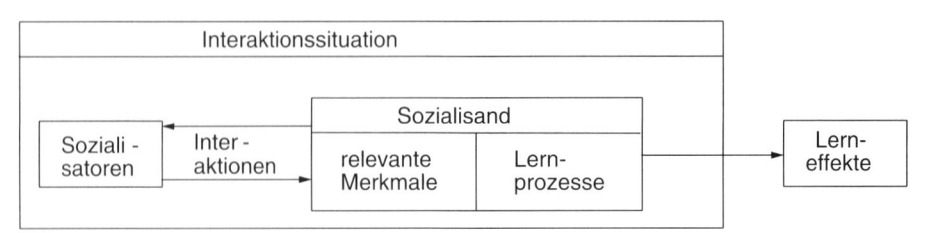

Abb. 2: Modell zur Verbrauchersozialisation

Lerneffekte, die auf den Einfluss von → Fernsehen und manchen Jugendzeitschriften zurückgeführt werden, sind Anlass zu *verbraucherpolitischer Kritik* (→ Konsumerismus). Die symbolische Kommunikation der Medien

- präsentiert sehr intensiv mächtige und vermögende Personen der *Oberschicht* sowie erfolgreiche Aufsteiger der Mittelschicht als wirksame *Vorbilder des Konsums*,
- betont das auf unmittelbaren individuellen Lustgewinn (→ Hedonismus) ausgerichtete Verhalten und stellt den Besitz von Gütern als Wert an sich dar (Materialismus),
- hebt den → *demonstrativen Konsum* als Kennzeichen des sozialen Status hervor,
- fördert *soziale* → *Konflikte*, wenn Eltern die Konsumwünsche ihrer Kinder nicht erfüllen können und
- vernachlässigt die externen Effekte, insb. die ökologischen Wirkungen von Herstellung, Verbrauch und Entsorgung der Konsumgüter.

Aus ethisch-normativer Sicht ist sozialer Einfluss v. a. bei asymmetrischer Machtverteilung und verdecktem, nicht erkennbaren Machtmitteleinsatz als problematisch anzusehen. So besitzen Eltern ungleich höhere Machtmittel als ihre Kinder, Werbungtreibende höhere als einzelne Verbraucher. Mindestforderis ist daher, dass Werbung als solche klar erkennbar vom redaktionellen Umfeld abgesetzt ist und im weiteren Sinne keine irreführenden Aussagen enthält.
E.K.

Literatur: *Kroeber-Riel, W.; Weinberg, P.*: Konsumentenverhalten, 7. Aufl., München 1999. *Kuhlmann, E.*: Verbraucherpolitik, München 1990. *Roth, R.*: Die Sozialisation des Konsumenten, Frankfurt/M. 1983.

Soziales Lernen (Lernen am Modell, Lernen durch Beobachtung)

bezeichnet das Erwerben von Verhaltensmustern durch Interaktion mit der sozialen Umwelt. Die erlernten Verhaltensweisen ermöglichen das Einfügen in die Gesellschaft. Soziales Lernen kann sowohl mit Hilfe der → Lerntheorien nach dem Kontiguitätsprinzip als auch nach dem → Verstärkerprinzip erklärt werden. Für die → Werbepsychologie ist v.a. die besondere Form des Lernens am Modell oder auch Lernen durch Beobachtung interessant. Ein Individuum (Nachahmer) beobachtet ein anderes (Leitbild, Modell) und ahmt dessen Verhalten in geeigneten Situationen nach. Das nachgeahmte Verhalten muss nicht direkt beobachtet worden sein, es kann auch visuell über Massenmedien (z.B. TV-Spots) vermittelt oder verbal beschrieben worden sein (→ Personendarstellung in der Werbung). Wird das Modell für sein Verhalten belohnt, so ist die Wahrscheinlichkeit, dass dieses Verhalten vom Beobachter übernommen wird, größer, als wenn dies nicht geschieht.
F.-R.E.

Sozialisatoren (Sozialisationsinstanzen)

Personen und Institutionen, die Lerninhalte vorgeben, Lernprozesse von Sozialisanden (Lernenden) steuern und dadurch Lerneffekte erzielen. Ihr → sozialer Einfluss ist am stärksten in Lebensphasen intensiven Lernens, insb. bei Kindern und Jugendlichen, aber auch bei Einwanderern oder sozialen Aufsteigern. Die für das Marketing wichtigsten Sozialisatoren sind Eltern bzw. Familie, Gruppen Gleichaltriger (→ peer groups, → Schicht, soziale), Massenmedien, Schulen (→ Verbrauchererziehung) und Betrieb bzw. Arbeitskollegen, da diese mit Sozialisanden in häufigem Kontakt stehen und über wirksame soziale Macht verfügen. Sozialisatoren verkörpern als Person oder präsentieren als Medien (symbolische Kommunikation) soziale Vorbilder, die verschiedene Lernprozesse bewirken. So neigen Kinder dazu, sich mit dem gleichgeschlechtlichen Elternteil zu identifizieren und sind bestrebt, deren Verhaltensweisen zu beobachten („Beobachtungslernen") und zu imitieren, soweit ihnen Letzteres im Kauf-, Ernährungs- Kleidungsverhalten möglich ist. Viele Verhaltensweisen können über den Einsatz von Machtmitteln – z.B. Lob oder Taschengeld – von Sozialisatoren verstärkt werden. Der Sozialisand kann aber auch beobachten, wie ein Sozialisator durch sein eigenes Verhalten belohnt wird: Der Sohn beobachtet den mit Genuss rauchenden Vater und speichert diesen Verhaltens-Belohnungs-Zusammenhang. Das so Erlernte kann in späteren Jahren sein Verhalten steuern, wenn ihm Rauchen erlaubt bzw. finanziell möglich ist.

Daraus lassen sich mehrere Folgerungen für das Marketing ableiten: Zwischen dem Erlernen eines Verhaltensrepertoires und seiner Ausübung kann ein erheblicher Zeitraum liegen. Werbung vermag durch Präsentation sozialer Modelle (Vorbilder) –

z.B. bekannte Persönlichkeiten oder Repräsentanten von Personengruppen („die Mutter" oder „der Arzt") – Teile des erlernten Verhaltensrepertoires zu aktivieren, so dass sie verhaltenswirksam werden (→ Testimonialwerbung). Weiterhin sind Werbeverbote, z.B. für Zigaretten und Alkoholika, weitgehend wirkungslos, wenn dadurch die Menge des gesellschaftlichen Konsums reduziert werden soll. Unter dem Einfluss der Eltern erlernen Kinder und Jugendliche v.a. ökonomische Verbrauchermotivationen und wirtschaftliche Formen des Kauf- und Gebrauchsverhaltens, während im Rahmen von peer groups der soziale Demonstrationswert von Gütern betont und vermittelt wird. Der gemeinsame Einfluss mehrerer Sozialisatoren lässt sich am Beispiel des Medienverhaltens von Heranwachsenden erläutern:

a) Familienmitglieder und Gleichaltrige setzen Standards für Inhalt und Menge des Medienkonsums durch Vorbildwirkung und ausdrückliche Belehrung.
b) Menge und Inhalt des tatsächlich Gesehenen, Gehörten und Gelesenen wirken auf Kenntnisse, Einstellungen und Verhaltensweisen der Sozialisanden ein.
c) Der Einfluss der Massenmedien wird selektiv gestärkt oder geschwächt durch persönliche Kommunikation im Kreis der Familie und der Gleichaltrigen.

E.K.

Literatur: *Kuhlmann, E.:* Consumer Socialisation of Children and Adolescents. A Review of Current Approaches, in: Journal of Consumer Policy, Nr. 6 (1983), S. 231–237. *Roth, R.:* Die Sozialisation des Konsumenten, Frankfurt/M. 1983. *Kroeber-Riel, W.; Weinberg, P.:* Konsumentenverhalten, 7. Aufl., München 1999.

Sozialkompetenz
Fähigkeit einer Person, auf die Erreichung von Zielen im Rahmen von persönlichen Interaktionsprozessen positiv einzuwirken, wobei eine Zielerreichung an die Erfüllung der Bedürfnisse des Interaktionspartners gebunden ist. Das Konstrukt der Sozialkompetenz ist für das Marketing in mehrfacher Hinsicht von Bedeutung:
– Arbeiten zur → Dienstleistungs-Qualität zeigen, dass das soziale Verhalten des *Kundenkontaktpersonals* zum Zeitpunkt der Mitarbeiter-Kunden-Interaktion (dem sog. „service encounter") einen maßgeblichen Einfluss auf die Qualitätsbewertung des Kunden ausüben kann.
– Für eine kundenorientierte Steuerung des Mitarbeiterverhaltens, wie sie das → Interne Marketing als Ausdruck einer zunehmenden „Innenperspektive" der Marketingkonzeption vorsieht, ist ein hohes Maß an Sozialkompetenz auf Seiten der Mitarbeiter eine Schlüsselvoraussetzung. Dies gilt auf Grund seiner Leitbildfunktion insbesondere für das *Führungspersonal* der Unternehmung.
– Schließlich zeigen jüngere Forschungsarbeiten im Kontext des → Co-Produzenten-Ansatzes, dass der Unternehmenserfolg auch über die Vermittlung von Sozialkompetenz an den *Kunden* als Teil von dessen → Konsum-Kompetenz gesteigert werden kann.

Sozialkompetenz ist das Resultat des komplexen Zusammenwirkens verschiedener Komponenten. Neben gewissen Grundpotenzialen, die zur Ausübung von nonverbaler (z.B. Mimik, Gestik, Körperhaltung) und verbaler (z.B. Rhetorik, Intonation) Kommunikation notwendig sind, und der Fähigkeit zur Unterdrückung von Stimmungen und Launen ist vor allem die Fähigkeit zur Wahrnehmung und Einschätzung der eigenen Potenziale und den Wünschen des Interaktionspartners sowie, darauf aufbauend, die Befähigung zur Konzeption von Handlungsplänen zentral für ein hohes Maß an Sozialkompetenz (vgl. *Abbildung*). Für die beiden letztgenannten Aspekte ist ausschlaggebend, ob der Mitarbeiter über die Fähigkeit der → Perspektivenübernahme verfügt, d.h. fähig und bereit ist, sich mit dem Kunden und dessen Bedürfnissen zu identifizieren und sich in diesen „Hineinzuversetzen".

Die Definition von Sozialkompetenz als Fähigkeit macht deutlich, dass es weiterer Faktoren bedarf, um vorhandene Potenziale auch tatsächlich verhaltenswirksam werden zu lassen. Dazu zählen eine entsprechende Motivation des Mitarbeiters und das notwendige Handlungsspektrum (Empowerment) sowie eine angemessene Gestaltung des Arbeitsumfeldes (z.B. gute Akustik) und der Arbeitsabläufe.
Möglichkeiten zur Steigerung der Sozialkompetenz von Mitarbeitern liegen zum einen in der Beseitigung von Hemmnissen, die dem Wirksamwerden von vorhandener Sozialkompetenz im Wege stehen. Zum anderen hat die Pädagogik verschiedene Methoden entwickelt, die zur Verbesserung der Wahrnehmungs- und Einschätzungs-

Elemente von Sozialkompetenz

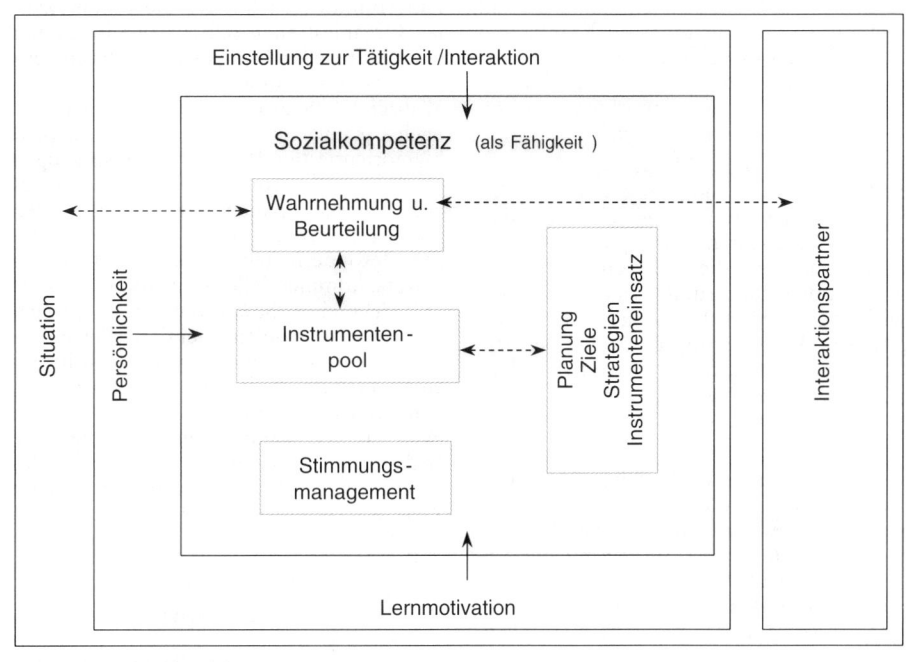

[Diagramm: Sozialkompetenz (als Fähigkeit) mit den Elementen Wahrnehmung u. Beurteilung, Instrumentenpool, Stimmungsmanagement; umgeben von Einstellung zur Tätigkeit/Interaktion, Lernmotivation, Planung/Ziele/Strategien/Instrumenteneinsatz; äußere Elemente: Situation, Persönlichkeit, Interaktionspartner]

◄----► = Beziehungen zu Bezugsobjekten
──────► = Wirkungsrichtungen von Elementen

komponente und der strategischen Planungskomponente beitragen können, so Rollenspiele und audiovisuelle Trainingsmethoden. In jedem Fall aber muss bei der Personalauswahl und –entwicklung im Rahmen des Internen Marketing das *Bewusstsein* für soziales Verhalten und die Perspektive des Interaktionspartners eine wichtige Entscheidungsvariable sein.

Th.H.-T.

Literatur: *Euler, D.; Reemtsma-Theis, M.*: Sozialkompetenzen? Über die Klärung einer didaktischen Zielkategorie, in: Zeitschrift für Berufs- und Wirtschaftspädagogik, 45. Jg. (1999), Heft 2, S. 168-198. *Hennig-Thurau, Th.; Thurau, C.*: Sozialkompetenz als vernachlässigter Untersuchungsgegenstand des (Dienstleistungs-) Marketing, in: Marketing-ZFP, 21. Jg. (1999), Heft 4, S. 297-311. *Trommsdorff, V.*: Kundenorientierung verhaltenswissenschaftlich gesehen, in: *Bruhn, M.; Steffenhagen, H.* (Hrsg.): Marktorientierte Unternehmensführung. Reflexionen – Denkanstösse – Perspektiven, Wiesbaden 1997, S. 275-293.

Sozio-Marketing (Social Marketing)

Das Konzept des Sozio-Marketing ist vor dem Hintergrund der Ausweitung des klassischen, allein auf die kommerzielle Vermarktung von Konsumgütern ausgerichteten Marketingansatzes zu sehen (→ Marketing-Geschichte). Obwohl mit dem Konzept des Sozio-Marketing bis heute noch recht unterschiedliche Vorstellungen verbunden werden, scheint sich als gemeinsamer Nenner verschiedenster Begriffsvarianten eine umfassende, problemorientierte Sichtweise immer mehr durchzusetzen: Sozio-Marketing wird hierbei zunächst allgemein als *Marketing für aktuelle soziale Ziele* gekennzeichnet.

„Aktuelle soziale Ziele" beziehen sich jeweils auf gesellschaftliche Tatbestände, die als veränderungsbedürftig perzipiert werden und in die Arena gesellschaftlicher Diskussion treten sollen oder bereits getreten sind (z.B. Umweltverschmutzung, Situation der Behinderten). Vereinfachend lassen sich dabei zwei grundlegende Ziel- bzw. Problembereiche und damit Grundvarianten des Sozio-Marketing unterscheiden:

(1) Probleme, die im (sozialen) Verhalten der Gesellschaftsmitglieder begründet liegen wie Rassismus, Drogenkonsum, Verkehrsunfälle etc. (= *verhaltensorientiertes Sozio-Marketing*);

Sozio-Marketing (Social Marketing)

(2) Probleme in Gestalt einer Unterversorgung von Gesellschaftsmitgliedern mit Gütern (z.B. Hilfsgüter für Kranke, Behinderte, Obdachlose usw.) (= *versorgungsorientiertes Sozio-Marketing*). Hierzu zählt auch das Einwerben von Spenden (→ *Fundraising*).

Die Aufgabe der Marketingtechnologie stellt sich hier analog zum traditionellen kommerziellen Marketing wie folgt dar: Auf der Basis systematisch gewonnener Informationen über die vorliegende Situation, deren Hintergründe und vermeintliche Entwicklung (→ Marktforschung) sind Strategien zur Beeinflussung und/oder Bedarfsdeckung zu entwickeln und durch den planmäßigen Einsatz der → Marketing-Instrumente (Produktpolitik, Werbung usw.) zu verwirklichen.

Beide Grundvarianten des Sozio-Marketing werden teilweise durch die spezielle Perspektive der Wahrnehmung einer Korrekturfunktion überlagert. Sie war mit eine wesentliche Triebfeder für die Entwicklung des Sozio-Marketing-Konzepts. Die Korrekturfunktion konkretisiert sich vor allem in folgenden Ansätzen:

(1) Ergänzung des einseitig an Markterfolgen und bestimmten Konsumnormen ausgerichteten und insofern defizitären Güterangebots seitens privater Unternehmen *(Ergänzungsfunktion)*. Als Gegengewicht sollen hierbei verschiedene kulturelle Werte wie z.B. Kunst, Bildung, Verständnis und Hilfsbereitschaft für Dritte nachhaltiger gefördert sowie bestehende Marktungleichgewichte z.B. infolge von Informationsdefiziten abgebaut werden.

(2) *Kontra-Marketing* i.S. von Maßnahmen, die gezielt auf die Eindämmung oder Verhinderung des Angebots und/oder der Nachfrage gesellschaftlich als problembehaftet eingestufter Güter ausgerichtet sind (z.B. Aufruf zum Boykott von Spraydosen, deren Treibgas die Ozonschicht angreift).

(3) *Societal Marketing bzw. gesellschaftsorientiertes Marketing* kommerzieller Anbieter, im Rahmen dessen Unternehmen bei der Planung und Realisation ihrer Marketingaktivitäten einen sozialen Kurs verfolgen und beispielsweise auf ökologieschädigende Produkte, Obsoleszenzstrategien etc. verzichten („Selbstkorrektur"). Darüber hinaus wird hierbei teilweise auch noch ein aktives Engagement bei der Lösung allgemeiner sozialer Probleme wie Kriminalität, Situation von Randgruppen u.a.m. angestrebt. Auf diese Weise könnte eine Ergänzungsfunktion auch durch die kommerziellen Organisationen selbst (etwa in Gestalt eines kulturellen bzw. sozialen Mäzenatentums) wahrgenommen werden.

Während im Sozio-Marketing-Konzept zunächst grundsätzlich von einer allein problemorientierten Perspektive ausgegangen wird, kann die konkrete Umsetzung eines Sozio-Marketing nicht unabhängig von den jeweiligen institutionellen Trägern und deren Besonderheiten (etwa öffentliche vs. private, kommerzielle vs. nichtkommerzielle Träger eines Sozio-Marketing) gesehen werden. Die problemorientierte Perspektive ist insofern in einem zweiten Schritt um eine *institutionelle Perspektive* zu ergänzen. Vor diesem Hintergrund gewinnt u.a. folgende Unterscheidung eine grundlegende Bedeutung: Einerseits Institutionen, bei denen die Verwirklichung aktueller sozialer Ziele eine dominante Rolle im Aufgabenspektrum einnimmt (Sozio-Institutionen) und andererseits Institutionen, bei denen derartige Ziele lediglich eine untergeordnete Rolle spielen (Institutionen mit akzidentiellem Sozio-Bezug).

In gestaltungsorientierter Sicht geht es bei den *Sozio-Institutionen* im Kern um das Problem, wie die herkömmliche Marketingtechnologie auf deren Aufgabenstellung übertragen werden kann (z.B. die Anwendbarkeit traditioneller Marketing-Strategien in Umweltorganisationen wie BUND, WWF oder Greenpeace). Demgegenüber steht bei den *Institutionen mit akzidentiellem Sozio-Bezug*, zumeist private oder öffentliche Unternehmen, die Frage im Mittelpunkt, ob und ggf. wie deren Marketing mit Blick auf die Realisation aktueller sozialer Ziele verfeinert und/oder ausgebaut werden kann (z.B. durch → Sponsoringaktivitäten im ökologischen Bereich). Sozio-Marketing trägt hier zumeist die Züge eines strategischen Marketing zur langfristigen Sicherung von Erfolgspotentialen.

Die Entwicklung des Sozio-Marketing-Konzepts löste innerhalb der (Marketing-)Wissenschaft eine heftige und z.T. äußerst *kontroverse Diskussion* aus. Besonders strittig war u.a. die Frage, ob und inwieweit sich die im Konsumgütersektor entwickelte Marketingtechnologie tatsächlich auf die soziale Aufgabenstellung von nichtkommerziellen Organisationen übertragen lässt. Ferner wurde der Realistik bzw. Realisierbarkeit eines „Societal Marketing" kommerzieller Unternehmen mit erheblichen

Zweifeln begegnet, da hier u.a. von einem unrealistischen Harmoniedenken ausgegangen werde. Die teilweise sicherlich ernstzunehmenden Bedenken zeigen u.E. jedoch in erster Linie, dass weitere intensivere Forschungsanstrengungen auf dem Gebiet des Sozio-Marketing notwendig sind.
Das Konzept des Sozio-Marketing umschließt, neben der bislang unterstellten Perspektive eines Sozio-Marketing für einzelne aktuelle soziale Ziele bzw. einzelner Institutionen *(Mikroperspektive)*, auch die Analyse von Handeln im Rahmen eines Sozio-Marketing aus gesamtgesellschaftlicher Sicht *(Makroperspektive)*. Damit wird dem Umstand Rechnung getragen, dass Sozio-Marketing nicht nur eine effiziente, sondern auch eine äußerst problembehaftete Sozialtechnologie sein kann. Dies beispielsweise dann, wenn Sozio-Marketing für „negative" soziale Ziele wie z.B. Akzeptanz kriegerischer Auseinandersetzungen eingesetzt wird oder dazu beiträgt, die Machtposition einzelner Institutionen oder gesellschaftlicher Gruppen auszubauen.
Insgesamt wird deutlich: Sozio-Marketing ist eine neue Marketing-(Forschungs-) Konzeption, bei der die Planung und Realisation des Marketing der unterschiedlichsten Institutionen aus dem Blickwinkel einer Verwirklichung aktueller sozialer Ziele analysiert, beurteilt und gestaltet werden soll.
K.-P.W.

Literatur: *Bruhn, M.; Tilmes, J.*: Social Marketing, 2. Aufl., Stuttgart 1994. *Schneider, W.*: Die Akquisition von Spenden als eine Herausforderung für das Marketing, Berlin 1996. *Wiedmann, K.-P.*: Rekonstruktion des Marketingansatzes und Grundlagen einer erweiterten Marketingkonzeption, Stuttgart 1993.

Soziometrie → Meinungsführer

Sozio-ökonomische Merkmale
→ Marktsegmentierungsmerkmale

Soziosponsoring → Sponsoring

Spaceman → ACNielsen SPACEMAN

Spam
bezeichnet vom Thema abweichende oder unaufgeforderte Werbeaussagen beinhaltende E-Mail-Nachrichten bzw. Beiträge in → Newsgroups. Spam-Nachrichten stehen dem Verhaltenskodex des Internet (→ Netiquette) entgegen und laufen Gefahr, dass sie mit einer → Mailbombe geahndet werden.

Spannenrechnung → Handelsspanne

Spannweite (Range)
→ Streuungsmaß, das als Abstand zwischen größtem und kleinstem Merkmalswert einer statistischen Gesamtheit definiert ist.

Sparquote → Ausgabenstruktur

Special-interest-Zeitschriften
→ Spezialzeitschriften

Specialty goods
Im Rahmen der → Produkttypologie von *Miracle* unterschiedener Produkttyp auf Konsumgütermärkten, der sich durch geringe Beschaffungshäufigkeit und Markttransparenz sowie relativ hohen Beschaffungsaufwand auszeichnet (z.B. Video-Recorder).

Spediteur → Logistik-Dienstleister

Speichermodelle des Gedächtnisses
→ Gedächtnistheorie

Spektralanalyse
im Rahmen der → Absatzprognose angewandte, den → Saisonverfahren zurechenbare Zerlegung der Varianz einer Zeitreihe in mehrere additive Komponenten, die verschiedenen sich überlappenden Saisonzyklen zugeordnet werden können. Da eine Identifizierung solcher Zyklen im Zeitbereich wegen ihrer Überlagerung nur schwer möglich ist, wird die Zeitreihe mit Hilfe einer Fourier-Transformation in den Frequenzbereich überführt, wo ein von der Frequenz abhängiges Spektrum berechnet werden kann, das sich additiv aus solchen Zyklen zusammensetzt. Hohe Werte des Spektrums identifizieren hohe Varianzanteile der Zeitreihe, deren zeitliche Wiederholung (Zykluslänge) durch die zugehörige Frequenz festgelegt wird. Die Kenntnis der Länge dieser Zyklen und ihre Zuordnung zu bestimmten Saisoneinflüssen erlauben fundierte Prognosen von saisonbehafteten Zeitreihen.
K.-W.H.

Literatur: *König, H.; Wolters, J.*: Einführung in die Spektralanalyse ökonomischer Zeitreihen, Meisenheim am Glan 1972.

Spekulationseffekte
→ Preiserwartungseffekte

Spekulationsgeschäft → Partieerfolg

Spendenmarketing

Spendenmarketing → Fundraising, → Sozio-Marketing

Spezialgeschäft

→ Betriebsform des → stationären → Einzelhandels, die sich vom → Fachgeschäft nur durch eine noch weitergehende sortimentspolitische Beschränkung auf Teilbereiche des einzelhandelsrelevanten Angebots bis hin auf bestimmte Warenarten unterscheidet, etwa wie im Verhältnis Sportartikelfachgeschäft vs. Tennisshop, im Übrigen aber ähnliche Strukturmerkmale aufweist und mit vergleichbaren marktstrategischen Herausforderungen konfrontiert ist. Bedenkt man jedoch die kategoriale Vielfalt der spezialisierungsfähigen und potentiell sortimentsprägenden Bedarfsfelder menschlicher Lebenshaltung und Daseinsvorsorge, so wird selbst dieses Unterscheidungsmerkmal in mehrfacher Hinsicht zu relativieren sein. Es verwundert daher nicht, wenn Handelspraxis und empirische Handelsforschung beide Betriebsformen faktisch gleichsetzen. Den Ergebnissen der Handels- und Gaststättenzählung 1993 sind hierüber aufgrund des gewählten Abgrenzungskonzepts – Zuordnung der „Ladengeschäfte" gem. der Systematik der Wirtschaftszweige nach dem Schwerpunktprinzip – ohnehin keine entsprechend differenzierenden Angaben zu entnehmen. H.-J.Ge.

Spezialgroßhandel

Spezialgroßhandelsbetriebe konzentrieren ihr Sortiment auf wenige komplementäre Warengruppen, welche tief gegliedert sind und alternative Kaufmöglichkeiten schaffen. Sie sind eher stofflich orientiert.

Der Spezialgroßhandel ist bestrebt, aus einem eng begrenzten Warenbereich ein möglichst vollständiges Angebot an Sorten eines Artikels anzubieten. Es kann durchaus von einer Bedeutungssteigerung des Spezialgroßhandels als Beschaffungsquelle des Einzelhandels ausgegangen werden. Diese ist zum einen als Folge von Sortimentsstraffungen beim → Sortimentsgroßhandel zu sehen. Zum anderen resultiert dies aus dem wachsenden Zwang für Einzelhandelsbetriebe, sich über die Spezialität ihrer Sortimente zu profilieren. K.Ba.

Spezialhandel

Der Spezialhandel umfasst in der Einfuhr die unmittelbare Einfuhr von Waren in das → Zollgebiet und die Einfuhr von ausländischen Waren auf Lager (→ Außenhandelsstatistik).

Spezialitäten → Einsatzstoffe-Marketing

Spezial-Katalog → Katalog-Werbung

Spezialmesse

→ Messen- und Ausstellungen

Spezialpanel

Ausprägungsformen des → Panels, die neben den bedeutenden Formen des Verbraucher- und → Handelspanels existieren und besonderen Zwecken dienen. Bekannte Vertreter dieser Kategorie sind das Minimarkttestpanel und das → Produkttestpanel.

Spezialsortiment → Fachsortiment

Spezialversandhandel, Fachversandhandel

Form des → Versandhandels, der sich durch sein schmales und flaches oder tiefes → Sortiment in der Art eines Fachgeschäftes vom → Sortimentsversandhandel mit einem breiten und relativ tiefen Sortiment unterscheiden lässt.

Das Sortiment eines Fach-Versenders umfasst Produkte, die entweder nach der Produktion, wie z.B. beim Wein- oder Blumenversand, oder nach Bedarfsbündeln, wie z.B. beim Kinderbedarfs-, Geschenk- oder Neuheitenversand, gegliedert sind. Das Sortiment eines Spezialversenders besteht aus Teilen eines Fachsortimentes, das auf einzelne Produkte beschränkt ist (z.B. Münzen oder Briefmarken).

Am Umsatz des Versandhandels ist der Fach- und Spezialversandhandel mit ca. 33% und der Sortimentsversandhandel mit ca. 67% beteiligt.

Die gegenwärtige sortimentspolitische Umorientierung, die im Versandhandel festzustellen ist, zeigt sich im Fach- oder Spezialversandhandel in einer zunehmenden Sortimentstiefe und einem gehobenen Qualitätsstandard. Der sich ändernden Sortimentsstruktur trägt die Konzeption verschiedener Spezialkataloge Rechnung, die einerseits den Unternehmen ein Kompetenzimage verleihen, andererseits eine individuell auf die Bedürfnisstruktur homogener Zielgruppen abgestimmte Angebotskonzeption ermöglichen (→ Kataloggestaltung).

Zunehmende Anteile des Umsatzaufkommens stammen aus elektronischem → Interactive Home Shopping via Internet (→ E-Commerce).

Spezialzeitschriften (Special-interest-Zeitschriften)
→ Publikumszeitschriften, die sich mit spezieller Thematik im Gegensatz zu → Fachzeitschriften an die breite Bevölkerung richten und sich in ihrem Inhalt auf klar abgegrenzte Sachgebiete (wie z.B. Sport, Foto, Jagd, Hobby, Wohnen und Einrichten, Auto und Motor usw.) konzentrieren, wobei sie versuchen, diese fachlichen Themen auf allgemein verständliche Weise dem Leser nahe zu bringen. Sie sind von den → Zielgruppenzeitschriften zu unterscheiden.

Spezifikation
Festlegung der mathematischen Struktur eines Modells der Dependenzanalyse in der → Multivariatenanalyse. Es wird bestimmt, welche Variablen als abhängige und welche als unabhängige Variablen in ein Modell eingehen. In der → Kausalanalyse bezeichnet Spezifikation die Überführung der verbalen Hypothesen in graphische und mathematische Modellstrukturen, die gleichzeitig Mess- und Kausalbeziehungen festlegen. L.H.

Spezifikationsgeschäft → Objektgeschäft

Spezifische Investitionen
→ Marktinvestition, spezifische;
→ Kundenbindung

Spezifität → Transaktionskosten-Theorie

Spiegel'sches Feldmodell → Kaufmodell

Spieltheorie
Mit dem Begriff der „Spieltheorie" wird die Analyse von Entscheidungsproblemen bei mehreren Personen oder Akteuren (Organisationen, Volkswirtschaften) unter Berücksichtigung der Reaktion der Gegenspieler beschrieben. Durch die auf Unternehmen bezogene Industrieökonomik hat sie, wie schon zuvor die strategische Wettbewerbstheorie, Eingang in die Managementforschung gefunden. Dabei berücksichtigt die Spieltheorie explizit die Defizite der strategischen Wettbewerbstheorie, das sind die Interaktionsbeziehungen innerhalb von Unternehmen sowie zwischen Unternehmen und deren Bezugsgruppen, und macht sie einer formalen Analyse zugänglich.

Was ist Spieltheorie?
Im Gegensatz zur klassischen Entscheidungstheorie (Entscheidungsmodelle) steht die Analyse von *strategischen* Entscheidungssituationen im Vordergrund. Diese Situationen sind dadurch gekennzeichnet, dass

a) das Ergebnis von den Entscheidungen mehrerer Entscheidungsträger abhängt, sodass ein Einzelner das Ergebnis nicht unabhängig von der Wahl anderer bestimmen kann;
b) jeder Entscheidungsträger sich dieser Wechselwirkung bewusst ist;
c) jeder Entscheidungsträger davon ausgeht, dass alle anderen sich ebenfalls der Interdependenz bewusst sind („Common knowledge-Bedingung");
d) jeder bei seinen Handlungen die Punkte a) bis c) berücksichtigt.

Aufgrund dieser vier Eigenschaften sind Interessenkonflikte und Koordinationsprobleme charakteristische Eigenschaften von strategischen Entscheidungssituationen. Der Vorteil der Spieltheorie gegenüber anderen Theorien liegt in der formalen Sprache, mit deren Hilfe sich solche Situationen analysieren lassen. Jedes Spiel stellt eine wohl definierte Situation dar und legt die Regeln fest.

Allgemeine Charakterisierung spieltheoretischer Situationen
Eine erste Unterscheidung erfolgt danach, ob die Spieler kooperieren können/wollen oder nicht. *Kooperative Spiele* zeichnen sich dadurch aus, dass die Spieler verbindliche Abmachungen treffen können. Dies setzt voraus, dass zwischen den Spielern Kommunikation möglich ist. Vielfach ist die Kommunikation ausreichend, um Interessenskonflikte zu lösen, und um ineffiziente Ergebnisse auszuschliessen. So wird im Rahmen des → Beziehungsmanagements versucht, über Kommunikation eine kooperative Lösung herbeizuführen, die für beide Seiten eine Verbesserung gegenüber einer nicht-kooperativen Lösung darstellt. Im weitesten Sinne stellen alle Kooperationsspiele somit Verhandlungsspiele dar, deren Ausgang auch von der individuellen Verhandlungsmacht der jeweiligen Spieler abhängt.

Im Falle *nicht kooperativer Spiele* fehlen exogene Mechanismen, die die Einhaltung von Verträgen und Absprachen bindend durchsetzen können. Dies impliziert, dass die Lösung so gestaltet sein muss, dass es im Eigeninteresse aller Beteiligten liegt, sich daran zu halten. Nun kann wiederum danach unterschieden werden, ob die Spieler mehrmals aufeinander treffen oder nicht. Treffen die Spieler einmalig aufeinander, so wählt jeder Spieler die für ihn individuell rationale Strategie. Diese Strategie muss aber nicht unbedingt die beste Lösung darstellen, wie das → Gefangenendilemma zeigt. Treten Spieler wiederholt in Aktion, sind mehrere Lösungen möglich. So können Spieler, auch wenn bindende Verpflichtungen fehlen, Abmachungen treffen, die dann bei Verlassen der Abmachung zu einer Sanktion des Gegenspielers führen. Dieses Verhalten generiert Muster, die *Akerlof* in mehreren Experimenten aufgezeigt hat und die als *Tit-for-Tat-Strategien* („Auge um Auge, Zahn um Zahn") bekannt wurden. Das entscheidende Kalkül hierbei sind die abdiskontierten erwarteten Gewinne des *Cheatings* (der Beendigung der Kollusion), die den abdiskontierten Gewinnen der kollusiven Lösung plus den zu erwartenden Vergeltungskosten gegenübergestellt werden müssen. Man spielt zuerst die kooperative Strategie und hält sich an die Vereinbarung. Weicht ein Spieler ab, so wird er in der nächsten Periode mit nichtkooperativem Verhalten bestraft (bspw. Mengenerhöhung oder Preissenkungen). Lenkt der Konkurrent wieder ein, wird ihm „vergeben" und in der nächsten Periode wieder die kooperative Strategie gewählt.

Wenn allerdings die letzte Periode bekannt ist, bspw. der Verkauf von Maskottchen für die WM 2006 in Deutschland, so ist eine Abmachung über den Verkaufspreis über das Jahr 2006 hinaus nicht mehr plausibel. Alle Spieler würden sich in der letzten Periode nicht mehr kooperativ verhalten. Wenn dies aber alle Spieler antizipieren, würde sich auch im Jahr 2005 kein Spieler mehr an die ex ante getroffene Vereinbarung verpflichtet fühlen usw. und erhält das gleiche Ergebnis wie im ein-periodigen Spiel. Ist die letzte Periode nicht bekannt, ändert sich das Ergebnis. Dann kann sich ein kooperatives Verhalten etablieren, das sich als beste Lösung für alle Spieler quasi „von selbst durchsetzt" („self inforcing"). Man beobachtet ein solches Verhalten in langfristigen Lieferanten- oder Kundenbeziehungen (→ Beziehungsmarketing), um hold-up Probleme zu lösen und Unterinvestitionen zu vermeiden.

Eine weitere Unterscheidung wird bei nicht kooperativen Spielen danach getroffen, inwieweit relevante Informationen den Spielern bekannt sind. Zwei Zustände von Informationen werden dabei unterschieden: unvollkommene (imperfect information) und unvollständige Information (incomplete information). In Situationen *unvollkommener* Informationen besteht beim Gegenspieler Unsicherheit über das Verhalten des Gegenspielers. Ein Beispiel wäre die nicht ex ante beobachtbare Produktverschlechterung eines Anbieters. Im Gegensatz dazu bezeichnet man die Information als *unvollständig*, wenn den Spielern Elemente der Spielregeln unbekannt sind. Diese Regeln beinhalten die Auszahlungen (pay offs), die Menge möglicher Strategien (acts) und die Anzahl der Spieler. Anbieter sind beispielsweise unvollständig über die Präferenzen der Konsumenten informiert (pay offs), was besonders bei Neuprodukten eine bedeutende Entscheidungsvariable darstellt. So stellt die Auszahlung (bspw. die Präferenz) eine private Information der Konsumenten dar. Diese Eigenschaft bildet den Typ des Spielers „Konsument". Formal wird dieser Typ als Parameter modelliert, der aus einer bekannten Verteilung gewählt wird. Diese Informationen können Unternehmen im Rahmen der → Marktforschung gewinnen. Somit besitzt nun der Spieler „Anbieter" eine a-priori Wahrscheinlichkeitseinschätzung hinsichtlich des Typs des Spielers „Konsument". Als Auszahlung kann dann der mit Preisen gewichtete Marktanteil dienen, der durch diese Art der Berechnung eine weitere Fundierung erhält.

Darstellungsform von Spielen
Die graphische Darstellung nicht-kooperativer Spiele erfolgt in Form einer Matrix (strategische Form, Normalform) oder eines *Spielbaums* (extensive Form, dynamische Form). Während die Matrix nur für die Darstellung statischer Spiele geeignet ist, lässt sich mit einem Spielbaum auch ein dynamisches, also mehrperiodiges Spiel darstellen. Sobald Spieler private Informationen besitzen, die den Mitspielern nicht verfügbar sind (bspw. die Kostenfunktion), sind Spiele in Normalform nicht mehr abbildbar und man geht zum Spielbaum über.

Lösungskonzepte für Spiele
Um Spielsituationen lösen zu können, bedient man sich bestimmter Lösungskonzep-

te, die wiederum von der gewählten Darstellungsform abhängig sind. Das einfachste Lösungskonzept in der strategischen Form liegt in der Wahl der *dominanten Strategie*. Ein Spieler kann seine optimale Strategie unabhängig davon bestimmen, was sein Mitspieler wählt. In diesem Fall ist die Entscheidung eines Spielers unabhängig von seinen Erwartungen über das Verhalten des Mitspielers. Solche „trivialen" Lösungen vernachlässigen allerdings die strategische Interaktion der Spieler und finden eher in der Entscheidungstheorie Anwendung.

Das bekannteste konsistente Lösungskonzept für nicht-kooperative Spiele in strategischer Form wurde von *John Nash* entwickelt (*„Nash-Gleichgewicht"*). Eine Strategiekombination ist dann ein Nash-Gleichgewicht, wenn die Gleichgewichtsstrategie jedes Spielers seinen (erwarteten) Nutzen maximiert, unter der Voraussetzung, dass alle anderen Spieler ihre Gleichgewichtsstrategie spielen. Die Spieler „spielen" dann immer wieder „beste Antwort" und kein Spieler hat einen Anreiz, von dieser Gleichgewichtsstrategie abzuweichen: Ein Markenartikler bietet z.B. immer eine gleich bleibend hohe Qualität an. Für den Konsumenten als Spieler lohnt es sich, dieses Produkt immer nachzufragen (Kaufwiederholung, → Reputation) und der Anbieter weicht im Gegenzug nicht von seiner Strategie der hohen Qualität ab. Lösungskonzepte für dynamische Spiele leiten sich aus Verfeinerungen (Refinements) des Nash-Konzeptes ab. Verfeinerungen des Nash-Gleichgewichtes stellen eine Teilmenge der möglichen Nash-Gleichgewichte dar. Stellt man sich einen Spielbaum vor, so ist es durchaus vorstellbar, dass ein oder mehrere Zweige in einem Baum nicht als Lösung in Frage kommen. In diesem Fall können anhand des Lösungskonzeptes der „Teilspielperfektheit" unglaubwürdige Drohungen ausgeschlossen werden. Dieses Konzept schliesst Lösungen aus, weil sie im dynamischen Spielverlauf irrationales Verhalten unterstellen (das Einhalten des Wahlversprechens eines Politikers „No new taxes" kann sich nach der Wahl nicht mehr als rational erweisen).

Im Bereich des Marketing sind *Signalspiele* sehr weit verbreitet (Signaling). Hierbei handelt es sich, wie bei allen dynamischen Spielen, um Entscheidungssituationen, in denen die Spieler ihre Handlungen von Informationen abhängig machen können, die sie in der Vergangenheit erhalten haben. Ein Signal, bspw. in Form von Werbeaufwendungen (→ Werbeökonomie), stellt eine solche Information dar, die den Gegenspieler zu einer Änderung seiner ursprünglichen Wahrscheinlichkeitseinschätzung zwingt (Bayesianisches Lernen, → Informationswert). Anhand solcher bedingter Wahrscheinlichkeiten können nun unplausible Lösungen ausgeschlossen werden. Dieses Lösungskonzept wurde von *Kreps* und *Wilson* (1982) eingeführt und definiert *sequentielle Gleichgewichte*.

Berühmte Spiele in der Literatur
Dem Einsteiger in die Spieltheorie mag verwundern, dass die Ur-Spiele alle Namen tragen. Neben dem → Gefangenendilemma, das eigens behandelt wird, existieren eine Vielzahl anderer prominenter Spiele, die sich durch eine „Coverstory" auszeichnen. Im Spiel „*Battle of the Sexes*" (Kampf der Geschlechter) steht die Koordination von Mann und Frau am ersten Treffen im Vordergrund, ohne dass bindende Abmachungen getroffen wurden (→ Cheap Talk, → Fokalpunkttheorie). Das Spiel „*Chicken-Game*" (Feiglingspiel) ist der Rennsituation in einem James Dean-Film nachempfunden. Der Feigling (engl. Chicken) steigt zuerst aus, doch wann soll man den Ausstiegszeitpunkt wählen? Im Spiel „*Dove and Hawk*" (Taube und Falke) streiten sich friedliebende Tauben mit bösen Falken. Treffen zwei Tauben aufeinander, so drohen sie sich gegenseitig (sie imitieren einen Falken), ohne sich Schaden zuzufügen. Trifft ein Falke auf eine Taube, so verliert die Taube, treffen zwei Falken aufeinander, so bekriegen sie sich bis zur gegenseitigen Aufgabe. Als „Mutter" aller Signalspiele dient das „*Beer-Quiche*"-Spiel. Ein ahnungsloser Tourist wird in einer Bar zum Kampf aufgefordert. Er weiß nicht, ob der Gegner stark oder schwach ist (und sich nur aufplustert). Allerdings kann er anhand des Frühstücks (Bier oder Quiche) auf den Typ des Gegners schließen. Da der Gegner dies aber antizipiert, so könnte ein Schwächling einen starken Typ imitieren, indem er Bier trinkt, oder ein starker Typ könnte einen Schwächling imitieren, indem er eine Quiche bestellt. Auch hier lassen sich Gleichgewichtsstrategien generieren, die auf den Typ des Gegenspielers schließen lassen.

Spieltheorie im Marketing
Der Einfluss industrieökonomischer Erkenntnisse auf das Marketing ist sehr groß,

wie die weite Verbreitung der strategischen Wettbewerbstheorie von Porter zeigt. Der Vorteil liegt darin, dass die formalen Modelle der Industrieökonomik in den 70er-Jahren sehr einfach verbal umschrieben und so einer breiteren Leserschaft zugänglich gemacht werden konnten. Anders verhält sich die Spieltheorie, die sehr hohe Anfangsinvestitionen erfordert, obwohl die Anwendungen gerade im Marketing sehr prominent sind: Werbeinvestitionen im Wettbewerb um Neukunden bei der Telekommunikation, um Netzeffekte zu generieren, oder Markteintrittsspiele neuer Anbieter, wie sie das Beispiel *Wal Mart* im Handel zeigt. Ebenso kann analysiert werden, wann sich ein Preiskrieg lohnt und wann nicht (→ Preisstrategie), oder ob ein Mengenwettbewerb Erfolg versprechender ist. Eine weitere Anwendung ist die Frage der strategischen → Produktdifferenzierung: Wann lohnt es sich, ein komplementäres Produkt anzubieten, wann ein strategisches Substitut, oder wie sollten Güter gebündelt werden, um eine maximale Auszahlung zu erhalten?

Grenzen der Spieltheorie
So vielfältig die Spieltheorie auch ist, so sind doch einige Einschränkungen in ihrer Anwendung aufzuzeigen. Die scheinbare Einfachheit der Interpretation einfacher Spiele lässt viele den hohen formalen Aufwand vergessen, der zu einer exakten Aussage notwendig ist. Zudem implizieren die normativen Lösungskonzepte vielfach, dass sich jeder Spieler in die Gedankenwelt seines Gegenspielers „hineindenken" kann, um zu ergründen, wie sich dieser unter vorgegebenen Annahmen rational verhalten wird. Gerade bei Konsumenten ist diese Annahme fragwürdig (→ Käuferverhalten). Verhalten sich Konsumenten nicht entsprechend den Erwartungen rationaler Gegenspieler (Unternehmen), so werden Gleichgewichtslösungen generiert, die sich außerhalb des zulässigen Raumes befinden.

Trotz dieser Nachteile stellt die Spieltheorie das zurzeit beste Konzept dar, um strategische Situationen zu modellieren, wenngleich damit auch eine Abkehr von der klassischen Gleichgewichtstheorie a la *Arrow/ Debreu* in der Mikroökonomie hin zu partiellen Gleichgewichten erfolgt. Die Bedeutung der Spieltheorie wurde im Jahre 1994 durch die Vergabe des Nobelpreises gewürdigt: *John Nash* bekam den Nobelpreis für den Beweis des nach im genannten „Nash-Gleichgewichtes", *Reinhard Selten* für die Entwicklung des teilspielperfekten Gleichgewichtes und *John C. Harsanyi* für den Kunstgriff, Spiele unvollständiger Information in Spiele unvollkommener Information zu überführen und sie so erst einer formalen Analyse zugänglich zu machen. E.L.

Literatur: *Bieta, V.; Siebe, W.:* Spieltheorie für Führungskräfte. Was Manager vom Militär über Strategie lernen können, Frankfurt a.M. 1998. *Dixit, A. K.; Nalebuff B.J.:* Spieltheorie für Einsteiger. Strategisches Know How für Gewinner, Stuttgart 1997. *Holler, M.J.; Illing, G.:* Einführung in die Spieltheorie, Heidelberg, 1991. *Gibbons, R.:* A Primer in Game Theory, New York 1992. *Fudenberg, D.; Tirole, J.:* Game Theory, Anwendungen mit Beispielen aus dem Marketing, Cambridge 1993. *Eliashberg, J.; Lilien, G.L.* (Hrsg.): Handbooks in Operation Research and Management Science: Marketing, Amsterdam 1993. *Güth, W.:* Spieltheorie und ökonomische (Bei)Spiele, Heidelberg 1992. *Lehmann, E.:* Asymmetrische Information und Werbung, Wiesbaden 1999. *Tirole, J.:* The Theory of Industrial Organization, Cambridge 1988.

Spill-over-Effekt → Ausstrahlungseffekte

Spin-Off-Erfindung → Lizenzpolitik

Spitzenstellungswerbung
→ Alleinstellungswerbung

Split Cable Experiment
ist eine Form der → Werbeexperimente, die in → Mini-Testmärkten bzw. → Single-Source-Testmärkten durchgeführt werden. Die in den Testmärkten (in Deutschland liegt z.B. der Single-Source-Testmarkt der GfK Nürnberg in Hassloch/Pfalz) eingesetzte Technologie erlaubt es, einem Teil von Panel-Haushalten andere TV-Werbeanstöße zuzuleiten als einem anderen Teil von Panel-Haushalten. Da alle Testhaushalte ihre Einkäufe unter Vorlage einer Identitätskarte tätigen, lassen sich unterschiedliche Kaufresultate im Vergleich der strukturgleichen Testgruppen auf die unterschiedlichen Werbeanstöße (entweder unterschiedlich gestaltete Werbemittel oder unterschiedlicher Werbedruck) zurückführen. Werbewirkung ist auf diese Weise wegen Einhaltung der ceteris-paribus-Bedingung bezüglich Zeit und restlichem Marketingmix im Untersuchungsgebiet valide an Kaufverhaltenseffekten ablesbar.

Die Befunde aus Split Cable Experimenten weisen durchweg auf positive Effekte eines verstärkten Werbedrucks bzw. -etats hin.

Allerdings scheint ein hoher Werbedruck für eine verkaufswirksame Werbung allein nicht auszureichen. Nur der in Verbindung mit wirksam gestalteten Werbemitteln ausgeübte Werbedruck führt zu spürbaren Absatzeffekten. H.St.

Literatur: *Litzenroth, H.A.*: GfK-BehaviorScan. Experimentelle Messung der Auswirkungen klassischer Werbung auf das effektive Kaufverhalten, in: *Holm, K.-F.* (Hrsg.): Werbewirkungsforschung ohne Wirkung?, Band I, Hamburg 1986, S. 137-151. *Blair, M.H.; Rosenberg, K. E.*: Convergent Findings Increase Our Understanding of How Advertising Works, in: Journal of Advertising Research, Vol. 34 (1994), No. 3, S. 35-45. *Lodish, L.M. et al.*: How T.V. Advertising Works: A Meta-Analysis of 389 Real World Split Cable T.V. Advertising Experiments, in: Journal of Marketing Research, Vol. 35 (1995), S. 125-139.

Split-Commission

geteilte Agenturvergütung bei der Zusammenarbeit von Werbeagenturen aus verschiedenen Ländern, die gemeinsam den internationalen Etat eines Kunden betreuen.

Split-Run-Technik

v.a. für → Werbetests eingesetztes Verfahren, bei dem verschiedene Werbemittel bei Konstanthaltung anderer Gestaltungselemente bei Untergruppen einer Grundgesamtheit auf Wirkungsunterschiede hin untersucht werden.

Sponsoring

bezeichnet die Zuwendung von Finanz-, Sach- und/oder Dienstleistungen von einem Unternehmen (Sponsor) an eine Einzelperson, eine Gruppe von Personen oder eine Organisation bzw. Institution aus dem gesellschaftlichen Umfeld des Unternehmens (Gesponserter) gegen die Gewährung von Rechten zur kommunikativen Nutzung von Person bzw. Institution und/oder Aktivitäten des Gesponserten auf der Basis einer vertraglichen Vereinbarung (s.a. → Sponsoring, steuerliche Behandlung).

Sponsoring beinhaltet somit ein klassisches Geschäft auf Gegenseitigkeit. Die vielfach vorgenommene Gleichstellung mit dem *Mäzenatentum*, welches ausschließlich durch Altruismus gekennzeichnet ist, ist nicht gerechtfertigt. Aus der Sicht des Gesponserten handelt es sich beim Sponsoring um ein Beschaffungs- bzw. Finanzierungsinstrument. Für den Sponsor hingegen ist es in erster Linie ein Instrument der → Kommunikationspolitik bzw. der Marketingkommunikation. Sponsoring soll entweder die anderen Kommunikationsinstrumente unterstützen und ergänzen, oder es kann als Basis für → Integrierte Kommunikation dienen. In diesem Sinne lässt sich das Sponsoring als komplementäres oder als übergreifendes Instrument der Marketingkommunikation auffassen. Eine derartige begriffliche Auffassung schließt nicht aus, dass mit dem Sponsoring auch *Förderabsichten* verbunden sein können, wie es z.B. häufig beim Kunstsponsoring der Fall ist. Konkurrierende Instrumente für das Sponsoring sind bei Förderabsichten vor allem die *Spende* und die *Stiftung*.

Im Vergleich zu den anderen Instrumenten der Marketing-Kommunikation lassen sich für das Sponsoring die folgenden charakteristischen Vorteile nennen:

– Sponsoring spricht Zielgruppen in nichtkommerziellen Situationen an.
– Die Aufmerksamkeit und das Image von Personen, Institutionen und Veranstaltungen aus dem gesellschaftlichen Umfeld lassen sich unter optimalen Transferbedingungen unmittelbar für die eigenen kommunikativen Zielsetzungen nutzen, z.B. die Präsentation eines gesponserten Events durch das Fernsehen einschließlich Interviews mit gesponserten Künstlern oder Sportlern.
– In sehr vielen Fällen bietet das Sponsoring somit eine höhere → Kontaktqualität als die klassische Werbung.
– Mit Sponsoring lassen sich z.T. Zielgruppen ansprechen, die mit klassischen Kommunikationsmaßnahmen kaum erreichbar sind, z.B. Entscheider.
– Sponsoring bietet z.T. Möglichkeiten, bestehende Kommunikationsbarrieren zu umgehen, z.B. das Sport-Sponsoring in den öffentlich-rechtlichen TV-Anstalten nach 20 Uhr oder am Sonntag.
– Die Massenmedien wie z.B. das Fernsehen und die Tageszeitungen üben häufig eine Multiplikatorfunktion bei der Vermittlung von Sponsoringbotschaften aus, was das Sponsoring ökonomisch besonders interessant macht.

Als Sponsoringarten gelten (in der Reihenfolge ihrer Bedeutung in der Praxis):

– Sportsponsoring,
– Kunstsponsoring,
– Soziosponsoring,
– Ökosponsoring,
– Wissenschaftssponsoring.

Sponsoring

Darüber hinaus spricht man in der Kommunikationspraxis von *Programm-* bzw. *Mediensponsoring* und vom *Online-Sponsoring*. Im Hinblick auf die eingangs benutzte Sponsoringdefinition handelt es sich in beiden Fällen um eine spezifische Form der Werbung.

Die Aufwendungen für den Erwerb von Sponsoringrechten betrugen 1999 ca. 4,5 Mrd. DM, davon entfallen allein auf das Sportsponsoring 2,2 Mrd. Der Sponsoringanteil an den Aufwendungen für die Marketing-Kommunikation liegt insgesamt bei ca. 6%. Das Sponsoring hat bei den Sponsoren naturgemäß einen unterschiedlichen Stellenwert; durchschnittlich liegt der Anteil am Gesamtbudget für die Marketing-Kommunikation bei ca. 15%, wobei in der Verteilung eindeutig der Sport und die Kunst an der Spitze stehen (s. *Abb. 1*).

Abb. 1: Verteilung Sponsoringbudgets auf die Sponsoringarten

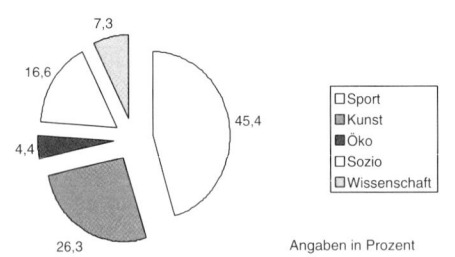

- Sport: 45,4
- Kunst: 26,3
- Öko: 4,4
- Sozio: 16,6
- Wissenschaft: 7,3

Angaben in Prozent

(Quelle: *Hermanns*, Sponsoring-Trends '98)

Für die Entscheidung, ob und in welchem Umfang Sponsoring als Kommunikationsinstrument eingesetzt werden soll, sind Aussagen über die *Wirkungspotentiale* des Sponsoring von wesentlicher Bedeutung, denn nur auf dieser Basis ist ein zielgerichtetes Einsetzen dieses Instruments möglich.

Die meisten Sponsoring-Maßnahmen lassen lediglich den Transport von Kommunikationsbotschaften geringen Umfangs zu. Dabei kann es sich um Unternehmens- bzw. Markennamen sowie Logos bzw. Signets in den entsprechenden Farben handeln. Sponsoring eignet sich demnach weniger zur Übermittlung komplexer Botschaften, sondern zielt auf die assoziative Verbindung einer Unternehmung bzw. einer Marke mit den Attributen des Gesponserten bzw. der gesponserten Veranstaltung ab. Beim Einsatz des Sponsoring im Rahmen der → *integrierten Kommunikation* jedoch ist eine erweiterte inhaltliche Verwendung möglich. Die bisherigen empirischen Untersuchungen, die sich mit den *Wirkungen* des Sponsoring beschäftigen, führen zu den folgenden allgemeinen Erkenntnissen:

– Sponsoring kann den → *Bekanntheitsgrad* einer Unternehmung oder einer Marke positiv verändern.
– Für einen Sponsor ist ein *Imagetransfer* über das gemeinsame Auftreten mit einem Gesponserten grundsätzlich möglich.
– Die Vernetzung des Sponsoring mit anderen Instrumenten der Marketing-Kommunikation kann dessen *Effizienz* wesentlich steigern.

Eine exakte *Messung* von Sponsoring-Wirkungen sieht sich in der Realität einer Reihe von Grundproblemen gegenüber, die vorwiegend auf Wirkungsinterdependenzen beruhen. Sponsoring wird nämlich aufgrund seines komplementären Charakters oft mit anderen Instrumenten zusammen eingesetzt. In diesen Fällen ergänzen sich die kombinierten Instrumente in ihren Wirkungen. Die Wirkungen der einzelnen Maßnahmen können in der Realität jedoch nur selten isoliert werden. Daraus folgt, dass die Kommunikationswirkungen letztendlich nur im experimentellen Design eindeutig und exakt zugeordnet werden können.

Das *Sponsoring-Management* lässt sich idealtypisch in die Phasen Sponsoring-Planung, -Durchführung und -Kontrolle gliedern. Diesem Sponsoring-Managementprozess sollten sogen. Sponsoring-Grundsätze zugrunde liegen (s. *Abb. 2*).

Um für die beim Sponsoring notwendige Kontinuität zu sorgen, empfiehlt sich die Festschreibung von *Sponsoring-Grundsätzen*. Durch die Formulierung von Sponsoring-Grundsätzen wird ein langfristiger Orientierungsrahmen für sämtliche Sponsoring-Aktivitäten eines Unternehmens geschaffen.

Die *strategische Sponsoring-Planung* als Ausgangspunkt umfasst Sponsoring-Entscheidungen über das Sponsoring-Objekt (kommunikativer Bezugspunkt: Unternehmen und/oder Marke), die Sponsoring-Zielgruppe (wer soll erreicht werden?), die strategischen Sponsoring-Ziele (was soll langfristig bei der Zielgruppe erreicht werden?) und die Bestimmung der Sponsoring-Strategie (Grobauswahl nach Sponsoringarten und -sektoren).

Die strategischen Entscheidungen sollten in ein konkretes Maßnahmen-Konzept für die

Abb. 2: Phasenschema des Sponsoring-Managements

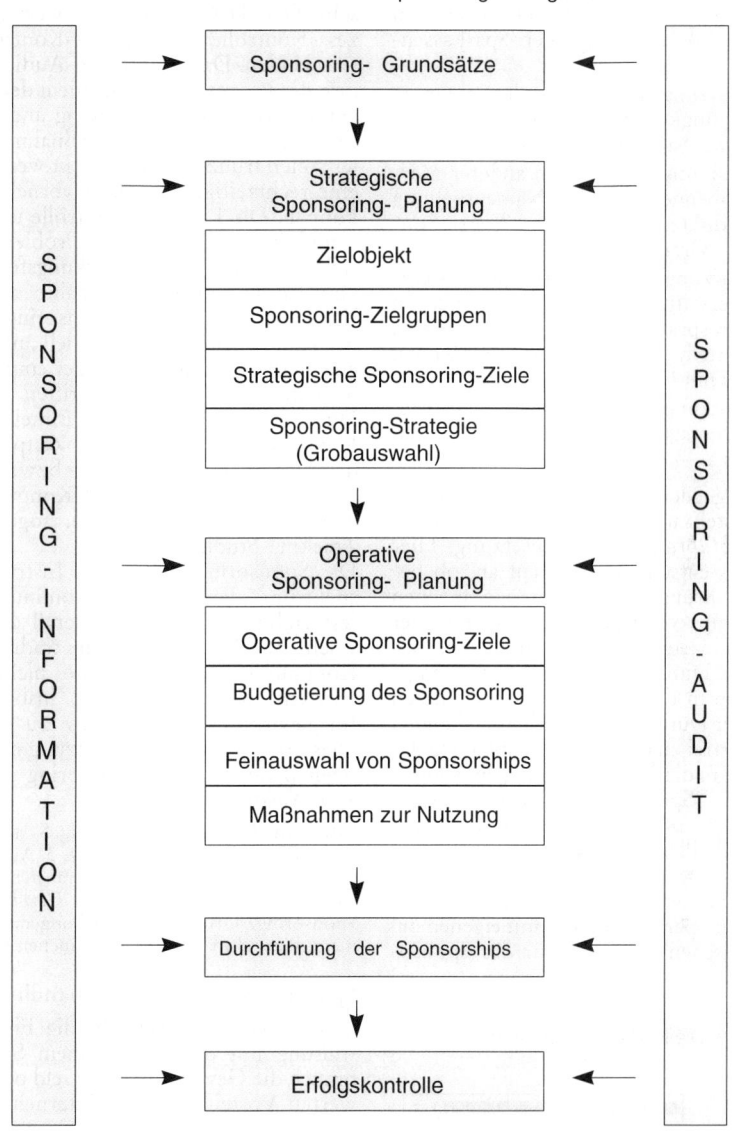

```
SPONSORING-INFORMATION                                    SPONSORING-AUDIT

          →  Sponsoring- Grundsätze  ←
                      ↓
          →  Strategische Sponsoring- Planung  ←
             ┌─────────────────────────────┐
             │ Zielobjekt                  │
             │ Sponsoring-Zielgruppen      │
             │ Strategische Sponsoring-Ziele│
             │ Sponsoring-Strategie        │
             │ (Grobauswahl)               │
             └─────────────────────────────┘
                      ↓
          →  Operative Sponsoring- Planung  ←
             ┌─────────────────────────────┐
             │ Operative Sponsoring-Ziele  │
             │ Budgetierung des Sponsoring │
             │ Feinauswahl von Sponsorships│
             │ Maßnahmen zur Nutzung       │
             └─────────────────────────────┘
                      ↓
          →  Durchführung der Sponsorships  ←
                      ↓
          →  Erfolgskontrolle  ←
```

operative Planungsperiode (i.d.R. ein Geschäftsjahr) einmünden, das im Zuge der *operativen Sponsoring-Planung* erstellt wird. Die folgenden Entscheidungen stehen dabei im Vordergrund: operative Sponsoring-Ziele, Sponsoring-Budgetierung, Feinauswahl von Sponsorships, Gestaltung von Sponsorship-Verträgen und die Planung der kommunikativen Nutzung von Sponsorships. Hinsichtlich des kommunikativen Nutzungspotenzials lassen sich fünf Anwendungsbereiche differenzieren:

(1) die sponsoring-spezifische Nutzung (Markierung von Ausrüstungsgegenständen, z.B. Trikotwerbung, Präsenz im Umfeld von Veranstaltungen, z.B. Produkt- oder Unternehmenspräsentation im Rahmen einer Ausstellung, Nutzung von Prädikaten, z.B. Offizieller Sponsor des Schles-

wig-Holstein-Festivals sowie die Benennung des gesponsorten Objektes nach dem Sponsor, z.B. der Leipziger Sparkassen-Cup),
(2) die Nutzung im Rahmen der integrierten Marketingkommunikation (z.B. begleitende Verkaufsförderungsmaßnahmen),
(3) die Nutzung im Rahmen anderer Marketing-Instrumente (z.B. Namensgebung eines Produktes wie etwa das Corsa-Sondermodell ‚Grand-Slam') sowie
(4) die Nutzung über die vertragliche Medienberichterstattung (es handelt sich hier um Planungsabsprachen zwischen Sponsor, Gesponsertem und berichtenden Medien, besonders mit Fernsehsendern) und
(5) die Nutzung über die redaktionelle Medienberichterstattung (Feuilleton, Sport, Lokales; s.a. → Public Relations).

Der Erfolg jeder noch so guten Sponsoring-Planung steht und fällt mit der Qualität ihrer *Durchführung* bzw. Umsetzung. Hier kommt es entscheidend darauf an, ob bereits Erfahrungen aus vorangegangenen Sponsorships vorliegen. Ist dies nicht der Fall, so ist in jedem Fall der Einsatz einer sogenannten Durchführungsagentur zu empfehlen, die in der Lage ist, die vielfältigen Details der Durchführungsarbeit zu kennen und fehlerfrei zu erledigen. Unabhängig davon sollte in der Unternehmung ein verantwortlicher Sponsoring-Manager bestellt sein, der haupt- oder nebenamtlich nicht nur für die Planung, sondern auch für die Durchführung der Sponsoring-Maßnahmen verantwortlich zeichnet, größere Unternehmen operieren bereits mit eigenen organisatorischen Einheiten für das Sponsoring.

Abb. 3: Die Bedeutungszunahme des Sponsoring

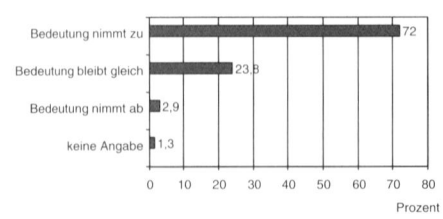

Bedeutung nimmt zu: 72
Bedeutung bleibt gleich: 23,8
Bedeutung nimmt ab: 2,9
keine Angabe: 1,3

(Quelle: *Hermanns*, Sponsoring-Trends '98)

Eine *Sponsoring-Kontrolle* muss die systematische Überprüfung und Beurteilung der Planung und Durchführung aller Sponsoring-Aktivitäten eines Unternehmens einschließen. Dabei lässt sich zwischen Prozess-Kontrolle und Ergebnis-Kontrolle unterscheiden. Das Sponsoring-Audit im Sinne einer Prozess-Kontrolle dient der ständigen Überprüfung der Planung und Durchführung von Sponsoring-Maßnahmen. Fehler sollen frühzeitig aufgedeckt werden, um eine rechtzeitige Korrektur vornehmen zu können. Die Ergebnis-Kontrolle unterliegt grundsätzlich den gleichen Problemen, die sich der allgemeinen Wirkungsforschung von Kommunikationsmaßnahmen stellen. Zur Durchführung von Sponsoring-Ergebnis-Kontrollen kann prinzipiell auf sämtliche methodischen Ansätze der empirischen Sozialforschung zurückgegriffen werden. Durchgesetzt hat sich eine Einteilung der Kontrolldesigns nach dem Zeitpunkt(en) der Messung(en) in Ex ante- bzw. Pretest-Kontrollen, Ex ante-ex post-Kontrollen sowie In between-Kontrollen, sogenannten Tracking-Studien.

Das Sponsoring hat sich im Instrumentalspektrum der Marketingkommunikation fest etabliert. Es nimmt überall dort eine wachsende Rolle ein, wo die traditionellen Kommunikationsinstrumente nicht mehr effizient in der Lage sind, insbesondere Imagewirkungen induzieren zu können. Dies kommt in der Einschätzung der künftigen Bedeutung des Sponsoring sehr klar zum Ausdruck (s. *Abb. 3*). A.H.

Literatur: *Bruhn, M.*: Sponsoring. Systematische Planung und interaktiver Ansatz, 3. Aufl., Wiesbaden 1998. *Glogger, A.*: Imagetransfer im Sponsoring, Frankfurt a.M. 1999. *Hermanns, A.*: Sponsoring. Grundlagen, Wirkungen, Management, Perspektiven, 2. Aufl., München 1997.

Sponsoring, steuerliche Behandlung

Unter *Sponsoring* versteht die Finanzverwaltung mit dem allgemeinem Sprachgebrauch die Gewährung von Geld oder geldwerten Vorteilen durch Unternehmen zur Förderung von Personen, Gruppen und/oder Organisationen in sportlichen, kulturellen, kirchlichen, wissenschaftlichen, sozialen, ökologischen oder ähnlich bedeutsamen gesellschaftspolitischen Bereichen, mit der regelmäßig auch eigene unternehmensbezogene Ziele der Werbung oder Öffentlichkeitsarbeit verfolgt werden. Grundlage ist meist ein Sponsoringvertrag, in dem Art und Umfang der Leistungen des Sponsors und des Empfängers geregelt sind.
Aufwendungen des Sponsors sind abzugsfähige *Betriebsausgaben* (§ 4 Abs. 4 EStG),

wenn der Sponsor wirtschaftliche Vorteile, die insbesondere in der Sicherung oder Erhöhung seines unternehmerischen Ansehens liegen können, für sein Unternehmen erstrebt oder für Produkte seines Unternehmens werben will. Das ist insbes. der Fall, wenn der Empfänger der Leistungen auf das Unternehmen oder auf die Produkte des Sponsors werbewirksam hinweist. Auch kann die Berichterstattung in Medien einen wirtschaftlichen Vorteil, den der Sponsor für sich anstrebt, ebenso begründen wie die Verwendung des Namens, von Emblemen oder Logos durch den Empfänger oder eine andere Weise der öffentlichkeitswirksamen Aufmerksamkeit auf die Leistungen des Sponsors. Für den Betriebsausgabenabzug kommt es nicht darauf an, ob die Leistungen notwendig, üblich oder zweckmäßig sind; auch müssen die Geld- oder Sachleistungen des Sponsors und die erstrebten Werbevorteile für das Unternehmen nicht gleichwertig sein. Nur bei einem krassen Missverhältnis zwischen den Leistungen des Sponsors und dem erstrebten wirtschaftlichen Vorteil wird der Betriebsausgabenabzug versagt. (§ 4 Abs. 5 Satz 1 Nr. 7 EStG). Unter diesen Voraussetzungen sind die Sponsorleistungen im Rahmen des Sponsorvertrages auch keine (beschränkt abzugsfähigen) Geschenke i.S. des § 4 Abs. 5 Satz 1 Nr. 1 EStG.

Als *Spenden* (§ 10 b EStG) sind Zuwendungen des Sponsors, die keine Betriebsausgaben sind, nach BFH-Rechtsprechung zu behandeln, wenn sie zur Förderung steuerbegünstigter Zwecke freiwillig oder aufgrund einer freiwillig eingegangenen Rechtspflicht erbracht werden, kein Entgelt für eine bestimmte Leistung des Empfängers sind und nicht in einem tatsächlichen wirtschaftlichen Zusammenhang mit dessen Leistungen stehen.

Sponsoringaufwendungen, die keine Betriebsausgaben und keine Spenden sind, sind *nicht abziehbare Kosten der privaten Lebensführung* (§ 12 Nr. 1 Satz 2 EStG). Bei entsprechenden Zuwendungen einer Kapitalgesellschaft können *verdeckte Gewinnausschüttungen* (§ 8 Abs. 3 KStG) vorliegen, wenn die Gesellschafter durch die Zuwendungen begünstigt wird, z.B. eigene Aufwendungen als Mäzen erspart.

Bei steuerbegünstigten Körperschaften als Empfängern können – unabhängig von der Behandlung beim Sponsor – die erhaltenen Leistungen *steuerfreie* Einnahmen im ideellen Bereich, steuerfreie Einnahmen aus der Vermögensverwaltung oder *steuerpflichtige* Einnahmen eines wirtschaftlichen Geschäftsbetriebs sein. Letzterer liegt insbes. vor, wenn die Körperschaft an den Werbemaßnahmen aktiv mitwirkt, nicht schon, wenn nur dem Sponsor die Namensnutzung erlaubt wird oder der Leistungsempfänger auf die Unterstützung durch einen Sponsor lediglich hinweist. R.F.

Literatur: BMF-Schreiben v. 18.2.1998, IV B 2 – S 2144 – 40/98/IV B 7 – S 0183 – 62/98, BStBl 1998 I, S. 212. *Heuer, C.-H.:* Kulturfinanzierung durch Sponsoring – steuerliche Konsequenzen beim Sponsor und Gesponserten, DStR 1996, S. 1789. *Ders.:* DStR 1998, S. 18. *Thiel, J.:* Sponsoring im Steuerrecht, DB 1998, S. 842.

Sportmarketing

Im Bereich des Sports gilt es zwischen Marketing mit und Marketing im Sport zu differenzieren. Marketing mit Sport bezieht sich auf die Nutzung meist kommunikativer Rechte an sportlichen Leistungen durch Dritte, wie z.B. Sport- → Sponsoring, Sport-Werbung oder Sport-Licensing. Marketing im Sport umfasst hingegen alle Aktivitäten, die dazu bestimmt sind, die Bedürfnisse und Wünsche von Sportkonsumenten zu befriedigen. Sport wird dazu zu einer Inhaltsbeschreibung für Produkte und Leistungen, die gezielt für die Nutzung durch aktive Sportler und sportinteressierte Zuschauer produziert werden.

Der Sportmarkt kann demnach in zwei grundsätzlich verschiedene Teilmärkte aufgegliedert werden. Während sich die Nachfrage im *Sportlermarkt* im Zusammenhang mit der aktiven Ausübung einer bestimmten Sportart ergibt, steht im *Zuschauermarkt* die passive Partizipation an sportlichen Inhalten im Mittelpunkt. Der Sportlermarkt stellt dabei eine Ausgangsbasis für den Zuschauermarkt dar: Nur durch das Zustandekommen sportlicher Leistungen, die ein bestimmtes Leistungs- oder Unterhaltungsniveau überschreiten, können an die Zuschauer vermarktbare Inhalte entstehen. Neben Produkten, die den Sportlern in Form von Sportgeräten, Sportbekleidung oder Sporternährung und den Zuschauern als Sportzeitschriften oder → Merchandising-Artikel angeboten werden, stehen vor allem → Dienstleistungen im Mittelpunkt beider Märkte.

Im *Sportlermarkt* ist zwischen persönlich erbrachten Leistungen (z.B. Trainer) und automatisierten Leistungen (Fitnessgeräte) zu differenzieren. Das Marketing muss dabei neben den allgemeinen Besonderheiten des → Dienstleistungs-Marketing vor allem die physische Aktivität der Dienstleistungsbezieher, den prozeduralen Leistungscharakter sowie die sportlichen Erlebniswerte (→ Erlebnismarketing) berücksichtigen. Die Umsetzung von strategischen Zielen (z.B. Erhöhung der Mitgliederzahl) erfordert eine konsequente Ausrichtung aller Aktivitäten an veränderten Bedürfnissen von Sportlern, strukturellen Änderungen des Angebotumfeldes und sportlichen Trends. Durch die Spezifika der unterschiedlichen Sportarten konzentrieren sich viele Anbieter auf die gezielte Bearbeitung einzelner Marktsegmente, wie z.B. Kampfsport (→ Marktsegmentierung).

Anbieter im Bereich des aktiven Sports müssen im Rahmen ihrer *Leistungspolitik* Veränderungen in Bezug auf präferierte Bewegungsformen und Sportarten erkennen und gegebenenfalls in das Angebot aufnehmen. Eine anbieterbezogene Markierung kann dabei das subjektiv empfundene Qualitätsrisiko der Sportler mindern. Die *Distributionspolitik* ist aufgrund der physischen Aktivitäten der Sportler vor allem von Standortfragen geprägt. Der Spielraum der *Preispolitik* ist bei vielen Anbietern im Sportlermarkt durch deren Non-Profit-Rechtsform stark eingeschränkt. Die Angebotspreise setzen sich aus nutzungsabhängigen (z.B. Eintrittsgelder) und nutzungsunabhängigen (z.B. Mitgliedsbeiträge) Bestandteilen zusammen. Bei der *Kommunikationspolitik* kommt der persönlichen Kommunikation durch Trainer und Betreuer eine besondere Bedeutung zu. Sportliche Events spielen darüber hinaus im Hinblick auf Neukundengewinnung eine wichtige Rolle.

Aus der im Sportlermarkt entstehenden Leistungsvielfalt rücken vor allem Wettkämpfe im Sinne von professionellen Sportveranstaltungen in den Mittelpunkt des Zuschauerinteresses.

Zusätzlich zu dem wiederum prozeduralen Leistungscharakter und der Vermittlung von Erlebniswerten ist bei der Vermarktung von Sportveranstaltungen im *Zuschauermarkt* noch die kollektive Leistungserstellung durch Sportler und Organisatoren hervorzuheben. Neben den Zuschauern vor Ort kommt den medialen Zuschauern, in Zusammenhang mit der Vermarktung von Übertragungs- und Werberechten, eine immer größere Bedeutung in diesem Markt zu. Die Anbieter von Sportveranstaltungen müssen sich vor dem Hintergrund eines zeitlichen, räumlichen und inhaltlichen Wettbewerbs um potentielle Zuschauer durch das Hervorheben von erkennbaren → Wettbewerbsvorteilen positionieren. Sportgroßveranstaltungen werden dabei vor allem durch das Herausstellen von einzigartigen Qualitätsmerkmalen gekennzeichnet.

Die *Leistungspolitik* wird durch das Zusammenstellen von sportlichen Leistungskernen und Zusatzleistungen (z.B. Rahmenprogramm, Catering, ...) dominiert. Der Wettkampfmodus ist dabei meist durch sportartspezifische Regeln festgelegt. Bei der *Distributionspolitik* muss der physische Veranstaltungsort und die Art des Kartenverkaufs festgelegt werden, sowie die Zugänglichkeit für mediale Übertragungen. Die *Preispolitik* beinhaltet in diesem Zusammenhang die Gestaltung von Eintrittspreisen und Übertragungsgebühren. Da die *Kommunikation* für mediale Zuschauer meist von den übertragenden Unternehmen

	Der Sportmarkt				
	Aktivsport			Passivsport	
	Sportausstattung	Sportinfrastruktur	Sportservices	Veranstaltungen und Sportler	Sportinformationen
Anbieter und Mittler	Sportgroß- und -einzelhandel	Sportstättenbau und -pflege	Trainerausbildung	Vermittlung von Fußballspielern an Clubs	Vermittlung von Übertragungsrechten
Endkunden	Sportartikel und -geräte	Angebot von Vereinen, Clubs und Studios	Training, Kurse, Übungsleitung	Ticketverkauf an Zuschauer	Sportberichterstattung in Medien

übernommen wird, beschränken sich die kommunikativen Maßnahmen vor Ort vor allem auf regional wirkende Instrumente.

F.Ri.

Literatur: *Hermanns, A.; Riedmüller, F.:* Management-Handbuch Sport-Marketing, München 2001. *Mullin, B.; Hardy, S.; Sutton, W.:* Sport Marketing, Champaign 1993.

Spotmärkte → Marktsystem

Spot-Pricing

Wird auch als *Real-Time-Pricing* bzw. *Responsive Pricing* bezeichnet. Das Spot-Pricing ist eine spezielle Form der zeitlichen → Preisdifferenzierung, bei der die Preise sehr kurzfristig in Abhängigkeit von der erwarteten Nachfrage und der daraus resultierenden Auslastung von Netzwerken (z.B. Strom, Telekommunikation, Straßen, Internet etc.) festgelegt werden. Es handelt sich folglich um eine dynamische Form der zeitlichen Preisdifferenzierung, die dem → Yield Management sehr ähnlich ist. Die Anwendung des Spot-Pricing ist nur unter bestimmten Voraussetzungen sinnvoll. Dazu zählen:

– hohe Fixkosten, niedrige variable Kosten (z.B. bedingt durch den Aufbau einer Netzstruktur oder fixer Kapazitäten),
– unterschiedlich hohe Zahlungsbereitschaften der Konsumenten,
– unterschiedlich hohe Nachfragen in Abhängigkeit der Zeit.

Die ersten beiden Voraussetzungen sind typisch für Dienstleistungsunternehmen bzw. für Unternehmen wie Festnetz-/Mobilfunkbetreiber, Fluggesellschaften, Energieversorgungsunternehmen oder Hotels, deren Ziel die Gewinnmaximierung ist. Diese Maximierung des Gewinns wird häufig über eine hohe Auslastung der fixen Kapazität bzw. des Netzes erreicht. Die weiteren Voraussetzungen berücksichtigen die Schwankungen der Nachfrage im Zeitablauf und bringen damit den dynamischen Aspekt dieser Form der Preissetzung zum Ausdruck. Ziele des Spot-Pricing sind zum einen ein Anreizsystem zu schaffen, bei dem es zu einer erhöhten (geringeren) Nutzung in Zeiten niedriger (hoher) Nachfrage kommt, zum Zweiten die unterschiedlichen Zahlungsbereitschaften der Nachfrager besser abzuschöpfen.

Eine Implementierung des Spot-Pricing ist das so genannte *Road-Pricing*, das seit März 1998 in San Diego, Kalifornien, auf der fünfspurigen Autobahn „Interstate 15" angewendet wird. So funktioniert es: Zwei der fünf Fahrspuren sind so genannte „Express Lanes", für deren Nutzung der Autofahrer je nach Verkehrsaufkommen auf diesen beiden Spuren unterschiedliche Preise bezahlen muss. Die Preise schwanken hierbei zwischen 0,25 und 4 US-Dollar. Der komplette Ablauf der Verkehrsaufkommensmessung, Preissetzung und Darstellung der aktuellen Nutzungsgebühren auf Anzeigetafeln erfolgt vollautomatisch. Mit einem kleinen Sender am Auto kann ermittelt werden, wer wann die „Express Lanes" benutzt. Diese Informationen werden dann direkt an die Abrechnungsstelle (Computer/Server) weitergeleitet und als Input für die Preissetzung verwendet. Auf diese Weise berechnet der Computer in Abhängigkeit des Verkehrsaufkommens alle 6 Minuten neue Preise bzw. Nutzungsgebühren. Der Road-Pricing-Ansatz stößt bei den Nutzern/Autofahrern auf sehr positive Resonanz und ist aus den folgenden Gründen sehr erfolgreich:

1. Vermeidung von Staus (durch Verlagerung der Nutzung),
2. Zeitersparnis insbesondere bei den Autofahrern, die die „Express Lanes" nutzen,
3. Niedrigere Preise für die Konsumenten, die nicht die „Express Lanes" benutzen,
4. Besseres Abschöpfen der unterschiedlichen Zahlungsbereitschaften.

Vor diesem Hintergrund hat das Road-Pricing-Modell in San Diego weltweite Beachtung gefunden. Ähnliche Ansatzpunkte gab es bereits in den 80-er Jahren in der Stromversorgungsbranche. Dort gab es vereinzelt Versuche, bei denen den Konsumenten in der Regel 24 Stunden vorher der Preis mitgeteilt wurde, zu dem sie Strom beziehen konnten. Grundidee war dabei, dass so die Nachfrage nach Strom zu unterschiedlichen Zeiten einander angepasst werden kann. Für Stromversorgungsunternehmen hätte dies den großen Vorteil, dass die vorhandene Kapazität besser ausgenutzt wird und nicht für einzelne Perioden eine unverhältnismäßig hohe und teure Kapazität vorgehalten werden muss. Die bei diesen Versuchen erzielten Erfolge waren jedoch insofern bescheiden, als sich herausstellte, dass zum einen die Übermittlung der jeweils gültigen Preise umständlich und wenig zeitnah erfolgte und zum anderen die Nachfrage nach Strom kurzfristig nicht in erheblichem Umfang angepasst werden kann. Dies hängt beispielsweise damit zusammen, dass bestehende Haushaltsgeräte nicht kurzfristig gegen energiesparende Geräte ausgetauscht werden. Insbesondere die Probleme bei der Übermittlung der jeweils gültigen Preise können jedoch durch den Einsatz des → Internet zukünftig wohl deutlich reduziert werden. Von daher ist zukünftig denkbar, dass Spot-Pricing auch wieder stärker in der Stromversorgungsbranche eingesetzt wird.

G.W./B.S.

Literatur: *Berg, J.T.; Young, F.B.*: Value Pricing Helps Reduce Congestion, White Paper, http://www.hhh.umn.edu/centers/slp/conpric/pricing.htm (Stand: 05.08.1999) 1999. *Schweppe, F.; Caramanis, M.; Tabors, R.; Bohn, R.*: Spot Pricing of Electricity, Boston 1998.

Sprechblasentest → Ballontest,
→ Wortassoziationstest

Sprinkler-Strategie
Strategie des → Markteintritts in Ländermärkte. Im Gegensatz zur → Wasserfall-Strategie erfolgt der Eintritt in die im Rahmen der → Länderselektion gewählten Märkte synchron und nicht sukzessive. Dies bedeutet, dass ein Unternehmen die für die Erschließung neuer Auslandsmärkte in der strategischen internationalen Marketingplanung alloziierten Ressourcen breit streut, anstatt diese konzentriert einzusetzen. Für die Bearbeitung jedes einzelnen zu erschließenden nationalen Marktes stehen also entsprechend weniger Mittel zur Verfügung.

Ein solches Vorgehen rechtfertigt sich, wenn der Zeitdimension im Wettbewerb hohe Bedeutung zukommt, die Präsenz auf vielen Ländermärkten also schnell gesichert werden muss. Dies ist der Fall, wenn zu befürchten ist, dass bei einem späteren Markteintritt hohe Barrieren (besetzte Vertriebskanäle, gebundene Kunden etc.) von den Wettbewerbern aufgebaut wurden.

Voraussetzung für den simultanen Eintritt auf viele Ländermärkte ist eine gute Informationsbasis. Diese Marktkenntnis kann u.a. durch den Vertrieb anderer Produktlinien auf den entsprechenden Märkten in der Vergangenheit aufgebaut worden sein. B.I.

SPRINTER
Computergestütztes Modell zur Unterstützung der Neuproduktplanung für neue, häufig gekaufte Konsumgüter. SPRINTER ist in seiner Version III als Marketinginformationssystem mit integrierter Daten- und Methodenbank konzipiert. Seine Ziele sind: (1) frühzeitige Marktanteilsprognosen vor Markteinführung, (2) Analyse der Wirkung der Marketingmix-Instrumente auf die das Kaufverhalten beeinflussenden Variablen, (3) Unterstützung bei der Entscheidung, (4) finden der besten Markteinführungsstrategie, (5) frühzeitiges Erkennen und Diagnostizieren von Problemen in der Einführungsphase (6) Entwicklung und Bewertung angepasster Alternativstrategien. Input sind Testmarktdaten, Paneldaten, Recall-Abfragen, Außendienstberichte und Managerschätzungen. SPRINTER kann ca. 500 Gleichungen verarbeiten. Den Kern bilden je ein dynamisches Modell zur Abbildung und zur Klassifizierung von Kaufmustern. Je nachdem, ob beim Erstkauf oder einem Wiederverkauf das neue Produkt oder eine Wettbewerbsmarke gekauft wird, werden Kaufsequenztypen gebildet: Potentielle Käufer, Erstkäufer, loyale Käufer, markentreue Käufer und unloyale Käufer. Ein parametrisiertes Modell, dessen Daten aus dem Testmarkt oder den ersten Wochen der Markteinführung stammen, bildet die Basis einer Marktanteilsprognose. Das Prozessmodell des Kaufverhaltens erfasst die das aktuelle und zukünftige Kaufverhalten bestimmenden Variablen: Markenbekanntheit, Kaufabsicht, Kaufentschluss und Nachkaufverhalten (persönliche Kommunikation, Vergessen). Sie werden bei allen Käufen der „Kaufgeschichte" der im Testmarkt oder Panel enthaltenen Personen erfasst. Dieser umfassende Datensatz über die verhaltensbestimmenden Variablen und ihre Veränderungen bei den einzelnen Käufen ermöglicht es, die Wirksamkeit eines Neuproduktskonzeptes und der betreffenden Markteinführungsstrategie zu analysieren. Eine Zielfunktion bildet die Gewinn- und Amortisationsziele der Unternehmungen ab. Die Marketingkosten werden aus Daten der Kostenrechnung bestimmt. Praktische Anwendungen von SPRINTER zu Beginn der 70er-Jahre zeigten, dass die Modellziele erfüllt werden, dass aber hohe Installations- und Wartungskosten entstehen.

B.Hu.

Literatur: *Urban, G.L.*: Sprinter Mod. III: A Model for the Analysis of Frequently Purchased Consumer Products, in: Operations Research, Vol. 18 (1970), S. 805-854. *Urban, G.L.; Hauser*: Design and Marketing of new Products, 2. Aufl., Englewood Cliffs, 1993.

SPSS (Superior Software Systems, vormals: Statistical Package for the Social Science)

weit verbreitetes statistisches Programmpaket zur → Datenanalyse im Rahmen der Marktforschung und empirischen Sozialforschung. Das Paket besitzt in Wissenschaft und Praxis v.a. wegen seiner leichten Handbarkeit eine weite Verbreitung. Einzelheiten über die Anwendung sind in einer Vielzahl von autorisierten Handbüchern sowie anwendungsbezogenen Monographien, von denen jene von *K. Backhaus/B. Erichson/W. Plinke/R. Weiber* („Multivariate Analysemethoden", 9. Aufl., Berlin u.a. 2000) hervorgehoben sei, zu finden.

Die erste SPSS-Version wurde 1965 an der Stanford University entwickelt. Dieses SPSS war auf Großrechnern in der Programmiersprache Fortran implementiert. Seitdem vollzieht sich eine ständige Weiterentwicklung; bis 1981 entstanden die Versionen 7,8 und 9. 1983 erfolgte eine vollständige Überarbeitung mit den Versionen für den IBM-PC: SPSS/PC+ (DOS-basiert) und SPSS für Windows. Trotz der Integration in Windows bleibt SPSS jedoch ein syntax-orientiertes Programm, die vom Programm zu erledigenden Aufgaben formuliert man mit Befehlen, die der Philosophie einer Programmiersprache ähneln. Die Implementation von SPSS unter Windows nutzt Techniken, die auch in Tabellenkalkulationsprogrammen und Programmen zur Präsentation von wissenschaftlichen Ergebnissen benutzt werden.

Das Programm, welches zwischenzeitlich (2000) in der Version SPSS 10.0 am Markt ist, gibt es in verschiedenen, unterschiedlich umfangreichen Varianten. S.S.

S-R-Modelle

Stimulus-Reaktions- oder Black-Box-Modelle zum → Käuferverhalten entstammen der behavioristischen Forschungsrichtung und stellen das beobachtbare Verhalten in den Mittelpunkt der wissenschaftlichen Betrachtung. Die ursprüngliche Theorie besagt, dass ein spezifisch gestalteter Stimulus über Massenmedien jedes Individuum einer Gesellschaft auf die gleiche Weise erreicht, von ihm in der gleichen Weise wahrgenommen wird und so bei allen Individuen vergleichbare Reaktionen erzeugt. Dies führte z.B. zu einer überragenden Einstufung der Werbewirksamkeit und der Vorstellung eines mechanistischen Reaktionsverhaltens, gestützt durch die Annahmen der frühen Instinktpsychologie und das Konzept der Massengesellschaft. Diese konnten sich jedoch nicht behaupten, sodass differenzierte Ansätze das einfache S-R-Modell ersetzt haben (→ S-O-R-Modell; → Konsumentenforschung).

SSL (Secure Sockets Layer)

ist ein von *Netscape* entwickeltes offenes Verschlüsselungsprotokoll zur sicheren Übertragung von Daten im → Internet. Der Sicherheitsstandard ist sehr einfach und wurde durch das SET-Verfahren erweitert.

Stackelberg-Hypothese → Preistheorie

Stadtillustrierte

→ Zeitschriften, welche als Kauf- oder Gratistitel in Ballungszentren und Städten erscheinen und sich inhaltlich auf regionale Nachrichten sowie Lifestyletipps und Veranstaltungskalendarien spezialisiert haben. Der durchschnittliche Leser von Stadtillustrierten ist der experimentierfreudige, konsumstarke, junge und junggebliebene Stadtmensch, der „in" sein und das Leben genießen will. Seit das frühere Image der Alternativzeitschrift dem eines modernen Magazins mit Regionalbezug gewichen ist, integrieren insbesondere Markenartikelhersteller verstärkt dieses Printmedium als → Werbeträger in ihre Mediapläne.

Einer der größten Vermarkter von Stadtmagazinen ist die in Berlin ansässige *Mega Kombi Stadtillustrierten Service GmbH*, welche über 50 verschiedene Kauf- und Gratiszeitschriften anbietet. Die Illustrierten werden monatlich von ortsansässigen Redaktionen erstellt, während der Werbetreibende vom landesweit größten Anzeigenverbund für Stadtillustrierte profitiert.
B.Sa.

Stadtmarketing

Stadtmarketing ist das Marketing *für* Städte (i.w.S. für Kommunen) in deren Funktion als Wirtschaftsstandort, Wohn- und Lebensraum und ggf. auch Tourismusgebiet und stellt als → Nonprofit-Marketing eine Form des Gebietsmarketings dar (→ Standort-Marketing, *Abb.*). Es beinhaltet die Planung, Umsetzung und Kontrolle von Strategien und Maßnahmen gegenüber internen und externen Zielgruppen (vgl. *Abb.*) mit der Zielsetzung, die Attraktivität einer Stadt zu steigern, indem zielgruppengerechte

Stadtmarketing

Leistungsangebote entwickelt und verfügbar gemacht sowie Stärken und Leistungsangebote kommuniziert werden. Das Marketing *von* Städten heißt → Kommunales Marketing.

Zielgruppen des Stadtmarketing

Bürger, Einpendler, Zuzugswillige, Bildungseinrichtungen, Parteien, Medien/Presse, Standortsuchende Unternehmen, Ortsansässiger Einzelhandel, Industrie/Handwerk, Politik/Behörden, Vereine/Verbände, Veranstalter, Tagestouristen, Urlauber — Stadt

Entsprechend den genannten Funktionen einer Stadt verfolgt Stadtmarketing unterschiedliche *Ziele* und richtet sich an unterschiedliche *Zielgruppen*. In der Praxis dominiert dabei wirtschaftsstandortbezogenes Stadtmarketing (Standortmarketing i.e.S.). Dieses zielt zum Einen darauf ab, (Gewerbe-)Betriebe im Stadtgebiet zu erhalten bzw. anzusiedeln, um Arbeitsplätze und Steuereinnahmen zu sichern; insofern unterscheidet es sich nicht vom → Regionalmarketing. Im Unterschied dazu will wirtschaftsstandortbezogenes Stadtmarketing aber auch zur Steigerung der Einkaufsattraktivität innerhalb des Standortgebietes beitragen. Durch Schaffung günstiger Rahmenbedingungen für die Einzelhandels- und konsumentenorientierten Dienstleistungsbetriebe sollen Besucher und Kunden in die Stadt gelockt und auf diese Weise das im Einzugsgebiet der Stadt vorhandene Kaufkraftpotential möglichst weitgehend ausgeschöpft werden. Über solche wirtschaftsstandortbezogenen Zielsetzungen hinaus kann Stadtmarketing auch darauf ausgerichtet sein, die Identifikation der Bürger mit ihrer Stadt als Wohn- und Lebensraum zu stärken sowie die Stadt in dieser Funktion nach außen zu profilieren (Standortmarketing i.w.S.). Darüber hinaus versucht fremdenverkehrsorientiertes Stadtmarketing, eine Stadt als attraktives Tourismusziel zu entwickeln und bekannt zu machen (→ Tourismusmarketing). Davon profitieren wiederum Einzelhandel und Dienstleistungsanbieter in der Stadt.

Als *Träger* des Stadtmarketing fungiert prinzipiell die Stadtverwaltung, wobei mit der kommunalen Wirtschaftsförderung und der Stadtplanung enge Verflechtungen bestehen. Besondere Bedeutung kommt hier dem politisch vorgegebenen Ziel einer ausgewogenen Zentrenstruktur und -entwicklung im Stadtgebiet zu. Insbesondere geht es darum, die (gewachsene) Innenstadt als multifunktionales Zentrum und Identitätskern einer Stadt zu stärken (oft genug: zu revitalisieren) und gleichzeitig eine Balance mit den dazu in Konkurrenz stehenden großflächigen Handelszentren in nicht integrierten Nebenzentren (auf der „grünen Wiese") anzustreben. Zusätzlich ist ein ausreichendes Nahversorgungsangebot in den einzelnen Stadtteilen sicher zu stellen (→ Versorgung). Vor dem Hintergrund solcher politischen Vorgaben hat Stadtmarketing die Aufgabe, im Rahmen einer *Situationsanalyse* zunächst diesbezügliche Problembereiche, aber auch Vorteilsaspekte zu identifizieren. Eine darauf aufbauende *Stadtmarketingkonzeption* wird dann ein Leitbild z.B. für die Innenstadtentwicklung formulieren – möglichst aber auch für die Entwicklung einzelner Stadtteil- und Nebenzentren – aus dem sich Ziele, Strategien und Maßnahmen ableiten lassen.

Aufgrund der gegebenen Problemsituation hat sich in vielen Städten als besondere Variante des Stadtmarketing ein (städtisches) *Citymarketing* etabliert. In seinen Aufgabenbereich fallen Maßnahmen zur Verbesserung der Handels- sowie der privaten und öffentlichen Dienstleistungsangebote in der City (Gastronomie, Kultur etc.). Citymarketing übernimmt es hier beispielsweise, ansässige Unternehmen im Sinne der angestrebten Attraktivitätssteigerung zu unterstützen sowie in Abstimmung mit den Eigentümern verfügbarer Flächen bzw. Objekte geeignete Investoren zu akquirieren. (Für nicht innenstädtische Standorte hat sich Stadtmarketing dann konsequenterweise auch um die Akquisition von möglichst nicht konkurrierenden Angeboten zu bemühen.) Weitere Maßnahmen des Citymarketing beziehen sich auf die City-Erreichbarkeit (Parkmöglichkeiten, ÖPNV-Angebote, Fuß- und Radwege, Beschilderung etc.), die City-Gestaltung (→ Fassadengestaltung, Grünanlagen, Plätze etc.) sowie auf eine Steigerung des Erlebniswertes der City (Veranstaltung von Märkten, Aktionen, Events etc.; → Event-Marketing; → Erlebnismarketing). Der Handlungsspielraum des städtischen Citymarketing ist hierbei begrenzt und sein Erfolg hängt in hohem Maße von einer Kooperation mit der innenstädtischen Wirtschaft ab. Oft übernimmt die Stadt lediglich die Initiative und konzeptionelle Vorarbeit und überlässt weitere Aktivitäten dann einer primär von Handels- und Dienstleistungsunternehmen getragenen Citymarketing-Organisation (privates Citymarketing; s.a. → Handelswerbung).

Stadtmarketing kann sich über eine primär wirtschaftsbezogene Perspektive hinaus auch auf eine Attraktivitätssteigerung in anderen Bereichen wie Kultur, Freizeit, Verkehr, Wohnen usw. beziehen. Im Rahmen ihrer Möglichkeiten kann die Stadt auch hier ziel- und zielgruppenorientiert gestaltend tätig werden; in jedem Falle steht ihr ein breites Spektrum informierender und akquirierender Aktivitäten zur Verfügung. Eine zentrale Erfolgsvoraussetzung besteht dabei in der Beteiligung der verschiedenen Ziel- und Anspruchsgruppen: Bürger, Händler und Dienstleister, private Kultur- und Bildungsinstitutionen, soziale Institutionen, Vereine etc. – und in der Übernahme des Marketingdenkens durch die Stadtführung und -verwaltung selbst (→ internes Marketing). F.W./O.B.

Literatur: *Funke, U.:* Vom Stadtmarketing zur Stadtkonzeption, Berlin u.a. 1994. *Hamman, P.:* Kommunales und regionales Marketing, in: *Tietz, B.; Köhler, R.; Zentes, J.* (Hrsg.): Handwörterbuch des Marketing, Stuttgart 1995, Sp. 1166-1176. *Helbrecht, I.:* Stadtmarketing, Basel u.a. 1994.

Staffelmargen → Preisstaffeln

Stakeholder

auch Anspruchshalter genannt, bezeichnet im Rahmen der → Public Relations jede Person oder Organisation, welche zu Recht oder zu Unrecht den Eindruck hat, dass sie von den Themen einer anderen Person oder Organisation faktisch, interessemäßig oder emotional berührt ist und dazu etwas zu sagen hat. Teilweise wird zwischen Stakeholdern, welche bloß ein immaterielles Interesse an einer Organisation haben und den Shareholdern, den Aktionären, unterschieden. In der Regel umfassen jedoch die Stakeholder jegliche Interessengruppen einer Organisation, wie z.B. Investoren, Kunden, Mitarbeitende und deren Angehörige, Arbeitnehmervertretungen, Zulieferer, Partner-Unternehmen, Nachbarn, Pensionierte Mitarbeitende, Behörden, Politiker, → Meinungsführer, Wissenschaft, Verbände, → Massenmedien und Konkurrenten. P.F.

Stakeholder Management

Der geplante, organisierte, systematische, regelmäßige und kritisch ausgewertete Umgang mit allen → Stakeholdern einer Organisation mit dem Ziel, Verständnis, Sympathie und Vertrauen in die Organisation zu schaffen und zu steigern, um deren Tätigkeit zu erleichtern oder zu unterstützen. Stakeholder Management ist eine Methode der Umsetzung von → Public Relations. Es zielt auf interaktive Kommunikation und Dialog, indem es sich nicht auf die Kommunikation der eigenen Botschaften beschränkt, sondern die Stakeholder aktiv anhört, deren Anliegen ernst nimmt und nach Möglichkeiten sucht, ihnen Nachachtung zu verschaffen. P.F.

Stammkunde → Einkaufsstättentreue

Stand-Alone-Produkt
→ Industriegütermarketing

Standardabweichung

am häufigsten gebrauchtes → Streuungsmaß zur Charakterisierung von Verteilungen. Die Standardabweichung ist definiert als positive Quadratwurzel aus der Varianz. Gegenüber dieser hat sie den Vorteil gleicher Skalierungseinheiten mit dem Ausgangsmerkmal. Sie lässt sich deshalb einfacher inhaltlich interpretieren. P.H.

Standardfehler

Als Standardfehler („standard error") wird die Standardabweichung der → Stichprobenverteilung der jeweiligen Maßzahl bezeichnet. Zum Standardfehler des arithmetischen Mittels vgl. → Stichprobe.

Standardinformationsdienste der Marktforschung

von (halb-)kommerziellen oder wissenschaftlichen Organisationen, insb. → Marktforschungsinstituten, angebotene standardisierte Marktforschungsstudien. Sie dienen der kontinuierlichen Erhebung von Informationen zur Erforschung der Beschaffungs- und Absatzmärkte und besitzen für die → Marktforschung in der Praxis eine hohe Bedeutung, da sie i.a. als Längsschnittanalysen angelegt sind, um die Veränderungen der betrachteten Parameter im Zeitablauf abbilden zu können. Typische Beispiele für solche Größen sind Durchschnittspreise, Marktanteile oder Branchenumsätze. Wichtigste Vertreter solcher Informationssysteme sind → Panels, das → Werbetracking sowie die → Fernsehforschung, die → Mediaanalyse, → Verlagstypologien und der Bereich der → Konsumklimaforschung.

Standardisierung

beschreibt (im weiteren Sinn) die Vereinheitlichung von Leistungselementen oder Prozessen. Träger von Standardisierungsaktivitäten können sein der Markt, einzelne Unternehmen sowie Normungsorganisationen. Als Ergebnis des Prozesses können entstehen → Standards, → Typen oder → Normungen.

Unter einem *Standard* (im engeren Sinn) wird eine vom → Markt erzeugte und insoweit von der Mehrzahl der Marktteilnehmer akzeptierte Spezifikation (eines Gutes oder einer Dienstleistung) verstanden.

Demgegenüber findet *Typung* in den Grenzen eines Unternehmens statt. Ein Typ beschreibt eine Spezifikation, die unternehmensintern zur Reduktion der Variantenvielfalt dient. Dabei können genauso Leistungsbestandteile, wie auch Prozesse oder Aktivitäten Fokus der Typung sein.

Eine *Norm* wird von einer hierfür akkreditierten Organisation geschaffen. Je nach Satzung sind unterschiedliche Akteure am Normungsprozess beteiligt. In Deutschland ist das DIN Deutsches Institut für Normung e.V. hierfür von der Bundesregierung benannt. Das DIN lädt alle interessierten Kreise zum Normungsgespräch. Bei der europäischen Normungsorganisation CEN (Comité Européen de Coordination de Normalisation) sind hingegen nur die nationalen Normungsinstitute involviert. Insofern ist eine Norm nicht zwingend der Wunsch des Marktes. In der Regel folgt die Normung aufgrund ihrer Konsenspflicht jedoch einem bereits etablierten Marktstandard nach.

Der Gegenspieler zur Standardisierung (i.w.S.) ist die → *Individualisierung*. Ob und inwieweit das eine oder das andere sinnvoll ist, hängt von den marktlichen Wirkungen ab: Standardisierung fördert die Kosteneffizienz bei gleichzeitiger Reduktion des Differenzierungspotentials. Bei der Individualisierung ist es genau umgekehrt. Vor dem Hintergrund des Wettbewerbsvorteilsdenkens sucht jedes Unternehmen nach der besten Kombination aus Individualisierung und Standardisierung in den verschiedenen Bauteilen, Prozessen und Aktivitäten. Dabei ist nicht nur der Grad der Standardisierung (i.w.S.) zu bestimmen, sondern auch die Art: Standards, Typen und Normen unterscheiden sich hinsichtlich ihrer Ressourcenbeanspruchung, der Möglichkeit der Einflussnahme/Durchsetzbarkeit durch einen einzelnen Anbieter und ihrer marktlichen Konsequenzen (s.a. → Mass Customization, → Einzelaggregate-Marketing).

Für die Durchsetzung eines Standards sind vor allem die mit ihm verbundenen *Netzeffekte* von Bedeutung:

Direkte Netzeffekte resultieren daraus, dass eine physikalische Verbindung zwischen verschiedenen Komponenten eines Systems existiert, dessen Nutzung erst den eigentlichen Zweck des betreffenden Gutes ermöglicht (z.B. Telefon, Telefax, Internet). Der Nutzen stellt sich erst dadurch ein bzw. wird dadurch erhöht, dass auch andere Teilnehmer entsprechende Geräte besitzen und verwenden. Er ist umso größer, je größer die „installierte Basis" ist, d.h. je mehr Teilnehmer ein solches Netz umfasst. Vielfach ist die Akzeptanz solcher Produkte sogar erst dann gegeben, wenn eine bestimmte „*kritische Masse*" von Systemnutzern erreicht wird (→ Systemgeschäft).

Indirekte Netzeffekte stellen sich dadurch ein, dass das Angebot an Komplementärleistungen und damit die Möglichkeit zu ihrer Nutzung erhöht wird. So haben die Verfügbarkeit bespielter Videokassetten und die Möglichkeit, sie zu leihen bzw. zu tauschen, ebenso zur Akzeptanz und Verbreitung von VHS-Video-Rekordern beigetragen wie das Angebot lauffähiger Anwendungssoftware zur Durchsetzung der IBM-PCs und des IBM-PC-Standards.

M.R./M.K.

Literatur: *Hess, G.:* Kampf um den Standard, Stuttgart 1993. *Kleinaltenkamp, M.:* Standardisierung und Marktprozess, Wiesbaden 1993. *Weiber, R.:* Diffusion von Telekommunikation. Problem der kritischen Masse; Wiesbaden 1992.

Standardisierung, internationale

Konzept der internationalen Marktbearbeitung (→ Internationales Marketing). Grundgedanke ist die Einsicht, dass in zahlreichen Märkten Unternehmen ihr Marketing-Konzept nicht weltweit standardisiert einsetzen können, weil verschiedene Faktoren (z.B. soziodemographische Struktur, Markt- und Wettbewerbsbedingungen, Recht) stark länderspezifisch ausgeprägt sind. Dafür sorgen u.a. kulturelle Unterschiede, welche nicht nur die vorgelagerten Stufen (Werte, Einstellungen), sondern auch das Konsumverhalten prägen. Angesichts des zunehmenden Kostendrucks können Unternehmen ihr Marketing-Konzept allerdings auch nicht in unbegrenztem Maße den jeweiligen länderspezifischen Besonderheiten anpassen, weshalb die Mehrzahl der Autoren weder die weltweite Standardisierung noch die vollständige Differenzierung in ihrer reinen Form für praktisch umsetzbare Strategien hält. Auch die Praxis präferiert mehrheitlich Mischformen, welche dem *Prinzip der differenzierten Standardisierung* verpflichtet sind. Demnach kann ein Unternehmen die unbestrittenen (Skalen-)Vorteile einer standardisierten Marktbearbeitung im Regelfall nur dann weltweit nutzen, wenn es sich damit begnügt,

– eine mehr oder minder große Anzahl von Ländern mit vergleichbaren Nachfrage- und Angebotsbedingungen nach demselben Muster zu bearbeiten (z.B. die skandinavischen Länder),

– bestimmte Zielgruppen, die europaweit, u.U. auch weltweit nachweisbar sind, länder- bzw. kulturübergreifend standardisiert zu erschließen („cross cultural target groups" wie die → Dinks),

– nicht das gesamte Marketing-Instrumentarium, sondern nur die dafür geeigneten Teile (z.B. Distributions- und Produktpolitik) in bestimmten Märkten standardisiert einzusetzen.

Stellt man diese grundlegenden Handlungsdimensionen in einem Schaubild dar, entsteht ein „Segmentierungs-Quader", der die Vielfalt möglicher Ansatzpunkte für differenzierte Standardisierungs-Strategien systematisiert (vgl. *Abb.*). Neben der Beantwortung der grundsätzlichen Frage, ob Länder (Länderebene) oder aber Segmente von Verbrauchern innerhalb einer Gruppe von Ländern (Individualebene) Grundlage der Marktbearbeitung sein sollen, ist zu entscheiden, ob zur Umschreibung der zu bildenden Cluster objektive oder subjektive Kriterien herangezogen werden. Unter ob-

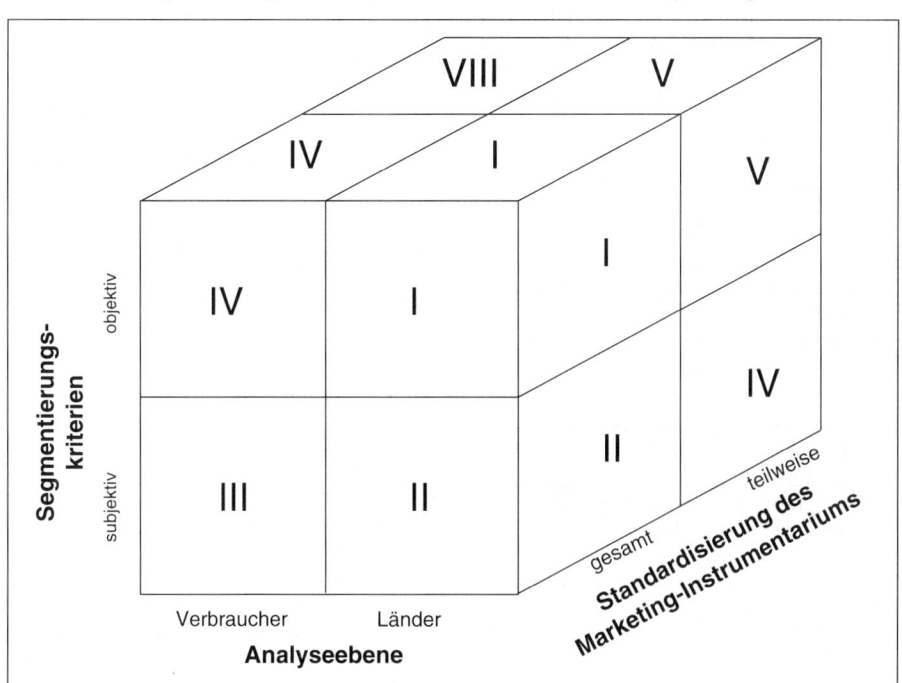

Segmentierungsmodell zur differenzierten Standardisierungsstrategie

Standardisierungsstrategie

jektiven Kriterien sind dabei solche Daten zu verstehen, die es erlauben, die wirtschaftliche und soziale Entwicklung von Märkten auf Makro-Ebene darzustellen, wie Bruttosozialprodukt und Bevölkerungsdichte, aber auch Mediennutzungs- und Verbrauchsverhalten sowie → Kultur. Produktpräferenzen oder Einstellungen der Konsumenten, die jeweils auf individueller Ebene erhoben werden, mögen als Beispiele für subjektive Kriterien genügen. Die dritte Dimension drückt den standardisierbaren Anteil des Instrumentenbündels aus (ganz/ teilweise). S.M./M.Ko.

Literatur: Müller, S.; Kornmeier, M.: Interkulturelles Marketing, München 2002.

Standardisierungsstrategie
→ Einzelaggregate-Marketing

Standardkalkulation
→ Kostenwerte in der Preiskalkulation

Standards → Standardisierung

Standardsortiment → Kernsortiment

Standortagglomeration

räumliche Konzentration oder Ansiedlung von Großhandels-, Einzelhandels- und Dienstleistungsunternehmen an einem Standort auf engstem Raum. Folgende Grundalternativen lassen sich differenzieren:

– eine gewachsene Standortagglomeration, d.h. gezielte Konzentration von Handelsbetrieben sowie Dienstleistern in innerstädtischen Geschäftszentren oder Citys,
– eine zentral geplante Standortagglomeration, z.B. → Shopping-Center. Die in geplanten Agglomerationen anzutreffenden Betriebe führen teilweise ergänzende Angebote, teilweise stehen sie untereinander im Wettbewerb.

Eine absatzbedingte Agglomeration kann sowohl als branchengleiche Agglomeration als auch als branchenungleiche Agglomeration standortverbessernd wirken. Eine branchengleiche Agglomeration ist z.B. dann gegeben, wenn mehrere ähnlich strukturierte Einzelhandelsbetriebe, wie z.B. Fachgeschäfte, in einem gewachsenen Geschäftszentrum (City oder Marktplatz) oder geplanten → Einkaufszentrum auf engstem Raum konzentriert sind.

Nach der Art der in einer geplanten Standortagglomeration angesiedelten Unternehmen lassen sich unterscheiden:

(1) *Gewerbezentrum*: Industrie- und Handwerksbetriebe, Auslieferungslager, Großhandlungen, Handelsvertretungen;
(2) *Trade Mart*: Verkaufsniederlassungen, Musterräume oder Außenhandelsbüros der Industrie, des Großhandels und/ oder der Handelsvertreter einer Branche oder Branchengruppe;
(3) *Großhandelszentrum*: → Großhandel;
(4) *Handelsvertreterzentrum*: → Handelsvertreter bzw. → Handelsmakler;
(5) → *Shopping Center*: Einzelhandels- und Dienstleistungsbetriebe, z.T. auch Gastronomie;
(6) *Fachmarktzentrum*: → Fachmärkte.

B.T./J.Z.

Literatur: Falk, B.; Wolf, J.: Handelsbetriebslehre, 11. Aufl., Landsberg a.L. 1992.

Standortfaktoren

jene Eigenschaften eines Standortes, die Einfluss auf die Zielerreichung einer Unternehmung haben. Da Unternehmungen im Regelfall kosten-, erlös- und finanzwirtschaftliche Ziele anstreben, enthalten Kataloge von Standortfaktoren jene Merkmale eines Standortes, die Einfluss auf die Höhe der Kosten, der Erlöse und der finanziellen Situation einer Unternehmung haben. Für den Industriebetrieb stehen dabei die kostenwirtschaftlichen Auswirkungen im Vordergrund, im Handelsbetrieb sind zusätzlich die absatzwirtschaftlichen Gesichtspunkte von vorrangiger Bedeutung (→ Standort im Handel).

Die Kataloge von Standortfaktoren sind in der theoretischen Literatur zunehmend differenziert und systematisiert worden. *Behrens* (1965) unterscheidet:

1. Absatz und Standort
   a) Bedarf
   b) Verkehr
   c) Kaufkraft
   d) Absatzkonkurrenz
2. Gütereinsatz und Standort
   a) Betriebsraum
   b) Arbeit
   c) Waren

Umfangreicher ist der von *Nauer* (1970) für die Standortbewertung im Handel zusammengestellte Katalog, der folgende Faktoren auflistet:

1. Demographische Faktoren
   - Bevölkerungsbestand und Verteilung
   - Bevölkerungsstruktur
   - Erwerbs- und Sozialstruktur
2. Wirtschaftliche Faktoren
   - Einkommensverhältnisse
   - Einkommensverwendung
   - Marktpotential
3. Psychologische und sozialpsychologische Faktoren
   - Lebensgewohnheiten
   - Konsumgewohnheiten
   - Mentalität
4. Infrastruktur
   - Städtebau
   - Verkehr
5. Konkurrenzverhältnisse
   - Konkurrenzbestand und Formen
   - Konkurrenzwirkung in Bezug auf Sortimentsstruktur
   - Räumliche Präferenzen
   - Sachliche Präferenzen
6. Objektbewertung
   - Bewertung des Lokals
   - Bewertung des Platzes
7. Standortabhängige Kosten
   - Beschaffung und Vertrieb
   - Gebäude und Unterhalt
   - Verkauf und Diverse
8. Störfaktoren
   - Gesetzliche Bestimmungen
   - Immissionen.

Einen Überblick über die zahlreichen Standortfaktorenkataloge gibt *Bienert* (1996). Er entwickelt vier Basiskonstrukte, denen er die Standortfaktoren aus 30 untersuchten Katalogen unterordnet:

1. Verkehr,
2. Konkurrenz,
3. Konsum,
4. Raum.

Aus der Praxis der Marktforschung sind unter anderem folgende Faktorenkataloge bekannt:

- Das *Coop-Bewertungsprofil* (Manager Magazin Nr. 5, Jg. 1979, wiederabgedruckt bei *Oehme, W:* Handelsmarketing, 3. Aufl., München 2001),
- Der *RGH – Standortbewertungsbogen* (Geschäftseröffnung – aber wo? RGH-Schrift 42. Hrsg. von der Rationalisierungsgemeinschaft des Handels beim RKW, Köln 1953),
- Die *BBE – Standort – Check-Liste (Diefenbach, Raimund:* 10 Checklists zur Schwachstellenbekämpfung, Köln 1983),
- *Check-Listen des DIHT* (Wegweiser zum richtigen Standort. Hrsg. von Deutscher Industrie- und Handelstag. Bonn 1973).

Die Güte der einzelnen Standortfaktorenkataloge bzw. Checklists ist nach folgenden Gesichtspunkten zu beurteilen:

a) Vollständigkeit und Überschneidungsfreiheit, um Doppelbeurteilungen zu vermeiden,
b) Verwendung von Gewichtungsfaktoren, die der Relevanz des Standortfaktors für die Zielerreichung entsprechen,
c) geeignetes Skalenniveau für die Bemessung der einzelnen Standortfaktoren,
d) Möglichkeit, auch zukünftige Entwicklungen zu berücksichtigen.

L.M.-H.

Literatur: *Bienert, M.L.:* Standortmanagement. Methoden und Konzepte für Handels- und Dienstleistungsunternehmen, Wiesbaden 1996. *Nauer, E.:* Standortwahl und Standortpolitik im Einzelhandel. Methoden der Unternehmungs- und Geschäftsflächenplanung, Bern u.a. 1970. *Tietz, B.:* Die Standort- und Geschäftsflächenplanung im Einzelhandel. Ein Beitrag zur regionalen Handelsforschung, Zürich 1969.

Standort im Handel

Als *Standort* einer Handelsunternehmung ist jener geographische Ort anzusehen, an dem die Unternehmung zum Zwecke der Erreichung ihrer Ziele Produktionsfaktoren kombiniert. Vorwiegend wird dabei an den Standort von Verkaufsstellen des stationären Einzelhandels gedacht, aber die Standortplanung im Handel kann sich auch auf die Auswahl von Standorten für Läger, auf den Standort des Versandhandels oder die Routenplanung des ambulanten Handels (Verkaufswagen) beziehen. Im stationären Einzelhandel ist nicht nur an die Verkaufsfläche zu denken, das ist die dem Kunden zugängliche Fläche, sondern an den Geschäftsraum insgesamt, der auch die Nebenraumstellen umfasst, wie Parkeinstellplätze, Freiflächen, Lagerräume, Büroräume, Nebenräume. Die im Rahmen der Standortpolitik zu fällenden Entscheidungen betreffen die Fragen nach der Neugründung, Schließung, Verlegung, Spaltung und der Zusammenlegung von Betrieben.

Standortentscheidungen sind im Handel meist mit langfristigen Auswirkungen verbunden und werden daher als investitionstheoretisches Problem behandelt. Im Handel ist die Standortentscheidung im Regelfall als → absatzpolitisches Instrument an-

Standort im Handel

zusehen, weswegen die Umsatzwirkungen der Standortentscheidung besondere Beachtung finden müssen. Desweiteren muss im Handelsbetrieb häufig die Planung mehrerer Standorte aufeinander abgestimmt werden (Standortnetze). Bei der Planung eines Verkaufsstellennetzes sind auszahlungs- und erlöswirksame Interdependenzen von Standortentscheidungen zu beachten.

Bei der *Standortplanung* lassen sich vier Phasen unterscheiden:

1. Die Suche nach neuen Standorten,
2. die Bewertung von Standorten,
3. die Auswahl von Standorten,
4. das Inbetriebnehmen eines Standortes.

Dabei wird der zu untersuchende Standort häufig geographisch eingekreist, indem zunächst Überlegungen angestellt werden, welche Region sich für die Standortsuche anbietet, dann welcher Ort oder Stadtteil sich anbietet und schließlich wird ein konkreter Standort beurteilt.

Die Suche nach Standorten wird – ebenso wie ihre Bewertung – durch die gesetzlichen Vorschriften und Verordnungen zur Raumordnung eingeschränkt. Zu den für die Stadt- und Regionalplanung relevanten Gesetzen und Verordnungen gehören (vgl. *Tietz*, 1993; *Geßner*, 1988):

– das *Raumordnungsgesetz* des Bundes mit seinen Raumordnungsgrundsätzen,
– die jeweiligen *Landesplanungsgesetze* mit ihren Landesentwicklungsprogrammen bzw. die Flächennutzungspläne in den Stadtstaaten,
– das *Bundesbaugesetz*,
– die → *Baunutzungsverordnung*,
– die *Bauleitplanung*.

Ziel der sich in diesen Normen konkretisierenden Raumordnung ist es, die „Gleichwertigkeit der Lebensbedingungen und die Verbesserung der Daseinsvorsorge in allen Teilräumen des Landes" zu gewährleisten. Die Umsetzung dieser Leitvorstellung erfolgt auf der Grundlage des *Konzepts der Zentrenhierarchie*, das auf der *Theorie der zentralen Orte* von *Christaller* beruht. Der Theorie der zentralen Orte entsprechend soll die räumliche Verteilung der Versorgungseinrichtungen, hier der Einzelhandelsbetriebe, als Arbeitsteilung hierarchisch gegliederter Gebietskategorien begriffen werden. Der Einzelhandel soll bei der Dimensionierung seiner Angebotskapazitäten, die sich in der Verkaufsfläche und im Sortiment konkretisieren, den Versorgungsrang (*Zentralität*) berücksichtigen, den das Zentrensystem für diesen Standort vorsieht. In der Bundesrepublik gilt dabei folgende (überörtliche) Zentrenhierarchie:

– Oberzentren: Deckung des spezialisierten höheren Bedarfs,
– Mittelzentren: Deckung des gehobenen Bedarfs,
– Unter- und Kleinzentren: Deckung der Grundversorgung.

Die Auswirkungen der Gesetzgebung auf die Standortentscheidung des Handels werden besonders deutlich bei der Betrachtung des § 11 Abs.3 Baunutzungsverordnung von 1990. Danach sind bestimmte Erscheinungsformen des Handels außer in Kerngebieten nur in für sie festgesetzten Sondergebieten zulässig. Betroffen sind Einkaufszentren und Handelsbetriebe mit einer Geschossfläche über 1200 qm, da von diesen Handelsformen schädliche Umweltwirkungen, Auswirkungen auf die infrastrukturelle Ausstattung, auf den Verkehr, auf die Versorgung der Bevölkerung im Einzugsbereich, auf die Entwicklung zentraler Versorgungsbereiche in der Gemeinde oder in anderen Gemeinden, auf das Orts- und Landschaftsbild und auf den Naturhaushalt vermutet werden.

Die *Bewertung eines Standortes* erfolgt anhand von Größen, die aus dem Zielsystem der Unternehmung abgeleitet sind und erfordert im Regelfall die Prognose der künftigen Erlöse und Kosten. Dazu ist zu erkennen, von welchen Bestimmungsfaktoren die Erlöse und Kosten abhängen. Im Regelfall wird es leichter sein, die Höhe der einzelnen Kostenarten als die der Erlöse anzugeben. Für beide Zielgrößen lässt sich sagen, dass sie einmal von Größen abhängen, die der Planende selbst festlegen kann (Aktionsparameter), zum anderen von Größen die der Planende als vorgegeben ansehen muss (Umweltvariablen). Einflussgrößen der ersten Gruppe verknüpfen das Standortproblem mit der Planung der anderen absatzpolitischen Instrumente, insb. mit der Sortimentsplanung, der Preisplanung und der Betriebstypenplanung.

Als *Umweltvariablen* sind im Rahmen der Kostenprognose insb.

– die Bauvorschriften,
– die Möglichkeiten der Warenanlieferung,
– die Verfügbarkeit von Personal und
– die Mietkonditionen bzw. der Zustand eines Gebäudes

anzusehen. Im Rahmen der *Erlösprognose* sind in Rechnung zu stellen, die Entwicklungen bzgl.:
- der Zahl der Nachfrager,
- der verfügbaren Einkommen,
- der Einkaufsgewohnheiten,
- der Verbrauchsgewohnheiten,
- der Konkurrenzsituation.

In Theorie und Praxis sind immer detailliertere Listen von → *Standortfaktoren* entwickelt worden. Im Rahmen von Scoring-Modellen werden solche Faktoren, wie sie oben beispielhaft genannt worden sind, bewertet und zu einem *Standortgüteindex* aggregiert. In der *Theorie* stand die Ermittlung des Marktgebietes von Einzelhandelsbetrieben im Vordergrund des Interesses. Es wurden Gesetzmäßigkeiten gesucht, nach denen das Marktgebiet von miteinander konkurrierenden Einzelhandelsbetrieben abgegrenzt werden kann bzw. – aus den Augen der Nachfrager gesehen – wessen Standort sie bevorzugt aufsuchen werden. Dem dienen die sog. → *Gravitationsmodelle*, die in ihrer deterministischen Variante angeben, welchen Einzelhandelsbetrieb ein Nachfrager mit einem bestimmten Wohnort bevorzugen wird, in ihrer stochastischen (probabilistischen) Variante, wie hoch die Wahrscheinlichkeit ist, dass die Einkäufe im Einzelhandelszentrum A oder dem mit ihm konkurrierenden Zentren getätigt werden. Schließlich stehen noch eine Reihe von Verfahren zur Verfügung, um im Rahmen einer Standortanalyse, Hinweise auf die an einem Standort zu erzielenden Umsätze zu erhalten. Bei der *Analog-Methode* werden beispielsweise die Umsätze aus Betrieben mit vergleichbaren Standorten auf das zur Beurteilung anstehende Projekt übertragen. Für die Verkaufsstelle, die als Basis der Prognose dient, wird festgestellt, welcher Umsatz pro Person erzielt wird, wobei dieser Wert nach Entfernungszonen (Entfernung zwischen Verkaufsstelle und Wohnung) differenziert wird. Solche Entfernungszonen („*Isochronen*") können über die *Weg-Zeit-Methode (Zeit-Distanz-Methode)* bestimmt und deren Marktanteile beziffert werden. Hierzu wird, wie in der *Tabelle* beispielhaft für einen Supermarkt dargestellt, aufgezeichnet, wie viele Kunden aus einzelnen Entfernungszonen gewonnen werden.

Für den neuen Standort wird analog festgestellt, wie viele Personen in den einzelnen Entfernungszonen wohnen, und mit Hilfe des erwähnten Pro-Kopf-Umsatzes wird der zu prognostizierende Umsatz errechnet.

L.M.-H.

Literatur: *Applebaum, W.*: Methods for Determining Store Trade Areas, Market Penetration and Potential Sales, in Journal of Marketing Research, Vol. 3 (5/1966), S. 127-141. *BAG* (Hrsg.): Raumökonomie. Ein Handbuch für Planung, Umbau und Erweiterung von Geschäftsflächen im Einzelhandel, Köln 1979. *BAG* (Hrsg.): Standortfragen des Handels, 5. Aufl., Köln 1995. *Geßner, H.-J.*: Einzelhandel und Stadtentwicklung. Zur Funktionalität regionaler Handelsstrukturen, in Handelsforschung 1988, S. 3–25. *Müller-Hagedorn, L.*: Der Handel, Stuttgart, Berlin Köln 1998.

Standortmarketing

ist das Marketing für Gebiete (bzw. darin ansässige Institutionen) in deren Funktion als Wirtschaftsstandort (Standortmarketing i.e.S.) oder auch als Wohn- und Lebensraum (Standortmarketing i.w.S.). Wie die *Abbildung* zeigt, kann es sich dabei um kommerzielles Marketing privater Unternehmen oder um öffentliches Marketing (Non-Business-Marketing; → Tourismus-Marketing) von Gebietskörperschaften (Kommunen, Kreise, Bezirke, Länder etc.) handeln, ggf. in Kooperation mit privaten Unternehmen. Im ersten, hier nicht behandelten Fall geht es typischerweise um das „Standortmarketing" von Handelsbetrieben (→ Standort im Handel) oder um das Immobilienmarketing für Standortobjekte bzw. -flächen. Die weiteren Ausführungen beziehen sich auf den zweiten Fall. Standortmarketing beinhaltet dann die Planung, Umsetzung und Kontrolle von Strategien und Maßnahmen gegenüber in-

Anteil der Kunden aus einzelnen Entfernungszonen in Prozent

Einzugsgebiet (Entfernungszone)	Großstadt City	Vorortzentren	Verkehrsgünstige Kleinstädte	Wohngegend
0 –500 m	74	43	27	68
500 – 1000 m	16	24	27	17
Über 1000 m	10	33	46	14

Standortmarketing

Teilbereiche des Standortmarketing

	Gebietsmarketing (Place-Marketing)			
	Standortmarketing i.w.S.			Marketing für Tourismusgebiete
	Standortmarketing i.e.S.		Marketing für Wohn- und Lebensräume	
	Marketing für Wirtschaftsstandorte			
	Business-Marketing (von Unternehmen)	Non-Business-Marketing (von Gebietskörperschaften)		
Supranationale Region		Regionenmarketing		
Land/Staat		Wirtschaftsstandort-bezogenes Regionenmarketing	Wohn- u. Lebensraum-bezogenes Regionenmarketing	Tourismus-bezogenes Regionenmarketing
Bundesland				
Kreis/Bezirk — Kooperation zwischen Kommunen				
Kommune		(Kommunales Marketing i.w.S.) Stadtmarketing		
Stadt-/Ortsteil — Sub-/Nebenzentrum	Kooperatives Standortmarketing (z.B. Werbegemeinschaften)	(Gewerbe-)Zentrenmarketing	City-Marketing	Tourismus-bezogenes Stadtmarketing
Einzelstandort	Immobilienmarketing / Einzelbetriebliches Standortmarketing			

ternen und externen Zielgruppen mit der Zielsetzung, die Attraktivität eines Wirtschaftsstandortes zu steigern, indem zielgruppengerechte Leistungsangebote entwickelt und verfügbar gemacht sowie Standortvorteile und Leistungsangebote kommuniziert werden.

Zu unterscheiden sind als Formen des Standortmarketing → Stadtmarketing und → Regionalmarketing. Im (standortbezogenen) *Stadtmarketing* bilden v.a. Innenstädte sowie einzelne Stadtteil- bzw. Neben- und Stadtrandzentren (als Handels- oder Gewerbezentren) das Standortobjekt; im (standortbezogenen) *Regionalmarketing* sind es (gewachsene) Wirtschaftsräume oder (künstliche) Verwaltungsgebiete wie Kreise, Bezirke oder Bundesländer bis hin zum „Wirtschaftsstandort Deutschland" oder „Standort Europa".

Ziele und *Zielgruppen* des Standortmarketing leiten sich letztlich aus übergeordneten politischen Vorgaben ab, die im Rahmen der Stadt- und Regionalplanung gesetzt werden (→ Binnenhandelspolitik). Generelles Ziel ist es, die Attraktivität eines Wirtschaftsstandortes zu steigern. Dabei geht es einerseits um die Unterstützung bereits ansässiger (Bestandspflege) und die Akquisition neuer Unternehmen sowie öffentlicher Institutionen bzgl. ihrer Investitionen im Standortgebiet. Als solche kommen in Frage:

– Industrie- bzw. generell Gewerbebetriebe. Die primäre Zielsetzung des Standortmarketings besteht hier darin, Arbeitsplätze zu erhalten bzw. zu schaffen sowie Steuereinnahmen zu erzielen;

– Einzelhandelsbetriebe und konsumorientierte Dienstleistungsbetriebe. Standortmarketing verfolgt hier die spezifische Zielsetzung, ein für die Standort- bzw. Zentrenentwicklung erwünschtes Branchen- bzw. Angebotsmix sicherzustellen;

– Öffentliche Institutionen. Standortmarketing will hier v.a. zur Stärkung der zentralörtlichen Bedeutung und Identität eines Standorts beitragen (z.B. durch zentrale Behörden, Forschungsinstitutionen etc.).

Andererseits ist es auch ein Ziel des Standortmarketing, Besucher bzw. Kunden für die im Standortgebiet ansässigen Handels- und Dienstleistungsbetriebe zu attrahieren. *Zielgruppen bzw. -personen* des Standortmarketing sind also zum Einen Standortentscheider in privaten und öffentlichen Betrieben/Institutionen, indirekt auch Unternehmensberater, Banken, Medien sowie politische Entscheidungsträger als Entscheidungsbeeinflusser; zum Anderen aktuelle und potentielle Besucher des Standortgebietes. Hinsichtlich interner Institutionen und Personen als Zielgruppe besteht ein Charakteristikum des Standortmarketing darin, dass diese zugleich als Bestandteil des Standortes, d.h. des zu vermarktenden „Produkts", und als dessen Repräsentant fungieren.

Als *Träger* des Standortmarketing betätigen sich prinzipiell zunächst einzelne Gebietskörperschaften, entweder jeweils allein oder über mehrere Teilgebiete hinweg als Kooperation zwischen den beteiligten Kommunen, Kreisen etc. Dann ist es oft nicht leicht, einen Interessenausgleich herzustellen, der aber Voraussetzung für ein einheitliches Standortmarketing ist (Problem der „Kirchturmpolitik"). Generell ist dabei zu berücksichtigen, dass zwischen Standortmarketing und kommunaler oder regionaler Wirtschaftsförderung sowie ggf. Regionalplanung enge Verflechtungen bestehen. Darüber hinaus beteiligen sich beim Standortmarketing i.d.R. auch im Standortgebiet ansässige private Institutionen, die davon eine Förderung eigener Interessen erwarten. Im Sinne von *Public-Private-Partnerships* arbeiten die Gebietskörperschaften dabei insbesondere mit Wirtschaftskammern (IHK, Handwerkskammer) und -verbänden (z.B. Einzelhandelsverband) zusammen, ggf. auch mit einzelnen besonders engagierten Unternehmen und der lokalen/regionalen Presse.

Die zentrale *Aufgabe* des Standortmarketing besteht in der Entwicklung einer *Marketingkonzeption* für den Wirtschaftsstandort sowie deren Umsetzung in konkrete Marketingmaßnahmen. Dazu ist zunächst im Rahmen der *Situationsanalyse* eine Bewertung von Stärken und Schwächen des Standortes vorzunehmen (→ Stärken-Schwächen-Analyse). I.d.R. erfasst man dabei einzelne *Standortfaktoren* in ihrer objektiven Ausprägung („Produktanalyse") sowie in ihrer subjektiven Wahrnehmung durch die Zielgruppen (Imageanalyse). Betrachtet werden hier zum Einen sog. „harte" Standortfaktoren, die den Wert eines Standortes im Urteil von Standortscheidern maßgeblich bestimmen: Angebot und Preisniveau von Gewerbeflächen, Lohn- und Gehaltsniveau, Verfügbarkeit qualifizierter Arbeitskräfte, Kaufkraft bzw. Markt- und Absatzpotenziale am Standort, Verkehrsinfrastruktur etc. Zum Anderen sind auch „weiche" Standortfaktoren wie Wohn- und Freizeitwert, Erlebnis- und Einkaufsattraktivität, kulturelles Angebot, Betreuung und Unterstützung durch Behörden/Ämter etc. zu analysieren. Ergänzend zur Stärken-Schwächen-Analyse wird im Rahmen einer Chancen-Risiken-Analyse die Qualität des Standortes unter Berücksichtigung sich verändernder Rahmenbedingungen (z.B. Verkehrsinfrastrukturmaßnahmen, Branchenentwicklungen etc.) bewertet.

Darauf aufbauend ist – bei größeren Standortgebieten – im zweiten Schritt ein *Standortleitbild* zu erarbeiten. Es beschreibt ein (möglichst) spezifisches Standortprofil und bezieht sich auf objektive Standortstärken (als Wettbewerbsvorteile) und somit auch auf die angestrebte Sollpositionierung (Sollimage). Das Leitbild beinhaltet z.B. die Konzentration auf ausgewählte wirtschaftliche Kompetenzfelder bzw. branchenbezogene Schwerpunkte (z.B. Medizintechnik, generelle Umweltkompetenz, Medienstandort), die im Sinne einer zukunftsfähigen Wirtschaftsstruktur ausgebaut werden sollen. Bei Handels- und Dienstleistungsstandorten kann aber gerade auch ein ausgewogener Branchenmix zur Profilierung beitragen. Aus einem solchen zielgruppen- und wettbewerbsorientiert definierten Standortleitbild ergeben sich i.d.R. Forderungen an die Politik (Stadt- und Regionalplanung), denn die Entwicklung der angesprochenen Standortfaktoren selbst liegt meist nicht mehr im Kompetenzbereich des Standortmarketing. Für dieses sind im nächsten Schritt generelle *Strategien* abzuleiten, mit denen man Art und Priorität der anzusprechenden internen und externen Zielgruppen festlegt (z.B. Bestandspflege vor Neuansiedlung) und prinzipiell bestimmt, welche standortbezogenen Leistungen erbracht bzw. welche Vermarktungsmaßnahmen ergriffen werden sollen. Damit sind auch Entscheidungen über das notwendige Standortmarketing-Budget verbunden.

Die schließlich zu ergreifenden *Maßnahmen* eines Standortmarketing bestehen (im Gegensatz zu häufig vertretenen Auffassungen) keineswegs allein aus werblichen Aktivitäten. Zu denken ist zunächst an substanzielle Leistungsangebote gegenüber internen und externen Investoren sowie den in das Standortmarketing eingeschalteten Behörden, z.B. in Form von Gewerbeflächen-Datenbanken, Kontaktvermittlungsdiensten, Informations- und Schulungsleistungen

Standortpolitik

etc.; darüber hinaus z.B. in Form der gemeinsamen Ausweisung und Vermarktung von Gewerbegebieten oder der Errichtung von Technologie- und Gründerzentren. Hier wird wieder die enge Verzahnung zwischen Standortmarketing und Wirtschaftsförderung deutlich. Auch wenn Kommunen zur Belebung ihrer Innenstädte kulturelle Veranstaltungen oder Events organisieren, liegen eher substanzielle Leistungsangebote eines Standortmarketing als bloße Kommunikationsaktivitäten vor. Letztere zielen häufig darauf ab, negative bzw. falsche → Images des Standortgebietes bei internen (Selbstimage) und externen Zielgruppen (Fremdimage) zu korrigieren. Ein weiteres Ziel von Kommunikationsmaßnahmen besteht in der Schaffung einer standortspezifischen Identität (→ *Corporate Identity*). Sie trägt insbesondere dazu bei, die Identifikation und das Engagement der im Standortgebiet ansässigen Unternehmen, Institutionen, Behörden und Akteure zu verstärken und auf diese Weise indirekt die Standortbedingungen selbst zu verbessern. Gleichzeitig entstehen dadurch positive Effekte für die Außendarstellung des Standorts. Die verschiedenen Kommunikationsmaßnahmen sollten einheitlich konzipiert (→ Corporate Design) und aufeinander abgestimmt zum Einsatz kommen (→ Corporate Communications). F.W./O.Bl.

Literatur: Hamman, P.: Kommunales und regionales Marketing, in: *Tietz, B.; Köhler, R.; Zentes, J.* (Hrsg.): Handwörterbuch des Marketing, Stuttgart 1995, Sp. 1166-1176. *Manschwetus, U.*: Regionalmarketing, Wiesbaden 1995. *Spieß, S.*: Marketing für Regionen, Wiesbaden 1998. *Töpfer, A.; Mann, A.*: Kommunikation als Erfolgsfaktor im Marketing für Städte und Regionen, hrsg. von der Spiegel Verlag Rudolf Augstein GmbH & Co. KG, Hamburg 1995. *Werthmöller, E.*: Räumliche Identität als Aufgabenfeld des Städte- und Regionenmarketing, Frankfurt a.M. u.a. 1995.

Standortpolitik → Standort im Handel

Standort-PR

Promotion eines Ortes oder einer Region z.B. als Wirtschaftsstandort mit Mitteln der → Public Relations, speziell des → Lobbyings und der → Werbung. Unternehmen werden die sich bei einer Ansiedelung am entsprechenden Standort bietenden Vorteile kommuniziert: Qualifizierte Arbeitskräfte in genügender Zahl, Qualität, Angebot und Preisniveau auf dem Immobilienmarkt, Steuerliche Vorteile, Qualität der Erschließung und Infrastruktur, Nähe zu wichtigen Märkten, Qualität des Wohnungsmarktes, Qualität des Kultur- und Freizeit-Angebots sowie der Ausbildungsmöglichkeiten, des sozialen Klimas und der Sicherheit. P.F.

Standortzentralität
→ Standort im Handel

Stapelware → Commodity,
→ Rohstoffmarketing

Starchtest

ein von dem amerikanischen Werbeforscher *Starch* (1966) entwickeltes Recognition-Verfahren zur Messung der Anzeigenwirkung (→ Werbetests). Während des Durchblätterns einer Zeitschrift werden die Probanden gefragt, ob sie die gerade zu sehende Anzeige wieder erkennen. Die Ergebnisse werden klassifiziert:

– „Noted": Prozentsatz derjenigen, die die Anzeige schon früher gesehen haben
– „Seen/associated": Anteil derjenigen, die sich an den Namen des beworbenen Gegenstandes erinnern und Teile von der Anzeige gelesen haben
– „Read most": Prozentsatz derjenigen, die mehr als die Hälfte der Anzeige gelesen haben.

Die Zuverlässigkeit der Testergebnisse scheint z.B. aufgrund von Antworttendenzen nicht gewährleistet zu sein. So konnte gezeigt werden, dass bei Lesern und Nicht-Lesern in etwa gleich große Recognition-Quoten festzustellen sind. Das Verfahren wird zumindest in der Bundesrepublik Deutschland kaum mehr angewandt. W.L.

Stärken-Schwächen-Analyse, Ressourcenanalyse

zur → Umweltanalyse komplementärer Teilprozess der → strategischen Marketingplanung, dessen Aufgabe es ist, die Ressourcen eines Unternehmens im Vergleich zu den wichtigsten Konkurrenten zu analysieren und zu bewerten. Dabei ist das zentrale Problem, die Beurteilungskriterien herauszufinden, die als strategisch relevant anzusehen sind, d.h. mit denen sich ein strategischer → Wettbewerbsvorteil aufbauen lässt. Um die dafür maßgeblichen → Erfolgsfaktoren zu bestimmen, gilt es zunächst, die aktuellen und zukünftigen Kundenbedürfnisse mit den diversen Methoden der

→ Marktforschung zu erheben. Danach müssen die zur Befriedigung der Kundenbedürfnisse benötigten Potentiale identifiziert werden. Die Stärken-Schwächen-Analyse kann dabei einerseits direkt an den Ressourcen (→ Resource-based view), andererseits aber auch an den Funktionen (→ Marketingorganisation) oder Prozessen (→ Marketingprozesse) ansetzen, um die unternehmensseitig notwendigen Ressourcen zu erfassen. Schließlich müssen die so identifizierten Unternehmenspotentiale mit der Konkurrenz verglichen werden. Dieser Vergleich sollte auf der Basis nachprüfbarer Daten erfolgen, um willkürliche Bewertungen auszuschließen. In der Praxis wird man aber oft auch auf die subjektiven Einschätzungen der Planer zurückgreifen müssen, da die nach Art und Menge für eine fundierte Analyse benötigten Daten selten vollständig in einem ökonomisch und zeitlich vertretbaren Rahmen beschafft werden können – sofern dies, etwa im Falle der Daten über die Konkurrenz, überhaupt gelingt (→ Konkurrenzforschung).

Eine Methode zur globalen Erfassung des Potentials stellt das Aufstellen eines *Stärken-Schwächen-Profils* dar, wie es in der *Abbildung* für eine → strategische Geschäftseinheit vorgenommen wurde. Allerdings ist für die Stärken-Schwächen-Analyse die Relativität des Vergleiches entscheidend, da sich Stärken und Schwächen eines Unternehmens stets in Relation zur Konkurrenz ergeben. Diese Relativität kann wie in der *Abbildung* durch den Vergleich des eigenen Profils zu denen der wichtigsten Konkurrenzunternehmen zum Ausdruck gebracht werden; man kann aber auch die Skala so wählen, dass direkt die Position gegenüber den wichtigsten Konkurrenten bewertet wird. Durch Aggregation der relativen Stärken bzw. Schwächen zu einem Index in Form von Punktbewertungsmodellen (→ O´Meara-Modell) ist es möglich, die Wettbewerbsposition der Unternehmung zu bestimmen und so den internen Faktor für eine → Portfolio-Analyse zu erhalten. Weitere Möglichkeiten der Stärken-Schwächen-Analyse stellen die Analyse der → Wertkette, der → Lebenszyklen und die → Gap-Analyse dar. J.L./A.Ha.

Literatur: *Becker, J.:* Marketing-Konzeption, 6. Aufl., München 1998. *Hinterhuber, H.H.:* Strategische Unternehmensführung, Berlin, New York 1984.

Stärken-Schwächen-Profil einer strategischen Geschäftseinheit (Prinzipdarstellung)

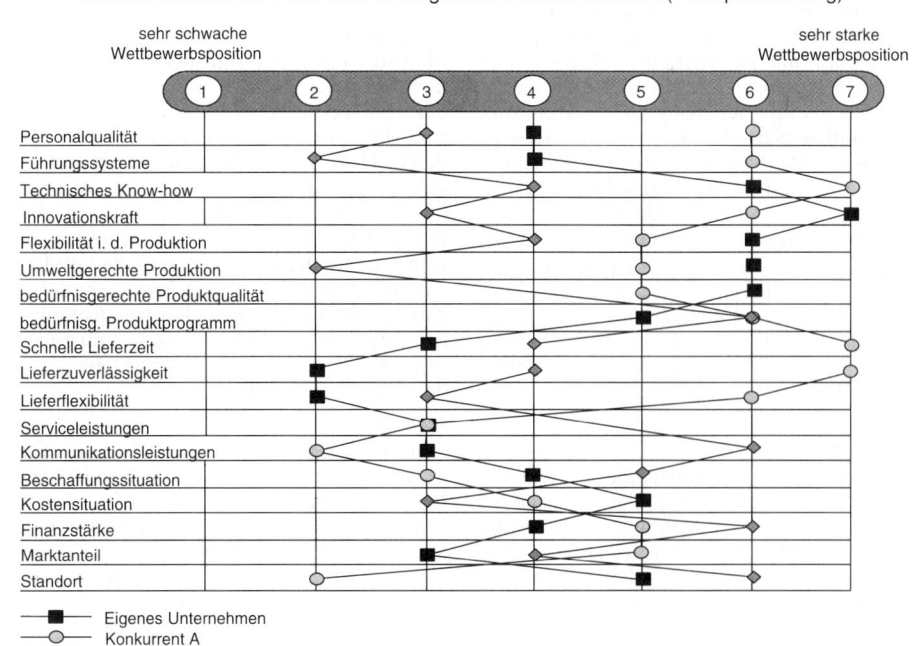

STAS

dient als Abkürzung für „Short Term Advertising Strength". *J. P. Jones* versteht darunter eine kurzfristige Werbewirkung, die an ausgelösten Käufen der Adressaten zu messen ist, wie es auch bei der → Netapps-Methode geschieht. Anhand von Single Source Daten wird in einer Warengruppe der Anteil der Einkaufsakte bei Produkt X aller Personen mit (mindestens einem) TV-Werbekontakt für Produkt X innerhalb von 7 Tagen vor dem Kauf verglichen mit dem Anteil der Einkaufsakte bei Produkt X aller Personen ohne TV-Werbekontakt für Produkt X im selben Zeitraum, um auf die Kaufverhaltenswirkung der Werbeanstöße zu schließen. Der Effekt („STAS Differenzial") wird als ein auf den Wert 100 normierter Index ausgewiesen (100 bedeutet „kein Unterschied zwischen den Anteilen"). Der Effekt ist als Unterschiedsmittelwert während eines Jahres (Erfassungszeitraum) zu verstehen.

Die STAS-Idee scheint auf den ersten Blick einen gültigen Nachweis der Kaufverhaltenswirkung von Werbung zu erlauben. In kritischen Stellungnahmen wurde jedoch darauf aufmerksam gemacht, dass der STAS-Faktor weder die Werbewirkung erschöpfend noch hinreichend zurechnungsvalide erfasst: Infolge einer möglichen Überlagerung von Preis- und In-Store-Aktivitäten, infolge einer mangelnden Separierung kurz- und langfristiger → Werbeeffekte, infolge unberücksichtigter Konkurrenzeffekte sowie einer mangelnden Trennung des Einflusses der Markentreue und anderer Personencharakteristika vom vermeintlichen Werbeeffekt bleibt das STAS-Maß – zumindest in seiner Grundform – als quantitativer Werbeeffekt verzerrt. H.St.

Literatur: Jones, J.P.: When Ads Work, New York 1995. Zur Diskussion vgl. die Auseinandersetzung zwischen *L.M. Lodish* und *J.P. Jones* im Journal of Advertising Research, Vol. 37 (1997), No. 5 September/Oktober und Vol. 38 (1998), No. 2 March/April.

State Trading

Regierungshandel, Staatshandel (→ Außenhandel, institutioneller); in Planwirtschaften die Einschaltung von Außenhandelsorganisationen (AHO) in den internationalen Handel, in marktwirtschaftlich organisierten Systemen jene Bereiche, in denen der Staat entweder als Unternehmer tätig wird (verstaatlichte Teile der Wirtschaft) oder sich für Regierungszwecke (Behörden, Sicherheit etc.) am nationalen oder internationalen Markt beteiligt (z.B. durch staatliche Einkaufsbehörden, Government Agency). Die europäische Gemeinschaft sowie das → GATT streben die Öffnung dieser Marktsegmente für den internationalen Handel an. H.Ma.

Stationärer Einzelhandel

Sammelbegriff für jene → Betriebsformen des → Einzelhandels, bei denen im Gegensatz zum → ambulanten und elektronischen Handel (→ E-Commerce) der Verkauf des Waren- und Dienstleistungsangebots in offenen Verkaufsstellen bzw. an festen Standorten erfolgt, mithin in Ladengeschäften (z.B. → Supermärkte, → Fachgeschäfte, → Verbrauchermärkte, → Warenhäuser) oder in sonstigen standortlich fixierten Einkaufsstätten (z.B. → Kioske, → Handel vom Lager, → Warenautomaten, → Tankstellenshops).

Die Betriebe des stationären Einzelhandels – namentlich in Gestalt der Ladengeschäfte – prägen nach Anzahl, Umsatz und anderen Strukturmerkmalen weitgehend das Erscheinungsbild des Einzelhandels in Deutschland (vgl. *Tab.*). Sie schon deswegen mit dem Einzelhandel schlechthin zu identifizieren – was häufig geschieht – wäre jedoch verfehlt, allein wenn man die – ebenso prinzipiell wie empirisch gegebene – Mehrdeutigkeit der Marktkategorie *„räumlich gebundenes Einzelhandelsangebot"* mit der entsprechenden Vielfalt ihrer betriebsindividuellen Realisierbarkeit bedenkt. Dennoch kommt dem ‚Marktschicksal' des stationären Einzelhandels die Bedeutung eines Indikators zu, der weite Bereiche des Einzelhandels erfasst, und insofern von vergleichsweise hoher, da von betriebsübergreifend gültiger Aussagekraft ist. Zumindest bietet er vielfältige Anknüpfungspunkte für die Diskussion branchentypischer Phänomene und der sie bewirkenden Gestaltungskräfte:

– so z.B. was die in unternehmerischer Verantwortung realisierten Leistungsprofile unter den im Zeitablauf sich wandelnden Akzeptanzbedingungen betrifft (vgl. → Betriebsform des Einzelhandels, → Betriebsformendynamik im Einzelhandel, → Lebenszykluskonzept im Einzelhandel, → Store Erosion);

– so aber auch hinsichtlich jener Felder des gesellschaftlichen Interesses, die der stati-

Arbeitsstätten, Beschäftigte und Umsatz im Einzelhandel nach Betriebsformen in Deutschland

Betriebsform[1]	Arbeitsstätten		Beschäftigte		Umsatz[2]	
	am 30.04.1993				1992	
	Anzahl	%	Anzahl	%	Mio. DM	%
Ladengeschäfte darunter:	401.295	82,3	2.485.932	91,1	596.271	88,8
Supermärkte u.a. SB-Lebensmittelmärkte	16.220	3,3	322.145	11,8	117.169	17,4
SB-Warenhäuser u. Verbrauchermärkte	996	0,2	95.631	3,5	35.964	5,4
Kauf- u. Warenhäuser	1.191	0,2	178.475	6,5	43.006	6,4
Restlicher stationärer Einzelhandel (z.B. Kiosk, fester Straßenverkaufsstand, Handel vom Lager, Warenautomat)	46.919	9,6	111.524	4,1	30.340	4,5
Stationärer Einzelhandel	448.214	92,0	2.597.456	95,2	626.611	93,3
Ambulanter Handel	28.675	5,9	63.525	2,3	7.094	1,1
Versandhandel	10.431	2,1	66.331	2,4	37.845	5,6
Einzelhandel insgesamt	487.320	100,0	2.727.312	100,0	671.551	100,0

[1]Ohne Kfz-Handel und Tankstellen; [2]Geschäfts- oder Kalenderjahr 1992; einschl. Umsatzsteuer
(Quelle: *Statistisches Bundesamt*, Wiesbaden (Handels- und Gaststättenzählung 1993))

onäre Einzelhandel aufgrund der ihm eigenen Standortorientierung und zentrenprägenden Kraft im urbanen Raum notwendigerweise berührt, wie insbesondere das Ausmaß seiner stadtentwicklungspolitisch angezeigten Funktionalität im Sinne der Sozialverträglichkeit regionaler Handelsstrukturen (vgl. Revitalisierung der Innenstadt als Erlebnisraum und Einzelhandelsstandort im Rahmen von → Stadtmarketing-Konzepten). H.-J.Ge.

Stationarität
die für die Anwendung best. → Zeitreihenprognosen wichtige Eigenschaft einer Zeitreihe, keinen Trend aufzuweisen.

STATISBUND → Amtliche Statistik

Statistische Ämter → Amtliche Statistik

Status, sozialer
Position in einem hierarchisch geordneten gesellschaftlichen System aufgrund der Anerkennung der sozialen Umgebung. In der Gesamtgesellschaft drückt der soziale Status die Zugehörigkeit zu einer *sozialen* → Schicht aus, im Erwerbsleben die Wertschätzung eines Berufs, in der Familie die Position der einzelnen Familienmitglieder usw. In westlichen Industriegesellschaften (Leistungsgesellschaften) ist v.a. der erworbene Status (im Gegensatz zum ererbten) positionsbestimmend. Beachtung finden daher Merkmale, die Rückschlüsse auf die individuelle Leistungsfähigkeit zulassen, so z.B. formale Bildung, Beruf und Einkommen, aber auch Besitz und Konsum teurer Produkte und Dienstleistungen. E.K.

Stay-or-Exit-Entscheidung
→ Marktaustritt

Stealomatic → TV-Spot

STEAM (Stochastic Evolutionary Adoption Model)
Quantitatives Modell zur frühzeitigen, langfristigen Marktanteilsprognose eines Neuproduktes aus Paneldaten. Es ist für häufig gekaufte Produkte konzipiert. Hinsichtlich seiner Annahmen über das individuelle Kaufverhaltens ist STEAM zu den stochastischen Modellen zu zählen. Neben Marktanteilsprognosen können diagnostische Analysen durchgeführt werden, z.B. über Produktzufriedenheit oder die Werbeeffizienz. Die Daten über Erstlauf und Wiederkäufe müssen aus einem Käuferpotential stammen, z.B. einem Haushaltspanel. Aus ihnen wird die Wahrscheinlichkeit geschätzt, mit der ein Haushalt weitere Käufe dieser oder anderer Marken der be-

treffenden Produktklasse tätigt (Wiederholkaufverhalten). Aus diesen individuellen Wahrscheinlichkeiten wird eine Wahrscheinlichkeitsfunktion des Kaufverhaltens berechnet, die durch die Parameter: (1) Anzahl bisheriger Käufe, (2) Zeitpunkt des letzten Kaufs und (3) Zeitdauer seit dem letzten Kauf bestimmt wird. Die Prognose des Marktanteils erfolgt durch eine Monte-Carlo-Simulation des zukünftigen Kaufverhaltens. Das zur Simulierung der Kaufdaten verwendete mathematische Modell wird durch die genannten empirischen Parameter des Kaufverhaltens bestimmt. Die Verwendung von kausal eigentlich sehr aussagekräftigen Paneldaten, deren Gehalt sonst durch Kennzahlen meist schlecht genutzt wird, bestimmt den Wert des Modells wesentlich. Anstelle von Paneldaten können aber auch experimentelle Testmarkendaten verrechnet werden. Vergleichsanalysen von STEAM geschätzten und tatsächlichen eingetretenen Marktanteilen zeigten hohe Prognosevalidität des Modells. Trotzdem wurde es in der Praxis nicht oft angewendet. Seine größten praktischen Nachteile liegen in der hohen Komplexität und dem damit verbundenen mathematischen anspruchsvollen Niveau. Für den Marketingmanager ist der Rechenweg und damit auch das Ergebnis schwierig nachzuvollziehen, was bis zum PC-Zeitalter zu Ablehnung im Management geführt hat. Auch erfordert die Modellanwendung der in den 70er-Jahren entwickelten Version bisher noch hohen Arbeitsaufwand. V.T.

Literatur: Massy, W.F.: Forecasting the Demand for Convenience Products, in: Journal of Marketing Research, Vol. 6 (1969), S. 405-412.

Stern-Schema → Data Warehouse

Steuerberater-Marketing
→ Marketing für freie Berufe

Steuerliche Aspekte des Marketing

Da sowohl → Marketing ein umfassender unternehmerischer Aktivitätskomplex ist wie auch die Unternehmensbesteuerung vielfältige Anknüpfungspunkte hat, gibt es kaum eine Marketingaktivität ohne steuerliche Auswirkung (Universalitätsaspekt der Besteuerung). Mit zunehmender Internationalisierung treten auch die ausländischen Steuerwirkungen sowie die transnationale Besteuerung (Doppelbesteuerungsabkommen) ins Kalkül. Problematisch sind allerdings oft die Steuerwirkungsprognose (Zurechnungs-, Ungewissheits- und Quantifizierungsprobleme) und die gleichzeitige Optimierung des absatz- und steuerpolitischen Entscheidungsverbunds (Organisations-, Totalitäts-, Integrations- und Simultanitätsprobleme).

Steuerwirkungen des Marketing können finanzieller (Steuerzahlungen), konfektorischer (Verwaltungsarbeiten z.B. Rechnungserstellung, Aufzeichnungspflichten) und informatorischer (z.B. Beratung, Prüfung) Art sein. Im Mittelpunkt stehen die finanziellen Wirkungen (Steuerbe- und -entlastungen), bei denen Beeinflussungen der Steuerbemessungsgrundlagen (z.B. Umsatz, Gewinn), des anzuwendenden Steuersatzes (normal/ermäßigt) und Steuerabzugsbeträge (z.B. *Vorsteuerabzug*) – wiederum je nach Steuerart – unterschieden werden können. Neben diesen finanziellen Primärwirkungen treten auch Sekundär- und Tertiärwirkungen auf, weil die urprünglichen Steuerwirkungen wiederum steuerliche Auswirkungen haben (z.B. ertragsteuerliche Abzugsfähigkeit der Gewerbesteuerbelastung; Solidaritätszuschlag).

Marketingrelevante Steuerarten sind insbes.

a) Steuern auf den Faktoreinsatz: Eingangszölle → Zölle), → Verbrauchssteuern, Vorsteuer (→ Umsatzsteuer), Grunderwerbsteuer, Lohn- und Kapitalertragsteuer;

b) Steuern auf den Faktorbestand: Grund-, Kfz-Steuer;

c) Steuern auf die Leistungserstellung und -verwertung: Umsatzsteuer, Verbrauchssteuern, Ausfuhrzölle (Zölle),

d) Steuern auf den Leistungserfolg: Einkommen-, Körperschaft- und Gewerbeertragsteuer.

Im Einzelnen lassen sich die Steuerwirkungen des Marketing nur im Zusammenhang mit bestimmten Marketingaktivitäten, bestimmten strukturellen Rahmenbedingungen (z.B. Rechtsform, Standort, Unternehmensverbindung) und bestimmten Steuerrechtssystemen und Rechtsauffassungen feststellen.

Zu den Steuerwirkungen bestimmter Marketingaktivitäten:

→ Preispolitik, steuerliche Aspekte;
→ Produkt- und Sortimentspolitik, Aspekte der Besteuerung;
→ Verpackung, bilanzielle und steuerliche Behandlung;

→ Distributionspolitik, steuerliche Aspekte;
→ Handelsvertreter, Rechnungslegung und Besteuerung;
→ Kaufvertrag;
→ Kommission;
→ Rechnung;
→ Reisekosten;
→ Vertriebsgesellschaft;
→ Vertriebskosten in Rechnungslegung und Besteuerung;
→ Vorratskosten;
→ Werbung, Aspekte der Besteuerung und Rechnungslegung;
→ Sponsoring;
→ Bewirtungsaufwand;
→ Gästehausaufwendungen;
→ Geschäftswert;
→ Geschenkaufwendungen;
→ Schmiergelder;
→ Repräsentationsaufwendungen, steuerliche Aspekte. R.F.

Literatur: *Feuerlein, H.-D.:* Die Beziehungen zwischen absatzpolitischen Entscheidungen und der Besteuerung, Düsseldorf 1981. *Rose, G.:* Absatz und Besteuerung, in: *Koch, H.* (Hrsg.): Zur Theorie des Absatzes, Gutenberg-Festschrift, Wiesbaden 1973, S. 381 ff. *Rose, G.:* Betriebswirtschaftliche Steuerlehre, 3. Aufl., Wiesbaden 1992.

Steuerüberwälzung
→ Preispolitik, steuerliche Aspekte

Stichprobe

In der → Marktforschung ist aus Zeit- und Kostengründen vielfach – anstelle einer Vollerhebung – eine Beschränkung auf einen Teil aller (entsprechend der Abgrenzung der → Grundgesamtheit) in Betracht kommenden Elemente erforderlich. Eine solche Teilerhebung wird auch als „Stichprobe" oder „Sample" bezeichnet. Gelegentlich erfolgt – deshalb die Anführungszeichen – eine Einschränkung des Begriffs auf eine zufallsgesteuerte Auswahl (→ Auswahlverfahren). (Zwischen den Bezeichnungen Stichprobe – i.e.S. – und Teilerhebung würde also ein Unterschied bestehen.) Nur dann ist nämlich der Repräsentationsschluss, im Sinne der schließenden Statistik (→ Inferenzstatistik), von der Stichprobe auf die Grundgesamtheit, in der Weise möglich, dass aufgrund der aus der Stichprobe ermittelten Ergebnisse auf die unbekannten Parameter der Grundgesamtheit geschlossen und dafür eine „Fehlergrenze" angegeben wird. Infolge des Wirkens des → Zufallsfehlers ist nämlich nur eine Intervallschätzung möglich. Ein solches Vertrauens- oder → Konfidenzintervall, hier nur für den (arithmetischen) Mittelwert, könnte etwa folgende Form haben: „Mit einer Wahrscheinlichkeit von 95% liegen die durchschnittlichen Ausgaben für den Artikel A zwischen 8 und 11 DM" (oder, exakter formuliert: in 95 von 100 Fällen wird der „wahre Wert" der Grundgesamtheit vom Vertrauensintervall umschlossen). Es enthält also zwei Elemente: das Intervall selbst (→ Fehlerspanne) und den Konfidenzgrad (Genauigkeits- oder Sicherheitsgrad, → Vertrauenswahrscheinlichkeit).

In der Praxis ist der Stichprobenumfang meist so groß, dass auch die Anzahl aller möglichen Stichproben recht groß wird und sich – via „zentraler Grenzwertsatz" – die → Stichprobenverteilung einer → Normalverteilung nähert. Damit ergibt sich als Mittelwert der Stichprobenverteilung des arithmetischen Mittels: $\mu_x = \mu$ und als → Standardfehler: $\sigma_8 = \sigma/n$. (→ als Standardabweichung der Grundgesamtheit, n für den Umfang der Stichprobe. Der Korrekturfaktor, die sog. → Endlichkeitskorrektur, wurde vernachlässigt.) Dies ist in der älteren deutschen Literatur auch als heterograder Fall bezeichnet worden. Für den „homograden" Fall, die Proportion (p für die der Stichprobe, P der Grundgesamtheit – und q bzw. Q als Komplement zu 1), resultiert entsprechend

$$\sigma_p = \sqrt{\frac{P \cdot Q}{n}}$$

Dies zeigt auch, dass sich – da es sich hier im Grunde um eine Binomialverteilung handelt – die Normalverteilung der Stichprobenverteilung unabhängig von der Verteilung der Grundgesamtheit ergibt.

Nun wird – im „heterograden Fall" – σ, als „wahrer Wert" der Grundgesamtheit, aber gerade nicht bekannt sein, sondern muss durch die Stichproben-Standardabweichung s (unter Verwendung von n-1 – statt n – als Divisor, damit es sich um eine „erwartungstreue" Schätzung handelt, → Inferenzstatistik) ersetzt werden. Dadurch tritt an die Stelle der Normalverteilung die → t-Verteilung, und zwar mit df = n-1 (→ Freiheitsgrade). Damit muss nun auch eine Normalverteilung der Grundgesamtheit vorausgesetzt (und ggf. mit → Anpassungstests überprüft) werden. Da sich mit wachsender Stichprobengröße (jedenfalls ab 100;

mitunter werden, als „Faustregel", auch schon geringere Fallzahlen – etwa 50 oder gar 30 – genannt) die t-Verteilung der Normalverteilung nähert, kann bei großen Stichproben von dieser Voraussetzung abgesehen (und in den folgenden Formeln t durch z ersetzt) werden. Insgesamt erfolgt die Intervallschätzung des arithmetischen Mittels als:

$$\mu = \bar{x} \pm t \frac{s}{\sqrt{n}}$$

Beispiel: n = 500; 8̄ = 0,8; s (mit n-1 als Divisor) = 0,3; Vertrauenswahrscheinlichkeit = 0,95, d.h. t = 1,96: μ = 0,80 ± 0,0263. Das Intervall, das in 95% aller Fälle den „wahren Wert" umschließt, lautet also: 0,77 < μ < 0,83.

In der Praxis der Marktforschung – und auch der amtlichen Statistik – verzichtet man oft auf eine derartige „Fehlerrechnung". Sie wäre bei großen Bevölkerungsumfragen mit vielen Ergebnissen auch sehr aufwendig. Für den praktischen Gebrauch wurden zudem Tabellen, mit verschiedenen Stichprobengrößen, entwickelt. Zumal für Proportionen sind diese, infolge der Begrenzung des „Wertevorrats", wegen p + q = 1, relativ leicht aufzustellen und werden mitunter „Berichtsbänden" als Anhang beigegeben.

Auch bei der Festlegung des Stichprobenumfangs – vor der Durchführung der Erhebung – werden in der Praxis oft „Erfahrungswerte" (z.B. 1000 oder 2000) zugrunde gelegt. Die exakte Berechnung ist wiederum nur bei Proportionen relativ leicht möglich. Bei Mittelwerten ergibt sich eine Schwierigkeit. Die Formel lässt sich zwar noch einfach ableiten. Führt man für die Fehlerspanne das Symbol e ein:

$$e = t \cdot \frac{s}{\sqrt{n}}$$

so folgt:

$$n = \frac{t^2 \cdot s^2}{e^2}$$

Da s aber zu diesem Zeitpunkt noch nicht bekannt ist (bei p und q kann – „konservativ" – deren ungünstigstes Verhältnis, nämlich 0,5 : 0,5, angenommen werden), müssen hypothetische Werte – evtl. aus Voruntersuchungen gewonnen – eingesetzt werden.

Beispiel: Wie oben soll die Vertrauenswahrscheinlichkeit 0,95 betragen (t = 1,96); der absolute Fehler soll nicht höher als 0,03 sein; s wird mit 0,35 angenommen:

$$n = \frac{1{,}96^2 \cdot 0{,}35^2}{0{,}03^2} = 529$$

Man beschließt, nur 500 Erhebungen durchzuführen. Trotz der geringeren Stichprobengröße ergibt sich im obigen Beispiel ein niedrigerer Fehler, weil die Streuung kleiner als veranschlagt war. M.H.

Literatur: *ADM* Arbeitskreis Deutscher Markt- und Sozialforschungsinstitute e.V.; *AG.MA* Arbeitsgemeinschaft Media-Analyse e.V. (Hrsg.): Stichprobenverfahren in der Umfrageforschung, Opladen 1999. *Bohley, P.*: Statistik, 6. Aufl., München 1996. *Hartung, J.; Elpelt, B.; Klösener, K.-H.*: Statistik, 12. Aufl., München 1999. *Hüttner, M.*: Grundzüge der Marktforschung, 6. Aufl., München 1999. *Sachs, L.*: Angewandte Statistik, 9. Aufl., Berlin 1999.

Stichprobenausfälle

treten in der Praxis aus sehr unterschiedlichen Gründen auf. Man kann sie in zwei Gruppen einteilen: Die unechten oder stichprobenneutralen Ausfälle (Personen außerhalb der definierten Grundgesamtheit, z.B. außerhalb der Altersgrenze, nicht mehr existierende Haushalte usw.) stellen im Grunde nur eine Bereinigung dar. Dagegen können die „echten" Ausfälle (z.B. Antwortverweigerungen) zu einer Verzerrung der Ergebnisse führen (→ Non-Response-Problem). Es ist allerdings zu bedenken, dass das Problem bei einzelnen Auswahlverfahren nur verdeckt sein kann (z.B. bei der → Quotenauswahl, wo der Interviewer eben auf andere Personen ausweichen und damit die volle Zahl der vorgegebenen Interviews durchführen kann).

Stichprobenneutrale Ausfälle sind Ausfälle, welche die Repräsentanz einer → Stichprobe nicht berühren. Sie sind abhängig von der Art der Random-Stichprobe. Beispiele: Der Haushalt existiert nicht oder die vorgegebene Wohnung ist (zurzeit) unbewohnt. M.H.

Stichprobendynamisierung

Stichprobendynamisierung ist ein in der Fernsehforschung angewandtes Modell mit dem Ziel, den Prozess der Überführung des alten in ein neues Stichprobensystem zusätzlich zu beschleunigen.

Die Stichprobendynamisierung funktioniert folgendermaßen: Auf Grundlage der 81-Zellen-Pläne werden Panelhaushalte aus übersetzten Zellen, in denen der Istbestand größer ist als der entsprechende Sollwert, gezielt abgeworben. Dabei wird die Dauer der Panelzugehörigkeit als Abwerbekriterium berücksichtigt.

Im Rahmen der Panelumbaumaßnahmen für das Deutsche Panel 1995 wurden so gezielt alle Panelhaushalte abgeworben, die vor 1990 angeworben worden waren. Neuanwerbungen in der neuen → Stichprobe finden dann gezielt in den Zellen statt, in denen noch Defizite vorliegen.

Stichprobenfehler

Es handelt es sich hierbei um die „Zufallsfehler i.e.S.", also die Fehler, die dadurch entstehen, dass statt der Grundgesamtheit im Umfange N nur eine (Zufalls-)Stichprobe von n untersucht wird. Im weiteren Sinne gehören dazu auch die „Auswahlfehler", also die Fehler, die durch fehlerhafte Handhabung des Auswahlverfahrens bzw. der Auswahltechnik und falsche Behandlung der Stichprobe entstehen.

Stichprobensystem
→ ADM-Mastersample

Stichproben, unabhängige
→ Unabhängige Stichprobe

Stichproben, verbundene

Bei einer Vielzahl von parametrischen und → nicht-parametrischen Testverfahren unterscheidet man zwischen unabhängigen → Stichproben und verbundenen Stichproben. Bei verbundenen Stichproben wird zu einer Grundgesamtheit aufgrund der Tatsache, dass m Merkmale von Interesse sind, eine m-dimensionale Stichprobe vom Umfang n gezogen. Dabei können im Prinzip zwei unterschiedliche Erhebungsarten zugrunde liegen. Die eine Art besteht darin, n Untersuchungseinheiten aus der Grundgesamtheit zufällig auszuwählen und bei jedem dieser n Merkmalsträger alle m Merkmale zu beobachten. Zugelassen ist aber auch, dass sich die Stichprobe aus Gruppen oder Blöcken, bestehend aus je m möglichst ähnlichen Untersuchungseinheiten, zusammensetzt und jedes der m Merkmale in jedem Block genau einmal erhoben wird [*Büning/Trenkler* (1994), S. 199]. Bei beiden Erhebungsarten spricht man dann von m verbundenen einfachen Stichproben, indem man die Datenerhebung zu jedem Merkmal als eigene Stichprobe interpretiert. Werden bspw. zwei verschiedene Methoden I, II vorgeschlagen, nach denen ein bestimmter Arbeitsvorgang, der in einem großen Unternehmen bisher stets durch ein aus 2 Personen bestehendes Team durchgeführt wurde, in Zukunft von einer Person erledigt werden kann, und waren bisher N solche Zweier-Teams dazu eingesetzt (mit großem N), so kann man, um die beiden Methoden I, II zu testen, auf unterschiedliche Weisen Stichproben, in denen jeweils die benötigte Arbeitszeit registriert wird, ziehen. Wählt man aus den $2N$ vorhandenen Personen $n_1 + n_2$ aus und lässt n_1 von ihnen nach Methode I, n_2 nach Methode II arbeiten, so kann man von zwei unabhängigen Stichproben ausgehen. Dagegen erhält man zwei verbundene Stichproben, indem man n der $2N$ Personen zufällig auswählt und jeden von ihnen jede der beiden Methoden I, II durchführen lässt, aber auch – unter der Annahme, dass sich zwei bisher in einem Team zusammengefasste Personen bezüglich ihrer Arbeitsweisen sehr ähnlich sind –, indem man zufällig n der N Zweier-Teams wählt und je einen aus dem Team nach Methode I bzw. II vorgehen lässt; auch die Zuordnung der beiden Personen eines Teams zu den Methoden I, II sollte dabei zufallsabhängig sein.

T.B./M.MB.

Literatur: *Büning, H.; Trenkler, G.:* Nichtparametrische statistische Methoden, 2. Aufl., Berlin, New York 1994.

Stichprobenverteilung

Aus einer Grundgesamtheit im Umfange N können mehrere → Stichproben im Umfange n gezogen werden, und zwar $\binom{N}{n}$. Beispiel: Aus einer Grundgesamtheit von nur 6 Elementen sind bei einer Stichprobengröße von 2 bereits (6·5) / 2 = 15 verschiedene Stichproben – z.B.: Elemente AB, AC, ..., – möglich. Für jede dieser Stichproben kann nun die betrachtete Maßzahl – z.B. das arithmetische Mittel 8 – berechnet werden. Als Stichprobenverteilung („sampling distribution") bezeichnet man die Verteilung dieser Maßzahl für alle möglichen Stichproben.

Damit kann man das → Konfidenzintervall eines Parameters in der jeweiligen Stichprobe bestimmen. Handelt es sich bei der Stichprobenverteilung z.B. um eine → Normalverteilung, so hat diese ihrerseits ein „arithmetisches Mittel" und eine „Standardabweichung"; Letztere heißt auch → „Standardfehler" (standard error). M.H.

Stiftung Verbraucherinstitut

Die Stiftung Verbraucherinstitut soll als Verbraucherinstitution gem. Satzung zur Förderung der Aufgaben der → Verbraucherorganisationen und -institutionen Grundsätze, Modelle und Einzelmaterialien für die Verbraucherbildung und -information erarbeiten sowie Fortbildungsveranstaltungen zur Verbraucherbildung und -information durchführen.

Das Verbraucherinstitut wurde 1978 von der → Arbeitsgemeinschaft der Verbraucherverbände und der → Stiftung Warentest als Stiftung des privaten Rechts mit Sitz in Berlin gegründet.

Die Finanzierung erfolgt überwiegend aus Mitteln des Bundesministers für Wirtschaft sowie aus einigen Projektförderungen und eigenen Einnahmen. Hauptarbeitsgebiet ist die Durchführung von Fortbildungsveranstaltungen für die Beratungskräfte der → Verbraucherzentralen, z.T. auch in Form von Fernlehrgängen. Das Verbraucherinstitut befasst sich auch mit neu aufkommenden Verbraucherproblemen, zu denen es Fachtagungen und Workshops, oft unter Beteiligung von Experten aus der Wirtschaft, organisiert. Außerdem werden Seminare für sog. Multiplikatoren angeboten, z.B. für ehrenamtliche Kräfte in der Verbraucherarbeit, Journalisten, Dozenten der Erwachsenenbildung, Lehrer und Sozialarbeiter. Insgesamt werden jedes Jahr zwischen 60 und 100 Veranstaltungen sowie Fernlehrgänge durchgeführt.

Das Verbraucherinstitut entwickelt – i.d.R. gemeinsam mit Experten aus den Verbraucherorganisationen – Arbeitshilfen für Lehrer und andere Multiplikatoren zu verschiedenen Themenbereichen. Darüber hinaus publiziert es Beiträge und Dokumentationen zur Theorie und Praxis der Verbraucherarbeit. Es werden z.Zt. 60 Printmedien, 7 Videos mit Begleitheft und 3 CD-ROM angeboten.

Anschrift: Stiftung Verbraucherinstitut, Carnotstr. 5, 10587 Berlin,
mail@verbraucherinstitut.de
www.verbraucherinstitut.de K.-H.Sch.

Stiftung Warentest

Die Stiftung Warentest (StiWa) in Berlin ist die bedeutsamste Institution des vergleichenden → Warentests in der Bundesrepublik Deutschland. Sie wurde 1964 von der Bundesregierung ins Leben gerufen, um mit der Markttransparenz der Verbraucher den leistungsfähigen Wettbewerb im Konsumgütersektor zu fördern und zu sichern. Als unabhängige, staatlich unterstützte Testorganisation führt sie keine Auftragstests durch, auch wenn sie diesbezüglich immer wieder Anfragen erhält.

Die Tests erfolgen in unabhängigen externen Prüfinstituten. Für diese entwirft die StiWa das Prüfprogramm; sie besorgt auch die zu testenden Produkte. Im Vordergrund der Tests steht die Funktionsprüfung, also der überprüfbare Gebrauchswert von Produkten. Analoges gilt für den Dienstleistungstest, der immer wichtiger geworden ist. Nicht wenige Tests erfolgen in sog. Gemeinschaftstests, v.a. als Kooperationsvorhaben westeuropäischer Testinstitutionen (European Testing Group).

Die Kommunikation zwischen der StiWa und den Konsumgüteranbietern ist nicht nur möglich, sondern auch erwünscht. Was das Testprogramm angeht, so sollten die Anbieter die Chance nutzen, bestimmte Testvorhaben anzuregen. Aus dem Testprogramm, das im Kuratorium beraten wird (ihm gehören auch Vertreter von Industrie und Handel an), wählt die StiWa pro Jahr ca. 80 bis 90 Warentests und etwa 20 Dienstleistungstests aus. Eine Kommunikation mit den Anbietern ist bei den einzelnen Testvorhaben ebenfalls vorgesehen; diese sollen markt- und angebotsrelevante Angaben machen und als Sachverständige in den „Fachbeiräten" mitwirken (s. dazu den BDI-Leitfaden für Sachverständige aus der Industrie). Die StiWa informiert die Anbieter der in einen Test einbezogenen Produkte bzw. Dienstleistungen über das Prüfprogramm sowie (Monate später) über die jeweiligen Prüfergebnisse. Auf diesem Weg lassen sich Fehler bzw. Ausreißer entdecken und Nachprüfungen anregen.

Bei der Ermittlung der Qualitätsurteile sind v.a. folgende Aspekte von Bedeutung (→ Warentest):
(1) Die Umsetzung von Prüfergebnissen in Urteile über einzelne Produkteigenschaften (Teilnoten).
(2) Die Gewichtung einzelner Produkteigenschaften bzw. der Teilnoten.

(3) Die Verpflichtung der StiWa, auch auf die Umweltverträglichkeit von Produkten zu achten.
(4) Die Tradition, beim Qualitätsurteil die Preislage, über die ebenfalls berichtet wird, nicht mitzubewerten.

Die Publikation der Testergebnisse zielt z.T. auf die Käufer und z.T. auf die Öffentlichkeit insgesamt (vgl. hierzu: *Silberer*). Die entgeltliche Verbreitung von Testergebnissen erfolgt über das „test"-Heft, die „test"-Sonderhefte, das „test"-Jahrbuch und die Buchreihe „profi-Ratgeber", während zur unentgeltlichen Information v.a. Verbraucherberatungsstellen, Sendungen in Funk und Fernsehen, Presseberichte und die Werbung mit Testergebnissen (Testwerbung) beitragen. Breit angelegte Untersuchungen lassen enorme Testwirkungen nicht nur beim Konsumentenverhalten erkennen, sondern auch im Beschaffungsmarketing des Handels sowie – dadurch stark bedingt – im Absatzmarketing der Hersteller, deren Produktentwicklung inbegriffen. Über die Marketingwirkungen kommen die überwiegend positiven Testeffekte auch jenen Konsumenten zugute, die selbst keine Testurteile beachten (Non-use benefits).

G.S.

Literatur: *Bundesverband der Deutschen Industrie*: Leitfaden für die Sachverständigen der Industrie bei der Stiftung Warentest, 3. Aufl., Köln 1988. *Silberer, G.:* Warentest – Informationsmarketing – Verbraucherverhalten, Berlin 1979. *Stiftung Warentest* (Hrsg.): Der starke Partner kritischer Verbraucher, Berlin 1987.

Stimmfrequenzanalyse (Stimmanalyse)

Unter diesem Begriff werden Verfahren zusammengefasst, die das physiologische Niveau der → Aktivierung durch die Analyse bestimmter Parameter der Stimme (als akustisches Signal) messen. Grundlage ist die Überlegung, dass sich Veränderungen des Aktivierungsniveaus in Atemfrequenz, Muskelspannung und Tremor niederschlagen, die direkten Einfluss auf die Stimmerzeugung haben. Z.B. bewirken höhere Muskelspannungen und erhöhte Atemfrequenz eine Steigerung der Tonhöhe beim Sprechen. Könnten in dem komplexen Stimmsignal eines gesprochenen Wortes valide Indikatoren der Aktivierung identifiziert werden, stünde ein berührungsfreies und damit anderen Messmethoden überlegenes Verfahren zur Aktivierungsmessung zur Verfügung.

Ein schon häufiger angewendeter und nach dem Stand der Forschung als relativ valide anzusehender Aktivierungsindikator ist die Grundtonfrequenz der Stimme. Der Grundton ist der niedrigste Teilton der Stimme und bestimmt die subjektive Wahrnehmung der Tonhöhe des Stimmklanges. Überlagert wird der Grundton durch sog. Obertöne, sodass das gesprochene Wort aus mehreren sich überlagernden Schwingungen zusammengesetzt ist. Neben technischen Schwierigkeiten, den Grundton aus dem komplexen Stimmsignal auszufiltern, bestehen allerdings noch methodische Probleme (Signifikanz-, Segmentierungsproblem), die den praktischen Einsatz des Verfahrens zurzeit noch eng begrenzen.

W.L.

Literatur: *Backhaus, K.; Kleinschmidt, M.; Vollmer, B.*: Die Stimmfrequenz, in: Marketing-ZFP, 5. Jg. (1983), S. 113–121.

Stimmungen → Emotionen

Stimmungsforschung

Teil der → Konsumentenforschung, der sich mit *„ungerichteten Befindlichkeiten"* (= Stimmungen) befasst. Die Ungerichtetheit einer Stimmung schlägt sich in gängigen Sprachgebrauch deutlich nieder, weil dort niemals gefragt oder gesagt wird, weshalb oder worauf jemand gut oder schlecht gestimmt ist, sondern lediglich festgestellt wird, ob eine gute oder eine schlechte Stimmung vorliegt (…er ist gut, sie ist schlecht gelaunt…). Darin unterscheiden sich Stimmungen von auf Menschen, Dinge, Ideen, Situationen und Vorgänge gerichteten bzw. bezogene Gefühle oder Emotionen, wie z.B. Stolz (…ich bin stolz *auf* …), Ärger (…ich ärgere mich *über* …, Freude (…ich freue mich *auf/über/des* …) und Furcht (…ich fürchte mich *vor*…).

Stimmungen können gut oder schlecht sein, mehr oder weniger intensiv erlebt werden und eher variabel oder eher stabil sein. *Stimmungsmessungen* setzen meist an den Auskünften der betroffenen Person und an ihrer Körpersprache an, vor allem an der Mimik. Das Vorzeichen einer Stimmung kann aber auch an Gehirnströmen abgelesen werden. Sollen nicht nur Stimmungszustände als aktuelle Befindlichkeiten, sondern auch *Stimmungsverläufe* als Stimmungsdynamik und Stimmungssequenz in vitro oder im Nachhinein erfasst werden, so kann die Befragungsmethode daran scheitern, dass die

Auskunftsbereitschaft der befragten Personen nicht gegeben ist oder bald schwindet (hierin liegt das Machbarkeitsproblem) und dass die Messung als solche bereits unmittelbar auf die Stimmung und damit auf den Untersuchungsgegenstand einwirkt (ein typisches Validitätsproblem bei wiederholter Befragung).

Stimmungsverlaufsmessungen zeigen nicht nur im Tagesablauf, sondern auch im Wochenverlauf z.T. recht unterschiedliche *Stimmungskurven*. Dies gilt auch für die Stimmung im Urlaub, die u.a. mit der Urlaubsdauer, der Persönlichkeitsstruktur und dem körperlichen Wohlsein zusammenhängt (s. *Roth* 1999). Mit den *Ursachen einer Stimmungslage und einer Stimmungskurve* befassen sich mehrere Theorien, vor allem diverse Persönlichkeitstheorien, einschlägige Umwelttheorien, sog. Interaktionstheorien sowie die Emotions- und Zyklentheorien.

Die *Marketingrelevanz* der Stimmungen ergibt sich in erster Linie aus den *Stimmungsfolgen*, die im Rahmen einer → Stimmungssteuerung bewusst evoziert werden können. Mit der Stimmung variiert nicht nur die *Wahrnehmung* der Umwelt, sondern das *Erinnern* sowie die *Verarbeitung von Informationen*. Gut gelaunte Menschen nehmen Positives eher wahr als Negatives (Filterwirkung der Stimmung). Analog arbeitet die Erinnerung: Stimmungskongruente Sachverhalte werden bevorzugt erinnert (Positives wenn ich gut gelaunt bin, Negatives wenn ich weniger gut gelaunt bin). Falls andere Hinweise fehlen, werden Stimmungen auch als interne Information herangezogen und den aktuell erlebten oder betrachteten Alternativen als Merkmale zugeschrieben (*Stimmung-als-Informations-Effekt*).

Die *Informationsverarbeitung* wird von der Stimmung dergestalt beeinflusst, dass schlecht gelaunte Menschen dazu neigen, nur gute Argumente akzeptieren, während gut gestimmte durchaus bereit sind, sich auch mit schwachen Argumenten zufrieden zu geben. Dieser Effekt hat vor allem für die Werbung wichtige Implikationen. Gutgelaunte können leichter beeinflusst werden. Doch hat dieser „Vorteil" auch einen Pferdefuß: Erfolge schwacher Argumente bei Gutgelaunten sind weniger gut verankert und somit weniger nachhaltig wirksam als die Wirkung guter Argumente bei den gut und vor allem den weniger gut gelaunten Zielpersonen. Studien zur Stimmung als Werbewirkungsfaktor konnten diese Zusammenhänge wiederholt nachweisen.

G.S./M.Y.

Literatur: *Roth, S.:* Stimmungsverläufe als Gegenstand der Marketingforschung, Beitrag zur Marketingwissenschaft Nr. 17, Universität Göttingen, Institut für Marketing und Handel, 1998. *Silberer, G.:* Die Stimmung als Werbewirkungsfaktor, in: Marketing-ZFP, 21. Jg. (1999), Heft 2, S. 131–148. *Silberer, G.; Jaekel, M.:* Marketingfaktor Stimmungen. Grundlagen, Aktionsinstrumente, Fallbeispiele, Stuttgart 1996.

Stimmungssteuerung

Da die Stimmung einer Person der → Stimmungsforschung zufolge die Wahrnehmung, das Erinnern und die Informationsverarbeitung beeinflusst, gibt es im Marketing gute Gründe, die Stimmung nicht nur zu beachten, d.h. zu kontrollieren und zu antizipieren, sondern auch zu steuern bzw. gezielt zu beeinflussen. Dabei liefern die in der Stimmungsforschung identifizierten Stimmungsursachen (Determinanten) mehrere geeignete Ansatzpunkte, so z.B. die Anhäufung bzw. Sequenz positiver Emotionen, die menschenfreundlichen Umweltbedingungen, z.B. Licht und Wärme, und das körperliche Wohlbefinden. Wichtig sind auch Zuwendungen, z.B. ein Lob und ein freundliches Lächeln, sowie das erlebte Bewältigen von Aufgaben bzw. von Herausforderungen. Erfolgserlebnisse lassen sich auf der Anbieterseite z.B. dadurch begünstigen, dass für Kunden, Lieferanten und Presseleute mittelschwere Aufgabenstellungen ausgewählt, Problemlösungshilfen angeboten und positive Rückmeldungen gegeben werden.

Chancen einer Stimmungssteuerung ergeben sich vor allem dort, wo über einen längeren Zeitraum hinweg Einfluss genommen werden und zugleich an mehreren Stimmungsdeterminanten angesetzt werden kann. Man denke hier an die Gestaltung freundlicher sozialer und natürlicher Umwelten im Handel und an Ereignissequenzen bei Eventveranstaltungen, so z.B. bei VIP-Reisen für Schlüsselkunden.

Im Marketing ist vor allem an folgende *Aktionsbereiche* oder Situationen zu denken, wenn auf die Stimmung von Kunden, Lieferanten, Kooperationspartnern und Dritten, z.B. von Medienvertretern, gezielt Einfluss genommen werden soll:

(1) an die Gestaltung von *Urlaubsbedingungen* in Clubanlagen, auf Rundreisen

und bei Kreuzfahrten durch die Reiseveranstalter und deren Partner (→ Tourismusmarketing),
(2) an die Ausrichtung von *Events*, die mehrere Stunden oder Tage andauern, so z.B. an Konzert- und Sportveranstaltungen, Kunstausstellungen und Tage der offenen Tür (→ Event-Marketing),
(3) an die Gestaltung von *Einkaufsumwelten*, in denen sich Kunden und Passanten längere Zeit aufhalten, so z.B. an Kaufhäuser, Einkaufszentren und Einkaufsstraßen (→ erlebnisbetonte Einkaufsstätten),
(4) an die Vorbereitung und Durchführung von *Verkaufsgesprächen*, die stundenlang andauern können, so z.B. längere Verhandlungen im Business-to-Business-Bereich, die im eigenen Hause oder in einem Hotel stattfinden sollen, das auf gezielte Wünsche des Einladenden eingeht (→ erlebnisorientierte Verkaufsgespräche),
(5) an die Durchführung von *Pressegesprächen und Pressekonferenzen* im eigenen Hause oder anderen Standorten, an denen der Ablauf der Veranstaltung und das Umfeld beeinflusst werden kann (→ Public Relations), und
(6) schließlich auch an die Realisierung von *Marktforschungsaktionen* wie z.B. an längere Laboruntersuchungen und intensive Gruppengespräche, aber auch an ausführliche Interviews, in denen zahlreiche und z.T. schwer zu beantwortende Fragen auf die Stimmung der Befragten drücken und gezielte, stimmungsfördernde Maßnahmen dem entgegenwirken und somit hilfreich sein können.

G.S./M.Y.

Literatur: *Roth, S.*: Die Stimmung als Erfolgsfaktor für das Marketing von Reiseveranstaltern, Diss. Göttingen 1999. *Silberer, G.*: Die Stimmung im Verkaufsgespräch, in: *Schmengler, H.; Fleischer, F.A* (Hrsg.): Marketing-Praxis: Jahrbuch 1998, Düsseldorf 1998, S. 91–95. *Silberer, G.; Jaekel, M.*: Marketingfaktor Stimmungen. Grundlagen, Aktionsinstrumente, Fallbeispiele, Stuttgart 1996.

Store Check

Überprüfung der Warenpräsentation und Angebotsbedingungen für die Artikel eines Herstellers in bestimmten Outlets eines Handelsbetriebes. Store Checks dienen u.a. der Überprüfung von → Marktbearbeitungskonditionen und werden i.d.R. von Mitarbeitern der Außendienstorganisation systematisch vorgenommen (Außendienstführung).

H.St.

Store Erosion

Ausdruck des – ebenso physisch wie konzeptionell zu begreifenden – Verschleißes, den → Betriebsformen und → Angebotstypen des → stationären → Einzelhandels (Ladengeschäfte) vom Zeitpunkt ihrer Etablierung an erleiden und der zur Minderung ihres akquisitorischen Potentials beiträgt. Die Store Erosion ist insofern eine zwangsläufige Begleiterscheinung der → Betriebsformendynamik im Einzelhandel und wird bereits in frühen Stadien des *Retail Life Cycle* (→ Lebenszykluskonzept im Einzelhandel) wirksam – mit allen Herausforderungen einer marktgerechten Positionierung, die sich damit dem Einzelhandelsmanagement in strategischer Hinsicht stellen.

H.-J.Ge.

Store in the Store

Bezeichnung für ein System der → Regalplatzsicherung im Handel, bei dem ein externer Anbieter einen großen Teil der Verkaufsfläche anmietet, die zudem i.d.R. durch bauliche Maßnahmen von den übrigen Verkaufsräumen abgetrennt ist (z.B. Frisör im Warenhaus). Bei diesem System verfügt der Anbieter über noch größere Möglichkeiten, die Präsenz und Präsentation seiner Produkte sowie die Verkaufsstellengestaltung zu beeinflussen, als beim → Shop in the Shop-Konzept.

H.Schr.

Store-Test

dient als spezielle Variable des → Markttests der Überprüfung von Marketing-Maßnahmen (neue Produkte, alternative Preise, Verkaufsförderungsmaßnahmen, Warenplatzierungen etc.) in eigens dafür angeworbenen Testgeschäften (i.d.R. zwischen 10 bis 30 Geschäfte). Als experimentelles Design kommen praktisch alle → Quasiexperimente in Frage, wobei die Vergleichbarkeit der Gruppen durch das Abgleichen („Matching") von Merkmalen wie Betriebsform, Geschäftsfläche, Organisationsform etc. hergestellt wird. Storetests überprüfen den voraussichtlichen Erfolg von Marketingmaßnahmen unter realitätsnäheren Bedingungen als → Testmarkt-Simulationen, sind aber nur in Form von → Mini-Testmärkten in der Lage, neben den reinen Abverkaufszahlen auch die Reaktionen der Abnehmer durch Einbeziehung von Testmarktpanels realistisch zu erfassen. Im Regelfall fehlt es mithin sowohl an abnehmerbezogenen Informationen als auch an der Überprüfung der Handelsreaktionen, die bei späterer Markteinführung zu erwarten sind. Dafür bieten sie im Vergleich zum regionalen Testmarkt erhebliche Kosten- und Organisationsvorteile, zumal große Unternehmen z.T. diesbezüglich langfristige Kooperationsabkommen mit Handelsunternehmen abgeschlossen haben.　　　　　H.Bö.

Literatur: *Berekoven, L.; Eckert, W.; Ellenrieder, P.:* Marktforschung, 8. Aufl., Wiesbaden 1999, S. 163.

Storyboard → TV-Spot

Straßenhandel

Form des → ambulanten Handels, bei der Händler im Gegensatz zum → Hausierhandel nicht einzelne Haushaltungen aufsuchen, sondern die mitgeführten Waren (überwiegend Obst und Gemüse, Druckerzeugnisse, Gelegenheitsartikel) dem Straßenpassanten zum Kauf anbieten. Die Orientierung an Standorten mit vergleichsweise hoher Fußgängerfrequenz verbindet den Straßenhandel mit dem → Markthandel, was zugleich erklären mag, weshalb auch hinsichtlich der Daten zum empirischen Stellenwert – wenn überhaupt erhoben – zwischen diesen beiden Varianten des ambulanten Handels nicht differenziert wird: so z.B. auch vom BSM – Bundesverband Deutscher Schausteller und Marktkaufleute e.V., Bonn, nach dessen Angaben die Straßen- und Markthändler bereits 1991 – wenn auch in der Folgezeit auf stagnierendem Niveau – mit rd. 18,5 Mrd. DM den größten Anteil des Umsatzes am ambulanten Handel (ca. 21 Mrd. DM, ohne → Verkaufswagen) auf sich vereinen konnten, wobei Lebensmittel und Blumen die Hauptumsatzträger waren (ca. 80 %) und der Rest aus dem Verkauf von Non-Food-Produkten erzielt wurde.　　　　　H.-J.Ge.

Straßenheimdienst → Verkaufsmobil

Straßenverkaufszeitung → Kaufzeitung

Strategic Issue Management
→ Frühwarnsysteme

Strategie → Marketingstrategie

Strategieforschung

Strategie als Disziplin geht auf die 50er-Jahre zurück, als sich angesichts stark wachsender Märkte die Prognose ihrer Entwicklung und das Anpassen der Pläne an diese Entwicklung in den Vordergrund. Unter Bezug auf diese Sichtweise entstanden neue Verfahren der Langfristprognosen oder auch der Zukunftsforschung. Diese Methoden waren eingebunden in lineare Planungsprozessmodelle. Sie folgten der Logik der rationalen Wahl: Auf der Basis einer Unternehmens- und Umweltanalyse leitete das Unternehmen für sich und seine strategischen Geschäftseinheiten die möglichen Strategieoptionen ab, bewertet diese vor dem Hintergrund der gesetzten Ziele und entscheidet sich für die Option, die den Zielen am nächsten kommt. Dieser Entscheidung nachgelagert findet dann die organisatorische Umsetzung statt („structure follows strategy"). Dieses Steuerungmodell wurde dann in Form zusätzlicher Instrumente und immer detaillierterer Planungsprozessdesigns weiter ausdifferenziert (*Ansoff*, 1965; *Steiner*, 1969).

In diesem herkömmlichen, planungsdominierten Strategieparadigma werden zwei zentrale Machbarkeitsannahmen getroffen: Die weitgehende Planbarkeit zukünftiger Entwicklungen und die Implementierbarkeit der Veränderungsvorhaben in der Organisation. Gleichzeitig zeigte aber inzwischen die praktische Erfahrung, dass mit Strategieentscheiden häufig Implementierungsprobleme verbunden sind: Die Umwelt ist nicht so problemlos prognostizierbar wie angenommen, und auch die Organisation ist nicht so umsetzungsbereitwillig, wie unterstellt. Konsequenz war, dass man Strategiearbeit zunehmend als Managementaufgabe begriff, die sich umfassender als nur über die Planungsfunktion definierte. *Ansoff/Declerk/Hayes* (1976) setzten sich mit ihrem Vorschlag durch, zukünftig vom *Strategischen Management* zu sprechen (was mit dem Begriff der Strategischen Unternehmensführung gleichgesetzt werden kann). Die Forschung richtete ihr Interesse (1) aufgrund der mangelnden Planbarkeit der Umfeldentwicklung (Vieldeutigkeit, Dynamik) auf das Management von Diskontinuitäten („strategic issues") (→ Frühwarnungssysteme) und die strategische Kontrolle sowie (2) aufgrund der Umsetzungsprobleme auf das Implementierungsmanagement.

Mit dieser Hinwendung zu einer Prozessmanagement-Auffassung entstand auch Forschungsinteresse an einer empirischen Abklärung der Frage, *wie* Strategien in Organisationen entstehen. *Mintzberg* (1978) weist darauf hin, dass die realisierten Strategien i.a. nicht (nur) das Ergebnis eines periodischen und formalisierten Strategienentwicklungsprozesses sind, sondern dass sie vielmehr aus der täglichen Praxis und den dort stattfindenden vielfältigen Interaktionen emergieren. Sie sind also Ergebnis eines organisatorischen Prozesses. Damit wurde eine bis heute anhaltende Schwerpunktverschiebung in der Strategieforschung eingeläutet: Die Planung verliert zunehmend ihr Primat als Problemlösungspotential in der Strategiearbeit und andere General-Management-Funktionen treten gleichberechtigt daneben treten. Dies gilt insbesondere für die Organisation (*Schreyög*, 1999).

Auf dieser Basis hat sich eine *Strategieprozessforschung* formiert, die heute die Strategieforschung dominiert und inzwischen in viele Unterdiskussionen ausdifferenziert ist (*Lechner/Müller-Stewens*, 1999). Diese Forschung beschränkt sich nicht mehr nur auf die Beschreibung des Bias zwischen Rationalmodell und der organisatorischen Wirklichkeit, sondern bietet einen gestaltungsorientierten Zugang. Dabei scheint sich – nach der anfänglichen Polarisierung – eine Konvergenz zwischen dem evolutorischen *Emergenzprinzip* und der Strategieplanung abzuzeichnen: Die Strategieplanung gibt ihre Linearität auf und öffnet ihr Design auch gegenüber dem explizit Ungeplanten, den emergenten Prozessen in komplexen Systemen; Strategische Initiativen können dann zu jeder Zeit von überall her kommen, womit auch der Ort bzw. Bezugspunkt strategischer Führung diskutabel wird; Aus der Sicht des Emergenzprinzips wird anerkannt, dass die Wahrnehmung der strategischen Steuerungsverantwortung ohne Orientierung (z.B. an zu ermittelnden und zu rekonstruierenden „Best-practice"-Fällen) keinen Sinn gibt; Um innovative Strategien zu erlangen, muss aber der Kontext (das „Sozialkapital" nach Bourdieu 1980) gepflegt werden; Periodische Planungsprozesse müssen um Ad-hoc-Prozeduren ergänzt werden; Prozessmoderatoren helfen mit bewährten strategischen Instrumenten die Entwicklung strategischer Initiativen zu katalysieren etc.

Überlegenheit eines Unternehmens ergibt sich aber nicht nur aus der Art, wie es seine Strategien entwickelt, sondern auch über die inhaltlichen Möglichkeiten sich als Akteur in einem unvollkommenen Wettbewerb vorteilhaft abzusetzen. Im „structure-conduct-performance"-Paradigma der „*industrial organization*" wird bei *Porter* (1980) überhaupt erst einmal auch in der mikroökonomischen Diskussion anerkannt, dass über unterschiedliche Strategien Marktstruktur und Erfolg beeinflusst werden können. Wettbewerbsvorteile resultieren hier aus einem besseren Verstehen der Branchendynamik und dem Inbezugsetzen der strategischen Optionen zu den Stärken und Schwächen entlang der Wertkette eines Unternehmens. *Wernerfelt* (1984) sieht damit aber die Frage „Why do firms differ?" nicht beantwortet und entwickelt die These der → *resource based view*, dass sich Unterschiede über unvollkommene Faktormärkte erklären: Unternehmen können über spezifische Ressourcen verfügen, die nachhaltige Wettbewerbsvorteile erklären und zu überdurchschnittlichen Gewinnen führen. Diese Ressourcen sind nicht-imitierbar, selten, nicht-substituierbar und wertbehaftet (*Barney* 1991, *Peteraf* 1993). Sie stellen → *„Kernkompetenzen"* (Pahalad/Hamel 1990) dar, die erst mühsam durch die Organisation erlernt werden mussten und tief in ihrer Kultur verankert sind, wobei es etwas „magisch" bleibt, wie das Unternehmen zu ihnen gelangt ist. Fasst man zusammen, dann steht im Zentrum heutiger Strategieforschung die Frage: Wie entstehen (nachhaltig überlegene) Strategien, woraus beziehen sie ihre nachhaltige Überlegenheit und wie werden sie operativ wirksam?

G.M.-S.

Literatur: *Ansoff, H.I.*: Corporate Strategy, New York 1965. *Ansoff, H.I.; Declerk, R.P.; Hayes, R.L.*: From strategic planning to strategic management, in: *Ansoff, H.I.; Declerk, R.P.; Hayes, R.L.* (Hrsg.): From strategic planning to strategic management, London usw. 1976, S. 39-78. *Barney, J.B.*: Firm resources and sustained competitive advantage, in: Journal of Management, Vol. 17 (1991), S. 99-120. *Bourdieu, P.*: Le capital sociale: Notes provisaires, in: Actes de Recherche en Sciences Sociales, Vol. 3, S. 2–3. *Lechner, C.; Müller-Stewens, G.*: Strategische Prozessforschung: Zentrale Fragestellungen und Entwicklungstendenzen, Arbeitspapier Nr. 33, Institut für Betriebswirtschaft an der Universität St. Gallen, 1999. *Mintzberg, H.*: Patterns in strategy formation, in: Management Science, Vol. 24 (1978), S. 934-948. *Peteraf, M.A.*: The cornerstones of competitive advantage: A resource-based view. in: Strategic Management Journal, Vol. 14 (1993),

S. 179-191. *Porter, M.:* Competitive strategy, New York, London 1980. *Prahalad, C.K.; Hamel, G.:* The core competence of the corporation, in: Harvard Business Review, Vol. 68, Nr. 3, S. 79-91. *Schreyögg, G.:* Strategisches Management. Entwicklungstendenzen und Zukunftsperspektiven, in: Die Unternehmung, Vol. 53 (1999), Nr. 6, S. 387-407. *Steiner, G.A.:* Top Management Planning, London 1969.

Strategien-Audit → Marketing-Audit

Strategieprofil → Marketingstrategie

Strategiestil

die → Wettbewerbsstrategie prägende grundsätzliche Verhaltensweise von Unternehmen, die sich zum einen in der Grundausrichtung des Unternehmenshandelns, zum anderen in den diesem zugrunde liegenden Haltungen erfassen lässt. Die Grundausrichtung hängt dabei von den Bereitschaften der Unternehmensführung (z.B. Zielfristen, Risikoneigung) sowie den vorhandenen Potentialen (→ Kernkompetenzen, → Resource-based view) ab und kann in marketing- und/oder technologiepolitischer Sicht entweder auf Anpassung an das Marktübliche oder auf Abhebung davon abzielen (→ FuE-Strategien, → Innovationsmanagement). Die Haltung kann dagegen entweder eher defensiv oder offensiv, wie im Falle des → Marktherausforderers, sein. Ein offensiver Strategiestil ist aus strategischer Perspektive insofern besonders bedeutsam, als die im Wettbewerb an den Tag gelegte → Marktaggressivität einen positiven Einfluss auf bestimmte → Marketingziele von Unternehmen, etwa auf den Marktanteil, auszuüben scheint. A.Ha.

Literatur: *Becker, J.:* Marketing-Konzeption, 6. Aufl., München 1998. *Lücking, J.:* Marktaggressivität und Unternehmenserfolg, Berlin 1995.

Strategische Allianz

spezifische Ausprägung der → Marketingorganisation, unter der man auf Dauer angelegte → Kooperationen von zwei oder mehr rechtlich selbständigen Unternehmen versteht, die auf Vereinigung der individuellen Stärken abzielen, um in einzelnen Geschäftsfeldern strategische Erfolgspotentiale zu sichern bzw. zu erschließen (→ strategische Kooperationen). Insofern wird das Zentrum strategischer Ressourcen und Manöver auf einer interorganisationalen Ebene verortet; die daraus resultierenden → Marketingstrategien bezeichnet man als *kollektive Strategien*. Neben der Möglichkeit, Kosten- (→ Kostenführerschaft) oder Differenzierungsvorteile aufzubauen, die man allein nicht realisieren kann, ist insbesondere die Entwicklung und Nutzung *neuer* Ressourcen bzw. Technologien, die originär in der strategischen Allianz bzw. dem Netzwerk verankert sind, von besonderer wettbewerbsstrategischer Bedeutung (→ Wettbewerbsstrategie). Ähnlich wie → Kernkompetenzen entstehen derartige strategische Ressourcen, indem sich im Verlaufe eines historischen Interaktionsprozesses und aus dem Zusammenwirken komplexer → Synergien aus Partnerressourcen ein spezifisches *Sozialkapital* entwickelt, das letztlich den Aufbau besonderer, schwer imitierbarer strategischer Ressourcen (→ Resource-based view) und → Wettbewerbsvorteile erlaubt.

Gründe für strategische Allianzen können zunächst ein hoher, für das einzelne Unternehmen ökonomisch nicht mehr tragbarer Ressourcenbedarf, z.B. für den Aufbau von → Kompetenzen, die Neuproduktentwicklung oder die Bearbeitung globaler Märkte, sein. Zum anderen können dadurch begrenzte Ressourcenpotentiale erweitert und die Kostenposition durch die Verringerung von Schnittstellen (→ Marketing-Schnittstellen), etwa mittels Systemlieferanten, durch die Verwirklichung von Synergien (→ FuE-Strategien) oder durch die gemeinsame Erschließung von → Economies of scale und Erfahrungskurveneffekten (→ Erfahrungskurve) nachhaltig verbessert werden. Eine weitere Stoßrichtung strategischer Allianzen zielt auf das erfolgreiche Agieren im → Zeitwettbewerb – von kurzen Entwicklungszeiten (→ time-to-market) durch die Bündelung bestehender statt des Aufbaus neuer Ressourcen bis hin zur schnellen (u.U. weltweiten) Vermarktung über die Ausnutzung der im Netzwerk bestehenden vielfältigen Distributionskanäle. Schließlich ist durch neue Technologien, wie das → Internet, eine effektive und effiziente Koordination der → Marketingprozesse innerhalb des Wertsystems möglich, wie beispielsweise virtuelle Wertschöpfungsketten oder gar → virtuelle Unternehmen zeigen.

Unter wettbewerbsrechtlichen Aspekten sind strategische Allianzen nur dann zulässig, wenn sie nicht wettbewerbshemmend wirken oder im konkreten Fall eine Aufhebung des Kooperationsverbotes vorliegt (→ GWB). Ist dies der Fall, müssen bei der Konzeption der strategischen Allianz dann

Entscheidungen über die Eigentumsverhältnisse (Input), den zu realisierenden Managementprozess (Prozess) und die Verteilung der Ergebnisse (Output) getroffen werden. Dabei gilt es, den Allianzzielen Rechnung zu tragen, das notwendige Maß an → Flexibilität vorzusehen sowie opportunistisches Verhalten durch zweckmäßige Regelungen zu vermeiden. Die Selbständigkeit der einzelnen Unternehmen bleibt zwar auch nach Bildung einer strategischen Allianz erhalten. Allerdings sind die Unternehmen in erheblichem Maße voneinander abhängig, da die für den Wettbewerbsvorteil nötigen Kompetenzen als *Netzwerkressourcen* genuin kollektiv sind, d.h. sie können im einzelnen Unternehmen nicht imitiert werden. Insofern sind kurzfristige Korrekturen der Entscheidung für die strategische Allianz kaum möglich. Speziell bei nicht zueinander passenden Unternehmensstrukturen (→ Marketingorganisation) und -kulturen (→ Marketingkultur) kann dies dazu führen, dass die strategische Allianz misslingt und die beteiligten Unternehmen erhebliche Wettbewerbsnachteile erleiden. A.Ha.

Literatur: *Bresser, R.K.F.:* Kollektive Unternehmensstrategien, in: Zeitschrift für Betriebswirtschaft, 59. Jg. (1989), S. 545-564. *Gulati, R.:* Network Location and Learning: The Influence of Network Resources and Firm Capabilities on Alliance Formation, in: Strategic Management Journal, Vol. 20 (1999), S. 397-420.

Strategische Frühaufklärung
→ Frühwarnsysteme

Strategische Geschäftseinheit (SGE), Strategisches Geschäftsfeld (SGF)
Konzept des → strategischen Marketing, unter dem man die gedankliche und evtl. auch organisatorische Zusammenfassung von Tätigkeitsfeldern einer Unternehmung versteht (→ Marketingorganisation), die im Hinblick auf produkttechnische, marktbezogene, insb. wettbewerbsbezogene, sowie umweltbezogene Merkmale eine Homogenität aufweisen, die eine gemeinsame strategische Betrachtung nahe legt. Die SGE ist damit in der → strategischen Marketingplanung Bezugspunkt strategischer Ziele und Maßnahmen und z.B. auch Objekt von → Portfolio-Analysen.
Bei der Bildung von SGEs sind folgende Gesichtspunkte zu beachten:

– Es muss sich um eine eindeutig definierbare Produkt/Markt-Kombination mit eigenen wettbewerbsstrategischen Chancen und Bedrohungen handeln,
– die sich klar von anderen Kombinationen in Bezug auf Kundenbedürfnisse, Marktverhältnisse und Kostenstruktur abhebt (intern homogen, extern heterogen),
– für die unabhängig von anderen SGEs eigene Strategien geplant und realisiert werden können und
– die ausreichend groß ist.

In der Unternehmensorganisation stellt die Einrichtung von SGEs eine Sekundärorganisation dar, d.h. es kann zu Abweichungen zwischen der vorhandenen Unternehmensorganisation und der Gliederung nach SGFs kommen (→ Duale Organisation). J.L.

Literatur: *Hinterhuber, H.H.:* Strategische Unternehmensführung, New York 1984.

Strategische Gruppe
bezeichnet eine Schar von Anbietern in einer → Branche, die eine ähnliche oder dieselbe Strategie verfolgen. Es wird davon ausgegangen, dass es in einer Branche in der Regel eine kleine Anzahl solcher Gruppen gibt. Damit ist die Strategische Gruppen-Betrachtung ein Instrument im Rahmen der → Branchenstrukturanalyse. Die Gruppen repräsentieren die grundsätzlichen strategischen Ausrichtungen, wie sie in einer Branche existieren. Damit verbunden soll die Gruppenzugehörigkeit auch die Erfolgsunterschiede (→ Erfolgsanalyse) innerhalb einer Branche bestimmen (Strategische Gruppen = Performance Gruppen).
Voraussetzung für die Bildung Strategischer Gruppen ist auf der Käuferseite ein gewisser Grad an Unterschiedlichkeit in den → Präferenzen. Auf der Anbieterseite sind verantwortlich eine unterschiedliche Risikobereitschaft der Unternehmen einer Branche, verschiedene Eintrittszeitpunkte in die Branche, technologische Brüche und unterschiedliche Organisationsformen.
Wechsel von einer Strategischen Gruppe in eine andere werden behindert durch Mobilitätsbarrieren (→ Markteintritt, → Marktaustritt). Diese wachsen aus dem unterschiedlichen strategischen Agieren in der Branche. Aufgebaute Kapazitäten bzw. → Economies of Scale, Differenzierungsvorteile oder absolute Kostenvorteile begründen die Unterschiede zwischen den Gruppen und helfen gleichzeitig, diese aufrecht zu erhalten. Hinzu kommen Verhaltensweisen, die explizit auf die Abwehr von Eintrittsinteressierten zielen. Mobilitäts-

barrieren sind verantwortlich für die Dauerhaftigkeit der Strategie- und Erfolgsunterschiede zwischen den Gruppen, indem sie den Eintritt in eine attraktive Gruppe erschweren bzw. verteuern.

Mit dem Instrument der Strategische Gruppen-Analyse kann eine Branche hinsichtlich ihrer Wettbewerberstruktur und der grundsätzlichen strategischen Ausrichtungen auf Seiten der Anbieter beschrieben werden (→ Konkurrenzforschung). Beides hilft für die Beurteilung der existierenden wettbewerblichen Bedrohungen in der Branche.

M.R.

Literatur: *Rese, M.:* Anbietergruppen in Märkten, Tübingen 2000, Kapitel 2.

Strategische Karte
→ Branchenstrukturanalyse

Strategische Lücke → Gap-Analyse

Strategische Marketingplanung

Teil der → Marketingplanung, die sich in einem weiteren und einem engeren Sinn interpretieren lässt. In der weiten Interpretation i.S. einer marktorientierten strategischen Unternehmensplanung ist damit die Ausrichtung sämtlicher Planungsaktivitäten an der Konzeption des → strategischen Marketing zu verstehen, wodurch strategische Marketingplanung mit strategischer Unternehmensplanung identisch wird. Im engeren (häufiger gebrauchten) Sinn umfasst die strategische Marketingplanung dagegen nur die langfristige Planung der Markttransaktionen.

Das Ziel der strategischen Marketingplanung besteht darin, im engen Zusammenspiel mit dem Entwurf der Marketingkonzeption zur langfristigen Sicherung von Erfolgspotentialen (→ Wettbewerbsvorteil, strategischer) beizutragen. Daraus ergeben sich folgende Aufgaben der strategischen Marketingplanung:

– Analyse der Nachfrage- und Wettbewerbsbedingungen und deren Wandels,
– Abgrenzung und Auswahl von Marktfeldern, auf denen die eigene Unternehmung mit bestimmten Problemlösungsangeboten tätig sein will (→ Strategische Geschäftseinheit),
– Systematische Gesamtsicht der Produkt-Marktbeziehungen und
– Festlegung der → Marketingstrategie i.S. einer Generallinie für Gestaltung und Einsatz aller absatzpolitischen Instrumente (→ Marketing-Mix) bei jeder Produkt-Markt-Kombination.

Auf der strategischen Marketingplanung aufbauend hat dann die operative Marketingplanung den Zweck, für den nächsten Planungszeitraum (meist 1 Jahr) alle Maßnahmen festzulegen, die im Einzelnen zur Verwirklichung der grundlegenden strategischen Vorgaben einzusetzen sind (kurzfristige Marketing-Mix-Planung). Hinzu kommt die → Budgetierung und die Vorgabe der Maßgrößen für die kurzfristige → Erfolgsanalyse.

In einer Phasenbetrachtung des Prozesses der strategischen Marketingplanung können folgende Schritte unterschieden werden, wobei es zwischen den einzelnen Phasen zu Rückkoppelungen kommt:

(1) Festlegung der *globalen* → *Marketingziele* (→ Strategisches Marketing)
(2) *Analyse und Prognose der Umwelt* (→ Umweltanalyse) und der *Unternehmenssituation* (→ Stärken-Schwächen-Analyse)
(3) Bestimmung der künftig anzustrebenden *Produkt-Markt-Kombinationen*
(4) Abgrenzung → *strategischer Geschäftseinheiten*
(5) Festlegung der *Marketingstrategie* und langfristige Planung des *Marketing-Mix.*

Für die Bestimmung der künftig anzustrebenden Produkt-Markt-Kombinationen, die auch als „*Defining the Business*" bezeichnet wird, wurde von *Abell* (1980) ein Schema entwickelt, das versucht, durch die Kennzeichnung der drei Dimensionen „potentielle Nachfragesektoren", „Funktionserfüllung" und „verwendbare Technologien" Erfolg versprechende Felder der Geschäftstätigkeit aufzuzeigen. Dadurch wird der Begriff „Markt" näher nach Nachfragesektoren und bedarfskonstituierenden Problemen beschrieben (→ Marktabgrenzung), während an die Stelle des „Produktes" das Problem und die zu seiner Lösung denkbaren Technologien treten. Die *Abbildung* zeigt den Aufbau eines solchen dreidimensionalen Bezugsrahmens am Beispiel eines Verlagsunternehmens.

Bei der konkreten Füllung der Dimensionen gilt es, Raum für unkonventionelle Überlegungen zu lassen, damit das Schema seine Funktion als Denkhilfe erfüllen kann, die kreative Ausgangsüberlegungen zur Strategieplanung anregen und nach Ordnungsgesichtspunkten kanalisieren soll. Dabei sollten stets alle drei Dimensionen berücksich-

Abell-Schema für ein Verlagsunternehmen

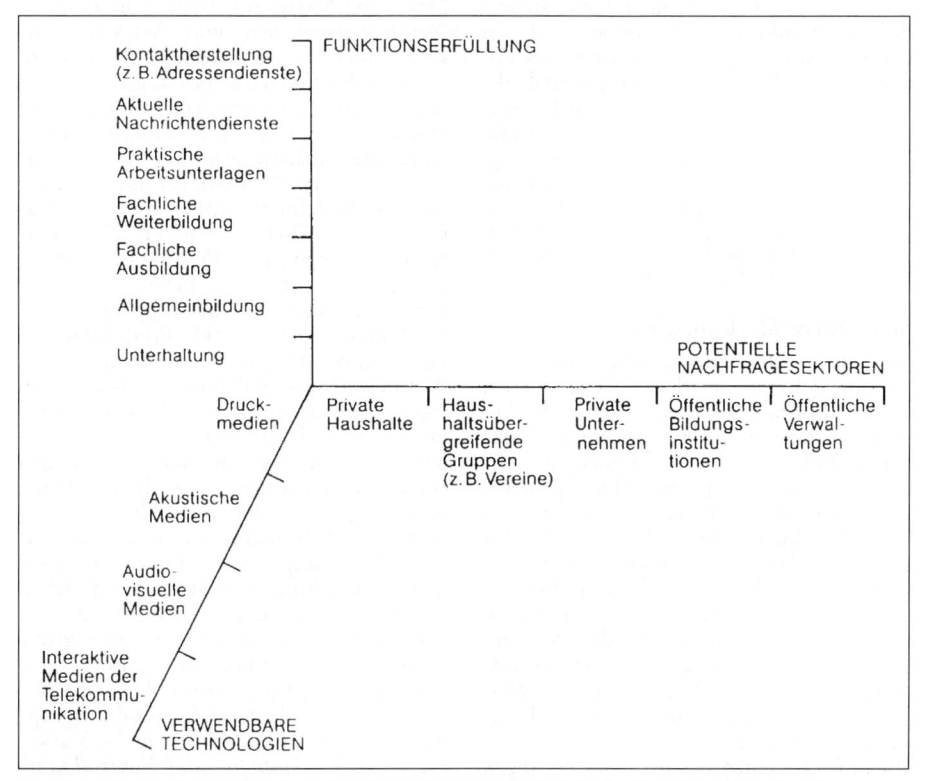

FUNKTIONSERFÜLLUNG
- Kontaktherstellung (z. B. Adressendienste)
- Aktuelle Nachrichtendienste
- Praktische Arbeitsunterlagen
- Fachliche Weiterbildung
- Fachliche Ausbildung
- Allgemeinbildung
- Unterhaltung

POTENTIELLE NACHFRAGESEKTOREN
Private Haushalte | Haushaltsübergreifende Gruppen (z. B. Vereine) | Private Unternehmen | Öffentliche Bildungsinstitutionen | Öffentliche Verwaltungen

VERWENDBARE TECHNOLOGIEN
- Druckmedien
- Akustische Medien
- Audiovisuelle Medien
- Interaktive Medien der Telekommunikation

(Quelle: *Köhler, R.*, Beiträge zum Marketing Management, 2. Aufl., Stuttgart 1991, S. 26)

tigt werden, da sonst die von *Levitt* als Marketing-Kurzsichtigkeit (*marketing myopia*) beschriebene Obsoleszenzgefahr des Marktangebotes droht. Eine weit blickende Kennzeichnung des Unternehmensgegenstandes darf daher nicht an den gegenwärtig vorhandenen Produkten festmachen (z.B. „Herstellung von Metallbehältern"), sondern muss auf grundsätzliche Problemlösungsmöglichkeiten (z.B. „Lösung von Verpackungsproblemen") abstellen (→ Funktionalmarkt-Konzept). In einem zweiten Schritt ist dann die anfangs grobe Klasseneinteilung des *Abell*-Schemas durch Feingliederungen zu ergänzen. Hierbei stellen die Verfahren der → Marktsegmentierung eine wichtige Hilfe dar.

Die Informationsgrundlagen der strategischen Marketingplanung liegen v.a. in der → strategischen Marktforschung einschließlich entsprechender → Frühwarnsysteme und einschlägiger → Konkurrenzforschung sowie im betrieblichen Rechnungswesen. Insb. bei wiederkehrenden, routinemäßig zu bearbeitenden Problemen bietet sich dabei der Einsatz von → Marketing-Informationssystemen an. Daneben steht die strategische Marketingplanung im engen Bezug zum → Marketing-Controlling, welches in verfahrenstechnischer und organisatorischer Hinsicht die Voraussetzungen für eine problemadäquate Informationsversorgung schaffen soll und in seiner systemkoppelnden Funktion die Ergebniskontrolle vornimmt (→ Marketing-Audit). In der strategischen Marketingplanung werden zahlreiche → Planungsmethoden angewandt (z.B. → Branchenstrukturanalyse, → Programmstrukturanalyse, → Stärken-Schwächen-Analyse, → Umweltanalyse, Analyse der → Positionierung und der → Wertkette). Besondere Bedeutung hat dabei die → Portfolio-Analyse als integrierte Planungstechnik zur Diagnose der Ist-Situation und Ableitung von Normstrategien gewonnen. Die daraus resultierenden Entscheidungen dürfen allerdings nicht auf das Portfolio schon bestehender Geschäftsfelder beschränkt bleiben, sondern müssen aufgrund des langfristigen Charakters der strategischen Marketingplanung auch denkbare neue Geschäftsfelder berücksichtigen.

J.L./A.Ha.

Literatur: *Abell, D.F.:* Defining the Business, Englewood Cliffs 1980. *Diller, H.:* Marketingplanung, 2. Aufl., München 1998. *Köhler, R.:* Beiträge zum Marketing-Management, Stuttgart 1991. *Levitt, Th.:* Marketing Myopia, in: Harvard Business Review, July-August 1960, S. 45-60.

Strategische Marktforschung

beschäftigt sich mit der Erhebung und Auswertung (absatz-) marktbezogener Daten, die als Informationsgrundlage zur Absicherung strategischer Marketingentscheidungen herangezogen werden können. Die Abgrenzung zur eher operational und projektspezifisch ausgerichteten, konventionellen Marktforschung erfolgt also über die Art der zu erfüllenden Informationsaufgabe: Es geht um grundlegende und zukunftsorientierte Anregungs-, Alternativ-, Prognose- und Kontrollinformation für die → strategische Marketingplanung bzw. das → strategische Marketing. Daraus resultieren einige Besonderheiten in inhaltlicher und methodischer Hinsicht.

Inhaltlich beziehen sich die Anforderungen des Marketing an die strategische Marktforschung auf Informationen über grundlegende Markt- und Umfeldbedingungen bzw. -entwicklungen, an denen sich Markt und Wettbewerbsstrategien zu orientieren haben – sei es auf Unternehmens- bzw. Geschäftsfeldebene oder auf Ebene einzelner Produkte bzw. Produktgruppen. So soll strategische Marktforschung auf der *unternehmens- bzw. geschäftsfeldstrategischen* Ebene dazu beitragen, langfristig wirksame Erfolgspotentiale in Form konkreter Problemlösungsangebote für ausgewählte Märkte zu erkennen, geeignete Kriterien zur Abgrenzung strategischer Geschäftsfelder zu finden sowie die jeweils zentralen Erfolgsfaktoren zu identifizieren, an denen entsprechende Marketingstrategien ansetzen können. Auf *produktstrategischer* Ebene soll strategische Marktforschung insbesondere der Produktpositionierung und → Marktsegmentierung dienen, zur Auswahl geeigneter Distributionskanäle und -strategien (→ Distributionspolitik) beitragen sowie möglichst generell gültige Informationen über Wirkungsmechanismen in den Märkten und Wirkungsweisen von Marketing-Mixes zur Verfügung stellen (Wirkungsprognosen und Marktmodelle; siehe auch → Marktreaktionsfunktionen sowie → Konkurrenzforschung).

Auf beiden Ebenen werden zur Fundierung zukunftsorientierter und erfolgträchtiger Konzepte zunächst Suchinformationen zur *Anregung und Alternativenfindung* benötigt. Im Mittelpunkt stehen hier Informationen über Wachstumsmärkte (Marktvolumina, -potenziale), Produktanforderungen aktueller und potentieller Verwender bzw. Marktsegmente, Zielgruppenmerkmale, Unternehmens- und Produktimages, Distributionsstrukturen, Marktanteile und Wettbewerbskonstellationen, usw. Von großer Bedeutung sind in diesem Zusammenhang auch Informationen zur Entwicklung relevanter Rahmenbedingungen gesamtwirtschaftlicher, gesellschaftlicher, technologischer und politisch-rechtlicher Natur. Der Informationsbedarf des strategischen Marketing ist hier in der Regel noch nicht klar definiert und strukturiert; neben quantitativ erfassbaren Sachverhalten spielen qualitative Informationen eine große Rolle. Im Mittelpunkt stehen mittel- bis langfristig angelegte Entwicklungsprognosen. Insbesondere auf produkt(gruppen)strategischer Ebene braucht das Marketing auch *Evaluations- und Kontrollinformationen* prinzipieller Art. Hier stehen Wirkungsprognosen im Mittelpunkt: → Marktreaktionsfunktionen, Imagewirkungen (→ Imageanalyse), Positionierungsergebnisse (→ Positionierungsmodelle) etc. Der strategischen Marktforschung kommt hier vor allem die Aufgabe zu, die Entwicklung neuer Produkte zu unterstützen (→ Innovationsmanagement).

In *methodischer* Hinsicht ist für strategische Marktforschung die Anforderung der Zukunftsorientierung und Frühaufklärung kennzeichnend (→ Frühwarnsysteme). Zwar greift strategische Marktforschung zunächst auf keine anderen Informationsquellen und Erhebungsmethoden zurück als die konventionelle Marktforschung. So werden bspw. Daten über Marktvolumina, Marktanteile, Distributionsstrukturen etc. ggf. über Verbraucher- und Handelspanels erhoben, Daten über Umfeldentwicklungen sekundärstatistisch ermittelt und Daten über Nachfragerbedürfnisse und -reaktionen, Images etc. mittels einschlägiger Befragungsmethoden (auch der psychologischen Marktforschung einschließlich experimenteller Ansätze) und Analyseverfahren (→ Multivariatenanalyse) gewonnen. Konventionelle Marktforschung ist aber in hohem Maße gegenwarts- und vergangenheitsorientiert und beschränkt sich vielfach auf eine eher statische Beschreibung von Märkten; ihr wird mangelnde Zukunftsorientierung vorgeworfen. Um strategischen Anforderungen zu genügen, bedürfen die gängigen Marktforschungsinstrumente deshalb der Ergänzung um quantitative und insbesondere auch qualitative → Prognoseverfahren. Die zukunftsgerichtete → Datenanalyse steht damit im Vordergrund. Sie ist in methodischer Hinsicht das zentrale Kennzeichen strategischer Marktforschung. Zum Einsatz kommen dabei Verfahren der quantitativen und der qualitativen Prognose. *Quantitative Prognoseverfahren* (→ Absatzprognose) sind dem extrapolativen Denken verhaftet. Ihre Grundmethodik besteht in der Fortschreibung bisheriger Entwicklungsverläufe, sei es univariat (z.B. durch → exponentielle Glättung, → Saisonverfahren oder → autoregressive Verfahren) oder als → kausales Prognoseverfahren (z.B. durch → Regressionsanalyse) anhand eines statistischen → Prognosemodells. Angesichts erheblicher Strukturbrüche und immer dynamischerer Umfeldbedingungen führt dies aber in vielen Märkten zu teilweise gravierenden Fehlprognosen, v.a. bei gestrecktem Prognosehorizont. Die für strategische Prognosen häufig verhängnisvolle Annahme einer konstanten Bedingungskonstellation für die zu prognostizierenden Entwicklungen ist also der entscheidende Nachteil solcher quantitativen Prognoseverfahren. *Qualitative Prognoseverfahren* bzw. → heuristische Prognosen (wie z.B. die → Szenario-Technik oder die → Delphi-Methode) werden hingegen strategischen Ansprüchen eher gerecht. Sie sind grundsätzlich in der Lage, auch schwache Signale und unstrukturierte Informationen zu verarbeiten, um künftigen Trendbrüchen im Zeitreihenverlauf Rechnung zu tragen. Häufig handelt es sich hier um „soft facts", d.h. um Informationen, die in (noch) „weicher" Form in Marketingentscheidungen einfließen müssen. Wegen ihrer Offenheit sind sie stark von der Interpretation durch den Forscher bzw. Nutzer abhängig, und oft macht erst die subjektive Auswahl und Verknüpfung ihren Nutzen für den Anwender aus. Notwendigerweise belassen sie aber den Anwender in relativ hohen, oft unkalkulierbaren Stadien der Unsicherheit. Methodisch liegt deshalb ein spezifischer Ansatzpunkt der strategischen Marktforschung im parallelen Einsatz quantitativer und qualitativer Prognoseverfahren im Rahmen von → Prognosesystemen.

Qualitative (heuristische) Prognoseverfahren sollten allerdings ebenso wie quantitative → kausale Prognoseverfahren auf eine möglichst systematische Analyse der bisherigen Entwicklungsverläufe nicht verzichten, um konkrete *Ursachen* erkennen zu können. Fundierte strategische Prognosen lassen sich erst aus einer Kenntnis der Ursachen bisheriger Markt- und Absatzentwicklungen heraus ableiten. Strategische Marktforschungsmethoden müssen also quantitativ und qualitativ auf die Analyse zukünftig gültiger Determinanten der Marktentwicklung ausgerichtet sein. In diesem Zusammenhang kommt im Rahmen der strategischen Marktforschung insbesondere der → Werteforschung und dem → Lebensstilkonzept hohe Bedeutung zu. Auch die auf eine systematische, zeit- und ursachenbezogene Untersuchung von Entwicklungen ausgerichtete → Kohortenanalyse ist hier zu nennen.

Daten bzw. Informationen der strategischen Marktforschung bilden die Basis von Früherkennungs- bzw. → Frühwarnsystemen (i.d.R. verknüpft mit einer → Datenbank bzw. einem → Marketing-Informationssystem) und fließen in Bewertungs- und Planungsinstrumente des strategischen Marketing bzw. der strategischen Unternehmensführung ein, so etwa in die → Stärken-Schwächen-Analyse, → Cross-Impact-Analyse, → Gap-Analyse, oder in → Feedback-Diagramme. F.W./K.We.

Literatur: *Hüttner, M.; Czenskowsky, T.*: Strategische Orientierung der Marktforschung und ihre Konsequenzen, in: Marktforschung, 3/1986, S.74-78. *Köhler, R.*: Beiträge zum Marketing-Management, 3. Aufl., Stuttgart 1993, (S. 59-83: Entwicklungsperspektiven der Marktforschung aus der Sicht des strategischen Managements). *Weber, G.*: Strategische Marktforschung, München 1996. *Weßner, K.*: Strategische Marktforschung mittels kohortenanalytischer Designs, Wiesbaden 1989.

Strategischer Einsatz

bezeichnet die Bedeutung, welche die Zielerreichung in einem Markt für die → Wettbewerbsstrategie eines Unternehmens aufweist. Mit der Höhe des strategischen Einsatzes steigt die → Marktaggressivität eines Unternehmens.

Strategischer Fit (concept of fit)

aus der Industrieökonomik stammendes, formales Konzept des → strategischen Marketing zur Erklärung der Effektivität von → Marketingstrategien. Danach hängt das Ergebnis des Unternehmenshandelns von der Abstimmung zwischen Unternehmensstrategie und Situation ab: Zumindest eine minimale Stimmigkeit ist für das Überleben des Unternehmens im Markt nötig; ein optimaler Fit führt zum bestmöglichen Ergebnis.

Je nach Wahl der Variablen(gruppen), die man zur Situationsbeschreibung heranzieht, unterscheidet man eine interne (organisationsbezogene Variablen), externe (umweltbezogene Variablen) und eine integrative Ausrichtung. Die Konzeptionalisierung des Fit kann statisch, als Abstimmung von Strategieinhalt und Umwelt (content approach), oder dynamisch, mit dem Prozess der Strategieentwicklung im Mittelpunkt (process approach), erfolgen. A.Ha.

Literatur: *Venkatraman, N.; Camillus, J.C.*: Exploring the Concept of "Fit" in Strategic Management, in: Academy of Management Review, Vol. 9 (1984), S. 513-525.

Strategisches Dreieck

bildet den gedanklichen Bezugsrahmen für die → Wettbewerbsstrategie. Die Kenntnis der drei Eckpunkte, *Kunde, Konkurrenz* und *eigenes Unternehmen*, ermöglicht die Formulierung einer umfassenden Wettbewerbsstrategie. Diese hat dafür zu sorgen, dass den Kunden ein im Vergleich zur Konkurrenz überlegenes Preis-Leistungs-Verhältnis angeboten wird (→ Differenzierungsstrategie), was wiederum auf Dauer nur dann möglich ist, wenn ein → Wettbewerbsvorteil gegenüber der Konkurrenz existiert.

Strategisches Dreieck

Kunde — Eigenes Preis-Leistungs-Angebot — Preis-Leistungs-Angebot der Konkurrenz — Wettbewerbsvorteil — Konkurrenz

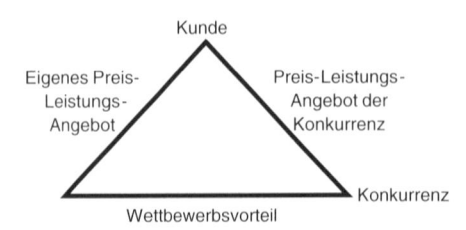

Die Anforderungen und Bedürfnisse der Kunden und die eigene relative Leistungsfähigkeit, d.h. die eigene Leistung relativ zur Leistung der Konkurrenten, spielen dabei die dominierende Rolle.

Strategisches Marketing

Im Prozess des strategischen Marketing-Management sind eine Vielzahl von Aktivitäten zur Suche und Umsetzung dauerhafter Wettbewerbsvorteile zusammengefasst. Diese Aktivitäten richten sich zum einem auf die Willensbildung (→ Strategische Marketingplanung) und zum anderen auf die Willensdurchsetzung im strategischen Marketing (→ Marketing-Implementation). Im Folgenden soll von dem in der *Abb.* dargestellten Prozessverlauf ausgegangen werden. Dieser Prozessverlauf kennzeichnet die verschiedenen Phasen der Planung und Durchsetzung des strategischen Marketing und versucht zu verdeutlichen, dass das strategische Marketing-Management als iterativer und dynamischer Planungs- und Durchsetzungsprozess zu verstehen ist. Dabei kann zwischen jeweils drei Phasen unterschieden werden:

Die erste wesentliche Phase des Planungsprozesses umfasst drei wesentliche Planungselemente:

- die Markt- und Geschäftsfeldabgrenzung,
- die Festlegung der Mission der Unternehmung sowie
- die strategische Analyse und Prognose.

Im Rahmen der Markt- und Geschäftsfeldabgrenzung muss die Unternehmung die Frage beantworten, auf welchen Märkten sie tätig ist und welche Marktsegmente sie als ihre → strategischen Geschäftseinheiten ansieht. Letztlich muss sie in dieser Planungsphase das eigene Geschäftsverständnis definieren.

Die → Unternehmensmission ist mit der Definition des Geschäftsverständnisses eng verknüpft. Dieser Planungsschritt geht nachhaltig über die Festlegung strategischer Ziele und deren Zusammenführung in Zieltrajektorien hinaus. Vielmehr müssen als Ausgangspunkt der Zielplanung der Unternehmenszweck, die Unternehmensphilosophie, die Unternehmensgrundsätze und auch die Unternehmensidentität definiert und laufend hinterfragt werden. Damit sind nicht zuletzt auch die Bezüge zum eigenen Geschäftsverständnis unmittelbar verknüpft.

Im Rahmen der strategischen Analyse und Prognose gilt es schließlich, die Unterneh-

Prozess der strategischen Marketingplanung und -implementierung

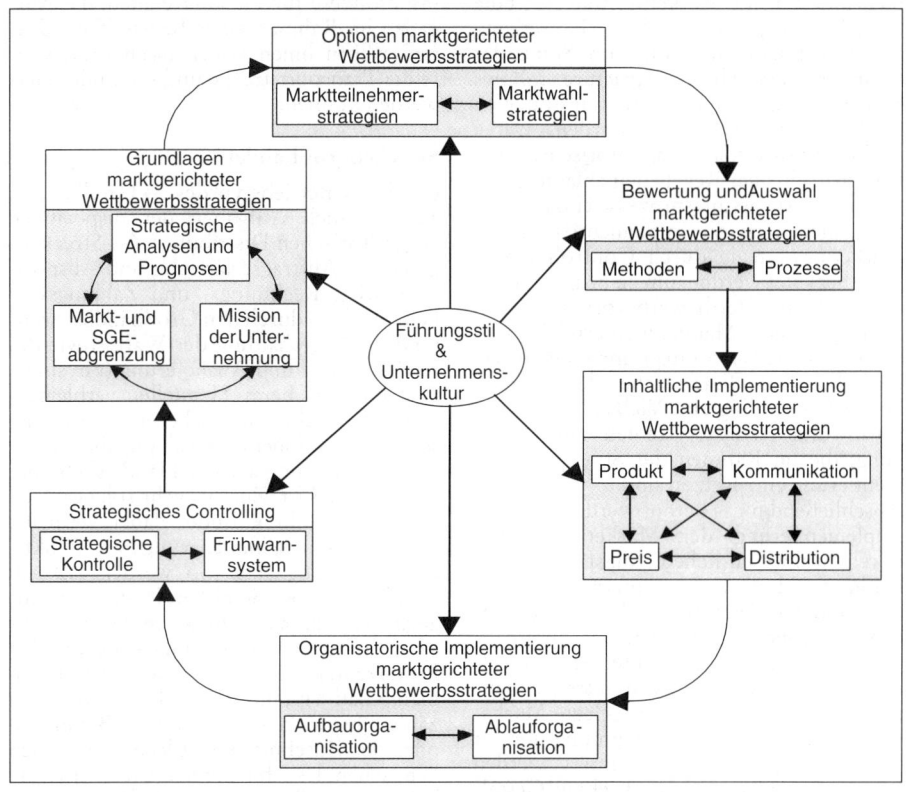

[Diagramm mit folgenden Elementen:

- **Optionen marktgerichteter Wettbewerbsstrategien**: Marktteilnehmerstrategien ↔ Marktwahlstrategien
- **Grundlagen marktgerichteter Wettbewerbsstrategien**: Strategische Analysen und Prognosen, Markt- und SGE-abgrenzung, Mission der Unternehmung
- **Bewertung und Auswahl marktgerichteter Wettbewerbsstrategien**: Methoden ↔ Prozesse
- **Inhaltliche Implementierung marktgerichteter Wettbewerbsstrategien**: Produkt, Kommunikation, Preis, Distribution
- **Organisatorische Implementierung marktgerichteter Wettbewerbsstrategien**: Aufbauorganisation ↔ Ablauforganisation
- **Strategisches Controlling**: Strategische Kontrolle ↔ Frühwarnsystem
- Zentrum: **Führungsstil & Unternehmenskultur**]

(Quelle: Benkenstein, M., Stratetisches Marketing, Stuttgart, Berlin, Köln 1997, S. 20)

mens- und Umweltsituation zu analysieren und deren weitere Entwicklung zu prognostizieren. Dabei ist vor allem wesentlich, welche Wettbewerbsposition die Unternehmung in den von ihr versorgten Märkten erreicht hat und wie sich diese Wettbewerbsposition zukünftig verändern kann.

Ist die Mission der Unternehmung sowie ihr Geschäftsverständnis bestimmt und auch ihre Wettbewerbsposition analysiert und prognostiziert, sind die Optionen marktgerichteter → Wettbewerbsstrategien zu entwickeln. Diese Optionen einer Marketingstrategie sind einerseits auf die Marktteilnehmer, also auf die Nachfrager, die Wettbewerber, die Absatzmittler und auch die Zulieferer sowie andererseits auf die inhaltliche und räumliche Marktwahl auszurichten.

Die Bewertung der Strategieoptionen und die Auswahl einer dieser Optionen schließt sich an die Gewinnung strategischer Optionen der marktorientierten Unternehmensführung an. Hier stehen der Marketingplanung verschiedenste Methoden der Strategiebewertung zur Verfügung.

Mit der Entscheidung für die Strategieoption, die der Unternehmung die strategisch günstigste Wettbewerbsposition eröffnet, ist der Planungsprozess des strategischen Marketing abgeschlossen.

Im Rahmen des Implementierungsprozesses erscheinen insgesamt drei Phasen wesentlich für den Implementierungserfolg. Hierzu zählt zunächst die inhaltliche Umsetzung der Marktingstrategie in marktgerichtete, strategiekonforme Maßnahmenbündel. Es ist somit für die Implementierung erforderlich, dass die strategischen Wettbewerbsvorteile in den Instrumentalbereich des Marketing überführt werden. Auf dieser Basis sind wettbewerbsorientierte Produkt-, Kommunikations-, Preis- und Distributionsstrategien zu formulieren (→ Marketing-Mix).

Der zweite Baustein einer erfolgreichen Implementierung der Marketingstrategie ist die formale, organisatorische Umsetzung (→ Marketingorganisation). Im Sinne der Chandlerschen These "Structure follows Strategy" müssen auch Marketingstrategien strukturell implementiert werden. Dabei sind zunächst aufbauorganisatorische, darüber hinaus in aller Regel auch ablauforganisatorische Anpassungsprozesse einzuleiten. Schließlich muss die Implementierung der Marketingstrategie durch Controllingprozesse begleitet werden, um zu prüfen, ob die angestrebten Wettbewerbsvorteile durch die eingeleiteten Maßnahmen erreicht werden und inwieweit Strategieanpassungen erforderlich sind. Hierzu stehen dem → Marketing-Controlling eine Vielzahl von Frühwarn- und Analysesystemen zur Verfügung, die im Rahmen der Strategieimplementierung einzusetzen sind.

Abschließend muss betont werden, dass die Implementierung der Marketingstrategie durch zwei wesentliche Erfolgsfaktoren beeinflusst, idealerweise unterstützt wird. Dies sind einerseits strategiekonforme Führungsstile, andererseits die in der Unternehmung vorherrschende Unternehmenskultur. Diese "weichen" Faktoren tragen maßgeblich dazu bei, ob die festgelegte Marketingstrategie in der Unternehmung und im Markt erfolgreich implementiert werden kann, ohne dass sie einer direkten Gestaltung zugänglich sind.　　　　M.Be.

Literatur: *Aaker, D.A.:* Strategic Marketing Management, 3. Aufl., New York et al. 1992. *Becker, J.:* Marketing-Konzeption. Grundlagen des strategischen und operativen Marketing-Management, 6. Aufl., München 1999. *Benkenstein, M.:* Strategisches Marketing, Stuttgart, Berlin, Köln 1997. *Meffert, H.:* Marketing-Management. Analyse – Strategie – Implementierung, Wiesbaden 1994.

Strategisches Preismanagement
→ Preisstrategie

Strategische Technologieeinheiten (STE)
→ Technologiemanagement

Streckengeschäft

Beim Streckengeschäft disponiert der Handel Waren, ohne dass diese in seinen Besitz übergehen bzw. seine eigene Lagerhaltung berühren. Die Ware wird direkt vom Lieferanten an den Handelskunden geliefert. Hieraus resultiert eine bedeutende Absenkung der Lagerkosten des Handels. Im Extremfall kann der Handel auf Lagerhaltung verzichten. Das Streckengeschäft kann sich insbesondere für Händler eignen, die Aufgaben im Rahmen eines Just-in-Time-Systems wahrnehmen wollen, da auf diese Weise die Transportstrecke und -zeit minimiert werden können.　　　　W.H.E.

Streckengroßhandel

erfüllt als Betriebstyp des → Großhandels ausschließlich Aufgaben der dispositiven akquisitorischen Distribution (→ Streckengeschäft). Auftragserlangung und -disposition sowie Rechnungs- und Zahlungsverkehr erfolgen durch den Großhändler, während die Lagerhaltung der Ware sowie deren Transport und Auslieferung (physische Distribution) beim Hersteller verbleiben. Es ist offensichtlich, dass bei einer so umfassenden Funktionenrückwälzung die Gefahr der Ausschaltung aus der Handelskette besonders groß ist. Zur Abwehr solcher Ausschaltungsgefahren findet daher vermehrt eine Funktioneneingliederung bzw. Funktionenschöpfung statt. So werden z.B. im Stahlhandel sog. Stahl-Service-Center eingegliedert, um auf dem Wege der Anarbeitung die erste Verarbeitungsstufe für den Produzenten zu übernehmen. Zu diesen manipulativen Funktionen der Anarbeitung zählen bspw. das Biegen von Betonstahl oder der Zuschnitt von Blechen nach den Wünschen des Abnehmers. Auch der lagerhaltende Großhandelsbetrieb führt fallweise dann Streckengeschäfte durch, wenn bei Großabnehmern, von denen ein starker Druck auf die Angebotspreise ausgeht, Kosten im Zusammenhang mit der Warenbewegung minimiert werden müssen.　　　　K.Ba.

Stress

Index zur Beurteilung der Güte einer Konfiguration in der → Mehrdimensionalen Skalierung (MDS). Er wird durch Vergleich der empirisch ermittelten Distanzwerte der skalierten Objekte mit den in der MDS iterativ geschätzen Distanzen berechnet. In einer r-dimensionalen Konfiguration gilt:

$$\text{Stressformel 1:}\ S = \sqrt{\frac{\sum_{i<j}(d_{ij}-\delta_{ij})^2}{\sum_{i<j}d_{ij}^2}}$$

$$\text{Stressformel 2:}\ S = \sqrt{\frac{\sum_{i<j}(d_{ij}-\delta_{ij})^2}{\sum_{i<j}(d_{ij}-\bar{d})^2}}$$

Diese Formel baut auf der euklidischen Distanz auf. Eine andere Distanz ist als *City-Block-Metrik* bekannt, bei der die Objektabstände durch einfache Summation der Teilabstände auf den r Raumdimensionen berechnet werden. Stressformel 2 ist robuster gegenüber degenerierten Lösungen. Sie wird in neueren Computerprogrammen bevorzugt. In der Regel sind jedoch beide Stresswerte verfügbar. B.N.

Streuplanung → Mediaplanung

Streuungsmaße

Statistische Maßzahlen, deren Aufgabe es ist, die Streuung (Variabilität, Variation) der Einzelwerte einer → Häufigkeitsverteilung um den → Mittelwert zu beschreiben. Damit wird gleichzeitig ersichtlich, wie repräsentativ der Mittelwert für die Gesamtheit ist. Verteilungen mit geringer Streuung sind „steile", solche mit großer Streuung „flache" Verteilungen.

Die Anwendung der verschiedenen Streuungsmaße ist vom Skalenniveau der jeweiligen Variablen abhängig. Am häufigsten herangezogen werden folgende Streuungsmaße:

→ *Spannweite* (mindestens Ordinalskalenniveau)
→ *mittlere absolute Abweichung* (mindestens Intervallskalenniveau)
→ *Varianz* (mindestens Intervallskalenniveau)
→ *Standardabweichung* (mindestens Intervallskalenniveau)
→ *Variationskoeffizient* (mindestens Verhälnisskalenniveau).

Streuungsmaße sind eine wesentliche Grundlage für eine Reihe wichtiger statistischer Analyseverfahren, z.B. die → Varianz- oder die → Regressionsanalyse, sowie für Verfahren der → Inferenzstatistik. P.H.

Streuverluste

Streuverluste sind die bei der Streuung von Werbemitteln durch Überstreuung oder unnötige Überschneidungen eintretenden überflüssigen, d.h. angesichts eines vorgegebenen Reichweitenziels einsparbaren Kosten (→ Mediaplanung). Sie sind bei gegebenem Streuplan die Kontakte, die entweder außerhalb der anzusprechenden Zielgruppe stattfinden (z.B. Kontakte mit Personen, die als Käufer für das Produkt von vorne herein nicht in Frage kommen) oder außerhalb vorgegebener Kontaktbereiche liegen. Die Optimierung von Streuplänen bezweckt u.a. auch, die Streuverluste möglichst in überschaubaren Grenzen zu halten.

Streuwerbung → Werbeformen, → Werbemittel

Strukturgleichungsmethodologie (SEM) → Kausalanalyse

Strukturvertrieb

Unter Strukturvertrieb versteht man allgemein einen klar aufgebauten und hierarchisch gegliederten Außendienst. Stellt man auf die betriebswirtschaftlich operative Ebene ab, ist ein Strukturvertrieb eine durch bestimmte Merkmale (Hierarchie, Anreizsystem, etc.) gekennzeichnete, auf den Verkauf von Finanzprodukten oder Konsumgütern ausgerichtete Form der Vertriebsorganisation (strukturierter Vertrieb). Daneben wird der Begriff Strukturvertrieb aber auch im institutionellen Sinne als Beschreibung von entsprechend organisierten, selbständigen Vertriebsgesellschaften verstanden. Wesentliches Kennzeichen ist die selbständige Akquisition und Führung untergeordneter Vertriebsmitarbeiter, was zu einer hierarchischen Staffelung der Vertriebsorganisation mit hoher Marktdurchdringung führt (→ Multi-Level-Marketing).

Der erste große Strukturvertrieb auf dem Finanzdienstleistungssektor war Ende der 60er-Jahren die Investors Overseas Limited (IOS), die Mitte der 70er-Jahre zusammengebrochen ist. In Deutschland ging 1970 mit der Bonnfinanz das erste deutsche Allfinanzunternehmen mit der Philosophie „Vermögensberatung und Betreuung mit System" in den Markt. Von den bedeutenden Strukturvertrieben im Finanzdienstleistungsbereich gehören anteilig, mehrheitlich oder ganz die Bonnfinanz AG zur Deutschen Bank, die DVAG der Aachen-Münchner Versicherungsgruppe, die OVB dem Deutschen Ring und der Volksfürsorge sowie die HMI der Hamburg-Mannheimer Versicherung. Darüber hinaus sind weitere namhafte Allfinanz-Vertriebsgesellschaften unabhängig von den Großkonzernen der Finanzbranche (z.B. AWD, MLP und tecis) im Markt. O.B.

Literatur: *Butterwegge, S.*: Die Rolle der Strukturvertriebe im Markt für Finanzdienstleistungen, in: bank und markt, 26. Jg. (1997), Nr. 1, S. 30–36. *Schutte, R.*: Mobiler Vertrieb – was bleibt für ihn übrig?, in: *Betsch, O.; van Hooven, E.; Krupp, G.* (Hrsg.): Handbuch Privatkundengeschäft, Frankfurt 1998, S. 707-728.

Student-Verteilung → t-Verteilung

Studiotest → Werbetests

Stufeneffekt → Mehrstufige Auswahl

Stufenmodelle der Werbewirkung
– auch Stufenschemata genannt – sind die älteste Klasse verbal-qualitativer → Werbewirkungsmodelle. Abgesehen von der beabsichtigten definitorischen Trennung verschiedener → Werbewirkungen wollen Stufenmodelle den Gedanken präzisieren, dass verschiedene Werbewirkungen beim Adressaten aufeinander aufbauen. Der Adressat durchläuft nach Ansicht der Stufenmodell-Protagonisten in einer zeitlichen Reihenfolge verschiedene mentale Stufen (Teilwirkungen), die ihn bis zum werbebedingten, finalen Verhalten (Kauf) führen.
Die in der *Abb.* aufgeführten Stufenschemata lassen im Vergleich erkennen, dass in manchem Schema Wirkungsvariablen auftauchen, die in einem anderen Schema komplett ausgeklammert bleiben. Dies deutet auf eine nicht erschöpfende Erfassung möglicher Werbewirkungen in dem einen oder anderen Schema hin. Kritischer zu beurteilen ist jedoch die von Stufenmodellen ausgehende normative Kraft, die dazu führte, dass aus einem Schema regelrechte „Werbephilosophien" entwickelt, und nach diesen recht schablonenhaft gewisse Werbeziele geplant und Werbemittel gestaltet wurden. Die legendäre → AIDA-Regel z.B. scheint sich noch heute in den Köpfen hartnäckig als Richtschnur für werbliches Handeln zu halten.

Aus dem Blickwinkel moderner Werbewirkungsforschung kritisch zu beurteilen sind derartige Stufenschemata nicht nur wegen ihrer partiellen Unvollständigkeit, sondern insbesondere wegen ihrer fehlenden Bezugnahme auf die besonderen Randbedingungen bei den Adressaten, die von Werbung erreicht werden. Welche Wirkungen von Werbung ausgelöst werden oder werden sollten, hängt nämlich davon ab, ob es sich bei den Adressaten z.B. um Kenner oder Nicht-Kenner, Verwender oder Noch-Nicht-Verwender, niedrig oder hoch produktinvolvierte Adressaten etc. handelt. Dieser Überlegung wird in → Werbewirkungsmustern nachgegangen, welche die traditionellen Stufenschemata ablösten.

H.St.

Stufenrabatt → Rabatte

Stuffer → Mailingbeilage

Traditionelle Stufenschemata zur Werbewirkung

Lewis (1898): („AIDA-Regel)"	Attention	Interest	Desire	Action		
Colley (1961): („DAGMAR-Formel")	Awareness	Comprehension	Conviction	Action		
Lavidge/ Steiner (1961):	Awareness	Knowledge	Liking	Preference	Conviction	Purchase
K. Chr. Behrens (1963):	Berührung	Beeindruckung	Erinnerung	Interesseweckung	Aktion	
Seyffert (1966):	Sinneswirkung	Aufmerksamkeitswirkung	Vorstellungswirkung	Gefühlswirkung	Gedächtniswirkung	Willenswirkung

Subkulturen

typische Denk- und Verhaltensweisen, die kennzeichnend sind für soziale → Gruppen und sie darin von der → *Kultur* des umgebenden Kulturkreises abweichen lassen (z.B. „Jugendkultur"; vgl. → Jugendmarkt). Der Grad der Abweichungen reicht von leichten Veränderungen bis zu bewussten Gegenpositionen (Anti-Konformität).

Neue Trends im Freizeit- und Konsumverhalten entstehen oft in Subkulturen Jugendlicher („Techno", „Hip Hop" etc.). Mit Hilfe von Methoden qualitativer Marktforschung (z.B. Trend Scouts) wird versucht, sie frühzeitig aufzuspüren. E.K.

Subliminalwerbung
→ Unterschwellige Werbung

Submission

Bei der Submission erfolgt die Auftragsvergabe im Wege einer Ausschreibung. Bei Ausschreibungen ohne Nachverhandlungen (closed bid) ist es besonders schwierig, einen marktgerechten Preis zu ermitteln. Bei closed bid-Ausschreibungen ist jeder Anbieter bzw. jede Anbietergemeinschaft gezwungen, eine im Umschlag verschlossene Preisforderung abzugeben. Es erhält der Anbieter mit der niedrigsten Preisforderung im Vergleich zur gebotenen Leistung den Zuschlag.

Zur Preisfindung bei Submission sind sog. Competitive Bidding Ansätze entwickelt worden, die auf einer systematischen Nutzung aller gegebenen Informationen basieren. Grundidee ist die Erreichung einer möglichst günstigen Gewinn-Risikokombination (das Produkt aus dem Gewinn bei einem bestimmten Preis zu erhalten, soll möglichst groß sein). Gewinn und Risiko hängen dabei von folgenden Faktoren ab: Der Auftragserfolg ist abhängig vom Preis des betrachteten Anbieters im Verhältnis zum niedrigsten Konkurrenzpreis. Benötigt wird also eine Schätzung der Erfolgswahrscheinlichkeiten bei einem bestimmten eigenen Preis und alternativen Konkurrenzpreisen. Eine solche Schätzung zeigt bspw. die Übersicht in *Tab. 1*, bei der Preise zwischen 5,36 Mio. und 6,8 Mio. € den relevanten Konkurrenzpreisbereich beschreiben mögen: Bei einem Preis von bspw. 6,10 Mio. € für eine bestimmte Anlage und Konkurrenzpreisen von 5,5 Mio. € bis 5,76 Mio. € ist die Erfolgswahrscheinlichkeit gleich Null. Hat der Nachfrager jedoch ganz bestimmte Präferenzen für den betrachteten Anbieter, so kann bereits bei einem Konkurrenzpreis von 5,89 Mio. € mit 16% Erfolgswahrscheinlichkeit ein Auftrag zu erhalten sein. Entsprechendes gilt für einen eigenen Preis von 6,28 Mio. € und die anderen angegebenen Angebotspreise.

Da die alternativen Konkurrenzpreise aber nicht gleichwahrscheinlich sein werden, muss der Anbieter zusätzliche Angaben darüber machen, mit welcher Wahrscheinlichkeit die einzelnen Konkurrenzpreise von 5,5 Mio. € bis 6,8 Mio. € auftreten werden. Die entsprechenden Schätzwerte sind

Tab. 1: Die relevanten Informationen für ein competitive Bidding-Model

eigene Preise	Konkurrenzpreise										
	5.50	5.63	5.76	5.89	6.02	6.15	6.28	6.41	6.54	6.67	6.80
5.36	1.00	1.00	1.00	1.00	1.00	1.00	1.00	1.00	1.00	1.00	1.00	1
5.55	0.49	0.92	1.00	1.00	1.00	1.00	1.00	1.00	1.00	1.00	1.00	0.9555
5.73	0.12	0.36	0.73	1.00	1.00	1.00	1.00	1.00	1.00	1.00	1.00	0.8329
5.91	0.00	0.06	0.24	0.55	0.94	1.00	1.00	1.00	1.00	1.00	1.00	0.6255
6.10	0.00	0.00	0.00	0.16	0.43	0.81	1.00	1.00	1.00	1.00	1.00	0.4167
6.28	0.00	0.00	0.00	0.00	0.11	0.31	0.60	0.96	1.00	1.00	1.00	0.2595
6.46	0.00	0.00	0.00	0.00	0.00	0.05	0.20	0.48	0.87	1.00	1.00	0.1635
6.65	0.00	0.00	0.00	0.00	0.00	0.00	0.00	0.15	0.37	0.68	0.98	0.0894
6.83	0.00	0.00	0.00	0.00	0.00	0.00	0.00	0.00	0.10	0.27	0.54	0.0347
7.02	0.00	0.00	0.00	0.00	0.00	0.00	0.00	0.00	0.00	0.05	0.18	0.0079
7.20	0.00	0.00	0.00	0.00	0.00	0.00	0.00	0.00	0.00	0.00	0.00	0.0000
	0.07	0.11	0.13	0.21	0.13	0.12	0.05	0.05	0.05	0.05	0.03	
	Eintrittswahrscheinlichkeit der Konkurrenzpreise											

Substitutionsanalyse

in *Tab. 1* unter der Tabelle für jeden Konkurrenzpreis angegeben. Aus diesen Daten lässt sich durch Ausmultiplizieren die Zuschlagswahrscheinlichkeit bei einem bestimmten Angebotspreis Z(Pr) ermitteln:

Z(6,10) = 0x0,05 + 0 + 0x0,11 + 0x20,13
 + 0,16x0,21 + 0,43x0,13
 + 0,81x0,12 + 1x0,05 + 1x0,05
 + 1x0,05 + 1x0,05 + 1x0,03
 = 0,4167

Entsprechend gilt
Z(6,28) = 0,2595

I.d.R. will ein Anbieter jedoch nicht die Zuschlagswahrscheinlichkeit, sondern das erwartete Auftragsergebnis möglichst günstig gestalten. Dazu ist es notwendig, den kalkulierten Deckungsbeitrag des Auftrags mit der Zuschlagswahrscheinlichkeit zu multiplizieren. *Tab. 2* zeigt dies beispielhaft für alternative eigene Preise bei Einzelkosten in Höhe von 5,5 Mio. €.

Veranschaulicht man die erwarteten Deckungsbeiträge in einer graphischen Darstellung (*Abb.*), dann wird deutlich, dass beim Angebotspreis von 5,91 Mio. € das erwartete Deckungsbeitragsmaximum liegt.

In verschiedenen empirischen Tests sind immer wieder die Ergebnisse von Competitive Bidding-Modellen und „intuitiver Preispolitik" verglichen worden. Alle Untersuchungen bestätigen übereinstimmend, dass die Vergleiche stets zugunsten der Competitive Bidding-Modelle ausgegangen sind: Entweder hätte man mit Hilfe der Modelle Aufträge bekommen, die man in der betreffenden Situation nicht bekommen hat oder man hätte Aufträge, die man ohne Modellverwendung bekommen hat, zu besseren Preisen bekommen. K.B.

Literatur: *Backhaus, K.:* Industriegütermarketing, 6. Aufl., München 1999.

Substitutionsanalyse

hat die Aufgabe, Ersatzbeziehungen zwischen verschiedenen Leistungen auf einem Markt zu bestimmen und zu prognostizie-

Tab. 2: Erwartete Deckungsbeiträge

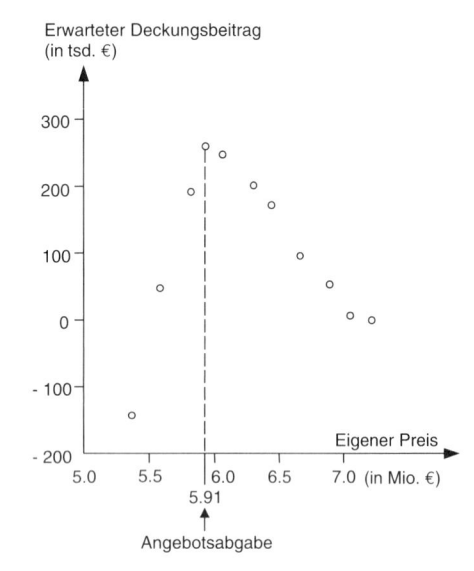

Eigener Preis	Deckungsbeitrag	Zuschlags-wahrscheinlichkeit	Erwarteter Deckungsbeitrag
5,36	−8.865,55	1	−8.865,55
5,55	9.521,01	0,9555	9.097,32
5,73	27.907,56	0,8329	23.244,21
5,91	46.294,12	0,6255	28.956,97
6,10	64.680,67	0,4167	26.952,44
6,28	83.067,23	0,2595	21.555,95
6,46	101.453,78	0,1635	16.587,69
6,65	119.840,34	0,0894	10.713,73
6,83	138.226,89	0,0347	4.796,47
7,02	156.613,45	0,0079	1.237,25
7,20	175.000,00	0	0

ren. Als Substitutionsformen lassen sich Ersatzbeziehungen zwischen Marken eines Herstellers (*Kannibalisierung*), zwischen Produkten verschiedener Hersteller einer (intraindustriell) bzw. verschiedener Branchen (interindustriell) sowie zwischen verschiedenen regionalen Märkten voneinander abgrenzen. Einsatzgebiete der Substitutionsanalyse sind u.a. die → Branchenstrukturanalyse nach Porter, → Marktabgrenzungen, Mehrmarkenstrategien sowie Erfolgsabschätzungen bei Produktinnovationen. Ziel der Substitutionsanalyse bildet die Bestimmung der art- und mengenmäßigen Substitution sowie des zeitlichen Ablaufs.

Methoden zur Substitutionsanalyse lassen sich zunächst danach differenzieren, ob sie auf der Anbieter- oder auf der Nachfragerebene ansetzen. Auf der Anbieterebene ermöglichen objektive Verfahren, wie z.B. technische Produktvergleiche, eine Abschätzung der Substitution. Dem Marketinggedanken folgen eher die nachfrageorientierten Verfahren. Diese lassen sich weiter danach systematisieren, ob sie auf Beurteilungen von Abnehmern bzw. Experten oder auf beobachtbarem Kaufverhalten basieren (vgl. *Abb.*).

Die objektiven Verfahren auf Abnehmerebene weisen nur eine beschränkte Aussagekraft auf, da technische Überlegenheit nicht zwangsläufig zu einer Substitution führen muss. Die Verfahren, die auf beobachtbares Kaufverhalten abstellen, setzen voraus, dass die konkurrierenden Leistungen bereits nebeneinander auf dem Markt verfügbar sind. Die auf Beurteilungen basierenden Methoden bedingen relativ hohe Durchführungskosten, ermöglichen jedoch Aussagen über artmäßige, nicht aber über mengenmäßige und zeitliche Substitutionen. Aufgrund der Vor- und Nachteile der verschiedenen Methoden empfiehlt sich bei der Substitutionsanalyse i.d.R. eine Methodenkombination.

C.Bau.

Literatur: *Porter, M.E.:* Wettbewerbsvorteile, 5. Aufl., Frankfurt, New York 1999. *Thomas, U.:* Die Substitutionskonkurrenz als Herausforderung für das Marketing, Diss., Berlin 1989.

Substitutionslücke

von *Joan Robinson* vorgeschlagenes Konzept zur Marktabgrenzung (→ Markt), das auch in der → Konkurrenzforschung anwendbar ist. Man interpretiert dabei verschiedene Güter wie in einer Kette gereiht, in der eng benachbarte Güter (z.B. Biersorten) jeweils relativ leicht substituiert werden können, während andere, schwerer untereinander substituierbare Produkte durch eine

Methoden der Substitutionsanalyse

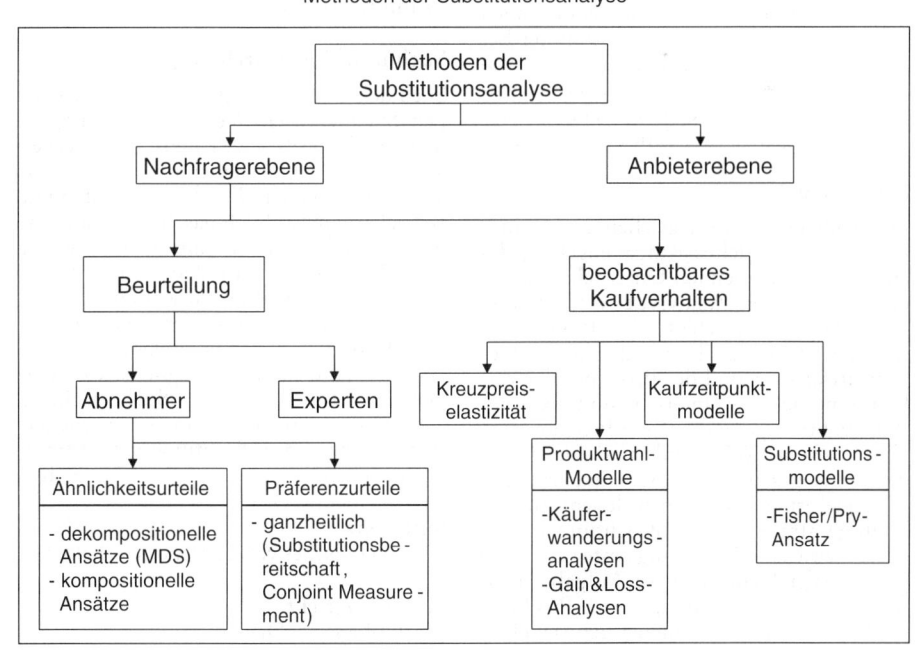

größere Distanz voneinander entfernt sind, z.B. eine Bier- und eine Weinsorte. Die Marktabgrenzung kann dann dadurch vorgenommen werden, dass festgestellt wird, ob die Substitutionsmöglichkeiten und damit die Konkurrenzbeziehungen innerhalb einer definierten Gruppe wesentlich größer sind als zwischen der Gruppe und deren Güterumwelt.

Subvention

ist eine vermögenswerte Zuwendung durch eine juristische Person des öffentlichen Rechtes an einen privaten Unternehmer zu einem öffentlichen Zweck ohne marktmäßige Gegenleistung. Subventionen sind ein Instrument der staatlichen Wirtschaftslenkung. Sie stören den unverfälschten Wettbewerb im internationalen Handelsverkehr durch künstliche Verbilligung von Waren. Subventionen bedürfen jedenfalls dann einer besonderen gesetzlichen Grundlage, wenn sie notwendig einen Dritten belasten oder wenn der Gewährleistungsbereich eines Grundrechts spezifisch betroffen ist. Bei Eignung zur Beeinträchtigung des zwischenstaatlichen Handels unterliegen sie der EG-Beihilfenkontrolle nach Art. 87 ff. EGV.
Die missbräuchliche Inanspruchnahme von Subventionen wird als Subventionsbetrug bestraft.
Im weiteren Sinne wird als Subvention auch jede gezielte Unterstützung bestimmter Erfolgsbereiche (Sortimentsteile, Geschäftsbereiche, Regionen etc.) einer Unternehmung auf Kosten anderer Bereiche verstanden (→ Ausgleichskalkulation) H.-J.Bu.

Suchfeldanalyse

innerhalb der → strategischen Marketingplanung angesiedeltes Aufgabengebiet, das aus Sicht des planenden Unternehmens auf die Identifikation, Analyse, Bewertung und Auswahl neuer Geschäfte abzielt. Die strategische Suchfeldanalyse baut auf der Gegenwartsanalyse und der Prognose der Zukunftsentwicklung interner und externer Rahmenbedingungen auf (→ Prognosesysteme, → Szenario-Technik) und unterstützt den aktiv-gestaltenden Arbeitsschritt der Strategieformulierung, in welchem die zukünftige strategische Stoßrichtung entwickelt wird (→ Marketingstrategie). Aus prozessualer Sicht ist diese Aufgabe insofern vor der Entwicklung neuer Produkte (→ Innovationsmanagement) anzusiedeln.

Zur instrumentellen Unterstützung des Suchprozesses lassen sich zahlreiche Methoden, z.B. die Produkt-Markt-Matrix nach *H.I. Ansoff* (→ Wachstumsstrategien), der auf *D. F. Abell* zurückgehende Suchrahmen, die → Stärken-Schwächen-Analyse, die Space (<u>S</u>trategic <u>P</u>osition and <u>A</u>ction <u>E</u>valuation)-Analyse, die der Bestimmung der strategischen Grundhaltung von Unternehmen dient, oder eine Suchfeldmatrix, in der unternehmensspezifische Know-how-Felder (etwa auf technologischem Gebiet) mit zukunftsträchtig erscheinenden Problemlösungsbereichen kombiniert und bewertet werden, heranziehen. Die Mehrzahl der Instrumente beschränkt sich dabei darauf, den Suchraum potentieller Geschäftsfelder strukturierend zu ordnen, wie es vergleichbar durch die morphologischen → Kreativitätstechniken geschieht. Damit handelt es sich bei diesen Methoden um → Heuristiken, die zwar nicht das Auffinden der optimalen Lösung garantieren können, aber zumindest ein systematisches Vorgehen erlauben. A.Ha.

Literatur: *Macharzina, K.*: Unternehmensführung, 3. Aufl., Wiesbaden 1999. *Müller, G.*: Strategische Suchfeldanalyse, Wiesbaden 1986.

Suchgüter → Informationsökonomik

Suchkostenansatz
→ Informationsökonomik

Suchmaschine (search-engine)

Suchdienst im Internet, der zu vorgegebenen Suchbegriffen Websites aufspürt, die den Suchbegriff enthalten (→ Internet-Technik). Es gibt dabei drei Arten von Suchmöglichkeiten: Kataloge, Agenten und Retrial-Engines. Suchmaschinen sind ein nützliches Instrument, um sich in World Wide Web zurechtzufinden. Um an die gewünschte Information zu kommen, ist jedoch eine präzise Formulierung der Anfrage erforderlich. Für die Bekanntheit von Websites ist es wichtig, möglichst weit vorne bei den Ergebnissen von Suchmaschinen aufzutreten. Suchmaschinen entwickeln sich zunehmend in Richtung von → Internet-Portalen. B.S./K.S.

Suffizienz
→ Ökologisches Konsumentenverhalten

Suffizienzeffekt
→ Ökologische Dienstleistung

Suggestivwerbung

ist in der Rechtsprechung eine → Werbung, die sich unter bewusster Umgehung der menschlichen Vernunft an das Emotionale des Umworbenen richtet, wobei auf Informationen über die Eigenschaften der Ware verzichtet wird. Die suggestive Werbung wird daher in Gegensatz gesetzt zur informativen Werbung. Eine solche emotionale, an das Unterbewusstsein appellierende oder → gefühlsbetonte Werbung ist nicht schon als solche wettbewerbswidrig. Anders liegt es, wenn durch die suggestive Werbung die Entschließung des Kunden unter Ausnutzung seiner Gefühle in einer dem Leitbild des Leistungswettbewerbs widersprechenden Weise unsachlich beeinflusst wird und durch die Auslösung von Emotionen zu sachfremden Entscheidungen verleitet werden soll (→ Kundenfang). Dies ist stets anzunehmen, wenn die Werbung geeignet ist, den Kunden irrezuführen. Aber auch wenn die Suggestivwerbung wahr ist, kann Wettbewerbswidrigkeit gegeben sein, wenn Mitgefühl, soziale Hilfsbereitschaft, Mildtätigkeit, Wünsche, Ängste, Spendenfreudigkeit, Eitelkeit, soziale Verantwortung, Vaterlandsliebe, Frömmigkeit oder Trauer für eigennützige Zwecke planmäßig ausgenutzt werden, ohne dass irgendein sachlicher Zusammenhang mit der Leistung, wie bspw. den Eigenschaften der Ware, der Herstellungsart oder der Preiswürdigkeit besteht. Die suggestive Werbung versucht, Stimmungen zu erzeugen, z.B. Sympathie zu erwerben. Dies ist erlaubt. Allein auf Gefühlsausnutzung zielende Werbung, die mit der angebotenen Ware oder Leistung nichts zu tun hat, sondern lediglich dem eigennützigen Gewinnstreben des Werbenden dient, ist wettbewerbswidrig. Anders fällt die Beurteilung dagegen aus, wenn zwar an die Gefühle des Umworbenen appelliert wird, jedoch diese Appelle in einem sachlichen Bezug zur angebotenen Leistung stehen. Eine Form der suggestiven Werbung ist das → Product Placement (vgl. auch → Schleichwerbung). H.-J.Bu.

Sujet-Test → Werbetests

Sukzessivkauf → Rahmenvertrag

Sündenregister

Das Bundesministerium für Wirtschaft hatte Ende 1974 den Spitzenverbänden der deutschen Wirtschaft einen Beispielskatalog von Praktiken in den Vertikalbeziehungen zwischen Industrie und Handel (→ Vertikales Marketing) zugesandt, die v.a. kleine und mittlere Unternehmen schädigen sowie zu nichtleistungsgerechten Einkommensvorteilen einer Marktseite und zu machtbedingten Wettbewerbsverzerrungen führen. Es handelt sich um einen rechtlich unverbindlichen Beispielskatalog für Tatbestände, bei denen es zu Wettbewerbsverzerrungen kommen kann. Einige Praktiken, insb. die verschiedenen Arten von Funktions- und Risikoverlagerungen, erscheinen nicht schlechthin problematisch, sondern nur insoweit, als diese Leistungen den Lieferanten oder Abnehmern einseitig abverlangt werden. Als Tatbestände, bei denen es zu Wettbewerbsverzerrungen kommen kann, sind aufgeführt: Eintrittsgelder für Erstaufträge, Regalmieten, Werbekostenzuschüsse, Sonderleistungen bei Neueröffnungen, Verlagerung der Regalpflege, Verlagerung der Preisauszeichnung, Inventurhilfe, Listungsgebühren, Deckungsbeiträge für Umsatzausfälle, Darlehen zu nichtmarktgerechten Bedingungen, Investitionszuschüsse, Beteiligung an Geschäftseinrichtungen, Buß- und Strafgelder, Fordern eines „Bündels" von Sonderleistungen mittels Fragebogen, Preisfallklausel, jederzeitige Kontrolle des Abnehmers im Betrieb des Herstellers, Rabattkumulierung, nachträgliche Erhöhung der vereinbarten Rückvergütungssätze für die Umsatzprämie, besonders lange Zahlungsziele, Abwälzung von Kosten organisatorischer Betriebsumstellungen auf Lieferanten, Lieferverpflichtungen in ungewisser Höhe, Ausschluss der Kreditsicherung durch Forderungsabtretung, gespaltener Abonnementspreis, gespaltener Anzeigenpreis und kostenlose Werbeexemplare über längeren Zeitraum.

Die Spitzenorganisationen und weitere Verbände der gewerblichen Wirtschaft haben die Initiative des Bundesministeriums für Wirtschaft aufgegriffen, Wettbewerbsverzerrungen in der Wirtschaft entgegenzutreten. Sie haben hierzu eine gemeinsame Erklärung vom 07.10.1975 mit Fortschreibung vom 25.06.1984 abgegeben, um mit dieser Zusammenstellung im Wege der Selbsthilfe der Wirtschaft Störungen des Leistungswettbewerbs zu vermeiden und zu verhindern. Die gemeinsame Erklärung enthält keine verbindlichen → Wettbewerbsregeln; jedoch werden die Unternehmen und die Organisationen der gewerblichen Wirtschaft aufgerufen, die Grundsätze in der

Praxis zu verwirklichen. Eine unmittelbar rechtliche Wirkung kommt weder dem Sündenregister noch der gemeinsamen Erklärung zu. Derzeit (2000) wird auf politischer und verbandspolitischer Ebene eine Fortschreibung der Gemeinsamen Erklärung und des Sündenregisters diskutiert.

H.-J.Bu.

Sunk costs
→ Marktinvestitionen, spezifische

Supermarkt

→ Betriebsform des → stationären → Einzelhandels, die auf einer Verkaufsfläche von mindestens 400 qm ein Vollsortiment an Nahrungs- und Genussmitteln einschließlich Frischwarengruppen sowie ergänzend Ver- und Gebrauchsgüter des täglichen Bedarfs (Non-Food) überwiegend in → Selbstbedienung anbietet. Bezogen auf die obere Verkaufsflächenbegrenzung differiert die Begriffsverwendung in Marketingforschung und Handelspraxis:

So spricht die A.C.Nielsen GmbH, Frankfurt am Main, im Rahmen ihrer Handelspanelforschung in Deutschland (Nielsen-Lebensmitteleinzelhandels-Index) bereits ab 800 qm von „kleinen → Verbrauchermärkten", während sie bei ihren weltweiten Strukturuntersuchungen das entsprechende Betriebsgrößenintervall bis auf 2.500 qm – dem Schwellenwert für „Hypermärkte" – ausdehnt.

Das EHI-Eurohandelsinstitut, Köln, verzichtet demgegenüber auf die Angabe einer Obergrenze (wenn man einmal von dem für das Nonfood-Angebot vorgesehenen Flächenanteil von max. 25 % absieht); sie ergibt sich allenfalls der Größenordnung nach aus den Begriffsmerkmalen der – im Übrigen auch vom Angebot her – anders dimensionierten Verbrauchermärkte (ab 1.500 qm) und → SB-Warenhäuser (ab 5.000 qm).

Nach den Ergebnissen der jährlichen Erhebungen des EHI zur Zahl und Sruktur der Lebensmittelgeschäfte und Betriebsformen („Betriebsformenstatistik") haben die Supermärkte in den letzten Jahren in ihrer anteiligen Bedeutung nach Anzahl, Verkaufsfläche und Umsatz Verluste hinnehmen müssen (vgl. *Tab. 1*). Darüber hinaus ergaben die diesbezüglichen „Sortimentsbreiten- bzw. –tiefenerhebungen", dass die Supermärkte gegenüber anderen Betriebsformen des Lebensmitteleinzelhandels, wie insbesondere gegenüber den großflächigen Betriebsformen (Verbrauchermärkte, SB-Warenhäuser) und den → Diskontgeschäften an Profil und Wettbewerbskraft eingebüßt haben: So sind im Frischebereich – dem seit jeher herausgestellten Charakteristikum der Supermärkte – die Artikelzahl und der entsprechende Umsatzanteil stagnierend bis rückläufig, auch wenn dabei zwischen den einzelnen Artikelgruppen noch zu differenzieren wäre. Entsprechend unbefriedigend fallen für die Supermärkte die im „EHI-Jahresbetriebsvergleich" 1998 ermittelten Leistungskennzahlen aus (vgl.

Tab. 1: Entwicklung der Supermärkte nach Anzahl, Verkaufsfläche und Umsatz in Deutschland (in % der Lebensmittelgeschäfte insgesamt)

Jahr	Anzahl		Verkaufsfläche[1)]		Umsatz	
	abs.	%	Mio. qm	%	Mrd. DM	%
1991	9.735	11,6	6,70	29,6	64,5	31,2
1992	9.949	12,4	6,90	29,9	65,5	30,6
1993	9.831	12,6	6,90	29,7	65,2	30,3
1994	9.635	12,6	6,80	29,3	64,3	29,7
1995	9.610	12,7	6,85	28,9	62,9	28,9
1996	9.596	12,9	6,86	28,5	62,8	28,6
1997	9.460	12,9	6,83	28,1	62,3	28,2
1998	9.134[2)]	12,6[2)]	6,76[2)]	27,5[2)]	61,5	27,6

[1)] Jeweils zum 1.1. des nachfolgenden Jahres; [2)] vorläufige Zahlen
(Quelle: *EHI-EuroHandelsinstitut*, Köln)

Tab. 2: Leistungskennzahlen der SB-Filialen nach Betriebsformen in Deutschland (Duchschnittswerte)

Leistungskennzahl	Discounter	SB-Märkte	Supermärkte	Verbrauchermärkte	SB-Warenhäuser ab 5.000 qm
Verkaufsfläche je Betrieb in qm	487	299	874	3.520	6.548
Umsatz je Betrieb in TDM	4.171	3.528	7.480	29.002	63.405
Umsatz in % des Vorjahres	99	94	97	98	99
Bruttoumsatz je qm VKF in DM	8.644	11.953	8.787	8.238	9.683
Umsatz je besch. Person in TDM	780,1	343,8	405,6	604,2	704,1
Lagerumschlagshäufigkeit, p.a. ...mal	14,2	12,2	9,1	7,7	7,6
Personalkosten in % vom Umsatz	6,3	15,7	12,6	10,6	9,6
Summe der unmittelbaren Filialkosten (ohne Zentralkosten) in % vom Umsatz	13,3	24,9	23,1	22,7	20,0

(Quelle: *EHI-EuroHandelsinstitut*, Köln (EHI-Betriebsvergleich, Jahresauswertung 1998))

Tab. 3: Flächenleistung der Betriebsformen des Lebensmittel-Einzelhandels 1975 – 1998 in Deutschland (Bruttoumsatz je qm Verkaufsfläche in DM)

Betriebsform	1975	1980	1985	1990	1995	1998
SB-Läden/SB-Märkte	10.178	11.478	11.628	13.805	10.718	11.953
Supermärkte	8.584	9.391	9.918	12.148	8.868	8.787
Verbrauchermärkte	7.065	7.347	7.390	7.606	8.512	8.238
SB-Warenhäuser	5.945	6.428	6.668	8.959	8.174	9.683
Index 1975 = 100						
SB-Läden / SB-Märkte	100	113	114	136	105	117
Supermärkte	100	109	116	142	104	102
Verbrauchermärkte	100	104	105	108	120	117
SB-Warenhäuser	100	108	112	151	137	163

(Quelle: *EHI-EuroHandelsinstitut*, Köln (EHI-Betriebsvergleich))

Tab. 2), insbesondere was ihre tendenziell negative Entwicklung in der jüngeren Vergangenheit betrifft (vgl. *Tab. 3)*. H.-J.Ge.

Supplements

sind in regelmäßigen Abständen erscheinende, kostenlose Beilagen zu → Zeitungen oder Zeitschriften, die ausschließlich über diese Trägerobjekte vertrieben werden. Über Supplements versuchen Zeitungen und Zeitschriften, die Loyalität ihrer Leser zu erhöhen. Für Zeitungen liegt der Reiz von Supplements zudem in der hohen Druckqualität und der Farbigkeit, die den Verkauf hochpreisiger Anzeigen erlauben.

Man unterscheidet in meinungsbildende Supplements und Programmsupplements. Beispiele für meinungsbildende Supplements sind „Der Handel" (Lebensmittelzeitung) und das „Süddeutsche Zeitung Magazin" (Süddeutsche Zeitung). Zwei besonders bekannte Supplements dieser Kategorie – das ZEIT Magazin (DIE ZEIT) und das „Frankfurter Allgemeine Magazin" (Frankfurter Allgemeine Zeitung) – wurden in 1999 eingestellt. Programmsupplements bieten Informationen über das Fernseh- und Hörfunkprogramm. Beispiele sind „Prisma" und „rtv". Die bei der IVW gemeldeten Supplements erreichten in 1999 eine Auflage von 18,41 Mio. Exemplaren, 6,2 % weniger als im Vorjahr. Der Löwenanteil mit einer Auflage von 14,69 Mio. Exemplaren entfiel dabei auf Programmsupplements. Die Netto-Werbeeinnahmen von Zeitungssupplements betrugen nach Angaben des Bundesverbandes Deutscher Zeitungsverleger (BDZV) in 1999 143,3 Mio. DM, was einen Rückgang um 20,6 % gegenüber dem Vorjahr und von 36,5 % gegenüber 1996 bedeutet. K.G.

Supply Chain Management

ist ein umfassendes Konzept des Versorgungsmanagement, das sich durch eine durchgängige Optimierung aller Güter- und Informationsflüsse vom Rohstoff bis zum Endkunden auszeichnet. Gegenüber traditionellen Konzepten des → Beschaffungsmarketing zeichnet sich Supply Chain Management (SCM) insbesondere durch (a) eine durchgängige Prozessoptimierung, (b) die simultane Betrachtung der unternehmensübergreifenden und der unternehmensinternen Versorgungsprozesse sowie (c) eine strategisch-langfristige Perspektive aus.

Ausgangspunkt des Supply Chain Management ist die Analyse der → Wertschöpfungskette. Bei industriellen Produkten reicht die Supply Chain von der Rohstoffgewinnung über die Erstellung von Zulieferteilen, Maschinen und Anlagen bis zu Systemlieferanten, Endproduktherstellern, Händlern und schließlich zum Endkonsumenten. Jedes Glied der Kette muss einen Beitrag zur Wertsteigerung leisten, die letztlich vom Endkonsumenten in Form des Produktpreises honoriert wird. Typische Managementprobleme sind dabei (a) die Größe und (b) die Struktur der Supply Chain. Alle Mitglieder der Wertschöpfungskette müssen auf ihren Leistungsbeitrag analysiert werden. Gegebenenfalls ist es erforderlich, die Kette zu verkürzen (bspw. Eliminierung des Handels durch Direktvertrieb) oder zu verlängern (bspw. Aufnahme eines Spediteurs, der Expresslieferung innerhalb 24 Stunden garantiert), je nachdem, ob dadurch Wert für den Konsumenten geschaffen wird. Ebenso komplex sind die Strukturen, die Supply Chains annehmen können. Die *Abb.* zeigt beispielhaft die Fülle unterschiedlicher Aufgaben- und Rollenträger innerhalb einer Wertschöpfungskette.

Typen von Supply Chain-Mitgliedern

Klassische Supply Chain: Partner mit definiertem Leistungsumfang und klarer Rollenverteilung				
	Endprodukt-hersteller	Teile-lieferant	Konstruktions-büro	Klassischer Spediteur
Steuerungs-/Logistik-know-how	✓			✓
Produktions-/Fertigungs-know-how	✓	✓		
Engineering-/Produkt-know-how	✓		✓	

Moderne Supply Chain: Partner mit System- und Problemlösungskompetenz				
	Endprodukt-lieferant	Modul-lieferant	System-lieferant	Logistik-dienstleister
Steuerungs-/Logistik-know-how	✓			✓
Produktions-/Fertigungs-know-how	✓	→	→	✓
Engineering-/Produkt-know-how	✓	→	✓	

Führungsaufgaben im Sinne des Supply Chain Management können von unterschiedlichen Supply Chain-Mitgliedern wahrgenommen werden. Im Bereich des Versandhandels kann ein → Systemlogistiker mit Logistik- und Steuerungs-know-how wie bspw. Quelle die Wertschöpfungskette steuern. In der Automobilindustrie sind die „klassischen" Endprodukthersteller wie bspw. Volkswagen eine Kombination aus Fertigungs-, Engineering- und Steuerungsspezialisten. „Neue" Formen der Automobilindustrie wie MCC smart konzentrieren sich auf ihr Steuerungs-know-how für ein Lieferantennetzwerk. Es ergeben sich neue Spezialisierungsmöglichkeiten wie die des Modullieferanten – so fertigt die Fa. Velmet komplette Einheiten des Boxster-Modells für Porsche. → Logistik-Dienstleister übernehmen neben dem Transport häufig auch Kommissionier- und Montageaufgaben. Die Forderung nach einem unternehmensübergreifenden Supply Chain Management, um zwischenbetriebliche Optimierungspotentiale zu erschließen, hat zu einer stärkeren Ausbildung von Netzwerken geführt. Als Idealvorstellung ergeben sich Wertschöpfungsnetzwerke, die die gemeinsamen Wettbewerbsanstrengungen an die Netzwerkaußengrenzen verlegen und innerhalb des Netzwerks eine kooperative Zusammenarbeit anstreben (→ Netzwerkansatz). Tatsächlich ist die Idee eines „Netzwerkwettbewerbs" oder „Wertschöpfungskettenwettbewerbs" an Stelle eines Unternehmenswettbewerbs häufig nicht realistisch, da gerade Zulieferunternehmen und Dienstleister nicht exklusiv in *eine* Wertschöpfungskette eingebunden werden können, sondern Mitglied mehrerer – ggfs. sogar konkurrierender – Netzwerke sind. Dies gilt insbesondere für marktstarke Zulieferer, die andernfalls keinerlei Skalenvorteile realisieren könnten (→ Zuliefergeschäft).

Inhaltlich werden vier zentrale SCM-Ansätze unterschieden:

(1) Der *logistikorientierte SCM-Ansatz* greift die traditionelle Waren- und Informationsflussverbesserung auf, wie sie bereits im Rahmen der → Marketing-Logistik angestrebt wird. Der Schwerpunkt liegt dabei auf der Schnittstellenoptimierung.
(2) Im Mittelpunkt des *informationsorientierten SCM-Ansatzes* steht die Optimierung der Kommunikations- und Datenverarbeitungssysteme, die zur Steuerung der Supply Chain erforderlich sind. Beispiele dafür sind → Electronic Data Interchange oder Efficent Consumer Response-Lösungen (→ ECR).
(3) Der *prozessorientierte SCM-Ansatz* konzentriert sich auf die endkundenorientierte Gestaltung von Geschäftsprozessen im Unternehmen.
(4) Der *funktionale SCM-Ansatz* fokussiert insbesondere auf die Integration der am Versorgungsfluss beteiligten Funktionsbereiche wie Logistik, Einkauf, Materialwirtschaft und Absatzmarketing.

Aus Sicht des → Beschaffungsmarketing ergibt sich daher im Rahmen von SCM insbesondere eine ganzheitliche Optimierung der Versorgungsflüsse zum und im Unternehmen, der konsequente Einsatz von Systemen des elektronischen Einkaufs, die enge Zusammenarbeit mit ausgewählten Lieferanten im Rahmen von → Beschaffungskooperationen sowie die Erarbeitung einer zielführenden → Beschaffungsstrategie mit Hilfe von → Sourcing-Konzepten.

M.E.

Literatur: *Gattorna, J.L.; Walters, D.W.:* Managing the Supply Chain: A Strategic Perspective, London 1996. *Stölzle, W.:* Industrial Relationships, München u.a. 1999. *Wildemann, H.:* Entwicklungsstrategien für Zulieferunternehmen, in: Zeitschrift für Betriebswirtschaft, Jg. 62 (1992), Nr. 4, S. 391–413.

Support → Assoziationsanalyse

Supremiums-Metrik
→ Mehrdimensionale Skalierung

Sustainable Development
im → Ökologischen Marketing verankertes umweltpolitisches Leitbild der *Nachhaltigkeit*, dessen Kernelemente sich als Kreislauf-, Verantwortungs- und Kooperationsprinzip hervorheben lassen:
So entspricht das *Kreislaufprinzip* der Idee der „Circular Economy" zur Gewährleistung einer dauerhaften Entwicklung. Natürliche Ressourcen wie Boden, Wasser und Luft sind nur so lange dauerhaft zu nutzen, wie ihre Abbau- bzw. Belastungsrate die Regenerationsrate nicht übersteigt. Die Orientierung am Kreislaufprinzip ist auf einen beträchtlichen technischen Fortschritt angewiesen, welchen die Betriebswirtschaft in Strategien und Prozessen umzusetzen hat. Es geht dabei um eine intelligente Entwicklung, durch welche nicht regenerierbare materielle Ressourcen durch regenerierbare Ressourcen ersetzt und eingespart werden können, die ökologische Effizienz der Prozesse (Output/Inputbetrachtung bzgl. des gesamten Wertschöpfungskreislaufes) gesteigert und der Anteil immaterieller Nutzenkomponenten an der Wertschöpfung vergrößert werden. Die durch solche innovativen Entwicklungen erlangten Umweltvorteile lassen sich auch zu Wettbewerbsvorteilen ausbauen (z.B. Solarenergieautos).
Das *Verantwortungsprinzip* bezieht sich zum einen auf den Abbau des Wohlstandsgefälles zwischen Industrie- und Entwicklungsländern (intragenerative Gerechtigkeit) und zum anderen auf die Berücksichti-

gung der Bedürfnisse der zukünftigen Generationen (intergenerative Gerechtigkeit). Dabei wird vor allem den Industrieländern und hier insbesondere den großen innovativen Unternehmen die Verantwortung aufgebürdet, als treibende Kraft zu fungieren. Das *Kooperationsprinzip* hebt schließlich die Notwendigkeit hervor, den globalen Umweltschutzproblemen im Einklang mit allen Beteiligten zu begegnen.   K.Sch.

Literatur: *Meffert, H.; Kirchgeorg, M.:* Das neue Leitbild Sustainable Development – der Weg ist das Ziel, in: Harvard Business Manager, Heft 2, 1993, S. 34-45. *Kurz, R.:* Unternehmen und nachhaltige Entwicklung, in: *Hampicke, U.; Nutzinger, H.G.* (Hrsg.): Ökonomie und Gesellschaft, 14. Jahrbuch, Frankfurt/Main, New York 1998.

Swap-Geschäft
Koppelung eines Devisen-Kassa-Geschäftes mit einem Devisen-Termingeschäft.

Sweepstakes (Gratisverlosung)
besondere Form des Preisausschreibens, bei dem die Zuordnung der Preise zu bestimmten Losnummern bereits vor der Ausschreibung stattgefunden hat. Gewinnvoraussetzung ist demnach nur mehr die Teilnahme und damit das Einsenden von Glücksnummern, Bestellscheinen, Losen etc. Das Auszahlungsrisiko für den Veranstalter wird durch dieses Prozedere stark gemindert, weswegen die Technik insbesondere im → Direktmarketing gerne als Handlungsverstärker (*Action-Getter*) eingesetzt wird.

Switchgeschäft
Devisen- oder Warenumleitung über ein Drittland (→ Außenhandelsgeschäft).

SWOT
Abkürzung für die in der → strategischen Marketingplanung übliche Analyse der Stärken (s̲trength) und Schwächen (w̲eaknesses) sowie Chancen (o̲pportunities) und Bedrohungen (t̲hreats) (→ Stärken-Schwächen-Analyse).

Symbole in der Werbung
ein Schrift- bzw. Bildzeichen bzw. ein Signal (z.B. Ton, Farbe), das Ausdruck von nicht unmittelbar Wahrnehmbarem und zugleich Tiefgründigem (‚surplus meaning') ist. Obwohl Symbole Informationen sprachfrei vermitteln können (z.B. Abbild des Fuchses = listig) und es im Regelfall die Sprachbarriere ist, welche eine global standardisierte Werbung verhindert, sind Symbole häufig nicht für die interkulturelle Kommunikationspolitik geeignet. Denn viele Symbole sind nicht nur ambivalent (z.B. die Farbe Rot als Symbol des Lebens oder des Todes), sondern auch für eine bestimmte → Kultur spezifisch. So signalisiert in Deutschland ein Klapperstorch die Geburt, in anderen Regionen der Welt (z.B. Singapur) hingegen den frühen Tod eines Kindes.   S.M./M.Ko.

Symbolische Kommunikation
→ Werbung

Symbolisches Management
→ Marketingkultur

Sympathiewerbung → Werbung

Syndicated Radio → Hörfunkwerbung

Syndication
1. organisierte Zulieferung von Rundfunkprogrammen an privatwirtschaftliche Rundfunkanbieter mit meist lokalen Sendegebieten, die ein 24-stündiges Programm aus wirtschaftlichen Gründen nicht selber realisieren können. Diesen wird ein 24-stündiges, meist live produziertes Mantelprogramm angeliefert, für das sie i.d.R. die Rechte für die Akquisition überregionaler → Hörfunkwerbung an den Mantel-Produzenten abtreten. Das regionale und lokale Werbeaufkommen bleibt den Mantelprogramm beziehenden Lokalanbietern überlassen, die zu festgelegten Tageszeiten das Mantelprogramm nicht nutzen, sondern eigene, sog. Fensterprogramme produzieren und ausstrahlen, und diese über Werbeeinnahmen finanzieren.

2. Kooperation zwischen einem qualifizierten Adressengeber und einem → Direktwerbung treibenden Unternehmen. So können z.B. Fach- und Spezialversender im Rahmen der Syndication von den Erfahrungen und Informationen der Datenbanken von Sortimentsversendern profitieren. Gegen eine prozentuale Umsatzbeteiligung platziert ein namhafter Versender sein Firmenzeichen und seine Empfehlung im Katalog des weniger bekannten Versenders, der die geeigneten Kundensegmente aus der Datenbank des namhaften Versenders anschreiben darf. Adressgeber und Adressnehmer sind konkurrierende Unternehmen

im gleichen Kundensegment, allerdings mit Produkten unterschiedlicher Warengruppen. Verbreitet ist auch das Beifügen von fremder Direktwerbung in Postgiroauszüge, Telefonrechnungen, Kreditkartenabrechnungen etc. R.Hi./W.M.

Synektik

Intuitivanalytische → Kreativitätstechnik, bei der zur Suche nach neuen Problemlösungen existierenden Lösungen schrittweise immer weiter verfremdet werden. Hierzu werden Analogien und Assoziationen aus den Bereichen Natur, Kunst, Geschichte, Technik und Wirtschaft gebildet. Vier Stufen kennzeichnen das Vorgehen: 1.) Intensive Beschäftigung mit dem Problem 2.) Verfremdung oder Entfremdung von Problemen 3.) Herstellung von Verbindungen 4.) Spontane Bewusstwerden von Lösungsideen. Äußerungen von Diskussionsteilnehmer können aufgegriffen und weiterentwickelt werden. Die gefundenen Lösungen werden (z.B. mit Metaplantechnik) visualisiert, auf ihre Realisationsmöglichkeiten hin überprüft und auf das Ausgangsproblem zurückgeführt werden (=„Force-Fit"). V.T./M.Dr.

Synergie

Bewirken zwei oder mehr Einflussfaktoren beim Bündeln mehr als ihre additive Wirkung bei isoliertem Einsatz, spricht man von Synergie-Effekten. Im Marketing-Management spielen Synergie-Effekte bei der Erringung von strategischen → Wettbewerbsvorteilen zunehmende Bedeutung. Dies ist eine Ursache für die steigende Bereitschaft zu → Kooperationen und → strategischen Allianzen, bei denen jeder Partner spezifische Fähigkeiten einbringt, die gemeinsam einen „2 + 2 = 5-Effekt" erbringen.

Synthetische Wahrscheinlichkeiten
→ Nachfrageschätzung

Systemarchitektur → Systemgeschäft

Systematische Auswahl

spezifisches → Auswahlverfahren für Zufallsstichproben. Entsprechend dem → Auswahlsatz f bzw. dessen Kehrwert i – nach der englischen Bezeichnung „sampling interval" – gelangt (nach „Zufallsstart" und bei „Zufallsanordnung" der Auswahlgrundlage) jedes i-te Element in die Stichprobe. Das Verfahren wird auch bei der Heranziehung von Telefon- oder Adressbüchern etc. als Auswahlgrundlage gerne angewandt.

Systematischer Fehler

Als systematische Fehler oder „Bias" von → Stichproben oder → Vollerhebungen bezeichnet man alle Abweichungen vom „wahren Wert" in nur einer Richtung, also die Fehler, die nicht Zufallsfehler sind. Häufig auftretende systematische Fehler sind:
– Fehler wegen Ausfällen von Befragten (→ Non-Response Problem),
– Erfassungsfehler (z.B. → Interviewereinfluss),
– technische Fehler (z.B. Codierungsfehler),
– Fehler der → Operationalisierung und Frageformulierung bei → Befragungen,
– Interpretationsfehler.

Systematische Fehler sind durch besondere Sorgfalt und Inkaufnahme höherer Untersuchungskosten verminderbar, aber selten völlig auszuschalten. M.H.

Literatur: *Enis, B.M.; Yu, J.H.*: Toward a Taxonomy of Errors in Marketing Research, in: *Darden, W.R.; Monroe, K.B.; Dillon, W.R.* (Hrsg.): Research Methods and Causal Modeling in Marketing, Chicago 1983, S. 161–164. *Morgenstern, O.*: Über die Genauigkeit wirtschaftlicher Beobachtungen, 2. Aufl., Würzburg 1965.

Systemgeschäft

Bereich des → Investitionsgütermarketing, der vom → Anlagen-, → Produkt- und → Zuliefergeschäft abgegrenzt wird. Systemgeschäfte sind solche Vermarktungsprozesse, bei denen das Vermarktungsobjekt (Sach- oder Dienstleistung) als sog. → Systemgut in einem objektiv-technischen Bedarfsverbund zu anderen Vermarktungsobjekten steht.
Systemgeschäfte sind somit durch einen zeitraumbezogenen Nachfrageverbund gekennzeichnet (*Weiber* 1997). Der Beschaffungsvorgang, der den Startpunkt eines solchen Nachfragerverbundes bildet, wird *Initialkauf* genannt. Alle weiteren Transaktionen, bei denen Produkte und Dienstleistungen auf der Nachfragerseite in eine existierende Systemlandschaft integriert werden, stellen demgegenüber *Folgekäufe* dar.
Systemgeschäfte sind typischerweise im Bereich der Systemtechnologien anzutreffen, bei denen serien- und einzelgefertigte Produkte sowie Dienstleistungen auf der Basis einer bestimmten *Systemarchitektur* mitein-

ander kombiniert werden. Während zentrale *Netzwerke* vor allem die notwendigen Sammel- und Verteilfunktionen übernehmen, erfolgt die eigentliche Nutzung der Systeme häufig dezentral mit Hilfe von Peripheriegeräten. Typische Beispiele hierfür sind Informations-, Kommunikations- und integrierte Fertigungssysteme, aber auch Versorgungs-, Entsorgungs- oder Transportsysteme.

Die Kompatibilität der verschiedenen Systemelemente zueinander stellt eine entscheidende Qualitätseigenschaft von Systemtechnologien dar. Diese Eignung verschiedener Systemkomponenten, im Verbund mit anderen Komponenten eine angestrebte Funktion zu erfüllen, wird als → *Integralqualität* bezeichnet. Um sie herbeizuführen, ist i.d.R. eine → Standardisierung der betreffenden Schnittstellen notwendig.

Systemtechnologien, die hinsichtlich Funktionalität und Umfang auf Erweiterungen ausgerichtet sind, werden als *Erweiterungssysteme* bezeichnet. Funktionale Erweiterungen können dabei z.B. durch Upgrades oder Migrationen, Erweiterungen des Umfangs z.B. in Form weiterer Nutzungslizenzen für Softwareprodukte oder zusätzlicher Installation von Hardwarekomponenten (z.B. Drucker, Workstations o.Ä.) herbeigeführt werden. Erweiterungssysteme sind i.d.R. auf die Lösung einzelner Nachfragerprobleme ausgerichtet (z.B. die Erstellung von Konstruktionszeichnungen) und bedürfen hierzu einer a priori definierten Systemarchitektur. Geht auch der Nachfrager beim Kauf solcher Systeme in seiner Planung von zukünftigen Erweiterungen aus, so spricht man von einem Erweiterungskauf.

Systemtechnologien, die unterschiedliche Einzeltechnologien miteinander kombinieren, die selbst wiederum aus verschiedenen Systemkomponenten bestehen, werden *Verkettungssysteme* genannt. Sie kommen i.d.R. zur Lösung mehrerer, verschiedenartiger Nachfragerprobleme zum Einsatz (z.B. Erstellung von Konstruktionszeichnungen, Erstellung von Stücklisten und die Fertigung von Werkstücken). Voraussetzung hierfür ist, dass die betreffenden Systemspezifikationen eine integrative Nutzung der Einzeltechnologien sicherstellen. Die Systemarchitektur muss deshalb variabel gestaltet sein und eine ausreichende Flexibilität aufweisen, damit die gewünschte Verkettung zwischen den unterschiedlichen Einzeltechnologien herbeigeführt wird. Bei der Beschaffung der betreffenden Systeme und deren Komponenten spricht man von Verkettungskäufen.

Aufgrund der Nachfrageverbunde können sich für einen Nachfrager im Systemgeschäft „*Lock-in*"-*Situationen* ergeben. Sie liegen dann vor, wenn ein Systemnutzer aufgrund spezifischer Investitionen und/oder positiver Erfahrungen in seinen zukünftigen Handlungsweisen mehr oder weniger stark festgelegt ist. Derartige Effekte können aus anbieterspezifischen Bindungen („Vendor lock-in"-Effekt) sowie aus technologiespezifischen Bindungen („Technological lock-in"-Effekt i.e.S. und i.w.S.) resultieren. Sie führen zu Wechselkosten entweder in Bezug auf den betreffenden An-

Lock-in-Effekte im Systemgeschäft

	Vendor lock-in-Effekt	*Technological lock-in-Effekt i.e.S.*	*Technological lock-in-Effekt i.w.S.*
Bedeutung	Bindung an einen konkreten Anbieter	Bindung an einen konkreten Anbieter	Bindung an eine bestimmte Technologie
Ursachen Notwendige Bedingung	Proprietäre Systemarchitektur (anbieterspezifische Inkompatibilität)	Proprietäre Systemarchitektur (anbieterspezifische Inkompatibilität)	Anbieterübergreifende Inkompatibilität
hinreichende Bedingung	Existenz spezifischer Investitionen	Wirksamkeit von → Netzeffekten	Wirksamkeit von → Netzeffekten Pfadabhängigkeit
Effekt	Anbieterbindung	Anbieterbindung	Technologiebindung
Konsequenzen	Anbieterwechselkosten	Anbieterwechselkosten	Technologiewechselkosten

(Quelle: *Weiber*, 1997, S. 309)

bieter oder in Bezug auf die betreffende Technologie (vgl. *Tab.*).) M.K.

Literatur: *Backhaus, K.:* Industriegütermarketing, 6. Aufl., München 1999. *Weiber, R.:* Diffusion von Telekommunikation – Problem der kritischen Masse, Wiesbaden 1992. *Weiber, R.:* Das Management von Geschäftsbeziehungen im Systemgeschäft, in: *Kleinaltenkamp, M.; Plinke, W.* (Hrsg.): Geschäftsbeziehungsmanagement, Berlin et al. 1997, S. 277-349.

Systemgüter

stellen solche Güter dar, die keinen originären Produktnutzen, sondern nur einen Derivativnutzen besitzen, der sich aus dem interaktiven Einsatz von Systemgütern im Rahmen einer Systemtechnologie bestimmt (→ Systemgeschäft). Damit ein Systemgut für einen einzelnen Nachfrager überhaupt einen Nutzen entfalten kann, muss es in mindestens einer Interaktionsbeziehung zu einem Systemgut bei einem anderen Nachfrager stehen. Die Interaktion zwischen beiden Systemgütern kommt dabei über das (physische) Netzwerk der zugehörigen Systemtechnologie zustande. Der *Derivativnutzen* eines Systemgutes ist umso größer, je mehr Nachfrager die gleiche Systemtechnologie *nutzen* (→ Nutzungsinnovationen). Für den Nutzungsaspekt ist dabei entscheidend, dass ein Systemgut zum Zwecke der Kommunikation aktiv eingesetzt wird, d.h. es wird zum Empfang und zur Übertragung von Informationen verwendet. Typische Beispiele für Systemgüter sind die Endgeräte von Telekommunikationssystemen (z.B. Telefon-, Telex-, Mailbox- oder Telefax-Endgeräte), die dadurch einen Nutzen entfalten, dass sie von möglichst vielen Personen im Rahmen der gleichen Systemtechnologie verwendet werden. Je größer die Teilnehmerzahl einer solchen Systemtechnologie ist (sog. *Installierte Basis*), desto größer ist auch der für einen Nachfrager erzielbare Nutzen aus der Systemtechnologie (sog. *direkte Netzeffekte*), da sich mit steigender Teilnehmerzahl auch die Anzahl möglicher Kommunikationsbeziehungen erhöht. Umgekehrt wird eine solche Systemtechnologie nur dann langfristig am Markt Bestand haben, wenn möglichst schnell die kritische Masse an Teilnehmer erreicht ist (→ Kritische Masse-Systeme). R.Wei.

Literatur: *Weiber, R.:* Diffusion von Telekommunikation – Problem der Kritischen Masse, Wiesbaden 1992.

Systemlieferant → Zuliefergeschäft

Systemlogistiker

Großhandelsbetrieb, welcher sich – ähnlich dem → Großhandelsspediteur – im Zuge von Spezialisierungsmaßnahmen und unter Einsatz neuer Informations- und Kommunikationssysteme als → Logistik-Dienstleister auf die Optimierung der Lagerhaltung und des Transports von Waren, auf die Aktualisierung und Optimierung bestehender Vertriebskanäle sowie auf die Entwicklung neuer Absatzwege konzentriert hat. Durch Einsatz intelligenter Softwaresysteme werden Durchlaufzeiten physischer Güter entlang der gesamten Supply-Chain verkürzt und die Informationsübermittlung wesentlich verbessert (→ Supply Chain Management-Systeme). Mit Hilfe solcher IT-Spezialisierungen versucht der Großhandel, den drohenden Gefahren einer Ausschaltung aus der Handelskette entgegenzuwirken und sich als innovativer Logistikpartner der Industrie zu empfehlen. Dem Einzelhandel bietet er erhebliche Ökonomisierungspotenziale, weil sich durch einen optimierten Informationsfluss das „Time to Market" verringert, was insb. die Lagerkosten erheblich senkt, die Dispositionsgenauigkeit erhöht und eine bedarfsadäquate aktive Sortimentspolitik („Realtime Merchandising") unterstützt. K.Ba./R.Kl.

Systemmarke

Weiterentwicklung des → Co-Branding zu eigenständigen Produkt-Service-Ketten, die aus Elementen verschiedener Hersteller bestehen und unter einer gemeinsamen → Marke miteinander verknüpft werden. Der Träger dieser Marke kann auch ein → virtuelles Unternehmen sein, dessen Wertschöpfung durch das Marketing für die vernetzten Einzelmarken entsteht (*Dudenhöffer*, 1999). Entscheidender Erfolgsfaktor ist die Erzielung eines ausgeprägten → Synergieeffektes (superadditive Markenbündelung), wie das z.B. *Club-Med* im Touristiksektor gelang. Ein häufiges Mittel dafür ist die Auflösung herkömmlicher → Wertschöpfungsketten durch direkte Zugriffsmöglichkeiten des Kunden auf Vorstufen (z.B. Zugang zu Informationssystemen des Reiseveranstalters) oder durch Einschaltung von → Infomediären, die eigenständigen Informationsnutzen generieren, etwa bei elektronischen Frachtbörsen. Auch → Internet-Portale können durch die Bündelung von Marken entscheidende Wettbewerbsvorteile entwickeln und zu Systemmarken mutieren. H.D.

Literatur: *Dudenhöffer, F.*: Systemmarken. Vernetzung produktnaher Angebote um Marken, in: *Esch, F.-R.* (Hrsg.): Moderne Markenführung, Wiesbaden 1999, S. 379-396.

Systemvergleich

Von der → Vergleichenden Werbung, deren Haupteigenschaft die erkennbare Bezugnahme auf einen oder mehrere Mitbewerber ist, sind die Fälle des sog. Systemvergleichs zu unterscheiden, bei denen jede erkennbare Bezugnahme fehlt.

Von einem Systemvergleich wird immer dann gesprochen, wenn in der Werbung allgemeine Systeme, z.B. des Vertriebs oder der Funktionsweise vergleichend gegenübergestellt sowie ihre Vor- und Nachteile erörtert werden. Wird bei einem derartigen Vergleich für das eigene Produkt geworben, so spricht man von einem uneigentlichen Systemvergleich.

Der Systemvergleich ist kein Unterfall der vergleichenden Werbung, da ihm die Bezugnahme auf bestimmte Wettbewerber fehlt. Daher galt dieser Fall in der Rechtsprechung des BGH schon immer als grundsätzlich zulässig. Unzulässig ist dieser Fall nach § 1 UWG, wenn er einseitig nur die Vorteile des eigenen Produktes und gleichzeitig die Nachteile des Vergleichssystems hervorhebt oder das Sachlichkeitsgebot verletzt. I.M.

Literatur: *Schräder, K.; Hohl, P.*: Wettbewerbsrecht und Werbung, Freiburg usw. 1999. *Baumbach, A.; Hefermehl, W.*: Wettbewerbsrecht, 22. Aufl., München 2000.

Szenario-Technik

Variante der → heuristischen Prognose in Form einer qualitativen Beschreibung der zukünftigen Entwicklung von Umfeldsituationen (Szenarien) bei unterschiedlichen Rahmenbedingungen in Form alternativer Zukunftsbilder, die sich aus kausal verknüpften, in sich stimmigen Annahmen zusammensetzen (z.B. energiewirtschaftliche Lage der BRD im Jahr 2000). Aufbauend auf der gründlichen Analyse des Untersuchungsfeldes werden dessen wichtigste zukünftige Einflussgrößen identifiziert. Die möglichen Entwicklungstendenzen dieser Einflussgrößen (Autobestand, Rohöl-Preisentwicklung, Umweltbelastung) werden quantitativ oder qualitativ beschrieben und in Form von konsistenten Annahmebündeln systematisch kombiniert. Unter Berücksichtigung von möglichen Störereignissen (militärische Konflikte in Förderländern, Umweltkatastrophen) und mit Hilfe formalisierter Plausibilitätsüberlegungen werden daraus wenige Szenarien hergeleitet, die lediglich die Bandbreite der potentiellen Zukunftsentwicklungen abdecken. Diese Szenarien können als Grundlage einer flexiblen strategischen Planung herangezogen werden. K.-W.H.

Literatur: *v. Reibnitz, U.*: Szenarien – Optionen für die Zukunft, Hamburg u.a. 1987.

Szenemarketing

Neuerer Ansatz der → Marken- und → Zielgruppenpolitik für → Trendprodukte, bei dem die sinnstiftende Rolle einer Marke für die Konsumenten in den Mittelpunkt gerückt wird. Typische Beispiele findet man im Motorrad- und Automarkt (*Haley Davidson, Porsche, Smart*), im → Modemarketing (*Versace*) oder im Ernährungsmarkt (*Red Bull*). Die Marke fungiert soz. als Kristallisationspunkt einer entsprechenden Konsumszene, d.h. Kunden, die sich mit dem Produkt stark identifizieren und entsprechende Aktivitäten bis hin zum Kosumkult entfalten (z.B. Anhänger-Party). Dabei können sie dann von den Herstellern gezielt angesprochen werden. Die Anhänger einer Konsumszene lassen sich meist nicht mehr nach herkömmlichen Segmentierungsmerkmalen gruppieren, sondern müssen in der Szene selbst bzw. in den dabei benutzten Medien zu erreichen versucht werden (→ Targeting).

Kultmarken sind wegen der Schnelllebigkeit von Konsumszenen der ständigen Gefahr der Erosion und des u.U. für das Markenimage bedrohlichen Wandels ausgesetzt, wie das Beispiel Harley Davidson deutlich gemacht hat (Abgleiten in die Gewaltszene). Außerdem polarisieren Kultmarken leicht die Kundenkreise und verhindern damit die Erschließung des gesamten Marktpotentials. Anderseits bieten sie reizvolle Ansatzpunkte zur imageträchtigen → Positionierung, wie das Beispiel des *Smart* deutlich macht. H.D.

Literatur: *Bolz, N.; Bosshardt, D.*: Kultmarketing – die neuen Götter des Marktes, Düsseldorf 1995. *Nöthel, T.*: Szenen-Marketing und Produktpositionierung. Ein Ansatz zur Zielgruppenfragmentierung, Wiesbaden 1999.

T

TABAGG (Tabellieren und Aggregieren)
Ein PC-Programmpaket für Standardberichte ermöglicht die Tabellierung aller gängigen Berichte, die im Tagesgeschäft der → Fernsehzuschauerforschung benötigt werden. Dazu gehören z.B. Hitlisten, Schemaplatzdarstellungen, Einzeldarstellungen, Serienberichte, Zeitreihen usw. Für Langzeitberichte verfügt das System über eine Aggregationseinrichtung, die es ermöglicht, für vorher bestimmte Zielgruppen Zwischenergebnisse zu speichern. Dadurch können Auswertungsläufe über große Zeiträume verkürzt werden. Das System wurde 1997 von der → Arbeitsgemeinschaft Fernsehforschung in Betrieb genommen.

Tabellentechnik → Kreuztabellierung

Tachistoskop
ein im Rahmen der experimentellen Marktforschung, insb. bei → Werbetests zur Analyse der → Wahrnehmung eingesetzter Diaprojektor (Projektionstachistoskop), der durch entsprechende elektronische oder mechanische Einrichtungen Projektionszeiten im Millisekundenbereich erlaubt. Kann nicht mit Abbildern des Wahrnehmungsgegenstandes gearbeitet werden, benutzt man sog. Durchsichttachistoskope, bei denen die realen Objekte (z.B. Produkte) auf einer nur durch eine fernglasähnliche Optik sehbaren Produktbühne dargeboten werden.
Mittels der kurzzeitigen Darbietungen (allgemein: durch Wahrnehmungserschwerung) werden der Prozess des Entstehens von visueller Wahrnehmung (Aktualgenese) oder die Prägnanz von (Wieder-) Erkennensprozessen untersucht. Ausgangspunkt dieser sog. Aktualgenese ist die Annahme, dass im ersten „Augenblick" der Wahrnehmung eines Objekts, auch wenn noch nicht erkannt wird, worum es sich handelt, emotionale Eindrücke evoziert werden, die die anschließende kognitive Interpretation (unbewusst) beeinflussen (→ Elementpsychologie). Äußern die Probanden bei einer kurzzeitigen Exposition einer Anzeige oder eines Verpackungsentwurfs, die zwar diffuse Eindrücke aber noch kein Erkennen des Inhalts ermöglicht, unerwünschte emotionale Reaktionen, wird unterstellt, dass diese negativen Emotionen auch im üblichen Alltagssehen unterschwellig auftreten und die Kommunikationswirkung beeinträchtigen.
W.L.

Tag der offenen Tür → Event-Marketing

Tagebuchverfahren
standardisierte Form der → schriftlichen Befragung, bei der Personen oder Haushalte auf vorstrukturierten Fragebögen die tägliche Mediennutzung (→ Mediaforschung) oder das Einkaufs- bzw. Konsumverhalten (→ Haushaltsbuchforschung) angeben und an Institute zurückmelden. In der Mediaforschung stehen meist nach Stunden oder sogar Viertelstunden untergliederte Tageblätter zur Verfügung, in denen einzutragen ist, welche Medienkontakte je Zeiteinheit stattfanden.
Erfahrungsgemäß ist die Sorgfalt beim Ausfüllen solcher Fragebögen nicht zufrieden stellend, weshalb zunehmend dazu übergegangen wird, automatische Registrierungen, z.B. → Tammeter o.Ä., bzw. durch → Home-Scanner-Panel zu exakteren Werten zu gelangen. Insb. in der Mediaforschung bietet sich auch das mündliche Interview als Alternative an.

Tagesablaufbefragung
→ Hörerforschung

Tailor-Made-Promotions
sind Aktionen im Rahmen der → Verkaufsförderung, die ein Hersteller nur zusammen mit einem Händler durchführt und die entsprechend für diesen Händler „maßgeschneidert" sind (→ Vertikales Marketing). Tailor-Made-Promotions werden vor dem Hintergrund eingesetzt, dass Hersteller beim Handel um knappe Fläche für → Zweitplatzierungen und andere Promotionmaßnahmen konkurrieren. Um die eigene Aktion für einen Händler besonders attraktiv zu machen, wird sie speziell auf diesen Händler zugeschnitten, der sich damit von seinen Konkurrenten absetzen

Talon

kann. Für den Hersteller bedeutet dies eine bessere Unterstützung durch den Handel, aber auch wesentlich höhere Kosten als für eine Aktion, die mit mehreren Händlern durchgeführt wird. K.G.

Talon

verlängerter Abschnitt bzw. Abriss eines → Coupons, einer → Antwortkarte bzw. eines → Bestellscheins, der vom Adressaten einer → adressierten Werbesendung abgetrennt werden muss, bevor die Rückantwort zur Post geht. Der Talon dient in der Praxis häufig als Bestellnachweis, Garantieerklärung, Testimonialfeld oder Vorteilsliste.

TAM (TV Audience Measurement)

Das → ACNielsen Homescan Single Source Panel, ein Subpanel des Haushaltspanels Homescan™ Consumer Panel (8.400 Haushalte), ist mit 4.500 Haushalten das zweitgrößte repräsentative Fernsehforschungspanel in Deutschland. Damit wird die deutsche Bevölkerung ab 6 Jahren in TV-Haushalten nach unterschiedlichen soziodemographischen Haushalts- und Personenmerkmalen repräsentativ abgebildet (iterative Randsummengewichtung/Außenvorgabe: jährliches Establishment Survey).

Das Homescan™ Single Source Panel gibt vor allem Agenturen, Werbetreibenden und Programmplanern Auskunft über die TV-Nutzung in Deutschland. Neben der Ausweisung von Marktanteilen oder Reichweiten definierter (Konsum-) Zielgruppen können in enger Kooperation der Analytiker, Berater und Kunden spezifische Analysen zur TV-Nutzung erarbeitet werden. Dazu gehören insbesondere: *SingleSource*F* zur Mediaplanung, Sponsoringanalysen (Nutzung von TV-Sponsoring), Nutzung von Trailerkampagnen, Programmplatzanalyse, Spezialanalysen wie z.B. Kumulations und Frequenzanalysen, Seherwanderung, Herkunft- u. Verbleibanalyse, Potentialanalysen etc.

Das eingesetzte *TV-Meter*, ein interaktives Eurometer, welches das Ein-, Um- und Ausschalten am Fernsehgerät sekunden- und personenindividuell registriert, verfügt über eine der modernsten automatischen Sendererkennungen und gewährleistet die Identifikation von eingeschalteten Sendern zu annähernd 100 Prozent. Neben der Erkennung und Ausweisung von analogen Programmen ist durch den Einsatz dieses Eurometers, das gleichzeitig als Tunermeters fungiert, auch die Nutzung von Digital-TV über Set-Top-Boxen, Videotext sowie Gästeanmeldung und Bewertung messbar. Durch die Verknüpfung zu anderen ACNielsen Services (AdEx, Homescan→ Consumer Panel, MarketTrack etc.) ermöglicht das Homescan Single Source Panel neben reinen TV-Analysen ganzheitliche Mediaentscheidungen. U.D.

Tangibilität → Dienstleistungsmarke

Tanimoto-Koeffizient

Distanzindex zur Bestimmung der Ähnlichkeit zweier Objekte in der → Multivariaten-Analyse, insb. bei → Clusteranalysen mit nominalen bzw. ordinalen Variablen. Der Koeffizient berücksichtigt die positiven Übereinstimmungen im Verhältnis zu den Nicht-Übereinstimmungen bei den einzelnen Variablen und stellt fest, ob bestimmte Merkmale oder Merkmalsausprägungen vorhanden sind. Bezeichnet man bei zwei Objekten i und j mit M die Anzahl der (dichotomen) Merkmale bzw. der Ausprägungen aller Merkmale und mit N die Zahl der Merkmale bzw. Ausprägungen, die an jeweils nur einem der beiden Objekte feststellbar ist, dann lautet der Tanimoto-Koeffizient: $T_{ij} = M_{ij}/N_{ij}$. Der Index schwankt demzufolge zwischen 0 und 1.

Tankstellenshop

noch junge → Betriebsform des → stationären Einzelhandels, deren Marktpräsenz auf (i.d.R. branchenfremde) Diversifikationsentscheidungen zur Erweiterung des Leistungsprofils von *Tankstellen* zurückzuführen ist und der strategischen Besetzung neuer Marktfelder dient. Danach verstehen sich die Betreiber von Tankstellenshops zwar nach wie vor als Absatzmittler im Vertriebsbereich der Mineralölbranche, die als *Agenturtankstellen* oder *Freie Tankstellen* ihrer originären Funktion gemäß Vergaserkraftstoffe und Schmiermittel verkaufen, darüber hinaus jedoch – und dies mit steigender Tendenz – ein begrenztes Sortiment von Nahrungs- und Genussmitteln einschl. bestimmter Non-Food-Artikel und gastronomischer Dienstleistungen überwiegend in → Selbstbedienung anbieten (Nebengeschäft, Folgemarkt).

Obgleich die Neuorientierung im Marktauftritt keineswegs von allen Tankstellen aufgegriffen und umgesetzt wurde, und das

Tab. 1: Tankstellen in Deutschland

Stand 1.1.	Straßentankstellen			Autobahntankstellen			Insgesamt		
	West	Ost	Total	West	Ost	Total	West	Ost	Total
1994	16.450	1.691	18.141	276	47	323	16.726	1.738	18.464
1995	16.038	1.938	17.976	276	48	324	16.314	1.986	18.300
1996	15.662	1.970	17.632	276	49	325	15.938	2.019	17.957
1997	15.304	2.030	17.334	277	49	326	15.581	2.079	17.660
1998	14.685	2.055	16.740	279	47	326	14.964	2.102	17.066
1999	14.190	2.097	16.287[*]	281	49	330	14.471	2.146	16.614

[*] davon Aral: 2.358; Shell: 1.577; DEA: 1.575; ESSO: 1.404; BP: 1.102
(Quelle: *Erdöl-Informationsdienst*, Hamburg)

Tankstellennetz auch weiterhin schrumpft (*Tab. 1*), hat sich der umsatz- und ertragsmäßige Stellenwert des Neben- und Folgegeschäfts für das Tankstellengewerbe insgesamt ständig erhöht, was wiederum nicht nur einen Wandel im marktstrategischen Rollenverständnis signalisiert, sondern ebenso die wachsende Marktbedeutung der Tankstellenshops für die Konsumgüterdistribution im Rahmen des *Convenience-Shopping* unterstreicht (→ Convenience Store), auch wenn es dabei angebotsbezogen zu differenzieren gilt (*Tab.2*).

Derzeit setzen die Tankstellenshops rd. 14 Mrd. DM im Jahr mit Waren des täglichen Bedarfs um und erwirtschaften damit bereits durchschnittlich 43% ihres Betriebsgewinns gegenüber nur noch 26% aus den Provisionen der Mineralölgesellschaften (Quelle: BTG – Bundesverband des Deutschen Tankstellen- und Garagengewerbes, Minden/Eurodata). Fast jede der über 8.000 Tankstellen der fünf größten Mineralölgesellschaften betreiben in Deutschland entsprechende Shops (>20qm): *„Aral-Store"*, *„Select"* (Shell), *„Dea-Shop"*, *„Snack & Shop"* (Esso) und *„Express-Shopping"* (BP), für die bei Umbauten und Neueröffnungen zudem Mindestverkaufsflächen von 140 bis 180 qm und ein Mindestangebot von 2.000 Artikeln vorgesehen sind – bei allen Unterschieden hinsichtlich der Gestaltung der jeweils angezeigten (unternehmensspezifischen) Profilierungssortimente, namentlich was die Akzentuierung im Nonfoodgeschäft betrifft (z.B. *Aral:* CDs und Videos, PCs und Computerzubehör, Touristik). In einzelnen Warengruppen stellen Tankstellen in 2000 bereits die dominante Vertriebsstelle dar, so bei Spirituosenmixgetränke

Tab.2: Umsatzentwicklung von Tankstellen-Shops in Deutschland

	1985	1995	1998	1998
Shop-Umsatz (DM) davon (%):	329.967	1.097.309	1.273.689	nachrichtlich: Bruttoverdienst:
Autozubehör	33	10	6	9
Tabakwaren	35	42	46	17
Getränke	15	21	19	32
Süßwaren	8	11	10	16
Karten/Zeitschriften	6	9	9	10
Andere Lebensmittel	–	–	3	5
Fast Food	–	–	2	6
Sonstige Waren	3	7	5	5

(Quelle: *BTG – Bundesverband des deutschen Tankstellen- und Garagengewerbes e.V.*, Minden)

(73,6%) oder Energydrinks (63,2%). Der Marktanteil für Bier (Süßwaren) beträgt immerhin 10,5% (7,7%).　　　　　H.-J.Ge.

TAPs
im Rahmen der → Allensbacher Werbeträgeranalyse ausgewiesene Zielgruppe der technisch aufgeschlossenen Personen („Technically Advanced Persons"), die für das Marktgeschehen eine wichtige Bedeutung besitzen. Die Zuweisung erfolgt bei Erfüllung bestimmter Einstellungen aus den Bereichen „Expertentum", Kaufpläne und Konsumhaltung.

Targetable TV-Technik
→ GfK BehaviorScan

Target Costing → Target Pricing

Targeting (Target Marketing)
Angesichts der Zersplitterung von → Zielgruppen auf vielen Märkten entwickeltes Feinkonzept der → Marktsegmentierung, bei dem die Zielgruppen nicht mehr pauschal (deduktiv) nach bestimmten → Marktsegmentierungsmerkmalen, sondern durch (induktive) Zusammenfassung verschiedener Teilgruppen, etwa bestimmter *Konsumszenen* (z.B. Fußballanhänger, Gourmets, Konzertbesucher etc.) gebildet werden (→ Szenemarketing). Ein Konsument kann dabei zu verschiedenen Szenen gehören, zu anderen nicht, lässt sich also nicht mehr generell einstufen.　　H.D.

Literatur: *Köhler, R.*: Target Marketing, in: DBW, 54. Jg. (1994), S. 121–123. *Nöthel, T.*: Szenen-Marketing und Produktpositionierung. Ein Ansatz zur Zielgruppenfragmentierung, Wiesbaden 1999.

Target Positioning
Von der GfK angebotenes Set von Instrumenten zur Unterstützung einer → Positionierungsstrategie von Marken.
Im Teilmodul „*Positioning Radar*" werden in einem Kreativworkshops mit Experten und Verbrauchern der Zielgruppe die Verbrauchererwartungen, Kaufhemmnisse sowie die gegenwärtige Positionierung und ihre Übersetzung in Image-Items und Image-Bildern herausgearbeitet.
Die folgenden zwei Bausteine werden i.d.R. im Omnibus bei 2.500 Personen eingefragt, wobei jeweils die Antworten der Warengruppenverwender in die Analyse eingehen: Die *Evoked-Set-Analyse* bestimmt, welche Marken vom Verbraucher beim Kauf berücksichtigt werden (→ relevant set). Dies dient zur Potenzialbestimmung der Marke und zur Festlegung der für eine Marke wesentlichen Konkurrenzmarken. Die *Identity Analysis* erfasst die Persönlichkeit und die Core Values der Marke und ihrer wesentlichen Konkurrenten. Die Zusammenhänge werden mit Hilfe einer → Korrespondenzanalyse berechnet.
Im weiteren Schritt wird in der „*Preference Analysis*" der Imagewettbewerb zwischen den Konkurrenten erfasst. Hierzu werden mindestens 300 Verbraucher insgesamt bzw. pro Konkurrenzbeziehung, 100 Verbraucher mit beiden Marken im relevant set benötigt. Dabei werden Imagebatterien, ausgewählte Bilder, die besonders gut emotionale Bedeutungsgehalte transportieren sowie innere Bilder, die mit einer Marke verbunden sind, eingesetzt. Mit Hilfe von → Lisrel werden dann die für den Kauf wesentlichen Imagedimensionen extrahiert und in ihrem Wettbewerb erfasst.
Im letzten Schritt, der als „*Positioning Creator*" bezeichnet wird, wird gemeinsam mit dem Kunden ein zukünftiges, Erfolg versprechendes Positionierungsumfeld erarbeitet.　　　　　　　　　　R.Wi.

Target Pricing
auf den gesamten Lebenszyklus von Produkten ausgerichtetes Konzept des Preis- und Kostenmanagements, welches Methoden zur (strategischen) → Preiskalkulation und -steuerung mit einem Bündel von Kostenplanungs-, → Kostenkontroll- und Kostenmanagementinstrumenten verknüpft, um unter Beachtung der Marktanforderungen und der zugrunde liegenden → Marketingstrategie den geplanten Zielgewinn realisieren zu können (→ Preispolitik).
Das Vorgehen des Target Pricing entspricht dem der → retrograden Kalkulation: Ausgehend vom auf dem Markt erzielbaren → Preis bestimmt man in Abhängigkeit der Kunden- und Marktanforderungen sowie unter Berücksichtigung der Technologie- und Verfahrensstandards die für das fragliche Produkt anzustrebenden *Zielkosten*. Die Festlegung der Zielkosten erfolgt dabei vor dem Hintergrund der marktseitig für ein Produkt mit der entsprechenden → Qualität erlaubten Kosten („*allowable costs*") sowie der dafür mit den aktuellen Produktions- und Vertriebsbedingungen

anfallenden (Standard)Kosten („*drifting costs*"). Daneben fließen in die konkrete Entscheidung über die Zielkosten auch Überlegungen der Mitarbeitermotivation ein. Zudem spielen dynamische Aspekte für die Vorgabe der Zielpreis und -kosten im Zeitverlauf eine wichtige Rolle. So gilt es mit Blick auf den Preis, sowohl die Preisdynamik des jeweiligen Marktes als auch die unternehmensseitig geplante → Preisstrategie im Lebenszyklus zu berücksichtigen; hinsichtlich der Kosten muss man die Kostendynamik beachten, die sich etwa auf Basis von → Erfahrungskurven oder durch andere Kostenentwicklungen ergeben kann.

Da Preis und Kosten eines Produkts auf dem anvisierten Marketingkonzept basieren und insofern bereits in den frühen Phasen des Produktlebenszyklus determiniert werden (müssen), sich andererseits zu diesem Zeitpunkt aber noch ein hoher Prozentsatz der später anfallenden Kosten beeinflussen lässt, ist der Einsatz des Target Pricing im Rahmen der Neuproduktentwicklung besonders effektiv (→ Innovationsmanagement). Dort sind dann → Preisbereitschaften, Qualitätsnutzenzuwächse und Produktkosten simultan gegeneinander abzuwägen, um letztlich ein gewinnoptimales Preis-Leistungsverhältnis zu erreichen. In der Praxis werden gleichwohl mehrere Iterationen nötig sein, bis die endgültige → Preispositionierung und die dazu korrespondierenden Kostenziele hinsichtlich der verschiedenen Produktteile und Produktionsprozesse vorliegen.

Mit Blick auf die *Methoden* kann man neben den verschiednen Arten an → Preistests insbesondere die → Conjointanalyse zur Bestimmung des optimalen Preis-Leistungsverhältnisses der (neuen) Produkte heranziehen. Denn damit lassen sich Preisbereitschaften und Teilnutzen für die verschiedenen Produktmerkmale ermitteln. Diesen kann man in einem zweiten Schritt die dafür jeweils anfallenden Kosten gegenüber stellen. Speziell in Verbindung mit → Benchmarking lassen sich auf Basis dieser Informationen dann Ansatzpunkte für das Preis- und Kostenmanagement, wie z.B. kundenseitig unwichtige oder in der Herstellung zu teure Merkmale, identifizieren. Darüber hinaus stehen aber auch weitere Methoden, wie etwa das → Quality Function Deployment oder das Product Reverse Engineering (→ Total Quality Management), zur Verfügung, um Maßnahmen in die Wege zu leiten, mit denen man die zum Planungszeitpunkt erreichbaren Kosten für das Neuprodukt nach und nach an die vom Markt „erlaubten" Kosten heranführen kann. A.Ha.

Literatur: *Homburg, Ch.; Daum, D.*: Marktorientiertes Kostenmanagement, Frankfurt a.M. 1997. *Link, J.; Gerth, N.; Voßbeck, E.*: Marketing-Controlling, München 2000.

Tarife

Tarife sind staatlich administrierte → Preise, die ihre rechtliche Basis in den Bundestarifordnungen finden. Sie haben die Eigenschaft, den Anbieter in seiner Preisgestaltung zu binden und eine freie zielgruppenspezifische Preisbildung unmöglich zu machen. Beispiele für die Tarifbindung gegenüber sowohl konsumtiven als auch bestimmten investiven Verwendern stellt die Energiewirtschaft, allerdings mit abnehmender Bedeutung, dar (→ Energie-Marketing). W.H.E.

Task force

bezeichnet eine im Rahmen des → Projektmanagements temporär gebildete Arbeitsgruppe zur Koordination und Lösung zeitlich begrenzter innovativer und komplexer Aufgaben (Projekte), z.B. im → Innovationsmanagement. Die Mitglieder repräsentieren unterschiedliche hierarchische Ebenen, von der Ausbildung und der Erfahrung her unterschiedliches Wissen und unterschiedliche Abteilungen. Sie rekrutieren sich aus allen für das Problem bedeutsamen Bereichen der Organisation. Sie sind der task force „full time" zugeteilt und kehren nach Erfüllung der Projektarbeit in ihre bisherige Position zurück bzw. erhalten eine neue Aufgabe.

Task forces gehen von ihrer Zielsetzung her über die bloße Zusammenfassung von Mitarbeitern in Projektgruppen hinaus. Es wird stärker der allgemeine Team-Gedanken herausgestellt, indem zumindest die gruppeninternen Herrschaftsdifferenzen stark abgebaut werden, d.h. wichtige Entscheidungen fallen im Plenum. Gegenüber dem System „Unternehmung" mit seinen Teilbereichen verfügen die task forces i.d.R. über mehr Macht, die auf den Grundlagen „Information" und „Expertentum" basiert. Damit können insb. ehemals ohnmächtige bzw. verdeckt operierende Experten (Stäbe) begrenzt und befristet wirkliche Leitungsfunktionen ausüben. R.H.

TAT (Thematischer Apperzeptionstest)

Literatur: *Remer, A.:* Organisationslehre, Berlin-New York 1989, S. 162 f. *Staehle, W.H.:* Management, 8. Aufl., München 1999, S. 769 ff.

TAT (Thematischer Apperzeptionstest)
im Rahmen der Motivforschung (→ Motivation, Motive) angewendeter → Assoziationstest. Dem Probanden werden mehrere Bilder vorgelegt, die Personen in mehrdeutigen Situationen in Zusammenhang mit dem zu untersuchenden Produkt oder Themengebiet zeigen. Die Versuchsperson wird gebeten, sich in die Rolle einer der abgebildeten Personen zu versetzen und sie zu beschreiben. Bei einer anderen Variante des TAT werden mehr oder weniger verschwommene Bilder von typischen Lebens- oder Konsumsituationen als Stimulus vorgelegt. Grundlage des Verfahrens ist die auf Sigmund Freud zurückgehende Hypothese, Menschen würden dazu neigen, unterdrückte innere Wahrnehmungen auf äußere Wahrnehmungen zu projizieren, z.B. anderen Menschen eigene (unterdrückte) Eigenschaften oder Verhaltensweisen zuzuschreiben. Übertragen auf das Marketing glaubt man, durch die Beschreibungen der abgebildeten Personen, Meinungen und Einschätzungen bezüglich des zu untersuchenden Produkts zu erfahren, die durch direkte Befragung nicht eruierbar sind. Die Validität und Reliabilität des Verfahrens ist stark umstritten. W.L.

Tätigkeitsgraph
Darstellungsform eines Netzplans, bei der den Knoten des Graphen die Tätigkeiten des Projekts zugeordnet werden.

Tausender-Preis (TP)
Preis pro 1000 Werbeträgereinheiten, z.B. Preis P_A für eine einseitige Anzeige, bezogen auf 1000 Exemplare eines Titels:

TP = P_A x 1000/Auflage,

oder Preis für einen 30-Sekundenspot im Fernsehen bezogen auf 1000 Zuschauer:

TP = P_S x 1000/Zahl der eingeschalteten Geräte

allgemein:

TP = Preis für die Belegung eines Werbeträgers x 1000/Zahl der Werbeträgerkontakte.

Da die Höhe der Auflage oder die Verbreitung der elektronischen Medien nur wenig über die effektive → Reichweite des betreffenden Mediums sagt, wird seit einiger Zeit ein TP aufgrund genauerer Parameter, z.B. der Leser pro Nummer (Leser pro Nummer-Preis), ermittelt. Eine spezielle Form des TP stellt der *Tausender-Impact-Preis* dar, bei dem im Nenner des Bruches anstelle der ungewichteten Zahl der Werbeträgerkontakte die mit Hilfe der → Kontaktgewichtung errechnete Kontaktsumme des Werbeträgers erscheint („Qualitativer TP"). Oft zeigt sich der TP als ungeeignetes Mittel zur Bestimmung der Effizienz von Werbeträgern, weil ein kostenmäßiger → Inter- und → Intramediavergleich allein wenig aussagefähig ist (z.B. Hörfunkwerbung sehr günstig, Direktwerbung sehr teuer).

Taxiwerbung → Verkehrsmittelwerbung

TCP/IP (Transmission Control Protocol/ Internet Protocol)

Das allgemeine Netzwerkprotokoll des Internets, das ursprünglich für Unix-Netze entwickelt wurde, regelt den Datentransfer zwischen den Nutzern des Internet. Die Daten werden in kleine Pakete zerlegt und per Internet Protocol übers Netz an den Empfänger geschickt. Dort sorgt das Transmission Control Protocol dafür, dass das Gesamtpaket wieder zusammengesetzt wird. TCP/IP ermöglicht die parallele Nutzung mehrerer Internet-Dienste. B.S./K.S.

Teamorganisation
bezeichnet eine multipersonale Struktur der → Marketingorganisation, mit Hilfe derer qualitativ komplexe und quantitativ aufwändige Arbeitsaufgaben meist langfristiger Natur bearbeitet werden. Als Team wird dabei eine Mehrzahl von Personen bezeichnet, die in direkter Interaktion zueinander stehen, unterschiedliche Rollen ausüben, gemeinsame Normen haben, ein „Wir"-Gefühl aufweisen und eine oder mehrere Aufgaben gemeinsam bearbeiten (*Helfert* 1998). Neben dem Einsatz von Teams für komplexe unternehmensinterne Aufgaben (z.B. Produktentwicklung, Projektmanagement usw.) werden speziell im → Investitionsgüter-Marketing Teams auch häufig zum Management der Schnittstelle zum Kunden (→ Marketing-Schnittstellen) eingesetzt. Eine wesentliche Motivation für den Einsatz von Teams im → Beziehungsmarketing ist die Tatsache, dass bei der Gestaltung und Pflege einer → Geschäftsbeziehung zu einem Kunden in der Regel Aufgaben unterschiedlichster Qualität und Komplexität an-

fallen, für die eine Vielzahl an fachlichen und sozialen Kompetenzen von Nöten sind. Zudem sind häufig auch auf Seiten des Kunden mehrere Personen in die Geschäftsbeziehung mit einem Anbieter involviert (z.B. im Rahmen eines → Buying Centers). Die Teams sind in der Praxis dadurch gekennzeichnet, dass die Teammitglieder nicht nur unterschiedlichen Hierarchien im Unternehmen entstammen, sondern zumeist auch unterschiedlichen Abteilungen. Typische Funktionsbereiche, aus denen sich die Teammitglieder rekrutieren, sind neben Marketing und Vertrieb auch Entwicklung, Produktion, Finanzen, Technik und Verwaltung, bei kleinen und mittleren Unternehmen häufig auch die Geschäftsleitung. Den Mitgliedern gemeinsam ist zudem der direkte und dauerhafte Kontakt mit dem jeweiligen Kunden.

Für die Marketingpraxis stellt die Identifikation von Bedingungen, unter denen Teams eine hohe Effektivität erzielen, eine zentrale Fragestellung dar. Unter Bezugnahme auf die Ergebnisse aus zahlreichen Studien, die die organisations- und sozialpsychologische Teamforschung in den vergangenen Jahrzehnten geliefert hat, zeigt *Helfert* (1998) anhand einer standardisierten Interviewstudie mit Teamleitern und Mitgliedern aus 233 deutschen und französischen Kundenbeziehungsteams drei relevante Gestaltungsbereiche für effektive Teamarbeit im Beziehungsmanagement auf: Die *Qualität der Teamzusammensetzung* als erster Gestaltungsfaktor umfasst neben einer Aufgaben adäquaten Teamgröße auch das Vorhandensein der notwendigen fachlichen und sozialen Kompetenzen im Team. Die *Qualität der Gruppenprozesse* beinhaltet die Definition von klaren, anspruchsvollen und von den Teammitgliedern akzeptierten Gruppenzielen (Zielbildung), die Entwicklung gemeinsamer, anspruchsvoller Leistungsnormen, ein „Wir"-Gefühl (Gruppenkohäsion), das durch eine motivierende gemeinsame Aufgabe erzeugt wird, sowie eine intensive Kommunikation zwischen den Teammitgliedern, die möglichst dezentral strukturiert sein sollte. Die *Qualität des organisationalen Kontextes*, in den Teams eingebettet sind, umfasst die Verfügbarkeit kritischer Ressourcen, ein hohes Maß an Entscheidungsautonomie des Teams und die Möglichkeit zur Teilnahme an Teamentwicklungsmaßnahmen.

In der Studie wird statistisch signifikant bestätigt, dass bei hoher Gestaltungsqualität dieser Einflussfaktoren zentrale Aufgaben des Beziehungsmanagements, wie Austausch, Koordination und Anpassung, besser erfüllt werden und in Folge dessen auch die Absatzeffektivität der Geschäftsbeziehung steigt. Auch die Effektivität eher indirekter Funktionen der Geschäftsbeziehung nimmt signifikant zu, wie die Neu- oder Weiterentwicklung von Produkten oder Dienstleistungen in der Zusammenarbeit mit dem Kunden und die weitere Markterschließung durch die bestehende Kundenbeziehung. Und schließlich werden auch Faktoren der Beziehungsatmosphäre, wie Vertrauen und Commitment des Kunden, die empirisch belegte Einflussfaktoren des Erfolges einer Geschäftsbeziehung darstellen, durch eine angemessene Gestaltung der Teamorganisation positiv beeinflusst. Die *Abbildung* verdeutlicht die Zusammenhänge graphisch.

Nicht zuletzt durch die direkte Praxisrelevanz der Ergebnisse liefert die empirische Teamforschung einen von zahlreichen Belegen für den Nutzen verhaltenswissenschaftlicher Ansätze für das Marketing. G.He.

Literatur: *Helfert, G.*: Teams im Relationship Marketing, Wiesbaden 1998. *Morgan, R.M.; Hunt, S.D.*: The Commitment-Trust Theory of Relationship Marketing, in: Journal of Marketing, Vol. 58 (1994), S. 20–38.

Teaser

Werblich-verkäuferische Hinweise auf dem Umschlag eines → Werbebriefes, die zum Öffnen des Briefes verleiten sollen.

Teaser-Anzeigen

meist kleinformatige und z.T. über mehrere Seiten geschaltete Vorschaltanzeigen, die auf die eigentliche Hauptanzeige aufmerksam und neugierig machen sollen.

Teaser-Mailing → Advanced Letter

Technik der verlorenen Briefe (Lost Letter Technique)

ein vorwiegend aus der Soziologie bekanntes nonreaktives Verfahren zur Messung von z.B. Einstellungen bzw. Einstellungsänderungen. In den Straßen einer Stadt werden versandfertige und verschlossene Briefumschläge ausgelegt („verloren"). Ein Finder kann den Brief nun ignorieren oder auch in einen Briefkasten werfen. Angenommen wird, dass die Wahrscheinlichkeit, dass der Finder den Brief in einen Briefkasten ein-

Bezugsrahmen zur effektiven Gestaltung der Teamorganisation im Beziehungsmarketing

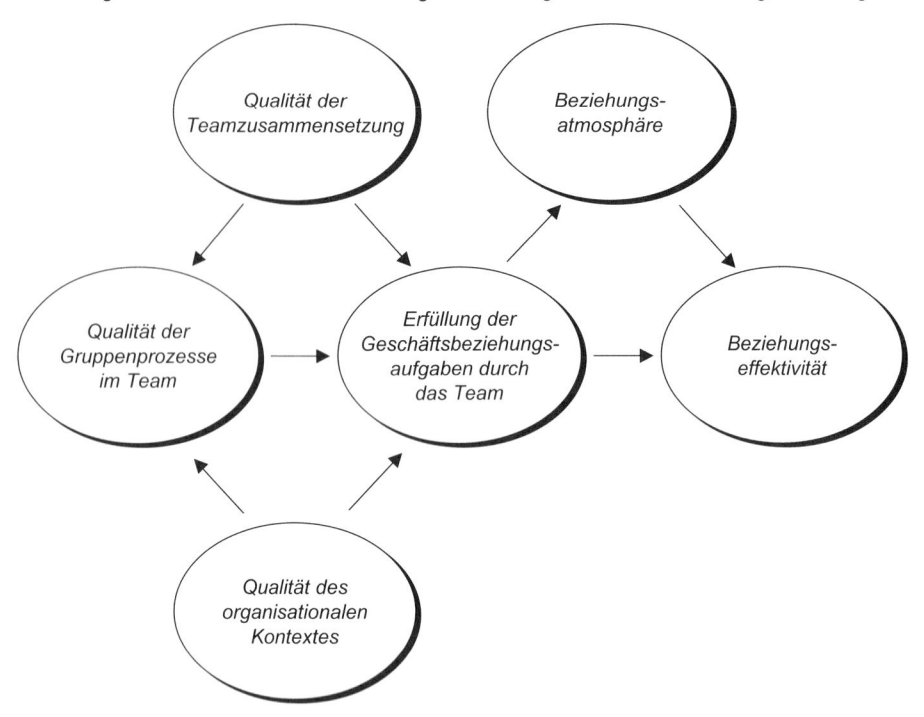

wirft, umso größer ist, je positiver seine Einstellung gegenüber dem in der Anschrift genannten Adressaten ist. Fraglich ist aber die Validität des Verfahrens, da zweifelhaft ist, inwieweit die Rücklaufquote allein durch die Einstellung zum Adressaten des Briefes bestimmt wird. Vermutlich wird der Rücklauf auch durch weitere Bedingungen (Wetter, Verteilungsmodalitäten, Ehrlichkeit der Finder, Zusammensetzung der „Aufheber" etc.) zumindest beeinflusst. Außerdem lässt sich die Methode nur bei wenig differenzierten Fragestellungen anwenden. W.L.

Technischer Versandhandel
→ Produktionsverbindungshandel

Technischer Vertrieb
→ Investitionsgütermarketing

Technologiefolgenabschätzung (Technology Assessment)
auf der Basis von Prognosen arbeitendes → Frühwarnsystem, das die ökonomischen und gesellschaftspolitischen Konsequenzen technologischer Entwicklungen rechtzeitig entdeckt und zuverlässig abschätzt, um die Risiken neuer Technologien den politischen Entscheidungsträgern bewusst zu machen und durch geeignete Maßnahmen zu begrenzen (→ Technologie-Strategien).
In den USA gibt es seit 1972 ein dem Kongress zugeordnetes Amt, das diese Aufgabe der Abschätzung von Technologie-Folgewirkungen wahrnimmt.
Die angewendeten → Prognoseverfahren sind hauptsächlich die → Delphi-Methode und das → Szenario. K.-W.H.

Technologie-Früherkennung
→ Technologiemanagement

Technologie-Lebenszyklus
→ Technologiemanagement

Technologiemanagement (TM)
betrifft das Management des Wissens über technisch-naturwissenschaftliche Zusammenhänge, soweit es Anwendung bei der Lösung praktischer Probleme finden kann. Technik ist die materialisierte Form von

Technologie. Das strategische Technologiemanagement (STM) hat die Aufgabe, technologiebezogene Erfolgspotenziale zu schaffen, zu erhalten und weiterzuentwickeln, um Wettbewerbsvorteile zu erlangen. Im Rahmen des operativen TM geht es um eine effektive und effiziente Nutzung der Technologie-Erfolgspotenziale. Technologien sind Ergebnisse und/oder Ressourcen von → Forschung und Entwicklung (FuE). Ohne STM besteht die Gefahr, dass technologische Strukturwandlungen nicht genügend früh erkannt und bewältigt werden.
Jede Technologie durchläuft einen *Lebenszyklus*, der eine Entstehungs-, Wachstums-, Reife- und in den meisten Fällen eine Degenerationsphase aufweist. Zu unterscheiden sind Basis-, Schlüssel-, Schrittmacher- und entstehende Technologien. *Basistechnologien* befinden sich in der Reife- oder Altersphase. *Schlüsseltechnologien* sind die Treiber des Wachstums des Unternehmens, sie haben sich im Markt durchgesetzt, ihr Anwendungsumfang und die Zahl der Anwendungsarten nehmen zu. *Schrittmachertechnologien* werden gerade in den Markt eingeführt, wobei noch offen ist, ob sie sich im Markt durchsetzen. Entstehende Technologien sind noch nicht im Markt eingeführt. Ziel ist ein ausgewogenes → Technologie-Portfolio.
Technologien können *Verfahrens-* und *Produkttechnologien* sein, wobei jedoch in vielen Fällen spezifische Technologien sowohl verfahrens- als auch produktrelevant sind. Technologien sind füreinander neutrale, komplementäre oder konkurrierende Technologien.
Im Rahmen der strategischen Analyse von Technologien sind zunächst strategische Analyse- und Planungsobjekte, d.h. *strategische Technologiefelder* (STF), zu definieren. Zur Abgrenzung der STF voneinander werden Kriterien wie relative Unabhängigkeit, relative Homogenität, Identifizierbarkeit und relative Eindeutigkeit herangezogen (→ Funktionalmarkt-Konzept). Strategische Technologieentwicklungseinheiten (STE) sind analytische Objekte zur Erfassung und Gestaltung des Leistungspotenzials von Unternehmen in strategischen Technologiefeldern. STE setzen sich aus abgrenzbaren operativen Technologieentwicklungseinheiten zusammen, besitzen relative Eigenständigkeit gegenüber anderen STE und sind steuerbar in Bezug auf ein STF. Ausgangspunkt der Bildung von STE sind die operativen FuE-Stellen und -Abteilungen im Unternehmen sowie jene Stellen, die – wie eine Verkaufs- oder Servicestelle – über technikbezogene Informationen die FuE-Prozesse beeinflussen. Das Leistungspotenzial einer STE hängt von den personellen, informationellen und materiellen Ressourcen der zugehörigen operativen Technologieentwicklungseinheiten ab. Dieses Leistungspotenzial prägt die technischen Stärken und Schwächen im Vergleich zu Wettbewerbern und ist i.d.R. kontext- und trägergebunden und damit nur bedingt transferierbar. Fremde Wiederverwender technologischer Informationen sind z.B. ohne Kenntnis des jeweiligen Kontexts häufig nicht zur Rekonstruktion der zugehörigen Technik in der Lage. Deshalb ist das TM mit großen Zeitverzögerungen zwischen der Ergreifung von Maßnahmen und ihrer Wirkung verbunden. Es bedarf einer strategischen Planung.

Zum STM gehören Technologie-Früherkennung, strategische Analyse, Strategieformulierung, -evaluierung, -durchsetzung und -kontrolle. Bei der Erfüllung dieser Aufgaben ist neben einer naturwissenschaftlich-technischen Orientierung eine Nachfrage- und Wettbewerbsorientierung notwendig (→ Technologie-Portfolio). Eine einseitige marktorientierte Steuerung der Technologieentwicklung ist problematisch, weil Marktpotenziale durch innovative Produkte oder neue Techniken geschaffen werden können. Marktforschung bedeutet in diesem Zusammenhang primär Problemerfassung in Märkten; eine zukünftige Nachfrage nach Technologien kann nur schwer prognostiziert werden. Technologieentwicklungen müssen daher oft im Blick auf eine latente Nachfrage vorgenommen werden. G.Sp.

Literatur: *Ewald, A.:* Organisation des Strategischen Technologie-Managements, Berlin 1989. *Specht, G.; Beckmann, Chr.:* F&E-Management, Stuttgart 1996.

Technologie-Portfolio

zweidimensionale Bewertungsmatrix für Technologiefelder (→ Technologiemanagement). In neueren Portfolioansätzen ist die Technologieplanung Teil der Geschäftsfeldplanung, weil Technologien nicht unabhängig von Kundengruppen und Kundenfunktionen (d.h. Anwendungsfeldern) geplant werden können. Diesem Integrationsgedanken entspricht das „technologieorientierte

Innovationsfeld-Portfolio" („Darmstädter Ansatz").
In diesem Portfolio wird die *Innovationsfeldattraktivität* (Chancen/Risiken in Umfeldern) der r*elativen Innovationsfeldstärke* (Stärken/Schwächen des Unternehmens im Vergleich zu den stärksten Wettbewerbern) gegenübergestellt (*Bild*).
Die *Innovationsfeldattraktivität* ergibt sich aus dem Diffusionspotenzial und den Problemlösungspotenzial. Das *Diffusionspotenzial* erfasst die Verbesserung des Kosten/Nutzen-Verhältnisses und die innovationsspezifische Akzeptanz bei der angesprochenen Kundengruppe. Die wichtigsten Determinanten des Problemlösungspotenzials sind das naturwissenschaftlich-technische Weiterentwicklungspotenzial der Technologien, der zeitliche Aufwand und das Risiko der Entwicklung der Technologien bis zur Anwendungsreife. Die relative Innovationsfeldstärke hängt vom Differenzierungspotenzial und vom Implementierungspotenzial ab. Das Differenzierungspotenzial beschreibt die Fähigkeit aktueller und potentieller strategischer Innovationseinheiten des Unternehmens, sich im betrachteten strategischen Innovationsfeld positiv von den Wettbewerbern abzuheben. Dieses Potenzial resultiert aus zwei Fakto-

Innovationsfeldportfolio

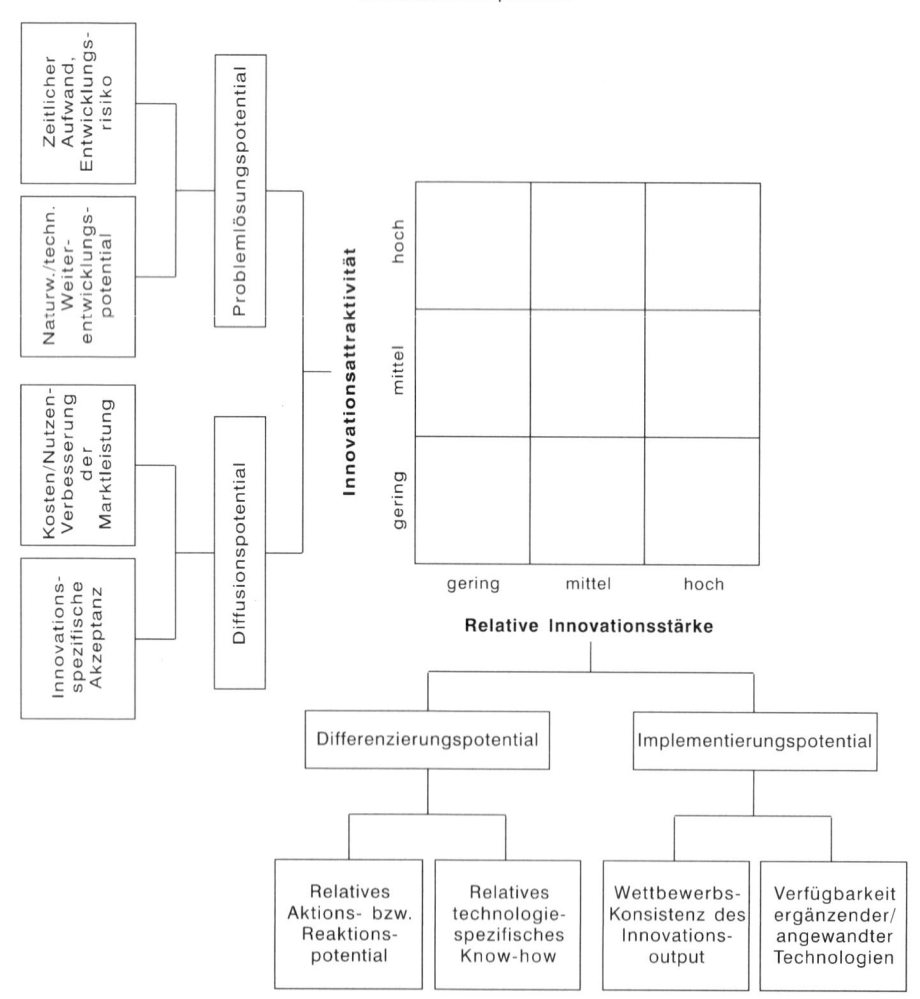

(Quelle: *Specht/Beckmann*, 1996, S. 98.)

ren. Zum einen wird es durch das relative technologiespezifische Know-how bestimmt. Zum anderen müssen Fähigkeiten berücksichtigt werden, die für einen Innovationsführer oder -folger unabdingbar sind. Diese Fähigkeiten beschreibt das *relative Aktions- bzw. Reaktionspotenzial.* Kommt es z.B. in einem Markt darauf an, dass ein Unternehmen als Erstes im Markt ist, so muss dieses Unternehmen Merkmale aufweisen, die es zur Übernahme einer Marktführerposition befähigen.

Das *Implementierungspotenzial* charakterisiert die strategische Innovationseinheit im Blick auf ihre Eignung zur Integration des Innovationsfelds in die von ihr verfolgten Wettbewerbsstrategien und in das vorhandene technologische Umfeld des Unternehmens. Dabei kommt es zum einen auf die wettbewerbsstrategische Konsistenz des Innovationsergebnisses mit der Unternehmensstrategie bzw. der Geschäftsfeldstrategie an. Zum anderen ist die Verfügbarkeit von Komplementär- und Anwendungstechnologien in der strategischen Innovationseinheit relevant, um technische Synergieeffekte realisieren zu können.

Zur Positionierung von Innovationsfeldern im Innovationsfeldportfolio müssen für die beschriebenen Attraktivitäts- und Stärken-Schwächen-Determinanten situationsangemessene Detailbewertungskriterien ausgewählt und deren Gewichte im Rahmen einer Gesamtbewertung einzelner Innovationsfelder festgelegt werden. Jedes Innovationsfeld wird anhand der so gewonnenen Kriterien durch Experten mit Punkten bewertet. Anschließend werden die einzelnen Innovationsfelder im Portfolio ihren Punktwerten gemäß positioniert.

Diese Analyse führt zu einem Innovationsfeldportfolio, in dem für ein spezielles Geschäftsfeld Technologien positioniert werden, die für dieses Geschäftsfeld relevant sind. Es wird deshalb von einem *geschäftsfeldspezifischen Technologieportfolio* gesprochen. Da ein Unternehmen i.d.R. mehrere Geschäftsfelder besitzt, führt die technologieorientierte Analyse infolgedessen zu mehreren Innovationsfeldportfolios. Die Menge dieser Portfolios für alle strategischen Geschäftsfelder ergibt die sog. *Geschäftsfeldliste.* Um auf Gesamtunternehmensebene nicht nur die Bedeutung verschiedener Technologien für ein strategisches Geschäftsfeld erkennen zu können, sondern auch die Relevanz einer Technologie für mehrere Felder, wird die Geschäftsfeldliste in eine sog. *Technologiefeldliste* transformiert, die die Menge aller *technologiespezifischen Geschäftsfeld-Portfolios* darstellt.

Es ist davor zu warnen, aus diesen Portfolios unmittelbar normative Investitions- oder Desinvestitionsbeschlüsse abzuleiten. Portfolioanalysen sind durch weitere investitionsrelevante Überlegungen zu ergänzen.

G.Sp.

Literatur: *Specht, G.; Beckmann, Chr.:* F&E-Management, Stuttgart 1996. *Schlegelmilch, G.:* Management strategischer Innovationsfelder, Wiesbaden 1999.

Technologie-Strategien

betreffen den grundsätzlichen, langfristigen Weg der Technologieentwicklung. Die *Kompetenzstrategie* definiert die qualitative und quantitative Ausprägung der technologischen Leistungsfähigkeit (→ FuE-Kompetenz). Die *prozessbezogene* Technologiekompetenz äußert sich in der Beherrschung des inner- und außerbetrieblichen Technologietransfers sowie in der zeitlichen und qualitativen Beherrschung des Entwicklungsprozesses. Die *ergebnisbezogene* Dimension umfasst die Breite und Tiefe des Know-hows sowie die Anwendungsreife und den Anwendungsgrad der Technologien in Produkten und Prozessen. Zunehmend sind Unternehmen durch den Wettbewerb und die begrenzten Ressourcen dazu gezwungen, sich selbst auf → *Kernkompetenzen* zu beschränken. Bei der Frage, ob die Kompetenz eher *produkt-* oder eher *prozessorientiert* ausgerichtet werden soll, ist an die wachsende Bedeutung von Prozessinnovationen mit steigender Reife der Produkttechnologie zu denken. *Technologie-Timing-Strategien* sind auf Innovations- und Inventionsebene zu formulieren, wobei jeweils eine Führer- oder Folgerposition möglich ist (→ Zeitwettbewerb). Bei *Technologiequellen-Strategien* ist zwischen internen und dem breiten Spektrum externer Möglichkeiten der Technologiebeschaffung abzuwägen. I.d.R. liegt eine Mischform vor. Bei *Technologieverwertungsstrategien* geht es darum, das im Unternehmen vorhandene Know-how während des gesamten Technologielebenszyklus optimal zu vermarkten. Im Rahmen des Technologiemarketings wird technologisches Wissen als eigenständiges Verkaufsobjekt zum Erlösträger. Prinzipiell stehen die Optionen Eigennutzung, gemeinschaftliche Nutzung,

Lizenzvergabe und Technologieverkauf zur Verfügung.

Die mehrdimensionale Kombination einzelner technologiestrategischer Handlungsmöglichkeiten führt zu Typen von Technologiestrategien. Bereits 1967 haben *Ansoff* und *Stewart* die vier grundlegenden Strategietypen „First to Market", „Follow the Leader", „Application Engineering" und „Me-Too" identifiziert (→ Markteintrittsstrategien). Diese vier Strategien werden anhand von fünf zentralen Merkmalen charakterisiert. Es handelt sich um den Schwerpunkt der FuE-Aktivitäten, das Ausmaß der Kommunikation zwischen den Funktionsbereichen, die durchschnittliche Länge der Produktlebenszyklen, die relative Höhe des FuE-Budgets und die Distanz der im Unternehmen angewandten Technologien zum „Stand der Technik". Die *„First to Market"*-Strategie ist gekennzeichnet durch hohe Forschungsintensität, geringe Distanz zum Stand der Technik, hohe FuE-Investitionsraten, starke interfunktionale Kooperation zwischen FuE, Marketing und Produktion, hohe technologische Kompetenz in allen Unternehmensfunktionen und hohe Flexibilität und Risikobereitschaft. Merkmale der *„Follow the Leader"*-Strategie sind intensive Entwicklungsarbeit, ständige Reaktionsbereitschaft, sehr enge interfunktionale Kooperation, Anwendungsorientierung der Neuerungen, im Vergleich zur „First to Market"-Strategie geringere technologische Kompetenz, niedrigere FuE-Investitionsraten, größere Distanz zum Stand der Technik. Zu den Merkmalen der *„Application Engineering"*-Strategie gehören starke Entwicklungsorientierung, enge Kooperation zwischen Verkauf und Entwicklung, Ausrichtung an den Anwenderbedürfnissen, geringe FuE-Investitionsraten, Kostenorientierung, den Anforderungen des Kunden entsprechende Distanz zum Stand der Technik. Schließlich sprechen *Ansoff/Stewart* von „Me-Too"-Strategie bei den Merkmalen Imitation, rationeller Produktion, möglichst geringer FuE-Aufwendungen und Ausnutzung aller sich bietenden Kostenvorteile.

Es kann nicht davon ausgegangen werden, dass bestimmte Strategietypen generell vorteilhafter als andere sind. Das Finden einer adäquaten Strategie in einer konkreten Planungssituation ist ein kreativer, kaum optimal lösbarer Prozess. G.Sp.

Literatur: *Specht, G.; Beckmann, Chr.:* F&E-Management, Stuttgart 1996.

Technologietransfer

Aktives und erfolgreiches → Innovationsmanagement setzt neben einer innovativen Grundeinstellung ein hohes Maß an technologischem Know-how voraus. Kleinere innovative Unternehmen verfügen zwar über das Technologiewissen im engeren Umfeld ihrer Innovation, aber die Spezialisierung begrenzt die vielleicht markterforderlichen Verbreiterung des Produktprogramms und ihr strategisches Technologiemanagement im Sinne des S-Kurven-Konzepts. Großunternehmen können technologische Know-how-Lücken durch ein internes Kommunikationssystem von sich aus eher schließen als kleine und mittlere Unternehmen. Diese sind auf externen Technologietransfer angewiesen. Andererseits sind auch Großunternehmen oft bestrebt, ihre Innovationsschwächen durch Technologietransfer zu überwinden, u.a. durch Kooperation mit kleineren technologischen Spezialisten. Technologietransfer ist also ein generelles Innovationsinstrument.

Technologietransfer i.e.S. ist die Lieferung technologischen Wissens auf entsprechenden Medien (Disketten, Handbüchern, Blaupausen etc.). Darüber hinaus zählt zum eigentlichen Technologietransfer die Vermittlung technologischer Kooperationsprojekte bzw. technologischer Beratung durch Experten. Besonderen Stellenwert hat der Technologietransfer zwischen Industrie- und Entwicklungsländern, z.B. im Rahmen von Joint Ventures.

Bei der Realisation von Technologietransfer ergeben sich häufig Probleme durch (1) mangelnde Transfermotivation wegen finanzieller und wettbewerblicher Risiken und emotionaler Vorbehalte, (2) durch fachsprachliche Barrieren zwischen Technologiegebern und -nehmern und (3) durch magelnde Transparenz, insb. durch fehlende Kenntnis möglicher Partner.

Zur Lösung dieser Probleme bieten sich so genannte Transferstellen als Technologiemittler und für verwandte Dienstleistungen an. Unterstützende Maßnahmen der Transferstellen sind z.B. Informationsbroschüren und Auftragsrecherchen in → Datenbanksystemen. Besonders bewährt hat sich auch der Personaltransfer mit dem Ziel der Vermittlung von Know-how-Trägern. Neben dem unmittelbaren Technologietransfer in

Form von Fachwissen werden diese Mitarbeiter zu Ansprechpartnern für zukünftigen Technologietransfer. Weitere Maßnahmen zur Behebung des Engpassfaktors Technologietransfer sind staatliche Förderprogramme, z.B. temporäre Zuschüsse für Unternehmen, die mit Investitionen in den Technologietransfer marktwirtschaftlich nicht finanzierbare Vorleistungen auf sich nehmen, z.B. durch Einstellung von frisch gebackenen Universitätsabsolventen als „Innovationsassistenten". V.T./F.R.

Literatur: *Pleschak, F.; Sabisch, H.:* Innovationsmanagement, Stuttgart 1996.

Technologische Diskontinuität
→ S-Kurve

Technology Assessment
→ Technologiefolgenabschätzung

Technology-Push → Marketing

Teile-Marketing
Teile sind Fertigprodukte, die im Produktionsprozess des Abnehmers ohne wesentliche weitere Ver- oder Bearbeitung in andere Produkte eingebaut bzw. zu solchen zusammengefügt werden und dabei ihre Identität bewahren (→ Produktgeschäft). Als wesentlicher Inputfaktor für die Anlagen-/Systemerstellung sind Teile Ergebnis fortgeschrittener Verarbeitungsstufen, die beim Einbau allenfalls geringfügigen Veränderungen (Korrosionsschutz, Anbringung von Befestigungen) unterworfen werden. Einzelteile und Baugruppen sind als Vermarktungskategorien des Teilebereichs identifizierbar, wobei Einzelteile vielfach nicht unmittelbar in Anlagen bzw. Systemen einbaufähig sind. Beispiele hierfür sind Chips, Kunststoffteile oder Schrauben. Baugruppen hingegen bestehen aus mehreren einzelnen Teilen, wobei die Teilekombination meist mit der Absicht erfolgt, eine unmittelbare Einbaufähigkeit in Anlagen bzw. Systemen zu erreichen (z.B. PKW-Achsen, ABS, Fernsehmodule), sofern diese nicht bereits für Einzelteile gegeben ist (→ Zuliefergeschäft).
Aufgrund der großen Teilevielfalt fällt es schwer, die Produkteigenschaften allgemein zu charakterisieren. Wie in den anderen Teilbereichen des → Produktgeschäfts auch, können auch hier Commodities von Spezialitäten unterschieden werden. Zur *Produktcharakterisierung* und -vermarktung ist ferner wichtig, welche Bedeutung die Teile für die Funktionsfähigkeit des Folgeprodukts besitzen und welchen funktionalen und ökonomischen Stellenwert der Nachfrager ihnen zumisst. Auch muss beachtet werden, in welcher Beziehung die Lebensdauer der Teile zur Lebensdauer des Endprodukts steht, da hieraus Fragen der Ersatzteilversorgung resultieren, die ein erhebliches Problem des Teile-Marketing darstellen können.
Die aus den Bereichen Großanlagen-, Fahrzeug-, Flugzeug-, Schiff- sowie des Maschinenbaus und der Elektronikindustrie stammende Nachfrage ist wesentlich stärkeren Schwankungen unterworfen als im Falle von Produkten, die weniger komplex sind und eher dem Low-Tech-Bereich zugehören. Gründe hierfür sind die Tatsache, dass aufgrund der Abfolge der Verarbeitungsstufen zunehmend weniger Abnehmerbranchen in Frage kommen, sowie das Faktum, dass Wert und Komplexität der Endprodukte oft eine aperiodische konjunkturabhängige Beschaffung auf Seiten des Weiterverarbeiters bewirken. Bedarfsursachen sind Erstausrüstung, Nachrüstung (zwecks Ergänzung) sowie Ersatzausrüstung. Sie treten bei Erstausrüstern (OEM), Weiterverarbeitern, Händlern sowie Endverwendern auf (Pipeline-Effekt).
Die *Wettbewerbsbedingungen* sind auf auf Commodity- und Spezialitäten-Märkten sehr unterschiedlich. Insbesondere auf Commodity-Märkten ist die Macht vielfach sehr ungleich zu Gunsten vielfach relativ größerer Abnehmer verteilt. Ein Grund hierfür ist das nur begrenzte Präferenzpotential, welches das Produkt selbst bietet. Druck auf die Teilehersteller wird über die zentralen Wettbewerbsparameter Preis, Lieferservice und Qualität ausgeübt. In wenigen Ausnahmefällen kann die Angebotsmenge eine Rolle spielen. Bezüglich der Interaktion erlangen neben Einzelaufträgen → Rahmenlieferungsverträge eine immer stärkere Bedeutung. Für das Marketing des Teileherstellers hat dies zur Folge, dass er grundsätzlich über seinen Verbleib im Markt zu entscheiden hat. Ist diese Entscheidung zu Gunsten der „Stay"-Alternative ausgefallen, bieten sich dem Anbieter insgesamt drei Alternativen:
1. Der Anbieter kann weiterhin versuchen, mit unverändertem Absatzprogramm die gleichen Abnehmer anzusprechen. Angesichts des vielfach hohen Wettbewerbsdrucks sind die Profilierungsmöglichkeiten

innerhalb dieses Bereichs stark eingeschränkt. Vor allem preislich sind die Spielräume der Anbieter weitgehend ausgeschöpft, so dass weitere Aktivität leicht in einen Verdrängungswettbewerb münden kann. Bessere Perspektiven bietet indes die Lieferflexibilität. Ein → Just-in-Time-System kann – unter möglicher Einbeziehung des Handels bei begrenzten Distributionskapazitäten – zu einer Machtumverteilung beitragen.

2. Eine Spezialisierung auf bestimmte Abnehmer und ggf. ausgewählte Sortimentsteile kann dagegen weitaus eher der Erlangung einer hervorgehobenen Stellung beim Kunden dienen. In diesem Zusammenhang bietet sich die Gelegenheit, über Montage von mehreren Teilen zu einer Baugruppe die attraktive Stellung eines Systemträgers zu erlangen. In diesem Grenzbereich des → Commodity-Marketing ist es allerdings erforderlich, mindestens eine Teilleistung der Baugruppe in überzeugender Weise selbst zu erbringen, um somit den Rang des Systemträgers gegenüber den Komponentenlieferanten rechtfertigen zu können.

3. Auch die Ausweitung des Abnehmerkreises und/oder des Sortiments kann unter bestimmten Prämissen für den Teilehersteller vorteilhaft sein. Insbesondere im Falle beabsichtigter Komponentenzulieferung kann eine Profilierung zum einen durch Teile mit hohem Qualitätsniveau und zum anderen durch Produktion von Teilen mit hoher Integrationsfähigkeit in Baugruppen oder Aggregate erfolgen. Vielfach werden hierdurch jedoch bestehende Abhängigkeiten nicht aufgehoben, oder es entstehen sogar durch die Unterordnung unter einen Systemträger neue Abhängigkeiten.

Die Vermarktung von Spezialitäten erfolgt primär mittels konsequenter Produktneu- und -weiterentwicklung (→ Innovationsmanagement). Als Problem kann sich hierbei die Ausrichtung an Nachfragern u.U. weit entfernter Folgestufen mit noch unsicheren Bedürfnissen herausstellen. In diesem Fall bietet sich die Einbeziehung von → Lead Usern an. Daneben ist der Schutz der Spezialität vor Imitatoren u.a. in Form von Sperrpatenten wichtig. In diesem Fall darf jedoch die diffusionsbeeinträchtigende Wirkung, die das Kaufrisiko erhöhen kann, keinesfalls vernachlässigt werden, so dass auch grundsätzlich die Alternative „Lizenzvergabe" in Betracht kommt. Daneben bietet sich auch für Teilehersteller das → Mehrstufige Marketing an.   W.H.E.

Literatur: *Backhaus, K.:* Industriegütermarketing, 6. Aufl., München 1999. *Engelhardt, H.W.; Günter, B.:* Investitionsgütermarketing, Stuttgart 1981. *Freiling, J.:* Die Abhängigkeit der Zulieferer, Wiesbaden 1994. *Pampel, J.:* Kooperation mit Zulieferern, Wiesbaden 1993.

Teilerhebung → Stichprobe

Teilkompensation

Eine im Rahmen eines → Kompensationsgeschäftes gelieferte Ware wird z.T. durch Real-, z.T. durch Nominalgüter abgegolten. Hierbei wird der Anteil der Realgüter am Gesamtvolumen als Kompensationsquote bezeichnet.

Teilkostenkalkulation → Preiskalkulation

Teilladungsverkehr → Transportplanung

Teilnutzenwerte

empirisch meist im Wege der → Conjoint-Analyse ermittelte merkmalsbezogene Qualitätsbeurteilungen einzelner zur Bewertung anstehender → Produkte. Sie stellen für die → Präferenzpolitik eine wichtige Informationsgrundlage dar.

Teilpräferenzwertmodell → Kaufmodell

Teilzahlungskredit
→ Konsumentenkredite

Telefax

Weit verbreitete und deshalb auch als Kommunikationsmedium im Marketing relevante Telekommunikationstechnik zur Übertragung von Text und Bildern auf Telefonnetzen (s.a. → Telefonmarketing). Das Telefax besitzt als Werbemedium folgende medienspezifische Vorteile:

- große *Verbreitung*, insb. bei gewerblichen Kunden,
- *Simultane Bedienbarkeit* eines großen Empfängerkreises (praktisch bis zu 10.000 Nummern) durch sog. *Rundruftechniken*,
- Übertragbarkeit von *Zeichnungen* und *Abbildungen* zusammen mit Text,
- keine Notwendigkeit zu zusätzlicher *Software* beim Sender und Empfänger,
- direkte Eingabemöglichkeit in PC (per Faxkarte), d.h. *Wegfall einer Datenschnittstelle*,
- einheitliche Benutzeroberfläche.

Teilweise übernimmt das Fax mit diesen Vorteilen heute die früheren Funktionen der → Kennziffernzeitschriften, wenn im Wege von Response-Anzeigen oder TV-Spots Informationsangebote per Fax ausgelobt werden, die dann im Gegensatz zur Kennziffernzeitschrift sofort durch Faxabruf („Polling") verfügbar gemacht werden können. Per vorgeschaltetem Telefonkontakt oder spezielle Abrufnummern können dabei auch individuelle Informationswünsche bis hin zum lokalen Wetterbericht abgerufen werden. Das Telefax ist damit ein Medium zur „Information on demand" ähnlich dem → Online-Marketing geworden. Als besonders wirtschaftlich erweist sich dabei auch das Inkasso der oft nur kleinen Beträge über die Telefonrechnung.

H.D.

Telefon Banking

ist eine Form des Vertriebs von Finanzdienstleistungen (→ Bankvertrieb), bei der das Medium Telefon unmittelbar an der Schnittstelle zwischen dem Kunden und i.d.R. einer hierfür gezielt eingerichteten speziellen Einheit des Kreditinstituts (→ Call Center) eingesetzt wird (s.a. → Telefonmarketing).

Beim *Inbound Telefon Banking* geht die Initiative vom Kunden aus. Es wird vor allem für Kontostands- und Umsatzabfragen, Überweisungen, Daueraufträge, Sortenbestellungen, Verfügungs- und Kartensperren sowie Nachrichten des Kunden an das Kreditinstitut und die Erteilung von Wertpapier-Order eingesetzt.

Beim *Outbound Telefon Banking* wird der Bankkunde vom Bankmitarbeiter angerufen, der Kontakt wird somit vom Kreditinstitut initiiert. Der Einsatz des Outbound Telefon Banking eignet sich für die Unterstützung von Mailingaktionen, für Terminvereinbarungen, den Verkauf von standardisierten Produkten, zur Verbesserung der Servicequalität, der Ausnutzung von Crossselling-Potentialen und der Durchführung von Kundenbefragungen.

Eine Besonderheit im Rahmen des Telefon Banking bildet das *Smartphone*, *Smart Telefon* oder auch *Screen Phone*. Es ist ein Komforttelefon mit einem Prozessor und einem Bildschirm und stellt eine Zwischenform zwischen Telefon Banking und → Online Banking dar.

Bei den neuen Vertriebswegen (→ Electronic Banking) in der Kreditwirtschaft wird das Telefon Banking mittelfristig dominieren. Das Telefon ist eine beherrschte Technologie, die in nahezu jedem Haushalt zur Verfügung steht und sukzessive durch Komforttelefone mit erweitertem Display bei sinkenden Gerätepreisen ersetzt wird. Fallende Fernsprechgebühren unterstützen diese Entwicklung. O.B.

Literatur: *Päschke, H.; Bußmann, I.*: Telefonbanking als strategisches Produkt, in: Die Bank, Nr. 6, 1995, S. 30–33.

Telefonische Befragung

Form der → Befragung, bei der ein(e) Interviewer(in) telefonisch die Fragen stellt und die Antworten notiert. Neben nichtstandardisierter Befragung (v.a. bei Expertenbefragungen) werden überwiegend standardisierte Befragungen durchgeführt, wobei in größeren Instituten die Fragebögen in Schriftform zunehmend durch computergestützte bzw. -gesteuerte Systeme (→ CATI) ersetzt werden.

Neben den Vorteilen des Computereinsatzes bieten Telefonumfragen eine rasche Abwicklung (Blitzumfrage), reduzieren durch EDV-Einsatz sowie durch Schulung und Überwachung des Personals den → Interviewereinfluss und sind billiger als persönliche Interviews vor Ort. Desweiteren können auch schwer erreichbare Auskunftspersonen (Experten, bestimmte Berufsgruppen) angesprochen werden. Nachteilig ist, dass je nach Grundgesamtheit, die telefonische Erreichbarkeit nicht ausreichend gewährleistet bzw. die Auskunftsbereitschaft gering ist sowie die Einschränkung auf einfache Fragen und eine kurze Interviewdauer.

Nach einer ZUMA-Untersuchung aus dem Jahre 1991 liegt die Ausschöpfung von Telefoninterviewanfragen relativ niedrig, nämlich

– für „kalte" Kontakte (ohne Vorankünd.): 25,8% (20,0%)
– für Kontakte mit kurzer schriftlicher Ankündigung: 39,3% (27,7%)
– für Kontakte mit ausführlicher Ankündigung: 29,8% (24,4%).

Die Zahlen in () geben die neutralen, d.h. nicht auf der Zielperson beruhenden Ausfälle (neue Tel.-Nr., unbekannt, verzogen etc.) wieder, nach deren Abzug die Prozentbasis gilt (d.h. Basis: nach Abzug neutraler Ausfälle; der Rest sind Verweigerungen oder Nichtantreffen; Näheres i.d. Quelle).

H.Bö.

Literatur: *o.V.:* Bei Anruf Geld, in: asw 2/1992, S. 30–38.

Telefonmarketing
bezeichnet den direkten medialen Dialog mit ausgewählten Zielpersonen via Telemedien zu Zwecken der Kundengewinnung oder Kundenbetreuung. Im weiteren Sinne ist demnach auch der Einsatz des → *Telefax* zum Telefonmarketing zu rechnen. Das Telefonmarketing ist damit eine spezielle Form des → *Direktmarketing*.

Zu unterscheiden sind zwei Grundformen des Telefonmarketing:

(1) *aktives Telefonmarketing*: auch *Outbound*-Telefonmarketing genannt, umschreibt alle vom Unternehmen ausgehenden Anrufaktionen, z.B. zur Ermittlung von Ansprechpartnern, Terminvereinbarung, Bedarfsanfrage oder zum Telefonverkauf bzw. Cross-Selling.

(2) *passives Telefonmarketing*: auch *Inbound*-Telefonmarketing genannt, umschreibt alle beim Unternehmen eingehenden Anrufe, z.B. im Zusammenhang mit Kundenanfragen, Auftragsannahme, Anwenderberatung oder Reklamationen; die Initiative liegt also beim Kunden.

Die Aufwendungen für Telefonmarketing 1998 betrugen 2,3 Mrd. €. Damit entfallen auf das Telefonmarketing 12% aller Ausgaben im Rahmen des Direktmarketing. V.a. im Finanzdienstleistungsbereich und im (Versand-)Handel ist Telefonmarketing weit verbreitet. Das Einsatzspektrum des Telefonmarketing umfasst alle Phasen des Kaufzyklus und reicht demnach von der telefonischen Adressqualifizierung (s.a. → Adressmanagement), der Kundengewinnung und Vertriebsunterstützung in der Vorkaufphase über die Anfrage- und Bestellabwicklung in der Kaufphase bis zur Kundenbetreuung (Telefonberatung) in der Nachkaufphase.

Während die Kontaktqualität auf Grund des direkten Dialoges als Hauptvorteil des Telefonmarketing im Vergleich zu anderen Direktmarketinginstrumenten gilt, liegen die Grenzen und Nachteile, v.a. im Vergleich zu → adressierten Werbesendungen, in den höheren Kontaktkosten, den Mengenrestriktionen sowie den „schärferen" Rechtsvorschriften. Rechtlich gesehen dürfen Privatpersonen, zu denen keine Kundenbeziehung besteht, nur dann zu Hause angerufen werden (*aktives* Telefonmarketing), wenn sie vorab „ausdrücklich oder stillschweigend ihr Einverständnis gegeben haben", z.B. mittels einer Informationskarte, mit der eine telefonische Betreuung angefordert oder angeboten wird (Verbot sog. „*Cold Calls*"). Ein Ehrenkodex des → *Deutschen Direktmarketing Verband e.V. DDV* verbietet es, Telefonmarketern, vor 08:00h morgens und nach 20:00h abends sowie an Wochenenden anzurufen. Im gewerblichen Bereich ist aktives Telefonmarketing darüber hinaus auch dann möglich, wenn der „eigentliche Geschäftsbereich" betroffen ist, z.B. indem einer Autowerkstatt telefonisch der Bezug von Zubehör und Ersatzteilen angeboten wird. Zulässig ist das Telefonmarketing im Business-to-Business Bereich auch dann, wenn ein schlüssiges Einverständnis vorausgesetzt werden kann, z.B. bei Hilfsgeschäften, die dem eigentlichen Geschäftsgegenstand dienen und konkrete Anhaltspunkte für ein Interesse vorliegen, z.B. der besagten Autowerkstatt wird ein neue Spezialsoftware für die Lagerhaltung angeboten.

Das Telefon als Ansprachemedium wird im Rahmen von Direktmarketingaktionen häufig mit weiteren Ansprachformen des → *Direktmarketing* verknüpft (→ adressierte Werbesendung bzw. Außendienstbesuch). Insbesondere zur Vertriebsunterstützung (z.B. als Vorbereitung oder Ersatz von Außendienstbesuchen), im Rahmen der Response-Bearbeitung oder als Nachfassmedium nimmt das Telefon heute eine nicht mehr wegzudenkende Ergänzungsfunktion war. In einfachsten Fall besteht das Telefonmarketing aus einem isolierten Anruf, mit dem Ziel des Direktverkaufes. Allerdings gilt: Je erklärungsbedürftiger ein Angebot ist, umso eher wird mit einem zusätzlichen Medium, z.B. in Form eines Katalogs oder anderer Ansprachformen vor- bzw. nachgearbeitet.

Wesentliche Voraussetzung für den immensen Bedeutungszuwachs des Telefonmarketing v.a. im Kundenservice, war die Einrichtung von → Call Centern und *Telefonmehrwertdiensten*. Unter bundeseinheitlichen Servicenummern der *Telekom* gelangt der Anruf eines Kunden in den Rechner der Telekom und wird von dort entsprechend den Vorgaben des Unternehmens weitergeleitet. Die wichtigsten Telefonmehrwertdienste sind:

(1) *Service Nummer 130 bzw. 0800* (seit 1998): für den Kunden kostenfreier An-

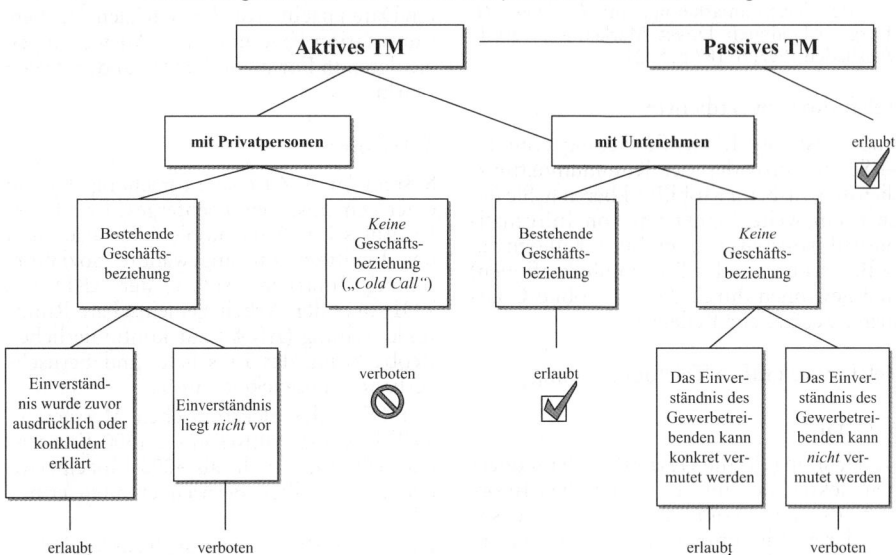

Einsatzmöglichkeiten von aktivem und passivem Telefonmarketing

ruf des Unternehmens (*Freephone*-Service bzw. *Dial-Free-Number*);
(2) *Service 0180*: (gestaffeltes) Kostensplitting zwischen Anrufer (Kunde) und Unternehmen (*Shared Cost*-Service);
(3) *Service Nummer 0190 bzw. 0900* (seit 1998): ein ausschließlich vom Kunden zu tragender, mit erhöhten Verbindungsentgelten verbundener Anruf eines „qualifizierten" Informationsangebotes (*Premium Rate*-Service).

Zur Messung des Erfolgs im Telefonmarketing werden Analog zur Messung des → Direktmarketingerfolges v.a. *Kennziffern* zur Leistungsbeurteilung eingesetzt. Beim *aktiven* Telefonmarketing ist dies z.B. die Anzahl der telefonisch vereinbarten Außendienstbesuchstermine dividiert durch Gesamtanzahl der Anrufe x 100 (s.a. → Response).

Beim *passiven* → Telefonmarketing gilt v.a. das erreichte *Servicelevel* als Qualitätsindikator und Leistungsmaß. Im Vordergrund stehen dabei Kennzahlen wie: Anzahl der eingegangenen Anrufe je Stunde; Anteil der Gespräche, die innerhalb von max. 20 sec. entgegengenommen werden konnten; Anzahl der weitervermittelten Anfragen zu Gesamtanzahl der Anfragen etc. N.G.

Literatur: Bruns, J.: Direktmarketing, Ludwigshafen 1998, S. 137 ff. Greff, G.: Möglichkeiten und Grenzen des Telefonmarketing, in: *Dallmer, H.* (Hrsg.): Handbuch Direct Marketing, 7. Aufl., Wiesbaden 1997, S. 229-248. *Schoss, J.*: Strategisches Telefonmarketing, in: *Greff, G.; Töpfer, A.* (Hrsg.): Direktmarketing mit neuen Medien, 3. Aufl., Landsberg a.L. 1993, S. 189-204. *Zehetbauer, E.* (Hrsg.): Das große Handbuch für erfolgreiches Direktmarketing, Landsberg a.L. 1995, Teil 4.2, S. 1 ff.

Telefonmarketing-Agentur

Dienstleister des → Direktmarketing, die darauf spezialisiert sind, im Auftrag von Unternehmen Anrufe entgegenzunehmen oder Anrufe durchzuführen. Zum Beispiel werden im Rahmen des → Telefonmarketing Kundenanfragen über Info-Hotlines bearbeitet, Adressqualifizierungen durchgeführt, → Direktwerbung und → Direktvertrieb betrieben und die telefonische Kundenbetreuung im Rahmen des → Nachkaufmarketing abgewickelt. Zu diesem Zweck betreiben die Telefonmarketing-Agenturen im Auftrag des Kunden → Call Center. Die Auswahl geeigneter Telefonmarketing-Agenturen sollte sich außer an Kosten- und Preisstrukturen u.a. an möglichen Referenzkunden, dem Marktbestehen, dem angebotenen Leistungsumfang, der Qualifikation von Management und Mitarbeitern und der vorhandenen Technik orientieren. N.G.

Literatur: *Greff, G.:* Möglichkeiten und Grenzen des Telefonmarketing, in: *Dallmer, H.* (Hrsg.): Handbuch Direct Marketing, 7. Aufl., Wiesbaden 1997, S. 187 f., S. 242 f.

Telefonmehrwertdienste

sind meist entgeltliche Serviceangebote der → Service-Provider bei Kommunikationsdiensten, insb. im Mobilfunkbereich. Sie decken ein weites Spektrum von Informationsbedürfnissen v.a. mobiler Kunden ab (z.B. Verkehrs- oder Börseninformationen) und gewinnen durch den → Mobile-Commerce zusätzliche Bedeutung.

Telefonverkauf → Telefonmarketing

Telematik

Bezeichnung für die Gesamtheit der modernen elektrischen und elektronischen Informations- und Kommunikationsgeräte sowie deren Zusammenfassung zu Systemen. Der Begriff wurde von dem Franzosen Simon Nora geprägt („Telematique") und ist identisch mit dem amerikanischen Begriff „Compunication".

Telemetron

System der → Zuschauerforschung zur Erhebung des Fernsehverhaltens in einem Panelhaushalt. Das Telemetron war eine Weiterentwicklung des → Teleskomat, insbesondere für fernbediente Fernsehgeräte. Erstmals konnten sich mit diesem Gerät Zuschauer über eine Fernbedienung am Messgerät registrieren lassen.

Teleologische Qualität → Qualität

Teleshopping → Electronic Commerce

Teleskomat

System der → Zuschauerforschung zur Erhebung des Fernsehverhaltens in einem Panelhaushalt. Der Teleskomat war von 1975 bis 1984 im damaligen System der Firma Teleskopie (Infas/IFD Allensbach) im Einsatz. Teleskomat und Telemetron registrierten die Senderwahl sowie auch das individuelle Sehverhalten für bis zu sieben Personen (Haushaltsmitglieder sowie evtl. Fernsehgäste) kontinuierlich im 20-Sekunden-Takt. Jedes Haushaltsmitglied hatte dabei eine eigene Taste, die gedrückt werden musste, wenn die betreffende Person fernsah. Über das öffentliche Fernsprechnetz wurden die zeitgenau im Messgerät digital gespeicherten Daten nachts von der zentralen Auswertungsstation abgerufen. Die Auswertungen erfolgten in Form von Daten auf dem freien Markt.

Teleskopie

System der → Zuschauerforschung, das von einer gemeinsamen Tochtergesellschaft des Institutes für Demoskopie Allensbach und des Institutes für angewandte Sozialforschung (Infas) im Auftrag der ARD, des ZDF und der Arbeitsgemeinschaft Rundfunkwerbung (ARW) zur kontinuierlichen Beobachtung des Einschalt- und Fernsehverhaltens entwickelt wurde.

Mit Hilfe des elektronischen Messgerätes → Teleskomat wurde in ca. 1600 Fernsehhaushalten mit mehr als 4000 Einzelpersonen das jeweilige Fernsehverhalten ermittelt.

Ab Januar 1985 wurde die Teleskopie-Zuschauerforschung durch die GfK Fernsehforschung abgelöst. Seit diesem Zeitpunkt bot die Teleskopie-Zuschauerforschung zunächst noch ihr Erhebungsinstrumentarium und ihre Daten auf dem freien Markt an. Inzwischen existiert sie jedoch nicht mehr.

Teletex (Bürofernschreiben)

1982 von der Bundespost als Dienst eingeführte Form des elektronischen Fernschreibers. Das Teletex-Endgerät ist eine elektronische Speicherschreibmaschine mit Textbe- und -verarbeitungsmöglichkeiten. Ankommende Texte können gespeichert und auf Befehl ausgedruckt werden.

Tender

Internationale Ausschreibung von Industrie-Bauprojekten (International Engineering) oder sonstigen Lieferungen.

Tenderverfahren

Methode zur Unterbringung einer Wertpapieremission auf einer → Auktion. Nachdem zuerst Gebote von den Mitgliedern des an der Emission beteiligten Bankenkonsortium abgegeben werden, wird das Emissionsvolumen dann an die Meistbietenden nach Höhe ihres Gebotes vergeben. Häufig werden vom Emittenten große Banken oder institutionelle Bieter bevorzugt.

Tensororganisation → Matrixorganisation

Termingeschäft

Im Börsenhandel (→ Warenbörsen) besteht die für das → Rohstoff-Marketing bedeutsame Möglichkeit, einen zukünftigen Bedarf zu aktuellen Preisen zu befriedigen. Hierzu bedient man sich des Termingeschäfts, welches darüber hinaus auch spekulativ ausgerichtet sein kann. In diesem Fall können künftige Verfügungsrechte zum Zweck der Erzielung von Arbitragegewinnen erworben werden, ohne dass eine effektive Erfüllung des Liefergeschäftes (→ Effektivgeschäft) angestrebt ist. W.H.E.

Termintreue → Lieferservice

Terms of Trade

bezeichnen das Verhältnis zwischen den Durchschnittspreisen der Einfuhrgüter und der Ausfuhrgüter.

TESI → Testmarktsimulator

Test

Als Test bezeichnet man in der → Marktforschung
1. die → experimentelle bzw. → quasiexperimentelle Überprüfung der Wirkung von Marketingmaßnahmen (z.B. Produkttest, Werbemitteltest, Preistest);
2. Messverfahren, die durch psychologisch zweckmäßige Frage- und Antwortformulierungen nicht direkt beobachtbare Sachverhalte wie Intelligenz, Motive, Einstellungen etc. ermitteln wollen (z.B. Projektive Tests, wie Thematischer Apperzeptionstest, Wort- und Satzassoziationstest, Rosenzweig-Test).

zu 1: Tests können nach verschiedenen Merkmalen eingeteilt werden. Nach dem *Testobjekt* unterscheidet man:
- → Konzepttest
- → Produkttest
- → Packungstest
- → Namenstest
- → Werbetest und
- → Preistest,

wobei Packungs-, Namens- und Preistest durchaus auch Bestandteile eines umfassenden Produkttests sein können.

Hinsichtlich des *Testumfangs* werden Produkttests in Volltests zur simultanen Überprüfung aller Produktkomponenten und in Partialtests untergliedert.

Nach der *Erhebungsdauer* betrachtet, gibt es Kurzzeittests, die nach einmaliger Präsentation des Testobjekts die spontanen Reaktionen der Testpersonen erheben und Langzeittests, die z.B. nach längerem Produktgebrauch oder -verbrauch die Erfahrungen der Testpersonen erfassen.

Nach der *Form der Datenerhebung* sind Tests zu unterscheiden, in denen die Reaktionen der Testpersonen per → Befragung und/oder → Beobachtung erfolgen.

Hinsichtlich des *Erhebungsortes* unterscheidet man → Laborexperiment, Home-Use-Test (→ Produkttest), → Storetest und weitere Formen von → Marktexperimenten.

zu 2: Die Marktforschungspraxis hat eine große Anzahl psychologischer Tests entwickelt, bei denen einer Versuchsperson mehrdeutige Stimuli (Fragen, Bilder, Aufgaben) präsentiert werden, aus denen die Absicht der Befragung nicht hervorgeht. Sinn dieser Tests ist es, Personen zu Antworten bzw. Aufgabenlösungen zu bewegen, in die er seine Meinungen, Werturteile, Motive und Einstellungen hineinprojiziert (sog. projektive Tests). Durch diese Assoziationstests werden Antworten erzielt, die der Befragte bei direkter Befragung nicht geben kann, weil sie ihm selbst vordergründig nicht bewusst sind, oder, die er nicht geben will, weil sie u. U. nicht in Einklang mit persönlichen oder gesellschaftlichen Normen stehen. Die Vielfalt der projektiven Tests ist außerordentlich hoch. Zu den meistverwendeten zählen der Test der → Apperzeption, der Satz- bzw. → Wortassoziationstest und der → Rosenzweig-Test (s.a. → Werbetests). H.Bö.

Literatur: *Berekoven, L.; Eckert, W.; Ellenrieder, P.:* Marktforschung, 8.Aufl., Wiesbaden 1999, S. 151–184. *Hammann, P.; Erichson, B.:* Marktforschung, 3. Aufl., Stuttgart 1994, S. 174-193.

Testberichte → Stiftung Warentest

Testeffekt

Bei → Experimenten bzw. → Tests, in denen vor der Präsentation des Experimentstimulus (z.B. eines Werbefilms) eine Vormessung erfolgt (z.B. Abfrage der Markenbekanntheit, der Präferenzen, der Kaufabsichten etc.), werden die Versuchspersonen für die erhobene Produktgattung sensibilisiert. Da sie sich dann entsprechende Werbespots genauer anschauen, ist das Testergebnis (der Bekanntheitsgrad, Änderung der Präferenz etc.) in der Nachher-Messung verzerrt. Um diesen Testeffekt zu vermei-

Testimonial-Werbung

den, empfiehlt es sich in diesen Fällen, auf eine Vorher-Messung zu verzichten (→ Experiment). H.Bö.

Testimonial-Werbung

Als Testimonial bezeichnet man einen Darsteller in der Werbung in Konsumpose (→ Personendarstellungen). Man versteht hierunter einen vorgeblichen Käufer oder Benutzer, der Zeugnis über das → Werbeobjekt ablegt. Dabei kann der Testimonial ein Produkt demonstrieren oder aber in einer Geschichte agieren. Meistens handelt es sich bei Personen, die in Konsumsituationen abgebildet werden, um Vertreter der betreffenden Zielgruppe. Die Konsumpose kann dabei implizit oder explizit erfolgen. Im Falle des expliziten Testimonials spricht ein „beispielhafter Verbraucher", der das Produkt ausprobiert und positive Erfahrungen damit gesammelt hat, zum Publikum über diese Erfahrungen und empfiehlt ausdrücklich das Produkt. Dies erfolgt beispielsweise in Form einer Befragung echter Verbraucher, die eine Authentizität aufweisen, die von Schauspielern nicht erreicht werden kann. Für den impliziten Testimonial ist kennzeichnend, dass die agierende Person eine Konsumpose einnimmt, ohne dass sie eine Aussage bezüglich des Produkts trifft.

Empirische Untersuchungen zeigen, dass die Wirksamkeit der Testimonialwerbung von der Produktkategorie und der einschlägigen Erfahrung der Prominenten abhängt. Häufig ist klar erkennbar, dass ein Prominenter, der für ein Produkt wirbt, dies nicht aus Überzeugung tut, sondern weil er dafür bezahlt wird. Darunter leidet die Glaubwürdigkeit der Werbung. Um die Glaubwürdigkeit zu erhöhen, kann man → zweiseitige Argumentation einsetzen. T.Z.

Testkauf

Erscheinungsform der teilnehmenden → Beobachtung, bei welcher anonyme Testpersonen ohne Wissen der betroffenen Mitarbeiter bzw. Anbieter Einkäufe tätigen (→ Mystery Shopping) bzw. Dienstleistungen in Anspruch nehmen, um die Leistungsqualität zu überprüfen. Das Verfahren wird auch als Variante der → Zufriedenheitsmessung oder als internes Kontrollinstrument zur Qualitätskontrolle eingesetzt, bevorzugt in Filial- oder Franchise-Systemen. Bekannte Erscheinungsformen sind Testesser für Gourmetführer oder Dienstleistungstests der → Stiftung Warentest. Validität und Reliabilität von Testkäufen sind wegen der subjektiven Wahrnehmung der Testkäufer und des gleichzeitig hohen finanziellen Aufwands bei Repräsentativuntersuchungen problematisch. Hinzu kommen rechtliche Probleme beim internen Einsatz (§94 BetrVG). Auch ethische Bedenken werden erhoben. Andererseits stehen zur Qualitätsbeurteilungen von Dienstleistungen kaum andere, bessere Methoden zur Verfügung. H.D.

Literatur: *Platzek, Th.*: Mystery Shopping, in: WiSt, 26. Jg. (1997), S. 364-366.

Testmarkt

Testmärkte werden teils als regionale Anwendungsgebiete, teils als großflächige Anwendungen von → Markttests verstanden. Die Praxis neigt der letztgenannten Begriffsfassung zu. Testmärkte sind dann umfassende Feldexperimente in der Marktforschung (→ Experiment), bei denen Produkte bzw. Marketing-Mix-Konzepte, insb. im Rahmen der Produktneueinführung (→ Innovationsmanagement), auf einem realen Teilmarkt probeweise angeboten werden, um Aufschlüsse über die Zweckmäßigkeit einer endgültigen Markteinführung bzw. Marketing-Mix-Modifikation zu erhalten. Die im regionalen Testmarkt ermittelten Ergebnisse werden nach dem für → Experimente gültigen → experimentellen Designs mit einem bestimmten Kontrollmarkt verglichen, um insb. die Auswirkungen auf die relative Marktstellung des Produktes zu erfassen.

Wichtige Ziele des Testmarktes sind die Ermittlung der Produktakzeptanz und des Absatzpotentials für ein neues Produkt, der Durchsetzbarkeit bestimmter Preise, die Ermittlung der Werbewirksamkeit und der Wirkung bestimmter Werbemittel sowie Maßnahmen der → Verkaufsförderung und nicht zuletzt die Sammlung von Daten, die bei der nationalen Einführung eines neuen Produktes als Argumente gegenüber dem Handel im → vertikalen Marketing verwendet werden können.

Waren früher Testmärkte vor der Einführung neuer Produkte sehr weit verbreitet, wurden sie im Verlauf der 80er-Jahre zunehmend durch kleinere → Markttests oder sogar → Testmarktsimulatoren substituiert. Dies hängt mit den verschiedenen Problemen des Testmarkts zusammen: Zunächst bedarf der Testmarkt eines repräsentativen

Testgebiets hinsichtlich Bevölkerungsstruktur, Einkaufsverhalten, Handelsstruktur, Medienstruktur, Wettbewerbsstruktur und Außendienststruktur. Diese Anforderungen können meist nicht voll erfüllt werden. In jenen Gebieten, die sich dafür besonders anbieten (früher häufig Berlin, das Saarland oder Hessen) wurden so viele Testmärkte durchgeführt, dass Handel und Verbraucher möglicherweise bereits atypisch reagieren. Darüber hinaus bietet man beim Testmarkt wegen der inneren Vorbereitungs- und Laufzeit den Wettbewerbern hinlängliche Möglichkeiten zur (u.U. bewusst störenden) Beeinflussung der experimentellen Ergebnisse und macht die eigenen Absichten bezüglich der neuen Produkte in allen Einzelheiten deutlich. Schließlich ist auch der Handel immer weniger bzw. nur gegen Entgelte bereit, an Testmärkten mitzuwirken.

Bei der Auswertung der Testmarktergebnisse stützt man sich sowohl auf eigene Absatzstatistiken als auch meist auf Ergebnisse von → Handels- bzw. → Haushalts-Panels. Mit solchen Daten kann eine Marktanteilsprognose über die Marktpenetration und Marktdurchdringung, etwa nach dem → Parfitt-Collins-Modell erfolgen.

Testmärkte verursachen sehr hohe Kosten und eine angesichts des Wettbewerbsdrucks oft nur schwer in Kauf zu nehmende zeitliche Verzögerung bei der Produkteinführung, weshalb viele Firmen zu billigeren und schnelleren Ersatzlösungen mit vergleichbarem Datenanfall, wenngleich geringerer Validität zurückgreifen, so insb. sog. → Minimarkttest-Panels, regionale → Markttest oder, wie erwähnt, → Testmarktsimulatoren. H.D.

Literatur: *Rehorn, J.:* Markttests, Neuwied 1977.

Testmarktsimulator, simulierter Testmarkt (STM)

Verfahren im Rahmen des → Innovationsmanagements zur Prognose des Markterfolges von neuen Produkten vor deren Markteinführung. Er wird insb. im Konsumgüterbereich zum Testen von neuen Verbrauchsgütern eingesetzt. Neben der Prognose liefert der STM diagnostische Informationen, die zur Verbesserung des Testproduktes und/oder dessen Marketingplanung genutzt werden können.

Innerhalb des Entwicklungsprozesses eines neuen Produktes wird der STM gewöhnlich als letzter Test zur Entscheidung über die Markteinführung (Go- oder No-Entscheidung) eingesetzt. Getestet wird immer das fertige Produkt inklusive Verpackung, Preis und Werbung im Umfeld aller konkurrierenden Marken. Zuvor sollten die Elemente des Marketingplans durch → Partialtests (z.B. Produkt-, Verpackungs- oder Werbemitteltest) überprüft worden sein. In kritischen Fällen kann aufgrund des Testergebnisses auch eine On-Entscheidung erfolgen, z.B. Planrevision und erneuter Test.

Der STM bildet heute, wie auch der → Mini-Testmarkt oder der elektronische Testmarkt, eine Alternative zum klassischen (regionalen) → Testmarkt, der durch die neueren Verfahren weitgehend verdrängt worden ist. Die Vorteile des STM sind insb. niedrigere Kosten (ca. 50 Tsd. €), schnellere Durchführung (ca. 10 Wochen), größeres diagnostisches Potential und Geheimhaltung von Testprodukt und Testergebnissen gegenüber der Konkurrenz. Ein weiterer Vorteil ist seine Flexibilität und Mobilität, die ihn besonders auch für Tests im Ausland geeignet macht.

Ein STM umfasst sowohl die Erhebung von Daten in einem Teststudio wie auch computergestützte Methoden und Modelle für deren Analyse. Das Teststudio wird meist temporär an einem Ort mit repräsentativer Bevölkerungs- und Handelsstruktur eingerichtet, z.B. in einem Restaurant oder Hotel nahe einer Einkaufszone. Bei jeder Anwendung wird eine Stichprobe von 300–400 Personen aus der Zielgruppe des neuen Produktes rekrutiert. In besonderen Fällen können aber auch größere Stichproben sowie mehrere Teststudios in verschiedenen Städten zur Anwendung kommen.

Die Testpersonen werden im Studio jeweils separat befragt. In einem Basisinterview werden zunächst Daten erhoben, die zur Abbildung des relevanten Marktes dienen und mittels derer ein Modell dieses Marktes kalibriert wird. Erfragt werden Markenbekanntheit, Markenverwendung, Kaufverhalten, Präferenz- und Einstellungsdaten für existierende Marken sowie sowie demographische Merkmale. Im folgenden Verlauf der Erhebung wird der → Adoptionsprozess des neuen Produktes (Wahrnehmung, Erstkauf, Einstellungsbildung, Wiederkauf) simuliert. Dies gestaltet sich wie folgt:

(a) *Werbesimulation*: Mittels Video wird jeder Testperson ein Werbeblock vorgeführt, in den neben Werbung für die wichtigsten Konkurrenzprodukte auch ein Werbespot für das neue Produkt einmontiert ist. In der Werbesimulation erfolgt eine erste Wahrnehmung des neuen Produktes durch die Testperson.

(b) *Kaufsimulation*: In einem Mini-Markt (im Studio) erhalten die Testpersonen anschließend Gelegenheit, in der Produktklasse einzukaufen. Neben den konkurrierenden Produkten wird hier auch das neue Produkt angeboten. Den Testpersonen wurde zuvor ein Geldbetrag ausgehändigt, den sie beim Einkauf verwenden können. Die Kaufsimulation dient primär zur Schätzung der Erstkaufrate (Penetration) des neuen Produktes.

(c) *Home-Use-Test*: Die Testpersonen verwenden das Testprodukt zu Hause über einen Zeitraum von mehreren Wochen. Die Länge dieser Erprobungsphase ist abhängig von der Verbrauchsdauer bzw. Kauffrequenz in der Produktklasse. Der Home-Use-Test gibt der Testperson Gelegenheit, das neue Produkt unter realen Bedingungen kennen zu lernen und eine Einstellung zu diesem zu entwickeln.

(d) *Studio-Test*: Nach Ablauf der Erprobungsphase werden die Testpersonen erneut ins Studio geladen. Die Präferenz- und Einstellungsmessungen, die bereits im 1. Studio durchgeführt wurden, werden jetzt unter Einschluss des Testproduktes wiederholt (Nachinterview). Diese Messungen dienen der Prognose des → Wiederkaufverhaltens wie auch der Diagnose von Stärken und Schwächen des neuen Produktes. Eine 2. Kaufsimulation sowie weitere diagnostische Fragen (z.B. Likes/Dislikes) können sich anschließen.

Externe Informationen müssen in das System zwecks Berücksichtigung von Distribution und Werbestreuung eingebracht werden.

Das Analyseverfahren des STM bildet ein System von Methoden und Modellen, mit deren Hilfe ermittelt wird, wie sich das Testprodukt (im Falle seiner Einführung) in den existierenden Markt einfügt. Neben der Marktanteilsprognose für das neue Produkt wird errechnet, wie sich die Marktanteile der existierenden Marken verändern (Substitutions- bzw. Kannibalisierungseffekte), welche Faktoren den Marktanteil bestimmen und wo die Stärken und Schwächen des Testproduktes im Vergleich zu den konkurrierenden Produkten liegen. Durch geeignete Testanordnungen können auch alternative Produktvarianten oder Werbekonzeptionen überprüft werden. Erweiterungen und Varianten des STM wurden zum Testen von Relaunch-Produkten und Line-Extensions, für die simultane Einführung mehrerer neuer Marken, für neuartige Produkte, die sich in keine existierende Produktklasse einordnen lassen, oder für die Ableitung von Preis-Reaktionsfunktionen entwickelt.

Die Entwicklung der Testmarktsimulation wurde Ende der 60er-Jahre in den USA durch den Laboratory Test Market von *Daniel Yankelovitch* eingeleitet. Seitdem wurden zahlreiche Testmarktsimulatoren entwickelt und das Instrumentarium wurde ständig erweitert und verfeinert. In Europa werden insb. folgende Verfahren angeboten: → TESI (G&I Forschungsgemeinschaft für Marketing, Nürnberg), Micro Test (Research International, London) und das in den USA besonders verbreitete → ASSESSOR, welches hier unter dem Namen DESIGNOR (Novaction, Paris) vermarktet wird. Ein ähnliches Verfahren, das in Europa breite Anwendung gefunden hat, ist BASES II (Burke Marketing Research). B.E.

Literatur: *Erichson, B.:* TESI: Ein Test- und Prognoseverfahren für neue Produkte, in: Marketing ZFP, 3. Jg. (1981), S. 201–207. *Silk, A.J.; Urban, G.L.:* Pre-Test-Market Evaluation of New Packaged Goods: A Model and Measurement Methodology, in: Journal of Marketing Research, May 1978, S. 171–191.

Testsortiment

spezifische Warengruppen, die neu in das Sortiment eines Handelsbetriebes aufgenommen werden (→ Sortimentspolitik). Sie bedürfen einen intensiven Verkaufsförderung, meist auch der kostenintensiven Andienungsform „Bedienung", um sie fest und dauerhaft im Markt zu positionieren.

Test-Studio → Werbetests

Testwerbung

Testwerbung treiben heißt, mit positiven Testurteilen von Testinstituten für sein Produkt werben. Diese Praxis hat sich aufgrund der Erkenntnis, dass positive Testnoten überzeugen und Kaufentscheidungen beeinflussen, erheblich verbreitet (→ Warentest, → Stiftung Warentest). Um eine sachgerechte Aufklärung der Verbraucher über Testresultate zu sichern, hat die Stiftung Warentest Empfehlungen zur Werbung mit ihren Qualitätsurteilen herausgegeben.

Als → vergleichende Werbung ist die Testwerbung nach herrschender Auffassung zwar zulässig. Sie unterliegt dennoch all jenen rechtlichen Regelungen bzw. Grundsätzen, die für Werbung insgesamt gelten (→ Werberecht). In puncto Irreführung ist darauf zu achten, dass weder mit veralteten Testurteilen noch mit dem Verschweigen einer weniger günstigen Rangstellung des umworbenen Produkts unrichtige Vorstellungen erzeugt werden. Zwar hat der BGH in einem Grundsatzurteil aus dem Jahre 1982 befunden, dass die Rangstellung nur dann anzugeben ist, wenn das Produkt mit seiner Note unter dem Durchschnitt aller Noten liegt. Doch kann eine Irreführung auch dann gegeben sein, wenn das umworbene Produkt den Notendurchschnitt gerade erreicht hat und dennoch von dem Spitzenprodukt bzw. von anderen Produkten im Qualitätsurteil abweicht. In solchen u.ä. Fällen sollte die Rangstellung sicherheitshalber angegeben werden. G.S.

Literatur: *Hart, D.; Silberer, G.*: Werbung mit Testurteilen der Stiftung Warentest, in: Gewerblicher Rechtsschutz und Urheberrecht (GRUR), 85.Jg. (1983), S. 691–702. *Horn, N.*: Der vergleichende Warentest im Spiegel der Rechtsprechung, in: *N. Horn; H. Piepenbrock* (Hrsg.): Vergleichender Warentest, Landsberg 1986, S. 67-90. *Stiftung Warentest:* Empfehlungen der Stiftung Warentest zur „Werbung mit Testergebnissen", Berlin 1982.

Tetrade

Erweiterung des → Triade-Konzepts von *Ohmae*. Durch die wirtschaftliche Entwicklung mehrerer südostasiatischer Staaten (u.a. Korea, Singapur) erscheint es angemessen, die Fokussierung auf Japan als einzig relevanter wirtschaftlicher Macht in Asien aufzugeben.

Texter

mit dem Verfassen von Werbetexten beschäftigte Person (→ Werbeberufe). Ein Texter muss nicht nur Rechtschreibung, Grammatik, Punktuation und moderne Idiome beherrschen. Seine Wortwahl entscheidet mit über die von den Empfängern wahrgenommene Bedeutung der → Werbebotschaft. Er wird deshalb versuchen, das → Werbeobjekt ins für die Zielpersonen bestmögliche Licht zu rücken. Zu diesem Zweck muss der Texter die → Copy Platform, auf deren Basis seine Arbeit zu erfolgen hat, studieren und in kreativer Weise umsetzen. Er wird Hintergrundinformationen über den Werbungtreibenden sammeln, sich mit den Funktionen des Werbeobjekts genau auseinandersetzen, die Folgen von dessen Akzeptanz für die Zielpersonen studieren und verwertbare Umfeldaspekte zusammentragen. Auf dieser Basis kann er entweder eine → USP entwickeln oder, wenn dieser in der → Copy-Platform bereits festgelegt ist, in kreativer Weise interpretieren.

Manche Texter spezialisieren sich im Lauf ihrer Karriere auf bestimmte Art von Werbeobjekten oder auf ein bestimmtes Medium, wie z.B. TV, Hörfunk oder Werbebriefe. Da sie jedoch laufend mit anderen anzusprechenden Zielgruppen konfrontiert sind, müssen sie hohe Sensitivität für Veränderungen in ihrer sozialen Umwelt besitzen und bewahren. H.Mü.

Textilkennzeichnung
→ Warenkennzeichnung

Textteilanzeige

→ Anzeige, die an mehr als zwei Seiten von redaktionellen Beiträgen umgeben ist. Durch die Platzierung im Textteil wird in besonderem Maße der hohe Aufmerksamkeitswert des redaktionellen Teils mitgenutzt.

Textverständlichkeitsformeln
→ Werbewirkungskontrolle

Thematischer Apperzeptionstest → TAT

Themenaktionen

sind Aktionen der → konsumentengerichteten Verkaufsförderung, die vom Veranstalter unter ein Motto bzw. Thema gestellt werden. Beispiele sind besondere Aktionen zu Ostern oder zum Millennium, aber auch auf das Unternehmen zugeschnittene Themen wie eine Disney-Aktion bei *McDonald's* oder eine Rodeo-Aktion bei *Wrangler*. Im Rahmen von Themenaktionen werden alle Maßnahmen wie → Displays, → POS-Materialien, → Aktionsverpackungen, → Gewinnspiele und → Zugaben auf das Thema der Aktion abgestimmt. Die Aktion soll dadurch für die Konsumenten interessanter werden und erhöhte Aufmerksamkeit erregen. Zum Teil wird auch versucht, durch eine geschickte Wahl des Themas das Image des Veranstalters zu beeinflussen. K.G.

Themenhaus → Warenhaus

Theoretische Konstrukte

treten vornehmlich in fortgeschrittenen Stadien der wissenschaftlichen Theoriebildung auf. In der Physik sind dies z.B. Masse, Kraft; im Marketing zählen hierzu die → Einstellung, die Informationsverarbeitung, die → Emotionen usw. Das Bedeutungsproblem theoretischer Ausdrücke ist in der Ansicht verwurzelt, dass eine Theorie ein objektives Verständnis und eine objektive Anwendung auf reale, empirische Phänomene ermöglichen soll. Deshalb muss eine Theorie eine Klasse von Sätzen einschließen, die genau bestimmen, wie die theoretischen Ausdrücke verstanden werden sollen und welche Bedeutung sie besitzen. Dazu werden die theoretischen Begriffe durch Reduktionssätze schärfer gefasst. Dabei legt ein Reduktionssatz keine vollständige Definition des durch ihn beschriebenen Ausdrucks vor, sondern leistet in der Regel nur eine partielle Festsetzung seiner Bedeutung. Die verbleibende Indeterminanz eines Ausdrucks kann nach und nach durch Aufstellung zusätzlicher Reduktionssätze, die sich aus neuen Erkenntnissen ergeben, verringert werden, so dass die theoretischen Konstrukte schärfer gefasst und präzisiert werden. Das Verfahren der Reduktion läuft demnach auf eine partielle (konditionale) Definition hinaus und schließt die explizite Definition als einen Spezialfall ein.

Theoretische Konstrukte sind jedoch nicht direkt beobachtbar (insofern „hypothetisch", → Hypothetisches Konstrukt) und erfordern deshalb im Rahmen der → Messung spezielle Vorschriften für die sog. → Operationalisierung. Erst dadurch wird ein theoretisches System zu einer testbaren Theorie mit empirischer Interpretation und Überprüfbarkeit. B.N.

Literatur: *Neibecker, B.*: Werbewirkungsanalyse mit Expertensystemen, Heidelberg 1990.

Theorie

Menge von Gesetzen, die logisch miteinander verbunden sind (→ Marketing-Theorie, → Marketing-Wissenschaft). In den Geisteswissenschaften handelt es sich häufig um ein Konglomerat von Hypothesen, stochastischen Aussagen, empirischen Befunden etc. Theorien sind nicht statischer Natur, sondern können ständig ergänzt und weiterentwickelt werden. Wenngleich dies kaum in Frage gestellt wird, so existieren dennoch unterschiedliche Auffassungen darüber, welchem Entwicklungsmodell diese Theoriedynamik folgt.

– Kontinuierliche Entwicklung: Der *Empirismus* unterstellt, dass gesichertes Wissen durch systematische Beobachtungen allmählich angehäuft wird (= Kumulationsmodell der Theorieentwicklung). Der *Kritische Rationalismus* modifizierte diese Position, indem er annahm, dass Wissen nicht einfach angehäuft wird, sondern dadurch entsteht, dass es in einem Prozess der kritischen Auslese gewonnen wird (Evolutionsmodell der Theorieentwicklung).
– Diskontinuierliche (sprunghafte) Entwicklung: Zu den prominenten Vertretern dieser Auffassung (Revolutionsmodelle) gehört insbesondere *T. S. Kuhn*, der in „Die Struktur wissenschaftlicher Revolutionen" die These formulierte, dass sich Fortschritt in der Wissenschaft nicht kontinuierlich, sondern schubweise – in einem revolutionären Prozess – vollzieht. Zu den zentralen Konzepten gehört das → Paradigma. S.M./M.Ko.

Literatur: *Behrens, G.*: Wissenschaftstheorie und Betriebswirtschaftslehre, in: *Wittmann, W.; Kern, W.; Köhler, R.; Küpper, H.-U.; Wysocki, K. v.* (Hrsg.): Handwörterbuch der Betriebswirtschaft, Bd. 3, 5. Aufl., Stuttgart 1993, Sp.4763–4772. *Kuhn, T.S.* (1997): Die Struktur wissenschaftlicher Revolutionen, 14. Aufl., Frankfurt a.M. 1997.

Theorie der Haushaltsproduktion
→ Käuferverhalten

Thinking-aloud-Technik
→ Verbale Protokolle

Third country-Trade
→ Dienstleistungs-Marketing, interkulturelles

Through Bill of Lading
→ Durchfrachtkonnossement,
→ Dokumente im internationalen Warenverkehr

Through-the-Book-Verfahren
→ Originalheftmethode

Thurstone-Skala → Skalierungstechnik

Tiefeninterview

nichtstandardisierte → Befragung, bei der nur ein Rahmenthema vorgegeben und dem

Interviewer völlige Freiheit hinsichtlich der Abwicklung gegeben ist; oder es liegt ein grob strukturiertes Frageschema vor (→ Interviewerleitfaden), während die Reihenfolge und die Formulierung der Fragen von Fall zu Fall variieren. Der Freiraum des Interviewers bei der Abwicklung des Gesprächs zählt zu den Vorzügen und zu den Nachteilen der Methode. Die offene Gesprächsführung erlaubt es dem Interviewer, den verschiedenen Facetten des Themas zu folgen. Sie erhöht zudem die Auskunftsbereitschaft und die Spontaneität des Befragten, sodass hierdurch Sachverhalte aufgedeckt werden können, die zuvor dem Befragten selbst nicht bewusst waren. Nachteilig sind die hohen Anforderungen, die an den Interviewer gestellt werden, die hohen Kosten des Interviewers und damit die geringe Anzahl an Interviews, die abgewickelt werden können. Verzerrungen der Ergebnisse können insbesondere durch den erheblichen → Interviewereinfluss und durch die Subjektivität bei der Interpretation und Klassifikation der Antworten entstehen. Tiefeninterviews sind daher v.a. in der → explorativen Forschung wertvoll, wenn es um Anregungen für die Präzisierung von Entscheidungs- und Marktforschungsproblemen, um die Hypothesenfindung bzw. um Anregungen für die nachfolgende → deskriptive oder → experimentelle Forschung geht. H.Bö.

Time Based Management
→ Zeitwettbewerb

Time-Compression-Methode
Verfahren zur Beschleunigung der Übermittlung einer akustischen Werbebotschaft im Rahmen der → Hörfunkwerbung. Sie erlaubt eine bis zu 25%ige Beschleunigung der Botschaftsübermittlung, ohne dass die Sprache verzerrt wird. Werbetreibenden ermöglicht die Beschleunigung des Sprachtempos eine effizientere Nutzung der teuren und knappen Werbezeit.
Untersuchungsergebnisse zeigen, dass eine derartige Beschleunigung des Informationsflusses in → Hörfunkspots die Werbewirkung nicht mindert, sondern die Spots im Urteil der Hörer sogar überzeugender, unterhaltsamer und interessanter erscheinen lässt.

Time-to-Market (Innovationsdauer)

Zeitdauer für Entwicklung und Markteinführung neuer Produkte, Leistungen oder Systeme. Die *Entwicklungsdauer* wird durch die Länge der Teilphasen im Entwicklungsprozess (siehe *Abb.*) und deren zeitliche Überlappung determiniert.
Die *Markteinführung* umfasst die Einführungswerbung und den Aufbau einer Vertriebsorganisation ebenso wie die zum Anlauf der Serienproduktion notwendige Zeitspanne. Sie stellt die erste Phase im → Lebenszyklus bzw. im → Diffusionsprozess der Innovation dar. Die Verkürzung der Time-to-Market ist eine Managementaufgabe und zielt auf die Erringung von Wettbewerbsvorteilen im → Zeitwettbewerb.
K.-I.V.

Timing → Zeitwettbewerb

Tip-on-Card
eine auf Anzeigen, Prospekte etc. aufgeklebte Antwortkarte, Coupon oder Brief,

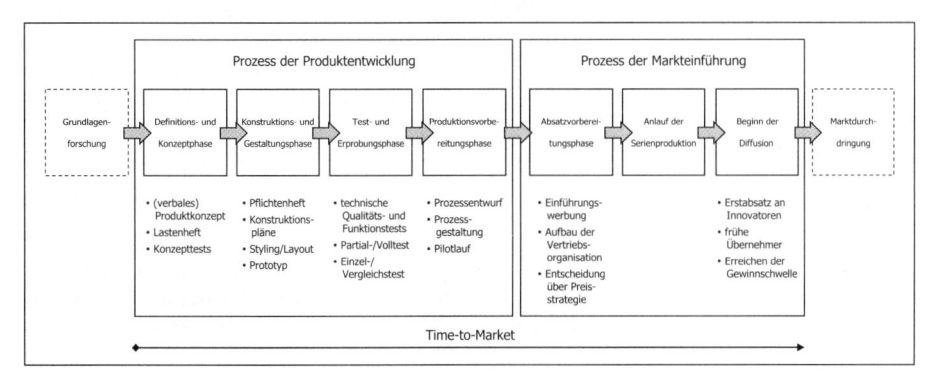

Elemente der Time-to-Market

die dem Empfänger/Leser die Möglichkeit zur sofortigen Reaktion (Antwort; Bestellung etc.) gibt. Auf Grund der leichten Entnahmemöglichkeit und der größeren Gestaltungsspielräume bringt sie in der Regel deutlich höhere Rückläufe als die normale → Coupon-Anzeige. Siehe auch → Responsemittel.

Tit-for-Tat-Strategie → Spieltheorie

TLS-(Two-Stage-Least-Squares) Schätzung

→ Kleinste-Quadrate Schätzmethode um für überidentifizierte (→ Identifikation) lineare Gleichungssysteme mit interdependenten Variablen konsistente Parameterschätzer zu erhalten.

Die Schätzmethode beruht darauf, abhängige Variablen y_1 durch ihre aus der reduzierten Form stammenden Regressionswerte Y_1 zu ersetzen. Diese Variablen sind per Konstruktion unabhängig von den Fehlertermen ε_1. Die Zweistufigkeit entsteht durch Schätzung der Parameter der reduzierten Form mit der Kleinsten-Quadrate Methode zur Bestimmung der Regressionswerte. Mit der gleichen Methode sind dann nach Einsetzen der Regressionswerte in die Strukturgleichungen die Strukturparameter zu schätzen.   L.H.

Token

Aufmerksamkeitserreger in der → Direktwerbung in Form von Klebemarken ähnlich der Briefmarke (Peel-Off-Label) oder sogenannte Stanzlinge, die herausgedrückt und aufgeklebt werden müssen (→ Handlungsauslöser). Werden oft in Mailings (→ adressierte Werbesendung) integriert, um die gewünschte Reaktion (Antwort oder Bestellung) mit dem „Spieltrieb" des Kunden zu verknüpfen.

Toll-free
→ Freecall 0800 (Toll-Free-Number)

Tonality

Stimmung bzw. Atmosphäre, die ein → Werbemittel ausstrahlt. Die Tonality entsteht aus dem Zusammenspiel einzelner Stilelemente und wird daher bei der Definition des → Werbestils festgelegt.

Tonbildschau

Die audiovisuelle Demonstration bestimmter Angebote im Geschäftslokal wird häufig in Verbindung mit anderen → Verkaufsförderungsmaßnahmen eingesetzt (→ Preisaktionen; → Handzettel; → Wurfzettel). Durch die Möglichkeit der geschickten musikalischen Untermalung kann u.U. eine emotionale Verstärkung bestimmter Kaufappelle erreicht werden. Mit Hilfe der Videotechnik ist der Einsatz von Tonbildschauen relativ kostengünstig und problemlos zu realisieren; allerdings liegen bisher keine Ergebnisse vor, die zuverlässige Aussagen über den Erfolg derartiger Maßnahmen gestatten. Eine empirische Untersuchung in den USA kam zu dem Ergebnis, dass Musikdarbietungen keinen erkennbaren Einfluss auf die Wahl eines bestimmten Produktes haben. Tonbildschaus können zudem bei Schulungen, insb. für das Verkäufertraining eingesetzt werden.

T-Online Banking

T-Online Banking basiert auf der Nutzung des ehemaligen Online-Dienstes Btx und heutigen T-Online und bildet den kommerziellen Online-Dienst der Deutschen Telekom. Zum Jahresende 1999 gibt es ca. 3,5 Mio. Anschlüsse bei T-Online. T-Online hat bis heute den größten Anteil am Online Banking-Markt in Deutschland. Ca. 70% aller T-Online-Anwendungen werden für die Abwicklung von Bankgeschäften eingesetzt.

T-Online ist ein geschlossenes Netz und kann deshalb als eine Art unternehmensinternes Wide Area Network genutzt werden. Es ist dadurch gekennzeichnet, dass es einem bestimmten Zweck dient, die Übertragungseinheiten unter einheitlicher Verantwortung stehen und der Zugang an bestimmte Voraussetzungen gebunden ist und vor allem kontrolliert wird.

Die Übermittlung von Informationen und Aufträgen beim T-Online Banking wird bis dato zum einen durch eine fünfstellige PIN (Persönliche Identifikationsnummer) und zum anderen durch eine für eine Zahlungsverkehrstransaktion nur jeweils einmalig nutzbare sechsstellige Transaktionsnummer (TAN) gesichert. Dieses Verfahren ist für alle Kreditinstitute abgestimmt und über den Zentralen Kreditausschuss (ZKA) für alle Bankenverbände übernommen worden. Für die Zukunft wird ein neuer Standard entwickelt, der unabhängig von den einzelnen Telekommunikationsdiensten ist.

O.B.

Top-of-Mind → Bekanntheitsgrad

Total Cost of Ownership (TCO)

kann als eine Systematik zur Erfassung aller Kosten aufgefasst werden, die sich einer Investition im Lauf ihrer gesamten Einsatzdauer direkt und indirekt zurechnen lassen (*Lebenszykluskosten*). Von Bedeutung ist eine Betrachtung der TCO vor allem deshalb, weil sich hierdurch die Größenordnungen unterschiedlicher Kostenkategorien erfassen lassen. Ursprünglich wurde diese Kennziffer von der *Gartner Group* zur Ermittlung der Gesamtkosten einer unternehmensweiten Datenverarbeitung, und zwar insb. für Anschaffungsentscheidungen bei PC-Arbeitsplätzen in Netzwerken, konzipiert. Im Rahmen einer TCO-Betrachtung ist problematisch, dass lediglich Kostenpositionen erfasst und somit Erlöspositionen vollkommen vernachlässigt werden. Von Bedeutung ist eine solche Betrachtung im Rahmen betrieblicher Investitionsentscheidungen allerdings vor allem deshalb, weil sich hierdurch die Größenordnungen der unterschiedlichen Kostenkategorien erfassen lassen. Die Gartner Group ermittelte z.B., dass die Anschaffungskosten für einen PC-Arbeitsplatz lediglich 21% der Gesamtkosten ausmachten, während durch den Anwender generierte, nicht aufgabenbezogene Betriebskosten mit 43% den größten Anteil an den TCO ausmachten (→ Produktivitätsparadoxon). R.Wei./M.Web.

Literatur: *Weiber, R.*: Der virtuelle Wettbewerb, Wiesbaden 2000.

Totalerhebung → Vollerhebung

Total Quality Management (TQM)

kennzeichnet ein primär in Japan vor allem durch *Deming, Juran* und *Ishikawa* entwickeltes Konzept eines umfassenden Qualitätsmanagements. Es beruht auf dem Gedanken, dass das Management von → Qualität zu den nicht delegierbaren Aufgaben der Unternehmungsleitung beruht. Zumindest implizit wird gefordert, dass das Qualitätsmanagement nachhaltigen Einfluss auf die gesamte Unternehmungsführung zu nehmen habe. Im Einzelnen beruht ein Total Quality Management im Grundsatz auf folgenden Prinzipien:

– „Total Quality" umfasst die Qualität von Produkten, Prozessen, Potenzialen und Vorleistungen. Daneben erweist es sich als sinnvoll, auch die Qualität der Beziehungen der Unternehmung (Beziehungsqualität) zu ihren Stakeholdern mit in das Qualitätsmanagement aufzunehmen.

– „Total Quality" beinhaltet, dass (a) alle Mitarbeiter (b) auf allen Hierarchieebenen der Unternehmung und (c) in allen Abteilungen einen Beitrag zur Qualität im o.g. Sinne liefern und daher in das Qualitätsmanagement einzubeziehen sind.

– Das Management von „Total Quality" beinhaltet – wie in der *Abb.* gezeigt – das integrierte Management von → Qualitätssicherung – im Sinne der Gewährleistung von Fehlerfreiheit auf hohem Niveau – und → Qualitätsverbesserung, verstanden als die permanente Suche nach Wegen, Leistung und Leistungsfähigkeit der Unternehmung besser auf die externen Rahmenbedingungen abzustimmen.

– Unter den externen Rahmenbedingungen dominieren vor allem die aktuellen und zukünftigen Kundenanforderungen, die es im Sinne der Schaffung nachhaltiger Wettbewerbsvorteile besser als die Konkurrenz zu erfüllen gilt. Dies lässt erkennen, dass die Marketing-Philosophie und das Total Quality Management in hohem Maße harmonieren.

Elemente eines Total Quality Managements

Umfeld	Vorleistungen	Potenziale	Prozesse	Produkte
Qualitätssicherung				
Qualitätsverbesserung				

Zur Umsetzung eines Total Quality Managements gelten die allgemeinen Grundsätze der Implementierung eines → Qualitätsmanagements. J.F.

Literatur: *Malorny, Chr.*: TQM umsetzen, Stuttgart 1996. *Stauss, B.*: Total Quality Management und Marketing, in: Marketing ZFP, 16. Jg. (1994), S. 149-159.

Tourenplanung

Nach Festlegung der Besuchsnormen im Rahmen der → Besuchsplanung ist als letztes Problem der → Außendiensteinsatzplanung noch die zeitliche Ausführung der Besuche unbestimmt. Im Wesentlichen stellen sich zwei Probleme:

a) *Timing*: Wann sollen die einzelnen Besuche absolviert werden?
b) *Routing*: In welcher Reihenfolge sollen die Besuche erfolgen?

Eine Lösung dieser Probleme bietet der Tourenplan. Vielfach stellt sich für einen Verkaufsaußendienstmitarbeiter (VADM) dieses Planungsproblem nicht, wenn seine Besuchstätigkeit unregelmäßig ist. Besucht der Verkäufer jedoch seine Kunden zu festen Zeitpunkten in regelmäßigen Abständen, so können durch eine gute Tourenplanung erhebliche Zeit- und Kosteneinsparungen realisiert werden.

Formal gesehen ist das Tourenproblem von VADM sehr ähnlich dem Ein-Depot-Tourenplanungsproblem mit Kapazitätsrestriktionen, das bei der Auslieferung von Waren eine große Rolle spielt. Aufgrund der Komplexität der Aufgabe sind dazu bisher keine Optimierungsverfahren entwickelt worden, doch gibt es dafür schon lange effiziente Heuristiken, die alle auf der *Savings-Methode* aufbauen. In jüngster Zeit konnten dort neue algorithmische Durchbrüche erzielt werden, die es heute zulassen, Tourenplanungs-Probleme mit vielen Tausend Kunden in geringer Rechenzeit zu lösen.

S.A.

Literatur: *Albers, S.*: Entscheidungshilfen für den Persönlichen Verkauf, Berlin 1989, S. 66-87. *Hall, R.W.; Partyka, J.G.*: On the Road to Efficiency, OR/MS today, June 1997, S. 38–47.

Tourismus

Nach der in der deutschsprachigen Literatur am weitesten verbreiteten Begriffsbestimmung versteht man unter Tourismus (Fremdenverkehr) die „Gesamtheit der Beziehungen und Erscheinungen, die sich aus der Reise und dem Aufenthalt von Personen ergeben, für die der Aufenthaltsort weder hauptsächlicher und dauernder Wohn- noch Arbeitsort ist" (*Claude Kaspar*). Mit Problemen des Tourismus sind daher nicht nur die Wirtschaftswissenschaften, sondern auch zahlreiche andere Disziplinen wie z.B. die Psychologie, Soziologie und Sozialpsychologie, Geographie und Raumplanung, Ökologie oder die Freizeitwissenschaften befasst. Die einzelwirtschaftliche Betrachtungsweise konzentriert sich auf → Tourismusbetriebe und Managementprobleme in nicht-erwerbswirtschaftlichen Organisationen, die Leistungen für touristische Nachfrager erbringen (→ Tourismusorganisationen). Ferner werden die touristischen Leistungen auf ihre Besonderheiten gegenüber den Angeboten anderer Wirtschaftszweige untersucht (→ touristische Dienstleistung) und die branchenspezifischen Bedingungen ihrer Hervorbringung sowie Vermarktung (→ Tourismusmarketing) analysiert. J.M.

Literatur: *Kaspar, C.*: Die Tourismuslehre im Grundriss, 5. Aufl., Bern u.a. 1996. *Jafari, J.* (Hrsg.): The Encyclopedia of Tourism, London 2000.

Tourismusbetrieb

Die Vielzahl der Betriebe, die mittelbar oder unmittelbar Leistungen für den Touristen erbringen, kann folgendermaßen eingeteilt werden:

(1) *Objektbezogene Tourismusbetriebe*, die sehr eng mit dem Tourismusort bzw. der Tourismusregion in Verbindung stehen:

– → Beherbergungsbetriebe und → Verpflegungsbetriebe. Dieser Bereich wird auch als touristische Suprastruktur bezeichnet. Alle anderen Betriebe werden demgegenüber der touristischen Infrastruktur zugerechnet;
– Kur- und Heilbetriebe;
– Touristische Spezialverkehrsmittel (Seilbahn- und Liftbetriebe);
– Unterhaltungs- und Vergnügungsbetriebe;
– Sport- und Freizeitanlagen;
– besondere Produktions-, Handels- und Dienstleistungsbetriebe (z.B. für Sportgeräte, Souvenirs oder Reiseutensilien).

(2) *Subjektbezogene Tourismusbetriebe*, die sehr eng mit der touristischen Nachfrage in Verbindung stehen (z.B. Betriebe aus dem Bereich der Tourismuswerbung, der Reiseversicherung oder der Reisefinanzierung).

(3) *Beziehungsbildende Tourismusbetriebe*, die die Verbindung zwischen den touristischen Leistungsträgern und der touristischen Nachfrage herstellen (→ Reisebüros und → Reiseveranstalter).

Je nachdem, ob es sich um einen für den Tourismus typischen Betrieb handelt (seine Existenz ist ausschließlich auf dem Tourismus begründet), der für den Tourismus typische Produkte herstellt, wird zwischen den verschiedenen Arten von Tourismusbetrieben auch folgendermaßen unterschieden:

- *Typische Tourismusindustrie* (Tourismusindustrie im engeren Sinn): ein für den Tourismus typischer Betrieb mit einem typischen Produkt: → Reisebüro, → Reiseveranstalter, → Beherbergungsbetriebe, → Tourismusorganisation.
- *Ergänzende Tourismusindustrie*: ein für den Tourismus untypischer Betrieb mit einem typischen Produkt, z.B. Souvenirs, Reiseführer, Reisemedizin, Reiseversicherungen.
- *Touristische Randindustrie*: ein für den Tourismus untypischer Betrieb mit einem untypischen Produkt, das trotzdem an Touristen abgesetzt wird, z.B. Sport-, Foto-, Kosmetik-, Bekleidungsartikel, → Verpflegungsbetriebe, Tankstellen, touristische Spezialverkehrsmittel.

Die Frage, ob ein Betrieb dem Tourismus zugerechnet werden soll, ist nicht zuletzt wegen der in manchen Ländern daran geknüpften Abgabenverpflichtung von Interesse. Aufgrund der branchenübergreifenden Funktion des Tourismus kann sie aber nicht eindeutig beantwortet werden. Eine gängige Methode besteht in der Abgrenzung nach der Intensität des Absatzes an Touristen. Damit sind jedoch zwei Probleme verbunden: Einerseits ist nur willkürlich geregelt, wo die Grenze gezogen wird und andererseits kann eine solche Abgrenzung sinnvoller Weise nur auf einzelbetrieblicher Ebene und nicht nach Branchen (z.B. für alle Friseure) getroffen werden. D.Ke.

Literatur: *Kaspar, C.:* Die Tourismuslehre im Grundriss, 5. Aufl., Bern u.a. 1996.

Tourismusforschung

Die Tourismusforschung befasst sich mit der systematischen Untersuchung aller mit dem → Tourismus zusammenhängenden Phänomene. Schwerpunkte bilden dabei die → Reiseverhaltensforschung, die → Tourismusstatistik, die Fragen der Erschließung und der Belastbarkeit von Naturlandschaften (ökologische Tragfähigkeit), die soziokulturellen Auswirkungen sowie die Managementprobleme in den → Tourismusbetrieben und in den touristischen Destinationen. J.M.

Literatur: *Ritchie, J.R.B.; Goeldner, Ch.R.* (Hrsg.): Travel, Tourism and Hospitality Research: A Handbook for Managers and Researchers, New York 1994.

Tourismusmarketing

Der Wirtschaftszweig des → Tourismus hat die Tendenzwende vom Verkäufermarkt zum Käufermarkt (→ Tourismusmarkt) weltweit erst gegen Mitte der Siebzigerjahre erfahren. Daher wurde auch das Konzept des → Marketing erst später als in anderen Dienstleistungsbranchen in das Management von Hotel- und Restaurantbetrieben, Reisebüros, touristischen Spezialverkehrsbetrieben (→ Tourismusbetriebe) oder auch von Ferienorten und Verkehrsverbänden (→ Tourismusorganisationen) auf breiter Basis eingebracht. Angesichts weltweit verschärften Verdrängungswettbewerbs und sich abzeichnender Sättigungserscheinungen der touristischen Nachfrage ist es für den einzelnen Anbieter erfolgsentscheidend, auf das Verhalten der Konsumenten in ihrer Rolle als potentielle Gäste (Touristen, Reisende, Urlauber) gezielt einzuwirken. Diese Marketingpolitik zur Erreichung vorgegebener Marktziele wird zweistufig geplant: Auf strategischer Lenkungsebene fallen Grundsatzentscheidungen über angestrebte Marktpositionen und Marktsegmente. Auf instrumenteller Ebene wird der Einsatz des → Marketing Mix geplant.

Beispiele strategischer Entscheidungen im Tourismusmarketing

Positionierungsentscheidungen	Segmentierungsentscheidungen
Ein touristischer Zielort mit bisher dominantem Alpinskiangebot will sich in der Beurteilung der Skifahrer künftig auch als Skilanglaufzentrum profilieren.	Ein Ferienort will sich nach der Bewertung seines Angebots und einer altersspezifischen Nachfrageanalyse auf das Marktsegment der Senioren spezialisieren.
Ein neu eröffneter Restaurantbetrieb in Großstadtrandlage will das Image eines preiswerten Familienlokals der Erlebnisgastronomie mit besonderer Eignung für die originelle Gestaltung von Familienfesten aufbauen.	Die Mitgliedsbetriebe einer Erfahrungsaustauschgruppe von Stadthotels entscheiden sich für die gemeinsame Bearbeitung des Marktes für Incentive-Reisen in ausgewählten Herkunftsländern.

Wie die Bebilderungsbeispiele in der *Tabelle* verdeutlichen, müssen Positionierung und Segmentierung Hand in Hand gehen. Erst auf der nachgeordneten, instrumentellen Lenkungsebene konzipiert der touristische Anbieter konkrete Beeinflussungsmaßnahmen. Zu diesem Zweck steht ihm grundsätzlich das absatzpolitische Instrumentarium mit den Maßnahmenbereichen der → Produkt-, → Preis-, → Distributions- und → Kommunikationspolitik zur Verfügung, wobei aber einige Besonderheiten zu beachten sind:

– Reiseprodukte sind aus mehreren Teilleistungen zusammengesetzt (→ touristische Dienstleistung), wobei der einzelne Leistungsträger manche Bausteine nur geringfügig oder gar nicht (Naturgrundlagen) beeinflussen kann. Der produktpolitische Gestaltungsspielraum ist eingeschränkt und auf kooperatives Handeln (z.B. innerhalb eines Zielortes) angewiesen.
– Mangelhafte Prägnanz und Eigenständigkeit touristischer Leistungen erschweren konsequente → Markenpolitik nach dem Muster der Markenartikelindustrie. Der Firmenname (vgl. z.B. die Veranstaltermarken der TUI-Gruppe innerhalb der HTU-Hapag Touristik Union, dem touristischen Geschäftsbereich im Preussag Konzern) oder die Bezeichnung einer Kooperationsgemeinschaft (z.B. Romantik-Hotels) dienen daher als Angelpunkt für den Aufbau von Marktgeltung.
– In den Vermarktungsprozess von touristischen Angeboten sind überbetriebliche und nicht auf Gewinnerzielung ausgerichtete → Tourismusorganisationen massiv eingebunden. Sie übernehmen marketingpolitische Teilaufgaben, insbesondere im Bereich der Distribution (Betten- und Reservierungszentralen lokaler und regionaler Tourismusvereine bzw. -verbände) sowie der → Tourismusmarktforschung und Tourismuswerbung (z.B. Deutsche Zentrale für Tourismus, Österreich Werbung, Schweiz Tourismus). J.M.

Literatur: *Teare, R.; Mazanec; J.A.; Crawford-Welch, S.; Calver, St.*: Marketing in Hospitality and Tourism. A Consumer Focus, London 1994. *Witt, St.F.; Moutinho, L.* (Hrsg.): Tourism Marketing and Management Handbook, 2. Aufl., New York 1994.

Tourismusmarkt

Der Tourismusmarkt (Reisemarkt) ist der abstrakte Ort, an dem das Angebot an und die Nachfrage nach touristischen Leistungen zusammentreffen. Als Nachfrager treten dabei nicht nur die Reisenden selbst auf, sondern auch Betriebe der typischen Tourismusindustrie, wie z.B. → Reiseveranstalter. Anlag zu der Einteilung der → Tourismusbetriebe kann zwischen

– Tourismusmärkten im engeren Sinn,
– ergänzenden Tourismusmärkten und
– touristischen Randmärkten unterschieden werden.

Das umfassendste Konzept stellt in diesem Zusammenhang der touristische Gesamtreisemarkt dar. In ihm werden alle tourismusrelevanten Anbieter, Nachfrager und Leistungen zusammengefasst. Sein Marktvolumen wird aus der Sicht des touristischen Zielgebiets meist nach Tourismusumsätzen, nach Ankünften und nach Übernachtungen, bzw. aus der Sicht des Herkunftsgebietes nach den Reiseausgaben, nach der Anzahl der Reisenden (Netto-Reiseintensität) und nach der Anzahl der Reisen (Brutto-Reiseintensität) bestimmt. Maßgebliche Eckdaten zur Beschreibung des Gesamtreisemarktes können den (inter)nationalen → Tourismusstatistiken entnommen werden. Die wichtigsten touristischen Teilmärkte umfassen jeweils die → Reiseveranstalter, die → Reisebüros, die → Beherbergungsbetriebe und die Verkehrsbetriebe.

D.Ke.

Literatur: *Freyer, W.:* Tourismus. Einführung in die Fremdenverkehrsökonomie, 5. Aufl., München 1995.

Tourismusmarktforschung

Die Tourismusmarktforschung liefert Entscheidungsgrundlagen für das Tourismusmarketing der Gebietskörperschaften und Interessenverbände der Tourismuswirtschaft sowie für die Unternehmenspolitik einzelner → Tourismusbetriebe. Tourismusmarktforschung betreibt, wer die Struktur und die Verhaltensweisen touristischer Anbieter und Nachfrager mit der Absicht untersucht, durch spätere Beeinflussungsmaßnahmen auf das Anbieter- und/oder Nachfragerverhalten gezielt einzuwirken. Die Tourismusmarktforschung erfasst Erhebungstatbestände auf gesamt- und branchenwirtschaftlicher (aggregierter) wie auch auf individueller Ebene (vgl. *Tab.*).

Ausgewählte Erhebungstatbestände der Tourismusmarktforschung

individuelle Ebene	aggregierte Ebene
Angebot	
betriebliche und örtliche Investitions- und Erschließungsprojekte	Betten-, Sitzplatz-, Transport-, Pistenkapazität
betriebliche und örtliche Mengenumsätze (z.B. Nächtigungen, Anzahl der Gedecke), Öffnungszeiten und Auslastungsgrade (z.B. Vollbelegstage)	regionale, nationale und betriebsklassenspezifische Auslastungsgrade (Zimmer-, Betten-, Sitzplatzauslastung) je Angebotsperiode, Tourismusintensität (= Anzahl von Gästenächtigungen pro Jahr und je 100 Einwohner)
ertrags-, kosten- und finanzwirtschaftliche Kennzahlen einzelner Leistungsträger	analoge Kennzahlen (Mittelwerte) auf Branchenebene, Deviseneinnahmen aus dem Reiseverkehr
Attraktivitätsmerkmale und Marktbearbeitungsmaßnahmen einzelner Anbieter	Verbrauchergeldparitäten und Wechselkurse, touristisches Preisniveau, touristische Relativpreise zwischen Staaten, Summe der Medienwerbeausgaben für Reisedestinationen
Nachfrage	
Reiseverhalten von Einzelpersonen, Familien und Gruppen, Inanspruchnahme touristischer Leistungen durch Reisekonsumenten	Netto-Reiseintensität (= Anteil der Personen mit mindestens einer Reise von 5 o. m. Tagen p.a. an der erwachsenen Bevölkerung), Brutto-Reiseintensität (= Anzahl der Reisen von 5 oder mehr Tagen Dauer je 100 Einwohner), mittlere Reisehäufigkeit (= Brutto-/Netto-Reiseintensität)
Beurteilungs- und Wahlverhalten bezüglich der Reiseziele	Zielländerimages, Marktanteile einzelner Zielgebiete und Zielländer
Buchungsverhalten	absolute und relative Reiseteilnehmer- und Passagierzahlen der Reiseveranstalter
Verkehrsmittelnutzung	Marktanteile der Verkehrsträger
Wahlverhalten bezüglich Unterkunft und Verpflegung	Frequenz der Unterkunfts- und Verpflegungsbetriebe
Urlaubserwartungen, Reisemotive, Aktivitäten am Urlaubsort	Urlauber- und Reisendentypen

Die Tourismusmarktforschung nutzt die Berichtswerke der amtlichen → Tourismusstatistik und der periodisch durchgeführten Reiseanalysen. Innerhalb der Konsumentenverhaltensforschung hat sich ein eigener Zweig der → Reiseverhaltensforschung etabliert. J.M.

Tourismusorganisationen

Als Koordinationsstelle für die unzähligen Teilfunktionen von → Tourismusbetrieben und Tourismusorten treten einerseits die kommunalen Einrichtungen der verschiedenen Ebenen auf (von den Gemeinden bis zum Bund, zusammenfassend auch als *tourism administration* bezeichnet). Andererseits gibt es auf örtlicher, regionaler und nationaler Ebene privatrechtliche Tourismusorganisationen (*tourism organizations*). Ihre Aufgaben umfassen meist:

- Regionale Tourismuspolitik zur Wahrung der Interessen der Tourismuswirtschaft und zur Förderung des Tourismusbewusstseins (→ Standortmarketing);
- Tourismusverwaltung, z.B. Betrieb von Informationsstellen;
- → Tourismusmarktforschung;
- Mitwirkung bei der Angebotsgestaltung sowie
- → Tourismuswerbung und Öffentlichkeitsarbeit.

Die auf Ortsebene weit verbreiteten Tourismusverbände (LTOs – *local tourism organizations*) verlieren zu Gunsten regionaler

Vermarktungseinrichtungen oder fortschrittlicher Einrichtungen des Destinationsmanagements zunehmend an Bedeutung. Ebenfalls nicht unumstritten sind die nationalen Tourismusverbände, die so genannten NTOs (*national tourism organizations*). Im Bereich der Tourismusorganisationen gibt es auch supranationale Einrichtungen, z.B. die World Tourism Organisation (WTO) mit Sitz in Madrid oder im Bereich der Verwaltung die GD XXIII der Kommission der Europäischen Union.

D.Ke.

Literatur: *Kaspar, C.:* Die Tourismuslehre im Grundriss, 5. Aufl., Bern u.a. 1996.

Tourismusstatistik

Alle touristisch bedeutsamen Staaten führen eine offizielle Tourismusstatistik, die wichtige Tatbestände erhebt wie etwa die Anzahl der Nächtigungen in Hotels oder die Anzahl der Ankünfte in Hotels oder in allen Unterkunftsarten bzw. die Zahl der Grenzübertritte (Grenzankünfte). Diese Daten werden meist monatlich und getrennt nach den wichtigsten Herkunftsländern erhoben und von den nationalen statistischen Ämtern publiziert. Im deutschsprachigen Raum sind es das Statistische Bundesamt, Wiesbaden; die Österreich Statistik, Wien; das Bundesamt für Statistik, Bern.

Nach dem Ort der Erfassung unterscheidet man die *Grenzmethode*, die den Touristen beim Grenzübertritt registriert, und die *Standortmethode*, die den Touristen am Aufenthaltsort, im Allgemeinen in der Unterkunft, erfasst. Die zunehmende Reisefreiheit (z.B. durch das Schengen-Abkommen in der EU) führt zur Vereinfachung und teilweisem Wegfall der statistischen Erfassung. So werden bestimmte Kennzahlen in manchen Ländern nur stichprobenartig erhoben und dann geschätzt oder sie stehen überhaupt nicht zur Verfügung. Dies erschwert vor allem den internationalen Vergleich solcher Statistiken.

Die OECD (Organisation für wirtschaftliche Zusammenarbeit und Entwicklung, Paris) sowie die WTO (Welt-Tourismus-Organisation, Madrid) publizieren jährlich Zusammenfassungen touristischer Statistiken ihrer Mitgliedsstaaten – allerdings in nicht harmonisierter, unkorrigierter Form, die daher nur eingeschränkt untereinander vergleichbar sind. Internet-basierte Daten bieten das TourMIS-System (http://tourmis.wu-wien.ac.at/).

Ra.F.

Literatur: *OECD* (Hrsg.): Tourism Policy and International Tourism in OECD Countries, Paris, erscheint jährlich. *WTO* (Hrsg.): Yearbook of Tourism Statistics, Madrid, erscheint jährlich.

Tourismus und Informationstechnologie (IT)

Die betriebswirtschaftlichen Besonderheiten der → touristischen Dienstleistung bedingen eine hohe Informationsabhängigkeit der in diesem Wirtschaftsbereich tätigen Akteure (→ Tourismusbetriebe, Reisende). Die Zahl der Experimente mit den verschiedenen Reisetechnologien und der Studien über die Akzeptanz bei den Konsumenten steigt ständig an. International werden Themen wie Reisen im Internet, Selbstbedienungs-Ticketing, Reisen ohne Ticket, Reiseangebote via interaktives TV oder Tourismus und virtuelle Welt nicht nur diskutiert, sondern auch praktisch realisiert.

Die Konsequenzen neuer elektronischer Distributionswege für die Tourismuswirtschaft einerseits und die einzelnen Betriebe andererseits sind tief greifend. So ist ein touristisches Leistungsangebot, das nicht im globalen elektronischen Markt verfügbar ist, nicht mehr interregional sichtbar (*pre-trip information*). Im Mittelpunkt zahlreicher Forschungsinitiativen stehen in diesem Zusammenhang Multimediaanwendungen für bereits bestehende Distributionssysteme (CRS—Computerreservierungssysteme).

Auch von der multimedialen Präsentation des touristischen Angebotes vor Ort (*in-trip information*) versprechen sich die Anbieter neue Marktchancen. Hier können insbesondere Kabelfernsehdienste die Distribution touristischer Informationen direkt in Hotelzimmer und Rezeptionen ermöglichen. Schließlich gilt es, den massiven technologischen Fortschritt der letzten Jahre nicht nur zum Zweck einer schnelleren Kommunikations- und Distributionspolitik zu nutzen. Vielmehr wird das dabei gesammelte Datenmaterial immer mehr auch als Informationsquelle und Entscheidungsgrundlage für ein überlebenswichtiges betriebswirtschaftliches Handeln sein. So ist es wenig überraschend, dass neue Managementtechniken, die sich als Konsequenz auf die neuen technologischen Möglichkeiten entwickeln (z.B. Preispolitik nach dem Konzept des Yield Management), oft erstmals in der Tourismuswirtschaft beobachtet werden.

K.Wö.

Literatur: *Sheldon, P.:* Tourism Information Technology, Wallingford 1997. *Werthner, H.;*

Klein, S.: Information Technology and Tourism. A Challenging Relationship, Wien u.a. 1999.

Tourismuswerbung

Die → Tourismusbetriebe und → Tourismusorganisationen verbreiten Botschaften über Massenmedien und /oder persönliche Informationen, um bestimmte Zielpersonen(-gruppen) planmäßig zu beeinflussen. Tourismuswerbung erfolgt überwiegend als Absatzwerbung, indem sie potentielle Reisekonsumenten, touristische Absatzmittler und Bedarfsberater (z.B. Reisejournalisten, Ärzte hinsichtlich ihres Verschreibungsverhaltens bei Kuraufenthalten) anspricht. Vorherrschende Werbemittel sind der Prospekt bzw. Katalog (Orts- und Hausprospekte, Veranstalterkataloge) und das Inserat. Hörfunk und Plakat spielen dagegen bereits eine untergeordnete Rolle. Das Internet gewinnt rasant an Bedeutung, nicht nur als Informationsmedium sondern zunehmend auch als Buchungssystem (→ Tourismus und Informationstechnologie). Eine wichtige Ergänzung des Kommunikations-Mix, insbesondere für touristische Zielländer und -orte, bieten Beteiligungen an touristischen Fachmessen (z.B. ITB – Internationale Tourismusbörse Berlin).

Herausragende Eigenheiten der touristischen Werbepolitik ist der Zwang zur Koordination zwischen mehreren, hierarchisch angeordneten Trägerorganisationen: Übernationale Organisationen werben für Staatengruppen (z.B. ETC-European Travel Commission). Eine nationale Werbeorganisation (NTO-*national tourism organization*) wirbt für ein gesamtes Zielland, Regionalverbände oder Bundesländer werben für Zielgebiete und –orte; einzelne Betriebe werben auf lokaler Ebene (→ Tourismusorganisationen).

In zahllosen Reiseanalysen und Wirkungsstudien zur Tourismuswerbung und zum Informationsverhalten der Reisekonsumenten erhält die persönliche Empfehlung (Mund-zu-Mund-Werbung, Referenzwerbung, Word-of-Mouth) im Vergleich mit den medialen Informationsquellen ein weitaus höheres Einflussgewicht. Allerdings begünstigt die hohe subjektive Wichtigkeit des Erlebnisbereichs ‚Urlaub' das Auftreten von mehrstufigen Reiseentscheidungsprozessen. In den einzelnen Phasen zwischen der ersten Orientierung über alternative Zielgebiete und dem definitiven Buchungsvorgang werden sehr wohl mediale und persönliche, kommerzielle und nicht-kommerzielle Informationsquellen mit wechselnder Intensität genutzt. Der zeitliche Einsatz der Tourismuswerbung erscheint ausgeprägt saisonal und weist eine Vorlauffrist gegenüber den Saisonspitzen der Reisenachfrage von etwa drei Monaten auf. J.M.

Touristische Dienstleistung

Die Erstellung touristischer Leistungen durch → Tourismusbetriebe und → Tourismusorganisationen unterliegt einigen für → Dienstleistungen typischen Besonderheiten: Der Leistungsnehmer (Reisekonsument, Tourist, Gast) muss am Ort des Produktionsprozesses persönlich anwesend sein (Präsenzzwang). Die Produktion ist standortgebunden (keine Transportfähigkeit) und kann nicht auf Vorrat erfolgen. Häufig müssen mehrere Teilleistungen individueller Leistungsträger (Beherbergungs-, Verpflegungs-, Transport-, Unterhaltungsbetriebe) zusammentreten, damit ein marktfähiges, touristisches Leistungsbündel (z.B. Pauschalreise) entstehen kann. Dabei haben die (immateriellen) Dienste einen wesentlich höheren Anteil als die (materiellen) Sachleistungen.

Die Aufrechterhaltung einer kontinuierlichen Leistungsbereitschaft (z.B. 24 Stunden pro Tag im Stadthotel, Transportpflicht eines Seilbahnbetriebes bei schwacher Nachfrage) und die Ausrichtung der Kapazitäten an den Auslastungsspitzen der Hauptsaison erzeugen eine hohe Fixkostenbelastung (→ Yield Management). Aus der Sicht der Reisekonsumenten vermitteln die Reiseprodukte Konsumerlebnisse auch durch die Nutzung des natürlichen Angebots (Landschaft) und die Einbeziehung öffentlicher Güter (historische Prunkbauten, Verkehrsinfrastruktur, Lawinenschutzbauten, Freizeiteinrichtungen). Der hohe Grad an Zusammengesetztheit der Reiseprodukte aus einander ergänzenden Bausteinen zwingt die beteiligten Leistungsträger zur wechselseitigen Kapazitätsabstimmung und Angebotskoordination. Letzteres ist Aufgabe des Destinations-Managements und –Marketings. J.M.

Literatur: *Kaspar, C.:* Einführung in das touristische Management, Bern u.a. 1990.

Toy Licensing → Licensing

TQM → Total Quality Management

Tracking

1. Im allgemeinen Sinne das kontinuierliche Verfolgen einer Entwicklung (z.B. → Werbetracking) oder Objektes, z.B. einer Paketsendung auf ihrem Weg zum Empfänger (→ Informationslogistik).

2. In der → Online-Marktforschung eine Methode der Beobachtung des Kundenverhaltens auf einer Web-Site und der darauf aufbauenden Informationsgewinnung für die Zwecke des → E-CRM. Über die Analyse des beobachteten Verhaltens werden implizit Rückschlüsse auf die Präferenzen und Einstellungen des Benutzer geschlossen. Es lassen sich zwei grundsätzliche Typen differenzieren: die Beobachtung auf Basis von Vergangenheitsdaten (→ Clickstream-Analyse) und die Analyse der Daten in Echtzeit durch sog. „Monitoring".

Die Datenanalyse durch „Monitoring" unterscheidet technisch drei Arten. Ein „Server Monitor" registriert alle Ereignisse des Web-Server und bietet einen vergleichbaren Datenumfang wie das → Logfile. Ein „Network Monitor" führt ein „Paket Sniffing" durch und untersucht auf Protokollebene jedes Paket, das durch das Netzwerk geschickt wird. Damit kann der „Network Monitor" alle Anfragen auf Seiten der Clients, Antworten des Servers, die gesetzten → Cookies und gesendeten → HTML Dateien erfassen. Außerdem kann ein Abbruch der Übertragung einer Seite aufgezeichnet werden. Der „Application Monitor" zeichnet alle Interaktionen des Nutzers mit den Transaktionsanwendungen auf. Wesentliche Erhebungsobjekte sind dabei bspw. das Anzeigen von → Werbebanner, das Einfügen oder Entfernen von Waren in den virtuellen Warenkorb und die eigentliche Transaktion. R.St.

Tracking studies → Werbetracking

Trade-Marketing

Begriff aus dem → vertikalen Marketing, der auf alle Maßnahmen Bezug nimmt, mit denen ein Konsumgüterhersteller den Abverkauf bei den in die Distribution eingeschalteten Händlern zu fördern versucht (→ Handelsorientierte Anreizsysteme). Dazu zählen insb. Maßnahmen des → Merchandising, der → Ladengestaltung, der → Verkaufsförderung und des → Verkaufstrainings. Große Konsumgüterhersteller haben für das Trade-Marketing gesonderte Abteilungen eingerichtet bzw. integrieren die Funktion in das → Category-Management (herstellerseitiges).

Trade Mart → Großhandelszentrum

TRADEOFF

Computer-Programm der → Conjointanalyse. Es verarbeitet die mittels des → Trade-off-Verfahrens erhobenen Rangordnungsdaten. Die Parameter des Präferenzmodells werden per monotone Regression ermittelt. Hierbei wird als Gütekriterium ein „Badness-of-Fit"-Index minimiert.

Trade-off-Verfahren

Datenerhebungstechnik in der → Conjointanalyse. Bewertet werden alle möglichen Ausprägungskombinationen zweier Merkmale unter Konstanthaltung der übrigen Merkmale. Die quantitative Nutzenschätzung kann über das Programm → TRADEOFF oder → LINMAP erfolgen.

Literatur: *Johnson, R.M.:* Trade-off Analysis of Consumer Values, in: Journal of Marketing Research, Vol. 11 (1974), S. 121–127.

Trade Promotions
→ Handels-Promotions

Trading Down → Trading Up

Trading Up

Gesamtheit aller politischen Strategien und Maßnahmen, die ein Handelsbetrieb trifft, um eine Verbesserung des betriebsindividuellen Leistungsstandes zu erreichen, d.h. das angebotene Leistungsprogramm zu erweitern, zu vertiefen und/oder qualitativ zu erhöhen. Qualität und Image sollen zu Kaufargumenten entwickelt werden. Tendenziell führt dies zu einer Erhöhung des Deckungsbeitrages in der Industrie oder der prozentualen Handelsspanne (prozentualer Bruttoertrag) im Handel. Zu den möglichen Maßnahmen gehören u.a.:

(1) die Mehr-Ausstattung mit Verkaufs- und Parkflächen,

(2) die qualitative und quantitative Sortimentserweiterung,

(3) die qualitative und quantitative Verbesserung des Betriebsmittellayouts und der Raumausstattung in Bezug auf Bodenbeläge, Klimatisierung, Dekoration,

(4) die Erweiterung der Kundendienstleistungen durch Einrichtung von Ateliers, durch Frei-Haus-Lieferung,
(5) die qualitative und quantitative Verbesserung der Personalausstattung.

Trading Down dagegen ist eine Strategie zum Abbau des Leistungsniveaus und Einschränkung des Leistungsprogramms, um ein Senkung der prozentualen Kosten und Spannen zu erreichen. Auf der Grundlage dieser Niedrigpreispolitik wird eine Niveausenkung der betrieblichen Merkmale angestrebt.

Die Politiken des Trading Up oder des Trading Down münden in neuen Betriebstypen (→ Betriebstypeninnovation), so die Gestaltung von Drogeriemärkten als Fachdiscounter.

Neben Trading Up und Trading Down ist → Sidegrading als Strategie des Handelsmarketing herauszustellen, was die Koevolution mit einer Zielgruppe bedeutet.

B.T./J.Z.

Literatur: *Tietz, B.:* Der Handelsbetrieb, 2. Aufl., München 1993.

Traditionspapier
→ begebbares Dokument,
→ Dokumente im internationalen Warenverkehr

Traffic Abteilung → Werbeagentur

Tragetasche
v.a. für die → Handelswerbung wichtiger Werbeträger bzw. Werbemittel mit vielfältigen Gestaltungsmöglichkeiten, dessen konsequente Nutzung die Reichweite und Qualität des Werbeträger- bzw. Werbemittelkontaktes erheblich mit beeinflusst. In der vom Industrieverband Papier- und Plastikverpackung e.V. (IPV) in Auftrag gegebenen Studie wurden unterschiedliche Nutzungsfrequenzen und Mehrfachnutzungen von Tüten festgestellt. Etwa 50% der Tütennutzer können als restriktive Nutzer mit einer Nutzungsfrequenz von 2,5 Tüten/Woche bei einer ausgeprägten Mehrfachnutzung charakterisiert werden. Jeweils 25% der Tütennutzer sind als intensive bzw. extensive Nutzer einzuordnen, welche 6,8 bzw. 11,5 Tüten pro Woche benutzen bei ausgeprägter bzw. geringer Mehrfachnutzung.

Literatur: *Küthe, E.:* Tüten für Deutschland. Exposé zu einer repräsentativen Befragung über „private packaging", Remscheid, Köln 1998. *Küthe, E.:* Die Tüte in der modernen Kommunikationspolitik. Psychologische Handlungsoptionen für Entscheidungsträger im Handel und im Produktmanagement, Remscheid, Köln 1998.

Transactional Banking
Unternehmen und Privatkunden lösen sich zunehmenden von traditionellen Hausbankverbindungen (→ Hausbankprinzip) und nehmen in vermehrtem Maße Leistungen von preiswerteren Spezialbanken in Anspruch. Der Anteil am reinen Transaction Banking (Deal based Banking) steigt zunehmend mit dem Einsatz medialer Vertriebswege. Im Firmenkundengeschäft sind hiervon vor allem der Geld- und Devisenhandel, im Privatkundenbereich primär der Zahlungsverkehr und das Wertpapiergeschäft (→ Discount Broker) betroffen.

O.B.

Transaction Center → Interaktionsansatz

Transaction Marketing → Geschäftstypen

Transaktion
heißt innerhalb des → Marketing jeder einzelne Güter-, Geld- oder Informationsfluss zwischen Marktpartnern. Einzelne „Transaktionsepisoden" führen beim Kunden zu einer bestimmten → Transaktionszufriedenheit und ggf. zu zeitübergreifenden → Geschäftsbeziehungen (s.a. → Interaktionstheorie).

Jede Transaktion verursacht spezifische Kosten, die in der → Transaktionskostentheorie behandelt werden. Tendenziell werden Transaktionsformen mit niedrigen Transaktionskosten bei hoher Transaktionszuverlässigkeit und -qualität gesucht. Dafür stehen grundsätzlich unterschiedliche → Marktsysteme mit jeweils spezifischer → Preisbildung zur Verfügung.

Transaktionssysteme werden im Rahmen von → Geschäftsmodellen konzipiert und definiert und im → Prozessmanagement praktisch umgesetzt.

H.D.

Transaktionsanalyse (TA)
aus der Sozialpsychologie in das → Verkaufstraining übernommene Konzeption, die auf der Erkenntnis basiert, dass es bei jedem Menschen drei Ich-Zustände gibt, die situativ wechseln: Eltern-Ich, Kind-Ich, Erwachsenen-Ich. Zu jedem dieser Zustände gehören positive und negative Eigenheiten: Dominanzverhalten erzeugt Trotz, Fürsor-

gedenken wird Zwang, Auflehnung steht gegenüber Angleichung, Neugier gegenüber Ablehnung usw. Kenntnis und Erkennen der Ich-Zustände bei sich und anderen erleichtert Beeinflussung und Verständigung.

Transaktionsepisode
→ Interaktionstheorie

Transaktionskostentheorie
Untersuchungsobjekt der Transaktionskostentheorie ist die Koordination wirtschaftlicher Leistungsbeziehungen durch Märkte, Unternehmen und Hybridformen. Kern der Analyse bilden die sog. *Transaktionskosten*, die sich bei der Vereinbarung, Nutzung und Änderung dieser institutionellen Formen des Austauschs von *Verfügungsrechten* ergeben. Transaktionskosten sind dabei nicht nur unmittelbar monetär erfassbare Größen, sondern alle mit der Vereinbarung und Durchsetzung von Verträgen verbundenen ökonomisch relevanten Nachteile wie etwa aufzuwendende Zeit, Mühe und dergleichen. Als Kostenarten werden Anbahnungs-, Vereinbarungs-, Kontroll- und Anpassungskosten unterschieden. Die Transaktionskostentheorie ist Teil der Institutional Arrangement-Richtung der → *Neuen Institutionenökonomik*.
Sämtliche Arbeiten zur Transaktionskostentheorie basieren auf den Verhaltensannahmen der begrenzten Rationalität und des Opportunismus. Begrenzte Rationalität in Verbindung mit Umwelt-, Qualitäts- und Verhaltensunsicherheit bringt es mit sich, dass sich der Verlauf von Transaktionen in der Regel nicht vollständig vorhersehen lässt. Insb. komplexe Verträge enthalten deshalb Lücken, die Spielraum für opportunistisches Verhalten bieten. Ziel ist es, ein Gedankengerüst für Erklärungs- und Gestaltungszwecke zur Verfügung zu stellen, das es ermöglicht, in einer konkreten Situation diejenige Form des Austauschs von Verfügungsrechten zu bestimmen, die bei gegebenen Produktionskosten (allgemein: ceteris paribus) die geringsten Transaktionskosten bzw. bei unterschiedlichen Produktionskosten die geringsten Gesamtkosten (Produktions- und Transaktionskosten) verursacht und deshalb vorgezogen wird.
Als zentrale Determinanten der Transaktionskosten werden neben der institutionellen Form selbst die Spezifität (bestimmt durch die Höhe der transaktionsspezifischen Investitionen), die Unsicherheit (Umwelt-, Qualitäts-, Verhaltens- und sog. interne Unsicherheit) sowie die Häufigkeit einer Transaktion genannt. Die Spezifität einer Transaktion erhöhe die Transaktionskosten dadurch, dass aufgrund von verwendungszweck- oder aufgabenspezifischen Investitionen (*idiosyncratic investments*) Abhängigkeit unter den Vertragspartnern entstehe, die das Auflösen der einmal eingegangenen Vereinbarung oder den Wechsel des Partners erschweren (→ Marktinvestitionen, spezifische). Der hierdurch gegebene besondere Anreiz zu opportunistischem Verhalten verlange spezielle institutionelle Vorkehrungen.
Umweltunsicherheit, interne Unsicherheit, Qualitäts- und Verhaltensunsicherheit erhöhen die Transaktionskosten, indem sie eine verstärkte Informationssuche (*screening*), Informationsübertragung (*signaling*), intensivere Vertragsverhandlungen, die Einrichtung von Anreiz- und Kontrollmechanismen sowie u.U. Vertragsanpassung während der Transaktion notwendig machen. Die Wiederholungshäufigkeit einer Transaktion schließlich bringe Degressionseffekte (z.B. die Verteilung von hohen Kosten der Erstvereinbarung, sog. *set up costs*, oder Lerneffekte bei der Abwicklung) mit sich, schwäche das Opportunismusproblem ab und senke damit die Transaktionskosten pro Einzeltransaktion.
Die zentralen Aussagen der Transaktionskostentheorie besagen, dass ceteris paribus (c.p.) bei

– höherer Spezifität,
– höherer Spezifität und höherer Unsicherheit,
– höherer Spezifität und höherer Transaktionshäufigkeit,
– höherer Spezifität, höherer Unsicherheit und höherer Transaktionshäufigkeit,
– spezifischen Transaktionen und höherer Unsicherheit sowie bei
– unspezifischen (standardisierten) Transaktionen und geringerer Unsicherheit

vom Status quo aus gesehen eine Koordinationsform mit mehr hierarchischen Elementen kostengünstiger ist als eine solche mit mehr Marktelementen und deshalb vorgezogen wird.
Wie unschwer zu erkennen ist, kommt der Spezifität der Leistungsbeziehung die wichtigste Rolle als Determinante der institutionellen Form von Transaktionen zu. Gefolgt wird sie von der Unsicherheit, die nur bei spezifischen Transaktionen oder mit zuneh-

mender Spezifität, nicht aber bei unspezifischen (standardisierten) Transaktionen auf eine hierarchische Form des Austauschs hinwirke, und der Häufigkeit. Der Häufigkeit misst man nur untergeordnete Bedeutung bei. Sie wirke sich lediglich verstärkend zusammen mit dem Wirksamwerden der anderen Einflussfaktoren aus.

Begründet wurde die Transaktionskostentheorie durch *Coase*, der in seinem Aufsatz „The Nature of the Firm" bereits im Jahre 1937 eine Theorie der Unternehmung entwickelte, mit der er die Existenz von Unternehmen aus der Existenz von Kosten des Preismechanismus erklärte. Bis in die siebziger Jahre hinein wurde das Revolutionäre des *Coase*'schen Aufsatzes allerdings nicht erkannt.

Die Transaktionskostentheorie lässt sich auf eine Vielzahl von Entscheidungen zur Gestaltung der institutionellen Regelungen des Austauschs von Verfügungsrechten im Marketing anwenden (→ Property-Rights-Theorie). Die wichtigsten Entscheidungstatbestände betreffen instrumentenübergreifend die verschiedenen Arten der → Kooperation (z.B. strategische Allianzen inkl. Joint Ventures) sowie im Instrumentalbereich die Distribution (z.B. direkter vs. indirekter Vertrieb, Art eines vertraglichen Vertriebssystems, Entscheidung Reisender vs. Handelsvertreter, Form des Eintritts in Auslandsmärkte). Bedeutend für die Anwendung der Transaktionskostentheorie erweist sich das Management von → Geschäftsbeziehungen.

Trotz einer unexakten Definition und einer nicht eindeutigen Operationalisierbarkeit des Transaktionskostenbegriffs, der ceteris-paribus-Bedingung und anderer eher restriktiver Annahmen, kann das Erkenntnispotential der Transaktionskostentheorie für das Marketing als groß bezeichnet werden. In strengen Hypothesentests ließ sich die Relevanz für das Marketing empirisch belegen. Kein anderer Theorieansatz ermöglicht es, die gleiche Zahl an Marketing-Phänomenen mit einer höheren Präzision zu behandeln. H.B./T.B.

Literatur: *Coase, R.H.:* The Nature of the Firm, in: Eonomica, Vol. 4 (1937), S. 386-400. *Bayón, T.:* Neuere Mikroökonomie und Marketing. Eine wissenschaftstheoretisch geleitete Analyse, Wiesbaden 1997. *Picot, A.:* Ökonomische Theorien der Organisation. Ein Überblick über neuere Ansätze und deren betriebswirtschaftliches Anwendungspotential, in: *Ordelheide, D.; Rudolph, B.; Büsselmann, E.* (Hrsg.): Betriebswirtschaftslehre und ökonomische Theorie, Stuttgart 1991, S. 143–170. *Williamson, O.E.:* The Economics of Governance. Framework and Implications, in: Journal of Institutional and Theoretical Economics – Zeitschrift für die gesamte Staatswissenschaft, Vol. 140 (1984), S. 195-223.

Transaktionspreisanalyse

Instrument des → Preis-Controlling mit dem Abweichungen zwischen geplanten Listen- und realisierten Transaktionspreisen bei jedem einzelnen Geschäftsabschluss nachgeprüft werden. Ein derartiges Vorgehen ist zwar aufwendig, rechtfertigt sich aber durch den häufig zu beobachtenden

Die Preistreppe vom Listen- zum Transaktionspreis (Beispiel)

Listenpreis				Rechnungspreis								Tatsächlich erzielter Preis
100 Prozent	8,1 Normaler Händlerrabatt	2,0 Mengenrabatt	3,9 Landesweiter Verkaufsförderungsrabatt	2,7 Sonderrabatt	83,3	2,0 Skonto	4,1 Gemeinsame Werbung	3,5 Vergütung für Verkaufsförderung	3,2 Produktgruppenbez. Vergütung	5,6 Jährl. Mengenbez. Vergütung	11-proz. Umsatzsteigerung	1,9 Vergütung für Absatzbemühungen	2,1 Fracht	Effektiver Preisnachlass 39,1 Prozent	60,9

100 Prozent = Listenpreis
(Quelle: *Marn/Rosiello,* 1992, S. 86)

Abstieg auf der sog. „*Preistreppe*", der entsteht, weil sich die Listenpreise durch unterschiedliche Rabatte, Erlösschmälerungen oder Begünstigungen des Kunden Schritt für Schritt immer weiter vom Listenpreis entfernen (*Marn/Rosiello*). Die sich daraus ergebenden „Out-of-Pocket-Preise" (Netto-Netto-Preise pro Transaktion) weichen zwischen verschiedenen Kunden oft erheblich voneinander ab und verursachen in der Summe oft beträchtliche Erlöseinbußen. Daher lohnt es sich, die in der *Abbildung* grafisch dargestellte „Preistreppe" auf disaggregierter wie aggregierter Ebene zu analysieren, um Ansatzpunkte für eine bessere Preisdurchsetzung zu finden.

Dazu sind auch verdeckte Marketing-Opportunitätskosten, wie kalkulatorische Zinsen für längere Zahlungsziele oder nur auf Jahresbasis ermittelbare Boni, zumindest kundenspezifisch offen zu legen. Dies ist gleichzeitig Grundlage für entsprechende → Kundenwertrechnungen. H.D.

Literatur: *Diller, H.:* Preispolitik, 3. Aufl., Stuttgart u.a. 2000, S. 424 ff. *Wiltinger, K.:* Preismanagement in der unternehmerischen Praxis. Probleme in der organisatorischen Implementierung, Wiesbaden 1997. *Marn, M.V.; Rosiello, R.L.:* Managing Price, Gaining Profit, in: HBR, Sept./Okt. 1992, S. 84-94.

Transaktionszufriedenheit

Konstrukt aus der → Zufriedenheitsforschung, mit dem die → Kundenzufriedenheit nach einer von mehreren → Transaktionen mit einem Anbieter charakterisiert wird. Sie führt zusammen mit den früheren Transaktionszufriedenheiten im Sinne eines partial adjustment-Modells zu einer kumulierten Gesamtzufriedenheit des Kunden und entsprechender → Kundenbindung, die wiederum für die → Beziehungsqualität ausschlaggebend ist. Es handelt sich demnach um ein dynamisches Zufriedenheitskonzept, das insb. für häufig frequentierte Anbieter bzw. gekaufte Marken oder Dienste einschlägig sein dürfte und das z.B. auch für Teilphasen eines Warenhausbesuches anwendbar ist (*Bauer et al.,* 2000). H.D.

Literatur: *Schütze, R.:* Kundenzufriedenheit. After-Sales-Marketing auf industriellen Märkten, Wiesbaden 1992. *Bauer, H.; Huber, F.; Majer, T.:* Zufriedenheitsdynamik und Kundenbindung bei Kundendienstleistungsprozessen im Handel, in: Bruhn, M.; Stauss, B. (Hrsg.): Dienstleistungsmanagement. Jahrbuch 2000, Wiesbaden 2000, S. 21–46.

Transferpreise

Unternehmen, die ausländische Märkte nicht ausschließlich über Exporte bearbeiten, sondern über Niederlassungen, Joint Ventures, Lizenzabkommen und vergleichbare Marktbearbeitungsformen direkt im Zielmarkt tätig sind, müssen neben der auf externe Leistungsabnehmer ausgerichteten Preispolitik auch Transferpreise gestalten (→ Internationales Preismanagement). Hierbei sind Preise für solche Güter und Dienstleistungen zu bestimmen, die im Unternehmensverbund („intracorporate pricing"), also etwa von der Zentrale an ausländische Lizenznehmer oder zwischen zwei Tochtergesellschaften, erbracht werden.

Ziel der Transferpreispolitik ist es, das globale Konzernergebnis zu optimieren. Dabei werden suboptimale Situationen in einzelnen (z.B. nationalen) Unternehmensbereichen in Kauf genommen. Transferpreise dienen dazu,

– hohe Steuern in bestimmten nationalen Märkten dadurch zu umgehen, dass die dort angesiedelten Firmenteile für erhaltene Güter und Leistungen hohe Transferpreise zu entrichten haben, die den vor Ort anfallenden Ertrag mindern;
– Barrieren der Gewinnrepatriierung zu umgehen. Durch hohe Transferpreise wird der Gewinn verdeckt in das leistende Land gelenkt;
– mit Joint Venture Partnern zu teilende Gewinne möglichst niedrig zu halten und diese im eigenen Unternehmen anfallen zu lassen;
– Importrestriktionen zu umgehen. Durch niedrige Transferpreise können bei wertmäßigen Importquoten größere Mengen eingeführt werden;
– Zollbelastungen niedrig zu halten. Dies ist dann möglich, wenn es sich um einen Wertzoll handelt;
– in einzelnen Ländern die Substanz des Unternehmens bedrohende hohe Inflationsraten in ihrer Wirkung abzuschwächen;
– die Kreditwürdigkeit von Auslandsgesellschaften durch Erhöhung der vor Ort anfallenden Erträge zu steigern.

Bei der Festsetzung internationaler Transferpreise verfügt das Unternehmen über einen gewissen Spielraum, es wird jedoch von (zunehmend kooperierenden) nationalen Finanzbehörden überwacht. Preisuntergrenze sind die Herstellkosten, auf die ein angemessener Gewinnaufschlag zu berechnen ist. Daneben sind „Arm's Length"-Preise, also Entgelte, die von unabhängigen Dritten für die betroffenen Waren oder Leistungen zu entrichten wären, gebräuchlich. Sind Transferpreise einerseits, vom ökonomischen Standpunkt aus gesehen, legitim, so kommt es andererseits in der Praxis immer wieder zu Konflikten mit Regierungen in Gastländern. Sie werfen transnationalen Unternehmen Manipulation vor und ergreifen zunehmend Maßnahmen, um durch Sondersteuern, durch die Einführung von Kontingenten, durch Devisenbeschränkungen und verstärkte Kontrollen ihre nationalen wirtschaftspolitischen Interessen durchzusetzen.

Neben externen Effekten kann die Transferpreispolitik auch im Unternehmen Spannungen erzeugen. So können einer Auslandstochter gegenüber zu hoch gestaltete Transferpreise deren Wettbewerbsfähigkeit beeinträchtigen, das lokale Management und die Mitarbeiter demotivieren, Spannungen zwischen Tochtergesellschaften erzeugen und damit letztlich kontraproduktiv wirken. Daher müssen Transferpreise sowohl kosten-, als auch leistungsorientiert bestimmt werden. B.I.

Transithandel (Durchfuhr)

i.w.S. alle Geschäfte im → Außengroßhandel, bei denen Waren aus einem Ursprungsland von einem Transithändler (Transitär, Transitimporteur) in einem dritten Land ohne Be- und Verarbeitung an einen Käufer im Einfuhrland verkauft werden (*Drittländerhandel*).

Als Transithandel i.e.S. wird die Durchfuhr von Waren (Durchfuhrhandel, Durchschleußhandel) durch das Erhebungsgebiet der Außenhandelsstatistik (Gebiet der Bundesrepublik Deutschland ohne Zollausschlüsse und Zollanschlüsse) – ohne Anmeldung zu einer Einfuhrart (Spezialhandel) – bezeichnet.

Bei *Reexporten* handelt es sich um eine Form des Zwischenhandels (eine Form des Zwischengroßhandels), der durch Zollfreizonen (→ Zollgebiet) begünstigt wird und keine nennenswerten Kosten durch Umwege verursacht.

Dreiecksgeschäfte betreffen Verrechnungsvorgänge, bei denen der Transithändler nicht als Drittpartner in Erscheinung tritt (*Exportstreckengeschäft*). Unter Umständen führt der Transithändler auch Warenumleitungen von einem Land in ein anderes durch (*Warenswitch*, *Transitswitch*).

Gründe für Transithandelsgeschäfte liegen in der Ausnutzung der unterschiedlichen Währungs- und Wirtschaftspolitik, der Steuergesetzgebung sowie der Ausnutzung von Kontingenten verschiedener Länder sowie in der Umgehungsmöglichkeit von internationalen wirtschaftlichen Sanktionen, z.B. Embargos. Trotz → GATT und → WTO spielen Transitgeschäfte in Ländern der Dritten Welt immer noch eine relativ bedeutende Rolle. H.Ma.

Transitionsanalyse
→ Information-Display-Matrix

Transitivität → Messung

Transportkette → Transportplanung

Transportkosten → Logistik-Kosten

Transportplanung

betrifft die Gestaltung von Transportsystemen und umfasst sowohl strukturelle (strategische) als auch prozessuale (operative) Aufgaben. Im Rahmen der → Marketing-Logistik stellt sich für die Transportplanung die Grundfrage, auf welche Weise Außenlager und/oder Kunden von herstellereigenen Fabriklagern und/oder zentralen, regionalen oder lokalen Außenlagern mit Gütern versorgt werden sollen.

Die Merkmale der Transportaufgabe werden vor allem durch die Ausprägungen der folgenden Einflussgrößen determiniert.

– *Eigenschaften der Transportgüter:* Aggregatzustand, Gewicht, Volumen, Handhabbarkeit, Gefährlichkeit, Wert, Temperierung.
– *Struktur und Beschaffenheit des Liefergebietes:* räumliche Ausdehnung, geographische Bedingungen, Verkehrsnetz, Verkehrsdichte, hoheitliche Grenzen.
– *Standorte der Liefer- und Empfangspunkte:* räumliche Streuung bzw. Konzentration, Standortveränderungen im Zeitablauf, Prognostizierbarkeit.
– *Merkmale von Angebot und Nachfrage:* Güterarten und -mengen, Homogenität/Heterogenität, Frequenz, Variabilität, Prognostizierbarkeit, Dispositionsfähigkeit.

Zur Bewältigung von Transportaufgaben stehen verschiedene Klassen von Transportmitteln zur Verfügung, die jeweils durch ein

Transportplanung

Das Güterverkehrsystem

```
                    Wirtschaftssystem ──→ Verkehrssystem ←── Gesellschaftssystem
                                              │
                    ┌─────────────────────────┼─────────────────────────┐
           Personalverkehrs-          Güterverkehrssystem        Nachrichtenverkehrs-
              system                                                    system
                                              │
                    ┌─────────────────────────┼─────────────────────────┐
                Landverkehr                Luftverkehr              Wasserverkehr
                    │                          │                          │
          ┌─────┬───┴──┬──────────┐            │                  ┌───────┴───────┐
      Straßen- Schienen- Rohrleitungs-    Luftfracht-       Binnenschiff-    Seeverkehr
      güter-   güter-    verkehr          verkehr           fahrt
      verkehr  verkehr
               Bei Abgrenzung auf inländische Relationen = Inland-Güterverkehrssysteme
```

(Quelle: In Anlehnung an: *Pfohl*, 1988, S. 162)

spezifisches Eigenschaftsprofil gekennzeichnet sind. Die wichtigsten dieser Eigenschaften sind: Schnelligkeit, Verkehrsnetzdichte, Transportsicherheit, Transporthäufigkeit, Flexibilität, Massenleistungsfähigkeit und Transportkosten. Im Wettbewerb zwischen den einzelnen Transportmitteln sind deren Leistungsprofile gegeneinander abzuwägen. Die *Abb.* gibt einen Überblick über die prinzipiellen Transportmittelalternativen im Rahmen des Güterverkehrssystems.

Die Lösung eines Transportproblems erfordert jeweils den Aufbau einer Transportkette. In einer eingliedrigen Transportkette sind Liefer- und Empfangspunkt ohne Wechsel des Transportmittels unmittelbar verbunden (ungebrochener, direkter Verkehr). In einer mehrgliedrigen Transportkette findet dagegen ein Wechsel des Transportmittels statt (gebrochener, kombinierter Verkehr). Der Aufbau einer Transportkette für den Güterfluss erfordert stets auch den Aufbau einer entsprechenden Kette für den Informationsfluss.

Bei der Bildung von *Transportketten* versucht man, die Vorteile verschiedener Transportmittel (Verkehrsträger) miteinander zu kombinieren, die für den Transport notwendige Verladung der Güter zu vereinfachen und dadurch die Transportkosten zu senken. Im kombinierten Verkehr werden die Transportmittel so aufeinander abgestimmt, dass der Übergang von einem zum anderen Transportmittel nur noch möglichst geringe Umschlagsoperationen verursacht.

Im kombinierten Verkehr soll Arbeitsintensität durch Kapitalintensität ersetzt, der Übergang des Transportgutes bei einem Transportmittelwechsel mechanisiert und die Vorteile spezifischer Nahverkehrsmittel mit jenen spezifischer Fernverkehrsmittel kombiniert werden.

Für die Auswahl der geeignetsten Transportmittelkombination sind v.a. die folgenden Transportkriterien von Bedeutung:

– *Kostenkriterien*: Transportkosten einschließlich der Kostenauswirkungen in den anderen Bereichen und auch außerhalb der Marketing-Logistik (→ Logistik-Kosten).
– *Leistungskriterien*: Transportzeit, Transportfrequenz, quantitative und qualitative Eignung der Transportmittel in technischer Hinsicht, Vernetzungsfähigkeit, Elastizität und Flexibilität, Anfangs- und Endpunkte der Transportverbindung, Zuverlässigkeit des Transports, Nebenleistungen (z.B. Leergutrücknahme) (→ Lieferservice).

Bei der Transportmittelwahl wird häufig der Straßenverkehr bevorzugt. V.a. dann stellt sich die Frage, inwieweit die Transportleistung in Form des Werkverkehrs selbst erbracht oder als Dienstleistung von spezialisierten → Logistik-Dienstleistern fremdbezogen werden soll. Bei einer vollständigen Selbsterstellung der Transportleistung ist eine Kapazität des eigenen Fuhrparks vorzuhalten, die auf Dauer für alle zu erbringenden Transportleistungen ausreichen muss. Insb. bei im Zeitablauf schwankenden Leistungsanforderungen stellt sich hierbei das Problem der mangelnden Auslastung der Kapazitäten und der hohen Fixkostenbelastung. Das andere Extrem ist die komplette Auslagerung der Transportfunktion auf Logistik-Dienstleister und die damit einhergehende Variabilisierung der Transportkosten. Generelle Vorteile dieser beiden Alternativen sind:

- *Fremdbetrieb*: Professionalität durch Spezialisierung, Flächendeckung, Entlastung des Verladers durch Delegation von Pflichten und Verantwortlichkeiten, keine Investitionen/Instandhaltungskosten, Flexibilität (kombinierter Verkehr).
- *Eigenbetrieb*: Größere Kontrolle über Service und Produkte, stärkere Kundenbeziehung, kurzfristige Verfügbarkeit.

In der Praxis stellt sich dieses Make-or-buy-Problem häufig in der Weise, dass ein geeigneter Mix aus eigener Transportkapazität und der zusätzlichen Inanspruchnahme fremder Transportleistungen angestrebt wird. Mit dem zunehmenden Leistungsangebot von Logistik-Dienstleistern, die neben flächendeckenden Verkehren, hohen Auslieferungsgeschwindigkeiten, Spezialdiensten und dergleichen auch die Übernahme weiterer Aufgaben der Waren- und → Informations-Logistik anbieten, wird jedoch die komplette Auslagerung der Transportfunktion oder der gesamten Distributionsfunktion für viele Verlader (Hersteller, Handel) zunehmend interessanter.

Aufgabe der Fuhrparkplanung ist die Festlegung der Kapazität, der Zusammensetzung und der Standorte unternehmenseigener Transportmittel (i.Allg. LKW). Die Nutzbarkeit der Fuhrparkkapazität hängt v.a. davon ab, inwieweit die einzelnen Transportmittel den speziellen Leistungsanforderungen der Transportaufgaben angepasst sind. So erfordern viele Transporte kleiner Mengen in städtischen Bereichen mit vielen Auslieferungs- bzw. Sammlungsstationen eine völlig andere Ausstattung als Streckentransporte kompletter Ladungen zu einzelnen Zielpunkten.

Mit Hilfe der Transportnetzplanung werden die Streckenrelationen, die von den Transportmitteln regelmäßig (Linienverkehr) oder fallweise (Gelegenheitsverkehr) befahren werden sollen, festgelegt. Diese Aufgabe stellt sich sowohl für Speditionen als Anbietern von Transportleistungen als auch für Unternehmen mit eigenem Fuhrpark.

In Abstimmung mit dem Transportnetz gilt es auch das Informationsnetz zu planen, um alle mit dem Warenfluss in Berührung kommenden Aufgabenträger an den zugehörigen Informationsfluss anzubinden. Da dies in aller Regel unterschiedliche Unternehmen, z.B. Verlader, Speditionen und Abnehmer sind, stellt sich hierbei das Problem der Schnittstellenbewältigung im Informationssystem. (→ Informations-Logistik).

Gegenstand der operativen Transportsteuerung sind die physischen Warenflüsse und die zugehörigen Informationsflüsse. Unter Einsatz der jeweiligen Transporttechnologie sind die Einzelprozesse Beladen, Befördern, Umschlagen und Entladen zu regeln. Dabei tritt die Frage der Automatisierung für alle Einzelprozesse und die effiziente Gestaltung der transportbezogenen Informationsflüsse (→ Informations-Logistik) zunehmend in den Mittelpunkt (→ Cross Docking). Je mehr in Distributionssystemen Lagerbestände abgebaut werden und damit Puffer entfallen (→ Just-in-Time-Logistik), desto zeitkritischer und sensibler wird das System und desto zuverlässiger müssen die Transporte abgewickelt werden. Insb. durch Informationen, die dem physischen Warenfluss vorauseilen, lassen sich Dispositionsspielräume gewinnen. Ferner geben Statusreportsysteme Aufschluss über den aktuellen Stand der Transporte. Transportbegleitende Informationen beinhalten alle aktualisierten Anweisungen für die Transportabwicklung und erlauben damit eine flexible Reaktion auch bei kurzfristig eingetretenen Störungen. In diesem Zusammenhang spielt die lückenlose Verfolgung der Sendungen unterwegs (*Tracking/Tracing*), etwa durch Mobilfunksysteme der Transportmittel, eine zunehmend wichtige Rolle.

Gegenstand der Transportmitteleinsatzplanung ist die Zuordnung von Transport- (und Personal-)kapazitäten zu bestimmten Transportaufgaben und die damit zusammenhängende *Routenplanung*. Dabei ist grundsätzlich zwischen einer Strecken- und einer Tourenauslieferung zu unterscheiden. Im Rahmen der Routenplanung geht es bei einer Streckenbelieferung vornehmlich um die Ermittlung des kürzesten Weges vom Ausgangs- zum Zielpunkt durch das Verkehrsnetz, während bei der Tourenauslieferung die Anzahl und Reihenfolge der Einbeziehung von mehreren Zielorten in eine gemeinsame Auslieferungsrundreise festzulegen ist, die häufig einer Vielzahl von Nebenbedingungen (z.B. Zeitfenster) unterliegt. Routenplanungen gehören zu den laufend anfallenden, operativen Aufgaben der Transportplanung, für die eine Vielzahl von Operations-Research-Verfahren entwickelt worden sind, die angesichts des kombinatorischen Problemcharakters v.a. heuristischer Natur sind. W.De./R.A.

Literatur: Berens, W.; Delfmann, W.: Quantitative Planung, 2. Aufl., Stuttgart 1995. *Domschke, W.:* Logistik, Band 1: Transport, Band 2: Rundreisen und Touren, München, Wien, 4. Aufl. 1995 bzw. 4. Aufl. 1997. *Ellinger, T.; Beuermann, G.; Leisten, R.:* Operations Research, 4. Aufl., Berlin u.a. 1998.

Travelling-salesman-Problem
→ Transportplanung

Treatment → Experiment

Tree-Analysis → AID

Trendbruch → Trendextraplolation

Trendextrapolation

i.w.S. jegliche (also auch „frei Hand"), i.e.S. auf der sog. Kleist-Quadrat-Methode basierende Fortschreibung des Trends einer Zeitreihe unter Ausschluss anderer Zeitreihenkomponenten (→ Prognoseverfahren). Dabei wird den Vergangenheitswerten der Zeitreihe ein Polynom (möglichst) niedrigen Grades angepasst, das nur die Zeit t als Variable enthält.

Bei Annahme eines linearen Trends lautet die Anpassungsgleichung:

$x_t = a_0 + a_1 t + e_t$

e_t ist die zufallsabhängige Störgröße. Die Parameter a_0 und a_1 sind so festzulegen, dass die Summe der quadrierten Abweichungen zwischen den wahren Zeitreihenwerten und den Werten des Polynoms minimiert wird (Kleinste-Quadrate-Methode). Die Durchführung dieser Zielvorstellung ergibt folgende Bestimmungsgleichun-

gen, aus denen a_0 und a_1 berechnet werden können (T = Länge der Zeitreihe):

$$a_0 T + a_1 \sum_{t=1}^{T} t = \sum_{t=1}^{T} x_t$$

$$a_0 \sum_{t=1}^{T} t + a_1 \sum_{t=1}^{T} t^2 = \sum_{t=1}^{T} x_t t$$

Das Polynom $x_t = a_0 + a_1 t$ kann nun als Prognosegleichung für die künftigen Zeitreihenwerte verwendet werden, solange die → Zeitstabilitätshypothese gilt. Bei sog. Trendbrüchen, wenn die tatsächliche Zeitreihe also einen frei definierten Trendkanal (prozentuale Schwankungszone um den prognostizierten Trend) durchbricht, ist die unveränderte Trendextrapolation nicht mehr sinnvoll. K.-W.H.

Trendprodukte

stellen Produkte dar, die bei bestimmten Zielgruppen für gewisse Zeit Mode- bzw. Kultstatus erreichen, daher oft kurze → Lebenszyklen aufweisen und aufgrund ihrer Beliebtheit ein explosionsartiges Umsatzwachstum hervorrufen (→ Szenemarketing). Die Marktdurchdringung wird von → Meinungsführern mittels → Mund-Werbung getrieben, die Kaufentscheidung beruht vorwiegend auf sozialen (soziale Bestrafung bei Nichtbesitz) und weniger auf funktionalen Aspekten (→ Gruppe, soziale). Verstärkt treten Trendprodukte in der Platten-, Film- und TV-Industrie (z.B. Musik bestimmter Boy- oder Girlie Groups, Filme/Serien wie „Jurassic Park"; „Akte X", „Ally McBeal"), bei Spielwaren (z.B. Slime, MagicCube, Tamagochies, Furbies, Teletubbies, Pokemon), bei Bekleidungswaren (z.B. Cargo-Hosen, Barbour-Mäntel), in der Automobil- (z.B. Rover Mini, VW Käfer, Mazda MX5), Elektronik- (Handies) und in der Lebensmittelindustrie (Cult-Joghurts) auf.

Die Vermarktung von Trend- und Kultprodukten erfolgt verstärkt über die direkte oder indirekte Ansprache von → Meinungsführern bzw. so genannten Trendsettern (z.B. Vergabe von Gratisproben, limitierter Verkauf der Erstauflage des Produktes). K.Sch.

Literatur: Abend, J.M.; Dürr, M.: Kultprodukte. Wie Sie Kunden in Kaufrausch versetzen, in: akzente 14, Dezember 1999, S. 2–9.

Trendsortiment

Trendsortimente im Handel (→ Sortimentspolitik) greifen neue Trends im Verbraucherverhalten auf (s.a. → Trendprodukte). Sie können aus erfolgreichen → Testsortimenten hervorgehen. Im Lebensmittelhandel dringen z.Z. z.B. Vollwert-Produkte, kalorienreduzierte Produkte, mikrowellengeeignete Convenience-Produkte vor. Trendsortimente bringen zwar Bewegung in das Sortiment und können die Erträge verbessern, erzwingen jedoch andererseits die Aufnahme einer größeren Anzahl neuer Artikel.

Trennschärfe

im Rahmen der → Induktivstatistik verwendeter Begriff für die Fähigkeit eines Testverfahrens, unter gegebenen Bedingungen und vorgegebenem Signifikanzniveau einen sog. Fehler zweiter Art zu vermeiden, d.h. eine an sich richtige Hypothese zu verwerfen. Je kleiner die Wahrscheinlichkeit eines solchen Fehlers ausfällt, desto größer ist die Trennschärfe. Unter vorgegebenen Varianzen in der Grundgesamtheit und der Stichprobe kann die Trennschärfe in Form einer → OC-Kurve (Operationscharakteristik) dargestellt werden.

Treuerabatte

sind → Preis-Promotions, bei denen ein Preisnachlass erst nach dem mehrfachen Kauf eines Produktes bzw. in einem Geschäft gewährt wird. Im Gegensatz zu → Bonus-Programmen, wo auch Sachprämien als Anreize eingesetzt werden, sind Treuerabatte direkte Preisnachlässe. Der Konsument sammelt Belege für seine Käufe, beispielsweise in Form von Rabattmarken, und löst diese nach einer bestimmten Anzahl von Käufen ein. Der Einsatz von Treuerabatten wird in Deutschland durch den § 13 der Durchführungsordnung zum → Rabattgesetz geregelt.
Ziel von Treuerabatten ist die Steigerung der Treue von Konsumenten zu einer Marke bzw. zu einem Geschäft. Während bei anderen → Preis-Promotions die Gefahr eines Untergrabens der Treue groß ist, sollen Treuerabatte die → Kundenbindung erhöhen. Die Absatzsteigerungen sind kurzfristig allerdings geringer als bei anderen Preis-Promotions, da ein geringerer unmittelbarer Kaufanreiz geboten wird.
Treuerabatte gegenüber Endverbrauchern widersprechen dem (noch) gültigen → Rabattgesetz. Treuerabatte von marktbeherrschenden Unternehmen an gewerbliche Abnehmer werden als leistungsfremd und als → Behinderungswettbewerb i.S. von § 19 Abs. 4 Nr. 1 GWB gewertet, wenn sie unabhängig von der tatsächlichen Bezugsmenge gewährt werden oder wenn sie an einen gewissen zukünftigen Mindestumsatz gekoppelt werden. Sie binden den Abnehmer wirtschaftlich an diesen Hersteller und halten ihn vom Bezug bei konkurrierenden Anbietern ab. K.G./H.-J.Bu.

Triade

Das von *Kenichi Ohmae* als → Internationalisierungsstrategie entwickelte Konzept der Triade geht davon aus, dass Unternehmen eine starke Stellung in den drei wichtigsten Wirtschaftszentren der Welt, d.h. in Europa, Japan und den USA erlangen müssen, um im internationalen Wettbewerb erfolgreich bestehen zu können. In diesen Regionen konzentrieren sich die wichtigsten Nachfrage- und zugleich die stärksten Wettbewerbspotentiale der Welt.
Als Ursachen für die Bedeutung der Triade führt *Ohmae* folgende wirtschaftliche Entwicklungen an:

- die zunehmende Kapitalintensität der Produktion
- die Dynamik der neuen Technologien
- die Vereinheitlichungstendenzen der Nachfrage
- die protektionistischen Tendenzen

Ohmae geht davon aus, dass sich in den Märkten der Triade die Leistungen der Anbieter und die Bedürfnisse der Nachfrager in vielen Bereichen kaum noch unterscheiden, sodass es möglich und auch erforderlich ist, neue Produkte in allen Regionen der Triade gleichzeitig einzuführen, um damit den technologischen Vorsprung innovativer Leistungen zu sichern.
Für international tätige Unternehmen wird es daher zunehmend erforderlich, durch eigene Investitionen oder aber durch Joint Ventures, strategische Allianzen bzw. andere Kooperationsformen die „Macht der Triade" zu erschließen und alle wichtigen Märkte der Triade schnell und möglichst gleichzeitig zu durchdringen. Diese Vorgehensweise führt zu einer neuen Form des weltweiten Wettbewerbs und erfordert damit zugleich eine Neuorientierung der weltweiten Aktivitäten internationaler Unternehmen. H.-G.M./H.S.

Literatur: *Ohmae, K.:* Macht der Triade, Wiesbaden 1985.

Triffin'scher Koeffizient
→ Kreuzpreiselastizität

Trockensortiment
Im Lebensmittelhandel bezeichnet man im Gegensatz zum → Frischwarensortiment mit Trockensortiment – gelegentlich auch Kolonialwarensortiment genannt – alle Artikel, die haltbar sind (Trockenfrüchte, Gewürze) oder haltbar gemacht wurden (Konserven) und heute i.d.R. SB-gerecht verpackt sind. SB-gerecht heißt, sie können in Selbstbedienung angeboten werden, weil die Verpackung ausreichend beschriftet und stapelfähig ist und ein einheitliches Gewicht hat.

Trommsdorff-Modell
Verfahren der mehrdimensionalen Einstellungsmessung (→ Einstellung). Ähnlich dem → Fishbein-Modell stellt es eine wesentliche Verfeinerung des → semantischen Differentials dar. In Analogie zu *Fishbein* versucht *Volker Trommsdorff* die affektive *und* kognitive Einstellungskomponente zu erfassen und zu verknüpfen. Konkret erfragt er die subjektiv für ideal gehaltenen Merkmalsausprägungen und stellt diese den wahrgenommenen gegenüber, vollzieht also im Grunde einen Soll-Ist-Vergleich (→ Kaufmodelle). Der Vorteil des Trommsdorff-Modells gegenüber dem Fishbein-Modell liegt u.a. darin, dass die Bewertungsmaßstäbe der Testperson durch die Angabe der subjektiv als ideal empfundenen Merkmalsausprägungen relativiert und transparent werden. Handlungsstrategien, die sich hieraus ableiten lassen, sind z.B. Folgende:

– Heranführung einer Realmarke an das subjektiv empfundene Idealbild durch Maßnahmen der → Imagepolitik,
– Veränderung des subjektiv empfundenen Idealbilds durch kommunikationspolitische Maßnahmen.   P.H.

Trust-Center
ist ein v.a. im → E-Commerce verwendeter Begriff für neutrale Institutionen, welche als Vertrauensinstanzen die Sicherheit der elektronischen → Transaktion gewährleisten. Zum einen bezeichnen Trust-Center öffentliche oder private Zertifizierungsstellen, welche die Herausgabe von Benutzerschlüssel als Zertifikate organisieren. Funktional lassen sich Trust Center unterscheiden in:

– *Zertifizierungsstellen*, die öffentliche Schlüssel zur Verifizierung digitaler Signaturen speichern bzw. mitteilen,
– *Schlüssel-Management-Center*, die Schlüssel generieren und verteilen,
– *Schlüssel-Archive*, die Schlüssel für den Fall der rechtmäßigen Dekodierung archivieren.

Zum anderen werden unter dem Begriff Trust-Center auch elektronische Dienstleister subsumiert, die als neutrale Instanz elektronische Einkaufsplattformen hinsichtlich der Vertrauenswürdigkeit der Anbieter bewerten. Darunter lassen sich auch solche finden, die die Bonität der Verbraucher überprüfen, was z.B. bei → Internet-Auktionen wichtig ist, um Vertrauen zwischen den Geschäftsparteien zu schaffen.   B.Ne.

Turbomarketing
Im Verdrängungswettbewerb wird die Zeit zum wichtigen Wettbewerbsfaktor (→ Zeitwettbewerb). Das hat die Firmen veranlasst, Innovationen zu beschleunigen, was man auch Turbomarketing nennt. In diesem Kontext stehen sie vor der Wahl, entweder ausführlicher in Richtung Features oder/und Qualität zu entwickeln oder schneller am Markt zu sein. Eine Möglichkeit, dies zu erreichen, besteht darin, bei komplexer Produktion nicht alle Teile neu zu entwickeln, sondern nur solche, die sich zu einem neuen Nutzen bündeln lassen, der sich auch kommunizieren lässt.

Wie erfolgreich eine solche Zeitverkürzung sein kann, zeigen sowohl einzelne Firmen, wie General Electric oder Hewlett Packard, die das Prinzip „time to market" als ihre Entwicklungsdevise gewählt haben, wie auch eine generelle Untersuchung von McKinsey „that, on average, companies lost 33% of after tax profit when they shipped products six months late, as compared with losses of 3,5% when they overspend 50% on product development."   H.S.

Turbulente Märkte → Marktdynamik

Tür-zu-Tür-Verkauf → Haustürverkauf

t-Verteilung; t-Test

Die t-Verteilung wurde von Gosset, unter dem Pseudonym „Student", eingeführt und wird deshalb auch *Gosset-* oder *Student-Verteilung* genannt. Sie beschreibt letztlich die Abweichungen, die dadurch zustande kommen, dass im Rahmen von → Signifikanztests statt mit dem unbekannten σ mit s, der Standardabweichung aus den Stichprobenwerten, gerechnet werden muss. Sie ist damit auch abhängig von der Stichprobengröße; mit zunehmender Anzahl der → Freiheitsgrade strebt sie jedoch relativ schnell gegen die → Normalverteilung (so dass in der Praxis - oft schon bei Stichprobenumfängen von 100 oder sogar 50 bzw. 30 - mit der Standardnormalverteilung gerechnet werden kann).

Wird die t-Verteilung als → Prüfverteilung in einem gegebenen Test-Problem verwandt (und danach auch die Prüfgröße berechnet), so spricht man von t-Tests. Solche liegen für verschiedene Probleme vor, so z.B. für den Vergleich eines Stichproben-Mittelwerts mit dem Grundgesamtheits-Parameter (s. das Beispiel unter → Signifikanztests) oder für den Vergleich zweier Stichproben-Mittelwerte. M.H.

TV-Meter → TAM

TV-Spot

Werbefilm für die → Fernsehwerbung. Dieses → Werbemittel der → Bildkommunikation lässt sich durch folgende Aspekte charakterisieren:

- Es sind mit Bild und Ton zwei Modalitäten für die Kommunikation einsetzbar. Das visuelle und das akustische Material werden in der Werbesprache auch als „Visuals" und „Sound" bezeichnet.
- Durch die zeitliche Dimension wird die Werbung dynamisch, sodass sich z.B. der Gebrauch von Geräten im zeitlichen Ablauf zeigen lässt.
- Durch die Ansprache von zwei Sinnesmodalitäten und die zeitliche Erstreckung besitzt der TV-Spot im Vergleich zu statischen Medien ein großes Potenzial, um dem Zuschauer Informationen zu vermitteln.

Aufgrund der vielen Reize, die auf den Zuschauer täglich einströmen - im Jahr 1999 wurden pro Tag im Durchschnitt 6.200 TV-Spots in Deutschland ausgestrahlt - besteht die Gefahr, dass die Zuschauer mit Informationen überlastet sind und die Spotinhalte nicht mehr aufnehmen können („information overload"). Dazu kommt, dass das Fernsehen als Low-Involvement-Medium gilt: die Zuschauer sitzen eher passiv vor dem Fernsehgerät oder gehen während des Fernsehens anderen Beschäftigungen nach. Die Fernbedienungen bieten zusätzlich die Möglichkeit, sich der Werbung durch den Wechsel des Programms einfach zu entziehen (→ Zapping). Untersuchungen zufolge sind es ein Viertel der Zuschauer, die sich während des Werbeblocks ausschließlich dem Fernsehen zuwenden; viele beschäftigen sich daneben noch mit anderen Dingen oder verlassen den Raum. Gerade bei TV-Werbung ist es deshalb wichtig, die Aufmerksamkeit der Zuschauer zu wecken und zu halten. Anders ausgedrückt: die Zuschauer müssen „aktiviert" werden (→ Aktivierung). Aus diesen nicht einfachen Rezeptionsbedingungen wird häufig die Forderung abgeleitet, dass TV-Werbung einen hohen Unterhaltungswert besitzen solle. Man will auf diese Weise das Interesse der Zuschauer an der Werbung erhöhen. Kritiker unterhaltsamer Werbung wenden jedoch ein - und dafür gibt es empirische Belege -, dass unterhaltsame Werbung häufig wenig für die Marke tut. Die Verbraucher können sich zwar an die Werbung, nicht aber an die beworbene Marke erinnern. Anders ausgedrückt: der Werbung fehlt der Markenbezug (mangelndes „branding").

Durch die im Vergleich mit anderen Werbemitteln relativ lange Kontaktdauer (in Deutschland betrug 1999 die durchschnittliche TV-Spotlänge 21 Sekunden) wird der TV-Werbung in besonderem Maße die Fähigkeit zugeschrieben, Atmosphäre und Stimmungen zu vermitteln und Emotionen aufzubauen. Untersuchungen zeigen, dass der Einfluss der Spotlänge auf die Werbewirksamkeit im besonderen Maße vom jeweiligen Werbestil abhängt. Während für einen *Anouncement-Spot*, der in erster Linie die Marke bekannt machen soll, 15 Sekunden als optimal im Verhältnis Spotlänge und Werbewirkung gelten, sind es bei emotionalen, handlungsorientierten Spots 30 Sekunden.

Damit ist der Werbestil in der TV-Werbung, d.h. die stilistische Ausrichtung eines TV-Spots und die Art, wie das vorhandene Material präsentiert wird, angesprochen. Man unterscheidet hier häufig die informative Werbung, bei der die Vermittlung von Informationen und Wissen im Vordergrund steht, und die → emotionale Werbung, die mehr auf die Schaffung von Gefühlen und Tonalitäten ausgerichtet ist. In diesen beiden Stilen wird häufig ein Gegensatz gesehen; es gibt jedoch Untersuchungen, die belegen, dass eine Kombination von informativen und emotionalen Spotelementen in einem TV-Spot die höchste Werbewirkung erzielt. Um Aufmerksamkeit zu erzielen dienen vor allem emotionale Komponenten (→ Aktivierung), die Hinstimmung zur beworbenen Marke bzw. die positive Veränderung der Markenpräferenz wird durch informative Spotelemente beeinflusst.

TV-Spots lassen sich in verschiedene *Formate* einteilen. Damit wird die Kommunikations-Idee konkretisiert; es wird praktisch ein Rahmen für den Handlungs-Ablauf festgelegt. Häufiger genannt werden die folgenden idealtypischen (sich teilweise überschneidenden) Formate:

- → *Presenter* („Spokesman"): Das Produkt wird den Zuschauern von einem Sprecher vorgestellt; der Sprecher kann dabei ein Experte oder eine bekannte Person (Schauspieler) sein.
- → *Testimonial* („Typical Person Endorser"): Ein beispielhafter Verbraucher, der das Produkt ausprobiert und damit positive Erfahrungen sammelt (→ Personendarstellung in der Werbung).
- *Drama* („Story Telling") Ein solcher TV-Spot ist in Form einer Geschichte gestaltet, eher persönlich, emotional und den Zuschauer involvierend.
- → *Slice of Life*: Das Produkt wird den Zuschauern nicht direkt vorgestellt, sondern kommt z.B. in einem „aus dem Leben gegriffenen" Dialog zwischen einer Hausfrau und ihrer Nachbarin vor.
- → *Produktdemonstration*: Format, bei dem das Produkt selbst optisch und inhaltlich im Vordergrund steht. Häufig werden die Leistungen des Produkts anhand von Grafiken oder Computeranimationen gezeigt.
- *Problemsolution*: Spothandlung, bei der zunächst ein Problem dramatisiert wird und anschließend das Produkt als Problemlöser eingeführt wird, meist unterstützt mit Produktnutzen (Benefit) und Begründung (Reason Why).
- *Humor* („Satire"): Gestaltungselemente oder die Spothandlung bringen den Zuschauer zum Schmunzeln
- *Musical*: Das Produkt wird in Form einer Musikdarbietung thematisiert; die Darbietung kann durch den Auftritt von Sängern und Tänzern komplettiert werden
- *Vignette*: Spot mit vielen kurzen Filmausschnitten, die in einem inhaltlichen Zusammenhang zueinander stehen. Meist wird der Spot durch Musik unterstützt und erinnert daher stark an einen Music-Clip.

Basis der TV-Spot-Gestaltung sollte ein → Briefing des Auftraggebers sein, das die Zielsetzungen für die TV-Werbung enthält, gegebenenfalls auch gestalterische Richtlinien, die sich aus einem einheitlichen Markenauftritt und der Einbindung in eine Werbekampagne bzw. in das Marketing-Mix ergeben (→ Werbegestaltung). Auf der Basis dieses Briefings ist es Aufgabe der Agentur, für den Spot eine Kommunikations-Idee zu entwickeln. In dieser Phase wird auch eine Entscheidung über Werbestil und Format getroffen. Man spricht hier auch teilweise von der → Werbekonzeption.

Über die Schritte Exposé – Treatment – Drehbuch wird der geplante TV-Spot weiter konkretisiert, und zwar zunächst nur in verbaler Form. Erste Formen der visuellen bzw. audio-visuellen Umsetzung können als *Storyboard*, *Animatic* oder *Stealomatic* realisiert, diskutiert und getestet werden. Auf dieser Basis wird der Spot dann produziert, d.h. in der endgültigen Form technisch umgesetzt.

Das *Exposé* ist ein Entwurf, in dem der geplante Handlungsablauf für den TV-Spot auf der Basis der Kommunikations-Idee zunächst einmal verbal festgehalten wird. Im Gegensatz zum *Treatment* ist die szenische Abfolge zu diesem Zeitpunkt noch nicht festgelegt. Das Treatment enthält aber noch nicht die genauen Anweisungen des *Drehbuchs*, das eine detaillierte Anleitung zur Produktion eines TV-Spots darstellt. In ihm werden so genaue Produktionsanweisungen für Bild und Ton gegeben, dass es als direkte Anleitung für die Produktion dienen kann.

Das *Storyboard* ist eine erste vorläufige Umsetzung des geplanten TV-Spots auf der Basis eines Treatments bzw. eines Drehbuchs. In ihm werden gezeichnete oder fotografierte Bildszenen auf Papier aneinander gereiht, um einen ersten anschaulichen Eindruck von dem geplanten Spot zu vermitteln. Der Ton (Text, Musik, Geräusche) wird dabei nur verbal beschrieben. Das *Animatic* stellt eine weitergehende Stufe der vorläufigen Umsetzung dar, bei der gezeichnete oder fotografierte Bilder in Form eines Films aneinander gereiht und vertont werden. Weil bereits eine dynamische Abfolge im Film vorhanden ist und der Ton nicht nur als Text zu lesen ist, kann das Animatic von dem späteren Film einen besseren Eindruck vermitteln, als dies für das Storyboard gilt. Weil aber Bild und Ton nur mit quasi provisorischen Mitteln verwirklicht werden, birgt das Animatic die Gefahr in sich, in der Diskussion zwischen Agentur, Kunden und Verbrauchern falsch bewertet zu werden. Als Alternative wurde das *Stealomatic* entwickelt. Im Gegensatz zum Animatic enthält der Stealomatic nicht einfach gezeichnete oder fotografierte Bilder, sondern bereits Filmszenen, die aus vorhandenen Filmen herausgeschnitten, neu zusammengestellt und vertont werden.

Am Ende der TV-Spot-Gestaltung stellt sich die Frage der Erfolgskontrolle. Wegen der Zurechenbarkeitsproblematik ist es schwierig, in direkter Weise Absatzzahlen zur Bewertung von TV-Spots heranzuziehen. Hinweise zur Wirksamkeit der TV-Werbung können kontrollierte → Werbetests geben. TV-Spots werden auch bei verschiedenen Wettbewerben bewertet. Das Kriterium ist hier allerdings oft nicht die Wirksamkeit (wie es beim EFFIE der Fall ist), sondern die von einer Experten-Jury festgestellte Eigenständigkeit und Kreativität. B.v.K./T.Z.

Literatur: *Keitz, B. v.:* Wirksame Fernsehwerbung. Die Anwendung der Aktivierungstheorie auf die Gestaltung von Werbespots, Würzburg 1983. *Schulz, T.M.:* Klassifikation und Typologisierung von Fernsehwerbespots, Lohmat, Köln 1998.

TV-Werbesondersendung, Werbemagazine

Bis Mitte der 90er-Jahre praktizierte Sonderform der → Fernsehwerbung, bei der eine Mehrzahl von Werbespots verschiedener Anbieter in einen ganzheitlichen Block mit bestimmtem Charakter, etwa redaktionell-sachlich, wie beim „Schaufenster am Donnerstag", ober jugendlich-poppig, wie bei „Pop-Line 1000", eingebunden wurden.

TV-Werbung → Fernsehwerbung

Typenempfehlung → Empfehlungen

Typisierung

unternehmensspezifische Vereinheitlichungen von Produkten, Dienstleistungen oder Systemen und deren Bestandteilen, insbesondere zum Zwecke der Rationalisierung von Beschaffungs-, Produktions- und/oder Absatzprozessen. Den Kostenvorteilen einer Typisierung können im Hinblick auf den Absatzmarkt Erlösnachteile gegenüberstehen, da die daraus resultierende Begrenzung der Sortimentsbreite bzw. –tiefe i.d.R. dazu führt, dass nicht mehr jedem individuellem Kundenwunsch entsprochen werden kann. Dies kann in gewissem Umfang durch die Einführung von Baukastensystemen umgangen werden. Dadurch wird es möglich, trotz einer begrenzten Anzahl typisierter Leistungsbestandteile gleichwohl eine relativ große Zahl von kundenindividuellen Erzeugnisvarianten anzubieten.

Es ist somit wichtig, ein im Hinblick auf die Kosten- und Erlöswirkungen optimales Verhältnis von typisierter und individualisierter Leistungsgestaltung festzulegen. Diese Schnittstelle zwischen kundenabhängiger und -unabhängiger Leistungserstellung wird als „*Order-Penetration-Point*" bezeichnet. Er kann dadurch bestimmt werden, dass man der preislichen Präferenzprämie, die durch eine Individualisierung aufgrund der Kundennähe der Problemlösung erzielt werden kann, die zusätzlichen Kosten gegenüberstellt, die gleichfalls durch die Individualisierung verursacht werden. Empirische Untersuchungen dieses Zusammenhangs deuten darauf hin, dass eine solche optimale Relation im → Produktgeschäft bzw. im → Systemgeschäft zwischen Werten von 20:80 bzw. 50:50 für den jeweiligen Anteil individualisierter und standardisierter Leistungsbestandteile liegt.

Typisierung wird auch als einzelbetriebliche → Standardisierung verstanden, obwohl ihr Ergebnis nicht zwangsläufig ein → Standard ist. Ebenso werden Typen auch als „herstellerspezifische Normen" oder als „Werksnormen" bezeichnet, obwohl es sich bei → Normen um unternehmensübergreifend gültige, von Normungsinstitutionen festgelegte Spezifikationen handelt. M.K.

Typologie der Wünsche (TdW)

neben der → Kommunikations-Analyse (Gruner + Jahr, Hamburg) und der „Stern"-Untersuchung eine der wichtigsten → Verlagstypologien. Sie wird in regelmäßigen Abständen vom *Burda-Verlag* (Offenburg) in Auftrag gegeben. Zum Ziel hat sie neben der Erfassung von quantitativen Daten über Haushaltsbesitz und Marktverhaltensweisen die qualitative Erfassung von Zielgruppen nach psychosozialen Kriterien sowie die Unterscheidung psychodemographischer Marktsegmente. Die Analyse beschreibt hauptsächlich unterschiedliche Zielgruppen-Potenziale anhand des Kauf- und Konsumverhaltens. Mithilfe von Zeitreihen-Betrachtungen werden Konsum- und Einstellungsveränderungen messbar gemacht und somit Marktbewegungen analysiert und prognostiziert. Die Typologie der Wünsche wurden von 1974 bis 1988 zweijährig und von 1989 bis 1993 einjährig erhoben. 1993 wurde die Studie erweitert und erscheint seitdem als Typologie der Wünsche Intermedia. Dies ist ein Gemeinschaftsprojekt vom Burda-Verlag, ARD-Werbung, ZDF, RTL, Ipa plus und Tageszeitungen und soll sich als Standartinstrument für die Intermediaplanung durchsetzen. S.S.

U

Überbuchung → Yield Management

Übereinstimmungsvalidität (concurrent validity)
→ Validität

Überlappende Klassifikation
→ Clusteranalyse

Überraschungen in der Werbung
→ Aktivierung

Überreichweite → Bestelldoktrinen

Überseevertreter
→ internationaler Vermittlerhandel

Übervorteilungsstrategie
→ Preis-Qualitäts-Strategie

Ubiquität (Überallerhältlichkeit)
ist ein auf die Verbraucherstufe bezogenes Extremziel der → Vertriebswegepolitik, das erfüllt ist, wenn eine Marke in einem bestimmten Absatzraum eine → Distributionsdichte von 100% erreicht. Nach der Größe des Absatzraumes lassen sich regionale, nationale und internationale Ubiquität unterscheiden. Ubiquität galt lange als ein idealtypisches Merkmal des → Universalvertriebs von → Markenartikeln, von dem man jedoch zunehmend zugunsten des → Selektivvertriebs Abstand genommen hat. H.Schr.

Umarbeitung
Umarbeitungstätigkeiten als Funktion des → Produktionsverbindungshandels gehen insofern über die → Anarbeitung hinaus, als mit der Herstellung eines Produktes aus einem Vorprodukt der Bereich „handelsüblicher Manipulationen" verlassen wird und Aufgaben wahrgenommen werden, die materiell einer Weiterverarbeitung gleichkommen. Umarbeitungstätigkeiten, wie z.B. das Abcoilen von Stahlbändern und Schneiden zu Tafelblechen, erklären sich aus dem Interesse des Handels, seinen Abnehmern eine umfassende und spezifische Problemlösung zu bieten. W.H.E.

Umbrella-Werbung → Werbestrategie

Umformulierungstechnik
→ Verkaufsargumentation

Umgehungsstrategien
sind eine Sonderform der → vertikalen Marketingstrategie, mit der sich ein Hersteller dafür entscheidet, den Handel innerhalb der Distribution auszuschalten und direkt an die Endkunden mit eigenen Absatzkanälen heranzutreten (→ Direktvertrieb). Die Gründe für die Wahl einer Umgehungsstrategie liegen häufig in schwerwiegenden Konfliktsituationen (→ Konflikte zwischen Hersteller und Handel) mit dem Absatzmittler oder einer ausgeprägten Machtposition des Handels, die den Hersteller dazu veranlaßt, nach neuen Absatzkanalalternativen zu suchen. Es lassen sich zwei Formen der Umgehungsstrategie unterscheiden:

– die *partiale Umgehung*, bei der ein Hersteller zusätzlich zur Distribution über einen indirekten Absatzkanal einen direkten Vertriebsweg nutzt (→ Mehrkanalsysteme) und
– die *totale Umgehung*, bei der ein Hersteller ausschliesslich über direkte Absatzkanäle in der Distribution agiert (→ Direktvertrieb). T.T./M.Sch.

Literatur: *Westphal, J.*: Vertikale Wettbewerbsstrategien in der Konsumgüterindustrie, Wiesbaden 1991.

Umsatz (Erlös)
wertmäßiges, d.h. mit Verkaufspreisen bewertetes Verkaufsvolumen einer Unternehmung (→ Marketingziele). In der Konsumgüterindustrie wird zwischen Fabrikumsatz (Absatz ab Werk zu Werksabgabepreisen, üblicherweise ohne Mehrwertsteuer) und dem Endverbraucherumsatz (Absatz an Endverbraucher zu Endverbraucherpreisen, üblicherweise mit Mehrwertsteuer) unterschieden. Der Bruttoumsatz schließt im Gegensatz zum Nettoumsatz die jeweilige Mehrwertsteuer mit ein und berücksichtigt keine direkten oder indirekten → Erlösschmälerungen. In der Praxis spricht

man auch von Netto-Nettoumsatz i.S. des endgültigen Zahlungsmittelzuflusses (Abzug aller Rabatte, Vergütungen, Werbekostenzuschüsse etc.).
Der Umsatz stellt eines der wichtigsten → Marketingziele in der Praxis dar. Er lässt sich vielfältig aufschlüsseln (→ Erlösanalyse, → Parfitt-Collins-Modell) und relativieren (→ Marktanteil, → Umsatzrentabilität, → Umschlagsgeschwindigkeit). Gleichzeitig dient er als Basis für alle Formen der → Deckungsbeitragsrechnung. Die Vorteile des Umsatzes als Zielgröße des Marketing liegen in der leichten Ermittelbarkeit, im wertmäßigen Charakter und der damit verbundenen Verrechenbarkeit mit anderen Größen und im engen, aber nicht zwangsläufigen Bezug zu Wachstum und Ertrag. Insb. bei → Marktsättigung und Streben nach qualitativem → Wachstum verliert der Umsatz gegenüber Ertragszielen an Bedeutung.
Umsatzerlöse sind als Rechtsbegriff in § 277 Abs. 1 HGB umschrieben und für den Ausweis als Position 1 der handelsrechtlichen Gewinn- und Verlustrechnung von Bedeutung. Kleine und mittelgroße Kapitalgesellschaften können allerdings die Umsatzerlöse mit anderen Posten unter der Bezeichnung „Rohergebnis" zusammenfassen (s. § 276 HGB). Als Umsatzerlöse sind die Erlöse aus dem Verkauf und der Vermietung oder Verpachtung von für die gewöhnliche Geschäftstätigkeit des Unternehmens typischen Erzeugnissen und Waren sowie aus von für die gewöhnliche Geschäftstätigkeit typischen Dienstleistungen nach Abzug von Erlösschmälerungen und der Umsatzsteuer auszuweisen (§ 277 Abs. 1 HGB).
Dem Grund nach gehören hierzu hauptsächlich alle Erlöse (erhaltene, geldwerte Leistungsentgelte), die sich geschäftszweigtypisch aus der Verfolgung des eigentlichen Unternehmenszwecks, aus der gewöhnlichen Geschäftstätigkeit ergeben. Bei Handelsbetrieben sind dies insbes. die Erlöse aus der Veräußerung von Waren, bei Produktionsbetrieben insbes. die Erlöse aus der Veräußerung von Erzeugnissen, bei Dienstleistungsbetrieben insbes. die Erlöse aus der Erbringung der für die gewöhnliche Geschäftstätigkeit typischen Dienstleistungen. Erlöse aus der Vermietung und Verpachtung (einschl. Lizenzvergabe) stehen jenen aus Veräußerung gleich.
Zwar sind die „Umsatzerlöse" des Handelsrechts nicht so umfassend wie die „Umsätze" des Umsatzsteuerrechts (→ Umsatzsteuer), doch zählen zu den Umsatzerlösen neben den Entgelten aus den geschäftszweigtypischen Hauptumsätzen auch die Erlöse aus den für die gewöhnliche Geschäftstätigkeit typischen und üblichen Hilfs- und Nebenumsätzen (z.B. aus der branchenüblichen Veräußerung von Abfallprodukten, Überbeständen an Roh-, Hilfs- und Betriebsstoffen, Kuppelprodukten, der Lizenzvergabe für Betriebsleistungen aus Kundendienstleistungen und aus üblichen Anlagenverpachtungen sowie Dritten typischerweise in Rechnung gestellten Nebenleistungen). Auch in die Rechnungen einbezogene weiterberechnete Fremdleistungen von Subunternehmern gehören zu den Umsatzerlösen.
Nicht hierzu gehören Erlöse aus für die gewöhnliche Geschäftstätigkeit untypischen Hilfs- und Nebenumsätzen (z.B. Erlöse aus Kantinen, Werkswohnungen, Erholungsheimen, gelegentliche Arbeitnehmerüberlassung), gesondert in Rechnung gestellten Verzugszinsen, Mahngebühren oder Vertragsstrafen sowie sog. durchlaufende Posten.
Für die Zuordnung zur „typischen gewöhnlichen Geschäftstätigkeit" kommt dem rechtlichen Kriterium des ins Handelsregister eingetragenen Unternehmensgegenstandes keine entscheidende, sondern nur eine Bedeutung als Indiz zu. Es kommt vielmehr auf das jeweilige tatsächliche Erscheinungsbild des Produktions- und Leistungsprogramms des Unternehmens im jeweiligen Geschäftsjahr und auf eine betriebswirtschaftlich – typisierende Betrachtungsweise des Geschäftsbereichs an.
Dem Zeitpunkt nach erfolgt ein Ausweis als Umsatzerlöse erst nach Bewirkung der Leistung, also insbes. wenn die gesamte Vertragsleistung oder eine getrennt abrechenbare Teilleistung erbracht ist und ein nennenswertes Abnahmerisiko nicht besteht. Die Umsatzerlöse (und Erlösminderungen) sind unabhängig vom Zeitpunkt ihrer Zahlung zu erfassen (§ 252 Abs. 1 Nr. 5 HGB): Zahlungen vor Leistung erfolgsneutral als geleistete Anzahlungen, Zahlungen nach erfolgter Leistung erlöswirksam als Forderungen.
Der Höhe nach sind als Umsatzerlöse die Beträge auszuweisen, die die Vertragspartner aufwenden haben, um die Lieferungen oder Leistungen zu erhalten, bzw. die das leistungsabgebende Unternehmen fordern kann, jedoch abzüglich der Erlösschmälerungen und der Umsatzsteuer (§ 277 Abs. 1 HGB). Auch übliche (für eigene Rechnung) in Rechnung gestellte

Transport- und Verpackungskosten etc. sind in die Brutto-Umsatzerlöse einzubeziehen. Andererseits dürfen die durch Wandelung bzw. sonstige Rückgängigmachung (z.B. Kulanz) des Vertrages zurückzuerstattenden Rechnungsbeträge nicht in die Umsatzerlöse einbezogen werden. Ob die in den Umsatzerlösen enthaltenen Verbrauchsteuern und Monopolabgaben abgesetzt werden dürfen, ist streitig. Einerseits würden die Umsatzerlöse und die Zwischenergebnisgrößen hierdurch missverständlich aufgebläht, andererseits – das ist ausschlaggebend – sieht die Definition der Umsatzerlöse eine derartige Absetzung nicht vor, steht eine spezielle Position (Pos. 19 GKV, 18 UKV) zur Verfügung und wird auch in § 1 Abs. 2 Satz 3 PublG davon ausgegangen, dass die Umsatzerlöse die Verbrauchsteuern enthalten.

Als → Erlösschmälerungen müssen – unabhängig von ihrer Bezeichnung oder rechtlichen Zulässigkeit – insbes. → Rabatte, Skonti, → Boni, Prämien sowie sonstige Nachlässe, aber auch zurückgewährte Entgelte (Preisminderungen wegen Mängelrüge, Kulanz, Gutschriften in Rechnung gestellter Fracht- und Verpackungskosten, Rückwaren etc.) abgesetzt werden. Voraussetzung für eine Absetzung ist stets, dass die zu berichtigenden Beträge in den Umsatzerlösen enthalten sind. So kommen auch Erlösberichtigungen wegen Umsatzstornierung oder sonstiger Korrekturen in Betracht. Nicht hierzu gehören jedoch Aufwendungen, die den Abnehmern im Zusammenhang mit der Rückgängigmachung oder Minderung ersetzt wurden (z.B. Ersatz eines Folgeschadens). Die Absetzbarkeit setzt nicht voraus, dass die Nachlässe oder Rückzahlungen bereits ausgezahlt wurden, vielmehr können auch Zuführungen zu entsprechenden Rückstellungen (z.B. für Retouren, Boni, Wandlungs- und Preisminderungsanteil bei Garantierückstellungen) oder Einbuchungen von Verbindlichkeiten eine Minderung der Brutto-Umsatzerlöse begründen. Mangels Erfassung in den Bruttoerlösen gehören i.d.R. jedoch sog. Naturalrabatte (Freimengen) und kostenfreie Nacharbeiten nicht zu den Erlösschmälerungen. Auch Wertminderungen, Kursverluste, Verzichte und Ausfälle von Forderungen, Delkredereversicherungen, Factoringabschläge, echte Vertragsstrafen oder → Vertriebskosten (z.B. Vertreterprovisionen, Ausgangsfrachten etc.) gehören nicht zu den Erlösminderungen.

Dass die → Umsatzsteuer von den Bruttoerlösen abzusetzen ist, ist nicht mehr streitig, da das Nettoerlösausweisverfahren durch § 277 Abs. 1 a.E. HGB vorgeschrieben ist. Trotz der eindeutigen Neuregelung erscheint der h.M. weiterhin ein Bruttoausweis mit offener Absetzung der USt in der Vorspalte zulässig. Allerdings müssen die Bruttoerlöse auch so bezeichnet werden und die Absetzung der USt muss unmittelbar unter Position 1 erfolgen.

Die Rechengröße „Umsatzerlöse" hat nicht nur für die kaufmännische Gewinnermittlung eine zentrale Bedeutung, sondern auch für viele hieran anknüpfenden Zielgrößen und Kennzahlen (Marktanteil, Umsatzrendite, Handelsspanne, cash-flow u.v.m.). Im Übrigen bestimmt die Höhe der Umsatzerlöse über die Zuordnung einer Kapitalgesellschaft zu einer bestimmten Größenklasse (§ 267 HGB, § 1 Abs. 2 PublG) und die Intensität der Rechnungslegungspflichten.

H.D./R.F.

Literatur: *Adler; Düring; Schmaltz:* Rechnungslegung und Prüfung der Unternehmen, 6. Aufl., Düsseldorf 1995 ff., Anm. zu §§ 275-277, 297 HGB.

Umsatzbindung

Vertragliche Vereinbarungen zwischen Lieferanten und Abnehmern, die dem Vertragspartner Rechte und Pflichten im Zusammenhang mit dem Umsatz einer Ware auferlegen, werden als *vertikale* Umsatzbindungen bezeichnet. Sie können sich auf alle betriebspolitischen Handlungsbereiche beziehen (Beschaffung, Produktion, Absatz, Finanzierung) und bilden i.d.R. die Kernelemente vertraglicher → Vertriebssysteme (*Abb.*).

Vertikale Umsatzbindungen gehen über die aus dem gewöhnlichen Kaufvertrag resultierenden, allgemeinen Verpflichtungen hinaus und wirken zeitlich länger als die Abwicklung des eigentlichen Tauschvorganges, indem sie den Gebundenen auch dann noch in seiner wirtschaftlichen Bewegungsfreiheit beschränken, wenn der Güterabsatz längst abgewickelt ist. Je nach Art und Anzahl der im Rahmen des Vertragsvertriebs vereinbarten Bindungen wird die wirtschaftliche Unabhängigkeit des Vertragspartners unterschiedlich stark eingeschränkt, bis hin zur völligen Abhängigkeit.

H.Schr.

Literatur: *Ahlert, D.:* Distributionspolitik, 2. Aufl., Stuttgart, New York 1991.

Typologie der vertikalen Umsatzbindung

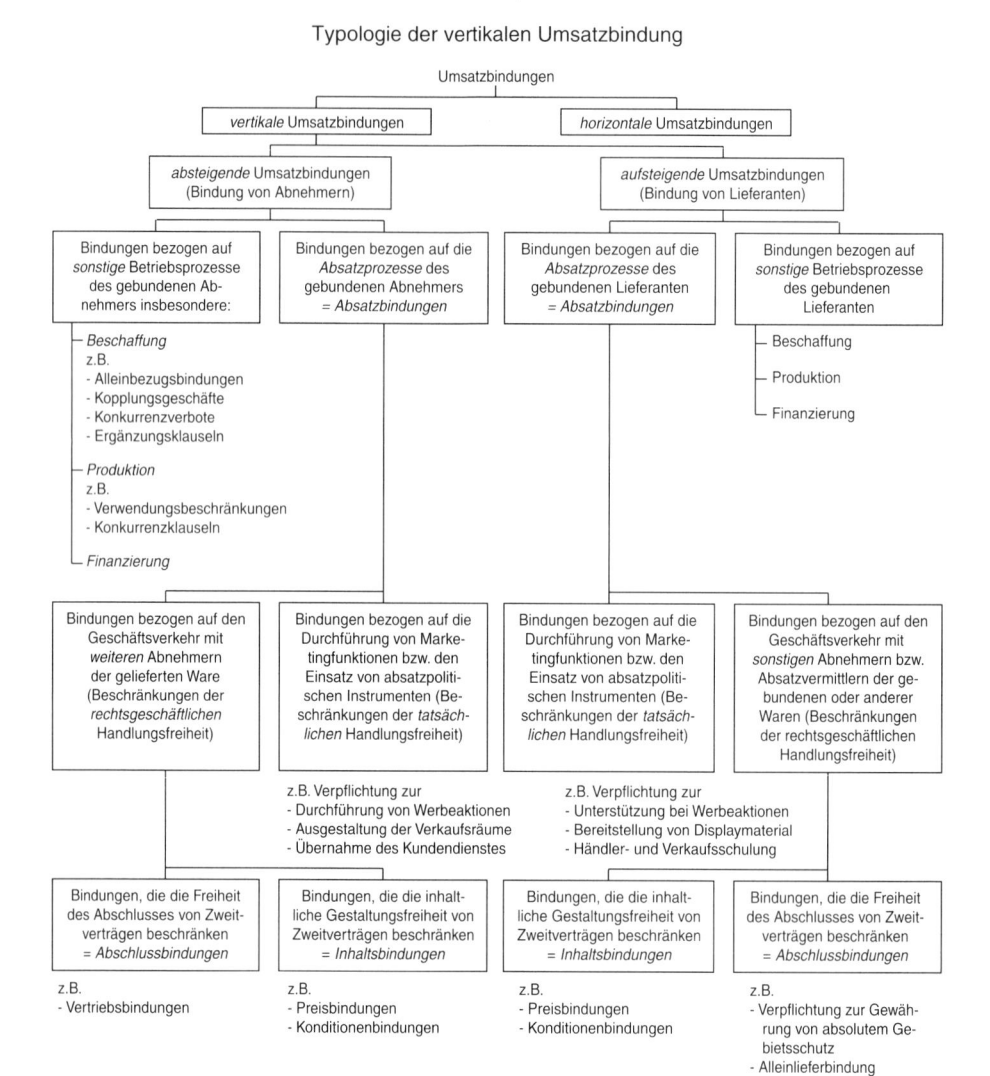

```
                              Umsatzbindungen
                          /                    \
              vertikale Umsatzbindungen    horizontale Umsatzbindungen
              /                    \
    absteigende Umsatzbindungen   aufsteigende Umsatzbindungen
    (Bindung von Abnehmern)       (Bindung von Lieferanten)
```

Bindungen bezogen auf *sonstige* Betriebsprozesse des gebundenen Abnehmers insbesondere:	Bindungen bezogen auf die *Absatzprozesse* des gebundenen Abnehmers = *Absatzbindungen*	Bindungen bezogen auf die *Absatzprozesse* des gebundenen Lieferanten = *Absatzbindungen*	Bindungen bezogen auf *sonstige* Betriebsprozesse des gebundenen Lieferanten
— *Beschaffung* z.B. - Alleinbezugsbindungen - Kopplungsgeschäfte - Konkurrenzverbote - Ergänzungsklauseln — *Produktion* z.B. - Verwendungsbeschränkungen - Konkurrenzklauseln — *Finanzierung*			— Beschaffung — Produktion — Finanzierung
Bindungen bezogen auf den Geschäftsverkehr mit *weiteren* Abnehmern der gelieferten Ware (Beschränkungen der *rechtsgeschäftlichen* Handlungsfreiheit)	Bindungen bezogen auf die Durchführung von Marketingfunktionen bzw. den Einsatz von absatzpolitischen Instrumenten (Beschränkungen der *tatsächlichen* Handlungsfreiheit)	Bindungen bezogen auf die Durchführung von Marketingfunktionen bzw. den Einsatz von absatzpolitischen Instrumenten (Beschränkungen der *tatsächlichen* Handlungsfreiheit)	Bindungen bezogen auf den Geschäftsverkehr mit *sonstigen* Abnehmern bzw. Absatzvermittlern der gebundenen oder anderer Waren (Beschränkungen der rechtsgeschäftlichen Handlungsfreiheit)
	z.B. Verpflichtung zur - Durchführung von Werbeaktionen - Ausgestaltung der Verkaufsräume - Übernahme des Kundendienstes	z.B. Verpflichtung zur - Unterstützung bei Werbeaktionen - Bereitstellung von Displaymaterial - Händler- und Verkaufsschulung	
Bindungen, die die Freiheit des Abschlusses von Zweitverträgen beschränken = *Abschlussbindungen*	Bindungen, die die inhaltliche Gestaltungsfreiheit von Zweitverträgen beschränken = *Inhaltsbindungen*	Bindungen, die die inhaltliche Gestaltungsfreiheit von Zweitverträgen beschränken = *Inhaltsbindungen*	Bindungen, die die Freiheit des Abschlusses von Zweitverträgen beschränken = *Abschlussbindungen*
z.B. - Vertriebsbindungen	z.B. - Preisbindungen - Konditionenbindungen	z.B. - Preisbindungen - Konditionenbindungen	z.B. - Verpflichtung zur Gewährung von absolutem Gebietsschutz - Alleinlieferbindung

(Quelle: *Ahlert*, 1991)

Umsatzbonifikation → Rabatte

Umsatzkennzahlen
→ Marketing-Kennzahlen

Umsatzsteuer (USt)

1. *Allgemeines*: Die USt ist eine Steuer mit Merkmalen einer Verbrauch- und Verkehrsteuer. Einerseits wird angestrebt, jeden inländischen (Letzt-) Verbrauch zu besteuern, andererseits wird dabei an wirtschaftliche Verkehrs-(Austausch-)Vorgänge angeknüpft. Seit 1968 wird in der Bundesrepublik Deutschland zur wettbewerbsneutralen Durchführung der Umsatzbesteuerung das System der „*Mehrwertsteuer*", einer „Allphasen-Netto-Umsatzsteuer mit *Vorsteuerabzug*" praktiziert. Besteuert wird auf jeder Wirtschaftsstufe der Netto-Erlös (Preis ohne USt) des Unternehmers, wobei die ihm von der Vorstufe (Lieferanten) in Rechnung gestellten Umsatzsteuern als „Vorsteuern" abgesetzt werden können. Im Ergebnis wird also Stufe für Stufe Steuer nur auf den „Mehrwert", die „Wertschöpfung"

der Stufe, erhoben. Ist der Leistungsempfänger kein Unternehmer, sondern Letztverbraucher, so steht ihm kein *Vorsteuerabzug* zu; er trägt damit – wie vom System beabsichtigt – die gesamte ihm im aufzubringenden Brutto-Preis überwälzte USt, ohne dass ihm eine Abzugsmöglichkeit als Vorsteuer zusteht (Endbelastung). Die eigentliche Zahlung der Gesamtbelastung an den Fiskus bewirken die Unternehmer der Wirtschaftsstufen, die an der Lieferung/sonstigen Leistung insgesamt beteiligt waren.

Finanzwissenschaftlich wird ein erhebungstechnischer Vorteil darin gesehen, dass die Steuer für die Vielzahl von Konsumvorgängen von Millionen Endverbrauchern bei einer viel geringeren Zahl von Unternehmen, die zudem über ein Rechnungswesen verfügen, ermittelt und abgeführt wird. Fiskalisch hat die USt eine überragende Bedeutung für das Steueraufkommen (1998: 250 Mrd. DM, 30 %). Da die individuelle Leistungsfähigkeit des Endverbrauchers nicht berücksichtigt wird (indirekte Steuer), gilt sie jedoch unter dem Aspekt der Steuergerechtigkeit als problematisch (Milderung durch ermäßigte Steuersätze z.B. für Lebensmittel). Sie wird auch zu wirtschafts- und sozialpolitischen Zwecken eingesetzt (Steuerbefreiungen, Sonderregelungen).

Die *betriebswirtschaftliche Bedeutung* wird häufig unterschätzt, da sie vereinfachend als „durchlaufender Posten" angesehen wird. Übersehen wird dabei, dass die effektive USt-Belastung (Zahllast und Steuerverwaltungskosten) durch Sachverhaltsgestaltungen, Optionsrechte, Vereinfachungsregelungen und administrative Maßnahmen beeinflusst werden kann. Außerdem ist u.U. die Annahme einer vollständigen Überwälzbarkeit zweifelhaft.

2. *Steuerbare Umsätze*: Der Haupttatbestand der USt betrifft *Lieferungen* und *sonstige Leistungen*, (d.i. die Verschaffung der Verfügungsmacht über einen Gegenstand und das Erbringen sonstiger (Dienst-) Leistungen, die in jedem wirtschaftlich erheblichen Tun, Dulden oder Unterlassen bestehen können (§ 3 Abs. 1 und 9 UStG), die ein *Unternehmer* (d.i. jeder, der eine gewerbliche oder berufliche Tätigkeit selbständig ausübt, s. § 2 UStG), im *Inland* (s. § 1 Abs. 2 UStG) gegen Entgelt (d.i. alles was der Leistungsempfänger aufwendet um die Leistung zu erhalten, jedoch abzüglich der USt, s. § 10 Abs. 1 UStG), *im Rahmen seines Unternehmens* (d.h. innerhalb der gesamten gewerblichen oder beruflichen Tätigkeit, s. § 2 UStG), ausführt.

Neben den beiden Grundfällen der Umsatzsteuerbarkeit „Lieferung" und „sonstige Leistungen" sind als *Spezialfälle* im Gesetz geregelt: staatlich erzwungene Leistungen (§ 1 Abs. 1 Nr. 1 S. 2 UStG), Kommissionsgeschäft (§ 3 Abs. 3 UStG), Werklieferung (§ 3 Abs. 4 UStG), Gehaltslieferung (§ 3 Abs. 5 UStG), Tausch und tauschähnlicher Umsatz (§ 3 Abs. 12 UStG), Abgabe von Speisen und Getränken zum Verzehr an Ort und Stelle (§ 3 Abs. 9 S. 4 UStG), besondere Werkleistung (§ 3 Abs. 10 UStG) und Besorgungsleistung (§ 3 Abs. 11 UStG).

Neben diesen beiden Haupttatbeständen bestehen zur Vermeidung eines unbesteuerten Letztverbrauchs im Inland noch zwei Nebentatbestände bei grenzüberschreitenden Vorgängen, nämlich bei EU-Vorgängen der sog. *Innergemeinschaftliche Erwerb* und die *Einfuhr aus Drittländern* (Nicht-EU-Staaten). Der frühere Ersatztatbestand „*Eigenverbrauch*" ist seit 1.4.1999 aufgrund einer EU-Richtlinien-Vorgabe entfallen.

Beim innergemeinschaftlichen Warenverkehr sind seit 1993 die EU-Binnengrenzen und damit die *Einfuhrumsatzsteuer* weggefallen. An ihre Stelle ist der sog. „*innergemeinschaftliche Erwerb*" getreten (§ 1a Abs. 1 UStG).

Bei *Einfuhr* von Gegenständen aus Drittländern ins Inland (§ 1 Abs. 1 Nr. 4 UStG) wird durch eine „*Einfuhrumsatzsteuer*" an der Grenze sichergestellt, dass nicht ausländische Lieferungen unversteuert im Inland verbraucht werden können.

3. *Nichtsteuerbare Vorgänge* liegen in folgenden Fällen vor:

a) kein Leistungsaustausch
b) Leistender Nichtunternehmer
c) Innenumsätze
d) Leistungen außerhalb des Inlands (Ausland, Zollausschlüsse, Zollfreigebiete)
e) Umsätze aus der nichtunternehmerischen Sphäre, selbst wenn der Leistende sonst „Unternehmer" ist (z.B. Verkäufe aus Liebhabertätigkeiten oder reiner Vermögensverwaltung eines Kaufmanns).

4. *Ort und Zeit einer Lieferung* bestimmen sich danach, wann die Verfügungsmacht über den Liefergegenstand verschafft wurde

bzw. wo sich der Gegenstand dabei befand (§ 3 Abs. 7 UStG).

5. *Steuerbefreiungen* mit Vorsteuerabzugsberechtigung sind im Wesentlichen: Ausfuhrlieferungen und innergemeinschaftliche Lieferungen, Lohnveredelungen an Ausfuhrgegenständen, Versorgung der Seeschiffahrt und der Luftfahrt, grenzüberschreitende Beförderungen, Vermittlung steuerfreier Umsätze. Steuerbefreiungen ohne Vorsteuerabzugsberechtigung bestehen z.B. für Geld- und Kapitalverkehr, GrESt-pflichtige Vorgänge, Versicherungsumsätze, Umsätze der Bausparkassen- und Versicherungsvertreter, Nutzungsüberlassungen von Grundstücken, heilberufliche Umsätze, Blindenumsätze, Umsätze von Kultur-, Gesundheits-, Sozial- und Bildungseinrichtungen, Lieferung oder Verwendung von Gegenständen, die steuerfreien Tätigkeiten dienen.

6. *Steuerpflicht* tritt obligatorisch für steuerbare Umsätze, die nicht steuerbefreit sind, ein. Fakultativ kann Steuerpflicht durch Verzicht auf Steuerbefreiungen (§ 9 UStG) in bestimmten Fällen herbeigeführt werden, wodurch die Berechtigung zum *Vorsteuerabzug* erreicht werden kann.

7. *Steuerbemessungsgrundlagen*: Bei Lieferungen und sonstigen Leistungen sowie beim innergemeinschaftlichen Erwerb bemisst sich die USt nach dem Entgelt, d.i. alles, was der Leistungsempfänger aufwendet, um die Leistung zu erhalten, jedoch abzüglich der USt (§ 10 Abs. 1 UStG). Bei Einfuhr aus Drittlandgebiet ist der Zollwert des eingeführten Gegenstandes die Bemessungsgrundlage (§ 11 Abs. 1 UStG).

8. *Besteuerungsformen* der USt sind a) die Sollbesteuerung und b) die Istbesteuerung. Grundsätzlich sind die „vereinbarten Entgelte" (§ 16 Abs. 1 UStG) für die Erfassung bei der USt-Voranmeldung maßgeblich; entscheidend ist die Leistungsausführung im Voranmeldungszeitraum, nicht die Bezahlung (§ 13 Abs. 1 Nr. 1a UStG).

9. *Steuersätze*: Wenn kein anderer Satz zur Anwendung kommt, gilt der Regelsteuersatz von z.Z. 16 % des Entgelts (13,79 % aus dem Brutto-Betrag). Ein ermäßigter Steuersatz kommt für die in einer Anlage zu § 12 Abs. 2 Nr. 1 UStG abschließend aufgezählten Gegenstände aus den Bereichen land- und forstwirtschaftlicher Erzeugnisse, Futtermittel, Lebensmittel, Milch und Wasser, Verlagserzeugnisse und Erzeugnisse des graphischen Gewerbes, Körperersatzstücke und Kunstgegenstände zur Anwendung. Er beträgt z.Z. 7 v.H. (6,54 % aus dem Brutto-Betrag).

10. Von der so ermittelten Ausgangs-USt kann insbes. der *Vorsteuerabzug* (Rechnungsvorsteuer, Eingangs-USt) abgesetzt werden: Voraussetzung sind gem. § 15 Abs. 1 UStG: (1) Unternehmereigenschaft, (2) ausgeführte Leistungen (3) von einem anderen Unternehmer, (4) für sein Unternehmen, (5) gesonderter USt-Ausweis in einer → Rechnung und (6) kein Vorsteuerausschluss gem. § 15 Abs. 1a, 1b und 2 UStG.
Neben dieser Rechnungsvorsteuer kann die entrichtete *Einfuhrumsatzsteuer* und die Steuer für den innergemeinschaftlichen Erwerb von Gegenständen abgesetzt werden (§ 15 Abs. 1 Nr. 2, 3 UStG).   R.F.

Literatur: *Birkenfeld, W.:* Umsatzbesteuerung im Binnenmarkt, 3. Aufl., Berlin 1996. *Bunjes, J.; Geist, R.:* Umsatzsteuergesetz, Kommentar, 2. Aufl., München 1985. *Dziadkowski, D.:* Umsatzsteuer, 4. Aufl., München 1996. *Jacob, W.:* Umsatzsteuer, München 1998. *Rau G.; Dürrwächter; Flick, H.; Geist, R.:* Kommentar zum Umsatzsteuergesetz, Loseblatt, 6. Aufl., Köln 1987 ff. *Rose, G.:* Verkehrsteuern, 13. Aufl., Wiesbaden 1997. *Völkel, D.:* Umsatzsteuer, Stuttgart 1999.

Umsatzvorgaben

Hängt der erzielte Umsatz eines Verkaufsaußendienstmitarbeiters (VADM) in hohem Maße von seinen Verkaufsanstrengungen ab, besitzt die Verkaufsleitung aber bessere Informationen über das Marktpotential bzw. den erreichbaren Umsatz, so empfiehlt sich eine outputorientierte Mengensteuerung des Verkaufsaußendienstes über Umsatzvorgaben (→ Außendienststeuerung). Dies sind Sollumsätze, die einem VADM für bestimmte Produkte in seinem Verkaufsgebiet als Ziel vorgegeben werden, wobei er zur Erfüllung der Sollvorgaben mit Hilfe von bestimmten Anreizen (→ Außendienstentlohnung) motiviert wird.
Bei der Bestimmung der Höhe der Umsatzvorgaben steht das Unternehmen vor einem Zielkonflikt. Einerseits sollen die Vorgaben hoch genug sein, damit der VADM zu höchstmöglicher Leistung herausgefordert wird. Andererseits sollten die Vorgaben erreichbar sein, weil sonst der VADM demotiviert wird. Schließlich müssen die Vorgaben im Vergleich der VADM untereinander noch gerecht sein, damit sich kein VADM

benachteiligt fühlt. Die letzte Anforderung ist immer dann von Bedeutung, wenn das Umsatzpotential in den einzelnen Verkaufsgebieten ungleich hoch ist und unterschiedliche Qualitäten eines Verkaufsgebietes nicht die Belohnung für vergangene Leistungen darstellen sollen.
Gerechtigkeit der Umsatzvorgaben erzielt man, wenn man alle sinnvollen Umsatzpotential-Indikatoren erhebt und ihren Einfluss auf den Umsatz bestimmt. Dazu schätzt man eine → Marktreaktionsfunktion des Umsatzes in Abhängigkeit aller angenommener Einflüsse auf die Güte eines Gebietes. Als Datengrundlage dienen die tatsächlich erzielten Umsätze in der Vergangenheit und die Werte der Einflussfaktoren für die vorhandenen Verkaufsgebiete. Die sich dann nach Maßgabe der Parameterwerte der Reaktionsfunktion und der Ausprägungen der Einflussfaktoren ergebenden Umsatzschätzungen stellen gerechte Umsatzvorgaben dar, da die Parameterwerte den tatsächlichen und auf alle Gebiete gleichermaßen wirkenden Einfluss der Umsatzpotential-Indikatoren widerspiegeln. Dabei sind nur solche Indikatoren zu berücksichtigen, die externe Markteinflüsse außerhalb des Einflussbereiches der VADM darstellen.
Auch wenn diese Vorgehensweise am ehesten eine objektive Methode bietet, können bei ihrer Anwendung in der Praxis erhebliche Implementationsprobleme entstehen. Die VADM werden Vorgaben nach einem solchen System nämlich nur dann akzeptieren, wenn sie an der Auswahl der einzubeziehenden Umsatzpotential-Indikatoren beteiligt werden und die Parameterwerte einer solchen Reaktionsfunktion nach objektiven sowie nachvollziehbaren, somit v.a. statistischen, Regeln festgelegt werden (*Albers/Skiera*, 1999).
Herausfordernde und erreichbare Umsatz-Vorgaben zugleich lassen sich nur erzielen, wenn man weiß, welche Umsätze sich der VADM zutraut. Es sind deshalb Systeme entwickelt worden, bei denen das Unternehmen für das Erreichen bestimmter alternativer Umsatz-Vorgaben → Verkaufsprämien anbietet und dann den VADM nach seinen Präferenzen für alle Kombinationen von Vorgabe und Prämie fragt (*Darmon*, 1979). Daraus schließt man implizit auf die Nutzenfunktion des VADM und seine Selbsteinschätzung der Umsatzmöglichkeiten und kann darauf aufbauend die höchstmöglichen Umsatzvorgaben bestimmen, die der VADM noch für erreichbar hält. Dafür werden allerdings bereits gerechte Umsatzvorgaben benötigt, da den individuellen VADM nur für gleichwertige Umsatzvorgaben gleiche Prämien angeboten werden können.
Eine andere Möglichkeit zur Bestimmung herausfordernder und erreichbarer Umsatzvorgaben besteht in dem Angebot von unterschiedlich hohen Prämien, je nachdem, welche Höhe der VADM als Umsatz-Vorgabe akzeptiert. Dieses auch als „*New Soviet Incentive System*" bezeichnete System, bei dem Unter- wie Überschreitungen unattraktiver als das exakte Erreichen einer Vorgabe sind, wurde bei IBM Brazil eingesetzt (*Gonik*, 1978). S.A.

Literatur: *Albers, S.:* Steuerung von Verkaufsaußendienstmitarbeitern mit Hilfe von Umsatzvorgaben, in: W. Lücke (Hrsg.): Betriebswirtschaftliche Steuerungs- und Kontrollprobleme, Wiesbaden 1988, S. 5-18. *Albers, S.; Skiera, B.:* Umsatzvorgaben für Außendienstmitarbeiter, in: *A. Herrmann; C. Homburg* (Hrsg.): Marktforschung. Methoden, Anwendungen, Praxisbeispiele, Wiesbaden 1999, S. 957-978. *Darmon, R.Y.:* Setting Sales Quotas with Conjoint Analysis, in: Journal of Marketing Research, Vol. 16 (1979), S. 133-140. *Gonik, J.:* Tie salesmen's bonuses to their forecasts, in: Harvard Business Review, Vol. 56 (May-June 1978), S. 116-123. *Mantrala, M.; Sinha, P.; Zoltners, A.A.:* Structuring a Multiproduct Sales Quota-bonus Plan for a Heterogeneous Salesforce: A Practical Approach, in: Marketing Science, Vol. 13 (1994), S. 121-144.

Umsatzzielabkommen

im Rahmen von → Jahresgesprächen zwischen Industrie und Handel vereinbarte Zielwerte für den Jahresumsatz, die dann als Basis für die Preis- und Konditionengestaltung gewählt werden.

Umsatzzielkonditionen

Im Rahmen von Verhandlungen zwischen Herstellern und Händlern festgelegte Konditionen, die gelten, wenn die gleichzeitig vereinbarten Umsatzziele in der Planperiode erreicht werden (s.a. → Rabatte).

Umschlagsgeschwindigkeit

Typus von → Marketing-Kennzahlen, bei dem die Intensität des Geschäftes gemessen werden soll. Dazu setzt man Leistungskennzahlen in Bezug zu Bestandszahlen, etwa den Umsatz zum Lagerbestand (→ Lagerumschlag), den Gewinn zum eingesetzten Kapital (→ Kapitalumschlag) oder den

Umschlagslager

→ Cash-flow zum Fremdkapital („Verschuldungsgrad").

Umschlagslager → Depot

Umschlagspunktsystem → Depotplanung

UMTS

Universal Mobile Telefone System: Dritte und HTML-kompatible Generation von Mobiltelefonen mit einer Bandbreite von 2 Mbit/s.

Umwandlungsquote → Response

Umweltanalyse

zur → Stärken-Schwächen-Analyse komplementärer Teilprozess der → strategischen Marketingplanung, dessen Aufgabe es ist, das externe Umfeld des Unternehmens auf Anzeichen für eine Bedrohung des gegenwärtigen Geschäftes und neue Chancen zu untersuchen. Sie gliedert sich in zwei Schritte: die Analyse der globalen Umwelt und jene der Wettbewerbsumwelt (*Abbildung*).

Die globale und die Wettbewerbsumwelt

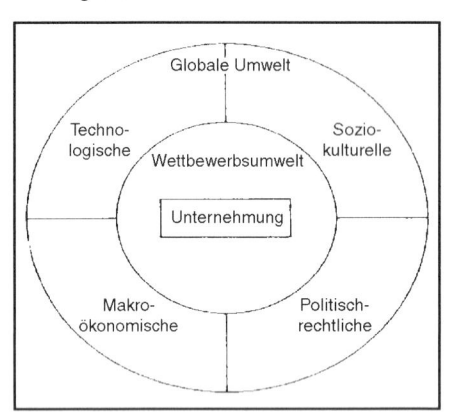

(Quelle: *Steinmann/Schreyögg*, 2000, S. 138)

Die *Analyse der globalen Umwelt* sollte möglichst unbeschränkt erfolgen, um alle relevanten Entwicklungen (→ Marktdynamik, → Wettbewerbsdynamik) erfassen zu können. Geeignete Instrumente hierzu stellen insb. die → strategische Frühaufklärung, die → Cross-Impact-Analyse und die → Szenario-Technik zur Verfügung. Um zu einer Vorstrukturierung der relevanten Informationen zu gelangen, ist die Unterteilung der globalen Umwelt in vier Sektoren üblich geworden:

(1) die *makro-ökonomische* Umwelt;
(2) die *technologische* Umwelt, die bei immer kürzer werdenden → Lebenszyklen der Produkte an Bedeutung gewinnt und bei der Formulierung von → Technologie-Strategien zur entscheidenden Beobachtungsrichtung wird;
(3) die *politisch-rechtliche* Umwelt, die aufgrund der zunehmenden Verflechtung von Politik und Ökonomie entscheidenden Einfluss auf die Strategieformulierung gewinnt und bei der zunehmend auch internationale Tendenzen berücksichtigt werden müssen
(4) die *sozio-kulturelle* Umwelt, in der z.B. der → Wertewandel als strategische Chance/Bedrohung diagnostiziert werden muss.

Die Analyse der Wettbewerbsumwelt muss als zweiter Analyseschritt die engere ökonomische Umwelt eines strategischen Geschäftsfeldes (→ strategische Geschäftseinheit) strukturieren und die Wirkung der unmittelbar relevanten Kräfte analysieren. Dies kann z.B. mit Hilfe einer → Branchenstrukturanalyse geschehen. J.L.

Literatur: *Steinmann, H.; Schreyögg, G.:* Management, 5. Aufl., Wiesbaden 2000.

Umweltbewusstsein
→ Ökologisches Konsumentenverhalten

Umwelt-Controlling → Öko-Controlling

Umweltengel → Umweltzeichen

Umweltkommunikation

→ Public Relations über Auswirkungen einer Organisation auf die Umwelt (→ ökologisches Marketing). Wichtigster Ausfluss daraus ist der von verschiedenen Organisationen periodisch vorgelegte Umweltbericht (oder Ökobericht), in dem über die Beanspruchung natürlicher Ressourcen in der vergangenen Geschäftsperiode Rechenschaft abgelegt wird und auch eigentliche Ökobilanzen präsentiert werden (s.a. → Ökologisches Marketing).

Umwelt-Lizenzen → Umweltökonomie

Umweltmanagement
→ Marktorientiertes Umweltmanagement

Umweltökonomie

bezeichnet die *volkswirtschaftliche* Wissenschaftsdisziplin, die sich mit ökologisch orientierten Fragestellungen auseinandersetzt. Sie befasst sich im Wesentlichen mit der Lösung von drei Problembereichen:

(1) Sie untersucht die Bedingungen, unter denen in einer dezentralisierten Tausch- und Produktionswirtschaft mit unabhängigen Entscheidungsträgern *ein Pareto-optimales Wohlfahrtsoptimum* bei erschöpfbaren Ressourcen und externen Umwelteffekten zu erreichen ist.

(2) Zweitens geht es ihr um die Bewertung von Umweltschäden und Umweltverbesserungen im Rahmen von *Kosten-Nutzen-Analysen*.

(3) Sie beurteilt die *Eignung vom umweltpolitischen Instrumenten* unter Effizienzgesichtspunkten.

Ad (1): Im Rahmen des *mikroökonomisch* ausgerichteten Ansatzes der Umweltökonomie lässt sich zeigen, dass unter den Annahmen der vollständigen Konkurrenz und vollständiger Informationen eine optimale Verwendung von erschöpfbaren Ressourcen möglich ist. Unter der plausiblen Annahme des Vorliegens von Marktunvollkommenheiten können sich dagegen Abweichungen vom Pareto-Optimum ergeben. Prohibitive Transaktionskosten führen zu einer Überbewertung des Wertes der kurzfristig abzubauenden Rohstoffe in Relation zum Gegenwartswert der langfristig abzubauenden Rohstoffe und damit zu einer Überausbeutung der Ressourcen. Ferner lässt sich zeigen, dass beim Auftreten externer Umwelteffekte der Preismechanismus nicht zu einer effizienten Allokation führen kann, sodass nur durch Internalisierungsmaßnahmen Dritter (Staat) eine Pareto-optimale Allokation gewährleistet werden kann.

Ad (2): Mit *Kosten-Nutzen-Analysen* kann bei allen Ermittlungs- und Bewertungsproblemen aufgezeigt werden, in welchen Fällen sich umweltpolitische Eingriffe ökonomisch rechtfertigen lassen. Die Nutzen der Umweltpolitik können dabei als vermiedene oder behobene Umweltschäden behandelt werden. Da für Umweltschäden i.d.R. keine Marktbewertungen vorliegen, müssen die Schäden durch alternative Verfahren monetär bewertet werden (z.B. durch die Ermittlung von Konsumentenpräferenzen und Zahlungsbereitschaften über Befragungen oder Abstimmungen). Bei aller Vorsicht der Interpretation zeigen zahlreiche Studien, dass das reale Ausmaß der Umweltschädigung gravierende volkswirtschaftliche Kosten verursacht.

Ad (3): Die *Effizienzbeurteilung* einer Selbstkontrolle, die auf die freiwillige Einhaltung ökologischer Standards abstellt, zeigt, dass umweltethische Verhaltensmaximen zwar als notwendiges, nicht aber als hinreichendes Mittel einer wirksamen Umweltpolitik angesehen werden kann, da insbesondere ein direkter Bezug zwischen Individuum und Umwelt nicht gesichert ist. Das Coase-Theorem zeigt zwar, dass unter restriktiven Annahmen Verhandlungen zwischen Verursachern und Betroffenen von Umweltbelastungen zu optimalen Ergebnissen führen, soweit der Staat exakte Eigentumsrechte an Umweltgütern definiert. Bei Anwesenheit von Transaktionskosten (Verhandlungskosten) stellt sich eine effiziente Verhandlungslösung allerdings nicht ein. Darüber hinaus tragen Umweltgüter i.d.R. den Charakter von öffentlichen Gütern, sodass Trittbrettfahrer-Effekte auftreten. Im Bereich der Interventionslösungen, bei denen dem Staat eine aktive Rolle beigemessen wird, werden Monetarisierungsstrategien und direkte staatliche Eingriffe diskutiert.

Mit Monetarisierungsstrategien sollen externe Umwelteffekte durch *Umwelt-Lizenzen* oder *Ökosteuern* internalisiert werden. Bei Umweltlizenzen handelt es sich um staatlich emitierte Zertifikate, die insgesamt zu einer ex ante definierten maximalen Schadstoffabgabe berechtigen. Umweltlizenzen sind frei handelbar, sodass sich für sie ein Marktpreis bilden kann. Die Effizienz dieser Zertifikatslösung ist allerdings an restriktive Annahmen hinsichtlich der Wettbewerbssituation gebunden. Zudem werden Fragen der Erstemission der Lizenzen und der Bestimmung der maximalen Schadstoffabgabe kontrovers diskutiert. Durch Ökosteuern soll den Wirtschaftssubjekten ein Anreiz gegeben werden, sich umweltfreundlich zu verhalten. Je nach Ausgestaltung der Steuer können Unternehmen zu einem Wechsel auf umweltgerechtere Technologien und Konsumenten zu einem Zugriff auf umweltgerechtere Produkte bewogen werden. Probleme ergeben sich bei dieser Monetarisierungsstrategie insbesondere bei der Festlegung des „richtigen" Steuertarifes. In jüngerer Zeit wird in Bezug auf die Ökosteuer insbesondere die „Double Dividend"-Hypothese diskutiert, die eine gleichzeitige Senkung von Arbeitslosigkeit und Umweltbelastung postuliert, wenn mit den Steuereinnahmen Lohnnebenkosten gesenkt werden.

Im Rahmen der direkten Interventionsmedien kann der Staat auf Gebote und Verbote (Grenzwerte, Verpflichtungen zur Reduktion einzelner Schadstoffe etc.) zurückgreifen. Die Vorteile derartiger Vorschriften liegen in ihrer relativ raschen ökologischen Wirksamkeit begründet. Probleme ergeben sich allerdings durch erhebliche Kontrollkosten und dem fehlenden Anreiz zu umweltfreundlichem Verhalten unterhalb des festgelegten Limits. Direkte Eingriffsmöglichkeiten bestehen ebenfalls mit der öffentlichen Produktion und Finanzierung umweltrelevanter Leistungen (Infrastrukturinvestitionen, Entsorgung, F&E). In der umweltpolitischen Praxis haben die unterschiedlichen Instrumente je nach situativer Begebenheit (Belastungssituation, Rahmenbedingungen) ihre Berechtigung, da kein Instrument in jeder Hinsicht als überlegen angesehen werden kann. U.Sch.

Literatur: *Siebert, H.:* Economics of the Environment. Theory and Policy, 5. Aufl., Berlin 1998.

Umweltzeichen

dienen im Rahmen des → Ökologisches Marketing der Markierung von solchen Produkten und Dienstleistungen, die insgesamt bzw. hinsichtlich einzelner Merkmale umweltverträglicher sind als andere Angebote innerhalb einer Produktgruppe. Neben gesetzlich vorgeschriebenen Warenkennzeichnungen (z.B. Symbole nach der Gefahrstoffverordnung) können (freiwillige) Umweltzeichen, die nach bestimmten Vergabekriterien von unabhängigen Prüfinstituten vergeben werden, von firmen- und verbandseigenen Umweltzeichen unterschieden werden. Zur ersten Gruppe gehören der *„Blaue Engel"* (das deutsche Umweltzeichen) und die zwölfblättrige *Euro-Margerite* (das europäische Umweltzeichen).

Der Blaue Engel ist eine vom Umweltbundesamt (UBA) in Zusammenarbeit mit dem Deutschen Institut für Gütesicherung und Kennzeichnung e.V. (→ RAL) vergebene Warenkennzeichnung für Produkte, die, bei gleichem Gebrauchswert, im Vergleich zu anderen Produktalternativen der gleichen Produktgruppe die Umwelt weniger belasten (z.B. „Umweltzeichen, weil lärmarm").

Die Vergabe des Blauen Engels erfolgt in zwei Schritten. Zuerst wird auf Antrag beim Umweltbundesamt die Zeichentauglichkeit einer Produktgruppe (z.B. Personalcomputer) geprüft und Vergaberichtlinien festgelegt. Danach können interessierte Hersteller die Verwendung des Umweltzeichens beim RAL beantragen, wenn sie nachweisen und erklären, dass sie die Vergaberichtlinien einhalten. Seit der „Blaue Engel" im Jahre 1978 als weltweit erstes Umweltzeichen eingeführt wurde, stieg die Anzahl der vergebenen Umweltzeichen für Produkte von 48 auf ca. 4.000 von 800 Herstellern im Jahre 1999, darunter ca. 15% ausländische Zeichennehmer. Allerdings ist die Tendenz leicht rückläufig. Es können bspw. Kopierer, Heizungsanlagen und Hydraulikflüssigkeiten, nicht aber Lebensmittel mit dem Umweltzeichen gekennzeichnet werden. Werden die Vergabekriterien nach regelmäßiger Prüfung verschärft, so verlieren alle Produkte dieser Produktgruppe das Recht, den „Blauen Engel" zu tragen.

Durch eine europäische Verordnung wurde 1992 ein europäisches Umweltzeichen (eine stilisierte Blume mit einem „E" in der Mitte) eingeführt, das mit Ausnahme von Arzneimitteln, Getränken und Lebensmitteln für alle Produktgruppen verliehen werden kann. Zeichentaugliche Produktgruppen (u.a. Waschmaschinen, Geschirrspüler, Waschmittel) und Auswahlverfahren legen nationale Einrichtungen gemeinsam mit der Europäische Kommission fest. Die Vergabe der *„Euro-Blume"* erfolgt dann durch unabhängige nationale Stellen, in Deutschland das Umweltbundesamt mit dem RAL. Im Vergleich zum Blauen Engel sollen mit dem europäischen Umweltzeichen nur Produkte ausgezeichnet werden, die während ihrer gesamten Lebensdauer („von der Wiege bis zur Bahre") umweltverträglich sind. Bisher sind ca. 200 Produkte mit diesem Label ausgezeichnet.

Umweltengel und Umweltblume sollen als Orientierungshilfe für Hersteller, Handel und Konsumenten dienen und die Entwicklung und Markteinführung umweltfreundlicherer Produkte vorantreiben. Die Akzeptanz des „Blauen Engels" ist bei Herstellern und Konsumenten recht hoch (→ ökologisches Verbraucherverhalten). Firmen- und Verbandszeichen, die nicht von unabhängiger Seite nach einem vorgeschriebenen Vergabeverfahren verliehen werden, gibt es in einer kaum noch überschaubaren Anzahl (z.B. Henkel: „Fortschritt mit Rücksicht";

Textilindustrie: Öko-Tex Standard 100). Die Werbung mit Umweltzeichen, insbesondere mit firmeneigenen Zeichen unterliegt strengen rechtlichen Maßstäben nach §3 UWG (→ Irreführende Werbung). Für den Konsumenten stellt die Umweltqualität von Produkten in vielen Fällen eine Vertrauenseigenschaft dar, sodass Umweltzeichen die Funktion der Entscheidungsvereinfachung und Risikoreduzierung übernehmen (Schlüsselinformationen). Allerdings trägt die Vielzahl firmeneigener, ungeprüfter Umweltzeichen eher zu Verunsicherung und Misstrauen bei. I.Ba.

Literatur: *Hansen, U.; Kull, St.*: Öko-Label als umweltbezogenes Informationsinstrument: Begründungszusammenhänge und Interessen, in: Marketing ZFP, 16. Jg. (1994), S. 265-274. http://www.blauer-engel.de

Umzingelungsstrategie
→ Angriffsstrategie

Unabhängige Stichprobe
Ziehung mindestens *zweier* Stichproben aus *einer* Grundgesamtheit per → Zufallsauswahl. Es werden also unterschiedliche Werte bei einer Variablen gemessen, folglich wird eine gezogene Stichprobe wieder zurückgelegt, bevor eine neue Stichprobe gezogen wird. Es besteht also keine Verbindung zwischen *beiden* Stichproben, die Einzelwahrscheinlichkeiten aus den verschiedenen Stichproben beeinflussen sich nicht gegenseitig.

Unadressierte Werbesendung
Werbemittel (Handzettel; Prospekte etc.) ohne aufgedruckte Empfängeradresse, die durch Verteiler oder Postboten den Haushalten zugestellt werden. Auf unadressierte Werbesendungen entfallen ca. 10% aller Ausgaben im Rahmen der → Direktwerbung (entspricht 1999 ca. 1,9 Mrd. €). Die Einordnung der unadressierten Werbesendung in das System der Direktwerbung ist problematisch, da im Allgemeinen kein direkter Kontakt zwischen Absender und Empfänger besteht. Ein Verbrauchermarkt beispielsweise, der in seinem Einzugsbereich wöchentlich seine Prospekte streut, erzeugt dadurch keinen direkten persönlichen Kontakt, da i.d.R. der Kunde selbst bei einem dadurch ausgelösten Einkauf anonym bleibt (→ Haushaltdirektwerbung). Nur im Falle der Bezahlung z.B. mit einer Kundenkarte wäre der Kunde durch den Händler identifizierbar – ein direkter Kontakt im Sinne des → Direktmarketing wäre hergestellt. Wenn allerdings unadressierte Werbesendungen gezielt zum Zwecke der direkten Kontaktaufnahme eingesetzt werden, indem z.B. → Responsemittel verwendet werden, die auf eine nicht-anonyme Kontaktaufnahme zwischen Absender und Empfänger hinauslaufen (z.B. Anfrage oder Bestellung), so entspricht dies dem Wesen des Direktmarketing. Seit 1988 in einem Bundesgerichtshof-Urteil entschieden wurde, dass Verteilerfirmen wie auch die Post Aufkleber am Briefkasten mit dem Inhalt *„Bitte keine Werbung einwerfen"* respektieren müssen, hat diese relativ kostengünstige Form der Haushaltdirektansprache (Verzicht auf → Adressmanagement) deutlich an Lukrativität eingebüßt. Stattdessen werden immer häufiger → adressierte Werbesendungen oder Pressebeilagen bzw. → Pressebeihefter eingesetzt.
Marktforschungsergebnisse der → Deutschen Post AG (1996) zufolge, wurden von den direkt zugestellten Prospekten 71% zur Kenntnis genommen. Bei Tageszeitungen lag der Anteil der Nutzung von → Beilagen bei 57% und bei Anzeigenblättern bei 64%. N.G.

UNCTAD
Abk. f. United Nations Conference on Trade and Developement, gegr. 1964 zur Förderung des Handels, der investitionstätigkeit und der Wirtschaftsentwicklung in unterentwickelten Ländern (less developed countries – LDC). Entwicklungsländer fühlen sich in dieser Organisation besser verstanden als in der → WTO.

Underreporting
negativer → Paneleffekt und Störgröße, welche die Repräsentanz von Panel-Informationen einschränkt. Underreporting ist das fehlende Angeben von Produktkäufen, die der Panelteilnehmer zwar tatsächlich getätigt hat, an die er sich jedoch nicht erinnern kann oder will.

Unfolding
Das Unfolding der → Mehrdimensionalen Skalierung (MDS) gehört zu den nichtmetrischen Mehrdimensionalen Skalierungsverfahren. Zur Erzeugung des → Jointspace wird lediglich auf Präferenzdaten der n Urteilspersonen zurückgegriffen. Die individuellen Präferenzdaten liegen als Rangfolge

Ungewissheitsvermeidung

Symptome von Ungewissheitsvermeidung	
Schwache Tendenz zur Ungewissheitsvermeidung	Starke Tendenz zur Ungewissheitsvermeidung
• Von der Norm abweichendes Verhalten erscheint seltsam, allenfalls lächerlich • Aggressionen und Emotionen sind zu unterdrücken • Gelassenheit, Bequemlichkeit etc. bestimmen das Lebensgefühl • Akzeptanz unstrukturierter Situationen und vager Zielvorgaben, allgemeiner Aufgabenstellungen • Abneigung gegenüber Vorschriften, Formalisierung und Standardisierung	• Von der Norm abweichendes Verhalten wird als gefährlich betrachtet • Aggressionen und Emotionen dürfen gezeigt werden • Ängste, Sorgen, Stress etc. bestimmen das Lebensgefühl • Bedarf an strukturierten Situationen und präzisen Zielvorgaben und konkreten Aufgabenstellungen • Vorschriften, Formalisierung und Standardisierung sind erwünscht
Bp.: Dänemark, Jamaica, Singapur	Bp.: Griechenland, Guatemala, Portugal

der m Objekte vor. Die Urteilspersonen werden beim Unfolding als Idealpunkte (→ Kaufmodelle) abgebildet. Es wird nun eine Konfiguration der m Objekte und n Personen gesucht, so dass die aus den Distanzen zwischen Objekt- und Personenpunkten im Jointspace abgeleiteten Präferenzrangfolgen die beobachteten Daten möglichst gut wiedergeben (→ Skalierungstechnik). L.H.

Ungewissheitsvermeidung

Kulturdimension nach → *Hofstede*. Ungewissheitsvermeidung drückt aus, in welchem Umfang sich Menschen durch unsichere, unbekannte oder unstrukturierte Situationen bedroht fühlen (vgl. *Abb.*).

In Unternehmen sind Eindeutigkeit bzw. Klarheit von Plänen, von unternehmenspolitischen Leitlinien, von Abläufen oder von Systemen Ausdruck einer ausgeprägten Tendenz zur Ungewissheitsvermeidung; denn transparente Abläufe, Strategien oder weithin akzeptierte Richtlinien tragen dazu bei, dass der einzelne Mitarbeiter seine Ungewissheit abbaut oder es ihm gelingt, die mit unbekannten Situationen verbundenen Risiken zu bewältigen. Da erhöhte Unsicherheit, unter der Entscheidungen zu fällen sind, zu den zentralen Bestimmungsgründen grenzüberschreitender Unternehmenstätigkeit zählt, ist diese Kulturdimension für das → Interkulturelle Marketing besonders bedeutsam. S.M./M.Ko.

Unified Messaging System → Mailbox

Unikatwerbung → Werbung

Unique Price Proposition (UPP)

in der Regel zielgruppenspezifisch ausgerichtetes → Kundennutzenkonzept, das als Kern der → Preisstrategie analog zur „Unique Selling Proposition" (→ USP) ein möglichst einzigartiges Preisversprechen zur Lösung kundenseitiger Preisprobleme definiert und insofern die zentrale Botschaft der preisbezogenen → Kommunikationspolitik, speziell der → Preiswerbung, darstellt, um eine Profilierung im → Preiswettbewerb, Kundenpräferenzen und dadurch letztlich Absatzerfolge und → Kundenbindung zu schaffen (*Diller*, 2000, S.385).

Bei der UPP handelt es sich nicht um eine Preis-*Qualitäts*-, sondern um eine Preis-*Leistungs*-Relation, deren Leistungsdimension vor allem – allerdings nicht ausschließlich – durch die Produkt- und Sortimentsleistungen sowie die Qualität des Angebots definiert wird. Darüber hinaus gibt es weitere Preisleistungen, wie → Preistransparenz, Preissicherheit und → Preisfairness, aber auch → Preiserlebnisse, wie Preisstolz, Preisprestige, fehlender Preisärger etc., die sich zur Konzipierung einer UPP einsetzen lassen, da sie zu einem Nutzen für die Kunden führen können. Oft werden derartige Leistungen durch bestimmte komplementäre Serviceleistungen abgesichert, etwa durch eine gute Preisberatung, klare → Preisauszeichnung, oder einen günstigen Reparaturservice. A.Ha.

Literatur: *Diller, H.*: Preispolitik, 3. Aufl., Stuttgart 2000.

Unique Visitor

ist eine Maßzahl der → Mediaanalyse im Internet und kennzeichnet einen Internetnutzer, der mindestens einmal pro Berichtszeitraum ein Online-Angebot nutzt. Sie entspricht damit der → Käuferreichweite im herkömmlichen Marketing. Die Reichweite eines Online-Angebots ist die Anzahl seiner Unique Visitors im Verhältnis zur Grundgesamtheit derjenigen Nutzer unter jenen, die im Berichtszeitraum das Internet mindestens einmal besucht haben.
Für die Messung des Unique Visitor gibt es derzeit nur das Verfahren des → MMXi Europe Online Panels, das die Nutzung auf der Seite des Nutzers misst und somit den Unique Visitor bestimmen kann.   B.Ne.

Unit Pricing

Unter Unit Pricing *im weiteren Sinn* versteht man bei der → Preisauszeichnung die doppelte Angabe des Preises für ein Produkt/einen Artikel und des Preises je Maßeinheit des Produkts/Artikels (Kilogramm, Liter, Quadrat-/Kubikmeter usw.). In diesem Sinn wird Unit Pricing im amerikanischen Sprachgebrauch verwendet. Unter Unit Pricing *im engeren Sinn* wird nur die Preisangabe je Maßeinheit („Grundpreis") verstanden; der Endpreis wird je nach der effektiven Menge, dem effektiven Gewicht usw. des Produkts/Artikels berechnet. In diesem Sinn wird der Begriff im deutschen Sprachraum verwendet. Die Pflicht zur Grundpreisangabe für bestimmte Waren wird durch § 17a Eichgesetz begründet und durch die Fertigpackungsverordnung ergänzt und präzisiert (z.B. gemäß § 12 der FPVO für Fertigpackungen mit Lebensmitteln in Nachfüllmengen von nicht mehr als 10 Kilogramm oder Liter). Sie zielt darauf ab, den Verbrauchern den Preisvergleich bei unterschiedlichem Gewicht, Volumen, unterschiedlichen Packungsgrößen oder Stückzahlen zu erleichtern (→ Preisaufklärung, → Preistransparenz). Handelsbetriebe können Unit Pricing auch freiwillig zur Dokumentation ihrer verbraucherfreundlichen Marketingkonzeption einsetzen (→ Preisehrlichkeit).
Unter *Multiple-Unit Pricing* ist die Preisangabe für mehrere Stück in einer Packung zu verstehen („Multipack-Preis"). Im Regelfall ergibt sich für die Verbraucher eine Preisersparnis, da der Multipack-Preis niedriger ist als die Summe der Stückpreise im Einzelverkauf, z.B. Dreierpack Bier 2,75 Euro, Einzelflasche Bier 0,98 Euro. Wegen der Konsumentenerfahrung der üblichen Preisgünstigkeit von Mehrfach-Packungen und wegen der erforderlichen Umrechnung ist eine missbräuchliche, täuschende Verwendung des Multiple-Unit Pricing nicht ganz auszuschließen (z.B. 1 Stück 0,49 Euro, 3 Stück 1,59 Euro). Sie ist jedoch gem. § 3 UWG als irreführende Preisangabe unzulässig.   H.-O.S.

Literatur: *Diller, H.*: Unit Pricing als absatz- und verbraucherpolitisches Instrument, in: Markenartikel, Heft 4/1977, S. 143–153. *Levy, M.; Weitz, B.A.*: Essentials of Retailing, Chicago 1996.

Unit-Sourcing → Sourcing-Konzepte

Univariate Verfahren → Datenanalyse

Universalbank → Bankenmarkt

Universal-Katalog → Katalog-Werbung

Universalmesse
→ Messen- und Ausstellungen

Universalvertrieb

Unterliegt die Anzahl der belieferten Händler im Rahmen der → Vertriebswegepolitik keiner erkennbaren Beschränkung durch den Hersteller, sondern wird sie lediglich durch die Aufnahmebereitschaft des Handels bestimmt, so spricht man von *intensivem* oder von Universalvertrieb. Dieses Konzept korrespondiert mit dem Ziel der → Ubiquität und strebt im Extremfall eine → Distributionsdichte von 100% an.
   H.Schr.

Unlauterer Wettbewerb

Unter Wettbewerb ist das Streben mehrerer nach einem Ziel, das nicht alle erreichen können, zu verstehen. Im → Wettbewerbsrecht ist Wettbewerb das Streben jedes von mehreren Unternehmen, auf einem Markt mit möglichst vielen Kunden Geschäfte abzuschließen. Der Wettbewerb ist wesentlicher Bestandteil der Marktwirtschaft und grundsätzlich erwünscht. Mit dem Erfolg des einen ist häufig ein Zurückfallen der anderen Mitbewerbers verbunden; diese in der Natur des Wettbewerbs liegende Beeinträchtigung ist grundsätzlich erlaubt. Die Rechtsordnung hat aber die Aufgabe, unlautere Wettbewerbshandlungen zu bekämpfen. Dies geschieht durch das Gesetz

gegen den unlauteren Wettbewerb (→ UWG) aus dem Jahre 1909.
Die Generalklausel des § 1 UWG verbietet alle im geschäftlichen Verkehr zu Zwecken des Wettbewerbs vorgenommenen Handlungen, die gegen die guten Sitten verstoßen. Die allgemein gehaltene Regelung ist durch die Rechtsprechung in zahlreichen speziellen Tatbeständen konkretisiert worden, die typischerweise unlauteren Wettbewerb darstellen. Diese Fallgruppen sind:

1. der → Kundenfang
2. die unbillige → Behinderung von Mitbewerbern
3. die → Ausbeutung fremder Leistung
4. der → Rechtsbruch
5. die → Marktstörung.

Das UWG selbst verbietet außer den unter § 1 UWG fallenden Handlungen verschiedene Verhaltensweisen, z.B. → irreführende Werbung und sonstige Werbe- und Vertriebsmethoden mit einer typischen Täuschungsgefahr, ferner Verstöße gegen Regeln des Ausverkaufes und den unter bestimmten Umständen betriebenen → Kaufscheinhandel.

Unlauterer Wettbewerb löst zivilrechtliche Ansprüche auf → Unterlassung und Schadensersatz aus, die jeder Mitbewerber geltendmachen kann, der selbst beeinträchtigt oder in der gleichen oder einer verwandten Branche wie der Verletzer tätig ist. Dem Schutz der Allgemeinheit dient das Verbandsklagerecht. Auf Unterlassung unlauteren Wettbewerbes können rechtsfähige Verbände zur Förderung gewerblicher Interessen klagen, sofern zu ihren satzungsgemäßen Aufgaben die Verfolgung unlauteren Wettbewerbs gehört. Ferner sind rechtsfähige Verbände klageberechtigt, zu deren satzungsgemäßen Aufgaben es gehört, die Interessen der Verbraucher durch Aufklärung und Beratung wahrzunehmen, bei Verstößen gegen die Generalklausel des § 1 UWG jedoch nur dann, soweit die wettbewerbswidrige Handlung wesentliche Belange der Verbraucher berührt. Dem einzelnen Verbraucher steht dagegen keine Klagebefugnis zu. Klagebefugt sind außer den Verbänden noch die Industrie- und Handelskammern sowie die Handwerkskammern. Bei Streitigkeiten wegen unlauteren Wettbewerbs können außer den Gerichten auch die von den Landesregierungen bei den Industrie- und Handelskammern errichteten Einigungsstellen angerufen werden, deren Aufgabe die Beilegung des Streits im Wege gütlicher Einigung zwischen den Parteien ist (§ 27 a UWG). H.-J.Bu.

Literatur: *Baumbach; Hefermehl*: Wettbewerbsrecht, 21. Aufl., 1999. *Bunte*: Wettbewerbsrecht (UWG/GWB) und gewerblicher Rechtsschutz, 1997. *Gloy*: Handbuch des Wettbewerbsrechts, 2. Aufl. 1997.

Unterbrecherwerbung

Form der Werbeeinschaltung, bei der ein Werbeblock, d.h. eine Serie von → TV-Spots, in laufende redaktionelle Programmteile (Filme, Serien etc.) eingeschaltet wird. Sie steht im Gegensatz zur sog. *Scharnierwerbung*, bei der der Werbeblock am Anfang oder am Ende des Beitrags platziert ist. Empirische Untersuchungen zeigten, dass Unterbrecherwerbung zur größeren Verärgerung der Zuschauer im Vergleich zur Scharnierwerbung führt (s.a. → Zapping). Der Unmut war insbesondere dann intensiv ausgeprägt, wenn der unterbrochene Film den Zuschauern gut gefiel. Unabhängig von der Bewertung des Films wirken sich Desinteresse und Ärger negativ auf die Erinnerung und die Bewertung der Spots aus. H.D.

Literatur: *Mattenklott, A.; Bretz, J.; Wolf, D.*: Fernsehwerbespots im Kontext von Filmen. Die kommunikative Wirkung von Filmunterbrechung, Art der Werbesports und Filmgenre, in: Medienpsychologie, 9. Jg. (1/1997), S. 41–56.

Unter-Einstandspreis-Verkäufe

Ein Verkauf der Ware unter Einstandspreis ist nach derzeitiger Rechtslage nach dem UWG und dem GWB im Hinblick auf die bestehende Preisgestaltungsfreiheit nicht ohne weiteres wettbewerbswidrig. Der Kaufmann darf seine Waren so billig verkaufen, wie er will. Solange das Unterbieten der Preise dazu dient, das eigene Unternehmen durch Geschäftsabschlüsse unmittelbar zu fördern, ist dies zulässig. Nur beim Vorliegen besonderer Umstände kann eine bestimmte Preisgestaltung als wettbewerbswidrig erscheinen. Dies lässt sich nach der Rechtsprechung nicht allgemein, sondern nur anhand des Einzelfalles beantworten. Solche besonderen Umstände, die den Verkauf unter Selbstkosten bzw. Einstandspreis nach § 1 UWG wettbewerbswidrig machen, sind: die Preisunterbietung zielt individuell auf die Verdrängung oder Vernichtung bestimmter Mitbewerber; Verkäufe unter Selbstkosten bzw. unter Einstandspreis führen dazu, die Mitbewerber vom

Markt zu verdrängen, sodass dadurch der Wettbewerb auf diesem Markt völlig oder nahezu aufgehoben wird, oder sie lassen ernstlich befürchten, dass Mitbewerber in einem solchen Maß diese Preisaktion nachahmen, dass es zu einer gemeinschaftsschädigenden Störung des Wettbewerbs kommt. Anzeichen für eine unlautere Vernichtungsabsicht können der ständige Verkauf zu Kleinstpreisen oder das fortgesetzte systematische Unterbieten bestimmter Mitbewerber sein. Abgelehnt hat es die Rechtsprechung bisher, die → Rufschädigung des Herstellers als besonderen, die Wettbewerbswidrigkeit begründenden Umstand heranzuziehen. Nach der Rechtsprechung des BGH („Kölner Schallplattenkrieg") kann ein besonderer Umstand auch darin gesehen werden, dass die von einem Preiskampf indirekt betroffenen Händler in ihrer Existenz gefährdet werden (gemeinschädliche Auswirkungen für den Wettbewerb).
Nach der 6. → GWB-Novelle 1998 verbietet § 20 Abs. 4 S. 2 GWB einem Unternehmen mit gegenüber kleinen und mittleren Wettbewerbern überlegener Marktmacht die Ausnutzung seiner Marktmacht dadurch, dass es Waren oder gewerbliche Leistungen nicht nur gelegentlich unter Einstandspreis anbietet, es sei denn, dies ist sachlich gerechtfertigt. Der Gesetzgeber wollte mit dieser Bestimmung einen Beitrag zur Verbesserung der Wirksamkeit des kartellgesetzlichen Instrumentariums gegen Behinderungspraktiken marktstarker Unternehmen leisten, die zum Nachteil kleiner oder mittlerer Konkurrenten systematisch und ohne sachlich gerechtfertigten Grund Waren unter Einkaufspreis anbieten. Der Gesetzgeber gab mit der Einführung des Verkaufs unter Einstandspreises den massiven Forderungen des Einzelhandels nach. Er hielt ein Verbot über die Einschränkungen der bisherigen Rechtsprechung hinaus für erforderlich. Diese hatte (BGH „Hitlistenplatten") die Eignung zur nachhaltigen Beeinträchtigung der strukturellen Voraussetzungen für wirksamen Wettbewerb zur ungeschriebenen Voraussetzung des Behinderungsverbotes erhoben. Die jetzt geforderte gewisse wettbewerbliche Erheblichkeit soll in dem Merkmal „nicht nur gelegentlich" zum Ausdruck kommen. Eine Verdrängungsabsicht oder die nachhaltige Beeinträchtigung des Wettbewerbs ist damit nicht mehr Voraussetzung für die Kartellrechtswidrigkeit des Untereinstandspreisverkaufes.

Den Begriff des *Einstandspreises* hat der Gesetzgeber wegen der vielen Varianten der Rechnungsstellung bewusst nicht definiert. Klar ist aber, dass der Einkaufspreis der Ware hierfür die Grundlage ist; davon abzuziehen sind Rabatte, Skonti, umsatzbezogene Vergütungen (z.B. Umsatzboni) und sonstige warenbezogene Zuwendungen (z.B. Verkaufsförderungsvergütungen). Als preismindernd kommen nur solche Abgrenzungsposten in Betracht, die ihren rechtlichen Grund im konkreten Kaufvertrag zwischen Lieferant und Abnehmer haben. Allgemeine Preisvorteile, die nicht in Zusammenhang mit bestimmten Produkten stehen, sollen als Abzugsposten ausscheiden. Mit diesen Grundsätzen wollte der Gesetzgeber „Manipulationen des Einstandspreises" vorbeugen. Das Bundeskartellamt hatte gleichwohl in den ersten Fällen, die nach der neuen Regelung zu beurteilen waren, große Probleme bei der Bestimmung des Einstandspreises. Pauschale Zahlungen wie z.B. Zuschüsse für Werbung, Aktionen, Jubiläums- oder Listenboni sowie → Eröffnungsrabatte rechnete es entsprechend dem jeweiligen Umsatzanteil eines Produkts am Gesamtumsatz mit diesen Lieferanten an, sofern die Leistung dieser Zahlungen zum Zeitpunkt des Preisangebots feststand. Dies soll auch für den Fall gelten, dass ein Zuschuss für die Förderung eines bestimmten Produkts gezahlt wird. Wegen dieser Unsicherheiten wird derzeit versucht, den Begriff des Einstandspreises konkreter und transparenter zu gestalten.
Mit dem Merkmal „nicht nur gelegentlich" sollen nur Maßnahmen erfasst werden, von denen „anhaltende wettbewerbliche Auswirkungen" ausgehen; erfasst werden soll dauerhafter und regelmäßig wiederkehrender Untereinstandspreisverkauf, wobei sich dies nicht auf dieselben Produkte beziehen muss, sondern auch auf wechselnde Produkte beziehen kann. Beim Merkmal „ohne sachlich gerechtfertigten Grund", das nach der Beweislastumkehr vom unter Einstandspreis verkaufenden Unternehmen darzulegen und zu beweisen ist, ist eine Interessenabwägung vorzunehmen. Neben den offenkundigen Fällen – Notverkäufe bei verderblicher Ware, Modeartikeln u. Ä. – gibt es problematische Fälle: betriebswirtschaftlich gebotene oder gewünschte Förderung eines Produkts, etwa zur Einführung, oder das Einsteigen auf einen Wettbewerbspreis, den ein Konkurrenzunternehmen anbietet. Das Bundeskartellamt will

beides als sachliche Rechtfertigung anerkennen.
Es ist nach den ersten Anwendungsfällen mehr als zweifelhaft, ob die Regelung in § 20 Abs. 4 S. 2 GWB überhaupt eine Bedeutung erlangen wird. Wettbewerbspolitisch ist sie nach wie vor umstritten. Den einen geht sie als „Einstieg in eine staatliche Preisreglementierung" zu weit (Monopolkommission, XII. Hauptgutachten), den anderen ist sie zu unbestimmt und geht nicht weit genug, um die Konzentration im Einzelhandel aufzuhalten; in der Tat hat sich der Verdrängungswettbewerb im Handel seit Einführung des Verbots zum 1.1.1999 noch verschärft. Ein praktisches Problem hat sich darin gezeigt, dass das Bundeskartellamt nicht den Verkauf unter einem bestimmten Einstandspreis verbieten will, denn damit würde es für die anderen Marktteilnehmer offenkundig machen, zu welchem Einstandspreis dieses Unternehmen eingekauft hat.

Die Eingriffsmöglichkeiten gegen Untereinstandspreis-Verkäufe sollen durch eine Beweiserleichterung nach § 20 Abs. 5 GWB verbessert werden. Keineswegs soll aber diese Beweiserleichterung zu einer Preisoffenlegungspflicht führen. Deshalb reicht die Preisunterbietung durch einen starken Wettbewerber nicht aus, um den Anschein einer unbilligen Behinderung zu begründen.

H.-J.Bu.

Literatur: *Köhler, H.:* „Verkauf unter Einstandspreis" im neuen GWB, in: Betriebsberater, H. 4, S. 697-701. *Schneider, K.-H.:* Die Preisstellung unter Einstandspreis im Einzelhandel, Berlin 1982.

Unterkundengeschäft
→Kaufscheinhandel

Unterlassungsansprüche

Unterlassungsansprüche geben im Wettbewerbsrecht das Recht, von einem anderen zu verlangen, eine bestimmte Wettbewerbshandlung zu unterlassen. Sie sind in § 1 → UWG gegen eine künftige, sittenwidrige Wettbewerbshandlung vorgesehen. Im Recht der unerlaubten Handlung sind Unterlassungsansprüche zum Schutz der in §§ 823ff. BGB geschützten Rechtsgüter und Interessen entwickelt worden. Voraussetzung für einen Unterlassungsanspruch ist nach dem Gesetz, dass ein Recht bereits einmal rechtswidrig verletzt worden ist und eine weitere Beeinträchtigung droht (sog. Wiederholungsgefahr). Aus dem Wesen und dem Grundgedanken des Unterlassungsanspruches, dass es besser ist, einen Schaden zu verhüten als ihn zu vergüten, folgt aber, dass ein Unterlassungsanspruch auch vorbeugend geltendgemacht werden kann, wenn der erste Eingriff drohend bevorsteht (sog. Erstbegehungsgefahr).

H.-J.Bu.

Unternehmensberater-Marketing
→ Marketing für freie Berufe

Unternehmensbewertungen
→ Unternehmenstest

Unternehmensdialog

Der Unternehmensdialog ist ein Kommunikationsverfahren, das in das Gesellschaftorientierte Marketing (→ Marketing-Ethik) einzuordnen ist und ein spezielles Instrument der → Public Relations darstellt. Unternehmensdialoge werden von Unternehmen geplant, durchgeführt und nachbereitet, um mit relevanten gesellschaftlichen Interessengruppen (stakeholders) Probleme, die sich aus der unternehmerischen Leistungserstellung und -verwertung ergeben haben oder ergeben könnten, verständigungsorientiert zu kommunizieren und gemeinsame Lösungen zu erarbeiten. Nach Dialoganlässen und -zielen sind *Präventiv- und Schadenregulierungsdialoge* zu unterscheiden. Als Präventivmaßnahme wird der Unternehmensdialog ohne konkreten Problemanlass initiiert mit der Absicht, Entwicklungen in einem Problemfeld frühzeitig zu erkennen und eine Sensibilisierung für mögliche Chancen und Risiken zu erreichen (*Sensibilisierungsdialog*). Eine andere präventive Funktion des Dialogs besteht in einer frühzeitigen Bearbeitung möglicher Risiken (*Risikodialog*). Bei eingetretenen Schadensfällen stellen Regulierungsdialoge eine Interaktionsofferte dar, mit der aktuelle Schadens- und Konfliktsituationen und mit diesen einhergehende Kommunikations- und Interaktionsbedarfe so kanalisiert werden können, dass sich für alle Beteiligten Möglichkeiten der Schadensbegrenzung und Problemlösung eröffnen. (Beispiel für Präventivdialoge: *Unilever-Dialog* zur Gentechnologie, für den Schadenregulierungsdialog: *Procter & Gamble-Dialog*: Haarpflege und Gesundheit.) Als *Erfolgsfaktoren* für den Unternehmensdialog wurden ermittelt (*Rettberg*, 1999)

(1) Bereitstellung von Potentialen (beteiligte Unternehmensvertreter)
(2) problemadäquate Struktur der Dialogteilnehmer und der Moderator als Dialogberater
(3) Prozessgestaltung (Entwicklung von Verfahrensregeln zur Gewährleistung von Verfahrensgerechtigkeit)
(4) Umfeldgestaltung (Einbindung in Strukturen und Prozesse der entsendenden Organisationen und der initiierenden Unternehmung, Anbindung an die Öffentlichkeit über Medien)

In Politik und Verwaltung wurden für Konfliktlösungs- und Verständigungsprozesse Mediationsverfahren entwickelt. Hier ist ein Erkenntnistransfer auf unternehmerische Anwendung im Unternehmensdialog empfehlenswert. U.H.

Literatur: *Hansen, U.; Niedergesäß, U.; Rettberg, B.*: Dialogische Kommunikationsverfahren zur Vorbeugung und Bewältigung von Umweltskandalen. Das Beispiel des Unternehmensdialoges, in: *Bentele, G.; Steinmann, H.; Zerfaß, A.* (Hrsg.): Dialogorientierte Unternehmenskommunikation. Grundlagen – Praxiserfahrungen – Perspektiven, Berlin 1996, S. 307-331. *Rettberg, B.*: Der Unternehmensdialog als Instrument einer gesellschaftsorientierten Unternehmensführung, Frankfurt/Main, New York 1999. *Steinmann, H.; Zerfaß, A.* (Hrsg.): Selbstmedikation bei Erkältungskrankheiten. Grundlagen und Ergebnisse eines Dialogprogramms, Stuttgart 1991.

Unternehmensgröße
→ Größenwettbewerb

Unternehmensgründung
→ Gründermarketing

Unternehmens-Kommunikation
→ Corporate Communications

Unternehmenskultur
→ Organisationskultur,
→ Marketingkultur

Unternehmensmission, Unternehmenszweck

Die Bestimmung der Unternehmensmission bzw. des Unternehmenszwecks bildet den Ausgangspunkt für die Erstellung eines marktorientierten strategischen Zielsystems im Rahmen des → strategischen Marketing. Jede Unternehmung übernimmt im wirtschaftlichen Umfeld eine näher spezifizierbare Aufgabe, auf deren Erfüllung sie alle Anstrengungen richtet. Die Bestimmung dieser Zwecksetzung gibt die Grundrichtung vor, an der sich die Unternehmung in ihrer marktorientierten Unternehmensführung orientiert. Im Mittelpunkt des Interesses steht also die Beantwortung der Fragen "Was ist unser Geschäft?" und "Was sollte unser Geschäft sein?" Die Antworten hierauf bilden den Ausgangspunkt für die weitere strategische Orientierung.

Der Unternehmenszweck kann produkt-, technologie- oder auch markt- bzw. kundenorientiert ausgerichtet sein. Mögliche Formulierungen für die Mission eines Unternehmens wären z.B. "Wir sind ein Computer-Hersteller!" (Produktorientierung), "Wir sind ein Hersteller von Mikroelektronik!" (Technologieorientierung) oder "Wir helfen Unternehmen bei der Bewältigung ihrer Informations- und Kommunikationsprobleme!" (Kundenorientierung). Diese Kriterien weisen Analogien zu den Dimensionen zur Abgrenzung → strategischer Geschäftsfelder nach *Abell* und *Levitt* auf.
M.Be./M.H.

Unternehmensporträt

Darstellung des Leitbilds, der Tätigkeiten, Märkte, Personen, Standorte, der Geschichte und der Kultur eines Unternehmens zur Abgabe an die verschiedenen → Stakeholder im Rahmen der → Public Relations. Diese geschieht in Form einer Broschüre, eines Videos, einer CD-ROM oder auf dem Internet, häufig in allen vier Formen zusammen.

Unternehmensprozesse
→ Marketingprozesse

Unternehmenstest

Der Unternehmenstest ist in das Problemfeld der gesellschaftsorientierten und ökologischen Unternehmensleistungen und Berichterstattungen einzuordnen (→ Marketing, Grundlagen). Er ist ein Instrument, mit dem Unternehmen von unabhängiger Seite unaufgefordert und anhand bestimmter Kriterien daraufhin untersucht und bewertet werden, inwieweit sie in ausgewählten Bereichen sozial und ökologisch verantwortlich handeln (sozial-ökologischer Unternehmenstest). Die gewonnenen Informationen werden in komprimierter Form veröffentlicht und stehen damit verschiedenen Marktpartnern als Entscheidungshilfe zur Verfügung.

Unternehmenstests spiegeln die wachsende gesellschaftliche Bedeutung von Unternehmen als quasi öffentliche Einrichtungen wider, vor deren Hintergrund die Öffentlichkeit und die Konsumenten von Unternehmen auch substantielle Beiträge zur Lösung gesellschaftlicher Probleme erwarten.

Insbesondere Konsumenten und Geldanleger können und sollen die Ergebnisse von Unternehmenstests nutzen, um beim Kauf oder der Geldanlage Unternehmen zu bevorzugen, die sozial und ökologisch nachweislich mehr leisten als vergleichbare Wettbewerber. Im Bereich der → Verbraucherinformation können diese vergleichenden Unternehmensbewertungen die Ergebnisse von → Warentests ergänzen. Geldanleger und Fondsmanager greifen auf vergleichende sozial-ökologische Unternehmensbewertungen zurück, wenn sie bestimmte ethische Anforderungen an die Art und Weise der Geldanlage mit berücksichtigen wollen (ethisches Investment).

Sozial-ökologische Unternehmenstests gehen (implizit) davon aus, dass in einer Wettbewerbswirtschaft moralisches und solidarisches Verhalten langfristig nicht ohne Anreize und Sanktionen verankert werden können. Die wichtigste Funktion von sozial-ökologischen Unternehmenstests ist deshalb die *Anreizfunktion*, die durch die Veröffentlichung der Untersuchungsergebnisse gegeben ist. Die kriterienbezogene Untersuchung und Bewertung der Unternehmen setzt in der Regel branchenbezogene Verständigungsprozesse darüber voraus, was konkret unter einem verantwortlichen Unternehmensverhalten verstanden werden soll. Unternehmenstests können eine gesellschaftliche *Katalysatorfunktion* erfüllen, wenn Unternehmen, Experten und verschiedene Stakeholdergruppen in dialogorientierten Prozessen (→ Unternehmensdialoge) ihr jeweiliges Verständnis von einer sozial und ökologisch verantwortungsvollen Unternehmenspolitik zur Diskussion stellen. Schließlich erfüllen Unternehmenstests auch eine *Kontrollfunktion*, indem sie wichtige Elemente des Unternehmensimages einer kritischen Überprüfung zuführen. Unternehmenstests verbessern damit insgesamt die marktbezogenen Erfolgsaussichten einer verantwortlichen Unternehmenspolitik.

Starke Impulse hat der in Deutschland vom imug-Institut für Markt-Umwelt-Gesellschaft entwickelte Unternehmenstest aus den USA erhalten. 1986 hatte in den USA der Council on Economic Priorities das Buch „Rating America´s Corporate Conscience" herausgegeben, dem kurz darauf die ersten Einkaufsratgeber unter dem Titel „Shopping for a Better World" folgten. In Deutschland liefern die Diskussionen und Praxisbeispiele zu einer umfassenderen Unternehmensberichterstattung (Sozialberichte, Umweltberichte) sowie die Anstrengungen, das Leitbild „Sustainable Development" unternehmensbezogen zu konkretisieren, weitere Anregungen zur Ausgestaltung von Unternehmenstests. H.Sch.

Literatur: *imug* (Hrsg.): Unternehmenstest. Neue Herausforderungen für das Management der sozialen und ökologischen Verantwortung, München 1997. *imug* (Hrsg.): Der Unternehmenstester. Lebensmittel. Ein Ratgeber für den verantwortlichen Einkauf. Reinbeck 1999.

Unterschwellige Werbung (Subliminalwerbung)

Von der → Schleichwerbung abzugrenzende Gestaltung von → Werbemitteln in einer solchen Form, dass die Darbietung der werblichen Reize zu kurzzeitig erfolgt bzw. zu wenig → Involvement hervorruft, um beim Werbeadressaten eine bestimmte Schwelle in seinem Informationsverarbeitungsprozess zu überschreiten.

Als festzulegende Schwelle, die von den Reizen zu unterschreiten ist, kommen die „Registrierschwelle", die „Entdeckungsschwelle" und die „Identifikationsschwelle" in Betracht. Die Registrierschwelle stellt den Punkt im Reaktionskontinuum einer Person dar, unterhalb dessen ein werblicher Reiz keinerlei physiologische Konsequenzen mehr hervorruft. Die Entdeckungsschwelle bezeichnet den Punkt, bei dem der Organismus zwar die Existenz eines Reizes feststellt, die Person ihn aber nicht identifizieren kann. Die Reizstärke, ab der einem Individuum die Identifikation des eintreffenden Reizes möglich ist, wird als Identifikationsschwelle bezeichnet. Zwischen diesen Schwellen gibt es eine ganze Reihe von Formen mehr oder weniger exakter Wahrnehmung des dargebotenen Reizes, die bei Experimenten zur unterschwelligen Werbung als Trennkriterium in Über- bzw. Unterschwelligkeit dienten.

Auf Basis der Ergebnisse solcher Experimente kann bis auf Weiteres davon ausgegangen werden, dass auf werbliche Stimuli, die nicht erkannt werden können, auch wenn sich die Zielpersonen maximal um

ihre Identifikation bemühen, keine wie auch immer gearteten Reaktionen erfolgen. Aufgrund der Existenz parallel ablaufender automatischer Aufnahme- und Verarbeitungsprozesse ist es aber möglich, dass werbliche Informationen oder zumindest Teile davon automatisch verarbeitet werden, auch wenn die bewusste Aufmerksamkeit der Zielpersonen zum selben Zeitpunkt auf andere Gegenstände gerichtet ist. Sie können Reaktionen hervorrufen, ohne jemals bewusst geworden zu sein. Besonders bevorzugt sind dabei visuelle Informationen, die recht wirkungsvoll gespeichert werden, auch wenn sie niemals bewusstes Verarbeitungsniveau erreichten (→ Bildkommunikation). H.Mü.
Literatur: *Kroeber-Riel, W.; Weinberg, P.:* Konsumentenverhalten, 7. Aufl., München 1999, S. 271 ff.

Unterstützende Beweisführung

zur Unterstützung der Glaubwürdigkeit des vorgebrachten → USP in einer → Werbebotschaft zusätzlich angeführte Fakten und daraus resultierende Nutzen. Solche Fakten können physische Eigenschaften des Werbeobjekts sein, wie z.B. seine Form. Sie können auf den Herstellungsprozess der Leistung zurückzuführen sein, wie z.B. spezielle Qualitätsprüfverfahren, sich aus der Benutzung oder Verwendung des Werbeobjekts ergeben. Oder sie sind in der Marketingstrategie des Werbungtreibenden begründet, wie z.B. in der Exklusivität der bedienten Zielpersonen.

Untersuchungsdesign
→ Forschungsdesign,
→ Experimentelles Design

Unterversorgung → Versorgung

Unvollkommener Markt
→ Markttypologie

Unvollständiges Design → Experiment

UPC-System
→ Artikelnummerierungssysteme

Upgrading

Hat sich ein Kunde für den Kauf eines bestimmten Gutes (z.B. einer Versicherung) entschieden, kann ein Anbieter versuchen, den ursprünglich ins Auge gefassten Leistungsumfang auszuweiten, etwa durch Verkauf komplementärer Leistungen oder einer Aufwertung (z.B. größerer Leistungsumfang oder höhere Abschlusssumme bei Versicherungen). Eine solche Taktik des → Persönlichen Verkaufs wird upgrading genannt. Upgrading wird häufig auch als Prämienanreiz in → Bonusprogrammen verwendet.

UPP → Unique Price Proposition

Uppsala-Schule → Distanz, psychische

Upselling

Verkaufstaktik im → Persönlichen Verkauf, bei welcher dem Kunden ein höherwertiges (teureres) Produkt zu verkaufen versucht wird. Im Gegensatz dazu zielt man beim → Cross-Selling auf Umsätze in anderen Produktkategorien.

Urban Entertainment Center (UEC)

Urban Entertainment Center sind i.w.S. als spezifische Form der → Shopping-Center bzw. Einkaufszentren aufzufassen. Es handelt sich um große überdachte Gebäudekomplexe, Passagen, Galerien oder offene Ladenstraßen in Wohn-, Gewerbe- oder Mischgebieten, in Innenstädten oder an sonstigen Standorten. UEC stellen eine Kombination von Einzelhandels-, Unterhaltungs- und Gastronomieangeboten dar. Im Allgemeinen sind bis zu zwei Drittel der Fläche für Unterhaltungszwecke und Themenrestaurants reserviert, ein Drittel verbleibt für den Einzelhandel. Der Unterschied zu den traditionellen Centern liegt also im Angebotsmix, wenngleich die Grenzen fließend sind.
Gründe für das Entstehen von UEC sind vor allem auf den Wandel aktueller Werte- und Verhaltenstrends der Verbraucher zurückzuführen (→ Wertewandel), z.B. die zunehmende Erlebnis-, Freizeit- und Fun-Orientierung der Konsumenten, die sich immer stärker in der Suche nach Zerstreuung und Aktivität in Verbindung mit der Möglichkeit des Einkaufens niederschlägt. Das Begriffsverständnis von UEC ist uneinheitlich. In der Praxis werden sowohl kleine, mit Einkaufszentren vergleichbare Komplexe wie auch ausgedehnte revitalisierte städtische Areale mit dem Attribut UEC belegt, obwohl sie sich hinsichtlich der Größe, des Angebots und der Umgebung deutlich unterscheiden. Die Synthese verschiedener Auffassungen führt deshalb zu folgender Definition: UEC bilden eine

geplante (selten eine gewachsene) Agglomeration der o.g. Angebotsformen, die miteinander harmonieren und Besucher aus mehreren sich überschneidenden Gruppen anziehen. Diese (geplanten) UEC nutzen die Synergien zwischen den einzelnen Angeboten marketingwirksam und schaffen sich eine eigene Kundenfrequenz, wobei i.d.R. die großen Unterhaltungsbetriebe (z.B. Musical-Theater, Erlebnisgastronomie) außerhalb der Öffnungszeiten des Handels als Leitbetriebe („Magnete") des UEC wirken.

Beispielhaft seien hier weitere mögliche Komponenten eines UEC genannt: Multiplex-Kinos, unterhaltungsorientierter Einzelhandel, High-Tech-Attraktionen, Wasserparks, Schwimmbäder, Großbild-Leinwände, Aquarien, Kinderunterhaltung, Spielcasinos, Großarenen, Freizeitparks oder Themenrestaurants. Aufgrund des Besuchs- und Einkaufsverhaltens der Kunden ist im Einzelhandelsmix ein überdurchschnittlicher Anteil von Freizeitwaren, Geschenkartikeln oder Souvenirs enthalten, wohingegen auf den traditionellen Lebensmittelhandel weitestgehend verzichtet wird.

Diese Integration unterschiedlicher und z.T. spektakulärer Unterhaltungsangebote in einem räumlichen Komplex stellt das konstitutive Merkmal der UEC dar, wobei die Angebote in Abhängigkeit von der Größe, der Marketingphilosophie oder der Mieterstruktur variieren.

Hinsichtlich der Standorte werden Innenstadtlagen mit touristischer Kapazität (und dem erforderlichen lokalen Besucher- bzw. Kaufkraftpotential) ebenso betrachtet wie außerstädtische Gebiete oder Randlagen („Grüne Wiese"). Die Einzugsgebiete betragen nicht selten mehrere Hundert Kilometer.

Das Potential von UEC kann wie folgt beurteilt werden:

(1) Freizeitangebote induzieren Kundenfrequenzen für die Einzelhandelsbetriebe und umgekehrt.
(2) Bei entsprechender Konzentration von Freizeit- und Handelsangeboten wird ein Anziehungspunkt geschaffen und dadurch eine Vergrößerung des Einzugsgebiets erreicht.
(3) Touristische Frequenzen können genutzt werden.
(4) Durch den Angebotsmix können Zielgruppen erweitert werden.
(5) Die Verweildauer, die i.d.R. mit der Ausgabebereitschaft korreliert, wird erhöht.
(6) Die Einkaufsatmosphäre, die mit der Ausgabebereitschaft positiv korreliert, wird verbessert.
(7) Die vorhandenen Freizeitangebote überbrücken Wartezeiten, z.B. für Kinder.
(8) Synergien, z.B. Kosten für Parkplätze, Werbung usw., können genutzt werden.

Für den Erfolg ist das Angebotsmix entscheidend, welches dem Erwartungs- und Erlebnisspektrum der Zielgruppen entsprechen sollte. Andererseits kann eine Unausgewogenheit in der Kombination dieser Angebote zu folgenden Barrieren bzw. Konflikten in UEC führen:

(1) Die Zielgruppen für Freizeit- und Shopping-Angebote können voneinander abweichen. Das Problem von Shopping-Centern, die von Jugendlichen frequentiert werden, die zwar bummeln aber nicht einkaufen, verstärkt sich in UEC, da diese noch stärker der Freizeitgestaltung dienen.
(2) Zudem können sich andere Kunden durch die (oft jugendlichen) Besucher gestört fühlen.
(3) Störeffekte der Freizeitangebote auf die Einzelhandelsbetriebe durch Lärm, Gedränge, etc.
(4) Nichtübereinstimmung der Öffnungszeiten der Verkaufsstellen mit den Nutzungszeiten der Freizeitangebote.
(5) Interessenskonflikte zwischen den Mietern, so z.B. hinsichtlich des Marketing, der gemeinsamen Events, der Kostenverteilung etc.

Diese Konflikte sind durch die Heterogenität der Mieter in einem UEC gegenüber traditionellen Shopping Centern noch stärker ausgeprägt. Deshalb sind die Träger von UEC bestrebt, das Erscheinungsbild und die Marketingstrategie des UEC durch ein kooperatives oder zentrales Center-Management zu gestalten. J.Z.

Literatur: *Vogelbacher, M.O.*: Urban-Entertainment-Center. Ein innovatives Immobiliennutzungskonzept, in: *Falk, B.* (Hrsg.): Das große Handbuch Shopping-Center, Landsberg a.L. 1998, S. 317-327. *Zentes, J.; Swoboda, B.*: HandelsMonitor I/98 – Trends & Visionen: Wo wird im Jahre 2005 Handel 'gemacht'?, Frankfurt a.M. 1998, S. 74-76. *Falk, B.*: Shopping Center. Grundlagen, Stand und Entwicklungsperspektiven, in: *Falk, B.*: Das große Handbuch Shopping-

Center, Landsberg a.L. 1998, S. 13–48. *Wenzel, C.-O.; Frank, J.*: Freizeiteinrichtungen im räumlichen Kontext von Shopping Centern, in: *Falk, B.* (Hrsg.): Das große Handbuch Shopping-Center, Landsberg a.L. 1998, S. 269-294.

Urheberrecht

Urheber ist der Schöpfer eines Werkes im Sinne des Urheberrechtgesetzes. Urheberrecht bezeichnet das absolute, d.h. gegen jedermann wirkende Recht des Urhebers an seinem Werk. Das Urheberrecht wirkt wie das Eigentum absolut, unterscheidet sich aber vom Sacheigentum durch das Rechtsobjekt und durch seine fehlende Übertragbarkeit. Das Urheberrecht ist geregelt im Gesetz über Urheberrecht und verwandte Schutzrechte vom 09.09.1965 (zuletzt geändert am 7.3.1990). Das Gesetz regelt in seinem ersten Teil das Urheberrecht, den Schutz der Urheber von Werken der Literatur, Wissenschaft und Kunst in ihren geistigen und persönlichen Beziehungen zum Werk und in der Nutzung des Werkes (§§ 1, 11 Urhebergesetz). In zweiter Linie normiert es die vom Urheberrecht zu unterscheidenden Leistungsschutzrechte, die nicht auf Werkschöpfungen, sondern auf anderen, benachbarten kulturellen Leistungen beruhen. Die weiteren Teile des Gesetzes enthalten besondere Bestimmungen für Filme sowie Vorschriften für Verwertungsverbote, Rechtsverletzungen und Zwangsvollstreckung sowie zum persönlichen Geltungsbereich. Das Urheberrecht entsteht in der Person des Urhebers, des Schöpfers des Werkes (§ 7 Urhebergesetz). Schutzfähige Werke sind nur persönliche geistige Schöpfungen auf den Gebieten der Literatur, der Wissenschaft und der Kunst. Beispielhaft nennt das Gesetz Sprachwerke, Programme für die Datenverarbeitung, Musikwerke, pantomimische Werke einschließlich der Werke der Tanzkunst, Werke der bildenden Kunst einschließlich der Werke der Baukunst und der angewandten Kunst, Lichtbildwerke, Filmwerke und Darstellungen wissenschaftlicher oder technischer Art. Das urheberrechtlich geschützte Werk muss etwas Neues und Besonderes, von bisher Bekanntem zu Unterscheidendes darstellen und einen gewissen Eigentümlichkeitsgrad aufweisen. Charakteristische Merkmale des Werkes sind sein geistiger Inhalt, seine Ausdrucksform und seine Individualität. Der Eigentümlichkeitsgrad kann nicht absolut, sondern nur nach der jeweils maßgebenden Auffassung des für Kunst und Wissenschaft aufgeschlossenen Publikums bestimmt werden. Urheber kann, da das Werk eine persönliche geistige Schöpfung sein muss, nur der natürliche Mensch sein. Juristischen Personen steht kein Urheberrecht zu. Schaffen mehrere Personen gemeinsam ein Werk, so sind sie Miturheber (§ 8 Urhebergesetz). Die Werkschöpfung ist Realakt und nicht Rechtsgeschäft.

Das Urheberrecht schützt den Urheber in seinen geistigen und persönlichen Beziehungen zum Werk und in der Nutzung des Werkes. Es umfasst eine Anzahl von Einzelrechten, die v.a. den geistigen und persönlichen Interessen des Urhebers am Werk oder dessen wirtschaftlicher Nutzung dienen. Es beinhaltet damit die Urheberpersönlichkeitsrechte (§§ 12–14 Urhebergesetz), die Verwertungsrechte (§§ 15-24 Urhebergesetz) und die sonstigen Rechte des Urhebers (darunter das Recht auf Zugang zum Werkstück, das Folgerecht und das Recht auf Vergütung bei Vermietung und Verleihung, §§ 25-27 Urhebergesetz). Zum Urheberpersönlichkeitsrecht zählen namentlich das Veröffentlichungsrecht, das Recht zur ersten Inhaltsmitteilung, die Urheberehre, das Recht, als Urheber des Werkes anerkannt und genannt zu werden, das Recht, Beeinträchtigungen und Entstellungen des Werkes zu verbieten.

Das *Verwertungsrecht* gibt dem Urheber die Möglichkeit zur Nutzung, also zur materiellen Verwertung seines Werkes. Das Urhebergesetz gewährt dem Urheber das ausschließliche Recht, sein Werk in körperlicher Form zu verwerten oder in unkörperlicher Form öffentlich wiederzugeben (§ 15 Urhebergesetz). Das Verwertungsrecht sichert dem Urheber allgemein die Verwertung; daneben folgt im Gesetz eine Aufzählung einzelner, besonderer Verwertungsrechte; diese Aufzählung ist nur beispielhaft. Sie nennt unter den körperlichen Verwertungsrechten das Vervielfältigungsrecht, das Verbreitungsrecht, das Ausstellungsrecht, das Vortrags-, Aufführungs- und Vorführungsrecht, das Senderecht, das Recht der Wiedergabe durch Bild- und Tonträger sowie das Recht der Wiedergabe von Funksendungen. Das Verwertungsrecht ist ein absolutes, gegen jedermann wirkendes Recht.

Aus Gründen des Allgemeininteresses und des öffentlichen Interesses ist das Urheberrecht in verschiedener Hinsicht beschränkt, so z.B. für den persönlichen und eigenen Gebrauch und für Schul- und Unterrichts-

URI (Uniform Resource Identifier)

zwecke (§§ 45-63 Urhebergesetz). Das Urheberrecht selbst ist zu Lebzeiten des Urhebers nicht übertragbar; der Urheber ist darauf beschränkt, durch Einräumung von Nutzungsrechten anderen die Verwertung des Werkes zu überlassen. Das Urheberrecht ist vererblich und kann im Wege eines Vermächtnisses oder einer Erbauseinandersetzung übertragen werden. Das Urheberrecht erlischt siebzig Jahre nach dem Tod des Urhebers; kürzere Schutzfristen gelten bei den verwandten Schutzrechten. Das Urheberrecht ist zivilrechtlich und strafrechtlich geschützt. Gegenüber objektiv rechtswidrigen Verletzungen stehen dem Urheber zur Wahl die Ansprüche auf Unterlassung und Beseitigung der Beeinträchtigung, auf Vernichtung oder Überlassung der Vervielfältigungsstücke sowie auf Vernichtung oder Unbrauchbarmachung der zu ihrer Herstellung bestimmten Vorrichtungen (§§ 97-99 Urhebergesetz). Handelte der Verletzer schuldhaft, so kann er auch auf Schadensersatz oder auf Herausgabe seines Gewinnes in Anspruch genommen werden (§ 97 Abs. 1 Urhebergesetz). Die unerlaubte Verwertung von Werken und das unzulässige Anbringen von Urheberbezeichnungen sind unter Strafe gestellt (§§ 106-111 Urhebergesetz). H.-J.Bu.

Literatur: *Mestmäcker; Schulze*: Urheberrechtskommentar, 2 Bde., Loseblatt. *Schricker*: Urheberrecht, 1987.

URI (Uniform Resource Identifier)

technischer Standard zur eindeutigen Identifizierung eines bestimmten Inhalts – Text, Grafik, Animation oder Audio – im → Internet. In den meisten Fällen fungiert die → URL als URI, in Form einer Website-, E-Mail-, Newsgroup- oder FTP-Adresse.

URL (Uniform Resource Locator)

ist ein von *Tim Berners-Lee* vom CERN entwickelter Standard zur Adressierung beliebiger Objekte (Dokumente, Grafiken, Bewegtbilder u.a.) im → Internet. Eine URL ist mit einem erweiterten Dateinamen vergleichbar, der den gesamten Weg zu diesem Objekt (Datei) innerhalb eines Netzes beschreibt.
Die URL beginnt immer mit dem verwendeten Übertragungsprotokoll, z.B. „http://" für eine Seite im → World Wide Web, „ftp://" für eine → FTP-Site, „news:" für eine → Newsgroup, dann folgt Name und Adresse des Servers, auf dem sich das Objekt befindet, danach der Verzeichnispfad und schließlich der Dateiname.

Urnenmodell
→ Auswahlverfahren und -techniken

Usability-Test

Im → Online-Marketing übliche Bezeichnung für eine methodisch auf verschiedene Weise (z.B. Fragebogen, Laboruntersuchung) mögliche Überprüfung von Web-Sites und anderer interaktiver Systeme auf ihre Benutzerfreundlichkeit, d.h. die Verknüpfung der Elemente Content (Inhalt), Layout und Navigation (Benutzerführung).

Usenet (*use*r's *net*work)

ein informelles Netzwerk von Benutzern, die asynchron Nachrichten (News) austauschen. Im Usenet formieren sich Interessengemeinschaften in moderierten oder unmoderierten Newsgroups, um Informationen, Kommentare, Kritiken oder Meinungen auszutauschen. Weltweit gibt es ca. 20.000 Newsgroups, etwa 500 davon in deutscher Sprache. Innerhalb des Usenets gibt es Regeln, „Netiquette" genannt, die den Umgang der Netzbenutzer untereinander regeln. B.S./K.S.

User Groups

insb. im → Systemgeschäft (z.B. bei Systemsoftware) verbreitete Form von → Kundenclubs, die entweder vom Anbieter oder von den Nutzern bestimmter Produkte bzw. Dienste selbst gegründet werden. Sie dienen zum einen dem Erfahrungsaustausch und übernehmen insofern oft die Funktion von → Kundenempfehlungen. Gelegentlich entwickeln sie sich aber auch zu Interessenvertretungen gegenüber einem („geschlossene U.G.") oder sogar mehreren Anbietern („offene U.G."), etwa in Fragen der Fehlerbehandlung, der Standardisierung oder der Produkt- und Preispolitik. Im Sinne des → Beziehungsmarketing bieten User Groups wertvolle Möglichkeiten der Interaktion und der → Integration von Kunden, was sowohl die → Kundennähe als auch die → Kundenbindung stärken kann. Gelegentlich entwickeln sich User Groups aber auch zum Sammelbecken für kritische Kunden, insb. wenn sie sich virtuell in der anonymen Form von sog. → Meinungsportalen oder anderen Formen virtueller Communities bilden. Anliegen des Marketing muss es hier sein, durch entsprechend offene und entgegenkommende Kommunikationspolitik und → Public Relations sanfte Steuerungsversuche vorzunehmen, um mögliche negative Schneeballeffekte zu verhindern oder abzuschwächen (s.a. → Beschwerdemanagement). Am wirksamsten dafür sind objektive Informationen, Foren unter Einschluss von eigenen oder geladenen Experten sowie der Aufbau eigener → Chatrooms mit kritischen Diskussionen.

H.D.

Literatur: *Erichsson, S.K.*: User Groups im Systemgeschäft. Ansatzpunkte für das Systemmarketing, Wiesbaden 1994.

USP

Abkürzung für den von *Rosser Reeves* Anfang der 40er-Jahre in die Fachsprache eingeführten Begriff der „unique selling proposition", d.h. des „einzigartigen Verkaufsversprechens" im Rahmen einer → Werbebotschaft. Man meint damit die Betonung eines spezifischen Nutzens des → Werbeobjekts für die angesprochene Zielgruppe, den Konkurrenzangebote entweder nicht aufweisen oder der von Wettbewerbern bisher für die von ihnen angebotenen Leistungen nicht reklamiert wurde. Der besondere Nutzen kann dabei physischer, psychischer, sozialer, örtlicher, zeitlicher oder monetärer Art bzw. eine Kombination davon sein.

Bei der Suche nach dem USP für ein Werbeobjekt ist zu beachten, dass er zumeist für verschiedene Zielgruppe(n) unterschiedlich ausfallen wird. Er muss den anzusprechenden Zielpersonen einen entscheidenden Grund, eine „*reason why*" dafür geben, Präferenzen für das beworbene Objekt zu bilden und ein im Sinne des Werbungtreibenden positives Verhalten an den Tag zu legen, d.h. in den meisten Fällen, das Werbeobjekt letztlich auch zu erstehen. Dafür wird in der → Copy Strategy auch eine → unterstützende Beweisführung festgelegt.

H.Mü.

U-Statistik → Wilk's Lambda

UWG

Das Gesetz gegen den → unlauteren Wettbewerb (UWG) vom 07.06.1909 dient dem Zweck, unlautere Wettbewerbshandlungen zu unterbinden. Zusammen mit dem → GWB will das UWG den Wettbewerb der Anbieter und Nachfrager regeln. Das UWG bekämpft unlautere Wettbewerbshandlungen, das GWB sichert den Wettbewerb in seinem Bestand gegen Beschränkungen.

Historisch betrachtet hat sich in Deutschland zuerst das Recht gegen den unlauteren Wettbewerb entwickelt. Die Erkenntnis, dass eine Wirtschaftsordnung, die Wettbewerb zulässt, unlautere Kampfmittel verbieten muss, mit denen ein Wettbewerber die freie wirtschaftliche Betätigung seiner Mitbewerber behindert oder die Kunden irreführt oder belästigt, war eher verbreitet als die Erkenntnis, dass es auch Aufgabe der Rechtsordnung sein muss, den Wettbewerb selbst funktionsfähig zu erhalten. Die Gesetzgebung gegen den unlauteren Wettbewerb begann in Deutschland gegen Ende des vorherigen Jahrhunderts. Mit der Proklamation der Gewerbefreiheit durch die Gewerbeordnung von 1869 entbrannte ein rücksichtsloser Konkurrenzkampf, der immer schärfere Formen annahm.

Das erste Gesetz gegen den unlauteren Wettbewerb vom 27.05.1896 war auf wenige Einzelfälle zugeschnitten und deshalb ungeeignet. Das zweite Gesetz vom 07.06.1909, das noch heute die gesetzliche Grundlage bildet, vermied die Fehler des alten Gesetzes und stellte an die Spitze des Gesetzes die Generalklausel des § 1 UWG: „Wer im geschäftlichen Verkehr zu Zwecken des Wettbewerbes Handlungen vornimmt, die gegen die guten Sitten verstoßen, kann auf Unterlassung und Schadensersatz in Anspruch genommen werden." Maßstab dafür, wann eine Handlung gegen die guten Sitten verstößt, sind die Anschauungen eines verständigen und anständigen Durchschnittsgewerbetreibenden des betreffenden Gewerbezweiges, soweit sie nicht dem Anstandsgefühl der Allgemeinheit widersprechen. Die allgemein gehaltene Regelung des § 1 UWG ist durch die jahrzehntelange Praxis der deutschen Gerichte durch spezielle Tatbestände konkretisiert und ausgefüllt worden, wodurch die Generalklausel das nötige Maß an Rationalität und Berechenbarkeit gewonnen hat.

Das → Wettbewerbsrecht ist vorwiegend Richterrecht. Außer der Generalklausel des § 1 UWG, die das ganze Wettbewerbsrecht beherrscht, enthält das Gesetz eine Reihe wichtiger Einzeltatbestände. Das UWG regelt zivilrechtliche Ansprüche auf → Unterlassung und Schadensersatz bei unlauterem Wettbewerb, die jeder Mitbewerber geltend machen kann, der selbst beeinträchtigt oder in der gleichen oder verwandten Branche wie der Verletzer tätig ist. Klageberechtigt sind auch Verbände zur Förderung gewerblicher Interessen oder der Interessen der Verbraucher.

Das UWG ist mehrfach geändert worden, gilt aber grundsätzlich noch heute. Die letzte Änderung erfolgte 1986 im Rahmen zweier Artikelgesetze. Sie wurde v.a. unter dem Gesichtspunkt des Verbraucherschutzes angestrebt und legt ein Rücktrittsrecht für Abnehmer fest, die durch unwahre Werbung zum Vertragsschluss bestimmt wurden (→ Direktvertrieb, → Fernabsatz).

H.-J.Bu.

Literatur: *Bunte H.J.* (Hrsg.): Wettbewerbsrecht (UWG/ GWB) und gewerblicher Rechtsschutz, 1997. *Emmerich, V.*: Das Recht des unlauteren Wettbewerbs, 2. Aufl., 1987. *v. Gamm, O.-F.*: Wettbewerbsrecht, 5. Aufl., 1987.

V

Validität
kennzeichnet die Gültigkeit einer → Messung. Es ist hierbei die v.a. für → theoretische Konstrukte schwierige Frage zu klären, ob die durchgeführte Messung auch wirklich die charakteristischen Eigenschaften des Messobjektes erfasst. Dies ist für einfache, physikalische Größen wie Länge und Gewicht wesentlich einfacher als für marketingrelevante Konstrukte wie z.B. Aufmerksamkeit oder Einstellung. Man unterscheidet mehrere Validitätsarten, die sich hauptsächlich nach der Strenge der zu erfüllenden Kriterien unterscheiden:

Inhaltliche Validität (circular-validity, face validity, relevance-validity):
Bei weiter Auslegung umfasst die inhaltliche Validität den gesamten Arbeitsgang von der adäquaten Planung bis zur Fertigstellung eines kompletten Messinstruments. Damit ist gemeint, dass man zur Überprüfung einer komplexen Fragestellung alle relevanten Teilaspekte einbezieht und sicherstellt, dass die ausgewählten Testitems das zu untersuchende Phänomen hinreichend repräsentieren. Somit beschäftigt sich die inhaltliche Validität mit der Plausibilität, Vollständigkeit, Angemessenheit und Relevanz eines Messinstrumentes und erfordert insofern besonders viel Kreativität in der Planungsphase. Man spricht häufig auch davon, dass sich ein Test selbst validiere. Dies mag für einfache Fragestellungen zutreffen, ein genauer Validitätsnachweis erfordert jedoch zusätzlich die Durchführung einer systematischen Überprüfung der Validität mit einem der nachfolgenden Verfahren.

Kriteriumsvalidität:
Unter der Kriteriumsvalidität fasst man die Vorhersagevalidität (*Prognosevalidität, predictive validity*) und *die Übereinstimmungsvalidität* (*concurrent validity*) zusammen. Hierbei werden die Ergebnisse eines zu überprüfenden Messinstrumentes mit den Werten eines Außenkriteriums verglichen. Der Grad der Validität wird normalerweise durch die Korrelation bestimmt. Da eine solche Überprüfung weitgehend mechanisch und ohne umfassendes, theoretisches Hintergrundwissen erfolgen kann, spricht man auch von *empirischer Validität*. Die Wahl des Außenkriteriums stellt hierbei einen entscheidenden Schritt dar. Unabhängig von der Qualität oder Validität des Außenkriteriums selbst, kann die erzielte Kriteriumsvalidität stets im Hinblick auf das zugrunde liegende Außenkriterium interpretiert werden und ist objektiv nachprüfbar.
Von *Prognosevalidität* spricht man dann, wenn die Ergebnisse einer Messung zur Vorhersage von Kriteriumswerten verwendet werden. Die Übereinstimmungsvalidität zielt demgegenüber auf Kriteriumswerte ab, die praktisch simultan mit dem zu überprüfenden Messinstrument erhoben werden. Insbesondere die Vorhersagevalidität hat für praktische Fragestellungen eine erhebliche Bedeutung, da sie relativ einfach anzuwenden ist und trotzdem intersubjektiv nachprüfbare wie auch nachvollziehbare Ergebnisse liefert.

Kreuzvalidität:
Unter Kreuzvalidität versteht man ganz allgemein eine zusätzliche Absicherung von Ergebnissen mit Hilfe einer weiteren Stichprobe bzw. durch die Aufsplittung und getrennte Analyse einer vorliegenden Stichprobe. Sie wird insbesondere im Rahmen der multiplen → Regressionsanalyse verwendet, um die Stabilität der geschätzten Regressionsparameter zu testen.

Konstruktvalidität:
Die Konstruktvalidierung stellt die umfassendste Verknüpfung zwischen Messebene (Empirie) und theoretischer Ebene dar. Obwohl auch die Kriteriumsvalidität in gewissem Sinne ein theoretisches Vorverständnis voraussetzt, wird erst mit der Konstruktvalidierung ausdrücklich der theoretische Hintergrund der Messungen ergründet. Die zur Erklärung der Messwerte herangezogenen, theoretischen Konstrukte müssen sprachlich präzise, formal einwandfrei und beobachtbar sein. Ferner sind möglichst eindimensionale Indikatoren auszuwählen, da nur so eine sinnvolle Korrespondenz zwischen theoretischer und empirischer Ebene möglich ist. Die Eindimensionalität überprüft man mittels → Faktorenanalyse und stellt ferner sicher, dass die Indikatoren

eine ausreichende → Reliabilität erzielen. Neben diesen inhaltlich-logischen Anforderungen einer umfassenden Konstruktvalidierung sind ferner die weitergehenden Kriterien der Konvergenzvalidität, Diskriminanzvalidität und nomologischen Validität zu erfüllen.

Konvergenzvalidität:
Man sollte mit theoriegeleiteten Hypothesen nicht nur den Zusammenhang zwischen bestimmten Indikatoren voraussagen können, sondern auch Unabhängigkeit, wenn sich die Messwerte auf verschiedene, sich gegenseitig nicht beeinflussende Konstrukte beziehen. Genau dieses Vorhaben wird mit dem operationalen Ansatz der „*Multitrait-Multimethod-Matrix*" verfolgt, wobei simultan das Vorhandensein von Konvergenzvalidität und Diskriminanzvalidität geprüft wird (siehe unten). Als Konvergenzvalidität bezeichnet man das Ausmaß, in dem zwei oder mehr Messverfahren, in ihrem Vorhaben das gleiche Konstrukt zu messen, übereinstimmen. Ihre Ergebnisse sollten also hoch miteinander korrelieren, sonst besteht Zweifel daran, dass wirklich das gleiche Konstrukt gemessen wird. Die Diskriminanzvalidität sollte im Verbund mit der Konvergenzvalidität interpretiert werden. Diskriminanzvalidität ist das Ausmaß, in dem sich Messungen von verschiedenen Konstrukten voneinander unterscheiden. Messverfahren bzw. Indikatoren, die unterschiedliche Konstrukte erfassen sollen, dürfen demnach bestenfalls schwach miteinander korrelieren.

Die *Multitrait-Multimethod-Matrix* stellt eine mittlerweile klassische Methode zum simultanen Nachweis der Konvergenzvalidität und Diskriminanzvalidität dar. Vorausgesetzt wird die Messung von mindestens zwei voneinander unabhängigen Konstrukten mit mindestens zwei verschiedenen Messverfahren. Man erstellt eine vollständige Korrelationsmatrix und erkennt an bestimmten Korrelationsmustern, inwieweit die gestellten Anforderungen erfüllt werden. Der entscheidende Fortschritt dieses Vorgehens liegt in der gleichzeitigen Analyse komplexer Korrelationsstrukturen.

Nomologische Validität:
Werden die verschiedenen Konstrukte zusammen mit den zur → Operationalisierung verwendeten Indikatoren zu einem gemeinsamen Theoriegebilde zusammengefügt, so dass ein umfassendes, testbares Begriffsgefüge entsteht, so spricht man von einem nomologischen Netzwerk. Die nomologische Validität lässt sich mit → Kausalanalysen besonders nachdrücklich belegen.

Viele der in der klassischen Literatur aufgeführten Validitätsbegriffe, z.B. die faktorielle Validität, lassen sich heute im Rahmen von Kausalmodellen zu einem einheitlichen, methodisch-statistischen wie auch theoretisch-empirischen Konzept integrieren. Die hier angesprochenen Weiterentwicklungen werden deshalb zu einer Systematisierung der unterschiedlichen Validitätskonzepte beitragen.

Ergänzend zu dieser korrelationsanalytischen, nicht-experimentellen Konstruktvalidierung, die aufgrund der dynamischen Entwicklung in der Kausalanalyse an Bedeutung gewonnen hat, ist eine explizite Überprüfung von Ursache-Wirkungsbeziehungen in einem Experiment anzustreben. Der sog. *Methodenfehler* kann in einer erweiterten Konstruktvalidierung mit Kausalmodellen, die in Anlehnung an die Multitrait-Multimethod-Matrix entwickelt wurde, als eigenständige Komponente zur Varianzerklärung berücksichtigt werden. Ferner ist zu bedenken, dass die Validität nicht losgelöst von der erzielten → Reliabilität der verwendeten Messverfahren interpretiert werden sollte. B.N.

Literatur: *Bagozzi, R.P.*: Causal Models in Marketing, New York u.a. 1982. *Hildebrandt, L.; Homburg, C.*: Die Kausalanalyse, Stuttgart 1998. *Neibecker, B.*: Werbewirkungsanalyse mit Expertensystemen, Heidelberg 1990.

Validität, externe → Validität, interne

Validität, interne
Zur Überprüfung der Gültigkeit von → Experimenten wurde die Unterscheidung in interne Validität und externe Validität geprägt. Die interne Validität bezieht sich auf die Eindeutigkeit der Messung im Experiment. Sie wird erzielt, wenn durch den Untersuchungsplan und die Erhebungssituation alle unerwünschten Störeinflüsse ausgeschaltet werden, so dass die Veränderungen in der abhängigen Variable alleine auf die Manipulation der unabhängigen Variable zurückgeführt werden kann. Die interne Validität von Laborexperimenten ist i.a. höher als bei Feldexperimenten.

Die *externe Validität* bezieht sich auf die Generalisierbarkeit der experimentellen Ergebnisse auf andere Bevölkerungsgruppen, veränderte Situationen und andere Zeitpunkte. Feldexperimente besitzen aufgrund ihrer Realitätsnähe gewöhnlich höhere externe Validität als Laborexperimente. B.N.

Value → Produktpolitik

Value Adding Partnerschaften
→ Investitionsgütermarketing

Value-Konzept
→ Kundennutzenkonzept, preisstragisches

Value Pricing → Preispolitik

Valutavereinbarung
→ Zahlungskonditionen

Vampireffekt
im Rahmen der → Werbegestaltung beobachtbarer negativer Effekt der → Ablenkung von der eigentlichen Werbebotschaft durch besonders auffällige (z.B. humorvolle, überraschende) Gestaltungselemente.

Variable Menge-Fall
Bei individuellen → Preis-Absatzfunktionen unterscheidet man zwischen dem „Ja:Nein-Fall" – hier kauft der Nachfrager entweder eine Einheit des Produktes, oder er kauft das Produkt überhaupt nicht – und dem „Variable Menge-Fall", bei dem der Nachfrager eine je nach Preis variable Menge kauft. Der Ja:Nein-Fall trifft i.d.R. bei dauerhaften Gebrauchsgütern zu, während Verbrauchsgüter i.d.R. dem Variable Menge-Fall zuzuordnen sind. Im Ja:Nein-Fall kauft der Nachfrager das Produkt, falls der Preis geringer ist als der → Maximalpreis (siehe *Abb.*).
Im Variable Menge-Fall gilt: Je höher der Preis, desto geringer die vom Nachfrager abgenommene Menge (→ Preiselastizität).
H.S./G.Wü.

Varianz
Bei der → Datenauswertung häufig herangezogenes → Streuungsmaß. Es entspricht der Summe der quadrierten Abweichung zwischen den Einzelwerten einer Ergebnisverteilung und dem arithmetischen Mittelwert, dividiert durch die Anzahl der Fälle (n). Durch die Quadrierung wird die kompensatorische Wirkung unterschiedlicher Richtung des Abstands der Einzelwerte zum Mittelwert ausgeschaltet, aber auch die natürliche Skala der Einzelwerte verlassen, weshalb die Varianz dimensionslos ist. Deshalb greift man zur Interpretation gerne auf die Wurzel aus der Varianz, der sog. → Standardabweichung zurück.

Varianzanalyse
(Analysis of Variance ANOVA) beinhaltet Methoden, nach denen es möglich ist, die Einflüsse eines oder mehrerer Faktoren auf eine bestimmte metrische Variable unter Benutzung gewisser Stichprobenvarianzen zu untersuchen. So kann man sich bspw. im Rahmen eines Produkttestes dafür interessieren, ob die Faktoren Verpackungsdesign und Geschlecht einen signifikanten Einfluss auf die Variable Preiseinschätzung durch den Kunden haben. Die Faktoren sind i.d.R. diskrete Merkmale mit einer end-

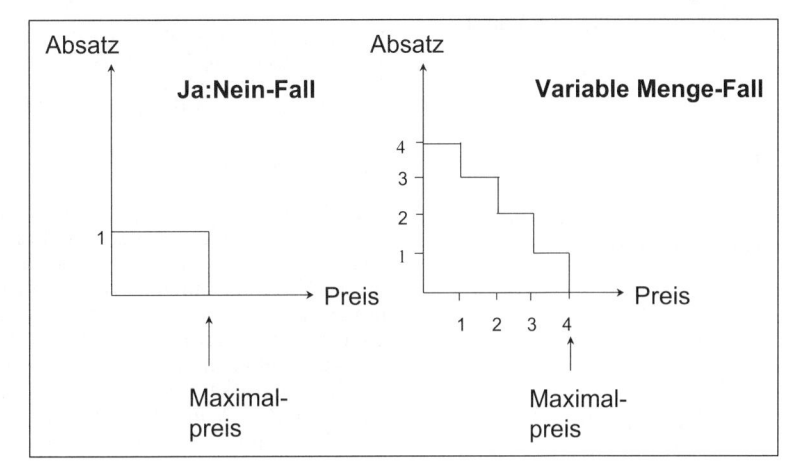

Individuelle Preis-Absatzfunktionen beim Ja:Nein- bzw. Variable Menge-Fall

lichen Zahl von Ausprägungen, die häufig auch als Faktorstufen bezeichnet werden.

Liegt nur ein Faktor mit k → 2 Faktorstufen vor, so spricht man von einer einfachen Varianzanalyse. Zu jeder Faktorstufe j wird das zu analysierende metrische Merkmal n_j-mal beobachtet, und man erhält so die Ergebnisse x_{ij} als Realisationen von – als unabhängig vorauszusetzenden – Stichprobenvariablen X_{ij} ($i = 1,...,n_j; j = 1,...,k$) mit den Erwartungswerten $\mu_j = E(X_{ij})$. Dann können folgende Hypothesen überprüft werden:

H_0: $\mu_1 = \mu_2 = ... = \mu_k$

H_1: mindestens zwei der μ_j sind verschieden.

In der Nullhypothese wird somit davon ausgegangen, dass sich die k durch die Faktorstufen festgelegten Teilpopulationen bezüglich ihres Lageparameters nicht unterscheiden. Die Gegenhypothese geht dagegen für mindestens zwei Teilpopulationen davon aus, dass sich diese in ihrer Lage unterscheiden. Dies bedeutet zugleich, dass der Faktor einen Einfluss auf die Lage der Populationen ausübt. Unterstellt man nun weiter, dass das metrische Merkmal normalverteilt ist und eine einheitliche Varianz in allen k Teilgesamtheiten besitzt, kann wie folgt eine Teststatistik zur Überprüfung der obigen Hypothese angegeben werden: Zunächst werden die Mittelwerte aller k Populationen vom Umfang n_j und der Gesamtmittelwert über alle $n = n_1 +...+ n_k$ Beobachtungen berechnet [Bamberg/Baur (1998), S. 196]:

$$\bar{x}_j = \frac{1}{n_j} \sum_{i=1}^{n_j} x_{ij} \quad (j = 1,...,k) \text{ und}$$

$$\bar{x}_{Ges} = \frac{1}{n} \sum_{j=1}^{k} n_j \bar{x}_j$$

Mit Hilfe dieser Mittelwerte werden nun zwei Varianzterme bestimmt:

$$MSA = \frac{1}{k-1} \sum_{j=1}^{k} n_j (\bar{x}_j - \bar{x}_{Ges})^2 \text{ und}$$

$$MSE = \frac{1}{n-k} \sum_{j=1}^{k} \sum_{i=1}^{n_j} (x_{ij} - \bar{x}_j)^2$$

MSA beschreibt die Zwischenklassenvarianz, während MSE die Innerklassenvarianz repräsentiert. Unter obigen Voraussetzungen genügt der Quotient MSA/MSE einer F-Verteilung mit (r-1, n-r) Freiheitsgraden. Dieser Quotient wird daher oft auch als *F-Statistik* bezeichnet. Die Nullhypothese wird nun zum → Signifikanzniveau α verworfen, wenn die Realisation der F-Statistik größer als das (1-α) → Fraktil der entsprechenden F-Verteilung ist. Eine Vertafelung von Fraktilen der F-Verteilung findet man bei *Bamberg/Baur* (1998).

Liegen mehrere Faktoren vor, spricht man von einer mehrfachen Varianzanalyse, die es auch erlaubt, Wechselwirkungseffekte zwischen den Faktoren zu erkennen. Häufig zeigen die einzelnen Faktoren über alle durch sie definierten Teilpopulationen keine signifikanten Faktorwirkungen. So kann die Preiseinschätzung eines Produktes über alle Verpackungsdesigns für Männer und Frauen im Mittel identisch sein. Ebenso kann die Preiseinschätzung über alle Probanden für alle Verpackungsdesigns im Mittel gleich sein. Dies schließt jedoch nicht aus, dass ein Design durch Männer hoch und Frauen niedrig bewertet wird, während es sich bei einem anderen Design genau umgekehrt verhält. Die Berechnung der Varianzterme erfolgt in der mehrfachen analog zur einfachen Varianzanalyse. Hinsichtlich der Auswertung mehrfaktorieller Untersuchungsdesigns, der Verwendung von stetigen und diskreten Faktorvariablen, der differenzierten Untersuchung der einzelnen Faktorstufen und anderen Aspekten der Varianzanalyse sei auf *Fahrmeir/Hamerle/Tutz* (1996) verwiesen.

T.B./M.MB.

Literatur: *Bamberg, G.; Baur, F.*: Statistik, 10. Aufl., München, Wien 1998. *Fahrmeir, L.; Hamerle, A.; Tutz, G.*: Multivariate Statistische Verfahren, 2. Aufl., Berlin, New York 1996.

Varianzkriterium

Soll für eine Objektmenge N eine disjunkte Klassifikation mit s Klassen so bestimmt werden (→ Clusteranalyse), dass die Summe der Varianzen innerhalb der Klassen minimal wird, so bezeichnet man diese Zielsetzung als Varianzkriterium. Sind alle Merkmalsausprägungen $_{ik}$ mindestens → intervallskaliert, so kann man für jede Objektteilmenge $K \subset N$ und für jedes Merkmal k Mittelwerte und Varianzen berechnen:

$$\bar{a}_{Kk} = \frac{1}{|K|} \sum_{i \in K} a_{ik},$$

$$s_{Kk}^2 = \frac{1}{|K|} \sum_{i \in K} (a_{ik} - \bar{a}_{Kk})^2$$

Mit einem Bewertungsindex der Form $b(\kappa)$ ($\rightarrow$ Distanzen) und

$$b(\kappa) = \sum_{K \in \kappa} \frac{1}{|K|} \sum_{i \in K} \sum_{k=1}^{m} (a_{ik} - \bar{a}_{Kk})^2 \rightarrow \min$$

erhält man das Varianzkriterium. Von einem verallgemeinerten Varianzkriterium spricht man, wenn man auf der Basis einer Distanz $d(i,j)$ ($\rightarrow$ Distanzen) die Funktion

$$b(\kappa) = \sum_{K \in \kappa} \frac{1}{|K|^2} \sum_{i,j \in K} d(i,j)$$

minimiert. Man kann nämlich zeigen, dass beide Kriterien für

$$d(i,j) = \sum_{k} (a_{ik} - a_{jk})^2$$

($\rightarrow$ Distanzindex) identisch sind.
O.O.

Literatur: *Späth, H.:* Cluster-Formation und -Analyse, München, Wien 1983.

Variationskoeffizient

Relatives $\rightarrow$ Streuungsmaß, das verhältnisskalierte Merkmale voraussetzt. Es ist definiert als Quotient aus der $\rightarrow$ Standardabweichung und dem arithmetischen Mittel ($\rightarrow$ Mittelwerte) und wird üblicherweise als Prozentzahl angegeben. Damit dient es insb. dem Vergleich der Streuungen verschiedener Verteilungen, die sich hinsichtlich ihres arithmetischen Mittelwertes stark unterscheiden.
P.H.

Variety Seeking

bezeichnet ein Verhalten des Markenwechsels, das trotz Zufriedenheit mit bisher verwendeten Produkten stattfindet und durch den Wunsch nach Abwechslung, Neugier und Langeweile beim bisherigen Konsumverhalten begründet ist (s.a. $\rightarrow$ Kundenbindung). Dieses Verhalten tritt insbesondere beim Kauf von Produkten auf, bei denen das Risiko einer falschen Entscheidung gering ist und bei denen der Geschmack eine große Rolle spielt ($\rightarrow$ Kaufentscheidung).
A.Ku.

Variomailing

Zusammenfassung inhaltlich unterschiedlicher $\rightarrow$ adressierter Werbesendungen desselben Absenders. Der Begriff gehört zum Konzept der $\rightarrow$ Infopost der Deutschen Post AG. Vorteil: Auf diese Weise können kritische Mindestsendemengen erreicht werden, die zusätzliche Portoermäßigungen bedeuten. Wichtige Bedingung: Pro Variante müssen mindestens 250 Sendungen vorliegen.

Veblen-Effekt

nach *Thorstein B. Veblen* (1857-1929) benannter Nachfrageeffekt ($\rightarrow$ Preistheorie), der sich auf den prestigebetonten Konsum bezieht. Die Nachfrage nach einem Konsumgut nimmt zu, obwohl es mehr anstatt weniger kostet. Es liegt hier eine sozialabhängige Nutzenschätzung des Individuums vor (Prestigeeffekt).

Veblen-Effekt

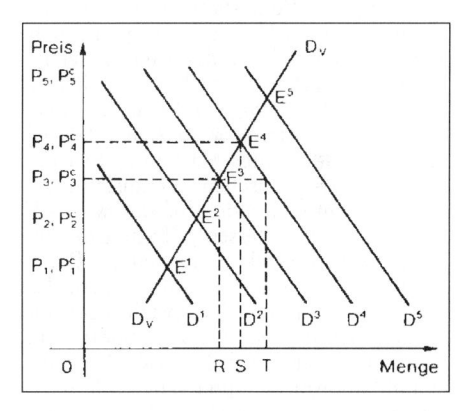

Wird der Preis eines Gutes von p_1 auf p_2 erhöht (vgl. *Abb.*), so gilt nicht mehr die ursprüngliche (isolierte) Nachfragekurve, d.h. es wird die mengenmäßige Nachfrage nicht von x_1 auf x_2 sinken (Preiseffekt), sondern wegen der Nachfrage aus Prestigegründen wird eine größere Menge x_2 als zum niedrigen Preis $p_1(x_1)$ nachgefragt. Es kommt somit zu einem anormalen (steigenden) Verlauf der Nachfragefunktion. Der Veblen-Effekt ('$x_2 - x_2$) ist dem Preiseffekt ($x_1 - x_2$) entgegengerichtet.

Veiling

Literatur: *Fehl, U.; Oberender, P.:* Grundlagen der Mikroökonomie, 7. Aufl., München 1999.

Veiling

im Frischwarenhandel (Blumen, Fische etc.) gebräuchliche Form der Versteigerung („auf Abstrich"), bei der eine nach dem Prinzip sinkender Preise arbeitende Versteigerungsuhr durch das erste Käufergebot angehalten wird (→ Auktion).

Vektormodell → Kaufmodell

Vendor Managed Inventories
→ ECR, → Warenwirtschaftssysteme

Venture Management
→ Innovationsorganisation

Veranstaltungsmarketing

beinhaltet die Planung, Organisation und Durchführung von kulturellen, sportlichen, touristischen, politischen, wissenschaftlichen oder wirtschaftlichen Veranstaltungen unter der Prämisse einer konsequenten Orientierung der Veranstaltungsziele an den Bedürfnissen der Zuschauer resp. Teilnehmer als Kunden durch den Einsatz der Instrumente und Methoden des → Marketing. Bei diesem *Marketing für Veranstaltungen* handelt es sich um einen speziellen Bereich des → Dienstleistungs-Marketing. Es ist zu unterscheiden zwischen Veranstaltungen mit *arbeitsorientiertem Inhalt*, wie z.B. Fachmessen (→ Messen), Tagungen und Kongressen, Pressekonferenzen (→ Public Relations), Aktionärsversammlungen, Tag der offenen Tür und Veranstaltungen mit *Freizeitorientierung*, wie z.B. Sport- und Kulturveranstaltungen, Festivals, Volksfeste, Publikumsmessen und anderen Massenveranstaltungen. Typisch für das Veranstaltungsmarketing ist sowohl für arbeits- als auch für freizeitorientierte Veranstaltungen eine zunehmende Erlebnisorientierung (→ Erlebnismarketing, → Entertainment und Marketing). In diesem Kontext wird von *Events* gesprochen. Seit einigen Jahren werden solche erlebnisorientierten *Veranstaltungen für das Marketing* von Unternehmen verstärkt als Kommunikationsinstrument genutzt (→ Event-Marketing). C.Z.

Verarbeitungstiefe → Gedächtnistheorie

Verbale Protokolle

gehören zu den Prozessverfolgungstechniken und werden im Rahmen der → Kaufentscheidungsprozessforschung eingesetzt, um Daten über das → Informations- und Kaufverhalten zu sammeln. Sie sind auch unter dem die Grundidee des Verfahrens kennzeichnenden Namen „*Methode des lauten Denkens*" („*Thinking-aloud-Technik*") bekannt. Verbale Protokolle sind dadurch charakterisiert, dass während eines Entscheidungsprozesses von einer Versuchsperson nach Möglichkeit alle verwendeten Informationen, Schlussfolgerungen, Vorentscheidungen etc. ausgesprochen und entweder über ein mitgeführtes Kassettengerät oder direkt vom Untersuchungsleiter aufgezeichnet werden. Im Gegensatz zu den anderen Prozessverfolgungstechniken findet mit Hilfe verbaler Protokolle auch eine direkte Erhebung von Elementen der Informationsverarbeitung statt.
Versuche, den Inhalt verbaler Protokolle in Form von *Entscheidungsnetzen* darzustellen, aus denen das Entscheidungsverhalten (verarbeitete Informationen und Reaktionen darauf) ersichtlich wird, waren wegen zu geringer Reliabilität der dafür notwendigen individuellen Codierung wenig erfolgreich. Heute bedient man sich hauptsächlich standardisierter Codier-Schemata, die hier zu verlässlichen Ergebnissen führen. Allerdings ist auch damit der Analyse-Aufwand noch so groß, dass bei Untersuchungen mit verbalen Protokollen die Fallzahl typischerweise klein ist (5 bis max. 100). A.Ku.

Literatur: *Douglas, S.; Craig, C.; Faivre, J.:* Protocols in Consumer Research-Problems, Methods and Uses, in: *Sheth, J.* (Hrsg.): Research in Marketing, Vol. 5, Greenwich, Conn. 1981, S. 29-58. *Payne, J.; Bettman, J.; Johnson, E.:* The Adaptive Decision Maker, Cambridge 1993.

Verbands-Marketing

Unter gewinnorientiertem Marketing wird der zwangsfreie Austausch von Gütern und Geld zwischen zwei Gruppen (Personen) unter Verfolgung von unternehmerischen Zielen (Gewinn) und Konsumzielen (Bedürfnisbefriedigung) verstanden. Zu den Parametern dieses Austauschprozesses gehören private Güter, Preise, Wahlmöglichkeit der Abnehmer und Gewinnorientierung der Anbieter (Bedürfnisorientierung als Mittel zum Zweck).
(Profit-) Marketing kann in Verbänden eingesetzt werden, sofern sie unternehmerisch

tätig sind (z.B. Angebot von Dienstleistungen in Verbänden, Service-Centers von Verbänden), d.h. das Leistungsprogramm v.a. Individualgüter einschließt und die Strukturen des Verbandes im Marketing-Bereich einer erwerbswirtschaftlichen Organisation gleichen (z.B. ADAC Deutschland oder Touring-Club der Schweiz).

Austauschsysteme und Steuerungsmechanismen

Austauschsysteme	Steuerungsmechanismen
Marktsysteme/ Individualgüter	Marktpreise/ Monopolpreise
Marktsysteme/ Dienstleistungen	Marktpreise/ Monopolpreise
Nicht-Marktsysteme • Meritorische Systeme • Collective-Bargaining-Systeme • Kommunikationssysteme	• Mit/ohne Gebühren • Gruppenverhandlungen, Abmachungen • Sozialtechniken • Spenden/ Zuteilung
(Staats-)politische Systeme	Vorschriften, Leistungsverträge, Leistungsentgelte, Subventionen
Mitgliedschaft • Direktdemokratische • indirektdemokratische	Partizipation, Willensbildung Wahl, Widerspruch, Finanzmittel, Austritt

Aus der Vielzahl verbandlicher Transaktionsbeziehungen sind die in *Abb. 1* gezeigten wesentlich.

Verbände haben den Zweck, diejenigen Aufgaben zu erfüllen, welche Einzelunternehmungen (oder Mitglieder) im Markt nicht lösen können (sog. Aufgabenübertragungstheorem nach *Grochla*, 1959). Deshalb sind die verbandlichen Austauschbeziehungen viel komplexer und vielfältiger als die klassische Marketing-Beziehung („Engpaßfaktor" nach *Gutenberg*) zwischen Unternehmung und Nachfragern. Zudem ist keine verbandliche Austauschbeziehung so dominant, wie es die unternehmerische Marketing-Beziehung im Beziehungsfeld einer Unternehmung ist.

Die *Tabelle* zeigt die in Verbänden im Normalfall auftretenden Austauschprozesse mit den entsprechenden Steuerungsmechanismen. Diese Austauschbeziehungen dienen als Grundlage für die Festlegung der verbandlichen Marketing-Einsatzbereiche (vgl. unten).

Am Forschungsinstitut für Verbands- und Genossenschafts-Management der Universität Freiburg/Schweiz (VMI) wurde im Rahmen des Freiburger Management-Modells für Nonprofit-Organisationen als Teilmodell ein Marketing-Modell entwickelt, das die vielfältigen Transaktionsbeziehungen in einem umfassenden Marketing-/Leistungskonzept abdeckt. Das Modell besteht aus 4 Bereichen:

Grundlagen für den Einsatz des Marketing in Verbänden

Marketing-Philosophie (Interpretationshilfen) und Marketing-Logik

1. Marketing-Management-Konzept
2. Operative Marketing-Planung

(a) Bevor Marketing im Verband eingesetzt werden kann, ist es vorteilhaft, die wichtigsten Austauschprozesse festzulegen und deren Steuerungsmechanismen zu untersuchen. Dies hat dann Rückwirkungen auf die Gestaltung des Marketing-Mix (vgl. unten).

(b) Das Marketing-Modell verkörpert eine marketing-orientierte Interpretation des verbandlichen Organisationszweckes: Zweck eines Verbandes ist es, bestimmten Umwelten gegenüber zu wirken, in diesen Umwelten gewisse Wirkungen zu erzielen (z.B. Befriedigung von Mitgliederbedürfnissen, Beeinflussung des Verhaltens oder der Einstellung von Behörden, Öffentlichkeit usw.). Die Zweckerfüllung erreicht der Verband durch Produktion und Abgabe bestimmter Leistungen. Diese Leistungen werden nach Marketing-Ansätzen bzw. mittels Marketing-Instrumenten auf die spezifischen Umweltsegmente (gleich Leistungsadressaten) ausgerichtet, gestaltet und realisiert.

Verbände sind demokratische Gebilde, die Partizipations-Philosophie herrscht vor. Die ergänzende Marketing-Philosophie ist deshalb verbandsspezifisch zu interpretieren. Beispiel: Von der Innenzentrierung zur Mitgliederorientierung (Bedürfnisorientierung). Neben der Markt (-Bedürfnis)-Orientierung tritt im Sinne der Marketing-Logik auch die Komponente der Marketing-Gestaltung, d.h. die aktive Beeinflussung der Austauschpartner durch den Einsatz von Marketing-Instrumenten. Zudem weisen größere Verbände eine konzernähnliche Struktur auf und diese impliziert Marketing-Kommunikation (→ Corporate Identity usw.).

Verbands-Marketing

Abb. 1: Austausch-Transaktionsbeziehungen

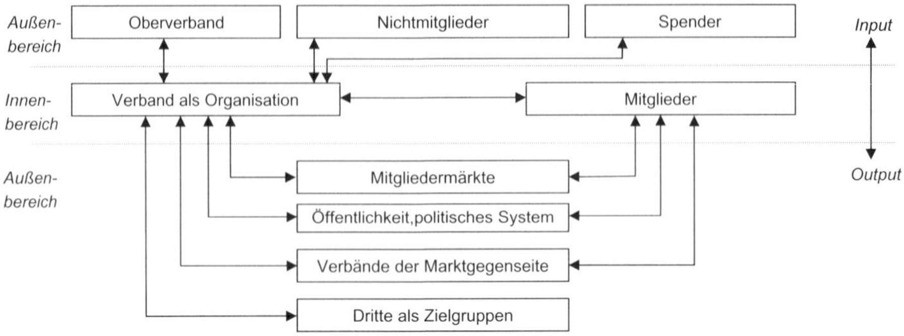

```
Außen-        Oberverband      Nichtmitglieder      Spender        Input
bereich

Innen-       Verband als Organisation  ◄──►  Mitglieder
bereich

Außen-                 ──►  Mitgliedermärkte                       Output
bereich                ──►  Öffentlichkeit, politisches System
                       ──►  Verbände der Marktgegenseite
                       ──►  Dritte als Zielgruppen
```

(c) Die wichtigsten Marketing-Entscheide sind in einem Marketing-Konzept festzulegen. Dieses Konzept dient als Grundlage für alle Marketing-Teilplanungen.

Im Rahmen der Gesamtpositionierung sind sowohl die CI (Corporate Identity) und die verbandliche Kooperations-Identität (CO-OPI, Cooperative Identity) zu definieren. Denn als mitgliedschaftlich strukturierte Organisationen verfügen Verbände sowohl über die in jeder Organisation existierende CI als auch über eine Kooperations-Identität, die sich aus dem koordinierten Mitgliederverhalten ergibt. Je nach Situation tritt die eine oder andere Identität in den Vordergrund.

Das Modell unterscheidet zwischen verbandlichen Leistungen im Innen- und im Außenbereich. Mit Innenbereich sind die Beziehungen zwischen der Organisation und ihren Trägern/Mitgliedern gemeint, mit Außenbereich alle Beziehungen zu den Mitgliedermärkten, zur weiteren Umwelt und anderen Organisationen, wie zu Verbänden der Marktgegenseite (vgl. *Abb. 1*). Analog lassen sich Marketing-Beziehungen im Innen- und Außenbereich festlegen (vgl. *Abb. 2*).

Für jeden Marketing-Einsatzbereich sind folgende Punkte festzulegen:

– Ziele, vorgesehene Positionierung
– Grundstrategie
– Vorgesehener Mix: Instrumentenbatterie

Hier ist auch die Marketingorganisation festzulegen, d.h. wo wird das Marketing im verbandlichen Führungssystem integriert; weiter sind Entscheide zu treffen über die aufzubauende Marketing-Infrastruktur.

Für die operative Marketing-Planung hat sich die folgende Planungssequenz bewährt:

1. Marketing-Information
2. Festlegen der Bereichsziele
3. Festlegen der Marketing-Segmente, Zielgruppen-Bestimmung
4. Analyse des im zu bearbeitenden Planungsbereich relevanten Tauschvorganges mit den dazugehörenden Steuerungsmechanismen
5. Bestimmen der Einzelziele und Qualitätsstandards
6. Positionierung des Leistungsangebotes, des Verhandlungsgegenstandes
7. Festlegen des Marketing-Mix: Auswahl der Instrumente aus der Marketing-Instrumentenbatterie
8. Festlegen der Marketingorganisation und der Leistungsprozesse
9. Bereichsbudget
10. Marketing-Kontrolle

Zu der im VMI Modell verwendeten Marketing-Instrumentenbatterie (vgl. *Abb. 3*) gehören zunächst die vier klassischen Standardinstrumente (4 „P") aus dem Profit-Marketing:

– Produkt
– Preis
– Promotion (gesamte Kommunikation)
– „Place" (Distribution, Ort der Leistungserbringung)

Diese Instrumente sind jedoch spezifisch für den Einsatz in der NPO anzupassen und teilweise stark zu modifizieren:

– *Produkt:* Da wir in Verbänden vor allem Dienstleistungen anbieten, die aus einem Leistungsbündel bestehen, sprechen wir statt von Produkt von Performance, was den gesamten Produkt-Dienstleistungs-Mix einschließt.

– *Preis:* Wir kennen in Verbänden neben Marktpreisen weitere wichtige Finanzie-

Abb. 2: Das VMII Marketing-Modell für Verbände

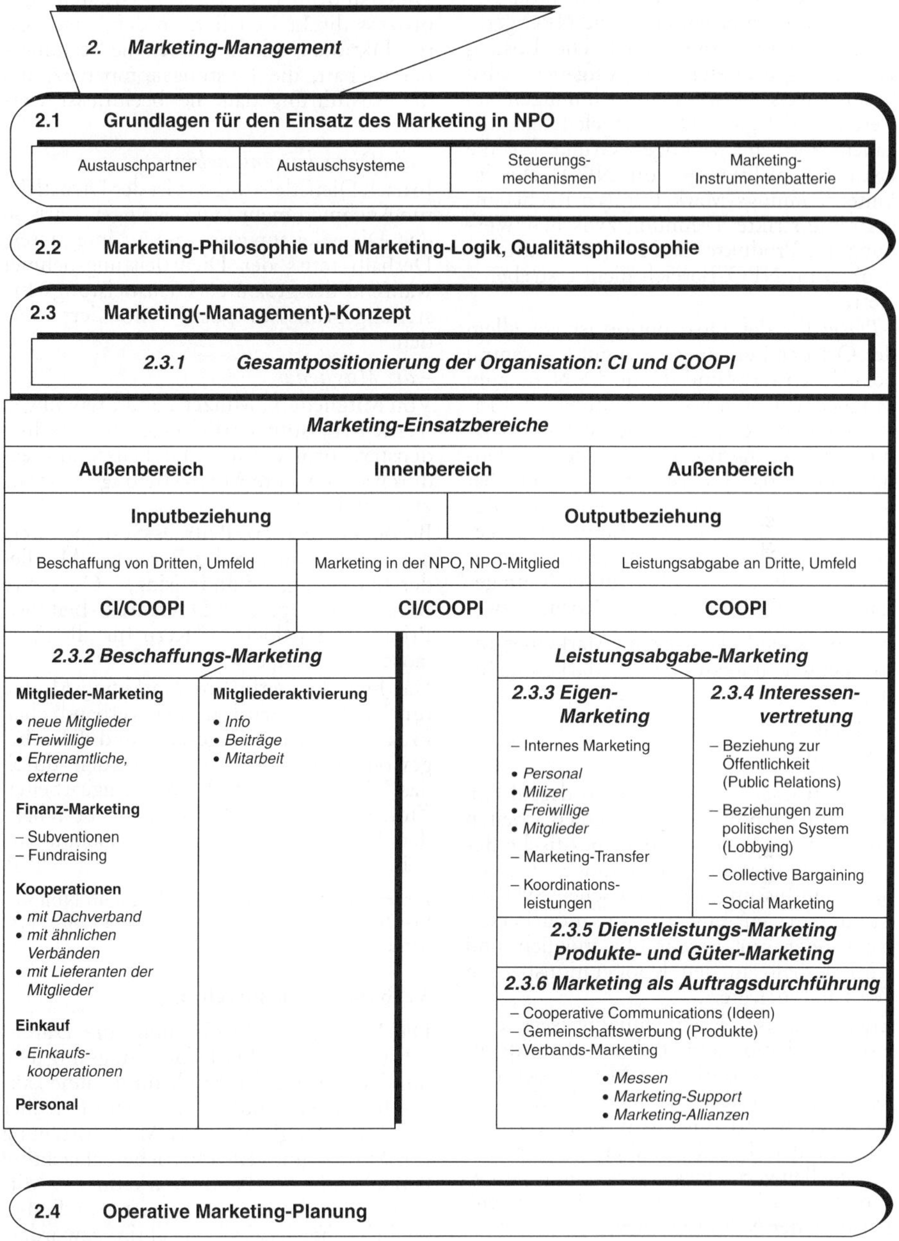

2. Marketing-Management

2.1 Grundlagen für den Einsatz des Marketing in NPO

| Austauschpartner | Austauschsysteme | Steuerungs-mechanismen | Marketing-Instrumentenbatterie |

2.2 Marketing-Philosophie und Marketing-Logik, Qualitätsphilosophie

2.3 Marketing(-Management)-Konzept

2.3.1 Gesamtpositionierung der Organisation: CI und COOPI

Marketing-Einsatzbereiche

Außenbereich	Innenbereich	Außenbereich
Inputbeziehung		Outputbeziehung
Beschaffung von Dritten, Umfeld	Marketing in der NPO, NPO-Mitglied	Leistungsabgabe an Dritte, Umfeld
CI/COOPI	CI/COOPI	COOPI

2.3.2 Beschaffungs-Marketing | **Leistungsabgabe-Marketing**

Mitglieder-Marketing	Mitgliederaktivierung	2.3.3 Eigen-Marketing	2.3.4 Interessen-vertretung
• neue Mitglieder • Freiwillige • Ehrenamtliche, externe	• Info • Beiträge • Mitarbeit	– Internes Marketing • Personal • Milizer • Freiwillige • Mitglieder – Marketing-Transfer – Koordinations-leistungen	– Beziehung zur Öffentlichkeit (Public Relations) – Beziehungen zum politischen System (Lobbying) – Collective Bargaining – Social Marketing
Finanz-Marketing – Subventionen – Fundraising			
Kooperationen • mit Dachverband • mit ähnlichen Verbänden • mit Lieferanten der Mitglieder		**2.3.5 Dienstleistungs-Marketing Produkte- und Güter-Marketing**	
Einkauf • Einkaufs-kooperationen		**2.3.6 Marketing als Auftragsdurchführung**	
Personal		– Cooperative Communications (Ideen) – Gemeinschaftswerbung (Produkte) – Verbands-Marketing • Messen • Marketing-Support • Marketing-Allianzen	

2.4 Operative Marketing-Planung

rungsmittel (Gebühren, Beiträge, Spenden). Damit gewinnt die Preispolitik im Vergleich zum Business-Marketing einige zusätzliche Dimensionen und wird zum eigentlichen "Finanzierungs-Mix".

– *Kommunikation:* Auch dieses Instrument ist der Charakteristik der Nonprofit-Güter wesentlich anzupassen, d.h. die Kommunikation erhält in einzelnen Einsatzbereichen einen anderen, höheren Stellenwert als bloß denjenigen von „Werbung".

― *Öffentlichkeitsarbeit (PR):* Die Instrumente Werbung und PR sind in ihrer Bedeutung für Unternehmung und NPO gerade umgekehrt proportional. Die Lösung von übergeordneten PR-Aufgaben wird beispielsweise von Unternehmungen an Verbände delegiert. Diese abgeleiteten Aufgaben sind ein wichtiger Grund für die Existenzberechtigung von NPO. Die im Unternehmungs-Marketing (zu Recht) angestrebte strikte Trennung zwischen Werbung (für Produkte) und PR (für Institutionen) ist im NPO-Bereich nicht erstrebenswert.

― *Place:* Bei der Distribution ist vor allem der Ort der Leistungserbringung ― zentral oder dezentral ― und damit die Nähe zum Mitglied/Klienten von Bedeutung. Das Instrument "Place" enthält aber im Dienstleistungs-Marketing noch eine weitere Bedeutung, denn das Dienstleistungsumfeld hat für die Leistungserstellung eine große Bedeutung: Gestaltung der Empfangsumgebung, Warteräume, Schaffung einer angenehmen Arbeitsatmosphäre durch Raumgestaltung/Einrichtung, Service Corner usw.

Neben diesen "klassischen" Marketing-Instrumenten umfasst unsere Marketing-Instrumentenbatterie zusätzlich:

― "Politics"
― "People"

Das Instrument „Politics" weist darauf hin, dass NPO in politischen Systemen arbeiten und zu deren Beeinflussung spezifische Beeinflussungsinstrumente benötigen. Gerade die Beeinflussung der politischen Systeme ist für eine einzelne Organisation/Person nicht oder nur beschränkt möglich und wird deshalb an den Kooperationsbetrieb (Verband) delegiert.

Ergänzend ist darauf hinzuweisen, dass Kommunikation und „Politics" dann als Instrumente des Marketing-Mix zu betrachten sind, wenn sie als flankierende Maßnahmen neben anderen Instrumenten eingesetzt werden. Daneben haben sie aber auch den Stellenwert eines eigenen Marketing-Einsatzbereiches, einer „selbständigen" Leistung der NPO (vgl. *Abb. 3*).

Das Marketing-Instrument *"People"* soll verdeutlichen, dass Verbände als Dienstleistungsorganisationen und vielfach mitgliedschaftlich organisierte Gebilde die folgenden drei Personengruppen mit *spezifischen Anreiz-Beitrags-Instrumenten* bearbeiten sollen:

― *die Mitarbeitenden*
Diese sind im Dienstleistungs-Erstellungsprozess direkt Beteiligte in der Leistungsproduktion. Deshalb müssen die Leistungsbereitschaft, die Leistungskompetenz und die Ausführung dauernd beeinflusst werden.

― *die Dienstleistungsnehmer*
Je nach Dienstleistungsart ist der Dienstleistungsnehmer mehr oder weniger stark in den Dienstleistungsprozess zu integrieren. Deshalb muss der Dienstleistungsnehmer während des gesamten Dienstleistungs-Erstellungsprozesses positiv motiviert werden.

― *die Mitglieder*
Von Mitgliedern, Milizern und Freiwilligen werden Leistungen/Beiträge in verschiedenster Form verlangt. Deshalb sind diese durch so genannte Anreiz-Beitrags-Systeme zu motivieren.

Besondere Anreiz-Beitrags-Systeme werden zum Beispiel in den Bereichen Mitglieder-Marketing, Fundraising, Collective Bargaining eingesetzt. Das Anreiz-Beitrags-Prinzip gilt jedoch im Kern für alle Austauschbeziehungen.

Das hier skizzierte VM-Marketing-Modell für Verbände wird in der verbandlichen Praxis mit Erfolg eingesetzt, und die dabei gewonnenen Erkenntnisse werden durch das VMI lfd. in das Modell eingearbeitet. Zudem wird versucht, die noch bestehenden Lücken durch weitere Forschungsarbeiten zu schließen. R.P.

Literatur: *Purtschert, R.:* Marketing in Nonprofit-Organisationen, Bern 2000. *Mono, M.:* Verbandsmarketing, Wiesbaden 1994.

Verbandsmarktforschung

Die Verbandsmarktforschung, die Durchführung von Marktforschungsaufgaben durch die (Fach-)Verbände für die ihnen angeschlossenen Unternehmen, wurde früher oft als die Möglichkeit der Marktforschung für Mittel- und Kleinbetriebe schlechthin betrachtet (→ Verbands-Marketing, → Mittelstands-Marketing). Heute ist man diesbezüglich eher etwas vorsichtig geworden. Gleichwohl können verschiedene Möglichkeiten der Verbandsmarktforschung genannt werden:

― Die Aktivität der Verbände kann in der Erarbeitung von Fundstellenverzeichnissen für die wichtigsten, die Branche betreffenden Statistiken bestehen.

Abb. 3: Komponenten des Marketing-Mix

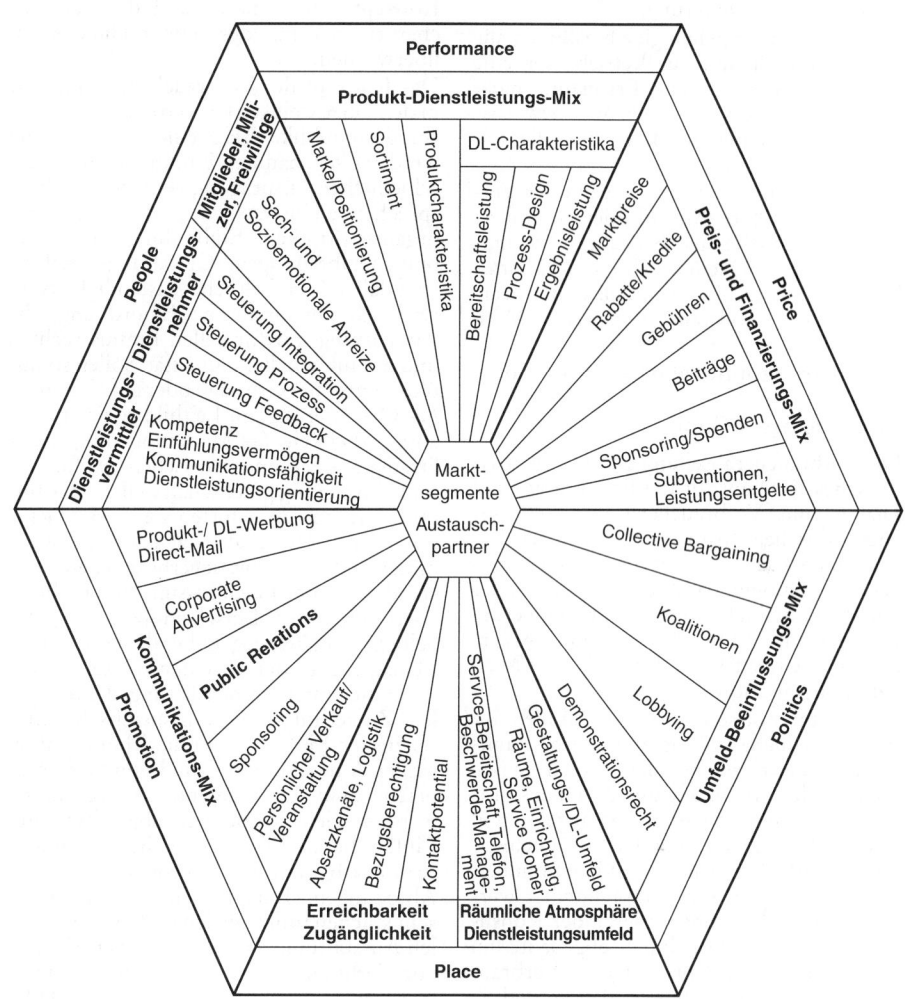

- Die Verbände können eine eigene statistische Abteilung unterhalten, die den Mitgliedern wichtige statistische Informationen liefert.
- Die Verbände können über eine eigene Marktforschungsabteilung (bzw. eine voll eingesetzte Kraft für Marktforschung) verfügen, die neben der Lieferung von im Rahmen der Verbandsarbeit angefallenen statistischen Informationen von sich aus Marktforschung, bezogen in erster Linie naturgemäß auf die eigene Branche und deren Entwicklungstendenz, betreibt.
- Die Verbände können für sich allein oder gemeinschaftlich mit branchenmäßig nahe stehenden Vereinigungen ein eigenes, aber verselbständigtes Marktforschungsinstitut gründen.
- Schließlich können die Verbände, mehr oder weniger in jeder der vorgenannten Stufen, als Ergänzung oder auch Ersatz ein bestehendes Marktforschungsinstitut von Fall zu Fall oder lfd. mit der Durchführung von Untersuchungen beauftragen.

Als Grenzen der Verbandsmarktforschung – die bewirken, dass diese kein vollständiger Ersatz für eine eigene, individuelle Marktforschung sein kann – sind anzusehen:

- Die Ergebnisse können sich, dem Wesen des Verbandes entsprechend, nur auf die gesamte Branche, nicht aber auf den einzelnen

Betrieb beziehen, bedürfen also der Auswertung und Erweiterung.
- Die Ergebnisse gehen gleichmäßig an alle Verbandsmitglieder; ein Betrieb, der eine weitere Auswertung und Ergänzung nicht vornimmt, würde also einen Wettbewerbsnachteil gegenüber den Betrieben, die solches tun, erleiden.
- Die Ergebnisse sind u.U., wenn der Verband eine größere Anzahl oder zumindest wichtige Betriebe der Branche nicht umfasst, nicht repräsentativ für die Gesamtbranche, müssen also eventuell weiter bearbeitet bzw. vervollständigt werden. M.H.

Verbesserungsinnovation → Innovation

Verbraucherabteilung

Die Verbraucherabteilung ist ein organisatorisches Konzept für die Errichtung eines Dialogs mit Verbrauchern und verbraucherpolitischen Institutionen. Andere Bezeichnungen dieser Einrichtung mit ähnlichen Funktionen sind Beschwerde- oder Kundenkontaktabteilung (→ Beschwerdemanagement), Ombudsmann und → Verbraucherbeirat/ Kundenforum (s.a. → Marketingorganisation).
Als organisatorischer Einheit können ihr unterschiedliche externe und interne Funktionen übertragen werden. Nach außen dient sie der Ergänzung unternehmensinitiierter Kommunikationsvorgänge und schafft als „Ohr am Kunden" Möglichkeiten der verbraucherinitiierten Kommunikation. Durch Verbraucherabteilungen werden Kommunikationsbarrieren der Konsumenten zum Unternehmen abgebaut, um Beschwerden und Vorschläge als Verbraucherinformationen zu stimulieren und in Fällen von Verbraucherunzufriedenheit Chancen rechtzeitiger Problemlösungen zu gewinnen. Insbesondere auf Märkten, die durch hohen Substitutionswettbewerb und geringe Wachstumsraten gekennzeichnet sind, bieten Verbraucherabteilungen wertvolle Möglichkeiten der langfristigen Kundenbindung (→ Beziehungsmarketing). Darüber hinaus können sie auf Grund ihrer Einsicht in verbraucherpolitische Belange Frühwarnfunktionen hinsichtlich gesellschaftlicher Veränderungen wahrnehmen.
Nach innen dienen Verbraucherabteilungen dazu, auf der Grundlage ihres engen Verbraucherkontaktes verbraucherorientierte Informationen an andere Abteilungen weiterzuleiten, diese für Verbraucherbelange zu sensibilisieren, verbraucherfreundliche Konzepte zu initiieren und die Verbraucherorientierung des Unternehmens zu überwachen.
Das Konzept der Verbraucherabteilung ist in den USA weit stärker verbreitet als in der Bundesrepublik. Bei seiner Realisierung werden die genannten Funktionen in unterschiedlicher Ausprägung verwirklicht. Entsprechende Unterschiede gibt es auch in der organisatorischen Einbindung von Verbraucherabteilungen. Gestaltungsvariablen sind dabei der inhaltliche Zuständigkeitsbereich, die hierarchische Einordnung, die Ausstattung mit formellen Einflussrechten und mit informeller Autorität. Sollen sie aus ökonomischen Gründen oder auf Grund einer Orientierung am Leitbild sozialer Verantwortlichkeit (→ Marketingethik) einer Strategie der innovatorischen Aufnahme und Umsetzung gesellschaftspolitischer Impulse dienen, so bedürfen sie eines Machtpotenzials, das resultieren kann aus einer umfassenden verbraucherbezogenen Zuständigkeit, der Beeinflussung unternehmerisch relevanter Entscheidungsfelder, der Selbstständigkeit gegenüber dem operativen Management, der direkten Unterstellung unter die Unternehmensleitung, der formellen Zuweisung funktionsspezifisch differenzierter Einflussrechte und hoher informeller Autorität auf Grund von Sachkompetenz und Engagement. Demgegenüber werden viele Varianten abgeschwächter Einflussbasen für Verbraucherabteilungen realisiert bis hin zur Degeneration zu PR-Abteilungen. Entsprechend dieser unterschiedlichen funktionalen und institutionellen Ausstattungen lassen sich diverse Typen von Verbraucherabteilungen unterscheiden.
U.H.

Literatur: *de Ruyter, K.; Kasper, H.*: Consumer Affairs Departments in the United States and the Netherlands: A Comparative Analysis, in: Journal of Consumer Policy, Vol. 20 (1997), S. 325-352. *Hansen, U., Schoenheit, I.* (Hrsg.): Verbraucherabteilungen in privaten und öffentlichen Unternehmen, Frankfurt, New York 1985. *McGuire, E. P.*: The Consumer Affairs Department. Organization and Functions, New York 1973.

Verbraucheranalyse (VA)

im Auftrag mehrerer großer deutscher Verlage (u.a. Axel Springer Verlag, Heinrich Bauer Verlag) vom Infratest-Institut, München, und Marplan, Offenburg vollzogene → Markt-Media-Erhebung bei Zeitschriften, Zeitungen und Fernsehen. Die mit Hilfe des Random-Verfahrens ausgewählten ca. 8000 Haushalte werden sowohl zu demographischen Merkmalen als auch zur Medianutzung mündlich befragt. Schriftlich werden weiterhin Daten über die Besitzverhältnisse und das Konsumverhalten ermittelt. Neben der → Media-Analyse (MA), der → Allensbacher Werbeträger-Analyse und der → Infratest-Multi-Media-Analyse gehört die Verbraucher-Analyse zu den größten Markt-Media-Erhebungen in Deutschland.

Verbraucheraufklärung

Teil der → Verbraucherinformation, die in Form öffentlicher Aufklärungskampagnen fallspezifisch durchgeführt wird. Hauptziele öffentlicher Aufklärungskampagnen sind die Adoption gesellschaftlich verträglicher Verhaltensweisen, z.B. Nutzung von Mehrwegverpackungen oder Sondermüllcontainern, die Abstinenz oder die Aufgabe eines bestimmten Verhaltens, z.B. beim Rauchen oder beim Medikamentenverbrauch, oder die Verhinderung schädlicher Verhaltensweisen, z.B. verkehrswidriges Verhalten. Dabei kann auf die Erkenntnisse der Diffusionstheorie (→ Diffusionsmodelle) zurückgegriffen werden. Verbraucheraufklärung stellt einen Kommunikationsprozess dar, der ebenso professionell anzugehen ist, wie die kommerzielle → Kommunikationspolitik. Dabei besteht eine enge Beziehung zum → Sozio-Marketing. E.K.

Verbraucherbeirat, Verbraucherforum

Form der → Kundenintegration; Einbeziehung in unternehmerische Entscheidungszusammenhänge. Er bietet eine institutionelle Basis für den Dialog mit Konsumenten. Anders als im Falle der → Verbraucherabteilung setzen sich Verbraucherbeiräte aus Unternehmensangehörigen und ausgewählten Konsumenten zusammen. Koalitionstheoretisch handelt es sich um Formen der Organisation von Informations- und Aushandlungsprozessen mit der unternehmensexternen Gruppe der Verbraucher. Je nach Dauer und Umfang der zugewiesenen Aufgabe sowie Art der Durchsetzungsrechte variieren Verbraucherbeiräte in ihren praktischen Erscheinungsformen zwischen einem fallweise eingesetzten Instrument der qualitativen Marktforschung für partielle Problemstellungen bis hin zu dauerhaften Institutionen, denen – wenn auch in der Regel schwache – Beteiligungsrechte an unternehmerischen Entscheidungsprozessen eingeräumt werden, soweit diese Verbraucherbelange betreffen. Eine gravierende Problematik der Bildung von Verbraucherbeiräten liegt angesichts heterogener Verbraucherinteressen in der Repräsentanz der ausgewählten Verbraucher und deren Beteiligungsinteresse.

Eine unternehmensübergeordnete Variante stellen Verbraucherbeiräte dar, die aus verbraucherpolitischen Institutionen rekrutiert werden und auf der Ebene von Anbieterverbänden anzusiedeln sind. Diese können der dialogischen Entwicklung von gesellschaftspolitisch wünschenswerten Problemlösungskonzepten dienen, soweit die eher kurzfristig orientierten Marktprozesse als Problemlösungsinstanzen versagen (Beispiel: Gesprächsforum: „Hautpflege und Gesundheit"). U.H.

Literatur: *Hansen, U.; Niedergesäss, U.; Rettberg, B.*: Unternehmensdialoge zur verständigungsorientierten Gestaltung der Umweltbeziehungen. Bericht aus einem Forschungsprojekt, in: *Kumar, B.N.; Osterloh, M.; Schreyögg, G.* (Hrsg.): Unternehmensethik und die Transformation des Wettbewerbs. Shareholder – Value – Globalisierung – Hyperwettbewerb, Festschrift für Prof. Dr. Dr. h.c. Horst Steinmann zum 65. Geburtstag, Stuttgart 1999, S. 535–566.

Verbraucherberatung

besteht aus Kommunikationshandlungen, durch die spezifische Berater während eines Interaktionsprozesses Probleme zu definieren und zu lösen suchen, die Verbraucher als Ratsuchende an sie herantragen. Der Bedarf an Beratungsleistungen ist also vom Verbraucher zu artikulieren. Darin besteht Ähnlichkeit zur → Verbraucherinformation, ein deutlicher Unterschied aber zur → Verbrauchererziehung und zur → Verbraucheraufklärung, die ihre Leistungen an den Verbraucher herantragen.

Von ihrer Sachproblematik her lassen sich Verbraucherprobleme wie folgt gliedern:

(1) *Rechtsberatung*, d.h. Aufklärung über die Rechtslage im konkreten Einzelfall, die nach dem Rechtsberatungsgesetz als geschäftsmäßige Besorgung freilich grundsätzlich nur Rechtsanwälten und einigen anderen Personengruppen bzw. Institutionen vorbehalten ist (→ Verbraucherorganisationen).

(2) *Budgetberatung* zielt auf die Lösung von Problemen, die sich aus der notwendi-

gen Balance von Einnahmen und Ausgaben privater Haushalte ergeben.

(3) *Kredit- und Schuldnerberatung* stellen gleichsam die präventive und die reaktive Seite der gleichen Problematik dar.

(4) *Produkt- und Geräteberatung* treten als Beratungsinhalte am häufigsten auf. Meist wenden sich die Ratsuchenden dabei mit bereits wohldefinierten Problemen an die Beratungsstellen, so dass die Beratung vornehmlich in der Weitergabe und Erläuterung der von neutralen Testinstituten erstellten und angebotenen Informationen besteht (→ *Warentests*).

(5) *Energie- und Umweltberatung* gewinnen zunehmend sowohl gesamtwirtschaftlich als auch individuell für die Verbraucher an Bedeutung, weil die entsprechenden externen und internen Kosten immer größeres Ausmaß annehmen.

(6) Zu weiteren „klassischen" Bereichen der Verbraucherberatung zählen ferner die *Ernährungsberatung*, die *Wohnberatung* und die *Mieterberatung*.

Beratungen unterscheiden sich nicht nur nach ihren Inhalten, sondern auch nach ihrer Intensität und Dauer. Ein ausführlicher Beratungsprozess lässt sich in mehrere Teilphasen zerlegen (vgl. *Abb.*):

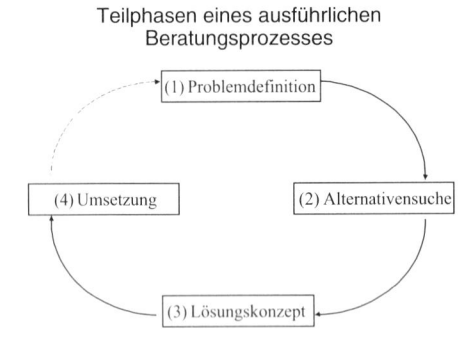

Teilphasen eines ausführlichen Beratungsprozesses

(1) Problemdefinition
(2) Alternativensuche
(3) Lösungskonzept
(4) Umsetzung

1) Ratsuchende äußern ein Problem (z.B. „Zahlungsunfähigkeit"). Berater analysieren die finanzielle Lage und definieren ein einvernehmliches Zielkonzept.

2) Es werden Alternativen zur Zielerreichung gesucht und hinreichend genau beschrieben.

3) Aus den möglichen Alternativen wird ein im Hinblick auf das Zielkonzept optimaler Alternativmix als Lösungskonzept ausgewählt.

4) Das Lösungskonzept wird in einzelne Umsetzungsschritte aufgeteilt. Die Implementierung kann vom Ratsuchenden allein oder unter weiterer Unterstützung des Beraters erfolgen.

Häufig besteht ein Beratungsprozess lediglich in der Suche nach Alternativen und der Unterstützung bei der Auswahl (z.B. Geräteberatung).

Dominantes Kennzeichen einer intensiven Beratung ist nach wie vor die persönliche → *Interaktion*. Berater werden unterstützt durch verschiedene Informationsspeicher – von Nachschlagewerken bis zu DV-gestützten Dateien und Datenbanken. Von der Telefonberatung bis zum Einsatz des Internets läuft die Entwicklung der Entpersönlichung und Kostensenkung bei partieller Effizienzsteigerung. Dazu gehören im Rahmen multimedialer Beratung der entgeltliche Nutzerzugriff auf Anbieter- und Gerätedateien, auf → *FAQ*- (Frequently Asked Questions) und → *Konfigurationssysteme* (→ *Angebotssysteme, computergestützte*).

Verbraucherberatung findet keineswegs nur vonseiten der → *Verbraucherorganisationen*, sondern auch von privaten Institutionen und Unternehmen, z.B. Einrichtungsberatern, Bankberatern etc., statt. Diese privaten Beratungsleistungen sind integraler Bestandteil des Marketing-Instruments → *Persönlicher Verkauf*. Sie werden als Mittel der Kundenakquisition und des Absatzes von Produkten und Dienstleistungen eingesetzt. In diesen Fällen wird kein Entgelt für die Beratung berechnet, da die Marketing-Kosten aus den Umsatzerlösen zu decken sind. Wird die Beratung selbst jedoch als Kernleistung einer Institution angeboten, so ist sie nicht Mittel, sondern letztendlicher Zweck. In diesem Rahmen agieren verschiedene öffentliche und private Institutionen, deren gemeinnütziges Wirken durch öffentliche Teilsubventionierung unterstützt wird. E.K.

Literatur: Kuhlmann, E.: Verbraucherpolitik, München 1990, S. 304 ff.

Verbrauchererziehung

Instrument der → *Verbraucherpolitik*, das als gezielte Beeinflussung des Verbraucherverhaltens durch Schule, Erwachsenenbildung und Massenmedien definiert werden kann. Ihr Ziel ist die Erziehung zum „mündigen Verbraucher" (*G. Scherhorn*), der sich beim Wirtschaften im → *Haushalt*, in seinem Handeln am Markt und in der Reflexion seiner Bedürfnisse (selbst-) kritisch und rational verhält. Dieses Leitbild ist als utopisch kritisiert worden, weil es Forschungsergebnissen über die begrenzte Rationalität, die Emotionalität und die Routinehaftigkeit des → Käuferverhaltens widerspricht (*W. Kroeber-Riel*).

Verbrauchererziehung ist in den meisten Lehrplänen der allgemein bildenden Schulen in Deutschland verankert, ihr tatsächlicher Umfang und Inhalt sind nur schwer auszumachen. Im Bereich der Erwachsenenbildung sind verschiedene Verbände, das → Verbraucherinstitut in Berlin und die → Verbraucherzentralen der Länder tätig. Insgesamt wird man die Wirkung der Verbrauchererziehung als eher gering einschätzen müssen, empirische Befunde dazu sind lückenhaft (→ soziale Einflüsse). E.K.

Literatur: *Kuhlmann, E.*: Verbraucherpolitik, München 1990, S. 272 ff.

Verbraucherforschung
→ Konsumentenforschung

Verbraucherforum → Verbraucherbeirat

Verbraucherinformation
Instrument im Rahmen der → Verbraucherpolitik, das Konsumenten mit Informationen für Kauf-, Gebrauchs- und Produktions- sowie Entsorgungsentscheidungen versorgen soll.
Bedeutende Inhalte der Verbraucherinformation sind:
– Anbieter und deren wirtschaftliche und technische Leistungsfähigkeit
– Produkte und Dienstleistungen mit ihren Preisen und Qualitätseigenschaften
– Zielführende Möglichkeiten des Einsatzes von Produkten und Dienstleistungen für Ge- und Verbrauch (Produktion im Haushalt) und ihrer Entsorgung
– Orientierungshilfen zur Haushaltsführung (z.B. Finanzierung) und zur Lebensgestaltung (z.B. Gesundheit und Ernährung)
– Vertrags- und Lieferkonditionen und Wege der Inanspruchnahme von Rechten.

Verbraucherinformation wird von öffentlichen und privaten → Verbraucherorganisationen betrieben, die als öffentliche Organisationen ihre Kosten z.T. über staatliche Subventionen in steigendem Maße jedoch über den Verkauf der Informationen decken, während private über Verkaufs- und Werbeträgererlöse oder auch Mitgliedsbeiträge finanziert werden. Die Verbraucherinformation stellt den bedeutendsten Teilbereich im öffentlichen Informationsmix dar, zu dem auch die → Verbraucherberatung, die → Verbraucheraufklärung und die → Verbrauchererziehung zählen.

Wichtigste *Begründungen* der Verbraucherinformation sind:
(1) Die Fähigkeiten der meisten Verbraucher, selbst relevante Informationen zu beschaffen, sind so stark eingeschränkt, dass sie im komplexen Wirtschaftsgeschehen hoch entwickelter Industriegesellschaften ihrer Rolle als ebenbürtige Marktpartner professioneller Anbieter (Hersteller, Händler usw.) nicht gerecht werden können. Es bedarf daher leicht zugänglicher und verständlicher Information im Verbraucherinteresse, um diese Informationsasymmetrie zu verringern.
(2) Wichtigste Informationsquellen der Verbraucher sind die Anbieter selbst (Werbung, Produkt- und Verpackungsinformation, Verkäuferberatung usw.) sowie Personen der näheren sozialen Umgebung der Verbraucher (Freunde, Kollegen, Nachbarn usw.). Anbieterinformationen sind jedoch vom Verkaufsinteresse geprägt und daher einseitig und nur bedingt vertrauenswürdig, während Auskünfte aus der näheren sozialen Umgebung oft der notwendigen Kompetenz und Professionalität entbehren. Verbraucherinformation aus kompetenten und vertrauenswürdigen Quellen stellen daher eine notwendige Ergänzung dar.
(3) Verbraucher selbst sowie Anbieter und Personen der näheren sozialen Umgebung vernachlässigen meist Informationen über negative externe Effekte von Erzeugung, Verteilung, Ge- und Verbrauch, sowie Entsorgung von Konsumgütern, die sich in gesundheitlichen Beeinträchtigungen und in der Belastung von Luft, Boden, Wasser auswirken. Daher sind derartige Informationen über geeignete Informationsquellen anzubieten.

Verbraucherinformation wird stets nur von einem relativ kleinen Teil der Bevölkerung aufgenommen und genutzt (→ Informationsverhalten). Insbesondere Problemgruppen wie Arme, Alte, unterdurchschnittlich gebildete und ethnische Minderheiten werden kaum erreicht. Empirische Untersuchungen in Europa und den USA zeigen, dass Verbraucherinformationen mit hoher

Verbraucherinformation

Regelmäßigkeit und Intensität von einer relativ kleinen Gruppe von „*Informationssuchern*" (*information seeker*) genutzt werden, die sich durch folgende Merkmale auszeichnen.

- hohes Einkommen,
- hohe formale Bildung,
- qualifizierte Berufstätigkeit,
- umfangreicher Konsumgüterbesitz,
- starke Informationsneigung und Mediennutzung,
- hohes Vertrauen in Warentestinstitute,
- hohe Anforderung an Qualitätsstandards,
- Werbeskepsis,
- häufig → Meinungsführer und
- positive Einstellung zur Verbraucherpolitik.

Mit 10–12 % Anteil an der Gesamtbevölkerung stellen die Informationssucher eine relativ kleine, gesamtwirtschaftlich aber wichtige Zielgruppe der Verbraucherinformation dar, weil durch sie direkte und indirekte Wirkungspotentiale wirksam werden. Direkte Effekte entstehen dadurch, dass sich die Entscheidungen der Informationsnutzer verbessern, indirekte dadurch, dass Anbieter auf das Verhalten der Informationsnutzer prophylaktisch oder im Nachhinein reagieren, indem sie z.B. Preise senken, Qualitäten verbessern, das Informationsangebot selbst erhöhen etc. Im Zusammenhang mit vergleichenden → Warentests wird diesbezüglich auch von „*Non Use Benefits*" gesprochen. Verbraucherinformation trägt damit über den individuellen Nutzen hinaus auch zur Markteffizienz über mehr → Markttransparenz, insbes. → Preistransparenz und Qualitätstransparenz bei. Sie verbessert die Koordination der Haushaltspläne und die Allokation der knappen Haushaltsressourcen. Qualitäts- und Preisinformationen sind gleichermaßen von Bedeutung, um das Verbraucherverhalten nicht einseitig auf „billige" oder „gute", sondern auf günstige Produkte und Dienstleistungen zu lenken, bei denen das Verhältnis aus Qualität zu Preis maximal ist (effiziente Angebote). *Abb. 1* positioniert die angebotenen Produkte A bis H in einer aus den Dimensionen Preis und Qualität aufgespannten Ebene. Die Angebote A, C, E, G liegen auf der Effizienzgrenze, die Wahl der Angebote B, D, F, H kann durch Verbraucherinformation verhindert werden.

Neben kurzfristigen Wirkungen für aktuelle Entscheidungen ergeben sich auch langfristige Lerneffekte, die sich in Veränderungen von Werten, Motiven, Fähigkeiten, Einstellungen und Verhaltensweisen ausdrücken. *Abb. 2* zeigt Beispiele für diese Wirkungsebenen in verschiedenen Anwendungsbereichen.

Die Grundstrukturen des → Informationsverhaltens von Verbrauchern erklären die Wirkungsbedingungen der Verbraucherinformation. Grundsätzlich vermögen Verbraucher einen Teil benötigter Informationen vor dem Kauf zu beschaffen (z.B. Materialqualitäten), es handelt sich um *Suchinformationen*. Ein weiterer Teil erschließt sich erst nach dem Kauf, beim Einsatz der Güter im Ge- und Verbrauch (z.B. Hand-

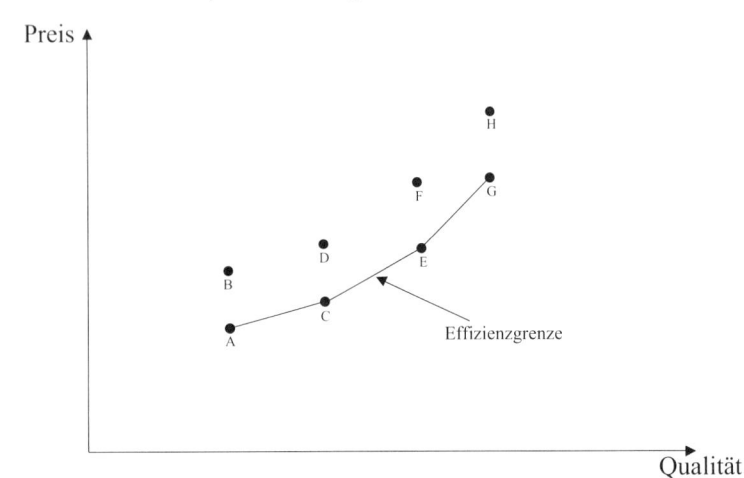

Abb. 1: Optimale Wirkungen der Verbraucherinformation

Abb. 2: Tableau zur Erfassung der Wirkungen von Verbraucherinformation

Wirkungs-ebene / Wirkungs-bereich	Werte Motive Ziele	Wissen Fähigkeiten	Einstellungen Absichten	Verhalten
Informationen	z.B. Qualitäts- und Preis-interesse	z.B. Fähigkeiten der Nutzung von Informations-quellen	z.B. Einstellung zur Stiftung Warentest	z.B. Abonne-ment von Test-zeitschriften
Kauf, Vertrags-abschluss	z.B. Motivation zum Kauf unbe-lasteter Lebens-mittel	z.B. Kenntnis der Preisgestaltung im Handel	z.B. Absicht, preiswerte Kre-dite zu nutzen	z.B. Preisver-handlungen, Beschwerden
Ge-/Verbrauch, Produktion	z.B. hohe Bewer-tung der Sicher-heit	z.B. Kenntnissse über Wartung und Pflege von Geräten	z.B. Einstellung zur Haushalts-technik	z.B. Markentreue oder Besitz von Konsumgütern
Entsorgung, Umwelt-belastung	z.B. Motivation zum Energie-sparen	z.B. Fähigkeiten zur Vermeidung von Umwelt-be-lastungen	z.B. Einstellung zu ökologischen Wirkungen des Konsums	z.B. Umgang mit Verpackungen, Energie usw.

habbarkeit), dies sind *Erfahrungsinformationen*. Um einen Fehlkauf zu vermeiden, ist es sinnvoll, möglichst viele Suchinformationen zu erhalten, auch wenn es generell möglich ist, diese erst nach dem Kauf, bei der Nutzung in Erfahrung zu bringen. Während diese beiden Kategorien vom Verbraucher hinlänglich auf ihren Wahrheitsgehalt zu überprüfen sind, gilt dies nicht für *Experteninformationen* (z.B. Wirkungen präventiver Medizin), die von kompetenten Fachleuten einzuholen und einfach zu „glauben" sind. Verbraucherinformation kann nun grundsätzlich in allen drei Kategorien angeboten werden, um Eigenaktivitäten des Konsumenten zu ersetzten, trifft jedoch nicht in jedem Fall auf die Präferenz des Verbrauchers. Zu beachten ist vielmehr, ob bzw. in welchem Maße der Verbraucher an eine Entscheidung gebunden ist (Reversibilität z.B. bei geringwertigen Gütern oder Leasing), wie hoch Informationskosten ohne Verbraucherinformation anfallen würden und in welchem Maße der Verbraucher über Expertenwissen verfügt. *Abb. 3* verdeutlicht u.a., dass Verbraucher mit höherer Kompetenz bei wenig reversiblen Entscheidungen und geringen Informationskosten Suchinformationen präferieren. Verbraucherinformation sollte daher leicht zugänglich und verständlich angeboten werden, um konkurrenzfähig zu sein.

Abb. 3: Präferenz für Informationskategorien in Abhängigkeit von Reversibilität, Informationskosten und Expertentum

		Präferenz der Verbraucher für Informationskategorien		
		Suchinformation	Erfahrungs-information	Experteninformation
Reversibilität einer Entscheidung	gering	+	−	+
	hoch	−	+	−
Informations-kosten	gering	+	−	+
	hoch	−	+	−
Expertentum des Verbrauchers	gering	−	−	+
	hoch	+	+	−

Um den Präferenzen der Konsumenten entsprechen zu können, müssen Quellen der Verbraucherinformation nicht nur hohes Expertentum und Vertrauenswürdigkeit aufweisen, sondern ihr Informationsangebot auch *benutzerfreundlich* gestalten, so dass es mit geringen Informationskosten aufzunehmen ist (→ Informationsökonomik). Dazu zählen nicht nur leicht übersichtliche und bildhafte Darstellungen, sondern auch → Schlüsselinformationen, Letztere z.B. in Form von einfachen Qualitätsinformationen wie Testgesamturteile oder Qualitätszertifikate.

Das tatsächliche Informationsverhalten bezüglich Verbraucherinformationen ist insb. im Zusammenhang mit dem Kauf höherwertiger Gebrauchsgüter mehrfach empirisch untersucht worden. Dabei zeigte sich die überragende Bedeutung des Verkaufsgesprächs als Informationsquelle (→ persönlicher Verkauf). Von Bedeutung sind aber auch Testinformationen in Zeitschriften, Gespräche mit persönlichen Bekannten und Werbeinformationen. Kombiniert man die Merkmale der Beurteilung und der Nutzung verschiedener Informationsquellen, so zeigt eine empirische Untersuchung von *Katz* (1983) die in der *Tabelle* dargestellte Präferenz für bestimmte Informationsquellen. Dabei bedeutet Kongruenz I positive Beurteilung und intensive Nutzung einer Quelle, Kongruenz II geringe Beurteilung bei seltener Nutzung, Divergenz I positive Beurteilung bei seltener Nutzung und Divergenz II intensive Benutzung bei geringer Beurteilung.

Verbraucherinformation i.e.S. wird in Deutschland insb. von den → Verbraucherzentralen und der → Stiftung Warentest betrieben. E.K.

Literatur: *Diller, H.*: Verbesserungsmöglichkeiten der Verbraucherinformation durch Berücksichtigung verhaltenstheoretischer Erkenntnisse, in: Zeitschrift für Verbraucherpolitik/Journal of Consumer Policy, 2. Jg. (1978), H. 1, S. 24-41. *Katz, R.*: Informationsquellen der Konsumenten, Wiesbaden 1983. *Kuhlmann, E.*: Verbraucherpolitik, München 1990, S. 329 ff.

Verbraucherinsolvenz

Seit In-Kraft-Treten der neuen Insolvenzordnung im Januar 1999 können neben Gewerbetreibenden auch Privatpersonen einen Insolvenzantrag stellen, um somit unter bestimmten Voraussetzungen Vollstreckungsschutz und Restschuldbefreiung zu erlangen. Private Schuldner hafteten bisher bis zu 30 Jahre mit dem gesamten Vermögen.

Kongruenzen und Divergenzen in der Beurteilung und Nutzung von Informationsquellen (Katz 1993)

Informationsquelle	Kongruenz I	Kongruenz II	Divergenz I	Divergenz II	Summe
• Produkte und Kataloge von Herstellern	46,8 %	20,9 %	10,3 %	22,0 %	100 %
• Anzeigen in Zeitschriften	3,9 %	78,8 %	8,8 %	8,5 %	100 %
• Persönliche Gespräche mit Bekannten, Freunden usw.	77,3 %	9,3 %	8,0 %	5,4 %	100 %
• Beratung durch Verkäufer	56,7 %	20,6 %	11,3 %	11,3 %	100 %
• Testergebnisse in Zeitschriften und Fernsehen	76,6 %	4,4 %	13,3 %	5,7 %	100 %
• Werbung in Fernsehen und Rundfunk	3,9 %	85,1 %	8,0 %	3,9 %	100 %
• Auskünfte in Verbraucherberatungsstellen	57,0 %	12,0 %	28,2 %	2,8 %	100 %

(Quelle: *Katz*, 1983, S. 74)

Die neue Insolvenzordnung legt zunächst den Schwerpunkt auf die außergerichtliche Einigung. Grundlage hierfür ist ein Schuldenbereinigungsplan. Stimmen die Gläubiger diesem Plan im außergerichtlichen Verfahren nicht zu, folgt der Insolvenzantrag bei Gericht. Wird dort festgestellt, dass die Voraussetzungen zur Eröffnung des Verfahrens gegeben sind, wird ein Insolvenzverwalter eingesetzt, der die Vermögens- und Schuldenlage dokumentiert, die Konkurseröffnung publiziert und Vermögenswerte verpfändet. Um die Möglichkeit einer Restschuldbefreiung nach Abwicklung des Insolvenzverfahrens zu erlangen, muss der Schuldner in einer siebenjährigen Wohlverhaltensperiode den pfändbaren Teil seines Einkommens an die Gläubiger verteilen lassen.

Für den Handel ist diese Änderung der Insolvenzordnung für die Branchen und Betriebsformen von besonderer Bedeutung, wo häufig → Konsumentenkredite vergeben werden, wie etwa beim Möbeleinzelhandel oder Versandhandel. Aussagen darüber, wie der Schadensunterschied im Vergleich zur bisherigen Regelung bei privater Überschuldung sein wird, können allerdings erst getätigt werden, wenn die ersten Jahre der Wohlverhaltensperiode eine Ermittlung des Einhaltungsgrades des Rückzahlungsplans ermöglichen. B.Sa.

Literatur: *Kaapke, A.; Knob, A.:* Die Bedeutung der Verbraucherinsolvenz aus Sicht des Facheinzelhandels, in: Mitteilungen des IfH, 52. Jg. (2000), S. 161–168.

Verbraucherinstitut
→ Stiftung Verbraucherinstitut

Verbraucherinteresse

Sammelbezeichnung für Ziele und Wirkungen, die → Verbraucherorganisationen durch ihre Aktivitäten erreichen sollen, deren letztendlicher gemeinsamer Zweck in einer Nutzensteigerung der Verbraucher zu sehen ist. Da Verbraucherorganisationen stellvertretend für eine sehr heterogene Vielzahl von Verbrauchern tätig werden, bedürfen sie einer Rechtfertigung ihres Handelns. Grundannahme ist dabei, dass Verbraucher einen Teil ihrer Interessen nicht wirksam betreiben (z.B. Erstellung von Warentestinformationen) oder durchsetzen können (z.B. Lobbytätigkeit bei verbraucherrelevanten Gesetzgebungsverfahren), während ein anderer Teil nicht beachtet wird (z.B. gesundheitliche Folgen des Drogenkonsums) oder aber unerkannt bleibt (z.B. ökologische Folgen des Konsums).

Verbraucherinteressen lassen sich durch verschiedene Verfahren ermitteln:

– Methoden der → Marktforschung werden selten angewandt und erfassen vornehmlich individuelle und von *Verbrauchern selbst* verfolgte Interessen

– *Deduktion* aus akzeptierten Grundwerten der Wirtschafts- und Gesellschaftsordnung und anthropologisch fundierten Bedürfniskonzeptionen, aus denen u. a. gesamtgesellschaftliche und ökologische Interessendefinitionen folgen.

– *Experten der Verbraucherarbeit* artikulieren aus ihren Erfahrungen aktuelle, individuelle und gruppenbezogene Interessen, die durch gesamtgesellschaftliche Aspekte ergänzt werden.

– Verbraucher schließen sich zu *Kooperativen* (Genossenschaften) zusammen, in denen sie ihre Interessen in das Ziel- und Handlungsprogramm dieser Organisationen direkt einbringen.

– Einzelne *Verbraucher-„Anwälte"* formulieren punktuell von ihnen für bedeutsam erachtete Interessen.

Häufigste Vorgehensweise ist die der Artikulation durch Experten der Verbraucherarbeit, die aus alltäglicher Erfahrung auch Kenntnis der Akzeptanz von ihnen verfolgter Interessen besitzen. E.K./B.St.

Literatur: *Stauss, B.:* Verbraucherinteressen. Gegenstand, Legitimation und Organisation, Stuttgart 1980, *Kuhlmann, E.:* Verbraucherpolitik, München 1990, S. 59 ff und S. 411 ff.

Verbrauchermarkt

→ Betriebsform des → stationären → Einzelhandels, die an verkehrsgünstig gelegenen Standorten zumeist außerhalb zentraler Einkaufszonen auf einer Mindestverkaufsfläche um 1.000 qm ein Vollsortiment an Nahrungs- und Genussmitteln sowie Ge- und Verbrauchsgüter des kurz-, mittel- und langfristigen Bedarfs überwiegend in → Selbstbedienung einschließlich diverser Serviceleistungen anbietet.

Hinsichtlich einer weitergehenden Päzisierung des Verbrauchermarktes ist der Sprachgebrauch der Handelspraxis uneinheitlich, so auch bei den berichtenden Instituten der empirischen Handelsforschung:

- z.T. verdeutlichen sie die genannten Merkmale unterschiedlich, wie z.B. hinsichtlich der Dimensionierung der Mindestverkaufsfläche (Statistisches Bundesamt, Wiesbaden, Handels- und Gaststättenzählung 1993: 1.000 – 3.000 qm; A.C.Nielsen GmbH, Frankfurt am Main, Lebensmitteleinzelhandels-Index: 800 – 5.000 qm; vgl. → Betriebsform des Einzelhandels, *Tab. 2*);
- z.T. erblicken sie im Verbrauchermarkt den Typ des großflächigen → SB-Ladens im Lebensmitteleinzelhandel schlechthin und verwenden den Terminus „Verbrauchermarkt" unter ausdrücklicher Einbeziehung des angebots- und flächenbezogen nur fließend abzugrenzenden → SB-Warenhauses (GfK-Panel-Services; vgl. *Tab.*).

Hintergrund hierfür mag der empirisch vielfach belegbare Sachverhalt sein, dass die Einzelhandelspraxis den Verbrauchermarkt allein hinsichtlich der Wettbewerbsinstrumente Sortiment, Standort und Verkaufsraum mit einem keineswegs einheitlichen Leistungsprofil versieht, der Begriff Verbrauchermarkt mithin an betriebsformenspezifischem Bedeutungsgehalt eingebüßt hat: So dominiert in den unteren Betriebsgrößenklassen der Typ des mehr oder weniger reinen Lebensmittelanbieters, während bei entsprechend erweiterter Verkaufsraumkapazität das Non-Food-Sortiment nach Warenbereich, Artikelzahl und Platzierungsfläche ebenso systematisch ausgeweitet wird wie das Angebot an Kundendienstleistungen.

Darüber hinaus ist mit dem Standort eines Verbrauchermarktes keineswegs (und dies immer weniger) nur der Außenbereich von Städten („Grüne Wiese") zu assoziieren, sondern (und das immer häufiger) auch Industrie- und Gewerbegebiete, Nebenzentren, Zentrumsrandlagen, wenn nicht sogar zentrale Einkaufsbereiche.

Schließlich kann sich auch bei Verbrauchermärkten das akquisitorische Potential des Verkaufsraums durchaus unterschiedlich darstellen: entweder im Sinne einer überwiegend raumökonomisch orientierten, das Preis-Leistungs-Verhältnis des jeweiligen Angebots herausstellenden Artikelplazierung oder im Sinne einer eher ganzheitlich ausgerichteten, der Vermittlung spezifischer Erlebnisinhalte verpflichteten Warenpräsentation – die vielfach angezeigten Zwischenformen mit einbezogen. H.-J.Ge.

Verbraucherorganisationen und -institutionen

Als Träger der Verbraucherarbeit sind in Deutschland Verbraucherorganisationen und -institutionen für die Interessen der Verbraucher tätig (→ Verbraucherpolitik). Fast alle wurden in den 50er und 60er-Jahren gegründet, als nach Überwindung der Mangel-Wirtschaft von Kriegs- und Nachkriegszeit ein wieder umfangreiches und

Geschäftstypen im deutschen Lebensmitteleinzelhandel

Geschäftstyp		1994	1995	1996	1997	1998	1999
Verbrauchermärkte[1])							
Geschäfte[2])	(Anzahl in Tsd.)	6,0	6,2	6,6	6,8	7,1	7,4
	(Anteil in %)	8,0	8,6	9,5	10,2	10,9	11,7
Umsatz[3])	(Mrd. DM)	91,3	90,5	91,2	91,5	95,3	99,0
	(Anteil in %)	45,3	45,3	46,4	47,0	48,6	50,3
Discounter							
Geschäfte[2])	(Anzahl in Tsd.)	7,7	8,1	8,7	9,1	9,7	9,8
	(Anteil in %)	10,4	11,2	12,5	13,6	14,8	15,5
Umsatz[3])	(Mrd. DM)	30,4	33,6	33,6	36,9	38,9	40,4
	(Anteil in %)	15,1	16,8	16,8	19,0	19,8	20,5
Traditioneller LEH							
Geschäfte[2])	(Anzahl in Tsd.)	60,7	57,9	54,1	51,3	48,5	46,1
	(Anteil in %)	81,6	80,2	78,0	76,3	74,3	72,8
Umsatz[3])	(Mrd. DM)	79,9	75,5	70,5	66,3	62,0	57,4
	(Anteil in %)	39,6	37,9	35,8	34,1	31,6	29,2

[1]) 800 qm u.m. Verkaufsfläche; [2]) Stichtag 01.01. des angegebenen Jahres; [3]) Bruttoumsatz des Vorjahres

(Quelle: *GfK AG*, Nürnberg)

hinsichtlich der Qualität differenziertes Waren- und Dienstleistungsangebot verfügbar war. Bald zeigte sich, dass dem einzelnen Verbraucher die nötige Markttransparenz als Grundlage rationaler Kaufentscheidungen fehlte und den Verbrauchern insgesamt die Rolle des deutlich schwächeren Partners am Markt zufiel. Es entstanden einerseits Verbraucherorganisationen bzw. -verbände mit (Verbands)-Mitgliederstrukturen, z.B. die → Arbeitsgemeinschaft der Verbraucherverbände (AgV) und die → Verbraucher-Zentralen (VZ) mit breiten verbraucherpolitischen Aufgabengebieten und andererseits vom Staat oder den Verbraucherorganisationen gegründete Institutionen mit speziellen Aufgabengebieten, z.B. die → Stiftung Warentest, die → Stiftung Verbraucherinstitut und der → Verbraucherschutzverein (VSV).

Kennzeichnend für die überregionalen Verbraucherorganisationen in Deutschland ist ihre jeweilige Struktur als von Verbänden getragener Verband. Aufgrund der großen Heterogenität der Verbraucherinteressen haben nur auf Einzelmitgliedschaften natürlicher Personen beruhende Verbrauchervereinigungen bisher überregional keinen dauerhaften Bestand gehabt.

Aus ordnungspolitischer Begründung (Sicherung der Funktionsfähigkeit der privaten Nachfrage) finanziert der Staat im Wege der institutionellen Förderung – mit Ausnahme der Stiftung Warentest – im Wesentlichen die Arbeit von Verbraucherorganisationen und -institutionen. In Anwendung des Subsidiaritätsprinzips überlässt er jedoch die Inhalte der Arbeit allein der Verantwortung der Verbände bzw. Institutionen und beschränkt sich auf eine haushaltsrechtliche Kontrollfunktion. Damit ist die deutsche Verbraucherarbeit einerseits durch sehr knappe Ressourcen, aber andererseits durch ihre klare Unabhängigkeit von privaten oder staatlichen Interessen geprägt.

Mit der fortschreitenden Integration der EU-Mitgliedsstaaten verlagern sich zunehmend ehemals nationale Regelungskompetenzen auf die Gemeinschaftsebene (Kommission, Ministerrat, Europäisches Parlament). Entsprechend gewinnt die Vertretung von Verbraucherinteressen gegenüber diesen Institutionen an Bedeutung. Diese Aufgabe wird in erster Linie vom 1962 gegründeten „Bureau Européen des Unions des Consommateurs" (BEUC) mit Sitz in Brüssel wahrgenommen. Im BEUC sind auf nationaler Ebene tätige Verbraucherorganisationen aus den EU-Mitgliedsstaaten vertreten, für Deutschland die → Arbeitsgemeinschaft der Verbraucherverbände und die → Stiftung Warentest.

Die Finanzierung des sehr kleinen Mitarbeiterstabes erfolgt überwiegend aus Mitgliedsbeiträgen, wodurch den vergleichsweise finanzkräftigen Testorganisationen ein besonderer Einfluss zuwächst. Finanzierungsbeiträge leistet auch die EU-Kommission. Die verbraucherpolitischen Stellungnahmen des BEUC, v.a. zu neuen Richtlinienentwürfen der EU-Kommission, finden oft große Resonanz.

Als Zusammenschluss regionaler Verbraucherorganisationen aus den EU-Ländern wurde 1989 das „Institut Européen Interregional de la Consommation" (I.E.I.C.) mit Sitz in Lille (Frankreich) gegründet. Dieses Institut dient der Förderung der praktischen Zusammenarbeit der Mitgliedsorganisationen, insb. durch gemeinsame Untersuchungen und die Durchführung von Fortbildungsveranstaltungen für die Mitarbeiter der Mitgliedsorganisationen auf europäischer Ebene.

Keine Verbraucherorganisation, sondern eine von der EU-Kommission zu ihrer Beratung in allen die Wahrung der Verbraucherinteressen auf Gemeinschaftsebene betreffenden Fragen geschaffene Institution ist der „Beratende Verbraucherausschuss". In dieses 40 Mitglieder umfassende Gremium entsenden die sog. „europäischen Verbraucherorganisationen" (BEUC, I.E.I.C. Komitee der Familienorganisationen bei den Europäischen Gemeinschaften, Europäische Gemeinschaft der Konsumgenossenschaft und Europäischer Gewerkschaftsbund) je 12 Vertreter; nationale Verbraucherorganisationen und -einrichtungen entsenden zusammen 120 Vertreter; die EU-Kommission ernennt 6 Sachverständige.

Anschriften:
BEUC, Av. de Tervueren 36, bte. 4, B-1040 Brüssel;
I.E.I.C., 79, rue Cantois, F-59000 Lille

K.-H.Sch.

Literatur: *Arbeitsgemeinschaft der Verbraucherverbände* (Hrsg.): Die Verbraucherverbände und ihre Aufgaben, Verbraucher Rundschau Nr. 10/1991, Bonn 1989. *Kuhlmann, E.:* Verbraucherpolitik, München 1990, S. 411 ff.

Verbraucherorientierter Ansatz
→ Marketing-Theorie

Verbraucherpanel → Panel

Verbraucherpolitik

Unter Verbraucherpolitik ist das Handeln öffentlicher und privater Handlungsträger zu verstehen, das insbes. auf Sicherung und Verbesserung der Bedürfnisbefriedigung von Verbrauchern (Mitglieder privater → Haushalte) ausgerichtet ist. Aus der Fülle menschlicher Bedürfnisse werden in der Praxis der Verbraucherpolitik jene als relevant ausgewählt, deren Befriedigung offensichtlich und nachhaltig beeinträchtigt ist und mit den geistigen, körperlichen, zeitlichen, finanziellen und sachlichen Ressourcen der betroffenen Haushalte allein nicht zu erreichen ist (→ Verbraucherinteresse).

Verbraucherpolitik basiert auf unterschiedlichen Modellvorstellungen, die sich partiell sowohl ergänzen, aber auch widersprechen:

1) Das *Wettbewerbsmodell* unterstellt, dass konkurrierende Anbieter einander zu überbieten suchen, so dass der Verbraucher zwischen ständig verbesserten bzw. verbilligten Angeboten wählen kann. Voraussetzung ist, dass die Wettbewerbspolitik funktionsfähigen Wettbewerb aufrecht erhält.

2) Das *Informationsmodell* geht davon aus, dass Anbieter viele entscheidungsrelevante Daten nicht anbieten und Verbraucher selbst nur begrenzte geistige und sonstige Ressourcen besitzen, um sich selbst die benötigten Informationen zu beschaffen bzw. dies zu verstehen. Daher sind Verbraucher durch eigens dafür eingerichtete Organisationen mit Informationen zu versorgen (→ Verbraucherinformation).

3) Das *Verbraucherschutzmodell* setzt voraus, dass der Verbraucher bei Kauf, Ge- und Verbrauch (Produktion im Haushalt) und Entsorgung sowie bei Vertragsabschluss und der Inanspruchnahme von Rechten Gefahren ausgesetzt ist, die weder durch funktionsfähigen Wettbewerb ausgeräumt, noch durch Nutzung eines neutralen Informationsangebots vermieden werden können. Zur Gefahrenabwehr ist daher besonderer → Verbraucherschutz durch Gesetze, Rechtsprechung und Verwaltungshandeln notwendig.

4) Das *Gegenmachtmodell* sieht den Verbraucher aufgrund seiner schmalen Ressourcenbasis den Anbietern, insbesondere den größeren Unternehmen unterlegen, die seine → Konsumfreiheit erheblich einengen und ihre Überlegenheit zu seinen Ungunsten nutzen. Es bedarf daher besonderer → Verbraucherorganisationen, die aufgrund größerer Ressourcen eine Gegenmacht gegenüber privaten Anbietern bilden und diese zu einer stärkeren Berücksichtigung von Verbraucherinteressen veranlassen.

5) Nach dem *Partizipationsmodell* sollte Verbrauchern Einfluss auf unternehmerische Entscheidungen eingeräumt werden, um so proaktiv Verbraucherinteressen zur Geltung zu bringen, so dass Notwendigkeit und Stärke von Maßnahmen des Schutzes und der Gegenmacht reduziert werden.

In der Praxis der Verbraucherpolitik findet ein Mix dieser Modelle seinen Niederschlag, die *Abbildung* gibt einen Überblick über Ziel- und Instrumentalbereiche:

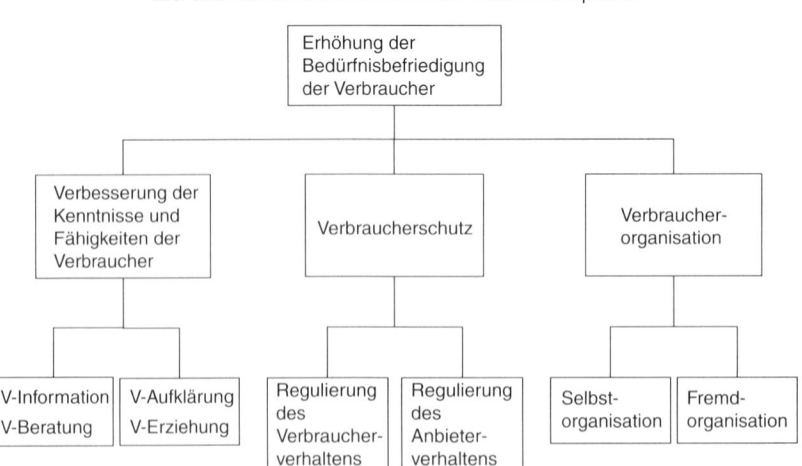

Ziel und Instrumentalbereiche der Verbraucherpolitik

- Erhöhung der Bedürfnisbefriedigung der Verbraucher
  - Verbesserung der Kenntnisse und Fähigkeiten der Verbraucher
    - V-Information
    - V-Beratung
    - V-Aufklärung
    - V-Erziehung
  - Verbraucherschutz
    - Regulierung des Verbraucherverhaltens
    - Regulierung des Anbieterverhaltens
  - Verbraucherorganisation
    - Selbstorganisation
    - Fremdorganisation

Als übergeordnetes *Ziel* kann die Erhöhung der Bedürfnisbefriedigung bzw. die Verhinderung ihrer Reduktion angesehen werden. Auf der nächsten Ebene der Hierarchie folgen drei Ziel- und Instrumentalbereiche: Die Verbesserung der Kenntnisse und Fähigkeiten der Verbraucher umschließt → *Verbraucherinformation* und → *Verbraucherberatung*, deren Instrumente in erster Linie eine kurzfristige Erhöhung der Effizienz aktueller Entscheidungen bewirken sollen. Auf langfristige Veränderung von Einstellungen, Motivationen, Fähigkeiten sind → *Verbraucheraufklärung* und → *Verbrauchererziehung* ausgerichtet.

Der Zielbereich → *Verbraucherschutz* umfasst zum einen Regulierungen, die den Schutz des einzelnen vor sich selbst und der Verbraucher untereinander bezwecken. Dem dienen vielfältige gesetzliche Regelungen über Kauf, Besitz und Gebrauch risikobehafteter Produkte, wie z.B. Rauschgifte, Alkohol und Waffen sowie PKW, deren Gebrauch u.a. durch die Straßenverkehrsordnung, die Pflicht zum Führerscheinerwerb und zur Haftpflicht sowie zur technischen Überwachung geregelt ist. Erhebliche Bedeutung kommt Regulierungen zu, die den Schutz des Verbrauchers vor negativen Beeinträchtigungen durch Anbieter bezwecken sollen. So unterliegt die Kommunikationspolitik vor allem dem Gesetz gegen unlauteren Wettbewerb (UWG), die Produktpolitik dem Lebensmittel- und Bedarfsgegenständegesetz (LMBG) oder die Distributionspolitik dem Gesetz über die → *Allgemeinen Geschäftsbedingungen* (AGBG) – um aus der Fülle der Regulierungen nur wenige zu nennen. Von erheblicher, oft verkannter Bedeutung sind Maßnahmen der *Selbstregulierung* der Anbieter, die auf der Ebene von Verbänden oder einzelner Unternehmen Regeln schaffen und deren Einhaltung überwachen, die negative Beeinträchtigungen der Verbraucher verhindern sollen. Das Wirken des Deutschen → *Werberates* im Zentralverband der Werbewirtschaft (ZAW) mag als ein Beispiel gelten.

Im Zielbereich → Verbraucherorganisationen findet man die Maßnahme „Selbstorganisation der Verbraucher" leider sehr selten, obwohl die Artikulation und Verfolgung der eigenen Verbraucherinteressen die theoretisch ideale Form der Gegenmachtbildung darstellt. Unter den Fremdorganisationen finden sich einige gerade für die Verbraucherinformation bedeutende Einrichtungen, so z.B. die Stiftung Warentest. Als Fremdorganisation sind auch Verbraucherabteilungen zu bezeichnen, die von Unternehmen eingerichtet werden, um geplante Marketing-Maßnahmen rechtzeitig einer kritischen Überprüfung aus Verbrauchersicht zu unterwerfen.

Verbraucherpolitik ist in der Bundesrepublik Deutschland seit dem 60er-Jahren ein etablierter Bereich öffentlichen und privaten Handelns, dessen inhaltliche Schwerpunkte sich situativ nach der Bedeutung von Verbraucherproblemen verlagern. Waren dies zunächst Probleme der Produktqualität und der Verbraucherinformation darüber, so steht seit den 80er-Jahren u. a. die Ökologieorientierung im Vordergrund und seit den 90er-Jahren die Qualität und Finanzierung des Gesundheitswesens. E.K.

Literatur: *Kuhlmann, E.:* Verbraucherpolitik, München 1990. *Scott-Mayners, E.; ACCI Research Committee* (Hrsg.): The Frontier of Research in the Consumer Interest, Columbia, MS 1988.

Verbraucher-Promotions (Consumer Promotions)

sind Maßnahmen der → *Verkaufsförderung*, mit denen sich ein Hersteller an die Konsumenten wendet. Sie werden häufig mit → Händler-Promotions zusammengefasst zu → Verkaufsförderung, konsumentengerichteter.

Verbraucherschutz

Teilbereich der → *Verbraucherpolitik*, der sich der Mittel der Rechtsordnung bedient, um für den Konsumenten unerwünschte Effekte von Austauschprozessen am Markt zu unterbinden.

Die *Inhalte* des Verbraucherschutzes lassen sich dabei drei Hauptkategorien zuordnen:

(1) *Rechtsschutz*: Die Rechtsverhältnisse zwischen Verbrauchern und Anbietern unterliegen den gleichen Prinzipien wie der Geschäftsverkehr zwischen Kaufleuten. Das Kompetenzgefälle zwischen Unternehmen und privaten Haushalten führt dabei jedoch zu Machtungleichgewichten, deren Ausnutzung durch die Anbieter durch bestimmte Gesetze verhindert werden soll. Ein typisches Beispiel dafür ist das Recht zum Rücktritt vom → *Kaufvertrag* bei Versand- und Haustürgeschäften.

(2) *Vermögens- und Gesundheitsschutz*: Risiken, die mit dem Gebrauch von Produkten und Dienstleistungen verbunden sind,

Verbraucherschutzverein

können von Verbrauchern häufig nicht (vollkommen) erkannt werden. Deshalb gibt es eine Fülle von Vorschriften zur → Warenkennzeichnung und zur Sicherheit und Mindestqualität von Produkten und Dienstleistungen.

(3) *Informationsschutz*: Über die Warenkennzeichnung hinaus besteht eine Reihe von Vorschriften bezüglich der Kommunikationspolitik von Anbietern, die entweder negativ bestimmen, welche Informationsinhalte, -gestaltungen und –wirkungen auszuschließen sind oder positiv festlegen, welche Informationen den Verbrauchern mindestens mitzuteilen sind (z.B. → Preisauszeichnung).

Die *Instrumente* oder *Maßnahmen* des Verbraucherschutzes sind in der Reihenfolge der Verbindlichkeit für die Betroffenen:

– Gesetze bzw. Gesetzgebung,
– Rechtsprechung bzw. gerichtliche Kontrolle,
– Verwaltungskontrolle,
– nicht-rechtliche Maßnahmen (soft law), etwa über einen → Ombudsmann für Verbraucher, wie er in skandinavischen Ländern installiert ist,
– Selbstkontrolle der Wirtschaft und
– Selbstdisziplin einzelner Anbieter.

Die ersten drei Instrumente gehören in den Bereich staatlichen Handelns, die Verwaltungskontrolle wird meist durch Bundesbehörden, Länderbehörden und kommunale Behörden (z.B: Gewerbeaufsichtsämter) ausgeübt. Da die personellen Ressourcen dieser Behörden meist lediglich für Stichproben ausreichen, ist die Durchsetzung eines wirksamen rechtlichen Verbraucherschutzes das Kernproblem dieses Teils der Verbraucherpolitik. E.K.

Literatur: *Kuhlmann, E.:* Verbraucherpolitik, München 1990, S. 87 ff. *Kemper, R.:* Verbraucherschutzinstrumente, Baden-Baden 1994.

Verbraucherschutzverein

Der Verbraucherschutzverein e.V. (VSV) mit Sitz in Berlin ist als Verbraucherinstitution speziell auf dem Gebiet des rechtlichen → Verbraucherschutzes tätig (→ Verbraucherorganisationen). Er wurde 1966 gegründet. Seine Mitglieder sind die → Verbraucherzentralen, die → Arbeitsgemeinschaft der Verbraucherverbände, die → Stiftung Warentest, das Institut für angewandte Verbraucherforschung, der Deutsche Hausfrauen-Bund und die → Stiftung Verbraucherinstitut.

Sein Haupttätigkeitsfeld ist auf Grundlage des jeweiligen § 13 die Verfolgung von Verstößen gegen das Gesetz gegen den unlauteren Wettbewerb (→ UWG) und das Gesetz zur Regelung des Rechts der allgemeinen Geschäftsbedingungen (AGBG). Daneben verfolgt der VSV unzulässige → Testwerbung mit Testergebnissen der Stiftung Warentest.

Der VSV arbeitet eng mit einigen → Verbraucherzentralen zusammen, die ihrerseits Verstöße gegen das UWG und AGBG seitens v.a. regional tätiger Anbieter verfolgen. Betroffene Anbieter werden zunächst abgemahnt und zur Abgabe einer strafbewehrten Unterlassungserklärung aufgefordert. Unterwirft sich der Anbieter nicht, so wird Klage erhoben. Pro Jahr leitet der VSV etwa 800 Abmahnverfahren und über 100 Klageverfahren ein.

Der VSV hat wichtige höchstrichterliche Entscheidungen erstritten, z.B. bezüglich Telefonwerbung, der Bestellung von Vertretern, Gewinnspielwerbung, Gesundheitswerbung und der Werbung von Kreditvermittlern. Arbeitsschwerpunkt ist auch das Vorgehen gegen unzulässige Klauseln in den Geschäftsbedingungen von Reiseveranstaltern, Versicherungen und Banken. Anschrift: Verbraucherschutzverein, Lützowstraße 33–36, 10785 Berlin, info@verbraucherschutzverein.de; http://www.verbraucherschutzverein/ www.verbraucherschutzverein.de.

K.-H.Sch.

Verbrauchersozialisation

zusammenfassende Bezeichnung für Lernprozesse und Lerneffekte bei Verbrauchern, die aufgrund vielfältiger → sozialer Einflüsse und → Sozialisatoren zustande kommen.

Verbrauchertypologie
→ Marktsegmentierungsmerkmale

Verbraucherverhalten
→ Käuferverhalten,
→ Einkaufsverhalten

Verbraucherzeitung → Kundenzeitschrift

Verbraucherzentrale

Die Verbraucherzentralen (VZ) sind die in jedem Bundesland auf Landesebene tätigen unabhängigen, gemeinnützigen → Verbraucherorganisationen. Sie wurden meist in den 50er-Jahren in der Rechtsform des eingetragenen Vereins als Verband von Verbänden gegründet. Mitglieder sind Familien-, Frauen-, Umwelt-, Wohlfahrts- und Mieterverbände, Gewerkschaften, z.T. auch politische Parteien und örtliche Verbrauchervereine bzw. einzelne Verbraucher.

Die Finanzierung erfolgt überwiegend aus öffentlichen Mitteln (Land, Bund, Kommunen), zu einem Teil auch aus eigenen Einnahmen. Pro Bürger und Jahr steht den VZ im Durchschnitt etwa € 0,5 für ihre Arbeit zur Verfügung.

Die VZ sind auf den verbraucherpolitischen Tätigkeitsfeldern rechtlicher → Verbraucherschutz, → Verbraucherinformation, → Verbraucherberatung, → Verbraucherbildung und Interessenvertretung der Verbraucher tätig:

Nach dem Rechtsberatungsgesetz sind sie zur außergerichtlichen Besorgung von Rechtsangelegenheiten von Verbrauchern im Rahmen ihres Aufgabengebietes befugt. So werden pro Jahr bundesweit mehrere hunderttausend Einzelberatungen, i.d.R. Reklamationsberatungen, durchgeführt. Einige VZ nehmen auch ihre Verbandsklagebefugnis nach § 13 → AGBG und → UWG wahr, dies in Abstimmung mit dem → Verbraucherschutzverein (VSV) in Berlin. Bekannt wurden z.B. Aktivitäten der VZ gegen sittenwidrige Ratenkredite von Teilzahlungsbanken, die Wertstellungspraxis des Kreditgewerbes und die Zins- und Tilgungsverrechnungsmodalitäten bei Hypotheken.

Verbraucherinformationen erfolgen über eigene Print-Materialien und v.a. Ratgeber, sowie Online-Präsenz, Faxabruf-Dienste und v.a. eine intensive Öffentlichkeitsarbeit über externe Print- und elektronische Medien.

Im Rahmen der Verbraucherbildung sollen dem Verbraucherinteresse dienende Kenntnisse, Einstellungen und Verhaltensweisen über die Vorschulerziehung, die Schulen und die Erwachsenenbildung vermittelt werden. Hierzu werden Materialien erstellt und Kontakte zu Personen und Institutionen in den genannten Bildungsbereichen unterhalten.

Die VZ mit ihren knapp 250 örtlichen Beratungsstellen sind Träger der Verbraucherberatung. Persönliche, telefonische oder schriftliche Beratungen ergeben unmittelbaren Kontakt zu knapp 4 Millionen Verbrauchern im Jahr. Zu den traditionellen Beratungsgebieten Vorkaufs-(= Produkt-) und Nachkaufs-(= Reklamations-)Beratung sowie Ernährungs-, Umwelt-, Wohn- und Energieberatung sind in den letzten Jahren eine Reihe neuer Themen hinzugetreten: Insolvenz(Schulden)beratung auf der einen, Versicherungs-, Altersvorsorge- und Baufinanzierungsberatung auf der anderen Seite; dazu kommen bei einigen VZ Patienten-, Pflege- und Gesundheitsberatung.

Die strikt anbieterneutrale Beratung wird von Jahr zu Jahr stärker nachgefragt. In der Beratungstätigkeit anfallende Erkenntnisse werden von den VZ als Interessenvertretung der Verbraucher gegenüber den Anbietern privater wie öffentlicher Güter und Dienstleistungen vorgebracht. Falls dadurch keine Problemlösungen erfolgen, wird dies durch Öffentlichkeitsarbeit und/oder die Anregung gesetzlicher Regelungen weiterverfolgt.

Anschriften: Die Anschriften der Verbraucher-Zentralen und ihrer Beratungsstellen können den örtlichen Telefonbüchern entnommen oder über die Arbeitsgemeinschaft der Verbraucherverbände, Heilsbachstraße 20, 53123 Bonn 1, www.agv.de erfragt werden. K.-H.Sch.

Verbrauchsgüterpanel

eine Form des → Panels, bei der sich die zu untersuchenden Warengruppen auf Verbrauchsgüter (z.B. Nahrungs- und Genussmittel) erstrecken. Die kurzen Einkaufsabstände der Teilnehmer und die Grenzen des menschlichen Erinnerungsvermögens bedingen einen relativ kurzen Abfragerhythmus (üblicherweise eine Woche).

Verbrauchsquote → Bedarf

Verbrauchsteuern

Hierzu gehören Steuern, die den Verbrauch bestimmter Ver- und Gebrauchsgüter, also die Einkommensverwendung belasten sollen, die aber aus erhebungstechnischen Gründen nicht beim Verbraucher, sondern beim Hersteller, Importeur, Lagerinhaber erhoben werden (indirekte Steuern). Steuerauslösend ist i.d.R. der Vorgang des „Inden-Verkehr-Bringens" (Entfernung aus dem Herstellungsbetrieb, Steuerlager, Entnahme zum Verbrauch und die Einfuhr aus Drittländern) im Steuergebiet (Bundesrepublik Deutschland einschl. Freihäfen, ohne Büsingen und Helgoland) – Besonderheiten in Freihäfen. Im gewerblichen Warenverkehr findet EU-weit das Bestimmungslandprinzip Anwendung (Besteuerung im Land des Verbrauchs), im privaten Reiseverkehr gilt das Ursprungslandprinzip (Besteuerung im Abgangsmitgliedstaat); etwaige Doppelbesteuerung wird durch Erstattung vermieden.

Als Preisbestandteil werden Verbrauchsteuern auf den Verbraucher (Steuerträger) überwälzt (→ Preiskalkulation). Verbrauchsteuern i.e.S. sind: Biersteuer, Branntweinabgaben (-aufschlag, -steuer), Getränke-, Kaffee-, Mineralöl-, Schaumwein-, Strom-, Tabak- und Zwischenerzeugnissteuer (Alkoholgehalt zwischen Schaumwein und Wein, z.B. für Sherry, Portwein). Seit dem Verbrauchsteuer-Binnenmarktgesetz von 1992 haben sämtliche Verbrauchsteuergesetze eine EU-harmonisierte gemeinsame Grundstruktur.

Die Gewinnung und Herstellung, Lagerung, Versand, Ausfuhr, Vernichtung oder die sonstige Verwendung verbrauchsteuerpflichtiger Gegenstände unterliegt einer besonderen Steueraufsicht mit Anmelde-, Duldungs- und Erklärungspflichten. Bei innergemeinschaftlichem Versandhandel kann ein Beauftragter zugelassen werden, der die steuerlichen Pflichten des Versandhändlers oder Steuerlagerinhabers übernimmt.

Primärwirkungen: Verbrauchsteuern auf Einsatzgüter können betriebswirtschaftlich auf das Produktionsverfahren und die Wahl substitutiver Einsatzfaktoren wirken. Verbrauchsteuern auf Produkte sind zunächst vom herstellenden oder importierenden Unternehmen zu tragen; die Entrichtungsfrist ist unter Berücksichtigung der durchschnittlichen Absatzgeschwindigkeit der verbrauchsteuerpflichtigen Waren festgesetzt; i.d.R. wird versucht, die Verbrauchsteuern im Preis zu überwälzen, soweit der Wettbewerb und die Nachfrageelastizität dies zulassen. Insoweit dies nicht voll gelingt, beeinflussen sie damit auch die Erlöse (→ Preispolitik, steuerliche Aspekte; → Produktpolitik, steuerliche Aspekte).

Verbrauchsteuern haben auch *Sekundärwirkungen* bei anderen Steuern: da sie in die Bemessungsgrundlage der Umsatzsteuer eingehen wird USt von der Verbrauchsteuer erhoben (sog. Kaskadenwirkung, insbes. bei USt auf MineralÖlSt). Bei Unternehmen wirkt sich die Verbrauchbesteuerung zum einen auf der Seite der Einsatzgüter, zum anderen bei den Produkten aus. Einsatzseitig angefallene Verbrauchsteuern sind abzugsfähige Betriebsausgaben oder mit den erworbenen verbrauchsteuerpflichtigen Gütern als Anschaffungskosten zu aktivieren. Verbrauchsteuern auf Produkte stellen i.d.R. sofort abzugsfähige Betriebsausgaben dar. Sie gehören als → Vertriebskosten nicht zu den Herstellungskosten der am Stichtag lagernden, bereits verbrauchbesteuerten Vorräte, können bzw. müssen aber insoweit als besondere Abgrenzungsposten aktiviert werden (§§ 250 Abs. 1 HGB, 5 Abs. 5 EStG). R.F.

Literatur: Verbrauchsteuer-Binnenmarktgesetz v. 21.12.1992, BGBl 1992, S. 2150. *Schröder, S.:* Das Verbrauchsteuer-Binnenmarktgesetz ab. 1.1.1993, Hamburg 1993, Hefte zur internationalen Besteuerung, 93. *Witte, P.:* Zölle und Verbrauchsteuern, 4. Aufl., München 1994.

Verbundaktionen → Co-Promotions

Verbundangebote

Von einem Verbundangebot wird gesprochen, wenn bestimmte Artikel, die sich gegenseitig flankieren, dem Käufer und/oder Endverbraucher im Rahmen der → Verkaufsförderung zusammen am PoP offeriert werden. Bspw. wird Dosenmilch in unmittelbarer Nähe des Kaffeeregals platziert (→ Verbundplatzierung) oder bestimmte Artikel werden zusammen als „Rezeptvorschlag" angeboten. Derartige Verbundangebote können auch eine zentrale Rolle bei Verbundaktionen von Industrie und Handel spielen, indem eine → Handelsmarke an einen eingeführten → Markenartikel gekoppelt wird. Schließlich wird von Verbundaktionen auch dann gesprochen, wenn in einer Handels-Promotion mehrere Marken verschiedener Hersteller unter einem gemeinsamen Motto offeriert werden.

Verbundeffekte → Synergien, → Marketing-Mix

Verbundgeschäfte → Produktbündelung, → Cross Selling

Verbundgruppen des Einzelhandels

kooperative Zusammenschlüsse von Handelsunternehmen, die für ihre Mitglieder – namentlich → Fachgeschäfte – die marktwirksamen Synergieeffekte großbetrieblicher Dispositionsmöglichkeiten umzusetzen versuchen, um so zur Steigerung ihrer Leistungsfähigkeit und zur Stärkung ihrer Wettbewerbskraft beizutragen (→ Kooperation im Handel). Die nach Branchenzugehörigkeit, Organisationsform und Integrationsgrad sehr verschiedenartigen Verbundgruppen waren ursprünglich überwiegend auf die Wahrnehmung handelsspezifischer Grundfunktionen, wie insbesondere auf den gemeinsamen Wareneinkauf und die damit verbundenen allgemeinen Koordinierungsaufgaben fixiert; sie haben jedoch zwischenzeitlich weitgehend das Selbstverständnis zentralgeleiteter Unternehmenskooperationen mit umfangreichen beschaffungs- und absatzpolitischen Aktivitäten angenommen sowie den Gegenstand ihrer Zusammenarbeit und Mitgliederbetreuung auf so gut wie alle Funktionsbereiche und Gestaltungsfelder der Handelsbetriebsführung ausgedehnt (Full-Service-Organisationen; s.a. → Verbandsmarketing).

Die zur Charakterisierung der (genossenschaftlichen oder privatwirtschaftlichen) Organisationsformen von Verbundgruppen verwendeten Bezeichnungen, wie „Einkaufsgenossenschaften", „Einkaufsvereinigungen", „Einkaufsverbände" u.dgl.m., sind insofern nur noch bedingt zutreffend, da sie mit ihrer Betonung der Einkaufsfunktion zwar den traditionellen und nach wie vor bedeutendsten Leistungsbereich der Warenwirtschaft ansprechen (Vertragslieferanten, Bezugspreise/Konditionen, Zentralregulierung/ Delkredere, Rückvergütungen/Bonussystem), nicht jedoch die darüber hinaus von den kooperierenden Einzelhandelsunternehmen in ihrer Eigenschaft als Gruppenmitglieder in Anspruch zu nehmenden Leistungsangebote.

Diese sollen nicht nur grundsätzliche, in Sonderheit betriebsgrößenspezifische Defizite kleinbetrieblicher Handelsbetriebsführung auszugleichen versuchen (Erfahrungsaustausch, Betriebsvergleich, betriebswirtschaftliche Beratung, Aus- und Fortbildung, Kalkulationshilfen usw.), sondern auch zu einer qualifizierten Bewältigung der unmittelbar marktbezogenen Aufgabenstellung verhelfen (Markt- und Wareninformationen, Standortberatung, Warenbörsen, Ladengestaltung, Werbung, Verkaufsförderung usw.).

Hinzu kommt der grundsätzliche Wandel im beschaffungs- und absatzstrategischen Verhalten der Verbundgruppen, wie er mit den Stichworten „Zentralisierung", „Vertikalisierung", „Differenzierung" und „Internationalisierung" charakterisiert werden kann:

– *Zentralisierung* im Sinne der Übertragung konzeptionsprägender Funktionen auf die „Systemköpfe" der Verbundgruppen bei entsprechender Neugestaltung der organisatorischen Strukturen und ihrer gesellschaftsrechtlichen Absicherung,
– *Vertikalisierung* im Sinne eines stufenübergreifenden Marketing, das die Trennung zwischen funktionsreinen Bereichen des Großhandels und des Einzelhandels zugunsten ihrer Integrierung in das Gruppenkonzept aufgibt und insofern auch die Etablierung kooperationseigener Filial-, Franchise- und Regiesysteme vorsieht (→ Regiebetriebe),
– *Differenzierung* im Sinne einer aktiven und innovativen Sortiments- und Betriebstypenpolitik, die den Mitgliedern ein Leistungsprofil der Verbundgruppe vorgibt, das es nach Maßgabe der standortspezifisch jeweils angezeigten Angebots- und Betriebsformenkonzepte möglichst angemessen von den kooperierenden Einzelhandelsunternehmen oder widrigenfalls in eigener Regie umzusetzen gilt (vgl. *Tab. 1*) und
– *Internationalisierung* im Sinne einer systematischen Ausdehnung der Betätigungsfelder der Verbundgruppe auf ausländische Märkte, die auch die Zusammenarbeit mit anderen, ähnlich engagierten Verbundgruppen bzw. mit Handelsgruppen außerhalb des Kooperationsbereichs in den supranationalen Verbundgruppen einbezieht.

Die ca. 200 Handelskooperationen in Deutschland sind vom Mitgliederkreis her zwar überwiegend mittelständisch strukturiert, was jedoch in der entsprechenden Umsatzbedeutung nicht immer zum Ausdruck kommen muss, wenn Regie- und Filialbetriebe der Kooperationsgruppen – wie im Lebensmittelhandel z.B. bei der *Rewe* mit über 70 % – deutlich höhere Beiträge zum gruppenbezogenen Einzelhandelsumsatz erwirtschaften.

Gleichwohl hat sich die Zugehörigkeit zu einer Handelskooperation unter dem Gesichtspunkt der Wettbewerbsfähigkeit und Existenzsicherung für die meisten der selbständigen und inhabergeführten Einzelhandelsunternehmen als von entscheidender Bedeutung erwiesen, allein wenn man die seit Jahren vergleichsweise rückläufige Marktbedeutung des nicht organisierten (kleinbetrieblichen) Einzelhandels bedenkt (vgl. → Betriebsform des Einzelhandels,

Verbundkauf

Tab. 1: Rewe-Einzelhandel Deutschland 1998

Betriebsformen	Vertriebslinien	Verkaufs-stellen (Anzahl)	Bruttoumsatz (Mrd. DM)
SB-Warenhäuser/ Verbrauchermärkte[1]	Toom, Kaufpark, Globus, Petz, Rewe Center	112	4,36
Supermärkte/Nachbar-schaftsgeschäfte	Minimal, HL, Otto Mess, Brükken, Stüssgen, Kafu, Löb, Kontra, Rewe	5.480	26,90
Lebensmittel-Discountmärkte	Penny	2.474	9,78
Fachmärkte gesamt[2] darunter:		1.523	5,15
− Drogeriemärkte	Idea, Sconti	532	0,78
− Unterhaltungselektronik	ProMarkt	42	1,00
− Reisebüros	Atlas	469	1,47
− Bau-/Gartencenter	Toom, Klee	151	1,07
− Bodenbeläge	Frick	133	0,27
− Textil	Kressner	13	0,14
− Tierfachmärkte	Freßnapf u.a.	183	0,42
Gesamt		9.589	46,19

[1] Ab 3.000 qm Verkaufsfläche; [2] inkl. Selbständige
(Quelle: *Rewe* (Geschäftsbericht u. Unternehmensangaben)/*EHI-EuroHandelsinstitut*, Köln)

Tab. 2: Bezugsquoten der Mitglieder von Handelskooperationen nach Branchen (nach Angaben der Kooperationszentralen)

Branche	Bezugsquote (in %)
Spielwaren	90
Schuhe/Leder	82
Sportartikel	72
Nahrungs- und Genussmittel	71
Baumaterial, -Werkzeuge	70
Einrichtungsgegenstände, Hausrat	70
Elektroartikel	63
Textil u. Bekleidung	62
Kosmetische pharmazeutische Produkte	51
Foto, Optik	41
Gesamt	63

(Quelle: *Ifo-Institut für Wirtschaftsforschung*, München, 1993)

Tab. 1). Im Wissen um die wachsende Konkurrenz der großflächigen und/oder preisaktiven Betriebsformen des filialisierten (zentralgesteuerten) Einzelhandels (z.B. → Verbrauchermarkt, → SB-Warenhaus, → Fachmarkt, → Warenhaus, → Kaufhaus), der man bei Wahrung eines Mindestmaßes an unternehmerischer Dispositionsautonomie nur im kooperativen Marktauftritt begegnen kann, haben die Mitgliedsunternehmen im beschaffungsseitigen Warengeschäft mit den Kooperationszentralen stets hohe Bezugsquoten realisiert (Einkaufskonzentration), auch wenn es dabei branchenmäßig zu differenzieren gilt (vgl. *Tab. 2 und 3*). H.-J.Ge.

Verbundkauf

Das → Einkaufsverhalten der privaten Haushalte lässt sich in mehreren Dimensionen charakterisieren; mit Aussagen über den Verbundkauf wird erfasst, welche Güter zu einem Zeitpunkt an einem Ort (Geschäft) gemeinsam gekauft werden. Aus der Perspektive des Handelsbetriebes handelt es sich um einen → Sortimentsverbund. Der Verbundkauf (Sortimentsverbund) ist abzugrenzen von dem „realisierten Kaufverbund", womit alle im Rahmen eines Einkaufsganges gemeinsam erworbenen Güter gemeint sind.

Seitdem mit Hilfe der Scannertechnologie im Einzelhandel artikelgenaue Daten erhoben und verarbeitet werden können, werden mit statistischen Kennzahlen Verbund-

Tab. 3: Einschätzung der stärksten Konkurrenten durch Mitgliedsunternehmen von Handelskooperationen nach Branchenherkunft

Branche	... % der Unternehmen sehen folgende Betriebstypen als ihre stärksten Konkurrenten an[x)]						
	WH/ KH	VH	VM/ SBWH	FG	FM	IFG	mit ohne Kooperationsbindung
Nahrungs- u. Genussmittel	15	2	83	53	16	23	16	4
Textilien, Bekleidung	44	26	40	52	46	49	34	13
Schuhe, Lederwaren	26	18	40	55	51	51	41	8
Elektroartikel U.-Elektronik	22	23	52	19	70	32	27	4
Haushaltswaren	36	26	72	21	45	35	28	5
Möbel	19	11	40	28	53	62	51	7
Spielzeug	44	31	79	22	48	27	21	4
Fotoartikel	34	20	66	40	42	32	22	7
Sportartikel	57	30	43	32	36	53	41	12
Baubedarfsartikel	14	11	64	20	62	36	31	6
Büroartikel, Schreibwaren	29	47	61	21	37	34	27	7
Sonstige	28	22	56	23	51	39	29	10
Insgesamt	31	21	54	33	45	40	31	8

[x)] Mehrfachnennungen waren möglich; WH/KH: Warenhaus/Kaufhaus; VH: Versandhaus; VM/SB-WH: Verbrauchermarkt/SB-Warenhaus; FG: Filialgeschäft; FM: Fachmarkt; IFG: Inhabergeführtes Fachgeschäft

(Quelle: *Ifo-Institut für Wirtschaftsforschung*, München, 1996)

informationen dargestellt und für die Gestaltung der Absatzpolitik genutzt (vor allen Dingen zur Sortiments-, Platzierungs- und Preispolitik). L.M.-H.

Literatur: *Fischer, C.:* Verbundorientierte Preispolitik im Lebensmittelhandel, Berlin 1995. *Merkle, E.:* Die Erfassung und Nutzung von Informationen über den Sortimentsverbund in Handelsbetrieben, Berlin 1981. *Schmalen, H.; Pechtl, H.; Schweitzer, W.:* Sonderangebotspolitik im Lebensmittel-Einzelhandel, Stuttgart 1996.

Verbund-Marktforschung

besteht darin, dass sich einige Unternehmen zusammenschließen und gemeinsam → Marktforschung betreiben, z.B. mittels eines verselbständigten Marktforschungsinstitutes o.Ä. Sofern es sich dabei um eine Gruppe von ansonsten miteinander im Wettbewerb stehenden Firmen handelt, ist die Situation nicht wesentlich anders als bei der → Verbandsmarktforschung: Wegen der besonderen Lage des Betriebes und des Gleichziehens mit dem Vorgehen der Konkurrenz bedürfen die an die Mitgliedsbetriebe gelieferten Informationen der Ergänzung und der Auswertung durch eine eigene betriebliche Marktforschung. Handelt es sich bei den in der Verbund-Marktforschung zusammenarbeitenden Betrieben dagegen um Hersteller von komplementären Gütern (wie dies z.B. auch möglich ist in Gestalt der Anlehnung des Zulieferers an die Marktforschung des empfangenden Betriebes oder des Großhändlers an die des Herstellers), so kann die Verbund-Marktforschung u.U. die individuelle Marktforschung weitgehend ersetzen. Eine stärker vertikale Kooperation liegt bei → Marktforschungsnetzwerken vor. M.H.

Verbundplatzierung

Bei dieser Form der zeitlich begrenzten zusätzlichen Sonder- bzw. →Zweitplatzierungen werden Bedarfsverwandtschaften zwischen mehreren Produkten genutzt, um die Zweitplatzierung bestimmter Angebote besonders attraktiv zu machen (Beispiel: Dosenmilch in der Nähe des Kaffee-Regals).

Weitergehende Möglichkeiten der Verbundplatzierung bestehen für die Industrie darin, in Kooperation mit anderen Herstellern bedarfsverwandter Produkte eine gemeinsame Konzeption auszuarbeiten (→ Verbundangebote), um diese der Handelsorganisation zu präsentieren. Verbundplatzierungen kommen dem Bestreben des Handels entgegen, seine eigene Leistungsfähigkeit gegenüber dem Verbraucher weniger durch produkt- als durch sortimentsbezogene Verkaufsförderungsmaßnahmen zu dokumentieren.

Verbundvertrieb
Eine v.a. im → Versicherungsmarkt praktizierte Vertriebsform von Kooperationspartnern, deren Produkte sich gegenseitig ergänzen wie z.B. die Vermittlung von Skidiebstahl- und Skibruchversicherungen durch Sportgeschäfte. Der Verbundvertrieb wird in der Versicherungsbranche auch *Annexvertrieb* genannt. K.Kü.

Verbundwerbung → Werbung

Verdrängungsstrategie
→ Angriffsstrategie, → Marktaggression

Veredelungskalkulation
→ Kalkulationsverfahren

Verfahrens-Audit → Marketing-Audit

Verfahrensinnovation → Innovation

Verfahrenstreue → Kernkompetenztreue

Verfügbarkeit → Servicegrad

Vergabeverfahren
→ Öffentliche Vergabeverfahren

Vergleichende Werbung
ist eine unmittelbar oder mittelbar auf den Konkurrenten bzw. seine Produkte oder Dienstleistungen Bezug nehmende → Werbung.
Im Wettbewerbsrecht werden drei Formen der vergleichenden Werbung unterschieden:
– *Persönlich* vergleichende Werbung liegt vor, wenn ein Werbetreibender den Absatz seiner Produkte dadurch fördern will, dass er in negativer Weise auf persönliche Eigenschaften oder Verhältnisse des Konkurrenten hinweist (z.B. Vorstrafen, schlechte Finanzsituation).
– *Anlehnende* vergleichende Werbung nimmt in positiver Weise auf Waren oder Dienstleistungen des Wettbewerbers Bezug, um deren guten Ruf für das eigene Angebot auszunutzen.
– *Kritisierende* vergleichende Werbung stellt das eigene Angebot in der Weise heraus, dass ein namentlich genannter Wettbewerber bzw. Elemente seines Angebots (Preis, Qualitätsmerkmale) als negativer Vergleichsmaßstab dienen und insofern in den Augen der Kunden herabgesetzt werden.

Nach der früheren Rechtsprechung des Bundesgerichtshofs war ein Vergleich der eigenen Waren oder Leistungen mit denen der Mitbewerber grundsätzlich nicht mit den guten Sitten i.S.d. § 1 UWG zu vereinbaren. Dies galt auch dann, wenn die aufgestellten Werturteile den Tatsachen entsprachen. Begründet wurde diese Auffassung damit, dass die vergleichende Herabsetzung des Mitwettbewerbers den Grundsätzen des Leistungswettbewerbs widerspricht. Durch die 1997 erlassene EG-Richtlinie 97/55/EG änderte der BGH seine Rechtsprechung dahingehend, dass § 1 UWG richtlinienkonform ausgelegt wurde. Vergleichende Werbung ist danach immer dann rechtlich zulässig, wenn sie folgende Bedingungen erfüllt: Kritisierend-vergleichende Werbung darf danach

– nicht irreführend, herabsetzend oder verunglimpfend sein,
– nur Waren und Dienstleistungen gleichen Bedarfs oder Zweckbestimmung vergleichen,
– nur wesentliche, relevante, nachprüfbare und typische Eigenschaften – dazu kann auch der Preis gehören (→ Preisvergleich) – in objektiver Weise vergleichen,
– nicht zu Verwechslungen der Werbenden und dem verglichenen Mitbewerber oder zwischen den von diesen angebotenen Waren oder Dienstleistungen oder den von ihnen verwendeten Kennzeichen führen und
– keine Waren oder Dienstleistungen als Imitation oder Nachahmung einer unter einem geschützten Kennzeichen vertriebenen Ware oder Dienstleistung verwenden.

Aber bereits vor Änderung der Rechtsprechung zur vergleichenden Werbung existierten Fallgruppen, die einen Vergleich erlaubt haben. Dazu gehören:
- der *Abwehrvergleich*, der notwendig und geeignet ist, einen nach Form oder Inhalt rechtswidrigen Angriff eines Mitbewerbers abzuwehren,
- der *Fortschrittsvergleich*, der technischen Fortschritt verdeutlicht, der auf eine andere Weise nicht darstellbar ist,
- der → *Systemvergleich*, bei dem technische oder wirtschaftliche Systeme in ihren Vor- bzw. Nachteilen ohne Bezugnahme auf bestimmte Wettbewerber gegenübergestellt werden und
- der *Auskunftsvergleich*, der auf ausdrückliches Verlangen der Kunden in sachlicher Weise erfolgt.

Über die Wirkungen einer vergleichenden Werbung auf den Wettbewerbsprozess bestehen kontroverse Ansichten. Verbraucherorganisationen erwarten mit einer Zunahme wahrheitsgemäßer vergleichender Produktinformationen eine Erhöhung der → Markttransparenz und damit eine Intensivierung des Wettbewerbs. In der werbetreibenden Wirtschaft und Wissenschaft gibt es dagegen keine einheitliche Meinung: Vergleichende Werbung eröffnet einerseits neue Werbemöglichkeiten in Deutschland, schafft dadurch mehr Abwechslung und steigert den Informationsgehalt der Werbung. Kritische Stimmen meinen andererseits, dass vergleichende Werbung die ohnehin bereits vorhandene Informationsüberflutung sowie die Intransparenz der Verbraucher steigert und zu unerwünschten Verzerrungen auf der Anbieterseite führt.

Bei einer Meta-Analyse von *Grewal et al* (1997) zeigte sich, dass vergleichende Werbeanzeigen denjenigen mit nicht-vergleichendem Inhalt in einigen Belangen überlegen sind. So erzielen Werbeanzeigen mit vergleichenden Inhalten eine insgesamt höhere Aufmerksamkeitswirkung, steigern die Markenbekanntheit und führen zu einer erhöhten Kaufbereitschaft der Konsumenten. Auf der anderen Seite lässt sich eine reduzierte Glaubwürdigkeit und eine damit einhergehende Verschlechterung der Einstellung zur Werbung beobachten. Darüber hinaus ergibt sich, dass relativ junge Marken den größten Nutzen aus vergleichender Werbung ziehen können. I.M.

Literatur: *Baumbach, A.; Hefermehl, W.:* Wettbewerbsrecht, 22. Aufl., München 2000. *Grewal, D.; Kavanoor, S.; Fern, E.F.; Costley, C.; Barnes, J.:* Comparative Versus NonComparative Advertising: A Meta-Analysis", in: JoM, Vol. 61, Heft 4 (October 1997), S. 1–15. *Mayer, H.; Siebeck, J.:* Vergleichende Werbung. Aktuelle Ergebnisse zu ihrer Effektivität, in: Jahrbuch der Absatz- und Verbrauchsforschung, 43. Jg. (1997), S. 419-439. *Schräder, K.; Hohl, P.:* Wettbewerbsrecht und Werbung, Freiburg usw. 1999. *Tscheulin, D.; Helmig, B.:* Zur Effizienz verschiedener Ausgestaltungsformen vergleichender Werbung. Internationale Rechtslage, „State-of-the-art" und Ergebnisse einer empirischen Studie, in: Zeitschrift für betriebswirtschaftliche Forschung, 51. Jg. (1999), S. 550–578.

Verhaltenskodizes
→ Marktforschungsethik,
→ Marketingethik

Verhaltenswissenschaftlicher Ansatz
→ Marketing-Theorie

Verhältnisskala → Skalenniveau

Verhandlungen

Eine Verhandlung ist eine Situation, in der zwei oder mehr Parteien durch eine freiwillige Übereinkunft versuchen, einen zwischen den Parteien bestehenden Konflikt zu lösen. Der Konflikt bezieht sich auf eine bei einem oder mehreren Verhandlungspunkten gegensätzliche Interessenlage. Das Resultat der Verhandlung soll ein von allen Verhandlungsteilnehmern akzeptiertes und verbindliches Übereinkommen sein. Zu den Aktivitäten im Rahmen des Verhandlungsprozesses gehören die Unterbreitung von Forderungen oder Vorschlägen durch eine Partei und deren Beurteilung durch die andere Partei, gefolgt von Zugeständnissen oder Gegenvorschlägen. Derartige verhandlungsgeprägte Austauschprozesse werden im Marketing immer dann relevant, wenn Preis, Qualität oder Service einer Leistung von vielen verhandlungsrelevanten Faktoren mitbestimmt werden können, wenn die mit dem Geschäftsabschluss verbundenen Risiken nicht von vornherein feststehen oder wenn die Fertigung der Kaufgegenstände lange Zeit in Anspruch nimmt (z.B. industrielles → Anlagengeschäft).

Die Art und Weise, wie der Konflikt zwischen den Verhandlungsteilnehmern ausgetragen wird und wie die Verhandlung geführt wird, bezeichnet man als Verhandlungsweise oder → Verhandlungsstil (s.a. → Verkaufsgespräch). Um eine Verhandlung zielführend zu gestalten, ist es für den

Verhandlungsführenden vorab notwendig, seine Verhandlungsstrategie bzw. -taktik zu planen. Allgemein gültige Empfehlungen zur richtigen Verhandlungsführung existieren allerdings nicht. Vielmehr determinieren der Verhandlungsanlass oder -gegenstand, die an einer Verhandlung mitwirkenden Personen und die Begleitumstände die Art der Verhandlungsführung. Trotzdem setzen sich verschiedene Forschungsansätze mit denkbaren Verhandlungsstrategien auseinander.

Fischer und *Ury* schlagen z.B. eine Strategie der prinzipienbestimmten Verhandlungsführung vor, bei der, wann immer möglich, herausgearbeitet werden soll, wo es gemeinsame Vorteile der Verhandlungsparteien gibt. Bei Interessenkonflikten soll darauf bestanden werden, dass die Ergebnisse von fairen Prinzipien des Ausgleichs bestimmt werden und nicht der Willkür einer der verhandlungsführenden Parteien unterliegen. Dieser Win/Win-Strategie liegen folgende Verhaltensmaxime zugrunde, die das Gerüst der sog. *Harvard-Methode* ausmachen:

– Die Beteiligten müssen Menschen und Probleme voneinander trennen.
– Was zählt, sind die Interessen, nicht die Positionen.
– Es gilt, für sich selbst wie auch zusammen mit dem Verhandlungspartner Alternativen zu entwickeln, die für beide Vorteile bringt.
– Alle Beteiligten müssen sich auf objektive Kriterien einigen, an denen das Verhandlungsergebnis gemessen wird.

Spieltheoretisch wird dagegen die Möglichkeit eines für alle Verhandlungsparteien gemeinsam optimalen Ergebnisses untersucht (→ Spieltheorie). Dabei wird vor allem dem → Vertrauen in den theoretischen Überlegungen des → Gefangenendilemmas in Kooperationsbeziehungen eine zentrale Bedeutung beigemessen.

Die Verhandlungsführung ist in der Regel transaktionsorientiert, d.h. sie zielt auf einen Verkaufsabschluss mit dem Kunden ab. Im Gegensatz dazu geht das sog. → Beziehungsmanagement über Transaktionen hinaus und ist umfassender und langfristiger angelegt. K.B.

Literatur: *Crott, H.; Kutschker, M.; Lamm, H.:* Verhandlungen, Bd. I und II, Stuttgart 1977. *Kotler, P.:* Marketing-Management, 9. Aufl., Stuttgart 1999.

Verhandlungsstil

Eine → Verhandlung ist eine Situation, in der zwei oder mehr Parteien durch eine freiwillige Verhandlungsübereinkunft versuchen, einen zwischen den Parteien bestehenden Konflikt zu lösen. Das Ergebnis der Verhandlung soll ein von allen Parteien akzeptiertes und verbindliches Übereinkommen sein. Die Art und Weise, wie der Konflikt ausgetragen wird, zu welchem Ergebnis man kommt, und in welcher Beziehung die beteiligten Parteien nach der Verhandlung zueinander stehen, kann man als Verhandlungsweise oder Verhandlungsstil bezeichnen. Der Begriff geht damit über jenen der → Verkaufsargumentation im → persönlichen Verkauf hinaus und ist eher in die → Interaktionstheorie und das sog → Beziehungsmanagement als in vordergründige Gesprächstechniken eingebettet.

Jede Methode eines erfolgreichen Verhandelns muss sich an *übergeordneten Kriterien* messen lassen. Dabei dürfte es unstrittig sein, dass in Anlehnung an die klassischen Tugenden für den Umgang der Menschen miteinander Merkmal einer guten Verhandlungsweise sein muss,

– zu einer *klugen Übereinkunft*
– in einer *effizienten*, d.h. *zeit- und kostensparenden Weise* zu gelangen.
– Dabei sollte ferner das Verhältnis der Parteien nach der Übereinkunft weiterhin *gütlich* sein, d.h. in eine *gegenseitig positive Einstellung* münden.

Eine *kluge Übereinkunft* bedeutet, die legitimen Interessen jeder Verhandlungsseite in höchstmöglichem Maße zu erfüllen. Dabei sollte die Zufriedenheit jeder Seite auch auf Dauer sichergestellt sein und die Erzielung eines nur kurzlebigen Scheinnutzens vermieden werden. Verhandlungsprozesse sollten *effizient* sein, um den bezüglich des eigentlichen Verhandlungsgegenstandes erzielten Nutzen nicht indirekt durch die Kosten der Verhandlung wieder zu schmälern. Alle Verhaltensweisen, die Verzögerungen oder gar den vorläufigen oder endgültigen Abbruch der Verhandlungen provozieren und damit die Kosten für die Übereinkunft erhöhen, sind zu vermeiden. Schließlich soll es bei Verhandlungen in aller Regel darum gehen, dass die beteiligten Seiten auch weiterhin noch *gütlich* miteinander auskommen. I.d.S. ist jedes ungütliche Verhandlungsergebnis eine Belastung für spätere Verhandlungsprozesse.

Sowohl in der mehr formal orientierten Spieltheorie als auch in der soziologischen und sozialpsychologischen Verhandlungsforschung besteht Übereinstimmung dahingehend, dass die grundlegende Basis für den Charakter einer Verhandlungsmethode die *motivationale Ausgangssituation der Verhandlungsparteien* ist. Hierzu gehört auch die Grundeinstellung der Beteiligten zum Verhandlungsprozess als solchem. Die prinzipielle Motivation ergibt sich aus der Besonderheit von Verhandlungssituationen, die in der Realität i.A. als sog. „mixed motive"-Situationen vorliegen. Darunter wird verstanden, dass einerseits die Erzielung einer für beide Seiten lohnenden Übereinkunft die Bereitschaft der Partner voraussetzt, mit einer mehr oder minder großen Kooperationsbereitschaft die Alternativen einer paretooptimalen Übereinkunft herauszusuchen, und dass andererseits die Interessen der Verhandlungspartner für Teilbereiche des Verhandlungsgegenstandes innerhalb des paretooptimalen Bereiches entgegengesetzt sind. Die Motivation bewegt sich also zwischen den Extremen der konzessionsbereiten Kooperation und dem individualistischen Egoismus größtmöglicher Gewinnerzielung.

Dieses v.a. in der → Spieltheorie entwickelte Motivationsparadigma ist zu ergänzen durch die in der Soziologie und in der Ökonomie entwickelten Motivkonzepte. Hierzu gehört als dritte Motivation v.a. die soziale Motivation, die Individuen dazu bewegt, sich so zu verhalten, wie es Normen in der gesellschaftlichen Umwelt vorschreiben. Als vierte Motivation wäre schließlich die der sachbezogenen Problemlösung zu nennen, die v.a. für ökonomische Fragestellungen große Bedeutung erlangt hat. Aus dem gesamten Motivationsspektrum lassen sich im Wesentlichen drei unterschiedliche, in der *Abb.* näher charakterisierte Verhandlungsstile ableiten.

Die soziale Motivation führt v.a. zu der Allegorie der Familie und der Partnerschaft, woraus die Form des sog. weichen, freundschaftlichen Verhandlungsstils erwächst (→ Soft-Selling). Demgegenüber steht der sog. harte, kompetitive Verhandlungsstil, der durch eine sehr weitgehende egoistische Motivation geprägt wird (hard selling). Hier geht es darum, größtmöglichen Nutzen in materieller oder ideeller Hinsicht aus der Verhandlung zu ziehen. Ziel ist es, die Gegenseite zu besiegen. Wird dieser Verhandlungsstil in extremer Form angewandt, so wird er meist zu unklugen Ergebnissen, häufig auch zu ineffizienten Prozessen und generell zu einem ungütlichen Verhältnis der Parteien führen. Der sachbezogene Verhandlungsstil findet auf der Basis von Überzeugen und fairem Verhalten statt und ist von dem Ziel geprägt, eine für beide Seiten dauerhaft akzeptable Problemlösung zu finden. Dieser Verhandlungsstil ist v.a. von der Grundvorstellung geprägt, über → Synergieeffekte den Verhandlungsnutzen beider Seiten beträchtlich zu erhöhen. *Fisher* und *Ury* haben für diesen Verhandlungsstil das sog. → Harvard-Konzept entwickelt.

H.Ba.

Literatur: *Crott H.; Kutschker, M.; Lamm, H.:* Verhandlungen, Band I und II, Stuttgart 1977. *Diller, H.; Kusterer, M.:* Beziehungsmanagement. Theoretische Grundlagen und explorative Befunde, in: Marketing-ZFP, 10. Jg. (1988), S. 211–220.

Verifikation → Induktiver Ansatz

Verkauf
Umsatz- bzw. Absatztätigkeiten, die zum Ziel haben, den Vertragsabschluss über die angebotene Leistung mit dem Abnehmer und damit den rechtlichen und wirtschaftlichen Übergang dieser Leistung herbeizuführen (s.a. → Verkaufs- und Außendienstpolitik). Die Verkaufstätigkeiten umfassen v.a. die Gewinnung von Informationen über die Kunden, die Erlangung von Aufträgen sowie die Verkaufsunterstützung durch Beratung, Instruktion und Warenpräsentation.

Der Verkauf umfasst eine Vielfalt von Teilfunktionen mit entsprechenden Anforderungen an den Verkäufer, wobei in der Realität in Abhängigkeit v.a. von branchen- und produktspezifischen Faktoren unterschiedliche Schwerpunkte zu beobachten sind:

(1) Die *Akquisitionsfunktion* betrifft die Gewinnung von neuen Kunden. Sie fordert insb. die Kontaktfähigkeit, aber auch die Findigkeit und Kreativität des Verkäufers heraus.
(2) Die *Kommunikationsfunktion* umfasst die Rolle des Verkäufers als Dialogpartner des (potenziellen) Kunden beim → persönlichen Verkauf.
(3) Sie wird ergänzt durch die Fähigkeit, Kaufwiderstände psychologischer und sachlicher Art im Rahmen der Abschlussfunktion zu überwinden (s.a. → *Verkaufsabschluss*). Allerdings nimmt die Bedeutung dieser Funktion im Rahmen der Entwick-

Verhandlungsstile

Freundschaftlicher Verhandlungsstil	Kompetitiver Verhandlungsstil	Sachbezogener Verhandlungsstil
Die Teilnehmer an der Verhandlung sind Freunde	Die Teilnehmer sind Gegner	Teilnehmer sind Problemlöser
Ziel: Übereinkunft mit der Gegenseite	Ziel: Sieg über die Gegenseite	Ziel: vernünftig, effizient und gütlich erreichtes Ergebnis
Konzessionen werden zur Verbesserung der Beziehung gemacht	Konzessionen werden als Voraussetzung der Beziehung gefordert!	Menschen und Probleme getrennt behandeln
Weiche Einstellung zu Menschen und Problemen	Harte Einstellung zu Menschen und Problemen	Weich zu den Menschen, hart in der Sache
Vertrauen zu den anderen	Misstrauen gegenüber den anderen	Unabhängig von Vertrauen oder Misstrauen vorgehen
Bereitwillige Änderung der Position	Beharren auf der eigenen Position	Konzentration auf Interessen, nicht auf Positionen
Angebote werden unterbreitet	Drohungen erfolgen	Interessen erkunden
Die Verhandlungslinie wird offengelegt	Die Verhandlungslinie bleibt verdeckt	„Verhandlungslinie" vermeiden
Einseitige Zugeständnisse werden um der Übereinkunft willen in Kauf genommen	Einseitige Vorteile werden als Preis für die Übereinkunft gefordert	Möglichkeiten für gegenseitigen Nutzen suchen
Suche nach der einzigen Antwort, die die anderen akzeptieren	Suche nach der einzigen Antwort, die ich akzeptiere	Unterschiedliche Wahlmöglichkeiten suchen; erst danach entscheiden
Bestehen auf einer Übereinkunft	Bestehen auf der eigenen Position	Bestehen auf objektiven Kriterien
Willenskämpfe werden vermieden	Der Willenskampf muss gewonnen werden	Ein Ergebnis unabhängig vom jeweiligen Willen zu erreichen suchen
Starkem Druck wird nachgegeben	Starker Druck wird ausgeübt	Vernunft anwenden und der Vernunft gegenüber offen sein; nur sachlichen Argumenten und nicht irgendwelchem Druck nachgeben

lung zum sog. → Soft-Selling und zu kooperativen → Verhandlungsstilen eher ab.
(4) Die *Servicefunktion* umfasst alle Dienstleistungen des Verkäufers, z.B. Qualitätsüberprüfungen, Regal-Checks, Schulungen etc., die z.T. während des Verkaufs, z.T. auch vor oder nach dem Kauf anfallen. Teilweise wird diese Funktion auch auf speziell dafür eingesetztes Personal, z.B. einen eigenen → Kundendienst oder → Merchandiser, übertragen.
(5) Die zunehmend wichtige *Informationsfunktion* betrifft die Sammlung und Aufbereitung der für den Verkaufsprozess erforderlichen Informationen, die durch → Datenbanken unterstützbar ist. Der Verkäufer agiert hier als Analytiker, der die spezifische Verkaufssituation durchleuchtet und darauf aufbauend Verkaufsstrategien und -taktiken plant und kontrolliert.
(6) Schließlich umfasst das Funktionsbild des Verkäufers auch eine *Koordinationsfunktion*, bei der es um die Abstimmung und Durchsetzung der beim Kunden vereinbarten Aktivitäten und Aufträge im eigenen Unternehmen, also z.B. die Information verschiedener Stellen, die Terminüberwachung oder die Abstimmung mit der Auslieferung geht.
(7) Nicht verkaufsspezifisch, aber wegen der Größe vieler Außendienste besonders arbeitsaufwendig sind neben diesen Grund-

funktionen die *Führungsfunktionen* im Verkauf, die ebenso wie andere mit dem Verkauf verbundenen Managementprobleme in der → Verkaufs- und Außendienstpolitik behandelt werden.

Die vielfältigen Erscheinungsformen des Verkaufs lassen sich nach unterschiedlichen Kriterien darstellen. Differenziert man nach dem Objekt des Verkaufs, so kann man zwischen Konsumgüter-, Dienstleistungs- oder Investitionsgüterverkauf trennen.

Wählt man den Ort des Verkaufs, so ergibt sich eine Unterteilung in Innen- und Außenverkauf. Beim Innenverkauf begibt sich der potenzielle Käufer zum Ort des Verkäufers (z.B. → Verkaufsniederlassung, → Fabrikladen), während beim Außenverkauf ein → Verkaufsorgan des Anbieters den potenziellen Kunden aufsucht.

Nach der Form des Kontaktes kann zwischen → persönlichem, semipersönlichem (Telefon, Videokonferenz etc.) und unpersönlichem (Brief, Telex, Teletex, Btx etc.) Verkauf unterschieden werden.

Je nach Individualität und Problemhaftigkeit des Verkaufsgespräch reicht die Palette der Verkaufsformen vom stark exekutiven Fahrverkauf (z.B. Getränkezusteller) über die Auftragsabfrage, z.B. in Form von → Ordersätzen des Großhandels, oder die eher auf Imagepflege ausgerichtete Tätigkeit von Ärztebesuchern bis hin zum stark auf Beratung, ja Produktentwicklung ausgerichteten technischen Vertrieb oder das interaktive Verkaufen und Produzieren persönlicher Dienstleistungen, etwa bei der Unternehmensberatung.

Schließlich lässt sich der Verkauf nach der Stellung des Verkäufers untergliedern, die dieser innerhalb der Unternehmung einnimmt. So werden vielfach Verkaufsverhandlungen mit Großkunden von der Geschäftsleitung oder dem → Key-Account-Management geführt, während sich Verkäufer unterer Management-Ebenen um nachrangige Kunden kümmern.

Die Marketing-Wissenschaft hat sich bisher relativ wenig um die spezifischen Erscheinungsformen und Probleme des Verkaufs bemüht. Selbst die Einordnung in das → Marketing-Mix erfolgt – mit freilich nachvollziehbaren Begründungen – unterschiedlich, nämlich z.T. (als → Persönlicher Verkauf bzw. Personal Selling) in das → Kommunikations-Mix, z.T. in die → Distributionspolitik. Überschneidungen ergeben sich aber wegen der Integration von Dienstleistungen und der Zunahme des → Systemgeschäfts auch mit der → Produktpolitik und wegen der beim Verkauf zu bewältigenden Probleme der → Preisdurchsetzung auch der Preispolitik.

Die längste Tradition besitzen verkaufsökonomische Konzepte zur Planung, Durchsetzung und Kontrolle wirtschaftlicher Strukturen und Prozessabläufe im Verkauf (→ Marketing-Kennzahlen, → Marketing-Controlling. Hierzu können auch diverse Operations-Research-Modelle zur Besuchszeitenallokation, Rundreiseplanung, Reisendenzuordnung etc. gezählt werden (→ Verkaufs- und Außendienstpolitik).

Überwiegend aus der Kommunikationstheorie bzw. -forschung stammen vielfältige Modelle, die den Verkauf als Kommunikationsprozess modellieren und optimieren helfen sollen. Die Modellpalette reicht von einfachen Regeln der → persönlichen Kommunikation und der Dialektik bzw. des Argumentationsstils, etwa bei der → Preisargumentation, über die Analyse der → nonverbalen Kommunikation beim Verkaufsgespräch, Prozessmodelle des Kommunikationsablaufs, bis hin zu komplexen (sozial-) psychologischen Modellen des Kommunizierens, etwa der → Neurolinguistischen Programmierung (NLP).

Speziell im → Investitionsgütermarketing wurde das interaktionstheoretische Konzept vorangetrieben, bei dem das Wechselspiel von Beeinflussungsversuchen des Verkäufers und Reaktion des umworbenen Käufers und die Spezifika → organisationalen Beschaffungsverhaltens und darauf abgestimmter Verkaufskonzepte, aber auch Aspekte des → Beziehungsmanagements thematisiert werden (→ Interaktionsansatz). Besondere Beachtung erlangte dabei auch die multipersonale Struktur vieler Verkaufsprozesse zwischen → Selling- und → Buying-Centers.

Eine gewisse Verwandtschaft zu diesen Theorieansätzen weist die Verhandlungsforschung auf, bei der es um die Evaluierung verschiedener → Verhandlungsstile, aber auch um den Einfluss situativer Faktoren auf den Verhandlungserfolg geht. Zum Teil finden hier auch machttheoretische und spieltheoretische Modelle Anwendung.

Einschlägige Theorien und Konzepte wurden schließlich auch in der betriebswirtschaftlichen Organisationslehre entwickelt (→ Verkaufsorganisation, → Marketingorganisation). H.Schr./H.D.

Verkäuferbriefe

Literatur: *Kotler, Ph.; Bliemel, F.:* Marketing-Management, 8. Aufl., Stuttgart 1995, S. 1068-1089. *Wage, J.L.:* Psychologie und Technik des Verkaufsgesprächs, 12. Aufl., Landsberg a.L. 1994.

Verkäuferbriefe

stellen für die → Außendienstpolitik ähnlich wie → Verkäuferzeitungen ein Instrument zur Information des Außendienstes dar. Gerade im Rahmen von → Außendienst-Promotions bieten sie die Möglichkeit, die Verkaufsorganisation regelmäßig – gewöhnlich einmal wöchentlich – in schriftlicher Form aktuell über Entwicklungen im eigenen Unternehmen, im Handel und bei den Konkurrenten zu unterrichten (z.B. in Form von Auswertungen von Marktforschungsuntersuchungen oder Analysen von einschlägigen Branchen-Publikationen). Daneben können Verkäuferbriefe in geringem Umfang auch zur Schulung des Außendienstes genutzt werden, indem bspw. standardisierte Prüflisten als Arbeitshilfen zur Neukundengewinnung versandt werden. Zunehmend werden Verkäuferbriefe via Intranets verbreitet.

Verkäufermarkt → Markttypologie

Verkäuferschulung → Verkaufstraining

Verkäuferzeitung

Als Verkäuferzeitungen werden Publikationen bezeichnet, die spezielle Informationen für den → Verkaufsorgane im Außendienst enthalten. Verkäuferzeitungen können entweder abonniert oder, wenn ein Unternehmen über eine große Verkaufsorganisation verfügt, selbst erstellt werden. Eigene Verkäuferzeitungen bieten, wie auch → Verkäuferbriefe, die Möglichkeit, z.B. im Rahmen von → Außendienst-Promotions gezielte Informationen über das eigene Unternehmen (Verkaufstechniken, Praxistipps von den eigenen Außendienstmitarbeitern), den Handel und den Wettbewerb an die Verkaufsorganisation zu übermitteln.

Verkaufsabschluss

Der Verkaufsabschluss durch den Verkäufer setzt grundsätzliche Kaufbereitschaft des Kunden voraus, wenn kein sog. Hochdruckverkauf mit seinen Negativfolgen (Verhinderung von Kundentreue, evt. negative Mund-zu-Mund-Werbung zu Lasten des Verkäufers) eintreten soll (→ Soft-Selling). Der Einsatz von spezifischen Abschlusstechniken kommt also erst in Betracht, wenn *Abschlusssignale* empfangen wurden. Diese lassen sich aus dem Verhalten (z.B. Haltungswechsel, Kinn-, Nasen- oder Stirnreiben, Ergreifen des Kaufobjektes) und/oder sprachlichen Äußerungen (z.B. Erkundigungen über Details der Kaufabwicklung, sprachliche Umspannung von nüchtern-ernst in humorvoll) des Kunden erkennen. Abschlusstechniken sollen dem Kunden über die letzte kleine Schwelle helfen, die noch als Entscheidungskonflikt zwischen Kauf (Geldausgabe) und Nicht-Kauf (Nicht-Geldausgabe) geblieben ist. Dabei geht es darum, dem Kunden die Kaufaufforderung in einer Form anzutragen, die auch bei negativer Reaktion des Kunden eine Fortsetzung des → Verkaufsgespräches ermöglicht (→ Verhandlungsstil).

Als Abschlusstechniken kommen in Betracht:

(1) Teilentscheidungen herbeiführen
Der Verkäufer setzt bei verhältnismäßig nebensächlichen Aspekten des Angebotes an und versucht, zu diesen Teilentscheidungen herbeizuführen. Damit soll die Entscheidungshemmung gelöst und der Kunde in einen „Zustimmungsrhythmus" gebracht werden, an dessen Ende er das „Ja" zur entscheidenden Frage eventuell gar nicht mehr auszusprechen braucht, da es sich schlüssig aus den vorhergehenden Teilzustimmungen ableitet.

(2) Alternativtechnik
Über die Alternativtechnik kann dem Kunden der unmittelbare Entscheidungsdruck dadurch genommen werden, dass die Frage des Verkäufers sich nicht auf das ‚Ob' des Kaufes, sondern auf das ‚Wie' richtet. Der Verkäufer formuliert zwei (eventuell auch mehr) konkrete Vorschläge, die sich auf Teilaspekte des Angebotes beziehen, also z.B. auf die Modellausführung, auf die Menge oder auf die Sortierung. Dem Käufer wird dabei, obwohl sich sein Entscheidungsfeld durch die Alternativen fortlaufend einengt, das Gefühl erhalten, er entscheide in Selbstbestimmung. Dies wird insb. bei geltungsbedürftigen Kunden wichtig sein.

(3) Taktik der falschen Wahl
Der Verkäufer provoziert beim Kunden weiterführende Reaktionen, indem er bewusst etwas vorschlägt oder fragt, was für

den Käufer nicht in Betracht kommt. Im Beispiel des Autoverkaufs würde die Anwendung dieser Taktik bedeuten, dass der Verkäufer etwa fragt: „Sie möchten den Wagen mit Schiebedach?", obwohl er sehr deutliche Hinweise dafür vorliegen hat, dass für den betreffenden Kunden lediglich ein Wagen ohne Schiebedach in Betracht kommt.

(4) Taktik der Übertreibung

Die Taktik der Übertreibung hat mit der vorstehenden Taktik gemeinsam, dass der Verkäufer beim Kunden eine Reaktion zu provozieren versucht, die ihm die Abschlussarbeit erleichtern soll. Die Anwendung dieser Taktik folgt der Devise: „Unmögliches vorschlagen, damit Mögliches zugestanden wird!" Der Verkäufer fragt so bspw.: „Möchten Sie 10 oder 20 Dutzend?" obwohl er weiß, dass der Kunde wahrscheinlich schon mit 5 Dutzend reichlich eingedeckt wäre.

(5) Taktik der zu verscherzenden Gelegenheit

Der Verkäufer konzentriert sich darauf, die Nachteile zu verdeutlichen, die dem Kunden aus einem Kaufverzicht entstehen, und formuliert z.B.: „Eine derart günstige Gelegenheit wird Ihnen sicher kein zweites Mal geboten!" Auch der bei Grundstücks- und Gebrauchtwagengeschäften sowie Wohnungsvermietungen beliebte Hinweis auf die (angeblich oder tatsächlich) vorhandenen weiteren ernsthaften Interessenten entspricht dieser Taktik.

(6) Taktik der vollzogenen Tatsachen

Der Verkäufer beginnt mit Handlungen, die dem Kunden einfach unterstellen, er habe seine Zusage bereits gegeben. Diese Taktik grenzt allerdings hart an den sog. Hochdruckverkauf; es ist also recht fraglich, ob sie sich langfristig auszuzahlen vermag. Der Verkäufer fängt hier bspw. an, das Auftragsformular oder den Kassenzettel auszuschreiben. Je weiter er in dieser Tätigkeit gelangt, ohne auf Einspruch des Kunden zu stoßen, desto schwieriger wird es für den Kunden – psychologisch gesehen – noch einen Rückzieher zu machen.

A.B.

Literatur: *Bänsch, A.:* Verkaufspsychologie und Verkaufstechnik, 7. Aufl., München 1997. *Klammer, M.:* Nonverbale Kommunikation beim Verkauf, Heidelberg 1989.

Verkaufsabteilung

Die Verkaufsabteilung (Absatz-, Vertriebsabteilung, Verkaufsbüro) ist ein unternehmungseigenes → Verkaufsorgan, bei dem Innendienstmitarbeiter der Unternehmung mit der Auftragserlangung und -abwicklung betraut sind. Die Innendienstverkäufer nehmen auf semipersönlichem (Telefon etc.) oder unpersönlichem Weg (Telefax, Brief etc.) Kontakt mit den Kunden auf, was sich bei jenen Produkten und gewerblichen Leistungen anbietet, deren physische Gegenwart zwecks Begutachtung und Beratung nicht notwendig ist (s.a. → Call Center).

Verkaufsargumentation

Teil der → Verkaufstechniken im Rahmen des → Persönlichen Verkaufs. Hauptbestandteile sind die Behandlung von Kundeneinwänden und die → Preisargumentation. Die Ausgestaltung hängt nicht zulatzt vom gewählten → Verhandlungsstil geprägt (s.a. → erlebnisorientierte Verkaufsgespräche). Kundeneinwände lassen sich generell in eine der folgenden drei Kategorien einordnen.

(1) Routine-Einwände:

Hierbei handelt es sich um das insb. von Profi-Einkäufern immer wieder systematisch eingeschobene „Bemäkeln" von Angeboten, um sich damit eine günstigere Ausgangsposition für Preisverhandlungen zu schaffen.

(2) Demonstrations-Einwände:

Diese Einwände lassen sich auch als unechte Einwände bezeichnen, da der Kunde keine eigentlichen Unklarheiten, Widersprüchlichkeiten oder Zweifel vorliegen hat. Der Kunde will (zur Bestätigung bzw. Stärkung seines Selbstwertgefühls) nur demonstrieren, dass er eine eigene Meinung hat, dass er kritisch und selbständig denken kann, dass man ihm nicht so schnell und leicht etwas verkaufen kann. Erkennbar ist dieser Einwandtyp häufig schon am Ton, in dem er vorgetragen wird, und an den gleichzeitig vom Kunden kommenden nonverbalen Signalen, die keine oder kaum Spannung beim Kunden anzeigen. Im weiteren ist für diesen Einwandtyp häufig kennzeichnend, dass der Kunde den geäußerten Einwand auch gleich selbst behandelt/beantwortet, ihn eventuell von vornherein nur als rhetorische Frage äußert oder dass er allein durch Loben seiner Kritikfähigkeit, seines Wissens und Urteilsvermögens zufrieden zu stellen ist.

Verkaufsdemonstration

(3) Dissonanz-Einwände:
Dissonanzen bedeuten, dass der Kunde tatsächlich Unstimmigkeiten, Widersprüche, Zweifel empfindet, die er als Einwand äußert. Dieser Einwandtyp stellt an den Verkauf die größten Ansprüche.

Zu den Demonstrations- und Dissonanzeinwänden ist als Grundverhalten anzuraten, sich der Einwände positiv anzunehmen. Einerseits heißt dies, die Äußerung von Einwänden als ein Zeichen für grundsätzliches Interesse des Kunden zu interpretieren und ihren Inhalt als Informationsquelle über die beim Kunden gegebenen Einstellungen und Vorstellungen zu nutzen. Andererseits bedeutet positiv, dass dem Kunden in einer Form zu antworten ist, die dieser positiv empfinden wird. Der Kunde ist also selbst bei Äußerung völlig unsinnig erscheinender Einwände nicht nur unter Schonung seines Selbstwertgefühls, sondern im Bemühen um Erhöhung seines Selbstwertgefühls zu behandeln! Die eigentliche Behandlung von Einwänden lässt sich auf folgenden Grundwegen vollziehen:

- Akzeptanz der Einwände und Übergang auf anderes, von den Einwänden nicht betroffenes Angebot
- Ausschaltung der Einwände
- Verminderung des Gewichtes der Einwände durch andere Ausdeutung der Einwände und/oder Hinzufügung positiver Aspekte.

Der erstgenannte Weg ist sicher der problemloseste. Er erscheint (bei gegebener Ausweichmöglichkeit) immer dann programmiert, wenn sich das ursprüngliche Angebot tatsächlich als für den Kunden ungeeignet erweist.

Als Methoden zur konkreten Umsetzung der anderen beiden Wege sind anzuführen:

- *Methode der bedingten Zustimmung*: Man stimmt dem Kunden grundsätzlich zu, präsentiert nach dem damit erzielten Besänftigungseffekt jedoch Gegenargumente (Tenor: Ja..., allerdings).
- *Bumerangmethode*: Man stimmt dem Kunden voll zu, da der Einwand des Kunden – entgegen dessen Annahmen – für die angebotene Leistung spricht und damit als Ausgangspunkt einer Proargumentation dienen kann (Tenor: Gerade deswegen...).
- *Transformationsmethode*: Der Einwand wird in eine Gegenfrage umgewandelt, die bei geschickter Formulierung dem Kunden die unzutreffende Basis seines Einwandes klar werden lässt, ohne ihn zu belasten (z.B.: Gibt es überhaupt effiziente Medikamente ohne jegliche Nebenwirkungen?).
- *Referenzmethode*: Bei der Einwandbehandlung wird auf vorteilhafte Erfahrungen von Personen Bezug genommen, die dem Kunden bekannt sind und vertrauenswürdig erscheinen (Tenor: Frau/Herr ... war zunächst auch skeptisch, inzwischen hat sie/er allerdings von besten Erfahrungen mit ... berichtet).
- *Entlastungsmethode*: Trägt der Kunde offensichtlich Falsches vor, kann er von seinem Irrtum durch Solidarisierung („Genau das habe ich ursprünglich auch gedacht") oder Schuldabwälzung („Oh, da hat man Sie aber falsch informiert") befreit werden.
- *Kompensationsmethode*: Berechtigte Einwände sucht man durch Betonung positiver Aspekte des Angebotes auszugleichen (Tenor: „Sehen Sie andererseits doch bitte ..., und das sind speziell für Sie doch die eindeutig gewichtigeren Punkte").
- *Umformulierungsmethode*: Der Einwand wird durch andere freundlichere Formulierungen abzumildern versucht (klassisch: „halbleer" in „halbvoll" umformulieren).

A.B.

Literatur: *Bänsch, A.:* Verkaufspsychologie und Verkaufstechnik, 7. Aufl., München 1997.

Verkaufsdemonstration

umfasst als Problembereich des → Persönlichen Verkaufs die Wahl des Demonstrations-Materials und Beachtung der Demonstrations-Grundregeln im → Verkaufsgespräch. Der Verkäufer sollte das Verkaufsobjekt in Originalform oder zumindest als maßstabsgerechtes, soweit wie möglich funktionsfähiges Modell zur Verfügung haben. Denn reale Demonstrationsgegenstände sind anschaulicher als Material in Bild- oder gar nur in Textform.

Zu den *Grundregeln der Demonstration* gehört für den Verkäufer:

(1) Positives Verhältnis zum Kaufobjekt zeigen.
Der Kunde schließt von der Art und Weise, in der das Kaufobjekt behandelt wird, auf dessen Qualität und Wert. Geht der Verkäufer mit dem Kaufobjekt achtlos und lieblos um, so mag er dieses Objekt verbal noch so vorteilhaft darstellen, der Kunde neigt dann zu der Interpretation: „Der Verkäufer glaubt selbst gar nicht an das, was er da sagt!"

(2) Verständlich demonstrieren.
Der Verkäufer hat sich um eine einfache, geordnete und kurze, prägnante Sprache zu bemühen und seine Ausführungen durch zusätzliche Stimuli, wie humorvolle Formulierungen, rhetorische Fragen, Bildmaterial, anzureichern, um sich die Aufmerksamkeit des Kunden zu sichern. Die einzelnen Sätze und Wörter sollten also möglichst kurz sein, es sollte positiv und anregend, übersichtlich und folgerichtig formuliert werden. Positive Formulierungen sind dabei nicht nur zu bevorzugen, weil sie eingängig sind, sondern auch, weil das positiv Ausgeführte beim Aufnehmenden zu entsprechend positiven Eindrücken führt, wo andernfalls (trotz objektiv gleicher Aussage) ein Negativeindruck entsteht.

(3) Kunden aktivieren.
Alleiniges Reden des Verkäufers lässt kaum Verkaufserfolge erwarten. Der Verkäufer hat den Kunden zu aktivieren, indem er
– ihn ins Gespräch zieht und damit seinerseits zum Reden bringt, um ihm von daher Engagement für das Kaufobjekt und Gefühle der Überlegenheit im Verkaufsgespräch zu ermöglichen,
– möglichst alle Sinne anregt, d.h. neben dem Hörsinn zumindest den Sehsinn, eventuell auch den Tast-, Geruchs- und Geschmackssinn.

(4) Kunden bestätigen.
Den Erkenntnissen der Lerntheorie ist zu entnehmen, dass die Darbietung positiver Reize (Lob, Bestätigung, Belohnung) Verstärkereffekte auslöst. Fühlt sich der Kunde also vom Verkäufer anerkannt und bestätigt, so steigt seine Empfänglichkeit für Argumentationen des Verkäufers. Im weiteren kann gewährtes Lob beim Kunden Neigungen begründen oder verstärken, seinerseits den Interaktionspartner (also den Verkäufer) zu belohnen.

(5) Kundeneinwände positiv behandeln.
Einwände hat der Verkäufer auszuräumen, ohne den Kunden dabei durch Belehrungen zu belasten oder durch Rechthaberei zu verprellen. Folglich muss der Verkäufer die Techniken der Verkaufsargumentation beherrschen, die es ihm erlauben, Einwände zu entkräften oder völlig zu beseitigen, ohne damit offene Meinungsverschiedenheiten oder gar einen offenen Streit entstehen zu lassen. A.B.

Literatur: *Bänsch, A.:* Verkaufspsychologie und Verkaufstechnik, 7. Aufl., München 1997. *Klammer, M.:* Nonverbale Kommunikation beim Verkauf, Heidelberg 1989.

Verkaufsfahrer

Verkaufsfahrer (auch Fahrverkauf, → Heimdienst, Haus-zu-Haus-Vertrieb, Door-to-Door-Selling, Frischdienst, Schnelldienst) sind unternehmungseigene → Verkaufsorgane von Herstellern, Groß- oder Einzelhändlern, die auf i.d.R. zeitlich und geographisch festgelegten Verkaufstouren Waren anbieten und diese gegen sofortiges Inkasso den Abnehmern des Einzelhandels, des Handwerks, der Gastronomiebetriebe oder der Privathaushalte verkaufen. Verkaufsfahrer werden v.a. bei Brot und Backwaren, Frischfleisch, Fisch, Molkereiprodukten, Obst, Gemüse, Tiefkühlkost, Getränken und anderen mitführbaren Produkten eingesetzt. Teilweise werden Verkaufsfahrer auch als Franchise-Nehmer in die Herstellerunternehmung integriert, d.h. sie arbeiten als selbständige Gewerbetreibende mit Bezugsbindung (→ Umsatzbindung). H.Schr.

Verkaufsfahrten (Kaffeefahrten)

überwiegend mit Omnibussen durchgeführte ein- oder mehrtägige Reiseveranstaltungen, in deren Verlauf eine oder mehrere Verkaufsveranstaltungen für Konsumwaren stattfinden. Das Angebot der von sog. „Vertriebsunternehmen" (d.h. Handels- und/oder Distributionshilfsbetrieben) veranstalteten Verkaufsfahrten besteht – neben der eigentlichen Pauschalreise mit ihren touristischen Leistungsbestandteilen – in der Regel aus demonstrationsbedürftigen Gebrauchs- und Verbrauchsgütern, wobei für die meisten Waren der Gesundheitsaspekt im Mittelpunkt des Verwendungsinteresses steht (vgl. *Tab.*).

Sortimentsanteile des Umsatzes bei Verkaufsfahrten

Produktgruppe	Umsatzanteil in %
Haushaltswaren/Elektrotechn. Erzeugnisse	25
Körperpflegemittel	21
Bettwaren/Heimtextilien	29
Bekleidungszubehör	18
Geschenkartikel	4
Sonstiges	3
Insgesamt (abs. 490 Mio. DM)	100

(Quelle: *BBE-Unternehmensberatung*, Köln (1995, Schätzung))

Die in der räumlichen und zeitlichen Verknüpfung der Elemente „Reiseveranstaltung" und „Verkaufsveranstaltung" liegende wettbewerbsrechtliche Problematik („psychologischer → Kaufzwang") hat die Verkaufsfahrten in der Öffentlichkeit zu einer nicht unumstrittenen Vertriebsform gemacht und die höchstrichterliche Rechtsprechung wiederholt dazu veranlasst, zunehmend strengere Auflagen an die Art ihrer (eindeutigen) Deklaration bzw. (unmissverständlichen) werblichen Ankündigung zu stellen; so insbesondere was den Verkaufscharakter der Fahrten und die Einzelumstände der Verkaufsveranstaltungen betrifft (Zeitpunkt, Dauer, etwaige Abweichungen vom touristischen Zielort, Freiwilligkeit der Teilnahme).

Mit 490 Mio. DM aus Warenumsätzen der Vertriebsunternehmen (ohne die weiteren Umsätze aus den Reisepreisen und der Gastronomie) bei 5,0 Mio. Teilnehmern haben die Verkaufsfahrten (nach hohen Wachstumsraten durch Käuferzuwachs aus den Neuen Bundesländern und zwischenzeitlicher Konsolidierung) ihre beachtliche Marktbedeutung nach wie vor behaupten können. Darüber hinaus wird dieser Vertriebsform auch für die Zukunft noch Wachstumschancen eingeräumt, namentlich im Zusammenhang mit der Erschließung neuer Ziel- bzw. Trendgruppen („Neue Alte", „Singles") durch entsprechende Programmerweiterungen im Waren- und touristischen Leistungsangebot (Quelle: BBE-Unternehmensberatung, Köln, 1995).

Eine Variante der Verkaufsfahrten bzw. Kaffeefahrten sind die *Butterfahrten*, bei denen die interessierten Verbraucher zu den Häfen der nord- und westdeutschen Küstenregion gefahren werden, um von dort aus auf Schiffen außerhalb der 3-Meilen-Zone zollfreie Wareneinkäufe tätigen zu können (→ Verkaufsschiffe). Mit dem Verbot des abgabefreien Handels innerhalb der Europäischen Gemeinschaft zum 1. Juli 1999 sehen sich die Butterschiff-Reeder ebenso mit der Gewissheit erheblicher Ertragsausfälle konfrontiert wie dies für die Suche nach entsprechenden Ersatzgeschäften bei den Betreibern von → Duty-Free-Shops der Fall ist. Soweit keine zoll- und steuerrechtlich unbedenklichen Ausweichziele des Fährbetriebs gegeben sind (z.B. Norwegen, Polen, Baltikum) und/oder die Reduzierung des klassischen Duty-Free-Sortiments zugunsten eines hochwertigen Konsum- bzw. Reisegüterangebots bei gleichzeitiger Erhöhung der touristischen (!) Wertschöpfungskomponente im Leistungsangebot ertragswirtschaftlich zufrieden stellende Profilierungsalternativen bieten, wird den hiervon betroffenen Reedereien nur noch die Einstellung bestimmter Linien im Fähr- und Ausflugsverkehr, und damit der Rückzug aus dem Bord-Shop-Geschäft, verbleiben.

H.-J.Ge.

Verkaufsförderung (Promotion, Sales Promotion)

umfasst als → Marketing-Instrument zeitlich befristete Maßnahmen mit Aktionscharakter, welche andere Marketingmaßnahmen unterstützen und den Absatz bei Händlern und Konsumenten fördern sollen. Andere Definitionen fassen auch Anreize für den Außendienst unter den Verkaufsförderungsbegriff (→ Außendienst-Promotions).

Typischerweise beträgt die Dauer einer Verkaufsförderungsaktion nur wenige Wochen. Einige Instrumente, wie beispielsweise Gewinnspiele, können auch etwas länger eingesetzt werden. Auf Dauer angelegte Maßnahmen, wie beispielsweise → Kundenclubs, → Kundenzeitschriften oder → Bonusprogramme, werden dagegen i.d.R. nicht zur Verkaufsförderung gezählt. Der Aktionscharakter von Verkaufsförderung äußert sich unter anderem darin, dass häufig nicht nur einzelne Instrumente zum Einsatz kommen, sondern ein ganzes Bündel von Maßnahmen. So werden beispielsweise → Sonderangebote im Lebensmitteleinzelhandel oft von → Handzetteln, Beilagen oder Inseraten sowie von → Zweitplatzierungen begleitet, und auf → Gewinnspiele wird durch Werbung aufmerksam gemacht (→ Aktionswerbung). Verkaufsförderung unterstützt andere Marketingmaßnahmen, indem über das normale Niveau hinausgehende Anreize geboten werden. Zum Beispiel wird durch vorübergehende Preissenkungen vom normalen Preisniveau abgewichen.

Während Verkaufsförderung gelegentlich als Teil der → Kommunikationspolitik eines Unternehmens eingeordnet wird oder aber als Teil der → Preispolitik, handelt es sich bei Promotions streng genommen um Querschnittsmaßnahmen. *Abb. 1* illustriert die Zusammenhänge zur Kommunikations-, Preis-, Distributions- und Produktpolitik.

Abb. 1: Einordnung von Verkaufsförderung in den Marketing-Mix

	Verkaufsförderung
Kommunikationspolitik	z. B. Werbekostenzuschüsse Handzettel/Beilagen/Inserate
Preispolitik	z. B. Rabatte Sonderangebote
Distributionspolitik	z. B. Displays Zweitplatzierungen
Produktpolitik	z. B. Produktzugaben Aktionspackungen

Im Konsumgüterbereich können verschiedene *Ebenen der Verkaufsförderung* unterschieden werden. So kann Verkaufsförderung von Herstellern und Händlern eingesetzt werden, und sich an den Handel oder an Konsumenten richten. Man unterscheidet dementsprechend in → Handels-Promotions, → Händler-Promotions und → Verbraucher-Promotions (*Abb. 2*). Da sich Händler- und Verbraucher-Promotions in der Praxis nur schwer voneinander abgrenzen lassen, werden sie gelegentlich unter dem Begriff der → konsumentengerichteten Verkaufsförderung zusammengefasst.

Gemäß einer 1998 von der Verkaufsförderungsagentur *Frey/Beaumont-Bennett* durchgeführten Befragung beträgt der Anteil des Verkaufsförderungsbudgets am gesamten Kommunikationsbudget in Deutschland bei Konsumgüterunternehmen 42%, bei Industriegüterunternehmen 29% und im Bereich von Dienstleistungen und Handel 40%. Besonders intensiv sind die Verkaufsförderungsaktivitäten im Lebensmitteleinzelhandel. Beispielsweise wurden 1998 laut

Abb. 2: Ebenen der Verkaufsförderung

HERSTELLER

Handels-Promotions
z. B. Sonderkonditionen
Werbekostenzuschüsse
Displays

Verbraucher-Promotions
z. B. Gewinnspiele
Produktzugaben
Warenproben

HÄNDLER

Händler-Promotions
z. B. Sonderangebote
Handzettel/Beilagen/Inserate
Zweitplatzierungen

KONSUMENT

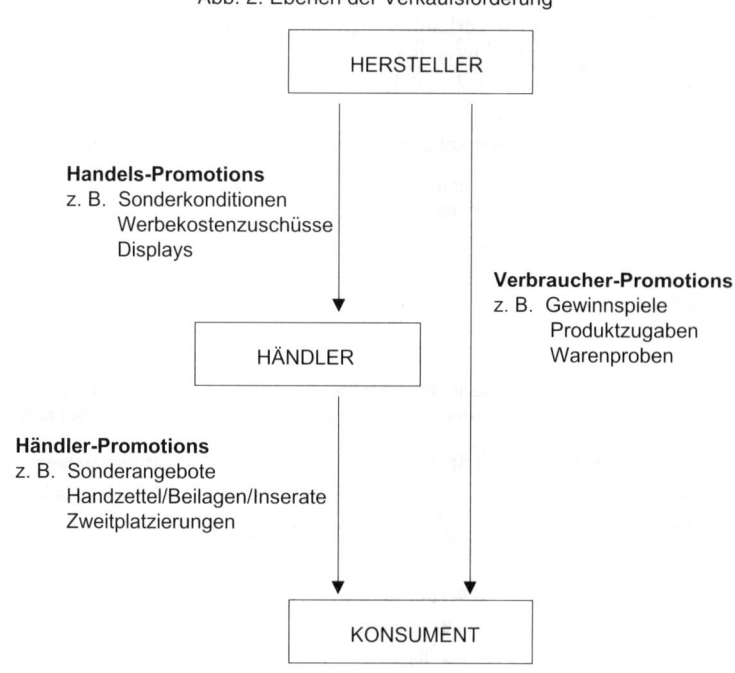

Daten des InfoScan-Panels der GfK 68% des Absatzes von Röstkaffee während Verkaufsförderungsaktionen getätigt. Bei Vollwaschmittel waren es 62%, bei Sekt 54%.

Dabei sind die Ausgaben für Verkaufsförderung in Deutschland noch geringer als in anderen Ländern Europas und den USA, da der Einsatz von Promotions in Deutschland durch wettbewerbsrechtliche Besonderheiten (→ Wettbewerbsrecht) vergleichsweise stark begrenzt ist. Gesetzliche Einschränkungen ergeben sich vor allem aus dem → UWG, dem → Rabattgesetz und der → Zugabeverordnung. Diese Regelungen sollen in erster Linie Konsumenten vor unseriösen Maßnahmen der Hersteller und des Handels schützen. Es ist allerdings zu erwarten, dass etliche dieser deutschen Besonderheiten im Rahmen der Harmonisierung der EU-Gesetzgebung bald aufgehoben werden. K.G.

Literatur: Blattberg, R.C.; Neslin, S.A.: Sales Promotion. Concepts, Methods, and Strategies, Englewood Cliffs 1990. *Bruhn, M.*: Kommunikationspolitik, München 1997. *Gedenk, K.*: Erfolgsanalyse und Planung von Verkaufsförderung, erscheint demnächst. *Pflaum, D.; Eisenmann, H.*: Verkaufsförderung, Landsberg a.L. 1993.

Verkaufsförderung, konsumentengerichtete

umfasst alle Maßnahmen der → Verkaufsförderung, mit denen sich ein Hersteller (→ Verbraucher-Promotions) oder ein Händler (→ Händler-Promotions) an die Konsumenten wendet. *Abb. 1* zeigt eine Typisierung von Instrumenten der konsumentengerichteten Verkaufsförderung.

Darin wird zunächst in → Preis-Promotions- und Nicht-Preis-Promotions unterschieden je nachdem, ob Preis- oder Nicht-Preis-Elemente der Aktion im Vordergrund stehen. Eine ganz strikte Trennung ist nicht möglich. Bspw. kann man eine Warenprobe als die extremste Form eines Preisnachlasses interpretieren. Es wird daher auch nicht von einer Klassifikation, sondern von einer Typisierung gesprochen. Nicht-Preis-Promotions können weiter in „echte" und „unechte" Nicht-Preis-Aktionen unterschieden werden. Letztere werden meist zur Unterstützung von Preis-Promotions, insbesondere → Sonderangeboten, eingesetzt. Beispiele sind → Handzettel/Beilagen/Inserate und → Displays bzw. → Zweitplatzierungen. „Echte" Nicht-Preis-Promotions wie → Gewinnspiele, → Warenproben und → Zugaben betonen dagegen stärker das Produkt als seinen Preis.

Bei der Beurteilung der Vorteilhaftigkeit von konsumentengerichteter Verkaufsförderung ist zu beachten, dass diese eine Vielzahl unterschiedlicher Absatzeffekte hervorrufen kann (*Abb. 2*).

Zunächst können durch konsumentengerichtete Verkaufsförderung neue Kunden gewonnen werden. Dies dürfte in etablierten Produktkategorien aber eher selten der Fall sein. Von größerer Bedeutung ist kurz-

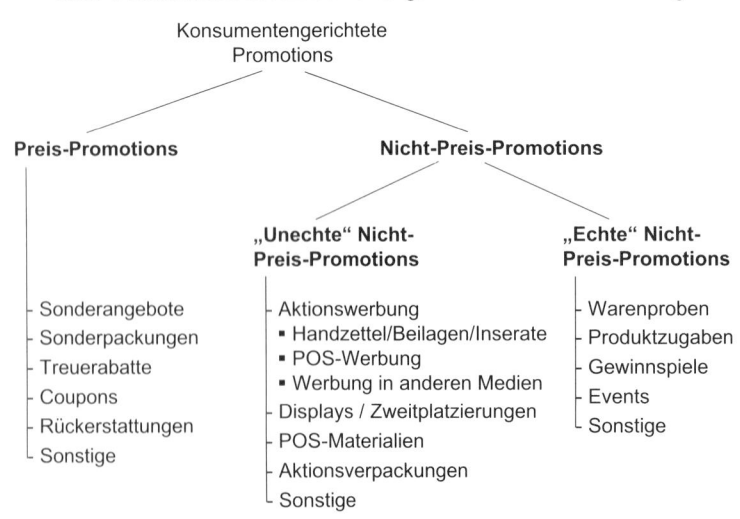

Abb. 1: Instrumente der konsumentengerichteten Verkaufsförderung

```
                    Konsumentengerichtete
                        Promotions
                      /            \
          Preis-Promotions    Nicht-Preis-Promotions
                               /              \
                      „Unechte" Nicht-      „Echte" Nicht-
                      Preis-Promotions      Preis-Promotions
```

Preis-Promotions:
- Sonderangebote
- Sonderpackungen
- Treuerabatte
- Coupons
- Rückerstattungen
- Sonstige

„Unechte" Nicht-Preis-Promotions:
- Aktionswerbung
  • Handzettel/Beilagen/Inserate
  • POS-Werbung
  • Werbung in anderen Medien
- Displays / Zweitplatzierungen
- POS-Materialien
- Aktionsverpackungen
- Sonstige

„Echte" Nicht-Preis-Promotions:
- Warenproben
- Produktzugaben
- Gewinnspiele
- Events
- Sonstige

Abb. 2: Wirkungen konsumentengerichteter Verkaufsförderung

```
                    Absatzwirkungen
                         beim
                      Konsumenten
                    /              \
          Kurzfristige            Langfristige
         Absatzwirkungen         Absatzwirkungen
                      \          /
                       Kauf-
                    akzeleration
                       i. w. S.
   /      |       |        |         \           |         \
  Neu-  Marken- Geschäfts- Mehr-    Kauf-     Marken-    Geschäfts-
 kunden wechsel  wechsel  konsum  akzeleration  treue      treue
                                    i. e. S.
```

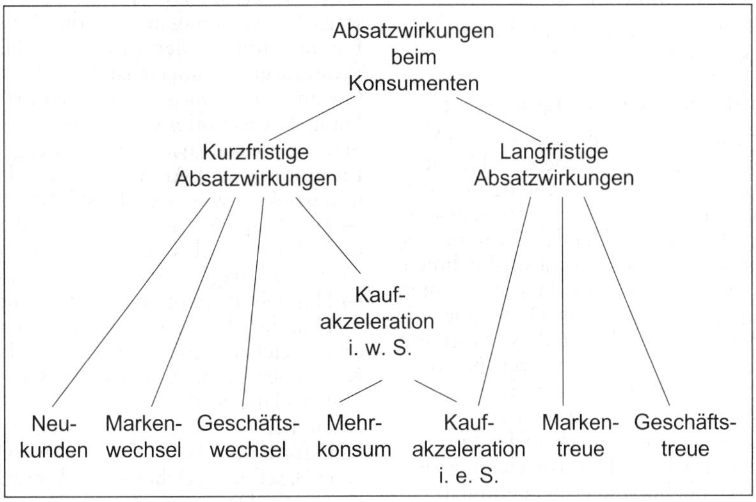

fristig vielmehr, dass Promotions Konsumenten veranlassen, die Marke oder das Geschäft zu wechseln. Zudem kann es dazu kommen, dass Konsumenten früher kaufen und/oder größere Mengen kaufen als ohne die Aktion (Kaufakzeleration i.w.S.). Diese zusätzlichen Käufe können zu Mehrverbrauch führen oder zu Lagerhaltung (Kaufakzeleration i.e.S.). Ersteres ist beispielsweise bei Schokolade häufig der Fall, Letzteres dagegen z.B. bei Shampoo. Langfristig führt Lagerhaltung bzw. Kaufakzeleration i.e.S. zu einem Absatzeinbruch, da eine Vorverlegung von Käufen stattgefunden hat. Schließlich können konsumentengerichtete Verkaufsfördermaßnahmen die Marken- und Geschäftstreue von Konsumenten beeinflussen. Beispielsweise können Konsumenten durch zu häufige Promotions lernen, nach diesen zu suchen, und so zu „Schnäppchenjägern" werden.

Zu beachten ist, dass die geschilderten Wirkungen von konsumentengerichteter Verkaufsförderung für Hersteller und Handel unterschiedlich vorteilhaft sind. Beispielsweise ist ein Hersteller an Markenwechsel interessiert, während dieser für einen Händler nur eine Verschiebung des Absatzes bedeutet und in der Regel einen Verlust an Marge. Umgekehrt ist der Geschäftswechsel für Händler von Vorteil, nicht aber für Hersteller. Lagerhaltung ist dagegen für beide unvorteilhaft, während Mehrkonsum eine Win-Win-Situation bedeutet. K.G.

Literatur: *Blattberg, R.C.; Neslin, S.A.*: Sales Promotion. Concepts, Methods, and Strategies, Englewood Cliffs 1990. *Diller, H.*: Das Zielsystem der Verkaufsförderung, in: WiSt, 13. Jg. (1984), S. 494-499. *Gedenk, K.*: Erfolgsanalyse und Planung von Verkaufsförderung, erscheint demnächst.

Verkaufsförderungsagentur

Zur Unterstützung der → Verkaufsförderung im Unternehmen bieten viele kleine und mittelständische Agenturen ihre Dienste an. Sie sind i.d.R. nicht für das Gesamtbudget zuständig, sondern auf Teilaufgaben spezialisiert. So gibt es etwa:
Spezialagenturen auf dem Gebiet des Event-Marketing,
Verkaufsförderungsagenturen mit Spezialisierung im Handelsbereich,
– Spezialagenturen im Bereich des Messeservice und des Sampling,
– Spezialagenturen für Verbraucher-Promotions.

In ihrer Aufbauorganisation orientieren sich Verkaufsförderungsagenturen entweder an Kundengruppen oder an Branchen. Für die Abrechnung gibt es keine verbindlichen Richtlinien wie etwa bei Rechtsanwälten. Vielmehr können Honorare frei vereinbart werden. Typische Formen der Abrechnung sind:
– Projektabrechnung,
– Monatshonorare (pauschalisierte Monatsabrechnung),

Verkaufsförderungs-Erfolgsmessung

– Abrechnung auf Provisionsbasis,
– Service-Fee-Abrechnung. K.G.

Literatur: *Pflaum, D.; Eisenmann, H.*: Verkaufsförderung, Landsberg a.L. 1993.

Verkaufsförderungs-Erfolgsmessung

Bei der Messung des Erfolgs von → Verkaufsförderung ist zwischen → Handels-Promotions und konsumentengerichteter → Verkaufsförderung zu unterscheiden. Der Erfolg von → Handels-Promotions, also von Verkaufsförderungsmaßnahmen, die ein Hersteller an einen Händler richtet, kann zunächst anhand von Daten über die Liefermengen des Herstellers bestimmt werden. Oft kommen dabei sog. *Baseline-Verfahren* zum Einsatz. Sie basieren auf einer Baseline, welche die Liefermenge wiedergibt, die ohne eine Verkaufsförderungsaktion erzielt würde. Die Abweichung zwischen tatsächlicher Liefermenge und Baseline entspricht der Wirkung der Verkaufsförderungsaktion. Die *Abbildung* zeigt ein Beispiel.

Beispiel für das Baseline-Verfahren
bei Handels-Promotions

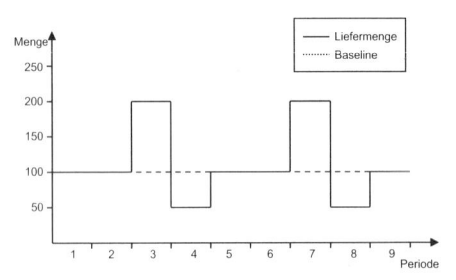

In den Perioden 3 und 7 führt der betrachtete Hersteller jeweils eine → Handels-Promotion durch. Man erkennt, dass seine Lieferungen an den Handel in diesen Perioden deutlich über der Baseline liegen. Zu berücksichtigen sind aber auch die Absatzeinbrüche in den Folgeperioden, welche durch → *Forward-Buying*, d.h. durch Lagerhaltung des Handels entstehen. In der Praxis ist die Anwendung von Baseline-Verfahren mit erheblichen Problemen verbunden. Zentral sind dabei Schwierigkeiten bei der Bestimmung der Baseline, da nur schwer zu schätzen ist, welche Liefermenge ohne Verkaufsförderung erzielt würde. Beispielsweise kann es sein, dass einige Händler nur während → Handels-Promotions einkaufen (*Deal-to-Deal-Buying*). Bei ihnen wird kein Einbruch der Liefermenge nach der Aktion (*Post-Promotion-Dip*) sichtbar, der auf Forward-Buying hindeutet. Dadurch wird die Baseline unter-, der Effekt der Handels-Promotion also überschätzt.

Genauere Erkenntnisse über den Erfolg von Handels-Promotions können erzielt werden, wenn man neben Liefermengen auch Promotion- und Absatzdaten des Handels hinzuzieht, wie sie beispielsweise aus → Handelspanels gewonnen werden können. Hier wird deutlich, inwieweit ein → *Pass-Through* erfolgt, d.h inwieweit → Handels-Promotions vom Händler in → Händler-Promotions umgesetzt werden und welchen Absatzeffekt dies bei den Konsumenten nach sich zieht (s.a. → Promotion-Überprüfung).

Auch bei → konsumentengerichteter Verkaufsförderung können für die Erfolgsmessung Baseline-Verfahren zum Einsatz kommen. Die Datengrundlage bilden dabei in der Regel die in Handelsunternehmen verfügbaren Promotion- und Absatzdaten oder aber → Handelspanels. Im Bereich des Lebensmitteleinzelhandels sind vor allem die dort verfügbaren → Scanner-Panels für die Verkaufsförderungs-Erfolgsmessung geeignet, da sie Daten auf Tages- bzw. Wochenbasis erheben. Bei den Zwei-Monats-Intervallen traditioneller Handelspanels werden dagegen viele Promotions nicht erfasst, da sie nur eine oder wenige Wochen andauern. Die kurzfristigen Absatzsteigerungen in Folge von konsumentengerichteter → Verkaufsförderung können mit Absatzdaten des Handels bzw. mit Handelspanels gut gemessen werden. Als problematisch erweist sich dagegen die Messung der Ursachen dieser Absatzsteigerung. Beispielsweise lässt sich Markenwechsel nur schwer von Lagerhaltung unterscheiden (→ konsumentengerichtete Verkaufsförderung). Auch die langfristigen Wirkungen von Promotions wie Änderungen der Marken- und Geschäftstreue sind kaum erkennbar.

Aussagekräftiger sind in dieser Hinsicht Daten aus → Single-Source-Panels, die nicht nur Promotions und Absatzzahlen des Handels erfassen, sondern auch die Käufe einzelner Haushalte über die Zeit verfolgen. Mit diesen Daten lassen sich Modelle der Marken- und Geschäftswahl (→ Single-Choice-Modelle), des Einkaufszeitpunkts und der Kaufmenge schätzen. So können detaillierte Rückschlüsse auf die kurz- und langfristigen Wirkungen konsumentengerichteter Verkaufsförderung gezogen werden.

Generell gilt für die Verkaufsförderungs-Erfolgsmessung, dass der Einsatz von → Experimenten empfohlen werden kann, da nur sie es ermöglichen, die Wirkung von Verkaufsförderungsmaßnahmen von anderen Effekten zu isolieren. K.G.

Literatur: *Blattberg, R.C.; Neslin, S.A.:* Sales Promotion. Concepts, Methods, and Strategies, Englewood Cliffs 1990. *Gedenk, K.:* Erfolgsanalyse und Planung von Verkaufsförderung, erscheint demnächst. *Totten, J.C.; Block, M.P.:* Analyzing Sales Promotion, 2. Aufl., Chicago 1994.

Verkaufsförderungsplanung

Eine Planung der → Verkaufsförderung erfolgt zum einen durch Herstellerunternehmen, welche sich mit → Handels-Promotions an den Handel und mit → Verbraucher-Promotions an die Konsumenten wenden, und zum anderen durch Handelsunternehmen, die ihre → Händler-Promotions an die Konsumenten richten. Auf Seiten der Hersteller ist die Verkaufsförderungsplanung in die → Marketingplanung des Unternehmens eingebettet. Innerhalb der Rahmenbedingungen, die durch die allgemeine Marketing-Strategie vorgegeben werden, erfolgt zunächst eine *strategische* Verkaufsförderungsplanung, in welcher die Ziele der Verkaufsförderungsaktivitäten des Herstellers festgelegt werden. Mögliche Verkaufsförderungsstrategien sind beispielsweise die Folgenden, bei denen jeweils unterschiedliche Ziele im Vordergrund stehen (*Bruhn*, 1997, S. 435 f.):

- Imageprofilierungsstrategie (Beeinflussung des Produkt- und Unternehmensimages),
- Aktualisierungs- und Informationsstrategie (Steigerung des Bekanntheitsgrades des Produktes und Information über seine Eigenschaften),
- Zielgruppenerschließungsstrategie (Heranführen bestimmter Zielgruppen an das Produkt),
- Kaufstimulierungsstrategie (Kurzfristige Absatzsteigerung).

Bei der anschließenden *operativen* Verkaufsförderungsplanung trifft der Hersteller vor allem die folgenden Entscheidungen:

- Höhe des Verkaufsförderungsbudgets,
- Wahl von Verkaufsförderungsinstrumenten,
- Wahl von Händlern, mit denen Verkaufsförderungsaktionen durchgeführt werden sollen,
- Timing und Intensität des Einsatzes von Verkaufsförderung,
- Gestaltung von Verkaufsförderungsmaßnahmen.

Zur Unterstützung dieser Entscheidungen steht eine Reihe quantitativer → Planungsmethoden zur Verfügung. Den Kern dieser Modelle bilden → Marktreaktionsfunktionen, welche die Reaktion von Händlern bzw. Konsumenten auf die Verkaufsförderungsmaßnahmen des Herstellers abbilden. Die Schätzung der Funktionsparameter kann dabei auf der Basis von Marktdaten (→ Verkaufsförderungs-Erfolgsmessung) oder von Expertenschätzungen (→ Decision Calculus) erfolgen. Darüber hinaus ist jedoch auch Kreativität gefragt, insbesondere bei der Gestaltung von Verkaufsförderungsmaßnahmen.

Zu beachten ist, dass ein Hersteller Verkaufsförderungsentscheidungen nicht völlig unabhängig treffen kann. Vielmehr ist der Einsatz von Verkaufsförderungsmaßnahmen vielfach mit dem Handel abzustimmen. Der Hersteller entscheidet dann nur über die Eckpunkte seines Angebots und seine Verhandlungsstrategie.

Ergebnis der Verkaufsförderungsplanung eines Herstellers ist ein *Promotionplan*, der angibt, wann, wo und in welcher Intensität welche Verkaufsförderungsmaßnahmen durchgeführt werden sollen (für ein Beispiel siehe *Abb.*).

Auch Händler legen zunächst eine Verkaufsförderungs*strategie* fest, bevor sie die folgenden *operativen* Entscheidungen treffen:

- Höhe des Verkaufsförderungsbudgets,
- Wahl von Verkaufsförderungsinstrumenten,
- Wahl von Produkten für die Verkaufsförderung,
- Timing und Intensität des Einsatzes von Verkaufsförderung,
- Gestaltung von Verkaufsförderungsmaßnahmen,
- Zeitpunkte und Mengen des Einkaufs beim Hersteller.

Wie bei der Planung des Herstellers können verschiedene → Planungsmethoden zum Einsatz kommen. K.G.

Literatur: *Blattberg, R.C.; Neslin, S.A.:* Sales Promotion. Concepts, Methods, and Strategies, Englewood Cliffs 1990. *Gedenk, K.:* Erfolgsanalyse und Planung von Verkaufsförderung, erscheint demnächst.

Verkaufsformat

Beispiel für einen Verkaufsförderungsplan

Einsatzplanung Werbung und Verkaufsförderung		Jan.	Feb.	März	April	Mai	Juni	Juli	Aug.	Sept.	Okt.	Nov.	Dez.
					Ostern 11.4.	Pfingsten 30.5.	Kindertag 1. u. 2.6.						
Überregionale Endverbraucherwerbung													
Journale in Zeitschriften											Verfügbar ab 3. November		
Fachzeitschriften										Verfügbar ab 1. Oktober			
Regionale Endverbraucherwerbung, Streuung durch Fachgeschäfte													
Neu + heiß	Zeitung			Verfügbar ab 22. Januar									
Ostern	12 Seiten A4				Verfügbar ab 26. März								
Runde Preise	Zeitung					Verfügbar ab 30. April							
Sommerprospekt	8 Seiten A4			Verfügbar ab 1. Juni									
SSV	Zeitung						Verfügbar ab 22. Juli						
Musisches Hobby	8 Seiten A4						Verfügbar ab 10. August						
Spiele-Prospekt	8 Seiten A4							Verfügbar ab 10. Oktober					
Weihnachts-Prospekt	28 Seiten A4							Verfügbar ab 15. Oktober					
Ratgeber	60-72 Seiten							Verfügbar ab 22. Oktober					
Zeitungsbeilage 1	8 Seiten A4							Verfügbar ab 29. Oktober					
Zeitungsbeilage 2	8 Seiten A4							Verfügbar ab 29. Oktober					
Nikolaus-Beilage	Zeitung								Verfügbar ab 26. November				
Point-of-Sale- Werbung													
Neu + heiß	Schaufenster-Deko Set			Verfügbar ab 18. Januar									
Ostern	Schaufenster-Deko Set				Verfügbar ab 18. März								
Runde Preise	Schaufenster-Deko Set						Verfügbar ab 20. April						
Sommer	Schaufenster-Deko Set				Verfügbar ab 24. Mai								
SSV	Schaufenster-Deko Set						Verfügbar ab 20. Juli						

(Quelle: *Pflaum/Eisenmann*, 1993, S. 47)

Verkaufsformat

ist eine v.a. im → E-Commerce verwendete Bezeichnung für die Organisationsform der → Preisbildung. Unterscheidbar sind → fixierte Systeme, → Auktionen in verschiedener Form, → Vermittlungssysteme sowie → Matching-Systeme.

Verkaufsgebietseinteilung

Zur Pflege langfristiger Kundenbeziehungen wird im Rahmen der Gestaltung der → Verkaufsorganisation bzw. der → Außendiensteinsatzplanung in den meisten Branchen eine exklusive Zuordnung von Kunden auf Verkaufsaußendienstmitarbeiter vorgenommen. Nur in der Versicherungs- und Bausparbranche arbeitet man üblicherweise ohne solchen *Gebietsschutz*.

Das angesprochene Zuordnungsproblem beinhaltet im weiteren Sinne auch die Entscheidung über die Spezialisierung von Verkäufern auf Anwendungsgruppen, Anwendungsbereiche oder Märkte im Rahmen der → Verkaufsorganisation. Im engeren Sinne ist damit die geografische Abgrenzung von Kundengruppen für die exklusive Betreuung durch einen Verkäufer gemeint. Dabei wird in der Praxis nach zwei verschiedenen Prinzipien vorgegangen:

a) Es werden gleich „große" Verkaufsgebiete gebildet, damit die Verkäufer gleiche Startchancen erhalten. Dieses Prinzip ist nur sinnvoll, wenn deren Leis-

tungsfähigkeit als etwa gleichwertig eingeschätzt wird.
b) Die Größe der Verkaufsgebiete wird unter Deckungsbeitragsgesichtspunkten und nach Maßgabe der Leistungsfähigkeiten der einzelnen Verkäufer individuell festgelegt. Bei diesem Prinzip geht man ausdrücklich von unterschiedlich leistungsfähigen Verkäufern aus.

Zur Bildung gleich „großer" Verkaufsgebiete braucht man eine Operationalisierung von Größe. Dafür zieht man i.A. die drei Kriterien der Arbeitslast, des Umsatzpotenzials und der Kompaktheit heran. Die Arbeitslast (Gesamt-Besuchszeit) kann man nach Festlegung der Besuchsnormen (→ Besuchsplanung) errechnen. Das Umsatzpotenzial hängt meist von mehreren Indikatoren ab, sodass zur Bestimmung des tatsächlich wirksamen Potenzials die einzelnen Indikatoren gewichtet werden müssen. Objektive Gewichte erhält man durch Schätzung einer → Marktreaktionsfunktion des Umsatzes in Abhängigkeit von Verkaufsgebietscharakteristika. Die Kompaktheit bringt zum Ausdruck, wie weit entfernt durchschnittlich ein Kunde vom Standort des zuständigen Verkäufers wohnt.

Die Abgrenzung der einzelnen Verkaufsgebiete erfolgt i.A. nicht auf Kundenebene, sondern auf der Basis kleinster geografischer Einheiten (KGE). Als wichtigste KGE haben sich politische Kreise bzw. Gemeinden und Postleitzahlgebiete (PLZG) herausgebildet. Politische Kreise/Gemeinden haben den Vorteil, dass dazu umfangreiches Datenmaterial über Potenzialindikatoren, insb. von der → GfK, angeboten wird. Allerdings muss dann gesondert festgehalten werden, welcher Kunde zu welchem Gebiet gehört, was sich bei PLZG automatisch ergibt. Dafür existieren für PLZG keine guten Daten, sodass man auf pauschale Umrechnungen von Gemeinde auf PLZG-Daten angewiesen ist, wozu inzwischen viele Software-Systeme angeboten werden.

In der Praxis werden zur Bildung der Verkaufsgebiete v.a. zwei Methoden angewandt: Bei der *„Break-Down"-Methode* wird das Gesamtgebiet sukzessive in immer kleinere Einheiten unterteilt, wobei auf jeder Ebene die Einteilungskriterien berücksichtigt werden. Bei der *„Build-Up"-Methode* werden ausgehend von den Standorten der Verkäufer durch Zuordnung von KGE immer größere Einheiten gebildet, die am Schluss die Einteilungskriterien bestmöglich erfüllen sollen.

Dieser heuristische Prozess ist in den letzten Jahren durch *Optimierungsprogramme* verbessert worden. Zoltners/Sinha haben einen allgemeinen Ansatz vorgeschlagen, bei dem die Kundenentfernungen auf der Basis eines realen Straßennetzes minimiert werden unter Beachtung von Unter- und Obergrenzen für beliebige Kriterien, nach denen Gleichheit der Gebiete sichergestellt werden soll. Damit ist in den USA die spezialisierte Unternehmensberatung ZS *Associates* sehr erfolgreich.

Die Bildung von unterschiedlich großen Verkaufsgebieten nach Maßgabe des Deckungsbeitrages und der Leistungsfähigkeit der Verkäufer erfordert die Schätzung einer Reaktionsfunktion des Umsatzes in Abhängigkeit von Verkaufsgebietscharakteristika, auf deren Basis man die abnehmende Grenzwirkung der Gebietsgröße mit der höheren Leistungsfähigkeit einzelner Verkäufer abwägen muss (→ Umsatzvorgaben). Auf der Basis von Besuchszeitenanteilen, die sich je nach Entfernung einer KGE von einem Reisenden-Standort ergeben und der optimalen Allokation der Besuchszeiten auf die KGE'en können dann deckungsbeitragsmaximale Verkaufsgebiete bestimmt werden. Dafür ist das Entscheidungs-Unterstützungs-System COSTA entwickelt worden (*Skiera/Albers*, 1998). S.A.

Literatur: *Albers, S.:* Entscheidungshilfen für den Persönlichen Verkauf, Berlin 1989, S. 412–502. *Skiera, B.; Albers, S.:* COSTA: Contribution Optimizing Sales Territory Alignment, in: Marketing Science, Vol. 17 (1998), S. 196-213. *Zoltners, A.A.; Sinha, P.:* Sales Territory Alignment: A Review and Model, in: Management Science, Vol. 29 (1983), S. 1237-1256.

Verkaufsgespräch

Als Ausprägung des → Persönlichen Verkaufs repräsentiert das Verkaufsgespräch die verbale → Interaktion zwischen Verkäufer und (potenziellem) Käufer, die im untrennbaren Verbund mit dem Austausch nonverbaler Reize (z.B. Mimik und Gestik als Sprachersatz oder Sprachverstärker) stattfindet (→ nonverbale Kommunikation).

Zu den Grundregeln der Gesprächseröffnung gehört die namentliche Begrüßung und eine das Verkaufsangebot zunächst aussparende allgemeine Konversation über unverfängliche Themen, um eine positive Grundstimmung aufzubauen. Der Verkäufer sollte den Verkaufsprozess als Problemlösungsprozess zugunsten des Kunden sehen und sich damit im weiteren als möglicher Problemhelfer oder Problemlöser einführen (→ Soft-Selling). In der anschließenden → Verkaufsdemonstration, der → Verkaufsargumentation einschl. → Preisargumentation sowie beim → Verkaufsabschluss hat sich das Grundbemühen des Verkäufers darauf zu richten, eine dem Kunden angenehme Atmosphäre zu bewahren. Der Kunde soll nicht das Gefühl bekommen, es werde ihm etwas verkauft, er soll vielmehr davon überzeugt sein, dass er etwas kaufe (→ erlebnisorientierte Verkaufsgespräche).

Zur sprachlichen Kommunikation ist bekannt, dass negative Sätze schwerer verständlich sind als positiv formulierte und dass passive Satzkonstruktionen mehr Zeit zum Verständnis erfordern als aktive. Substantivierungen verstärken die Überzeugungskraft. Die → Transaktionsanalyse und die → NLP-Theorie lassen ferner eine auf die semantische Welt des Käufers abgestimmte Gesprächsführung angebracht erscheinen. Im Übrigen wirkt der Verkäufer verständlicher, wenn er geläufige Wörter verwendet, Fachwörter/Fremdwörter vermeidet bzw. erklärt und wenn er ausdrückliche (explizite) kundenbezogene Schlussfolgerungen zieht. Seiner → Glaubwürdigkeit bzw. Überzeugungskraft ist es zuträglich, wenn der Verkäufer

– sich rollenkonform präsentiert (u.a. Anpassung von Kleidung/Aufmachung und Sprachniveau des Verkäufers an die Kundenerwartung),
– auf Übertreibungen verzichtet,
– zweiseitig argumentiert (→ zweiseitige Argumentation),
– Blickkontakt sucht und für angemessene Zeit hält (ohne Fixieren/Anstarren des Kunden),
– mit mittlerer Lautstärke spricht und
– den Kunden möglichst viel zu Wort kommen lässt. A.B.

Literatur: *Bänsch, A.:* Verkaufspsychologie und Verkaufstechnik, 7. Aufl., München 1997. *Klammer, M.:* Nonverbale Kommunikation beim Verkauf, Heidelberg 1989.

Verkaufsinformationssystem
→ Marketing-Informationssystem

Verkaufskontor
→ Außenhandel, institutioneller

Verkaufsmobil
→ Verkaufswagen, die nach öffentlich bekannt gegebenem Fahrplan ihre Waren an wohnortnahen Halteplätzen anbieten. Im Vergleich zum → stationären Handel legen die Kunden kürzere Wege zurück, sie befinden sich in heimischer Umgebung, und es kann eine persönliche Beziehung zwischen Kunden und Verkäufer aufgebaut werden. Zu den mobilen Verkaufsstellen gehören auch die *Straßenheimdienste*, wie beispielsweise „Family Frost", die sich in den neuen Bundesländern aus den klassischen Formen der → Heimdienste für Tiefkühlkost entwickelt haben. Die Verkaufsfahrer erwarten ihre Kunden einmal in der Woche am gleichen Ort zur gleichen Zeit.

Heimdienste beliefern dagegen private Haushalte. Im Gegensatz zu den mobilen Verkaufsstellen suchen sie ihre Kunden in deren Wohnung auf. Sie verkaufen häufig Lebensmittel mit dem Schwerpunkt Tiefkühlkost. In Deutschland sind hier die Firmen „bofrost" und „Eismann" zu nennen. H.H.

Verkaufsniederlassungen
Verkaufsniederlassungen (auch Verkaufsfilialen) sind unternehmungseigene → *Verkaufsorgane*, die im Unterschied zur → Vertriebsgesellschaft *rechtlich* und *wirtschaftlich* in die Organisation eines Herstellers oder eines Großhändlers *eingebunden* sind. Sie werden primär errichtet, um direkten Kontakt zu den Abnehmern zu haben und diese intensiv beraten zu können. Verkaufsniederlassungen übernehmen häufig nicht nur Aufgaben des Verkaufs, sondern erfüllen Funktionen in den Bereichen Reparatur, Service und Ersatzteilbevorratung, wie z.B. in der Automobilindustrie. Daneben vertreiben v.a. Unternehmungen der Chemischen und Pharmazeutischen Industrie sowie Kaffeeröster, aber auch Schuh-, Porzellan- und Handyhersteller ihre Produkte über Verkaufsniederlassungen. Nicht selten wird dieser direkte Vertriebsweg mit einem anderen Vertriebsweg kombiniert, wodurch ein → *mehrgleisiger Vertrieb* im Rahmen der → *Vertriebswegepolitik* entsteht. Verkaufsniederlassungen, die sich in der Nähe des Produktionsstandortes befinden, werden auch als Fabrikläden (→ Factory Outlet) bezeichnet. H.Schr.

Verkaufsorgane

Verkaufsorgane werden im Rahmen der → Vertriebswegepolitik mit Tätigkeiten des Verkaufs betraut. Nach dem Merkmal der Unternehmungszugehörigkeit unterscheidet man zwischen unternehmungseigenen und -fremden Verkaufsorganen. *Unternehmungseigene* (interne) Verkaufsorgane sind *wirtschaftlich* vollständig in die Unternehmung eingegliedert, wie z.B. Verkaufsbzw. Vertriebsabteilungen, → Reisende, Vertriebsingenieure, → Key-Account-Manager, Verkaufsfahrer, → Vertriebsgesellschaften und → Verkaufsniederlassungen. *Unternehmungsfremde* (externe) Verkaufsorgane, die auch als akquisitorisch tätige → Absatzhelfer bezeichnet werden, sind *rechtlich* selbständige Gewerbetreibende und unterstützen die Unternehmung beim Abverkauf von Waren und gewerblichen Leistungen. Zu ihnen zählen z.B. → Handelsvertreter, Kommissionäre, → Kommissionsagenten und → Handelsmakler. Unternehmungseigene und unternehmungsfremde Verkaufsorgane zählen – im Unterschied zu den → Absatzmittlern – zur Marketingorganisation des Herstellers.

H.Schr.

Verkaufsorganisation

Die strukturelle Ausgestaltung des Verkaufs im Rahmen der → Verkaufs- und Außendienstpolitik umfasst zum einen die Auswahl der → Verkaufsorgane und zum anderen die organisatorische Gliederung des Innen- und Außendienstes.

In den meisten Branchen empfinden die Unternehmen es im Rahmen der Außendienstführung nicht als sinnvoll, wenn jeder ihrer Verkäufer das komplette Produktprogramm an alle Kunden verkaufen kann. Vielmehr arbeiten sie mit Verkäufern, die auf bestimmte Produkte und/oder Kunden spezialisiert sind. In welcher Form diese Spezialisierung erfolgen soll, ist ein Problem der Verkaufsorganisation. Lange Zeit arbeiteten die Unternehmen ausschließlich mit einer *räumlichen Spezialisierung*, indem die Verkäufer für geografische Verkaufsgebiete zuständig waren. Mit dieser Organisationsform lassen sich v.a. die Reisekosten niedrig halten. Erst in den letzten zwanzig Jahren sind andere Formen der Kunden-Spezialisierung populär geworden:

(1) *Branchenspezialisierung* (Computer-Hersteller wie z.B. IBM haben getrennte Verkäufer für Industrieunternehmen und Banken/Versicherungen),
(2) *Marktspezialisierung* (getrennte Verkäufer für gewerbliche Kunden und Endnutzer),
(3) *Anwendungsspezialisierung* (Software-Hersteller operieren mitunter mit getrennten Verkäufern für Produktions-, Verkaufs- und Logistikabteilungen; Pharmareferenten verkaufen mitunter nur Produkte mit bestimmten Indikationen),
(4) *Zeitliche Spezialisierung* (z.B. bei speziellen Neukunden-Verkäufern),
(5) *Spezialisierung nach Kundengröße* (Großkunden werden durch spezielle → *Key-Account-Manager* betreut).

Die Branchen-, Markt- und Anwendungsspezialisierung deckt sich vielfach mit einer Spezialisierung der Verkäufer auf bestimmte Produkte. Die Produktspezialisierung kann jedoch auch nach anderen Gesichtspunkten erfolgen:

a) Technische Spezialisierung (wenn das Produktprogramm auf sehr unterschiedlichen Technologien basiert, die ein Verkäufer nicht alle beherrschen kann),
b) zeitliche Spezialisierung (z.B. bei speziellen Neuprodukt-Verkäufern oder Neukundenakquisiteuren versus Stammgeschäfts-Betreuern) (→ Innovationsmanagement, → Projektorganisation).

Generelle Aussagen zur Vorteilhaftigkeit bestimmter Formen der Spezialisierung existieren nicht, sondern lassen sich nur für den konkreten Einzelfall abgeben. Dabei sind die Vorteile der Spezialisierung gegen die Nachteile der Vernachlässigung von Verbundeffekten abzuwägen.
Durch eine Spezialisierung auf bestimmte Kunden versteht der Verkäufer die Kundenprobleme besser und kann deshalb bessere Lösungen anbieten, was sich in höheren Umsätzen und damit in höheren Deckungsbeiträgen niederschlägt. Davon sind natürlich die erhöhten Reisekosten abzuziehen, die gegenüber einer reinen geografischen Verkaufsgebietsabgrenzung anfallen.
Mit jeder Spezialisierung werden beim Verkauf Verbundeffekte vernachlässigt. Bei einer Produktspezialisierung hat es ein Kunde u.U. mit mehreren Verkäufern eines Unternehmens zu tun, von denen möglicherweise keiner eine integrierte Problemlösung für den Kunden anbieten kann. *Xerox* (USA) hat deshalb seine Produktspezialisierung wieder rückgängig gemacht. Bei einer Spe-

zialisierung nach Kunden wird möglicherweise die Anwendungsmöglichkeit der Produkte in anderen Kundensegmenten übersehen. Diese Wirkungen lassen sich jedoch nur sehr schwer quantifizieren, sodass die Bestimmung der optimalen Verkaufsorganisation in der Praxis immer intuitiv erfolgt. Mit zunehmender technischer Komplexität und Kundenbedeutung setzt man zunehmend auch Verkaufsteams ein, um eine integrierte Kundenbetreuung zu erreichen. Dabei werden z.T. auch Mitglieder aus der Forschung und Entwicklung, dem Marketing, dem Innendienst etc. zeitlich begrenzt zusammengekoppelt, sodass die „primäre" Verkaufsorganisation durch eine → Duale Organisation überlagert wird.

Bei großen Verkaufsaußendiensten, die über mehrere Managementstufen verfügen, weil sonst die Kontrollspanne zu hoch würde, ist eine hierarchische Spezialisierung nach verschiedenen Kriterien möglich. Dabei sollte das vorteilhafteste Spezialisierungskriterium für die oberste Stufe dienen. Häufig findet man dann einen nach Branchen spezialisierten Außendienst, dessen Subeinheiten wiederum nach geografischen Verkaufsgebieten gegliedert sind (→ Verkaufsgebietseinteilung).

Der *Umfang* der Außendienstorganisationen ist insb. in der Industrie beträchtlich und stellt ein eigenständiges komplexes Entscheidungsproblem mit verschiedenen Methoden dar (→ Außendienstgröße). Gelegentlich kooperieren Unternehmen auch in Form gemeinsamer Verkaufsorganisationen, was angesichts der hohen Kosten von Außendienstmitarbeitern u.U. hohe Ersparnispotenziale bei allerdings verminderter Steuerbarkeit mit sich bringt. S.A.

Literatur: *Albers, S.:* Steuerung von Verkaufsaußendienstmitarbeitern mit Hilfe von Umsatzvorgaben, in: *W. Lücke* (Hrsg.): Betriebswirtschaftliche Steuerungs- und Kontrollprobleme, Wiesbaden 1988, S. 5-18. *Rangaswamy, A.; Sinha, P.; Zoltners, A.:* An Integrated Model-based Approach for Sales Force Structuring, in: Marketing Science, Vol. 9 (1990), 279-298. *Rao, R.C.; Turner, R.E.:* Organization and Effectiveness of the Multiple-Product Salesforce, in: Journal of Personal Selling & Sales Management, Vol. 4 (May 1984), S. 24-30. *Traumann, P.:* Außendienst: Was bieten die Systeme; in: absatzwirtschaft, Heft 8/ 1981, S. 38-42.

Verkaufsprämie

Prämien sind ein kurzfristiges Steuerungsinstrument für Verkaufsaußendienstmitarbeiter (VADM). Anders als bei anderen Komponenten der → Außendienstentlohnung kann das Unternehmen mit Prämien ein ganz bestimmtes Verhalten von Verkäufern belohnen. Prämien werden gewährt für:

(1) das Erbringen spezieller Verkaufsanstrengungen von VADM (z.B. Anzahl Besuche, Abgabe von Besuchsberichten),
(2) Ergebnisse spezieller Verkaufsanstrengungen von VADM (z.B. Erfüllen von Umsatzvorgaben, Gewinnung von Neukunden).
(3) das relative Abschneiden von VADM in → Verkaufswettbewerben.

Prämien werden in Kombination mit anderen finanziellen Außendienstanreizen im Rahmen der → Außendienstentlohnung optimal bestimmt. S.A.

Literatur: *Albers, S.:* Entscheidungshilfen für den Persönlichen Verkauf, Berlin 1989, S. 242–393. *Joseph, K.; Kalwani, M.U.:* The Role of Bonus Pay in Salesforce Compensation Plans, in: Industrial Marketing Management, Vol. 27 (1998), S. 147-159.

Verkaufsprovision

Für ihre Verkaufsanstrengungen erhalten Verkaufsaußendienstmitarbeiter (VADM) häufig eine Provision. Sie stellt eine variable Vergütung dar und kann sich nach der Höhe des Umsatzes oder Deckungsbeitrages bemessen. Die Höhe des Provisionssatzes richtet sich nach den umfassenderen Überlegungen der → Außendienstentlohnung.

Sind einzelne Produktgruppen unterschiedlich profitabel oder gelten für sie unterschiedliche Umsatzelastizitäten in Bezug auf die Verkaufsanstrengungen, so empfiehlt sich eine Differenzierung der Provisionssätze. Lange Zeit glaubte man, dass für diesen Fall deckungsbeitragsproportionale Provisionssätze optimal seien. Dann erkannte man, dass es in bestimmten Situationen sinnvoll ist, die Provisionssätze proportional zum Deckungsbeitragssatz multipliziert mit der Umsatzelastizität festzusetzen. In jüngster Zeit ist die Frage, ob statt konstanter besser umsatzabhängige Provisionssätze angeboten werden sollen, in den Vordergrund des Interesses gerückt. Mit Hilfe der → Principal-Agenten-Theorie lässt sich zeigen, dass bei Berücksichtigung von Unsicherheit in der Umsatzreaktionsfunktion und Risikoaversion in der Nutzenfunktion

je nach Parameterwerten entweder eine progressive oder degressive Provisionssatzstaffel optimal ist. Zu ähnlichen Ergebnissen gelangt man auch, wenn man den VADM in Abhängigkeit von einer akzeptierten Umsatzvorgabenhöhe (→ Umsatzvorgaben) steigende Provisionssätze anbietet.
Im Allgemeinen gilt ein einheitlicher Provisionssatz für alle Verkäufer, da sonst zu befürchten ist, dass sich einige VADM benachteiligt fühlen und dann demotiviert sind. Verkäufer-spezifische Provisionssätze lassen sich nur realisieren, wenn sie an das Erfüllen von Zielen, z.B. Umsatzvorgaben, geknüpft sind, da allgemein anerkannt wird, dass Verkaufsgebiete ungleiche Umsatzpotenziale aufweisen. S.A.

Literatur: *Albers, S.:* Entscheidungshilfen für den Persönlichen Verkauf, Berlin 1989, S. 242–393. *Albers, S.:* Optimisation Models for Salesforce Compensation, in: European Journal of Operational Research, Vol. 89 (1996), S. 1–17. *Coughlan, A.T.; Sen, S.K.:* Salesforce Compensation: Theory and Managerial Implications, in: Marketing Science, Vol. 8 (Fall 1989), S. 324-342.

Verkaufspsychologie
→ Persönlicher Verkauf,
→ Verkaufsargumentation

Verkaufsraumgestaltung
→ Ladengestaltung

Verkaufsschiffe
Aussterbende Betriebsform des → ambulanten Handels in Gestalt von Proviantbooten, die als → SB-Läden eingerichtet sind und den Besatzungen der in den Häfen ankernden bzw. auf den Wasserstraßen fahrenden Schiffe ein Lebensmittelsortiment und sonstige Waren des täglichen Bedarfs (Nonfood, Schiffszubehör) zum Kauf anbieten. Davon zu unterscheiden sind sog. Butterschiffe für zollfreie → Kaffeefahrten mit Endverbrauchern.

Verkaufssyndikat
→ Außenhandel, institutioneller

Verkaufstechniken
umfassen alle während der Einzelphasen des → Persönlichen Verkaufs einsetzbaren, verbal und/oder nonverbal geprägten Aktionen und Mittel. Sie repräsentieren aus Erfahrungen und/oder psychologischen und soziologischen Theorien abgeleitete Regeln insb. für

– das → Verkaufsgespräch,
– die → Verkaufsargumentation einschl. → Preisargumentation,
– die → Verkaufsdemonstration und
– den → Verkaufsabschluss.

Die Verkaufstechniken werden von einem bestimmten → Verhandlungsstil geprägt, z.B jenem des → Soft- bzw. Hard-Selling oder des sog. → Adaptive Selling. A.B.

Verkaufstraining
Verkaufstraining als Teilbereich der → Außendienststeuerung umfasst alle Maßnahmen und Mittel, um die Motivation, die fachliche Qualifikation und die verkäuferische Professionalität zu verbessern. Das Verkaufstraining beschäftigt sich in zwei grundsätzlichen Bereichen mit Individuen: mit den Verkäufern und den Käufern. Darum richten sich Inhalte und Methoden des Trainings sowohl nach dem Angebot, als auch nach den zu bearbeitenden Verkäufern und Kunden. So liegt der Unterschied beim Verkauf einer Bohrmaschine des gleichen Typs z.B. darin, ob die Maschine an den Verbraucher, an den Handel, an Handwerker oder an eine Werkstatt der Industrie verkauft werden soll.
Eine Differenzierung der Traineraufgaben entsteht aber nicht nur aus unterschiedlichen Absatzstufen, sondern auch aus der Vielfalt der Anforderungen, die innerhalb einer Absatzstufe an die Verkäufer gestellt werden. Die Unterscheidung zwischen Verbrauchs-, Gebrauchs-, Investitionsgütern und Dienstleistungen ist durch branchenspezifische Differenzierung zu ergänzen. So liegen die z.B. Aufgaben eines Verkäufers im Büromaschinen-Fachhandel anders als im Schuh-Fachhandel.
Alle Verkäufer haben das Problem der Halbwertzeit des Wissens gemeinsam. Diese liegt z.Zt. bei fünf Jahren. Das bedeutet: Das verwendbare Wissen muss in nur fünf Jahren zur Hälfte erneuert werden. Diese Aufgabe übernimmt die Verkäuferschulung, während sich Verkäufertraining in erster Linie mit den verkäuferischen Inhalten, dem Umgang mit Kunden beschäftigt. Die Anwendung dieser Kenntnisse im Umgang mit Kunden ist wiederum eine Trainingsaufgabe. Nur sehr begabte und gut trainierte Verkäufer schaffen es, mehrere Kundenkreise mit gleich gutem Erfolg zu bearbeiten. Das o.a. Beispiel der Bohrmaschine lässt sich auch hier zum besseren Verständnis anführen.

Verkaufstraining

Als die wichtigsten Trainee-Gruppen gelten Verkaufs-Außendienst, Verkaufs-Innendienst, Verkaufskräfte des Handels, Verkaufs-Führungskräfte und Großkundenbetreuer (Key-Account-Manager).
Aus den genannten Gründen gibt es branchenbezogen oder aufgabenbezogen spezialisierte Trainer. Diese Spezialisierung betrifft sowohl freischaffende Trainer als auch angestellte Trainer im Unternehmen.
Im Training lassen sich grundsätzlich fünf *Formen* unterscheiden:
1. der *Lehrvortrag* mit Diskussion (10–500 Teilnehmer)
2. das *personengesteuerte Seminar* (7-15 Teilnehmer)
3. das *personengesteuerte Seminar mit Medienunterstützung* (7-15 Teilnehmer)
4. das *mediengesteuerte Trainings-Programm* (3–3.000 (!) Teilnehmer)
5. *On-the-job-Training* (bis zu 6 Teilnehmer pro Tag)

Die sieben wichtigsten Trainingsthemen sind:
1. Motivation:
   – zum Unternehmen,
   – zum Angebot,
   – zum Beruf,
   – zum Kundenkreis.
2. Zeit-Management:
   – Gesprächsvorbereitung,
   – Gesprächsplanung,
   – Gesprächsnachbereitung.
3. Gesprächstechniken (→ Verkaufsgespräch):
   – Eröffnungs-,
   – Frage-,
   – → Argumentations-,
   – Einwand-,
   – → Abschluss-,
   – Lenkungs-Techniken.
4. Persönlichkeits-Entwicklung:
   – Selbstvertrauen,
   – → Kreativität,
   – Rhetorik.
5. Administrative Aufgaben der Verkäufer.
6. Einsatz von Verkaufshilfsmitteln:
   – → Sales-Folder,
   – Flipcharts,
   – Tabellen,
   – Muster,
   – Laptop,
   – Telefon,
   etc.
7. Spezielle Formen sind z.B.:
   – Messetrainings,
   – Training zur Anwender-Anleitung durch Verkäufer,
   – Präsentations-Trainings,
   – Aktions-Trainings.

Arbeitsweise Training
Ein guter Trainer, sei er freischaffend tätig oder Angestellter eines Unternehmens, beginnt jede Trainings-Aufgabe durch Analyse des Bedarfs, der Kundenkreise und des Niveaus der Trainees. Der Standardablauf durchläuft die Phasen Analyse, Ausarbeiten des Seminars, Abstimmung der Inhalte und Methoden, Vorbearbeitung, Durchführung des Seminars, Nachbearbeitung und Kontrolle der Wirkungen. Als Bedarf sind dabei sowohl die zu verbessernden Leistungen der Verkäufer als auch die Eigenheiten und Erwartungen des Unternehmens zu berücksichtigen. Damit lässt sich ein Training im Rahmen des Marketing so genau wie möglich auf die Bedürfnisse zuschneiden und an diese zielgerichtet anpassen. Sowohl die oft recht delikaten Differenzierungen aus verschiedenen Absatzwegen (Hersteller) bzw. Abteilungen (Handel) als auch die psychologischen und soziologischen Eigenheiten der jeweiligen Kunden führen zu sehr spezifischen Inhalten des Trainings. Die Eigenheiten des Unternehmens können sich u.a. auf traditionelle Rabattgruppierungen, hierarchische Einordnung der Verkaufsabteilung, Führungs-Verhalten, Image bzw. Marken beziehen. So gab es z.B. ein hochangesehenes Bier mit einem Image, das von dem betreffenden Hersteller nicht annähernd erreicht wurde („Bier erstklassig, Brauerei zweitklassig"). Verkaufstraining hob das Image der Brauerei.

Zur *Analyse der Unternehmens-Erwartungen* (= Trainings-Ziele) genügt ein → Briefing nicht. Es gibt Unternehmen aller Größen, bei denen nicht der Außen-, sondern der Innendienst den größten Teil der Aufträge bringt, hält und abwickelt. Beim Handel stehen z.B. Zusatzverkäufe, Hochpreisverkäufe, Mehrverkäufe als Ziele neben Diebstahlverminderung, Waren- und Regalpflege.

Die *Kunden-Analyse* klärt, ob und inwieweit z.B. bei Industrieunternehmen die Techniker oder Einkäufer über den Auftrag entscheiden. Bei breit gefächerten Angebots-Paletten bzw. Sortimenten ergeben sich ggf. produktspezifische Unterschiede beim gleichen Unternehmen – auch im Handel.

Die *Verkäufer-Analyse* umfasst Ausbildungsstand, Bildungsgrad, Motivationsgrad. Zu berücksichtigen sind außerdem Dauer der Unternehmenszugehörigkeit, Altersdurchschnitt, Kooperation Innendienst/Außendienst bzw. mit anderen Abteilungen (Handel). Stark differenzierte Gruppen sind getrennt zu trainieren.

Trainingsmethoden
Aus der Analyse entwickelt der Trainer die Inhalte (s.o.) und die anzuwendenden Methoden. Die sieben wichtigsten Methoden sind:

1. Einzelarbeiten
2. Zweier-/Dreier-Übungen
3. Gruppenarbeiten/ -übungen
4. Rollenspiele mit/ohne Videoaufzeichnung
5. Fallbehandlungen
6. Planspiele
7. Workshops
8. On-the-job-Anleitung

Diese Methoden sind den Vorarbeiten, dem Seminar und der Nachbearbeitung der Trainees zuzuordnen. Da sich nicht jede Methode für jedes Thema gleich gut eignet, entsteht bezüglich der Gewichtung und Zuordnung der Themen und Methoden eine diffizile Aufgabe mit hoher Verantwortung.

Trainingsmedien
Medien dienen meist zur Unterstützung des Trainers. Medien können aber Trainer auch ersetzen. Dem Trainer oder der Führungskraft fällt dann die wichtige Rolle der individuellen Steuerung der Entwicklung jedes einzelnen Trainees zu. Insoweit arbeitet jeder Trainer mit den Führungskräften zusammen oder übernimmt die Führungsaufgabe „Personalförderung" ganz oder teilweise. So z.B. entlastete ein mediengesteuertes Gruppentraining, bei über 10.000 Verkaufskräften des handwerklichen Handels angewendet, die betreffenden Führungskräfte/Inhaber gänzlich von der Personalförderung im Verkaufsverhalten. Die Zentrale behielt jedoch Einfluss und Übersicht über Durchführungsintensität und Ergebnisse jedes einzelnen Teilnehmers.

Wirkungsfelder des Verkaufstrainings

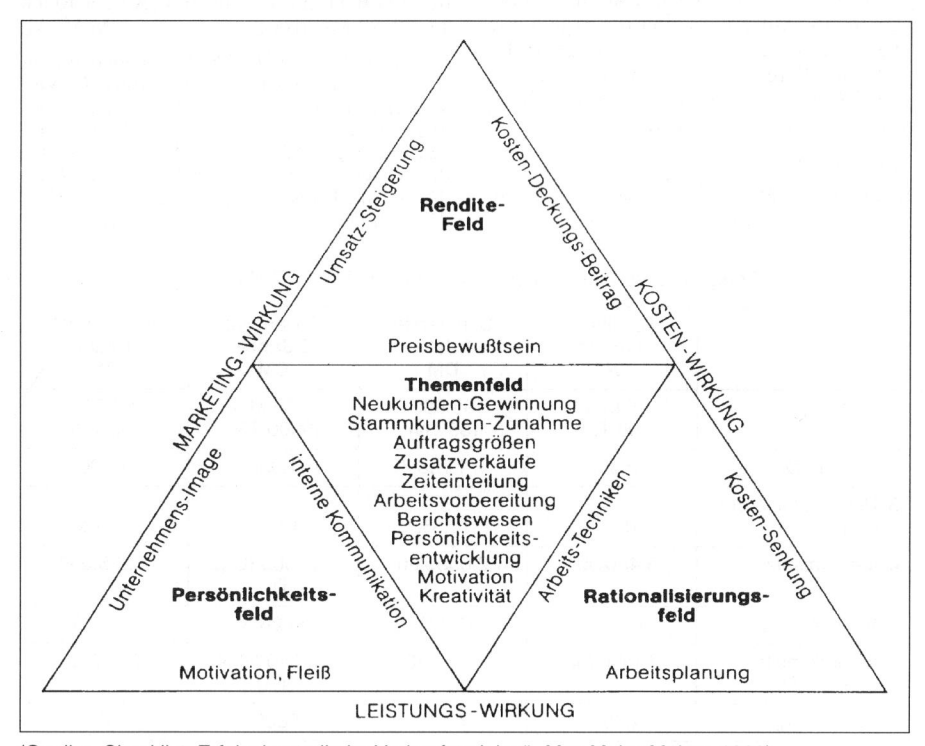

(Quelle: „Checklist. Erfolgskontrolle im Verkaufstraining", *Max Meier-Maletz*, 1982)

Verkaufstraining

Elektronische Medien inkl. Video- und Audiokassetten eignen sich überdies dazu, Tausende von Verkaufskräften, z.B. des Fachhandels, der Geldinstitute oder der Versicherungen zugleich und in kurzer Zeit mit Neuheiten und der dazugehörenden Argumentation zu versorgen, den Lerneffekt festzustellen und die Umsetzung in die Praxis zu überprüfen.

Die in der *Abbildung* dargestellten *Trainings-Wirkungen* beziehen sich grundsätzlich auf Marketing, Leistung und Kosten.

Erfolgsnachweis

In nur wenigen Bereichen des Marketing lässt sich der Erfolg so leicht und genau ermitteln wie im Verkaufstraining. Die bisherigen Erfolge (bis 2000) ergaben dabei ein bemerkenswert gutes Verhältnis zwischen Investition und Ertrag. Da dies im Fachhandel am einfachsten demonstriert werden kann, enthält die *Tabelle* einige dort erhobene Zahlen. Die kausale Zuordnung der Erfolge zur Wirkung des Trainings lässt sich am deutlichsten durch Vergleichsgruppen mit/ohne Training nachweisen. Aber auch der Vergleich vor/nach Training bei sonst gleich bleibenden Marketingkomponenten gibt Aufschluss über die Ergebnisse. Dies ist z.B. bei Verkäufertrainings im Investitions-Bereich üblich: weder Angebot noch Werbemittel ändern sich, nur das Training findet statt und wirkt.

Trainer-Verbände

In Deutschland arbeiten 2000 nach Schätzungen ca. 3.000 freischaffende und ca. 3.000 angestellte Verkaufs- und Führungstrainer. Die Trainer sind im einzigen berufständischen Verband „Berufsverband Deutscher Verkaufsförderer und Trainer e.V." (BDVT) organisiert. Der seit 1964 bestehende BDVT hatte 2000 ca. 1.300 Mitglieder, davon 660 freischaffende, aus den beiden Bereichen Verkaufsförderung und Training sowie Trainingsberatung. Es gibt Mitglieder aus anderen europäischen Ländern. Firmenmitgliedschaften von Markenartikel- und Dienstleistungsunternehmen runden die Mitgliederstruktur ab. Der BDVT fordert als Voraussetzung für die Mitgliedschaft „eine akademische oder gleichwertige Ausbildung und eine nachgewiesene Berufspraxis als Trainer und Berater". Die jährlich 10 Veranstaltungen der wachsenden Zahl regionaler BDVT-Clubs wird durch ein mehrtägiges Seminar und einen Kongress pro Jahr ergänzt.
Anschrift: BDVT, Elisenstr. 12–14, 50667 Köln, Tel. 0221/92076-0.

Der Club Europäischer Verhaltenstrainer (C.E.V.) e.V. ist eine kleine, aber sehr aktive Gruppe renommierter Trainer, die auf unterschiedliche Weise auch in der Ausbildung von Trainern tätig sind (An der Reick 13, 40670 Meerbusch). M.M.-M.

Literatur: *Birkenbihl, V.F.:* Psychologisch richtig verkaufen, München 1979. *Geffroy. E.:* Verkaufserfolge auf Abruf, Landsberg a.L. 1987. *Meier-Maletz, M.:* Erfolgskontrolle im Verkaufstraining, 1982. *Wage, J.* (Hrsg.): Handbuch des Verkaufstrainings, München 1979. *Meier-Maletz, M.:* Trainer Guide, Landsberg a.L. 1992. *Meier-Maletz, M.:* Professionelles Verkaufen im

Erfolge des Verkaufstrainings im Fachhandel (TN = Teilnehmer)

	Textilhandel 3 Jahre DM	Baumärkte 1 Jahr DM	KfZ-Handwerk 3 Jahre DM	KfZ-Handel 1 Jahr DM
1. Investition	254.000 (98 TN)	95.000 (55 TN)	9,45 Mio (9000 TN)	80.000 (50 TN)
2. je Teiln. Ø	2.592	1.730	1.050	1.600
3. Umsatzsteigerung in %	18,8%	11,3%	42,6%	110%
4. Mehrumsatz	6.480.000	2.653.760	106.500 (Ø je TN)	2.225.000
5. Spanne in %	Ø 40%	Ø 30%	Ø 26%	Ø 20%
6. Mehr-Rendite aus 4.-1./2.	1.944.000	701.130	26.640 (Ø je TN)	371.000
7. Verzinsung	820%	737%	980%	260%

Einzelhandel, Wien 1995. *Meier-Maletz, M.:* Fachhandelsmarketing, Wien 1997.

Verkaufs- und Außendienstpolitik

Die Verkaufs- und Außendienstpolitik kommt in der üblichen Einteilung des → Marketing-Mix in die Instrumente Preis-, Produkt-, Kommunikations- und Distributionspolitik nicht als eigenständiges Instrument vor, sondern wird neben Werbung, Verkaufsförderung und Public Relations meist als Element des → Kommunikations-Mix aufgefasst. Diese Zuordnung erfolgt, weil die Aufgabe eines Verkaufsaußendienstmitarbeiters (VADM) vorwiegend in dem Besuch von Kunden und der persönlichen Kommunikation der Vorteile der zu verkaufenden Produkte besteht (→ Verkauf). Der Einsatz eines Verkaufsaußendienstes impliziert aber auch, dass das Unternehmen eine Entscheidung über den Absatzweg getroffen hat (→ Vertriebswegepolitik). Insofern werden Teilaspekte der Verkaufs- und Außendienstpolitik auch innerhalb des Gebietes der → Distributionspolitik diskutiert.

Aufgrund der Aufgabe des VADM, Kunden mit den Produkten des Unternehmens bekannt zu machen und sie von den Vorteilen zu überzeugen, stellen sich in der Verkaufs- und Außendienstpolitik drei große Aufgabenfelder:

(1) die Gestaltung der Kommunikationsaufgabe (→ Persönlicher Verkauf)
(2) die Wahl geeigneter → Verkaufsorgane und deren zweckmäßige Organisation (→ Verkaufsorganisation) und
(3) die Personalführung im Außendienst.

ad (1) *Gestaltung der Kommunikationsaufgabe*
Die Gestaltung des → Verkaufsgespräches des VADM mit den Kunden im Rahmen des → Persönlichen Verkaufs hängt ganz wesentlich von der Art der Kunden und dem Komplexitätsgrad der zu verkaufenden Produkte ab. Verkauft das Unternehmen an den Handel, so pflegen z.B. → Key-Account-Manager den Kontakt zu Handelszentralen und handeln die Rahmenbedingungen der Geschäftsbeziehung aus. Daneben werden → Merchandiser eingesetzt, die die Regalpflege und Verkaufsförderungsmaßnahmen bei den einzelnen Händlern und Filialen durchführen. Im Industriegeschäft mit gewerblichen Kunden haben Vertriebsbeauftragte oder bei technischen Produkten → Vertriebsingenieure die Aufgabe, Produkte zu verkaufen, die Problemlösungen für die Kunden darstellen. Vielfach werden auch Verkaufsberater eingesetzt, die gar keine Verkaufsabschlüsse tätigen, sondern ausschließlich Kundenberatungen anbieten, woraus erst langfristig möglicherweise Umsätze resultieren können. Lediglich im Geschäft mit Endverbrauchern gibt es noch → Haustürverkäufer.

Die Kommunikationsaufgaben dieser einzelnen VADM-Typen sind so verschieden, dass nur sehr wenige Möglichkeiten zu allgemein gültigen Aussagen über ihre Gestaltung möglich sind (→ Verkauf). In der Vergangenheit stand häufig das Beherrschen von erfolgreichen → Verkaufstechniken im Vordergrund des → Verkaufstrainings. Darunter fielen auch solche Techniken, mit denen Kunden eigentlich gegen ihre Absicht zu Abschlüssen gebracht werden können. Heute ist ein solches → Hard-Selling nicht mehr üblich, sondern man propagiert das sog. → Soft-Selling, wodurch langfristige Kundenbeziehungen aufgebaut und gesichert werden können. In ähnlicher Weise ist früher vielfach in den Außendienstschulungen das programmierte Verkaufen trainiert worden, bei dem nach bestimmten Abläufen vorgegangen werden soll. Da die Effektivität von Verkaufsmethoden aber von sehr vielen situativen Faktoren abhängt, wird inzwischen das → Adaptive Selling empfohlen.

ad (2) *Verkaufsorgane und Verkaufsorganisation*
Hat man sich für den Verkauf über einen eigenen Außendienst entschieden (Gegensatz: → Contract Sales Forces), so steht man bei der Wahl des → Verkaufsorgans insb. vor der Frage, ob man besser mit selbständigen → Handelsvertretern oder fest angestellten → Reisenden arbeiten soll. Dies wurde lange Zeit ausschließlich als eine Kostenfrage angesehen. Handelsvertreter verursachen lediglich variable Kosten (Provision) und können deshalb auch bei geringen Umsätzen eingesetzt werden, da sie auch noch für andere Unternehmen tätig werden können. Je höher die Umsätze, desto besser stellt sich ein Unternehmen, wenn es mit Reisenden arbeitet, da sich deren fixe Einkommensanteile dann auf immer mehr Menge proportional verteilen. Heute spielen bei der Wahl der Art der VADM immer mehr Steuerungs- und Motivationsgesichtspunkte eine Rolle (→ Außendienststeue-

Verkaufs- und Außendienstpolitik

rung). Reisende werden als besser steuerbar angesehen, da sie Weisungen des Unternehmens befolgen müssen. Durch eine differenzierte erfolgsabhängige → Außendienstentlohnung ist es aber heute meist auch möglich, Handelsvertreter aus Eigeninteresse heraus zu motivieren, im Sinne des Unternehmens zu handeln. Auf der anderen Seite wird Handelsvertretern stärkere Kundenorientierung unterstellt, da die Kunden eher an den Handelsvertreter gebunden sind als an die Produkte vom Hersteller, sowie mehr Unternehmergeist mit höherem Arbeitseinsatz. Neben der Auswahl geeigneter Verkaufsorgane stellt sich das Problem der zweckmäßigen → Verkaufsorganisation, d.h. der Dimensionierung (→ Außendienstgröße) und Strukturierung des Innen- und Außendienstes einschließlich der → Verkaufsgebietseinteilung. Zunehmend wird dabei insb. im Investitionsgütervertrieb auf Verkaufsteams zurückgegriffen und → Projektmanagement praktiziert, um die vielfältigen Koordinationsaufgaben (→ Marketing-Koordination) zu bewältigen und den Flexibilitätsanforderungen Rechnung zu tragen (→ Kundennähe).

ad (3) *Außendienstführung*

Der → Persönliche Verkauf ist eine Kommunikation mit dem Kunden, die durch Personen ausgeführt wird. Viele Aspekte der Verkaufs- und Außendienstpolitik sind deshalb Personalführungsprobleme. Für das Unternehmen stellt sich zunächst die Frage, welche Art von VADM es für diese Aufgabe gewinnen will und wie es diese zur bestmöglichen Aufgabenerfüllung motivieren kann. Dazu müssen geeignete Methoden der Außendienstmitarbeiterselektion angewandt werden. Dabei sollte das Unternehmen im Rahmen der Bestimmung der → Außendienstentlohnung festgelegt haben, welche Einkommensmöglichkeiten es seinen VADM gewähren will, weil davon die Qualifikation der zu gewinnenden VADM abhängt.
Bereits angestellte VADM sind kontinuierlich einer Leistungsbeurteilung zu unterziehen, um Förderungsmaßnahmen oder gegebenenfalls Kündigungsnotwendigkeiten erkennen zu können. Außerdem bietet die Leistungsbeurteilung eine Basis für Entgelt-Differenzen bei den VADM (→ Außendienstentlohnung).
Beim Verkauf durch VADM muss die Verkaufsleitung Aufgaben auf die Verkäufer delegieren (→ Verkaufsorganisation). Dabei kann man zentralisierte oder dezentralisierte Formen anstreben. Bei einer zentralisierten Lösung gibt das Unternehmen im strengsten Fall genau vor, welche Kunden wann zu besuchen und welche Produkte dort vorzustellen sind. Dies ist immer dann empfehlenswert, wenn das Verkaufsmanagement einen besseren Informationsstand über die Verkaufschancen als die Reisenden besitzt. Im Gegensatz dazu werden bei einer Dezentralisierung alle Kompetenzen dem VADM gegeben, und es wird nur noch darüber gewacht, ob dieser auch gute Ergebnisse erzielt. Dadurch wird das Verkaufsmanagement von taktischen Planungsaufgaben frei und kann sich operativen und strategischen Fragestellungen zuwenden. Außerdem wird der Kontrollaufwand geringer. Die Vorteilhaftigkeit einer der beiden Steuerungsformen hängt aber auch davon ab, wie flexibel der VADM auf Kundenwünsche reagieren muss. Bei einer Delegation von Verkaufsaufgaben stellt sich das Problem, wie der VADM zur bestmöglichen Aufgabenerfüllung motiviert werden kann. Dazu bieten sich statushebende und finanzielle Anreize (→ Außendienstentlohnung) an.

In der Regel ist das Unternehmen auch daran interessiert, dass die VADM ihre Verkaufsanstrengungen in bestimmter Weise erbringen. Dazu kann es aus verschiedenen Formen der → Außendienststeuerung wählen. Bei einer zentralisierten Steuerung wird es Vorgaben für die konkret zu erbringenden Verkaufsaktivitäten machen. Bei einer dezentralisierten Lösung steuert das Unternehmen über Ergebnisvorgaben, die entweder mengenorientiert (z.B. → Umsatzvorgaben) oder preisorientiert (z.B. Provisionen, Prämien oder → Verkaufswettbewerbe) sein können. Allerdings wird auch die Erfüllung von Mengenvorgaben üblicherweise mit Prämien belohnt. Die Frage, ob an den Verkäufer die Kompetenz zur Preisfestsetzung (meist zur Gewährung von Rabatten) delegiert werden sollte, ist noch offen (→ Preisfestsetzungskompetenz).
Neben dem Problem der Außendienststeuerung i.e.S., mit der die Verkaufsaktivitäten der VADM auf die Unternehmenszielsetzung ausgerichtet werden sollen, ist das Problem der → Außendiensteinsatzplanung zu lösen. Dazu gehört zum einen, wie der VADM nach Produkten und Kunden spezialisiert werden soll, und zum anderen, wie für eine bestimmte Spezialisierungsform die

→ Verkaufsgebietseinteilung erfolgen soll. Je nach Grad der Dezentralisierung ist zuletzt entweder von der Verkaufsleitung oder den VADM zu planen, welcher Kunde wie häufig und zu welchem Zeitpunkt zu besuchen ist (→ Besuchsplanung, → Tourenplanung). S.A.

Literatur: *Albers, S.:* Entscheidungshilfen für den Persönlichen Verkauf, Berlin 1989. *Churchill, G.A.; Ford, N.M.; Walker, O.C.:* Sales force Management, 5. Aufl., Chicago et al. 1997. *Krafft, M.:* Außendienstentlohnung im Licht der Neuen Institutionenlehre, Wiesbaden 1995.

Verkaufswagen

→ Betriebsform des → ambulanten Handels, die mit Hilfe von Kraftfahrzeugen, die zu ladenähnlichen Einkaufsstätten umgestaltet wurden (Mobile Verkaufsstellen), ein Voll- oder Spezialsortiment an Nahrungs- und Genussmitteln an wechselnden, wenn auch fahrplanmäßig festgelegten wohnortnahen Halteplätzen anbietet (vgl. *Tab. 1*). Dabei suchen die Verkaufswagen ihre Marktchancen v.a. in Gebieten, in denen der → stationäre (Lebensmittel-) → Einzelhandel unterrepräsentiert ist oder vom Warenangebot her Defizite aufweist (ländliche Gebiete, Stadtrandsiedlungen). Die Anzahl der Verkaufswagen wird (in Fortschreibung einer Studie der FfH – Forschungsstelle für den Handel, Berlin, aus dem Jahre 1989) für 1993 auf rd. 16.200 geschätzt, wobei der anhaltende Abschmelzungsprozess im kleinbetrieblichen Lebensmitteleinzelhandel einen zwischenzeitlich höheren Verbreitungsgrad erwarten lässt. Der von ihnen realisierte Gesamtumsatz lag 1994 bei schätzungsweise 5,7 Mrd. DM (Quelle: *BBE-Unternehmensberatung*, Köln). Verkaufswagen sind insofern nicht funktionsgleich mit jenen Ersscheinungsformen des fahrzeuggebundenen Verkaufs, die ausschließlich auf Märkten (→ Markthallen, → Wochenmärkte), im → Hausier- und → Straßenhandel oder von Betrieben des stationären Einzelhandels und des Versandhandels im Rahmen des Direktmarketing bei Lieferungen auf Bestellung praktiziert werden. *Heimdienste*, namentlich mit Tiefkühlprodukten (TK), sind von einer derartigen Abgrenzung zwar ebenso betroffen; suchen sie doch überwiegend bereits gewonnene Kunden entweder regelmäßig oder auf Wunsch zu Hause auf, um die per Katalog offerierten bzw. bestellten Waren in entsprechenden Spezialfahrzeugen anzubieten bzw. auszuliefern. Ihre vergleichsweise hohe Bedeutung für die warengruppenspezifische Lebensmitteldistribution im Nahversorgungsbereich nach Sortimentsbreite und Kundenreichweite lassen es jedoch gerechtfertigt erscheinen, bei Aussagen zum empirischen Stellenwert der Verkaufswagen im Lebensmittelhandel in Deutschland die Tiefkühlheimdienste ausdrücklich mit einzubeziehen.

Tab. 1: Sortimentsstruktur einesVerkaufswagens mit Lebensmittel-Vollsortiment

Produktbereich	Produktanteile %	Umsatzanteile %
Tabakwaren	3,0	9,3
Getränke	9,7	18,3
Konserven	8,8	1,6
Tiefkühlkost	2,7	0,9
Molkereiprodukte	11,0	13,2
Brot/Backwaren	4,7	33,1
Obst/Gemüse	2,5	6,8
Wurst/Fleischwaren	1,9	1,9
Sonst. NuG	35,9	7,1
Sonst. Konsumgüter	19,8	7,8
	100,0	100,0

(Quelle: *BBE-Unternehmensberatung*, Köln (1995, Schätzwerte))

Tab. 2: Durchschnittliche Sortimentsstruktur eines TK-Heimdienstfahrzeuges der Firma Eismann

Produktbereich	Anteil %
Eiscreme	21
Backwaren	14
Gemüse	10
Wild	7
Geflügel	12
Fisch	8
Kartoffelprodukte	6
Fertiggerichte	20
Obst	2

(Quelle: *BBE-Unternehmensberatung*, Köln)

Tab. 3: Umsatz einzelner Tiefkühlkost-Segmente im Lebensmitteleinzelhandel und in der Heimdienstbranche

TK-Segment	LEH Deutschland ohne Aldi		Aldi		Heimdienste	
	Umsatz 1999 TDM	Veränderung 1999:1998 %	Umsatz 1999 TDM	Veränderung 1999:1998 %	Umsatz 1999 TDM	Veränderung 1999:1998 %
Total	4.985.544,3	−3,7	1.137.339,6	58,8	1.506.542,5	−6,5
Backwaren	629.376,3	−8,2	56.251,3	83,4	172.020,1	−1,2
Bratfleisch	391.079,3	−2,5	259.112,7	67,0	185.877,2	−10,1
Fertiggerichte	412.337,6	−6,9	207.630,2	47,2	317.918,7	−5,1
Fisch	820.909,8	−0,9	251.480,1	72,5	199.998,2	−1,6
Früchte	60.029,8	−1,9	49,0	−71,4	24.948,5	−2,5
Gemüse/ Kräuter	832.285,1	−6,2	75.158,9	50,1	291.761,6	−13,4
Kartoffelprodukte	434.611,4	−2,4	58.174,5	160,7	126.661,5	−5,2
Pizzen	1.012.847,5	−1,3	165.930,8	50,0	69.063,9	−5,0
Restliche	104.368,6	−1,2	28.158,0	19,2	61.850,3	−14,5
Snack	279.756,9	−8,2	35.419,3	−3,3	56.534,7	12,3

(Quelle: *A.C.Nielsen GmbH*, Frankfurt am Main)

Ihr Marktvolumen lag 1998 bei 2.049 Mio. DM (TK ohne Speiseeis), wobei die Unternehmen *Bofrost*, Straelen, und *Eismann*, Mettmann, mit insgesamt über 90% Umsatzanteil als Marktführer dominieren. Mit ihrem breit gefächerten Sortiment (vgl. *Tab. 2*) bei hohem Qualitätsstandard und bequemer Anlieferungsmöglichkeit frei Haus haben die Heimdienste in der Vergangenheit stets zunehmende Akzeptanzraten in der Verbrauchergunst erzielen können. Gleichwohl zeigt die jüngere Entwicklung aber auch, wie unter dem Eindruck der zwischenzeitlich sehr verbreiteten Präsenz von TK-Produkten im Sortiment des Lebensmitteleinzelhandels, namentlich was das diesbezügliche Engagement der Firma *Aldi* betrifft, die Heimdienstbranche zu einer Neupositionierung ihres Marktauftritts im Sinne der Entwicklung differenzierter Produktkonzepte einschließlich qualifizierter Service- und Beratungsangebote herausgefordert wird (vgl. *Tab. 3*). H.-J.Ge.

Verkaufswettbewerb

Verkaufswettbewerbe werden als Außendienstanreize zur Motivation der Verkaufsaußendienstmitarbeiter (VADM) eingesetzt (→ Außendienstentlohnung). Im engeren Sinn versteht man darunter nur Wettbewerbe, bei denen die relative Leistung der Verkäufer untereinander prämiert wird (→ Verkaufsprämie). In der Praxis bezeichnet man aber auch Wettbewerbe, bei denen man nach Erreichen einer bestimmten Anzahl von Punkten, durch die unterschiedliche Einzelergebnisse gewichtet und innerhalb der VADM vergleichbar gemacht werden, in „Clubs der Erfolgreichen" aufgenommen wird, als Verkaufswettbewerbe. In beiden Fällen besteht der Preis dieser Wettbewerbe häufig aus Incentive-Reisen an exotische Orte mit attraktiven Programmen.

Verkaufswettbewerbe werden i.A. zur kurzfristigen Steuerung der VADM eingesetzt. Meist sollen damit Fehlsteuerungen, die aufgrund fehlerhafter Planungen oder Fehlspezifikationen der Außendienstentlohnung aufgetreten sind, kurzfristig behoben werden. Inwieweit Verkaufswettbewerbe tatsächlich die gewünschte Wirkung hervorbringen, konnte empirisch allerdings bisher nicht ausreichend nachgewiesen werden. S.A.

Literatur: *Hart, S.H.; Moncrief, W.C.; Parasuraman, A.:* An Empirical Investigation of Salespeople's Performance, Effort and Selling Method During A Sales Contest, in: Journal of the Academy of Marketing Science, Vol. 17 (1989), S. 29-39. *Murphy, W.H.; Dacin, P.A.:* Sales Contests: A Research Agenda, in: Journal of Personal Selling and Sales Management, Vol. 18 (1998), No. 1 (Winter), S. 1–16.

Verkehrsauffassung

ist im → Wettbewerbsrecht die Auffassung der interessierten und beteiligten Verkehrskreise. Die Verkehrsauffassung, die sich nicht nach der Meinung der Verbraucher schlechthin beurteilt, sondern nach der Auffassung der beteiligten Verkehrskreise, ist maßgebend in vielen Fragen des Wettbewerbs- und Kennzeichnungsrechts, so insb. für die → Verwechslungsgefahr, die Warengleichartigkeit, die Irreführungsgefahr (→ irreführende Werbung) und im Lebensmittelrecht für das Verbot, nicht geeignete Lebensmittel, nachgemachte, wertgeminderte oder geschönte Lebensmittel ohne ausreichende Kenntlichmachung sowie Lebensmittel unter irreführender Bezeichnung, Angabe oder Aufmachung in den Verkehr zu bringen (→ Lebensmittelkennzeichnung). Nach der Rechtsprechung kann der entscheidende Richter i.d.R. die Verkehrsauffassung dann selbst beurteilen, wenn er den beteiligten Verkehrskreisen angehört. Andernfalls ist die Ermittlung der Verkehrsauffassung durch Einholung eines Sachverständigengutachtens in Betracht zu ziehen. Die Ermittlung der Verkehrsauffassung hängt vor allem davon ab, ob sich die Werbung oder die Wettbewerbsmaßnahme an die Allgemeinheit (den „flüchtigen Durchschnittsbetrachter") oder eine Fachöffentlichkeit (Kaufleute, Händler, Handwerker) richtet. Je nachdem kann die Wirkung der Werbung durch demoskopische Umfrage zu ermitteln sein oder durch Befragung der zuständigen Standes- oder Berufsorganisationen, z.B. Industrie- und Handelskammer, Handwerkskammer, Berufsverbände. H.-J.Bu.

Verkehrsgeltung (Marktgeltung)

meint als Begriff des → Wettbewerbsrechts einen bestimmten, juristisch nicht einheitlich determinierten (Mindest-) Bekanntheitsgrad eines Produktes beim Konsumenten (gelegentlich wird auf 10–15 % rekurriert). Hat eine Marke Verkehrsgeltung, genießt sie, ungeachtet, ob ein Kennzeichenschutz besteht oder nicht, Markenschutz. Verkehrsgeltung ist ein Wesensmerkmal von → Markenartikeln. M.B.

Verkehrsmittelwerbung

umfasst Werbung an den Außen- und Innenflächen von öffentlichen und privaten Verkehrsmitteln aller Art. Strittig ist die definitorische Einbeziehung der Werbung an und in den Gebäuden und Einrichtungen von Verkehrsbetrieben, wie z.B. Bahnhöfen, Wartehäuschen, Flughäfen, Fahrplanständer usw. Der weitaus bedeutendste Sektor ist die Werbung auf Bussen und Bahnen mit Möglichkeiten zur Fahrzeugaußen- und -innenwerbung ebenso wie die Werbung auf Taxifahrzeugen.

Die Fahrzeug-Innenwerbung umfasst die Werbung mit Hilfe von Innenplakaten und die Bemalung öffentlicher Verkehrsmittel. Seitenscheibenplakate (15cm Höhe * 50cm Breite) werden als doppelseitig bedruckte Folien an den Seitenfenstern angebracht.

Das Spezifikum der Verkehrsmittelwerbung sind die hohen Kontaktchancen aufgrund der Mobilität der Fahrzeuge, die nach einer Untersuchung von Infratest etwa vier bis sieben mal höher als die von Allgemeinanschlägen der → Plakatwerbung liegen.

Verkehrsmittelwerbung ist mit einem Jahresumsatz in Höhe von 137,2 Mio. DM der drittgrößte Umsatzträger der Außenwerbung. Der Preis für Verkehrsmittelwerbung wird pro Monat und Fahrzeug bzw. Wagen berechnet. Zu den Mietpreisen müssen die Kosten für die Produktion, Montage und Demontage des Werbemotivs hinzugerechnet werden. Getränke und Produkte für Haus und Garten sowie Finanzdienstleistungen werden am häufigsten an Verkehrsmitteln beworben. Aber auch die Bauwirtschaft, Dienstleistungen, Handel, Medien und Tourismus setzen auf mobile Werbung. Eine Untersuchung des Fachverbands Außenwerbung (FAW) zur Werbeträgerleistung von Bussen, Straßen- und S-Bahnen ergab, dass pro Woche mehr als die Hälfte der erwachsenen Bevölkerung von Verkehrsmittelwerbung sowohl auf Bussen als auch auf Straßenbahnen bzw. S-Bahnen erreicht wird. Die kombinierte Gesamtreichweite beider Verkehrsmittel beträgt 69%. Verlängert man den Betrachtungszeitraum auf 14 Tage, ergibt sich eine Steigerung der Gesamtreichweite auf 72%.

Die Informationsgemeinschaft zur Feststellung der Verbreitung von Werbeträgern

e.V. (IVW) nimmt die Meldungen der Verkehrsbetriebe über die Gesamtzahl der Verkehrsteilnehmer im jeweils zurückliegenden Jahr und über die Zahl der Verkehrsmittel mit speziellen Werbemöglichkeiten entgegen. Nach einer Überprüfung und Beglaubigung stehen die Veröffentlichungen allen Werbetreibenden und Werbeagenturen, die ein berechtigtes Interesse nachweisen, zur Verfügung.
Informationen erteilt der Fachverband Außenwerbung e.V., Ginnheimer Landesstrasse 11, D-60487 Frankfurt am Main, Tel. 069/7090–50.   B.Sa.

Verkettungssysteme → Systemgeschäft

Verkostungen → Warenproben

Verlagsmarketing
Das Marketing der → Verlagswirtschaft knüpft an spezifischen Überlegungen an und hat ein spezifisches Handwerkszeug entwickelt, und zwar für das Vertriebsmarketing einerseits und das Anzeigenmarketing andererseits. Diese Abgrenzung macht an der Besonderheit fest, dass insbes. Zeitungen und Zeitschriften auf zwei völlig unterschiedlichen Märkten angeboten werden, dem Käufer-/Lesermarkt einerseits und dem Anzeigenmarkt andererseits.

(1) Vertriebsmarketing
Das Vertriebsmarketing von Verlagen umfasst ein Bündel von Maßnahmen, das dem Absatz der Informationsleistung an Käufer bzw. Leser dient.
Wichtigste Einflussgröße des Vertriebserfolgs ist die Qualität von Produkt und Programm. Diese zu steuern, ist Aufgabe von Redaktionen und Verlagsleitungen. Das Vertriebsmarketing übt einen beratenden Einfluss in konzeptionellen und verkaufsfördernden Fragen aus, zumindest bei der Schaffung gezielter Kaufanreize durch adäquate Gestaltung von Umschlägen und Titeln, aber auch in Fragen der Leserbindung. Darüber hinausgreifende produktpolitische Entscheidungen fallen nicht in den Verantwortungsbereich des Marketing.
Einige Besonderheiten weist die vertriebliche Preispolitik von Verlagen auf. Die meisten Verlagserzeugnisse unterliegen der → Preisbindung der zweiten Hand. Für gebundene Bücher werden die Preise meist als Ergebnis retrograder Kalkulationsmethoden (→ Preiskalkulation) festgelegt, anders hingegen bei Loseblattsammlungen, bei denen erst die Ergänzungslieferungen den erhofften Ertrag erwirtschaften sollen. Eine schon klassische Methode, der unterschiedlichen Preisbereitschaft von Buchkäufern durch → Preisdifferenzierung Rechnung zu tragen, ist die Veröffentlichung eines Titels zunächst als sog. Hardcover-Version, später als billigeres Taschenbuch. Weitere Formen der → Preisdifferenzierung betreiben Buchverlage im Rahmen von Subskriptionsangeboten und verbilligter Buchclubausgaben. Ausschlaggebend für die Gestaltung der sog → Copypreise im Zeitschriften- und Zeitungsgeschäft sind häufig der Blick auf die (marktführenden) Wettbewerber oder aber Gesichtspunkte der Marktüblichkeit. Der Preisnachlass für Zeitschriften-Abonnenten beläuft sich auf durch das Kartellamt begrenzte 15 %, zusätzliche Nachlässe können nen bestimmten Personenkreisen, etwa Studenten, angeboten werden. Die → Konditionenpolitik der Verlage gegenüber Groß- und Einzelhandel folgt weitgehend festen Spielregeln bzw. Schemata. Bücher werden in Abhängigkeit von Lagerrisiko, Remissionsrecht (→ Remission) und Abnahmemenge mit einer Spanne von durchschnittlich 40 % rabattiert. Das sog. Barsortiment, der Buchgroßhandel, erwartet Spannen von ca. 45 %. Im Zeitschriftenhandel sind folgende Spannen üblich:

– Pressegrosso 16 % – 30 %, Einzelhandel 20 %
– Bahnhofsbuchhandel 38 %
– Werbender Buch- und Zeitschriftenhandel (→ WBZ) ca. 50 %
– Lesezirkel 40 % bis ca. 90 %

In einem Umfeld zunehmender Wettbewerbsintensität versuchen Verlage mit wachsendem Werbeaufwand ihren Absatz zu fördern. Ein Indiz ist das auf „Massenmedien" entfallende Werbevolumen von ca. 2,5 Mrd. DM in 1998 gem. Nielsen Werbeforschung S+P (zum Vergleich: DM 850 Mio. in 1989), was Rang zwei der ausgewiesenen Branchen entspricht.
Während die Leser- bzw. Käuferwerbung traditionellen Ansätzen folgt, haben sich die Verlage bei der Werbung im Zeitschriftenhandel Restriktionen auferlegt, die mit dem System des → Pressegrosso zusammenhängen und einen Regalwettbewerb – etwa über WKZ – verbieten. Üblich ist die Bereitstellung sog. Händlerschürzen (Titel- oder Themenplakate), die Verteilung von Regalstoppern und eine behutsame Regalpflege im Rahmen von Außendienstbesuchen.

Zur Gewinnung von Abonnenten scheuen sich Verlage demgegenüber nicht, aggressive Werbemethoden einzusetzen. Das Spektrum reicht vom → Haustürverkauf über → Direktwerbung und → Telefonverkauf bis hin zur mit lukrativen Prämien bedachten → Freundschaftswerbung. Eine beliebte Angebotsform ist die Bestellung mit negativer Option, bei der ein Abonnent der weiteren Belieferung widersprechen muss. Begleitet werden solche Probelieferungen vielfach von aufwendigen „Resell-Packages", d.h. Geschenken, die die Abonnenten in ihrer Kaufabsicht bestärken sollen. Die Kosten der Werbung von Probebeziehern und deren Umwandlung in zahlende Abonnenten, üblicherweise als CPO (cost per order) bezeichnet, summieren sich so nicht selten auf den zwei- bis dreifachen Preis eines Jahresabonnements.

Weniger bei Büchern als vielmehr bei Zeitschriften und Zeitungen sind in der Verlagsbranche Besonderheiten des Vertriebs zu beachten: Wichtigster Vertriebspartner von Buchverlagen ist der stationäre Buchhandel, das sog. Sortiment, das größtenteils direkt beliefert wird. Eine zweistufige Belieferung über den Großhandel, das sog. Barsortiment, erfolgt insb. im Falle geringer Bedarfsmengen oder des Wunsches nach schneller Belieferung durch den Handel. Einige Verlagshäuser liefern auch direkt an Käufer, wobei Konflikte mit dem Buchhandel auftreten können. In der Vergangenheit kam besonders beim Vertrieb hochpreisiger Bücher und der gezielten Bearbeitung ausgewählter Beziehergruppen dem *Versandbuchhandel* Bedeutung zu. Die zunehmende Popularität des → Internet als Bestellweg lässt eine weitere Verlagerung von Umsätzen aus dem stationären in Richtung des Versandbuchhandels erwarten. Eine Sonderform des Vertriebs von Büchern in der Art eines Abonnements bieten *Buchclubs*, die – wie erwähnt – auch ein Instrument der Preisdifferenzierung verkörpern.

Zeitungsabonnenten werden fast ausschließlich über regionale Austrägerorganisationen, Zeitschriftenabonnements – sieht man einmal von den Bestrebungen einiger Verlage um die Entwicklung eines „alternativen Zustelldienstes" ab – fast ausschließlich per Post beliefert (Ausnahme: → WBZ, „Werbender Buch- und Zeitschriftenhandel, der heute noch ca. 5% der verwalteten Abonnements über Verteilerdienste ausliefert). Die Post übt über ihre Vertriebsgebühren einen mittelbaren Einfluss auf die Produktpolitik der Verlage aus, denn die Teilnahme an den Diensten der → Pressepost, eine verbilligte Versandart von Presseerzeugnissen, ist auf solche Publikationen beschränkt, deren Herausgabezweck die öffentliche Verbreitung von Information und Unterhaltung ist.

Unter diesen Voraussetzungen steht die Pressepost auch dem Freiversand von Fachzeitschriften offen, mit dem die betreffenden Publikationen gezielt an ausgewählte Zielgruppen gelangen (→ Controlled Circulation, → Wechselversand). → Kennziffernzeitschriften sind von der Nutzung der Pressepost hingegen ausgeschlossen. Eine Sonderform des Vertriebs von Publikumszeitschriften im Abonnement bieten → Lesezirkel. Im Einzelverkauf von Zeitungen werden neben Straßenverkäufen und Verkaufsautomaten, sog. stummen Verkäufern, jene Vertriebswege eingeschlagen, die im Publikumszeitschriftenvertrieb üblich sind. Einen Überblick über die betreffenden Vertriebswege und -einrichtungen zeigt die *Abbildung 1.*

Aufgabe der Abonnentenverwaltung ist es, die betreffenden Adressen zu pflegen, zu verwalten und für die Beanschriftung der Zeitschriften auszugeben sowie die Fakturierung zu besorgen und Statistiken zur Werbeerfolgskontrolle bereitzustellen. Demgegenüber steuert der eigentliche Vertrieb die Verteilung der Zeitschriften über das Grosso zum Einzelhandel, wobei zu entscheiden ist, wie viele und welche Verkaufsstellen mit welchen Mengen an Zeitschriften beliefert werden.

Im Gegensatz zum klassischen Konsumgütervertrieb liegen Warenrisiko und Dispositionsrecht im Pressevertrieb nicht bei den Handelspartnern, sondern bei den Verlagen. Damit verknüpft ist die Pflicht des → Pressegrosso, ihm angebotene Zeitschriften zu vertreiben, aber auch das Recht von Grosso und Einzelhandel, unverkaufte Exemplare gegen Gutschrift an den Verlag zurückzugeben (→ Remission).

Wichtigster Parameter in der vertrieblichen Steuerung zwischen Verlagen und Grosso ist die sog. *Richtremission.* Sie gibt Auskunft über den vom Verlag als vertretbar angesehenen Prozentsatz unverkaufter Exemplare. Bei geringer (Richt-) Remission steigt die Wahrscheinlichkeit, dass die betreffende Zeitschrift schon vor Ende ihres Erscheinungszeitraumes ausverkauft ist und Nachfrage unbefriedigt bleibt. Darüber hinaus verbleiben keine Reserven für die test-

Verlagsmarketing

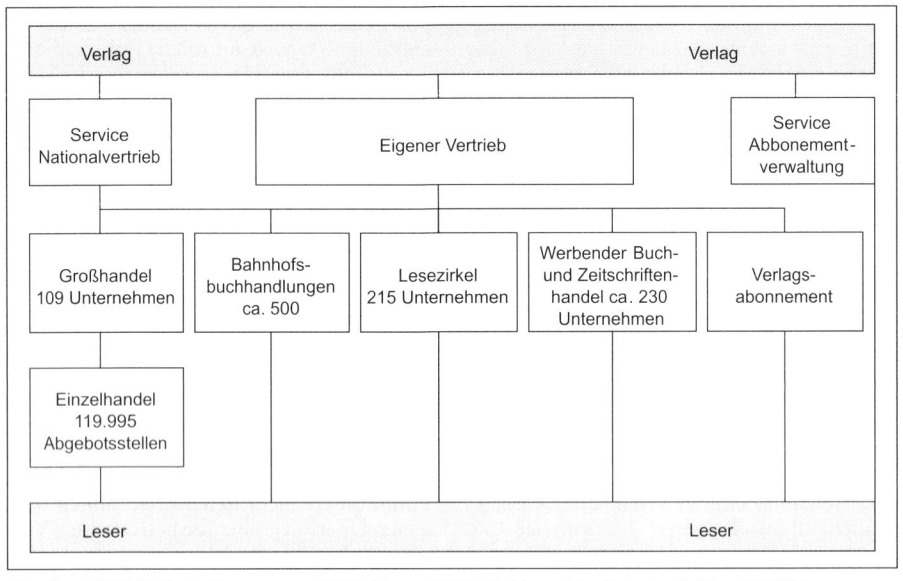

Abb. 1: Die Vertriebswege der Publikumszeitschriften

```
                    Verlag                                              Verlag
        ┌─────────────┬──────────────────────────┬─────────────────┐
        │                                                          │
   Service                                                    Service
 Nationalvertrieb              Eigener Vertrieb           Abbonement-
                                                           verwaltung
        │             │              │              │              │
   Großhandel    Bahnhofs-      Lesezirkel    Werbender Buch-   Verlags-
 109 Unternehmen buchhandlungen 215 Unter-    und Zeitschriften- abonnement
                   ca. 500      nehmen       handel ca. 230
                                              Unternehmen
        │
   Einzelhandel
    119.995
  Abgebotsstellen
        │                                                          │
       Leser                                                      Leser
```

(Quelle: *VDZ*, Zeitschriftenpresse 1996, Bonn 1996, Zahlen aktualisiert auf Stand 1999)

weise Belieferung weiterer Verkaufsstellen, sog. Verteilerexperimente. Mit steigender Richtremission sinkt hingegen das Verhältnis von Vertriebserlösen zu Druckkosten, verschlechtert sich also die Wirtschaftlichkeit des Vertriebs.

Unter Missachtung der Belange des Anzeigenverkaufs und expansiver Vertriebsziele lässt sich die optimale Remission als Schnittpunkt der Grenzkosten von Druck und Vertrieb einerseits und der Grenzerlöse aus dem Vertrieb einer Zeitschrift andererseits ermitteln.

Während die Verlage das Recht haben, die Höhe der Liefermengen festzulegen und so auch eine temporäre Überbelieferung durchzusetzen, ist es Aufgabe der Grossisten, die Liefermengen an die Einzelverkaufsstellen zu verteilen bzw. zu steuern. Sie bedienen sich dabei EDV-gestützter Verfahren der marktorientierten Bezugsregulierung (→ MBR), durch die, in Abhängigkeit von Verkäufen in der Vergangenheit und unter Berücksichtigung von Saisonverläufen, Bezüge angehoben oder gesenkt bzw. Verkaufsstellen ausgesteuert werden, wenn sich keine Nachfrage zeigt. Ergänzend wird immer wieder die Frage der Einschaltung neuer Verkaufsstellen überprüft, wobei häufig auch Außendienstmitarbeiter von Verlagen beratend mitwirken. Grundlage für solche Verteilererweiterungen kann die Beobachtung von Titeln ähnlicher Zielgruppe oder Thematik, aber auch die sog. Einzelhandelsstrukturanalyse (→ EHASTRA) sein.

(2) Anzeigenmarketing

Das Anzeigenmarketing von Verlagen richtet sich auf die Vermarktung der Medialeistung von Zeitungen und Zeitschriften, also Reichweite, Zielgruppenqualität, Nutzung, thematisches Umfeld und spezifische Kontaktqualität, die die Beziehung Zielgruppe/Medium, aber auch das Medium selber betreffen kann (→ Mediaplanung).

Das angebotene Produkt umfasst über die redaktionelle Informationsleistung und das Medium hinaus also Leistungsfacetten, die erst durch den Vertrieb bewirkt werden und aus Eigenschaften, Einstellungen und Verhaltensweisen von Lesern kommen. Diesen Leistungskomplex nicht allein zu gestalten, sondern auch transparent zu machen, ist für das Anzeigenmarketing Aufgabe der Produktpolitik. Die Grenzen zur Kommunikationspolitik sind insoweit schlecht konturiert. Auch aus Sicht des Anzeigenmarketing ist das redaktionelle Kernangebot an die Leser eine kaum beeinflussbare journalistische Leistung. Deren Unabhängigkeit und damit die Glaubwürdigkeit der Publikation zu bewahren, liegt im Interesse des Anzeigenverkaufs. Gleichwohl nimmt das Anzeigenmarketing in bestimmten Grenzen Einfluss auf das thematische Angebot der Medien, und zwar in der Praxis umso stärker, je weniger die Reichweite als vielmehr fachliche Inhalte und thematische Interessen der Zielgruppen für Insertionsentscheidungen von Bedeutung sind. Das Anzeigengeschäft kann z.B. gefördert werden durch Sonderthemen im Heft oder in Verlegerbeilagen („Journale", „Extras", „Magazine", etc.), aber auch durch eine gezielte Wahl von Schwerpunktthemen, gepaart mit einer Verbreitung des Mediums an jeweils ausgewählte Zielgruppen (→ Wechselversand). Qualität der Leser und *Reichweite* von Publikationen, die ausschließlich zum Verkauf angeboten werden, können im Sinne des Anzeigenmarketing nur mittelbar über Inhalte und Gestaltung bzw. über die Bezugsmengen des Handels beeinflusst werden. Anders verhält es sich bei der kostenlosen Verbreitung, etwa von Fach- oder Kennzifferzeitschriften (→ Zeitschriften). Über deren Verbreitung und Empfängerschaft, wichtige Einflussgrößen der werblichen Resonanz, kann autonom entschieden werden. Weitere Parameter der Produktpolitik sind mit dem Medium selbst bzw. den technischen Möglichkeiten der Herstellung verknüpft, etwa Druck- und Papierqualität, Beilage-, Beigabe- und Regionalbelegungsmöglichkeiten sowie die Platzierung einer Anzeige im Heft.

Da viele Eigenschaften des Produktes Medialeistung nicht fassbar sind, kommt, wie erwähnt, der Schaffung von Transparenz im Rahmen des Produktmix große Bedeutung zu. Viele Werbeträger unterwerfen sich deshalb standardisierten Erhebungen zur Feststellung von Verkauf und Verbreitung (→ IVW), zur Ermittlung von Reichweiten sowie gewisser Eigenschaften, Einstellungen und Verhaltensweisen von Zielgruppen (→ Mediaanalysen) und führen unternehmenseigene Analysen durch, die die Nutzung der Medien, die Beziehung Medium/Zielgruppe und psychografische Besonderheiten der Leserschaft betreffen können (→ Verlagstypologien). Hinzu treten Serviceleistungen zur Lösung von Kundenproblemen, etwa das Angebot einer gezielten Auswertung mediaanalytischen Basismaterials. Ganz i.S.d. Maxime des Marketing begreifen fortschrittliche Verlage Anzeigen als Teillösung von Kommunikations- und Vertriebsproblemen ihrer Geschäftspartner. Deshalb richtet sich die Produktpolitik verstärkt auf ein umfassendes Problemlösungsangebot. In der Praxis bieten Verlage ihren Kunden z.B. detaillierte Analysen von Märkten im In- und Ausland, Beratung im grenzüberschreitenden Geschäft, etwa bei der Anpassung von Produkten an Landeserfordernisse oder der Suche geeigneter Vertriebspartner, sowie einen Messe-, Adress- und Mailing-Service.

Die *Kommunikationspolitik* im Rahmen des Anzeigenmarketing übermittelt oben angesprochene Produktinformationen mittels Aussendungen, im persönlichen Verkaufsgespräch und durch Präsentationen beim Kunden, aber auch durch Insertionen. Der Pflege guter und vertrauensvoller persönlicher Beziehungen mit den Kunden, Basis des Verkaufs, dienen Kundenfeste, Messelounges und Veranstaltungen, die etwa dem Erfahrungsaustausch und der Weiterbildung von Marktpartnern dienen.

Vertriebspolitische Entscheidungen des Anzeigenverkaufs betreffen zunächst die Grundsatzfrage des Verkaufs über einen Innendienst, der meist am Telefon erfolgt, oder einen Außendienst, seien es eigene Verkaufsbüros, seien es freie Handelsvertreter. In der Praxis sind Mischformen des Verkaufs die Regel. Gerade im Auslandsverkauf werden meist Agenten eingesetzt, die vielfach mehrere Verlage vertreten. Unterstützt wird der Verkauf durch mehr oder minder ausgefeilte Kundeninformationssysteme, die Auskunft über Insertionsverhalten, Ansprechpartner und Bearbeitungsstatus geben und helfen, Termine zu überwachen. Mittlere und größere Verlage trennen organisatorisch zwischen Verkauf und Abwicklung, die der sog. Anzeigenverwaltung unterliegt, welche Druckunterlagen beim Kunden besorgt, ggf. Anzeigen selbst erstellen lässt, Anzeigen ins Heft hebt, mit der Druckerei zusammenarbeitet und für Reklamationen und Rechnungsstellung zuständig ist.

Im Gegensatz zu vielen Auslandsmärkten ist in Deutschland der *Anzeigenpreis* selten Gegenstand von Verhandlungen, sondern wird nach Preisliste ermittelt. Die preispolitischen Entscheidungsspielräume betreffen dann

– den Grundpreis einer Anzeige,
– Preisaufschläge für Platzierung, Farbigkeit und Anschnitt, wobei Zuschläge für Farbe

Abb. 2: Auszug aus dem Anzeigentarif der Zeitschrift CHIP (Stand: 2000)

Format		SW	2c	3c	4c
2/1		33.000 DM	37.000 DM	41.000 DM	45.000 DM
1/1		16.500 DM	18.500 DM	20.500 DM	22.500 DM
3/4	hoch/quer	12.375 DM	13.875 DM	15.375 DM	16.875 DM
2/3	hoch/quer	11.000 DM	12.340 DM	13.675 DM	15.000 DM
1/2	hoch/quer	8.250 DM	9.480 DM	10.505 DM	11.530 DM
1/3	hoch/quer	5.500 DM	6.320 DM	7.005 DM	7.685 DM
1/4	1-sp./2-sp./4-sp.	4.125 DM	4.740 DM	5.250 DM	5.765 DM
1/6	1-sp./2-sp./4-sp.	2.750 DM	3.218 DM	3.575 DM	3.990 DM
1/8	1-sp./2-sp./4-sp.	2.063 DM	2.475 DM	2.784 DM	3.095 DM

und Anschnitt vielfach nicht mehr erhoben oder reduziert werden (s. *Abb. 2*),
– Mengen-, Frequenz- und Kombinationsrabatte (etwa im Falle der kombinierten Belegung mehrerer Printpublikationen eines Verlages oder der Schaltung von Anzeigen in einer Printpublikation plus Bannerwerbung auf deren Internetseiten) sowie
– Preise für Beilagen, Beihefter und Sonderinsertionsformen

Preispolitische Entscheidungen richten sich im Übrigen auf die Vergütung von Provisionen an Agenturen und Verkäufer. In Deutschland erhalten Werbeagenturen i.A. eine → Agenturprovision von 15 %, inländische Vertreter von 5 % – 10 % auf den Nettoerlös. Eckpunkte der Preisfindung sind erstens die Kosten für Druck und Verbreitung, zweitens das Konkurrenzumfeld und drittens Zielgenauigkeit und Zielgruppenqualität des Mediums. Eine Preisuntergrenze, gerechnet als Nettoerlös nach Abzug von Provisionen und Rabatten, liegt vor, wenn der Umfang einer bestimmten Publikation einer Relation zwischen Anzeigenaufkommen und Redaktionsumfängen folgt. Bei einer Relation von eins zu eins zieht also jede Anzeigenseite die Kosten einer Umfangerweiterung um diese plus eine Redaktionsseite plus Vertriebskosten (höheres Gewicht) nach sich. Aus diesen Überlegungen wird deutlich, warum etwa die Umsatzrendite von Zeitschriften sprunghaft besser wird, solange Anzeigen noch nicht zu Hefterweiterungen führen. Gemessen an den Kriterien → „Tausenderpreis" bzw. „Preis pro tausend verbreitete Exemplare" sind die Anzeigenpreise hochauflagiger Publikationen tendenziell niedriger als jene mit geringer Auflage. Einen gesonderten Einfluss der Zielgruppenqualität spiegeln etwa die Preise der ausgewiesenen Wirtschaftstitel wider. Dieses relative Preisgefälle folgt dem Verlauf von Herstellungskosten, die im Durchschnitt pro Exemplar bei steigender Auflage sinken. Es spiegelt aber auch die Preisbereitschaft der Kunden wider, die bei wachsender Auflage mit Streuverlusten zu rechnen haben und die das Risiko einer werblichen Fehlinvestition mit steigenden absoluten Preisen stärker wahrnehmen.

Innerhalb von Titelgruppen ähnlichen Konzeptes und ähnlicher Reichweite haben sich die Anzeigenpreise in den letzten Jahren deutlich angenähert, zumal computergestützte → Mediaselektionsmodelle für hohe Transparenz der Preis-Leistungs-Verhältnisse bei Anzeigenkunden führen. Selbst geringe Preiserhöhungen können für erheblichen Rückgängen der Aufträge sorgen. Der Ausweg, über die Erhöhung der → Copypreise Erlösreserven zu aktivieren – eine in der Vergangenheit eher häufig genutzte Möglichkeit –, ist angesichts der Wettbewerbsintensität in vielen Märkten heute allerdings verschlossen. Im Gegenteil, bei den Fernseh- und Computertiteln etwa wird das Instrument Copypreissenkung aggressiv genutzt, um Auflagen zu erhöhen und so auf Sicht das Anzeigengeschäft zu fördern.

Wegen der Gültigkeitsdauer von Anzeigentarifen – i.d.R. ein Jahr – ist es bei Verkaufszeitschriften i.S. einer Minderung des Kundenrisikos im Übrigen üblich, den Preis an eine garantierte Mindestverkaufsauflage zu koppeln, bei deren Unterschreitung eine Rückvergütung gefordert werden kann. In diesem Zusammenhang wirkt es sich für

Verlage nachteilig aus, dass neuerdings viele Titel heftbezogene, d.h. einzelne Ausgaben betreffende Auflagenmeldungen durchführen, so dass der Nivellierungseffekt der Zusammenfassung von Verkaufsauflagen mehrerer Ausgaben entfällt und eine Rückvergütung bei einzelnen Ausgaben wahrscheinlicher wird.

(3) Strategische Optionen
Die drangvolle Besetzung von Märkten und Marktfeldern in der → Verlagswirtschaft, aber auch die Entwicklungen bei den elektronischen Medien, namentlich des → Internet, und der damit verbundene Eintritt neuer Wettbewerber in klassische Verlagsgeschäfte – in diesem Zusammenhang hat die faktische Übernahme des weltgrößten Medienkonzerns Time Warner durch den Online Dienst AOL für Aufsehen gesorgt – beschränken einerseits und erweitern andererseits die strategischen Optionen von Verlagen in der Praxis. Eine Expansion in neue Themenfelder und Zielgruppen im Inland erfordert meist einen höchst risikoreichen Verdrängungswettbewerb, weil Zukäufe und Beteiligungen auf kartellrechtliche Bedenken stoßen. Deshalb zielen strategische Überlegungen häufig in vier Richtungen:

- Internationalisierung durch Zukauf oder Neugründungen im (benachbarten) Ausland, Übertragung erfolgreicher Publikations- und Vermarktungskonzepte,
- Ausschöpfung auch kleiner Marktsegmente und -nischen durch Spezialpublikationen,
- Transfer thematischen Know hows und redaktioneller Inhalte und Vermarktung mittels Non-Print-Medien, etwa auf CD-ROM oder im Internet. Die damit verbundene Gefahr, eigene Print-Medien zu kannibalisieren, wird seitens der Verlagswirtschaft bewusst in Kauf genommen, da andernfalls die Gefahr der Kannibalisierung durch branchenfremde Wettbewerber besteht.
- Besetzung neuer Themenfelder durch die Schaffung sog. „Portale" im Internet als natürlicher Zugang zu einem Themengebiet für informations- und Rat suchende Surfer. Damit verbunden Ausweitung des Geschäftes über die klassischen Werbeträgerfuktionen hinaus in Richtung → E-Commerce und gezielte Geschäftsanbahnung.
- Nutzung von Produktwissen und Zielgruppenkontakten für Herstellung und Vertrieb verlagsfremder Produkte. A.K.

Literatur: *Faulstich, W.* (Hrsg.): Grundwissen Medien, Stuttgart 1998. *Klaffke, K.; Riedel-Klaffke, M.:* Vetriebslexikon, Bonn (VDZ) 1998. *Klaffke, Kl.; Klaffke, Ko.:* Anzeigenlexikon, Bonn (VDZ) 1998. *Deutscher Bundestag* (Hrsg.): Bericht der Bundesregierung über die Lage der Medien in der Bundesrepublik Deutschland 1998, Bonn 1998. *ZAW* (Hrsg.): Werbung in Deutschland 1999, Bonn 1999. *VDZ* (Hrsg.): Zeitschriftenpresse in Zahlen, Bonn 1996.

Verlagstypologien

Zu Werbezwecken durch Medienbetreiber, insb. Verlagshäuser und Mediengemeinschaften, erstellte → Standardinformationsdienste, die die Gesamtheit der Leser (und potenziellen Käufer) nach kaufrelevanten Merkmalen zu verschiedenen Typen mit ähnlichem Konsumverhalten zusammenfassen (→ Marktsegmentierung).

Die meisten Typologien lehnen sich an einstellungsorientierten Ansätzen an. Sie entstanden aus der Einsicht heraus, dass eine Zielgruppendefinition nach soziodemographischen Merkmalen nicht ausreicht, um einen Markt trennscharf zu segmentieren. Als Vorbild dürften → Life-Stile-Konzepte gedient haben, was sich in einem ähnlich breiten Aufbau von → A-I-O-Skalen widerspiegelt. Die *Tabelle* nennt die wichtigsten in Deutschland regelmäßig erstellten Verlagstypologien.

Im Allgemeinen werden Verlagstypologien auf Basis großzahliger Repräsentativstichproben mit Hilfe von → Cluster- und → Faktorenanalysen gebildet. Außer den obligatorischen soziodemographischen Kriterien finden v.a. Variablen des beobachtbaren Kaufverhaltens, weniger psychologische Kriterien, in unterschiedlicher Zusammensetzung Verwendung. Verschiedene Untersuchungen haben gezeigt, dass die Konsumententypologien der Zeitschriftenverlage dann eine brauchbare Hilfe für Planungsvorhaben abgeben, wenn produktbezogene Variablen mit abgefragt werden. Allgemeine Typen, die für eine Vielzahl unterschiedlicher Produktfelder gleichermaßen gelten sollen, können keine effiziente Zielgruppenabgrenzung und -ansprache ermöglichen. Ein anderer, mehr wissenschaftlicher Wert der Typologien besteht darin, dass diejenigen Merkmale herausgefiltert werden, die für eine Marktsegmentierung brauchbare Indikatoren darstellen. Allgemein kann man sagen, dass die Typologien häufig eine gute und v.a. kostenlose Grundlage für weiterführende, tief greifende

Verlag	Typologien
Verlagsgruppe Bauer	World of Women (1 und 2) Verbraucheranalyse 2000 Best Age – Fakten statt Meinungen Bravo Jugend Faktor (1–4) Frauen, Job, Karriere VA (Verbraucher-Analyse – forever young) Kids VA 2000 Telematik Content Guide Wirtschaftsmagazine 2000 OTC Typologie PKW-Fahrer Typologie Aktion und Redaktion (III) Maxi – Auto-Cup Umfrage (2000)
Axel Springer Verlag	Ein Bild von BILD – Die Käuferanalyse Freizeit und Sport Heavy Consumer
Spiegel-Verlag	Media-Analyse Outfit Online Offline Soll und Haben (5)
Gruner+Jahr	KommunikationsAnalyse Selbstmedikation Wohnen und Leben (5) Möbelhandel/Möbelkäufer (2) MarkenProfile (8) Dialog (5) Rund ums Haus (II) Frauen-Typologie Frauen, Medien, Kommunikation 1999 Imagery 2 – Innere Markenbilder in gehobenen Zielgruppen von GEO Bauen und Modernisieren (BAUEN 93)
Burda	Typologie der Wünsche 2000/2001 Kaufeinflüsse

Marktforschungsbemühungen bilden oder für bereits bestehende Segmente zur ergänzenden Beschreibung herangezogen werden können.   S.S.

Verlagswirtschaft
Welche wirtschaftlichen Aktivitäten zum „Verlegen" zu rechnen sind, und welche Unternehmen der Verlagsbranche angehören, ist eine immer schwieriger zu beantwortende Frage. Längst beschränken Verlage ihr Informations- und Unterhaltungsangebot nicht mehr auf gedruckte Medien, wie Zeitungen, Zeitschriften, Bücher, Landkarten etc. Sie nehmen vielmehr teil am Hörfunk sowie Film- und Fernsehgeschäft, publizieren Musikstücke und Buchinhalte auf CD/CD-ROM, bieten Online-Zugriffe auf elektronische Datenbanken an, „verlegen" Formulare und andere Arbeitshilfen als Computerprogramme, veranstalten Schulungen, kurz: sie verstehen sich als Produzenten und Anbieter von Informationen i. w. S., ungeachtet des eingesetzten Mediums. Der größte deutsche, aber auch europäische Verlag, Bertelsmann, erzielte damit beispielsweise im Geschäftsjahr 1997/98 54% seiner Umsätze von rund 26 Mrd. DM (nicht eingerechnet CLT/UFA mit sechs Mrd. DM).

Bedingt durch die Entwicklung des → Internet verschwimmen im Übrigen die Grenzen zwischen verlegerischen Aktivitäten und Online-Dienstleistungen. Zugleich entstehen neue Formen des Angebotes von Werbeträgerleistungen, etwa in der direkten Vermittlung von Kontakten zwischen Anbietern und Endkunden, und branchenfremde Anbieter partizipieren am klassischen Verlagsgeschäft, etwa durch Aufbau von Gebrauchtwarenmärkten oder Stellenbörsen.

Der Bericht der Bundesregierung über die Lage der Medien in der Bundesrepublik Deutschland 1998 bescheinigt den gedruck-

ten Medien eine große Angebotsvielfalt und Nutzungsintensität: Jährlich erscheinen über 70.000 Buchtitel neu oder als Neuauflage, davon ein Siebtel als Taschenbuch.
Rund 2.000 Zeitschriftenverlage publizieren mehr als 9.000 Titel, davon über 1.600 Publikumszeitschriften, rund 3.400 Fachzeitschriften und nahezu 1.300 Anzeigenblätter (→ Zeitschriften). IVW gemeldete Publikumszeitschriften (gut 800 Titel) erzielen eine verkaufte Auflage von rund 127 Mio. Expl. pro Ausgabe, Fachzeitschriften eine verbreitete Auflage von etwa 500 Mio. Expl. pro Jahr, Anzeigenblätter von 80,5 Mio. Expl. pro Ausgabe.
Rund 25 Mio. Zeitungen erreichen erscheinungstäglich ihre Leser. 370 Verlage veröffentlichen knapp 400 sog. Hauptausgaben, die weiteren Nebenausgaben den publizistischen Mantel geben, sodass insgesamt über 1.600 Ausgaben erscheinen.
Ungeachtet der beeindruckenden Zahlen über Produktion und Vielfalt von Verlagserzeugnissen sieht sich die Verlagswirtschaft in den kommenden Jahren vor große Herausforderungen gestellt: Aufgrund des sich ändernden Medienverhaltens - junge Menschen lesen immer weniger Zeitungen und Bücher und auch die Nutzung von Zeitschriften dürfte auf Dauer zugunsten der Nutzung des Internets abnehmen – gilt es neue Wege zu finden, um Umsätze und Erträge zu stabilisieren.
Erfolg oder Misserfolg von Verlagen hängen zum einen davon ab, ob es gelingt, attraktive Nutzerpotenziale, thematische Kompetenz, Verlagsprogramm bzw. Verlagsprodukte sowie – insbesondere im Zeitschriftengeschäft – werbliche Zielgruppen zur Deckung zu bringen und konsequent Chancen zu nutzen, die sich aus der Entwicklung der Kommunikationstechnik ergeben. Verlagen ist von daher traditionell jene Grundhaltung eigen, die mit dem Begriff Marketing belegt ist (→ Verlagsmarketing). A.K.

Verlorene Briefe
→ Technik der verlorenen Briefe

Verlustaversion → Prospecttheorie

Verlustquellenanalyse → Erfolgsanalyse

Vermittlungssysteme → Preisbildung

Vermittlungsvertreter
→ Handelsvertreter

Verpackung
Verpackungen sind Produkte unterschiedlicher Materialien, die das zu verpackende Produkt, das Packgut, umhüllen. Packgut, Packhilfsmittel und Verpackung werden während des Abpackprozesses zur Verpackung vereint, womit die Verpackung die leere und die Packung die befüllte Hülle beschreibt. Die Begriffe werden in der Literatur wenig differenziert und meist synonym verwandt.
Die Verpackung erfüllt eine Vielzahl von *Funktionen* und *Anforderungen*, die im Zuge der absatzwirtschaftlichen Entwicklung einen Funktionswandel erfahren haben. Die Hauptaspekte sind (s.a. → Verpackungsgestaltung):

1. Schutzfunktion
Die Verpackung schützt Ware vom Produzenten bis zum Verbraucher, garantiert Haltbarkeit, Hygiene, Qualität und Unversehrtheit. Sie verhindert Verderb und Kontamination sowie Beschädigungen oder Produktmanipulationen.

2. Distributionsfunktion
Die Verpackung ermöglicht weltweiten Handel, macht Waren transport- und lagerfähig und garantiert eine langfristige Bedarfsdeckung. Als Bestandteil der logistischen Kette sind bei der Verpackungsgestaltung spezifische Anforderungen – beispielsweise ISO-Modulmaße oder → ECR-Aspekte wie die → Direkte Produkt-Rentabilität – zu berücksichtigen.

3. Informations- und Kommunikationsfunktion
Die Verpackung übernimmt im Handel beratende und kaufanregende Funktion und differenziert eine Marke von den Wettbewerbsprodukten. Sie enthält allgemeine Informationen, wie Mindesthaltbarkeitsdatum, Ingredienzien, Gewicht oder Preis, und technische Daten, wie EAN-Code oder Sicherheitsvorschriften. Gleichzeitig kommuniziert sie als Werbemedium die Markenbotschaft am POS.

4. Conveniencefunktion
In einzelnen Fällen bildet die Verpackung aufgrund spezifischer Conveniencefunktionen, die den Ge- und Verbrauch des Produktes erleichtern, den USP des Produktes. Hierzu zählen Eigenschaften wie Wiederverschließbarkeit, Zweitnutzen, Präsentationseinheit, Portionierbarkeit, einfache Handhabung des Produktes, etc.

5. Markierungsfunktion

Während zunächst der Schutz- und Lageraspekt im Mittelpunkt der Verpackungsgestaltung stand, wurde die Verpackungspolitik später eng mit der Markenpolitik gekoppelt. Als Bestandteil eines integrierten Marketingkonzeptes ist die Verpackung dabei nicht nur Bestandteil der → Produkt- und Sortimentspolitik, sondern nimmt auch auf die Distributionspolitik (unterschiedliche Packungsformen für unterschiedliche Distributionskanäle), die Preispolitik (verschiedene Packungsgrößen und –ausführungen zu unterschiedlichen Preisen) und die Kommunikationspolitik (die Verpackung als Werbeträger im Regal) Einfluss. Bei vielen erfolgreichen Markenartikeln wird sogar das Produkt selbst mit der Verpackung identifiziert. Das gestaltete Produkt – die gestaltete Marke und die gestaltete Verpackung – bilden gemeinsam die visualisierte Markenpersönlichkeit. Die Identität einer Marke kommt in ihrer Verpackungsgestaltung zum Ausdruck.

Handel, Hersteller, Konsument und auch die Umwelt – in Form der Gesetzgebung – nehmen Einfluss auf die → Verpackungsentwicklung und formulieren Anforderungen, die sich im Verpackungsdesign widerspiegeln (siehe *Abb.*).

Wie beim → Produktdesign, so spielen auch beim Verpackungsdesign Form, Farbe, Material und Oberflächenbeschaffenheit eine zentrale Rolle. Diese gilt es unter Berücksichtigung der Anforderungen aller Marktpartner in die → Corporate Identity des Unternehmens einzubinden und an der Konzeption der Marke zu orientieren.

Im Zuge eines integrierten Kommunikationskonzeptes muss nicht nur die klassische Werbung bis in die Verpackung weitergeführt, sondern auch die Verpackung in die Kampagne eingebunden werden, um eine Wiedererkennung am POS zu gewährleisten.

Die Verpackung kann nicht nur als Produktbestandteil, sondern darüber hinaus auch als Werbemedium betrachtet werden, das häufig höhere Kontaktquoten als beispielsweise klassische Medien aufweist, denn sie kommuniziert dort, wo die Kaufentscheidung getroffen wird und zu Hause beim Gebrauch der Marke.

Je größer die Aktivierungskraft einer Verpackung ist, umso größer wird ihre Chance, unter konkurrierenden Verpackungen – und damit Produkten – beachtet und genutzt zu werden.   C.R.

Literatur: „RGV Handbuch Verpackung", Loseblattsammlung, Berlin, 1999. *Stabernack, W.* (Hrsg.): Verpackung – Medium im Trend der Wünsche, München 1998.

Einflussfaktoren der Verpackungsgestaltung

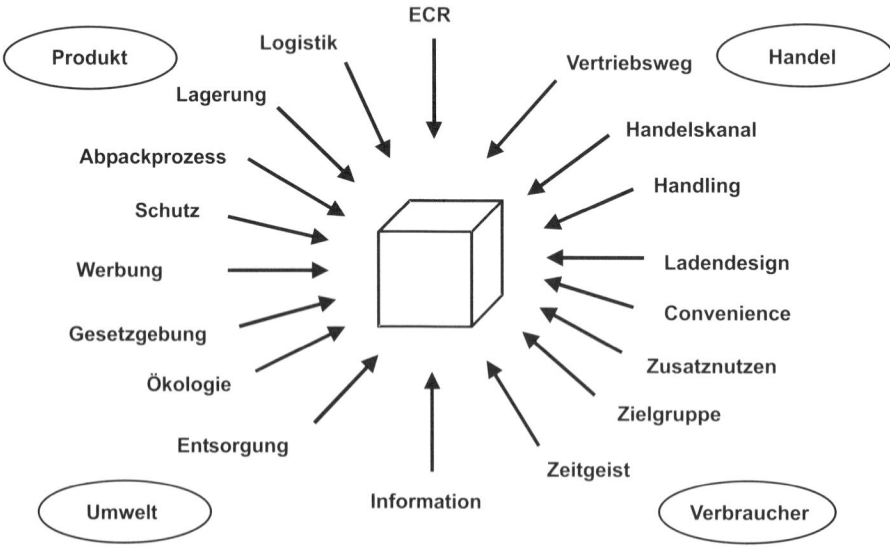

Produkt, Logistik, ECR, Vertriebsweg, Handel, Lagerung, Handelskanal, Abpackprozess, Handling, Schutz, Ladendesign, Werbung, Convenience, Gesetzgebung, Zusatznutzen, Ökologie, Zielgruppe, Entsorgung, Zeitgeist, Umwelt, Information, Verbraucher

(Quelle: *STI – Gustav Stabernack GmbH*)

Verpackung, bilanzielle und steuerliche Behandlung

1. Bei *Beschaffung von Verpackungsmaterial* kann die in → Rechnung gestellte → Umsatzsteuer als Vorsteuer abgezogen werden, soweit die Verwendung zu umsatzsteuerpflichtigen Leistungen erfolgt.

2. *Bestände an Verpackungsmaterial* sind bei Mehrfachverwendung im Anlagevermögen, bei einmaliger Verwendung (Mitverkauf) im Umlaufvermögen zu bilanzieren. Im ersten Fall kommt auch ein Festwertansatz oder Sofortabschreibung als geringwertige Wirtschaftsgüter (§ 6 Abs. 2 EStG) in Betracht. Sowohl Individual- wie auch Einheitsleergut ist in der Getränkeindustrie als Anlagevermögen zu behandeln (BMF v. 4.4.1995, BStBl 1995 I, 363).

3. Bei *Verwendung* ist zu unterscheiden, ob die Verpackung

a) dem Abnehmer *mitverkauft und endgültig überlassen* wird: Umsatzsteuerlich teilt die Verpackung (z.B. Flaschen, Fässer, Kisten) nach h.M. und Verwaltungspraxis (Abschn. 149 Abs. 8 UStR) i.d.R. als unselbständige Nebenleistung das umsatzsteuerliche Schicksal der Hauptleistung (Steuerbarkeit, -befreiung und -satz wie die Hauptlieferung) wenn das Pfandgeld dem Abnehmer bei jeder Lieferung berechnet wird, auch bei gesonderter Fakturierung. Ausnahmsweise kann die Verpackung eine selbständige Nebenleistung mit eigenständiger umsatzsteuerlicher Behandlung darstellen, wenn ... selbständige Sonderzwecke verfolgt werden (BFH v. 29.1.59, BStBl 1959 III 141);

b) dem Abnehmer gegen *Rückgabeverpflichtung* mit/ohne Pfandgeld überlassen wird: Pfandgelder, die ein Abfüller von seinen Abnehmern verlangt, um einen Anreiz zur Rückgabe zu geben, stellen Betriebseinnahmen dar. Für die Verpflichtung, die Pfandgelder zurückzuzahlen, hat der Unternehmer eine Pfandrückstellung zu bilden, deren Höhe sich nach den Umständen des Einzelfalls richtet (BMF v. 4.4.95, BStBl 1995 I, 363).

Umsatzsteuerlich muss nach h.M. und Verwaltungspraxis (Abschn. 149 Abs. 8 UStR) das bei jeder Lieferung erhobene Pfandgeld im Prinzip als Bestandteil des Entgelts für die Haupt-Lieferung der USt unterworfen werden, Rückgelder stellen entsprechende Entgeltminderungen dar. Nach BFH (v. 7.5.1987, UR 87 S. 229) soll hingegen die Überlassung der Warenbehälter eine selbständige Lieferung und das Pfandgeld ein Entgelt für diese sein. Im Schrifttum werden auch Leihe oder unentgeltliches Sachdarlehen mit Pfandgeld als Sicherheit und bei Nichtrückgabe Schadensersatz angenommen, die alle keine USt auslösen würden (Weiß UR 1987, S. 233).

Die Verwaltungspraxis (Abschn. 149 Abs. 8 UStR) unterscheidet die Fälle der jeweiligen Einzelerhebung von Pfandgeld und der Führung von Leergutkonten. Bei Einzelabrechnung ist das berechnete Pfandgeld Teil des USt-pflichtigen Lieferungsentgelts, das rückgezahlte Pfandgeld Entgeltminderung. Pfanderlöse sind als Nebenerlöse Bestandteil der → *Umsatzerlöse* (§§ 275 Abs. 2,3; 277 Abs. 1 HGB) und gewinnsteuerlich Betriebseinnahmen. Pfandgeldauszahlungen/-gutschriften stellen als zurückgewährte Entgelte Erlösschmälerungen (§ 277 Abs. 1 HGB) und steuerlich Betriebsausgaben dar. Für die am Bilanzstichtag bestehende Verpflichtung zur Pfandgelderstattung muss in Handelsbilanz (§ 249 HGB), Steuerbilanz (§ 5 EStG) eine Pfandgeld-Rückstellung gebildet werden.

c) zunächst *mitverkauft*, später aber auf Wunsch des Abnehmers gegen Erstattung eines Anteils des Kaufpreises *zurückgenommen* wird: *Umsatzsteuerlich* liegen hier zwei Lieferungen vor.

Gewinnsteuerlich ist zunächst eine volle Gewinnrealisierung in Höhe des Rechnungsbetrages abzüglich der Buchwerte anzunehmen, der spätere Rückkauf ist nach den Grundsätzen über schwebende Geschäfte zunächst bilanziell nicht zu berücksichtigen. Die Aufwendungen für die Verpackung (Warenumhüllung, Außenverpackung) gehören i.d.R. nicht zu den Herstellungskosten, sondern zu den (nicht aktivierbaren) → Vertriebskosten. Eine Ausnahme gilt nur, wenn das Produkt ohne Verpackung nicht in den Verkehr gebracht werden kann (sog. Innenverpackung, z.B. Bier in Flaschen); die Innenverpackung wird noch den Herstellungskosten des Erzeugnisses zugerechnet (BFH v. 20.5.88, BStBl. II S.961 m.w.N.). R.F.

Verpackungsentwicklung

Der Prozess der Entwicklung und -gestaltung von Verpackungen wird in praxi meist von einem Team gesteuert, das sich in der Regel aus Markenartikelhersteller, Verpackungshersteller und Werbe- bzw. Verpackungsdesignagentur zusammensetzt. Von Seiten der Markenartikelindustrie werden

Verpackungsgestaltung

in diesem Zusammenhang die Vorgaben und das Briefing erstellt, die Werbeagentur liefert die Copystrategie, der Verpackungshersteller zeichnet für das konstruktive Verpackungsdesign und die Verpackungsdesignagentur für die graphische Gestaltung verantwortlich. Die Tendenz geht zu vernetzten Lösungen, bei denen Verpackungshersteller (z.B. STI – Gustav Stabernack GmbH, Lauterbach) neben der konstruktiven auch die graphische Verpackungsentwicklung übernehmen. Auch Werbeagenturen (z.B. Grey) haben das Thema „Verpackungsdesign" zwischenzeitlich in ihr Angebotsportfolio integriert. Reine Packaging-Design-Agenturen (z.B. „The Coleman Group Worldwide" oder Peter Schmidt Studios, Hamburg) agieren als Spezialisten vor allem für jene Fälle, die einer besonderen graphischen Gestaltung bedürfen. C.R.

Verpackungsgestaltung

→ Verpackungen sind Umhüllungen, die den Transport, die Verteilung, die Lagerung, die Darbietung und die Verwendung eines Produkts ermöglichen. Obwohl ihr Zweck vornehmlich darin besteht, die Ware vor Beschädigung und Verderb zu schützen, bietet es sich geradezu an, die Umhüllung auch für werbepolitische Anliegen zu verwenden. Die Gestaltung der Verpackung ist somit eng mit der → Distributions- und → Kommunikationspolitik verzahnt, da die Umhüllung eines Erzeugnisses in der Regel einen geeigneten Träger für die Werbebotschaft bildet.

Da Produkte in vielen Bereichen austauschbar sind, besitzt die Verpackungsgestaltung eine zentrale Rolle im Rahmen der → Produktpolitik. Die Ansprüche an die Verpackung lassen sich durch geeignete Gestaltungsmittel, wie Form, Farbe, Material, Oberfläche, Zeichen und Konstruktionsprinzipien materialisieren. Als Klammer fungiert der Firmenstil (→ Corporate Design), die Produktlinie oder Produktfamilie. Auch sind Differenzierungen der Verpackung in Abhängigkeit vom Distributionskanal vorstellbar.

Drei *Referenzgruppen*, die Hersteller, die Händler und die Verbraucher, erheben Ansprüche an die Verpackung. Da sich nicht alle gleichzeitig erfüllen lassen, sind im Einzelfall die Art der Unternehmensleistung und die Wettbewerbssituation zu berücksichtigen. Gleichwohl lassen sich wichtige Gesichtspunkte bei der Verpackungsgestaltung erläutern:

Die Verpackung besitzt die Aufgabe, das Gut, *verkäuflich zu machen* (z.B. Tube, Flasche) und es bei Transport, Handling im Laden oder Lager sowie bei der Bevorratung zu schützen (*Schutzfunktion*). Dabei bestimmen die Abmessungen des Erzeugnisses, seine physiologische Empfindlichkeit sowie die Statik, das Gewicht und die Stabilität die von der Verpackung zu erbringende Leistung.

– In vielen Fällen ermöglicht die Verpackung erst den (bequemen) Ge- bzw. *Verbrauch* eines Produkts beispielsweise durch Dosierhilfen, Vorportionierung und Aufreißlaschen (*Verwendungsfunktion*).

– Darüber hinaus befinden sich *Informationen* über die Zusammensetzung des Guts, die Herkunft der Bestandteile sowie das Herstellungs- und Verfallsdatum auf der Umhüllung (*Informationsfunktion*).

– Überlegungen bei der Gestaltung der Verpackung zielen mitunter auch auf die optimale Ausnutzung der Lager-, Transport- und Regalflächen ab (*Logistikaspekt*). Die Bedeutung logistischer Facetten der Verpackungskonzipierung ist dort besonders groß, wo eine vertikale Handelspartnerschaft existiert oder eine Integration bevorsteht.

– Die augenscheinlichste, nämlich *kommunikative Funktion* der Verpackung besteht darin, Verbraucher zu aktivieren. Dabei ist unter Voraussetzung einer möglichst großen Signalwirkung und Wiedererkennung eine Balance zu finden zwischen Produktidentifikation, Eigenständigkeit und damit Differenzierung gegenüber Konkurrenzangeboten sowie der notwendigen Arttypik.

– Unter Wirtschaftlichkeitsgesichtspunkten spielen auch die Maschinengängigkeit, Handlingeignung und Entsorgung der Verpackung eine Rolle. Alle diese Facetten schlagen sich in den Verpackungskosten nieder (*Kostenaspekt*).

– Nicht zuletzt aufgrund einer sensibilisierten Öffentlichkeit und gesetzgeberischen Aktivitäten sind bei der Verpackungsgestaltung die Mehrfachverwertung (→ Mehrwegsysteme) und die Abfallverarbeitung ins Kalkül zu ziehen (*Ökoaspekt*). Diese Aspekte gewinnen dann an Bedeutung, wenn Unternehmen freiwillig oder gezwungenermaßen Energie- und Materialbilanzen veröffentlichen.

Darüber hinaus schränken *Gesetze und Verordnungen* die Ausarbeitung von Verpackungskonzepten erheblich ein. Beispielsweise sind → Produktdeklarationen vorgeschrieben, die dem Schutz des Verbrauchers vor gesundheitlichen Schäden (Lebensmittelgesetz, Arzneimittelgesetz) dienen. Außerdem versucht der Gesetzgeber die Abnehmer vor Irreführung (Eichgesetz, Fertigpackungsverordnung) zu bewahren und die Anbieter selbst vor den Aktionen der Wettbewerber (Ausstattungs- und Geschmacksmusterschutz) zu behüten.

Der Verpackungsmüll führt zu einer kritischen Diskussion über Inhalt und Umfang der Verpackung. Durch gesetzliche Regelungen soll hier der Umfang der Verpackungen erheblich reduziert werden. Über optimale Lösungswege herrscht in Anbetracht der komplexen Problemstellung Unklarheit (→ Mehrwegsystem). An.He./F.H.

Literatur: *Stabernack, W.* (Hrsg.): Verpackung – Medium im Trend der Wünsche, München 1998. *Nieschlag, R.; Dichtl, E.; Hörschgen, H.:* Marketing, 18. Aufl., Berlin 1997.

Verpflegungsbetrieb

Die unterschiedlichen Formen der Verpflegungsbetriebe (Gastronomie) spiegeln die in dieser Hinsicht mannigfaltigen Bedürfnisse und Anforderungen der Nachfrage wider. Je nach Größe, Art der Innenausstattung, Qualität und Quantität des Speisen- und Getränkesortimentes können die folgenden Betriebsarten unterschieden werden: Restaurant, Gasthaus, Kaffeehaus, Buffet, Espresso, Bar. Daneben gibt es noch eine Vielzahl an Spezialisierungsformen: Automatenbuffets, Diskothekenbetriebe, Eissalons oder Eisstände, Heurigen, Jausenstationen, Milchtrinkstuben, Weinstuben usw. Verpflegungsbetriebe treten mit unterschiedlichen Betriebsbezeichnungen und Leistungskombinationen auf; die Voraussetzungen, die ein Unternehmer zur Ausübung des Gewerbes mitbringen muss und z.B. auch die Einschränkungen bei den Öffnungszeiten richten sich aber nach der hauptsächlichen Betriebsart. Zahlenmäßig dominieren Klein- und Mittelbetriebe, in denen der Unternehmer selbst und seine Familienangehörigen maßgeblich mitarbeiten und zwar unabhängig davon, ob es sich um traditionelle Betriebsformen handelt oder um Verpflegungsbetriebe mit ethnischer Küche (Pizzeria, China-Restaurant). Eine Ausnahme stellen dabei die vielfach nach dem System des → Franchising organisierten Fastfood-Betriebe (z.B. McDonald's) dar. Als aktuelle Trends in der Gastronomie zeigen sich die Marktrestaurants — Selbstbedienungsrestaurants mit einem reichhaltigen Angebot, das in einer mit Marktständen vergleichbaren Form präsentiert wird — oder der beständig wachsende Bereich des *home delivery*. D.Ke.

Verrechnungspreissystem

Verrechnungspreissysteme sind Instrumente der → Preiskalkulation für innerbetriebliche Leistungen, insb. zwischen Produktions- und → Vertriebsgesellschaften. Sie umfassen alle „Regeln, nach denen die internen Leistungen zwischen dezentralen Unternehmenseinheiten fließen, Verrechnungspreise bestimmt, die Verrechnung vollzogen und die Ergebnisse in die gesamte Kostenrechnung eingestellt werden" (*Röper*, 1991, S. 27). *Röper* definiert diesbezüglich 7 Anforderungen:

1. Abbildung zugeordneter Verantwortlichkeiten
2. Verzicht auf zentrale Eingriffe
3. Marktbezug
4. Verhandlungsprinzip
5. Funktionelle Preise
6. Zuordnung unternehmerischer Verantwortung
7. Externer Wettbewerb (Öffnungsklausel)

Spezielle Bedeutung besitzen Verrechnungspreise aus steuerlichen Gründen im → Internationalen Preismanagement.
H.D.

Literatur: *Röper, J.W.:* Richtige Verrechnungspreise – Das Anforderungsprofil, in: Harvardmanager Heft 4/1991, S. 27-33.

Verrechnungssatzkalkulation
→ Kalkulationsverfahren

Versandhandel

Der Versandhandel (VH) ist eine → Betriebsform des Einzelhandels, in der nicht nur gelegentlich, sondern gezielt und fortwährend Waren und Dienstleistungen dem Konsumenten im Wege des → Direktvertriebs angeboten werden. Charakteristische Merkmale des VH sind also das *mediale Angebot* seiner Waren und Dienstleistungen und der *Kauf auf Distanz*. Die Bestellungen werden schriftlich, fernmündlich, elektronisch oder durch die Einschaltung von Kontaktstellen, z.B. → Sammelbesteller,

Versandhandel

Vertreter im Nebenberuf, → Katalogschauräume, Verkaufsagenturen oder Verkaufsausstellungen, entgegengenommen. Bestellte Waren werden mit zeitlicher Verzögerung unter Einschaltung öffentlicher oder privater Transportunternehmen, durch eigene Transportmittel oder mit Hilfe der Kontaktstellen ausgeliefert.

Begrifflich wird zwischen dem funktionalen und dem institutionalen VH unterschieden. Nach der funktionalen Betrachtung ist das Versandprinzip ein Marktbearbeitungssystem neben anderen. Unternehmen, die das Versandprinzip als ein Marktbearbeitungsprinzip neben anderen einsetzen, werden „Auch-Versender" genannt. Bei der institutionalen Betrachtung ist das Versandprinzip das dominierende Marktbearbeitungssystem eines einzelnen Unternehmens bzw. einer Branche. Eine definitorische Beschränkung auf Betriebe, die schriftliche Bestellungen annehmen und den Warenversand auf dem Postwege vornehmen, gilt heute angesichts der Vielfalt der Bestell- und Versandwege nicht mehr als zweckmäßig.

Bei einer eindeutigen Zuordnung des VH in den Wirtschaftsstatistiken ergeben sich Probleme. Die sehr unterschiedlichen Umsatzzahlen, die dem Versandhandel in der Bundesrepublik Deutschland zugeschrieben werden, sind auf das Schwerpunktprinzip und die Ungleichbehandlung des → Direktvertriebs in einschlägigen Statistiken zurückzuführen. Deshalb erfolgte 1993 eine statistische Dreiteilung in:

- VH ohne ausgeprägten Sortimentsschwerpunkt (→ Sortimentsversandhandel)
- VH mit Textilien, Schuhen, Bekleidung und Lederwaren und
- sonstiger Fachversandhandel (→ Spezialversandhandel).

Danach ergab sich 1998 mit 38,6 Mrd. DM ein Anteil des VH am gesamten bereinigten Einzelhandelsumsatz in Deutschland (720 Mrd. DM) in Höhe von 5,4%. In der Statistik des Bundesverbandes des Versandhandels wird auch der industrielle → Direktvertrieb von Konsumgütern dem Versandhandel zugerechnet. Danach ergab sich 1999 ein Gesamtumsatz von 40,9 Mrd. DM (5,6% Umsatzanteil), was einem VH-Umsatz pro Kopf von 485 DM p.a. entspricht. Damit nimmt Deutschland im internationalen Vergleich eine deutliche Spitzenstellung ein. Über 90% des weltweiten VH entfallen auf nur fünf Staaten, nämlich Deutschland, USA, Japan, Frankreich und Großbritannien.

Gewisse Merkmale, die eine Beschreibung der unterschiedlichen Erscheinungsformen des Versandhandels ermöglichen, lassen sich aus der Sortiments- und Kommunikationspolitik des Versandhandels gewinnen. Nach der Sortimentsstruktur lässt sich der → Sortimentsversandhandel von dem → Spezial- oder Fachversandhandel unterscheiden. Am Umsatz des Versandhandels ist der → Sortimentsversandhandel mit ca. 67% und der → Fach- und Spezialversandhandel mit ca. 33% beteiligt.

Die Unterscheidung nach der Art der Kaufanbahnung in Katalog- oder Vertreterversand stellt kein ausreichendes Differenzierungskriterium dar, weil zum einen damit nicht alle Akquisitionsverfahren, wie z.B. → Home-Shopping via Internet, erfasst werden und zum anderen die suggerierte Trennung in Vertreter- oder Katalogversand der Realität nicht gerecht wird, da auch Absatzhelfer, im Besonderen die → Sammelbesteller und Außendienstmitarbeiter, den Katalog als Präsentationsmittel für die angebotenen Waren und Dienstleistungen einsetzen.

Eine weitergehende Unterteilung der Sortimentsversandhäuser unterscheidet zwischen klassischen Einzel- bzw. Nachnahmeversendern, die den größten Teil der Umsätze mit Einzelkunden tätigen, und Sammelbesteller-Versandhäusern, die über Sammelbesteller oder Vertreter im Nebenberuf Waren und Dienstleistungen anbieten und absetzen.

Beim Bestellvorgang haben in jüngerer Zeit das Internet und das Telefon eine größere Bedeutung erlangt, während der Anteil der schriftlichen Bestellungen rückläufig ist. Unternehmensangaben zufolge waren bei Quelle im Jahr 2000 ca. 90% aller Umsätze auf telefonische Bestellungen und 9% auf Internet-Bestellungen zurückzuführen.

Laut einer Zielgruppenstudie des *Bauer-Verlages* aus dem Jahre 1996 liegt der Anteil der VH-Käufer bundesweit bei 35,1% (von 65,1 Mio. Personen ab 14 Jahren). Sie sind überproportional in der Altersgruppe der 30–50-Jährigen und der Einkommensgruppe 3000–4000 DM sowie in 3- und Mehr-Personenhaushalten vertreten. Das Internet trägt zur Erschließung vor allem jüngerer Käufergruppen wesentlich bei, zumal die klassischen Versandhäuser über eine hoch entwickelte Warenlogistik verfügen, was für

den → E-Commerce erfolgsentscheidend ist. Lt. Deutschem Kundenbarometer liegt die durchschnittliche Globalzufriedenheit der VH-Kunden auf der fünfstufigen Notenskala bei ca. 2,4, wobei die Rückgabemöglichkeiten, die Zustellgeschwindigkeit und die Garantieabwicklung besonders positiv, das Preis-Leistungs-Verhältnis und die Warenqualität eher skeptisch beurteilt werden.
Entsprechend der Kundenstruktur des Versandhandels ist die Damenoberbekleidung einer der wichtigsten Umsatzträger des Versandhandels. In anderen Warengruppen hält der Versandhandel beachtliche Marktanteile (z.B. Staubsauger, Kühlschränke etc.). Gegenwärtig ist im Versandhandel eine sortimentspolitische Umorientierung i.S. eines konsequenten → Trading-up festzustellen. Eine zunehmende Bedeutung kommt in diesem Zusammenhang der Verpackung zu. Eine angemessene Verpackung und ein staubfreier, hängender Versand sind z.B. Voraussetzungen für den Absatz von hochwertiger Textilware.
Im Versandhandel ersetzt i.d.R. das schriftliche Angebot in Form eines → Kataloges oder eines Prospektes das Verkaufsgespräch. Durch die Datenverarbeitungstechnologie ist es gerade im Versandhandel möglich geworden, genaue Informationen über die Kundenstruktur zu gewinnen (→ Database-Marketing) und auf deren Basis z.B. → mikrogeographische Segmentierungen durchzuführen. Die Informations-, Selektions- und Segmentierungsmöglichkeiten der → Kundendatenbanken haben erheblichen Einfluss auf weitere Funktionsbereiche des Versandhandels, z.B. die → Kataloggestaltung (Spezialkataloge für spezifische Zielgruppen) und die Gewährung von Zahlungs- und Lieferkonditionen (→ Absatzfinanzierung). Ein zunehmendes Dienstleistungsangebot bei Raten- und Teilzahlungsgeschäften und bei Lieferung auf Rechnung erfordert dabei eine umgehende Bonitätsprüfung des Kunden, die bereits bei der Bestellung des Kunden vorliegen sollte (→ Trust-Center). Wichtiger Erfolgsfaktor ist ferner die Lieferbereitschaft (s.a. → Lieferservice): Präsenzfehler wirken sich im Versandhandel ungünstiger aus als im stationären Handel, da z.B. die Nachfrage nicht sofort umgeleitet werden kann. Die schnelle → Hochrechnung eingehender Bestellungen nach dem Erscheinen des Hauptkataloges erhöht die Lieferbereitschaft eines Versenders; die Reaktionszeiten der Einkäufer für Dispositionen werden auf diese Weise verkürzt (→ Nachfrageschätzung). Im Falle einer Fehldisposition aufgrund zu niedrig eingeschätzter Nachfrage können Nachdispositionen schneller als früher veranlasst werden. Die Lieferbereitschaft ist durch die Database nicht mehr wie früher in erster Linie eine Frage innerbetrieblicher Informationsgewinnung, sondern ein Problem der Produktionsflexibilität seitens der Lieferanten, auf die das Lagerrisiko u.U. abgewälzt werden kann.
Die *Preispolitik* des Versandhandels war ursprünglich an der Zielsetzung ausgerichtet, flächendeckend Ge- und Verbrauchsgüter zu einem niedrigeren Preisniveau als der stationäre Handel anzubieten. In Werbeslogans wie „Neckermann macht's möglich!" manifestierte sich diese Zielsetzung, die heute eher anderen Betriebsformen, z.B. Discountern, zugeschrieben wird. Die relative Preisstabilität, die z.B. in der halbjährigen Gültigkeit von Katalogen und der schnellen Vergleichsmöglichkeit zwischen den Preisen mehrerer Kataloge begründet liegt, trägt aber nach wie vor zum Image des VH als eines günstigen Anbieters bei, was sich auch in dem enormen Umsatzzuwachs der großen Versender nach der deutschen Wiedervereinigung zeigte. Anfang 1997 befragte der Bundesverband des Deutschen Versandhandels (BVH) seine Mitglieder zum wiederholten Male, warum deren Kunden bei ihnen einkaufen. Das gute Preis-/Leistungsverhältnis spielte dabei nicht mehr die wichtigste Rolle. Vielmehr wurden an erster Stelle die bequeme, ungestörte und große Auswahl sowie die Sortimentsbreite und das tief gegliederte Sortiment als Gründe für den Kauf beim Versandhandel angegeben. Die günstigen Zahlungsbedingungen, wie der Ratenkauf, der Kauf auf Rechnung usw., verlieren als Kaufargument zunehmend an Bedeutung.
Bei der Organisation des Warenversandes lassen sich in der Hauptsache zwei Varianten unterscheiden: Der klassische Versandhandel bedient sich vorwiegend der Zustelldienste, da er überwiegend mit dem Katalog Einzelkunden anspricht (→ Zustellservice). Die Einschaltung von → Sammelbestellern und Vertretern im Nebenberuf zur Kontaktanbahnung erlaubt die Zustellung der Ware mit eigenen Transportmitteln, da der Sammelbesteller die Verteilung der bestellten Ware an den Kunden übernimmt. Die Verteilung der Ware erfolgt aus sog. Warenverteilzentren. Dabei handelt es sich um

überregionale Lager, die nach sortimentsspezifischen Anforderungen eingerichtet sind, so z.B. für eine spezielle Lagerung von Elektronik, Haushaltsgeräten, Möbeln oder für eine hängende Lagerung hochwertiger Textilien. Die Dezentralisation der Lager nach sortimentsspezifischen Anforderungen bedingt einen erhöhten Koordinationsaufwand bei der Auftragsbearbeitung. Die Kommissionierung der Ware erfolgt bei den vielen Sortimentsversendern nach wie vor manuell in Kommissionierlagern, während bei der Bestückung der Kommissionierlager aus Außenlagern (Hochregallagern etc.) inzwischen ein hoher Automatisierungsgrad erreicht wurde (s.a. → Depot, → Lieferbereitschaft). W.M./H.D.

Literatur: *BVH, Bundesverband des deutschen Versandhandels e.V.* (Hrsg.): Versandhandel in Deutschland, 4. Aufl., Frankfurt 1997.

Verschlüsselung → Datenanalyse

Versicherungsdichte
→ Versicherungsmarkt

Versicherungsklauseln, englische (Institute Cargo Clauses)
im → internationalen Handel häufig verwendete Seeversicherungsbedingungen, die vom London Institute of Underwriters (Lloyd) aufgestellt wurden (Neufassung 1983). Man unterscheidet Zusätze wie FPA (Institute Cargo Clauses Free Particular Average für Schäden aus großer → Havarie), W.A. (Institute Cargo Clauses With Average für alle Gefahren der See, also kleine und große Havarie) und Institute Cargo All Risks, womit bis auf Krieg und Aufruhr (durch Zusätze wie Institute Strike, Riots and Civil Commotions Clauses und Institute War Clause versicherbar) gedeckt sind (→ Auslandsrisiken). H.Ma.

Versicherungsmarketing
Nach einer Studie über die Erfolgsfaktoren von Versicherungsunternehmen der ProfilPlus, Hamburg, dominieren „Vertrieb" und „Produkte/Dienstleistungen" mit 84 bzw. 83% (1999). Erst an dritter Stelle folgt „Marketing" mit 60%. Die Mehrzahl der Versicherer sehen Marketing als einen dem Vertrieb nachgeordneten Erfolgsfaktor an. Vielfach wird Marketing auch als Hilfsfunktion für Vertrieb oder als Werbung schlechthin angesehen. Erst allmählich und unter dem Druck der Marktveränderungen wird → Marketing als Grundhaltung eines Unternehmens verstanden, bei der alle unternehmerischen Aktivitäten konsequent auf die gegenwärtigen und die zukünftigen Erfordernisse der Märkte ausgerichtet werden. Marketing erfordert von den Versicherungsunternehmen die Überwindung ihrer herkömmlichen Inside-out-Betrachtungsweise. Die Kunden mit ihren Wünschen und Erwartungen stehen im Marketing im Mittelpunkt des unternehmerischen Handelns.

Bei der Umsetzung des Marketing in die Praxis sehen sich die Versicherer, abgesehen von einer marketinggerichteten Sichtweise, noch produktbedingten Eigenheiten gegenüber. Im Gegensatz zum Marketing von Sachgütern müssen Versicherer als Anbieter immaterieller Leistungen ungleich größere Anstrengungen unternehmen. Einen Überblick über die Eigenheiten des Produkts Versicherung gegenüber Sachgütern und die daraus folgenden Konsequenzen für das Versicherungsmarketing gibt die *Abbildung*.

Während bis 1994 der Wettbewerb überwiegend im Zeichen staatlicher Einflussnahme auf die Unternehmenspolitik mit Genehmigungsvorbehalten für Produkt-, Bedingungs- und Preisgestaltung stand, ist der → Versicherungsmarkt seit der *Deregulierung* in Bewegung geraten. Der gewonnenen Flexibilität in der Preis- und Produkt- und Bedingungsgestaltung steht nunmehr ein intensiver Wettbewerb, insbesondere an der Preisfront gegenüber. Die bis dahin weitgehend unternehmensübergreifenden einheitlichen Kalkulationsgrundlagen sind inzwischen einer unternehmensindividuellen Tarifierung mit immer differenzierteren Produkten gewichen. Aus früheren Partnern im Markt sind harte Konkurrenten geworden. Ein eindrucksvolles Beispiel dafür ist der entfachte Kampf um Rabatte im Kfz-Versicherungsmarkt, der zu einem Absinken der Prämieneinnahmen und vielfach auch zu schmerzhaften Verlusten geführt hat.

Die Freiheiten in der Produktgestaltung, die den Versicherern seit der Deregulierung des Marktes nunmehr zur Verfügung stehen, haben eine Aufwertung der *Produktpolitik* im Rahmen des Marketing-Mix zur Folge. Sie führte inzwischen zu einer verstärkten → Produktdifferenzierung, z.B. in Form von → Assistance-Leistungen. So erfreulich diese Entwicklung einerseits für die Kunden ist, so schwer ist es für sie andererseits, sich

Vergleich der Eigenschaften von Konsum-/ Gebrauchsgütern und Versicherungen

Güterarten Merkmalsausprägung	Konsum-/ Gebrauchsgüter	Dienstleistung/Versicherung
Gegenständlichkeit der Ware	konkrete Ware spricht vielfach für sich	unsichtbare, ideelle Ware *absatzpolitische Anforderung*: Herausarbeiten des Kundennutzens in Kern- und Zusatzleistung
Einstellung der Kunden zum Produkt/Nachfrageverhalten	Eigeninitiative des Kunden ist meist vorhanden	in der Mehrzahl der Fälle keine Eigeninitiative des Kunden vorhanden *absatzpolitische Anforderung*: Bedürfnis muss dem Kunden i.d.R. erst aufgezeigt werden
Dringlichkeit der Bedarfsdeckung	vorhanden, wird erkannt und empfunden	vorhanden, aber weitgehend nicht erkannt teilweise verdrängt *absatzpolitische Anforderung*: Versicherungsbedürfnis muss erst geweckt werden
Mitwirkung des Kunden bei der Leistungserstellung als externer Faktor	nicht erforderlich	zwingend erforderlich – große Standardisierungsprobleme – Problem der Kapazitätsvorhaltung *absatzpolitische Anforderung*: Individuelles Eingehen auf Kundenwünsche
Dauer der Vertragsbindung	„Verkauf" bedeutet das Ende eines Wirtschaftsprozesses, der sich in Teilbereichen in Form des Kundendienstes fortsetzen kann	„Verkauf" = Vertragsbeginn zwischen Kunde und Unternehmen *absatzpolitische Anforderung*: längerfristige Vertragsdauer stellt größere Anforderungen an Versicherer und Vermittler, Kunden zum Vertragsabschluss zu führen; Wachsende Serviceanforderungen
Nutzencharakter der Ware	evidenter Gebrauchsnutzen und Zusatznutzen	Nutzen ist abstrakt – Leistungsversprechen – ideelle Ware – kein Prestigewert *absatzpolitische Anforderung*: gezieltes Herausarbeiten des Produktnutzens für den Kunden-Überwindung von Negativassoziationen – Konkretisierung des Sicherheitsschutzversprechens durch Problemlösung für Versicherungsnehmer

einen Überblick über die Vielfalt der Leistungsangebote zu verschaffen. Abgesehen von Standarddeckungen ist die überwiegende Zahl der Kunden damit auf eine sachkundige *Beratung* angewiesen (→ Verbraucherinformation). Die Mehrzahl der Kunden nimmt die Fülle von Produktdifferenzierungen jedoch kaum wahr. Sie sehen die Versicherungsleistungen der verschiedenen Anbieter als weitgehend homogene, d.h. austauschbare, Leistungen an. Angesichts der wachsenden Informationsflut, der sich die Kunden gegenübersehen, kann das wenig ausgeprägte Produktwissen der Kunden nur schwerlich durch Darstellung sachlicher Leistungsmerkmale im Rahmen der Kommunikationspolitik überwunden werden. Entschieden bedeutungsvoller ist demgegenüber der Einsatz der *Kommunikationspolitik* auf der emotionalen Ebene zur Profilierung im Markt. Je weniger die Kunden die Vielzahl der angebotenen Produktdifferenzierungen erkennen, desto wichtiger wird die emotionale Einstimmung der Kunden.

Der mit der Deregulierung angestrebte europäische → *Binnenmarkt* „Versicherung" erweist sich allerdings als zäher Prozess. Der grenzüberschreitende Verkauf von Versicherungen ohne Präsenz vor Ort findet im breiten Privatkundengeschäft nach wie vor nicht statt. Abgesehen von Präferenzen für das Heimatland sowie dem Vorteil einer nahen Betreuung stehen die nationalen Unterschiede in sozialpolitischen, rechtlichen und steuerlichen Rahmenbedingungen einem Abschluss entgegen. Von dieser Seite hält sich, wenn man vom internationalen Industriegeschäft einmal absieht, der Wettbewerbsdruck von außen auf den deutschen Markt in engen Grenzen.

Zur Absicherung gegenüber den in erster Linie hausgemachten Wettbewerbsdruck der Versicherer in Deutschland wird dagegen verstärkt der Weg zur Verschmelzung von Versicherungsunternehmen bzw. Konzernen zu noch größeren schlagkräftigen Unternehmenseinheiten beschritten (→ Größenwettbewerb). Beschleunigt wird dieser Prozess noch durch die → *Globalisierung*, d.h. die Ausrichtung der Unternehmen auf immer größere Märkte in der Welt. Zusehends mehr Versicherungskonzerne sehen sich als global tätige Versicherungsgruppen. Ihr Heimatmarkt ist häufig nicht mehr auf Deutschland beschränkt, sondern auf Europa und weiter. Beispiele für den wachsenden Trend zur Größe durch Fusionen sind u.a. die folgenden Zusammenschlüsse:

– Allianz/AGF (Assurances Génerales de France)/Vereinte Versicherungsgruppe
– Colonia/Nordstern/AXA/UAP (Union des Assurances de Paris)
– Generali/Aachener und Münchener Versicherungsgruppe/ Deutscher Lloyd
– Ergo-Gruppe (Victoria, Deutsche Krankenversicherung, Hamburg-Mannheimer, Deutscher Automobilschutz Versicherungs-AG)

Seit der Deregulierung hat sich ebenfalls der Wettbewerb unter den einzelnen Vertriebsorganen intensiviert. Es zeichnet sich zusehends ein → Verdrängungswettbewerb ab. Zugleich halten Versicherer Ausschau nach neuen Vertriebskanälen, wie z.B. paralleler Vertrieb über Aufnahme des Direktvertriebs oder die Bildung von Vertriebs-Allianzen mit Güteranbietern anderer Branchen, bei denen die Versicherung ein begleitender Paketbaustein darstellt. Im Wettbewerb wird zukünftig das Know-how über den Marktzugang, sei es über Allianzen mit Produktpartnern, sei es über den direkten Zugang zu ausgewählten Zielgruppen von außerordentlicher Bedeutung für den Erfolg im Markt sein.

Der Konzentrationsprozess hat inzwischen auch die *Vertriebsorgane* erfasst. Besonders ausgeprägt ist dabei die Dynamik auf der *Maklerebene* (→ *Captive Broker*). Beispiele dafür sind die folgenden Zusammenschlüsse:

– Aon
– Jauch & Hübener
– Marsh & Mc Lennan Cos
– Johnson & Higgins
– Gradmann & Holler
– Jaspers/Wuppesahl
– Willis F. Corroon

Weitere wettbewerbsstimulierende Impulse bringt die zunehmende Verwischung der herkömmlichen gewachsenen Branchengrenzen im Finanzdienstleistungsmarkt mit sich (→ Verbundvertrieb). Spektakulär waren u. a. die folgenden Zusammenschlüsse:

– Citicorp/Travelors Group
– Winterthur/Credit Suisse
– Zürich/BAT Financial Services
– Allianz/Pimco Advisors (Vermögensverwaltung)/Dresdner Bank

Eng verbunden mit der tendenziellen Verwischung der Branchengrenzen ist eine *strategische Neupositionierung* von Finanzdienstleistungsunternehmen zu beobachten. Beispielhaft genannt sei hier die Allianz Versicherung, die sich seit 1998 über ihre Allianz Vermögens-Management Gesellschaft neu im Markt der Vermögensanlage für große wie für kleine Kunden gegenüber Banken, Investmentgesellschaften sowie Anlage- und Vermögensberater positioniert hat. Dieser Schritt der Allianz, dem inzwischen auch andere Versicherer, wie die Ergo-Gruppe, gefolgt sind, ist zugleich kennzeichnend für das verstärkte Streben vieler Unternehmen nach Konzentration von → *Kernkompetenzen*. Auch diese Entwicklung dokumentiert ein grundlegend verändertes Wettbewerbsverhalten. Die Unternehmen sehen sich vom Markt gezwungen, ihr Leistungsprofil permanent zu verbessern. Die Devise heißt dabei: „Besser sein als der Markt". Dies erfordert ein konsequentes Kosten- und Ertragsdenken. Der Blick vieler Finanzdienstleister richtet sich deshalb verstärkt auf attraktive Vertriebs- und Kundensegmente. In dem Maße, in dem sich allerdings immer mehr Wettbewerber auf das Edelsegment der ertragsstarken Kunden ausrichten, wird der Kampf um das allseits begehrte Marktsegment zwangsläufig immer größer. Für weiteren Wettbewerbsdruck sorgt darüber hinaus die wachsende Marktpolarisierung zwischen weitgehend standardisierten Produkten einerseits und individuellen Vertragskonzeptionen andererseits. K.Kü.

Literatur: *Farny, D:* Versicherungsbetriebslehre, 2. Aufl., Karlsruhe 1995. *Kurtenbach, W.W.; Kühlmann, K.; Käßer-Pawelka, G.:* Versicherungsmarketing, 4.Aufl., Frankfurt am Main 1995. *Kühlmann, K.; Wolf, H.P.:* Marketing und Vertrieb, Berufsbildungswerk der Deutschen Versicherungswirtschaft (Hrsg.), Wiesbaden 2000.

Versicherungsmarkt

Auf dem deutschen Versicherungsmarkt sind rd. 700 Versicherungsunternehmen tätig, wenn man auf die größeren Unternehmen abstellt, die unter Bundesaufsicht stehen. Hinzu kommen noch rd. 20 ausländische Versicherungsunternehmen. Die große Zahl darf allerdings nicht mit der Zahl der Wettbewerber am Markt gleichgesetzt werden. In ihr sind nämlich auch alle Versicherungsunternehmen enthalten, die wegen des Spartentrennungsverbots als rechtlich getrennte Unternehmen geführt werden. In Wirklichkeit, d.h. wenn man nur die zu einer Wirtschaftseinheit zählenden, miteinander verbundenen Unternehmen berücksichtigt, sind es dagegen rd. 70 Versicherungsgruppen.

Zum Schutz der Versicherten dürfen Versicherer in Deutschland nicht alle Versicherungssparten gemeinsam unter dem Dach einer einzigen selbständigen Versicherungsgesellschaft führen. Nach § 8 VAG müssen die Lebens- und Krankenversicherung als voneinander getrennte, rechtlich selbständige Unternehmen geführt werden (Grundsatz der Spartentrennung). Sie dürfen ebenfalls auch nicht zusammen mit einem Kompositversicherungsunternehmen betrieben werden. Seit 1987 ist es einem Kompositversicherer erlaubt, auch das Rechtsschutzversicherungsgeschäft zu betreiben. Es bedarf damit für die Rechtsschutzversicherung nicht mehr der Gründung einer eigenständigen Versicherungsgesellschaft. Die spartenrechtliche Trennung zwischen der Lebens-, Kranken-, und Kompositversicherung widerspricht dem verständlichen Wunsch der Versicherer, den Kunden umfassende spartenübergreifende Problemlösungen aus einer Hand anzubieten (→ Versicherungs-Marketing). Die Versicherer lösen dieses Problem in der Praxis dadurch, dass sie den Kunden gegenüber als Versicherungsgruppe auftreten, d.h. dass der Außendienst der Muttergesellschaft zugleich die Versicherungsprodukte der verbundenen Gesellschaften mitvertreibt.

In den letzten Jahren hat sich der Konzentrationsprozess in der Versicherungswirtschaft beschleunigt. Der Anteil der ersten zehn Versicherungsgruppen lag 1997 über alle Sparten gerechnet bei knapp 60%. Betrachtet man nur die ersten drei Versicherungsgruppen, dann decken sie gut ein Drittel des Gesamtmarktes ab. Den ersten Platz nimmt die Allianz-Gruppe mit einem Marktanteil von 16,8% ein. Es folgen auf Platz zwei die zusammengeführten öffentlich-rechtlichen Versicherer mit 10,5% und an dritter Stelle die Erstversicherer unter dem Dach der Münchener Rückversicherungsgesellschaft (z.B. Ergo-Gruppe) mit 9,8%.

Der Konzentrationsgrad der Versicherungswirtschaft in Deutschland ist im Vergleich mit anderen Märkten der Assekuranz in Europa und mit Sachgüter- und anderen Dienstleistungsunternehmen keineswegs markant hoch. Verstärkte Konzentrationstendenzen sind in nahezu allen Wirtschaftsbereichen zu beobachten. Sie sind im Wesentlichen eine Folge der Globalisierung. Mit der Konzentration werden von den Unternehmen große Produktvolumina zur Ausschöpfung von Größenvorteilen bei den Kosten (economies of scale) angestrebt. Daneben spielen in der Versicherungswirtschaft wie in zahlreichen anderen Branchen auch eingeengte Wachstumsspielräume und geringere Ertragsmargen eine große Rolle.

Den Versicherungen stehen im Markt die Nachfrager gegenüber. Von herausragender Bedeutung sind dabei die privaten Haushalte. Auf sie entfallen etwa 2/3 des gesamten Prämienvolumens von (1999) rd. 240 Mrd. DM. Der Versicherungsbedarf aller privaten Haushalte kann annäherungsweise ganz grob daran abgelesen werden, in welchem Maße in den einzelnen Haushalten grundlegende Versicherungen vorhanden sind. In der Fachsprache wird von der *Versicherungsdichte* gesprochen. Einen Überblick über den Versicherungsschutz der Haushalte 1999 gibt die *Abbildung* "Versicherungsschutz der privaten Haushalte in Deutschland 1998". Aus ihr geht hervor, dass der Markt in der Breite noch erhebliches Potential aufweist. Erst 42 % aller Haushalte verfügen so z.B. über eine private Unfallversicherung. Von zehn Haushalten verfügen nur sechs über eine Hausratversicherung; vom Aufstockungsbedarf, d.h. der Notwendigkeit einer Aktualisierung der Hausratversicherungssummen ganz zu schweigen.

K.Kü.

Literatur: *Kühlmann, K.; Wolf, H.P.:* Marketing und Vertrieb, Berufsbildungswerk der Deutschen Versicherungswirtschaft (Hrsg.), Wiesbaden

Versicherungsschutz der privaten Haushalte in Deutschland 1998

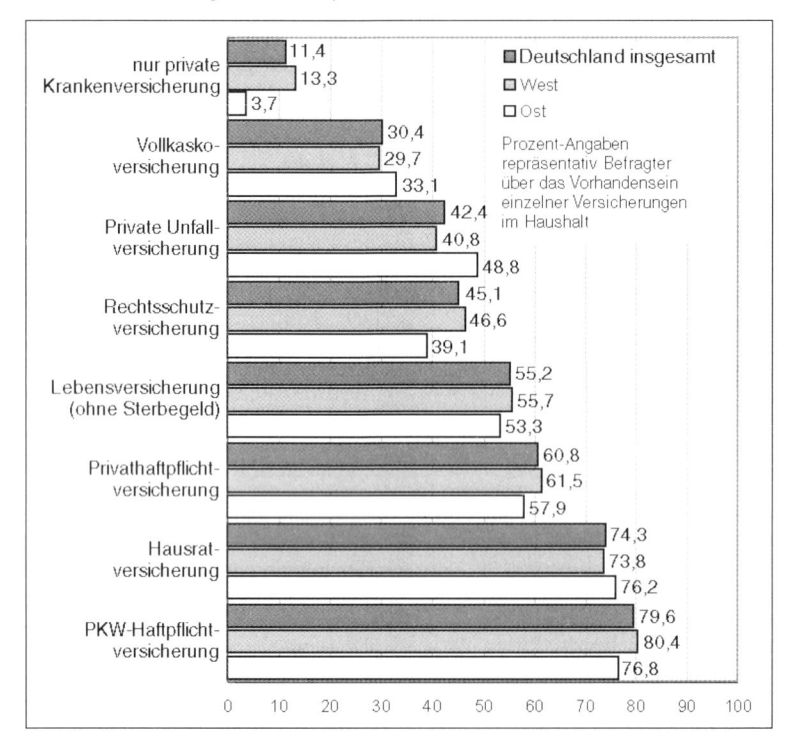

Versicherung	Deutschland insgesamt	West	Ost
nur private Krankenversicherung	11,4	13,3	3,7
Vollkaskoversicherung	30,4	29,7	33,1
Private Unfallversicherung	42,4	40,8	48,8
Rechtsschutzversicherung	45,1	46,6	39,1
Lebensversicherung (ohne Sterbegeld)	55,2	55,7	53,3
Privathaftpflichtversicherung	60,8	61,5	57,9
Hausratversicherung	74,3	73,8	76,2
PKW-Haftpflichtversicherung	79,6	80,4	76,8

Prozent-Angaben repräsentativ Befragter über das Vorhandensein einzelner Versicherungen im Haushalt

2000. *Gesamtverband der Deutschen Versicherungswirtschaft* (Hrsg.): Versicherungsjahrbuch 1999, Karlsruhe 1999. *Gesamtverband der Deutschen Versicherungswirtschaft* (Hrsg.): Statistisches Taschenbuch der Versicherungswirtschaft 1999, Karlsruhe 1999.

Versicherungssteuer

Sonderform der → Umsatzsteuer für Versicherungsentgelte in Höhe von z. Zt. 15% (2000) auf die Beiträge zu Schaden- und Unfallversicherungen. Es gelten eine Reihe von abweichenden Regelungen. Der Beitragssatz wurde seit 1990 von 5% in Stufen auf 15% heraufgesetzt. Das Aufkommen dieser Steuer liegt bei rd. 15 Mrd. DM (2000). K.Kü.

Versioning

bezeichnet die → Produktdifferenzierung für → digitale Güter, bei der ein Anbieter sein Produkt in unterschiedlichen Versionen anbietet. Das Versioning wird insbesondere im Rahmen der → Follow-the-free-Strategie angewendet, bei der ein digitales Produkt, wie z.B. eine Software, in seinem Leistungsumfang gemindert wird und als kostenlose Low-End-Version am Markt positioniert wird, um eine schnelle Marktpenetration zu erreichen. Zudem können die Produkte auch nach ihrer Leistungsqualität (z.B. digitale Bilddateien), den Zusatzleistungen (z.B. bei kostenlosen Online Magazinen ohne Such- oder Archivfunktionen) oder der zeitlichen Verfügbarkeit (z.B. bei Börseninformationen) differenziert werden. B.Ne.

Versorgung

Der Sinn jeglichen Wirtschaftens bestehe, wie oft behauptet wird, darin, die Bedürfnisse der Verbraucher optimal zu befriedigen. Wenngleich diese Auffassung als Faktenaussage wegen der extremen, wissenschaftstheoretisch unhaltbaren Position, die dabei bezogen wird, heute als überholt gilt, herrscht doch kein Zweifel darüber, dass Industrie und Handel durch Bereitstellung von Gütern und Dienstleistungen einen maßgeblichen Anteil am physischen Wohlergehen der Bevölkerung haben. Dies schließt weder aus, dass Menschen auch andere als ökonomische Bedürfnisse empfinden, noch dass die genannten Wirtschaftszweige manchmal in verwerflicher Weise egoistische Interessen verfolgen, die denen ihrer Kunden zuwiderlaufen.

Der Eigennutz der Anbieter und das Konkurrenzprinzip sorgen in der Marktwirtschaft prinzipiell dafür, dass den Wünschen und Vorstellungen eines jeden mit Kaufkraft ausgestatteten Nachfragers Rechnung getragen wird. Soweit dysfunktionale Erscheinungen des Wirtschaftssystems oder auch soziale Rücksichtnahme dies erfordern, betrachtet es der Staat als seine Aufgabe, im Rahmen der → Binnenhandelspolitik die Weichen für eine anspruchsgerechte Versorgung aller zu stellen.

So sehen z.B. zahlreiche Verordnungen und Erlasse des Bundes und der Länder vor, dass Verbraucher ein Anrecht auf eine ausgewogene Handelsstruktur haben, d.h. eine „gesunde Mischung" von Betrieben mit verschieden breiten Sortimenten, unterschiedlichem Preisniveau, in teils geringer, teils größerer Entfernung von der eigenen Wohnung, teils mit, teils ohne Bedienung, usw. erwarten können. Es hat sich auch in zahlreichen Untersuchungen gezeigt, dass die Bevölkerung genau diese Situation als Versorgungsideal vor Augen hat.

Wie groß bzw. klein die Bandbreite bei den Betriebsformen des Handels, wie grob- bzw. engmaschig das Versorgungsnetz und wie breit bzw. schmal gefächert das Spektrum der Wahlmöglichkeiten bei den Marktobjekten im Allgemeinen gestaltet sein sollen, ehe sich der Staat veranlasst sieht einzugreifen, ist ebenso wie die Höhe der den Bürgern zuzumutenden Preissteigerungen ein von ihm von Fall zu Fall zu lösendes, politisches Problem. Zweifellos würde auch schon ein Laie ein gewisses Unbehagen empfinden, wenn ein Ort mit 3.000 Einwohnern über kein Nahrungsmittelgeschäft mehr verfügte.

Bei dem Versuch, Versorgung zu erfassen, steht der Forscher zunächst vor dem Problem, ob er lediglich den *Versorgungsgrad* messen oder ob er seinen Befund gleichzeitig mit einem Werturteil verbinden soll, um dann etwa von Über- oder Unterversorgung sprechen zu können. Die zweite Möglichkeit impliziert offenkundig die Lösung eines normativen Problems: Das Bemühen, einen Istzustand wertend zu klassifizieren, bedingt nämlich einen Vergleich mit einem Sollzustand. Dazu bedürfte es in unserem Fall der Verfügbarkeit bzw. Generierung einer Versorgungsnorm, wobei vorab zu klä-

ren wäre, wer mit welcher Legitimation jene festzulegen befugt ist.

Aufgaben dieser Art werden nach dem herrschenden Wissenschaftsverständnis im Anschluss an Max Weber außerwissenschaftlichen Instanzen, wie z.B. Politikern, zugewiesen oder aber von Sachverständigen per Konvention in der Weise gelöst, dass sie einen Schwellenwert autonom und u.U. ohne nähere Begründung festlegen. Gelegentlich lässt man auch die Betroffenen selbst den fraglichen Punkt bestimmen. Ob indessen eine solche, auf dem Mehrheitsprinzip basierende Grenzziehung „vernünftig" sein kann, ist nicht unstrittig. Dies hängt damit zusammen, dass entsprechende Abstimmungen in aller Regel durch ein Anspruchsdenken verzerrt werden, das durch Artikulation von Maximalforderungen bei gleichzeitiger Unterdrückung der damit für die Gemeinschaft verbundenen Belastungen gekennzeichnet ist. Immerhin sprechen gewichtige Gründe dafür, die *Versorgungsqualität*, ein vieldimensionales Konstrukt, nicht nur anhand objektiv ermittelter Fakten zu bewerten, sondern das Urteil allen Schwierigkeiten und Erhebungskosten zum Trotz auch auf die Einschätzung durch die Betroffenen selbst zu stützen. Der Befund wird hierbei von zwei Größen bestimmt, dem individuellen Anspruchsniveau jedes Einzelnen und der Wahrnehmung der realen Gegebenheiten durch diesen. Man entfernt sich damit von scheinbar objektivierenden Begriffen wie Versorgungsgüte oder Versorgungsqualität, um diese durch den wesentlich treffenderen Ausdruck der von jedem Einzelnen empfundenen *Versorgungszufriedenheit* zu ersetzen, der nichts anderes als die Differenz zwischen einem Soll- und einem Istzustand verkörpert (→ Kundenzufriedenheit).

Um somit feststellen zu können, inwieweit die Einkaufsmöglichkeiten den Bedürfnissen der Konsumenten entsprechen, bedarf es also nicht nur einer Analyse namentlich von Struktur und Leistungsfähigkeit des Einzelhandels, des Lebensmittelhandwerks und des Dienstleistungsgewerbes in einer bestimmten Region, sondern auch der Erforschung der Einstellungen, Erwartungen und Wünsche der Bevölkerung. Allein ein solches Vorgehen ermöglicht die Durchführung sinnvoller Vergleiche zwischen mutmaßlich unterschiedlich gut oder schlecht versorgten Gebieten, die es dann der Raum- und Städteplanung erlauben, ihren Verpflichtungen gegenüber den Bürgern nachzukommen. Eine in dieser Weise differenzierende Betrachtungsweise vermittelt überdies Ansatzpunkte für notwendige ordnungspolitische Korrektivmaßnahmen ebenso wie für die Entwicklung und Realisation neuartiger Marketingkonzepte durch den Handel. E.D.

Literatur: *Nieschlag, R.; Dichtl, E.; Hörschgen, H.:* Marketing, 18. Aufl., Berlin 1997, S. 71 ff. *Wölk, A.:* Die Versorgung mit Lebensmitteln in städtischen Randlagen, Forschungsstelle für den Handel e.V., Berlin 1980.

Versorgungshandel

spezifische Kombination der Marketing-Instrumente im → Handelsmarketing, bei der im Vergleich zum Erlebnis-Handel die reine Versorgungsfunktion für die Konsumenten mit Waren oder Dienstleistungen im Mittelpunkt steht und dem Prinzip des → Lean Consumption Rechnung getragen werden soll. Es geht darum, die → Grundnutzen-Bedürfnisse zu möglichst günstigen Preisen in möglichst effizienter (schneller und einfacher) Form zu befriedigen. Die Kommunikationspolitik, so die Warenpräsentation und Ladengestaltung, spielen nur eine sehr geringfügige Rolle (s.a. → Discounting). Das Konzept des Versorgungshandels findet sich u.a.:

- bei Waren des täglichen Bedarfs (Lebensmittelhandel),
- bei preisaggressiven Anbietern (→ Discounter),
- bei geringer Einzelhandelsdichte z.B. in ländlichen Gebieten bzw. bei niedriger Konkurrenz. B.T.

Versorgungsqualität → Versorgung

Versorgungszufriedenheit → Versorgung

Verstärkerprinzip

gehört zu den → Lerntheorien (Lernen aufgrund von Versuch und Irrtum oder Lernen am Erfolg). Nach diesem Prinzip ändert sich die Wahrscheinlichkeit eines bestimmten Verhaltens aufgrund der positiven oder negativen Konsequenzen, die das Individuum erlebt oder erwartet:

- Belohnungen, wie Geld, soziale Anerkennung usw. wirken als positive Verstärker.
- Bestrafungen, wie Schmerz, soziale Missbilligung usw. wirken als negative Verstärker.

In der Werbung wirkt demnach die Darbietung von Belohnungen oder das Vermeiden von Bestrafungen verhaltensverstärkend. Anders als bei der klassischen Konditionierung wird das Verhalten aber nicht automatisch durch Umweltreize ausgelöst, sondern das Individuum wird selbst aktiv und versucht eine bestimmte Situation zu bewältigen. Dabei setzt es sich Reaktionen seitens seiner Umwelt aus, die sein Verhalten belohnt oder sanktioniert. An diesen Reaktionen richtet sich sein späteres, gelerntes Verhalten aus. F.-R.E.

Versteigerungen → Preisbildung

Versuchspläne → Experiment

Verteidigungsstrategie

bezeichnet eine → Marketingstrategie, die durch ein defensives Verhalten gegenüber den Konkurrenten und eine Orientierung am Status Quo im Wettbewerb geprägt ist. Sie kann somit als spezifische Form der → Wettbewerbsstrategie angesehen werden, die sich durch eine niedrige → Marktaggressivität auszeichnet.

Verteilungsanalyse
→ Häufigkeitsverteilung

Verteilungsfreie Testverfahren

Alle statistischen → Hypothesentests basieren auf Teststatistiken, deren Verteilungen unter Annahme der Gültigkeit der jeweiligen Nullhypothese zumindest approximativ bekannt sind. Hängt die Verteilung der Prüfgröße eines Tests nicht von der speziellen Gestalt der Verteilungsfunktion der Grundgesamtheit ab, spricht man von einem verteilungsfreien Verfahren. Viele bekannte (parametrische) Tests, deren Hypothesen Aussagen über Erwartungswerte oder Varianzen beinhalten, können bei kleinen Stichprobenumfängen nur für normalverteilte Merkmale durchgeführt werden. Die Normalverteilungsannahme ist jedoch häufig schwer zu überprüfen oder aus logischen Erwägungen nicht haltbar. Gerade im Bereich des Marketing hat man es häufig mit schiefen oder mehrgipfligen Verteilungen der Grundgesamtheit zu tun, wie etwa bei den Merkmalen Haushaltseinkommen, Wiederkaufhäufigkeiten, Preiseinschätzungen von Produkten, Wahrnehmungsdauer von Werbemedien oder Pro-Kopf-Umsätze der Kunden. In solchen Fällen ist die Verwendung verteilungsfreier Tests zweckmäßig. So können als verteilungsfreie Alternativen zu Tests auf den Erwartungswert einer Grundgesamtheit bzw. auf Gleichheit mehrerer Erwartungswerte etwa der → Wilcoxon Vorzeichen-Rangtest, der → Wilcoxon Rangsummentest, der → Kruskal-Wallis Test oder der → Friedman-Test eingesetzt werden, die alle auf der Verwendung von Rangziffern beruhen. Auch bei den meisten der → nichtparametrischen Testverfahren, so z.b. bei den unter diesem Stichwort angegebenen Tests auf Anpassungsgüte oder auf Unabhängigkeit, handelt es sich um verteilungsfreie Tests.

Wenn die entsprechenden Verteilungsvoraussetzungen, z.B. die Normalverteilung, als gesichert gelten können, empfiehlt sich natürlich die Verwendung des darauf zugeschnittenen verteilungsgebundenen Testverfahrens. Sobald aber Bedenken bzgl. des Zutreffens der Verteilungsannahme bestehen, sollte ein verteilungsfreier Test benutzt werden; der damit verbundene Güteverlust, falls die Verteilungsannahme dennoch richtig ist, ist dabei oft – insbesondere bei obigen, auf Rangziffern beruhenden Tests – relativ gering. T.B./M.MB.

Verteilungsfunktion

einer eindimensionalen → Zufallsvariablen X ist die auf der Menge der reellen Zahlen definierte Funktion $F(x)$, die jeder Zahl x die Wahrscheinlichkeit des Ereignisses $X \leq x$ zuordnet, d.h. die Wahrscheinlichkeit, dass X den Wert x nicht überschreitet. Bei einer → Häufigkeitsverteilung, die die Ergebnisse eines in einer statistischen Gesamtheit vom Umfang n erhobenen quantitativen Merkmals festhält, bezeichnet man die Funktion $F_n(x)$, die für jede reelle Zahl x den Anteil der Merkmalsträger mit einem Ergebnis $\leq x$ angibt, als empirische Verteilungsfunktion. Sowohl $F(x)$ als auch $F_n(x)$ können nur Werte im Intervall [0,1] annehmen, und beide sind monoton nicht-fallend, d.h. bei wachsendem x nimmt der Funktionswert zu oder bleibt zumindest auf gleicher Höhe. Durch $F(x)$ bzw. $F_n(x)$ ist die gesamte Wahrscheinlichkeitsverteilung bzw. Häufigkeitsverteilung eindeutig festgelegt. T.B./M.MB.

Verteilungslager → Depot

Vertikale Kooperation im Handel

die auf freiwilliger Basis beruhende, vertraglich geregelte Zusammenarbeit zweier oder mehrerer rechtlich und wirtschaftlich selbständiger Betriebe auf unterschiedlichen Wirtschaftsstufen zum Zwecke der Verbesserung ihrer Leistungsfähigkeit (→ Kooperation im Handel). Gegenbegriff zur vertikalen Kooperation ist die → horizontale Kooperation.

In vertikalen Partnerschaften rückt die jeweils „nächste" Institution im Absatzkanal in den Mittelpunkt der Betrachtung, so der Handel aus der Sicht der Industrie und umgekehrt. Daher spricht man hier von Kundenkooperation aus Herstellersicht und Lieferantenkooperation aus Händlersicht.

Grundsätzlich lassen sich als Haupttypen der vertikalen Kooperation die Zusammenarbeit zwischen Hersteller und Handelsunternehmen (*Kontraktmarketing*) sowie die Zusammenarbeit zwischen Groß- und Einzelhandelsunternehmen (→ Verbundgruppen, → freiwillige Ketten, freiwillige Gruppen) unterscheiden.

Von Bedeutung für die Beschaffungskooperation des Handels sind die Vertriebsbindungen, die Hersteller mit ihren Absatzpartnern eingehen. Bei diesen Kooperationssystemen zwischen Hersteller und Handel liegt die prägende Entscheidungsmacht oft beim Hersteller, so dass sich der Handel bei einer Entscheidung für ein derartiges System i.d.R. dem Systemträger anpassen muss (→ Selektivvertrieb). So ist ein Handelsbetrieb oft in enger Form an einen oder mehrere Hersteller oder an Großhandelsbetriebe durch Verträge gebunden.

Durch vertikale Vertriebsbindungen werden Großhandlungen und/oder Einzelhandlungen vertraglich verpflichtet, bestimmte Lieferbedingungen einzuhalten und darin beschränkt, die Ware an Dritte abzugeben. Durch Ausschließlichkeitsbindungen nach §16 Abs. 1 Nr. 2 GWB wird ein Unternehmen darin beschränkt, andere Waren oder gewerbliche Leistungen von Dritten zu beziehen oder an Dritte abzugeben. Als Beispiele sind Bierlieferungsverträge oder die Bezugsbindung für die Original-Ersatzteillieferung der Automobilhersteller zu erwähnen.

Wird auch eine regionale Alleinvertriebsberechtigung vereinbart, spricht man von Exklusivvertrieb. Somit kann man die in der *Abbildung* dargestellten Formen unterscheiden. Eine straffe Form der vertikalen Kooperation zwischen Hersteller und Handel stellt das → Franchising dar. B.T./J.Z.

Vertikale Marketingstrategie

Vertragsformen bei vertikalen Kooperationen im Handel

Verträge des Herstellers mit ...	
Eigenhändlern	Handelsvermittlern im weiteren Sinne
Rahmenvertrag	Handelsvertretervertrag
Alleinvertriebsvertrag	
Exklusivvertriebsvertrag	Kommissionsagenturvertrag
Vertriebsbindungsvertrag	Kommissionärsvertrag
Know-how-Vertrag	Maklervertrag
Lizenzvertrag	

Literatur: *Tietz, B.*: Der Handelsbetrieb, 2. Aufl., München 1993. *Tietz, B.*: Handbuch Franchising. Zukunftsstrategien für die Marktbearbeitung, 2. Aufl., Landsberg a.L. 1991. *Tietz, B.; Mathieu, G.*: Das Franchising als Kooperationsmodell für den mittelständischen Groß- und Außenhandel, Köln u.a. 1979.

Vertikale Marketingstrategie

Im Rahmen der Konzeption des → Vertikalen Marketing kommt der Festlegung der vertikalen Marketingstrategie gegenüber dem Handel eine zentrale Bedeutung zu, da sie dazu beiträgt, die im indirekten Absatzkanal angestrebten Ziele des Herstellers zu konkretisieren und den Einsatz der Instrumente für die Motivation des Handels zu kanalisieren. Im Einzelnen sind im Rahmen der vertikalen Marketingstrategie folgende Entscheidungen zu treffen:

1. Welche Absatzmittler sollen im Rahmen des vertikalen Marketing bearbeitet werden (→ Absatzmittlerselektion).
2. Welche Anreize sollen den Absatzmittlern angeboten werden (→ handelsorientierte Anreizsysteme der Industrie).
3. Wie soll die Zusammenarbeit mit den Absatzmittlern langfristig abgestimmt werden (→ Koordination im vertikalen Marketing).

Während die Strategien im vertikalen Marketing lange Jahre durch die → Konflikte zwischen Hersteller und Handel bestimmt waren, zeichnen sich in der letzten Zeit Veränderungen ab, die darauf hindeuten, dass die Industrie ihren eigenen Handlungsspielraum aktiver nutzt. So sind heute nur noch wenige Anbieter in der Lage, sich über eine → Pull-Strategie im Handel zu profilieren. Hersteller suchen daher nach neuen Wegen, in dem sie z.B. in → Partnerschaftssystemen intensiv mit dem Handel kooperieren oder sich auf eine Rolle des → Zulieferers für den Handel zurückziehen (→ Beziehungsmarketing). Andere Anbieter wiederum wählen ein aggressives Vorgehen und versuchen den Handel zu umgehen (→ Umgehungsstrategie) und eigene direkte Absatzkanäle aufzubauen. T.T./M.Sch.

Literatur: *Irrgang, W.*: Strategien im vertikalen Marketing. München 1989.

Vertikaler Marktplatz

ist eine v.a. im → E-Commerce verwendete Bezeichnung für einen → elektronischen Marktplatz, der die Transaktionen vertikaler Wertschöpfungspartner auf einer → Online-Plattform zentral organisiert.

Vertikales Marketing

umfasst als Teilbereich der → Distributionspolitik alle Maßnahmen und Entscheidungen, mit denen sich ein Industrieunternehmen auf die Situation der Absatzmittler in einem Vertriebsweg ausrichtet, mit dem Ziel, seine Leistungen den Endkunden verfügbar zu machen und positiv von der Konkurrenz abzugrenzen. Absatzmittler beeinflussen das Marketing des Herstellers in verschiedener Weise (→ Beschaffungsverhalten im Handel). Im Einzelnen legen sie fest,

– ob eine Leistung überhaupt im Absatzkanal erhältlich ist (→ Listung, → Distributionsgrad),
– ob die Leistung aus Sicht der Industrie in strategieadäquaten Handelsformen und Betriebstypen geführt wird (→ Image),
– in welcher Form die Leistung dem Endkunden physisch und kommunikativ präsentiert wird (Platzierung, Umfeld der Platzierung, Beratung, Preis),
– und gegebenenfalls in welchem Umfang und in welcher Qualität Kundendienstleistungen vor und nach dem Kauf erbracht werden (→ added value).

Der Handel besitzt einen massgeblichen Einfluss auf das industrielle Marketing (→ Gatekeeperfunktion des Handels), der sich in den letzten Jahren durch eine zunehmende Handelskonzentration (→ Konzentration) noch weiter verschärft hat (→ Nachfragemacht). Um die Leistungen nun entsprechend den Zielen der Industrie für die Endkunden zu vermarkten, müssen sich die Hersteller auf die Anforderungen des Handels einstellen und geeignete Konzepte für die Vermarktung der eigenen Leistungen bei den Absatzmittlern entwerfen (→ vertikale Marketingstrategie). Im Mittelpunkt dieser Konzepte stehen häufig Aktivitäten, die dem Handel verschiedene Anreize (→ handelsorientierte Anreizsysteme) bieten, so dass er motiviert wird, die Produkte und Leistungen nicht nur in sein Regal aufzunehmen, sondern dem Kunden auch so zu präsentieren, wie der Hersteller es in seiner eigentlichen Marketingstrategie vorgesehen hat.

Jedoch sind beide Seiten in gewisser Weise voneinander abhängig. So wie der Hersteller auf die Akzeptanz seiner Leistungen im Handel angewiesen ist, muss sich auch der Handel mit den Herstellerleistungen auseinander setzen (→ Beschaffungsverhalten im Handel). Nur wenn es dem Handel gelingt, ein attraktives Sortiment von Produkten und Dienstleistungen bieten zu können, werden die Endkunden auch Leistungen bei ihm nachfragen. Umgekehrt sind Absatzmittler nur dann für die Industrie von Interesse, wenn sie den Zugang zu einer attraktiven Endkundengruppe bieten können.

Hersteller und Handel als Anbieter und Nachfrager

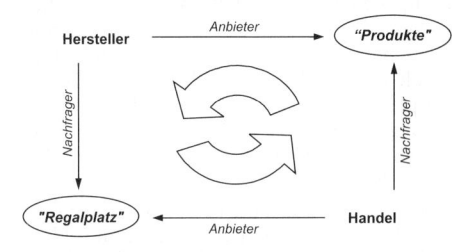

Dementsprechend zeichnet sich jede Austauschsituation zwischen Industrie und Handel dadurch aus, dass die jeweiligen Marktpartner sowohl Käufer als auch Verkäufer sind. So treten die Industrieunternehmen zum einen als Anbieter ihrer Leistungen und zum anderen als Nachfrager nach Regalplatz auf. Die Absatzmittler sind spiegelbildlich Anbieter des Regalplatzes und Nachfrager nach den industriellen Leistungen (*Abb.*). In diesem Sinne ist die Nachfragemacht von Absatzmittlern im Prinzip eine Folge ihrer Angebotsmacht, indem sie als Gatekeeper (→ Gatekeeperfunktion des Handels) den für die Industrieunternehmungen knappen und unentbehrlichen Regalplatz kontrollieren. T.T./M.Sch.

Literatur: Tomczak, T.; Schögel, M.; Feige, St.: Erfolgreiche Markenführung gegenüber dem Handel in: *Esch, F.-R.* (Hrsg.): Moderne Markenführung, Wiesbaden 1999, S. 847-871.

Vertikalmarken → Handelsmarken

Verträge im Marketing

Durch unvollständige Information über künftige Verhaltensweisen von Geschäftspartnern (z.B. Kunden, Kooperationspartnern) entstehen Unternehmen Risiken, die den Erfolg latent gefährden (→ Marketingrisiken). Daher kommt dem Vertrag als Instrument zur Planung, Steuerung und Kontrolle von Einzeltransaktionen und Geschäftsbeziehungen die Aufgabe zu, Handlungsspielräume der Geschäftspartner zu beschränken und die Sicherheit zu erhöhen (→ Vertragsbruch).

Im ökonomischen Sinn ist unter einem Vertrag jede bindende oder implizite Abmachung über den Austausch von Gütern und/oder Leistungen zwischen Wirtschaftssubjekten zu verstehen. Gegenstand der Abmachung ist die Zuweisung von gegenwärtigen oder künftigen Rechten und Pflichten. Im Gegensatz zu einer unverbindlichen Zusammenarbeit werden vertragliche Vereinbarungen durch die Rechtsordnung geschützt und können mit Hilfe der Rechtsordnung durchgesetzt werden. Hierzu bestehen entsprechende Sanktionen.

Die rechtsdogmatische Betrachtung eines Vertrags als reine Abgabe von Willenserklärung wird der interaktionsbezogenen Perspektive des modernen → Beziehungsmarketing freilich nicht gerecht. Auch wenn ein Vertrag einen Interessensabgleich zwischen Partnern darstellt, so regelt seine Ausgestaltung immer auch den Ablauf von Interaktionen und beeinflusst so nicht nur die Gegenwart, sondern durch Rückkoppelungsprozesse auch die weitere Entwicklung einer Geschäftsbeziehung. Er lässt sich also nicht nur als Dokument, sondern auch prozessual definieren, da seine Anbahnung, sein Abschluss, seine Umsetzung sowie die Beendigung bzw. Verlängerung zeitlich gestreckt erfolgen (→ Vertragsphasen).

Verträge lassen sich hinsichtlich folgender Merkmale beschreiben:

Der *Individualisierungsgrad* beschreibt, ob das Dokument von einer Vertragsseite standardisiert verwendet wird oder aber auf die Transaktion mit dem Partner zugeschnitten ist. Der *Interaktionsgrad* bezieht sich auf die kommunikativen Beziehungen zwischen den Vertragsparteien während des

Vertragsprozesses. Der *Regelungsgrad* gibt an, wie detailliert die Vereinbarungen im Vertragstext fixiert sind. Das *Integrationspotential* verdeutlicht, ob durch den Vertrag eine Integration der Wertschöpfungsaktivitäten der Parteien begründet wird. Der *Selektionsgrad* stellt darauf ab, ob durch den Vertrag dem Partner eine prioritäre Stellung im Geschäftsleben eingeräumt wird. B.I.

Literatur: *Zerres, M.P.:* Marketingrecht, München 1995. *Ahlert, D.; Schröder, H.:* Rechtliche Grundlagen des Marketing, 2. Aufl., Stuttgart, Berlin, Köln 1996.

Vertragsbruch

Die Rechtswirkungen eines Vertrages beschränken sich auf die Vertragsparteien, die diese Wirkungen begründet haben. Wenn ein Vertragspartner einen Vertragsbruch begeht, indem er seine vertraglichen Verpflichtungen verletzt, insb. endgültig nicht erfüllt, erwachsen dem anderen Vertragspartner eine Reihe von Rechten. Gegen Eingriffe Dritter sind vertragliche Bindungen nicht geschützt. Wettbewerbswidrig kann es aber sein, wenn sich ein Dritter zu Zwecken des Wettbewerbs aktiv am fremden Vertragsbruch in anstößiger Weise beteiligt. Die Rechtsprechung hat sich mit dem Abspenstigmachen von Kunden eines Mitbewerbers oder der Abwerbung von Beschäftigten eines fremden Betriebes trotz vertraglicher Bindungen (→ Abwerbung) beschäftigt. Sie unterscheidet dabei, ob ein Wettbewerber zu einem fremden Vertragsbruch verleitet oder ihn fördert oder ob er lediglich einen fremden Vertragsbruch ausnutzt, also sich ihm bietende Gelegenheit ergreift, wie sie sich ihm darbietet. Die Hauptfälle der Beteiligung an fremdem Vertragsbruch sind die des → Ausspannens von Beschäftigten und Kunden. Wer einen anderen, seien es Beschäftigte oder Kunden, zu Zwecken des Wettbewerbs zum Vertragsbruch verleitet, handelt grundsätzlich wettbewerbswidrig. Dagegen wird das Ausnutzen fremden Vertragsbruches, auch wenn es zu Zwecken des Wettbewerbs geschieht, für an sich nicht wettbewerbswidrig gehalten, sondern nur beim Hinzutreten besonderer Umstände.

Als solche besonderen Umstände kommen bspw. die Förderung des Vertragsbruches, die Anschwärzung oder das Aufstellen irreführender Behauptungen über den Mitbewerber oder die Abwerbung von Kunden durch frühere Angestellte des Mitbewerbers in Betracht. Diese Grundsätze wendet die Rechtsprechung auch bei der Verletzung vertikaler Bindungssysteme, insb. von → Preisbindungs- oder → Vertriebsbindungssystemen, an. Sie verlangt, weil ein wettbewerbswidriges Verleiten zum Vertragsbruch oder die wettbewerbswidrige Ausnutzung eines Vertragsbruches eine rechtswirksame Bindung voraussetzt, dass das Bindungssystem lückenlos ist. Der wettbewerbsrechtliche Verstoß liegt in der Missachtung der durch die für alle Mitbewerber bestehenden vertraglichen Bindungen geschaffenen Gleichheit der Wettbewerbsbedingungen. Unter diesen Voraussetzungen ist auch die Ausnutzung fremden Vertragsbruches durch einen Außenseiter, der sich seinerseits durch die Ausnutzung fremden Vertragsbruches einen Wettbewerbsvorsprung vor den die Vertriebsbindung achtenden anderen Außenseitern verschafft, wettbewerbswidrig. H.-J.Bu.

Vertragsforschung → FuE-Strategien

Vertragshandel → Vertriebssysteme

Vertragsphasen

Langfristige → Geschäftsbeziehungen bestehen im → Investitionsgütermarketing grob betrachtet aus einer Vor- und einer Nachvertragsphase sowie Vertragsverlängerungen. Am Beispiel eines Zulieferanten für Spezialkomponenten können diese Vertragsphasen anschaulich erklärt werden (→ Zuliefergeschäft).

Für Entwicklung und Produktion der spezifischen Komponenten vergibt der Hersteller Aufträge an qualifizierte Zulieferer. Nach Vertragsabschluss tritt der Effekt der fundamentalen Transformation ein. In der *Abb.* findet sich eine detaillierte Darstellung der inhaltlich abgrenzbaren Phasen der Vertragsbeziehung.

In der *Voranfragenphase* informiert der Hersteller mehrere Zulieferanten frühzeitig über seine Absichten und führt Vorgespräche, um in ersten groben Vorentwürfen die Produktkonzeption zu klären. Die technischen Funktionen der Komponente und die Spezifikationen (gesetzliche Normen, Werksnormen des Zulieferanten, Kundenspezifikationen) sowie die besonderen Qualitätsvorschriften werden besprochen und die äußeren Geometriedaten (Bauraum) der Komponente festgelegt. Schließlich fordert der Hersteller ausgewählte Zulieferanten auf, ein Angebot abzugeben.

Inhaltliche Bestimmung der Vertragsphasen im Zuliefergeschäft

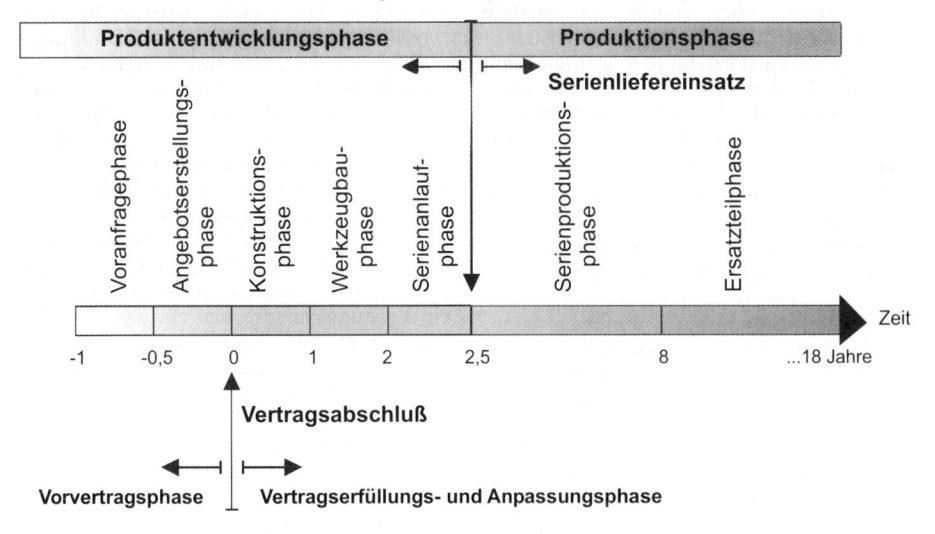

Produktentwicklungsphase | **Produktionsphase**

Serienliefereinsatz

Phasen: Voranfragephase | Angebotserstellungsphase | Konstruktionsphase | Werkzeugbauphase | Serienanlaufphase | Serienproduktionsphase | Ersatzteilphase

Zeitachse: -1 | -0,5 | 0 | 1 | 2 | 2,5 | 8 | ...18 Jahre

Vertragsabschluß

Vorvertragsphase | Vertragserfüllungs- und Anpassungsphase

Im Rahmen der folgenden *Angebotserstellungsphase* finden intensive Verhandlungen zwischen Hersteller und den einzelnen Zulieferern statt. Die Zulieferer entwerfen alternative Produktvorschläge, diskutieren mögliche produkt- und produktionstechnische Probleme und vereinbaren einen Fristenplan, der sich bspw. am geplanten Markteinführungszeitpunkt eines Automodells und den projektbestimmenden Terminen orientiert. Der Hersteller liefert erste Schätzungen der zukünftigen Bedarfsmengen. Parallel zu diesen Abstimmungsprozessen finden auf der Grundlage von Kalkulationsunterlagen der Zulieferer Preisverhandlungen statt. Nach mehreren Verhandlungsrunden, in denen der Hersteller alternative Angebote mehrerer Zulieferer vergleicht, erteilt der Hersteller dem aus seiner Sicht besten Zulieferer den Auftrag. Die Vorvertragsphase geht zu Ende, und die Phase der *Vertragserfüllung* und *-anpassung* beginnt.

Nach Vertragsabschluss kann der ausgewählte Zulieferer mit der Konstruktionsphase beginnen, in der die äußere Geometrie und das geometrische Gerüst der Komponente im Detail, z.B. mit Hilfe von CAD (Computer Aided Design) ausgearbeitet wird. Diese Produktkonstruktionsdaten liefern die Datenbasis für eine computergestützte Fertigung.

In der *Bauphase* werden nicht nur Serienwerkzeuge, sondern auch Hilfswerkzeuge zur Anfertigung von ersten Produktmustern gebaut, um z.B. Musterprüfungen durchführen zu können.

In der *Serienanlaufphase* entwickelt der Zulieferer den Produkt- und Produktionsprozess zur Serienreife weiter. Unentdeckte Probleme in Form von Produkt- und Produktionsfehlern treten auf, die technische Änderungen erforderlich machen. Durch fehlende Erfahrung mit dem Produktions- und Montageprozess kommt es zu Pannen und Ausfällen. Diese Phase beinhaltet einen intensiven Lernprozess, der notwendig ist, um die Qualitätsanforderungen erreichen zu können (→ Qualität).

Erst nach dieser Anlaufphase kann die Serienproduktion der Komponente einsetzen. Dieser Zeitpunkt entspricht dem Markteintrittszeitpunkt des neuen Automodells. In dieser Phase können weitere → Erfahrungskurven – insbesondere Lernkurveneffekte ausgeschöpft werden. Diese Phase kann auch als *Dispositionsphase* verstanden werden. Hersteller und Zulieferer müssen ihre Informations- und Materialflusssysteme aufeinander abstimmen, um ihre logistischen Ziele erreichen zu können (→ Marketing-Logistik). Diese bestehen in niedrigen Lager- und Transportkosten und einem hohen Logistikservice hinsichtlich Lieferzeiten, Liefertreue und Lieferflexibilität. Der Hersteller bindet sich nicht über die gesamte Produktionsphase vertraglich an den Zulieferanten, sondern vereinbart z.B. von Jahr zu Jahr Vertragsverlängerungen.

Die *Ersatzteilphase* erstreckt sich je nach Vereinbarung über mindestens weitere 10 Jahre. In dieser Phase verändern sich die Transaktionsbeziehungen grundlegend, denn der Ersatzteildienst wird i.d.R. nicht direkt über den Hersteller, sondern über entsprechende Vertriebs- und Distributionssysteme organisiert.

Auf diese Weise entwickelt sich zwischen Hersteller und Zulieferer eine dauerhafte Geschäftsbeziehung, die nicht auf diese eine Transaktion beschränkt bleibt, sondern mehrere zeitlich aufeinander folgende Transaktionsbeziehungen umfassen kann. Die Weiterführung einer einmal eingegangenen spezifischen Transaktionsbeziehung beinhaltet erhebliche ökonomische Vorteile, die beide gemeinsam für sich nutzen können. Diese Vorteile ergeben sich vor allem aus den bisher aufgebauten und eingespielten Kommunikationsbeziehungen, den speziellen technischen Kenntnissen, den bisher entworfenen und erprobten individuellen Regelungen zur Erleichterung und Stützung der Zusammenarbeit.

Charakteristisch für erfolgreiche Geschäftsbeziehungen im → Beziehungsmarketing sind faire, nicht opportunistische Verhaltensweisen. Die Geschäftspartner besitzen folgende Merkmale: Integrität, Handlungskonsistenz, Loyalität und Offenheit. Die Vertrauensbildung beruht nicht nur auf dem Leistungswillen (soziale Kompetenz), sondern auch auf der Leistungsfähigkeit (fachliche Kompetenz) eines Anbieters. Erbringt ein Anbieter keine Standardprodukte, sondern kundenspezifische Leistungen, dann findet der Tausch von Leistung und Gegenleistung nicht zeitgleich statt. Vielmehr gibt der Anbieter bei Vertragsschluss ein Leistungsversprechen ab, das er in der Nachvertragsphase erfüllen muss. Eine Absicherung über vollständige Verträge ist somit nicht möglich. Aus diesen Gründen spielt → Vertrauen in langfristigen Geschäftsbeziehungen eine große Rolle.

M.M.

Literatur: *Meyer, M.:* Ökonomische Organisation der Industrie, Wiesbaden 1995.

Vertrauen

vielfältig im Marketing, insb. im → Beziehungsmarketing, eingesetztes Verhaltenskonstrukt, welches die Erwartung eines In-

Ausgewählte vertrauensbildende Merkmale und Möglichkeiten ihrer Gestaltung

Merkmale des Vertrauensaufbaus	Ansatzpunkte zur Merkmalsgestaltung
Vergangenheitsinformationen	– generelle Vermeidung opportunistischer Verhaltensweisen – demonstrativ prosoziales Verhalten bei „critical incidents" – Zusammenarbeit mit „meinungsführenden Lead Usern" – Sicherstellung der Auskunftsbereitschaft der „meinungsführenden Lead User"
Reziprozität	– in zeitlich entsprechender Reihenfolge: – allgemeine Erklärung zur Vertrauensbereitschaft – Ankündigung einer einseitigen, vertrauensbeweisenden Maßnahme – Durchführung der Maßnahme in einem festgelegten Zeitraum – „Einladung" zur Reziprozität unter Beachtung des Reaktanzproblems
Ähnlichkeit	– ähnlichkeitsorientierte Zusammensetzung des Selling Center insbesondere hinsichtlich der „status similarity" und – soweit möglich – auch der „appearance similarity" und „lifestyle similarity" – ähnlichkeitsbezogene Personalauswahl bei Neueinstellungen – Schaffung kundenähnlicher Organisationseinheiten im Unternehmen
Selbstvertrauen	– Einrichtung „verhaltensverstärkender Anreizsysteme" – Maßnahmen zur Erhöhung fachlicher und sozialer Kompetenz der Mitarbeiter – Schaffung eines geeigneten „komparativen Kontextes" im Unternehmen – bevorzugte Einstellung von Mitarbeitern mit ausgeprägtem Selbstvertrauen

(Quelle: *Plötner,* 1995, S. 162)

dividuums (Anbieter oder Nachfrager) gegenüber einer Person oder Personengruppe (Subjektbezug) kennzeichnet, dass diese sich hinsichtlich eines bewusst gemachten Ereignisses (Objektbezug) zumindest nicht opportunistisch verhalten wird (Zeit- und Verhaltensbezug) (*Plötner*, 1995, S. 36). Gelegentlich werden Unterkonstrukte zur Konzeptionalisierung eingesetzt: *Morgan / Hunt* (1994, S. 23) definieren Vertrauen z.B. als „Zuversicht in die Zuverlässigkeit und Integrität eines Geschäftspartners". *Stahl* (1998) verwendet je fünf persönliche Faktoren (Urvertrauen, Menschenbild, Selbstdarstellung, Informationsverarbeitung, Lernfähigkeit) bzw. vertrauensbildende Normen (Offenheit, Ehrlichkeit, Toleranz, Gegenseitigkeit, Fairness). *Diller/Kusterer* (1988) modellieren die Harmonie der subjektiven Beziehungsleitbilder, den hinreichenden Zeithorizont der Geschäftsbeziehung, die persönliche Verbundenheit und den ökonomischen Anreiz als Determinanten des Vertrauens. Hier gehen die konzeptionellen Entwürfe bereits in Einflussgrößenmodelle des Vertrauens über. Sie lassen Aussagen über vertrauensbildende Marketingaktivitäten zu, wie sie beispielhaft in der *Tab.* dargestellt sind, wo mit *Plötner* (1995, S. 162) Vergangenheitsinformationen (als Determinanten der Kundenerwartungen), Reziprozität des Verhaltens bei Interaktionen, Ähnlichkeit der Partner und Selbstvertrauen als entscheidende vertrauensbildende Merkmale herangezogen werden.

Übereinstimmend betont wird der *dynamische Charakter* des Vertrauens („Vertrauensspirale"), der durch einen Vertrauensvorschuss eines Partners und das dadurch erzeugte → Commitment beim anderen Partner in Gang gesetzt wird. Ein solches Verhalten entspricht prinzipiell auch dem Austauschprinzip des „Wie du mir, so ich dir" (Tit for Tat), das sich in den spieltheoretischen Arbeiten *Axelrods* als optimales Verhalten in Entscheidungssituationen herausgestellt hat, welche dem Gefangenendilemma entsprechen (→ Spieltheorie). Vertrauen stellt deshalb häufig auch eine konzeptionelle Komponente der → Beziehungsqualität dar. Die *Abb.* verdeutlicht den Prozess der Vertrauensbildung.

Die verhaltenssteuernde Bedeutung des Vertrauens wird von der → Institutionenökonomik, insb. der → Transaktionskostentheorie, aus der Unmöglichkeit bzw. Kostenträchtigkeit hoher Entscheidungssicherheit beim Kauf bzw. Verkauf und den daraus resultierenden beidseitigen Möglichkeiten opportunistischen Verhaltens heraus gut erklärt. Vertrauen erspart Such- und Kontrollkosten, ersetzt sie allerdings nicht gänzlich, will es nicht „blind" sein. Es entsteht vielmehr in einem Generalisierungsprozess positiver Wahrnehmungen vom Partner und dessen Leistungen, wird im weiteren Verlauf aber selbst wie eine → Einstellung zum Wahrnehmungsfilter und prägt dann seinerseits die Qualitätswahrnehmung. H.D.

Zentrale Aspekte der Vertrauensbildung als SOR-Schema

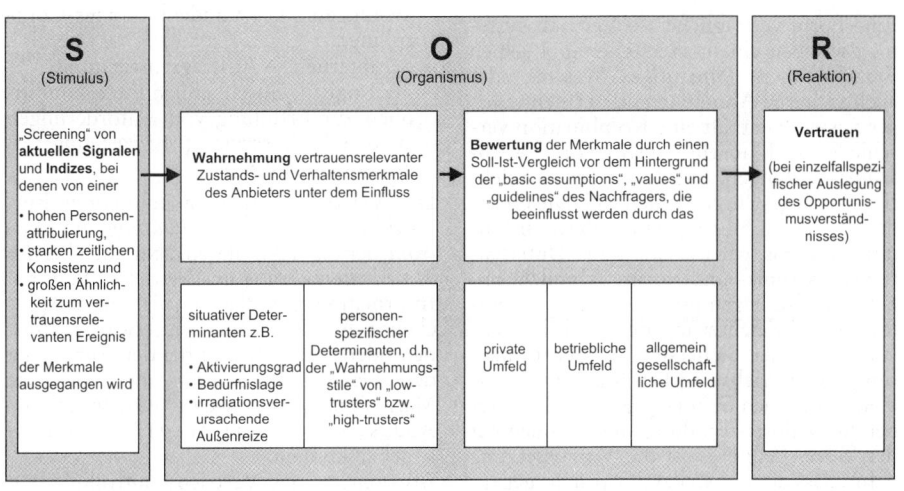

(Quelle: *Plötner*, 1995, S. 97)

Vertrauensbereich

Literatur: *Gundlach, G.T.; Murphy, P.E.*: Ethical and Legal Foundations of Relational Marketing Exchanges, in: Journal of Marketing, Vol. 57 (Oct. 1993), S. 35-46. *Morgan, R.M.; Hunt, S.D.*: The Commitment-Trust Theory of Relationship Marketing, in: Journal of Marketing, Vol. 58 (July 1994), S. 20–38. *Plötner, O.*: Das Vertrauen des Kunden, Wiesbaden 1995. *Geyskens, I.; Steenkamp, J.-B.E.M.; Kumar, N.*: Generalizations about trust in marketing channel relationships using meta-analysis, in: International Journal of Research in Marketing, Vol. 15, (July 1998), H. 3, o. S. *Stahl, H.K.*: Modernes Kundenmanagement. Wenn der Kunde im Mittelpunkt steht, Renningen-Malmsheim 1998.

Vertrauensbereich → Konfidenzintervall

Vertrauensgüter
→ Informationsökonomik

Vertrauenswahrscheinlichkeit
gibt im Rahmen der → Inferenzstatistik die Wahrscheinlichkeit dafür an, dass das Resultat einer Stichprobe überhaupt „zutrifft", bei der Intervallschätzung also etwa den Prozentanteil der Fälle, in denen der – unbekannte – „wahre Wert" der Grundgesamtheit vom Intervall umschlossen wird. Das Komplement zu 1 bzw. 100 ist die → Irrtumswahrscheinlichkeit. M.H.

Vertreter → Handelsvertreter

Vertrieb → Verkauf, → Außendienst, → Vertriebswegepolitik

Vertriebsbindungssystem
Eine Form vertraglicher → Vertriebssysteme zwischen einem Hersteller und seinen Erstabnehmern (einstufiges System) oder auch weiteren Abnehmerstufen (mehrstufiges System); enthält eine Kombination verschiedener Klauseln, insb. von → Abschlussbindungen, mit denen der → Selektivvertrieb gesichert werden soll. Die Gründe für die Einführung eines Vertriebsbindungssystems, wie es etwa in der Unterhaltungselektronik- und Kosmetikbranche anzutreffen ist, liegen primär in der organisatorischen Erleichterung der Verhaltensabstimmung, der Sicherstellung der Einhaltung der Vertriebswegebeschränkung sowie dem wirksamen Schutz gegen Außenseiter bei lückenloser Bindung aller Abnehmer der Ware. Letzteres ist die Voraussetzung dafür, dass der Hersteller Ansprüche gegenüber vertragsbrüchigen Systemmitgliedern und gegenüber Außenseitern, die die Ware durch den Vertragsbruch eines Systemmitglieds erhalten haben, erfolgreich geltend machen kann. H.Schr.

Literatur: *Pollmüller, H.-D.*: Vertriebsbindungssysteme in der Unterhaltungselektronikbranche – dargestellt am Beispiel der Firma SABA, in: *Ahlert, D.* (Hrsg.): Vertragliche Vertriebssysteme zwischen Industrie und Handel, Wiesbaden 1981, S. 317-358.

Vertriebscontrolling
Koordination der Informationsversorgung für Managementaufgaben im Rahmen der akquisitorischen und physischen Distribution (→ Distributionspolitik). Von der Sache her handelt es sich im Grunde um einen Teil des → Marketing-Controlling. Da in der Praxis allerdings häufig eine organisatorische Trennung von Marketing- und Vertriebsabteilungen erfolgt, finden sich oft auch gesonderte Zuständigkeiten für das Vertriebscontrolling. Dessen Aufgaben konzentrieren sich auf *Entscheidungs- und Überwachungshilfen* bei

- der Bestimmung der → Vertriebswege,
- der Gestaltung des → vertikalen Marketing, z.B. zwischen Industrie und Handel mit Blick auf die Endabnehmer (einschließlich vertraglicher Vertriebssysteme),
- der Wahl von → Verkaufsorganen (z.B. Handelsvertreter oder Reisende) sowie der Steuerung des Innen- und Außendienstes (→ Außendienststeuerung),
- der → Kundenanalyse sowie der Pflege unmittelbarer Kundenkontakte und -beziehungen (→ Kundenbindungs-Controlling),
- der internen → Auftragsabwicklung,
- der Logistik einschließlich Lieferkonditionen zur Erfüllung von Anforderungen an den Lieferservice (→ Marketing-Logistik-Controlling).

Das Vertriebscontrolling unterstützt Entscheidungsträger bei der *Planung* und *Kontrolle* der o.g. Aktivitäten, aber auch bei der *Mitarbeiterführung* im Vertrieb (z.B. durch Informationsgrundlagen für zielentsprechende Anreizsysteme wie etwa Provisionen oder Prämien) und bei der Anpassung der *Vertriebsorganisation* an veränderte Marktsituationen, wozu Organisations-Audits (→ Marketing-Audit) Anhaltspunkte geben können.
Instrumente des Vertriebscontrolling sind Techniken zur systematischen *Informati-*

onsaufbereitung (z.B. Gestaltung einer → Kundendatenbank), *Planungsansätze* wie bspw. Scoringmodelle zur Beurteilung verschiedener Absatzwege oder Transportmodelle für die physische Distribution, *Kontrollmethoden* etwa auf der Grundlage der → Logistikkostenrechnung, Verfahren zur Entwicklung von *Mitarbeiteranreizen* (wie im Falle der Zielvereinbarung mit dem Außendienst unter Gewährung variabler Zusatzentlohnungen; vgl. → Außendienstleistung), aber auch Audit-Checklisten für die Beurteilung der *Vertriebsorganisation* oder Rechnungen zur Budgetvorgabe für Organisationseinheiten (→ Budgetierung).

Das Vertriebscontrolling liefert sowohl Managementhilfen in *operativer* Hinsicht (so u.a. für die Transport- oder Tourenplanung) als auch für *strategische* Aufgaben. In der akquisitorischen und physischen Distribution haben viele Entscheidungen einen längerfristig bindenden, grundlegenden Charakter; bspw. die Wahl der Absatzwege, die Strukturierung der Vertriebsorganisation, spezifische Investitionen in Lieferbeziehungen zu Schlüsselkunden, die Standortwahl für Auslieferungsläger. Deshalb kommt dem strategischen Vertriebscontrolling hohe Bedeutung zu.

Das Vertriebscontrolling benötigt Informationen einerseits aus dem betrieblichen Rechnungswesen (→ Marketing-Accounting), andererseits aber ebenso aus der → Marktforschung. Die erforderlichen Informationsgrundlagen sind zum Teil dieselben wie beim Marketing-Controlling, was am Beispiel der Kunden-Database besonders deutlich wird, die sowohl für die laufende Kundenbearbeitung durch den Vertrieb als auch für Segmentierungs- und Positionierungsüberlegungen des Produktmanagements Hinweise beinhaltet. Es ist deshalb empfehlenswert, Datenbestände nicht doppelt nebeneinander, sondern in integrierter Form zu führen, was zugleich der Schnittstellenbewältigung im Verhältnis von Vertriebs- und Marketing-Controlling dient (→ Data Warehouse). R.K.

Literatur: *Küpper, H.-U.*: Vertriebs-Controlling, in: *Tietz, B.; Köhler, R.; Zentes, J.* (Hrsg.): Handwörterbuch des Marketing, 2. Aufl., Stuttgart 1995, Sp. 2623–2633. *Schneider, L.O.*: Strategisches und prozessorientiertes Vertriebscontrolling, Wiesbaden 1998.

Vertriebs-Dienstleister
→ Contract Sales Forces

Vertriebserfolgsrechnung
→ Erfolgsanalyse

Vertriebsgemeinschaft

absatzpolitisch wichtige Form einer horizontalen Firmenkooperation bzw. → Strategischen Allianz, bei der rechtlich und wirtschaftlich selbständige Unternehmen vereinbaren, bestimmte Erzeugnisse gemeinsam zu vertreiben. Neben vertikalen gewinnen in neuerer Zeit horizontale Kooperationsformen, wie die gemeinschaftliche Nutzung von Verkaufsstellen, Ausstellungsräumen, Niederlassungen oder Vertreterstäben, die Gründung einer gemeinsamen Vertriebsgesellschaft oder der Verkauf unter einer gemeinsamen Marke wegen der damit verbundenen Größenersparnisse in der Distribution und der zunehmenden Nachfragemacht im Absatzkanal, an Bedeutung. Im Exportgeschäft werden Vertriebsgemeinschaften vielfach als → Joint Ventures betrieben.

Vertriebsgemeinschaften zwischen Wettbewerbern sind unter dem Aspekt möglicher Wettbewerbsbeschränkungen (z.B. die sog. Andienungspflicht) kartellrechtlich nicht unproblematisch (→ Kartell).

Vertriebsgesellschaft, rechtliche und steuerliche Aspekte

Rechtlich selbständige Gesellschaft (häufig GmbH), deren Unternehmensgegenstand hauptsächlich der Absatz der vom Produktionsunternehmen bezogenen Produkte ist und an dem das Produktionsunternehmen oder dessen Eigner zumindest wesentlich beteiligt sind. Vertriebsgesellschaften sind häufig des Ergebnis einer (funktionalen) Betriebsaufspaltung eines einheitlichen Unternehmens in ein Produktions- und Vertriebsunternehmen; hauptsächliche Motive sind Haftungsabschirmung, Spezialisierung und Steuern. Haftungsabschirmung kann allerdings nur insoweit erreicht werden, als nicht sog. Produzentenhaftung reicht. Vertriebsgesellschaften können auch als Gemeinschaftsunternehmen Mittel der Absatzkooperation sein.

Die steuerlichen Folgen einer Vertriebstochtergesellschaft richten sich insbes. nach ihrem Standort, ihrer Rechtsform und der Art der Unternehmensverbindung:

Gründet ein Einzelkaufmann oder gründen die Gesellschafter einer Personengesellschaft eine inländische Vertriebsgesellschaft in der Rechtsform der Kapitalgesellschaft, so besteht die Möglichkeit einer ertragsteuerrelevanten Gewinnverschiebung durch Preisgestaltung. Zwar wird die Betriebsaufspaltung grundsätzlich steuerlich anerkannt, unangemessen niedrige Verrechnungspreise werden jedoch steuerlich berichtigt. Die Höhe des angemessenen Preises ist nach den Verhältnissen des Einzelfalls, den Aufwendungen der Vertriebsgesellschaft und einem fiktiven Drittvergleich zu bemessen (§ 42 AO). Nachträgliche Preisfestsetzungen und Gewinnpoolungsverträge werden nach der Verwaltungsauffassung nicht anerkannt. Berechnet die Vertriebskapitalgesellschaft der Produktionsgesellschaft unangemessen hohe Preise, so kann „verdeckte Gewinnausschüttung" (§ 8 Abs. 3 KStG) vorliegen, die ebenfalls zur steuerlichen Korrektur führt.

Auch bei Geschäftsbeziehungen mit einer ausländischen Vertriebskapitalgesellschaft unterliegen die Geschäftsbeziehungen u.U. einer steuerlichen Angemessenheitsprüfung (§ 1 AStG; Verrechnungspreisproblematik nach DBA).

Schließlich ist von steuerlicher Bedeutung, ob zwischen Produktions- und Vertriebsunternehmen die Voraussetzungen einer steuerlichen Organschaft (§§ 14 KStG, 2 UStG) und eines Schachtelprivilegs (§ 9 Nr. 2, 2a GewStG) erfüllt sind. R.F.

Vertriebsinformationssystem
→ Marketing-Informationssystem

Vertriebsingenieur (Verkaufsingenieur)

Der Vertriebsingenieur weist kein einheitliches Berufsbild auf, da es für ihn keinen Ausbildungsplan gibt. Vielmehr handelt es sich bei Vertriebsingenieuren um Angehörige einer der vielen Ingenieur-Disziplinen, die zusätzlich mit den Aufgaben des Vertriebs und insb. des → Verkaufs betraut werden und daher auch den unternehmungseigenen → Verkaufsorganen zugerechnet werden können. Im Einzelnen zählen Marketing und Produktplanung, Marktbearbeitung, Angebotserstellung, Auftragsabwicklung, Kundendienst sowie vertriebliche Organisation und Kommunikation zu den vielfältigen Aufgaben der Vertriebsingenieure, die fast ausnahmslos im → Investitionsgütermarketing eingesetzt werden.
H.Schr.

Vertriebskosten

Der Begriff der Vertriebskosten, synonym auch als Absatz- oder Marketingkosten bezeichnet, wird uneinheitlich gebraucht. In moderner Sicht werden darunter alle Kosten, d.h. leistungsbedingter, bewerteter Güterverzehr verstanden, die in der betriebswirtschaftlichen Grundfunktion Absatz und ihren Teilfunktionen entstehen, sowie die Kosten, die im Zuge der üblichen innerbetrieblichen Leistungsverrechnung auf die Grundfunktion Absatz verrechnet werden. Die Erfassung und Auswertung der Vertriebskosten stellt daher ein wichtiges Instrument des → Marketing-Controlling dar. Besondere Aufmerksamkeit erlangen dabei die → Logistik-Kosten.

Im Rahmen der Erfassung und Abgrenzung der Vertriebskosten stellen sich zwei grundlegende Probleme: Zunächst muss der Vertriebsbereich von den anderen Unternehmensbereichen abgegrenzt werden. Daran anschließend ist zu klären, wie die auf Entscheidungen anderer Unternehmensbereiche zurückzuführenden Kosten im Vertriebsbereich behandelt werden sollen.

Weiterhin sind Vetriebskosten von → Erlösschmälerungen abzugrenzen. Rabatte, Skonti, Boni, aber auch Schadensersatzzahlungen und Debitorenausfälle fallen nicht unter die Vertriebskosten, da sie nicht mit einem Güterverbrauch verbunden sind.

Bei der Kostenerfassung lassen sich aus Sicht der Kostenartenrechnung die Vertriebskosten danach unterscheiden, ob sie ausschließlich im Vertrieb anfallen (spezifische Vertriebskostenarten) oder ob sie prinzipiell in anderen Funktionalbereichen anzutreffen sind. Als Sonderfall spezifischer Vertriebskostenarten sind die → Sondereinzelkosten des Vertriebs anzusehen. Daneben existieren weitere spezifische Vertriebskostenarten insb. im Bereich der Kommunikationspolitik (Werbe- und Verkaufsförderungskosten) und der Marktforschung. Aber auch Messekosten, Delkredereprovisionen und Factoringkosten, kalkulatorische Zinsen für Fertigwaren- und Forderungsbestände oder kalkulatorische Vertriebswagnisse stellen spezifische Vertriebskostenarten dar. Spezifische Vertriebskostenarten fallen überwiegend für fremdbezogene Leistungen an.

Unspezifische Vertriebskostenarten sind hingegen jene primären Kostenarten, die auch in anderen Unternehmensbereichen vorzufinden sind und von denen daher nur ein Teil der Gesamtsumme im Vertriebsbereich anfällt. Sie entstehen bei der Selbsterstellung von Vertriebsleistungen und dem Bereithalten von Vertriebspotentialen. Beispiele hierfür sind Personalkosten (z.B. für die Vertriebsorganisation), die üblicherweise die bedeutendste Kostenartenhauptgruppe innerhalb der Vertriebskosten darstellen, aber auch Abschreibungen oder Materialkosten. Sie lassen sich über eine Vertriebskostenstellenrechnung organisatorisch zurechnen, aber wegen ihres Gemeinkostencharakters meist nur zum geringeren Teil auf Kostenträger verrechnen.

Im Rahmen spezifischer → Preiskalkulationen oder → Absatzsegmentrechnungen bemüht man sich, innerhalb der Vertriebseinzelkosten v.a.

- Verkaufsprovisionen,
- Verkaufslizenzen,
- Kosten für produktspezifische Marktforschung,
- Kosten für Produktwerbung,
- Kosten der Angebotserstellung und -abgabe,
- Versandverpackungskosten,
- Ausgangsfrachten,
- Kosten der Leergut- und Packmaterialentsorgung sowie
- Kosten der produktspezifischen Kundenberatung und des produktspezifischen Kundendienstes

als gesonderte Positionen in der Kalkulation von Erzeugnissen auszuweisen. Diese und andere Einzelkosten des Vertriebs werden i.d.R. nicht kostenstellenbezogen, sondern unmittelbar kostenträgerbezogen erfasst. Dies geschieht nicht immer individuell für jede einzelne Produktart, sondern – aus Wirtschaftlichkeitsgründen – oft nur getrennt für die verschiedenen Produktgruppen oder Produktsparten, für die sie dann pauschal kalkuliert und abgerechnet werden.

Die Vertriebseinzelkosten können von Erzeugnis zu Erzeugnis und auch von Abnehmer zu Abnehmer stark divergieren, sodass sich ihre Höhe bei einer Verschiebung der Struktur des Absatzprogramms oder bei einer Änderung der Nachfrage einzelner Kunden oder Kundengruppen erheblich ändern kann. Schon aus diesem Grund sind kostenbewusste Unternehmen gehalten, die verschiedenen Arten von Vertriebseinzelkosten einer gesonderten Überwachung zu unterziehen.

Ein Großteil der Vertriebskosten ist – mit Ausnahme der Umsatzprovisionen und Verpackungs- sowie Versandkosten, z.T. auch der Werbekosten (z.B. Prospekte etc.) – fixer Natur, aber kurzfristig durch entsprechende Entscheide z.T. abbaubar (z.B. Werbebudget, Lagerkosten, Außendienstkosten). Insofern bedürfen sie einer besonders scharfen Beobachtung im Rahmen des → Marketing-Controlling. Dabei empfiehlt sich eine Gliederung entsprechend der spezifischen Wertkette im Absatzbereich, z.B.

- Kosten der Absatzbereitschaft (Lieferfähigkeit),
- Kosten der Auftragsakquisition,
- Kosten der Auftragsabwicklung (→ Distributionskosten),
- Kosten des Absatz-Managements.

Dabei gilt es auch die sog. „heimlichen Vertriebskosten", insb. Kapitalkosten für die anteilig im Absatzbereich gebundenen Teile des Anlage- und Umlaufvermögens zu berücksichtigen (s.a. → Vertriebskosten, Rechnungslegung und Besteuerung).

Bei der Verrechnung von Vertriebskosten muss zwischen repetitiven und innovativen Vertriebsleistungen einerseits und zwischen fixen und variablen Vertriebskosten andererseits unterschieden werden. Repetitive Vertriebsleistungen sind weitgehend homogene standardisierbare Vertriebsleistungen mit routineartigem Charakter (z.B. Auftragsbearbeitung, Versand etc.), die v.a. in den Kostenstellen der Vertriebsabwicklung erbracht werden. Es können daher (z.B. im Rahmen einer Vollkostenstückrechnung) auch Verrechnungssätze zur Weiterverrechnung der kostenstellenbezogen erfassten Vertriebsgemeinkosten auf Kostenträger bestimmt werden. Inzwischen findet zur Verrechnung dieser Kosten immer stärker auch die Methodik der Prozesskostenrechnung Anwendung (→ Kalkulationsverfahren).

Innovative Vertriebsleistungen sind dagegen individueller und komplexer Natur und werden hauptsächlich in der Vertriebsleitung und den akquisitorischen Kostenstellen erbracht (z.B. Außendienststeuerung, Kundenbetreuung). Eine Weiterverrechnung ist aufgrund der Bewertungsproblematik nur eingeschränkt möglich. Mangels Bezugsgrößen muss sich die Kostenplanung in diesen Fällen oft mit Schätzungen begnügen. Die dem Marketingbudget entnommenen Sollwerte werden den Istkosten gegenübergestellt, wodurch Abweichungen zwar

erkannt, nicht aber diagnostiziert werden können (→ Budgetierung im Marketing).
Zur Erfassung und Zurechnung der Vertriebskosten empfiehlt es sich, produktbezogene Leistungslisten zu erstellen, die den Leistungsfluss zwischen Vertriebskostenstellenhierarchie und Produkthierarchie dokumentieren. Hieraus lassen sich Konzentrationszahlen als Form der → Marketing-Kennzahlen berechnen, die Auskunft darüber geben, in welchem Umfang das jeweilige Produkt die Kapazität der Kostenstellen beansprucht. W.Mä.

Literatur: *Weigand, Ch.:* Entscheidungsorientierte Vertriebskostenrechnung, Wiesbaden 1989.

Vertriebskosten, Rechnungslegung und Besteuerung

Vertriebskosten sind steuerlich insbes. im Zusammenhang mit den Fragen der Abzugsfähigkeit als Betriebsausgaben (1), der Nichteinbeziehung in die bilanziellen Herstellungskosten (2) und des gesonderten Ausweises in der GuV-Rechnung bei Anwendung des Umsatzkostenverfahrens (3) von Bedeutung.

(1) Bei betrieblicher Veranlassung sind Vertriebskosten regelmäßig abzugsfähige Betriebsausgaben; unter Umständen ist jedoch die Abzugsfähigkeit beschränkt, s. z.B. → Bewirtungsaufwand, → Gästehausaufwendungen, → Reisekosten, → Repräsentationsaufwendungen.

(2) Zu den Herstellungskosten selbsterstellter Anlagen und Erzeugnisse dürfen Vertriebskosten nicht gerechnet werden (§ 255 Abs. 2 HGB, R 33 EStR).

(3) Nur bei Anwendung des Umsatzkostenverfahrens (§ 275 Abs. 3 Nr. 4 HGB) sind die Vertriebskosten als gesonderter Posten in der GuV-Rechnung auszuweisen. Dem Grunde nach zählen zu den Vertriebskosten i.S.d. GuV-Rechnung alle Aufwendungen, die mit Vorbereitung, Förderung, Durchführung und Überwachung des Absatzes der Produkte und Dienstleistungen verbunden sind. Sie fallen durchweg nach der Herstellung an. Im Einzelnen sind dies die i.d.R. dem Produkt direkt zuzurechnenden Vertriebseinzelkosten (z.B. Ausgaben für Spezialverpackung und Transport, Provisionen) und die Vertriebsgemeinkosten (Ausgaben für Personal- und Sachkosten der Marketingabteilungen einschl. Akquisition, Vertrieb und Außendienst, Kosten der Marktforschung, Werbung, Kundenbetreuung und allgemeinen Verkaufsförderung, Kosten der Absatzlogistik, administrative Auftragsbearbeitung, Auslieferungslager, Fuhrpark, absatzbezogene Fremdleistungen einschl. Entgelte für eine Vertriebs-Tochtergesellschaft, absatzbezogene Lizenzgebühren und Konventionalstrafen, etc.). Die speziell absatzwirtschaftlichen Verwaltungskosten sind wohl mit in die Vertriebskosten einzubeziehen, da der Sonderausweis der Pos. 5 nur „Allgemeine" Verwaltungskosten umfasst. Zinsaufwendungen sind jedoch gesondert unter Pos. 12 zu erfassen, → die Umsatzsteuer ist direkt von den → Umsatzerlösen abzusetzen (§ 277 Abs. 1 HGB); → Zölle, → Verbrauchsteuern und Monopolabgaben sind prinzipiell unter Pos. 18 (sonstige Steuern) auszuweisen. Kostensteuern für den Vertriebsbereich gehören eigentlich unter Pos. 18; die h.M. lässt aber auch eine bereichsorientierte Zurechnung unter Pos. 4 zu (A/D/S § 275 Tz. 237, 232). Der Höhe nach sind unter Pos. 4 alle angefallenen „Vertriebskosten" der Periode anzusetzen; ein Bezug auf die in der Periode abgesetzten Leistungen ist nicht erforderlich; eine Einbeziehung in die HK kommt bilanziell ohnehin nicht in Betracht (§ 255 Abs. 2 Satz 6 HGB). Verluste von selbstständigen Verkaufsgesellschaften – soweit sie Vertriebskosten-Charakter haben – sind hingegen unter Pos. 4 gesondert auszuweisen (§ 277 Abs. 3 Satz 2 HGB). R.F.

Literatur: Kommentare zu §§ 255, 275, 277 HGB, z.B. *Adler; Düring; Schmaltz* (A/D/S): Rechnungslegung und Prüfung der Unternehmen, Stuttgart 1995 ff.

Vertriebslinie

Eine Vertriebslinie (Vertriebsschiene) besteht aus einer Gruppe gleichartiger Geschäftsstätten innerhalb eines Handelssystems (z.B. Praktiker-Baumärkte im Metro-Konzern). Betriebstyp und Branche werden häufig als Klassifikationsmerkmale verwendet, um Vertriebslinien zu systematisieren (z.B. Bau- und Heimwerker-Fachmarkt). Die Geschäftsstätten einer Vertriebslinie haben einen eigenständigen Marktauftritt, der vor allem in der Angebotskonzeption und in der Geschäftsstättenbezeichnung bzw. Storebrand (z.B. toom, Jumbo, Kaufpark, HL, miniMAL, Brücken, Stüssgen bei der Handelsgruppe REWE) zum Ausdruck kommt. Die Vertriebslinienpolitik verfolgt das Ziel, mit jeder Vertriebslinie unterschiedliche Verbrauchergruppen anzusprechen und als Kunden zu gewinnen. Dabei kann nicht ausgeschlossen werden, dass die Vertriebslinien einer Handelsgruppe, wie etwa bei REWE, zueinander in Wettbewerb treten. Dies ist teilweise gewollt, nämlich dann, wenn die Vertriebslinien als eigenständige Organisationseinheiten am Markt operieren und ihren Erfolg selbst verantworten. Der Wettbewerb innerhalb einer Handelsgruppe soll die Manager der Vertriebslinien zu besseren Leistungen anregen.

H.Schr.

Literatur: *Olbrich, R.:* Unternehmenswachstum, Verdrängung und Konzentration im Konsumgüterhandel, Stuttgart 1998, S. 119-131.

Vertriebsplanungssystem
→ Marketing-Informationssystem (MAIS)

Vertriebspolitik
→ Distributionspolitik,
→ Vertriebswegepolitik

Vertriebsservice-Agenturen
→ Merchandising

Vertriebssystem

Von Vertriebssystem wird gesprochen, wenn die im Rahmen der → Vertriebswegepolitik vereinbarten Beziehungen zwischen einem Hersteller und den absetzenden Wirtschaftssubjekten eine bestimmte Struktur angenommen haben. Es handelt sich dabei um eine auf Dauer gerichtete, vertraglich geregelte Organisationsform des Vertriebs. Die vertragliche Regelung kann von *Einzelbindungen*, wie etwa → Abschlussbindungen, → Ausschließlichkeitsbindungen und Umsatzbindungen, bis hin zu kompletten *Bindungssystemen* reichen. Die Bindungssysteme lassen sich nach der Intensität der vertraglichen Bindung zwischen Hersteller und Erstabnehmern unterscheiden, z.B. → Vertriebsbindungssysteme, Alleinvertriebssysteme, Vertragshändlersysteme, → Franchisesysteme und → Regalplatzsicherungssysteme.

H.Schr.

Literatur: *Ahlert, D.:* Distributionspolitik, 3. Aufl., Stuttgart, Jena, 1996, S. 192–198. *Ahlert, D.; Schröder, H.:* Rechtliche Grundlagen des Marketing, 2. Aufl., Stuttgart u.a. 1996, S. 354-406.

Vertriebswegepolitik

Der Vertriebsweg (Absatzweg, Absatzkanal, Marktkanal, Distributionsweg, Marketing-Channel) beschreibt den Weg, auf dem ein Wirtschaftsgut vom Hersteller zum Verbraucher gelangt. Die im Vertriebsweg zwischen Hersteller und Verbraucher bestehenden Prozessbeziehungen umfassen Realgüter-, Nominalgüter- und Informationsströme, die auch als *Marketing-Flows* bezeichnet und durch distributive Tätigkeiten vollzogen werden (vgl. *Abb. 1*; s.a. → Handelsfunktionen).

Abb. 1: Prozessbeziehungen und distributive Aktivitäten zwischen Hersteller und Verbraucher

Dimensionen / Prozesse	Raum	Zeit	Quantität	Qualität
Realgüterstrom	(Re-)Distribution der Handelsobjekte zwischen Hersteller und Verbraucher			
	Transport der Handelsobjekte von Ort zu Ort	Bevorratung in Lagern	Sammeln, Aufteilen, Umpacken, Kommissionieren	Aussortieren, Markieren, Sortimentieren
Nominalgüterstrom	Übertragung von Zahlungsmitteln zwischen Hersteller und Verbraucher			
	Überweisung der Zahlungsmittel von Ort zu Ort	Vorfinanzierung des Herstellers, Kreditieren des Verbrauchers	Sammeln, Aufteilen der Zahlungsbeträge	Umwandeln der Zahlungsmittel, Sicherheiten
Informationsstrom	Informationsaustausch zwischen Hersteller und Verbraucher			
	Übermitteln von Informationen von Ort zu Ort	Speichern, Vordisponieren	Sammeln von Informationen	Verdichten, Kommentieren, Interpretieren

(Quelle: In Anlehnung an *Ahlert,* 1996, S. 12.)

Vertriebswegepolitik

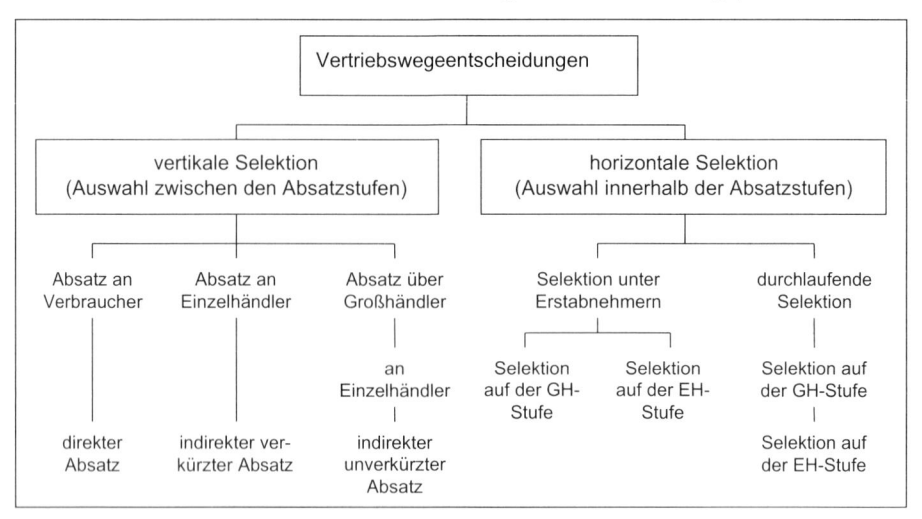

Abb. 2: Abnehmerselektionsentscheidungen in der Vertriebswegepolitik

```
                        Vertriebswegeentscheidungen
                       /                            \
          vertikale Selektion                    horizontale Selektion
    (Auswahl zwischen den Absatzstufen)     (Auswahl innerhalb der Absatzstufen)

   Absatz an    Absatz an    Absatz über       Selektion unter      durchlaufende
   Verbraucher  Einzelhändler Großhändler      Erstabnehmern        Selektion
                                    |
                                   an         Selektion   Selektion   Selektion auf
                              Einzelhändler   auf der GH- auf der EH- der GH-Stufe
                                    |         Stufe       Stufe
   direkter    indirekter ver- indirekter                             Selektion auf
   Absatz      kürzter Absatz  unverkürzter                           der EH-Stufe
                               Absatz
```

(Quelle: In Anlehnung an *Ahlert*, 1996, S. 154.)

Im Rahmen der Vertriebswegepolitik des Herstellers sind Entscheidungen zu treffen über

- die *Länge* des Vertriebsweges, d.h. die Anzahl der zwischen Hersteller und Verbraucher eingeschalteten Absatzstufen *(vertikale Selektion)*,
- die *Tiefe*, d.h. die Anzahl verschiedenartiger Typen von Handelsbetrieben auf jeder Absatzstufe, und *Breite* des Vertriebsweges, d.h. die Anzahl gleichartiger Verkaufsorgane innerhalb der einzelnen Typen von Handelsbetrieben *(horizontale Selektion)*, sowie
- das → *Vertriebssystem*, d.h. die Art der Zusammenarbeit zwischen dem Hersteller und den Wirtschaftssubjekten innerhalb des Vertriebsweges (vgl. *Abb. 2*).

Die Entscheidung über den Vertriebsweg kann entweder durch die Notwendigkeit der *Konstitution* neuer Vertriebswege oder durch die *Reorganisation* vorhandener Vertriebswege als Konsequenz ihrer bisherigen Erfolge bzw. Misserfolge ausgelöst werden. Bei der Festlegung der Vertriebswege orientiert sich der Hersteller an folgenden distributionspolitischen Zielgrößen:

(1) Grad der Funktionserfüllung der verschiedenen Absatzorgane

- Quantität der ausgeübten → Handelsfunktionen
- Qualität der ausgeübten Handelsfunktionen

(2) Absatzkanalspezifische Erträge und Kosten

- Absatzvolumen
- erzielbare Absatzpreise
- Absatzstruktur (sachliche Zusammensetzung und Bestellrhythmus)
- Kosten des Aufbaus und der Änderung eines Vertriebsweges
- mit der Belieferung verbundene Kosten
- vertriebswegespezifische Marktbearbeitungskosten

(3) Marktpräsenz und Absatzsicherung

- → Distributionsdichte
- → Distributionsgrad
- Wachstumspotenzial der Absatzmittler
- Bezugstreue der Absatzmittler

(4) Image des Absatzkanals

- Image der Einkaufsstätte
- Image der → Vertriebslinie

(5) Flexibilität des Absatzkanals

- Aufbaudauer
- Anpassungsfähigkeit der Absatzmittler
- Barrieren der Reorganisation eines Vertriebsweges

(6) Beeinflussbarkeit des Absatzkanals

- Relative Machtposition
- Kooperationsbereitschaft der Absatzmittler
- Bindungsmöglichkeiten

Diese distributiven Ziele leiten sich aus den allgemeinen → Marketingzielen ab und sind

Abb. 3: Einflussfaktoren absatzkanalpolitischer Entscheidungen

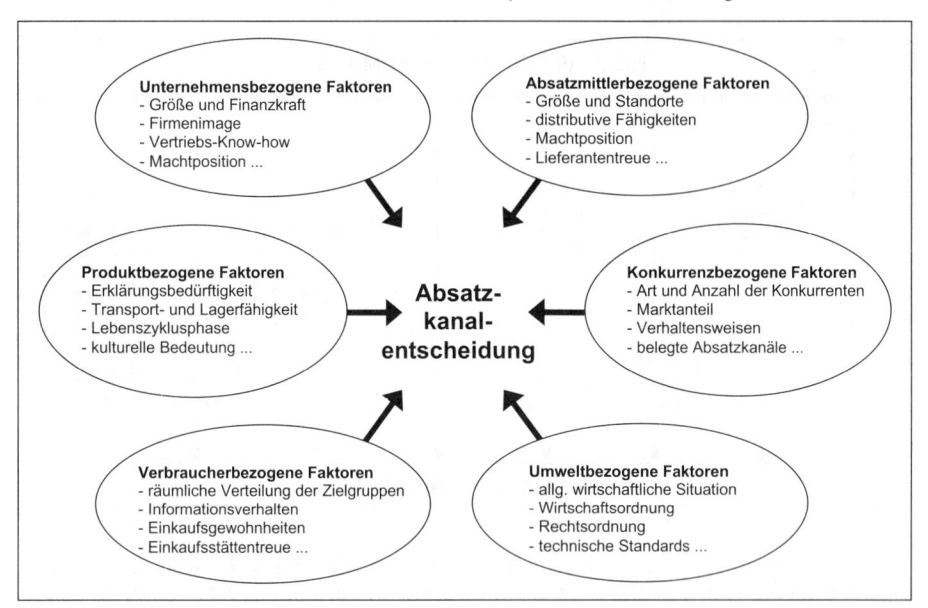

Unternehmensbezogene Faktoren
- Größe und Finanzkraft
- Firmenimage
- Vertriebs-Know-how
- Machtposition ...

Absatzmittlerbezogene Faktoren
- Größe und Standorte
- distributive Fähigkeiten
- Machtposition
- Lieferantentreue ...

Produktbezogene Faktoren
- Erklärungsbedürftigkeit
- Transport- und Lagerfähigkeit
- Lebenszyklusphase
- kulturelle Bedeutung ...

Absatzkanalentscheidung

Konkurrenzbezogene Faktoren
- Art und Anzahl der Konkurrenten
- Marktanteil
- Verhaltensweisen
- belegte Absatzkanäle ...

Verbraucherbezogene Faktoren
- räumliche Verteilung der Zielgruppen
- Informationsverhalten
- Einkaufsgewohnheiten
- Einkaufsstättentreue ...

Umweltbezogene Faktoren
- allg. wirtschaftliche Situation
- Wirtschaftsordnung
- Rechtsordnung
- technische Standards ...

wegen ihrer Komplexität nicht vollständig in eindimensionalen, quantitativen Größen wie etwa Umsatz, Deckungsbeitrag, Gewinn und Rentabilität messbar und müssen situationsspezifisch gewichtet herangezogen werden. Unter den dargestellten Zielgrößen spielen in der Praxis besonders *Distributionsdichte* und *Distributionsgrad* eine wichtige Rolle.

Beim Zielbildungsprozess sowie der Planung und Entscheidung über die Struktur der Vertriebswege sind über absatzmittlerbezogene Determinanten hinaus vielfältige unternehmungsinterne und -externe Einflussfaktoren zu berücksichtigen (vgl. *Abb. 3*).

Bei der Entscheidung über die Länge des Vertriebsweges (vertikale Selektion) unterscheidet man zwischen ① direktem, ② verkürztem indirekten und ③ unverkürztem indirekten Vertriebsweg (vgl. *Abb. 4*). Dabei bestimmt der Hersteller nicht nur, ob die Produkte an den → Großhandel und/oder → Einzelhandel abgesetzt werden, sondern er legt auch fest, welche unternehmungseigenen und -fremden → Verkaufsorgane eingeschaltet werden sollen.

Unternehmungseigene Verkaufsorgane sind wirtschaftlich in die Organisation des Herstellers eingebunden. Hierzu zählen z.B. Geschäftsführung, Verkaufs- bzw. Vertriebsabteilung, eigene Verkaufsniederlassung, Verkaufsreisender, Verkaufsfahrer usw. *Unternehmungsfremde Verkaufsorgane* sind rechtlich und wirtschaftlich selbständige Wirtschaftssubjekte, die mehr oder weniger stark an die Weisungen des Herstellers gebunden sind, wie z.B. Kommissionäre, → Handelsmakler und → Handelsvertreter.

Beim *direkten Vertrieb* verzichtet der Hersteller darauf, Groß- und Einzelhändler in die Absatzkette einzubeziehen. Im Außenhandel spricht man auch dann von direktem Vertrieb, wenn zwar keine Handelsbetriebe im Inland, möglicherweise aber im Exportland beteiligt werden.

Beim *verkürzten indirekten Vertrieb* wird entweder auf den Groß- oder den Einzelhandel im Absatzkanal verzichtet. Letzteres ist ein typisches Merkmal im Bereich weiterverarbeitender Verbraucherbetriebe.

Beim *unverkürzten indirekten Vertrieb* sind vielfältige Erscheinungsformen anzutreffen. Im Normalfall wird an den Großhandel abgesetzt, der seinerseits den Einzelhandel beliefert. Teilweise erfolgt der Vertrieb über mehrere Großhandelsstufen (Zentralgroßhandel, Sortimentsgroßhandel, Spezialgroßhandel etc.). Unverkürzter indirekter Vertrieb liegt auch beim → *Strecken-*

Abb. 4: Vertriebswege und Verkaufsorgane

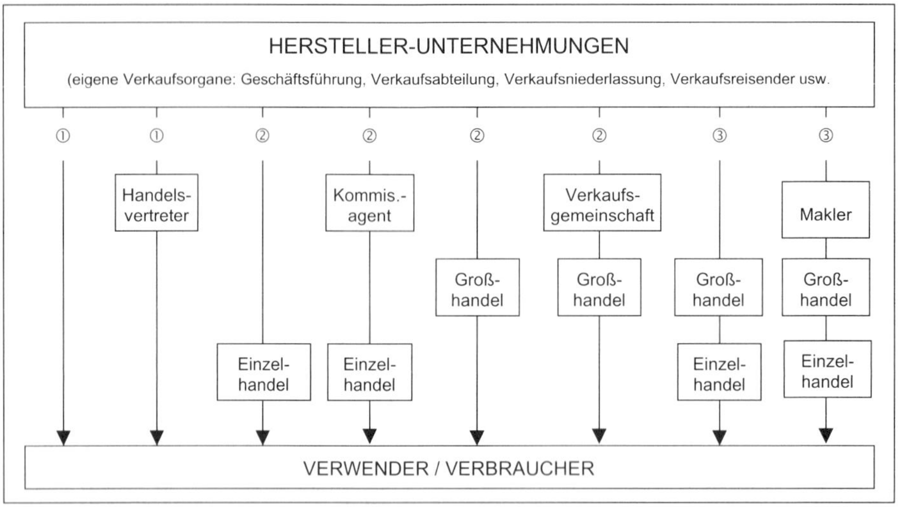

```
                    HERSTELLER-UNTERNEHMUNGEN
    (eigene Verkaufsorgane: Geschäftsführung, Verkaufsabteilung, Verkaufsniederlassung, Verkaufsreisender usw.

      ①      ①      ②      ②      ②      ②      ③      ③

           Handels-      Kommis.-         Verkaufs-              Makler
           vertreter     agent            gemeinschaft

                                Groß-    Groß-    Groß-    Groß-
                                handel   handel   handel   handel

                  Einzel-  Einzel-                  Einzel-  Einzel-
                  handel   handel                   handel   handel

                         VERWENDER / VERBRAUCHER
```

geschäft vor, wenn der Großhändler zwar Eigentum an der Ware erwirbt, der Hersteller diese aber direkt an den Einzelhändler liefert. Die Funktion des Großhandels besteht dann vor allem in der Zentralregulierung und in der Übernahme des Delkredere. Innerhalb jeder Absatzstufe müssen im Rahmen der *horizontalen Selektion* Breite und Tiefe des Vertriebsweges nach drei Prinzipien festgelegt werden: → *Universalvertrieb*, → *Selektivvertrieb* und → *Exklusivvertrieb*. Wenn der Hersteller keine Auswahl zwischen den Händlern trifft und die Anzahl der belieferten Händler nur durch deren Aufnahmebereitschaft bestimmt wird, so liegt Universalvertrieb vor (*intensive* Distribution). Der Hersteller verfolgt mit dieser Form des Vertriebs das Ziel der Überallerhältlichkeit (→ Ubiquität) seines Produktes und strebt im Extremfall eine Distributionsdichte von 100% an. Begrenzt der Hersteller dagegen die Anzahl der Handelsbetriebe nach qualitativen Gesichtspunkten, dann wird von Selektivvertrieb gesprochen (*selektive* Distribution). Der Exklusivvertrieb ist ein Spezialfall des Selektivvertriebs, da neben die Selektion nach qualitativen Kriterien noch die Selektion nach quantitativen Kriterien tritt (*exklusive* Distribution). Weil auf jeder Handelsstufe zwischen Universal-, Selektiv- und Exklusivvertrieb gewählt werden kann, ergeben sich mehrere kombinierbare Abnehmerselektionskonzepte im Sinne ein- oder mehrstufiger Vertriebssysteme (vgl. *Abb. 5*).

Die Ausschaltung von Groß- und Einzelhandel führt zum direkten Vertrieb; bspw. durch → E-Commerce, → Katalogverkauf oder eigene → Factory Outlets (Feld 1). Bei Ausschaltung einer Handelsstufe spricht man von einstufigen Vertriebssystemen (Felder 2, 3, 4, 5, 9, 13). Die Diagonalfelder 6, 11, 16 ergeben Basistypen mehrstufiger Distributionssysteme, wobei je nach distributionspolitischen Zielsetzungen eine intensive (Feld 6), selektive (Feld 11) oder exklusive Distribution (Feld 16) durch entsprechende Vertriebssysteme auf allen Handelsstufen angestrebt wird. Die gemischten zweistufigen Vertriebssysteme sind in der Praxis eher selten anzutreffen. Tendenziell gelingt es Herstellern eher solche Vertriebssysteme zu implementieren, bei denen die Selektion bereits auf der Großhandelsstufe erfolgt (Felder 7, 8, 12, 15). Wohingegen die Durchsetzbarkeit der Systeme 10, 14 aus Herstellersicht besonders davon abhängt, inwieweit der Großhandel im Rahmen einer *durchlaufenden Selektion* wirksam zu einer selektiven Belieferung der Einzelhandelsstufe durch ein → *Vertriebsbindungssystem* verpflichtet werden kann.

Mit den Entscheidungen über die Dimensionen des Vertriebsweges (Länge, Breite, Tiefe, Form der Zusammenarbeit) geht die Aufspaltung des gesamten (ggf. mehrstufigen) Absatzmarktes in additive und/oder alternative Segmente einher. Während bei der *additiven* Segmentbildung grundsätzlich alle Segmente nebeneinander beliefert werden können, ist bei der *alternativen* Segmentbildung die Selektion des einen Segmentes zwangsläufig mit der Exklusion der anderen Segmente verbunden. So kann ein Hersteller bspw. vor der Wahl stehen, sich zwischen folgenden alternativen Segmenten von Direktabnehmern entscheiden zu müssen:

- Segment A: nur Großhändler
- Segment B: nur Einzelhändler
- Segment C: nur Verbraucher
- Segment D: Großhändler und Einzelhändler
- Segment E: Einzelhändler und Großverbraucher etc.

In der Praxis wird die Aufspaltung in alternative Segmente zumeist von einer Aufspaltung in additive Segmente überlagert. Denkbar ist z.B., dass der gesamte Absatzmarkt zunächst nach geographischen Gesichtspunkten in *additive* Segmente unterteilt wird (Region I, II, etc.), innerhalb derer dann jeweils separat zwischen *alternativen* Segmenten zu wählen ist. In diesem Beispiel könnte dann in Region I nur an Großhändler, in Region II an Großhändler und Einzelhändler und so weiter abgesetzt werden. Das Ergebnis dieser Entscheidungen über die Vertriebswegestruktur kann ein *einglei-siger* oder → *mehrgleisiger Vertrieb* (→ Parallelvertrieb) sein.

Zwischen der Entscheidung über die Festlegung des Vertriebsweges und der Akquisition der am Vertrieb eines Produktes ausgewählten Wirtschaftssubjekte besteht ein unmittelbarer, in beide Richtungen wirkender Zusammenhang. Zum einen kann der Einsatz der Akquisitionsinstrumente, insbesondere wenn er nach Händlergruppen differenziert wird, erhebliche selektive Wirkungen entfalten. Dies kann so weit gehen, dass die akquisitorische Differenzierung bewusst als ein Mittel der Händlerselektion eingesetzt wird, wenn andere Mittel – etwa aus rechtlichen Gründen – versagen, um unerwünschte Abnehmer auszuschalten.

Zum anderen können von dem Konzept einer strengen Selektion Anreize für die umworbenen Wirtschaftssubjekte ausgehen, sich in den Vertriebsweg des Herstellers einzuschalten. Diese Wirkung ist vor allem bei jenen Produkten anzunehmen, bei denen die Verbraucher keine Überallerhältlichkeit erwarten und die für den Handel sortimentspolitisch umso erstrebenswerter werden, je geringer die Anzahl der sie vertreibenden Handelsbetriebe ist.

Strebt ein Hersteller dagegen unter Missachtung solcher produkt- und einkaufsstättenspezifischen Gründe einen eher ubiqui-

Abb. 5: Ein- und mehrstufige Vertriebssysteme

Einzelhandelsstufe \ Großhandelsstufe	Ausschaltung des Großhandels	Universalvertrieb auf der GH-Stufe	Selektivvertrieb auf der GH-Stufe	Exklusivvertrieb auf der GH-Stufe
Ausschaltung des Einzelhandels	(1) direkter Vertrieb	(2) (U)	(3) (S)	(4) (E)
Universalvertrieb auf der EH-Stufe	(5) (U)	(6) (U) (U)	(7) (S) (U)	(8) (E) (U)
Selektivvertrieb auf der EH-Stufe	(9) (S)	(10) (U) (S)	(11) (S) (S)	(12) (E) (S)
Exklusivvertrieb auf der EH-Stufe	(13) (E)	(14) (U) (E)	(15) (S) (E)	(16) (E) (E)

Legende: (U) = intensive Distribution (Universalvertrieb)
(S) = selektive Distribution (Selektivvertrieb)
(E) = exklusive Distribution (Exklusivvertrieb)
Bei zweistufigem Vertrieb wird immer zuerst die Großhandelsstufe angesprochen.

Lesebeispiel
Feld(7): Selektiver Vertrieb auf der Großhandelsstufe und intensiver Vertrieb auf der Einzelhandelsstufe.

(Quelle: In Anlehnung an *Ahlert,* 1996, S. 159.)

tär oder weniger streng selektiv ausgerichteten Vertrieb an, ist es möglich, dass die Realisation der Vertriebswegekonzeption an der mangelnden Bereitschaft der Händler zur Teilnahme an dem Vertriebssystem scheitert. H.Schr./D.A.

Literatur: *Ahlert, D.:* Distributionspolitik, 3. Aufl., Stuttgart, Jena, 1996. *Ahlert, D.; Schröder, H.:* Rechtliche Grundlagen des Marketing, 2. Aufl., Stuttgart u.a. 1996, S. 354-406, 419-441. *Specht, G.:* Distributionsmanagement, 3. Aufl., Stuttgart 1998.

Verwechslungsgefahr

Der Begriff der Verwechslungsgefahr ist für das gesamte Recht des → Kennzeichenschutzes von großer Bedeutung. Für den Firmennamen bestimmt § 30 HGB, dass jede → Firma sich von allen an demselben Ort bereits bestehenden und in das Handelsregister eingetragenen Firmen deutlich unterscheiden muss. Im → Markenrecht kann gegen die Benutzung identischer oder ähnlicher Marken gemäß § 29 MarkenG vorgegangen werden. Für den Bereich des → Wettbewerbsrechts ist § 16 → UWG von Bedeutung. Danach können → Unterlassungs- und Schadensersatzansprüche gegen denjenigen geltend gemacht werden, der im geschäftlichen Verkehr einen Namen, eine Firma oder die besondere Geschäftsbezeichnung eines Unternehmens in einer Weise benutzt, die geeignet ist, Verwechslungen hervorzurufen. Verwechslungsgefahr ist gegeben, wenn nach der → Verkehrsauffassung der Gesamteindruck der Kennzeichnung so ähnlich ist, dass ein nicht unerheblicher Teil der angesprochenen Verkehrskreise annimmt, sie würden aus einem Geschäftsbetrieb stammen, und zwar entweder wegen der klanglichen, bildlichen oder begrifflichen Verwechselbarkeit (unmittelbare Verwechslungsgefahr) oder weil die verschiedenen Kennzeichnungen einen übereinstimmenden, auf einen Geschäftsbetrieb hinweisenden Stammbestandteil haben (mittelbare Verwechslungsgefahr).

Grundsätzlich gilt: Dem Schutz des angegriffenen Wettbewerbers dient der Grundsatz der Priorität. Je bekannter eine Kennzeichnung ist, desto eher ist Verwechslungsgefahr anzunehmen. Der Schutzumfang der Marke ist also unterschiedlich, reicht für starke Marken weiter als für schwache. Nicht unterscheidungskräftige Bestandteile einer Kennzeichnung können, wenn sie sich nicht im Verkehr durchgesetzt haben, eine Verwechslungsgefahr nicht begründen. Sind ähnliche Zeichen Dritter vorhanden, so wird die Marke in ihrer Kennzeichnungskraft geschwächt. Eine Warengleichartigkeit wird nicht verlangt, wohl aber eine gewisse Waren- und Branchennähe. Eine Verwechslungsgefahr ist umso eher anzunehmen, je verwandter die Waren oder gewerblichen Leistungen sind, und sie ist umso eher zu verneinen, je weiter der Warenabstand ist. Eine Wechselwirkung besteht zwischen dem Grad der Ähnlichkeit der Kennzeichnung, dem Maß ihrer Unterscheidungskraft und ihrer Verkehrsgeltung sowie dem Grad der Branchennähe oder -verschiedenheit. Weichen z.B. die Bezeichnungen nur geringfügig voneinander ab, so kann die Verwechslungsgefahr auch bei Waren zu bejahen sein, die sich wirtschaftlich entfernter stehen. Umgekehrt kann Verwechslungsgefahr auch vorliegen, wenn zwar die Bezeichnungen stärker voneinander abweichen, die Warengebiete aber umso verwandter sind. Bei völliger Branchenverschiedenheit wird Verwechslungsgefahr höchstens bei Bezeichnungen mit gesteigerter Verkehrsgeltung bestehen können.
H.-J.Bu.

Verweigerungsquote
→ Ausfallquote,
→ Stichprobenausfälle,
→ Non-Response-Problem

Verwenderlogik → Gebrauchsanweisung

Verwendungsbeschränkung
→ Abschlussbindungen

Verwerternachlass

ist ein Sondernachlass, der nach § 9 Nr. 1 RabattG zulässig ist für Personen, die die Ware oder Leistung in ihrer beruflichen oder gewerblichen Tätigkeit verwerten, sofern der Nachlass seiner Art und Höhe nach orts- und handelsüblich ist. Unter diesen Voraussetzungen liegt ein Verstoß gegen das → Rabattgesetz nicht vor. H.-J.Bu.

Verzeichnisdienst
→ Web-Verzeichnisdienst

Vickrey-Auktion → Auktionen

Vier-Augen-Prinzip → Preisorganisation

View Time

ist eine Maßzahl der → Mediaanalyse im Internet und kennzeichnet die Nutzungsdauer eines Werbeträgerkontaktes. Sie definiert damit die Zeit pro → Visit.
Erhebungstechnisch ist die Maßzahl kritisch zu betrachten, da die bisherigen Techniken nur auf der Basis von → Java-Skript funktionieren, was nur begrenzt interpretierbar und vom Benutzer abschaltbar ist.

Vignette → TV-Spot

Viral Marketing

ist ein methodischer Ansatz der → Site-Promotion im → Online-Marketing und umfasst alle systematisch geplanten Maßnahmen zur Initiierung und Förderung der → Mund-Werbung im Internet. Die Möglichkeiten der Hypermedialität und die Einfachheit des Informationsaustausches bieten hierbei die idealen Voraussetzungen für die Verbreitung von → Kundenempfehlungen und erinnern an die Ausbreitung eines Virus, woran sich auch die Namensgebung dieser Methodik orientiert. Das Ziel des Viral Marketing liegt in der aktiven Weiterempfehlung der Online-Plattform, der elektronischen Service- bzw. Produktangebote oder des Markennamens in der privaten Kommunikation zwischen Kunden, ohne dass hierfür zusätzliche Anstrengungen durch das werbetreibende Unternehmen unternommen werden. Hierzu bieten sich z.B. Empfehlungsformulare, mit denen Kunden den Dienst oder Service an Bekannte empfehlen können, kostenlose Software mit einzigartigem Nutzwert für die jeweilige Zielgruppe oder Anreizsysteme wie → Affiliate-Programs oder Bonusprogramme an. B.Ne.

Virtual Community

ist eine von einem Virtual Community Organizer (VCO) betriebene Online-Gemeinschaft, deren Mitglieder untereinander stabile Beziehungen eingehen und zu einem bestimmten Themenkomplex interagieren (bspw. ein Forum für Softwareanwender). Auf diese Weise können im → Beziehungsmarketing des → E-Commerce die soziale Kundenbindung erhöht und individuelle Präferenzprofile gewonnen werden. Der VCO stellt die zur Online-Kommunikation notwendige technische Plattform (z.B. → Chat, → Newsgroup) zur Verfügung und legt den thematischen Rahmen der Virtual Community (VC) fest. Er hat somit maßgeblichen Einfluss auf die Ausrichtung und Kommunikation in der VC.
Grundlegend sind nicht-kommerzielle von kommerziellen VCs zu unterscheiden, wobei Letztere wiederum nach von Anbietern abhängige und unabhängige VCs differenziert werden können. Abhängige VCs stellen eine Form von Online-Kundenclubs dar, während unabhängige VCs die Funktion eines Agenten der Gemeinschaftsmitglieder ausüben (Handelsfunktion). Maßgeblich für VCs ist das Vorhandensein stabiler kundeninterner Interaktion, so dass die alleinige Bereitstellung von Kommunikationsmöglichkeiten durch den VCO nicht konstituierend ist. R.Wei./J.Mey.

Literatur: *Weiber, R.*: Der virtuelle Wettbewerb, Wiesbaden 2000. *Weiber, R.; Meyer, J.*: Der Einsatz Virtueller Gemeinschaften im Marketing, Arbeitspapier Nr. 10 des Lehrstuhls für Marketing der Universität Trier, Trier 2000.

Virtuelle Bank

besondere Form der → Direktbank. Sie besitzt die wesentlichen Merkmale einer Direktbank, wie das Fehlen von → Bankzweigstellen, einen eigenen Marktauftritt sowie die Beschränkung des Leistungsangebotes (→ Banksortimentspolitik) entsprechend den Möglichkeiten des direkten Vertriebskanals. Gegenüber den klassischen Direktbanken unterscheidet sich die Virtuelle Bank dadurch, dass sie ausschließlich das → Internet oder → Online-Dienste als Vertriebskanal nutzt.
Das Endstadium der Virtuellen Bank ist dann erreicht, wenn der Kunde das Geldinstitut im Prinzip nur noch als eine Palette von Dienstleistungen wahrnehmen wird und nicht mehr als physisch vorhandene Einrichtung. Die Kunden erwarten nur, dass die Bank in der Lage ist, alle gewünschten Dienstleistungen zu erbringen.
Die *Security First Network Bank* (USA) bietet seit Oktober 1995 ihren Vollbankservice ausschließlich über das Internet an und gilt somit als erste Virtuelle Bank. Mit der NetBank, einer Tochter der Sparda-Banken, existiert seit April 1999 die erste Virtuelle Bank in Deutschland, die ausschließliche Geschäfte über das Internet abwickelt. O.B.

Literatur: *Betsch, O.*: Vom stationären Vertrieb zur virtuellen Bank?, in: *Hummel, D.; Bühler, W.; Schuster, L.* (Hrsg.): Banken in globalen und regionalen Umbruchsituationen, Stuttgart 1997, S. 707-722. *Bullinger, H.-J.; Clauss, W.*: Wie kommt die virtuelle Bank? Kundennähe neu definiert, in: *Betsch, O.; van Hooven, E.; Krupp, G.* (Hrsg.): Handbuch Privatkundengeschäft, Frankfurt 1998, S. 949-964. *Wings, H.*: Digital Business in Banken, Wiesbaden 1999.

Virtuelle Mall (Electronic Mall)

Zusammenfassung verschiedener Geschäfte aus dem Internet zu einem virtuellen Shopping Center. Die Produkte können dann in der Regel direkt online gekauft werden. In der einfachsten Form stellt eine virtuelle Mall lediglich eine Linksammlung zu den einzelnen Shops mit ihren Produkten (Bücher, Reisen, etc.) dar. Folglich ist ein entscheidendes Erfolgskriterium für eine virtuelle Mall, dass diese dem Kunden einen Zusatznutzen durch weitere Dienste schaffen kann. Ansonsten besteht für einen Kunden kein Grund, den Umweg über die Mall zu machen und nicht direkt auf die Seite des Shops zu gehen. Solch ein Zusatznutzen kann in der Form einer intelligenten Suchfunktion bzw. einem → Informations-Agenten liegen (z.B. „Preisalarm" bei www.myworld.de). Eine weitere Möglichkeit für einen Mehrwert beim Kunden würde die komplette Übernahme der Warenverkehrs- und Zahlungsabwicklung durch den Mall-Betreiber darstellen. Virtuelle Malls sind eine Form → Elektronischer Marktplätze, die bisher lediglich die Wissensphase und Absichtsphase anbieten. Ein wesentlicher Unterschied gegenüber „realen" Shopping Centern besteht darin, dass ein Anbieter eines elektronischen Shops sich sehr einfach in mehrere virtuelle Malls aufnehmen lassen kann. So könnte beispielsweise ein auf Souvenirs aus Frankfurt spezialisierter Anbieter eines elektronischen Shops gleichzeitig in einer virtuellen Mall für Anbieter aus dem Rhein-Main-Raum und in einer virtuellen Mall für bundesweite Anbieter von Souvenirs vertreten sein.

B.S./M.S.

Virtuelle Meinungsplattformen
→ Meinungsportale

Virtuelle Produktpräsentation

Mit Hilfe von → Mutimedia-Verfahren mögliche Vorführung und Simulation von Produktanwendungen in → virtueller Realität, z.B. beim Verkauf von Kraftfahrzeugen, Licht- und Einrichtungsgegenständen, Großanlagen etc. im Rahmen der verkäuferischen → Produktdemonstration. Der Interessent erhält dadurch einen erlebnisstarken und aktivierenden sowie dynamischen Eindruck von den Möglichkeiten des Produktes und den Wirkungen des Produktgebrauchs. Die Faszination virtueller Welten (z.B. Probefahrt eines Kfz im Simulator) reichert das Produkterlebnis an und stärkt den Markenauftritt. Virtuelle Produktpräsentationen sind Teil innovativer → POS-Informationssysteme.

Virtuelle Realität (Virtual Reality)

im → Online-Marketing mittels Computertechnologie erzeugte Konstruktion einer natürlichen oder fiktiven Welt. Virtual Reality bezeichnet eine interaktive, echtzeit- und immersionsfähige Anwendung, welche auf dreidimensionalen Computerdaten basiert.

– Die *Interaktivität* beinhaltet die Möglichkeit, die Anwendung unabhängig von vorgegebenen Ablaufschritten individuell zu steuern.
– Die *Echtzeitfähigkeit* beschreibt die Anforderung an die Abwicklung der Mensch-Computer-Interaktionen, dass der Ablauf der Mensch-Computer-Interaktionen vom Anwender als "natürlich" empfunden werden sollte.
– Die *Immersionsfähigkeit* beschreibt die Anforderungen an Hardwarekomponenten, welche das "Eintauchen" des Anwenders in den virtuellen Raum ermöglichen.
– Die *Dreidimensionalität* der Computerdaten beinhaltet die Notwendigkeit, alle Gegenstände im virtuellen Raum durch ihre drei Dimensionen zu beschreiben.

T.R.

Literatur: *Bauer, C.*: Nutzenorientierter Einsatz von Virtual Reality im Unternehmen, München 1996. *Hermanns, A.; Wißmeier, U.; Sauter, M.*: Einsatzmöglichkeiten der Virtual Reality im Marketing, in: DBW, 58. Jg. (2/1998), S. 176-188. *Wählert, A.*: Einsatzpotentiale von virtueller Realität im Marketing, Wiesbaden 1997.

Virtueller Handel
→ Electronic Shopping,
→ E-Commerce

Virtueller Markt → Marketspace

Virtuelles Lager

Computergesteuertes Logistiksystem, bei dem ein Händler nicht auf physisch vorhandene Warenbestände zurückgreift, sondern

Zugriff auf das Auftragsabwicklungs-System der Lieferanten hat und damit prüfen kann, welche Modelle er wann liefern kann. Sind Terminwünsche eines Kunden bei einem bestimmten Modell mit spezifizierten Produktmerkmalen nicht erfüllbar, können dem Kunden Alternativvorschläge für davon leicht abweichende Modellvarianten gemacht werden. Virtuelle Läger helfen, die z.T. ernormen Lagerkosten im industriellen Vertrieb zu senken und die Hineinverkaufs-Mentalität des Vertriebs zugunsten einer partnerschaftlichen Beziehung zu den Händlern abzulösen. Virtuelle Läger sind im Zusammenhang mit → Just-in-Time-Logistik im Vertrieb zu sehen, durch die z.B. im Automobilsektor 5% der Gesamtkosten eines Fahrzeuges eingespart werden können. Hauptursache dafür ist die „Atmende Fabrik", die ihre Produktion auf die Nachfrage sehr flexibel einstellt.

Virtuelle Unternehmen

sind flexible und dynamische Netzwerke voneinander unabhängiger Unternehmen, die sich auf Zeit zur Lösung eines bestimmten Kundenproblems zusammenschließen. Dem Kunden wird dabei das Leistungsangebot als einheitliches Produkt präsentiert, obwohl die Leistungserstellung von verschiedenen Netzwerkpartnern erbracht wird.
Virtuelle Unternehmen sind folglich durch eine Modularität, Heterogenität sowie die räumliche und zeitliche Verteiltheit charakterisiert: *Modularität* bezeichnet dabei die grundsätzlich kompositionelle Form der Leistungserstellung durch die Koordination und Zusammenführung einzelner Leistungselemente. Die *Heterogenität* weist auf die unterschiedlichen Kompetenzen der einzelnen Leistungspartner hin, die im Idealfall zu einer "Best of Everything-Organisation" führen soll. Die *Verteiltheit* zeigt an, dass die Leistungserstellung selbst zeitlich und räumlich auf die einzelnen Netzwerkpartner aufgeteilt ist.
Der Grund für die Entstehung von virtuellen Unternehmen ist einerseits in der Intensivierung des Zeit-, Qualitäts-, und Preiswettbewerbs zu sehen, der sich bspw. in einer steigenden Umweltdynamik, wachsenden Produktanforderungen, gesättigten Märkten sowie in der Globalisierung des Wettbewerbs manifestiert. Andererseits ist es durch den Preisverfall bei Informations- und Kommunikationstechnologien sowie durch die flächendeckende Ausbreitung der Kommunikationsnetze überhaupt erst möglich geworden, eine solche temporäre Kooperationsform aufzubauen und effizient zu koordinieren.
Die Vorteile virtueller Unternehmen sind vor allem in den geringen Overheadkosten, der Risikostreuung zwischen den Netzwerkpartnern, der flexiblen Handlungsfähigkeit, die auf keine unternehmerischen Altlasten Rücksicht nehmen muss und den geringen Zielkonflikten zu sehen, die in der gemeinsamen Ausrichtung auf das Kundenproblem begründet sind.
Allerdings birgt diese Kooperationsform auch einige Nachteile in sich. So ist mit einem hohen technischen Integrationsaufwand, technischen sowie persönlichen Kompatibilitätsproblemen, der Diffusion von Unternehmenswissen und daraus resultierendem Misstrauen sowie Akzeptanzproblemen im Unternehmen zu rechnen. Das Management ist hier mit einer anspruchsvollen Führungsaufgabe konfrontiert.
R.Wei./C.McL.

Literatur: *Picot, A.; Reichwald, R.; Wigand, R.T.:* Die grenzenlose Unternehmung, 3. Aufl., Wiesbaden 1998. *Wicher, H.:* Virtuelle Organisation, in: WISU, 25. Jg. (1996), S. 541–542.

Virtuelle Wertschöpfungsprozesse

Mit Hilfe der Informationstechnik können sowohl Prozessabläufe als auch ganze Leistungsergebnisse (Produkte) realitätsgetreu (→ Virtuelle Realität) im Computer abgebildet (*virtualisiert*) werden, *bevor* eine reale (physische) Leistungserstellung erfolgt ist. Nach erfolgter *Virtualisierung* beschreibt die virtuelle Wertschöpfung den Prozess der Informationsgewinnung und -verteilung, der sich in die Phasen des Sammelns, Systematisierens, Selektierens, Verdichtens und Verteilens von Informationen unterteilen lässt. Durch den virtuellen Wertschöpfungsprozess können Anhaltspunkte für z.B. Funktions-, Effizienz-, oder Akzeptanzverbesserungen gewonnen werden, die mögliche Quellen für die Schaffung von *Mehrwerten* für den Nachfrager darstellen. Diese können sich in dreierlei Form manifestieren:

– Verbesserung des bisherigen (physischen) Leistungsangebotes durch z.B. Funktionsverbesserungen;
– Verbesserung des bisherigen (physischen) Leistungsangebotes durch Zusatzangebote z.B. in Form zusätzlicher Informationsangebote;

– Angebot eigenständiger (virtueller) Leistungsangebote z.B. in Form von → Informationsprodukten.

Der virtuelle Wertschöpfungsprozess stellt einen zentralen Bestandteil eines wettbewerbsorientierten → Informationsmanagements dar. R.Wei.

Literatur: *Rayport, J.F.; Sviokla, J.J.*: Die virtuelle Wertschöpfungskette – kein fauler Zauber, in: Harvard Business Manager, Vol. 18 (1996), Heft 2, S. 104-113. *Weiber, R.*: Der Cyberspace als Quelle neuer Marktchancen, in: absatzwirtschaft, 40. Jg. (1997), Heft 8, S. 78-83. *Weiber, R.; Kollmann, T.*: Wertschöpfungsprozesse und Wettbewerbsvorteile im Marketspace, in: *Bliemel, F.; Fassott, G.; Theobald, A.* (Hrsg.): Electronic Commerce, 2. Aufl., Wiesbaden 1999, S. 47-62. *Weiber, R.*: Der virtuelle Wettbewerb, Wiesbaden 2000.

Vision

wichtiges Element im → strategischen Marketing, aber nicht gleichbedeutend mit Langfristzielen (z.B. Markt- oder Qualitätsführerschaft) oder auch → Corporate-Identity-Konzepten, sondern innovative und stark kreative Vorstellung von einer noch ausstehenden, im Prinzip aber realisierbaren Wirklichkeit (*Magyar*, 1989). Visionen haben deshalb stets den Charakter geistiger → Innovationen. Sie entstehen als Folge eines spontanen Einfalls oder durch Ideation, also durch bewusst durchlaufene kreative Prozessstufen.

Marketing-Visionen können sich insb. auf Produkte (z.B. selbststeuernder Verkehr), Marktprozesse (z.B. Individualisierung des Kundenkontaktes) oder Nutzenkonzepte (z.B. „Lernen im Schlaf") beziehen. Ihre Orientierungs-, Profilierungs-, Motivations- und Integrationsfunktion wird umso stärker wirken, je faszinierender die visionäre Idee ausfällt, je mehr Sinnvermittlung eine Vision leistet, je einfacher, verständlicher und bildhafter die Vision dargestellt werden kann und je neuartiger bzw. einmaliger sie erscheint.

Visionen lassen sich nicht erzwingen und entstanden bisher meistens nicht in Teamarbeit, sodass ein allzu schematisches Übertragen der → Kreativitätstechniken auf die Produktion von Visionen problematisch erscheint. Hilfreich bei der Ideation können innovative firmenspezifische Begriffe, Studium von Pionieren und Innovatoren, Verfolgen von (Mega-) Trends und Utopien sowie Toleranz gegenüber „Querdenkern" sein. K.M./H.D.

Literatur: *Berth, R.*: Management zwischen Vision und Mittelmäßigkeit. Schöpferische Produkt- und Firmenpolitik durch Marktfeldanalyse und Kreativtechnik, Stuttgart 1981. *Magyar, K.*: Visionen schaffen neue Qualitätsdimensionen! in: Thexis, Heft 6 (1989), S. 3-7.

Visionary Shopper

Methode der → Testmarktsimulation, die mit dem Ziel entwickelt wurde, den Verkaufsprozess virtuell nachzubilden, ohne einen realen Verkaufsraum zu nutzen (→ virtuelle Realität). Überprüft werden Veränderungen des Marketing Mix und von Neuproduktkonzepten. Vorteile gegenüber klassischen Methoden der Testmarktsimulation sind:

1. Simulation eines realen Verkaufsraums mit all seinen Einflüssen,
2. schnelle Veränderungen am Set sowie Interaktionen möglich,
3. Anwendung vor Fertigstellung erster Prototypen,
4. sehr flexibel, von Produkttests bis hin zur Feinabstimmung des Marketing Mix, anwendbar,
5. große Variationsmöglichkeiten für das Marketing,
6. keine Verwendung historischer Daten zur Prognose,
7. nicht Kaufabsichten, sondern das tatsächliche Verhalten der Konsumenten wird gemessen und
8. Fehler durch Interviewer und Kommunikationsprobleme der Testpersonen werden nahezu ausgeschlossen.

Die Vorteile dieser Technik sind ähnlich der des → Information Acceleration. Es werden keine physischen Modelle der Produkte, Werbeaufsteller etc. benötigt. Veränderungen an den Produkten, dem Werbematerial, den angezeigten Preisen, der Positionierung der Produkte in den Regalen etc. können flexibel und schnell am Computer durchgeführt werden. Es können sämtliche Variablen verändert werden, die sowohl das Verkaufsregal als auch das Testprodukt betreffen. Neben dieser Standardversion ermöglicht Visionary Shopper auch die Simulation verschiedener Verkaufsumgebungen.

V.T./M.Dr.

Literatur: *Burke, R.*: Virtual Shopping: Breakthrough in Marketing Research, in: Harvard Business Review, März-April, 1996, S. 120–131. *Needel, S.*: Virtuals Reality and Consumer Research. The future is here today, working paper, Advertising Research Foundation, 1996.

Visit

ist eine Kenngröße der → Mediaanalyse im Internet und definiert den Werbeträgerkontakt eines Internet-Angebots. Ein Visit bezeichnet einen zusammenhängenden Nutzungsvorgang (Besuch) einer Web-Site. Als Nutzungsvorgang zählt ein technisch erfolgreicher Seitenzugriff eines Internet-Browsers auf das aktuelle Angebot, wenn er von außerhalb des Angebotes erfolgt.

Sowohl bei der Zählung von → Page-Impressions wie auch von Visits sollten Zugriffe von Usern, welche die Anzeige von Graphiken abgeschaltet haben, sowie die Zugriffe von → Suchagenten möglichst nicht mitgezählt werden. Das → IVW-Verfahren schließt deshalb solche Zugriffe seit 6.8.99 aus.

Visualisierung

ist der Prozess oder die Tätigkeit, nichtvisuelle Informationen in visuelle Form zu überführen. Gegenstand der visuellen Darstellung sind Bilder, Bilderfolgen, visuelle Zeichen und Symbole.

Die Bedeutung der visuellen Kommunikation ist auf die gesteigerte Verarbeitungsgeschwindigkeit visueller Reize, die leichte Überschaubarkeit der Informationswerte sowie das hohe Aktivierungspotential von Bildern zurückzuführen (→ Bildkommunikation).

In der → Werbung dienen Visualisierungen daher der Aufmerksamkeitslenkung oder als Werbekonstanten in Form von Logos und Markenzeichen. Im Rahmen der Präsentation von Unternehmensdaten oder Forschungsergebnissen sollten Visualisierungen textuelle Aussagen veranschaulichen (→ Datenanalyse). B.Sa.

Literatur: *Huth, R.; Pflaum, D.:* Einführung in die Werbelehre, Stuttgart 1996. *Zelazny, G.:* Wie aus Zahlen Bilder werden, Wiesbaden 1999.

Visual merchandising

Variante der → Warenpräsentation, bei der die Ware den Kunden so dargeboten wird, dass sie sich selbst – ohne unterstützende Argumentation eines Verkäufers – dem Kunden anbietet. Visual merchandising vermittelt also durch visuelle Stimuli (→ Bildkommunikation) den Grund- und/oder Zusatznutzen der Ware, z.B. die besondere Materialqualität, den Prestigecharakter, die Farbharmonie oder die Praktikabilität bzw. den life style, die Ästhetik oder die Gesundheit bestimmter Artikel.

Erreicht wird dies insb. durch

- frontale Warenpräsentation
- Kombipräsentationen
- auffällige Möblierung (witzig, edel, bunt etc.)
- themenbezogene Aufteilung der Ladenflächen (→ Ladengestaltung)
- dekorative Elemente, z.B. Blumen, Großbildwände, etc.
- Aktionen (z.B. Modenschauen, Vorführung von Qualitätsprüfständen etc.)
- Massierung der Ware nach Farben, Marken, Modellen
- Displays mit Hinweisen auf Werbeartikel etc.

Die Techniken des visual merchandising erzeugen beim Kunden jene Aufmerksamkeit, die bei traditionellen Verkaufstechniken durch den Verkäufer bewirkt werden mussten. Sie sind jedoch effizienter, weil sie die Gefahr von → Reaktanz vermeiden (der Kunde empfindet es eher als angenehm, Warenerlebnisse vermittelt zu bekommen). Visual merchandising erzeugt innere Bilder, Faszination und vermittelt emotionale Kommunikationsinhalte, die zur Realisation des → Erlebnismarketing im Handel wesentlich beitragen können. H.D.

Visual Transfer Effekt
→ Hörfunkwerbung

Visuelle Kommunikation
→ Bildkommunikation

Vividness

Klarheit und Lebendigkeit von Gedächtnisbildern, die für die Verhaltenswirkung der → Bildkommunikation wesentlich ist.

VMI-Marketingmodell
→ Verbandsmarketing

VMÖ (Verband der Marktforscher Österreichs)
→ Marktforschungsverbände

VOB, Verdingungsordnung für Bauleistungen

Zum Teil mit den → VOL identische, speziell auf die Verhältnisse bei öffentlichen Bauaufträgen ausgerichtete Vorschriften zur Auftragsvergabe und –abwicklung.

VOL (Verdingungsordnung für Leistungen)

Verwaltungsrichtlinien für → Vergabeverfahren bei öffentlichen Aufträgen. Sie enthalten im Teil A die einzelnen Vergabeverfahren, deren Anwendungsbereiche und Abläufe, im Teil B Bedingungen für die Ausführung der Leistungen. Bei Bauaufträgen gilt die → VOB.

Vollerhebung

die Erfassung aller Elemente der → Grundgesamtheit (im Unterschied zur → Stichprobe bzw. Teilerhebung).

Vollkommener Markt → Markttypologie

Vollkompensation

Form des → Kompensationsgeschäftes, bei dem die gelieferte Ware ausschließlich durch Realgüter abgegolten wird.

Vollprofil-Verfahren
→ Conjoint-Analyse

Vollsortiment

Ein Vollsortiment deckt i.d.R. zumindest ein bestimmtes Branchensortiment und damit einen bestimmten Bereich des Bedarfs der Verbraucher ab (Essen und Trinken, Bekleidung, Wohnen). Es ist mehr breit als tief. Gegensatz: → Fachsortiment.

Voranfrage
→ Vertragsphasen,
→ Anlagengeschäft

Vorbild, soziales (soziales Modell)

Bezugsperson oder → Sozialisator, deren (dessen) → *sozialer Einfluss* bzw. deren (dessen) *soziale Macht* konforme Verhaltensweisen erzeugt. Vorbild kann eine konkrete Person sein (z. B: Mutter eines Kindes, die bekannte Sportlerin X) oder von einem Personentyp repräsentiert werden (der Arzt, der Wissenschaftler usw.).

Vorentwicklung

als Teil der → Forschung und Entwicklung (FuE) hat Vorentwicklung (VE) bzw. Vorausentwicklung die Aufgabe, Technologien anwendungsorientiert auszuentwickeln. VE reicht von der Prüfung der technischen Umsetzbarkeit neuer Technologien in Produkte und Produktionsprozesse über die Definition grundsätzlicher Produkt- und Prozesskonzepte bis zur Erbringung von Funktionsnachweisen durch den Bau von Prototypen und Funktionsmustern. Sie zielt nicht unmittelbar, sondern mittelbar auf produzierbare und verkaufsfähige Produkte ab. Hauptziel der Vorentwicklung ist die Entwicklung funktionsfähiger Prototypen und Funktionsmuster für Ein-Teil-Komponenten, Baugruppen, Module, Teilsysteme, Einzelaggregate und Systeme. In der Vorentwicklung werden Produkt- und Prozesskonzepte für die nächste und übernächste Produktgeneration zur technischen Reife gebracht. Die Bedeutung der Vorentwicklung nimmt zu, weil der zunehmende Innovationsdruck eine störungsfreie, schnelle Produkt- und Prozessentwicklung (PPE) erfordert. Mit VE können Kosten-, Zeit- und Qualitätsrisiken in der PPE gesenkt werden. VE sorgt primär für eine Erhöhung der Innovationsgeschwindigkeit. G.Sp.

Vorher-Nachher-Messung → Experiment

Vorhersagevalidität → Validität

Vorkalkulation → Preiskalkulation

Vormusterung → Musterung

Vorratergänzung → Bestelldoktrinen

Vorratskosten

entstehen auf verschiedenen Ebenen im Unternehmen und durch verschiedenartige Entscheidungen unterschiedlicher Tragweite (→ Logistik-Kosten).
In hierarchischer Gliederung sind dies Kosten der
- *Bereitstellung* von Lager-, Umschlag- und Bestellkapazitäten infolge der Entscheidung, überhaupt Vorräte zu führen („Bereitschaftskosten": Löhne, Gehälter, Mieten, Leasingraten, Abschreibungen)
- *Bevorratung* (Handel: Listung) eines *bestimmten* Artikels („Durchsatzkosten": direkte Kosten für Qualitätskontrolle, Ein-, Um-, Auslagerung, Etikettierung, Kommissionierung, Bestandsführung)
- *Bestellung/Vorratsergänzung* („Aktivitätskosten": direkte Kosten der Angebotseinholung, ggf. Lieferantenwahl, Mengenplanung – *unabhängig* von der Bestellmenge)
- *Lagerung* von Bestellmenge und → Sicherheitsbestand („Niveaukosten": direkte Kosten der Lagerhaltung; Abgel-

tung von Vorratsrisiken wie Beschädigung, Schwund, Obsoleszenz; Kosten der → Kapitalbindung; sofern mengenabhängig: Stückpreise)
- *Lieferunfähigkei*t („Fehlmengenkosten": direkte Verluste pro infolge Lieferunfähigkeit nicht abgesetztes Stück; relevant für die Optimierung des → Servicegrads bei Fehlmengen-Verlust, → Sicherheitsbestand).

Für die Entscheidung über den *Umfang* x oder die *Reichweite* t einer fälligen Vorratsergänzung genügt ein Abgleich der mit der einzelnen Bestellung verbundenen Aktivitäts-, Niveau- und ggf. Fehlmengenkosten (→ Bestelldoktrinen). Bei der Entscheidung über die *Bevorratung* eines Guts sind Durchsatzkosten pro Planperiode mit zu berücksichtigen.

In beiden Fällen ist zu prüfen, ob die vorhandenen Kapazitäten ausreichen. Ist dies nicht der Fall, treten an die Stelle der aus Zahlungen abgeleiteten („pagatorischen") Kosten *Knappheits*preise, d.s. kalkulatorische Kosten der Beanspruchung von Engpasskapazitäten. Sie dienen der ökonomischen Aufteilung (Allokation) knapper Kapazitäten auf die verschiedenen Vorratsgüter.

Die durch Engpässe verursachten zahlungswirksamen Mehrkosten pro Planperiode – d.s. die mit Beseitigung des Engpasses tatsächlich erzielbaren Einsparungen – liefern Anhaltspunkte dafür, ob eine Erweiterungs- und/oder Rationalisierungsinvestition angezeigt ist.

Eine ausschließlich mit Knappheitspreisen operierende Vorratspolitik beschränkt sich auf die optimale Bewirtschaftung eines Mangels, ohne die Rentabilität seiner Beseitigung ins Auge zu fassen. K.Z.

Literatur: *Schneeweiß, C.A.:* Modellierung industrieller Lagerhaltungssysteme, Berlin etc. 1981. *Zoller, K.:* „Effiziente Bestellpolitiken in Mehrprodukt-Lägern", Proceedings in Operations Research, Bd. 9, Würzburg, Wien 1980, S. 79-85.

Vorratslager → Depot

Vorratspolitik
→ Bestelldoktrinen,
→ Servicegrad

Vorratszeichen → Markenrecht

Vorspannangebot

Das Wesen von Vorspannangeboten i.S. des → UWG besteht darin, dass neben einer marktüblich angebotenen Hauptware eine andere Nebenware, die meist betriebs- oder branchenfremd ist, zu einem besonders günstig erscheinenden Preis angeboten, jedoch nicht ohne die Hauptware abgegeben wird (→ Preisbündelung). Bevorzugt wird diese Methode vornehmlich beim Vertrieb von Hauptwaren, die in ihrer Zusammensetzung, Angebotsform und Qualität (auch im Preis) für den Kaufentschluss kaum wesentliche Unterschiede aufweisen (sog. homogene Güter). Auf solchen Märkten können Umsatzsteigerungen i.a. nur durch besondere Werbeanstrengungen erreicht werden, die das einzelne Angebot von den Übrigen abheben. Beim Vorspannangebot soll dies dadurch erreicht werden, dass der Käufer von der Nebenware ausgeht und die Hauptware ohne nähere Prüfung und ohne Abwägung gegenüber Waren, die mit ihr konkurrieren, mitgekauft wird.

Wirtschaftlich soll der Kunde den Eindruck einer besonderen Vergünstigung i.S. einer unentgeltlichen → Zugabe erhalten, ohne dass es sich rechtlich um eine Zugabe handelt, weil für die Nebenware regelmäßig ein – wenn auch niedriger – Preis verlangt wird. Nach der Rechtsprechung verstoßen Vorspannangebote, bei denen die vorgespannten Waren betriebs- oder branchenfremd sind, grundsätzlich gegen § 1 → UWG, da sie einen starken Anlockeffekt haben und den Kunden dadurch unsachlich beeinflussen.

Die Rechtsprechung geht bei ihrer Ablehnung der Vorspannangebote davon aus, dass die Aufmerksamkeit des Kunden von der Prüfung der Hauptware, ihrer Qualität und Preiswürdigkeit und von sonstigen für den Kaufentschluss maßgeblichen Umständen in unangemessener Weise abgelenkt wird. Sie beanstandet den ungekoppelten Verkauf von preisgünstigen Nebenwaren wettbewerbsrechtlich nicht, weil die für die Wettbewerbswidrigkeit einer Warenkoppelung maßgebenden Gesichtspunkte durch den Fortfall der Koppelung regelmäßig nicht mehr zum Tragen kommen (→ Koppelungsgeschäfte). Die Rechtsprechung geht davon aus, dass ein aufgeklärter Verbraucher sich nur ausnahmsweise moralisch verpflichtet fühlen wird (i.S. eines → Kaufzwanges), neben der verlockenden Nebenware auch sonstige Artikel des Hauptsortiments zu erwerben. H.-J.Bu.

Vorsteuerabzug → Umsatzsteuer

Vorteilsstrategie
→ Preis-Qualitäts-Strategie

Vorwahl
zwischen → Selbstbedienung und Bedienung angesiedeltes Absatzverfahren im → Einzelhandel, bei dem sich der Kunde selbst über das Warenangebot informiert und das Bedienungspersonal nur die Aufgabe hat, Zweifel zu klären und den Kauf zum Abschluss zu bringen.

Vorwärtsintegration
→ Diversifikation,
→ Wachstumsstrategie

Vorzeichentest
vergleicht für zwei verbundene Stichproben die Verteilungen der zugrunde liegenden Merkmale X, Y bezüglich ihrer Lage, indem er die Wahrscheinlichkeiten der Ereignisse $x < y$ bzw. $x > y$ zueinander in Bezug setzt. Sinnvollerweise muss dazu mindestens ordinales Messniveau der Daten vorliegen. Der Test könnte bspw. zum Vergleich der Zahnpasta-Verbrauchsmengen zweier Vergleichsmonate bei 20 Panelhaushalten herangezogen werden. Bei einem Stichprobenumfang n erhält man n Paare von Realisationen $(X_1, Y_1), \ldots, (X_n, Y_n)$ der Stichprobenvariablen (X_i, Y_i). Vorauszusetzen ist ferner die Unabhängigkeit der Differenzen $D_i = Y_i - X_i$, $i = 1, \ldots, n$. Die Hypothesen bei zweiseitiger Formulierung lauten [*Büning/Trenkler* (1994), S. 167]:

H_0: $P(X<Y) = P(X>Y)$
H_1: $P(X<Y) \neq P(X>Y)$

Aber auch einseitige Hypothesen können durch den Vorzeichentest überprüft werden. Als Teststatistik dient die Häufigkeit der Ereignisse $X_i<Y_i$, d.h. man bestimmt die Anzahl t der Differenzen $y_i - x_i$ mit positivem Vorzeichen. Ferner bezeichnet man mit m die Anzahl der Paare (x_i, y_i) mit $y_i = x_i$. Die Nullhypothese wird (im zweiseitigen Fall) zum → Signifikanzniveau α verworfen, wenn der berechnete Wert der Prüfgröße t kleiner gleich dem $\alpha/2$ → Fraktil oder größer gleich dem $(1 - \alpha/2)$-Fraktil der Binomialverteilung mit Parametern $n - m$ und $p = 0{,}5$ ist. Diese Verteilung ist etwa bei *Büning/Trenkler* (1994) für $n - m \alpha 20$ vertafelt. Für größere n-m ist die Prüfgröße approximativ normalverteilt mit Erwartungswert gleich Standardabweichung gleich $(n-m)/2$. Die Nullhypothese wird dann zum Niveau α verworfen, wenn gilt:

$$\left|2t - n + m\right| \Big/ \sqrt{n-m} \geq x_{1-\alpha/2}$$

Mit $x_{1-\alpha/2}$ wird dabei das $(1 - \alpha/2)$-Fraktil der Standardnormalverteilung bezeichnet.

T.B./M.MB.

Literatur: *Büning, H.; Trenkler, G.*: Nichtparametrische statistische Methoden, 2. Aufl., Berlin, New York 1994.

Vpn
in der (experimentellen) → Marktforschung und der → Datenanalyse übliche Abkürzung für Versuchsperson, wobei gelegentlich auch Befragte als Versuchspersonen interpretiert werden.

VPöA → Preisverordnungen

W

Wachstumspotenzial → Marktwachstum

Wachstumsstrategie

Für viele Unternehmen ist Wachstum notwendig zum Überleben, um interne Organisationsveränderungen und Anpassungen an den Markt leichter durchzuführen (→ Marketingziele). *Abb. 1* zeigt die drei grundlegenden Optionen für Wachstumsstrategien. Aus seinem lfd. Geschäft heraus kann ein Unternehmen intensive Wachstumsstrategien verfolgen. Mit Ausdehnung in nahe liegende Geschäftsfelder kann ein Unternehmen integrative Wachstumsstrategien verfolgen. Mit Eindringen in andersartige Geschäftsfelder kann das Unternehmen diversifikative Wachstumsstrategien verfolgen (→ Diversifikation).

Abb. 1: Optionen für Wachstumsstrategien

Hauptoptionen	Unterschiedliche Ausprägungsformen
Intensive Wachstumsstrategien	– Marktdurchdringung – Marktentwicklung – Produktentwicklung
Integrative Wachstumsstrategien	– Rückwärtsintegration – Vorwärtsintegration – horizontale Integration
Diversivikative Wachstumsstrategien	– horizontal – vertikal – lateral

Für die *intensive Wachstumsstrategie* gibt es drei Grundoptionen, die sich aus der in *Abb. 2* dargestellten *Produkt-Markt-Matrix* ergeben. Hier muss ein Unternehmen als Erstes entscheiden, auf welcher Bezugsbasis sein Geschäft intensiv zum Wachstum führen kann. Die Produkt- und die Marktanbindung an das lfd. Geschäft charakterisieren diese Optionen.

Wird ein Wachstum mit gegenwärtigen Produkten und auf gegenwärtigen Märkten gesucht, so liegt eine *Marktdurchdringungsstrategie* vor (Feld 1 in *Abb. 2*). Eine solche Strategie kann z.B. verfolgt werden, indem man für eine → Marke die *Anzahl der Nut-*

Abb. 2: Ansoff´s Produkt-Markt-Matrix mit drei intensiven Wachstumsstrategien

Märkte Produkte	Gegenwärtige	neue
gegenwärtige	(1) Marktdurchdringungsstrategie	(2) Marktentwicklungsstrategie
neue	(3) Produktentwicklungsstrategie	(4) Diversifikationsstrategie

zer oder aber die *Nutzungsintensität* pro Nutzer erhöht.

Die Erhöhung der Anzahl der Nutzer kann gesucht werden, indem:

a) die Firma *Nichtnutzer* der Produktkategorie zur Produktnutzung bringt, indem sie sie von den Vorteilen des Produktes überzeugt,

b) die Firma *neue Untersegmente* im gleichen Markt mit dem Produkt anspricht. So versucht z.B. *Ferrero*, ihre Kinderschokolade auch durch Erwachsene verbrauchen zu lassen und

c) die Firma *Kunden der Wettbewerber* für ihre eigene Marke gewinnt.

Die Nutzungsintensität der Marken kann gesteigert werden durch:

a) Anregung der Produktnutzung bei *mehr Anlässen* als zuvor (z.B. „Darauf einen Dujardin" oder „Ich trinke Jägermeister, weil ..."),

b) eine *umfangreichere Nutzung pro Nutzungsanlass* (z.B. „Nimm 2") und

c) *neue und vielfältigere Produktnutzungen*, wie die z.B. bei Lebensmittelprodukten durch Mitlieferung neuer Rezepturen und Vorschläge zur Menüzusammenstellung für die Hausfrau geschieht.

Weiterhin kann bei der Marktdurchdringungsstrategie das Wachstum durch eine *Modifikation des Marketing-Mix* gefördert werden, z.B. durch → Preisänderungen, Intensivierung der Distribution zur höheren

Verfügbarmachung des Produktes, Intensivierung der → Verkaufsförderung, höheren Verkaufsdruck oder besseren Kundenservice.

Auf der Basis seiner gegenwärtigen Produkte kann das Unternehmen auch nach neuen Märkten suchen, wo seine Produkte von Nutzen sein könnten. In diesem Falle verfolgt das Unternehmen die *Marktentwicklungsstrategie* (Zelle 2). Eine solche Strategie kann z.B. beinhalten, dass das Marktgebiet geographisch ausgeweitet wird oder dass über andere Distributionskanäle grundsätzlich andere Märkte erreicht werden, wenn z.B. eine Restaurantkette wie *Mövenpick* über das Catering den Markt für Mahlzeiten von Fluggästen suchen würde.

Das Unternehmen kann weiterhin auf der Basis seiner gegenwärtigen Märkte Wachstum mit neuen Produkten suchen. Dann liegt die *Produktentwicklungsstrategie* (Zelle 3) vor. Das Unternehmen kann hier seine Produkte modifizieren (→ Produktdifferenzierung) oder auch völlig neue Produkte bringen (→ Innovationsmanagement). Dies kann erwirkt werden durch:

a) *Qualitätsverbesserungen*, mit einer Erhöhung der funktionalen Leistung des Produktes, z.B. eine höhere Haltbarkeit oder Zuverlässigkeit (→ Produktvariation),
b) Verbesserung oder Veränderung der *Ausstattungselemente* des Produktes, z.B. neue Sicherheitseinrichtungen zum sichereren Gebrauch, oder von Ausstattungselementen, die die Anwendung des Produktes wesentlich bequemer machen (→ Modellwechsel), oder
c) durch Veränderungen oder Verbesserungen im *Stil*, die den ästhetischen Appeal des Produktes bei den Kunden erhöhen und mehr von ihnen vom Kauf dieser Marke überzeugen (→ Produktdesign).

Wird ein Wachstum mit neuen Produkten und neuen Märkten verfolgt (Zelle 4), dann liegt eine *Diversifikationsstrategie* vor.

Bezüglich der Reihenfolge bzw. Kombination dieser vier Optionen der Wachstumsstrategie lässt sich eine „natürliche" Reihenfolge bilden. Diese auch als *Z-Strategie* (*Becker*) bezeichnete Abfolge beginnt mit der Marktdurchdringung. Sie stellt die Plattform dar, von der aus die anderen Optionen ihren Ausgang nehmen. Die Marktentwicklung stellt die nachfolgende Strategie dar, da es aus Kostengründen zunächst nahe liegt, für ein bereits vorhandenes Produkt neue Marktmöglichkeiten zu suchen. Nach Ausschöpfung aller Vermarktungsmöglichkeiten folgt die Produktentwicklungsstrategie, die als Innovationsstrategie die Basis für neue Wettbewerbsvorteile schaffen soll. Die Diversifikation ist dann der letzte strategische Schritt, um bestehende Wachstumsgrenzen zu überwinden und einen Risikoausgleich (→ Marketingrisiken) zu schaffen. Das so beschriebene Strategiemuster ist allerdings nicht unabdingbar, unternehmens- oder marktindividuelle Verhältnisse können zu einer abweichenden Reihenfolge der Strategien führen.

Integrative Wachstumsstrategien liegen dann vor, wenn das Unternehmen in vor- oder nachgeschaltete Märkte vorstößt. Dies kann durch einen eigenständigen Aufbau der jeweiligen neuen Geschäftsbereiche erfolgen oder durch den Aufkauf dort bereits agierender Unternehmen. Eine *Rückwärtsintegration* liegt dann vor, wenn das Unternehmen einen oder mehrere seiner Zulieferer aufkauft oder aus eigener Kraft einen entsprechenden Geschäftsbereich aufbaut, um damit nicht nur die eigene Versorgung, sondern oft auch die Belieferung anderer Unternehmen auf dem Markt zu übernehmen. Eine *Vorwärtsintegration* liegt dann vor, wenn das Unternehmen in die Geschäftsbereiche seiner belieferten Kunden vorstößt, entweder aus eigener Kraft oder durch Aufkauf entsprechender Unternehmen. Eine *horizontale Integration* wird durch den Aufkauf eines oder mehrerer Wettbewerber im gleichen Markt und möglicherweise durch eine Intensivierung ihrer bisherigen Geschäfte durch das Unternehmen bewirkt. F.Bl.

Literatur: *Becker, J.*: Marketing-Konzeption, 6. Aufl., München 1998. *Kotler, Ph.; Bliemel, F.*: Marketing Management, 9. Aufl., Stuttgart 1999.

Wachstums- und Sättigungsfunktionen

grundlegende Prognosefunktionen für langfristige → Absatzprognosen, die den Trend einer Zeitreihe vorhersagen, ohne auf konjunkturelle oder saisonale Schwankungen Rücksicht zu nehmen. Neben der einfachen → Trendextrapolation sind drei Verfahren von Bedeutung:

1. Die Exponentialfunktion
Mit dieser Funktion werden Prozesse beschrieben, die eine im Durchschnitt konstante Wachstumsrate aufweisen, wie z.B. eine Kapitalakkumulation bei konstantem

Zinssatz. Bezeichnet man mit x(t) den Zeitreihenwert zum Zeitpunkt t, mit a die Wachstumsrate und mit C den Anfangswert der Zeitreihe bei t=0, dann lautet die Gleichung der Exponentialfunktion

$x(t) = Ce^{at}$ \hspace{1em} (e = 2,71828...)

Die Parameter a und C müssen aus dem Datenmaterial der Zeitreihe mit der Methode der Kleinsten Quadrate (→ Kleinste-Quadrate-Schätzung) geschätzt werden, um Prognosen für zukünftige Zeitpunkte t abgeben zu können.

Ein Nachteil der Exponentialfunktion ist ihre Eigenschaft, über alle Grenzen zu wachsen. Da dies jedoch in der ökonomischen Realität kaum zutrifft, sind Wachstumsfunktionen entwickelt worden, die ein Sättigungsniveau berücksichtigen, das nicht überschritten werden kann (z.B. bei der Pkw-Dichte oder der Marktsättigung von Waschmaschinen).

2. Die logistische Funktion

Mit dieser Funktion werden Prozesse beschrieben, deren Wachstum pro Zeiteinheit dem bisher erreichten Niveau und der Differenz von Sättigungsniveau und bisher erreichtem Niveau proportional ist. Damit wird die wachstumshemmende Wirkung der Annäherung an das Sättigungsniveau berücksichtigt (Einzelheiten vgl. → logistische Funktion).

3. Die Gompertz-Funktion

Diese Funktion verhält sich ähnlich wie die logistische Funktion. Die wachstumshemmende Wirkung bei Annäherung an das Sättigungsniveau wird hier jedoch dadurch erreicht, dass das Wachstum pro Zeiteinheit proportional zum logarithmischen Quotienten aus Sättigungsniveau und bisher erreichten Niveau ist (vgl. → Gompertz-Funktion). \hspace{1em} K.-W.H.

Literatur: *Hansmann, K.-W.:* Kurzlehrbuch Prognoseverfahren, Wiesbaden 1983. *Lewandowski, R.:* Prognose- und Informationssysteme und ihre Anwendung, Bd. 1, Berlin, New York 1974.

Wahlaxiom → Kaufmodell,
→ Positionierungsmodelle

Wahl-PR → Politische PR

Wahrgenommenes Kaufrisiko
→ Kaufrisiko

Wahrnehmung

ist im Rahmen der Theorien des → Käuferverhaltens bzw. der → Konsumentenforschung eine allgemeine und umfassende Bezeichnung für den Prozess der Informationsgewinnung aus Umwelt- und Körperreizen einschließlich der damit verbundenen emotiven Prozesse und der Modifikationen durch Transformationsprozesse. Das Ergebnis sind Empfindungen und Vorstellungen über die Umwelt sowie die eigene Person. In verschiedenen Disziplinen (z.B. Psychologie, Physiologie und Physik) werden unterschiedliche Aspekte der Wahrnehmung mit verschiedenen Methoden untersucht. Primär wird die visuelle Wahrnehmung untersucht. Das Hören hat eine Randbedeutung und die anderen Sinne werden vernachlässigt. Zur Begründung wird häufig auf die Bedeutung der visuellen Wahrnehmung hingewiesen. Dieses Argument ist aber umstritten. Unstrittig ist dagegen, dass die visuelle Wahrnehmung im Marketing der bedeutendste Sinn ist. Besonders wichtig für das Marketing sind die Produkt- (Objekt-) und Farbwahrnehmung, aber auch die → Preiswahrnehmung.

Die *Produktwahrnehmung* (Objektwahrnehmung) kann in erster Annäherung in zwei aufeinander folgende Prozesse zerlegt werden: Musteranalyse und Objekterkennung. Die *Musteranalyse* ist schwierig zu verstehen. Daher muss etwas ausgeholt werden. Produkte (Objekte) werden als eine Gesamtheit bewusst. Der Mensch ist aber nicht in der Lage, Gesamtheiten direkt wahrzunehmen, d.h., über das Auge gelangen keine „Kopien" der wahrgenommenen Objekte in das Gedächtnis und das Bewusstsein. Warum? Die Vermittlung zwischen der objektiven Umwelt und dem Bewusstsein vollzieht sich im Nervensystem. Dies ist aber nur in der Lage, einfache geometrische Figuren zu identifizieren. Im Auge sind Detektoren, die auf z.B. Linien, Winkel und Bögen ansprechen. Dadurch wird das wahrgenommene Objekt in ein Muster aus einfachen Figuren zerlegt, die in einer bestimmten räumlichen Beziehung zueinander stehen. Dieser Prozess wird „Musteranalyse" genannt.

Die Muster enthalten Teile, die sich auch bei Transformationen nicht verändern und charakterisch für das wahrgenommene Objekt sind. Beim Buchstaben „E" in Druckschrift bilden beispielsweise eine senkrechte zusammen mit drei waagerechten Linien ein charakteristisches Muster. Komplexe Objekte werden auf einer höheren Aggregationsebene auch so zerlegt, dass ein Muster aus einfachen Teilen entsteht, die in einer typischen räumlichen Beziehung zueinander stehen. Menschen werden beispielsweise auf ein Muster reduziert, das aus zylindrischen Formen für Körper, Beine und Arme sowie einer ovalen Form als Kopf besteht. Diese charakteristischen Muster können im Gehirn gespeichert werden. Sie werden dann „kognitive Repräsentanten" genannt, weil sie ein bestimmtes Objekt der Außenwelt in der Innenwelt (im Gehirn) repräsentieren. Sie ermöglichen das Wiedererkennen und lösen Erinnerungen aus, haben also eine Schlüsselfunktion bei der Verknüpfung von Außen- und Innenwelt. Das soll genauer erläutert werden. Zunächst zum *Wiedererkennen* (vgl. *Abb. 1*). Beim Wahrnehmen eines Objektes, z.B. eines Produktes, wird sein (objektives) charakteristisches Muster im Rahmen der Musteranalyse mit den gespeicherten charakteristischen Mustern (kognitiven Repräsentanten) verglichen. Wenn der Vergleich misslingt, ist das Objekt neu. Sein charakteristisches Muster wird als kognitiver Repräsentant gespeichert. Wenn der Vergleich gelingt, also eine Übereinstimmung zwischen einem kognitiven Repräsentanten und dem Muster des wahrgenommenen Objektes festgestellt wird, liegt ein Wiedererkennen vor. Es wird festgestellt, dass das gerade wahrgenommene Objekt schon vorher wahrgenommen wurde. Dieser Teil des Wahrnehmungsprozesses wird empirisch durch den → Recognition-Test untersucht.

Wie wird das wieder erkannte Objekt mit Gedächtnisinhalten verknüpft? Im internen Prozess der kognitiven Informationsverarbeitung (→ Gedächtnistheorien) fungieren die kognitiven Repräsentanten als Adressen. Sie sind mit einem Eigenschaftsspeicher (vgl. *Abb. 1*) verbunden, in dem Informationen über das wahrgenommene Objekt gespeichert sind, z.B. Qualitätsinformationen. Dadurch kann sich beim Wiedererkennen eine Aktivierung ausbreiten. Zuerst wird der kognitive Repräsentant des wahrgenommenen Objektes durch das Wiedererkennen aktiviert. Von hier wird die Aktivierung zu der Stelle im Eigenschaftsspeicher weitergeleitet, wo die Erinnerungen an das wahrgenommene Objekt gespeichert sind. Sie werden aktiviert und mit assoziativen Verknüpfungen in das Bewusstsein projiziert. Je nach Stärke der Aktivierung gelangen mehr oder weniger Einzelheiten in das Bewusstsein. Dieses Bewusstwerden von Objekteigenschaften wird „*Objekterkennung*" genannt. Durch den → Recall-Test werden die Objekteigenschaften des wahrgenommenen Objektes empirisch gemessen, die durch das Wiedererkennen aktiviert und bewusst werden. Wiedererkennen verbindet somit die Teilprozesse Musteranalyse und Objekterkennung. Die Musteranalyse führt zum Wiedererkennen eines Objektes, und das Wiedererkennen aktiviert die Erfahrungen mit diesem Objekt und macht sie bewusst. Recall- und Recognitionmes-

Abb. 1: Die Phasen der bewussten Wahrnehmung eines Objektes

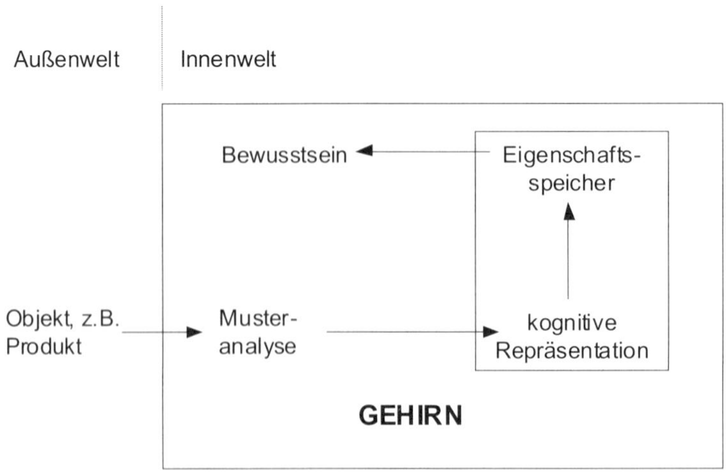

sung erfassen verschiedene Abschnitte dieses Prozesses und ergänzen sich daher gut.

Die beschriebenen Prozesse erklären die Wahrnehmung nicht umfassend. Dies zeigt eine einfache Überlegung: Das Wiedererkennen basiert auf der Zerlegung eines Objektes in einfache geometrische Elemente (Musteranalyse), es mündet aber in ein ganzheitliches Bewusstwerden der wahrgenommenen Objekte (Objekterkennung). Dem analytischen Prozess der Musteranalyse müssen daher synthetische Prozesse folgen, in denen das zerlegte Objekt wieder rekonstruiert wird. Eine wichtige Rolle spielen dabei Ordnungsprozesse, die im Rahmen der → Gestaltpsychologie untersucht wurden. Dazu gehören die Figur-Grund-Differenzierung, die Gestalt- und die Prägnanzbildung.

Die *Figur-Grund-Differenzierung* ist ein erster Ordnungsprozess, durch den bestimmte Teile des Wahrgenommenen hervorgehoben werden, die man „Figur" nennt. Der Rest bildet den „Grund". Die Figur scheint vor dem Grund zu stehen bzw. auf dem Grund zu liegen. Gut abgegrenzte und lokalisierte Konfigurationen, die massiv und integriert sind, werden mit hoher Wahrscheinlichkeit als Figuren wahrgenommen. Der Grund ist weniger strukturiert und eher unbestimmt. Trotz dieser unpräzisen Kriterien gibt es kaum interindividuelle Wahrnehmungsunterschiede.

Einzelne Gegenstände werden bei der Wahrnehmung spontan verbunden und als Gestalt bewusst. Dies erfolgt nach bestimmten Gesetzmäßigkeiten. Man spricht von *„Gestaltgesetzen"*. Einige davon werden in den *Abb. 2* bis *4* veranschaulicht.

Abb. 2: Veranschaulichung zum Gesetz der Nähe

Gesetz der Nähe:
Elemente, die dicht beieinander liegen, werden zusammengefasst. In Abb. 2 wird daher eine Teilmenge der abgebildeten Punkte als Linie wahrgenommen.

Abb. 3: Veranschaulichung zum Gesetz der Ähnlichkeit

Gesetz der Ähnlichkeit:
Elemente, die ähnlich sind, werden zusammengefasst. In Abb. 3 werden daher verschiedene Reihen wahrgenommen und nicht gleiche Spalten.

Es ist versucht worden, ein den Gestaltgesetzen übergeordnetes Gesetz zu formulieren. Gestaltpsychologen sehen im *Prägnanzgesetz* eine zusammenfassende Verallgemeinerung der Gestaltgesetze. Einfachheit (regelmäßige Figuren wie Kreise und Rechtecke sind z.B. einfach), Einheitlichkeit (einheitliche Flächen sind solche, die farblich und graphisch in sich wenig strukturiert sind) und Kontrast sind Bedingungen, die zu prägnanten Darstellungen führen. Bilder und Umweltausschnitte, die nach diesen Eigenschaften geordnet sind, werden schnell wahrgenommen, da die internen Ordnungsprozesse dadurch verkürzt werden. Dies ist für die Werbung interessant, denn daraus ergibt sich, dass Werbung, die nach gestaltpsychologischen Erkenntnissen entworfen wird, auch unter schlechten Bedingungen schnell wiedererkannt und bewusst wird.

Abb. 4: Veranschaulichung zum Gesetz der Kontinuität

Gesetz der Kontinuität:
Linien, die man kontinuierlich fortführen kann, werden als durchgehende Kurven wahrgenommen. In Abb. 4a werden daher zwei durchgehende Kurven wahrgenommen, und in Abb. 4b werden nicht zwei sich berührende Winkel wahrgenommen, sondern zwei durchgehende Linien

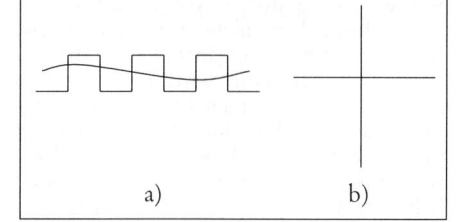

a)   b)

Wahrnehmung

Die Objekterkennung wird als ein plötzliches Bewusstwerden erlebt, ist aber ein Entwicklungsprozess. Zunächst werden – wie beschrieben – einfache Formen und Strukturen wahrgenommen. Durch zusätzliche Informationen werden sie immer stärker differenziert. Allerdings ist dies nicht nur eine Rekonstruktion wahrgenommener Daten (bottom-up oder *datengesteuerter Prozess*). Die Entwicklung von einfachen Objektmerkmalen zum Bewusstwerden einer ganzheitlichen Vorstellung vom wahrgenommenen Objekt wird durch vorhandene Vorstellungen, Schemata und Erwartungen beeinflusst (top-down oder *konzeptgesteuerter Prozess*). Wenn beispielsweise die Konturen eines Menschen erkannt worden sind, beeinflusst das gespeicherte Menschenschema die Weiterentwicklung der Wahrnehmung. Dabei geht es nicht nur um äußere Formen, sondern auch um inhaltliche Anreicherungen. Die Wahrnehmung ist kein neutraler Prozess, sondern stets mit Interpretationen verbunden. Bspw. werden bestimmte Merkmale einer wahrgenommenen Person spontan interpretiert und bewertet. Personen mit hoher Stirn, einigen horizontalen Falten darauf und einer Brille werden beispielsweise meistens als intelligent wahrgenommen. Das sind Vorurteile, denn diese Urteile basieren nicht auf Überlegungen, sondern entstehen durch spontane Beurteilungsprozesse bei der Wahrnehmung. Bei der Gestaltung der Werbung ist dies zu berücksichtigen.

Neben den Schemata spielen der *Kontext* und die Situation eine wichtige Rolle bei der konzeptgesteuerten Wahrnehmung. Dazu ein Beispiel: In *Abb. 5* ist ein Zeichen sowohl Buchstabe als auch Zahl. Im Kontext bereitet das Lesen aber keine Schwierigkeiten. Bei Texten werden Buchstaben erwartet und undeutliche Formen in diesem Sinne interpretiert. Weitere Beispiele: Kontextinformationen können fehlende Teile eines Textes oder Bildes ergänzen. Es ist daher nicht schwierig, einen Satz mit einem fehlenden Wort zu vervollständigen. Auch die Lücken bei einem Wahrnehmungsabbruch werden häufig durch Kontextinformationen gefüllt. Der nicht wahrgenommene Rest wird stimmig ergänzt. Die Wahrnehmung von Werbung wird beispielsweise häufig vor der genauen Identifikation der Marke abgebrochen. Dies führt insbes. bei nicht so bekannten Marken oftmals zu Verwechslungen mit bekannten Marken, weil bekannte Marken eher erwartet werden.

Abb. 5: Beeinflussung der Wahrnehmung durch den Kontext

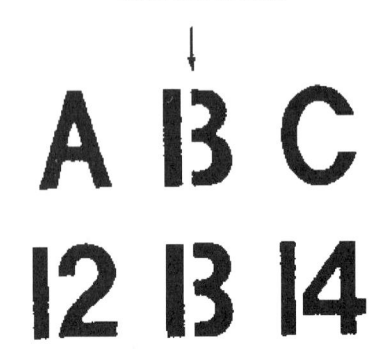

Auch die *Situation*, in der ein Objekt wahrgenommen wird, kann als Kontext aufgefasst werden. Sie beeinflusst den Wahrnehmungsinhalt. Während einer Diät wird Schokolade bspw. anders wahrgenommen („macht dick") als vorher („schmeckt lecker"). Durch den situativen Kontext können auch Stimmungen ausgelöst werden, die Einfluss auf die Wahrnehmung haben. Sie wirken wie ein Filter, der stimmungskongruente Inhalte erzeugt. In fröhlicher Stimmung erinnern sich Personen bevorzugt an angenehme Erlebnisse. In niedergeschlagener Stimmung werden dagegen eher negative Aspekte wahrgenommen. Diese Wirkung wird im Marketing instrumentalisiert. Bspw. weiß man im Handel, dass es wichtig ist, eine positive Stimmung zu schaffen. Man spricht in diesem Zusammenhang auch von einem positiven „Wahrnehmungsklima". Dazu trägt Hintergrundmusik bei, aber auch die Raumgestaltung und das Verhalten der Mitarbeiter. Die positive Stimmung führt zur bevorzugten Wahrnehmung der nützlichen Produkteigenschaften und kauffördernden Argumente.

Die *Farbwahrnehmung* ist ein eigenständiges Wahrnehmungssystem. Darauf soll aber nicht näher eingegangen werden. Hier wird nur kurz der Einfluss der Farben auf die Wahrnehmung behandelt. Sie wirken sowohl auf der emotionalen Ebene der Anmutungsqualitäten als auch auf der Ebene der Sinnesqualitäten. Durch Farben können daher Emotionen ausgelöst und bestimmte Produkteigenschaften verstärkt werden. Konkret: Durch die Farbgebung der Produkte werden die mit den Farben assoziierten Anmutungs- und Sinnesqualitäten mehr oder weniger stark auf die Produkte übertragen. Margarine muss danach eine hellgel-

be Farbe mit geringer Rotbeimischung haben, um als gut streichfähig wahrgenommen zu werden. Einen Kühlschrank muss man innen weißblau streichen, wenn die Kühlwirkung farblich verstärkt werden soll. Helle Messestände in gelben und grünen Farbtönen wirken freundlicher und lebendiger als Messestände in dunklen Farben.
G.B.

Literatur: *Anderson, J.R.:* Kognitive Psychologie, 2. Aufl., Heidelberg 1996, Kap. 2: Wahrnehmung. *Küthe, E.; Venn, A.:* Marketing mit Farben, Köln 1996. *Rock, I.:* Wahrnehmung. Vom visuellen Reiz zum Sehen und Erkennen, Heidelberg 1998.

Wahrnehmungsraum
→ Positionierungsraum

Wahrscheinlichkeitsstichprobe
→ Auswahlverfahren und -techniken

Währung → Wechselkurs

Währungsunion → Euro,
→ Handelszusammenschlüsse, internationale

WAP (Wireless Application Protocol)
ist ein → Mehrwertdienst in Mobilfunknetzen und repräsentiert funktional ein Übertragungsprotokoll für die Interaktion von kabellosen Endgeräten mit externen Dienstleistungen und Anwendungen. Es ermöglicht den Zugriff auf externe Dienstleistungen und Anwendungen mit mobilen Endgeräten wie Mobilfunk-Telefonen, z.B. den Aufruf von Seiten aus dem → Internet. So kann man z.B. ein WAP-fähiges Geräte auch als (Micro-) Browser benutzen, um per Mobilfunk Zugang auf Internet-Anwendungen zu erhalten. Da die Darstellungsmöglichkeiten und die Übertragungsraten bisher eingeschränkt sind, bietet das WAP für die Darstellung der Inhalte auf Mini-Bildschirmen im Mobilfunkbereich eine eigene Sprache, die Wireless Markup Language (WML). Ein WAP-Gateway koordiniert die Interaktion mit den externen Diensten und wandelt die Daten in wesentlich kleineren binär codierten, d.h. für den Funkverkehr geeignete, Datenpakete um.
Für die Entwicklung des Übertragungsprotokolls wurde im Februar 1999 ein WAP-Forum von den Firmen *Ericsson*, *Motorola*, *Nokia* und *Unwired Planet* gegründet. Das Forum zählt zum Ende des Jahres 1999 bereits mehr als 200 namhafte Mitglieder. Ziel des Forums ist es, den Besitzern mobiler Kommunikationsgeräte den Zugang zu relevanten Informationen und Dienstleistungen zu erleichtern. Der WAP-Standard ist eng an Internet-Standardisierungen orientiert, so dass die zukünftigen Versionen von TCP, HTTP und HTML die Darstellung auf kleinen Bildschirmen von mobilen Endgeräten mit berücksichtigen (→ Mobile Commerce).
B.Ne.

WAP-Befragung
Nutzung der → WAP-Technologie zur → Befragung von Mobilfunkbesitzern.

WAPOR (World Association for Public Opinion Research)
→ Marktforschungsverbände

Ward Verfahren
Dieses Verfahren führt eine → agglomerative Clusteranalyse mit dem Bewertungsindex

$$v(K,L) = \frac{|K| \cdot |L|}{|K| + |L|} \sum_{k=1}^{m} (\bar{a}_{Kk} - \bar{a}_{Lk})^2$$

durch (→ Distanzindex). Es unterscheidet sich vom → Zentroid-Verfahren lediglich durch den Multiplikator vor dem Summenzeichen, der den Wert v(K,L) gegenüber dem entsprechenden Wert beim Zentroidverfahren umso mehr vergrößert, je größer die Klassen K und L werden. Damit neigt das Verfahren, ähnlich wie das → Complete Linkage Verfahren, jedoch in schwächerer Form, dazu, Klassen gleichen Umfangs zu bilden.
O.O.

Warehouse Clubs
US-amerikanische → Betriebsform des Einzel- bzw. Großhandels seit Ende der 70er-Jahre, die für eingeschriebene Club-Mitglieder (jährliche Mitgliedsgebühr bzw. Preisaufschlag bei befristetem Einkaufszeitraum) an nichtintegrierten Standorten (Randlagen von Städten und Ballungszentren) in einfach ausgestatteten ebenerdigen Gebäuden (Lagerhallenatmosphäre) auf ausgedehnten Verkaufsflächen (ca. 1.000 qm) ein flaches Food- und Non-Food-Sortiment (ca. 4.000 Artikel, überwiegend Großpackungen) in aggressiver Dauerniedrigpreispolitik anbietet (Preisvorteil gegenüber Supermärkten durchschnittlich 26 %). Die Warehouse Clubs gelten aufgrund ihrer

Warenausgang

überdurchschnittlich wachsenden Marktpräsenz im US-Handel als erfolgreichster Betriebstyp der achtziger Jahre; konnten sie doch bereits 1993 mit rd. 40 Mrd. US-Dollar etwa 4 % des gesamten US-Einzelhandelsumsatzes bzw. 7,4 % des US-Lebensmittelumsatzes realisieren. In den folgenden Jahren haben sich die Binnenmarktverhältnisse allerdings weitgehend konsolidiert, sodass die im Warehouse-Club-Geschäft dominierenden Unternehmen (Sam's Wholesale Club (Wal-Mart), Pricer/Costco, BJ's Wholesale Club (Waban) ihre Betätigungsfelder unter Wachstumsgesichtspunkten auch auf das Ausland ausgedehnt haben (Kanada, Mexiko, England, Spanien). Hinsichtlich des Standorts Deutschland dürfte jedoch der Markterfolg derartiger Pläne – namentlich was ihre konkurrenzierende Wirkung gegenüber den hier etablierten → SB-Warenhäusern und C & C-Großhandelsbetrieben betrifft – allein vor dem Hintergrund der restriktiven Regelungen des Rabattgesetzes und des Bauplanungsrechts (§ 11 III BauNVO) mit erheblichen Risiken verbunden sein (Quelle: EHI-EuroHandelsinstitut, Köln). H.-J.Ge.

Warenausgang → Depot

Warenautomat

→ Betriebsform des Einzelhandels mit mechanisiertem Verkaufsvorgang, bei der die Auswahl und der Transport der Ware sowie das Inkasso vom Kunden vorzunehmen sind – ob (derzeit noch überwiegend) mit Bargeld („*Münzautomat*") oder (künftig verstärkt) mittels Magnetstreifen-/Kreditkarte bzw. aufladbarer Bank-/ Kunden-Chipkarte. Mit der Aufhebung der Residenzpflicht (1962), die den Betrieb von Warenautomaten nur in unmittelbarer räumlicher Verbindung mit einer Verkaufsstelle des Handels gestattete, ergaben sich für diese Vertriebsform – aufgrund der neuen Möglichkeiten einer Platzierung an verbrauchernahen bzw. frequenzorientierten Standorten – zusätzliche Marktchancen. Dennoch blieb – zumindest bislang in Deutschland – das für automatengeeignet erachtete Verkaufsangebot vorrangig auf Sortimente des dringenden, nicht aufschiebbaren täglichen Bedarfs beschränkt, wie insbesondere auf Zigaretten, Getränke, Verpflegung, Süßwaren, Hygieneartikel u.dgl.m.: So entfallen 1995 von den über 1,3 Mio. Automaten rd. 750.000 auf Zigarettenautomaten, rd. 200.000 auf Kaltgetränkeautomaten, rd. 100.000 auf Heißgetränkeautomaten und ca. 250.000 auf Süßwaren- und Verpflegungsautomaten bei einem konsolidierten Gesamtumsatz von 15 Mrd. DM. Auch hat sich die Funktionsträgerschaft, und damit der vertriebspolitische Stellenwert des Automatenverkaufs, kaum verändert:

– so z.B. wenn Zigaretten nach wie vor zu rd. 35% über Automaten verkauft werden, die ihrerseits fast ausschließlich dem Tabakwarengroßhandel zuzuordnen sind;
– so aber auch, was die überwiegend in der Regie von Getränkegroßhändlern (*Softdrink-Konzessionäre, Getränkeverleger*) betriebenen Kaltgetränkeautomaten betrifft;
– nicht zu vergessen die Heißgetränke-, Verpflegungs- und Süßwarenautomaten, die – mit Ausnahme der von den Gewerbebetrieben zur Versorgung ihrer Mitarbeiter selbst aufgestellten Geräte – überwiegend von mittelständischen Automatenbetreibern (*Operator*) unterhalten werden, wobei der Übergang zwischen den Automatentypen im Einzelfall – und das immer häufiger im Sinne von *Full-Line-Operator* – fließend sein kann (Quelle: *Verband der Deutschen Automatenindustrie e.V.,* Berlin).

Die Vertriebsform *Warenautomat* ist insofern nicht zu verwechseln mit dem Warentransfersystem → *Shopping-Box*, das in Kooperation mit Unternehmen des Facheinzelhandels oder des Dienstleistungsgewerbes betrieben wird, und bei dem der Kunde die per Telefon, Fax oder e-mail bestellte Ware bzw. persönlich in Auftrag gegebene Textilpflege, Schuhreparatur usw. nach vereinbartem Zeitraum und entsprechender Identifizierung am Bedienterminal der Modulwand mittels eingegebener Kundennummer und Lastschriftabbuchung per ec-Karte einem Schließfach entnehmen kann.
H.-J.Ge.

Warenbörsen

Eine Warenbörse ist eine organisierte regelmäßige Marktveranstaltung, auf der standardisierte Sachgüter, die nicht am Veranstaltungsort präsent sind, nach einem festgelegten Ablaufmodus gehandelt werden (→ Rohstoff-Marketing). Die Preise regeln sich nach Angebot und Nachfrage und werden amtlich festgesetzt. Hinsichtlich der

Abwicklung werden → Effektivgeschäft und → Termingeschäft unterschieden.
W.H.E.

Warenbörsen, internationale

sind institutionelle, wohl organisierte und geschlossene → Marktveranstaltungen, d.h. der Zurtritt zu dieser Art von Markt wird reglementiert. Von anderen Marktveranstaltungen unterscheiden sich Warenbörsen (Commodity exchange, Board of Trade, Future Exchange, Metal Exchange, Mercantile Exchange) als stark institutionalisierte Hilfsbetriebe der am internationalen Handel teilnehmenden Unternehmen durch ihre staatliche Beaufsichtigung bzw. Genehmigung. Obwohl Warenbörsen jeweils nationalen Rechtsgrundlagen folgen, haben sie durch Art und Umfang der an ihnen getätigten Transaktionen internationalen Charakter.

An Warenbörsen werden vorwiegend gehandelt:

a) landwirtschaftliche Produkte (Agricultural crops, Animal products) wie Getreide, Zucker, Kakao, Kaffe, Soja, Speiseöl, Gummi, Baumwolle, Schnittholz etc. oder Schlacht- und tiefgefrorenes Fleisch, Geflügel oder Wolle;
b) Bergbauprodukte (Metal), Energie und Fracht (Fracht-Raten, Freight-rates);
c) Finanzinstrumente (Financial Instruments) und Währungen (Currencies), wie etwa US-$, Deutschmark, Swiss france oder Commercial paper, GNMA mortgages, Short bonds, Eurodollar deposits, Treasury bonds (T-Bonds), Share index, US-$/Index u.a.

Als *Geschäftsformen* an internationalen Warenbörsen sind zu unterscheiden:

(1) *Warentermingeschäfte (Commodity Futures)* sind überwiegend qualitäts- und mengenmäßig standardisierte Kontrakte über Naturprodukte, welche in großem Umfang weltweit angeboten bzw. nachgefragt werden. Die vorwiegend aus der Agrarwirtschaft und dem Bergbau stammenden Erzeugnisse (→ Commodity) werden nicht bei Vertragsabschluss sondern zu einem späteren Termin geliefert.

Die standardisierten Kontrakte erlauben die Konzentration der Vertragsparteien auf Preise und (i.d.R. ebenfalls weitgehend standardisierte) Erfüllungstermine. Diese Art der Transaktion erlaubt es, sie in besonderem Maße zu *Spekulationsgeschäften* einzusetzen: Erwartet ein Marktteilnehmer steigende Preise (Bull) so wird er sofort kaufen (und geht damit in die sog. long-position) um die Waren später mit Gewinn wieder zu veräußern. Er spekuliert also à la hausse (to bull the market – die Kurse in die Höhe treiben, bullish stocks – haussierende Kurse). Umgekehrt wird bei erwarteten fallenden Preisen à la baisse operiert, indem solche Kontrakte verkauft werden (short position). Bei *Shorts* braucht der Verkäufer über die Ware noch gar nicht zu verfügen, da er erst zum Liefertermin erfüllen muss. Sind seine Überlegungen hinsichtlich der zu erwartenden fallenden Preise richtig, so kann der Spekulant die zu liefernde Ware später zu niedrigeren Preisen einkaufen und so Differenzgewinne realisieren.

Der *Einschuss* (initial margin) dient als Sicherheit beim Vertragsabschluss und beträgt lediglich einen Bruchteil des Gesamtvertragswertes. Ändert sich die Kursentwicklung zum Nachteil des Spekulanten, so entsteht für ihn eine Nachschusspflicht, wenn eine bestimmte untere Sicherheitsgrenze (maintenance margin, die etwa bei 50 % des Einschusses liegt) erreicht wird, um entstehende Verluste auszugleichen. Im Übrigen sind die jeweiligen Börsenusancen ausschlaggebend, ob entstehende Gewinne vorzeitig abgezogen werden können (z.B. amerikanische Usancen).

Durch die geringe Einschusspflicht entsteht bei Warentermingeschäften eine starke Hebelwirkung (*Leverage-Effekt*), sodass bei einer Preisänderung von 10 % ein Gewinn oder Verlust von 100 % bezogen auf den Einsatz entsteht. Deshalb unterliegen derartige Transaktionen der Überwachung eigens eingerichteter Institutionen (Clearing houses), welche für die Abwicklung der Kontrakte sorgen. Können geforderte Nachschüsse nicht geleistet werden, erfolgt die Zwangsliquidierung der betreffenden Kontrakte.

Spekulanten sind in der Regel nicht an der effektiven Erfüllung ihrer Kontrakte interessiert, weshalb sie innerhalb der laufenden Kontraktzeit ein zweites gleichartiges Geschäft in umgekehrter Richtung auf den gleichen Erfüllungstermin (und Erfüllungsort) abschließen. Die u.U. verbleibende Differenz aus den beiden Transaktionen gleicht man mengenmäßig aus, die wertmäßige Differenz (Gewinn oder Verlust) übernimmt der Spekulant. Diese Form der Glattstellung von Kontrakten beläuft sich auf etwa

97 bis 99,5 % des Gesamtumsatzes einer Ware.

Hedging (*Hedge-Geschäft*) resultiert aus der Möglichkeit Warentermingeschäfte abzuschließen. Während jedoch der Spekulant seine Prämie als Spesen für das eingegangene Risiko seiner Gewinnchance betrachtet, zahlt der Hedger die gleiche Prämie als Versicherung für die Vermeidung von Risiken, die für ihn aus Preisänderungen resultieren. Hedge-Geschäfte sind also für Produzenten sowie den institutionellen Außenhandel (→ Außenhandel, institutioneller) interessant, welche tendenziell an stabilen Preisen als Grundlage ihrer Kalkulation oder Vertragsverpflichtung interessiert sind.

(2) *Kassageschäfte* (Spotgeschäfte) werden sofort effektiv erfüllt.

(3) → *Arbitrage-Geschäfte* resultieren aus den Preisdifferenzen

a) an verschiedenen Börsenplätzen, welche professionelle Börsenteilnehmer (Jobber, Makler) durchführen (*Platzarbitrage*),

b) oder zwischen Gegenwart und Zukunft realisieren (*Zeitarbitrage*).

c) *Substitutions-Arbitrage* (Interwaren-Arbitrage) nutzt Preisdifferenzen mit eng verwandten und/oder substitutiven Commodities (z.B. Live hogs versus Live cattle [Schlachtschwein versus Schlachtrind]).

(4) *Optionsgeschäfte* (Optionen) werden bisher an den wichtigsten Börsenplätzen nur für bestimmte Kontrakte bzw. Warenarten zugelassen. Seit Oktober 1982 wird an der Chicago Board of Trade mit Optionen auf Terminkontrakte gehandelt, seitdem erweitert sich der Kreis der Kontrakte und Warenbörsen für solche Transaktionen. Durch den Optionsvertrag erwirbt der Käufer der Option vom Verkäufer (Stillhalter) das Recht, eine bestimmte vertraglich vereinbarte Leistung zu bestimmten Konditionen zu verlangen. Der Käufer einer Kaufoption (Call, Verkaufsoption – Put) kann gegen Zahlung des Optionspreises innerhalb der Optionsfrist (oder zum Optionszeitpunkt) den Kontrakt zum vereinbarten Preis vom Verkäufer (Stillhalter) kaufen. Der börsenmäßige Optionshandel ist durch Usancen standardisiert, wodurch sich der Sekundärmarkt erweitert.

Die wichtigste Aufgabe der Warenbörse liegt in der → Preisbildung. Die physische Warenvermittlung tritt – angesichts der hohen nicht-effektiven Erfüllung – in den Hintergrund.

Die Fungibilität (Vertretbarkeit, Marktgängigkeit) der mittels Kontrakten gehandelten Waren ist Grundlage für deren Börsenfähigkeit.

Die wichtigsten internationalen Börsenplätze sind für

– landwirtschaftliche Erzeugnisse (Soft-Commodities):

a) für Agricultural Crops: Chicago Board of Trade, Mid-America Commodity Exchange, New York Coffee, Sugar and Cocoa Exchange, New York Cotton and Citrus Exchange, New York Mercantile Exchange, Kansas City Board of Trade, Minneapolis Grain Exchange, Winnipeg Commodity Exchange, Japanese Exchanges Tokio etc.), Hong Kong Commodity Exchange, Kuala Lumpur Exchange, ourse de Commerce du Havre, Bourse de Commerce de Paris, Amsterdam Terminal Market, Grain and Feed Trade Association, London, London Commodity Exchange;

b) für tierische Produkte: Chicago Mercantile Exchange, Mid-America Exchange, Sydney Futures Exchange, Amsterdam Terminal Market, New Zealand Futures Exchange, Grain and Feed Association, London;

– Bergbauprodukte, Energie und Frachtraten: Commodity Exchange, New York, New York Mercantile Exchange, Mid-America Commodity Exchange, Chicago Board of Trade, London Metal Exchange, International Petroleum Exchange London, Sydney Futures Exchange, International Exchange, Bermuda, Baltic International Freight Futures Exchange;

– Finanzinstrumente und Währungen: Chicago Mercantile Exchange, Chicago Board of Trade, New York Futures Exchange, Mid-America Commodity Exchange, Sydney Futures Exchange, London International Financial Futures Exchange. H.Ma.

Literatur: *Gemill, G.*: Futures Trading in Commodity Markets, London 1981. *Gemill, G; International Chamber of Commerce*: Futures and Options Trading in Commodity Markets, Paris 1986. *Hielscher, U.*: Warenterminbörsen, in: *Macharzina, K.; Welge, M.K.* (Hrsg): Handwörterbuch Export und Internationale Unternehmung, Stuttgart 1989, Sp. 2225 – 2232.

Wareneingang → Depot

Warenhaus
großbetrieblich und abteilungsmäßig geführte → Betriebsform des Einzelhandels, die an Standorten hoher Zentralität ein grundsätzlich branchenübergreifend angelegtes Sortiment teils in herkömmlicher Bedienung, teils in → Selbstbedienung anbietet. Die wesentlichen strukturbestimmenden Merkmale sind mithin
- die Breite und Tiefe des *Warenangebots* (Vollsortiment, einschließlich Lebensmittel), das es dem Kunden ermöglicht, die verschiedenartigsten und warenmäßig bestimmbaren Bedarfe seiner Lebenshaltung „unter einem Dach" zu decken,
- die Strukturierung des Warenangebots nach Bedarfsbereichen bzw. *Abteilungen* (Department Store),
- die nach Geschäfts- bzw. Verkaufsfläche, Zahl der Beschäftigten und Umsatz tendenziell erhöhte *Betriebsgröße* (Grand Magasin) sowie
- ein dem betriebsindividuellen Absatzpotential entsprechender *Standort* mit vergleichsweise weitem Einzugsgebiet.

Der Versuch, die Stellung der Warenhäuser im Einzelhandel Deutschlands empirisch-statistisch zu belegen, stößt auf Schwierigkeiten, die in den Erhebungsmodalitäten der Amtlichen Statistik begründet liegen: So wird das „Warenhaus" im Handelszensus 1993 zwar als eigenständige Betriebsform explizit erfasst (Abgrenzungsmerkmale: Branchenvielfalt des Warenangebots nach Maßgabe der Bereiche Bekleidung, Heimtextilien, Sport, Hausrat, Möbel, Einrichtung, Schmuck, Unterhaltung sowie Nahrungsmittel und Getränke; sortimentsbezogen unterschiedliche Bedienungsform; Verkaufsfläche mindestens 3.000 qm); bei Mehrbetriebsunternehmen (→ Filialunternehmen im Einzelhandel) geschieht dies aber nur dann, wenn mit der Betriebsform „Warenhaus" auch überwiegend der Unternehmensumsatz erzielt wurde (Schwerpunktprinzip). Ein ebenso realitätsnahes wie repräsentatives Abbild der Warenhäuser in Deutschland ist so nicht zu gewinnen, was zugleich erklären mag, weshalb das Statistische Bundesamt die diesbezüglichen Erhebungsergebnisse nur unter ausdrücklicher Einbeziehung der → Kaufhäuser veröffentlicht hat (vgl. *Tab.*); eine Vorgehensweise, die im Übrigen auch für die berichtenden Institute der empirischen Handelsforschung typisch ist (vgl. *Tab. 1*, → Kleinpreisgeschäft, *Tab.*).

Tab. 1: Karstadt – Stationärer Einzelhandel

	Filialen (Anzahl)	Verkaufsfläche (qm)
Warenhäuser		
Karstadt	180	1.766.152
Hertie	32	507.633
Fachgeschäft/ Fachmarkt		
Wehmeyer	24	53.384
Schürmann	7	8.426
Schaulandt	16	34.251
WOM	20	14.263
Runners Point	110	11.799
Neckermann-Verkaufsstellen	66	36.379
Gastronomie		
Le-Buffet-Gruppe	45	27.059
davon spezialisierte Häuser der Karstadt AG		
Sporthäuser	22	66.624
Einrichtungshäuser	4	92.143
Teppich-Center	12	17.680

(Quelle: *Karstadt* (Geschäftsbericht 1998))

Tab. 2: Karstadt – Entwicklung der Umsatzanteile der Hauptwarengruppen (Karstadt + HERTIE)

Hauptwarengruppen	Umsatzveränderung in % flächenvergleichbar	Umsatzanteil in % 1998	Umsatzanteil in % 1997
Textilwaren	–0,3	37,46	37,17
Möbel/Hausrat (einschl. Rundfunk u. Fernsehen)	–3,1	17,28	17,73
Verschiedener Bedarf	–1,5	32,90	32,47
Nahrungs- u. Genußmittel	–4,1	9,94	10,23
Gastronomie	–2,7	2,25	2,23
Dienstleistungen	–1,7	0,17	0,17

(Quelle: *Karstadt* (Geschäftsbericht 1998))

Gleichwohl lassen sich den Angaben der führenden Warenhausbetreiber durchaus differenzierende Hinweise zum Marktauftritt und Entwicklungspotential dieser Betriebsform entnehmen. Sie signalisieren insgesamt einen Wandel im Erscheinungsbild der Einzelhandelsunternehmen, die – wie *Karstadt* und *Kaufhof* – zwar nach wie vor vorrangig das Warenhausgeschäft betreiben, dabei aber unter dem Eindruck marktstrategischer Herausforderungen – namentlich, was die mit der Ausdehnung regionaler Wettbewerbsräume verbundene Umwertung traditioneller City-Standorte und die im Wettbewerb mit dem spezialisierten Fachhandel (→ Fachgeschäft, → Fachmarkt) und den preisaktiven Betriebsformen eingetretenen Verluste an Verbraucherakzeptanz betrifft (vgl. *Tab. 1*) – sowohl das Leistungsprofil ihrer Verkaufshäuser als auch deren Stellenwert im unternehmensspezifischen Betriebsformenkonzept neu zu definieren und entsprechend umzusetzen gezwungen sind:
– so z.B. hinsichtlich der *Dimensionierung der Angebotskapazitäten* von Verkaufsstellen, die ebenso unterschiedliche Sortimentsschwerpunkte wie alternativ gestaltete Haustypen vorsehen kann, ohne deswegen bereits in jedem Einzelfall die Betriebsform des „Warenhauses" als solche aufzugeben (vgl. Karstadt: Neugruppierung der „Divisionen" in Häuser oberhalb und unterhalb des Umsatzschwellenwertes von 100 Mio. DM sowie Kleinstadt-/ Stadtrandfilialen);
– so ebenfalls durch *thematische Bündelung des Angebots* (statt abteilungsbezogener Strukturierung) nach Konsumfeldern und Lebensbereichen der Kunden, um aus Warenhäusern (in Anlehnung an die sortimentspolitischen Prinzipien der *Theme Stores* im US-Einzelhandel) quasi (Mehr-) *Themenhäuser* werden zu lassen (vgl. Karstadt: Neustrukturierung der Sortimente und Umstellung der Warenpräsentation nach den Themenbereichen „Fashion", „Living", „Sport und Freizeit", „Essen und Trinken", „Multimedia" sowie „Personality");
– so aber auch, was die *Erschließung neuer Marktfelder* angeht, die mit ihren Erfolgspotentialen zwar zur Zukunftssicherung beitragen sollen, dabei aber die Identität der Einzelhandelsunternehmung als „Warenhausunternehmen" zugunsten eines breit diversifizierten „Warenhandels- und Dienstleistungskonzerns" sehr wohl in Frage stellen können. Das betrifft sowohl die (z.T. gesellschaftsrechtlich verselbständigte)

Erweiterung des Angebots um bislang für Warenhäuser atypische Dienstleistungsbereiche (z.B. Gastronomie, Touristik, Optik, Finanzierung, Versicherung, vgl. *Tab. 2*) als auch die Etablierung zusätzlicher (modifizierter und/oder neuer) Betriebsformen bzw. die Nutzung ihres akquisitorischen Potentials über diesbezügliche Beteiligungen (vgl. Karstadt: Abbau der „Warenhauslastigkeit" durch Fusion mit Quelle und Hertie sowie Gründung der „Karstadt Quelle AG" als Management Holding mit den Geschäftsfeldern Stationärer Handel, Versand, Touristik und Dienstleistung).

H.-J.Ge.

Warenkennzeichnung

umfasst alle produktbegleitenden Informationen über bestimmte Produktmerkmale, die i.d.R. als Etikett, Aufdruck oder Anhänger direkt am Produkt angebracht sind. Entsprechend dem Adressatenkreis lassen sich verschiedene Arten unterscheiden:

(1) Die *handelsgerichtete* Warenkennzeichnung dient Handelsbetrieben zur Rationalisierung der Lagerwirtschaft. → Artikelnummerierungssysteme, wie z.B. die EAN-Kennzeichnung oder der UPC-Code, erlauben eine EDV-mäßige Erfassung der einzelnen Artikel zum Zwecke des Preisabrufs (→ PLU-Kassen), der Bestandsführung etc. Die entsprechenden Markierungen zur Identifikation von Waren werden i.d.R. bereits von den Herstellern angebracht.

(2) Die *käuferbezogene* Warenkennzeichnung stellt Informationen über den Gebrauchswert von Waren bereit (→ Verbraucherinformation). Sie kann gesetzlich vorgeschrieben sein oder auf freiwilliger Basis durch einzelne Hersteller bzw. Händler bzw. Gütegemeinschaften o.ä. kooperative Gruppen erfolgen (→ Gütesicherungsinstitutionen).

(3) Als *neutrale Warenkennzeichnung* werden jene freiwilligen Systeme bezeichnet, die von unabhängigen Gütesicherungsinstitutionen getragen werden. Sie sollen objektive Kaufentscheidungshilfen geben und zur Verbesserung der → Markttransparenz beitragen. Zur Warenkennzeichnung i.w.S. zählt auch die → Preisauszeichnung.

Die Grundformen informativer Warenkennzeichnung zeigt *Abb. 1*. Am häufigsten anzutreffen sind Einzelangaben über Gewichte, Maße, Materialarten, Inhaltsstoffe und Verwendungseigenschaften. Besonders hervorzuheben sind zwei Arten der freiwilligen

Abb. 1: Grundformen informativer Warenkennzeichnung

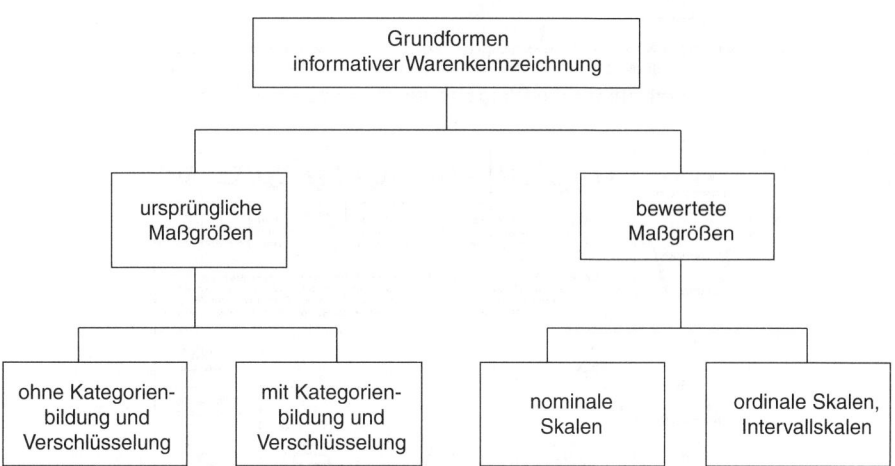

```
                    Grundformen
             informativer Warenkennzeichnung
                   /              \
          ursprüngliche         bewertete
           Maßgrößen            Maßgrößen
           /        \            /        \
   ohne Kategorien- mit Kategorien- nominale  ordinale Skalen,
   bildung und     bildung und     Skalen    Intervallskalen
   Verschlüsselung Verschlüsselung
```

Kennzeichnung, die jeweils mehrere relevante Informationen systematisch in jeweils annähernd gleichem Format zusammenfassen, nämlich das sog. → EURO-Label nach EN 60456 und das → RAL-Testat. Daneben existiert eine Vielzahl verschlüsselter Warenkennzeichnungs-Systeme, zu denen u. a. die freiwillige *Textilkennzeichnung* gehört, deren Symbole in *Abb. 2* dargestellt sind.

Weiterhin sind sog. *Sicherheitszeichen*, wie z.B. das GS-Zeichen („geprüfte Sicherheit"), weit verbreitet, die auf Bestimmungen des Gesetzes über technische Arbeitsmittel zurückgehen (s. *Abb. 3*). Die darin erwähnten „allgemein anerkannten Regeln der Technik" werden wiederum überwiegend von privaten Normungsvereinen, wie z.B. vom Deutschen Institut für Normung (DIN) festgesetzt.

Da das Gesetz nicht verlangt, dass jedes Gerät einer Bauartenprüfung unterzogen wird, lassen Hersteller und Importeure ihre Produkte häufig freiwillig auf ihre Sicherheit überprüfen, um das werbewirksame Sicherheitssymbol zu erhalten.

Verschiedene Wirtschaftszweige haben *Gütegemeinschaften* gebildet und Mindestqualitätsanforderungen für Produkte als Gütebedingungen erarbeitet. Die Übereinstimmung mit diesen Gütebedingungen drücken sog. *Gütezeichen* aus, die in einer vom RAL geführten Liste registriert werden können. Echte Gütezeichen werden vom Bundesminister für Wirtschaft im Bundesanzeiger bekannt gegeben und beim Deutschen Patentamt in die Warenzeichenrolle als Verbandszeichen eingetragen. *Abb. 4* stellt einige bekannte Gütezeichen dar.

Der einzelne Anbieter kann das Gütezeichen verwenden, wenn er entsprechend § 27 Abs. 1, Satz 2 GWB in die Gütegemeinschaft aufgenommen worden ist. Es entspricht den Interessen der Gütegemeinschaft als Verband und denen der einzelnen Mitglieder, dass die Gütebedingungen eingehalten werden, da sonst die Löschung des Zeichens nach § 21 Abs. 2 Warenzeichengesetz droht.

Eine verschlüsselte Bewertung, die für den Verbraucher bei Auswahl und Kauf von Produkten von Bedeutung ist, repräsentiert schließlich auch der *„blaue Umweltengel"* (s. *Abb. 5*), den das Bundesumweltamt als Zeichen für umweltfreundliche Produktveränderungen verleiht (→ Umweltzeichen). Gestattet ist der Gebrauch des Zeichens nur unter Angabe des Grundes der Verleihung, die z.B. umweltschonende Verpackung, Herstellungsmethoden, chemische Zusammensetzung, Gebrauchswirkungen etc. honorieren kann. Mitglieder des Systems der → dualen Abfallwirtschaft dürfen den → *grünen Punkt* als Symbol für das Recycling der Verpackungsmittel tragen.

Beliebte warenbegleitende Informationen stellen schließlich auch *Testergebnisse* verschiedener Testinstitute, insb. der → Stiftung Warentest dar (→ Testwerbung) (s. *Abb. 6*).

Aus Verbrauchersicht werden informative Warenkennzeichnungen v. a. unter den Aspekten der → Markttransparenz und der Entscheidungsunterstützung betrachtet.

Abb. 2: Internationale Symbole für die Pflegebehandlung von Textilien

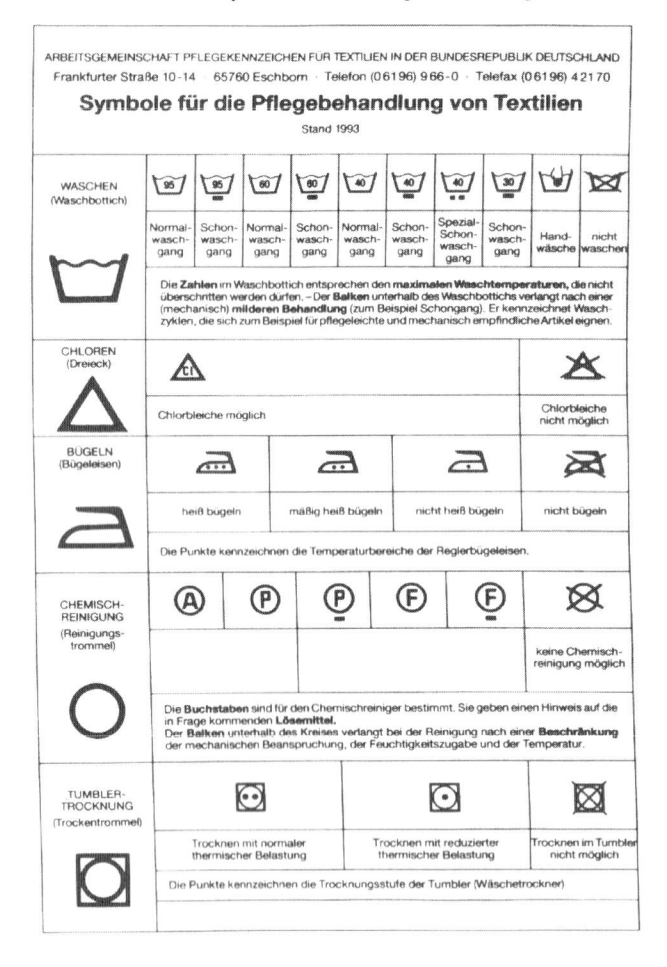

Abb. 3: Sicherheitszeichen

Voraussetzung dafür, dass sich diese wünschenswerten Effekte einstellen, sind Kenntnis und Verständnis sowie Beachtung bzw. Nutzung dieser Zeichen durch den Verbraucher bei Kauf- und Gebrauchsentscheidungen. Befragungsergebnisse signalisieren allerdings eine geringe aktive Kenntnis unter den Verbrauchern. *Abb. 7* zeigt die Ergebnisse einer ungestützten Frage nach nicht von Unternehmen dominierten Quellen von Qualitätsinformationen.

Zunehmende Bedeutung besitzt die *Nährwertkennzeichnung* von Lebensmitteln, die z.T. bewusst als Informationsinstrument im Rahmen eines auf das Gesundheitsbewusstsein der Verbraucher zielenden Marketingkonzeption („*Nutritional Marketing*") ausgestaltet wird. Freiwillige Warenkennzeichnung ist mit dem Problem belastet, die nicht immer komplementären Zielsetzungen der Absatzwerbung und der Verbraucherinfor-

Abb. 4: Beispiele für Gütezeichen

Abb. 5: Deutsches und EU-Umweltzeichen

mation gegeneinander abzuwägen, um Kompromisslösungen zu finden.
Staatliche Informationsauflagen zielen insb. auf eine Abwehr besonderer Risiken, indem auf diese Risiken aufmerksam gemacht und über Möglichkeiten der Risikoreduzierung unterrichtet wird. Die große Vielfalt der kennzeichnungspflichtigen Produkte und Dienstleistungen und der mit ihnen jeweils verbundenen Risikomerkmale erschweren die gewünschte Einheitlichkeit der Kennzeichnungsvorschriften. Wichtige Kennzeichnungsnormen sind:
– im Lebensmittel- und Bedarfsgegenständegesetz (LMBG) niedergelegte Kennzeichnungspflichten, zu denen u. a. die Kenntlichmachung von Zusatzstoffen in Lebensmitteln und die Kennzeichnung von Kosmetika geregelt ist (→ Lebensmittelkennzeichnung),
– die *Lebensmittelkennzeichnungsverordnung* für fertig verpackte Lebensmittel, die u.a. die Vorschriften über die Verkehrsbezeichnung von Lebensmitteln, wie Herkunftsangaben, verwendetet Zusatzstoffe sowie das *Mindesthaltbarkeitsdatum* enthält. Letzteres muss unverschlüsselt mit den Worten „mindestens haltbar bis..." unter Angabe von Tag und Monat (bei Lebensmitteln bis zu 3 Monaten Haltbarkeit), Monat und Jahr (3–18 Monate Haltbarkeit) oder Jahr (über 18 Monate Haltbarkeit) angegeben werden,
– die Kennzeichnung von Milchprodukten geht auf das *Milch- und Margarinegesetz* sowie die *Käseverordnung* zurück. Hier geht es um Angaben über Fettgehalt, Gewichte, Zusätze sowie die Mindesthaltbarkeit, die auch hier in deutscher Sprache, deutlich sichtbar, in leicht lesbarer Schrift und in haltbarer Form anzubringen sind,
– *Fleischprodukte* unterliegen einer Sonderkennzeichnung hinsichtlich ihrer Herstellung und des Verbrauchsdatums. Hier regeln die *Fleischverordnung* und die *Hackfleischverordnung* die Einzelheiten,
– nach der *Nährwertkennzeichnungsverordnung* ist der Energiegehalt der Lebensmittel in Kilojoule sowie der Gehalt an Eiweiß, Fett. Kohlenhydraten, Ballaststoffen, Natrium. Cholesterin, Vitaminen und Mineralstoffen auszuzeichnen. Womit auch ein Schutz vor sog. Schlankheitsmitteln bezweckt ist,
– Kennzeichnungsvorschriften findet man auch im *Textilkennzeichnungsgesetz* und im *Arzneimittelgesetz* und

Abb. 6: Werbung mit Warentestergebnissen

Abb. 7: Bekanntheit verschiedener Quellen der Qualitätsinformation

Bezeichnung der Informationsquellen	Nennungen Befragten (in %)
Stiftung Warentest, neutrale Testinhalte	26
Verbraucherberatung, Verbraucher Zentrale, Verbraucherschutzorganisation	11
Tests, Warentest (ohne Nennungen der Institutionen)	10
Zeitschrift „DM"	10
TÜV	7
VDE	5
staatl. Prüfstellen (z.B. Lebensmittelüberwachungen)	5
„Gütezeichen" (wörtlich)	5
ADAC-Autotest	3
Wollsiegel	2
Weinsiegel	1
Prüfsiegel (ohne Produktbenennungen)	1

(Quelle: *Gruber*, 1986)

– Angaben über die *Mengenkennzeichnungen* und Mengenanforderungen enthält das *Mess- und* → *Eichgesetz* sowie die→ *Fertigpackungsverordnung* (s.a. → Unit Pricing).

E.K.

Literatur: *Kuhlmann, E.:* Verbraucherpolitik, München 1990, S. 142 ff.

Warenkorbanalyse → Bonanalyse, → Preisvergleich

Warenmuster

Warenmuster sind – ähnlich wie → Warenproben – der Information des Kunden dienende Gegenstände, die in ihrer Zusammensetzung und Gestalt, aber nicht immer in der Größe, einem angebotenen Produkt entsprechen. Potentielle Kunden bekommen dadurch einen Eindruck von dessen Beschaffenheit und Ausstattung.
Ein Einsatz von Warenmuster erfolgt i.d.R. während des → Persönlichen Verkaufs durch die Verkaufsorgane in Form von Musterbüchern etc. Zur steuerlichen Behandlung vgl. → Geschenkaufwendungen.

Warenpräsentation im Handel

eng mit der → Ladengestaltung verknüpftes Marketing-Instrument im → Handelsmarketing, mit dem über folgende Tatbestände bezüglich der Warenanordnung und -zusammenfügung entschieden wird:

– innerbetrieblicher Standort der Ware im Laden
– vertikale und horizontale Einordnung der Ware im Regal (→ Regalplatz)
– Zuordnung bestimmter Regalflächen bzw. Volumina (→ Regalflächenoptimierung)
– Mehrfachplatzierungen
– optische Präsentation der Ware und Einsatz von bestimmten Warenpräsentern, d.h. speziellen Ladenmöbeln und Warenträgern zur Warenpräsentation (→ Visual Merchandising).

Bezüglich der *Anordnung im Laden* lassen sich eine Vielzahl von Ordnungskriterien anwenden, z.B. Warengliederungen nach Materialien, Größen, Farben, Preislagen, Marken, Zielgruppen, Bedarfskreise, Saisoncharakter, Aktionscharakter, technischen Merkmalen etc.

Bezüglich der *Regalpositionierung* gilt als optimale Warenpräsentation die Sicht- bzw. Griffhöhe des Kunden, während die sog. Bückzone c.p. deutlich geringere Abverkaufszahlen aufweist. In praxi positioniert man deshalb förderungswürdige Artikel mit hohen Deckungsbeiträgen in die Sichtzone, billigere Artikel und solche geringerer Qualität in die Bückzone. Berücksichtigt werden muss aber auch die Schwere der Artikel (leichtere Entnahme, Bruchgefahr etc.) und die Auffälligkeit der jeweiligen Verpackung. Schlechtere vertikale Positionen können durch entsprechend breitere horizontale Darbietung u.U. ausgeglichen werden.

Erfahrungsgemäß finden *Regalkopfpositionen*, massiert dargebotene Artikel und *Sonderflächen* die besondere Aufmerksamkeit der Kunden. *Palettenplatzierung* ist insb. in preisaggressiven Betriebsformen des Handels gängig und imagegerecht (→ Preisimage). Überhaupt wird im sog. → Versorgungshandel die Warenpräsentation stark im Hinblick auf die funktionelle Abwicklung des Verkaufsbetriebes ausgerichtet, während bei → erlebnisbetonter Ladengestaltung die Schaffung einer möglichst anregenden → Einkaufsatmosphäre mit besonderer Warenanmutung im Mittelpunkt steht. Hier werden insb. die Warenträger mit ihren dekorativen Elementen und material- sowie farbtechnischen Ausstrahlungen Einfluss auf die Gestaltung nehmen. In zunehmendem Maße nutzt man dabei die Technik des sog. → visual merchandising, bei dem das Leistungsversprechen eines Produktes und des gesamten Geschäftes nicht mehr durch die Worte des Verkäufers, sondern durch direkt von der Ware und der Präsentation ausgehende visuelle Eindrücke kommuniziert wird.

Wichtige Hilfsmittel der Warenpräsentation sind sog. → Displays, die z.T. von der Industrie geliefert werden, aber in das gesamte Erscheinungsbild des Ladens zu integrieren sind. Der Kreativität sind bei Displaygestaltung kaum Grenzen gesetzt. Es lassen sich Bezüge zur Produktqualität, zum Verwendungszusammenhang, zur Zielgruppe, zur Produktwirkung im Grund- und Zusatznutzenbereich und zu anderen Imagekomponenten der Ware bzw. des Geschäftes herstellen. Schütt- oder Palettenplatzierungen erwecken den Eindruck besonderer Preisgünstigkeit, Frontalplatzierungen von Waren und sog. Kombinationsplatzierungen (z.B. Hemd und Krawatte) sowie Themenplatzierungen („Picknick im Grünen") regen die Phantasie des Kunden an und unterstützen die Warenausstrahlung.

Während im Versorgungshandel die Platzierung üblicherweise konstant gehalten wird, wechselt sie bei eher erlebnisorientierter Gestaltung in regelmäßigen Abständen, um den Kunden immer wieder neue Eindrücke zu vermitteln. Allerdings muss dabei die Grundstruktur der Flächenaufteilung in etwa konstant bleiben, um die Auffindbarkeit der verschiedenen Warengruppen zu gewährleisten.　　　　　　　　H.D.

Warenproben

sind kleinere Mengen eines Produktes, die zum Erprobungszweck abgegeben werden. Die unentgeltliche Verteilung von Warenproben ist rechtlich zulässig. Sie wird jedoch als unsittlich gemäß § 1 → UWG angesehen, wenn sie den Rahmen des Erprobungszweckes sprengt, d.h. wenn sie zur Bedarfsdeckung und damit zu einer Marktverstopfung führt. Die *Abbildung* gibt einen Überblick über mögliche Ausgestaltungsformen von Warenproben.

Warenproben gelten als besonders geeignetes Instrument der → Verkaufsförderung für neue Produkte, da sie neue Kunden an das Produkt heranführen sollen. Auch bei etablierten Produkten können jedoch mit Warenproben erhebliche Absatzsteigerungen erreicht werden. Warenproben werden von Konsumenten in der Regel gerne entgegengenommen und häufig verwendet. Im Vergleich zu → Preis-Promotions bewirken sie kurzfristig einen weniger starken Absatzanstieg, sind langfristig aber deutlich vorteilhafter, da sie die Markentreue von Kunden nicht untergraben, sondern tendenziell stärken. Den positiven Absatzeffekten von Warenproben steht gegenüber, dass ihre Verteilung erhebliche Kosten verursacht und dass meist nur wenige Konsumenten erreicht werden. Dabei gilt grundsätzlich, dass der Absatzeffekt um so stärker ist, je aufwendiger die Art der Verteilung. Beispielsweise ist eine persönliche Verteilung (*Abb.*) über Werbedamen bzw. Propagandistinnen wirksamer als eine unpersönliche Verteilung. Gleichzeitig ist die persönliche Verteilung jedoch wesentlich teurer.　　　　　　　　K.G.

Literatur: *Gedenk, K.*: Die Wirkungen von Warenproben, in: ZfB, 69. Jg. (1999), Ergänzungsheft 2, S. 89–109.

Arten von Warenproben

Arten von Warenproben

➤ Kostenlose Abgabe versus Verkauf der Warenprobe

➤ Verteilung der Warenprobe versus Verteilung eines Gutscheins, der zum Bezug der Warenprobe ermächtigt

➤ Ort der Verteilung
  ➢ Verteilung am Point-of-Sale
    - Demonstration/Verkostung am Point-of-Sale
    - Warenprobe zum Mitnehmen nach Hause
  ➢ Verteilung an einem anderen Ort
  ➢ Lieferung nach Hause
    - Per Post
    - Andere Lieferung
  ➢ Einbindung in Zeitschriften
  ➢ Zufügen zur Packung anderer Produkte

➤ Persönliche versus unpersönliche Verteilung

Warentermingeschäft
→ Warenbörse,
→ Außenhandelsgeschäft

Warentest

Unter einem Warentest wird i.a. die Qualitätsprüfung bei Konsumgütern durch neutrale Drittinstitutionen verstanden, und zwar die nachvollziehbare und vorwiegend technische Prüfung von gebrauchswertrelevanten Produkteigenschaften. Nach DIN 66052 ist ein Warentest „die Prüfung und Bewertung der für die Gebrauchstauglichkeit maßgebenden Eigenschaften von ihrer Herkunft nach bestimmbaren Waren. Sein Ziel ist es, dem Käufer die als Grundlage für den Kaufentschluss notwendigen sachlichen Informationen in allgemein verständlicher Form zugänglich zu machen".

Während der → Produkttest als Bestandteil der betrieblichen Marktforschung auf die Akzeptanz neuer Produkte im Zielgruppenbereich abstellt, zielt der Warentest nur auf gebrauchswertrelevante, jederzeit nachprüfbare Produkteigenschaften. Der Warentest vernachlässigt somit wichtige marketingrelevante Aspekte, wie z.B. die akquisitorische Wirkung des Produktmarketing und der tatsächlichen Produktverwendungserfahrungen

Die bekannteste Variante des Warentests ist der „Vergleichende Warentest". In einem Vergleichstest werden vergleichbare, meist konkurrierende Marken anhand identischer Kriterien geprüft und beurteilt. Daneben gibt es die Einzeltests, in denen nur ein Produkt interessiert, z.B. im Rahmen eines Dauertests, der auf die Belastbarkeit und auf die Wirtschaftlichkeit im Zeitablauf abstellen kann. Nachdem Dienstleistungen immer wichtiger geworden sind, werden auch diese getestet (Dienstleistungstests) – ein Vorgang, bei dem der Warentestbegriff nicht mehr so richtig passen will.

Ein wichtiger Träger des vergleichenden Warentests ist die → Stiftung Warentest in Berlin. Warentests werden aber auch von anderen unabhängigen Instituten durchgeführt, so z.B. von Materialprüfungsanstalten und Öko-Instituten. Dasselbe gilt für Anbieter als private Tester, v.a. für die Zeitschriftenverlage im Foto-, Hifi-, PKW- und Motorradbereich, welche damit ihre (Fach-)Kompetenz sichern und demonstrieren wollen.

Bei der Realisierung eines Testverfahrens sind folgende Schritte entscheidend:

– die Auswahl der Testobjekte (Marken), bei der eine Selektion v.a. aus Zeit- und Kostengründen stattfindet,
– die Bestimmung der Beurteilungskriterien unter Beachtung der Gebrauchs-

wertrelevanz und der Messbarkeit von Eigenschaften,
- die Ermittlung der ausgewählten Produkteigenschaften und Erstellung des sog. Prüfberichts,
- die Errechnung der Qualitätsnoten, d. i. die Übertragung von Testresultaten in Eigenschaftsbeurteilungen (Teilnoten), deren Gewichtung und deren Verrechnung zu Gesamtnoten, sowie
- die Formulierung publikationsfähiger Testberichte, welche u.a. eine Kommentierung der Testnoten vor dem Hintergrund unterschiedlicher Ansprüche enthalten kann.

Die Aussagekraft von Testurteilen ist v.a. deswegen begrenzt (deswegen jedoch keineswegs gering), weil pro Marke meist nur ein Artikel getestet wird und hinter jeder Gesamtnote immer nur ein Anspruchsmuster steht, das von den Präferenzen einzelner Konsumenten stark abweichen kann.

Obwohl sich der Warentest in erster Linie an den Verbraucher richtet, wirkt er nicht nur auf die Kaufentscheidungen der Testnutzer in den privaten Haushalten (→ Informationsverhalten), sondern auch auf das Herstellermarketing, z.B. auf die Produktpolitik, und auf das Handelsmarketing, z.B. auf die Bestell- und Sortimentspolitik im Einzelhandel. Qualitätsvorstellungen der Warentester können auf die Qualitätsnormen und damit auf das Qualitätsbewusstsein einer Branche sowie einer Volkswirtschaft insgesamt ausstrahlen. Jedenfalls kommen über die verschiedensten Wirkungen und Einflusswege positive Testeffekte letztlich selbst jenen Konsumenten zugute, welche beim Kauf keine Testurteile kennen bzw. beachten („Non-use benefits"). Wer Marketing betreibt, muss deshalb neben den unmittelbaren und einzelwirtschaftlichen Testeffekten auch die indirekten und gesamtwirtschaftlichen Testwirkungen in seine Überlegungen einbeziehen. G.S.

Literatur: *Fritz, W.:* Warentest und Konsumgüter-Marketing, Wiesbaden 1984. *Horn, N.; Piepenbrock, H.* (Hrsg.): Vergleichender Warentest. Testpraxis, Testwerbung, Rechtsprechung, Landsberg 1986. *Raffée, H.; Silberer, G.* (Hrsg.): Warentest und Unternehmen, Frankfurt, New York 1984. *Silberer, G.:* Pragmatische Qualitätsbeurteilung: Gesamtnoten in vergleichenden Warentestberichten vor dem Hintergrund empirischer Studien, in: Die Betriebswirtschaft (DBW), 45. Jg. (1985), S. 62–76.

Warenträger → Ladengestaltung, → Warenpräsentation, → visual merchandising

Warentypen → Produkttypologie

Warenverteilung → Marketing-Logistik

Warenverteilzentrum → Versandhandel

Warenwirtschaft, internationale

Im institutionellen Außenhandel (→ Außenhandel, institutioneller) wie im internationalen Handel (→ Handel, internationaler) ist Warenwirtschaft ein Gesamtsystem der Warenverteilung von der Produktionswelt über internationale Verteilerzentren und nationale Distributionseinrichtungen zum Letztabnehmer bzw. Verwender. Aus einzelwirtschaftlicher Sicht umfasst die internationale Warenwirtschaft die Aktivitäten, die mit der Beschaffung auf internationalen Märkten (→ Beschaffungsmarketing), dem Transport über Grenzen hinweg (→ Logistik-Organisation, → Eurologistik), der Lagerung im In- und Ausland und dem internationalen Absatz von Waren (→ Internationales Marketing) verbunden sind. i.e.S. bezieht man die internationale Warenwirtschaft (im Gegensatz zur Materialwirtschaft der Industrie) auf den institutionellen Außenhandel (→ Außenhandel, institutioneller). H.Ma.

Warenwirtschaftssysteme (WWS)

sind Informationssysteme der → Marketing-Logistik und wirken im Allgemeinen über eine bessere Steuerung der Waren- und Dienstleistungsverfügbarkeit auf die Marktbearbeitungsqualität und die Verstetigung der Kunden- und Lieferantenbeziehungen.

Warenwirtschaftssysteme können unterteilt werden in offene und geschlossene Systeme, wobei *offene Systeme* lediglich Teile betriebswirtschaftlicher, warenbezogener Prozesse abbilden und somit keinen umfassenden Datenfluss im Unternehmen gewährleisten. Häufig stellen diese offenen Systeme die Vorstufe der heute im Einsatz befindlichen geschlossenen Systeme dar. Ein *geschlossenes WWS* liegt dann vor, wenn die gesamten warenbezogenen Informationsprozesse eines Unternehmens von der Disposition bis zum Warenausgang (vertikale Durchgängigkeit) und über alle Warengruppen hinweg (horizontale Durchgängigkeit) wert- und mengenmäßig vollständig erfasst und verarbeitet werden können.

Die eigentliche Aufgabe von WWS ist somit die Erfassung und Abbildung von Warenveränderungen bzw. Warenbewegungen oder -prozessen. Die Abbildung und das Management dieser Warenprozesse determinieren den Aufbau von geschlossenen WWS als repetitiven Kreislauf.

WWS von Handelsunternehmen sind heute als Folge der Filialisierung und Reallokation der Wertschöpfungsaktivitäten mehrstufig aufgebaut. Mehrstufige WWS sind Systeme, die sich infolge der Verteilung von warenwirtschaftlichen Prozessen und Anforderungen über mehrere Stufen oder Hierarchieebenen (z.B. von der Zentrale über Zentrallager und regionalen Niederlassungen bis hin zu verschiedenartigen Betriebs- und Filialtypen) ebenfalls über mehrere Stufen erstrecken und dort die jeweiligen Warenprozesse abbilden. Diese ebenenübergreifende Abbildung von operativen Prozessen erhöht zwangsläufig die Komplexität von WWS erheblich, da vor allem der Datenaustausch bzw. die Datenübertragbarkeit über Schnittstellen hinweg sichergestellt werden muss. Die Integration von Filialsystemen und Zentralsystem stellt diesbezüglich einen unvermindert großen Problembereich dar, insbesondere bei der Ausweitung des Filialnetzes durch Zukauf von Verkaufsstätten und der folgenden Integration der Daten aus i.d.R. nicht kompatiblen PoS-Systemen.

Der generelle Aufbau von WWS besteht aus drei Teilmodulen, dem Waren-, dem Dispositions- und dem Abrechnungsprozessmodell (vgl. *Abb.*).

Das *Warenprozessmodell* lässt sich weiter untergliedern in Wareneingang, Lagerverwaltung und Warenausgang. Der Bereich Wareneingang ist im Gesamtbereich der Warenwirtschaft das am weitesten entwickelte Subsystem, da die dort ablaufenden Prozesse weniger komplex als in anderen Betriebsbereichen sind. Im Wesentlichen geht es um die Überprüfung der Mengen, Qualitäten und Liefertermine eingehender Sendungen. Im Teilsystem Lagerverwaltung sind die Aufgaben Wareneingangs- und -ausgangserfassung angesiedelt, desweiteren eine dementsprechende Bestandsführung sowie die sog. Lagerplatzsteuerung. Vor dem Hintergrund der effizienten Abwicklung von Warenhandlingsprozessen ist im Zusammenhang mit dem Warenausgang vor allem die Kommissionierung als entscheidender Aufgabenbereich hervorzuheben, weil dieser Planungsbereich den gesamten weiteren Warenfluss bis in die Filialen sowie die gesamte Lagerorganisation beeinflusst. Hierbei werden offene Bestellungen (der Filialen) nach bestimmten Kriterien zu Gruppen zusammengefasst. Einem WWS kommt in diesem Bereich die wichtige Aufgabe zu, ausgehend vom logistischen Zielsystem des Unternehmens im Rahmen der Kommissionierung einen optimalen Ausgleich zu finden zwischen einem ausreichend hohen Lieferservicegrad und einem Kosten sparendem Warenhandling.

Die Abläufe innerhalb des *Dispositionsprozessmodell*s sind zwar weitaus weniger umfangreich als die des Warenprozessmodells, jedoch aufgrund einer höheren Komplexität und der strategischen Bedeutung für das Warenwirtschaftsmanagement erfolgskritischer für das gesamte → Supply Chain Management. Für die Abwicklung von Bestellungen in Handelsunternehmen ist bei Vorhandensein einer handelseigenen Lagerstruktur die Unterscheidung in Ein- und Zweikreissysteme relevant. Beim Einkreissystem werden die Bestellungen beim Hersteller auf der Grundlage der Filialbestände und -abgänge ermittelt. Sofern dieses durch den Lieferanten selbst geschieht spricht man auch von Vendor Managed Inventories. Bei den üblichen Zweikreissystemen bestellen die Filialen im Handelslager und der Bestand der Filialen ist nur diesem Handelslager bekannt. Das Handelslager selbst kontrolliert die eigenen Zu- und Abgänge und bestellt auf dieser Basis beim Hersteller. Ziel der meisten Handelsunternehmen ist mittelfristig die Umsetzung einer automatischen Filialbestellung mit Hilfe von WWS, basierend auf elektronischen PoS-Daten. Neben der Problematik der Bestellauslösung selbst ergibt sich in diesem Bereich die Aufgabe der Ermittlung optimaler Bestellmengen, also der Konflikt zwischen der Sicherstellung der Bedarfsdeckung und der Vermeidung von Überbeständen. Erschwerend für diese Beschaffungsentscheidungen kommt hinzu, dass aufgrund wechselnder Marktlagen und Einkaufsgewohnheiten häufig Unsicherheit über tatsächlich absetzbare Bedarfe vorliegt. WWS stehen deshalb in Abhängigkeit der Beschaffungssituation diverse Prognoseverfahren zur Verfügung.

Ziel des *Abrechnungsprozessmodells* ist es, die Tätigkeit einzelner betrieblicher Einheiten bzw. die in einem Unternehmen ablaufenden Warenprozesse wertmäßig zu erfassen und darzustellen, so im Management

Kreislauf eines geschlossenen WWS

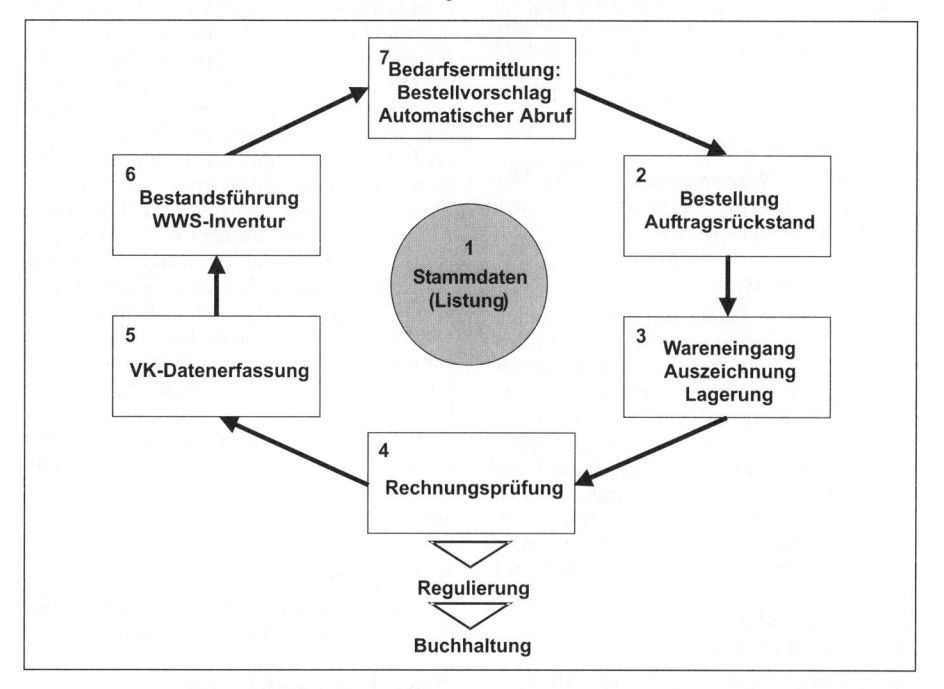

```
           7 Bedarfsermittlung:
              Bestellvorschlag
              Automatischer Abruf

  6 Bestandsführung                    2 Bestellung
    WWS-Inventur                         Auftragsrückstand

              1 Stammdaten
                (Listung)

  5 VK-Datenerfassung                  3 Wareneingang
                                         Auszeichnung
                                         Lagerung

           4 Rechnungsprüfung

              Regulierung
              Buchhaltung
```

von Abrechnungsmeldungen (Dokumente über wertmäßig relevante Warenbewegungen), welche an interne Systeme verrechnet werden müssen, und in den Bereichen der Rechnungsschreibung und Rechnungsprüfung. Eine besondere Bedeutung kommt hierbei der Zahlungsabwicklung im Rahmen der → Zentralregulierung bei Verbundgruppen zu, weil hier i.d.R. die Rechnungs- und Zahlungsströme getrennt verlaufen. Experten erwarten, dass sich vor allem die Zahlungsströme in den nächsten Jahren entscheidend verändern werden und es somit zu völlig neuen Abrechnungsprozessen im Rahmen der Warenwirtschaft kommen wird. Diesbezüglich wird es zu einer weiteren Durchgängigkeit der Waren- und Informationsströme von den Hersteller zu den Kunden kommen, wobei insbesondere die Vergütung der an der Distribution des Produktes beteiligten Wertkettenpartner automatisch über das WWS erst beim Kauf der Ware durch den Kunden ausgelöst wird (Konzept des „Free on Board-Customer"). Dies gewährleistet eine konsequente Umsetzung des Pull-Prinzips und einen wesentlich einfacheren Zahlungskreislauf (geringere Fehlerquote, Zeit- und Kontrollkostenersparnisse).

In gleicher Weise wie bei den physischen Warenflüssen wird durch externe Integration auch eine gesamtsystemorientierte Optimierung der Informationsflüsse von WWS zwischen Handel und Herstellern angestrebt, so durch informationstechnische Anbindung der Kunden, Lieferanten, Spediteuren, Logistikdienstleister, Kredit- oder Marktforschungsinstitute. Ziel ist die komplette elektronische Abwicklung der Datenflüsse zwischen den Partnern und die Schaffung kompatibler Kommunikationssysteme auf der operativen Warenwirtschaftsebene. Als Basiskonzeption dieses strukturierten Geschäftsdatenaustausches hat sich das Konzept des → Electronic Data Interchange auf nationaler und internationaler Ebene heute in vielen Branchen durchgesetzt. Mit zunehmender Verbreitung des → Internet und entsprechendem Interesse von Kunden an Remote Ordering-Angeboten wird außerdem die (bisher geringe) informationstechnische Einbindung des Kunden in WWS neue Dimensionen annehmen. J.Z.

Literatur: *Hertel, J.*: Warenwirtschaftssysteme, 3. Aufl., Heidelberg 1999. *West. R.*: Warenwirtschaftssysteme im Kauf- und Warenhaus. Fallbeispiel Kaufhof, in: *Zentes, J.* (Hrsg.): Moderne Warenwirtschaftssysteme im Handel, Berlin u.a.

1985, S. 128-150. *Zentes, J.*: Tendenzen der Entwicklung von Warenwirtschaftssystemen, in: *Zentes, J.* (Hrsg.): Moderne Warenwirtschaftssysteme im Handel, Berlin u.a. 1985, S. 1–22. *Zentes, J.; Exner, R.; Braune-Krickau, M.*: Warenwirtschaftssysteme im Handel, Essen 1989.

Warenzeichenrecht

Das bisherige Warenzeichenrecht im Warenzeichengesetz (WZG) ist durch das neue → Markenrecht ersetzt worden. H.-J.Bu.

Wasserfall-Strategie

Strategie des → Markteintritts in Ländermärkte. Im Gegensatz zur → Sprinkler-Strategie werden dabei die zu erschließenden Märkte sukzessive bearbeitet. Dies erlaubt es dem Unternehmen, zunächst internationale Erfahrung in ausgewählten Märkten zu sammeln. Dabei werden in der Regel solche Märkte zuerst erschlossen, die dem entscheidenden Exportmanager bereits vertraut sind oder denen er sich kulturell nahe stehend fühlt (→ Distanz, psychische). B.I.

WBZ (Werbender Buch- und Zeitschriftenhandel)

Der werbende Buch- und Zeitschriftenhandel eröffnet Verlagen einen spezifischen Verkaufs- bzw. Vertriebsweg, insbes. für Zeitschriftenabonnements. Bezieher werden durch von Tür zu Tür-Verkäufer, zunehmend auch durch Direktwerbemittel geworben (→ Direktvertrieb). WBZ-Firmen liefern in eigenem Namen und auf eigene Rechnung und bestellen die betreffenden Auflagen gesammelt bei den Verlagen. Die Zustellung erfolgt meist auf dem Postweg über die Verlage selbst, in begrenztem Umfang auch noch durch eigene Zusteller. Für Ihre Vertriebsleistung erhalten WBZ-Firmen Werbezuschüsse bzw. Spannen, die über jene des Pressegrosso hinausreichen (→ Verlagsmarketing). A.K.

Wear-Out-Effekt

→ Frequenzeffekt der Werbung, welcher die nachlassend positive oder sogar die negative Wirkung mehrfach wiederholter Werbeanstöße bezeichnet, welche mit identisch gestalteten Werbemitteln erfolgen. Als → Werbewirkungen sind davon sowohl der Aufbau von Kenntnissen (z.B. Markenbekanntheit, Werbekenntnisse) als auch der Aufbau von Einstellungen zum beworbenen Objekt betroffen. Der „Abnutzungseffekt" der Werbung beim Aufbau von Kenntnissen ist mit der verminderten Aufmerksamkeit gegenüber wiederholt gesehenen und/oder gehörten identischen Werbereizen zu begründen. Hier zeigen zunehmende Werbekontakte bei einer Person (wie auch in der Adressatenschaft) einen abnehmenden Wirkungszuwachs, bis im erreichten Wirkungsniveau trotz zusätzlicher Kontakte keine Änderung mehr eintritt. Dagegen ist der Wear-Out-Effekt beim Aufbau von Einstellungen u.U. ein negativer Effekt: Eine bereits erzielte Wirkung (Einstellung gegenüber dem Werbeobjekt) wird infolge fortgesetzter Kontaktdosis wieder zunichte gemacht. Dies folgt aus der subjektiven Ermüdung, Sättigung bzw. Langeweile des Adressaten bei den wiederholten, identischen Werbekontakten und schließlich aus der sich daraus ergebenden Reaktanz (Abwehrhaltung). H.St.

Web → Internet

Web-Agentur

ist eine spezialisierte → Werbeagentur für die → Online-Werbung im Internet.

Weber-Fechnersches Gesetz
→ Psychophysik

Web Housing → Service Provider

Webring

ist eine organisierte Vernetzung von themenverwandten Web-Sites, die im Rahmen des → Referencing zum Zwecke der → Site-Promotion im Internet genutzt werden kann.
Der Webring wird zumeist von einem „Ringmeister" betrieben, der die Themenrelevanz der verknüpften Inhalte gewährleistet. Technisch gesehen ist ein Webring eine zentrale verwaltete Liste. Jede teilnehmende Web-Site verpflichtet sich, ein zumeist grafisches Element zu integrieren, welches zu einer auf der Liste stehenden Website zeigt. Ein Verfolgen der Links ermöglicht dem Nutzer somit einen virtuellen Rundgang durch das Internet.
Hinsichtlich der Effektivität der Teilnahme an einem Webring gilt anzumerken, dass die Maßnahme weder gezielt steuerbar noch messbar ist und somit als kommunikationspolitische Maßnahme im Rahmen der → Online Werbung nicht geeignet ist.

B.Ne.

Web-Site

ist die technische Bezeichnung für die hypermediale Struktur von → HTML-Dokumenten auf einem Internet-Server, die unter einer Internet-Adresse erreichbar ist (vgl. → Internet; → Site-Promotion).

Web-Verzeichnisdienst (Web-Index)

ist eine Institution im → E-Commerce, der Web-Sites nach themenspezifischen Kategorien klassifiziert und in einer hierarchischen Verzeichnisstruktur auflistet und verknüpft. Web-Verzeichnisdienste können nach ihrer inhaltlichen und technischen Umsetzung unterschieden werden.

– *Inhaltlich* lassen sich die Dienste nach ihrer themenspezifischen Fokus nach allgemeinen Verzeichnisdiensten und Special-Interest Verzeichnisdiensten voneinander abgrenzen.

– Aus *technischer Sicht* sind agentbasierte und manuell betriebene Verzeichnisdienste zu unterscheiden. Agentenbasiert „durchforsten" teil- oder vollautomatisiert das Internet nach neuen, bisher nicht berücksichtigen Web-Sites und ordnen diese nach der Relevanz verschiedener Stichwortkategorien in das Verzeichnis ein. Bei manuell erstellte Indizes erfolgt die Zuordnung der Web-Site zu einer Inhaltskategorie durch einen Redakteur.

Verzeichnisdienste dienen Internet-Nutzern vielfach als Einstiegspunkt in das Internet. Der gezielte Eintrag in diese Dienste ist eine Maßnahme des → Referencing. Ferner basieren die Dienste v.a. auf einem werbefinanzierten → Geschäftsmodell, was sie durch die hohe Frequentierung und die themenspezifischen Zielgruppeneingrenzung zu einem interessanten Werbeträger für die → Banner-Werbung im Internet macht.

B.Ne.

Wechselbarrieren

Mit der Unterstellung der Existenz von Wechselbarrieren wird ein Typ des Kaufverhaltens – das Wiederkaufverhalten – auf eine Anzahl von Ursachen – die Wechselbarrieren – zurückgeführt (→ Kundenbindung). Drei Arten von Wechselbarrieren können als Quellen des Wiederkaufverhaltens und der Kundenbindung identifiziert werden:

Opportunitätskosten
Mit einem Wechsel des Lieferanten verzichtet der Kunde auf den Nutzen, den er von seinem bisherigen Lieferanten erhalten hat bzw. den er in Zukunft erhalten würde.

„Versunkene" Kosten
Mit einem Lieferantenwechsel werden viele Inputs, die der Kunde in die Beziehung zu seinem bisherigen Lieferanten geleistet hat, wertlos. Sofern der Kunde mit begrenzten Ressourcen wirtschaften muss, binden ihn diese Inputs an seinen bisherigen Lieferanten.

Weitere relevante Kosten
Die Suche und die Verhandlung mit neuen Lieferanten aber auch der Aufbau einer neuen Geschäftsbeziehung verursachen i.d.R. neue Kosten bzw. erfordert Investitonen in die neue Geschäftsbeziehung. Auch diese zusätzlichen Kosten wirken einem Lieferantenwechsel tendenziell entgegen.
Der von einem neuen Lieferanten gebotene Nutzen muss die drei Arten von Wechselbarrieren insgesamt übersteigen, damit ein Lieferantenwechsel aus der Perspektive des Kunden sinnvoll ist.

A.S.

Wechselkurs

Die Bestimmung der Währung, in der eine Transaktion mit einem ausländischen Geschäftspartner abgewickelt werden soll, ist grundsätzlich der Regelung der Vertragsparteien unterworfen. Wird vereinbart, dass das Geschäft in ausländischer Währung abzuwickeln ist, entsteht dem inländischen Anbieter einer Ware oder einer Leistung durch das Auseinanderfallen von Vertragsdatum und Durchführung der Zahlungsvorgänge ein Wechselkursrisiko. Die Höhe des Wechselkursrisikos ist davon abhängig, wie frei die Wechselkurse der betroffenen Währungen schwanken können. Die Tauschkurse können zum einen fest (→ Euro) oder zumindest weitgehend fixiert sein, zweitens kann innerhalb einer Währungsgruppe durch deren politische und ökonomische Repräsentanten eine Schwankungsbandbreite vereinbart worden sein, drittens können die Kurse frei schwanken und lediglich durch zeitweise Eingriffe der nationalen Notenbanken gestützt werden.

Die Konsequenzen von Wechselkursveränderungen für das → internationale Preismanagement lassen sich anhand des folgenden Beispiels darstellen: Eine deutsche Firma exportiere in die USA und vereinbare ihre Preise in US-\$. Es fallen weder Steuern, noch Zölle oder weitere Exportkosten an. Bei linearer Preis-Absatz- und Kostenfunktion (alle Kosten fallen in DM an) ergeben sich folgende Gleichungen:

(1.1) $q = a - bp_\$$

mit q Absatzmenge in USA
$p_\$$ Preis in $
a,b Parameter

(1.2) $K_{DM} = K_f + k_v q$

mit K_{DM} Gesamtkosten in DM
K_f fixe Kosten
k_v variable Stückkosten

Bei Berücksichtigung des DM/$-Wechselkurses w ergibt sich als DM-Gewinnfunktion:

(1.3) $G_{DM} = (a - bp)(wp_\$ - k_v) - K_f$

Der gewinnoptimale Preis beträgt folglich

(1.4) $p_\$^* = \frac{1}{2}\left(\frac{a}{b} + \frac{k}{w}\right)$

Leitet man den optimalen Preis nach dem Wechselkurs w ab, ergibt sich des weiteren

(1.5) $\frac{dp_\$^*}{dw} = -\frac{k}{2}w^{-2}$

Aus den vorstehenden Gleichungen lassen sich folgende Schlüsse ziehen:

– Der optimale Preis in der Zielwährung, in diesem Fall also der optimale $-Preis $p_\$^*$, sinkt mit steigendem Wechselkurs w (1.4).
– Das Absinken des gewinnoptimalen $-Preises bei steigendem Wechselkurs w ist dabei aufgrund des Exponenten –2 unterproportional (1.5).
– Es lässt sich zudem zeigen, dass bei steigendem $-Kurs der Gewinn in DM überproportional, der Gewinn in $ unterproportional ansteigt. Verantwortlich hierfür sind gleichgerichtete Mengen- und Stückdeckungsbeitragseffekte.

Zur Vermeidung oder Abschwächung negativer Effekte aus Wechselkursänderungen stehen international tätigen Unternehmen verschiedene Maßnahmen zur Verfügung: Zunächst besteht die Möglichkeit, in einer Währung zu fakturieren, die für Wechselkursschwankungen nicht bzw. wenig anfällig ist. In ähnlicher Weise kann eine Kurssicherungsklausel oder aber ein Währungsoptionsrecht, das eine Wahlmöglichkeit zum Fälligkeitstag sichert, vertraglich festgeschrieben werden. Des Weiteren können Wechselkursrisiken durch Abschluss einer staatlichen Versicherung (HERMES-Deckung), durch Export-Factoring (→ Factoring) oder durch → Forfaitierung von Auslandsforderungen gesenkt bzw. ausgeschaltet werden.

Eine weitere Alternative der Absicherung bieten → Termingeschäfte. Hierbei bietet ein Unternehmen, das einen Liefervertrag in ausländischer Währung abschließt, die Zahlung aber erst zu einem späteren Termin y erwartet, seine Devisenforderung heute (Termin x) auf dem Terminmarkt an. Bei Zahlungseingang an Termin y kann es dann die Devisenforderung zu dem an Termin x vereinbarten Kurs (Terminkurs) in die inländische Währung konvertieren. Diese Form der Kurssicherung ist im → Außenhandel verbreitet. Bei Verzicht auf Termingeschäfte oder vergleichbare Sicherungsmechanismen wird das Unternehmen zum Devisenspekulanten.

Insgesamt wird deutlich, dass die Verwendung von Auslandswährung im internationalen Marketing → Preisrisiken mit sich bringt. Allerdings unterliegt die Wahl der Fakturierungswährung ebenso der Regelungsfreiheit der Vertragsparteien, wie etwa die Preishöhe oder die Konditionen. Um ihrerseits Währungsrisiken zu vermeiden und zudem internationale Einkaufspreise vergleichbar zu machen, haben aber auch die ausländischen Abnehmer ein Interesse daran, in ihrer jeweiligen Währung zu zahlen. Das Verfolgen einer kundenorientierten Strategie macht es daher vielfach erforderlich, auf Währungswünsche der Abnehmer einzugehen. Ergebnisse empirischer Studien zeigen, dass in Fremdwährung fakturierende Unternehmen zwar einerseits geringere Deckungsbeiträge erzielen, andererseits jedoch höhere Exportvolumina als ihre in nationaler Währung abrechnenden Konkurrenten aufweisen. Insbesondere in frühen Phasen von internationalen Geschäftsbeziehungen sollte auf Währungswünsche von Kunden eingegangen werden, um diese zunächst an das Unternehmen zu binden. Der Wahl der Währung ist in internationalen Preisverhandlungen daher ein wichtiger Platz einzuräumen. B.I.

Literatur: *Diller, H.:* Preispolitik, 3.Aufl., Stuttgart 2000, Kap. 10.

Wechselversand (-auflage)

eine v.a. für → Fachzeitschriften praktizierte Form des Vertriebs, bei der nach einem festgelegten Verfahren die gesamte Auflage oder Teile der Auflage einer Zeitschrift an bestimmte Zielgruppen (nach Themenschwerpunkt festgelegte Personen oder Institutionen) verschickt werden, die aufgrund ihrer soziodemographischen Merkmale oder ihres Informationsbedarfs für den Empfang einer konkreten Ausgabe qualifiziert erscheinen. Ziel der entweder turnusmäßigen oder nach Themenplan vorgenommenen Aussendung ist eine optimale Marktabdeckung.

Nach Formulierung der Arbeitsgemeinschaft Zeitschriftenverlage (AGZV) sind drei Möglichkeiten des Wechselversands möglich:

(1) Versand nach *Themenplan*: Zielgruppen werden nach gleich bleibenden, entsprechend einem Themenplan belieferten Empfängerkreis gebildet.

(2) Festes *Versandintervall*: Gruppen werden für ständige Empfänger gebildet, die mit jeder n-ten Nummer, also nach einem vorher festgelegten und nachträglich pro Empfänger erkennbaren Plan, beliefert werden.

(3) *Rotation*: Empfängergruppen, die unabhängig von einem Themenplan nach Adressunterlagen (überlappend oder nicht überlappend) rotierend beliefert werden. E.L.

Wechselwirkungseffekte
→ Varianzanalyse

Wegwerffrage → Eisbrecherfrage

Weg-Zeit-Methode → Standort im Handel

Weiße Marken → No Names

Weiterempfehlungen
→ Kundenempfehlungen

Weitester Leserkreis (WLK)

Personenkreis, der in den letzten zwölf Erscheinungsintervallen mindestens eine Ausgabe einer Zeitschrift oder Zeitung gelesen oder durchgeblättert hat (→ Leserschaftsforschung).

Weitester Seherkreis (WSK)

Begriff aus der → Fernsehforschung. Der weiteste Seherkreis gibt – ähnlich wie die Nettoreichweite – unabhängig von der Einschaltdauer an, wie viele Personen/Haushalte mindestens eine zusammenhängende Minute Kontakt zu einer oder mehreren Sendungen oder zu einem oder mehreren Zeitintervallen eines oder mehrerer Sender an einem oder mehreren Tagen hatten. Die Ausweisung erfolgt analog zur Nettoreichweite (→ Reichweite).

Welthandelsvolumen

im Gegensatz zur Weltwirtschaft umfasst das Welthandelsvolumen lediglich Warenströme zwischen Volkswirtschaften. Zwi-

Entwicklung des Welthandels

	Entwicklung des Welthandels (in Mrd. $, Exportwerte fob)						
	1970	1980	1990	1992	1994	1996	1998
	Export in Mrd. Dollar						
Wert insgesamt	314	2000	3426	3675	4188	5200	5339
	Prozentualer Anteil des Weltexports						
EG	26,9	38,0	43,5	42,5	39,5	40,3	40,4
Bundesrepublik	10,8	9,7	12,0	11,5	10,2	10,1	10,2
USA	13,7	11,3	11,5	12,2	12,2	12,0	12,8
Japan	6,1	6,5	8,4	9,3	9,5	7,9	7,3
Entwicklungsländer	18,2	22,1	23,6	25,6	27,6	28,5	28,6
OPEC	5,4	14,9	5,3	5,1	4,5	4,7	4,5

(Quelle: International Trade Statistics Yearbook 1998, Volume II, New York 1999)

schen Import- und Exportströmen bestehen Differenzen, die z.T. rechnerischer Natur sind (Exportpreise Fob, Importpreise Cif), z.T. auch daraus resultieren, dass Waren nicht erfassbar sind (z.B. durch Transfer in → Zollfreizonen, graue Handelsbeziehungen, Wertdifferenzen u.a.).

Die *Tabelle* zeigt die Entwicklung des Welthandelsvolumens. H.Ma

Wende-Katalog → Kataloggestaltung

Werbeabteilung

organisatorische Einheit innerhalb der → Marketingorganisation, die Aufgaben der Planung, Gestaltung und Durchführung im Rahmen der Marktkommunikation erfüllt. Eine hauseigene Werbeabteilung ist dann vorteilhaft, wenn das → Werbeobjekt so komplex ist, dass man für seine Auslobung umfangreiche Kenntnisse benötigt; und/oder die Produkt(gruppen)- vielfalt so groß ist, dass eine Koordination der werblichen Aussagen im Sinne der → Corporate Identity stattfinden muss, die eingesetzten Werbebudgets hoch sind und das Unternehmen genügend groß ist, um die dafür laufend anfallenden Kosten tragen zu können.

Gegen eine hauseigene Werbeabteilung sprechen die hohe Fixkostenbelastung und die Gefahr der mangels Marktdruck u.U. aufkommenden Inflexibilität und Kritiklosigkeit gegenüber eigenen Werbemaßnahmen. Es kann deshalb angezeigt sein, die Werbeabteilung mit der Entwicklung der Werbeziele und –strategien sowie der Koordination und Kontrolle der Werbemaßnahmen zu beauftragen, die kreative Umsetzung der Werbekonzeptionen selbst aber Werbeagenturen zu überlassen. Damit ist allerdings ein dritter potentieller Nachteil nicht ausgeräumt: Besitzt ein Unternehmen eine eigene Werbeabteilung, so kommt es möglicherweise zu widersprüchlichen Entscheidungen und Aktivitäten von mehreren mit Marktkommunikationsaufgaben betrauten organisatorischen Einheiten, wie z.B. der PR-Abteilung, der Werbeabteilung und der Verkaufsabteilung. Ein effizientes Informations- und Kommunikationssystem zwischen diesen Abteilungen kann hier Abhilfe schaffen. Große Unternehmen verselbständigen auch ihre ehemaligen Werbeabteilungen zu → Werbeagenturen, die sich im Wettbewerb zu bewähren haben (s.a. → Outsourcing). H.Mü.

Werbeadressat → Zielgruppe

Werbeagentur

Dienstleistungsbetrieb der Marktkommunikation (→ Marketing-Dienstleister), der von seinen Auftraggebern Aufgaben in einem, mehreren oder allen der folgenden Bereiche übernimmt: Beratung bei der Erstellung einer Konzeption für die Marktkommunikation, d.h. Marktforschung, Planung des Marketing Mix oder Medienauswahl; Mittlung, d.h. Ausführung bestimmter Teilleistungen bei der kreativen Umsetzung, wie z.B. Herstellung von Werbemitteln oder Mediaeinkauf; sowie Planung, Gestaltung und Durchführung von Werbe-, Verkaufsförderungs-, oder PR-Kampagnen, von Verpackungen, etc.

Übernimmt eine Werbeagentur Aufgaben in allen drei genannten Bereichen, bezeichnet man sie als *Full-Service-Agentur*. Daneben gibt es Unternehmen, die sich auf einzelne Aktivitäten im Rahmen der betrieblichen Marktkommunikation spezialisiert haben. Zu diesen zählen z.B. → Werbeberater, → Mediaagenturen, → Grafik-Designer, → Texter, Fotografen, Videostudios, Druckereien, → Adressenverlage oder Direkt-Werbeinstitute.

Full-Service-Agenturen können nach Abteilungen gegliedert sein oder ihre Aufträge in Form von Projektmanagement abwickeln. Account Manager, die entweder als → Kontakter oder als → Etat-Direktor bezeichnet werden, stellen das Bindeglied zwischen Werbungtreibenden und Agentur dar. Das Creative Department besorg die für die Umsetzung der → Werbebotschaft notwendige kreative Arbeit bzw. Teile davon. Die kreativen Mitarbeiter, wie z.B. Texter, Grafik-Designer, Fotografen oder Kameraleute, sind in größeren Agenturen aber auch manchmal einzelnen Unterabteilungen, z.B. Copy, Art oder Produktion zugeordnet. Die Mediaabteilung kümmert sich um die Auswahl der für die einzelnen Kampagnen am besten geeigneten → Werbeträger bzw. um ihre optimale Kombination. Sie kauft den benötigten Raum bzw. die Zeit in diesen Medien und besorgt die Streuung der → Werbemittel. Manche Agenturen verfügen auch über eine eigene Forschungsabteilung. Diese unterstützt mit den von ihr gesammelten und ausgewerteten Informationen über den Produkt-Markt und die Medien wie auch mit → Werbetests die Entscheidungen im kreativen und medialen Bereich der Agentur. Die *Traffic Abteilung* plant und koordiniert die Arbeit der anderen Abteilungen in einer solchen Weise, dass die gleichzeitige Abwicklung aller Aufträge termingerecht möglich ist. Aufgrund der von den Kunden zunehmend erkannten Bedeutung eines einheitlichen kommunikativen Auftritts gegenüber allen Teilen der Öffentlichkeit, haben eine Reihe von Werbeagenturen → Public Relations- und → Verkaufsförderungs-Abteilungen geschaffen.

Grundlage der Arbeit einer Full-Service-Agentur bildet das → Briefing. Es wird entweder vom Auftraggeber vorgegeben oder gemeinsam mit der Werbeagentur erarbeitet. Die Zusammenarbeit zwischen Agentur und Kunden erfolgt in mehreren Treffen. Diese sollten zumindest stattfinden, wenn das Briefing vorliegt bzw. entwickelt werden soll, erste Ideen für die Kampagne besprochen werden können, Gestaltungsentwürfe für die Kommunikationsmittel und Medienpläne fertig gestellt sind und wenn die Produktion der Kommunikationsmittel abgeschlossen ist.

Bevor ein Unternehmen eine Werbeagentur einschaltet, sollte es sich klar darüber sein, ob es bereit und in der Lage ist, der Agentur die für die Erfüllung der ihr zugedachten Aufgabe notwendigen, häufig sehr weitgehenden internen Informationen zur Verfügung zu stellen. Im Vertrag kann zwar eine Konkurrenzausschlussklausel aufgenommen werden, in der Praxis treten aber immer wieder Probleme bei der exakten Bestimmung von Konkurrenzverhältnissen auf. Dieser Schwierigkeit steht andererseits die Tatsache gegenüber, dass die Zusammenarbeit mit Werbeagenturen einem Unternehmen den Vorteil bringt, spezifische Erfahrungen und kreatives Potential von Experten je nach Bedarf nutzen zu können.

Bei der Auswahl der geeignetsten Werbeagenturen ist v.a. ihr Leistungsvermögen in Bezug auf die gestellte Aufgabe abzuwägen. Einzelgänger und kreative Teams bieten meist hochkreative Ideen und Gestaltungsvorschläge, haben aber wenig bis keine Erfahrung in konzeptiver Arbeit. Mittlere Agenturen, die häufig vom Inhaber selbst geführt werden und mit freien Mitarbeitern zusammenarbeiten, sind besonders bei kleineren Etats für lokale bzw. nationale Kampagnen sehr effizient. Sie sind aber meist nur ungenügend in der Lage, bei der Ausarbeitung einer Kommunikationsstrategie mitzuwirken. Größere Full-Service-Agenturen haben weitestgehend einen Leistungsstandard erreicht, der auch Ansprüchen erfahrener Werbungtreibender entspricht. Sie sind entweder multinational tätig oder gehören einer Gruppe von Agenturen an, die international zusammenarbeiten. Gegen den Einsatz einer Full-Service-Agentur spricht allerdings, dass diese oft erst ab einem gewissen Mindestetat zur Auftragsübernahme bereit ist.

In Deutschland gibt es derzeit etwa 3.000 Agenturen mit bis zu 20.000 Angestellten. Eine Übersicht liefern Agenturverzeichnisse, z.B. Mediaadress (Mediadaten-Verlag Mainz) oder das GWA-Verzeichnis (Gesamtverband Werbeagenturen, Frankfurt). „Hitlisten" der größten Agenturen werden vom Fachorgan „w&v" regelmäßig publiziert.

Für die *Agenturvergütung* gibt es international übliche Standards, die sich in zwei Grundformen der Abrechnung unterscheiden lassen: Provisionssystem und → Service Fee-System. Beim Provisionssystem erhält die Werbeagentur für ihre Tätigkeit als Werbemittler, d.h. als Käufer von Raum oder Zeit für Einschaltungen in Werbeträgern, von den Werbedurchführenden, d.h. den Eigentümern der benutzten Werbeträger, eine Provision (meist 15 %), die sie einbehält. Hauptvorteil des Provisionssystems ist seine Einfachheit. Sein wesentlicher Nachteil besteht darin, dass die Agenturvergütung von der Höhe der Provisionssätze der benutzten Werbeträger und damit vom Mediaplan der Agentur abhängig ist. Daneben entwickelt sich diese Art der Leistungsvergütung nicht proportional zur Gesamtleistung der Agentur für den Werbungtreibenden. Ist der Anteil der kreativen Leistung im Verhältnis zu den Aktivitäten im Streubereich gering, dann ist das Entgelt im Verhältnis zur erbrachten Leistung überproportional. Umgekehrt kommt die Agentur bei hoher kreativer Leistung und geringem Werbeetat für Streuzwecke nicht auf ihre Rechnung. Beim Service Fee-System tritt die Agentur sämtliche ihr durch die Einschaltung streufähiger Werbemittel des Auftraggebers in Werbeträgern zufließenden Rabatte und Provisionen an den Kunden ab. Stattdessen verrechnet sie ihm eine Pauschalvergütung für die von ihr erbrachten Leistungen.

In jüngster Zeit gibt es auch Bestrebungen, die Vergütung der Werbeagentur vom Grad der Zielerreichung abhängig zu machen. Aufgrund der Schwierigkeiten bei der eindeutigen Zurechenbarkeit von Werbeeffekten auf Zielerreichungsgrade, haben solche Agenturvergütungssysteme aber noch kaum Verbreitung gefunden.

Das Gesamtvolumen („*Billings*") der deutschen Werbeagenturen, das sich aus den von ihnen abgewickelten Mediaetats und/oder Provisionen sowie Pauschalhonoraren zusammensetzt, wurde 1998 auf ca. 19 Mrd. DM geschätzt. Das daraus resultierende „Gross Income" („Nettoumsatz") nach Abzug der an die Werbeträger gezahlten Mediaausgaben wird z.T. auch rechnerisch ermittelt, indem die nicht auf Provisionsbasis zufließenden Honorare durch Multiplikation mit dem Faktor $100/15 = 6{,}67$ auf sog. *„equivalent billings"*, d.h. entsprechende Nettoumsätze hochgerechnet werden. Dadurch kann das Umsatzvolumen von Agenturen mit unterschiedlichen Erlösanteilen aus Provisionen und Honoraren vergleichbar gemacht werden. H.Mü.

Literatur: *ZAW:* Werbung in Deutschland 1999, Bonn 1999, S. 187-204.

Werbeakzeptanz

bezeichnet den Grad an genereller Unterstützung, die die Werbung von Seiten der Verbraucher und der allgemeinen Öffentlichkeit erfährt.

Kontinuierlich werden durch verschiedene empirische Studien Kenntnisse, Erwartungen und Einstellungen der Verbraucher zur Werbung ermittelt. Sie belegen mit hoher Übereinstimmung, dass eine stabile Mehrheit der Bevölkerung eine positive bis neutrale Einstellung zur Werbung hat. Von der übergroßen Mehrheit (ca. 80%) der deutschen Bevölkerung ist die Werbung zum normalen Bestandteil des modernen Lebens und zum gesellschaftlich anerkannten Faktor geworden.

Der breiten Akzeptanz, die die Werbung generell als wesentliches Element der Marktwirtschaft findet, steht allerdings eine teilweise massive Kritik von Verbrauchern, Verbraucherorganisationen, Parteien und Medien an speziellen Werbeformen gegenüber (→ Werbekritik). Beispielsweise wird der Werbung vorgeworfen, sie stelle Frauen in herabwürdigender Weise dar, fördere ökologisch unverträgliches Konsumverhalten, sei mitverantwortlich für den gesundheitsschädlichen Konsum von Zigaretten, Medikamenten oder alkoholischen Getränken und für die kulturelle Verarmung kommerzialisierter Fernseh- und Hörfunkprogramme. Die Werbewirtschaft hat solche Vorwürfe als Indizien mangelnder öffentlicher Werbeakzeptanz ernst zu nehmen, weil mit ihnen gesellschaftliche Problembereiche benannt werden und sie im Fall einer verstärkten öffentlichen Beachtung als Grundlage für die Forderung nach weiteren Maßnahmen zur Werberegulierung bis hin zum → Werbeverbot dienen.

B.St./I.M.

Literatur: *ZAW:* Werbung in Deutschland, Bonn 2000.

Werbeanalyse

Die Datenbeschaffung und -analyse hat grundlegende Bedeutung für die → Werbeplanung: Ohne Kenntnis des Ist-Zustandes ist es kaum möglich zu beurteilen, welcher Sollzustand anzustreben ist und welche → Werbebotschaft an welches Zielpublikum mit Hilfe welcher → Werbemittel und Medien gerichtet werden soll.

Die Werbeanalyse ist Aufgabe der → Marktforschung. Diese ermittelt einerseits Primärdaten (meist durch Befragungen) oder wertet bereits vorliegende Sekundärdaten aus. Sekundärdaten umfassen sowohl betriebsinterne Daten (Absatz- und Reklamationsstatistiken etc.) als auch betriebsexterne Daten (Aufzeichnungen der Statistischen Ämter, von Interessensvertretungen usw.).

Die Werbeanalyse umfasst die drei Bereiche:

(1) → Werbeobjekt,
(2) Unternehmen und
(3) Markt.

ad (1) Werbeobjekt:
Die Frage, welche Produkte oder Dienstleistungen beworben werden sollen, hängt u.a. von der Werbereife des Werbeobjektes ab: Werbereif ist es dann, wenn echte Wertangaben, Argumente, durch die es sich von Konkurrenzprodukten unterscheidet, angeführt werden können. Erst dann kann der Verbraucher ermessen, ob das angebotene Gut für ihn von Nutzen ist. Ein Ziel der Werbeanalyse muss es also sein, Leistungen aufzuspüren, die Konkurrenzprodukte entweder nicht aufweisen oder die von Konkurrenten nicht genannt werden (→ USP). Dieser besondere Nutzen kann dabei auf der Ebene des → Grundnutzens („braucht um die Hälfte weniger Strom", „hat eine größere Motorleistung"...) oder des → Zusatznutzens liegen („erhöht das Ansehen bei den Mitmen-

schen", „ein Hauch von Luxus" etc.). Bei physisch oder technisch homogenen Produkten (hohe Substituierbarkeit mit Konkurrenzprodukten) ist eine Abhebung von Konkurrenten oft nur über den Zusatznutzen des eigenen Produktes, d.h. durch Aufbau eines Markenimages möglich.

ad (2) Unternehmung:
In der Regel bietet ein Unternehmen nicht nur ein einziges Produkt oder eine einzige Dienstleistung an, sondern mehrere. Die Werbekonzeption für ein Objekt ist daher sowohl auf die gesamte Angebotspalette als auch auf das Firmenimage als ganzes abzustimmen. So können sämtliche Produkte einer Unternehmung unter dem Firmennamen oder unter einem gemeinsamen Markennamen (mit demselben Image) angeboten werden. Ergänzen sich Produkte eines Sortiments (z.B. Haarshampoo und -balsam), so wird eine gemeinsame Marke zu empfehlen sein (→ Markenpolitik). Es kann aber auch sinnvoll sein, eine Image-Isolation durchzuführen, insb. dort, wo „technologische Barrieren" zwischen Partnerprodukten bestehen (z.B. zwischen Suppenwürze und Süßspeisen). Es gibt aber auch eine Reihe von Beispielen, wo technologisch ähnliche Produkte nur durch die Schaffung verschiedener Markenimages auf die Bedürfnisse bestimmter Zielgruppen abgestimmt wurden. Man denke nur an die verschiedenen Zigarettenimages der Marken eines Herstellers.

ad (3) Markt
Um die Marktstellung eines Produktes beurteilen und daraus Werbeziele und -maßnahmen ableiten zu können, sind folgende Daten zu analysieren:
- Marktbreite und Marktpotential, Marktvolumen und Marktanteil (→ Markt)
- Struktur und Leistungsfähigkeit der Konkurrenten
- → Positionierung des Produktes und der Konkurrenzprodukte aus der Sicht der Zielpersonen.

Die Analyse der Konkurrenten ist Voraussetzung dafür, eigene Marktchancen zu identifizieren. Folgende Fragen sind dabei von Interesse (→ Konkurrenzforschung):
- Wer sind die Konkurrenten?
- Was bieten sie an?
- Wie verhalten sie sich auf dem Markt?

Um das Entscheidungsverhalten der Zielpersonen gezielt beeinflussen zu können, interessiert den Werbetreibenden v.a. (s.a. → Werbepsychologie):
- Nach welchen Kriterien erfolgt die Beurteilung der Alternativen (sachbezogene Merkmale, gefühlshafte Eindrücke, wahrgenommenes Risiko,…)?
- Wie beurteilen die Konsumenten das eigene Produkt im Vergleich zu den Konkurrenzprodukten?
- Wie werden Kaufentscheidungen getroffen (extensiv, gewohnheitsmäßig, impulsiv,…)?
- Wie werden Informationen aufgenommen (aktiv oder passiv, über welche Medien,…)?
- Welche Bedeutung haben soziale Faktoren (Gruppeneinfluss, Meinungsführer, Leitbilder, Rollenverhalten, …)?

Die verschiedenen Ergebnisse der Werbeanalyse fließen ein in den Entwurf einer → Werbestrategie bzw. → Werbekonzeption. Nicht selten übernehmen Werbeagenturen mit Full-Service-Angebot einzelne oder alle Teilaufgaben der Werbeanalyse gegen entsprechendes Honorar.   G.Sch.

Literatur: *Batra, R.; Myers, J.; Aaker, D.:* Advertising Management, 5. Aufl., Upper Saddle River 1996. *Schweiger, G.; Schrattenecker, G.:* Werbung, 4. Aufl., Stuttgart 1995.

Werbeangaben

Nach § 3 → UWG kann auf Unterlassung in Anspruch genommen werden, wer im geschäftlichen Verkehr zu Zwecken des Wettbewerbs irreführende Angaben macht (→ irreführende Werbung). Für eine Irreführung ist also stets eine Werbeangabe im Sinne einer Werbebotschaft erforderlich. Der Begriff der Werbeangabe wird weit gefasst. Angaben i.d.S. sind jede Art von nachprüfbaren Äußerungen (mündliche, schriftliche, wörtliche, bildliche, Angaben durch Symbole, Abbildungen usw.), deren sich der Werbende bedient, um dem Empfänger der Werbebotschaft einen bestimmten Eindruck zu vermitteln. Die Rechtsprechung fordert eine auf ihren Inhalt hin objektiv nachprüfbare, dem Beweis zugängliche Aussage. Der Begriff der Werbeangabe geht also über den Terminus der geschäftlichen Bezeichnung hinaus, wie er in §§ 5, 15 MarkenG gegen Verwechslungen geschützt wird. Beispiel: Wenn bei einer Werbung im Rundfunk für Eierteigwaren ein Hühnergegacker ertönt, entsteht beim Zuhörer der Eindruck, dass die Waren mit frischen Eiern hergestellt worden sind.

Abzugrenzen sind Werbeangaben gegenüber sachlich nichts sagenden Anpreisungen, die keinen objektiv nachprüfbaren Aussagegehalt haben, wie z.B. bewusste Übertreibungen, Fantasiebezeichnungen oder Meinungsäußerungen. Entscheidend dafür, ob eine Angabe vorliegt oder nur eine nichts sagende Anpreisung, ist die → Verkehrsauffassung; es kommt dagegen nicht darauf an, wie der Werbende seine Äußerung verstanden wissen will. Irreführend geworben werden kann auch durch Verschweigen. Zwar ist das bloße Verschweigen keine Werbeangabe. Wer aber mit unvollständigen Werbeangaben wirbt, sagt nur die halbe Wahrheit. Eine Irreführung durch Verschweigen von Angaben kommt nur in Betracht, wenn eine besondere Pflicht zur Aufklärung besteht.

H.-J.Bu.

Werbebanner

ist ein Werbemittel der → Banner-Werbung in interaktiven Medien.

Werbebartering

spezielle Form des → Barter-Geschäftes, bei dem nicht Ware gegen Ware, sondern Filmprogramm gegen Werbezeit getauscht wird. Werbeagenturen produzieren Unterhaltungsfilme, die sie den (privaten) Fernsehanstalten gegen Überlassung von Werberaum „kostenlos" zur Verfügung stellen. Historische Vorbilder des Barter- Geschäfts ist die Radio-Hörfolge „Mama Perkins", mit der sich *Procter & Gamble* 1933 kostenlose Werbezeit sicherte. Der werbungtreibenden Industrie eröffnet sich dadurch die Möglichkeit, ein redaktionelles Umfeld zu schaffen, das eng auf das Produkt abgestimmt ist. Für die Sendeanstalten birgt das „Bartering und Programming" das Risiko in sich, dass sie anderen Mitsprache an der Programmgestaltung einräumen müssen.

Werbeberater

vorwiegend mit der Erarbeitung von Werbekonzeptionen und → Werbebotschaften sowie mit der Vergabe und Kontrolle der bei der Durchführung einer Werbekampagne notwendigen Tätigkeiten befasste Einzelperson bzw. Unternehmung (→ Werbeberufe). Der Unterschied zwischen Werbeberater und → Werbeagentur ist gering. Sie erfüllen weitestgehend ähnliche Aufgaben. Werbeagenturen sind i.d.R. größer als Werbeberater.

Werbeberufe

Bündel von spezifischen zusammengehörigen Tätigkeiten (=Tätigkeitsfeldern), die von Einzelpersonen erfüllt werden können, zur Unterstützung bzw. Durchführung werblicher Aktivitäten von Organisationen. Die verschiedenen Werbeberufe haben sich im Lauf der Zeit durch Arbeitsteilung in → Werbeagenturen entwickelt. Die einen konzentrieren sich auf den Kontakt mit den Kunden der Agentur, die anderen auf die kreative Gestaltung und Umsetzung der → Werbebotschaft, wieder andere auf die optimale Mediaselektion und Streuung der → Werbemittel.

Als Beispiel solcher Werbeberufe können angeführt werden: → Kontakter, → Creative Director, → Etat-Direktor, Layouter, → Grafik-Designer, → Art-Director, → Texter und Media-Leiter. Die einzelnen Berufsbilder sind jedoch einem ständigen Wandel unterworfen, der mit der dynamischen Entwicklung in dieser Branche zusammenhängt.

1999 haben die Stellenangebote für Werbefachleute von werbenden Firmen, Werbeagenturen und Medien einen Höchststand erreicht. Allein gegenüber 1998 steigerten sich die Angebote um durchschnittlich 34 %. Die *Tabelle* zeigt einen Überblick über die Stellenangebote für Werbeberufe im ersten Halbjahr 1999 in Deutschland. Besonders stark war die Suche nach Werbefachkräften im Dienstleistungssektor. Werbeagenturen suchten vor allem Grafiker, Mediendesigner und Kontakter. Im Bereich der Medien waren besonders Mediaexperten gefragt. Immer stärker werden Computerkenntnisse gleichrangig neben kreativen Fähigkeiten gefordert. Der Trend zur Akademisierung hält weiter an.

H.Mü.

Literatur: *ZAW:* Werbung in Deutschland 1999, Bonn 1999, S. 95-106.

Werbebeschränkung

durch gesetzgebende Organe vorgeschriebene oder auf freiwilliger Übereinkunft meist im Rahmen von Interessensverbänden beruhende Einschränkungen der Freiheit der Werbungtreibenden in Bezug auf die Gestaltung von Werbebotschaft, Werbemittel und Werbeträger. Die von gesetzgebenden Organen ausgehenden Werbebeschränkungen reichen von

– Vorschriften, wie z.B. den Regelungen von Form und Ausmaß von → Außen-

Stellenangebote für Werbeberufe
Erstes Halbjahr 1999

Berufsbereich	Stellenangebote 1998	1998	Veränderung in Prozent	Stelleninserate von werbungtreibende Firmen Warenhersteller	Dienstleister	Werbeagenturen	Medien
Grafiker/Mediendesigner	893	1126	+ 26	30	96	966	34
Mediaexperten	584	749	+ 28	10	51	225	463
Kontakter	501	672	+ 34	1	43	619	9
Marketing u. Werbung	286	489	+ 71	152	187	85	65
Art-Director	390	471	+ 21	1	8	454	8
Texter	357	420	+ 18	3	18	388	11
Werbefachmann/-frau	230	312	+ 36	39	58	179	36
Werbeassistentin	174	283	+ 63	23	30	208	22
Werbeproduktion	155	236	+ 52	12	23	194	7
Sekretärin/Assistentin	98	118	+ 20	1	0	107	10
Werbeleiter	52	70	+ 35	18	34	5	13
Schauwerber	40	57	+ 43	5	51	1	0
Hilfskräfte	28	39	+ 39	0	0	39	0
Geschäftsführer	14	32	+ 129	1	3	27	1
Marktforscher	14	22	+ 57	10	8	0	4
				306	610		
Gesamt	3816	5096	+ 34	916 (+56,9%)		3497 (+19,6%)	683 (+19,6%)

(Quelle: Zentralverband der deutschen Werbewirtschaft (ZAW))

werbung, wie sie in den Landesbauordnungen zu finden sind, über
- Einschränkungen bei der Benutzung von Werbeträgern, wie z.B. dem Ausschluss von TV und Hörfunk von der Liste der für Tabakwaren benutzbaren Werbeträger, bis zu
- → Werbeverboten, z.B. dem Verbot von Aussagen in Bezug auf die Beseitigung, Linderung oder Verhütung von Krankheiten in der Werbung für Lebensmittel.

Freiwillige → *Selbstbeschränkungen* der Werbung können zwar von einzelnen Unternehmen auf Basis ihres Leitbildes erfolgen, sind zumeist aber die Folge von Übereinkünften im Rahmen von branchenweiten Interessensgruppen oder –verbänden. Neben einem Katalog von Verhaltensregeln des Deutschen → Werberats, dem Arbeitsgremium des → ZAW für die → Werbeselbstkontrolle in der Bundesrepublik Deutschland, existieren Regeln des Markenverbandes zur „Förderung eines leistungsgerechten Wettbewerbs und seiner Sicherung gegen wettbewerbsfremde Praktiken", eine „Gemeinsame Erklärung von Organisationen der gewerblichen Wirtschaft", „Grundsätze und Leistungen der Werbeagenturen GWA", mit denen die Vereinigung der großen Full-Service-Agenturen die Tagesarbeit ihrer Mitglieder generell zu regeln versucht, sowie Selbstkontrolleinrichtungen der Heilmittelindustrie, der Tabakwarenhersteller, des Verbands der Automobilindustrie, des Versandhandels und anderer.   H.Mü.

Werbebotschaft

Werbebotschaft
bezeichnet die grundsätzliche Argumentation, mit der eine Organisation die Aufmerksamkeit und Sympathie der Mitglieder ihrer → Zielgruppe im Rahmen der → Werbung gewinnen und sie zu einer bestimmten Grundhaltung oder einem bestimmten Verhalten dem → Werbeobjekt gegenüber veranlassen möchte.

Mit der Werbebotschaft versucht die Organisation, ihre Leistungen und die Marketingidee, die sie ihren Abnehmern zu bieten imstande ist, in prägnanter Form zum Ausdruck zu bringen. Es geht dabei weniger um die physisch-technischen Eigenschaften der Leistung als darum, den → Nutzen, d.h. die Befriedigung eines Bedürfnisses bzw. eine Problemlösung, für den Leistungsabnehmer herauszustreichen.

Die Werbebotschaft und ihre spätere kreative Umsetzung sollen das → Werbeobjekt von den bisher auf dem Markt befindlichen ähnlichen Objekten abheben, ihm ein unverwechselbares Profil, einen → USP geben. Dazu stehen drei Formen der Ansprache der Zielgruppenmitglieder zur Verfügung:

- Appelle an das Gewissen bzw. die Moral der Beworbenen,
- Appelle an ihre Gefühle oder
- rationale Argumentation.

Diese Ansprachenformen stellen jedoch nicht unbedingt Gegensätze dar. In Abhängigkeit vom → Werbeobjekt, der Strategie der → Werbegestaltung, dem → Werbeträger und der Eigenart der anzusprechenden Zielpersonen enthalten die meisten Werbebotschaften sowohl rationale als auch emotionale Elemente.

Ein wichtiger Orientierungspunkt der Botschaftsgestaltung ist die konsumspezifische → Motivation der Zielgruppe. Triebe und Emotionen sind psychische Antriebskräfte, denen biologische Mechanismen zugrunde liegen. Beide können durch die Verwendung von Schlüsselreizen, wie z.B. erotische Abbildungen, spezielle Düfte oder akustische Signale, in der Werbung wirkungsvoll angesprochen werden (→ Aktivierung, → Werbestil). Je stärker der Reiz, desto stärker die Erregung, zu der bei Motivation eine kognitive, zielgerichtete Komponente dazutritt. Das Individuum nimmt eine bestimmte Situation wahr, interpretiert sie auf Basis bisheriger Erfahrungen, stellt Ziel-Mittel-Überlegungen an und schätzt den Befriedigungswert der Erreichung des Zieles ab.

Ist eine Motivation vorwiegend physiologisch bedingt, d.h. z.B. auf Essen oder Sicherheit ausgerichtet, dann ist sie häufig stärker ausgeprägt, als wenn sie vorwiegend psychisch bedingt ist. Werbung kann sich beide Komponenten der Motivation zunutze machen, indem sie zuerst versucht, durch entsprechende Reize Emotionen oder Triebe der Zielpersonen anzusprechen und damit deren Antriebskräfte zu aktivieren bzw. zu verstärken. Ist dies gelungen, kann der Werbungtreibende versuchen, mittels der Gestaltung seines Werbemittels sowohl Ziel-Mittel-Überlegungen als auch die Einschätzung des Befriedigungwertes der Zielerreichung durch die Zielpersonen zu beeinflussen. Zu diesem Zweck wird er das Werbeobjekt als adäquates Mittel zur Erreichung eines hoch befriedigenden Zieles darzustellen versuchen.

Neben verschiedenen Argumentationstypen in der Werbung und der immer wichtigeren → Bildkommunikation werden als spezielle Varianten der Botschaftsgestaltung u.a. eingesetzt:

- → Angstappelle
- → Humor
- → Zweiseitige Argumentation
- → Erotische Appelle
- → Personendarstellung
- Redaktionell gestaltete Werbung (→ Schleichwerbung)
- Das Produkt glorifizierende → Heroe-Werbung

Darüber hinaus gibt es spezielle Gestaltungstechniken für bestimmte Werbemedien, z.B. für → TV, → Online- oder → Radiowerbung. H.Mü.

Literatur: Schweiger, G.; Schrattenecker, G.: Werbung, 4. Aufl., Stuttgart, Jena 1995, S. 185-217. *Esch, F.-R.:* Wirkung integrierter Kommunikation, 2. Aufl., Wiesbaden 1999.

Werbebrief

persönlich adressiertes Werbemittel, das durch Post oder Verteilorganisationen an die Adressaten verteilt wird. Meist Kernbestandteil eines → Mailing-Package bzw. einer → adressierten Werbesendung. Stellt in Form eines Anschreibens den Kontakt zum Kunden her, gibt Auskunft über den Absender und seine Absichten bzw. stellt dem Kunden das Angebot vor. Wichtige Bestandteile des Werbebriefs sind der Briefkopf, die Headline, die namentliche Anrede, der Text bzw. Abbildungen und Fotos sowie die Unterschrift des Absenders. In Abhängigkeit der technischen Umsetzung werden folgende Varianten unterschieden: (1) der Originalbrief; (2) der Fill-in-Brief; (3) der Offset-Brief.

Der *Originalbrief* ist vom Anfang bis zum Ende aus einem „Guss" geschrieben und wirkt dadurch durchweg persönlich und individuell. Individuelle Bestandteile erscheinen im gleichen Schrifttyp, wie standardisierte. Der Leser kann demnach anhand formaler Kriterien nicht erkennen, ob es sich um einen in großer Menge versandten Werbebrief handelt, was eine größere Reaktionswahrscheinlichkeit auslösen soll (→ Response). Durch kostengünstigere und verbesserte Drucktechniken (Laserdruck; Serienbrieffunktion; Eindruck von Unterschriften) wird heute diese – vormals teuerste Variante – am häufigsten eingesetzt.

Beim *Fill-in-Brief* werden in einem standardisierten, konventionell gedruckten Textblock die individuellen Bestandteile (Adresse, Anrede und individuelle Einschübe; → Personalisierung) nachträglich hinzugefügt, was zulasten der erlebten Individualität des Schreibens führt. Entsprechend geringer ist der erwartete → Response.

Beim *Offset-Brief* fehlt die persönliche Ansprache innerhalb der Textblockes völlig. Lediglich ein Adressaufdruck im Briefkopf, auf dem Kouvert oder einer beigefügten Antwortkarte zeugen noch von einer direkten Form der Kontaktaufnahme (Wesen des → Direktmarketing). Offset-Briefe erzeugen den geringsten Aktivierungsgrad beim Leser, weswegen diese Form heute nur noch selten genutzt wird.

Richtig gestaltet kann der Werbebrief in seiner Wirkung einer persönlichen Kontaktaufnahme sehr nahe kommen. Wichtig in diesem Zusammenhang ist es, neben der persönlichen Ansprache potenzielle Leserfragen aktiv aufzugreifen, Lesegewohnheiten zu berücksichtigen (→ Blickregistrierung) sowie inhaltlich klar zu gliedern und verständlich zu schreiben. Auch eine persönliche sympathische Ausstrahlung kann – wie im Privatbrief – nicht schaden. N.G.

Literatur: *Bruns, J.*: Direktmarketing, Ludwigshafen 1998, S. 108 f. *Holland, H.*: Direktmarketing, München 1992, S. 108 ff. *Vögele, S.*: Dialogmethode. Das Verkaufsgespräch per Brief und Antwortkarte, 9. Aufl., Landsberg/Lech 1996. *Zehetbauer, E.* (Hrsg.): Das große Handbuch für erfolgreiches Direktmarketing, Landsberg/Lech 1995, Teil 4.1.2.1, S. 3 ff.

Werbebudgetierung

Unter Werbebudget versteht man die im Rahmen der → Werbeplanung festgelegte Gesamtheit aller veranschlagten Werbeausgaben für eine Planperiode. Der Budgetierungsprozess umfasst dabei drei interdependente Teilentscheidungen:

(1) Bestimmung der Budgethöhe
(2) Sachliche Verteilung des Werbebudgets
(3) Zeitliche Verteilung des Werbebudgets (Werbedosierung).

ad (1): Budgethöhe:
Grundsätzlich muss sich die Höhe des notwendigen Werbebudgets an den → Werbezielen orientieren: Die gesetzten Ziele sollen mit geringstmöglichen Kosten erreicht werden. Folgende Faktoren beeinflussen daher die Budgethöhe:

– Welche → Werbeobjekte (in welcher Phase des Lebenszyklus) sollen beworben werden?
– Welche → Zielgruppen (mit welchen Merkmalen) sollen umworben werden?
– Welche → Werbemittel (welche Gestaltung bezüglich Größe, Farbe usw.) sind zur Zielerreichung notwendig?
– Welche → Werbeträger, wie viele Einschaltungen erscheinen zweckmäßig?

Der Werbeetat muss auch mit den Budgets der übrigen Marketing-Instrumente abgestimmt werden (→ Budgetierung, → Marketing-Mix). Zusätzlich sind die finanzielle Situation des Unternehmens und Maßnahmen der Konkurrenten als Restriktionen zu berücksichtigen.

Die Schwierigkeit einer Budgeterstellung unter ökonomischen Gesichtspunkten liegt v.a. darin, den Zusammenhang zwischen der Höhe der Werbeausgaben und der jeweiligen Wirkung auf den Umsatz zu bestimmen, d.h. exakte → Werbewirkungsfunktionen festzustellen. Die Praxis behilft sich deshalb mit einfacheren und finanzielle Risiken vermeidenden Heuristiken:

1. Bei der *Umsatz- bzw. Gewinnanteilmethode* werden die Werbekosten als Prozentsatz vom vergangenen oder erwarteten Umsatz bzw. Gewinn geplant.

2. Nach der Methode der *Werbekosten je Verkaufseinheit* wird jeder Produkteinheit ein bestimmter, kalkulatorisch tragbarer Betrag für Werbezwecke zugewiesen.

Werbebudgetierung

3. Bei der „*All you can afford*" – *Methode* wird der Werbeetat anhand der finanziellen Tragbarkeit, d.h. der vorhandenen finanziellen Mittel, festgelegt. Mit diesen Verfahren ist es freilich nicht möglich, den Umsatz oder Gewinn durch Werbung gezielt zu beeinflussen, weil gerade diese Größen (direkt oder indirekt über die verfügbaren Mittel) die Höhe des Werbebudgets bestimmen. Der (erhoffte) sachlogische Zusammenhang, dass die Höhe des Umsatzes von den Werbeausgaben abhängt, wird damit umgekehrt. Andererseits zeigt sich in der Realität gerade in umsatzstarken Zeiten eine besondere Werberesonanz, weil dann viele potentiellen Kunden in der kaufvorbereitenden Phase angetroffen werden. Insofern sind die umsatzbezogenen Verfahren v.a. zur zeitlichen Dosierung der Werbung (s.u.) durchaus logisch und ökonomisch.

4. Bei der *Konkurrenz-Paritäts-Methode* ist die Gepflogenheit der Konkurrenten Ausgangspunkt für die Bestimmung des Werbebudgets. Die Orientierung erfolgt meist an einem durchschnittlichen branchenüblichen Wert aus der Vergangenheit oder am sog. → Share of voice (SoV), d.h. dem bisher gehaltenen eigenen Anteil an den statistisch ermittelbaren Werbeausgaben (meist den Mediaausgaben) aller Wettbewerber am Markt. Im Allgemeinen korreliert dabei der SoV mit dem Marktanteil, sodass dieser zusammen mit den geschätzten Werbeetats einer Branche als Anhaltspunkt für die Budgethöhe herangezogen werden kann. Damit verbinden sich bei diesem Verfahren konkurrenzpolitische und zielbezogene Aspekte, weil bei Bekanntheit der Marktanteils-SoV-Funktion abgeschätzt werden kann, welcher Werbeaufwand zur Erhöhung des Marktanteils erforderlich ist (vgl. *Abb.*).

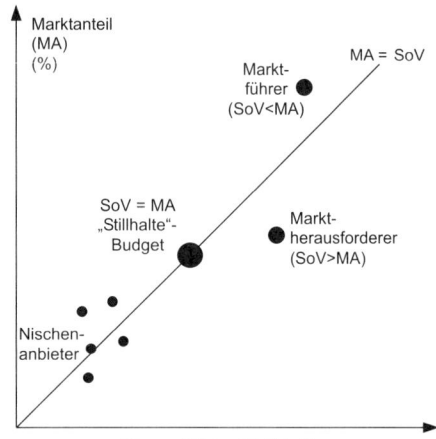

5. *Werbezielabhängige Methoden* richten sich streng an der jeweiligen Aufgabe aus und versuchen, das vorgegebene Werbeziel mit geringstmöglichen Kosten zu erreichen. Dazu sind drei Schritte notwendig:

a) Das Werbeziel ist operational (messbar) festzulegen,
b) die Instrumente (Werbemittel, -träger) müssen zur Zielerreichung möglichst eindeutig bestimmt werden und
c) deren Kosten sind zu bestimmen und zum Werbebudget aufzusummieren.

Dieses Verfahren entspricht am ehesten den theoretischen und praktischen Anforderungen: Das Werbebudget wird aufgrund der gesetzten Kommunikationsziele bestimmt. Dabei können die Stellung des Produktes auf dem Markt sowie die Position im Lebenszyklus berücksichtigt werden.

Über die erwähnten Verfahren hinaus existieren *theoretische Lösungsansätze*:

1. Der *marginalanalytische Ansatz* beruht auf dem Ziel, den Gewinn zu maximieren. Eine Unternehmung muss ihre Werbeausgaben so lange erhöhen, wie sie dadurch einen Gewinnzuwachs erzielt. Das optimale Werbebudget ist erreicht, wenn die Grenzausgaben der Werbung und der dadurch erzielte Grenzerlös gleich groß sind. Diese theoretisch begründete Methode hat kaum Wert für die praktische Anwendung. Die Kritik betrifft dabei nicht die Logik des Modells, sondern vielmehr die Prämissen:

- Die exakte → Werbewirkungsfunktion, die stetig und differenzierbar sein muss, wird als bekannt vorausgesetzt.

- Ziel des Unternehmens kann nur Gewinnmaximierung sein, also werden kommunikative Werbeziele (z.B. Imagebeeinflussung) nicht erfasst.

- Zeitliche Wirkungsverzögerungen, langfristige Wirkung über die jeweilige Periode hinaus, Konkurrenzeinflüsse und interdependente Beziehungen zwischen den Marketing-Instrumenten können zwar bis zu einem gewissen Grad als Nebenbedingungen berücksichtigt werden; allerdings wird dadurch der Aufwand an

Marktforschung, Rechenzeit und Rechenkosten unverhältnismäßig groß.

2. Mit dem *investitionstheoretischen Ansatz* können langfristige Werbewirkungen berücksichtigt werden. Werbemaßnahmen werden als Investitionen behandelt: Zum Zeitpunkt der Aufstellung des Werbebudgets verschafft man sich einen Überblick über den Ausgaben- und Einnahmenstrom, d.h. über die Werbeaufwendungen und den dadurch verursachten Rückfluss an finanziellen Mitteln. Mit Hilfe der Kapitalwertmethode wird dann der Gegenwartswert (Kapitalwert) der Werbeinvestition dadurch bestimmt, dass die Differenz zwischen erwarteten Werbeerlösen und -ausgaben auf den Planungszeitpunkt abgezinst wird. Gibt es im Hinblick auf Werbung mehrere Investitionsmöglichkeiten, so ist die Alternative mit dem größten Kapitalwert zu wählen. Die Anwendung dieser Methode in der Praxis scheitert großteils an der Schwierigkeit, die Werbewirkung und damit die Werbeerlöse exakt und im Voraus zu bestimmen. Außerdem fordern Werbemaßnahmen i.d.R. die Konkurrenten zu Reaktionen heraus, die durch dieses Modell kaum erfassbar sind.

3. *Dynamische Ansätze* berücksichtigen, dass die Wirkung der Werbung über mehrere Perioden anhält, jedoch mit der Zeit schwächer wird (z.B. durch Vergessen). Ein dynamisches Budgetierungsmodell konstruierten Vidale und Wolfe. Es basiert auf umfangreichen empirischen Untersuchungen, die gezeigt haben, dass Umsätze von Produkten ohne Werbeunterstützung von Periode zu Periode sinken. Umsatzzunahmen, die durch intensive Werbung hervorgerufen werden, sind andererseits nur bis zu einem bestimmten Sättigungsniveau möglich. Diese dynamischen Effekte werblicher Einflüsse werden in einem Gleichgewichtsmodell formalisiert.

ad (2) Sachliche Budgetverteilung:
Nach der Bestimmung der Höhe des Werbebudgets ist eine Verteilung des Budgets nach sachlichen Kriterien vorzunehmen. Dabei muss entschieden werden, welcher Teil des Werbebudgets jeweils für einzelne Werbeobjekte (Produkte, Dienstleistungen) bzw. verschiedene Kundensegmente (geographische Märkte, Intensivverwender usw.) aufgewendet werden soll. Nach ökonomischen Gesichtspunkten muss diese Aufteilung wiederum aufgrund einer Kosten-Nutzen-Analyse bzw. einer strategischen → Portfolio-Analyse erfolgen.

ad (3) Zeitliche Verteilung (Werbedosierung):
Will man die Werbeausgaben zeitlich über die Planperiode verteilen, so stellt sich zunächst die Frage, intensive Werbeanstrengungen auf eine kürzere Zeitperiode zu konzentrieren („Klotzen") oder die Werbemaßnahmen kontinuierlich über die Planperiode zu verteilen („Kleckern").
Zielske (1959) untersuchte die unterschiedliche Wirkung von intensiver Werbung innerhalb weniger Wochen und kontinuierlicher Werbung während eines ganzen Jahres auf die Gedächtnisleistung. Bei wöchentlich wiederholtem Werbeeinsatz stieg der Lernerfolg (Erinnerung) zwar schneller und relativ hoch an, fiel jedoch rasch wieder ab. Bei Verteilung der Werbebotschaften über das ganze Jahr stieg die Erinnerungsleistung kontinuierlich mit jedem zusätzlichen Kontakt. In ihren Kernaussagen weitgehend deckungsgleiche Muster erbrachte eine Folgestudie von *Zielske* und *Henry* (1980) für das Kleckern und Klotzen bei Fernsehwerbung. „Steter Tropfen höhlt den Stein" – darin liegt folglich der Vorteil der Kleckermethode, z.B. beim Imageaufbau.

Simon schlug eine Kombination beider Dosierungsarten in Form pulsierender Werbung vor. Unter „Pulsieren" versteht man das systematische Variieren der Höhe der Werbeausgaben (dies hat nichts mit saisonalen Variationen der Werbeaktivitäten zu tun). *Simon* beweist die Optimalität der Pulsationsstrategie sowohl mathematisch als auch in einer empirischen Studie. Der Pulsationsvorteil liegt darin, dass durch die günstigere zeitliche Allokation des gleichen Gesamtbudgets mehr abgesetzt wird als bei gleichmäßiger Verteilung des Werbebudgets (*Simon*, 1983, S. 60). Folgende Fragen bleiben jedoch offen:

– Wie lange sollten die Pulsations- und Nicht- Pulsationsphasen dauern?
– Was passiert wenn die Konkurrenz auch „pulsiert"?
– Ist die „Zeitpulsation" oder die „Medienpulsation" vorteilhafter?
– Verliert die „Pulsation" langfristig ihre Wirkung, wenn sich die Kunden an die „Pulsation" gewöhnen?

Die Entscheidung über die Werbedosierung hängt letztlich v.a. vom Ziel der Werbekampagne ab: Soll z.B. eine Sonderaktion in kurzer Zeit möglichst vielen Personen bekannt gemacht werden, so ist sicherlich ein starker Impuls vorteilhaft. Auch bei Neueinführung einer Marke empfiehlt sich ein Klotzen der verfügbaren Budgetmittel, um rasch den notwendigen Bekanntheitsgrad zu erzielen. Geht es jedoch darum, reichhaltige Markenassoziation aufzubauen oder ein Image zu pflegen, so werden kontinuierliche oder pulsierende Werbeanstrengungen notwendig sein. G.Sch.

Literatur: *Schweiger, G.; Schrattenecker, G.*: Werbung, 4. Aufl., Stuttgart 1995. *Simon, H.*: Pulsierende Werbung, in: absatzwirtschaft 5/1983, S. 60 ff. *Zielske, H.A.*: The Remembering and Forgetting of Advertising, in: Journal of Marketing Research, Vol. 23 (1959). *Zielske, H.A.; Henry, W.A.*: Remembering And Forgetting Television Ads, in: Journal of Advertising Research, Vol. 20 (1980). *Lodish, L.M. et al.*: How T.V. Advertising Works: A Meta-Analysis of 389 Real World Split Cable T.V. Advertising Experiments, in: Journal of Marketing Research, Vol. 32 (1995).

Werbedosierung → Werbebudgetierung

Werbedruck → Share of Advertising (SoA)

Werbeeffekte

sind die im Rahmen gewisser → Werbewirkungsmodelle vermuteten und/oder durch → Werbewirkungsanalysen empirisch belegten, speziellen Werbewirkungen, die von einem bestimmten werblichen Handeln des Werbungtreibenden ausgehen. Je nach werblicher Handlungsvariable lassen sich bei jeweils isolierter Betrachtung Effekte der Werbemittelgestaltung (z.B. Aufmerksamkeitseffekt erotischer Werbung), Effekte der Exposition von Werbemitteln in Medien (z.B. Medieneffekt, Media Mix-Effekt, Platzierungseffekte), Effekte des Werbedrucks (→ Frequenzeffekt, Exposure-Effekt), Effekte des → Werbetiming und Effekte der Werbe(streu)etathöhe (z.B. → Overspending-Effekt, → STAS, → WerbeWert-Formel) unterscheiden. Gewisse Werbeeffekte ergeben sich allerdings erst aus einer speziellen Kombination von Werbemittelgestaltung und ausgeübtem Werbedruck, z.B. der → Wear-Out-Effekt oder der Emotionale Konditionierungseffekt.

Betrachtet man Werbeaktivitäten eines Werbungtreibenden im Umfeld jener seiner Werbekonkurrenten, so lassen sich Interferenzeffekte und Partizipationseffekte voneinander unterscheiden. Unter besonderer Berücksichtigung des Zeitablaufs zeigen Werbeaktivitäten – wie auch andere absatzpolitische Aktivitäten – sowohl Lag-Effekte (Wirkungsverzögerung) als auch → Carryover-Effekte (Wirkungsübertragung, z.B. infolge von Gedächtnisleistungen). H. St.

Werbeelastizität

spezieller → Elastizitätskoeffizient, der als Kennzahl darüber Auskunft gibt, wie sich eine abhängige Variable, meist der Absatz oder Umsatz, in Abhängigkeit von einer einprozentigen Veränderung der Werbeausgaben entwickelt.

Werbeerfolgskontrolle → Werbetests

Werbeexperimente

sind als → Werbewirkungsanalysen darauf ausgelegt, spezielle, a priori vermutete Werbewirkungsphänomene (z.B. gewisse Gestaltungseffekte, → Frequenzeffekte, Werbedruckeffekte) unter weitgehend kontrollierter Steuerung der für die Befunde maßgebenden Randbedingungen empirisch zu überprüfen (→ Experiment). Hierzu werden die gezielt mit Werbung zu konfrontierenden Adressaten als *Experimentiergruppe(n)* sorgfältig ausgewählt. Hinzu treten können eine oder mehrere *Kontrollgruppe(n)*.

Je nachdem, ob sich die vermuteten Wirkungsphänomene auf die Werbemittelgestaltung, auf die mediale Exposition, auf den Werbedruck, auf das Werbe-Timing oder auf die Höhe des Streuetats beziehen, ist das dementsprechende werbliche Handlungsmuster im Experiment auf die *Prüfung von Wirkungshypothesen* planvoll ausgerichtet. Die Besonderheiten des Werbeexperiments im Vergleich zum (pragmatischen) → Werbetest liegen somit primär in der theoretisch abgeleiteten Auswahl der Werbestimuli und jenen Vorkehrungen in der Versuchsanordnung, die es erlauben, mit den gewonnenen Messwerten eine eindeutige Ursache-Wirkung-Beziehung aufzudecken. Die *Abbildung* charakterisiert Studio- und Feldexperimente als Ansätze der Werbewirkungsforschung.

Während in *Studioexperimenten* momentane Werbewirkungsmessungen dominieren (nur in Ausnahmefällen wurde bislang versucht, auch dauerhafte Gedächtniseffekte zu ermitteln), lassen sich in *Feldexperimenten* die dem Kaufverhalten näheren dauerhaften Gedächtniswirkungen der Werbung oder sogar Kaufreaktionen untersuchen.

Erscheinungsformen von Werbeexperimenten

	Werbeexperimente	
	im Studio („Labor")	im Markt („Feld")
Datenerhebung mittels Befragung	momentane Wirkungen (z.B. kurzfristige Werbeerinnerungen, momentane Einstellungen, bekundete Kaufbereitschaft)	diverse Gedächtnisvariablen (z.B. Werberecall, Markenbekanntheit, produktbezogene Kaufbereitschaft)
Datenerhebung mittels Beobachtung	apparative Messung momentaner Wirkungen (z.B. Aktivierung, Aufmerksamkeit)	Kaufverhalten (Scanning-Daten)
ausgerichtet auf die werblichen Handlungsvariablen:	– Werbemittelgestaltung – Mediale Exposition – Werbedruck (Kontaktfrequenz) – Werbe-Timing	– Werbemittelgestaltung – Mediale Exposition – Werbedruck (Kontaktfrequenz) – Werbe-Timing – Werbedruck – Werbeetat

Mittels beider Ansätze ist nahezu das komplette Spektrum des werblichen Handelns abzudecken.

In bisherigen Studioexperimenten sind Studien zur *Werbemittelgestaltung* bislang eindeutig in der Überzahl. Als Gestaltungsfaktoren der Anzeigen-, TV- oder Funkspotgestaltung wurden neben anderen Sachverhalten insbesondere die im Werbemittel auftretenden Personentypen, ferner Erotik, Humor oder Musik, auch das Format (Anzeigengröße, Spotlänge) sowie die Faktoren Bild und Text in Studioexperimenten geprüft (einen Überblick zu Befunden bieten *Mayer/Illmann*, 2000).

Andere studioexperimentelle Arbeiten stellen → *Frequenzeffekte* als die Wirkung alternativ hoch ausgeübten Werbedrucks in ihren Mittelpunkt, zum Teil auch unter Beachtung der Konkurrenzwerbung. Die Existenz positiver Frequenzeffekte der eigenen Werbung, d.h. höherer Werbewirkung bei höherer Kontakthäufigkeit, und negativer „Störeffekte" der Konkurrenzwerbung wurde überwiegend bestätigt.

Schließlich sind in der studioexperimentellen Werbewirkungsforschung auch Hypothesen zum Stellenwert ausgewählter Wirkungsvariablen als Einflussgrößen anderer, (vermutlich) kaufverhaltensnäherer Gedächtnisvariablen ein aktueller Forschungsgegenstand. Dieser Forschungszweig befasst sich mit sog. → Werbewirkungsmustern.

Im Kontrast zu Studioexperimenten untersuchen feld-experimentelle Studien vorrangig die Wirkung des mit unterschiedlich hohem Streuetat bezahlbaren *Werbedrucks* sowie die Wirkung des Mediamix im Vergleich zur monomedialen Zielgruppenansprache. Erst seit in den USA und auch in Deutschland zu vertretbaren Forschungskosten die sog. → *Mini-Testmärkte* mit der Möglichkeit gezielt variierter werblicher Ansprache unterschiedlicher Konsumentengruppen verfügbar sind (→ Split Cable Experiment), ist die Anzahl der Werbefeldexperimente sprunghaft angestiegen. H.St.

Literatur: *Mayer, H; Illmann, T.:* Werbepsychologie, 3. Aufl., Stuttgart 2000. *Steffenhagen, H.:* Erfolgsfaktorenforschung für die Werbung. Bisherige Ansätze und deren Beurteilung, in: *Bruhn, M.; Steffenhagen, H.* (Hrsg.): Marktorientierte Unternehmensführung. Reflexionen – Denkanstöße – Perspektiven, Wiesbaden 1997, S. 323–350.

Werbefernsehen → Fernsehwerbung

Werbefilm → Kinowerbung

Werbeformen

In Abhängigkeit davon, ob der Werbungtreibende einer Zielgruppe gegenübersteht, deren Mitglieder ihm namentlich bekannt sind oder von denen er nur bestimmte Merkmale, aber nicht ihre Adressen kennt, haben sich unterschiedliche Formen der → Werbung entwickelt, die sich aus bestimmten Kombinationen von → Werbemitteln, → Werbebotschaften und → Werbeträgern zusammensetzen.

Von *Streuwerbung* spricht man, wenn der Werbekontakt durch Streuung von Werbemitteln an namentlich unbekannte Adressaten erzielt werden soll. Dies kann durch die Benützung von Massenmedien erfolgen. → Hörfunkwerbung, → TV-Werbung, Zeitschriften- oder Werbungen in Zeitungen sind die am häufigsten auftretenden Formen solcher Werbung. Daneben werden auch weniger breit streuende Medien eingesetzt. Daraus entwickelten sich spezifische Formen, wie z.B. Adressbuchwerbung (→ Gelbe Seiten) oder Kalenderwerbung. Es können aber auch Werbeträger der → Außenwerbung für die Streuung der Werbebotschaft eingesetzt werden. Man spricht in diesem Zusammenhang dann beispielsweise von → Plakatwerbung, → Lichtwerbung, → Luftwerbung oder → Verkehrsmittelwerbung.

Die Verteilung von → Handzetteln und der Einsatz von Propagandisten in Geschäften stellen besondere Formen der Streuerwerbung dar. Auf der einen Seite erlauben sie einen persönlichen Kontakt mit den Werbeadressaten, auf der anderen Seite sind diese Kontakte wenig zielgruppenspezifisch, weil sie mit persönlich unbekannten Adressaten hergestellt werden, von denen man nur äußerliche Merkmale kennt.

Bei der Werbung im → Schaufenster kommt die Streuung der Werbebotschaft durch die Frequenz der Betrachter zustande. Das Werbemittel wird ihnen nicht durch die Benutzung eines zielgruppenspezifischen Mediums entgegengebracht, sondern sie nehmen den Kontakt damit aufgrund eigenen Interesses auf.

Die Beteiligung an → *Messen und Ausstellungen* kann sich an namentlich unbekannte Zielpersonen richten, wird sich in den meisten Fällen aber auch der direkten Ansprache von bekannten Mitgliedern der Zielgruppe bedienen. Ähnliches gilt für den Einsatz einer → Tonbildschau. Eine weitere Mischform ist die → Haushaltswerbung. Sie kann entweder in Form einer geographisch begrenzten Streuung erfolgen oder sich an namentlich vorbestimmte Zielhaushalte wenden.

→ *Direktwerbung* liegt vor, wenn der Werbungtreibende seine Werbebotschaft auf direktem Weg an die ihm namentlich bekannten Werbeadressaten heranträgt. Die am weitesten verbreiteten Formen dieser Werbung sind das Direct Mailing, die Telefonwerbung, die Katalogwerbung und die Verteilung von → Werbegeschenken und die → Online-Werbung.

Als eine besondere Werbeform ist das → *Sponsoring* anzusehen. Dabei stellt der Werbungtreibende dem Gesponserten Geld- oder Sachmittel für vorher definierte Gegenleistungen zur Verfügung. Die am häufigsten damit verfolgten Ziele sind die Erhöhung des Bekanntheitsgrads oder die Imagepflege des Sponsors bzw. seiner Produkte. Ähnliche Ziele verfolgt das sog. → *Product Placement*. H.Mü.

Literatur: *Schweiger, G.; Schrattenecker, G.*: Werbung, 4. Aufl., Stuttgart 1995. *Karies, P.*: Direktmarketing für technische Produkte und Dienstleistungen, 2. Aufl., Renningen-Malmsheim 1999.

Werbeforschung

umfasst als Oberbegriff die → Mediaforschung und → Werbewirkungsforschung.

Werbegesang

musikalisches Gestaltungsmittel der → Hörfunkspot-Gestaltung, bei dem im Gegensatz zum → Jingle die gesamte Werbeaussage musikalisch präsentiert wird, was jedoch nicht selten zu Ablenkungseffekten bei den Hörern führt (→ Musik).

Werbegeschenke (Werbegabe)

Unentgeltliche Zuwendungen, die von einem entgeltlichen Geschäft unabhängig sind. Einen Erprobungszweck, wie die → Warenproben, haben Werbegeschenke nicht. Nach den Grundsätzen des Wettbewerbsrechts sind Werbegeschenke grundsätzlich zulässig und unbedenklich. Grenzen ergeben sich v. a. unter dem Gesichtspunkt des → psychologischen Kaufzwangs nach §1 → UWG (Generalklausel), eventuell aus §1 ZugabeVO (→ Zugabe) und aus §12 UWG (Schmieren) sowie aus steuerlichen Regelungen (→ Werbegeschenke, steuerliche Aspekte).

Werbegeschenke haben im Zusammenhang mit dem → Beziehungsmarketing die Funktion der *Sympathiepflege*. Sie signalisieren Zuwendung und den guten Willen zu freundschaftlichen → Geschäftsbeziehungen. Diese Funktion können sie freilich nur dann erfüllen, wenn die Geschenke individuell und mit Bedacht ausgewählt und zugestellt werden.

Literatur: *Bruhn, M.*: Schenkkultur deutscher Unternehmen im Business-to-Business-Bereich. Diskrepanzen zwischen Erwartungen und Verhalten bei Schenkern und Beschenkten, in: Jahrbuch der Absatz- und Verbrauchsforschung, 40. Jg. (1994), Nr. 4, S. 330–354.

Werbegeschenke, steuerliche Aspekte

Bestimmte Zuwendungen an Dritte sind bei vorheriger Buchung als Aufwand für Zwecke der steuerlichen Gewinnermittlung wieder hinzuzurechnen. Zweck der beschränkten Abzugsfähigkeit von Geschenkaufwendungen ist die Vermeidung von unangemessenen Repräsentationsaufwendungen und missbräuchlichen, steuermindernden „Ringschenkungen" unter Geschäftspartnern sowie der Abzugsfähigkeit von Gegenständen der privaten Lebensführung. Die steuerliche Abzugsbegrenzung (§ 4 Abs. 5 Nr. 1 EStG) erfasst unentgeltliche Vermögenszuwendungen (Geschenke) an Nichtarbeitnehmer mit einem personen- und jahresbezogenen Geschenkwert von über DM 75,-. Das Abzugsverbot betrifft nur betrieblich veranlasste Geschenkaufwendungen. Auch gehören hierzu nicht sog. Spenden, da sie nicht Betriebsausgaben, sondern Sonderausgaben sind; siehe aber → Sponsoring. *Geschenke* in diesem Sinne sind unentgeltliche, also nach beiderseitigem Verständnis nicht in Zusammenhang mit einer Gegenleistung des Geschenkempfängers stehende Zuwendungen (vgl. auch § 516 BGB; z.B. nicht sog. Zweckgeschenke wie leistungsbezogene → Schmiergelder, Spargeschenkgutscheine, ausgelobte Preise oder Zugaben). Die Finanzverwaltung schließt auch Geschenke, die ausschließlich betrieblich genutzt werden können, von der Abzugsbegrenzung aus (z.B. Fachliteratur, Ärztemuster, Praxisgegenstände, R 21 Abs. 2 EStR).
Zuwendungen müssen den Charakter eines *geldwerten Vorteils* für den Empfänger haben; dieser kann in Geld (Geldgeschenk), einer Sache oder einem Recht (Sachgeschenke, Gutscheine) bestehen. Bloße „Aufmerksamkeiten" (z.B. Beerdigungskranz) gehören hierzu ebenso wenig wie Bewirtungen von Geschäftsfreunden. Aufwendungen für sog. Arbeitnehmergeschenke fallen nicht unter das Abzugsverbot. Allerdings muss es sich beim Geschenkempfänger um „eigene" Arbeitnehmer des Steuerpflichtigen handeln, wobei hierzu auch Auszubildende, leitende Angestellte und Hinterbliebene der Arbeitnehmer gehören. Bei Incentive-Reisen an Nichtarbeitnehmer kommt es darauf an, ob sie leistungsbezogen gewährt werden. Damit kommt die Abzugsbegrenzung vor allem bei Geschenken für Geschäftspartner, selbständige Handelsvertreter, Kunden, Berater und fremde Arbeitnehmer in Betracht (z.B. Weihnachts-, Jubiläums-, Dankes-, Erinnerungsgeschenke).
Der Höhe nach ist der Wert der Geschenke für einen Empfänger im Wirtschaftsjahr zu beachten: der Gesamtbetrag der Anschaffungs- und Herstellungskosten der einer Person in einem Wirtschaftsjahr zugewendeten Geschenke darf zur Sicherung der Abzugsfähigkeit insgesamt DM 75 nicht überschreiten. Es handelt sich um eine Freigrenze, sodass Geschenke im Werte von über DM 75 pro Person und Wirtschaftsjahr im vollen Umfang wieder zugerechnet werden müssen. Der Geschenkwert wird nach den Anschaffungs- oder Herstellungskosten (einschl. Kennzeichnung als Werbeträger), jedoch ohne echte Verpackungs- und Versandkosten des Geschenks bemessen, i.d.R. auch ohne die Vorsteuer (§ 9 b Abs. 1, 2 EStG). Nur soweit der *Vorsteuerabzug* ausgeschlossen ist, zählt die USt dazu. R.F.

Literatur: Kommentare zu § 4 Abs. 5 EStG; R 21 EStR. BMF-Schreiben v. 8.5.1995, ESt-Hdbuch Anh. 16 III: Geschenke und Zugaben.

Werbegestaltungsstrategie

Eine Werbegestaltungsstrategie im Rahmen der → Werbung ist ein Element der → Werbestrategie. Durch sie wird festgelegt, welchen Stellenwert einzelne formale und inhaltliche Gestaltungskomponenten bei der Werbemittelgestaltung einnehmen sollen. Die Werbegestaltungsstrategie steckt damit in groben Zügen ab, wie die durch eine bestimmte Zielsetzung geprägte werbliche Aussage im Hinblick auf die gewählte Zielgruppe gestalterisch umzusetzen ist. Unter Berücksichtigung der durch die → Mediastrategie festgelegten Medien müssen dabei folgende Teilentscheidungen getroffen werden:

(1) Welches *Zeichen- bzw. Symbolsystem* (z.B. Schrift, Musik) soll bei der Werbemittelgestaltung mit welcher Priorität eingesetzt werden, d.h. wie soll die Werbebotschaft verschlüsselt werden (→ Medienstil)? (vgl. *Abb.*) Wichtig ist insb. die Entscheidung zwischen einer textdominanten (Botschaft wird vorrangig durch verbale Zeichen übermittelt) und einer bilddominanten Gestaltung (Botschaft wird vorrangig durch bildliche Zeichen übermittelt; s.a. → Bildkommunikation; → Werbetext). Die text-

Mögliche Formen der werblichen Verschlüsselung in Abhängigkeit vom gewählten Kommunikationsmittel

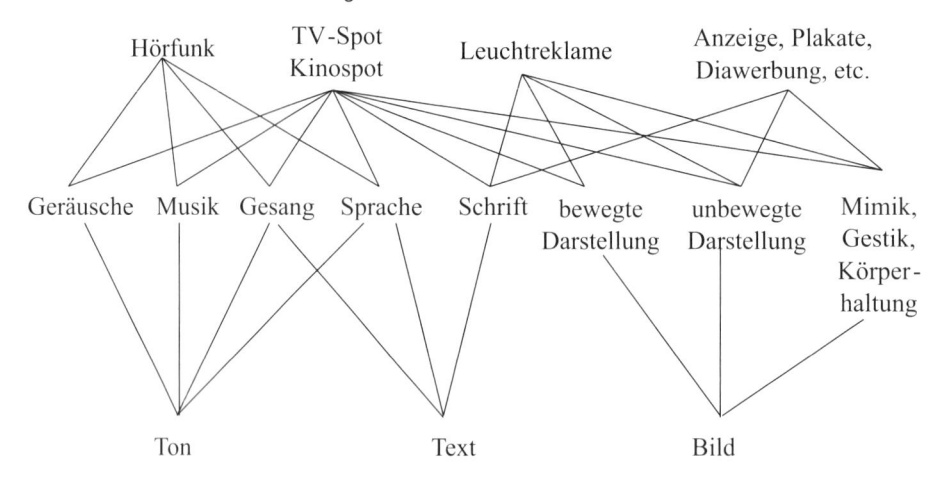

Hörfunk — TV-Spot/Kinospot — Leuchtreklame — Anzeige, Plakate, Diawerbung, etc.

Geräusche — Musik — Gesang — Sprache — Schrift — bewegte Darstellung — unbewegte Darstellung — Mimik, Gestik, Körperhaltung

Ton — Text — Bild

dominante Gestaltung eignet sich in erster Linie für eine informative Positionierung des Werbeobjekts bei Zielpersonen mit hohem Involvement. Demgegenüber wird der bilddominanten Gestaltung bei der emotionalen Positionierung eines Werbeobjekts bei schwach involvierten Zielpersonen bzw. hoher → Informationsüberlastung eine größere Werbewirkung zugesprochen (→ Bildkommunikation, → emotionale Werbung).

(2) Welche Bedeutung sollen einzelne *formale Gestaltungsfaktoren* erhalten? Im Rahmen einer textdominanten Gestaltung ist z.B. auf die Textverständlichkeit Rücksicht zu nehmen, die u.a. von folgenden Faktoren bestimmt wird: Wort- und Satzlänge, Gebräuchlichkeit der Wörter, Typographie- und Schrifttyp. Bei der bilddominanten Gestaltung ist über die Anordnung und Kombination der Bildelemente, den Einsatz von Farben, Szenenwechsel, den Zusammenhang von Passagen etc. zu entscheiden. Weiterhin müssen Entscheidungen über das Format der einzusetzenden Werbemittel getroffen werden, bspw. über die Größe einer Anzeige oder die Länge eines Spots.

(3) Welche *Darstellungsmöglichkeiten* sollen zur Präsentation der Werbebotschaft vorrangig eingesetzt werden, d.h. welche Bedeutung sollen einzelne inhaltliche Gestaltungsfaktoren erhalten? Es muss über den Einsatz so unterschiedlicher Faktoren entschieden werden, wie → Angstappell, → Argumentationsform, Argumentationstyp (→ Argumentationstypen in der Werbung), → Erotischer Appell, Humor (→ Humor in der Werbung), → Personendarstellungen, → Produktzentriertheit, → Slice-of-life-Werbung, → Testimonialwerbung, → Testwerbung etc. Die Werbepraxis kreiert hier immer wieder neue Stilmittel, deren Auffälligkeit → Aktivierung erzeugen soll.

Zur *Wirkung* verschiedener formaler und inhaltlicher Gestaltungsfaktoren liegen zahlreiche Einzeluntersuchungen vor. Es ist jedoch verhältnismäßig wenig über den Wirkungszusammenhang der verschiedenen Faktoren bekannt, sodass allgemein gültige Aussagen über deren optimale Kombination beim gegenwärtigen Stand der Forschung nicht möglich sind. E.T.

Literatur: *Mayer, H.; Illmann, T.:* Markt- und Werbepsychologie, 3. Aufl., Stuttgart 2000. *Meyer-Hentschel, G.:* Erfolgreiche Anzeigen. Kriterien und Beispiele zur Beurteilung und Gestaltung, Wiesbaden 1988.

Werbeinvolvement

Fachbegriff aus der → Werbepsychologie, der den auf einen bestimmten Teil ihres psychologischen Feldes gerichtete Aktivierungszustand einer Person zu einem bestimmten Zeitpunkt beinhaltet (→ Involvement).

Jede mit einem Werbemittel in Kontakt kommende Person bringt ein bestimmtes Ausgangsniveau an tonischer → Aktivierung in die Kontaktsituation mit. Während dieser rufen verschiedene Teile des psychologischen Feldes (Stimuli aus Situation und

Werbeobjekt), in Abhängigkeit von ihrer Wichtigkeit für die Person, kurzfristige phasische Aktivierungen hervor. Die grundsätzliche Wichtigkeit eines Stimulus und damit sein Aktivierungspotential für eine Person ist entweder biologisch fixiert oder erlernt.

Involvierende Stimuli rufen stärkere Aufmerksamkeitszuwendung hervor und werden intensiver verarbeitet als andere Stimuli im Umfeld. In einer Werbekontaktsituation kommen als involvierende Stimuli sowohl die beworbene Produktart, als auch die Marke, der mit der Produktart verbundene Kaufentscheidungs- oder Konsum- bzw. Gebrauchsprozess, die gestalterischen Elemente des Werbemittels, der Werbeträger bzw. sein Programm (redaktionelles Umfeld), sowie Teile des übrigen situativen Umfelds in Betracht. Die Aktivierung einer Person in einer Werbekontaktsituation wird deshalb von ihren unterschiedlich starken Involvements mit diesen Faktoren abhängen. Das bedeutet aber, dass bei vergleichbaren Niveaus an Aktivierung je nach Gegenstand des Involvements von Person zu Person wie auch von Situation zu Situation stark divergierende Informationsaufnahme- und -verarbeitungsverhaltensweisen auftreten können.

Dominiert das Involvement mit der Produktart, hat das Werbemittel für ausreichende Übermittlung der von den Werbeadressaten erwarteten Produktinformation zu sorgen. Steht das Involvement mit dem Kauf bzw. dem Gebrauch (Konsum) der beworbenen Produktart im Vordergrund, sind den Zielpersonen Informationen anzubieten, die das von ihnen wahrgenommene → Kaufrisiko (bzw. den wahrgenommenen Nutzen) bei Kauf, Gebrauch oder Verbrauch des Werbeobjekts herabsetzen (bzw. verstärken). Spielt jedoch das Involvement mit der Marke eine wesentliche Rolle, dann sind notfalls alle Techniken zum Einsatz zu bringen, die einstellungsändernd wirken können. In Werbekontaktsituationen, in denen weder Produktart, Marke noch Kauf bzw. Gebrauch des Werbeobjeks starkes Involvement hervorrufen, muss die Gestaltung der übrigen Elemente des Werbemittels ihre Rolle bei der Erzeugung und Aufrechterhaltung von Aufmerksamkeit übernehmen. Die darauf zurückzuführenden Informationsprozesse unterscheiden sich allerdings zumeist von denen, die von den anderen genannten Involvements hervorgerufen werden können. So wird z.B. die Aufmerksamkeitszuwendung von den Eigenschaften der Gestaltungselemente des Werbemittels selbst kontrolliert und nicht durch eine vom Empfänger gewählte Suchstrategie. Die Tiefe der kognitiven Verarbeitung ist i.d.R. wesentlich geringer. Aufnahme und Verarbeitung der Informationen erfolgt v.a. auf visuelle Art (→ Bildkommunikation).

Der Werbeträger vermag schon vor dem eigentlichen Kontakt der Zielperson mit einem Werbemittel ihr Ausgangsniveau an tonischer Aktivierung zu beeinflussen. Dient die Benutzung eines Werbeträgers der Erhöhung eines als zu niedrig empfundenen Anregungspotentials in einer gegebenen Situation, dann sollte die → Motivation zur Verarbeitung seiner Inhalte (einschließlich der Werbemittel) umso größer sein, je stärker die tonische Aktivierung auf Grund der ihm entgegengebrachten Erwartungshaltung ist. Wird andererseits von einer Person ein unangenehm hohes Anregungspotential (aufgrund von Neuigkeit, Komplexität, Ungewissheit, Konflikt oder Überraschungsgehalt) empfunden, mag sie einen Werbeträger dazu benutzen, dieses herabzusetzen, indem sie sich mehr Überblick und Einsicht verschafft. Die allgemein positivere Gefühlslage kommt einem dann kontaktierten Werbemittel zugute. Die Mediaselektion sollte daher neben Reichweiten und Kostendaten auch das für die Werbeträger zu erwartende Involvement der → Zielgruppe berücksichtigen. H.Mü.

Literatur: *Mühlbacher, H.:* Ein situatives Modell der Motivation zur Informationsaufnahme und -verarbeitung bei Werbekontakten, Marketing – Zeitschrift für Forschung und Praxis, 10. Jg. (1988), Heft 2, S. 85. *Kroeber-Riel, W.; Weinberg, P.:* Konsumentenverhalten, 7. Aufl., München 1999.

Werbekonstanz
→ Integrierte Kommunikation

Werbekonzeption → Werbestrategie

Werbekosten → Werbeziele

Werbekostenzuschuss
→ Marktbearbeitungskonditionen

Werbekritik

Die Kritik an der → Werbung bezieht sich auf ihre möglicherweise negativen ökonomischen, sozialen und individuellen Wirkungen. Manche Ökonomen behaupten,

Werbekritik

Werbung rufe bei ihren Adressaten den Eindruck der Verschiedenartigkeit von Angeboten hervor, die in Wirklichkeit einander sehr ähnlich sind (Produktheterogenisierung). Die auf diese Weise entstehenden Präferenzen der potentiellen Abnehmer verringere den Wettbewerb zwischen den Anbietern und erhöhe deren Marktmacht. Es entstünden unüberwindliche → Markteintrittsbarrieren für neue potentielle Anbieter. Monopolistische bzw. oligopolistische Marktstrukturen mit hohen Preisen und Gewinnen seien die Folge. Empirische Untersuchungen der Strukturen und der Wettbewerbsintensität in Märkten mit verschiedener Werbeaktivität der Anbieter konnten jedoch bisher den behaupteten Zusammenhang von Werbeintensität und Konzentrationsgrad bzw. Höhe der Markteintrittsbarrieren nicht bestätigen.

Ein weiteres manchmal vorgebrachtes ökonomisches Argument gegen Werbung ist die Behauptung, Werbung verteuere die Produkte bzw. Leistungen für ihre Endabnehmer. Sie rufe zusätzliche Kosten hervor, die am Ende immer vom letzten Abnehmer in der Distributionskette zu tragen seien. Gegen diese These spricht allerdings die durch Werbung mitverursachte Erhöhung der Effektivität der Anstrengungen der Anbieter sowie der Markteffizienz. Die durch die Werbung erhöhte Nachfrage führt nämlich zu Lerneffekten auf Seiten der Anbieter. Ihre Entscheidungen und Maßnahmen werden dadurch effektiver. Daneben resultiert die ausgeweitete Nachfrage in größeren Produktions- und Distributionsvolumina, die ihrerseits wieder eine Verringerung der Fixkostenbelastung pro verkaufter Leistungseinheit nach sich ziehen.

Starker Kritik sieht sich die Werbung in Bezug auf ihre *Informationsfunktion* gegenüber (s.a.→ Verbraucherinformation). Es wird ihr vorgeworfen manchmal falsch, irreführend oder inadäquat zu sein und daher den Adressaten zu schaden. Die Gefahren der → *Manipulation*, der → *irreführenden Werbung* und der → *Schleichwerbung* werden beschworen. Wenig zielführend erscheint es, solchen Argumenten das (erwiesenermaßen falsche) Wunschbild des souveränen Werbeadressaten gegenüberzustellen, der die für ihn nützlichen → Werbebotschaften gezielt auswählt und anderen keine Aufmerksamkeit schenkt. Wesentlich sinnvoller ist die Erkenntnis, dass derartige Auswüchse der Werbung möglich sind und daher durch Selbstbeschränkung zum Gesamtwohl der → Werbewirtschaft verhindert oder, wo dies notwendig erscheint, durch → Werbeverbote ausgeschlossen werden müssen.

Die Kritik an der Werbung in Bezug auf ihre *sozialen* und *individuellen* Wirkungen betrifft vorwiegend ihren Einfluss auf die Werthaltungen und Verhaltensnormen der von ihr kontaktierten Personen. Entweder man bedauert die Verfestigung und Verbreitung bestehender Werte oder man wirft der Werbung vor, sozialen Wandel in wenig wünschenswerte Richtungen zu bewirken.

Einerseits werden *ethische*, *moralische* oder *gesellschaftspolitische Bedenken* geäußert. Die häufigsten Inhalte derartiger Werbekritik im Jahr 2000 wird vom → Deutschen Werberat wie folgt angegeben:

Unterstellte Vorwürfe im Jahr 2000	Maßnahmen	
	Anzahl	Prozent
Frauendiskriminierung	89	30
Gewaltdarstellung	40	15
Gefährdung von Kindern/Jugendlichen	17	6
Verletzung religiöser Gefühle	16	6
Rassendiskriminierung	9	3
Verstoß gegen Alkohol-Werberegeln	6	2
Darstellung gefährlicher Situationen	4	2
Männerdiskriminierung	4	2
Verstoß gegen die Menschenwürde	2	1
Andere Inhalte	81	30
Gesamt	268	1000

(Quelle: *Jahrbuch Deutscher Werberat*, 2001)

Dem Vorwurf, Werbung stelle Frauen in stereotypen Rollen oder als sexuelle Objekte dar und verfestige damit ungerechtfertigte Diskriminierung oder sie schaffe ständig neue, (von manchen) unerwünschte materielle Bedürfnisse oder propagiere abzulehnende Produkte und Leistungen, ist entgegenzuhalten, dass es eines gesellschaftlichen Konsens bedarf, welche Rollen Frauen spielen sollen und welche Bedürfnisse bzw. Produkte und Leistungen erwünscht oder unerwünscht sind. Verstößt Werbung gegen diesen Konsens, wird sie relativ rasch gesetzliche Verbote oder Beschränkungen durch Verhaltensregeln der betroffenen Teile der Wirtschaft hervorrufen. Sie ist deshalb gezwungen, sich den gesellschaftlichen Normen und deren Veränderungen anzupassen.

Andererseits werden *ästhetische Bedenken* vorgebracht: Oftmalige Wiederholungen der gleichen → Werbemittel, Werbeeinschaltungen zum falschen Zeitpunkt (z.B. Toilettenreinigerwerbung während der Essenszeit) oder fragwürdige → Werbemittelgestaltung, wie z.B. Angstappelle oder Marktschreierei, werden angeprangert. Daneben bedauern manche die ihrer Meinung nach durch Werbung bewirkte Konformität des Konsumverhaltens eines großen Teils der Bevölkerung eines Landes, ja ganzer Erdteile. Abgesehen von der Tatsache, dass Geschmack eine weitgehend subjektive Frage ist, bedeutet die Kritik an den Werbemitteln und ihrer Schaltung eine ständige Herausforderung für die Werbungtreibenden, die Werbekultur den gesellschaftlichen Anforderungen laufend anzupassen, um das für ihre Geschäftstätigkeit notwendige Niveau an → Werbeakzeptanz in der Gesellschaft zu erhalten. Dem Argument der Konformitätsförderung ist zu entgegnen, dass Werbung ständig neue Produkte und Leistungen bekannt macht, die im Lauf der Jahre das Spektrum möglicher Differenzierung im Konsumverhalten wesentlich erweitert haben.

Ein letzter Kritikpunkt an der Werbung betrifft den möglichen Einfluss der Werbungtreibenden auf die Gestaltung des *redaktionellen Inhalts massenmedialer Werbeträger*. Da deren Existenz zu einem gewichtigen Teil von Werbeeinschaltungen abhängig sei, bekämen die Werbenden auch zunehmenden Einfluss auf die anderen Inhalte. Wie Beispiele aus den USA zeigen, treffen diese Bedenken zu einem gewissen Grad auf gesponserte Programmteile von elektronischen Medien in Privatbesitz zu. In Ländern, deren Hörfunk und Fernsehen staatlicher Kontrolle unterliegen und wo der bei weitem überwiegende Teil der Werbeeinschaltungen in speziell gekennzeichneten Werbeblöcken erfolgt, ist diese Gefahr im Verhältnis zu den vielen anderen möglichen Einflüssen auf die Programmgestaltung jedoch als gering anzusehen.

H.Mü.

Literatur: *Kuhlmann, E.:* Verbraucherpolitik, Grundzüge ihrer Theorie und Praxis, München 1990, S. 106-117, 126-131.

Werbekultur

von den mit → Werbung beschäftigten Personen akzeptierte Werte und Verhaltensnormen, die ihr einschlägiges Denken und Verhalten beeinflussen, sowie die damit einhergehenden Symbolsysteme, d.h. Sprache, Handlungen und Kulturprodukte.

Werbemittel

sind abzugrenzen von → Werbeträgern und umfassen alle in der Werbung verwendeten Instrumente, die zur Erfüllung der Werbeziele dienen sollen. Das Werbemittel ist die reale, sinnlich wahrnehmbare Erscheinungsform der → Werbebotschaft, also z.B. das Inserat, die „aus dem Gedanklichen ins Stoffliche übertragene Werbebotschaft" (*Nieschlag/Dichtl/Hörschgen*). Sie ersetzt die ursprünglich von Mensch zu Mensch verlaufende Kommunikation und macht sie reproduzierbar.

Eine Systematisierung der Werbemittel ist aufgrund ihrer Vielzahl und Unterschiedlichkeit schwierig und kann kaum überschneidungsfrei sein. In der Marketing-Literatur finden sich u.a. folgende Vorschläge zur Klassifikation von Werbemitteln:

– nach *angesprochenen Sinnesorganen*: optische Darstellungsmittel (z.B. Anzeigen), akustische Darstellungsmittel (z.B. Rundfunk), optisch-akustische Darstellungsmittel (z.B. Fernsehen), multisensorische Darstellungsmittel (z.B. Warenproben)

– nach der ihnen unterstellten *Kommunikationskraft* (s. Abb.)

Schema zur Klassifikation von Werbemitteln nach ihrer Kommunikationkraft (KK)

	Direkter Kontakt	Indirekter Kontakt
Persönliches Werbemittel	Hohe KK (z.B. Werbegespräch)	Mittlere KK (z.B. Werbevortrag)
Unpersönliches Werbemittel	Mittlere KK (z.B. Werbebrief)	Geringe KK (z.B. Werbeanzeige)

(Quelle: *Kaiser, A.,* Werbung – Theorie und Praxis werblicher Beeinflussung)

Werbemitteldokumentationssytem

Im Rahmen der → Werbeplanung kann über die Werbemittel erst entschieden werden, wenn die Frage der Strategie, der Gestaltung und der Teile des Werbeprogramms festgelegt sind. Die in der Praxis verwendeten Werbemittel sind in unterschiedlichem Maße geeignet, bestimmte Ziele zu verfolgen (→ Werbegestaltungsstrategie). Wesentliche Auswahlkriterien sind:
– die *Werbung der Wettbewerber*: Sollen Mittel eingesetzt werden, die sich vom Wettbewerb abheben oder sich eher gleichen (→ Wettbewerbsstrategie) ?
– die → *Zielgruppe*: Je nach Niveau und Informationsverhalten müssen unterschiedliche Mittel eingesetzt werden (→ Medienstil).
– das *Produkt* oder *Angebot*: Abhängig von der *Erklärungsbedürftigkeit* des Produktes kommen nur bestimmte Werbemittel in Frage.
– der *Werbeträger*: Er ist der am restriktivsten wirkende Faktor bei der Auswahl, da Werbemittel oft an Werbeträger gebunden sind.
– die *Produktions-* und *Stückkosten*.
– die *strategische Stoßrichtung*: Zur Schaffung von Bekanntheit sind möglicherweise andere Mittel erforderlich als zum inhaltlichen Aufbau eines Image.

Die Gestaltung des Werbemittels kann zu extrem unterschiedlichen Ergebnissen führen. Deshalb wurde für dieses Stadium der werblichen Arbeit eine Reihe von Pretest-Methoden und Methodenkombinationen entwickelt (→ Werbemitteltest). Somit sind spätere Wirkungen der Werbemittel besser einschätzbar und durch Modifizierung der Gestaltung eine Optimierung der Werbemittel möglich. B.Sa.

Literatur: *Behrens, G.:* Werbung, München 1996. *Kaiser, A.,* Werbung. Theorie und Praxis werblicher Beeinflussung, München 1980.

Werbemitteldokumentationssytem

Für Werbetreibende ist ein schneller Überblick über Werbeaktivitäten der Konkurrenten (Wettbewerbsbeobachtung) im Rahmen der → Werbeplanung häufig von entscheidender Bedeutung, beispielsweise bei Re-Positionierung ihrer Werbeauftritte. Instrumente zur Werbemitteldokumentation ermöglichen einen schnellen Einblick in die Werbeaktivitäten der Werbetreibenden. Voraussetzung für das Funktionieren der Werbemitteldokumentation ist ein systematisches Ablegen der Werbemittel wie Printanzeigen, TV-Spots, Kino-Spots etc. Dabei erfolgt das Erfassen der Werbemittel entweder herkömmlich mittels Papier und Video oder aber multimedial mittels neuer Medien. Digitale Bilddatenbanken ermöglichen neben der systematischen Ablage nach Branchen oder Produktkategorien auch das Ablegen von Werbemitteln nach inhaltsanalytischen Kriterien wie Werbehauptaussage (Benefit), Werbeargumentation (Reason Why) oder nach Gestaltungselementen (z.B. Humor, Art der Darsteller, Erotik). Ein digitales Werbedokumentationssystem ist beispielsweise das → *Digi**Base-System der GfK. T.Z.

Werbemittel-Test (Copy-Test)

→ Test zur Überprüfung eines Werbemittelentwurfs. Zur Messung der → Aktivierung werden apparative Verfahren der → Beobachtung (→ Elektrodermale Reaktion, → Elektroencephalogramm und Messung der Pupillenerweiterung) herangezogen. Die Informationsaufnahme kann mit Hilfe der → Blickregistrierung erfaßt werden. Mitunter werden auch Testpersonen beim Durchblättern von Zeitschriften (z.B. durch eine versteckte Videokamera) beobachtet, um festzustellen, welche Anzeigen wie lange betrachtet wurden. Schließlich kann die Beurteilung, die Emotionalisierungswirkung der Werbemittel auch per Befragung ermittelt werden (s.a. → Recall-Test, → Recognition-Test). H.Bö.

Werbemittler

auf die Planung und Durchführung der Werbemittelstreuung spezialisierter Dienstleistungsbetrieb der → Werbewirtschaft, auch → Mediaagentur genannt. Bedient werbungtreibende Unternehmungen, welche die kreative Arbeit in der eigenen → Werbeabteilung oder durch spezialisierte „kreative Boutiquen" oder „Free lancer" durchführen lassen.

Werbemonitoring → Werbetracking

Werbeobjekt

rechtliche oder natürliche Person, Sachleistung, Dienstleistung oder Idee, die beworben werden soll (→ Werbung). Das Ausmaß ihrer Eignung als Werbeobjekt hängt von ihrer *Werbereife* ab. Diese wird von Faktoren bestimmt, die in der Marktsituation, dem Werbeobjekt selbst bzw. im Werbungtreibenden begründet sind:

(1) Existenz eines *positiven Nachfragetrends*: Ist bereits eine positive Grundhaltung der Zielpersonen gegenüber dem Werbeobjekt vorhanden, wir die werbliche Aufgabe wesentlich erleichtert. Negative Grundhaltungen der Zielpersonen können durch Werbung nur sehr schwer in positive umgewandelt werden.

(2) *Möglichkeit der Differenzierung* von Konkurrenzangeboten: Werbeobjekte, die sich in für die Präferenz der Zielpersonen bestimmenden Eigenschaften positiv von ihren Konkurrenten unterscheiden, sind einfacher zu bewerben als Werbeobjekte, die von den Zielpersonen als weitestgehend gleich mit konkurrierenden Angeboten angesehen werden.

(3) Bedeutung *nicht unmittelbar einsichtiger Merkmale*: Sind alle wesentlichen Eigenschaften eines Werbeobjekts für die Zielpersonen augenfällig, dann ist die Gestaltung der → Werbebotschaft schwieriger als wenn wesentliche Merkmale für die Zielpersonen nicht unmittelbar einsichtig sind. Unter dieser Voraussetzung können nämlich stärkere Assoziationsketten gebildet werden.

(4) Existenz *starker positiver Motive*: Haben die Zielpersonen starke positive Motive in Bezug auf die Art des Werbeobjekts i.a., ist auch das spezifische Objekt reifer für den Einsatz der Werbung.

(5) Verfügbarkeit ausreichender *finanzieller Mittel*: Jede Werbekampagne benötigt ein Mindestmaß an finanziellen Mitteln, um erfolgreich sein zu können. Ist das für das Objekt einsetzbare → Werbebudget zu gering, sollte vom Einsatz der Werbung zugunsten anderer Instrumente, wie z.B. der → Verkaufsförderung, abgesehen werden.

H.Mü.

Werbeökonomie

Die ökonomische Bedeutung der → Werbung wird oft gleichgesetzt mit der Bedeutung der Werbung aus volkswirtschaftlicher Sicht, vielfach operationalisiert durch den Anteil der Beschäftigten in der Werbebranche, dem Anteil Werbeausgaben am Bruttosozialprodukt (1998: 1,58%) oder den Werbeinvestitionen (Prognose für 1999: 62,3 Mrd. DM). Gerade Letztere warfen für Ökonomen, vor allem für Anhänger der klassischen Mikroökonomie, immer wieder die Frage nach der volkswirtschaftlichen Rechtfertigung derartiger Investitionen auf. Unter der Annahme fixer → Präferenzen und (nahezu) vollkommener Märkte, stellt jede in Werbung investierte Mark, die nicht der reinen Informationsgewinnung für Konsumenten dient, eine Verschwendung finanzieller Ressourcen dar. Die Entwicklung neuer Theoriegebäude, wie der → Informationsökonomik der → Spieltheorie und der Institutionentheorie zeigen aber ein anderes Bild auf.

Märkte sind durch asymmetrische Informationsverteilung (→ asymmetrische Information) zwischen Produzenten und Konsumenten gekennzeichnet. Für Produzenten oder Anbieter von Gütern kann es durchaus lohnend sein, Konsumenten mit direkten oder indirekten (→ Signaling) Informationen zu versorgen. Dabei zeigt sich, dass dies sowohl den Gewinn der Unternehmen als auch den Nutzen der Konsumenten erhöht. Im einfachsten Fall stellt Werbung eine *Information* über Preise, das Angebot von Waren oder den Standort von Anbietern dar. Der ökonomische Wert der Werbung besteht darin, dass durch die Abgabe der Informationen die Suchkosten der Konsumenten reduziert werden. Da die Grenzkosten der Werbung „gegen Null" gehen, sind die Kosten der Anbieter geringer als die Suchkosten der einzelnen Konsumenten. Dadurch entsteht ein „ökonomischer" Wert der Werbung, der zu einer Verbesserung der gesamten Wohlfahrt führt.

Ein großer Teil der Werbung besteht jedoch nicht aus reinen Informationen. Eine Ursache besteht im → Werbewettbewerb, der eine Differenzierung der Werbebotschaften erfordert. Hier kann Werbung als *Signal* bei Erfahrungsgütern dienen. Ergebnisse der → Spieltheorie zeigen, dass es sich für einen Anbieter geringer Qualität nicht lohnen kann, hohe Werbeinvestitionen zu tätigen, um einen erfolgreichen Anbieter einer guten Qualität zu imitieren. Da die Erstellung einer hohen Qualität mit höheren Kosten verbunden ist, kann es sich für einen Anbieter lohnen, eine hohe Qualität zu signalisieren, aber nur ein Produkt geringer Qualität anzubieten. Die hohen Werbeausgaben im TV oder in nationalen Anzeigenkampagnen würden sich aber nur amortisieren, wenn ein Anbieter auch mit Kaufwiederholung rechnen kann. Werbung dient hier auch als Medium, um → Reputation und → Kundenbindung beim Konsumenten aufzubauen. Der ökonomische Wert der Werbung liegt hier darin, dass die Signalkosten der

Anbieter geringer sind als die Kosten eines enttäuschten Kaufes der Konsumenten, die dem Anbieter durch die Kaufwiederholung vom Konsumenten „zurückerstattet" werden.
Unterscheiden sich Güter nicht durch die Qualität (bzw. durch die Kosten der Qualitätserstellung), so spricht man von einer horizontalen → *Produktdifferenzierung*. Werbung dient dann zur Koordination zwischen Konsumenten und Produzenten, wenn die vermittelte Werbebotschaft („Das Bacardi Feeling") vom Konsumenten so empfunden werden möchte. Modelle des → *Cheap Talk* helfen, derartige Koordinationskonzepte aufzuzeigen. Werbung stellt hier kein direktes Signal dar, da die Werbebotschaft nicht als Commitment (Bindung) fungiert. Cheap Talk-Modelle können als theoretische Fundierung der Positionierung von Marken dienen (→ Positionierungsmodelle). Der ökonomische Wert der Werbung liegt hier in niedrigeren Koordinationskosten von Konsumenten und Anbietern, die durch Skaleneffekte zu niedrigeren Preisen beim Anbieter führen und, in Abhängigkeit der Wettbewerbssituation, auch zu niedrigeren Endverbraucherpreisen.

Einen weiteren ökonomischen Effekt der Werbung zeigt die *Theorie der Fokalpunkte* auf (→ Fokalpunktetheorie). Durch Werbung entsteht eine → Markierung, die in einer großen Menge möglicher Güter als Fokalpunkt dient. Ein Fokalpunkt erhöht die Auswahlwahrscheinlichkeit eines Produktes beim Konsumenten. Dadurch sinken seine Kosten der Produktevaluierung, gleichzeitig steigt die Wahrscheinlichkeit, dass derartige Produkte auch von unabhängigen Testern (→ Stiftung Warentest) ausgewählt werden.

Im zeitlichen Ablauf zeigt Werbung als *Reputationsmechanismus* seine Wirkung. Dynamische Werbemodelle zeigen, dass ein Anbieter im Optimum nur noch Werbeausgaben in Höhe der Erosion des Goodwills tätigen muss. Würde ein werbeintensives Unternehmen durch eine Produktverschlechterung seinen kurzfristigen Gewinn erhöhen, so müsste es nach der „Entdeckung" der tatsächlichen Qualität mit wesentlich höheren Werbeinvestitionen rechnen. Diese Gefahr verhindert als Reputationsmechanismus eine Qualitätsreduktion und wirkt als → Garantie für den Konsumenten.

Der ökonomische Wert der Werbung kann folglich nicht nur auf die Darbietung reiner Informationen beschränkt werden, auch wenn dieser Wert ökonomisch leichter messbar ist. Der dynamische Werbewettbewerb, vor allem auch die → vergleichende Werbung, führt zu Mehraufwendungen für die Anbieter, die sich in einer Art Gefangenendilemma befinden könnten. Auswertungen über die → Informationsüberlastung der Konsumenten zeigen, dass in den vier Leitmedien über 90% der Werbung beim Konsumenten nicht wahrgenommen wird. Würde die werbetreibende Industrie Kollusion bilden und die Werbeaufwendungen nicht ausdehnen, so könnten, folgt man Argumenten der Werbekritiker, finanzielle Ressourcen eingespart werden. Allerdings wird dabei übersehen, dass dies den Markteintritt neuer Anbieter erschweren würde und zudem dem Gedanken eines dynamischen Wettbewerbes widerspricht. Die Geschichte der Werbung zeigt, dass Werbung und Wettbewerb nicht in einer substitutiven Beziehung zueinander stehen, sondern in einer komplementären Beziehung. Ohne Werbung wäre auf längere Sicht hinaus kein funktionsfähiger Wettbewerb auf dem Gütermarkt denkbar. E.L.

Literatur: *Becker, G.S.; Murphy, K.M.:* A Simple Theory of Advertising as a Good or a Bad, in: Quarterly Journal of Economics, Vol. 108 (1993), S. 941–964. *Lehmann, E.:* Asymmetrische Information und Werbung, Wiesbaden 1999. *Milgrom, P.; Roberts, J.:* Prices and Advertising Signals of Product Quality, in: Journal of Political Economy, Vol. 94 (1986), S. 796–821.

Werbeplanung

ist der systematische und schrittweise Prozess der Erarbeitung einer Werbekampagne. Er beginnt mit der Analyse der Ausgangssituation (→ Werbeanalyse). Diese beschäftigt sich mit der Sammlung, Analyse und Interpretation von Daten über das → Werbeobjekt (seine Bewerbbarkeit), den Anbieter der Leistung (Marketingziele, -strategie und Positionierung), sowie den betroffenen Produkt-Markt (Abnehmer, Konkurrenten, gesellschaftliche Rahmenbedingungen, Kommunikationsinfrastruktur).

Auf dieser Basis können die → Werbeziele bestimmt und eine → Werbestrategie festgelegt werden. Die Werbestrategie enthält Aussagen über die anzusprechende Werbezielgruppe, die zu übermittelnde → Werbebotschaft, die einzuschlagende Ansprachrichtung sowie den zur Verfügung stehenden Werbeetat. Die wichtigsten Ergebnisse der Werbeanalyse und die Werbestrategie

werden in einem → Briefing zusammengefasst. Dieses dient als Informationsgrundlage für die mit der Ausarbeitung der Werbekampagne zu beauftragende → Werbeagentur bzw. → Werbeabteilung.
Diese setzt die Werbebotschaft durch die Gestaltung verschiedener → Werbemittel um. Außerdem plant sie deren Einschaltung in bzw. Streuung mittels geeigneter → Werbeträger oder kümmert sich um die Bestimmung der direkt anzusprechenden Werbeadressaten. Werbedosierung und → Werbetiming werden festgelegt.
Ist die Werbekampagne in ihren wesentlichen Teilen geplant, kann die Unternehmensleitung ihre Entscheidung über Ablehnung oder Genehmigung des Werbeplans treffen. Diese wird von der Höhe des benötigten → Werbebudgets und der Wahrscheinlichkeit der Erreichung der Werbeziele abhängen. Um den Zielerreichungsgrad messbar zu machen, schließt die Werbeplanung deshalb mit der Festlegung ab, wie der Werbeerfolg zu kontrollieren ist.

H.Mü.

Literatur: *Schweiger, G.; Schrattenecker G.:* Werbung, 4. Aufl. Stuttgart 1995. *Rossiter, J.R.; Percy, L.:* Advertising Communications & Promotion Management, 2. Aufl., McGraw-Hill 1997.

Werbepositionierung → Positionierung

Werbepretests

Werbepretests werden zum Testen von Werbemitteln vor der Schaltung eingesetzt. Dabei kann es sich um bereits fertige Werbemittel handeln (sog. „finished") oder aber um noch nicht fertige Werbemittel (sog. „Roughs"). Ziel ist es, die Wirkungsweise der Werbemittel wie TV-Spots, Printanzeigen, Kino-Spots, Radio-Spots, Plakaten etc. zu messen und gegebenenfalls zu optimieren, bevor die Werbemittel für viel Geld „on-air" gehen. Häufig werden Pretest auch als Screeninginstrument verwendet, das heißt es werden verschiedene Varianten des Werbemittels getestet und diejenige herausgefiltert, die am besten in der Zielgruppe ankommt (→ Wermittelest). In Deutschland gibt es viele Institute die Werbepretest anbieten (z.B. Compagnon, Icon, GfK, Millward Brown; s.a. → Ad*Vantage).
Werbepretests lassen sich hinsichtlich qualitativer und quantitativer Testverfahren unterscheiden. *Qualitative Pretest* werden häufig in Form von Gruppendiskussionen mit 8 bis 10 Konsumenten aus der Zielgruppe durchgeführt und eignen sich im Besonderen, um etwas über die qualitativen Elemente des Werbemittels wie etwa Werbeidee, Werbeaussage, Gefallen, Nichtgefallen usw. zu erfahren. *Quantitative Pretests* sind Einzelinterviews und werden meist mit einer Fallzahl von mindestens 120 Personen aus der Zielgruppe durchgeführt und messen neben den qualitativen Größen auch Aufmerksamkeitsleistung und Markenpräferenz (motivationale Schubkraft). Hierzu erfolgt die Messung unter quasi-biotischen Bedingungen und in standardisierter Form. Quasi-biotisch heißt, dass es sich um eine verdeckte Testsituation handelt und die Testpersonen zu Beginn des Testes nicht wissen, dass es sich um einen Test von Werbemitteln handelt.
Eine *Standardisierung* des Werbepretestinstruments hat den großen Vorteil, dass eine Datenbank aufgebaut werden kann und jedem neuen Testergebnis Erfahrungswerte aus früheren Tests (sog. Benchmarks) gegenübergestellt werden können (→ Werbemitteldokumentationssystem). Beim Heranziehen von Benchmarks ist allerdings darauf zu achten, dass diese wirklich mit dem aktuellen Test vergleichbar sind, beispielsweise hinsichtlich Zielgruppe, Produktgruppe etc. Validierungsstudien mit Werbetrackinginstrumenten zeigen, dass die im Pretest gemessenen Aufmerksamkeitswerte tatsächlich Prognosen auf die in der Realität zu erwartenden Erinnerungswerte zulassen.

Erhebungsinhalte von quantitativen Werbepretests sind unter anderem:

- *Aufmerksamkeitsleistung* (Wie viele der Befragten können sich an Werbung für Marke X erinnern?)
- *Akzeptanz* (Wie hat Werbung für Marke X insgesamt gefallen? Was hat besonders gut, was hat weniger gut gefallen?)
- *Kommunikationsleistung* (Können sich die Befragten an Werbeinhalte erinnern und wurde die Botschaft richtig verstanden?)
- *Einstellungsprofile* (Wie wird Marke X von den Befragten bewertet?)
- *Motivationale Schubkraft (Impact)* (Wie groß ist die Hinstimmung zur Marke X nach mehrmaligem Werbemittelkontakt?)

Werden Anzeigen getestet, so werden teilweise in Ergänzung zur Befragung auch *Beobachtungen* mittels → Blickregistrierung eingesetzt. Probanden bekommen eine

Werbepsychologie

Blickregistrierungsbrille aufgesetzt und ein Magazin oder eine Zeitung, die Testanzeigen beinhalten, in die Hand mit der Bitte, diese durchzulesen.

Fragen, die mit Hilfe der Blickregistrierung beantwortet werden können, sind:
– Wird die Anzeige betrachtet?
– Wie lange wird die Anzeige betrachtet?
– Welche Anzeigenelemente werden wie lange betrachtet?
– In welcher Reihenfolge werden die Anzeigenelemente wahrgenommen?
– Wie erfolgt die Informationsaufnahme bei Mehrfachkontakten?
– Wie hoch ist der Anteil des Informationsangebots, der aufgenommen wird?

T.Z.

Werbepsychologie

eng mit der → Konsumentenforschung, der Kommunikationsforschung und der verhaltenswissenschaftlichen → Marketing-Theorie verknüpfte Disziplin, die die Bedingungen und Konsequenzen von Kommunikationsmaßnahmen auf das Verhalten und Erleben von Menschen erforscht und Informationen darüber bereitstellt. Sie übernimmt die Aufgabe, die damit verbundenen Gesetzmäßigkeiten zu untersuchen, um eine Vorhersage von Erleben und Verhalten zu ermöglichen. Die Werbepsychologie ist ein vorwiegend empirisch ausgerichtetes Teilgebiet der Psychologie.

Es können vier sich gegenseitig ergänzende Bereiche psychologischen Handelns unterschieden werden: Beobachten und Beschreiben, Erklären, Vorhersagen, Verändern des Verhaltens von Individuen und/oder Gruppen. Beobachten und Beschreiben erfolgt in der Weise, dass (beobachtbares) Verhalten in einer bestimmten Situation schriftlich oder mit technischen Mitteln (z.B. → Blickregistrierung) aufgezeichnet und im Sinne einer Berichterstattung ausgewertet wird. Ein Beispiel ist etwa die Aufzeichnung des Blickverhaltens beim Lesen einer Zeitschrift. Die Erklärung von Verhaltensweisen steht im Vordergrund, wenn man sich über die Gründe des Verhaltens Gedanken macht. Man könnte z.B. fragen, warum beim Durchblättern einer Zeitschrift fast immer zuerst die Bilder und dann erst der Text betrachtet werden (→ Bildkommunikation). Auf der Basis von erforschten und als weitgehend gesichert geltenden Gesetzmäßigkeiten können für vergleichbare situative Bedingungen Verhaltensvorhersagen gemacht werden. Eine solche Prognose könnte lauten: Auf einer neu zu gestaltenden Anzeige fällt der erste Blick der Betrachter mit großer Wahrscheinlichkeit auf das Bild und erst danach auf den Text. Mit der Veränderung des Verhaltens von Individuen und/oder Gruppen wird das Hauptanliegen der → Werbung angesprochen. Unter Kombination der Erkenntnisse aus den beobachtend-beschreibenden, erklärenden und prognostizierenden Funktionsbereichen sind in der Realität in Verbindung mit Werbemaßnahmen verhaltensverändernde Prozesse zu erwarten, d.h. es finden z.B. Einstellungsänderungen, Veränderungen von Meinungen und Änderungen des Verhaltens statt.

Historische Entwicklung:
1903 schrieb *W. D. Scott* „The Theory of Advertising". Dieses Buch gilt als das erste Buch über Werbepsychologie. Im deutschen Sprachraum kann man die Entstehung der Werbepsychologie auf das Jahr 1912 datieren. In diesem Jahr erschien „Psychologie und Wirtschaftsleben" von *Münsterberg*. In den Anfängen ging es in erster Linie um Untersuchungen äußerer Gestaltungsbedingungen (Format und Platzierung von → Anzeigen, → Schaufenstergestaltung usw.). Mit Beginn des zweiten Weltkrieges verlor die Werbepsychologie in Deutschland an Bedeutung. Nach 1948 bemühten sich die deutschen Psychologen um die in der Zwischenzeit in den USA weiterentwickelten Erkenntnisse der Disziplin und versuchten diese auf die deutschen Verhältnisse zu übertragen. Die amerikanische Forschung hat ihre Vormachtstellung bis heute allerdings nicht verloren.

Aufgrund der Vielzahl der bereits erforschten Wirkungen der Kommunikation stellen neuere Forschungen im Rahmen der Werbepsychologie meist Modifikationen und weitere Differenzierungen gewonnener Erkenntnisse dar. In den letzten Jahren rückte jedoch die Bildkommunikation sowie kulturspezifische Probleme der Werbung stärker in den Vordergrund der Forschung. Zudem wurden – ausgehend von einer seit Ende der achtziger Jahre in Mode gekommenen konstruktivistisch-verstehenden Perspektive in der Konsumentenforschung – andere Methoden verstärkt genutzt, bei denen primär auf Basis weniger Beobachtungen im Entdeckungszusammenhang Thesen abgeleitet werden. Im Zuge der Spezialisierung der einzelnen wissenschaftlichen Disziplinen wächst auch das Interesse der Psychologen an dem Gebiet der Werbepsychologie. Dafür sprechen auch die Vielzahl der neuen Bücher in diesem Bereich. Aufgrund der herausragenden Bedeutung der Werbung für den Aufbau und die Stärkung von Marken und vor dem Hintergrund sich verschärfender Markt- und Kommunikationsbedingungen (gesättigte Märkte, → Informationsüberlastung, Low-Involvement-Verhalten) ist damit zu rechnen, dass die Werbepsychologie weiter an Bedeutung gewinnt.

Fragenkreise der Werbepsychologie:

Die Fragestellungen der Werbepsychologie reichen von der Identifizierung der für die Werbung relevanten Verhaltensebenen und Kategorien (z.B. → Präferenzen, → Einstellungen u. Ä.) bis hin zu Fragen formaler und inhaltlicher Gestaltung sowie den Methoden zur Kontrolle der Effizienz der Werbung. Aus einer anderen Perspektive können auch die Elemente des Kommunikationsprozesses in den Vordergrund der Untersuchungen gestellt werden (→ Kommunikation). Dies sind der Sender (Kommunikator), die Realisation und Gestaltung der Kommunikationsidee, der Kommunikationskanal (→ Werbeträger, -medium), der Empfänger (Kommunikant). Typische werbepsychologische Fragen sind z.B.:

- Welche Einzeldimensionen des Vorstellungsbildes vom Sender sind mit welchen Effekten beim Empfänger verbunden?
- Welche Vorteile besitzt die Schaltung einer vierfarbigen Anzeige gegenüber einer Schwarzweiß-Version?
- Wie wirkt die bildliche Informationsvermittlung im Vergleich zur sprachlichen Informationsvermittlung?

Aus der Sicht der psychischen Prozesse, die beim Empfänger initialisiert werden müssen, damit Werbung wirksam werden kann, ergeben sich weitere Untersuchungsobjekte, die sich in aktivierende Prozesse (Aktivierung, Emotion, Motivation, Einstellung) und kognitive Prozesse (Wahrnehmung, Verständnis, Lernen und Gedächtnis) differenzieren lassen. Beispiel: Bezüglich der → Wahrnehmung steht die Frage im Vordergrund, ob die Werbebotschaft überhaupt wahrgenommen wird bzw. was getan werden muss, damit sie wahrgenommen wird. Wurde die Werbung wahrgenommen, wird überprüft, ob die → Werbebotschaft auch adäquat verarbeitet wurde. Da im Regelfall (Kauf-)Handlungen nicht zeitgleich mit der Werbewahrnehmung stattfinden, muss die Information gespeichert werden. Dies stellt man durch die Messung der → Erinnerung und der Wiedererkennung fest.

Eine wesentliche Bedingung für die Aufnahme von Werbeinhalten und ihrer Speicherung ist die → *Aktivierung*, weshalb diese psychologische Größe in besonderer Weise im Blickpunkt der Werbepsychologie steht.

Wahrnehmungsprozesse gehen auch immer mit Gefühlen und → Emotionen einher. Ob eine Marke aufgrund der Werbung dann auch eine positive Einstellung und ein klares inneres Bild auslöst und präferiert wird, hängt wiederum stark davon ab, ob die Motive der Empfänger hinreichend durch die Werbung angesprochen werden.

Die Werbepsychologie ist eine für die Praxis hilfreiche Disziplin. Bauchgefühl bei der Werbegestaltung kann durch fundierte Erkenntnisse und durch Wirkungswissen aus der Werbepsychologie ersetzt werden. Heute werden bei der Werbegestaltung in immer stärkerem Maße Erkenntnisse der Werbepsychologie berücksichtigt. Dies ist ein erster Schritt zur weiteren Professionalisierung der Werbung und zur Optimierung der → Werbewirkung bei sich verschärfenden Kommunikationsbedingungen.

Nachbardisziplinen:

Die Werbepsychologie ist ein Teilgebiet der angewandten Psychologie. Sie kann dabei einerseits auf die Grundlagenforschung der übrigen Disziplinen der Psychologie, wie z.B. → Elementenpsychologie, → Gestaltpsychologie, → Ganzheitspsychologie, Imageryforschung, zurückgreifen; zum anderen muss sie aber auch selbst Grundlagenforschung betreiben. Vom Anwendungsgebiet lässt sich die Werbepsychologie in die Wirtschaftspsychologie neben die Teilgebiete Arbeits-, Betriebs- oder Organisationspsychologie und *Marktpsychologie* einreihen. Manchmal wird Werbepsychologie als Synonym für Marktpsychologie angesehen. Diese Gleichsetzung erscheint nicht gerechtfertigt. Zwar liegen in besonders großer Zahl anwendungsorientierte psychologische Arbeiten vor, die sich mit Werbewirkungsanalysen beschäftigen, doch gibt es ebenfalls psychologische Analysen zur Wirkung von Produktgestaltung, von Preisentscheidungen (→ Preisverhalten) oder zur Wahl von Absatzwegen. Eine weitere Nachbardisziplin ist die Kommunikationswissenschaft (→ Kommunikation). Überlappungen ergeben sich z.B. bei Fragen der sprachlichen Gestaltung von Texten für Prospekte, Anzeigen, Radio- und TV-Spots. G.M.-H./F.-R.E.

Literatur: *Kroeber-Riel, W.; Meyer-Hentschel, G.:* Werbung. Steuerung des Konsumentenverhaltens, Würzburg 1982. *Mayer, H.; Däumer, U.; Rühle, H.:* Werbepsychologie, Stuttgart 1982. *Rosenstiel, L. von; Neumann, P.:* Einführung in die Markt- und Werbepsychologie, Darmstadt 1982. *Rosenstil, L. von; Kirsch, A.:* Psychologie der Werbung, Rosenheim 1996. *Moser, K.:* Werbepsychologie, München 1990. *Kroeber-Riel, W.; Esch, F.-R.:* Strategie und Technik der Werbung, Stuttgart 2000.

Werberat

vom Zentralausschuss der deutschen Werbewirtschaft (→ ZAW) gegründetes Organ der → Werbeselbstkontrolle, das sich als Konfliktregler zwischen Beschwerdeführern aus der Bevölkerung und werbenden Firmen versteht. Der Werberat setzt sich aus 12 Mitgliedern zusammen, welche die werbungtreibende und die werbungdurchführende Wirtschaft, die Werbeagenturen sowie die Werbeberufe und die Marktforschung repräsentieren.

Die Tätigkeit des Werberats konzentriert sich auf unerwünschte, durch Inhalt, Adressatenkreis oder Begleitumstände anstößige Werbung. Darüber hinaus führt der Werberat in einem Koordinierungsausschuss regelmäßig Gespräche mit Vertretern der Werbeadressaten (→ Zielgruppe), d.h. der → Stiftung Warentest und der → Arbeitsgemeinschaft der Verbraucher, um Beschwerden und Anregungen allgemeiner Art zu bearbeiten.

Der Werberat arbeitet nach dem Prinzip eines Schiedsrichters. Berechtigte → Werbekritik vermittelt das Gremium an die betroffenen Unternehmen mit dem Ziel, dass die Werbemaßnahme eingestellt oder geändert wird.

Die Arbeit des Werberates erfolgt in drei Bereichen.

(1) Behandlung von Einzelfällen
Bei gesetzwidrigen oder nach herausgegebenen Verhaltensregeln in zweifelhaften Werbemaßnahmen schaltet sich der Werberat auf Grund von Anregungen oder Beschwerden Außenstehender, aber auch aus eigener Initiative ein. Ist eine Regelung auf partnerschaftlichem Weg zwischen Werberat und betroffenem Werbungtreibenden bzw. der Agentur nicht möglich, wendet sich das Gremium an die → Zentrale zur Bekämpfung unlauteren Wettbewerbs, die nötigenfalls einen Prozess einleitet. Bei ungerechtfertigter Kritik, z.B. bei gesellschaftspolitischen Extrempositionen, stellt sich der Werberat schützend vor die angegriffene Firma.

Im Jahr 2000 wurden beim deutschen Werberat 1139 Beschwerden eingereicht, die insgesamt 332 Werbemaßnahmen kritisierten. Von den 268 Werbemaßnahmen, die letztlich vom Werberat zu entscheiden waren, wurden 175 von der Kritik freigesprochen, in 82 Fällen konnte man sich mit den Werbungtreibenden auf eine Aussetzung der Kampagne einigen, 8 erklärten sich bereit die Werbemaßnahme zu ändern, lediglich drei Unternehmen wurden öffentlich gerügt.

(2) Entwicklung von Verhaltensregeln
Der Werberat entwickelt Leitlinien für die Werbung, die dem Schutz der Werbeadressaten vor Auswüchsen der Werbung, dem Schutz der Werbungtreibenden vor unlauterem Wettbewerb und der Erhaltung der Werbung als wirkungsvollem Bestandteil des marktwirtschaftlichen Systems dienen sollen (→ Marketing-Ethik). Solche Verhaltensregeln betreffen z.B. die Werbung mit und vor Kindern, Straßenverkehr und Sicherheit, Missbräuche oder die Werbung für alkoholische Getränke. Der Werberat wacht gemeinsam mit den Medien über die freiwillige Einhaltung dieser Verhaltensregeln.

(3) Information nach innen und außen
Letztlich informiert der Werberat auch alle Gruppen der Werbewirtschaft laufend über Entwicklungen in der → Verbraucherpolitik bzw. über Forderungen und Meinungen von betroffenen Interessensvertretern. Alle interessierten Teile der Öffentlichkeit werden über die Aktivitäten des Werberats und deren Auswirkungen auf dem Laufenden gehalten. H.Mü.

Werberecht

Gesamtheit rechtlicher Normen, die sich auf die Gestaltung, den Schutz und die Durchführung der Wirtschaftswerbung beziehen (→ Marktrecht). Die vielfältigen Vorschriften, die die werbliche Gestaltungsfreiheit einschränken, sind in Deutschland nicht in einem einheitlichen Werberecht zusammengefasst, sondern in einer Fülle von Gesetzen und Verordnungen fixiert. Von grundlegender Bedeutung sind v.a. die generellen Vorschriften des → UWG, des → Rabattgesetzes und der → Zugabeverordnung sowie die Spezialvorschriften, die – wie im Bedarfsgegenständegesetz und im Heilmittelwerbegesetz – den werblichen Handlungsspielraum bezüglich bestimmter Produkte (v.a. Arzneimittel, Lebensmittel, Tabakerzeugnisse) mittels spezifischer Gebote und Verbote einengen. Darüber hinaus sind die Rechtsvorschriften für die Werbung bedeutsam, die dem Schutz von Werbekonzeptionen bzw. einzelner ihrer Elemente vor Nachahmung dienen. Dazu gehören urheberrechtliche und verwandte Schutzbestimmungen (→ Markenrecht). B.St./I.M.

Literatur: Schräder, K.; Hohl, P.: Wettbewerbsrecht und Werbung, Freiburg usw. 1999. *Nickel, V.:* Werbung in Grenzen, 10. Aufl., Bonn 1989, S. 17 ff.

Werbereife → Werbeobjekt

Werberträgerkontakt → Mediaforschung

Werbeselbstkontrolle

umfasst freiwillige Maßnahmen der Wirtschaft zur Festlegung von Standards für Werbemaßnahmen, um Auswüchse am Rande der Legalität zu verhindern, verantwortliches Werbehandeln zu fördern und auf diese Weise weitere rechtliche Eingrenzungen der werblichen Gestaltungsfreiheit zu vermeiden (→ Werbekritik, → Werberecht). Art und Bedeutung der faktischen Werbeselbstkontrolle sind auch abhängig vom Umfang der staatlichen Werberegulierung, von der Intensität der öffentlichen Werbekritik, der Wahrscheinlichkeit weiteren staatlichen Eingreifens und vom Problem- und Verantwortungsbewusstsein der Unternehmen bzw. ihrer Verbände (→ Marketing-Ethik). Angesichts vielfältiger werberechtlicher Vorschriften ist die Werbeselbstkontrolle in Deutschland weniger ein Instrument zur Überwachung oder nachträglichen Überprüfung von Werbung, als ein Maßnahmenbündel zur Förderung einer antizipativen Selbstdisziplin. Dazu gehören v.a.:

- *Selbstbeschränkungsabkommen* einzelner Wirtschaftszweige,
- Aktivitäten des vom Zentralausschuss der Werbewirtschaft (→ ZAW) gegründeten → *Werberates,*
- *Internationale Verhaltensregeln* werden von der Europäischen Allianz der Werbeselbstkontrolle (EASA) und der Internationalen Handelskammer (ICC) kontrolliert. B.St./I.M.

Literatur: Nickel, V.: Werbung in Grenzen, 10. Aufl., Bonn 1989. *Brandmair, L.:* Die freiwillige Selbstkontrolle der Werbung, Köln u.a. 1978.

Werbesimulation → Testmarktsimulator

Werbesprache → Hörfunkspot-Gestaltung

Werbestil

bezeichnet eine über einen längeren Zeitraum gleich bleibende Umsetzung der → Werbebotschaft in Bild, Text usw. (s.a. → Medienstil). Damit Werbemaßnahmen maximale Wirkung entfalten, ist es notwendig, dass sie einheitlich gestaltet sind, dass also ein Unternehmen bzw. eine Marke durch einen bestimmten Werbestil sofort erkennbar ist. Das bedeutet nicht, dass ein und dasselbe Motiv jahrelang unverändert geschaltet werden sollte. Im Gegenteil, dies würde zu einem → Wear out-Effekt führen, der sogar in Ablehnung oder → Reaktanz resultieren kann. Es ist deshalb sinnvoll, unter Beibehaltung gewisser Stilelemente (Stilkonstanten) Motive und Spots ständig zu aktualisieren und dem Zeitgeist anzupassen. An den beibehaltenen Stilelementen (Hauptaussage, Slogan, Spotaufbau oder -technik) kann sich der Empfänger orientieren und den Inhalt der richtigen Marke zuordnen. Formale Stilelemente sind z.B. Formen, Farben, Bilder, Firmenzeichen und andere Symbole, Schrifttypen sowie Anordnung des Werbetextes in Werbemitteln. Zu den inhaltlichen Stilelementen gehören v.a. die werbliche Idee und die Art der Umsetzung. Die Verfolgung eines gleich bleibenden Werbestils leistet demnach auch einen Beitrag zur → integrierten Kommunikation.
G.M.-H./F.-R.E.

Werbestrategie

Eine Werbestrategie (synonym: Werbekonzeption) umspannt ein Bündel strategischer Entscheidungen, mit denen die bei der Werbung eines Werbetreibenden zu verfolgenden Prioritäten festgelegt werden. In Analogie zum Begriff der → Kommunikationsstrategie beinhaltet eine Werbestrategie gewisse Prioritätsentscheidungen hinsichtlich folgender Elemente:

- Zu verfolgende → *Werbeziele* (Beispiel: → Aktualisierungswerbung versus → Positionierungswerbung als Strategien mit alternativen Zielprioritäten);
- Anzusprechende → *Zielgruppen* (Beispiel: Verwender einer Marke versus Nicht-Verwender der Marke als alternativer Adressatenschwerpunkt);
- → *Werbeobjekte* (Beispiel: „Umbrella"-Werbung für eine Dachmarke versus Werbung für ein Einzelobjekt; Firmenwerbung (= Corporate Advertising) versus Produktwerbung);
- Einzusetzende *Medien* (→ Mediastrategie) (Beispiel: Printmediendominante versus TV-dominante Kampagnen);
- Zu gestaltende → *Werbemittel* (→ Werbegestaltungsstrategien; Beispiel: Testimonialwerbung versus Slice-of-Life-Werbung; bilddominante versus textdominante Gestaltung);
- *Zeitlicher Einsatz* (Beispiel: Kontinuierlicher versus pulsierender Werbedruck; zyklische versus antizyklische Werbung).

Derartige Prioritätsentscheidungen sind als grobe Steuerungsvorgaben für die weitere Detaillierung bzw. Konkretisierung eines werblichen Auftritts zu verstehen. Sie werden i.a. in einem Strategiedokument, der sog. → Copy Strategy des Werbetreibenden schriftlich festgehalten und bilden das Briefing für Instanzen, die mit Detailentscheidungen betraut werden.

Als Informationsgrundlagen für die Entwicklung einer Werbestrategie sind einerseits Daten zu nutzen, wie z.B. Daten über die Ausgangssituation für die werbliche Aufgabenstellung, über das Verhalten von Zielgruppen, über die Kommunikationsleistung von Medien oder über das Werbeverhalten von Konkurrenten (→ Werbeanalyse). Andererseits müssen Hypothesen oder Prognosen über die zu erwartende Wirkung der Werbeaktivitäten herangezogen werden, die aus → Werbewirkungsmodelle, → Werbewirkungsanalysen und/oder der Erfahrung stammen (→ Werbeplanung).

Zur Verdichtung und Zusammenführung von Daten und Wirkungserwartungen können heuristische Entscheidungshilfen, wie z.B. Checklists oder Punktbewertungsverfahren, eingesetzt werden. H.St.

Literatur: *Kroeber-Riel, W.:* Strategie und Technik der Werbung. Verhaltenswissenschaftliche Ansätze, Stuttgart u.a. 1988. *Stadler, M.M.:* Die Zielplanung für die Marketing-Kommunikation, in: *Tietz, B.* (Hrsg.): Die Werbung, Band 3, Landsberg a. L. 1982, S. 2151–2181.

Werbesympathie (Likeability)

bezeichnet die gefühlsmäßige (affektive) Einschätzung eines → Werbemittels. Die Werbesympathie ist eine außerökonomische Werbewirkungsgröße, die Aufschluss über das Gefallen eines Werbemittels gibt. Sie gehört zur Konstruktkategorie der → Einstellungen. Erhoben wird die Werbesympathie i.d.R. mit Hilfe einer Ratingskala, auf der Probanden ihren Gesamteindruck vom werblichen Auftritt einer Marke abstufen können (z.B. von 1 = „hat mir sehr gut gefallen" bis 6 = „hat mir überhaupt nicht gefallen).

Ermittlungen der Werbesympathie sind ein fester Bestandteil von → Werbetrackingstudien und → Werbepretests. Während die Werbesympathie im Rahmen von Werbepretests v.a. für die konzeptionelle Gestaltung und für die Auswahl alternativer Werbemittel herangezogen wird, kommt ihr im Rahmen von Werbetrackingstudien v.a. die Rolle einer *Erfolgskontrolle* bereits geschalteter Werbemittel zu.

Die unmittelbare *Kaufverhaltensrelevanz* der Werbesympathie ist umstritten, ein positiver Zusammenhang zwischen Werbesympathie und → Markensympathie konnte jedoch in einer Reihe empirischer Untersuchungen bestätigt werden. Die Stärke des Zusammenhangs zwischen Werbesympathie und Markensympathie ist allerdings vom Ausmaß vorhandener Verwendungserfahrung abhängig. Bei neuen Marken, bei denen noch keine Verwendungserfahrung vorliegt, ist die Werbesympathie ein geeignetes Mittel, um Markensympathie zu erzeugen. Empirische Studien weisen in diesen Fällen eine hohe, kausal interpretierbare Korrelation zwischen Werbe- und Markensympathie aus. Bei langjährig etablierten Marken, bei denen ein erhebliches Maß an Markenvertrautheit durch Verwendungserfahrung vorliegt, ist der Zusammenhang zwischen Werbe- und Markensympathie dagegen deutlich geringer. Positive wie negative Verwendungserfahrungen üben in diesem Fall einen so dominanten Einfluss auf die Beurteilung einer Marke aus, dass die Werbesympathie eine untergeordnete Rolle für die Ausbildung der Markensympathie spielt. U.E.

Literatur: *Ellinghaus, U.:* Werbewirkung und Markterfolge, München, Wien 2000.

Werbetests

sind Untersuchungen zur empirischen Überprüfung der Werbewirksamkeit einzelner werblicher Maßnahmen.

Je nach Umfang der zu testenden werblichen Maßnahmen unterscheidet man *Motiv-Tests* (*Sujet-Tests*), bei denen einzelne Motive (wie einzelne Anzeigen) getestet werden, und *Kampagnentests*, in denen

1. eine Werbekampagne oder auch mehrere alternative Kampagnen im Pretest überprüft werden (meist anhand ausgewählter Einzelmotive) oder
2. die Wirksamkeit einer gesamten Werbekampagne während oder nach der Schaltung überprüft wird. Ein Kampagnentest i.d.S. beinhaltet auch die Effekte der Schaltungshäufigkeit und der Mediaauswahl (→ Werbetracking).

Je nach Testzeitpunkt lassen sich Pretests und Posttests unterscheiden. → *Pretests* nennt man Werbetests, die vor der Schaltung der Werbung bzw. vor ihrem Einsatz im Markt stattfinden. Sie werden mit fertig („finished") oder mit nur teilweise ausgearbeiteten Werbemitteln (z.B. roughs, scribbles, animatics, ripomatics, storyboards) durchgeführt. Speziell für TV-Spots bietet die GfK z.B. → Ad*Vantage als Pretest an. In einer sehr frühen Phase der Werbekonzeption nennt man Pretests auch *Konzepttests*. Hier werden auch oft reine Verbalkonzepte in den Test gegeben. *Posttests* werden erst dann durchgeführt, wenn die Werbung bereits im Markt angelaufen („on-air") ist. Besondere Formen sind hier der → Day-After-Recall-Test (DAR-Test) und das Werbetracking.

Da die Werbung in vielen Fällen darauf abzielt, Absatzerfolge zu erzielen, müsste die → Werbewirkung eigentlich dadurch bestimmt werden, dass man die werblichen Maßnahmen anhand von Absatzzahlen bewertet (→ Werbeziele). Dabei entsteht aber das Problem, dass der Absatz von einer Vielzahl von Faktoren abhängig ist. Das sind z.B. alle Instrumente des Marketing-Mix, Konkurrenzaktivitäten und gesamtwirtschaftliche Einflüsse. Absatzerfolge lassen sich deshalb nur sehr bedingt den werblichen Aktivitäten zurechnen. In Werbetests greift man deshalb meistens auf psychologische bzw. vor-ökonomische Wirkungen bei den Umworbenen zurück („*psychologische Werbetests*"). Man testet Werbung quasi anhand von Kriterien, die „vor" dem Absatzerfolg liegen.

Die *Vorgehensweise* sieht im Normalfall wie folgt aus: Psychologisch orientierte Werbetests werden fast immer mit Stichproben durchgeführt. Aus der Grundgesamtheit (meist die Zielgruppe, wie sie vom Marketing definiert wurde) wird eine Auswahl an Personen getestet. Bei psychologisch orientierten Werbetests geht man in der Regel von Stichprobengrößen zwischen 30 und 200 Personen aus, die meist nach dem Verfahren der → Quotenauswahl ausgewählt werden. Die Fallzahlen liegen z.T. aber auch darüber. Die Testpersonen werden, nachdem sie sich mit der entsprechenden Werbung beschäftigt haben, dazu befragt. Als wichtigste Kriterien gelten im Werbetests die folgenden Aspekte:

1. Hat es die Werbung geschafft, Inhalte im Gedächtnis der Zielpersonen zu verankern? (Erinnerungswirkungen der Werbung)
2. Wird die intendierte Werbebotschaft von den Zielpersonen verstanden? (Kommunikationswirkung der Werbung)
3. Gelingt es der Werbung, die Einstellungen zugunsten des Produktes/der Marke zu verändern? (Überzeugungswirkungen der Werbung)

Bei den *Erinnerungswirkungen* der Werbung unterscheidet man die aktive Erinnerung (recall) und die passive Erinnerung (recognition). Im Rahmen der aktiven Erinnerung wird abgefragt, ob sich die Befragten von sich aus an die Werbung und ihre Inhalte erinnern können. Hier geht es besonders darum, ob sich die Zielpersonen an die beworbene Marke, an die Produktgruppe und die Werbeinhalte erinnern können. Dies kann ohne (ungestützter recall, unaided recall) oder mit Gedächtnishilfen (gestützte Erinnerung, aided recall) geschehen. Im *Recognition-Test* wird den Zielpersonen das Werbemittel, z.B. die Anzeige, noch einmal gezeigt, und sie werden gefragt, ob sie diese Anzeige vorher schon gesehen bzw. gelesen haben. Dieser Testansatz wird als *Copy-Test* insbesondere von Medien durchgeführt (*Starchtest*). Der Recognition-Test ist in seinem prognostischen Wert als Werbewirkungsmaß umstritten.

Bei der *Kommunikationswirkung* wird überprüft, ob die Werbung in der Lage ist, die intendierte Botschaft (richtig) zu ver-

mitteln und ob die Zielgruppe diese Werbebotschaft versteht („comprehension"). Dies wird durch ungestützte (offene Frage nach der Hauptaussage) oder gestützte Befragungen (Vorgabe von Antwortkategorien für mögliche Hauptaussagen) ermittelt.
Hinsichtlich der *Überzeugungswirkungen* der Werbung („persuasion") wird abgeprüft, inwieweit die Zielpersonen durch die werbliche Botschaft beeinflusst werden und ihre → Einstellung zugunsten des beworbenen Produktes/der beworbenen Marke verändern.

Daneben werden in Werbetests häufig noch andere Wirkungsaspekte abgeprüft:
– ob die Werbung *glaubwürdig* ist (→ Glaubwürdigkeit),
– ob sie aus der Sicht der Zielpersonen *informativ* ist und relevante Informationen beinhaltet,
– ob sie *Gefallen* oder *Sympathie* findet (→ Werbesympathie), und
– ob sie *Emotionen* weckt (→ Aktivierung).

Diese Aspekte werden unter dem Begriff der → Werbeakzeptanz zusammengefasst. In diesem Rahmen werden auch oft „Likes and Dislikes" abgefragt (was gefällt an der Werbung, was gefällt weniger?).

Die Interviews werden teilweise standardisiert durchgeführt (d.h. anhand eines Fragebogens mit festgelegten Fragen und einer festgelegten Abfolge der Fragen), teilweise aber auch als Explorationen. Bei den Explorationen gibt es nur einen ungefähren Fragenkatalog (Leitfaden), Reihenfolge und genaue Frageformulierungen liegen nicht fest. Als Faustregel kann hier gelten: Je „fertiger" die zu testende Werbung bereits ausgestaltet ist, desto standardisierter ist die Vorgehensweise. In einem „Konzepttest", in dem nur die Basisideen der Kampagne überprüft werden sollen, wird eher explorativ gearbeitet als in einem Test mit fertig ausgestalteten Werbemitteln. Standardisierte Testansätze bekommen auch im Rahmen internationaler → Werbetests einen höheren Stellenwert. Sie bieten insbesondere den Vorteil, dass anhand von Normwerten bzw. Benchmarks Vergleichswerte für die Interpretation der Testergebnisse herangezogen werden können.

Die verschiedenen Befragungsverfahren werden im psychologischen Pretests teilweise durch *apparative Testverfahren* ergänzt. Dazu gehören z.B. die → Blickregistrierung, → Aktivierungstests, Tests mit dem → Tachistoskop oder dem → Programmanalysator. All diese Verfahren basieren auf der Überlegung, dass die Werbewirkung durch eine Befragung allein nicht vollständig abgeschätzt werden kann. Deshalb wird mit anderen Mitteln untersucht, wie die Verbraucher auf die Werbung reagieren und wie sie sich der Werbung gegenüber tatsächlich verhalten – auch wenn sie dies in einer Befragung nicht verbalisieren können oder nicht zugeben möchten. Apparativ gestützte Tests sind dann besonders hilfreich, wenn der Test auch Ergebnisse zur Diagnose („Warum?") und zur Optimierung liefern kann.

Werbetests können unter unterschiedlichen *situativen Gegebenheiten* durchgeführt werden. Man unterscheidet hier insbesondere zwischen *Studiotests* und *Haushaltsbefragungen*. In den letzten Jahren gibt es allerdings auch vermehrt Ansätze, die Wirksamkeit von Werbung anhand von Absatzzahlen zu überprüfen (*Real-Life-Werbetests*). *Studiotests* finden in so genannten Test-Studios statt, die speziell für Zwecke der Marktforschung und für Werbetests ausgestattet sind. Sie bieten die Möglichkeit, dass sich die Zielpersonen mit der zu testenden Werbung in einem kontrollierten Umfeld beschäftigen. Als Vorteil von *Haushaltsbefragungen* wird angesehen, dass sie in der biotischen häuslichen Nutzungssituation durchgeführt werden; als Nachteil gilt, dass die Nutzung der abzuprüfenden Werbung genauso wie das Interview selbst weniger gut kontrollierbar sind als bei Studiotests. *Real-Life-Werbetests* beruhen nicht auf psychologischen Indikatoren, sondern man verwendet als Kriterium des Werbeerfolgs Absatzzahlen. Wegen der vielen möglichen Störgrößen und der Zurechenbarkeitsproblematik arbeitet man heute vorwiegend in kontrollierten lokalen → Testmärkten. Hier können die Mitglieder eines Haushaltspanels mit einer Zeitschrift beliefert werden, die entweder Anzeigenmotiv A oder B enthält, oder über Kabel werden verschiedene Versionen eines TV-Spots ausgestrahlt. Für diese Haushalte kann dann über Scannerkassen und entsprechende Identifikationskarten überprüft werden, inwieweit sich das Kaufverhalten in den Teilgruppen unterscheidet (→ Behavior Scan). Als wichtigster Vorteil wird bei diesem Verfahren gesehen, dass der Werbeerfolg anhand harter ökonomischer Kriterien überprüft wird. Mögliche Nachteile ergeben sich aus der Tatsache, dass es relativ lange dauern kann, bis sich die Werbewirksamkeit im Kaufverhalten zeigt, und dass die Absatzzahlen allein keine qualitativen Hinweise zur Diagnostik und damit zur Optimierung der Werbung geben. B.v.K./T.Z.

Literatur: *Salcher, G.F.:* Psychologische Marktforschung, 2. Aufl., Berlin 1995.

Werbetext

reiner Textteil von Werbemitteln (auch als „die Copy" bezeichnet), auf Basis der Copy-Strategie entwickelt, bestehend aus der → Headline, dem argumentierenden Haupttext (der „Body Copy"; vgl. hierzu auch → Argumentationstypen in der Werbung, → Zweiseitige Argumentation) und der Baseline (→ PPPP-Formel, → Werbebotschaft, → Werbebrief, → Werbewirkungskontrolle).

Als Regeln der Praxis zur *Gestaltung von Werbetexten* werden in der Fachliteratur genannt:
- Erhöhe die Lesbarkeit: die Zeilenbreite für schnelles Lesen sollte nicht unter 35 und nicht über 45 Anschläge liegen.
- Wähle häufig verwendete, allgemein bekannte Worte (Umgangssprache), kurze Worte, konkrete, bildhafte Worte.
- Formuliere verständliche Texte, die nicht mehr als 15 Wörter pro Satz enthalten, für die Headline erzielen 5 bis 8 Wörter die besten Wirkungen.
- Verdichte und vereinfache die Botschaft symbolhaft auf die knappste Form.
- Schildere Tatsachen packend und interessant wie ein guter Reporter.
- Sprich Gefühl und Mitgefühl an (Identifikation).
- Lass die Botschaft zum Erleben werden (Dramatik).
- Bleibe glaubwürdig.
- Sag es natürlich und im Volkston.
- Baue Information logisch auf und dosiere sie so, dass sie vom Empfänger aufgenommen und verstanden werden kann (z.B. Headlines aus fünf bis acht Wörtern, vielen Substantiven, nicht als Frage formuliert).
- Wähle das richtige Medium.
- Sag es anders als die anderen.

J.Ma.

Literatur: *Gass, F.U.:* Der Werbetext, in: *Tietz, B.:* Die Werbung, Bd.2, Landsberg a. Lech 1982, S. 997-1019. *Kaiser, A.:* Werbung, München 1980. *Meyer-Hentschel, G.:* Erfolgreiche Anzeigen, 2. Aufl., Wiesbaden 1993. *Meyer-Hentschel, G.:* Alles was Sie schon immer über Werbung wissen wollten, Wiesbaden 1995. *Schweiger, G.; Schrattenecker, G.:* Werbung, 4. Aufl., Stuttgart, Jena, New York 1995.

Werbetiming

eng mit der Werbedosierung (→ Werbebudgetierung) verbundene Entscheidung über den zeitlichen Einsatz der → Werbung. Dabei kann man zwischen Makro- und Mikrotiming unterscheiden. Während das Makrotiming eine Zeitplanung über Jahre hinweg umfasst, wird beim Mikrotiming nur die Zeitplanung innerhalb eines Jahres berücksichtigt.

Von besonderer Bedeutung ist die Frage der pro- oder antizyklischen Werbung. Die Werbung ist ein konjunkturpolitisches Mittel des Unternehmens: Der Betrieb verhält sich *antizyklisch*, wenn die Werbeausgaben umso stärker erhöht werden, je niedriger das Wachstum des Umsatzes ist. Die Werbung wäre demnach am stärksten in der Krise und in der Rezession, während im Konjunkturaufschwung weniger Werbeausgaben getätigt werden. Bei *prozyklischer* Werbung koppelt der Betrieb sein Werbebudget an den Umsatz, d.h. die Werbeausgaben verlaufen parallel zum Umsatz. Das bedeutet praktisch, dass in schlechten Zeiten ein niedriger, in Zeiten der Hochkonjunktur ein hoher Betrag für Werbung ausgegeben wird.

Die *Abb. 1* zeigt Beispiele für antizyklische bzw. prozyklische Werbung für die Wirtschaft insgesamt, wobei die empirischen Daten aus Österreich (1983 bis 1998) stammen. Betrachtet man die Verteilung der gesamten Werbeausgaben über ein Jahr in der Praxis, so sind diese regelmäßig in den Monaten Juli und August besonders niedrig. Dieses „Sommerloch" der Werbung entspricht jedoch nicht dem Nachfrageverhalten der Konsumenten (die Konsumausgaben verteilen sich fast gleichmäßig über das ganze Jahr, abgesehen von Weihnachtseinkäufen). Auch im Dezember und im Jänner wird unterdurchschnittlich wenig geworben („Winter-" oder „Jännerloch"). *Abb. 2* zeigt das Werbeaufkommen in Österreich im Jahresverlauf der Jahre 1995 bis 1999. Dieses Muster ist typisch für die meisten Länder, insbesondere auch für Deutschland. G.Sch.

Literatur: *Schweiger, G.; Schrattenecker, G.:* Werbung, 4. Aufl., Stuttgart 1995. *Zielske, H.A.:* The Remembering and Forgetting of Advertising, in: Journal of Marketing Research, Vol. 23 (1959).

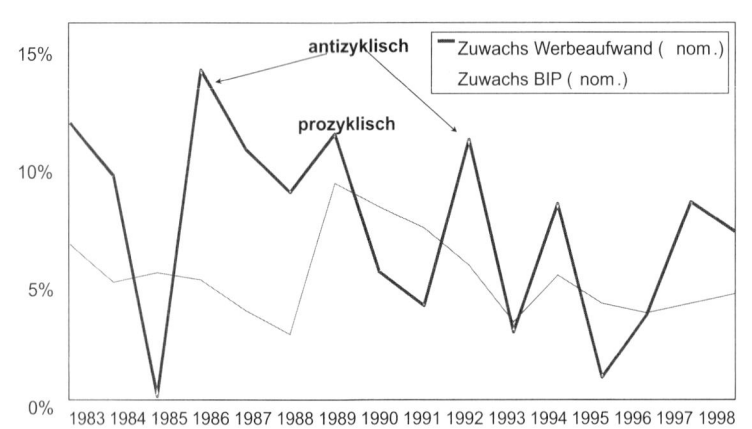

Abb. 1: Prozyklische und antizyklische Werbung am Beispiel Österreich
Nominale Zuwächse von BIP und Werbeaufwand in Österreich

Abb. 2: Das Winterloch und das Sommerloch in der Werbung
Werbeausgaben in den Massenmedien in Österreich im Zeitraum 1995 bis 1999

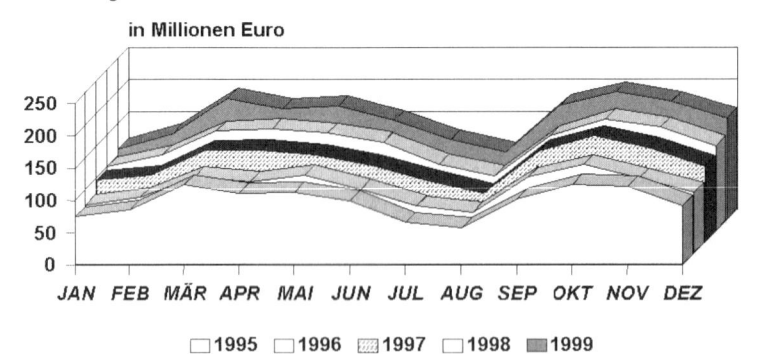

(Quelle: *Media Focus Research*)

Werbetracking
ist die Bezeichnung für eine Form der → Werbeerfolgskontrolle bzw. → Werbewirkungsanalyse, in welcher dem Bedürfnis der Werbeverantwortlichen Rechnung getragen wird, nicht erst nach Abschluss einer Kampagne, sondern schon während des Verlaufs der Kampagne die eintretenden Wirkungen zu erkennen. Hierzu werden in zeitlich gestaffelter Folge wechselnde Zielgruppen-Stichproben gleichen Umfangs bei einem festen Befragungsdesign zu einer Mehrzahl werbebezogener Gedächtnisvariablen (z.B. Werbeerinnerung, Markenbekanntheit u.a.m.) kampagnenbegleitend befragt.

Einbezogene *Wirkungen* der Werbung sind z.B.:

- Markenbekanntheit = Ist die Marke dieser Produkte im Bewusstsein präsent?
- Pauschale Werbeawareness = Wurde für die Marke in der letzten Zeit Werbung gesehen oder gehört?
- Mediumspezifische Werbeawareness = In welchem Medium wurde die Werbung gesehen oder gehört?
- Erinnerte Elemente des Werbemittels = Werden Slogan, Bildelemente, Headline, Textteile o. Ä. erinnert?
- Einstellungen zur Marke/Werbung der Marke = Was wird der Marke an Eigenschaften zugeordnet? Mögen/Nichtmögen der Marke/der Werbung.

Beispiel zum Werbetracking (IVE-Werbemonitor)

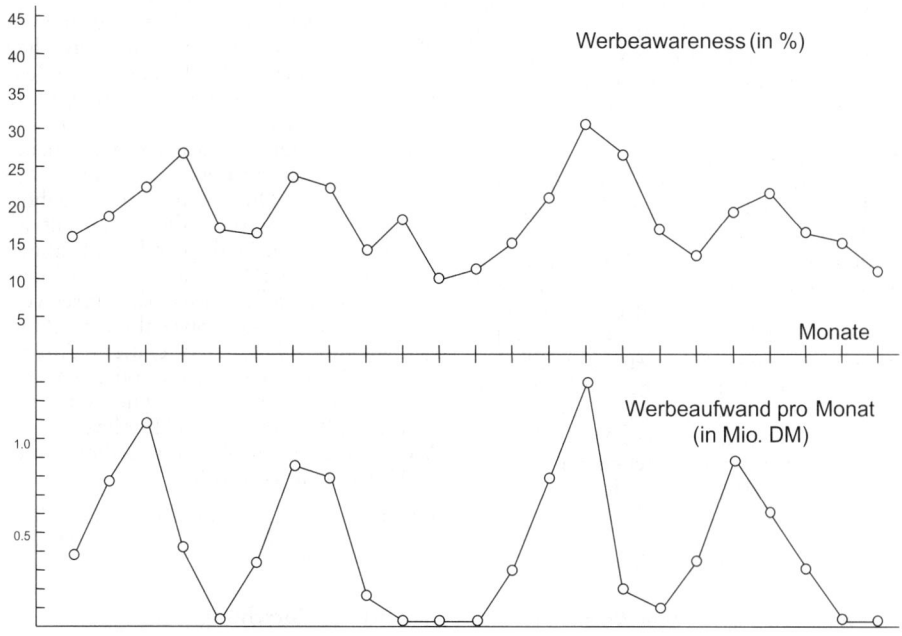

[Diagramm: Werbeawareness (in %) und Werbeaufwand pro Monat (in Mio. DM) über Monate]

(Quelle: *Carl-Zeep/Juchems*, 1983, S. 6)

Den je Erhebungswelle gemessenen Gedächtniswirkungen gegenüberzustellen sind die zeitraumentsprechenden Werbeanstrengungen (z.B. Belegungshäufigkeiten von Medien, Streuetathöhe). Die *Abbildung* liefert ein Anschauungsbeispiel für die namensgestützte Werbeerinnerung (Werbeawareness) in der Zielgruppe (in %) als Werbewirkungsvariable. Die Erhebungswellen des *IVE-Werbemonitors* erfolgten hier in monatlicher Staffelung. Man erkennt mit bloßem Auge, dass die Werbeetatveränderungen gewisse Wirkungsspuren hinterlassen.

In Deutschland wird das Werbetracking von mehreren kommerziellen Instituten angeboten, deren Systeme sich in Nuancen unterscheiden. Bekannte Namen sind neben dem *IVE-Werbemonitor* auch → *GfK-Werbeindikator, GETAS-Impactprofil, RollMa (Imas), NIKO-Werbe-Index, EFFIPUB (EMNID), MAD (RSG)* oder *Werbewirkungskompass (IPA plus)*. Einen vergleichenden Überblick über diese Ansätze des Werbetracking bietet *Gruner + Jahr (1995)*. Das Werbetracking erlaubt es, Effekte alternativ hoher Streuetats (absolut oder als → Share of Advertising relativiert) aufzuzeigen. Die Vielzahl bereits analysierter Fälle (Kampagnen) ist eine Datenbasis für Querschnittsstudien, mittels derer generalisierbares Wissen zur Wirkung von Werbe(streu)etats gewonnen wurde. Hierzu gehören Erkenntnisse zum degressiv steigenden Verlauf von → Werbewirkungsfunktionen, zu → Media-Mix-Effekten, zu Partizipationseffekten und Interferenzeffekten der Konkurrenzwerbung sowie zu zeitlichen → Werbeeffekten, wie etwa Carry-Over-Effekten in Werbepausen (auch „Depoteffekte" genannt). H.St.

Literatur: *Carl-Zeep,A.; Juchems, A.*: Werbemonitor – 6 Jahre Erfahrung mit der kontinuierlichen Beobachtung der Wirkung von Werbekampagnen auf die Verbraucher, in: Interview und Analyse, H. 1/1983.*Gruner + Jahr* (Hrsg.): Standardinstrumente zur Messung der Werbewirkung, Hamburg 1995. *Steffenhagen, H.*: Erfolgsfaktorenforschung für die Werbung. Bisherige Ansätze und deren Beurteilung, in: *Bruhn, M.; Steffenhagen, H.* (Hrsg): Marktorientierte Unternehmensführung. Reflexionen – Denkanstöße – Perspektiven, Wiesbaden 1997, S. 323–350.

Werbeträger

Organ der Informationsübermittlung, das im Rahmen der → Werbung zur Streuung von → Werbemitteln eingesetzt wird. Aus Sicht der werbetreibenden Unternehmung kommen dabei alle Personen oder Sachen in Betracht, die zwei Anforderungen erfüllen: Sie müssen so geartet sein, dass man ihnen Informationen auf- bzw. einprägen kann und der Kontakt muss dem Umworbenen einen → Nutzen stiften.

In bestimmten Fällen sind Werbeträger und Werbemittel physikalisch identisch (z.B. → Kundenzeitschrift, bedruckte Tragetasche), weshalb Werbeträger oft nach werbemittelbezogenen Kriterien untergliedert werden. Eine vollständige Auflistung ist aufgrund der Werbeträgerdynamik, die v.a. durch aktives und kreatives Marketing der Mediaanbieter vorangetrieben wird, nicht möglich. Die *Abbildung* zeigt eine in der Mediapraxis übliche Aufgliederung wichtiger Werbeträger, bei der allerdings das → Internet noch nicht einbezogen ist.

Aufgliederung wichtiger Werbeträger

- Werbeträger
  - Printmedien
    - Zeitungen
    - Zeitschriften
    - Sonstige Druckerzeugnisse (Adressbücher, Kataloge, Prospekte, etc.)
  - FFF-Medien
    - Film- und Diavorführung
    - Funk
    - Fernsehen
  - Medien- und Außenwerbung
    - Litfaßsäule
    - Verkehrsmittel
    - Lichtwerbung
    - Bandenwerbung
    - Trikotwerbung
  - Medien der Direktwerbung
    - Prospekte
    - Kataloge
    - Werbebriefe

Im Rahmen der → Mediaplanung und in der → Mediaforschung wird zwischen der *Intermediaselektion* (z.B. Wahl bestimmter Mediatypen: Printmedien, elektronischen Medien, → Internet, Medien der → Außenwerbung oder der → Direktwerbung) und der *Intramediaselektion* (Auswahl bestimmter Medien eines Mediatypus, z.B. bestimmte → Zeitschriften, → Zeitungen etc.) unterschieden. Die Mediaplanung gehört aufgrund der außerordentlichen Vielfalt der bundesdeutschen Medienlandschaft zu den schwierigsten der Werbung und wird deshalb oft an spezielle → Mediaagenturen vergeben, die dafür auch Spezialuntersuchungen wie die → Leseranalyse, die → Allensbacher Werbeträgeranalyse oder → Verlagstypologien einsetzen. Die Untersuchung der Werbeträger im Hinblick auf ihre Werbewirkung erfolgt im Rahmen der → Werbeerfolgskontrolle.

Literatur: Bruhn, M.: Kommunikationspolitik, München 1997. *Ruland, J.:* Werbeträger, Bad Homburg 1978.

Werbeträgerforschung
→ Mediaforschung

Werbeträgerkontakt → Mediaforschung

Werbeträgerqualität → Mediaforschung

Werbeverbot

Massivste Form der Einschränkung werblicher Handlungsfreiheit durch staatliche Werberegulierung oder Standesrecht, die durch verschärfte Regelungen der EU in jüngster Zeit wieder deutlich die Bedeutung einer breiten → Werbeakzeptanz in der Gesellschaft deutlich machte.

Im → Werberecht sind unterschiedliche *Arten von Werbeverboten* fixiert; dazu gehören:

– totales Verbot der *Werbung für bestimmte Werbeobjekte*; z.B. Verbot jeglicher Werbung für indizierte Schriften, Ton- und Bildträger (Gesetz über die Verbreitung jugendgefährdender Schriften) oder für Prostitution (Ordnungswidrigkeitengesetz),

– auf *bestimmte Adressatenkreise* bezogenes Werbeverbot für bestimmte Werbeobjekte; z.B. Verbot der Werbung für verschreibungspflichtige Arzneimittel gegenüber dem breiten Publikum gem. § 10 Heilmittelwerbegesetz,

– generelles Verbot *bestimmter Werbeinhalte*; z.B. Verbot unlauterer und → irreführender Werbung gem. §§ 1, 3 UWG,
– Verbot der werblichen *Verwendung von bestimmten Bezeichnungen, Bildern oder sonstigen Gestaltungselementen*; z.B. Verbot der bildlichen Darstellung von Angehörigen der Heilberufe in der Werbung für Lebensmittel gem. § 18 des Lebensmittel- und Bedarfsgegenständegesetzes (LMBG) oder von Darstellungen, die den Eindruck erwecken, dass der Genuss von Tabakerzeugnissen gesundheitlich unbedenklich oder geeignet ist, die Funktion des Körpers, die Leistungsfähigkeit oder das Wohlbefinden günstig zu beeinflussen (§ 22 LMBG),
– Verbot der Verwendung *bestimmter Werbemedien oder Werbemittel*; z.B. das Verbot der Rundfunk- und Fernsehwerbung für Zigaretten gem. § 22 LMBG oder das Verbot von Werbemitteln, durch die Verkehrsteilnehmer in verkehrsgefährdender Weise abgelenkt oder belästigt werden können (§ 33 Straßenverkehrsordnung).
– Verbot der Verwendung *bestimmter* → *Testimonials*, z.B. solcher unter 18 Jahren bei der Umwerbung junger Zielgruppen in jugendgefährdenden Produktfeldern.

Neben den genannten werblichen Einschränkungen bestehen *standesrechtliche Werbeverbote* für die akademischen freien Berufe der Ärzte, Zahnärzte, Rechtsanwälte, Notare, Wirtschaftsprüfer, Steuerberater und Architekten (→ Marketing für freie Berufe, → Medizinmarketing). B.St./I.M.

Literatur: *Ahlert, D.; Schröder, H.*: Rechtliche Grundlagen des Marketing, 2.Aufl., Stuttgart 1996.

WerbeWert-Formel

Dieses formal-quantitative → Werbewirkungsmodell lieferte auf der Basis einer regressionsanalytischen Auswertung von Handelspaneldaten (Bimonatswerte) sowie Werbeaufwandsdaten (Print, TV, Hörfunk, Plakat) für einen Markenquerschnitt (147 Marken schnelldrehender Verbrauchsgüter) eine empirische Aussage zum Einfluss der Distribution und des Werbemix auf den Marktanteil eines Produkts. Demzufolge ergibt sich der Marktanteil einer Periode

– aus einem sehr hohen Marktanteil-Carry-Over-Effekt (fast zu 98 %),
– aus der Distributionsveränderung zur Vorperiode und
– aus dem → Share of Advertising (SoA) in den einzelnen vier Mediagattungen, mit einem degressiven Verlauf des SoA-Effekts.

Die numerische Formel, welche die einbezogenen Daten außerordentlich gut widerspiegelt, mag als Fundament einer Werbemix-Planung dienen. Jedoch überrascht das – erstaunlicherweise nicht erwähnte – Fehlen des möglichen Einflusses von Preis- und In-Store-Aktivitäten auf den Marktanteil eines Produkts. H.St.

Literatur: *VDZ* (Hrsg.): WerbeWert, Bonn 1997.

Werbewettbewerb

→ Werbung stellt, wie Preis, Menge oder Qualität einen Wettbewerbsparameter von Unternehmen dar, den diese zwar eigenständig variieren können, der aber wiederum Reaktionen der Konkurrenz hervorruft, die wiederum Rückwirkungen auf die eigene Strategie haben (→ Wettbewerb). Der Werbewettbewerb richtet sich weitgehend am Wettbewerb um Aufmerksamkeit bei den Konsumenten aus. Er ist durch einen hohen Grad an Verdrängung und Imitation gekennzeichnet, der die Lebenszyklen einzelner Werbebotschaften immer mehr verkürzt. Dadurch verfällt der Goodwill bzw. die mit der Werbung bezweckte Wirkung (→ Werbeökonomie, → Fokalpunkttheorie) und es werden immer neue Investitionen in Werbung notwendig. Dies führt jedoch wiederum zu einer Zunahme der gesamten Werbemenge, so dass die → Informationsüberlastung der Konsumenten weiter zunimmt. Dies induziert einen Zerstörungswettbewerb, der zunehmende Werbeaufwendungen erfordert und bei homogenen Produkten, wie Bier und Zigaretten, nur zu kurzfristigen Marktanteilsverschiebungen führt. Ein kooperatives Verhalten mit eingeschränkten Werbeausgaben wird durch die Gefahr des abweichenden Verhaltens aktueller und potentieller Anbieter verhindert (s.a. → Spieltheorie). Um diesem Wettbewerb auszuweichen, rücken alternative Kommunikationsformen wie → Product Placement Infomercials → Kundenclubs in das Interesse der Anbieter.

Als Nebeneffekt eines hohen Werbewettbewerbs stellen sich hohe → Markteintrittsbarrieren ein, wie in der Zigarettenindustrie, bei Direktbanken oder Telekommunikationsgesellschaften zu beobachten ist. Die Markteintrittsbarrieren zeigen sich in einer niedrigeren Preiselastizität der Nachfrage bei hoch umworbenen Produkten, was die Marktmacht entsprechend erhöht. Ein Markteintritt erfordert dann entweder überproportional hohe Werbeaufwendungen oder eine stärkere Fokussierung auf den Preis als Aktionsparameter (→ Preisstrategie). Als Ursache solcher Markteintrittsbarrieren werden Skalen- und Umfangseffekte bei der Erstellung und Verbreitung von Werbebotschaften angesehen, die vor allem kleineren und finanzschwächeren Unternehmen den Markteintritt versperren. E.L.

Literatur: *Bester, H.; Petrakis E.*: Price Competition and Advertising, in: European Economic Review, Vol. 39 (1995), S. 1075-1088. *Commanor, W.S.; Wilson, T.A.*: On the Economics of Advertising on Competition: A Survey, in: Journal of Economic Literature,, Vol. 17 (1979), S. 453–476. *Friedman, J.W.*: Advertising and Oligopolistic Equilibrium, in: Bell Journal of Economics, Vol. 14 (1983), S. 464-473. *Lehmann, E.*: Asymmetrische Information und Werbung, Wiesbaden 1999.

Werbewirkungen

Gegenstand der → Werbewirkungsforschung. Der Begriff Werbewirkung geht über den bloßen Werbekontakt der Werbeadressaten mit einem Werbemittel bzw. Werbeträger (→ Mediaforschung) hinaus: Werbewirkung ist jegliche Art von Reaktion, mit welcher die von Werbung „berührten" Personen auf Werbereize in ihrem inneren oder äußeren Verhalten antworten.

Infolge der großen Vielfalt von Größen (Wirkungsvariablen, Wirkungskriterien), an denen sich gewisse Wirkungen der Werbung prinzipiell ablesen lassen, existieren verschiedene Systematisierungen bzw. Klassifikationen, mittels derer Werbewirkungen strukturierend geordnet werden.

Eine grobe und offenbar populäre Zweiteilung führt zur Unterscheidung zwischen *„psychologischen"* („kommunikativen", „außerökonomischen") und *„ökonomischen"* Werbewirkungen, wobei Letztere als Kaufverhaltenswirkungen verstanden werden. Diese Zweiteilung erfasst jedoch nicht alle Werbewirkungen: Unerfasst bleiben z.B. werbebedingte Änderungen des Produkt-Verwendungsverhaltens in der Zielgruppe oder die (werbebedingt) empfehlende Weitergabe positiver Produkterfahrungen durch Werbeadressaten.

Eine die Vielfalt der Werbewirkungen erschöpfende Strukturierung besteht in der Unterscheidung zwischen *momentanen* Werbewirkungen, *dauerhaften* Gedächtniswirkungen und *finalen* Verhaltenswirkungen der Werbung (vgl. *Abb.*).

Momentane Werbewirkungen sind Reaktionen der Adressaten, die in unmittelbarem zeitlichen Zusammenhang mit dem Werbekontakt stehen; dazu gehören innere und äußere Verhaltensweisen von Menschen. Sie spielen sich z.B. beim Kontakt mit einer Anzeige, mit einem Plakat, mit einem Hörfunk bzw. TV-Spot ab. Hierunter fallen Wirkungen wie → Aufmerksamkeit, Denkprozesse und emotionale Vorgänge wie → Aktivierung als Wirkungsvariablen (= Wirkungskriterien).

Dauerhafte Gedächtniswirkungen sind als Ergebnisse einer psychischen Beeinflussung auch nach Ablauf einer unter Umständen beträchtlichen Zeitspanne im Langzeitgedächtnis des Adressaten antreffbar (→ Gedächtnistheorien). Hierunter fallen z.B. werbebedingte Kenntnisse bzw. Erinnerungen, wertende Einschätzungen oder Besitz- bzw. Verwendungswünsche und Kaufbereitschaft als Wirkungsvariablen.

Werbewirkungskategorien

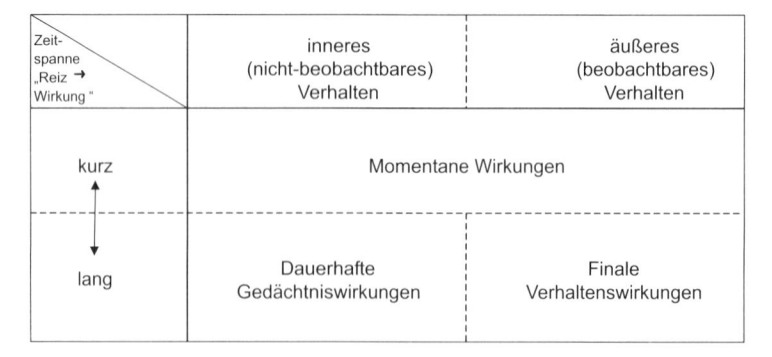

Zeitspanne „Reiz → Wirkung"	inneres (nicht-beobachtbares) Verhalten	äußeres (beobachtbares) Verhalten
kurz	Momentane Wirkungen	
lang	Dauerhafte Gedächtniswirkungen	Finale Verhaltenswirkungen

Finale Verhaltenswirkungen schließlich betreffen Ausprägungen des äußeren Verhaltens eines Werbeadressaten. Man denke an Dimensionen des Kaufverhaltens, wie z.B. die Marken- oder Lieferantenwahl, die Wahl der Kaufmenge, des Kaufzeitpunkts oder an das Produkt-Verwendungsverhalten, das geplante Aufsuchen einer Einkaufsstätte und das aktive Informationsverhalten der Zielpersonen. Solche Verhaltensweisen erfolgen im Allgemeinen in erheblichem zeitlichen Abstand zum Werbekontakt des Adressaten. H.St.

Literatur: *Steffenhagen, H.*: Wirkungen der Werbung. Konzepte – Erklärungen – Befunde, Aachen 1996. *Koeppler, K. u.a.*: Werbewirkungen – definiert und gemessen, Schriften der Heinrich Bauer Stiftung, Band 1, Hamburg 1974. *Steffenhagen, H.*: Werbewirkungsmessung, in: WiSt, 28. Jg. (1999), S. 292–298.

Werbewirkungsanalysen

sind der Versuch, auf der Grundlage erhobener Daten Wirkungen der Werbung empirisch nachzuweisen. Im Unterschied zur → Werbeerfolgskontrolle befassen sich Werbewirkungsanalysen nicht nur mit der Überprüfung von Wirkungen real („im Feld") praktizierter Werbung, sondern auch mit Wirkungen zunächst probeweise praktizierter Werbung (z.B. im Studio, im Experiment). Die methodischen Instrumente (= Untersuchungsdesigns) der Werbewirkungsanalyse sind demzufolge → Posttests, → Pretests, das → Werbetracking, → Werbeexperimente sowie ökonometrische Marketingmix-Analysen auf der Basis von Kaufverhaltensdaten (z.B. Paneldaten, Scannerdaten).
Werbewirkungsanalysen lassen sich zum einen nach den auf ihre Wirkung zu untersuchenden Entscheidungsvariablen werblichen Handelns gliedern: Daraus ergeben sich Wirkungsanalysen zur → Werbemittelgestaltung, zur Exposition der Werbemittel in speziellen Medien, zum auszuübenden oder ausgeübten → Werbedruck, zum → Werbetiming und zum Werbestreuetat. Sie decken entsprechende → Werbeeffekte auf. Die Untersuchung der Wirkungen von TV-Werbung, Hörfunkwerbung, Printwerbung, Direktwerbung, Internetwerbung usw. liefert wichtige Hinweise für die Planung von Werbekampagnen, insbesondere für die Konzipierung der → Werbestrategie. In Kombination mit der Betrachtung ausgewählter Entscheidungsvariablen des werblichen Handelns lassen sich Werbewirkungsanalysen zum anderen nach den jeweils untersuchten → Werbewirkungen (Momentane Wirkungen, Dauerhafte Gedächtniswirkungen, Finale Verhaltenswirkungen) unterscheiden. Erkenntnisse hieraus sind wichtige Anhaltspunkte z.B. für die Planung von → Werbezielen oder die Werbemittelgestaltung.
Die bislang durchgeführten und veröffentlichten Werbewirkungsanalysen sind infolge ihrer unterschiedlichen Designs hinsichtlich Methodik, jeweils untersuchter werblicher Entscheidungsvariablen, unterschiedlich operationalisierter Werbewirkungen und unterschiedlicher Adressatenschaften nicht mehr überschaubar. In publizierten Literaturüberblicken gelingt es näherungsweise, den Stand bisheriger Werbewirkungsforschung zu erfassen. H.St.

Literatur: *Steffenhagen, H.*: Werbewirkungsforschung, in: WiSt, 28. Jg. (1999), S. 292–298. *Steffenhagen, H.*: Erfolgsfaktorenforschung für die Werbung. Bisherige Ansätze und deren Beurteilung, in: *Bruhn, M.; Steffenhagen, H.* (Hrsg.): Marktorientierte Unternehmensführung. Reflexionen – Denkanstöße – Perspektiven, Wiesbaden 1997, S. 323–350. *Franzen, G.*: Advertising Effectiveness. Findings from Empirical Research, Henley-on-Thames 1994. *Steffenhagen, H.*: Ansätze der Werbewirkungsforschung, in: Marketing ZFP, 6. Jg. (1984), S. 77-88.

Werbewirkungsforschung

ist als Bestandteil der → Werbeforschung ein bedeutsames Arbeitsgebiet kommerzieller Marktforschung, aber auch ein Aufgabenfeld der wissenschaftlichen Grundlagenforschung. Die Werbewirkungsforschung betrifft zum einen die Erarbeitung theoretischer Vorstellungen darüber, wie Werbung bei den Umworbenen gewisse Wirkungen entfaltet (→ Werbewirkungsmodelle). Zum anderen wird Werbewirkungsforschung als empirische → Werbewirkungsanalyse praktiziert, in deren Rahmen nach gewissen Erhebungsdesigns gewonnene Daten systematisch ausgewertet werden, um die in diesen Daten enthaltenen → Werbewirkungen bzw. → Werbeeffekte freizulegen. Schließlich sind überblicksartige, vergleichende Auswertungen der Befunde bislang vorliegender empirischer Werbewirkungsstudien ein Bestandteil der Werbewirkungsforschung. Mittels solcher Vergleiche zeigt sich der empirische Bestätigungsgrad bisheriger Erkenntnisse zur Werbewirkung. H.St.

Literatur: *Holm, K.-F.* (Hrsg.): Werbewirkungsforschung ohne Wirkung?, Band I bis IV, Hamburg 1985/1986. *Steffenhagen, H.*: Werbewirkungsforschung, in: WiSt, 28. Jg. (1999), S. 292–298. *Steffenhagen, H.*: Erfolgsfaktorenforschung für die Werbung. Bisherige Ansätze und deren Beurteilung, in: *Bruhn, M.; Steffenhagen, H.* (Hrsg.): Marktorientierte Unternehmensführung. Reflexionen – Denkanstöße – Perspektiven, Wiesbaden 1997, S. 323–350. *Franzen, G.*: Advertising Effectiveness. Findings from Empirical Research, Henley-on-Thames 1994.

Werbewirkungsfunktion

Spezifische Art von → Marktreaktionsfunktion für quantitativ modellierbare Werbeaktivitäten (→ Werbeplanung), u.a. für die Kontaktdosierung pro Adressat (→ Kontaktbewertungskurven). Werbewirkungsfunktionen sind für eine zielorientierte → Werbebudgetierung erforderlich, können jedoch oft wegen folgender Schwierigkeiten nicht exakt ermittelt werden:

– Die Wirkung der Werbung ist nicht nur von den Werbeausgaben, sondern auch vom Einsatz der übrigen Marketing-Instrumente abhängig.
– Werbemaßnahmen wirken oft erst mit zeitlicher Verzögerung (Time lag; → Carry-Over-Effekt) und meist langfristig (z.B. eine Imagekampagne). Eine Wirkung ist damit nicht den Werbeausgaben einer bestimmten Periode zurechenbar.
– Die Wirkung einer Werbekampagne ist von qualitativen Komponenten (wie kreativer Gestaltung) abhängig, nicht nur von den aufgewendeten Geldmitteln. Modelltechnisch lässt sich dies nur z.T. in Dummy Variablen erfassen (→ Multiple Regressionsanalyse).

Als typische Form der Werbewirkungsfunktion gilt die S-förmige Kurve, die in einer Vielzahl von empirischen Studien bestätigt wurde. Dieser Kurvenverlauf wurde bei klassischer Konditionierung, beim Auswendiglernen, aber auch bei der Entwicklung von Fertigkeiten beobachtet.

Aus der S-förmigen Lernkurve lässt sich die konkave Form ableiten: Man nimmt an, dass bei konkavem Anstieg der Lernleistung bereits ein bestimmtes Maß an Vorübung vorhanden war, d.h. dass bereits gewisse Erinnerungen in Bezug auf das Lernmaterial bestehen (keine sinnlosen Silben). Dieser konkave Kurvenverlauf trifft auch auf das Erinnern von Werbebotschaften zu. Die *Abbildung* zeigt zwei mögliche Verläufe der Werbewirkungsfunktion. G.Sch.

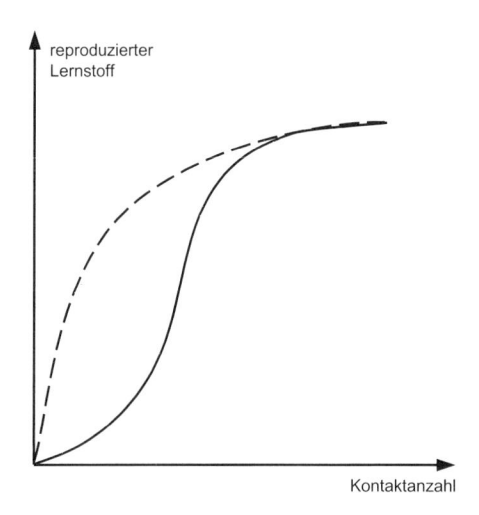

Werbewirkungskontrolle

Die Wirkung von Werbemitteln kann entweder vor oder nach ihrem Einsatz auf dem Markt gemessen werden. Man unterscheidet daher zwischen → Pretest und Posttest von Werbemaßnahmen (→ Werbetests).

Die Frage, ob einem Werbemittel (z.B. einer bestimmten Anzeige in einer Zeitschrift) in der Realität überhaupt Aufmerksamkeit geschenkt wird, kann nur in einer quasi-biotischen oder biotischen Versuchssituation untersucht werden: Die Versuchsperson darf nicht wissen, dass es sich um einen Werbemitteltest handelt. Ein geeignetes Verfahren ist die *getarnte Leseverhaltensbeobachtung*. Andere Verfahren arbeiten mit *apparativen Verfahren*, z.B. dem → Tachistoskop oder der Methode der → Blickregistrierung.

Die Überprüfung der → *Aktivierungswirkung* erfolgt i.a. durch → Hautwiderstandsmessung. Je stärker die durch Werbung ausgelöste Aktivierung ist, umso größer ist die Bereitschaft zur Aufnahme und Verarbeitung einer Werbebotschaft.

Die *emotionale Wirkung* von Werbemitteln kann auch durch Befragung gemessen werden. Die Richtung der Gefühle (angenehm oder unangenehm) sowie deren Qualität (etwa Freude, Angst) können auf diese Weise recht gut erfasst werden. Die Stärke der emotionalen Wirkung, also die Aktivierungswirkung der Werbemittel, wird jedoch besser über physiologische Indikatoren gemessen, die willentlich nicht beeinflussbar sind. Die Methode der Befragung führt in diesem Fall vielfach zu verzerrten Ergebnissen. Die Testpersonen versuchen einerseits, sozial erwünscht und „vernünftig" zu antworten, andererseits sind sie gar nicht in der Lage, den Grad ihrer Aktivierung wirklich genau anzugeben.

Sowohl Glaubwürdigkeit als auch Akzeptanz, d.h. die spontane Zustimmung zum Botschaftsinhalt, können durch Befragung mit Hilfe von Ratingskalen oder durch nonverbale Verfahren gemessen werden. Es ist jedoch sehr fraglich, inwieweit die Akzeptanz der Werbebotschaft als Indikator für die Werbewirkung brauchbar ist. Bei der mündlichen Befragung wird die Auskunftsperson i.d.R. aufgefordert, den Grad ihrer Empfindung anhand einer Ratingskala anzugeben. Sie hat sich z.B. zu entscheiden, wie sehr das Statement „Diese Anzeige ist glaubhaft" oder „Diese Anzeige gefällt mir" für sie zutrifft. Im Falle einer 4-teiligen Ratingskala muss also zwischen 1 = „sehr", 2 = „einigermaßen", 3 = „weniger" oder 4 = „überhaupt nicht" gewählt werden. Die Ratingskalen können dabei entweder in Form einer Liste oder graphisch aufgelöst vorgelegt werden.

Mit der → *Magnitude-Skalierung*, einem nonverbalen Verfahren, kann die Stärke innerer Empfindungen gemessen werden, ohne diese in Worte fassen zu müssen. Die Auskunftsperson kann die Stärke ihrer Zustimmung mit Hilfe der Größe (Magnitude) eines objektiven Reizes ausdrücken, z.B. durch die mittels Drehregler bestimmte Helligkeit einer Lampe oder durch die Länge einer Striches.

Die spontane Zustimmung oder Ablehnung zu gezeigten Werbespots kann mit Hilfe eines → *Programmanalysators* ermittelt werden. Über ein Tastengerät („+"-Taste für Zustimmung/Akzeptanz, „-"-Taste für Ablehnung), kann die bequem in einem Fauteuil sitzende Auskunftsperson unmittelbar, ohne lange nachzudenken, ihren Eindruck vom dargebotenen Programm kundtun.

Die Verständlichkeit von → Werbetexten überprüft man u.a. mit dem *Lückentest*. Er ist ein standardisiertes Verfahren, wobei in einem ca. 100 bis 300 Worte langen Text regelmäßig Worte ausgelassen werden (also z.B. jedes fünfte Wort durch eine Leerstelle ersetzt wird). Die Aufgabe der Auskunftspersonen besteht darin, in die vorgegebenen Lücken die ihrer Meinung nach richtigen Worte einzusetzen. Die relative Anzahl richtiger Treffer gilt als Maß für die Schwierigkeit des Textes.

Bei sog. *Textverständlichkeitsformeln* handelt es sich i.d.R. um empirisch ermittelte Regressionsgleichungen, die den Zusammenhang zwischen der Verständlichkeit und den maßgeblichen Kriterien der Verständlichkeit (meist Wortlänge, Satzlänge und Auftretenshäufigkeit der Worte) darstellen. Dabei wird allerdings nur das allgemein übliche Sprachverständnis berücksichtigt, nicht jedoch Merkmalen der Zielgruppe (wie z.B. Intelligenz, Vorkenntnisse) Rechnung getragen.

Um feststellen zu können, welche Informationen in welcher Form im Gedächtnis gespeichert wurden, stehen der → Werbewirkungsforschung im Prinzip drei Methoden zur Verfügung (→ Bekanntheitsgrad): *freie Wiedergabe* (Recall), *gestützte Wiedergabe* (Aided Recall), *Wiedererkennen* (Recognition). Da mit Hilfe dieser drei Methoden jeweils andere Gedächtnisinhalte gemessen werden, ergeben sich verschiedene, nicht vergleichbare Erinnerungswerte. Die Erinnerung an eine Werbebotschaft ist nicht nur Erfolg der Werbung, sie hängt insb. auch vom Produktinteresse, vom Markenwissen und von der Produkterfahrung der Testperson ab.

Beim *Recall-Test* wird die Auskunftsperson aufgefordert, das Gemerkte (Gelernte) frei, ohne jede Gedächtnisstütze, wiederzugeben. Mit dem „*Aided Recall-Test*" können sowohl aktive als auch passive Gedächtnisinhalte gemessen werden. Durch Vorgabe von Produktkategorie, Markennamen oder -symbolen wird den Auskunftspersonen geholfen, sich zu erinnern. Das Ergebnis dieses Tests zeigt, ob die Schwerpunkte der Werbebotschaft im Gedächtnis haften geblieben sind. Beim *Recognition-Test* werden den Testpersonen Werbemittel vorgelegt mit der Frage, ob sie diese wieder erkennen bzw. sich daran erinnern.

Einen gänzlich anderen Zugang zur Werbewirkungskontrolle erhält man anhand von Produktbeurteilungen, deren Messung in unterschiedlichen Varianten möglich ist:

1. Eindimensionale Einstellungsmessung
Die einfachste Art, → Einstellungen zu messen, sind Rating- oder Magnitudeskalen, anhand derer der Grad der Zustimmung oder Ablehnung zu Statements wie „Das Auto XY finde ich gut" festgestellt werden kann. Von Nachteil ist allerdings, dass man auf diese Weise nichts über die Gründe die-

ser mehr oder weniger positiven Einstellung erfährt. Man weiß nicht, wie dieses Auto im Einzelnen beurteilt wird.

2. Mehrdimensionale Einstellungsmessung
Die Gesamteinstellung zu einem Produkt ergibt sich aus der Beurteilung, wie gut es zur Befriedigung einzelner – persönlich wichtiger – Bedürfnisse geeignet ist. Es wurden daher Ansätze zur Messung von Einstellungen entwickelt, die berücksichtigen, dass

- sich die Einstellung aus der Beurteilung mehrerer Eigenschaften eines Objektes zusammensetzt (z.B. Motorleistung, Sicherheit, Design bei einem Auto),
- diesen Eigenschaften nicht gleiche Bedeutung für die Gesamtbeurteilung eines Objektes zukommt.

3. Messung des erlebten Risikos
Die Messung des erlebten Risikos erfolgt ähnlich wie die der Einstellung durch einen mehrdimensionalen Ansatz: Für einzelne Risikodimensionen wird anhand von Ratingskalen jeweils überprüft, wie unangenehm diese Folge ist und wie unsicher das Eintreten dieser Folge wahrgenommen wird.

4. Imagemessung
Es ist außerordentlich schwierig, das → Image, also das gefühlsmäßge Vorstellungsbild von einem Produkt oder einer Dienstleistung, in seiner Vielschichtigkeit als Ganzes zu erheben. Die meisten Verfahren messen lediglich einen Ausschnitt.

Ferner kommen zur Werbewirkungskontrolle auch → Explorationen (Tiefeninterviews), → Semantische Differentiale bzw. → Polaritätsprofile, → projektive Verfahren, z.B. der → TAT (Thematische Apperzeptionstest), der → Picture-Frustration-Test (PFT) oder der → Ballontest zum Einsatz.

Bei den *Personenzuordnungstests* müssen Bildvorlagen bestimmter Personentypen als mutmaßliche Verwender verschiedenen Marken zugeordnet werden. Diese Zuordnungen lassen Rückschlüsse auf das psychologische Umfeld und damit auf das Image dieser Marken zu. Analog zu diesen Tests können auch bestimmte vorgegebene Eigenschaften zugeordnet werden.

Beim *Einkaufslistenverfahren* werden zwei fiktive Einkaufslisten zusammengestellt, die sich nur in dem zu untersuchenden Artikel unterscheiden. Die Auskunftspersonen müssen nun denjenigen, der diese Liste zu- sammengestellt hat (z.B. „die Hausfrau"), charakterisieren. Aus den Abweichungen dieser Charakteristika kann auf Unterschiede in den Images des untersuchten Artikels geschlossen werden. Neuerdings werden immer häufiger auch Verfahren der nonverbalen Imagemessung eingesetzt.

Bei Messung der *Kaufabsicht* als Werbewirkungsmaß muss die Auskunftsperson gedanklich vorwegnehmen, wie wahrscheinlich der Kauf eines bestimmten Produktes innerhalb eines definierten Zeitraumes ist. Die absolute Zuverlässigkeit der Äußerung von Kaufabsichten ist allerdings gering. Diese Absichten werden nur z.T. tatsächlich verwirklicht. Die Alternative dazu ist deshalb die Messung anhand des tatsächlichen *Kaufverhaltens*. Kauf und Wiederkauf eines Produktes schlagen sich in den Absatzzahlen nieder. Die Prognose der zukünftigen Nachfrage ist schwierig, v.a. dann, wenn freier Wettbewerb auf dem Markt herrscht. Die einzelnen Prognosemethoden basieren entweder auf

- den geäußerten Kaufabsichten der Konsumenten,
- Absatzzahlen der Vergangenheit, die v.a. durch Panelerhebungen und etwa durch Zeitreihenanalysen gewonnen wurden, oder
- dem unter Testbedingungen beobachteten tatsächlichen Kaufverhalten (→ Testmarktsimulator, simulierter Testmarkt (STM)).

Vergangenheitsdaten können kostengünstig aus sog. → Verbraucher- bzw. Haushaltspanels gewonnen werden. Wenn die Daten aus Panels bzw. über Kaufabsichten für die Einführung eines neuen Produktes weniger brauchbar sind, werden → Markttests eingesetzt. Hierbei interessieren v.a. die Annahme eines Produktes durch die Konsumenten sowie die Kauffrequenz, also Probekäufe und die ersten Wiederkäufe.

G.Sch.

Literatur: Hammann, P.; Erichson, B.: Marktforschung, 3. Aufl., Stuttgart 1994. *Kroeber-Riel, W.; Meyer-Hentschel, G.*: Werbung. Steuerung des Konsumentenverhaltens, Würzburg, Wien 1982. *Schweiger, G.; Schrattenecker, G.*: Werbung, 4. Aufl., Stuttgart 1995.

Werbewirkungsmodelle

beinhalten als Bestandteile der → Werbewirkungsforschung eine vereinfachende Vorstellung davon, wie Werbung bei den von ihr berührten Werbeadressaten ihre

Ein grobes Werbewirkungsmodell

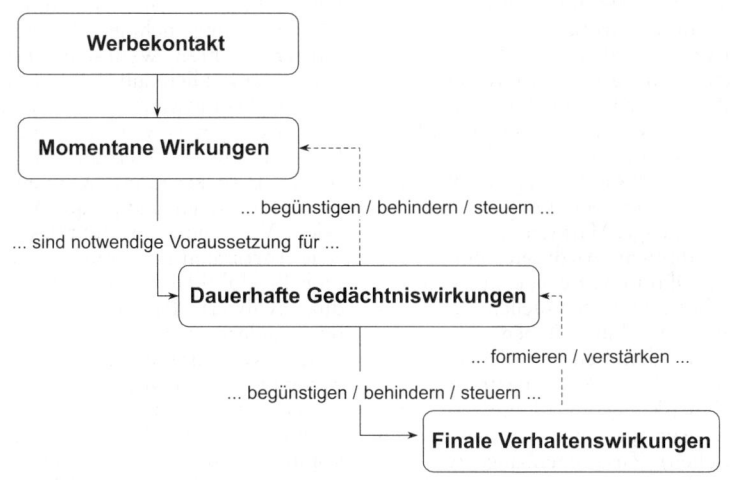

```
        ┌─────────────────┐
        │  Werbekontakt   │
        └────────┬────────┘
                 │
                 ▼
        ┌─────────────────────┐ ◄─────┐
        │ Momentane Wirkungen │       │
        └────────┬────────────┘       │
                 │         ... begünstigen / behindern / steuern ...
  ... sind notwendige Voraussetzung für ...
                 │                    │
                 ▼                    │
        ┌───────────────────────────────┐ ◄─────┐
        │ Dauerhafte Gedächtniswirkungen│       │
        └────────┬──────────────────────┘       │
                 │      ... formieren / verstärken ...
  ... begünstigen / behindern / steuern ...
                 │                              │
                 ▼                              │
        ┌─────────────────────────────┐
        │ Finale Verhaltenswirkungen  │
        └─────────────────────────────┘
```

(Quelle: *Steffenhagen,* 1996, S. 11)

Wirkung(en) entfaltet (siehe *Abb.*). Es handelt sich um Denkmuster bzw. um Leitbilder, die Entscheidungen z.B. über die Werbemittelgestaltung, über den auf die Adressatenschaft auszuübenden Werbedruck oder über die Höhe des anzusetzenden Werbe(streu)etats einer Periode lenken. Überdies werden Ansätze der empirischen → Werbewirkungsanalyse – einschliesslich Methoden der Werbeerfolgskontrolle – implizit von gewissen Werbewirkungsmodellen geleitet. Modellvorstellungen zur Werbewirkung bestimmen nämlich auch, mittels welcher Methoden gewisse Wirkungsvariablen (z.B. Aufmerksamkeit, Emotionen, Erinnerungen) gemessen und mittels welcher Auswertungen Zusammenhänge zwischen Werbeaktivitäten und den erhobenen Messwerten aufgedeckt werden sollen.

Werbewirkungsmodelle
– werden als *verbal-qualitative* Wenn-dann- bzw. Je-desto-Aussagen formuliert. Modelle dieses Typs legen z.B. vermutete psychische Mechanismen frei, nach denen sich gewisse Werbewirkungen vollziehen. Die bekannten → Stufenmodelle der Werbewirkung und → Werbewirkungsmuster (z.B. das → Modell der Wirkungspfade oder das → Elaboration Likelihood Model (EML)) gehören in diese Modellkategorie ebenso wie die vielen weiteren Ansätze der → Werbepsychologie zur Erklärung von Werbewirkungen. Verbal-qualitative Modelle behandeln insbesondere momentane Wirkungen und dauerhafte Gedächtniswirkungen als Folge der Werbemittelgestaltung oder der Medienwahl. Sie beziehen sich vorrangig auf das Individualverhalten. Dabei wird zur Wirkungserklärung nicht nur auf die jeweils betrachtete Werbeaktivität, sondern auch auf sog. Moderatorvariablen abgestellt (z.B. Merkmale der umworbenen Person, Merkmale der Werbekontaktsituation, der Zeitablauf), von deren Einfluss die Stärke einer vermuteten Wirkung ebenfalls abhängen mag. Dies zeigt sich in Formulierungen wie „Es kommt auch an auf …".

– werden zur Präzisierung eines vermuteten Zusammenhangs zwischen zwei Variablen auch als *grafische Tendenzaussage* formuliert. Ein Beispiel hierfür ist die „umgedrehte U-Hypothese" zur → Aktivierungswirkung der Werbung (hier wird der Zusammenhang zwischen Aktivierungswirkung und Werbelernleistung des Adressaten verdeutlicht). Ein anderes Beispiel für eine grafische Tendenzaussage sind Lernkurven zur Verdeutlichung gewisser Frequenzeffekte der Werbung.

– werden zu Zwecken einer empirischen Ermittelbarkeit der Stärke gewisser Werbeeffekte auch als *formal-quantitative* (mathematische) Aussagensysteme präzisiert. Diese Modelle heißen → Werbewirkungsfunktionen. Ein bekanntes Beispiel hierfür ist die → WerbeWert-Formel. Formal-quantitative Werbewirkungsmodelle befassen sich mit Effekten des Werbedrucks bzw. des Werbeetats, ggfs. unter Beachtung der Aufteilung dieser Größen im Rahmen eines Werbemix oder Mediamix (→ Werbestrategie). Diese Modelle sind in ihrer überwiegenden Zahl auf das Verhalten einer kompletten Adressatenschaft bezogen; als Wirkungen werden aggregierte Gedächtnisvariablen (z.B. → Bekanntheitsgrad, Werbeawareness) oder aggregiertes Kaufverhalten (z.B. Absatzmenge, Marktanteil) betrachtet. Die methodischen Analysetechniken der Marketing-Ökonometrie, aber auch zunehmend verbesserte Datenquellen, wie etwa das → Werbetracking, haben empirische Analysen nach dem Leitbild solcher Werbewirkungsmodelle stark vorangetrieben.

Ein Werbewirkungsmodell umfasst somit stets eine Aussage über den vermuteten (theoretischen) Zusammenhang zwischen dem werblichen Handeln eines Werbungtreibenden und einer (oder mehreren) zu erwartenden → Werbewirkung(en). Je nach betrachtetem werblichen Handeln können Werbewirkungsmodelle bezüglich der Werbemittelgestaltung, der Medienwahl, des Werbedrucks, des → Werbetiming und der Höhe des Werbeetats (→ Werbebudget) unterschieden werden. Solche Modelle sind in der Vorstellung der Fachleute untrennbar mit gewissen → Werbeeffekten verbunden (wie z.B. → Wearout-Effekt, → Media-Mix-Effekt u.a.m.). Ebenso wie vermutete Werbeeffekte beziehen sich Werbewirkungsmodelle mit den jeweils betrachteten Werbewirkungen entweder auf das innere oder äußere Verhalten einer fiktiven Einzelperson (Adressat, Zielperson, Individuum) oder auf das Verhalten einer Adressatenschaft als Ganzheit (Zielgruppe, Käuferschaft). H.St.

Literatur: *Mayer, H.; Illmann, T.*: Markt und Werbepsychologie, 3. Aufl., Stuttgart 2000. *Moser, K.*: Modelle der Werbewirkung, in: Jahrbuch der Absatz- und Verbrauchsforschung, H. 3/1997, S. 270–283. *Steffenhagen, H.*: Wirkungen der Werbung. Konzepte – Erklärungen – Befunde, Aachen 1996. *Wilkens, R.*: Werbewirkung in der Praxis, Essen 1994.

Werbewirkungsmuster

sind verbal-qualitative → Werbewirkungsmodelle, in denen gewisse „Kettenreaktionen" zwischen unterschiedlichen Wirkungen der Werbung aufgezeigt werden (z.B. Werbekontakt löst Gefallen der Werbung aus, dieses führt zu einer positiven Einstellung zum beworbenen Produkt, hieraus ergibt sich eine positive Kaufbereitschaft). Im Unterschied zu den → Stufenmodellen der Werbewirkung nehmen Werbewirkungsmuster in ihren Wenn-dann-Hypothesen jedoch zusätzlich auf fallunterscheidende Wirkungsvoraussetzungen Bezug. Als Randbedingungen werden zum einen Typika der jeweils von Werbung erreichten Personen berücksichtigt: Verwender einer Marke reagieren anders auf Werbung als Nicht-Verwender, produktklassenunerfahrene Adressaten reagieren anders als erfahrene Produktklassenverwender, hoch produktinvolvierte Personen gehen mit Werbung anders um als gering involvierte Personen usw. Zum anderen wird in Werbewirkungsmustern auch die Art der Werbemittelgestaltung (z.B. sog. „informative" versus „emotionale" Werbung) in den „Es kommt an auf …" – Wirkungshypothesen ausdrücklich beachtet. Welche Art von Werbung bei welchem Typ von Adressaten welche Wirkungen hinterlässt, wird somit in Werbewirkungsmustern fallunterscheidend zum Ausdruck gebracht.

Im Vordergrund steht die Frage, welche Wirkungen im *inneren Verhalten* von Werbeadressaten (z.B. Markenbekanntheit, Gefallen der Werbung, kognitive Vorgänge) deren Kauf- und/oder Verwendungsbereitschaft gegenüber beworbenen Produkten bzw. Marken am stärksten beeinflussen. So wird z.B. für produktklassenunerfahrene und gering produktinvolvierte Konsumenten vermutet, dass deren Markenwahl bei einem Erstkauf in der Produktklasse stark von der aktiven (= spontanen) *Markenbekanntheit* bei diesen Personen gesteuert wird. Nach einem anderen Wirkungsmuster wird für diese Konstellation die gefühlsbetonte Einstellung dieser Personen gegenüber der Werbung eines Produkts (= *Gefallen der Werbung*) als eine wichtige Vermittlergröße zwischen Werbekontakt, *Einstellung zum beworbenen Produkt* und Kaufbereitschaft angesehen (→ Affect Transfer Model, → Dual Mediation Model).

Werbewirkungsmuster zeigen folglich auf, welchen Variablen inneren Verhaltens unter welchen Zielgruppen-Randbedingungen die größte *verhaltenssteuernde Kraft* zukommen mag. Das Wissen um empirisch bestätigte Werbewirkungsmuster und die dabei zu Tage tretenden „Schlüsselgrößen" erleichtert die Planung von → Werbezielen für spezielle Zielgruppen-Konstellationen im Einzelfall.

In den bislang erarbeiteten Werbewirkungsmustern wird lediglich zwischen hoch bzw. gering produktinvolvierten und/oder zwischen produktklassenvertrauten bzw. -unvertrauten Adressaten unterschieden. In empirischen Studien hierzu wurden zumeist momentane Werbewirkungen untersucht (z.B. im Studiotest); unter Beachtung üblicher Werbekontaktwiederholungen lassen sich Wirkungsmuster aber auch als verkettete dauerhafte Gedächtniswirkungen der Werbung verstehen. Diese Interpretation hat für die Werbepraxis auch die höhere Planungsrelevanz.

Als Wirkungsmuster-Repräsentanten sehr bekannt geworden sind das → Modell der Wirkungspfade, das → Affect Transfer Model, das Dual Mediation Model sowie das → Elaboration Likelihood Model (ELM).

H.St.

Literatur: *Kroeber-Riel, W.; Weinberg, P.*: Konsumentenverhalten, 7. Aufl., München 1999, S. 587 ff. *Steffenhagen, H.*: Wirkungen der Werbung. Konzepte – Erklärungen – Befunde, Aachen 1996, S. 123 ff.

Werbewirtschaft

umfasst alle mit → Werbung direkt oder indirekt befassten → Marketing-Dienstleister und i.w.S. auch betrieblichen Organisationen und Selbstverwaltungsorgane der Werbung.

Die meisten werbungtreibenden Unternehmen, Institutionen und Einrichtungen besitzen auf Grund ihrer relativ beschränkten Werbeetats eine eigene → Werbeabteilung, sondern nutzen die Dienste von externen → Werbeberatern. Zu diesen zählen v.a. → Werbeagenturen, in denen Vertreter verschiedener → Werbeberufe, wie z.B. → Kontakter, → Grafik-Designer, oder → Texter, den Auftraggebern bei der → Werbeplanung und Durchführung zur Seite stehen. Dies beginnt mit der Festlegung der Werbeziele sowie der Durchführung einer Werbeanalyse und reicht über die Gestaltung der Werbebotschaft und der Werbemittel bis hin zu deren Streuung in für die anzusprechende Zielgruppe am besten geeigneten Werbeträgern. Die Werbeagenturen beschäftigen häufig für einzelne Teilaufgaben freiberuflich tätige Personen, wie z.B. Fotografen oder Zulieferbetriebe, wie z.B. Druckereien. Größere werbungtreibende Unternehmen machen manchmal die kreative Arbeit selbst und bedienen für die Streuung ihrer Werbemittel sogenannte → Mediaagenturen bzw. → Werbemittler, die auf diese Aufgabe spezialisiert sind.

→ *Adressenverlage* und → *Direktmarketingagenturen* nehmen eine gewisse Sonderstellung ein. Sie planen und führen Direktwerbekampagnen durch, verkaufen aber auch nur Adressenmaterial oder vervielfältigen und versenden Werbebriefe. Spezialisten für die Entwicklung und Durchführung von Werbegeschenkkampagnen gewinnen zunehmend an Bedeutung. Die Umsätze der solche Geschenke produzierenden Industrie haben in den USA bereits die Werbeumsätze in den Massenmedien erreicht. Auch Spezialisten für die Einrichtung von → *Internet-Homepages* und deren Pflege nehmen laufend an Zahl und Bedeutung zu. Die *Unternehmen der Massenmedien*, Verlage, Hörfunk und Fernsehen, besitzen ihrerseits auf die Akquisition von Werbeeinschaltungen spezialisierte Abteilungen. Sie stellen auch Daten über die Reichweiten und die Audienzen ihrer Werbeträger zur Verfügung (→ *Werbeträgerforschung*). Für → *Werbetests* werden häufig → *Marktforschungsinstitute*, für Kontrollzwecke → *Ausschnittdienste* herangezogen.

Neben direkt mit der Erarbeitung und Durchführung von Werbekampagnen beschäftigten Organisationen bzw. Personen existieren in allen industrialisierten Ländern der westlichen Welt auch Selbstverwaltungsorgane bzw. Interessensvertretungen der Werbewirtschaft. In Deutschland hat diese den *Zentralausschuss der Werbewirtschaft e.V.* (→ *ZAW*) ins Leben gerufen. Dieser hat wiederum den Deutschen → *Werberat* eingerichtet, mit dem Ziel, Auswüchse der Werbung durch → Werbeselbstkontrolle verhindern zu helfen. Eine weitere Gründung des ZAW ist die *Informationsgemeinschaft zur Feststellung der Verbreitung von Werbeträgern e.V.* (→ *IVW*). Sie kontrolliert die Auflagen der Printmedien, überwacht Plakatanschlagstellen und ermittelt die Besucherzahlen von Kinos. Die *Deutsche Werbewissenschaftliche Gesellschaft* (→ *DWG*) vertritt die wissenschaftlichen Anliegen der deutschen Werbewirtschaft und Werbeforschung.

Die Werbewirtschaft ist ein bedeutender Wirtschaftszweig. Nach Angaben des ZAW, der sich auf die Arbeitsstättenzählung des statistischen Bundesamtes stützt, wurden Ende 1999 in den Betrieben der Werbegestaltung insges. 130.000 Personen beschäftigt. Weitere 37.000 Personen waren in den Werbeabteilungen der Anbieter angestellt. Rd. 13.000 Arbeitsplätze umfasst der Tätigkeitsbereich der Werbemittelverbreitung (überwiegend in Verlagen, Funkmedien, Plakatanschlagsunternehmen Lichtwerbefirmen) und 180.000 Beschäftigte sind in der Zulieferindustrie, wie Papierwirtschaft und Druckindustrie von Aufträgen der Werbewirtschaft abhängig. Damit zählt die deutsche Werbewirtschaft i.w.S. etwa 360.000, zum großen Teil hoch qualifizierte Fachkräfte.

Insgesamt erwirtschafteten alle am Werbegeschehen beteiligten Unternehmen einen Umsatz von etwa DM 61,5 Mrd. (1999) von denen DM 42,7 Mrd. allein die Medien für die Verbreitung von Werbemitteln erlösten. Der Anteil des Werbeumsatzes am Bruttoinlandsprodukt betrug somit 1,59%.

H.Mü./B.Sa.

Literatur: ZAW (Hrsg.): Werbung in Deutschland, jährlicher Bericht.

Werbeziele

ist die grundsätzliche Entscheidung der Unternehmung gefallen, für bestimmte Produkte bzw. Dienstleistungen → Werbung zu betreiben, sind im Rahmen der → Werbeplanung zunächst die Werbeziele zu präzisieren. Diese Ziele werden auf die Gesamtziele der Unternehmung abgestimmt und aus den → Marketingzielen abgeleitet. Folgende generelle Werbeziele sind denkbar:

- Information über Existenz eines Produkts (Bekanntmachungs- bzw. Einführungswerbung),
- Erhaltung und Sicherung des Absatzes (Erhaltungs-, Erinnerungswerbung),
- Abwehr gewisser Bedrohungen des Marktanteils durch die Konkurrenten (Stabilisierungswerbung),
- Erweiterung des Marktanteils (Expansionswerbung).

Aufbauend auf diese generellen Ziele lassen sich spezielle, operationale Ziele formulieren. Um operational zu sein (d.h., dass aufgrund dieser Ziele effektive Maßnahmen gesetzt und abschließend Kontrollen der Zielerreichung durchgeführt werden können), müssen die Werbeziele nach Inhalt, Ausmaß und Zeitbezug bestimmt sein. Nach dem Inhalt der Ziele kann man grundsätzlich zwischen ökonomischen Werbezielen und Kommunikationszielen unterscheiden. Die Inhalte ökonomischer Ziele betreffen monetäre, wirtschaftliche Größen wie Gewinn, Umsatz oder die weiter unten behandelten Werbekosten. Die Verwendung ökonomischer Zielkategorien für die Werbewirkung ist jedoch insofern problematisch, als sie kaum operational sind (→ Werbewirkung):

- Sie enthalten keine Anhaltspunkte für die Werbedurchführenden, welche Werbestrategien zu wählen sind.
- Die Wirkung der Werbung auf diese ökonomischen Größen ist nicht oder nur mit unverhältnismäßig großem Aufwand messbar: Die Höhe von Umsatz und Gewinn wird von der Wirtschaftslage, von sämtlichen Marketing-Instrumenten und von der Konkurrenz beeinflusst. Es ist kaum möglich, den Teil, der auf Werbemaßnahmen zurückzuführen ist, zu isolieren.

Darüber hinaus setzt die Werbewirkung oft erst mit zeitlicher Verzögerung ein bzw. erstreckt sich über einen längeren Zeitraum (z.B. langfristige Imagewerbung). In diesen Fällen kann eine Umsatzsteigerung nicht dem Werbeaufwand einer bestimmten Periode zugerechnet werden (→ Carry-Over-Effekt).

Aus diesen Gründen ist es notwendig, auf Ersatzkriterien für Werbeziele, die unmittelbar messbar sind, auszuweichen. Solche Ersatzziele sind die außerökonomischen oder kommunikativen Ziele, die eng mit den → Stufenmodellen der Werbewirkung verknüpft sind: Werbung als beeinflussende Kommunikation zielt auf das Verhalten der Konsumenten, also z.B. auf den Kaufabschluss ab. Dem Kauf geht meistens ein psychischer Prozess voraus, der sich im Inneren des Menschen abspielt: Die Werbebotschaft muss aufgenommen, verarbeitet und gespeichert werden. Zur Darstellung dieses nicht beobachtbaren, geistigen Verarbeitungsprozesses wurden zahlreiche Modelle entwickelt. Ein Modelltyp sind die Stufenmodelle der Werbewirkung, die unterstellen, dass die Zielperson verschiedene Stufen der Beeinflussung durchläuft, bevor sie ihre Kaufentscheidung trifft. Die *Abbildung* zeigt ein vereinfachtes Stufenmodell. Gelingt es, die Wirkung der Werbung auf die einzelnen Stufen (d.h. die psychischen Konstrukte) auch zu messen, so können diese als operationale Ziele auf dem Weg zum Werbeerfolg verwendet werden.

Eine weitere Komponente im Werbezielsystem stellen die *Werbekosten*, d.h. der be-

Beispiel eines Stufenmodells

Wirkungsstufe	Kriterium der Werbewirkung	Merkspruch
0. Ausgangslage	Soziodemographische Merkmale und *Motive* der Zielpersonen, Befriedigung durch die vorhandenen Produkte, usw.	
1. Wirkungsstufe	*Aufmerksamkeit* und Wahrnehmung	Gesendet heißt noch lange nicht empfangen!
2. Wirkungsstufe	Verstehen der Werbebotschaft (also Verarbeiten der Werbeaussage, *Markenkenntnis*, Produktwissen, usw.)	Empfangen heißt noch lange nicht verstanden!
3. Wirkungsstufe	*Einstellung*, Image, Kaufabsicht	Verstanden heißt noch lange nicht einverstanden!
4. Wirkungsstufe	*Handlung* (z.B. Kauf, Probierkauf)	Einverstanden heißt noch lange nicht getan!
5. Wirkungsstufe	*Handlungswiederholung* (Wiederkauf) auf Grund von Erinnerung und Präferenz	Getan heißt noch lange nicht dabeigeblieben!

wertete Güterverzehr zur Erzielung von Werbeleistungen, dar. Der Güterverzehr entsteht bei der Planung und Kontrolle der Werbung, bei der Herstellung von Werbemitteln und bei der Werbemittelstreuung. Wenn dafür externe Institutionen herangezogen werden (→ Werbeagenturen, Marktforschungsunternehmen, Grafiker, Druckereien) handelt es sich kalkulatorisch um Fremdleistungskosten. Es lassen sich folgende Werbekostenarten unterscheiden (vgl. hierzu auch → Werbung, Aspekte der Besteuerung und Rechnungslegung):

1. Produktionskosten,
2. Kosten für den Pretest,
3. Führungs- und Organisationskosten (Werbeabteilung),
4. Kosten für die Streuung (Mediakosten),
5. Kontrollkosten (Werbewirkung) und
6. eventuell Fremdleistungskosten (Werbeagentur). Die Vergütung der Agenturleistung erfolgt nach spezifischen Modalitäten. G.Sch.

Literatur: *Kroeber-Riel, W.; Weinberg, P.*: Konsumentenverhalten, 7. Aufl., München 1999. *Schweiger, G.; Schrattenekker, G.*: Werbung, 4. Aufl., Stuttgart 1995.

Werbezielgruppe → Zielgruppe

Werbung

Bestandteil des im Rahmen der → Kommunikationspolitik auszugestaltenden → Kommunikations-Mix einer betrieblichen Organisation. Sie ist der bewusste, gezielte und kostenverursachende Einsatz spezieller → Werbemittel in unterschiedlichsten → Werbeformen zur Beeinflussung von (potentiellen) Austauschpartnern. Diese können sowohl Endabnehmer als auch Absatzmittler (→ Vertikales Marketing), Kapitalgeber, Lieferanten (→ Beschaffungsmarketing) oder (potentielle) Mitarbeiter (→ internes Marketing) sein. Werbung weist branchenspezifische Besonderheiten auf, etwa bei der → Handelswerbung. Die theoretischen Grundlagen werden in der Kommunikationsforschung, aber auch in der → Marketing-Theorie, der → Werbpsychologie und der → Konsumentenforschung gelegt.

Werbung hat es in verschiedenen Formen und Intensitäten schon immer gegeben, seit der Mensch zu einer arbeitsteiligen Produktionsweise übergegangen ist. Schon in der Antike wurden Produkte mit Inschriften über den Namen ihrer Hersteller, ihren Inhalt und dessen Qualität versehen. Warenverzeichnisse informierten über das Angebot von Händlern. Zu manchen Zeiten, wie z.B. im frühen Mittelalter, wurden werbliche Aktivitäten weitestgehend unterdrückt. Die Einführung des Buchdrucks in Europa war aber auch für die Werbung von großer Bedeutung. Schon zu Beginn des 17. Jahrhunderts gab es Anzeigenblätter, die nun auch wesentlich mehr Informationen über das angepriesene Produkt enthielten als, wie bisher üblich, nur Art und Preis der Ware. Ihren eigentlichen Aufschwung erlebte die Werbung auf Grund der technischen Entwicklungen der industriellen Revolution. Es stellte sich nämlich rasch heraus, dass die mögliche Massenproduktion von Waren nur bei gleichzeitiger Stimulierung der Nachfrage sinnvoll war. Die zu dieser Zeit entstehenden Zeitungen erkannten das lukrative Geschäft, das sich mit dem Verkauf von Raum für → Anzeigen machen ließ. Zur Vermittlung solchen Anzeigenraums wurde im Jahr 1841 in den USA die erste → Werbeagentur gegründet. Daraus entwickelte sich rasch eine Vielzahl von mit unterschiedlichen Aufgaben der Werbung befassten Betrieben, die heute in ihrer Gesamtheit als → Werbewirtschaft bezeichnet werden. Neben den Anzeigen in Zeitungen und Zeitschriften wandelte sich das Plakat (→ Plakatwerbung) vom eigenhändig angefertigten und angebrachten Anschlagzettel bis zum – durch die Erfindung des Siebdrucks 1846 möglich gewordenen – farbigen und beliebig oft reproduzierbaren → Werbemittel.

Erst zu Beginn der 20er-Jahre des letzten Jahrhunderts entstanden → Hörfunkwerbung → und Kinowerbung. Der erste Hörfunksender ging 1923 in Betrieb. Der erste komplette Tonfilm wurde im Jahr 1928 vorgestellt. Anfang der 30er-Jahre bedeuteten die Vorführungen von Versuchsfernsehsendungen in Deutschland eine Sensation. Die → Fernsehwerbung nahm in Europa aber erst nach dem zweiten Weltkrieg ihren Aufschwung. Dazu kamen im letzten Jahrzehnt neue Medien wie interaktives Kabel-TV, Satellitenfernsehen, Fax, CD-Rom und → Internet (→ Online-Werbung). Sie haben als → Werbeträger eine dynamische Entwicklung der einsetzbaren Werbemittel mit sich gebracht.

Werbung ist symbolische → Kommunikation, d.h. das → Werbeobjekt ist in der Kommunikationssituation physisch nicht greifbar. Es wird in Form von Zeichen und Symbolen dargestellt. Die spezifische Ausprägung der Werbung kann von einer Form der Massenkommunikation (Medienwerbung) über vielerlei Zwischenstufen bis zur *Individualwerbung* reichen. Bei der Massenkommunikation nimmt der Werbungtreibende mit den ihm nicht persönlich bekannten Werbeadressaten indirekten Kontakt mittels technischer Verbreitungsmittel auf. Die Kommunikation ist deshalb einseitig, d.h. es kann keine unmittelbare Rückkoppelung erfolgen. Eine individuelle Abstimmung der Werbeinhalte auf die angesprochenen Zielpersonen ist nicht möglich. Dies ist bei allen klassischen Formen der Medienwerbung der Fall. → Neue Medien kommen dem Ideal der Individualwerbung schon einiges näher (→ Online-Werbung). Bei der Individualwerbung besteht ein direkter Kontakt zwischen Werbungtreibendem und Werbeadressaten. Eine zweiseitige Kommunikation mit den persönlich bekannten Zielpersonen ist deshalb möglich. → Direktwerbung, bei der ohne Massenmedium, zumeist mit Hilfe von Werbebriefen oder Werbegeschenken, eine direkte Ansprache der Zielpersonen erreicht wird, oder On-line Werbung sind der wohl verbreiteteste Versuch, mit Werbung möglichst direkt an die Adressaten heranzukommen. Am wirkungsvollsten ist in diesem Zusammenhang die sog. → *Mund-Werbung*, auch Face to Face-Werbung genannt. Sie besteht in der Weitergabe von Informationen über die Vorzüge von Produkten bzw. Leistungen oder gesamter Organisation im persönlichen Gespräch. Eine interessierte Person wendet sich zu diesem Zweck an eine → Meinungsführerschaft, oder diese hat das Bedürfnis, ihre Erfahrungen an andere Personen weiterzugeben. Der Vorteil dieser Form von Werbung besteht in der hohen Glaubwürdigkeit des Meinungsführers. Ihr Nachteil liegt v.a. darin, dass dieses „Instrument" vom Werbungtreibenden kaum gezielt für seine Zwecke einsetzbar ist (→ Kundenempfehlungen).

Die eingesetzten → *Werbeträger* stehen dem Werbungtreibenden i.d.R. weder selbst noch ausschließlich zur Verfügung. Ihre Benutzung ist zu bezahlen. Um eine optimale Auswahl der zu benutzenden Werbeträger bei begrenztem Budget (→ Werbebudgetierung) zu ermöglichen, entstand die → Mediaforschung. Sie vermittelt dem Werbungtreibenden Einblicke in Reichweite und Audienz der einzelnen Werbeträger. Diese werden zumeist auch von anderen (Konkurrenz-) Organisationen benutzt. Die Zielpersonen sind einem – aus Sicht ihrer Verarbeitungskapazität – wachsenden Überfluss an werblichen Informationen ausgesetzt (→ Informationsüberlastung). Die Werbemittel einer Organisation müssen sich deshalb von denen anderer abheben, Aufmerksamkeit der Zielpersonen erregen, wenn sie erfolgreich sein sollen (→ Aktivierung, → Medienstil). Forschungsergebnisse der → Werbepsychologie gewinnen immer mehr an Bedeutung.

Die bestmögliche → *Werbegestaltungsstrategie* wird zur kommunikativen Überlebensfrage. Ausschließlich informierende Werbung, wie z.B. der Abdruck einer Preisliste, verliert zunehmend an Wirksamkeit. *Sympathiewerbung* versucht daher, bei den Werbeadressaten positive Emotionen hervorzurufen, die mit dem Werbeobjekt assoziativ verknüpft werden sollen. Aus der dadurch entstehenden positiven Grundhaltung gegenüber dem Werbeobjekt wird eine → Motivation im Sinne des Werbungtreibenden erwartet. → Testimonialwerbung bedient sich Personen als Zeugen für das Eintreten des behaupteten Kundennutzens. Durch die Identifikation des Werbeadressaten mit der dargestellten zufriedenen Person soll die Glaubwürdigkeit der → Werbebotschaft erhöht und Nachahmung angeregt werden. → Vergleichende Werbung versucht durch den direkten Vergleich einiger Eigenschaften des Werbeobjekts mit ähnlichen Konkurrenzobjekten nicht nur Aufmerksamkeit hervorzurufen, sondern auch zu überzeugen. Bei der *Unikatwerbung* wird jedes Werbemittel nur einmal benutzt. → Schleichwerbung und → unterschwellige Werbung stellen manipulative Versuche dar, das angestrebte → Werbeziel zu erreichen (→ Manipulation). Sie werden durch Vorschriften aus dem → Werberecht bzw. durch Verhaltensregeln der → Werbeselbstkontrolle hintangehalten.

Werbegestaltung ist nicht allein eine kreative Tätigkeit. Sie ist vielmehr systematisch zu *planen* (→ Werbeplanung) und in die → Marketing- und → Kommunikationsstrategie zu integrieren. Ihr Einsatz unterliegt Wirtschaftlichkeitsüberlegungen. Werbung muss einen Beitrag zur Gesamtzielerreichung der werbenden Organisation liefern, der die eingesetzten Kosten rechtfertigt. Dies ist manchmal bei Alleinwerbung nicht zu verwirklichen. Deshalb haben sich verschiedene Formen von *Kollektivwerbung* entwickelt. Sie ermöglichen den Partnern Kosten zu sparen, aber auch eventuell teurere Werbeträger zu benützen. Werden in einem Werbemittel mehrere Produkte verschiedener Hersteller beworben, spricht man von *Huckepackwerbung*. Bei einer *Gemeinschaftswerbung* bieten mehrere Organisationen in einem Werbemittel gemeinsam an, ihre Leistungen im Sinne der Werbeadressaten zu nennen. Im Gegensatz dazu werden bei einer *Sammelwerbung* alle Beteiligten im Werbemittel aufgezählt. Entschließen sich Hersteller und Absatzmittler gemeinsam Werbung zu betreiben, dann spricht man von *Verbundwerbung*.

Ziel jeder Werbung ist letztlich die Auslösung positiver Reaktionen der Zielpersonen auf das Leistungsangebot der werbungtreibenden Organisation oder auf diese selbst (→ Werbeziele). Dies gilt auch, wenn lediglich die Erhaltung der bestehenden Nachfrage oder sogar deren Reduzierung angestrebt wird. Deshalb ist neben der Wirtschaftswerbung auch politische, religiöse und kulturelle Werbung möglich. Wirtschaftswerbung verfolgt entweder wirtschaftspolitische Ziele des Staates oder bezieht sich auf Ziele einer betrieblichen Organisation. Diese bewirbt entweder eine ihrer Leistungen (= Produktwerbung) oder sich selbst als Ganzes (= Imagewerbung). *Imagewerbung* ist der Produktwerbung vorgelagert. Sie soll das subjektive Erscheinungsbild der Organisation bei den Zielpersonen positiv beeinflussen, um damit langfristig die Absatzchancen für die Leistungen der Organisation, ihr Beschaffungspotential an Rohstoffen, Vormaterialien und Finanzmitteln, aber auch den notwendigen Zustrom an qualifizierten Mitarbeitern zu sichern.

Jede kommunikative Äußerung einer Organisation strahlt auf ihr → Image aus. Deshalb sollte sichergestellt werden, dass sowohl Produkt- als Imagewerbung als auch alle anderen kommunikativen Maßnahmen, wie z.B. Produkt- und Verpackungsgestaltung, Markenzeichen, persönliche Gesprächsführung, Verkaufsförderung und Öffentlichkeitsarbeit, aufeinander abgestimmt sind (→ integrierte Kommunikation). Ziel ist das Entstehen eines geschlossenen, widerspruchsfreien Erscheinungsbildes der Organisation, d.h. einer → Corporate Identity. H.Mü.

Literatur: *Schweiger, G.; Schrattenecker, G.:* Werbung, 4. Aufl., Stuttgart 1995. *Rossiter, J.R.; Percy, L.:* Advertising Communications & Promotion Management, 2. Aufl., New York et al. 1997. *Bruhn, M.:* Integrierte Unternehmenskommunikation. Ansatzpunkte für eine strategische und operative Umsetzung integrierter Kommunikationsarbeit, 2. Aufl., Stuttgart 1995. *Esch, F.-R.:* Wirkung integrierter Kommunikation, 2. Aufl., Wiesbaden 1999.

Werbung, Aspekte der Besteuerung und Rechnungslegung

Die Finanzrechtsprechung definierte Werbung als eine zwangsfreie und absichtliche Form der Beeinflussung, welche Menschen zur Erfüllung des Werbeziels veranlassen soll, und zwar mindestens insoweit, als das Werbeziel darin besteht, den Entschluss zum Erwerb von Gegenständen oder zur

Inanspruchnahme von sonstigen Leistungen auszulösen (BFH v. 24.09.1987, BStBl II 1988, 303). Als Konsequenzen von Werbeaktivitäten bei der Besteuerung und Rechnungslegung sind jene zu unterscheiden, die sich aus der Behandlung von eigenen Werbemaßnahmen (1) und von Zuschüssen zu fremden Werbemaßnahmen (2) sowie jene, die sich aus der Behandlung der Werbewirkungen (3) ergeben.

1. Grundsätzlich sind *Ausgaben für Werbemaßnahmen*, denen nicht der Erwerb eines aktivierungspflichtigen Wirtschaftsgutes gegenübersteht, sofort als Aufwand bzw. Betriebsausgabe abzugsfähig (BFH, BStBl 64 III, 138), auch bei einem einmaligen Werbefeldzug.

Handelsrechtlich ist es jedoch u.U. zulässig, Ausgaben für Werbemaßnahmen im Rahmen der Ingangsetzung und Erweiterung des Geschäftsbetriebes bei Kapitalgesellschaften als „Bilanzierungshilfe" zu aktivieren und abzuschreiben (§§ 269, 282 HGB). Steuerlich sind diese sog. *Anlaufkosten* i.d.R. sofort abzugsfähige Betriebsausgaben.

Ausgaben für die werbliche Beschriftung vorhandener eigener Wirtschaftsgüter (Gebäude, KFZ) sind im Zusammenhang mit der Anschaffung oder Herstellung als zusätzliche/nachträgliche Anschaffungs- bzw. Herstellungskosten zu aktivieren (BFH, BStBl II S. 304), ihre Erneuerung oder spätere Aufbringung stellt sofort abzugsfähigen Erhaltungsaufwand dar. Entsprechende Aufwendungen für die Beschriftung gemieteter Objekte sind abzugsfähige Betriebsausgaben, allenfalls bei bestimmtem Zeitbezug als Rechnungsabgrenzungsposten zu verteilen. Keinesfalls aktivierbar sind Werbeaufwendungen jedoch bei den Anschaffungs- oder Herstellungskosten der beworbenen Produkte; als → Vertriebskosten gehören die Werbekosten insbes. nicht zu den Herstellungskosten (§ 255 Abs. 2 S. 6 HGB). Dies gilt insbes. für Werbung auf sog. Außenverpackungen (BFH, BStBl 1978 II 412), bei sog. Innenverpackungen kann jedoch u.U. eine Einbeziehung in die Herstellungskosten in Betracht kommen (z.B. Werbung auf Buchumschlag, BFH, BStBl II 1971 304).

Die Bildung eines *aktiven Rechnungsabgrenzungspostens* kommt im Allgemeinen nicht in Betracht, weil es sich – auch beim sog. „Werbefeldzug" – nicht um Aufwand „für eine bestimmte Zeit" handelt (§§ 250 Abs. 1 S. 1 HGB, 5 Abs. 5 Nr. 1 EStG). Ausnahmsweise kann eine Rechnungsabgrenzung geboten sein, wenn z.B. Mieten für Messestände oder Werbeflächen oder Vergütungen für Sportwerbung für eine bestimmte, den Abschlussstichtag übergreifende Zeit vorausgezahlt werden (FG Münster, EFG 1980 S. 322 und Nds. FG, EFG 1973 S. 370).

Vorauszahlungen an eine Werbeagentur für künftige Werbemaßnahmen sind jedoch als „geleistete Vorauszahlungen" (Forderungen) zu aktivieren. Droht aus einem langfristigen, schwebenden Werbevertrag (z.B. Insertionsvertrag) ein Verlust, so ist hierfür eine Rückstellung für drohende Verluste aus schwebende Geschäfte in der Handels- nicht jedoch in der Steuerbilanz zu bilden (BFH, BStBl 1966 III 285; § 5 Abs. 4a EStG.).

Einige Ausgaben für sog. *Wertreklame* (z.B. → Zugaben) dürfen allerdings steuerlich nicht oder nur beschränkt als Betriebsausgaben abgesetzt werden:

- → Geschenkaufwendungen
  (§ 4 Abs. 5 Nr. 1 EStG);
- → Bewirtungsaufwendungen
  (§ 4 Abs. 5 Nr. 2 EStG);
- → Repräsentationsaufwendungen
  (§ 4 Abs. 5 Nr. 4, 7 EStG).

Aktivierungspflichtig sind Ausgaben zum Erwerb von Werbemitteln, die dauernd (Anlagevermögen) oder durch einmaligen Verbrauch dem Geschäftsbetrieb dienen (Umlaufvermögen).

2. *Werbezuschüsse* führen beim Zuschussgeber i.d.R. nicht zur Aktivierung eines immateriellen Vermögensgegenstandes/Wirtschaftsguts für die verbesserte Absatzmöglichkeit seiner Produkte; mangels Zeitbestimmtheit kommt auch eine Rechnungsabgrenzung nicht in Betracht. Allenfalls wenn der Zuschuss die Einräumung eines Belieferungsrechts durch den Zuschussempfänger verdeckt, ist eine Aktivierung handels- und steuerrechtlich erforderlich (§ 248 Abs. 2 HGB, R 31a Abs. 2 EStR). Für die am Bilanzstichtag zugesagten, aber noch nicht geleisteten Werbezuschüsse darf ein Passivposten i.d.R. nicht gebildet werden (Nichtbilanzierung schwebender Geschäfte).

Beim Empfänger von Werbezuschüssen ist der erhaltene Zuschuss als Ertrag bzw. Betriebseinnahme zu behandeln. Wird mit dem Zuschuss ein der Werbung dienendes Anlagegut erworben, so hat der Zuschussempfänger ein Wahlrecht: Er kann den Zuschuss als Betriebseinnahme, das Anlagegut mit den Anschaffungs-/Herstellungskosten verbuchen – er kann aber auch den Zuschuss erfolgsneutral behandeln und die Anschaffungs- oder Herstellungskosten um den Zuschuss kürzen; bei vorheriger Vereinnahmung ist die Bildung einer Zuschussrücklage zulässig (R 34 EStR).

Umsatzsteuerlich wird bei Werbezuschüssen von Produzenten an Händlern ein steuerbarer Leistungsaustausch nicht angenommen, wenn der Zuschussnehmer nicht zur Werbung verpflichtet ist, ein Eigeninteresse des Produzenten besteht und die Zuschussgewährung mit Warenlieferungen des Herstellers verknüpft ist (BFH, BStBl 1972 II 367; OFD Hannover Vfg. v. 14.3.89, BB 1989 S. 1393).

3. Das durch die *Werbewirkungen* erreichbare (erhöhte) aquisitorische Potential darf weder in der Handels- noch in der Steuerbilanz aktiviert werden (Bilanzierungsverbot für selbsterstellte immaterielle Wirtschaftsgüter, §§ 248 Abs. 2 HGB, 5 Abs. 2 EStG). Der durch Werbemaßnahmen verbesserte Geschäfts- oder Firmenwert (guter Ruf, Kundenstamm) darf nur bei entgeltlichem Unternehmenserwerb aktiviert werden, auch ein etwa erreichbarer „Wettbewerbsvorteil" oder durch die Werbung geschaffener „Kundenstamm" ist nicht „entgeltlich erworben" und damit nicht aktivierbar (BFH, BStBl 1970 II 489 m.w.N.). Daher sind auch Werbeprämien für neue Kunden sofort als Aufwand und Betriebsausgaben abzugsfähig (BFH, BStBl 1963 III 7; BStBl 1970 II 178; BStBl 1970 II 489; BStBl 1997 II, 254).

Andererseits ermöglicht die Besteuerung auch besondere Werbeinhalte und Werbeeffekte weil sich die steuerliche Behandlung des beworbenen Produktes beim Abnehmer als Werbeargument verwenden lässt (Beispiele: Hinweise auf sofortige Aufwandsverrechnung geringwertiger Anlagegüter, die Steuerbegünstigung bestimmter Prämien für Lebensversicherungen und Bausparkassenleistungen, erhöhter Absetzungen oder sonstiger steuerlicher Begünstigungen). R.F.

Literatur: Kommentare zum EStG. *Günther, V.:* Ausweis und Bewertung der nicht abgerechneten Leistungen bei Werbeagenturen, DB 1971, S. 877. *Kupsch, P.:* Bilanzierung und Bewertung von Werbemitteln in Handels- und Steuerbilanz, DB 1983, S. 509.

Werbung im Handel → Handelswerbung

Werkshandel
→ Produktionsverbindungshandel

Werkslager → Depot

Werkverkehr → Transportplanung

Werkvertrieb, internationaler
→ Außenhandel, institutioneller

Wertanalyse → Qualitätsverbesserung,
→ Qualitätstechniken

Werteforschung
Marketing muss dem → Wertewandel in der Gesellschaft Rechnung tragen, wenn es erfolgreich bleiben will – eine gängige Auffassung, der ganz ohne Zweifel zugestimmt werden muss. Werte, Werthaltungen, Werteinstellungen und dgl., so z.B. die relative Gewichtung von Freiheit und Gleichheit, von Egoismus und Altruismus usw., sind als elementare Vorstellungen vom Wünschenswerten oder gar als Lebensziele v.a. für strategische, d.h. grundlegende und langfristig angelegte Entscheidungen von Bedeutung. Bei operativen Maßnahmen kann dagegen schon eher auf produkt- bzw. güterspezifische → Präferenzen abgestellt werden. So gesehen schließt eine Werteorientierung die Beachtung fokussierter Präferenzen keineswegs aus.

Grundfragen der Werteorientierung bzw. des Wertemanagements (→ Wertemanagement), wie die Frage nach den relevanten Wertetrends und ihren Folgen oder die Frage nach der Beeinflussbarkeit von Werten durch eine Art Werteerziehung bei Kunden und Mitarbeitern, setzen eine Werteforschung bzw. entsprechende Informationsgrundlagen voraus. Während die akademische Werteforschung wichtige Anhaltspunkte in der Form von Messvorschlägen und Wertetheorien liefert (→ Wertewandel), muss das Marketing – darauf aufbauend – stets selbst herauszufinden versuchen, welche Werte und Wertetrends für das Unternehmen bedeutsam sind und wie es reagieren bzw. agieren kann.

Für die *Erfassung von Werten* haben diverse Forschungsrichtungen recht unterschiedliche Messinstrumente, v.a. Fragebögen bzw. Werteskalen, entwickelt, nicht nur die Psychologie und Soziologie, sondern auch die Organisationsforschung und die Marketingwissenschaft. Da immer wieder neue Werte auftauchen, ist die Modifikation dieser Instrumente unvermeidlich. Dasselbe gilt für wiederholte Validitätstests, da die anfängliche Validität eines Instruments mit der Zeit verloren gehen kann.

Die Werte des Menschen werden in seiner Kindheit und Jugendzeit entscheidend geprägt, nicht nur von Schule und Elternhaus, sondern auch von den jeweiligen Lebensverhältnissen. Deshalb liegt es bei der Untersuchung von Wertetrends nahe, generationenspezifische Entwicklungen zu analysieren. Soweit keine (Werte-)Panel zur Verfügung stehen, bleibt nur die Auswertung wiederholter Umfragen im Rahmen der → Kohortenanalyse oder die Auswertung von Dokumenten und dgl. in ihren werterelevanten Hinweisen, so z.B. die Auswertung von Tagebüchern, Presseerzeugnissen, Werbeanzeigen usw. und deren historische Entwicklung (→ Inhaltsanalyse).

Die Werteorientierung begründet sich im *Einfluss von Werten und Wertewandeltendenzen* auf das Verhalten im beruflichen und im privaten Sektor. Der Zusammenhang zwischen Werten und Verhaltensweisen ist allerdings komplex und immer wieder neu zu prüfen. Werthaltungen und Wertehierarchien beeinflussen das Verhalten zum einen über die Konkretisierung von Verhaltenszielen, etwa von Arbeits- und Konsummotivationen (→ Motivation, Motive), zum anderen über die Prägung von Einstellungen, wobei Werte als Beurteilungsstandards fungieren. Ob Werte ein Verhalten prägen, hängt jedenfalls davon ab, ob die relevanten Werte harmonieren bzw. konfligieren, ob in Bezug auf das wertegerechte Verhalten genügend Fähigkeiten und Ressourcen (z.B. Kaufkraft beim Kaufverhalten) vorhanden sind und ob die gewünschten Alternativen, etwa die gewünschten Produkte, überhaupt zur Verfügung stehen. Von daher gesehen kann es nicht überraschen, wenn einem Trend zugunsten ökologischer Werte z.B. erst nach einer gewissen Zeit ein entsprechender Ökologie-Trend im konkreten Kauf- und Konsumverhalten folgt.

Das → *strategische Marketing* braucht rechtzeitige Hinweise auf Wertetrends und somit eine Früherkennung in Sachen Werte. Für diese Aufgabe und für die Werteentwicklungsprognose bedarf es der Kenntnis jener Faktoren, welche die Wertegenese beeinflussen. Die einschlägige Werteforschung deutet v.a. auf folgende Einflussfaktoren hin:

(1) die *Erfahrungen in der Kindheit und im Jugendalter*, v.a. die Knappheitsbedingungen in diesen formativen Jahren sowie der Erziehungsstil der Eltern (autoritäres Verhalten behindert Selbstwertgefühle und Autonomie),

(2) die *Sozialisationsbedingungen im Erwachsenenalter* wie z.B. das Wertespektrum am Arbeitsplatz und im privaten Lebensbereich und

(3) die *Veränderungen im Lebenslauf*, sog. Lebenszykluseffekte, wie z.B. der Eintritt ins Berufsleben, die Gründung einer Familie, deutliche Veränderungen der Einkommenssituation und der Rückzug aus dem Erwerbsleben.

Werden solche Faktoren nicht nur kontrolliert, sondern auch antizipiert, dann kann am ehesten jene Vorwegnahme von Wertetrends gelingen, die einen (zeitlichen) Spielraum für die Planung und Vorbereitung von Marketingmaßnahmen gewährt. Bei der Antizipation von Werten bzw. Werteverschiebungen sollten v.a. folgende Ansätze der Wertetheorie berücksichtigt werden:

(1) die Theorie des gesellschaftlichen Wertewandels von Inglehart

Nach *Inglehart* bilden sich die Werthaltungen bzw. Wertemuster eines Menschen in seiner Kindheit und Jugendzeit heraus. Dabei entwickelt sich eine hohe Wertschätzung all jener Dinge, die relativ knapp sind. Folglich kommt es zu einem gesellschaftlichen Wertewandel, wenn jüngere Generationen in anderen Knappheitsbedingungen aufwachsen bzw. aufgewachsen sind als die älteren. Ältere Wertemuster werden so durch neue nach und nach verdrängt, weil ältere Generationen aussterben und durch neue ersetzt werden (Stille Revolution).

(2) die Entwicklungspsychologie

Eine differenziertere Sicht der Wertegenese liefern entwicklungspsychologische Arbeiten. Diese betonen u. a. den Einfluss intrafamiliärer Bedingungen, v.a. die Bedeutung des Erziehungsstiles der Eltern auf die geistig-moralische Entwicklung des Kindes. Es gilt als gesichert, dass eine autoritäre Erziehung Minderwertigkeitsgefühle und Anlehnungstendenzen, aufgeklärtere bzw. demokratische Erziehungsformen dagegen Selbstwertgefühle und Autonomie fördern.

(3) die Sozialisationsforschung

Sozialisationsforscher kennen Werteverschiebungen auch im Erwachsenenalter, zumal in dieser Lebensphase neue Sozialisationsagenten auftreten und neue Lebensbedingungen eintreten können (→ Sozialisatoren). Man denke an den Eintritt in das Berufsleben, an den beruflichen Aufstieg, an Veränderungen des verfügbaren Einkommens, an die Gründung einer Familie oder an den Rückzug aus dem Erwerbsleben. In welches Wertemilieu ein Heranwachsender oder ein Erwachsener am Arbeitsplatz hineinwächst, darüber entscheidet auch das Unternehmen mit ihrer Unternehmenspolitik und -kultur.

(4) Wertetheorie von Rokeach

Obwohl Werte eher grundlegende, relativ stabile Strebensinhalte darstellen, sind sie nach Rokeach im Rahmen einer kommunikativen Werteerziehung veränderbar. In gezielten Experimenten gelang es Rokeach, Werte bzw. Werthierarchien sowie beteiligte Einstellungen nachhaltig zu verändern, indem er die Teilnehmer auf andere Werte in deren Bezugsgruppe(n) und auf z.T. vorhandene intrapersonale Wertewidersprüche hinwies. Allerdings hat Rokeach bei seiner Konfrontationsmethode zugleich einen beachtlichen sozialen Druck erzeugt und damit ein Vorgehen gewählt, das sich im Marketing i.d.R. verbieten dürfte.

(5) die lerntheoretischen Ansätze

Vielversprechende Alternativen zur Werteerziehungsmethode von Rokeach zeigen die lerntheoretischen Ansätze auf, wobei v.a. an die positive Verstärkung wünschenswerter Wertemuster und an das Vorleben von Werteorientierungen (Modeling, Imitationslernen) zu denken ist. Für derartige Lernformen spricht, dass positive Verstärkungen im Zweifel wirksamer sind als Drohungen und Bestrafungen (vgl. dazu auch pädagogische Forschungsarbeiten) und dass ein Vorleben weniger Reaktanz erzeugt als verbale Einforderungen. Die Notwendigkeit des Vorlebens zentraler Werte durch das Management ist nicht zuletzt von den Untersuchungen der Erfolgsfaktoren im Unternehmen unterstrichen worden.

G.S.

Literatur: *Inglehart, R.*: The Silent Revolution, Princeton, N.J. 1977. *Rokeach, M.*: The Nature of Human Values, New York, London 1973. *Silberer, G.*: Werteforschung und Werteorientierung im Unternehmen, Stuttgart 1991. *Dlugos, G.; Weiermair, K.* (Hrsg.): Management Under Differing Value Systems, Berlin, New York 1981. *Raffée, H.; Wiedmann, K. P.*: Dialoge 2: Konsequenzen für das Marketing, Hamburg 1987. *Windhorst, K.-G.*: Wertewandel und Konsumentenverhalten, Münster 1985.

Werte, konfuzianische

vom Konfuzianismus maßgeblich geprägte Geisteshaltung (→ Kultur). Diese Wertvorstellungen wurden als eine mögliche Ursache des wirtschaftlichen Erfolgs zunächst Japans, später der sog. Tiger-Staaten und neuerdings Chinas diskutiert. Zentrales Anliegen der in Ostasien weit verbreiteten Philosophie bzw. Staatslehre ist es, dem Einzelnen, der Familie sowie dem Staat Moral bzw. Menschlichkeit zu vermitteln. Diese manifestiert sich in den fünf konfuzianischen „Kardinal-Tugenden" (gegenseitige Liebe, Rechtschaffenheit, Weisheit, Sittlichkeit, Aufrichtigkeit). Besondere Bedeutung genießt dabei die gegenseitige Liebe bzw. das pflichtgemäße Verhalten gegenüber anderen. In den sog. Pflichtverhältnissen verpflichtet sich der Stärkere zur Fürsorge gegenüber dem Schwächeren (Eltern/Kinder, Herrscher/Untertanen, ältere/jüngere Geschwister, Mann/Frau, Freunde). Aus den „Kardinal-Tugenden" und der hierarchischen Strukturierung lassen sich weitere Besonderheiten des Konfuzianismus ableiten, z.B. soziale Disziplin, Respekt vor Autorität, Lernen und Gelehrsamkeit, Akzeptanz von Hierarchie und Seniorität, Loyalität, Genügsamkeit, Bereitschaft zur Anpassung an die gegebene Ordnung, sowie Fleiß, Strebsamkeit und Ausdauer. Ehrfurcht vor Ahnen und Eltern als moralische Pflicht sorgt für eine enge Bindung innerhalb der Familie. Dieser keine Schande zu bereiten, gilt deshalb als eines der obersten Ziele, das man durch harte Arbeit zu erreichen sucht. Leistungsorientierung gilt folglich als Wert an sich, den man über Generationen hinweg weitergibt. Weiterhin verpflichtet der Ahnen- bzw. Familienkult den Einzelnen dazu, für die Ahnen, für die Kinder und für sich selbst zu sorgen, weshalb Familien wichtige Entscheidungen langfristig planen. Es scheint, als ob diese „Tugenden" für Unternehmen und ganze Volkswirtschaften insbesondere dann hilfreich sind, wenn diese sich in der Phase des „nachholenden", imitierenden Wettbewerbs befinden (nicht jedoch für den „vorauseilenden" Innovationswettbewerb).

S.M./M.Ko.

Literatur: *Dülfer, E.*: Internationales Management in unterschiedlichen Kulturbereichen,

München 1999. *Müller, S.; Kornmeier, M.*: Interkulturelles Marketing, München 2002.

Wertemanagement

Werte und Wertewandelstendenzen (→ Werteforschung) sind für das Marketing deswegen relevant, weil sie das Arbeits-, Konsum- und Freizeitverhalten und damit den Unternehmenserfolg beeinflussen. Die Wertefolgen lassen sich auf individueller Ebene und auf organisationaler Ebene betrachten.

Die *Werte eines Individuums* beeinflussen dessen Verhalten

– über die *Verhaltensziele* bzw. *Verhaltensmotive* (Werte sind quasi Oberziele oder Grundwerte des „kleinen Mannes", Ziele und Motive dagegen eher fokussierte Strebungen in konkreten Situationen) und
– über → *Einstellungen, Erwartungen, Hoffnungen* und dgl. bezüglich der Handlungs- bzw. Entscheidungsalternativen. Aufgrund von Erfahrungen wirkt das Verhalten dann jedoch wieder auf die Werte zurück. So können sich Werte z.B. als unrealistisch erweisen, was deren Abwertung und damit eine Art Anspruchsanpassung nahe legt. Analoges gilt für den angestrebten Realisierungsgrad von Wertvorstellungen.

Der Umsetzung von Werten in ein entsprechendes Verhalten sind oft enge Grenzen gesetzt, so dass die Werte-Verhaltens-Korrelation nicht sehr eng sein muss. Zu diesen Grenzen zählen vor allen Dingen das Fehlen von werteadäquaten Alternativen (z.B. entsprechender Güterangebote), der Mangel an Kaufkraft sowie gegenläufige soziale Erwartungen bzw. Normen.

Auf der *organisationalen Ebene* interessiert v.a. der Einfluss von Werten der Mitarbeiter auf den Unternehmenserfolg (→ Internes Marketing, → Marketingkultur). Einer neueren Auffassung zufolge ist ein positiver Einfluss auf den Unternehmenserfolg am ehesten von der ausgewogenen Mischung alter bzw. puritanischer und neuer bzw. kommunikativ-kreativer Werte zu erwarten. Dem liegt zwar keine gesicherte Erkenntnis als vielmehr die auf Alltagserfahrungen basierende Überzeugung zugrunde, dass die alten, puritanischen Werte wie Zuverlässigkeit, Disziplin und Askese einer Ergänzung durch kommunikativ-kreative Tugenden wie Kreativität, Offenheit und Kommunikationsbereitschaft bedürfen, wenn ein Erfolg erzielt werden soll. Dies lässt sich u.a. damit erklären, dass dort, wo puritanische Tugenden fehlen, ein Vertrauen zwischen den Organisationsmitgliedern ebenso wenig entstehen kann wie Leistung im Sinne einer zielstrebigen und unnachgiebigen Suche nach neuen Problemlösungen.

I.w.S. verstanden bedeutet Wertemanagement, auf die Wertorientierungen der Abnehmer, Lieferanten und Mitarbeiter zu achten, sie ins eigene Kalkül einzubeziehen. Wertemanagement i.e.S. steht dagegen für die gezielte Steuerung oder Beeinflussung von Werten. Hierbei sind einer Unternehmung allerdings Grenzen gesetzt, weil sich Werthaltungen i.d.R. nicht so leicht ändern lassen.

Eine Unternehmung vermag am ehesten die Wertestruktur ihrer Mitarbeiter zu beeinflussen. Dies erfolgt – mehr oder weniger unbewusst – zunächst auf dem Wege der Auswahl, Versetzung und Entlassung von Führungskräften und Mitarbeitern. Darüber hinaus lässt sich eine Werteerziehung in Erwägung ziehen, z.B. die Förderung von Leistungswerten, indem entsprechende Wertemuster von den Führungskräften überzeugend vorgelebt (Modeling) und ganz gezielt belohnt bzw. verstärkt werden. Ob sich auch Werthaltungen von (potentiellen) Kunden steuern lassen, ist nicht leicht zu beurteilen. Wo Derartiges angestrebt wird, dürften kooperative und langfristig angelegte Maßnahmen, so z.B. wertezentrierte PR-Kampagnen einer ganzen Branche, noch am ehesten einen gewissen Erfolg versprechen. G.S.

Literatur: *Noelle-Neumann, E.; Strümpel, B.*: Macht Arbeit krank? Macht Arbeit glücklich? München, Zürich 1984. *Raffée, H.; Wiedmann, K.P.*: Dialoge 2: Konsequenzen für das Marketing, Hamburg 1987. *Schmidtchen, G.*: Neue Technik – Neue Arbeitsmoral, Köln 1984. *Silberer, G.*: Werteforschung und Werteorientierung im Unternehmen, Stuttgart 1991.

Wertetheorie → Werteforschung

Wertewandel

Ändern sich Werte bzw. Werthaltungen, verstanden als grundlegende Strebensinhalte wie Wohlstand, Freiheit, Gleichheit, Selbstverwirklichung usw., so spricht man von einem Wertewandel. Dieser Wertewandel deutet stets auf Veränderungen im Interessenmuster der Abnehmer-, Lieferanten- und Mitarbeiter und somit auf Chancen eines innovativen Marketing und auf Risiken einer starren Unternehmenspolitik.

Aus einer Reihe von Studien im Bereich des Konsumentenverhaltens stechen insb. folgende *Wertetrends* hervor:

- Trend zum → Hedonismus
- Trend zur stärkeren Berücksichtigung von Selbstverwirklichungszielen
- Polarisierung von Anspruchssteigerung (z.B. beim Erlebniskonsum) und Anspruchssenkung (z.B. beim preisorientierten Einkauf)
- Trend zum → ökologischen Konsumentenverhalten
- steigendes Qualitätsbewußtsein (→ Preisinteresse)
- kritisch-emanzipatorisches Konsumverhalten (→ Konsumerismus).

Derzeit ist oft von einem Wertewandel in Richtung *postmaterielle Werte* wie Selbstverwirklichung, Gleichberechtigung und Lebensgenuss die Rede, von einer allmählichen Abkehr vom Materialismus also. Bei näherer Betrachtung einschlägiger Untersuchungen lässt sich allerdings leicht feststellen, dass die Validität von Wertewandelsstudien i.d.R. offen, z.T. sogar mehr als fraglich ist. Insofern muss es künftig darum gehen, weitaus aussagekräftigere Wertewandelsstudien durchzuführen oder durchführen zu lassen.

Die Aussagekraft einer Wertewandelsstudie hängt nicht nur von der Eignung der Messinstrumente ab, sondern auch von ihrer Anlage. Je nach dem, ob auch Werteentwicklungen auf der individuellen Ebene und in einzelnen Segmenten bzw. Kohorten interessieren (z.B. in einzelnen Generationen), muss die Analyse unterschiedlich angelegt sein: im ersten Fall als → Panel-Studie und im zweiten als → Kohortenanalyse. Beide Varianten haben ihre spezifischen Vor- und Nachteile, die es abzuwägen gilt. Soll eine Wertewandelsstudie zugleich die Grundlage einer Werteprognose abgeben, so bedarf es nicht nur einer generationenspezifischen Betrachtung, sondern auch einer Beachtung der Wertetheorien und von daher immer auch einer Analyse jener Faktoren, die den Wertewandel beeinflussen. G.S.

Literatur: *Silberer, G.:* Werteforschung und Werteorientierung im Unternehmen, Stuttgart 1991.

Wertkette

von *M.E. Porter* entwickeltes, in den Bereich der strategischen → Stärken-Schwächen-Analysen einzuordnendes Konzept des → strategischen Marketing zur systematischen Durchleuchtung eines Unternehmens bzw. einer strategischen Geschäftseinheit.

Die Wertkette stellt das Unternehmen als eine Kette von wertsteigernden Aktivitäten dar (vgl. *Abbildung*): Innerhalb der Wertkette werden neun generische Aktivitäten unterschieden. Die fünf *primären Aktivitäten* befassen sich mit der physischen Erzeugung des Produktes, seiner Vermarktung und dem Kundendienst. Die vier *unterstützenden Aktivitäten* können in jeder Phase der Primäraktivitäten anfallen und halten diese durch den Kauf von Inputs, Technologien und menschlichen Ressourcen aufrecht. Die Differenz zwischen den Kosten der Wertschöpfungsaktivitäten und dem sich im Marktpreis ausdrückenden Kundennutzen bildet die Gewinnspanne.

Modell einer Wertkette

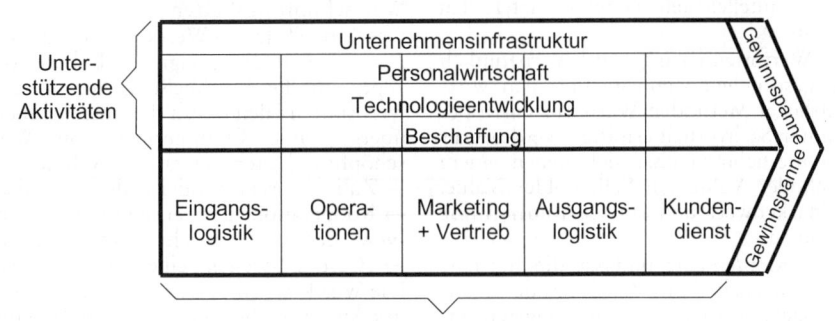

(Quelle: *Porter*, 1999, S. 62)

Wertorientierung im Marketing

Durch die Analyse der Wertkette sollen Ansatzpunkte zur Definition von → Kernkompetenzen und zur Schaffung von strategischen → Wettbewerbsvorteilen aufgezeigt werden. Dabei können die einzelnen Wertaktivitäten als Grundlage für Kostenvorteile (→ Kostenführerschaft) oder Differenzierungsquellen (→ Profilierung) genutzt werden. Daneben bestehen enge Verknüpfungen zwischen den einzelnen Wertaktivitäten sowie zu den Wertketten der Lieferanten (→ Wertschöpfungskette), der Vertriebskanäle (→ vertikale Marketingstrategien) und der Kunden (→ Customer Integration), die ebenfalls zur Schaffung von Wettbewerbsvorteilen genutzt werden können (s.a. → Geschäftsmodell).
J.L.

Literatur: *Porter, M.:* Wettbewerbsvorteile, 5. Aufl., Frankfurt a.M. 1999.

Wertorientierung im Marketing

Die Wertorientierung im Marketing ist ein wesentlicher Bestandteil der Wertorientierten Unternehmensführung und damit des Wertsteigerungsmanagement. Sie basiert auf dem Ansatz des → Shareholder-Value, der insbesondere im Zuge der Mergers & Acquisitions-Welle entwickelt wurde.

Für die Ermittlung des *Unternehmenswerts* existieren verschiedene Konzepte, und zwar der Zukunftserfolgswert, der Liquidationswert, der Substanzwert, marktorientierte Verfahren (insb. kapitalmarktbezogen) sowie der Shareholder-Value-Ansatz als Zukunftserfolgswert mit Elementen des Substanzwertes und der Cash-Flow-orientierten Sicht. Zukunftswerte setzen sich vermehrt durch, da bei vielen Unternehmen, insbesondere im Dienstleistungsbereich, der Substanzwert des physischen Vermögens bzw. Kapitals deutlich geringer als der Wert des intellektuellen bzw. immateriellen Kapitals ist.

Von Wertorientierung wird vornehmlich dann gesprochen, wenn anhand finanzwirtschaftlicher Methoden Werte für einen bestimmten Sachverhalt ermittelt werden. Für ein Unternehmen lässt sich neben einem Sharehoder Value ein Stakeholder Value, ein Markenwert und ein Customer Value berechnen.

Der → *Kundenwert* umfasst die für eine empirisch analysierte Zeitdauer der Kundenbeziehung zu erwarteten ertragswirksamen Bestandteile (durch Wiederholungskäufe, Cross Selling, reduzierten Kosten aufgrund der bekannten Kundenbeziehung, positiver Mund-zu-Mund-Werbung durch den Kunden sowie ggf. einer verminderten Preissensibilität des Kunden), von denen die erstmaligen Kosten der Kundenakquisition und die Kosten der Aufrechterhaltung der Geschäftsbeziehung abgezogen werden (*Customer Lifetime Value*-Berechnungen). Derartige Analysen des Kundenwertes führen dazu, dass Marketingmaßnahmen im Unternehmen und für den Kunden aus einer ganzheitlichen Sicht betrachtet und gestaltet werden.

Das sog. *Value Marketing* setzt im Rahmen eines Customer Values daran an, den Nutzen aus Sicht des Kunden mit den angebotenen Marktleistungen zu steigern. Dies hat zum Gegenstand und Ziel, Erfolgspartnerschaften mit den Kunden einzugehen. Dies erfolgt dadurch, dass aus Sicht des Kunden ein Beitrag geleistet wird, um den Erfolg auf seinen Märkten zu steigern. Hierzu ist es notwendig, die Ertragstreiber sowie die Kostentreiber aus Kundensicht zu erkennen und in geeigneter Weise zu beeinflussen. Wenn durch eine derartige Wertorientierung und Wertsteigerung die kundenbezogenen Erfolgsfaktoren in unternehmensspezifische Werttreiber umgesetzt werden, dann führt dieses Wertsteigerungsmanagement dazu, dass die Kundenbeziehung durch Loyalität und Bindung gekennzeichnet ist (→ Beziehungsmarketing). A.T.

Literatur: *Günther, T.:* Unternehmenswertorientiertes Controlling, München 1997. *Töpfer, A.* (Hrsg.): Kundenzufriedenheit messen und steigern, 2. Aufl., Neuwied/Kriftel 1999. *Bruhn, M. et al.* (Hrsg.): Wertorientierte Unternehmensführung, Wiesbaden 1998.

Wertreklame → Zugabeordnung, → Geschenkaufwendungen

Wertschöpfungsketten

Das Modell der → Wertkette von *Michael Porter* liefert ein geeignetes Rahmenkonzept, um die Erschließung von Wettbewerbspotentialen durch die unternehmensübergreifende Optimierung von Wertschöpfungsketten, etwa im Rahmen des → Zuliefergeschäfts oder anderer vertikaler → Kooperationen zu erklären. V.a. in der New Economy spricht man auch vom → „Geschäftsmodell" eines Unternehmens. Die Wertkette eines Unternehmens, z.B. eines Automobilherstellers wie BMW, ergibt sich aus einer bestimmten Kombination und Verknüpfung von Wertaktivitäten. Der

Das Wertsystem

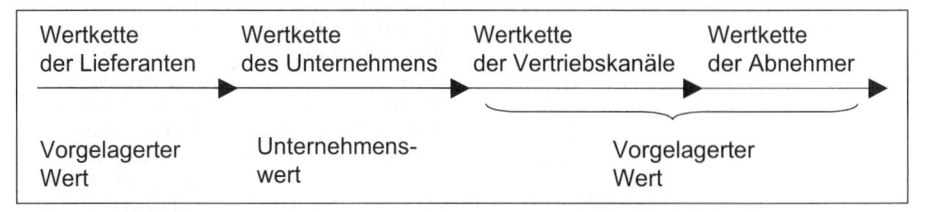

Wertkette der Lieferanten →	Wertkette des Unternehmens →	Wertkette der Vertriebskanäle	Wertkette der Abnehmer →
Vorgelagerter Wert	Unternehmenswert	Vorgelagerter Wert	

(Quelle: *Porter*, 1999, S. 87)

Wert der Aktivitäten kommt im Preis, den die Abnehmer für die erbrachte Leistung (BMW 320 Ci) zu zahlen bereit sind, zum Ausdruck. Gewinn und Rentabilität der Unternehmung beruhen auf der Differenz zwischen diesem Wert und den Kosten, die die Wertaktivitäten verursachen. Wettbewerbsvorteile resultieren sowohl aus der Kombination der Wertaktivitäten zu einer Wertkette des Unternehmens als auch der einzigartigen Verknüpfung der Wertketten von Unternehmen zu Wertsystemen im Rahmen der Wertschöpfungskette (siehe Abb.).

So bringen Automobilzulieferanten Produktionsfaktoren wie Rohstoffe, Teile, Komponenten und Module in den Produktionsprozess beim Automobilhersteller ein und über die Wertkette der Vertriebskanäle gelangt das Produkt bzw. Automobil schließlich zum Abnehmer, dem Automobilkäufer (→ Zulieferpyramide). Aufgrund der Interdependenzen zwischen den Wertketten bzw. den Wertaktivitäten und damit den Wertaktivitäten der Unternehmen bieten sich vielfältige Möglichkeiten zur Schaffung von → Wettbewerbsvorteilen (vgl. *Porter*, 1999, S. 85 ff.).

Um im Endmarkt konsequent eine → Kostenführerstrategie oder eine → Differenzierungsstrategie oder auch eine Konzentrationsstrategie im Sinne von *Porter* verfolgen zu können, müssen die Wertketten zu einem in sich stimmigen *Wertsystem* verknüpft werden. Eine Luxusmarke wird beispielsweise über Vertriebskanäle vermarktet, die dem Kunden bei entsprechend hoher Preisbereitschaft einen Rundum-Service vor und nach dem Kauf bieten. Diese Differenzierungsstrategie setzt entsprechend qualifizierte Mitarbeiter im Vertrieb und in der Werkstatt voraus und verursacht hohe Kosten.

Die Wertsteigerung durch Differenzierung muss die hohen Kosten überwiegen. Das gilt sowohl für die einzelne Wertkette der Unternehmen als auch das gesamte Wertsystem. Gefahren liegen darin, dass nicht aufeinander abgestimmte Wertketten zu einer Verwässerung der Strategie führen und auf diese Weise die im Wertsystem beteiligten Unternehmen sich verzetteln und sich nach *Porter* auf einer strategischen Position zwischen den Stühlen wieder finden.

Der Wettbewerb innerhalb und auch zwischen den Branchen ist heute durch eine hohe Arbeitsteilung, sprich Spezialisierung der Unternehmen gekennzeichnet, die mehr oder weniger eng zusammenarbeiten, um sich auf diese Weise Wettbewerbsvorteile zu verschaffen. Beispielsweise findet in der Automobilindustrie angesichts einer hohen Technologiedynamik und Globalisierung eine ständige Reorganisation der Wertschöpfungskette vom Ursprung des Automobils bis zu seiner endgültigen Verwendung beim Autokäufer statt. Die Struktur der automobilen Wertschöpfungskette wird stark beeinflusst von Entwicklungen in anderen Branchen, z.B. im Bereich der Informations- und Umwelttechnologien.

Die Informationstechnologien verändern nicht nur die Produkte, sondern auch die Produktionsprozesse in den Unternehmen und bieten vielfältige Möglichkeiten, die unternehmensübergreifenden Wertschöpfungsketten noch effektiver (wirksamer beim Kunden) und effizienter (kostengünstiger) zu gestalten (→ virtueller Wertschöpfungsprozess). Aktuelle Beispiele liefert die Diskussion über Konzepte, wie → Supply-Chain-Management und → Efficient Consumer Response. Auf welche Weise Umwelttechnologien, wie z.B. die Wasserstofftechnologie die Branchenstruktur der Automobilindustrie verändern wird, das muss die Zukunft zeigen. M.M.

Literatur: *Porter, M.*: Wettbewerb und Strategie, München 1999.

Wertsystem → Wertschöpfungskette

Werttreiber-Analyse im Marketing
Das Ziel der Werttreiber-Analyse als Ausfluss der → Wertorientierung im Marketing besteht darin, aus interner Sicht die wertsteigenden Aktivitäten der Wertschöpfungsprozesse und -phasen herauszufiltern, die zugleich in externer Sicht einen wesentlichen Beitrag zu den Erfolgsfaktoren für das Unternehmen am Markt leisten. Der Werttreiber-Analyse liegt also die Philosophie zugrunde, dass bestimmte Befähigerfaktoren als sog. *Enabler* im Unternehmen über Prozesse als konkrete Einwirkungsaktivitäten angestrebte Ergebnisse als *Results* bewirken. Die Aktivierung der Werttreiber soll die Wertgeneratoren wie Umsatzwachstum und Umsatzrendite steigern, um durch die Summe des erwirtschafteten freien Cash Flows als „Übergewinn" einen Wertbeitrag zum Shareholder Value des Unternehmens zu leisten.

Unterscheiden lassen sich drei unterschiedliche Arten von Werttreiber-Analysen:

(1) Ausgangsbasis ist die Definition der *Kerngeschäfte*, für die jeweils eine Analyse der → Wertschöpfungskette durchgeführt wird. Im Ergebnis werden die Werttreiber in den einzelnen Prozessen und Phasen der Wertschöpfungskette für Leistungen mit hohem Kundennutzen herausgearbeitet. Bezogen auf das Marketing sind dies im Prozess Vertrieb, Service und Kundendienst beispielsweise eine gute telefonische Erreichbarkeit, eine schnelle und fehlerfreie Auftragsbearbeitung sowie ein leistungsfähiges Beschwerdemanagement. Alle diese Aktivitäten dienen als Werttreiber dazu, die → Kundenzufriedenheit und → Kundenbindung zu erhöhen. Vorgelagert sind den Werttreibern dieser Phase entsprechende Aktivitäten in den anderen Phasen der Wertschöpfungskette. In der Produktion sind dies beispielsweise kurze Durchlaufzeiten, um spezielle Kundenwünsche reaktionsschnell zu erfüllen, sowie eine Null-Fehler-Qualität der produzierten Marktleistungen. Bezogen auf die vorausgehende Phase der Beschaffung können dies eine hohe Systemqualität der Lieferanten sowie eine schnelle und fehlerfreie Belieferung sein. Bezogen auf die vorausgehende Phase der Forschung und Entwicklung sind dies beispielsweise die aktive Einbeziehung von Kunden und Lieferanten mit dem Ziel der Produktentwicklung mit einem hohen Kundennutzen sowie kurzen Entwicklungszeiten (s.a. → Qualitätsmanagement).

(2) Auf der Basis dieser prozessbezogenen Werttreiber sind zusätzlich im Rahmen von analysierten Ursachen-Wirkungs-Beziehungen, wie sie die → Balanced Scorecard zum Gegenstand hat, auch die *Anforderungen an ursächlich vorausgehende Werttreiber*, zum Beispiel bezogen auf die Qualifikation und den Selbständigkeitsgrad der Mitarbeiter, sowie die Effizienz der internen → Kunden-Lieferanten-Beziehungen als Prozesse zu ermitteln. Insgesamt wird damit der direkte Bezug zur Balanced Scorecard für eine effiziente Werttreiber-Analyse maßgeblich.

(3) Neben dieser prozessorientierten und der generellen ursachen- und wirkungsbezogenen Werttreiber-Analyse ist zusätzlich eine *organisationsorientierte Analyse über die einzelnen Unternehmensebenen* durchzuführen. Dies ist deshalb wichtig, da im Rahmen der organisatorischen Arbeitsteilung die Werttreiber für unterschiedliche Organisationseinheiten und -ebenen zu ermitteln und aufeinander abzustimmen sind. Hierdurch wird eine durchgängige Ausrichtung auf die internen Werttreiber und die marktbezogenen Erfolgsfaktoren des Unternehmens erreicht. Für jeden Werttreiber sind eine oder mehrere Steuerungsgrößen und Kennzahlen zu ermitteln. Sie dienen dazu, die Zielgrößen festzulegen und den Zielerreichungsgrad zu messen.

Wert wird dabei definiert als → Nutzen für den Kunden in Form von kundenspezifischen Marktleistungen mit hohem Qualitätsniveau sowie als Nutzen für das Unternehmen in Form von Umsatz- und Marktanteilswachstum, in Form von Ertrags- und Gewinnsteigerung sowie einer verbesserten Wettbewerbsposition.

Bestandteil der Werttreiber-Analyse ist das Herausarbeiten von *Key Performance Indicators (KPI)*. Sie zielen darauf ab, in Form eines KPI-Baumes aus einem Oberziel nachgeordnete Teilziele für einzelne Organisationsebenen und -einheiten abzuleiten. Am Beispiel eines Verkehrssystems wie der Bahn verdeutlicht, bedeutet dies, dass das kundenorientierte strategische Geschäftsziel Pünktlichkeit herunterzubrechen ist auf die Verfügbarkeit der Züge und der Mitarbeiter, die ordnungsgemäße Zusammenstellung der Züge ohne betriebstechnische Mängel sowie die entsprechende Wartung der Züge zum Erreichen einer hohen Einsatzbereitschaft. Der Vorteil einer derartigen Werttreiber-Analyse und Umsetzung liegt darin, dass eine funktional fragmentierte Organisationsstruktur stärker kunden- und prozessorientiert ausgerichtet wird, dass Informationen eher bedarfsgerecht für diese Steuerungszwecke angefordert werden sowie verfügbar sind und dass eine traditionelle Kostenrechnung durch eine Prozesskostenrechnung ergänzt wird. Insgesamt kann dadurch erreicht werden, dass durch das Herausarbeiten der erfolgsbestimmenden Faktoren eine bessere Kenntnis über wertsteigendernde Ursachen-Wirkungs-Beziehungen auf allen Unternehmensebenen besteht bzw. zunächst entsteht. Zusätzlich lassen sich hieraus klare Entscheidungskriterien für die Ausrichtung und den Einsatz von Ressourcen ableiten. Das Handeln von Führungskräften und Mitarbeitern wird damit stärker auf diese Erfolgsgrößen konzentriert. Im Ergebnis ist so eine gezielte Steigerung des Unternehmenserfolges und -wertes möglich. A.T.

Literatur: *Gouillart, F. J.; Kelly J.N.:* Business Transformation. Die besten Konzepte für Ihr Unternehmen, Frankfurt 1999. *Kaplan, R.S.; Norton, D.P.:* Balanced Scorecard – Strategien erfolgreich umsetzen, Stuttgart 1997. *Töpfer, A.:* Der Einsatz der Balanced Scorecard im Handel, in: *V. Trommsdorff* (Hrsg.): Handelsforschung 1999/2000 – Verhalten im Handel und gegenüber dem Handel, Wiesbaden 2000, S. 13–33.

Wertwerbung
→ Zugaben (Produktzugaben)

Wettbewerb

1. Wettbewerb im *volkswirtschaftlichen Sinne* ist ein freier und anonymer *Marktmechanismus* („*invisible hand*", A. Smith), bei dem die Kaufakte der Käufer darüber entscheiden, was, wie und für wen in einer Volkswirtschaft produziert werden soll (→ Markt). Funktionsfähiger Wettbewerb sorgt dafür, daß die z.B. durch → Innovationen bedingten temporären Monopole der → Pionierunternehmen im Lauf der Zeit verloren gehen, weil andere Unternehmen (Imitatoren) nachziehen (*Schumpeter*). Der Staat sorgt durch ordnungspolitische Rahmenbedingungen im → Wettbewerbsrecht für faire Wettbewerbsbedingungen und Vermeidung von → Wettbewerbsbeschränkungen, etwa durch → Kartelle. Teilweise wird der Wettbewerb dabei bewußt geschürt (z.B. Verbot der → Preisbindung), teilweise aus übergeordneten oder langfristigen Erwägungen aber auch eingedämmt (z.B. durch → Markenrecht, → Patentrecht). Entscheidend ist die langfristige Funktionsfähigkeit, die n.h.M. nicht mehr allein an der → Marktstruktur, sondern am Erreichen der Wettbewerbsziele (z.B. → Versorgungsqualität, → Markttransparenz, → Innovationshöhe) festgemacht werden kann. Dabei soll es sich stets um einen „*Leistungswettbewerb*" handeln, der im Gegensatz zum Nicht-Leistungswettbewerb, etwa in Form machtbedingter Verdrängung, steht. Die Wettbewerbsleistung kann allerdings letztlich nur subjektiv, über das Kaufverhalten der Abnehmer festgemacht werden.

2. im *einzelwirtschaftlichen Kontext* des → Marketing bedeutet Wettbewerb *marktbezogenes Verhalten*, nämlich das Ringen der Anbieter um die Gunst der Kunden bzw. um alle knappen Ressourcen, durch welche die Gunst der Kunden besser erreicht werden kann. Das Unternehmen trägt damit dem im → Strategischen Dreieck konzeptionalisierten Grundprinzip des Marketing Rechnung, den Marktauftritt sowohl an den Anforderungen der Abnehmer (Absatzmittler wie Endkunden) als auch den eigenen spezifischen Fähigkeiten und → Wettbewerbsvorteilen gegenüber Konkurrenten auszurichten (→ Strategisches Marketing).
Grundlage dafür schafft eine systematische *Wettbewerbsanalyse* (→ Kundenanalyse, → Konkurrenzforschung, → Branchenstrukturanalyse), durch welche die jeweilige → Wettbewerbsdynamik aufgedeckt und entsprechende → Wertschöpfungsketten (struktureller Aspekt) und → Wettbewerbsstrategien (prozessualer und instrumenteller Aspekt) entwickelt werden können. Hierfür dient der Einsatz des → Marketing-Mix, das immer auch wettbewerbsstrategisch überdacht und ausgestaltet werden muß. Wettbewerbsverhalten umfasst insofern keineswegs nur den Einsatz der → Preispolitik bzw. → Preisstrategie, sondern auch anderer → Marketing-Instrumente. Unternehmen stehen so in vielfältigen Wettbewerbsdimensionen in Konkurrenz zueinander, etwa im → Preis-, Qualitäts- und Innovations-, → Werbe- oder → Regalplatzwettbewerb. Das Wettbewerbsverhalten wird dabei nicht zuletzt vom jeweiligen Entwicklungsstand des → Produktlebenszyklus beeinflusst (→ Wettbewerbsstrategie im Lebenszyklus). Eine wegen der beschleunigten → Marktdynamik immer wichtigere Dimension des Wettbewerbsverhaltens betrifft

die → Flexibilität und Schnelligkeit des Marktauftrittes (→ Zeitwettbewerb). Von → Hyperwettbewerb wird hierbei dann gesprochen, wenn Unternehmen Fähigkeiten entwickeln, schnell auf neue → Wettbewerbsspielregeln zu reagieren, also auf einer Metaebene höhere Wettbewerbsfähigkeiten aufweisen

Jeder Wettbewerber kann eine bestimmte → Marktaggressivität entwickeln, die wiederum stark von seiner → Marktmacht abhängt (s.a. → Angriffsstrategie). Aus diesem Grunde stehen die Unternehmen auch in einem permanenten → Größenwettbewerb, bei dem um bessere Kosten- oder Marktpositionen gerungen wird. Nicht selten kommt es dabei auch zur (partiellen) → Kooperation zwischen Wettbewerbern (→ *Coopetition* = cooperation + competition), etwa im Bereich der → Forschung und Entwicklung oder des Vertriebs (z.B. → Finanzdienstleistungswettbewerb). Komplexere Wettbewerbsbeziehungen entstehen, wenn sich → strategische Gruppen mit jeweils ähnlichen Wettbewerbsstrategien von anderen Anbietergruppen absetzen, oder wenn horizontale oder vertikale → Verbundgruppen als Wettbewerber auftreten.

Theoretisch wird der Wettbewerb innerhalb der → Marketing-Theorie einerseits in deskriptiven Modellen der *Wettbewerbsmessung*, etwa → Positionierungsmodellen oder → Wettbewerbsindizes, andererseits in Modellen der → Spiel-, → Institutionen- und → Informationsökonomie (z.B. → Werbeökonomie, → Kundenbindung) behandelt. Die Diskussion der wettbewerbsstrategischen Optionen erfolgt im Rahmen des → strategischen Marketing, speziell der → Wettbewerbsstrategie. Die Erfolgsträchtigkeit derartiger Strategien analysiert die → Erfolgsfaktorenforschung auf empirischem Wege. H.D.

Literatur: *Bartling, H.*: Leitbilder der Wettbewerbspolitik, München 1980. *Görgen, W.*: Strategische Wettbewerbsforschung, Bergisch Gladbach 1992. *Meffert, H.*: Strategische Unternehmensführung und Marketing, Wiesbaden 1988. *Nalebuff; A.*: Coopetition – Kooperativ konkurrieren, Frankfurt 1996. *Neumann, M.*: Wettbewerbspolitik. Geschichte, Theorie und Praxis, Wiesbaden 2000.

Wettbewerbsdynamik

→ Wettbewerb ist kein statisches Phänomen, sondern besitzt dynamischen Charakter (→ Marktdynamik; → Zeitwettbewerb). Die Determinanten des Wettbewerbs ebenso wie die relativen Gewichtungen sind dynamischen Veränderungen unterworfen. Wichtige Determinanten sind:

1. Das *Konsumentenverhalten*: → Wertewandel, Lernen der Konsumenten und Änderungen der Nachfragestrukturen beeinflussen die Wettbewerbsdynamik.

2. *Neue Wettbewerber*: Die → Globalisierung des Wettbewerbs, → Diversifikation anderer Unternehmen und das Auftauchen neuer Wettbewerbstypen mit neuen strategischen Ansätzen (→ Hyperwettbewerb) verändern die Wettbewerbsstruktur (→ Marktevolution) und internationalisieren den Wettbewerb. Internationalisierung des Wettbewerbs bedeutet, dass nationale Grenzen ihre Bedeutung verlieren. Die Unternehmen operieren nicht mehr nur in ihren Heimatmärkten, sondern expandieren in ausländische Märkte. In den meisten Branchen sind heute die wichtigsten Konkurrenten auf allen Märkten – Europa, Amerika und Japan – präsent (→ Globalisierungsstrategie). Eine echte Internationalisierung des Wettbewerbs ist nur möglich, wenn die nationalen Märkte offen werden für ausländische Anbieter und der Protektionismus weltweit zurückgeht.

3. Die *Innovationsdynamik*: Unterschiedliche Typen von Innovationen beeinflussen die Wettbewerbsentwicklung (→ Innovationsmanagement). Produkt- und Prozessinnovationen sind Einflussfaktoren, aber auch Management- und Marketinginnovationen spielen eine wichtige Rolle.

4. Die *Kostendynamik*: Im Rahmen der Kostendynamik beeinflussen insb. die Entwicklung der Faktorkosten, Economies of Scale, Erfahrungskurveneffekte den Wettbewerb.

5. *Staatliche Maßnahmen*: Gesetzgeberische Maßnahmen wie Deregulierung oder Sicherheitsanforderungen, staatliche Informationspolitik und die Rolle des Staates als Nachfrager beeinflussen ebenfalls die Entwicklung des Wettbewerbs.

Die häufig als Einflussfaktor herangezogene Stellung eines Produktes oder einer Branche im → Lebenszyklus ist dagegen eher ein Indikator der Wettbewerbsdynamik und keine Determinante. Dennoch hat die Lebenszyklusphase einen großen Einfluss auf die Wettbewerbsstrategie, da sie eine wichtige Kenngröße für die Branchenstruktur darstellt. Die Unternehmen können dabei die Faktoren der Wettbewerbsdynamik teilweise selbst beeinflussen. Gezieltes → Innovationsmanagement kann es einem Unternehmen z.B. ermöglichen, die technologische Führerschaft in einer Branche zu übernehmen und den Industriestandard zu bestimmen. Die durch einen oder mehrere Faktoren ausgelöste Änderungen des Wettbewerbs können sowohl evolutionärer als auch umwälzender Natur sein. Gravierende Änderungen führen dabei i.d.R. zu → Shake-Out-Phasen, die durch das Ausscheiden einzelner oder mehrerer Unternehmen gekennzeichnet sind, die den Entwicklungen nicht folgen können.   R.N.

Wettbewerbsindex
rechnerische Hilfsmittel für die Festlegung von solchen kostenbedingten → Preisänderungen (Kostenüberwälzungen) in oligopolistischen Märkten, die keine Gegenreaktion der Wettbewerber hervorrufen, also wettbewerbsneutral erfolgen sollen. Diese Situation liegt in praxi häufig vor, weil der Kampf um die Marktanteile aus vielerlei Gründen dort lieber mit anderen Instrumenten als dem Preis, z.B. der Produktausstattung oder dem Serviceniveau, ausgetragen wird. Für die Preispolitik bedeutet dies, dass die Preisrelationen der Anbieter vor und nach einer Preiserhöhungsrunde gleich ausfallen sollten. Die zur Bestimmung dieser Preise erforderlichen Rechenschritte werden von *Höhn* (1982) dargelegt und von *Jacob* (1985, S. 113 ff.) für den Pkw-Markt aufgegriffen und exemplarisch angewendet.
(1) In einem ersten Schritt werden die *Kostenstrukturen* und *Rationalisierungspotentiale* aller Anbieter analysiert sowie Prognosen über die voraussichtliche Entwicklung dieser Größen abgegeben.
(2) Aus diesen Daten lassen sich in einem zweiten Schritt die *Kostenüberwälzungsraten* berechnen, also jene Preiszuschläge auf die gegenwärtigen Preise, die zur Überwälzung der Kostensteigerungen erforderlich sind. Diese berechnet sich durch Gewichtung der Änderungsraten mit den Kostenanteilen, korrigiert um die voraussichtlichen Rationalisierungsraten.
(3) Im nächsten Schritt werden zu erwartende oder in der Vorperiode bereits aufgelaufene *Wechselkursveränderungen* eingerechnet und die Kostenüberwälzungsraten mit den Auf- bzw. Abwertungsraten multipliziert.
(4) Die *vorläufige Berechnung der neuen Preise* erfolgt durch Multiplikation der bisherigen mit den Kostenüberwälzungsraten.

(5) Mit Hilfe eines *Wettbewerbsindex* nach der Formel (p_i / p^* x 100), wobei p_i den Preis des Anbieters i und p^* den Durchschnittspreis aller Anbieter symbolisiert, erkennt man, wie stark die gegenwärtigen Preisrelationen kräftig verschoben würden.
(6) Man korrigiert deshalb den vorläufigen Preis p_i zu p_i' nach folgender Formel zum endgültigen, wettbewerbsneutralen neuen Preis p_i':

p_i' = (Wettbewerbsindex i × Σerwart. Konkurrenzpreis) / (I – 1) × 100

mit I = Anzahl aller Wettbewerber.
(7) Ergibt sich nach Umrechnung ein höherer Preis, als er allein durch die Kostenüberwälzung gerechtfertigt wäre, so kann der Unterschied (statt in Preisangriffe) in andere Marketingbereiche investiert oder als Zusatzgewinn kalkuliert bzw. als kalkulatorische „Reserve" für spätere Preisauseinandersetzungen eingesetzt werden. Umgekehrt werden Unternehmen, denen keine volle Kostenüberwälzung gelingt, verstärkt nach Rationalisierungsmöglichkeiten suchen bzw. Kundenpräferenzen entwickeln müssen, welche ein zusätzliches Preispremium zulassen.
Wichtig für das Verständnis des Wettbewerbsindex ist der Umstand, dass nicht nach einem Indexwert von 100 gestrebt wird. Vielmehr kommen in den vorhandenen Abweichungen davon die individuellen Präferenzvorsprünge zum Vorschein. Eine wettbewerbsneutrale Preisänderung lässt dieses Preispremium prozentual zum dann insgesamt höheren Preisniveau bestehen.   H.D.
Literatur: *Diller, H.:* Preispolitik, 4. Aufl., Stuttgart 2000, S. 231 ff. *Jacob, H.:* Preisbildung und Preiswettbewerb in der Industriewirtschaft. Eine empirische Untersuchung, in: FIW-Schriftenreihe, Heft 111, Köln usw. 1985.

Wettbewerbsreaktion
→ Konkurrenzforschung

Wettbewerbsrecht
Im Wettbewerbsrecht ist → Wettbewerb definiert als das Streben mehrerer Unternehmen, auf einem gemeinsamen Markt mit möglichst vielen Kunden abzuschließen. Typisch für den Wettbewerb ist das Konkurrenzverhältnis zwischen dem am Leistungsaustausch beteiligten Unternehmen mit anderen Unternehmen und das Bestreben, den Absatz der eigenen Produkte oder Dienstleistungen vor anderen zu fördern. Der Wettbewerb ist wesentlicher Bestand-

teil der Marktwirtschaft. Nach dem Grundsatz der Freiheit des Wettbewerbs in den Grenzen der geltenden Gesetze kann sich grundsätzlich jedermann frei im Wettbewerb betätigen, wenn dem nicht staatliche Vorschriften entgegenstehen. Auswüchse des Wettbewerbs sind durch staatliches Handeln zu korrigieren. Durch das →UWG (Gesetz gegen den unlauteren Wettbewerb) aus dem Jahre 1909 werden allgemein alle Wettbewerbshandlungen im geschäftlichen Verkehr verboten, die gegen die guten Sitten verstoßen (→ unlauterer Wettbewerb, § 1 UWG). Neben § 1 UWG bestehen Sondertatbestände.

Das → GWB (Gesetz gegen Wettbewerbsbeschränkungen) dient der Förderung und Sicherung des Wettbewerbs. Ziel des Gesetzes ist der Schutz der Wettbewerbsfähigkeit der Unternehmen, insb. die Erhaltung der Entscheidungs- und Handlungsfreiheit der Unternehmen auf wirtschaftlichem Gebiet. Die Gesamtheit der den Wettbewerb betreffenden Rechtssätze wird als Wettbewerbsrecht bezeichnet. Dazu gehören insb. das UWG und das GWB, ferner die Wettbewerbsvorschriften der europäischen Gemeinschaften (→ EG-Kartellrecht). GWB und UWG haben sich, insb. was den Fall des → Behinderungswettbewerbs anbetrifft, in der letzten Zeit verstärkt angenähert. Unverkennbar bestehen Wechselbeziehungen zwischen GWB und UWG in der Weise, dass die Wertung des einen Gesetzes bei der Anwendung des anderen Gesetzes nicht ohne weiteres übergangen werden können. Ein Beispiel sind die → Wettbewerbsregeln nach § 24 GWB. Diese sollen das Marktverhalten von Unternehmen im Wettbewerb regeln, und zwar den unlauteren Wettbewerb verhindern und leistungsgerechten Wettbewerb fördern. In der Bekämpfung von Wettbewerbsverzerrungen und damit der Sicherung des Leistungswettbewerbs dient auch der Beispielskatalog des BWM und die gemeinsame Erklärung von Spitzenorganisationen der gewerblichen Wirtschaft (→ Sündenregister). H.-J.Bu.

Literatur: *Bunte:* Wettbewerbsrecht (UWG/GWB) und gewerblicher Rechtsschutz, 1997. *v. Gamm:* Wettbewerbsrecht, 5. Aufl., 1987. *Gloy:* Handbuch des Wettbewerbsrechts, 2. Aufl., 1997.

Wettbewerbsregeln

sind von der Wirtschaft selbst geschaffene Bestimmungen i.S. von § 24 → GWB, die das marktbezogene Verhalten von Unternehmen im Wettbewerb regeln. Wettbewerbsregeln sollen ein Verhalten im Wettbewerb anregen, das den Grundsätzen eines lauteren und leistungsgerechten Wettbewerbs entspricht. Sie können von Wirtschafts- und Berufsvereinigungen für deren Bereich aufgestellt und von der Kartellbehörde in das Register für Wettbewerbsregeln eingetragen werden. Inhaltlich können Wettbewerbsregeln Verbote und Gebote in Übereinstimmung mit den bestehenden Gesetzen und den von der Rechtsprechung entwickelten Grundsätzen enthalten. Sie konkretisieren unter Rückgriff auf die Rechtsprechung, dass eine bestimmte unternehmerische Verhaltensweise allgemein oder nach den Besonderheiten des Wirtschaftszweiges als unlauter oder nichtleistungsgerecht beurteilt wird. Dabei können auch Handelsbräuche und die in einer Branche bestehenden Üblichkeiten berücksichtigt werden.

Von dieser Möglichkeit der Selbstverwaltung der Wirtschaft wurde durchaus Gebrauch gemacht. Es gibt ca. 90 Wettbewerbsregeln. In den besonders bedeutsamen Wettbewerbsregeln des Markenverbandes, die rund 30 Verbände übernommen haben, werden bspw. Anzapfversuche, freiwillige Sonderleistungen und Schaufenster-, Regal- und sonstige Platzmieten für den Händler, Sonderprämien für den Abnehmer sowie unentgeltliches Überlassen von Lieferantenpersonal an den Händler und von Display-Artikeln mit Zweitnutzen unter bestimmten Umständen als unlauter beschrieben (→ Sündenregister). Zur Sicherung des Leistungswettbewerbs wird in den genannten Wettbewerbsregeln des Markenverbandes die Verwendung von Phantasiepreisen als Missbrauch einer Freistellung und von Mogelpackungen als Verstoß gegen das → Eichgesetz bezeichnet.

Gegenüber Regeln zur Preisbildung sind die Kartellbehörden sehr zurückhaltend, weil damit das entscheidende Wettbewerbselement der Marktwirtschaft, der Preis, berührt wird. Wettbewerbsregeln enthalten aber durchaus Bestimmungen zur Preisgestaltung, z.B. zur Kalkulation der Selbstkosten. Auch eine „ordnungsmäßige Kalkulation" kann geregelt sein. Häufig wird in den Wettbewerbsregeln aber der Werbungswettbewerb und der Nebenleistungswettbewerb reguliert, bspw. in Bestimmungen über irreführende Angaben, Verwendung von Gutachten und Schrifttum, Laienwerbung und Versprechen von Vermittlungsprovision, sowie Begrenzung von Werbegeschenken, Warenproben, Aufwendungen für Besucher und Kongressteilnehmer sowie Verbote der Rabatt- und Zugabengewährung. Wettbewerbsregeln sind keine Rechtsnormen. Mit der Anerkennung sind die Verbandsmitglieder nicht verpflichtet, die Wettbewerbsregeln einzuhalten. Durch besondere Vereinbarung können sich die einzelnen Unternehmen auf die Einhaltung der Wettbewerbsregeln festlegen. Nach § 24 Abs. 3 GWB können entsprechende Verträge oder Beschlüsse ausdrücklich vom Kartellverbot des § 1 GWB ausgenommen werden. Solche Vereinbarungen sind in der Praxis selten. Als solche verpflichten Wettbewerbsregeln Wettbewerber nur, wenn das beschriebene Wettbewerbsverhalten zugleich gegen ein Gesetz, insb. das → UWG, verstößt. Dies ist nicht immer der Fall, weil Wettbewerbsregeln es ermöglichen, im Vorfeld des UWG (sog. „Grauzone") Verhaltensweisen im Wettbewerb zurückzudrängen, die zur Wettbewerbswidrigkeit neigen und deren Ausschaltung den Leistungswettbewerb stärkt.

H.-J.Bu.

Wettbewerbsspielregeln

im Konzept des → Hyperwettbewerbs gebräuchlicher Begriff zur Charakterisierung der in einer bestimmten Branche allgemein akzeptierten und gebräuchlichen Strategien und Verhaltensweisen der Anbieter am Markt, z.B. hinsichtlich der Vertriebswege (z.B. stationäres Bankgeschäft), der → Garantiedauer (z.B. nicht über gesetzliche Dauer hinaus), der → Preisführerschaft oder der → Preissysteme. Sie beruhen entweder auf rechtlichen Rahmenbedingungen oder Branchenusancen, werden aber bei hoher → Wettbewerbsdynamik zunehmend in Frage gestellt, um Spielraum für neue → Wettbewerbsstrategien zu finden.

H.D.

Wettbewerbsstrategie

Die Wettbewerbsstrategie als Teil des → Strategischen Marketing ist dadurch gekennzeichnet, dass ein Unternehmen seine Strategie nicht isoliert entwickelt, sondern im Sinne der Marktorientierung am gesamten relevanten Marktumfeld (Kunden, Konkurrenten, Absatzmittler) ausrichtet (s.a. → Marktinvestition). Ziel der Wettbewerbsstrategie ist die Erreichung bzw. Verteidigung einer gewinnoptimalen Position innerhalb einer Branche bzw. deren → Wertkette. Bestimmungsfaktoren der Wettbewerbsstrategie sind auf der einen Seite die Branchenstruktur und auf der anderen Seite die relative Position im Vergleich zu den Konkurrenten. Die Branchenstruktur wird nach *Porter* im Wesentlichen durch fünf Wettbewerbskräfte determiniert (→ Branchenstrukturanalyse):

1. *Verhandlungsstärke der Abnehmer*:
2. *Verhandlungsstärke der Lieferanten*:
3. Bedrohung durch *neue Konkurrenten*:
4. Gefahr durch *Substitutionsprodukte*:
5. Der *Grad der Rivalität zwischen existierenden Wettbewerbern*:

Die Rentabilität innerhalb einer Branche hängt ebenfalls von dem Grad der aktuellen Wettbewerbsintensität ab, der zwischen friedlich und kriegerisch variieren kann (→ Marktaggressivität). Wichtig ist i.d.R. die Frage, mit welchen Instrumenten der Wettbewerb primär ausgetragen wird. Bei vorherrschendem → Preiswettbewerb befinden sich alle Unternehmen bis auf den Kostenführer in einer schwierigen Situation. Bei Wettbewerb über vorwiegend nichtpreisliche Instrumente sind die Rentabilitätserwartungen meistens besser (→ Werbewettbewerb, → Preis-Qualitäts-Strategie, → Regalplatzwettbewerb, → Marketing-Logistik-Strategie).

Neben der Branchenstruktur ist für die Wettbewerbsstrategie des Unternehmens entscheidend, welche relative Wettbewerbsposition es einnimmt (→ Wettbewerbsvorteil). Der gedankliche Rahmen zur Beantwortung dieser Frage ist das → strategische Dreieck. Die eigene Leistungsfähigkeit, die Leistungsfähigkeit der Konkurrenz sowie die Erwartungen und Wahrnehmungen der Kunden beeinflussen gleichermaßen die Wettbewerbsstrategie eines Unternehmens. Ein wichtiger Punkt ist hierbei die Wahrnehmung des Kunden. Es kommt neben der objektiv-technischen Leistungsfähigkeit auch auf die vom Kunden wahrgenommenen Stärken und Schwächen an, also auf die subjektiv wahrgenommene Leistungsfähigkeit. Die erhobenen Anforderungen und die wahrgenommen Leistungen des Unternehmens werden aus Marktsicht in der so genannten *Wettbewerbsvorteilsmatrix* zusammengefasst. Bei einem idealen Profil bestehen überlegene Leistungen bei wichtigen Anforderungen. Im Sinne der Konzentration der Ressourcen auf diese Wettbewerbs-

Wettbewerbsvorteilsmatrix

Wettbewerbsvorteilsmatrix

Wichtigkeit (Nachteile / Vorteile):
- 1. Preis — •1 (Nachteile)
- 2. Qualität — •2 (Vorteile)
- 3. Termintreue — •3 (Nachteile)
- 4. Marke — •4 (Vorteile)
- 5. Beziehungsmanagement — •5 (Vorteile)
- 6. Systemangebote — •6 (Nachteile)

Relative Leistung: "o.k." / "zu gut"

Stärken
- Qualität
- Marke
- Beziehungen

Schwächen
- Preis
- Termintreue

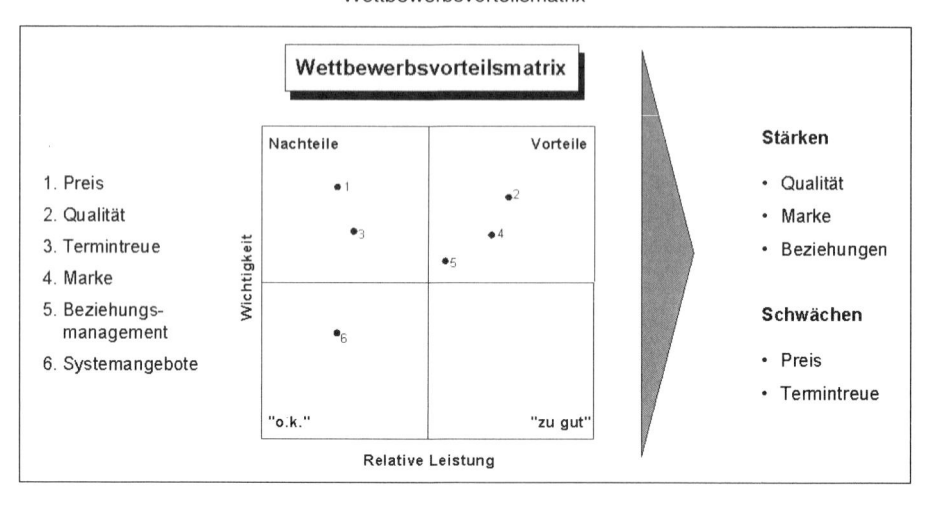

vorteile ist eine unterdurchschnittliche Leistung bei weniger wichtigen Faktoren akzeptabel. Die in der *Abbildung* dargestellte Wettbewerbsvorteilsmatrix verdeutlicht, dass das analysierte Unternehmen bei den Faktoren Qualität, Marke und Beziehungen einen strategischen Vorteil besitzt. Bei den Faktoren Preis und Termintreue besteht aus Marktsicht Verbesserungspotenzial. Diese Form der Darstellung erlaubt erste Hinweise auf Stellschrauben bei der Verbesserung der Wettbewerbsfähigkeit aus marktorientierter Kunden- und Nicht-Kundensicht. Diese Darstellung wird ebenfalls für wichtige Wettbewerber in der entsprechenden Branche erhoben. Auf diese Art und Weise erhält man zudem Auskunft über die Wettbewerbsfähigkeit der Konkurrenten (s.a. → Konkurrenzforschung).

Basis für den letztlichen Erfolg der Wettbewerbsstrategie ist die positive Differenzierung eines Unternehmens von seinen Konkurrenten, es benötigt einen strategischen Wettbewerbsvorteil. In Analogie zur Evolutionstheorie muss ein Unternehmen mindestens einen strategischen Wettbewerbsvorteil besitzen, um langfristig überleben zu können. *Porter* unterscheidet auf Basis des strategischen Dreiecks drei Basisformen von Wettbewerbsstrategien:
– die Strategie der → Kostenführerschaft,
– die → Differenzierungsstrategie und
– die Konzentration auf ganz bestimmte Marktsegmente (→ Marktsegmentierung, → Nischenstrategie), womit im Grunde an die im Rahmen der Marktsegmentierung entwickelten Optionen angeknüpft wird.

Weitere Unterscheidungen zielen auf die *Art der Marktstimulierung* bzw. den primär eingesetzten *Wettbewerbsvorteil* ab. Hiernach lassen sich naturgemäß vielfältige strategische Stoßrichtungen definieren, z.B.
→ Niedrigpreisstrategie
Präferenzstrategie (→ Präferenzpolitik)
Erlebnisstrategie (→ Erlebnis-Marketing)
→ Direktmarketing-Strategie usw.

Eine aufgrund der → Wettbewerbsdynamik wichtige wettbewerbsstrategische Dimension stellt das strategische Timing dar (→ Zeitwettbewerb). Insbesondere in Investitionsgüter-Märkten ist sie eng mit den Optionen der → Technologie-Strategie verknüpft. Ferner spielt die Lebenszyklusphase eine wichtige Rolle (→ Wettbewerbsstrategie im Lebenszyklus).

Weiteren Spielraum erhält die Wettbewerbsstrategie durch den Grad der Anpassung bzw. Abhebung vom branchenüblichen Marktauftritt (Originalität; → Imitationsstrategie) und von der Angriffsfreude (offensiv/defensiv) gegenüber Mitwettbewerbern (→ Marktaggressivität). Diesbezüglich werden gelegentlich Analogien zur *Militärtheorie* entwickelt, deren Aussagekraft allerdings umstritten ist. Beispiele aus dem Bereich der → Angriffstrategie sind:

– Konfrontationsstrategie,
– Umzingelungsstrategie,
– Flankenangriff und
– Guerillastrategie.

Naturgemäß bringen Unternehmen unterschiedliche *Voraussetzungen* für verschiedene Wettbewerbsstrategien mit. *Kotler* unterscheidet diesbezüglich:
- Marktführer (Marktanteil zusammmen ca. 40%)
- Marktherausforderer (ca. 30%)
- Marktmitläufer (ca. 20%)
- Marktnischenbearbeiter (ca. 10%)

In jeder dieser Gruppen sind bestimmte Marketing-Mixes zweckmäßig, z.B. hinsichtlich der unterschiedlichen potenziellen Strategieansätze.

Informationsgrundlage für die Definition der Wettbewerbsstrategie eines Unternehmens ist die genaue Analyse aller Einflussfaktoren des Wettbewerbs. Die → Kunden und → Konkurrenzanalyse müssen integraler Bestandteil der → strategischen Marktforschung sein und kontinuierlich durchgeführt werden. Auch die eigene Leistungsfähigkeit muss aus Sicht der Kunden gemessen werden. Generell ist es wichtig, dass alle Informationen und Basisannahmen, die in die Definition der Wettbewerbsstrategie eingeflossen sind, kontinuierlich überprüft werden, da die Einflussfaktoren dynamischen Charakter besitzen (→ Wettbewerbsdynamik).

Eine Wettbewerbsstrategie muss jedoch nicht nur gegen die Konkurrenten gerichtete Aktionen enthalten. Gleichermaßen kann in einer erfolgreichen Wettbewerbsstrategie auch festgeschrieben sein, in welchem Ausmaß und mit welchen Zielen bspw. eine → Kooperation mit Konkurrenzunternehmen realisiert wird („Coopetition"). R.N.

Literatur: *Ansoff, H.I.:* Strategic Management, London 1990. *Becker, J.:* Marketing-Konzeption, 6. Aufl., München 1998. *Kotler, Ph.; Bliemel, F.:* Marketing-Management, 10. Aufl., Stuttgart 2001. *Porter, M.:* Wettbewerbsstrategie, 10. Aufl., Frankfurt a. M. 1999. *Porter, M.:* Wettbewerbsvorteile, 6. Aufl., Frankfurt a. M. 2000.

Wettbewerbsstrategie im Lebenszyklus

Im → Lebenszyklus von Produkten verändern sich die den Wettbewerb bestimmenden Faktoren (→ Wettbewerbsdynamik, → Hyperwettbewerb) und konstituieren unterschiedliche Marktsituationen. Damit ergeben sich Auswirkungen auf die → Wettbewerbsstrategie. Die wichtigsten Startegietypen, die sich den Lebenszyklusphasen zuordnen lassen, sind:

1. Wettbewerbsstrategien in *jungen Märkten*: Das Kernproblem in jungen Branchen, die am Anfang ihres Lebenszyklus stehen, ist das Fehlen von fest definierten Regeln für das Wettbewerbsverhalten. Ziel der Wettbewerbsstrategie ist in dieser Situation die Etablierung von Verhaltensregeln, die die Attraktivität der Branche sichern. Problematisch ist die sehr hohe Unsicherheit bezüglich der weiteren Branchenentwicklung auf den Dimensionen Technologie, Wettbewerber- und Konsumentenverhalten, die dazu führen, dass die Wettbewerbsstrategie durch ein Höchstmaß an Flexibilität gekennzeichnet sein muss, damit das Unternehmen schnell auf mögliche Änderungen reagieren kann. Im Vordergrund der Wettbewerbsstrategie stehen in dieser Phase die Technologie und der Kunde, da es primär um die Steigerung der Kundenakzeptanz und die Marktpenetration des neuen Produktes geht. Aufgrund des Gesamtmarktwachstums ist eine Umsatzausweitung für alle Anbieter möglich. Ziel der Wettbewerbsstrategie in dieser Phase ist die Etablierung der eigenen Technologie als Industriestandard (→ Technologie-Strategie) und der Aufbau von → Wettbewerbsvorteilen. Der Imageaufbau ist in dieser Phase einfacher, da die Kunden noch keine festen Vorstellungen von der Leistungsfähigkeit der Anbieter haben, so weit sie nicht frühere Erfahrungen aus anderen Industrien übertragen.

2. Wettbewerbsstrategien in *reifen Märkten*: Reife Märkte sind dadurch gekennzeichnet, dass sich relativ feste Verhaltensregeln für alle Marktteilnehmer herauskristallisiert haben. Viele Unsicherheitsfaktoren sind beseitigt und insb. auf der technischen Seite hat sich ein Standard durchgesetzt. Die Wachstumsraten des Gesamtmarktes sind nur noch sehr gering oder gleich Null (→ Marktstagnation), so dass eigenes Wachstum nur noch auf Kosten von Konkurrenzunternehmen möglich ist (→ Nullsummenwettbewerb). In dieser Phase ist daher besonders wichtig, über ausgeprägte → Wettbewerbsvorteile zu verfügen. Hauptziel der Wettbewerbsstrategie ist es, die Position des Unternehmens zu konsolidieren und die Rentabilität zu sichern. Im Mittelpunkt der Strategie stehen damit die Konkurrenzunternehmen und die Sicherung der eigenen Position.

3. Wettbewerbsstrategien in *schrumpfenden Märkten* (→ Marktschrumpfung): Schrumpfende Märkte sind durch einen Rückgang der Gesamtnachfrage gekennzeichnet, die bei nahezu allen Anbietern negative Umsatzaus-

wirkungen hat. Die Rentabilität hängt stark von einem effizienten Kostenmanagement ab. Die kritische Frage in dieser Phase ist die nach dem richtigen Austrittszeitpunkt (→ Marktaustritt). Die Beantwortung dieser Frage hängt von einer Reihe verschiedener Faktoren ab. Dazu gehören die Erwartungen bezüglich der weiteren Branchenentwicklung, die Preiselastizität der Nachfrage, die Verhaltensweise der Konkurrenten, die eigenen Wettbewerbspositionen und die internen strategischen Prioritäten. Generell kann man sagen, dass der eigene Austritt um so eher kommen sollte, je schwächer die eigene Position ist und je weniger günstig die Zukunftsprognosen für die weitere Marktentwicklung sind.
R.N.

Wettbewerbsstrukturanalyse
→ Konkurrenzforschung

Wettbewerbsverbot

ist die vertragliche oder gesetzliche Verpflichtung einer Person, keinen gewerblichen → Wettbewerb zu einem Unternehmer zu betreiben. Das Wettbewerbsverbot ergibt sich während des Bestehens eines Dienstverhältnisses aus der Treuepflicht (vgl. § 60 HGB), nach seiner Beendigung aus einem eventuell vertraglich begründeten Wettbewerbsverbot (§ 74 HGB). Einem Wettbewerbsverbot unterliegt auch der Gesellschafter einer OHG, ebenso der Komplementär einer KG nach §§ 112, 113 HGB. Derartige Wettbewerbsverbote im Arbeitsrecht und Gesellschaftsrecht sind zwar nicht generell vom Kartellverbot des § 1 → GWB freigestellt, werden aber von der Rechtsprechung als wirksam anerkannt. Problematisch sind Wettbewerbsverbote in Veräußerungsverträgen über ein Unternehmen oder eine Unternehmensbeteiligung und in reinen Austauschverträgen, z.B. in Lizenzverträgen. Die Rechtspraxis ist insoweit noch nicht gesichert. Es lässt sich wohl eine Tendenz absehen, derartige Wettbewerbsverbote für rechtlich zulässig zu halten, wenn diese notwendig sind, um den Vertragszweck zu erreichen, und sie sich auch hinsichtlich Dauer und Umfang an dem orientieren, was notwendig ist. Als Faustformel kann gelten, dass Wettbewerbsverbote bei Veräußerung von unter zwei Jahren in der Regel unproblematisch, von über fünf Jahren dagegen in der Regel problematisch sind und in den Zeiträumen zwischen zwei oder fünf Jahren die Erforderlichkeit zur Sicherstellung des Vertragszweckes im Einzelfall zu prüfen ist. Eine Beschränkung auf das Notwendige ist in zeitlicher, örtlicher und gegenständlicher Hinsicht zu prüfen. Eine rein zeitliche Überdehnung führt die Rechtsprechung im Wege der sog. geltungserhaltenden Reduktion auf das zeitlich zulässige Maß zurück.
H.-J.Bu.

Wettbewerbsvorteil, strategischer (Komparativer Konkurrenzvorteil, KKV)

grundlegendes Konzept aus dem → strategischen Marketing, nach dem der Unternehmenserfolg davon abhängt, ob es gelingt, den Kunden mit dem eigenen Leistungsangebot einen höheren → Nutzen, auch → USP (Unique Selling Proposition, einzigartiges Verkaufsversprechen) genannt, zu stiften als die Wettbewerber. Dies wiederum setzt spezifische Fähigkeiten und Ressourcen der Unternehmung voraus, solche Angebote zu ermöglichen ("*Wettbewerbsfähigkeit*", "*Strategische Erfolgsposition*"). Sie bilden soz. die Quelle für den Wettbewerbserfolg beim Kunden. Dieses für die → Wettbewerbsstrategie grundlegende Beziehungsverhältnis wird im → strategischen Dreieck veranschaulicht.

Ein Unternehmen realisiert dann einen Wettbewerbsvorteil, wenn sein Wettbewerbsvorteil drei Kriterien erfüllt:

– es muss ein für den Kunden wirklich *wichtiges* Leistungsmerkmal (Anforderung) betreffen,
– es muss vom Kunden tatsächlich *wahrgenommen* werden,
– es darf von der Konkurrenz nicht leicht einholbar, d.h. *dauerhaft* sein.

Ein Wettbewerbsvorteil muss inhaltlich demnach auf objektiv besseren Fähigkeiten oder Ressourcen eines Anbieters, z.B. einer besseren Kostenposition, intimerer Marktkenntnis oder schnelleren Marketingprozessen beruhen (→ Kernkompetenz), die jedoch gleichzeitig marktwirksam nach außen zu tragen, d.h. in ein überzeugendes Preis-Leistungs-Angebot umzusetzen sind.
R.N./H.D.

Literatur: Simon, H. (Hrsg.): Wettbewerbsvorteile und Wettbewerbsfähigkeit, Stuttgart 1988.

Wettbewerbszentrale
→ Zentrale zur Bekämpfung unlauteren Wettbewerbs e.V.

Wheel of Retailing
→ Betriebsformendynamik im Einzelhandel

Wiederbeschaffungszeit
→ Sicherheitsbestand

Wiedererkennung (Recognition)
→ Werbetests,
→ Bekanntheitsgrad

Wiederkaufrate
→ Marketing-Kennzahl zur Erfassung der Markentreue und Prognose des langfristigen Marktanteils im Rahmen des → Parfitt-Collins-Modells: Anteil der von den Erstkäufern bei Wiederholungskäufen gekauften Menge, die auf die relevante Marke entfällt; wird nach den in Haushaltspanels erfassten Verkaufsmengen gemessen.

Wiederkaufverhalten
Form des → Nachkaufverhaltens bzw. der → Kundenbindung, bei welcher der Kunde in der Nachkaufsituation zum Zeitpunkt der Ersatzbeschaffung eines Produktes auf zeitlich stabile und in der Vergangenheit erprobte Entscheidungskriterien zurückgreift. Wiederkaufverhalten ist kein Synonym für das → habituelle Kaufverhalten. Vielmehr kann auch der Wiederholungskauf komplexen kognitiven Informationsverarbeitungsprozessen der Konsumenten unterliegen, bei denen das Ausmaß erzielter → Kundenzufriedenheit bzw. → Marken- und Geschäftsstättentreue sowie weitere entscheidungsrelevante Faktoren in Form des empfundenen → Kaufrisikos, des Produktinvolvement etc. eine wichtige Rolle spielen. Vor diesem Hintergrund trägt das Wiederkaufverhalten potenziell sowohl Elemente extensiver als auch limitierter, habitualisierter oder impulsiver Kaufentscheidungen in sich. Allerdings dominieren routinisierte, d.h. verkürzte Entscheidungsprozesse zur kognitiven Entlastung des Konsumenten.
In der Theorie des → organisationalen Beschaffungsverhaltens wird zwischen einfachen und modifizierten Wiederholungskäufen mit unterschiedlich starker kognitiver sowie emotionaler Beteiligung des Kunden unterschieden.
Auf Basis stochastischer Prozessmodelle des Kaufverhaltens wird versucht, in Form von *Fluktuationsmodellen* das Ausmaß der Marken- sowie Geschäftsstättenloyalität von Konsumenten zu analysieren. Ein bekannter Ansatz dafür ist das → Parfitt-Collins-Modell. K.J.

Literatur: *Jeschke, K.*: Nachkaufmarketing. Kundenzufriedenheit und Kundenbindung auf Konsumgütermärkten, Frankfurt am Main, New York 1995.

Wilcoxon Rangsummentest
Als ein → verteilungsfreies Verfahren auf Lagealternativen zweier unabhängiger Stichproben ist der Wilcoxon Rangsummentest bekannt. Er kann daher in seiner Zielsetzung mit dem Zweistichproben-t-Test (→ t-Verteilung, t-Test) verglichen werden. Es wird davon ausgegangen, dass die Daten mindestens ordinales Messniveau besitzen und Realisationen der Stichprobenvariablen $X_1,...,X_m$ bzw. $Y_1,...,Y_n$ darstellen. Diese Stichprobenvariablen besitzen stetige → Verteilungsfunktionen F bzw. G. Das Testproblem stellt sich damit bei zweiseitiger Formulierung der Hypothesen wie folgt dar [*Büning; Trenkler* (1994), S. 131]:

H_0: $G(z) = F(z)$
H_1: $G(z) = F(z - \Theta)$
    für alle z mit $\Theta \neq 0$

Behandelbar sind aber auch einseitige Hypothesen. Der Test könnte bspw. zum Vergleich der Fernseheinschaltdauer während des Vorabendprogramms von männlichen und weiblichen Jugendlichen herangezogen werden. Es wird also untersucht, ob die Verteilungen der beiden Stichproben hinsichtlich ihrer Lage signifikant gegeneinander verschoben sind. Zur Bestimmung einer Prüfgröße werden alle Beobachtungen beider Stichproben zusammengefügt und aufsteigend sortiert. Auf diese Weise wird jeder Beobachtung ein Rangplatz zugeordnet. Der kleinste Beobachtungswert erhält dabei den Rangplatz 1 und der größte den Rangplatz n + m. Die Prüfgröße bildet die Summe der Rangplätze der 1. Stichprobe, also die Rangplätze der Beobachtungen $x_1,..., x_m$. Die Verteilung dieser Prüfgröße lässt sich unter der Annahme der Gültigkeit von H_0 mit Hilfe kombinatorischer Überlegungen herleiten. Die Nullhypothese ist im zweiseitigen Fall zum → Signifikanzniveau α abzulehnen, wenn der Wert der Prüfgröße kleiner oder gleich dem $\alpha/2$ → Fraktil bzw. größer oder gleich dem $(1-\alpha/2)$-Fraktil dieser Verteilung ist. Die Fraktile der Verteilung der Rangsumme sind für n ≤ 25 bei *Büning/Trenkler* (1994) für verschiene α-Werte vertafelt. An gleicher Stelle wird für n > 25 eine Approximationsformel für die Rangsummenverteilung in Abhängigkeit von *n* durch eine Normalverteilung beschrieben. T.B./M.MB.

Literatur: *Büning, H.; Trenkler, G.:* Nichtparametrische statistische Methoden, 2. Aufl., Berlin, New York 1994.

Wilcoxon Vorzeichen-Rangtest

Der Wilcoxon Vorzeichen-Rangtest für den → Median stellt ein → verteilungsfreies Verfahren für symmetrische stetige Verteilungen dar und ist daher als Analogon zum Einstichproben-*t*-Test (t-Verteilung, t-Test) zu sehen. Es wird davon ausgegangen, dass die Daten kardinales Messniveau besitzen und die Stichprobenvariablen $X_1, \ldots, X_n$ unabhängig sind. Der Test könnte bspw. bei gleichverteilten Vertriebskenngrößen eingesetzt werden. Unterstellt wird also, dass die Stichprobenvariablen symmetrisch um den Median *M* verteilt sind. Aufgrund der Symmetrie stimmt *M* mit dem Erwartungswert der X_i überein. Die Hypothesen können auch hier einseitig oder zweiseitig aufgestellt werden; für das im Folgenden betrachtete zweiseitige Testproblem lauten sie [*Büning/Trenkler* (1994), S. 97]:

H_0: $M = M_0$

H_1: $M \neq M_0$

Zur Bestimmung der Prüfgröße geht man zunächst zu den Differenzen $D_i = X_i - M_0$ über. Die Differenzen werden der Größe ihrer Absolutbeträge entsprechend aufsteigend angeordnet und so mit Rangnummern versehen. $r(|D_i|)$ bezeichnet den Rangplatz der absoluten Differenz $|D_i|$. Als Prüfgröße wird die Summe der Rangplätze der positiven Differenzen verwendet:

$$W^+ = \sum_{i=1}^{n} Z_i \, r(|D_i|) \quad \text{mit} \quad Z_i = \begin{cases} 1 & \text{für } D_i > 0 \\ 0 & \text{für } D_i < 0 \end{cases}$$

Unter Gültigkeit der Nullhypothese lässt sich die Verteilung von W^+ kombinatorisch für verschiedene *n* ermitteln. Die Nullhypothese ist zum → Signifikanzniveau α abzulehnen, wenn der Wert der Prüfgröße kleiner oder gleich dem α/2 → Fraktil bzw. größer oder gleich dem (1-α/2)-Fraktil dieser Verteilung ist. Die Fraktile der Verteilung von W^+ sind für $4 \leq n \leq 20$ bei *Büning/Trenkler* (1994) vertafelt. An gleicher Stelle wird für n > 20 eine Formel für die Approximation der Verteilung von W^+ durch eine Normalverteilung beschrieben. T.B./M.MB.

Literatur: *Büning, H.; Trenkler, G.:* Nichtparametrische statistische Methoden, 2. Aufl., Berlin, New York 1994.

Wildanschlag

illegale Form der → Außenwerbung durch Anschlagen und Anbringen von Plakaten oder Handzetteln an Gegenständen ohne Einwilligung und Genehmigung des Eigentümers bzw. des Verfügungsberechtigten. Große Schäden entstehen v.a. an den Fernmelde-Verteilerkästen der Bundespost und an Telefonzellen. Die Bekämpfung des Wildanschlags wird durch ein geringes Unrechtsbewusstsein in der Bevölkerung erschwert.

Wilks' Lambda (U-Statistik)

Testgröße bei der Abschätzung der Trennschärfe einer Diskriminanzfunktion in der multiplen → Diskriminanzanalyse. Berechnet wird Lambda Λ aus dem Quotienten der Determinanten der Matrizen $\underline{W}$ und $\underline{T}$

$$\Lambda = \frac{|\underline{W}|}{|\underline{T}|}$$

mit

$\underline{W}$ = Matrix der Summe der Quadrate und Kreuzprodukte innerhalb der Gruppen (Streuung der Merkmalsvariablen in den Gruppen)

$\underline{T}$ = Matrix der Summe der Quadrate und Kreuzprodukte der gesamten Stichprobe (totale Streuung der Merkmalsvariablen).

Λ und das → Diskriminanzkriterium Γ stehen derart in Beziehung, dass der reziproke Wert von Λ auch durch eine multiplikative Verbindung der um 1 erhöhten Eigenwerte der einzelnen Diskriminanzfunktionen ausgedrückt werden kann, d.h.

$$\frac{1}{\Lambda} = (1 + \lambda_1) \cdot (1 + \lambda_2) \cdot \ldots \cdot (1 + \lambda_k)$$

wobei

k = Anzahl der Diskriminanzfunktionen

λ_k = Eigenwerte ≠ 0 von $\underline{W}^{-1}\underline{B}$.

L.H.

Windowing
→ Entertainment und Marketing

Winters-Verfahren

von *Winters* im Jahre 1960 entwickeltes → Saisonverfahren auf der Grundlage der → exponentiellen Glättung. Die saisonalen Abweichungen einer Zeitreihe von ihrem durchschnittlichen Wert werden durch einen Saisonfaktor ausgedrückt, der sich als Quotient aus tatsächlichem Zeitreihenwert (z.B. des Monats Januar) zum Jahresdurchschnittswert errechnet. Hat der Saisonfaktor für den Monat Januar z.B. den Wert 1,4, so bedeutet dies, dass der Januarwert 40% höher als der Jahresdurchschnittswert ausfällt. Im Winters-Verfahren werden die Saisonfaktoren durch exponentielle Glättung aktualisiert. K.-W.H.

WIPO

ist die Abkürzung für „World Intellectual Property Organization", einer Sonderorganisation der Vereinten Nationen (UNO) mit Sitz in Genf, die sich rechtlicher und administrativer Fragen des internationalen gewerblichen Rechtsschutzes sowie des Urheberrechtes widmet und der 1999 bereits 171 Mitgliedsstaaten (das sind nahezu 90% aller Länder weltweit) angehören. Ihre Aufgabe ist die Förderung des weltweiten Schutzes geistigen Eigentums (auch des → Markenschutzes), die sie durch Verwaltung vielfältiger völkerrechtlicher Instrumente erfüllt (z.B. der → Pariser Verbandsübereinkunft und des → Madrider Abkommens). M.B.

Wirkungsgrad → Energie-Marketing

Wirkungskontrolle

Bei diesem Kontrollansatz im → Marketing-Controlling geht es um den Versuch, die Auswirkungen des absatzpolitischen Mitteleinsatzes zu bestimmen bzw. gegenüber anderen Einflüssen abzugrenzen und mit Erwartungs- oder Sollgrößen zu vergleichen. Fehlt eine solche Vergleichsbasis, so handelt es sich nicht im strengen Sinne um Kontrollen, sondern um Wirkungs*analysen*. Die Überprüfung, zu welchen Ergebnissen Maßnahmen des → Marketing-Mix geführt haben, gehört zu den schwierigsten Anliegen der Ergebniskontrolle im Marketing.

Die Methoden der Marketing-Mix-Kontrolle lassen sich danach unterscheiden,

– ob monetäre oder nichtmonetäre Wirkungsgrößen ermittelt werden sollen und
– ob das Zusammenspiel der absatzpolitischen Instrumente als Ganzes oder die Teilwirkung einer bestimmten Maßnahme innerhalb des Gesamtmix Untersuchungsgegenstand ist.

Typisches Beispiel für eine *nichtmonetäre Wirkung* des gesamten Mitteleinsatzes ist das für einzelne Produkte oder für die Unternehmung und ihr Leistungssortiment erreichte → Image. So genannte → Positionierungsmodelle erfassen diesbezüglich die subjektiven Urteile von Nachfragern. Es ist z.B. in der Praxis der Markenartikelindustrie durchaus üblich, Sollpositionierungen zu entwickeln und danach mit festgestellten Ist-Urteilen zu vergleichen, um aus der Kontrolle Anregungen für eventuelle Umgestaltungen des Mitteleinsatzes zu gewinnen (→ Imagepolitik).

Monetäre Wirkungen der Gesamtheit absatzpolitischer Maßnahmen sind Umsatzerlöse pro Periode, anhand von Umsatzwerten berechnete Marktanteile, Periodengewinne und Renditen. Es ist mitunter versucht worden, diese Wirkungsbeziehungen durch mathematische Reaktionsfunktionen abzubilden und deren Parameter aufgrund statistischen Datenmaterials zu schätzen. Derartige multiple → *Marktreaktionsfunktionen* beinhalten den Periodenumsatz (bzw. dessen Mengenkomponente, das Absatzvolumen) als abhängige Variable, die grundsätzlich in multiplikativer Form verknüpften Messwerte für den Maßnahmeneinsatz (Preishöhe, Werbeausgaben usw.) als unabhängige Variablen. Die → Elastizitäten, mit denen die Nachfrage auf Änderungen der Mitteleinsätze reagiert (z.B. Preiselastizität der Nachfrage), werden in solchen Funktionen als Parameter geschätzt. Allgemeine Einflüsse auf den Absatz bzw. Umsatz (etwa die durchschnittlich pro Kopf der Bevölkerung verfügbare Kaufkraft) lassen sich ebenso mit berücksichtigen wie zeitlich verzögerte Wirkungen der Maßnahmen (sog. → Carryover-Effekte). Manche Marktreaktionsfunktionen weisen den Marktanteil als abhängige Variable und relative betriebliche Aktivitätsniveaus, jeweils im Verhältnis zum gesamten Aktivitätsniveau aller am Markt tätigen Anbieter, als unabhängige Variablen aus.

Grundsätzlich ist es möglich, den Einfluss des Marketing-Mix auf die betrachtete Wirkungsgröße rückblickend mit Hilfe von

Wirkungsprognosen

→ Regressionsanalyse zu schätzen, wobei das anteilige Gewicht der einzelnen Instrumente durch die berechneten Elastizitäten zum Ausdruck kommt (→ Marktreaktionsfunktion). Es gibt viele empirische Ermittlungsbeispiele dieser Art. Dennoch muss gesagt werden, dass die praktische Verwendbarkeit solcher Ansätze recht eingeschränkt zu sehen ist, zumal für die Regressionsrechnungen nur selten wirklich voll vergleichbares Datenmaterial aus mehreren Perioden verfügbar ist.

Nichtmonetäre Wirkungen einzelner Maßnahmen im Rahmen des Gesamtmix lassen sich insb. auf dem Gebiet der → Kommunikationspolitik und der → Preispolitik abgrenzen und überprüfen (→ Werbewirkungskontrolle; → Preis-Absatzfunktion). Ein Beispiel ist die Sloganbekanntheit nach Durchführung einer Werbekampagne (→ Werbemonitor). Methodisch nicht einfach ist hingegen die Isolierung monetärer Ergebnisse einzelner Marketing-Mix-Bestandteile; denn aufgrund des wechselseitigen Zusammenspiels aller Maßnahmen sind z.B. Umsatzwerte nicht ohne weiteres bestimmten Instrumenten anteilig zuzurechnen. Es gibt aber heute praktisch angewandte Feldexperimente, die eine solche Abgrenzung gestatten. Auf dem Gebiet der Werbewirkungskontrolle ist bspw. das Testmarktsystem → Behavior Scan der GfK zu nennen. Hierbei ist es durch die gezielte Ansteuerung eines Haushaltspanels mit Kabel-TV-Werbespots und durch die anschließende Erfassung der entsprechenden Kaufdaten mittels Scanner-Kassen möglich, die Absatzwirkungen einer Werbemaßnahme rechnerisch zu isolieren; nämlich als Differenz zur Kaufmenge einer statistisch vergleichbaren zweiten Haushaltsstichprobe, die die Werbespots nicht sehen konnte.

Die Technik der Scanner-Kassensysteme im Einzelhandel hat außerdem auch die Möglichkeiten verbessert, Absatz- und Umsatzwirkungen kurzfristigen Preisänderungen im Rahmen des ansonsten gleich bleibenden Marketing-Mix zuzurechnen (→ Preistests). R.K.

Literatur: *Balderjahn, J.:* Marktreaktionen von Konsumenten. Ein theoretisch-methodisches Konzept zur Analyse der Wirkung marketingpolitischer Instrumente, Berlin 1993. *Reinecke, S.; Tomczak, T.; Dittrich,, S.* (Hrsg.): Marketingcontrolling, St. Gallen 1998, S. 177 ff. (Controlling der Marketinginstrumente).

Wirkungsprognosen → Prognosemodell

Wirtschafts- und Währungsunion
→ Euro, → Handelszusammenschlüsse, internationale

Wirtschaftswerbung → Werbung

Wissenschaftsprogramm
übergeordnete Erklärungsansätze, wie der entscheidungstheoretische, der systemtheoretische oder der verhaltenswissenschaftliche Ansatz. Die Begriffe Wissenschafts- bzw. Forschungsprogramm sowie → Paradigma werden häufig weitgehend synonym verwendet. S.M./M.Ko.

Literatur: *Schanz, G.:* Wissenschaftsprogramme der Betriebswirtschaftslehre, in: *Bea, F.X.; Dichtl, E.; Schweitzer, M.* (Hrsg.): Allgemeine Betriebswirtschaftslehre, Bd. 1: Grundfragen, 6. Aufl., Stuttgart 1992, S. 57-139.

Wissenschaftssponsoring → Sponsoring

Wissenschaftstheorie
Teilbereich der Erkenntnistheorie; befasst sich einerseits mit dem realen Verhalten von Wissenschaftlern, andererseits und insbesondere aber damit, wie mit wissenschaftlichen Mitteln Erkenntnis gewonnen werden kann bzw. werden sollte (→ Marketing-Wissenschaft). Zu den zentralen Themen dieser ursprünglich primär von Philosophen betriebenen und bisweilen auch als Methodologie bezeichneten Disziplin zählen

- Definitionen (durch Aufzählung, Beispiele, Reduktionssätze etc.),
- Informationsgehalt (von deterministischen Aussagen, singulären Sätzen, statistischen Aussagen, je/desto-Sätzen etc.),
- Sätze (nomologische, probabilistische, singuläre, tautologische etc.),
- Sprache (formale-, Meta-, Objekt-Sprache etc.),
- Schlüsse (deduktive, induktive),
- Zeichen (definitive, deskriptive, logische etc.).

Kontrovers wird regelmäßig die Frage nach der Aufgabe bzw. der Funktion von Wissenschaft beantwortet. Hierbei lassen sich verschiedene Positionen unterscheiden:

- *Deskription*: den Ist-Zustand (sozialer Phänomene) beschreiben,
- *Explikation*: die für den Ist-Zustand verantwortlichen Ursachen erforschen,
- *Prognose*: Hinweise auf das „zukünftige Ist" geben.

Ob Wissenschaft darüber hinaus eine *normative* Funktion besitzt und Aussagen zu treffen hat, wie etwas sein soll, ist umstritten.

Diese drei bzw. vier kognitiven Wissenschaftsziele lassen sich auf unterschiedliche Art und Weise erreichen:

- durch *Formalisierung* (hierbei ist die Axiomatisierung das vorrangige Ziel),
- durch *Empirie* (wobei die Suche nach Erfahrungstatsachen im Vordergrund steht).

Während für den *kritischen Rationalismus* der Erkenntnisfortschritt die einzig maßgebliche Richtschnur ist, hat eine realwissenschaftlich verstandene Wissenschaft vornehmlich folgende Aufgaben:

- *Gestaltung*: rein pragmatische Richtung, welche primär Prognosen oder Hinweise auf Lösungen von Gestaltungsproblemen erstellen will,
- *Begründung*: Auffassung der Konstruktivisten, wonach die Empfehlungen an die Praxis zu begründen sind.

Zu den Aufgaben der Wissenschaft gehört außerdem die Erweiterung des Wissens über

- *Methoden* (z.B. Gestaltung von Untersuchungsdesigns, Multivariate Analyseverfahren), mit denen man Wissen bspw. über das menschliche Verhalten generieren kann, sowie über
- *Instrumente* zur Daseinsbewältigung (z.B. produktpolitische Maßnahmen zur Steigerung der Kundenzufriedenheit).

Im Gegensatz zu dieser „typisch deutschen", eher abstrakten Beschreibung der Funktionen der Wissenschaft beantwortet die anglo-amerikanische Literatur diese Frage pragmatisch: „Science seeks to provide generalized explanatory statements about disparate types of phenomena and to provide critical tests for the relevance of the attempted explanations" (*Nagel*, 1961). Eines der zentralen Probleme der Wissenschaftstheorie lautet: Hat die theoretische Erklärung der Beschreibung eines empirisch beobachteten Phänomens vorauszugehen oder entstehen Theorien dadurch, dass man die Realität zu erklären sucht? Diese bisweilen auch als „Henne/Ei-Problematik" bezeichnete Debatte wird in der deutschsprachigen Wissenschaft gewöhnlich unter dem Stichwort „→ Deduktiv-nomologischer vs. induktiver (hermeneutischer) Ansatz" geführt, im anglo-amerikanischen Schrifttum unter den Akronymen TETE (= Theorie Õ Empirie Õ Theorie Õ Empirie) und ETET (= Empirie Õ Theorie Õ Empirie Õ Theorie). S.M./M.Ko.

Literatur: *Behrens, G.*: Wissenschaftstheorie und Betriebswirtschaftslehre, in: *Wittmann, W.; Kern, W.; Köhler, R.; Küpper, H.-U.; Wysocki, K. v.* (Hrsg.): Handwörterbuch der Betriebswirtschaft, Bd. 3, 5. Aufl., Stuttgart 1993, Sp. 4763–4772. *Nagel, E.*: The Structure of Science: Problems in the Logic of Scientific Explanation, London 1961. *Schanz, G.*: Wissenschaftsprogramme der Betriebswirtschaftslehre, in: *Bea, F.X.; Dichtl, E.; Schweitzer, M.* (Hrsg.): Allgemeine Betriebswirtschaftslehre, Bd. 1: Grundfragen, 6. Aufl., Stuttgart 1992, S. 57-139.

Wissensmanagement

Ziel des Wissensmanagements ist die Schaffung von strategischen → Wettbewerbsvorteilen durch die Sicherstellung eines effektiven und effizienten Umgangs mit dem im Unternehmen verfügbaren und/oder benötigten Wissen (→ Resource-based view). Wissensmanagement ist daher eine Querschnittsaufgabe, die ein Zusammenspiel sowohl der verschiedenen Managementebenen als auch der verschiedenen Unternehmensfunktionen erfordert (s.a. → Informationsmanagement, wettbewerbsorientiertes, → Knowledge-Management).

So sind Aspekte des Wissensmanagements im Rahmen von Entscheidungen der Unternehmensleitung ebenso von Relevanz wie bei Entscheidungen auf Bereichs-, Abteilungs- oder Projektebene. Für die verschiedenen Unternehmensfunktionen wiederum stellt neben der Gestaltung des internen Umgangs mit Wissen auch die Übernahme spezifischer Aufgaben im unternehmensweiten Wissensmanagement eine wichtige Anforderung dar.

Aus Sicht des Marketing ist dementsprechend zunächst die Schaffung einer soliden *Wissensbasis* von Bedeutung. Diese lässt sich durch die Art und Anzahl der Träger von Marketingwissen (z.B. Mitarbeiter, Fachliteratur, Datenbanken, Produkte), durch die Art und den Umfang des *vorhandenen* Marketingwissens (z.B. explizites und implizites Wissen über die verschiedenen Marketing-Instrumente, über konkrete Kundenanforderungen und Produkteigenschaften oder über Erfolg versprechende Methoden der Führung von Verkaufsgesprächen) sowie durch die gegebene Wissensverfügbarkeit (z.B. in prozessbezoge-

ner, räumlicher oder rechtlicher Hinsicht) charakterisieren (s.a. → → Marketing-Informationssysteme, Data Warehouse).
Im Blick auf diese Wissensbasis kommt es ferner darauf an, *neues* benötigtes Wissen z.B. durch eigene Forschung oder durch Erwerb von externen Wissensträgern verfügbar zu machen, die tatsächliche Wissensnutzung im Rahmen der verschiedenen Marketingprozesse zu fördern und relevantes Wissen gegen Verlust und/oder gegen unerwünschte Übernahme seitens Dritter zu *sichern*.
Zugleich ist eine *Abstimmung* und *Wissensteilung* mit den anderen Funktionsbereichen zu gewährleisten (s.a. → Marketing-Koordination). So wird etwa in der → Forschung und Entwicklung detailliertes Wissen über die bestehenden Kundenanforderungen benötigt, im Rahmen der Ergebniskontrolle gewonnenes Wissen fließt in das → Marketing-Controlling ein, und Erfahrungen mit → Marketing-Informationssystemen (MAIS) bilden eine wichtige Rückkopplung für die innerbetriebliche Informationswirtschaft. Die notwendige Zusammenarbeit über Funktionsgrenzen hinweg kann dabei durch ein → Schnittstellen-Management wesentlich erleichtert werden.

J.A.

Literatur: *Amelingmeyer, J.*: Wissensmanagement: Analyse und Gestaltung der Wissensbasis von Unternehmen, Wiesbaden 2000.

Wissenstreue → Kernkompetenztreue

Witz → Humor in der Werbung

WKZ
Bei WKZ (Werbekostenzuschüssen) handelt es sich um finanzielle Zuwendungen der Industrie an Handelsunternehmen, die ursprünglich mit dem Ziel eingesetzt wurden, den Handel zur werblichen Förderung bestimmter Produkte zu aktivieren. Anzumerken ist allerdings, dass heutzutage kaum noch ein marktstarkes Handelsunternehmen ohne die Gewährung von Werbekostenzuschüssen überhaupt zur Listung bzw. Weiterführung bestimmter Artikel in seinem Sortiment bewegt werden kann. Allerdings verstoßen sowohl die Gewährung als auch die Forderung derartiger nicht in der Höhe der Abnahmemenge, sondern in der → Nachfragemacht des Abnehmers begründeter Werbekostenzuschüsse gegen geltendes Recht (→ Sündenregister; s.a.

→ Konditionenpolitik). Dessen Durchsetzung stößt angesichts der wirtschaftlichen Abhängigkeit allerdings schnell auf Grenzen. Vgl. auch → Werbung, steuerliche Aspekte.

WLS
gewichtete Kleinste-Quadrate Schätzung für nicht normalverteilte Daten in LISREL (auch ADF genannt).

W-Markt → Markttypologie

Wobbler
gehören zu den POS-Materialien, die vor allem im Rahmen der konsumentengerichteten Verkaufsförderung (→ Verkaufsförderung, konsumentengerichtete) eingesetzt werden. Es handelt sich um → Regalstopper, d.h. um in die Preisauszeichnungsschiene des Verkaufsregals eingehängte Hinweisschilder, die sich im Luftzug der vorbeigehenden Käufer bewegen und somit für erhöhte Aufmerksamkeit sorgen sollen.

Wochenmärkte
mit gebietskörperschaftlicher Ermächtigung regelmäßig abgehaltene sowie örtlich und zeitlich fixierte öffentliche Veranstaltungen des → Markthandels, bei denen überwiegend Waren des täglichen Bedarfs zum Verkauf an Letztverbraucher angeboten werden. Mit ihrem Angebot, das von Händlern des → ambulanten Handels, des → stationären → Einzelhandels und des → Handwerkshandels sowie von selbstvermarktenden Erzeugern aus Land- und Forstwirtschaft einschließlich Obst- und Gemüseanbau gestellt wird, beteiligen sich Wochenmärkte in nicht unerheblichem Maße an der Lebensmitteldistribution in Deutschland – auch wenn hinsichtlich ihrer Bedeutung als nahversorgungsrelevante Einkaufsstätten im Einzelfall je nach Warengattung, Anbieterstruktur, (Verkaufs-)Standtyp und Einzugsgebiet noch differenziert werden müsste.
In Deutschland wurden 1990 (und seitdem nach Anzahl und Häufigkeit konstant) ca. 3.000 Wochenmärkte an 300.000 Markttagen durchgeführt (Quelle: BSM – Bundesverband Deutscher Schausteller und Marktkaufleute e.V., Bonn). Das Umsatzvolumen wird (in Fortschreibung einer Untersuchung aus dem Jahre 1981) auf ca. 13,4 Mrd. DM geschätzt, wobei sich die anteilige Bedeutung der Produktgruppen wie folgt dar-

stellt: Obst/Gemüse 30%, Blumen 20%, Fleisch/Wurst/Geflügel 20%, Backwaren 2%, Milchprodukte/Eier 10% Fisch 15% und Sonstiges 3% (Quelle: BBE-Unternehmensberatung, Köln). H.-J.Ge.

Woopies
in der → Allensbacher Werbeträger-Analyse ausgewiesene Zielgruppe von Rentnern und Pensionären unter 75 Jahre mit einem Monatsnettoeinkommen über 3.000 DM („Well Off Older People"), die 1999 6,22 Mio Personen (9,7% der über 14-Jährigen) umfasste.

Wortassoziationstest
Form des projektiven → Assoziationstests, bei dem den Testpersonen nacheinander Worte genannt werden, zu denen sie spontan das erste Wort äußern sollen, das ihnen dazu einfällt. Die Liste der Wörter enthält dabei aus Gründen der schlechteren Durchschaubarkeit der Absichten sowohl neutrale Stimuli, wie Haus, Wetter, Auto, als auch „kritische" Wörter, wie z.B. Tiefkühlkost, Markennamen etc. Aus der Analyse der assoziierten Nennungen ergeben sich Rückschlüsse auf das Image von Markennamen, Hinweise auf wichtige Produkteigenschaften etc. Bei der Sonderform des sog. Satzergänzungstests werden den Personen unvollständige Sätze vorgelegt, meist in Form von Sprechblasen auf Bildvorlagen, mit der Bitte, den Satz zu ergänzen. H.Bö.

WTO
Abk. f. World Trade Organization (Welthandelsorganisation). Nach Abschluss der Uruguay-Runde 15.12.1993 erfolgte mit der Ministerkonferenz von Marakesch 1994 der Beschluss, die WTO als Nachfolgeorganisation des → GATT mit eigener Rechtspersönlichkeit im Rahmen des UN-Systems zu installieren. Die WTO als UN-Sonderorganisation nahm mit 1.1.1995 ihre Arbeit auf und vertritt die Interessen von 134 Mitgliedsstaaten. Alle 2 Jahre findet eine Ministerkonferenz statt, einmal im Monat tagt der „Allgemeine Rat" von Experten auf Beamtenebene.

Ziele und Aufgaben: Die WTO soll die internationalen Handelsbeziehungen durch bindende Regelungen organisieren, Handelspraktiken überprüfen und für effektive Streitschlichtung bei internationalen Handelskonflikten sorgen. Damit wird die Weiterverfolgung des GATT angestrebt:

– Liberalisierung, Abbau von Zöllen und nicht-tarifären Handelshemmnissen
– Nicht-Diskriminierung und Gewährung von Meistbegünstigungsklauseln
– Zugeständnisse für Entwicklungsländer (→ UNCTRAD).

Die WTO hat folgende Unterorgane installiert:

(1) Rat für Warenhandel
(2) Rat für Dienstleistungen (GATS)
(3) Rat für handelsbezogene Aspekte von Schutzrechten für geistiges Eigentum (TRIPS).

Der Ministerrat beschloss 1996 die Liberalisierung des Handels mit Produkten und Dienstleistungen der Informationstechnologie und 1997 erfolgte das Technologieabkommen, sodass ab 1998 die schrittweise Öffnung der Märkte für Informationstechnologie erfolgen kann.
1997 erging das „Bananenurteil" gegen die Europäische Union im Streit um den Import von Lateinamerikanischen Früchten.
1999 fand in Seattle die bisher letzte Ministerkonferenz statt die sich u.a. mit Dienstleistungen, Agrarproblemen und Intellektuellen Rechten u beschäftigte und in deren Vorfeld China um die Aufnahme in die WTO warb. H.Ma.
Literatur: *Benedek W.:* Die Welthandelsorganisation, München 1998. *Assmus D.F.; Tuchtfeld E.:* Die Ordnung des Welthandels, Bern 1997. *Kopke A.:* Rechtsbeachtung und -durchsetzung in GATT und WTO, Berlin 1997.

Wucher
nach § 138 Abs. 2 BGB das unter Ausbeutung der Zwangslage, der Unerfahrenheit, des Mangels an Urteilsvermögen oder der erheblichen Willensschwäche eines anderen erfolgende Versprechen- oder Gewährenlassen von solchen Vermögensvorteilen für eine Leistung, die in einem auffälligen Missverhältnis zur Leistung stehen. Der Wucher ist nach dem BGB ein Sonderfall der Sittenwidrigkeit. Das wucherische Rechtsgeschäft ist nichtig. Wucher ist außerdem in § 302 a StGB unter Strafe gestellt. Ein Sondertatbestand ist der sog. Sozialwucher, d.h. die Ausnutzung einer allgemeinen Mangellage, die nach §§ 3–6 WiStG bekämpft wird. Nach der Art der gewährten Leistung unterscheidet man den Mietwucher, den Kreditwucher, den Wucher durch Vermittlung und den Wucher durch sonstige Leistungen. Das auffällige Missverhältnis von Leistung

Wurfzettel

und Gegenleistung ist nach objektiven Maßstäben unter Einbeziehung der Gesamtumstände zu bestimmen, wobei i.a. auf die verkehrsübliche Gegenleistung für eine Leistung abzustellen ist. Auffälligkeit des Missverhältnisses erfordert, dass das Ausmaß ins Auge springt. H.-J.Bu.

Wurfzettel → Handzettel

WWG

Österreichische Werbewissenschaftliche Gesellschaft mit Sitz an der Wirtschaftsuniversität Wien (Augasse 2–6).

WWS → Warenwirtschaftssystem (WWS)

WWW (World Wide Web) → Internet

X

X-Efficiency

Der amerikanische Nationalökonom *H. Leibenstein* hat Mitte der sechziger Jahre erstmals nachgewiesen, dass ein nur schwach ausgeprägter Wettbewerb mit einer vergleichsweise niedrigeren Auslastung von Produktions- und Vertriebseinrichtungen, einer schlechten Allokation von menschlichen, sachbezogenen und finanziellen Ressourcen, Doppelarbeit, organisatorischer Schwerfälligkeit und dergleichen mehr einhergeht. Im Grunde handelt es sich hierbei um Erscheinungen, wie sie von deren Funktion her von Controllern oder externen Beratern aufzudecken sind. Man kann deshalb davon ausgehen, dass ein verstärkter Wettbewerbsdruck, wie er beispielsweise vom Europäischen Binnenmarkt zu erwarten ist, die Rationalisierung betrieblicher Abläufe beflügelt, hierdurch die Dynamik des Marktes verstärkt und auf diese Weise allen Verbrauchern zugute kommt. E.D.

Literatur: *Leibenstein, H.*: Allocative Efficiency versus X-Efficiency, in: American Economic Review, Vol. 56 (1966), S. 392–415.

XML (EXtensible Markup Language)

standardisierte Seitenbeschreibungssprache für Websites, die sowohl die Gestaltung und den Inhalt der Websites, als auch Links zu eigenen oder fremden Seiten definiert (→ Internet-Technik). Sie ist mit → HTML verwandt, bietet aber mehr gestalterische Möglichkeiten. Beide Sprachen sind wiederum Abkömmlinge von SGML (Standard Generalized Markup Language). In der Praxis wird XML bereits für den von Microsoft definierten Push-Standard CDF (Channel Definition Format) eingesetzt. XML bietet viele neue Schlüsselwörter, die u.a. die Datenverwaltung im Netz erleichtern sollen und XML auch als Datenbankoberfläche in Intranets tauglich machen. XLM könnte vor allem deswegen hohe Bedeutung erlangen, weil es den Datenaustausch erleichtert. Dadurch könnten beispielsweise Produkte auf virtuellen Märkten besser gehandelt werden. B.S./K.S.

XYZ-Analyse

Die Vorhersagegenauigkeit über die Nachfrage nach Produkten ist wesentlich für die Höhe der vorzuhaltenden Bestände im Rahmen der Vorratspolitik und insb. einer → selektiven Lagerhaltung. Je präziser die Produktnachfrage nach Art und Menge im Voraus zu bestimmen ist, desto eher eignet es sich für eine programmorientierte Disposition (→ Nachfrageschätzung). Verbrauchsgesteuert werden die Teile, die einer stochastischen Nachfrage unterliegen. Die Produktanalyse nach der Prognosesicherheit führt – ähnlich einer → ABC-Analyse – zu einer Klassifizierung der Teile in hohe (x), mittlere (y) und niedrige (z) Vorhersagegenauigkeit. Gleichzeitig mit der Vorhersagegenauigkeit ist für eine bestandsarme Distribution (→ Just-in-Time-Logistik) die Stetigkeit des Verbrauchs und damit die Wiederholhäufigkeit der Nachfrage nach dem Produkt von Bedeutung. Eine hohe Nachfragesequenz macht es ökonomisch sinnvoll, generelle organisatorische Regeln einzuführen, um so den Informations- und Steuerungsaufwand zu verringern. Die XYZ-Analyse wird gelegentlich als RSU-Analyse bezeichnet, wobei R für regelmäßig, S für saisonale und U für unregelmäßige Produktnachfrage steht. W.De./R.Ä.

Y

Yates-Korrektur

bei der → Kontingenzanalyse, z.B. beim Chi-Quadrat-Test notwendige Korrektur bei kleinen Stichproben oder anderen Fällen, in denen entweder die Normalverteilung oder die Chi-Quadrat-Verteilung mit einem Freiheitsgrad als Annäherung an die Binomialverteilung verwendet wird. Die Korrektur erfolgt durch Subtraktion von 0,5 vom jeden absoluten Differenzbetrag der beobachteten (fo) und erwarteten (fe) Häufigkeiten. Für den korrigierten Chi-Quadrat-Wert gilt also: $Chi2 = \Sigma(|fo - fe| \beta - 0,5)^2 - fe$.
Im Fall der Überprüfung nominaler Daten (4-Felder-Korrelation) ist der analoge Phi-Koeffizent entsprechend zu korrigieren.

Yerkes-Dodson-Gesetz → Aktivierung

Yield Management

wird auch als Ertragsmanagement (engl. yield=Ertrag) bzw. Revenue Management bezeichnet und ist wie das → Spot-Pricing eine spezielle Form der zeitlichen → Preisdifferenzierung. Yield Management wird vor allem in Branchen angewendet, die über „verderbliche" Produkte verfügen (→ Dienstleistungen). Solche „verderblichen" Produkte können natürlich auch Nahrungsmittel sein. Im Wesentlichen sind damit aber Produkte wie Sitze und Frachtraum in einem Flugzeug oder einer Eisenbahn, Betten in Hotels oder erzeugter, aber nicht lagerbarer Strom gemeint. Wenn diese Produkte zu dem vorgesehenen Zeitpunkt nicht abgenommen worden sind, so sind sie nicht mehr nutzbar und damit „verdorben".
Ziel des Yield Management ist die Steigerung der Gewinne. Dabei besteht die Grundidee darin, dass preissensiblen Nachfragern Produktvarianten zu niedrigen Preisen und preisunsensiblen Nachfragern Produktvarianten zu hohen Preisen angeboten werden (→ Preisdifferenzierung). Dabei muss vor allem vermieden werden, dass preisunsensible Nachfrager auf die preisgünstigen Produktvarianten zugreifen können. So wird beispielsweise von Unternehmen der Luftfahrtindustrie ausgenutzt, dass normalerweise der preissensible Privatreisende seine Flüge deutlich vor dem Abflugzeitpunkt buchen kann und eine Reise über das Wochenende hinweg durchführt, während die weniger preissensiblen Geschäftsreisenden ihre Flüge meist nur kurzfristig buchen können und zudem üblicherweise nicht über das Wochenende bleiben. Deswegen steigen in der Luftfahrindustrie die Preise für Linienflüge meist mit der Nähe des Abflugzeitpunkts und sind zudem für Flüge, die über das Wochenende hinausgehen, deutlich günstiger. Dies führt dazu, dass vor allem die → Preisbereitschaft der Geschäftsreisenden abgeschöpft wird. Dazu kommt, dass die Kapazität preisgünstiger Sitze mit zunehmender Ausbuchung der Maschine zugunsten von teuren Sitzen zurückgefahren wird.

Die „Kunst" des Yield Management besteht darin, mit Hilfe geeigneter Kriterien, wie verschiedene Klassen (1. Klasse vs. 2. Klasse), Wochenendrestriktionen, Umbuchbarkeit oder Erstattung im Airline-Bereich, die verschiedenen Segmente erfolgreich zu trennen (sog. *„Fencing"*). So ist ein Business-Ticket i.d.R. umbuchbar bzw. voll erstattbar (bei Nichtnutzung). Durch das „Fencing" gelingt es dem Anbieter, die unterschiedlichen Zahlungsbereitschaften (z.B. für Tickets) seiner Segmente abzuschöpfen (→ Segmentierung). Sinnvoll durchgeführtes Yield Management führt dazu, dass die Kapazität optimal, nicht aber zwangsläufig immer maximal ausgelastet wird. Letzteres ist nur der Fall, wenn die maximale Auslastung auch zum maximalen Gewinn führt.

Yield Management-Systeme bestehen im Prinzip aus drei Modulen, nämlich einer Datenbank mit den aktuellen Tarif- und Buchungsdaten, einem Prognosesystem für die zu erwartende Nachfrage und einem Optimierungsmodul, mit dem Überbuchungsmöglichkeiten geprüft, Kapazität zu unterschiedlichen Produktvarianten zugewiesen und die Preisgestaltung vorgenommen werden (*Abb.*). Die Optimierung erfolgt einerseits preistheoretisch auf Basis separat (z.B. via → Conjointanalyse) zu schätzender Preiselastizitäten und andererseits durch Allokation der Angebotsmengen im Hinblick auf maximale Umsatzerwartungswerte. Diese errechnen sich auf Basis wahrscheinlichkeits- und risikotheoretischer Kalküle, mit denen das Fehlmengen- gegen das Leerkostenrisiko abgeglichen wird. Ersteres (Letzteres) steigt (sinkt) mit zunehmender Vergabe von Kapazitäten an andere Preisklassen bzw. an das Überbuchungskontingent. Schätzt man die Wahrscheinlichkeiten für das Auftreten bestimmter Nachfragemengen aus den Vergangenheitsdaten bzw. aus Hochrechnungen bereits vorliegender Buchungen, so können die Durchschnittserlöse pro Buchungsklasse mit den Eintrittswahrscheinlichkeiten zu Grenzerlös-Erwartungswerten für jede Kapazitätseinheit verrechnet werden. Das Optimum liegt dann dort, wo die Grenzerlöse der verschiedenen Buchungsklassen gleich sind.

Ein Herzstück des Systems liegt somit in der die historischen Buchungsverläufe und Stornierungen in differenzierter Form (Termine, Orte, Vertriebskanäle, Kundenmerkmale etc.) erfassenden *Datenbank*. Diese enthält darüber hinaus alle Merkmale der eigenen und der konkurrierenden Angebote sowie u.U. auch Verbunderlöse. Auf dieser Basis werden Nachfrage- und Stornoprognosen erstellt. Entspricht der tatsächliche Buchungsverlauf dem prognostizierten, so kann die Kontingentierung im Rahmen der laufenden automatischen Kontingentierung erfolgen. Dagegen werden Sonderfälle mit gravierenden Abweichungen dem Systemmanager gemeldet, der dann „per Hand" Simulationsmodelle benutzen kann, um entsprechende Entscheidungen zu treffen. Fortgeschrittene Varianten des Y.M. greifen hier auch bereits auf Expertensysteme zurück.

Gute Prognosen sind vor allem deswegen wichtig, weil sie Aussagen darüber gestatten, wie hoch die zukünftig noch zu erwartende Nachfrage sein wird. Auf dieser Basis kann dann entschieden werden, ob beispielsweise heute ein Sitz in einem Flugzeug zu einem günstigen Preis sicher verkauft werden soll oder ob dieser Sitz noch für eine zukünftige, aber unsichere Nachfrage zu einem höheren Preis frei gehalten werden soll. Die Prognosen erfolgen dabei in der Regel

Elemente eines integrierten Yield-Management-Systems

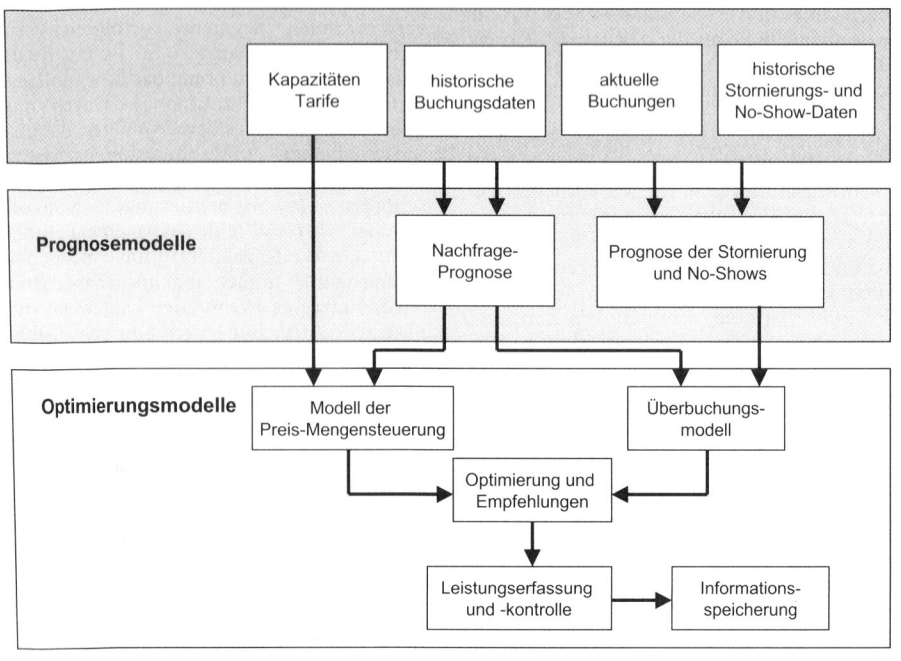

(Quelle: *Daudel/ Vialle*, 1992, S. 105)

für einzelne Flüge als → Zeitreihenprognosen (z.B. Moving Average Verfahren, ARIMA-Modelle etc.), wobei immer wieder auf die Notwendigkeit einer Korrektur seitens des Anwenders aufgrund unvorhersehbarer Ereignisse (z.B. Messen, Preisaktionen der Konkurrenz) hingewiesen wird.
Insbesondere Fluggesellschaften unterliegen dem Problem, dass Passagiere entweder kurzfristig von Flügen zurücktreten („cancellations") oder ihre Flüge nicht antreten („no shows"). Deswegen bietet sich eine *Überbuchung* der Flüge an, da sonst ein Teil der Plätze regelmäßig nicht besetzt wäre. Bei einer solchen Überbuchung kann das Problem auftreten, dass schließlich mehr Fluggäste auftauchen als Plätze zur Verfügung stehen. In einem solchen Fall muss einigen Fluggästen ein Anreiz, z.B. finanzieller Art, geboten werden, von dem eigentlich gebuchten Flug zurückzutreten und einen anderen Flug wahrzunehmen. Bei der Festlegung der Höhe der Überbuchung muss folglich abgewogen werden zwischen den zusätzlichen Erträgen aufgrund der Überbuchung und den dadurch mit einer bestimmten Wahrscheinlichkeit entstehenden zusätzlichen Kosten, die aus einer finanziellen Abfindung einzelner Passagiere im Falle einer zu hohen Nachfrage oder aus der Unzufriedenheit der Nachfrager und der damit einhergehenden möglichen Abwanderung resultieren.
Mitunter ist es möglich, die Kapazität der unterschiedlichen Produktvarianten zu variieren. So können beispielsweise Fluggesellschaften die Kapazität zwischen Business-Class und Economy-Class bis zu einem gewissen Grad durch das Umsetzen von Stellwänden verschieben oder das Kontingent für Flüge mit und ohne Wochenendaufenthalte variieren. Bei solchen Entscheidungen wird häufig die bereits skizzierten marginalanalytischen Betrachtungen („expected marginal seat revenues") zurückgegriffen, bei der die heute sichere Nachfrage der zukünftig unsicheren Nachfrage zu einem höheren Preis gegenübergestellt wird.
Während die ersten Ansätze des Yield Managements tendenziell die Preise der einzelnen Produktvarianten als fix betrachteten und die Nachfrage nach den einzelnen Produktvarianten über die Höhe der zugewiesenen Kapazität steuerten, setzen moderne Formen des Yield Management immer stärker auch *Preisveränderungen* bei den diversen Produktvarianten ein. Dies ist letztlich von der Überlegung getrieben, dass die starke Erhöhung des Preises einer Produktvariante letztlich dem Nichtanbieten (bzw. Schließen der Kapazität) einer Produktvariante gleichkommt.

Yield Management verspricht unter den folgenden Bedingungen besonders hohe Gewinnsteigerungen:
– Fixe Kapazitäten verbunden mit hohen Fixkosten,
– „Verderblichkeit" der Produkte,
– Vorausbuchungsmöglichkeit der Produkte,
– Unterschiedliche Zahlungsbereitschaften.

Voraussetzung für die Durchführung komplexer Yield Management-Systeme ist die moderne Informationstechnologie sowie ein Expertenteam, das die Informationen einholen, analysieren und überwachen kann. B.S./G.W./H.D.

Literatur: Daudel, S.; Vialle, G.: Yield-Management, Frankfurt a.M., New York 1992. *Desiraju, R.; Shugan, S.M.:* Strategic Service Pricing and Yield Management, in: Journal of Marketing, Vol. 63 (January 1999), S. 44-56. *Diller, H.:* Preispolitik, 3. Aufl., Stuttgart 2000. *McGill, J.I.; Van Ryzin, G.J.:* Revenue Management: Research Overview and Prospects, in: Transportation Science, Vol. 33 (1999), S. 233–256.

Yule-Koeffizient

als → Distanzindex in 4-Felder-Tafeln mit den Zellen A, B, C und D verwendeter Koeffizient der Form $Q = (a \cdot d - b \cdot c) / (a \cdot d + b \cdot c)$.

Yule-Walker-Gleichungen
→ Box-Jenkins-Verfahren

Yuppies

bis 1998 in der → Allensbacher Werbeträgeranalyse ausgewiesene Zielgruppe von 20–40-jährigen Personen („Young Urban Professionals"), die besondere Leistungsbereitschaft zeigen, als Selbständige oder in „Schreibtischberufen" tätig sind und mindestens über 2.500 DM Haushaltsnettoeinkommen verfügen.

Z

Zahlungsbereitschaft → Maximalpreis

Zahlungskonditionen

sind Bestandteile der → Konditionenpolitik eines Anbieters. Sie knüpfen an besondere Vereinbarungen zwischen Anbieter und Abnehmer bezüglich der Abwicklung von Zahlungsvorgängen bei Markttransaktionen an. Folgende Zahlungskonditionen sind üblich:

Der *Skonto* vergütet die Nicht-Inanspruchnahme eines üblichen Zahlungsziels, belohnt somit die Einhaltung der Skontofrist (im Allgemeinen 7 oder 10 Tage) als das vom Anbieter gewünschte Intervall zwischen Warenauslieferung bzw. Rechnungserhalt beim Abnehmer und Geldeingang beim Anbieter. Skonti werden als Prozentsatz per Rechnungsabzug verrechnet.

Die *Inkassovergütung* wird von Herstellern der Zentrale einer Handelsorganisation gewährt; es ist eine Vergütung für die zentralseitige Übernahme des Abrechnungsverkehrs mit den der jeweiligen Handelsorganisation angeschlossenen Einzelabnehmern.

Die *Delkrederevergütung* wird ebenfalls von Herstellern einer Handelszentrale gewährt als Ausgleich für die Übernahme des Zahlungsausfallsrisikos (Delkredere) einzelner der Handelsorganisation angeschlossener Abnehmer. Gelegentlich werden Inkasso- und Delkrederevergütung zusammengefasst als *„Vergütung für die Zentralregulierung"* bezeichnet und so wie der Skonto als Prozentsatz per Rechnungsabzug abgerechnet (→ Zahlungskonditionen).

Die Einräumung verlängerter *Zahlungsziele* (Valutavereinbarungen, Absatzkredite) hat im Gegensatz zu den oben erläuterten Zahlungskonditionen keine den Netto-Rechnungsbetrag berührenden Konsequenzen. Es handelt sich um Sonderformen der → Absatzfinanzierung.

Insbesondere bei der konsumentengerichteten Konditionenpolitik werden im Rahmen der Zahlungsbedingungen auch Regelungen bezüglich der vom Anbieter akzeptierten *Zahlungsmittel* (Bargeld, Schecks, → Kreditkarten, Sorten ausländischer Währungen) bzw. diesbezüglicher Preisauf- oder -abschläge getroffen.

Zahlungskonditionen werden bei Markttransaktionen zwischen Kaufleuten i.A. im Rahmen der sog. → Jahresgespräche zwischen Anbieter und Abnehmer vereinbart.

H.St.

Literatur: *Steffenhagen, H.:* Konditionengestaltung zwischen Industrie und Handel – leistungsbezogen, systematisch, professionell, Wien 1995. *Tietz, B.:* Der Handelsbetrieb, München 1985.

Zahlungsservice → Zustellservice

Zajonc-Lazarus-Debatte → Emotionen

Zapping

I.w.S. beschreibt Zapping das Bestreben von Fernsehzuschauern, → Fernsehwerbung zu vermeiden. Dies kann in verschiedenen Formen geschehen:

- *geistige Abwesenheit* bei Werbeeinblendungen
- *physische Abwesenheit* bei Werbeeinblendungen
- *Umschalten des Programms* bei Werbeeinblendungen
- Abspielen von *Videoaufnahmen ohne Werbung* durch
  - schnelles Vorspulen der Werbeeinblendung oder
  - Herausschneiden der Werbung beim Aufzeichnen des Programms
- Fernsehen ohne Werbung durch *Auswahl werbefreier Sender* (z.B. pay-TV).

I.e.S. wird der Begriff auf das Umschalten des Programms zur Vermeidung von Werbekontakten begrenzt.

Eine der umfangreichsten Studien zum selektiven Vermeiden von Werbung wurde 1992 von der MGM Mediagruppe München durchgeführt. Im Rahmen dieser Untersuchung wurde zur Beschreibung des Zapping-Verhaltens der „Zapping-Verlust" als Quotient aus der Werbeblockreichweite und dem Mittel der Reichweite der Programmteile vor und nach dem Werbeblock definiert. Es wurde ein für alle untersuchten Werbesendungen durchschnittlicher Zapping-Verlust von 10,7% gegenüber den

Programmteilen vor und nach der Werbung festgestellt. D.h., dass 89,3% der Zuschauer Werbung nicht umgehen. Allerdings werden bei diesem Verfahren die physische und die gedankliche Abwesenheit während des Werbeblocks nicht erfasst.

Die Zapping-Verluste werden u.a. beeinflusst von der Dauer der Werbeinsel, der Werbequalität und der Art der Werbeunterbrechung (→ Unterbrecher- oder → Scharnierwerbung). Eine Studie der GfK-Fernsehforschung im Jahr 1998 ergab, dass im Durchschnitt ca. 80% der Zuschauer auch während der Werbung dem eingeschalteten Programm treu bleiben. Die Ergebnisse dieser Studien legen die Schlussfolgerung nahe, dass Zapping ein weitaus geringeres Problem als bisher angenommen darstellt. Gleichwohl kann Fernsehwerbung → Werbekritik herausfordern, die nicht sogleich, aber möglicherweise langfristig zur Abwanderung des Zuschauers führt. H.D.

ZAW

Zentralausschuss der Werbewirtschaft e.V. Der ZAW ist eine Arbeitsgemeinschaft von 44 Organisationen der → Werbewirtschaft, deren Mitglieder Wirtschaftswerbung betreiben, vorbereiten, durchführen, gestalten oder vermitteln (*Abb.*). Als Dachverband sorgt er mit seinen Gremien intern für den Interessenausgleich zwischen seinen Mitgliedern und nach außen für ein geschlossenes Auftreten. Ferner tritt er als Sprecher des gesamten Wirtschaftszweiges gegenüber Gesetzgebung, Regierung, Verwaltung und anderen organisierten Bereichen der Gesellschaft auf. Mit dem Ziel der Erhöhung der Aussagekraft und der Vergleichbarkeit von → Mediaanalysen legt der ZAW u.a. das → ZAW Rahmenschema für Werbeträgeranalysen von Massenmedien vor.

Zum ZAW gehören u.a. der Deutsche Werberat und die ZAW-Vereinigung für Öffentlichkeitsarbeit (VfÖ).

Zum Zweck der Öffentlichkeitsarbeit gibt der ZAW folgende Publikationen heraus:
– „ZAW service" (Informationsdienst des Dachverbandes),
– „extrablatt" (Informationsdienst für Industrie, Handel, Dienstleistungswirtschaft über aktuelle Gerichtsentscheidungen, Tendenzen in der Werberechtspolitik und über die Arbeit des Werberates) und „ZAW Meldung" (aktueller Pressedienst der Werbewirtschaft).

Anschrift: Zentralausschuss der Werbewirtschaft e.V., Postfach 201414, 53144 Bonn, Tel.(0228) 82092–0.

ZAW-Rahmenschema für Werbeträgeranalysen

Schema des ZAW, das sich aus Soll- und Muss-Vorschriften für die Konzeption von → Mediaanalysen zusammensetzt. Die Vorschriften beziehen sich auf die Abgrenzung der Grundgesamtheit, die Stichprobenauswahl und -gewichtung, die Hochrechnung der Ergebnisse und die verschiedenen Ermittlungsverfahren für Werbeträgerkontakte sowie die Form der Berichterstattung.

Mit Hilfe von Random- und Quotenauswahl müssen Stichproben aus einer Grundgesamtheit ausgewählt und befragt werden. Diese Einheiten (Personen, Institutionen, Werbeträgereinheiten) sollten sichere Aussagen über die Grundgesamtheit zulassen (nötigenfalls mittels Gewichtung). Eine Verallgemeinerung des Ergebnisses ist nur dann zulässig, wenn von der Grundgesamtheit 85% oder mehr mit der Stichprobe erfasst wurden. Falls dies nicht der Fall ist, muss in allen Veröffentlichungen auf die Einschränkung der Grundgesamtheit hingewiesen werden. Bei der Ermittlung des Werbeträgerkontaktes muss der einzelne Werbeträger, die kleinste feststellbare Einheit desselben und die Zielperson zweifelsfrei identifiziert werden. Schließlich muss in einer Dokumentation eine ausführliche Methodenbeschreibung der Mediaanalyse vorliegen.

Untersuchungen, die den Vorgaben des Schemas entsprechen, dürfen folgenden Vermerk tragen: „Diese Untersuchung entspricht in Anlage, Durchführung und Berichterstattung dem ZAW-Rahmenschema für Werbeträgeranalysen." Da die Vergleichbarkeit der Resultate von Befragungen oft im Mittelpunkt der Kritik an Mediaanalysen steht, versucht man mit Hilfe des Rahmenschemas eine verlässliche Vergleichsbasis für Mediaanalysen zu schaffen.

ZdK (Zentralverband Deutscher Konsumgenossenschaften e. V.)

Der ZdK wurde 1903 in Dresden gegründet. Insgesamt betreut der ZdK 98 Mitgliedsunternehmen, wobei es sich sowohl um Genossenschaften als auch um deren Tochterunternehmen handelt. Neben den klassischen Konsumgenossenschaften haben sich

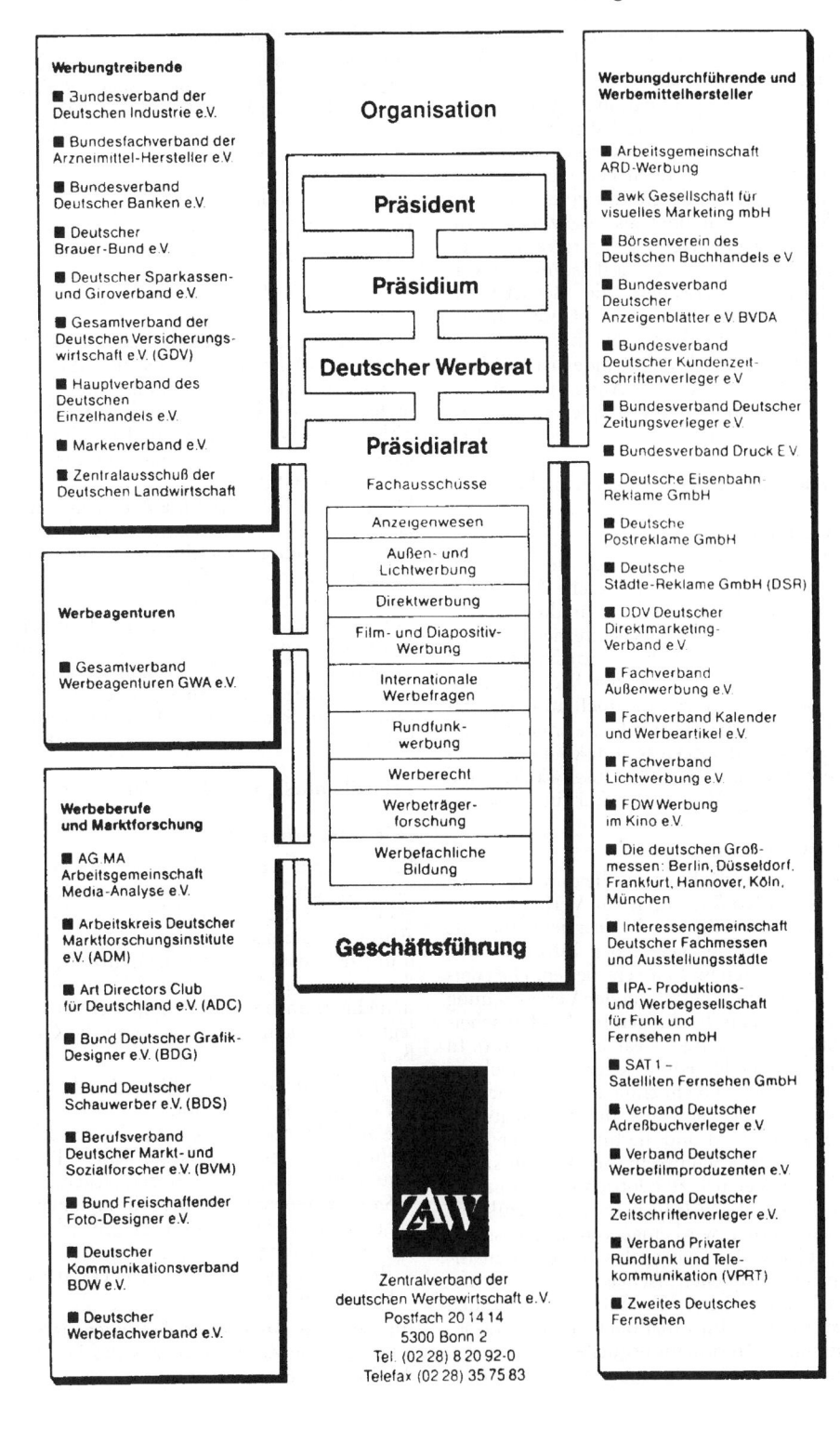

ZAW (Zentralverband der deutschen Werbewirtschaft e.V.)

Organisation

- Präsident
- Präsidium
- Deutscher Werberat
- Präsidialrat
- Fachausschüsse
  - Anzeigenwesen
  - Außen- und Lichtwerbung
  - Direktwerbung
  - Film- und Diapositiv-Werbung
  - Internationale Werbefragen
  - Rundfunkwerbung
  - Werberecht
  - Werbeträgerforschung
  - Werbefachliche Bildung
- Geschäftsführung

Zentralverband der deutschen Werbewirtschaft e.V.
Postfach 20 14 14
5300 Bonn 2
Tel. (02 28) 8 20 92-0
Telefax (02 28) 35 75 83

Werbungtreibende

- Bundesverband der Deutschen Industrie e.V.
- Bundesfachverband der Arzneimittel-Hersteller e.V.
- Bundesverband Deutscher Banken e.V.
- Deutscher Brauer-Bund e.V.
- Deutscher Sparkassen- und Giroverband e.V.
- Gesamtverband der Deutschen Versicherungswirtschaft e.V. (GDV)
- Hauptverband des Deutschen Einzelhandels e.V.
- Markenverband e.V.
- Zentralausschuß der Deutschen Landwirtschaft

Werbeagenturen

- Gesamtverband Werbeagenturen GWA e.V.

Werbeberufe und Marktforschung

- AG.MA Arbeitsgemeinschaft Media-Analyse e.V.
- Arbeitskreis Deutscher Marktforschungsinstitute e.V. (ADM)
- Art Directors Club für Deutschland e.V. (ADC)
- Bund Deutscher Grafik-Designer e.V. (BDG)
- Bund Deutscher Schauwerber e.V. (BDS)
- Berufsverband Deutscher Markt- und Sozialforscher e.V. (BVM)
- Bund Freischaffender Foto-Designer e.V.
- Deutscher Kommunikationsverband BDW e.V.
- Deutscher Werbefachverband e.V.

Werbungdurchführende und Werbemittelhersteller

- Arbeitsgemeinschaft ARD-Werbung
- awk Gesellschaft für visuelles Marketing mbH
- Börsenverein des Deutschen Buchhandels e.V.
- Bundesverband Deutscher Anzeigenblätter e.V. BVDA
- Bundesverband Deutscher Kundenzeitschriftenverleger e.V.
- Bundesverband Deutscher Zeitungsverleger e.V.
- Bundesverband Druck E.V.
- Deutsche Eisenbahn-Reklame GmbH
- Deutsche Postreklame GmbH
- Deutsche Städte-Reklame GmbH (DSR)
- DDV Deutscher Direktmarketing-Verband e.V.
- Fachverband Außenwerbung e.V.
- Fachverband Kalender und Werbeartikel e.V.
- Fachverband Lichtwerbung e.V.
- FDW Werbung im Kino e.V.
- Die deutschen Großmessen: Berlin, Düsseldorf, Frankfurt, Hannover, Köln, München
- Interessengemeinschaft Deutscher Fachmessen und Ausstellungsstädte
- IPA- Produktions- und Werbegesellschaft für Funk und Fernsehen mbH
- SAT 1 – Satelliten Fernsehen GmbH
- Verband Deutscher Adreßbuchverleger e.V.
- Verband Deutscher Werbefilmproduzenten e.V.
- Verband Deutscher Zeitschriftenverleger e.V.
- Verband Privater Rundfunk und Telekommunikation (VPRT)
- Zweites Deutsches Fernsehen

in den letzten Jahren zunehmend moderne Dienstleistungsgenossenschaften dem Verband angeschlossen.
Der ZdK nimmt auf nationaler und internationaler Ebene die wirtschaftlichen und ideellen Interessen der Konsumgenossenschaften sowie der sonstigen Verbrauchergenossenschaften und deren Einrichtungen wahr. Neben der Tätigkeit als gesetzlicher Prüfungsverband bietet der Zentralverband seinen Mitgliedern Beratungsleistungen in verschiedenen Bereichen wie Betriebswirtschaft, Steuerrecht sowie Gesellschafts-, Handels- und Arbeitsrecht an.
Der Hauptsitz des Verbandes ist in Hamburg, der Aufbau einer Außenstelle in Berlin ist geplant. Anschrift: Adenauerallee 21, 20097 Hamburg B.H.

Zeichenschutz → Kennzeichenschutz

Zeigerware

Als Zeigerware werden in der → Sortimentspolitik im Handel solche Artikel bezeichnet, mit deren Hilfe man die fachliche Kompetenz des Handelsunternehmens demonstrieren und ein hohes Sortimentsimage aufbauen kann. Es sind dem Wortsinn nach „Vorzeige-Artikel", die auch auffällig präsentiert und/oder preislich attraktiv angeboten werden. Zeigerwaren können im Lebensmittelhandel z.B. ausgewählte und hochpreisige Weine oder Spirituosen sein.

Zeitdruck

entsteht bei → Kaufentscheidungen, wenn das dem Konsumenten zur Verfügung stehende Zeitbudget nicht ausreicht, um alle für zweckmäßig gehaltenen Informationen aufzunehmen und zu verarbeiten. Die typische Reaktion besteht in der Vereinfachung von Kaufentscheidungen (→ Kaufentscheidungsheuristiken; → lean consumption). In entsprechenden empirischen Untersuchungen zeigte sich recht einheitlich, dass bei zunehmendem Zeitdruck die Informationsnachfrage sinkt und die Intensität der Nutzung von → Schlüsselinformationen steigt, also der Versuch zu beobachten ist, mit wenigen wichtigen Informationen auszukommen. Ferner wird angenommen, dass bei Zeitdruck der Gebrauch von neutralen Informationsquellen nachlässt, da dieser oftmals mit größerem Zeitaufwand verbunden ist, während Informationen aus anbieterbestimmten Informationsquellen eher an den Konsumenten herangetragen werden

(→ Informationsverhalten, → Informationsbeschaffung). A.Ku.
Literatur: *Payne, J.; Bettman, J.; Johnson, E.*: The Adaptive Decision Maker, Cambridge 1993.

Zeitfalle → Zeitwettbewerb

Zeit im Marketing

Im Marketing spielt Zeit unter zwei Aspekten eine entscheidende Rolle:
– zur rechten Zeit
– schneller.

Das Thema, „zur rechten Zeit" (→ Zeitwettbewerb) kann einerseits als USP gewählt werden, wenn Konkurrenten dies nicht erreichen. Wenn Fedex einhält: „Definitly absolutly over night" und alle Postorganisationen das nicht garantieren können, hat es einen USP.
Häufig wird für bestimmte Angebote auch das Thema „zur rechten Zeit" dadurch relevant, dass nur ein bestimmtes Zeitfenster existiert, ansonsten ein zu früh ebenso falsch ist wie ein zu spät.
„Zur rechten Zeit" kann auch insofern eine Forderung von Abnehmern sein, als ein „Just in time" zur Senkung der Lagerkosten auf Null führt. Das Thema „schneller" wird unter dem Stichwort → Turbomarketing behandelt. H.S.

Zeitreihendesign → Quasi-Experiment

Zeitreihenprognose

Prognose auf der Grundlage der Analyse einer vorliegenden Zeitreihe, d.h. von Beobachtungswerten, die in gleichem zeitlichen Abstand aufeinander folgen. Dabei wird unterstellt, dass die gegebene Zeitreihe, z.B. der monatliche Absatz eines Konsumgutes, in mehrere unabhängige Komponenten zerlegt werden kann. Dazu gehören die Größen
– *Trendkomponente* T_t, die die langfristige Entwicklung beschreibt,
– *Konjunkturkomponente* K_t, die den Einfluss der gesamtwirtschaftlichen Konjunkturschwankungen widerspiegelt,
– *Saisonkomponente* S_t, die sehr regelmäßige zyklische Schwankungen, z.B. jahreszeitlich bedingte, wiedergibt,
– *Restkomponente* e_t, die nicht erklärbare Störungen enthält.
Im *additiven Modell* der Zeitreihenanalyse setzt sich die Zeitreihe X_t aus der Summe der Komponenten zusammen

(1) $X_t = T_t + K_t + S_t + e_t$,

während das mulitplikative Modell das Produkt der Komponenten benutzt:

(2) $X_t = T_t \cdot K_t \cdot S_t \cdot e_t$.

Man prognostiziert einen neuen Wert der Zeitreihe X_t, indem man die einzelnen Komponenten mit verschiedenen Prognoseverfahren separat prognostiziert und anschließend additiv oder multiplikativ zusammensetzt. Für die Trendkomponente T_t werden häufig folgende Prognoseverfahren angewandt:

– lineare → Trendextrapolation

Dabei wird die lineare Gleichung

(3) $T_t = a + b \cdot t$

als Trendgerade benutzt und die Parameter a und b mit der Methode der Kleinsten-Quadrate geschätzt (→ Kleinste-Quadrate-Schätzung).

– → logistische Funktion

Hier lautet die Trendgleichung

(4) $T_t = \dfrac{S}{1 + e^{-aSt - C}}$ (e = 2,71828...).

Ist das Sättigungsniveau S bekannt, so lässt sich (4) umformen zu

(5) $\dfrac{S}{T_t} - 1 = e^{-aSt - C}$.

Logarithmiert man (5), so können die Parameter a und C mit der Methode der Kleinsten-Quadrate aus

(6) $\ln\left(\dfrac{S}{T_t} - 1\right) = -C - aSt$

direkt geschätzt werden.

Für die *Prognose der Saisonkomponente* St stehen leistungsfähige Verfahren der Spektralanalyse und der → Saisonverfahren, wie z.B. das → Winters-Verfahren oder die → gleitenden Durchschnitte zur Verfügung.

Die *Konjunkturkomponente* K_t ist relativ schwer zu prognostizieren, da der Konjunkturverlauf nicht – wie die Saison – einen genau bestimmbaren Zyklus besitzt, sondern meistens erst im Nachhinein festgestellt werden kann, wie lange eine Zyklus gedauert hat. Der jüngste Konjunkturaufschwung begann 1983, und sein Ende ist noch nicht abzusehen.

Die *Restkomponente* e_t, die alle nicht erklärbaren Einflüsse und Störungen umfasst, kann naturgemäß nicht prognostiziert werden. Es ist lediglich möglich, eine Korrelation der Residuen verschiedener Zeitpunkte statistisch festzustellen und dadurch einen Hinweis auf verdeckte Einflussgrößen zu gewinnen. Gibt es diese Korrelation nicht, hat die Restkomponente ausschließlich Zufallscharakter.   K.-W.H.

Literatur: *Hansmann, K.-W.*: Kurzlehrbuch Prognoseverfahren, Wiesbaden 1983.

Zeitschriften

Zeitschriften sind ein bedeutsamer, zu den Printmedien gehörender → Werbeträger. Die Wesensmerkmale der Zeitschrift sind die Periodizität (fortgesetzte Erscheinungsweise), die Publizität (Öffentlichkeit), die Aktualität (Gegenwartsbezug) und die Universalität (Verbreitung vielfältigen Wissens). Im Gegensatz zur Zeitung kann die Publizität, die Aktualität oder die Universalität nur begrenzt vorhanden sein. Die verschiedenen Erscheinungsformen sind in der *Abb.* dargestellt.

Zeitschriften bieten sowohl Unterhaltung als auch Informationen, was sich auf ihre Attraktivität als Werbeträger niederschlägt: Anzeigen in Zeitschriften haben eine längere Lebensdauer als Werbemittel in Zeitungen, Radio oder TV, da sie von einem oder mehreren Lesern oft mehrmals betrachtet werden. Eine ständig verbesserte Druckqualität ermöglicht es, Produkte attraktiv und in lebhaften Farben abzubilden. Besonders in Fachzeitschriften werden Anzeigen immer häufiger zur Information gesucht. Bei den → Publikumszeitschriften stiegen die Netto-Werbeeinnahmen 1999 im Vergleich zum Vorjahr um 7,4% auf 3,92 Mrd. DM. → Fachzeitschriften steigerten ihren Netto-Werbeumsatz um 2,4% auf 2,37 Mio. DM.

→ *Fachzeitschriften* richten sich an Experten einer Branche, während *Special-Interest-Zeitschriften* die Gesamtbevölkerung ansprechen, wobei sie sich thematisch meist auf bestimmte Bereich der Freizeitgestaltung konzentrieren (z.B. Segeln, Garten, Jagd). Unterschiedliche Nischen und Marktsegmente bieten sich v.a. durch grö-

Gliederung der Zeitschriften nach
publizistischer Tätigkeit und Vertriebsart

Zeitschriften	
publizistische Tätigkeit	Vertriebsart
▻ Publikumszeitschriften	▻ Abonnementszeitschriften
▻ Fachzeitschriften	▻ Mitgliederzeitschriften
▻ Kundenzeitschriften	▻ Kundenzeitschriften
▻ Standeszeitschriften	▻ Supplements
▻ Berufszeitschriften	▻ Lesezirkelobjekte
▻ Verbandszeitschriften	▻ Kaufzeitschriften

ßere Zielgruppensegmentation in den Bereichen Reise, Mode, Sport, Hobby und umweltorientiertes, gesundes Leben an. Dies hat zur Konsequenz, dass sich in Zukunft immer mehr Titel um nur geringfügig mehr Leser bemühen werden. Die Lesernutzung der Titel wird deshalb selektiv erfolgen. Eine Bindung des Lesers gelingt nur noch durch entsprechende Qualität bei Inhalt und Aufmachung.

→ *Kundenzeitschriften* werden als sog. *Freebies* kostenlos von Unternehmen an ihre Kunden weitergegeben. Wie wichtig dieser Dialog mit den Kunden deutscher Unternehmen ist, zeigen die 2400 von IVW gezählten Kundenzeitschriften im Jahr 1999 mit einer Auflage von 357 Mio. Exemplaren. Inhaltlich beschäftigen sich diese Zeitschriften mit Neuigkeiten, Tipps und Ratschlägen für Fachleute der jeweiligen Branche, der das herausgebende Unternehmen angehört.

Adressen: Verband Deutscher Zeitschriftenverleger e.V., Haus der Presse, Markgrafenstrasse 15, 10969 Berlin. Börsenverein des Deutschen Buchhandels e.V. (Arbeitsgemeinschaft Zeitschriftenverlage AGZV), Großer Hirschgraben 17-21, 60311 Frankfurt am Main   B.Sa.

Literatur: Noelle-Neumann, E.; Schulz, W.; Wilke, J.: Publizistik/Massenkommunikation, Frankfurt 1989. Tietz, R. (Hrsg.): Die klassischen Medien im Überblick in: Die Werbung 2, Landsberg a.L. 1982, S. 1785-1923. ZAW: Werbung in Deutschland 2000, Bonn 2000.

Zeitstabilitätshypothese

Vermutung, dass die in der Vergangenheit beobachteten und für die Prognose wichtigen Gesetzmäßigkeiten in Zukunft im Wesentlichen unverändert weiter gelten, also kein Trendbruch zu erwarten ist. Diese Voraussetzung ist Grundlage jeder Prognose, insb. aber von → Trendextrapolationen, die aus der Analyse von Daten der Vergangenheit abgeleitet werden. Von der Zeitstabilität zu unterscheiden ist die → Stationarität einer Zeitreihe, d.h. das Fehlen eines Trends.

Zeitung

Die Zeitung ist der z.Z. wegen ihrer Beliebtheit für die lokale → Handelswerbung bedeutendste → Werbeträger und wird zu den → Printmedien gerechnet. Sie vermittelt jüngstes Gegenwartsgeschehen in kürzester, regelmäßiger Folge der breitesten Öffentlichkeit. Daraus leiten sich die typischen Merkmale der Zeitung ab:

– Aktualität (tägliche/wöchentliche Nachrichten- und Informationsübermittlung),
– Universalität (keine thematische Einschränkung),
– Periodizität (Erscheinen in kürzester, regelmäßiger Folge),
– Publizität (Ansprache an die breiteste Öffentlichkeit).

Im Gegensatz zu → Zeitschriften befassen sich Zeitungen mit fortlaufenden Berichterstattungen über Tagesereignisse, während sich Zeitschriften mehr mit der Erörterung ausgewählter Fragen bestimmter Themengebiete, aber auch der Erbauung und Unterhaltung widmen. Die Grenze ist allerdings sehr vage.
Nach einer Studie über die Bewertung der *Glaubwürdigkeit* der Werbung rangiert die Zeitung (62% der Befragten hielten die Glaubwürdigkeit der Werbung in einer Tageszeitung am höchsten) vor Fernsehen und Hörfunk (40%) und Zeitschriften (24%). Zeitungen lassen sich nach Erscheinungshäufigkeit (Tageszeitung, Sonntagszeitung, Wochenzeitung), Vertriebsart (Straßenkaufzeitung, Kaufzeitung, Abonnementzeitung) und Verbreitungsgrad (lokal, regional) abgrenzen.
Die durchschnittlich verkaufte Auflage betrug im 4. Quartal 1999 bei Tageszeitungen mit 393 Titeln insgesamt 28,54 Mio. Exemplare (18,09 Mio. Abonnementzeitungen, 9,91 Mio. Straßenverkaufszeitungen und 0,53 sonstiger Verkauf). Bei den Wochenzeitungen mit 24 Titeln lag die Auflage im vierten Quartal 1999 bei 2,03 Mio. Exemplaren (1,52 Mio. Abonnementzeitungen,

0,22 Mio. Straßenverkaufszeitungen und 0,30 Mio. sonstiger Verkauf).
Die Erlöse aus Anzeigen und Beilageblätter beliefen sich 1999 insgesamt auf 12,5 Mrd. DM, die Netto-Werbeeinnahmen der Tageszeitungen auf 11,8 Mrd. DM, die der Wochen- und Samtstagszeitungen auf 511,1 Mio. DM. Die insgesamt positive Umsatzentwicklung, welche seit 1997 anhält, ist nach Angaben des BDZV auf Sättigungstendenzen auf dem TV-Werbemarkt zurückzuführen.
Um die Medialeistung der Zeitungen u.a. bei den Werbeplanern bekannt zu machen, wurde 1997 die Zeitungs-Marketing-Gesellschaft (ZMG, Gesellschaft mbH & Co.KG, Schmidtstraße 53, 60326 Frankfurt a.M., Tel.: 069/97 38 22-0, Fax: 069/97 38 22-53) gegründet. Ihre Aufgabe ist es z.B., Mediadaten aller Zeitungen in Deutschland zu erfassen und Kunden bzw. Agenturen kostenlos zur Verfügung zu stellen. Ferner bietet sie umfassende Unterstützung bei der Planung und Durchführung von Zeitungsanzeigen an.
Adresse: Bundesverband Deutscher Zeitungsverleger e.V. (BDZV), Postfach 580561 10414 Berlin, Tel. 030/726298-0.

B.Sa.

Literatur: *ZAW* (Hrsg.): Werbung in Deutschland 2000, Bonn 2000.

Zeitvergleich → Kennzahlenvergleich

Zeitwahrnehmung, interkulturelle
dreidimensionales Konstrukt des Interkulturellen Marketing (→ Marketing, interkulturelles) mit den Ausprägungen
- Zeitverlauf (linear-zyklisch)
- Zeitauffassung (abstrakt-konkret)
- soziales Tempo (monochron-polychron)

Allerdings sind diese „Dimensionen" nicht unabhängig voneinander. Vielmehr gehen in den westlichen, monotheistisch geprägten Industrienationen gewöhnlich lineares Zeitbewusstsein mit abstrakter Zeitauffassung und monochromem sozialen Tempo einher, während in polytheistischen Entwicklungs- und Schwellenländern die Zeitwahrnehmung tendenziell zyklisch, konkret und polychron strukturiert ist. Dieses Konstrukt ist bspw. für die Analyse von Leistungsmotivation, der Organisation von Leistungsprozessen, von interkulturellen Verhandlungen oder der Gestaltung von Joint Ventures von Bedeutung, da sich aus der kulturspezifischen Zeitwahrnehmung zahlreiche Konfliktpotentiale ergeben können. So bewerten Angehörige westlicher Industrienationen Unpünktlichkeit bzw. Verspätung als Unhöflichkeit, während in den meisten lateinamerikanischen, vor allem aber den arabischen Ländern dies akzeptierter Teil der Geschäftskultur ist – allerdings nur für den Gastgeber (bzw. den in anderer Weise dominierenden Partner einer Interaktion).

S.M./M.Ko.

Literatur: *Müller, S.; Kornmeier, M.*: Interkulturelles Marketing, München 2002.

Zeitwettbewerb
kennzeichnet das Bemühen von Unternehmen einer Branche, ihre Geschäftsprozesse bzw. ihre Aktivitäten entlang der Wertschöpfungskette zu straffen, um → Wettbewerbsvorteile und damit „übernormale" Gewinne zu erzielen. Ausgangspunkt ist die Gegenwartspräferenz der Nachfrage, d.h. die Forderung der Käufer nach möglichst schneller Erfüllung der Kundenwünsche als immer wichtiger werdender Bestandteil der → Kundenzufriedenheit. Zur Beschleunigung der Geschäfts- bzw. Wertschöpfungsprozesse stehen dem Unternehmen alternativ oder kombinatorisch folgende Möglichkeiten offen:

- Vermeidung von Leer-, Warte- und Liegezeiten und von überflüssigen – da nicht wertschöpfenden – Aktivitäten;
- zeitliche Überlappung bzw. Parallelisierung notwendiger Aktivitäten und
- Beschleunigung durch Erhöhung der Aktivitätsmenge pro Zeiteinheit.

Um Vorteile im (Zeit-)Wettbewerb zu erzielen, lassen sich zwei wichtige Ansatzpunkte unterscheiden, die zugleich wesentliche Ausprägungsformen des Wettbewerbsfaktors „Zeit" darstellen:

- die Reaktions- bzw. Durchlaufzeiten von Kundenaufträgen (*Order-to-Delivery-Time*), die sich auf das bestehende Produkt- und Leistungsangebot beziehen, und
- die Innovationsdauer (→ Time-to-Market) als die für Forschung, Entwicklung und Markteinführung neuer Produkte, Leistungen oder Systeme notwendige Zeitdauer.

Die *Verkürzung der Innovationsdauer* als Aufgabe des → Innovationsmanagements und Bestandteil der → FuE-Strategie verbreitet die Gestaltungsspielräume im Ti-

Zeitwettbewerb

ming des Markteintritts und ermöglicht oft erst die Realisierung der → Pionierstrategie. Diese strategische Option eröffnet dank des → Hysterese-Effekts die Chance auf eine dauerhafte Marktführerschaft. Die Maßnahmen zur Verkürzung der Innovationsdauer reichen von der Definition des Produktkonzepts über Kooperationen und geeignete Formen der → Projektorganisation (→ Simultaneous Engineering) bis hin zu einem effizienten → FuE-Controlling und → Penetrationsstrategien zur Beschleunigung der Produktdiffusion (vgl. *Abb. 1*).

Abb. 1: Haupteinflussgrößen der Time-to-Market

Indiz für den sich verschärfenden Zeitwettbewerb ist der empirisch belegte Trend zu immer kürzeren → Lebenszyklen. Bei undifferenzierter Verkürzungspolitik drohen jedoch Qualitätsprobleme und die Gefahr einer „*Zeitfalle*": Die Marktverweildauer ist dann nicht mehr lang genug, um die (durch die Beschleunigung noch gestiegenen) projektbezogenen Entwicklungsausgaben zu amortisieren. Auch reagieren die Käufer bei „zu dicht" aufeinander folgenden Produkt-

generationen nicht selten abwartend bzw. mit Kauf-Enthaltsamkeit (→ Leapfrogging-Behavior). Faktoren, die den Zeitwettbewerb – im Sinne der Time-to-Market – antreiben und bremsen, sind in *Abbildung 2* gegenübergestellt.

Die *Reduktion der Durchlauf- und Lieferzeiten* bei bestehenden Produkten und Leistungen stellt die zweite Ausprägungsform des Wettbewerbsfaktors „Zeit" dar. Das auch als „*Time Based Management*" oder → Turbo-Marketing bezeichnete Maßnahmenprogramm (vgl. *Abb. 3*) reicht vom Beschaffungsmarketing (z.B. → Just-in-Time-Logistik) über eine Beschleunigung des Bestelleingangs (→ ECR) und der Produktionsvorbereitung bis hin zur Reduzierung der Herstellzeit (z.B. durch den Einsatz flexibler Fertigungssysteme mit kurzen Rüstzeiten) und der Auslieferung (→ Marketing-Logistik). Beispiele für die Existenz des Zeitwettbewerbs im hier betrachteten Sinne sind zahlreich: der „schnelle" Pizzabäcker und der 24-Stunden-Lieferservice großer Versandhäuser ebenso wie der „Schnellkredit" einer Bank und das derzeitige Bemühen der Automobilindustrie um ein „5-Tage-Auto" (z.B. Bestellung am Montag, Auslieferung am Freitag). Gerade das letztgenannte Beispiel verdeutlicht die Notwendigkeit, die Betrachtung über die Unternehmensgrenzen hinweg auf die gesamte Wertschöpfungskette auszudehnen (→ Supply Chain Management). Bei der Entscheidung über das „richtige" Maß an Beschleunigung bzw. Verkürzung in der Wertschöpfungskette sind auch mögliche Nachteile und Risiken (z.B. Überbeanspruchung der Distributionssysteme, Beschleunigungs- und Lieferbereitschaftskosten, er-

Abb. 2: Treiber und Bremsen im Zeitwettbewerb

„Treiber" im Zeitwettbewerb	„Bremser" im Zeitwettbewerb

• hohe Pionier-Preisprämien
• hohe Pionier-Marktanteile
  – in der „Monopolphase"
  – in der „Wettberwerbsphase"
    (hohe Remanenz)
• hohe Gegenwartspräferenz der Nachfrage
• hohes Innovationstempo der Branche
• zeiteffiziente Gestaltungsmöglichkeiten der F&E-Prozesse
• F&E-Kooperationen
• ...
	• Zeit- und Beschleunigungsfalle (verkürzte Marktzyklen, Erosion von Pionier-Marktanteilen)
	• zu hohes Innovationstempo der Branche
	• hohe Beschleunigungskosten (z.B. Überstunden)
	• Leapfrogging-Behavior der Käufer
	• Qualitätseinbußen (Rückrufaktionen, „Produkt reift beim Kunden")
	• Free-rider-Effekte der Konkurrenten (z.B. Imitation)
	• hohe Pionier-Risiken (technologische Risiken, Marktrisiken)
	• ...

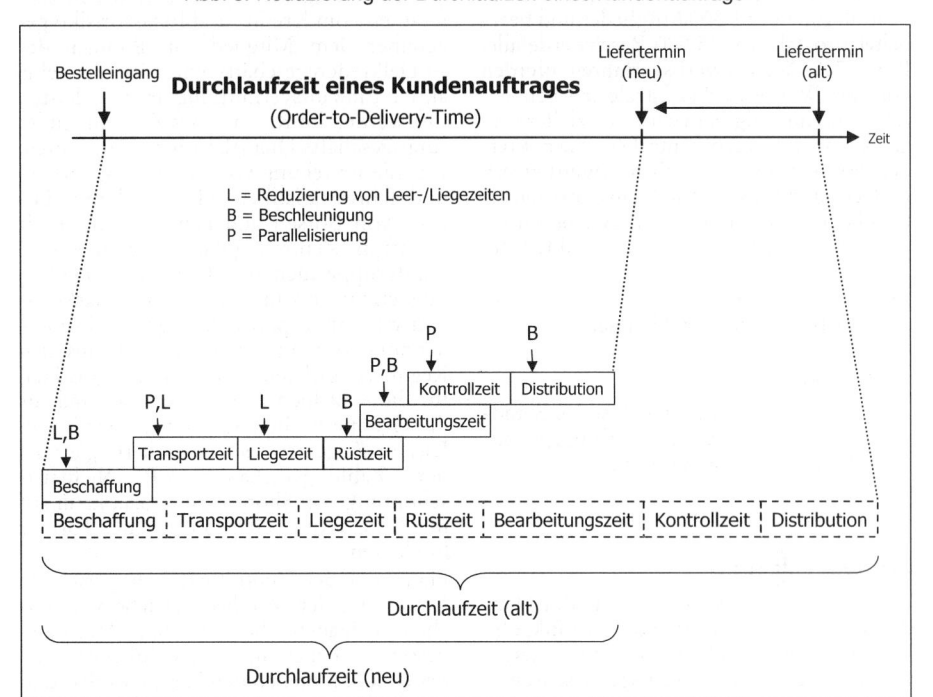

Abb. 3: Reduzierung der Durchlaufzeit eines Kundenauftrags

höhte Umweltbelastung durch Just-in-Time-Belieferung usw.) zu berücksichtigen. Eng verknüpft mit dem Zeitwettbewerb ist die generell gestiegene Bedeutung des *Timing im Marketing* zu sehen. Hierunter sind Entscheidungen über Zeitpunkt, Zeitdauer und Geschwindigkeit im Einsatz absatzpolitischer Instrumente zu verstehen, aber auch Entscheidungen über die Häufigkeit und den Wechsel bestimmter Aktivitäten, z.B. in der → Preispolitik (Bestimmung des günstigsten Zeitpunkts für Preisänderungen, Optimierung der zeitlichen → Preisdifferenzierung) und in der Werbung (→ Werbetiming). Die Notwendigkeit, den „richtigen" Einsatzzeitpunkt und die „richtige" Einsatzdauer von Marketing-Instrumenten (z.B. Sonderpreisaktionen) zu bestimmen, wird durch den Begriff „Just-in-Time-Marketing" zum Ausdruck gebracht. „Real-Time Marketing" betont dagegen die Möglichkeit, durch den Einsatz moderner Kommunikations- und Informationstechnologien Zeitreserven zu mobilisieren und gleichzeitig den Kundenkontakt zu vertiefen. Alle genannten Maßnahmen bieten – bewusst gestaltet – fruchtbare Ansatzpunkte, um im Zeitwettbewerb erfolgreich zu bestehen. K.-I.V.

Literatur: *McKenna, R.:* Real-Time Marketing, in: HBR (1995), Heft 4, S. 87–95. *Kotler, Ph.; Stonich, P.J.:* Turbo marketing through time compression, in: The Journal of Business Strategy (1991), Heft 5, S. 24 ff. *O.V.:* Das Timing der Marketing-Prozesse. Zeitwettbewerb, Zeitstrategie, Zeitfalle, in: asw: Heft 3 und 4 (1989). *Stalk, G. jr.; Hout, Th.M.:* Zeitwettbewerb. Schnelligkeit entscheidet auf den Märkten der Zukunft, Frankfurt a.M., New York 1990. *Voigt, K.-I.:* Strategien im Zeitwettbewerb. Optionen für Technologiemanagement und Marketing, Wiesbaden 1998.

Zentrale zur Bekämpfung unlauteren Wettbewerbs e.V.

Aufgabe der am 13.02.1912 in Berlin gegründeten Zentrale (auch genannt: Wettbewerbszentrale) ist die Bekämpfung unlauterer Wettbewerbshandlungen (→ unlauterer Wettbewerb) sowie die Beteiligung an der Rechtsforschung. Die Zentrale arbeitet mit den Spitzenverbänden der gewerblichen Wirtschaft zusammen. Sie kann die Klagebefugnis nach § 13 Abs. 2 Nr. 2 und Abs. 3 UWG, § 2 Abs. 1 ZugabeVO, § 12 Rabattgesetz und § 13 AGB-Gesetz ausüben. Neben der Wettbewerbszentrale in Frankfurt (Anschrift: Landgrafenstraße 24 B, 6380 Bad Homburg v.d.H) bestehen im Bundesgebiet 7 Zweigstellen. Die Wettbewerbszentrale hat über 1.300 Mitglieder und bearbeitet pro Jahr ca. 15.000 Beschwerdefälle. Etwa 700 Wettbewerbsverfahren werden von der Wettbewerbszentrale jährlich gerichtlich anhängig gemacht. Offizielles Organ der Wettbewerbszentrale ist die monatlich erscheinende Zeitschrift ‚Wettbewerb in Recht und Praxis (WRP)', in der regelmäßig über die Arbeit der Wettbewerbszentrale berichtet wird. H.-J.Bu.

Zentralgrossierer
→ Distribuierender Großhandel

Zentralität
im Rahmen der Standortanalyse (→ Standort im Handel) benutztes Konzept zur Klassifikation von Standorten.

Zentrallager → Depotplanung

Zentralregulierung
Finanzierung der Wareneinkäufe des Handels durch Einkaufsverbände (→ Einkaufsverbund), insbesondere bei → Einkaufsgemeinschaften und Einkaufsgenossenschaften. Bei einem zentralreguliertem Warengeschäft ist der Einkaufsverband oder ein von ihm beauftragtes Bankinstitut die zentrale Regulierungsstelle (=Bezahlstelle) für alle Schulden der Mitglieder aus Wareneinkäufen bei den Vertragslieferanten, d.h. Hersteller und sonstige Lieferanten, die mit dem Einkaufsverband einen entsprechenden Vertrag geschlossen haben. Die Waren werden i.d.R. direkt vom Vertragslieferanten an die einzelnen Mitglieder geliefert. Der Einkaufsverband erhält als Entgelt für seine Leistungen im Zentralregulierungsgeschäft eine Delkredereprovision (→ Zahlungskonditionen). Die Besonderheit des Zentralregulierungsgeschäfts ist in der Abwicklung von Rechnungs- und Zahlungsströmen zu sehen, welche hier i.d.R. getrennt verlaufen.

Beim Zentralregulierungsgeschäft stehen sich folgende Vertragspartner gegenüber:
(1) die Mitglieder des Einkaufsverbandes, die von den Vertragslieferanten Ware beziehen;
(2) die Vertragslieferanten, für die ein Einkaufsverband das Delkredere und die Zentralregulierung übernommen hat;
(3) der Einkaufsverband oder eine von ihm beauftragte Bank als Träger der Zentralregulierung.

Die Einkaufsgemeinschaft befreit den Lieferanten vom Kredit- und Inkassorisiko gegenüber dem Mitglied. Im Rahmen des → Delkredergeschäfts wird überdies eine aktive Einkaufsvermittlungsarbeit geleistet. Oft werden im Rahmen des Zentralregulierungsgeschäfts Dienstleistungen angeboten, z.B. die Erstellung von Monats-, Quartals- und Jahresstatistiken oder die Durchführung von Börsen und Hausmessen. Somit schafft die Zentralregulierung in einer Verbundgruppe auch die informatorischen Voraussetzungen zum Aufbau eines marktorientierten und partnerbezogenen Früherkennungssystems. So lassen sich aus den Regulierungsdaten z.B. Umsatzstatistiken für die einzelnen Anschlusshäuser und für die Gruppe in ihrer Gesamtheit gewinnen. Das im Wege der Zentralregulierung ermittelte Zahlungsverhalten, z.B. Nichtausschöpfung von Skontofristen u.a., kann auf mögliche Liquiditätsprobleme der Partner hindeuten.

Hauptziel der Zentralregulierung ist eine Entlastung der Mitgliedsbetriebe von solchen Aufgaben, die der Einkaufsverband besser, schneller und übersichtlicher bearbeiten kann. Neben den Wettbewerbs- und Rationalisierungsvorteilen ergeben sich für die Teilnehmer an der Zentralregulierung finanzielle Vorteile, z.B.:
– Verlängerung des Zahlungsziels und
– verbilligte Gebühren für die Kontenführung beim Zahlungsinstitut.

B.T./J.Z.

Literatur: *Tietz, B.*: Der Handelsbetrieb, 2. Aufl., München 1993. *Zentes, J.*: EDV-gestütztes Marketing, Berlin u.a. 1987.

Zentroid-Methode
1. Verfahren der → agglomerativen Clusteranalyse mit dem Bewertungsindex

$$v(K,L) = \sum_{k=1}^{m} \left(\bar{a}_{Kk} - \bar{a}_{Lk}\right)^2$$

(→ Distanzindex). Es setzt intervallskalierte Merkmalsausprägungen a_{ik} voraus (→ Clusteranalyse). Mit

$$\bar{a}_{Kk} = \frac{1}{|K|} \sum_{i \in K} a_{ik}, \quad \bar{a}_{Lk} = \frac{1}{|L|} \sum_{i \in L} a_{ik}$$

sind die → Mittelwerte der Klassen K bzw. L bezüglich Merkmal k gemeint. Die Verschiedenheit zwischen zwei Klassen wird also durch den quadratischen Abstand ihrer Mittelwerte, aufsummiert über alle Merkmale, ausgedrückt.

2. Verfahren der → Faktorenanalyse, das die Berechnung einer einfachen Näherungslösung für die → Hauptkomponentenanalyse ermöglicht. Die Idee geht auf *Thurstone* zurück. Stellt man p beobachtete Merkmale im q-dimensionalen Faktorraum dar, so verlangt die Zentroidmethode, dass die Achse, die den ersten Faktor darstellt, nur durch den Schwerpunkt (Zentroid) der Merkmalspunkte im Faktorraum gelegt wird. Die übrigen Achsen sind jeweils orthogonal, womit das von den Faktoren gebildete Koordinatensystem eindeutig ist. Die Projektionen der Merkmalspunkte auf die Koordinatenachsen ergeben in diesem Verfahren die → Faktorladungen. Das Verfahren ist besonders einfach und ohne EDV durchführbar, es hat heute aber keine Bedeutung mehr, da die Lösung keine bekannten statistischen Eigenschaften besitzt. O.O./L.H.

Literatur: *Überla, K.*: Faktorenanalyse, 2. Aufl., Berlin 1971. *Fahrmeir, L.; Hamerle, A.; Tutz, G.*: Multivariate statistische Verfahren, 2. Aufl., Berlin 1996.

Zertifizierung

bezeichnet einen Evaluationsprozess durch eine neutrale Drittpartei, welche die Einhaltung bestimmter Standards überprüft. Die Zertifizierung gelangt insbesondere im Bereich des → Qualitätsmanagements oft zur Anwendung. Sie dient der Unternehmung, die sich der Evaluation unterzieht, vornehmlich zur Überprüfung der Leistungsfähigkeit ihres → *Qualitätssicherungssystems* sowie – als → Qualiätssignal – zur Verdeutlichung ihrer Qualitätsfähigkeit gegenüber Dritten (Abnehmer, Öffentlichkeit, Kooperationspartner). In der Praxis dominiert seit einigen Jahren die Zertifizierung auf Basis der Normenreihe DIN ISO 9000ff. (9001–9003). Diese Normen geben anhand bestimmter Bereiche, die als Gegenstand eines Qualitätssicherungssystems zu gelten haben (z.B. Dokumentation, Einsatz von Prüfmitteln, Durchführung interner Qualitätsaudits, aber auch Managementaufgaben), allgemeine Rahmenanforderungen vor, die bei der Einrichtung bzw. Optimierung von Qualitätssicherungssystemen zu beachten sind. Sie lassen erhebliche Freiheitsgrade bei der individuellen Ausgestaltung, so dass der Begriff „Norm" etwas missverständlich erscheint. Typischerweise ist ein Zertifizierungsprozess wie folgt strukturiert: 1. interne Bestandsaufnahmen, 2. interne Vorbereitung, 3. Auditierung, 4. Zertifizierung. J.F.

Zertifizierungsaufwand, bilanzielle und steuerliche Behandlung

Zertifizierungsaufwendungen führen nicht zur Aktivierung eines selbständigen immateriellen Vermögenswertes. Grundsätzlich sind Zertizierungsaufwendungen Aufwand bzw. abzugsfähige Betriebsausgaben.

Muss der Erwerber die Zertifizierung zwingend durchführen, damit ein Vermögensgegenstand in Betrieb genommen werden kann, so stellen die Zertifizierungsaufwendungen (nachträgliche) Anschaffungskosten dar. Im Rahmen der Herstellungskosten müssen Zertifizierungsaufwendungen dann als Sondereinzelkosten der Fertigung aktiviert werden, wenn der Hersteller die Zertifizierung zwingend vornehmen muss, um den Anlagegegenstand in Betrieb zu nehmen oder die Erzeugnisse/Waren in den Handel zu bringen. Bei nur indirekter Zuordenbarkeit stellen die Zertifizierungsaufwendungen handelsrechtlich wahlweise Fertigungsgemeinkosten dar, steuerrechtlich sind es Pflichtbestandteile der Herstellungskosten. Denkbar ist handelsrechtlich – nicht steuerrechtlich – auch eine Aktivierung von Zertifizierungsaufwendungen im Zusammenhang mit der Ingangsetzung und Erweiterung des Geschäftsbetriebs (§ 269 HGB). R.F.

Literatur: *Möhlmann, Th.*: Zur Aktivierung von Zertifizierungsaufwendungen, WPg 1999, S. 318.

ZGV (Zentralverband gewerblicher Verbundgruppen e.V.)

Der ZGV ist 1991 aus der Verschmelzung der Bundesvereinigung Deutscher Einkaufs- und Verbundgruppen des Handels (BEV) und dem 1948 gegründeten Zentralverband der genossenschaftlichen Großhandels- und Dienstleistungsunternehmen (ZENTGENO) entstanden.

Dieser Handelsverband vereint unter seinem Dach fast 400 Einkaufs- und Marketing-Kooperationen mit ca. 180.000 Mitgliedsfirmen in 30 Branchen mit einem Umsatz von rund 140 Mrd. DM.

In Brüssel ist der ZGV Partner der Internationalen Vereinigung von Einkaufsverbänden (IVE) und der Union de Groupements de Commerçants Détaillants indépendants de l'Europe (UGAL). Anschrift: Vorgebirgsstraße 43, 53119 Bonn B.H.

Ziehung mit/ohne Zurücklegen

→ Stichproben können in der Weise gebildet werden, dass das jeweils gezogene Element wieder in die Urne („Urnenmodell", → Auswahlverfahren und –techniken) zurückgelegt wird; die Auswahlwahrscheinlichkeiten für alle weiteren Züge verändern sich dann nicht. Wird das gezogene Element nicht zurückgelegt, so verändern sich mit jedem Zug die Auswahlwahrscheinlichkeiten der noch verbliebenen Elemente. (Beispiel: Enthält die Urne 49 Kugeln mit den Zahlen 1 bis 49, so beträgt beim 1. Zug die Auswahlwahrscheinlichkeit für alle Elemente 1/49. Wird, wie beim Lotto, nicht zurückgelegt, so haben beim 2. Zug die verbliebenen Elemente nun eine Auswahlwahrscheinlichkeit von 1/48, usw.) Eine Berücksichtigung kann mittels der → Endlichkeitskorrektur erfolgen. M.H.

Zielgruppen

Teilgesamtheiten der Abnehmer eines Marktes, die entweder a priori definierbar sind (z.B. nach Einteilungen der → Mediaanalyse) oder nach den Regeln der → Marktsegmentierung deduktiv abgeleitet werden. Ziel dieser Gliederung ist es, Kunden so zu Gruppen zusammenzufassen, dass ihre Bedürfnisse jeweils mit einem bestimmten Marketing-Mix, insb. mit einer spezifischen → Werbestrategie befriedigt werden können. Jede dieser Gruppen sollte also möglichst homogen sein bezüglich der Erwartungen und Ansprüche an ein Produkt dieser Art, bezüglich der Einkaufgewohnheiten, des Medienverhaltens usw. Dafür stehen eine Vielzahl von → Marktsegemtierungsmerkmalen und statistischen Gruppierungsverfahren (→ Clusteranalyse, → AID (Automatic Interaction Detection)) mit unterschiedlichen Vor- und Nachteilen zur Verfügung. Durch zunehmende Zersplitterung ehemals großer Marktsegmente wird die Zielgruppendefinition immer schwieriger (→ Targeting).
Besonders interessante Zielgruppen sind der → Senioren- und – insb. für das → Szene-Marketing – der → Jugendmarkt sowie das → Ausländersegment. Standard-Einteilungen liefert auch die → Allensbacher Werbeträgeranalyse, bei welcher auch psychographische Merkmale herangezogen werden. Gleiches gilt für die zahlreichen → Verlagstypologien sowie Zielgruppensystematiken der großen Marktforschungsinstitute (z.B. → Euro-Sozio-Styles der GfK). G.Sch./H.D.

Zielgruppen-Mix

Bestandteil einer → Werbestrategie oder → Kommunikationsstrategie. Im Rahmen dieser Strategiedimension wird die Entscheidung über das relative Ausmaß geplanter Kommunikationsanstrengungen für die Ansprache von → Zielgruppen getroffen.

In der Marktkommunikation ist regelmäßig zu entscheiden, ob und – wenn ja – welche Verwender(segmente), Absatzmittler(segmente), Service-Anbieter(segmente) und/oder Beeinflusser(segmente) eines Marktes als Zielgruppen der Kommunikationsarbeit vorrangig angesprochen werden sollen. Sind Organisationen die Adressaten (z.B. Industrieunternehmen, Handelsorganisationen), so ist darüber hinaus detailliert festzulegen, welche Personenkreise der Organisation (z.B. Geschäftsleitung, Funktionsspezialisten, Produktanwender oder -verkäufer) kommunikativ erreicht werden sollen. Das Ergebnis solcher Prioritätsentscheidungen kann als das Zielgruppen-Mix für den ins Auge gefassten Zeitraum der Kommunikationsarbeit (Kampagnendauer, Kalenderjahr o.Ä.) interpretiert werden.

Als Entscheidungsgrundlagen für derartige Festlegungen sind alle Analysen geeignet, in denen das Verwendungs-, Einkaufs-, Informations- und/oder Beeinflussungsverhalten von Marktteilnehmern des Zielmarktes untersucht wird. In Deutschland sind dies z.B. regelmäßig erscheinende → Media-, → Verbraucher- und/oder → Entscheideranalysen zu den unterschiedlichen Konsum- und Industriegütermärkten. H.St.

Zielgruppensortiment

Das Zielgruppensortiment wendet sich an eine bestimmte und begrenzte Zielgruppe von Verbrauchern (Tierhalter, Mütter mit Kleinkindern, Raucher, Teenager, Senioren). Die Zielgruppenorientierung in der → Sortimentspolitik ergibt oft ein branchenübergreifendes Sortiment.

Zielgruppenzeitschriften

→ Publikumszeitschriften, die sich im Gegensatz zu den auf inhaltlich abgegrenzte Sachgebiete ausgerichteten → Spezialzeitschriften, in ihrer inhaltlichen Gestaltung auf die Lesebedürfnisse bestimmter Zielgruppen (Frauenzeitschriften, Männermagazine, Elternzeitschriften usw.) ausrichten.

Zielhierarchie

Anordnung der → Marketingziele in einer mehrstufigen Über- und Unterordnung nach dem jeweiligen Zweck-Mittel-Charakter. Ziele übergeordneter Entscheidungsebenen („Oberziele") prägen sowohl die Auswahl der Mittel auf diesen Ebenen als auch die Auswahl der Ziele auf niedriger Ebene („Unterziele"; s.a. → Kennzahlensystem). Die Zielhierarchie stellt das Rückgrat jeder → Marketingplanung dar. Die im Rahmen der Zielhierarchie festgelegte Abfolge der einzelnen Planungs- und Kontrollaktivitäten wird in der Realität allerdings meist nicht in einem kontinuierlichen Fluss, sondern in einer Vielzahl von Schleifen bearbeitet.

Zielkosten → Target Pricing

Zielsystem

Vertikale und horizontale Abstimmung von → Marketingzielen.

ZMP

→ Preisberichterstattung für Lebensmittel

Zölle

sind Abgaben, die von Staaten oder Staatengemeinschaften (Zollunion) auf den grenzüberschreitenden Warenverkehr (Einfuhr, Durchfuhr oder Ausfuhr) erheben. Nach deutschem Recht gibt es nur Einfuhrzölle, die wie Steuern behandelt werden (§ 3 AO). Zweck der Erhebung von Zöllen ist i.d.R. die Erzielung von Einnahmen („Finanzzölle") und der Wirtschaftsschutz („Schutzzölle"). Bei der Einfuhr aus dem freien Verkehr der EG werden keine (Binnen-)Zölle erhoben. Die bei der Einfuhr von Agrarwaren aus anderen EG-Staaten erhobenen Ausgleichsabgaben sind nicht Zölle, sondern Abschöpfungen.
Grenzüberschreitend ist der Warenverkehr über die Zollgrenze. Diese umgibt das Zollgebiet, d.i. das deutsche Hoheitsgebiet in den Grenzen von 1937 einschließlich der Zollanschlussgebiete (z.B. Jungholz und Mittelberg), aber ohne die Zollausschlussgebiete (z.B. Büsing) und ohne die Zollfreigebiete (z.B.: deutsche Schiffe und Luftfahrzeuge, in Gebieten, die zu keinem Zollgebiet gehören; Freihäfen, Insel Helgoland). Im Zollgebiet ist das Zollrecht ohne Einschränkungen wirksam.

Der Zolltarif legt für einzelne Waren fest, welchem Zollsatz, bezogen auf den Zollwert, sie unterliegen (sog. *Wertzoll*; EG-Zolltarif „TARIC" und ersatzweise deutscher „Teil-Zolltarif"). Seltener beziehen sich Zollsätze auf technische Größen. Der Zollwert ergibt sich nach der EG-Verordnung über den Zollwert (ZWVO). Er ergibt sich je nach den Umständen nach dem Transaktionswert für die eingeführte Ware, für gleiche Waren, für gleichartige Waren, als „deduktiver Wert" oder als geschätzter „Hilfswert". Über die Tarifstelle einer Ware wird von den Zollstellen eine unverbindliche, auf Antrag von den OFD eine verbindliche Zollauskunft erteilt. Bestimmten Entwicklungsländern werden von den Mitgliedstaaten der EU einseitig Zollpräferenzen gewährt. In bestimmten Fällen sind Zollermäßigungen vorgesehen. Zollfreiheit besteht u.U. nach dem Zoll- oder Vertragstarif oder außertariflich (Zollbefreiungs-VO).

Bilanziell sind Zölle grundsätzlich Teil der Anschaffungskosten der beschafften zollpflichtigen Waren. Die nach der Herstellung angefallenen Zölle auf aktivierungspflichtiges Vorratsvermögen sind nicht Bestandteil der Herstellungskosten, sie sind vielmehr (z.B. bei zollpflichtiger Überführung in die ausländische Betriebsstätte) als bilanzieller Sonderposten unter den Abgrenzungsposten auszuweisen (§§ 250 Abs. 1 HGB, 5 Abs. 5 EStG).   R.F.

Literatur: *Federmann, R.*: Zur Problematik eines eigenständigen Bilanzansatzes für auf das Vorratsvermögen, in: DB 1977, S. 1149. *Schwarz, O.; Wockenfoth, K.; Rahn, H.*: Zollrecht-Kommentar, Loseblatt. Köln u.a. *Fraedrich, D.*: Zoll-Leitfaden für die Betriebspraxis. Der Wegweiser für das gesamte Ein- und Ausfuhrverfahren, Bielefeld, 11. Aufl., 1998.

Zollgebiet

von der Zollgrenze umschlossenes wirtschaftliches Hoheitsgebiet, in dem das jeweils gültige Zollrecht wirksam ist. Ausnahmebereiche sind sog. Zollfreigebiete. Hierzu zählen Schiffe und Flugzeuge in Gebieten, die zu keinem Zollgebiet gehören sowie Zollfreizonen (Binnenzollfreizonen und Freihäfen, Industriefreizonen). Im Rahmen der Europäischen Union haben Binnenzollfreizonen an Bedeutung verloren, jedoch an den Außengrenzen der EU wächst die Bedeutung derartiger Einrichtungen, vor allem für Hochseehäfen. H.Ma.

Zöllner-Verfahren

auf dem Prägnanzgesetz beruhendes Testverfahren zur Überprüfung der Gestaltfestigkeit von Werbemitteln (→ Wahrnehmung). Es wird gelegentlich zur Überprüfung von → Marken oder anderen → Warenzeichen herangezogen. Versuchspersonen wird dabei das hinter einer Wand vorbeilaufende Warenzeichen vorgeführt, das allerdings nur durch einen Schlitz sichtbar ist. Die Geschwindigkeit des Vorbeiführens des Zeichens kann variiert und damit die Wahrnehmungssituation erschwert werden. Je prägnanter die geprüfte Figur, d.h. je mehr Versuchspersonen auch bei hoher Geschwindigkeit die Figur erkennen, desto stärker ist ihre Fähigkeit, sich einer Wahrnehmungsverzerrung zu widersetzen.

Zollunion

→ Handelszusammenschlüsse, internationale

Zufallsauswahl

→ Auswahlverfahren und -techniken

Zufallsfehler

I.e.S. handelt es sich hierbei um den – berechenbaren – Fehler, der dadurch entsteht, dass statt der Grundgesamtheit im Umfang N nur eine Zufallsstichprobe von n untersucht wird (→ Stichprobe). Im weiteren Sinne gehören dazu auch die zufallsähnlichen Messfehler. Als Maß zur Berechnung des Zufallsfehlers dient der → Standardfehler.
Bei der Beurteilung des Zufallsfehlers muss auch die Größe des → systematischen Fehlers in Betracht gezogen werden.   M.H.

Zufallsvariable

Um eine numerische Analyse von Zufallsvorgängen durchführen zu können, benötigt man eine Übertragung der Ergebnisse des Zufallsvorgangs auf die Menge der reellen Zahlen. Man bezeichnet dabei jede Abbildung X von der Ergebnismenge des Zufallsgeschehens in die reellen Zahlen als eine eindimensionale Zufallsvariable. Unter einer Realisation x der Zufallsvariablen X versteht man den Wert, den X bei der Durchführung des Zufallsexperimentes annimmt. Sind bei einem Zufallsgeschehen mehrere (eindimensionale) Zufallsvariablen gleichzeitig von Interesse, etwa weil in einer Befragung jede zufällig ausgewählte Person m verschiedene Fragen – jeweils durch Angabe einer Zahl – zu beantworten hat, so spricht man von einer m-dimensionalen Zufallsvariablen $X = (X_1,...,X_m)$ [Bamberg/Baur (1998), S. 93 f.].   T.B./M.MB.

Literatur: *Bamberg, G.; Baur, F.:* Statistik, 10. Aufl., München, Wien 1998.

Zufallszahlenauswahl

spezifisches → Auswahlverfahren für → Stichproben. Zufallszahlentafeln sind gewissermaßen „Urnen auf Vorrat"; sie enthalten eine – oft große – Anzahl von rein zufällig, theoretisch also durch Auslosen bzw. -würfeln, entstandenen Ziffernfolgen. Mit ihnen kann eine nummerierte Grundgesamtheit dann entsprechend dem gewünschten Stichprobenumfang selektiert werden.
Praktisch handelt es sich meist allerdings nur um Pseudo-Zufallszahlen, also um aus den Grundzahlen durch verschiedenartige Rechenoperationen – meist auf elektronischem Wege – hergestellte Zahlen. Während früher solche Zufallszahlentafeln als selbständige Veröffentlichungen über den Handel vertrieben oder zumindest in Tafelsammlungen etc. abgedruckt waren, enthalten heute schon viele Taschenrechner entsprechende Algorithmen. Im hier gegebenen Zusammenhang handelt es sich dabei im Prinzip um gleichverteilte – nicht aber etwa normalverteilte! – Zufallszahlen.
   M.H.

Zufriedenheitsforschung

Forschungsfeld der → Marketingwissenschaft, das sich historisch aus der verbraucherpolitisch motivierten Diskussion des Konsumerismus (*consumerism*) in den USA entwickelt hat. Während dort die Zufriedenheitsforschung bereits in den 70er-Jahren einen dynamischen Entwicklungsverlauf zeigte, setzte dieser Prozess im deutschsprachigen Raum erst im Verlauf der 80er-Jahre ein. Zu dieser Zeit ist die wissenschaftliche Forschung im Wesentlichen durch eine verhaltenswissenschaftliche Diskussion des Konstrukts → Kundenzufriedenheit geprägt. Einen speziellen Bereich der Zufriedenheitsforschung stellt in diesem Zusammenhang die Beschwerdezufriedenheit im Rahmen des → Beschwerdeverhaltens von Konsumenten dar.

Die zunehmende Akzeptanz der Kundenzufriedenheit als unternehmerische Ziel- und Steuerungsgröße des Marketing hat mit

Beginn der 90er-Jahre zu einer außerordentlichen Differenzierung und Vertiefung der Zufriedenheitsforschung geführt, so dass dieser Forschungsbereich heute kaum noch überschaubar ist. Vor dem Hintergrund dieser Komplexität konzentrieren sich die Ausführungen auf ausgewählte Forschungsschwerpunkte der jüngsten Kundenzufriedenheitsforschung, aktuelle ausgewählte Forschungsergebnisse sowie bestehende Forschungsdefizite. Dabei werden vier Betrachtungsebenen herangezogen (*Stauss* 1999):

- Definition und Beschreibung des Konstrukts Kundenzufriedenheit (Konstruktebene)
- Verfahren der Zufriedenheitsmessung (Messebene)
- Erfassung zufriedenheitsspezifischer Effekte auf das Kundenverhalten (Verhaltensrelevanzebene)
- Managementrelevante Implikationen der Zufriedenheitsforschung (Managementebene).

Im Mittelpunkt der *Konstruktebene* steht die → *Kundenzufriedenheit* als zentrales Konstrukt der Zufriedenheitsforschung. Kundenzufriedenheit gilt allgemein als die Voraussetzung für → Kundenbindung und Unternehmenserfolg und wird generell als das Ergebnis eines komplexen psychischen Vergleichsprozesses interpretiert. Die Zufriedenheitsforschung diskutiert verschiedene Konzeptannahmen zur Modellierung von Kundenzufriedenheit (u.a. → Attributionstheorie, Equity Theorie, Disconfirmation Paradigma). Dabei steht die Diskussion von Differenzmodellen auf Basis des sog. Disconfirmation Paradigma im Vordergrund. Kunden(un)zufriedenheit resultiert demnach aus einem intraindividuellen Soll-Ist-Vergleich von Individuen über Konsumerlebnisse. Kunden vergleichen ihre auf individuellen Vergleichsniveaus, Wünschen oder Erfahrungen basierenden Erwartungen an eine unternehmerische Leistung (Soll-Standard) mit der subjektiv wahrgenommenen Leistungsfähigkeit eines Unternehmens (Ist-Standard). Wird der zugrundegelegte Soll-Standard bestätigt oder übertroffen, entsteht Zufriedenheit beim Kunden.

Trotz einer allgemeinen Akzeptanz des Disconfirmation Paradigmas ist dieser Ansatz nicht unumstritten. Wesentliche, bis heute nicht gelöste Probleme beziehen sich sowohl auf die exakte Definition und Abgrenzung der Soll- und Ist-Komponente als auch auf den Vergleichsprozess und das Vergleichsergebnis. Insbes. die empirische Messung der *Toleranzzone*, d.h. des Bereichs, der als Erwartungsspanne das Ausmaß der gewünschten und der noch für akzeptabel gehaltenen Leistung definiert, ist bis heute ungelöst. Darüber hinaus ist die Dimensionalität des Zufriedenheitskonstrukts eine der umstrittensten Fragen der Zufriedenheitsforschung (s.a. → Beziehungsqualität). Wissenschaftliche Studien betrachten die Zufriedenheit bzw. Unzufriedenheit von Kunden i.d.R. als gegensätzliche Pole einer Dimension. So wurde die Diskussion mehrdimensionaler Ansätze, etwa in Anlehnung an die Konzepte der Arbeitszufriedenheitsforschung der 70er-Jahre, über lange Zeit vernachlässigt. Erst im Zuge der Forschung zum Konstrukt der → Dienstleistungsqualität, das in enger Beziehung zum Zufriedenheitskonstrukt steht, erfolgte eine Annäherung an mehrdimensionale Konstruktmodulationen (→ PRC-Modell). Trotz einer intensivierten Konstruktdebatte liegt bis heute kein Konsens zur Definition und Beschreibung der Kundenzufriedenheit vor.

Die *Messebene* der Zufriedenheitsforschung beschäftigt sich mit den Kriterien und Verfahren der *Zufriedenheitsmessung* und ihrer Interpretation als kundenseitiges Feedback auf die unternehmerische Leistungsqualität. Auch hier bestehen bis heute unterschiedliche Auffassungen. Diese resultieren u.a. daher, dass sich Kundenzufriedenheit nicht direkt, sondern nur indirekt mit Hilfe spezifischer Indikatoren messen lässt, die im Rahmen unterschiedlicher Messverfahren erhoben werden können. Die Zufriedenheitsforschung unterscheidet zwischen objektiven und subjektiven Verfahren der Zufriedenheitsmessung. *Objektive Verfahren* basieren auf der Annahme, dass Kunden(un)zufriedenheit durch objektive Indikatoren wie Umsatz, Marktanteil, Abwanderungs- oder → Wiederkaufraten der Kunden messbar ist. Demgegenüber konzentrieren sich *subjektive Verfahren* auf die Erfassung individuell unterschiedlich ausgeprägter psychischer Merkmale und damit verbundener Verhaltensintentionen der Konsumenten. Sie messen die vom Kunden subjektiv wahrgenommene Zufriedenheit auf Basis merkmalsorientierter oder ereignisorientierter Verfahren. Obwohl sich die merkmalsorientierte Zufriedenheitsmessung mit Hilfe von Ratingskalen gegenüber den ereignisorientierten Verfahren durchsetzen konnte, sind ihre Ergebnisse für konkrete Managemententscheidungen kaum nutzbar. Demgegenüber sind ereignisorientierte Verfahren für die Identifikation konkreter Kundenprobleme weitaus besser geeignet, aufgrund einer mangelnden Standardisierbarkeit bzw. Vergleichbarkeit jedoch nur bedingt als generelle Steuerungsinformation für das Management nutzbar.

Die *Verhaltensrelevanzebene* der Kundenzufriedenheitsforschung setzt sich mit den verhaltensrelevanten Implikationen der Kundenzufriedenheit auseinander. Eine allgemeine Hypothese besteht darin, dass ein eindeutiger Zusammenhang zwischen der Zufriedenheit und der Loyalität von Konsumenten vermutet wird (→ Kundenbindung). Diese Annahme erscheint plausibel, blieb jedoch nicht unkritisiert. So wird darauf hingewiesen, dass Kundenzufriedenheit allein nicht ausreicht, um Kundenbindung zu erzielen. Vielmehr können bestimmte Kombinationen von emotionalen, kognitiven und intentionalen Komponenten zu qualitativen Typen der Kundenzufriedenheit gebündelt werden, die wiederum unterschiedliche Gefährdungspotenziale im Hinblick auf die → Kundenbindung repräsentieren. Darüber hinaus wurde die lange Zeit unterstellte lineare Beziehung zwischen Kundenzufriedenheit und Kundenbindung durch empirische Untersuchungsergebnisse relativiert, sodass eher von einem S-kurvenförmigen Verlauf auszugehen ist, bei dem auf einem hohen Zufriedenheitsniveau eine geringe Steigerung der Kundenzufriedenheit zu einem starken Anstieg der Kundenbindung führt (→ KANO-Modell). Bis heute besteht jedoch ein erheblicher Forschungsbedarf zu der Art des funktionalen Zusammenhangs zwischen Kundenzufriedenheit und Kundenbindung und den daran beteiligten moderierenden Variablen (z.B. Zufriedenheitsgrad der Kunden, Wettbewerbsintensität der Branche etc.).

Eine wesentliche Aufgabe der Zufriedenheitsforschung im Rahmen der *Managementebene* ist es, neben den konzeptionellen, messtechnischen und verhaltensrelevanten Aspekten der Kundenzufriedenheit Ansatzpunkte bzw. Konzepte für marketingpolitische Reaktionsstrategien und Maßnahmen abzuleiten. Lange Zeit wurden managementtheoretische Fragestellungen im Zusammenhang mit der Anwendung von Kundenzufriedenheit als unternehmerische Ziel- und Steuerungsgröße vernachlässigt. Wenngleich der Umfang an wissenschaftlichen Beiträgen zur Nutzung von Zufriedenheitsinformationen für das Qualitätsmanagement oder die Steuerung des Mitarbeiterverhaltens (→ internes Marketing) bzw. interner Wertschöpfungsprozesse in jüngster Vergangenheit stark zugenommen hat, bestehen im Hinblick auf die Managementebene der Zufriedenheitsforschung bis heute noch die größten Forschungsdefizite. K.J.

Literatur: *Kaas, K.P.; Runow, H.:* Wie befriedigend sind die Ergebnisse der Forschung zur Verbraucherzufriedenheit, in: DBW, 44. Jg. (1984), Nr. 3, S.451–460. *Gierig, A.:* Der Zusammenhang zwischen Kundenzufriedenheit und Kundenloyalität. Wiesbaden 2000. *Hunt, K.* (Hrsg.): Conceptualization and Measurement of Consumer and Dissatisfaction, Cambridge 1977. *Simon, H.; Homburg, Chr.* (Hrsg.): Kundenzufriedenheit. Konzepte – Methoden – Erfahrungen, 2. Aufl., Wiesbaden 1997. *Töpfer, A.* (Hrsg.): Kundenzufriedenheit messen und steigern, Neuwied 1996. *Stauss, B.:* Kundenzufriedenheit, in: Marketing-ZFP, 21. Jg. (1999), H. 1, S.5-24.

Zugaben (Produktzugaben)

Zugaben sind Nebenprodukte, die einem Hauptprodukt im Rahmen konsumentengerichteter Verkaufsförderung (→ Verkaufsförderung, konsumentengerichtete) als Zugabe beigefügt werden. Durch die Zugabe soll das Produkt für die Konsumenten attraktiver werden, so dass diese es mit einer größeren Wahrscheinlichkeit kaufen. Laut → Zugabeverordnung sind Produktzugaben in Deutschland nur zugelassen, wenn es sich um Reklamegegenstände, geringwertige Kleinigkeiten oder handelsübliches Zubehör handelt und die Vergabe der Zugabe nicht zufällig erfolgt. Die *Abbildung* zeigt verschiedene Ausgestaltungsformen von Produktzugaben.

In einigen Laborexperimenten haben sich Produktzugaben als zweischneidiges Schwert erwiesen. Teilweise steigern sie die Kaufwahrscheinlichkeit für das Aktionsprodukt kaum oder senken diese sogar. Dies liegt daran, dass verschiedene Segmente von Konsumenten unterschiedlich auf Zugaben reagieren. Während Zugaben von einigen Konsumenten befürwortet werden und deren Kaufwahrscheinlichkeit erhöhen, ist bei anderen Konsumenten das Gegenteil der Fall. Eine ablehnende Haltung gegenüber Zugaben mag damit zusammenhängen, dass Verbraucher diese als Signal für schlechte Produktqualität oder für einen überhöhten

Preis werten. Vielleicht fühlen sich die Konsumenten auch manipuliert oder möchten sich nicht gegenüber anderen für den Kauf eines Produktes mit Zugabe rechtfertigen müssen. Schließlich scheuen sie möglicherweise die Mühe und die unnötige Umweltbelastung, die mit Zugaben verbunden sind. Was auch immer die Ursachen sind – festzuhalten bleibt, dass einige Konsumenten durch Produktzugaben vom Kauf des Produktes *abgehalten* werden. Wenn diese Gruppe groß ist, führt die Zugabe insgesamt zu keiner Absatzsteigerung oder kann den Absatz sogar senken.

Arten von Produktzugaben

- Kostenlose Abgabe versus Abgabe gegen Entgelt
- Abgabe unmittelbar bei Kauf versus später
- Verpackung zusammen mit dem Produkt versus separat
- Hoher versus geringer Wert
- Produktbezug vorhanden versus nicht vorhanden
- Warenprobe versus sonstige Zugabe
- Einzelner Gegenstand versus Zugaben zum Sammeln
- Abgabe bei Kauf eines versus mehrerer Produkte

Gleichzeitig hört man aus der Praxis verschiedentlich Berichte von sehr erfolgreichen Produktzugaben. Beispielsweise erreicht McDonald's mit Kinderspielzeug als Zugabe teilweise wahre Kundenanstürme. Viel scheint also davon abzuhängen, wie die Produktzugabe gestaltet und wie gut sie an die Zielgruppe angepasst ist. Unternehmen sei daher empfohlen, Produktzugaben vor ihrem Einsatz empirischen Tests zu unterziehen.

Literatur: *Gedenk, K.; Hartmann, S.; Schulze, T.*: Die Wirkung von Produktzugaben. Ein Conjoint Experiment, in: ZfB, 70. Jg. (2000), S. 1311–1330.

Zugaben, Behandlung in Rechnungslegung und Besteuerung

Zugaben i.S.d. ZugabeVO, die im geschäftlichen Verkehr neben einer Ware oder Leistung ohne besondere Berechnung gewährt werden, sind nach der Rspr. des BFH (v. 21.9.93, BStBl 1994 II, S. 170) keine Geschenke i.S. des § 4 Abs. 5 Satz 1 Nr. 1 EStG (→ Geschenkaufwendungen). Für die Annahme einer Zugabe i.S. der ZugabeVO ist es nicht erforderlich, dass der Kaufentschluss des einzelnen Kunden durch die subjektive Erwartung, eine „Dreingabe" zu erhalten, ausgelöst wird. Das Anbieten, Ankündigen oder Gewähren der Nebenware oder Nebenleistung muss lediglich objektiv geeignet sein, Kunden in ihrer Entscheidung zu beeinflussen. Voraussetzung ist jedoch die Abhängigkeit der Zugaben-Gewährung vom Erwerb der Hauptware/-leistung.

Zugaben sind regelmäßig abzugsfähige Betriebsausgaben, bei Fahrkosten-/Parkgebührenerstattungen auch Erlösminderungen (→ Umsatzerlöse); Aufwendungen für Zugaben dürfen auch ohne getrennte Aufzeichnung des § 4 Abs. 7 EStG als Betriebsausgaben abgezogen werden. R.F.

Literatur: BMF-Schreiben v. 8.5.1995: Geschenke und Zugaben, in: Amtliche ESt-Handbuch 1998, Anhang 16 III.

Zugabeverordnung

Die Zugabeverordnung (Verordnung des Reichspräsidenten zum Schutz der Wirtschaft, I. Teil: Zugabewesen) vom 9. März 1932 wurde unter dem Einfluss der europäischen Gesetzgebung und der Rechtsprechung des EuGH vom Bundestag und Bundesrat zum 25.7.2001 aufgehoben.

Zuvor war die Verwendung von → Zugaben zu Zwecken des geschäftlichen Verkehrs grundsätzlich verboten. Um eine Zugabe handelte es sich, wenn zusätzlich zu einer Ware oder Leistung, die Gegenstand eines Kauf- oder Werkvertrages oder einer sonstigen vertraglichen Vereinbarung war, kostenlos eine zusätzliche Ware oder Leistung angeboten, angekündigt oder gewährt wurde. Das Wesen der Zugabe lag in einer Wertreklame, das das Interesse des Publikums auf die gegen Entgelt zu erwerbenden Waren oder Dienstleistungen lenken sollte: Der Verkäufer wollte die Hauptware bzw. die Hauptleistung absetzen, mit der Zugabe wollte er den Kaufinteressenten, der die Zugabe als Geschenk und besonderes Entgegenkommen des Verkäufers bewertet, anlocken.

Die Zugabeverordnung verfolgte die Sicherung der Markttransparenz, insb. die leichte Überprüfung des Preis-Leistungsverhältnisses. Die Informationswirkung von Preis und Leistung sollte nicht durch Nebenangebote oder Geschenke getrübt werden. Im Unterschied zum → Rabattgesetz galt die

Zugabeverordnung auf allen Handels- und Dienstleistungsstufen, also nicht nur im Verhältnis zum Letztverbraucher. In § 1 Abs. 2 Zugabeverordnung waren bestimmte Ausnahmen vom allgemeinen Zugabeverbot geregelt: Hierzu zählten geringwertige Reklamegegenstände bzw. Kleinigkeiten, handelsübliches Zubehör, handelsübliche Nebenleistungen wie Auskünfte und Ratschläge sowie Kundenzeitschriften. Soweit eine Zugabe danach zulässig war, war es verboten, diese Zugabe als unentgeltliche Zuwendung, Gratiszugabe, Geschenk o.Ä. im Rahmen des Angebots, der Ankündigung oder der Zuwendung zu bezeichnen.

Im Einzelfall war es durchaus schwierig, die Zugabe von anderen, typischerweise zulässigen Wertreklamemethoden abzugrenzen. Insbesondere war es schwierig, die Grenze zwischen verbotener Zugabe und dem erlaubten Leistungspaket zu ziehen. Verbotene Zugabe war es z.B., einen Film zum Fotoapparat für 1 DM zu verkaufen (Scheinentgelt); ein zulässiges Leistungspaket lag vor, wenn Fotoapparat und Film als „Set" zu einem Komplettpreis angeboten wurden (→ Preisbündelung). Grundsätzlich waren nur an die Abnahme einer Hauptleistung gekoppelte Angebote von Nebenleistungen verboten, nicht aber sonstige Werbeabgaben, Warenproben oder sonstige Werbe- oder Verkaufshilfen, die ohne jede Kopplung an einen bestimmten Geschäftsabschluss vergeben wurden. Keine Zugaben waren auch sog. → Vorspannangebote, die nicht unentgeltlich abgegeben wurden. Als Umgehungstatbestände der Zugabeverordnung wurden angesehen: Forderung eines Scheinentgelts, Tarnung der Zugabe durch einen Gesamtpreis, verdeckte → Kopplungsgeschäfte oder sonstige Formen der Verschleierung einer Zugabe.

Die Zuwiderhandlung gegen das Verbot der Zugabe stellte eine Ordnungswidrigkeit nach § 3 Zugabeverordnung dar. Die Ordnungswidrigkeit konnte mit einer Geldbuße bis zu 10.000 DM geahndet werden. Wer den Vorschriften über das Verbot der Zugabe zuwiderhandelte, konnte ferner von jedem Mitbewerber, von rechtsfähigen Verbänden zur Förderung gewerblicher Interessen oder von rechtsfähigen Verbraucherverbänden auf Unterlassung in Anspruch genommen werden.

Literatur: *Nordemann, J.B.:* Wegfall von Zugabeverordnung und Rabattgesetz – Erlaubt ist, was gefällt? in: NJZ (2001), Heft 35, S. 2505 ff.

Zugartikel → Preistypen

Zuliefergeschäft

Charakteristisch für das Zuliefergeschäft im Vergleich zu anderen → Geschäftstypen im → Investitionsgütermarketing (Produkt-, Anlagen- und Systemgeschäft) sind eine hohe Transaktionshäufigkeit, verbunden mit einem hohen Transaktionsvolumen, und die Produktion und Lieferung von kundenindividuell entwickelten Komponenten, verbunden mit hohen spezifischen Investitionen.

Während Standardkomponenten weitgehend homogene Leistungen darstellen, die oftmals auch im → Produktgeschäft vermarktet werden, handelt es sich im Zuliefergeschäft um Spezialkomponenten. Die spezifischen Investitionen besitzen zum Teil Fixkostencharakter und können nur über häufige Transaktionen mit hohem Transaktionsvolumen abgedeckt werden. Daraus resultieren Transaktionsmuster, die für langfristige → Geschäftsbeziehungen typisch sind und eine enge, auf → Vertrauen beruhende Zusammenarbeit erfordern (→ Beziehungsmarketing). Auf diese Weise werden die Gefahr für opportunistische Verhaltensweisen begrenzt und die unbedingt notwendige offene und schnelle Kommunikation zwischen den Geschäftspartnern zur Koordination der interdependenten Aufgaben erst ermöglicht.

Bei der Gestaltung der Geschäftsbeziehungen zwischen Zulieferer und Hersteller ist die Automobilindustrie federführend. Ein Verständnis für die Besonderheiten des Zuliefergeschäftes setzt die Kenntnis des typischen Phasenverlaufs der Transaktionsbeziehungen voraus.

Die Wettbewerbsintensität auf den Endkunden-Märkten überträgt sich von den Erstausrüstern/Herstellern unmittelbar auf die Zulieferanten. Die Arbeitsteilung zwischen Hersteller und Zulieferanten nimmt ständig zu. Die Hersteller reduzieren die → Fertigungstiefe sowohl im Bereich Entwicklung, Fertigung als auch Montage. Damit verbunden sind tiefgreifende Reorganisationsprozesse in der gesamten → Wertschöpfungskette und der Aufbau von mehrstufigen → Zulieferpyramiden. Je nachdem, welche Position und Aufgaben ein Zulieferer in dieser Zulieferpyramide übernimmt, verändern sich auch sein Strategiekonzept sowie seine Unternehmensstruktur. Anhand der beiden Dimensionen, Spezifität

Entwicklungsstufen und Typen von Zulieferanten

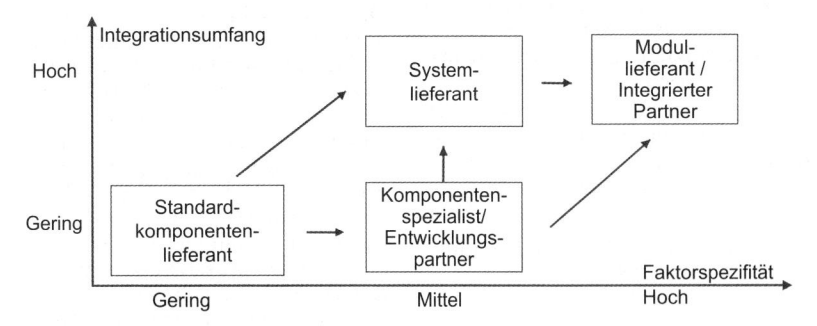

```
Integrationsumfang
  Hoch                    System-       →  Modul-
                          lieferant        lieferant /
                            ↑              Integrierter
                            ↑              Partner
                            ↑              ↑
                            ↑           ↗
  Gering   Standard-    → Komponenten-
           komponenten-    spezialist/
           lieferant       Entwicklungs-
                           partner
                                              Faktorspezifität
           Gering          Mittel       Hoch
```

und Integrationsumfang, sind in der *Abb.* verschiedene Strategiepfade für Zulieferanten aufgezeigt. Die wesentlichen Unterschiede zwischen verschiedenen Typen von Zulieferanten, wie Lieferanten von Standardkomponenten, Entwicklungspartnern, Systemlieferanten und Modullieferanten, werden dabei deutlich.

Zulieferanten, die Standardkomponenten anbieten, stehen vor dem Problem, dass die Entwicklung von Industriestandards zu einer schnellen Angleichung der Leistungen auf hohem Niveau im Markt führt (→ Standards). Die homogenen Produkte werden deshalb auch als *Komponenten-Commodities* bezeichnet. Aufgrund der weitgehenden Unabhängigkeit der Abnehmer von einzelnen Zulieferanten wird diese Art von Transaktionsbeziehung oftmals auch dem → Produktgeschäft zugeordnet.

Komponentenspezialisten / Entwicklungspartner besitzen besondere Fähigkeiten in der Entwicklung und Produktion technisch-komplexer Komponenten, die kundenindividuelle Problemlösungen verlangen. Die Faktorspezifität nimmt einen mittleren bis hohen Grad an. Umfangreiche Investitionen in Vorentwicklungen sind erforderlich, um neue Technologien zur Reife zu bringen. In Form von standardisierten Baukastenlösungen werden diese dann in der Serienentwicklung von kundenindividuellen Komponenten eingesetzt. Besondere Anforderungen an diese Zulieferanten stellt die notwendige Parallelisierung der Entwicklungsaufgaben zur Verkürzung der Entwicklungszeiten (→ Simultaneous Engineering). Entwicklungspartner befinden sich vor allem auf der 2. Stufe der Zulieferpyramide und müssen sich zu System- oder Modullieferanten weiterentwickeln, wenn sie auf die 1. Stufe der Zulieferpyramide aufsteigen wollen.

Die *Integration von Komponenten* in ein System war traditionell Aufgabe des Herstellers. Lieferanten von Standardkomponenten und Spezialkomponenten, die diese Integrationsaufgabe zusätzlich übernehmen, werden zum *Systementwickler-Lieferanten* bzw. *Modullieferanten*. Sie integrieren z.B. Schließ- und Alarmanlagen und Wegfahrsperren zu einem Fahrzeugsicherungssystem. Dazu benötigen sie genaue Kenntnisse über die Wünsche und Bedürfnisse der Endkunden und müssen selbständig Marktforschung betreiben. Die Entwicklung zum Modullieferanten bedeutet eine Ausweitung des Leistungsumfanges in Richtung Montage- und Logistikaufgaben im Sinne des Modular Sourcing (→ Sourcing-Konzepte). Modullieferanten übernehmen die Vormontage von Komponenten zu Modulen, z.B. zum Front-End-Modul. Die sequenz- und zeitgerechte Anlieferung der Module beim Hersteller verlangt spezielles Know-how in der → Marketing-Logistik (→ Just-in-time-Logistik) sowie die Beherrschung der Produkt- und Prozessschnittstellen bis hin zur Endmontage des Moduls. Der Koordinationsaufwand durch Kommunikation zwischen Managern und Mitarbeitern von Zulieferer und Hersteller ist besonders hoch und verlangt Erfahrungen im Projekt-Management.

Eng verbunden mit Strategiefragen im Zuliefergeschäft ist die Problematik des → In-Supplier/Out-Supplier. Die Hersteller treffen die Entscheidung der → Lieferantenauswahl unter einer langfristigen Perspektive und führen systematisch Lieferantenbewertungen durch. Entsprechen die Leistungen nicht den Anforderungen, erhalten sie zunächst Unterstützung vom Hersteller. Nur unter besonderen Bedingungen findet ein Lieferantenwechsel statt. Wesentliche Voraussetzung für die Auswahl von Lieferanten ist die → Zertifizierung des Qualitätsmanagements, z.B. nach DIN ISO 9000 ff.

Basisstrategien für Zulieferer ergeben sich aus der Rolle des Führers oder Folgers im Wettbewerbsprozess, und zwar im Sinne von → Emanzipations- und Anpassungskonzepten. M.M.

Literatur: *Backhaus, K.:* Industriegütermarketing, 6 Aufl., München 1999.

Zulieferpyramide

Industriestruktur mit hoher vertikaler Arbeitsteilung und geringer vertikaler Integration des Herstellers. Paradebeispiel stellt die Automobilindustrie dar. Die Spitze einer Zulieferpyramide bildet das Herstellerunternehmen im fokalen Netzwerk (→ Zuliefergeschäft). Auf der 1. Stufe befinden sich die Primär- bzw. Direktlieferanten (OEM = Original Equipment Manufacturer), die eigenständig die Entwicklung, Produktion und Integration von Komponenten zu Systemen übernehmen oder für die Montage und Logistik ganzer Module im Werk des Herstellers verantwortlich sind. Sie koordinieren somit die Teilaufgaben, die die Sekundärlieferanten auf der 2. Stufe übernehmen im Hinblick auf ein Modul oder System. Auf den unteren Stufen der Zulieferpyramide (3. und 4. Stufe) befinden sich meistens die Lieferanten von eher standardisierten Teilen und Komponenten. M.M.

Zulieferstrategien im vertikalen Marketing

zeichnen sich dadurch aus, dass sich der Hersteller auf die Produktion und Vermarktung von Leistungen konzentriert, die sich optimal in die Marketingstrategien des Handels einfügen. Er verzichtet dabei zum grössten Teil auf ein eigenständiges Endkundenmarketing und bietet dem Handel Produkte und Marken an, die der Handel gemäß seiner eigenen Zielsetzungen vermarkten kann (→ Handelsmarken). Zulieferstrategien im → vertikalen Marketing entwickeln sich daher nach ähnlichen Gesetzmäßigkeiten wie sie im → Investitionsgütermarketing für das OEM-Geschäft gelten. T.T./M.Sch.

Zusatzkostenbewusstsein

→ Preisinteresse

Zusatznutzen

Der → Grundnutzen bezieht sich auf die physikalisch-chemisch-technischen, also funktionalen Merkmale eines Produkts. Zusatznutzen i.S. der → Nürnberger Schule erbringt ein Erzeugnis dann, wenn es z.B. durch seine Markierung oder im Wege der Werbung seelisch-geistige Bedürfnisse, wie Prestige, Selbstbestätigung, Selbstachtung etc., befriedigt (→ Nutzen).

Bei vielen Produkten, wie Schmuck, Kleidung, ist der Zusatznutzen also nicht als Zusatz zum Grundnutzen zu verstehen. Vielmehr liegen die zentralen Anforderungen der Nachfrager an das Erzeugnis im Bereich des Zusatznutzen. Bei ausgereiften Produkten bieten Zusatznutzenkomponenten die Möglichkeit, sie zu differenzieren und damit zu profilieren. Darüber hinaus besitzen die Nachfrager für solche Komponenten im Gegensatz zu den Grundnutzendimensionen eine deutlich höhere Zahlungsbereitschaft. An.He./F.H.

Zusatzsortiment

Zusatzsortimente ergänzen das Kernsortiment hinsichtlich Qualitäts- und Preislagen nach oben und/oder unten. Zusatzsortimente können sich auch durch die Schaffung von Bedarfsgruppen im Rahmen einer bedarfsorientierten → Sortimentspolitik ergeben (z.B. Strümpfe und Socken sowie Pflegemittel im Schuheinzelhandel).

Zuschauerstatistik

Als Erscheinungsform der → Mediaforschung ermittelt die → Fernseh-Zuschauerforschung die Zusammensetzung und Gewohnheiten der Fernsehzuschauer, indem sie die → Einschaltquoten und die Nutzungmerkmale des Fernsehens untersucht. Das Interesse gilt aber auch den Merkmalen der Rezipienten und der Wirkung des Fernsehens.

Die *Zuschauerdefinition* enthält mehrere Ebenen. Die erste Ebene hängt dabei mit der Instruktion zusammen, welche die am Fernsehpanel der → GfK Fernsehforschung teilnehmenden Personen erhalten. Die → GfK Fernsehforschung betreibt dabei ein Knopfdruck-System (→ Push-Button-Verfahren), das den Panelteilnehmern als einzige Pflicht auferlegt, sich mittels einer fest den Haushaltsmitgliedern zugeordneten Fernbedienungstaste am GfK-Meter dann anzumelden, wenn man fernsieht. Anhand dieser Instruktion lassen sich Unterschiede zu anderen nationalen Metersystemen erkennen. Das britische System z.B. instruiert seine Teilnehmer, sich bei purer Anwesenheit im Raum mit laufendem Fernseher bereits anzumelden. In Deutschland hingegen wird sich eine Person, die im Raum mit laufendem Fernseher anwesend ist, jedoch nicht fernsieht, auch nicht anmelden. Erst mit dem Akt des Anmeldens am Fernsehgerät kann also ein Panelteilnehmer zum Zuschauer werden.

Zur zweiten Ebene der Zuschauerdefinition: In Deutschland werden alle gemessenen Sehdauern in die Berechnung der Reichweiten von Sendungen und Werbeblöcken einbezogen. Bei dieser Berechnung kommt das *Konzept der Sehbeteiligung* zum Zuge. Bei der Berechnung der Sehbeteiligung wird jede Person so stark eingerechnet, wie sie Anteile an einer Sendung oder an einem Werbeblock gesehen hat. Sieht eine Person eine Sendung nur zur Hälfte, so wird sie auch nur mit diesem Anteil in die Sehbeteiligung eingerechnet. In letzter Konsequenz bedeutet dies, dass nur Personen mit der Sehdauer 0 während einer Sendung keine Zuschauer sein können.

Die Zuschauerstatistik auf Basis dieser Zuschauerdefinition liefert folgende *Kennwerte*:

– *Seher pro halbe Stunde*
Definition für die durchschnittliche Nutzerschaft des Fernsehens in → Mediaanalysen. Dieser Kontaktdimension wird z.B. bei Zeitschriften der Leser pro Ausgabe (→ Leserschaftsforschung) gleichgestellt, womit allerdings nicht eine direkte Vergleichbarkeit garantiert ist;

– *Seher pro Tag*
Die Zahl der Personen, die an einem bestimmten Tag nach eigenen Angaben mehr als eine Viertelstunde ferngesehen haben und

– *Zuschauer je Werbeblock*
Zahl der Personen, die an einem Stichtag im Fernsehen einen bestimmten Werbeblock gesehen haben.

Die Kennzahlen liefern wichtige Informationen für die Werbetreibenden, da diese die Platzierung der Werbespots nach den Ergebnissen der Zuschauerforschung vornehmen. H.D.

Zuschlag

Auswahl eines Angebots im Rahmen einer öffentlichen Auftragsvergabe

Zuschlagskalkulation

→ Kalkulationsverfahren

Zustellgroßhandel

besondere Form des → Bedienungsgroßhandels, bei der die Übergabe der Ware nicht in der Betriebsstätte des Großhändlers erfolgt, sondern durch einen internen oder externen Zustelldienst am Standort des Kunden vorgenommen wird. Infolgedessen steht beim Zustellgroßhandel die Raumüberbrückungsfunktion im Vordergrund, bei nicht unerheblicher Gefahr der Ausschaltung durch einen → Systemlogistiker. K.Ba.

Zustellservice

Spezielle Form des → Lieferservice im Handel (→ Handelsmarketing), das im weiteren und im engeren Sinne verstanden werden kann. Im weiteren Sinne umfasst der Zustellservice im Handel alle Angebote an die Kunden, bestimmte, im Zusammenhang mit dem Einkauf erforderliche Teilaufgaben ganz oder teilweise gegen Entgelt oder unentgeltlich zu übernehmen. In Frage kommen dafür:

– Bargeldlose oder sogar beleglose (elektronische) Zahlung (*Zahlungsservice*).
– Darin eingeschlossen ist ein mehr oder minder umfassender *Informationsservice*, mit dem der Kunde über das Sortiment informiert wird.
– Die Auslieferung der Ware an den vom Kunden gewünschten Ort (*Zustellservice im engeren Sinne*).
– Die Bestellannahme durch Telekommunikationstechniken, die dem Kunden den Geschäftsbesuch erübrigen (*Bestellservice*).
– Die Kommissionierung der Ware zur Selbstabholung oder Zustellung zum Kunden (*Kommissionierungsservice*).
– Liegt Selbstabholung durch den Kunden vor, spricht man hier auch von *Pick-Up-Service*.
– Die Rückholung der Verpackung oder der Altware im Rahmen eines → Redistributionssystems (*Rückholservice*).

Die verschiedenen Formen des Zustellservice im engeren und weiteren Sinne gewinnen insbesondere im Rahmen des → Electronic Shopping und des → Online-Marketing an Bedeutung, weil dort nach dem Distanzprinzip distribuiert wird.

In Deutschland befinden sich entsprechende Zustellserviceangebote noch in der Entwicklung. Die Preisbereitschaft der Kunden ist insbesondere in erlebnisbetonten und in Frischware-Bereichen relativ gering. Höhere Akzeptanz ist bei großvolumigen und schweren Gebrauchsgütern sowie reinen Versorgungsgütern (Wasch-, Putz- und Reinigungsmittel etc.) zu erwarten. Als besonders ansprechbar durch derartige Serviceleistungen haben sich berufstätige Single-Haushalte sowie andere unter Zeitknappheit leidende Konsumenten erwiesen. Bei den meisten Verbrauchergruppen reicht die Preisbereitschaft derzeit jedoch noch nicht aus, um die Zustellservices verbundenen Kosten des Handelsbetriebes zu decken. Ungeklärt ist, ob eine Mischkalkulation mit den Angebotspreisen der Produkte vorgenommen werden kann.

Zustellservices können auch als Instrumente der → Kundenbindung eingesetzt werden, weil sie als (noch) ungewöhnliche Serviceleistungen empfunden werden und zu häufigeren Interaktionen zwischen Anbieter und Kunden führen. H. D.

Literatur: *Diller, H.; Gömann, S.*: Die Akzeptanz von Zustell-Services für Konsumenten im Lebensmittelhandel, in: Logistik Management, 1. Jg. (1999), H. 3, S. 198-207.

Zuwendungsindex
→ Leser-Blatt-Bindung

Zuzahlung im Gesundheitswesen
Vom Gesetzgeber im Rahmen der → Kostendämpfung vorgeschriebene, nach Packungsgröße gestaffelte Zuzahlung zu vom Arzt verordneten Medikamenten (→ Medizin-Marketing). Die Zuzahlungen fließen den GKK zu. Die Zuzahlung soll die Verschreibung kleiner Packungseinheiten fördern. Und sie soll den Verwaltungsaufwand der GKK verringern. Wenn der Preis einer Kleinpackung eines Medikaments unter dem Zuzahlungsbetrag liegt, trägt der Patient die Ausgabe selbst, eine Erstattung durch die GKK entfällt. W.Oe.

Zwangslizenz → Lizenzrecht

Zweiseitige Argumentation
Im Rahmen der Festlegung einer → Werbegestaltungsstrategie ist zu entscheiden, ob die einseitige oder die zweiseitige Argumentationsform bei der Werbemittelgestaltung eingesetzt werden soll. Bei einseitiger Argumentation zählt die Werbebotschaft lediglich Produktvorteile auf, während bei zweiseitiger Argumentation auch negative Aspekte des Produktes angesprochen werden (z.B. ein im Vergleich zu Konkurrenzprodukten höherer Preis).

In verschiedenen sozialpsychologischen Untersuchungen wurden eine höhere Glaubwürdigkeit und eine größere Einstellungsbeeinflussung bei zweiseitiger gegenüber einseitiger Argumentation festgestellt. Dieses Ergebnis zeigte sich besonders deutlich bei überdurchschnittlich intelligenten und gegenüber dem Botschaftsinhalt negativ eingestellten Personen. Als Erklärung für dieses Resultat wird angeführt, dass dieser Personenkreis die Aussage bei einseitiger Argumentation als voreingenommen einstufe und Gegenargumente entwickele. Diese würden durch die zweiseitige Argumentation unterdrückt. Der zweiseitigen Argumentation wird darüber hinaus ein Immunisierungseffekt gegen spätere Versuche zugesprochen, die Botschaft zu widerlegen. Obwohl experimentell eine signifikant höhere Glaubwürdigkeit der zweiseitigen Argumentation auch für Werbeslogans nachgewiesen wurde, erfolgt ihr Einsatz in der Werbung bisher nur selten. E.T.

Zweiseitiger Test → Signifikanztests

Zweitmarke
ist ein unter einer anderen Aufmachung (Name, Design, Verpackung usw.) als die Erstmarke geführtes Produkt (→ Markenartikel). Mit diesem wird versucht, weitere Kundensegmente oder Vertriebskanäle zu erreichen (→ Marktsegmentierung) als dies bereits mit der Erstmarke geschieht, mit dem Ziel einer besseren Ausschöpfung des Marktpotentials. Die Zweitmarke ist häufig mit einer Niedrigpreisstrategie verbunden und wird oft über andere Vertriebskanäle abgesetzt, um Imageverluste der Erstmarke auszuschließen (→ Mehrgleisiger Vertrieb, → Preisdifferenzierung). M.B.

Zweitnutzenpackungen
→ Aktionsverpackungen

Zweitplatzierungen
zählen zur konsumentengerichteten Verkaufsförderung (→ Verkaufsförderung, konsumentengerichtete). Sie werden von Händlern vorgenommen, indem diese ein Aktionsprodukt im Geschäft an einem anderen („zweiten") Platz als dem regulären Regalplatz (Stammplatzierung) des Produk-

tes präsentieren. Im einfachsten Fall wird dabei eine Palette des Produktes aufgestellt. Häufig werden aber auch mehr oder weniger aufwendige → Displays verwendet, um die Ware in ansprechenderer Form zu präsentieren. Zweitplatzierungen sollen besonders auf ein Produkt aufmerksam machen. Sie werden häufig in Kombination mit → Sonderangeboten eingesetzt. Ein Produkt kann jedoch auch in die Zweitplatzierung gestellt werden, ohne dass sein Preis gesenkt wird. Typischerweise erreicht man auch damit deutliche Absatzsteigerungen. Diese können entweder durch eine erhöhte Aufmerksamkeit für das Produkt verursacht werden oder dadurch, dass einige Konsumenten eine Zweitplatzierung als ein Signal für ein Sonderangebot interpretieren, ohne zu prüfen, ob der Preis tatsächlich gesenkt wurde (→ Preiswahrnehmung).
Typische Orte für Zweitplatzierungen sind der Eingangsbereich, ein Gang, das Ende eines Ganges (am Gondelkopf) oder der Kassenbereich. K.G.

Zyklusvorrat → Bestelldoktrinen